栄東中学・高等

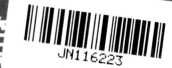

SAKAE HIGASHI
SCHOOL GUIDE
JUNIOR & SENIOR HIGH SCHOOL

競泳世界ジュニア大会→金メダル
背泳ぎ→ハワイ、ペルー大会２連覇

米スタンフォード大学合格
水泳インターハイ出場

最年少!! 15歳(中3)
行政書士試験合格

全国鉄道模型コンテスト
理事長特別賞

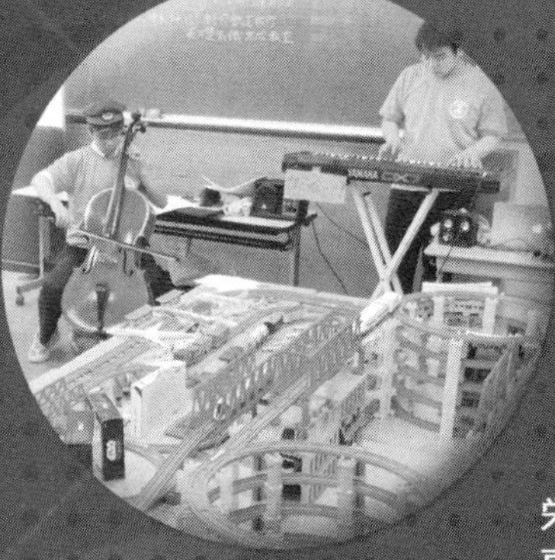

東京オリンピック第４位
アーティスティック スイミング

チアダンス
東日本大会優勝

栄東の誇るサメ博士
サンシャインでトークショー

栄東のクイズ王
東大王 全国大会 大活躍!!

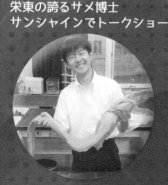

産経国際書展 U23大賞

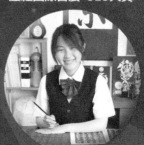

〒337-0054 埼玉県さいたま市見沼区砂町2-77（JR東大宮駅西口 徒歩８分）
◆アドミッションセンター TEL：048-666-9288 FAX：048-652-5811

Kamakura Gakuen Junior & Senior High School

鎌倉学園 中学校 高等学校

最高の自然・文化環境の中で「文武両道」を目指します。

中学校説明会

10月　1日（火）10:00～
10月　12日（土）13:00～
11月　2日（土）13:00～
11月　26日（火）10:00～
11月　30日（土）13:00～

HP 学校説明会申込フォームから
ご予約の上、ご来校ください。
※各説明会の内容はすべて同じです。
（予約は各実施日の１か月前より）

中学体育デー

10月 19日（土）
9:00～
入試相談コーナー設置
（予約は不要の予定）

生徒による学校説明会

11月 17日（日）
9:00～10:45
13:30～15:15
HP より事前予約必要（定員あり）
（予約は実施日の１か月前より）

中学ミニ説明会

（5月～11月）
月曜日 10:00～・15:00～
（15:00 ～はクラブ見学中心）

HP で実施日を確認して頂いてから電話で
ご予約の上、ご来校ください。
水曜、木曜に実施可能な場合もありますので、
お問い合わせください。

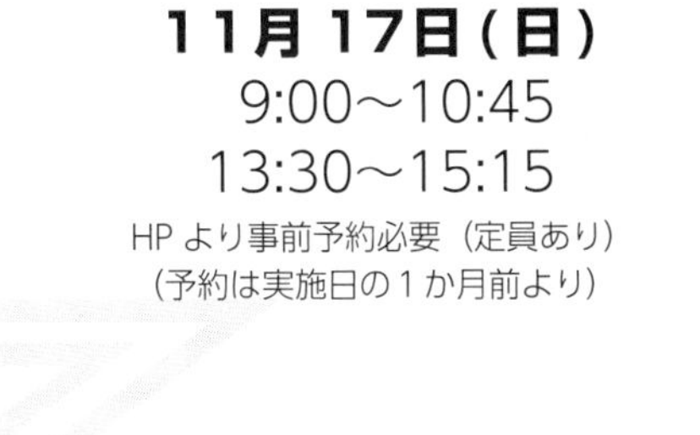

※最新の情報は学校 HPでご確認ください

〒247-0062 神奈川県鎌倉市山ノ内 110 番地 TEL.0467-22-0994 FAX.0467-24-4352
https://www.kamagaku.ac.jp/　　JR 横須賀線　北鎌倉駅より徒歩約 13 分

栄冠 2025 年度受験用

中学入学試験問題集

社会編

みくに出版

栄冠獲得を目指す皆さんへ

来春の栄冠獲得を目指して、日々努力をしている皆さん。

100％の学習効果を上げるには、他力本願ではなく自力で解決しようとする勇気を持つことが大切です。そして、自分自身を信じることです。多くの先輩がファイトを燃やして突破した入試の壁。皆さんも必ず乗り越えられるに違いありません。

本書は、本年度入試で実際に出題された入試問題を集めたものです。したがって、実践問題集としてこれほど確かなものはありません。また、入試問題には受験生の思考力や応用力を引き出す良問が数多くあるので、勉強を進める上での確かな指針にもなります。

ただ、やみくもに問題を解くだけでなく、志望校の出題傾向を知る、出題傾向の似ている学校の問題を数多くやってみる、一度だけでなく、二度、三度と問題に向かい、より正確に、速く解答できるようにするという気持ちで本書を手にとることこそが、合格への第一歩になるのです。

以上のことをふまえて、本書を効果的に利用して下さい。努力が実を結び、皆さん全員が志望校に合格されることをかたく信じています。

なお、編集にあたり多くの国立、私立の中学校から多大なるご援助をいただきましたことを厚くお礼申し上げます。

みくに出版編集部

本書の特色

最多、充実の収録校数

首都圏の国・私立中学校の入試問題を、
共学校、男子校、女子校にまとめました。

問題は省略なしの完全版

出題されたすべての問題を掲載してあるので、出題傾向や難度を知る上で万全です。
（複数回入試実施校は原則として１回目試験を掲載。
一部の実技・放送問題を除く。）

実際の試験時間を明記

学校ごとの実際の試験時間を掲載してあるので、
問題を解いていくときのめやすとなります。
模擬テストや実力テストとしても最適です。

もくじ

(五十音順・◆印学校広告掲載校)

女子校

注：カラーで出題された問題の一部は、小社HP (http://www.mikuni-webshop.com) に掲載しています。

青山学院中等部

―25分―

注意　特に指示がないものは、すべて漢字で答えなさい。

1　琵琶(びわ)湖に関連して、あとの問いに答えなさい。

問１　図１は琵琶湖に流れ込む安曇川(あどがわ)の河口付近の地図です。図１の範囲に広くみられる地形として正しいものをあとの【地形名】ア～オから１つ選び、記号で答えなさい。また、この地形が形成される際に最も影響を与える力をあとの【作用】カ～コから１つ選び、記号で答えなさい。

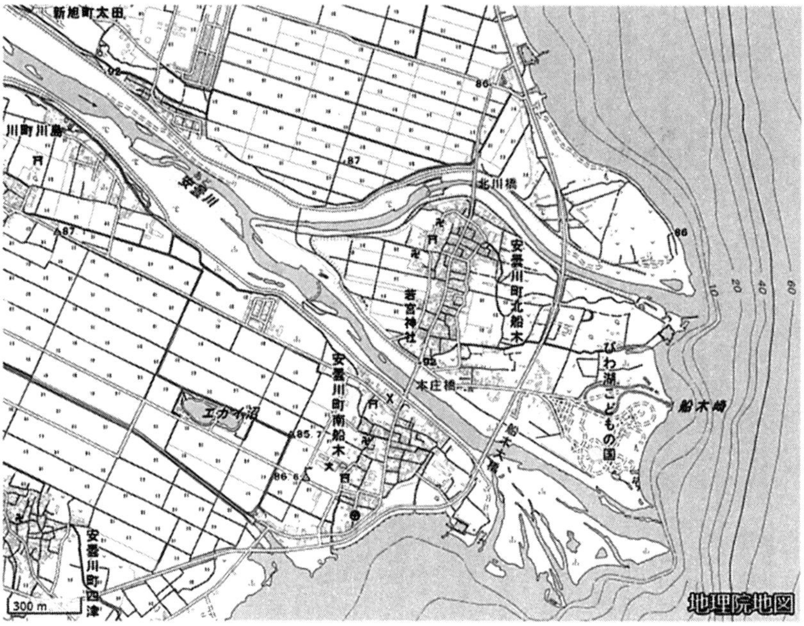

図１

＊国土地理院「地理院地図」より作成

【地形名】

ア　リアス海岸　　イ　扇状地　　ウ　河岸段丘　　エ　洪積台地　　オ　三角州

【作用】

カ　堆積(たいせき)　　キ　隆起　　ク　侵食　　ケ　沈降　　コ　運搬(うんぱん)

問２　琵琶湖から流れ出る河川は、上流から下流へ行くにつれて府県境界付近で名称が変わります。この河川はどのように名称が移り変わっていきますか。正しいものを次のア～カから選び、記号で答えなさい。

ア　(上流)瀬田川→宇治川→淀川(下流)　　イ　(上流)瀬田川→淀川→宇治川(下流)

ウ　(上流)淀川→宇治川→瀬田川(下流)　　エ　(上流)淀川→瀬田川→宇治川(下流)

オ　(上流)宇治川→瀬田川→淀川(下流)　　カ　(上流)宇治川→淀川→瀬田川(下流)

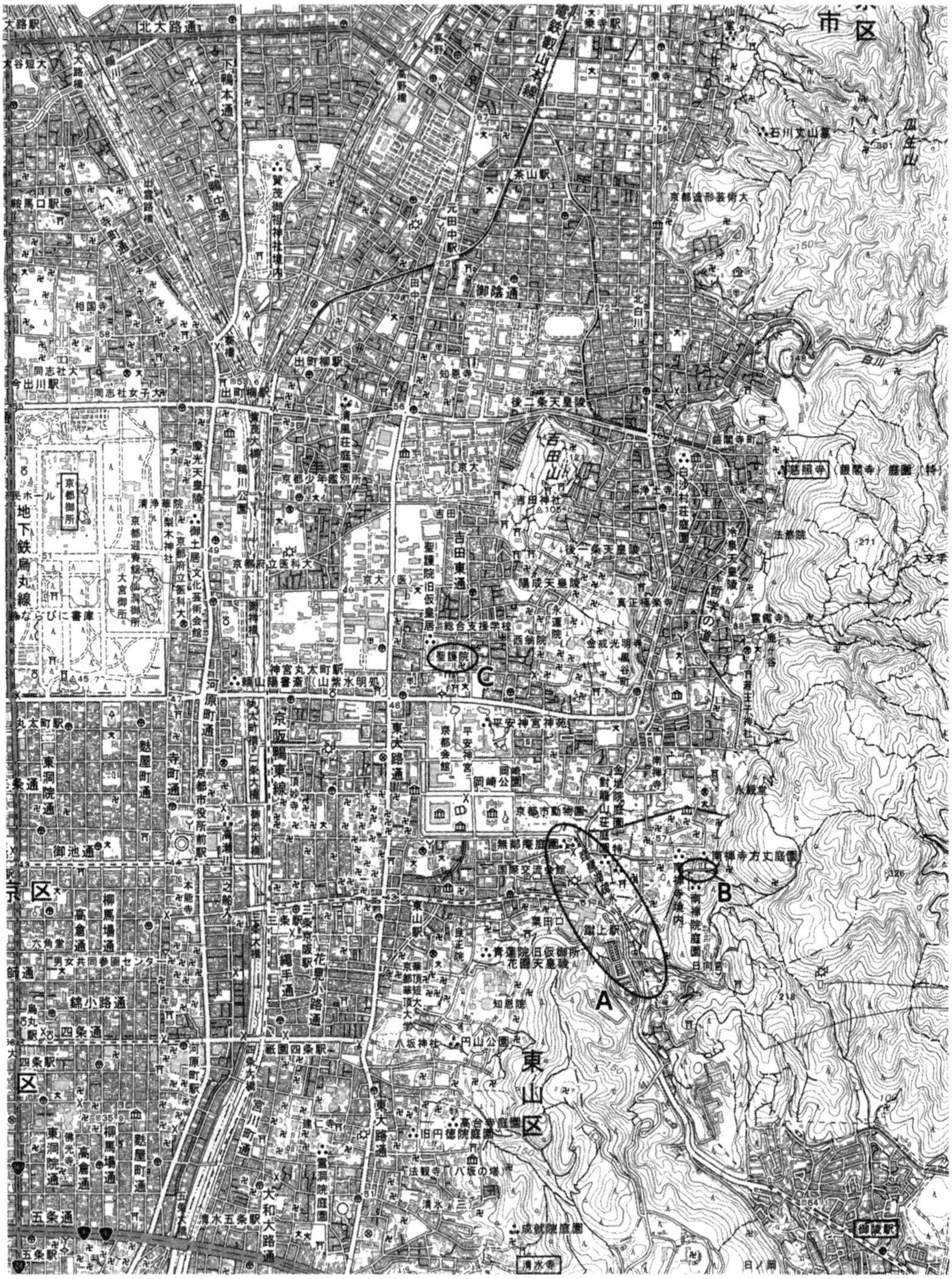

図２

＊国土地理院発行２万5000分の１地形図「京都東北部」を加工して作成

問３　図２のＡ（蹴上(けあげ)駅周辺）の範囲から読み取れることとして正しいものを次のア～エから２つ選び、記号で答えなさい。

ア　この場所は舟で往(い)き来することができないほど傾斜(けいしゃ)が急である。

イ　流れてくる水を利用した水力発電所がある。

ウ　この範囲内では、北西から南東に向かって水が流れている。

エ　「蹴上駅」とその西側にある「東山駅」を通る電車は地上を走っている。

問4　図２のＢの南禅寺境内(なんぜんじけいだい)には、「水路閣(すいろかく)」（写真１）と呼ばれる橋があります。ここを流れる水は琵琶湖から引いてきた水の一部です。「水路閣」を通った後、この水はどこに流れていきますか。最も適切なものを次のア～エから選び、記号で答えなさい。

写真１

ア　御陵(みささぎ)駅方面に流れていく　　イ　京都御所方面に流れていく
ウ　清水寺方面に流れていく　　エ　慈照寺(じしょうじ)（銀閣寺）方面に流れていく

問5　図２のＣ周辺は、京野菜で有名な「聖護院(しょうごいん)だいこん」や「聖護院かぶ」発祥(はっしょう)の地として知られています。これについて、次の〈Ⅰ〉・〈Ⅱ〉に答えなさい。

〈Ⅰ〉「聖護院だいこん」を次のア～エから選び、記号で答えなさい。

ア　イ　ウ　エ

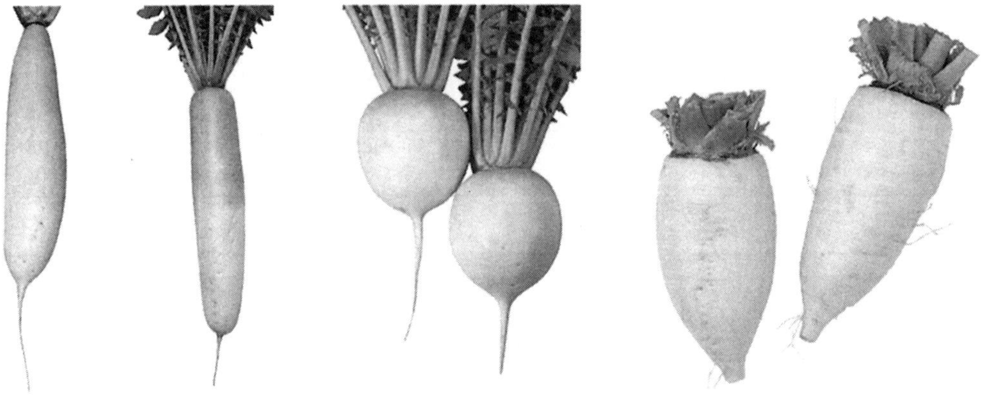

＊独立行政法人　農畜産業振興機構ホームページから引用

〈Ⅱ〉「聖護院だいこん」や「聖護院かぶ」以外にも、京野菜には京都の地名にちなんだ野菜が多く見られます。京野菜ではないものを次のア～エから１つ選び、記号で答えなさい。

ア　伏見(ふしみ)とうがらし　　イ　九条ねぎ　　ウ　賀茂(かも)なす　　エ　加賀れんこん

2　次の図３を見て、あとの問いに答えなさい。

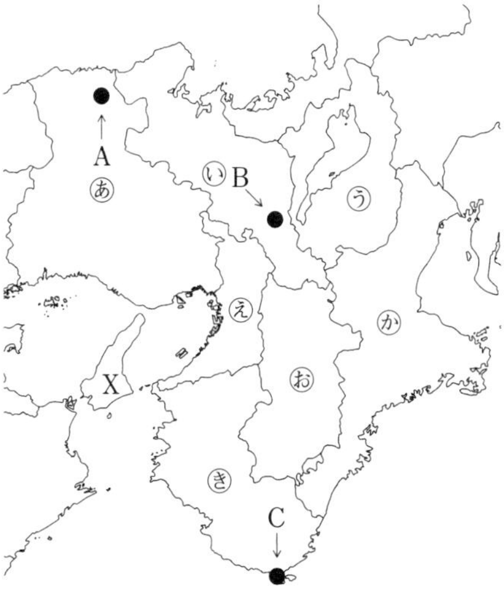

図３

問１　次の雨温図①～③は図３中Ａ～Ｃの都市のいずれかのものを示しています。雨温図と都市の組み合わせとして正しいものをあとのア～カから選び、記号で答えなさい。

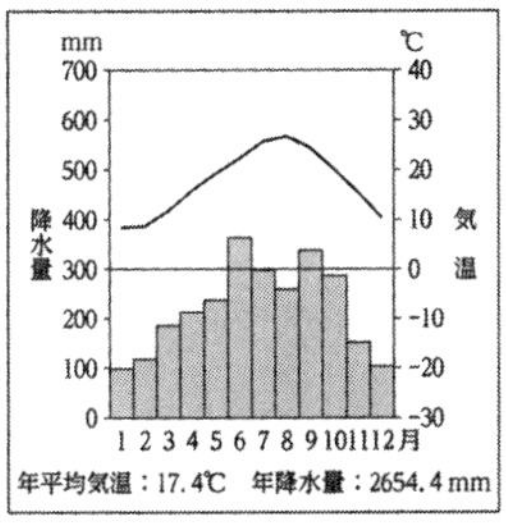

①

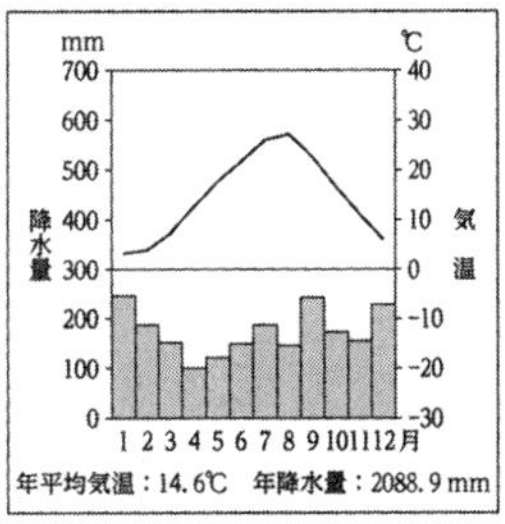

②

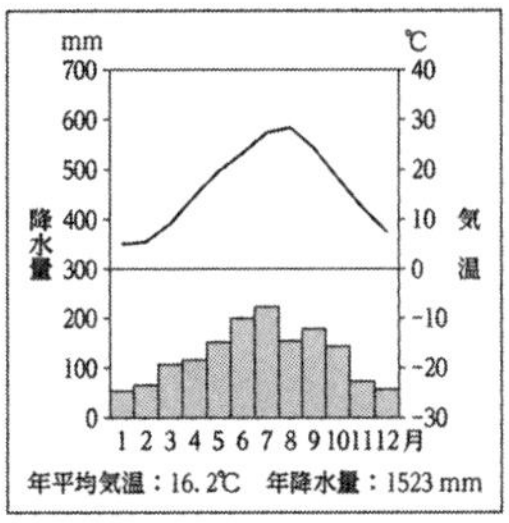

③

＊データはすべて2023年気象庁ホームページより作成

	ア	イ	ウ	エ	オ	カ
①	A	A	B	B	C	C
②	B	C	A	C	A	B
③	C	B	C	A	B	A

問２　次の〈Ⅰ〉～〈Ⅲ〉に答えなさい。

〈Ⅰ〉　図３中のＸで示した島の名称を答えなさい。

〈Ⅱ〉　Ｘは全国的にも有名なタマネギの生産のほか、レタスやカーネーションの栽培（さいばい）が盛んな地域です。この島で行われている農業の形態として最も適切なものを次のア～エから選び、記号で答えなさい。

ア　高冷地農業　　イ　都市農業　　ウ　近郊農業　　エ　混合農業

〈Ⅲ〉　昨年、国土地理院が日本の「島」の数え直しを行い、その数が２倍以上になりました。次の表１のア～エには「北海道・東北地方」、「関東地方」、「近畿地方」、「九州地方」のいずれかが当てはまります。また、表中の１位～４位は地方ごとに島の数が多い都道府県を示しています。これを見て、「近畿地方」にあたるものをア～エから選び、記号で答えなさい。

表1

	ア	イ	ウ	エ	中国・四国地方
1位	655	1473	635	1479	600
2位	540	861	244	1256	400
3位	203	666	97	691	396
4位	111	264	13	403	391
地方平均	215.6	501.1	141.3	574.9	272.3

注1）近畿地方は三重県を含み、福井県を含まない7府県で、九州地方は沖縄県を含む8県で集計
注2）都道府県境に位置する島については、またがる都道府県の数値にそれぞれ算入・集計

問3　近畿地方は林業が盛んな地域が多く、人工林の日本三大美林は「吉野」と「尾鷲（おわせ）」の2か所が近畿地方に存在しています。このうち、「尾鷲」について、この地域で生産されている樹種（木の種類）を次のア～オから選び、記号で答えなさい。また、その地域が存在する府県を図3の㋐～㋖から選び、記号で答えなさい。

ア　サクラ　　イ　ヒバ　　ウ　ケヤキ　　エ　ヒノキ　　オ　スギ

問4　次の図4と図5はそれぞれ大阪にある空港周辺の地形図です。また、表2は2023年8月のある日に離発着する飛行機の旅客便数を時間帯ごとに集計したもので、表2の「空港ア」、「空港イ」は図4・5で示した空港のいずれかです。

図4の空港として正しいものをア、イのどちらかから選び、記号で答えなさい。また、そのように考えられる理由をあとの【理由】カ～ケから1つ選び、記号で答えなさい。

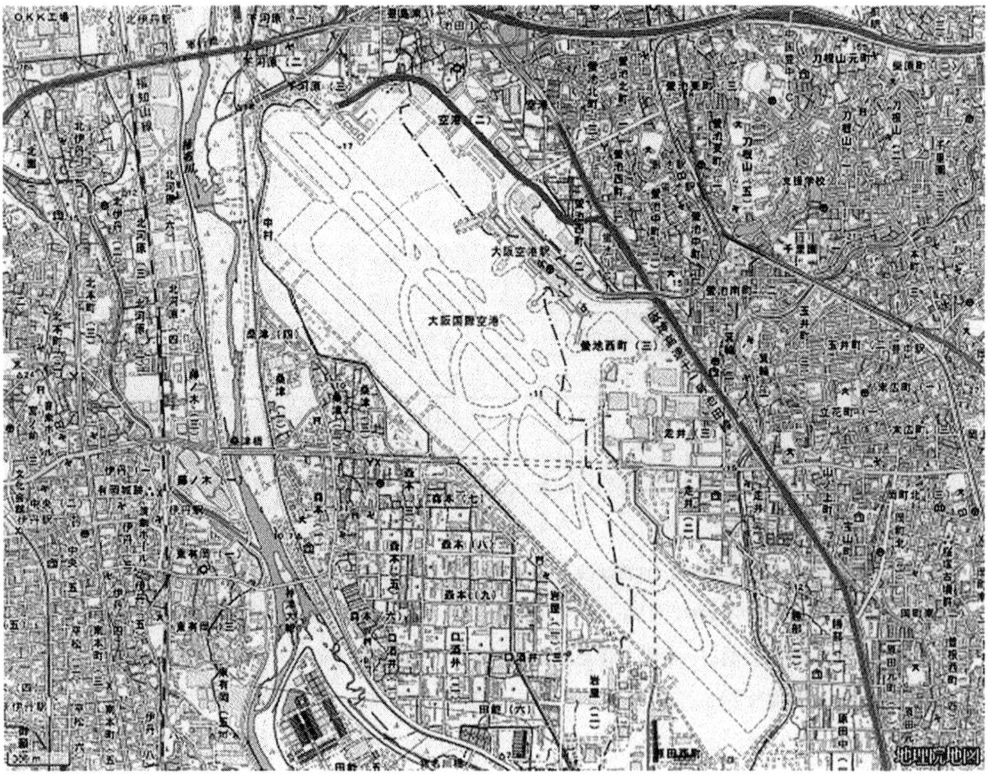

図4

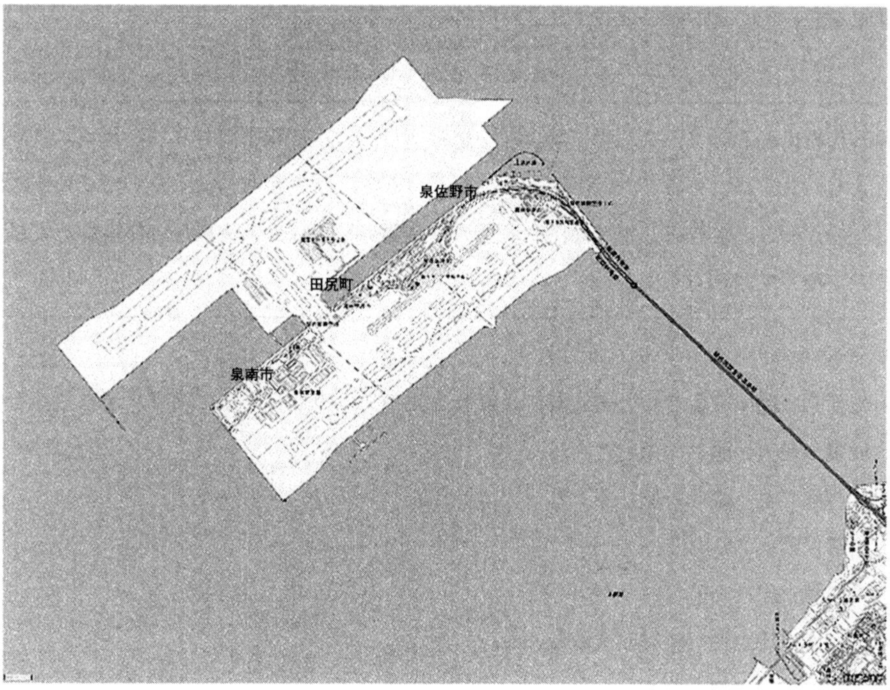

図５

＊国土地理院「地理院地図」より作成
＊図４・図５の縮尺は異なる

表２

	時間帯	0時台	1時台	2時台	3時台	4時台	5時台	6時台	7時台	8時台	9時台	10時台	11時台
空港ア	出発便	—	—	—	—	—	—	—	26	14	15	16	18
	到着便	—	—	—	—	—	—	—	2	13	12	19	10
空港イ	出発便	1	—	—	—	—	—	4	9	11	17	14	16
	到着便	—	—	—	—	—	2	3	5	10	14	11	14

	時間帯	12時台	13時台	14時台	15時台	16時台	17時台	18時台	19時台	20時台	21時台	22時台	23時台
空港ア	出発便	12	13	14	13	14	17	23	5	—	—	—	—
	到着便	14	17	14	12	18	9	20	20	20	—	—	—
空港イ	出発便	13	13	12	12	17	13	15	13	13	6	2	5
	到着便	13	13	14	20	12	15	16	13	6	13	11	1

＊大阪国際空港・関西国際空港のホームページより作成

【理由】

カ　大都市に近いため、空港の長時間稼働(かどう)が求められているから。

キ　周辺に広がる住宅地に対して、騒音や振動(しんどう)などに配慮(はいりょ)しているから。

ク　近年増えてきた、飛行機を利用しての通勤・通学に便利だから。

ケ　離発着の時間帯を分散させることで、空港の混雑を緩和(かんわ)させているから。

3　次の文章を読み、あとの問いに答えなさい。

> 夏休みに青山さんはクラブ活動でⓐ京都を訪れました。京都駅に降り立つと北側にはⓑ京都タワーがありました。次にたくさんのⓒ外国人旅行者がいることに気がつきました。行く先々では、さまざまな外国語が聞こえてきました。嵐山や鹿苑寺(ろくおんじ)(金閣寺)では外国人旅行者に道をたずねられたので地図などを使って説明をしました。

問1　下線部ⓐの場所で起きた歴史的なできごとを次のア～カからすべて選び、記号で答えなさい。

ア　戊辰(ぼしん)戦争最後の戦いの舞台となった。

イ　応仁の乱により焼け野原になった。

ウ　六波羅(ろくはら)探題がおかれた。

エ　生麦事件が起きた。

オ　江戸幕府の将軍徳川慶喜が大政奉還を行った。

カ　後醍醐(ごだいご)天皇が南朝をひらいた。

問2　下線部ⓑは平安京の「左京」地区の南端に近い位置にあります。京都タワーの展望室で京都駅を背にして周囲を眺めた時、平安京の内裏(だいり)(天皇の住まい)があったのは、どの方向と考えられますか。最も近いと考えられる方向を次のア～エから選び、記号で答えなさい。

ア　右ななめ前方　　イ　左ななめ前方　　ウ　右ななめ後方　　エ　左ななめ後方

問3　下線部ⓒに関連して、日本政府観光局（ＪＮＴＯ）によると、下線部ⓒの数は新型コロナウイルス感染症が世界的に流行し始めた2020年２月以降で初めて、2023年９月に200万人を超えました。

次の〈Ⅰ〉・〈Ⅱ〉に答えなさい。

〈Ⅰ〉　下線部ⓒのような、外国から(自国へ)の旅行のことを何と呼びますか。正しいものを次のア～エから選び、記号で答えなさい。

ア　インバウンド　　イ　インクルーシブ　　ウ　インカム　　エ　インボイス

〈Ⅱ〉　観光地において観光客が過度に集中し、地域住民の生活や自然環境に悪影響を及ぼしたり、混乱を招いてしまったりする状況を何といいますか。カタカナで答えなさい。

4　次の文章を読み、あとの問いに答えなさい。

> 日本の印刷の歴史はⓐ奈良時代の「百万塔陀羅尼(ひゃくまんとうだらに)」から始まります。764年に称徳(しょうとく)天皇と対立した貴族が反乱を起こすと、天皇側は追討軍を派兵し鎮圧(ちんあつ)しました。その後、天皇は戦没(せんぼつ)者の冥福(めいふく)、国家の守護、安泰(あんたい)を祈り、「百万塔陀羅尼」をつくらせました。百万塔の中に納入された「陀羅尼経」は制作年代がわかり、かつ、現存するという点で世界最古のⓑ印刷物です。陀羅尼とは仏教経典の呪文(じゅもん)を意味し、ⓒ法隆寺には3000点以上が伝存します。

＊TOPPANホールディングス株式会社 印刷博物館より作成

問1　下線部ⓐに関連して、次の〈Ⅰ〉・〈Ⅱ〉に答えなさい。

〈Ⅰ〉　昨年、奈良県にある日本最大の円墳から盾形(たてがた)銅鏡と鉄剣(蛇行剣(だこうけん))が出土したことが公表されました。この円墳を次のア～エから選び、記号で答えなさい。

ア　石舞台古墳　　イ　富雄丸山古墳　　ウ　稲荷山古墳　　エ　高松塚古墳

〈Ⅱ〉〈Ⅰ〉の古墳がつくられたのは、4世紀後半といわれています。この前後のできごとア～エを年代順(古い順)に並べた時、1番目と4番目にあてはまるのはどれですか。それぞれ選び、記号で答えなさい。

ア　大仙(だいせん)(仁徳陵)古墳がつくられた。

イ　隋の皇帝(こうてい)である煬帝に倭(わ)から使者が送られた。

ウ　朝鮮半島の百済(くだら)から仏教が正式に伝わった。

エ　奴(な)国の王が漢に使いを送り、皇帝から金印を授かった。

問2　下線部ⓑで江戸時代に人気を博した浮世絵の説明として、正しくないものを次のア～エから1つ選び、記号で答えなさい。

ア　浮世絵の「浮世」とは現代風という意味で、浮世絵は当時の様子を題材にした絵である。

イ　多色刷りの版画で大量に印刷されたので、値段も安く、多くの人びとに買い求められた。

ウ　役者絵・風景画などが描かれ、葛飾北斎(かつしかほくさい)、近松門左衛門、歌川広重などの絵師が活躍した。

エ　浮世絵はヨーロッパの画家にも影響を与え、オランダのゴッホは浮世絵を集めていた。

問3　下線部ⓒについて、正しくないものを次のア～エから1つ選び、記号で答えなさい。

ア　聖徳太子が仏教を取り入れようとした蘇我(そが)氏のために建立した。

イ　1993年に日本で初めて世界遺産に登録された。

ウ　五重塔や金堂(こんどう)は国宝で、現存する世界最古の木造建築物である。

エ　冠位十二階が制定されたのと同時期の7世紀はじめに建立された。

5　次の文章を読み、あとの問いに答えなさい。

> 明治維新以来、日本は近代国家への道を歩み始めましたが、新政府は「五榜(ごぼう)の掲示(けいじ)」において、江戸時代に引き続きキリスト教の禁教政策を継続していました。そうした中、条約改正のためⓐ欧米に派遣(はけん)された政府の使節団は、交渉(こうしょう)を始めるにあたって、行く先々でその政策について厳しい批判を受け、これをやめない限りは条約改正の交渉は難しいという見方を政府に伝えました。政府はこれらの批判も受け入れ、ⓑ1873年、キリスト教禁教の高札を撤廃(てっぱい)し、実質的にキリスト教が認められるようになりました。

問1　下線部ⓐは、約2年に渡って欧米を中心とした世界を回り、近代的な政治制度や工業について調べた後、帰国しました。次の①・②にあてはまる人物を、あとのア～オからそれぞれ選び、記号で答えなさい。

①　使節団の団長　　②　使節団のメンバーに入っていなかった人物

ア　西郷隆盛　　イ　大久保利通　　ウ　木戸孝允(たかよし)　　エ　岩倉具視(ともみ)　　オ　伊藤博文

問2　下線部ⓑについて、次の〈Ⅰ〉・〈Ⅱ〉に答えなさい。

〈Ⅰ〉　同年のことがらを次のア～オからすべて選び、記号で答えなさい。

ア　学制　　イ　徴兵令　　ウ　地租改正条例　　エ　廃藩置県　　オ　西南戦争

〈Ⅱ〉　同じ時期に政府を去った板垣退助らは、政府に「民撰(みんせん)(選)議院設立の建白書」を提出、国会の開設を要求しました。これがきっかけとなり、国民が政治に参加する権利の確立を目指す「(1)運動」が始まり、運動はやがて全国へと拡大していきました。

(1)に入る言葉を漢字4字で答えなさい。

6　青山学院中等部の近く（表参道）の交差点には次の文章が刻まれた碑（ひ）があります。この文章を読み、あとの問いに答えなさい。

> 和をのぞむ
>
> ⓐ太平洋戦争の末期、ⓑ昭和二十年五月、山の手地域に大空襲（くうしゅう）があり、
>
> 赤坂・青山地域の大半が焦土（しょうど）と化しました。
>
> 表参道では、ケヤキが燃え、青山通りの交差点付近は、火と熱風により
>
> 逃げ場を失った多くの人々が亡くなりました。
>
> 戦災により亡くなった人々を慰霊（いれい）するとともに、心から戦争のない
>
> 世界の平和を祈ります。
>
> 港区政六十周年にあたり、この地に平和を願う記念碑を建立します。
>
> 平成十九年一月
>
> 港区赤坂地区総合支所
>
> 区政六十周年記念事業実行委員会

＊一部 読みがなを入れています

問１　下線部ⓐについて、次の〈Ⅰ〉・〈Ⅱ〉に答えなさい。

〈Ⅰ〉　下線部ⓐより前に起きた次のＡ～Ｃのことがらを年代順（古い順）に並べたとき、正しいものをあとのア～カから１つ選び、記号で答えなさい。

Ａ　満州事変が起こる　　Ｂ　日独伊三国同盟を結ぶ

Ｃ　ドイツがポーランドに侵攻（しんこう）する

ア　Ａ→Ｂ→Ｃ　　イ　Ａ→Ｃ→Ｂ　　ウ　Ｂ→Ａ→Ｃ

エ　Ｂ→Ｃ→Ａ　　オ　Ｃ→Ａ→Ｂ　　カ　Ｃ→Ｂ→Ａ

〈Ⅱ〉　下線部ⓐの説明として正しくないものを次のア～エから１つ選び、記号で答えなさい。

ア　日本はミッドウェー海戦で敗北し、戦況（せんきょう）が悪化した。

イ　砂糖や米などの生活必需品（ひつじゅ）は切符（きっぷ）制・配給制となった。

ウ　学童の集団疎開（そかい）が始まる。中学生以上の全員が工場などで働くようになった。

エ　日本がハワイのアメリカ軍やウラジオストクのソ連軍を攻撃して始まった。

問２　下線部ⓑの年に起きたできごととして正しくないものを次のア～エから１つ選び、記号で答えなさい。

ア　日本国憲法が公布される　　イ　広島・長崎に原子爆弾（ばくだん）が投下される

ウ　米軍が沖縄に上陸する　　エ　国際連合が発足する

7　次の文章を読み、あとの問いに答えなさい。

> 厚生労働省の発表によると、2022年の合計特殊出生率（とくしゅしゅっしょう）＊は1.26で、2005年に並び過去最低でした。日本人の出生数は前年比で５％減少しており、ⓐ外国人を除く出生数が（　１　）を下回るのは1899年の統計開始以来初めてです。政府はこうした状況に対して、子どもや子育てに関する社会的問題の解決を一元化するため、こども家庭庁を創設させました。
>
> 一方、世界では人口が増加し続けています。国連の発表によると、昨年ⓑインドが中国を抜き、人口世界一になりました。

＊一人の女性が生涯のうちに産む子どもの数の平均のこと

問１　文中の空欄（　１　）に当てはまるものを、次のア～エから選び、記号で答えなさい。

ア　60万人　　イ　70万人　　ウ　80万人　　エ　90万人

問２　皆さんが生まれた2011年や2012年の年間出生数（日本における日本人の出生数）に最も近いものを次のア～エから１つ選び、記号で答えなさい。

ア　95万人　　イ　105万人　　ウ　115万人　　エ　125万人

問３　下線部ⓐについて、日本で生活したり、働いたりしている外国人に関連して、正しくないものを次のア～エから１つ選び、記号で答えなさい。

ア　日本で暮らす外国人は総人口の約2.5％（2022年末時点）を占め、そのうち最も多い国籍（こくせき）・地域はベトナムである。

イ　昨年、改正入管難民法が成立し、難民認定を申請中でも一部送還が可能となった。

ウ　日本は、ロシアによる侵攻から逃れてきたウクライナ人を難民とは別の枠組みで受け入れている。

エ　日本は難民認定の基準が厳しく、その認定率が著しく低い。これに対し、諸外国から基準の緩和を求められている。

問４　下線部ⓑの国について、次の〈Ⅰ〉・〈Ⅱ〉に答えなさい。

〈Ⅰ〉　首相名をカタカナで答えなさい。（フルネームでなくてよい）

〈Ⅱ〉　インドは現在、世界のＩＴ業界において存在感を示しています。このように発展した理由として正しくないものを次のア～エから１つ選び、記号で答えなさい。

ア　長く続いた身分制度の影響（えいきょう）を受けない、新しい分野の職業に優秀な人材が集まったから。

イ　アメリカと約半日の時差があり、アメリカ企業による24時間体制での開発などが可能だったから。

ウ　過去にイギリスの植民地であったため、英語を話すことのできる人が多かったから。

エ　識字率が高く、独自の数学（算数）教育がほとんどの国民に行き届いていたから。

青山学院横浜英和中学校（A）

—30分—

（編集部注：実際の入試問題では、写真や図版の一部はカラー印刷で出題されました。）

1　次の文章を読んで、後の問いに答えなさい。

2013年12月、「和食；日本人の伝統的な食文化」がユネスコ無形文化遺産に登録されました。日本の食文化は、正月のおせち料理、ひな祭りのちらし寿司など、季節の行事と密接な関係があります。日本人はこれらの行事を通して、自然の恵みである「食」を家族や地域で分け合い、「食」の時間を共有することで、きずなを深めてきました。このような季節や行事と関係の深い和食は、多くの①新鮮な食材や旬の食材を用い、その持ち味を上手に引き出している点に特徴があります。また、自然の美しさや季節の移ろいを表す鮮やかな盛り付けや、栄養バランスが良く健康的であるという特徴もあります。このような和食は日本の特異な自然環境が生んだものといえます。日本の国土は南北に長く、山脈が多いので、②地域ごとに気候や風土の違いが見られます。また、四季がはっきりとしているので、それぞれの季節を旬とする多様な農作物を育てることができます。③海に囲まれているため、魚介類などの水産物も豊富です。

しかし現在の和食の食材は、すべてが国産というわけではなく、輸入品も増えています。例えば寿司のネタとして人気のあるマグロは、消費量のうち約58％を輸入に頼っています。また、④世界の魚介類の消費量がアジア各国を中心に増加している一方で、⑤日本では魚介類の消費量が減少し、肉類の消費量が増加しています。肉類のうち、牛肉を例にとると、牛肉そのものの輸入だけでなく、国内産の肉牛を育てるために必要となる飼料も安価な輸入品に頼っています。また、日本では農業・水産業にかかわる人々の数が減りつつあることも、国内の食料生産が減る要因になっています。これらのことは、豊富な農作物や水産物が支えてきた日本の伝統的な食文化を失うことにつながるかもしれません。

そこで日本では⑥地産地消を全国の学校給食などで進めるなど、農業・水産業にかかわる人々を支援する取り組みが行われています。また、これからの人口減少による国内の食料消費量の減少分を補うため、⑦食品や和食そのものの輸出を伸ばしていくことも重要になります。日本貿易振興機構（JETRO）がアメリカ・フランス・イタリア・中国・香港・台湾・韓国の人々に好きな外国料理についての調査（2013年３月）を行ったところ、日本料理が21.1％で最も人気が高く、次いでイタリア料理（12.8％）、タイ料理（10.5％）、中国料理（9.3％）の順になりました。一方で、⑧和食を食べない理由もいくつかあることも明らかになっています。和食が世界でより多くの人に普及するにはまだまだ多くの課題がありそうです。

問１　下線部①について、野菜や魚などの食材を、生産地から新鮮さを保ったまま低温で輸送するしくみを何といいますか、カタカナで答えなさい。

問２　下線部②について、次の⑴⑵に答えなさい。

⑴　日本の気候について説明した文として**誤っているもの**を、次のア～オから１つ選び、記号で答えなさい。

ア　日本海側の気候は、夏は晴天が多く、気温が高い。太平洋側の気候は、冬は晴天が多く乾燥（かんそう）している。

イ　北海道の気候は太平洋側、日本海側のどちらも同じように、夏よりも冬の降水量が多い。

ウ　中央高地の気候は１年を通じて降水量が少なく、夏と冬の気温差が大きい。

エ　南西諸島の気候は南東の湿（しめ）った風の影響（えいきょう）で雨が多く降り、台風が通過することが多い。

オ　瀬戸内（せとない）海の気候は２つの山地で季節風がさえぎられるため、雨が少なく晴天が多い。

⑵　次の図は、2023年夏の猛暑（もうしょ）の原因の１つとなったある気象現象を示しています。この気象現象を何といいますか。

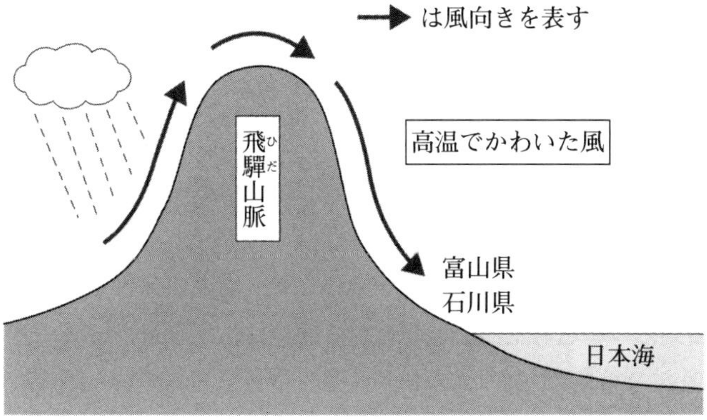

問３　下線部③について、日本には海岸線が長い都道府県がいくつかあります。**２番目**に海岸線が長い都道府県はどこですか。次のア～オから１つ選び、記号で答えなさい。

ア　沖縄県　　イ　鹿児島県　　ウ　北海道　　エ　東京都　　オ　長崎県

問４　下線部④について、食料需要（じゅよう）は増える一方ですが、食料を増やすことは簡単ではありません。世界の人口は2050年には97億人になると予想されています。このようななかで世界の将来の食料生産量を増やしていくことで起こる問題について、原因とその影響を説明しなさい。

問５　下線部⑤について、次のグラフは日本の漁業の種類別生産量の変化を示しています。このグラフに関する説明として**誤っているもの**をあとのア～エから１つ選び、記号で答えなさい。

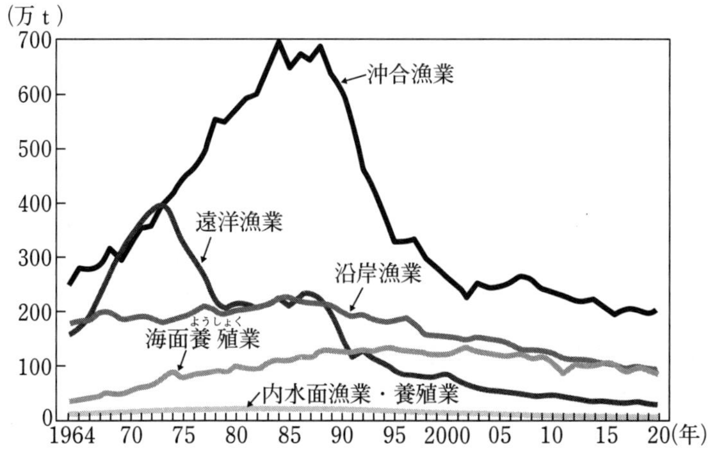

（『日本国勢図会2022/23』から作成）

ア　遠洋漁業は石油危機によって燃料が高くなったため、1970年代中ごろに生産量が大幅（おおはば）に減少した。

イ　沖合（おきあい）漁業は、各国が12海里の排他（はいた）的経済水域を設定したことにより生産量が大幅に減少した。

ウ　沿岸漁業の生産量が減少した理由として、赤潮の発生や埋（う）め立て地の拡大があげられる。

エ　奈良県での金魚の生産などの育てる漁業は、生産量にあまり変化がない。

問６　下線部⑥について、次の表の各県は学校給食で地場産物と国産食材を多く使用している県です。これらの県について、おもな農産物をまとめました。表中のＡ～Ｃの県名の組み合わせとして正しいものをあとのア～オから１つ選び、記号で答えなさい。

県名	おもな農産物
山口県	れんこん、だいこん、キャベツ、たまねぎ、はくさい、トマト
A	ほうれんそう、ねぎ、かんしょ、キャベツ、日本なし、米
B	らっきょう、すいか、日本なし、しろねぎ、ブロッコリー
島根県	米、二条大麦、大豆、そば、小麦
C	いちご、二条大麦、かんぴょう、日本なし、乳牛

ア　Ａ－群馬県　　Ｂ－千葉県　　Ｃ－新潟県

イ　Ａ－鳥取県　　Ｂ－愛知県　　Ｃ－福岡県

ウ　Ａ－埼玉県　　Ｂ－熊本県　　Ｃ－静岡県

エ　Ａ－茨城県　　Ｂ－鳥取県　　Ｃ－栃木県

オ　Ａ－熊本県　　Ｂ－香川県　　Ｃ－茨城県

問７　下線部⑦について次の⑴⑵に答えなさい。

⑴　次のア～エの地図は、2021年における食料加工品、印刷・印刷関連品、鉄鋼、石油製品・石炭製品の製造品出荷額のいずれかについて、上位５位までの都道府県を示したものです。このうち食料加工品を示したものを１つ選び、記号で答えなさい。

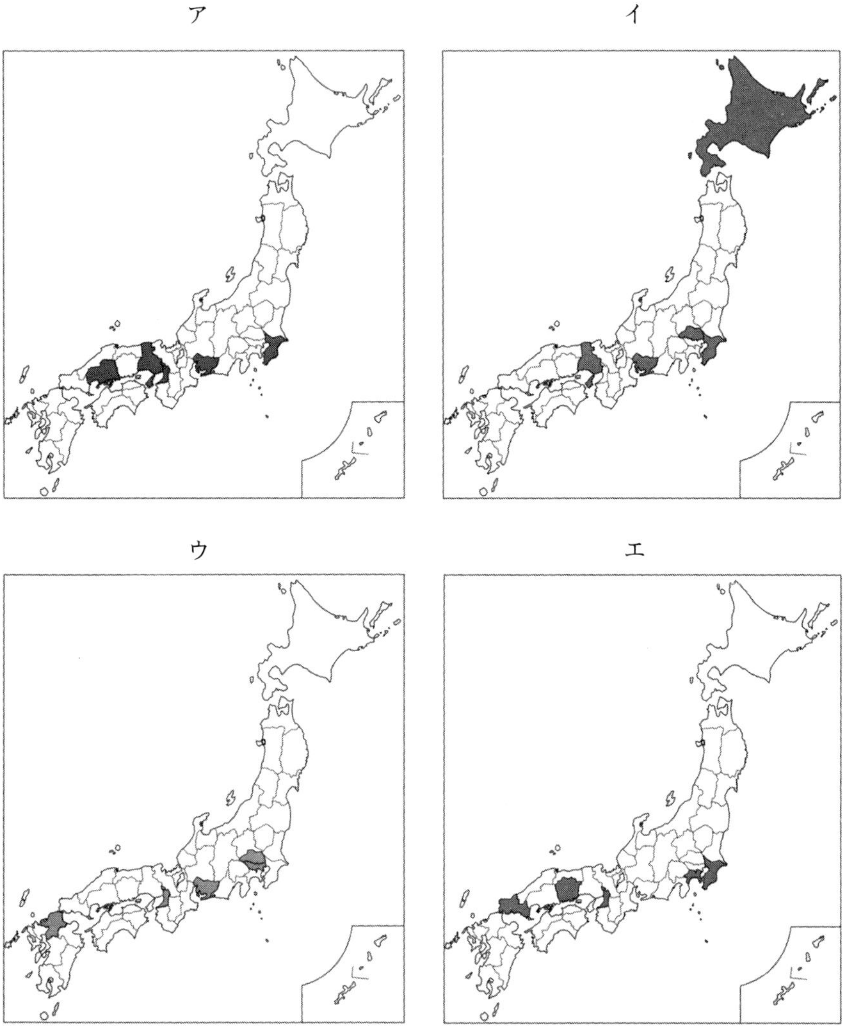

（総務省「2022年経済構造実態調査」から作成）

(2)　食品のうち果物について、次の地図のうち着色された県に共通して多く生産されているおもな果物の組み合わせとして正しいものをあとのア～オから１つ選び、記号で答えなさい。

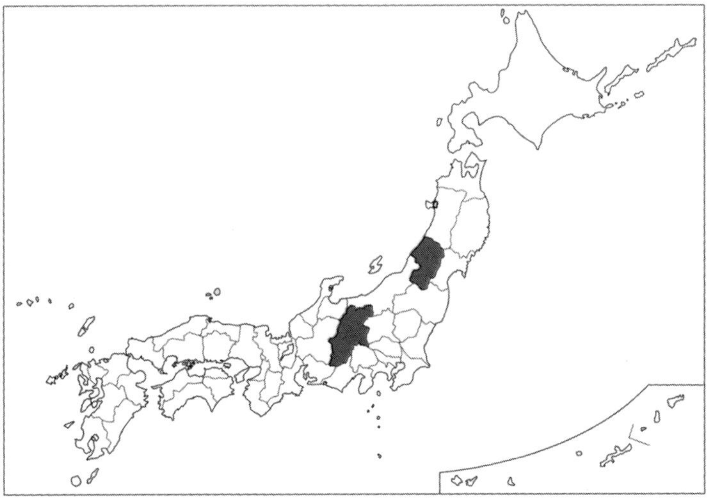

ア　みかん・もも・りんご　　イ　りんご・いちご・さくらんぼ

ウ　りんご・ぶどう・もも　　エ　ぶどう・メロン・なし

オ　もも・なし・さくらんぼ

問８　下線部⑧について、海外で和食を食べない理由として**誤っているもの**を次のア～オから１つ選び、記号で答えなさい。

ア　価格が高くなってしまうから。

イ　和食は洋食と比べて低カロリーだから。

ウ　食材の使い方や調理の仕方が分からないから。

エ　家庭で作るときの調理に手間がかかるから。

オ　発酵(はっこう)食品などは独特のにおいがあるから。

2　次の文章を読んで、後の問いに答えなさい。

近年、環境(かんきょう)への意識の高まりにともなって、①江戸時代の暮らしに関心が集まっています。江戸の町は当時の②ロンドンやパリをもしのぐ人口を抱(かか)えていたにもかかわらず③ゴミの量が非常に少なかったので、「エコ社会」が実現していたとして評価されているのです。なぜ江戸の町では、現代の私たちの課題であるゴミの削減(さくげん)がうまくできていたのでしょうか。

それは、江戸の町が清潔であったということに関係があります。例えば、落ちている木の破片(はへん)があれば、拾ったそれを燃料として④(　　)に売る人がいたり、家を回って、その台所から⑤灰を買い取って焼き物を作る人に売る、という仕事をしている人もいたりしました。もちろん、紙くずは再生紙の原料としてお金になるので、これもまた拾う人がいます。また、江戸の町には近くの農民が人糞(じんぷん)を買い取りに来ていました。これが「下肥(しもごえ)」という、農業を営むうえで重要な肥料となっていたのです。

実は、下肥にはあまり知られていない２つの話があります。１つは、買い取りの値段には差があったということです。町人と武士では食事が違うので栄養も違い、肥料としての効果も違いました。ところが、⑥大奥の女性たちの下肥は意外にも安く取引されていたようです。化粧品に使われていた水銀や鉛など、人体に有害な物質がそのまま含まれている、というのがその理由でした。もう１つは、下肥を使った農作物には⑦細菌や寄生虫が含まれるため、生で食べるには適さないということです。日本の農業では伝統的に行われてきたことですが、戦後GHQによる占領が行われた時に下肥の使用は禁止されました。

また、江戸の町人たちは物を大事に使っていたといわれます。特に木綿の着物に関しては庶民が新しい着物を買うことは珍しく、⑧古着を長く着ていました。このように、江戸の人々は修理するなどして物を大事に長く使い、現代ではゴミとされてしまう物も買い取り業者に売って、また社会の一部として循環させるといった生活をしていました。

「エコ」という言葉が盛んに使われるようになって久しいですが、環境保護を第一に考えた生活をしようとすると、結果的に不便になったりお金がかかったりしてしまう、という状態に陥ってしまうことがあります。このような⑨誰かが犠牲になるシステムはなかなか続かず、破綻してしまいます。「循環型社会」「エコ」「SDGs」さまざまな言葉で進められる⑩“地球を守る”取り組みが、人々の生活にも自然にも良いものとなるように、江戸の社会を見習う必要があるのかもしれません。

問１　下線部①について、江戸時代には国学という形で古来の日本が研究対象となりました。古代に巨大な神殿があったと伝えられる島根県の神社の名前を漢字で答えなさい。また、その読み方も答えなさい。

問２　下線部②について、19世紀のロンドンやパリでは万国博覧会が開かれています。日本では1970年に大阪で初めて万国博覧会が開かれました。1970年代の日本に関するできごとを説明した文として正しいものを次のア～エから１つ選び、記号で答えなさい。

ア　東海道新幹線が開通し、世界最速の鉄道として世界に知られた。
イ　鳩山一郎内閣のもと、日ソ共同宣言が結ばれ、ソ連の支持を受け、国際連盟に加盟した。
ウ　田中角栄内閣のもと、日中共同声明が出され、中国との国交が回復した。
エ　サンフランシスコ平和条約が結ばれ、日本は独立を果たした。

問３　下線部③について、掃除道具としてほうきがあります。次の資料は大伴家持がよんだほうきに関する和歌です。この和歌がおさめられた８世紀後半に成立した歌集として正しいものをあとのア～エから１つ選び、記号で答えなさい。

初春の　初子の今日の玉箒　手に取るからに　揺らぐ玉の緒

【訳】初春の初子の今日、玉飾りをしたほうきを手に取ると玉飾りが揺れて、喜ばしく音をたてる。

ア　万葉集　　イ　古今和歌集　　ウ　新古今和歌集　　エ　懐風藻

問４　下線部④について、空らんに入る場所は当時の人々の憩いの場です。特に、さまざまな人々が集まることから情報交換の場としても重宝されていました。明治時代になって政府が男女を分けるように厳しく命令したこの施設はどこですか。

問５　下線部⑤について、貝殻を焼いて作られた灰は貝灰と呼ばれました。この材質を使っている城のうち、日本初の世界文化遺産となった「白鷺城」とも呼ばれる兵庫県の城の名前を漢字で答えなさい。

問6　下線部⑥について、江戸時代後期には将軍や大奥の生活が華（はな）やかになった時期がありました。これによって商人の経済活動も活発になり、江戸を中心に庶民文化が花開きました。1804年ごろから1830年ごろのこの文化の名前を何といいますか、漢字で答えなさい。

問7　下線部⑦について、2024年度に新しくなる紙幣（しへい）の肖像画（しょうぞうが）に選ばれた日本の細菌学の研究者で、「近代日本医学の父」と呼ばれる明治時代の人物の名前を漢字で答えなさい。

問8　下線部⑧について、着物の原料として木綿のほか、生糸や絹（きぬ）織物があります。生糸や絹織物が当時日本に入ってきていた経路として正しいものを、地図中のア～エから１つ選び、記号で答えなさい。

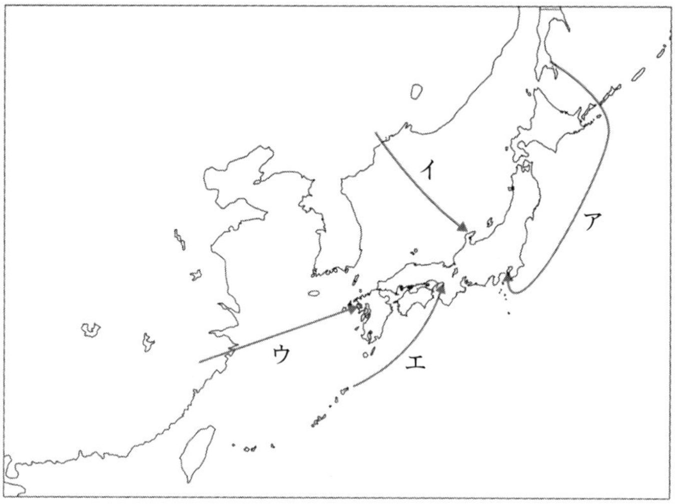

問9　下線部⑨について、第一次世界大戦は多くの犠牲者が出た戦争でした。第一次世界大戦について述べた文として正しいものを、次のア～エから１つ選び、記号で答えなさい。

ア　1917年のロシア革命後に成立したソヴィエト政権は戦争を継続（けいぞく）した。

イ　アメリカは開戦当初からこの戦争に参戦しており、多くの犠牲者が出た。

ウ　日本からは小村寿太郎が全権となり、ベルサイユ宮殿で講和条約が結ばれた。

エ　日本では、戦争中好景気になり、にわかに金持ちになった「成金」が現れた。

問10　下線部⑩について、“地球を守る”ことはグローバル化が進む現代では一国ではできません。グローバル化の歴史について述べた文として正しいものを、次のア～エから１つ選び、記号で答えなさい。

ア　日本は織田信長の時代から、朱印状（しゅいんじょう）を持った貿易船が東南アジアに進出し、東南アジア各地に日本町が建設された。

イ　イエズス会士のフランシスコ・ザビエルは鹿児島に上陸し、プロテスタントの教えを広めた。

ウ　明治時代には多くの宣教師が日本を訪れ、キリスト教を広めるとともに多くの学校を設立した。本校の創立者であるハリエット・G・ブリテンもその一人である。

エ　12世紀のはじめ、チンギス・ハンはモンゴル帝国（ていこく）を建設し、ユーラシア大陸をまたぐ大帝国をつくりあげ、ヨーロッパとアジアの貿易を活発にした。

問11　江戸時代にエコ社会と呼べる社会が成り立っていた理由として正しいものを、本文の内容をふまえて次のア～エから１つ選び、記号で答えなさい。

ア　オランダ風説書でヨーロッパ産業の発展と環境破壊を知り、日本では環境を壊さないようにしようと考えたから。

イ　不用品をゴミとして処分するのではなく、再利用することで金銭が発生する経済構造となっていたから。

ウ　たび重なる飢饉によって物資が不足したことで物価が上がり、庶民は新しい物を買えなかったから。

エ　仏教や儒教を尊ぶ国学の発展にともなって、古い物を大事に使うことが美徳とされたから。

3　次の文章を読んで、後の問いに答えなさい。

2023年７月から８月にかけて、FIFA女子ワールドカップが、①オーストラリアとニュージーランドの２か国で開催されました。FIFA女子ワールドカップが南半球の国で開催されるのは初めてのことでした。FIFAは国際サッカー連盟の略称で、2022年時点で211の国と地域が所属しています。この数が②国連加盟国数より多くなっているのは、１つの国の中で複数の地域が所属している場合があるからです。FIFAが結成されたのは③1904年で今からちょうど120年前のことになります。

日本にサッカーが伝わったのはいつごろでしょうか。複数の説がありますが、明治時代に④開港地で外国人が行ったのが初めてだといわれています。その後、国の⑤富国強兵政策の１つとして、師範学校の体育の授業に取り入れられました。日本がFIFAに正式に加盟したのは⑥世界恐慌のあった1929年でしたが、日本のサッカーはあいつぐ戦争などにより国際的な活動が滞り、戦後しばらくの間もFIFAから敗戦国として除名されていました。しかし、⑦戦争の反省から国際社会で平和で協力的な関係を築くことを目指すようになった日本は、1950年にFIFA復帰が認められると、しだいに国際舞台で活躍する機会も増えていきました。2002年にはアジア初のワールドカップが日韓共同で開催され、大きな盛り上がりを見せました。

このようなサッカーの歴史のなかで、女子サッカーはどのように成長してきたのでしょうか。女子によるワールドカップの歴史は男子より浅く、初めてFIFAによる女子世界選手権(現：女子ワールドカップ)が開催されたのは1991年のことでした。それから20年後の2011年、日本は女子ワールドカップで初の優勝を果たし、多くの人々に感動を与え、社会の関心を高めました。女性の⑧スポーツには、一般に男性との身体能力に差があることや、興行収入※が見込めずプロリーグが発達しにくいこと、出産などにより活動を続けることが困難な時期があることなどの課題があります。サッカー業界では現在、こうした課題を解決することを目指しています。またそれだけでなく、例えば「走らないサッカー」であるウォーキングサッカーのように、ルールを工夫することで⑨多様な人々が参加できるようにする取り組みも見られます。ワールドカップで使用される⑩サッカーボールにも、よりよい社会を目指していくための取り組みがあります。

サッカーをはじめとするスポーツは、「する」だけでなく、「みる」こと、「ささえる」ことによりたくさんの人々がかかわっています。スポーツのもつすばらしさをさまざまな人々が共有できる社会が目指されています。

※興行収入…観客などから料金を得て催しを行った際に得られる収入のこと。

問1　下線部①について、次のグラフは、2020年のオーストラリアと日本の主な貿易品目を示しています。グラフ中A～Cにあてはまる品目の組み合わせとして正しいものをあとのア～カから1つ選び、記号で答えなさい。

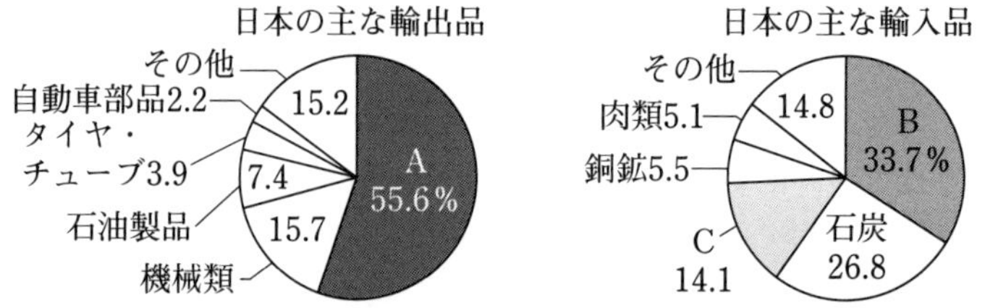

(「2021年財務省貿易統計」ほかから作成)

ア　A－自動車　　B－液化天然ガス　　C－鉄鉱石
イ　A－自動車　　B－鉄鉱石　　C－石油
ウ　A－自動車　　B－石油　　C－液化天然ガス
エ　A－鉄鋼　　B－液化天然ガス　　C－石油
オ　A－鉄鋼　　B－石油　　C－自動車
カ　A－鉄鋼　　B－自動車　　C－液化天然ガス

問2　下線部②について、国際連合に加盟している次のア～エの国のうち、日本が国としての正式な交流関係をもっていないものを1つ選び、記号で答えなさい。

ア　中華人民共和国　　イ　朝鮮民主主義人民共和国
ウ　イスラエル国　　エ　ロシア連邦

問3　下線部③について、1904年は日露戦争が起こった年です。次のA～Eは日露戦争前後のできごとについて説明したものです。A～Eを年代の古い順に並べたものを、あとのア～カから1つ選び、記号で答えなさい。

A　日本とイギリスが同盟を結んだ。　　B　日本が韓国を併合(へいごう)した。
C　義和団事件が起こった。　　D　日比谷焼き打ち事件が起こった。
E　アメリカとの間で関税自主権の完全回復に成功した。

ア　A→C→D→B→E　　イ　A→E→B→C→D
ウ　C→E→A→D→B　　エ　C→A→D→B→E
オ　E→C→B→A→D　　カ　E→B→D→A→C

問4　下線部④について、次の図1は、開港から現在にいたるまでの横浜港の移り変わりについて示した地図です。また、図2の写真は図1中のみなとみらい21周辺について、ある年代の様子を示しています。図2の写真はいつごろ撮影（さつえい）されたものですか。もっとも近い年代をあとのア～エから1つ選び、記号で答えなさい。

図1

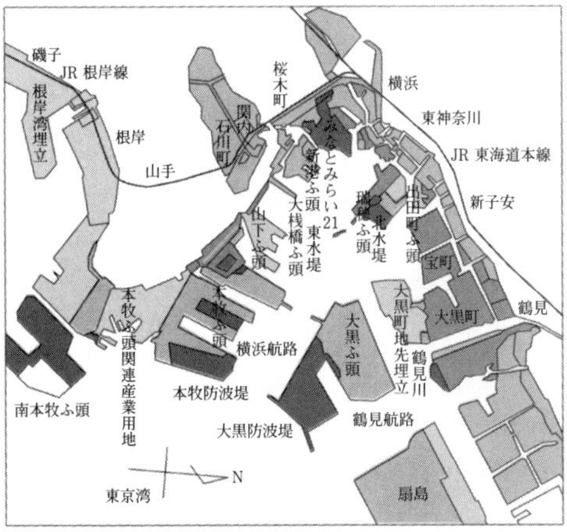

各色が示す時期

新田開発～市制草創期	～1923年８月31日
関東大震災復興期	1923年９月１日～1945年８月14日
第二次世界大戦復興期	1945年８月15日～1967年10月19日
コンテナ船時代	1967年10月20日～1983年２月２日
再開発時代	1983年２月３日～

（横浜市港湾局作成「横浜港変遷図」から作成）
（編集部注：実際の入試問題では、この図版はカラー印刷で出題されました。）

図2

（国土地理院「地理院地図」から作成）

ア　1923年～1945年ごろ　　イ　1945年～1967年ごろ
ウ　1967年～1983年ごろ　　エ　1983年～現在

問5　下線部⑤について、明治政府がとった富国強兵政策を説明した文として正しいものを次のア～エから1つ選び、記号で答えなさい。

ア　全国の土地を調査し、地価の３％を土地所有者に米で地租（ちそ）として納めさせた。

イ　官営模範工場として群馬県に富岡製糸場がつくられ、フランス人技師を招いて生糸の生産を行った。

ウ　新たに小学校を設置し、満６歳以上の男子を通わせることを義務とした。

エ　家の跡（あと）取りである長男も含（ふく）め、満20歳以上の男子全員に兵役（へいえき）を負わせたため、反対運動が起こった。

問6　下線部⑥について、世界恐慌から発生した不況(ふきょう)に対し、各国は異なる対応をとりました。あとのA～Cの各文は地図中の①～③の各国の対応について説明したものです。①～③の各国の説明文として正しい組み合わせを、ア～カから１つ選び、記号で答えなさい。ただし、国境線は現在のものを使用しています。

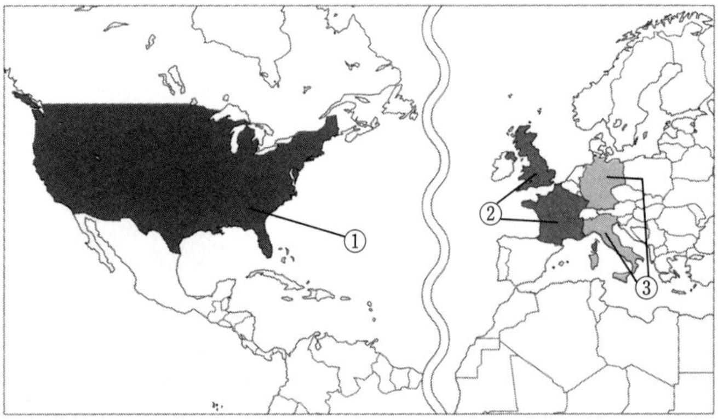

A　植民地との貿易を拡大する一方、それ以外の国の商品に対する関税を高くした。

B　Aを行うとともに、大規模な公共事業を行うなどニューディール政策を行った。

C　個人よりも民族や国家を重視し、軍を使って他国を侵略(しんりゃく)した。

ア	①　A	②　B	③　C	イ	①　A	②　C	③　B
ウ	①　B	②　A	③　C	エ	①　B	②　C	③　A
オ	①　C	②　A	③　B	カ	①　C	②　B	③　A

問7　下線部⑦について、戦後の日本の平和と安全を守るための取り組みを説明した文として**誤っているもの**を次のア～エから１つ選び、記号で答えなさい。

ア　1960年に改められた日米新安全保障条約では、日本がアメリカ軍に基地を提供することを決めた一方で、アメリカ軍が日本を防衛する義務はなかった。

イ　自衛隊は、外国からの攻撃(こうげき)に対して国民を守るだけでなく、大きな災害が起こったときの人命救助なども行っている。

ウ　国連の平和維持(いじ)活動に参加できることを定めたＰＫＯ協力法にもとづき、自衛隊が初めてカンボジアに派遣(はけん)された。

エ　2014年以降、日本政府は一定の条件が満たされた場合には、集団的自衛権が行使できるという立場をとることになった。

問8　下線部⑧について、スポーツ庁が属している省庁を説明した文として正しいものを次のア～エから１つ選び、記号で答えなさい。

ア　国民の健康や、労働者の生活に関する仕事をしている。

イ　教育や芸術、科学技術に関する仕事をしている。

ウ　自然環境の保護や公害の防止に関する仕事をしている。

エ　商業、工業、貿易に関する仕事をしている。

問９　下線部⑨について、次の(1)(2)に答えなさい。

(1)　世界各国で見られる生活文化のうち、イスラームの風習として正しいものを、次のア～カから**すべて**選び、記号で答えなさい。

ア　牛を神の使いと考え、牛肉を食べない。

イ　豚肉を食べたり、酒を飲んだりしてはいけない。

ウ　日曜日には教会に行く。

エ　クリスマスやイースターなどの行事がある。

オ　１日に複数回、決まった方向に向かって礼拝する。

カ　ラマダーン月には、日の出から日没（にちぼつ）まで飲食を断（た）つ。

(2)　性的マイノリティに対する差別も問題となっています。このようななか、国や自治体、企業（きぎょう）や学校などが性的マイノリティへの理解を進める活動や、環境の整備などを努力義務として定める法律が2023年６月に成立、施行されました。この法律の名前を表した次の言葉の空らんにあてはまる語句を漢字で答えなさい。

ＬＧＢＴ［　　　　］法

問10　下線部⑩について、かつてサッカーボールを作る労働者の賃金が低いことや、子どもがサッカーボール工場で働かされていることが問題となりました。現在は、こうした問題を解決するために次のようなマークをつけたサッカーボールが販売（はんばい）されています。このマークをつけた商品にはどのような特徴（とくちょう）がありますか。「発展途上国（とじょう）」という言葉を用いて説明しなさい。

FAIRTRADE

市川中学校(第１回)

—40分—

【注意事項】　１　解答の際には、句読点や記号は１字と数えること。
　　　　　　　２　コンパス・定規は使用しないこと。

1　中学１年生の市川さんと船橋先生が、古代から近世の日本で用いられていた貨幣について話しています。会話文を読み、あとの問いに答えなさい。

市川さん：日本で初めてつくられた貨幣は何ですか。

船橋先生：（　１　）です。A 7世紀に、天武天皇が発行した貨幣です。

市川さん：どのような目的で発行されたのですか。

船橋先生：都を建設するための費用や、建設を行う労働者の賃金に活用されたほか、まじないのために使われたという説もあるそうです。ところで、貨幣が発行される以前は、どのように取り引きをしていたと思いますか。

市川さん：麻などの布や、米・塩などが貨幣として使われていたんですよね。

船橋先生：そのとおりです。８世紀のはじめに（　２　）が発行されると、B 調を貨幣で納めることを朝廷が認めました。

市川さん：（　２　）のあとにも貨幣は発行されたのでしょうか。

船橋先生：C 奈良時代からD 平安時代にかけて、朝廷は何度か貨幣を発行しました。

市川さん：E 鎌倉時代や室町時代には、貨幣は使われていなかったのですか。

船橋先生：このころは、日本では貨幣が発行されなかったので、宋や明から輸入された貨幣が使われていました。

市川さん：日本国内でふたたび貨幣がつくられるようになるのは、いつからですか。

船橋先生：江戸幕府が、F 金貨・銀貨・銭貨の鋳造を行い、これらの三貨が全国で使われるようになりました。

市川さん：江戸時代には、外国との貿易も行われていましたが、その取り引きにも金貨や銀貨が使われたのでしょうか。

船橋先生：そうです。江戸時代のはじめ、長崎での貿易では、金貨や銀貨は主要な輸出品でした。

市川さん：そういえば、江戸幕府がG 金貨や銀貨が外国に流出することを防ぐために、貿易を制限する法令を出したと聞いたことがあります。

船橋先生：そうですね。ほかにも金や銀の採掘量が減少したことや、貿易をしていくなかでさまざまな問題に直面したことで、金貨にふくまれる金の量を調節したり、大きさを小さくするなどいろいろな対策を行いながら貨幣を発行したのです。

市川さん：貨幣発行については、さまざまな歴史があったんですね。

問１　（　１　）・（　２　）にあてはまる語句を、それぞれ漢字で答えなさい。

問２　下線Aについて、７世紀のできごととしてあやまっているものはどれですか、ア～エから１つ選び、記号で答えなさい。

ア　天智天皇のもとで、初めての全国的な戸籍がつくられました。

イ　中臣鎌足らが蘇我氏をほろぼし、「大化」という元号が定められました。

ウ　百済の王が、倭に仏像と経典を送ったことで仏教が伝来しました。

エ　聖徳太子が、天皇に仕える役人の心構えとして十七条の憲法をまとめました。

問３　下線Bについて、律令制度のもとでの税に関する説明a～cの正誤の組み合わせとして正しいものはどれですか、あとのア～クから１つ選び、記号で答えなさい。

a　租は、口分田をあたえられた男子のみから集められました。

b　防人は、九州北部で３年間警備を行うという負担でした。

c　調は各地の特産品で、庸はおもに布で納められ、地方の財源になりました。

ア　[a－正　b－正　c－正]　イ　[a－正　b－正　c－誤]

ウ　[a－正　b－誤　c－正]　エ　[a－正　b－誤　c－誤]

オ　[a－誤　b－正　c－正]　カ　[a－誤　b－正　c－誤]

キ　[a－誤　b－誤　c－正]　ク　[a－誤　b－誤　c－誤]

問４　下線Cの時代の政策について説明した次の文を読んで、□にあてはまる表現を15字以内で書きなさい。

> 聖武天皇は、□という考えにもとづいて、国分寺の建立や大仏の造立などの政策を行いました。

問５　下線Dについて、平安時代のできごとア～エを古いものから順番に並べ、記号で答えなさい。

ア　菅原道真が、遣唐使の派遣中止を提案しました。

イ　藤原道長が天皇に次々と娘をとつがせ、政治の実権をにぎりました。

ウ　最澄や空海によって、中国から新しい仏教がもたらされました。

エ　平将門が、東国で朝廷に対して反乱を起こしました。

問６　下線Eについて、鎌倉時代と室町時代のできごととして適切な文をそれぞれ選んだとき、その組み合わせとして正しいものはどれですか、あとのア～エから１つ選び、記号で答えなさい。

[鎌倉時代]

a　後鳥羽上皇率いる軍が幕府軍にやぶれた後、鎌倉幕府は京都所司代を置いて朝廷への監視を強化しました。

b　法然が、「南無阿弥陀仏」を唱えればだれでも極楽浄土に生まれ変われるとして、浄土宗を開きました。

[室町時代]

c　貿易の利益に目をつけた足利義満は、朝貢貿易の形式で日明貿易を開始しました。

d　有力な守護大名が中心となって村民をまとめ、惣という自治組織がつくられました。

ア　[a－c]　イ　[a－d]　ウ　[b－c]　エ　[b－d]

問７　下線Fについて、江戸時代の貨幣に関する説明a・bの正誤の組み合わせとして正しいものはどれですか、あとのア～エから１つ選び、記号で答えなさい。

a　江戸では金貨が、大阪では銀貨がおもに使われたように、地域により流通する貨幣が異なりました。

b　年貢として大名に納められた米は、おもに藩内で金貨や銀貨に交換されました。

ア　[a－正　b－正]　イ　[a－正　b－誤]

ウ　[a－誤　b－正]　エ　[a－誤　b－誤]

問８　下線Gについて、この法令は、ある儒学者の提案で出されました。６代家宣・７代家継の政治を補佐したこの儒学者とは誰ですか、漢字で答えなさい。

2　中学２年生の授業で、生徒たちが班ごとに近代から現代にかけての生糸に関する調べ学習を行いました。次の①～⑦班がまとめたメモを読み、あとの問いに答えなさい。

①班　開港直後の生糸輸出

$_A$開国して貿易が開始されると、貿易額は急速に増加し、1867年の貿易額(輸出額と輸入額の総額)は1860年の約５倍となりました。生糸は主な輸出品となり、横浜港を通じて、イギリスを中心とする欧米に向けて輸出されました。

②班　殖産興業と生糸

明治時代に入ると、殖産興業政策のなかで、群馬県につくられた(　１　)が1872年に操業を開始しました。フランス人技師ブリューナによってもたらされた器械製糸※1の技術は、製糸技術の習得を求める多くの人に伝えられ、(　１　)は「安定した品質の生糸を生産する」という明治政府のねらいを実現する役割をもちました。

※１…水力や蒸気などの動力で糸をつむぐ方法。それ以前は手動であった。

③班　産業革命と製糸業

1880年代後半から始まった日本の産業革命のなかで、$_B$製糸業は外貨獲得(かくとく)産業として発展し、生糸はひき続き欧米に向けた主要な輸出品としての地位をたもっていました。

④班　日本の製糸業と朝鮮

1910年の韓国併合後、朝鮮の統治機関である(　２　)は、朝鮮でも養蚕(ようさん)業を奨励(しょうれい)しました。これは、日本に生糸の原料である繭(まゆ)を安く供給させるためでした。

⑤班　大戦景気と製糸業

$_C$第一次世界大戦が始まると、日本は大戦景気と呼ばれる好況(こうきょう)となりました。好況をもたらした要因の１つに、アメリカ向けの生糸輸出が増加したことがあげられます。

⑥班　昭和初期の製糸業

1929年、世界恐慌が発生すると、日本も$_D$昭和恐慌とよばれる不況におちいりました。アメリカ向けの生糸輸出が激減したことで、国内では繭・生糸の価格が暴落し、養蚕・製糸業も打撃(だげき)を受けました。その後、アジア・太平洋戦争が始まると、製糸業は不要不急のものとされ、製糸工場は次々と軍需(ぐんじゅ)工場に変わりました。

⑦班　戦後の製糸業

アジア・太平洋戦争後、ナイロンやポリエステルなどの合成繊維(せんい)が普及(ふきゅう)するとともに、生糸の需要は減少し、製糸工場の閉業が相次ぎました。$_E$1960年代に入り、戦後初めて中国から生糸を輸入して以降、日本は生糸の輸入国となりました。

問１　（ １ ）・（ ２ ）にあてはまる語句を、それぞれ漢字で答えなさい。

問２　下線Ａについて、ペリー艦隊(かんたい)が日本に来航した際の航路をしめした地図および資料を見て、あとの問いに答えなさい。

＜地図＞

山川出版社『中学歴史 日本と世界(令和２年版)』より作成

〈資料〉

ペリー艦隊の乗組員の１人として来日した羅森(らしん)のもとには、連日、幕府の役人や知識人など多くの日本人が訪れ、それらの日本人と羅森は、筆談で交流をもちました。その中で、幕府の役人の１人が「高い教養をもつあなたが、なぜアメリカの言葉などを話すのか」という質問をしたといわれています。

問い　ペリーが羅森を乗組員として同行させる必要があったのはなぜですか、羅森がどこの国の人であるかをあきらかにして説明しなさい。

問３　下線Ｂについて、次の文章中の（ **あ** ）にあてはまる語句を漢字で答えなさい。

「男軍人　女は工女　糸をひくのも国のため」
　これは、製糸工場で働く工女たちが歌ったといわれる「工女節」の一節です。明治政府が（ **あ** ）をめざして殖産興業を進めるなか、この歌からは男は軍人として、女は工女としてそれぞれの役割を求められたことが読み取れます。

問４　下線Ｃについて、次の文章中の（ **い** ）・（ **う** ）にあてはまる語句を、それぞれ答えなさい。

第一次世界大戦が始まると、日本は1915年、中国に（ **い** ）をつきつけ、ドイツが中国にもっていた権益を日本にゆずることなどを要求しました。1919年、ドイツに対する講和条約である（ **う** ）条約により、それらの要求は認められることになりました。

問５　下線Ｄについて、この間に発生した満州事変に関する説明ａ・ｂの正誤の組み合わせとして正しいものはどれですか、あとのア～エから１つ選び、記号で答えなさい。

ａ　関東軍による満州国建国を認めない犬養毅首相が、海軍将校により暗殺される五・一五事件が発生しました。

ｂ　リットン調査団の報告を受けた国際連盟総会は、満州国を正式な国家として認めず、日本は国際連盟から脱退(だったい)することになりました。

ア　［ａ－正　ｂ－正］　　イ　［ａ－正　ｂ－誤］
ウ　［ａ－誤　ｂ－正］　　エ　［ａ－誤　ｂ－誤］

問６　下線Ｅについて、1960年代のできごととしてあやまっているものはどれですか、ア～エから１つ選び、記号で答えなさい。

ア　岸信介内閣のもとで、日米新安全保障条約が結ばれました。

イ　公害問題が表面化したことで、対策のために環境(かんきょう)庁が設置されました。

ウ　日韓基本条約で、日本は韓国を朝鮮半島における唯一(ゆいいつ)の政府と認めました。

エ　東京オリンピックの開催(かいさい)にあわせて、東海道新幹線が開通しました。

3　日本の自然災害に関するあとの問いに答えなさい。

問１　台風に関して、図１は日本周辺の台風の月別のおもな経路をしめしています。７月～10月の台風は西方に進んだ後、弧(こ)をえがくようにして東方に経路を変えていますが、これには日本周辺の気圧や風が影響(えいきょう)しています。東方に大きく経路を変えることに、特に影響をあたえている気圧と風の名称(めいしょう)の組み合わせとして正しいものはどれですか、あとのア～エから１つ選び、記号で答えなさい。

<図１>

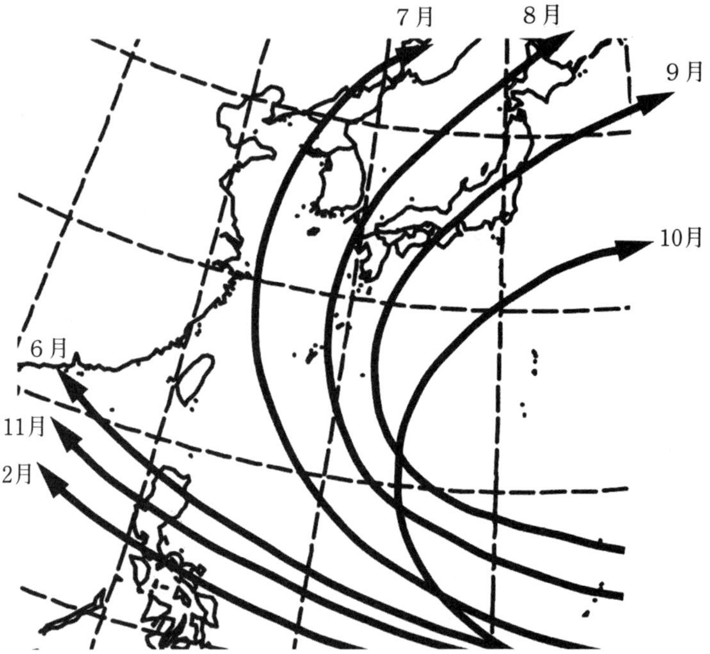

気象庁ＨＰ(https://www.jma.go.jp)より作成

ア　[気圧－シベリア高気圧　　風－南東季節風]

イ　[気圧－シベリア高気圧　　風－偏西風]

ウ　[気圧－太平洋高気圧　　風－南東季節風]

エ　[気圧－太平洋高気圧　　風－偏西風]

問２　冷害に関して、1993年、2003年の日本は全国的に冷夏となり、農業に影響が出ました。グラフ１中のａ～ｄは1992年から2021年の秋田県、新潟県、北海道、宮城県の米の収穫量の推移をしめしています。秋田県と北海道の組み合わせとして正しいものはどれですか、あとのア～クから１つ選び、記号で答えなさい。

＜グラフ１＞

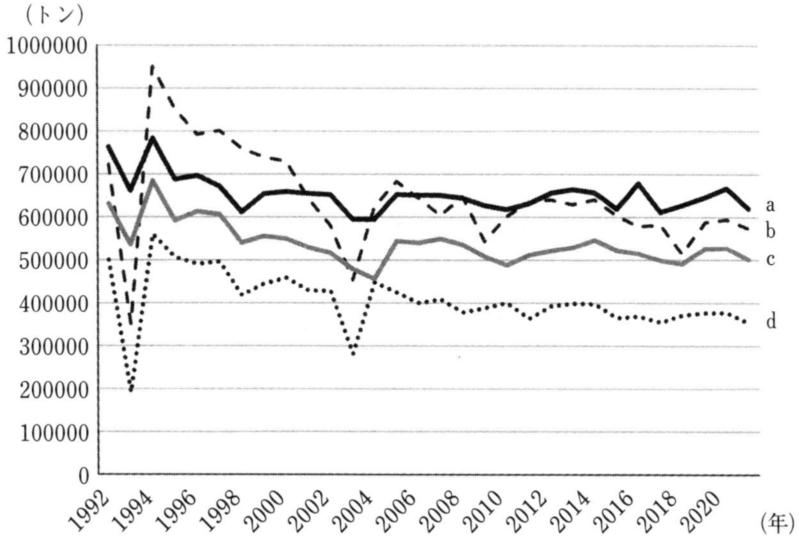

政府統計の総合窓口(e-Stat) ＨＰ (https://www.e-stat.go.jp) より作成

ア　[秋田県－ａ　北海道－ｃ]　　イ　[秋田県－ａ　北海道－ｄ]
ウ　[秋田県－ｂ　北海道－ｃ]　　エ　[秋田県－ｂ　北海道－ｄ]
オ　[秋田県－ｃ　北海道－ａ]　　カ　[秋田県－ｃ　北海道－ｂ]
キ　[秋田県－ｄ　北海道－ａ]　　ク　[秋田県－ｄ　北海道－ｂ]

問３　洪水に関して、次の問いに答えなさい。

(1)　豪雨(ごうう)などによって河川の水量が増して、大きな災害につながることがあります。グラフ２は図２中のＸ～Ｚでしめした地点で観測された2019～2021年の月平均河川流量の３か年平均値をしめしています。ａ～ｃとＸ～Ｚの組み合わせとして正しいものはどれですか、あとのア～カから１つ選び、記号で答えなさい。

＜グラフ２＞

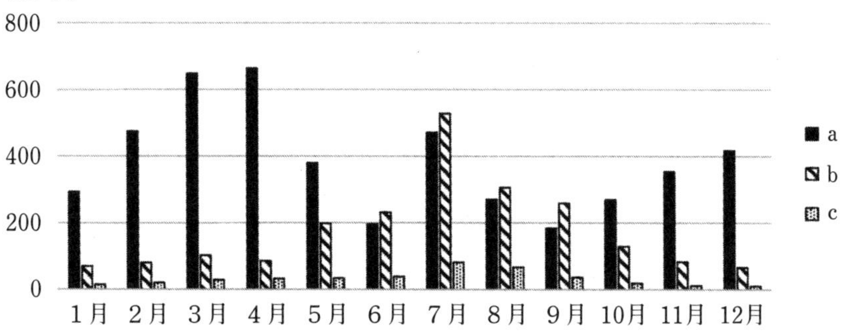

国土交通省 水文水質データベース (http://www1.river.go.jp) より作成

＜図２＞

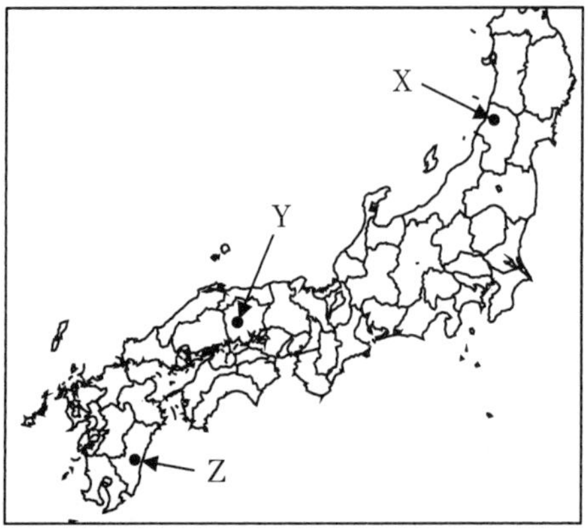

ア　[a－X　b－Y　c－Z]　　イ　[a－X　b－Z　c－Y]
ウ　[a－Y　b－X　c－Z]　　エ　[a－Y　b－Z　c－X]
オ　[a－Z　b－X　c－Y]　　カ　[a－Z　b－Y　c－X]

(2)　揖斐川、長良川、木曽川が集まる濃尾平野では、写真１でしめした地域のように、低地に堤防(ていぼう)をめぐらせて洪水対策をしています。このように堤防をめぐらせた地域を何といいますか、漢字で答えなさい。

＜写真１＞

帝国書院『図説地理資料 世界の諸地域NOW2023』より作成
ⒸFUSAO ONO/SEBUN PHOTO/amanaimages

問４　地震に関して、今後南海トラフ地震が発生すると、太平洋ベルトに集中する日本の工業地帯や工業地域も被害(ひがい)を受けることが予測されます。表１は2019年度における太平洋ベルト上の各工業地帯・工業地域の、工業ごとの製造品出荷額等の全国の合計に対する割合をしめし、a～cは瀬戸内工業地域、中京工業地帯、阪神工業地帯のいずれかです。グラフ３は日本全体の製造品出荷額等の産業別構成の変化をしめし、X～Zは金属工業、機械工業、化学工業のいずれかです。これを見て、あとの問いに答えなさい。

＜表１＞

	金属工業	機械工業	化学工業	食品工業	繊維工業	その他
a	12.8％	27.5％	10.9％	7.0％	10.9％	10.6％
b	16.0％	8.6％	11.3％	9.4％	10.9％	8.9％
c	13.0％	7.4％	14.5％	6.1％	17.4％	7.6％

二宮書店『データブック オブ・ザ・ワールド2023版』より作成

＜グラフ３＞

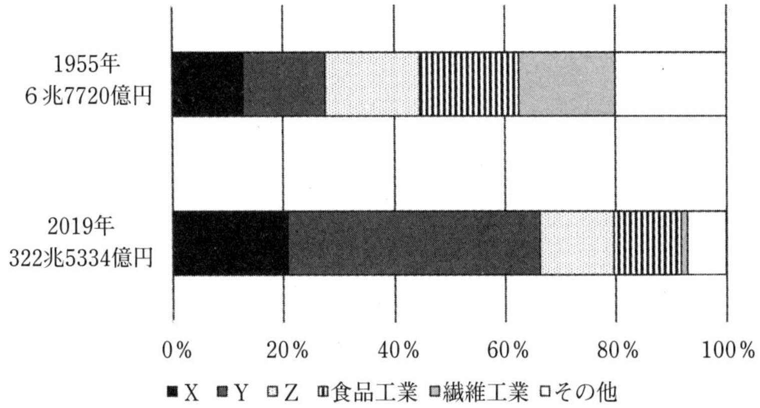

二宮書店『データブック オブ・ザ・ワールド2023版』より作成

問い　瀬戸内工業地域と金属工業の組み合わせとして正しいものはどれですか、ア～ケから１つ選び、記号で答えなさい。

ア　[ａ－Ｘ]　イ　[ａ－Ｙ]　ウ　[ａ－Ｚ]
エ　[ｂ－Ｘ]　オ　[ｂ－Ｙ]　カ　[ｂ－Ｚ]
キ　[ｃ－Ｘ]　ク　[ｃ－Ｙ]　ケ　[ｃ－Ｚ]

問５　次のａ～ｃの図は、東日本における洪水、地震、津波の自然災害伝承碑(ひ)の位置をしめしています。ａ～ｃと災害の組み合わせとして正しいものはどれですか、あとのア～カから１つ選び、記号で答えなさい。

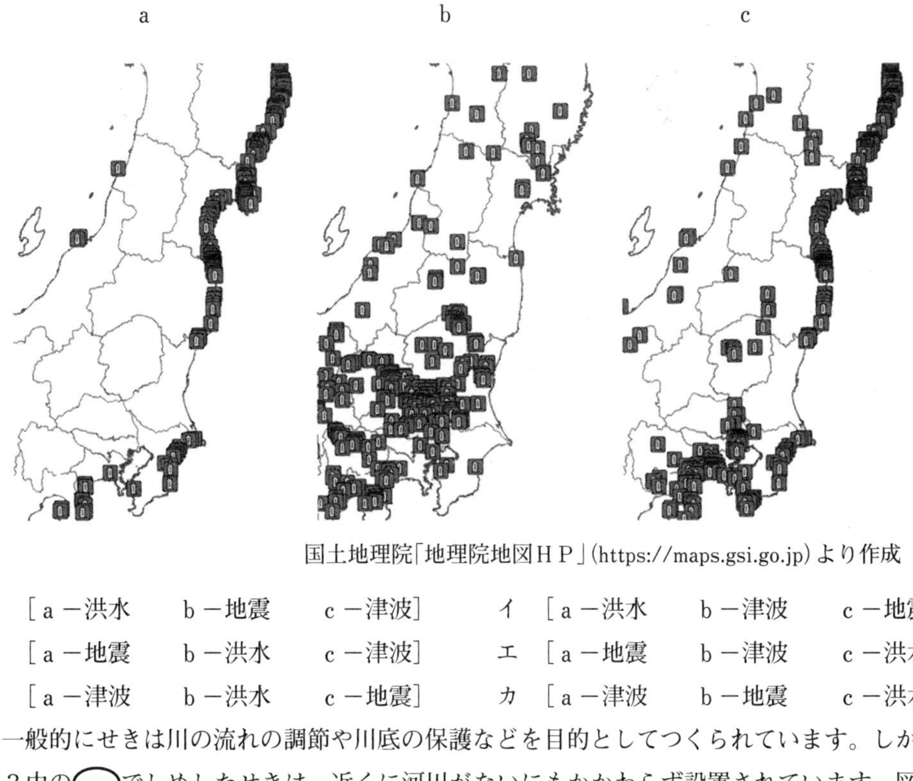

国土地理院「地理院地図ＨＰ」(https://maps.gsi.go.jp)より作成

ア　[ａ－洪水　ｂ－地震　ｃ－津波]　イ　[ａ－洪水　ｂ－津波　ｃ－地震]
ウ　[ａ－地震　ｂ－洪水　ｃ－津波]　エ　[ａ－地震　ｂ－津波　ｃ－洪水]
オ　[ａ－津波　ｂ－洪水　ｃ－地震]　カ　[ａ－津波　ｂ－地震　ｃ－洪水]

問６　一般的にせきは川の流れの調節や川底の保護などを目的としてつくられています。しかし、図３中の◯でしめしたせきは、近くに河川がないにもかかわらず設置されています。図３中のせきの役割とこの地域にせきが設置されている理由を説明しなさい。

＜図３＞

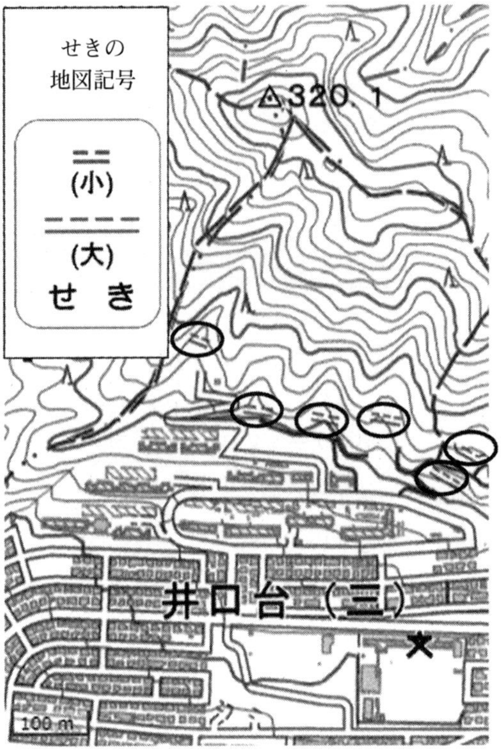

国土地理院ＨＰ(https://www.gsi.go.jp)より
地理院地図ＨＰ(https://maps.gsi.go.jp)より作成

4　中学３年生の公民の夏休み課題は自分で選んだ新書を１冊読むことでした。千葉さんが選んだ新書は、杉田敦(すぎたあつし)著『政治的思考』(岩波新書)です。千葉さんとクラスメイトの松戸さんの会話文を読み、あとの問いに答えなさい。

千葉さん：国会のしくみなどについての学習は公民の授業で行いましたが、政治とは何か、よくわからないなという思いがあり、この本を選びました。

松戸さん：そもそも、政治とはいったい何なのでしょうか。

千葉さん：政治とは、みんなのことについて決めることを指すと書いてあります。

松戸さん：では、クラスの文化祭の企画(きかく)を決定するのも政治なのでしょうか。

千葉さん：みんなのことについて決めているので、政治と考えられますね。この本では、政治の決定を「誰(だれ)が」「何を」「いつ」「どのように」決めるか、の４つの視点から検討しています。第一に、$_{\text{A}}$<u>「誰が」決めるのか</u>という点についてです。物事は、誰が決めるかを確定しなければ、決めることはできません。

松戸さん：クラスのことはクラスメイトみんなで話し合って決めるのが普通(ふつう)です。となると、日本のことは、日本の国民が決めるのではないでしょうか。

千葉さん：たしかに、憲法では国民主権が定められています。しかし、$_{\text{B}}$<u>近年ではグローバル化が進んでいるため、重要なことがらのすべてを国民という単位だけでは決めきれなくなっています</u>。

松戸さん：決める人が変われば、議論の結果も変わるかもしれませんね。

千葉さん：そのとおりです。第二は、「何を」決めるのかという点です。議題の設定のしかたによって、決定の内容が左右されることがあります。つまり、C何を議題に取りあげるかということ自体が大きな意味をもっています。

松戸さん：何を取りあげるかについても注意が必要ですね。

千葉さん：三番目に、D「いつ」決めるのかという点です。

松戸さん：議論をいつまで続けるか決めなくてはいけませんね。

千葉さん：例えば、自分たちが納得できない決定が行われないように、議論するふりをして決定を先送りさせるということもできますよね。

松戸さん：結局は、ほどほどに議論をして、決定するしかありませんね。

千葉さん：しかし、何がほどほどか、人によって考え方がちがってきてしまいます。議論の期間に対する正解がないなかで、期間を設定しなければいけません。その決定も政治的な営みです。四番目は、E「どのように」決めるのかという点です。これは「誰が」決めるのかということともかかわってきます。クラスでの話し合いのときを考えてみてください。

松戸さん：全員の意見が一致(いっち)することはほとんどありません。場合によっては、学級委員がすべて決めてしまってもよいと思います。

千葉さん：しかし、物事は決める過程こそが大切です。そうでなければ、みんなが納得できる結論にはならないのではないでしょうか。

松戸さん：みんなのことについて決める場合は、ただ決めればよいというわけではないので、とても大変なのですね。

千葉さん：国や自治体の政治は民主政治で行われていて、選挙で政治家を選び、その政治家が議論をし、調整をした上で物事は決まります。Fこのような非効率で手間のかかる面倒(めんどう)なしくみを手放さないのはなぜなのでしょうか。早く、簡単に決めることばかりが、必ずしも「良い政治」ではないと、筆者は伝えたいのだと思います。

問1　下線Aに関する千葉さんと松戸さんの会話文を読み、あとの問いに答えなさい。

> 千葉さん：「誰が」決めるかによって議論の結果が変わるのであれば、国会議員が「誰か」ということにも注目する必要がありそうですね。
>
> 松戸さん：若い世代や女性が国会議員に多い国ほど、SDGsの達成度が高くなっていると、新聞の記事で読みました。2022年に発表された各国のSDGsの達成状況(じょうきょう)によると日本のSDGsの達成指数は163か国中19位で、年々順位を落としているようです。
>
> 千葉さん：日本の国会議員は女性の割合が低いと授業で習いましたね。たしかに、女性議員の数が少ないと、SDGsの目標「5．ジェンダー平等を実現しよう」の達成に影響(えいきょう)が出そうです。
>
> 松戸さん：実は、「1．貧困をなくそう」という目標の達成にも、女性議員の割合が影響をあたえると記事には書いてありました。この目標についても、日本には課題が残っているという評価を受けています。
>
> 千葉さん：貧困の問題の解決にも女性議員の割合が関係しているのは、意外ですね。貧困はアフリカなどの発展途上(とじょう)国の問題ではないのですか。
>
> 松戸さん：実は、日本にも解決しなくてはならない貧困の問題があるのです。近年では、特に20～64歳の勤労世代の女性の貧困が問題になっています。

問い　日本の国会議員の女性の割合が低いと、「１．貧困をなくそう」という目標の達成が遠ざかる可能性があるのはなぜでしょうか。会話文中の下線部にしめされている貧困の例を具体的にあげながら説明しなさい。

問２　下線Bのような状況は、日本だけでなく世界でも見られます。このような状況を具体的にしめした例として、ふさわしくないものはどれですか、ア～エから１つ選び、記号で答えなさい。

ア　環境(かんきょう)問題の解決のために、水鳥の保護を定めたラムサール条約など、多くの国際的な取り決めがあります。

イ　イギリスでは、国内の移民の急増などをきっかけとして、国民投票を行った結果、ＥＵ離脱(りだつ)が決まりました。

ウ　先進国と発展途上国の経済格差を解決するために、国連の機関としてＵＮＣＴＡＤが中心となって、発展途上国への経済援助(えんじょ)を行っています。

エ　国際社会における核(かく)兵器の廃絶に向けて、核兵器の使用や開発、使用の威嚇(いかく)をふくめた行為を禁止する核兵器禁止条約が発効されました。

問３　下線Cについて、日本で取りあげられた議題に関する説明として、あやまっているものはどれですか、ア～エから１つ選び、記号で答えなさい。

ア　原子力発電所から出る放射性廃棄(はいき)物の最終処分場をどこにつくるかについては、国や地方で議論をしていますが、決められていません。

イ　沖縄の普天間飛行場の移転先について国会で議論が行われ、日米政府の合意に基づき辺野古への移転が決まりました。

ウ　選択(せんたく)的夫婦別姓の導入については、法案が国会で審議(しんぎ)されたものの否決されたため、導入にいたっていません。

エ　政府は、男性の育児休業取得をうながすために制度の見直しを行い、仕事を休む人への給付金についても議論をしています。

問４　下線Dについて、次の日本国憲法の条文は、「いつ」決めるのかという問題に関する条文です。これを読み、あとの問いに答えなさい。

> 第59条④　参議院が、衆議院の可決した法律案を受け取つた後、国会休会中の期間を除いて（　１　）日以内に、議決しないときは、衆議院は、参議院がその法律案を否決したものとみなすことができる。

> 第60条②　予算について、参議院で衆議院と異なつた議決をした場合に、法律の定めるところにより、両議院の協議会を開いても意見が一致しないとき、又(また)は参議院が、衆議院の可決した予算を受け取つた後、国会休会中の期間を除いて（　２　）日以内に、議決しないときは、衆議院の議決を国会の議決とする。

> 第69条　内閣は、衆議院で不信任の決議案を可決し、又は信任の決議案を否決したときは、（　３　）日以内に衆議院が解散されない限り、総辞職をしなければならない。

(1)　（　１　）～（　３　）にあてはまる数字の組み合わせとして正しいものはどれですか、ア～カから１つ選び、記号で答えなさい。

ア［１－10　２－30　３－60］　イ［１－10　２－60　３－30］
ウ［１－30　２－10　３－60］　エ［１－30　２－60　３－10］
オ［１－60　２－10　３－30］　カ［１－60　２－30　３－10］

(2) 日本国憲法第69条のような決まりが存在するのは、日本の内閣は国会の信任に基づいて成り立つというしくみになっているからです。このしくみを何といいますか、漢字で答えなさい。

問５　下線Ｅについて、次の問いに答えなさい。

(1) 裁判の判決を「どのように」決めるのか、ということに関する説明として正しいものはどれですか、ア～エから１つ選び、記号で答えなさい。

ア　裁判官は、国会議員と審議を重ねながら判決を決めることで、国民の意見を裁判に反映させようとしています。

イ　裁判の結果に納得できない場合、上級の裁判所に裁判のやり直しを請求(せいきゅう)することができ、原則として１つの事件について２回まで裁判を受けられます。

ウ　国会が定めた法律や内閣の行う政治に対して、違憲審査権の行使という形で最高裁判所のみが憲法に違反していないかを審査します。

エ　裁判員制度では、被告人の有罪を決めるときは、１人以上の裁判官が多数意見に賛成していなければなりません。

(2)「どのように」決めるのかということと深い関連をもつ、「誰が」決めるのかということに関する説明ａ～ｃの正誤の組み合わせとして正しいものはどれですか、あとのア～クから１つ選び、記号で答えなさい。

ａ　地方公共団体の長は、地方議会の議員とは異なる選挙で選ばれるため、議会での多数派をしめる政党とは異なる政党に所属していることもあります。

ｂ　最高裁判所長官は内閣総理大臣によって指名されますが、その他の裁判官の任命は国会が行います。

ｃ　男女がともに参加する国民投票で過半数の賛成を得られたことによって、日本国憲法が成立しました。

ア［ａ－正　ｂ－正　ｃ－正］　イ［ａ－正　ｂ－正　ｃ－誤］
ウ［ａ－正　ｂ－誤　ｃ－正］　エ［ａ－正　ｂ－誤　ｃ－誤］
オ［ａ－誤　ｂ－正　ｃ－正］　カ［ａ－誤　ｂ－正　ｃ－誤］
キ［ａ－誤　ｂ－誤　ｃ－正］　ク［ａ－誤　ｂ－誤　ｃ－誤］

問６　下線Ｆについて、日本国憲法第12条には、民主政治に参加する権利もふくめて、私たちがもつ権利を手放さずに守りぬくという理念があらわされています。次の条文中の（ Ｘ ）にあてはまる語句を答えなさい。

> 第12条　この憲法が国民に保障する自由及(およ)び権利は、国民の（ Ｘ ）によつて、これを保持しなければならない。又、国民は、これを濫用(らんよう)してはならないのであつて、常に公共の福祉(ふくし)のためにこれを利用する責任を負ふ。

浦和実業学園中学校（第１回午前）

―30分―

1　本校では、中学２年生で２泊３日の語学研修を実施しています。福島県にあるブリティッシュヒルズで英会話レッスンや様々なアクティビティがあり、できるだけ英語を使って生活をすることで、日頃の英語イマージョン教育の成果を試しています。

次の会話文は、ブリティッシュヒルズ語学研修についての先生と生徒の会話を記したものです。これを読み、以下の設問に答えなさい。

先生：ブリティッシュヒルズ語学研修はどうでしたか。

生徒：久しぶりの宿泊行事だったので、朝、集合したときから楽しかったです。会話に夢中で、①埼玉県・②群馬県・③栃木県を通り過ぎていたことに④福島県の白河市に入ってから気づきました。

先生：白河市では⑤小峰城を見学しましたね。雪景色の小峰城は情緒がありました。

生徒：私は寒くて、バスの中で昼食をとりました。ブリティッシュヒルズはさらに山の中だったので、より積もっていましたね。

先生：生徒のみなさんはその寒さもあってか、各部屋に準備されていたハリーポッター風のマントを身にまとい、行動している姿をよく見かけました。

生徒：建物や敷地内の雰囲気だけでなく、ティールームなどもあったため、まるで⑥イギリスにいるような感覚でした。

先生：とても良い体験だったということですね。ところで、肝心の英語力の向上は感じられましたか。

生徒：普段、学校にネイティブの先生がいる分、臆することなくたくさんの人とコミュニケーションをとることができました。言葉が通じることに快感を覚えました。

先生：そうですか。その調子で引き続き楽しい学校生活を送りましょう。

問１　下線部①について、埼玉県は多くの都県と接しています。接している都県の数を**算用数字**で答えなさい。

問２　下線部②について、群馬県の県庁所在地名を「～市」の形に合わせて**漢字**で答えなさい。

問３　下線部③について、栃木県では「ある農産物」の生産が全国１位です。次の円グラフはその「ある農産物」の生産割合を示しています。このように関東地方では都市の住民向けに新鮮な農産物を生産する農業形態が発展してきました。この農業形態として正しいものを次のア～エから一つ選び、記号で答えなさい。

「ある農産物」の生産割合

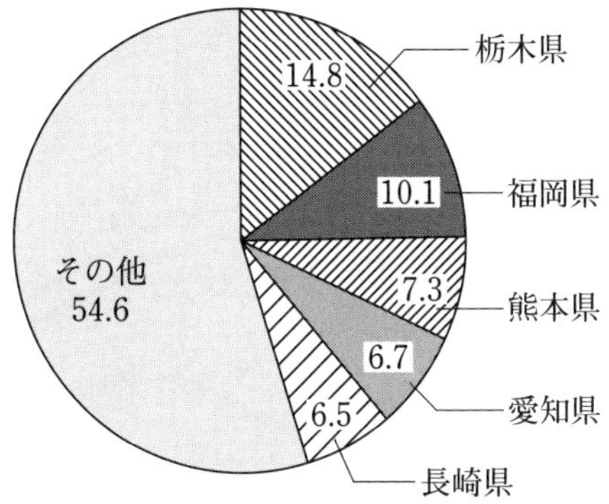

(『データでみる県勢2023』野菜の収穫量 (2021年産/主産県のみ調査) より作成)

ア　促成栽培　　イ　抑制栽培　　ウ　近郊農業　　エ　施設園芸農業

問４　下線部④について、(1)・(2)に答えなさい。

(1)　福島県での果物づくりについて述べた文として**誤っているもの**を次のア～エから一つ選び、記号で答えなさい。

ア　福島盆地では果物づくりがさかんで、特に桃の生産は全国１位です。

イ　阿武隈川沿いの水はけのよい土地で果物づくりがさかんです。

ウ　桃づくりでは、春に余分な花や実を摘み、大きい実を育てます。

エ　桃づくりでは、実は収穫後に選果場に運ばれ、大きさや甘さを揃えるためにセンサーで検査します。

(2)　福島県の会津地方では四季の変化が明瞭です。次の資料１・２を参考に福島県の気候について述べた文として**誤っているもの**を、次のア～エから一つ選び、記号で答えなさい。

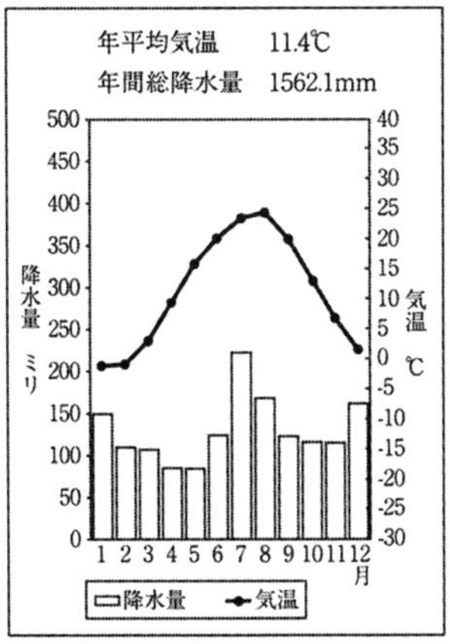

資料１　福島県喜多方
(気象庁ＨＰより作成)

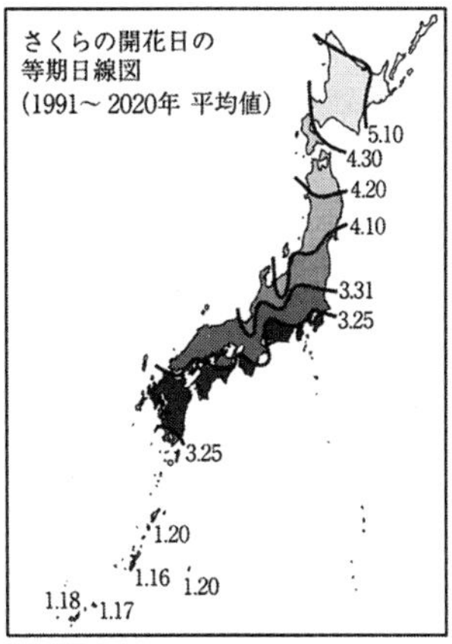

資料２
(気象庁ＨＰより)

ア　冬に100～150ミリ程度の降水がみられる。

イ　桜が咲き始めるのは４月下旬以降である。

ウ　７月は雨がよくふる梅雨の季節である。

エ　夏から秋にかけては台風がやってきて、大きな被害をもたらすこともある。

問５　下線部⑤について、次の５万分の１地形図「白河」の一部をみて、⑴・⑵に答えなさい。

⑴　地形図の読み取りとして正しいものを次のア～エから一つ選び、記号で答えなさい。

ア　小峰城跡の北を東から西へ流れる川の流域では多くが田んぼに利用されている。

イ　小峰城跡の南を東西に走っているＪＲ線は単線である。

ウ　小峰城跡の南東には白川城跡がある。

エ　市役所付近には多くの神社がある。

⑵　地形図中のＡ地点からＢ地点の直線距離は、地形図上で2.7㎝ある。実際の距離を「～ｍ」の形に合わせて**算用数字**で答えなさい。

問６　下線部⑥について、⑴～⑶に答えなさい。

⑴　この国の国旗として正しいものを次のア～エから一つ選び、記号で答えなさい。

ア　　　イ　　　ウ　　　エ

⑵　この国について述べた文として**誤っているもの**を次のア～エから一つ選び、記号で答えなさい。

ア　首都はロンドンで本初子午線が通っている。

イ　北半球に位置し、北海道よりも緯度が高い。

ウ　2020年にＥＣを正式に離脱した。

エ　2022年にチャールズ皇太子が国王になった。

(3)　日本からシンガポール(東経105度)を経由し、イギリスの首都まで飛行機で移動しました。日本を１月10日午後11時に出発し、シンガポールまでの所要時間は８時間でした。経由地のシンガポールでは３時間滞在しました。その後、この国の首都までの所要時間は14時間でした。この国の首都に到着した日時として正しいものを次のア～エから一つ選び、記号で答えなさい。

ア　１月10日午前３時　　イ　１月11日午前３時

ウ　１月10日午後３時　　エ　１月11日午後３時

2　次の会話は、小学生のまこと君と父親が墨田区の東京都復興記念館に行った時のものです。これを読み、以下の設問に答えなさい。

まこと：地下鉄両国駅から横網町公園はすぐなんだね。

父　親：出口のこの辺りからもう、昔は陸軍被服廠(注１)跡だったんだ。①関東大震災の時は横網町公園の整備工事が始まった頃で、広大な空き地だったから４万人以上の人々が避難してきたそうだよ。

まこと：僕が生まれた年に②東日本大震災が起きたけど、地震の規模は東日本大震災の方が大きかったんだよね。

父　親：東日本大震災はマグニチュード9.0、関東大震災はマグニチュード7.2だから、規模の差ははっきりしているね。

まこと：でも被害者は関東大震災の方がひどかったんでしょ。

父　親：東日本大震災の死者・行方不明者は２万２千人。関東大震災は10万５千人、東京だけで７万人だよ。

まこと：何で関東大震災はそんなに被害者が多いんだろう。

父　親：原因はこれだよ。

まこと：何これ。金属のかたまりみたいだけど。

父　親：左は工場の鉄柱が溶けたもの。右は③銅銭が溶けて固まったものだよ。

まこと：火事だったんだね。

父　親：横網町公園を安全な避難場所と考えた人々は家財道具を大八車(注２)に満載してここに避難してきたが、火災が強風にあおられて周囲から迫り、隅田川を超えて火が飛んできたそうだ。この場所だけで４万人近い被害者が出たんだ。

まこと：地震は震源地の違いや、その時の状況によって被災の種類にも色々な違いが出るんだね。関東大震災よりも前に大きな地震はたくさんあったの。

父　親：1855年に江戸で大地震があったし、④その前年には東海地震と南海地震が発生して大きな被害が出ている。記録上、最古の南海地震は⑤684年の白鳳地震だよ。

まこと：本当に日本は昔から地震が多いんだね。

父　親：地震が多いということは火山が多いということでもある。富士山や⑥浅間山の噴火でも江戸時代に大きな被害が出ている。

まこと：江戸時代の江戸って⑦町民文化が花開いた平和な時代のイメージがあるけど。

父　親：そういう面も確かにあるけどね。この町が江戸と呼ばれていた時代から人口が増えるとともに、火事に悩まされた歴史を重ねてきているよ。木造家屋がほとんどだったからね。

まこと：だから⑧徳川吉宗の時に町火消が設置されたんだよね。

父　親：突然の災害に備えるためには、起きた後の制度も大事だけど、事前の備えが必要だ。

まこと：避難場所の確保や避難訓練のことかな。

父　親：その通り。関東大震災後に内務大臣だった後藤新平は、震災復興計画を立案して、道路や公園や公共施設の整備を行ったんだよ。

まこと：後藤新平は台湾統治で活躍したり、⑨満鉄(南満州鉄道株式会社)の初代総裁になった人だよね。すごいな。

父　親：自然災害の多い日本は多くの犠牲の上に現在の安心安全が成り立っている。避難訓練を訓練だと軽い気持ちで参加せずに、過去の教訓からも勉強して欲しいな。

まこと：いい勉強になったよ。

(注１)被服廠…旧日本陸軍の組織で軍服や軍靴などの軍用品を製造していた施設

(注２)大八車…荷物運搬用の大きな二輪車

問１　下線部①について、この地震が発生した翌日に成立した内閣の総理大臣はだれか。次のア～エから一つ選び、記号で答えなさい。

ア　大隈重信　　イ　寺内正毅　　ウ　原 敬　　エ　山本権兵衛

問２　下線部②について、この時の内閣総理大臣はだれか。次のア～エから一つ選び、記号で答えなさい。

ア　小泉 純一郎　　イ　安倍晋三　　ウ　鳩山由紀夫　　エ　菅直人

問３　下線部③について、日本最古の銅銭は何か。**漢字３字**で答えなさい。

問４　下線部④について、この年にアメリカとの間に結ばれた、下田と箱館の２港を開き、まきや水、食料、石炭などを供給することを定めた条約名を、条約を含めて**漢字６字**で答えなさい。

問５　下線部⑤について、この時の天皇は天武天皇だが、天皇として即位する前の大海人皇子が天皇位を争った事件を何というか。次のア～エから一つ選び、記号で答えなさい。

ア　乙巳の変　　イ　壬申の乱　　ウ　承和の変　　エ　保元の乱

問６　下線部⑥について、1783年の浅間山の噴火が天明の飢饉の被害を大きくしたが、その理由を次の２つの語句を使って、**40字以内**で答えなさい。

「火山灰」　「日光」

問7 下線部⑦について、江戸時代の文化として正しいものを次のア～エから一つ選び、記号で答えなさい。

ア 俳諧では松尾芭蕉は関西を旅して『奥の細道』という俳諧紀行を残した。

イ 小説では十返舎一九が『東海道中膝栗毛』で笑いの文学を残した。

ウ 浮世絵では多くの役者絵を残した喜多川歌麿が有名である。

エ 町人や百姓の子どもは、寺子屋で英語や蘭語を学んだ。

問8 下線部⑧について、徳川吉宗による改革を何というか。次のア～エから一つ選び、記号で答えなさい。

ア 享保の改革　イ 天保の改革　ウ 田沼政治　エ 寛政の改革

問9 下線部⑨について、この鉄道の権利はもともとロシアが所有していたものだが、これを日本がゆずりうけた条約名を、条約を含めて**7字**で答えなさい。

3 次の文章を読み、以下の設問に答えなさい。

地域の住民が自主的に政治を行うことを①地方自治といいます。大日本帝国憲法の時代は地方自治という考え方はなく、国に権力が集中する中央集権でした。②日本国憲法では地方自治の章が設けられ、国と地方の対等な関係を目指しています。また地方自治は、住民がその地域にあった政治を自らの手で治めていくため「地方自治は［ A ］の学校」とも言われます。

都道府県や市町村など、地方自治を行う団体を③地方公共団体といいます。地方公共団体には国の国会に相当する議会と、内閣に相当する執行機関があります。議会には、都道府県議会と市町村議会があり、それぞれの地方公共団体の予算や、条例を決定します。この決定に従って執行機関が事業や政策を行います。執行機関の責任者として首長(都道府県知事や市町村長)がおり、議会議員と首長は住民による直接選挙で選ばれます。

2023年は、4年に1度行われる「統一地方選挙」が実施されました。4月9日には道府県・政令指定都市の首長・議会議員選挙が、4月23日には政令市以外の市区町村の首長と議会議員選挙が実施されました。また4月23日には5つの④衆議院補欠選挙・参議院補欠選挙も同時に実施されました。統一地方選挙の「統一」とは、投票日を統一することを意味します。しかし、投票日が100%統一されていたのは、第1回の1947年のみで、首長が任期途中で辞任したり、市町村合併が行われるなどして次第に選挙日程にずれが生じてきました。2023年の統一地方選挙は第20回ですが、統一率は27.54%と4分の1に近い数値でした。この統一率の低さは、地方自治の課題の一つです。

この他にも地方自治にはさまざまな課題があります。たとえば、国と地方公共団体との関係です。国と地方は対等な関係が目指されていますが、地方交付税交付金など国からの財政援助の割合が大きくなると、地方公共団体の自主性がそこなわれるおそれがあります。地方自治は、地方税を中心とした自主財源を確保することが今後の課題とされています。

問1 下線部①について、地方自治には直接民主制のしくみが一部取り入れられています。次のうち、住民の直接請求権が認められているものとして**誤っているもの**を次のア～エから一つ選び、記号で答えなさい。

ア 条例の制定　イ 議会の解散　ウ 予算の決議　エ リコール

問２　下線部②について、日本国憲法では主権は国民にあるとされます。それまで主権者であった天皇に政治権限はなく、内閣の助言と承認によって憲法に定められた仕事のみを行います。この仕事を何というか。「～行為」の形に合わせて**漢字**で答えなさい。

問３　［　A　］に当てはまる語句を**漢字４字**で答えなさい。

問４　下線部③について、地域の生活に関わる重要な問題は、住民の意思を問うことになっているが、これを何というか。**漢字４字**で答えなさい。

問５　下線部④について、次の４つの文は、衆議院または参議院に関する説明文です。４つのうち正しい説明をしている文を次のア～エから一つ選び、記号で答えなさい。

ア　衆議院議員の任期は４年で、被選挙権（ひせんきょけん）は30歳（さい）である。

イ　衆議院は参議院に比べ任期が短く、解散があるので、衆議院の優越（ゆうえつ）が認められている。

ウ　参議院議員の任期は６年で、被選挙権は35歳である。

エ　参議院は衆議院と比べ任期が長く、内閣総理大臣の指名は、参議院の議決を国会の議決とみなすことが認められている。

穎明館中学校(第１回)

―30分―

1　火山について説明した次の文章を読み、各問いに答えなさい。

浅間山、桜島、阿蘇山、箱根山。これらはすべて火山です。しばしば噴火をし、噴煙をあげている姿を見ることができます。日本は火山が非常に多く、世界の７％の火山が集まっているといわれます。①鹿児島県など九州南部に（ ② ）台地とよばれる火山灰などが積もった地域があります。③種子島西方の海底火山の噴火は、九州南部の④縄文文化を破壊するほどの影響をおよぼしました。

よく知られた火山の噴火といえば、⑤９世紀に発生した富士山の噴火があります。その富士山が最後に大規模な噴火をおこしたのは18世紀初めの⑥江戸時代中期です。この時の大噴火で山の南東斜面に「宝永火口」ができました。それから現在までの300年間、富士山では大規模な噴火はおきていませんが、⑦静岡県や山梨県では、噴火による災害に備えるために（ ⑧ ）を作成しています。

江戸時代の火山の大噴火といえば、18世紀後半に発生した浅間山の大噴火も有名です。この時の大噴火で⑨現在の群馬県にある鎌原村のほぼ全域が埋まって村の多くの人が犠牲になり、⑩関東地方や東北地方にも火山灰を降らせました。さらにこの大噴火によって冷害がひどくなり、⑪天明の大飢饉の被害を大きくしたといわれます。

⑫最近100年間を見ても、火山の噴火やそれによる被害がしばしばみられます。北海道の有珠山では、太平洋戦争末期の1944年に始まった噴火によって「昭和新山」ができました。有珠山はその周辺の⑬洞爺湖とともに「世界ジオパーク」に認定されています。1991年６月には、長崎県の⑭島原半島にある雲仙普賢岳が噴火し、これによって発生した火砕流により40人以上の人が犠牲になりました。

その一方で、火山は人々の暮らしに恵みをもたらしてくれます。⑮温泉と火山は切っても切り離せない関係にあり、最近では火山のエネルギーを利用した地熱発電もおこなわれています。火山やその活動によって生まれた湖は観光地として多くの人が訪れる場所になっています。火山の活動を止めることはできません。これからも火山とうまく共存しながら生活することが必要です。

問１　下線部①について、現在の鹿児島県は明治政府で重要な役割を果たした人物を多く生みだしました。明治政府で活躍した人物についてのべた次の文ア～エから、**波線部がまちがっているもの**を１つ選び、記号で答えなさい。

ア　西郷隆盛は、征韓論が受け入れられなかったことで政府から退き、政府の改革に不満を持つ人々とともに西南戦争をおこした。

イ　大久保利通は、岩倉具視を代表とする使節団に参加し、帰国後は政府の中心として活動したが、不満をもつ人々によって暗殺された。

ウ　大隈重信は、政府を退いたあと政党をつくって国会開設にそなえたほか、慶應義塾を開いて人材の育成に努めた。

エ　伊藤博文は国会開設にそなえてドイツの憲法を模範とした憲法案をつくった。その憲法案は1889年に大日本帝国憲法として発布された。

問２　空らん（ ② ）に当てはまることばを**カタカナ３字**で答えなさい。

問３　下線部③について、種子島についてのべた次の文ア～エから、正しいものを１つ選び、記号で答えなさい。

ア　江戸時代には、薩摩藩に支配され、さとうきびの栽培が強制された。

イ　江戸時代には、朝鮮との交流の窓口としての役割を果たした。

ウ　宇宙センターがあり、さまざまなロケットの打ち上げがおこなわれている。

エ　樹齢2000年になる杉の木などがあり、1993年に世界自然遺産に登録された。

問４　下線部④について、次の写真ＡまたはＢのいずれかは、縄文時代と関係の深いもので、地図中のＸまたはＹのいずれかは、縄文時代の代表的な遺跡の位置をしめしたものです。それぞれの組み合わせとして正しいものを、あとのア～エから１つ選び、記号で答えなさい。

【写真】

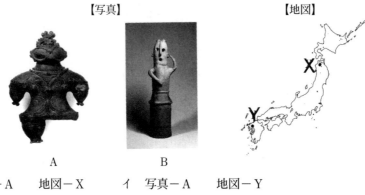

Ａ

Ｂ

【地図】

ア　写真－Ａ　　地図－Ｘ　　イ　写真－Ａ　　地図－Ｙ

ウ　写真－Ｂ　　地図－Ｘ　　エ　写真－Ｂ　　地図－Ｙ

問５　下線部⑤について、９世紀の仏教について説明した次の文章の空らん（　Ａ　）・（　Ｂ　）にあてはまる人名の組み合わせとして正しいものを、あとのア～エから１つ選び、記号で答えなさい。

> ９世紀初めに中国にわたって仏教を学んだ（　Ａ　）は、帰国後、平安京の北東にある比叡山に延暦寺をひらいた。延暦寺で学んだ僧侶からは、鎌倉時代前半に「南無阿弥陀仏」ととなえることで極楽往生できると説いた（　Ｂ　）があらわれた。

ア　Ａ－最澄　　Ｂ－親鸞　　イ　Ａ－最澄　　Ｂ－日蓮

ウ　Ａ－空海　　Ｂ－親鸞　　エ　Ａ－空海　　Ｂ－日蓮

問６　下線部⑥について、江戸時代には、次の図でみられる「飛脚」と呼ばれる人たちが活躍しました。飛脚とは何をする人ですか、**15字以内**で答えなさい。

問７　下線部⑦について、静岡県や山梨県に関係する戦国大名について説明した次の文章の空らん（ Ａ ）・（ Ｂ ）に当てはまる人名の組み合わせとして正しいものを、あとのア～カから１つ選び、記号で答えなさい。

> 甲斐(かい)国(現在の山梨県)の戦国大名である（ Ａ ）は、今川氏がおとろえた後、今の静岡県にも力をのばそうとした。1572年に足利義昭から（ Ｂ ）を討てという命令をうけて上洛(じょうらく)をめざし、（ Ｂ ）の同盟者である徳川家康を三方ヶ原の戦いで破った。しかし、その直後に（ Ａ ）は病死し、上洛することはできなかった。

ア　Ａ－上杉謙信　Ｂ－織田信長　　イ　Ａ－上杉謙信　Ｂ－武田信玄
ウ　Ａ－織田信長　Ｂ－上杉謙信　　エ　Ａ－織田信長　Ｂ－武田信玄
オ　Ａ－武田信玄　Ｂ－上杉謙信　　カ　Ａ－武田信玄　Ｂ－織田信長

問８　次の文は、空らん（ ⑧ ）にあてはまることばを説明したものです。これを参考に、空らん（ ⑧ ）にあてはまることばを**カタカナ７字**で答えなさい。

> 自然災害による被害を軽くするために、被災(ひさい)する可能性のある地域や避難(ひなん)場所などを表示した地図

問９　下線部⑨について、鎌原村は「東洋のポンペイ」とよばれることがあります。「ポンペイ」とは、次の地図中のＸ国の南側にあり、紀元１世紀のベスビオ山の噴火で埋まってしまった街の名前です。Ｘ国の名前を答えなさい。

問10　下線部⑩について、関東地方でおこった出来事についてのべた次の文ア～エから、**波線部がまちがっているもの**を１つ選び、記号で答えなさい。

ア　平将門は、現在の茨城県を拠点(きょてん)として反乱をおこした。
イ　鎌倉幕府３代執権の北条泰時は、御成敗式目を定めた。
ウ　1603年、徳川家康は征夷大将軍に任命され、江戸に幕府をひらいた。
エ　下関条約に不満を持つ民衆により、日比谷焼き討ち事件がおこった。

問11　下線部⑪について、天明の大飢饉に十分な対応をしなかったとして、この時期の老中がその役職をやめさせられました。商業を重視し、蝦夷(えぞ)地の開拓などをくわだてたこの人物を、次のア～エから１つ選び、記号で答えなさい。

ア　大塩平八郎　　イ　田沼意次　　ウ　本居宣長　　エ　松平定信

問12　下線部⑫について、1924年～2023年の間におこった出来事についてのべた次の文ア～エから、**波線部がまちがっているもの**を1つ選び、記号で答えなさい。

ア　1932年5月に海軍の軍人が首相官邸(かんてい)をおそい、犬養毅首相を暗殺した。

イ　1945年8月、日本政府はポツダム宣言を受けいれて太平洋戦争を終わらせた。

ウ　高度経済成長期には、「冷蔵庫・洗濯機・自動車」が「三種の神器」といわれた。

エ　1968年に川端康成が日本人として初めてノーベル文学賞を受賞した。

問13　下線部⑬について、2008年に、洞爺湖では日本の首相やアメリカ合衆国の大統領など、各国の首脳(しゅのう)が集まって話し合う会議がおこなわれました。この会議は2023年に広島でもおこなわれました。このような会議を何といいますか。**カタカナ4字**で答えなさい。

問14　下線部⑭について、島原半島でおこった出来事について説明した次の文の空らん(A)にあてはまる国名を、あとのア～エから1つ選び、記号で答えなさい。

1637年に島原の乱(島原・天草一揆)が発生し、これをきっかけに(A)人の渡来(とらい)が禁止されて、鎖国政策がいっそう強化された。

ア　イギリス　　イ　オランダ　　ウ　ポルトガル　　エ　ロシア

問15　下線部⑮について、愛媛県の道後温泉を舞台(ぶたい)とした『坊っちゃん』の作者の名前を答えなさい。

2　海について書かれた、次の文章を読み、各問いに答えなさい。

地球の約7割は海が占めており、私たちの生活に大きな影響(えいきょう)をおよぼしています。国連では「海の①憲法」とよばれる国連海洋法条約が1982年に採択(さいたく)され、人類にとって大切な海の国際ルールが決められました。

日本は海に囲まれている島国です。②三大洋に含まれる太平洋のほか、日本海や瀬戸内海などたくさんの海が日本の周りにあります。日本では古くから、③魚や貝などをとって食べたり、④食料を運んだり、船を使い外国と行き来したりと、海の恵みを大きく受けてきました。その一方で、2011年の⑤東北地方太平洋沖地震では津波による被害が生じ、海の恐ろしさを目(ま)の当たりにすることとなりました。

日本の海岸にはきれいな砂浜海岸になっているところもあれば、岩石海岸になっている所もあります。場所によっては埋め立てがおこなわれ、工業団地や⑥空港などが建設されています。近年では、⑦海洋汚染や生態系の破壊などが進んでしまい、日本ではそれに対処するための法律が⑧国会で審議されています。

⑨海岸線の長さは都道府県によって大きな差がみられます。⑩北海道や愛媛県、熊本県などが上位となりますが、もちろん⑪海に面していない県の海岸線の長さは0mとなります。

問1　下線部①に関連して、次の文は日本国憲法第25条の条文です。文中の[　X　]にあてはまることばを**漢字4字**で答えなさい。

すべて国民は、健康で文化的な[　X　]の生活を営む権利を有する。

問２　下線部②について、次の地図は三大洋の一つのインド洋を中心としたものです。この地図を見て、あとの問いに答えなさい。

⑴　インドの位置を地図中のア～エから１つ選び、記号で答えなさい。

⑵　次の表は、地図中のXの地域で豊富に産出される、ある資源の日本の主な輸入相手国と輸入量を示したものです。この資源の名前を答えなさい。

輸入相手国	輸入量(千kL)
サウジアラビア	60,375
アラブ首長国連邦	60,197
クウェート	12,824
カタール	11,576

(『日本国勢図会 2023/24年版』より作成)

問３　下線部③について、人工的にふ化した稚魚(ちぎょ)を海に放ち、成長したあとにとる漁業の名前を**漢字４字**で答えなさい。

問４　下線部④について、次のグラフは日本における米、野菜、大豆、果実の食料自給率の変化を示したものです。大豆にあてはまるものをグラフ中のア～エから１つ選び、記号で答えなさい。

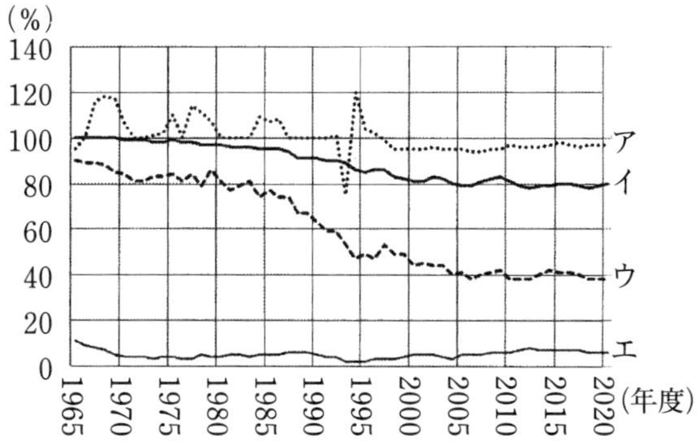

(農林水産省HPより作成)

問５ 下線部⑤について、次の地図は東北地方を中心としたものです。この地図を見て、あとの問いに答えなさい。

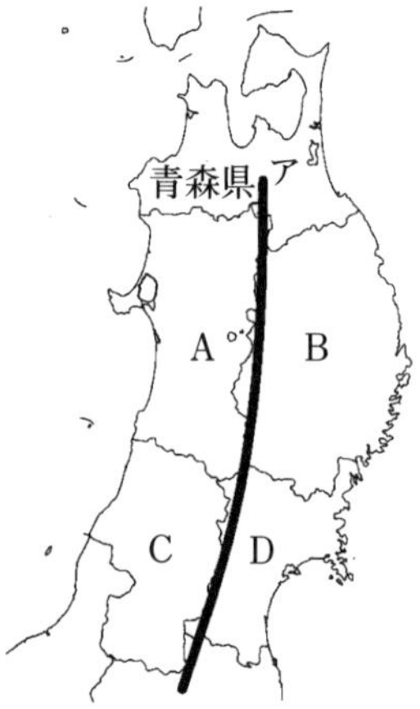

(1) アの山脈の名前を答えなさい。

(2) 次の各文は地図中のＡ～Ｄの県のいずれかについて説明したものです。Ｂの県についてのべた文として正しいものを、次の文ア～エから１つ選び、記号で答えなさい。

ア この県では、稲作が盛んで、西部の八郎潟では干拓(かんたく)がおこなわれた。

イ この県には、東北地方で最も人口が多い市がある。

ウ この県には、将棋駒(しょうぎこま)の生産が伝統的におこなわれている市がある。

エ この県の南部には、世界文化遺産に登録された地域がある。

(3) 次の表は青森県が生産の上位となっている、りんごとすももの都道府県ごとの生産量(単位：千ｔ)を示したものです。表中のＸの都道府県名を答えなさい。

りんご		すもも	
青森県	415.7	山梨県	6.9
X	110.3	X	2.6
岩手県	42.4	和歌山県	2.1
山形県	32.3	山形県	1.7
福島県	18.6	青森県	0.9

(『データでみる県勢 2023年版』より作成)

問６ 下線部⑥について、右の図はある国際空港で見ることができるピクトグラム(情報や注意を示すために表示される案内記号)です。このピクトグラムは何をする場所を示していますか。**15字以内**で答えなさい。

問７　下線部⑦について、海洋汚染についてのべた次の文章のうち、**波線部がまちがっているものを**(ア)〜(エ)から１つ選び、記号で答えなさい。

海洋汚染は、(ア)船舶(せんぱく)の事故による油の流出や、(イ)生活排水や工場排水の流出、(ウ)プラスチックごみの増加が原因となっていることが多い。海中の(エ)栄養分が少なくなってしまうと、赤潮が発生することがある。

問８　下線部⑧について、国会や国会議員についてのべた次の文ア〜エから、**まちがっているものを**１つ選び、記号で答えなさい。

ア　衆議院の任期は４年だが、解散をする場合がある。
イ　参議院議員の被選挙権は満30歳以上の国民に与えられている。
ウ　国会で多数の議席を獲得(かくとく)し、政権を担当している政党のことを野党という。
エ　選挙権は満18歳以上の国民に与えられている。

問９　下線部⑨について、次の表は東京都、千葉県、神奈川県の海岸線の長さを示したものです。東京都の海岸線が、千葉県と神奈川県の海岸線と比べて長くなっている理由を「**数**」ということばを使って**10字以内**で答えなさい。

東京都	763km
千葉県	534km
神奈川県	431km

(環境省HPより作成)

問10　下線部⑩について、次のグラフ①〜③は、北海道(札幌市)、愛媛県(松山市)、熊本県(熊本市)の気温と降水量を示したものです。①〜③とそれぞれの都市の正しい組み合わせをア〜カから１つ選び、記号で答えなさい。(気象庁ＨＰより作成)

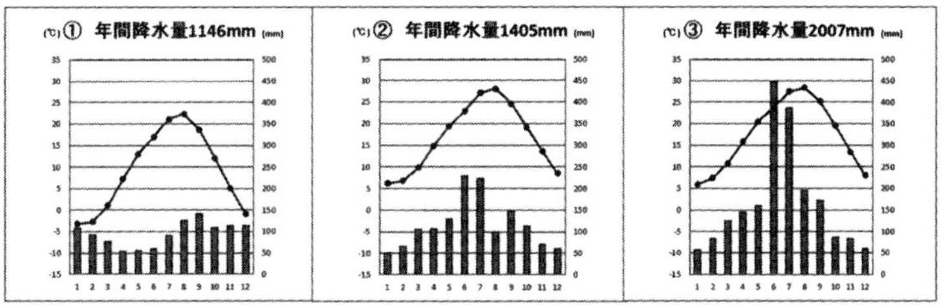

ア　①：札幌市　②：松山市　③：熊本市　　イ　①：札幌市　②：熊本市　③：松山市
ウ　①：松山市　②：札幌市　③：熊本市　　エ　①：松山市　②：熊本市　③：札幌市
オ　①：熊本市　②：札幌市　③：松山市　　カ　①：熊本市　②：松山市　③：札幌市

問11　下線部⑪について、図１は海岸線が０ｍとなっているいくつかの県の形を示したもの(縮尺は異なる)です。図１を見て、あとの問いに答えなさい。

A　B　C　D

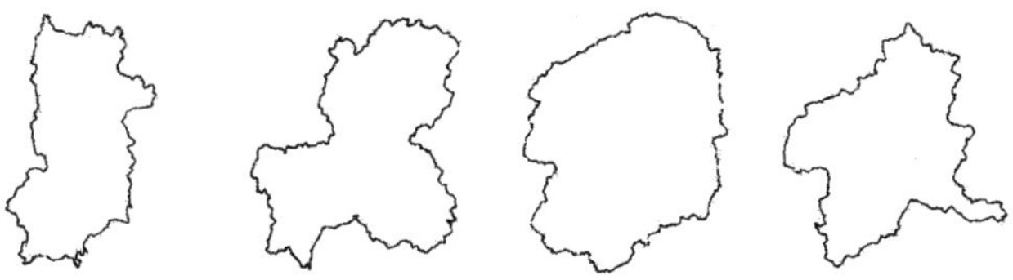

【図１】

⑴　図１のＡ～Ｄの県についてのべた次の文ア～エから、**まちがっているもの**を１つ選び、記号で答えなさい。

ア　Ａの県には日本最大の湖があり、その湖から淀川が流れ出ている。

イ　Ｂの県の北部には合掌(がっしょう)造りで有名な白川郷がある。

ウ　Ｃの県の西部にある足尾銅山ではかつて銅の採掘(さいくつ)がおこなわれていた。

エ　Ｄの県の西部にある嬬恋(つまごい)村ではキャベツの抑制(よくせい)栽培がおこなわれている。

⑵　次の図２と図３は、図１のＤの県のある地域を示したもので、図２は1940年、図３は現在の地図です。図２と図３から読み取ることができる内容についてのべたあとの文章のうち、**波線部がまちがっているもの**を㋐～㋓から１つ選び、記号で答えなさい。

【図２】

【図３】

図２で見られる「」の記号は、かつて使用されていた桑畑の地図記号である。桑は㋐蚕(かいこ)の餌(えさ)として利用されていたが、日本全体で㋑生糸の輸入量が減少し、㋒後継者(けいしゃ)が不足したため、桑畑のほとんどはなくなり、㋓畑や住宅地へと土地利用が変化した。

江戸川学園取手中学校(第１回)

—理科と合わせて60分—

1　次の文章を読んで、以下の問いに答えなさい。

天明３(1783)年、長野県と群馬県の県境にある浅間山で大噴火が発生しました。歴史上稀(まれ)にみるこの大きな噴火は、「天明の浅間焼け」と呼ばれ、各地に大きな影響をもたらしたとされています。当時の大噴火の経過をまとめると、以下の表１のようになります。

表１　天明３年の大噴火の経過

日時	出来事
５月９日	最初の噴火が発生する。
６月25日	噴火、鳴動(めいどう)、降灰が発生する。
７月17日	鳴動、北麓(ほくろく)*1に軽石が降下する。
７月26日 ～８月３日	噴火・鳴動・短時間の休止を繰り返すも、噴火は次第に激しくなる。
８月４日夜 ～８月５日早朝	最大規模の噴火で吾妻(あがつま)火砕流が発生する。
８月５日午前	大爆発と同時に、鎌原(かんばら)溶岩流および土石なだれが発生する。土石なだれは吾妻川と合流し、「天明泥流」となり、沿岸に大きな被害をもたらす。
８月５日午後	噴火がおさまる。

嬬恋郷土資料館・やんば天明泥流ミュージアムの展示資料をもとに作成しています。

表１から、長い期間にわたり、繰り返し噴火が発生した様子がわかります。群馬県内の上流域だけでも、「天明泥流」による被害者数はおよそ1500名に及ぶと考えられています。後に発掘調査により見つかった建物からは、途中まで燃えた線香が残った香炉(こうろ)*2や、火をつければほどなく灰になる刻みタバコが残ったままの煙管(きせる)など、被災の直前まで村人の日常があったことがわかる資料が見つかっています。

こうした噴火の被害だけを聞くと、火山は悪いものだと考えがちですが、実は我々は火山から多くの恵みを受け取っています。例えば、浅間山北麓には「鬼押し出し」と呼ばれる雄大な景観が広がっており、多くの観光客が訪れる場所となっています。また、火山から流れ出た噴出物や、厚く積もった軽石や火山灰などにより、植生の破壊と再生が繰り返された結果、浅間山北麓の大地には「黒土」や「黒ボク土」と呼ばれる土が広がっています。火山灰起源の土は、作物の生育に必要な養分が含まれ、水はけもよいので、大根やキャベツなどの農作物の栽培に適するといわれています。

*1 山の北側のふもと

*2 お香を焚(た)くために使う器

問１　平成元(1989)年以降に噴火した火山として**適切でないもの**を、次の地図１中のア～エから一つ選び、記号で答えなさい。

地図１
国土地理院「地理院地図(電子国土Web)」を一部加工して作成しています。

問２　あとの地図２は、嬬恋村周辺を示した２万５千分の１地形図です。これに関して、以下の問いに答えなさい。なお、地形図は出題の都合により拡大してありますが、２万５千分の１地形図として扱うこと。

⑴　地図２から読み取れることについて述べた文Ｘ・Ｙの正誤の組み合わせが適切なものを、次のア～エから一つ選び、記号で答えなさい。

Ｘ　針葉樹林が広がっていて、広葉樹林は見られない。

Ｙ　地図２の範囲では、北西部に畑が、南東部に田んぼが広がっている。

ア　Ｘ：正　Ｙ：正　　イ　Ｘ：正　Ｙ：誤

ウ　Ｘ：誤　Ｙ：正　　エ　Ｘ：誤　Ｙ：誤

⑵　地図２中の$\alpha - \beta$間の断面図を描いたものとして適切なものを、次のア～ウから一つ選び、記号で答えなさい。

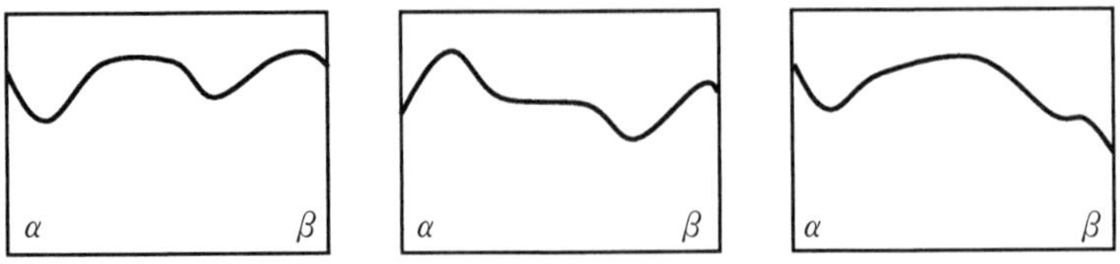

ア　　イ　　ウ

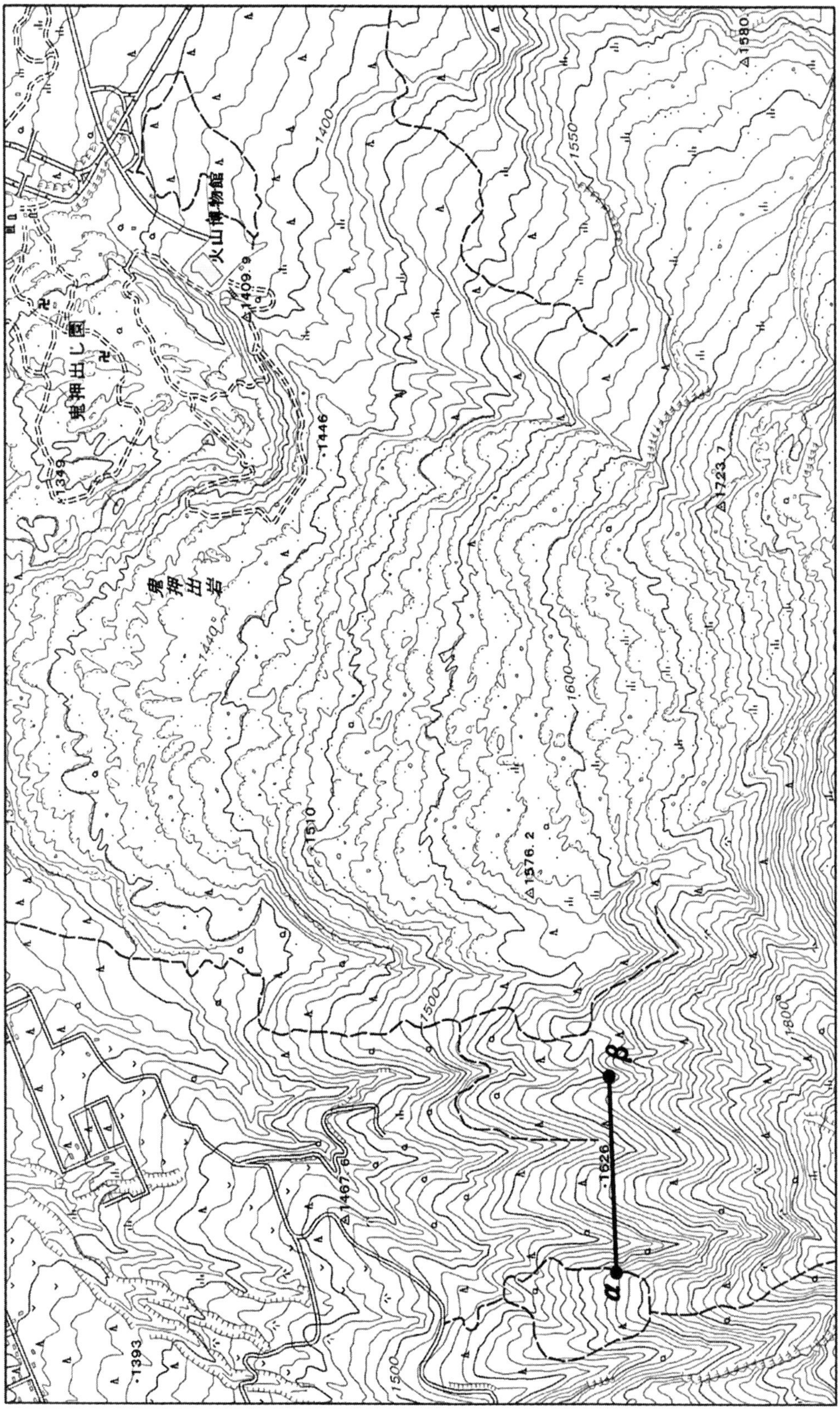

地図２　嬬恋周辺の地形図(地図の上方向を北として考えること)

国土地理院「電子地形図25000」を一部加工して作成しています。

問３　嬬恋村は、火山災害を受けたという共通の歴史を持つことを縁に、イタリアのポンペイと交流を続け、2022年には友好都市協定を締結しています。イタリアの場所を示したものを、次の地図３中のア～エから一つ選び、記号で答えなさい。

地図３
Esri、HERE、Garmin、FAO、NOAA、USGS
※但(ただ)し、原図を一部加工して作成しています。

問４　嬬恋村はキャベツの生産で有名な都市です。次の図４は、令和４年に東京都中央卸売市場で取引されているキャベツの量を表したグラフであり、図中ア～エは、愛知県・茨城県・群馬県・千葉県のいずれかを示しています。これを見て、以下の問いに答えなさい。

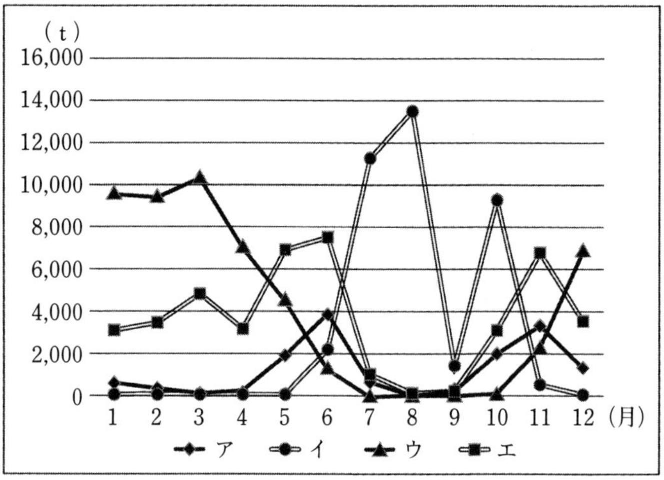

図４
東京都中央卸売市場の市場統計情報をもとに作成しています。

⑴　群馬県を示したものを図４中のア～エから一つ選び、記号で答えなさい。

⑵　嬬恋村がキャベツの生産で有名な理由の一つに「抑制栽培」があげられます。嬬恋村で抑制栽培が盛んな理由を説明しなさい。但し、解答の際には、抑制栽培がどのような農法であるかもあわせて説明すること。

問５　火山がもたらす恵みの例として考えられるものを、文中の例以外に二つ答えなさい。

2　紙幣(しへい)に関する花子さんと太郎さんの会話を読んで、以下の問いに答えなさい。

【会話その１】

花子さん　2024年７月に新しいお札が発行される予定だよね。

太郎さん　結構前から話題になっていたから僕も知っているよ。渋沢栄一・津田梅子・北里柴三郎が肖像(しょうぞう)として選ばれているね。

花子さん　そうだね。そこで、歴史好きの私は、過去から現在のお札の肖像に選ばれた人を調べてみようと思ったんだ。お札というのは日本銀行が発行した日本銀行券と、明治の初期に明治政府が発行した政府紙幣という2種類のお札があるんだ。その中で以下の17名の人物が肖像に用いられているよ。

神功皇后(じんぐうこうごう)	岩倉具視(いわくらともみ)
板垣退助(いたがきたいすけ)	高橋是清(たかはしこれきよ)
菅原道真(すがわらのみちざね)	伊藤博文(いとうひろぶみ)
和気清麻呂(わけのきよまろ)	福沢諭吉(ふくざわゆきち)
武内宿禰(たけのうちのすくね)	新渡戸稲造(にとべいなぞう)
藤原鎌足(ふじわらのかまたり)	夏目漱石(なつめそうせき)
聖徳太子(しょうとくたいし)	野口英世(のぐちひでよ)
日本武尊(やまとたけるのみこと)	樋口一葉(ひぐちいちよう)
二宮尊徳(にのみやそんとく)	

出典：国立印刷局ホームページ(https://www.npb.go.jp/ja/intro/faq/index.html)

太郎さん　授業で習った人が多いね。①十七条の憲法をつくった聖徳太子とかね。

花子さん　私も、最初に注目したのは聖徳太子だったよ。お札の肖像に最も多く描かれた人だからね。戦前、戦後を含め7回採用されているんだよ。はじめは1930年発行の百円券で使用されたんだ。そして7回目は1958年に発行された初の一万円券で使用されているよ。

太郎さん　なるほど、②1930年代の百円券、③1950年代の一万円券と昭和を知っている人には高額紙幣と言えば聖徳太子という感じになるだろうね。

問1　会話文の下線部①について、次の資料1を読んで、以下の問いに答えなさい。

第1条　(A)を大切にして、人と争わないようにしなさい。
第2条　仏教をあつく信仰しなさい。
第3条　X 詔(みことのり)を受けたら、必ずつつしんで従いなさい。

資料1：十七条の憲法(一部)(口語訳してあります)

(1)　資料1の空欄(A)に当てはまる語句を**漢字1字**で答えなさい。

(2)　資料1の下線部Xについて、詔とは何ですか。**5字程度**で答えなさい。

問2　会話文の下線部②について、1930年代の出来事として適切なものを、次のア～エから一つ選び、記号で答えなさい。

ア　ラジオ放送が始まる。
イ　関東大震災が起こる。
ウ　25歳以上の全ての男子が、衆議院議員の選挙権をもつようになる。
エ　日本が国際連盟に脱退を通告する。

問３　会話文の下線部③について、1950年代の出来事として適切なものを、次のア～エから一つ選び、記号で答えなさい。

ア　日本国憲法が公布される。

イ　日本が国際連合に加盟する。

ウ　初めて東京でオリンピック・パラリンピックが開かれる。

エ　初めて大阪で万国博覧会が開かれる。

【会話その２】

花子さん　次に、私が注目したのは伊藤博文だよ。伊藤博文は1963年に発行された千円券に用いられているよ。伊藤博文は、④1885年に初代内閣総理大臣になっているね。一方、日本銀行が発行したお札の中で現在でも使える最古のものが、1885年に発行された一円券なんだよ。

太郎さん　1885年に発行されたお札が現在でも使えるとはおどろいたよ。伊藤博文といえば、他に⑤大日本帝国憲法の制定にも関わりがあるよね。

問４　会話文の下線部④について、1885年より前の出来事として適切なものを、次のア～エから一つ選び、記号で答えなさい。

ア　はじめて衆議院議員選挙がおこなわれる。

イ　官営八幡製鉄所で鉄の生産がはじまる。

ウ　関税自主権の回復に成功する。

エ　西南戦争が起こる。

問５　会話文の下線部⑤について、伊藤博文は憲法案をまとめるにあたり、ドイツの憲法を手本にしたとされています。その理由を**15字程度**で説明しなさい。

【会話その３】

花子さん　３人目に注目したのは⑥二宮尊徳だよ。理由は肖像として⑦江戸時代から選ばれているただ一人の人物だからだよ。二宮尊徳は1946年に発行された一円券に用いられているんだ。このお札も現在でも使えるよ。

太郎さん　確かに肖像に選ばれている人物は、平安時代以前か、明治時代以降の人が多いね。鎌倉時代や⑧室町時代から肖像に用いられている人はいないね。

花子さん　お札の肖像というテーマで調べていくうちに、多くの学びがあったよ。何事にも歴史はあるんだね。

問６　会話文の下線部⑥について、二宮尊徳が活躍したころ、幕府では水野忠邦が天保の改革を行っていました。水野忠邦の政治について述べた文として適切なものを、次のア～エから一つ選び、記号で答えなさい。

ア　大名に対し、石高１万石につき100石の米を幕府に差し出すよう命じた。

イ　同業者組合である株仲間を積極的に認め、見返りとして商人から営業税をとった。

ウ　江戸に出かせぎにきている農民を強制的に故郷の村に帰らせた。

エ　『海国兵談』を著し、海防を主張した林子平を処罰した。

問７　会話文の下線部⑦について、資料２は江戸時代の浮世絵『富嶽三十六景』の一つです。作者として適切なものを、次のア～エから一つ選び、記号で答えなさい。

資料２
出典：国立国会図書館「錦絵でたのしむ江戸の名所」(https://www.ndl.go.jp/landmarks/)

ア　葛飾北斎　　イ　狩野永徳　　ウ　歌川広重　　エ　菱川師宣

問８　会話文の下線部⑧に関して、室町時代の貨幣は中国の明から輸入したものを使用していました。明から輸入した貨幣として適切なものを、次のア～エから一つ選び、記号で答えなさい。

ア　和同開珎　　イ　永楽通宝　　ウ　寛永通宝　　エ　万延通宝

3　次の文章を読んで、以下の問いに答えなさい。

■損な立場に立たされている経済学

効率性という概念は、経済学以外の学問領域では、それほど明確な形では姿を出さない。例えば、法学の世界では、（　A　）。法の執行や適用の面で、効率性は少なくとも一義的には追求されない。また、最近では社会福祉の問題を経済学者が検討することも多くなっている。しかし、社会福祉の分野では、支援を必要とする人をいかに救済するかということが重要であって、政府による介入に対しては、むしろそれを積極的に求める傾向がある。財源やコストの問題ももちろん認識されるが、力点の置き方という点では経済学に及ばないように見える。

ところが、この効率性の議論には人間的な温かみが感じられない。資源の効率的な配分のためには競争が重要だという理屈も、頭では理解できるが、あまり厳しい競争は避けたいと思うのが人情だろう。競争に負けた人はどうするのか、と反論してみたくなる。コストが大事であることもわかるが、コストのことばかり気にしていると息が詰まる。お金の話は大事だが、していてあまり面白くない。財政のあり方をめぐっては、批判はさらに先鋭化する。経済学者、とりわけ財政学者の主張は結局のところ財政の論理であり、人間不在の理屈ではないか、と。財政改革の必要性を唱えると、（　B　）省の言いなりになっていると批判されることも少なくない。

経済学は、このように多くの人々ができれば議論したくない、避けて通りたいと考えるコストの問題、財政の問題を正面から扱う。これは、研究対象として効率性を取り上げる以上、致し方のないことである。だからこそ、経済学には人々からの風当たりがどうしても強くなる。財政均衡化の必要性を唱えるより、福祉の充実を主張するほうがはるかに聞こえがよいし、①人々の同意も得られやすい。経済学は、人々が嫌がることもあえていわなければならない。この意味で、経済学は損な立場に立たされている。これは、効率化の追求を重要なテーマとして位置づけている経済学の宿命といえる。

■公平性という観点

（中略）　経済学にとって、効率性と同じくらい重みのあるテーマとして公平性がある。②豊かさは一部の人々だけでなく、多くの人々が共有したほうがよい、不平等な社会より平等な社会のほうが望ましい、そして、そうした世の中をどうすれば実現できるか、といったことを経済学はつねに考えている。こうした観点を公平性という。この公平性の問題を効率性の観点と合わせて考え、効率性の問題を公平性の観点を交えて考える。効率性と公平性は、経済学にとっていわば車の両輪なのである。

よく知られているように、③イギリスの有名な経済学者A．マーシャル(1842－1924)は、ケンブリッジ大学の政治経済学教授に就任する際の演説の中で、「周囲の社会的な苦難に取り組むために、冷静な頭脳をもって、しかし温かい心情を持って(cool heads but warm hearts)力を差し出す者の育成に全力を尽くすことが自分の志である」と述べた。もちろん、効率性が冷静な頭脳に対応し、公平性が暖かい心情に対応するという、単純な二分法が成り立つわけではない。しかし、④効率性と公平性を両睨(にら)みにすることは、冷静な頭脳と温かい心情を合わせて議論する姿勢とかなりの程度重なり合う。

小塩隆士『効率と公平を問う』(日本評論社・2012年)p.５～p.７

※但(ただ)し、出題の都合により、本文の内容を尊重しつつ一部編集を加えています。

問１　文中の空欄(　A　)に入る、最も適切な文章を次のア～エから一つ選び、記号で答えなさい。

ア　「法の下の平等」という観点が重視される。税金を徴収する際にかかる費用は可能な限り少なくなければならない

イ　「法の下の平等」という観点が重視される。法のもとでは誰もが平等に扱われなければならない

ウ　「徴税の効率性」という観点が重視される。税金を徴収する際にかかる費用は可能な限り少なくなければならない

エ　「徴税の効率性」という観点が重視される。法のもとでは誰もが平等に扱われなければならない

問２　文中の空欄(　B　)に当てはまる語句を**漢字**で答えなさい。

問３　問２で答えた機関は三権のいずれに属するか、最も適切なものを次のア～エから一つ選び、記号で答えなさい。

ア　立法　　イ　行政　　ウ　司法　　エ　いずれにも属さない

問４　下線部①に関して、税金などのお金を政府が集めて管理し、活動に必要なお金を支払っていく活動を財政といい、そのなかでも特に一年間の歳入・歳出の計画を予算といいます。現在の日本において、国民はどのようなかたちでこの予算に対して同意していると言えますか。最も適切なものを次のア～エから一つ選び、記号で答えなさい。

ア　国民のなかからくじで選ばれた代表者による投票が実施されており、過半数がこれに同意するまで、予算の審議と投票が繰り返されている。

イ　会計検査院が予算を毎年チェックしているが、会計検査院の設置は憲法を根拠にしており、その憲法は国民が定めたという形で、間接的に同意している。

ウ　衆議院議員選挙の時に、過去の予算についての信任投票が同時に行われており、国民は事後的に予算に対して同意している。

エ　予算案は内閣が作成し、国会がこれを議決するが、その国会議員を国民が選挙しているという形で、間接的に同意している。

問５　下線部②に関して、以下に列挙する制度のなかで、平等な社会の実現を**直接の目的**とした制度はどれですか。最も適切なものを次のア～オから一つ選び、記号で答えなさい。

ア　議院内閣制　　　イ　二院制　　　ウ　三審制

エ　累進課税制度　　オ　オンブズマン制度

問６　下線部③に関して、イギリスについての記述として**適切でないもの**を次のア～エから一つ選び、記号で答えなさい。

ア　首都はロンドンであり、面積は日本より小さい。

イ　グレートブリテン島、アイルランド島北東部、その他の島々を領土としている。

ウ　北海油田が発見されたことで、産業革命に成功した。

エ　国際連合の常任理事国である。

問７　下線部④に関して、あなたの身の周りで効率性と公平性が対立する事例を一つあげなさい。その事例において、効率性だけを追求した場合はどのような結論になるか、公平性だけを追求した場合はどのような結論になるか、それぞれ説明し、そのうえで、あなたはどのような結論が望ましいと考えるか説明しなさい。

桜美林中学校（２月１日午前）

―40分―

※　漢字で書くべきところは漢字で書いてください。

1　次の文章を読んで、あとの問いに答えなさい。

九州地方(以下：九州)は様々な歴史や文化を有する地域です。例えば、①キリスト教が最初に伝わったのは九州です。16世紀、ザビエルの一行が九州に上陸し、広くキリスト教が信仰(しんこう)されるようになりました。しかしながら、17世紀初めに禁教令が発令されたことにより、キリシタンは厳しい弾圧(だんあつ)を受けるようになりました。その中で②表向きには仏教や神道(しんとう)などを信仰する者として生活しながらキリスト教を信仰し継承(けいしょう)する「潜伏(せんぷく)キリシタン」が生まれ、宣教師不在の中、独自の信仰形態を築き上げていきました。また、潜伏キリシタンはその歴史の中で、18世紀前半には九州本島から［　　　］列島へ移住することで、信仰を続けていきました。こうした独自の信仰形態と歴史が評価され、2018年に長崎・天草地方の12の集落や建物は「長崎と天草地方の潜伏キリシタン関連遺産」として世界文化遺産に登録されています。また、戦争の歴史を見た時には、③長崎に原子爆弾(げんしばくだん)(以下：原爆)が落とされています。日本は原爆を投下された唯一(ゆいいつ)の国であり、長崎のほか④広島に落とされ、「原爆ドーム」は世界文化遺産に登録されています。また、沖縄は太平洋戦争の際、地上戦が展開され、多くの一般住民が亡(な)くなりました。その後、⑤沖縄は1972年の返還(へんかん)まで、アメリカ軍の直接統治の下に置かれました。

九州は様々な文化や歴史のみならず、自然環境(かんきょう)も豊かな地域です。これは⑥九州が温暖な気候であるためです。例えば、九州には２つの世界自然遺産、「屋久島」「奄美大島、徳之島、沖縄島北部及び西表島」が登録されています。これら島々には多くの固有種が存在し、絶滅危惧種(ぜつめつきぐしゅ)に指定されている動物もいます。一方で九州本島も多様な自然に恵(めぐ)まれており、⑦有明海ではムツゴロウや※ワラスボなどのこのあたりでしかみられない生物がいるほか、⑧鹿児島県の桜島や⑨熊本県の阿蘇山などの火山が織りなす雄大(ゆうだい)な景観を見ることができます。また、⑩北九州の平尾台はカルスト地形の広がる地域であり、変わった形をした石灰岩や鍾乳洞(しょうにゅうどう)などを見ることができます。

※ワラスボ：スズキ目ハゼ科に分類される魚の一種。日本では有明海にのみ分布する。

問１　下線部①に関して、図１～３は2016年の「世界の宗教人口の割合(%)」「アジアの宗教人口の割合(%)」「北アメリカの宗教人口の割合(%)」を示したものである。ア～エは仏教・キリスト教・イスラム教・ヒンドゥー教のいずれかである。キリスト教にあたるものを選びなさい。

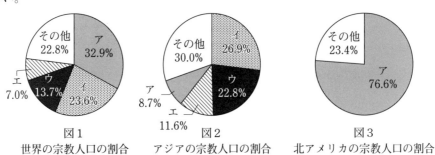

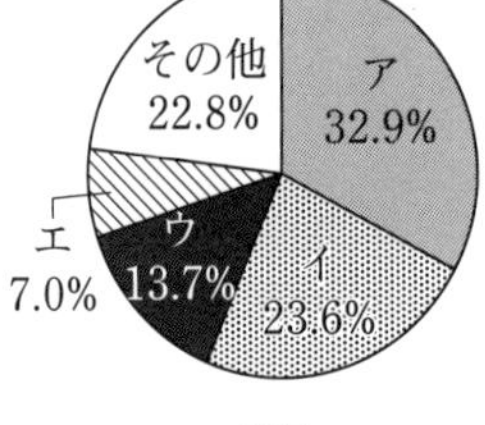

図１
世界の宗教人口の割合

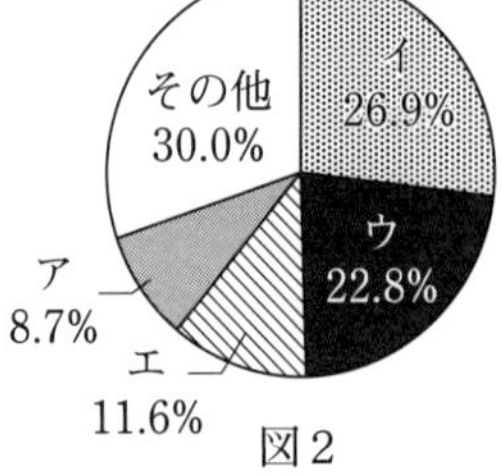

図２
アジアの宗教人口の割合

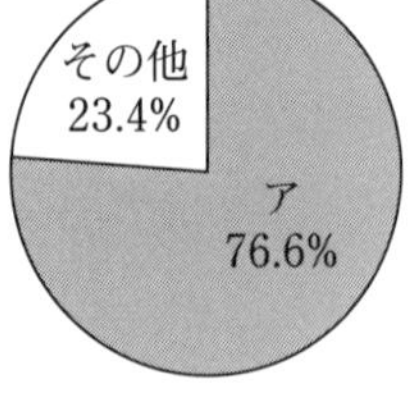

図３
北アメリカの宗教人口の割合

問2　下線部②に関して、次の各問いに答えなさい。

⑴　潜伏キリシタンが居住したとされる集落には春日（かすが）集落や江上（えがみ）集落などがある。次の図4～7は「各集落のあった場所の写真」「各集落の地形図」である。写真や地形図から、これらの集落がどのようなところに形成されたのかを読み取り、なぜこのようなところに集落が形成されたのか、あなたの考えをのべなさい。

図4　春日集落　写真

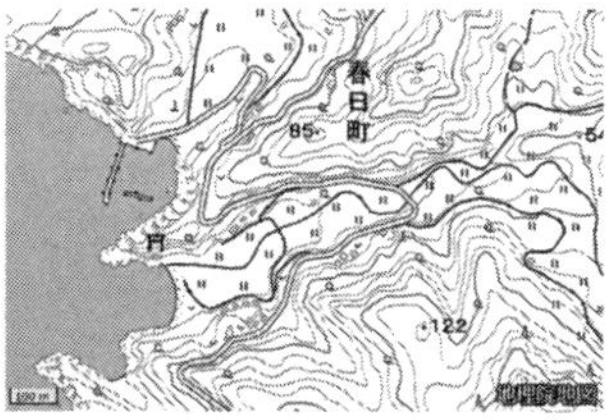

図5　春日集落　地形図

図6　江上集落　写真

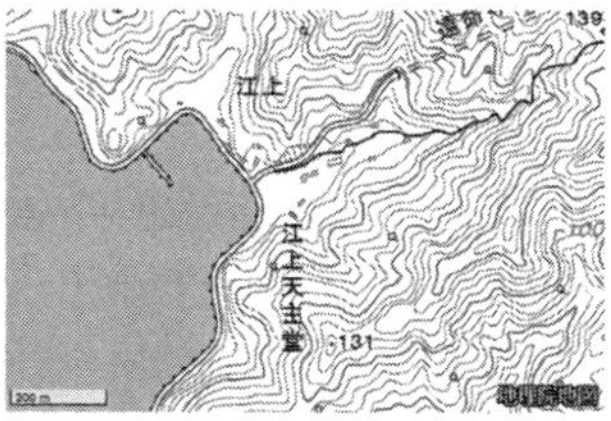

図7　江上集落　地形図

（図5、7　国土地理院　地理院地図/図6　五島市役所）

⑵　文中の[　　　]には次の地図の円で囲まれている島々の総称（そうしょう）が入る。この島々の総称を答えなさい。

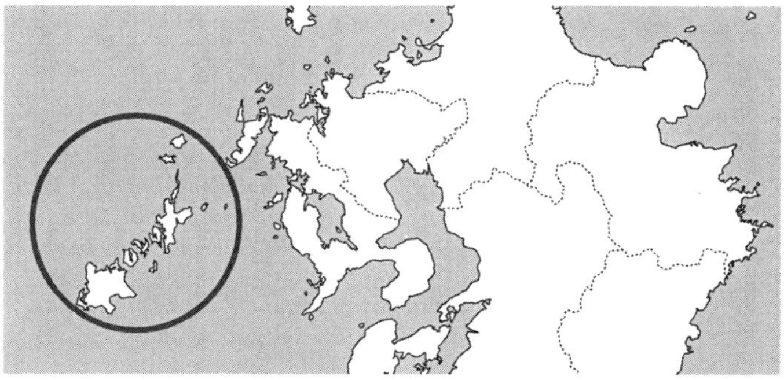

問3　下線部③に関して、長崎に原爆が落とされた日付を「1945年～月～日」の形に合うように答えなさい。

問４　下線部④に関して、次の図は、原爆ドーム周辺の地形図である。地形図からわかることとして誤っているものを、次の中より１つ選び、記号で答えなさい。

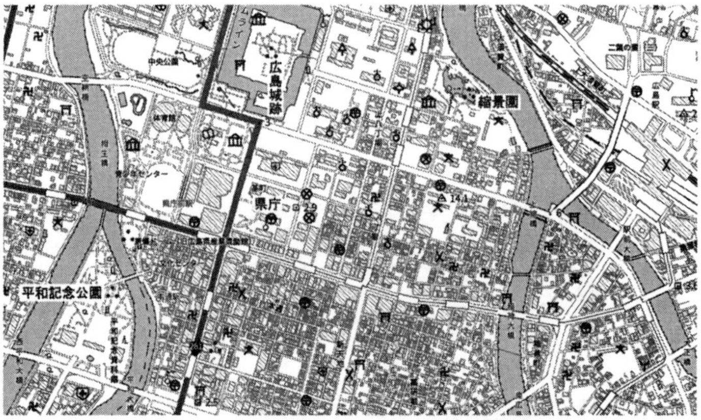

（国土地理院　地理院地図）

ア　平和記念公園の南には病院がある。　　イ　県庁の東には警察署がある。

ウ　広島城跡（あと）の西には高校がある。　　エ　縮景園（しゅっけいえん）の北西には発電所がある。

問５　下線部⑤に関して、沖縄にはアメリカから返還された後も多くの米軍基地がある。このことによる沖縄の人たちの生活への影響（えいきょう）にはどのようなことがあるか、１つ答えなさい。

問６　下線部⑥に関して、次のア～エは、宮崎市・高松市・鳥取市・奈良市のいずれかの雨温図である。宮崎市の雨温図として正しいものを、次の中より１つ選び、記号で答えなさい。

ア

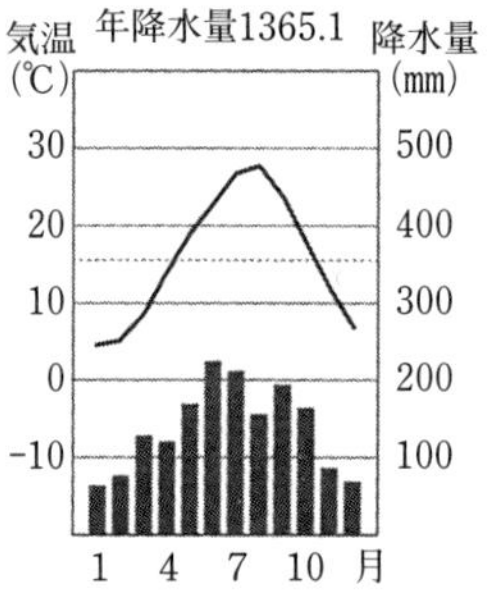

イ

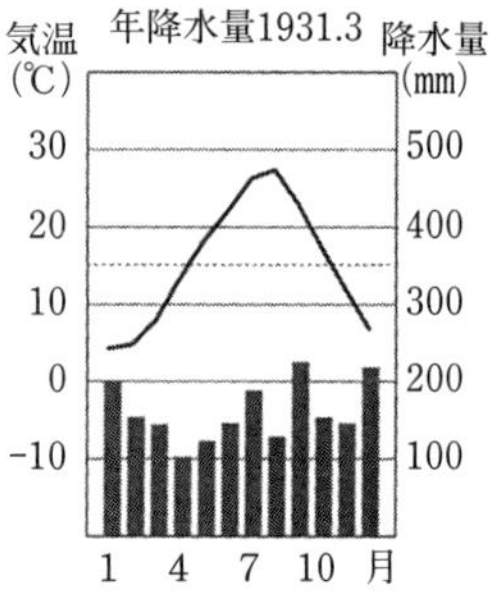

ウ

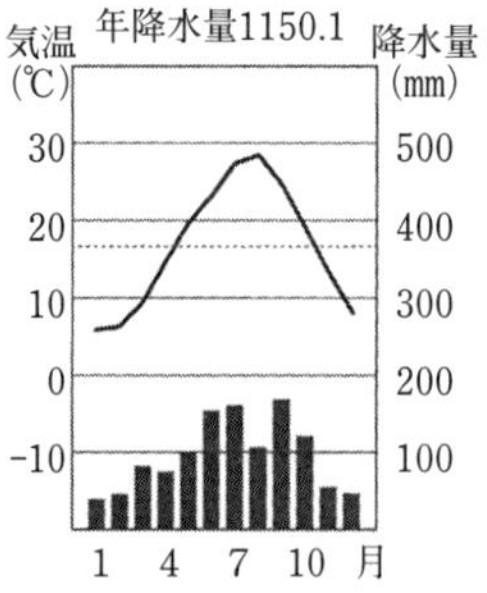

エ

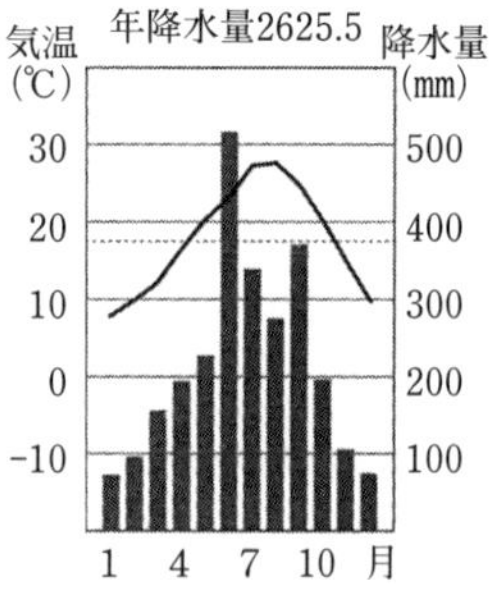

問７　下線部⑦に関して、有明海は干満差が最大６ｍもあり、ある海産物の養殖（ようしょく）に適している。この海産物とは何か、答えなさい。

問８　下線部⑧に関して、桜島はしばしば噴火をくり返している火山である。火山に関する文章として誤っているものを、次の中より１つ選び、記号で答えなさい。

ア　火山の分布する地域では温泉地も多く、観光資源となっている。

イ　日本の８つのすべての地方において、火山が存在する。

ウ　火山ハザードマップは、避難計画を検討するために活用することができる。

エ　20世紀末に起こった雲仙普賢岳の噴火では、火砕流により死傷者が出た。

問９　下線部⑨に関して、次の各問いに答えなさい。

⑴　阿蘇山にみられる火山活動によって形成された大規模な凹地のことを何というか、答えなさい。

⑵　熊本県の南部ではかつて、工場排水にふくまれたメチル水銀によって公害が発生した。この公害病の名称を答えなさい。

問10　下線部⑩に関して、次の各問いに答えなさい。

⑴　カルスト地形は、石灰石が水によってとかされることで形成される地形である。そして、この石灰石はセメント工業の主な原料である。次のア～エは製鉄所、自動車工場、ビール工場、セメント工場の分布を表したものである。セメント工場の分布にあたるものを、次の中より１つ選び、記号で答えなさい。

ア
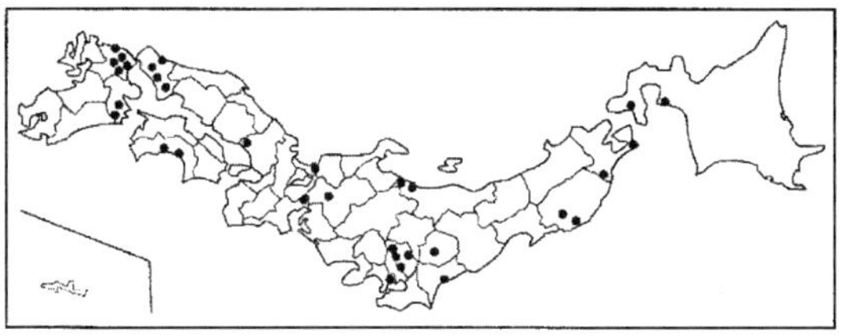

イ

ウ
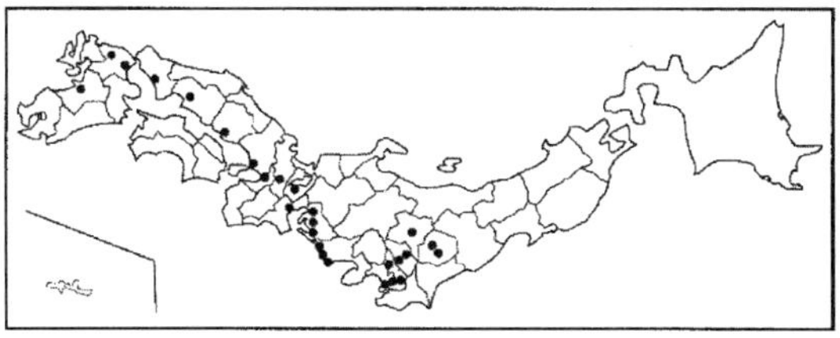

エ
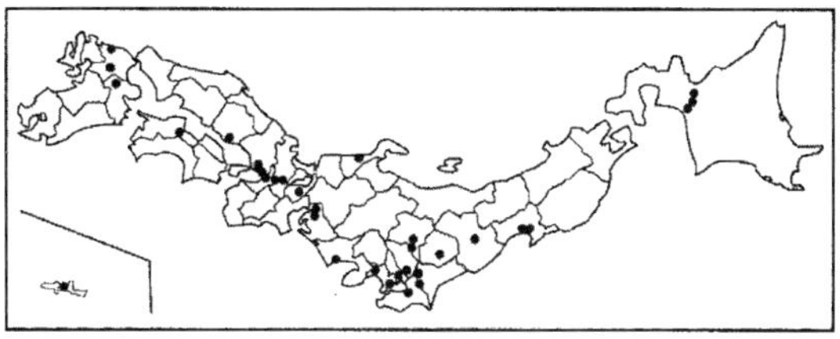

⑵　日清戦争の賠償金によって北九州に建設された官営工場は、20世紀の日本の製鉄業を支えた。この官営工場の名称を答えなさい。

2　次の文章「Ａ」～「Ｃ」を読んで、あとの問いに答えなさい。

文章「Ａ」

縄文時代の最大の特徴(とくちょう)は、①縄文土器が使用されたことです。土器を使用することで、食物の煮炊(にた)きや貯蔵ができるようになり、食べ物の種類も増え、寿命(じゅみょう)ものびていきました。しかし縄文人の平均寿命は現在にくらべて低く、30～35歳(さい)だったとされています。当時は生まれてまもなく亡(な)くなる子どもが多かったために、この時代は子どもが無事に成長するだけでも大変なことでした。魔除(まよ)けや安産・豊作を祈(いの)ってつくられた［　1　］に女性をかたどったものが多いのも安産を祈っていたからこそだと考えられます。

弥生時代には、稲作が九州から東日本へと拡大していきました。青森県垂柳遺跡(たれやなぎいせき)には、水田に足あとが残っており、大人の足あとのほかに子どもの足あともあります。そのことから除草や②収穫(しゅうかく)など大人に混じって子どもも労働に参加していた様子がわかります。またこの時代は水利や富や土地の収奪(しゅうだつ)をめぐり戦いが起こっていましたが、鳥取県青谷上寺地遺跡(あおやかみじちいせき)から出土した約100体の殺傷人骨の中には、10歳くらいの子どものものもふくまれており、子どもも戦火に巻きこまれていたことがわかります。子どもは労働力として、また戦力として期待される「小さな大人」としてあつかわれていたと思われます。

律令国家が成立すると、子どもの位置づけがはっきりしてきました。「小さな大人」から「大人への準備期間」としてのあつかいになったようです。養老律令では年齢(ねんれい)によって、男女とも３歳以下は「黄(おう)」といい、16歳以下は「小」、20歳以下は「中」で21歳で成人と認め、それを「丁(てい)」といい、兵役や税の負担を年齢で区分していたのです。犯罪を犯した場合の責任については、７歳以下は罪に問うことはいっさいせず、８歳以上16歳以下が限定的に責任を問われました。また、③口分田の班給は６歳以上で、男子は２反、女子はその三分の二が班給されました。しかし、大人への準備期間という存在にもかかわらず、子どもは律令で大切に保護されていたわけではなく、親が子どもを捨てても罰則(ばっそく)の規定はありませんでした。光明皇后が設置したといわれる施薬院は、本来は病人に薬をほどこすところでしたが、やがて捨て子の養育も行うことになりました。また、悲田院でも貧しい人や孤児(こじ)を収容し、救済していました。それほど捨て子が多かったのでしょう。一方、奈良時代に編さんされた日本の歌集『［　2　］』に収められている山上憶良の「子等(こら)を思う歌」には、子どもへのあふれる愛情がふんだんに歌われています。

問１　下線部①に関して、縄文土器の説明として正しいものを、次の中より１つ選び、記号で答えなさい。

ア　低い温度で焼かれ、厚みがあってじょうぶである。

イ　うすくて硬(かた)く、赤みを帯びた茶色をしている。

ウ　初めは煮炊き用の先のとがったものが多かった。

エ　登り窯(がま)を使って高温で焼く技術を用いていた。

問２　文中の［　1　］に適する語句を答えなさい。

問3　次の資料は縄文時代遺跡の青森県大石平遺跡から出土した、小さな子どもの手形がつけられた土板である。この土板が何のために作られたか、穴が開いている意味をふまえてあなたの考えをのべなさい。

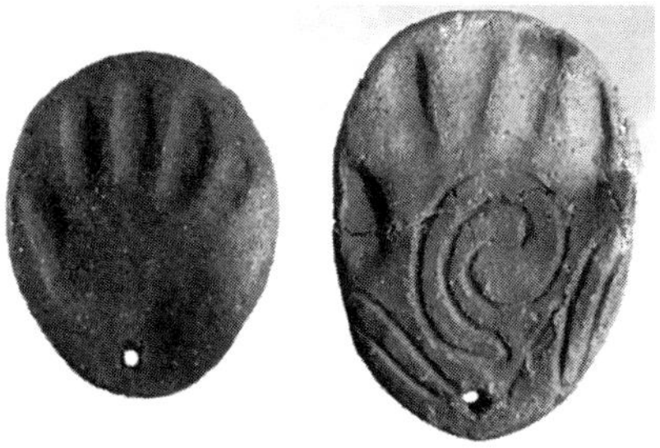

（青森県埋蔵文化財調査センター）

問4　下線部②に関して、収穫した米を保管した建物を何というか、答えなさい。

問5　下線部③に関して、次の資料は奈良時代の戸籍をもとに、ある一家の構成を図式化したものである。これをみて、この一家が班給された田の合計は何反か答えなさい。

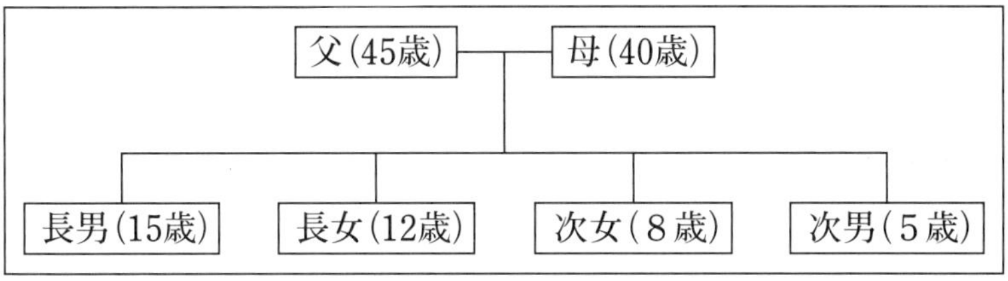

問6　文中の［　2　］に適する語句を答えなさい。

文章「B」

日本にキリスト教が伝えられたのは、［　3　］年でした。イエズス会の宣教師④フランシスコ＝ザビエルが日本に初めてキリスト教を伝えました。その後、ポルトガル船やスペイン船が来航し、南蛮貿易が行われるようになると、南蛮船で多くの宣教師も来日しました。宣教師たちは布教活動を進めながら、病院などを建設し、学校を開くなど慈善事業を行ったので、キリシタンが増加しました。宣教師たちが接した当時の日本の子どもの様子は彼らが書いた記録に残されており、武士の子どもや公家などの子どもは12、３歳でも刀を帯びて歩き、化粧をしていたと記されています。また、たとえ10歳の子どもであっても、判断と思慮が十分だと評価されれば、大人のかわりに使者として重責を任されることもありました。公家や武士の子どもは幼い時から、その身分相応のふるまいをするように育てられていたことが分かっています。身分もあり、若く健康で、帰国後も影響力を持って活躍できる人材として、九州のキリシタン大名らは伊東マンショをはじめとする４人の少年をローマ法王のもとに派遣しました。４人の少年たちは、ローマ法王に会い、キリスト教のためにつくそうと帰国しましたが、その時すでに豊臣秀吉が［　4　］令を出して、キリスト教の布教を禁止していました。

徳川家康も最初は南蛮貿易による利益を考えて、キリスト教の布教を認めていましたが、1613年には全国に禁教令を出してキリシタンの迫害をはじめました。キリスト教の禁止を徹底するとともに、貿易の制限も行いました。スペイン船の来航を禁じ、日本人の海外渡航や海外からの帰国も禁止しました。1637年、九州の島原・天草の農民らが、当時16歳の天草四郎を総大将として、原城跡（はらじょうあと）に立てこもり一揆をおこしました。天草四郎（益田四郎時貞（ますだしろうときさだ））の家系（かけい）はキリシタン大名の元家来の家系で熱心なキリシタンでした。四郎は、常に自由と平等の思想を説いて圧政（あっせい）に苦しむ人々の希望となり、その生まれにふさわしい少年に育っていました。しかし、幕府は12万人の大軍を動員し島原・天草一揆を平定しました。その後、幕府は1639年に⑤鎖国と呼ばれる状態を完成させたのです。

問７　文中の［　3　］に適する西暦年を、次の中より１つ選び、記号で答えなさい。

ア　1543年　　イ　1549年　　ウ　1582年　　エ　1590年

問８　下線部④に関して、フランシスコ＝ザビエルの上陸地を、次の地図より１つ選び、記号で答えなさい。

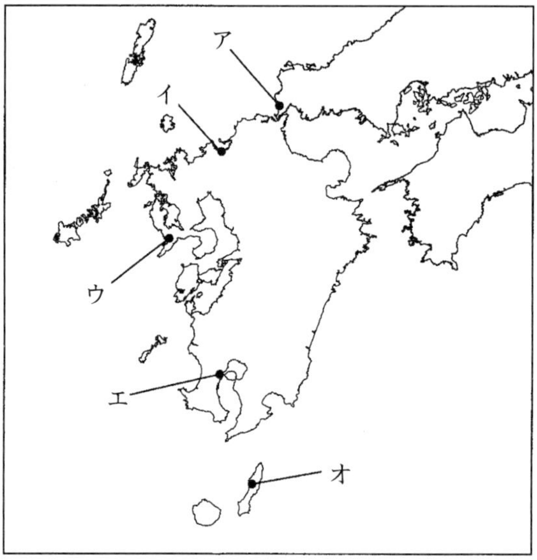

問９　文中の［　4　］に適する語句を答えなさい。

問10　下線部⑤に関して、幕府が鎖国をした目的について説明しなさい。

文章「Ｃ」

明治維新によって日本の社会体制は大きく変化しました。1872年、学制により「国民皆学（かいがく）」の方針が出され、子どもはみな⑥小学校に通うように決められました。江戸時代にも、各藩の子弟を教育する藩校や庶民（しょみん）の子どもに読み書きなどを教える教育機関がありましたが、近代教育制度の導入によって、子どもは欧米（おうべい）に負けない近代国家を建設する「一人の国民」として教育されるようになりました。

1931年に満州事変が起こり、それをきっかけに日本は長い戦争の時代へと進んでいきました。戦争を勝ちぬくためには、国民の士気を常に高めておくことが必要だったので、子どもに対しても、大人と同様に戦争を戦いぬく姿勢が要求されました。1941年には小学校は国民学校に名前がかわって、特に男の子は、「大人になったら兵隊さんになる」こと、また男女ともに国のために働くことなどの軍国教育が行われました。空襲（くうしゅう）に備えて防空演習をしたり、手旗信号の訓練などに追われたり、落ち着いて勉強するどころではありませんでした。運動会も「兵隊さんの訓練をまねた競技」、学芸会も「戦争に行った兵隊さんが主役の劇」などでした。軍事施設（しせつ）だけではなく、住宅地も空襲で焼きつくされるようになると、都市部の小学生は親元を離（はな）れて地方の農村などに集団で[5]し、寺や旅館などで生活をしましたが、十分な食料もなく、※ひもじい思いをしました。また、[5]先では勤労奉仕（ほうし）と呼ばれる農作業も行いながら「小国民」として戦時体制を支えました。

※ひもじい：空腹で食べ物がほしいようす

問11　下線部⑥に関して、次の資料Ⅰは江戸時代の小学校にあたる教育機関、Ⅱは明治時代の小学校である。資料Ⅰ、Ⅱを見て、ⅠとⅡの授業の違いをのべなさい。

資料Ⅰ

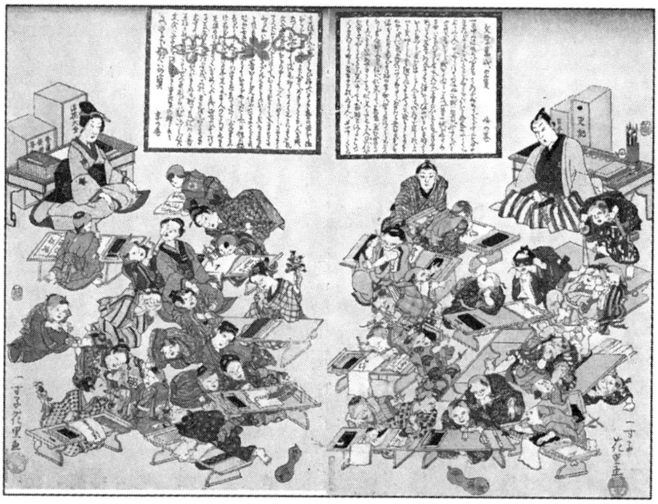

資料Ⅱ

（文部科学省ホームページ　(https://www.mext.go.jp/)）

問12　文中の[5]に適する語句を答えなさい。

3　次の文章は、2023年夏、受験生の桜さんとお父さんの会話です。文章を読んであとの問いに答えなさい。

桜　　　：ねぇ、お父さん、今度、塾の夏期講習で時事問題についてやるんだけど、今年あった出来事で何か印象に残ったことってある？

お父さん：そうだねぇ、５月に行われた①広島サミットなんかはどう？

桜　　　：あぁそうだった、経済のことや気候変動の問題、エネルギーや食料、保健、開発の問題などいろんな問題について話し合われたのよね。

お父さん：そうだね、これと前後して、関係の大臣たちによる会合も各地で開かれていたね。

桜　　　：平和記念公園での写真も印象的だったわね。

お父さん：そうだね。それに②Ｇ７ではなかったけれど、③ウクライナの大統領も来ていたね。

桜　　　：ロシアとウクライナの戦争もなかなか終わらないね。ほかにも紛争（ふんそう）が起こっているところはあるのかなぁ。

お父さん：うん、アフリカの④スーダンなどでは４月から正規軍と準軍事組織との衝突（しょうとつ）が始まり、多くの人が家を失ったよ。

桜　　　：日本からも多くの人が行っていたけれど、政府は日本人を救出するために、自衛隊の飛行機を近くの国まで派遣（はけん）したんでしょ。

お父さん：そうだね。ニジェールでも軍によるクーデターが起こったね。

桜　　　：政治の話ばかりではなくて、経済の話も聞かせて。

お父さん：そうだねぇ、アメリカでは景気が回復して物価が上がってきていることから、日本の日本銀行にあたるＦＲＢ（連邦準備制度理事会（れんぽうじゅんびせいどりじかい））が⑤金利の変更を行っているね。

桜　　　：金利ってなぁに？

お父さん：金利とは、銀行が貸し出しをするときにかける利子の割合のことを言うんだよ。

桜　　　：ふーん。日本はどうしているの？

お父さん：日本では依然（いぜん）として景気が良くならないから、日銀は金利を低くしたままにしているね。

桜　　　：紛争の話や景気が良くならない話ばっかりでやだな。何か明るい話題はない？

お父さん：６月には天皇陛下（へいか）が⑥即位（そくい）後初めての公式な外国訪問をしたよね。

桜　　　：大統領や現地の人たちから熱烈（ねつれつ）な歓迎（かんげい）を受けたのよね。

お父さん：うん、外国訪問は天皇陛下にとってはとても⑦大事な仕事だからね。

桜　　　：来年は何かいいことがあるといいな。

お父さん：来年は⑧オリンピックもあるし、日本の選手がまた活躍（かつやく）するといいね。

桜　　　：日本がんばれ！

お父さん：桜もがんばれ！！

問１　下線部①に関して、次の各問いに答えなさい。

(1)　広島サミットで議長となった日本の内閣総理大臣は誰か、フルネームで答えなさい。

(2)　広島サミットに出席した、アメリカの大統領は誰か、次の中より１人選び、記号で答えなさい。

ア

イ

ウ

エ

(3)　広島にかかわりのあるものはどれか、次の中より１つ選び、記号で答えなさい。

ア

イ

ウ

エ

問２　下線部②に関して、Ｇ７にふくまれない国はどこか、次の中より１つ選び、記号で答えなさい。

ア　カナダ　　イ　シンガポール　　ウ　イタリア　　エ　フランス

問３　下線部③に関して、ウクライナとロシアの戦争によって、食糧難(しょくりょうなん)が世界的な問題となっています。ウクライナでさかんにつくられている農産物はどれか、次の中より１つ選び、記号で答えなさい。

ア　小麦　　イ　米　　ウ　ジャガイモ　　エ　さとうきび

問４　下線部④について、スーダンはどこか、次の中より１つ選び記号で答えなさい。

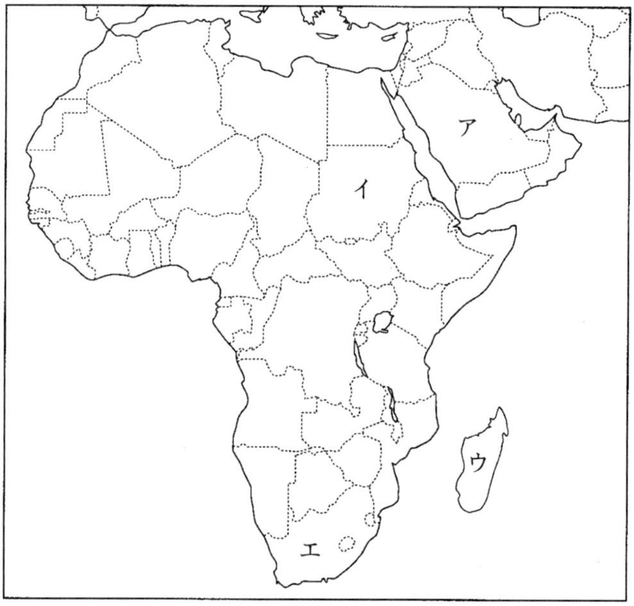

問５　下線部⑤に関して、アメリカでは金利はどのようになったか、次の中より１つ選び、記号で答えなさい。

ア　引き下げる　　イ　引き上げる

問６　下線部⑥に関して、昨年（2023年）６月に天皇陛下が即位後初めて訪問をした国はどこですか。

問７　下線部⑦について、このような天皇が行う儀礼（ぎれい）的・形式的な仕事のことを「国事行為」といいます。天皇の「国事行為」のうち誤っているものはどれか、次の中より１つ選び、記号で答えなさい。

ア　天皇は最高裁判所長官を任命する。　　イ　天皇は国会を召集する。

ウ　天皇は内閣総理大臣を指名する。　　エ　天皇は衆議院を解散する。

問８　下線部⑧に関して、今年（2024年）のオリンピックの開催（かいさい）都市はどこですか。

問９　SDGs（持続可能な開発目標）の中には「16平和と公正をすべての人に」というものがあります。あなたが日本の内閣総理大臣だったら、世界の中で起こっている紛争を解決するために、どんなことを世界に働きかけていきたいですか、あなたが解決したい紛争を記入して、あなたがやりたいと思うことを50字以上で述べなさい。

大宮開成中学校(第１回)

—30分—

※　字数制限のある問いでは、句読点や符号(　、。「　」など)も１字と数えます。

1　次の 文章 と 地図 を読み、あとの問いに答えなさい。

文章

中部地方の中央には①3000ｍ級の山々が連なっており、いくつかの火山もみられます。川の上流は山がちで平地が少ないですが、下流には②平野が広がっています。

また、第一次産業や③第二次産業もさかんに行われており、日本の中枢を担っています。北陸地方では、④冬に雪が多く、その雪を生かした産業も行われています。近年では、⑤外国人労働者を多く受け入れている地域もあり、グローバル化が進んでいます。

地図

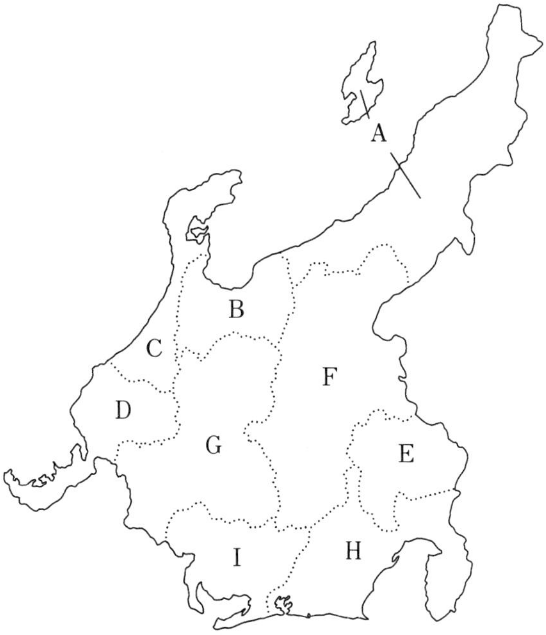

問１　下線部①について、「日本アルプス」と呼ばれる３つの山脈の名称を、「～山脈」の形に従ってそれぞれ漢字で書きなさい。

問２　下線部②について、次の写真は地図中Ｂで撮影されたものです。このような集落がみられる平野の名称を、「～平野」の形に従って書きなさい。

(帝国書院『新詳地理資料 COMPLETE 2023』より引用)

問３　下線部③について、次のア～エのグラフは、日本のある工業地帯、および工業地域の産業別出荷額割合を示したものです。東海工業地域を示したものとして正しいものをア～エから１つ選び、記号で答えなさい。

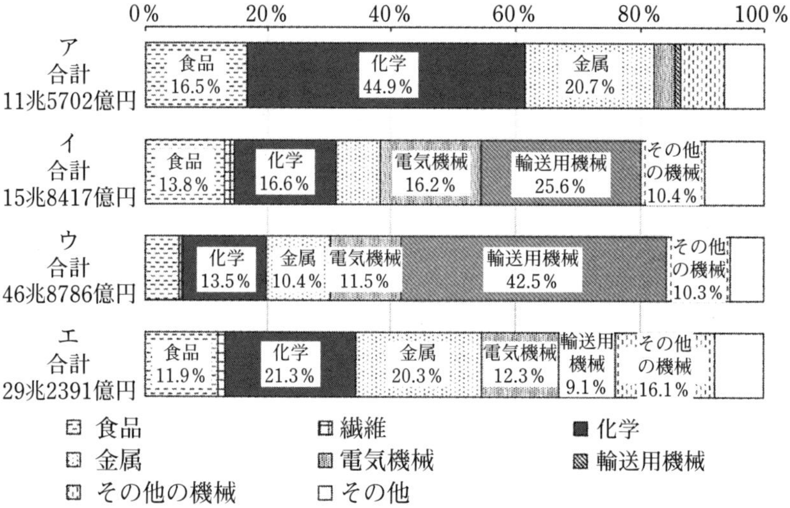

(経済産業省「2020年工業統計調査」より作成)

問４　下線部④について、⑴・⑵の問いに答えなさい。

⑴　特定の地域にある原料や古くから伝わる技術を利用して、特産品を製造する産業の名称を、「～産業」の形に従って漢字で書きなさい。

⑵　⑴の産業のうち、地図中Ｃの代表的な伝統的工芸品として正しいものを次のア～エから１つ選び、記号で答えなさい。

ア　西陣織　　イ　有田焼　　ウ　輪島塗　　エ　南部鉄器

問５　下線部⑤について、次の表は日本の都道府県別外国人労働者数の上位５都道府県を示したものであり、表中のア～エには埼玉県、東京都、大阪府、地図中Ⅰのいずれかが当てはまります。地図中Ⅰに当てはまるものをア～エから１つ選び、記号で答えなさい。

都道府県別外国人労働者数（2022）

都道府県	人数（人）
ア	500,089
イ	188,691
ウ	124,570
神奈川県	105,973
エ	92,936

（厚生労働省「外国人雇用状況」の届出状況まとめより作成）

問６　地図中Ａの県庁所在地の雨温図として正しいものを次のア～エから１つ選び、記号で答えなさい。

ア
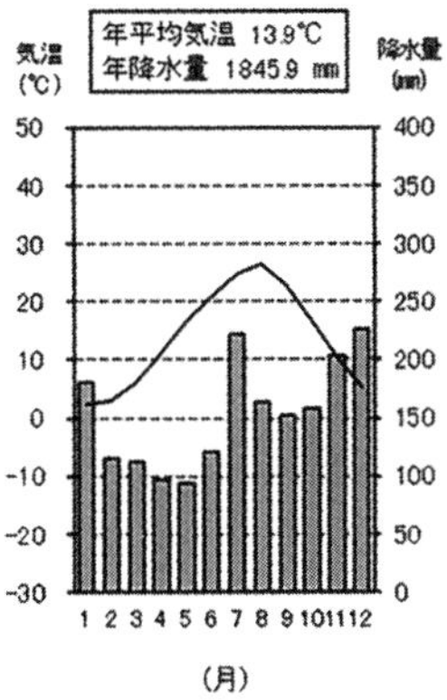

イ
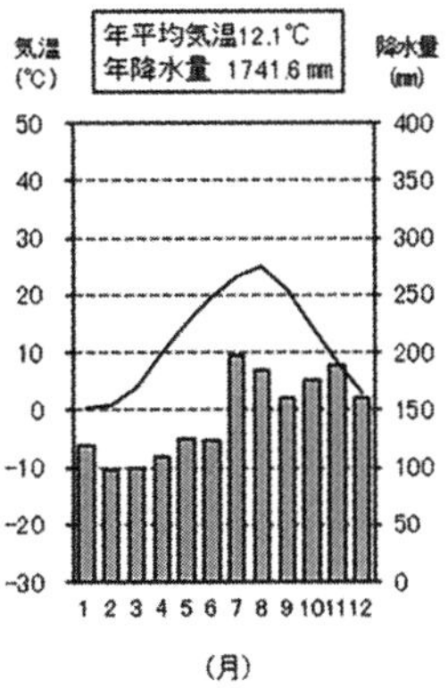

ウ
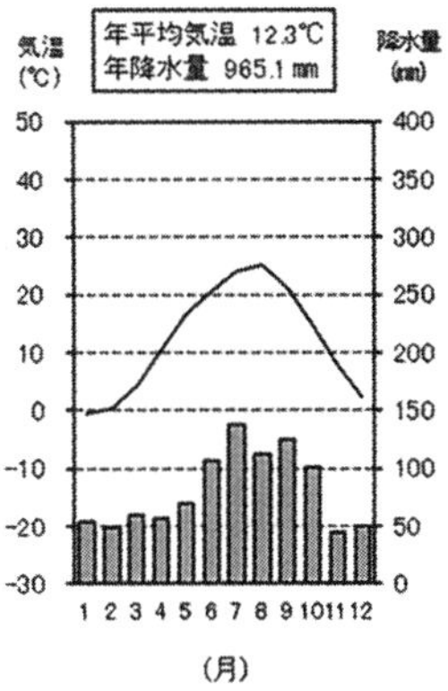

エ
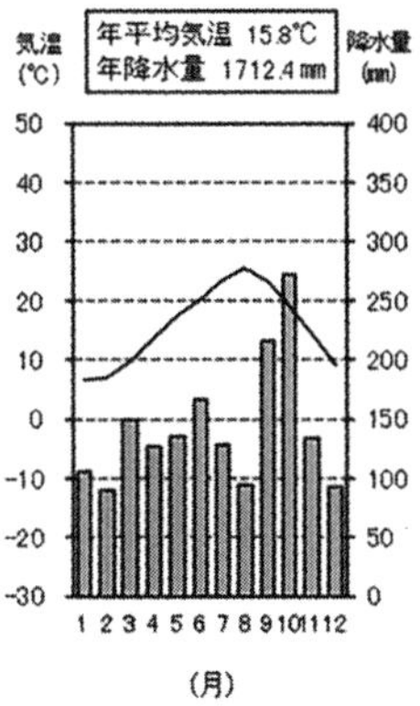

（『理科年表2022』より作成）

問７　地図中Ⅰの西部にみられる「輪中」とはどのようなものですか、簡潔に説明しなさい。

問８　次の写真は世界遺産に登録された「合掌造り集落」です。この集落がみられる県を地図中Ａ～Ⅰから２つ選び、記号で答えなさい。

（東京法令出版『新編フォトグラフィア 地理図説 2023』より引用）

問９　次のア～ウの文が説明している県を、地図中Ａ～Ｉから１つずつ選び、記号で答えなさい。

ア　扇状地の地形を利用した果物の栽培がさかんで、ぶどう・ももの生産量がいずれも日本一である。

イ　北部には豪雪地帯が、南部にはリアス海岸がみられ、その海岸沿いには原子力発電所が多く立地している。

ウ　避暑地として有名な軽井沢があり、毎年観光客が多く訪れる。

2　あとの問いに答えなさい。

問１　原始時代について説明した文として正しいものを次のア～エから１つ選び、記号で答えなさい。

ア　旧石器時代には、ナウマンゾウやオオツノジカなどの大型動物が絶滅したため、ニホンジカやイノシシなど中小動物が狩猟の対象となった。

イ　縄文時代には、木の実が多くとれるようになったが、収穫量が不安定なため、定住は行われなかった。

ウ　弥生時代には、大陸から水稲耕作とともに青銅器が伝わったが、鉄器は古墳時代に入ってはじめて伝わった。

エ　古墳時代には、渡来人によって土木や須恵器の製法などの技術だけでなく、漢字・儒教・仏教などの文化も伝わった。

問２　青森県には縄文時代前期～中期まで約1500年間続いた集落の遺跡があります。この遺跡には大型建造物の跡など、他の縄文時代の遺跡にはみられない特徴があることで有名です。この遺跡の名称を、「～遺跡」の形に従って漢字で書きなさい。

問３　国風文化について説明した文として正しいものを次のア～エから１つ選び、記号で答えなさい。

ア　日本で最初の勅撰和歌集として『万葉集』がつくられた。

イ　清少納言が『源氏物語』を著した。

ウ　阿弥陀仏にすがり、極楽浄土に往生することをめざす信仰が流行した。

エ　藤原道長が別荘として中尊寺金色堂を建立した。

問４　ある天皇が自身の子に譲位をして、上皇として実権を握ったことから院政が始まりましたが、この天皇(上皇)の人物名を、「～天皇(上皇)」の形に従って漢字で書きなさい。

問５　次のア～エを時代順に並べ替えたとき、３番目になるものを１つ選び、記号で答えなさい。

ア　観阿弥と世阿弥が将軍の保護を受けて、能を完成させた。

イ　平氏の焼打ちによって火災にあった東大寺の再建のために、源頼朝は資金提供を行った。

ウ　モンゴル軍が博多湾に侵攻してきたが、御家人たちの抵抗や暴風雨による損害を受けたため、モンゴル軍は引き上げた。

エ　千利休がわび・さびの精神を茶に取り入れ、わび茶を大成させた。

問６　次の 資料Ⅰ ・ 資料Ⅱ は、中世の畿内周辺のおもな関所・港の地図と室町時代に関所にかけられた税(関銭)に関する資料です。これらの資料について説明した文として適当なものをあとのア～エから２つ選び、記号で答えなさい。

資料Ⅰ　畿内周辺のおもな関所・港

(山川出版社『詳説日本史図録　第10版』より引用)

資料Ⅱ　「近江朽木関関銭」

一、海藻　　一駄(いちだ)＊1七文、かちに＊2三文
一、魚　　　一駄七文、かちに三文
一、鉄　　　一駄十文、かちに三文
一、銅　　　一駄二十文、かちに五文
一、苧(からむし)＊3　一駄七文、かちに七文

＊1　馬で運ぶこと、ここでは馬１匹で運んだ際にかかる関銭を指す
＊2　１人が背負って運ぶ荷物のこと、ここでは１人で背負って運んだ際にかかる関銭を指す
＊3　衣服の原料となったもの

ア　加太(現在の和歌山県)から京都に荷物を運ぶ場合、関銭を一切払わずに到着することはできない。

イ　小浜(現在の福井県)から京都に荷物を運ぶ場合、関銭を一切払わずに到着することはできない。

ウ　朽木関(現在の滋賀県)を通る際の関銭は、３人で銅を背負って運ぶ場合よりも、馬を２匹もちいて魚を運ぶ場合の方が高い。

エ　朽木関を通る際の関銭は、３人で海藻を背負って運ぶ場合よりも、馬を１匹もちいて鉄を運ぶ場合の方が高い。

問7　次の絵画の作者名を書きなさい。

(浜島書店『新詳日本史』より引用)

問8　次のア～エが示す出来事を時代順に並べ替えたとき、３番目になるものを１つ選び、記号で答えなさい。

ア

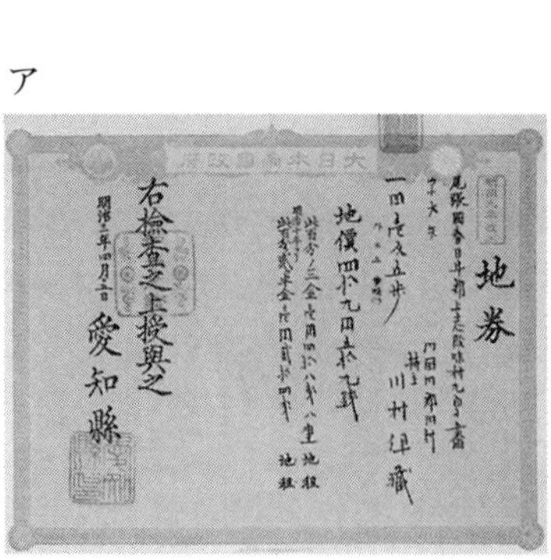

イ

ウ

エ

(ア・ウ・エ：浜島書店『新詳日本史』、イ：清水勲『近代日本漫画百選』(岩波書店)より引用)

問９　明治維新後、天皇を中心とした中央集権国家の形成のために、薩摩藩・長州藩・土佐藩・肥前藩の四藩は朝廷(天皇)に人民と領地を返納しました。この出来事の名称を漢字で書きなさい。

問10　アメリカによる日本の占領政策のあり方は、1950年以降に大きく変化しました。なぜ変化したのか、またどのように変化したのか、軍事面や朝鮮半島の情勢に着目して、簡潔に説明しなさい。

問11　次の資料Ⅰ・資料Ⅱを読み、これらの資料について説明した文として最も適当なものをあとのア～エから１つ選び、記号で答えなさい。

資料Ⅰ

一、日本国とソヴィエト社会主義共和国連邦との間の戦争状態は、この宣言が効力を生ずる日に終了し、両国の間に平和及び友好善隣関係が回復される。
四、ソヴィエト社会主義共和国連邦は、国際連合への加入に関する日本国の申請を支持するものとする。
六、ソヴィエト社会主義共和国連邦は、日本国に対し一切の賠償請求権を放棄する。
九、日本国及びソヴィエト社会主義共和国連邦は、両国間に正常な外交関係が回復された後、平和条約の締結に関する交渉を継続することに同意する。
　ソヴィエト社会主義共和国連邦は日本国の要望にこたえ、かつ日本国の利益を考慮して、歯舞群島および色丹島を日本国に引き渡すことに同意する。ただし、これらの諸島は日本国とソヴィエト社会主義共和国連邦との間の平和条約が締結された後に、現実に引き渡されるものとする。

(一部要約しています)

資料Ⅱ

一、日本国と中華人民共和国との間のこれまでの不正常な状態は、この共同声明が発出される日に終了する。
二、日本国政府は、中華人民共和国政府が中国の唯一の合法政府であることを承認する。
三、中華人民共和国政府は、台湾が中華人民共和国の領土の不可分の一部であることを重ねて表明する。日本国政府はこの中華人民共和国政府の立場を十分理解し、尊重し、ポツダム宣言第八項に基づく立場を堅持する。
五、中華人民共和国政府は、中日両国国民の友好のために、日本国に対する戦争賠償の請求を放棄することを宣言する。

(一部要約しています)

ア　資料Ⅰを調印した内閣のときに、教育基本法が制定された。

イ　資料Ⅱを調印した内閣総理大臣はノーベル平和賞を受賞した。

ウ　資料Ⅰ・資料Ⅱによると、日本はソヴィエト社会主義共和国連邦と中華人民共和国に賠償金の支払いを行った。

エ　資料Ⅰの調印のあとに日韓基本条約の締結が行われ、その後資料Ⅱの調印がなされた。

問12　冷戦の終結後、地域紛争の増加を受け、日本はある法律を定め、自衛隊をカンボジアに派遣しました。この法律の名称を、「～協力法」の形に従って３文字で書きなさい。

3

A　三権に関するあとの問いに答えなさい。

問１　日本の国会による、行政権と司法権への抑制の組み合わせとして正しいものを次のア～カから１つ選び、記号で答えなさい。

	行政権への抑制	司法権への抑制
ア	内閣不信任決議	弾劾裁判
イ	衆議院の解散	弾劾裁判
ウ	弾劾裁判	内閣不信任決議
エ	違憲立法審査	内閣不信任決議
オ	内閣不信任決議	違憲立法審査
カ	弾劾裁判	違憲立法審査

問２　日本の国会について、(1)・(2)の問いに答えなさい。

(1)　日本の国会議員に占める女性の割合の少なさは大きな問題となっています。次の文中の［　　　］に当てはまる語句を書きなさい。

［　　　］ギャップ指数と呼ばれる独自の数値で評価された世界各国の男女間の平等についての調査(2023年６月)では、日本は政治参加の分野で格差が大きく、調査対象となった146か国中125位となりました。

(2)　1946年４月に行われた衆議院議員選挙で当選した女性議員数は何人ですか。女性議員数として正しいものを次のア～エから１つ選び、記号で答えなさい。

ア　9人　　イ　19人　　ウ　39人　　エ　59人

問３　日本の行政権を担当する機関の仕事として正しいものを次のア～エから１つ選び、記号で答えなさい。

ア　法律や条約の公布　　イ　最高裁判所長官の指名

ウ　栄典の授与　　エ　国会の召集

B　次のサミット(主要国首脳会議)開催年表を見て、あとの問いに答えなさい。(なお、問題作成の都合上、一部省略しています。)

回	年	開催国	開催地
1	1975	A	ランブイエ
24	1998	イギリス	バーミンガム
26	2000	日本	B
34	2008	日本	C
38	2012	アメリカ	キャンプデービッド
40	2014	ベルギー	ブリュッセル
42	2016	日本	D
49	2023	日本	E
50	2024	F	プーリア州

問１　年表中Aに当てはまる国名として正しいものを次のア～エから１つ選び、記号で答えなさい。

ア　イギリス　　イ　アメリカ　　ウ　フランス　　エ　カナダ

問２　年表中B～Eに当てはまる開催地の組み合わせとして正しいものを次のア～エから１つ選び、記号で答えなさい。

ア　B　沖縄県　　C　三重県　　D　大阪府　　E　広島県
イ　B　東京都　　C　沖縄県　　D　北海道　　E　長崎県
ウ　B　沖縄県　　C　北海道　　D　三重県　　E　広島県
エ　B　三重県　　C　沖縄県　　D　北海道　　E　長崎県

問３　年表中Fに当てはまる国名として正しいものを次のア～エから１つ選び、記号で答えなさい。

ア　イタリア　　イ　フランス　　ウ　ドイツ　　エ　スペイン

問４　1998年の第24回サミットから2013年の第39回サミットまではＧ８での開催でしたが、第40回からは１か国が外れてＧ７での開催となりました。この外れた国の名称を書きなさい。

4　次のグラフは、基幹的農業従事者数(農業を主な仕事としている人の数)の推移を示したものです。グラフから、日本では農家の人手不足が問題となっていることがわかります。その問題を解決するために、どのような取り組みが必要ですか、具体例を挙げて50字以内で説明しなさい。

基幹的農業従事者数

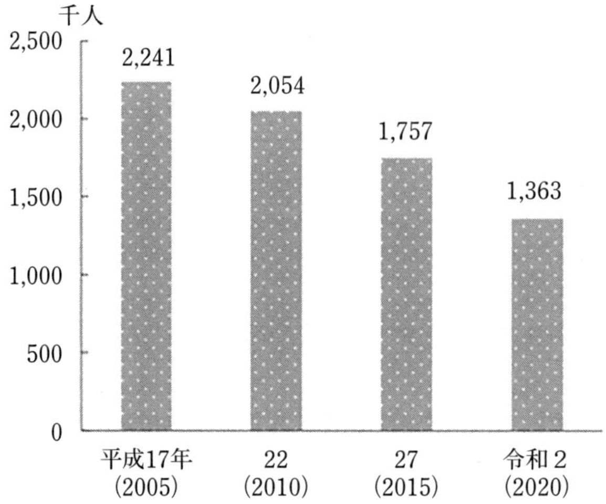

(農林水産省『令和３年度　食料・農業・農村白書』より引用)

開智中学校(第１回)

—理科と合わせて60分—

◇ ともこさんは、校内での有志活動である「開智お城サミット」に参加しています。９月の開智発表会では、夏休みに訪れた城について、各自がレポートや動画を作成して、発表することになりました。次の文章は、ともこさんがまとめたレポートです。これを読んで、あとの問いに答えなさい。

【レポート１】

「唐沢山城(からさわやま)」(栃木県佐野市)

❶訪問日時：７月30日(日)　❷見学時間：11時半～14時(約２時間半)

❸概要(がいよう)：

唐沢山城は、かつて①関東七名城とよばれた城の一つで、唐沢山(標高242メートル)の山頂を本丸とした、山城である。②関東の城では珍(めずら)しく、本丸に石垣(いしがき)が使われているが、これは安土桃山時代に築かれたものである。関ヶ原の戦いの後は、ふもとに新しく佐野城が築かれたため、廃城(はいじょう)となった。

2014年に、国の史跡(しせき)に指定された。2017年には、続日本100名城(114番)に選定された。

❹感想：

ここは、一昨年訪れたことがあったんだけど、少し前にあるテレビ番組で有名なタレントさんが訪れていたので、私がお城③サミットのメンバーに声をかけて、夏休みのフィールドワークで訪れることになった。本丸の石垣だけでなく、てんぐ岩とよばれる岩場からの景色は絶景なので、みんなも喜んでいた。

問１　下線部①に関連して、関東七名城とは、川越・忍(おし)・前橋・金山・唐沢山・宇都宮・多気(たけ)(または太田)城のことをさします。川越城の南方には、喜多院という天台宗の寺院があります。右の【地図１】のア～エの中から、最澄によって開かれた天台宗の総本山である寺院の位置として正しいものを一つ選び、記号で答えなさい。

【地図１】

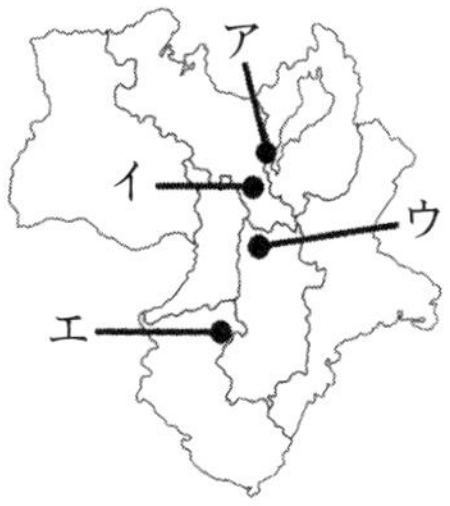

問２　下線部②に関連して、関東平野は日本一広い平野で農作物が多く生産されています。次の表は主な農作物の生産量の２位までを表にしたものです。表中の％は、全国の生産量に対する割合を示します。表中の空欄[Ｖ]に入る関東の県名を**漢字**で答えなさい。

キャベツ(2022年)			きゅうり(2022年)		
都道府県	収穫量(トン)	％	都道府県	収穫量(トン)	％
[Ｖ]	284,500	19.5	宮崎	64,500	11.8
愛知	268,900	18.4	[Ｖ]	55,800	10.2

(農林水産省「令和４年産作況調査(野菜)」より作成)

問3　下線部③に関連して、2023年5月にサミット(主要国首脳会議)が開かれた日本の都道府県はどこですか。**漢字**で答えなさい。

【レポート2】

<table>
<tr><td colspan="2">「水城」(福岡県大野城市・春日市など)</td></tr>
<tr><td>❶訪問日時：8月4日(金)</td><td>❷見学時間：9時〜10時(約1時間)</td></tr>
<tr><td colspan="2">❸概要：

水城とは、④7世紀の後半に唐と新羅の連合軍が日本を攻め(せ)てきた場合に備えて、［⑤］を守るために築かれた施設(しせつ)である。
現在は、右の写真のように土塁(どるい)しか残っていないが、かつては土塁とセットで外堀も存在した。
1953年には国の特別史跡に指定され、2017年には続日本100名城(182番)にも選定された。</td></tr>
<tr><td colspan="2">❹感想：
造られてから1300年以上も経っているのに、ちゃんと土塁が残っていて、すごいなと思った。実は、7年前にも来たことがあったんだけど、そのときは続100名城にはまだ選定されていなかったので、今回はもう一度見に来ようと思った。⑥博多から乗ってきた鹿児島本線が、土塁の南西の端(はし)近くの切断部を通過しているのも初めて知った。</td></tr>
</table>

問4　下線部④に関連して、7世紀の中ごろ、唐と新羅によって滅ぼされた百済の復興を助けるために、日本は朝鮮半島に軍を送りましたが、唐と新羅の連合軍に敗れました。この戦いを何といいますか、「〜の戦い」の形に合うように、**漢字**で答えなさい。

問5　文中の空欄［⑤］には、中国や朝鮮半島から来た客をもてなすなど、外国と交流するため、約1300年前におかれた国の役所が入ります。［⑤］に入る言葉を**漢字3文字**で答えなさい。

問6　下線部⑥に関連して、ともこさんは今回、主に鉄道で九州をめぐって、城を回りました。次の表は、ともこさんが乗った鉄道路線や時刻を記録したものの一部です。この表を見て、あとの問いに答えなさい。

日付	出発駅	出発時刻	移動手段	到着時刻	到着駅
8/3(木)	池袋駅	8：13	山手線(上野東京方面)	8：39	東京駅
	東京駅	9：12	新幹線のぞみ(博多行き)	14：09	博多駅
	博多駅	14：24	鹿児島本線(福間行き)	14：29	箱崎駅

(1)　ともこさんが乗った東海道新幹線は1964年に開通しました。1960年代におこったできごとの説明として、**誤っているもの**を次のア〜エの中から一つ選び、記号で答えなさい。

ア　アジアで初めての開催(かいさい)となる、東京オリンピックが開かれた。

イ　日韓基本条約が結ばれて、韓国との国交が結ばれた。

ウ　日ソ共同宣言が結ばれたのち、日本は国際連合へ加盟した。

エ　アメリカから、小笠原諸島が日本に返還(へんかん)された。

(2)　ともこさんが降りた箱崎駅の近くには「筥崎宮(はこざきぐう)」とよばれる、日本三大八幡宮の一つがあります。この神社には、次の【写真1】のような大きな門があり、「敵国降伏(こうふく)」(【写真2】)と書かれた額がかかげられています。この額は、鎌倉時代にモンゴル軍が日本に攻めてきたときに、亀山上皇が納めたものだといわれています。あとの【図1】は、モンゴル軍と日本の武士との戦いをえがいたものです。この絵巻物の名前を、「～絵詞」の形に合うように、**漢字**で答えなさい。

【写真1】

【写真2】

【図1】

(皇居三の丸尚蔵館収蔵)

【レポート３】

「久留米城」(福岡県久留米市)

❶訪問日時：８月４日(金)　❷見学時間：11時～15時(約４時間)

❸概要：

久留米城は、江戸時代に久留米藩21万石の大名である有馬氏の居城となった城である。かつては本丸に二重の多聞櫓(たもんやぐら)で連結された三重櫓が７棟(とう)建つなど、藩の規模にふさわしい城であった。

⑦明治時代になると廃城となり、建物は解体された。本丸には右の写真のような立派な高石垣が残り、1983年には福岡県の史跡にも指定された。また、2017年には続日本100名城(183番)にも選定された。

❹感想：

二の丸と三の丸は⑧タイヤの工場となっているため、本丸以外の遺構はあまり残っていないけど、住宅地の中にも空堀跡や土塁がある。また、市内の草野町の寿本寺(じゅほんじ)には、水の手門(右の写真)が移築されているので、ぜひ見に行ってほしい。

問７　下線部⑦に関連して、大日本帝国憲法に関して述べた文として**誤っているもの**を、次のア～エの中から一つ選び、記号で答えなさい。

ア　大日本帝国憲法が発布されたときの内閣総理大臣は、黒田清隆(きよたか)である。

イ　大日本帝国憲法は、君主権の強いフランスの憲法が参考とされた。

ウ　大日本帝国憲法は、天皇が国民(臣民)にあたえるという形をとった欽定(きんてい)憲法である。

エ　大日本帝国憲法において、帝国議会は、あくまで天皇に対する協賛機関であった。

問８　下線部⑧に関連して、自動車は動くたびに、タイヤが削(けず)れて、細かなプラスチックの破片が発生します。このようなプラスチックの破片や粒子(りゅうし)は、マイクロプラスチックとよばれています。次のア～エはSDGsのマークを示しています。マイクロプラスチックの発生を減らすことは、ア～エのマークが示す目標のうち、どれに最もつながると考えられますか。一つ選び、記号で答えなさい。

ア

イ

ウ

エ

(国際連合広報センター ウェブサイトより)

【レポート４】

<table>
<tr><td colspan="2">「⑨岡城」(大分県⑩竹田市)</td></tr>
<tr><td>❶訪問日時：８月５日(土)</td><td>❷見学時間：13時～15時半(約２時間半)</td></tr>
<tr><td colspan="2">❸概要：
岡城は、江戸時代に岡藩７万石の大名である中川氏の居城となった城である。この城は、標高が325メートルの天神山に築かれた山城だが、総面積は約23万平方メートルと、とても広い。
⑪明治時代になると廃城となり、建物は解体されてしまったが、この城の一番の魅力(みりょく)は、右の写真のような石垣である。

1936年には国の史跡に指定され、2006年には日本100名城(95番)にも選定された。</td></tr>
<tr><td colspan="2">❹感想：
ここは、石垣がとても有名で、崖(がけ)にそびえたつ高石垣や、右の写真のような大手門跡は、見たときに圧倒(あっとう)されました。また、とにかく城内が広い！山の上なので風は涼(すず)しいんだけど、真夏なので日差しがやっぱり暑かった。端から端まで歩いたので、へとへとになったけど、大満足の城だった！おすすめ！
</td></tr>
</table>

問９　下線部⑨に関連して、岡城の最寄り駅は、豊肥(ほうひ)本線の豊後竹田駅になります。この豊肥本線は、阿蘇高原線という愛称(あいしょう)もつけられ、途中、阿蘇山のカルデラの中を横切っていきます。阿蘇地方では、山のすそ野に広がる草原を利用して、ある家畜(かちく)の飼育がさかんにおこなわれています。次の表は、2022年２月１日現在の日本国内のある家畜の飼養頭数の上位４つの都道府県を並べたものです。この表で示した家畜として適切なものを、あとのア～エの中から一つ選び、記号で答えなさい。

順位	道府県名	飼養頭数
１位	北海道	553,300
２位	鹿児島県	337,800
３位	宮崎県	254,500
４位	熊本県	133,600

(農林水産省「畜産統計調査」より作成)

ア　乳用牛　　イ　肉用牛　　ウ　豚(ぶた)　　エ　肉用若鶏(どり)

問10　下線部⑩に関連して、次の【写真3】は、大分県の竹田市と玖珠郡にある「くじゅう坊ガツル・タデ原湿原」のものです。この湿原は、「水鳥などのすみかとして大切な湿地を守るための国際的な取り決め」で保護されています。この取り決めを、一般的に何条約といいますか。「～条約」の形に合うように、カタカナで答えなさい。

【写真3】

(提供　竹田市)

問11　下線部⑪に関連して、竹田市出身の滝廉太郎という作曲家は、「荒城の月」という曲をつくるときに、廃城となった岡城をイメージしたといわれています。滝廉太郎が、この曲をつくった1900～1910年の間のできごとの説明として正しいものを、次のア～エの中から一つ選び、記号で答えなさい。

ア　普通選挙法が制定され、25歳以上の男女に選挙権が与えられた。

イ　与謝野晶子が「君死にたまふことなかれ」という詩を発表した。

ウ　初代朝鮮総督であった伊藤博文が、ハルビン駅で殺害された。

エ　陸奥宗光外務大臣のとき、日米通商航海条約を結んで、関税自主権を完全に回復した。

【レポート５】

「八代城」（熊本県八代市）

❶訪問日時：８月６日（日）　　❷見学時間：10時半～14時（約３時間半）

❸概要：

八代城は、江戸時代に築かれた、熊本藩の城である。一国一城令があったため、普通は藩内には一つの城しか許されなかったが、この城は例外的に認められた。17世紀の後半には、落雷によって大小の天守は燃えてしまい、その後は再建されなかった。

明治時代になると廃城となり、建物はすべて取り壊され、本丸の石垣と内堀以外は埋められてしまった。2014年には国の史跡に指定され、また2017年には続日本100名城（190番）にも選定された。

❹感想：

⑫八代城は市街地にあり、縄張りも本丸程度しか残っていないため、あまり期待はしていなかったけど、本丸の石垣はよく整備されていたので、良い意味で予想を裏切ってくれた！また、本丸の石垣の上にも上がれて、ぐるっと一周できたのも良かった。建物が残っていないのが残念だけど、小天守台の石垣から続く大天守台の石垣の上を歩けたりしたのは、とても興奮した。本丸内には現在、八代宮という神社があったので、御朱印（ごしゅいん）もいただきました。

問12　下線部⑫に関連して、次の【地図２】は、八代城を中心とした地形図です。この地図について説明した文として正しいものを、あとのア～エのうちから一つ選び、記号で答えなさい。

【地図２】

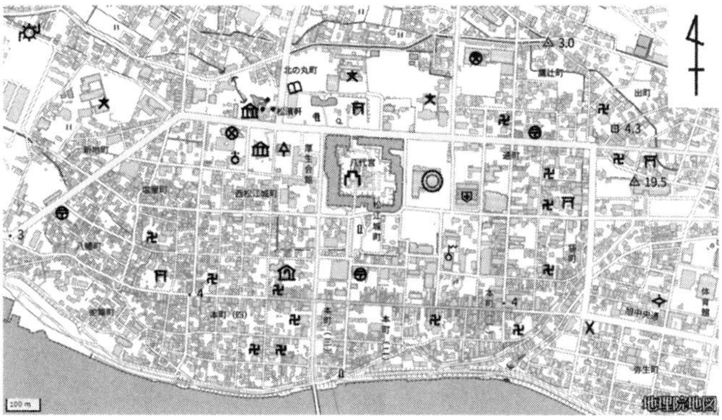

（国土地理院地図Vectorより作成）

ア　八代城の西側には、市役所がある。

イ　八代城の南東側には、老人ホームがある。

ウ　この地図の中には、警察署はあるが、交番は一つもない。

エ　この地図の中では、神社よりも寺院が多い。

【レポート６】

「鹿児島城」(鹿児島県⑬鹿児島市)

❶訪問日時：８月６日(日) ８日(火)	❷見学時間：17時～18時(約１時間) 12時半～14時(約１時間半)

❸概要：

鹿児島城は、17世紀の初めに築かれた、薩摩藩の大名である島津氏の居城となった城である。薩摩は約75万石の大藩であるが、城自体は単純な構造で、石垣はあるが、天守などもなく、⑭防御的には問題があるため、裏山である城山を後詰めの城としていた。

明治時代以降、城跡は旧制高校の敷地となり、大学なども置かれた。1931年には城山が国の史跡に指定され、2023年には鹿児島城跡として追加指定がされた。また、2006年には日本100名城(97番)に選定され、2020年には大手門にあたる楼門が木造で復元された。

❹感想：

鹿児島県は今回の旅で初めて訪れ、また歴史の授業でも西郷隆盛などの偉人が活躍した場所なので、とても楽しみにしていた。どうして二日にわたって訪れたのかというと、６日は八代から九州新幹線に乗って夕方に到着したのだけど、もう時間が遅かったので、大手門から本丸内には入れなかったから。その日は、本丸の石垣や水堀を見た後、すぐ北側にある、西郷隆盛が明治時代になってからつくった「⑮私学校」の跡地を囲む石垣を見てまわった。

本来は、翌日には宮崎県に向かう予定だったんだけど、⑯台風のせいで鹿児島から出られなくなったので、何と鹿児島に４泊もすることになった！でもそのおかげで、鹿児島をゆっくりと観光することができたし、改めて８日に本丸内の博物館に入って、100名城スタンプも押すことができたから良かった。

問13　下線部⑬に関連して、次の【写真４】は、鹿児島市内を走る路面電車です。路面電車をふくめて、私たちの生活には、電気が欠かせないものとなっています。発電には、さまざまな方法がありますが、その中でも太陽光発電は、再生可能エネルギーの一つとして注目されています。近年では、次の【写真５】のように、「メガソーラー」とよばれる出力規模の大きな太陽光発電が各地で設置されています。しかし、本来太陽光発電では、温室効果ガスを排出しませんが、このメガソーラーの設置に関しては、かえって温室効果ガスの増加につながるという批判もあります。なぜ、批判されているのでしょうか。わかりやすく答えなさい。

【写真４】

【写真５】

(編集部注：著作権の都合により削除しています。)

問14　下線部⑭に関連して、薩摩藩は、幕末の1863年にイギリスと戦争をした際、イギリスの軍艦から鹿児島城の本丸御殿に砲弾を撃ちこまれたことがありました。イギリスについて説明した文として正しいものを、次のア～エの中から一つ選び、記号で答えなさい。

ア　緯度０°線は、イギリスのロンドンを通っている。

イ　国際連盟の本部は、イギリスのロンドンに置かれていた。

ウ　2024年の夏季オリンピックの開催地は、イギリスのロンドンである。

エ　現在のイギリスの国王は、チャールズ３世である。

問15　下線部⑮に関連して、次の【写真６】は、ともこさんが私学校の石垣を撮影したものです。このように、石垣の表面にたくさん穴が開いているのは、1877年に起きた、鹿児島の士族たちと新政府軍との間で起きた内戦が原因です。この内戦を何といいますか、**漢字**で答えなさい。

【写真６】

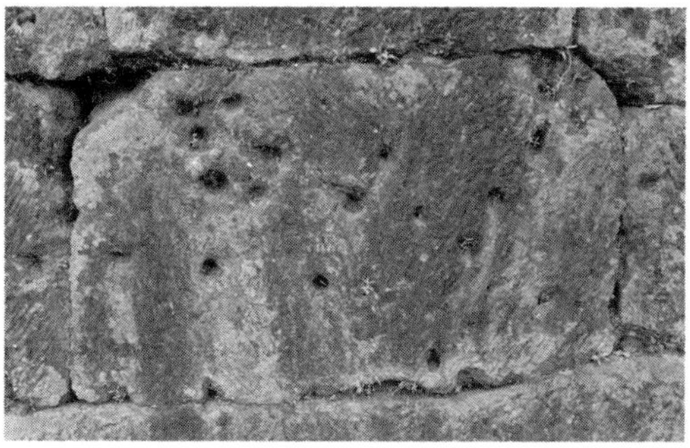

問16　下線部⑯に関連して、台風をふくめて、日本では災害が多く発生しています。2011年の東日本大震災とその後の影響について述べた次のア～エの中から、正しいものを一つ選び、記号で答えなさい。

ア　東日本大震災の直後、日本全国で計画停電が実施された。

イ　東日本大震災からの災害復興を目的として設置された復興庁は、震災から10年が経った2021年をもって、その役目を終えて解散した。

ウ　東日本大震災の直後、被災した地域とその他の地域の間で、サプライチェーンの分断が起こった。

エ　東日本大震災で大きな被害を受けた福島県の原子力発電所から出る、放射性物質をふくんだ水を、処理したうえで海洋に放出する計画があったが、実施されていない。

【レポート７】

<table>
<tr><td colspan="2">「出島・唐人屋敷（とうじんやしき）」(⑰<u>長崎県</u>長崎市)</td></tr>
<tr><td>❶訪問日時：８月14日(月)</td><td>❷見学時間：10時半～14時半(約４時間)</td></tr>
<tr><td colspan="2">❸概要：

出島は、江戸時代に幕府が⑱<u>オランダ</u>と貿易をする際に使われていた場所で、オランダ人たちが住んでいた。明治以降は、周囲の海の埋（う）め立てや、河川改修によってかつての姿はわかりづらくなってしまった。しかし、近年、堀や石垣だけでなく、中の建物なども18世紀の初めのころの姿に復元された。

唐人屋敷は、江戸時代に幕府が中国と貿易をする際に使われていた場所で、中国の商人たちは、この屋敷の中に住んでいた。屋敷跡には、⑲<u>中国の神様などをまつった</u>建物もわずかながら残され、江戸時代に築かれた石垣も一部見ることができた。</td></tr>
<tr><td colspan="2">❹感想：
この二つは、城ではないんだけど、史跡ということで、特別にレポートにまとめてみました。
出島は、歴史の授業では、周りを海に囲まれていたと習ったのに、現在はすっかり周りが埋め立てられていたので驚いた。しかし、ここ最近の復元整備によって、江戸時代の姿を取り戻（もど）しつつあるのはうれしい。オランダと⑳<u>貿易</u>していたときの品々もたくさん展示されていて、見ごたえがあった。
唐人屋敷は、完全になくなってしまったように見えるけど、地図と見比べると、かつての屋敷の範囲（はんい）がそのまま館内町という住所になっていた。実際に行ってみたら、唐人屋敷の敷地自体が坂になっているのも初めて知れた。近くに中華街があるのも、江戸時代からの歴史がつながっているんだなあ、と実感した。</td></tr>
</table>

問17　下線部⑰に関連して、あとの問いに答えなさい。

(1)　次の表は、ともこさんが博多駅から長崎駅までの移動手段や時刻を記録したものの一部です。この表の空欄[　W　]に入る語句を、あとのア～エの中から一つ選び、記号で答えなさい。

日付	出発駅	出発時刻	移動手段	到着時刻	到着駅
8/14 (月)	博多駅	8：12	リレーかもめ([　W　]行き)	9：20	[　W　]駅
	[　W　]駅	9：23	西九州新幹線かもめ(長崎行き)	9：54	長崎駅

ア　箱根温泉　　イ　草津温泉　　ウ　別府温泉　　エ　武雄温泉

(2)　太平洋戦争末期の1945年８月には、広島と長崎に原子爆弾（ばくだん）が投下され、多くの命が失われました。核兵器の被害を受けた、ただ一つの被爆国として、日本政府がかかげている三つの原則とは何ですか。「核兵器を」のあとに続く部分を答えなさい。

問18 下線部⑱に関連して、以下の左側の【図2】は、オランダ出身の画家ゴッホがえがいたものです。ゴッホは、以下の【図3】などの作品群をえがいた作者に影響を受けたといわれています。【図3】などの作品群をえがいた人物は誰ですか。**漢字**で答えなさい。

【図2】

【図3】

(歌川広重《名所江戸百景　大はしあたけの夕立》
東京富士美術館蔵
「東京富士美術館収蔵品データベース」収録
(https://www.fujibi.or.jp/collection/artwork/01173/))

問19 下線部⑲に関連して、儒教の創始者である孔子を神としてまつる場所を「孔子廟(こうしびょう)」といいます。2013年、那覇市は孔子廟である「久米(くめ)至聖廟(しせいびょう)」(【写真7】)に、市が所有する公園の敷地を無償(むしょう)で提供しました。このことに対して、2021年に最高裁判所は憲法違反(いはん)であると判断をくだしました。その理由を、わかりやすく説明しなさい。

【写真7】

(那覇市観光資源データベース
ウェブサイトより)

問20 下線部⑳に関連して、日本は、外国との間でさまざまな貿易をおこなっています。次の表は、2021年の日本国内の積卸(つみおろし)港別貿易額(輸出額と輸入額の合計)の上位四つの港を並べたものです。表中の空欄[X]に入る語として適切なものを、あとのア〜エの中から一つ選び、記号で答えなさい。

順位	港名	輸出額(億円)	輸入額(億円)
1位	成田国際空港	165,336	183,535
2位	[X]港	123,154	55,311
3位	東京港	68,132	104,240
4位	横浜港	75,845	61,294

(財務省「貿易統計」より作成)

ア　名古屋　　イ　神戸　　ウ　福岡空　　エ　関西国際空

【レポート８】

「原城」(長崎県南島原市)

❶訪問日時：８月15日(火)　　❷見学時間：８時～10時半(約２時間半)

❸概要：

原城は、有馬氏によって築かれた城である。16世紀の末から改修され、現在も残る石垣や空堀が築かれた。その後、江戸時代となり、有馬氏が移った後、廃城となったが、島原・［　㉑　］の乱のさいには一揆(いっき)軍がたてこもり、決戦の地となった。乱の後は、幕府によって石垣などが崩されている。

1938年に国の史跡に指定され、2018年には㉒世界遺産にも登録された。また、2017年には続日本100名城(188番)にも選定された。

❹感想：

この城も、教科書に載(の)っている城なので、今回の旅で絶対に来たい城だった。今の原城跡は、海も近く、おだやかでのどかな田舎という感じだったけど、ここでかつて半年ほど激しい戦いがあって、多くの農民たちが亡くなったなんて信じられなかった。崩されているとはいえ、石垣や空堀は見ごたえがあるので、ぜひ訪れてほしい。

問21　文中の空欄［　㉑　］に入る地名を**漢字**で答えなさい。

問22　下線部㉒に関連して、世界遺産にはさまざまな種類があります。その中でも、「無形文化遺産」というものがあり、現在日本国内では、20件以上が登録されています。その中の一つに「楮(こうぞ)」を原料とする工芸品を作る技術があります。この技術によって作られる工芸品は何ですか。**漢字**で答えなさい。

【レポート９】

<table>
<tr><td colspan="2">「島原城」(長崎県島原市)</td></tr>
<tr><td>❶訪問日時：８月15日(火)</td><td>❷見学時間：13時～15時半(約２時間半)</td></tr>
<tr><td colspan="2">❸概要：

島原城は、江戸時代の初めに築かれた城である。㉓本丸と二の丸がすべて石垣で囲まれていて、天守をはじめとして50棟もの櫓がある、大城郭(じょうかく)であった。
明治時代に入ると廃城となり、建物は撤去(てっきょ)されてしまったが、現在は鉄筋コンクリート造の天守や櫓が復興されている。2006年には、日本100名城(91番)に選定され、2016年には、長崎県の史跡に指定された。</td></tr>
<tr><td colspan="2">❹感想：
㉔島原城を築いた松倉氏の領地は４万石しかなかったのに、こんなに高い石垣や多くの櫓のある豪華(ごうか)な城を造ろうとして、農民に対して過酷(かこく)な税を課したことが原因で、島原の乱が起きたと言われている。そう考えると憎(にく)いのだけど、やはり石垣や天守を目にすると、格好いいなあと思ってしまった。</td></tr>
</table>

問23　下線部㉓に関連して、島原城の本丸と二の丸は、かつて廊下(ろうか)橋とよばれる屋根のついた木の橋で接続されていました。同じような構造をもった城として、香川県の高松城が知られています。次のア～エの雨温図は、札幌市、新潟市、松本市、高松市のものです。高松市にあたるものを、ア～エの中から選び、記号で答えなさい。

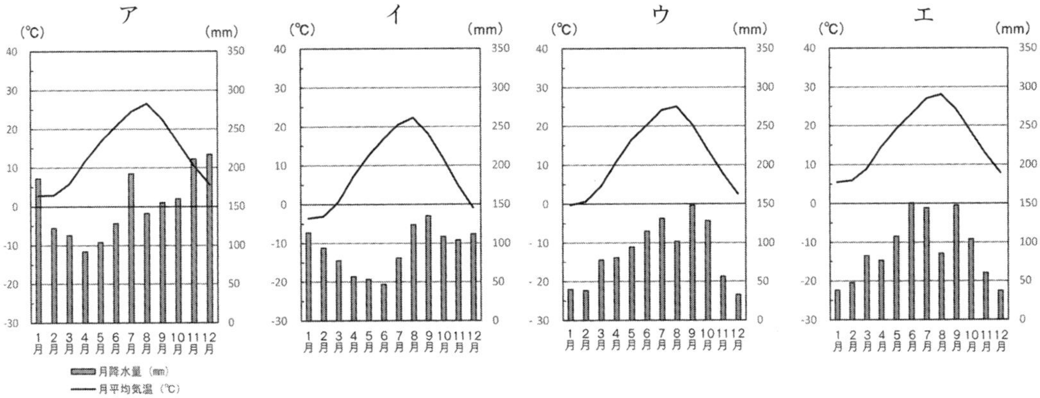

問24　下線部㉔に関連して、松倉氏は島原の乱が起きた責任をとらされて、大名としての領地を取り上げられました。これを改易といいます。次のグラフは、江戸時代の将軍ごとの、大名の改易や減封(げんぽう)(領土の削減)がおこなわれた件数を表しています。また【図４】は、家綱が将軍に就任したさいに起きた事件をえがいたものです。これをふまえて、家綱の代以降、改易や減封の件数が減っていった理由は何でしょうか。わかりやすく説明しなさい。

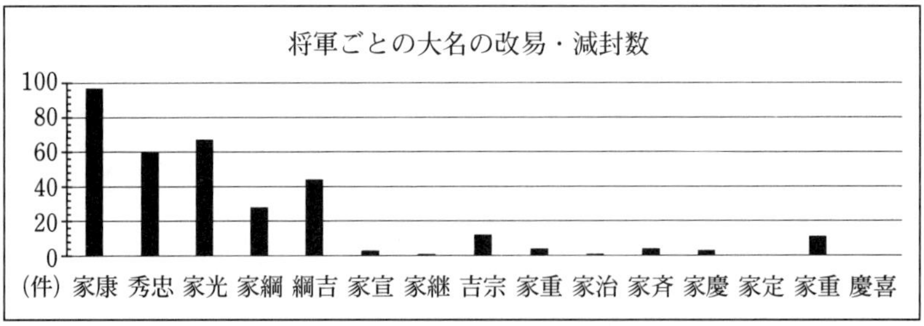

(ただし、家康の時期は、将軍就任前のものもふくみます。)

【図４】

(小学館版　学習まんが『少年少女日本の歴史』より)

【レポート10】

「名護屋城」(佐賀県唐津市)

❶訪問日時：８月16日(水)　　❷見学時間：10時～14時(約４時間)

❸概要：

名護屋城は、㉕豊臣秀吉が、朝鮮出兵を始める前に築かせた城である。秀吉の死後は、大陸侵攻が中止となったため、廃城となり、江戸時代には一揆などのたてこもりを防ぐために、石垣が崩された。

1955年には国の特別史跡に指定され、2006年には、日本100名城(87番)にも選定された。

❹感想：

佐賀県の城に来るのは、何年か前の㉖ゴールデンウィーク以来だ。ここも教科書で出てくる城で、秀吉を初めとして、日本中の大名が集まっていた場所なので、ある意味㉗日本の首都のようになっていた。崩れた石垣もまた味があって良い。天守台からの景色も海が見えてとても良く、風が気持ちよかった。市街地化していないので、すべての曲輪(くるわ)を回ったけど、広すぎるのと暑くて、疲れ果てた。

問25　下線部㉕に関連して、豊臣秀吉は織田信長の家臣としてしだいに台頭して、天下を取った人物です。次のア～エは、織田信長と豊臣秀吉のおこなったことを説明したものです。ア～エを年代が古い方から順に並びかえ、記号で答えなさい。

ア　桶狭間の戦いで今川義元を討ち取った。

イ　大阪(坂)城を築いて政治の拠点とした。

ウ　比叡山延暦寺を焼き打ちした。

エ　小田原征伐(せいばつ)をおこない、北条氏を滅ぼした。

問26　下線部㉖に関連して、ゴールデンウィーク中の５月３日は、憲法記念日です。日本国憲法第11条と第97条を引用した次の【文章】中の、空欄［　Y　］に共通して当てはまる語句を答えなさい。

【文章】

第11条

国民は、すべての基本的人権の享有(きょうゆう)を妨(さまた)げられない。この憲法が国民に保障する基本的人権は、侵(おか)すことのできない［　Y　］として、現在及(およ)び将来の国民に与(あた)へられる。

第97条

この憲法が日本国民に保障する基本的人権は、人類の多年にわたる自由獲得(かくとく)の努力の成果であつて、これらの権利は、過去幾多(いくた)の試錬に堪(た)へ、現在及び将来の国民に対し、侵すことのできない［　Y　］として信託(しんたく)されたものである。

問27　下線部㉗に関連して、日本の首都とされる東京には、国会や中央省庁など、国の機関が多く集まっています。これらの説明として正しいものを、次のア～エの中から一つ選び、記号で答えなさい。

ア　各省庁の長官や大臣は、すべて国会議員から任命されなければならない。

イ　日本の国会は衆議院と参議院という二つの議院で構成されているが、任期はともに４年である。

ウ　最高裁判所の裁判官に対し、衆議院議員総選挙のさいに、国民審査がおこなわれることがある。

エ　内閣総理大臣は天皇によって指名され、国会での多数決によって承認される。

問28　次の【地図３】は、江戸時代の末に、武蔵国に置かれていた藩の中心地（城や陣屋）があった場所を●で示したものです。地図中の空欄［　Z　］に適する藩の名前を**漢字**で答えなさい。

【地図３】

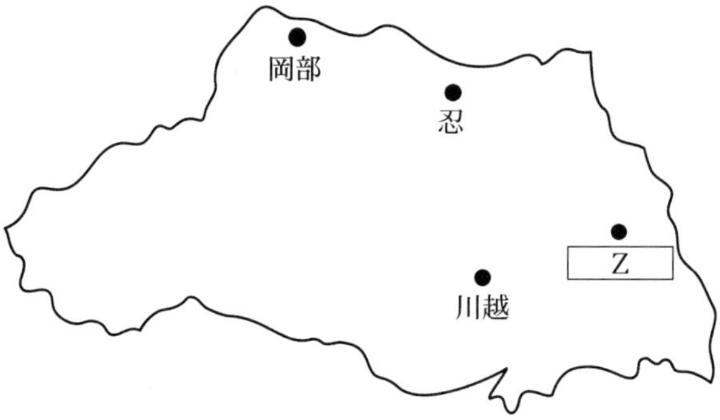

開智日本橋学園中学校(第１回)

―25分―

(編集部注：実際の入試問題では、写真や図版の一部はカラー印刷で出題されました。)

1　以下の文章を読んで、設問に答えなさい。

人類はその誕生から絶え間なく争いを続け、その理由や形態は多岐にわたってきました。原初的には食料をめぐる縄張り争いが中心でしたが、生産技術の発達とそれに伴う「政治」の発生により、争いの理由は多様化していきました。個人間だけでなく、集団間の対立や抗争も頻繁に生じるようになりましたが、それらの始まりが個人間の対立を由来とする場合もありました。私たちは発見された様々な資料から、歴史上の争いや対立の原因について学ぶことができます。そこから得られる視点や学びは、現在の社会に多々存在する対立や争いの分析に役立つでしょう。

問１　集団で行う稲作が盛んになってきた弥生時代では、土地や水をめぐってむら同士の争いも生じるようになりました。むらを守るために、むらの周囲をほり、必要に応じて水をはるような構造のむらである、環濠(かんごう)集落が見られるようになりました。この集落の跡を残す遺跡として**誤っているもの**を、次の選択肢(せんたくし)から一つ選び、記号で答えなさい。

ア　吉野ヶ里遺跡　　イ　板付遺跡　　ウ　唐古・鍵遺跡　　エ　三内丸山遺跡

問２　古墳時代について、現代の私達は古墳の埋(まい)蔵物から当時の様子について推測することができます。古墳時代前期には画像１の玉だけでなく、銅剣や銅鏡などの祭の道具が多く見られました。しかし、古墳時代後期には画像２のような鉄製の武器や甲冑(かっちゅう)などが多く見られるようになりました。これらのことを踏まえて、古墳時代に埋葬された指導者たちの特徴がどのように変化していったと考えられるか、**20字以内**で答えなさい。「、」や「。」も字数に数えます。

画像１

画像２

問３　平安時代に活躍した菅原道真は、藤原氏一門との政争が影響したこともあり、九州の大宰府に左遷(せん)されてしまいました。菅原道真の死後、京都では落雷による事故など道真の怨(おん)念が原因と噂(うわさ)される出来事が生じました。菅原道真が亡くなった後の平安時代に関する説明として**誤っているもの**を、次の選択肢(せんたくし)から一つ選び、記号で答えなさい。

ア　唐風の文化をもとにしながら、日本の風土や生活、日本人の感情にあった文化である国風文化が栄えていった。

イ　都では、阿弥陀如来にすがり、死後に極楽浄土へ生まれ変わることを願う浄土信仰が広まった。

ウ　北関東では平将門が、瀬戸内では藤原純友がそれぞれ周辺の武士団を率いて大きな反乱を起こすなど、武士の台頭が見られた。

エ　墾田永年私財法が発布され、全国的な荘園の開墾が進み、武士が犯罪の取りしまりや年貢の取り立てを任されるようになった。

問４　平安時代に活躍した紫式部は、自身の日記に清少納言への厳しい批判を残していたことからも、同時代に活躍していた清少納言を強く意識していたことが明らかとなっています。平安時代に成立した文学作品として**誤っているもの**を、次の選択肢から一つ選び、記号で答えなさい。

ア　源氏物語　　イ　万葉集　　ウ　伊勢物語　　エ　古今和歌集

問５　鎌倉幕府を開いた源頼朝は、朝廷と対立することを避け、朝廷との協調関係を築いていきました。しかし、1221年に生じた承久の乱により、それまでの幕府と朝廷の協調関係が崩れてしまいました。承久の乱についての説明として正しいものを、次の選択肢から一つ選び、記号で答えなさい。

ア　後鳥羽上皇は、第三代将軍源実朝が暗殺されたのちに挙兵した。

イ　第二代執権北条時政のもと、幕府軍は後鳥羽上皇の軍を破った。

ウ　後鳥羽上皇は敗戦後、対馬に流された。

エ　乱の後に、幕府は朝廷を監視するために京都所司代を設置した。

問６　室町時代中期には、第八代将軍の跡継ぎ問題と家臣らの相続争いが複雑に絡んだ戦乱が生じ、京都から全国に広がりました。この戦乱の名前と戦乱のきっかけとなった第八代将軍の名前の組み合わせとして正しいものを、次の選択肢から一つ選び、記号で答えなさい。

ア　応仁の乱－足利尊氏　　イ　島原の乱－足利尊氏

ウ　応仁の乱－足利義政　　エ　島原の乱－足利義政

問７　安土桃山時代には「茶の湯」が大成されました。ただ茶を楽しむだけでなく、政治の駆け引き場としても「茶の湯」は利用されました。織田信長や豊臣秀吉に仕え、「茶の湯」を大成した人物の名前を、**漢字**で答えなさい。

問８　江戸時代後期には、幕府の対外政策を批判したとして蘭学者グループが処罰される蛮社の獄が生じました。しかし、この出来事には儒学者による蘭学の隆盛への妬みや幕府内の権力争いが関わっていることも指摘されています。この出来事で渡辺崋山と共に処罰された鳴滝塾出身の人物の名前を、**漢字**で答えなさい。

問９　画像３は明治時代における、政府内のある政治家たちの対立の様子を風刺した画像です。画像３の中に「熊」として描かれ、国会の早期開設などの急進的な主張をした人物は、政府の中心から追い出されました。この人物の名前を**漢字**で答えなさい。

画像３

問10　1930年代には、それまで大日本帝国憲法に基づく政治体制を支えていた憲法学説が、政治争いの場に巻き込まれてしまいました。陸軍や一部の政治家などが激しい攻撃を行った結果、この憲法学説は政府から公式に否定されてしまいました。この憲法学説の名前を**漢字**で答えなさい。

2　以下の各問に答えなさい。

問１　以下の画像は北海道のふるさと納税の返礼品の一部を示しています。北海道に関する以下の問いに答えなさい。

⑴　北海道の一部の川では、成魚となった鮭が秋から冬にかけて川を上ってくる光景が見られます。以下の地図を見て、北海道の川の名前とその位置の組み合わせとして正しいものを、次の選択肢(せんたくし)から一つ選び、記号で答えなさい。

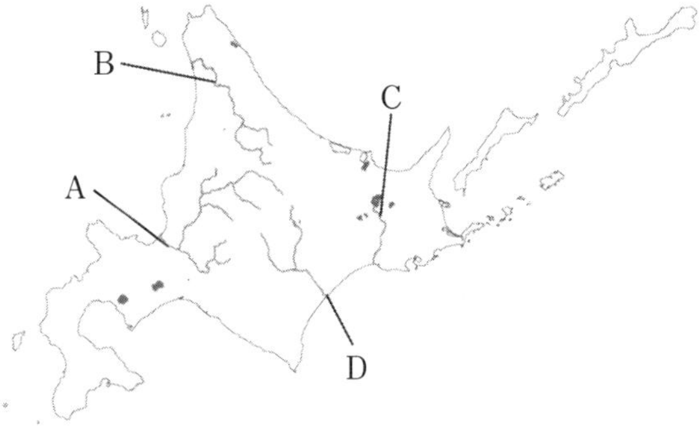

ア　石狩川－A　　イ　十勝川－B　　ウ　天塩川－C　　エ　釧路川－D

⑵　北海道には複数の火山が存在し、それらの火山によって火山灰層が広く形成されました。火山灰層は水はけが良く、メロンなど果物の栽培に適しています。北海道に存在する火山として**誤っているもの**を、次の選択肢から一つ選び、記号で答えなさい。

ア　有珠山　　イ　蔵王山　　ウ　昭和新山　　エ　羊蹄山

問２　以下の画像は岩手県のふるさと納税の返礼品の一部を示しています。岩手県に関する以下の問いに答えなさい。

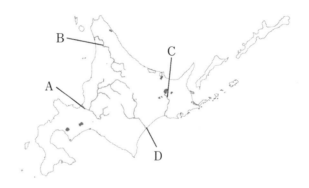

(1)　岩手県盛岡と奥州水沢では前の左の画像の金工品の製造が盛んで、岩手県の伝統工芸品として人気を博しています。この金工品の名前を、**漢字４字**で答えなさい。

(2)　岩手県の三陸海岸沖は、多くの魚が集まる漁場になっていて、日本有数の漁港が集まっています。三陸海岸に関する説明として**誤っているもの**を、次の選択肢(せんたくし)から一つ選び、記号で答えなさい。

ア　北は青森県、南は福島県まで海岸線が続いている。

イ　北部は隆起(りゅう)海岸で、海岸段丘が発達した地形になっている。

ウ　中部以北では寒流の影響を受け気温が低くなり、特に夏には海霧(む)が多く発生する。

エ　南部には狭い湾や入江が複雑に入り組んだリアス海岸が見られる。

問３　以下の画像は岐阜県のふるさと納税の返礼品の一部を示しています。岐阜県に関する以下の問いに答えなさい。

(1)　岐阜県の飛驒地域で生産される飛驒牛は、岐阜県の名産品の１つになっています。飛驒は岐阜県の旧国名のうちの１つですが、飛驒以外の岐阜県の旧国名を、**漢字**で答えなさい。

(2)　長良川の鮎(あゆ)は2015年に世界農業遺産に認定されました。長良川の清流と鮎は地域の経済や歴史、食文化に深く結びついています。日本の世界農業遺産に関する説明として**誤っているもの**を、次の選択肢(せんたくし)から一つ選び、記号で答えなさい。

ア　「阿蘇の草原と持続的農業」では、巨大な火山噴火(ふん)によって形成された世界最大級のカルデラ周辺に広がる草原の持続的な活用を通した循環型(じゅんかん)農業が営まれ、自然環境が保全されている。

イ　「能登の里海里山」では、棚田やため池で形成される里山の景観と、太平洋沿岸での海女漁や揚げ浜式製塩など、里海の資源を活用した伝統技術が受け継がれている。

ウ　「静岡の茶草場農法」では、茶畑の周りの草地から草を刈り取り、その草を茶畑に敷く伝統的な茶草場農法を継承し、草刈りにより維持されてきた草地には、希少な生物が多数生息している。

エ　「トキと共生する佐渡の里山」では、生きものを育む農法を島内の水田で実施し、トキをシンボルとした豊かな生態系を維持する里山と、集落コミュニティを高める多様な農村文化を継承している。

問４　以下の画像は愛媛県のふるさと納税の返礼品の一部を示しています。愛媛県に関する以下の問いに答えなさい。

⑴　愛媛県松山市には日本三大古湯の一つで、開場3000年と伝えられる温泉があり、多くの観光客が訪れています。その温泉の名前を、「～温泉」の形に合うように**漢字**で答えなさい。

⑵　日本で有数のみかんの生産地となっている愛媛県ですが、特に海岸線に沿った傾斜地(けいしゃ)や瀬戸内の島々は、美味しいみかんの産地として有名です。これらの地域で美味しいみかんを生産することができる理由として**誤っているもの**を、次の選択肢(せんたくし)から一つ選び、記号で答えなさい。

ア　年間を通して晴れの日が多く、温暖な気候であるから。

イ　海岸線の傾斜地には、熱が逃げにくい石垣(がき)で覆(おお)われた段々畑が作られているから。

ウ　太陽の光に加えて、海からの反射光を浴びて生育されるから。

エ　夜間も月の光を浴びて、畑の温度を一定に保っているから。

問５　以下の画像は鹿児島県のふるさと納税の返礼品の一部を示しています。鹿児島県に関する以下の問いに答えなさい。

⑴　鹿児島県の種子島には日本最大のロケット発射場があり、日本の宇宙開発における人工衛星打ち上げの中心的な役割を担っています。種子島の位置として正しいものを、以下の地図中の選択肢から一つ選び、記号で答えなさい。

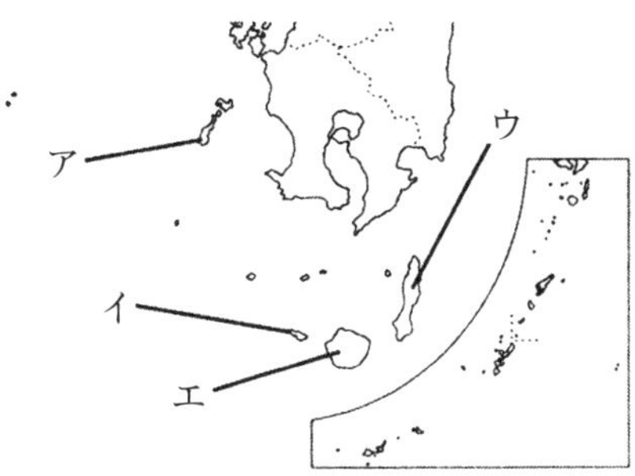

(2)　鹿児島県の肥薩おれんじ鉄道では、観光列車である「おれんじ食堂」が運行され、観光客の人気を博しています。鹿児島県の鉄道・港湾に関する説明として正しいものを、次の選択肢から一つ選び、記号で答えなさい。

ア　鹿児島県内では、九州新幹線が大隅半島を通る形で運行されている。

イ　桜島には車で上陸することができず、フェリーでのみ上陸することができる。

ウ　鹿児島港は、屋久島や奄美大島などへの定期便のターミナルとして地域の発展に大きな役割を果たしている。

エ　肥薩おれんじ鉄道の名前の由来は、鉄道が鹿児島県と宮崎県の間を走ることに由来している。

3　以下の文章を読んで、設問に答えなさい。

わが国におけるデモクラシーと統計の歴史は、明治維新期以降ほぼ同年の歩みをしている。デモクラシーについて、これまでにも多くの議論がなされ、誰しもがその重要性について認識していることであろう。ところが統計となると、自分事のように考えることが難しく、どこか雲の上の存在であるかのように勘違いしてしまうこともあるだろう。統計を知ること、統計学的な考え方を身につけることは、もっと私たち１人１人がその重要性に気づき、日常生活においても自分事として捉える必要があることにつながる。

(貫名貴洋、「デモクラシーと統計：日本における統計の歴史と統計的な考え方」『国士舘大学政治研究』第12号、2021年)

問１　あるイギリスの民間研究所は、2006年以降定期的に、世界各国の政治の民主主義の状態を「選挙過程と多元性」、「政府機能」、「政治参加」、「政治文化」、「人権擁護」の５つの観点から評価する民主主義指数を発表しています。日本は世界各国の中でも高い民主主義の評価を受けていますが、日本の民主主義の説明として**誤っているもの**を、次の選択肢から一つ選び、記号で答えなさい。

ア　国会議員やその選挙人は、社会的身分や教育によって差別されないことが、日本国憲法で規定されている。

イ　現在の参議院議員選挙では、衆議院議員選挙と同様に政党名を記入し投票する比例代表選挙が実施されている。

ウ　選挙の投票率は低下が続いており、特に若年層の投票率は低い水準にとどまっている。

エ　国会・内閣・裁判所の三つの独立した機関が相互に抑制し、バランスを保つことで、権力の乱用を防ぐ三権分立の仕組みが確立している。

問２　社会経済の変化に的確に対応するため、国勢調査など国の重要な統計調査を行い、社会に役立つ正確な統計データを作成し提供している機関が統計局になります。統計局を管理している省庁の名前を、「～省」の形に合うように**漢字**で答えなさい。

問３　インターネットの普及が進み私達の生活が便利になっている一方で、インターネット上には人を混乱させるためにわざと流された「偽情報」や、単に誤った情報である「誤情報」が数多く存在していると言われます。これらの「偽情報」や「誤情報」の総称を、「～ニュース」の形に合うように**カタカナ**で答えなさい。

問４　以下のグラフは世界の半導体出荷額の推移を表していますが、2020年以降半導体の需要が急激に高まり、世界全体における半導体の出荷額が急増しました。2020年以降半導体の需要が急激に高まった理由として考えられることを**30字以内**で答えなさい。「、」や「。」も字数に数えます。

世界の半導体出荷額の推移

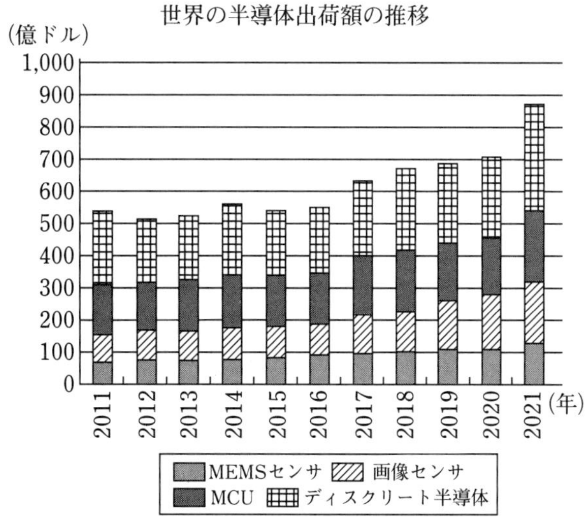

（総務省「令和４年版 情報通信白書」より引用）

問５　以下の図は、日本の衆議院議員総選挙における候補者と当選者に占める女性の割合の推移を表しています。諸外国の国会議員に占める女性の割合は、この30年で大幅に上昇しているにも関わらず、日本の国会議員に占める女性の割合は、国際的に見ても非常に低い水準となっています。日本における女性の社会進出に関する説明として**誤っているもの**を、次の選択肢から一つ選び、記号で答えなさい。

衆議院議員総選挙における候補者、当選者に占める女性の割合の推移

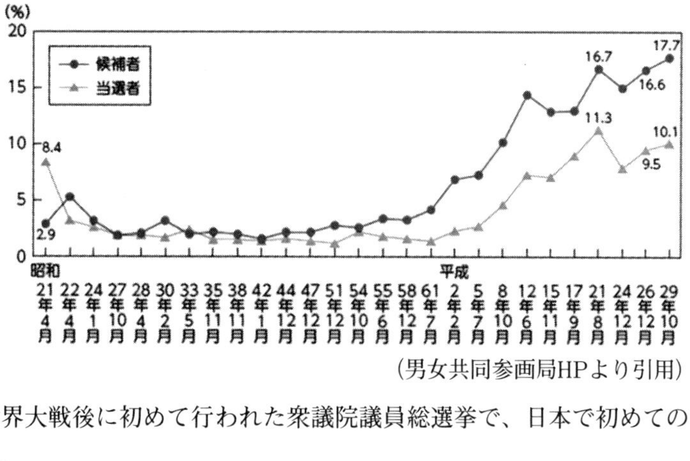

（男女共同参画局HPより引用）

ア　第二次世界大戦後に初めて行われた衆議院議員総選挙で、日本で初めての女性国会議員が誕生した。

イ　女子教育の拡充が進み、女子校や女子大学の設置数が増加している。

ウ　ジェンダーの平等を達成することはSDGsの目標の１つにも設定されているが、日本のジェンダー・ギャップ指数は世界の中でも低い。

エ　男性も女性も社会の対等な構成員として社会のあらゆる分野に参画する機会を保障するために、男女共同参画社会基本法が制定されている。

問６　以下の表は、日本の防衛関係費の推移を示しています。防衛関係費は近年増額が続いており、令和４年度の防衛関係費は過去最大額となっています。日本の防衛関係費に関する説明として正しいものを、次の選択肢(せんたくし)から一つ選び、記号で答えなさい。

防衛関係費(当初予算)の推移

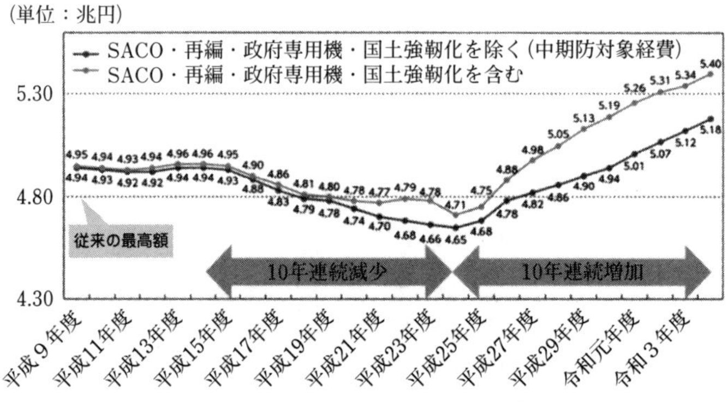

(防衛省「令和4年度防衛白書」より引用)

ア　防衛関係費の約半分の額が自衛隊員の給与や食事などに充てられている。

イ　日本は装備品をすべて自国で生産しているため、外国から装備品を購入することに防衛関係費は使われていない。

ウ　ＧＤＰに占める防衛関係費の割合は、Ｇ７の国の中では日本が最も高い。

エ　在日米軍に関係する経費は防衛関係費に含まれていない。

問７　以下の地図は、各地方自治体の人口増減率を表しています。多くの地方自治体で人口減少が見られますが、少子化による人口減少を防ぐために国や地方自治体が取り組んでいる対策として**誤っているもの**を、次の選択肢(せんたくし)から一つ選び、記号で答えなさい。

人口増減率(都道府県)

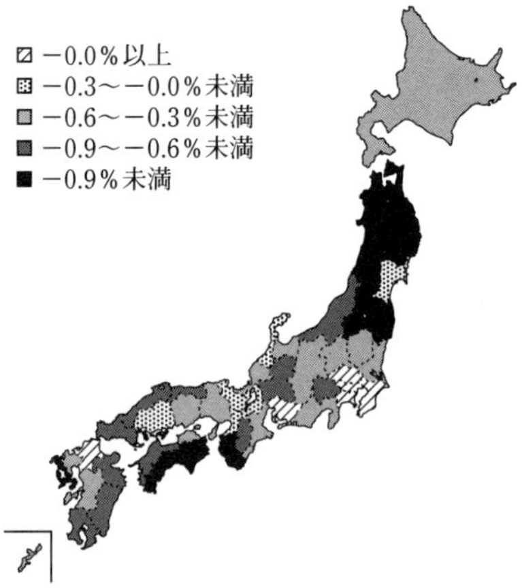

(“統計グラフでみた「日本のカタチ」”HPより引用)

ア　若い世代が将来に展望を持てるように、非正規雇用を減らして正社員を増やす取り組みを進める。

イ　結婚支援の取り組みの一環として、ライフプランニング支援や新婚世帯の新生活のスタートアップ支援を強化する。

ウ　全ての児童が放課後を安全・安心に過ごせるようにするために、学校の授業時間を延長し、放課後の時間を短くする。

エ　男女がともに子育てに参画していく観点から、男性の育児休業取得を推進する。

問８　以下のグラフは、2008年から2021年にかけての日本の完全失業率の推移を表しています。2008年から2010年にかけて完全失業率が急激に上昇しましたが、これはアメリカの有力投資銀行の経営が破綻(たん)し、それをきっかけとした世界的な金融・経済危機が生じたことが直接的な原因だと考えられています。この世界的な金融・経済危機の名前を**カタカナ**で答えなさい。

(厚生労働省「有効求人倍率と完全失業率の推移」令和４年版より作成)

問９　以下のグラフは、2008年から2021年にかけてのふるさと納税の受入額と受入件数の推移を表しています。2014年以降、受入額と受入件数は急増していることから、多くの国民がこの制度を活用していることが読み取れます。ふるさと納税を行うことで、国民はある税金の一部を差し引きしてもらうことができます。その税金の名前として正しいものを、次の選(せん)択肢(たくし)から一つ選び、記号で答えなさい。

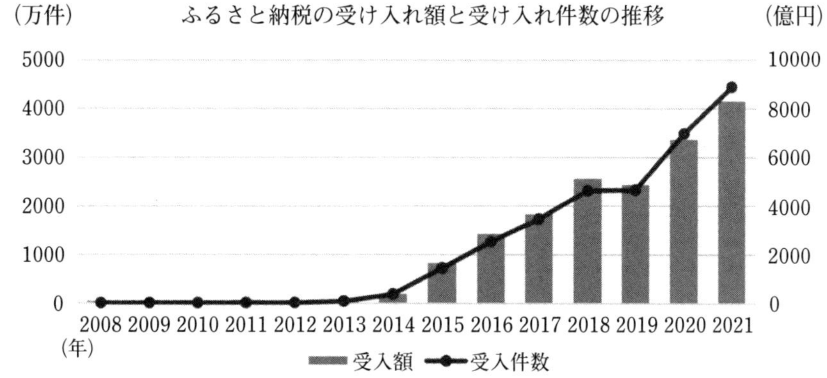

(総務省「ふるさと納税に関する現況調査結果」　令和４年度実施 より作成)

ア　住民税　　イ　自動車税　　ウ　相続税　　エ　消費税

問10　以下のグラフは、2010年から2022年にかけての世界各国の核兵器保有数の推移を表しています。アメリカやロシアは核兵器の保有数が約半分になっていますが、中国では保有量が増加していたり、保有量の縮小が進んでいない国も見られます。第二次世界大戦以降の核兵器をめぐる社会の動きの説明として正しいものを、次の選択肢(せんたくし)から一つ選び、記号で答えなさい。

世界各国の核兵器保有数の推移

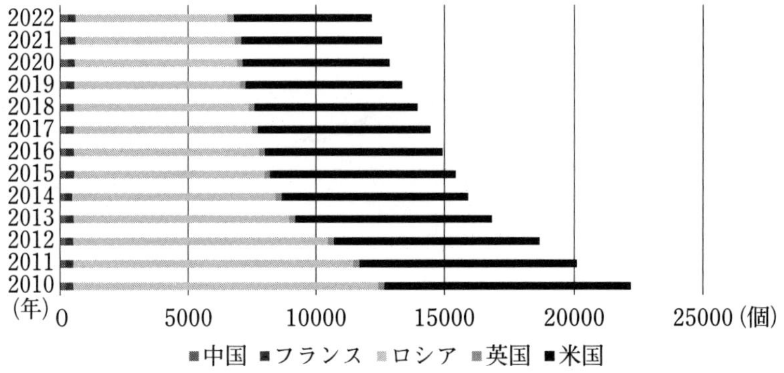

(国際平和拠点ひろしま「ひろしまレポート2023年版」より作成)

(編集部注：実際の入試問題では、図版の一部はカラー印刷で出題されました。)

ア　核兵器の拡散を防ぎ、すべての国が原子力科学と技術を平和目的に、安全かつ安心して利用できるようにするための国際機関として、ＩＯＣが設立された。

イ　原水爆の禁止と原爆被害者への救援を訴えるために、第１回原水爆禁止世界大会が長崎県で開催された。

ウ　田中角栄は「持たず、作らず、持ち込ませず」の非核三原則を提唱し、ノーベル平和賞を受賞した。

エ　冷戦下では、核兵器の保有はその未曽有(みぞう)の破壊力のためにかえって戦争を抑止する力になるという核抑止論に基づき、保有国は核兵器の独占体制の構築を狙った。

かえつ有明中学校（２月１日午後　特待入試）

—25分—

注意　人名・地名や社会科で学習する用語は、漢字で答えなさい。

1　次の文章を読み、あとの問いに答えなさい。

日本は、国土の75％ほどが山地であり、その影響で①河川も非常に多いことで知られています。また、「地震大国」とも呼ばれるほどに地震が頻発(ひんぱつ)しており、全世界の0.25％の国土面積しか持たないにも関わらず、②世界の地震の約10％が日本近辺で起きています。地球が起こす自然現象の１つである地震は、日本列島に住む私たちにとって避(さ)けられない現象です。

1923年９月１日に③関東大震災が発生したため、その後日本では９月１日は「防災の日」と定めました。地震発生時がお昼時であったことから、家屋の倒壊が出火につながり、④火災による被害が大きかったことが特徴として挙げられます。特に東京都では10万人あまりの人が命を落とし、200万人あまりの人の住む場所が奪われました。この時、火災旋風(かさいせんぷう)と呼ばれる竜巻状で炎を含むうずが発生しました。当時、この火災旋風の被害を最も大きく受けたのは、⑤陸軍の軍服を製造していた工場（被服廠(ひふくしょう)）で、３万人以上が亡くなるほどの被害が記録されています。この震災をきっかけに、⑥多数の人々が郊外(こうがい)へ移住しましたが、その受け入れ体制の整備が遅れ、混乱も起きました。現在、内閣府は、南海トラフ地震のような首都直下型地震が起こると想定しており、現在は木造建築が減ってきたとはいえ、火災旋風が発生する可能性は無視できません。その危険性を知り、注意しておくことが求められるでしょう。

関東大震災後、当時内務大臣だった後藤新平を中心に、東京と神奈川周辺の復興都市計画が立てられました。この都市計画では、都市基盤の形成や公共施設の整備など、経済や⑦産業の回復と並行して人々の暮らしを安定させることを主な目的としました。また、スラム問題や衛生問題など震災後に発生する課題に対する対応も求められました。

21世紀以降、日本で大きな被害をもたらした災害の１つとして、東日本大震災があります。その特徴として、関東大震災とは異なり津波による被害が大きかったことや⑧原発の事故など副次的な被害もあったことが挙げられます。原発事故は日本の⑨電力問題やエネルギー問題を考えるきっかけともなり、現在になってもその議論は続けられています。東日本大震災が発生してから、電力問題はもちろん、緊急事態にどのように対応するのかという⑩法整備の課題にも直面しました。経済においては、⑪１ドル70円代になるなどの影響もありました。こうした傾向は、1995年に発生した⑫阪神淡路大震災の時も同様で、災害が発生した時、政府は様々な事態への対応が求められます。国民の私たちはその対応が適切かどうか監視することも必要です。

問１　下線部①について、次の図１は、世界の主な河川の傾きの度合いを示しています。これについて述べたあとの文章の空らん（　１　）～（　３　）にあてはまる語句の組み合わせとして正しいものを、あとのア～クから１つ選び、記号で答えなさい。

図１　世界の主な河川の傾きの度合い

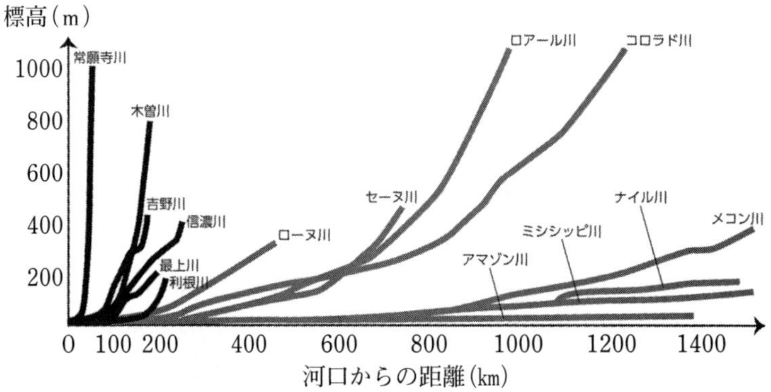

日本の河川の長さは（ １ ）、川の勢いは（ ２ ）ことが予想される。また、日本は山脈が多く、河川の作用によってできる扇状地などの（ ３ ）平野が多くある。

ア　１：長く　２：強い　３：浸食
イ　１：長く　２：ゆるやかな　３：浸食
ウ　１：長く　２：強い　３：堆積
エ　１：長く　２：ゆるやかな　３：堆積
オ　１：短く　２：強い　３：浸食
カ　１：短く　２：ゆるやかな　３：浸食
キ　１：短く　２：強い　３：堆積
ク　１：短く　２：ゆるやかな　３：堆積

問２　下線部②について、次の図２は、世界の地震の発生地の分布図であり、図３は1960年から2011年にかけての日本付近で発生した地震の分布と震源の深さを表しています。

これについて述べたあとの文章の空らん（ Ａ ）、（ Ｂ ）にあてはまる語句を答えなさい。

図２　世界の地震の発生地の分布図（地図上の点および帯状になっているところ）

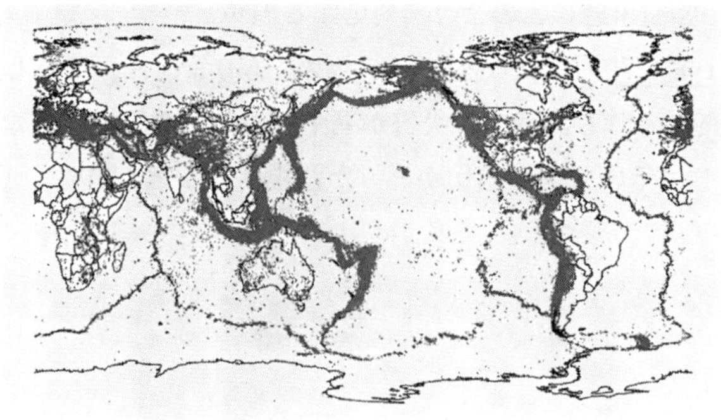

（気象庁ウェブサイトより）

図３　1960年から2011年にかけての日本付近で発生した地震の分布と震源の深さ

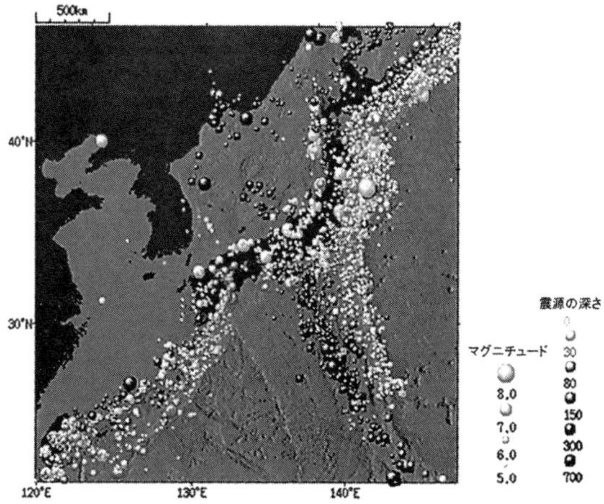

(気象庁ウェブサイトより)

図２を見ると、新期造山帯であるアルプス・ヒマラヤ造山帯や(　A　)造山帯に多く分布していることがわかります。これは、造山運動が盛んな地域において、プレートとプレートの境界付近で地震が発生していることを示しています。図３を見ると、太平洋プレート、(　B　)海プレート、北アメリカプレート、ユーラシアプレートという４つのプレートの境界付近で、地震が多発していることがわかります。

問３　下線部③について、次の図４は、関東大震災における住家全潰(ぜんかい)率と震度を示しています(色が濃くなるにつれて全潰率が高い)。この図を参考に、関東大震災の震源と予想される場所としてもっとも正しいものを、あとのア～エより１つ選び、記号で答えなさい。

図４　関東大震災の住家全潰率と震度

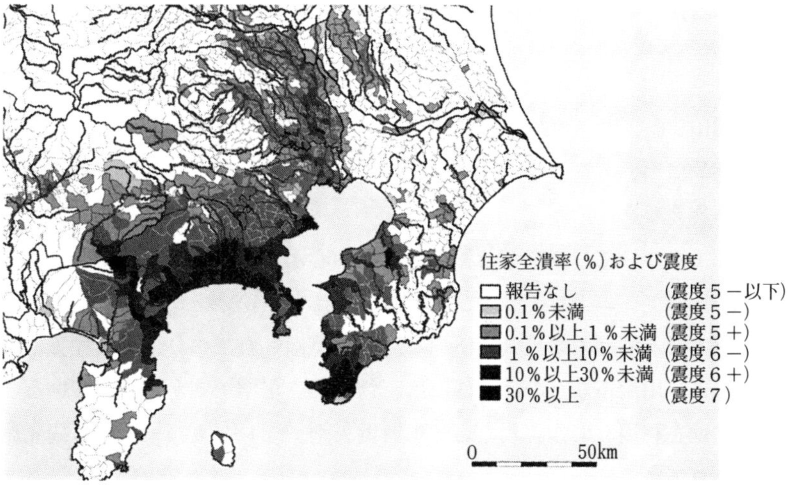

(諸井孝文　武村雅之『関東地震(1923年９月１日)による木造住家被害データの整理と震度分布の推定』日本地震工学会論文集　第２巻、第３号、2002)

ア　伊豆半島　　イ　武蔵野台地　　ウ　相模湾　　エ　駿河湾

問４　下線部④について、次の図５は、関東大震災における東京都の死者の分布と延焼(えんしょう)範囲を示してます。これについて、現在の上野公園や皇居周辺が延焼被害にあっていない理由を地理的特徴から考え、説明しなさい。

図５　関東大震災における東京都の死者の分布と延焼範囲

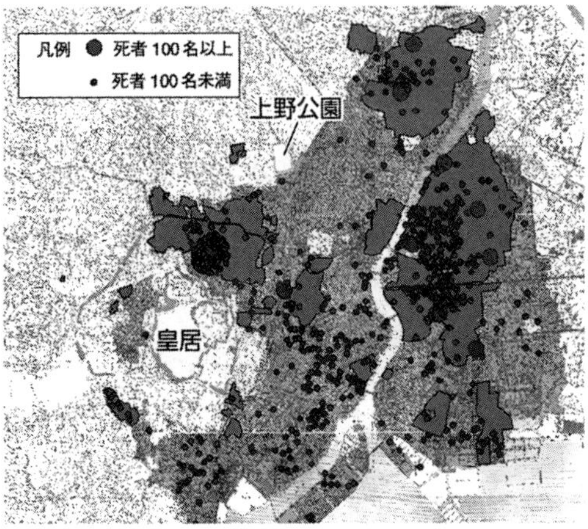

＊■の範囲が最終的な焼失地域、
■の部分は、９月１日17時までの延焼範囲

（内閣府発行「ぼうさい」No.40より）

問５　下線部⑤について、次の文章は、川端康成による小説の一節で、人々が被服廠に訪れ追悼(ついとう)している場面です。文中の（　Ａ　）にあてはまる語句を、あとのア～エより１つ選び、記号で答えなさい。その際、問４の図５を参考にすること。

> 十一時五十八分にあらゆる交通機関は、一分間車輪を止め、全市民が黙祷(もくとう)した。
> 横浜あたりからも集まって来た蒸気船は、（　Ａ　）のここかしこから被服廠岸へ往復した。
> 自動車会社は先きを争って被服廠前へ出張した。各宗教団体や、赤十字病院や、キリスト教女学校は、式場へ救護班を設けた。

（川端康成『掌の小説』「金銭の道」より引用）

ア　隅田川　　イ　多摩川　　ウ　江戸川　　エ　利根川

問６　下線部⑥について、都心の居住人口が減少し、郊外の居住人口が増加する現象のことを何というか答えなさい。

問７　下線部⑦について、東京都と神奈川県を中心とする京浜工業地帯の説明として**誤っているもの**を、次のア～エより１つ選び、記号で答えなさい。

ア　横浜港など製品の輸出入に便利な湾港が整備されており、出荷額では日本最大である。

イ　横浜市、川崎市などの臨海部では、鉄鋼業や化学工業が発達している。

ウ　埋立地を利用して作られたお台場海浜公園や赤レンガパークには観光施設や商業施設が整備されている。

エ　沿岸部のみならず内陸部にも工業地帯を広げたことや、印刷業が盛んなことに特徴がある。

問８　下線部⑧について、2023年７月に原子力発電所の処理水を海洋に放出する計画が国際基準に合致しているとされました。この原子力発電所がある都道府県名を答えなさい。

問9　下線部⑨について、次の図6は2003年から2012年までの日本の電源別の発電量とその構成比を示しています。これについて述べた文章として**誤っているもの**を、あとのア～エより1つ選び、記号で答えなさい。

図6　2003年から2012年までの日本の電源別の発電量とその構成比

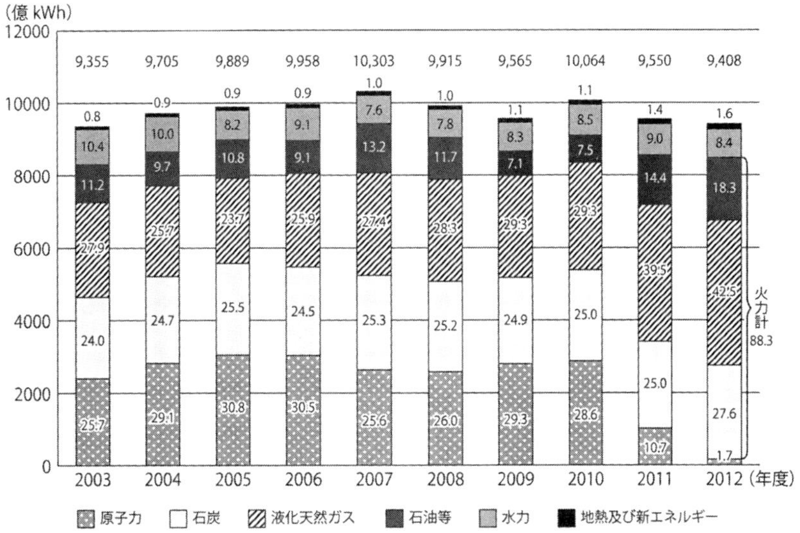

（電気事業連合会ＨＰより）

ア　日本は火力発電の割合がもっとも高く、どの年でも５割以上を占めているとわかる。

イ　石油の割合を水力の割合が上回った年はこの表の中では３回ある。

ウ　2009年と2010年の液化天然ガスによる発電量は同じである。

エ　東日本大震災が発生した年の火力発電の割合は、前年より15％以上増えている。

問10　下線部⑩について、日本の法律の制定過程についての説明として**誤っているもの**を、次のア～エより１つ選び、記号で答えなさい。

ア　法律案の議決が衆議院と参議院で異なった場合、衆議院の優越が認められる。

イ　法律案は立法機関である国会でのみ立案可能で、議論されたのちに制定される。

ウ　裁判所は、法律案などが憲法に反していないかを確認する違憲立法審査権を持っている。

エ　内閣は、国会で制定された法律などをもとに政治を行う行政権を持っている。

問11　下線部⑪について説明した次の文中（ A ）、（ B ）にあてはまる語句の組み合わせとして正しいものを、あとのア～エより１つ選び、記号で答えなさい。

> 為替（かわせ）レートで１ドル70円の状態は、１ドル100円の時と比較して（ A ）であり、一般的には（ B ）が減少すると言われています。

ア　A：円安　　B：輸出　　　イ　A：円高　　B：輸出

ウ　A：円安　　B：輸入　　　エ　A：円高　　B：輸入

問12　下線部⑫について、阪神淡路大震災について説明した文中（　Ａ　）にあてはまる数字を答えなさい。

> 平成７年（1995年）１月17日（火）午前５時46分、北緯34度36分、東経（　Ａ　）度02分の淡路島北部を震源地とする地震が発生。東北地方から九州地方まで広い範囲で揺れ、国内で史上初めてとなる「震度７」を記録した。死者・行方不明者は6400人を超え、全半壊など被害を受けた住宅は約63万棟にのぼる。この年の２月、政府は「阪神・淡路大震災」という呼称を決めた。

（ＮＨＫ神戸放送局「阪神・淡路大震災特集サイト」より作者一部編集）

2　次の文章を読み、あとの問いに答えなさい。

今年度（2023年度）は、関東大震災が起こってからちょうど100年目でした。この100年間に①阪神淡路大震災・東日本大震災など多くの地震による災害が起こりました。

地震は、地下で起きる岩盤の「ずれ」により発生する現象ですが、②江戸時代の庶民の間では、地下に大鯰（おおなまず）がいてそれが暴れることで地震が起こると考えられていました。そのため大鯰の頭と尻尾を要石（かなめいし）で抑え、暴れるのを鎮（しず）めようとしました。実際に、茨城県の鹿島神宮には大鯰の頭を、千葉県の香取神宮には尻尾を押さえるためにそれぞれ要石があり、これらの地域には大地震がないとさえ言われています。③1855年に江戸をおそった安政江戸地震の直後、地震の様子を伝える瓦版（かわらばん）が発行されました。この時、瓦版に鯰を描いた④鯰絵（なまずえ）が多く出回りました。

また、鯰と地震の関係については、⑤奈良時代の「日本書紀」にもその記述をみることができます。さらに、安土桃山時代に⑥豊臣秀吉が伏見城を築城するときに家臣にあてた手紙に「鯰による地震にも耐える丈夫な城を立てるように」と記されていて、この時代にも鯰と地震の関連性があったと思われます。

その他、記録に残っている地震の歴史を次の年表にまとめました。

大宝地震（⑦701年）	丹波国で発生（京都府）
⑧天平地震（745年）	美濃国を中心に発生（岐阜県）
貞観三陸地震（869年）	陸奥国沖で発生、仙台から多賀城付近で津波（宮城県）
鎌倉大地震（1293年）	関東地方南部で発生
明応地震（1498年）	東海道沖で発生、東海地方に大津波被害
天正地震（1586年）	越中・飛騨国で発生（富山県・岐阜県）
⑨慶長地震（1596年９月１日～９月４日）	
	慶長伊予地震（愛媛県）
	慶長豊後地震（大分県）
	慶長伏見地震（京都府）
⑩昭和地震（1933年）	昭和三陸地震（三陸沖）
（1944年）	昭和東南海地震（熊野灘－遠州灘沖）
（1946年）	昭和南海地震（紀伊水道－土佐湾沖）

いつの時代も地震により津波が発生するなど、大きな被害を受けてきました。そのため防波堤の建築が進められてきましたが、それを越えるような津波の被害が繰り返されてきました。これ

らの歴史を踏まえ、今後も地震に対しては、常日頃から防災の意識を高め、万全の対策がとれるように準備をしていきたいと思います。

問1　下線部①について、この地震の対応にあたった当時の政府は、自由民主党・日本社会党・新党さきがけの3党による連立政権で、日本社会党の党首が総理大臣でした。この人物を、次のア～エより1つ選び、記号で答えなさい。

ア　中曽根康弘　　イ　村山富市　　ウ　小泉純一郎　　エ　田中角栄

問2　下線部②について、この時代の庶民の間では、人々のくらしや風景などを描いた浮世絵が人気を集めました。次のA～Dの作品の作者にあてはまる人物の組み合わせとして正しいものを、あとのア～エより1つ選び、記号で答えなさい。

A

B

C

D

ア　A：歌川広重　B：葛飾北斎　C：菱川師宣　D：喜多川歌麿
イ　A：歌川広重　B：葛飾北斎　C：喜多川歌麿　D：菱川師宣
ウ　A：葛飾北斎　B：歌川広重　C：菱川師宣　D：喜多川歌麿
エ　A：葛飾北斎　B：歌川広重　C：喜多川歌麿　D：菱川師宣

問3　下線部③について、この前年にペリーが再び来航したので、幕府は日米和親条約を結び、開港しました。この時開港した港を右の地図中ア～カより2つ選び、緯度の高い順に記号で答えなさい。

問４　下線部④について、次の鯰絵を見てあとの問いに答えなさい。

⑴　次の文章はこの絵の説明です。空らん（ あ ）（ い ）に入る言葉の組み合わせとして正しいものを、あとのア～エより１つ選び、記号で答えなさい。

> （ あ ）大明神の意志を受けた要石に扮(ふん)した役者が、鯰の（ い ）を押さえつけている。鯰を取り囲んでいるのは、大地震で被害を被(こうむ)った人々で武器などを持って懲(こ)らしめている。

ア　あ：鹿島　　い：頭　　　イ　あ：香取　　い：頭

ウ　あ：鹿島　　い：尻尾　　エ　あ：香取　　い：尻尾

⑵　この絵の左上には、鯰には手を出さずに控(ひか)えているいろいろな職業の人達がいます。なぜかれらは鯰を懲らしめないのでしょうか。かれらの持ち物などに注目し、職業を１つ答え、また懲らしめない理由を説明しなさい。

問５　下線部⑤について、日本書紀は朝廷が国の成り立ちを国の内外に示すため、古くから伝わる伝承・記録をまとめた歴史書です。日本書紀と同時期に編さんされた朝廷の歴史書を、次のア～エより１つ選び、記号で答えなさい。

ア　古事記　　イ　万葉集　　ウ　風土記　　エ　貧窮問答歌

問６　下線部⑥について、豊臣秀吉は伏見城以外にも石山本願寺のあとに城を築きました。その城の名称を答えなさい。

問７　下線部⑦について、701年に大宝律令が制定され、律令という法律にもとづいた政治が行われるようなりました。大宝律令のおもな内容として**誤っているもの**を、次のア～エより１つ選び、記号で答えなさい。

ア　朝廷では天皇のもとに太政官が中心として政治を担当した。

イ　地方は国・郡・里に分けられ、国司には地方の有力な豪族が任命された。

ウ　朝廷は６年ごとに戸籍をつくり、６歳以上の男女に口分田を与えた。

エ　成年男子には都で警備をする衛士、九州を守る防人などの負担があった。

問８　下線部⑧について、この時期は地震以外にも、貴族の争い、天然痘（とう）という伝染病の流行など社会が不安定でした。この時の天皇を、次のア～エより１つ選び、記号で答えなさい。

ア　桓武天皇　　イ　天武天皇　　ウ　聖武天皇　　エ　天智天皇

問９　下線部⑨について、この時、短期間に大きな地震が続いたため、慶長と元号が改元されました。慶長のひとつ前の元号を、次のア～エより１つ選び、記号で答えなさい。

ア　元禄　　イ　応仁　　ウ　文禄　　エ　建武

問10　下線部⑩について、あとの問いに答えなさい。

(1)　次のＡ～Ｄは、昭和三陸地震～昭和東南海地震の間に起こった出来事です。Ａ～Ｄを時代の古い順に並び替えた時に正しいものを、あとのア～カより１つ選び、記号で答えなさい。

Ａ　太平洋戦争の開始　　　Ｂ　日中戦争の開始

Ｃ　日独伊三国同盟の締結　　Ｄ　日ソ中立条約の締結

ア　Ｂ→Ｃ→Ａ→Ｄ　　イ　Ｂ→Ｄ→Ｃ→Ａ　　ウ　Ｃ→Ｄ→Ａ→Ｂ

エ　Ｂ→Ｃ→Ｄ→Ａ　　オ　Ｂ→Ｄ→Ａ→Ｃ　　カ　Ｃ→Ｂ→Ａ→Ｄ

(2)　昭和南海地震の1946年に日本国憲法が公布され、翌年に施行（しこう）されました。その時、文部省は中学１年生の社会科の教科書として「あたらしい憲法のはなし」を発行しました。次のア～エは、いずれも「あたらしい憲法のはなし」の挿絵（さしえ）です。これらの挿絵のうち、日本国憲法の基本となる３つの柱として**誤っているもの**を、次のア～エより１つ選び、記号で答えなさい。

ア

イ

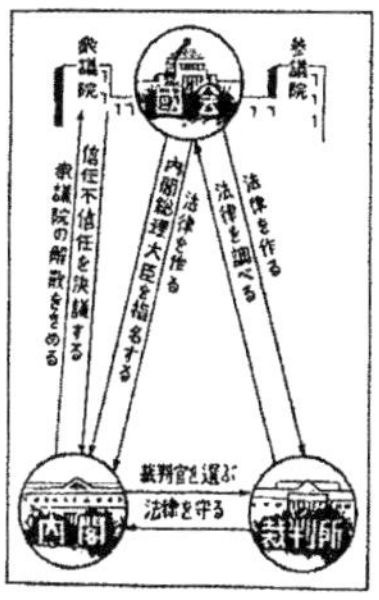

ウ

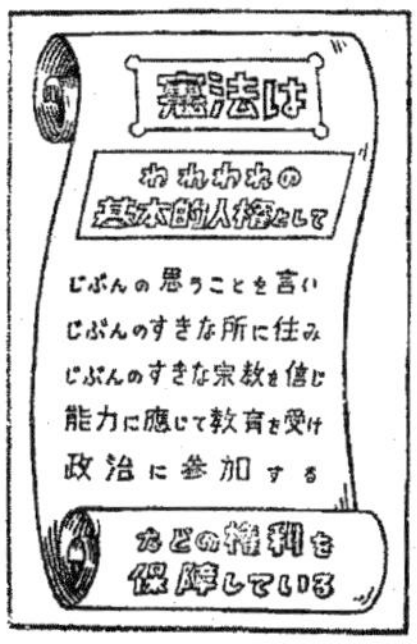

エ

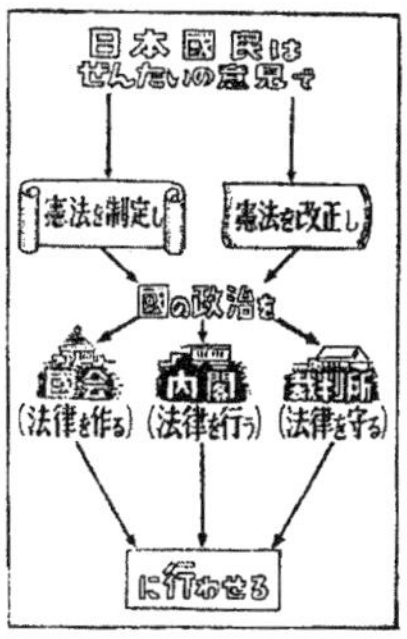

春日部共栄中学校（第１回午前）

—30分—

1　次のＡ～Ｅは海岸線を持たない内陸県のいずれかを表したものです。これを見て、あとの問いに答えなさい。なお、大きさは全て縮小しており、北が上になるようにそろえています。

A

B

C

D

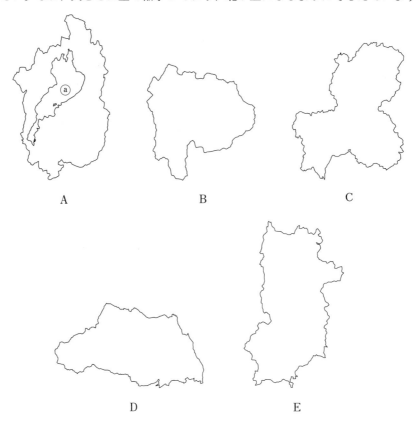

E

問１　Ａについて、県面積の６分の１を占める淡水湖ⓐを何というか、答えなさい。

問２　次の地形図はＢの一部を抜粋したものである。

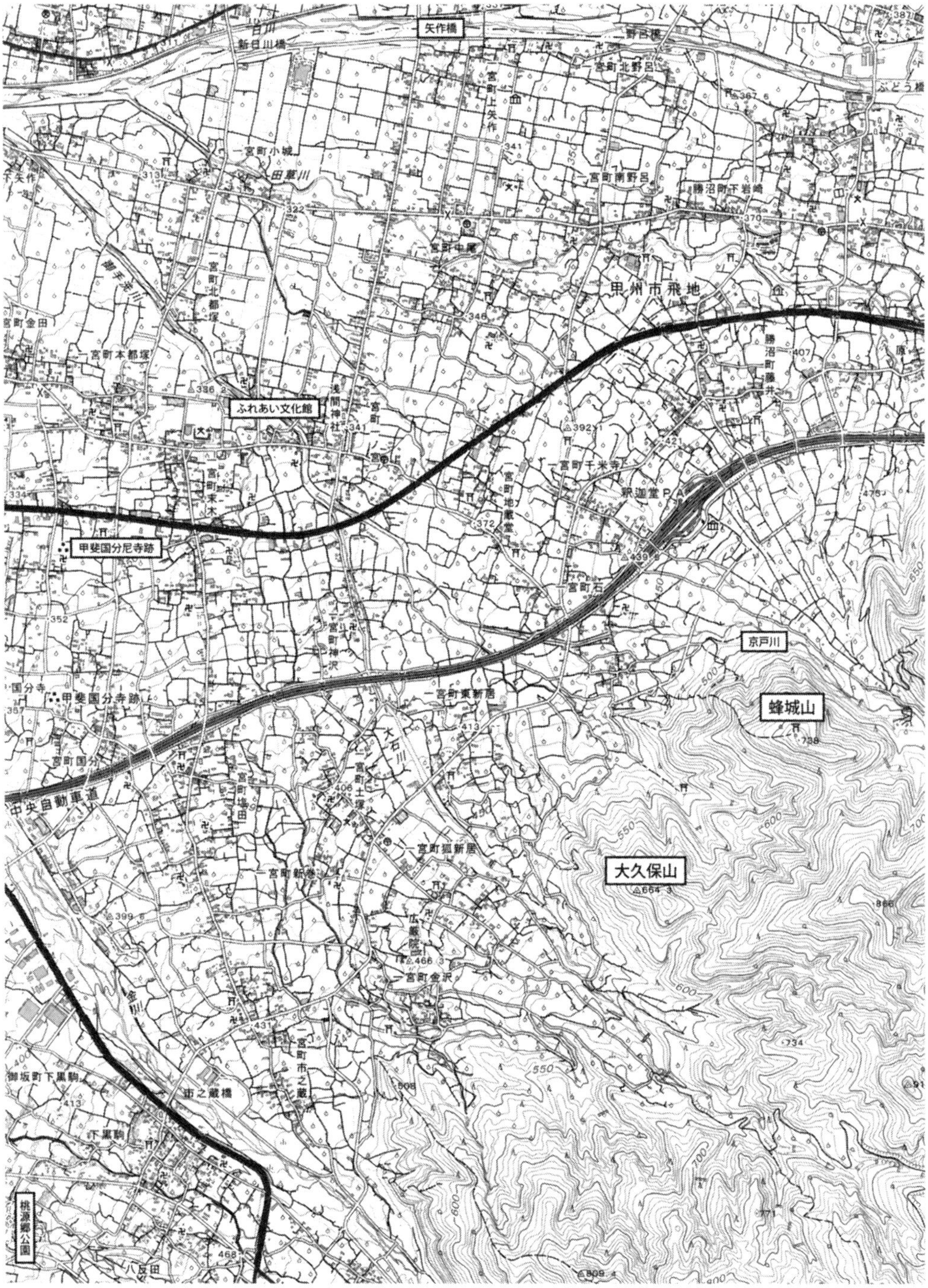

(1)　地形図から読み取った文としてあやまっているものを次のア～エの中から１つ選び、記号で答えなさい。

ア　蜂城山の山頂とふれあい文化館との標高差は約400ｍである。

イ　京戸川流域では、果樹園が広がっている。

ウ　矢作橋の南東には、博物館が見られる。

エ　大久保山の山頂では、水田が広がっている。

(2)　２万5000分の１の地形図上で甲斐国分尼寺跡から桃源郷公園までの直線距離は12㎝でした。実際の距離を答えなさい。

(3)　次の表は、Ｂが全国１位となっている果物の収穫高上位４県を表しているものです。
①・②にあてはまる果物の組み合わせとして、正しいものを次のア～エの中から１つ選び、記号で答えなさい。

①	
都道府県	収穫高（ｔ）
Ｂ	35,000
長野県	32,300
山形県	15,500
岡山県	13,900

②	
都道府県	収穫高（ｔ）
Ｂ	30,400
福島県	22,800
長野県	10,300
山形県	8,510

【データでみる県勢2022より作成】

ア　①－ぶどう　　②－もも　　イ　①－ぶどう　　②－いちご
ウ　①－日本なし　②－もも　　エ　①－日本なし　②－いちご

問３　次の表は隣接する都道府県が多い県の上位２位までを表したものである。
Ｃに当てはまる県名を**漢字**で答えなさい。
※隣接するとは、陸続きで隣り合うことです。

順位	都道府県	隣接する都道府県の数	隣接する都道府県名
１位	長野県	8	群馬県、Ｄ、Ｂ、静岡県、愛知県、Ｃ、富山県、新潟県
２位	Ｃ	7	富山県、石川県、福井県、長野県、愛知県、三重県、Ａ
	Ｄ	7	群馬県、栃木県、茨城県、千葉県、東京都、Ｂ、長野県

問４　次の表はＡ・Ｂ・Ｄに関する県章と県の鳥をまとめたものです。③～⑤に当てはまる都道府県の組み合わせとして正しいものをあとのア～カの中から１つ選び、記号で答えなさい。

都道府県	③	④	⑤
県章	 周囲は富士山と武田菱で麗しい郷土を象徴しており、中のマークは、三つの人文字で山を形どり、和と協力を表現している。	 県とゆかりの深い“まが玉”を円形に配置したデザインは、「太陽」「発展」「情熱」「力強さ」を表している。	 県名のカタカナを図案化して左右に配し、中央の空間を湖に形どり、全体の円形と上部の両翼で“和”と“飛躍”をシンボライズしている。
県の鳥	うぐいす	しらこばと	かいつぶり

【全国知事会ＨＰより作成】

	③	④	⑤
ア	A	B	D
イ	A	D	B
ウ	B	A	D
エ	B	D	A
オ	D	A	B
カ	D	B	A

問５　近年、車のナンバープレートは、地域の風景や観光資源を図柄とすることにより、地域の魅力を全国に発信することを目的に交付され始めました。右のナンバープレートはA～Eのいずれかの県で発行されているものであるがどの県であるか、県名を**漢字**で答えなさい。

【国土交通省ＨＰより作成】

問６　内陸県はA～Eを含め日本にいくつありますか。次のア～エの中から１つ選び、記号で答えなさい。

ア　５つ　　イ　６つ　　ウ　７つ　　エ　８つ

問７　次の図１は全国の発電方式別に発電電力量の占める割合を、図２はA～Eでの発電方式別に発電電力量の占める割合を示しています。⑥～⑧に当てはまる発電方式の組み合わせとして正しいものを次のア～カの中から１つ選び、記号で答えなさい。

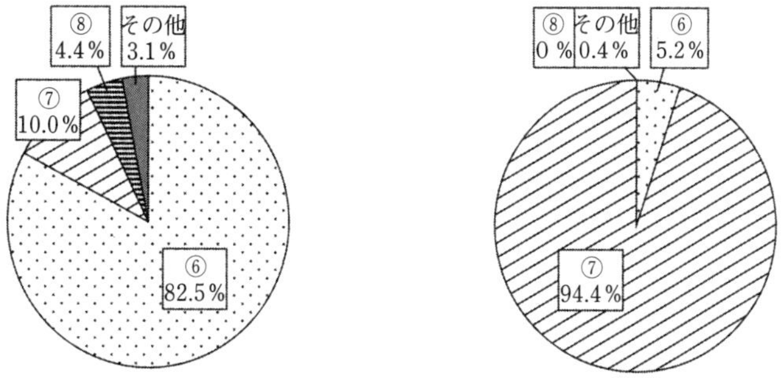

【データでみる県勢2022より作成】

	⑥	⑦	⑧
ア	火力	水力	原子力
イ	火力	原子力	水力
ウ	水力	火力	原子力
エ	水力	原子力	火力
オ	原子力	火力	水力
カ	原子力	水力	火力

2　春斗さん、共子さん、栄太さんの３人は、春日部共栄中学校の歴史の授業で令和になってから登録された日本の世界遺産について調べました。３人の調べたまとめを読んで、あとの問いに答えなさい。

春斗さんの調べた世界遺産：「北海道・北東北の縄文遺跡群」

○世界遺産に登録された理由
⇒①縄文時代の定住生活や当時の社会の状況が伝わる遺跡群であるから。
○世界遺産に登録された主な遺跡
⇒秋田県の大湯環状列石(おおゆかんじょうれっせき)や、青森県の(　　②　　)遺跡など。
○調べて分かったこと
⇒この地域は、水量の豊富な河川やブナ林を中心とする森林が広がっており、サケやマスなどにめぐまれた環境であった。当時の人々は、このような環境のもとで食料を安定して確保することができていたということが分かった。
○疑問に思ったこと
⇒縄文時代には食料をめぐっての争いが無かったのだろうか。

共子さんの調べた世界遺産：「百舌鳥(もず)・古市(ふるいち)古墳群」

○世界遺産に登録された理由
⇒③「古墳」の代表的な例であり、つくられてから1600年程経った今でも高いレベルで保護、管理されているから。
○世界遺産に登録された主な遺跡
⇒大阪府の④仁徳天皇陵古墳(大仙古墳)や、応神(おうじん)天皇陵古墳(誉田御廟山(ごんだごびょうやま)古墳)など。
○調べて分かったこと
⇒近畿地方には大きな古墳がたくさんつくられていることから、この地方に大王を中心とする政府である⑤大和朝廷(大和政権)が成立していたということが分かった。
○疑問に思ったこと
⇒⑥古墳時代の日本と外国の関係はどうだったのだろうか。

栄太さんの調べた世界遺産：「奄美大島(あまみおおしま)、徳之島(とくのしま)、沖縄島北部及び西表島(いりおもてじま)」

○世界遺産に登録された理由
⇒絶滅危惧種(ぜつめつきぐしゅ)を含む様々な生物が暮らしているから。
○世界遺産に登録された主な場所
⇒日本列島の九州南端から台湾までの海域に点在する⑦琉球列島のうち奄美大島と徳之島、⑧沖縄島、西表島。
○調べて分かったこと
⇒この地域は、黒潮と季節風の影響により温暖湿潤な気候であるため様々な自然にめぐまれている。そのため、生物にとって暮らしやすい環境が整っており、⑨様々な生物が暮らしているということが分かった。
○疑問に思ったこと
⇒どのような絶滅危惧種が生息しているのだろうか。

問１　下線部①に関して、縄文時代の人々の生活について述べた文として正しいものを次のア～エの中から１つ選び、記号で答えなさい。

ア　鉄砲を使い、大型動物を狩りながら生活していた。

イ　西日本を中心に二毛作が定着していた。

ウ　地面を浅く掘った、たて穴住居に住んでいた。

エ　豪族と呼ばれた人々がむらを従えていた。

問２　空らん（ ② ）にあてはまる遺跡のなまえを**漢字**で答えなさい。

問３　下線部③に関して述べた文としてあやまっているものを次のア～エの中から１つ選び、記号で答えなさい。

ア　古墳は、３世紀～７世紀ごろに各地で勢力を広げた豪族や、くにをつくりあげた王などの墓とされている。

イ　古墳からは、ひすいの勾玉(まがたま)や土器などが出土されることもあった。

ウ　古墳の石室には、上から穴を掘ってつくるたて穴式石室と、外への通路が横にある横穴式石室がある。

エ　古墳の頂上部には、死者の魂(たましい)を守ったりしずめたりするために、土偶が並べられている。

問４　下線部④に関して、以下の写真のような形の古墳を何というか答えなさい。

問５　下線部⑤に関して、「ワカタケル」という人物は５世紀後半の大和朝廷の大王であったとされています。

「ワカタケル大王」ときざまれた鉄剣が埼玉県の稲荷山古墳から、鉄刀が熊本県の江田船山古墳から出土したが、これはどのようなことを意味していますか。次のことばを必ず使い説明しなさい。

大和朝廷

問６　下線部⑥に関して、３世紀～７世紀ごろの出来事として正しい文を次のア～エの中から１つ選び、記号で答えなさい。

ア　中国や朝鮮半島からやってきた渡来人が、建築技術や仏教などを日本にもたらした。

イ　卑弥呼は中国の皇帝に使いを送り、中国の皇帝から「漢委奴国王」の称号をもらった。

ウ　日本は唐に使いを送ったが、唐の皇帝煬帝(ようだい)は日本の国書が無礼であると激怒した。

エ　日本は白村江の戦いで、朝鮮半島の新羅と中国の連合軍との争いに勝利した。

問７　下線部⑦に関して、〈琉球国王の拠点の城〉と〈琉球王国を支配していた藩〉の組み合わせとして正しいものを次のア～エの中から１つ選び、記号で答えなさい。

〈琉球国王の拠点の城〉

A

B

〈琉球王国を支配していた藩〉

C　長州藩　　D　薩摩藩

ア　〈琉球国王の拠点の城〉：A　〈琉球王国を支配していた藩〉：C

イ　〈琉球国王の拠点の城〉：A　〈琉球王国を支配していた藩〉：D

ウ　〈琉球国王の拠点の城〉：B　〈琉球王国を支配していた藩〉：C

エ　〈琉球国王の拠点の城〉：B　〈琉球王国を支配していた藩〉：D

問８　下線部⑧に関して、琉球は「沖縄県」となりましたが、明治政府が1871年に出した、新たに県や府をおいて政府が任命した役人に治めさせることを何といいますか。**漢字４字**で答えなさい。

問９　下線部⑨に関して、奄美大島、徳之島、沖縄島北部及び西表島と同じく多様な生物が暮らしているということで、東京都の小笠原諸島も世界遺産に登録されています。この小笠原諸島は、日本が太平洋戦争に敗戦した後は、アメリカの政権下にありました。1968年に小笠原諸島はアメリカから日本に返還されましたが、返還されたときの日本の総理大臣はだれですか。次のア～エの中から１つ選び、記号で答えなさい。

ア　大隈重信　　イ　吉田茂　　ウ　佐藤栄作　　エ　安倍晋三

問10　春斗さん、共子さん、栄太さんの３人は、令和の間に登録を目指している世界遺産があることについても調べました。以下の【調べた内容】の空らん［　A　］・［　B　］・［　C　］にあてはまることばの組み合わせとして正しいものを次のア～カの中から１つ選び、記号で答えなさい。

【調べた内容】

○登録を目指している世界遺産：「佐渡島の［　A　］山」

○登録を目指している理由

⇒江戸幕府の直接管理のもと、高純度の［　A　］を産む生産技術と生産体制が整備されていて、世界的にみても大規模な生産の仕組みが長期間にわたって続いていたから。

○江戸時代の貨幣制度について

⇒江戸幕府は、大判・小判などの金貨は金座、丁銀（ちょうぎん）・豆板銀（まめいたぎん）などの銀貨は銀座、寛永通宝などの銅貨は銭座で鋳造していた。なかでも［　A　］貨は主に［　B　］で使用されており、金・銀・銅の貨幣を交換して手数料で儲（もう）ける［　C　］が活躍した。

ア　A：銀　B：江戸　C：株仲間　　イ　A：銀　B：大阪　C：株仲間
ウ　A：銀　B：江戸　C：両替商　　エ　A：金　B：大阪　C：株仲間
オ　A：金　B：江戸　C：両替商　　カ　A：金　B：大阪　C：両替商

3　次の文章は、南アフリカ共和国初の黒人大統領となったネルソン・マンデラ氏のスピーチの一部で、ハーバード大学名誉学位を授与された際の特別式典におけるものである。あとの問いに答えなさい。

この賞は、個人の功績(こうせき)を称えるのではなく、①南アフリカ共和国全体の闘争と功績に敬意を表すものであると受け入れています。

西洋における二人の輝かしい指導者ジョージ・ワシントンやウィンストン・チャーチルと共に、このアフリカ人の名前が加わったのです。

グローバル化した世界が直面する最大の課題は、格差と闘い、それを解消することです。

世界のあらゆる地域で②民主主義の定着がすすむ一方で、民主主義は、何百万もの市民の物理的な生活に現実的で具体的な改善が伴わなければ、抜(ぬ)け殻(がら)に過ぎないことを常に私たちは思い起こす必要があります。

③飢(う)えや予防可能な病気に苦しみ、無学や無知に苦しみ、家も奪われ、こうした物理的な側面を認識しない民主主義や自由は空虚(くうきょ)に響き、私たちが推し進めようとする価値観への信頼を失いかねません。

ゆえに、国家間、および、国民間で、より優れた平等が存在する④世界秩序の構築に向けて、私たちは普遍的(ふへんてき)な義務を負っているのです。

問1　下線部①において長い間行われていた白人による黒人への人種差別政策を**カタカナ**で答えなさい。

問2　下線部②に関連して、「この憲法が国民に保障する自由及び権利は、国民の不断の努力によつて、これを保持しなければならない。」と日本国憲法が定めるのは第何条か。次のア〜エの中から1つ選び、記号で答えなさい。

ア　第1条　　イ　第9条　　ウ　第12条　　エ　第25条

問3　下線部③に関連して、教育や科学、文化の面における国際協力を目的とする国際連合の専門機関のなまえを**カタカナ**で答えなさい。

問4　下線部④に関して、以下の問題に答えなさい。

(1)　日本も自衛隊を1992年カンボジアに海外派遣しておこなった活動で、紛争の拡大の防止、休戦・停戦の監視、治安維持、選挙監視などにあたる国連平和維持活動を**アルファベット3文字**で答えなさい。

(2)　国際連盟と国際連合について述べた文のうち、あやまっているものを次のア〜エの中から1つ選び、記号で答えなさい。

ア　国際連盟は、侵略国に対する経済制裁の権限を持っていた。
イ　国際連盟には日本とドイツが加盟していた時期がある。
ウ　日本とドイツも、国際連合に設立当初から加盟した。
エ　国際連合の安全保障理事会では、拒否権が与えられた国がある。

神奈川大学附属中学校（第２回）

―40分―

1　次の各問いについて、解答しなさい。

問１　中部地方に関する次の各問いに答えなさい。

⑴　図１中のＸ地点を流れる河川の河口の位置として適当なものを図１中の１～４から一つ選び、番号で答えなさい。

⑵　図２中のア～ウの雨温図は、図１中の松本（610.0ｍ）、甲府（272.8ｍ）、静岡（14.1ｍ）のいずれかのものです（カッコ内の数字は観測地点の標高）。ア～ウの雨温図と観測地点の組み合わせとして適当なものを後の１～６から一つ選び、番号で答えなさい。

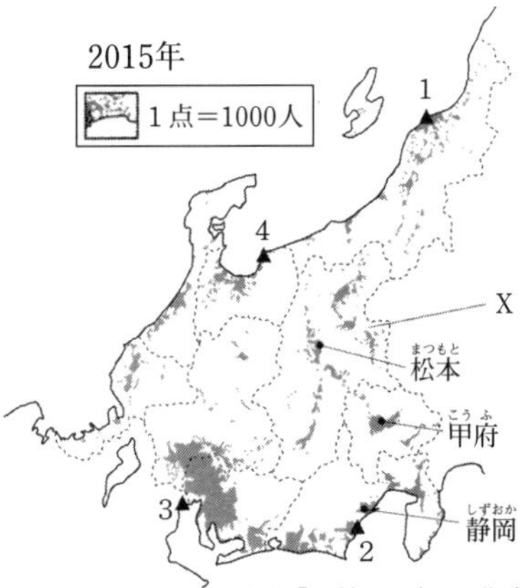

総務省「国勢調査」より作成。

図１

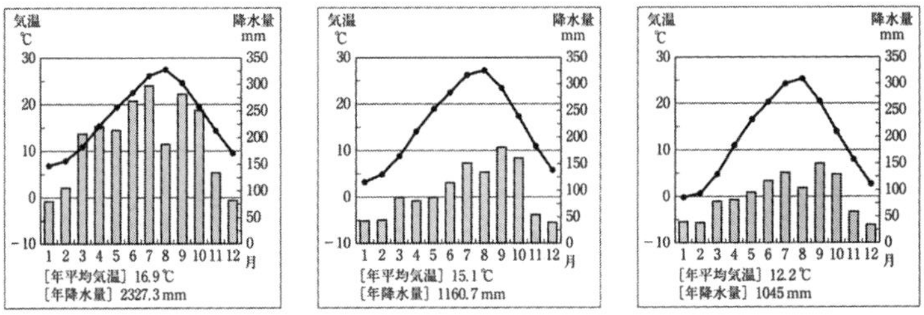

『データブック オブ・ザ・ワールド2023』より作成。

図２

	1	2	3	4	5	6
ア	松本	松本	甲府	甲府	静岡	静岡
イ	甲府	静岡	松本	静岡	松本	甲府
ウ	静岡	甲府	静岡	松本	甲府	松本

⑶　表１は、富山県、長野県、愛知県のいずれかの農業産出額と米、野菜、果実の産出額を示したものです。表中のア～ウと県名との組み合わせとして適当なものを次の１～６から一つ選び、番号で答えなさい。

（2020年）（億円）

	農業産出額	米	野菜	果実
ア	629	434	54	23
イ	2,893	274	1,011	195
ウ	2,697	413	891	894

『データでみる県勢2023』より作成。

表１

	1	2	3	4	5	6
ア	富山	富山	長野	長野	愛知	愛知
イ	長野	愛知	富山	愛知	富山	長野
ウ	愛知	長野	愛知	富山	長野	富山

問２　東日本大震災で大きな被害を受けた福島県では復興が進んでいるとはいえ、福島第一原子力発電所の事故により、いまだに居住が制限されている地区や、避難生活を送っている人が２万7000人以上います(2023年３月現在)。福島県に関する次の各問いに答えなさい。

⑴　図３は福島県と周辺の県を示したものです。図３中のエにあてはまる県名を、**漢字で**答えなさい。

図３

⑵　図４は伊達市、福島市、大熊町と福島第一原子力発電所の位置を示したものです。また、表２は伊達市、福島市、大熊町のいずれかの昼夜間人口比率(夜間人口に対する昼間人口の割合)を示したものです。表中のア～ウと市町名との組み合わせとして適当なものを後の１～６から一つ選び、番号で答えなさい。

図４

(2020年)(%)

	昼夜間人口比率
ア	688.0
イ	102.6
ウ	89.6

総務省「国勢調査」より作成。
表２

	1	2	3	4	5	6
ア	伊達市	伊達市	福島市	福島市	大熊町	大熊町
イ	福島市	大熊町	伊達市	大熊町	伊達市	福島市
ウ	大熊町	福島市	大熊町	伊達市	福島市	伊達市

⑶　表３は福島県の産業別就業人口について、震災前の2010年と震災後の2015年、2020年を示したものです。後の各文を参考にして、表中のイとエにあてはまる産業を１～４からそれぞれ選び、番号で答えなさい。

(千人)

	ア	イ	ウ	エ
2010年	71	84	188	96
2015年	62	107	176	110
2020年	59	98	181	121

『データでみる県勢』各年版より作成。
表３

１　医療・福祉
２　建設業
３　製造業
４　農業・林業・漁業

・農業については震災前から高齢化が進んでいたが、震災後は原発事故で広がった放射性物質の影響で作付けや出荷の制限がかかるなど、福島県の農業は厳しい状況に置かれた。
・震災によって道路や港湾などが大きな被害を受けたが、震災後は復興のための建設需要が増大した。2023年５月現在、震災によって被害を受けた県の公共土木施設の99％で復旧工事が完成した。
・製造品出荷額が東北地方で最も多い福島県だが、震災による工場の被災や交通網の寸断によって大きな影響を受けた。最近では製造品出荷額は震災前の水準まで回復している。
・福島県では65歳以上人口の割合が、25.0％(2010年)→28.7％(2015年)→31.7％(2020年)と増加している。

(4)　図５中の１～４は宮城県、福島県、東京都、神奈川県のいずれかの地方財政の歳入の内わけを示したものです。福島県にあてはまるものを図中の１～４から一つ選び、番号で答えなさい。

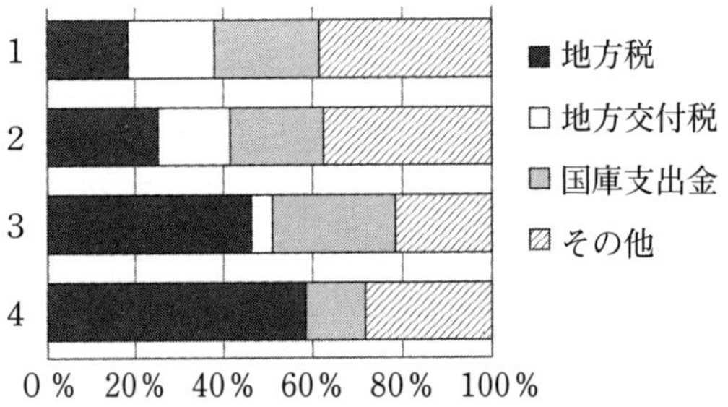

『データでみる県勢2023年版』より作成。

図５

問３　2019年に日本で使用された農業用水は533億㎥でした。しかし、日本では人々の食生活を支えるために、その量よりもはるかに多くの水を利用しているのではないかという指摘があります。そのことについて述べた次の文中の空らん[　ア　]、[　イ　]に入る言葉を答えなさい。

食料自給率の低い日本では多くの農産物を輸入しているが、それらを育てるためには水が必要であることから、外国の水を[　ア　]的に利用しているという考え方がある。また、国産の畜産物であっても、[　イ　]ため、外国の水を[　ア　]的に利用しているといえる。

問４　日本の自然は人々の生活に豊かさとともに、災害をもたらすことがあります。人々は災害の教訓を後世に伝えようとし、全国各地に石碑や記念碑(自然災害伝承碑)がつくられてきました。次の１～４の各文は、図６中のア～エのいずれかの自然災害伝承碑の内容をまとめたものです。図中のエにあてはまるものを１～４から一つ選び、番号で答えなさい。

１　1910年８月、連日の降雨は山間部で山崩れを引き起こした。その後、大量に流れ込んだ土砂や流木は濁流と共に川の堤防を決壊させ、この地域では多くの家屋が浸水し、農作物が全滅した。

2　1944年12月に発生した地震による津波で、死者23名、家屋の流失121戸、倒壊41戸等の被害が発生した。

3　1995年１月に発生した地震で震度６となったこの地域では、家屋全壊5688棟、半壊３万6002棟、臨海部や一部の川沿いで液状化が発生するなどの被害となった。

4　2014年９月、火山が噴火。人知を超えた自然の容赦ない猛威により登山者らが巻き込まれ、58名の尊い命が奪われるなど、火山史上希にみる噴火災害となった。

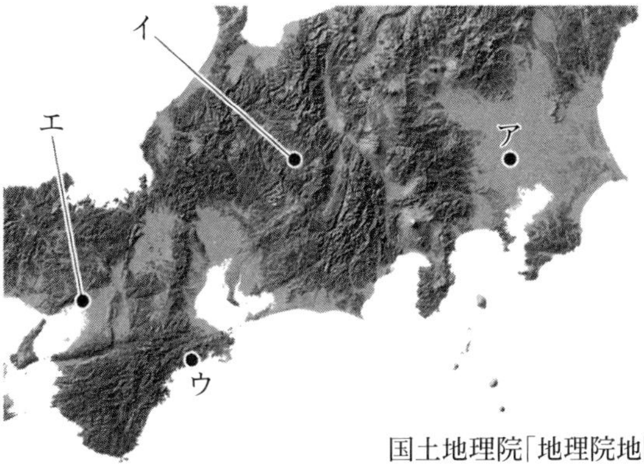

国土地理院「地理院地図」より作成。

図６

問５　表４はアメリカ合衆国、中国、ドイツ、日本の乗用車輸出台数、乗用車の国内販売台数、電気自動車(乗用車)の国内販売台数を示したものです。中国と日本にあてはまるものを表中の１～４から選び、番号で答えなさい。

(千台)

	乗用車の輸出台数(2020年)	乗用車の国内販売台数(2021年)	電気自動車(乗用車)の国内販売台数(2021年)
1	3,408	3,676	44
2	2,647	2,622	681
3	1,912	3,350	631
4	767	21,482	3,334

『日本国勢図会2023/24』より作成。

表４

問６　表５は北海道、東京都、愛知県、沖縄県における就業人口にしめる製造業、情報通信業、金融業・保険業、宿泊業・飲食サービス業の割合を示したものです。東京都にあてはまるものを表中の１～４から一つ選び、番号で答えなさい。

(2020年)(%)

	製造業	情報通信業	金融業・保険業	宿泊業・飲食サービス業
1	8.1	2.1	2.0	6.2
2	4.9	2.6	2.0	8.5
3	25.6	2.4	2.0	5.4
4	9.6	11.2	4.1	5.8

『データでみる県勢2023年版』より作成。

表５

問７　日本の人口ピラミッド(2020年)を示した図７について述べた次のＸ・Ｙの各文の正誤の組み合わせとして正しいものを１～４から一つ選び、番号で答えなさい。

Ｘ　第２次ベビーブーム世代が65歳以上人口として計算されるのは、2050～2055年ごろにかけてである。

Ｙ　第２次ベビーブームが起こったころの日本の人口ピラミッドは、かつて発展途上(とじょう)国に広くみられた富士山型に近いものだった。

１　Ｘ：正　Ｙ：正　　２　Ｘ：正　Ｙ：誤
３　Ｘ：誤　Ｙ：正　　４　Ｘ：誤　Ｙ：誤

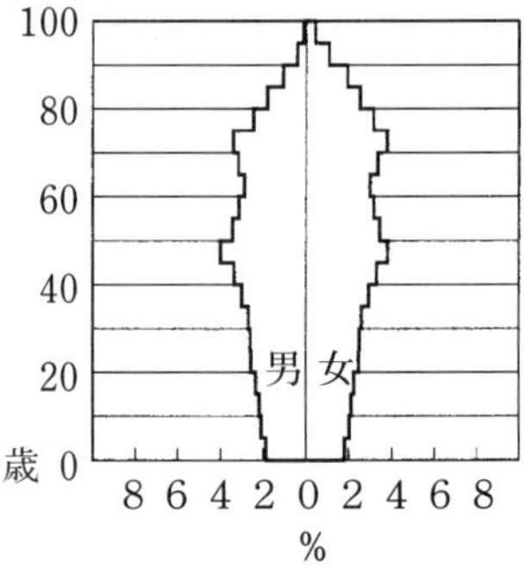

『世界国勢図会2022/23』より作成。

図７

[2]　人と人との関係や支配のあり方やそれらの移り変わりなどに関する次の各問いについて、解答しなさい。

問１　アフリカで誕生した人類は、移動を重ねながら現在の日本列島にあたる地域でも生活するようになりました。このことについて、次の各問いに答えなさい。

(1)　現在の日本列島にあたる地域で人類が生活するようになった旧石器時代について述べた文として最も適当なものを次の１～４から一つ選び、番号で答えなさい。

１　おもに石をみがいて作った石器を用いた。

２　煮炊(にた)きをするための土器がさかんにつくられた。

３　地面に穴を掘(ほ)り屋根を付けた住居に定住した。

４　狩(か)りや木の実の採集によって食料を得た。

(2)　集落の様子は、その時代の人と人との関係を反映していることがあります。たとえば古墳時代になると、豪族(ごうぞく)とよばれた地域の有力者と民衆の生活がはっきりと分かれ、豪族は民衆の住む集落から離(はな)れた場所に館を営むようになります。次の図Ｘ～Ｚは、縄文時代の遺跡(いせき)である三内丸山遺跡、弥生時代の遺跡である吉野ケ里遺跡、古墳時代の遺跡である三ツ寺Ｉ遺跡やその周辺の集落遺跡などの様子を示したもののいずれかです。これらの図が示す時代について、古いものから年代順に正しく配列したものを後の１～６から一つ選び、番号で答えなさい。

X

Y

Z

出典は、
Xは JOMON ARCHIVES
(縄文遺跡群世界遺産保存活用協議会撮影)、
Yは浜島書店『新詳日本史』、
Zは山川出版社『詳説日本史』。

1　X－Y－Z　　2　X－Z－Y　　3　Y－X－Z
4　Y－Z－X　　5　Z－X－Y　　6　Z－Y－X

問２　各地の人びとの小さなまとまりが統一されていき、広い地域を支配する政府があらわれ、人びとをまとめるためのさまざまなしくみが作られました。このことについて、次の各問いに答えなさい。

(1)　701年に制定された大宝律令には、広い地域を支配するためのしくみが取り入れられていました。図１は、律令で定められた統一された形式にもとづいて政府が出した命令書です。図について説明した文中の空らん【 A 】・【 B 】にあてはまる文の組み合わせとして最も適当なものを後の１～４から一つ選び、番号で答えなさい。

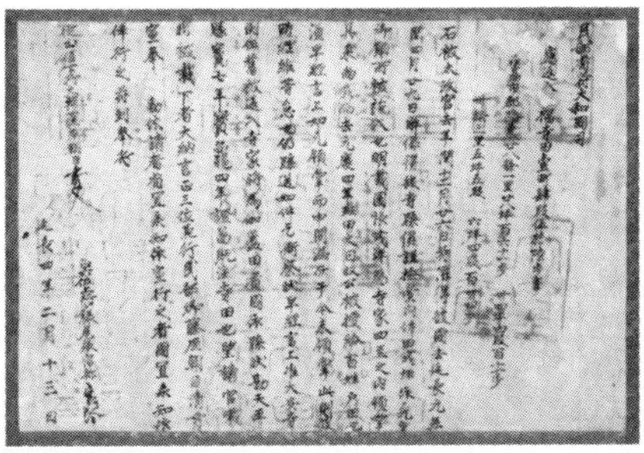

出典はｅ国宝(国立文化財機構所蔵国宝・重要文化財の閲覧サイト)。
図１

> 図１は、戸籍や税などを管理する民部省という中央の役所が、大和国(現在の奈良県)の国司にあてて出した命令書で、政府が寺院から没収した田の返却を認めるという内容である。文書には天皇の命令であることを示す印が押されていて、これは【 A 】ことを示している。律令が制定され、文書により命令を伝達するしくみが取り入れられ、それまでの【 B 】しくみが改められたと考えられる。

1　【Ａ】　政府の命令は絶対に変更されない
　　【Ｂ】　各地の支配を豪族にゆだねる
2　【Ａ】　政府の命令は絶対に変更されない
　　【Ｂ】　政府が全国を統一して支配する
3　【Ａ】　政府が出した正式な命令書である
　　【Ｂ】　各地の支配を豪族にゆだねる
4　【Ａ】　政府が出した正式な命令書である
　　【Ｂ】　政府が全国を統一して支配する

⑵　人と人との新たな関係は、政府による支配地域の拡大によっても生じました。政府に従わない「蝦夷（えみし）」とよばれた人びとを支配するなどのために、桓武天皇によって東北地方に派遣（はけん）された人物はだれですか。答えなさい。

問３　武士が勢力を拡大すると、人びとの支配のあり方や政治の進め方も大きく変化していきました。このことについて、次の各問いに答えなさい。

⑴　史料１は1180年にある人物が挙兵したことを聞いた貴族の日記の一部です。史料に記された挙兵した人物はだれですか。**漢字で**答えなさい。

史料１

　伝え聞いたところによると、謀反（むほん）人の源義朝の子はここ数年、流罪で流された伊豆国（現在の静岡県）にいた。ところが、最近はもっぱら悪だくみを行い、先ごろ役人に乱暴を加えて、伊豆国などを奪い取ってしまった。……まるで平将門の反乱の時のようだという話である。

⑵　史料１中の波線部の人物や出来事に関して述べた文Ａ～Ｄについて、正しいものの組み合わせとして最も適当なものを次の１～４から一つ選び、番号で答えなさい。

Ａ　関東地方で反乱を起こした。
Ｂ　大宰府（だざいふ）を襲撃（しゅうげき）した。
Ｃ　このとき新皇を名乗った。
Ｄ　藤原道長によって鎮圧（ちんあつ）された。

　1　Ａ・Ｃ　　2　Ａ・Ｄ　　3　Ｂ・Ｃ　　4　Ｂ・Ｄ

⑶　武士が支配する各地の荘園（しょうえん）などではさまざまな産物が生産され、人びとはさかんに取引を行いながら新しい関係を結んでいました。図２は、鎌倉時代の市の様子で、荘園などで生産されたさまざまな産物が取引されている様子がえがかれています。図について述べた文Ｘ・Ｙの正誤の組み合わせとして最も適当なものを後の１～４から一つ選び、番号で答えなさい。

図２　　出典は浜島書店『新詳日本史』。

X　鎌倉時代は各地で生産された産物の輸送に水上交通を用いることはほとんどなかったため、市は水辺には設けられなかったと考えられる。

Y　鎌倉時代の市にはおもに男性の商人によって米や魚、布やつぼなどが売買されており、武士や僧侶(そうりょ)、女性や子どもなどは市に出入りできなかったと考えられる。

1　X：正　　Y：正　　　2　X：正　　Y：誤

3　X：誤　　Y：正　　　4　X：誤　　Y：誤

(4)　室町時代には、共通の利害をもつ人びとが団結して一揆(いっき)が形成され、なかには一国全体を支配するほど強力な一揆も形成されました。こうした一揆のうち、「百姓(ひゃくしょう)の持ちたる(支配している)国のようになった」と言われた地域があった県として最も適当なものを次の１～４から一つ選び、番号で答えなさい。

1　石川県　　2　山形県　　3　栃木県　　4　熊本県

問４　戦国時代を経て全国統一がなされると、それまでとは異なる人びとの関係や支配のあり方が形成される一方、変化しない関係もありました。このことについて、次の各問いに答えなさい。

(1)　全国統一を達成した豊臣秀吉について述べた文として最も適当なものを次の１～４から一つ選び、番号で答えなさい。

1　関東の北条氏を滅(ほろ)ぼして全国統一を達成したのち、関白に任命されて政治を主導した。

2　琵琶(びわ)湖のほとりに壮大(そうだい)な天守をもつ安土城を築き、全国統一の拠点(きょてん)とした。

3　一揆を防ぎ、農業などに専念させるため、百姓から刀や弓、鉄砲(てっぽう)などを没収(ぼっしゅう)した。

4　キリスト教の布教を禁じて、スペイン船やポルトガル船の来航を禁止した。

(2)　全国を支配する江戸幕府の将軍が大名と関係を結ぶために示したきまりの１つに、参勤交代があります。次の文章は、昨年度(2023年度)の本校入学試験における社会の設問の一部と、受験生の解答の一例です。この設問ではほとんどの受験生がこのように解答しており、採点にあたって正答とすることはできませんでした。なぜこのような解答を正答とすることができないのでしょうか。その理由を「史料２では～が、ほとんどの受験生は参勤交代の目的はお金を使わせることだと解答している。」の形にあうように、説明しなさい。

設問　史料２のような参勤交代のしくみを将軍が大名に示した目的は何ですか。説明しなさい。

史料２

一　大名などが、国もとと江戸とを参勤交代するよう定める。毎年夏の４月中に江戸へ参勤すること。参勤の時の従者の数が最近とても多いようである。これはひとつには、藩の支配の上でのむだであり、また一方で、領民の負担となる。以後は、身分に応じて人数を減少せよ。

＊出題にあたって表現や形式を改めたところがあるが、設問の大意に変更はない。

【受験生の解答の一例】

大名に参勤交代を行わせてたくさんお金を使わせ、大名の勢力を衰（おとろ）えさせようとした。

(3)　参勤交代の目的について説明した文中の空らん【 Ｃ 】・【 Ｄ 】にあてはまる語句と文の組み合わせとして最も適当なものを後の１～４から一つ選び、番号で答えなさい。

武士とはもともと貴族などの警備をする人びとの身分であった。鎌倉幕府が成立してからも、将軍の家来の武士である御家人は京都や鎌倉の警備が義務づけられ、これは御家人が将軍のために行う【 Ｃ 】であった。こうした将軍と家来の武士の関係は江戸幕府が成立しても変わらず、将軍の家来の武士である大名は、将軍のために一定の軍勢を引き連れて江戸の警備を行う義務を果たし、これにより将軍は【 Ｄ 】。

１　【 Ｃ 】 御恩（ごおん）　【 Ｄ 】 大名の領地である藩（はん）を大名が支配することを保証した
２　【 Ｃ 】 御恩　【 Ｄ 】 禁中並公家諸法度を定めて天皇や公家を統制した
３　【 Ｃ 】 奉公（ほうこう）　【 Ｄ 】 大名の領地である藩を大名が支配することを保証した
４　【 Ｃ 】 奉公　【 Ｄ 】 禁中並公家諸法度を定めて天皇や公家を統制した

(4)　鎖国体制が成立して海外の人びととの関係は大きく制限されましたが、1792年に蝦夷（えぞ）地の根室に来航して日本との貿易の関係を求めたロシア人使節はだれですか。**カタカナで**答えなさい。

問５　幕末の混乱から明治維新（いしん）を経て、人と人との関係や支配のあり方は大きく変化します。このことについて、次の各問いに答えなさい。

(1)　明治政府が行った政策について説明した文中の空らん【 Ｅ 】にあてはまる語句として最も適当なものを後の１～４から一つ選び、番号で答えなさい。

中央の政府が強い権限をもつ中央集権を確立するため、1869年に明治政府は大名に天皇に対する【 Ｅ 】を願い出させた。江戸時代、大名の領地の一部は大名の家臣に与えられることもあり、家臣は与えられた領地を独自に支配していたが、大名が天皇に【 Ｅ 】を行ったため、それまで支配していた領地の返上を大名に対して願い出る家臣もいた。

１　版籍奉還（はんせきほうかん）　２　廃藩置県　３　地租（ちそ）改正　４　徴兵令（ちょうへい）

(2)　大日本帝国（ていこく）憲法の制定により日本は立憲国家となりますが、憲法が発布されたことをお祝いした人びとのなかには、かつて自由民権運動に参加して政府を批判した人もいました。

そのような人も憲法発布を祝ったのはなぜだと考えられますか。説明しなさい。

(3)　大日本帝国憲法制定後、憲法の精神にもとづいた政治を求める運動が高まっていきます。そうした運動を支えた理論である民本主義を主張した人物はだれですか。**漢字で**答えなさい。

(4)　戦争は、人と人との関係を大きく変えます。明治時代以降の戦争について述べた文Ｘ～Ｚについて、古いものから年代順に正しく配列したものを後の１～６から一つ選び、番号で答えなさい。

Ｘ　満州や朝鮮(ちょうせん)への進出をはかるロシアと、イギリスと同盟を結んだ日本の戦争が起こった。

Ｙ　ヨーロッパで戦争が起こると、イギリスとの同盟を口実に日本がドイツとの戦争を起こした。

Ｚ　朝鮮で発生した農民反乱をきっかけに、朝鮮半島に出兵した日本と清との間で戦争になった。

１　Ｘ－Ｙ－Ｚ　　２　Ｘ－Ｚ－Ｙ　　３　Ｙ－Ｘ－Ｚ

４　Ｙ－Ｚ－Ｘ　　５　Ｚ－Ｘ－Ｙ　　６　Ｚ－Ｙ－Ｘ

問６　アジア・太平洋戦争とその敗戦は、人と人との関係や支配のあり方を大きく変えた出来事です。一方、戦争の前後でつながっていることもあります。これらのことについて、次の各問いに答えなさい。

(1)　次の史料３は日中戦争がはじまったことを受けて制定された法律です。史料中の空らん【　Ｆ　】にあてはまる語句を、**漢字３字で**答えなさい。なお、空らん【　Ｆ　】にはこの法律の名称(めいしょう)にかかわる語句が入ります。

史料３

第１条　この法律において国家【　Ｆ　】とは、戦時や、戦争に準ずる事変の場合に際し、国防目的を達成するため、国の全力を最も有効に発揮できるよう、人的および物的資源を統制し、運用することを意味する。

(2)　太平洋戦争開戦の際に日本軍が攻撃(こうげき)した場所について、図３中のＡ～Ｄから正しいものの組み合わせとして最も適当なものを後の１～４から一つ選び、番号で答えなさい。

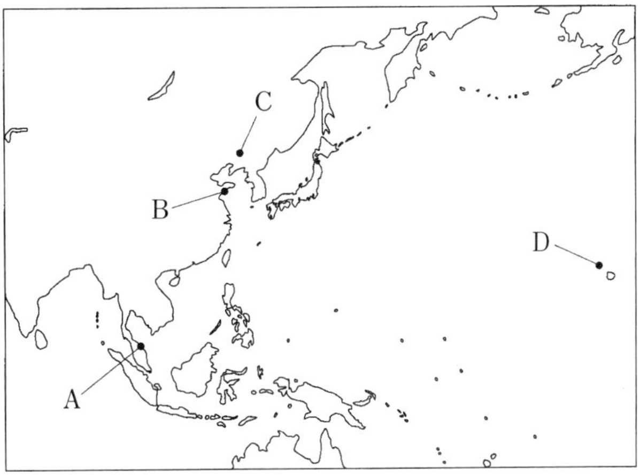

図３

１　Ａ・Ｃ　　２　Ａ・Ｄ　　３　Ｂ・Ｃ　　４　Ｂ・Ｄ

(3)　戦争が続くなかで進められた政策のうち、敗戦後も続けられた政策もありました。こうした政策について説明した文中の空らん【　G　】にあてはまる語句を、**漢字４字**で答えなさい。

戦争が長期化するなかで、食糧の確保は不可欠だった。そのため政府は、地主の権利をおさえつつ、食糧を生産する小作人の保護を進め、地主が土地を手放して小作人が購入しやすくなるような政策などを実施していった。こうした戦争中の取り組みもあって、戦後GHQ(連合国軍総司令部)によって指示された【　G　】が急速に進められ、自作農を中心とした戦後日本の農業が形成された。

(4)　アジア・太平洋戦争の敗戦後、交戦国や日本が植民地支配した国ぐにとの関係について述べた文Ｘ・Ｙの正誤の組み合わせとして最も適当なものを後の１～４から一つ選び、番号で答えなさい。

Ｘ　吉田茂内閣のもとサンフランシスコ平和条約が締結され、日本はすべての交戦国との講和を実現し、国交を回復した。

Ｙ　佐藤栄作内閣のもとで日韓基本条約が結ばれたことによって、日本が植民地支配した国ぐにとの国交はすべて正常化した。

１　Ｘ：正　Ｙ：正　　２　Ｘ：正　Ｙ：誤
３　Ｘ：誤　Ｙ：正　　４　Ｘ：誤　Ｙ：誤

③　次の【A】～【G】の各文は2023年１月～７月の出来事に関する新聞報道等についてそれぞれ触(ふ)れられています。よく読んで、後の各問いについて、解答しなさい。

【A】:「Ｇ７広島サミット開催(かいさい)」

日本の岸田首相を議長として、アメリカ合衆国のバイデン大統領、イギリスのスナク首相、イタリアのメローニ首相、カナダのトルドー首相、ドイツのショルツ首相、フランスのマクロン大統領、そして［　１　］を代表してミシェル議長とフォン・デア・ライエン委員長が広島市内のホテルに一同に会し、「Ｇ７広島サミット」が開催されました。トルドー首相は「伊勢志摩(いせしま)サミット」に続いて２度目のＧ７訪日となりました。期間中、①首脳たちは［　２　］の世界遺産にも登録されている原爆(げんばく)ドームがある平和記念公園内の広島平和記念資料館(原爆資料館)を訪れ、原爆死没(しぼつ)者慰霊碑(しゃいれいひ)に献花(けんか)を行いました。また、ウクライナのゼレンスキー大統領も来日し、ロシアによるウクライナ侵略(しんりゃく)に対する制裁とウクライナ支援(しえん)及び復興について意見が交わされました。

日本はウクライナ支援のため、②2022年度補正予算(第２次)において資金・技術援助などを行うための［　３　］(政府開発援助)として８億円を計上しています。

【B】:「『花博』開催1500日前記者発表会開催」

横浜市の瀬谷区と旭区にまたがる「旧上瀬谷通信施設」(2015年に米軍より返還)において2027年に開催予定の国際園芸博覧会(通称、「花博」)の開催1500日前記者発表会が2023年２月８日に開催されました。本会には、③横浜市の山中竹春市長も参加し、花博開催に向けた意気込みを語りました。

【C】:「明治以来初の中央省庁地方移転」

以前より東京一極集中による問題が議論されてきた中、地方創生を目的とする政府関係機関の地方移転の募集(ぼしゅう)に京都府が名乗りを上げ、このほど芸術創作活動の振興(しんこう)や著作権等の保護、宗教に関する事務などを取り扱う【 X 】は、新年度を前に先行して一部職員が京都の新たな地で業務を開始しました。これは、中央省庁としては明治以来初の地方移転となります。

【D】:「天皇陛下インドネシア訪問」

④天皇陛下は、2023年６月17日から23日にかけて即位後初となる公式外国訪問としてインドネシアを訪問されました。訪問中、陛下はジャワ島にある［ ２ ］の世界遺産に登録されている仏教遺跡「ボロブドゥール寺院」を訪問されました。インドネシアのこの時期は乾季にあたり、好天に恵まれた中でのご訪問となりました。この寺院は８世紀頃に建てられたものですが、噴火に伴う火山灰により埋もれ、修復が必要となり［ ２ ］が中心となって専門家を集め修復・保存活動に動き、その作業に日本人も深く関わったものです。

【E】:「国際手配の元国会議員、逮捕」

インターネットの動画投稿サイトで実業家や芸能人らを繰り返し脅迫した容疑などで逮捕状が出ていた、⑤元国会議員の男が2023年６月４日、滞在先の［ ４ ］から帰国し、成田空港で警視庁に⑥逮捕されました。警視庁が国際刑事警察機構を通じて国際手配するとともに現地に捜査員を派遣し、現地当局に元議員の早期の帰国に向けて働きかけを行っていました。

【F】:「財務省、税収過去最高を発表」

財務省が2023年７月３日に発表した2022年度の一般会計決算概要によると、国の税収は前年度比6.1％増の71兆1374億円で、３年連続で過去最高を更新しました。これは、企業の業績が回復して【 あ 】税収が膨らんだほか、歴史的な物価高で【 い 】税収が増え、さらに賃上げの動きが広がったことにより【 う 】税収も伸びたことが要因として挙げられます。

【G】:「コロナ５類引き下げ」

［ ５ ］は、新型コロナウイルス感染症に関する「国際的に懸念される公衆衛生上の緊急事態」の宣言を終了すると発表しました。しかし、新型ウイルスは依然として大きな脅威だと警告し、今後は各国が独自に対処していくことになりました。緊急事態の宣言が2020年１月30日に出されてから３年以上が経っての宣言終了となりました。

また、国内においては新型コロナウイルスの感染症法上の位置づけが季節性インフルエンザなどと同じ「５類」に移行したことに伴い、外出自粛要請などはなくなり、感染対策は個人の判断になりました。また、流行状況の把握は医療機関などが毎日すべての感染者数を報告する「全数把握」から指定医療機関が１週間分の感染者数をまとめて報告する「定点把握」に変更され、厚生労働省の発表は週１回となりました。無料のワクチン接種は継続され、高齢者など重症化リスクの高い人への追加接種が始まりました。

問１　文中の空らん［ １ ］～［ ５ ］を埋めるために語群内の略称を使用した場合、１か所だけ適切な略称が語群内にない空らんがあります。その空らん番号を答えるとともに、その空らんに入る適切な略称を答えなさい。

［語群］

TPP	UNHCR	NPT	EU	IAEA	NAFTA
PKO	UNCTAD	WTO	ILO	CTBT	ASEAN
WHO	UNESCO	IMF	UAE	OPEC	NATO

問２　文中の空らん【 X 】に入る省庁名を**漢字**で答えなさい。

問３　下線部①に関連して、岸田首相・バイデン大統領・トルドー首相の就任日からＧ７広島サミット初日までの在任期間を比べたとき、在任期間が長い順に正しく配列したものを次の１～６から一つ選び、番号で答えなさい。

１　岸田→バイデン→トルドー　　２　岸田→トルドー→バイデン
３　バイデン→岸田→トルドー　　４　バイデン→トルドー→岸田
５　トルドー→岸田→バイデン　　６　トルドー→バイデン→岸田

問４　下線部②に関連して、2023年度の当初予算案において歳出の項目(こうもく)で最も金額が多いものを次の１～４から一つ選び、番号で答えなさい。

１　防衛関係費　　２　社会保障関係費　　３　公共事業関係費　　４　国債費(こくさいひ)

問５　下線部③に関連して、近年、地方首長の多選を禁じる条例や自粛を促(うなが)す条例が各地で制定されていますが、一方で多選を重ねる首長も存在します。2020年に実施された山梨県早川町長選では、現職以外に立候補者がなく、無投票で「11選」を果たし全国の現役首長の最多選を更新したという例があります。一般的に、途中(とちゅう)辞職等がなく「11期」を務め上げたとすれば、通算在任期間は何年となるか**算用数字**で答えなさい。

問６　下線部④に関連して、日本国憲法において規定されている天皇の行う国事行為(こうい)に<u>あてはまらないもの</u>を次の１～４から一つ選び、番号で答えなさい。なお、すべて正しい場合には「５」と答えなさい。

１　法律や条約を公布する　　　２　衆議院を解散する
３　最高裁判所長官を任命する　４　国会を召集(しょうしゅう)する

問７　下線部⑤に関連して、各選挙制度の長所と短所を考慮(こうりょ)しながらこの元議員が当選した2022年に実施された国政選挙の種類として正しいものを次の１～４から一つ選び、番号で答えなさい。

１　衆議院・小選挙区選挙　　２　衆議院・比例代表選挙
３　参議院・選挙区選挙　　　４　参議院・比例代表選挙

問８　下線部⑥に関連して、一般的に逮捕された後、起訴(きそ)された場合は裁判を受けることになります。裁判を受ける権利は「基本的人権」で保障されています。裁判を受ける権利はどのような人権に含(ふく)まれるか、正しいものを次の１～６から一つ選び、番号で答えなさい。

１　請求(せいきゅう)権　　２　平等権　　３　生存権
４　社会権　　５　自由権　　６　自己決定権

問９　文中の空らん【 あ 】～【 う 】に入る言葉の組み合わせとして正しいものを次の１～６から一つ選び、番号で答えなさい。

１　あ：消費　い：所得　う：法人　　２　あ：消費　い：法人　う：所得
３　あ：所得　い：法人　う：消費　　４　あ：所得　い：消費　う：法人
５　あ：法人　い：消費　う：所得　　６　あ：法人　い：所得　う：消費

問10　【Ａ】～【Ｇ】の各文のタイトルに示す出来事を時系列に並べた場合、２番目と４番目にくる出来事の組み合わせとして正しいものを次の１～６から一つ選び、番号で答えなさい。

１　２番目：Ａ　４番目：Ｃ　　２　２番目：Ａ　４番目：Ｇ
３　２番目：Ｃ　４番目：Ａ　　４　２番目：Ｃ　４番目：Ｇ
５　２番目：Ｇ　４番目：Ａ　　６　２番目：Ｇ　４番目：Ｃ

関東学院中学校(一期A)

—30分—

1　次の文章を読んで、あとの問いに答えなさい。

関東学院中学校歴史研究部の夏の巡検で、伊勢松阪に行ってきました。ここは a 1889年の町村制施行により、「松坂」から「松阪」へ地名が変更されています。松阪駅前には大きな鈴があります。気づけばマンホールのふたも鈴のマーク。これは松阪出身の本居宣長が鈴を愛好した事に由来します。本居宣長は『古事記伝』や『 b 源氏物語玉の小櫛』などを記し国学を大成したと言われる人物です。駅前の大きな鈴は c 律令に定められた駅制で用いる駅鈴。宣長の鈴好きを知り、d 石見国浜田藩主の松平康定が駅鈴を送った事に由来します。

松阪には多くの寺院や神社があります。e 法久寺では参拝の証として頂く*御朱印の中心に「南無妙法蓮華経」と大書されています。来迎寺は北畠氏の創設です。北畠氏は南北朝時代には f 南朝の重臣として知られています。また伊勢の国司にも任じられました。

松坂城は豊臣秀吉の家臣、蒲生氏郷が創建しました。江戸時代の初めには松坂藩が置かれましたが、1619年に g 紀伊藩に併合され、松坂には紀伊藩士の城代や御城番らが住みました。松坂城の三の丸には御城番屋敷が残り、一般の民家として使われています。城の石垣には h 古墳の石棺なども再利用されています。松坂城は紀伊藩への併合にともない、多くの施設が取り壊され、城としての機能を失いました。同じ伊勢国の津城や桑名城が江戸時代を通じて城としての機能を保持したのとは対照的です。背景には1615年に幕府が主に西国の大名に対して発令した i 一国一城令があります。これは一つの藩につき城は一つのみとし、他の城は取り壊せという命令です。

町中にはもと j 本陣だった美濃屋の跡や旅宿の新上屋の跡もあります。新上屋は本居宣長が師である賀茂真淵とただ一度会った場所として有名です。真淵は宣長に古事記の研究をするなら同時代に作られた和歌集である『 k 』を読み、当時の人々の心を知るべきだとアドバイスをした人です。

松阪は豪商の町でもあります。三井財閥につながる三井家発祥の地や松阪 l 木綿を扱った長谷川治郎兵衛家も保存されています。代々、角屋七郎兵衛を名乗り廻船や貿易で活躍した商人も松阪が重要な拠点でした。中には本能寺の変の後、家康が岡崎へ逃れるのを手助けした人物や、現在のベトナムのホイヤン市に渡り m 日本町の長となった人物もいます。

旧家が残ったのはアジア太平洋戦争中の松阪への n 空襲が近隣の津や o 四日市ほどは激しくなかった事も一つの理由でしょう。

歴史研究部のお昼ご飯は、松阪牛の老舗で、牛丼を頂きました。

＊御朱印　神社やお寺を参拝した「参拝証明」として押される印章のこと。

問1　下線aについて、この時期は以下のどの時期に一番近いですか。次から1つ選び、記号で答えなさい。

ア　明治維新直後で西南戦争など反政府の反乱も多かった。
イ　自由民権運動の結果、国会が開かれることが決まっていた。
ウ　日露戦争に勝利し、韓国併合へと向かっていった。
エ　柳条湖事件をきっかけに満州事変が始まった。
オ　日本国憲法が発布され行政区画なども新しくなった。

問2　下線bについて、『源氏物語』が書かれたころの時代背景として正しいものを次から1つ選び、記号で答えなさい。

ア　後鳥羽上皇が北条義時を討てと命じた。

イ　反乱をしずめることで武士が力を持ち始めた。

ウ　聖武天皇の命令で国分寺や大仏が造られた。

エ　勘合貿易で中国の品々が数多く輸入された。

オ　上皇に権力が集中し天皇は形だけになった。

問3　下線cについて、律令に定められた内容として誤っているものを次から1つ選び、記号で答えなさい。

ア　人々に口分田を与(あた)える班田収授が定められていた。

イ　租庸調などの税の取り方について定められていた。

ウ　守護や地頭などの配置について定められていた。

エ　防人など兵士の徴用(ちょうよう)について定められていた。

オ　左大臣や右大臣など貴族の役職について定められていた。

問4　下線dについて、ここは現在の都道府県だと主にどこに当たりますか。漢字で答えなさい。

問5　下線eについて、この寺院は以下の選択肢(せんたくし)から選ぶなら、どの宗派と考えるのが適当ですか。次から1つ選び、記号で答えなさい。

ア　浄土真宗　　イ　臨済宗　　ウ　浄土宗　　エ　真言宗　　オ　日蓮宗

問6　下線fについて、南朝が当初中心としたのは大和国のどこですか。地名を漢字で答えなさい。

問7　下線gについて、紀伊藩の大名から将軍となった人物に徳川吉宗がいます。この人物の実施した政策として正しいものを次から1つ選び、記号で答えなさい。

ア　動物などを保護する生類憐(あわれ)みの令を発した。

イ　外国の接近に対し異国船打払(はら)い令を発した。

ウ　大名から幕府へ米を出させる上げ米を行った。

エ　天皇や朝廷に対して禁中並公家諸法度を作った。

オ　長崎出島を作ってオランダ貿易を制限した。

問8　下線hについて、古墳時代について記した文として正しいものを次から1つ選び、記号で答えなさい。

ア　ヤマト政権による日本統一が進行した。

イ　吉野ヶ里遺跡などの大きな集落が造られた。

ウ　邪馬台国の卑弥呼が中国へ使者を派遣(はけん)した。

エ　稲作の技術が伝わり全国に水田がつくられ始めた。

オ　天武天皇が中国式の都である平城京を造営した。

問9　下線iは、ある事件の直後に発令されています。本文を参考に、その事件の名を記し、この法令の目的について説明しなさい。

問10　下線jについて、全国の大名らがしばしば本陣を利用したのは、江戸幕府のある制度が原因となっています。その制度の名を漢字で答えなさい。

問11　空欄kに当てはまる語を漢字で答えなさい。

問12　下線ｌに関する以下の文で誤っているものを次から１つ選び、記号で答えなさい。

ア　絹に比べ安価で、江戸時代には庶民に普及した。

イ　室町時代の日朝貿易では、朝鮮(ちょうせん)からの輸入品の１つだった。

ウ　幕末の開国直後は、日本の主要な輸出品だった。

エ　渋沢栄一の大阪紡績会社は綿糸を作る会社である。

オ　明治時代には原料となる綿花を輸入することもあった。

問13　下線ｍについて、同じころシャムのアユタヤ日本町の長となり、シャム王室でも重用された人物を次から１つ選び、記号で答えなさい。

ア　角倉了以　　イ　山田長政　　ウ　茶屋四郎次郎　　エ　津田宗及　　オ　俵屋宗達

問14　下線ｎについて、敵の軍隊ではなく、工場や一般(いっぱん)市民を対象に爆撃することで戦闘継続(せんとうけいぞく)を困難にし、戦意を削ぐことを戦略爆撃(ばくげき)と言います。アジア太平洋戦争中の戦略爆撃についての説明で誤っているものを次から１つ選び、記号で答えなさい。

ア　東京や横浜も戦略爆撃の対象となった。

イ　アメリカ西海岸の都市も戦略爆撃で大被害(ひがい)を受けた。

ウ　アメリカは戦略爆撃のためにＢ29を開発し運用した。

エ　日本も中国の都市に対し、戦略爆撃を行った。

オ　沖縄戦でもアメリカ軍による戦略爆撃が行われた。

問15　下線ｏについて、「四日市ぜんそく」は、四大公害訴訟(そしょう)の１つに数えられます。四大公害は他に熊本と新潟でも起きていますが、残る１つはどこでおきましたか。都道府県名を漢字で答えなさい。

2　以下は、関東学院高等学校２年生のセキさんとアズマさんの会話です。あとの問いに答えなさい。

アズマ「生徒会で進めているコベルホール(学食)とのコラボメニューの開発、何かいい案ないかしら。」

セ　キ「丼(どん)ぶりはいくつか実現したから、今度はスイーツがいいよ。コベルホールのソフトクリームは人気あるし。レシピも調べたよ。ほら。」

【ソフトクリームレシピ】

材料・道具（２人前）

粉ゼラチン	５ｇ
水	大さじ１
牛乳	50ml
砂糖	30ｇ
牛乳	100ml
生クリーム	100ml
バニラエッセンス	３滴(てき)
コーン	２つ

〈作り方〉

①粉ゼラチンに水を入れてふやかす。

②鍋(なべ)に牛乳50mlと砂糖30ｇを入れ、沸騰(ふっとう)直前まで加熱する。砂糖が溶(と)けたら火から下ろし、①で用意したゼラチンを加えて溶かす。

※ゼラチンは、沸騰させない。また、たんぱく質分解酵素(こうそ)を含む生のフルーツ(パイナップル、キウイ、パパイヤ等)を入れると固まらない事があるので注意。

③ボウルに牛乳、生クリーム、②で用意したもの、バニラエッセンスの順に入れて混ぜる。

※金属のボウルを使うと冷えやすく時短になる。

④ひとまわり大きいボウルに氷を入れ、塩を入れて混ぜ、③のボウルをのせて冷やしながら混ぜる。

⑤底の方が固まってきたら混ぜながら、全体がしっかり固まるまで

氷	300g	混ぜる。
塩	80g	⑥大き目の星口金のしぼり袋に入れて、冷凍庫で10分程冷やす。
		⑦コーンにソフトクリーム状にしぼり、完成。
ボウル	大・小	

アズマ「ソフトクリームの原料にはゼラチンが使われているのね、知らなかった！でもこれって他のもので代用できないかなあ？」

セ　キ「どうして？ゼラチン嫌いなの？それともアレルギー？」

アズマ「そうじゃなくて。ゼラチンは主に牛などの骨や皮からとれるコラーゲンから作るの。私、インド人の友だちがいるのだけど、○○上の理由で食べられない人がいるとよくないでしょう。材料については検討の余地があるね。」

セ　キ「じゃあ、味はどうする？日本全国のご当地ソフトクリームを参考にしようよ。ぼくは福島県平田村のハバネロソフトがすき。」

アズマ「セキさんの好みはともかく、県ごとの特産品で考えましょう。月がわりで味が変わるのも素敵。コーンは、ワッフルコーンがいいよね。」

セ　キ「でもソフトクリームのコーンは、ぜんぜんトウモロコシの味がしないね。」

アズマ「コーンは、小麦粉でできているのよ。トウモロコシの「CORN」じゃなくて工事現場の三角コーンと同じ「CONE」。円すい形って意味よ。」

セ　キ「へえ、なにげなく食べているソフトクリームだけど、様々な謎が渦巻いてるね！」

問１　アズマさんはある理由から材料にゼラチンを使うことを心配しています。その解決案として、最もふさわしいものを１つ選び、記号で答えなさい。

ア　高価な牛由来の材料ではなく、安価なブタ由来の材料を使う。
イ　牛やブタなどの動物由来の材料ではなく、植物由来の材料を使う。
ウ　骨や皮由来の材料ではなく、味の良い肉由来の材料を使う。
エ　外国産の輸入材料ではなく、地元産の材料を使う。

問２　次の表は、セキさんとアズマさんが月がわりソフトクリームのフレーバーについてそれぞれの都道府県が生産量全国１位の作物から考えたものです。

作　物	さくらんぼ	梅	りんご	落花生	緑茶
県名	A	B	C	D	E
位置	a	b	c	d	e

(1)　表中の県名の組み合わせとして正しいものを１つ選び、記号で答えなさい。

ア　A　岩手　B　三重　C　茨城　D　福井　E　和歌山
イ　A　山形　B　和歌山　C　茨城　D　千葉　E　三重
ウ　A　岩手　B　三重　C　青森　D　福井　E　静岡
エ　A　山形　B　和歌山　C　青森　D　千葉　E　静岡

(2)　A～Eの県の位置(地図中①～⑩)の組み合わせとして正しいものを1つ選び、記号で答えなさい。

ア　a ③　b ⑨　c ⑤　d ⑦　e ⑩

イ　a ③　b ⑩　c ②　d ⑥　e ⑧

ウ　a ④　b ⑨　c ⑤　d ⑥　e ⑩

エ　a ④　b ⑩　c ②　d ⑦　e ⑧

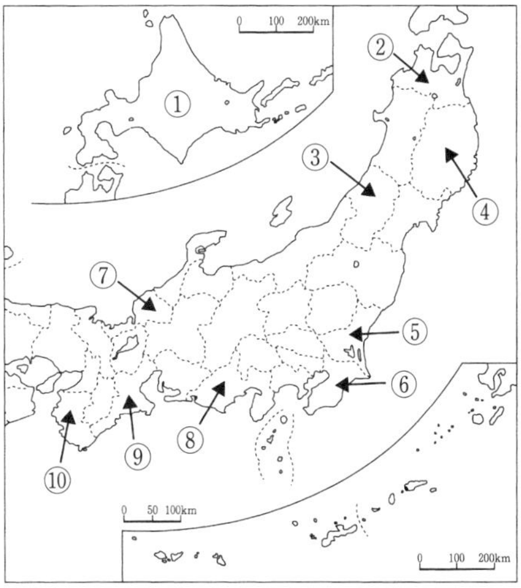

問3　セキさんとアズマさんは、各県の特産物を調べる中で、各地の気候について調べることにしました。

(1)　那覇市と札幌市の気候を比較しようと考え、パソコンで雨温図を作成したところ、上手に作ることができませんでした。

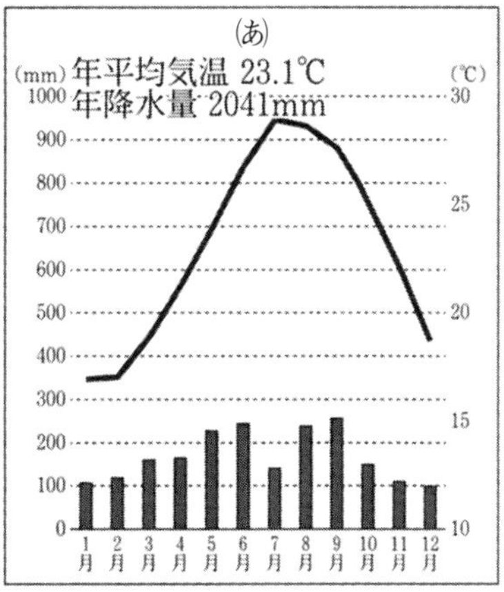

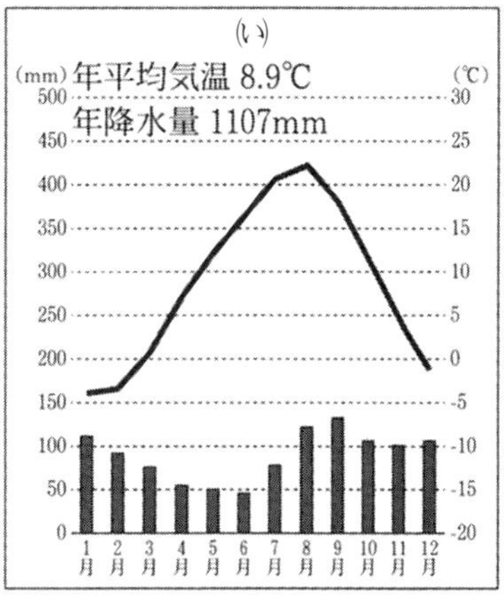

(A)　グラフがうまく作れなかったセキさんとアズマさんは以下のような改善策を考えました。●●●と▲▲に適語を入れなさい。

グラフの左側にある●●●の目盛りとグラフ右側にある▲▲の目盛りが2つのグラフで異なっているので、これをそろえることで気候の特色が比較しやすいグラフになります。

(B)　グラフ(あ)・(い)のうち、那覇のグラフはどちらですか。記号で答えなさい。

⑵　グラフづくりのコツをつかんだセキさんとアズマさんは、各地の雨温図も作成しました。

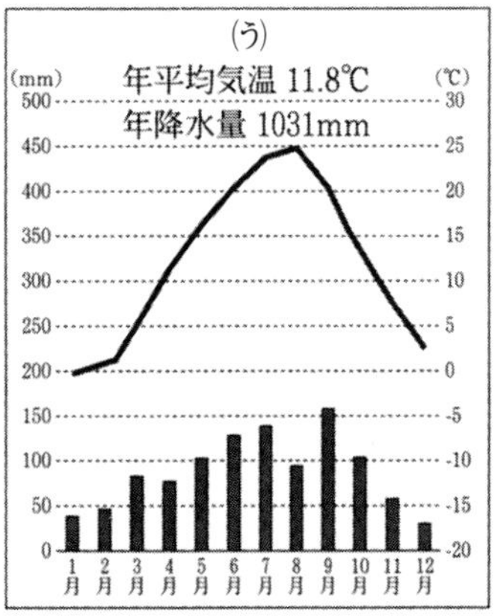

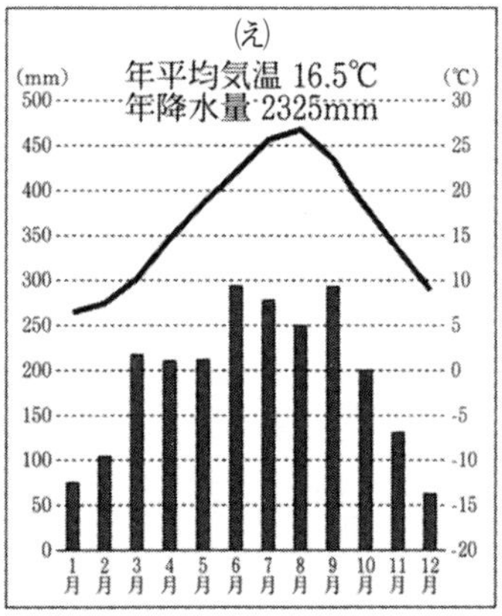

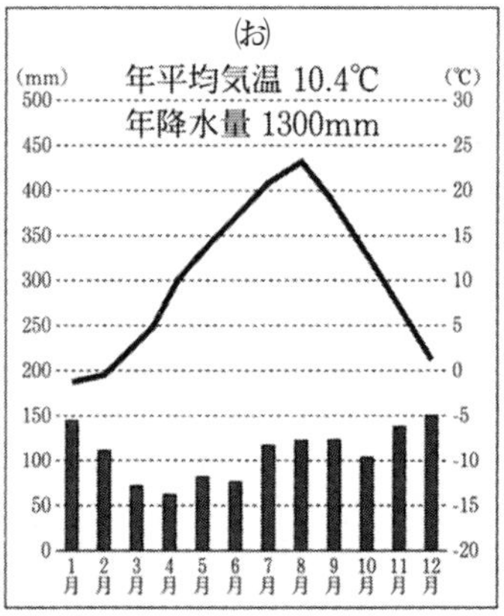

（グラフは理科年表2020から作成）

Ⓐ　上のグラフ(う)～(お)のうち、問２の問題でＡ～Ｅの都道府県にふくまれない地域の雨温図はどれですか。１つ選び、記号で答えなさい。

Ⓑ　Ⓐの問題で選んだ雨温図が示す気候の説明として最もふさわしいものを次から１つ選び、記号で答えなさい。

ア　中央高地の気候：１年を通じて降水量が少なく、冬の寒さが厳しい

イ　南西諸島の気候：１年を通じて気温が高い

ウ　瀬戸内の気候　：１年を通じて降水量が少なく、冬も温和である

エ　日本海側の気候：冬の降水量が多い

問４　右の表は、ソフトクリームのある材料の国内生産量の割合を表しています。この材料を問題文中の言葉で答えなさい。

？？	56.0 %
栃木	4.7 %
熊本	3.5 %
群馬	2.8 %
岩手	2.7 %
千葉	2.6 %
茨城	2.5 %
愛知	2.0 %
その他	23.2 %

問５　以下は、ソフトクリームのある材料のもととなった作物の写真とその主要生産国を示した地図です。

⑴　この材料を問題文中の言葉で答えなさい。

⑵　地図中（ア）～（エ）のうち、赤道の位置を示す線はどれですか。１つ選び、記号で答えなさい。

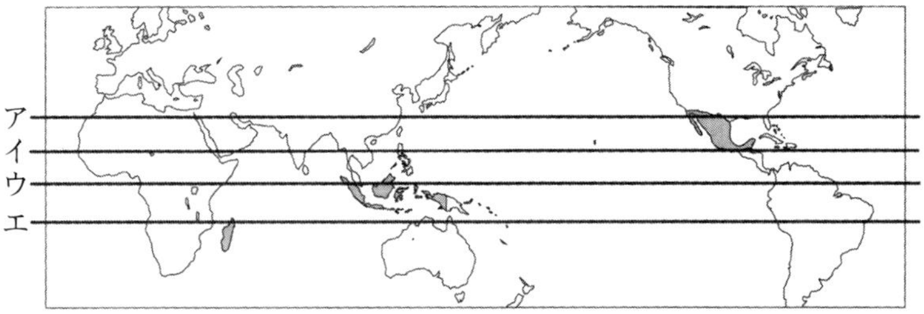

3　次の文を読み、以下の問いに答えなさい。

2023年５月19日～21日に広島県でＧ７サミット（主要国首脳会議）が開催されました。Ｇ７サミットとは、フランス、①アメリカ、②イギリス、ドイツ、日本、イタリア、（　Ａ　）の７か国及び③欧州連合（ＥＵ）の首脳が参加して毎年開催される国際会議です。アメリカのバイデン大統領は21日に広島市で記者会見を行い、平和記念資料館などへの訪問を振り返り、「Ｇ７が『（　Ｂ　）の脅威のない世界』の実現に向けた取り組みを続けることを確認した」と述べました。

問１　（Ａ）に当てはまる国名を答えなさい。

問２　（Ｂ）に当てはまる言葉を漢字３字で答えなさい。

問３　下線部①の国について述べた文として正しいものを次から１つ選び、記号で答えなさい。

ア　国際連合の安全保障理事会の常任理事国である。
イ　共和党と社会党の二大政党から大統領が選ばれている。
ウ　首都のワシントンには国際連合の本部がある。
エ　大統領の任期は１期につき３年である。

問４　下線部②に関連して、2023年の出来事として誤っているものを次から１つ選び、記号で答えなさい。

ア　ＣＰＴＰＰへのイギリスの加盟が決まった。
イ　チャールズ国王の戴冠（たいかん）式がロンドンで行われた。
ウ　新首相にリズ・トラスが就任した。
エ　チャールズ国王の次男、ヘンリー王子が訪日をした。

問５　下線部③に関連して、欧州連合（ＥＵ）に加盟していない国として正しいものを１つ選び、記号で答えなさい。

ア　フランス　　イ　ベルギー　　ウ　スイス　　エ　オランダ

公文国際学園中等部（B）

—40分—

1

1　日本の地理について、各問いに答えなさい。

問１　次のAとBの都道府県名を漢字で答えなさい。

A　中国地方の西に位置する。九州との間の海峡は橋やトンネルで結ばれている。

B　日本海側に位置し、青森県と山形県に接する。米の生産がさかん。

問２　次のCの川の名前を漢字で答えなさい。

C　下流は千葉県と茨城県の間を流れる。日本で最大の流域面積をもつ。

問３　表１は、ある農産物の生産量(2021年)について上位５位の都道府県を示している。表２は、ある工業製品の出荷額(2019年)について上位５位の都道府県を示している。表１の農産物名と表２の工業製品名を次の語群から選び、⑴表１の農産物名、⑵表２の工業製品名を答えなさい。

【語群】

みかん　　キャベツ　　りんご　　茶

食料品　　輸送機械　　石油製品　　パルプ・紙

表１

順位	都道府県	生産量(百トン)
1位	静岡県	1347
2位	鹿児島県	1275
3位	三重県	257
4位	宮崎県	144
5位	京都府	116

『地理統計要覧 2023年版』より作成

表２

順位	都道府県	出荷額(十億円)
1位	愛知県	26663
2位	静岡県	4284
3位	神奈川県	3745
4位	福岡県	3354
5位	群馬県	3349

『地理統計要覧 2023年版』より作成

2　日本に「公文市」という市があるとする。「公文市」は、東京の都心から40キロメートル離(はな)れた場所にある市とする。図１は「公文市」の一部を示した地形図である。図の地域には南北に「公文川」が流れ、その川に向かって「えんじゅ川」と「こすずめ川」が流れている。図２は「公文市」の月別の降水量と平均気温を示している。なお、「公文市」は実在しない市だが、この設問では日本の関東地方に実在する市として各問いに答えなさい。

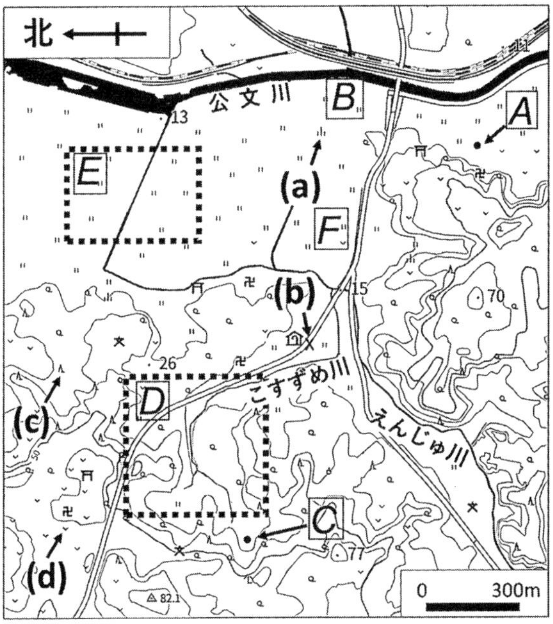

注)図１中の数値は標高(m)を示している。

図１

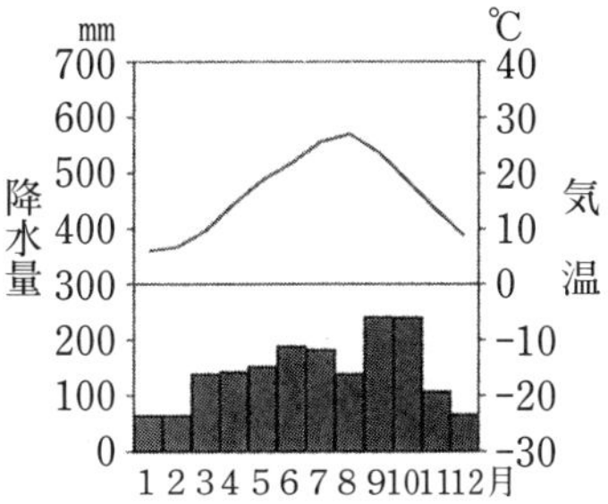

図２

問１　図１のＡから東側50ｍ先を見た時、何が見えるか答えなさい。

問２　図１のＢでは洪水(こうずい)が起こる可能性がある。Ｂでもっとも洪水が起こりやすい季節はいつか。図２を見て答えなさい。

問３　Ｂの場所で、問２の季節に洪水が起こりやすいのはなぜか。次の文中の空欄(　Ｘ　)には漢字２字で、(　Ｙ　)には内容を答えなさい。

> この季節は日本列島を(　Ｘ　)が多く通過する季節である。大雨で川が増水した時にＢの周辺は(　Ｙ　)であるため、川のはんらんによって浸水(しんすい)する可能性がある。

問４　図１の地域に1950年代から住んでいた人から、資料１のような話を聞いた。土地の利用が変わらない場合、文中の「マツの葉」は、図１の(a)〜(d)のうち、どこから採ってきたのか１つ選び記号で答えなさい。

資料１

> 昔、風呂の水を沸(わ)かすのは、電気やガスではなく、森で採った薪(まき)を燃やして沸かしていたんだよ。薪に火をつけるのは難しいよね。どうやって薪を燃やすか知っているかい。
>
> 薪を燃やすためには、はじめにマツの林に入って、林の下に落ちているマツの葉を採ってくるんだ。マツの葉は油分があるのでよく燃える。マツの葉に火をつけると火が大きくなって薪を燃えやすくするんだよ。

問５　資料１の話の中で、どのような点が「環境にやさしい」と考えられるかについて、あなたの考えを説明しなさい。

問６　図１のＣには湧(わ)き水がある。図１のＤで土地の開発が進んだ場合、図１のＥの範囲にはどのような影響(えいきょう)を与えるか。解答はいくつか考えられるが、そのうちの１つを答えなさい。

問７　図１のＤでは森林が広がり、そこには野生動物が見られる。Ｄの範囲では土地の開発のために、図３の①のような計画が考えられた。しかし、図３の①の計画では野生動物が減少してしまう可能性があると考えられたことから、新たに図３の②の計画が示された。図３の①と比べて、図３の②の計画で良くなる点は何か。次のア～エの中から適切な説明を１つ選び記号で答えなさい。

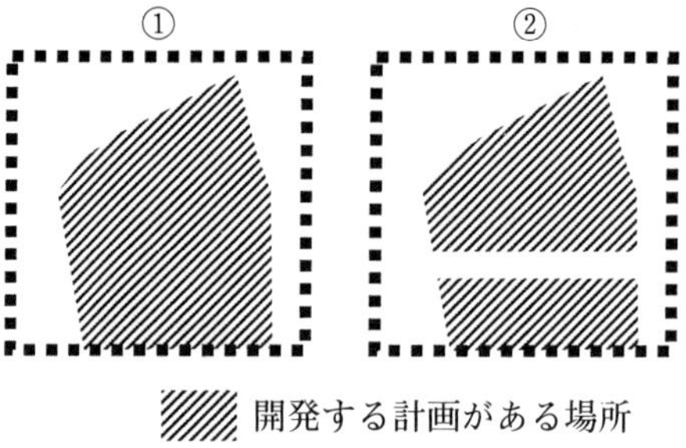

開発する計画がある場所

図３

ア　開発される場所が南に移動したので、より多くの野生動物が生活できるようになった。

イ　開発する面積が増えたが、野生動物を見る機会は増えた。

ウ　開発される場所の間に一すじの森林を残したことで、野生動物が移動できるようになった。

エ　野生動物のすむ場所が２つに分かれたが、より多くの自然が残されることになった。

問８　図１のＦでは、高速道路のインターチェンジ（出入口）が計画されている。高速道路のインターチェンジは、都市の中心部ではなく都市の周辺にあることが多い。図４は倉庫の役割を担う物流センターであり、物流センターは都市周辺のインターチェンジの近くに見られることが多い。物流センターは、なぜインターチェンジの近くにつくられるのか。次のア～エの説明のうち、**誤っている説明**を１つ選び記号で答えなさい。なお、インターチェンジは「ＩＣ」と略称(りゃくしょう)で示す。

図4

ア　ＦのＩＣの周りには多くの人が住んでおり、買い物客が自動車で集まることができる場所だから。

イ　ＩＣは高速道路と一般の道路が接続する場所になり、貨物自動車で運ぶのに便利だから。

ウ　物流センターを建てる時に、都市の中心部よりも広い土地が手に入りやすい場所だから。

エ　全国に広がる高速道路網（もう）を生かして、ＩＣの近くは全国から物を集めやすい場所だから。

2　公文国際学園の歴史の授業で、公文くんと大船さんが憲法について考えました。２人の会話文を読み、あとの各問いに答えなさい。

公文くん　今回は憲法について調べてみましょう。日本の歴史に出てくる憲法にはどんなものがありますか？

大船さん　憲法と聞いてまず思いつくのは、現在の日本国憲法ですね。日本国憲法の条文を分かりやすく書き直した資料ａを見てみましょう。

資料ａ　「日本国憲法」

第１条	①天皇は、日本国の象徴（しょうちょう）であり日本国民統合の象徴であって、この地位は、主権の存する日本国民の総意に基づく。
第11条	国民は、すべての基本的人権を生まれながらにしてもつことをさまたげられない。この憲法が国民に保障する基本的人権は、おかすことのできない永久の権利として、現在および将来の国民にあたえられる。
第14条	すべて国民は、法の下（もと）に平等であって、人種、信念、性別、社会的身分、または家柄（いえがら）により、政治的、経済的または社会的関係において、差別されない。
第19条	思想および良心の自由は、これをおかしてはならない。
第20条	信教の自由は、何人に対してもこれを保障する。いかなる宗教団体も、国から特権を受け、又（また）は政治上の権力を行使してはならない。
第21条	集会、結社および言論、出版その他一切の表現の自由は、これを保障する。
第99条	天皇または摂政（せっしょう）および国務大臣、国会議員、裁判官その他の公務員は、この憲法を尊重し擁護（ようご）する義務を負う。

公文くん　日本国憲法は、②第二次世界大戦が終わった後の日本で制定されたものでしたね。1945年８月15日に日本は、（　1　）宣言を受け入れたことを国民に伝えました。

大船さん　その後、日本を連合国軍が占領（せんりょう）したのですが、その中で（　2　）を最高司令官とするＧＨＱの指示もあって、つくられたのが日本国憲法です。

公文くん　この憲法が今までの日本の憲法と比べてどんな特徴を持っているのか、考えてみましょう。

大船さん　まず思いつくのは、十七条の憲法でしょうか。当時の条文を分かりやすい言葉に訳（やく）した資料ｂを一緒（いっしょ）に見てみましょう。

資料ｂ　「十七条の憲法」

第１条　争うことはやめて、みんなで協力しよう。
第２条　仏教を深く信じましょう。
第３条　天皇の命令には、必ず従いなさい。
第４条　役人の人々は、礼儀（れいぎ）正しくしなさい。

公文くん　十七条の憲法は聖徳太子が制定したものですね。聖徳太子は、叔母（おば）であり日本初の女性天皇である（　3　）天皇の摂政とされている人物で、604年に、家柄によらず個人の能力に応じて役人を登用する（　4　）の制を整えたことでも有名です。

大船さん　第２条を見ると分かるように、この憲法では③仏教が重視されたことがわかります。

公文くん　また、日本国憲法と比べると、＜　Ａ　＞が違（ちが）っていると言えそうです。

大船さん　次に憲法として思いつくのは、1889年に発布された大日本帝国憲法でしょうか。

公文くん　1874年に（　5　）らが出した民撰議院（みんせんぎいん）設立の建白書の提出などがきっかけとなって④憲法制定や国会開設への動きが盛んになりました。

大船さん　1881年に政府が国会開設の詔を出すと、（　5　）がフランス流の急進的な自由主義を目指す自由党を、大隈重信がイギリス流のゆるやかな立憲主義を目指す立憲改進党をつくるなど、国会開設に向けた動きが盛んになります。

公文くん　日本政府も国会開設に備えて、（　6　）をヨーロッパに派遣（はけん）して各国の憲法を調査させました。（　6　）は帰国後、⑤ドイツの憲法をもとに憲法を作成します。

大船さん　（　6　）は初代内閣総理大臣になった人物ですね。（　6　）らによってつくられた憲法草案が、1889年に大日本帝国憲法という形で発表されました。こちらも内容を分かりやすくした資料ｃを一緒に見てみましょう。

資料ｃ　「大日本帝国憲法」

第１条　大日本帝国は、万世一系（ばんせいいっけい）の天皇が治める。
第３条　天皇は神聖（しんせい）であってそれをけがしてはならない。
第４条　天皇は国家元首（げんしゅ）で、統治権をもって、この憲法の条文の規定に従って国を治める。
第５条　天皇は帝国議会の同意にもとづき法律をつくる権利をもつ。
第28条　日本臣民は……臣民たるの義務に背（そむ）かざる限りにおいて、信教の自由を有す。
第29条　国民は法律の範囲内で言論（げんろん）・著作（ちょさく）・出版（しゅっぱん）・集会・結社の自由をもつ。
第55条　国務大臣は、天皇を補佐し、その責任を負う。

公文くん　日本国憲法と比べてみると、＜　Ｂ　＞が違っていると言えそうです。こうしてみると、日本の憲法は⑥様々な国の影響を受けているんですね。憲法の始まりとなったのはどこの国でしょうか？

大船さん　日本をはじめとした多くの国に影響を与えたとされているのが、1789年にフランスで出された人権宣言です。分かりやすく日本語訳された資料ｄを見てみましょう。

資料ｄ「フランス人権宣言」

第１条	人間は自由かつ権利において平等なものとしてうまれ、また、存在する。
第２条	すべての政治的組織の目的は、人間の生まれながらの取り消し得ない自然権の保障である。それらの権利とは、自由・所有権・安全および圧政への抵抗(ていこう)である。
第３条	あらゆる主権の原理(起源・根源)は、本質的に国民のうちに存する。いかなる団体、いかなる個人も、国民から明白に由来するのでない権威(けんい)を、行使することはできない。

公文くん　日本国憲法と比べてみると、＜　C　＞が共通していると言えそうです。フランス人権宣言は日本にも影響を与えていますね。ちなみに、第２条にある「圧政への抵抗」とは何でしょうか？

大船さん　当時のフランスでは、国王が絶対的な権力を持つ“絶対王政”が行われていました。国王が全てを決める政治(圧政)に反対した人たちがつくったのが、人権宣言です。

公文くん　そう考えると、人権宣言そして憲法には、国王(君主)や政府の権力を＜　D　＞するという目的もあると言えますね。

問１　文中の空欄(　１　)～(　６　)に当てはまる語句を答えなさい。(　１　)と(　２　)はカタカナ、その他は漢字で解答すること。

問２　下線部①に関連して、天皇に関する説明として正しい文を次のア～エから１つ選び記号で答えなさい。

ア　後醍醐天皇は794年に平安京へと都を移した。

イ　聖武天皇は全国に国分寺・国分尼寺を建立した。

ウ　鎌倉幕府滅亡後、桓武天皇が建武の新政を行った。

エ　壬申の乱の後、大海人皇子が天智天皇として即位した。

問３　下線部②に関連して、第二次世界大戦前後の日本の動きに関する次の出来事ア～エを古い順に並べた場合、**３番目の出来事**はどれになるか記号で答えなさい。

ア　日独伊三国同盟を結んだ。　　イ　アメリカ軍との間で沖縄戦が起きた。

ウ　五・一五事件が起きた。　　エ　ハワイの真珠湾攻撃を行った。

問４　下線部③に関連して、仏教に関する出来事についての説明として**誤っている文**を次のア～エから１つ選び記号で答えなさい。

ア　東大寺の大仏づくりには、行基が弟子とともに協力した。

イ　唐から日本にやってきた鑑真が、奈良に唐招提寺を建立した。

ウ　空海が比叡山に延暦寺を建てて、天台宗を広めた。

エ　法然が「南無阿弥陀仏」と唱える浄土宗を開いた。

問５　空欄＜　Ａ　＞に当てはまる文章として適切なものを次のア～エから**２つ**選び、記号で答えなさい。

ア　日本国憲法と違って、十七条の憲法では宗教の自由が保障されている点

イ　日本国憲法と違って、十七条の憲法では宗教の自由が保障されていない点

ウ　日本国憲法と違って、十七条の憲法では天皇中心の政治が目指されている点

エ　日本国憲法と違って、十七条の憲法では天皇中心の政治が目指されていない点

問６　下線部④に関連して、こうした国会の開設などを求める動きを何というか。漢字６字で答えなさい。

問７　下線部⑤に関連して、ドイツと日本に関する出来事の説明として正しい文を次のア～エから１つ選び記号で答えなさい。

ア　日本もドイツも、第二次世界大戦では連合国側で参戦した。

イ　江戸時代、ドイツのラクスマンが根室に来航した。

ウ　第二次世界大戦後、日本とドイツはともに国際連合の常任理事国になった。

エ　ドイツ人のシーボルトが、長崎に鳴滝塾を開いた。

問８　空欄＜　Ｂ　＞に当てはまる文章として、適切なものを次のア～エから１つ選び記号で答えなさい。

ア　大日本帝国憲法では天皇の権力が弱い点

イ　大日本帝国憲法では言論の自由が無制限に認められている点

ウ　大日本帝国憲法では国務大臣が天皇を補佐する責任を負っている点

エ　大日本帝国憲法では主権が国民に認められている点

問９　下線部⑥に関連して、日本と外国の関わりに関する説明として**誤っている文**を次のア～エから１つ選び記号で答えなさい。

ア　倭の奴国の王が、中国の後漢に使いを送り、後漢の皇帝から金印をもらった。

イ　白村江の戦いで、日本は唐と新羅の連合軍に勝利した。

ウ　戦国時代、スペイン船やポルトガル船が来航し、南蛮貿易が行われた。

エ　徳川家康は東南アジアの国々と朱印船貿易を行った。

問10　空欄＜　Ｃ　＞にふさわしい内容の文章を考えて記述しなさい。資料ａの「日本国憲法」と資料ｄの「フランス人権宣言」の内容をふまえながら、共通点を**２つ**挙げて解答しなさい。

問11　空欄＜　Ｄ　＞にふさわしい語句を答えなさい。

③　次の新聞記事を読み、あとの各問いに答えなさい。

■ネットやＳＮＳを使って、若者の投票を促(うなが)している

Ｑ：投票はなぜ大事か？

Ａ：日本は国民に主権のある民主主義国家だ。主権者である住民の意見を政治に反映させるために必要だ。

Ｑ：統一地方選があった。投票率はどうだったか？

Ａ：残念ながら下がる傾向(けいこう)に歯止めがかからない。市議選は44.3％、町村議選は55.5％と過去最低を更新(こうしん)した。①国政選挙の投票率も最近は(　あ　)台に低迷している。

Ｑ：日本の選挙制度はいつから始まったのか？

A：初めての国政選挙は1890（明治23）年。でも、選挙権を持っていたのは直接国税を15円以上納める満（ い ）歳以上の男子に限られ、人口の１％ほどだった。

Q：今のような投票制度になったのはいつからか？

A：一部の人だけが国のあり方を決めるのはおかしいという運動が広がり、1925（大正14）年には満（ い ）歳以上のすべての男子が対象になった。さらに、第二次世界大戦後の民主化を求める動きの中で1945（昭和20）年に②女性の参政権も認められ、満（ う ）歳以上のすべての国民が選挙権を持つことになった。

Q：統一選の狙いは？

A：第１回の統一選が行われたのも戦後まもない1947年のことだった。全国各自治体の（ え ）や市町村長、議員を決める選挙の日程を統一することで、有権者の関心を（ Ｘ ）とともに、選挙の事務を効率化して経費を（ Ｙ ）狙いがある。当初の投票率は80～90％もあった。

Q：投票率を上げるには？

A：特に投票率が下がっている若者世代の政治参加を促そうと、③2016年に選挙権年齢が満18歳以上に引き下げられた。若者の投票を促す取り組みとして、ネットやＳＮＳを使った事例もある。

Q：海外の取り組みは？

A：ベルギーやオーストラリアなど30カ国近くでは「義務投票制」が導入されている。北欧エストニアの事例を参考に、インターネットでの投票をまず国政選挙で実施し、後に地方選挙などにも導入していくことを求める動きが日本にもある。

『朝日新聞』　2023年６月５日より一部改編

問１　下線部①について、この選挙で選ぶ議員をすべて漢字で答えなさい。解答するときは、「～議員」という形で答えなさい。

問２　下線部①について、国政選挙で選ばれた議員が決めるルールを何というか。漢字２字で答えなさい。

問３　地方議会の議員は、その地域のみに適用される独自のルールを定めることができる。そのルールを何というか。適切なものを次のア～エから１つ選び記号で答えなさい。

ア　政令　　イ　条約　　ウ　条例　　エ　憲章

問４　文中の空欄（ あ ）に当てはまる語句を次のア～エから１つ選び記号で答えなさい。

ア　10～20％　　イ　20～30％　　ウ　30～40％　　エ　40～50％

問５　文中の空欄（ い ）に当てはまる数字を答えなさい。

問６　文中の空欄（ う ）に当てはまる数字を答えなさい。

問７　下線部②について、一定の年齢以上の、すべての国民が選挙権を持つことを何というか。解答するときは「～選挙」という形で漢字で答えなさい。

問８　空欄（ え ）に当てはまる都道府県の長を表す語句を漢字で答えなさい。

問9　文中の空欄(X)(Y)に入る組み合わせで正しいものを次のア～エから１つ選び記号で答えなさい。

ア　X：低くする　　Y：増額する　　　イ　X：高める　　Y：増額する

ウ　X：低くする　　Y：節約する　　　エ　X：高める　　Y：節約する

問10　下線部③に関連して、この引き下げを決めた国の機関を何というか。漢字で答えなさい。

問11　選挙に関する次のア～キの文を読み、内容が正しい文には「○」、誤っている文には「×」と答えなさい。

ア　地方選挙も国政選挙も、選挙権の年齢は同じである。

イ　地方選挙も国政選挙も、立候補できる年齢は同じである。

ウ　日本に永住権のある外国人も選挙権がある。

エ　国政選挙も地方選挙も、指定された場所にいけば投票日前に投票することができる。

オ　海外に住んでいる日本人も手続きをすれば、国政選挙の投票ができる。

カ　国政選挙も、地方選挙も女性の当選者の割合が５割を超(こ)えている。

キ　日本の選挙では、政党に所属していない人は立候補することができない。

問12　日本の国政選挙の比例代表制では、当選者を決めるために、ドント式という方法がとられている。ドント式とは、総得票数を１、２、３と順に整数で割り、その割った数値の大きい順番に議席を割りふる方式である。５人の議席がある選挙区で、政党Ａが1000票、政党Ｂが900票、政党Ｃが700票の得票があった。このとき、政党Ｃの獲得(かくとく)議席は何議席になるか答えなさい。

問13　現在の選挙では、誰が誰に投票したか分からない方法で選挙が行われている。日本国憲法第15条第４項(こう)には、「すべて選挙における投票の(　　)は、これを侵してはならない。」と書かれている。空欄に入る適切な語句を漢字で答えなさい。

問14　投票率が低いことの問題点としてどのようなことが考えられるか。説明しなさい。

慶應義塾湘南藤沢中等部

—25分—

1　図１を見て、以下の問いに答えなさい。

図１

問１　図２は、東京駅（上野駅を含む）から各駅への所要時間を示しています（新幹線開業前は在来線経由）。

Ａ～Ｄを図１の１～４から選び、番号で答えなさい。

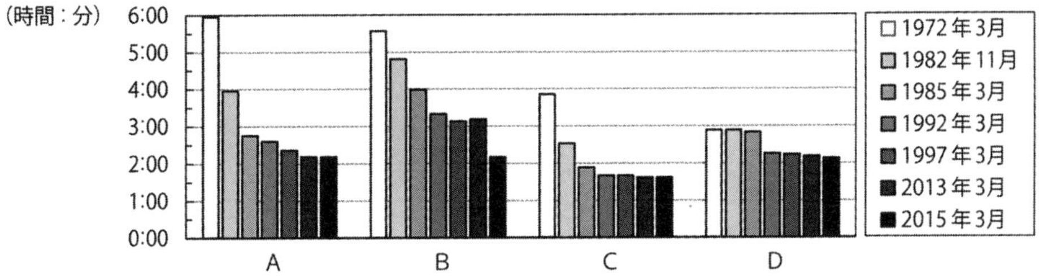

図２

問２　図３は、新幹線の路線断面図を示しています。トンネル区間は、地表面の標高を表しています。Ｅ・Ｈの路線を、図１の１～４から選び、番号で答えなさい。

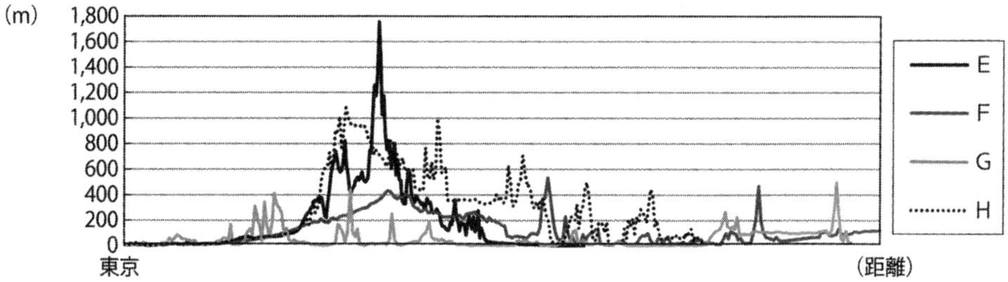

図３

（国土地理院　地理院地図より作成）

問３　表１は、農業・工業生産額を都道府県別に示しています。Ⅰ～Ｌの都道府県が含む駅を選び、番号で答えなさい。

表１　　　　（単位：億円）

	農業生産額					工業生産額					
	米	畜産	野菜	果実	計	機械	金属	化学	せんい	食品	計
Ⅰ	1,503	485	321	92	2,526	17,570	8,663	8,476	733	8,488	49,589
J	566	1,628	292	142	2,741	14,471	2,457	1,494	274	4,105	26,262
K	171	125	250	19	642	22,210	3,869	3,784	967	7,397	56,588
L	434	78	54	23	629	11,643	9,897	9,647	560	1,988	39,124

計は、その他を含む。　　（令和２年生産農業所得統計、2020年工業統計調査より作成）

１　盛岡　　２　新潟　　３　富山　　４　京都

問４　次のＭ～Ｐの文学作品と最もかかわりの深い沿線を含む路線を、図１の１～４から選び、番号で答えなさい。

Ｍ　『劔岳（つるぎだけ）　点の記』（新田次郎）　　Ｎ　『智恵子抄（しょう）』（高村光太郎）

Ｏ　『東海道中膝（ひざ）栗毛』（十返舎一九（じっぺんしゃいっく））　　Ｐ　『雪国』（川端（ばた）康成）

2　北海道について、次の問いに答えなさい。

問１　図１は、作物別作付面積の構成を地域ごとに示しています。Ａ・Ｃの地域を図２の１～４から選び、番号で答えなさい。

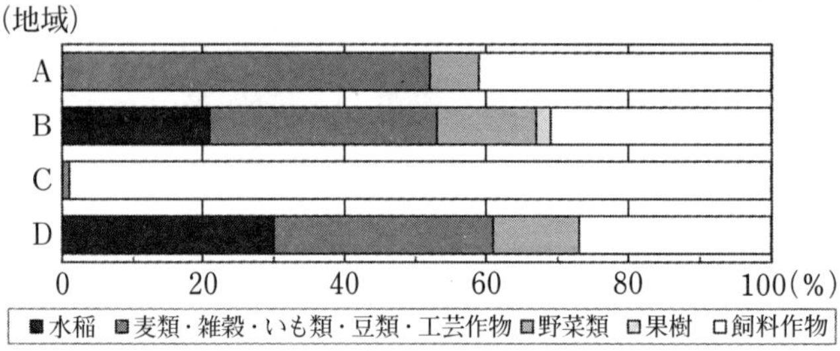

図１

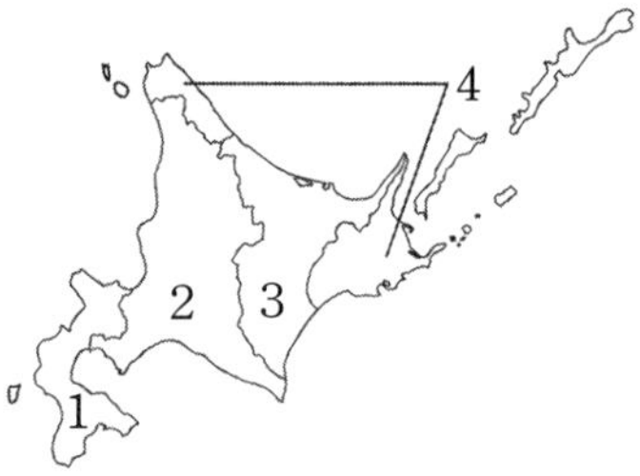

図２

（国土交通省北海道開発局　2015年北海道農業の地域で異なる特色より作成）

問２　北海道は国内有数の産炭地として栄えましたが、現存する炭鉱数は限られています。1990年から2020年にかけての石炭について正しい説明を選び、番号で答えなさい。

１　最多消費国は中国からインドに代わった　　２　世界の産出量は一貫（かん）して減少した

３　国内のおもな産炭地は九州に代わった　　４　日本の輸入量は約２倍に増えた

問３　日本各地における郷土料理のおもな材料のうち、石狩鍋の材料を選び、番号で答えなさい。

１　米、ごぼう、せり、とり肉、ねぎ

２　牛肉、こんにゃく、さといも、ねぎ

３　きゃべつ、さけ、大根、みそ

４　糸こんにゃく、えのき、かき、豆腐（ふ）、ねぎ、みそ

（農林水産省　うちの郷土料理 より作成）

問4　写真1は、道内を東西に結ぶ石勝線の駅名標です。これら3駅に共通する駅名の由来を選び、番号で答えなさい。

写真1

1　開拓者の出身地名　　2　先住民族が呼んだ地名
3　沿線のリゾート施設　　4　語呂合わせ

問5　図3は、道内を訪れた月ごとの外国人宿泊者数を国別に示しています。Bの国名を選び、番号で答えなさい。

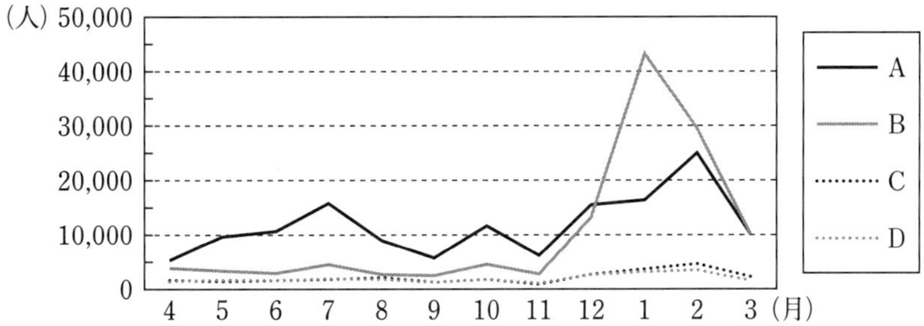

図3

（北海道経済部観光局観光振興課　平成30年度訪日外国人宿泊人数調べより作成）

1　イギリス　　2　アメリカ合衆国　　3　カナダ　　4　オーストラリア

3　次の文を読み、問いに答えなさい。

A　「私」は、念仏を唱え、（ あ ）にすがれば、誰でも極楽に生まれ変わることができ、罪を自覚した悪人こそが救われるとの教えを説きました。

B　「私」は、時宗と呼ばれるようになる自らの教えを広めるために全国を旅しました。総本山(中心となるお寺)として（ い ）というお寺が、14世紀に創建されました。

C　「私」は、南無（ う ）という題目を唱えれば、人も国も救われるという教えを説きました。鎌倉幕府を激しく批判したこともありました。

問1　空らん（ あ ）～（ う ）にあてはまる語句を選び、番号で答えなさい。

1　薬師如来　　2　建長寺　　3　妙法蓮華経　　4　遊行寺
5　観世音菩薩　　6　阿弥陀仏　　7　円覚寺　　8　盧舎那仏

問2　A～Cの「私」は誰ですか。あてはまるものを選び、番号で答えなさい。

1　道元　　2　日蓮　　3　空也　　4　親鸞
5　法然　　6　一遍　　7　栄西　　8　最澄

4　史料Aは19世紀なかばに来日したイギリス人が、江戸時代末期の日本について書いたものです。(わかりやすいように変えているところがあります。)この史料を読み、問いに答えなさい。

史料A

> おそらく世界中で、日本以外に自給自足できる国は他にないであろう。日本は自国内に(ア)生活必需(じゅ)品や(イ)ぜいたく品のすべてを供給できるだけのものを十分に持っている。日本の(ウ)田畑で、生産されたものが、農家の納屋に貯蔵されている。どこの山脈からも鉱物資源が発掘(くつ)され、(エ)貴金属もまれではない。絹などの生産物が国内いたるところに豊富に産出され、(オ)朝鮮人参(にんじん)や他の薬草類が、(カ)塩魚や海草などと一緒に中国へ多量に輸出されている。

問1　史料Aを書いたイギリス人が日本に滞(たい)在できるようになった理由として正しいものを選び、番号で答えなさい。

1　オランダが出島に来航できなくなった代わりにイギリスの来航が許されたから。
2　日米修好通商条約と同じような条約がイギリスと日本の間にむすばれたから。
3　イギリス総領事ハリスの交渉によって幕府に許可されたから。
4　ロシア勢力の南下を恐れた幕府がイギリスを味方につけようとしたから。

問2　下線(ア)のうち、主食の米が不足し、多くの人が亡くなる飢(き)きんが江戸時代には何度かあった。江戸時代の飢きんに関する説明として適当なものを選び、番号で答えなさい。

1　大塩平八郎は飢きんで困っている人々を救うために江戸で乱をおこした。
2　米の値段が急上昇したため、江戸の人々は農村へ行き農民の家を打ちこわした。
3　農民たちは、百姓(しょう)一揆(き)をおこして領主に年貢(ぐ)を軽くするように要求した。
4　飢きんになって食べていけなくなった人々は京都に集まり、足軽となった。

問3　下線(イ)のうち、この時代の絹・絹糸をめぐる状況の説明として正しいものを選び、番号で答えなさい。

1　綿織物の生産は打撃を受けたが、絹糸の生産は拡大した。
2　イギリスから絹糸を輸入し、日本で染め・織りなどの加工をおこなった。
3　絹は日本原産で、日本の気候が養蚕に最適だった。
4　海外の高い製糸技術を伝えるために富岡製糸場が設立された。

問4　下線(ウ)のうち、この時代に当てはまらない農産物を選び、番号で答えなさい。

1　みかん　　2　ぶどう　　3　さとうきび　　4　てんさい

問5　下線(エ)を生産する場所は幕府に直接支配されていることが多かった。幕府が直接支配した金山は現在の何県にあったかを選び、番号で答えなさい。

1　新潟県　　2　島根県　　3　愛媛県　　4　栃木県

問6　下線(オ)の栽培に成功したころ、サツマイモの栽培も全国に広まった。この二つの作物の栽培をすすめた将軍を選び、番号で答えなさい。

1　徳川家康　　2　徳川家光　　3　徳川綱吉　　4　徳川吉宗

問7　下線(カ)は蝦夷(えぞ)地産のものが多かった。蝦夷地の産物を独占的に取り扱っていた藩(はん)を選び、番号で答えなさい。

1　薩摩(さつま)　　2　長州　　3　松前　　4　対馬

5　次の文は、1945年(昭和20年)に起きたできごとに関するものです。以下の問いに答えなさい。

A　(　あ　)(地名)で行われた会談では、この日、日本の無条件降伏(ふく)を求める宣言が採択(たく)された。

B　この日、当初の投下目標から変更された末、午前11時02分、(　い　)(地名)に原子爆弾が投下された。

C　激しい地上戦が行われた(　う　)(地名)では、のちに「慰霊(いれい)の日」となるこの日に、組織的な戦闘(とう)が終結した。

D　(　え　)(地名)で行われた会談では、この日秘密協定として、日本と中立条約を結んでいたソ連の対日参戦がとり決められた。

E　日本と同盟を結んでいた(　お　)(国名)は、連合国に東西より攻められた末、この日に降伏した。

問1　空らん(　あ　)～(　お　)にあてはまる語句を選び、番号で答えなさい。

1　沖縄	2　イタリア	3　カイロ	4　長崎	5　ロンドン
6　下関	7　ポーツマス	8　ヤルタ	9　ドイツ	10　広島
11　ポツダム	12　フランス	13　東京	14　対馬	

問2　A～Eを古い順に並べかえなさい。

6　次の文を読み、以下の問いに答えなさい。

日本では、経済的な理由から、こどもを生み育てることを控(ひか)える人の割合が上昇しています。(ア)合計特殊出生(しゅっしょう)率が年々低くなって少子化が進むと、将来、労働者人口が減少するので、(イ)国が集める税金の額が減って、(ウ)社会保障の財源が不足するかもしれません。一方で、(エ)国の支出は増加傾向にあるため、岸田内閣は「こども(　あ　)方針」を掲(かか)げて、異次元の少子化対策を進めています。

問1　下線(ア)の説明として、もっとも適当なものを選び、番号で答えなさい。

1　日本で一年間に生まれる子どもの平均数
2　一つの家庭で生まれる子どもの平均数
3　一人の女性が一生の間に産むと見込まれる子どもの平均数
4　日本のすべての病院で生まれる子どもの平均数

問2　下線(イ)に関して、所得や財産が大きいほど税率が高くなる課税方法を何というか、「～税」の形式に合わせて答えなさい。

問3　下線(ウ)を説明する文として、もっとも適当なものを選び、番号で答えなさい。

1　経済的に生活が苦しい人々に対して、国が生活費などを支給する制度を公的扶(ふ)助という。
2　国民全体の健康増進のために、病気の予防などを行う制度を社会保険という。
3　病気や失業の時に保険金を給付するため、国民から保険料を集める制度を社会福祉(し)という。
4　高齢(れい)者や児童、身体に障がいを持っている人など、働くことが困難な人々を援(えん)助する制度を公衆衛生という。

問４　下線(エ)に関して、次のグラフは、2010年度と2023年度の国の一年間の支出の内訳を示しています。これらのグラフの説明として、もっとも適当なものを選び、番号で答えなさい。

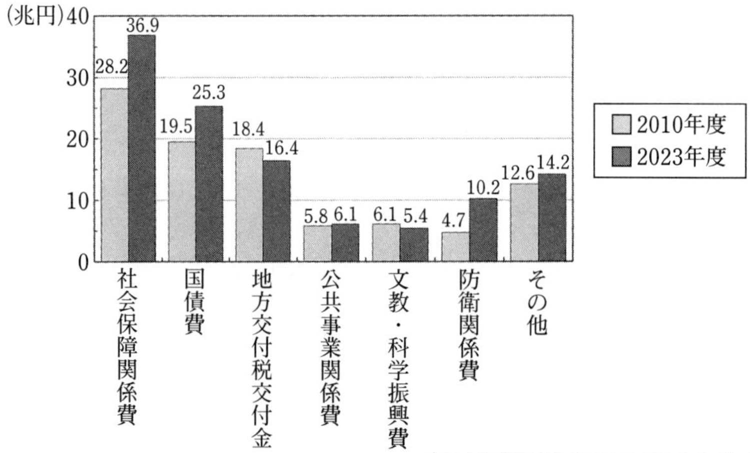

(日本国勢図会2023/2024より作成)

1　社会保障関係費は、2023年度よりも2010年度のほうが多かった。

2　2010年度も2023年度も、地方交付税交付金は５番目に支出が多い。

3　2023年度の公共事業関係費と文教・科学振(しん)興費は、2010年度と比べて１兆円以上減っている。

4　2023年度の防衛関係費は、2010年度より２倍以上に増えている。

問５　空らん（ あ ）に当てはまる語句を、漢字４字で答えなさい。

7　次の文を読み、以下の問いに答えなさい。

内閣は、内閣総理大臣とその他の(ア)国務大臣で構成され、(イ)国会で決められた法律や予算にもとづいて国の仕事を進めていく機関です。(ウ)内閣の仕事は多岐(き)にわたるため、外交、教育、社会保障などの様ざまな仕事は、(エ)各省庁が分担して行っています。(オ)それぞれの省庁は国からの予算をもとに社会の状況や求めに応じた仕事をしています。

問１　下線(ア)の説明として適当でないものを選び、番号で答えなさい。

1　国務大臣は文民でなければならない。

2　国務大臣は内閣が指名し、天皇が任命する。

3　国務大臣は国会議員でなくても務めることができる。

4　国務大臣は任命できる人数に上限がある。

問２　下線(イ)の説明として適当でないものを選び、番号で答えなさい。

1　予算案は衆議院が先に審(しん)議をすると決められている。

2　法律案は内閣と国会議員のみが国会に提出できる。

3　予算案は両議院が異なる議決をした場合、必ず両院協議会が開かれる。

4　法律案は両議院が異なる議決をした場合、衆議院の議決がただちに国会の議決となる。

問３　下線(ウ)の説明として適当なものには○を、適当でないものには×をそれぞれ記入しなさい。

1　憲法やその他の法律を実施するために政令を制定する。

2　常会や特別会の召集を行う。

3　天皇の国事行為に対して助言と承認を行う。

4　国会が結んだ外国との条約に対して承認を与える。

問４　下線(エ)について、次のＡ～Ｄの庁はそれぞれどの府省の所属であるか、正しいものを選び、番号で答えなさい。

Ａ　気象庁　　Ｂ　消費者庁　　Ｃ　消防庁　　Ｄ　スポーツ庁

1　国土交通省　　2　総務省　　3　文部科学省　　4　防衛省

5　内閣府　　6　財務省　　7　農林水産省　　8　環境省

問５　下線(オ)について、次の表は一般会計歳出の所管別（省庁別）の内訳を示したものです。表のＥ～Ｈに当てはまる省庁を選び、番号で答えなさい。

（単位　億円）

	2019年度	2020年度	2021年度	2022年度	2023年度
E	−	−	650	4,720	4,950
F	8,190	8,210	7,940	7,440	7,250
G	315,320	403,750	447,300	335,160	331,690
H	19,920	171,140	76,240	9,020	8,810

2021年度までは決算、2022、2023年度は当初予算。（『日本国勢図会2023/24』より作成）

1　経済産業省　　2　厚生労働省　　3　デジタル庁　　4　法務省

慶應義塾中等部

—25分—

1 日本と外国との歴史上のかかわりについて述べたⅠ～Ⅶの文を読み、各問に答えなさい。

Ⅰ	聖徳太子は、豪族の蘇我氏と協力しながら、数回にわたって中国に使節を派遣(はけん)し、中国の進んだ文化や制度を取り入れようとしました。また、この時代に日本に伝わってきた仏教を信仰(こう)したので、飛鳥地方を中心に、おもに朝鮮半島からの(ア)の子孫によって、①多くの寺や仏像が作られました。
Ⅱ	平清盛は、武士として初めて太政大臣となって絶大な権力を誇(ほこ)りました。同時に、宋との貿易による利益に目を付け、(イ)が廃(はい)止されてから正式な国交が行われなくなっていた日中間の交易を積極的に進めるため、兵庫の港を整備しました。
Ⅲ	足利義満は、西日本の武士や商人、漁民たちによって作られた、倭寇と呼ばれる海賊(ぞく)集団の取り締(し)まりを(A)から求められたため、これをきっかけに(A)から与(あた)えられた(ウ)という証明書を正式な貿易船に持たせて、貿易を始めました。
Ⅳ	ポルトガル人を乗せた中国船が種子島に流れ着いたり、(B)人のキリスト教宣教師であるフランシスコ・ザビエルが日本にやって来たりしたことをきっかけに、(エ)貿易と呼ばれる貿易が行われるようになりました。また、キリスト教の宣教師も次々に来日し、積極的に布教活動を行いました。しかし、後に豊臣秀吉は、キリスト教の布教を危険視して(オ)を出しました。
Ⅴ	徳川家康は、日本船の渡(と)航を許す(カ)を発行し、ルソン(現在のフィリピン)・安南(現在のベトナム)・シャム(現在のタイ)など東南アジア諸国との貿易の発展に努めました。この貿易を(キ)貿易といいます。また、新たに(C)やイギリスからの貿易の願いを許すなどもしていました。
Ⅵ	日本と(D)は、朝鮮半島の権益をめぐって対立を深め、戦争が始まりました。日本はこの戦争に勝利し、下関条約が結ばれました。この条約で日本は(D)から遼東半島・台湾・澎(ほう)湖諸島を獲(かく)得しましたが、中国東北部への進出をねらう(E)が、ドイツ・フランスとともに遼東半島を(D)に返還(かん)するよう勧(かん)告してきました。これを(ク)といいます。この圧力に対抗(こう)することができなかった日本は、勧告を受け入れざるを得ませんでした。
Ⅶ	日露戦争後、日本は中国東北部での勢力確保に成功し、経済的な権益の拡大に力を注いでいました。しかし、中国でこの地域の権益を日本から取り戻(もど)そうとする動きが強まったため、日本軍は軍事行動を起こし、この地域の主要部を占(せん)領しました。そして、(D)の最後の皇帝を元首とする(F)国の建国を宣言し、実質的に支配しました。しかし、このことが(ケ)で認められなかったため、日本は(ケ)を脱(だっ)退しました。

問1 (A)～(F)に当てはまる国名を答えなさい。中国の場合は、その時代の国名を**漢字**で答えること。

問2　(ア)～(ケ)に当てはまるものを選びなさい。

1　勘合　　2　遣唐使　　3　国際連盟　　4　三国干渉　　5　朱印状

6　朱印船　　7　渡来人　　8　南蛮　　9　バテレン追放令

問3　下線部①について、この時代に作られたものを選びなさい。

1

2

3

4

問4　Ⅴの内容に続く、鎖国に至る流れを古い順に並べたときに、**2番目**と**4番目**のものを選びなさい。

1　家康が全国に禁教令を出す

2　オランダ人を出島に移す

3　島原・天草一揆が起こる

4　スペイン船の来航を禁止する

5　ポルトガル船の来航を禁止する

2　次の文章を読み、各問に答えなさい。

日本は地震のとても多い国です。全世界のマグニチュード6以上の地震のうち、2割弱が日本付近で発生しています。そのため、日本は地震大国ともいわれています。

今から100年ほど前の1923年、関東大震災が発生しました。このときの地震は、マグニチュード7.9とされています。土曜日の午前11時58分に発生したため、家屋が密集した下町では特に被害が拡大しました。そこで①当時の東京市は、対策として大小多くの公園を作りました。

遠く離れた場所で発生した地震の被害を受けることもあります。1960年には、南アメリカの(**あ**)で発生したマグニチュード9.5(観測史上最大)の大地震が津波を起こし、それが日本の太平洋側の地域にまで大きな被害をもたらしたこともありました。

首都圏への一極集中が進む中、再び巨大災害へのリスクが懸念されています。2023年、②明治維新以来初めて省庁の地方移転が行われましたが、これにはそのリスクを軽減する働きも期待されています。

問1　「防災の日」はいつですか。

1　1月17日　　2　3月11日　　3　4月14日　　4　9月1日

問2　(**あ**)に入る国名を答えなさい。

問3　下線部①について、当時の東京市がこのような対策をとったのはなぜですか。20字以上50字以内で説明しなさい。

問4　下線部②について、移転した省庁を1～4の中から、移転先を5～8の中からそれぞれ選びなさい。

1　スポーツ庁　　2　デジタル庁　　3　復興庁　　4　文化庁

5　京都府　　6　大阪府　　7　広島県　　8　福岡県

3 次の文章を読み、各問に答えなさい。

日本を含む世界中の国々には、それぞれ自分の国のお金があります。そのお金は、原則として自分の国の国内でしか使えないため、海外旅行をしようとしたり、外国の品物を買おうとしたりする場合には、自分の国のお金と、相手国のお金を売り買いして交換する必要があります。こうして、各国のお金を様々な目的のために売買しているのが、外国為替市場です。以下、日本の円とアメリカのドルの場合で説明します。

円とドルの交換比率は、様々な原因によって変動します。その変動を引き起こす一例として、銀行にお金を預ける時につく金利＝預金金利をもとに考えてみます。

銀行にお金を預ける個人や企業にしてみれば、預金金利が高い方が望ましいことは言うまでもありません。そこで、日本の銀行の預金金利がアメリカの銀行のそれよりも大幅に低い場合、どのようなことが起こるでしょうか。

この場合、（ ア ）の銀行より（ イ ）の銀行にお金を預けた方が得ですね。そこで、多くの個人や企業が持っている（ ウ ）を（ エ ）に交換して（ イ ）の銀行にお金を預けるでしょう。つまり、（ ウ ）を売る人が増えるわけですから、外国為替市場では、（ ウ ）の価値は（ オ ）ことになる、すなわち（ カ ）となっていくわけです。

次に、具体的に数字を挙げてみましょう。例えば、ある時期に１ドル＝140円だったものが、１ドル＝150円に変動したとします。そうすると、これまで10ドルの品物を買うのに、日本円に直すと1,400円かかったものが1,500円になり、それだけ円の価値は（ a ）ことになります。すなわち（ b ）になっている、ということです。逆に、１ドル＝150円が１ドル＝140円になると、10ドルの品物を買うのに、日本円に直すと1,500円かかったものが1,400円になり、それだけ円の価値は（ c ）ことになります。すなわち（ d ）になっている、ということです。①こうした変動が、日米の経済に非常に大きな影響を与えるのです。

問１ （ ア ）～（ カ ）の正しい組み合わせを選び、数字で答えなさい。

1	(ア) アメリカ	(イ) 日本	(ウ) 円	(エ) ドル	(オ) 下がる	(カ) 円安
2	(ア) 日本	(イ) アメリカ	(ウ) 円	(エ) ドル	(オ) 下がる	(カ) 円安
3	(ア) 日本	(イ) アメリカ	(ウ) ドル	(エ) 円	(オ) 上がる	(カ) 円高
4	(ア) アメリカ	(イ) 日本	(ウ) ドル	(エ) 円	(オ) 上がる	(カ) 円高

問２ （ a ）～（ d ）の正しい組み合わせを選び、数字で答えなさい。

1	(a) 下がった	(b) 円高	(c) 上がった	(d) 円安
2	(a) 上がった	(b) 円安	(c) 下がった	(d) 円高
3	(a) 下がった	(b) 円安	(c) 上がった	(d) 円高
4	(a) 上がった	(b) 円高	(c) 下がった	(d) 円安

問３ 下線部①について、正しいものを**すべて選び**、記号で答えなさい。

A 一般に円安の動きが進むと、輸出関連企業の利益が増える

B 一般に円安の動きが進むと、日本からの海外旅行にかかる費用が割安になる

C 1980年代、アメリカは対日貿易赤字を減らすため、円安が進むように国際社会に働きかけた

D 2023年からの日本の物価上昇は円安による輸入品の価格上昇が原因のひとつに挙げられる

4　A先生とBさんの会話を読んで各問に答えなさい。

A：「今日は東北地方について学習しましょう。それではBさん、調べたことを発表してください。」

B：「はい。東北地方は、中心を南北に（ **あ** ）山脈が走り、その東西に北上高地と（ **い** ）山地がそれぞれ伸(の)びています。（ **あ** ）山脈から流れ出した①河川は、途中に盆地や平野を形成しながら太平洋または日本海に注ぎます。北海道との間の津軽海峡に面したところには、②津軽半島と下北半島、太平洋側には（ **う** ）半島が突(つ)き出しています。海岸線は、日本海側は比較(かく)的単調で直線的であり、（ **え** ）半島が突き出しています。一方で太平洋側はそれとは様子が違(ちが)います。」

A：「確かにそうですね。東北地方の太平洋側に長さ約600kmにわたって続く海岸を三陸海岸といいます。「三つの陸」と書きますが、陸奥国が明治元(1868)年に５国に分割された際の「陸奥・陸中・③陸前」に由来します。」

B：「調べてみてわかったのですが、その範(はん)囲は一般的に、青森県八戸市から宮城県の（ **う** ）半島までとされているそうです。沿岸部一帯が「三陸復興国立公園」に指定されています。」

A：「海岸の様子は、宮古市より北側と南側で大きく異なります。北側では断崖(がい)絶壁(ぺき)が多くて、海岸に沿って階段状の地形が続いています。それに対して、④南側はせまい湾と入り江が入り込んだリアス海岸となっています。」

B：「その沖(おき)合は、とても良い漁場であることでも知られています。それは⑤親潮と黒潮がぶつかる（ ㋐ ）となっているからです。」

A：「その通り。北ヨーロッパの「ノルウェー沖」、カナダ・ニューファンドランド島沖の「グランドバンク」と並び、「三陸・金華山沖」は世界三大漁場のひとつに数えられており、世界にある漁場の中でも漁獲種が特に多く、豊かな海となっています。そのため、三陸海岸には大きな漁港があちこちに見られます。Bくん、代表的な漁港を紹介(しょうかい)してください。」

B：「例えば、（ ㋑ ）漁港は近海漁業だけでなく、遠洋カツオ、マグロ漁業なども盛んです。昔からサンマなどの水揚(あ)げが多く、フカヒレの原料となる（ ㋒ ）もよく獲(と)れます。」

A：「そうですね。話は変わりますが、この三陸海岸の沿岸のうち、慶應義塾は南三陸町に学校林を保有しています。その森は2015年に国際認証のＦＳＣ認証を受けました。これはきちんと管理された森林から作られた木材や製品に与えられる認証マークです。南三陸町は年降水量が少ない地域ですが、⑥春から夏にかけて吹(ふ)く北東の風の影響によって森の木々が丈夫に成長しています。」

B：「南三陸町の志津川湾は⑦ラムサール条約に登録されています。特に水鳥の生息地である湿(しっ)地(海岸や干潟なども含む)の保全を目的としています。毎年、コクガンの渡来地になっていますが、これは自然が豊かな証拠(こ)ですね。」

A：「都市についてはどうでしたか？」

B：「県庁所在地について調べました。（ Ａ ）市は江戸時代に伊達氏が治めた城下町で、現在でも東北の経済の中心です。（ Ｂ ）市は、アメリカの新聞社が選ぶ「2023年に訪れるべき世界の52カ所」において、イギリスのロンドンに次いで第２位に輝(かがや)きました。（ Ｃ ）市とその周辺では、秋になると伝統の芋煮(いもに)が行われ、河原が大勢の人でにぎわいます。」

問1　(**あ**)～(**え**)の正しい組み合わせを選び、数字で答えなさい。

1　**あ**　奥羽　**い**　出羽　**う**　男鹿　**え**　牡鹿
2　**あ**　出羽　**い**　奥羽　**う**　牡鹿　**え**　男鹿
3　**あ**　奥羽　**い**　出羽　**う**　牡鹿　**え**　男鹿
4　**あ**　出羽　**い**　奥羽　**う**　男鹿　**え**　牡鹿

問2　下線部①について、次の河川のうち、河口が日本海側にあるものを**すべて選び**、記号で答えなさい。

A　阿武隈川　B　雄物川　C　最上川　D　米代川

問3　下線部②について、大まかに図で示してそれぞれの半島名を書き込み、さらに青函トンネルの入り口のところに◎で印をつけなさい。

問4　全国の品目別農業産出額(2021年度)について、米、果樹、野菜、畜(ちく)産の円グラフのうち、果樹は1～4のどれですか。

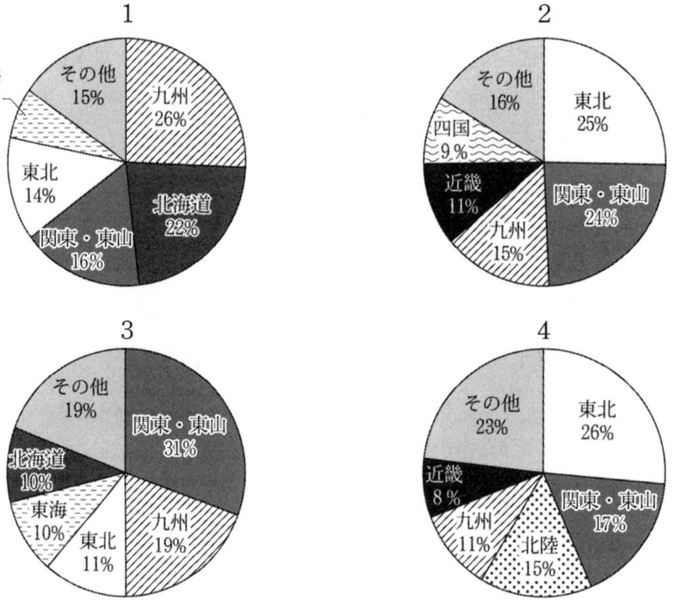

※東山地方は長野県・山梨県
(東北農政局「東北の農業の特徴」より作成)

問5　東北地方の各県の農業についてまとめた次の表のうち、青森県と福島県に当てはまるものを選びなさい。

農業産出額の品種別ランキング(2021年度)

	1		2		3		4		5		6	
1位	りんご	1,027	ブロイラー	621	米	634	米	876	米	701	米	574
2位	米	389	米	460	肉用牛	264	豚	166	おうとう	319	もも	146
3位	ブロイラー	227	豚	318	鶏卵	157	鶏卵	92	ぶどう	148	鶏卵	138
4位	鶏卵	223	肉用牛	280	豚	129	肉用牛	52	豚	137	肉用牛	133
5位	豚	221	生乳	234	生乳	122	りんご	38	肉用牛	133	きゅうり	98

(単位：億円)
(農林水産省「農業産出額及び生産農業取得(都道府県別)」より作成)

問6　下線部③は、おもに現在の何県にあたりますか。

1　青森県　2　岩手県　3　宮城県　4　福島県

問7　下線部④について、リアス海岸ではないものを選びなさい。

1　宇和海沿岸　　2　大村湾沿岸　　3　志摩半島

4　駿河湾沿岸　　5　若狭湾沿岸

問8　東北地方の各県の養殖業についてまとめた次の表のうち、宮城県に当てはまるものを選びなさい。

海面で養殖(しょく)された収穫量(2021年度)

	ぎんざけ	ほたてがい	かき類	ほや類	こんぶ類	わかめ類	のり類
1	—	78,552	—	144	—	37	—
2	—	—	6,208	1,464	6,937	13,442	—
3	15,806	7,335	22,335	4,355	933	19,024	13,022
4	—	—	—	—	5	203	—

(単位：トン)

※収穫量のごく少ないもの・集計値のないものは「—」で表している

(東北農政局「東北の海面養殖業の収穫量(令和３年度)」をもとに作成)

問9　下線部⑤のうち、暖流のものの正しい組み合わせを選びなさい。

1　サケ・マグロ　　2　カツオ・マグロ　　3　カニ・サンマ　　4　カツオ・サンマ

問10　(㋐)～(㋒)の正しい組み合わせを選び、数字で答えなさい。

1　㋐　潮目　　㋑　石巻　　㋒　カレイ

2　㋐　潮目　　㋑　気仙沼　　㋒　サメ

3　㋐　渦(うず)潮　　㋑　石巻　　㋒　サメ

4　㋐　渦潮　　㋑　気仙沼　　㋒　カレイ

問11　下線部⑥の風を**ひらがな３字**で答えなさい。

問12　下線部⑦について、**登録されていない**のはどれですか。

1　釧路湿原(タンチョウの生息地)　　2　佐渡島(トキの生息地)

3　琵琶湖(ガンカモの渡来地)　　4　中海(コハクチョウの渡来地)

問13　(Ａ)～(Ｃ)の正しい組み合わせを選び、数字で答えなさい。

1　Ａ　仙台　　Ｂ　盛岡　　Ｃ　山形

2　Ａ　盛岡　　Ｂ　仙台　　Ｃ　山形

3　Ａ　仙台　　Ｂ　秋田　　Ｃ　盛岡

5　次の文章を読み、各問に答えなさい。

コーヒーやカカオ(チョコレートの原料)、サトウキビ、(あ)は、おもに赤道付近の東南アジアやアフリカ、中南米の国々で育てられます。こうした地域の多くはかつて植民地であったことから、プランテーションが行われてきました。プランテーションとは単一作物の栽培を行う大規模農園のことです。

近年では、プランテーションにおいても農薬を抑(おさ)えたオーガニック栽培(さいばい)が行われている農園があったり、労働環境の改善、公正な価格での取引などを目指した様々な取り組みが行われるようになったりしてきました。

また、過度な森林伐(ばっ)採を防ぐ取り組みもみられるようになりました。例えば、東南アジアのスマトラ島やカリマンタン島では、パーム油を手に入れるためにアブラヤシのプランテーションが行われています。森林伐採が進むことで(い)の数が減少してしまったため、森林を保護する動きがみられます。ちなみに、(い)はマレー語で「森の人」という意味があります。

他にも、アフリカ南部のザンビアで育てられた(あ)の茎(くき)から取り出された繊維(せんい)をもとに、「(あ)ペーパー」が作られるようになりました。それまでは(あ)の実だけが取引されていましたが、廃棄(はいき)されるだけであった茎の繊維を利用するのです。このように、途(と)上国の貧困問題の解決と野生動物の保護を目的とした興味深い取り組みもみられます。

このようにして作られた商品には、①消費者も見分けやすいように認証マークが付けられています。

問1　(あ)に入るくだものを選びなさい。

1　バナナ　　2　ブドウ　　3　モモ　　4　リンゴ

問2　(い)に入る動物を答えなさい。

1　オランウータン　　2　ゴリラ　　3　チンパンジー　　4　テナガザル

問3　下線部①について、以下の問に答えなさい。

(1)　「発展途上国の人々の生活が成り立つように、「公正な価格」で取引された商品」にはどの認証マークが付いていますか。

1　　2　　3　　4

(2)　商品に認証マークが付いていると、消費者はそれがどのような商品であるのかを知ることができます。では、その商品を売る企業にとって、認証マークを付けることにはどのような意味があると考えますか。20字以上50字以内で答えなさい。

国学院大学久我山中学校(第１回)

—40分—

(編集部注：実際の入試問題では、写真や図版の一部はカラー印刷で出題されました。)

1　次の会話は、生徒ＡさんとＫ先生の会話です。これを読んで、問いに答えなさい。

Ａさん：　先生、今年は新しい①お札が発行されるので、「お札と切手の博物館」に行ってきました。そこで、お札ができるまでの映像や日本最古の印刷機も見ることができました。

日本最古の印刷機
(お札と切手の博物館HPより)

Ｋ先生：　歴史上多くの功績を残した３人の肖像画も一新されますね。

Ａさん：　博物館の２階にはたくさんの種類の切手が展示されていました。

Ｋ先生：　現在、日本では、普通切手をはじめ、特殊切手と呼ばれるものがあります。②国家的行事やイベントなどが印刷された記念切手、観光名所や地域振興をモチーフとしたふるさと切手、春夏秋冬の季節ごとに発行されるものやお祝い事の挨拶に用いられるグリーティング切手、新年の挨拶状に用いられる年賀切手、その他シリーズ切手など、さまざまな種類があります。

Ａさん：　調べてみたら、昨年、普通切手を除く切手の新しいデザインは394種類あり、発行枚数は約13億6356万枚だったそうで、驚きました。また、その博物館には、古くて珍しい切手もありました。

Ｋ先生：　ではここで、切手の始まりについて触れてみましょう。世界初の切手は、1840年、[redacted]で誕生しました。黒色の１ペニー切手「ペニー・ブラック」、青色の２ペンス切手「ペンス・ブルー」の２種類が発行されました。遅れること30年、1871年(明治４年)に日本で初めて発行された切手は竜の図柄が描かれていることから「竜文切手」と呼ばれ、48文、100文、200文、500文の４種類がありました。

ペニーブラック
(郵政博物館収蔵)

竜文切手　48文
(切手の博物館HPより)

Ａさん：　江戸時代には③飛脚による書状の配達がなされていたのですよね。日数が掛かる上に、費用も高く、一般庶民はなかなか利用することができなかったと勉強しました。

Ｋ先生：　そうですね。しかし、切手の誕生により、誰もがより便利により安く、手紙を送ることが可能となりました。この４種類の切手を発行し、郵便制度をととのえた前島密は、「日本近代郵便の父」と呼ばれています。彼は、全国郵便料金の均一制の実施、万国郵便連合に加盟、他にも功績をおさめました。1947年に発行されてから、変わることのない１円切手の肖像画が、前島密の偉業を長く称えて

１円普通切手
(日本郵便
Webサイトより)

いるのです。

Ａさん：　あまり深く考えていませんでしたが、どんなに離れているところでも、同じ料金で送ることができることはとても便利なことですね。④普段はあまり郵便を出すことはありませんが、博物館で「すかし入りの⑤はがき」を作るイベントに参加しました。とても楽しかったので、今度は、⑥家で使用済みの牛乳パックを再利用し、手作りのはがきを作ることに挑戦してみたいと思います。敬老の日には遠くにいるおじいちゃんとおばあちゃんにはがきを出しているので、今度は、手作りのはがきを送ろうと思います。

Ｋ先生：　とてもいい体験ができましたね。そのはがきにグリーティング切手を貼って、ぜひ投函してみてください。直筆で書いたはがきは、きっと気持ちが伝わり喜んでもらえると思います。Ａさん、機会があったときには切手が物語る過去のできごとや珍しい景色に触れてみてください。

Ａさん：　これからは切手を通して、色々なことを考え、学んでみたいと思います。

問１　下線部①に関連して、日本で唯一、紙幣を発行している機関を漢字４字で答えなさい。

問２　下線部②に関連して、次の切手Ⅰ～Ⅳが発行された年を古い順に並びかえたものとしてふさわしいものを選び、記号で答えなさい。

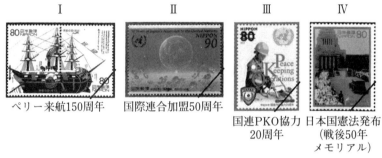

Ⅰ

ペリー来航150周年

Ⅱ

国際連合加盟50周年

Ⅲ

国連PKO協力20周年

Ⅳ

日本国憲法発布(戦後50年メモリアル)

(公益財団法人　日本郵趣協会HPより)

ア　Ⅰ→Ⅳ→Ⅱ→Ⅲ　　イ　Ⅱ→Ⅰ→Ⅳ－Ⅲ

ウ　Ⅲ→Ⅳ→Ⅰ→Ⅱ　　エ　Ⅳ→Ⅰ→Ⅱ→Ⅲ

問３　空欄[redacted]には、19世紀には「世界の工場」と称され、1851年に第１回万国博覧会が開催された国が入ります。その国名を４字で答えなさい。

問４　下線部③による配達は、現代における運送業のはじまりと言われています。その運送業界を始め、医療（いりょう）、建設業界において、数年前から問題視され始めたのが「2024年問題」です。その中でも、運送業界では残業時間の上限が年間960時間までに規制されることによって、さまざまな問題が起こることと予想されています。

次のグラフを参考にして、どのような問題が起こると考えられているか答えなさい。

●宅配便取扱個数と貨物自動車運送事業者数

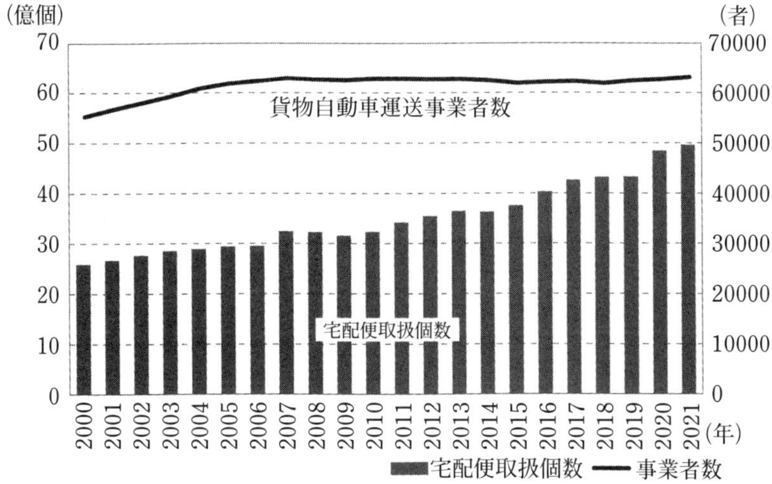

(国土交通省HPより作成)

問５　下線部④に関連して、次の表とグラフから考えられることとして、ふさわしくないものを選び、記号で答えなさい。

●郵便物数の推移

年	郵便物数(億個)
1990	223
1991	234
1992	238
1993	239
1994	235
1995	243
1996	250
1997	253
1998	255
1999	257
2000	261
2001	262
2002	257
2003	249
2004	236
2005	227
2006	224
2007	220
2008	212
2009	206
2010	198
2011	191
2012	189
2013	186
2014	182
2015	180
2016	177
2017	172
2018	168
2019	164
2020	152
2021	149
2022	144

(総務省 情報通信統計データベースHPより作成)

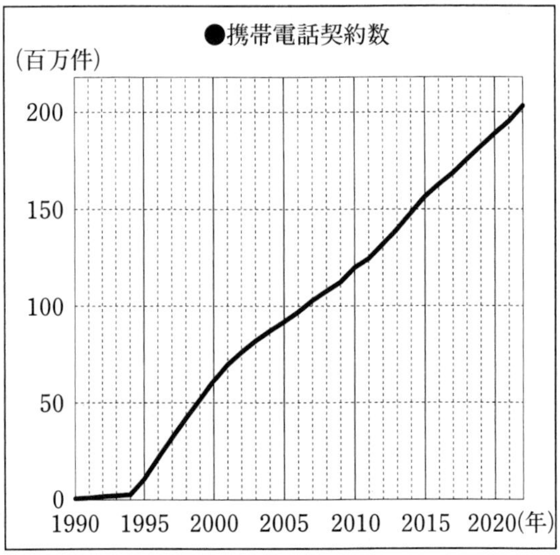

((社)電気通信事業者協会HPより作成)

ア　2000年ごろから、携帯電話での電子メール等の使用が増えて、情報伝達手段として、郵便を利用することが少なくなった。

イ　2020年以降、郵便物数がさらに減った原因の一つは、新型コロナウイルスの感染拡大によって急激に進んだデジタル化が影響(えいきょう)していると考えられる。

ウ　2002年から20年間で携帯電話契約(けいやく)数が２倍以上に増加したのに対し、郵便物数は約55％ほどに減少している。

エ　2022年の携帯電話契約数は約２億件となり、一人あたり２台以上の携帯電話を持っていることになる。

問6　下線部⑤に関連して、国学院大学久我山中学高等学校では昨年「書き損じはがきを寄付するプロジェクト」の呼びかけを実施しました。回収したはがきはお金にかえた後、「ある団体」に寄付します。この団体は、世界の各国が協力して困難な状況にある子どもたちを守るために活動しており、日本では1956年から、小・中学校を通じて募金活動が始まりました。

国連に属する「ある団体」とは何か、カタカナで答えなさい。

●「ある団体」の活動分野ごとの支出割合(2021年度)

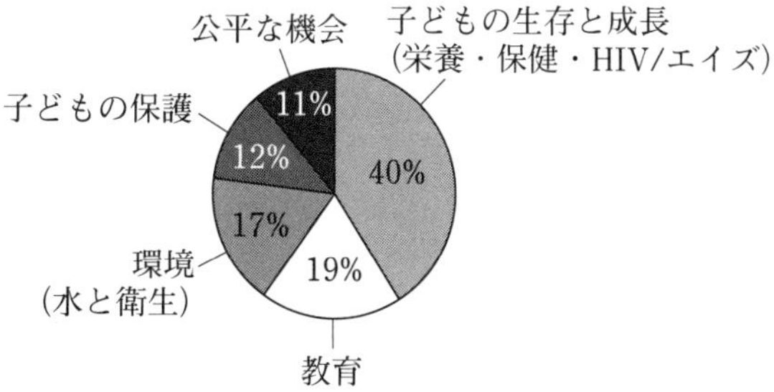

問7　下線部⑥のように「生産」から「廃棄」まで環境への負荷が少なく保全に役立つと認められた商品に表示されるのがエコマークです。

現在、使用量は国内で年間約2億個と推定されるインクカートリッジの再資源化に向けて、郵便局では「インクカートリッジ里帰りプロジェクト」を行っています。製造元と協力し、窓口での回収箱の設置、物流におけるしくみの提供を行い、回収率の向上に取り組んでいます。

今はインクカートリッジのように回収して再利用するものが多いですが、リユース・リサイクルできないものの例を1つあげなさい。

2　鉄道などが、いつ、どの駅を出発して運行しているのかを示している本が「時刻表」です。次に挙げるのは、1925年に日本で初めて出版された鉄道時刻表(当時は「汽車時間表」)です。これに関連した問いに答えなさい。

問1　この時刻表が出版された1925年についての説明として、ふさわしいものを選び、記号で答えなさい。

ア　この50年前に、江戸幕府15代将軍徳川慶喜が大政奉還を行なった。

イ　前年にヨーロッパで第一次世界大戦が起こると、日本は好景気をむかえた。

ウ　翌年に大正天皇がなくなり、年号が「大正」から「昭和」となった。

エ　この50年後に、大阪で日本万国博覧会が開かれて多くの人でにぎわった。

問２　次の表は、1925年の鉄道の輸送人員について示しています。この表から読み取れることとしてふさわしいものを選び、記号で答えなさい。

●1925年の鉄道の旅客輸送人員と旅客輸送人キロ

輸送機関別国内旅客輸送人員(単位：百万人)		輸送機関別国内旅客輸送人キロ(単位：百万人キロ)	
国鉄	民鉄	国鉄	民鉄
677	1954	18741	2132

(『数字でみる日本の100年改訂第７版』より作成)

※国鉄…政府が運営する鉄道。　※民鉄…企業が運営する鉄道(私鉄)。

※輸送人キロ…旅客の人数(輸送人員)に各旅客の乗車した距離を乗じて(かけ算をして)全部を合計したもので、旅客の輸送総量を示す。

ア　国鉄に乗車した人は民鉄より多く、その平均乗車距離は民鉄より短い。

イ　民鉄に乗車した人は国鉄より多く、その平均乗車距離は国鉄より長い。

ウ　国鉄に乗車した人は民鉄より少なく、その平均乗車距離は民鉄より長い。

エ　民鉄に乗車した人は国鉄より少なく、その平均乗車距離は国鉄より短い。

［地図１］

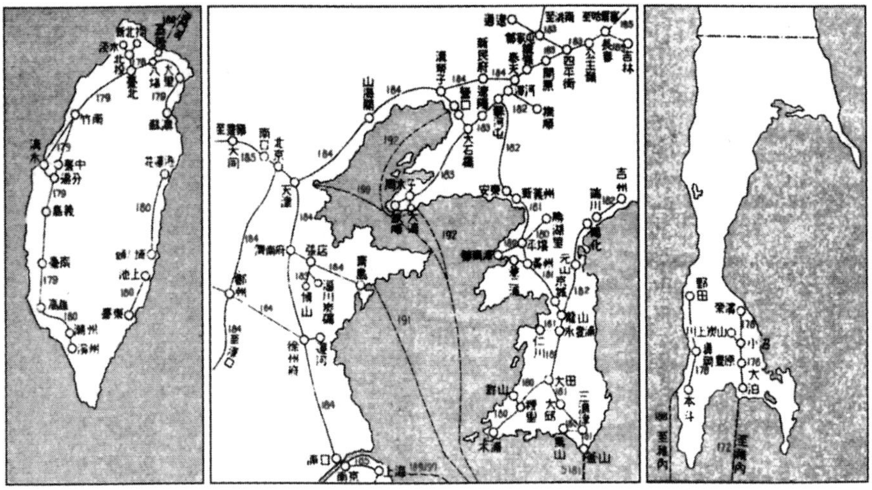

※地図中の太線は鉄道省線(政府が運営する鉄道)、細線はそれ以外の鉄道(私鉄など)、海上の- - -線は、連絡船などの航路を示している。また一部を問題のために修正している。([地図１・２・３]ともに同じ)

問３　この本にある路線図では、［地図１］のように日清・日露戦争以後に日本が支配を進めた台湾や朝鮮半島、樺太(サハリン)の南部についても掲載しています。これに関して、次のうち日清・日露戦争について述べた文として、ふさわしいものを選び、記号で答えなさい。

ア　1904年、リャオトン(遼東)半島で起きた内乱に対して、日本と清がそれぞれ軍隊を送ったことをきっかけに、日清戦争が始まった。

イ　清に勢力を伸ばそうとしていたアメリカは、ドイツやロシアとともに日本の動きに干渉し、日本が日清戦争で手に入れた領土の一部を清に返させた。

ウ　日露戦争では、東郷平八郎がロシア艦隊を破るなどしたこともあり日本が勝利したが、戦争の費用負担など日本国民の間には不満が残った。

エ　「君死にたまふことなかれ」は、樋口一葉が日露戦争の戦場に向かった弟を思ってつくった詩であり、戦争に反対する気持ちが描かれている。

問４　[地図１]には、中国の中心部から東北部にかけても描かれています。1925年より後に日本が政治の実権をにぎった中国東北部を何と呼びますか、答えなさい。

問５　[地図１]の樺太の中部には国境線が描かれています。この国境線付近の緯度としてふさわしいものを次より選び、記号で答えなさい。

ア　北緯35度　　イ　北緯40度　　ウ　北緯45度　　エ　北緯50度

[地図２]

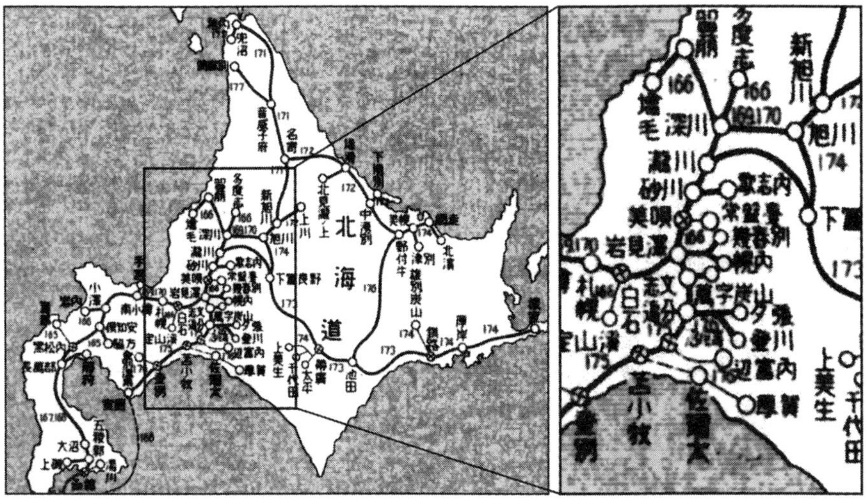

問６　[地図２]は、この時刻表に掲載された北海道の鉄道路線図です。右図は中央部を拡大したものですが、いくつもの短い路線が細かく描かれています。これについて次の問いに答えなさい。

⑴　これらの路線は、この地域で採れる「ある鉱産資源」を運ぶことを主な目的として建設されました。当時の主要なエネルギーであった「ある鉱産資源」とは何ですか。次の表も参考にして答えなさい。

●「ある鉱産資源」の日本国内の産出量　(単位　千トン)

1925年	1960年	1990年	2018年
31459	52607	7980	1041

(『数字でみる日本の100年改訂第７版』より作成)

⑵　現在までの間に、これらの路線の多くは廃止(はいし)となり、なくなってしまいました。その理由について、⑴の表および⑴で解答した鉱産資源と、次の表に関連させて説明しなさい。

●この地域の主な市の人口

市名	歌志内市	夕張市
1925年の人口	14028人	48697人
2020年の人口	2989人	7334人

(歌志内市・夕張市HPより作成)

問７　次の図は、北海道中央部にある旭川市を起点として、主な都市である稚内市、釧路市、札幌市を結んで作成した、地形の断面図です。このうち、旭川市と札幌市の間の断面図を選び、記号で答えなさい。なお、断面図の左端（はし）はどれも旭川市を示し、右端はそれぞれ稚内市、釧路市、札幌市を示しています。

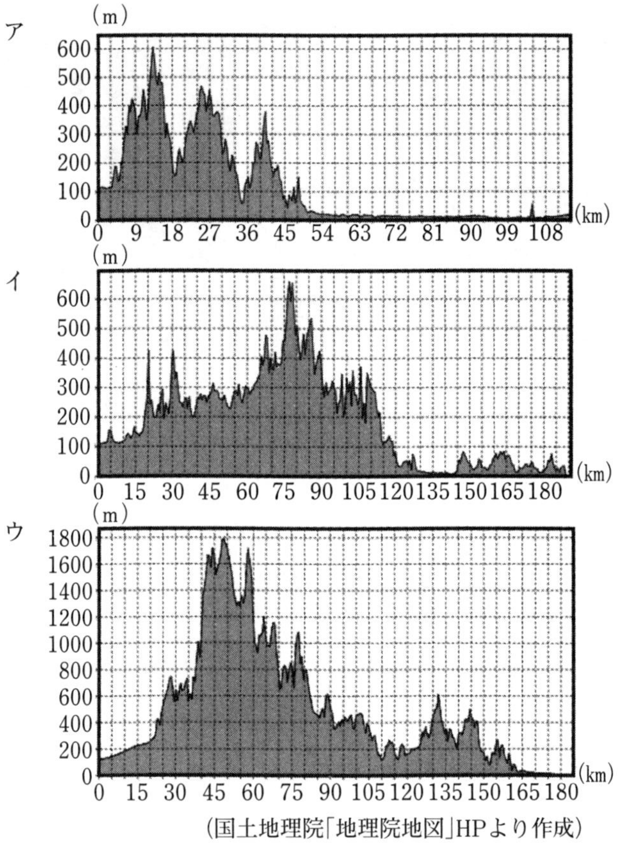

（国土地理院「地理院地図」HPより作成）

［地図３］

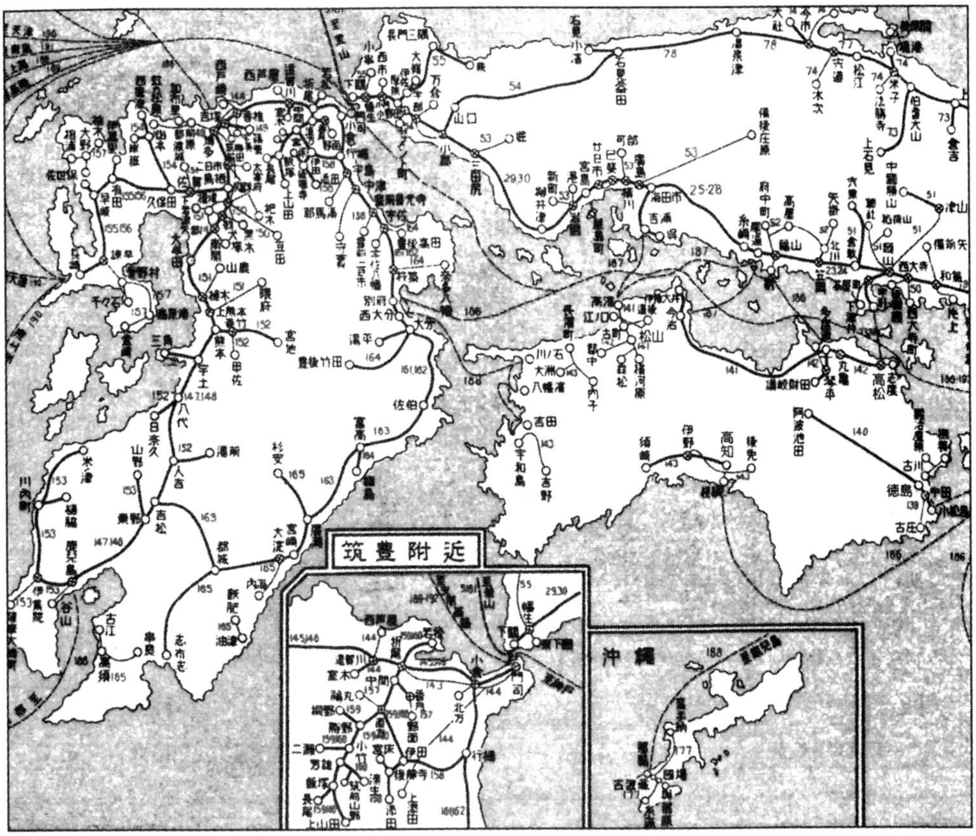

問８　［地図３］の四国地方について述べた文として、ふさわしいものを選び、記号で答えなさい。

ア　鉄道のみを利用して、四国の海沿いを一周することができる。

イ　本州や九州との航路が接続する都市を中心に、鉄道が建設されている。

ウ　現在の４つの県の県庁所在地の間は、すべて鉄道でつながっている。

エ　瀬戸内海側よりも太平洋側のほうが、鉄道の整備が進んでいる。

問９　［地図３］には、「徳島」駅から内陸部の「阿波池田」駅に向かって走る鉄道があります。この鉄道が走る地域は、ある大きな河川の流域と考えられます。この河川の名称を答えなさい。

問10　瀬戸内地方では、源氏と平氏の戦いが各所で起こりました。源義経たちに率いられた源氏は、一ノ谷の戦いや屋島の戦いを経て、ついに壇ノ浦で平氏を滅(ほろ)ぼしました。これらのできごとは、何世紀に起こりましたか。「～世紀」の形に合うように、整数で答えなさい。

問11　次の表は、九州・沖縄地方の福岡市、宮崎市、那覇市の月別の降水量、日照時間、雪(降雪)日数を示したものです。このうち、福岡市としてふさわしいものを選び、記号で答えなさい。

	ア			イ			ウ		
	降水量(mm)	日照時間(時間)	雪日数(日)	降水量(mm)	日照時間(時間)	雪日数(日)	降水量(mm)	日照時間(時間)	雪日数(日)
1月	74.4	104.1	6.3	72.7	192.6	1.3	101.6	93.1	0.0
2月	69.8	123.5	4.0	95.8	170.8	1.1	114.5	93.1	0.0
3月	103.7	161.2	1.4	155.7	185.6	0.1	142.8	115.3	0.0
4月	118.2	188.1	0.0	194.5	186.0	0.0	161.0	120.9	0.0
5月	133.7	204.1	0.0	227.6	179.7	0.0	245.3	138.2	0.0
6月	249.6	145.2	0.0	516.3	119.4	0.0	284.4	159.5	0.0
7月	299.1	172.2	0.0	339.3	198.0	0.0	188.1	227.0	0.0
8月	210.0	200.9	0.0	275.5	208.6	0.0	240.0	206.3	0.0
9月	175.1	164.7	0.0	370.9	156.5	0.0	275.2	181.3	0.0
10月	94.5	175.9	0.0	196.7	173.6	0.0	179.2	163.3	0.0
11月	91.4	137.3	0.1	105.7	167.0	0.0	119.1	121.7	0.0
12月	67.5	112.2	3.9	74.9	183.9	1.0	110.0	107.4	0.0
年間計	1686.9	1889.4	15.6	2625.5	2121.7	3.6	2161.0	1727.1	0.0

(1991～2020年の平均値。国立天文台「理科年表プレミアム」HPより作成)

問12　次の表とグラフは、［地図３］の範囲(はんい)にある島根県、愛媛県、高知県、大分県の現在の農業産出額構成割合と製造品出荷額構成割合を示したものです。これについて述べた文として、ふさわしいものを選び、記号で答えなさい。

●農業産出額構成割合(2021年)

	米(%)	野菜(%)	果実(%)	畜産(%)	その他(%)	農業産出額(億円)
❶	11.1	15.0	44.5	22.3	7.1	1244
❷	14.5	27.0	11.4	37.9	9.2	1228
❸	9.4	63.2	10.3	7.9	9.2	1069
❹	26.8	16.2	7.0	44.2	5.8	611

(農林水産省「生産農業所得統計」より作成)

●製造品出荷額等割合(単位%)と製造品出荷額等(2019年)

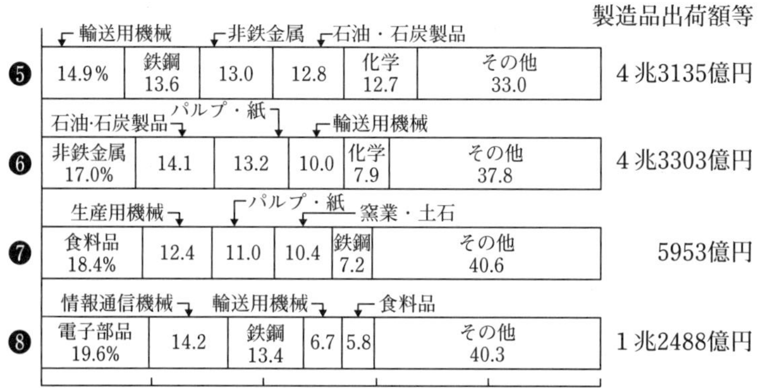

(『データでみる県勢2023』より作成)

ア　島根県を示すものは、関西や九州の大都市に出荷する野菜の生産がさかんな❸と、水産物が豊富で食料品工業がさかんな❼である。

イ　愛媛県を示すものは、みかん類の生産がさかんな❶と、瀬戸内工業地域に含(ふく)まれて重化学工業が発達し、パルプ・製紙業もさかんな❻である。

ウ　高知県を示すものは、温暖な気候を利用してさまざまな作物を生産している❷と、臨海部に輸出を中心とした重工業地帯があることから❺である。

エ　大分県を示すものは、平野部で米の生産、山間部では畜産がさかんな❹と、瀬戸内海航路を利用して出荷する電子部品の生産がさかんな❽である。

問13　1925年当時、本州と北海道や四国、九州を結ぶトンネルや橋はまだありませんでした。そのうち本州と九州を結ぶ関門トンネルは、1942(昭和17)年に開業しました。これについて述べた次の文章から、この筆者が考える、当時の「関門トンネルの性格」とはどのようなものか、読み取れることを時代背景を含めて具体的に答えなさい。

九州と本州を海底トンネルによって「陸続き」にしようとする着想は、すでに明治29年、博多商業会議所が採り上げ、伊藤博文内閣に持ちこんだ時にはじまると言われる。その後、(中略)昭和10年に関門トンネル計画が発表され、翌11年10月に着工したのであった。

この頃までは、より速く便利に快適にを目指しての関門トンネル計画であったかもしれない。けれども、もしそれだけならば、昭和17年という時期に開通することはなかったであろう。他の新線計画と同様、工事中止になっていたにちがいない。関門トンネルは、※日中事変から太平洋戦争へと進むにつれて、その目的を平時型から戦時型へと変えつつ掘り進まれ、最後は突貫工事となって昭和17年に開通したのである。貨物列車が走り始めたのは、ミッドウェイ海戦直後の６月11日、旅客列車の運転開始は、ガダルカナル島の死闘が終局に近づいた11月15日であった。この、貨物列車と旅客列車の運転開始時に５ヶ月の差があることは、関門トンネルの性格をよくあらわしているように思う。

※日中事変…日中戦争のこと

(宮脇俊三著『時刻表昭和史』より。漢数字を算用数字にするなど一部改変したところがあります。)

問14　この時刻表にある［地図１］から［地図３］のような地図は、国土地理院の地形図などとは異なり、方位や距離などが正確に表現されていません。それはなぜですか。［地図１］から［地図３］と、次に挙げるこの時刻表の表紙にある使い方(「時間表の引き出し方」)を参考にして、説明しなさい。

時間表の引き出し方

この表には必要の時間を容易に見出しうるよう『目次』の外に三つの便法が設けてありますからどれからでも引き出せます

一『目次』(第一―七ページ)によれば各線各航路の分が引き出せます

二『線路略図』(巻頭)には赤文字でその線の時間表のページ数を示してありますからこの図面からも引き出せます

三 駅名から引き出すには(第二百六―二一八ページ)のいろは別『駅名索引』を御覧下さい

四『国有鉄道線路名称及び汽船航路表』(目次第八・九ページ)にもその線の時間表のページ数を示してあります

3　次の文章を読んで、以下の問いに答えなさい。

2021年時点で、日本国内で犬を飼育している世帯は、全世帯の11.3％にのぼります。歴史をひも解いてみても、犬は古来より人間と長い歴史をともに過ごしてきました。現代社会においても警察犬や盲導犬など、さまざまな役割を担っています。

問１　縄文時代の貝塚である千葉県の加曽利貝塚では、犬の骨が発掘されました。加曽利貝塚博物館の展示である次の【写真】や【文章】を参考にして、加曽利貝塚の周辺に住んでいた人々が、犬をどのような目的で飼育していたか、考えて答えなさい。

【写真】

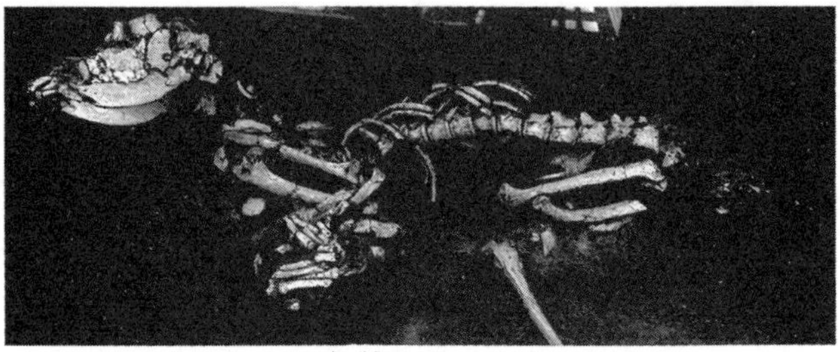

埋葬された犬

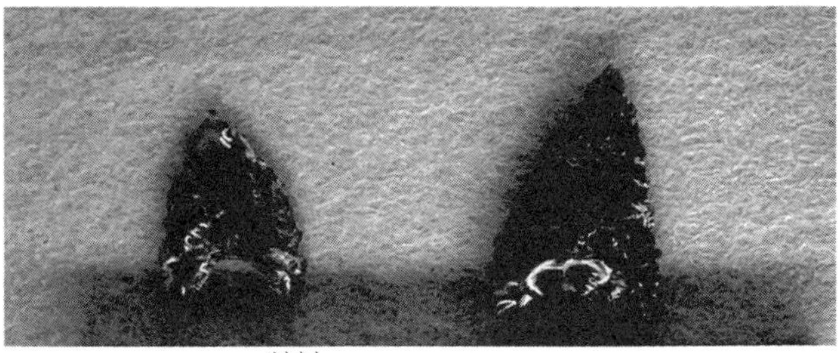

矢の先端に装着する石の矢じり

【文章】

・発掘された犬には若年でありながら歯が抜けていた例がある。
・骨折した野犬は死に至る可能性が非常に高いが、骨折後に治った痕のある犬の骨が発掘された。
・犬の排泄物である糞の化石が発掘され、中から未消化の魚の骨がたくさん見つかっている。

問２　奈良時代、三河国では犬頭絲と呼ばれる生糸が納められていました。奈良時代の税制について説明したものとして、ふさわしいものを選び、記号で答えなさい。

ア　税は現物を納めることがほとんどで、労働が課されることはなかった。

イ　調とは織物や地方の特産物を納めるもので、都に納められた。

ウ　現在の北海道から沖縄県に至るまで、幅広い地域から税が納められた。

エ　この時期から日本では稲作が始まり、租として納められるようになった。

問３　平安時代の文学である『枕草子』の第六段には、「翁丸」という名の犬が登場し、当時の宮廷にはかなり多くの犬が棲みついていた様子が読み取れます。この作品の筆者は誰か、答えなさい。

問４　鎌倉時代の武士は、さまざまな武芸の訓練を行っていて、中には犬が用いられるものもありました。次の【文章】を読み、【資料１】～【資料３】に描かれている武芸の名称の組み合わせとしてふさわしいものを選び、記号で答えなさい。

【文章】

犬追物とは馬場に放された犬を、馬上から追い射るものである。 流鏑馬（やぶさめ）とは馬場に平行して数間（すうけん）おきにおかれる的を、馬上から鏑矢（かぶらや）で射るものである。 笠懸とは馬上から遠距離にある射手の笠を懸（か）けて的として射るものである。

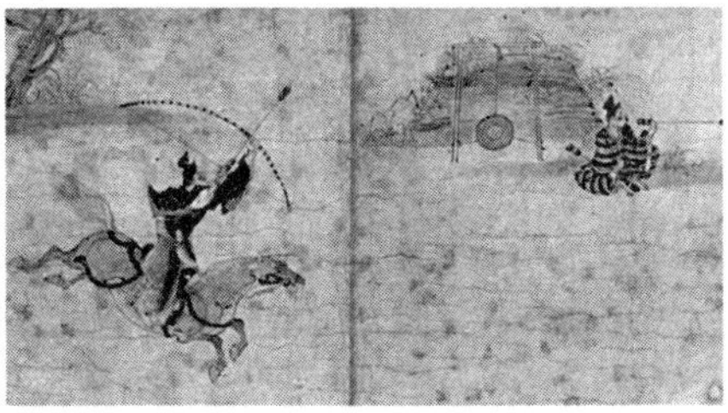

【資料１】(Image: TNM Image Archives)

【資料２】(鶴岡八幡宮HPより)

【資料３】(Image: TNM Image Archives)

ア　【資料１】犬追物　【資料２】流鏑馬　【資料３】笠懸
イ　【資料１】犬追物　【資料２】笠懸　【資料３】流鏑馬
ウ　【資料１】笠懸　【資料２】流鏑馬　【資料３】犬追物
エ　【資料１】笠懸　【資料２】犬追物　【資料３】流鏑馬
オ　【資料１】流鏑馬　【資料２】笠懸　【資料３】犬追物
カ　【資料１】流鏑馬　【資料２】犬追物　【資料３】笠懸

問５　江戸幕府５代将軍徳川綱吉は生類憐（あわれ）みの令を発布し、犬公方とも呼ばれました。また、綱吉は大名を統制するために武家諸法度も出しています。武家諸法度は２代将軍徳川秀忠の時代にも出されており、秀忠の時代のものは「元和令」、綱吉の時代のものは「天和令」と呼ばれています。以下の史料から読み取れる内容としてふさわしくないものを選び、記号で答えなさい。

なお、史料の文章は現代のわかりやすい表記に書き改めています。

●武家諸法度「元和令」

・学問と武道はつねに心がけてはげむべきである。 ・諸大名の居城は、補修をする時でも幕府に届け出てすること。また新たに城を造営することは禁止されている。 ・幕府の許可なく結婚（けっこん）してはいけない。

（『新日本史史料集成』より）

●武家諸法度「天和令」

・学問と武芸、忠孝の道徳を励行(れいこう)し、礼儀(れいぎ)を正しくするようにせよ。
・主人の死のあとを追って自殺することは禁止とする。

(『新日本史史料集成』より)

●生類憐みの令

・飼い主のいない犬に、近ごろ食べ物を与(あた)えないといううわさを聞く。つまり食べ物を与えると、その人の犬のようになってしまってあとがめんどうだと思って、犬をいたわらないと聞く。ふとどきなことである。以後、そのようなことのないよう気をつけること。
・犬ばかりでなく、すべての生き物に対して、人々は慈悲(じひ)の心をもととして、憐みいつくしむことが大切である。

(『グラフィックワイド歴史』より)

ア　秀忠が将軍の時代に出された武家諸法度には、居城の補修にも幕府の許可が必要なことが書かれ、幕府の権力の強さをうかがうことができる。

イ　綱吉が将軍の時代に発布された法令には犬だけでなく、魚類や鳥類などの命も重んじる考えをみることができる。

ウ　秀忠と綱吉の時代に出された武家諸法度を比べると、武士に対して求められていることが、学問にかわって忠孝の道徳を重んじることへと変化した。

問６　現在、日本では６種類の犬種が天然記念物に指定されています。以下の表の、秋田犬が指定されてから、北海道犬が指定された年までに起きたできごととして、ふさわしいものを選び、記号で答えなさい。

●天然記念物となった日本在来犬種

犬種	指定年月
秋田犬	1931(昭和６)年７月
甲斐犬	1934(昭和９)年１月
紀州犬	1934(昭和９)年５月
柴犬	1936(昭和11)年12月
土佐犬	1937(昭和12)年６月
北海道犬	1937(昭和12)年12月

(『犬の日本史』より作成)

ア　アメリカ軍が沖縄県に上陸し、激しい地上戦がおこなわれた。

イ　国際連盟の決議に反対した日本はこれを脱退(だったい)した。

ウ　アメリカの海軍基地があるハワイの真珠湾を攻撃(こうげき)した。

エ　政治や社会を変えようとする運動などを取(と)り締(し)まる治安維持法が制定された。

問７　犬は現代社会においてもさまざまな役割を担い、社会に貢献(こうけん)しています。兵庫県南部地方を中心に起きた阪神・淡路大震災では災害救助犬が活躍(かつやく)しました。この震災が起きたのは西暦(せいれき)何年のことですか、算用数字で答えなさい。

栄東中学校（A）

—理科と合わせて50分—

1　次の各問いに答えなさい。

問１　次の文章中の空欄[　あ　]～[　え　]にあてはまる語句を、それぞれ**漢字**で答えなさい。ただし、[　え　]は**漢字２字**で答えなさい。

> 愛知県・[　あ　]県・三重県にまたがってひろがる[　い　]平野には、「木曽三川」とよばれる木曽川・長良川・[　う　]川が流れ、海へとそそいでいます。また、木曽川と長良川にはさまれた地域は、水害などから集落を守るために多くの堤防で囲まれた日本有数の[　え　]地域となっています。

問２　次の文章を読み、あとの各問いに答えなさい。

> 国の主権のおよぶ場所は、陸だけでなく海にもあります。沿岸から[　お　]海里までを領海といいます。また、領海の外側に接続水域が広がります。さらに、接続水域の外側は<u>排他的経済水域</u>となっており、沿岸から[　か　]海里までと条約で決められています。

(1)　文章中の空欄[　お　]・[　か　]にあてはまる数字の組み合わせとして正しいものを、次のア～エから１つ選び、記号で答えなさい。

ア　**お**－12　**か**－100　　イ　**お**－12　**か**－200

ウ　**お**－20　**か**－100　　エ　**お**－20　**か**－200

(2)　文章中の下線部について、排他的経済水域の説明としてもっともふさわしいものを、次のア～エから１つ選び、記号で答えなさい。

ア　領土と同じく、沿岸国のすべての主権がおよぶ水域。

イ　出入国管理や関税など、沿岸国の主権の一部がおよぶ水域。

ウ　沿岸国に、水産資源や鉱産資源の管理、海洋調査の権限などが認められる水域。

エ　すべての国が、その範囲の資源を自由に利用できる水域。

問３　栄太さんは、日本の気候の特徴を調べるため、さまざまな県庁所在都市に住む人々から、その都市について話を聞くことにしました。次の人物Ａ～Ｃの話と、彼らの住んでいる都市がある県の組み合わせとして正しいものを、あとのア～カから１つ選び、記号で答えなさい。

人物Ａ　太平洋側の気候で温暖な地域です。冬は太平洋から暖かい空気が入ってくるために、平地で雪が降ることはまれです。私は県庁の近くに住んでいますが、市の北部の山沿いでは雨が多く水はけも良いため、特産である みかん の栽培がさかんです。

人物Ｂ　年間の平均気温が高く温暖な地域です。また、年間の降水量がとても多く、特に梅雨の時期から台風の多い時期まで多くの雨が降ります。一方、冬は西側の山地の影響で晴れの日が多く、年間の日照時間も長いです。このような気候を利用して、きゅうり やピーマンなどの促成栽培がおこなわれています。

人物Ｃ　夏は太平洋高気圧からふき出す南よりの風の影響で高温多湿です。また、冬は晴れて乾燥する日が多く、放射冷却の影響で朝の気温は低いです。この都市では米作りがさかんですが、大都市に近いため、近郊農業も発展しています。

ア　A－茨城県　　B－静岡県　　C－宮崎県
イ　A－茨城県　　B－宮崎県　　C－静岡県
ウ　A－静岡県　　B－茨城県　　C－宮崎県
エ　A－静岡県　　B－宮崎県　　C－茨城県
オ　A－宮崎県　　B－茨城県　　C－静岡県
カ　A－宮崎県　　B－静岡県　　C－茨城県

問4　次の表は、日本の野菜の収穫（しゅうかく）量上位4位までの道県を示したものです。表中の**あ**～**う**には、それぞれ「茨城」「千葉」「熊本」のいずれかがあてはまります。**あ**・**い**にあてはまる県の組み合わせとして正しいものを、あとのア～カから1つ選び、記号で答えなさい。

（2021年産）

	すいか	にんじん	ほうれんそう	メロン
1位	**あ**	北海道	埼　玉	**う**
2位	**い**	**い**	群　馬	**あ**
3位	山　形	徳　島	**い**	北海道
4位	新　潟	青　森	**う**	山　形

（矢野恒太記念会『日本国勢図会2023/24』より作成）

ア　**あ**－茨城　　**い**－千葉　　イ　**あ**－茨城　　**い**－熊本
ウ　**あ**－千葉　　**い**－茨城　　エ　**あ**－千葉　　**い**－熊本
オ　**あ**－熊本　　**い**－茨城　　カ　**あ**－熊本　　**い**－千葉

問5　次のグラフは、日本の部門別の農業産出額の都道府県別割合（2020年）を示したものです。グラフのア～エには、それぞれ「野菜」「果物」「花き」「肉用牛」のいずれかがあてはまります。「花き」にあてはまるグラフとして正しいものを、ア～エから1つ選び、記号で答えなさい。

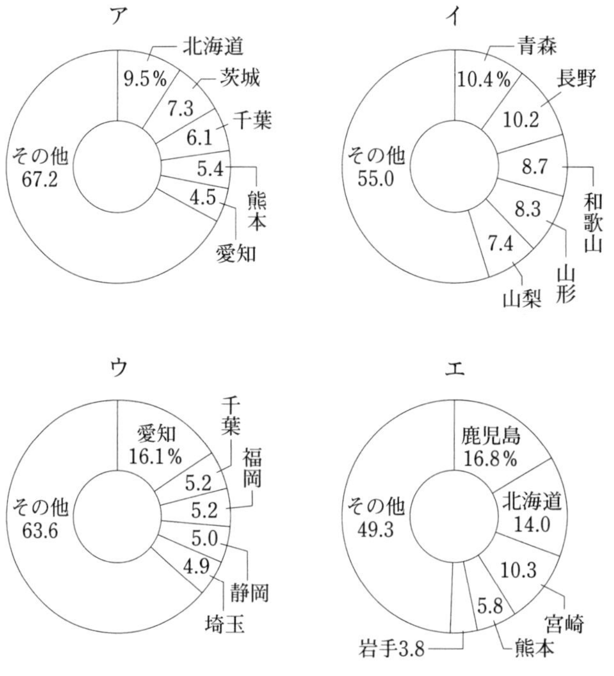

（矢野恒太記念会『日本のすがた2023』より作成）

問６　次のグラフは、日本の乳用牛の飼養戸数と飼養頭数(各年２月１日現在)を示したものです。グラフを参考に、畜産農家を取り巻く環境や、効率的に経営するために畜産農家がおこなっている工夫としてもっともふさわしいものを、あとのア～エから１つ選び、記号で答えなさい。

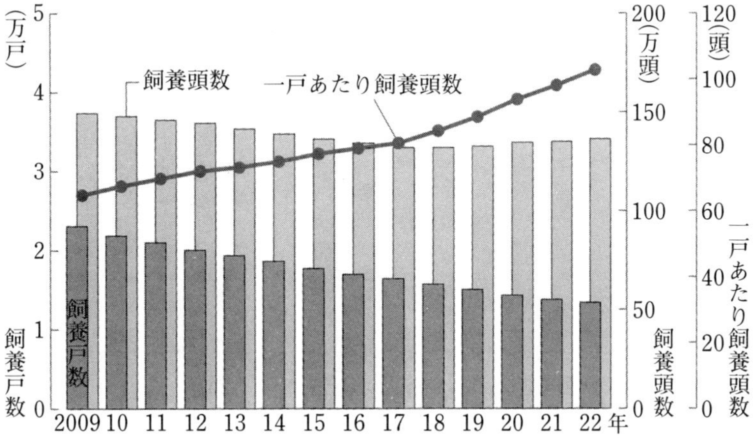

(矢野恒太記念会『日本のすがた2023』より作成)

ア　乳用牛の出すげっぷにふくまれるメタンなどが地球温暖化の原因の１つとなっていることから、その削減のために「飼養頭数」は2009年以降減り続けている。

イ　2009年以降「飼養戸数」は減り続けているが、複数の農家が飼う家畜を一か所に集める共同飼育を進めるなど、「一戸あたり飼養頭数」は増加傾向にある。

ウ　家畜の世話や管理のための機械化・ＩＴ化には多額の資金が必要なため、機械化・ＩＴ化をやめ、多くの人手を確保することに力を入れている。

エ　牛乳(生乳)はその性質上、バターやチーズなどの乳製品よりも生産量を調整しやすく、安定して供給することができるため、年間を通じて不足したり余ったりすることは少ない。

問７　次の表は、日本の産業別の事業所数上位５位の都府県(2020年６月１日)を示したものです。表中の**あ**～**う**には、それぞれ「長野」「愛知」「大阪」のいずれかがあてはまります。**あ**・**い**にあてはまる府県の組み合わせとして正しいものを、あとのア～カから１つ選び、記号で答えなさい。

	印刷・印刷関連業	化学工業	情報通信機械器具	輸送用機械器具
1位	東　京	**あ**	神奈川	**い**
2位	**あ**	埼　玉	東　京	静　岡
3位	埼　玉	兵　庫	**う**	埼　玉
4位	**い**	神奈川	埼　玉	神奈川
5位	神奈川	**い**	福　島	群　馬

(矢野恒太記念会『データでみる県勢2023』より作成)

ア　**あ**－長野　**い**－愛知　　イ　**あ**－長野　**い**－大阪

ウ　**あ**－愛知　**い**－長野　　エ　**あ**－愛知　**い**－大阪

オ　**あ**－大阪　**い**－長野　　カ　**あ**－大阪　**い**－愛知

問8　次の【グラフ】は、世界の温室効果ガス排出量の移り変わり(排出量および１人あたりの排出量)を示したものです。【グラフ】と【資料】を見て、あとの各問いに答えなさい。

【グラフ】

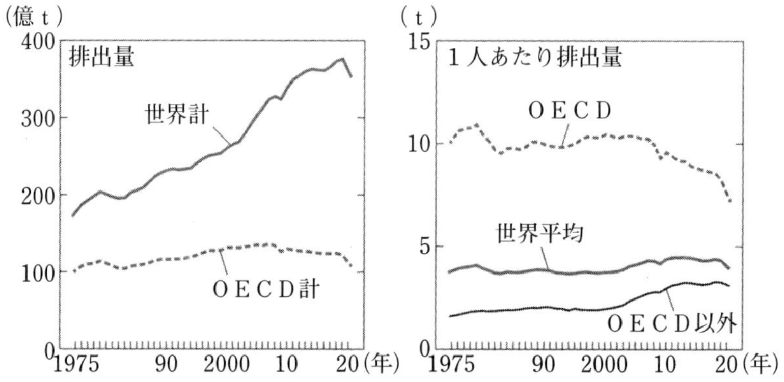

【資料】　ＯＥＣＤ加盟国(2023年３月末現在、順不同)
(ＥＵ加盟国)
ドイツ・フランス・イタリア・オランダ・ベルギー・ルクセンブルク・フィンランド・スウェーデン・オーストリア・デンマーク・スペイン・ポルトガル・ギリシャ・アイルランド・チェコ・ハンガリー・ポーランド・スロバキア・エストニア・スロベニア・ラトビア・リトアニア
(ＥＵ以外)
日本・イギリス・アメリカ合衆国・カナダ・メキシコ・オーストラリア・ニュージーランド・スイス・ノルウェー・アイスランド・トルコ・韓国・チリ・イスラエル・コロンビア・コスタリカ

(矢野恒太記念会『日本国勢図会2023/24』より作成)

⑴　【グラフ】中にある「ＯＥＣＤ」の正式名称を、次のア～エから１つ選び、記号で答えなさい。

ア　国際貿易機関　　　イ　国連開発計画
ウ　経済協力開発機構　エ　石油輸出国機構

⑵　栄太さんは、【グラフ】を見て次のようにまとめました。文章中の空欄［あ］～［う］にあてはまる語句の組み合わせとして正しいものを、あとのア～クから１つ選び、記号で答えなさい。

2020年の時点で、ＯＥＣＤ加盟国の温室効果ガス排出量の合計は、ＯＥＣＤ加盟国以外の国々の排出量の合計よりも［あ］です。１人あたりの排出量を見ると、ＯＥＣＤ加盟国の方がＯＥＣＤ加盟国以外の国々よりも［い］です。このようにグラフを読みとることで、どのような対策が必要かがわかります。また、ＯＥＣＤには、世界の人口の１位と２位の国が［う］ため、それもふまえて対策を考えるべきだと思います。

ア　**あ**ー多い　**い**ー多い　**う**ー加盟している
イ　**あ**ー多い　**い**ー多い　**う**ー加盟していない
ウ　**あ**ー多い　**い**ー少ない　**う**ー加盟している
エ　**あ**ー多い　**い**ー少ない　**う**ー加盟していない
オ　**あ**ー少ない　**い**ー多い　**う**ー加盟している
カ　**あ**ー少ない　**い**ー多い　**う**ー加盟していない
キ　**あ**ー少ない　**い**ー少ない　**う**ー加盟している
ク　**あ**ー少ない　**い**ー少ない　**う**ー加盟していない

問9　次の文章を読み、下線部に関するあとの【問い】に答えなさい。

2023年４月、岸田首相は国会で日本の花粉症(しょう)対策の現状や課題にふれ、その後の関係する閣僚(かくりょう)の会議では、「花粉症は日本の社会問題」として、その解決に向けて結果を出していくよう指示を出しました。

日本での花粉症は、おもにスギやヒノキなどの花粉が原因とされています。戦後、戦争などによって荒廃(こうはい)した森林などにスギやヒノキが多く植林されました。その後、成長した木から大量の花粉が飛散するようになったことで、花粉症を発症する人が増えたとされています。もちろん、花粉症の発症そのものには食生活の変化などさまざまな要因がありますが、スギやヒノキによる大量の花粉の飛散が前提となっていることはまちがいありません。

【問い】

なぜ、戦後にスギやヒノキが多く植林されたのですか。スギやヒノキの特徴をふまえつつ、その理由を「高度経済成長期に～」の形にあうように答えなさい。

2　次の各問いに答えなさい。

問1　縄文時代から古墳時代に関する文として正しいものを、次のア～エから１つ選び、記号で答えなさい。

ア　縄文時代に、家や動物をかたどった埴輪がつくられた。
イ　弥生時代の代表的な遺跡(いせき)として、群馬県の岩宿遺跡がある。
ウ　弥生時代に、中国や朝鮮半島から、鉄器や青銅器などの金属器が伝えられた。
エ　卑弥呼が中国の皇帝から授かった金印は、福岡県の志賀島で発見された。

問2　飛鳥時代に関する次のア～エの文を、年代の古い順にならべたとき、**２番目**と**４番目**にくるものをそれぞれ記号で答えなさい。

ア　白村江の戦いがおこった。
イ　壬申の乱がおこった。
ウ　天智天皇が即位(そくい)した。
エ　天武天皇が即位した。

問3　平安時代に関する文として正しいものを、次のア～エから１つ選び、記号で答えなさい。

ア　藤原氏は、天皇が成人した後は摂政、幼いときは関白として政治の実権をにぎった。

イ　桓武天皇は、都を藤原京にうつした。

ウ　藤原純友は、瀬戸内海の海賊を率いて反乱をおこした。

エ　平清盛は、武士として最初の征夷大将軍となった。

問4　平安時代、平氏は中国との貿易によって大きな利益を得ていました。960年に建国された、平氏が中国と貿易をしていたころの中国の王朝を、**漢字１字**で答えなさい。

問5　鎌倉時代に関する次のア～エの文を、年代の古い順にならべたとき、**2番目**と**4番目**にくるものをそれぞれ記号で答えなさい。

ア　京都に六波羅探題が置かれた。

イ　後鳥羽上皇が、全国の武士に北条義時を討つよう命令した。

ウ　北条時宗が執権となった。

エ　北条泰時が執権となった。

問6　鎌倉時代から室町時代に関する文として正しいものを、次のア～エから１つ選び、記号で答えなさい。

ア　親鸞が諸国を歩き、踊り念仏を広めた。

イ　足利義政が、京都の北山に銀閣を建てた。

ウ　運慶・快慶らが、金剛力士像をつくった。

エ　雪舟が、多色刷りの浮世絵を大成した。

問7　江戸時代に関する文として正しいものを、次のア～エから１つ選び、記号で答えなさい。

ア　幕府はスペイン船の来航を禁止し、その後、ポルトガル船の来航も禁止した。

イ　臨時に置かれる幕府の最高の職として、老中が置かれた。

ウ　徳川綱吉は公事方御定書をつくり、裁判の公正をはかった。

エ　水野忠邦は大名に米を納めさせ、その代わりに参勤交代の負担をゆるめる上米の制を定めた。

問8　江戸時代に関する次のア～エの文を、年代の古い順にならべたとき、**2番目**と**4番目**にくるものをそれぞれ記号で答えなさい。

ア　井伊直弼が江戸城の桜田門の外で暗殺された。

イ　ペリーが浦賀に来航した。

ウ　イギリスの軍艦が鹿児島の町を砲撃する薩英戦争がおこった。

エ　幕府が異国船打払令を出した。

問9　1890年に、日本で初めての衆議院議員総選挙がおこなわれました。この時に選挙権をあたえられたのは、どのような条件を満たした人々であったか答えなさい。

問10　大正時代から昭和時代に関する文として正しいものを、次のア～エから１つ選び、記号で答えなさい。

ア　二・二六事件により、犬養毅が暗殺された。

イ　全国水平社が、雑誌『青鞜』を創刊した。

ウ　政府は、国民を第一次世界大戦に動員する体制をつくるために、治安維持法を定めた。

エ　農地改革の結果、多くの小作人が自作農になった。

問11　日本国憲法に関して、次の各問いに答えなさい。

(1)　現在の日本の国会に関する文として正しいものを、次のア～エから１つ選び、記号で答えなさい。

ア　衆議院と参議院は、いずれも緊急集会を開くことができる。

イ　常会(通常国会)の会期は150日で、延長されることはない。

ウ　裁判所は、臨時会(臨時国会)の召集を決定することができる。

エ　特別会(特別国会)は、衆議院の解散後の総選挙がおこなわれた後、30日以内に召集される。

(2)　現在の日本の内閣に関する文として正しいものを、次のア～エから１つ選び、記号で答えなさい。

ア　閣議の議決は、原則として多数決でおこなわれる。

イ　内閣総理大臣は、国会議員から選ばれなければならない。

ウ　内閣は、法律の制定をおこなう。

エ　内閣は、予算の審議(しんぎ)や議決をおこなう。

(3)　次の日本国憲法の条文中の空欄にあてはまる語句を、**漢字**で答えなさい。

日本国憲法第14条１項(こう)

すべて国民は、法の下に平等であつ(つ)て、人種、(　　)、性別、社会的身分又(また)は門地により、政治的、経済的又は社会的関係において、差別されない。

自修館中等教育学校（Ａ１）

—30分—

1　次の文章を読み、以下の各問いに答えなさい。

(1)神奈川県にある自修館中等教育学校の生徒は、今年度の夏に様々な場所で活動しました。

３年生と５年生はフィールドワークに行きました。３年生は(2)近畿地方を訪れ、(3)京都府・奈良県を中心に歴史や文化、伝統に触れました。５年生は(4)沖縄県を訪れ、西表島でのカヌー体験やひめゆり平和祈念資料館で平和学習を行いました。

また、様々な部活動が夏合宿を行いました。陸上競技部と卓球部は(5)新潟県で、テニス部は山梨県で、サッカー部とバスケットボール部は長野県で合宿を行いました。

そして、３年ぶりに海外への留学・語学研修も行われ、オーストラリアやハワイ、(6)ニュージーランドに行った生徒もいました。

問１　下線部(1)について、神奈川県の三浦半島にある三崎港は古くから遠洋漁業の基地と呼ばれています。一方で、1980年代後半から日本全体の遠洋漁業での漁獲量は減少しています。その理由として最も適当なものを、次のア～ウから１つ選び、記号で答えなさい。

ア　外国人が食べる魚の量が減ったため、獲る量を減らしているから。

イ　原子力発電所による海水の汚染が広がり、世界全体の魚が減ってしまったから。

ウ　各国が200海里の排他的経済水域を定め、外国の海で漁をすることが難しくなったから。

問２　下線部(2)について、近畿地方の中で府県名と府県庁所在地名が異なる府県はいくつありますか。適当なものを次のア～エから１つ選び、記号で答えなさい。

ア　1つ　　イ　2つ　　ウ　3つ　　エ　4つ

問３　下線部(3)について、京都府について説明した文として**最も適当でないもの**を、次のア～ウから１つ選び、記号で答えなさい。

ア　京都市中心部は、東・西・南を山に囲まれた盆地であるため、フェーン現象がよく起こり夏は大変暑い。

イ　京都府には外国人観光客も多く訪れるため、買い物や通学の際に市バスに乗れないなどの観光公害（オーバーツーリズム）の問題が起きている。

ウ　京都府の歴史的な景観を守るために、電線を地下に埋め込む工事をしたり、高層ビルの建設を制限する条例がある。

問４　下線部(4)について、沖縄県は菊の生産・出荷量が多いことで有名です。暖かい気候と電灯で菊が咲く時期を調整し、他の産地からの出荷が少ない冬期に出荷しています。このような栽培方法の名称を答えなさい。

問５　下線部(4)について、沖縄県は日本で特に台風の被害の多い県です。次の資料Ⅰは沖縄県に見られる伝統的な住宅のイラストです。伝統的な住宅では台風に対してどのような対策がとられていますか。資料Ⅰからわかることを簡潔に説明しなさい。

資料Ⅰ

問６　下線部(5)について、1960年代に新潟県を流れる阿賀野川下流域で、四大公害病の一つ新潟水俣病が発生しました。このときの新潟水俣病の原因となった物質として適当なものを、次のア～エから１つ選び、記号で答えなさい。

ア　カドミウム　　イ　メチル水銀　　ウ　亜硫酸ガス　　エ　トリチウム

問７　下線部(6)について、ニュージーランドは日本と同じ火山国であり、天然の温泉が湧きます。ニュージーランドのロトルア市は温泉観光地として有名で、地熱発電や地熱活用が活発な地域でもあり、日本の温泉観光地として有名な大分県別府市と姉妹都市の提携も結んでいます。

資料Ⅱと資料Ⅲから日本とニュージーランドを比較し、日本の地熱発電に関する問題点を読み取り、述べなさい。

資料Ⅱ
世界各国の主な地熱資源量（2016年）

順位	国名	資源量（万kW）
1	アメリカ	3,000
2	インドネシア	2,779
3	日本	2,347
4	ケニア	700
5	フィリピン	600
8	ニュージーランド	365

出典：地熱資源情報ホームページより作成
※１万kW（キロワット）＝10MW（メガワット）
　１MW（メガワット）＝1,000kW（キロワット）

資料Ⅲ
世界各国の地熱発電設備容量の変化

国名	設備容量（MW）		
	2010年	2015年	2020年
アメリカ	3,098	3,450	3,700
インドネシア	1,197	1,340	2,289
フィリピン	1,904	1,870	1,918
トルコ	91	397	1,549
ニュージーランド	762	1,005	1,064
日本	536	519	550

出典：地熱資源情報ホームページより作成
※設備容量：発電所で100％の出力を発揮したときの電力量。発電所の発電能力のこと。
※１MW（メガワット）＝1,000kW（キロワット）＝1,000,000W

２　甲太（こうた）さんは、自修館の「探究」活動において、幕末から昭和戦前期の「日米関係」をテーマにしてインターネットや図書館の本を参考にして調べ、気になることを表とグラフにまとめました。これらを参考にして、以下の各問いに答えなさい。

表（幕末から昭和戦前期の日米関係）

1850年代	(1)日米修好通商条約を結ぶ
1880年代	日本の(2)生糸の輸出先において、アメリカ向けがヨーロッパ向けを追い越す
1900年代	日本の(3)綿花輸入のうちのアメリカ綿の割合が20％前後となる
1900年代	日本は(4)戦費調達においてイギリスやアメリカから支援を受ける
1910年代	(5)第一次世界大戦をきっかけにして日米間の貿易がさかんになる
1920年代	コメの生産量が増えて値段が低迷した結果、日本の農家はアメリカなどに生糸を輸出することを期待して養蚕（ようさん）業を拡大していった
1929年	(6)世界的な不景気が始まる
1930年代	(7)日本は重化学工業化にともない、機械、非鉄金属※、原油などの輸入が増える
1940年	(8)日米通商航海条約が効力を失う
1941年	(9)アメリカは日本の在米資産を凍結し、ガソリンの全面的輸出禁止を実施する

※非鉄金属…工業で、鉄を除く金属全体をまとめた呼び方。銅、鉛、アルミニウムなど。

グラフ（日本の輸出および輸入総額中に占める各品目の割合）

西　暦	日本の輸出の中の割合（%）		日本の輸入の中の割合（%）
	茶	生　糸	綿　花
1873 ～ 1874	28.0	33.2	2.6
1875 ～ 1879	23.5	37.9	1.2
1880 ～ 1884	20.5	38.4	1.1
1885 ～ 1889	13.0	31.9	4.3
1890 ～ 1894	8.7	34.9	14.6
1895 ～ 1899	5.1	30.3	20.5
1900 ～ 1904	4.2	27.3	25.9
1905 ～ 1909	3.0	27.0	22.7
1910 ～ 1914	2.5	28.9	32.8
1915 ～ 1919	1.3	23.5	32.6
1920 ～ 1924	0.9	33.5	26.3
1925 ～ 1929	0.6	36.9	29.4
1930 ～ 1934	0.5	22.7	29.0
1935 ～ 1939	0.6	14.1	22.7
1940 ～ 1941	0.7	10.5	14.1

出典：『新版日米関係史』（有斐閣選書）

問１　下線部(1)に関して、日米修好通商条約の内容と影響について説明した文として最も適当なものを、次のア～ウから１つ選び、記号で答えなさい。

ア　日本とアメリカの国交が結ばれたため、日本の港であればどこでもアメリカの船が入港してくる可能性がある。

イ　日本は、輸出入品に対して自由に税をかけられないため、日本国内の産業を保護できない可能性がある。

ウ　日本で罪をおかしたアメリカ人の裁判は日本の法律で行うため、アメリカ人に不利な判決がなされる可能性がある。

問２　グラフから読み取れることを説明した文として最も適当なものを、次のア～ウから１つ選び、記号で答えなさい。

ア　茶と生糸の二品目だけで日本の輸出総額の６割を超えることがあった。

イ　茶はつねに生糸よりも日本の輸出総額に占める割合が大きかった。

ウ　日本の輸入総額に占める綿花の割合は昭和時代から増加に転じた。

問３　下線部(2)の生糸に関する説明として**誤っているもの**を、グラフも参考にしながら、次のア～ウから１つ選び、記号で答えなさい。

ア　富岡製糸場で働く工女は全国から集められ、身につけた新しい製糸技術を日本の各地に伝えた。

イ　明治時代を通してみると、日本の輸出総額中に占める生糸の割合が30％を下回ることがあった。

ウ　アメリカでナイロンが発明されると日本の製糸業は打撃を受け、1930年代には日本で生糸がつくられなくなった。

問４　下線部(3)に関して、次の文中の空欄にあてはまる人物名を**漢字４字**で答えなさい。なお、空欄にはすべて同じ人物名が該当します。

綿花から糸をつくる紡績業の発展に貢献した［　　　］は、銀行など多くの会社を設立しただけでなく、福祉にも力をつくして身寄りのない子どものための施設をつくりました。晩年には、外国との友好関係を大切にし、例えばアメリカとの間で人形を交換する事業を行いました。2024年度からは一万円札の肖像に［　　　］が採用されることが決まっています。

問５　下線部(4)に関して、1900年～1909年の間に起こったこの戦争で日本が戦った相手国を**カタカナ３字**で答えなさい。

問６　下線部(5)に関して、日米間の貿易がさかんになった理由Ａ・Ｂと、その後の日本についての説明Ｃ・Ｄとの組合せとして最も適当なものを、後のア～エから１つ選び、記号で答えなさい。

理由

Ａ：日米両国は本格的な戦場にならなかったため、両国間の貿易は密接となった。

Ｂ：日米両国は戦場となったため、両国ともに武器を融通しあうようになった。

説明

Ｃ：日本では物価が低落を続けて不景気となったが、1923（大正12）年の関東大震災の復興景気によって経営難となる企業はなかった。

Ｄ：アメリカが世界最大の工業生産力を保有する国になる一方で、日本は欧米諸国との国際競争に立ち遅れて大幅な貿易赤字が続いた。

ア　Ａ・Ｃ　　イ　Ｂ・Ｃ　　ウ　Ａ・Ｄ　　エ　Ｂ・Ｄ

問７　下線部(6)に関して、1929年にアメリカから始まった不景気の影響もあり、日本の農村では生活に行きづまる人々が多くなっていきました。その理由について、表も参考にしながら、**日本とアメリカの貿易に注目し、「生糸」という語句を使って**説明しなさい。

問８　下線部(7)のような状況が進んだ結果、日本はアメリカからの輸入にますます依存するようになりました。しかし、日米関係の悪化を背景とした下線部(8)によってアメリカは日本への輸出を停止できるようになりました。1930年代以降の時期に日米関係が悪化した背景を説明した文として最も適当なものを、次のア～ウから１つ選び、記号で答えなさい。

ア　日本は清から得た賠償金などを使って軍備を増強し、さらにイギリスと同盟を結んだ。

イ　日本が韓国に対する支配を強め、ついに韓国を併合して朝鮮とし、植民地にした。

ウ　日本がドイツ・イタリアと同盟を結び、資源を求めて東南アジアに軍隊を送った。

問９　資源の乏しい日本にとってアメリカとの関係は重要であったにもかかわらず、下線部(9)のように経済断交に至り、日本は武力を用いてその打開をはかろうとアメリカも相手にして戦争を拡大しました。この戦争拡大によって生じた国民生活について説明した文として**誤っているもの**を、次のア～ウから１つ選び、記号で答えなさい。

ア　戦争に反対する新聞や出版物などが厳しく取り締まられた。

イ　国が品物の値段を決めて使用量を管理したため、国民は暮らしに必要なものを不自由なく入手できるようになった。

ウ　国民は、戦争が不利になったことも知らされず、生活の不満を口にできないまま、がまんの日々を送った。

③　次の文章は、2019年４月に行われた京都精華（せいか）大学・大学院入学式におけるウスビ・サコ学長の挨拶の一部です。文章を読んで、以下の各問いに答えなさい。なお、読みやすくするために一部表現を改めています。

京都精華大学、学長のウスビ・サコです。ご列席の教職員、関係者のみなさまとともに、新入生のみなさんのご入学を心よりお祝い申し上げます。

京都精華大学が開学された1960年代は、日本だけでなくアジアやアフリカでも「(1)自由」と「人間尊重」のための様々な運動が起こり、一定の成果を収めました。しかし昨今、近代の時代が作り出した国民国家が、(2)グローバル化によってその限界をあらわにしており、そこにかつて共生していた民族間の葛藤（かっとう）が発生しています。それに対して、ナイジェリアの詩人ウォーレ・ショインカ氏は、「今日、世界の一極化が進むことによって、人間の価値を認めない風潮がもたらされている」と指摘しておられました。私の出身国であるマリ共和国でも、つい先月、民族間の対立により、特定の民族が別の民族の村を焼き打ちし、150人以上が殺害される事態が起きました。殺し合いがあった民族同士は長年共存し、(3)互いの価値観を尊重してきたはずです。

グローバル化は、因襲（いんしゅう）的な束縛から個が解放される一方で、地域紛争や民族対立が顕在（けんざい）化し、経済格差が広がり、人びとに不安や分断をもたらしています。また、国際社会の秩序の乱れ、地域格差の拡大などの課題も顕著（けんちょ）になり、悪化した生活環境で(4)教育が受けられない子どもも増加しています。新入生のみなさんには、これらの問題を自分たちが生きている社会の課題として捉えていただきたいと思います。京都精華大学におけるグローバル化教育は、(5)自国の文化と向き合い、自分の足元をしっかり見つめた上で、他者との共存及び共生社会の実現を図ることです。これは、「［ A ］」というSDGsの実現に尽力するとともに、教育課程でも意識をすることにしたいと思います。

今日、グローバル化にはもう一つの側面があります。テクノロジーの進歩との深い関わりです。テクノロジーの進歩によって国や地域をこえ、互いが互いの現実について、リアルタイムで話し合えるチャンスが与えられます。世界の(6)若者たちが地球の未来を一緒に考えていくプラットフォームが多様にできており、世界を変革する希望も生まれました。この希望を現実にするためには、他者との違いを認識し、尊重する姿勢を学び、自分の価値観を形成することが求められています。

これからの大学生活において、みなさんは(7)表現者として試行錯誤をしますが、失敗を恐れないでほしい。大学生活の中で、すべてがうまくいくはずはありません。そして一つの道でうまくいかないことがあったとしても、そのときには他の道を選択できる人間に成長して欲しい。それでも解決の道筋が見えないときには、周りの仲間や人々に助言を求めることもしてみてください。

問１　下線部①について、次の資料は日本国憲法の条文の一部です。資料中の空欄のうち「自由」の語句があてはまる空欄をア～エから１つ選び、記号で答えなさい。

資料

第１条　天皇は、日本国の象徴であり日本国民統合の象徴であって、この地位は、［　ア　］の存する日本国民の総意に基く。

第14条　すべて国民は、法の下に［　イ　］であって、人種、信条、性別、社会的身分又は門地により、政治的、経済的又は社会的関係において、差別されない。

第25条　すべて国民は、健康で文化的な最低限度の生活を営む［　ウ　］を有する。

第31条　何人も、法律の定める手続によらなければ、その生命若しくは［　エ　］を奪はれ、又はその他の刑罰を科せられない。

問２　下線部(2)について、日本におけるグローバル化の影響について述べた文として最も適当なものを、次のア～エから１つ選び、記号で答えなさい。

ア　日本で暮らす外国人や海外で暮らす日本人の数がともに増加傾向となる。

イ　日本の食料自給率が低下し、フードマイレージが低くなる。

ウ　産業の空洞化が加速し、フェアトレードの仕組みが注目されるようになる。

エ　工業製品などで海外の安い製品と価格競争となり、バーチャルウォーターが増える。

問３　下線部(3)に関連して、次の会話文を読み、思わずキャップ投票をしたくなるような二択の質問を考え答えなさい。なお、会話文中の条件を踏まえること。また、「あなたは猫派？犬派？」以外の質問を考えること。

会話文

Ａさん：今日のＳＳ(道徳)の授業では、「ナッジ理論」について学んだね。

Ｂさん：強制や罰則なしに「ついやってしまう」行動を活用する考えのことだね。

Ａさん：そうそう。そこで思ったんだけど、校内のペットボトル回収箱にはキャップが分別されないまま捨てられているのをよく見るから、キャップの分別を促すことにナッジ理論を使えないかと思って。

Ｂさん：それは面白い考えだね。そういえばこの前旅行に行ったときに寄った高速道路のパーキングエリアに、「あなたは猫派？犬派？」って書いてあるペットボトルキャップのごみ箱があったなぁ。

Ａさん：思わず投票したくなるような質問を書いて、ゴミ箱を投票箱にすることで分別を促す、というわけね。面白そうだから校内でもやってみない？

Ｂさん：いいね。でもどんな質問だとみんな投票したくなるんだろう。

Ａさん：あまり選択肢が多くても迷ってしまうから二択がいいよね。あと、学校には様々な方が来校されるから多くの方が投票しやすいものがよくて、アニメや漫画みたいな知っている人しかわからないようなものはダメだよね。
Bさん：正解があるような計算問題やクイズも適切ではないよね。よし、色々考えてみよう！

問４　下線部(4)に関連して、日本国憲法第26条に定められた「教育を受ける権利」はどの基本的人権に分類されるか、次のア～エから１つ選び、記号で答えなさい。

ア　自由権　　イ　平等権　　ウ　社会権　　エ　新しい人権

問５　下線部(5)に関して、日本の伝統文化について述べた文として**最も適当でないもの**を、次のア～エから１つ選び、記号で答えなさい。

ア　日本の伝統文化の中には、節分や七夕など、庶民の日常生活のなかで毎年同じ時期に行われる年中行事も含まれる。

イ　文化財保護法により国は文化財の保存に努力しているが、少子高齢化や過疎化が進み、存続が難しくなっている伝統文化もある。

ウ　日本には地域によって気候や土地柄に応じた多様な伝統文化が見られる。

エ　日本の伝統文化の一つである「はしを使って食事をする」というのは、世界的にみても日本だけの文化である。

問６　文中の空欄Aにあてはまる語句として最も適当なものを、次のア～エから１つ選び、記号で答えなさい。

ア　宇宙船地球号　　　　イ　誰一人取り残さない

ウ　かけがえのない地球　エ　公共の福祉

問７　下線部(6)に関連して、2022年４月１日から、成年年齢が20歳から18歳に変わりました。あなたはクラスで配布された次の資料をみて、学校内に掲示するポスターを作成しようとしています。新たに「成人」になる18歳や19歳がトラブルに巻き込まれないようにするためのポスターとして最も適当なものを、後のア～エから１つ選び、記号で答えなさい。

資料

18歳・19歳が狙われる消費者トラブルに注意！

　民法改正により、2022年４月１日に成年年齢が、現行の20歳から18歳に引き下げられました。成人になると、保護者の同意を得なくても、自分の意思で様々な契約ができるようになります。

　未成年者が保護者の同意を得ずに契約した場合、民法による「未成年者取消権」で取り消すことができますが、成年年齢が引き下げられることにより18歳から「未成年者取消権」が行使できなくなります。

　契約に関する知識や社会経験の少ない新成人が悪質な事業者に狙われることが予想されます。実際、契約当事者が20歳である相談は19歳と比べ、2019年度で約1.8倍、2020年度で約1.7倍、2021年度（～12月）で約1.8倍に増加しています。被害に遭わないために、成人になったタイミングで増える消費者トラブルを知っておくことが大切です。

ア

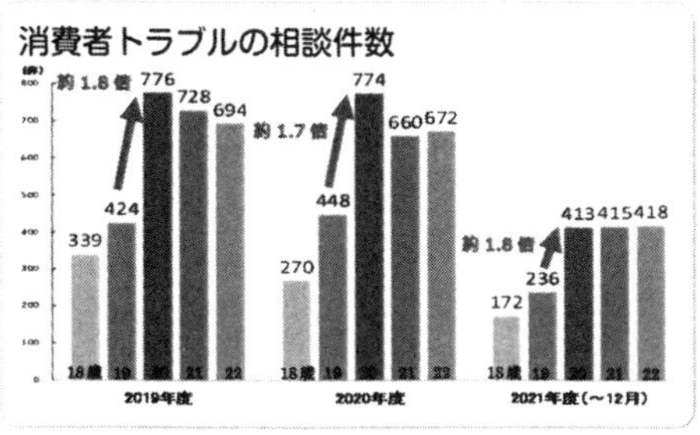

イ

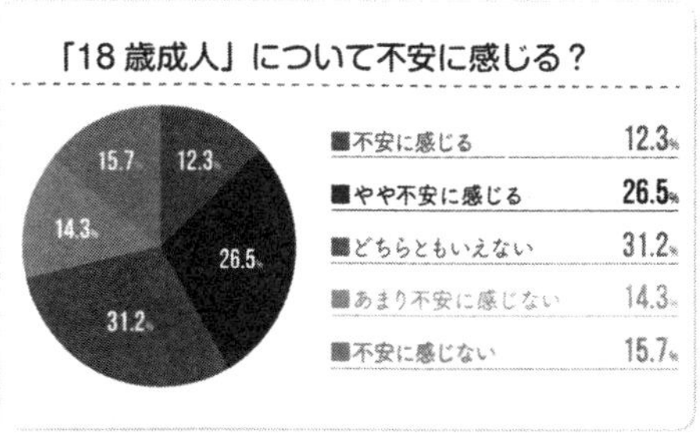

ウ

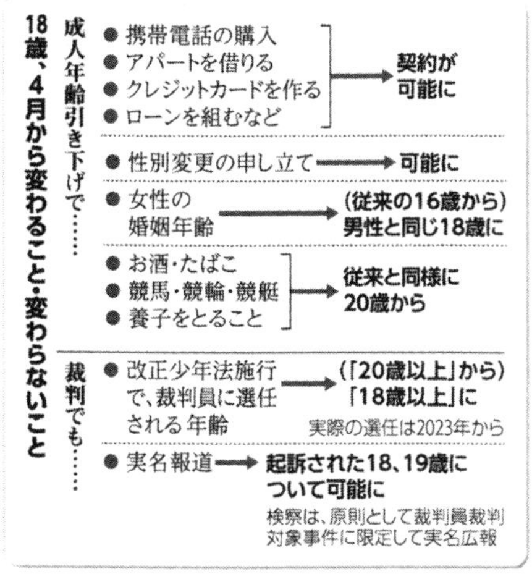

エ

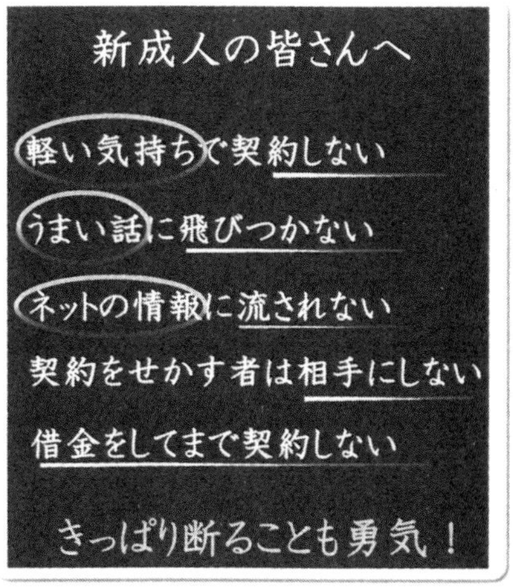

問８　下線部(7)に関連して、次の会話文は「表現の自由」について学習した生徒が授業を復習している様子です。会話文中の空欄Ⅰ・Ⅱにあてはまる語句の組合せとして最も適当なものを、後のア～エから１つ選び、記号で答えなさい。

会話文

Ａさん：今日の授業は表現の自由についてだったね。「表現の自由は民主主義の維持に不可欠のものとして最大限尊重されている」と先生は言っていたけど、制限はないのかな。

Ｂさん：教科書に裁判の判例が載っているよ。「Ｘさんが書いた小説に対して、Ｙさんが『この小説には、自分の私生活が許可なく描かれている』として［　Ⅰ　］を主張して、文章の削除を求めた。これに対して、Ｘさんは表現の自由を主張して、文章の削除を拒否した。」と書いてあるね。この裁判は［　Ⅰ　］が認められて、表現の自由は制限されたみたいだね。

Ａさん：そうか、いくら表現の自由が認められているからといって何を書いてもいいというわけではないのね。

Ｂさん：そうだね。最近ではＳＮＳで他人の悪口を書いたりして事件になることもあるけど、表現の自由だからといって許されるわけじゃないからね。民族差別をあおる［　Ⅱ　］を行った個人や団体の名前の公表を定めた大阪市の条例が憲法に違反するかどうかが争われた裁判が2022年にあったけど、そこでも「表現の自由の制限は必要やむをえない限度にとどまる」として憲法に違反しないと判断しているね。

ア　Ⅰ－身体の自由　　　　　Ⅱ－ヘイトスピーチ
イ　Ⅰ－身体の自由　　　　　Ⅱ－バリアフリー
ウ　Ⅰ－プライバシーの権利　Ⅱ－ヘイトスピーチ
エ　Ⅰ－プライバシーの権利　Ⅱ－バリアフリー

芝浦工業大学柏中学校（第１回）

―40分―

1　まひとくんは女性の歴史をテーマに調べ学習を行い、カードを作成しました。これらのカードを読み、以下の問題に答えなさい。

〈あ〉時代
かつて大名屋敷で楽しまれていた相撲（すもう）見物は、この時代には庶民も楽しむようになった。女性力士による相撲も行われ、特に目が見えない男性を相手に取り組みをもたせ、それを見世物として楽しむ「盲（めくら）・女相撲」は大人気となった。この様子は、浮世草子や①人形浄瑠璃などでも確認できる。勧進元（かんじんもと）に率いられる女相撲取を一つの②身分とみて、この時代の社会のすがたを考えることもある。

〈い〉時代
律令国家が成立したこの時代には、戸籍で男女が明確に区分されて記録されることとなった。③中国にならって作られた律令では、男女で④税の制度も異なっていた。

〈う〉時代
この時代には、夫が亡くなった後、再婚せずに出家した妻が、家の代表として強い権限を持つことがあった。たとえば、⑤北条政子は「尼将軍」とも呼ばれ、幕府を代表して政治を行った。

〈え〉時代
熊本県のある⑥古墳からは、首長と思われる30歳代の女性人骨が発掘されている。副葬品は男性の場合とほとんど同じだが、武器・武具が副葬されず、刀剣は棺（ひつぎ）の外に置かれているといった違いもみられた。

〈お〉時代
社会で女性が感じる大変さは、政治や⑦文化の状況によって変わる。この時代に生きた伊藤野枝（のえ）は、女性が自己主張することを良しとしない時代のなか、※良妻賢母（りょうさいけんぼ）の価値観に強く反発した。関東大震災が発生すると、彼女は震災の混乱の中で殺害された。

※良妻賢母…夫に対しては良い妻、子供に対しては養育に努める賢い母であること。

〈か〉時代
⑧『兎（うさぎ）』で有名な金井美恵子は、公害対策基本法がつくられた年に太宰治賞を受賞した女性作家である。彼女は女性の自由や自立を唱える⑨社会運動に対して、そもそも男性との比較で女性の立場や境遇を語ること自体が差別を生み出していると批判した。

問１　〈あ〉時代から〈か〉時代のカードを年代の古い順に並び替えたとき、**４番目**にあたるカードとして正しいものを、次のアからカより１つ選び、記号で答えなさい。

ア)〈あ〉時代　　イ)〈い〉時代　　ウ)〈う〉時代

エ)〈え〉時代　　オ)〈お〉時代　　カ)〈か〉時代

問２　下線部①について、『曽根崎心中』などの台本を書いたのは、だれか。人名を**漢字**で書きなさい。

問３　下線部②について、以下の資料Ａと資料Ｂは、どちらかが1992年に書かれた高校日本史の教科書で、もう一方は現在の高校日本史の教科書です。これらの一部は、出題の都合で改変しています。また、資料Ｃはこれまでの研究の流れを整理して紹介したものです。これをもとに、以下の各問いに答えなさい。

資料Ａ

> 「えた」などの蔑称(べっしょう)でよばれた「かわた」は、…(中略)…農業のほか手工業に従事し、幕府や大名の支配のもとで、死牛馬の処理や死刑にかかわる仕事も担った。非人は、村や町から排除され集団化した乞食(こつじき)で、…(中略)…村や町の番人や清掃・芸能にたずさわった。かわた身分や非人身分も、集団を形成して御用を勤めている点では他の諸身分と共通していたのである。

資料Ｂ

> 幕府や藩は、支配を維持し強固にするために、社会秩序を固定しておく必要があった。そのために士農工商という身分の別をたてた制度を定め、さらにこれら四民の下に「えた」「ひにん」などとよばれる賤民身分をおいた。…(中略)…幕府や藩が彼らにさまざまの制約を加えたのは、農民や町人の武士に対する不満をそらすためであったと考えられている。

資料Ｃ

> 明治時代以後、えた身分・ひにん身分は渡来人の子孫だと考えられていた。こうした考えは1950年代には修正され、えた身分・ひにん身分は幕府によって意図的に作られたものであると考えられるようになった。ところが、こうした考えも1980年代に大きな変化がみられた。すでにまとまりとして存在している集団が、その社会的な役割を幕府に認めてもらい、税として課された役務(えきむ)を負担することで身分として成り立っていたと考えられるようになったのである。こうした新しい考え方が教科書に反映されるのは、2000年以降になってからのことであった。

⑴　1992年の高校日本史の教科書は、資料Ａと資料Ｂのどちらですか。記号で答えなさい。

⑵　⑴で解答した方が1992年の高校日本史の教科書と判断した理由は何ですか。**30字から50字**で答えなさい。なお、**句読点は字数に含みます**。

問４　下線部③について、次のＡからＣの文を時代が古いものから順に並べた場合、どのような並び方になりますか。正しいものを以下のアからカより１つ選び、記号で答えなさい。

Ａ　日本は二十一カ条の要求をつきつけ、その大部分を認めさせた。

Ｂ　華北地域から出発した日本軍は、首都南京を占領した。

Ｃ　国際社会からの圧力をうけ、日本は遼東半島を返還した。

ア）Ａ⇒Ｂ⇒Ｃ　　イ）Ａ⇒Ｃ⇒Ｂ　　ウ）Ｂ⇒Ａ⇒Ｃ

エ）Ｂ⇒Ｃ⇒Ａ　　オ）Ｃ⇒Ａ⇒Ｂ　　カ）Ｃ⇒Ｂ⇒Ａ

問５　下線部④に関連して、日本の税制度について述べた次の文のうちに、正しいものが２つあります。正しい文を**すべて選び**、記号をアイウエオ順に並べて答えなさい。

ア）律令で定められた庸は、各地の特産物を納める税であった。

イ）律令で定められた防人は、６歳以上の男女が対象であった。

ウ）鎌倉時代には、徳政令が出されて税が免除されることもあった。

エ）織田信長は、城下町での税を免除する楽市・楽座を実行した。

オ）８代将軍の徳川吉宗は、税率を検見法から定免法に切り替えた。

カ）明治時代の農地改革により、国民は税を現金で納めるようになった。

キ）高度経済成長の時期には、政府開発援助（ＯＤＡ）と呼ばれる税が導入された。

問６　下線部⑤について、次の年表は北条政子の生涯（しょうがい）をまとめたものです。表中の空らんにあてはまる語句の組み合わせとして適切なものを１つ選び、記号で答えなさい。

〈年表〉

西暦年	年齢	出　来　事
1157年	０歳	伊豆国の豪族である北条時政の長女として生まれる。
1177年	20歳	頼朝と結婚する。
1180年	23歳	源平の合戦が始まる。夫の頼朝は関東を制圧し、［　Ｘ　］と呼ばれるようになる。
1182年	25歳	のちに２代将軍となる頼家（よりいえ）を出産する。
1185年	28歳	源平の合戦が終わる。
1192年	35歳	のちに３代将軍となる実朝（さねとも）を出産する。
1195年	38歳	娘の大姫（おおひめ）が20歳で亡くなる。
1199年	42歳	大姫に続き、夫の頼朝が急死する。
1204年	47歳	頼家が将軍職を奪われ、伊豆で亡くなる。襲撃には政子の弟の［　Ｙ　］が関わっていたとされている。
1219年	62歳	実朝が暗殺される。政子はこれで出産したすべての子どもに先立たれることとなる。
1221年	64歳	承久の乱が発生した際、御家人に演説を行って結束を強める。
1224年	67歳	弟の［　Ｙ　］が死去する。
1225年	68歳	その生涯を終える。

［　Ｘ　］　Ⅰ：鎌倉殿　　Ⅱ：征夷大将軍

［　Ｙ　］　Ａ：北条泰時　　Ｂ：北条義時

ア）Ⅰ・Ａ　　イ）Ⅰ・Ｂ　　ウ）Ⅱ・Ａ　　エ）Ⅱ・Ｂ

問７　下線部⑥について、正しいものを次の文のうちから１つ選び、記号で答えなさい。

ア）奈良県にある箸墓(はしはか)古墳は、推古天皇の墓と考えられている。

イ）京都府にある大仙古墳は、仁徳天皇の墓と考えられている。

ウ）古墳の周囲に置かれた「はにわ」には、家や馬の形をしたものもあった。

エ）東北地方には、前方後円墳は存在していない。

問８　下線部⑦について、次の文のうちから正しいものを**すべて選び**、記号をアイウエオ順に並べて答えなさい。なお、正しい文が１つもない場合には、「×」を記入しなさい。

ア）古墳時代にやってきた渡来人の中には、国内政治の記録にたずさわる者もいた。

イ）平安時代には、「鳥獣戯画」や「一遍上人絵伝」などの絵巻物が作られた。

ウ）室町時代には、現在の和風住宅のもととなった寝殿造という様式が生まれた。

エ）明治時代の初め、新橋から横浜の間に日本で最初の鉄道が開通した。

オ）初代文部大臣の森有礼が学校令を定め、小学校６年間が義務教育となった。

カ）野口英世は破傷風の血清療法を発見し、世界に認められる研究成果を発表した。

キ）ロマン主義の文学者である森鷗外は、『一握(いちあく)の砂』を発表して人気となった。

問９　下線部⑧について、昨年の正月に行われた**ふみ**くんと**さらさ**さんの**【会話文】**を読み、文中に設けられた空らん［　X　］・［　Y　］にあてはまるものとして、もっとも自然な**【選択肢】**を**一つだけ**選び、記号で答えなさい。

【会話文】

さらさ　「年賀状ありがとう！　今年はウサギ年ね。ウサギちゃんは可愛いから大好きよ！」

ふみ　「どういたしまして。ところで君、兎(うさぎ)が可愛いっていうのは近代の感覚なんだよ。昔の人は、かわいいなんて思ってなかったんだ。」

さらさ　「嘘(うそ)よ！　だって、お月様にはウサギちゃんがいるじゃない？　昔の人は、お月見しながらお酒を飲んでいたりしたんでしょ？」

ふみ　「それと兎が可愛いかどうかは別だよ。資料Ａ・Ｂの平安貴族の日記を見て。」

資料Ａ

２月28日。今朝、兎が※１外記(げき)局に侵入した。使いの者たちが始末した。占いによれば「怪異のあるところには火事があるぞ」とのことであった。

※１　外記局…公文書を作成する役所。

資料Ｂ

３月４日。大外記(げき)の清原頼隆(よりたか)が言うには、「先日、兎の侵入があったことをうけ、７日に外記局で※２読経(どきょう)と※３火祭を行うことになりました。」

※２　読経…僧侶がお経を読み上げること。

※３　火祭…火災を防ぎ、火災がないように祈る祭。

ふみ　「兎は月から来た神の使者と考えられていたんだ。」

さらさ　「ウサギちゃんが神の使いっていうのは知らなかったわ。昔の人にとって、ウサギちゃんは［　X　］だったのね。」

さらさ　「けど、戦国武将の中には、兜(かぶと)にウサギちゃんの耳をつけていた人もいたそうよ。

これは可愛いからでしょ？」

ふみ　「君、因幡（いなば）の白兎の話は知ってるね？　海波を乗り越えていく勇敢さが、武士に好まれたんだよ。戦場で神を味方につけるってこともあるだろうね。」

さらさ　「あっ！　ふみにもらった年賀状にも波が書いてある！（資料C）」

資料C：年賀状にみる波兎（はと）文様

ふみ　「そう。見た目の問題じゃなくて、戦国武将が兜に兎を付けたのは［　Y　］なんだよ。」

さらさ　「そういえば、竹取物語にも月が出てくるわね。もしかしてこれもウサギちゃんと関係があるのかしら!?」

ふみ　「君はいつも質問ばっかり…。シバカシに入学したら探究活動で調べてみなよ。」

【選択肢】

ア）［　X　］には「ありがたいことをもたらす高貴な存在」が入る。

イ）［　X　］には「不吉なことをもたらすこともある畏（おそ）れ多い存在」が入る。

ウ）［　Y　］には「派手な格好をして目立つため」が入る。

エ）［　Y　］には「長い耳で周囲の音をよく聞くため」が入る。

問10　下線部⑨に関する文Ａ・Ｂについて、Ａ・Ｂともに正しい場合はア、Ａは正しいがＢが誤っている場合はイ、Ａは誤っているがＢが正しい場合はウ、Ａ・Ｂともに誤っている場合はエを答えなさい。

Ａ　自由民権運動では、農民らの支持を得た自由党が民撰議院設立建白書を提出した。

Ｂ　第一次世界大戦の後、立憲政治を守ることを目的に第一次護憲運動が発生した。

2　日本の地理に関する問題に答えなさい。

〈地図〉

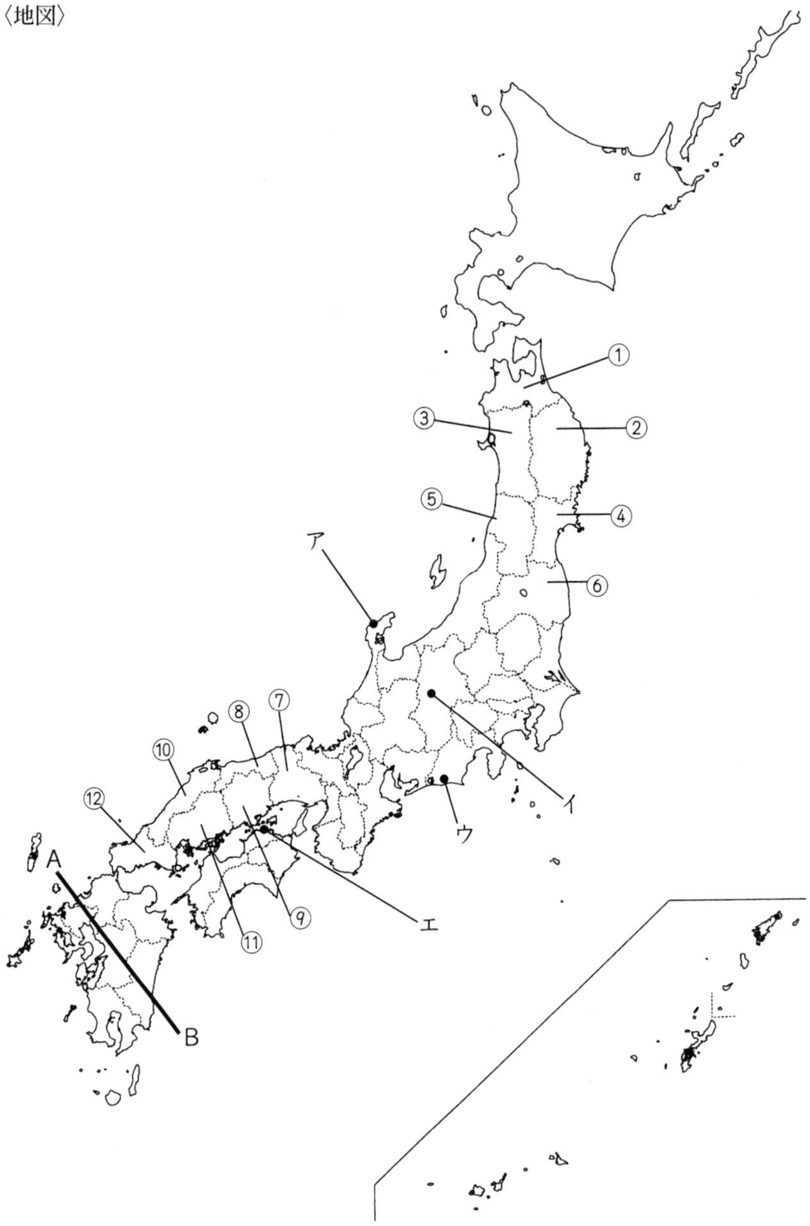

問1　〈地図〉中の①から⑥の県に関する説明として、**誤っているもの**を次の文のうちから１つ選び、記号で答えなさい。

ア）やませによる冷害の影響を特に受けやすいのは①、②、④である。

イ）①と③にまたがる山地には、ブナの原生林が広がり、世界遺産に登録されている。

ウ）②と④の沿岸部にはリアス海岸が見られ、わかめ、のり、かきなどの養殖のほか、さんま漁などもさかんにおこなわれている。

エ）④と⑤の間には南北に大規模な山脈が連なり、特に⑤の内陸部は夏に日本海側から吹く季節風がもたらすフェーン現象の影響で、高温となりやすい。

問２　〈地図〉中の⑦から⑫の県に関する説明として、正しいものを次の文のうちから１つ選び、記号で答えなさい。

ア）県名と県庁所在地名が同じ県は５つある。

イ）日本海と瀬戸内海の両方に面している県は３つある。

ウ）政令指定都市があるのは⑦、⑨、⑪である。

エ）日本の時刻の基準となっている経線が通っているのは、⑧と⑨である。

問３　次の〈表〉中のＡからＤは、〈地図〉中のアからエのいずれかの月別平均気温と降水量を示したものです。〈表〉中Ｄにあてはまるものを地図中のアからエより１つ選び、記号で答えなさい。

〈表〉　　　上段…月平均気温(℃)、下段…月降水量(㎜)

	1月	2月	3月	4月	5月	6月	7月	8月	9月	10月	11月	12月	全年
A	3.3	3.4	6.1	11.1	16.1	20.0	24.4	25.9	22.0	16.3	10.8	5.9	13.8
	219.2	139.6	138.6	121.6	115.6	155.8	199.6	176.8	214.5	171.1	231.5	278.4	2162.3
B	5.9	6.3	9.4	14.7	19.8	23.3	27.5	28.6	24.7	19.0	13.2	8.1	16.7
	39.4	45.8	81.4	74.6	100.9	153.1	159.8	106.0	167.4	120.1	55.0	46.7	1150.1
C	-0.3	0.6	4.6	10.8	16.5	20.2	24.2	25.1	20.4	13.9	7.8	2.5	12.2
	39.8	38.5	78.0	81.1	94.5	114.9	131.3	101.6	148.0	128.3	56.3	32.7	1045.1
D	6.3	6.8	10.3	15.0	19.3	22.6	26.3	27.8	24.9	19.6	14.2	8.8	16.8
	59.2	76.8	147.1	179.2	191.9	224.5	209.3	126.8	246.1	207.1	112.6	62.7	1843.2

(『地理データファイル 2023年版』帝国書院より作成)

問４　〈地図〉中のＡ－Ｂ間の地形をＡからＢへ順番に並べた時、正しいものを次のうちから１つ選び、記号で答えなさい。

ア）熊本平野　→　九州山地　→　宮崎平野

イ）熊本平野　→　筑紫山地　→　宮崎平野

ウ）宮崎平野　→　九州山地　→　熊本平野

エ）宮崎平野　→　筑紫山地　→　熊本平野

問５　次の文章ＡからＣは、自然環境や自然災害について説明したものです。文章ＡからＣの正誤の組合せとして、正しいものを以下のアからクより１つ選び、記号で答えなさい。

Ａ　関東平野のローム層や鹿児島県のシラス台地は、河川の上流で侵食された土砂がたまったことにより作られた。

Ｂ　台風や強い低気圧が発達する時期には、海面が上空に吸い上げられたり、強風によって海水がふき寄せられたりすることにより、津波が発生しやすい。

Ｃ　前線が停滞している時期、台風が接近する時期には集中豪雨が発生することがあり、地すべりなどの土砂災害が生じやすい。

	ア	イ	ウ	エ	オ	カ	キ	ク
A	正	正	正	正	誤	誤	誤	誤
B	正	正	誤	誤	正	正	誤	誤
C	正	誤	正	誤	正	誤	正	誤

問6　次の〈表〉は、4つの農産物の1960年から2010年までの収穫量の推移、2021年における全国の収穫量と、その生産量の上位5位までの県名を示したものです。〈表〉について説明した文章AからCの正誤の組合せとして、正しいものを以下のアからクより1つ選び、記号で答えなさい。

〈表〉　(単位：千トン)

	キャベツ		きゅうり		りんご		みかん	
1960年	686		462		876		894	
1970年	1 437		965		1 021		2 552	
1980年	1 545		1 018		960		2 892	
1990年	1 544		931		1 053		1 653	
2000年	1 449		767		800		1 143	
2010年	1 359		588		787		786	
全国 2021年	1 485		551		662		749	
1位	群馬	292	宮崎	64	青森	416	(2)	148
2位	愛知	267	群馬	54	(1)	110	愛媛	128
3位	千葉	120	埼玉	46	岩手	42	静岡	100
4位	茨城	109	福島	39	山形	32	熊本	90
5位	(1)	73	千葉	31	福島	19	長崎	52

(『地理データファイル 2023年版』帝国書院より作成)

A　キャベツときゅうりは消費地である東京に近い県や、促成栽培や抑制栽培がおこなわれている県での生産が多い。

B　それぞれの農産物の収穫量が最も多かった年と、2021年の収穫量を比べた時、2021年の収穫量が、最も収穫量の多かった年の半分未満となった品目は1つだけある。

C　〈表〉中の(1)には長野、(2)には和歌山が入る。

	ア	イ	ウ	エ	オ	カ	キ	ク
A	正	正	正	正	誤	誤	誤	誤
B	正	正	誤	誤	正	正	誤	誤
C	正	誤	正	誤	正	誤	正	誤

問7　次の文AからCは、林業や森林資源について説明したものです。文章AからCの正誤の組合せとして、正しいものを以下のアからクより1つ選び、記号で答えなさい。

A　木材の自給率は1960年以降、減少し続けており、現在にいたるまで増加に転じることはなかった。

B　林業に従事する人の数は1960年以降、減少傾向にあり、現在では高齢化も進んでいる。

C　人工林の中心となるのは、生長が早く建築材にも適した針葉樹林である。

	ア	イ	ウ	エ	オ	カ	キ	ク
A	正	正	正	正	誤	誤	誤	誤
B	正	正	誤	誤	正	正	誤	誤
C	正	誤	正	誤	正	誤	正	誤

問８　次の文章は、食料や環境問題について述べたものです。これに関して以下の問いにそれぞれ答えなさい。

〈文章〉

> 食料の輸送において、生産地と消費地との距離が遠くなると、輸送のための燃料の消費量や、二酸化炭素の排出量が多くなります。このように食料の輸送が環境にどれくらい影響を与えるかを表す数値のことを(あ)といい、食料の重さ(トン)×生産地から消費地までの距離(km)で求めることができます。

(1)　〈文章〉中の空らん(あ)にあてはまる語句を**カタカナ**で答えなさい。

(2)　〈文章〉中の空らん(あ)に関連して、次の文ＡとＢについて、Ａ・Ｂともに正しい場合はア、Ａは正しいがＢが誤っている場合はイ、Ａは誤っているがＢが正しい場合はウ、Ａ・Ｂともに誤っている場合はエを答えなさい。

Ａ　日本は世界各地から多くの食料を輸入しているため、他の先進国と比べて(あ)は高い。

Ｂ　ある地域で生産された農産物や水産物をその地域で消費する地産地消を進めることで、(あ)は高くなる。

問９　次の〈グラフ〉中のＡからＣは、世界のおもな国の自動車生産の移り変わりを、〈地図〉ＤとＥはある工場の所在地を示したものです。日本の自動車生産の移り変わりを〈グラフ〉中のＡからＣより、自動車組立工場の所在地を〈地図〉ＤまたはＥより選んだ組合せとして、正しいものを以下のアからカより１つ選び、記号で答えなさい。

〈グラフ〉

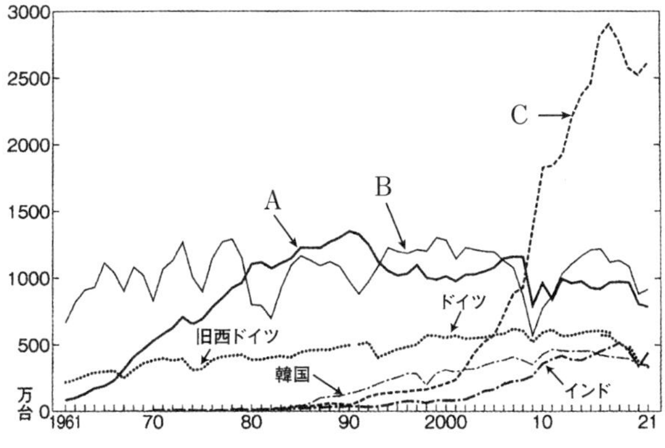

(『日本国勢図会 2022/23』より作成)

〈地図〉

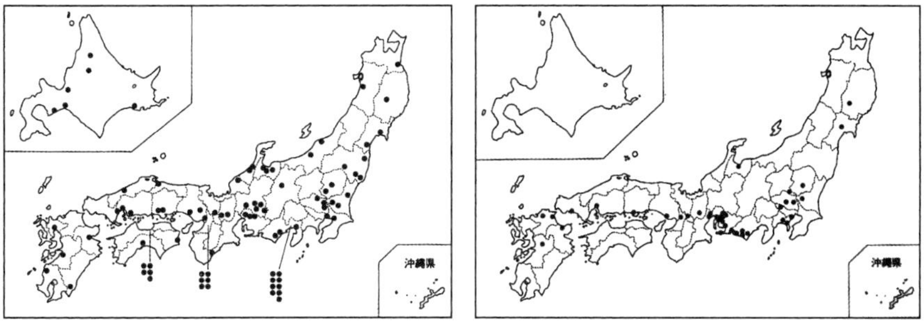

D　　　E

(『データでみる県勢 2023』より作成)

	ア	イ	ウ	エ	オ	カ
〈グラフ〉	A	A	B	B	C	C
〈地図〉	D	E	D	E	D	E

問10　次の〈表〉における４つのグラフは、1960年の輸出品・輸入品、2020年における輸出品・輸入品のいずれかを示したものです。〈表〉中のAとBには1960年、2020年のいずれか、CとDには輸出品、輸入品のいずれかが入ります。BとDにあてはまる語句の組合せとして、正しいものを以下のアからエより１つ選び、記号で答えなさい。

〈表〉

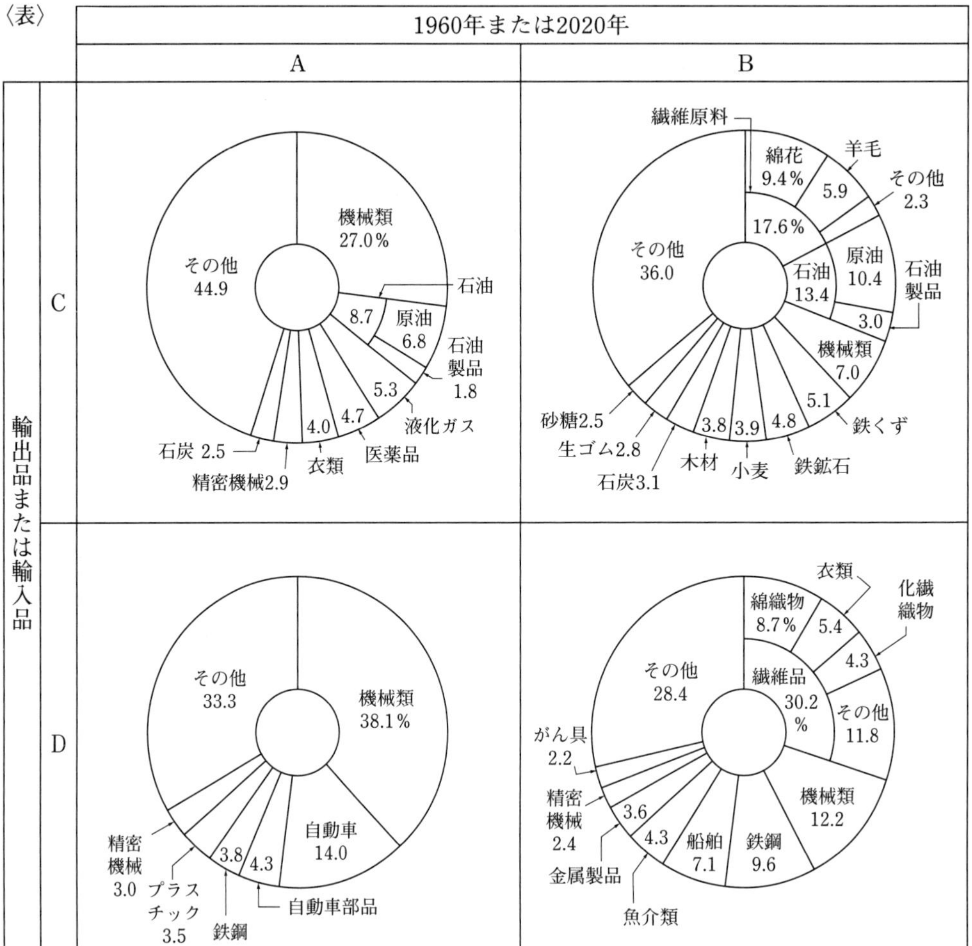

(『日本国勢図会 2022/23』より作成)

	ア	イ	ウ	エ
B D	1960年 輸出品	1960年 輸入品	2020年 輸出品	2020年 輸入品

問11　次の〈地形図〉から読み取れる内容として、正しいものを以下の文のうちから１つ選び、記号で答えなさい。

〈地形図〉

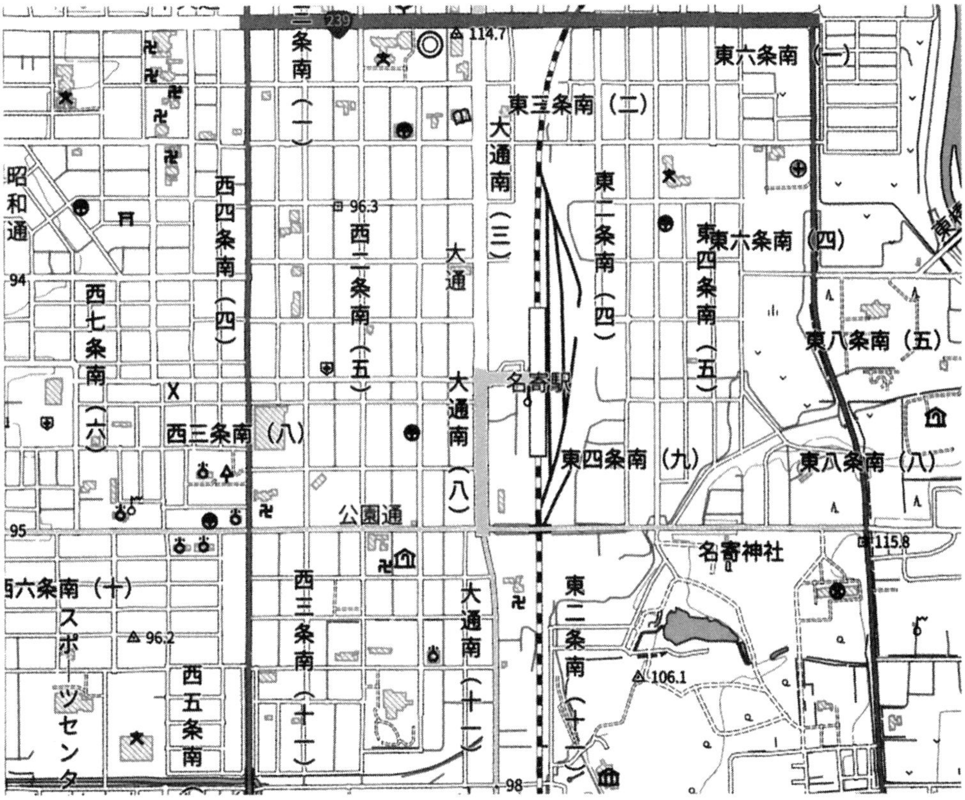

(国土地理院『地理院地図』より作成)

ア）老人ホームは「名寄駅」の北東部と南西部にみられる。

イ）「名寄駅」から北北西の方角に図書館、南南東の方角に博物館がある。

ウ）地形図中の地域はすべて標高が100ｍ未満の地域である。

エ）「名寄駅」を通るＪＲ路線の東部は畑や果樹園が広がっている。

問12　環境問題に関する説明として、**誤っているもの**を次の文のうちから１つ選び、記号で答えなさい。

ア）四大公害病のうち、水俣病、新潟水俣病、イタイイタイ病の原因は、工場からの排水に含まれた汚染物質によるものである。

イ）循環型社会の形成に向けた取り組みとして、リデュース、リユース、リサイクルの３Ｒのほか、近年ではそこにリフューズ(断る)、リペア(修理して使う)の２つを加えた５Ｒを推進している自治体や企業もある。

ウ）ラムサール条約は、湿原や沼、干潟とそこにすむ水鳥などの生物を守っていくことを目的に結ばれたものであり、日本では琵琶湖や釧路湿原などが登録されている。

エ）二酸化炭素の排出をおさえたり、交通渋滞を減らすための取り組みとして、トラックによる貨物輸送を鉄道や船に切りかえるパークアンドライド、自家用車からバスや電車などの公共交通機関に乗りかえるモーダルシフトなどが挙げられる。

3　現代の政治経済に関して、次の文章を読み、あとの問題に答えなさい。

昨年、４月に統一地方選挙が行われました。みなさんも、候補者ポスターの掲示板や選挙運動をする人たちを目にする機会が多かったでしょう。

統一地方選挙とは、全国各地で都道府県(　①　)や市区町村長、都道府県議会議員や市区町村議会議員の選挙が同時に行われるものです。1947年５月に②日本国憲法が施行され、それまではなかった「地方自治」が生まれたことにともない、それに合わせて全国の地方公共団体で一斉に選挙が行われました。その後、地方公共団体の首長・議員の任期に合わせて(　③　)年に１度、統一地方選挙が行われるようになりました。もっとも、この間、さまざまな理由で(　③　)年間の任期の途中で選挙が行われた地方公共団体もあるため、統一の日程で選挙を行う地方公共団体は徐々に減っています。2023年の統一地方選挙で選挙が行われたのは全国の地方選挙のうち４分の１程度でした。

政治に関してもっとも注目される選挙は④国会議員選挙ですが、それに加えて地方でも選挙をする必要があるのはなぜでしょうか。国会は、日本全体にかかわる政治を行います。一方で、それぞれの地域には、地域独自の事情や問題があります。それぞれの地域の実情にあった政治をするために、⑤地方自治体ごとの首長や議員を選ぶ必要があるのです。地方選挙は、住民みんなで地域の問題を考え議論する大切な機会なのです。

しかし、地方選挙については問題も指摘されています。まず、(　⑥　)の低さがあげられます。選挙に行かない有権者が増えているということです。また、⑦なり手不足や候補者の偏りも問題となっています。なり手不足とは、首長や議員に立候補する人が少ないという問題です。そのため、定員を超える立候補者がなく無投票で首長や議員が決まってしまう事例も多くなっています。候補者の偏りとは、首長や議員に立候補する人の年齢や性別に偏りがあることです。特に女性の候補者が少なく、その結果、首長や議員となる女性も少ないことは、⑧世界の国々と比べても深刻で、日本の大きな課題です。そのため近年では、より多くの人が選挙に立候補しやすくなるように、他の⑨仕事や子育てをしながら立候補したり議員の仕事をしたりしやすくするなどの対策も進められています。

問１　文中の空らん(　①　)・(　③　)・(　⑥　)に入る語句・数字を答えなさい。なお、語句は**漢字**で答えなさい。

問２　下線部②に関する説明として、正しいものを次の文のうちから１つ選び、記号で答えなさい。

ア）日本国憲法の三大原則とは、国民主権、基本的人権の尊重、権力分立である。

イ）国会が圧倒的多数の賛成で制定した法律であっても、憲法に反する場合には無効となる。

ウ）日本国憲法の第９条では、自衛隊と日米安全保障条約により国を防衛することが書かれている。

エ）日本国憲法を改正する際には、国民だけでなく最高裁判所長官と天皇が改正に賛成することが必要である。

問３　下線部④に関する説明として、正しいものを次の文のうちから１つ選び、記号で答えなさい。

ア）常会は毎年１回４月に開かれ、原則として150日間続く。

イ）必要なときには、弾劾裁判所をつくり、通常の裁判所にかわって重大な刑事裁判や民事裁判に判決を下すことができる。

ウ）法律案は、衆議院、参議院それぞれの委員会で話し合われたのち、最終的に衆議院と参議院が合同で開く本会議で議決される。

エ）予算を先に審議する権限と内閣に対して信任・不信任の決議ができる権限は、衆議院のみに認められている。

問４　下線部⑤に関して、ある生徒は次のような疑問を抱きました。

「国の政治においては、国民が行政の長である内閣総理大臣を直接選ぶことはできません。国民は、国会議員を選び、そうして選ばれた国会議員が内閣総理大臣を選出します。これに対して地方公共団体では、行政の長である首長を住民が直接選ぶことができます。それでは、なぜ住民は地方議会議員の選挙に参加する必要があるのでしょうか。地方議会はなくてもいいのではないでしょうか。」

この疑問に対して、住民の選挙によって議員が選ばれる地方議会が置かれているのはなぜだと考えられますか。**30字以上45字以内**で答えなさい。ただし、**句読点は字数に含みます**。

問５　下線部⑦に関して、次の二つの表は、ある年の統一地方選挙で議員選挙が行われた市区町村について、女性議員の数および議員の平均年齢と、選挙が無投票となった地方公共団体(無投票団体)の数の関係を調べてまとめたものです。これらのグラフから読み取れることとして**適切でないもの**を、以下のアからエより１つ選び記号で答えなさい。

〈表１〉

女性議員数	０人	１人	２人	３人	４人	５人以上
地方公共団体数	115	153	128	100	51	159
無投票団体数	38	25	24	11	4	2
無投票団体割合	33%	16%	19%	11%	8%	1%

〈表２〉

議員の平均年齢	50歳未満	50～54歳	55～59歳	60～64歳	65～69歳	70歳以上
地方公共団体数	10	79	178	247	174	18
無投票団体数	0	0	11	47	39	7
無投票団体割合	0%	0%	6%	19%	22%	39%

(表１・２ともに、総務省資料から作成。無投票団体には、市区町村内の一部の選挙区において無投票となった市区町村を含む。)

ア）女性議員がいない団体では、約３分の１の団体が無投票だった。

イ）女性議員がいない団体と女性議員が１人しかいない団体が、無投票団体の半分以上を占める。

ウ）議員の平均年齢が50歳未満の地方公共団体数は、調査対象の地方公共団体の１％にも満たない。

エ）議員の平均年齢が高いほど、無投票団体である割合が高い傾向にある。

問6　下線部⑧に関して、近年の世界の説明として、**誤っているもの**を次の文のうちから1つ選び、記号で答えなさい。

ア）日本は、アメリカが主導するＮＡＴＯ(北大西洋条約機構)に加盟している。

イ）2022年に始まったウクライナとロシアの戦争は、2023年も続いていた。

ウ）インドの人口が中国の人口を抜き、世界一位となった。

エ）イスラエルが、パレスチナのガザ地区に軍隊を送って攻めた。

問7　下線部⑨に関して、日本における働き方や育児の説明として、正しいものを次の文のうちから1つ選び、記号で答えなさい。

ア）物価があがり企業の経営が難しくなっていることにともない、近年は最低賃金の引き下げが続いている。

イ）労働者には、団結権、団体交渉権、団体行動権が保障されているが、ストライキは禁止されている。

ウ）政府の対策の結果、近年は合計特殊出生率(１人の女性が生涯に産む見込みの子どもの数)の上昇が続いている。

エ）こども基本法では、子どもが意見を言う機会を確保すべきことがうたわれている。

渋谷教育学園渋谷中学校（第１回）

—30分—

注　・字数の指定がある問題については、次の①と②に注意して下さい。
①句点（「。」）や読点（「、」）は、それぞれ１字として数えます。
②算用数字を用いる場合は、数字のみ１マスに２字書くことができます。
例１）「２０２４年」と書く場合　20|24|年
例２）「３６５日」と書く場合　36|5|日または3|65|日

1　昨年（2023年）、日本プロサッカーリーグ（Ｊリーグ）が始まって30周年を迎えました。Ｊリーグが始まるまで、日本国内のプロスポーツリーグはプロ野球のみでしたが、現在では様々なプロスポーツリーグが存在しています。次の表は、2023年９月末時点における全国規模のプロスポーツリーグとその概要を、リーグの開始年順に示したものです。

競技	リーグ名	開始年	チーム数
野球	［プロ野球］ セントラル・リーグ パシフィック・リーグ	1950年 （前身のプロリーグは1936年に開始）	12チーム （各リーグ６チーム）
サッカー	日本プロサッカーリーグ （Ｊリーグ）	1993年	60チーム （Ｊ１：18チーム Ｊ２：22チーム Ｊ３：20チーム）
バスケットボール	ジャパン・プロフェッショナル・バスケットボールリーグ （Ｂリーグ）	2016年	38チーム （Ｂ１：24チーム Ｂ２：14チーム）
サッカー（女子のみ）	日本女子プロサッカーリーグ （ＷＥリーグ）	2021年	11チーム

※プロとアマチュアが併存したリーグや、特定の地域におけるプロスポーツリーグは、上記に含まない。
※プロ野球２軍は、セントラル・リーグやパシフィック・リーグのチームと重複するため、上記に含まない。

（各リーグのウェブサイトをもとに作成）

問１　次の地図は、表に示されたプロスポーツリーグについて、2023年９月末時点の都道府県別のプロチーム数を地図に示したものです。図から読み取れる情報について説明した文Ａ・Ｂの内容の正誤の組み合わせとして適当なものを、あとのア～エから１つ選び、記号で答えなさい。

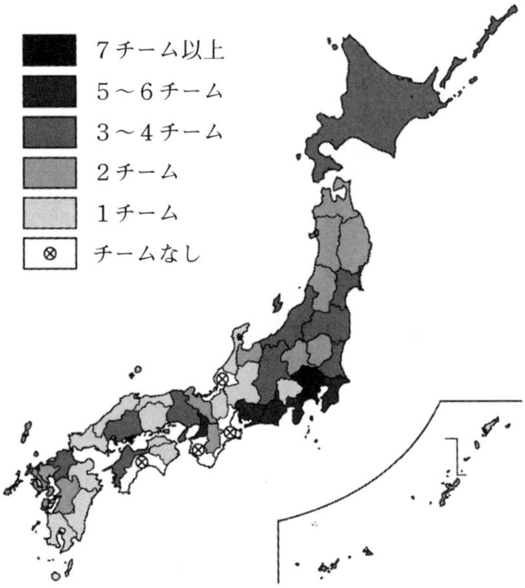

(各リーグのウェブサイトをもとに作成)

Ａ　チームなしの県は、すべて2023年９月末時点で営業運転中の新幹線が通らない県である。
Ｂ　政令指定都市がある都道府県は、すべてチーム数が２つ以上ある。

ア　Ａ：正　Ｂ：正　　イ　Ａ：正　Ｂ：誤
ウ　Ａ：誤　Ｂ：正　　エ　Ａ：誤　Ｂ：誤

問２　Ｊリーグのチームの多くは、所在する都市の歴史・文化・自然環境などを由来としてチーム名が付けられています。次の①～③の由来のチームが所在する都市を、あとの地図中のア～カからそれぞれ１つずつ選び、記号で答えなさい。

① イタリア語で「渦」を意味する言葉から命名。豪快な渦潮のようにパワー・スピード・結束力を兼ね備え、観客を興奮の渦に巻き込むチームを目指す。

② 英語で「葵」を意味する言葉から命名。かつてこの都市を治めた藩の家紋「三つ葉葵」から引用した。

③ 「織姫」と「彦星」とされる星の名前を合わせて命名。この都市で夏に開催される大規模な祭りにちなんでいる。

(説明文は各チームのウェブサイトをもとに作成)

問３　次の雨温図Ａ～Ｃは、プロ野球チームがある大阪府大阪市、埼玉県所沢市、福岡県福岡市のいずれかのものです。雨温図と都市の組み合わせとして適当なものを、あとのア～カから１つ選び、記号で答えなさい。

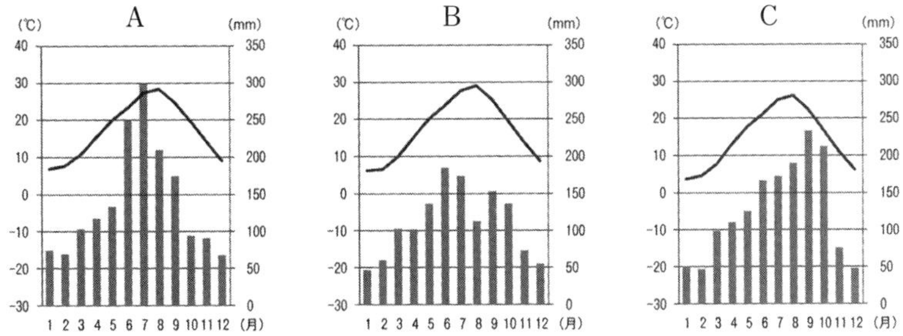

（気象庁資料より作成）

ア　Ａ：大阪市　　Ｂ：所沢市　　Ｃ：福岡市
イ　Ａ：大阪市　　Ｂ：福岡市　　Ｃ：所沢市
ウ　Ａ：所沢市　　Ｂ：大阪市　　Ｃ：福岡市
エ　Ａ：所沢市　　Ｂ：福岡市　　Ｃ：大阪市
オ　Ａ：福岡市　　Ｂ：大阪市　　Ｃ：所沢市
カ　Ａ：福岡市　　Ｂ：所沢市　　Ｃ：大阪市

問４　次の表は、Ｊリーグ創設当時に加盟チームがあった千葉県市原市、神奈川県川崎市、静岡県静岡市、広島県広島市のいずれかにおける、化学工業製造品出荷額、輸送用機械器具製造品出荷額、漁獲量、小売業年間商品販売額を示したものです。川崎市にあてはまるものを、表中のア～エから１つ選び、記号で答えなさい。

	化学工業製造品出荷額（億円）2019年	輸送用機械器具製造品出荷額（億円）2019年	漁獲量（トン）2018年	小売業年間商品販売額（億円）2015年
ア	9,198	5,437	—	12,287
イ	411	18,915	153	14,633
ウ	13,609	584	—	2,663
エ	1,100	558	2,839	7,968

※「—」はデータ無しを意味する

（経済産業省「2020年工業統計調査」、農林水産省「海面漁業生産統計調査」、総務省「平成28年経済センサス」より作成）

問５　次の地形図は、熊本県のＪリーグチームが本拠地とするスタジアム周辺のものです。この地域に関するあとの設問に答えなさい。

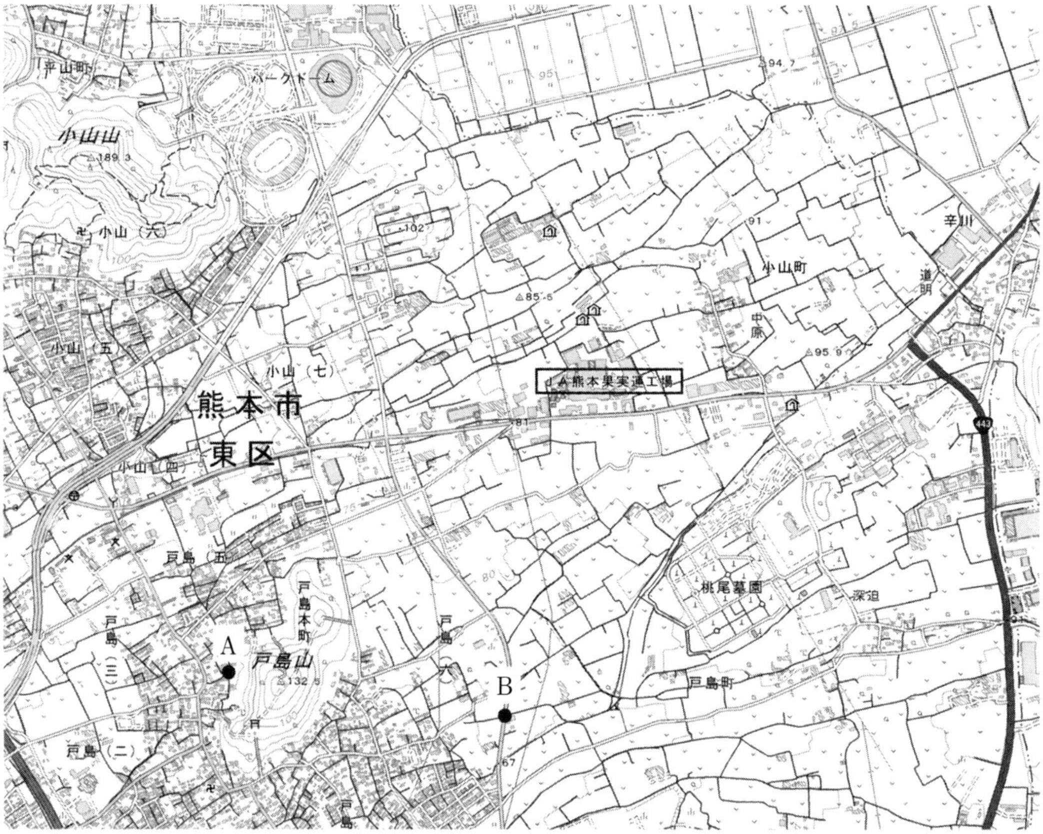

（国土地理院「電子地形25000」より一部改変）

⑴　地形図から読み取れる情報について説明した次の文①・②の内容の正誤の組み合わせとして適当なものを、あとのア～エから１つ選び、記号で答えなさい。

①　地図中のＡ地点からは、Ｂ地点を直接見ることができる。

②　「Ｊ.Ａ熊本果実連工場」の南側には、区画整理された畑が広がる。

ア　①：正　②：正　　イ　①：正　②：誤

ウ　①：誤　②：正　　エ　①：誤　②：誤

(2) 熊本市の市街地は、台地から低地にかわる場所に位置していることから、各所で地下水が湧き出ています。そしてその地下水の水質に優れるため、約74万人の市民の水道水のすべてを地下水でまかなっています。なぜ熊本市の地下水は豊富で水質に優れているのか、次の図をもとに、45字以内で説明しなさい。

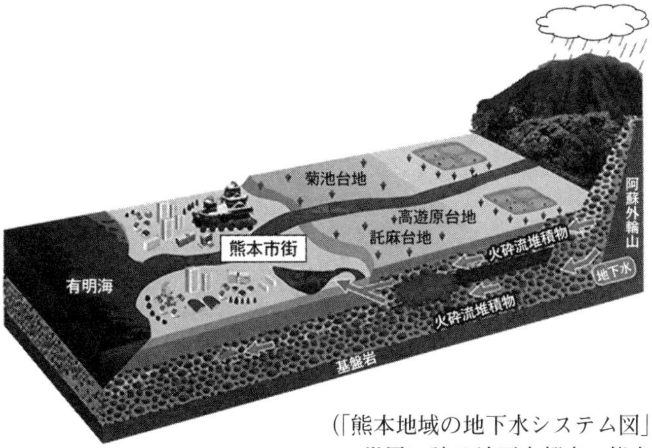

(「熊本地域の地下水システム図」
世界に誇る地下水都市・熊本
(https://www.city.kumamoto.jp/kankyo/hpkiji/pub/detail.aspx?c_id=5&id=20463)より作成)

(3) (2)のような地下水をいかして、この地域ではある製品の生産が1980年代に最盛期をむかえました。

(a) 生産がさかんになった製品として最も適当なものを、次のア～エから1つ選び、記号で答えなさい。

ア　腕時計　　イ　液晶パネル　　ウ　集積回路　　エ　ソーラーパネル

(b) その製品の生産において、日本は1980年代には世界一を誇りましたが、1990年代以降は海外との競争が激しくなったため日本企業のシェアが低下し、現在では海外企業のシェアが日本企業を大きく上回っています。現在、その製品の受託生産(他のメーカーから注文を受けて生産)で世界シェア1位の企業が、2025年の稼働をめざしてこの地域に新工場を建設しており、地元への経済効果が期待されています。その企業の本社がある国・地域として適当なものを、次のア～エから1つ選び、記号で答えなさい。

ア　韓国　　イ　シンガポール　　ウ　台湾　　エ　香港

問6　近年、プロチームと地域のファンとの関係を重視して設計されたスタジアムが各地で建設されており、その1つに愛媛県今治市にJリーグチームの本拠地として建設された「里山スタジアム」があります。今治市では、チームが地域と協力して様々な取り組みをしており、その中に「今治SDGsマテリアリティ」とよばれる事業があります。マテリアリティとは重要課題のことを指します。

次の表は、「今治SDGsマテリアリティ」の事業案の一部をまとめたものです。またあとのア～エは、SDGsのゴールのうち4つを示しています。表中のA～Dには、ア～エのいずれかがあてはまります。Aにあてはまるものを、ア～エから1つ選んで記号で答え、そのゴールの空らんに入る語句を答えなさい。

SDGsのゴール	関連する事業案
A	・一人親家庭無料制度、遠征費等のための給付型基金などの充実 ・バス送迎の充実 ・ウォーキングサッカーの実施 ・特別支援学校でのサッカー教室の機会を増やす
B	・衣食住のセーフティーネット作り （古着の再分配、フードバンク、子ども食堂、空き家の再活用支援） ・ＦＣ今治アカデミー基金の設立 ・波止浜※１に募金箱を設置
C	・高齢者の健康寿命を延ばす活動の実施（健康診断や運動教室） ・インクルーシブなメンバーでの事業実施 ・朝活アースランド※２の実施 ・Ｊリーグウォーキングとの連携 ・大人のサッカー教室実施 ・ＦＣ今治体育授業を発信
D	・365日人が行きかう里山スタジアムの実現 ・アースランド※２の整備など公園管理業務、アースランドにおける各種事業の充実 ・アカデミー生やレディース選手などへの空き家の紹介 ・グリーンインフラ（自然環境が有する機能を社会における様々な課題解決に活用しようとする考え方）の推進

※１　波止浜：今治市内の地区名
※２　アースランド：今治市郊外の丘陵地にある公園（正式名は「しまなみアースランド」）
（今治夢スポーツ ウェブサイトより作成、問題作成時点の情報に基づく）

ア　イ　ウ　エ

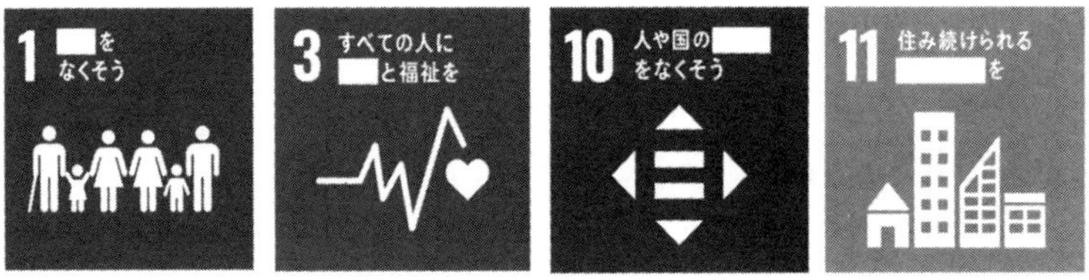

2　九州の歴史に関して、それぞれの問いに答えなさい。

問１　九州北部は朝鮮半島や中国の大陸にも近く、古代から外交の窓口や、先進的な文化が伝わる場所として重要な役割を担っていました。そのため、現地では古代の遺跡や重要な文化財が多く発掘されています。これに関連した設問にそれぞれ答えなさい。

(1)　現在の福岡市にある板付遺跡は、今からおよそ2300年前頃、日本に稲作が伝わったことを示す最古の遺跡の１つとされており、その後、弥生時代にかけて稲作は本土全体に広まります。弥生時代の人々はどのような道具を用いて稲作を行っていたのか、説明した文として**誤っているもの**を、次のア～エから１つ選び、記号で答えなさい。

ア　鉄でつくられた鋤（すき）で土を耕した。

イ　青銅でつくられた鎌（かま）で稲を収穫した。

ウ　磨製石器の技術でつくられた石包丁で稲の穂を刈りとった。

エ　木でつくられた臼（うす）と杵（きね）で稲の穂から粒を取り分けた。

(2)　現在の福岡市の志賀島で、古代の外交を知るための大きな手がかりとなる次の金印が発掘されています。この金印に刻まれている文字を、**漢字５字**で書きなさい。

(3)　(2)の金印がおくられた時代の日本について説明した文としてふさわしいものを、次のア〜エから１つ選び、記号で答えなさい。

ア　全国的に小さな国々に分かれていて、それぞれの国に権力者がいたとされる。

イ　畿内に、巨大な前方後円墳がつくられるほど強い権力を持った権力者がいたとされる。

ウ　関東地方から九州地方まで、広い範囲を勢力におさめる権力者がいたとされる。

エ　十年ほど続いた戦乱をおさめ、うらないで人々を率いた女性の権力者がいたとされる。

問２　北九州に置かれた役所である大宰府は、古代から都に次いで政治・外交的に重要な場所であったため、大宰府に関連する歌は多くよまれてきました。大宰府に関連する以下のＡ〜Ｃの歌について、設問にそれぞれ答えなさい。

Ａ　初春の令月にしてきよく風和らぎ［　X　］は鏡前の粉を披き　蘭は珮後(はいご)の香を薫らす

(730年頃、大宰府の長官であった大伴旅人がよんだとされる)

<現代語訳>

新春のよき月(現在の２月初旬頃)、空気は美しく風はやわらかく、［　X　］は美女が鏡の前に装う粉のように白く咲き、蘭は身を飾るような香りをただよわせている。

Ｂ　父母が　頭かきなで　幸(さ)くあれて　言ひし言葉ぜ　忘れかねつる

(755年頃、大宰府へ向かった丈部稲麻呂がよんだとされる)

<現代語訳>

父母が私の頭をなでて、無事であれと言ったその言葉が忘れられない。

Ｃ　住み馴(な)れし　ふるき都の恋しさは　神も昔に　思ひ知るらむ

(1183年頃、大宰府で平重衡がよんだとされる)

<現代語訳>

住み慣れた古い都を恋しく思う気持ちは、きっと神もご存知だったことでしょう。

(1)　Ａの歌は、現在の元号「令和」の由来となったとされている歌です。Ａの歌の空らん［　X　］には、現在も「太宰府天満宮」を彩る花の名が入ります。空らん［　X　］に入る花の名を、漢字で答えなさい。

(2)　Ｂの歌は、駿河国(現在の静岡県)に住んでいた一般の成人男性である丈部稲麻呂という人物が、故郷から大宰府へ向かう途中によんだとされている歌です。この人物がなぜ大宰府へ向かったのか、25字以内で説明しなさい。

(3)　Ｃの歌は、平氏の一門である平重衡がよんだとされていますが、どのような背景からよんだものだと考えられますか。最もふさわしいものを、次のア～エから１つ選び、記号で答えなさい。

ア　一門で神のような絶対的権力を手に入れた平氏が、繁栄する都を思ってよんだ歌だと考えられる。

イ　日宋貿易の拠点の近くに新たな都をつくった平氏が、その都の繁栄を願ってよんだ歌だと考えられる。

ウ　源氏との戦いに敗れて都を追われた平氏が、かつていた都をしのんでよんだ歌だと考えられる。

エ　戦いに敗れ一族の滅亡が決定的となった平氏が、最期に神と都を思ってよんだ歌だと考えられる。

(4)　次のア～エのうち、Ｃの歌がよまれた後つくられたものとしてふさわしいものを<u>すべて</u>選び、記号で答えなさい。

ア

イ

ウ

エ

問３　江戸時代の福岡藩は、長崎の防衛を担当していたことから海外の事情に対する関心が高く、19世紀に入ると世界の地理や歴史を研究する蘭学者が多数あらわれました。次に示すのは、青木興勝という蘭学者が1804年頃に記したとされる、自身の海防・貿易に関する考え方をまとめた「答問十策」の一部です。これを読み、それぞれの設問に答えなさい。

「答問十策」

第一策　（ Ｘ ）との貿易について

（ Ｘ ）との貿易は、相手国に莫大な利益があり、我が国には全く利益がないから停止すべきである。また、金銀銅の輸出は禁止すべきである。白石先生は金銀銅の流出について深くなげいており、金銀銅の積み出しを計算して制限する計画を立てていたのである。

第三策　享和３(1803)年に長崎に来航したアメリカ船への対応について
長崎奉行が、神祖からのご法度を守り、交易を求めて来航したアメリカ船を追い返したのはふさわしいことであったといえる。
第四策　中国との貿易について
中国からやって来る布や磁器などは無益だが、薬材(薬の原料)はなくてはならないものであるから、これを第一として注文をし、中国との交易を続けるべきである。
第五策　キリスト教の禁制について
世界各国の地誌によれば、日本・中国・朝鮮・(　Y　)は直行(※)の文字を用いている。キリスト教の禁制と並行して、横文字を用いる国はことごとく「禁制」だと考えるべきだ。
中でも(　Z　)は格別で、その昔は微力の国であったのに、この頃勢力を拡大して諸国を従わせ、ついに蒙古東北の地勢をきわめ、満州の東カムチャツカの地に至るアジアの方まで押領しようとしている。
[　①　]がかつてこの国のことを嘆き綴り、その身を禁錮させられたきっかけとなった書などを吟味すれば、制限を緩めて(　Z　)の商船を受け入れると後々悔やむことになると言えるだろう。
※「直行」…ここでは「たて書き」の意味。

(国立国会図書館ウェブサイト(https://dl.ndl.go.jp/ja/pid/11222532)より一部改変)

(1)　この資料が書かれた当時の日本の国際関係をふまえて考えたとき、資料中の空らん(　X　)～(　Z　)に入る国の説明としてふさわしいものを、次のア～カからそれぞれ１つずつ選び、記号で答えなさい。

ア　この国出身の人物が種子島に漂着したことで、日本に鉄砲のつくり方や技術が伝わった。
イ　中国がこの国とのアヘン(薬物)をめぐる戦争に敗れ、江戸幕府は外国船への対応を検討し直した。
ウ　江戸に通信使と呼ばれる使節をおくっていたこの国には、倭館と呼ばれる日本人の滞在場所が置かれた。
エ　この国からは薩摩藩に特産物がおさめられたり、江戸幕府の将軍が代わるごとに使節がおくられたりした。
オ　この国の人々から得た海外情報の報告書は風説書と呼ばれ、ヨーロッパの情勢を知る貴重な手段だった。
カ　幕末に日本がこの国と結んだ和親条約には、国境に関する取り決めが含まれていた。

(2)　資料中の空らん[　①　]に入る人物としてふさわしいものを、次のア～エから１つ選び、記号で答えなさい。

ア　高野長英　　イ　林子平　　ウ　吉田松陰　　エ　渡辺崋山

問４　福岡県には多くの鉱山があり、明治時代から昭和時代にかけて、そこには多くの炭坑(鉱)労働者たちがいました。これについて、それぞれの設問に答えなさい。

(1)　次の(A)・(B)は、大正時代、福岡県の田川郡にあった峰地(みねぢ)炭坑で起きたできごとについて、後の時代に描かれたものです。(B)に描かれているできごとが起きた経緯を、(A)をふまえて60字以内で説明しなさい。なお、説明書きは、絵に書かれている文章を簡略化したものです。

(A)

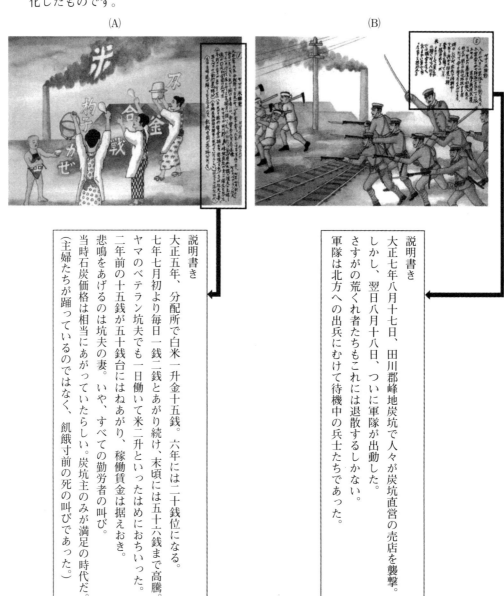

説明書き
大正五年、分配所で白米一升金十五銭。六年には二十銭位になる。
七年七月初より毎日一銭二銭とあがり続け、末頃には五十六銭まで高騰。
ヤマのベテラン坑夫でも一日働いて米二升といったはめにおちいった。
二年前の十五銭が五十銭台にはねあがり、稼働賃金は据えおき。
悲鳴をあげるのは坑夫の妻。いや、すべての勤労者の叫び。
当時石炭価格は相当にあがっていたらしい。炭坑主のみが満足の時代だ。
(主婦たちが踊っているのではなく、飢餓寸前の死の叫びであった。)

(B)

説明書き
大正七年八月十七日、田川郡峰地炭坑で人々が炭坑直営の売店を襲撃。
しかし、翌日八月十八日、ついに軍隊が出動した。
さすがの荒くれ者たちもこれには退散するしかない。
軍隊は北方への出兵にむけて待機中の兵士たちであった。

(田川市石炭・歴史博物館、田川市美術館『炭坑の語り部　山本作兵衛の世界』より説明書き部分を一部改変)

(2)　戦時下に入ると、政府の政策によって福岡県の産業や人々の生活も大きな影響を受けることになりました。これに関連した資料と、当時の状況を説明したあとの文を読み、説明文中の空らん［　①　］・［　②　］に入る適切な語句を、それぞれ**漢字２字**で答えなさい。

〈政府による産業統制に関する年表〉

1937年	輸出入品等に関する臨時措置に関する法律(臨時措置法)・臨時資金調整法制定	軍需物資の輸入優先・輸入原料による生産が制限される
1938年	国家総動員法制定	国家総力戦遂行のため、国家のすべての人的・物的資源を政府が統制・運用できるようになる
1944年	炭鉱労働における「急速転換」実施	樺太および釧路における炭鉱労働者が筑豊に集中させられ、戦時炭鉱増産がはかられる

〈1940年頃に福岡県で出された ポスターなどの印刷物〉

〈陶器のポンプ(左)・陶器の手りゅう弾(中)・竹製のヘルメット(右)〉

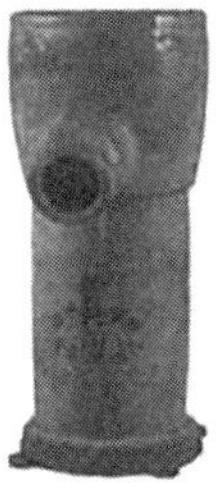

〈説明文〉
［　①　］戦争の開始とともに産業に関する政府の統制が強まり、［　②　］や石炭など軍需産業に関連したものの生産が強化された。一方、それらはすべて戦時体制を支えるものとして使用されたため、［　②　］は不足し、別の材料によって多くの代用品がつくられた。

③　ある大学の研究機関が、小学校６年生の希望者を対象に、主権者として政治を体験的に学ぶ講座(ワークショップ)を開いています。児童ＡとＢが参加し、案内役の大学生と意見交換をしながら講座に取り組もうとしています。次の会話文を読んで、それぞれの問いに答えなさい。

大学生：皆さんに、Ⅰ：民主主義、Ⅱ：専制主義、Ⅲ：寄合の３枚のカードを用意しました。それぞれの仕組みについて意見交換をしていきましょう。

児童Ａ：Ⅰの民主主義の良い点は、憲法で国民の主権が認められていて、公正な選挙で政府がつくられることです。そうすれば、政府の国民に対する（　１　）を防げる仕組みです。新聞などのマスメディアは定期的に（　２　）を行っていて、その評価や支持が低いと次の選挙で（　３　）可能性が高くなるので、政府は国民のことを考えた政策を行う必要があります。

児童Ｂ：Ⅱの専制主義は強力なリーダーが中心にいるから、良い点はリーダーに権力が集まっているので、長期的な国家戦略に取り組むことができること。課題は権力間で監視しお互いを抑止しあう（　４　）の機能が働かなくなると、政府による（　５　）が起きやすくなることだと思う。政府を批判する（　６　）や、対立政党や候補の排除をすれば、政権を維持し続けられるね。

大学生：Ⅲの寄合は、室町時代の（　７　）が続く時期に、自治的な共同体の惣村で行われました。良い点は、年齢が高い指導者の乙名(おとな)のもとで、農民たちが直接話し合うので、（　８　）意識が高いことだと言えます。課題は、寄合で決定した（　９　）などには今の時代と比べると近代的な法律上の根拠がないので、その場の雰囲気や話し合いの流れ、人間関係で決まるのが弱点です。では次に、国民の義務について、意見交換をしていきましょう。

児童Ｂ：義務は全員同じ負担にするほうが良いのか、それとも各個人が負担できる役割を義務としたほうが良いのかな。どうやったらみんなが納得するのだろう。Ⅰの民主主義だと、考えにばらつきも出るだろうな。

大学生：納税の義務では、すべての人が同じ税率を負担する（ 10 ）と、収入によって税率がことなる（ 11 ）があります。⑽、⑾を含めて納めた税金は、働けなくなった時にも安心して暮らせる（ 12 ）につながっています。

児童Ａ：安心であることは、社会全体の幸福につながると思います。病気やケガは予期できないし、年を取った時のことまでを考えれば、納税の義務にも納得できます。

問1　3枚のカードに関する【ⅰ】〜【ⅲ】の問いにそれぞれ答えなさい。

【ⅰ】　Ⅰの民主主義に関して、文中の(1)〜(3)にあてはまる語句の組み合わせとして正しいものを、次のア〜エから1つ選び、記号で答えなさい。

ア　(1)　情報の管理　(2)　国政調査　(3)　野党が連立する
イ　(1)　権利の侵害　(2)　世論調査　(3)　議席を減らす
ウ　(1)　情報の管理　(2)　世論調査　(3)　議席を増やす
エ　(1)　権利の侵害　(2)　国政調査　(3)　政権交代する

【ⅱ】　Ⅱの専制主義に関して、文中の(4)〜(6)にあてはまる語句の組み合わせとして正しいものを、次のア〜エから1つ選び、記号で答えなさい。

ア　(4)　三権分立　(5)　権力の濫用　(6)　言論の弾圧
イ　(4)　違憲審査　(5)　条約の破棄　(6)　報道の自由
ウ　(4)　違憲審査　(5)　情報の操作　(6)　言論の弾圧
エ　(4)　三権分立　(5)　公共の福祉　(6)　報道の自由

【ⅲ】　Ⅲの寄合に関して、文中の(7)〜(9)にあてはまる語句の組み合わせとして正しいものを、次のア〜エから1つ選び、記号で答えなさい。

ア　(7)　南北朝の動乱　(8)　強制参加　(9)　律・令
イ　(7)　承久の乱　(8)　当事者　(9)　掟
ウ　(7)　承久の乱　(8)　強制参加　(9)　律・令
エ　(7)　南北朝の動乱　(8)　当事者　(9)　掟

問2　国民の義務に関する問題【ⅰ】【ⅱ】に答えなさい。

【ⅰ】　日本国憲法における国民の義務は、納税、勤労、教育を受けさせることです。過去に日本でも国民に課していた義務で、現在の韓国やイスラエルなどでも行われている制度は何か答えなさい。

【ⅱ】　納税の義務に関する文中の(10)〜(12)にあてはまる語句の組み合わせとして正しいものを、次のア〜エから1つ選び、記号で答えなさい。

ア　(10)　住民税　(11)　消費税　(12)　安全保障
イ　(10)　消費税　(11)　所得税　(12)　安全保障
ウ　(10)　消費税　(11)　所得税　(12)　社会保障
エ　(10)　住民税　(11)　消費税　(12)　社会保障

問3　次の記事を読んで、現在の世界の政治に関する説明として最も ふさわしいものを、あとのア〜エから1つ選び、記号で答えなさい。

> 【民主主義国家は減少　拡大する専制主義国家　ロシアや中国…影響力、無視できず】
> <民主主義のあした>
> 　世界各国の民主主義の度合いを評価する米国の人権監視団体「フリーダムハウス」がまとめた2022年の年次報告書によると、民主主義国家の数は05年の89カ国をピークに減少傾向になり、21年には83カ国になった。
> 　一方、参政権や報道の自由などに制限を加えている専制主義国家は、05年には45カ国だったが、21年には56カ国にまで拡大した。

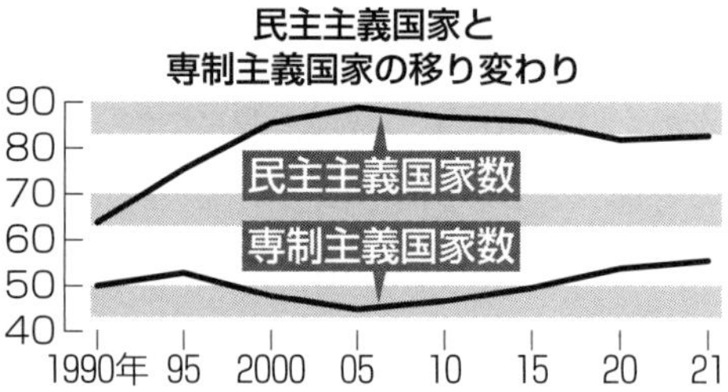

第一生命経済研究所の資料などを基に作成

フリーダムハウスの報告書を分析した第一生命経済研究所の石附賢実(いしづき ますみ)・マクロ環境調査グループ長によると、専制主義国家の国内総生産(ＧＤＰ)は1990年には世界の6.2％にとどまっていたが、2021年には26.4％となった。「影響力は無視し得ない規模にまで広がっている」と指摘する。

バイデン米大統領は昨年12月に開いた「民主主義サミット」で、中国やロシアへの警戒を表明。日本を含む参加国に「民主主義の再生、強化には不断の努力が必要だ」と結束を呼び掛けた。フリーダムハウスは中国とロシアを専制主義国家と位置付けている。

(東京新聞web　2022年６月15日より抜粋)

ア　2000年代に入り、東南アジアの専制主義国家は欧米など民主主義国家による経済活動の制限に対抗するために連携を深め、巨大経済圏の東南アジア諸国連合(ＡＳＥＡＮ)をつくった。

イ　1992年に国連環境開発会議(地球サミット)が開かれ、グローバルな温暖化対策の連携により民主的な政治体制が広がり、パリ協定の締結につながった。

ウ　21世紀にアジア・アフリカ、南アメリカの新興国や途上国の中には、政治的に専制主義国家の体制をとる国が多くなっている。

エ　バイデン米大統領の「民主主義の再生、強化には不断の努力が必要だ」という発言には、急速に広まるＡＩ技術が専制主義国家によって生み出されていることへの、強い危機感が表れている。

問４　民主主義国家と専制主義国家によって世界が２つに分かれ、対話をする機会が減り対立する危険があります。それはどのような危険性が高まることにつながるのか、次の文中の［　①　］・［　②　］に適する言葉を入れて完成させなさい。

なお、［　①　］は**漢字２字**、［　②　］は**漢字１字**で答えなさい。

> 世界が分断すると、第二次世界大戦後の［　①　］期のように、［　②　］の力を利用して対立の解決をはかろうとする危険性が高まる。

渋谷教育学園幕張中学校（第１回）

―45分―

注意　・句読点は字数にふくめます。
・字数内で解答する場合、数字は１マスに２つ入れること。例えば、226年なら［22］［6］［年］とすること。
字数は指定の８割以上を使用すること。例えば、30字以内なら24字以上で答えること。
・コンパス・定規は必要ありません。
（編集部注：実際の入試問題では、写真や図版の一部はカラー印刷で出題されました。）

［1］　次の文章を読み、下記の設問に答えなさい。

刑事裁判の傍聴（ぼうちょう）と総理大臣官邸（かんてい）（首相官邸）を見学する社会科巡検（じゅんけん）に参加するため、午前９時に東京・霞が関（かすみがせき）にある裁判所合同庁舎の前に集合しました。この建物には東京地方裁判所やその他のａ下級裁判所が入っていますが、最高裁判所はここから約１キロメートル離れた場所にあります。

庁舎玄関で所持品検査を受けてから、１階ホールでその日に開廷する裁判を確認しました。ｂ裁判は原則として公開され、誰でも傍聴することができます。また、裁判は平日の日中に開廷しますが、ｃ休日や深夜にも裁判官が裁判所に宿直しているのだそうです。

午前10時に開廷する刑事事件を傍聴するためにｄ法廷に入りました。約５分前までに、検察官と弁護人、刑務官に連れられた被告人が着席し、定時に裁判長が着席して開廷しました。

最初に裁判長が被告人を証言台に呼んで氏名や生年月日などを尋（たず）ねたあと、検察官が起訴状を朗読し、被告人を詐欺（さぎ）罪で起訴したことを述べました。続いて裁判長が被告人に「［　ア　］」と伝えたうえで、起訴状の内容に間違いがないか尋ねました。被告人は「間違いありません」と起訴内容を認めていました。

検察官は冒頭陳述（ぼうとうちんじゅつ）で「被告人はレストランで飲食をしたものの、代金を支払わずに店から出たところを店員に呼び止められ、警察官が逮捕（たいほ）した」と述べました。弁護人による被告人質問では、犯行に至った経緯や罪の意識などについて尋ね、被告人は二度と同じ罪を犯（おか）さないと誓っていました。

検察官による論告（ろんこく）では「被告人を懲役２年に処するのが相当であると思料（しりょう）します」と求刑しました。これに対する弁護人の最終弁論では、執行猶予（しっこうゆうよ）付きの寛大（かんだい）な判決を求めました。最後に裁判官・検察官・弁護人が今後の日時を打ち合わせ、約２週間後に判決を言い渡すことが決まり、閉廷しました。

裁判所地下の食堂で昼食を摂（と）ってから、次の見学地である首相官邸へ徒歩で移動しました。国道１号線を南下して霞が関二丁目交差点を右折し、右手に外務省、左手に［　イ　］の庁舎を見ながら潮見（しおみ）坂を上がります。［　イ　］では、国の予算や税金、為替（かわせ）や関税などに関する仕事をしていますが、ｅ時期によっては、深夜でも多くの部屋に明かりがともり、職員が残業しているのだそうです。そして終電を逃した職員を乗せるために多数のｆタクシーがこのあたりに待機していると聞きました。潮見坂を［　イ　］上交差点まで上がるとｇ国会議事堂が見えてきますが、その南側の坂をさらに上がると首相官邸に到着しました。

首相官邸は内閣総理大臣が執務（しつむ）するための建物で、2002年に現在の官邸庁舎が完成しました。３階の正面玄関から入り、まず１階の記者会見室を見学しました。ここでは平日の午前と午後の

２回、内閣官房長官の定例記者会見が行われます。２階には会議に使用したり国賓（こくひん）などを迎える大小２つのホールがあり、ホワイエ（ロビー）から３階のエントランスホールを結ぶ階段では、h組閣や内閣改造の際に赤絨毯（じゅうたん）を敷（し）いて記念写真を撮ります。

その後、４階に上がり閣僚応接室を見学しました。内閣総理大臣を中心に国務大臣が並んで座っている場面をテレビのニュースでよく見かけますが、これはi閣議が始まる前にこの部屋で撮影されるもので、閣議は奥にある非公開の閣議室で行われます。その他に特別応接室や会議室があり、最上階の５階には内閣総理大臣や内閣官房長官などの執務室があります。

最後に内閣総理大臣が日常生活を送る首相公邸や官邸前庭を見学し、j東京メトロ国会議事堂前駅で解散しました。

問１　空らん［　ア　］に入る最も適当な文を、下記より１つ選び番号で答えなさい。

1　あなたには黙秘権（もくひけん）があります。この法廷で聞かれたことに対して始めから終わりまでずっと黙（だま）っていることもできるし、答えたくない質問には答えない、ということもできます。答えた以上は有利にも不利にも証拠になります。

2　あなたには裁判所で迅速（じんそく）な公開裁判を受ける権利があります。傍聴している人もいますので、この裁判では聞かれたことに対して正直に答えてください。そうしないと、あなたに不利な判決になってしまう可能性があります。

3　あなたには嘘（うそ）を言わないという宣誓をしてもらいます。この裁判で聞かれたことに対して嘘をつくと、偽証罪（ぎしょうざい）という罪で処罰されることがありますから注意してください。

4　あなたは弁護人を選任することができます。また、あなたが貧困その他の事由（じゆう）により自ら弁護人を選任することができないときは弁護人の選任を請求することができます。

問２　空らん［　イ　］に入る日本の中央官庁名を漢字で答えなさい。

問３　下線部ａを説明した次の文Ｘ・Ｙについて、その正誤の組合せとして正しいものを、下記より１つ選び番号で答えなさい。

Ｘ　高等裁判所は、札幌・東京・名古屋・大阪・福岡のみに設置されています。

Ｙ　地方裁判所・家庭裁判所・簡易（かんい）裁判所は、すべての都道府県に設置されています。

1	Ｘ　正	Ｙ　正	2	Ｘ　正	Ｙ　誤
3	Ｘ　誤	Ｙ　正	4	Ｘ　誤	Ｙ　誤

問４　下線部ｂについて、裁判の公開に関して説明した次の文Ｘ・Ｙについて、その正誤の組合せとして正しいものを、下記より１つ選び番号で答えなさい。

Ｘ　日本人は誰でも裁判を傍聴できますが、外国人には認められていません。

Ｙ　法廷では撮影や録音、描画（びょうが）やメモをとることは一切認められていません。

1	Ｘ　正	Ｙ　正	2	Ｘ　正	Ｙ　誤
3	Ｘ　誤	Ｙ　正	4	Ｘ　誤	Ｙ　誤

問５　下線部ｃについて、どのような目的で宿直していると考えられますか。解答用紙のわく内で説明しなさい。

問６　下線部ｄに関連して、次の図は日本の下級裁判所と最高裁判所における刑事裁判の法廷の見取り図です。下級裁判所のものを、**すべて選び**番号で答えなさい。

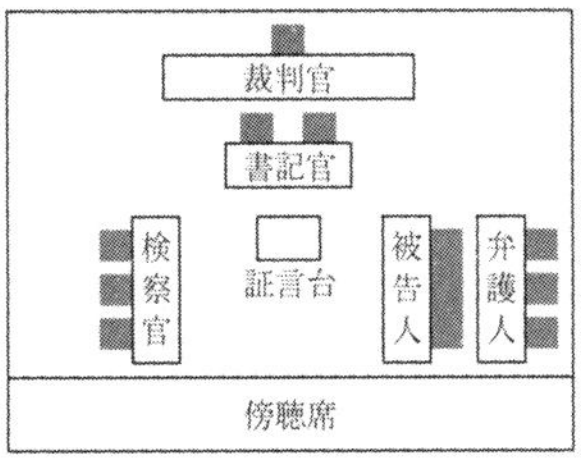

1

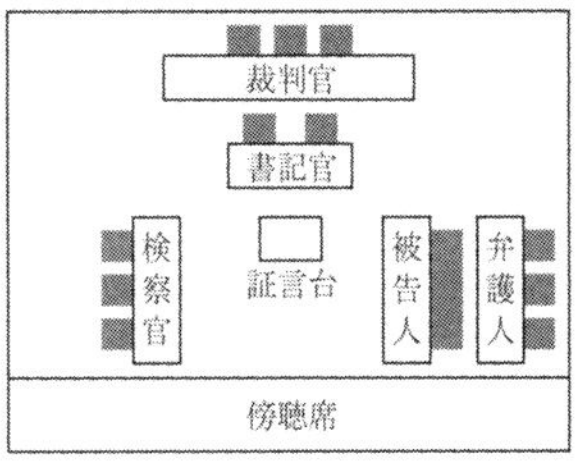

2

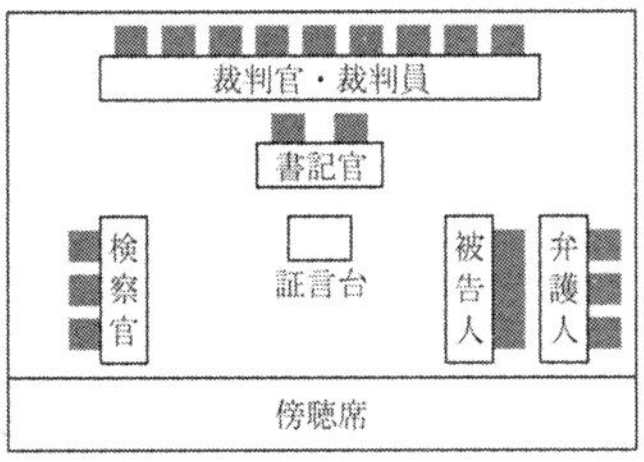

3

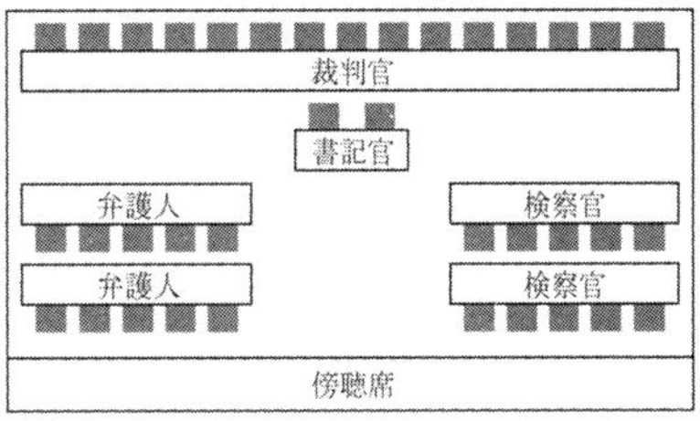

4

問７　下線部ｅについて説明した次の文Ｘ・Ｙについて、その正誤の組合せとして正しいものを、下記より１つ選び番号で答えなさい。

Ｘ　毎年１月から国会では常会が開かれているため、国会議員への説明や法改正の準備、国会答弁の作成などを行っています。

Ｙ　毎年１月に政府予算案を国会に提出するため、前年９月から12月にかけて次年度予算の編成作業や各府省と予算折衝(せっしょう)をしています。

1	Ｘ　正	Ｙ　正		2	Ｘ　正	Ｙ　誤	
3	Ｘ　誤	Ｙ　正		4	Ｘ　誤	Ｙ　誤	

問８　下線部ｆについて、近年、日本ではタクシーが不足している地域があるため、タクシーに関する規制を緩和(かんわ)して、一般ドライバーが自家用車を使って有料で人を運ぶ「ライドシェア」の解禁を求める意見があります。ライドシェアを実現するためには、どのような規制の緩和が必要ですか。解答用紙のわく内で答えなさい。

問９　下線部ｇに関連して、国会にはある目的のために裁判所が設置されています。その裁判所の目的を解答用紙のわく内で答えなさい。

問10　下線部ｈについて、日本国憲法の規定を説明した次の文Ｘ・Ｙについて、その正誤の組合せとして正しいものを、下記より１つ選び番号で答えなさい。

Ｘ　内閣総理大臣は衆議院議員の中から国会の議決で指名し、天皇が任命します。

Ｙ　すべての国務大臣は国会議員の中から内閣総理大臣が任命し、天皇が認証します。

1	Ｘ　正	Ｙ　正	2	Ｘ　正	Ｙ　誤
3	Ｘ　誤	Ｙ　正	4	Ｘ　誤	Ｙ　誤

問11　下線部ｉについて説明した次の文Ｘ・Ｙについて、その正誤の組合せとして正しいものを、下記より１つ選び番号で答えなさい。

Ｘ　閣議は内閣の意思決定機関として、内閣総理大臣と国務大臣のほか、衆参両院の議長が出席します。

Ｙ　閣議決定は全員一致であるため、内閣総理大臣は反対する国務大臣を罷免(ひめん)して閣議決定することができます。

1	Ｘ	正	Ｙ	正	2	Ｘ	正	Ｙ　誤
3	Ｘ	誤	Ｙ	正	4	Ｘ	誤	Ｙ　誤

問12　下線部ｊについて、東京メトロ(東京地下鉄株式会社)は、営団地下鉄(帝都高速度交通営団)が2004年に民営化して発足しました。民営化の事例を説明した次の文Ｘ・Ｙについて、その正誤の組合せとして正しいものを、下記より１つ選び番号で答えなさい。なお、年号に誤りはありません。

Ｘ　中曽根(なかそね)康弘内閣は郵政民営化を公約に掲(かか)げ、2007年に日本郵政公社が民営化して日本郵政グループが発足しました。

Ｙ　2011年に発生した福島第一原子力発電所の事故を受けて、東京電力株式会社が民営化されました。

1	Ｘ	正	Ｙ	正	2	Ｘ	正	Ｙ　誤
3	Ｘ	誤	Ｙ	正	4	Ｘ	誤	Ｙ　誤

２　次の文章を読み、下記の設問に答えなさい。

2022(令和４)年７月に近江(おうみ)神宮で開催された小倉百人一首競技かるた第44回全国高等学校選手権大会の団体戦において、千葉県代表として出場した本校のかるた部が初出場で初優勝をしました。1979(昭和54)年に始まるこの大会は「かるたの甲子園」とも呼ばれています。この大会の会場となった近江神宮は、1940(昭和15)年に創建された比較的新しい神社ですが、そのほか「競技かるた名人位・クイーン位決定戦」など様々なかるた競技の大会や行事が行われています。このように小倉百人一首の競技かるたに関する大会や行事が、滋賀県大津市にある近江神宮で開催されているのは、近江神宮に神としてまつられている $_a$<u>天智天皇</u>の和歌が小倉百人一首の最初の一首であるからだということです。

小倉百人一首は、$_b$<u>鎌倉時代</u>の前期に活躍した藤原定家によってつくられたといわれています。小倉百人一首は、天智天皇から順徳院(じゅんとくいん)までの百人の和歌で構成されており、競技かるたでは、読手が読む読み札(ふだ)を聞き、その読まれた和歌の取り札を、対戦相手よりも早く取れるかどうかを競い、取った取り札の枚数で勝敗を決めます。また、中学校や高校の中には小倉百人一首を授業などに取り入れている学校もあります。競技かるたにおいても、学校でも、和歌を百首も覚えるなど、和歌そのものに関心が向かう一方で、和歌の作者の表記についてはあまり関心が払われていないようにも思います。

小倉百人一首の和歌の作者の表記に注目すると、$_c$<u>平安時代</u>の勅撰(ちょくせん)和歌集『［　ア　］』の編纂(へんさん)の中心人物でもあった紀貫之(きのつらゆき)は「紀貫之」と表記されているのに対し、鎌倉幕府の第３代将軍となった源実朝は「鎌倉右大臣」と表記されています。また小倉百人一首の作者とされる藤原定家は「権中納言定家」と表記されています。貴族などの歌だけでなく防人の歌なども収録した『[　イ　]』を編纂したといわれる d大伴家持も「中納言家持」と似たような表記がされています。㋐その他にも小倉百人一首では、人の名前が色々な形で表記されています。

本格的な競技かるたばかりでなく、日本各地の中学校や高校では、お正月の行事として小倉百人一首のかるたを実施しているところもあります。そしてこのかるたは実は e ポルトガル語で、安土・桃山時代に㋑南蛮貿易を通じてかるた(carta)が日本に伝わったとされています。その後、日本では様々なかるたが考案され、その1つが小倉百人一首のかるたであり、f 江戸時代には庶民の間で親しまれるようになりました。

そして競技かるたは、1904(明治37)年に、g 新聞『萬朝報』を主宰する黒岩涙香が第1回の競技会を東京の日本橋の常盤木倶楽部で開催し、その際に現在行われているルールになったと言われています。その後、h 大正時代から昭和初期にかけて競技かるたは全国的に広がりました。

問1　空らん[　ア　]・[　イ　]に入る語句をそれぞれ漢字で答えなさい。

問2　下線部aに関連して、天智天皇が活動した7世紀に関して述べた次の文A～Dについて、正しいものの組合せを、下記より1つ選び番号で答えなさい。

A　日本各地で、前方後円墳がつくられるようになりました。

B　蘇我蝦夷・入鹿の父子が滅ぼされました。

C　聖徳太子(厩戸王)が冠位十二階の制を定めました。

D　大宝律令が編纂されました。

1　A・C	2　A・D	3　B・C	4　B・D

問3　下線部bの時期における出来事に関して述べた文として正しいものを、下記より1つ選び番号で答えなさい。

1　執権の北条義時は、承久の乱で後鳥羽上皇側を破ると御成敗式目を制定し、武士だけではなく、貴族や農民などすべての人が従うべき基本法に位置づけました。

2　日蓮(蓮)は、「南無妙法蓮華経」と題目を唱えれば、法華経(妙法蓮華経)の力によって救われると説きました。

3　元の皇帝フビライは、2度にわたって日本を攻撃しましたが、2度目の攻撃は、「文禄の役」と呼ばれています。

4　永仁の徳政令が出され、御家人だけではなく、百姓や町人も、その借金が帳消しとされました。

問４　下線部ｃに関連して、平安時代に建てられた建築物として正しいものを、次の図から１つ選び番号で答えなさい。

1

2

3

4

※．１～４の写真は作問者が撮影

問５　下線部ｄが活動した奈良時代に関して述べた次の文Ｘ・Ｙについて、その正誤の組合せとして正しいものを、下記より１つ選び番号で答えなさい。

Ｘ　政府は、各国に命じて風土記を編纂させました。

Ｙ　墾田永年私財法が出されると、貴族や大寺院は私有地を広げました。

1	Ｘ 正　Ｙ 正	2	Ｘ 正　Ｙ 誤
3	Ｘ 誤　Ｙ 正	4	Ｘ 誤　Ｙ 誤

問６　下線部ｅに関連して、現在、ポルトガル語を公用語としている国として正しいものを、下記より１つ選び番号で答えなさい。

1　スリナム　　2　ニジェール　　3　フィリピン　　4　ブラジル

問７　下線部ｆに関連して、江戸時代の出来事や文化などに関して述べた文Ⅰ～Ⅲについて、古いものから年代順に正しく配列したものを、下記より１つ選び番号で答えなさい。

Ⅰ　葛飾北斎の浮世絵版画集『富嶽三十六景』が刊行されました。

Ⅱ　動物の保護を命じる生類憐みの令が出されました。

Ⅲ　キリスト教信者への迫害や厳しい年貢の取り立てに対し、島原や天草の人々は一揆を起こしました。

1	Ⅰ－Ⅱ－Ⅲ	2	Ⅰ－Ⅲ－Ⅱ	3	Ⅱ－Ⅰ－Ⅲ
4	Ⅱ－Ⅲ－Ⅰ	5	Ⅲ－Ⅰ－Ⅱ	6	Ⅲ－Ⅱ－Ⅰ

問８　下線部ｇに関連して、次の図１の新聞記事に関して述べた次の文Ｘ・Ｙについて、その正誤の組合せとして正しいものを、下記より１つ選び番号で答えなさい。

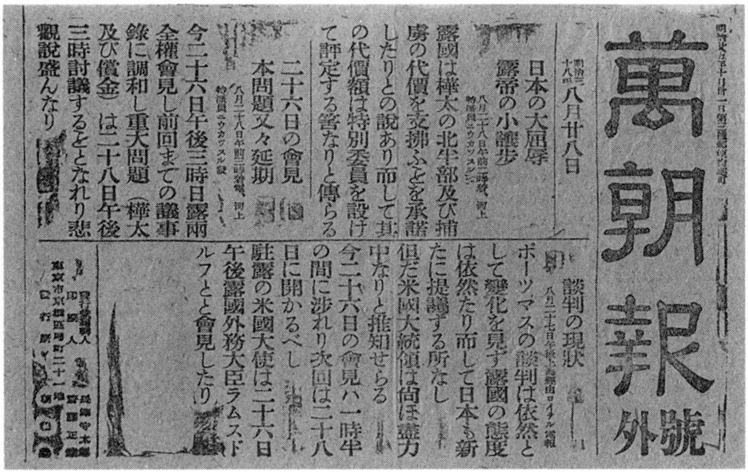
萬朝報　號外

明治三十八年　八月廿八日

日本の大屈辱
露帝の小讓歩

露國は樺太の北半部及び捕虜の代價を支拂ふを承諾したりとの說あり而して其の代價額は特別委員を設けて評定する筈なりと傳らる

二十六日の會見
本問題又々延期

今二十六日午後三時日露兩全權會見し前回までの議事錄に調和し重大問題（樺太及び償金）は二十八日午後三時討議することとなれり悲觀說盛んなり

談判の現狀

ポーツマスの談判は依然として變化を見ず露國の態度は依然たり而して日本も新たに提議する所なし但だ米國大統領は尚ほ盡力中なりと推知せらる今二十六日の會見ハ一時半の間に渉れり次回は二十八日に開かるべし

駐露の米國大使は二十六日午後露國外務大臣ラムスドルフと會見したり

図１

※．東京大学大学院法学政治学研究科附属近代法政史料センター「明治新聞雑誌文庫所蔵新聞号外コレクション」より転載

Ｘ　日清戦争後、遼東半島を清国に戻すように要求するロシアと日本の交渉に関する記事です。

Ｙ　日本はロシアと交渉した結果、この記事の後日にポーツマス条約を結びました。

１	Ｘ　正	Ｙ　正	２	Ｘ　正	Ｙ　誤
３	Ｘ　誤	Ｙ　正	４	Ｘ　誤	Ｙ　誤

問９　下線部ｈの時期の出来事に関して述べた文Ⅰ～Ⅲについて、古いものから年代順に正しく配列したものを、下記より１つ選び番号で答えなさい。

Ⅰ　日本が国際連盟から脱退しました。

Ⅱ　五・一五事件では犬養毅（いぬかいつよし）首相が暗殺されました。

Ⅲ　衆議院議員選挙の結果、３つの政党が連立して内閣を組織しました。

１	Ⅰ－Ⅱ－Ⅲ	２	Ⅰ－Ⅲ－Ⅱ	３	Ⅱ－Ⅰ－Ⅲ
４	Ⅱ－Ⅲ－Ⅰ	５	Ⅲ－Ⅰ－Ⅱ	６	Ⅲ－Ⅱ－Ⅰ

問10　波線部㋐に関連して、次の表は小倉百人一首の人物の表記の一部です。表の①～⑤の人物は、すべて名前(今で言う、名字をのぞいた下の名前。以下同じ)が表記されていません。それに対して⑥～⑪の人物は、すべて名前が表記されています。なぜ①～⑤の人物は名前が表記されていないのでしょうか。表を見て、その基準と理由を40字以内で説明しなさい。

	百人一首での表記	人名	最終的な官職	最終的な位階	何番歌
①	貞信公	藤原忠平	太政大臣	従一位（贈正一位）	26
②	謙徳公	藤原伊尹	太政大臣	正二位（贈正一位）	45
③	法性寺入道前関白太政大臣	藤原忠通	太政大臣	従一位	76
④	河原左大臣	源融	左大臣	従一位（贈正一位）	14
⑤	鎌倉右大臣	源実朝	右大臣	正二位	93
⑥	大納言公任	藤原公任	権大納言	正二位	55
⑦	従二位家隆	藤原家隆	宮内卿	従二位	98
⑧	中納言家持	大伴家持	中納言	従三位	6
⑨	参議篁	小野篁	参議	従三位	11
⑩	紀貫之	紀貫之	木工権頭	従五位上	35
⑪	清原元輔	清原元輔	肥後守	従五位下	42

問11　波線部㋑に関連して、次の文Ⅰ～Ⅴを読み、16世紀後半の南蛮貿易において、中国産の生糸(きいと)や絹(きぬ)織物が大量に輸入された背景を80字以内で説明しなさい。

Ⅰ　14世紀に中国を統一した明は、中国人が海外に行くことを禁止しました。また、周辺の国々に対しても、民間人が海を渡って明に来て貿易をすることを認めず、明の皇帝に従う姿勢を示した国の長にのみ明との貿易を認めました。

Ⅱ　16世紀、中国人を中心とする倭寇(わこう)が明の沿岸地域をおそいました。これに対して明は倭寇の拠点だった地域を攻撃するなどしたため、倭寇の一部は九州に逃れました。

Ⅲ　倭寇の拠点攻撃後、明は1567年に中国人が海外に行くことを一部認めましたが、日本に渡ることの禁止は続けました。

Ⅳ　16世紀前半、中国地方の戦国大名の大内氏が勘合(かんごう)貿易を担(にな)っていましたが、1557年に大内氏が滅亡したために、勘合貿易は途絶えました。

Ⅴ　1550年代に明から居住を認められたマカオを拠点に、ポルトガルはアジアでの貿易を展開しました。

※. この大問②は、主に以下のものを参考にして作成しました。

・近江神宮公式ホームページ
・一般社団法人全日本かるた協会のウェブサイト
・高知市歴史散歩のウェブサイト
・飯沼賢司「名を憚ること」(『鎌倉遺文付録月報』28、東京堂出版、1985年)

3　次の文章を読み、下記の設問に答えなさい。

2023年の夏は猛暑が話題になりました。猛暑は世界的な傾向であり、国際連合のアントニオ・グテーレス事務総長は「a地球温暖化の時代は終わり、地球沸騰(ふっとう)化の時代が到来した」と警鐘(けいしょう)を鳴らしました。

現在の日本における気象観測はアメダス(ＡＭｅＤＡＳ：「地域気象観測システム」)によって行われています。アメダスは1974年11月に運用を開始し、現在、全国に約1,300か所設置されています。つまり、私たちが普段目にする気象データはアメダスの設置されている場所で観測されたデータということになります。

アメダスの設置されている場所の周辺環境は、観測データに多少なりとも影響を及ぼします。例えばb市街地では高い気温が観測されやすいですが、農地や草地に囲まれた場所では低い気温が観測されやすくなります。

日本の観測史上最高気温は長い間、1933年７月にc山形で記録された40.8℃でした。これは、暖かく湿った空気が山脈を越えたときに、風下側で気温が上昇する［　A　］現象が発生したことが原因でした。これを2007年８月に熊谷(埼玉県)とd多治見(たじみ)(岐阜県)が40.9℃を記録して、74年ぶりに更新しました。この記録も2013年にe江川崎(えかわさき)(高知県四万十市)が41.0℃を記録して更新しましたが、2018年にはf熊谷で41.1℃を記録し、再び１位となりました。2020年８月にはg浜松でも41.1℃を記録し、hこの２つが現在の観測史上最高気温の記録となっています。

最高気温の高さだけでなく、最低気温の高さも大きな話題となりました。2023年８月10日に糸魚川(いといがわ)(新潟県)で31.4℃を記録し、最も高い最低気温の記録を更新しました。この同じ日には、高田(新潟県上越市)、松江、米子(よなご)(鳥取県)などで30℃を超える最低気温を記録しています。これは日本海に抜けたi台風に向かって湿った風が吹き込み、［　A　］現象が発生したことが原因です。

一方で、観測史上最低気温は1902年１月に旭川(北海道)で観測された－41.0℃が100年以上更新されていません。北海道ではほかにも、j帯広や名寄(なよろ)など内陸部を中心に－35℃を下回る気温を記録しています。しかしそのほとんどは2000年以前に記録されたものであり、こういった観点からも、近年の温暖化は顕著(けんちょ)であると言えます。

問１　下線部ａに関して、次の表１に示す通り、1923年と2023年の東京のデータを比較すると、２月・８月ともに、明らかに気温が上昇していることが分かります。しかし、このデータだけでは地球温暖化が進行していると言い切ることはできません。それはなぜですか。解答用紙のわく内で説明しなさい。

表１　1923年と2023年の東京の平均気温

	２月の平均最高気温(℃)	２月の平均最低気温(℃)	８月の平均最高気温(℃)	８月の平均最低気温(℃)
1923年	7.6	－1.0	31.7	23.6
2023年	12.1	3.0	34.3	26.1

気象庁ウェブサイトより作成

問２　下線部ｂの理由として**誤っているもの**を、下記より１つ選び番号で答えなさい。

1　エアコンや自動車などからの人工排熱(はいねつ)が多いこと。

2　海に面していることが多く、湿った風が入りやすいこと。

3　地面がアスファルトやコンクリートに覆(おお)われていること。

4　中高層の建物が多く、風通しが悪いこと。

問３　下線部ｃに関して、山形盆地を説明した次の文Ｘ・Ｙについて、その正誤の組合せとして正しいものを、下記より１つ選び番号で答えなさい。

Ｘ　東北地方最長の河川である北上川が南に向かって流れています。

Ｙ　周囲の扇状地では、みかんの栽培がさかんです。

1	Ｘ　正	Ｙ　正		2	Ｘ　正	Ｙ　誤	
3	Ｘ　誤	Ｙ　正		4	Ｘ　誤	Ｙ　誤	

問４　下線部ｄに関して、多治見市では伝統工芸品として、美濃(みの)焼の生産がさかんです。下記の伝統工芸品とその産地である県の組合せのうち、**誤っているもの**を１つ選び番号で答えなさい。

1　有田焼－佐賀県　　2　信楽焼－滋賀県

3　瀬戸焼－広島県　　4　備前焼－岡山県

問５　下線部ｅに関して、四万十市を流れる四万十川は大雨で急に増水することがしばしばあります。四万十川には写真１のような橋が多く架(か)けられており、この橋には欄干(らんかん)(手すり)がなく、橋脚(きょうきゃく)も低く設計されています。これはどのような効果を期待しているからですか。解答用紙のわく内で説明しなさい。

写真１

四万十市ウェブサイトより

問６　下線部ｆに関して、次の図１はこの日の午後２時に関東地方で観測された気温を示しています。図中に**36.0℃の等温線**を記入しなさい。

※実線ではっきりと記入すること。

※線は始まりと終わりがつながった１本の曲線とすること。

図１

『高等学校 新地理総合』(帝国書院、2023年)より作成

問７　下線部ｇに関して、浜松市は県庁所在地ではありませんが、政令指定都市の１つです。次の表２は同様に都道府県庁所在地ではない政令指定都市である、堺市、北九州市と浜松市を比較したものです。表中のＡ～Ｃと都市の組合せとして正しいものを、下記より１つ選び番号で答えなさい。

表２

	政令指定都市になった年	鉄鋼業の製造品出荷額等(億円)	輸送用機械器具製造業の製造品出荷額等(億円)
A	2006年	4666	2702
B	2007年	463	8173
C	1963年	8439	1756

データは2019年

『データブック オブ・ザ・ワールド2023年版』(二宮書店)より作成

１　Ａ　北九州市　Ｂ　堺市　Ｃ　浜松市

２　Ａ　北九州市　Ｂ　浜松市　Ｃ　堺市

３　Ａ　堺市　Ｂ　北九州市　Ｃ　浜松市

４　Ａ　堺市　Ｂ　浜松市　Ｃ　北九州市

５　Ａ　浜松市　Ｂ　北九州市　Ｃ　堺市

６　Ａ　浜松市　Ｂ　堺市　Ｃ　北九州市

問８　下線部ｈに関して、厳密(げんみつ)に言うと、熊谷や浜松が日本一暑い地点であると言い切ることはできません。それはなぜですか。解答用紙のわく内で説明しなさい。

問９　下線部ｉに関して、気象庁では、**台風の中心が北海道、本州、四国、九州の海岸線に達した場合を「日本に上陸した台風」**と定義しており、**小さい島や小さい半島を横切って短時間で再び海に出る場合は「通過」**としています。台風の上陸回数が多い都道府県は鹿児島県や高知県などですが、一方で海に面しているにもかかわらず、統計開始以来、台風が上陸したことがない都道府県もあります。該当する都道府県として正しいものを、下記より１つ選び番号で答えなさい。

１　千葉県　　２　香川県　　３　和歌山県　　４　宮崎県

問10　下線部ｊについて述べた次の文の空らん［　Ｘ　］・［　Ｙ　］に適する語句の組合せとして正しいものを、下記より１つ選び番号で答えなさい。

帯広市は北海道の［　Ｘ　］側に位置しており、［　Ｙ　］によって北西の季節風がさえぎられるため、北海道の中では降雪量は少ない方である。

１　Ｘ　オホーツク海　　Ｙ　天塩山地
２　Ｘ　オホーツク海　　Ｙ　日高山脈
３　Ｘ　太平洋　　Ｙ　天塩山地
４　Ｘ　太平洋　　Ｙ　日高山脈

問11　空らん［　Ａ　］に適する語句を答えなさい。

湘南学園中学校(B)

—40分—

1　次のA～Eは、それぞれいずれかの都道府県の形を示しています。あとの問いに答えなさい。

A

B

C

D

E

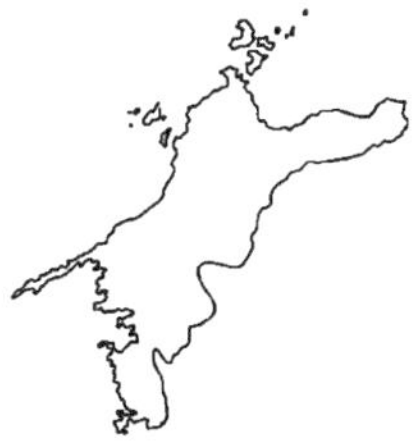

問1　次の各文は、A～Eの各都道府県の自然の特徴について説明しています。どの都道府県にあてはまりますか。A～Eの記号で答えなさい。また、文中の(　　)にあてはまる語句を記入しなさい。

1)　四国の北西部にあって、四国山地を背に(1)海と豊後水道に面しています。高知県との県境には、石灰岩が点在する高原である四国カルストがあります。

2)　(2)半島の付け根は、台地と平野になっています。半島の南端は、(3)と呼ばれる暖流の影響で、冬でも霜がおりず暖かいのが特徴です。

3)　北に富士山と(4)山脈、南は太平洋に面し、東西に長い都道府県です。東部には富士火山帯が通る(5)半島があり、温泉が集まっています。

4)　西は(6)海に面して細長くのび、東は越後山脈などの山々が連なります。日本最長の(7)川や10位の阿賀野川の下流には平野が広がります。

5)　西は(6)海に面し、冬に積雪量が多くなります。東の県境には南北に(8)山脈が連なり、中央の出羽山地との間に大館盆地、横手盆地があります。

問2　次の各文は、A～Eの各都道府県の産業や社会の特徴について説明しています。どの都道府県にあてはまりますか。A～Eの記号で答えなさい。

1)　ミカン・イヨカン・ポンカンなどの柑橘類のほか、キウイフルーツの生産が全国でも有数です。また、養殖もさかんで、ブリ、マダイのほか宇和海の真珠が有名です。工業では、新居浜の石油化学、今治のタオルの生産で知られています。対岸の県とは「しまなみ海道」で結ばれています。

2）　牧ノ原台地などで栽培される茶のほかミカン、イチゴ、ワサビの生産で有名です。焼津（やいづ）、清水はカツオやマグロの遠洋漁業の基地で知られています。工業でも、豊富な工業用水に恵まれ製造品出荷額は全国３位（2019年）で、製紙、自動車、楽器やオートバイの生産で知られています。

3）「コシヒカリ」に代表されるコメの生産地として有名で、コメの作付面積、収穫量とも全国１位（2022年）です。工業では、電気機器、化学、食品のほか、地場産業もさかんで燕（つばめ）の洋食器、三条の刃物、小千谷（おぢや）の織物で知られています。

4）　①都市の近くでの野菜や果物の生産がさかんで、農業産出額は全国４位（2020年）です。落花生は全国生産量の８割をしめます。東京湾を埋め立てた工業地域では、鉄鋼、石油化学など重工業を中心に発展し、製造品出荷額は全国８位（2020年）となっています。

5）　面積の約７割を②森林がしめて林業がさかんです。また、豊富な水を利用した稲作が農業の中心で、他にえだまめ、ネギ、シイタケ、リンゴなどの生産で全国有数です。

問３　Bの都道府県を通る交通機関として**あてはまらないもの**はどれですか。１つ選び、記号で答えなさい。

ア　上越（じょうえつ）新幹線　　イ　信越（しんえつ）本線
ウ　関越（かんえつ）自動車道　　エ　常磐（じょうばん）自動車道

問４　Dの都道府県所在地の雨温図にあてはまるものはどれですか。次の中から１つ選び、記号で答えなさい。

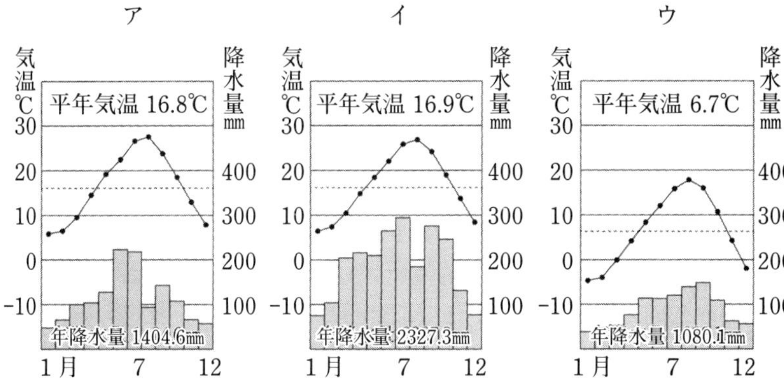

出典：日本各地の雨温図（気温と降水量のグラフ）（nocs.cc）

問５　Eの都道府県庁所在地を答えなさい。

問６　問２の下線部①について、このような農業を何というか、答えなさい。

問７　問２の下線部②について、とくに米代（よねしろ）川流域に広がる森林は、日本三大美林に数えられています。何の木の森林ですか。次の中から１つ選び、記号で答えなさい。

ア　モミ　　イ　スギ　　ウ　ヒノキ　　エ　ヒバ

問８　次の表は、いずれもA～Eの各都道府県が上位に入っている作物（大豆、みかん、米、だいこん、キャベツ）の収穫量の順位を示しています。

このうち⑴米と⑵キャベツの生産を示しているものはどれですか。それぞれア～オの中から１つ選び、記号で答えなさい。

作物	順位1位	2位	3位
ア	C	北海道	青森
イ	北海道	宮城	A
ウ	群馬	愛知	C
エ	和歌山	E	D
オ	B	北海道	A

出典:データでみる県勢2023

問9 次の表は、A～Eの都道府県の人口、耕地面積、漁業産出額、製造品出荷額を示しています。(1)～(5)にあてはまる都道府県を、A～Eの記号で答えなさい。

	人口	耕地面積	漁業産出額	製造品出荷額
(1)	132.1	46200	756	38041
(2)	627.5	122700	252	119264
(3)	360.8	61500	459	164513
(4)	217.7	168200	104	47533
(5)	94.5	146400	27	13078
単位	万人	ha	億円	億円

出典:データでみる県勢2023

2 次のA～Eの文章を読んで、あとの問いに答えなさい。

A 令和3(2021)年に、「北海道・北東北の(1)遺跡群(いせきぐん)」はユネスコ世界文化遺産に正式登録されました。その遺跡群の一つである①三内丸山(さんないまるやま)遺跡は、(1)文化を代表する遺跡です。この遺跡では、②特定の産地でしかとることのできない黒曜石(こくようせき)などが見つかっています。また、集落のまわりには、人々が育てた栗(くり)の林が広がっていました。

B 794年に都となった③平安京は、④中国の都である長安などをまねてつくられ、メインストリートの朱雀大路(すざくおおじ)を中心に碁盤(ごばん)の目のように、道路がはりめぐらされました。やがて、⑤この平安京を舞台として、それまでの中国にならった文化から、日本的な文化が花開きました。

C 源頼朝(みなもとのよりとも)は(2)に幕府を開きました。頼朝は、幕府の組織を整えるとともに(2)の都市づくりを始めました。そして、経済の発展にともなって、当時の港である和賀江島を通じて中国との交易もさかんに行われました。⑥建長寺(けんちょうじ)や円覚寺(えんがくじ)など禅寺が建てられたのもこの時代です。

D 江戸時代には、⑦五街道などの道路や、船の航路が整備されました。そのような中で、大坂は「⑧天下の台所」として重要な役割を果たしました。この頃、大名たちは主な年貢として農民から(3)を取り立てていました。多くの大名が大坂に蔵屋敷(くらやしき)をつくり、取り立てた(3)や地方の産物を運びこみ、お金にかえていました。

E 明治時代に入った東京では、近代国家の首都にふさわしくなるように都市づくりが進められました。そのような中で、⑨人々の暮らしの西洋化も進んでいきました。その後、東京は⑩二度にわたって大きな被害を受けましたが、そのつど復興をして現在に至(いた)っています。

問1 (1)～(3)にあてはまる語句を答えなさい。

問2 下線部①について、この遺跡は、どこの都道府県にありますか。次の中から1つ選び記号で答えなさい。

ア 青森県　イ 福島県　ウ 山形県　エ 宮城県

問3　下線部②について、このことから分かることとして**誤っているもの**はどれですか。次の中から1つ選び、記号で答えなさい。

ア　人間の生活に役立つ環境をつくり出していた。

イ　他の集落との交流や交易を行っていた。

ウ　敵対する集落同士の戦いが行われていた。

問4　下線部③について、平安京を示しているものはどれですか。次の中から1つ選び、記号で答えなさい。

ア

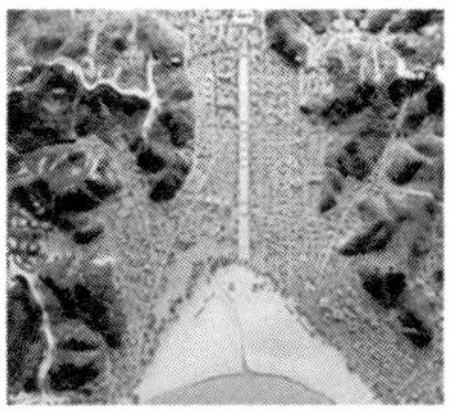

イ

ウ

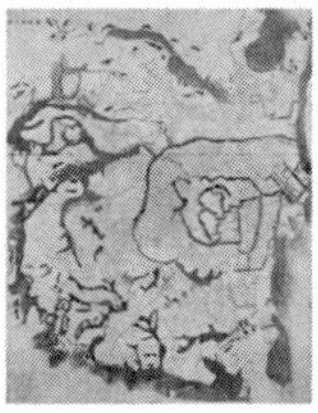

問5　下線部④について、このときの中国は何という王朝でしたか。次の中から1つ選び、記号で答えなさい。

ア　宋　　イ　元　　ウ　隋(ずい)　　エ　唐

問6　下線部⑤について、この頃の文学作品と作者の組み合わせとして正しいものはどれですか。次の中から1つ選び、記号で答えなさい。

ア　『平家物語』－清少納言　　イ　『源氏物語』－紫式部

ウ　『枕草子』－小野小町　　エ　『徒然草(つれづれぐさ)』－吉田兼好

問7　Bの時代に、藤原氏は他の貴族をしりぞけたり、娘を天皇のきさきにして生まれた男の子を天皇にたてたりしました。そして摂政(せっしょう)や「ある地位」について政治の実権をにぎるようになりました。「ある地位」とは何ですか。答えなさい。

問8　下線部⑥について、Cの時代には新しい仏教の宗派が始まりました。次のうち、この時代に始まった宗派として**誤っているもの**はどれですか。次の中から1つ選び、記号で答えなさい。

ア　浄土真宗　　イ　日蓮宗(にちれんしゅう)　　ウ　時宗(じしゅう)　　エ　真言宗

問9　Cの時代に、源氏の将軍は三代で終わりますが、それ以降は将軍を補佐する執権(しっけん)の職にあった一族が幕府の実権をにぎりました。この一族とは何氏のことですか。答えなさい。

問10　Cの時代について述べた文として正しいものはどれですか。次の中から1つ選び、記号で答えなさい。

ア　二度にわたりモンゴルが攻(せ)めてきた。

イ　二度にわたり朝鮮に攻めこんだ。

ウ　ペリーが二度目に来航した際に和親条約が結ばれた。

問11　下線部⑦について、五街道のひとつである東海道の宿場として「藤沢宿」がおかれました。「藤沢宿」について説明した次の文を読み、「藤沢宿」を描いた絵として正しいものを、次の中から1つ選び、記号で答えなさい。

〈絵の説明文〉

この図は藤沢宿にあった江の島一ノ鳥居を遊行寺(ゆぎょうじ)を背景にして描いたもので、鳥居の後ろに架(か)かる橋は大鋸橋(だいぎりばし)（今の遊行寺橋）です。

ア

イ

ウ

問12　下線部⑧について、「天下の台所」の意味として正しいものはどれですか。次の中から１つ選び、記号で答えなさい。

ア　全国から食材が集まり、様々な料理がうまれた食の中心地

イ　全国から人や物資が集まる経済の中心地

ウ　征夷大将軍のいる政治の中心地

エ　歴史ある寺院や神社が多くある文化の中心地

問13　Ｄの時代には「四つの窓口」で海外とつながりを持っていました。そのうち、「朝鮮」とつながる窓口となっていた場所はどこですか。次の中から１つ選び、記号で答えなさい。

ア　松前　　イ　長崎　　ウ　薩摩（さつま）　　エ　対馬（つしま）

問14　下線部⑨について、明治時代の様子を描いた絵として**誤っているもの**を、次の中から１つ選び、記号で答えなさい。

ア

イ

ウ

問15　下線部⑩について、「二度」とは、1923年と1945年に起きた出来事をさします。1923年に起きた出来事と、1945年に起きた出来事を、次の中からそれぞれ１つずつ選び、記号で答えなさい。

ア　二・二六事件　　イ　柳条湖（りゅうじょうこ）事件　　ウ　関東大震災

エ　東京大空襲　　オ　西南戦争　　カ　日露戦争

問16　次の資料はEの時代につくられたものです。古い順に記号を並べなさい。

ア

イ

宣戰布告の大詔渙發
十五日に臨時議會召集
今曉、西太平洋で米英軍と開戰す
ハワイへ決死的空襲
上海で英艦撃沈 米艦降服

ウ

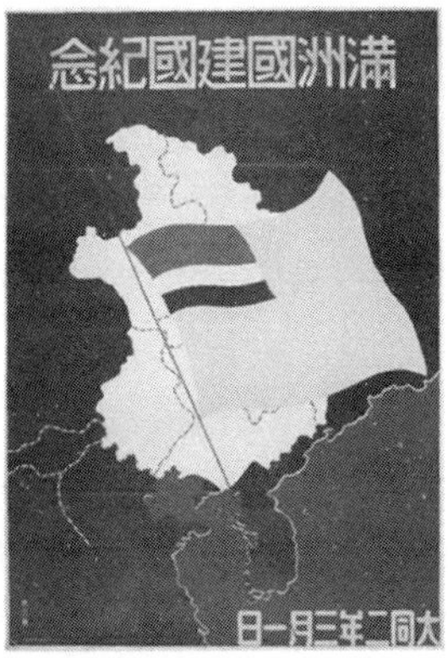

③　次の会話は、2023年の夏休みに明子さんがおじさんの別荘を訪ねた時のものです。会話文を読んで、あとの問いに答えなさい。

明子　　：こんにちは、おじさん。①東京は暑すぎて、「不要不急の外出は避けなさい」と②テレビで言っていたので家を出るのが嫌になったけど、来てみたらやっぱりここは涼しいわねぇ。どうしてかしら。

おじさん：ここは、③標高が1000ｍ以上はあるからね。でも、ここでも今年は暑くてねぇ。いつも野菜を買う直売所の農家のおじさんが「せっかく雨が降っても、土が熱くて温泉みたいになる。おかげで④トウモロコシの端まで実が入らない」とこぼしていた。

明子　　：えーっ!!　あの美味しいのが食べられないの??

おじさん：食べられないわけじゃないけど育ちが悪い。昔なら日照りで⑤大飢饉（ききん）になったかも知れないね。おまけに⑥今年は台風で西日本はひどい被害にあったしね。本当に⑦気候危機が進んでいるみたいだね。

明子　　：⑧ハワイの山火事もたくさんの人が亡くなってひどかったね。あちこちで干ばつとか、すごい熱波が来ているものね。これでは、⑨私が大人になった時にはどうなってしまうのかしら。

おじさん：それなのに世界では⑩戦争や内戦などが続いている。⑪ウクライナでの戦争では、「始まって半年に約１億トンの二酸化炭素が排出され、これは⑫オランダ１国分にあたる」と言われている。これが何年も続くと大変なことになるね。

明子　　：⑬大統領とか首相って、頭の良い人がなるんでしょう??　なのに、どうしてそんな事をするのかしら。この前も⑭広島で⑮Ｇ７の会議があって、原爆資料館も見学したのに⑯核兵器をなくすと決めなかった、とおじいさんがおこっていたわ。

おじさん：おじいさんは⑰長崎出身の被ばく二世だからね。

明子　　：そうなんだ。ところで、私、あの⑱牧場のソフトクリームを食べに行きたいなぁ。

おじさん：そうかい。じゃあ、⑲車で出かけようか。

明子　　：みんながおいしいアイスを味わって食べて、⑳幸せをかみしめていたら、戦争なんてなくならないかなぁ。

おじさん：なるほど、それは明子らしい考えだね。

明子　　：さあ、おじさん!!　ソフトクリームを食べに行きましょう!!

問1　下線部①についての資料を見て、次の文から**あてはまらないもの**を１つ選び、記号で答えなさい。

ア　日本の夏の平均気温は、しだいに高くなってきたが、2023年は最も気温が高くなった。

イ　2023年の夏の気温は地域ごとに見ると、南に行くほど今までの平均気温よりも気温の高い夏になった。

ウ　全国の観測地点で「猛暑日」になった場所の合計は、やはりとても猛暑となった2018年を８月中旬ごろから上回った。

2023年夏の地域ごとの「平均気温」との差

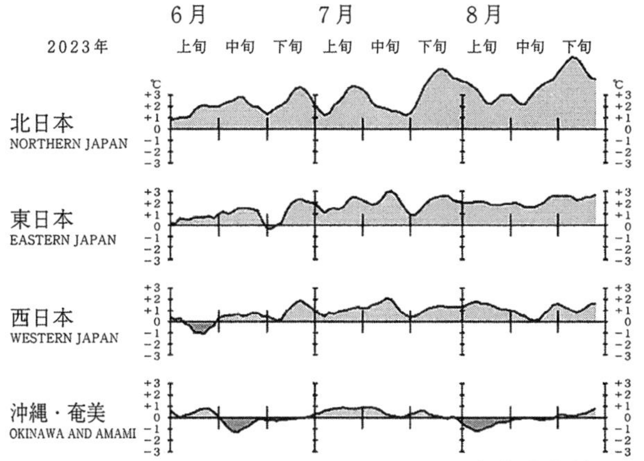

気象庁資料より

全国のアメダス観測地で「猛暑日」を記録した場所の合計

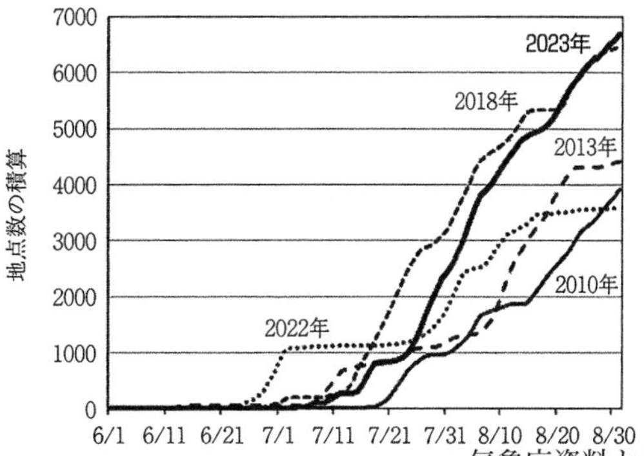

気象庁資料より

日本の夏の平均気温偏差

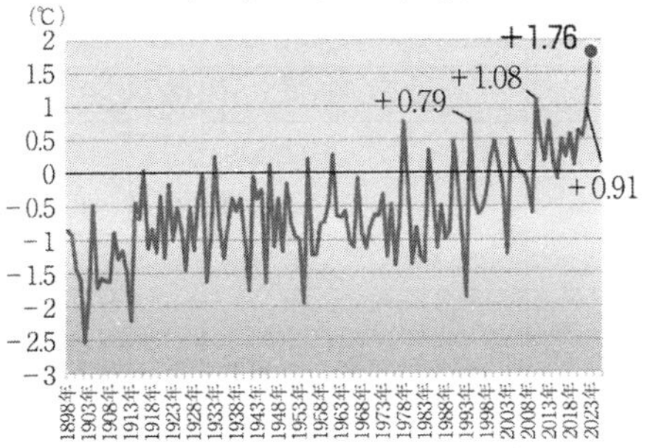

原資料　気象庁　ウェザーニュースより

問2　下線部②について、テレビ放送の歴史に関して、次の文から**誤っているもの**を１つ選び、記号で答えなさい。

ア　昭和の初め、世界で初めて日本でブラウン管にテレビの画像を映す実験が成功した。

イ　戦後すぐに、占領下の日本で、ＧＨＱの方針でテレビ放送が始まった。

ウ　21世紀になって、地上デジタル放送によるテレビ放送が全国で始まった。

問３　下線部③について、次の表は全国の都道府県庁所在地の標高を高い順に並べたものです。（ａ）（ｂ）にあてはまる都道府県名を答えなさい。

順位	都道府県名	標高（m）↓
1	（ａ）	371.5
2	山梨県	270.4
3	山形県	198.6
4	岩手県	128.3
5	栃木県	120.9
6	群馬県	108.4
7	滋賀県	94.4
8	奈良県	93.1
	‖	‖
40	香川県	3.8
41	大分県	3.6
42	新潟県	3.4
	島根県	3.4
44	徳島県	2.9
45	青森県	2.6
46	神奈川県	2.5
47	（ｂ）	2.1

問４　下線部④について、トウモロコシの生産に関する表を参考にして、次の文から**あてはまらないもの**を１つ選び、記号で答えなさい。

ア　日本で輸入されるトウモロコシは、主に家畜の飼料などとして使われている。

イ　日本のトウモロコシの生産は、食用が中心になっている。

ウ　アメリカでのトウモロコシの生産は、食用がほとんどになっている。

トウモロコシの世界の生産

順位	国名	生産量（千ｔ）
1	アメリカ	345,962
2	中国	260,779
3	ブラジル	102,000
4	アルゼンチン	51,000
5	インド	28,766
6	メキシコ	26,658
7	ウクライナ	35,887
8	南アフリカ	15,844
9	カナダ	13,404
10	ロシア	14,275

2019年

（出典）USDA「World Markets and Trade」

スイートコーンの国別生産量

順位	国名	生産量（ｔ）
1	アメリカ	2,856,090
2	メキシコ	971,444
3	ナイジェリア	793,739
4	インドネシア	609,329
5	ペルー	421,870
6	南アフリカ	395,450
7	タイ	357,118
8	ギニア	296,471
9	パプアニューギニア	243,203
10	日本	212,743

2019年

食品データ館より

問5 下線部⑤について、江戸時代には何度も大変な飢饉が起こりました。これについて、次の文から、**誤っているもの**を１つ選び、記号で答えなさい。

ア 将軍・徳川吉宗の時代には、長雨による低温と、イナゴなどの虫害によって西日本で大凶作が起こった。

イ 老中・田沼意次の時代には、何年も続いた冷害と火山の噴火による火山灰のために東日本で深刻な飢饉が広がった。

ウ 老中・水野忠邦の時代には、冷害と大雨や暴風による大凶作が数年にわたって続き、江戸幕府が滅亡することになった。

問6 下線部⑥について、台風についての表とグラフを見て、次の文から**あてはまらないもの**を１つ選び、記号で答えなさい。

ア 台風の発生は、８月が多く、上陸するものも８月が一番多い。

イ 冬にも発生した台風はあるが、1991年からは上陸したものはない。

ウ 台風の中には10日以上も寿命が続くものがあり、2023年の夏にもあった。

月別の台風発生・接近・上陸数の平年値
(1991 ～ 2020年の30年平均)

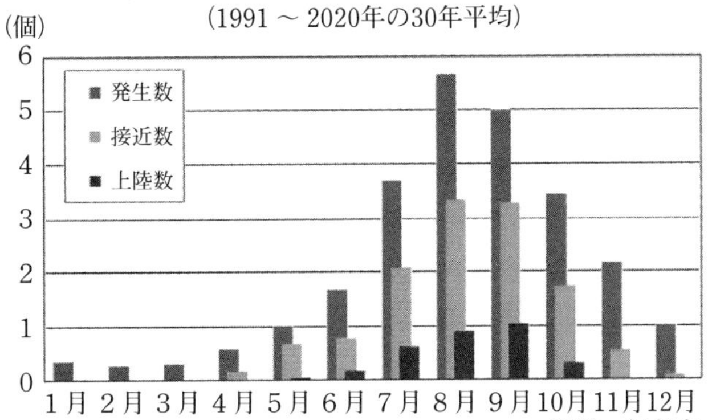

資料 気象庁

1951年から2023年の台風３号までの長寿台風

順位	台風番号	発生日時	消滅日時	台風期間(日)
1	8614	1986年８月18日06時	1986年９月６日12時	19.25
2	1705	2017年７月20日12時	2017年８月８日12時	19
	7207	1972年７月７日12時	1972年７月26日12時	19
4	6722	1967年８月30日00時	1967年９月17日06時	18.25
5	9120	1991年９月16日06時	1991年10月２日00時	15.75
6	7209	1972年７月８日18時	1972年７月24日06時	15.5
7	7414	1974年８月11日06時	1974年８月26日12時	15.25
8	917	2009年９月29日06時	2009年10月14日00時	14.75

資料 気象庁　　日時は世界共通の「協定世界時」による

2023年の台風　8月中旬まで

号数	名前	発生日時	消滅日時	寿命日時
1号	サンブー	4月20日21：00	4月22日09：00	1.5
2号	マーワー	5月20日21：00	6月3日09：00	13.5
3号	グチョル	6月6日21：00	6月12日21：00	6
4号	タリム	7月15日15：00	7月18日21：00	3.25
5号	トクスリ	7月21日09：00	7月29日09：00	8
6号	カーヌン	7月28日03：00	8月11日03：00	14
7号	ラン	8月8日09：00	8月17日15：00	9.25
8号	DORA	8月12日09：00	8月15日15：00	3.25

ウェザーニュースによる資料から作成

問7　下線部⑦について、昨年夏に地球温暖化の現状を「地球沸騰(ふっとう)時代だ」と国連のグテーレス事務総長は警告しました。この国連について、次の中から**誤っているもの**を1つ選び、記号で答えなさい。

ア　国連の本部はニューヨークにあり、ここで年に一度は定例の総会が行われる。

イ　国連は、第二次世界大戦の連合国がその結束を戦後に役立てるために結成された。

ウ　国連総会の決定は、すべての加盟国を拘束(こうそく)し、従わないと総会で除名される。

問8　下線部⑧について、ハワイは日本とはとても関係の深い歴史を持っています。この歴史について、次の文から**誤っているもの**を1つ選び、記号で答えなさい。

ア　明治時代の初めころ、日本からハワイ政府の認める移民が始まった。

イ　江戸時代にジョン万次郎は、船が難破(なんぱ)して助けられハワイにたどりついた。

ウ　太平洋戦争では、日本はハワイを攻撃して、その半分くらいを占領した。

問9　下線部⑨について、気候危機に対する世界の国々の目標として、次の文から正しいものを1つ選び、記号で答えなさい。

ア　二酸化炭素の排出量を2050年頃には完全にゼロにして、全く二酸化炭素が出ないようにする。

イ　温暖化による気温上昇を産業革命前と比べて2℃未満として、1.5℃以内をめざす。

ウ　世界中の国が、一年間に自分の国の産業が生産する合計額を2000年の半分以下にする。

問10　下線部⑩について、今も世界では多くの戦争や国内での内戦が続いています。これについて、次の中から今も続いているものを1つ選び、記号で答えなさい。

ア　イラン・イラク戦争　　イ　ベトナム戦争　　ウ　シリア内戦　　エ　湾岸戦争

問11　下線部⑪について、次の中からウクライナと最も関係が**うすいもの**を1つ選び、記号で答えなさい。

ア　ボルシチ　　イ　マトリョーシカ　　ウ　ひまわり　　エ　白夜(びゃくや)

問12　下線部⑫について、オランダと日本の関係は長い歴史を持ち、江戸時代には幕府から特別にヨーロッパの国として一つだけ正式な貿易を認められていました。どうしてオランダが貿易相手として認められたのですか。他の国との違いを簡単に説明しなさい。

問13　下線部⑬について、世界には大統領のいる国、大統領のいない国があります。次の中から大統領のいない国を1つ選び、記号で答えなさい。

ア　アメリカ（USA）　　イ　イギリス　　ウ　ロシア　　エ　トルコ

問14　下線部⑭について、次の中から広島と最も関係が**うすいもの**を１つ選び、記号で答えなさい。

ア　カキの養殖　　イ　厳島(いつくしま)神社　　ウ　出雲(いずも)大社　　エ　もみじまんじゅう

問15　下線部⑮について、「Ｇ７」以外にも様々な世界の国々の集まりが開かれています。このうち、日本が正式メンバーとして参加しているものを次の中から１つ選び、記号で答えなさい。

ア　ＢＲＩＣＳ　　イ　G20　　ウ　ＮＡＴＯ　　エ　ＥＵ

問16　下線部⑯について、世界の国々は核兵器について様々な合意をして条約を結んでいます。これらの条約について、次の文から**誤っているもの**を１つ選び、記号で答えなさい。

ア　核爆発を起こす核実験を禁止する条約ができたが、まだ正式に有効になっていない。

イ　新しく核兵器を持つことを禁止する条約が結ばれたが、その後に核兵器を持ってしまった国もある。

ウ　核兵器を使う事を禁止する条約が結ばれて、日本も加わったが、まだ正式に有効になっていない。

問17　下線部⑰について、長崎に原爆が投下されたのは、何月何日ですか。答えなさい。

問18　下線部⑱について、酪農に関する資料を見て、次の文から**誤っているもの**を１つ選び、記号で答えなさい。

ア　日本人の牛乳・乳製品１人当たり年間消費量は、ニュージーランドの１／３以下と少ない。

イ　日本の酪農家戸数、乳用牛頭数はずっと減り続け、生乳生産量はそれ以上に減り続けている。

ウ　グラフから考えると日本の乳用牛一頭当たりの生乳生産量は以前よりも増えている。

牛乳乳製品１人当たり年間消費量（資料：IDF2019年）

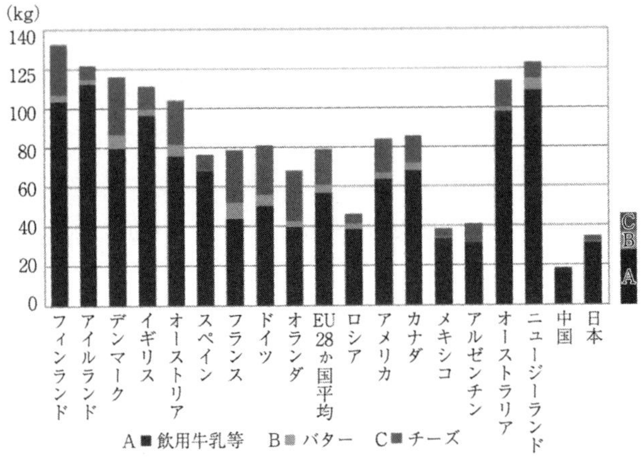

資料　日本乳業協会

日本の生乳生産量と乳用年頭数の推移

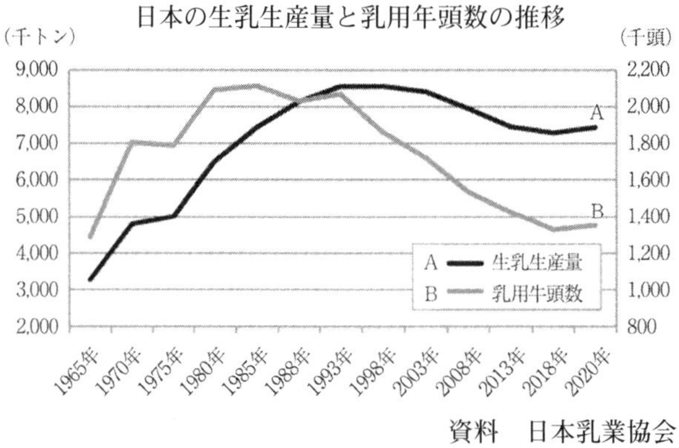

資料　日本乳業協会

日本の乳用牛頭と酪農家戸数の推移

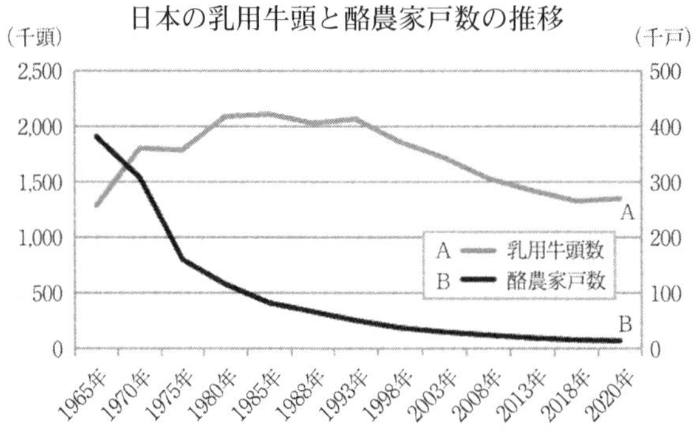

資料　日本乳業協会

問19　下線部⑲について、世界の自動車の生産・輸出・保有に関する表を見て、次の文から**あてはまらないもの**を１つ選び、記号で答えなさい。

ア　自動車の生産台数は、中国が最も多く、ドイツよりもインドの方が多い。

イ　四輪車の輸出台数はアメリカが最も多く、それにドイツ、日本が続いている。

ウ　乗用車の保有台数は中国が最も多いが、トラック・バスの保有台数はアメリカが最も多い。

世界各国の自動車生産台数(2022年)

順位	国名	生産台数
1	中国	27,020,615
2	アメリカ	10,060,339
3	日本	7,835,519
4	インド	5,456,857
5	韓国	3,757,049
6	ドイツ	3,677,820
7	メキシコ	3,509,072
8	ブラジル	2,369,769
9	スペイン	2,219,462
10	タイ	1,883,515

出典：OICA　車について

主要国の四輪車輸出台数

国	2018			2019			2020		
	乗用車	トラック・バス	計	乗用車	トラック・バス	計	乗用車	トラック・バス	計
日本	4,357,782	459,688	4,817,470	4,372,645	445,487	4,818,132	3,407,999	332,833	3,740,832
アメリカ	2,344,811	535,340	2,880,151	2,600,220	592,028	3,192,248	1,911,544	455,009	2,366,553
ドイツ	3,992,724	219,381	4,212,105	3,487,321	211,739	3,699,060	2,646,644	164,880	2,811,524
イギリス	1,237,608	50,320	1,287,928	1,055,997	46,110	1,102,107	749,038	37,893	786,931
フランス	5,303,355	1,073,039	6,376,394	4,825,843	779,390	5,605,233	3,500,453	587,556	4,088,009
イタリア	382,535	316,785	699,320	292,415	312,126	604,541	252,452	266,850	519,302
スペイン	1,922,848	381,570	2,304,418	1,904,311	405,759	2,310,070	1,588,889	362,559	1,951,448
ブラジル	501,124	142,297	643,421	351,373	88,975	440,348	258,289	72,065	330,354
韓国	2,342,292	107,359	2,449,651	2,313,037	88,345	2,401,382	1,820,745	65,938	1,886,683
中国	757,525	283,188	1,040,713	724,826	299,354	1,024,180	766,586	235,385	1,001,971
インド	676,192	99,933	776,125	662,118	60,379	722,497	404,400	50,334	454,734

日本自動車工業会　より　原出典　資料：WARDS等　日本は日本自動車工業会調

世界各国の四輪車保有台数（2020年末）

国	現在）乗用車	トラック・バス	計
ドイツ	48,248,584	4,027,249	52,275,833
イタリア	39,717,874	5,281,807	44,999,681
フランス	32,289,400	8,249,100	40,538,500
イギリス	35,082,800	5,267,914	40,350,714
スペイン	25,169,153	4,538,406	29,707,559
オランダ	9,105,100	1,226,100	10,331,200
ベルギー	5,827,195	992,883	6,820,078
オーストリア	5,091,827	541,698	5,633,525
スウェーデン	4,944,067	693,402	5,637,469
ポーランド	25,412,600	4,362,800	29,775,400
スイス	4,658,335	616,138	5,274,473
トルコ	13,099,041	5,574,513	18,673,554
ロシア	56,000,800	9,230,800	65,231,600
アメリカ	116,261,000	172,776,000	289,037,000
カナダ	23,757,359	1,230,753	24,988,112
メキシコ	33,987,978	11,098,637	45,086,615
アルゼンチン	10,617,281	3,407,832	14,025,113
ブラジル	37,862,198	7,859,747	45,721,945
日本	62,194,255	16,267,698	78,461,953
中国	226,913,700	46,476,300	273,390,000
韓国	19,860,955	4,505,024	24,365,979
インド	37,940,800	30,590,000	68,530,800
タイ	11,205,000	8,434,100	19,639,100
インドネシア	18,253,400	10,992,800	29,246,200
オーストラリア	14,850,675	4,378,464	19,229,139
南アフリカ	10,409,600	4,776,800	15,186,400
その他	181,024,850	52,073,366	233,098,216
世界合計	1,109,785,827	425,470,331	1,535,256,158

資料：国土交通省、WARDS等

問20　下線部⑳について、今、起きている戦争を終わらせるために、あなたにできることはどんな事があるでしょうか。あなたの考えを書きなさい。

昭和学院秀英中学校(第１回)

—40分—

※　漢字で書くべきところは漢字で答えなさい。

1　次の文章は、宮沢賢治の著作『グスコンブドリの伝記』の一部です(一部表現を改めた所があります)。なお、この文章は岩手県を舞台にしており、文章中の沼ばたけは水田、イーハトーブは岩手県のことを指します。これを読み、以下の設問に答えなさい。

> 「ブドリ君。きみは林の中にも居たし、①沼ばたけでも働いていた。沼ばたけではどういうことがさしあたり一番必要なことなのか。」
> 「一番つらいのは②夏の寒さでした。そのために幾万の人が飢え幾万のこどもが孤児になったかわかりません。」(中略)
> 「次はこやしのないことです。百姓たちはもう遠くから肥料を買うだけ力がないのです。」「それはどうにかなるだろう。ねえ。ペンネン君。火山工事をするためには、もうどうしても③潮汐発電所を二百も作らなければならない。その原料は充分ある。それが首尾よく作れれば、あとはひとりで解決される。きみはこの春その案を、工務委員へ出したまえ。」
> 　それから三年の間にフウフィーボー大博士の考通り海力発電所はイーハトーブの沿岸に二百も配置されました。

問１　下線部①について、このような苦労を経て現在の岩手県では農業がさかんになりました。次の図１は、農業産出額における米、野菜・果実、畜産の割合*を示しており、AとBは1971年または2021年、CとDは岩手県または秋田県のいずれかです。2021年の岩手県にあたるものをア～エより一つ選び、記号で答えなさい。

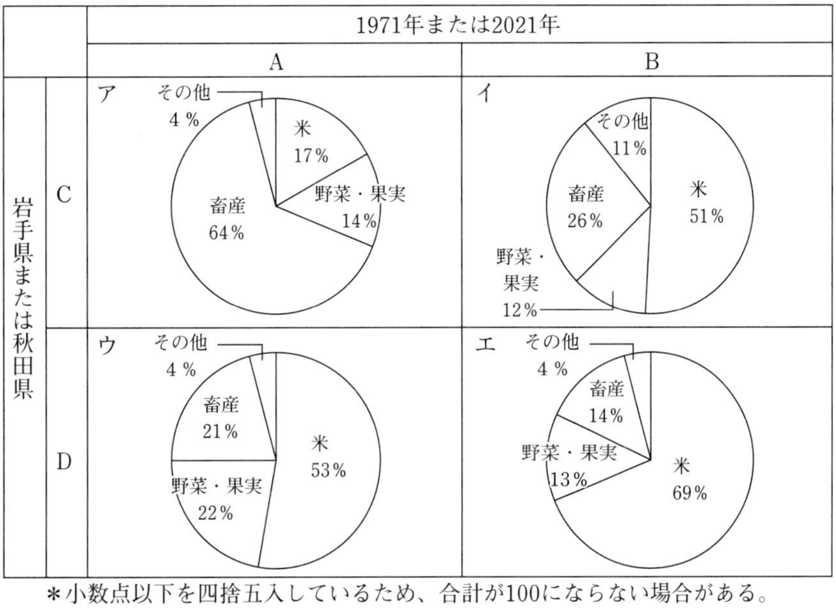

*小数点以下を四捨五入しているため、合計が100にならない場合がある。

農林水産省「生産農業所得統計」により作成。

図１

問２　下線部②について、岩手県ではたびたび凶作が発生してきました。次の表１はいくつかの県の1993年における米の作況指数*をあらわしたものであり、Ｅ、Ｆは秋田県、岩手県のいずれかです。この年の大凶作は、地域特有の風による低温が一因となったとされています。この風の向きと、岩手県の作況指数との組合せとして最も適当なものをあとのカ～ケより一つ選び、記号で答えなさい。

*1979年以降の平年における水田10アール当たりの米の収穫を100とした時の収穫量を表す。

表１

青森県	28
Ｅ	30
宮城県	37
Ｆ	83
全国	74

農林水産省資料による。

	カ	キ	ク	ケ
風の向き 岩手県の作況指数	北東 Ｅ	北東 Ｆ	北西 Ｅ	北西 Ｆ

問３　下線部③について、以下の設問に答えなさい。

(1)　潮汐発電とは湾や入り江において海水をせき止め、干潮時と満潮時の高さの差を利用して発電する方法です。

岩手県の沿岸にはたくさんの湾や入り江がある地形が広く発達しており、この文章ではこれら多数の湾や入り江を用いてたくさんの電気を得ようとしました。岩手県の沿岸と同じような地形が発達している海岸として最も適当なものを次の図２中のサ～セより一つ選び、記号で答えなさい。

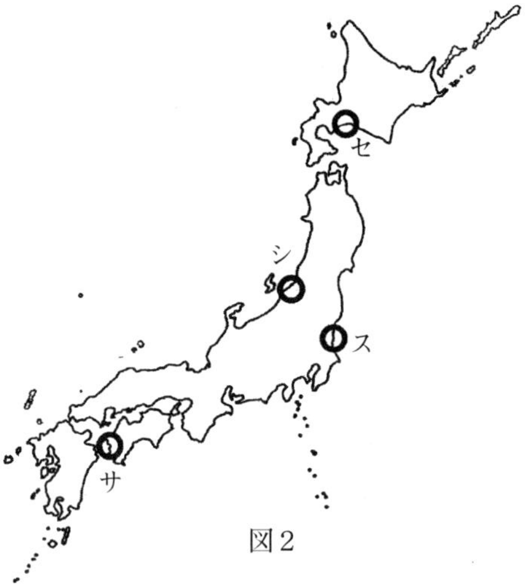

図２

⑵　現在、岩手県では潮汐発電以外の方法で発電が行われています。次の図３は東北地方北部の陰影図であり、図４は図３の太枠部分を拡大したもので、一定規模以上の太陽光発電所、地熱発電所、風力発電所の分布*を示しています。太陽光発電所はどのような場所に立地しているか、地形や気候といった自然環境の面から25字以内で説明しなさい。

*太陽光発電所は２MW(メガワット)以上、地熱発電所は７MW以上、風力発電所は20MW以上の出力に限る。ElectricJapanウェブページにより作成。

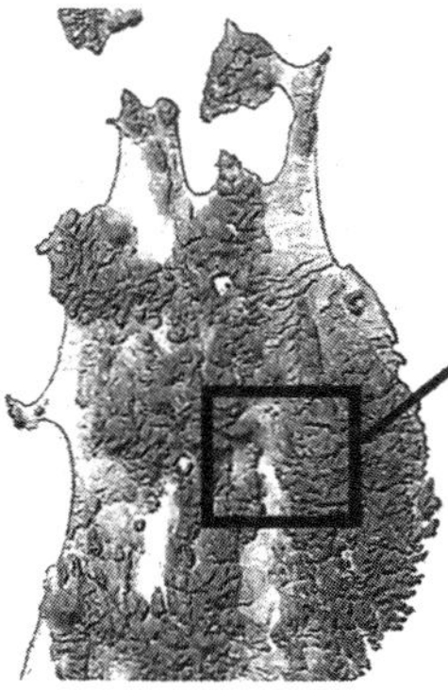

図３

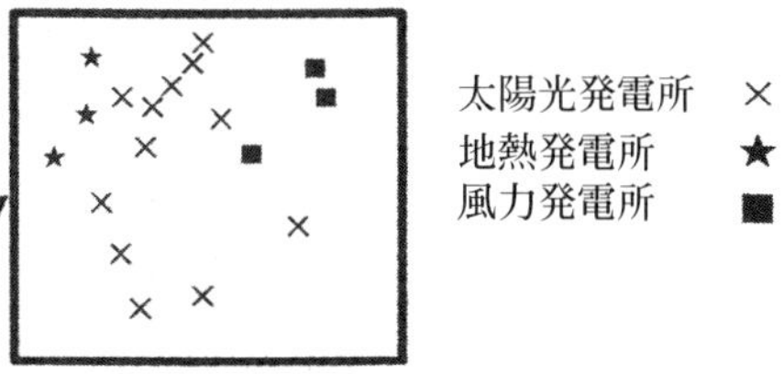

図４

問４　次の表２は、岩手県の大船渡港と静岡県の焼津港における2003年と2021年の品目別水揚げ*上位３種類を示しています。G～Ｉはイワシ類、カツオ類、サンマのいずれかです。G～Ｉの正しい組合せをタ～ナより一つ選び、記号で答えなさい。

*貝類、海藻類、海洋動物を含む。

表２

	2003年		2021年	
大船渡港	G	20,230	I	11,879
	サケ・マス	5,065	サバ類	5,399
	H	2,768	G	2,454
焼津港	H	140,755	H	94,315
	マグロ類	67,581	マグロ類	43,532
	サバ類	22,465	サバ類	8,587

単位はトン。水産庁ウェブページにより作成。

	タ	チ	ツ	テ	ト	ナ
G	イワシ類	イワシ類	カツオ類	カツオ類	サンマ	サンマ
H	カツオ類	サンマ	イワシ類	サンマ	イワシ類	カツオ類
I	サンマ	カツオ類	サンマ	イワシ類	カツオ類	イワシ類

問５　岩手県では伝統工芸品の製造が現在まで続く一方、工場も立地するようになりました。次の文Ｊ、Ｋの下線部の正誤について正しい組合せをハ～へより一つ選び、記号で答えなさい。

Ｊ　森林面積の大きい岩手県では、伝統工芸品として将棋の駒の製造がさかんに行われてきた。

Ｋ　東北自動車道のインターチェンジ付近には、鉄鋼や石油化学の工場が建ち並んでいる。

	ハ	ヒ	フ	へ
J	正	正	誤	誤
K	正	誤	正	誤

問６　次の図５と図６はそれぞれ宮沢賢治にゆかりのある花巻市のほぼ同じ範囲を示した大正２年と、平成20年の５万分の１地形図です（２つの地形図は同じ倍率で拡大してある）。両方の図を見て、以下の設問に答えなさい。

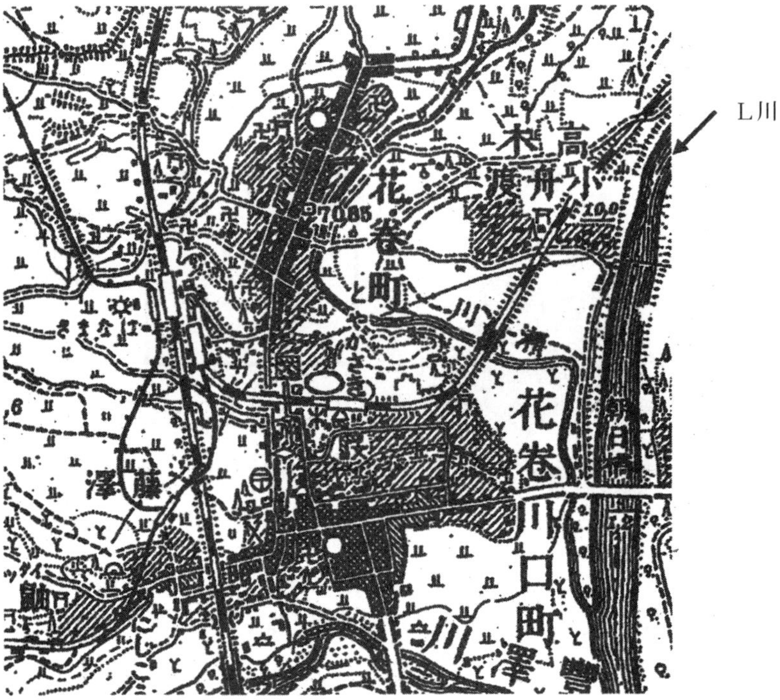

横書きの語句は右から左に向かって読みます。

図５

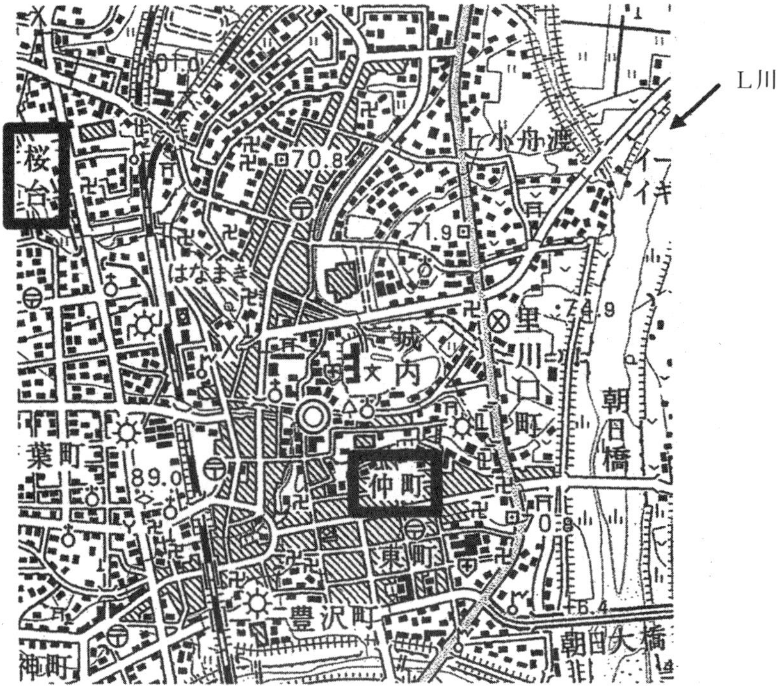

図６

⑴　図５、図６中のＬ川は、右の図７のものと同一です。この川の名前を答えなさい。

図７

⑵　図５と図６から読み取れる変化について述べた文Ｍ、Ｎの下線部の正誤の正しい組合せをあとのマ～メより１つ選び、記号で答えなさい。

Ｍ　仲町は、桜台よりも新しい住宅地であると考えられる。

Ｎ　大正時代に整備されていた鉄道路線は、廃止や変更がされている。

	マ	ミ	ム	メ
Ｍ	正	正	誤	誤
Ｎ	正	誤	正	誤

2　戦争の技術に関する次の文章を読み、以下の設問に答えなさい。

【Ⅰ】

日本列島では弥生時代ころから、集落と集落の戦争が始まったと考えられている。これは当時の集落が堀や柵で囲まれていたことなどから推測できる。弥生時代の初めころは石を加工した剣や弓矢が用いられていたが、次第に大陸から①金属器が伝わってきた。戦争がくり返される中で日本列島の各地には、他の集落を支配する、「クニ」とよばれる政治的なまとまりが形成されていった。

鉄は武具だけでなく、農具や工具に使用される重要な資源であった。現在の奈良県を中心に各地の豪族を従えたヤマト政権は、朝鮮半島南部の鉄資源を確保するために、加耶とよばれる国々や②百済と密接な関係を結んでいた。紀元後４世紀後半に朝鮮半島北部の（　１　）が南へ侵攻してくると、ヤマト政権は朝鮮半島へ軍を派遣して対抗した。このときの戦いをきっかけにして乗馬の風習が広まったとされ、古墳から馬具が発見されるようになった。

③律令政治がおこなわれた奈良時代には、軍事や警察の仕事は、兵部省などが担当した。兵部省は防人など各地の兵士を統轄したり、武具を管理したりした。奈良時代の刀は大陸由来の、反りのないまっすぐな直刀であった。

平安時代になると律令体制が動揺し、軍事のしくみも見直されるようになった。10世紀ころには武士とよばれる人々が出現し始め、次第にその地位を高めていった。武士の出現と同時期に、これまでまっすぐだった刀が反りのある刀へと変わっていく。このような変化は、一説には、馬上で敵を斬りやすくするためであったとされる。

問１　下線部①に関連して、歴史上の金属でつくられたものに関する説明として適当なものを、次のア～エより一つ選び、記号で答えなさい。

ア　古墳の上部には、人や動物などをかたどった埴輪とよばれる銅の人形が置かれた。

イ　桓武天皇は東大寺に、大量の銅を用いて大仏(盧舎那仏)を建造させた。

ウ　弥生時代の人々は銅鐸などを使って、豊作などを祈る祭りをおこなった。

エ　市場での売買に和同開珎が用いられるようになると、商人たちは座を組織して協力し合った。

問２　下線部②について、百済に関する説明として適当なものを、次のア～エより一つ選び、記号で答えなさい。

ア　福岡県志賀島では、奴国の王が百済の王から与えられた金印が発見されている。

イ　６世紀半ばころ、百済によって日本(倭国)へ仏教が伝えられた。

ウ　百済が隋の攻撃を受けたため、日本は軍隊を派遣したが、白村江の戦いで敗れた。

エ　７世紀に日本と百済の関係が悪化したため、遣唐使は朝鮮半島沿岸を避けるようになった。

問３　下線部③について、律令政治に関する説明として適当なものを、次のア～エより一つ選び、記号で答えなさい。

ア　中国で統一王朝が成立したことに対応して、天皇中心の政治体制を目指して導入された。

イ　701年に天武天皇のもとで完成し、大宝律令として制定された。

ウ　律が行政のしくみを、令が刑罰を定めたもので、後には律令に含まれない官職も創設された。

エ　都の貴族を国司と郡司に任命し、徴税や治安維持など地方の統治を担当させた。

【Ⅱ】

戦乱が続き、刀の製造技術が高まると、日本刀は貿易品として輸出されるようになった。室町幕府は④日明貿易において多くの刀を送っている。その背景には、日本刀で武装した(　2　)が中国沿岸部で略奪や密貿易をおこなっていて、彼らに対抗するために明の軍が日本刀を必要としていたという事情もあった。

鎌倉時代から室町時代にかけて、武具だけでなく戦術や、城などの防衛施設の建築といった戦争に関する技術は向上していく。特に戦争のあり方を大きく変え、政治や社会のしくみにも影響を与えたのが、1543年に(　3　)に漂着したポルトガル人がもたらした鉄砲である。戦国時代の諸大名は競うように鉄砲を導入し、戦術や城の建築も鉄砲の使用を前提に改革された。一方で、鉄砲自体が高価で、製造地が限られていた上に、銃弾の原料となる鉛や火薬の原料となる硝石は中国や東南アジアなどからの輸入に頼っていた。そのため、大きな経済力を持ち、南蛮貿易の港を支配している大名が優位に立つことになった。その代表例が⑤織田信長であり、その跡を継いだ豊臣秀吉である。鉄砲の出現は、天下統一や貿易の発展を促す役割を果たしたとも言えるだろう。

徳川家のもとで幕藩体制が確立すると、以後、200年以上にわたっておおむね平和な時代が続いた。幕府の方針も次第に変化し、５代将軍徳川綱吉は⑥武家諸法度を改定して学問を重視する政策をおこなった。平和な時代には戦争の技術はどうなったのだろうか。刀が戦争で使用されることはほぼなくなったため、支配者身分である武士たちの権威を示すものとして装飾性の強い日本刀がさかんにつくられるようになった。また、戦国時代の日本は世界有数の鉄砲保有国であったが、江戸時代には火薬を用いた⑦花火の技術が発展し、大都市で武士や⑧町人を楽しませた。江戸時代と現代では平和に対する考え方は違うかもしれないが、戦争の技術を平和的に活用し、人々の暮らしを豊かにしようという姿勢が感じられる。

問４　下線部④について、日明貿易に関する説明として適当なものを、次のア～エより一つ選び、記号で答えなさい。

ア　足利尊氏が明の皇帝に朝貢し、「日本国王」に任命されたことから始まった。

イ　明は朱印状を発行し、幕府の船を日本の正式な貿易船として区別した。

ウ　明から輸入された銅銭は、日本国内で流通して商工業の発展に影響を与えた。

エ　明の商人は堺や博多を訪れ、銀を用いて日本の綿織物を輸入した。

問５　下線部⑤について、織田信長と豊臣秀吉の政策に関する説明として適当なものを、次のア～エより一つ選び、記号で答えなさい。

ア　織田信長は、関所を廃止して人や商品の行き来を自由にすることで、商工業を発展させた。

イ　織田信長は、南蛮貿易を重視する一方、キリスト教を禁止し、宣教師を弾圧した。

ウ　豊臣秀吉は、交通が便利で、もともと比叡山延暦寺のあった大坂（大阪）に本拠を置いた。

エ　豊臣秀吉は、太閤検地により、武士の領地と貴族の荘園をはっきり区分した。

問６　下線部⑥について、武家諸法度は1615年に制定されて以来、改定がくり返されてきました。次の史料は、1615年に制定されたものと、徳川綱吉の時代の1683年に改定されたものの、それぞれ一部を掲載しています。江戸時代初期と綱吉のころでは江戸幕府が求める武士の役割はどのように変化したのか、幕府が重視した学問を具体的に明記しながら、説明しなさい。

> 1615年
>
> 一、学問と武芸、特に弓や馬術の訓練にひたすらはげむこと
>
> 一、諸国の居城は例え修理であっても必ず報告せよ。まして、新しく築城することはかたく禁止する。
>
> 1683年
>
> 一、学問と武芸とともに、忠義と孝行に励み、身分の上下間の礼儀を正しくすること
>
> 一、実子のいない大名の養子は一族の者から選び、もしふさわしい者がいない場合は、候補者を大名自身が生きているうちに報告せよ。……

問７　下線部⑦に関連して、今日でも私たちを楽しませている隅田川花火大会の起源は、徳川吉宗が享保のききんで亡くなった人々をなぐさめ、伝染病の流行を防ぐことを願って開催したものであったとされます。吉宗の政治に関する説明として適当なものを、次のア～エより一つ選び、記号で答えなさい。

ア　イギリスやロシアの船の来航が相次いだため、外国船打払令（異国船打払令）を出した。

イ　大商人による米の買い占めが問題となっていたため、株仲間を解散させた。

ウ　裁判の公平性をはかるため、御成敗式目を定めて訴訟の基準にした。

エ　キリスト教以外の洋書の輸入を認め、後の蘭学が発展するきっかけをつくった。

問８　下線部⑧について、江戸時代には町人を担い手とする文化が栄えました。その説明として適当なものを、次のア～エより一つ選び、記号で答えなさい。

ア　井原西鶴は庶民の風俗を描く浮世絵を大成し、風景画で人気を得た。

イ　多色刷りの錦絵など版画の技法が発達したため、大量生産された浮世絵は庶民にも流行した。

ウ　庶民の生活をユーモラスにえがいた曲亭（滝沢）馬琴の『東海道中膝栗毛』は、旅行への関心を高めた。

エ　元禄時代に江戸を中心に発展した町人文化は、京都や大坂（大阪）へと広まった。

【Ⅲ】

18世紀ころにイギリスで産業革命が起こると、欧米諸国は工業生産力を飛躍的に高めた。欧米列強はアジアやアフリカへの侵略をおこない、日本にも開国を求めた。藩政改革に成功した薩摩藩や長州藩は、イギリスなどから先進的な兵器を購入し、倒幕を目指した。幕府側もフランスなどに学んで近代的な軍の創設に力を入れたが、戊辰戦争において旧幕府軍は敗北した。

「富国強兵」「殖産興業」をかかげる明治政府は、模範となる官営工場を設立して近代的な産業の育成に取り組んだ。江戸幕府が創設した兵器工場や造船所も明治政府によって引き継がれ、⑨工業製品の輸出で得た資金によって工場の建設や軍備の増強が進められた。

しかし、戦争の技術の発達にともなって戦死者は急増し、莫大な物資や資金が費やされるようになる。例えば日露戦争では、日・露それぞれ８万人以上の⑩戦死者を出し、両国の国民は重い負担に苦しんだ。これほどに犠牲が増えた要因のひとつは、機関銃などの強力な兵器が導入されたためであった。日露戦争の10年後には、ヨーロッパを中心に第１次世界大戦が勃発した。戦車や毒ガスなどの兵器が登場し、民間の非戦闘員も含めて1000万人以上の戦死者が出た。

このような国際情勢のもとで、平和の維持を目指す運動が起こり始めた。第１次世界大戦の戦後処理が話し合われた⑪パリ講和会議では、アメリカのウィルソン大統領の提案に基づいて、スイスの（　４　）に本部を置く国際連盟が設立された。この機関はイギリスや日本などの大国が中心となって国際平和の維持をはかったが、十分に機能せず、人類史上２度目の世界大戦をふせぐことはできなかった。第２次世界大戦では戦車や飛行機などの兵器がより大規模に用いられ、戦争の被害はますます大きくなった。また、民間人に対する虐殺や都市部への空襲などにより、これまでの戦争より⑫民間人の犠牲が増大した。さらに第２次世界大戦末期に開発された原子爆弾の投下で、広島・長崎は多くの犠牲者を出し、今もなお放射線による障害に苦しむ人々がいる。

1945年10月にはアメリカのニューヨークに本部を置く国際連合が創設され、強い権限を持った安全保障理事会を中心に集団安全保障体制がつくられた。このような国際協調の雰囲気が高まる一方で、資本主義陣営と社会主義陣営の対立が次第に激しくなっていった。戦後、ＧＨＱのもとで⑬非軍事化・民主化の改革を進めてきた日本もこの対立に巻き込まれていく。1956年に日本は国際連合への加盟を果たすが、その国連も米ソ両大国が互いに拒否権を行使することによって、機能不全に陥ることが多かった。また、冷戦の時代には⑭核兵器の開発競争も激化した。より高性能の核兵器やミサイル技術が開発され、核兵器を保有する国が拡大していく中で、世界は核戦争への危機感を高めていった。2022年２月に始まったロシアによるウクライナへの侵攻は、核兵器を保有する大国がその軍事力をおどしに使いながら他国を屈服させようとするものであり、核兵器廃絶を目指す議論がさらに注目されることになるだろう。

問９　下線部⑨について、日本の工業製品の輸出に関する説明として適当なものを、次のア～エより一つ選び、記号で答えなさい。

ア　富岡製糸場ではフランスの技術が導入され、質の高い綿糸を生産・輸出できるようになった。

イ　第１次世界大戦でヨーロッパ諸国が疲弊したため、日本商品がアジアへさかんに輸出された。

ウ　アメリカ経済が世界恐慌で衰退すると、代わって日本の生糸の輸出が増えて世界一となった。

エ　石油危機によって自動車など機械工業の輸出が伸び悩み、鉄鋼業や石油化学工業が発展した。

問10　下線部⑩に関連して、戦死者・戦傷者が増える中で、近代的な医学も進歩していきました。破傷風の治療法を発見するなど細菌学研究を主導し、「近代日本医学の父」ともよばれる人物を、次のア～エより一つ選び、記号で答えなさい。

ア　志賀潔　　イ　北里柴三郎　　ウ　高峰譲吉　　エ　野口英世

問11　下線部⑪について、パリ講和会議とその影響に関する説明として適当なものを、次のア～エより一つ選び、記号で答えなさい。

ア　小村寿太郎が全権大使として参加し、大戦中に獲得したドイツの権益を引き継いだ。

イ　民族自決が提唱されてヨーロッパで独立国が生まれたため、朝鮮で三・一独立運動が起こった。

ウ　敗戦国のイタリアはすべての植民地を失い、多額の賠償金を課せられたため、不満が強まった。

エ　各国の軍艦の保有量を決定するなど軍縮について話し合われ、軍部が不満をもつようになった。

問12　下線部⑫に関連して、大戦中に沖縄にはアメリカ軍が上陸して激しい戦闘がおこなわれました。また、日本軍に強要されて自決した人々もいて、多くの民間人が犠牲となりました。戦後の沖縄に関する説明として誤っているものを、次のア～エより一つ選び、記号で答えなさい。

ア　サンフランシスコ平和条約で、沖縄などはアメリカの軍政下に置かれることが定められた。

イ　アメリカ軍基地が建設され、在日米軍基地面積の約70％が、今日でも沖縄に集中している。

ウ　池田勇人内閣は基地を維持するという条件でアメリカと交渉し、沖縄返還を実現した。

エ　普天間飛行場の周辺における事件や事故が問題視され、辺野古への移転が進められている。

問13　下線部⑬について、1949～50年ころを境に日本の政治改革や外交は冷戦の影響を強く受けるようになりました。その説明として適当なものを、次のア～エより一つ選び、記号で答えなさい。

ア　日本の軍は解体されていたが、朝鮮戦争が開戦した1950年に、国内の防衛や治安維持のために自衛隊が創設された。

イ　三井や住友など財閥の解体を進めたが、早期の日本の経済復興を望むアメリカの意向で不徹底に終わった。

ウ　地主の土地を安く買い上げ、小作人に売り渡して自作農を増やそうとする農地改革は、地主の反対で失敗に終わった。

エ　サンフランシスコ講和会議にソ連など社会主義諸国は参加せず、冷戦終結まで国交は回復しなかった。

問14　下線部⑭について、国際連合で包括的核実験停止条約(ＣＴＢＴ)が採択された時期として適当なものを、次のア～エより一つ選び、記号で答えなさい。

1949年	ソ連が原爆の開発に成功
	↓　ア
1954年	アメリカがビキニ環礁で水爆の実験をおこない、日本の第五福竜丸の乗組員が被爆
	↓　イ
1962年	キューバ危機が発生し、アメリカ・ソ連の核戦争の危機が高まる
	↓　ウ
1989年	アメリカ・ソ連の首脳による冷戦終結の宣言
	↓　エ

問15　【Ⅰ】～【Ⅲ】の文中の(　１　)～(　４　)にあてはまる語句を、それぞれ答えなさい。

3　以下の設問に答えなさい。

問１　以下の資料Ａは日本国憲法第64条第１項の条文です。(　　)にあてはまる語句を答えなさい。

【資料Ａ】

国会は、罷免の訴追を受けた裁判官を裁判するため、両議院の議員で組織する(　　)裁判所を設ける。

問２　以下の資料Ｂはフランスの思想家が18世紀に記した著書の一部です。この著書名を答えなさい。

【資料Ｂ】

「もし、同じ人がこれらの３つの権力、—すなわち法を作る権力、公の議決を執行する権力、および犯罪または私人の争いを裁判する権力—を行使するならば、すべては失われてしまうだろう。」

出典：宮沢俊義　訳　岩波書店(解答に関わるため、著書名は明記しない。)

問３　租税は直接税と間接税に分類でき、租税総額中に占める直接税と間接税の割合を直間比率といいます。なぜ1985年度以降に、以下の資料Ｃに見られるように国税における間接税の割合が上昇したのか、その理由として考えられることを税制の変更の観点から20字程度で説明しなさい。

【資料C】(総務省資料をもとに作成した1975年度以降の国税の直間比率)

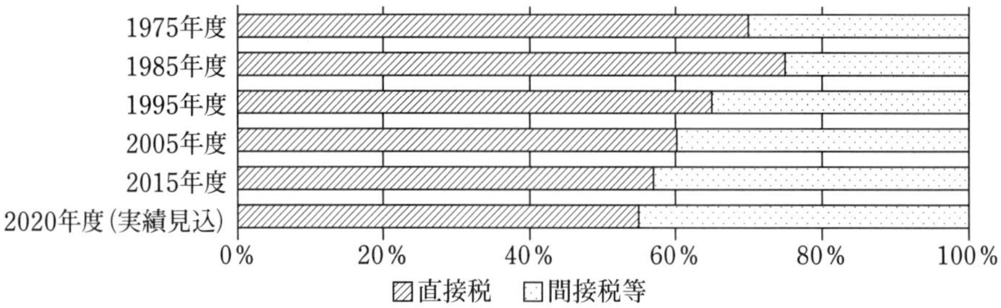

※2020年度は補正後予算額、それ以外は決定額である。

4　次の図を見て、以下の設問に答えなさい。

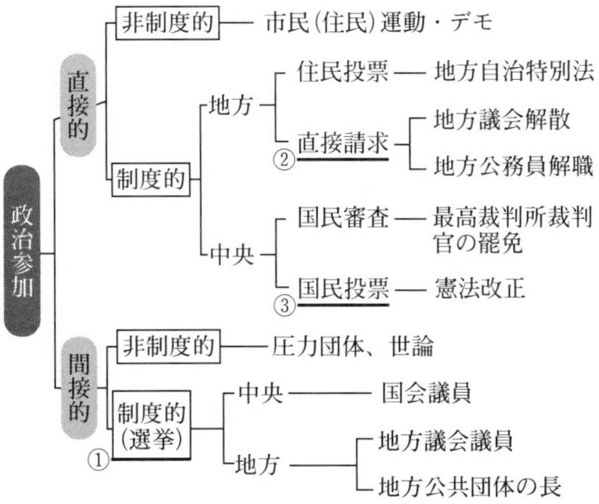

出典：山川出版社『詳説政治・経済(令和2年版)』図版より引用

問1　下線部①について、2022年12月28日以降に実施される衆議院選挙では、議員定数を配分する方法の一つであるアダムズ方式が初めて適用されます。以下の説明文を読み、アダムズ方式が適用されることで見られる変化として最も適当なものを、次のア～エより一つ選び、記号で答えなさい。

【説明文】

> これまでは一人別枠方式が採られ、各都道府県にまず1議席ずつ配分したうえで残りの議席を人口に比例して配分していた。新しく適用されるアダムズ方式では各都道府県の人口をある数Xで割り、その答えの小数点以下を切り上げる。こうして出した数が各都道府県の議席数となる。なお、ある数Xとは各都道府県の議席数の合計がちょうど議員総定数となるように調整した数値である。

ア　人口比をより反映するために適用されたアダムズ方式により、東京都のほかに、千葉県や神奈川県などで議席数が増えることになる。

イ　有権者数が少ない地方に配慮するために適用されたアダムズ方式により、地方の声がより国会に届くことになる。

ウ　地方創生の観点から適用されたアダムズ方式により、人口の少ない県に多くの議席が配分されることになる。

エ　平等選挙を実現するために適用されたアダムズ方式により、議員1人あたりの有権者数の差が広がることになる。

問２　下線部②について、住民による直接民主制の考え方を取り入れた直接請求権の行使の具体例として適当なものを、次のア～エより一つ選び、記号で答えなさい。

ア　有権者５万人の市で、千人分の有権者の署名を集め、市議会に条例の制定請求をおこなった。

イ　有権者１万人の町で、２百人分の有権者の署名を集め、町長に町議会の解散請求をおこなった。

ウ　有権者６千人の村で、２千人分の有権者の署名を集め、村の選挙管理委員会に村長の解職請求をおこなった。

エ　有権者10万人の市で、市議会の解散請求がおこなわれた後に実施された住民投票で、投票した９万人のうち３万人が同意したので議会は解散した。

問３　下線部③について、日本国憲法第96条で、憲法を改正するためには国民投票で過半数の賛成が必要と定められていますが、「国民投票の過半数」が何を指すのかについては、以下のＡ～Ｃの３つの解釈があります。

Ａ	有効投票総数(賛成票と反対票の和)の過半数
Ｂ	投票総数(賛成票と反対票のほかに無効票を含む。棄権は含まない)の過半数
Ｃ	有権者数(投票総数に加え、棄権を含む)の過半数

2007年に国民投票法が制定され、Ａの解釈が採用されました。しかし、ＢやＣの解釈を採用した場合、Ａの場合とは結果が変わることがあります。今、国民投票をおこなった結果が以下の通りであったと仮定します。この時、３つの解釈Ａ～Ｃと、それに対応する結果ｘ～ｚとの組合せとして正しいものを、次のア～カより一つ選び、記号で答えなさい。

【国民投票の結果】

有権者全体１億人	賛成票3,900万票	反対票3,800万票
無効票300万票	棄権した人2,000万人	

【３つの解釈Ａ～Ｃに対応する結果】

ｘ	賛成の割合は39％にとどまり、憲法改正は実現しない。
ｙ	賛成の割合はわずかに50％に届かず、憲法改正原案は廃案となる。
ｚ	賛成の割合は50％を上回り、憲法改正は承認される。

ア	Ａ－ｘ	Ｂ－ｙ	Ｃ－ｚ	イ	Ａ－ｘ	Ｂ－ｚ	Ｃ－ｙ
ウ	Ａ－ｙ	Ｂ－ｘ	Ｃ－ｚ	エ	Ａ－ｙ	Ｂ－ｚ	Ｃ－ｘ
オ	Ａ－ｚ	Ｂ－ｘ	Ｃ－ｙ	カ	Ａ－ｚ	Ｂ－ｙ	Ｃ－ｘ

成蹊中学校(第１回)

—30分—

1　以下の文章は、ある社会科の先生が2022年４月から2023年３月までの１年間、ドイツで生活している時に経験したことに基づいて書かれたものです。文章を読み、問いに答えなさい。

2022年２月、ロシアがウクライナへの侵攻を開始しました。ロシアの一方的な主張に基づく侵攻に対して多くの国が反対しました。ロシアは世界のなかでも天然資源や農作物の輸出が盛んな国の一つでしたが、Ｇ７(主要７カ国首脳会議)のメンバーを中心とする国々が経済制裁(けいざいせいさい)を行ったため、これまでのような貿易が行われなくなりました。その影響で、ロシアからたくさんの石油や天然ガスを輸入していたヨーロッパ諸国では電気代や物価が高くなる現象が起きました。ウクライナ情勢の先行きが見えないなかでヨーロッパだけでなく、①世界的な物価上昇や資源不足などの影響が広がりました。

②ドイツもロシアからパイプラインを通じて多くの天然ガスを輸入していました。しかし、2022年２月以降はロシアからの天然ガスの輸入量を減らし、やがて完全に取りやめました。その結果、ドイツのエネルギー事情は厳しくなり、物価も上昇し、人々の生活に大きな影響が出ました。私もドイツで生活していましたが、日常的に利用していたスーパーマーケットや市場の様々な商品の値段が徐々(じょじょ)に上がっていきました。私は自宅の近くのパン屋でライ麦パンを買って毎朝食べていましたが、その値段も上がってしまったので、もっと安いパンを買って食費を節約しました。私の友人のドイツ人は「肉料理が好きだけど、お肉の値段が高くなったから、今は１週間に１回ぐらいしか食べてないよ」と言っていました。

こうした物価上昇を受け、③ドイツ政府は「９ユーロチケット」を販売しました。このチケットは2022年６月から８月までの３ヶ月間、月額９ユーロ(当時約1300円)で、ＩＣＥ(新幹線)やＩＣ(特急列車)と一部の民間鉄道会社などを除く、ドイツ全土の公共交通機関が乗り放題となる夢のようなチケットでした。このチケットはとても好評でドイツ国内でおよそ5200万枚も売れたと言われています。もちろん、私もチケットを買いました。ほぼ毎日のようにバスや路面電車を利用していたので交通費の節約に大いに役立ちました。さらに８月にはバスや路面電車、鉄道を乗り継いでチェコや④ベルギーに行きましたが、チケットのおかげで交通費は格安で行くことができました。その後もドイツ国内ではチケットの継続を望む声が多く、政府も長い目で見れば割安チケットの販売は重要だと判断しました。その結果、少し値上げされましたが⑤2023年５月から再び割安チケットが販売されることになりました。

2022年の夏が過ぎたある日、友人宅へ食事に行くと「こんな新聞記事が出ていますよ」といって、今年のクリスマスは電飾(でんしょく)の使用を控(ひか)えるよう呼びかける新聞記事を見せてくれました。⑥私も電気代や光熱費(こうねつひ)が含まれた自分の家の家賃がいつ上がってしまうのか心配でした。ドイツ政府はウクライナ情勢の影響を受け、早い段階からエネルギー政策、とりわけ原子力政策を見直す話し合いをすすめていました。そもそもドイツでは、⑦メルケル首相が2011年に政策を転換(てんかん)し、同年６月にドイツの国会で法律が改正され、原子力発電(以下、原発と表記)に関する重要な政策が決定しました。ウクライナ情勢の影響でドイツのエネルギー事情が大きく変化したため、⑧次の首相のもとで原発の稼働(かどう)期間を延長していましたが、2023年４月に予定通りドイツは脱原発を完了しました。

先日、久しぶりにドイツで知り合ったウクライナの友人に連絡してみました。ちょうど友人は家族のいるウクライナ西部のリヴィウに帰っていたそうです。同じ頃、日本ではリヴィウにロシア軍のミサイルが撃ち込まれたと報道されていたので心配しましたが、ＳＮＳを通じて「元気だよ！」という返事がきて安心しました。友人はあと数日間、家族と一緒に過ごした後、ハンガリーや⑨ポーランドなどを経由しながらバスで約26時間かけてドイツに戻るそうです。

問１　ロシアによるウクライナ侵攻が始まった結果、下線部①のようなことが起きているのはなぜでしょうか。本文を参考にして答えなさい。

問２　下線部②・④・⑨の国を地図から選び、記号で答えなさい。

問３　下線部③と⑤について、政府が「９ユーロチケット」などの割安チケットの販売をはじめたのはなぜですか。本文と［資料１］を参考にして２つ答えなさい。

［資料１］　ドイツにおける割安チケット販売の意義

> (前略) ９ユーロチケットなどの割安チケットは、ドイツ各地で通用する公共交通機関の乗り放題チケットとして販売される。(中略) ところで、ドイツにおいても、自動車利用者の負担を減らすためにガソリンや軽油の税率(ぜいりつ)の引き下げなどが期間限定で行われた。しかし、燃料価格の上昇にともなう自家用車の利用減少をきっかけとして、公共交通機関へのシフトとその結果としての二酸化炭素排出量の削減を促(うなが)すことも重視された。すなわち、2045年までに気候中立(温室効果ガスの排出実質ゼロ) を達成するという目標をかかげた第４次メルケル政権以降、ドイツ政府は公共交通機関の整備や運営に必要な財源を増額してきた。現政権も同様の路線を引き継いでおり、(後略)

(『交通新聞』2023年４月５日の一部　※一部をわかりやすい表現に改めています。)

問４　下線部⑥について、私が家賃の値上がりを心配した背景として、正しいものを１つ選び、記号で答えなさい。

ア　ドイツ政府が再生可能エネルギーに関する法律を改正し、すべてのエネルギーを火力発電に変えると表明したが、燃料の調達が遅れていたから。

イ　ドイツ政府によってガソリン車を増やす法律が制定され、ガソリン車の需要が高まり、さらなるエネルギー事情の悪化が予想されたから。

ウ　寒さの厳しいドイツで冬に向けてエネルギー需要が高まり、さらなるエネルギーのひっ迫が予想されたから。

エ　アメリカとドイツの間を結ぶ天然ガス供給のパイプライン「ノルドストリーム」がロシアによって破壊され、エネルギー事情が厳しくなることが予想されたから。

問５　下線部⑦について、次の問いに答えなさい。

(1)　なぜ、2011年に原発に関する重要な政策が決定されたのでしょうか。理由を答えなさい。また、それはどのような内容の政策だったのでしょうか。本文を参考にして答えなさい。

(2)　日本で法律に関することを決める機関は国会です。国会について定める日本国憲法の次の条文の（　１　）と（　２　）に入る適切な語を語群から選び、記号で答えなさい。

第四一条　国会は、国権の（　１　）機関であって、国の唯一の（　２　）機関である。

〈語群〉　ア　行政　　イ　最高　　ウ　司法　　エ　立法　　オ　承認

問６　下線部⑧について、次の首相になった［資料２］の人物の名を語群から選び、記号で答えなさい。

〈語群〉　a　スナク　　b　マクロン

c　ショルツ　　d　バイデン

［資料２］

（提供　朝日新聞社）

2　次の沖縄(琉球)についての年表を読んで以下の問いに答えなさい。

1609年	明(中国)に従っていた琉球国が、薩摩藩の侵攻をうけて、明に従いながら薩摩藩の支配を受けるようになる。
1654年	琉球国が清(中国)に従うようになる。
1854年	①琉球国がアメリカと琉米修好条約を結ぶ。
1871年	②薩摩藩にかわり鹿児島県が琉球国を支配するようになる。
1872年	日本政府が琉球国を直接支配して琉球藩を設置する。
1879年	日本が琉球藩廃止と沖縄県設置を強行し琉球国がほろびる。 ③清が日本に抗議し、琉球をめぐる対立が続く。
1945年	沖縄県で住民を巻きこんだ地上戦が展開される。 日本の降伏で第二次世界大戦が終結する。
1972年	沖縄の施政権がアメリカから日本に返還される。
1975年	④日本の皇太子(現在の上皇)が、皇族として戦後初めて沖縄を訪問する。その後も、現在の上皇や天皇が、沖縄への訪問をくり返す。

問１　下線部①について、この年には、江戸幕府がアメリカと条約を結んでいますが、その条約を何というか答えなさい。また、このとき江戸幕府が開港した港を次のうちから２つ選び、記号で答えなさい。

ア　下田　　イ　神戸　　ウ　長崎　　エ　那覇　　オ　新潟　　カ　函館　　キ　横浜

問2　下線部②について、この年に起きたできごととして正しいものを、次のうちから1つ選び、記号で答えなさい。

ア　大塩平八郎の乱　　イ　大日本帝国憲法発布　　ウ　西南戦争　　エ　廃藩置県

問3　下線部③について、その対立の終わりについて説明した次の文章を読み、空らん(１)、(２)に入る適切な地名を答えなさい。

主として(１)半島をめぐる対立をきっかけとして起こった戦争の結果、日本は(２)と澎湖(ほうこ)諸島、そして一時的には遼東半島を獲得(かくとく)した。そのため、日本の本土と、日本領となった(２)の間にある琉球の主権問題については争われなくなった。

問4　下線部④について、当時の皇太子は、天皇の代理として沖縄を訪問しました。当時の沖縄では、それまでの歴史にもとづく様々(さまざま)な理由から、それに複雑な気持ちをもつ人びとがおり、中にはそれに反発する人びともいました。当時の皇太子はそれを理解した上で沖縄を訪問し、その後も沖縄への訪問をくり返し、その歴史に向きあいました。

当時の沖縄の人びとの一部が、天皇の代理である皇太子の訪問に反発した様々な理由のうち、次の［資料１～３］から読み取れる理由を説明しなさい。

(資料は分かりやすい表現に変えています。)

［資料１］　沖縄県の教育監督官(かんとくかん)の主張(1944年１月１日)

(略)日本の教育がまじりけなく保持されているのは、実に軍隊教育と同様、お国のために死ぬという純粋で極まる忠誠心(ちゅうせいしん)からすべてが始まっているからである。青少年の教育の中心もやはりこの原点に戻るべきであり、皇国(こうこく)(天皇の治める国)を守り抜くために死ねる皇民(こうみん)(天皇の治める国の民)の育成にこそ、その根本の意味があることを、私たち教育実践者(じっせんしゃ)は胆(きも)に命じるべきである。

(『大阪朝日新聞』沖縄版「死ねる教育」1944年１月１日)　(琉球政府編『沖縄県史』第８巻、1971年、171ページ)

［資料２］　沖縄戦での日本の海軍司令官の報告(1945年６月６日)

(略)陸海軍が沖縄にやってきて以来、県民は最初から最後まで勤労奉仕(ほうし)や物資の節約をしいられ、ただひたすら日本人としてのご奉公(ほうこう)をするのだという一念を胸に抱(いだ)きながら、ついに(略)この戦闘(せんとう)の最期を迎(むか)えてしまいました。 　沖縄の実情は(略)一本の木、一本の草さえすべてが焼けて、焼け野原となり、食べ物も６月一杯(いっぱい)を支えるだけということです。(略)

(『朝日新聞』「自決前、大田中将が海軍次官にあてた電文」2021年８月11日)

［資料３］　沖縄戦での日本側の死者数(推計)

日本兵(沖縄県外の出身)	６万5908人	
軍人・軍属(ぐんぞく)とされた沖縄県民	２万8228人	沖縄県民の死者 推計12万2228人
それ以外の沖縄県民	９万4000人	

注)当時の沖縄県の総人口は約60万人。　(沖縄県生活福祉(ふくし)部援護(えんご)課『沖縄の援護のあゆみ』1996年、56ページ)

成城学園中学校(第1回)

—25分—

(編集部注：実際の入試問題では、写真や図版の一部はカラー印刷で出題されました。)

1　次の文章を読んで、あとの問いに答えなさい。

①島国である日本は、②四方を海で囲まれているため、外国からせめられたことがほとんどありません。しかし、外国からせめられる危機がせまった時や、外国からせめられた時に、日本は大きな変化をむかえてきました。

たとえば③「大化の改新」という改革の時期には、④当時、大陸で中国(唐)と朝鮮半島の国々との間で争いが続くなか、日本も国を守る必要にせまられました。また、⑤元との戦いは、後に鎌倉幕府が倒れるきっかけとなりました。江戸時代には⑥外国の圧力をうけて「鎖国(さこく)」が終わると、江戸幕府への不満が高まり、幕府を倒す計画が進むなか、⑦幕府が朝廷に政権を返したことで、武士の世が終わりました。明治以降の日本は、⑧富国強兵を進めて列強の一員になりましたが、⑨太平洋戦争では敗北して、アジアの植民地を手放しました。戦後の日本は連合国軍の占領下で、⑩民主的な社会をつくるための改革を進め、やがて⑪経済成長を実現しました。

[問1]　下線部①について、日本各地のさくらの開花前線をしめしたあとの地図を見て、この地図から読み取れることとしてあやまっているものを、次のア～エから1つ選び、記号で答えなさい。

ア　東京都や神奈川県の東部では、ほかの地域と比べ、さくらがいち早く開花した。

イ　日本海側の山陰地方よりも岡山県や香川県などの瀬戸内海沿岸の方が、さくらが早く開花した。

ウ　日本アルプスが連なる標高の高い地域は、まわりとくらべてさくらの開花が遅くなった。

エ　北海道では、西側の地域でいち早くさくらが開花し、次第に東側の地域に開花前線が移動していった。

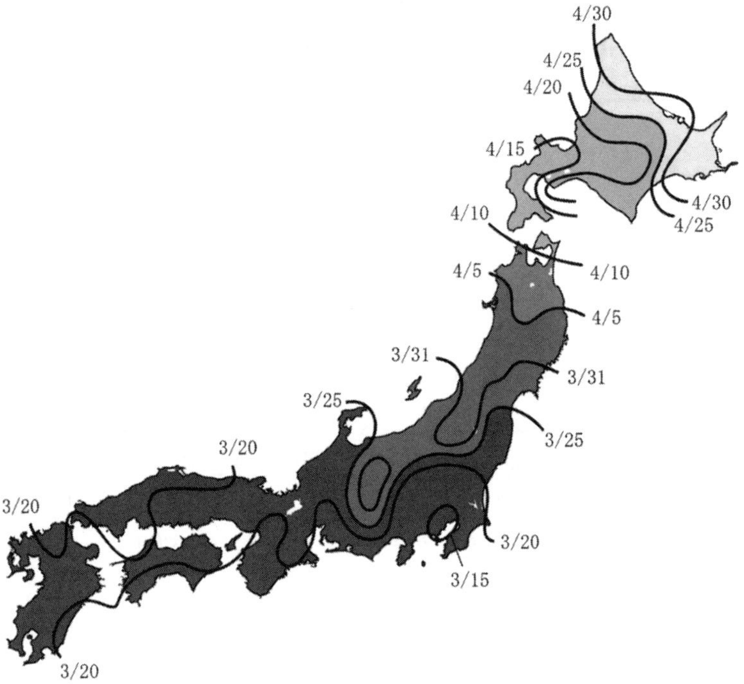

(ウェザーマップ「さくら開花前線」より作成)

［問２］　下線部②について、あとの問いに答えなさい。

(1)　次の表は、日本・韓国・アメリカ・インドネシアの排他的経済水域の面積と、排他的経済水域の面積が領土面積のおよそ何倍にあたるかをまとめたものである。日本を示しているものを、次のア～エから１つ選び、記号で答えなさい。

	排他的経済水域の面積	領土面積の何倍か
ア	541万㎢	2.8倍
イ	447万㎢	11.8倍
ウ	762万㎢	0.8倍
エ	45万㎢	4.5倍

(『データブック　オブ・ザ・ワールド』より作成)

(2)　日本の領海や排他的経済水域をめぐる問題について書かれたA・Bの文を読み、それぞれの文章が「正(ただしい)」か「誤(あやまっている)」かの正しい組み合わせを、あとのア～エから１つ選び、記号で答えなさい。

A　日本最南端の南鳥島はサンゴ礁(しょう)でできているため、波でけずられないよう、コンクリートで護岸工事が行われた。

B　中国が領有権を主張している尖閣諸島の周辺水域での海洋調査や漁業などを、日本の海上保安庁は取りしまっている。

ア　A：正　B：正　　イ　A：正　B：誤

ウ　A：誤　B：正　　エ　A：誤　B：誤

［問3］　下線部③の改革の中心人物となったのが、中大兄皇子と中臣鎌足である。

⑴　中大兄皇子らによる大化の改新をきっかけに整えられていった天皇を中心とした政治のしくみの説明として正しいものを、次のア～エから1つ選び、記号で答えなさい。

ア　北海道から沖縄まで、全ての土地と人々を戸籍(こせき)で管理するようにした。

イ　天皇の権威(けんい)を示すため、巨大な前方後円墳をつくらせた。

ウ　農民が国に稲や各地の特産品を納める、全国統一の税制が整えられた。

エ　能力のある者を役人にとりたてるため、冠位十二階を定めた。

⑵　中臣鎌足の子孫の藤原氏は、平安時代の有力貴族である。平安時代についての説明としてあやまっているものを、次のア～エから1つ選び、記号で答えなさい。

ア　藤原道長は、自分のむすめを天皇のきさきにして強い力をもった。

イ　貴族を中心に、中国の文化をもとにして国風文化が生まれた。

ウ　紫式部の「源氏物語」は、かな文字で書かれた文学作品である。

エ　寝殿造のやしきでの貴族の暮らしぶりが、水墨画に描(えが)かれた。

［問4］　下線部④について、朝廷は、大宰府という拠点(きょてん)に成年男子の農民からなる防人を送り、守りをかためた。大宰府はどこにあったと考えられるか、次の地図中のア～オから1つ選び、記号で答えなさい。

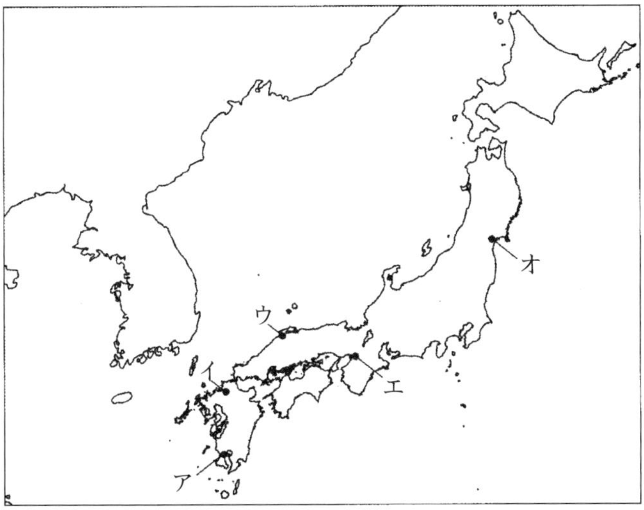

［問5］　下線部⑤について、元との戦いのあと、鎌倉幕府と御家人との間にある「御恩と奉公」の関係がくずれ、御家人は鎌倉幕府に不満をもった。なぜ、御家人が幕府に対して不満をもったのか、説明しなさい。

［問6］　下線部⑥の説明として正しいものを、次のア～エから1つ選び、記号で答えなさい。

ア　鎖国の時代にも、長崎でスペインや中国との貿易が続いていた。

イ　治外法権など、不平等な内容をふくむ日米修好通商条約が結ばれた。

ウ　開国後の物価高に苦しむ民衆を救おうと、大塩平八郎が乱を起こした。

エ　薩摩藩の西郷隆盛や、長州藩の勝海舟などの下級武士が活躍(かつやく)した。

［問7］　下線部⑦を行った将軍は□□□■である。最後の■にあてはまる漢字1字を答えなさい。

［問８］　下線部⑧について、太平洋戦争より前の日本の産業の発展や社会の変化についてあやまっているものを、次のア～エから１つ選び、記号で答えなさい。

ア　富岡製糸場を中心に近代的な製糸業が発展し、日露戦争後に生糸輸出量が世界第１位となった。

イ　重化学工業の発展にともない、足尾銅山の鉱毒事件に代表される公害問題が発生した。

ウ　日清戦争に備えて八幡製鉄所がつくられ、軍艦(ぐんかん)や大砲(たいほう)などの兵器の国産化が進んだ。

エ　社会に出て仕事に就く女性が増えるなかで、平塚らいてうなどが女性の自由と権利の拡大を目指す運動をした。

［問９］　下線部⑨について、太平洋戦争で敗れるまで、日本がアジア各地の植民地や占領地で行ったことについてあやまっているものを、次のア～エから１つ選び、記号で答えなさい。

ア　植民地支配が行われた朝鮮において、学校では日本語や日本の歴史を学ぶことを強制された。

イ　日中戦争中、日本は台湾や南京(ナンキン)を占領したが、激しい抵抗を受けて戦争が長期化した。

ウ　中国東北部に建てた満州国に、本土から人々を移住させて農地の開拓(かいたく)を進めた。

エ　東南アジアでは、石油や天然ゴムなどの資源や食料の取り立て、住民の強制労働などを行った。

［問10］　下線部⑩の民主化改革の１つとして、選挙権がより多くの人に認められてきた。日本における選挙権の広がりについて正しいものを、次のア～エから１つ選び、記号で答えなさい。

ア　大日本帝国憲法が発布された当初は、皇族・華族・士族の成年男性にのみ選挙権が認められた。

イ　1925年の普通選挙法では、一定額の税を納めれば、全ての成年男性に選挙権が認められた。

ウ　1947年に施行された日本国憲法では、満25歳以上の全ての男女に、選挙権が認められた。

エ　2015年に改正された公職選挙法では、満18歳以上の全ての男女に、選挙権が認められた。

［問11］　下線部⑪について、戦後の日本では、鉄鋼や機械、自動車などが主力の輸出産業として成長した。

⑴　日本の高度経済成長についてあやまっているものを、次のア～エから１つ選び、記号で答えなさい。

ア　朝鮮戦争による特需(とくじゅ)が、経済回復のきっかけとなった。

イ　大阪で開かれた万国博覧会にあわせて、東海道新幹線が開通した。

ウ　1968年に、ＧＮＰがアメリカに次ぐ世界第２位となった。

エ　石油危機による世界経済の混乱をうけて、高度経済成長は終わった。

⑵　現在の自動車産業では、関連工場が協力し、必要な部品を必要な数と種類だけ組み立て工場に届けるしくみがとられている。このようなしくみを何とよぶか、正しいものを、次のア～エから１つ選び、記号で答えなさい。

ア　ジャスト・イン・タイム方式　　イ　ロット生産方式

ウ　セル生産方式　　エ　ベルトコンベア方式

2　2023年はＧ７のサミットが日本で開かれた。それに関連した政太郎君と澤柳(さわやなぎ)先生の会話文を読み、あとの問いに答えなさい。

政：去年のサミットは平和への関与を示すのにふさわしい場所として①広島県で開催(かいさい)されたよね。
澤：そうそう。警察の人がいっぱいいたよ。広島サミットは、②各国の大統領とか首相とかそういう人達がたくさん来ていたよね。でも大臣たちは広島ではないところでも会議を開いていたんだ。ちょっと調べてみたら面白いんじゃない。
政：本当だ。４月には、北海道札幌市で気候・エネルギー・環境大臣会合が行われてるね。ここでは、2015年に採択(さいたく)された協定の精神をふまえて、産業における脱(だつ)炭素化が目指されているみたいだね。この会合を主催(しゅさい)した省庁は、（ ③ ）と環境省だ。
澤：同じく４月には長野県軽井沢市で外務大臣の会合も開かれていたんだよ。④北陸新幹線に乗って外務大臣がみんなで移動したっていうニュースをやっていたね。ここでは⑤グローバルサウスとの連携(れんけい)も強化しながら国際協力を進めていくということが発信されたんだ。この会合を主催した省庁は、外務省だね。
政：岡山県倉敷市では、労働雇用(こよう)大臣会合が開かれたみたいだ。⑥Ｇ７各国の人口が減少していくなかで、人への投資が大事だと宣言されたみたい。
澤：他にも⑦宮崎県宮崎市では農業大臣会合が、群馬県高崎市ではデジタル・技術大臣会合が開かれていたね。

［問１］　下線部①について、広島県の形として適切なものを、次のア～エから１つ選び、記号で答えなさい。ただし縮尺はそれぞれ異なる。

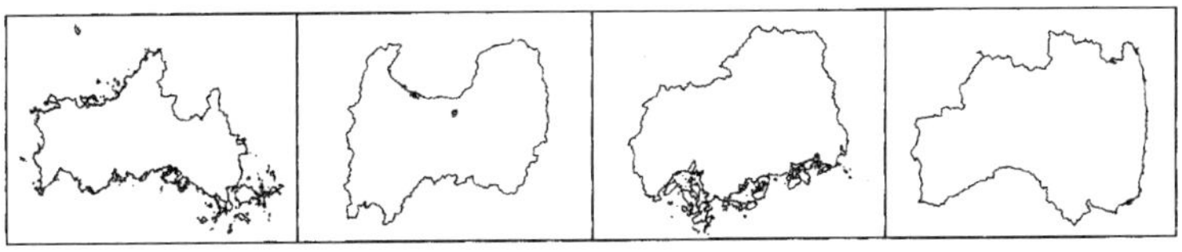

ア　イ　ウ　エ

［問２］　下線部②について、あとの問いに答えなさい。

(1)　広島サミットには、ウクライナの大統領が招待され、会議に参加したことでも話題になった。この人物の名前を答えなさい。

(2)　広島サミットには、日本からは岸田総理大臣が出席した。日本において総理大臣は内閣を組織しており、日本国憲法第65条には、「□□権は、内閣に属する」と記されている。この□□にあてはまる漢字２字を答えなさい。

［問３］　文章中の空らん（ ③ ）にあてはまる最もふさわしい省庁を、次のア～エから１つ選び、記号で答えなさい。

ア　経済産業省　　イ　厚生労働省　　ウ　国土交通省　　エ　法務省

［問４］　下線部④は、2024年２月現在、長野県をふくめた７つの都県を通っている。以下は北陸新幹線の下り線が通る都県であるが、（A）（B）の組み合わせとして正しい県名の組み合わせを、あとのア～カから１つ選び、記号で答えなさい。

東京都→埼玉県→（　A　）→長野県→新潟県→（　B　）→石川県

ア　A：山梨県　　B：岐阜県　　　イ　A：山梨県　　B：富山県
ウ　A：栃木県　　B：岐阜県　　　エ　A：栃木県　　B：富山県
オ　A：群馬県　　B：岐阜県　　　カ　A：群馬県　　B：富山県

［問５］　下線部⑤の説明として正しいものを、次のア～エから１つ選び、記号で答えなさい。

ア　太平洋を取り囲む国々の間での自由貿易や投資、知的財産権の保護など幅広い分野でのルールをつくるための取り決め。

イ　インドやブラジル、トルコ、南アフリカといったアジアやアフリカ、中南アメリカの新興国や途上国の総称。

ウ　タイやインドネシアなど東南アジアの平和と安定の促進（そくしん）や、経済・科学技術分野での相互（そうご）協力の促進などを目的として設立された地域協力機構。

エ　産油国のイラン、イラク、クウェート、サウジアラビアなどが原油の生産調整と価格引き上げを主なねらいとしてつくった組織。

［問６］　下線部⑥と関連して、次のグラフは、世界の地域別の人口の変化と予想を表している。グラフ中のア～エは、ヨーロッパ・アフリカ・アジア・北アメリカのいずれかを表す。このうちアフリカをあらわすものを、ア～エから選び、記号で答えなさい。

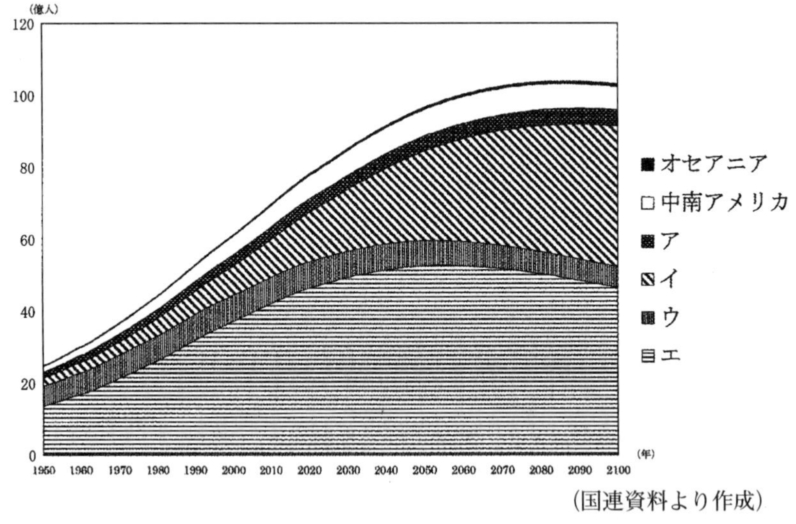

（国連資料より作成）

［問７］　下線部⑦について、次の３つのグラフは、宮崎県が全国の上位に入る農作物の2021年の出荷額の県別の割合を示しており、Ｘ～Ｚはピーマン・ブロイラー(肉用鶏(にわとり)の一種)・肉用牛のいずれかを表す。Ｘ～Ｚと農作物の組み合わせとして正しいものを、あとのア～カから１つ選び、記号で答えなさい。

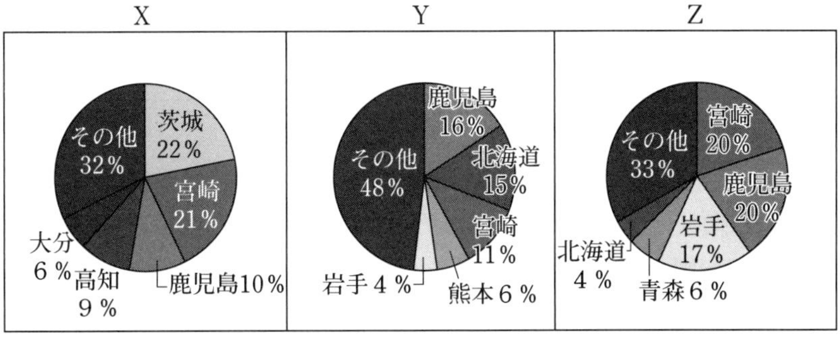

(生産農業所得統計より作成)

	ア	イ	ウ	エ	オ	カ
X	肉用牛	肉用牛	ブロイラー	ブロイラー	ピーマン	ピーマン
Y	ブロイラー	ピーマン	肉用牛	ピーマン	肉用牛	ブロイラー
Z	ピーマン	ブロイラー	ピーマン	肉用牛	ブロイラー	肉用牛

澤：５月には、⑧新潟県新潟市で財務大臣・中央銀行総裁会議が開かれたみたいだね。また宮城県仙台市では、科学技術大臣の会合が開かれたみたいだよ。

政：同じくらいのタイミングで、教育大臣の会合が富山県富山市・石川県金沢市で開かれたみたいだね。あと、⑨長崎県長崎市では保健大臣の会合も開かれたようだね。

澤：６月には、交通大臣の会合が三重県志摩市で、男女共同参画・女性活躍(かつやく)担当大臣会合が栃木県日光市で開催されたんだ。大臣の集合写真で日本だけ男性の大臣だったことが話題になったね。日光声明では、ジェンダー平等を達成することが改めて目標とされたんだ。

政：⑩香川県高松市では、都市大臣の会合が行われたみたいだね。

澤：10月には大阪府堺市で貿易大臣の会合や、12月には茨城県水戸市でも内務・安全担当大臣の会合が開かれていたね。

政：サミットの議長国としての役割は１年間続くんだね。勉強になったよ。

［問８］　下線部⑧について、新潟市は2007年４月１日に本州の日本海側の都市として初めて政令指定都市になった。政令指定都市とは政府から指定された人口50万人以上の都市のことを指す。政令指定都市に関して説明した文としてあやまっているものを、次のア～エから１つ選び、記号で答えなさい。

ア　神奈川県には複数の政令指定都市がある。
イ　政令指定都市のうち最も南にあるのは、福岡市である。
ウ　東北地方にある政令指定都市は、仙台市のみである。
エ　東京23区は特別区のため、政令指定都市ではない。

[問９]　下線部⑨について書かれたＡ・Ｂの文を読み、それぞれの文章が「正(ただしい)」か「誤(あやまっている)」かの正しい組み合わせを、あとのア～エから１つ選び、記号で答えなさい。

A　長崎県の対馬は、朝鮮半島との窓口としての役割を歴史的に果たしてきた。 B　江戸時代の禁教期にもこの地では仏教信仰を継続していたとして、天草地方とともに世界文化遺産に登録されている。

ア　A：正　　B：正　　　イ　A：正　　B：誤

ウ　A：誤　　B：正　　　エ　A：誤　　B：誤

[問10]　下線部⑩について、次の雨温図は、仙台・長野・高知・高松のいずれかのものである。高松の雨温図を、次のア～エから１つ選び、記号で答えなさい。

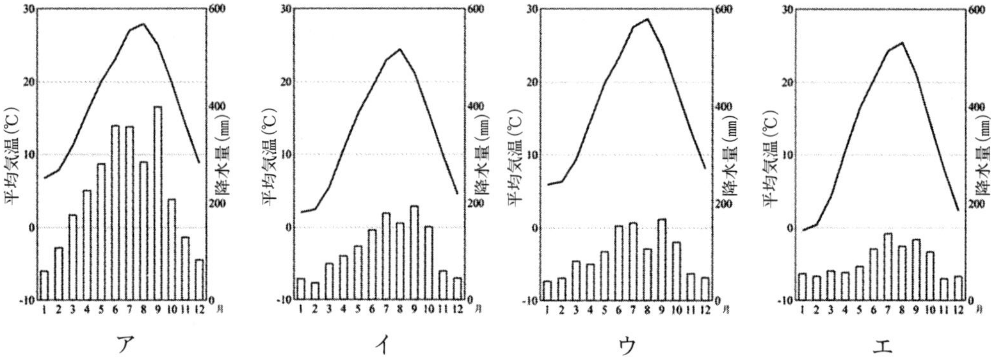

(気象庁資料より作成)

[問11]　②冒頭と[問８]の前の会話文中には、広島以外に大臣会合が行われた15の都市がでてくる。これらの都市のうち、県庁所在地ではないものはいくつあるか、数字で答えなさい。

[問12]　[問８]の前の会話文中に登場する二重下線部＝＝に関して、現在、有権者の約52％が女性であるにも関わらず、衆議院議員に占(し)める女性の割合は約10％、参議院議員に占める女性の割合は約26％となっている。このように女性の国会議員が少ないことは、日本社会にとってどのような点で問題になるのか。考えられることを１つあげて、説明しなさい。

西武学園文理中学校(第１回)

―理科と合わせて60分―

注意　解答する語句が小学校で習っている漢字の場合は、必ず漢字で答えなさい。

1　図１は八甲田山付近の地形図です。これに関してあとの各問に答えなさい。

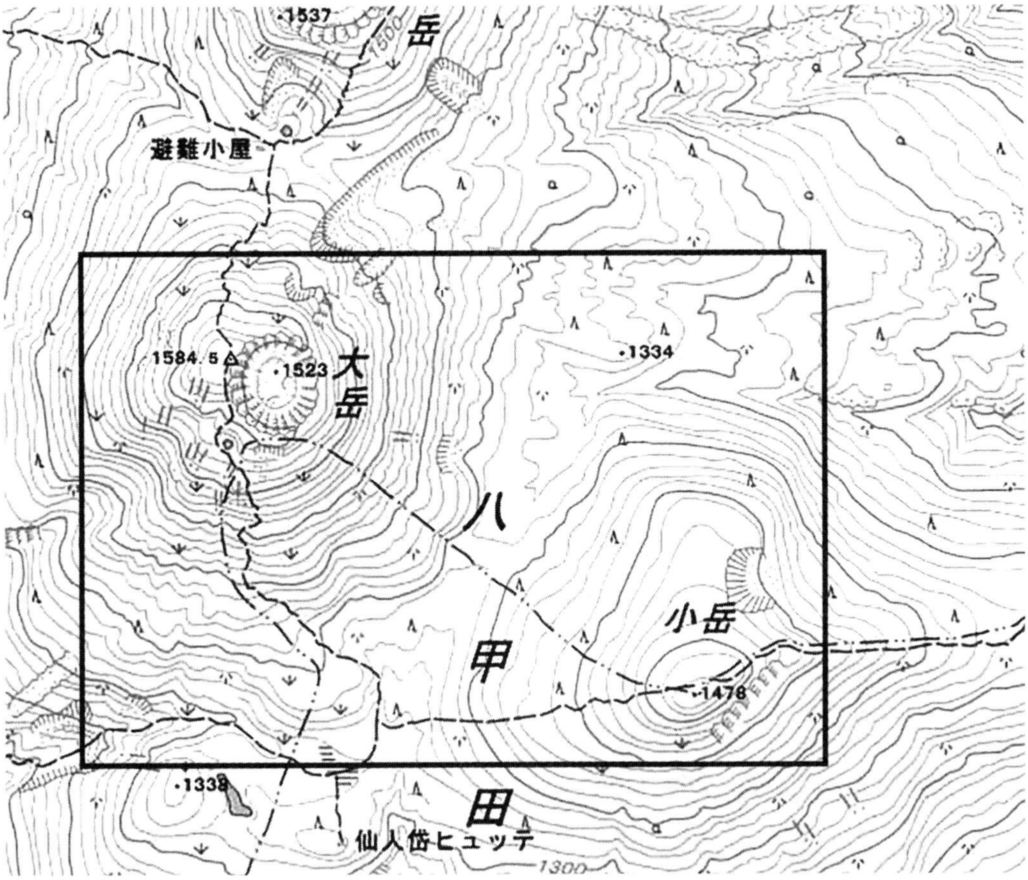

図１　　国土地理院「地理院地図」より作成

問１　図１の地形図は図２中のＡの県の一部を示しています。この県の名称を答えなさい。

図２

問２　図１中「大岳(おおだけ)」の山頂と「小岳(こだけ)」の山頂の標高差はおおよそ何ｍですか。次のア～エから一つ選び、記号で答えなさい。

ア　50ｍ　　イ　55ｍ　　ウ　102ｍ　　エ　106ｍ

問3　八甲田山は登山で人気のある山です。八甲田山の登山に挑戦したチサトさんの登山日記には次のように書いてありました。チサトさんが実際に歩いたルートを、次のア～エから一つ選び、記号で答えなさい。ただし登山日記中の建物名や山の名称はすべて「○○」として隠されています。

登山日記

「わたしは6月の朝早い時間に○○を出発して、太陽を右に見ながら山登りを楽しみました。ゆっくり登ってお昼頃に○○山頂付近に到着し、素敵な景色を見ながらお弁当を食べました。山を下りるときは登りよりも少しゆるい山道だったので、疲れた体にはちょうど良かったです。」

ア　避難小屋　－　大岳　－　仙人岱ヒュッテ

イ　仙人岱ヒュッテ　－　大岳　－　避難小屋

ウ　避難小屋　－　大岳　－　避難小屋

エ　仙人岱ヒュッテ　－　小岳　－　大岳

問4　次の図ア～エは、日本のある4地域に北西方向から光を当てて土地の起伏を表した「陰影起伏図」と呼ばれるものです。図1の四角で囲った地域の陰影起伏図に当てはまるものを、次のア～エから一つ選び、記号で答えなさい。

ア

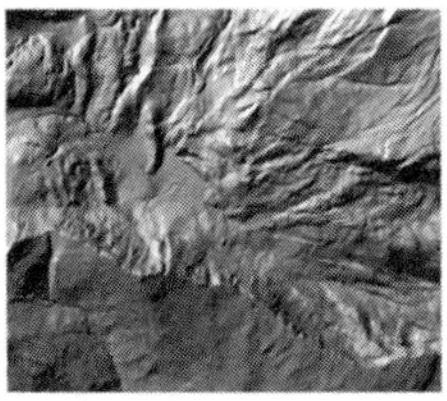

イ

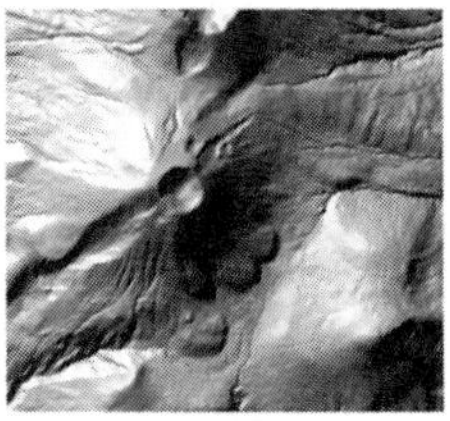

ウ

エ

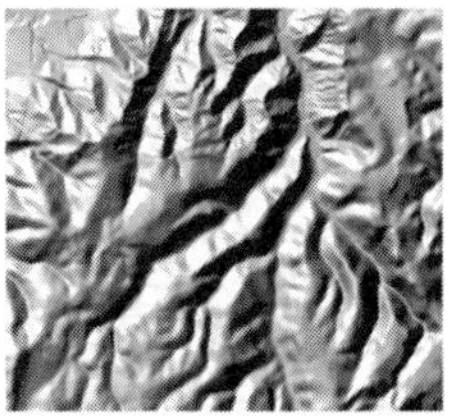

問5　図2中Aの県はある果物の栽培量が日本一であることで知られており、次の表はその果物の生産量の上位県を示しています。表を参考にこの果物の名前と、表中の「C県」に当てはまる県名を答えなさい。

表

	県	生産量(千t)
1位	A県	446
2位	C県	142
3位	岩手県	47
4位	山形県	41
5位	福島県	26

統計年次は2018年

(『データブックオブザワールド2022』より作成)

[2]　2023年秋にはフランスでラグビーのワールドカップが開催（かいさい）されました。これに関してあとの各問に答えなさい。

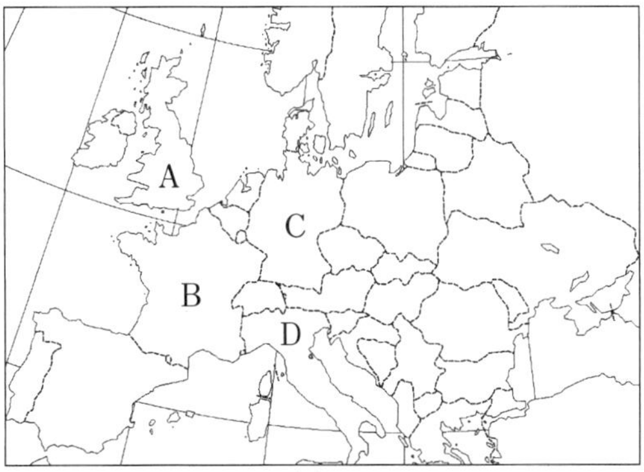

図３

問１　フランスの位置を図３中のＡ～Ｄから一つ選び、記号で答えなさい。

問２　日本時間で2023年９月18日の朝４：00に始まった日本対イングランドの試合は、現地では2023年９月17日午後９：00開始でした。ただしフランスではこの日、「サマータイム」という制度の最中でした。この制度は、「制度の期間中は時刻を１時間進める」というものです。これを参考にし、フランスの時刻を定めた経度として正しいものを、次のア～エから一つ選び、記号で答えなさい。

ア　経度０度　　イ　西経15度　　ウ　東経15度　　エ　西経75度

問３　フランスの国旗を、次のア～エから一つ選び、記号で答えなさい。

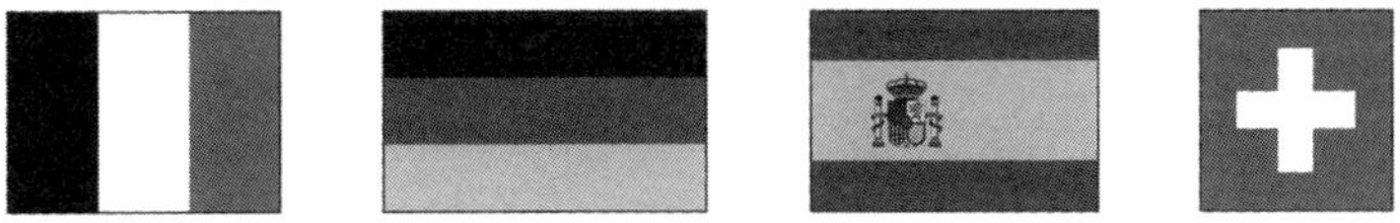

[3]　歴史の授業で「関東にある町並みを調べよう」という課題について発表しています。あとの各問に答えなさい。

かなこ：私は千葉県の香取（かとり）市にある「佐原（さはら）の町並み」を調べました。ここは小野川という川沿いに江戸時代末期から昭和初期までの建物が残っていて、①伊能忠敬（いのうただたか）が住んでいた家も残されています。

こうし：私は埼玉県川越（かわごえ）市に住んでいるので「蔵づくりの町並み」が有名です。この町並みから少し離（はな）れたところに「菓子（かし）屋横町」という通りがあります。この通りが発展したのは②関東大震災（しんさい）のあとでした。東京に大きな被害（ひがい）があり、菓子屋横町のお店が全国にお菓子を売るきっかけになったそうです。

しおり：私は③東海道にある箱根宿を調べました。現在は全国的にも有名な観光地ですが、ここには④通行する人や荷物の検査、あるいは防備のための施設（しせつ）が設けられました。

れ　に：私は⑤東京都の浅草（あさくさ）を調べました。特に浅草寺（せんそうじ）は外国人観光客にも人気の場所です。浅草寺の起源は非常に古く、⑥628年に隅田（すみだ）川で漁をしていたところ観音菩薩（かんのんぼさつ）という仏像が網（あみ）で引きあげられたことがきっかけだそうです。

たかひろ：私は神奈川県の⑦鎌倉（かまくら）を調べました。鎌倉で最も有名な神社は、鶴岡八幡宮（つるがおかはちまんぐう）です。参道（さんどう）と並行している小町通りは、⑧1889年に横須賀（よこすか）線鎌倉駅が開業してから発達したそうです。現在はたくさんのお土産屋さんが営業しているようです。

あやか：私は埼玉県行田市を調べました。ここは「足袋蔵のまち」とも言われ、⑨足袋(和装の時に足にはくもの)の生産が全国１位とのことです。足袋蔵は足袋の倉庫で市内にいくつも残されています。その他に⑩さきたま古墳群という大きな古墳がありました。

問１　下線部①について、伊能忠敬に関係することを、次のア～エから一つ選び、記号で答えなさい。

ア　歌舞伎や人形浄瑠璃の脚本を数多く作った。

イ　日本の古典を研究して、国学という学問をつくりあげた。

ウ　ききんにそなえるため、さつまいもの栽培の研究をした。

エ　蝦夷地(北海道)の測量を行った。

問２　下線部②について、関東大震災より後のできごとを、次のア～エから一つ選び、記号で答えなさい。

ア　満州事変　　イ　日露戦争　　ウ　関税自主権の回復　　エ　王政復古の大号令

問３　下線部③について、東海道は五街道のうちのひとつです。五街道の正しい組み合わせを、次のア～エから一つ選び、記号で答えなさい。

ア	東海道	北陸道	日光街道(道中)	奥州街道(道中)	鎌倉街道
イ	東海道	中山道	鎌倉街道	奥州街道(道中)	甲州街道(道中)
ウ	東海道	中山道	日光街道(道中)	奥州街道(道中)	甲州街道(道中)
エ	東海道	北陸道	日光街道(道中)	奥州街道(道中)	甲州街道(道中)

問４　下線部④について、このような施設を何と言いますか。

問５　下線部⑤について、浅草という地名は東京都墨田区にあります。この区内にあるものを、次のア～エから一つ選び、記号で答えなさい。

ア　東京都庁　　　　　　　イ　東京スカイツリー

ウ　横田飛行場(横田基地)　エ　東京国際空港(羽田空港)

問６　下線部⑥について、628年は推古天皇が治めていた時代でした。この時代のできごとではないものを、次のア～エから一つ選び、記号で答えなさい。

ア　土地の所有を期限付きで認めた。

イ　豪族たちに対して役人のこころがまえを示した。

ウ　能力に応じて位を12段階に分けた。

エ　小野妹子を中国に派遣した。

問７　下線部⑦について、以下の地図を見て鎌倉に幕府を置いた理由を地形の特徴(とくちょう)を手がかりにして説明しなさい。

※山川出版社『中学歴史　日本と世界（令和2年版）』より引用

問８　下線部⑧について、この年は大日本帝国憲法が発布された年でした。この憲法に関する正しい文章を、次のア～エから一つ選び、記号で答えなさい。

ア　帝国議会は衆議院と参議院の二院制であった。
イ　この憲法を作るため、大久保利通はヨーロッパに派遣された。
ウ　この憲法の制定にあたってイギリスの憲法が参考にされた。
エ　この憲法では国民は天皇の臣民であるとされ、権利は法律によって制限された。

問９　下線部⑨について、足袋の画像を、次のア～エから一つ選び、記号で答えなさい。

ア	イ

ウ	**エ**
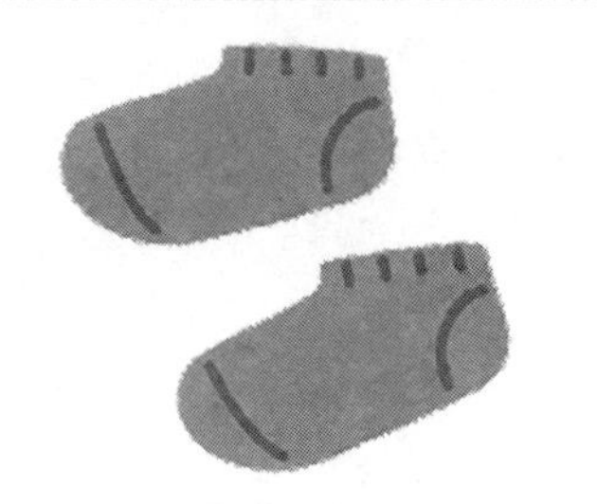	

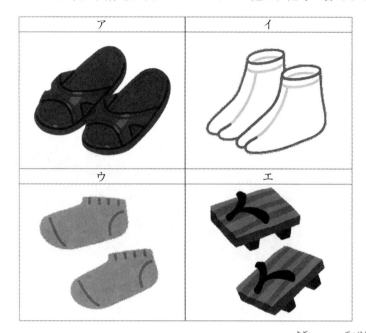

問10　下線部⑩について、この古墳群の中から「ワカタケル大王」と刻まれた鉄剣が発掘されました。この古墳の名称を、次のア～エから一つ選び、記号で答えなさい。

ア　稲荷山古墳　　イ　大山古墳　　ウ　江田船山古墳　　エ　箸墓古墳

4　次の文章を読み、あとの各問に答えなさい。

現在、①日本の衆議院議員の女性割合は10％に届いていません。②国際連合によると、女性閣僚の割合が50％を超えているのは13カ国で、世界平均では21.9％です(2021年１月１日時点)。中には③女性が首相となった国もあります。

2023年６月に政府から「女性版骨太の方針2023」の案が示されました。そこでは、最上位の上場企業の役員について、2030年までに女性の比率を30％以上にすることを目指すとしています。

このような制度を採用する長所は、組織の多様化です。女性の登用が積極的に行われるようになると、④男女平等の意識が高まります。多様な価値観を受け入れる環境が少しずつ広まり、幅広い人材を受け入れるための基礎が整っていくといわれているのです。多様な人材が活躍できる環境を整えることは、⑤労働人口が減少している日本にとって、大きなプラスになります。

問１　下線部①について衆議院議員の選挙のしくみとして正しいものを、次のア～エから一つ選び、記号で答えなさい。

ア　小選挙区制と比例代表制の２つの選挙方法がある。

イ　中選挙区制による選挙のみで465人を選ぶ。

ウ　満30歳以上の国民のみが立候補できる。

エ　満20歳以上の国民のみが選挙権を持っている。

問２　下線部②について、日本が加盟する前の出来事を、次のア～エから一つ選び、記号で答えなさい。

ア　日本で初めてサミット（主要国首脳会議）が東京で開催された。

イ　日中平和友好条約が結ばれた。

ウ　沖縄がアメリカから日本に返還された。

エ　男女普通選挙が実現した。

問３　第二次世界大戦後の状況として下線部③にあてはまらないものを、次のア～エから一つ選び、記号で答えなさい。

ア　イギリス　　イ　オーストラリア　　ウ　イタリア　　エ　日本

問４　下線部④について、これまで育児の負担は女性に偏っていましたが、これを改善するために、男性の「育休」を取りやすくするよう法律が改正されました。「育休」の正式名称として正しいものを、次のア～エから一つ選び、記号で答えなさい。

ア　育児休業　　イ　養育休業　　ウ　保育休業　　エ　育成休養

問５　下線部⑤について、政府のある調査では、以下のようなグラフが示されました。これを見て、Ａさんは次のような分析をしました。

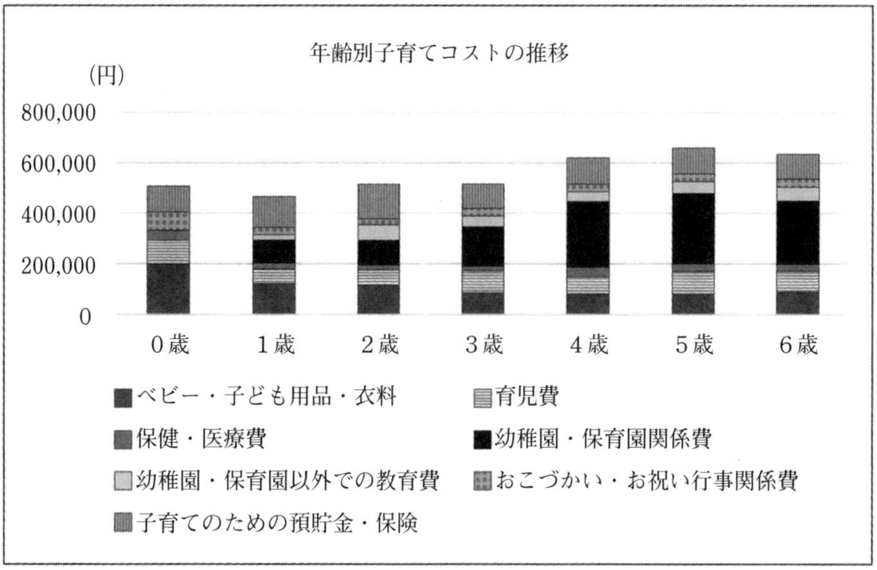

『内閣府HPより作成』

Ａさんの分析

> 出産や子育てにもかなりの費用がかかることが分かります。費用をまかなうために夫婦共働きをしている家庭もあります。そのため、昼の時間帯に子どもの面倒を見てくれる保育所などの施設の拡充が課題となります。

Ａさんの分析文中の下線部について、０歳から小学校入学前までの子どもを保育する施設を保育園、３歳から小学校入学前までの子どもの幼児教育を行う施設を幼稚園と言います。では、この２つの施設を組み合わせたような、０歳から小学校入学前までの子どもを保育し、幼児教育を行う施設のことをなんと言いますか。正しいものを、次のア～エから一つ選び、記号で答えなさい。

ア　認定こども園　　イ　保育幼稚園　　ウ　子ども教育園　　エ　学童保育所

5　次の文章を読み、あとの各問に答えなさい。

みなさんが住んでいる家には必ず「トイレ」があると思います。当たり前ですが、トイレでの排泄行為（尿や便を出すこと）は私たちが生活する中で欠かせない行動です。最も古いトイレの遺跡は紀元前2200年ころ、現在のイラク東部にある宮殿跡から発見されています。また、日本最古のトイレは縄文時代のものが発見されています。それは、①川にせり出した橋の上で用を足していたと考えられています。鎌倉時代の終わりころになるとトイレに排泄された便は（　A　）として使われ始めました。明治時代になると文化の洋風化が進むにつれてトイレの便器は和式から洋式へと少しずつ変わっていきました。

1955年ころになると現在とほぼ同じ形式の②水洗式のトイレが登場し、しだいに一般家庭にも普及するようになりました。さらに2000年ころには温水洗浄便座の普及率が50％をこえました。③来日した外国人の間で日本の④トイレの衛生環境の高さが話題となり、海外の有名人が温水洗浄便座を購入して自宅に持ち帰ったことがインターネットのニュース記事にもなったほどです。

問１　下線部①について、現在はあまり使われていない用語ですが、トイレと同じ意味を持つ言葉を、次のア～エから一つ選び、記号で答えなさい。

ア　みずや　　イ　かわや　　ウ　うみや　　エ　やまや

問２　（　A　）にあてはまることばを、次のア～エから一つ選び記号で答えなさい。

ア　肥料　　イ　家畜のえさ　　ウ　燃料　　エ　建築材料

問３　下線部②について、トイレから排水された水は汚水とよばれ、下水として処理されます。下水の処理について正しくない文章を、次のア～エから一つ選び、記号で答えなさい。

ア　大雨などでたまった雨水は下水道管を通して排水する。

イ　汚水は下水処理場できれいな水にして川や海に戻す。

ウ　日本の下水道の普及率は100％で、世界で最も普及している。

エ　下水処理場でたまった泥を汚泥といい、その一部はレンガやタイル、肥料として再利用されている。

問４　下線部③について、以下の画像は日本語が分からない外国人でも一目で分かりやすいように作られた男女別のトイレの掲示物です。このように文字以外の単純な図や記号で情報などを伝えられるようにしたデザインを何といいますか。次のア～エから一つ選び、記号で答えなさい。

ア　ピクトグラム　　イ　バリアフリー

ウ　セーフティーネット　　エ　リラクゼーション

問５　下線部④について、以下の図（衛生的なトイレを利用できる人々の割合）を見て、衛生的なトイレが利用できる人々の割合が低い地域の原因は何だと考えられますか。あなたの考えを書きなさい。

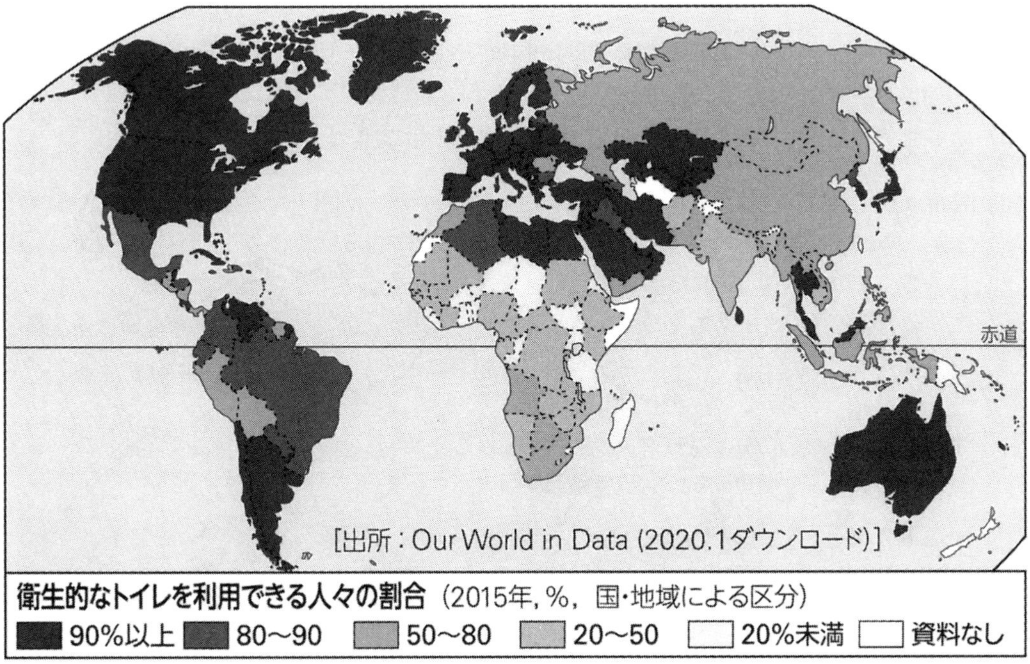

青稜中学校(第１回Ｂ)

―理科と合わせて60分―

(編集部注：実際の入試問題では、写真や図版の一部はカラー印刷で出題されました。)

1　次の問いに答えなさい。

(1)　九州地方について、次の図を参照して、以下の問いに答えなさい。

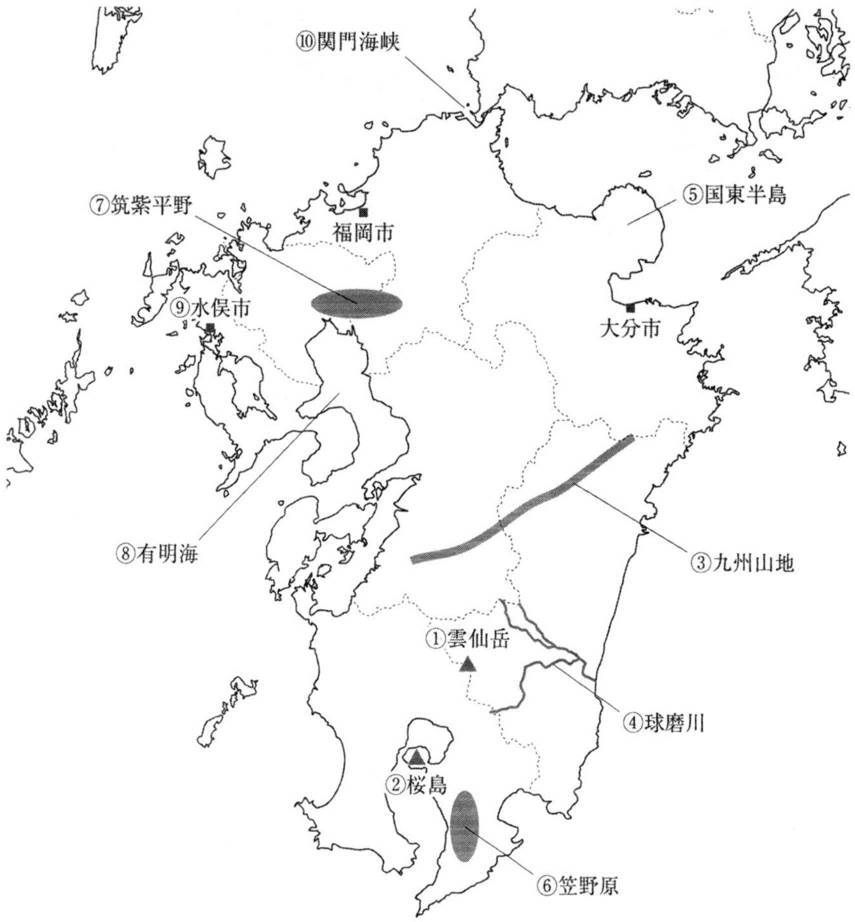

≪語　群≫

霧島山	大隅半島	大村湾	開聞岳	大淀川
鳴門海峡	別府市	佐世保市	宮崎平野	八代平野

問１　図の①～⑩の名称には、誤りが三つあります。それはどれですか。誤っているものの番号および正しい名称を答えなさい。

なお、正しい名称については、図のあとにある語群の中から選び、そのままの表記で答えなさい。

問２　次の雨温図ア～ウは、那覇市・宮崎市・福岡市のものです。福岡市のものはどれですか。記号で選びなさい。

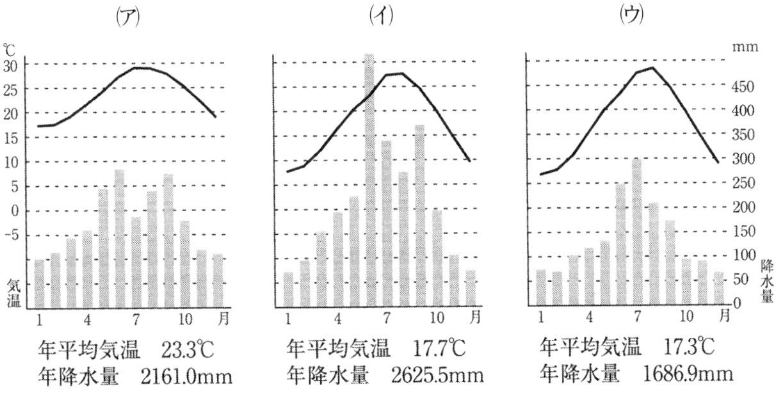

〈気象庁ホームページ『過去の気象データ』より作成〉

問３　次のア～エの文章の中で、九州地方について正しく説明しているものを一つ、記号で選びなさい。

ア　九州南部は、冬でも温暖な気候を生かした野菜の抑制栽培が盛んで、ビニールハウスを利用したきゅうりやピーマン、トマトなどを全国に出荷している。

イ　九州地方は火山が多い地域で、火山の爆発や噴火によってできた大きなくぼ地をカルデラという。その中でも、中央部にある開聞岳のカルデラは、世界最大級である。

ウ　沖縄などの南西諸島は、親潮(千島海流)の流れや季節風を利用して、中国や日本、朝鮮と交流を行っていた。その結果、独自の文化を開花させたのが、琉球王国である。

エ　九州北部は、筑豊炭田をはじめ、多くの炭田で石炭が採掘されていた。そこで1901年に北九州市に官営の八幡製鉄所が造られた。

(2)　次の文章を読んで、以下の問いに答えなさい。

日本は第二次世界大戦以前は、生糸や絹織物といった(a)などの軽工業中心でしたが、1955年ごろから高度経済成長がはじまり、(b)や造船業などの重化学工業中心へと変化していきました。しかし1973年の第一次石油危機で原油価格が高騰(こうとう)したことをきっかけに、(c)や自動車工業などの自国の技術を成長させていきました。

問１　上の文章中の(a)～(c)は「機械工業」「繊維工業」「鉄鋼業」のいずれかがあてはまります。(a)～(c)にあてはまる言葉の組み合わせとして正しいものを一つ、記号で選びなさい。

ア　(a)－機械工業　(b)－繊維工業　(c)－鉄鋼業
イ　(a)－繊維工業　(b)－鉄鋼業　(c)－機械工業
ウ　(a)－繊維工業　(b)－機械工業　(c)－鉄鋼業
エ　(a)－鉄鋼業　(b)－機械工業　(c)－繊維工業

問２　次のグラフは四大工業地帯の製造品出荷額の割合を示したものです。京浜工業地帯のグラフを、記号で選びなさい。

〈日本の工業地域の工業の特色〉

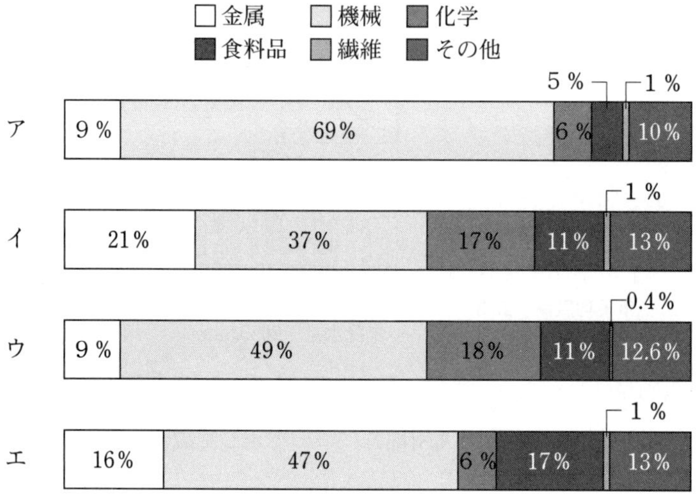

〈『新詳地理資料COMPLETE2023』より作成〉

問３　1960年ごろになると、四大工業地帯の中間地域に新たな工業地域を作り出すことが計画され、太平洋に面する広い範囲を工業発展の中核にすることが提唱されました。次のグラフは、ある工業地域の製造品出荷額の割合を示したものです。この工業地域の名称を、記号で選びなさい。

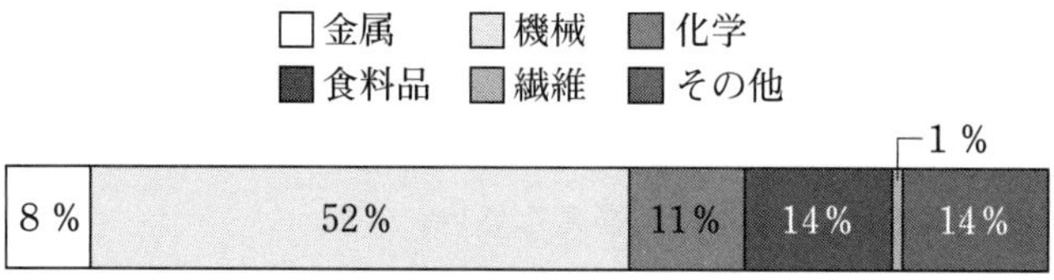

〈『新詳地理資料COMPLETE2023』より作成〉

ア　北関東工業地域　　イ　京葉工業地域　　ウ　北陸工業地域　　エ　東海工業地域

問４　瀬戸内工業地域は、太平洋戦争の時の軍用地の跡地に重化学工業の大工場が作られました。主な工業都市には、石油化学・鉄鋼の(　a　)市があります。また鉄鋼と造船の(　b　)市やセメントの(　c　)市なども知られています。(　a　)・(　b　)・(　c　)にあてはまる地名の組み合わせとして正しいものを一つ、記号で選びなさい。

ア　(a)－倉敷　　(b)－呉　　(c)－宇部

イ　(a)－倉敷　　(b)－広島　　(c)－今治

ウ　(a)－水島　　(b)－呉　　(c)－今治

エ　(a)－水島　　(b)－広島　　(c)－宇部

問５　1980年代中ごろから、円高によって日本国内の生産費が上昇したことで、製造業社は安価な労働力と人用地を求めて、海外移転が進み始めました。1990年代になると、国内産業の縮小が目立つようになりました。このようなことを何というか、「国内の～」の形にあてはまるように漢字を含めて答えなさい。

2 次の問いに答えなさい。

問1　縄文～古墳時代に関する次のア～エの出来事を時代順に並べなさい。

ア　日本が朝鮮半島に渡り支配地を広げ、高句麗と争った。

イ　奴国の王が中国に使者を送り、皇帝から金印を授けられた。

ウ　倭の五王が中国の南朝に何度も使者を送った。

エ　日本は百余りの国に分かれ、定期的に朝鮮半島に使者を送る国もあった。

問2　飛鳥・奈良時代に関する次のア～エの文章の中から、誤っているものを一つ、記号で選びなさい。

ア　隋の皇帝煬帝(ようだい)は、遣隋使派遣の条件として日本に服従を要求した。

イ　蘇我入鹿は聖徳太子の子を自害させたが、後に暗殺された。

ウ　中大兄皇子は都を近江に移し、天智天皇として即位した。

エ　国司は中央貴族の中から、郡司や里長は地方の有力者の中から選ばれた。

問3　平安～室町時代に関する次のア～エの文章の中から、誤っているものを一つ、記号で選びなさい。

ア　平安時代の国司の中には、横暴を働き、農民らに訴えられた者もいた。

イ　延暦寺や興福寺の下級僧侶が武装して僧兵となり、朝廷の警備に用いられた。

ウ　御家人が将軍に忠誠をつくし、戦乱にかけつけることなどを奉公といった。

エ　室町時代の守護は鎌倉時代の守護よりも大きな権限を持つようになった。

問4　安土桃山・江戸時代に関する次のア～エの文章の中から、誤っているものを一つ、記号で選びなさい。

ア　イエズス会が海外への布教に乗り出した背景には、ヨーロッパで起こった宗教改革があった。

イ　豊臣秀吉は小田原攻めの際に、領地が教会に寄進されたことを知りバテレン追放令を出した。

ウ　徳川家康は生存中に子の秀忠に将軍職を譲(ゆず)り、大御所として実権を握った。

エ　大坂は各藩が蔵屋敷を置いて年貢米や特産物を販売し、商業の中心地となった。

問5　明治時代以降に関する次のア～エの文章の中から、誤っているものを一つ、記号で選びなさい。

ア　徴兵令が出されると、農民の反対一揆が起こった。

イ　天皇は軍隊を統率するなど大きな権限を持っていた。

ウ　日清戦争直前にイギリスとの間に条約が結ばれ、不平等条約の一部が改正された。

エ　大正時代には民本主義が唱えられ、労働者や農村の小作人の生活が大幅に向上した。

3 東京都の歴史について、次の文章を読んで以下の問いに答えなさい。

東京都は律令制度においては武蔵国の一部であり、現在の府中市に国府が置かれ、ここには、反乱や飢饉・疫病などの不安を仏教の力で鎮めるため、(　1　)天皇の命令によって国分寺が建てられた。馬を飼育する「牧」とよばれる施設も多く、平安時代には移動・軍事などに必要な馬の生産が最も盛んな地域の一つとなり、周辺には多くの武士団が誕生した。平氏追討の兵を挙げた源頼朝が安房(千葉県南部)から鎌倉に入る際にも、武蔵国の江戸氏や河越氏などの武士が協力し、①鎌倉幕府の御家人となっている。

15世紀後半、太田道灌(どうかん)が江戸城を築くと、貴族や文化人らが訪れ、江戸湊(みなと)は利根川河口の要所として多くの物資が集まったが、②江戸一帯が大規模に開発されたのは、徳川家康が江戸に入ってからのことである。関ケ原の戦いに勝利後、家康は全国の諸大名に江戸城拡張工事を命じるとともに、台地の開削と埋め立て地造成、水路・街道・水道の整備などを大規模に進めていった。江戸城東側の中央区や北側の台東区方面にも運河網が発達し、隅田川の蔵前には幕府の米蔵があり、舟運で混雑した。

明治時代に入ると、開港された横浜から欧米の文物が流入し、銀座に西洋風の煉瓦街が誕生して新聞社・雑誌社が集まり、多くの情報を伝えるようになった。また、現在の東京西部にあたる多摩川上流部の多摩地方は、明治半ばに神奈川から東京に移管され、養蚕地帯の八王子から横浜に向かう横浜街道は「絹の道」とよばれるようになった。

大正時代に入ると、1914年に第一次世界大戦が始まり、その４か月後にはオランダのアムステルダム駅をモデルとした東京駅が開業し、周辺はビジネス街に生まれ変わり、新橋駅はその幕を閉じて貨物専用の汐留駅として再出発した。しかし、1923年に起こった③関東大震災は、地震や火災で多くの人命を奪ったほか、市民生活を混乱と恐怖に陥れた。

昭和時代に入ると、近郊電車・市電の発達により、そのターミナルとなった新宿・渋谷・池袋などが副都心として急速に発展し、銀座・日本橋・浅草にダンスホールやカフェができ、銀座の通りを歩く若者はモダンボーイ・モダンガールと呼ばれた。しかし、④1931年満州事変が起こると軍部が影響力を拡大し、1945年３月の東京大空襲では10万人の死者を出したのである。

問１　(　１　)にあてはまる言葉を漢字で答えなさい。

問２　下線部①に関して、以下の出来事を記号で時代順に並べなさい。

ア　初めて武家の慣習などをもとにした法が制定された。

イ　最後の源氏の将軍が暗殺された。

ウ　朝廷と鎌倉幕府が争い、鎌倉幕府側が勝利した。

エ　二度に渡り、博多湾にモンゴル軍が襲来した。

問３　下線部②に関して、誤っているものを一つ選びなさい。

ア　江戸の範囲は時代と共に変化し、現在の東京都全体とは一致しない。

イ　現在の皇居は江戸城の跡地に作られており、江戸城の門の名称は現在も使用されている。

ウ　江戸はもともと海であった部分を埋立てた土地も多かったため、水に困ることはなかった。

エ　江戸は火事が多かったため、家を建て直せるように多くの木材が集められた。

問４　下線部③に関して、誤っているものを一つ選びなさい。

ア　地震と火災により、東京市・横浜市の大部分が廃墟となった。

イ　人々が自警団をつくり、暴動を起こした朝鮮人を殺害する事件が起こった。

ウ　普通選挙を求める人々の運動が高まる中で、震災が発生した。

エ　軍部が一部の行政・司法事務を管理する戒厳令が出され、国民の権利は制限された。

問５　下線部④に関して、以下の出来事を記号で時代順に並べなさい。

ア　日本が国際連盟を脱退した。

イ　陸軍の青年将校たちが、首相官邸や警視庁などを襲撃する事件が起こった。

ウ　日本はドイツ・イタリアと三国同盟を形成した。

エ　日本が南満州鉄道の一部を爆破する事件が起こった。

④　次の会話は新入生の稜太君と中学３年生の二葉先輩の会話である。これを読んで以下の問いに答えなさい。

二葉　稜太君はもう部活は決めた？
　　　私は①SDGs部に入っていて、今年で３年目になるんだよ。

稜太　実は僕もSDGs部が気になっていたんですけど、具体的にどんな活動をする部活なんですか？

二葉　活動の説明をする前にSDGsがどういうものであるのかを理解する必要があるよね。これは2015年に②国際連合で採択された目標で、Sustainable Development Goalsの頭文字を取ったものだよ。

稜太　あの、これだけだと全然わからないんですけど…

二葉　ごめん、ごめん。簡単にいうと国際社会が取り組まなければならない17の目標とそれを実現させるための具体的な169の活動を指しているんだよね。

稜太　つまり、国際社会が抱えている問題を解決させるための計画ということですか？

二葉　そうそう。17の目標はどれも簡単に解決できるものではないから、③国際社会の協力が不可欠になるよね。そして、2030年がその達成期限に設定されているんだ。

稜太　具体的にどんな目標を掲げているんですか？

二葉　SDGsのシンボルマークを見るとわかりやすいよ。次の図を見て！

稜太　確かに17の目標はどれも難しそうですね。でも、それが実現できたら、世界は今より、ずっと素敵なものになる気がします。

二葉　そうでしょ。私達は部活の中で、この目標に沿って自分達ができることを考えて活動をしているんだ。「自分達でできることから！」が私達のスローガンだね。

稜太　すごく面白そうです。一度見学に行っても良いですか？

二葉　今日も部活があるから、これから一緒に行こうよ。きっと気に入ると思うな。

問１　文章中の下線部①に関して、SDGsの理念に最も近いものを次の中から一つ、記号で選びなさい。

ア　将来の世代の生活を守るために、現在の世代が快適な生活を我慢して、目標を達成しようとするもの。

イ　現在の生活や経済成長を優先させるが、それが将来に深刻な打撃を与えることがないように注意しようとするもの。

ウ　現代の世代の生活と将来の世代の生活は別なものとして、切り離して考えようとするもの。

エ　現代の世代の生活や経済成長が将来にわたって維持することができるように、配慮しようとするもの。

問２　文章中の下線部②に関して、以下の問いに答えなさい。

１　国際連合総会では2023年２月、ロシアによるウクライナ侵攻を非難する決議が審議された。この決議が採択されるために必要となる議決数を次の中から一つ、記号で選びなさい。

ア　全会一致　　　　　　イ　３分の１以上の賛成

ウ　３分の２以上の賛成　　エ　４分の３以上の賛成

２　１の決議に反対または棄権した国に関する以下の説明を読んで、該当する国をそれぞれカタカナで答えなさい。

(1)　この国は2011年の中東・北アフリカにおける民主化運動の影響を受けて、現在も政府と反政府勢力の内戦が続いている。政府はロシアとは友好関係を築いているため、反対の立場を取った。

(2)　2023年に国連が発表したデータによると、この国の人口が世界一となっている。憲法で禁止されているが、現在も身分制が社会の様々な場面で残っており、社会の分断や差別を生み出していることが指摘されている。

問３　文章中の下線部③に関して、以下の問いに答えなさい。

１　次の文章に関して、以下の問いに答えなさい。

> 「共通だが差異ある責任」とは、地球環境問題に対して、すべての国には共通の責任があるが、先進国と発展途上国では対処する能力が異なるという考え方である。
>
> この考え方は1992年に開催された国連環境開発会議（地球サミット）において、採択されたリオデジャネイロ宣言の第７原則に規定されている。

2015年に採択された気候変動に関する国際合意では先進国や発展途上国に関わらず、すべての国に対して、地球温暖化対策を求めている。この合意の名称を答えなさい。

２　国際社会の協力を推進するためには様々な国の主張について対話し、合意を目指すことが必要となる。その１つとして2023年５月19日～21日にサミット（主要国首脳会議）が開催された場所を次の中から一つ、記号で選びなさい。

ア　伊勢志摩　　イ　広島　　ウ　東京　　エ　洞爺湖　　オ　名護

問４　SDGsの目標について、それぞれ答えなさい。

1　目標２「飢餓をゼロに」

特に発展途上国では人口増加に食料生産が追い付かないことや、気候変動により増え続ける人口に対して、食料が安定して供給されない状況が見られる。発展途上国において見られる急激に人口が増加する現象を何と呼ぶか。漢字４字で答えなさい。

2　目標７「エネルギーをみんなに　そしてクリーンに」

環境に対する負荷が少なく、繰り返し利用できるエネルギーとして太陽光や風力、水力、地熱、バイオマスなどの活用が期待されている。こうしたエネルギーを総称して［　　　］エネルギーと呼ぶ。空所に入る言葉を漢字４字で答えなさい。

3　目標12「つくる責任　つかう責任」

この目標に沿っているとは言えない行動を次の中から一つ、記号で選びなさい。

ア　無駄になる間伐材を再利用して建築資材とすること。

イ　賞味期限の近い商品や規格外の商品を必要とする人や団体に無料で提供する。

ウ　安定した企業の売り上げに貢献するためにモデルチェンジのたびに商品を買い替える。

エ　商品の原材料や流通ルートについて、購入者に対して情報を正確に伝える。

問５　目標16「平和と公正をすべての人に」について、以下の問いに答えなさい。

この目標を実現させるためには国家間の協力はもちろんのこと、非政府組織(ＮＧＯ)や国際協力に従事する人の存在が欠かせない。長年、国際協力(医療活動や用水路の建設など生活整備)に従事しながら2019年に銃撃され、志半ばで亡くなった人物がいる。この人物を以下の語群(あ～お)から、活動していた国を地図中の記号(Ａ～Ｅ)より、それぞれ記号で答えなさい。

(人物)　あ　緒方貞子　　い　中村哲　　う　山本美香
　　　　え　長井健司　　お　杉原千畝

(活動場所)

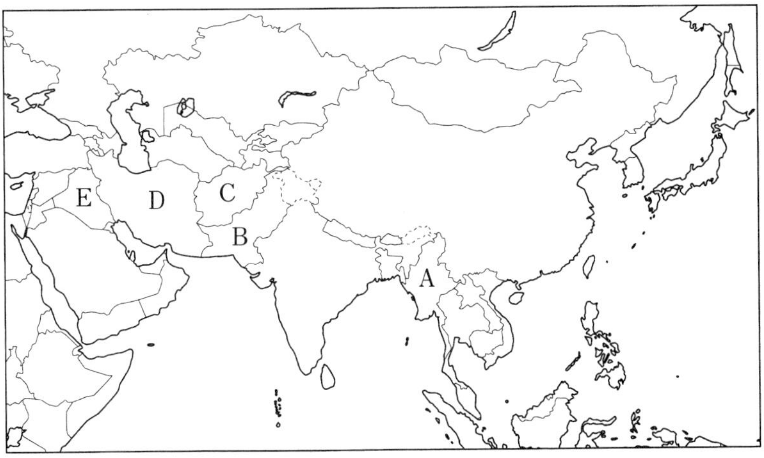

専修大学松戸中学校(第１回)

―30分―

1　次の２万５千分の１の地形図を見て、あとの問いに答えなさい。

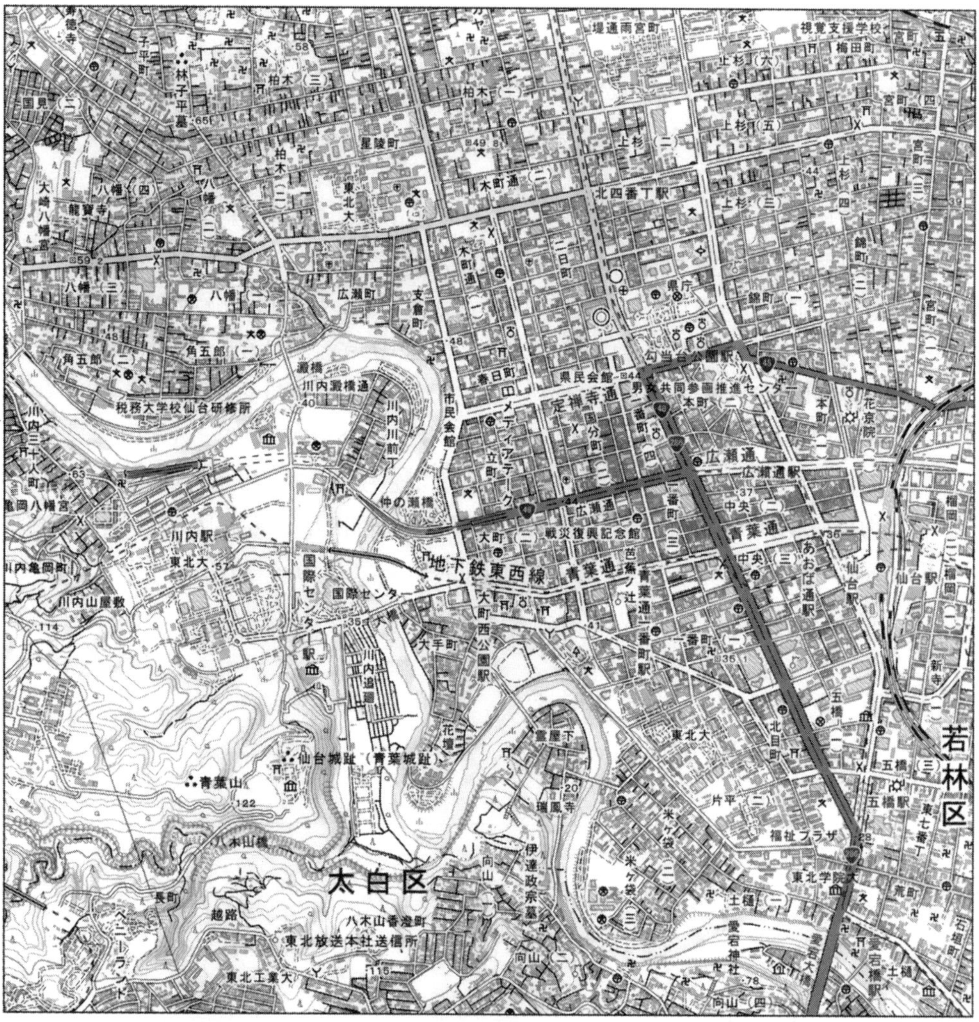

(国土地理院発行２万５千分の１地形図「仙台西北部」より作成)
(編集部注：実際の入試問題の地形図を縮小して掲載しています。)

(1)　地形図の南東にある「愛宕(あたご)大橋」付近に見られる地図記号として**正しくないもの**を次から１つ選び、記号で答えなさい。

ア　郵便局　　イ　老人ホーム　　ウ　寺院　　エ　図書館

(2)「県民会館」から「国際センター駅」まで、地形図上で約５cmあります。実際の距離(きょり)は約何mになりますか。算用数字で答えなさい。

(3)　この地形図から読み取れる内容として正しいものを次から１つ選び、記号で答えなさい。

ア　「仙台城趾(じょうし)」と「県庁」付近の標高の差は、約120mである。

イ　「地下鉄東西線」は、河川を越えるさいに地上へ出て、橋を渡(わた)っている。

ウ　地形図中を流れる河川の沿岸部には、果樹園が多く見られる。

エ　ＪＲ「仙台駅」から「青葉通」を西に進むと、通り沿いの右側に消防署がある。

(4)　この地形図は仙台市の中心部とその周辺を示しています。仙台市について述べた文として正しくないものを次から１つ選び、記号で答えなさい。

ア　東北地方で唯一(ゆいいつ)の政令指定都市であり、人口が100万人を超(こ)える都市でもある。

イ　神社仏閣や武家屋敷(やしき)を囲む緑など、人々が長い歳月をかけて育ててきた緑豊かな街並みを称(しょう)して「杜(もり)の都」とよばれる。

ウ　古くから学都(学問の都)として知られ、現在でも「東北大学」をはじめとした多様な教育機関が集まっている。

エ　毎年８月上旬(じょうじゅん)に開催(かいさい)される「花笠まつり」は、東北四大祭りの１つである。

(5)　仙台市は宮城県中央部に広がる仙台平野の中心都市です。仙台平野は、稲作に適した気候と豊かな水資源をいかし、全国有数の米どころとして知られています。この平野を流れる河川として正しいものを次から１つ選び、記号で答えなさい。

ア　北上川　　イ　雄物(おもの)川　　ウ　最上(もがみ)川　　エ　石狩川

(6)　仙台市は伊達(だて)氏を藩主とする仙台藩の城下町として発展しました。江戸時代の大名と根拠地(こんきょち)とした城下町の組み合わせとして正しいものを次から１つ選び、記号で答えなさい。

ア　上杉氏－鹿児島　　イ　毛利氏－萩　　ウ　前田氏－高知　　エ　島津氏－金沢

(7)　仙台市の北東に隣接(りんせつ)する多賀城市には、かつて陸奥国の国府と鎮守(ちんじゅ)府が置かれていました。多賀城が設置されたのは724年とされています。その当時の都の名称を、漢字で答えなさい。

(8)　地形図中の裁判所(⚖)は、高等・地方・家庭裁判所などの合同庁舎です。このうち、高等裁判所について述べた文として正しいものを次から１つ選び、記号で答えなさい。

ア　仙台市をふくめて全国に10か所置かれている。

イ　裁判員裁判における第一審が行われる。

ウ　裁判官は内閣によって任命される。

エ　裁判官は国民審査の対象となる。

(9)　地形図中の「県庁」では県知事が、市役所(◎)では市長が働いています。県知事と市長に共通することがらとして正しくないものを次から１つ選び、記号で答えなさい。

ア　住民の直接選挙によって選ばれる。

イ　住民からのリコール(解職請求)の対象とされる。

ウ　議会から不信任決議を受けた場合、議会を解散することができる。

エ　任期は４年で、被(ひ)選挙権は満30歳以上である。

2　次のＡ～Ｈは、日本の各地方の最高峰(ほう)(最も高い山)について述べたものです。これを読んで、あとの問いに答えなさい。

Ａ　北海道の最高峰(標高2291ｍ)であるこの山は、大雪山系の主峰である。大雪山は火山であるが、ここ3000年間で噴火(ふんか)活動(水蒸気噴火を除く)は起きていない。

Ｂ　東北地方の最高峰(標高2356ｍ)であるこの山は、福島県の南西部、新潟県や群馬県との県境近くに位置する。山ろくには尾瀬(おぜ)沼や尾瀬ヶ原などがあり、付近一帯は2007年、日光国立公園から独立する形で、尾瀬国立公園となった。

Ｃ　関東地方の最高峰(標高2578ｍ)であるこの山は、群馬県と栃木県の県境に位置している。活火山であり、過去に何度も水蒸気噴火が起こっている。

D　中部地方の最高峰(標高3776ｍ)であり、日本の最高峰でもある。古代から霊峰(れいほう)とされ、信仰(しんこう)の対象であり、多くの芸術作品の題材ともなってきたことから、2013年に周辺の自然地形や文化財などとともに世界文化遺産に登録された。

E　近畿地方の最高峰(標高1915ｍ)であるこの山は、周辺の山々とともに「大峰山」とよばれることもある。修験道の霊場の１つであり、2004年に登録された「□□の霊場と参詣道(さんけいみち)」の構成資産の１つとなっている。

F　中国地方の最高峰(標高1729ｍ)であるこの山は、その雄大(ゆうだい)な山容から「伯耆(ほうき)富士」ともよばれ、鳥取県のシンボルにもなっている。火山ではあるが、最後の噴火は約２万年前とされ、活火山としてはあつかわれていない。

G　四国地方の最高峰(標高1982ｍ)であるこの山は、西日本の最高峰でもある。古くから信仰の対象とされ、山岳(さんがく)仏教や修験道の修行の場とされてきた。

H　九州地方の最高峰(標高1936ｍ)であるこの山は、□□の中央部に位置している。地殻(ちかく)変動による隆起(りゅうき)によってできた山であり、火山ではない。森林帯など豊かな自然にめぐまれ、山域は1993年、白神山地とともに日本で最初に世界自然遺産に登録された。

(1)　Ａの山の西に広がる盆地で行われる農業のようすについて述べた文として正しいものを次から１つ選び、記号で答えなさい。

ア　火山灰地の総合開発が進められ、牧畜がさかんになった。

イ　水はけのよい土地にめぐまれ、全国有数の茶の産地として知られる。

ウ　寒さに強い稲をつくる品種改良などが行われたことで、稲作がさかんである。

エ　水はけのよい扇状地(せんじょうち)を中心として、果樹栽培(さいばい)がさかんである。

(2)　Ｂの山の山ろくを水源とする伊南(いな)川は、北に流れて只見(ただみ)川と合流し、さらに北で□□川に合流し、西に向きを変えて新潟県に入り、日本海に注いでいます。かつて流域で公害病の新潟水俣(みなまた)病が発生したことでも知られる、□□にあてはまる河川の名称を、漢字で答えなさい。

(3)　Ｃの文中の下線部について、右のグラフはある農産物の収穫量(しゅうかくりょう)の都道府県別割合を示したものです。この農産物を次から１つ選び、記号で答えなさい。

ア　いちご　　　イ　こんにゃくいも

ウ　らっかせい　　　エ　キャベツ

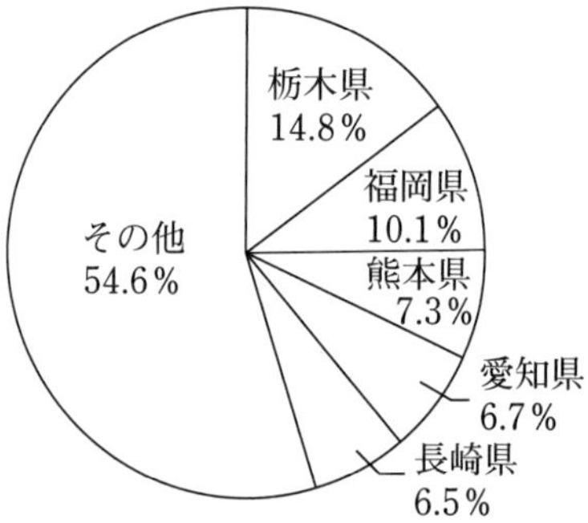

(2023/24年版「日本国勢図会」より作成)

(4)　Ｄの山の西側には、日本三大急流の１つとして知られる河川が流れています。この河川の河口部に位置する都市でさかんな工業を次から１つ選び、記号で答えなさい。

ア　セメント工業　　イ　製紙・パルプ工業　　ウ　精密機械工業　　エ　造船業

(5)　Ｅの文中の□□にあてはまる山地の名称を、漢字で答えなさい。

(6)　Ｆの下線部について、右の雨温図は鳥取県の県庁所在地のものです。この都市で冬の降水量が多くなる理由について述べた次の文中の［　　　］にあてはまる言葉を、「中国山地」という語句を用いて20字前後で答えなさい。

冬の北西の［　　　　　　　］、多くの雪を降らせるため。

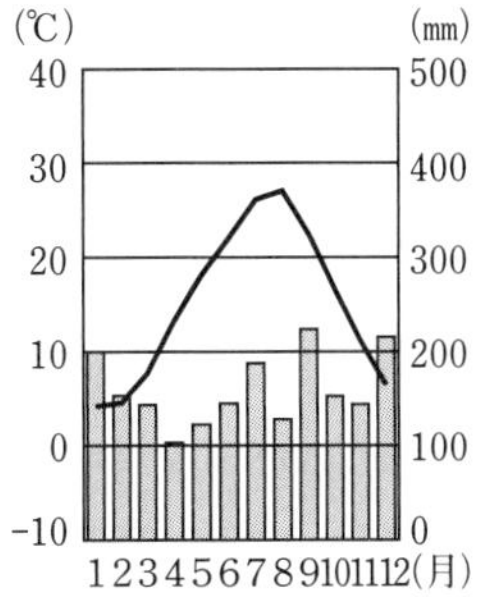

(2023年版「理科年表」より作成)

(7)　Ｇの山は愛媛県中央部に位置しています。愛媛県西部の沿岸部のようすについて述べた文として正しいものを次から１つ選び、記号で答えなさい。

ア　遠浅の海岸が広がり、のりの養殖(ようしょく)がさかんである。

イ　遠洋漁業の基地となっている漁港があり、まぐろやかつおが多く水揚(みずあ)げされる。

ウ　水揚げ量日本一をほこる漁港があり、いわしやさばなどを中心に水揚げされる。

エ　リアス海岸が広がり、はまちや真珠(しんじゅ)などの養殖がさかんである。

(8)　Ｈの文中の［　　　］にあてはまる島の名称を、漢字で答えなさい。

③　次のＡ～Ｈの事件や戦乱は、いずれも時代の変わり目に起きた重要なできごとです。これを読んで、あとの問いに答えなさい。

Ａ　中大兄皇子らが蘇我氏を倒(たお)したこのできごとをきっかけとして、天皇を中心とした中央集権国家の建設が進められることとなった。

Ｂ　政治の実権を取り戻(もど)そうとした［　①　］は、執権［　②　］の打倒(だとう)を全国の武士によびかけたが、応じる者は少なく、幕府軍の前に敗れた。これをきっかけに、幕府の支配が西日本にもおよぶようになった。

Ｃ　有力な守護大名どうしの対立に将軍足利義政の跡継(あとつ)ぎをめぐる争いなどが結びつき、戦乱となった。11年におよぶ京都での戦いが終わってからも、戦乱は全国に広がり、各地で大名や武士らが領地をめぐって争う戦国時代となった。

Ｄ　徳川家康率いる東軍と、石田三成ら豊臣方の西軍の間で起きたこの戦いは、東軍の勝利に終わり、３年後、家康は征夷(せいい)大将軍となって江戸に幕府を開いた。

Ｅ　アメリカ東インド艦隊(かんたい)司令長官であったペリーは、浦賀に来航して開国を求める大統領の親書を幕府に提出。翌年、再び来航したペリーとの間で幕府は日米和親条約を結んだ。これにより、200年以上続いた鎖国が終わることとなった。

Ｆ　新政府の改革に不満を持つ鹿児島の士族たちは、西郷隆盛を指導者として反乱を起こしたが、徴兵(ちょうへい)令によって整備された政府軍の前に敗れた。これにより各地で起きていた士族の反乱は終わり、以後は言論で政府を批判する動きが広まることとなった。

Ｇ　<u>1936年、陸軍の一部の部隊が反乱を起こし、首相官邸(かんてい)や私邸を襲(おそ)って大臣らを殺傷(さっしょう)したほか、警視庁や新聞社などを占拠(せんきょ)した</u>。反乱は鎮圧されたが、以後、軍部の発言力がいっそう強まり、翌37年、日本は中国との全面戦争に突入(とつにゅう)することになった。

Ｈ　1973年に起きた第４次中東戦争をきっかけに、アラブの産油国が原油価格の大幅(おおはば)な引き上げを行ったことから、世界の経済が混乱に陥(おちい)った。石油危機(オイルショック)とよばれるこのできごとをきっかけに、日本の<u>高度経済成長</u>も終わりをむかえることとなった。

(1)　Aのできごとのさい、初めての元号として「大化」が定められました。以後、元号はできごとやその時代の文化の名称などにも用いられることになりました。元号とは**関係のないもの**を次から1つ選び、記号で答えなさい。

ア　壬申の乱　　イ　天平文化　　ウ　平治の乱　　エ　弘安の役

(2)　Bの文中の［　①　］、［　②　］にあてはまる人物の組み合わせとして正しいものを次から1つ選び、記号で答えなさい。

ア　①　後白河上皇　　②　北条義時　　イ　①　後白河上皇　　②　北条泰時

ウ　①　後鳥羽上皇　　②　北条義時　　エ　①　後鳥羽上皇　　②　北条泰時

(3)　Cの時代に生まれた文化には、現在まで続いているものもあります。この時代の文化として**正しくないもの**を次から1つ選び、記号で答えなさい。

ア　武士たちの間で能が好まれ、狂言(きょうげん)も演じられるようになった。

イ　雪舟により、日本風の水墨画(すいぼくが)が大成された。

ウ　茶の湯や生け花が生まれ、さまざまな階層の人々の間に広まっていった。

エ　都市では歌舞伎(かぶき)が演じられ、町人たちの間で人気を集めた。

(4)　Dの戦いが起きた場所は、現在のどの都道府県にあたりますか。その都道府県名を、漢字で答えなさい。

(5)　Eのできごとのさい、「泰平(たいへい)の　眠りをさます　上喜撰(じょうきせん)　たった四杯(しはい)で　夜も眠れず」という、幕府のうろたえぶりを風刺(ふうし)した歌が詠(よ)まれました。このような歌は何とよばれますか。正しいものを次から1つ選び、記号で答えなさい。

ア　連歌　　イ　狂歌　　ウ　川柳　　エ　俳諧(はいかい)

(6)　Fのできごとの前後に起きた次のア～エのできごとを年代の古い順に並べかえ、記号で答えなさい。

ア　内閣制度が創設された。　　イ　立憲改進党が結成された。

ウ　民撰(みんせん)議院設立建白書が出された。　　エ　国会開設の詔(みことのり)が出された。

(7)　Gの文中の下線部の事件の名称を答えなさい。

(8)　Hの文中の下線部の時期のできごととして**正しくないもの**を次から1つ選び、記号で答えなさい。

ア　国民所得倍増計画が発表された。　　イ　大阪で万国博覧会が開かれた。

ウ　日中平和友好条約が調印された。　　エ　日韓基本条約が調印された。

4　住居や建築の歴史について述べた次の文を読んで、あとの問いに答えなさい。

日本の歴史上、最も古い住居といえるのは、(あ)縄文時代につくられるようになった竪穴(たてあな)住居である。地表を50cmほど掘(ほ)り下げ、掘立柱を立て、梁(はり)や桁(けた)を渡し、植物の枝や葉などで屋根をふいたこの建築物は、一般(いっぱん)の住居としては奈良時代ごろまで用いられたとされている。弥生時代には、地面を掘り下げない平地式の住居が登場したほか、(い)高床の建物もつくられるようになった。東南アジアに起源を持つとされるこの建築様式は、当初は身分の高い者の住居や穀物を収める倉庫などに用いられたが、湿度の高い日本の風土に合っていたことから、一般の住居にも取り入れられるようになったとされる。やがて、大型の建物もつくられるようになり、平安時代には(う)寝殿造(しんでんづくり)が生まれた。この様式で建てられた貴族の邸宅には、壁(かべ)や仕切りがほとんどなく、用途(ようと)に応じて屏風(びょうぶ)や几帳(きちょう)で部屋を仕切り、畳(たたみ)も必要な場所にだけ敷いた。(え)鎌倉時代に武士の住居として広まった武家造も、寝殿造を簡素化したものといえる。

室町時代に生まれた書院造は、(お)禅宗の僧の書斎の形式から生まれたものと考えられており、障子や襖で部屋を仕切り、畳を敷きつめ、床の間を設けることなどを特徴としたもので、現代の和風建築のもととなった。戦国時代以降、大名たちが築いた大規模な(か)城の内部にもその様式は取り入れられた。また、江戸時代に広まった数寄屋造り(「数寄屋」とは茶室のこと)もその流れをくむものであり、都市部につくられた「町屋」とよばれる町人の店舗兼住宅にもその影響は見られる。

明治時代になると、文明開化の流れにともない、レンガ造りなど(き)西洋式の建物がつくられるようになった。ただし、それらは「和洋折衷」とでもよばれるようなもので、政府高官らが建てた自宅も、客間や応接間は洋間で、生活する部屋は和室というものが多く、(く)大正時代にはそうした住宅が一般家庭でも見られるようになった。

第二次世界大戦後は、特に都市部で住宅不足を補うため、鉄筋コンクリート製の集合住宅が多くつくられるようになり、現在は高層マンションもさかんに建てられている。また、一般の住宅も、あらかじめ工場でつくった部材を現場で組み立てる「プレハブ式」のものが増えている。

(1)　下線部(あ)について、この時代の遺物として最も適切なものを次から1つ選び、記号で答えなさい。

ア　埴輪　　イ　石包丁　　ウ　銅鏡　　エ　土偶

(2)　下線部(い)について、校倉造でつくられた正倉院(東大寺)も、基本的にはこの様式で築かれています。この建造物に収められていた宝物として**正しくないもの**を次から1つ選び、記号で答えなさい。

ア

イ

ウ

エ

(3)　下線部(う)について、この様式が取り入れられている厳島神社は、平安時代末に［　　　］が一族の繁栄を願い、航海の守り神として厚く信仰したことでも知られています。［　　　］にあてはまる人物名を、漢字で答えなさい。

(4)　下線部(え)について、この時代に起きた次のア～エのできごとを年代の古い順に並べかえ、記号で答えなさい。

ア　御成敗式目が制定された。　　イ　永仁の徳政令が出された。

ウ　文永の役が起きた。　　　　　エ　源氏の将軍が3代で途絶えた。

(5)　下線部(お)について、禅宗にあてはまる宗派とその開祖の組み合わせとして正しいものを次から1つ選び、記号で答えなさい。

ア　曹洞宗－道元　　イ　臨済宗－法然　　ウ　浄土真宗－親鸞　　エ　浄土宗－栄西

(6)　下線部㋕について、日本には江戸時代およびそれ以前につくられ、今も残る城が12あり(これを「現存12天守」という)、そのうち５つは国宝に指定されています。右の写真は、そのうちの１つで、譜代大名の井伊氏の居城であったことで知られています。この城を次から１つ選び、記号で答えなさい。

ア　犬山城　　イ　松本城
ウ　彦根城　　エ　姫路城

(7)　下線部㋖について、この時代につくられた代表的な洋館として知られるのは、外務卿(きょう)(のちの外務大臣)の井上馨(かおる)が東京・日比谷につくらせた国際社交場です。外国の公使や大使などを招いて舞踏(ぶとう)会や音楽会が開かれたこの建物の名称を、漢字で答えなさい。

(8)　下線部㋗について、この時代のできごととして正しくないものを次から１つ選び、記号で答えなさい。

ア　シベリア出兵が行われた。　　イ　青鞜(せいとう)社が結成された。
ウ　全国水平社がつくられた。　　エ　関東大震災(しんさい)が起きた。

5　次の文を読んで、あとの問いに答えなさい。

2023年５月19～21日、[　①　]市で、㋐Ｇ７とよばれる７か国の首脳とＥＵ(欧州連合)の代表らが出席する、第49回主要国首脳会議が開かれた。[　②　]ともよばれるこの会議は、1975年、石油危機による世界的不況の打開策について話し合うためにフランスのランブイエで６か国(Ｇ６)が参加して第１回の会議が開かれて以降、毎年開かれている(2020年はコロナ禍(か)により中止)。1976年からはカナダが参加してＧ７となり、1998年からはロシアが正式に参加してＧ８となったが、2014年にクリミア併合(へいごう)を行ったことからロシアが除外され、再びＧ７となった。開催国(議長国でもある)は持ち回りであり、日本でもこれまでに、東京で３回、「九州・沖縄」「洞爺(とうや)湖」「伊勢(いせ)・志摩(しま)」で各１回、開かれている。

今回の会議では、Ｇ７とＥＵ代表による会合のほか、ブラジルやインド、韓国などの招待国８か国の首脳、㋑国際連合や㋒世界保健機関などの招待国際機関の代表、さらにゲスト国として招かれた㋓ウクライナのゼレンスキー大統領らも参加した拡大会議も開かれた。３日間にわたる会合では、ロシアによるウクライナ侵攻(しんこう)、台湾への圧力を強める中国の動き、㋔気候変動や食料問題など、世界が直面するさまざまな課題について話し合いが行われた。最終日には議長である㋕岸田首相により首脳宣言が発表されたが、そこでは、「法の支配に基づく自由で開かれた国際秩序(ちつじょ)を強化する」ことや「ウクライナ支援を継続する」こと、「現実的なアプローチを通して核兵器のない世界の実現に取り組む」こと、「グローバルサウスとよばれる新興国や途上国に対し、各国の事情を考慮(こうりょ)しながら支援する」ことなどが方針として打ち出された。

(1)　文中の[　①　]にあてはまる都市名を答えなさい。

(2)　文中の[　②　]にあてはまる語句を、カタカナで答えなさい。

(3)　下線部㋐について、Ｇ７にあてはまらない国を次から１つ選び、記号で答えなさい。

ア　アメリカ　　イ　ドイツ　　ウ　オーストラリア　　エ　イタリア

⑷　下線部㋑について、今回の会合にも参加した現在の国連事務総長を次から１人選び、記号で答えなさい。

ア　ブトロス・ガリ　　イ　コフィ・アナン　　ウ　潘基文（パンギムン）　　エ　アントニオ・グテーレス

⑸　下線部㋒について、この組織の英語の略称を次から１つ選び、記号で答えなさい。

ア　ＷＴＯ　　イ　ＷＨＯ　　ウ　ＵＮＨＣＲ　　エ　ＩＭＦ

⑹　下線部㋓について、この国の位置を右の地図中のア～エから１つ選び、記号で答えなさい。

⑺　下線部㋔について、地球温暖化や気候変動に関する国際会議として、「国連気候変動枠組（わくぐみ）条約締約国会議（ＣＯＰ）」が1995年以降毎年開かれています。この会議について述べた次の文のうち、下線部ア～エには**正しくないもの**が１つふくまれています。その記号を選び、答えなさい。

> 1997年に開催されたＣＯＰ３では、先進国に温室効果ガスの削減（さくげん）を義務づけた(ア)京都議定書が採択された。その後、すべての国に排出（はいしゅつ）削減の努力を求める新たな枠組みとして、2015年に行われたＣＯＰ21で(イ)パリ協定が採択された。この協定では、(ウ)産業革命以前に比べて平均気温上昇を２℃未満に保つとともに、1.5℃未満に抑えることも努力目標とされた。また、2020年には、(エ)イギリスがこの協定から離脱したが、政権交代によって方針が変更されたことから、翌21年に復帰をはたした。

⑻　下線部㋕について、内閣総理大臣の指名と任命について、次の［　　　］にあてはまる言葉を15字前後で答えなさい。

> 内閣総理大臣は、［　　　　　　］。

千葉日本大学第一中学校(第１期)

―40分―

1　中学１年生の慎くんは、夏休みの自由研究で日本において登録されている世界遺産について調べた。次の資料は、慎くんが日本の歴史に関わる遺産を時代ごとに地図とレポートにまとめたものである。次の地図とレポートを参考に、各問いに答えなさい。アルファベットは関係する時代が古い順に、地図はその遺産がある都道府県を示している。

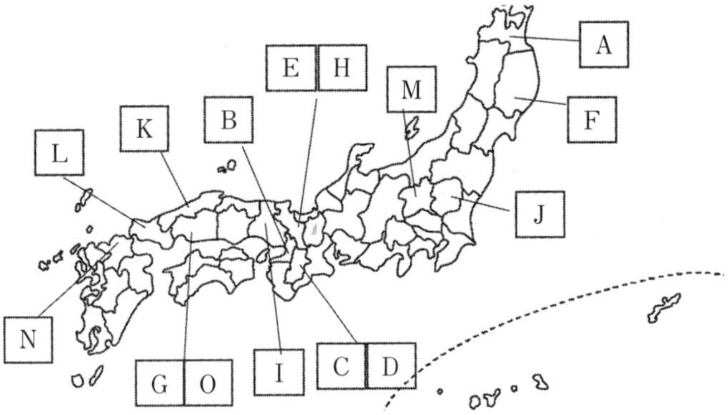

A

日本最大級のa縄文集落。高床倉庫や竪穴住居がみられる。縄文時代の集落は世界遺産に登録されているが、b弥生時代の集落は登録されていないことに疑問を持った。

B

c古墳時代に造営された国内最大の前方後円墳。仁徳天皇古墳とも呼ばれている。全長が486メートル、高さは35メートルにもおよぶ。

C

飛鳥時代にd聖徳太子が建てた現存する世界最古の木造建築物。西院の主要建物の多くは、中国や朝鮮にも残っていない初期の仏教建築様式。

D

e奈良時代に(　あ　)が作らせた大仏が有名な寺社である。国分寺の総本山とされている。高さは約16メートルで重さは約250トンもある。

E

f平安時代に藤原道長の息子、(　い　)が建立した寺院。本堂には阿弥陀如来像がまつられ、庭園や建物で来世の様子を示している。10円玉にも描かれている建物。

F

11世紀に奥州藤原氏が金や馬の産出や北方との交易で富を築き、黄金を用いて建設した寺院。奥州藤原氏は1189年にg源頼朝によって滅ぼされた。

G

平氏の氏神とされ、熱心に信仰された。1167年に太政大臣に任じられた(　う　)が現在の形に修築したとされている。引き潮の時間帯だと大鳥居まで歩いて行けるらしい。

H

h 室町幕府の８代将軍（ え ）が京都の東山に建立した寺院。禅宗寺院の部屋の建築様式を取り入れた書院造が有名である。

I

織田信長や i 豊臣秀吉が活躍した時代の桃山文化として有名な城。白壁で統一された優美な外観から、「白鷺城」と呼ばれている。

J

j 江戸幕府の初代将軍（ お ）の霊廟（れいびょう）があり、陽明門や三猿で有名。隣接された輪王寺には、３代将軍の霊廟である大猷院に造営された。

K

年間15トンもの銀を算出し、江戸幕府は天領として直轄した。k 江戸時代の産業の発達に伴い、産出した銀で貨幣をつくり、全国に流通させた。

L

長州藩の吉田松陰が引き継ぎ、l 明治維新で活躍し、のちに初代内閣総理大臣となる（ か ）や高杉晋作を育てた。吉田松陰は1858年の安政の大獄によって暗殺された。

M

明治政府の殖産興業の一つとしてつくられた官営模範工場である。フランスから最新の機械を導入し、工女たちを募集した。

N

m 日清戦争で得た賠償金などを用いて設立した工場。筑豊炭田の石炭と中国の鉄鉱石を使用した。日露戦争前後には第２次産業革命が進展した。

O

元々は n 大正時代に建設された物産陳列館だった。o 戦争の遺構として現存され、「負の世界遺産」として有名。

問１　地図とレポートの［ A ］～［ O ］に該当する場所を以下のうちからそれぞれ選び、記号で答えなさい。

ア　姫路城	イ　大坂城	ウ　原爆ドーム	エ　中尊寺金色堂
オ　法隆寺	カ　三内丸山遺跡	キ　吉野ヶ里遺跡	ク　八幡製鉄所
ケ　平等院鳳凰堂	コ　金閣	サ　厳島神社	シ　日光東照宮
ス　東大寺	セ　大仙古墳	ソ　石見銀山	タ　富岡製糸場
チ　佐渡金山	ツ　松下村塾	テ　鳴滝塾	ト　銀閣

問２　下線部ａに関して、次の図は「縄文カレンダー」と呼ばれ、縄文人の１年の食生活を示したものである。この図から読み取れることとして**適切でないもの**を次のうちから一つ選び、記号で答えなさい。

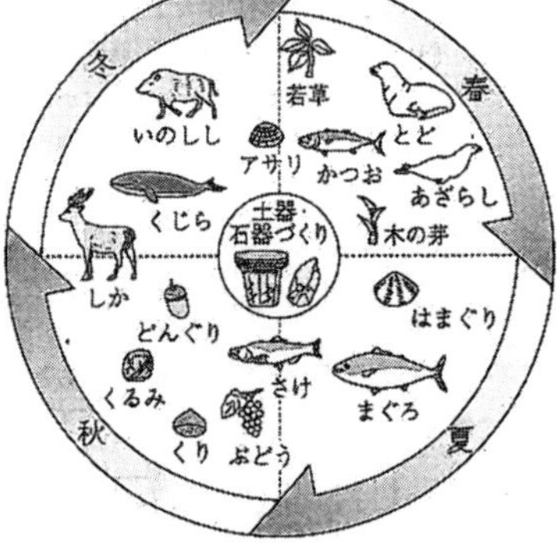

ア　縄文時代の人々は、寒い冬には海で食べ物をとらなかった。

イ　縄文時代の人々は、春には木の芽、秋には木の実を食べていた。

ウ　縄文時代の人々は、１年を通して土器を作っていた。

エ　縄文時代の人々は、主に冬から春にかけて狩猟を行っていた。

問３　下線部ｂの時代、中国の歴史書には倭の奴国王が使いを送ったとされている。この歴史書の名称を次のうちから一つ選び、記号で答えなさい。

ア『漢書』地理誌　　イ『後漢書』東夷伝　　ウ『魏志』倭人伝　　エ『宋書』倭国伝

問４　下線部ｃの時代の資料として、ふさわしいものを次のうちから一つ選び、記号で答えなさい。

ア

イ

ウ

エ

問５　下線部ｄの聖徳太子は役人の心構えとして、次の「十七条の憲法」を制定した。空欄Ｘに当てはまる漢字一字を考えて、答えなさい。

第１条　和を以て貴しとなし、忤うこと無き宗とせよ。 第２条　あつく三宝を敬え。三宝とは［　Ｘ　］・法・僧なり。 第３条　詔を承りて必ず慎め。 第４条　群卿百寮、礼を以て本とせよ。

問６　下線部ｅの時代を説明したものとして正しいものを、次のうちから一つ選び、記号で答えなさい。

ア　都の藤原京は唐の長安を模して造られ、碁盤の目のように区画された。

イ　日本最古の貨幣である和同開珎が発行された。

ウ　743年に開墾した土地の私有を永久に認める三世一身の法が制定された。

エ　６度の渡航でようやく日本に来た鑑真は、奈良に唐招提寺を建てた。

問７　下線部ｆに関して、次の資料は奈良時代と平安時代の人々の衣装と文字の変化を比較したものである。**なぜこのような変化が起こったのか**、日本と外国との国際関係に着目して説明しなさい。

【奈良時代】

【平安時代】

問８　下線部ｇの人物が開いた幕府の時代に関して、以下の問いに答えなさい。

(1)　この時代について述べた文として、**誤っているもの**を次のうちから一つ選び、記号で答えなさい。

ア　将軍と御家人の土地を仲立ちとした御恩・奉公の主従関係を軸とした封建制度を行った。

イ　北条時宗は、将軍を補佐する管領という役職につき、実権を握った。

ウ　承久の乱の後、朝廷や西国の武士を監視するため六波羅探題が設置された。

エ　念仏を唱える法然の浄土宗や、題目を唱える日蓮の法華宗など、新しい仏教が誕生した。

(2)　次の絵は、1281年の２度目の元軍襲来の直前の日本の武士たちの様子である。**なぜこの絵が２度目の襲来の際のものであると判断できるか**を次の絵図と資料から読み取り、説明しなさい。

北九州の地頭であった安富氏は、肥前国(注１)の守護から、北九州の防衛を命じられた。その際、「北九州に所領を持つ地頭は、博多津に、所領１段(注２)につき１寸(注３)の長さの防塁を築城するように」との命令が下された。

注１ 現在の佐賀・長崎あたり　注２ 土地の単位　注３ 長さの単位 １寸は約３センチ

問９　下線部ｈとその前後の時代を説明したものとして正しいものを、次のうちから一つ選び、記号で答えなさい。

ア　鎌倉幕府が滅ぶと、後白河天皇が天皇中心の政治である「建武の新政」を開始した。

イ　３代将軍の足利義満が明と正式な貿易を行った。この貿易を朱印船貿易という。

ウ　1467年に壬申の乱がおこり、下克上の風潮が高まった。

エ　『一寸法師』や『浦島太郎』などのお伽草子が民衆の間で広く読まれた。

問10　下線部ｉの人物は、政策の一環として、次の資料Ｘ・Ｙのような政策をした。Ｘ・Ｙの政策をそれぞれ何というか。Ｘは漢字４字、Ｙは漢字２字で答えよ。

資料X

資料Y

一、諸国百姓、刀、脇指、弓、やり、てつはう其外武具のたぐい、所持候事、堅く御停止候。其子細者　不入道具をあひたくはへ、年貢所当を難渋せしめ、自然一揆を企て、給人に対し非　儀の動をなすやから、勿論御成敗有るべし。

問11　下線部jについて述べた文として、正しいものを次のうちから一つ選び、記号で答えなさい。

ア　関ケ原の戦い以後に家臣となった大名を「譜代大名」とし、重要地に配置した。

イ　大名を統制する目的で「御成敗式目」を制定した。

ウ　外交の窓口として、薩摩藩が蝦夷地との交易の独占を認められた。

エ　大阪は「天下の台所」といわれ、各藩が蔵屋敷をおいた。

問12　下線部kの時代に改革を行った人物と、その改革の内容の組み合わせとして、正しいものをあとのア～エのうちから一つ選び、記号で答えなさい。

【人物】

あ　松平定信　　い　水野忠邦

【改革の内容】

a　天保の改革－厳しい倹約令を出し、物価対策として株仲間を解散させた。

b　享保の改革－目安箱の設置や裁判を公正に行うために公事方御定書を制定した。

ア　あ－a　　イ　あ－b　　ウ　い－a　　エ　い－b

問13　下線部lに関連して、この時期に出版された書籍として以下の資料Zがある。この資料の筆者の名前を答えなさい。

資料Z

天は人の上に人を造らず人の下に人を造らずと云へり。されば天より人を生ずるには、万人は万人皆同じ位にして、生れながら貴賤上下の差別なく、…(中略)…人学ばざれば智なし、智なき者は愚人なりとあり。

問14　下線部mに関連して、次の資料はビゴーが当時の東アジアの国際関係を描いた風刺画である。この風刺画から、どのようなことが読み取れるか、**「朝鮮」「ロシア」という語句を必ず用いて**説明しなさい。

問15　下線部ｎに関連して、1925年に普通選挙法が制定された。この法律で選挙権を得たのはどのような人か、次のうちから一つ選び、記号で答えなさい。

ア　直接国税15円以上を納める満25歳以上の男子

イ　直接国税３円以上を納める満25歳以上の男子

ウ　税額は関係なく、満25歳以上の男子全員

エ　税額は関係なく、満20歳以上の男女全員

問16　下線部ｏに関して、この遺産のある都道府県と、この場所に原子爆弾が投下された日の組み合わせとして正しいものを、次の選択肢から選びなさい。

選択肢	都道府県	日にち
ア	広島	８月６日
イ	広島	８月９日
ウ	長崎	８月６日
エ	長崎	８月９日

問17　レポートの空欄あ～かに当てはまる人物名を答えなさい。

２　次の各文は、去年の夏休みの旅行記の一部である。これを読んで後の各問いに答えなさい。

だいすけくんの旅行記

私は夏休みに弘前・八戸に行きました。この県は$_a$津軽半島と下北半島という２つの半島があり、特徴的な地形となっています。この県名産の果物は何といっても（　１　）で、都道府県別の収穫量では堂々の１位であり、日本全国の収穫量の60％を占めています。また、この県をはじめ、$_b$東北地方は日本の米どころであるとともに伝統工芸品や祭りなどが多く存在しています。この県でも東北三大祭りの１つである（　２　）祭がおこなわれ、毎年夏に多くの観光客が訪れています。

問１　旅行記中の空欄（　１　）と（　２　）にあてはまる適切な語句を答えなさい。

問２　下線部ａについて、この津軽半島から津軽海峡を横断し本州と北海道を結ぶ長さ53.85㎞の長大海底鉄道トンネルの名称を答えなさい。

問３　下線部ｂについて、東北地方の太平洋側では夏に北東から冷たく湿った風が吹き、稲の育ちが悪くなる冷害が発生することがある。この夏に北東から吹く冷たい湿った風の名称をひらがな３文字で答えなさい。

あすかさんの旅行記

私は夏休みに、佐世保へ行ってきました。この県は江戸時代にオランダとの貿易の窓口として設置された（　３　）という人工島がおかれたこともあり、オランダの町並みを再現したテーマパークがあります。また、この県には2018年に$_c$世界遺産登録された大浦天主堂や旧グラバー住宅なども存在しており、歴史が深い県でもあります。なお、$_d$この県の県庁所在地は日本三大夜景の１つとしても知られています。

問４　旅行記中の空欄（　３　）にあてはまる適切な語句を答えなさい。

問５　下線部ｃについて、日本の世界遺産として**適切でない**ものを次のうちから一つ選び、記号で答えなさい。

ア　伊豆大島　　イ　奄美諸島　　ウ　知床半島　　エ　白神山地

問６　下線部ｄについて、2022年９月23日に開業したこの県の県庁所在地と武雄温泉駅を結ぶ新幹線の名称を答えなさい。

あきひろくんの旅行記

私は夏休みに上越市に行ってきました。この県は日本を代表する米の産地であり、日本最長の河川である(　５　)が流れる県です。県南部にある越後山脈に冬の季節風がぶつかるため、降雪量が極めて多くスキー場が数多く立地していたり、県北西部にはトキ保護センターがある(　６　)島があるため観光資源も豊富です。また、この県が所属する北陸地方はｅ工業地域も存在しているとともに、ｆ伝統工芸品も多く制作されています。

問７　旅行記中の空欄(　５　)と(　６　)にあてはまる適切な語句を答えなさい。

問８　下線部ｅについて、この県を流れる阿賀野川流域では四大公害病の１つが発生している。この公害の名称を答えなさい。

問９　下線部ｆについて、この県の伝統工芸品として適切なものを次のうちから一つ選び、記号で答えなさい。

ア　九谷焼　　イ　南部鉄器　　ウ　有田焼　　エ　小千谷ちぢみ

あやのさんの旅行記

私は夏休みに名古屋に行ってきました。飛行機で行ったのでセントレア空港の愛称がある(　７　)空港を利用しました。この県は北西部に輪中という特徴的な集落がみられる(　８　)平野があり、南部には知多半島と渥美半島が存在しています。豊田市に代表されるようにこの県は自動車産業を中心とする大工業地帯のｇ中京工業地帯が存在しており、日本の工業の中心です。また、名古屋は東京とも新幹線やｈ高速道路で結ばれており、日本の一大都市の１つとなっています。

問10　旅行記中の空欄(　７　)と(　８　)にあてはまる適切な語句を答えなさい。

問11　下線部ｇについて、次のグラフは2018年における京葉工業地域・中京工業地帯・阪神工業地帯・瀬戸内工業地域の品目の割合を示している。中京工業地帯として適切なものを、次のうちから一つ選び、記号で答えなさい。

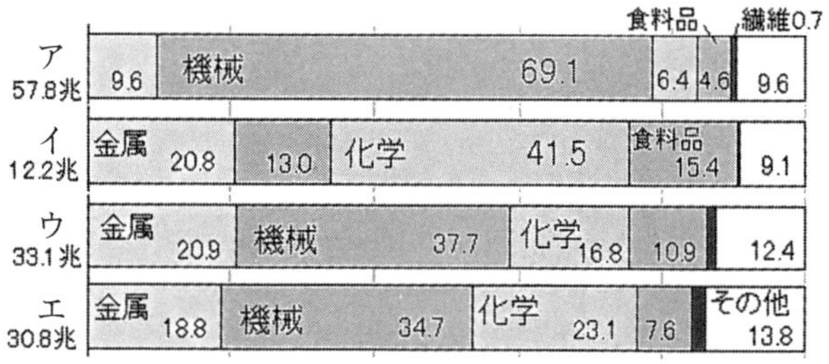

問12　下線部ｈについて、1969年に全通した、日本の大動脈ともいえる高速道路の名称を答えなさい。

たかひろくんの旅行記

私は夏休みに、日本最大の湖である(　９　)湖へ行ってきました。(　９　)湖は、この県の面積の６分の１の面積を占めており、この湖の水はｉ内陸県であるこの県のみならず、近畿地方の人々の大切な飲み水です。また、人だけでなくｊ水鳥などの野生動物にとっても大切な湿地となっており、豊かな生態系を形成している場所でもあります。なお、この県の県庁所在地の(　10　)市です。

問13　旅行記中の空欄(　９　)と(　10　)にあてはまる適切な語句を答えなさい。

問14　下線部ｉについて、この県のほかに日本の内陸県として適切なものを、次のうちから一つ選び、記号で答えなさい。

ア　山口県　　イ　山梨県　　ウ　福井県　　エ　福島県

問15　下線部ｌについて、水鳥の生息地等として国際的に重要な湿地及びそこに生息・生育する動植物の保全を促進することを目的とした国際条約の名称を答えなさい。

問16　５人が旅行した都道府県はそれぞれどこなのか。旅行先の都道府県を次の図から選び、番号で答えなさい。

3　以下の会話文を読んで、後の問いに答えなさい。

隆弘くん「あ、またテレビで選挙の番組やってる。」

お父さん「隆弘、選挙って俺たち国民が政治に参加する大事なイベントなんだぞ。隆弘も(　①　)歳になったら、選挙で投票できるようになるんだ。」

隆弘くん「６年後かあ…でも選挙に行くの面倒だなあ。」

お父さん「確かに隆弘と同じように考えている人は多い。次のグラフ、表が示すように、特に(②)の投票率はかなり低くなっているね。」

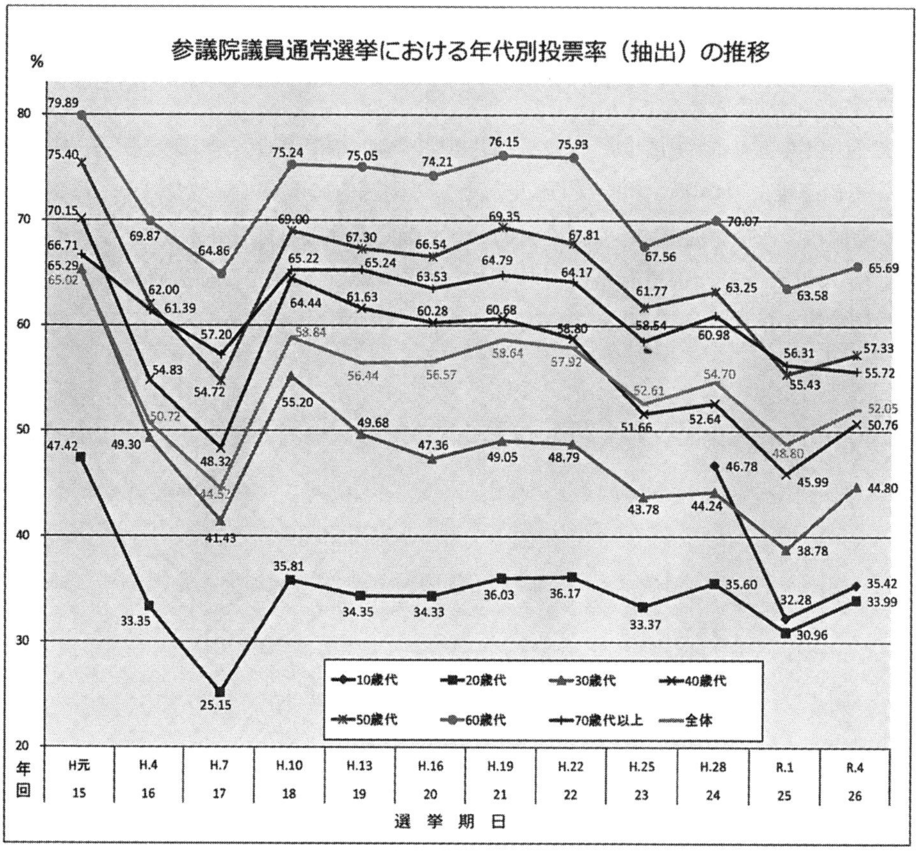

(%)

年	H元	H.4	H.7	H.10	H.13	H.16	H.19	H.22	H.25	H.28	R.1	R.4
回	15	16	17	18	19	20	21	22	23	24	25	26
10歳代										46.78	32.28	35.42
20歳代	47.42	33.35	25.15	35.81	34.35	34.33	36.03	36.17	33.37	35.60	30.96	33.99
30歳代	65.29	49.30	41.43	55.20	49.68	47.36	49.05	48.79	43.78	44.24	38.78	44.80
40歳代	70.15	54.83	48.32	64.44	61.63	60.28	60.68	58.80	51.66	52.64	45.99	50.76
50歳代	75.40	62.00	54.72	69.00	67.30	66.54	69.35	67.81	61.77	63.25	55.43	57.33
60歳代	79.89	69.87	64.86	75.24	75.05	74.21	76.15	75.93	67.56	70.07	63.58	65.69
70歳代以上	66.71	61.39	57.20	65.22	65.24	63.53	64.79	64.17	58.54	60.98	56.31	55.72
全体	65.02	50.72	44.52	58.84	56.44	56.57	58.64	57.92	52.61	54.70	48.80	52.05

※①　この表のうち、年代別の投票率は、全国の投票区から、回ごとに142～188投票区を抽出し調査したものです。

※②　第24回の10歳代の投票率は、全数調査による数値です。

(総務省ＨＰ https://www.soumu.go.jp/senkyo/senkyo_s/news/sonota/nendaibetu/　より引用)

隆弘くん「なんでだろう？」

お父さん「これは若者に限ったことではないけど、(③)ということが考えられるんじゃないかなあ。」

隆弘くん「なるほどなあ。僕が将来、投票するとしたらどこの党の誰に投票しようかなあ。a政党もたくさんあって迷っちゃう。」

お父さん「2023年現在、首相を務める(④)氏が所属している自民党、そしてその自民党と連立政権を組んでいる公明党。現在政権を担当しているこの二党を(⑤)党というんだ。それ以外の政権を担当していない政党を(⑥)党というんだ」

隆弘くん「なるほどね。そういえば国会議員の選挙も衆議院と参議院で仕組みが少し違うんだね」
お父さん「そうそう。衆議院の議員に立候補できる年齢は満(⑦)歳以上だけど、参議院は満(⑧)歳以上となっているね。議員の数も(⑨)議院の方が多くなっているよ。」
隆弘くん「そういえば学校の授業で、衆議院と参議院で、国会議員でいられる年数も違うって習ったよ。」
お父さん「そうだね。衆議院議員の任期が(⑩)年なのに対して、参議院は(⑪)年。衆議院の方が、任期が短いことから、より国民の意見を反映していると考えられているんだ。」
隆弘くん「b衆議院の優越、ってやつだね。」
お父さん「よく知っているな、しっかり勉強したんだな。」

問１　空欄①に当てはまる数字を答えなさい。

問２　空欄②に当てはまる語句は、「若者」あるいは「高齢者」という語句のいずれかです。どちらがあてはまるか、答えなさい。

問３　前のグラフ、表から読み取れることとして、**適切でない**ものを一つ選び、記号で答えなさい。

ア　参議院の選挙は３年ごとに行われている。
イ　20歳代の投票率が50％を超えたことは、Ｈ元(平成元年)以降、一度もない。
ウ　Ｈ元以降、全体の投票率が50％を下回ったのは、一度しかない。
エ　Ｈ元以降、すべての世代において、投票率が80％を超えたことは一度もない。

問４　文中の空欄③に当てはまる文として、**適切でない**と考えられるものを一つ選び、記号で答えなさい。

ア　政治に対して無関心だから、
イ　政治に対して、自分では何も変えられないという無力感を感じているから、
ウ　政治家の汚職などにうんざりしているから、
エ　ＳＮＳでは政治に関する情報が全くないから、

問５　下線部ａに関して、日本では多くの政党が国会に議員を送り込んでいる理由として、正しいものを一つ選び、記号で答えなさい。

ア　日本は多民族国家であるから。
イ　日本の選挙制度は、小規模な政党でも当選者が出やすい比例代表制が採用されているから。
ウ　日本では、日本に住む外国人にも選挙権が与えられているから。
エ　日本では、法律で一つの政党から当選できる議員の数が制限されているから。

問６　空欄④～⑪に当てはまる語句、または数字を答えなさい。ただし、空欄④の人物名は名字だけで構いません。また、空欄⑨には「衆」または「参」という語句のいずれかが当てはまります。

問７　下線部ｂに関して、正しいものを一つ選び、記号で答えなさい。

ア　衆議院は参議院より先に予算について審議する。
イ　衆議院は参議院より先に法律案について審議する。
ウ　衆議院のみ、内閣総理大臣の指名権を持つ。
エ　衆議院のみ、条約の承認を行う。

中央大学附属中学校(第1回)

—30分—

1　三鷹さんと武蔵くんは、戸籍(こせき)と家系図について話し合っています。二人の会話を読んで、以下の問いに答えなさい。

武蔵くん：このあいだ、ぼくのお祖父さんに「お祖父さんのお祖父さんって、どんな人だったの？」って聞いてみたんだ。

三鷹さん：面白そう！　1)私の家の先祖の話も、少しだけお母さんから聞いたことがあるけれど……。武蔵くんの「お祖父さんのお祖父さん」は、どんな人だったの？

武蔵くん：それが、お祖父さんが生まれたときにはもういなかったから、よく分からないんだって。代わりに、お祖父さんが役所から過去の戸籍を取り寄せて作った、家系図を見せてもらったんだ。僕の高祖父(こうそふ)(注：お祖父さんのお祖父さん)は、2)明治18年生まれの長男、東京ではなくて3)三重県生まれの滋賀県育ち、27歳で結婚(けっこん)した人だったそうだよ。

三鷹さん：へぇ、戸籍からは、いろいろな情報が読みとれるのね。そのひとの人生を想像すると、家族の歴史のイメージがどんどん膨(ふく)らんでいく気がするわ。

武蔵くん：4)生まれた年から亡くなった年、家族構成、住んでいた場所まで、かなりのことが分かるんだよ。ほら、この家系図を見て。戸籍に残された僕の先祖のうち、いちばん昔の記録は、文化4年(1807年)生まれの5)「すわ」さん、なんと江戸時代の人だよ。

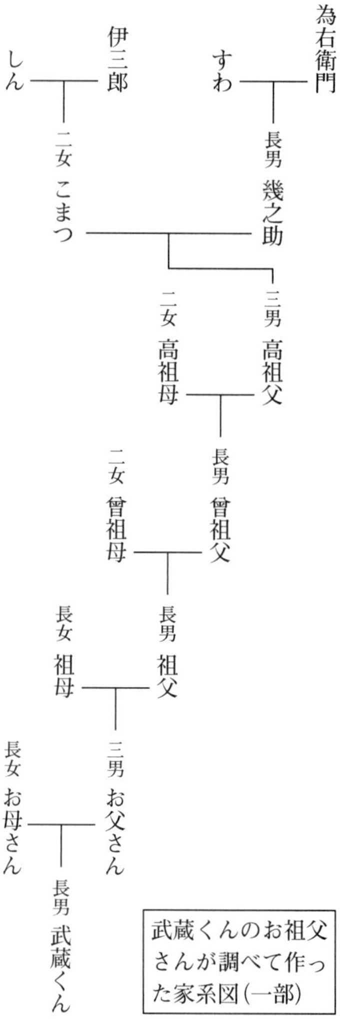

武蔵くんのお祖父さんが調べて作った家系図(一部)

三鷹さん：「お祖父さんの、お祖父さんの、お祖母さん」だから、武蔵くんから数えて、えーっと……6代前？役所の戸籍から200年以上も歴史をさかのぼることが出来るなんて、すごい！

武蔵くん：お祖父さんはやる気になって、6)400年前とか1000年前とかの昔にさかのぼれるんじゃないかって、さらに調査を進めているよ。もしかして、7)平氏とか源氏とかの子孫だと分かったりして。

三鷹さん：歴史上の人物も、なんだか身近に感じられそうね。

武蔵くん：ただ、ぼくらと歴史上の偉人(いじん)とに「血のつながり」があるかどうかは、別の話になりそうだよ。家系図をよく見てみると、昔は、別の家から「養子」のかたちで家を継(つ)ぐケースも多かったんだ。「家族」がそのまま「血のつながり」をあらわすという考え方には、注意が必要かも。

三鷹さん：8)「家」や「家族」の考え方も時代によって変化していくってことね。ところで、先祖のことがよく分かる戸籍だけれど、国によって戸籍がきちんと管理されるのはなぜなのかしら？歴史の授業でも、古代の王朝が「戸籍」を作った、などと習ったけれど。

武蔵くん：古代日本では、9)中国から学んで律令国家をつくるうえで、戸籍を整えることが必要だったと教わったね。いまでも、相続税などの10)税金を課したり、公的なサービスを提供したりするために、戸籍や住民票を作成するのと同じかな。

三鷹さん：なるほど。武蔵くんの家系図作成のもとになった明治時代の戸籍も、徴税や徴兵の基礎(きそ)データに活用されていたのかもしれないわね。最近では、行政とのやりとりで、マイナンバーカードが利用されたりして、11)ＤＸ化を進めようなんて話もよく聞くわ。

武蔵くん：家族の考え方が変化している、という話も出たけれど、お隣(となり)の12)韓国では2005年に戸籍制度が廃止(はいし)されているんだ。技術の変化や社会の変化にあわせて、日本の戸籍の未来も、13)法改正などで柔軟(じゅうなん)に変わっていくのかもしれないね。

三鷹さん：古い戸籍は、先祖のファミリー・ヒストリーを教えてくれる貴重な情報源だけれど、いろいろな改善点をふまえて、より良い戸籍のあり方を考えていけるといいわね。

問１　下線１)に関する問題です。三鷹さんは先祖に「伊予(いよの)国(くに)今治藩主であった戦国武将・藤堂高虎(とうどうたかとら)」がいると、お母さんから説明してもらいました。右の写真は、今治城と藤堂高虎の銅像です。お母さんの説明として正しい内容のものを、次の①～④から１つ選びなさい。

① 伊予国はいまの福岡県にあった、『魏志』倭人伝にも登場する国よ。

② 現在の今治市は、しまなみ海道での観光やタオルの生産でも有名ね。

③ 藤堂高虎が仕えた主君・浅井長政は、上杉謙信に滅(ほろ)ぼされたのよ。

④ 城づくりで有名な藤堂高虎は、今治城のほかに熊本城も完成させたわ。

問２　下線２)に関する問題です。高祖父が生まれた「明治10年代(1877～1886年)」に起きた出来事として**誤っているもの**を、次の①～④から１つ選びなさい。

① 板垣退助らの活動によって自由民権運動が盛り上がったことをうけて、明治天皇は国会の開設を約束する勅諭を出した。

② イギリスで法律を学んだ増島六一郎(ますじまろくいちろう)が、のちに中央大学へと発展する英吉利法律学校を仲間とともに設立した。

③ 佐賀県では大隈重信に率いられて、廃刀令や俸禄(ほうろく)の停止などに不満をもった士族たちが反乱を起こした。

④ ノルマントン号が紀州沖で座礁(ざしょう)する事故が起き、日本が外国に対して領事裁判権を認めていることが大きな問題となった。

問３　下線３）に関する問題です。次の地図で、三重県と滋賀県の県境付近を南北に連なる「Ａ山脈」の名前を、**漢字で**記しなさい。

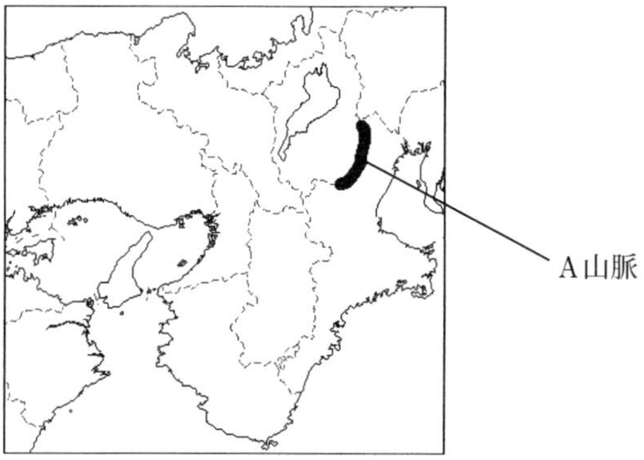

問４　下線４）に関する問題です。武蔵くんの「曾祖父の弟」の戸籍には、右のような戦死者情報が書かれていました。

「黄海」とは、中国大陸と朝鮮半島にはさまれた海域で、アジア・太平洋戦争のほかにも、日清戦争、日露戦争、第一次世界大戦の舞台となった場所です。これらの戦争について述べた文として、**誤っているもの**を次の①～④から１つ選びなさい。

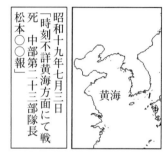

昭和十九年七月三日
「時刻不詳黄海方面にて戦
死　中部第二十三部隊長
松本〇〇報」

①　日清戦争に勝利した日本は、朝鮮半島での優越権とともに、中国東北部（満州）の鉄道の一部と南樺太を譲り受けた。

②　桂太郎内閣のもとで始まった日露戦争のさなか、詩人・与謝野晶子は「君死にたまふことなかれ」という詩を発表した。

③　日英同盟を理由に参戦した第一次世界大戦で、日本はドイツの拠点であった青島を占領した。

④　アジア・太平洋戦争では、日本はドイツ・イタリアと同盟を結んで、アメリカ・イギリス・中国・ソ連などの連合国と戦った。

問５　下線５）に関する問題です。江戸時代の説明としてふさわしいものを、次の①～④から１つ選びなさい。

①　二代将軍であった徳川秀忠は、守るべき法律として禁中並公家諸法度を定め、これに違反した大名は厳しく処分された。

②　老中・水野忠邦による享保の改革では、江戸に出稼ぎなどに来ていた人々を村に帰すための政策などが計画された。

③　異国船打払令を命じていた江戸幕府のもと、浦賀沖にあらわれたアメリカ船モリソン号に対して砲撃がおこなわれた。

④　杉田玄白が前野良沢とともに『ターヘル・アナトミア』を英語から日本語に翻訳し、『解体新書』の題名で出版した。

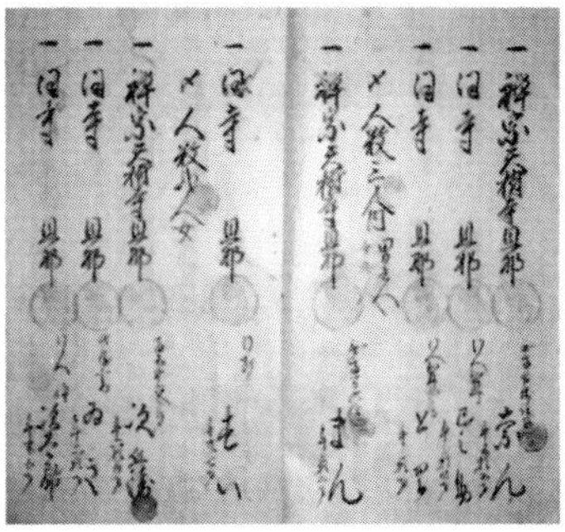

問６　下線６)に関する問題です。江戸時代以前の先祖を調べるためには、右の写真のように、人びとが所属する寺院について記された「宗門人別改帳(宗門人別帳)」が役に立つことがあります。

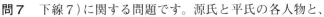

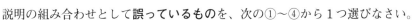

これが作成された背景には、戸籍としての役割のほかにも、江戸幕府の特別な意図がありました。それは何ですか、簡単に説明しなさい。

問７　下線７)に関する問題です。源氏と平氏の各人物と、説明の組み合わせとして**誤っているもの**を、次の①～④から１つ選びなさい。

①　平将門－兵をあげて東国を支配し、新皇を名乗った。
②　源頼義－前九年合戦で、陸奥の安倍氏の反乱をおさえた。
③　平清盛－平治の乱で源義朝を破ったのち、征夷大将軍となった。
④　源義経－兄・頼朝の命を受けて、平氏を壇ノ浦の戦いで滅ぼした。

問８　下線８)に関する問題です。現在、民法や戸籍法では、結婚した夫婦は男性または女性のいずれか一方が、氏を改め、同じ氏(姓、名字)を名乗らなければならないと定められています。これを「夫婦同姓制度」といいます。

その一方で、戸籍について担当する(　★　)では、夫婦が希望すれば別の氏を名乗ることのできる「選択的夫婦別氏(別姓)制度」についても検討しています。次のイ)ロ)ハ)の問いに答えなさい。

イ)　(　★　)には中央省庁の名前が入ります。この機関では、ほかにも刑務所や少年院の運営や管理、外国人の出入国の管理などの仕事を行っています。空らんにあてはまる言葉を、**漢字で**記しなさい。

ロ)「選択的夫婦別氏(別姓)制度」が認められないことは、憲法違反だとする訴えが裁判所でしばしば争われています。これに関連する憲法の条文には、次のようなものがあります。空らんにあてはまる語の組み合わせとして正しいものを、あとの①～④から１つ選びなさい。

> 憲法13条
> 「すべて国民は、個人として尊重される。(　A　)、自由及び幸福追求に対する国民の権利については、(　B　)に反しない限り、立法その他の国政の上で、最大の尊重を必要とする。」
> 憲法14条第１項
> 「すべて国民は、法の下に平等であつて、人種、信条、性別、(　C　)又は門地により、政治的、経済的又は社会的関係において、差別されない。」
> 憲法24条第１項
> 「婚姻は、両性の合意のみに基いて成立し、夫婦が同等の権利を有することを基本として、相互の協力により、維持されなければならない。」

	(A)	(B)	(C)
①	生命	公共の福祉	社会的身分
②	身体	公の秩序	政治的立場
③	身体	公共の福祉	社会的身分
④	生命	公の秩序	政治的立場

ハ）「選択的夫婦別氏（別姓）制度への賛成意見」として**ふさわしくないもの**を、次の①～④から１つ選びなさい。なお、ロ）の条文を参考にしてもかまいません。

① 名字を変えるのは女性が９割以上なのに、男性が１割にも満たない現実を考えると、憲法14条の「法の下の平等」の観点から問題だよ。

② ずっと親しんできた自分の名前を変えなければならないのは、憲法13条の「幸福追求権」にも反しているんじゃないかな。

③ 憲法24条にあるとおり、結婚は「両性の合意」のみに基づくべきなのに、この制度にはばまれて結婚を選べない人もいると思うよ。

④「個人の尊重」を定めた憲法13条の考え方から、同じ名字で家族の一体感を大切にする国であるべきだという意見も、尊重するべきだね。

問９　下線９）に関する問題です。古代における戸籍の作成について述べた文(あ)・(い)の内容について、正・誤の組み合わせとしてふさわしいものを、あとの①～④から１つ選びなさい。

(あ)『日本書紀』によると、大化の改新で発せられた「改新の詔」において、戸籍・計帳をつくり、班田収授を行うことが定められた。
(い) 都が平安京に移されたあと、藤原不比等らが「大宝律令」を編さんし、戸籍を６年ごとに作成することなどが定められた。

① (あ) 正　(い) 正　　② (あ) 正　(い) 誤
③ (あ) 誤　(い) 正　　④ (あ) 誤　(い) 誤

問10　下線10）に関する問題です。次のグラフは、国の税収にしめる、主要な３つの税の金額の変化を大まかに示したものです。図中の(A)～(C)にあてはまる組み合わせとして正しいものを、あとの①～④から１つ選びなさい。

国の税収（一般会計）の変化

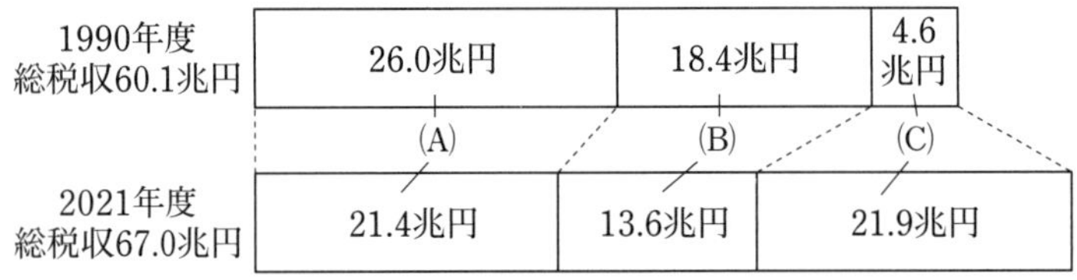

「一般会計税収の推移」財務省HPより作成

	(A)	(B)	(C)
①	消費税	法人税	所得税
②	所得税	法人税	消費税
③	法人税	消費税	所得税
④	消費税	所得税	法人税

（学校注：実際の入試問題ではグラフの統計値に誤りがあったため、問題不成立とし、全員正解とした。上記の表は正しい統計値に修正されている。）

問11　下線11)に関する問題です。「ＤＸ化」とは何のことですか、ふさわしいものを次の①～④から１つ選びなさい。

①　デジタル・トランスフォーメーション　　②　ディープ・エクスピリエンス

③　データ・トランスポーテーション　　④　ディバイド・エクスプロージョン

問12　下線12)に関する問題です。2022年５月に就任した韓国の大統領として正しいものを、次の①～④から１つ選びなさい。

①習近平(しゅうきんぺい)　②蔡英文(さいえいぶん)　③尹錫悦(ゆんそんにょる)　④文在寅(むんじぇいん)

問13　下線13)に関する問題です。より良い社会の変化をもたらすためには、法律の作成や改正が大切です。国会で法律が作られるプロセスについて述べた文として、正しいものを次の①～④から１つ選びなさい。

①　参議院と衆議院で法律案の議決が異なった場合には、話し合いのために、かならず両院協議会が開かれることになっている。

②　委員会で専門的な審議(しんぎ)を行ったのち、参議院と衆議院の本会議で法律案が可決されると、成立した法律は内閣によって公布される。

③　参議院と衆議院の議決が異なった場合でも、衆議院は出席議員の３分の２以上の賛成で再可決することで、法律案を通すことができる。

④　立法権をもつ国会議員のみが国会に法律案を提出でき、行政権をになう内閣や司法権をになう裁判所には、法律案の提出権がない。

2　さくらさんのもとに、静岡県に住むおばあちゃんから手紙が届き、お父さんと二人で読んでいます。二人の会話を読んで、以下の問いに答えなさい。

> さくらへ
>
> 今年の夏も暑いですが、元気にしていますか？
>
> 昨日、おじいちゃんが久しぶりに1)漁から帰ってきました。たくさんの魚をお土産に持って帰ってきたので、さくらの家にも送りますね。
>
> 最近、おばあちゃんはお寺や神社巡(めぐ)りが好きで、よく出かけています。みんなが健康に過ごせますように、さくらが合格しますようにといつも願っているよ。あとは、2)お寺や神社でいただく(　★　)を集めることにも夢中になっています。全国を旅行して手帳いっぱいに集めるのが、今のおばあちゃんの夢です。
>
> さいごに、昨年の誕生日に3)おばあちゃんの町の自慢(じまん)のピアノを贈(おく)りましたが、とても上達したと聞きましたよ。今度、遊びに行ったときに聞かせてくださいね。それでは、お元気で。
>
> おばあちゃんより

さくら　：おばあちゃん、立派なマグロを送ってくれたね。お礼に、早くピアノを聞いて欲しいな。

お父さん：そうだね。さくらが中学生になったら、おばあちゃんに会いに行こうか。地図を見ながら静岡の旅行計画を考えてみよう。

さくら　：そうだなぁ。まずは4)伊豆の温泉は欠かせないよね。

お父さん：お父さんは5)サッカーを観戦したいから、清水のスタジアムにも行こう。

さくら　：静岡市内を観光するなら、6)世界遺産に登録された三保松原(みほのまつばら)にも行ってみたいな。そこから見える富士山は絶景だと聞いたわ。

お父さん：富士山といえば、昔から多くの人々がその景色に魅(み)せられ、そのときの気持ちを歌に込(こ)めてきた。7)百人一首にも富士山について詠(よ)まれた歌があるね。

さくら　：富士山を見たら私も一句思い浮(う)かぶかしら。

お父さん：じゃあ、お父さんも一緒(いっしょ)に挑戦(ちょうせん)してみよう！　あとは行ってみたい場所はある？

さくら　：歴史の授業で習った8)弥生時代の遺跡(いせき)も見てみたいな。

お父さん：お、いいね。教科書に載(の)っている建造物や作品を、実際に見ると感動するぞ。

さくら　：ほかには、そういう場所ないかなぁ。

お父さん：それだったら、駿府城や9)浜名湖はどうだい？

さくら　：駿府城は授業で習ったよ。10)徳川家康が築城したのよね。この11)静岡市葵(あおい)区という地名は徳川家の家紋(かもん)に由来しているのかしら？

お父さん：きっとそうだね。静岡は徳川氏の縁(ゆかり)の地だから、中学の歴史を学んだらさらに行きたい場所が増えるぞ。

さくら　：わぁ、楽しみだな。一回の旅行では、全部周りきれないや。何回もおばあちゃんの家に遊びに行かなきゃ。あとは旅行といえば、ご飯とお土産だよね。道の駅にも寄って行こう。

お父さん：もちろん！　12)自然エネルギーを利用して温められた足湯に浸(つ)かりながら、ご飯が楽しめる道の駅もあるよ。直売所には13)静岡のおいしい果物や野菜がたくさんあるから、それをおばあちゃんの家に持っていったら、きっと美味しい料理を作ってくれるはず。

さくら　：早くおばあちゃんに会いたいな。それまで勉強を頑張(がんば)るね！

問１　下線１)に関する問題です。次のグラフは日本の主な漁業種類別生産量の推移を示したものです。Ａ～Ｄの生産量が減少した理由について述べた文のうち、ふさわしいものをあとの①～④から１つ選びなさい。

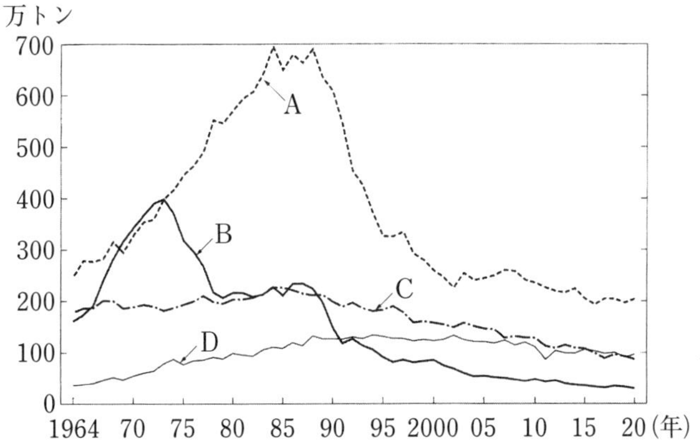

矢野恒太記念会『日本国勢図会 2022/23』より作成

①　Ａは沖合漁業を示し、底引きあみ漁法や魚群探知機の使用に規制が設けられたことなどにより、生産量が減少した。

②　Ｂは遠洋漁業を示し、燃料費の値上がりや各国が排他的経済水域を設定したことなどにより、生産量が減少した。

③　Ｃは海面養殖業を示し、赤潮の発生や海岸の埋(う)め立てなど漁場の環境(かんきょう)変化などにより、生産量が減少した。

④　Ｄは沿岸漁業を示し、東日本大震災の津波の影響(えいきょう)で多くの漁船が流されてしまったことなどにより、生産量が減少した。

問２　下線２)に関する問題です。文中の(　★　)には、次の写真のように、お寺や神社で参拝者に向けて押(お)される印(いん)の名前が入ります。この印のことを何といいますか、答えなさい(ひらがなでもかまいません)。

問３　下線３)に関する問題です。次のグラフは中京工業地帯、瀬戸内工業地域、東海工業地域、京葉工業地域の出荷額と各工業の割合(2019年)を示したものです。東海工業地域にあてはまるものを、あとの①～④から１つ選びなさい。

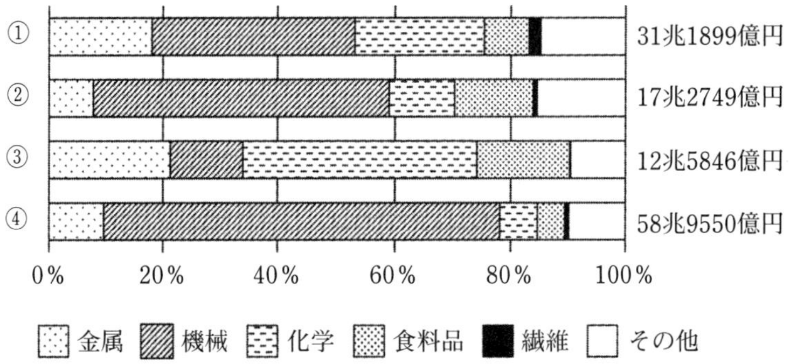

矢野恒太記念会『日本国勢図会 2022/23』より作成

問４　下線４)に関する問題です。小説『伊豆の踊子』は、作者自身が伊豆を旅した思い出をもとに書かれたと言われます。ノーベル文学賞を受賞したこの作者の名前として、正しいものを次の①～④から１つ選びなさい。

①　三島由紀夫　　②　宮沢賢治　　③　大江健三郎　　④　川端康成

問５　下線５)に関する問題です。2026年のサッカーワールドカップは、アメリカ・メキシコ・カナダによる共同開催です。その３カ国が関税を引き下げ、自由貿易を行うために結んだ協定が、2020年に発効しました。この協定の名前として正しいものを、次の①～④から１つ選びなさい。

①　ＴＰＰ　　②　ＡＳＥＡＮ　　③　ＵＳＭＣＡ　　④　ＭＥＲＣＯＳＵＲ

問６　下線６)に関する問題です。次のイ)ロ)の問いに答えなさい。

イ)　次の図は『東海道名所図会(めいしょずえ)』に描(えが)かれた三保松原です。この図はどの方角から見たものだと考えられますか。図にある「三穂神社(御穂(みほ)神社)」と「羽衣松」の位置関係を参考にして、もっとも近いものを、あとの地図中にある矢印①～④から１つ選びなさい。

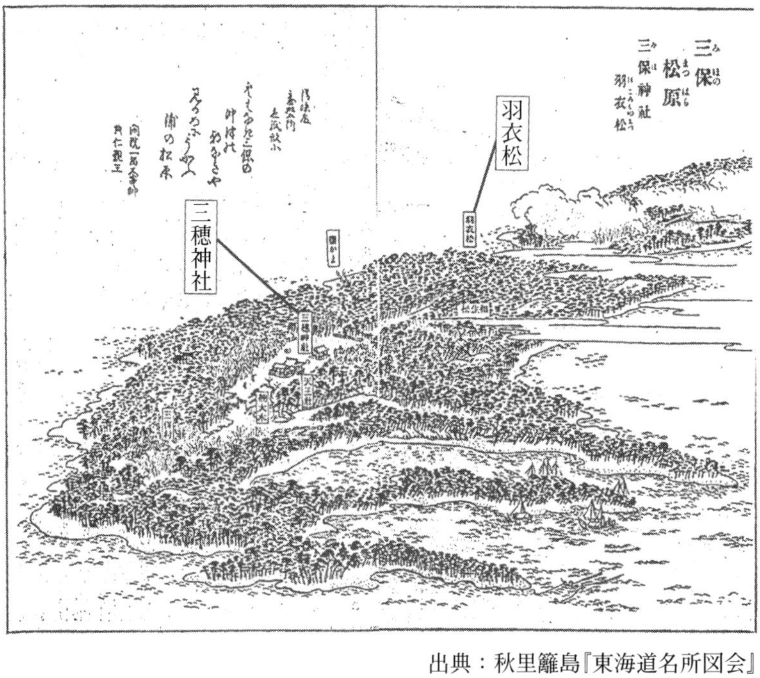

出典：秋里籬島『東海道名所図会』

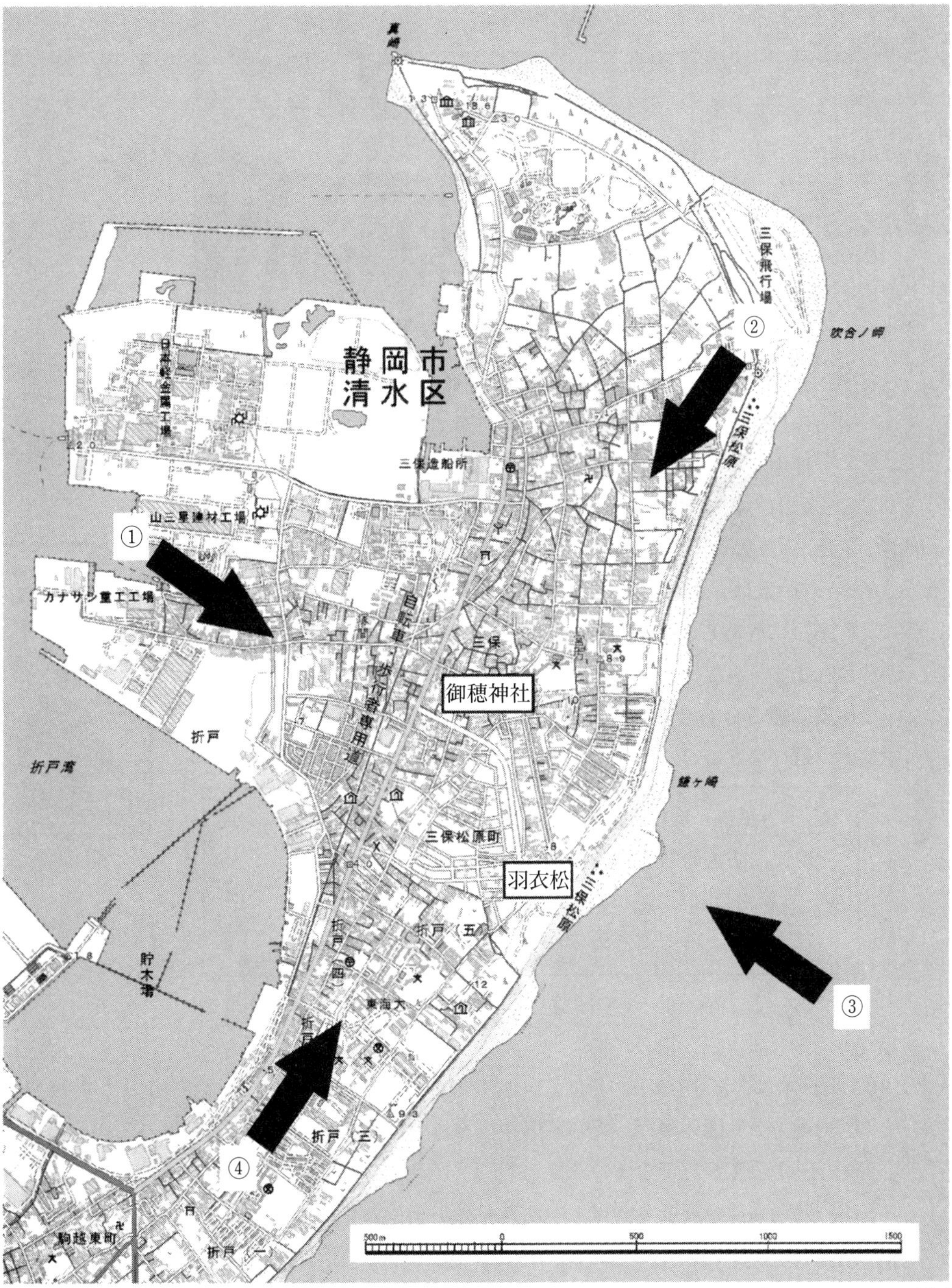

国土地理院「２万５千分の１電子地形図(令和５年10月調製)」

ロ)　三保松原のほかにも、静岡県では、韮山反射炉(次の写真)が「明治日本の産業革命遺産」として世界遺産に登録されています。韮山反射炉の説明として、正しいものを①～④から１つ選びなさい。

① 金属を溶かして優良な鉄をつくる施設であった。

② 伊豆沖を行き来する船のための灯台であった。

③ 地中深くの石炭を、地上に引き上げる施設であった。

④ 火力方式による、日本初の発電施設であった。

問７ 下線７)に関する問題です。次のイ)ロ)の問いに答えなさい。

イ) 右の歌は「小倉百人一首」に選ばれたものです。『新古今和歌集』に収められており、その元になった歌は『万葉集』にみられます。ふたつの歌集について述べた文㋐・㋑の内容について、正誤の組み合わせとしてふさわしいものを、あとの①～④から１つ選びなさい。

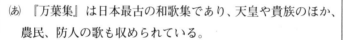

> ㋐ 『万葉集』は日本最古の和歌集であり、天皇や貴族のほか、農民、防人の歌も収められている。
> ㋑ 『新古今和歌集』は、平安時代に醍醐天皇の命令で、紀貫之らによってまとめられた。

① ㋐ 正 ㋑ 正　　② ㋐ 正 ㋑ 誤

③ ㋐ 誤 ㋑ 正　　④ ㋐ 誤 ㋑ 誤

ロ) 日本は、富士山の噴火など自然災害の危険性が高い国です。こうした災害に対して、国や地方公共団体が行っている取り組みについて述べた文のうち、**誤っているもの**を次の①～④から１つ選びなさい。

① 防衛省は、震度６弱以上の地震が発生して大きな揺れが起こる前に、緊急地震速報を出している。

② 地方公共団体は、被害状況を予測し、災害時の避難場所や経路なども示すハザードマップを公表している。

③ 政府は、伊勢湾台風をきっかけに制定された災害対策基本法を通して、計画的な防災を呼びかけている。

④ 政府は、東日本大震災後に復興庁を設置し、地方公共団体の支援を行っている。

問８ 下線８)に関する問題です。弥生時代のくらしについて述べた文のうち、**ふさわしくないもの**を次の①～④から１つ選びなさい。

① 土器が、食料を煮炊きするために使われた。

② 木製の鋤や鍬が、田を耕すために使われた。

③　石包丁が、稲の穂先をつみとるために使われた。

④　青銅製の棺が、くにの有力者のお墓に使われた。

問９　下線９)に関する問題です。浜名湖は、淡水と海水が混ざり合う汽水湖です。日本の湖のうち、汽水湖として**あてはまらないもの**を、次の①～④から１つ選びなさい。

①　サロマ湖　　②　十三湖　　③　芦ノ湖　　④　宍道湖

問10　下線10)に関する問題です。右の写真のお菓子は、つきたての餅にきな粉をまぶし、砂糖をかけたものです。その名前は、徳川家康が命名したという説があります。静岡市内を流れる川に由来して付けられた、このお菓子の名前を「～餅」の形に合うように答えなさい(ひらがなでもかまいません)。

問11　下線11)に関する問題です。静岡市は政令指定都市のひとつです。現在、政令指定都市は全国に20ありますが、1956年の創設時は「五大都市」と呼ばれる都市のみでした。最初に指定された５市に**あてはまらないもの**を、次の①～④から１つ選びなさい。

①　神戸市　　②　京都市　　③　名古屋市　　④　川崎市

問12　下線12)に関する問題です。次の表は、アメリカ、ブラジル、フランスの発電量の内訳(2019年、単位：%)を示しています。(あ)～(う)の国名の組み合わせとして正しいものを、あとの①～④から１つ選びなさい。

	(あ)	(い)	(う)
水力	63.5	7.1	10.8
火力	23.8	64.2	10.9
原子力	2.6	19.2	69.9
その他	10.1	9.5	8.4

矢野恒太記念会『日本国勢図会 2022/23』より作成

①　(あ)　アメリカ　　(い)　ブラジル　　(う)　フランス

②　(あ)　ブラジル　　(い)　アメリカ　　(う)　フランス

③　(あ)　フランス　　(い)　アメリカ　　(う)　ブラジル

④　(あ)　ブラジル　　(い)　フランス　　(う)　アメリカ

問13　下線13)に関する問題です。次の表は、静岡県で多く収穫される果物や野菜について、それぞれ全国３位までの都道府県を示したものです。右の写真の作物にあてはまるものを、①～④から１つ選びなさい。

	①	②	③	④
１位	静岡	和歌山	長野	静岡
２位	愛知	愛媛	静岡	鹿児島
３位	茨城	静岡	東京	三重

農林水産省「作況調査・特用林産物生産統計調査(令和４年)」より作成

中央大学附属横浜中学校（第１回）

—35分—

1　次のＡ～Ｃの文は日本のいずれかの都道府県について述べた文です。Ａ～Ｃの文を読んで、あとの問いに答えなさい。

Ａ　日本最大の工業出荷額をあげる工業地帯があり、①自動車工業を中心とする輸送機械の生産が盛んである。この工業地帯には②大小さまざまな工場があり、③自動車組み立て工場では非常に多種の部品を使うため、数多くの関連工場が集まっている。④南東に位置する半島では花きの栽培（さいばい）がさかんである。また、森林も広がっており、⑤林業もさかんである。

Ｂ　首都圏に位置するため近郊農業がさかんである。臨海地域では⑥石油化学工業などの重化学工業が発達している。⑦北部を流れる川は県境になっており、その下流に位置する⑧漁港は、いわしやさばを中心に日本有数の水あげ量をほこる。

Ｃ　冬の気温は低くなるが、夏にすずしい気候や広大な⑨農地を利用し、畑作などの農業がさかんである。小麦・じゃがいも・てんさいの都道府県別の生産高は１位である。良い漁場にも恵（めぐ）まれているが、冬に［　⑩　］が流れ着き海がとざされるため、漁ができない日がある。

問１　下線部①について、自動車の開発には、環境を大切に守りながらくらしを発展させていく「持続可能な社会」といった考え方が求められています。その考え方にもとづいた自動車の開発として最も適切なものを、次の１～４から１つ選び、番号で答えなさい。

１　目的地まで自動的に運転できる装置を積んだ自動車

２　ガソリンのかわりに電気を使う自動車

３　高速で走行できるエンジンを積んだ自動車

４　事故が起きても頑丈（がんじょう）で安全な自動車

問２　下線部②について、次のグラフは日本の工場の数、働く人の数、生産額のいずれかについて、大工場(働く人が300人以上)と中小工場(働く人が300人未満)の割合を示したものです。ア～ウの組み合わせとして正しいものを、あとの１～６から１つ選び、番号で答えなさい。

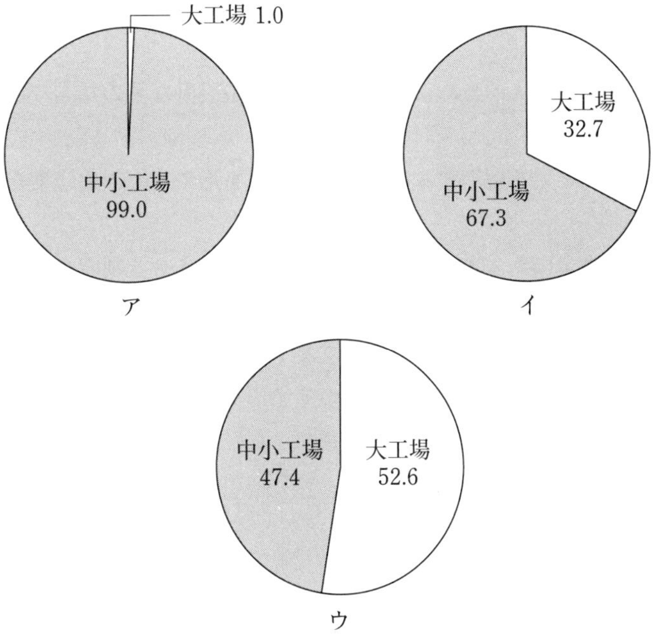

※データは2019年、単位は％(『日本国勢図会2022/23』より作成)

1	ア…工場の数	イ…働く人の数	ウ…生産額
2	ア…工場の数	イ…生産額	ウ…働く人の数
3	ア…生産額	イ…工場の数	ウ…働く人の数
4	ア…生産額	イ…働く人の数	ウ…工場の数
5	ア…働く人の数	イ…生産額	ウ…工場の数
6	ア…働く人の数	イ…工場の数	ウ…生産額

問３　下線部③について、次の１～４は自動車をつくる工程を示したものです。自動車をつくる手順を順に並べて答えなさい。

1　溶接(ようせつ)作業により車体の形を仕上げる。

2　ラインにより組み立て作業をおこなう。

3　車体に塗装(とそう)をする。

4　プレス機を利用して、車体のドアやボンネットをつくる。

問４　下線部④について、菊(きく)は日照時間が短くなると開花するという性質を持っています。その性質を利用したこの地域の菊の一般的な栽培方法について正しいものを、次の１～４から１つ選び、番号で答えなさい。

1　この地域の寒い気候を利用して春に種をまき、開花時期を早めている。

2　丘(おか)の斜面(しゃめん)に菊を植えることで日照時間を長くし、開花時期を早めている。

3　１日の大半を暗室で育て、開花時期を遅(おく)らせている。

4　菊に夜間も人工的な光をあて、開花時期を遅らせている。

問５　下線部⑤について、林業で働く人の数が減っていることが問題となっています。この問題を解決するために、国や都道府県がすすめている取り組みとして正しいものを、次の１～５

からすべて選び、番号で答えなさい。

1　人工林の約半分を占めている広葉樹林を伐採し、生育の早い針葉樹林を植える事業をおこなう。

2　林業に興味ある都市部の人々を森林が多い地域に招き、林業体験や地元の人たちとの交流をしてもらう。

3　林業を始めたい人のために、森林管理や木造設計などの知識や技術を教える学校を増やす。

4　国内の木材不足を解消するため、輸入木材を増やし、木造建築をたくさん建造できるようにする。

5　高齢者で林業にたずさわっている人を早く引退させる制度をつくり、若者が林業に就きやすいようにする。

問6　下線部⑥について、次の１～４は、主なＩＣ工場、製鉄所、石油化学コンビナート、セメント工場のいずれかの分布を示したものです。このうち、ＩＣ工場の分布を示したものとして正しいものを、次の１～４から１つ選び、番号で答えなさい。

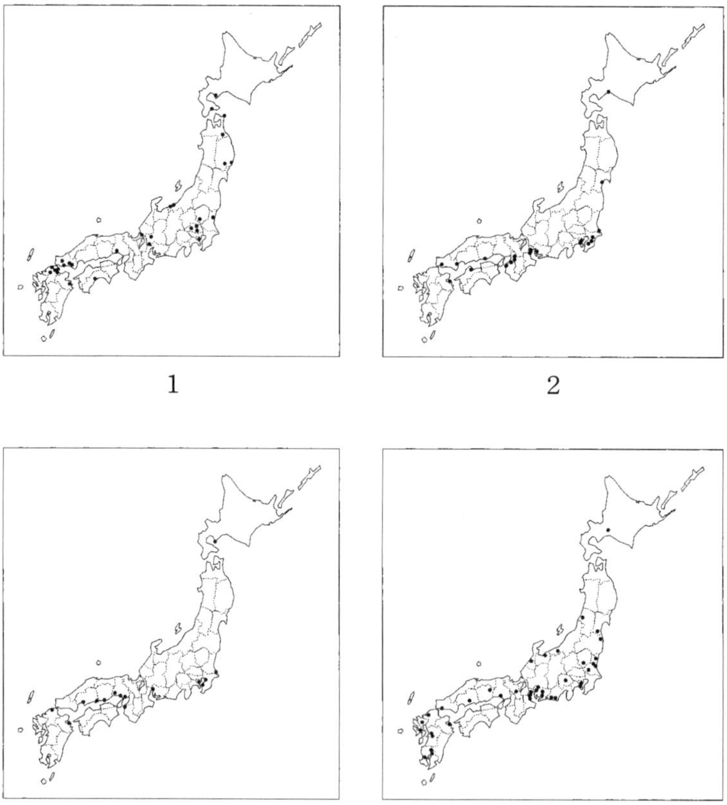

1　2　3　4

（『新詳地理資料COMPLETE2022』より）

問7　下線部⑦について、次の問いに答えなさい。

⑴　下線部⑦の川の名前を漢字で答えなさい。

⑵　下線部⑦の川の水は農業用水・工業用水・発電などに利用され、首都圏の経済活動を支えていますが、これらの利用方法以外で大きな割合を占めているものを答えなさい。

問８　下線部⑧について、漁港に水あげされた魚は市場に運ばれ、魚を買いたい人たちが値段を競い合い、最も高い値段をつけた人に売られます。このような売買方法の名称(めいしょう)を答えなさい。

問９　下線部⑨について、Ｃでは米や小麦などの作物がたくさん生産されていますが、Ｃの農地の約４割は、田や小麦畑といったものではありません。それではＣの農地の約４割は何のために、どのように利用されているのでしょうか。次のグラフを参考にして答えなさい。

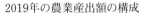

2019年の農業産出額の構成

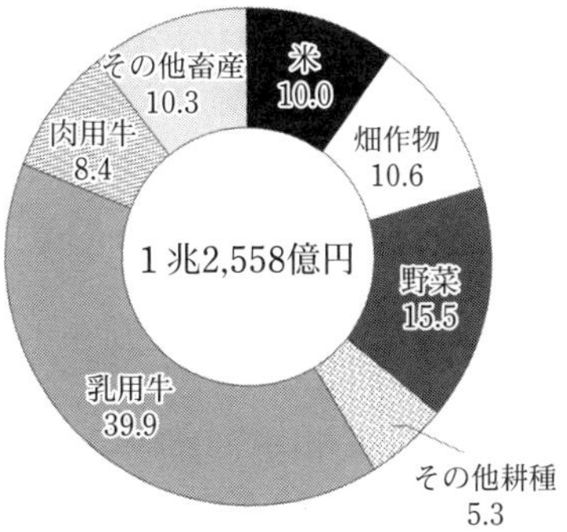

※単位は％（Ｃの都道府県のホームページより作成）

問10　[　⑩　]に入る語句を漢字で答えなさい。

問11　Ａ～Ｃの文で示された都道府県をそれぞれ漢字で答えなさい。

[2]　私たちは日本列島に住み、そこに形成された日本という国で生活しています。そして北海道・本州・四国・九州・南西諸島とその周辺の島々からなる「日本」に関して、これを当たり前のこととして認識しています。しかしこの当たり前の認識は、いつから当たり前になったのでしょうか。このことに関する次の文章を読んで、あとの問いに答えなさい。

Ａ　日本列島に初めて人々が住み始めたのは、①今から数万年前の旧石器時代のことであるといわれています。このことは、群馬県で発見された岩宿遺跡などで、この時代の人々が使用していたと見られる石器が出土していることからも分かります。やがて縄文時代になると、日本列島に住みついた人々は独自の文化を発達させていきました。巨大な建物の跡(あと)や一般的なものよりはるかに大きな竪穴住居の跡が発見されたことで知られる、青森県の[　1　]遺跡などは、特に有名な縄文時代の遺跡です。しかし、この時代の日本列島にはまだ国家などは存在せず、また列島全体で「日本」という一つの領域であるというような意識も、人々の間にはなかったと考えられます。

Ｂ　７世紀半ばから始まる大化の改新をきっかけに、日本列島でも本格的な国家を建設していこうという動きが強まりました。こうしたなかで、中央政府である朝廷は律令を制定し、公地公民制によって全国の人々を把握しようと努め、さらに②人々にさまざまな税や負担を求めたり、③本格的な都を建設したりするなど、国家を運営していくための仕組みを整えました。そして朝廷の支配が及(およ)ぶ範囲(はんい)、すなわち「日本」という国家の領域も、ほぼ本州・四国・九州とその近辺の島々ということが明確になってきました。しかし、九州地方南部や東北地方には朝廷の支配を拒否する勢力なども存在したため、奈良時代から平安時代初期にかけて、彼らを朝廷に従わせるための軍事活動がしばしば行われました。桓武天皇のときには、坂上田村麻呂が[　2　]に任命されて東北地方に派遣(はけん)されています。ちなみにこの[　2　]という官職は、のちに武家政権としての幕府の頂点に立つ者に受け継(つ)がれる官職になっていきます。

C　④鎌倉幕府を開いた源頼朝が若い頃(ころ)、家来が夢のなかで「やがて頼朝は奥州の外が浜*から西国の鬼界が島**までをすべて支配するであろう」という趣旨(しゅし)の神のお告げを受けたという話があります。この夢が本当のことであったかは分かりませんが、ただこの話は当時の人々が「日本」の範囲をどのように考えていたのかが分かるものとして注目されます。その後、室町幕府の３代将軍［　3　］は、明の皇帝から「日本国王」の称号を受けていますが、この段階での「日本」の範囲も、基本的に同様であったと考えられます。一方この頃になると、現在の北海道にあたる蝦夷が島では、本州から移り住む人々が現れるようになり、そうした人々とそれ以前から住んでいた［　4　］の人々とが衝突(しょうとつ)する事件も、起こるようになりました。また南西諸島では、沖縄島を中心に琉球王国が成立し、日本と中国の双方(そうほう)と交流しながら、大いに繁栄(はんえい)しました。現在の那覇市にあった［　5　］城は、琉球国王の居城として有名です。

*津軽半島の辺り　　**九州南方の島々

D　織田信長によって始められた全国統一事業は、その死後は豊臣秀吉によって引き継(つ)がれ、最終的に蝦夷が島南部の松前氏から九州南部の島津氏までの各地の大名を従わせる形で、⑤豊臣政権は全国を統一しました。江戸時代に入ると、島津氏は琉球王国に攻(せ)め込(こ)んで事実上支配下に置き、松前氏も徐々に蝦夷が島で支配を拡大していきました。また江戸幕府は、⑥各地の大名に対して参勤交代を義務づけるなど、強固な全国支配の仕組みをつくりました。さらにいわゆる鎖国政策が進められた結果、長崎への貿易船の来航が認められていた中国・［　6　］、江戸に定期的に使節を派遣していた朝鮮・琉球を除き、外国との交流は持たないこととなり、日本の内と外との間での人々の往来は、厳しく制限されるようになります。

E　明治時代の日本は、戊辰戦争や西南戦争など国内での対立・内戦も経験しながら、徐々(じょじょ)に欧米諸国にならった近代国家となるための改革を進めました。そして中央政府のもとに日本全国をまとめ、政治を行っていく仕組みをつくっていきました。またそうしたなかで、日本と外国との国境を画定(かくてい)し、国家としての日本の主権がおよぶ領域を明確にする必要も生じ、ロシアとの領土に関する条約の締結(ていけつ)や琉球王国の最終的な日本への統合が行われました。⑦この結果、それまで必ずしも明確ではなかった日本の北や南の国境線が明確になりました。しかし、この国境線はその後に日本が経験する対外戦争のなかで、やがて変わっていくことになります。

F　第二次世界大戦の終結後、［　7　］首相のもとで結ばれたサンフランシスコ平和条約によって、日本は近代の対外戦争で獲得(かくとく)した海外植民地・利権などをすべて失いました。この結果、日本の領域は北海道・本州・四国・九州を中心とした、ほぼ明治時代初期における日本の範囲に戻(もど)る形となりました。しかし日本の周辺の国々はこの条約に参加しておらず、またこの条約で日本が放棄した領土に含まれるのかどうか不明確な地域も残されました。そのため戦後の日本では、⑧周辺の国々との間で国交を回復・樹立することや領土問題を解決することが大きな課題となりました。そして領土問題については、今なお未解決のまま残されているものもあります。

問１　文中の［　1　］～［　7　］にあてはまる語句を答えなさい。

問２　下線部①について、旧石器時代の日本列島や人々の状況(じょうきょう)に関して述べた文として誤(あやま)っているものを、次の１～４から１つ選び、番号で答えなさい。

1　この頃に日本列島に住み始めた人々の子孫はそのまま日本列島に定着し、彼(かれ)らはやがて縄文人となっていった。

2　この頃の気候は現在よりも寒冷であったことから、海水面が下がって日本列島がアジア大陸と陸続きであった時期もある。

3　この頃の日本列島における人々の生活の痕跡(こんせき)を示す重要な遺跡として、列島各地に多数の貝塚が存在している。

4　この頃はナウマンゾウやマンモスなど大型動物が生息しており、人々は獲物(えもの)となるこうした動物を追って日本列島にやってきた。

問3　下線部②について、当時の朝廷が人々に求めた税や負担に関して述べた文として正しいものを、次の1～4から1つ選び、番号で答えなさい。

1　主に成人男性に対して、それぞれの地方で土木工事や雑用などに従事することが求められ、これを雑徭といった。

2　男性のみに与えられる口分田は、戸籍に基づいて割り当てられ、そこで収穫(しゅうかく)した稲は租として納めることが求められた。

3　兵士となった人々のなかには、都を警備する防人や九州を警備する衛士として、故郷から離(はな)れた場所に送られる者もいた。

4　都で働く代わりに麻布を納める調や各地の特産物を納める庸は、人々が自ら都まで運ばなければならず、重い負担であった。

問4　下線部③について、ここでいう本格的な都とは、藤原京や平城京のような都のことです。これらは、なぜそれまでの都とは異なる本格的な都といわれるのでしょうか。これらの都が建設された際に念頭に置かれた中国の都市や、これらの都の構造といった観点から、説明しなさい。

問5　下線部④について、鎌倉幕府に関して述べた文として誤っているものを、次の1～4から1つ選び、番号で答えなさい。

1　御家人同士で土地をめぐる争いが起こり、どちらかが幕府に訴(うった)えると、幕府が裁判を行って問題の解決を図った。

2　国ごとに治安維持(いじ)などを行う地頭や、荘園などの土地ごとに現地を管理する守護が置かれ、いずれも御家人が任命された。

3　承久の乱が幕府側の勝利で終わったのち、朝廷の監視(かんし)や西日本の御家人の統率のために、六波羅探題が設置された。

4　源頼朝の死後に幕府の実権を握(にぎ)った北条氏は、執権という地位に就任して、代々受け継いでいくようになった。

問6　下線部⑤について、豊臣政権や豊臣秀吉に関して述べた文として誤っているものを、次の1～4から1つ選び、番号で答えなさい。

1　太閤検地や刀狩を行ったことは、争いが絶えなかったそれまでの社会の状況を大きく変えるきっかけとなった。

2　朝廷から関白や太政大臣に任命されることで、朝廷の権威(けんい)も利用しながら全国の大名を従わせていった。

3　本能寺の変後、いち早く明智光秀を討ったことで、織田信長の事実上の後継(こうけい)者となるきっかけをつかんだ。

4　明を征服(せいふく)しようとして文永・弘安の役を引き起こし、多くの大名を動員して大軍で朝鮮半島に攻め込んだ。

問7　下線部⑥について、参勤交代が義務づけられると、大名本人と大名の妻子は、それぞれどのような生活を強いられることになったのでしょうか。説明しなさい。

問8 下線部⑦について、このことに関連するものとして、『蛍の光』という歌があります。この『蛍の光』は、元々は『オールド・ラング・サイン』というスコットランド民謡(みんよう)の曲に日本語の歌詞をつけたものであり、学校の音楽の授業などで扱うべき唱歌として、1882(明治15)年に発行された『小学唱歌集』初編に収録されました。現在でも1番と2番の歌詞が卒業式で歌われたり、店舗(てんぽ)の閉店時間に曲が流されたりすることで、よく知られています。しかし3番と4番の歌詞は、現在ではまず歌われることはありません。また4番については、のちに2回ほど歌詞の変更(へんこう)が行われています。

唱歌『蛍の光』(作詞：稲垣千頴、原曲：スコットランド民謡)

1．蛍(ほたる)の光(ひかり) 窓(まど)の雪(ゆき)　書(ふみ)読(よ)む月日(つきひ)重(かさ)ねつつ
　いつしか年(とし)もすぎの戸(と)を　あけてぞ今朝(けさ)は別(わか)れ行(ゆ)く

2．止(と)まるも行(ゆ)くも限(かぎ)りとて　互(かたみ)に思(おも)う千万(ちよろず)の
　心(こころ)のはしを一言(ひとこと)に　幸(さき)くとばかり歌(うた)うなり

3．筑紫(つくし)の極(きわ)み陸(みち)の奥(おく)　海山(うみやま)遠(とお)く隔(へだ)つとも
　その真心(まごころ)は隔(へだ)てなく　一(ひと)つに尽(つ)くせ国(くに)のため

4．千島(ちしま)の奥(おく)も沖縄(おきなわ)も　八洲(やしま)の内(うち)のまもりなり
　至(いた)らん国(くに)に勲(いさお)しく　つとめよ我(わ)が背(せ)つつが差なく

(3番および4番の歌詞のおおよその意味)

3．筑紫*や陸の奥**は　海や山で遠く隔てられていても人々の真心は変わりないので
　あり　心を一つに国のために尽くしてください

4．千島列島の奥も沖縄も　八洲***の領域内になる場所である
　派遣される地で勇気を持って　我が親しい人よ無事に任務についてください

　*九州地方　**東北地方　***日本の国のこと

※ 漢字表記・仮名遣(づか)いなどは分かりやすく改めている(以下も同様)。

歌詞変更A

4．千島(ちしま)の果(は)ても台湾(たいわん)も　八洲(やしま)の内(うち)のまもりなり
　至(いた)らん国(くに)に勲(いさお)しく　つとめよ我(わ)が背(せ)つつが差なく

歌詞変更B

4．台湾(たいわん)の果(は)ても樺太(からふと)も　八洲(やしま)の内(うち)のまもりなり
　至(いた)らん国(くに)に勲(いさお)しく　つとめよ我(わ)が背(せ)つつが差なく

(1) 歌詞変更Aおよび歌詞変更Bのきっかけとなった出来事は何でしょうか。その組み合わせとして適当なものを、次の1～6から1つ選び、番号で答えなさい。

	歌詞変更A	歌詞変更B
1	日露戦争	日清戦争
2	日露戦争	日中戦争
3	日清戦争	日露戦争
4	日清戦争	日中戦争
5	日中戦争	日露戦争
6	日中戦争	日清戦争

(2) 『蛍の光』の３番・４番の歌詞を唱歌として採用することによって、当時の政府は国民に対してどのような意識を持たせようとしていたと考えられますか。歌詞の内容・変遷(へんせん)を踏(ふ)まえ、Eの本文も参考にして、説明しなさい。

問９　下線部⑧について、第二次世界大戦後における日本と周辺の国々との関係や領土問題に関して述べた文として誤っているものを、次の１～４から１つ選び、番号で答えなさい。

１　戦後になってから韓国に占領された竹島は、日韓基本条約によって韓国との国交が樹立されると、多額の経済援助(えんじょ)と引き換(か)えに日本に返還(へんかん)された。

２　大戦末期にアメリカに占領された沖縄は、戦後も長くアメリカによる統治の下に置かれたが、のちに沖縄返還協定によって日本に返還された。

３　大戦末期にソビエト連邦に占領された北方領土は、日ソ共同宣言によってソビエト連邦との国交が回復したのちも、返還されることなく現在に至っている。

４　日中共同声明によって中国との国交は回復し、のちに日中平和友好条約も結ばれたが、中国は尖閣諸島を自らの領土であると主張して現在に至っている。

3　牛久保君のクラスでは、これまでの日本国憲法や政治、国際社会に関する学習のまとめとして、2023年の気になるニュースを班ごとに調べ、検討テーマを決めて後日発表することになりました。次の各班の発表準備メモに関連した各問いに答えなさい。

発表準備メモ

１班：①少子化に関するニュース
　１月、岸田首相が年頭記者会見で「異次元の少子化対策」に取り組むことを発表しました。
(検討テーマ)
・少子化がこのまま進行するとどのような問題が起こるのか？
・同時に進行する高齢化(こうれいか)にともなう問題にはどのようなことがあるのか？

２班：②日本の国際協力に関するニュース
　４月、日本政府は、政府開発援助(えんじょ)の指針を定めた「開発協力大綱(たいこう)」の改定案をまとめました。
(検討テーマ)
・日本の国際協力は、政府開発援助のほかにどのようなものがあるのか？
・日本の国際協力は、諸外国で本当に役に立っているのか？

３班：③一票の格差に関するニュース

１月、一票の格差が最大で2.08倍だった2021年10月の衆議院の④選挙について、最高裁大法廷（ほうてい）で合憲とする判断が出されました。

（検討テーマ）

・一票の格差とはどのようなことか、それがなぜ問題なのか？

・一票の格差を解消するために、どのような方法が考えられるのか？

４班：⑤憲法改正に関するニュース

５月、日本国憲法の施行（しこう）から76年となる憲法記念日に、憲法を改正する必要があるかどうかに関する世論調査が行われました。

（検討テーマ）

・憲法改正は必要なのか？

・憲法改正により日本の⑥平和主義はどのように変化するのか？

５班：地方自治に関するニュース

８月、神奈川県真鶴町の町長が選挙人名簿（めいぼ）を町長選挙で不正利用した問題で、真鶴町選挙管理委員会は、町長の⑦解職請求（せいきゅう）の賛否を問う住民投票を行うと発表しました。

（検討テーマ）

・住民が、地方自治体の長や議会の議員の解職を請求できる根拠（こんきょ）はどこにあるのか？

・地方分権の推進のためにどのような取り組みがなされているのだろうか？

６班：国会に関するニュース

６月、通常国会は150日間の会期を終えて閉会しました。この国会では、性的少数者への理解を促（うなが）し、⑧法の下の平等を実現するための法律が成立しました。

（検討テーマ）

・⑨国会に対して国民はどのような意思表示ができるのか？

・多様性理解を深める取り組みと、その課題にはどのようなものがあるのか？

７班：サミットに関するニュース

５月、広島で⑩Ｇ７サミットが開催（かいさい）されました。世界経済の問題やウクライナ問題、⑪地球環境問題など複合的危機への対応などについて話し合われました。

（検討テーマ）

・世界の地域連携（れんけい）はＧ７サミット以外にどのようなものがあるのか？

・政治のしくみが違（ちが）う国々がどのように協力していくことができるのか？

問１　下線部①に関連して、次に示す表１と表２から読み取れることについて説明したあとのＡとＢの文について、その正誤の組み合わせとして正しいものを、１～４から１つ選び、番号で答えなさい。

表１　合計特殊出生率＊の推移

年	合計特殊出生率
1950	3.65
1960	2.00
1970	2.13
1980	1.75
1990	1.54
2000	1.36
2010	1.39
2020	1.34

＊合計特殊出生率　…　15歳から49歳までの女性の年齢別出生率を合計したもの
※厚生労働省「令和２（2020）年人口動態統計月報年計（概数）の概況」より作成

表２　都道府県別高齢化率＊＊（2021年）

	総人口（千人）	65歳以上人口（千人）	高齢化率（％）
北海道	5,183	1,686	32.5
岩手県	1,196	409	34.2
秋田県	945	360	38.1
東京都	14,010	3,202	22.9
富山県	1,025	337	32.8
愛知県	7,517	1,918	25.5
大阪府	8,806	2,442	27.7
島根県	665	229	34.5
徳島県	712	247	34.7
沖縄県	1,468	339	23.1

＊＊高齢化率　…　総人口に占める65歳以上人口の割合
※内閣府「令和４年版高齢社会白書（全体版）」より作成

A　合計特殊出生率は2020年まで一貫して低下し続け、2020年には過去最低を記録している。

B　三大都市圏以外の都道府県の高齢化率はすべて30％を超えている。

1　A　正　　B　正　　　2　A　正　　B　誤

3　A　誤　　B　正　　　4　A　誤　　B　誤

問２　下線部②に関連して、政府開発援助をはじめとした国際協力について説明した文として正しいものを、次の１～４から１つ選び、番号で答えなさい。

1　ＮＧＯは、必ず各国政府の資金援助を受けて活動しなければならない。

2　ＰＫＯに参加することは平和憲法に違反するので、日本はＰＫＯ活動にはこれまで一度も参加したことがない。

3　ＵＮＩＣＥＦは、主に世界中の子どもたちの命と健康を守るために活動している。

4　ＷＴＯは、すべての人々の健康を増進し保護するため、たがいに他の国々と協力する目的で設立された。

問３　下線部③に関連して、次の文の［　　　］にあてはまる数値として適当なものを、あとの１～５から１つ選び、番号で答えなさい。

Ａ市では、有権者数10,000人から１人の議員が選出され、Ｂ市では、有権者20,000人から５人の議員が選出される場合、Ａ市とＢ市における一票の格差は、［　　　］である。

1　1倍　　2　1.5倍　　3　2倍　　4　2.5倍　　5　3倍

問４　下線部④に関連して、選挙区制について説明した文として正しいものを、次の１～４から１つ選び、番号で答えなさい。

1　小選挙区制は、１つの選挙区から１名だけの候補者が当選するしくみで、最も民意が反映されやすい選挙制度である。

2　小選挙区制は、１つの選挙区から１名だけの候補者が当選するしくみで、死票が最も少ない選挙制度である。

3　大選挙区制とは、１つの選挙区から２名以上の候補者が当選するしくみで、選挙費用は比較的(ひかくてき)安く済む選挙制度である。

4　大選挙区制とは、１つの選挙区から２名以上の候補者が当選するしくみで、少数政党でも当選しやすい選挙制度である。

問５　下線部⑤に関連して、日本国憲法第96条の憲法改正の規定について、あたえられた条件に従って、次の(ア)～(ウ)に当てはまる数の正しい組み合わせを、あとの１～４から１つ選び、番号で答えなさい。

(条件)衆議院465名、参議院248名、国民投票における投票総数9,000万票

この憲法の改正は、衆議院(ア)名および参議院(イ)名以上の賛成で、国会が、これを発議し、国民に提案してその承認を受けなければならない。この承認には、特別の国民投票において、(ウ)票以上の賛成を必要とする。

1　(ア)　155　　(イ)　83　　(ウ)　30,000,001

2　(ア)　233　　(イ)　124　　(ウ)　45,000,000

3　(ア)　310　　(イ)　166　　(ウ)　45,000,001

4　(ア)　349　　(イ)　186　　(ウ)　60,000,000

問６　下線部⑥に関連して、日本国憲法第９条の条文中の(ア)～(エ)に当てはまる語句の正しい組み合わせを、あとの１～４から１つ選び、番号で答えなさい。

第９条 ①　日本国民は、(ア)を基調とする国際平和を誠実に希求し、国権の発動たる戦争と、(イ)は、国際紛争(ふんそう)を解決する手段としては、永久にこれを放棄(ほうき)する。 ②　前項(ぜんこう)の目的を達するため、(ウ)その他の戦力は、これを保持しない。国の(エ)は、これを認めない。

1　(ア)　正義と秩序(ちつじょ)　　(イ)　武力による威嚇(いかく)又(また)は武力の行使
　(ウ)　陸海空軍　　(エ)　交戦権

2　(ア)　正義と公正　　(イ)　武力による攻撃(こうげき)又は武力の保持
　(ウ)　警察予備隊　　(エ)　自衛権

3　(ア)　信義と秩序　　(イ)　戦力による威嚇又は戦力の実行
　(ウ)　自衛隊　　(エ)　自衛権

4　(ア)　信義と公正　　(イ)　戦力による攻撃又は戦力の行使
　(ウ)　陸海空軍　　　(エ)　交戦権

問７　下線部⑦に関連して、住民による地方公共団体の首長や議会の議員の解職請求のことを何といいますか、カタカナ４字で答えなさい。

問８　下線部⑧に関連して、６年生の在籍数30人のクラス(男子10人、女子20人)で、クラス委員２名を選ぶ選挙が行われた場合を考えます。次の１～４の中から投票権において平等な取り扱いといえるものをすべて選び、番号で答えなさい。

1　クラス全員に一人１票の投票権を与えた。
2　クラス全員に一人２票の投票権を与えた。
3　男子児童には一人２票、女子児童には一人１票の投票権を与えた。
4　男子児童には一人１票、女子児童には一人２票の投票権を与えた。

問９　下線部⑨に関連して、国民が国会などの三権に対してできる意思表示について、次の(ア)～(ウ)の正誤の組み合わせとして正しいものを、あとの１～５から１つ選び、番号で答えなさい。

(ア)　国民は、内閣総理大臣の弾劾を請求することができる。
(イ)　国民は、選挙で国会議員を選出することができる。
(ウ)　国民は、最高裁判所の裁判官の国民審査を行うことができる。

1　(ア)　正　(イ)　正　(ウ)　正
2　(ア)　誤　(イ)　正　(ウ)　誤
3　(ア)　誤　(イ)　誤　(ウ)　誤
4　(ア)　誤　(イ)　正　(ウ)　正
5　(ア)　正　(イ)　誤　(ウ)　誤

問10　下線部⑩に関連して、Ｇ７サミットの参加メンバーは７つの国と１つの組織です。これに含(ふく)まれる国や組織の組み合わせとして正しいものを、次の１～４から１つ選び、番号で答えなさい。

1　イギリス、ドイツ、イタリア、ＥＵ
2　中国、インド、韓国、ＡＵ
3　ロシア、ブラジル、フランス、ＮＡＴＯ
4　ドイツ、南アフリカ、韓国、ＡＳＥＡＮ

問11　下線部⑪に関連して、地球環境問題の解決に有効ではないと思われる取り組みを、次の１～４から１つ選び、番号で答えなさい。

1　照明の点灯時間を短くしたり、省エネ照明器具に買い替(か)える。
2　レジ袋(ぶくろ)は使わずにエコバッグを持参する。
3　スーパーなどの買い物で、できるだけ価格の安い外国産のものを選ぶ。
4　ペットボトル飲料ではなく、水筒(すいとう)などを持参する。

筑波大学附属中学校

—理科と合わせて40分—

1　筑波さんは、家族で日本全国の島めぐりをしようとしていますが、現在、訪れることができない島々があることに気づきました。次の資料を見て、後の各問いに答えなさい。

資料

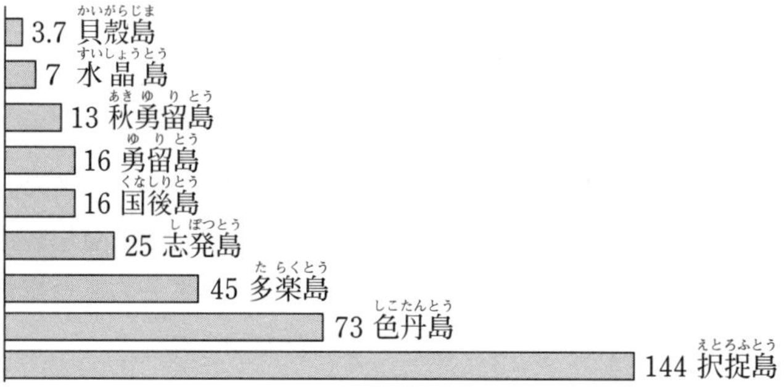

※数字は、本土から島までの距離(km)

(1)　筑波さんは、択捉島、色丹島、国後島の名前は知っていましたが、それ以外の島々の名前はよく知りませんでした。上の資料のうち、択捉島、色丹島、国後島以外の島々をまとめて何と言いますか。**ひらがな8字**で書きなさい。

(2)　竹島と上の資料の島々には共通することがらがありますが、それは尖閣諸島にはあてはまりません。竹島と資料の島々に共通することがらを簡単に説明しなさい。

2　次の図1～3を見て、後の各問いに答えなさい。

図1

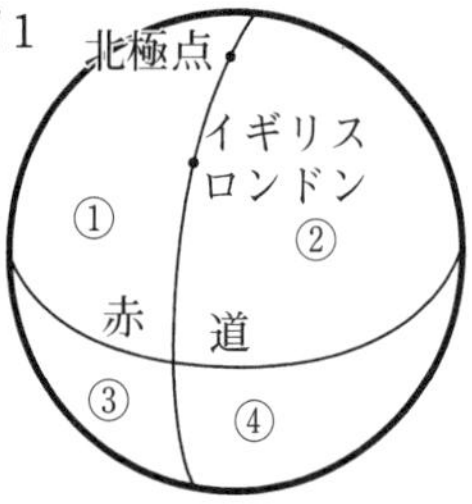

図2

図3

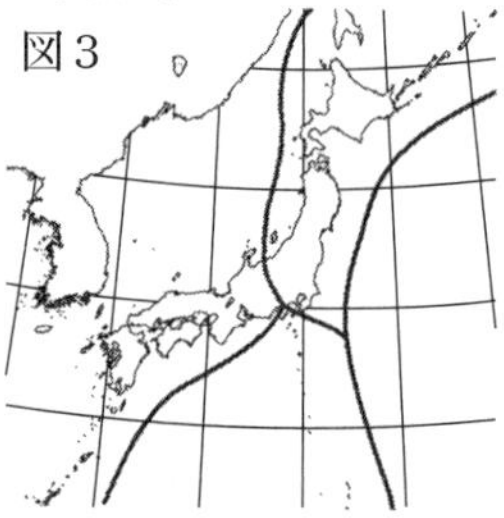

(1)　図1の①～④は、東経・西経、北緯・南緯を組み合わせて地球上を区分した4つの地域を示しています。①～④それぞれの地域に国土が一部でも含まれている国が1つずつある組み合わせを、次のア～エの中から選びなさい。ただし、国名は五十音順に並べています。

ア	アメリカ合衆国	インド	オーストラリア	ブラジル
イ	アメリカ合衆国	イタリア	サウジアラビア	中華人民共和国
ウ	インド	オーストラリア	カナダ	中華人民共和国
エ	イタリア	カナダ	サウジアラビア	ブラジル

(2)　図2と図3について説明した次の各文の波線部ア～コの中から、内容に誤りがあるものを1つ選び、それにあてはまる正しい語句を書きなさい。

・冬にユーラシア大陸から吹いてくる北西の季節風は、ア暖流であるイ対馬(つしま)海流から大量の水蒸気を受け取り、ウ日本海側の各地に雪雲を発生させる。

・秋田県と岩手県の県境となっているエ奥羽(おうう)山脈や、新潟県と群馬県の県境である越後(えちご)山脈は、日本列島を日本海側と太平洋側とに分ける山脈である。

・越後山脈の北西側に降った雨や雪の多くはオ信濃(しなの)川の河口から日本海へ、越後山脈の群馬県側に降った雨や雪はカ荒川(あらかわ)の流れとなり、千葉県とキ茨城県の県境となって太平洋へ流れる。

・日本列島の周辺では、4つのクプレートと呼ばれる岩盤(がんばん)がそれぞれ異なる方向に少しずつ動いている。それらがぶつかり合う境界付近で発生した地震(じしん)によってケ1923年には関東大震災が、2011年にはコ東日本大震災が起きた。

(3)　次の図4は、日本が2021年に輸入した魚かい類のうち、金額が大きい上位3品目の輸入相手国とその構成比を示しています。グラフのA～Cにあてはまる品目の組み合わせを、後のア～エの中から選びなさい。

図4

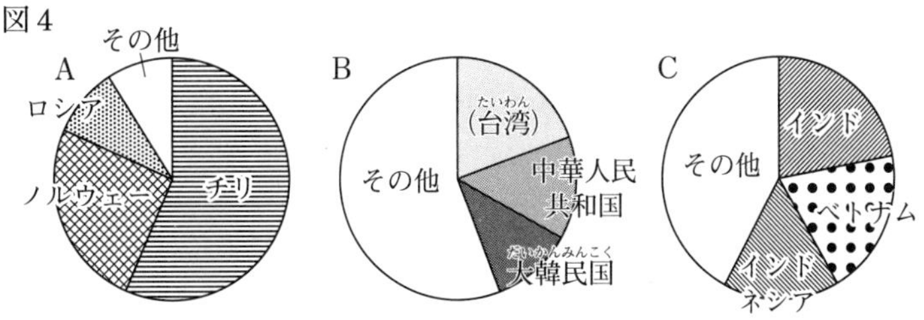

(『日本国勢図会2023/2024年版』より作成)

	A	B	C
ア	ホタテ	タイ	エビ
イ	ホタテ	マグロ	カニ
ウ	サケ・マス	タイ	カニ
エ	サケ・マス	マグロ	エビ

(4)　次の表の中のA～Dは、東京都、千葉県、茨城県、福島県のいずれかの昼夜間人口比率※を示しています。A～Dと各都県との組み合わせとして、最もよくあてはまるものを、後のア～エの中から選びなさい。

表　昼夜間人口比率(2020年)

A	88.3
B	97.6
C	100.1
D	119.2

(総務省「2020年国勢調査」より)

※　昼夜間人口比率は次の式によって求められる。

$$\frac{\text{昼間の人口}}{\text{夜間の人口}}\times 100$$

昼間の人口とは、そこに住んでいる人口(＝夜間の人口)に他の地域から通勤・通学してくる人数を足し、逆に他の地域へ通勤・通学する人数を引いて求める。

	A	B	C	D
ア	東京都	千葉県	茨城県	福島県
イ	千葉県	茨城県	福島県	東京都
ウ	茨城県	千葉県	東京都	福島県
エ	福島県	茨城県	千葉県	東京都

③　筑波さんは、次のような段落構成でレポートを書く準備をしています。このレポートについて、後の各問いに答えなさい。

> ○ある企業の静岡県島田市にある工場では、これまで関西方面へ１日にトラック20台で製品を出荷していた。これを2024年２月から鉄道コンテナ40個に切り替えるという。その理由を調べたら、２つの意味があることがわかった。
>
> ○１つ目は、「2024年問題」の影響がある。2024年に国の働き方改革の一環として、長すぎる労働時間を制限する動きが進む。資料１を見ると、他の輸送機関と比較してトラックは〔 あ 〕。そのため「2024年問題」の影響を大きく受けるのである。
>
> ○２つ目に、環境問題に積極的に取り組む企業が増えていることがある。資料２から分かるように、鉄道はトラックに比べて「環境にやさしい」輸送手段である。鉄道で輸送された商品を示す「エコレールマーク」（右図）がついた商品を選ぶようにするなど、私たち消費者の側も環境への意識や関心が高まっている。
>
> 
>
>
> ○今回、トラックから鉄道に切り替える工場がある静岡県島田市は、東京と大阪とを結ぶ幹線鉄道の沿線に位置している。このため、資料３から分かるように、この工場は鉄道への切り替えが容易だと言える。今後も同様の条件がそろっている他の工場で、輸送手段の転換が進むとよいと考える。

(1)　次の資料１から読み取った内容に基づいて、〔 あ 〕にあてはまる語句を考えて書きなさい。

資料１　10000トンの貨物を輸送するのに必要なトラック、列車、船の数

⇒ 10トントラック　1000 台

⇒ コンテナ貨物列車　7.7本

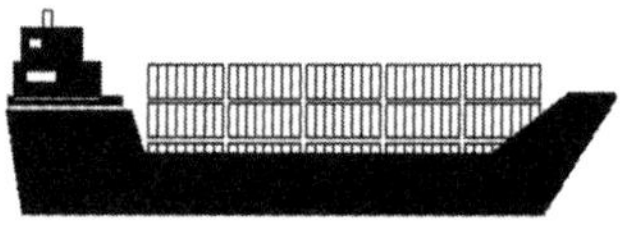
⇒ コンテナ船　0.1～１隻

※船の大きさによる

⑵　筑波さんは、レポート中の 資料２ ・ 資料３ に、次のＡ～Ｄのいずれかの資料を用いようと考えています。レポートの内容に最もふさわしい資料の組み合わせを、後のア～エの中から選びなさい。

Ａ　１トンの荷物を１㎞輸送する際に排出される二酸化炭素の量

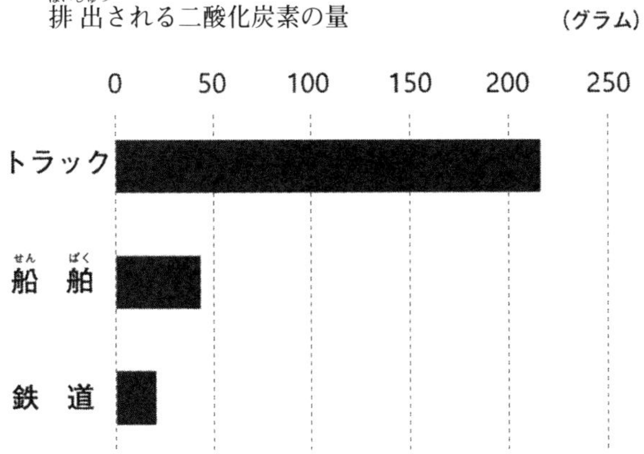

(国土交通省資料による)

Ｂ　国内貨物の輸送トン数の推移

(百万トン)

	鉄道	自動車	船舶	航空
1965年	252	2193	180	0.03
1970年	256	4626	377	0.12
1975年	181	4393	452	0.19
1980年	163	5318	500	0.33
1985年	96	5048	452	0.54
1990年	86	6114	575	0.87
1995年	76	6017	549	0.96
2000年	60	5774	537	1.10
2005年	53	4966	426	1.08
2010年	44	4659	367	1.01
2015年	43	4418	365	1.05
2017年	45	4509	360	1.00

(『数字でみる日本の100年』より)

Ｃ　おもな都市間の１日あたりコンテナ貨物列車運転本数

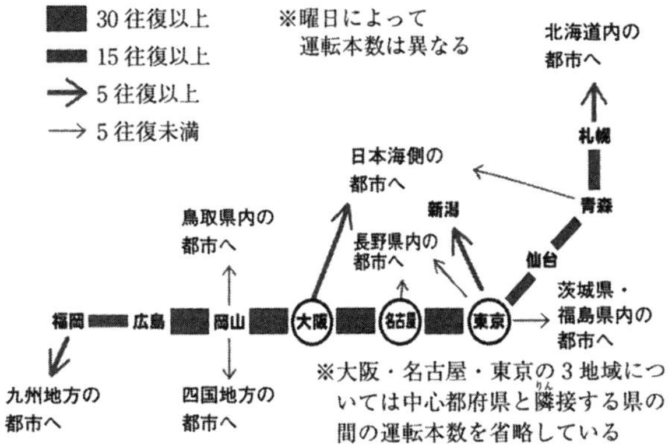

※大阪・名古屋・東京の３地域については中心都府県と隣接する県の間の運転本数を省略している

(鉄道貨物協会資料を元に作成)

Ｄ　国内貨物輸送の輸送機関別割合(2021年)

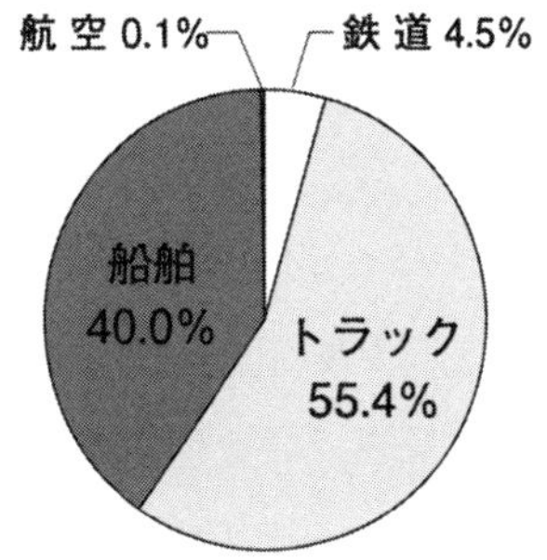

(『日本国勢図会2023/24年版』より作成)

	資料２	資料３
ア	Ａ	Ｃ
イ	Ａ	Ｄ
ウ	Ｂ	Ｃ
エ	Ｂ	Ｄ

4　筑波さんは次に示した武士の政権について調べたり考えたりしています。後の各問いに答えなさい。

Ａ　源頼朝が開いた武士の政権
Ｂ　足利尊氏が開いた武士の政権
Ｃ　徳川家康が開いた武士の政権

⑴　上の３つの武士の政権を、長く続いた順に並び替えて、Ａ～Ｃの記号で書きなさい。

(2)　筑波さんが調べていくと、Aの前にも武士の政権があったことがわかりました。その政権を代表する人物名を**漢字３字**で書きなさい。

(3)　A、B、Cの政権とその時代の特徴（とくちょう）について班で意見を出したところ、次のような意見が出てきました。後の①、②の問いに答えなさい。

意見

[あ]　政治の中心が関東に移動した。

[い]　天皇と血縁（けつえん）関係を持ち、摂政（せっしょう）や関白として実権を握（にぎ）った。

[う]　みずから政治の実権を返上した。

[え]　外国人が新しい宗教を広めた。

[お]　天皇から征夷大将軍（せいいたいしょうぐん）に任命された。

[か]　女性がかな文字を使いはじめ、文学作品が生まれた。

[き]　将軍が15代まで続いた。

[く]　６つの新しい仏教の宗派が日本で開かれた。

[け]　この武家政権の後、天皇中心の政治体制となった。

[こ]　大仏や東大寺、また各地に国分寺などが作られた。

[さ]　中国から攻（せ）められた。

[し]　借金を帳消しにするきまりが出された。

[す]　天皇家が２つに分かれて争っていた。

①　[あ]～[す]の意見を、筑波さんは次のａ～ｄに分類しようとしています。

a	３つの武家政権すべてにあてはまるもの
b	２つあてはまるもの
c	１つあてはまるもの
d	１つもあてはまらないもの

次のア～ケの中に、正しく分類しているものが**２つ**あります。それらの記号を選び、アイウエオ順で書きなさい。

ア　[あ]　→　c　　イ　[う]　→　b　　ウ　[お]　→　a　　エ　[か]　→　c

オ　[き]　→　d　　カ　[く]　→　b　　キ　[け]　→　b　　ク　[さ]　→　a

ケ　[し]　→　d

②　班では[あ]～[す]の意見以外に、「３代将軍がポイントだった」という意見が出ました。筑波さんはその意見があいまいだと感じたので、ｂに分類しようとして「外国とのかかわりを考えた政策を行った」という文をつけ加えました。このとき、Cの政権が外国とのかかわりを考えて行った政策の**内容**を具体的に書きなさい。また、３代将軍の**名前**を**漢字２字**で書きなさい。

5　筑波さんは、日本橋の歴史を調べています。次の写真や絵を見て、後の各問いに答えなさい。

現在の日本橋

＊日本橋の上を通っているのは首都高速道路

ア

イ

ウ

エ

(1)　前の日本橋を示したア～エを、時代の古い順に並べ替えたとき、**2番目**と**3番目**にくるものをそれぞれ記号で書きなさい。

(2)　次のイラストは、未来の日本橋のイメージを示したものです。現在の交通の利便性を維持しながらこのような状態にするためには、どのような工事を行う必要がありますか。後の資料を参考にして、具体的に説明しなさい。

資料

6　社会科の授業において、基本的人権などに関することばが書かれたカードを用いて学習をしました。次の10枚のカードを見て、後の各問いに答えなさい。

健康　教育(学問)　労働(勤労)　選挙　税金
裁判　言論　育児　介護　信教

(1)　次の資料1は、A班がまとめたノートの一部です。(①)にあてはまる省の名前を、後の図1の中から選んで書きなさい。

資料1

私たちは、健康・育児・介護の3枚のカードに共通点を見つけました。それは、次の図の中の(①)省が主にこれらに関わる仕事をしているということです。国民の「健康で文化的な最低限度の生活」を保障するために、(①)省は、病気の予防や薬の安全確認などさまざまな施策を進めています。

図1

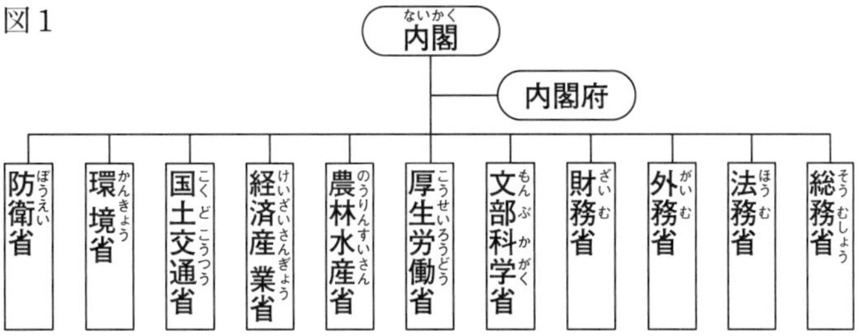

(2)　B班は、次の図2を使って、カードを整理していきました。「教育(学問)」、「労働(勤労)」、「言論」、「信教」は、日本国憲法で自由が認められているという共通点があります。「教育(学問)」、「労働(勤労)」、「税金」に共通する、図2の(②)にあてはまることばを**漢字2字**で書きなさい。

図2

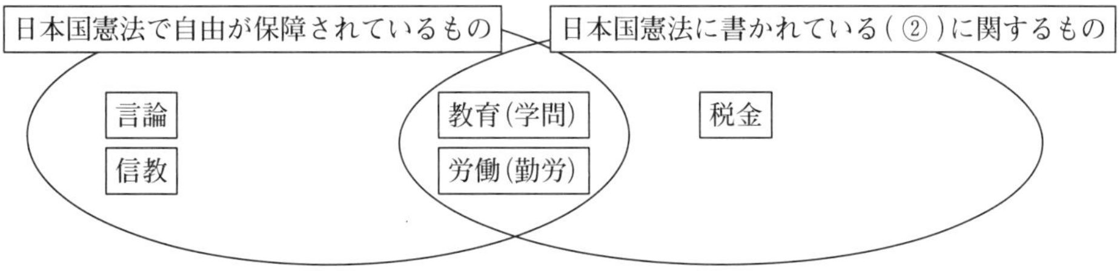

(3)　C班は、「税金によって運営されているもの」というテーマで、次の図3を作成して、カードを整理したうえで、資料2のような感想をノートにまとめました。資料2の(③)にあてはまることばを**漢字2字**で書きなさい。

図3

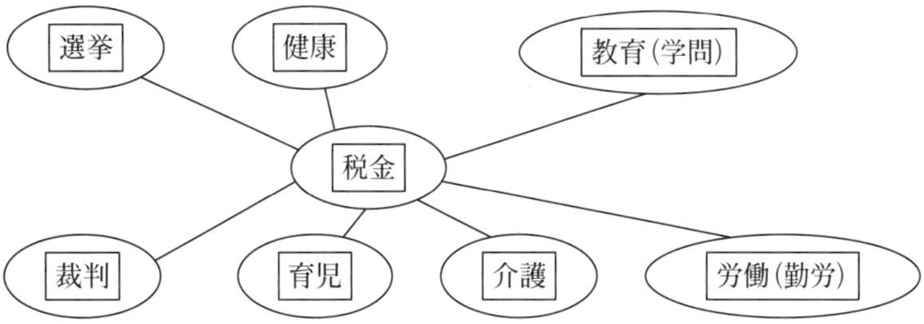

資料２

この図からわかるように、税金はわたしたちの暮らしの様々なところで使われています。税金の使いみちは、（ ③ ）で決められます。だからカードにもある 選挙 権を行使していくことはとても重要です。

⑷　後日、先生は「自由民権運動」の学習の時間に、「以前に使用した10枚のカードのうち、１枚だけを使って、資料３の着物の人物が警察官に対して言っているセリフを考えてみましょう」と指示をしました。カードのことばを使って、このシーンにふさわしいセリフを自分なりに考えて、書きなさい。

資料３

帝京大学中学校(第１回)

—30分—

1　以下の音楽と歴史についての文章をよく読んで、各問いに答えなさい。

2024年は、ベートーベンの交響曲(こうきょうきょく)第９番が初演されてからちょうど200年です。「第九」と呼ばれて親しまれているこの曲は、最後の第４楽章で合唱団が演奏に参加するなど、非常に壮大(そうだい)な曲です。Aドイツの詩人のシラーが書いた『歓喜(かんき)の歌』が歌詞として使われています。日本では、年末での演奏が定番となっており、耳にしたことがある人も多いことでしょう。B1824年の初演のときには、ベートーベンは難聴(なんちょう)が悪化しており、ほとんど耳が聞こえないながらも、周りの人々(ひとびと)に支えられて指揮をつとめ、大きな拍手(はくしゅ)につつまれて演奏会を終えました。

日本で「第九」がはじめて演奏されたのは、C1918年のことです。1914年にD第一次世界大戦がはじまると、日本も連合国側に立って参戦し、ドイツ軍と戦いました。捕虜(ほりょ)となったドイツ人の収容所の一つに、徳島県の「板東俘虜(ばんどうふりょ)収容所」がありました。ここではドイツ人たちが人道的に扱(あつか)われ、またドイツ人たちも建築やE農業、ケーキ、パン、ハムなどの製造の技術を日本人に伝えました。そのような中で、捕虜たちによる楽団が結成され、アジアで初演となる「第九」が演奏されました。本来の楽器がそろわないなどの条件はありましたが、全曲を演奏したと言われています。

その後、第二次世界大戦後には、Fアメリカ合衆国を中心とする資本主義諸国と、ソ連を中心とする社会主義諸国が対立する冷戦がおこりました。この対立は、G原爆や水爆の使用などをおそれて、世界大戦には発展しませんでしたが、朝鮮戦争やベトナム戦争などの悲惨(ひさん)な戦争を生みました。日本は、(　1　)平和条約で独立を回復しましたが、一方で(　2　)条約を結んでアメリカ軍が日本にとどまることを認めるなど、資本主義陣営(じんえい)に組み込(こ)まれることとなりました。

H1989年には、現在のドイツの首都にあり、冷戦の象徴(しょうちょう)とされていた(　3　)の壁(かべ)が崩壊(ほうかい)するという事件が起こりました。この事件を記念して、アメリカの指揮者バーンスタインは、東西ドイツとアメリカ・イギリス・フランス・ソ連の６か国の音楽家を集めて、ベートーベンの「第九」を演奏しました。この時、バーンスタインは「歓喜」を「I自由」という歌詞に替(か)えて演奏したことが知られています。バーンスタインは(　3　)の壁の崩壊という歴史的な事件において、人間の「自由」の喜びを表現するため、このような変更(へんこう)をしたと言われています。ベートーベン自筆の「第九」の楽譜(がくふ)は、2001年にユネスコが指定した「世界の記憶(きおく)」に登録されることとなりました。

問１　文章中の下線部Aについて、ドイツの説明として正しいものをア〜エから１つ選び、その記号を答えなさい。

ア　地中海に面し、ワインやオリーブ、オレンジなどの生産で有名である。

イ　国土の25％をポルダーという干拓(かんたく)地がしめており、干拓に使われた風車が現在も残る。

ウ　小麦・ぶどうなどの生産が有名で、アルプス山脈の最高峰(さいこうほう)のモンブランがある。

エ　自動車・化学・電子産業が発達し、ルール工業地帯は石炭の産地として知られる。

問２ 文章中の下線部Ｂについて、この年から一番近い年に起こった出来事をア～エから１つ選び、その記号を答えなさい。

ア 享保の改革　　イ 日清戦争

ウ 大塩平八郎の乱　　エ 大日本帝国憲法の発布

問３ 文章中の下線部Ｃについて、この年より後に起こった以下のア～エの出来事を、時代の古い順に記号で答えなさい。

ア 満州事変　　イ 普通選挙法の制定

ウ 二・二六事件　　エ 第二次世界大戦の開始

問４ 文章中の下線部Ｄについて、この戦争が始まるきっかけとなった事件が起きた都市の名称をカタカナで答えなさい。

問５ 文章中の下線部Ｅに関連して、ぶどうの生産量が日本国内で第１位の県の説明として正しいものをア～エから１つ選び、その記号を答えなさい。

ア 白神山地があり、りんごの生産量が多いことでも知られる。

イ 県名と県庁所在地名が同じで、北陸地方に位置する。

ウ 長良川が流れており、世界遺産の白川郷も有名である。

エ 海に面していない内陸県で、戦国時代には武田氏が活躍したことでも知られる。

問６ 文章中の下線部Ｆに関連して、国際連合はこの国に本部がおかれています。国際連合の安全保障理事会の説明として正しいものをア～エから１つ選び、その記号を答えなさい。

ア 投票は１国１票で、議決は出席投票国の過半数の賛成で成立する。

イ 常任理事国は10か国あり、日本もこれに含まれる。

ウ 解散された場合、40日以内に総選挙が行われる。

エ 常任理事国のうち１か国でも反対すれば、議案は成立しない。

問７ 文章中の下線部Ｇに関連して、原子力の平和利用を進めることを目的に設立された国際機関の名称として正しいものをア～エから１つ選び、その記号を答えなさい。

ア ＩＬＯ　　イ ＷＨＯ　　ウ ＩＡＥＡ　　エ ＯＰＥＣ

問８ 文章中の空欄（ １ ）にあてはまる語句を書きなさい。

問９ 文章中の空欄（ ２ ）にあてはまる語句を漢字６字で書きなさい。

問10 文章中の下線部Ｈについて、この年で昭和の時代が終わりました。昭和時代に起こった以下のア～エの出来事を、時代の古い順に記号で答えなさい。

ア 東海道新幹線の開通　　イ 沖縄の日本復帰

ウ 日本の国際連合加盟　　エ 警察予備隊の創設

問11 文章中の空欄（ ３ ）にあてはまる語句を書きなさい。

問12 文章中の下線部Ｉに関連して、日本国憲法では自由権を含む基本的人権がすべての人に保障されています。しかし、このような基本的人権も制限される場合があります。それはどのようなときですか。以下の語句を用いてわかりやすく説明しなさい。

福祉

② 以下の近畿地方の地図と、そのうちのいずれかの都道府県について説明した文章ア～エをよく読んで、各問いに答えなさい。

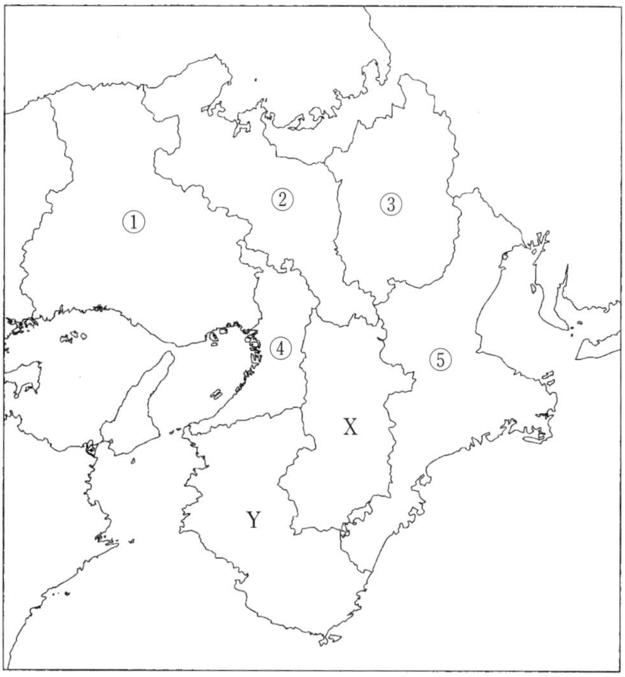

ア　この都道府県は、2025年に国際博覧会（万博）が開催(かいさい)される予定となっている。また、この都道府県を中心に広がる$_{A}$阪神工業地帯では、他の工業地帯や工業地域と比較(ひかく)して中小工場が多いことでも知られている。

イ　この都道府県は、かつての日本の政治や文化の中心となっていた場所であり、そのことから$_{B}$世界遺産に指定される歴史的な建造物が多く存在するのが特徴(とくちょう)である。また、$_{C}$日本三景の一つもこの都道府県にある。

ウ　この都道府県は、日本でもっとも大きな湖が存在していることで知られており、周囲の都道府県で生活する人々(ひとびと)にとっても貴重な水源となっている。また、伝統的工芸品の一つとして$_{D}$有名な焼き物があることでも知られている。

エ　この都道府県は、2016年に主要国首脳会議が開催された場所として知られている。また、養殖業や畜産業がさかんなことに加え、$_{E}$四大公害病と呼ばれるものの一つが発生した場所も、この都道府県である。

問１　地図中の①の都道府県には、日本の標準時子午線として定められた経線が通過する場所があります。その経度の数値を、「東経～度」の形に合わせて算用数字で書きなさい。

問２　地図中の①の都道府県には、本州四国連絡橋(れんらくきょう)のうちの一つが存在します。その橋を利用して四国地方に移動した場合に、最初に到着(とうちゃく)する四国地方の都市名として正しいものをア～エから１つ選び、その記号を答えなさい。

ア　高松市　　イ　今治市　　ウ　坂出市　　エ　鳴門市

問３　地図中の②の都道府県の説明として正しいものを、冒頭の都道府県について説明した文章ア～エから１つ選び、その記号を答えなさい。

問４　都道府県について説明した文章中の下線部Ａについて、以下のグラフは日本にある工業地帯における各工業の出荷額の割合を表しています。阪神工業地帯のグラフとして正しいものをア～エから１つ選び、その記号を答えなさい。

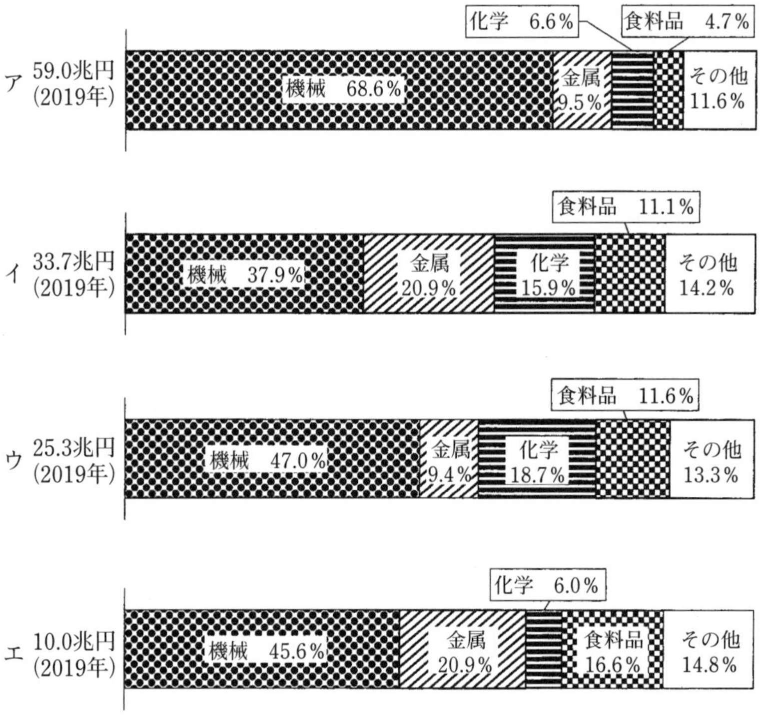

(矢野恒太記念会編『日本国勢図会2022/23』より作成)

問５　都道府県について説明した文章中の下線部Ｂについて、世界遺産の登録を行う国際機関の本部がある国として正しいものを、以下の地図中のア～エから１つ選び、その記号を答えなさい。

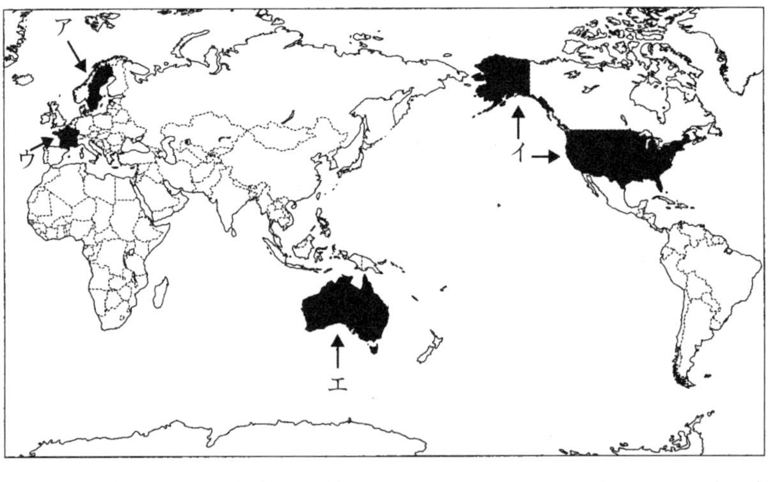

問６　都道府県について説明した文章中の下線部Ｃについて、ここで示された日本三景の一つの名称(めいしょう)を漢字で書きなさい。

問７　都道府県について説明した文章中の下線部Ｄについて、ここで示された工芸品の名称として正しいものをア～エから１つ選び、その記号を答えなさい。

ア　信楽焼　　イ　清水焼　　ウ　有田焼　　エ　備前焼

問8　都道府県について説明した文章中の下線部Eについて、四大公害病の説明文Ⅰ～Ⅲとその名称(めいしょう)の組み合わせとして正しいものをア～カから1つ選び、その記号を答えなさい。

説明文

Ⅰ　金属精錬(せいれん)工場から流出したカドミウムによって発生した。

Ⅱ　石油化学工場から流出した亜硫酸ガスによって発生した。

Ⅲ　化学工場から流出した有機水銀によって発生した。

ア　水俣病－Ⅰ　　イタイイタイ病－Ⅱ　　四日市ぜんそく－Ⅲ
イ　水俣病－Ⅰ　　イタイイタイ病－Ⅲ　　四日市ぜんそく－Ⅱ
ウ　水俣病－Ⅱ　　イタイイタイ病－Ⅰ　　四日市ぜんそく－Ⅲ
エ　水俣病－Ⅱ　　イタイイタイ病－Ⅲ　　四日市ぜんそく－Ⅰ
オ　水俣病－Ⅲ　　イタイイタイ病－Ⅰ　　四日市ぜんそく－Ⅱ
カ　水俣病－Ⅲ　　イタイイタイ病－Ⅱ　　四日市ぜんそく－Ⅰ

問9　次の表は、近畿地方の都道府県の様々(さまざま)なデータを表しています。近畿地方の地図にみられるX・Yと、以下の表中のa～gの組み合わせとして正しいものをア～シから1つ選び、その記号を答えなさい。

都道府県名	人口(1,000人)	面積(㎢)	人口密度(人/㎢)	重要文化財数(件)
a	2,578	4,612	559.0	2,212
b	1,324	3,691	358.8	1,334
c	1,414	4,017	351.9	832
d	8,838	1,905	4,638.4	683
e	5,465	8,401	650.5	473
f	923	4,725	195.3	396
g	1,770	5,774	306.6	190

※人口、面積、人口密度は矢野恒太記念会編『日本国勢図会2022/23』より作成
※重要文化財数は文化庁HP「国宝・重要文化財都道府県別指定件数一覧」より作成

ア　X－a　Y－e　　イ　X－a　Y－f
ウ　X－a　Y－g　　エ　X－b　Y－e
オ　X－b　Y－f　　カ　X－b　Y－g
キ　X－c　Y－e　　ク　X－c　Y－f
ケ　X－c　Y－g　　コ　X－d　Y－e
サ　X－d　Y－f　　シ　X－d　Y－g

3　以下の地震(じしん)についての文章をよく読んで、各問いに答えなさい。

日本では、地震や火山の噴火・台風など様々(さまざま)な自然災害が発生します。とくに地域や季節を問わず頻繁(ひんぱん)に起こる地震の被害(ひがい)は深刻で、国民一人ひとりが日ごろから高い防災意識をもつ必要があります。昨年、2023年は関東大震災から100年目でした。関東大震災は東京都や神奈川県、埼玉県などで大きな被害を及(およ)ぼし、そのマグニチュードは7.9を観測しました。死者・行方不明者は10万人を超(こ)え、10万棟(とう)を超える家屋が倒壊(とうかい)する大災害となりました。また地震による混乱の中で、根も葉もないうわさが流れたことで、社会主義者や、朝鮮人・中国人が殺害される事件も起きました。この地震は、首相経験者の山本権兵衛が内閣組閣中に起き、対応に追われました。

また同年には、当時摂政であったのちの昭和天皇が狙撃(そげき)される事件が起き、山本権兵衛内閣は総辞職しました。その後は清浦圭吾内閣、A加藤高明内閣を経て昭和時代になりました。

日本で最初の震災の記述は、B『日本書紀』にみられ、416年とされています。被害の詳細(しょうさい)は記されていませんが、続く599年の推古天皇の時代で起きた地震には、地震が起きたこととそれに対する祭祀(さいし)を行ったことが記されました。推古天皇といえば、初の遣隋使派遣を行い、C蘇我馬子や甥(おい)の聖徳太子とともに仏教を中心とした国家組織の形成を進めたことでも有名です。『日本書紀』には、この後も天武天皇や桓武天皇の時代などで多くの地震が記されています。中世になるとD1185年には、京都府や滋賀県を中心にマグニチュード７程度の地震が起きました。慈円の『愚管抄』や、（　１　）が著した『方丈記』などにもこの地震についての詳細な記述が残っています。（　１　）は『方丈記』のなかで、地震からしばらく時間が経過し、まるで地震のことを口にしなくなってしまった人々(ひとびと)の忘れやすい心を嘆(なげ)いています。E南北朝の動乱期の1361年には、正平地震と呼ばれる大地震が起きています。この地震は大阪府などを中心に発生し、この地震により起きた津波が大阪湾を襲(おそ)い、この時期のことを記した軍記物語の『太平記』には、近畿地方を中心とした広い範囲(はんい)での被害があったという記述が残っています。豊臣秀吉の時代には、伏見地震と呼ばれる大地震が起きました。この地震に腹を立てた豊臣秀吉は、その怒(いか)りを（　X　）の大仏に向け、地震で崩(くず)れた大仏の弱さを非難し、その大仏に矢を射ったという話も残っています。

関東でも地震の記録は多く残されています。F1855年には東京湾北部を震源(しんげん)とした大規模な地震が発生しました。江戸市中の死者は１万人前後とされ、東京都を中心に神奈川県や埼玉県などに被害は及びました。この地震と同じ東京湾北部を震源とした東京都直下の地震に1894年の明治東京地震があります。この地震ではマグニチュード７程度の揺(ゆ)れが観測されていますが、被害は小さかったようです。ちょうどこの年に起きた日清戦争の直前に、当時の外務大臣であった（　２　）がイギリスと日英通商航海条約を結び、領事裁判権の撤廃(てっぱい)を成し遂(と)げました。

このように歴史的に見ても、日本は自然災害、とくに地震が多いことから、自然災害に対して正しい知識と、避難(ひなん)場所などの事前の把握(はあく)・準備を行う必要があります。

問１　文章中の空欄(くうらん)（　１　）・（　２　）にあてはまる人名をそれぞれ漢字で書きなさい。

問２　文章中の空欄（　X　）には、豊臣氏が滅(ほろ)ぶ大阪の陣が起きる原因となった巨鐘(きょしょう)がある寺院名が入ります。その寺院名として正しいものをア～エから１つ選び、その記号を答えなさい。

ア　慈照寺　　イ　方広寺　　ウ　善光寺　　エ　延暦寺

問３　文章中の下線部Aについて、この内閣が定めた社会主義運動を取り締(し)まる法令の名称(めいしょう)を漢字で書きなさい。

問４　文章中の下線部Bについて、この歴史書と同時期に完成した推古天皇までの神話や歴史についてまとめた書物として正しいものをア～エから１つ選び、その記号を答えなさい。

ア　万葉集　　イ　古事記　　ウ　風土記　　エ　徒然草

問５　文章中の下線部Cについて、この人物が建立した日本初の仏教寺院として正しいものをア～エから１つ選び、その記号を答えなさい。

ア　飛鳥寺　　イ　法隆寺　　ウ　四天王寺　　エ　東大寺

問６　文章中の下線部Dについて、この年に、現在の山口県で起き、安徳天皇を立てた平氏一門が滅んだ源平最後の合戦として正しいものをア～エから１つ選び、その記号を答えなさい。

ア　石橋山の戦い　　イ　屋島の戦い　　ウ　一ノ谷の戦い　　エ　壇ノ浦の戦い

問７　文章中の下線部Ｅについて、対立していた南北朝を統一し、明との貿易も開始した人名を漢字で書きなさい。

問８　文章中の下線部Ｆについて、この年より後に起こったア～エの出来事(できごと)を、時代の古い順に記号で答えなさい。

ア　薩英戦争　　イ　桜田門外の変　　ウ　日米修好通商条約の締結(ていけつ)　　エ　戊辰戦争

4　以下の日本の政治のしくみについての文章をよく読んで、各問いに答えなさい。

現在の日本の政治のしくみは、A日本国憲法の下で、国民主権を基本の原理とし、B国会、C内閣、D裁判所が互(たが)いに抑制(よくせい)し合う、厳格(げんかく)な三権分立が示されています。戦前の日本もE大日本帝国憲法に三権分立のしくみが示されていましたが、確固(かっこ)たるものではありませんでした。

しかし、このような決まりにもとづいて現在の民主的な国家が運営されるとしても、何より大切なのは国民による積極的な政治参加です。例えば、F住民による地方公共団体への直接請求権や、2009年から始まったG裁判員制度などは、国民による政治参加の一例と言えるでしょう。こうした取り組みを経(へ)て、H国民一人ひとりが政治への関心を高めていくことが、より良い国づくりへつながるのです。

問１　文章中の下線部Ａについて、以下の①～④は、日本国憲法の改正のために必要な手続きを表したものです。これらの順番が正しく並びかえられているものをア～エから１つ選び、その記号を答えなさい。

①　天皇が国民の名において公布する。

②　衆議院・参議院の総議員３分の２以上の賛成で、憲法改正を発議する。

③　国民投票を実施し、過半数の賛成で国民が憲法改正を承認する。

④　衆議院議員100人以上、参議院議員50人以上の賛成で、憲法改正原案を発議する。

ア　④→②→③→①　　イ　④→②→①→③

ウ　②→④→③→①　　エ　②→④→①→③

問２　文章中の下線部Ｂについて、衆議院と参議院で法案の議決が異なる場合、その後の流れの説明として正しいものをア～エから１つ選び、その記号を答えなさい。

ア　衆議院で可決した法案を参議院で10日以内に可決しない場合、衆議院の議決が国会の議決となる。

イ　衆参両議院で選ばれた10人ずつで公聴会を開き、意見を合わせるためにより深く審議(しんぎ)される。

ウ　衆議院で出席議員の３分の２以上の多数が再可決した場合、法律となる。

エ　衆議院で可決した法案を参議院で会期終了までに可決しない場合、必ず次回の通常国会に審議が持ち越(こ)される。

問３　文章中の下線部Ｃについて、内閣の説明として不適切なものをア～エから１つ選び、その記号を答えなさい。

ア　行政の責任者である内閣総理大臣は、必ず国会議員の中から選ばれる。

イ　閣議での議決は、全会一致でなければならない。

ウ　外国との条約について内容を確認の上で調印し、承認する役割がある。

エ　立法権を持つのは国会であるが、内閣も予算や法案を作成できる。

問４　文章中の下線部Ｄについて、裁判所の説明として正しいものをア～エから１つ選び、その記号を答えなさい。

ア　最高裁判所が制定する規則の内容については、国会の承認が必要である。

イ　最高裁判所裁判官の任命は、国会の同意と承認を経たうえで、内閣が行う。

ウ　裁判官としてふさわしくない言動が認められた裁判官に対し、行政機関は懲戒（ちょうかい）処分を下（くだ）すことができる。

エ　国や地方公共団体により、国民の権利や利益が侵害（しんがい）された場合に行われる行政裁判は、民事裁判の一種である。

問５　文章中の下線部Ｅについて、大日本帝国憲法の説明として不適切なものをア～エから１つ選び、その記号を答えなさい。

ア　この憲法は、君主の権力が強いプロイセンの憲法を参考にしてつくられた。

イ　天皇は日本国の象徴であり、軍隊の指揮権を持っていた。

ウ　国民の意見を反映できるよう、衆議院議員は選挙によって選ばれていた。

エ　国民の権利は、法律によって制限を加えることができるものだった。

問６　文章中の下線部Ｆに関連して、有権者数が30万人のある市町村で、首長の解職請求を行う場合、必要となる最低署名数として正しいものをア～エから１つ選び、その記号を答えなさい。

ア　１万　　イ　５万　　ウ　10万　　エ　20万

問７　文章中の下線部Ｇについて、裁判員が参加する裁判として正しいものをア～エから１つ選び、その記号を答えなさい。

ア　人が住んでいる家に放火をし、住人にけがを負わせた放火事件に関する裁判。

イ　ある殺人事件について、第一審で有罪とされた被告が、冤罪（えんざい）であるとの訴えから控訴した裁判。

ウ　他人の家の壁（かべ）に落書きをし、器物損壊（そんかい）罪が成立した裁判。

エ　衆議院議員選挙で、選挙区によって一票の価値の格差がどれほどか、また、違憲状態ではないかを判断するための裁判。

問８　文章中の下線部Ｈに関連して、近年では政治に関する情報の発信も、インターネットを利用したものが多くなっています。そのため、政治への関心を持っていても、パソコンやインターネットなどの情報技術を使いこなすことができるかどうかで、情報の入手量や質に大きな差が生まれてしまいます。このような格差を表す語句を、カタカナで書きなさい。

桐蔭学園中等教育学校（第１回午前）

—40分—

注意事項　記述問題において、小学校で習わない漢字はひらがなで書いてもかまいません。

（編集部注：実際の入試問題では、写真や図版の一部はカラー印刷で出題されました。）

1　神奈川県の歴史に関する資料Ａ～Ｇについて、あとの問に答えなさい。

資料Ａ

横浜市稲荷山貝塚出土の縄文土器
（神奈川県埋蔵文化財センター 2022『令和４年度かながわの遺跡展 縄文人の環境適応』より引用）

資料Ｂ

相模国分寺の模型
（提供　海老名市教育委員会）

資料Ｃ

伝　源　頼朝坐像
（ColBase（https://colbase.nich.go.jp/collection_items/tnm/C-1526?locale=ja））

資料Ｄ

武陽金沢八景 略図
（神奈川県立金沢文庫所蔵）

資料Ｅ

ペリー公園　上陸記念碑
（横須賀市ホームページ）

資料Ｆ

1904年、完成当時の横浜正金銀行本店
（神奈川県立歴史博物館所蔵）

資料Ｇ

1923年、被災後の横浜正金銀行本店

［1］

資料Ａは、横浜市南区の①縄文時代の稲荷山貝塚から出土した土器の写真です。戦前からこの貝塚の存在は知られていましたが、②戦後の米軍(アメリカ軍)住宅の建築工事のため、貝塚はこわされたと思われていました。ところが、米軍住宅に隣接(りんせつ)する崖(がけ)地がくずれ、整備工事中の2000年に貝塚が発見されて調査がおこなわれたのです。稲荷山貝塚からは縄文土器のほかに、たて穴住居のあとや石器や土偶(どぐう)などが出土(しゅつど)しています。

問１　下線部①の時代について、正しいものを次のア～エの中から１つ選び、記号で答えなさい。

ア　九州北部の支配者の一人が中国に使いを送り、皇帝から金印(きんいん)を与えられた。

イ　インドで生まれた仏教や中国の文字などが渡来人(とらいじん)によって伝えられた。

ウ　周りを堀(ほり)やさくで囲んだ集落が現れるようになった。

エ　地面を浅くほり、数本の柱の上に屋根をかけた住居に住むようになった。

問２　下線部②について、1951年に調印された、アメリカ軍の基地が日本の国内にとどまることを認めた条約を何といいますか。**漢字８字**で答えなさい。

［2］

資料Ｂは奈良時代に現在の神奈川県海老名市に建てられた、③相模国分寺の模型写真です。④8世紀初めに定められた、国を治めるための法律により、このころの農民は国から割り当てられた土地を耕(たがや)し、税として米を地方の役所に納めたり、絹・塩・鉄などの特産物を都に納めたりするなどの重い負担を課(か)せられていました。また、兵士として都や北九州の守りにつく人もいました。横浜市旭区(あさひく)の白根(しらね)公園には、『（　1　）』に収められた武蔵国(むさしのくに)出身の防人(さきもり)のうたの石碑(せきひ)があります。

※武蔵国＝現在の神奈川県・東京都・埼玉(さいたま)県の一部。

問３　下線部③のような国分寺を全国につくるように命令した人物を次のア～エの中から１つ選び、記号で答えなさい。

ア　天智天皇(てんじてんのう)　　イ　聖武(しょうむ)天皇　　ウ　鑑真(がんじん)　　エ　聖徳太子(しょうとくたいし)

問４　下線部④の法律を何といいますか。**漢字２字**で答えなさい。

問５　（　1　）にあてはまる語句として正しいものを次のア～エの中から１つ選び、記号で答えなさい。

ア　古今和歌集(こきんわかしゅう)　　イ　万葉集(まんようしゅう)　　ウ　古事記(こじき)　　エ　日本書紀(にほんしょき)

［3］

資料Ｃは鎌倉(かまくら)市の鶴岡八幡宮(つるがおかはちまんぐう)に伝えられ、現在は東京国立博物館に所蔵されている伝源頼朝座像(源頼朝が座っている姿だと伝えられている木像)の写真です。源頼朝は、有力な御家人を⑤守護や地頭に任命して全国各地に置き、武士による政治の体制を整え、相模国に鎌倉幕府を開きました。この幕府が続いた時代を⑥鎌倉時代といいます。

問６　下線部⑤の説明として正しいものを次のア～エの中から１つ選び、記号で答えなさい。

ア　国ごとに置かれ、軍事・警察(けいさつ)の仕事にあたった。

イ　税の取り立てや犯罪の取りしまりにあたった。

ウ　幕府の財政を管理した。

エ　都の警備(けいび)や朝廷の監視(かんし)をおこなった。

問７　下線部⑥のできごとを述べたア～エの文を古い順にならべたとき、**３番目になるもの**を記号で答えなさい。

ア　元軍(げんぐん)が２度にわたって北九州にせめてきた。

イ　源氏(げんじ)の将軍が３代で絶(た)えたあと、朝廷(ちょうてい)が鎌倉幕府をたおそうとして兵をあげた。

ウ　武士の裁判の基準となる法律である御成敗式目(ごせいばいしきもく)がつくられた。

エ　源頼朝が征夷大将軍(せいいたいしょうぐん)に任命された。

［４］

資料Ｄは（　２　）が描(か)いた「武陽金沢八景略図」です。金沢(横浜市金沢区)の風景の美しさは鎌倉時代から知られていましたが、江戸時代には（　２　）をはじめとする多くの浮世絵師(うきよえし)により名所(めいしょ)絵(え)(景色がよいところなどの風景を描いた絵)の題材となりました。⑦<u>江戸時代は生産力が向上</u>し、生活に余裕が生まれた人々が東海道(とうかいどう)などの街道(かいどう)を通って各地の名所や旧跡(きゅうせき)(歴史的事件や建造物があった場所)を訪れるようになり、このような名所絵も多く描かれたのです。

問８　下線部⑦の理由として**誤っているもの**を次のア～エの中から１つ選び、記号で答えなさい。

ア　備中(びっちゅう)ぐわや千歯(せんば)こきなどの新しい農具が普及(ふきゅう)した。

イ　各地で新田開発がすすめられた。

ウ　干したイワシを肥料に使用した。

エ　稲(いね)をかり取ったあとに麦などをつくる二毛作(にもうさく)が始まった。

問９　（　２　）にあてはまる人物として正しいものを次のア～エの中から１つ選び、記号で答えなさい。

ア　近松門左衛門(ちかまつもんざえもん)　　イ　歌川広重(うたがわひろしげ)　　ウ　松尾芭蕉(まつおばしょう)　　エ　雪舟(せっしゅう)

［５］

資料Ｅは横須賀市(よこすかし)のペリー公園内にある「ペリー上陸記念碑(きねんひ)」の写真です。1853年、アメリカ合衆国の使節ペリーが大統領の開国を求める国書(こくしょ)をもって相模国の浦賀(うらが)(横須賀市)に来航しました。翌年、江戸幕府は（　３　）条約を結びアメリカと国交を開き、200年以上にわたる⑧<u>鎖国(さこく)</u>の状態が終わりました。

この記念碑は1901年に建てられましたが、「北米合衆国水師提督(すいしていとく)上陸紀念碑(きねんひ)」という碑文(ひぶん)は⑨<u>伊藤博文(いとうひろぶみ)</u>の筆によるものです。日本とアメリカが敵対関係となった⑩<u>太平洋戦争</u>中の1945年２月に記念碑は引き倒されましたが、終戦後に復元されました。

問10　（　３　）にあてはまる語句を**漢字４字**で答えなさい。

問11　下線部⑧の状態の間も江戸幕府と長崎で貿易をおこなっていた国を次のア～エの中から**２つ**選び、記号で答えなさい。

ア　オランダ　　イ　朝鮮(ちょうせん)　　ウ　琉球王国(りゅうきゅうおうこく)　　エ　中国(清(しん))

問12　下線部⑨の人物について、**誤っているもの**を次のア～エの中から１つ選び、記号で答えなさい。

ア　岩倉使節団(いわくらしせつだん)の一員としてアメリカやヨーロッパを訪れた。

イ　内閣(ないかく)制度をつくり、初代内閣総理大臣(そうりだいじん)となった。

ウ　皇帝(こうてい)の権限が強いドイツの憲法(けんぽう)を参考にして憲法づくりをすすめた。

エ　アメリカと交渉(こうしょう)をおこない、関税自主権(かんぜいじしゅけん)を回復した。

問13　下線部⑩の戦争中の日本の様子について、**誤っているもの**を次のア～エの中から１つ選び、記号で答えなさい。

ア　アメリカ軍の空襲(くうしゅう)が本格化した1944年には、都市の小学生が親元をはなれ、遠くの農村などに集団で疎開(そかい)した。

イ　大学生は兵器工場などに動員されたが、兵士として戦地には送られなかった。

ウ　戦場となった沖縄(おきなわ)では一般の市民や、現在の中学生・高校生くらいの生徒までが動員された。

エ　1945年８月、アメリカ軍により人類史上初めて製造された２発の原子爆弾(げんしばくだん)が広島と長崎に投下され、あわせて30万人以上の命がうばわれた。

［6］

資料Fは横浜市中区(なかく)にあった横浜正金銀行が1904年に完成した当時の様子、また、資料Gは⑪1923年に相模湾(さがみわん)北西部を震源(しんげん)として発生した大地震の後の様子です。銀行の建物は倒壊(とうかい)しませんでしたが、猛火(もうか)のため地下をのぞき３階までの内部はほとんど焼失しました。翌年、内装(ないそう)と天井(てんじょう)を修理の上、銀行として復活しましたが、1946年にアメリカを中心とする連合国軍により閉鎖(へいさ)されました。現在、この建物は神奈川県立歴史博物館となっています。

問14　下線部⑪の発生後の混乱の中で、誤ったうわさが流され、多くの朝鮮(ちょうせん)の人々がおそわれ殺害される事件がおきました。当時、多くの朝鮮の人が日本に移り住んでいたのはなぜですか。

2　次の問に答えなさい。

問１　2023年８月に、東北地方の原子力発電所から、処理水の海洋放出が始まりました。次の図中ア～エのうち、その原子力発電所の位置を選び、記号で答えなさい。

問２　次の文の空らん（ ① ）、（ ② ）にあてはまる語句を、**漢字またはひらがな**で答えなさい。

2011年３月におきた（ ① ）大震災では、地震直後の（ ② ）により、問１の原子力発電所の電源装置がこわれてしまい、原子炉(ろ)で大きな事故が発生した。

問３　原子力や火力などの発電に加え、現在は再生可能エネルギーの開発が広がっています。次の図は日本国内の主な再生可能エネルギーの発電所(風力・地熱・太陽光)の分布図です。地図中のオ～キのうち、太陽光と地熱に当たるものをそれぞれ選び、記号で答えなさい。

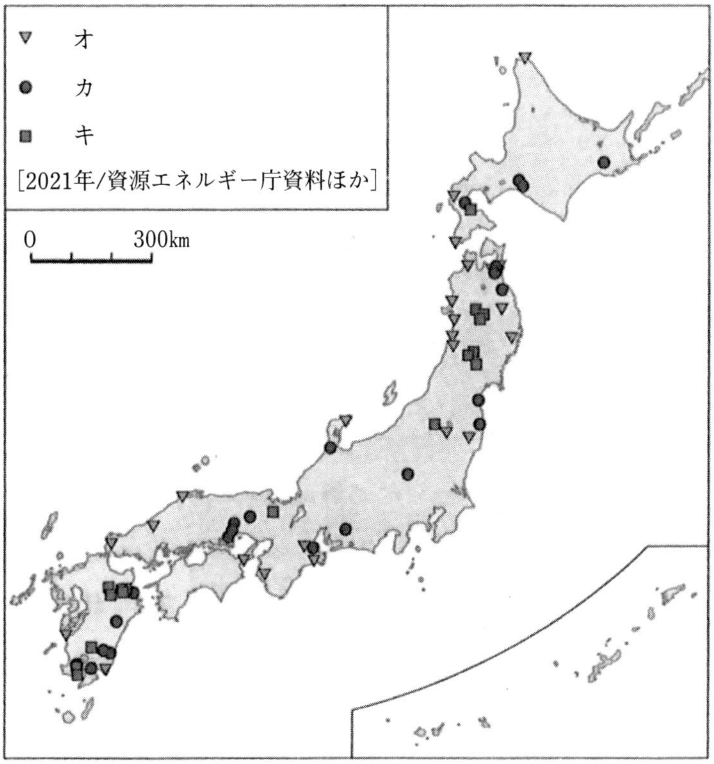

東京書籍『新しい社会　５下(令和2年版)』より

問４　問３で、地熱発電所を選んだ理由を説明しなさい。

問５　次の文の空らん(　①　)～(　④　)にあてはまる地名または用語を、それぞれ**漢字またはひらがな**で答えなさい。

東北地方の太平洋側には良い漁場があり、特に青森県・(　①　)県・宮城県にまたがる(　②　)海岸の沖(おき)では、(　③　)海流と日本海流が交わる潮目があり、良い漁場として知られている。近年は沖合の漁場で取れる魚介(かい)類だけでなく、海岸付近で人工的に魚介類を育てて出荷する(　④　)と呼ばれる漁業も盛んである。

問６　次の統計ク～コは、日本で人工的に育てた魚介類の都道府県別収穫量(しゅうかくりょう)の割合(2021年)である。魚介類はかき類、ほたてがい、わかめ類のいずれかである。ク～コのうち、かき類はどれか、記号で答えなさい。

ク　宮城43％、岩手31％、徳島９％　　ケ　青森48％、(　サ　)46％、宮城４％

コ　広島58％、宮城14％、岡山９％

問７　問６の(　サ　)にあてはまる都道府県名を**漢字**で答えなさい。

問８　次の雨温図シ～セは、問１の図中Ａ～Ｃのいずれかのものである。ＡとＢにあてはまる雨温図をシ～セから選び、記号で答えなさい。

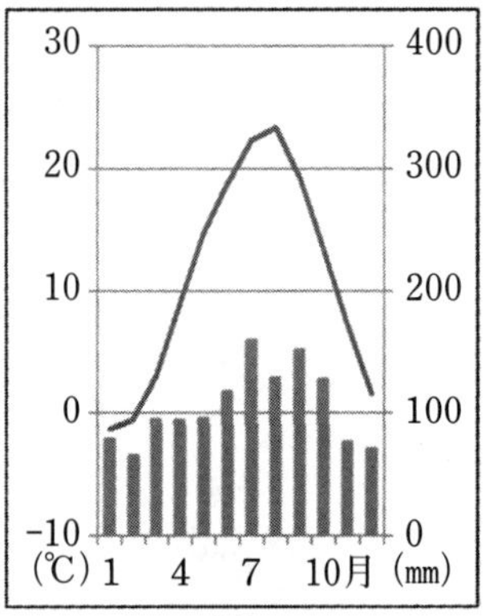

シ

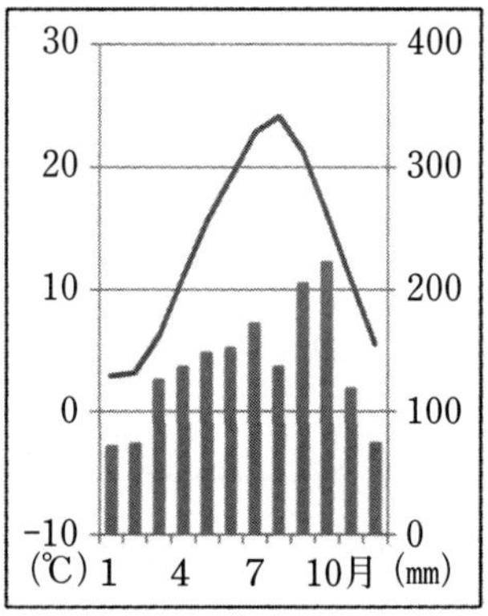

ス

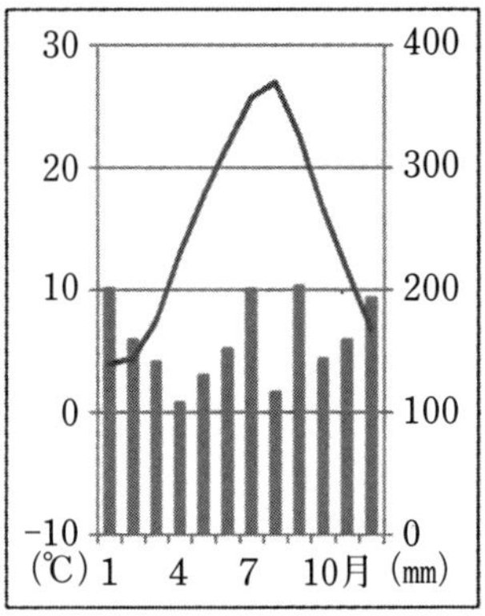

セ

問９　問８でＡの雨温図を選んだ理由を説明しなさい。その時、次の【　　】内の語句をすべて使うこと。

【季節風　　奥羽(おうう)山脈　　雪】

③　女性の生き方に関心のある桐子(きりこ)さんは、矢島楫子(かじ)の生涯を描いた映画を鑑賞(かん)し、その感想をクラスで発表しました。次の桐子(きりこ)さんの感想文を読んで、あとの問に答えなさい。

皆(みな)さんは矢島楫子(かじ)という女性を知っていますか。天保(てんぽう)年間に生まれ、明治、①大正の時代に女子教育や社会事業(じぎょう)に尽(つ)くした人物です。楫子(かじ)は男尊女卑(だんそんじょひ)の風潮(ふうちょう)の強い時代に、九州の熊本県に生まれました。

東京に来てから教員になりましたが、その献身(けんしん)的な仕事ぶりが認められ、②キリスト教教育の学校である女子学院の初代院長となります。そして、女子教育以外にも、(注)婦人矯風(きょうふう)会を設立し、一夫一婦(いっぷいっぷ)制の実現や③婦人参政権の獲得(かくとく)、禁酒運動などに力を尽(つ)くし、④ワシントン平和会議にも出席するなど、多彩(たさい)な活躍をし、93年の生涯(しょうがい)を終えました。

楫子(かじ)は決して完璧(かんぺき)な人間ではなく、様々な弱さも抱えていました。しかし、教育や信仰(しんこう)によって人間はより良く生きることができると信じ、⑤女性の地位の低かった時代に、女子教育に力を入れました。

また、禁酒運動をしたり、平和会議へ参加したのは、お酒や戦争による暴力をなくすことが、女性の幸福につながると考えたからなのではないかと感じました。

楫子の死から間もなく100年になろうとしています。その間に男女平等を唱える⑥日本国憲法も成立しましたが、⑦日本の男性と女性の地位の開きは、世界の中でも相変わらず大きいと聞きます。最近では、男性、女性というわくぐみにとらわれず、全ての人が幸せにくらせる社会作りが議論されています。

楫子の志を受け継ぎ、⑧誰もが平和で幸せに暮らせる世界にするために、将来、私も社会貢献していきたいです。

(注)婦人矯風会…キリスト教精神に基づき女性の人権を守る団体。

問１　下線部①に関して、大正時代について述べた文として最も適当なものを、次のア～エの中から１つ選び記号で答えなさい。

ア　身分制が廃止されてからも、日常生活で差別に苦しんでいた人々は、「全国水平社」をつくり、「みずからの力で差別をなくす」運動をはじめた。

イ　18歳以上のすべての男子が選挙権をもつことができるようになったが、いっぽうで、政治のしくみを変えようとする思想を厳しく取りしまる法律もつくられた。

ウ　板垣退助らによって、大日本帝国憲法に基づく政治や政党中心の政治を実現すべきとする大正デモクラシーの運動が起こった。

エ　津田梅子は、「もともと、女性は太陽であった」と言って、仲間とともに、女性の地位の向上をめざす運動を続けた。

問２　下線部②③⑤に関して述べた、次の⑴⑵⑶の文の（ Ａ ）～（ Ｃ ）に入る最も適当な基本的人権を、あとの図からそれぞれ１つ選んでア～クの記号で答えなさい。

⑴　下線部②について、日本とアメリカが戦争をしていた時、キリスト教の学校は宗教教育を禁止されたことがありましたが、これは日本国憲法の保障する基本的人権のうち、（ Ａ ）に反するおそれがあります。

⑵　下線部③について、参政権とは（ Ｂ ）のことで、1945年までは日本の女性には認められていませんでした。

⑶　下線部⑤について、女性の地位が低かったことは、日本国憲法の保障する基本的人権のうち、（ Ｃ ）に反します。

ア

イ

ウ

エ

オ

カ

キ

ク

『小学社会６年』(日本文教出版)より

問３　下線部④に関して、現代でも様々な国際会議がありますが、次の写真は2023年に日本で開かれた、７つの国の首脳が話し合いをするサミットのものです。この７人の首脳の中には一人だけ女性がいますが、その女性はどこの国の首脳ですか。国名で答えなさい。

「東京新聞web2023年５月19日」より

問４　下線部⑥について述べた文で正しいものを、次のア～エの中から１つ選び記号で答えなさい。

ア　日本国憲法が保障する基本的人権は、おかすことのできない永久の権利として、現在だけでなく将来の国民にも与えられている。

イ　選挙権は、憲法の三つの原則の一つである国民主権の代表的な例であるが、選挙権を持っているのは20歳以上の国民である。

ウ　天皇は日本国の象徴であり、憲法改正の発議や内閣総理大臣の指名など、憲法に定められた国事行為を行う。

エ　日本国憲法の第９条では、自国を守るための戦争は例外的に認めると条文に書かれている。

問５　下線部⑦について、「世界経済フォーラム」が発表した2023年の「ジェンダー・ギャップ指数」(男女格差を数値化したもの。**０が完全不平等、１が完全平等**)に関する次の図や表を見てわかることを述べた文で正しいものを、あとのア～エの中から１つ選び記号で答えなさい。

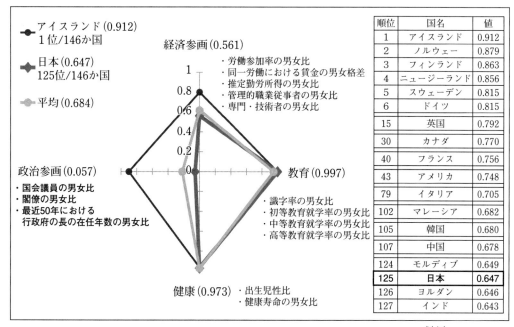

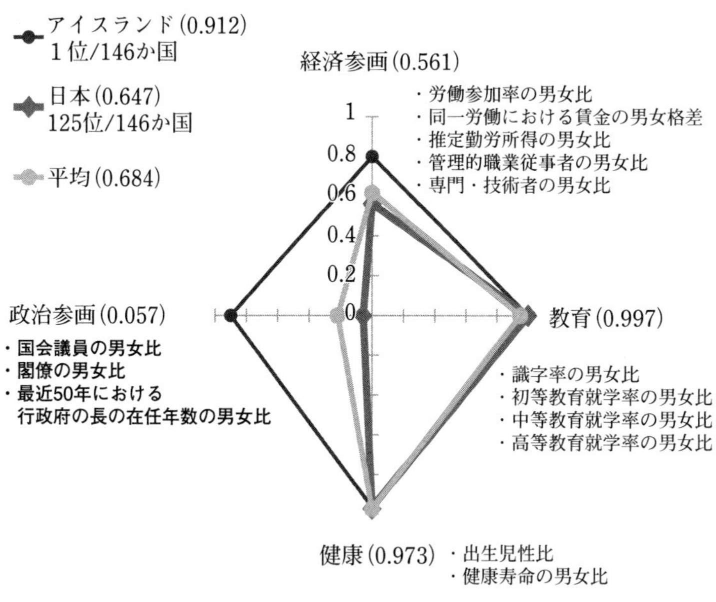

順位	国名	値
1	アイスランド	0.912
2	ノルウェー	0.879
3	フィンランド	0.863
4	ニュージーランド	0.856
5	スウェーデン	0.815
6	ドイツ	0.815
15	英国	0.792
30	カナダ	0.770
40	フランス	0.756
43	アメリカ	0.748
79	イタリア	0.705
102	マレーシア	0.682
105	韓国	0.680
107	中国	0.678
124	モルディブ	0.649
125	**日本**	**0.647**
126	ヨルダン	0.646
127	インド	0.643

内閣府男女共同参画局のHPより

ア　健康については日本の男女平等はほぼ実現されているが、教育については健康ほどの平等は実現されていない。

イ　経済参画についての日本の男女平等は、アイスランドに比べれば達成されておらず、調査国のほぼ平均の達成度合いである。

ウ　政治参画についての日本の男女平等はほとんど達成されていないが、調査国の平均よりは上回っている。

エ　日本の男女平等の達成度の順位は、先進国で下位の方だが、韓国や中国よりは上位である。

問６　下線部⑧について、平和に関する取り組みについて述べた次の各文の説明のうち**適当でないもの**を、次のア～エの中から１つ選び記号で答えなさい。

ア　日本は核兵器の被害を受けた、ただ一つの被爆国で、「核兵器をもたない、つくらない、もちこませない」という非核三原則を掲げている。

イ　日本のＯＤＡ(政府開発援助)の活動の一つである青年海外協力隊は、発展途上国において教育、医療などの分野で活躍している。

ウ　医師の中村哲さんは、ＮＧＯ(非政府組織)の支援を受けて、アフガニスタンで医療以外にも用水路をひらくなどの活動を長期にわたって行った。

エ　自衛隊が海外で活動することは憲法で禁止されているので、国連の平和維持活動(ＰＫＯ)には日本はまだ参加できていない。

問７　日本のジェンダー・ギャップ指数のうち政治参画の数値を上げるために必要なことは何だと思いますか。自分の意見を書きなさい。

東京学芸大学附属世田谷中学校

—40分—

※　語句・人名を答えるとき、「漢字で書きなさい」という指示がなければ、漢字、ひらがなのどちらで答えてもかまいません。ただし、漢字のまちがいは×になります。

（編集部注：実際の入試問題では、写真や図版の一部はカラー印刷で出題されました。）

1　地図や語句について、後の問いに答えなさい。

(1)　次の５つの大陸の地図を見て、①～③の問いに答えなさい。

（各地図の縮尺はいずれも異なります）

①　面積が最も大きい大陸を上のア～オから１つ選び、記号で答えなさい。

②　日本からの距離が最も遠い位置にある大陸を上のア～オから１つ選び、記号で答えなさい。

③　北半球と南半球の両方にまたがって位置している大陸を上のア～オから**すべて選び**、記号で答えなさい。

(2)　次の地図中の＋の地点は、日本の陸上で経度と緯度が10度単位の整数で交わる、ただ１つの地点です。この地点の北緯と東経の値をしめした次の□に共通して入る数字を書きなさい。

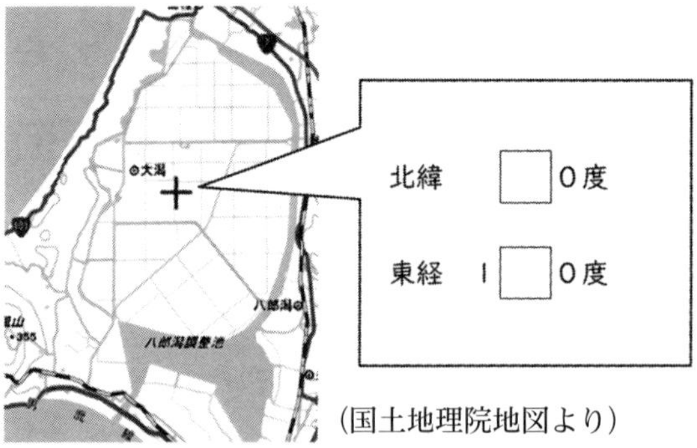

（国土地理院地図より）

(3)　次の地形図を見て、①～②の問いに答えなさい。

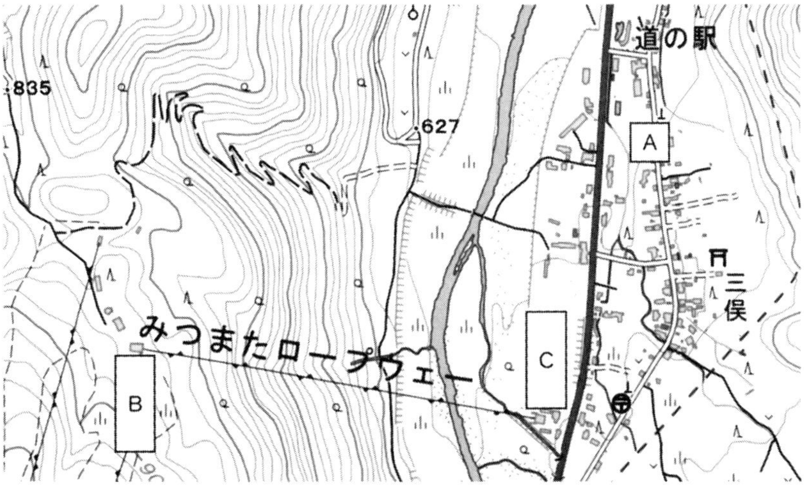

(国土地理院発行の25,000分の１地形図を拡大して表示)

①　地図中のＡには、この地域で1918年に起きた大なだれの様子をしるした自然災害伝承碑(でんしょうひ)があります。自然災害伝承碑を地図記号で書きなさい。

②　地図中のみつまたロープウェーについて述べている、次の文のア～ウにあてはまる語句をそれぞれ書きなさい。ただし、本物の地形図上でのみつまたロープウェーの長さは約3.2㎝とします。また、アとイにはＢかＣのアルファベットが、ウには数字が入ります。

「みつまたロープウェーは、(　ア　)から(　イ　)の方向に向かって登っていくロープウェーで、長さは約(　ウ　)ｍあります。」

(4)　次の①②の文で述べられている語句の名称(めいしょう)や略称(りゃくしょう)を、それぞれ書きなさい。

①

石油などの天然資源の開発や漁業を自由に行うことができる、自国の沿岸から200海里(約370㎞)の水域の名称。

②

人間の知的な活動を、コンピュータによって再現する技術である人工知能のことをアルファベット２文字で表した略称。

2　次の日本地図を見て、後の問いに答えなさい。

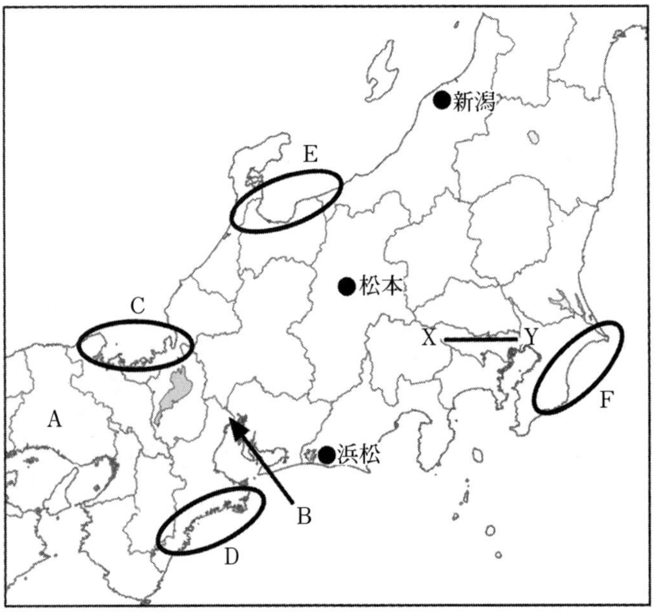

(1)　次の２つの断面図の中から、地図中に引かれたX－Yの断面図を選び、記号で答えなさい。

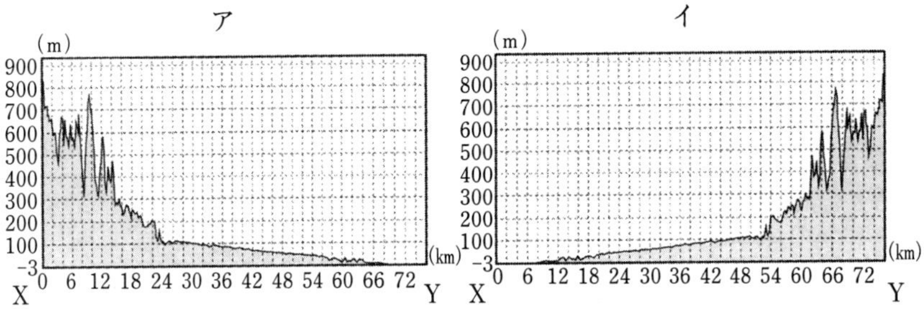

(2)　次のア～エの文の中から、地図中のAの県について**間違って述べた文**を１つ選び、記号で答えなさい。

ア　A県から徳島県までは、明石海峡(かいきょう)大橋でつながっている。

イ　大阪府から岡山県までの陸地を車で行くとき、必ずA県を通る。

ウ　高校野球で有名な阪神甲子園(こうしえん)球場はA県にある。

エ　A県の姫路城(ひめじじょう)は、日本初の世界文化遺産に認定(にんてい)された。

(3)　次の文章は、地図中のBの付近を写した次の写真について述べたものです。文章中の①～③にあてはまる語句を**それぞれ漢字２文字で書きなさい**。

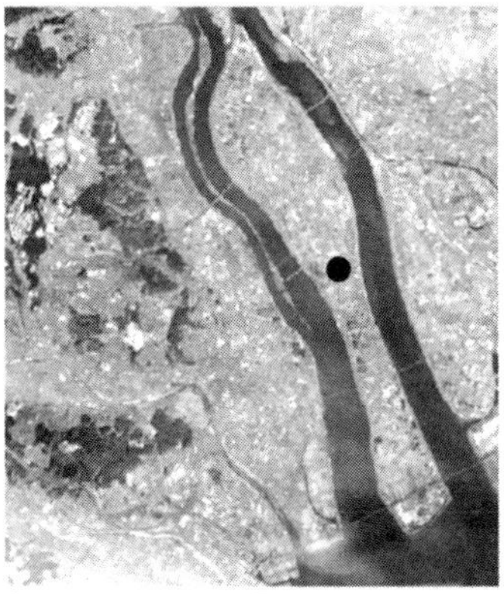
(国土地理院地図「電子国土web」より)

> 写真の●のあたりは、(①)平野を流れる(②)川と、長良川が合流した揖斐川(いびがわ)に囲まれた細長い島になっています。
> 島全体が海抜(かいばつ)０メートル以下のため、昔から洪水(こうずい)の被害(ひがい)に悩(なや)まされてきました。そこで、洪水から住居や田畑を守るために、島のまわりを堤防(ていぼう)で囲んだり、高いところに水屋と呼ばれる建物をつくったりしてきました。このようなところを特に(③)と呼びます。

(4)　次の文章を読んで、後の問いに答えなさい。

> ここは、全長が約60kmもある日本最大級の砂浜(すなはま)海岸で、夏休みになるとたくさんの海水浴場に多くの観光客がやってきます。また、暖流が流れる沖合ではイワシ漁が盛(さか)んで、全国のイワシの漁獲高(ぎょかくだか)の３分の１をしめたこともあります。

①　この文章で述べている特徴(とくちょう)がある海岸を、地図中のC～Fから１つ選び、記号で答えなさい。

②　文章中の下線部にある沖合で行う漁業の割合をしめしたものを、次のグラフのア～エから１つ選び、記号で答えなさい。

漁業種類別生産量の推移

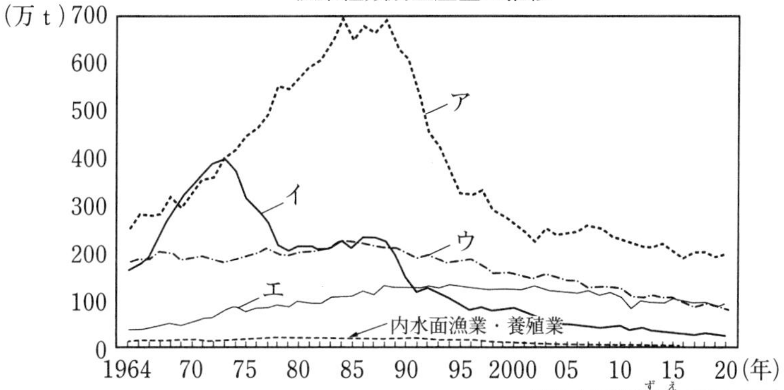

(「日本国勢図会(ずえ)2022/23」より)

(5)　地図中の内陸県(海に面していない県)について、後の問いに答えなさい。

①　次のア～エの文の中から、地図中の内陸県について**間違(まちが)って述べた文**を１つ選び、記号で答えなさい。

ア　内陸県の数は、全部で８つである。

イ　内陸県の中で、隣(とな)り合(あ)う都道府県が最も多いのは長野県の８県である。

ウ　すべての内陸県は、他の内陸県と隣り合っている。

エ　面積が最大の内陸県は長野県で、最小の内陸県は奈良県である。

② 次のア～ウは、新潟、松本、浜松のいずれかの都市の気温と降水量のグラフです。内陸県の都市である松本の気温と降水量のグラフを、ア～ウから１つ選び、記号で答えなさい。

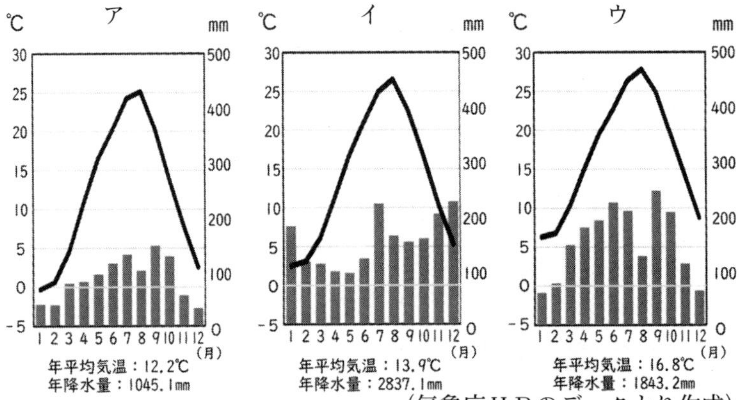

(気象庁ＨＰのデータより作成)

(6) 地図中にある関東、中部、近畿の各地方のデータを比べた次の表を見て、近畿地方をあらわすものを次のア～ウから１つ選び、記号で答えなさい。

	2019年度 農業産出額 (百万円)	2019年度 製造品出荷額等 (百万円)	2016年度 漁業産出額 (百万円)	2019年度 商品販売額 (卸売業＋小売業) (百万円)
ア	2,389,100	112,465,703	153,225	224,107,931
イ	632,600	71,474,224	105,228	46,935,437
ウ	512,200	53,938,020	84,060	71,099,340

(総務省統計局「e-stat」2023年版　より作成)

3 次の文章を読んで、後の問いに答えなさい。

かつての日本では、国内で人を運ぶときは鉄道が、物を運ぶときは船が主流でした。しかし、1990年代以降は、いずれの場合でも$_A$自動車による輸送が最も多くなりました。最近では、人が移動する時に、自動車で最寄りの駅に行き鉄道を利用する「パーク＆ライド」や、物を輸送する時に、途中で鉄道や船に荷物を積み替える$_B$「モーダルシフト」に注目が集まっています。

一方、$_C$物の輸出や輸入といった外国との貿易の時は、船や飛行機を使います。例えば原油は、タンカーと呼ばれる巨大な船で$_D$サウジアラビアやアラブ首長国連邦などから輸入しています。また、金や半導体などの軽くて高価な物は$_E$飛行機で運ぶことが多くなっています。

(1) 文章中の下線Ａの理由としてあてはまるものを、次のア～エから１つ選び、記号で答えなさい。

ア 時間はかかるが、安い運賃で大量の人や物を運べるから。
イ 自動車が普及し、渋滞や騒音が増加してきたから。
ウ 費用は高いが、輸送時間が最も短い交通手段であるから。
エ 日本中で道路整備が進み、目的地まで運びやすくなったから。

⑵　文章中の下線Bに関連した次の２つの資料について正しく述べている文を、次のア～エから１つ選び、記号で答えなさい。

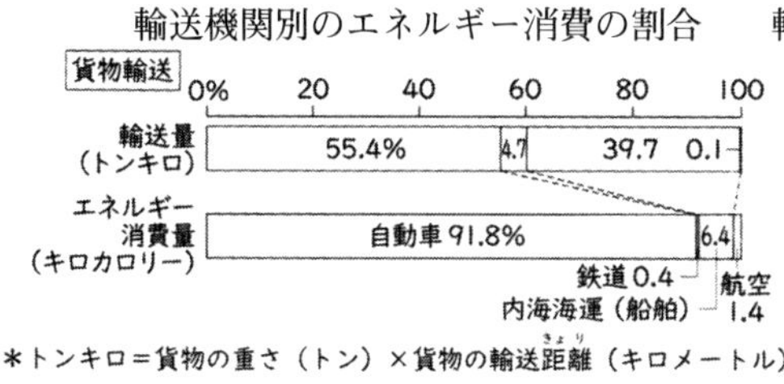

（「日本のすがた2023」より）

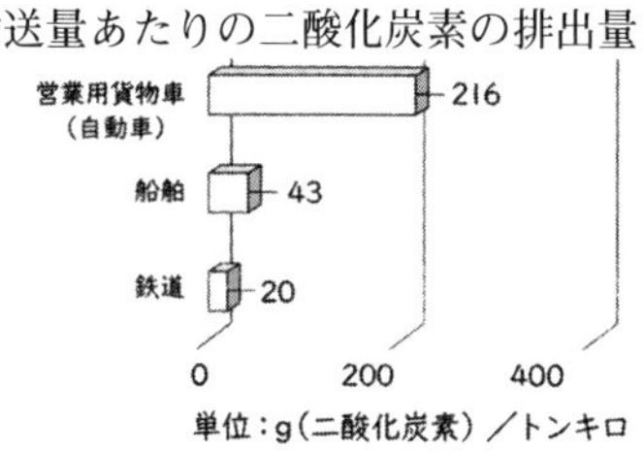

（国土交通省ＨＰより）

ア　貨物輸送量の割合より、エネルギー消費量の割合が多い交通機関は、自動車のみである。

イ　鉄道を使うと、輸送量のわりにエネルギー消費量が多いため、二酸化炭素を削減（さくげん）できる。

ウ　貨物輸送量が最も多い自動車は、二酸化炭素を最も排出（はいしゅつ）してしまう輸送方法でもある。

エ　船舶は鉄道よりも輸送量とエネルギー消費量が多いが、二酸化炭素の排出量は少ない。

⑶　文章中の下線Cに関連して、次の表のアとイにあてはまる国名を書きなさい。

<日本の輸出品と輸出先>（上位５カ国）

自動車		鉄鋼	
国名	%	国名	%
アメリカ	36.2	（ア）	19.5
（ア）	9.5	韓国	12.7
オーストラリア	7.5	（イ）	11.4
カナダ	3.1	台湾	6.5
アラブ首長国	2.9	ベトナム	5.4

<日本の輸入品と輸入先>（上位５カ国）

衣類		コンピュータ	
国名	%	国名	%
（ア）	54.1	（ア）	78.5
ベトナム	16.0	アメリカ	4.2
バングラデシュ	4.1	（イ）	3.9
カンボジア	4.1	台湾	2.9
ミャンマー	3.8	シンガポール	2.5

（「日本国勢図会2022/23」より）

⑷　文章中の下線Dに関連して、サウジアラビアで信仰（しんこう）が盛（さか）んなイスラム教について次のア～エの文の中から、**間違（まちが）って述べた文**を１つ選び、記号で答えなさい。

ア　１日５回、聖地のメッカに向ってお祈（いの）りをする。

イ　一生に１回はガンジス川で沐浴（もくよく）をする。

ウ　ラマダーンと呼ばれる期間の日中は食べ物を口にしない。

エ　豚肉（ぶたにく）を食べることやお酒を飲むことを禁止している。

⑸　文章中の下線Eに関連して、貿易額が日本一多い空港の名称を書き、その位置を右の地図中のア～エから１つ選び、記号で答えなさい。

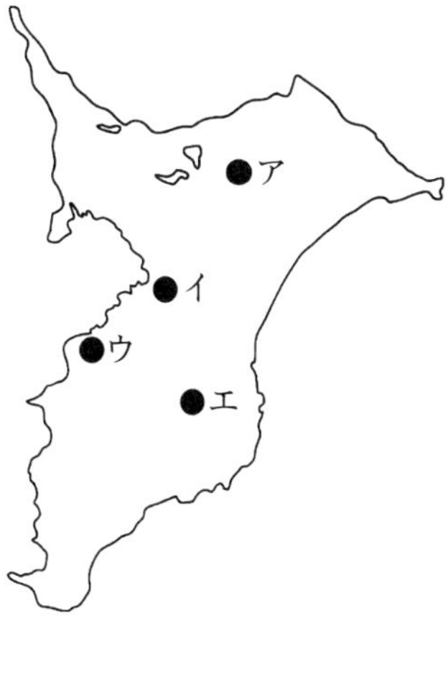

4　次の日本にある世界遺産に関する内容のカードを読んで、後の問いに答えなさい。

ア）　この遺産は、１万年以上にわたり採集、漁労・狩猟により定住した人々の生活と精神文化を伝える文化遺産です。北海道・青森県・岩手県・秋田県に所在する17の遺跡で構成されています。

イ）　この遺産は、a禁教時代の長崎と天草地方において、既存の社会・宗教とも共生しつつ信仰を密かに継続した「潜伏キリシタン」の伝統を物語る稀有な物証です。

ウ）　この遺産は、世界経済の貿易を通じた一体化が進んだ19世紀後半から20世紀にかけて、高品質な生糸の大量生産の実現に貢献した技術交流と技術革新を示す集合体です。その結果、世界の絹産業の発展と絹消費の大衆化がもたらされました。

エ）　この遺産は、瀬戸内海の島を背後にして、その入江の海のなかに木造建物が建ち並ぶ日本でも珍しい神社です。社殿構成は12世紀にはじまりましたが、その後焼失し、1241年に再建されました。海に建つ木造建物として過酷な環境下にありながら、歴代政権の厚い庇護に支えられて、古い様式を今日に伝えています。

※文章については、出題者が日本の世界遺産一覧　文化庁(bunka.go.jp)の説明文を修正・加筆したものである。

(1)　アのカードの遺跡ができた時代と関連するものとして、**間違って述べた文**を次のア～エから１つ選び、記号で答えなさい。

ア　この時代の人々は、たて穴住居という家に住み、生活に必要な道具は、骨や石や木から自分たちでつくっていた。

イ　この世界遺産に登録された地域は、この時代から気候に合わせた米作りを行い、安定した食糧を得ていた。

ウ　この時代の集落では、特定の場所に食べた貝がらや動物の骨を捨てる場所を決めていた。

エ　この時代の人々は、食べ物をにたり、たくわえたりするために、ねん土を焼いてつくった土器を使用していた。

(2)　イのカードの下線部aにおいて、絵踏みなどを行わせた時代名を**漢字で書きなさい**。

(3)　ウのカードが説明している世界遺産の中心となる群馬県に残る施設名を**漢字で書きなさい**。

(4)　エのカードの世界遺産に関連する人物として、適切な人物を次のア～エから１つ選び、記号で答えなさい。

ア

イ

ウ

エ

5　次の２つの図を見て、後の問いに答えなさい。

【図１】　A　幕府の仕組み

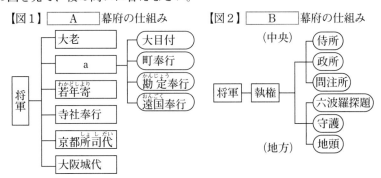

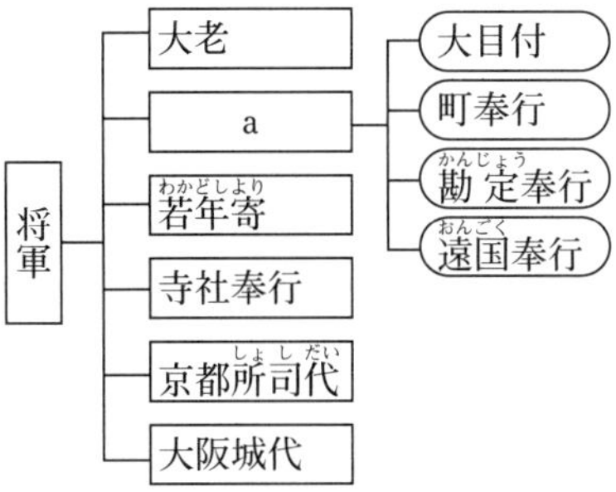

【図２】　B　幕府の仕組み

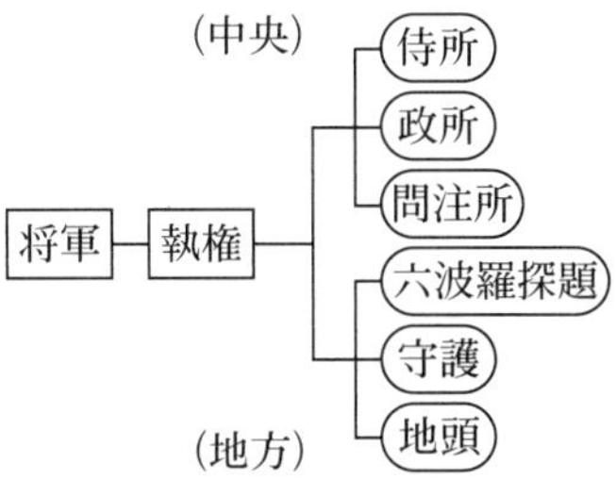

⑴　A幕府のaに入る語句を**漢字で書きなさい。**

⑵　Aの幕府は貿易相手に対して規制を行いました。ヨーロッパの国の中で唯一貿易が認められた国名を書きなさい。

⑶　AとBの幕府では、どちらの方が長く続いたか、AかBどちらかの記号で答えなさい。

⑷　Bの幕府の組織の中で、1221年以降に設置されたものを図の中から書き抜きなさい。

⑸　AとBの幕府の仕組みに「将軍」とあるが、それぞれ初代の将軍名を**漢字で書きなさい。**

⑹　次の【資料】や【グラフ】はAの幕府の時代の人々に関するものです。【資料】の人々は何という身分に区分されるかを答え、またその身分の人口割合を示すものを【グラフ】中のア～ウから１つ選び、記号で答えなさい。

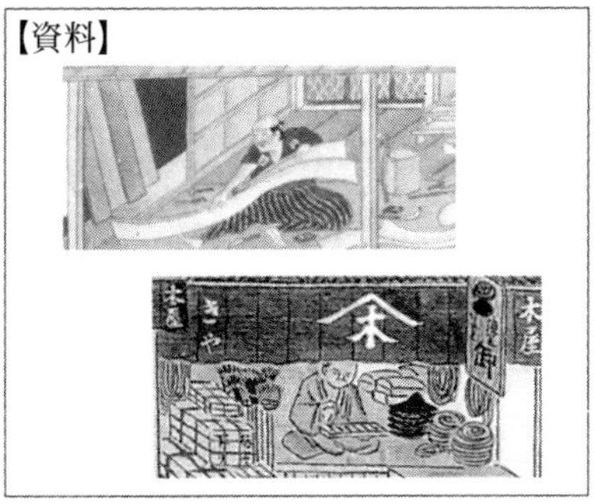

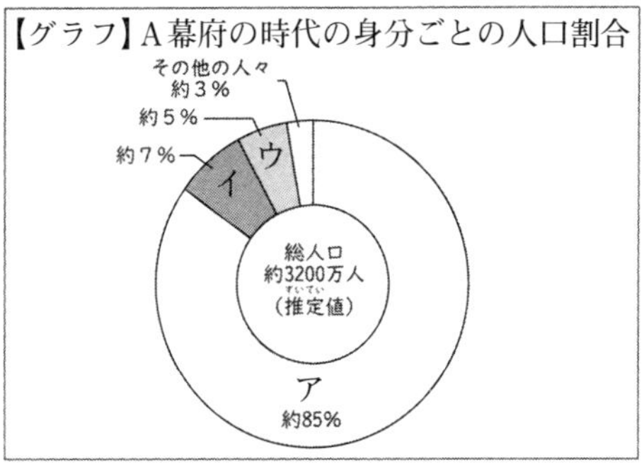

⑺　日本の歴史において、AとBの他に幕府はもう一つ存在するが、そのもう一つの幕府が置かれた地域を、次の地図のア～オから１つ選び、記号で答えなさい。

(8)　AとBのそれぞれの幕府が存在していた時期に起こったできごとやその時期に建てられた建築物の資料を、次のア〜エからそれぞれ1つ選び、記号で答えなさい。

ア

イ

ウ

エ

(9)　次の資料と関係の深い幕府はAとBどちらになるかを記号で答え、資料名もあわせて答えなさい。

> 一　大名は勉強や武芸をしっかりやらなければならない
> 一　大名は新しいお城を作ったり、古いお城を直したりするときは幕府に言わなければならない
> 一　大名は他の大名と結婚するときは幕府に許可をもらわなければならない
> 一　大名は派手な服や大きな船を持ってはいけない

6　次の4枚の写真を見て、後の問いに答えなさい。

【写真1】アジアで初となるオリンピック

【写真2】日本の主権回復

【写真3】ベルリンの壁（かべ）の崩壊（ほうかい）

【写真4】婦人参政の様子

⑴　【写真１】の以後には、国民生活も豊かになり、いわゆる「３Ｃブーム」が起きました。その３Ｃとは何を表しているか、次の資料のア～コから**３つ選び**、記号で答えなさい。

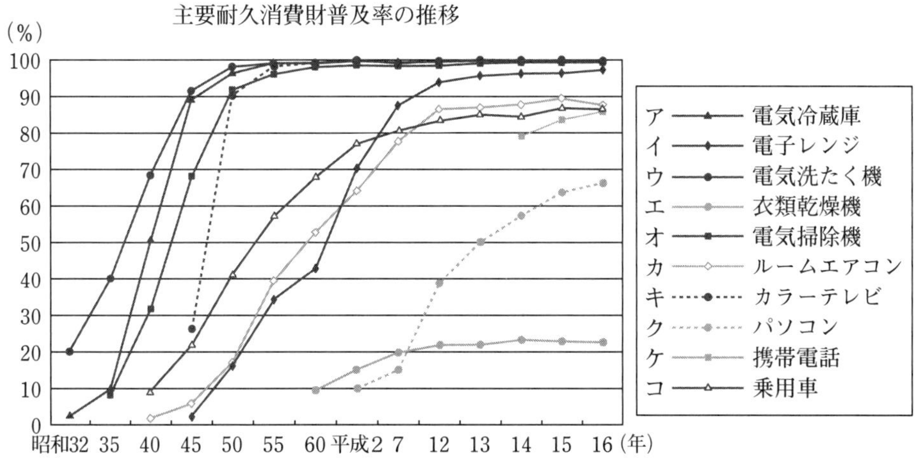

(備考) 1．内閣府「消費動向調査」より
2．電気冷蔵庫。電気洗たく機の昭和32～35年。電気掃除機の35年は非農家・都市のみ。
3．乗用車の昭和40年は非農家のみ。

(第１-序-２図　内閣府「消費動向調査」

⑵　【写真１】の時期の日本では、次の写真のような問題が起こるようになりました。次の写真の説明として適切なものを右のア～エから１つ選び、記号で答えなさい。

ア　工場から海に流された水銀が原因で、その周辺の人々は手足がしびれる、目や耳が不自由になるなどの症状があらわれた。
イ　鉱山から流されたカドミウムが原因で、その周辺の人々はほねがもろく折れやすくなるなどの症状があらわれた。
ウ　工場からの空気中に出されたガスが原因で、その周辺の人々ははげしいぜんそくの症状があらわれた。
エ　銅山の開発により排煙(はいえん)、鉱毒(こうどく)ガス、鉱毒水などが原因で、周辺地域の農漁業に深刻(しんこく)な被害が出た。

⑶　【写真２】において、この時の日本の内閣総理大臣の名前と、この時講和条約と同時に結ばれたアメリカとの条約名を**それぞれ漢字で書きなさい。**

⑷　【写真３】について説明した次の文章について、ア～ウの中から**間違っている箇所(かしょ)を記号で選び**、例に従って答えなさい。ただし、間違っている箇所は１つとは限りません。

例）　エ　×第二次世界大戦　→　○第一次世界大戦

第二次世界大戦後、世界はアメリカと$_ア$中国を中心とした２つのグループに分かれた対立が続きました。この対立は、上記の国が直接戦争には至らず、にらみ合いが続くことから「$_イ$冷たい戦争」と呼ばれました。この「冷たい戦争」の象徴とも言われていた$_ウ$フランスのベルリンの壁が崩壊し、大国がにらみ合う状態が終わりました。

(5) 【写真４】と同じ時期に、日本で行われた改革について**間違って述べた文**を、次のア～エから１つ選び、記号で答えなさい。

ア　以前は政府の方針によって解散していた政党が復活した。

イ　小作農家も自らの土地を持てるようになった。

ウ　経済成長するために、特定の会社がまとめられるようになった。

エ　労働者の権利が保障されるようになった。

(6) 【写真１】～【写真４】を時代の古い順に並び替え、１～４の数字で書きなさい。

7　2023年の前半に起きたできごとについて、後の問いに答えなさい。

月	できごと
３月	A高等裁判所が、死刑(しけい)が確定していた袴田(はかまだ)さんの裁判のやり直しを決定する
４月	B子ども政策の司令塔(しれいとう)として、こども家庭庁が発足(はっそく)する
４月	東京学芸大学がC創立150周年(＊)をむかえる
５月	Ｇ７広島サミットで、D平和の実現等について議論される
６月	マイナンバーカードと健康保険証の一体化に関するE法律が改正　される
６月	岸田内閣に対するF内閣不信任案が出されるが、否決される
６月	Gジェンダー平等に関する調査で、日本が146カ国中の125位と報告される

（＊正しくは「東京学芸大学のもととなる東京府小学教則講習所が設立されて150年」）

(1) 下線Ａに関連して、高等裁判所について**間違(まちが)って述べた文**を、次のア～エから**すべて選び**、記号で答えなさい。

ア　高等裁判所は、東京や大阪など全国の大都市に全部で８ケ所ある。

イ　高等裁判所に控訴することはあるが、上告することはない。

ウ　高等裁判所の裁判官は、国民審査(しんさ)によってやめさせられることがある。

エ　高等裁判所で、裁判員による裁判が行われることはない。

(2) 下線Ｂに関連して、世界中の子どもたちが抱(かか)えている問題を解決するために活動している国連児童基金のことを、**カタカナ４文字で書きなさい**。

(3) 下線Ｃに関連して、ここ数年で創立150周年をむかえる小学校が多い理由である約150年前にあった教育に関するできごとを、次のア～エから１つ選び、記号で答えなさい。

ア　小学校６年、中学校３年の義務教育制度が始まった。

イ　教育勅語(ちょくご)が発布され、学校では天皇中心の国作りの教育が行われた。

ウ　学制を定め、６歳以上のすべての子どもが小学校教育を受けられるようにした。

エ　庶民(しょみん)の子どもは寺子屋に、武士の子どもは藩校(はんこう)に通うことが多くなった。

(4) 下線Ｄに関連して、戦争の放棄(ほうき)を明記(めいき)した、以下の憲法９条第２項(こう)の（　　）にあてはまる語句を**漢字で書きなさい**。

> 前項(ぜんこう)の目的を達するため、陸海空軍その他の戦力は、これを保持しない。国の（　　）は、これを認めない。

(5)　下線Eに関連して、法律の制定や改正について正しく述べた文を、次のア〜エから１つ選び、記号で答えなさい。

ア　衆議院で可決、参議院で否決をした時は、衆議院で出席議員の過半数以上の賛成で再び可決すれば法律となる。

イ　可決された法律を国民に公布するのは天皇の仕事である。

ウ　法律案の審議(しんぎ)は、必ず衆議院が先にしなければならない。

エ　衆議院と参議院の議決が一致(いっち)しないときは、公聴会(こうちょうかい)を開かなければならない。

(6)　下線Fの不信任案が可決された場合に、おこる可能性のある政権交代についてしめした次の図について答えなさい。

①　右の図のａに入る語句を**漢字で書きなさい**。

②　右の図のｂに入る語句を、次のア〜エから１つ選び、記号で答えなさい。

ア　臨時国会

イ　特別国会

ウ　参議院の緊急(きんきゅう)集会

エ　通常国会

③　右の図のｃに入る語句を**漢字で答えなさい**。

④　右の図のように、国会の信任に基(もと)づいて内閣がつくられ、内閣が国会に対して責任を負うしくみを、**漢字５文字で書きなさい**。

〔図〕政権交代までの流れの一例

景気が悪化し、内閣への不信感が高まる
↓
衆議院が不信任決議を可決
↓
内閣が衆議院を（　ａ　）
↓
総選挙で野党圧勝(あっしょう)　政権交代へ
↓
（　ｂ　）召集(しょうしゅう)、内閣総辞職 衆参両院で新首相を（　ｃ　）

(7)　下線Gに関連して、「すべて国民は、法の下に平等」と定めたのは、憲法第何条の条文ですか。

東京都市大学等々力中学校(第１回Ｓ特)

―理科と合わせて60分―

注意　漢字で書くべき解答は、漢字で答えること。

1　次の［資料Ⅰ］・［資料Ⅱ］は、東京都市大学等々力中学校の中学１年生２人が「食」について地理の授業中に発表するために準備したスライドです。これを見て、後の問いに答えなさい。

［資料Ⅰ］太郎君のスライド

カップ麺(めん)の世界展開
1958年　世界初のインスタントラーメン「チキンラーメン」が発売
1971年　「$_A$カップヌードル」が発売
1972年　$_B$浅間山荘事件をきっかけに、カップ麺が日本に普及(ふきゅう)
1973年　「カップヌードル」がアメリカに進出
1991年　オランダとインドに日清食品の$_C$工場設立
1995年　日清食品が$_D$被災地を訪問し、「チキンラーメン」を配布

(日清食品ＨＰ)

［資料Ⅱ］花子さんのスライド

世界のハンバーガーメニュー
$_E$インドネシアのソーセージマックマフィン…$_F$豚肉が使用されていない

(編集部注：著作権の都合により削除しています。)

$_G$インドのマハラジャマック…$_H$牛肉が使用されていない

(編集部注：著作権の都合により削除しています。)

問１　下線部Ａについて、現在カップヌードルミュージアムがある桜木町周辺の［地図Ⅰ］と1983年から1987年の桜木町周辺を示した［地図Ⅱ］を見て、読み取れることとして誤っているものを、後の①～④から選びなさい。

［地図Ⅰ］現在の桜木町周辺

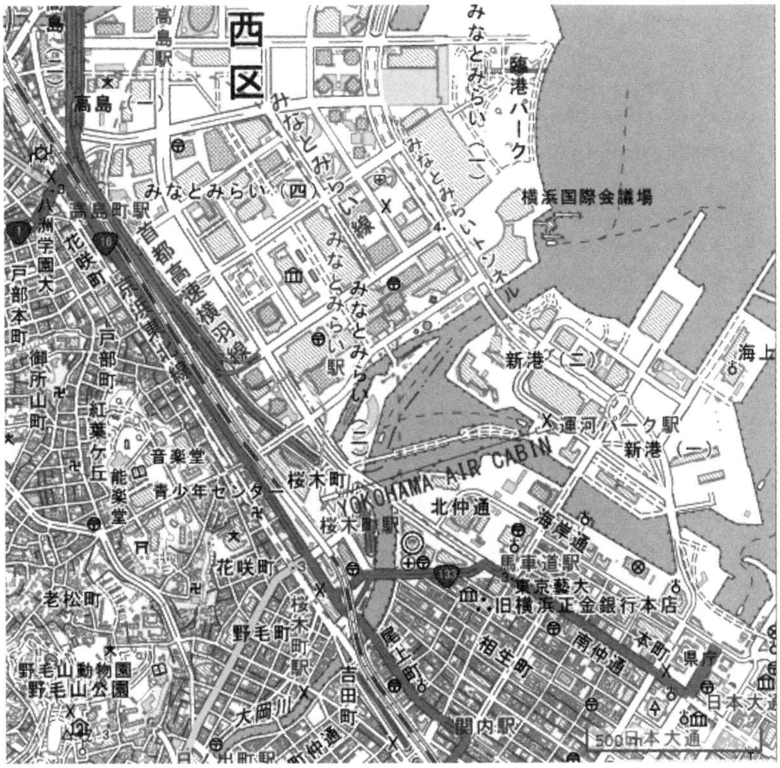

（国土地理院「地理院地図」）

［地図Ⅱ］1983年から1987年の桜木町周辺

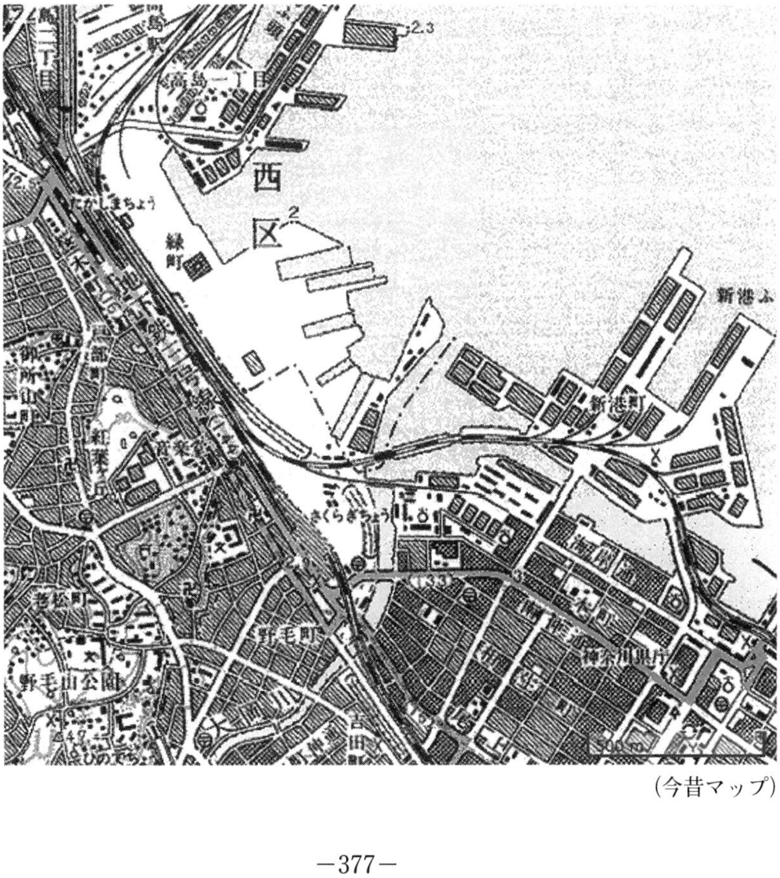

（今昔マップ）

① ［地図Ⅰ］について、現在の「桜木町駅」周辺からは「YOKOHAMA AIR CABIN」というロープウェイが運行している。

② ［地図Ⅱ］中の標高について、「野毛山公園」と最も低いところの差は40ｍ以上ある。

③ ［地図Ⅰ］中の「臨港パーク」は、もともとは海だった場所に土砂などを積み上げて干拓してできた場所である。

④ ［地図Ⅱ］中には、港に運ばれた荷物を運ぶための貨物鉄道が通っていたことが分かる。

問２　下線部Ｂについて、浅間山は何県と何県の間に位置していますか。「～県と～県の間」の形にあてはまるように答えなさい。

問３　下線部Ｃについて、［表Ⅰ］は即席(そくせき)めんの都道府県別の出荷額上位10地域および産出事業所数を示したものです。［表Ⅱ］は地域ごとの即席めんへの１世帯あたり年間支出額上位と下位10地域と支出額の平均を示したものです。この［表Ⅰ］と［表Ⅱ］から読み取れることとして正しいものを、後の①～④から選びなさい。

［表Ⅰ］即席めんの都道府県別の出荷額上位10地域および産出事業所数(従業者４人以上の事業所)

都道府県	金額(百万円)	産出事業所数
茨城県	65,329	4
静岡県	54,025	8
群馬県	50,822	5
兵庫県	44,755	8
埼玉県	37,014	3
千葉県	20,662	4
北海道	15,403	6
福岡県	14,833	6
愛知県	14,371	7
佐賀県	10,771	6
全国計	440,913	99

(経済産業省HP)

［表Ⅱ］地域ごとの即席めんへの１世帯あたり年間支出額上位と下位10地域

上位地域	年間平均支出額(円)
鳥取市	3,149
佐賀市	2,813
熊本市	2,705
大分市	2,637
高知市	2,588
北九州市	2,581
新潟市	2,562
福岡市	2,541
山口市	2,485
松江市	2,470

下位地域	年間平均支出額(円)
千葉市	1,957
長野市	1,952
盛岡市	1,943
浜松市	1,941
札幌市	1,894
仙台市	1,855
秋田市	1,833
前橋市	1,771
那覇市	1,685
水戸市	1,532

(総務省HP)

① 即席めん出荷額上位10位に入る都道府県では、１世帯あたりの即席めんへの支出下位10地域には入っていない。

② 即席めん出荷額上位５位までの都道府県はすべて東日本にある。

③　即席めんへの年間平均支出額上位10位と下位10位それぞれに、政令指定都市が含まれている。

④　年間平均支出額の最大金額と最小金額で、2000円以上の開きがある。

問４　下線部Ｄについて、次の［写真］は、当時の被災地の様子を写したものです。この災害名を答えなさい。

［写真］当時の被災地の様子

(提供　朝日新聞社)

問５　下線部Ｅと下線部Ｇについて、それぞれの国のハンバーガーのメニューは、各国の宗教に配慮(はいりょ)し、豚肉や牛肉が使用されていません。インドネシアとインドで大多数を占(し)める宗教の組み合わせとして正しいものを、次の①～④から選びなさい。

①　インドネシア…イスラーム　　インド…ヒンドゥー教

②　インドネシア…ヒンドゥー教　インド…イスラーム

③　インドネシア…仏教　　　　　インド…道教

④　インドネシア…道教　　　　　インド…仏教

問６　下線部Ｅについて、インドネシアのジャカルタ(東経105度)でソーセージマックマフィンを食べた花子さんは、現地を８月31日20時に飛行機で出発し、７時間かけて東京に到着(とうちゃく)しました。東京には何月何日何時に到着しましたか。「～月～日～時」の形にあてはまるように24時間表記で答えなさい。なお、サマータイムは考慮しないものとします。

問７　下線部Ｆと下線部Ｈについて、［表Ⅲ］中の①～④は、世界におけるチーズ・牛肉・豚肉・鶏卵(けいらん)の生産割合上位５か国を示しています。このうち、牛肉と豚肉に該当(がいとう)するものを、［表Ⅲ］中の①～④からそれぞれ選びなさい。

［表Ⅲ］世界におけるチーズ・牛肉・豚肉・鶏卵の生産割合上位５か国

	1位	2位	3位	4位	5位
①	中国 34.1%	アメリカ 8.0%	インド 6.9%	インドネシア 5.7%	ブラジル 3.8%
②	中国 38.6%	アメリカ 11.4%	ドイツ 4.8%	スペイン 4.2%	ブラジル 3.7%
③	アメリカ 26.9%	ドイツ 10.3%	フランス 7.4%	イタリア 5.2%	オランダ 4.1%
④	アメリカ 18.1%	ブラジル 14.9%	中国 8.7%	アルゼンチン 4.6%	オーストラリア 3.4%

(『データブック　オブ・ザ・ワールド2022年版』より本校作成)

②　次の文章と［表］を見て、後の問いに答えなさい。

中学１年生になった私は、夏の自由研究として曽祖父(そうそふ)から私までの四世代の「生まれた時に何があった？」を調べることにしました。家族で父の田舎に帰省した時に、祖父から直接聞き取りをし、写真や日記、資料などを見せてもらいとても面白かったです。

［表］自由研究のノート

生まれた年	主な出来事	家族や私の記録・感想
曽祖父　1945(昭和20)年	ポツダム宣言を受諾(じゅだく) A太平洋戦争の終結 衆議院議員選挙法の改正	とても暑い８月に曽祖父は生まれた 親戚(しんせき)がたくさん亡くなった 女性は緊張していたそうだ
祖父　1967(昭和42)年	B公害対策基本法の公布 C吉田茂元首相の国葬 D非核三原則の表明	都会は大変だと思ったそうだ 体育の日に祖父は生まれた 被爆国として当然だと思ったそうだ
父　1989(昭和64／平成元)年	E昭和天皇の崩御(ほうぎょ) F吉野ヶ里遺跡から銅剣発見 消費税の導入	１月１日生まれの父は昭和生まれだ 家族の誰一人覚えていない １円玉がめんどうだったそうだ
私　2011(平成23)年	東日本大震災の発生 サッカー女子ワールドカップで優勝	３月生まれだったので大変だったそうだ すごいことを成し遂(と)げてくれた

問１　下線部Aについて、右の［写真Ｉ］は戦争の終結直後のものです。［写真Ｉ］の説明として正しいものの組み合わせを、後の①～④から選びなさい。

a　ラジオ放送を聞いている。

b　テレビ放送を見ている。

c　広島・長崎に原爆が投下された後のものである。

d　天皇が人間宣言をした後のものである。

①　aとc　　②　aとd　　③　bとc　　④　bとd

［写真Ｉ］戦争の終結直後の様子

問２　下線部Bについて、次の［資料Ｉ］は小学生の日記です。この日記に記されている公害病がきっかけとなって、この法律が公布されました。この公害病が発生した場所を、［地図Ｉ］の①～④から選びなさい。

［資料Ｉ］小学生の日記

> ある時、学校でべんきょうをしていたら、へんなにおいがしてきた。先生もおもわずへんなにおいがするねとおっしゃった。家にかえっておかあさんにきくと、今日はとってもガスのにおいがして、ノドがカラカラになり、あかちゃんなんか死にそうになったのだといっていた。私もこのごろ、ノドがよわいせいか、ノドがいたくてたまらない。このままだとみんながそうなってしまうことだろう。一日でよいからきれいな空気をはらいっぱいすってみたいきもちでおります。夏休みには、いなかのおばあちゃんのところへ行ってきれいな空気をみんなの分まですうてきて、私たちのよごれた町の空気を入れかえてやろうと思っている。

［地図Ⅰ］

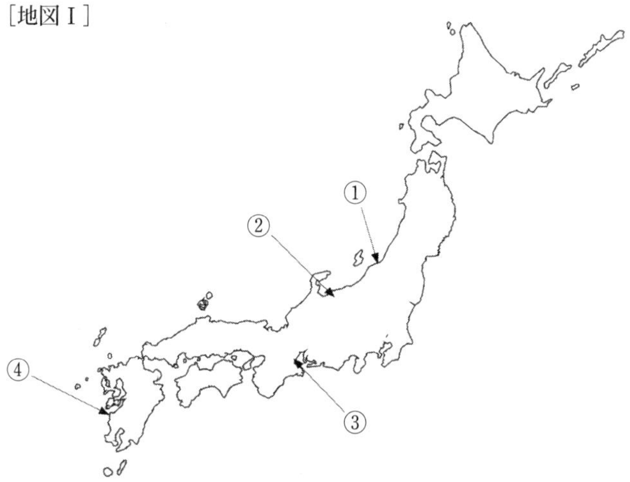

問３　下線部Ｃについて、吉田茂が首相の時におきた出来事として正しいものを、次の①～④から選びなさい。

①　ドイツでベルリンの壁(かべ)が崩壊(ほうかい)した。

②　サンフランシスコで平和条約が結ばれた。

③　ニューヨークのビルに航空機が突っ込むテロ事件がおきた。

④　占領下にあった沖縄の日本復帰が実現した。

問４　下線部Ｄについて、これを表明したのは佐藤栄作元首相です。首相退任後、彼はある国際的な賞を受賞しました。マンデラ大統領(南アフリカ)、マララ＝ユスフザイ(パキスタン)なども受賞したその賞とは何ですか。７字で答えなさい。

問５　下線部Ｅについて、昭和天皇在位中のある期間のできごとに関して、次の問いに答えなさい。

⑴　［グラフ］の期間の年平均経済成長率は10％を上まわりました。この期間を何といいますか。

⑵　［グラフ］の期間におきた出来事として誤っているものを、次の①～④から選びなさい。

①　「夢の超特急」として東海道新幹線が開通し、東京～大阪間が４時間で結ばれた。

②　10年間で国民の所得を２倍にするという計画を首相が発表した。

③　「人類の進捗と調和」をテーマとして、大阪で万国博覧会が開催(かいさい)された。

④　京都議定書が採択(さいたく)され、先進国の温室効果ガス排出(はいしゅつ)削減(さくげん)目標が定められた。

［グラフ］実質経済成長率

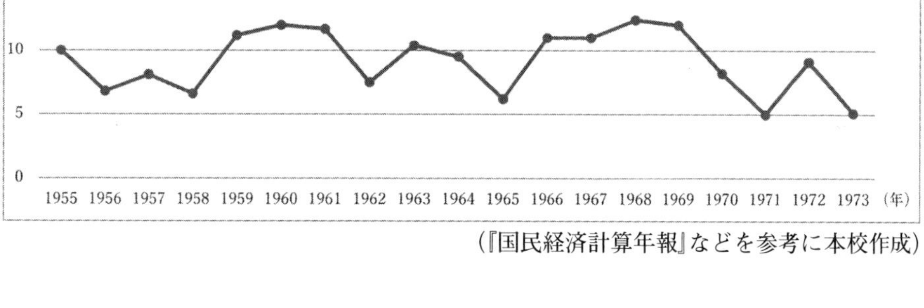

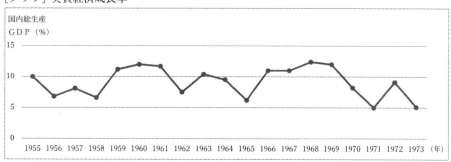

(『国民経済計算年報』などを参考に本校作成)

⑶ ［資料Ⅱ］は［表］中の人物の日記です。［表］中の誰の日記ですか。後の①～④から選びなさい。

［資料Ⅱ］［表］中の人物の日記

学校が夏休みになったらみんなでりょこうに行きたいとお母さんがいっています。電車はきっぷを買うのがたいへんだから、早くお父さんにめんきょをとってもらいドライブしたいといっています。でもぼくは、白黒でなくカラーテレビでライダーが見たいです。おばあちゃんもうちわでなくクーラーがほしいと言っています。

① 曽祖父　② 祖父　③ 父　④ 私

問６ 下線部Ｆについて、次の問いに答えなさい。

⑴ 吉野ヶ里遺跡は、女王が統治していた国の集落跡ではないかといわれています。女王が統治していた国は何といいますか。

⑵ ［写真Ⅱ］と［地図Ⅱ］を見て、吉野ヶ里遺跡の写真と位置の組み合わせとして正しいものを、後の①～④から選びなさい。

［写真Ⅱ］遺跡の外観

［地図Ⅱ］

① ａとｃ　② ａとｄ　③ ｂとｃ　④ ｂとｄ

③ 次の会話文を読んで、後の問いに答えなさい。

はなこ：昨年５月にＡ広島サミットが行われたわよね。

父　：岸田首相は広島市などの選挙区から選出されているということもあり、かなり大きな話題をよんだね。

はなこ：B広島市と言えば、原爆投下よね。

父　：そうだね。広島市は平和記念都市としてC世界の核兵器廃絶を訴えているよね。

はなこ：日本の平和主義に関しては、憲法の前文と第９条に載っているわよね。

父　：これまでも、D特に憲法第９条に照らし合わせて、自衛隊の存在や役割が議論されてきたんだ。

はなこ：へえ、そうなんだ。

問１　下線部Aについて、次の問いに答えなさい。

(1)　1975年に初めてサミットが行われました。サミットが行われるようになった理由となる、国際経済上のできごとを漢字４字で答えなさい。

(2)　次の［文章Ｉ］の（ あ ）にあてはまる国名として正しいものを、後の①～④から選びなさい。

【文章Ｉ】

> Ｇ７広島サミットで、参加国の首脳が広島市の原爆資料館をそろって訪れたあと、その中の一人である、（ あ ）のトルドー首相が「展示内容をじっくり見たい」と希望し、滞在の最終日の午後に、再訪していたことがわかりました。

①　アメリカ　　②　カナダ　　③　イギリス　　④　オーストラリア

問２　下線部Bについて、第二次世界大戦後の広島に関するできごととして誤っているものを、次の①～④から選びなさい。

①　広島に原爆が投下された直後に、放射性物質を含むいわゆる「黒い雨」を浴びて健康被害を受けたと住民などが訴えた裁判で、2021年政府は上告しないことを決めた。

②　2016年、アメリカのトランプ大統領は、伊勢志摩サミットの日程を終えた後、現職の大統領として初めて被爆地・広島を訪れ、「核兵器のない世界」を追求していくと訴えた。

③　1954年にアメリカがおこなった水爆実験によって第五福竜丸の乗組員が犠牲になったことから1955年に第１回原水爆禁止世界大会が広島で行われた。

④　広島市教育委員会は、市立小学校３年生向けの平和学習教材に引用掲載してきた漫画『はだしのゲン』を、2023年度から削除し、別の被爆者体験談に差し替えることを決めた。

問３　下線部Cについて、次の問いに答えなさい。

(1)　次の［文章Ⅱ］は核兵器に関するある条約を説明したものです。この条約の名前を「～核実験禁止条約」の形に合うように漢字３字で答えなさい。

［文章Ⅱ］

> 1996年に国連総会で採択された、宇宙空間、大気圏内、水中、地下を含むあらゆる空間での核兵器の実験的爆発及びその他の核爆発を禁止した条約

(2)　国際連合の関連機関として、原子力の平和的利用を促進するとともに、原子力の軍事的利用への転用を防止することを目的とする国際機関があります。この組織をアルファベットで何とあらわしますか。次の①～④から選びなさい。

①　ＩＡＥＡ　　②　ＷＨＯ　　③　ＵＮＩＣＥＦ　　④　ＵＮＥＳＣＯ

問４　下線部Ｄについて、次の問いに答えなさい。

⑴　次の［資料］は、ある首相が日本国憲法第９条の解釈(かいしゃく)について述べたものです。この談話は誰(だれ)のものですか。後の①～④から選びなさい。

［資料］憲法第９条に関する首相談話

> わが国と密接な関係にある他国に対する武力攻撃(こうげき)が発生し、これによりわが国の存立が脅(おびや)かされ、国民の生命、自由及び幸福追求の権利が根底からくつがえされる明白な危険がある場合において、必要最小限度の実力を行使することは、自衛のための措置(そち)として、憲法上許される。

①　鳩山一郎　　②　安倍晋三　　③　海部俊樹　　④　菅直人

⑵　次の［図］について述べた文として誤っているものを、後の①～④から選びなさい。

［図］自衛隊への関心についての世論調査

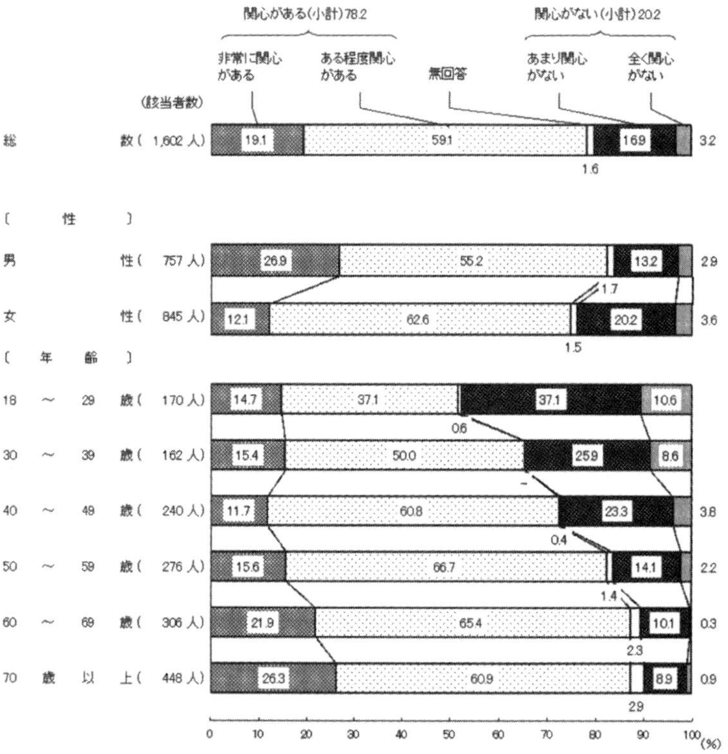

(内閣府『令和４年度　世論調査』)

①　「ある程度関心がある」の割合に関して、一番多い年齢(ねんれい)層と一番少ない年齢層の差は、25％以上ある。

②　「非常に関心がある」と「ある程度関心がある」とを合わせた割合は、どの年齢層においても、50％をこえている。

③　「あまり関心がない」と「全く関心がない」とを合わせた割合で、３番目に多い年齢層は「50～59歳(さい)」である。

④　「非常に関心がある」と答えた男性の割合は、女性の割合の２倍以上ある。

4　次の会話文を読み、後の問いに答えなさい。

先生：今日は、世界遺産について考えてみましょう。お二人は世界や日本の世界遺産を、どのくらい知っていますか。また、実際に行ったことがある世界遺産はありますか。

花子：私はローマのコロッセウムや、エジプトのピラミッドなどを知っています。

太郎：僕(ぼく)は群馬県の富岡製糸場や兵庫県の姫路城に行ったことがあります。

先生：そうですか。それでは、日本の世界遺産の登録数は全部でどのくらいあるか知っていますか。

花子：10くらいかな。

太郎：50くらいかな。

先生：ちなみに世界遺産は２つの種類があり、文化遺産と自然遺産とに分かれます。日本の世界遺産としては、文化遺産が20、自然遺産が５、つまり合計で25の世界遺産が登録されています。

花子：先生、世界全体の中で、日本の世界遺産は多い方なのですか。

先生：一概(いちがい)に多いとか、少ないとか答えにくいのですが、日本の登録数25という数字は、世界では11番目になります。ところで、事前に配布した［表］を見て、何か傾向(けいこう)や特徴(とくちょう)などで気づいたことがありますか。

［表］世界遺産の登録数ランキング(2023年12月現在)

順位	国　名	登録数	順位	国　名	登録数
1	イタリア	59	11	日本	25
2	中華人民共和国	57	11	アメリカ合衆国	25
3	ドイツ	52	13	ブラジル	23
3	フランス	52	14	カナダ	22
5	スペイン	50	15	トルコ	21
6	インド	42	16	オーストラリア	20
7	メキシコ	35	17	ギリシャ	19
8	イギリス	33	18	ポーランド	17
9	ロシア	31	18	ポルトガル	17
10	イラン	27	18	チェコ	17

(UNESCO HPより本校作成)

花子：観光地として有名な国が多い気がします。

太郎：僕は地域的に考えたのですが、例えばアジアの国々が少なく、ヨーロッパの国々が多いような気がします。

先生：たしかに太郎くんが指摘した通り、地域的なかたよりという点は、これまでも問題とされてきました。これは「先進国」と「開発途上国」との差ではないか、とも言われています。また、$_A$<u>そもそもヨーロッパの建造物の特徴とアジアの建造物の特徴の違いも、登録数の差の理由だと指摘されています。世界遺産の登録の基準という面から考えると、その理由が分かってくるかも知れませんよ</u>。また調べてみて下さい。

太郎：もう一つ質問です。世界全体では、現在どのくらいの世界遺産が登録されているのですか。

先生：2023年12月現在で、計1199です。$_B$<u>ただ、最近では、この増え過ぎてしまった世界遺産の保護や管理が難しくなっています</u>。また、昔と比べて登録に必要な書類の量も増え、更に審査も厳しくなっているようです。

花子：色々と大変なのですね。

太郎：「武家の古都・鎌倉」の街が登録されなかったと聞いたことがあります。やはり審査が厳しくなっているからでしょうかね。

問１　下線部Aについて、登録数ランキングを見ると、特にヨーロッパの国々が多く、アジアの国々が少ないといえます。これにはさまざまな理由が考えられますが、その理由の１つを、次の［写真Ⅰ］・［写真Ⅱ］・［資料Ⅰ］を参考にして、「ヨーロッパの登録が多い理由は、～」の形にあてはまるように45字以内で説明しなさい。

［写真Ⅰ］ギリシャ・パルテノン神殿(しんでん)の柱(約2500年前に建造)

［写真Ⅱ］日本・法隆寺の柱(約1400年前に建造)

［資料Ⅰ］太郎くんが調べた世界遺産への登録条件

・世界遺産に登録されるためには、その候補となる物件が本物であるか、つまり、本来の材料が保存されているか、本来の技術が継承(けいしょう)されているかが重要である。また、その候補となる物件に、十分な保全管理が確保されているかも重要である。

問２　下線部Ｂについて、［資料Ⅱ］は富岡製糸場の見学者数の推移を示しています。富岡製糸場が世界遺産に登録されたことで、どのような効果が期待でき、また逆にどのような課題があると考えられますか。

［資料Ⅱ］・［資料Ⅲ］を参考にして、60字以内で説明しなさい。

［資料Ⅱ］富岡製糸場の年度別見学者数

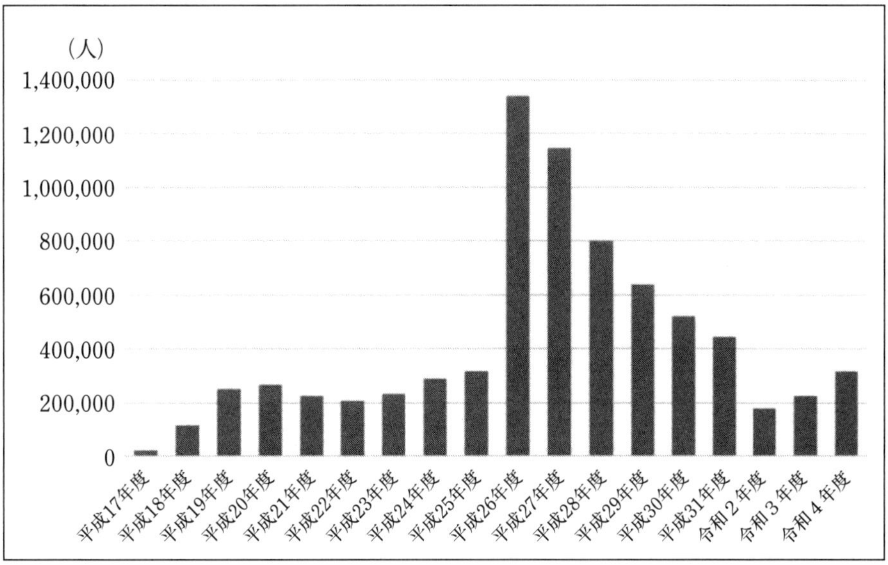

※富岡製糸場の世界遺産の登録は平成26年度　　(世界遺産　富岡製糸場HP)

［資料Ⅲ］「富岡製糸場基金」について

> 市は、継続的に保存整備事業を進めるため、支出の平準化や将来に備えて、入場料収入の一部や寄付金などを原資として「富岡製糸場基金」を設けている。2016年度には10億円近く積み上がったが、入場料収入の減少で残高も年々減り、2021年度中に残金7000万円ほどを使い切る見通しだ。

(2021年６月28日　読売新聞　一部改変)

東京農業大学第一高等学校中等部(第３回)

―40分―

1　現在、農大一中・一高で実施している宿泊を伴う学校行事において訪問する道府県(以下、すべて県と表記)と国を示した次の地図をみて、後の各問いに答えなさい。

地図１

問１　地図１中のＡ県に関する⑴・⑵の各問いに答えなさい。

⑴　Ａ県内の都市・集落のなかには、明治時代の開拓を起源とするものが多くみられます。明治政府によって派遣されたＡ県の開拓と北方防衛という２つの使命をもった入植者の名称として適切なものを、次のア～エのなかから１つ選び、記号で答えなさい。

ア　開拓使　　イ　屯田兵　　ウ　満蒙開拓団　　エ　太政官

⑵　⑴によるＡ県への入植により、Ａ県の先住民族は生活に必要な権利が制限され、狩猟や漁労の場も急速に奪われたことで、生活に困窮する人が増えてしまいました。この独自の文化を有するＡ県の先住民族の名称を答えなさい。

問２　地図１中のＢ県に関連して、次の表中のア～エは、Ｂ県とそれに隣接する県の農業に関する統計を示したものです。Ｂ県に当てはまるものを、表中のア～エのなかから１つ選び、記号で答えなさい。

	総農家数	耕地面積(百ha)			農業産出額(億円)	
	(千戸)	水田	畑	樹園地	野菜	果実
東京	10	2	47	15	129	32
ア	28	77	48	100	117	650
イ	21	35	113	34	345	64
ウ	90	517	356	147	891	894
エ	51	215	148	241	582	254

統計年次は総農家数、農業産出額が2020年、耕地面積が2021年。
『データブック　オブ・ザ・ワールド』より作成。

問３　地図１中のＣ県に関連して、次の表は昼夜間人口比率*について、関東地方のうちＣ県、茨城県、群馬県、東京都について示したものです。また、後のグラフは製造品出荷額等の割合について、同様の各県について示したものです。表・グラフ中のア～エは同じ県を示しています。Ｃ県に当てはまるものを、ア～エのなかから１つ選び、記号で答えなさい。

＊昼夜間人口比率とは、夜間人口(常住人口)100人あたりの昼間人口を表す。

表：関東地方４県の昼夜間人口比率

	昼夜間人口比率
ア	119.2
イ	100.0
ウ	97.6
エ	89.9

統計年次は2020年。
『データでみる県勢』より作成。

グラフ：関東地方４県の製造品出荷額等割合

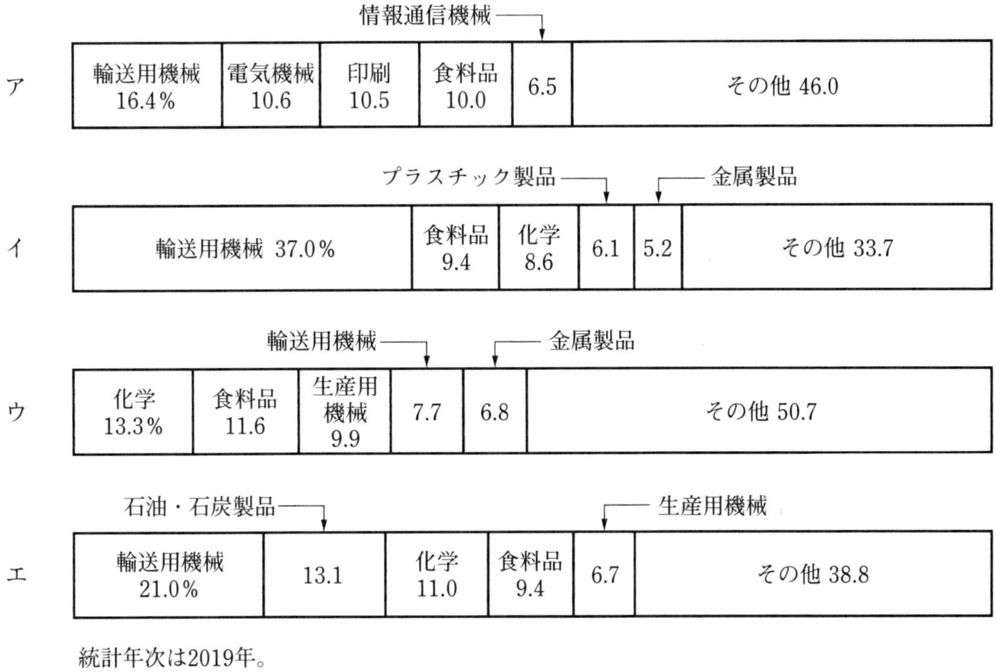

統計年次は2019年。
『データでみる県勢』より作成。

問４　地図１中のＤ県に関連して、古都として発展した都市をもつＤ県には経済産業大臣により指定を受けている数多くの伝統的工芸品が存在します。Ｄ県の伝統的工芸品に当てはまるものを、次のア～エのなかから１つ選び、記号で答えなさい。

ア

イ

ウ

エ
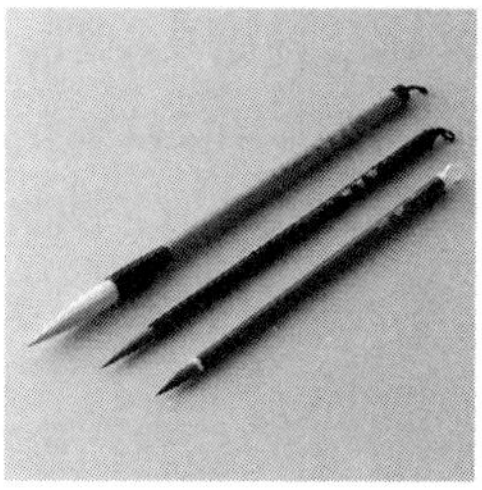

問５　地図１中のＥ県に関連して、次の地図はＥ県内のある地域を示した２万５千分の１の地形図です。この地形図から読み取れることを説明した次の文ア～エのなかで、下線部が正しいものを１つ選び、記号で答えなさい。

ア　新庄町の集落は、第二次世界大戦後に新しく作られた住宅団地と考えられる。

イ　天理駅から前栽駅までは地図上で約５cmあるため、実際の直線距離は約1.25kmである。

ウ　塚穴山古墳からみて、天理市役所は北東方向に位置する。

エ　この地域は降水量が少ないために多くのため池がみられ、それらは主に野菜や果実の生産のために利用されている。

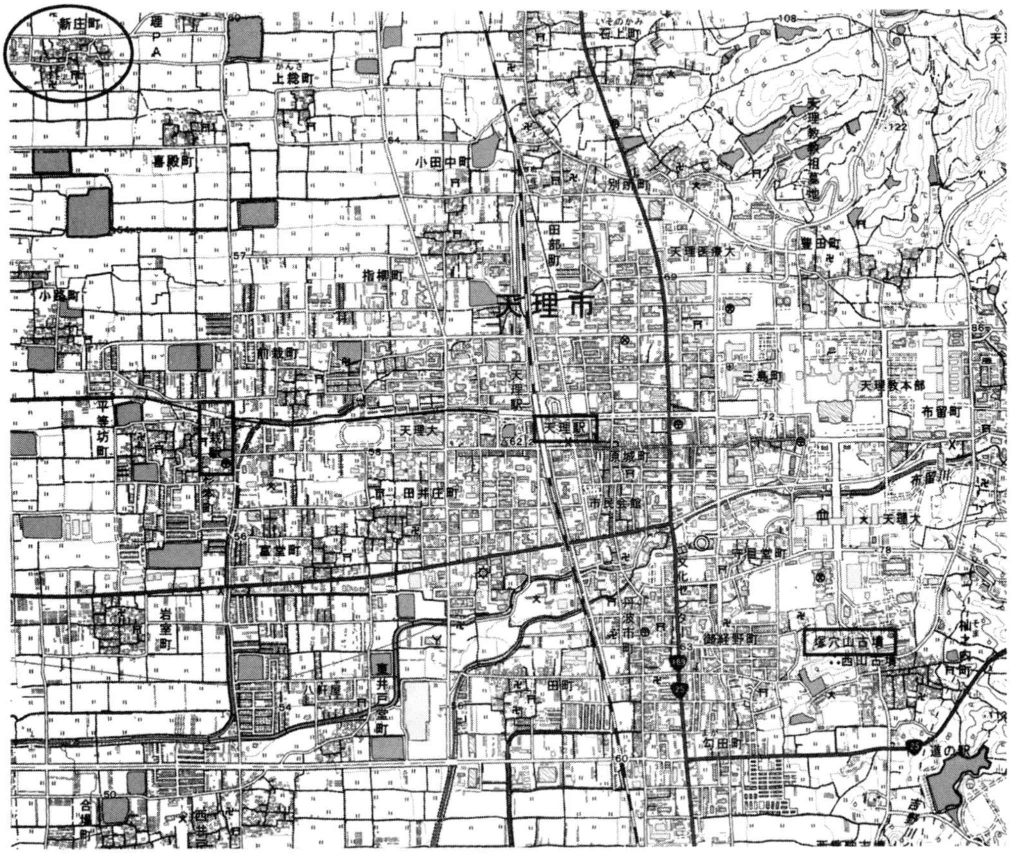

国土地理院「地理院地図」より作成(一部改変)。
(編集部注：実際の入試問題の地形図を縮小して掲載しています。)

問６　地図１中のＦ県に関連して、次の表は輸送機関別に県内旅客輸送人数を示したもので、表中のア～エはＪＲ線、私鉄線、自動車、航空機のいずれかを表しています。航空機による旅客輸送人数に当てはまるものを、表中のア～エのなかから１つ選び、記号で答えなさい。

	ア	イ	ウ	エ
Ａ県	95,682	484	185,479	246,405
東京都	1,781,165	201	4,337,851	832,861
Ｆ県	0	1,405	11,768	39,798

単位は千人。
統計年度は2021年度。
旅客地域流動調査より作成。

地図２

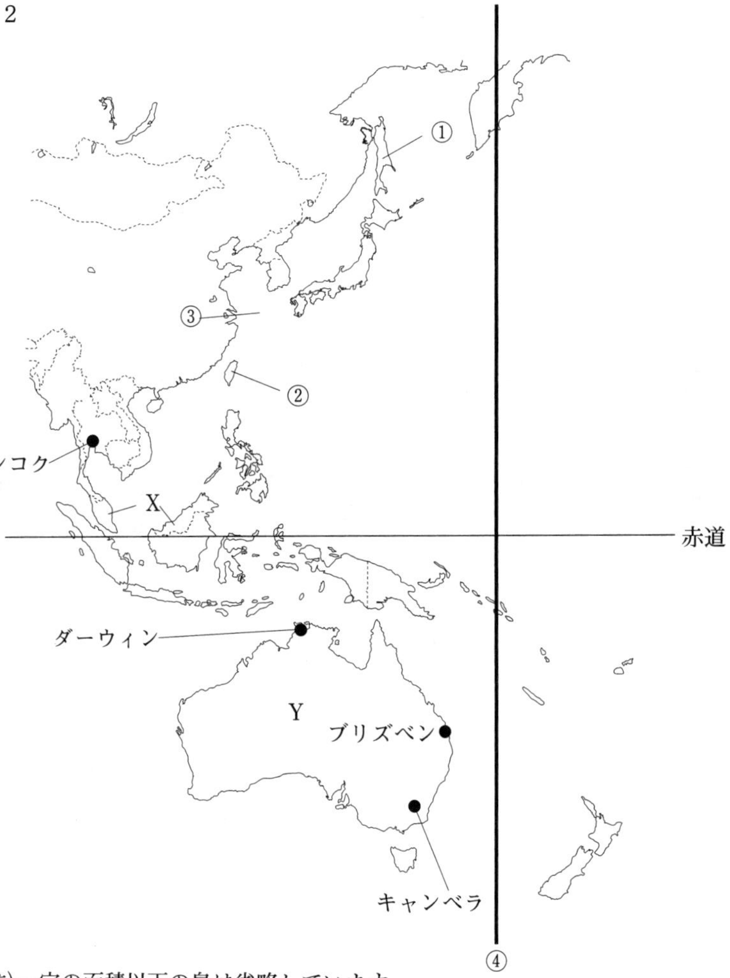

注)一定の面積以下の島は省略しています。

問７　地図２中の①・②の島、③の海域の名称を、それぞれ答えなさい。

問８　地図２中の④の経度を、次のア～エのなかから１つ選び、記号で答えなさい。

ア　東経120度　　イ　東経140度　　ウ　東経160度　　エ　経度180度

問９　次の雨温図は、地図２中のキャンベラ、ダーウィン、バンコク、ブリズベンのいずれかを示したものです。ブリズベンの雨温図として適切なものを、次のア～エのなかから１つ選び、記号で答えなさい。

ア

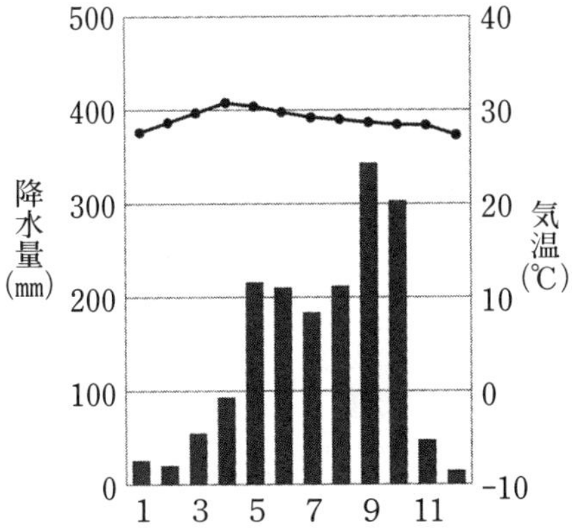

イ

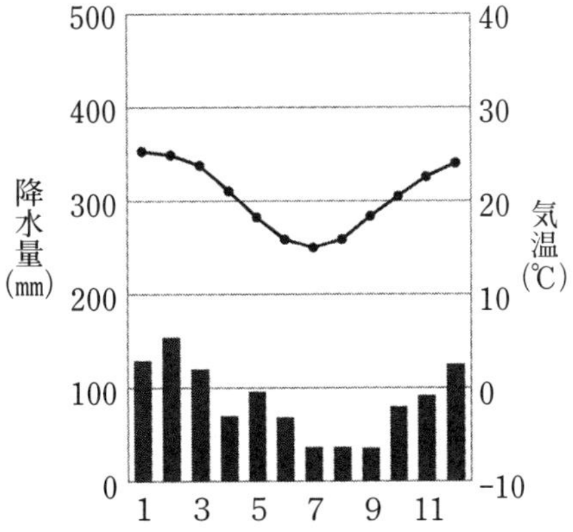

ウ

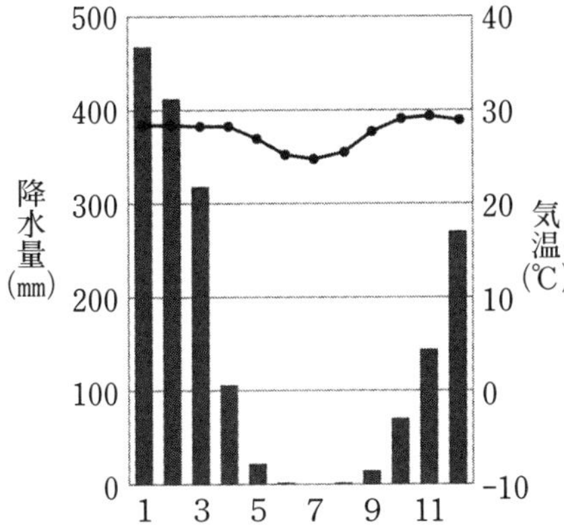

エ

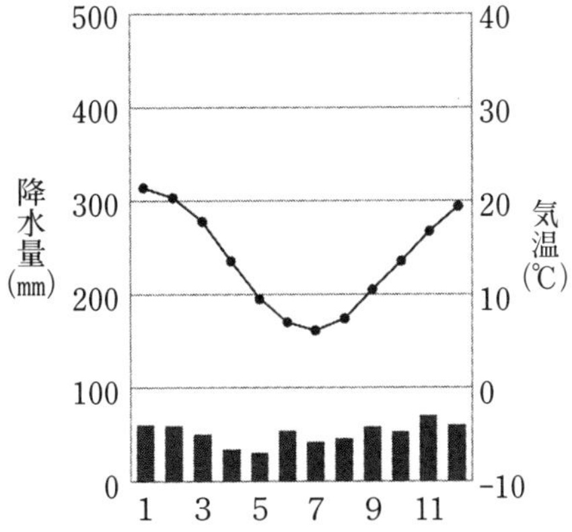

気候値は1991～2020年。
気象庁ホームページ、『理科年表』より作成。

問10　地図２中のＸ国に関連して、この国ではある宗教を国の宗教(国教)に定めています。次の写真は日本の調味料メーカーの関連会社がＸ国で現地生産・販売している調味料の広告と、その広告に掲載されている認証マークを拡大したものです。Ｘ国の国教に定められている宗教の名称を答えなさい。

フンドーキン醤油株式会社ホームページより。

問11　地図２中のＹ国に関連して、Ｙ国はヨーロッパのある国の植民地として発展してきた歴史があります。次のＹ国の国旗とＹ国内にあるスーパーマーケットの広告の一部を参考にして、かつてＹ国を植民地支配していたヨーロッパの国を答えなさい。

2　次の花子さんと先生の会話文を読み、後の各問いに答えなさい。

花子：「先生、新聞で『男女平等、日本は世界125位で過去最低　ジェンダーギャップ報告書』という見出しの記事を読みました。最近は女性の社会進出が進んでいると思っていたのですが、世界の中では日本はまだまだ遅れているのですね。」

先生：「そのようですね。でも日本の歴史を振り返ると、女性の活躍が目立った時代もありますよ。花子さんは日本の歴史上の人物で、どんな女性を思いつきますか。」

花子：「そうですね、私ならまず①弥生時代の［　Ａ　］を挙げます。彼女は30余りの小国をまとめていた女王だったと教わりました。あとは飛鳥時代に②厩戸王(聖徳太子)が政治を補佐したとされる推古天皇も、日本ではじめての女性天皇だと記憶しています。」

先生：「ほかにも、平安時代には『［　Ｂ　］』を書いたとされる紫式部や、『［　Ｃ　］』を書いたとされる清少納言などの女流文学者が活躍していますね。」

花子：「鎌倉時代や室町時代に活躍した女性も思い出しました。鎌倉幕府の将軍源頼朝の妻だった［　Ｄ　］は、③承久の乱の際に御家人をまとめて幕府を勝利に導いたと学習しました。室町幕府の将軍足利義政とその妻［　Ｅ　］は後継者をめぐって対立し、④応仁の乱が起こるきっかけの１つとなったのですよね。」

先生：「その通りです。いわゆる中世の武家社会においては、女性が男性と同等の財産権をもっていたり、御家人として活躍していたりしたことがわかっています。ほかにも、庶民の女性が商人として経済活動に参加するなど、女性の活躍が目立っていた時代だと考えられています。」

花子：「でも、その後の近世、なかでも⑤江戸時代には、活躍する女性が教科書にあまりみられなくなるのはなぜでしょうか。」

先生：「いいところに気が付きましたね。中世から近世にかけて、武家社会における女性の財産相続は否定されていくようになり、長男一人が財産を相続することが一般的になりました。

また、農村でも会議への参加は男性が中心となるなど、女性が表舞台で活躍する場面が減少してしまったのは確かです。もちろん、自力で生活を営む女性もいましたが、⑥“男性は仕事、女性は家庭”という考え方が定着し、こうした状況は明治時代以降も続き、教育の機会や政治参加などにおいても女性は差別を受けました。」

花子：「先生、当時の女性は、そうした状況を変えようとは思わなかったのですか。」

先生：「もちろん、自分たちの権利を獲得するために運動を起こした女性もいましたよ。例えば⑦与謝野晶子や平塚らいてうは、そうした運動を起こした女性の一人です。」

花子：「今年発行される新しい5000円札のデザインに決まっている［　F　］も、女子教育の普及に貢献した人物だと聞きました。」

先生：「その通りです。こうした運動の効果もあって、徐々に女性の社会進出は進みましたが、労働や教育などの面で不当な差別を受けるなど多くの問題が残されました。女性の権利が広く認められて機会均等がはかられていくのは、日本が⑧太平洋戦争に敗れてからの話となります。戦後の⑨ＧＨＱによる民主化政策や1985年制定の男女雇用機会均等法、1999年制定の男女共同参画社会基本法などは、その代表例といえるでしょう。」

花子：「とても勉強になりました。今を生きる私たちは、多様な性を認めつつ、更なる⑩ジェンダー平等な社会の実現をめざしていかなければならないですね。先生、今日はありがとうございました。」

問１　下線部①の時代に関連する説明として適切なものを、次のア～エのなかから１つ選び、記号で答えなさい。

ア　米作りが東日本にまで広まり、食料採取の段階から食料生産の段階へと入った。

イ　米作りには銅鐸などの青銅製農具が用いられ、収穫物は高床倉庫に収められた。

ウ　前方後円墳が各地につくられ、古墳の周囲には土偶がならべられた。

エ　人々は獲物や植物性の食料を求めて、絶えず移動して生活し、定住しなかった。

問２　空欄［　A　］に当てはまる人物を答えなさい。

問３　下線部②の人物の功績に関連する説明として**適切でないもの**を、次のア～エのなかから１つ選び、記号で答えなさい。

ア　小野妹子を遣唐使として中国皇帝のもとに派遣した。

イ　冠位十二階を制定し、個人の才能や功績に対して冠位を与えた。

ウ　役人の心構えや仏教を重んじることを示した憲法十七条を制定した。

エ　仏教を重んじる考えから法隆寺を創建した。

問４　空欄［　B　］と空欄［　C　］に当てはまる作品の組み合わせとして適切なものを、次のア～エのなかから１つ選び、記号で答えなさい。

ア　Ｂ：源氏物語　　Ｃ：枕草子　　　イ　Ｂ：枕草子　　Ｃ：土佐日記

ウ　Ｂ：源氏物語　　Ｃ：土佐日記　　エ　Ｂ：枕草子　　Ｃ：源氏物語

問５　空欄［　D　］と空欄［　E　］に当てはまる人物の組み合わせとして適切なものを、次のア～エのなかから１つ選び、記号で答えなさい。

ア　Ｄ：日野富子　　Ｅ：出雲阿国　　イ　Ｄ：北条政子　　Ｅ：出雲阿国

ウ　Ｄ：日野富子　　Ｅ：北条政子　　エ　Ｄ：北条政子　　Ｅ：日野富子

問６　下線部③の際に鎌倉幕府を倒すために兵を挙げた上皇の名前を**漢字**で答えなさい。

問７　下線部④に関する説明として**適切でないもの**を、次のア～エのなかから１つ選び、記号で答えなさい。

ア　守護大名たちは細川勝元率いる東軍と山名持豊率いる西軍に分かれて戦った。

イ　この戦いのはじまりが一般的に戦国時代の幕開けとされている。

ウ　この戦いにより都は荒れ果て、将軍の権威が低下した。

エ　この戦いで足軽鉄砲隊がはじめて登場し、戦争が長期化することとなった。

問８　下線部⑤に関して、この期間に起きた出来事として**適切でないもの**を、次のア～エのなかから１つ選び、記号で答えなさい。

ア　イギリスで綿工業を中心に産業革命が始まった。

イ　フランスで市民革命(フランス革命)が起きた。

ウ　コロンブスがアメリカ大陸に到達した。

エ　アメリカのリンカン大統領が奴隷解放宣言を出した。

問９　下線部⑥のような考え方は、現在大きく変化してきています。次のグラフから読み取れることとして**適切でないもの**を、後のア～エのなかから１つ選び、記号で答えなさい。

男性雇用者世帯のうち共働き世帯と専業主婦世帯の推移

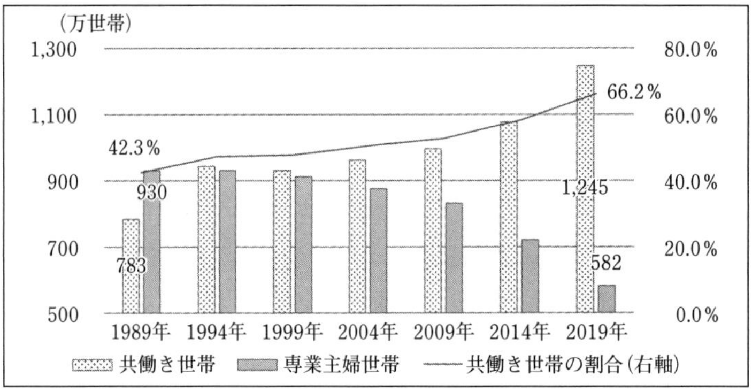

(注)2001年以前は総務庁「労働力調査特別調査」(各年２月)、
2002年以降は総務省統計局「労働力調査(詳細集計)」より作成。
資料)令和２年版厚生労働白書

ア　1989年においては、専業主婦世帯数の方が共働き世帯数よりも多かった。

イ　2019年においては、共働き世帯の割合が66.2%を占めるに至っている。

ウ　共働き世帯数が専業主婦世帯数を上回ったのは、2000年以降のことである。

エ　男性雇用者世帯において、働く女性の数は増加傾向にある。

問10　下線部⑦が雑誌『明星』によせた次の詩は、戦地の弟を想ってつくられたものです。この詩がつくられた時の戦争を、後のア～エのなかから１つ選び、記号で答えなさい。

> あゝをとうとよ、君を泣く、
> 君死にたまふことなかれ、
> 末に生れし君なれば
> 親のなさけはまさりしも、
> 親は刃(やいば)をにぎらせて
> 人を殺せとをしへしや、
> 人を殺して死ねよとて
> 二十四までをそだてしや。

ア　日清戦争　　イ　日露戦争　　ウ　第一次世界大戦　　エ　日中戦争

問11　空欄［　F　］に当てはまる人物の肖像画として適切なものを、次のア～エのなかから１つ選び、記号で答えなさい。

ア

イ

ウ

エ

問12　下線部⑧の末期、戦争協力のために沖縄師範学校女子部と沖縄県立第一高等女学校の教師・生徒らで組織された看護要員の名称として適切なものを、次のア～エのなかから１つ選び、記号で答えなさい。

ア　白虎隊　　イ　奇兵隊　　ウ　ひめゆり学徒隊　　エ　警察予備隊

問13　下線部⑨に関連して、ＧＨＱのマッカーサーの指示により日本政府がおこなった民主化政策の説明として**適切でないもの**を、次のア～エのなかから１つ選び、記号で答えなさい。

ア　労働者の権利を守るために、労働組合法、労働関係調整法、労働基準法がつくられた。
イ　教育基本法、学校教育法が制定され、９年間の義務教育や男女共学が始まった。
ウ　国民主権、基本的人権の尊重、平和主義を基本原則とする日本国憲法がつくられた。
エ　地主から土地を買い上げて、土地をもたない小作人に安く売り渡す地租改正が実施された。

問14　下線部⑩に関連して、戦後の日本において女性が就任したことのある政治の要職として適切なものを、次のア～エのなかから**すべて**選び、記号で答えなさい。

ア　内閣総理大臣　　イ　国務大臣　　ウ　都道府県知事　　エ　衆議院議長

３　次の文章を読み、後の各問いに答えなさい。

イギリスの経済誌『エコノミスト』の調査部門であるエコノミスト・インテリジェンス・ユニットは、毎年各国の「民主主義指数」を公表しています。調査対象は世界167の国と地域におよび、「Ⅰ　選挙方法と多様性」「Ⅱ　政治機能」「Ⅲ　政治参加」「Ⅳ　政治文化」「Ⅴ　人権擁護」の５分野の評価(それぞれ10点満点)から総合点を算出してランク付けをしています。次の表１は、この「民主主義指数」の2022年度における上位20カ国を掲載したものです。

表１　民主主義指数(2022年度)

順位	国	Ⅰ	Ⅱ	Ⅲ	Ⅳ	Ⅴ	総合スコア
1	ノルウェー	10.00	9.64	10.00	10.00	9.41	9.81
2	ニュージーランド	10.00	9.29	10.00	8.75	10.00	9.61
3	アイスランド	10.00	9.64	8.89	9.38	9.71	9.52
4	スウェーデン	9.58	9.64	8.33	10.00	9.41	9.39
5	フィンランド	10.00	9.64	8.33	8.75	9.71	9.29
6	デンマーク	10.00	9.29	8.33	9.38	9.41	9.28
7	スイス	9.58	9.29	8.33	9.38	9.12	9.14
8	アイルランド	10.00	8.21	8.33	10.00	9.12	9.13
9	オランダ	9.58	8.93	8.33	8.75	9.41	9.00
10	台湾	10.00	9.64	7.78	8.13	9.41	8.99
11	ウルグアイ	10.00	8.93	7.78	8.13	9.71	8.91
12	カナダ	10.00	8.57	8.89	8.13	8.82	8.88
13	ルクセンブルク	10.00	8.93	6.67	8.75	9.71	8.81
14	ドイツ	9.58	8.57	8.33	8.13	9.41	8.80
15	オーストラリア	10.00	8.57	7.78	7.50	9.71	8.71
16	日本	9.17	8.57	6.67	8.13	9.12	8.33
17	コスタリカ	9.58	7.50	7.78	6.88	9.71	8.29
18	イギリス	9.58	7.50	8.33	6.88	9.12	8.28
19	チリ	9.58	8.21	6.67	7.50	9.12	8.22
20	オーストリア	9.58	7.14	8.89	6.88	8.53	8.20

ECONOMIST INTELLIGENCE「Democracy Index2022」より作成。

①表１をみて分かる通り、日本は総合点としては上位20カ国にはランクインしているものの、「Ⅲ政治参加」の項目については、20カ国中最下位の評価となっています。この項目は、次の資料１に示す９つの基準によって評価されています。ここでは、このなかから「１　国政選挙の投票率」を取り上げて、日本における政治参加の実情について考えていきたいと思います。

資料１　政治参加についての９つの評価基準

1	国政選挙の投票率
2	政治過程におけるマイノリティの自治権や発言権
3	女性の国会議員比率
4	政治参加の程度、政党や非政府組織の構成
5	市民の政治への関わり
6	合法的なデモ活動に対する人々の態度
7	成人の識字率
8	成人の政治的ニュースに対する関心の程度
9	政治参加の促進に対する政府の努力

ECONOMIST INTELLIGENCE「Democracy Index2022」より作成。

次のグラフ１・２は、日本の衆議院議員総選挙および参議院議員通常選挙の投票率の推移を示したものです。

グラフ１　衆議院議員総選挙(大選挙区・中選挙区・小選挙区)における投票率の推移

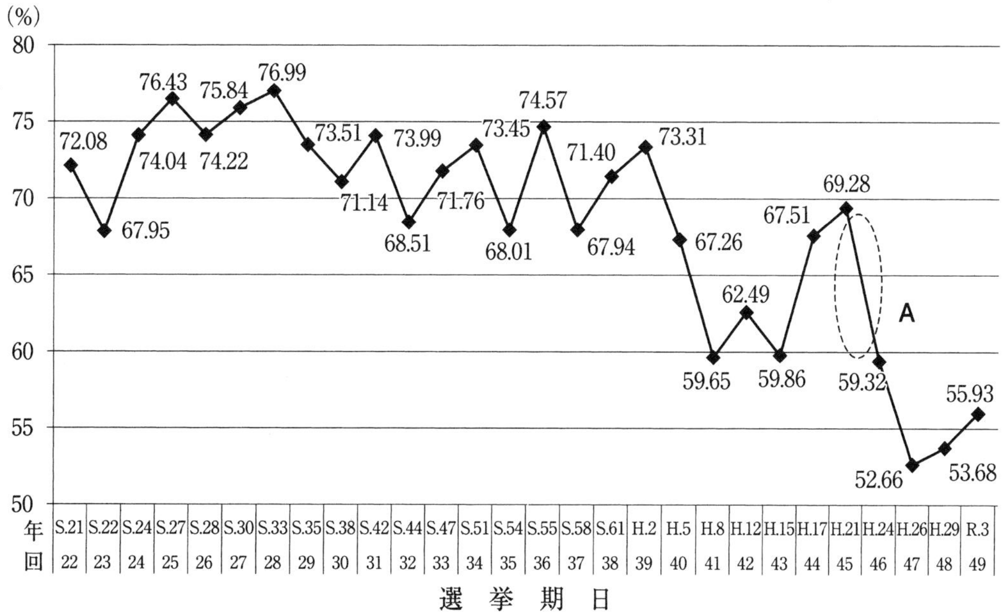

総務省ホームページより作成。

グラフ２　参議院議員通常選挙(地方区・選挙区)における投票率の推移

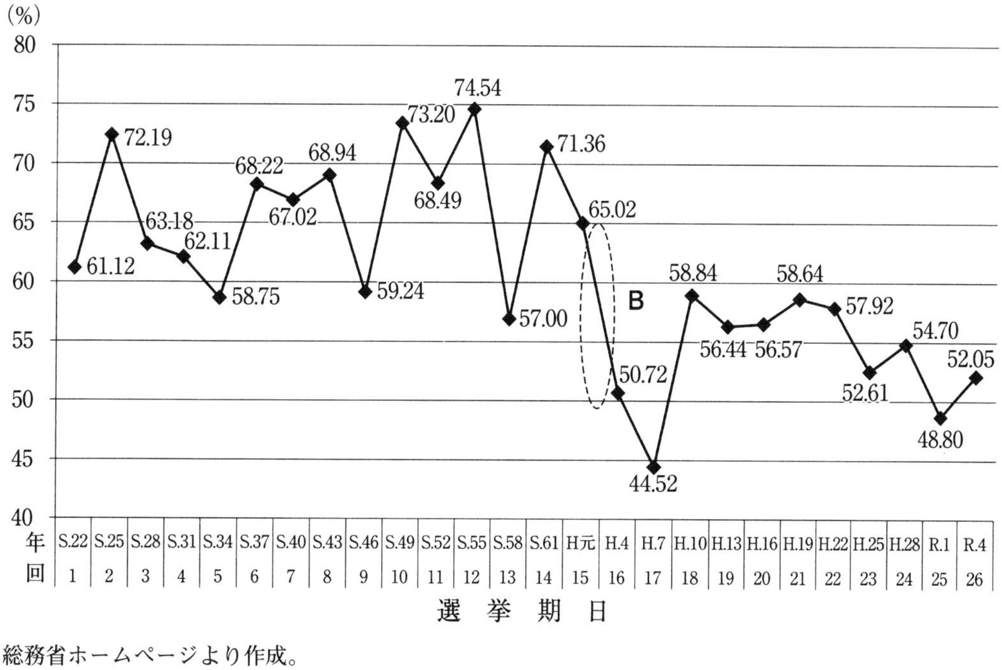

総務省ホームページより作成。

②グラフ１・２をみると、③衆議院・参議院ともに全体的な推移は右肩下がりとなっており、近年は特に低い数値となっていることが分かります。より詳細に状況を捉えるために、衆議院議員総選挙における年代別の投票率を示した次のグラフ３をみてみましょう。

グラフ３　衆議院議員総選挙における年代別投票率(抽出)の推移

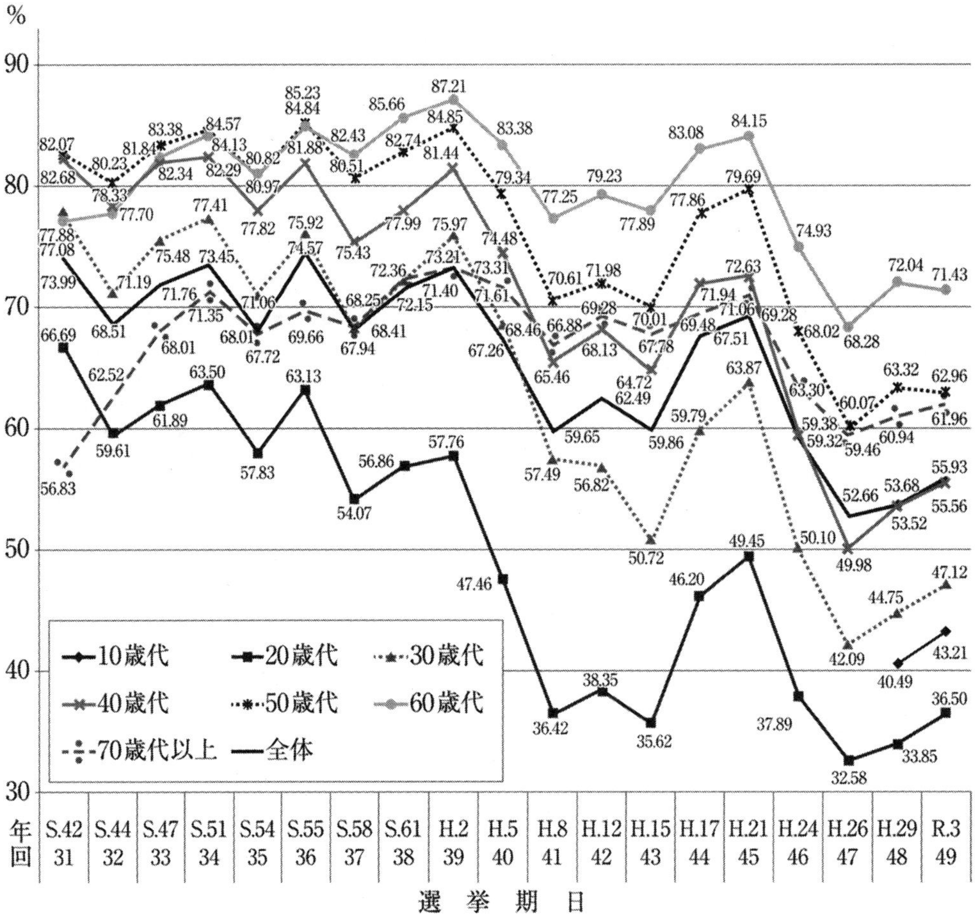

(%)

年	S.42	S.44	S.47	S.51	S.54	S.55	S.58	S.61	H.2	H.5	H.8	H.12	H.15	H.17	H.21	H.24	H.26	H.29	R.3
回	31	32	33	34	35	36	37	38	39	40	41	42	43	44	45	46	47	48	49
10歳代																		40.49	43.21
20歳代	66.69	59.61	61.89	63.50	57.83	63.13	54.07	56.86	57.76	47.46	36.42	38.35	35.62	46.20	49.45	37.89	32.58	33.85	36.50
30歳代	77.88	71.19	75.48	77.41	71.06	75.92	68.25	72.15	75.97	68.46	57.49	56.82	50.72	59.79	63.87	50.10	42.09	44.75	47.12
40歳代	82.07	78.33	81.84	82.29	77.82	81.88	75.43	77.99	81.44	74.48	65.46	68.13	64.72	71.94	72.63	59.38	49.98	53.52	55.56
50歳代	82.68	80.23	83.38	84.57	80.82	85.23	80.51	82.74	84.85	79.34	70.61	71.98	70.01	77.86	79.69	68.02	60.07	63.32	62.96
60歳代	77.08	77.70	82.34	84.13	80.97	84.84	82.43	85.66	87.21	83.38	77.25	79.23	77.89	83.08	84.15	74.93	68.28	72.04	71.43
70歳代以上	56.83	62.52	68.01	71.35	67.72	69.66	68.41	72.36	73.21	71.61	66.88	69.28	67.78	69.48	71.06	63.30	59.46	60.94	61.96
全体	73.99	68.51	71.76	73.45	68.01	74.57	67.94	71.40	73.31	67.26	59.65	62.49	59.86	67.51	69.28	59.32	52.66	53.68	55.93

総務省ホームページより作成。

④グラフ３をみると、特に若者の投票率の低さが顕著であることが分かると思います。平成29年の選挙は、⑤18歳と19歳が有権者となってからはじめての選挙でしたが、彼らの投票率も思わしいものではなかったといえます。

若者の投票率の低さは、各国に共通してみられる現象なのかというと、決してそのようなことはありません。政治教育の先進国であるデンマークやスウェーデンでは20代の投票率が約80％となっていますし、隣国の韓国も、2017年の大統領選挙では20代の投票率が約75％と非常に高い値を記録しました。

いずれにしても、⑥少子高齢化を突き進む日本において、若者の投票率の低さは、民意の反映の形をよりいびつなものとしてしまいます。実感しやすくするために、次は投票数で考えてみましょう。次のグラフ４は、2022年10月１日現在の日本の人口ピラミッドです。

グラフ４　日本の人口ピラミッド(2022年10月１日現在)

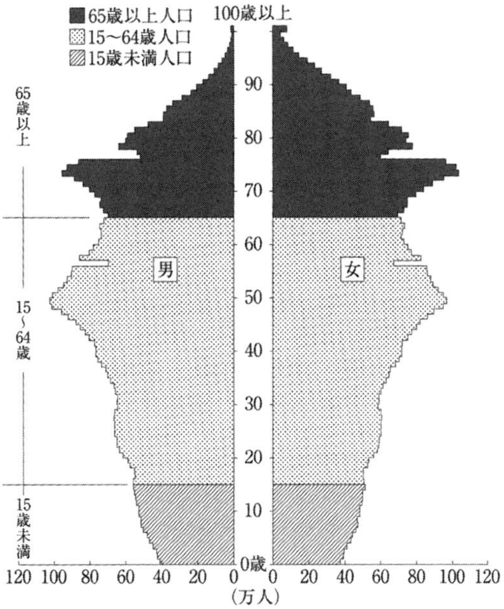

総務省統計局ホームページより作成。

ここから、年代別の有権者人口を抽出したものが次の表２です。この有権者人口に、グラフ３で示された年代別投票率をかけることで、年代別のおおよその投票数を把握することができます。表３は、令和３年選挙の投票率を用いて算出した、年代別投票数の推計です。

表２　年代別の有権者人口(2022年10月１日現在)

年代	人口(千人)
10代(18歳・19歳)	2222
20代	11777
30代	13008
40代	16988
50代	17191
60代	14811
70代以上	28570
合計	104567

総務省統計局ホームページより作成。

表３　令和３年選挙における年代別投票数の推計

年代	投票数(千票)
10代(18歳・19歳)	960
20代	4299
30代	6129
40代	9439
50代	10823
60代	10579
70代以上	17702
合計	59931

総務省統計局ホームページより作成。

単純に有権者人口だけでみると、10代～30代の人口は、全体の約26％ですが、投票数でみると、10代～30代の投票数は、全体の約［　あ　］％となります。一方で、70代以上の人口は全体の約27％ですが、投票数では全体の約［　い　］％となります。従って、人口比率としてはほぼ同じである10代～30代と70代以上ですが、投票数での存在感としてみると大きな差がついていることが分かります。

このような意味で、⑦シルバー民主主義がますます進んでいくとも言われていますが、若者の行動一つで、この方向性を変えていくことも十分に可能です。先ほど、デンマークやスウェーデンの若者の投票率について触れましたが、もし日本において若者の投票率が80％となれば、どのようなことが起きるでしょうか。

改めて、先ほどの表２の数字を用いてみましょう。10代～30代の投票率が80％となり、その他の年代の投票率に変化がないとすると、10代～30代の投票数は21606千票となり、これは全体の投票数の約31％を占めることになります。このような状況が実現すれば、日本の政治の形に大きな変化が起こることは間違いありません。票の「数」で当選者が決定する選挙制度のもとでは、投票数で存在感をもつことは、政治的な影響力に直結するのです。

ここでは、「国政選挙の投票率」に焦点を当てましたが、「投票」以外にも政治に参加する方法はたくさんあります。ヨーロッパで広がりをみせた高校生による環境運動は世界中で大きな話題となりましたし、小学生の行動が⑧地方自治体を動かしたこともあります。いずれにしても大切なことは、これら政治参加の起点には⑨１人ひとりの「思い」や「考え」があるということです。「これっておかしくないかな？」「もっとこうだったらいいのに」と、日々の暮らしのなかで感じる疑問や理不尽に目を向けること、⑩みなさん自身が生きていきたいと思う社会の姿を考えること、そういった姿勢の先に、政治参加の盛り上がりがあり、民主主義の未来があるのです。

問１　下線部①について、次の(1)・(2)の各問いに答えなさい。

(1)　上位20カ国のなかに、Ｇ７諸国は何カ国ランクインしているか数字で答えなさい。

(2)　上位20カ国のなかで、人口が最も多い国を答えなさい。

問２　下線部②について、次の(1)・(2)の各問いに答えなさい。

(1)　グラフ中のＡの期間に衆議院において最も多くの議席を獲得していた政党を答えなさい。

(2)　グラフ中のＢの期間に起こった出来事として適切なものを、次のア～エのなかから１つ選び、記号で答えなさい。

ア　東日本大震災の発生

イ　バブル経済の崩壊による企業倒産の増加

ウ　リーマンショックによる世界同時不況の発生

エ　第２次オイルショックによるインフレーションの発生

問３　下線部③について、日本の国会は二院制を採用していますが、同時に、衆議院には参議院に対する優越が認められています。二院制を採用しながらも、一方の議院に優越を認める制度を採用している目的を考え、説明しなさい。

問４　下線部④について、次のア・イの内容が、このグラフから読み取れることとして正しければ「１」、正しくなければ「２」、このグラフからは判断がつかない場合には「３」と答えなさい。

ア　平成26年の選挙を底辺に、平成29年、令和３年と投票率は回復しており、この間はすべての世代において投票率の継続的な上昇がみられたことが分かる。

イ　昭和42年と直近の選挙との比較で、唯一投票率を上昇させているのは70歳代以上であり、高齢者の一人暮らしの増加が投票率に反映されていることが分かる。

問５　下線部⑤について、次のグラフは、明治23(1890)年から昭和22(1947)年における日本の総人口に対する有権者数の比率の推移を表したものです。グラフ中のＣ・Ｄの期間に有権者数の比率が大きく増加していることが分かりますが、これは有権者の条件が変更されたことによるものです。Ｄの期間には、どのような条件の変更があったのか、具体的に説明しなさい。

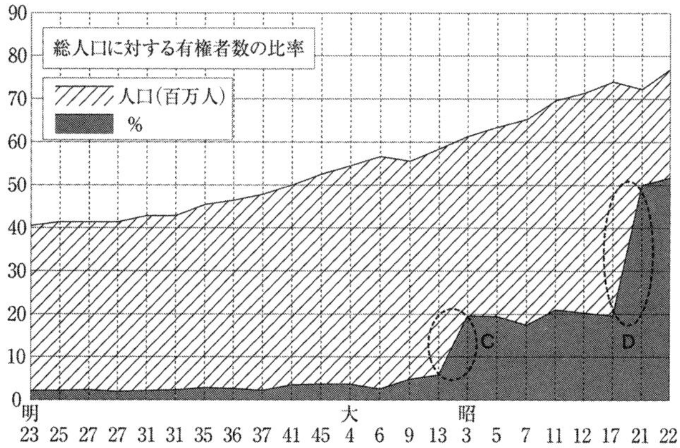

『文部省著作教科書 民主主義』より一部改変。

問６　下線部⑥について、少子高齢化の進展は、社会保障費の増大という課題をもたらしています。現在の一般会計歳出における社会保障費のおよその割合として最も適切なものを、次のア～エのなかから１つ選び、記号で答えなさい。

ア　25％　　イ　35％　　ウ　45％　　エ　55％

問７　文章中の空欄［　あ　］・［　い　］に当てはまる数字を、それぞれ**５の倍数**で答えなさい。

問８　下線部⑦について、「シルバー民主主義」とは、どのような政治のあり方を指した言葉か、簡潔に説明しなさい。

問９　下線部⑧について、日本の地方自治の仕組みについての説明として適切なものを、次のア～エのなかから**２つ**選び、記号で答えなさい。

ア　都道府県知事の任期は４年で、満25歳以上の男女が立候補することができる。

イ　地方議会議員の任期は４年で、満25歳以上の男女が立候補することができる。

ウ　地方自治体の住民は、有権者の過半数の署名を集めることができなければ、議会の解散を請求することができない。

エ　地方自治体の住民は、有権者の50分の１以上の署名を集めることができなければ、条例の制定を請求することができない。

問10　下線部⑨について、資料１にあげられた基準のうち、「１　国政選挙の投票率」を除く８つの基準のなかから、「民主主義の実現」という視点で、あなたが特に重要だと考えるものを１つ取り上げ、そのように考えた理由を述べなさい。その際、あなたの考える「民主主義の望ましいあり方」についても述べなさい。

問11　下線部⑩に関連して、次の憲法条文中の空欄［　A　］～［　C　］に当てはまる適切な語句を、それぞれ答えなさい。

第13条　すべて国民は、［　A　］として尊重される。生命、自由及び［　B　］追求に対する国民の権利については、［　C　］に反しない限り、立法その他の国政の上で、最大の尊重を必要とする。

桐光学園中学校(第１回)

―40分―

1　次の文章を読んで、後の問いに答えなさい。

昨年、ア広島でイＧ７サミットが開催されました。サミットは1975年に［　①　］で第１回が開かれてから、経済力の大きい国々が毎回様々な問題を話し合っています。

昨年のサミットで取り上げられたテーマは様々であり、国際秩序(ちつじょ)や経済、ウジェンダー、地域情勢などが扱われました。中でも核兵器の問題が大きなテーマとなりました。５月20日には話し合いの成果をまとめた「エＧ７首脳コミュニケ(声明)」が発表され、ロシアに攻め込まれた［　②　］の支援(しえん)を続けることや核兵器を減らすことの努力の強化などが明記されました。

このサミットで議長となった岸田文雄首相は会議を主導する一方、［　②　］やオ韓国の大統領との会談もおこないました。サミット終了後には記者会見し、

> 我々首脳は、「２つの責任」を負っています。一つは、現下の厳しい安全保障環境(かんきょう)の下、国民の安全を守り抜くという厳然たる責任です。同時に、「核兵器のない世界」という理想を見失うことなく、それを追い求め続けるという崇高(すうこう)な責任です。
>
> (首相官邸ホームページより)

と発言し、19日に発表した「カ広島ビジョン」は核兵器のない世界の実現に向けた歴史的なものになったと強調しました。

問１　文中の［　①　］・［　②　］にあてはまる国名を答え、その国の位置をそれぞれ地図中から記号で答えなさい。

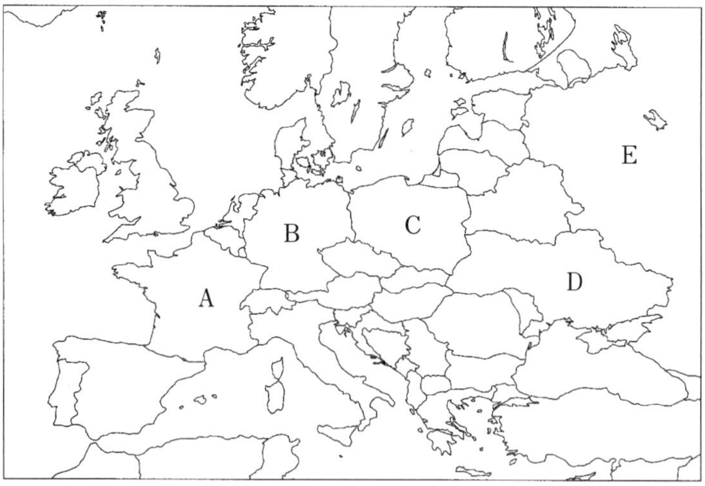

問２　下線部アについて、サミットがおこなわれた広島県に関する説明として正しいものを、次の中から１つ選び、番号で答えなさい。

1　1945年８月９日に原子爆弾が投下された。
2　江戸時代の鎖国期に、出島は日本と西欧を結ぶ唯一の窓口であった。
3　日本三景の１つに数えられる宮島には厳島神社がある。
4　「明治日本の産業革命遺産」として23の遺構が世界遺産に登録されている。

問３　下線部イについて、以下の問いに答えなさい。

⑴　Ｇ７サミットとは主要７か国首脳会議のことですが、昨年のサミットに参加した主要７か国の首相や大統領として誤っているものを、次の中から１つ選び、番号で答えなさい。

1	2	3	4

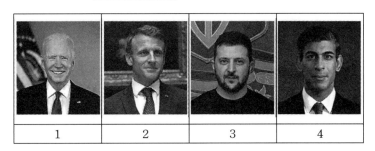

⑵　サミットに関する内容として誤っているものを、次の中から１つ選び、番号で答えなさい。

1　サミットにはＧ７メンバー以外の招待国や国際機関などが参加することもある。
2　日本の岸田首相が議長を務めたが、日本が議長国となったのは今回が初めてである。
3　サミットが生まれた背景として第１次石油危機などがある。
4　Ｇ７に加えてロシアが参加していたサミットは、Ｇ８と呼ばれていた。

⑶　次の資料は日本と関わりのある国について調べたものである。Ｇ７の国を示すものとして誤っているものを、次の中から１つ選び、番号で答えなさい。

	1	2	3	4
人口	約３億人	約14億人	約6733万人	約3825万人
面積	約983万㎢	約960万㎢	約24万㎢	約998万㎢
日本とのかかわり	1980年代前半には深刻な貿易摩擦があった。	日本の輸入相手国第１位である。	20世紀初頭に日本と同盟を結んでいた。	日本とともにTPP協定に加わっている。

⑷　⑶で選んだ番号の国名を答えなさい。

問４　下線部ウについて、昨年６月、世界経済フォーラムは男女格差の現状を評価した「グローバルジェンダーギャップレポート」(世界男女格差報告書)の2023年版を発表しました。これについて以下の問いに答えなさい。

⑴　次の資料はジェンダーギャップ指数の上位５か国を示した表です。１位に入る★印の国名を、あとの中から１つ選び、番号で答えなさい。

順位	国名	値※
1	★	0.912
2	ノルウェー	0.879
3	フィンランド	0.863
4	ニュージーランド	0.856
5	スウェーデン	0.815

※値：「０」が完全不平等、「１」が完全平等を示し、数値が小さいほどジェンダーギャップが大きい。

1　アメリカ　　2　中華人民共和国　　3　アイスランド
4　ブラジル　　5　韓国

(2)　次のグラフは(1)で答えた国と日本の比較です。このグラフと表から読み取れることとして誤っているものを、あとの中から１つ選び、番号で答えなさい。

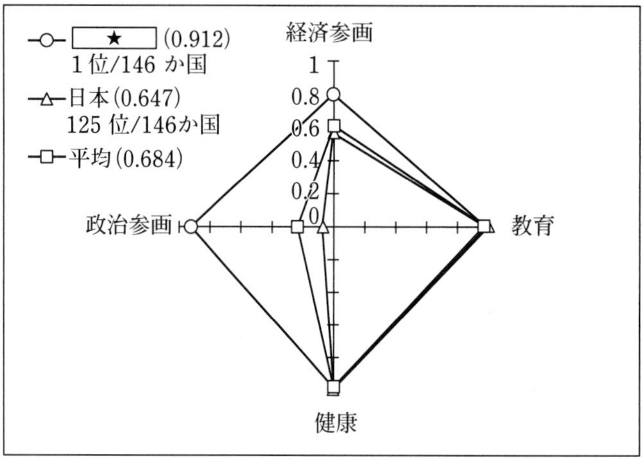

【日本の各項目の内容】

【政治参画】　0.057(138位) ・国会議員の男女比　0.111 (131位) ・閣僚の男女比　0.091(128位) ・過去50年間の行政府の長の在任期間の男女比　0.000(80位)	【教育】　0.997(47位) ・識字率の男女比　1.000(１位) ・初等教育就学率の男女比　1.000(１位) ・中等教育就学率の男女比　1.000(１位) ・高等教育就学率の男女比　0.976(105位)
【経済参画】　0.561(123位) ・労働参加率の男女比　0.759(81位) ・同一労働における男女の賃金格差　0.621(75位) ・推定勤労所得の男女比　0.577(100位) ・管理的職業従事者の男女比　0.148(133位)	【健康】　0.973(59位) ・出生時の性比　0.944(１位) ・健康寿命の男女比　1.039(69位)

1　日本は過去に女性の首相が一人もいないことが順位を下げている。
2　日本の女性管理職比率は、世界的にみても低い。
3　日本の女性の高等教育就学率が男性より高いことがわかる。
4　日本は健康と教育については他の項目に比べて男女平等に近づいている。

問５　下線部エについて、以下の問いに答えなさい。

(1)　コミュニケの前文において、サミットの取組が「国際連合憲章の尊重及び国際的なパートナーシップに根ざしている」と述べています。国際連合について述べた文として誤っているものを、次の中から１つ選び、番号で答えなさい。

1　第２次世界大戦後に51か国を原加盟国として発足した。
2　日本は1956年に加盟し、常任理事国となった。
3　国際連合の本部はニューヨークにある。
4　国際連合の機関の１つとしてユニセフ（国連児童基金）がある。

(2)　コミュニケでは様々な性のあり方の人々の人権と基本的自由に対するあらゆる侵害を強く非難しています。昨年、同性婚を認めない法律が違憲であるという名古屋地方裁判所の判決が出ており、判決では憲法14条と24条２項の両方に違反するとしました。次の憲法14条と24条をふまえて、地方裁判所が違憲と判断した根拠として誤っているものを、あとの中から１つ選び、番号で答えなさい。

【憲法14条】
すべて国民は、法の下に平等であつて、人種、信条、性別、社会的身分又は門地により、政治的、経済的又は社会的関係において、差別されない。

【憲法24条】
1　婚姻は、両性の合意のみに基いて成立し、夫婦が同等の権利を有することを基本として、相互の協力により、維持されなければならない。
2　配偶者の選択、財産権、相続、住居の選定、離婚並びに婚姻及び家族に関するその他の事項に関しては、法律は、個人の尊厳と両性の本質的平等に立脚して、制定されなければならない。

1　同性カップルを保護する枠組みがないのは、個人の尊厳と両性の平等に基づいて配偶者の選択などに関する法律を制定するよう定めた憲法24条２項に違反する。
2　性的指向を理由に婚姻に対する直接的な制約を課すのは、法の下の平等を定めた憲法14条に違反する。
3　異性愛と同性愛は意思によって選択できないのに、同性愛の人は婚姻による法的な利益を受けられないことは差別的な取り扱いである。
4　憲法24条は憲法制定当時から男女の間での結婚を想定したものではなく、同性カップルの婚姻を明確に認めている。

問６　下線部オについて、日本と韓国(朝鮮)の歴史に関する文として誤っているものを、次の中から１つ選び、番号で答えなさい。

1　江戸時代、朝鮮とは対馬藩を窓口に貿易がおこなわれた。
2　江戸時代には12回にもわたる朝鮮通信使が日本を訪れ、文化の交流もおこなわれた。
3　日露戦争後、段階的に日本は朝鮮半島の支配を強化していった。
4　日清戦争がはじまると、「国民徴用令」により朝鮮から多くの人々が日本に連れてこられた。

問７　下線部カについて、「広島ビジョン」に対して被爆者や国際ＮＧＯの一部は批判しています。次の、広島ビジョンと新聞記事を読んで、なぜ被爆者やＮＧＯは「広島ビジョン」を批判しているのか、記事にある波線部の理想と現実の内容を含めて説明しなさい。

【核軍縮に関するＧ７首脳広島ビジョン】

歴史的な転換期の中、我々Ｇ７首脳は、1945年の原子爆弾投下の結果として広島及び長崎の人々が経験したかつてない壊滅(かいめつ)と極めて甚大(じんだい)な非人間的な苦難を長崎と共に想起させる広島に集(つど)った。粛然(しゅくぜん)として来し方を振り返るこの時において、我々は、核軍縮に特に焦点を当てたこの初のＧ７首脳文書において、全ての者にとっての安全が損なわれない形での核兵器のない世界の実現に向けた我々のコミットメントを再確認する。…(中略)…我々の安全保障政策は、核兵器は、それが存在する限りにおいて、防衛目的のために役割を果たし、侵略を抑止し、並びに戦争及び威圧を防止すべきとの理解に基づいている。

外務省ＨＰより

○広島ビジョン「期待外れ」　ＩＣＡＮ暫定事務局長が批判―Ｇ７サミット

国際ＮＧＯ「核兵器廃絶国際キャンペーン」(ＩＣＡＮ)のダニエル・ホグスタ暫定事務局長は、先進７カ国首脳会議(Ｇ７サミット)で19日に発表された核軍縮に向けた声明「Ｇ７首脳広島ビジョン」について「新しい内容がなく期待外れ」と厳しく批判した。…(中略)…核保有国と非保有国との「橋渡し役」を掲げる日本に対しては「ある意味、核保有に加担している」と非難。「現状を変えるつもりがあるなら、核兵器禁止条約(ＴＰＮＷ)を支持するのが唯一の論理的な選択だ」と述べ、今年開催予定の第２回締約国会議へのオブザーバー参加を求めた。

2023年５月20日　時事通信ニュースより

○理想と現実、広がる溝　「核なき世界」壁高く―広島サミット

被爆地・広島で開かれた先進７カ国首脳会議(Ｇ７サミット)は、核軍縮に関する初の独立文書「広島ビジョン」を打ち出して閉幕した。岸田文雄首相は21日の議長記者会見で「歴史的な意義を感じる」と強調。ただ、「核兵器なき世界」という自身の「理想」と、核依存から脱却できない国際社会の「現実」との溝は広がるばかりだ。

2023年５月21日　時事通信ニュースより

2　次の文章を読んで、後の問いに答えなさい。

日本の国土は約38万平方キロメートルで、日本列島および沖縄島や択捉島をはじめとする ${}_{a}$多くの島々により構成されています。${}_{b}$日本近海には暖流と寒流が流れており、海岸線は約3.5万キロメートルにわたります。周りを海に囲まれているため、当然のことながら海に面している都道府県もある一方、海に面してない県である内陸県もあります。この内陸県は関東地方に［ア］つ、中部地方には［イ］つ、近畿地方には［ウ］つの合計８つあり、［エ］県以外の内陸県はすべて隣り合っています。

問１　文中の［ア］～［エ］にあてはまる語句や数字を答えなさい。

問２　下線部ａについて、国土交通省の特別機関である「国土地理院」は、日本の島の数を一定条件のもと数え直したところ、島の数が増加したと発表しました(2023年２月)。この島の数は1987年に発表された島の数の２倍以上の数字です。2023年２月に発表された島の数はいくつか、正しいものを、次の中から１つ選び、番号で答えなさい。

<参考データ(2023年２月)>

東京都　：635島(８位)

神奈川県：97島(31位)

※(　)内の順位は島の数を都道府県別に多い方から並べたものです。

1　3,426島　　2　6,852島　　3　8,278島　　4　14,125島

問３　下線部ｂに関して、次の地図を参考に、以下の問いに答えなさい。

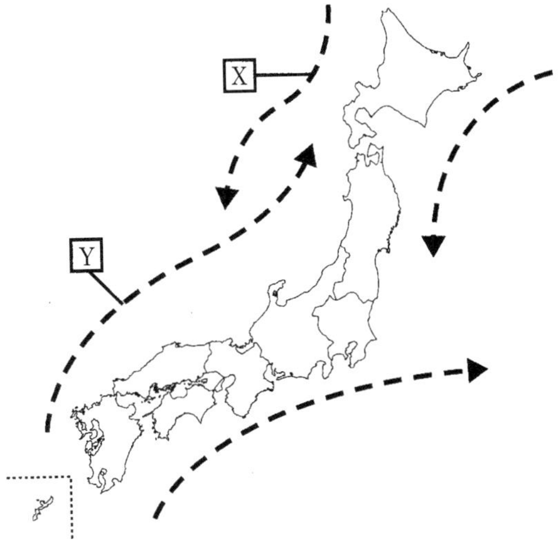

(1)　地図中のＸ・Ｙそれぞれの海流の名称を答えなさい。

(2)　地図中のＸ・Ｙ海流が流れる海域の広い範囲で水あげされる主な魚介類(ぎょかいるい)の種類として最も正しいものを、次の中から１つずつ選び、番号で答えなさい。

1　ブリ・サバ　　2　マグロ・サケ　　3　ニシン・タラ　　4　カツオ・コイ

(3)　東北地方の三陸沖は世界的にみても漁獲種の多い優良な漁場となっています。その理由について、沖を流れる海流の名称をあげて、簡潔に説明しなさい。

問４　内陸県のうち、県名と県庁所在地名が異なる県があります。そのうち、中部地方と近畿地方にある県について、その県名と県庁所在地名をそれぞれ答えなさい。

3　次の文章を読んで、後の問いに答えなさい。

現在、日本の陸・海、そして空を様々な「乗り物」が人や物を乗せて移動しています。こうした「乗り物」の日本における歴史を振り返ってみましょう。

まず、人々が最初に作った「乗り物」は舟であるといえるでしょう。ァもともと大陸と地続きであった日本列島が今から約１万２千年前に広く海に囲まれるようになり［　①　］時代が始まりました。このころには１本の木をくりぬいて作った丸木舟を使って漁をするようになりました。舟は漁以外にも物の輸送や人の移動にも使われるようになっていき、その後、形状も「船」と表現されるほどに発達して、ィ日本から中国の王朝に使節が派遣される際も船が利用されました。一方、陸上では古墳時代に騎馬技術が日本に伝わって、農業や運搬・交通の手段としても利用されていましたが、「乗り物」ということではゥ平安時代の貴族たちに流行した「牛車（ぎっしゃ）」が登場します。道路が整備された平安京で「牛車」は乗っている人の権力を表すようになり、４人の娘を天皇家に嫁がせ摂関政治の全盛期をつくった［　②　］などの公家(皇族・貴族)や身分の高い僧侶の乗り物として主に使用されましたが、荷物を運搬するためのものもありました。

ェ武士が活躍する鎌倉時代ごろになると馬や船は軍事で活躍することはもちろんでしたが、経済活動においても重要な役割を果たすようになります。鎌倉時代以降、各地に「市」とよばれる商業地が発達し、それらを結びつける交通路も発展しました。多くの荷物が運べる「船」が活躍すると、ォ室町時代ごろには多くの港町が賑（にぎ）わいました。また、内陸に荷物を運ぶには「馬借」とよばれる運送業者が馬を利用して運んでいました。さらに戦国時代には戦国大名たちが軍事利用のため船を大型化させていき、［　③　］が命じた朝鮮出兵の際には、こうした多くの大型船を使って大軍が海を渡っていきました。しかし、江戸時代に入るとヵ江戸幕府が大型船の建造を禁止する法令を出したので、大名による船の大型化は終わり、商人たちが「千石船（せんごくぶね）」とよばれるような船を利用して活躍しました。船は小型化されましたが、荷物の運搬の主要手段は船であり、ｷ海路や大きな河川を使って荷物や人の輸送がさかんにおこなわれ、江戸や大阪が発展しました。また、江戸の名物でもあった大名行列では、大名は馬ではなく「駕籠（かご）」に乗ることが多くなりましたが、一般の人々が使用する「駕籠」も生まれ、現在のタクシーのように使用されました。江戸時代にはこうした一般の人々も旅を楽しむなど多くの文化や娯楽が生まれました。

15代将軍［　④　］が大政奉還をおこない、明治時代になると急速に文明開化が進む中で、ついに日本にも鉄道が開通します。蒸気機関を使って進む機関車は、それまでの陸上交通のスピードと輸送量を飛躍的に伸ばすとともに、だれにでも乗れるものとして画期的で、ｸ国営の鉄道に続いて多くの民営鉄道会社が設立されました。また、船も蒸気船が主流になって貿易がさかんになり、「殖産興業」を進める日本は国産の生糸や綿糸を輸出し、鉄鉱石などを輸入しました。その後、２度の世界大戦を迎える中で、日本は船だけでなく飛行機の国産化も成功しますが、軍事での利用が優先されました。ちなみに1910年に日本で初めて動力付きの飛行機で空を飛んだ一人は、当時陸軍にいた徳川家の子孫でした。

問１　文中の［　①　］～［　④　］にあてはまる語句や人名をそれぞれ答えなさい。

※［　②　］～［　④　］の人名はフルネームで書きなさい。

問２　下線部アについて、日本列島が広く海に囲まれるようになった原因を説明しなさい。

問３　下線部イについて、日本から中国の王朝に渡った人々に関連して述べた文として正しいものを、次の中から１つ選び、番号で答えなさい。

1　邪馬台国の女王卑弥呼は中国の漢王朝に使いを送り、漢の皇帝から「漢委奴国王」の称号を得た。

2　推古天皇の時代に遣隋使として派遣された小野妹子は、隋の皇帝と日本の天皇を対等の立場とする文書を中国に伝えた。

3　聖武天皇の時代に中国にわたった鑑真は、真言宗を日本に伝えたほか、様々な技術を日本に伝えた。

4　日本の平安時代に隋が滅亡したのをきっかけに菅原道真は中国への使節の派遣を中止した。

問４　下線部ウについて、平安時代の貴族の文化について述べた文として正しいものを、次の中から１つ選び、番号で答えなさい。

1　貴族たちは１年のきまった時期におこなわれる儀式や行事である「年中行事」を中心に生活し、こうした「年中行事」のいくつかは現在にも伝わっている。

2　貴族たちは質素な中に畳や障子を取り入れた書院造とよばれる屋敷で生活し、男性は束帯、女性は十二単を正装としていた。

3　平安時代には漢字が正式な文字として使われていたため、紫式部の『源氏物語』や清少納言の『枕草子』もすべて漢字で記されていた。

4　貴族たちの間に仏教が広まり、天武天皇の薬師寺や聖徳太子の法隆寺など多くの大寺院が平安京に建てられた。

問５　下線部エについて、鎌倉時代前後の武士の活躍についての出来事Ⅰ～Ⅲを古い順に並べた時、正しいものを、あとの中から１つ選び、番号で答えなさい。

Ⅰ　源義経は一の谷の戦いで騎馬武者をひきいて崖（がけ）を駆（か）け下り、壇ノ浦の戦いでは船を使って戦いに勝利した。

Ⅱ　平清盛が厳島神社を平氏の守り神としてまつり、海上交通の安全をいのった。

Ⅲ　平将門が関東で騎馬武者をひきいて反乱を起こしたころ、瀬戸内海では藤原純友が海賊をひきいて大宰府を襲った。

1　Ⅰ→Ⅱ→Ⅲ	2　Ⅰ→Ⅲ→Ⅱ	3　Ⅱ→Ⅰ→Ⅲ
4　Ⅱ→Ⅲ→Ⅰ	5　Ⅲ→Ⅰ→Ⅱ	6　Ⅲ→Ⅱ→Ⅰ

問６　下線部オについて、室町時代から大いに発展した港町である堺についての出来事Ⅰ～Ⅲを古い順に並べた時、正しいものを、あとの中から１つ選び、番号で答えなさい。

Ⅰ　フランシスコ＝ザビエルが堺に上陸し、キリスト教の布教をおこなった。

Ⅱ　織田信長が堺の町を支配下に置き、多くの鉄砲を手に入れ長篠合戦に勝利した。

Ⅲ　堺に生まれた行基が現在の大阪周辺にため池をつくった。

1　Ⅰ→Ⅱ→Ⅲ	2　Ⅰ→Ⅲ→Ⅱ	3　Ⅱ→Ⅰ→Ⅲ
4　Ⅱ→Ⅲ→Ⅰ	5　Ⅲ→Ⅰ→Ⅱ	6　Ⅲ→Ⅱ→Ⅰ

問７　下線部カについて、江戸幕府が大型船の建造を禁止し、商人の船も制限した理由を次の２つの語句を使用して説明しなさい。

キリスト教　　貿易の利益

問８　下線部キに関連して、江戸時代の交通や都市の発展について述べたＡ～Ｄの文のうち、正しい文の組み合わせを、あとの中から１つ選び、番号で答えなさい。

Ａ　江戸時代後半に日本海の各地域と江戸を結ぶ航路が開かれると、大阪は経済の中心ではなくなり衰退した。

Ｂ　各地の大名は大阪に蔵屋敷を置いて、年貢米や特産物を船などで運び入れ、商人に買い取らせ売りさばいた。

Ｃ　江戸と主要な都市を結ぶ五街道が整備され、参勤交代の大名が行き来していたが、一般の人々の通行は禁止されていた。

Ｄ　江戸には大名屋敷が置かれ多くの武士が住んでいたが、武士の生活を支える町人の数も増えて、これら武士と町人などで江戸の人口は約100万人に達した。

１　Ａ・Ｃ　　２　Ａ・Ｄ　　３　Ｂ・Ｃ　　４　Ｂ・Ｄ

問９　下線部クについて、1907年にはどのような変化があったと考えられるか、次のグラフと年表および注釈(注)をもとに説明しなさい。

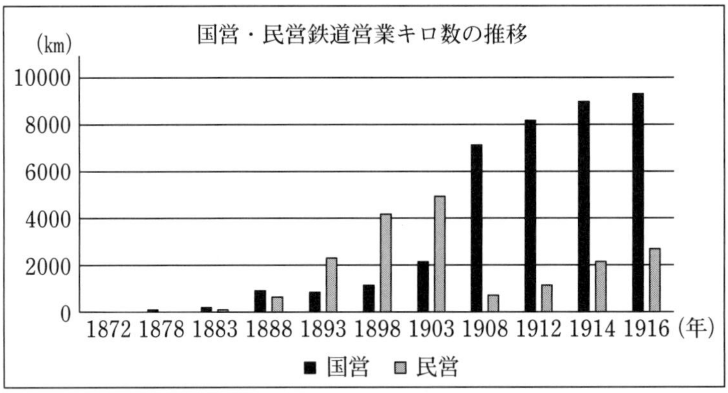

	鉄道に関する出来事
1872年	明治政府が新橋と横浜間に鉄道を初開通
1881年	日本初の民営鉄道会社の日本鉄道会社設立、以後民営鉄道設立ブーム
1895年	日本初の電気による鉄道会社が京都で設立
1906年	鉄道国有法の公布、施行(注)
1914年	東京駅開業、このころ都市部に電気鉄道会社の設立が増加
1920年	それまでの鉄道局や鉄道院から鉄道省に昇格

(注)鉄道国有法…軍事活動上の秘密保持や経済発展のため、全国の主要17私鉄(民営鉄道)総延長4,800kmを国が買収。なお、1905年末5,231kmの民営鉄道に対し官鉄(国営鉄道)の総延長は2,413kmであった。

東邦大学付属東邦中学校（前期）

―45分―

（編集部注：実際の入試問題では、写真や図版の一部はカラー印刷で出題されました。）

1　栃木県宇都宮市に行った邦平(くにへい)さんは、市内に路面電車が走っていることを知りました。路面電車に興味をもった邦平さんは、日本各地の路面電車が走る都市を調べました。次の二重線内は、その中から邦平さんが選んだ12都市で、あとの図1は、宇都宮市と二重線内の各都市の位置を●で示しています。これらの都市に関して、あとの各問いに答えなさい。なお、図中の縦線の数字は経度（東経）を、横線の数字は緯度(いど)（北緯）をそれぞれ示しています。

東京都特別区（23区）	北海道札幌市	北海道函館(はこだて)市	大阪府大阪市
鹿児島県鹿児島市	熊本県熊本市	高知県高知市	滋賀県大津市
富山県富山市	長崎県長崎市	広島県広島市	福井県福井市

図1

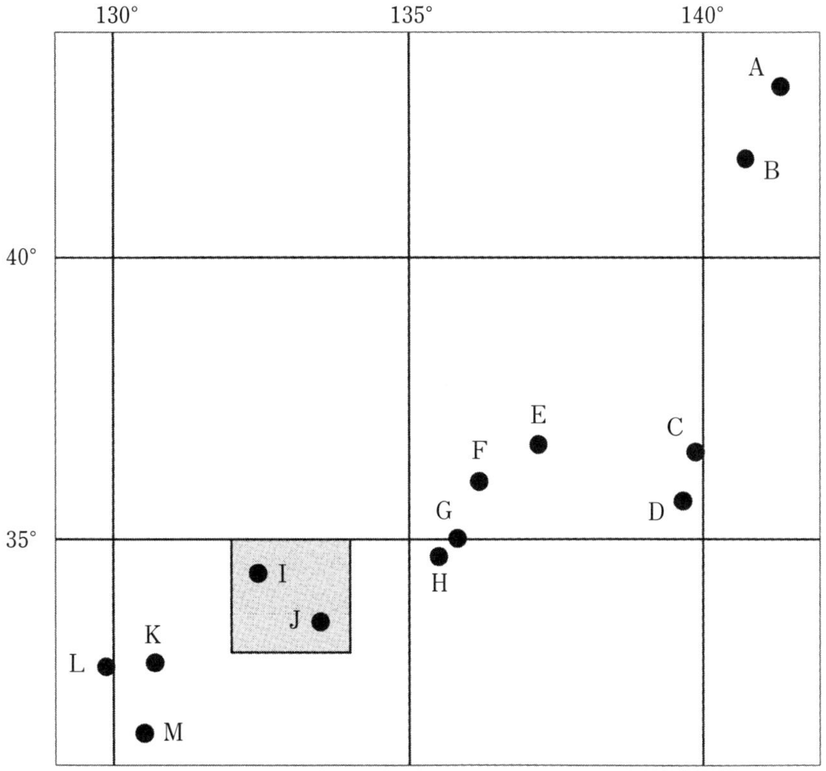

問1　図1中のA～Mのうち、宇都宮市の位置を示すものとして正しいものを1つ選び、記号で答えなさい。

問2　図1中の都市Aと都市Lでは、約11.5度の経度の差がある。次の表は、この2つの都市における、昼間と夜間の時間がほぼ同じになる春分の日(2023年3月21日)の日の出・日の入りの時刻をまとめたものである。2つの都市の日の出、日の入りのおよその時刻の差は、経度差から求めることができる。[X]、[Y]にあてはまる時刻の組み合わせとして正しいものを、あとのア～カから1つ選び、記号で答えなさい。

都市	日の出	日の入り
A	5：37	17：47
L	X	Y

「国立天文台ＨＰ」により作成。

	ア	イ	ウ	エ	オ	カ
X	4：50	5：14	5：25	5：49	6：01	6：24
Y	16：57	17：19	17：30	17：54	18：06	18：32

問3　次の表は、札幌市、福井市、広島市における第1次産業従業者数、小売業事業所数※1、情報通信業事業所数※2について、各都道府県の中でその都市が占(し)める割合を示したものであり、表中のａ～ｃには、3つの項目(こうもく)のいずれかがあてはまる。ａ～ｃにあてはまる項目の組み合わせとして正しいものを、あとのア～カから1つ選び、記号で答えなさい。

(％)

	a	b	c
札幌市	62.6	27.5	3.0
福井市	61.8	37.5	18.8
広島市	68.8	36.8	8.8

統計年次は2014年。「総務省統計局ＨＰ」により作成。

〔語句解説〕

※1小売業事業所数…商品を一般(いっぱん)の人々に売る店の数。

※2情報通信業事業所数…通信や情報サービスに関する事業を行う事業所の数。例えば、放送局、出版社、インターネット関連などの事業が含(ふく)まれる。

	ア	イ	ウ	エ	オ	カ
第1次産業従業者数	a	a	b	b	c	c
小売業事業所数	b	c	a	c	a	b
情報通信業事業所数	c	b	c	a	b	a

問4　次の写真は、路面電車が走っている、ある都市で撮影(さつえい)したものである。この都市は県庁所在地であり、前の二重線内の都市には含まれていない。また、その位置を図1中に示した場合、[　　　]中に位置する。この都市名を、**漢字**で答えなさい。

問5　富山市に関して、次の(1)〜(3)の各問いに答えなさい。

(1)　次の図は、富山市、熊谷市(埼玉県)、宮古島市(沖縄県)における月別湿度の平年値を示している。都市名と図中の**あ**〜**う**の組み合わせとして正しいものを、あとのア〜カから1つ選び、記号で答えなさい。

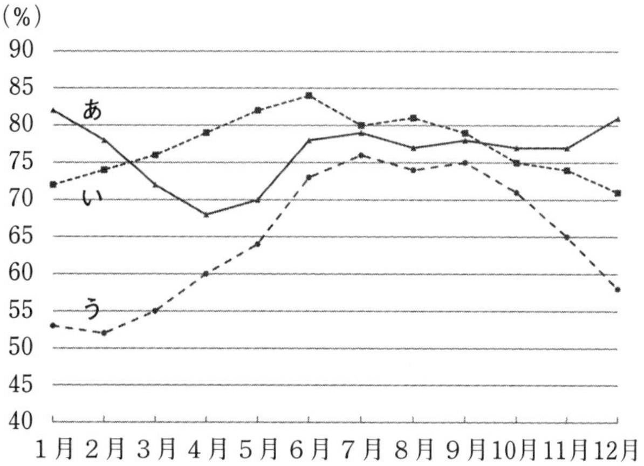

「気象庁HP」により作成。

	ア	イ	ウ	エ	オ	カ
富山市	あ	あ	い	い	う	う
熊谷市	い	う	あ	う	あ	い
宮古島市	う	い	う	あ	い	あ

(2)　次の図は、富山市を含めた本州中央部の地図で、右のａ～ｃは、左の地図中の**あ～う**のいずれかの部分の地形の起伏を、影をつけて表現したものである。**あ～う**とａ～ｃの組み合わせとして正しいものを、あとのア～カから１つ選び、記号で答えなさい。

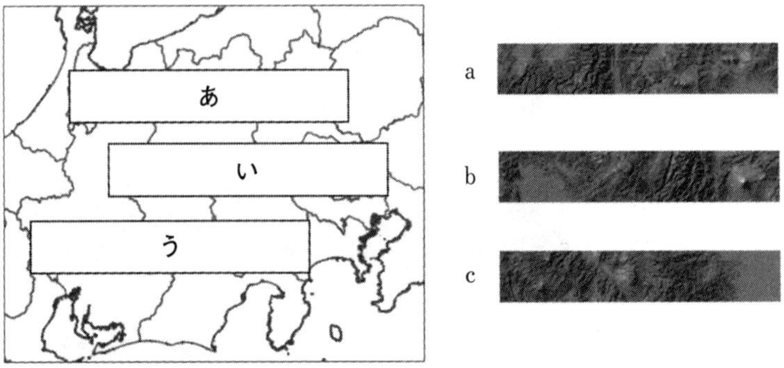

「国土地理院ＨＰ」により作成。

	ア	イ	ウ	エ	オ	カ
あ	a	a	b	b	c	c
い	b	c	a	c	a	b
う	c	b	c	a	b	a

(3)　富山市は、人口減少や高齢化社会などに対応するため、歩いて暮らせるコンパクトなまちづくりを目指している。その中で、高度経済成長期以降に廃止が相次いだ路面電車の活用が考えられ、ＬＲＴ※という新たな交通システムが生み出された。次の図は、この交通システムが生み出されたときの富山市がかかえていた問題点と、コンパクトなまちづくりを実践する上での主な改善点をまとめたものである。また、あとの二重線内のａ～ｃは、図中のＸにあてはまることがらをあげたものである。ａ～ｃの正誤の組み合わせとして正しいものを、あとのア～クから１つ選び、記号で答えなさい。

〔語句解説〕

※ＬＲＴ…次世代型の路面電車の交通システムで、他の交通と連携し、車両の床を低くし、停留場を改良していろいろな人に対して乗り降りを簡単にするなどの面で優れた特徴がある。

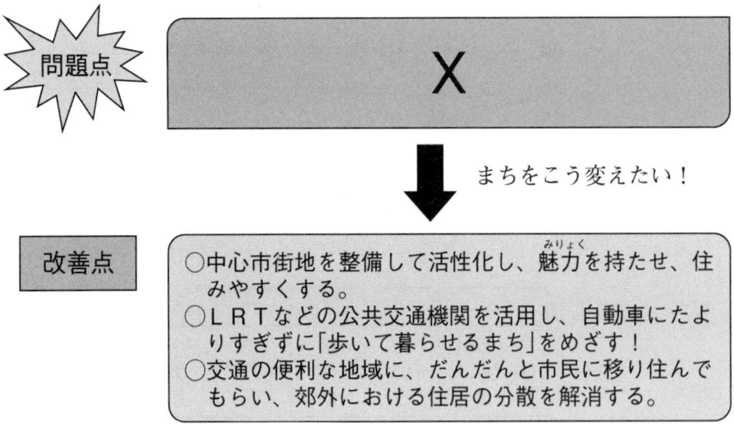

「富山市公式HP」などにより作成。

a　中心市街地に人口が集中し、郊外へと働きに行く人が多く、中心市街地は混雑や渋滞(じゅうたい)、環境(かんきょう)悪化などが著(いちじる)しい。
b　公共交通機関が衰退(すいたい)し、郊外(こうがい)に住んでいる高齢者は、自動車の運転ができないと生活に困ることが多い。
c　郊外に住んでいる人にとっては、歩いて行ける範囲(はんい)に生活に必要な店や施設(しせつ)がそろっていないことが多い。

	ア	イ	ウ	エ	オ	カ	キ	ク
a	正	正	正	正	誤	誤	誤	誤
b	正	正	誤	誤	正	正	誤	誤
c	正	誤	正	誤	正	誤	正	誤

問６　宇都宮市では、2023年８月にＬＲＴの導入による新たな路面電車が開通した。次の図は、優先的に整備・開業した区間を示した地図で、写真はその路面電車を撮影したものである。この路面電車の開通により、宇都宮市の今後に期待されることがらを述べたものとして**明らかに誤っているもの**を、あとのア～エから１つ選び、記号で答えなさい。

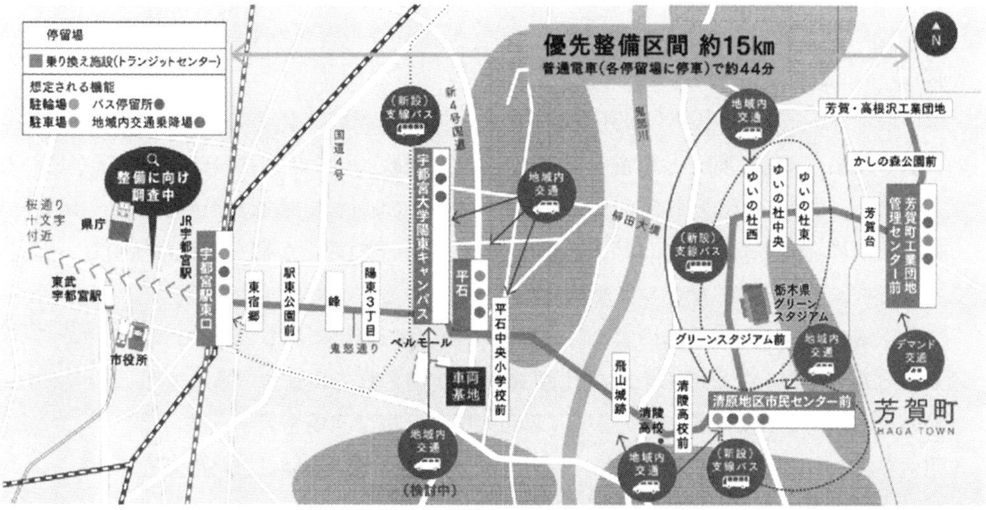

「宇都宮市ＨＰ」により作成(画像提供：宇都宮市)。

ア　県内有数の観光地や空港とのアクセスが良くなることで国際観光都市として発展し、まちが経済的に潤(うるお)うことが期待できる。
イ　郊外の工業団地で働く人や郊外の住宅地に住む人の移動が楽になり、中心地との往来が多くなって、まちの活性化につながる。

ウ　自動車などの交通渋滞の解消につながり、市内全体の、特に中心市街地の環境が改善できる。

エ　高齢者や子どもなどの移動が楽になり、さまざまな人にやさしいまちとして、持続可能な発展が可能となる。

2　東邦大学付属東邦中学校が発行している学校新聞の名前は「たちばな」です。「たちばな」とは植物の名で、右の写真は橘の花です。橘に関する次の文章を読んで、あとの各問いに答えなさい。

橘は、本州の①静岡県以西の太平洋側から四国・九州の沿岸部、それから②台湾などにも分布しています。

『古事記』や『日本書紀』には、垂仁天皇がタジマモリという人を常世国に遣わしてトキジクノカクノミと呼ばれる果実を持ち帰らせ、それが橘の実だったという話があります。常緑である橘は「永遠」につながる縁起のいいものとして姓や家紋などに多く使われました。

橘氏の始まりは、元明天皇が、天皇家に長く女官として仕えてきた県犬養三千代に橘の姓を授けたことから始まると言われています。③藤原不比等の四人の子どもが病没したのちに権力を握った橘諸兄はこの県犬養三千代の息子です。

橘の模様は、④平安時代には使用されており、のちに家紋として定着していきました。⑤京都の石清水八幡宮では、創建した僧の行教の紋が橘であったため神社の紋として橘が使われています。また、宮内に植えられている橘の実を収穫し、御神酒「橘酒」が今でも作られています。

橘の読みに「太刀」をあてはめ、⑥江戸時代には多くの武士が橘を家紋に使用し、「蔦」「桐」などとともに十大家紋のひとつになりました。

また、橘の花は、右の写真のように、日本の⑦文化の発展に関して優れた功績があった者に対しておくられる文化勲章にも使用されています。もともとは桜の花が使用される予定でしたが、⑧昭和天皇の「桜は武勇を表す意味によく用いられた。文化の勲章なら季節に関わらず生い茂っている橘にしてはどうか」という意向により差し替えられたとされています。

問１　下線部①に関するできごとについて述べたものとして**誤っているもの**を、次のア～エから１つ選び、記号で答えなさい。

ア　登呂遺跡から多数のくわやすき、田げたなどの木製農具や高床倉庫跡が発掘された。

イ　江戸時代、大井川には橋がかけられず「箱根八里は馬でも越すが、越すに越されぬ大井川」とうたわれた。

ウ　平氏との戦いに敗れた源頼朝は伊豆に流されたが、平氏を打倒するため、北条氏などの力をかりて挙兵した。

エ　駿河・遠江に勢力を張っていた今川義元は、小牧・長久手の戦いで織田信長に敗れた。

問２　下線部②に関して、台湾が日本の植民地であった時期におこったできごとについて述べたものとして正しいものを、次の二重線内のａ～ｄから２つ選び、その組み合わせとして正しいものを、あとのア～カから１つ選び、記号で答えなさい。

a　ノルマントン号事件がおこり、これをきっかけに不平等条約の改正が強く求められることとなった。
b　第一次世界大戦中、中国に対し日本の勢力を拡大することなどを求めた二十一か条の要求をつきつけた。
c　ソ連が日ソ共同宣言を破って対日参戦し、満州や南樺太(からふと)などに侵攻(しんこう)した。
d　シベリア出兵を見こした商人が米の買い占めをしたことから米価が急上昇(じょうしょう)し、富山県の主婦らが米屋などに押しかける米騒動(そうどう)がおこった。

ア　aとb　　イ　aとc　　ウ　aとd　　エ　bとc　　オ　bとd　　カ　cとd

問３　下線部③に関して、日本の歴史に登場する藤原氏について述べた次の二重線内のａ～ｃを、年代の古い順に並べたものとして正しいものを、あとのア～カから１つ選び、記号で答えなさい。

a　藤原定家が中心となって『新古今和歌集(しんこきんわかしゅう)』が編さんされた。
b　藤原緒嗣(おつぐ)は桓武(かんむ)天皇に進言して、蝦夷(えみし)との戦いや平安京造営をやめさせた。
c　藤原良房(よしふさ)は太政大臣(だいじょうだいじん)となり、ついで摂政(せっしょう)となった。

ア　a→b→c　　イ　a→c→b　　ウ　b→a→c
エ　b→c→a　　オ　c→a→b　　カ　c→b→a

問４　下線部④に関して、平安時代のできごとについて述べたものとして正しいものを、次の二重線内のａ～ｃとｄ～ｆからそれぞれ１つずつ選び、その組み合わせとして正しいものを、あとのア～ケから１つ選び、記号で答えなさい。

a　天皇の位を息子(むすこ)にゆずった白河上皇が、院政を開始した。
b　保元(ほうげん)・平治の乱に勝利して将軍となった平清盛は、大輪田泊(とまり)を整備した。
c　東北地方で前九年の合戦・後三年の合戦がおこったが、源義朝によって鎮圧(ちんあつ)された。

d　高麗(こうらい)が朝鮮(ちょうせん)半島を統一した。
e　唐(とう)が新羅(しらぎ)と連合して高句麗(こうくり)を滅ぼした。
f　高麗が元に服属した。

ア　aとd　　イ　aとe　　ウ　aとf　　エ　bとd　　オ　bとe
カ　bとf　　キ　cとd　　ク　cとe　　ケ　cとf

問５　下線部⑤に関して、次の二重線内のａ～ｄは、京都に関するできごとについて述べたものである。このうち、内容が正しいものを２つ選び、その組み合わせとして正しいものを、あとのア～カから１つ選び、記号で答えなさい。

a　南北朝を合体した足利義満は京都の東山に幕府を移し、その建物が豪華(ごうか)であったことから「花の御所(ごしょ)」と呼ばれた。
b　承久(じょうきゅう)の乱のあと、幕府は朝廷(ちょうてい)の監視(かんし)や西国の御家人のとりしまりにあたらせる機関を京都の六波羅(ろくはら)に設置した。

c	京都の鳥羽・伏見の戦いから始まった戊辰戦争は、箱館（函館）の五稜郭で旧幕府軍が降伏するまで続いた。
d	京都南部の国人や農民らが幕府に徳政令を求めて山城国一揆をおこし、借金帳消しを勝ち取った。

ア　aとb　イ　aとc　ウ　aとd　エ　bとc　オ　bとd　カ　cとd

問６　下線部⑥に関して、次の二重線内のａ～ｃは、江戸幕府のしくみについて述べたものである。その正誤の組み合わせとして正しいものを、あとのア～クから１つ選び、記号で答えなさい。

a	将軍の下には数名の若年寄が置かれ、町奉行・勘定奉行・寺社奉行の三奉行を取りまとめた。
b	関ヶ原の戦い以前から徳川氏に従っていた譜代大名は、幕府から警戒されたため江戸から遠い地に配置された。
c	天皇や公家を監視するため京都に京都所司代が置かれ、また、禁中並公家諸法度が制定された。

	ア	イ	ウ	エ	オ	カ	キ	ク
a	正	正	正	正	誤	誤	誤	誤
b	正	正	誤	誤	正	正	誤	誤
c	正	誤	正	誤	正	誤	正	誤

問７　下線部⑦に関して、次のア～カを、それらがつくられた、または始められた時代の古い順に並べたとき、**３番目**と**５番目**にあたるものをそれぞれ１つずつ選び、記号で答えなさい。

ア

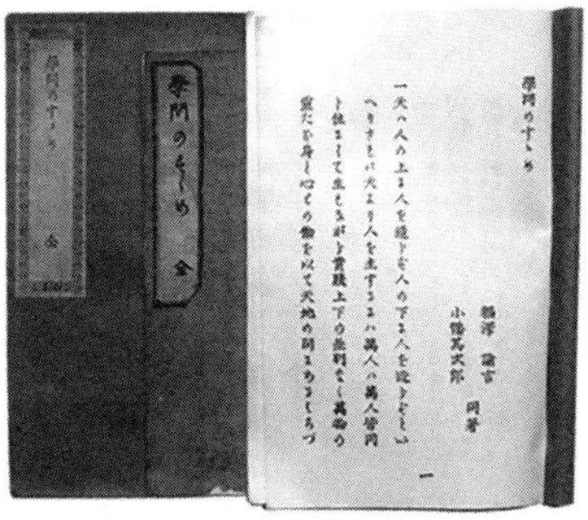

イ

ウ

エ

オ

カ

問８　下線部⑧に関して、次のａ～ｃは、昭和に走っていた鉄道の写真とそれに関する文章である。文章中の［　Ｘ　］～［　Ｚ　］にあてはまる言葉の組み合わせとして正しいものを、あとのア～クから１つ選び、記号で答えなさい。

ａ

これは南満州鉄道である。満州にいた日本の関東軍が［　Ｘ　］でこの鉄道の線路を爆破し、これを中国軍のしわざとして軍事行動をおこし、満州事変となった。

ｂ

これは第二次世界大戦後に見られた「［　Ｙ　］列車」である。戦後の食糧不足により都市の人々が農村へ食べ物を求めて殺到した。

ｃ

これは1982年に開通した東北新幹線である。この年に中曽根内閣が成立し、1987年まで続いた。この間に、［　Ｚ　］。

	X	Y	Z
ア	盧溝橋	買い出し	郵政民営化が行われた
イ	盧溝橋	疎開	郵政民営化が行われた
ウ	盧溝橋	買い出し	三つの公社が民営化された
エ	盧溝橋	疎開	三つの公社が民営化された
オ	柳条湖	買い出し	郵政民営化が行われた
カ	柳条湖	疎開	郵政民営化が行われた
キ	柳条湖	買い出し	三つの公社が民営化された
ク	柳条湖	疎開	三つの公社が民営化された

３　次の文章は、広島市教育委員会『ひろしまへいわノート～いのち・しぜん・きずな～』（旧版）の一部で、中沢啓二の漫画『はだしのゲン』が使用されている部分です。これを読んで、あとの各問いに答えなさい。

1945（昭和20）年［　あ　］月［　い　］日。その日は朝から夏の日ざしがてりつけるあつい日だった。①ゲンは、家に帰ったら進次と遊ぶやくそくをして、一人で②学校に向かった。

午前［　あ　］時［　う　］分、ちょうど校門のあたりに来た時だった。話しかけてきた近所のおばさんといっしょに、ゲンが空を見上げたそのしゅんかん…。

ピカーッ、ゴワーッ！

目もくらむような光をあび、ものすごい風にふきとばされて、ゲンは、いしきをうしなった。

「ううう、どうしたんじゃ。」

しばらくして、気がつくと、ゲンは、学校のへいの下にたおれていた。

せなかのれんがや木切れをはらいのけて、はい出してみると…、運よく、大きなけがはしていなかった。しかし、さっきまで話をしていたおばさんは…、しんでいた。

③広島の町は、一しゅんにしてこわされ、めちゃくちゃになった。

あちらこちらで火が上がり、あっという間にもえ広がり始めた。

やっとのことで家にもどったゲンは、ぶじだった母ちゃんといっしょに、家の下じきになった④父ちゃん、ねえちゃん、進次を助け出そうとした。

しかし、どうやっても、みんなを助け出すことができなかった。

ついに、ゲンの家にも火が回ってきた。

父ちゃん…。進次…。ああ。いったい、どうしたらいいんだ。

今年もまた、[　あ　]月[　い　]日がやってくる。

父ちゃん、ねえちゃん、進次…。
あの日、あの原子ばくだんさえ落とされなかったら…。
⑤家族いっしょにあの家で、ずっとくらしていただろう。
⑥せんそうさえなかったら…。
今も家族なかよく、わらってくらしていただろう。

(長崎にも原子ばくだんが落とされた後の[　あ　]月[　う　]日、ラジオを通じて、国民に戦争が終わったことがつげられた。)

※出題に際して一部表現を改め、本文最後の(　　)内の一文は出題に際し加筆した。

問1　文章中の[　あ　]～[　う　]にあてはまる数字を、次のア～キからそれぞれ1つずつ選び、記号で答えなさい。

ア　2　　イ　6　　ウ　7　　エ　8　　オ　9　　カ　11　　キ　15

問2　下線部①に関して、次の⑴・⑵の各問いに答えなさい。

⑴　次の資料は、主人公のゲンが弟の進次と落ちたコメ一粒を取り合った場面である。第二次世界大戦中の食糧供給に関して述べたものとして正しいものを、あとのア～エから1つ選び、記号で答えなさい。

『はだしのゲン』第1巻より。

ア　第二次世界大戦中の食糧不足を解消するため、政府は国内のコメ市場を部分的に開放し、コメの一定割合を輸入する「ミニマムアクセス」を継続的(けいぞくてき)に行うことにした。

イ　第二次世界大戦中の食糧の確保と価格の安定を図(はか)るため、「食糧管理法」を制定し、政府がコメの生産・流通・消費を管理するようにした。

ウ　第二次世界大戦により、コメの生産者となる働き手が徴兵されたため、政府は「減反(げんたん)政策」を実施(じっし)し、農村に負担がかからないようにした。

エ　第二次世界大戦により、国内でコメ不足となったため、政府はコメの流通についての規制を外して、市場でコメの取引が自由に行えるようにした。

(2) ゲンの生きた第二次世界大戦中、政党は解散させられ「大政翼賛会(よくさんかい)」が組織された。日本国憲法では結社の自由が保障され、様々な政党が活動している。現在の政党に関して述べたものとして正しいものを、次のア～エから１つ選び、記号で答えなさい。

ア　自由民主党と日本社会党の二大政党制に近い体制が今日まで70年以上続いている。

イ　民主党から政権交代して以来、自由民主党の単独政権が今日まで10年以上続いている。

ウ　政治の公正を確保する目的で、要件を満たした政党が届け出た場合、国庫から政党交付金が提供されている。

エ　選挙の公正の確保やデジタルデバイドの解消のため、政党がインターネットを通じて選挙活動を行う、いわゆる「ネット選挙」は禁止されている。

問３　下線部②に関して、2022年６月、「子ども(児童)の権利条約」に対応する「こども基本法」が国会において成立した。これに関して、次の(1)・(2)の各問いに答えなさい。

(1) 「子ども(児童)の権利条約」の内容として**誤っているもの**を、次のア～エから１つ選び、記号で答えなさい。

ア　子どもは、休んだり遊んだりすることができる権利を持っている。

イ　子どもは、考え方や宗教などを自分で選ぶ権利を持っている。

ウ　子どもは、自分の意見を自由に表す権利を持っている。

エ　子どもは、義務や責任を果たすことで、権利を行使することができる。

(2) 「こども基本法」と同時に成立した法律により、2023年４月に発足(ほっそく)した省庁を答えなさい。

問4　下線部③に関して、2023年５月に広島ではＧ７サミットが開催（かいさい）された。次の図は、Ｇ７各国の経済的な結びつきについて示したものである。図中の［ a ］～［ d ］にあてはまる国名を、あとのア～キからそれぞれ１つずつ選び、記号で答えなさい。

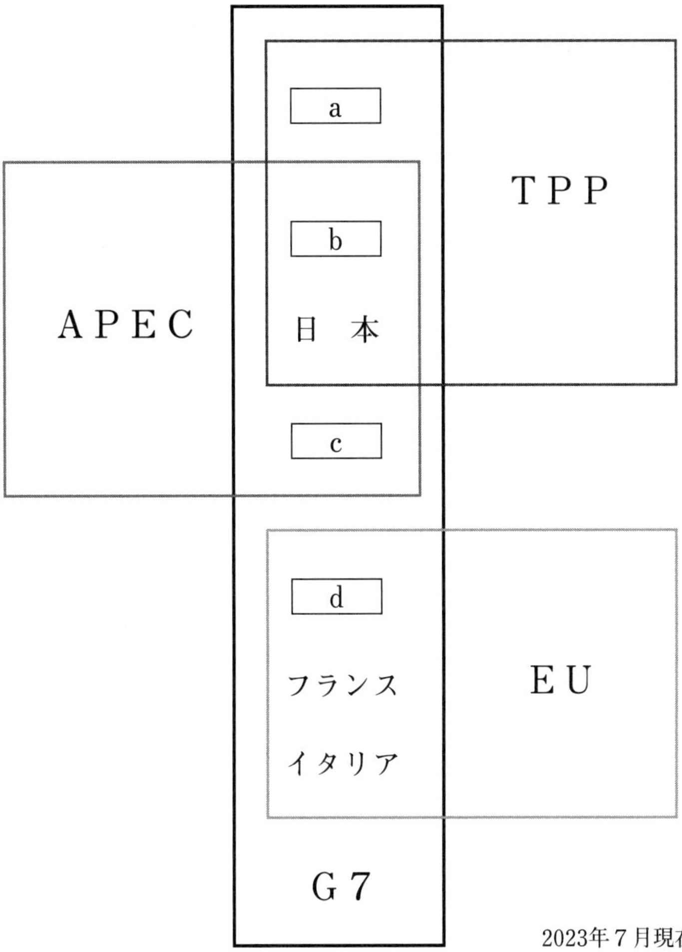

2023年７月現在

ア　オーストラリア　　イ　カナダ　　ウ　中国　　エ　ドイツ
オ　ロシア　　カ　イギリス　　キ　アメリカ

問５　下線部④に関して、次の資料は、ゲンの「父ちゃん」が、戦争に反対することを公言し、非国民と蔑（さげす）まれ、警察から取り調べを受けている場面である。現在の日本では憲法で基本的人権が保障され、自らの考えを持ち、それを自由に表明する権利が大切に守られている。次の二重線内のａ～ｄのうち、この権利を保障した日本国憲法の規定として正しいものを２つ選び、その組み合わせとして正しいものを、あとのア～カから１つ選び、記号で答えなさい。

『はだしのゲン』第1巻より。

a　集会、結社及び言論、出版その他一切の表現の自由は、これを保障する。 b　思想及び良心の自由は、これを侵してはならない。 c　何人も、公共の福祉に反しない限り、居住、移転及び職業選択の自由を有する。 d　何人も、法律の定める手続きによらなければ、その生命若しくは自由を奪われ、又はその他の刑罰を科せられない。

ア　aとb　イ　aとc　ウ　aとd　エ　bとc　オ　bとd　カ　cとd

問6　下線部⑤に関して、家族について規定する日本の憲法、法律または司法の判断について述べたものとして**誤っているもの**を、次のア～エから1つ選び、記号で答えなさい。

ア　憲法は「婚姻は、両性の合意のみに基いて成立」すると規定している。

イ　憲法は、家族に関する事項について「法律は、個人の尊厳と両性の本質的平等に立脚して、制定されなければならない」と規定している。

ウ　最高裁判所は、女性にのみ離婚後6か月の再婚禁止期間を設けている民法の規定について、100日を超えた部分は、法の下の平等に反し違憲であると判断した。

エ　最高裁判所は、同性婚を認めていないのは差別的取扱いであって、法の下の平等に反し違憲であると判断した。

問7　下線部⑥に関して、日本も含め世界の憲法にはさまざまな「平和主義」についての規定がある。次のア～エは日本、コスタリカ、ドイツ、イタリアのいずれかのものである。このうち日本国憲法の内容として正しいものを1つ選び、記号で答えなさい。

ア　我が国は、他の人民の自由を侵害する手段および国際紛争を解決する方法としての戦争を否認する。

イ　われらは、全世界の国民が、ひとしく恐怖と欠乏から免かれ、平和のうちに生存する権利を有することを確認する。

ウ　諸国民の平和的共同生活をさまたげ、とくに侵略戦争の遂行を準備するのに役立ち、かつ、そのような意図をもってなされる行為は違憲である。

エ　恒常的制度としての軍隊を禁止する。公共秩序の監視と維持のためには必要な警察隊を置く。

東洋大学京北中学校(第1回)

—30分—

(編集部注：実際の入試問題では、写真や図版の一部はカラー印刷で出題されました。)

注意　社会科的用語(都道府県名、人物名、政策名など)については、漢字で答えなさい。

1　次の地図1を見て、問いに答えなさい。

地図1

⑴　日本の標準時子午線上に天文科学館がある都市を、地図1のア～エから1つ選び、記号で答えなさい。また、都市名を答えなさい。

⑵　日本の標準時子午線を地球儀(ぎ)上でたどっていくと、西経[　　　]度線にあたります。[　　　]にあてはまる数を算用数字で答えなさい。

⑶　右の写真1は、別名「しらさぎ城」と呼ばれる世界文化遺産に指定された城です。この城がある県のイラストを、ア～エから1つ選び、記号で答えなさい。縮尺は県によって異なります。

写真1

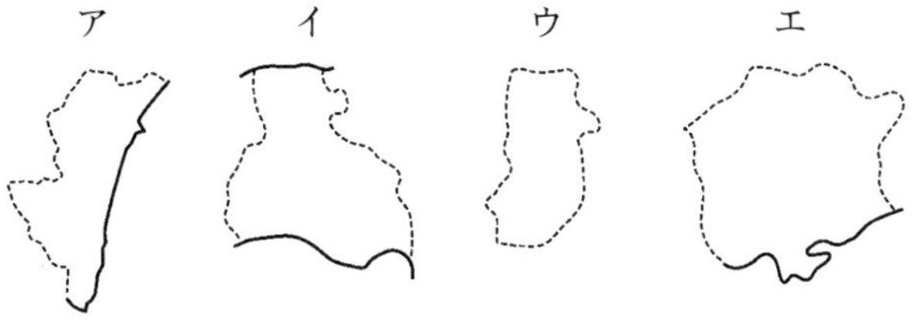

※実線は海岸線、点線は県境をあらわしている

⑷　本州と九州の間にある海峡(かいきょう)Xには、人道トンネルがあり、海底トンネルを利用して歩いて渡(わた)ることができます。次の文の[　①　]県、[　②　]県にあてはまる県名の組み合わせとして正しいものを、ア～エから1つ選び、記号で答えなさい。

あとの写真２は、本州と九州の間にある地図１中の海峡Ｘの人道トンネルを[　①　]県側から[　②　]県側に向かって歩いて行くときに撮影されたものです。

ア　①　福岡　　②　山口　　イ　①　広島　　②　福岡
ウ　①　大分　　②　山口　　エ　①　山口　　②　福岡

写真２

(5)　本州、北海道、九州、四国をつなぐ交通機関として、新幹線で行き来できるものを、ア～エから**すべて選び**、記号で答えなさい。

ア　本州と北海道　　イ　本州と九州　　ウ　本州と四国　　エ　九州と四国

(6)　次の文章で説明されている島を地図１のカ～ケから１つ選び、記号で答えなさい。また、その島名を答えなさい。

一年を通じて温暖な気候に恵まれ、日本で初めてオリーブの栽培に成功しました。
日本三大渓谷美の１つにも数えられる「寒霞渓(かんかけい)」をはじめ、島の約７割を占める山間部では、荒々しい山肌と四季折々の自然美が織りなす絶景スポットが点在しています。
また、島には日本４大産地の１つにも数えられ、400年の伝統をもつ醤油づくりや、醤油を活かして戦後始まった佃煮づくり、そして醤油と同じく400年の伝統をもつ手延べ素麺など、昔ながらの食文化が息づいています。

(7)　次の資料１は、地図１のＡ、Ｂ、Ｃの都市の気温と降水量を示しています。地図２の地域があるのは、Ａ、Ｂ、Ｃのうち、どの地域か、Ａ～Ｃから１つ選び、記号で答えなさい。

資料１

	1月	2月	3月	4月	5月	6月	7月	8月	9月	10月	11月	12月
A	4.2	4.7	7.9	13.2	18.1	22.0	26.2	27.3	22.9	17.2	11.9	6.8
	201.2	154.0	144.3	102.2	123.0	146.0	188.6	128.6	225.4	153.6	145.9	218.4
B	5.9	6.3	9.4	14.7	19.8	23.3	27.5	28.6	24.7	19.0	13.2	8.1
	39.4	45.8	81.4	74.6	100.9	153.1	159.8	106.0	167.4	120.1	55.0	46.7
C	6.7	7.8	11.2	15.8	20.0	23.1	27.0	27.9	25.0	19.9	14.2	8.8
	59.1	107.8	174.8	225.3	280.4	359.5	357.3	284.1	398.1	207.5	129.6	83.1

＊上段・・・各月の気温の平年値(℃)　　下段・・・各月の降水量の平年値(mm)

出典：『日本国勢図会 2023/24』

地図２

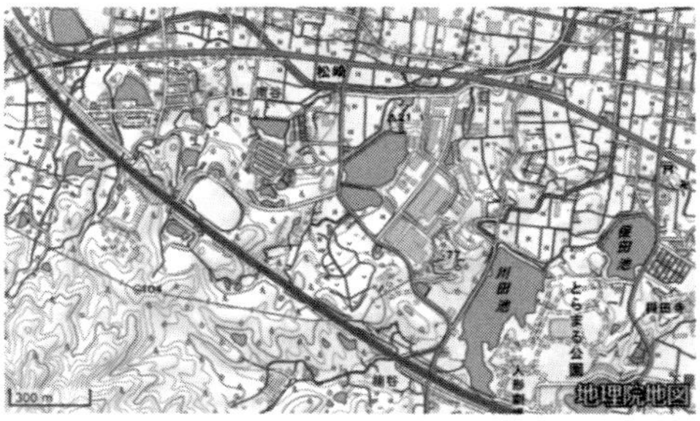

(8)　(7)のように考えた理由を説明しなさい。

(9)　地図１のＹの地域には、明治時代に大規模な官営の製鉄所がつくられました。この地域に製鉄所がつくられたのは、当時、鉄鉱石の輸入先であった中国に近いことと、その他にどのような理由があったか、説明しなさい。

２　次の文章を読んで、問いに答えなさい。

生物として人間を見た場合、その違いから大半は男性と女性の２種類に分けられます。それとは別に、社会や文化がつくり上げた男女の差があります。こちらは、政治や経済などの中で違いや不公平さが表れることがあります。それは歴史が積み上げてきた伝統であり必要なこと、あるいは仕方のないことだと考える人もいますが、そうでしょうか。

性別によって役割を分けるということは、縄文時代には始まっていたという考え方もあります。弥生時代や古墳時代になると、広く地域を支配する王が登場しますが、①この時代は女性の権力者も多数存在していたことが史料や遺物からわかります。この頃の政治の場面では男女の差はゆるやかなものであったようです。②飛鳥時代や奈良時代には、女性天皇が出現します。

律令が制定されると、人々に税や兵役を課すにあたって、性別で把握(はあく)する必要があったため、法的に男女の差が明確に表現されるようになります。また、その頃の日本には、唐の制度だけでなく、家庭のあり方など中国の考え方が入ってきました。

鎌倉時代の武家社会においては、跡継(あとつ)ぎである男性が家系を継ぐことが多くなり、女性が嫁(よめ)に入るようになります。女性は、子の教育や資産の管理に強い発言権を持ち、③財産は男女に関係なく受け継がれました。政治においても女性が強い発言力をもつ場合も見られ、例えば、鎌倉幕府を開いた［　A　］の妻で、後に尼(あま)将軍と呼ばれた北条政子は、承久の乱で御家人たちを説得し、幕府で実権を握(にぎ)っていたことで知られます。

ところが、女性は少しずつ政治の表舞台(ぶたい)から遠ざけられていきます。政治を行う場を「表」とし、日常生活の場を「奥」と呼び、女性は政治的儀礼の場に姿を現すことがなくなります。「大奥」という言葉がありますが、これは④徳川綱吉の頃に定着しました。そして、明治時代になると、天皇は皇室典範(こうしつてんぱん)という規則によって男性に限定され、人々の政治への参加も男性に限定されます。例えば⑤最初の衆議院議員選挙の選挙権を持つ人は男性に限られました。また、⑥家庭内での役割や進学、就職においても男性と女性にはさまざまな違いがありました。女性も選挙権を持つようになるのは［　B　］戦争が終わったばかりの1945年ですが、参政権を獲得(かくとく)できたものの、一方で進学や就職では女性の方が不利に扱(あつか)われることが現在よりも多かったようです。
　⑦社会の中では男性としてあるいは女性としてどのように行動すべきか、どのような外見であるべきかといったことがつくりあげられていきます。それは不変のものではなく、時代により変化するものであるということがこれまで見てきたことからでもわかります。私たちは、「そうあるべきだ」という考えに対して、公平な見方であらためて考える必要がありそうです。

(1)　[A]にあてはまる人物名を答えなさい。

(2)　[B]にあてはまることばを答えなさい。

(3)　下線部①について述べた文Ⅰ・Ⅱを読み、その正誤の組み合わせとして正しいものを、ア～エから１つ選び、記号で答えなさい。

Ⅰ　中国の歴史書「魏志倭人伝」によると、邪馬台国の卑弥呼は呪術(じゅじゅつ)を用いて、女王として君臨していたことがわかる。

Ⅱ　腕輪や首飾りを男性が身に着けることはありえないため、このような装飾品(そうしょくひん)が発見された古墳はすべて女性の支配者の墓だといえる。

ア　Ⅰ：正　Ⅱ：正　　イ　Ⅰ：正　Ⅱ：誤
ウ　Ⅰ：誤　Ⅱ：正　　エ　Ⅰ：誤　Ⅱ：誤

(4)　下線部②について、次の[　　]に示したⅠ～Ⅳのできごとのうち、飛鳥時代と奈良時代に起こったできごとの組み合わせの中で、年代が古い順に正しく並べられているものを、ア～エから１つ選び、記号で答えなさい。

Ⅰ：平城京に都を移す。	Ⅱ：大化の改新が始まる。
Ⅲ：坂上田村麻呂が征夷大将軍となる。	Ⅳ：冠位十二階が定められる。

ア　Ⅳ　→　Ⅱ　→　Ⅲ　　イ　Ⅱ　→　Ⅰ　→　Ⅳ
ウ　Ⅲ　→　Ⅳ　→　Ⅱ　　エ　Ⅳ　→　Ⅱ　→　Ⅰ

(5)　下線部③について、鎌倉時代の中期以降になると、女性に与えられる財産が削られるようになります。その理由として最もあてはまるものを、ア～エから１つ選び、記号で答えなさい。

ア　領地が増えない中で相続が進み、１人あたりの領地がせまくなったことで、男性家系を維持するために女性に分け与えることが難しくなったから。

イ　幕府が出した徳政令は男性の御家人や商人を対象としていたため、女性の借金は減らず、男性の保護を必要とするようになったから。

ウ　承久の乱が起こり、御家人が領地を守るようになったため、武装することがない女性は、男性に領地を守ってもらわなくてはならなくなったから。

エ　幕府は武家諸法度を制定し、その中で、相続を男性の家系にまとめることを定めたことで、女性の相続権がなくなったから。

(6)　下線部④について、次の[　　]に示したⅠ～Ⅴの歴史用語のうち、この将軍に関係の深いものの組み合わせとして正しいものを、ア～エから１つ選び、記号で答えなさい。

Ⅰ：島原・天草一揆(島原の乱)	Ⅱ：元禄文化	Ⅲ：化政文化
Ⅳ：生類あわれみの令	Ⅴ：享保の改革	

ア　Ⅱ・Ⅴ　　イ　Ⅰ・Ⅲ　　ウ　Ⅱ・Ⅳ　　エ　Ⅲ・Ⅳ

(7)　下線部⑤について、次の文の［　C　］と［　D　］にあてはまる数字をそれぞれ答えなさい。

「直接国税［　C　］円以上を納める、満［　D　］歳以上の男性に選挙権があった。」

(8)　下線部⑥について、明治時代の教育に関する資料１と資料２を参考にして、それらについて正しく述べた文を、ア～エから１つ選び、記号で答えなさい。

資料１

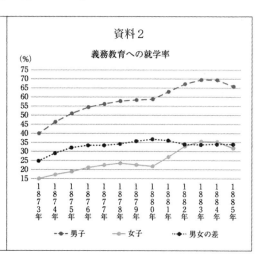

政府は1872年に学制を制定しました。そこでは,「学問は武士以上だけのもので農工商や女性については学ぶことすらさせない」という今までの考えは誤っていて,「今後は，人民は華士族農工商および女性を問わず，必ず無学の家がなく，家にも無学の人がいないようにしたい」ので，子弟を必ず学校に通わせるよう定めました。

資料２

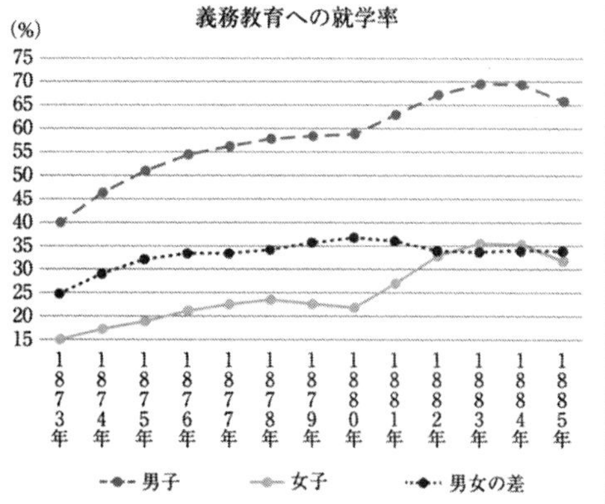

ア　女性の就学率が低い背景には、女性に学問は不要という古い考えが影響している。

イ　政府は男性への教育を優先することを学制の中で定め、富国強兵の実現を図った。

ウ　1882年に女子の就学率が急上昇（じょうしょう）して、男女の就学率の差はほとんどなくなった。

エ　1885年まで男子も女子も就学率は上昇を続け、一度も低下することはなかった。

(9)　下線部⑦に関して、次の資料３(『とりかへばや物語』の一部分を簡単に説明したもの)を読み、貴族社会に生きる父親が「若君」に何を期待したのか考えて答えなさい。その際、資料３と資料４を見て、「平安時代の男性はどうあるべきだと考えられていたのか」ということにふれて答えなさい。

資料３

人柄（ひとがら）や評判の非常に優れた貴族がいました。彼には息子(若君)と娘(姫君)がいて、二人の見た目はそっくりですが、性格は異なります。

息子は、とても人見知りで、漢詩や歌などを学ぶことより、絵描きや人形遊びを好みます。父は若君を叱（しか）りますが、そのたびに若君は「情けない」と涙します。一方、娘は、鞠（まり）や小弓で遊ぶことを好みます。また、人見知りもせず、父の客である貴族たちに交じって上手に笛を奏で、歌を詠（よ）むので、貴族たちは「すてきな若君ですね」とほめるのでした。はじめは「姫君なんですよ」と訂正していましたが、そのうち訂正することもわずらわしく訂正しなくなります。父は心の中で「若君と姫君をとりかえられ

資料４

国立国会図書館ウェブサイト
(https://dl.ndl.go.jp/pid/2590782/1/15)
をトリミングして作成

たらなぁ」と悩むのでした。 　天皇からも「評判の息子を早く見たい」と言われるようになり、父は何かと理由をつけて断り続けました。しかし、ついに断りきれなくなった父は、姫君を男装させて「若君」ということにして宮中へ勤めに出すことにしました。	

３　次の文章を読んで、問いに答えなさい。

　わたしたちの身の回りにはさまざまな商品があります。みなさんも、いろいろな商品を購入(こうにゅう)したことがあるでしょう。ところで、それらの価格はどのようにして決められているのでしょうか。価格の決まり方には多くの種類があり、ある特定の商品では、ある企業(きぎょう)が値上げをおこなうと、その他の企業が次々とそれにならって値上げをおこなうことがあります。こうして決定された価格を管理価格といいます。企業にとっては、安定した収入が見込(みこ)めるというメリットがある一方で、消費者にとっては、［　A　］というデメリットが存在します。

　一方で、郵便料金に代表される公共性の高い料金は、①政府への届け出などが義務付けられています。こうしたいわゆる公共料金は、価格設定を企業に自由に任せた場合に、消費者の生活に多大な影響が出かねないため、政府の規制が必要となってきます。

　では、みなさんがお店で見かける商品はどうでしょうか。１個あたりの原材料費が50円、輸送費が40円、人件費が20円の商品を考えてみましょう。そのほかの費用は考えないものとすると、生産者は、利益(もうけ)を出すために、この商品を［　B　］円よりも高い価格で販売しようとします。しかし、実際に消費者の手に渡る際には商品価格は一般的に、②商品を買いたいという需要量と商品を売りたいという供給量などに基づいて決定されます。

(1)　文中の［　A　］にあてはまる文を考え、答えなさい。

(2)　文中の［　B　］にあてはまる数字を答えなさい。

(3)　下線部①について、電気料金には値上げの際に国の認可が必要な「規制料金」と、電力会社が独自に決められる「自由料金」があります。では、規制料金を値上げする場合、どの省庁の大臣の認可が必要か、ア～エから１つ選び、記号で答えなさい。

ア　財務省　　イ　外務省　　ウ　経済産業省　　エ　環境省

(4)　下線部②について、近年、商品の価格を時期や天候、人気度などによって変化させるダイナミックプライシングという手法がとられるようになってきました。以下のグラフ１は、あるスポーツチームの試合の20日前から１日前までのチケット価格に関して、ダイナミックプライシングによる変動を表したものです。チケットの販売が開始されたのは試合の20日前の時点であり、人気選手が移籍してきたAの時点で価格は上がったことがわかります。その後、BとCの時点でも、価格変動は起きていますが、その変動する要因として考えられる最も適切なものを、ア～エからそれぞれ選び、答えなさい。また、そのように考えた理由を、それぞれ答えなさい。

グラフ１(試合の20日前から１日前までのチケットの価格の変動)

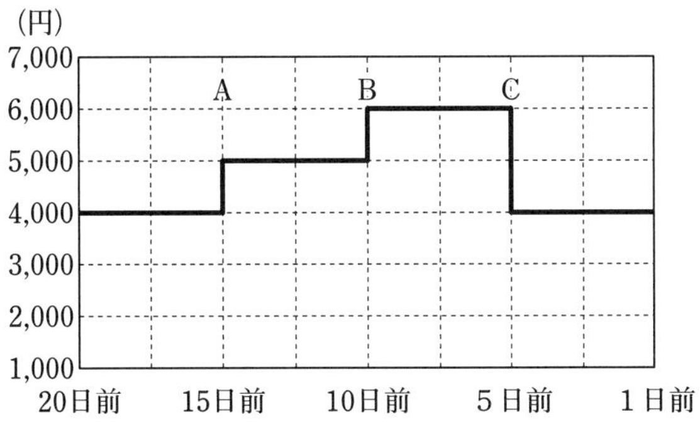

ア　チームが前日の試合に勝ち、優勝争いに加わったことが報道された。

イ　台風の影響で主催者が試合中止を発表し、チケットの発売を取りやめた。

ウ　気象庁より、試合がおこなわれる日が大雨になるという予報が発表された。

エ　試合が近づくにつれて、スタジアムの最寄り駅周辺では、混雑度が増してきた。

獨協埼玉中学校(第１回)

—30分—

1　次の文章を読んで、各問いに答えなさい。

2023年５月、Ｇ７サミット(主要国首脳会議)が$_a$広島県$_b$広島市で開催された。サミットは、国際社会が直面する政治や経済、気候変動など、さまざまなテーマについて各国のリーダーなどが意見を交わす国際会議である。日本では、これまでに東京都や沖縄県、洞爺(とうや)湖がある（　１　）、志摩半島がある（　２　）などでサミットが開かれた。広島市でのサミットをふくめると、日本でのサミット開催は７回目となる。

(1)　下線部ａについて、あとの問いに答えなさい。

①　次のＡ～Ｄでしめした図は、広島県がふくまれる中国地方の、ア～エのいずれかの分布図である(黒い点がその位置をあらわしている。問題作成上、一部の島をのぞいている)。Ｃに当てはまるものとして正しいものを、次のア～エのうちから１つ選び、記号で答えなさい。

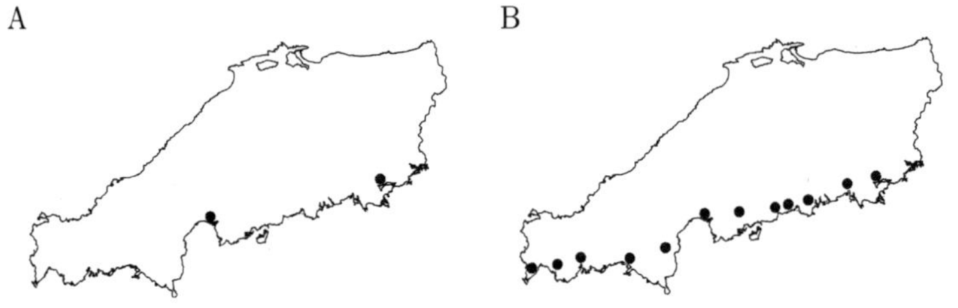

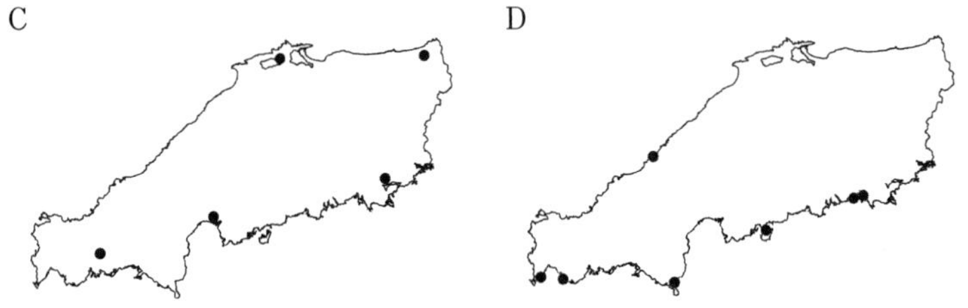

ア　県庁所在地　　イ　火力発電所　　ウ　政令指定都市　　エ　新幹線の駅

②　広島県は、かき類の養殖がさかんである。右の表は、都道府県別の海面漁業・養殖業生産量(令和４年)のうち、かき類の上位５都道府県をまとめたものである。表中の空欄（　Ｘ　）にあてはまる都道府県名を答えなさい。

単位：100トン

1位	広島	968
2位	（　Ｘ　）	257
3位	岡山	147
4位	兵庫	98
5位	岩手	60

〔農林水産省ＨＰより作成〕

③　関東地方から広島県のある瀬戸内海の沿岸をふくんで九州地方北部まで、帯のように連なる工業地帯・地域のことを何というか、６文字で答えなさい。

(2)　次の地形図は、広島県北東部の庄原市東城町(しょうばらしとうじょうちょう)とその周辺をしめしたものである。この地形図に関して、あとの問いに答えなさい。

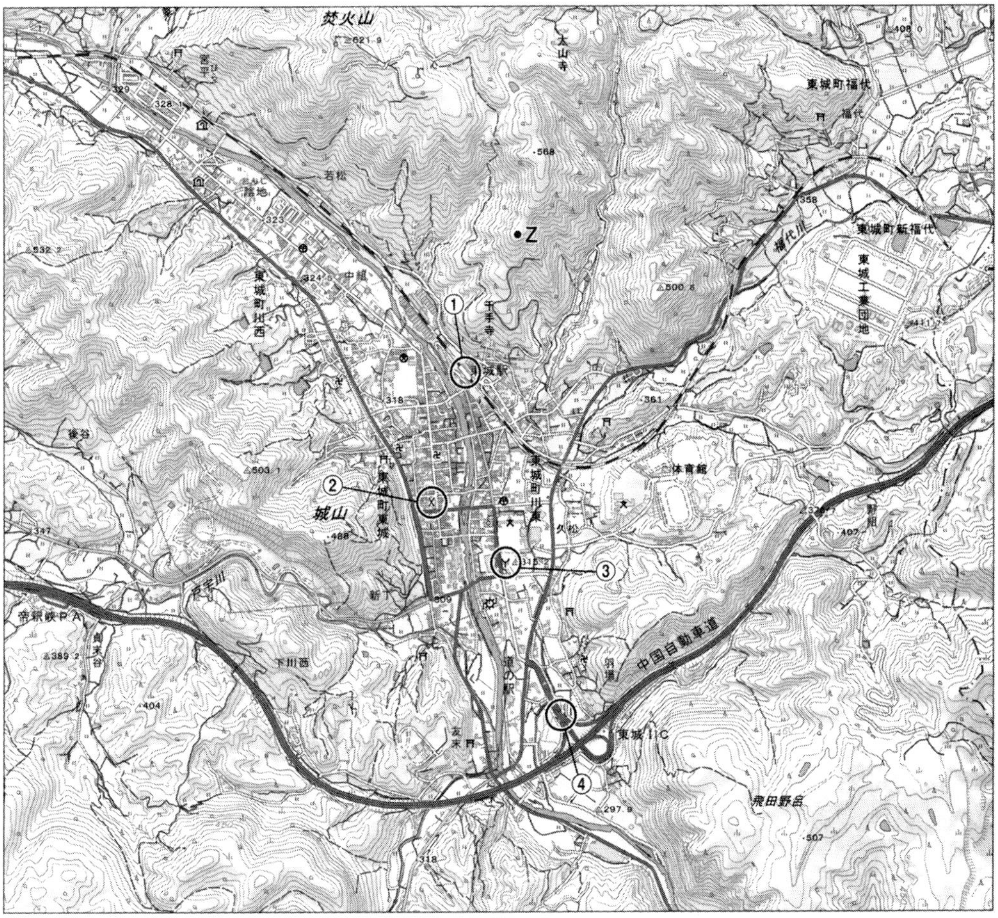

〔国土地理院「電子地形図 25000分の１(2023年７月ダウンロード)」より作成〕

①　地図中の地点Ｚの標高として正しいものを、次のア～エのうちから１つ選び、記号で答えなさい。

ア　510ｍ　　イ　520ｍ　　ウ　530ｍ　　エ　540ｍ

②　次の写真Ｅ・Ｆは、地図中の①～④のいずれかの地点で撮影したものである。写真と撮影地点の組み合わせとして正しいものを、次のア～カのうちから１つ選び、記号で答えなさい。

写真Ｅ

写真Ｆ

	写真Ｅ	写真Ｆ
ア	②	①
イ	②	③
ウ	②	④
エ	③	①
オ	③	②
カ	③	④

③　小学生のＡさんのおじいさんは、地形図でしめした地域に住んでいる。次の文章は、Ａさんとおじいさんが、地形図中のまちを散歩している時の会話である。会話中の空欄（ あ ）・（ い ）に入る語句として正しいものを、あとのア～カより１つずつ選び、記号で答えなさい。

おじいさん：このまちは、「城山」があるように、昔お城があってさかえた町なんだよ。ほかにも、山で鉄がとれて、さかえていたこともあるんだよ。

Ａさん　　：お酒をつくっている蔵(くら)があったり、和菓子屋さんや着物を売っているお店があったりして、歴史を感じるね。

おじいさん：昭和のころは、もっと人が多くてにぎわっていたけれど、人口が少なくなるとともに、飲食店や旅館などの（ あ ）のお店は少なくなっているよ。それから最近は、インターネットで買い物をする人も増えたから、文房具店や（ い ）は少なくなってきているね。

Ａさん　　：じゃあ、このまちでの生活はとても不便になっているの？

おじいさん：ここ数年で、大きな道路沿いにスーパーマーケットやドラッグストア、コンビニエンスストアができて、ふだんの生活でこまることはないよ。中国自動車道があって、広島市内や大阪市方面とつながっているから、お店に商品が運びやすいようだよ。

ア　クリーニング店　　イ　第一次産業　　ウ　本屋
エ　美容室　　　　　　オ　サービス業　　カ　病院

④　次の写真Ｇと写真Ｈは、地形図中の畑の周辺で撮影したものである。写真から、畑のまわりに細いワイヤーのようなものが、はりめぐらされていることが分かる。これはある問題に対しての対策である。あとの資料も参考にしながら、なぜこのようにしているのか、この問題をあきらかにしながら、説明しなさい。

写真Ｇ

写真Ｈ

資料

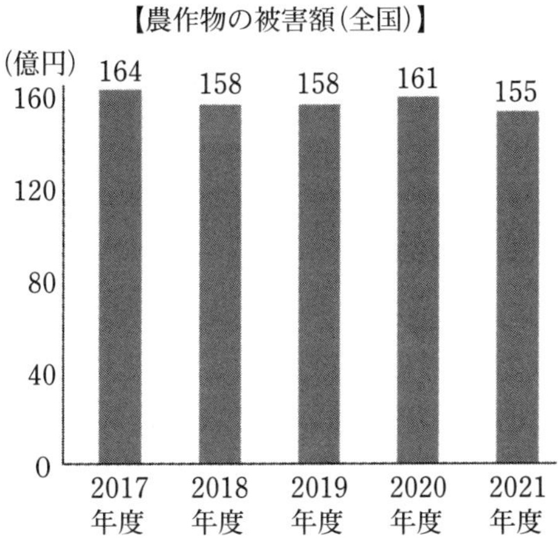

〔農林水産省ＨＰより作成〕

【現地の農家の人の話】
いろいろな対策をしています。写真にあるワイヤーは、夜の間、電気が通るようになっています。うちの地域だけでなく、全国的に困っているようです。

⑶　下線部ｂについて、広島市のように、川が河口付近に土砂を積もらせてできた土地を何というか、答えなさい。

⑷　文中の空欄(　１　)・(　２　)にあてはまる都道府県名をそれぞれ答えなさい。

2　次の文章を読んで、各問いに答えなさい。

現在の高知県にあたる ${}_a$土佐国は、日本の誕生から ${}_b$推古天皇の時代までを記した古事記の国(く)産(う)みの神話のなかで、土佐国建依別(たけよりわけ)とよばれ、雄々(おお)しい男の国とされている。

${}_c$律令政治が本格的におこなわれた奈良・${}_d$平安時代は、現在の高知市の東にある南国(なんこく)市の比江(ひえ)に国司が都から派遣され、土佐の政治と文化の中心であった。また、室町時代には ${}_e$細川氏が土佐国の守護代となり、さらに戦国時代に(　１　)氏が土佐を統一して政治を行った。

その後、関ヶ原の合戦で西軍に味方して敗れた(　１　)氏に代わり、山内氏が土佐の国主(こくしゅ)として入国すると、土佐藩の ${}_f$城下町として高知市の辺りの地域が発展していった。${}_g$幕末には坂本龍馬など多くの志士(しし)が登場し、明治時代になると(　２　)などが自由民権運動を起こし、「自由は土佐の山間より」とうたわれるようになった。また、高知県には、実業家の岩崎弥太郎や思想家の幸徳秋水、ｈ第二次世界大戦後、内閣総理大臣となった吉田茂など数多くの偉人がいる。

(1)　下線部ａについて、読み方をひらがなで答えなさい。

(2)　下線部ｂについて、この時代の文化について述べた文Ｘ・Ｙと、代表的な文化財Ⅰ・Ⅱの組合せとして正しいものを、次のア～エのうちから１つ選び、記号で答えなさい。

> Ｘ　日本で最初の仏教文化がおこった。この文化には、遠くインド・西アジア・ギリシャなどの文化の影響がみられる。
> Ｙ　遣唐使によって唐の文化がもたらされたため、唐の影響を強く受けた。

Ⅰ

Ⅱ

ア　Ｘ－Ⅰ　　イ　Ｘ－Ⅱ　　ウ　Ｙ－Ⅰ　　エ　Ｙ－Ⅱ

(3)　下線部ｃについて、この政治のしくみについて述べた文として正しいものを、次のア～エのうちから１つ選び、記号で答えなさい。

ア　神祇官が決めた政策にもとづいて、神祇官の下に置かれた八省が実際の政治を行った。

イ　地方は国・郡・里に分け、郡司には主に都から派遣された豪族が任命された。

ウ　朝廷は毎年戸籍をつくり、それにもとづいて田をあたえた。

エ　農民は、稲を地方の役所に納める租など、さまざまな税を負担した。

(4)　下線部ｄについて、赴任(ふにん)先である土佐国から平安京の自宅に帰るまでの様子をかな文字で書いた、『土佐日記』の作者は誰か。

(5)　下線部ｅについて、細川氏と山名氏が争った応仁の乱について述べた文Ｘ・Ｙについて、その正誤の組合せとして正しいものを、次のア～エのうちから１つ選び、記号で答えなさい。

> Ｘ　応仁の乱は約10年も続き、京都は焼け野原になった。
> Ｙ　戦乱を逃れて地方に行った公家や僧らによって、京都の文化が地方に広まった。

ア　Ｘ　正　　Ｙ　正　　　イ　Ｘ　正　　Ｙ　誤

ウ　Ｘ　誤　　Ｙ　正　　　エ　Ｘ　誤　　Ｙ　誤

(6)　空欄(　１　)に入る語句として正しいものを、次のア～エのうちから１つ選び、記号で答えなさい。

ア　伊達　　イ　織田　　ウ　長宗我部　　エ　島津

(7)　下線部ｆについて、Ⅲの城を中心に発達した町の位置として正しいものを、次のア～エのうちから１つ選び、記号で答えなさい。

Ⅲ

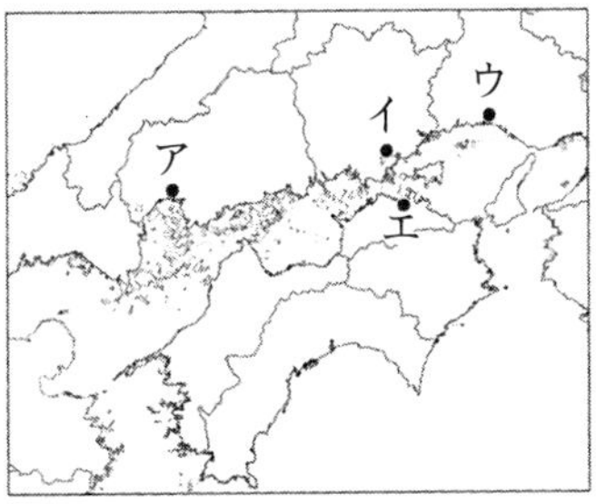

(8)　下線部ｇについて、次の《貿易の開始による影響》を読んで、下線部のような状況になったのはなぜか、また、それに対して幕府はどのように対応したのか、説明しなさい。

《貿易の開始による影響》
1　最も重要な輸出品であった生糸は、値上がりした。
2　大量生産された安い綿糸や綿織物が大量に輸入されたため、国内の綿織物業が成り立たなくなった。
3　日本の小判が大量に国外に持ち出された。

(9)　空欄(　２　)に入る人名として正しいものを、次のア～エのうちから１つ選び、記号で答えなさい。

ア　岩倉具視　　イ　伊藤博文　　ウ　大久保利通　　エ　板垣退助

(10)　下線部ｈについて、あとの問いに答えなさい。

①　第二次世界大戦前のできごとについて述べた文として正しくないものを、次のア～エのうちから１つ選び、記号で答えなさい。

ア　政治や社会のしくみを変えようとする人々を取りしまるために、治安維持法が定められた。
イ　満25歳以上の男子に選挙権を与える普通選挙法が定められた。
ウ　政府は国家総動員法を定めると、議会の承認がなくても戦争に必要な物資や人を、思い通りに動かせるようになった。
エ　北京に近い柳条湖で日中両軍が衝突したことをきっかけに、全面的な日中戦争となった。

②　次のア～エは第二次世界大戦後のできごとである。年代を古い順に並びかえたときに、３番目の出来事として正しいものを、次のア～エのうちから１つ選び、記号で答えなさい。

ア　日ソ共同宣言が調印され、日本が国際連合に加盟した。
イ　日本国憲法が施行された。
ウ　沖縄が日本に返還された。
エ　サンフランシスコ平和条約が調印された。

3 次の文章を読んで、各問いに答えなさい。

国連は、世界人口が2022年末に(1)億人を超えたと報告した。2050年には100億人を超えると予測されている。こうした急激な人口増加は「人口爆発」とよばれ、おもに(2)国で起こっており、aの食料やエネルギー資源の不足や環境問題の悪化などが心配されている。今後、「人口爆発」にくわえ、世界全体の高齢化も新たな課題となると予測されている。

日本の最大の課題は、少子高齢化の進行である。2005年以降、高齢化率は主要な先進国中で１位であり、外国人をのぞく日本の人口の減少は2011年から続いている。

b 2023年１月のデータでは、47 c 都道府県の全てで、日本人人口が前年を下回ったことが初めて確認された。これを受け d 政府は「e 少子化、人口減少はわが国の社会経済や社会保障にかかわる重要な問題だ。…(中略)… f 働き方改革などにより g 女性や h 高齢者などの就労(しゅうろう)を最大限促進(そくしん)するとともに、その能力を発揮(はっき)できるよう」取り組みを進めるという声明を出した。

(1) 空欄(1)に入る数字として正しいものを、次のア～エのうちから１つ選び、記号で答えなさい。

ア 60　イ 70　ウ 80　エ 90

(2) 空欄(2)に入る語句を漢字４文字で答えなさい。

(3) 下線部aについて、こうした国際的課題に対応するために、SDGsへの取り組みが国際的に進められている。SDGsという言葉の意味として正しいものを、次のア～エのうちから１つ選び、記号で答えなさい。

ア 「国際の平和と安全に主要な責任を持つ」こと

イ 「全ての人々が可能な最高の健康水準に到達する」こと

ウ 「文化振興を通し、戦争を二度と起こさない」こと

エ 「持続可能な開発目標」のこと

(4) 下線部bについて、このデータとは住民基本台帳のことであり、ふるさと納税制度や地方自治を管轄(かんかつ)する省庁によって作成された。この省庁名を「～省」の形に合うように答えなさい。

(5) 下線部cについて、都道府県の議会や議員について述べた文章として正しいものを、次のア～エのうちから１つ選び、記号で答えなさい。

ア 多くの議会は、二院制となっている。

イ 18歳以上の日本国民であれば、どこに住んでいても被選挙権を有する。

ウ 議長は、議員の中から知事により決定される。

エ 議会の主な仕事に、条例の制定や改正がある。

(6) 下線部dについて、政府や国際機関とは異なる立場で、経済・社会・医療・人権などの様々な国際問題に取り組む民間団体を何というか。アルファベット３文字で答えなさい。

(7) 下線部eについて、少子化や人口減少が社会保障にかかわる重大な問題といえる理由を、社会保障とは何かを明らかにした上で説明しなさい。

(8) 下線部fについて、働き方改革は女性や高齢者に限らない内容を含んでいる。その内容として正しくないものを、次のア～エのうちから１つ選び、記号で答えなさい。

ア ワーク・ライフ・バランスの整備　イ 在宅勤務の推進

ウ マイナンバーカードの促進　エ 男性の育休取得の促進

(9) 下線部gについて、日本において女性参政権が付与(ふよ)された年を西暦で答えなさい。

⑽　下線部ｈについて、次のグラフは、仕事をしていて収入のある高齢者を対象とした国のアンケート結果をまとめたものである。このグラフについての説明として正しいものを、次のア～エのうちから１つ選び、記号で答えなさい。

【高齢者が仕事をしている理由(性・年齢別)】

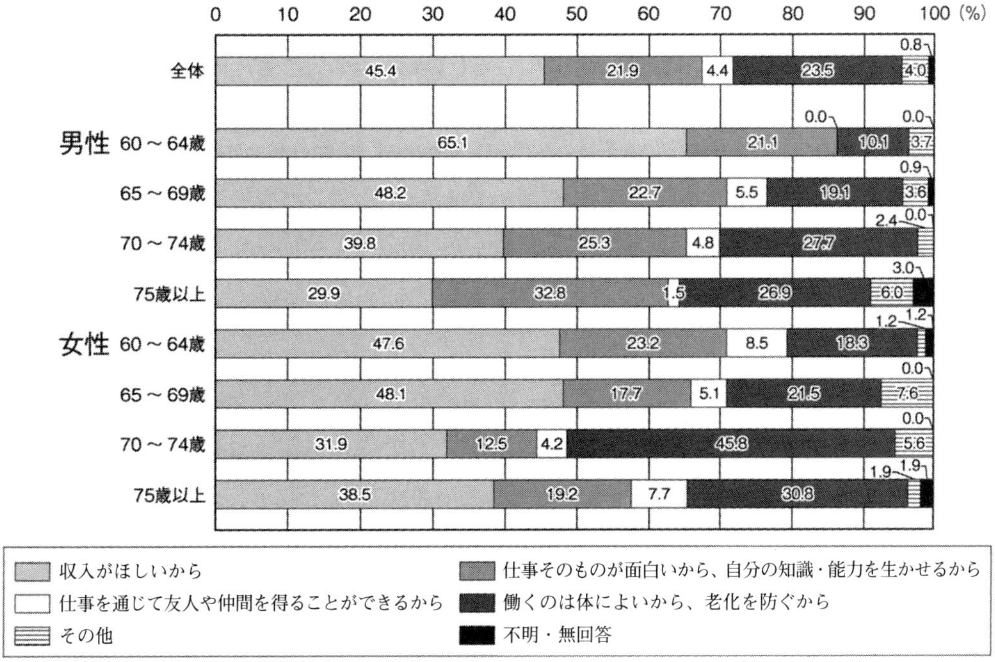

〔内閣府『令和２年版高齢社会白書』のデータに一部加筆して作成〕

ア　男性は年齢が上がるに従(したが)い収入目的の割合が減っていくが、女性は必ずしも減らない。

イ　どの年代も女性より男性の方が、健康や老化予防を目的にしている。

ウ　健康目的で働く男女が、年々増加している。

エ　仕事の面白さや知識・能力を生かすより、友人や仲間づくりが求められている。

日本大学中学校(Ａ－１日程)

―理科と合わせて60分―

1　次の文章を読み、各問に答えなさい。

　昨年(2023年)の７月に、中学２年生の太郎さんは、家族で福岡県を訪れました。羽田空港から福岡空港に向かう機内で機内誌を手に取った甘い物好きの太郎さんは、記事の「ケーキショップ数日本一」の見出しに目をひかれました。それによると福岡市内には、①ケーキショップが108店舗(ぽ)あるので、人口10万人あたり、7.0店になり、21大都市(政令市と東京都区部)中、第１位(2019年７月現在)だそうです。また、福岡スイーツの特徴(ちょう)のひとつに地元産フルーツを用いたものが多いそうです。福岡県の(２)の生産量は全国第２位で、特に「あまおう」は高級ブランドとして有名です。キウイフルーツの生産量も全国第２位、③ぶどうは全国第５位で、新鮮なフルーツを近隣(きんりん)の生産者から入手できます。太郎さんは、時間があれば福岡のケーキショップを訪ねてみたいと思いました。福岡空港から電車を乗りついで、太宰府に向かいました。途中の車窓から木々に覆(おお)われた堤(てい)防のようなものが見えました。これは、④中大兄皇子が白村江の戦い後に築いた「水城(みずき)」の跡(あと)だと、お父さんが教えてくれました。太宰府駅に到着し、駅から参道を通って、太宰府天満宮を参拝しました。太宰府天満宮は、901年に⑤藤原氏によって大宰府に流された(６)のお墓の上に建てられた神社です。(６)は学者であり、学問の神様として信仰(こう)されています。太郎さんも成績が上がるようにお願いしました。帰りに参道で名物の梅ヶ枝餅(うめがえもち)を食べました。

　翌日は、マリンメッセ福岡で世界水泳選手権を観戦しました。会場の近くには博多港国際ターミナルがあり、韓国の(７)行きのフェリーが発着しています。

　最終日は福岡市博物館に行きました。⑧1784年に志賀島で発見された(９)が、博物館に展示されていました。(９)は西暦(れき)57年に北九州の奴(な)国が中国の光武帝から授かったものと歴史の授業で習いました。他に博物館の展示品で太郎さんが注目したものに、「日本号」という槍(やり)がありました。福岡の民謡(よう)「黒田節」のもととなった、⑩黒田長政の家来の母里友信(もりとものぶ)が⑪福島正則からもらった槍です。博物館の近くには⑫蒙古襲来(もうこしゅうらい)の時の石塁(せきるい)跡がありました。最後に、関ヶ原の戦いのあとに黒田長政が築いた福岡城跡に行きました。福岡城は、黒田氏ゆかりの備前国福岡から名づけられたそうです。天守閣跡にのぼると、福岡の街が一望できました。市内を流れる那珂(なか)川の西側は「武士の町・福岡」、東側が「商人の町・博多」となりました。博多は室町時代には⑬日明貿易で栄え、大阪の(14)とならんで富裕(ふゆう)な商人が合議で町を運営する自治都市でした。福岡城跡見学後、地下鉄で福岡空港へ向かいました。

問１　下線部①の時の福岡市の人口は何万人か計算しなさい。ただし、１万の位までの概数(がいすう)で答えること。

問２　空らん(２)にあてはまる果物の名前を答えなさい。

問３　下線部③の生産量が第１位(2020年)の県を、次のア～エから選び記号で答えなさい。

　ア　岡山県　　イ　山形県　　ウ　山梨県　　エ　福島県

問４　下線部④がおこなったこととして正しいものを、次のア～エから選び記号で答えなさい。

　ア　冠位十二階を定め、家がらによらず、才能のある人を用いることにした。

　イ　遣隋使を派遣し、隋の進んだ文化を取り入れようとした。

　ウ　蘇我蝦夷(そがのえみし)・入鹿(いるか)を滅ぼし、政治の実権をにぎった。

エ　和同開珎をつくり、貨幣の流通をはかった。

問5　下線部⑤について**誤っているもの**を、次のア～エから選び記号で答えなさい。

ア　大化の改新の中心となった、中臣鎌足を先祖とする。

イ　藤原不比等は大宝律令の制定に協力した。

ウ　藤原基経が関白となり、政治の実権をにぎった。

エ　藤原頼通は、４人の娘を皇后や中宮とし、御堂関白と呼ばれた。

問6　空らん（ 6 ）にあてはまる人名を漢字で答えなさい。

問7　空らん（ 7 ）にあてはまる地名を、次のア～エから選び記号で答えなさい。

ア　上海（シャンハイ）　イ　釜山（プサン）　ウ　平壌（ピョンヤン）　エ　済州（チェジュ）

問8　下線部⑧の頃、天明のききんがおきていました。この時期、幕府の政治をおこなっていた人物を、次のア～エから選び記号で答えなさい。

ア　新井白石　イ　徳川吉宗　ウ　田沼意次　エ　水野忠邦

問9　空らん（ 9 ）にあてはまる語句を漢字２字で答えなさい。

問10　下線部⑩は関ヶ原の戦いの時に徳川家康に従いました。このような大名の説明として正しいものを、次のア～エから選び記号で答えなさい。

ア　親藩として、重要な場所に領地があたえられ、幕府の要職についた。

イ　譜代として、大きな領地は与えられなかったが、幕府の要職についた。

ウ　外様として、江戸から離れた場所に領地が与えられ、幕府の要職につくことはなかった。

エ　旗本として、江戸から離れた場所に領地が与えられ、幕府の要職についた。

問11　下線部⑪は、大名に対して制定された法令に違反したことにより処罰されました。江戸幕府が制定したこの法令名を漢字で答えなさい。

問12　下線部⑫の時に戦いに参加した御家人は、鎌倉幕府に不満を持ちました。それは幕府が御家人の期待に応えられなかったからです。御家人の不満の理由を答えなさい。

問13　下線部⑬は足利義満が始めました。倭寇と貿易船を区別するために、貿易船が所持した合い札の名称を漢字２字で答えなさい。

問14　空らん（ 14 ）にあてはまる都市名を漢字で答えなさい。

2　次の文章を読み、各問に答えなさい。

日本の社会にはたくさんのルールが存在しており、その１つが法です。

法のなかで最も上位にあるとされているのが①憲法です。②憲法を改正するためには、国会の発議と国民投票が必要であり、簡単には改正できません。

憲法の次に位置づけられているのが③法律です。法律は唯一の（ 4 ）機関である⑤国会で審議・議決されます。国民はみな法律を守らなければなりません。もちろん⑥国の政治も法律に基づいたものでなければなりません。

⑦地方自治体のルールが示されているものが⑧条例です。条例は地方自治体によって制定される法であり、法律の範囲内で定められなければなりません。

問15　下線部①に関して、次の条文の［　　　］にあてはまる語句を３字で答えなさい。

> 第14条　すべて国民は、［　　　］に平等であつて、人種、信条、性別、社会的身分又は門地により、政治的、経済的又は社会的関係において、差別されない。

問16　下線部②の説明として正しいものを、次のア～エから選び記号で答えなさい。

ア　各議院の総議員の過半数の賛成で国会が発議し、国民投票においては過半数の賛成が必要である。

イ　各議院の総議員の過半数の賛成で国会が発議し、国民投票においては３分の２以上の賛成が必要である。

ウ　各議院の総議員の３分の２以上の賛成で国会が発議し、国民投票においては過半数の賛成が必要である。

エ　各議院の総議員の３分の２以上の賛成で国会が発議し、国民投票においては３分の２以上の賛成が必要である。

問17　下線部③ができるまでの流れとして正しいものを、次のア～エから選び記号で答えなさい。

ア　本会議の前に少人数の議員で構成される委員会で審議される。必ず公聴(ちょう)会で専門家の意見を聞かなければならない。

イ　本会議の前に少人数の議員で構成される委員会で審議される。公聴会で専門家の意見を聞く場合もある。

ウ　委員会の前にすべての議員で構成される本会議で審議される。必ず公聴会で専門家の意見を聞かなければならない。

エ　委員会の前にすべての議員で構成される本会議で審議される。公聴会で専門家の意見を聞く場合もある。

問18　空らん（ ４ ）にあてはまる語句を漢字２字で答えなさい。

問19　下線部⑤について、通常国会で議決された2023年度予算として正しいものを、次のア～エから選び記号で答えなさい。

ア　14兆3812億円　　イ　54兆3812億円　　ウ　114兆3812億円　　エ　544兆3812億円

問20　下線部⑥について、内閣総理大臣の説明として**誤っているもの**を、次のア～エから選び記号で答えなさい。

ア　内閣総理大臣は、国会議員の中から国会の議決で指名される。

イ　内閣総理大臣は、文民でなければならない。

ウ　内閣総理大臣は、任意に国務大臣を罷免(ひめん)することができる。

エ　内閣総理大臣は、必ず国会議員の中から国務大臣を任命しなければならない。

問21　下線部⑦が国から指定された事業を行う際に、国から支給されるお金の総称はどれですか、次のア～エから選び記号で答えなさい。

ア　地方税　　イ　地方債　　ウ　国庫支出金　　エ　地方交付税交付金

問22　下線部⑧の制定・改廃(はいせい)の請求は、有権者の50分の１以上の署名が必要とされています。同じ署名数が必要なものはどれですか、次のア～エから選び記号で答えなさい。

ア　事務の監(かん)査請求　　イ　議会の解散請求

ウ　議員の解職請求　　エ　首長の解職請求

③　次の地図を見て、各問に答えなさい。

問23　ア～エの説明文のうち**誤っているもの**を選び、記号で答えなさい。

ア　地図中アは知床半島で、ユネスコの世界自然遺産に登録されている。

イ　地図中イは石狩山地で、北海道最高峰(ほう)の大雪山や十勝岳(だけ)などの火山がある。

ウ　地図中ウは摩周(ましゅう)湖で、日本一の透(とう)明度があるカルデラ湖である。

エ　地図中エは根釧(こんせん)台地で、やせた火山灰土や冷涼(りょう)な気候のため酪(らく)農が盛んである。

問24　次の説明文A～Cと、後の雨温図X～Zは、地図中の「札幌」、「釧路」、「網走」のいずれかのものです。「札幌」の組み合わせとして正しいものを、ア～ケから選び記号で答えなさい。

A　冬になると流氷が押し寄せ、流氷を間近で見ようと多くの観光客が訪れる。

B　地下鉄や地下街が発達しており、冬季スポーツ施設も充実している。

C　夏には親潮の影響(きょう)で濃霧(のうむ)が発生することがあり、冬の降雪量は少なくなっている。

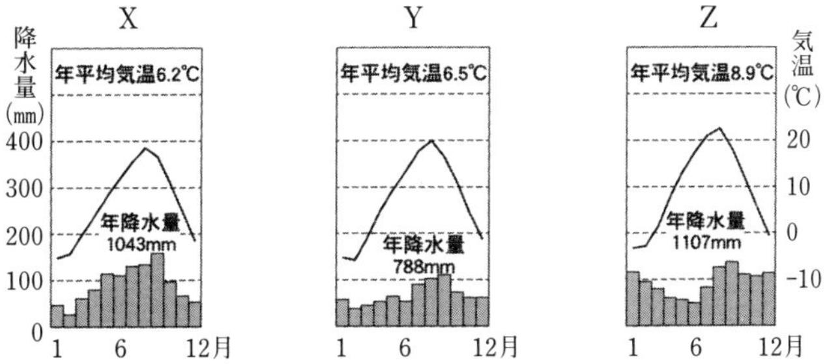

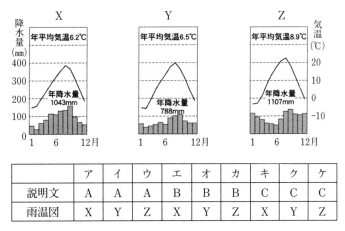

	ア	イ	ウ	エ	オ	カ	キ	ク	ケ
説明文	A	A	A	B	B	B	C	C	C
雨温図	X	Y	Z	X	Y	Z	X	Y	Z

問25　古くから北海道やその周辺地域に住んでいた「先住民族」を、「～民族」の形に合うように**カタカナ**で答えなさい。

問26　北海道の歴史に関して**誤っているもの**を、次のア～エから選び記号で答えなさい。

ア　明治政府の開拓が進むと、先住民族の言語や文化を受けつぐ人が激減し、地名も先住民族由来のものは地図から姿を消した。

イ　明治時代に開拓使が札幌に置かれ、開拓と北方防備のために屯(とん)田兵が集められた。

ウ　石狩平野では泥炭(でいたん)地が広がっていたが、長い時間をかけて土地の改良を行い、現在では日本有数の米どころに変化した。

エ　江戸時代から明治時代にかけて、日本海を経由して北海道のニシンや昆布(こんぶ)などが大坂(大阪)など各地に運ばれた。

問27　近年の北海道の出来事として**誤っているもの**を、次のア～エから選び記号で答えなさい。

ア　北海道新幹線が新函館北斗駅まで開業し、札幌駅までの建設が進められている。

イ　「北海道・北東北の縄文遺跡群」が世界文化遺産に登録された。

ウ　北海道胆振東部地震が発生し、最大震度７を観測した。その直後に発生した大津波により大きな被害を受けた。

エ　プロ野球の北海道日本ハムファイターズの本拠地が、札幌市から北広島市に移転した。

問28　北海道には、ロシアと領有をめぐって対立する「北方領土」があります。次の地図ア～ウは、「樺太・千島交換条約(1875年)」、「ポーツマス条約(1905年)」、「サンフランシスコ平和条約(1951年)」の時の日本とロシア(ソ連)の境界線を示したものです。「サンフランシスコ平和条約」のものを、ア～ウから選び記号で答えなさい。

ア　　　　イ　　　　ウ

出典：外務省ホームページより作成

問29　北海道は、観光資源が豊富で国内外から多くの観光客が訪れます。なかでも、ニセコ町は外国人観光客が多く、世界的な山岳リゾートとして注目されています。ニセコ町には、オーストラリアやアメリカ合衆国ばかりでなく、シンガポールやタイ、マレーシアといった東南アジアの国からの観光客が増加しています。この理由を、東南アジアと北海道の気候に着目して、説明しなさい。

問30　次の地形図（25,000分の1地形図「苫小牧（とまこまい）」、令和5年発行、原寸）をみて、(1)～(3)の問に答えなさい。

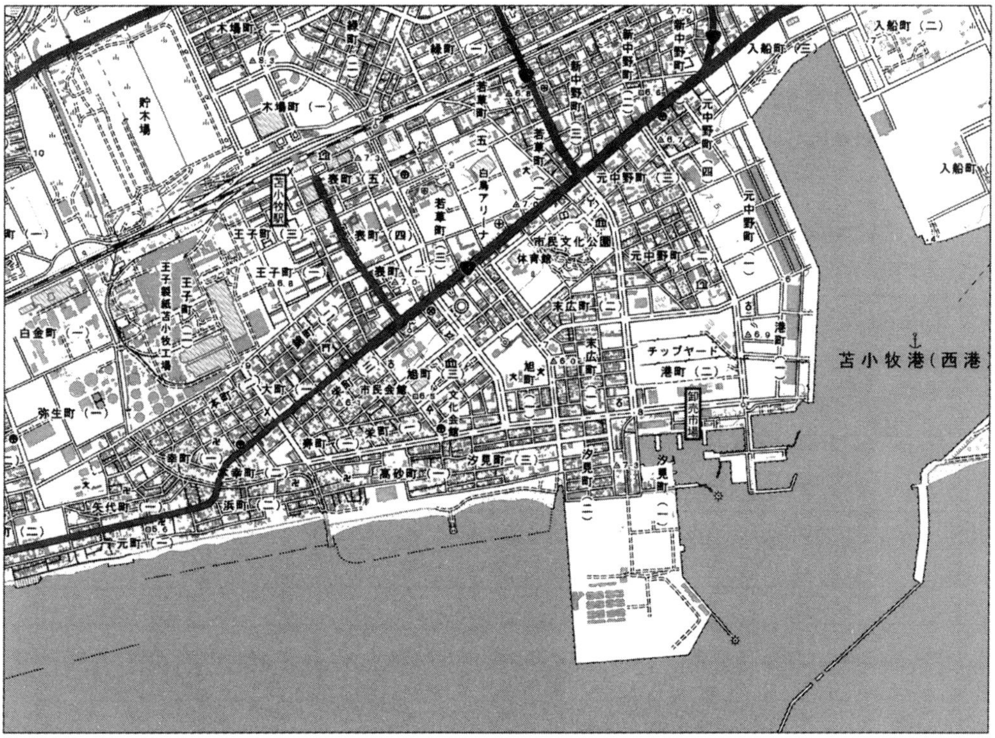

（編集部注：実際の入試問題の地形図を縮小して掲載しています。）

(1)　「苫小牧」駅から「卸売（おろしうり）市場」まで、地形図上で8cmあります。実際の距離を求めなさい。ただし、単位はmとする。

(2)　地形図の内容として**誤っているもの**を、次のア～エから選び記号で答えなさい。

ア　市役所の近くには、警察署や税務署がある。

イ　市民文化公園の近くには、博物館や図書館がある。

ウ　卸売市場の南側に灯台が2つある。

エ　この地形図の範（はん）囲に老人ホームが1つある。

(3)　苫小牧市は、北海道第一の工業都市です。この地形図の範囲内にみられる工場で生産される製品の、主な原料となるものは何か答えなさい。

日本大学藤沢中学校(第１回)

—30分—

1 【表１】は、都道府県を面積の大きい順に並べたものです。ただし、６位から42位までの都道府県は省略されています。また、【表１】には、面積以外に都道府県別の人口、米・［ Ｘ ］の収穫量、［ Ｙ ］の出荷額等を示しています。面積以外の各項目の横には、全国順位上位５位までに入っているものは順位も合わせて示しています。【表１】を参考に問１～問７に答えなさい。

【表１】

都道府県	面積の順位	面積(㎢)	人口(千人)	全国順位	米(t)	全国順位	［Ｘ］(t)	全国順位	［Ｙ］(億円)	全国順位
①	1位	78,421	5,250		594,400	2位	8,050		1,085	
②	2位	15,275	1,227		278,700		45,900	3位	379	
③	3位	13,784	1,846		367,000		23,200	5位	433	
④	4位	13,562	2,049		192,700		127,600	2位	732	
⑤	5位	12,584	2,223		666,800	1位	…		848	
	⋮									
⑥	43位	2,416	9,198	2位	14,200		…		1,850	
⑦	44位	2,283	1,453		2,090		…		204	
⑧	45位	2,194	13,921	1位	496		…		7,816	1位
⑨	46位	1,905	8,809	3位	22,200		…		4,634	3位
⑩	47位	1,877	956		58,000		…		576	

(『日本国勢図会　2021/22』により作成)

問１　【表１】の①と⑨にあてはまる都道府県の組み合わせとして正しいものを次のア～エから一つ選び、記号で答えなさい。

ア　①：北海道　⑨：沖縄県　　イ　①：北海道　⑨：大阪府

ウ　①：岩手県　⑨：沖縄県　　エ　①：岩手県　⑨：大阪府

問２　【表１】の①～⑩の中で、人口密度(１㎢につき)が最も低い都道府県として正しいものを次のア～エから一つ選び、記号で答えなさい。

ア　①　　イ　③　　ウ　⑦　　エ　⑨

問３　米の生産量が１位の⑤の都道府県について、次の(1)・(2)に答えなさい。

(1)　⑤にあてはまる都道府県を答えなさい。

(2)　⑤を流れる一級河川として、正しいものを次のア～エから一つ選び、記号で答えなさい。

ア　筑後川　　イ　阿賀野川　　ウ　北上川　　エ　木曽川

問４　⑥の都道府県は、人口が全国２位であり、政令指定都市が３市あります。そのうち、2010年に政令指定都市になった都市を答えなさい。

問５　【表１】の［ Ｘ ］に入る作物として、正しいものを次のア～エから一つ選び、記号で答えなさい。

ア　キャベツ　　イ　ばれいしょ　　ウ　りんご　　エ　メロン

問６　【表１】の［ Ｙ ］に入る産業別製造品として、正しいものを次のア～エから一つ選び、記号で答えなさい。

ア　木材・木製品　　　　　　イ　電子部品・デバイス・電子回路

ウ　パルプ・紙・紙加工品　　エ　印刷・同関連業

問７　【表１】の⑩の都道府県について、次の文章を読み、(1)～(3)に答えなさい。

> 瀬戸内海に面するこの都道府県は、ａ昔から雨量が少ない地域であったため、ｂ土地の水分が減り、作物が育たなくなったり、枯(か)れたりする被害(ひがい)が発生しました。このような水不足に備えるため、たくさんの（　ｃ　）が作られ、多目的水路も建設されました。この都道府県でもっとも大きな（　ｃ　）は、「満濃太郎」と呼ばれています。

(1)　下線部ａについて、この都道府県の雨量が少ない理由を山地や風の名称を含めて簡単に説明しなさい。

(2)　下線部ｂのような被害を［　　　］害といいます。［　　　］にあてはまる語句を答えなさい。

(3)　（　ｃ　）に共通してあてはまる語句を答えなさい。

２　次の【図１】～【図10】を見て、問１～問10に答えなさい。

【図１】

【図２】

【図３】

【図４】

【図５】

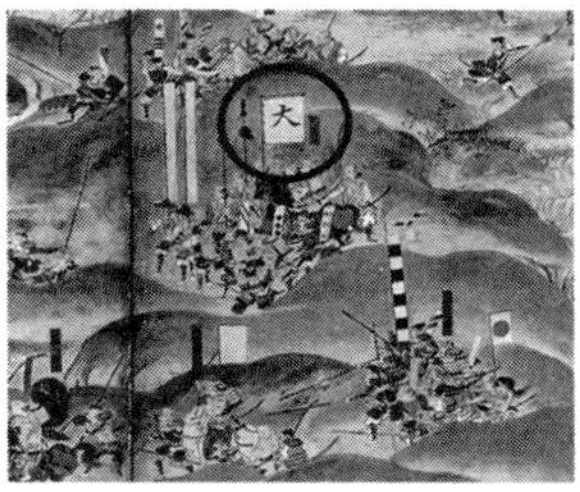

【図６】

【図７】

【図８】

【図９】

【図10】

問１　【図１】は古墳時代につくられた埴輪(はにわ)です。古墳時代について述べたものとして誤っているものを次のア～エから一つ選び、記号で答えなさい。

ア　この時期に日本にやってきた渡来人により、漢字などの知識が伝えられた。

イ　大仙古墳は仁徳天皇の墓であるとされ、日本で最大の前方後円墳である。

ウ　豪族たちが古墳をつくり、邪馬台国を成立させたと考えられている。

エ　埴輪は古墳の周りにかざられ、人や動物、家をかたどったものがある。

問２　【図２】は、高松塚古墳の壁(かべ)に描かれたものです。この古墳がある県を答えなさい。

問３　【図３】は聖徳太子を描いたとされるものです。聖徳太子が定めた制度で、才能などに応(おう)じて役人の位を12に分けた制度を答えなさい。

問４　【図４】は大和絵というもので、『源氏物語』の場面の一つを描いたものです。『源氏物語』が書かれた時代は、摂関政治の最もさかんな時期でした。摂関政治とはどのような政治ですか。「摂関」がそれぞれ何の役割を示しているのかを含めて簡単に説明しなさい。

問５　【図５】の中に〇で囲った旗(はた)は、長篠の戦いで織田信長と戦って敗れた戦国大名が掲(かか)げた旗です。この大名を次のア～エから一つ選び、記号で答えなさい。

ア　石田三成　　イ　武田勝頼　　ウ　豊臣秀吉　　エ　徳川家康

問６　【図６】は、蝦夷地で生活していた人々がつくった織物です。蝦夷地で狩りや漁を行い、独自の言語を使って、松前藩と交易をおこなっていた民族をカタカナ３字で答えなさい。

問７　【図７】は役者絵といいます。この絵が描かれた時代について述べたものとして正しいものを次のア～エから一つ選び、記号で答えなさい。

ア　ヨーロッパの学問が伝わり、『解体新書』が出版された。

イ　たたみやふすまなどを使った日本独自の建築様式が広がり、書院造が生みだされた。

ウ　牛肉やパンを食べるようになり、街にはガス灯が使われるようになった。

エ　ザビエルが日本にキリスト教を伝え、ヨーロッパの品物や文化がもたらされた。

問８　【図８】に描かれた場所は、外国人を招いて舞踏会(ぶとう)を開き、日本が西欧化したことを積極的に示そうとするために明治時代に東京に建てられました。この洋館を何といいますか。

問９　【図９】は明治新政府軍と旧江戸幕府軍の間におこった戦いの中で、明治新政府軍が掲げた旗の一つです。この戦いの前後でおきたａ～ｃの出来事を古い順に正しく並べたものを次のア～カから一つ選び、記号で答えなさい。

ａ　五稜郭で新政府軍と旧幕府軍が戦った。
ｂ　徳川慶喜が大政奉還をおこなった。
ｃ　西郷隆盛と勝海舟が話し合い、江戸城を新政府にあけわたした。

ア　ａ→ｂ→ｃ　　イ　ａ→ｃ→ｂ　　ウ　ｂ→ａ→ｃ

エ　ｂ→ｃ→ａ　　オ　ｃ→ａ→ｂ　　カ　ｃ→ｂ→ａ

問10　【図10】は国際連合の旗です。日本は1956年に国際連合への加盟が認められ、国際社会に復帰しました。1956年以前の日本の出来事を次のア～エから一つ選び、記号で答えなさい。

ア　土地などの価格が本来の価値よりも急激に高くなる、バブル経済となった。

イ　政府が国民所得倍増計画を発表し、産業を発展させる政策を進めた。

ウ　サンフランシスコ平和条約で48か国と平和条約を結んだ。

エ　大阪で日本万国博覧会が開催された。

３　次の文章を読んで、問１～問10に答えなさい。

「持続可能性」とは、望ましい社会建設のキーワードです。2015年に開かれた国連①サミットで、②国際連合は③持続可能な開発目標として17のゴールを定めました。この動きは、私たちの社会が新たな危機と課題に直面していることを意味しています。

戦後の日本は、高度経済成長をへて経済大国となりましたが、その過程で④４大公害訴訟（そしょう）が提起（てい　き）され、また⑤高齢化も深刻な課題となりました。世界的にも⑥紛争や貧困、環境問題など多くの深刻な課題を抱え、経済成長を最優先とする考え方が持続可能な開発を妨げている側面もあります。「持続可能性」とは、［　⑦　］を意味し、いろいろな分野で実際の取り組みが始まっています。例えば、2021年にコロナ禍（か）で開催された⑧東京2020オリンピック・パラリンピックでは、⑨生産者と消費者について新たな関係を構築（こうちく）することを目指して、使用済みの携帯電話や家電などの廃材（はいざい）から金属を集めてメダルをつくるというプロジェクト（⑩「都市鉱山からつくる！みんなのメダルプロジェクト」）が実施されました。また、今年開催されるパリ2024オリンピック・パラリンピックでは、「クライメート・ポジティブ（気候変動対策）」に積極的に貢献するためのさまざまな取り組みが行われています。

問１　下線部①について、昨年５月には日本を議長国として、Ｇ７サミット（主要国首脳会議）が開催されました。会議が行われた都市を漢字で答えなさい。

問２　下線部②について、国際連合について述べた文として誤っているものを次のア～エから一つ選び、記号で答えなさい。

ア　国際連合の本部は、アメリカのニューヨークにある。

イ　国際連合のユネスコは、発展途上国の児童に対して援助を行う組織である。

ウ　国際連合のＵＮＨＣＲは、母国を逃れた難民の支援を行う組織である。

エ　国際連合のＷＨＯは、世界中の人々の健康増進をはかる組織である。

問３　下線部③について、「持続可能な開発目標」をアルファベット４字で答えなさい。

問４　下線部④について、訴訟とは、裁判権に基づいて紛争などを法律的・強制的に解決する制度のことで、これを判断するのが裁判所の役割です。裁判所に関連して、最高裁判所の裁判官が適任であるかどうかを国民が判断することを何というか、次のア～エから一つ選び、記号で答えなさい。

ア　国民審査　　イ　国民投票　　ウ　弾劾裁判　　エ　世論

問５　下線部⑤について、高齢者や障がいのある人などが社会生活をしていく上でさまたげとなるものを除去することを何というか、カタカナ６字で答えなさい。

問６　下線部⑥について、平和的解決を図るために国際連合が行っている活動として国連平和維持活動（ＰＫＯ）があります。日本では、1992年にＰＫＯ協力法が成立し、これに基づき［　　　］は、初めてカンボジア国際平和協力業務に参加しました。［　　　］にあてはまる組織を答えなさい。

問７　文中の［　⑦　］にあてはまる文を、次のア～エから一つ選び、記号で答えなさい。

ア　現在の世代の幸福と将来の世代の幸福を両立させようという考え方

イ　現在の世代の幸福よりも、将来の世代の幸福を優先するという考え方

ウ　現在の世代を優先し、開発をより効率的に進めることで、現在の世代の幸福を高めようという考え方

エ　現在も将来も開発のスピードを遅らせることで、限りある資源を確保しようという考え方

問８　下線部⑧について、この大会に向け日本人選手の競技力向上のための取り組みとして2015年にスポーツ庁が新設されました。スポーツ庁が所属する省を、次のア～エから一つ選び、記号で答えなさい。

ア　総務省　　イ　財務省　　ウ　文部科学省　　エ　厚生労働省

問９　下線部⑨について、生産者と消費者との関係として、近年「地産地消」が注目されています。【資料１】から読み取れることをふまえて「地産地消」が環境に良いとされる理由を以下の語句を用いて、簡単に説明しなさい。

距離　　二酸化炭素

【資料１】

食料の輸送に伴う二酸化炭素排出量の推計

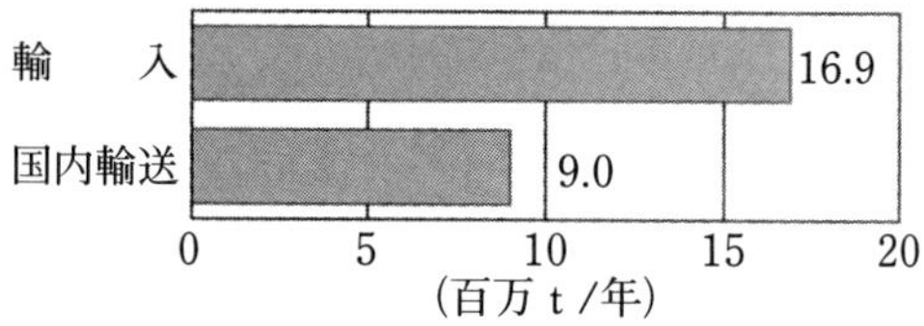

(農林水産省「平成23年度　食料・農業・農村の動向」より)

問10　下線部⑩について、「都市鉱山からつくる！みんなのメダルプロジェクト」と関係するものを、次のア～エから一つ選び、記号で答えなさい。

ア

イ

ウ

エ

４　藤沢くんは夏休みに出かけることについて、先生に話しています。その会話文を読んで、問１～問10に答えなさい。

藤沢くん：先生。ぼくは夏休みを利用してどこかへ出かけたいと思っています。

先　　生：そうですか。いろいろな場所へ行って見聞（けんぶん）を広めることはとても良いことで、いい勉強になりますよ。どこへ行こうと考えているのかな？

藤沢くん：それが、いろいろとありまして…。美しい風景や学校で習った歴史を感じられる場所がいいなと思っています。

先　　生：なるほど。美しい風景なら日本三景なんてどうだろう？

藤沢くん：日本三景？あぁ、①鳥居（とりい）が海中に立っていて、古くから航海の安全などを祈願（きがん）した厳島神社があるところですね。

先　　生：そうだね、他には、天橋立（あまのはしだて）や松島がありますね。神奈川県にも②江の島や③箱根など

風光明媚(ふうこうめいび)(注)な場所がありますね。少し足をのばして日本一高い④富士山もいいですよ。

藤沢くん：そうですね、神奈川県の周辺にも素敵な場所がありますね。

先　　生：歴史を感じるなら⑤京都や⑥奈良は「古都」だから歴史的なものが多く見られるね。現在の首都である⑦東京や、大都市⑧大阪、神奈川県の県庁所在地である⑨横浜も歴史ある町ですよ。

藤沢くん：歴史って言うと古いイメージですが、いま私たちが生活している都市部にも歴史があるのですね。

先　　生：人の住むところに歴史あり、だね。

藤沢くん：夏休みには時間があるので、日本三景や京都、奈良など遠い場所へ行くことを計画してみます。県内など近くの場所は日曜日などを利用して行ってみようと思います。

先　　生：そうですね。事前に調べて行くとより楽しめると思いますよ。

藤沢くん：先生、ありがとうございました。

(注)風光明媚…自然の景色がすばらしく美しいこと

問１　下線部①の説明が示している日本三景の名称を答えなさい。

問２　下線部②について、【図１】は藤沢市にある江の島を上から見たものです。江の島が面している湾として最も適切なものを次のア～エから一つ選び、記号で答えなさい。

ア　土佐湾　　イ　若狭湾

ウ　相模湾　　エ　伊勢湾

【図１】

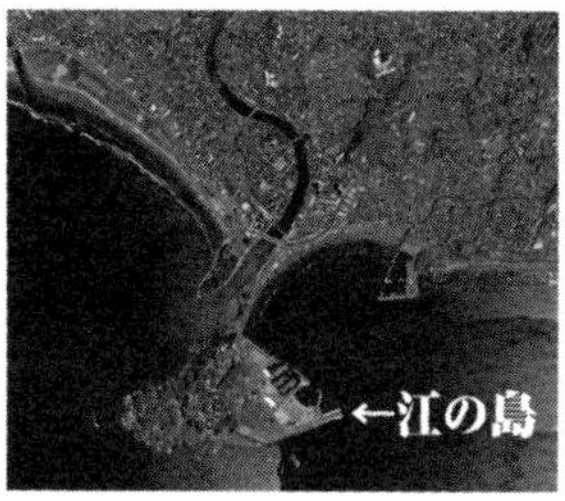

(国土地理院「地理院地図」より作成)

問３　下線部③について、箱根にある芦ノ湖は火山活動によってできたくぼ地に水がたまってできた湖です。このようなくぼ地を何といいますか。「～湖」の形に合うようにカタカナ４字で答えなさい。

問４　下線部④について、【図２】のように富士山やその周辺では期間を定めて「マイカー規制」をおこなっています。自然豊かな観光地の周辺に、観光目的などの一般の自動車が入れないようにする取り組みのことですが、このような取り組みをおこなうことにより、どのような効果が期待できますか。【図２】の一部を拡大した吹き出し部分を参考にして、「マイカーを規制することで、～」の書き出しに続くように、簡単に説明しなさい。

【図２】

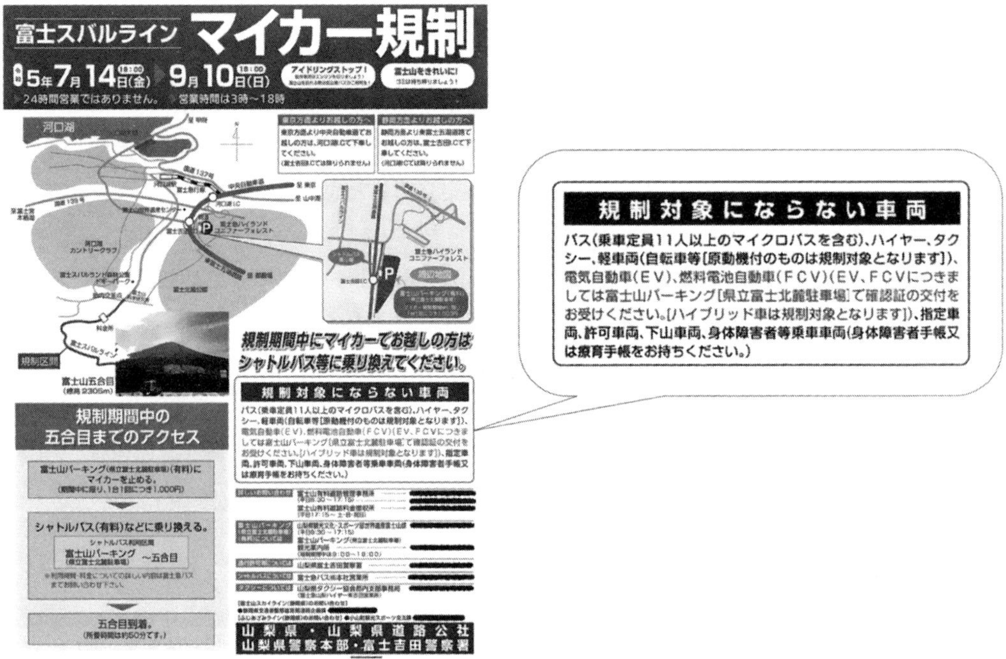

（山梨県道路公社　富士山有料道路管理事務所作成のチラシを一部加工）

問５　下線部⑤について、次のうち京都にあるものとして最も適切なものを次のア～エから一つ選び、記号で答えなさい。

ア

イ

ウ

エ

問６　下線部⑥について、【表２】は奈良時代に活躍した聖武天皇の略年表です。
この略年表中の［　　　］にあてはまる語句を答えなさい。

【表２】

年	年令	主なできごと
701	1才	文武(もんむ)天皇の子として生まれる
710	10才	都が平城京に移る
720	20才	『日本書紀(にほんしょき)』ができる
737	37才	このころ都で病気が流行する
740	40才	藤原広嗣(ひろつぐ)が反乱を起こす
741	41才	各国に［　　　］を建てる詔(みことのり)(天皇の命令)を出す
743	43才	大仏をつくる詔を出す
749	49才	天皇の位を退(しりぞ)く
752	52才	大仏開眼式(かいげんしき)が行われる
756	56才	亡(な)くなる

問７　下線部⑦について、【図３】は立法機関の建物です。

【図３】

【図３】が担う政府機能と最も関係の深いものを次のア～エから一つ選び、記号で答えなさい。

ア　法律案や予算案について審議をおこなう。

イ　保健所の運営や上下水道の整備をおこなう。

ウ　天皇の国事行為に対して助言と承認を与える。

エ　外国と交渉して条約を結ぶ。

問８　下線部⑧について、大阪府では令和５年４月９日に府知事選挙が行われ、現職の吉村洋文(よしむらひろふみ)府知事が再選(再度選出)されました。この府知事選挙の仕組みについて、最も適切なものを次のア～エから一つ選び、記号で答えなさい。

ア　誰がどの候補者に投票したか分かるように、投票者の氏名を書いてもらう記名投票が行われている。

イ　有権者には平等にひとり一票の選挙権がある。

ウ　大阪府に在住している人、または他府県から通勤・通学している人で有権者であれば誰でも投票できる。

エ　選挙の結果、最多得票の候補者が知事になり、２番目に得票数が多かった人は副知事になる。

問９　下線部⑨について、次の⑴・⑵に答えなさい。

⑴　1854年に来航したペリーが、江戸幕府と結んだ条約を何というか。

⑵　横浜では1859年からヨーロッパ諸国やアメリカとの貿易が始まりました。次の【グラフ１】・【グラフ２】は1865年と1885年の日本の輸出品と輸入品の割合を示したものです。このグラフの説明として最も適切なものを次のア～エから一つ選び、記号で答えなさい。

【グラフ１】

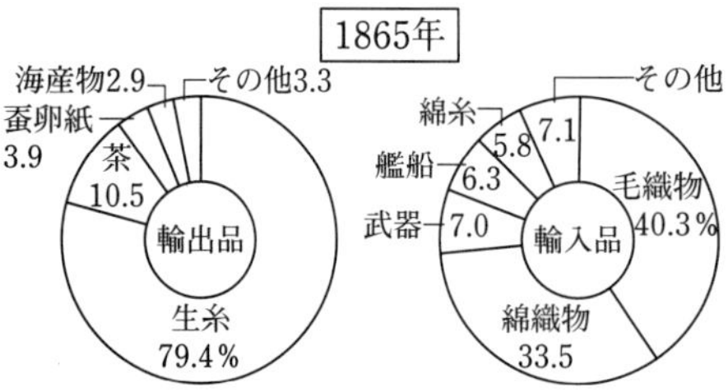

【グラフ２】

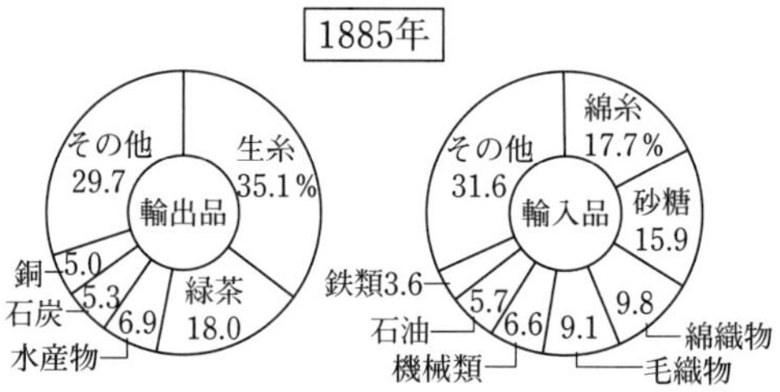

（東洋経済新報社編『日本貿易精覧』より作成）

ア　毛織物の輸入が、【グラフ１】にくらべて【グラフ２】では割合が増加している。

イ　武器の輸出が、【グラフ１】にくらべて【グラフ２】では割合が増加している。

ウ　石油の輸入が、【グラフ１】にくらべて【グラフ２】では割合が減少している。

エ　生糸の輸出が、【グラフ１】にくらべて【グラフ２】では割合が減少している。

広尾学園中学校(第１回)

―30分―

(編集部注：実際の入試問題では、写真や図版の一部はカラー印刷で出題されました。)

1　広尾学園中学校の３年生は修学旅行で広島県を訪れることになりました。そこで、中学３年生のタイスケくんは、修学旅行の事前学習として広島県について調べました。広島県の一部を示した次の図１を見て、あとの問いに答えなさい。

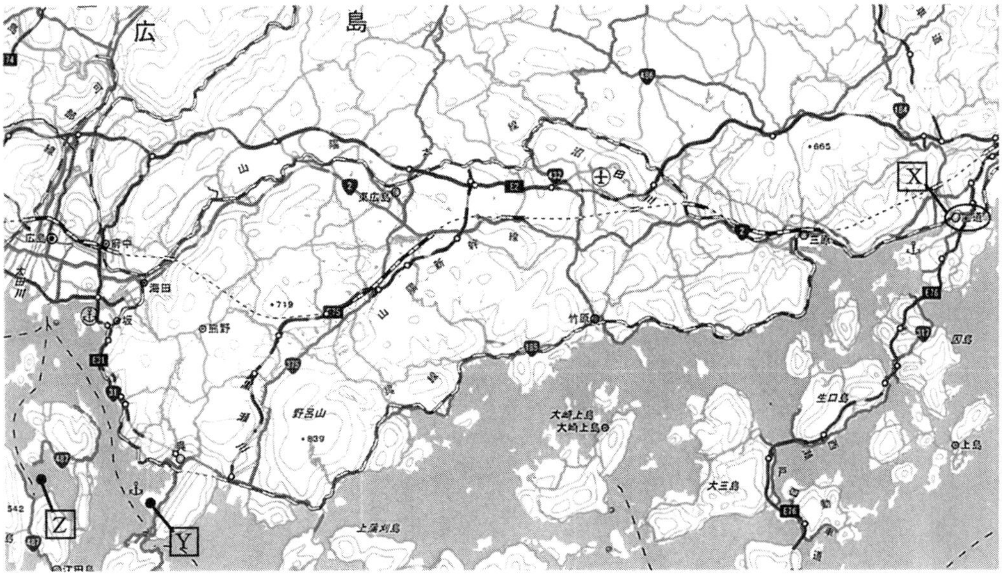

国土地理院　地理院地図(電子国土Web)より引用。

図１

問１　タイスケくんは図１にXで示された一帯の近年の地図と昔の地図を見比べて、どのような変化が生じたのかを確認しました。次の図２は2023年発行、図３は1977年発行の２万5000分の１地形図「尾道(おのみち)」を一部抜粋(ばっすい)したものです(原寸ではない)。また、あとの文(Ⅰ～Ⅲ)は、図２、３を比較して読み取れることについて述べたものです。Ⅰ～Ⅲの正誤を判断し、その組み合わせとして正しいものを、ア～クから１つ選び、記号で答えなさい。

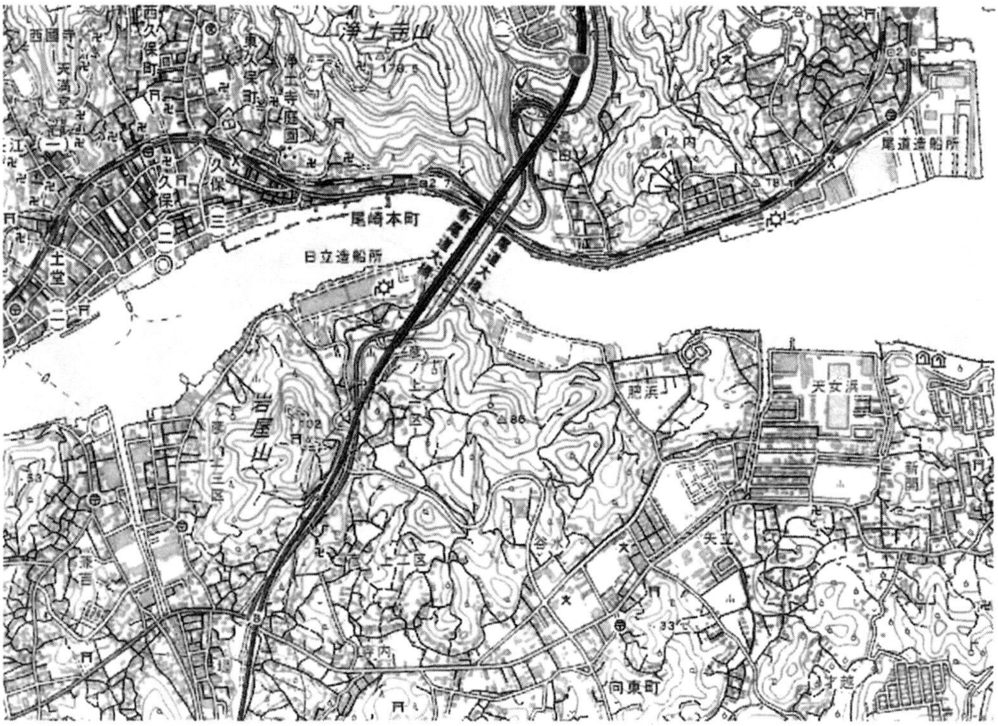
浄土寺山
尾崎本町
日立造船所
尾道造船所
岩屋山
肥浜
天女浜
新開
向東町
寺内

図２

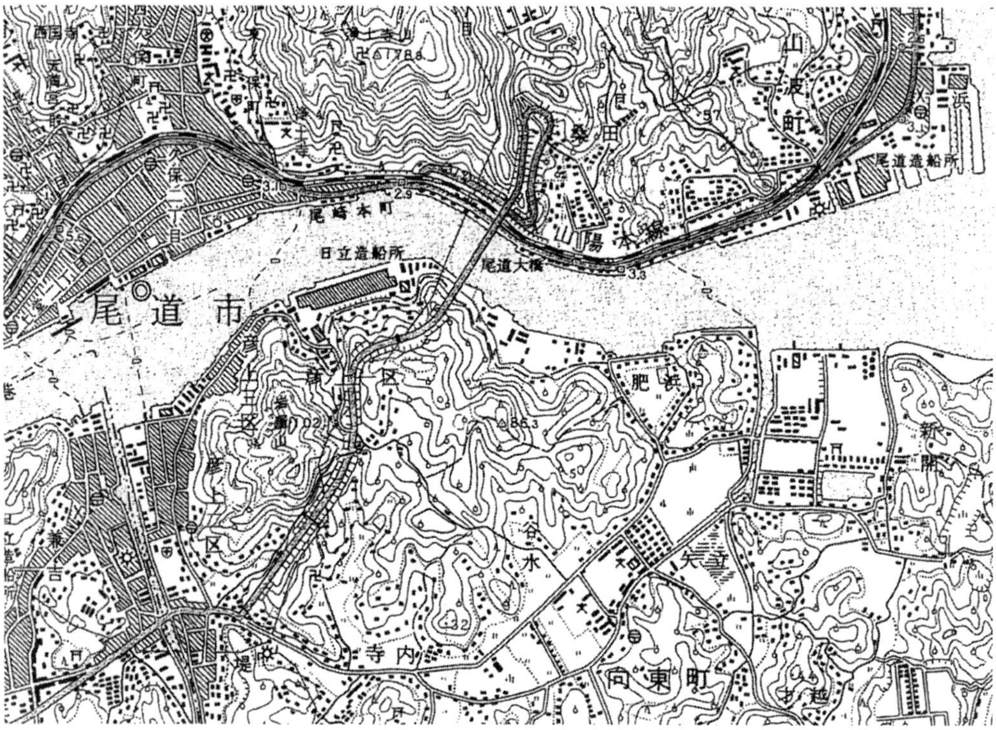
浄土寺山
尾崎本町
日立造船所
尾道大橋
尾道市
尾道造船所
山陽本線
肥浜
新開
向東町
寺内

図３

Ⅰ　1977年から2023年の間に日本の重工業が不振におちいったため、この地域にあった造船所はその全てが閉鎖されました。

Ⅱ　1977年から2023年の間に新しい橋ができたものの、渡舟（わたりぶね）の路線数は減少していません。

Ⅲ　1977年から2023年の間に岩屋山の東隣の丘陵地で宅地開発が進み、果樹園は見られなくなりました。

	ア	イ	ウ	エ	オ	カ	キ	ク
Ⅰ	正	正	正	正	誤	誤	誤	誤
Ⅱ	正	正	誤	誤	正	正	誤	誤
Ⅲ	正	誤	正	誤	正	誤	正	誤

問２　広島県の空中写真を見ていたタイスケくんは、図１中のⓎ付近に大規模な工場があることに気付きました。次の図４中のア～エは、Ⓨ付近も含まれる瀬戸内工業地域と、関東内陸工業地域、京葉工業地域、東海工業地域における2020年の製造品出荷額等の業種別構成、および製造品出荷額等を調べた結果を示したものです。瀬戸内工業地域に当てはまるものを、図４中のア～エから１つ選び、記号で答えなさい。

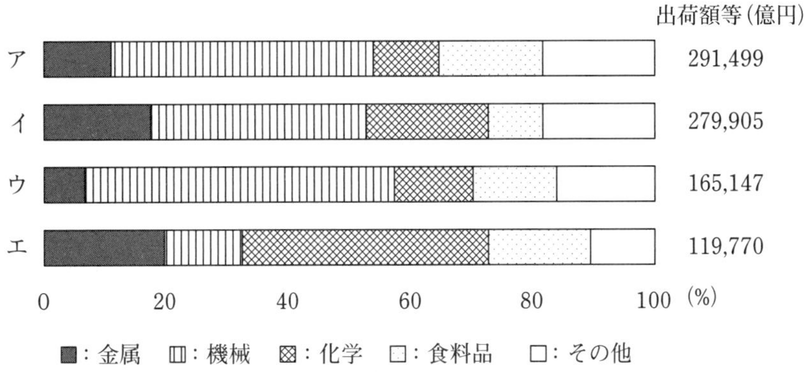

「日本国勢図会 2023/24」により作成。

図４

問３　広島県の空中写真を見ていたタイスケくんは、図１中のⓏ付近に、次の図５に示された特徴的な景観がみられることに気付きました。調べてみると、この景観は海面養殖業の設備が存在するためにつくり出されていることがわかりました。海面養殖業など日本の漁業について調べたタイスケくんが作成した、あとの表１、図６、図７をみて、問い（ⅰ～ⅳ）に答えなさい。

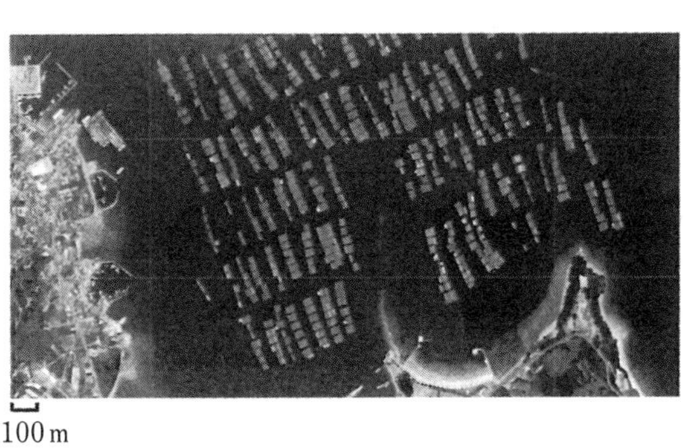

国土地理院「地理院地図 電子国土Web」より引用。

図５

表１

水産物	収獲量(千トン)			2021年における収獲量上位３道県の名称と割合(%)		
	2000年	2010年	2021年			
A	221	200	159	広島　58	宮城　14	岡山　9
B	211	220	165	青森　48	北海道　46	宮城　4
C	137	139	134	鹿児島　32	愛媛　15	大分　15
D	54	43	32	北海道　75	岩手　22	宮城　3
E	…	…	21	長崎　33	鹿児島　17	高知　11

「日本国勢図会 2023/24」により作成。

広島県で海面養殖業が盛んに行われているのは、入り江と岬が複雑に入り組んだ構造となっていて、波のおだやかな海岸が広くみられることが理由のひとつです。このような海岸は、［　F　］の侵食によって形成された谷が、海面の下へ水没することで形成されました。このような海岸はリアス海岸と呼ばれ、東北地方では［　G　］の海岸に広くみられます。

図６

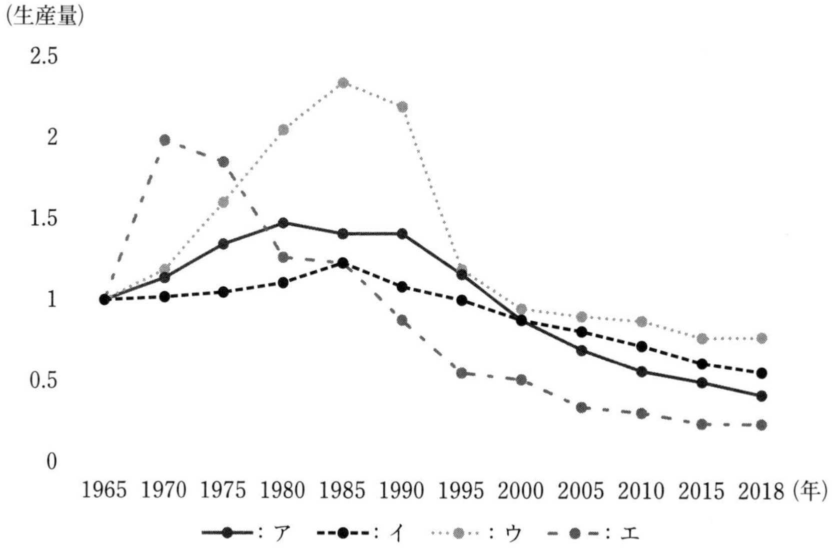

水産庁の資料により作成。

図７

ｉ）　表１は、５つの水産物について、2000年、2010年、2021年における海面養殖業の収獲量と、2021年における収獲量上位３道県の名称およびそれぞれの占める割合を示したものです。Aに当てはまる水産物の名称をひらがなで答えなさい。

ⅱ)　表１中のＢ～Ｅの水産物は「くろまぐろ」、「こんぶ類」、「ぶり類」、「ほたてがい」のいずれかです。「ぶり類」と「ほたてがい」の組み合わせとして正しいものを、次のア～シから１つ選び、記号で答えなさい。

	ぶり類	ほたてがい
ア	B	C
イ	B	D
ウ	B	E
エ	C	B
オ	C	D
カ	C	E
キ	D	B
ク	D	C
ケ	D	E
コ	E	B
サ	E	C
シ	E	D

ⅲ)　広島県で海面養殖業が盛んな理由のひとつに、この地域の地形の特色が影響していると聞いたタイスケくんは、その地形について調べた結果をまとめた図６を作成しました。図６中の空欄Ｆ、Ｇに当てはまる語句の組み合わせとして正しいものを、次のア～エから１つ選び、記号で答えなさい。

	ア	イ	ウ	エ
F	河川	河川	氷河	氷河
G	太平洋側	日本海側	太平洋側	日本海側

ⅳ)　図７は、タイスケくんが海面養殖業以外の日本の漁業について調べ、作成したものです。図７中のア～エは沿岸漁業、遠洋漁業、沖合漁業、内水面漁業※の1965～2018年の間の各年の生産量の推移を、それぞれの1965年の生産量を１として示しています。遠洋漁業に当てはまるものを、図７中のア～エから１つ選び、記号で答えなさい。

※河川や湖沼などの淡水で行われる漁業のこと。

問４　社会科の授業で、ある地域の特徴を理解するためには他の地域と比較してみることが大事だと学んだタイスケくんは、広島市、および広島市と同じ地方中枢都市とされている３市(札幌市、仙台市、福岡市)、さらにこれら４市が含まれる４道県に関する情報をまとめた資料を作成しました。その資料が次の図８です。図８をみて、あとの問い(ⅰ、ⅱ)に答えなさい。

<table>
<tr><th colspan="2">広島市</th><th colspan="2">札幌市</th></tr>
<tr><td>この市の雨温図
A</td><td>この市が属する道県内にある世界遺産
D</td><td>この市の雨温図
B</td><td>この市が属する道県内にある世界遺産
E</td></tr>
<tr><th colspan="2">仙台市</th><th colspan="2">福岡市</th></tr>
<tr><td>この市の雨温図
C</td><td>この市が属する道県内にある世界遺産
なし</td><td>この市の雨温図
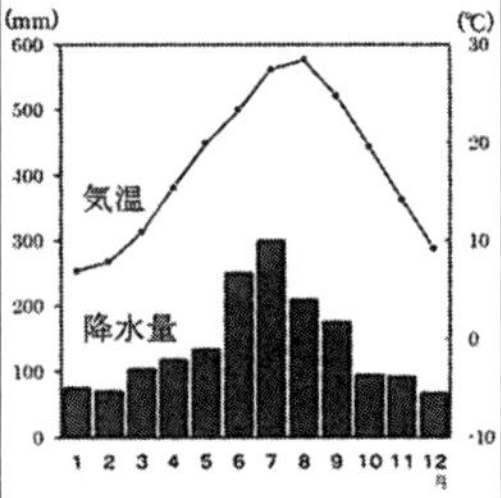
</td><td>この市が属する道県内にある世界遺産
F</td></tr>
</table>

雨温図は気象庁の資料により作成。

図８

ⅰ）　次の図９は、図８中のＡ～Ｃに当てはまる雨温図を示したものです。図８中のＡ～Ｃと図９中のⅠ～Ⅲとの組み合わせとして正しいものを、あとのア～カから１つ選び、記号で答えなさい。

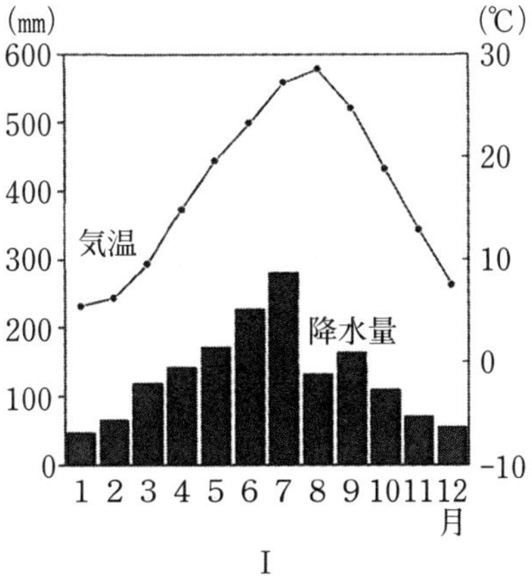

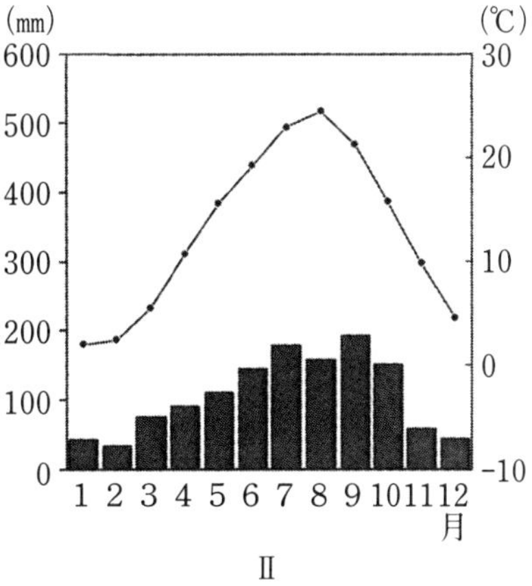

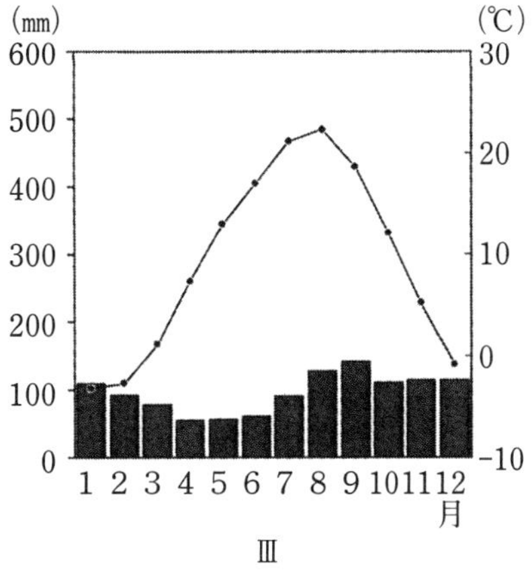

気象庁の資料により作成。

図９

	ア	イ	ウ	エ	オ	カ
Ａ	Ⅰ	Ⅰ	Ⅱ	Ⅱ	Ⅲ	Ⅲ
Ｂ	Ⅱ	Ⅲ	Ⅰ	Ⅲ	Ⅰ	Ⅱ
Ｃ	Ⅲ	Ⅱ	Ⅲ	Ⅰ	Ⅱ	Ⅰ

ⅱ）　次の図10は、図８中のＤ～Ｆに当てはまる世界遺産を撮影したものです。図８中のＤ～Ｆと図10中のⅠ～Ⅲとの組み合わせとして正しいものを、あとのア～カから１つ選び、記号で答えなさい。

Ⅰ

Ⅱ

Ⅲ

文化庁の資料により作成。

図10

	ア	イ	ウ	エ	オ	カ
D	Ⅰ	Ⅰ	Ⅱ	Ⅱ	Ⅲ	Ⅲ
E	Ⅱ	Ⅲ	Ⅰ	Ⅲ	Ⅰ	Ⅱ
F	Ⅲ	Ⅱ	Ⅲ	Ⅰ	Ⅱ	Ⅰ

2　次の文章を読んで、あとの問いに答えなさい。

2023年３月、韓国の尹錫悦大統領が来日して岸田文雄首相と(国際会議を除けば)12年ぶりの日韓首脳会談を行いました。また、５月には岸田首相が訪韓しました。両国は、未来志向と歴史認識の継承などを共有しました。「近くて遠い隣人」と呼ばれる日本と韓国ですが、両国の歴史を振り返ることで、未来の日本と朝鮮半島の関係のあるべき姿を考えていきましょう。

①日本と朝鮮半島の関係は、４世紀末頃から歴史資料にも表れます。この時期、朝鮮半島には高句麗・百済・新羅の三か国と南部の伽耶地域があり、日本はこれらの国々と戦ったり、②人的・文化的交流をしたりしていました。７世紀後半に高句麗・百済が滅びると、日本は新羅との関係を強化しました。③奈良時代には一時的に関係が悪化しましたが、それを除けば両国は定期的に使節を送り合うなど、良好な関係を維持していました。新羅が滅びると朝鮮半島は高麗が支配するようになりました。日本は高麗と国交を結びませんでしたが、貿易や人の移動は活発に行われました。

そして、14世紀末になると、④海外との積極的な貿易を目指していた［　A　］が高麗に代わった朝鮮王朝と国交を開きました。これ以降、日本と朝鮮の関係で重要な役割を果たすようになったのが、［　B　］を支配する宗氏でした。豊臣秀吉の⑤朝鮮出兵で国交が断絶した後、江戸幕府と朝鮮王朝の国交回復を仲介したのも宗氏でした。江戸時代の日本は鎖国政策をとっていましたが、朝鮮王朝は国交を結んでいた数少ない国の一つであり、200年以上にわたって活発な交流が続きました。

しかし、⑥明治時代になると、日本政府は欧米列強と同じように植民地を獲得しようと考え、朝鮮王朝に様々な圧力を加えました。そして、20世紀に入り日本は［　C　］戦争に勝利すると朝鮮半島を植民地化してしまったのです。日本は、朝鮮の人々の同化をはかるとともに、抗議行動や独立運動を弾圧し、朝鮮を太平洋戦争が終わるまで統治しました。

敗戦後、日本はアメリカの占領下におかれましたが、朝鮮半島はアメリカ・ソ連の影響下におかれ、アメリカの支持を受けた大韓民国（韓国）とソ連の支持を受けた朝鮮民主主義人民共和国（北朝鮮）に分裂しました。そして、1950年には⑦朝鮮戦争が勃発しました。朝鮮戦争をきっかけに日本は独立し、経済的に復興しましたが、韓国・北朝鮮両国とは国交を正常化していませんでした。その後、日本は韓国との国交正常化に向けて交渉を重ね、1965年に［　D　］内閣が韓国の朴正熙（パクチョンヒ）政権と日韓基本条約を結んで両国の国交が正常化しました。この際、両国はいくつかの課題をめぐって対立しましたが、未来での解決を約束して棚上げされることになりました。この時の課題も含めて、日韓関係にはまだいくつもの問題が残っています。しかし、歴史を振り返れば、日本と朝鮮半島は良好な関係にあった時期の方が長いことがわかります。このことを思い返し、未来志向の関係を築いて解決していきたいですね。

問１　文章中の空欄［　A　］～［　D　］にあてはまる語句を漢字で答えなさい。
※［　A　］と［　D　］は人名を漢字４字で答えること。

問２　下線部①に関連して、次のア～エは、日本と朝鮮半島に関係する古代の史料を現代語訳したものです。これらを時代の古い順に並べ替えなさい。

ア　倭国が海を渡り、百済などを攻めて臣民（しんみん）としてしまいました。好太王は自ら水軍を率いて百済を討伐しました。その後、再び倭国が攻めてきましたが、これを撃退しました。

イ　日本と百済の軍は先を争って大唐軍を攻めましたが、大唐軍に左右から攻められ、たちまちに敗れました。水中に落ちて戦死する者が多く出ました。

ウ　倭王の興（こう）が亡くなり、弟の武（ぶ）が新しい王となりました。武は宋の順帝に上表して、朝鮮半島南部の支配を主張し、安東大将軍倭王（あんどうだいしょうぐんわおう）に任命されました。

エ　欽明天皇の時代に、百済の聖明王が、はじめて仏像や経典、僧侶を送ってきました。

問３　下線部②について述べた文として誤っているものを次のア～エから１つ選び、記号で答えなさい。誤っているものがない場合はオを答えなさい。

ア　のぼりがまとすえ器を作る技術が伝えられました。

イ　製鉄の技術が伝わり、鉄製の農具や武器が作られるようになりました。

ウ　豊作を祈る祭りが大陸から伝わり、埴輪（はにわ）が作られるようになりました。

エ　養蚕（ようさん）と機（はた）織りの技術が伝わり、絹織物が作られるようになりました。

問４　下線部③は、日本が新羅の対応に不満を持ったことで起こりました。その理由を、次の資料を参考にして、「新羅が～な関係を主張したため。」の形に合うように漢字２字で答えなさい。

ある年、新羅の使者が来日して入京した。新羅は国号を軽々しく改めて王城国と名乗ったため、無礼であるとして使者を追い返した。

別の年、また新羅の使者が来日した。九州で応対した役人は朝廷に次のように報告した。「新羅の使者はこれまで貢物(みつぎもの)と呼んでいたものを改めて、土産物(みやげ)と呼んで渡しに来ました。これは非常に無礼です」。朝廷は新羅の使者を速やかに追い返すよう命じた。

（『続日本紀』）

問５　下線部④に関連して、次の地図中の●は、中世の日本に存在した港のおおよその位置を示しています。いずれにも含まれない地名を、あとのア～オから１つ選び、記号で答えなさい。

ア　堺　　イ　十三湊(とさみなと)　　ウ　博多　　エ　大輪田泊　　オ　敦賀(つるが)

問６　下線部⑤では、朝鮮人の知識人・技術者が日本に連れてこられました。その影響により江戸時代の日本で発達したものを、次の写真ア～エから１つ選び、記号で答えなさい。

ア

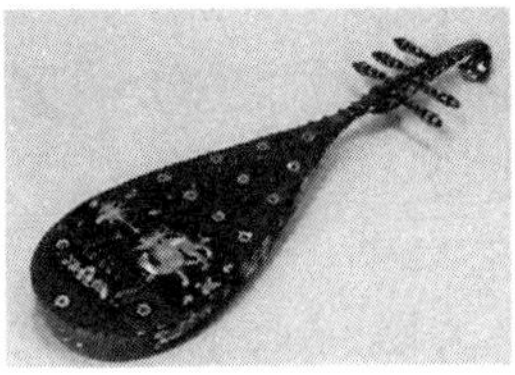

ColBase（https://colbase.nich.go.jp/collection_items/tnm/H-1090?locale=ja）

イ

ColBase（https://colbase.nich.go.jp/collection_items/tnm/H-86?locale=ja）

ウ

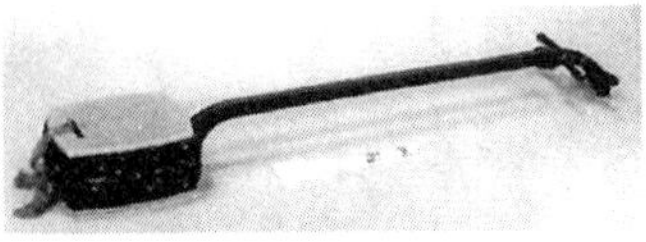

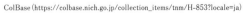

ColBase（https://colbase.nich.go.jp/collection_items/tnm/H-853?locale=ja）

エ

ColBase（https://colbase.nich.go.jp/collection_items/tnm/G-40?locale=ja）

問7　下線部⑥について述べた文として誤っているものを次のア～エから1つ選び、記号で答えなさい。誤っているものがない場合はオを答えなさい。

ア　江戸時代までは主に米などの年貢を農民に納めさせていましたが、明治時代には土地の所有者に土地の価格を基準とした税を金銭で納めさせる方式に変更しました。

イ　欧米にならった近代的な軍隊を組織するため、満20歳以上の男性に兵役の義務が課せられましたが、その代わりに兵役を終えた男性全員に選挙権が与えられました。

ウ　日本国民に近代的な学校教育を受けさせようと、フランスの学校制度を取り入れた学制を定め、6歳以上の男女が教育を受けることができる小学校を全国に設置しようとしました。

エ　欧米の知識や技術を取り入れるため、大森貝塚を発見した動物学者のモースや、西洋医学を教えたベルツなどのお雇い外国人を招きました。

問8　下線部⑦が日本に与えた影響について述べた文として誤っているものを次のア～エから1つ選び、記号で答えなさい。誤っているものがない場合はオを答えなさい。

ア　朝鮮半島に出兵したアメリカ軍から大量の軍需品などの注文を受けたため、特需景気と呼ばれる好景気が発生しました。

イ　日本の独立後も東アジアに軍事拠点を置きたいアメリカは、日米安全保障条約を結んで引き続き日本に基地を置きました。

ウ　ＧＨＱは日本の防衛力を強化するため、日本政府に警察予備隊を設置するよう命じました。

エ　東アジアの安定を目指すアメリカが日本を早く独立させようと講和を急いだため、日本はソ連や中国などを除く48か国とサンフランシスコ平和条約を結びました。

3　次の文章を読んで、あとの問いに答えなさい。

①紛争、貧困、飢餓(きが)、エネルギー、気候変動、②感染症など、人類は数多くの課題に直面しています。このままの状態では、人類が安定してこの地球で暮らしていくことができなくなると心配されています。その危機感から、2015年に「国連［　A　］な開発サミット」が開かれ、世界中のさまざまな立場の人々が話し合って、課題を整理し、解決方法を考えました。その時に決められた2030年までに達成すべき具体的なゴール(目標)は、略してSDGsと呼ばれています。SDGsは、私たちみんなが、ひとつしかないこの地球で暮らし続けられる世界を実現するために進むべき道を示しています。また、それぞれのゴールの下には、③掘り下げて具体策や数値目標などを示した169のターゲットがあり、それらも参考にされ、国や④地方公共団体、企業やＮＰＯ、個人が、さまざまな取り組みを行っています。

SDGsという言葉は多くの人に知られていますが、実は国連でSDGsという名前で採択されたわけではありません。17の目標で構成されているSDGsは、採択された文書の一部に記載されているものであって、文書の正式名称は「Transforming Our World(我々の世界を変革する)」といいます。参加国すべてが「我々の世界を変革(Transform)する」ということに同意したのです。Transform(トランスフォーム)とは「原型をとどめないレベルでの変容」を表します。例えば、さなぎが蝶に変わるような変容を意味する言葉です。SDGsは、世界を変革(Transform)するための手段なのです。

目標１　貧困をなくそう
目標２　飢餓をゼロに
目標３　すべての人に健康と福祉を
目標４　質の高い⑤教育をみんなに
目標５　ジェンダー平等を実現しよう
目標６　安全な水とトイレを世界中に
目標７　エネルギーをみんなにそしてクリーンに
目標８　働きがいも⑥経済成長も
目標９　産業と技術革新の基盤をつくろう
目標10　人や国の不平等をなくそう
目標11　住み続けられるまちづくりを
目標12　つくる責任つかう責任
目標13　気候変動に具体的な対策を
目標14　海の豊かさを守ろう
目標15　陸の豊かさも守ろう
目標16　平和と⑦公正をすべての人に
目標17　パートナーシップで目標を達成しよう

問１　空欄［ A ］にあてはまる語句を、漢字４字で答えなさい。

問２　下線部①について、国際連合には、平和と安全を守ることを役割とする機関として安全保障理事会があります。安全保障理事会について述べた文として、正しいものを、次のア～エからすべて選び、記号で答えなさい。

ア　常任理事国は、アメリカ・中国・ロシア・イギリス・フランスです。

イ　非常任理事国の10か国は総会によって選ばれますが、日本が非常任理事国に選ばれたことはありません。

ウ　すべての常任理事国をふくむ過半数の賛成によって議案は可決されます。

エ　全理事国15か国のうち、14か国が賛成をした場合でも決定できないことがあります。

問３　下線部②について、感染症の予防や環境衛生の改善は、日本の社会保障制度の四つの柱のなかでは、「公衆衛生」に分類されます。そのほかの柱である「社会保険」「社会福祉」「公的扶助」について述べた文として、誤っているものを、次のア～エから１つ選び、記号で答えなさい。

ア　年金保険の制度では、高齢者へ給付する費用を、主に現役で働いている世代が支払う保険料でまかなう方式を採用しています。

イ　所得の低い人に対して生活費などを国が支給する生活保護は、社会福祉の制度に分類されます。

ウ　介護保険の制度では、保険料を積み立てるだけでなく、介護を受ける人が、サービスにかかる費用の一部を自己負担することになっています。

エ　労働者が仕事中にケガをした場合などにお金が支給される制度は、労働者災害補償保険といわれます。

問４　下線部③について、SDGsの17のゴール(目標)の下には、169のターゲットが示されています。次のターゲットは、どのゴール(目標)を具体的に掘り下げたものか、以下のア～エのうちから１つ選び、記号で答えなさい。

ターゲット

「2030年までに、弱い立場にある人々、女性、子供、障害者及び高齢者のニーズに特に配慮し、公共交通機関の拡大などを通じた交通の安全性改善により、全ての人々に、安全かつ安価で容易に利用できる、持続可能な輸送システムへのアクセスを提供する。」

ア　イ　ウ　エ

問５　下線部④について、地方公共団体の政治のしくみについて述べた文として、誤っているものを、次のア～エから１つ選び、記号で答えなさい。

ア　首長(都道府県知事や市町村長)は、条例や予算の議決に反対のときは、地方議会に議決のやり直しを求めることができます。

イ　地方議会は、出席議員の４分の３以上の賛成で首長を不信任とすることができます。

ウ　地方公共団体の住民は、有権者数の50分の１以上の署名を集めて選挙管理委員会に提出することで、地方議会の解散を請求することができます。

エ　地方公共団体の住民は、有権者数の50分の１以上の署名を集めて首長に提出することで、条例の制定や改正を請求することができます。

問６　下線部⑤について、日本国憲法が保障する基本的人権を「平等権」「自由権」「社会権」「基本的人権を守るための権利」の４つに分類した場合、「教育を受ける権利」と同じ分類になる人権を次のア～オからすべて選び、記号で答えなさい。

ア　勤労の権利　　イ　知る権利　　ウ　思想・良心の自由

エ　参政権　　オ　学問の自由

問7　下線部⑥について、国の経済成長は、ＧＤＰの増加率、つまり経済成長率で示されます。次のア～エのグラフは、経済成長率の推移を表したものです。グラフの横軸は西暦による時系列を示しており、縦軸の数値は前年と比べた上昇率(%)を表したものです。1955年から2020年までの日本の経済成長率の推移のおおよその傾向を示しているグラフとして最も適当なものを次のア～エのうちから１つ選び、記号で答えなさい。

ア

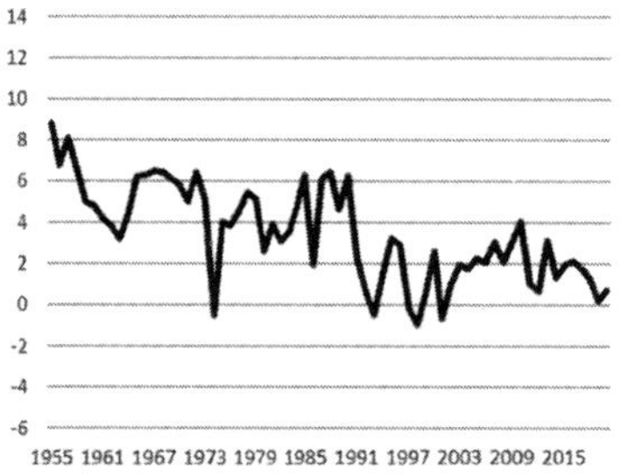

イ

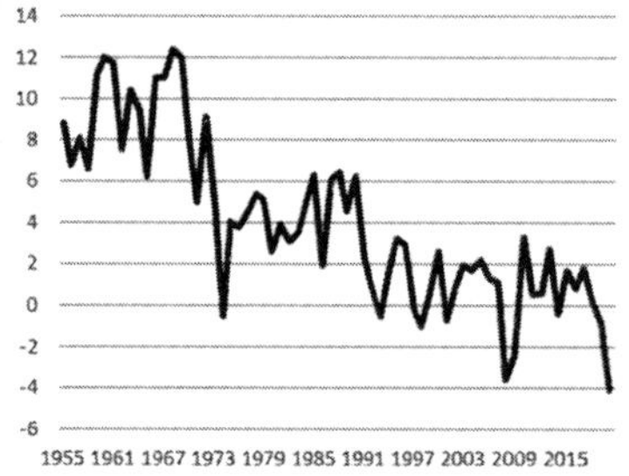

ウ

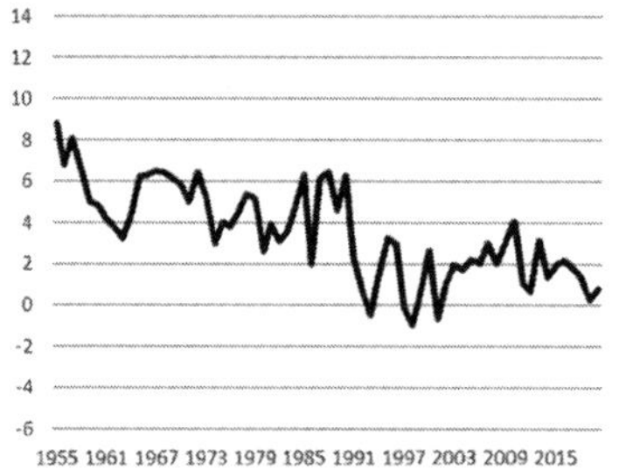

エ

内閣府「経済社会総合研究所」国民経済計算より作成

問8　下線部⑦について、この目標では、すべての人が司法のもと基本的人権が守られ、社会秩序が保たれることとされていますが、日本の司法制度について述べた文として、誤っているものを、次のア～エから１つ選び、記号で答えなさい。

ア　法律や行政処分などが、国の最高法規である憲法に違反していないかどうかを判断する違憲立法審査権は、最高裁判所のみがもつ権限です。

イ　裁判官として適しているかどうかを、国民の投票により審査する国民審査の対象は、最高裁判所の裁判官のみです。

ウ　国民から選ばれた裁判員が、法律の専門家である裁判官とともに話し合いに参加する裁判員制度は、重大な刑事裁判の第一審にのみ導入されています。

エ　最高裁判所と下級裁判所のすべての裁判官のうち、最高裁判所の長官のみ内閣により指名されます。

④－Ⅰ　次の年表は各国の「女性参政権の獲得年」を一覧にしたものです。年表中のＺの時期には欧米の多くの国で女性参政権が獲得されています。この期間のイギリスを撮影した写真を参考に、年表中のＺの時期に起こっている出来事をふまえて、ヨーロッパの多くの国で女性参政権が獲得された理由を「地位」という語句を使用して説明しなさい。

	年号	国名
	1893年	ニュージーランド
	1902年	オーストラリア
	1906年	フィンランド
	1913年	ノルウェー
	1914年	
	1915年	デンマーク
Z	1917年	オランダ
	1918年	イギリス　オーストリア
	1919年	ドイツ
	1920年	アメリカ合衆国
	1921年	
	1922年	
	1923年	
	1924年	
	1925年	
	1926年	
	1927年	
	1928年	
	1929年	
	1930年	
	1931年	
	1932年	
	1933年	
	1934年	トルコ

浜島書店『世界史詳覧』の各国の女性参政権獲得年により作成。

軍需工場で砲弾を製造する女性(イギリス)
出典：浜島書店『世界史詳覧』

④－Ⅱ　近年は、原料高、人件費高騰などといった様々な理由から多くの商品が値上がりをしています。みなさんの中で大好きな人が多いディズニーランドにおけるパークチケットの価格も2023年10月に値上げをしました。元々、大人料金は7,900～9,400円でしたが、10月１日以降は7,900～10,900円になっています。ただ、よく見ると、最高料金は値上がりしているものの最低料金には変化がなく、値段の幅が広がっています。このような商品の値段に幅がある仕組みは「ダイナミック・プライシング」と呼ばれます。そのときそのときの消費者の需要の量やその予測、商品やサービスの供給の状況に基づき、値段が変化します。以下の図１を見てください。人が混む土曜日や日曜日の値段が高くなっており、平日は比較的安くなっています。このような例は、チケットだけではなく、ホテルや電車の利用、洋服や食料品でも行われています。近年ではＡＩなどによる予測や電子タグを利用して細かな値段設定が行われるようになってきています。高速道路では特定の時間や区間で、道路の混雑状況などに応じて料金を変動させることで混雑緩和を

目指す「ロードプライシング」も導入されました。

需要の少ない日に利用する消費者にとってメリットの大きい「ダイナミック・プライシング」ですが、この仕組みは導入する側の企業にとってもメリットがあります。企業側のメリットを２つ、わかりやすく説明しなさい。

図１

(単位：円)

日	月	火	水	木	金	土
31	1 ○ 10900	2 ○ 10900	3 ○ 10900	4 ○ 9400	5 ○ 9400	6 ○ 10900
7 ○ 10900	8 ○ 8900	9 ○ 7900	10 ○ 7900	11 ○ 7900	12 ○ 7900	13 ○ 9900
14 ○ 9400	15 ○ 7900	16 ○ 7900	17 ○ 7900	18 ○ 7900	19 ○ 7900	20 ○ 9900

東京ディズニーランド　2024年１月前半のパークチケット料金(11月時点)

東京ディズニーランドホームページより作成。

法政大学中学校(第１回)

—35分—

1　次の文章と資料をみて、あとの問いに答えなさい。

(あ)九州は、日本でも有数の観光地として知られています。県別の観光客数では、九州の「玄関口」ともいうべき福岡県が九州で最多です。関東地方や近畿地方からの観光客は、鉄道を利用する場合、多くは(　①　)新幹線を使い、(　②　)海峡をくぐる海底トンネルを抜けて九州に入ります。九州最初の新幹線の駅は(　③　)駅ですが、九州新幹線の起点は(　④　)駅です。この駅が九州で最も乗降客数が多くなっています。

一方、航空機の場合は、(　⑤　)空港の乗降客数が、国内線・国際線を合わせて日本国内でも上位に位置します。また、船舶を利用する観光客も多く、(　④　)港は、外国クルーズ船の年間発着回数において、2019年までは全国で１、２位を争っていました。(い)九州を訪れる外国人の推移をみると、2018年をピークにいったんは減少しますが、2023年以降、再び増加する傾向にあるといえます。

【地図】　九州ならびに周辺地域の地図

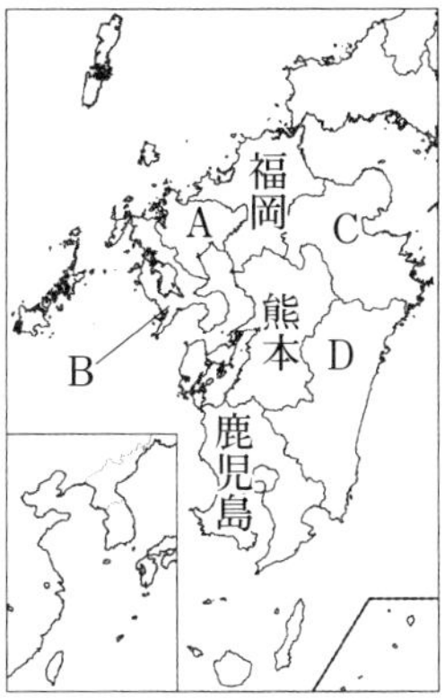

【資料１】　九州各県のおもな観光地

県	観光地のなまえ	
福岡	(う)宗像大社(むなかたたいしゃ)	・ 1
A	(え)吉野ヶ里遺跡	・ 2
B	(お)端島(はしま)	・(か)大浦天主堂
C	(き)別府温泉	・ 3
熊本	熊本城	・ 4
D	高千穂峡	・日南海岸
鹿児島	(く)屋久島	・桜島

【資料２】九州を訪れた外国人の総数にしめる、国別・地域別人数の割合の推移(単位は%)

	2017年	2018	2019	2020	2021	2022	2023前半
総数(人) / 国・地域	4,941,428	5,116,289	4,222,026	404,813	6,119	402,197	1,340,839
X	44.5	47.1	40.4	34.9	24.6	64.7	64.3
Y	37.4	33.4	31.5	25.5	4.6	0.7	1.4
台湾	7.7	8.1	10.9	14.4	5.9	6.5	11.0
香港	4.8	5.6	7.6	11.7	0.0	5.0	7.4
その他	5.6	5.8	9.6	13.5	64.9	23.1	15.9

(国土交通省九州運輸局ホームページより作成)

(1)　(　①　)～(　⑤　)にあてはまることばを、次のア～コから選び、それぞれ記号で答えなさい。

ア　北九州　　イ　福岡　　ウ　門司　　エ　博多　　オ　小倉

カ　関門　　キ　八幡　　ク　山陽　　ケ　東海道　　コ　下関

(2)　下線部(あ)に関する資料１について、次の問いに答えなさい。

①　A～Dにあてはまる県のなまえを答えなさい。

②　[　1　]～[　4　]にあてはまる観光地を、次のア～エから選び、それぞれ記号で答えなさい。

ア　阿蘇山　　イ　伊万里　　ウ　太宰府天満宮　　エ　湯布院

③　資料１の下線部(う)～(く)のうち、世界遺産ではないものを２つ選び、記号で答えなさい。

(3)　下線部(い)について、次の問いに答えなさい。

①　資料２について、九州を訪れた外国人の総数が、2019～2021年の間に大幅に減少したのはなぜですか。その理由を説明しなさい。

②　資料２のXとYにあてはまる国または地域のなまえを答えなさい。

③　九州を訪れる外国人が多い理由を、地図や資料を参考に、３つ以上の要素にふれ、説明しなさい。

[2]　次の文章と資料をみて、あとの問いに答えなさい。

16世紀後半に、豊臣秀吉は織田信長の後継者となり、石山の本願寺跡地(あとち)に大坂城を築きました。1585年に朝廷から[　A　]に任命され、さらに翌年、太政大臣に任命されました。豊臣秀吉は天皇の権威を利用して全国の大名に対して停戦命令を出し、命令に背(そむ)いた大名らを滅(ほろ)ぼすなどして全国統一をなしとげました。

豊臣政権は、佐渡金山や(a)石見銀山などの鉱山や、大坂・(b)堺・京都などの重要都市を支配して経済的な基盤を整え、さらに経済力や軍事力を強めるために、(あ)外交や貿易も積極的に行いました。

また、1582年以降に獲得した土地に対して(い)検地と呼ばれる土地に関する調査を実施しました。全国の「ます」や「ものさし」を統一し、共通の基準で土地の面積や等級を調査して土地ごとの生産力を米の量で表示し、(う)検地帳に耕作者のなまえとともに記録しました。こうして、武士がそれぞれの領地で、農民から「[　B　]」(玄米の収穫量)に応じて年貢を納めさせたり、「軍役(ぐんやく)」(軍事上の負担)を担(にな)うことになりました。

さらに、豊臣秀吉は農民から武器を取り上げる[　C　]を実施し、(え)1591年には身分統制令をだして国内の統制を強め、翌年には朝鮮出兵を行いました。

【資料１】検地前の制度

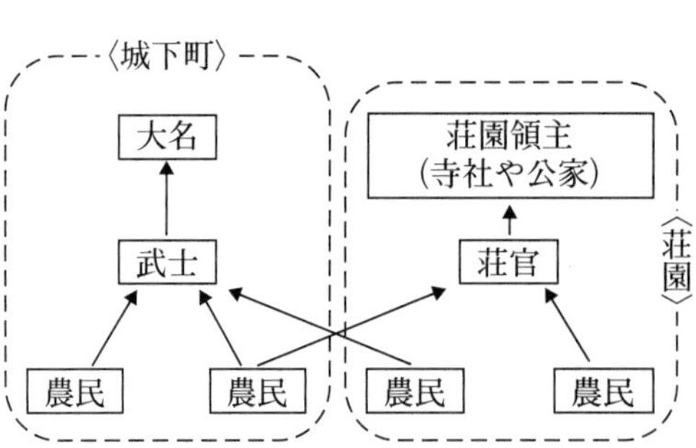

【資料２】検地後の制度

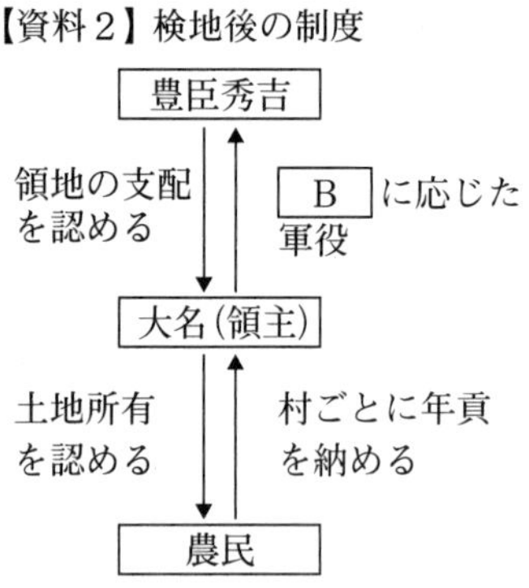

【資料３】身分統制令（1591年、一部抜粋して要約）

> 一　身分・役職を問わず、武家の奉公人で、奥州出兵以降に新しく町人・百姓になった者があれば、その町中または百姓全部の責任として調査し、一切、町や村においてはいけない。
> 一　各村の百姓たちが、田畑を捨てて、商売など別の仕事につく者があれば、その者だけではなく村中が処罰される。

(1)　[　A　]～[　C　]にあてはまることばを答えなさい。

(2)　下線部(a)・(b)はどこにありますか。現在の都道府県のなまえでそれぞれ答えなさい。

(3)　下線部(あ)について、次の問いに答えなさい。

①　豊臣秀吉はキリスト教の布教を認めていましたが、あることがきっかけで布教を禁止するようになりました。あることとは何ですか、次のア～エから１つ選び、記号で答えなさい。

ア　キリスト教徒である天草四郎らによって島原の乱がおこった。

イ　倭寇（わこう）によって、多くの日本の商船が襲撃され、貿易の利益の大半を奪われた。

ウ　キリシタン大名が、教会に長崎の土地を寄進（きしん）したことが判明した。

エ　オランダ風説書（ふうせつがき）を通して、ヨーロッパが日本の土地を獲得しようとしていることが明らかになった。

②　日本国内では南蛮貿易を通して、ヨーロッパの文化とまじりあった南蛮文化が生まれました。「南蛮」とはおもにどの国のことですか、２つ答えなさい。

(4)　下線部(い)が行われる前と後では、荘園制度はどのように変化しましたか。資料１・２を参考にして説明しなさい。

(5)　下線部(う)のようにした理由を説明しなさい。

(6)　下線部(え)について、この政策は朝鮮出兵と関連していました。その理由を、資料２・３をふまえ、また次のことばを使って説明しなさい。

> 年貢　　軍役　　兵農分離

③　次の文章を読み、あとの問いに答えなさい。

> 主要７か国首脳会議（Ｇ７サミット）が５月19日、広島市で始まりました。[　A　]首相が議長を務め、ウクライナ情勢や生成ＡＩなど幅広いテーマで、21日まで話し合いました。
>
> 19日午前、[　A　]首相は平和記念公園でＧ７首脳を出迎えました。その後、首脳たちは広島平和記念資料館を初めてそろって訪問し、[　A　]首相が原子爆弾による被害を伝える展示について説明しました。約40分間滞在した後、原爆死没者慰霊碑（いれいひ）に花をたむけ、黙とうしました。サミットの話し合いでは、[　A　]首相は「法の支配にもとづく自由で開かれた国際秩序を守り、Ｇ７をこえた国際的なパートナーとの関与を強化することを明確に打ち出したい」とうったえました。
>
> 夜は(あ)核軍縮・不拡散について議論し、終了後に「核軍縮に関するＧ７首脳広島ビジョン」を発表し、「核兵器のない世界の実現」に向けＧ７が関わっていくことを確認しました。
>
> ロシアによるウクライナ侵攻については、ウクライナの[　B　]大統領が来日し、サミットに出席して話し合うことが19日に明らかになりました。

(い)13歳のときに広島市で被爆したサーロー節子さんは、Ｇ７が発表した広島ビジョンに失望したといいます。広島ビジョンでは、平和記念資料館を見学したＧ７の首脳が何を感じたかや、核兵器の使用や保有などを法的に禁じる国際条約「［　C　］条約」についても、ふれられませんでした。サーローさんは「広島まで来てこれだけしか書けないかと思うと、胸がつぶれそうな思い。死者に対してぶじょくだ」と話しました。

(『朝日小学生新聞』2023年５月21日、５月23日版などより作成)

【資料】各国の核兵器保有数

順位	国名	保有数
1	ロシア	5,890
2	アメリカ	5,244
3	中国	410
4	フランス	290
5	イギリス	225
6	パキスタン	170
7	インド	164
8	イスラエル	90
9	北朝鮮	40
合計		12,523

(長崎大学核兵器廃絶研究センター HP (2023) より作成)

(1)　［　A　］～［　C　］にあてはまるなまえやことばを答えなさい。ただし、［　A　］はフルネームで答えなさい。

(2)　Ｇ７にふくまれない国を、次のア～エから１つ選び、記号で答えなさい。

ア　アメリカ　　イ　イギリス　　ウ　フランス　　エ　ロシア

(3)　下線部(あ)について、次の問いに答えなさい。

①　1970年に発効した核不拡散条約(ＮＰＴ)の説明として正しいものを、次のア～エから１つ選び、記号で答えなさい。

ア　あらゆる国が核兵器を保有することを禁じた条約である。

イ　あらゆる国が核実験をおこなうことを禁じた条約である。

ウ　核兵器の保有をアメリカ・イギリス・フランスの３か国に限って認めている。

エ　核兵器を減らしていくことや、原子力の平和利用の権利を定めている。

②　資料を参考にして正しいものを、次のア～エから１つ選び、記号で答えなさい。

ア　１位と２位の国の核兵器保有数は全核兵器数の約３分２である。

イ　３位から５位までの国の核兵器保有数は全核兵器数の10％に満たない。

ウ　核兵器を保有しているのは、国連安全保障理事会の常任理事国のみである。

エ　Ｇ７の国はすべて核兵器を保有している。

(4)　下線部(い)について、サーローさんが失望したのはなぜですか。核兵器に対するＧ７の考え方をふまえて説明しなさい。

法政大学第二中学校(第１回)

―40分―

1　次の【図１】と【１】～【７】の文をみて、あとの問いに答えなさい。

【図１】

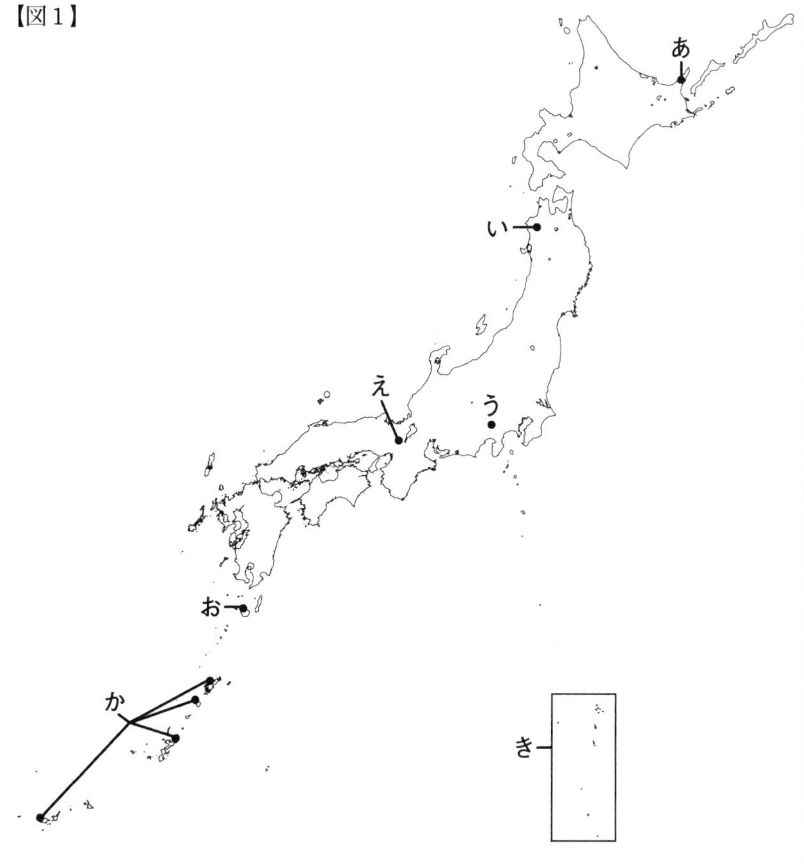

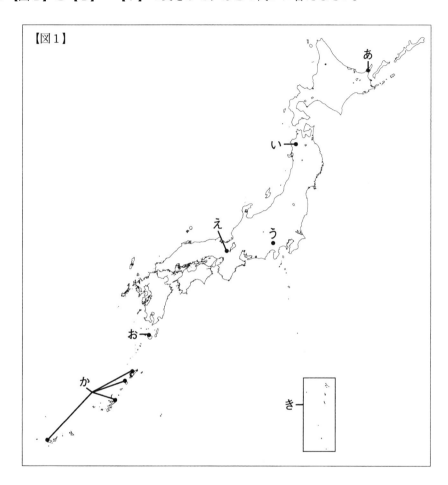

【１】　1993年に日本で初めて世界遺産となった。「巨大なスギ天然林」の自然美と、「植生の垂直分布がいちじるしい島の生態系」という観点から登録された。

【２】　【１】と同じ1993年に、日本で初めて世界遺産となった。「東アジアで最大の原生的なブナ林で、世界の他のブナ林よりも多様性に富んでいる」という生態系の観点から登録された。

【３】　2005年に世界遺産となった。「海氷の影響を受けた海と陸の生態系の豊かなつながり」という観点と、「多くの希少種や固有種を含む幅広い生物種が生息・生育するなど、生物の多様性を維持するために重要な地域」という観点から登録された。

【４】　2011年に世界遺産となった。「一度も大陸と陸続きになったことがない島のいちじるしく高い固有種率と現在進行形の生物進化」という観点から登録された。

【５】　2013年に世界遺産となった。「日本人の心のよりどころであり続ける、形の整った美しい有名な山」であり、標高3776ｍの火山は、その堂々としておごそかな山の形と断続的なふん火が宗教的な霊感を人々にいだかせ、古くから「死とよみがえり」を象徴する「登拝(とはい)」が行われてきたことから登録された。

【6】 2021年に世界遺産となった。「島の成り立ちを反映した独自の生物進化を背景とした、国際的にも希少な固有種に代表される生物多様性の保全上重要な地域」という観点から登録された。

【7】 1994年に世界遺産となった。古代中国の首都をモデルに建てられたこの場所は、1000年以上にわたり日本文化の中心地であり、「日本の木造建築、特に宗教建築の発展と、世界中の造園に影響を与えた日本庭園の芸術」を示している観点から、登録された。

問１ 【1】～【7】の文は世界遺産の説明である。それぞれの世界遺産の位置を【図１】の**あ**～**き**から選び、記号で答えなさい。ただし、同じ記号を二回以上使用しないこと。

問２ 「世界遺産」の登録・審査を担当する、国際的な組織の名称を(あ)～(え)から一つ選び、記号で答えなさい。

(あ) ＵＮＩＣＥＦ　(い) ＷＦＰ　(う) ＵＮＥＳＣＯ　(え) ＷＨＯ

問３ 「世界遺産」には「自然遺産」「文化遺産」「複合遺産」という分類がある。「文化遺産」として認定されているものを【1】～【7】から**二つ選び**、数字で答えなさい。

問４ 【図１】中の世界遺産**あ**・**え**・**お**の地域にあてはまる雨温図をＡ～Ｄからそれぞれ選び、記号で答えなさい。

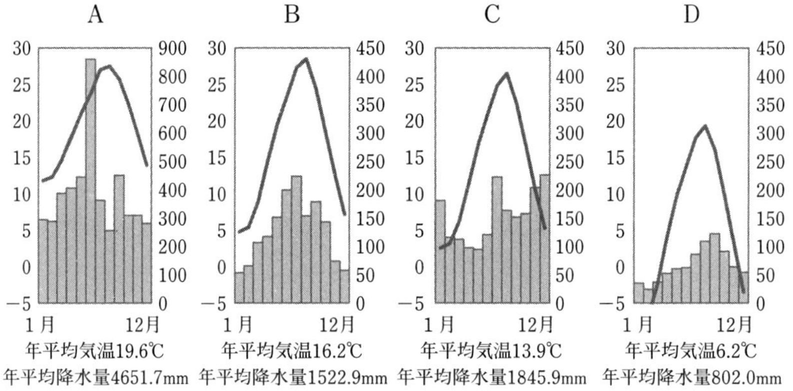

※左縦軸が平均気温(℃)　右縦軸が平均降水量(mm)
(気象庁過去の気象データ、1991-2020年の平年値より作成)

問５ 【図１】の世界遺産**あ**～**き**がある都道府県のうち、【表１】の家畜の都道府県別頭数の（Ａ）と（Ｂ）にあてはまる都道府県名を答えなさい。

【表１】家畜の都道府県別頭数 2022年２月１日現在

乳用牛			肉用牛		
都道府県名	数(万頭)	%	都道府県名	数(万頭)	%
（Ａ）	84.6	61.7	（Ａ）	55.3	21.2
栃木	5.5	4.0	（Ｂ）	33.8	12.9
熊本	4.4	3.2	宮崎	25.5	9.7
岩手	4.0	2.9	熊本	13.4	5.1
群馬	3.4	2.5	岩手	8.9	3.4
全国	137.1	100.0	全国	261.4	100.0

豚			肉用若鶏		
都道府県名	数(万頭)	%	都道府県名	数(万羽)	%
(Ｂ)	119.9	13.4	(Ｂ)	2809	20.2
宮崎	76.4	8.5	宮崎	2760	19.8
(Ａ)	72.8	8.1	岩手	2110	15.2
群馬	60.5	6.8	青森	806	5.8
千葉	58.3	6.5	(Ａ)	518	3.7
全国	894.9	100.0	全国	13923	100.0

(日本国勢図会2023/24より作成)

問６　日本は、兵庫県明石市を通る東経135度を日本の標準時としている。アメリカ合衆国から観光で来日した親子が、【５】の山頂からアメリカ合衆国のニューオリンズ(西経90度)にある自宅にいる祖父母に「ご来光」を経験した感激を伝えようと、日本時間で８月４日７時に国際電話をしたとき、祖父母がいるニューオリンズの現地時間は８月何日の何時だったか、24時間表記で答えなさい。ただしサマータイムは考えないものとする。

2　次の【図２】をみて、あとの問いに答えなさい。

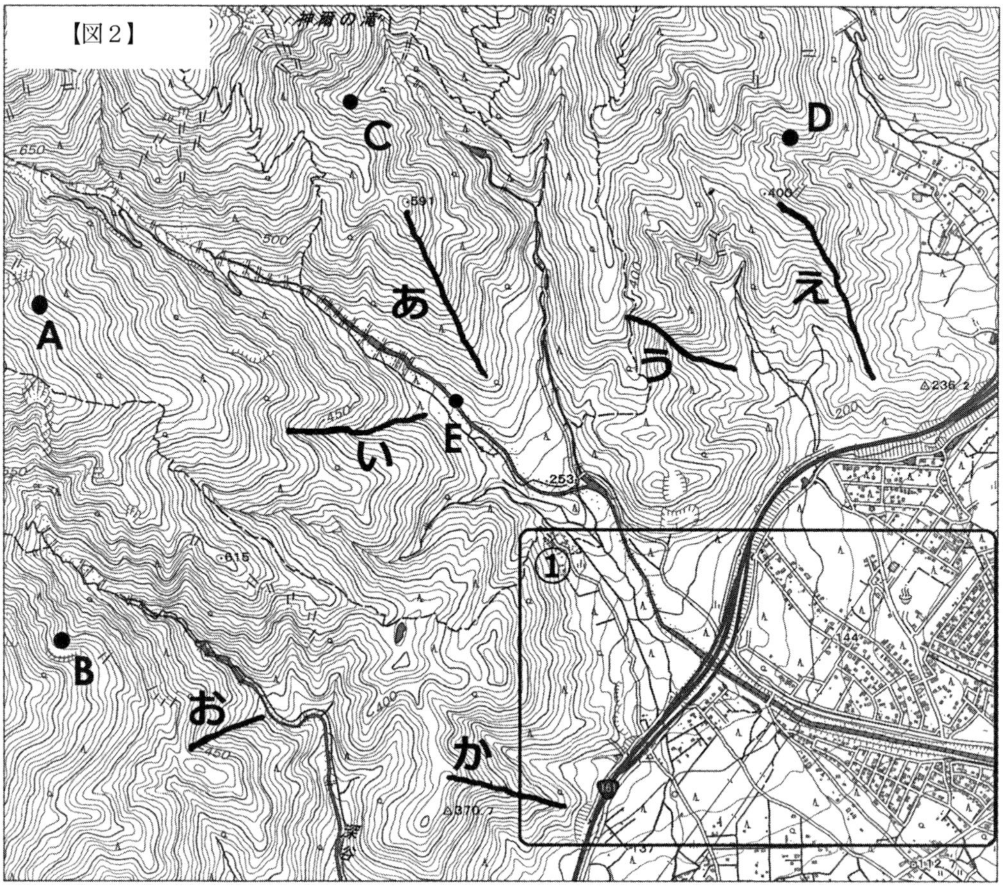

(国土地理院地形図より作成)

問１　**あ～か**の線から谷線を**三つ選び**、記号で答えなさい。

問２　Ａ～Ｄの地点に雨が降った場合、Ｅ地点に雨水が流れつくものを一つ選び、記号で答えなさい。

問３　この地図の縮尺を答えなさい。

問４　【図２】中の①を拡大したものが【図３】である。【図３】の説明として正しいものを(あ)～(え)から**二つ選び**、記号で答えなさい。

(あ)　地震によりつくりだされる地形であり、ふん火が多い。

(い)　河川がつくりだす地形であり、小石や砂が多くたまっている。

(う)　針葉樹林と広葉樹林が広がっており、住宅地も広がっている。

(え)　水田が広がっている。

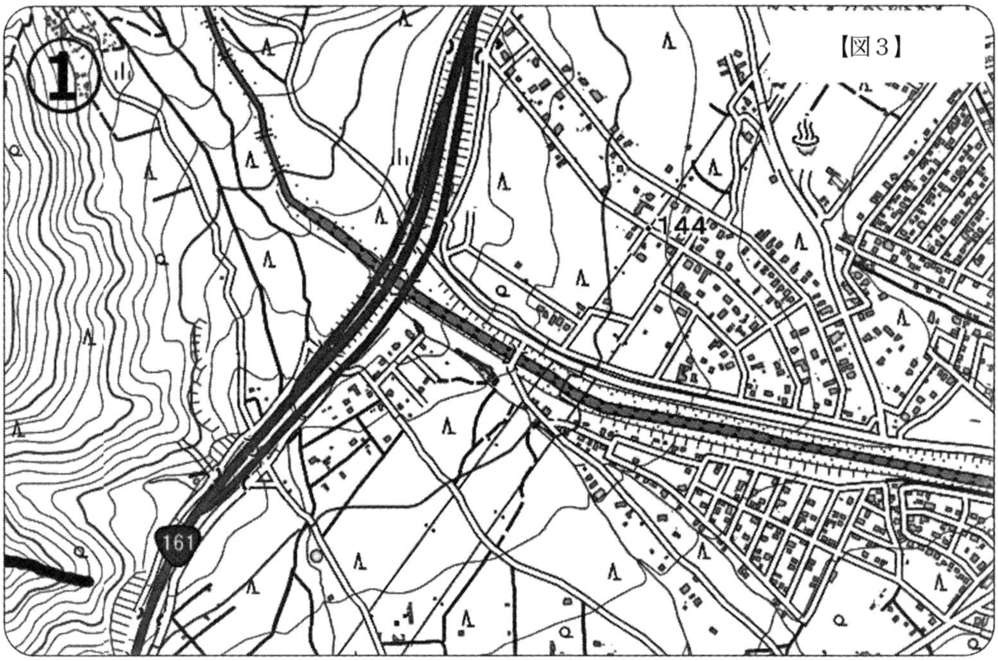

3　次の文を読み、あとの問いに答えなさい。

犬はペットのなかでも人気が高く、705万３千頭が飼育されている(「2022年全国犬猫飼育実態調査」)。そもそも、犬は人間とともにどのような歴史を歩んできたのだろうか。

千葉県の加曽利①貝塚から、ていねいに埋められた犬の骨が見つかった。このことから、縄文時代の②人間と犬は特別な関係をきずいていたと考えられている。一方で、中国の③『魏志』倭人伝に記された「一支国」の場所だと考えられている長崎県の原の辻遺跡からは、解体されたり、肉をはいだあとが残る犬の骨が見つかったことから、犬は食用とされていたと考えられている。

平安時代から室町時代の絵巻物のなかにみられる犬は、ほとんどが放し飼いで、特定の飼い主を持っていなかったといわれている。清少納言が宮廷の体験を記した『（　１　）』には、犬の鳴き声は「すさまじきもの(興ざめなもの)」や「にくきもの」として書かれている。また、『延喜式(えんぎしき)』という④律令の細かな規則を定めた法典では、犬の死にふれた人は５日間喪(も)に服さなければならないと書かれている。『餓鬼草紙(がきぞうし)』という絵巻物では、野犬が亡くなった人を食べてしまう姿が描かれているように、当時の人々は犬を不浄なものを持ち込む存在としてみていたようである。

⑤鎌倉時代になると、犬は日常の弓矢武芸のたん練に欠かせない動物となる。犬追物という武

芸は、武士の間でさかんにおこなわれていた。また、将軍を助ける(　２　)という地位についた北条高時は闘犬に熱中したため、４～５千頭の犬が鎌倉にいたと記録にある。⑥後醍醐天皇の政治を批判した『二条河原落書』には、「犬追物をしてみれば落馬する数が命中する矢の数より多い」とあり、社会に対する皮肉が込められている。このように、武家社会にとって犬は、なくてはならない存在だった。

戦国時代になると、⑦南蛮貿易によって新しい犬種が海外からもたらされた。絵巻には、すらりとした犬を引いたヨーロッパ人が描かれている。⑧江戸時代には、狆(ちん)とよばれる小型の犬を飼うことが大流行していたことが浮世絵などからわかる。また、犬と江戸時代といえば、５代将軍の(　３　)による生類憐れみの令を思い出すが、この法令は福祉という視点から近年では評価が見直されている。

近代になると、犬は軍用動物として利用されるようになる。日本では、1919年に陸軍歩兵学校に軍用犬班が設立された。1928年から満州で警備犬が使用され、1931年におこった⑨満州事変では、軍用犬の活躍が伝えられるようになる。⑩日中戦争がはじまると、軍用犬の利用が拡大し、民間から犬の献上も盛んになった。そして軍用犬の活躍は「犬のてがら」として扱われるようになる。2023年に生誕100年を迎えた忠犬「ハチ」の物語は「オンヲ忘レルナ」として教科書にのり、忠義や愛国の象徴として扱われ、全国から寄付金が集められ、銅像が建てられた。しかし、⑪戦争が激しくなるなかで1944年にハチ公像は国に回収された。その後、1948年に渋谷駅に再建された。

戦後の東西冷戦の時代になると、東西両陣営は、軍事的な優位性を示すために大量の核兵器を作り、ロケットの開発を競い始めた。実は、⑫世界ではじめて地球を周回した生物はライカと呼ばれる犬で、1957年に宇宙に飛び立った世界最初の「宇宙飛行士」として記録されている。

このように、原始から現代まで、犬と人間は長く深い歴史を共にしてきたといえるだろう。

問１　(　１　)～(　３　)にあてはまることばや人物名を漢字で答えなさい。

問２　下線①の説明としてまちがっているものを(あ)～(え)から一つ選び、記号で答えなさい。

(あ)　食べ物ののこりかすなどのごみが貝塚に捨てられていた。

(い)　土器などがみつかり、当時の人々のくらしを知ることができる。

(う)　人の骨とともに鉄でできた剣や刀などの武器も見つかっている。

(え)　群馬県や埼玉県など、現在海に面していない県でも貝塚が発見されている。

問３　下線②について、これよりあとの弥生時代の銅鐸には、【図４】のような文様が描かれている。これは人間と犬が協力をして何をしている図か答えなさい。

【図４】

(帝国書院『図説日本史通覧2023』より作成)

問４　下線③の文献には邪馬台国についての記述がある。この国の女王の名前を漢字で答えなさい。

問５　下線④について、律令にもとづいた政治をおこなう中心地として710年につくられた都の名前を漢字で答えなさい。

問６　下線⑤の時代、２度にわたる元との戦いがあった。１回目の元との戦いで【図５】のように戦った竹崎季長は、戦争が終わったあとに【図６】のように鎌倉におもむいた。その目的を説明しなさい。

【図５】　元軍と戦う竹崎季長

【図６】　鎌倉におもむいた竹崎季長

(蒙古襲来絵詞[模本]、九大コレクション、九州大学付属図書館)

問７　下線⑥について、鎌倉幕府をたおした後醍醐天皇がはじめた天皇中心の政治を何というか、５文字で答えなさい。

問８　下線⑦の時代の説明としてまちがっているものを(あ)～(え)から一つ選び、記号で答えなさい。

(あ)　ポルトガル人が乗った船が種子島に流れ着き、日本に鉄砲を伝えた。

(い)　スペインはアメリカ大陸に進出し、武力で征服した。

(う)　プロテスタントのイエズス会は、アジアなどで活発に布教活動をおこなった。

(え)　琉球王国は東アジアや東南アジアの国々と貿易をおこなっていた。

問９　下線⑧の時代におこなわれた(あ)～(え)の政治について、古いものから新しいものへ順に並びかえ、記号で答えなさい。

(あ)　田沼意次は積極的な商業政策を進め、株仲間を増やして営業税を集めた。

(い)　徳川吉宗は新田開発を進め、年貢の取り立て方法を変えるなど米価の安定に努めた。

(う)　水野忠邦はぜいたくを禁じて株仲間を解散させた。

(え)　松平定信は質素・倹約をすすめ、凶作に備えて米を蓄えさせた。

問10　下線⑨・⑩のきっかけとなった事件の場所を【図７】のあ～おからそれぞれ選び、記号で答えなさい。

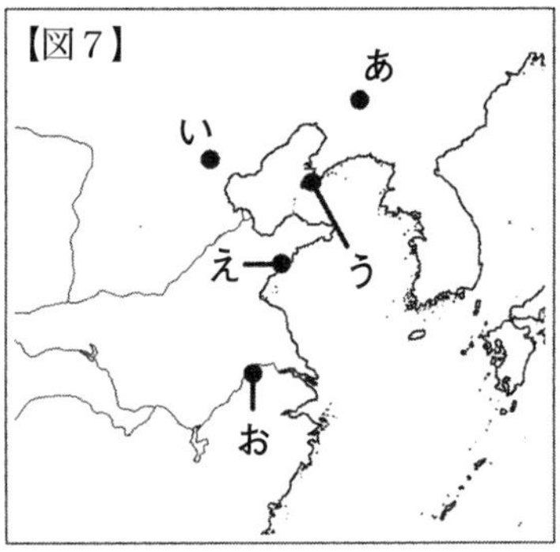

問11　下線⑪について、ハチ公像はどのような法律にもとづいて、何のために回収されたのか、説明しなさい。

問12　下線⑫について、このことも含めて当時宇宙開発の先頭に立ち、世界で初めて人工衛星の打ち上げに成功した国を(あ)～(え)から一つ選び、記号で答えなさい。

(あ)　ソ連　　(い)　アメリカ

(う)　中国　　(え)　フランス

4　次の文を読み、あとの問いに答えなさい。

2023年５月、①Ｇ７広島サミットが開催され、「核軍縮に関するＧ７首脳広島ビジョン」が示され、「我々の安全保障政策は、核兵器は、それが存在する限りにおいて、防衛目的のために役割を果たし、侵略を（　１　）し、並びに戦争及び威圧を防止すべきとの理解に基づいている。」と述べた。これに対して、同年８月６日に行われた平和祈念式典において、広島市長は、「各国は、核兵器が存在する限りにおいて、それを防衛目的に役立てるべきであるとの前提で安全保障政策をとっているとの考えが示されました。しかし、核による威嚇(いかく)を行う為政者(いせいしゃ)がいるという現実を踏まえるならば、世界中の指導者は、核（　１　）論は破綻しているということを直視し、私たちを厳しい現実から理想へと導くための具体的な取組を早急に始める必要があるのではないでしょうか。」と述べ、「かつて祖国インドの独立を達成するための活動において非暴力を貫いた（　２　）は、『非暴力は人間に与えられた最大の武器であり、人間が発明した最強の武器よりも強い力を持つ』との言葉を残しています。また、国連総会では、平和に焦点を当てた国連文書として『平和の文化に関する行動計画』が採択されています。今、起こっている戦争を一刻も早く終結させるためには、世界中の為政者が、こうした言葉や行動計画を踏まえて行動するとともに、私たちもそれに呼応して立ち上がる必要があります。」と続けた。唯一の被爆国である日本、そして被爆した都市の市長の言葉の重さをよく考えなければならない。

振り返れば、日本の被爆は広島、長崎にとどまらない。②1954年に日本の漁船である（　３　）は、太平洋上のビキニ環礁の付近で操業中にアメリカの水爆実験によって出された「死の灰」を浴び、被爆した。この事件をきっかけとして、1955年に広島で第１回原水爆禁止世界大会が開かれた。原水爆禁止世界大会は核兵器廃絶をめざすための運動として現在も開催されているが、核兵器廃絶の道は険しい。「核軍縮に関するＧ７首脳広島ビジョン」では、③ＣＴＢＴの発効もすぐに取り組まなければならない事項であることを強調するとしているが、広島市長は、日本政府に対して「④被爆者を始めとする平和を願う国民の思いをしっかりと受け止め、核保有国と非核保有国との間で現に生じている分断を解消する橋渡し役を果たしていただきたい。そして、一刻も早く（　４　）条約の締約国となり、核兵器廃絶に向けた議論の共通基盤の形成に尽力するために、まずは本年11月に開催される第２回締約国会議にオブザーバー参加していただきたい。」と述べ、日本の核廃絶に向けた取り組みを前進させるように述べた。

問１　（　１　）～（　４　）にあてはまることばや人物名を答えなさい。ただし、（　２　）は**カタカナ**で、それ以外は漢字で答えなさい。

問２　下線①について、Ｇ７にあてはまらない国を(あ)～(き)から一つ選び、記号で答えなさい。

(あ)　アメリカ　　(い)　イギリス　　(う)　中国　　(え)　フランス
(お)　ドイツ　　(か)　イタリア　　(き)　カナダ

問３　下線②について、この当時、【図８】のようなちらしが発行された。このちらしの(　Ａ　)にあてはまることばを答えなさい。

【図８】

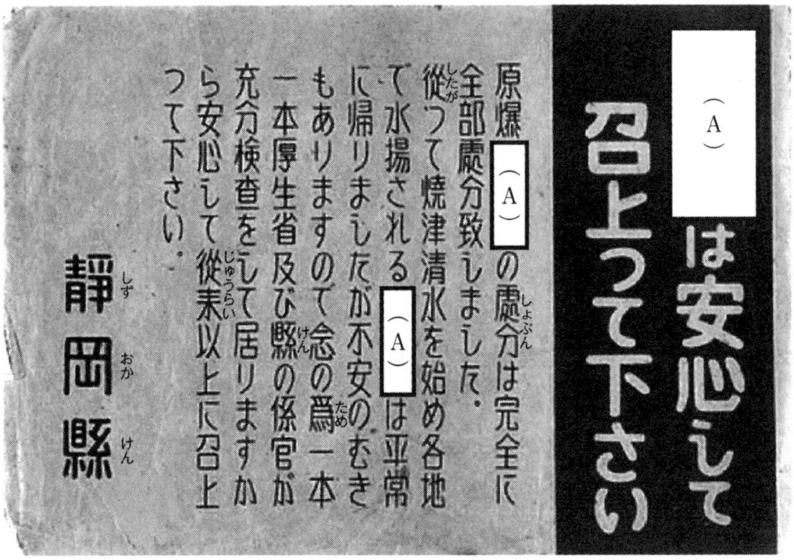

(オンラインミュージアム戦争と静岡HPより)

問４　下線③について、この条約の説明として正しいものを(あ)〜(え)から一つ選び、記号で答えなさい。

(あ)　あらゆる核兵器の爆発実験とその他の核爆発を禁止している。

(い)　大気圏内と圏外及び水中核実験を禁止しているが、地下核実験は除外されている。

(う)　核保有国は非保有国に核兵器をゆずらないこと、非保有国は開発をしないことを定めている。

(え)　戦略核弾頭の保有上限を1550発に削減することを定めている。

問５　下線④について、広島に原爆が投下された直後の「黒い雨」を浴びて健康被害を受けたと住民などが訴えた裁判では、政府が2021年７月26日、最高裁判所への(　あ　)を断念する方針を決め、原告全員を被爆者と認めた広島高等裁判所の判決が確定した。この(　あ　)にあてはまることばを、漢字２文字で答えなさい。

5　次の文を読み、あとの問いに答えなさい。

博物館は博物館法において、「国民の教育、学術及び文化の発展に寄与することを目的とする」ものとして位置づけられており、2022年の①法改正では「②文化観光の観覧」が追記された。この博物館をとりまく状況は厳しく、日本で最も歴史のある総合科学博物館である国立科学博物館は、「『標本・資料の収集・保管』が、昨今のコロナ禍や③光熱費、原材料費の高騰(こうとう)によって、資金的に大きな危機に晒(さら)されています。」として支援を求めた。国立科学博物館は、標本や資料の保管や収集、展示、人件費などには、④国からの「運営費交付金」と入館料などの自己収入を充(あ)てている。2023年度の光熱費は2021年度の約２倍になる見込みで、保管に必要な資材も高騰していることから、インターネットを通じて支援を求めることに踏み切ったのである。

光熱費や原材料費の高騰を含む物価の上昇は博物館だけの問題ではなく、私たちの生活にも大きな影響を及ぼしている。ここ数年⑤世界的な物価の上昇のなかで、諸外国に比べて日本の賃金上昇率が低いことが問題視されるようになり、2023年は⑥雇う側と労働者の話し合いの結果、例年に比べて平均賃上げ率は上昇した。

問１　下線①について、法改正を行うのは国会である。日本国憲法第41条では国会について「国会は、(あ)の(い)であつて、国の唯一の立法機関である。」と定めている。この(あ)と(い)にあてはまることばを、それぞれ漢字で答えなさい。

問２　下線②について、「観光地に人が集まり過ぎて渋滞が起きるなど、観光が地域の生活に負の影響を及ぼす現象」のことを「(う)ツーリズム」という。この(う)にあてはまることばを、**カタカナ**で答えなさい。

問３　下線③について、持続的に物価が上昇する現象を一般に何というか、**カタカナ**で答えなさい。

問４　下線④について、この国からの「運営費交付金」は日本の一般会計予算から支出されている。現在、日本の一般会計予算においてもっとも歳出の大きい項目は「(え)関係費」である。この(え)にあてはまることばを、漢字４文字で答えなさい。

問５　下線⑤について、物価の上昇に対してアメリカ・ＥＵと日本の対策が異なったため、日本は円安に転じたと考えられている。円安が日本経済に与える影響の説明としてまちがっているものを(あ)〜(え)から一つ選び、記号で答えなさい。

(あ)　外国人旅行客にとって日本を訪問しやすくなる。

(い)　輸入食料品などの価格が上がる。

(う)　日本から海外へ留学するときの費用が安くなる。

(え)　輸出を中心に行っている企業の利益が増えやすくなる。

問６　下線⑥について、労働組合が、雇う側と労働条件などを話し合い、文書などで約束を交わすことができる権利のことを何というか、漢字５文字で答えなさい。

星野学園中学校（理数選抜入試第２回）

―理科と合わせて60分―

1　日本人の多くは、桜の開花を待ち望み、咲き誇る姿を愛で、散りゆく花弁に思いを馳せます。桜に関する以下の問いに答えなさい。

［地図１］

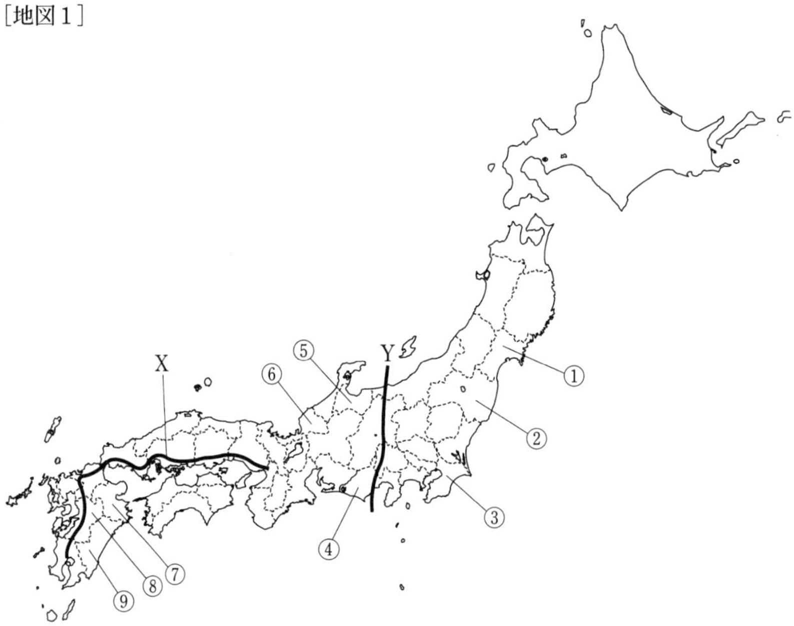

問１　日本には、桜で有名な城が多くあります。次のＡ～Ｄは、城のある各県を説明したものです。

［地図１］中の①～⑨は城のある各県の位置を示しています。城のある県についての正しい説明と、その県の所在地の組み合わせとして、もっとも適切なものはどれですか。ア～ケから１つ選び、記号で答えなさい。

Ａ　仙台城がある宮城県では、８月に行われる竿灯まつりに多くの観光客が訪れる。

Ｂ　小田原城がある神奈川県の房総半島では、温暖な気候を利用した野菜の栽培がさかんに行われている。

Ｃ　金沢城がある石川県では、輪島塗や九谷焼などの伝統産業が発達している。

Ｄ　熊本城がある熊本県では、畳表の材料となるい草を栽培している。

ア　Ａ：［地図１］①　　イ　Ａ：［地図１］②　　ウ　Ｂ：［地図１］③

エ　Ｂ：［地図１］④　　オ　Ｃ：［地図１］⑤　　カ　Ｃ：［地図１］⑥

キ　Ｄ：［地図１］⑦　　ク　Ｄ：［地図１］⑧　　ケ　Ｄ：［地図１］⑨

問２　新幹線「さくら」は、［地図１］中のＸにあたる新大阪駅から鹿児島中央駅間で運行している特急列車の愛称です。「さくら」がはしる都道府県にある工業都市と、その都市でさかんな産業の組み合わせとして適切なものを、次の中からすべて選び、記号で答えなさい。

ア　四日市：石油化学　　イ　姫路：鉄鋼　　ウ　呉：造船

エ　久留米：製紙・パルプ　　オ　大分：繊維

問３　「桜」のつく名字の上位３つである「桜井」「桜田」「桜庭」は、いずれも東日本に多い名字です。［地図１］中のYは東日本と西日本とを地質学的に分けるフォッサマグナの西の端を示しています。このYが通る県のうち、もっとも南にある県名を答えなさい。

問４　日系人も多く居住するブラジルには、日本の文化が色濃く反映される地域があり、サンパウロ・カルモ公園には4000本の桜が植えられています。ブラジルと日本の時差と地理に関して述べた文として、まちがっているものを、次の中から１つ選び、記号で答えなさい。（なお標準時子午線については、ブラジルのサンパウロは西経45度、日本は東経135度とします。）

ア　サンパウロと日本の時差は、12時間である。

イ　日本が１月11日午前８時の時、サンパウロは１月10日の午後８時である。

ウ　サンパウロは南半球に位置するため、12月は夏である。

エ　日本からサンパウロまでの乗りつぎを含めた総所要時間を28時間と仮定する。１月14日の午後５時に日本を出発した場合、サンパウロに到着するのは現地時間の１月16日の午前８時となる。

問５　新潟大学歯学部の桜は「新潟市で一番早く開花する桜」として新潟市民に親しまれてきました。次の［地図２］・［地図３］は、新潟大学付近の1930年代と2020年代の新旧２枚の５万分の１の地形図の一部です。［地図２］・［地図３］について述べた文として、まちがっているものを、次の中から１つ選び、記号で答えなさい。

［地図２］
1930年代

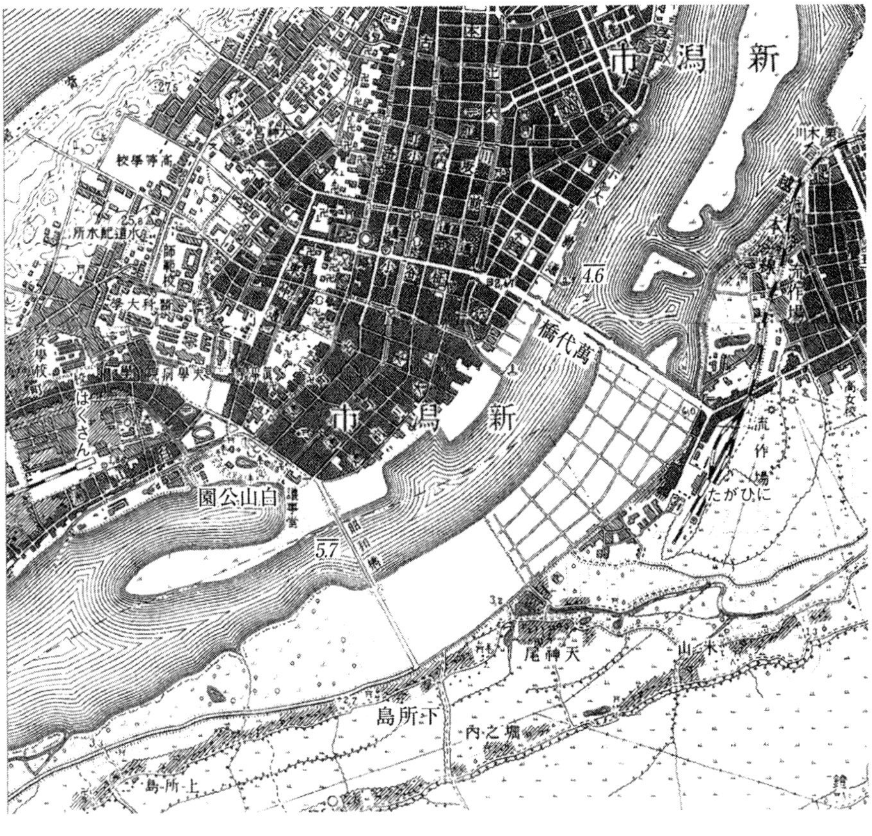

「今昔マップ」より作成

［地図３］

2020年代

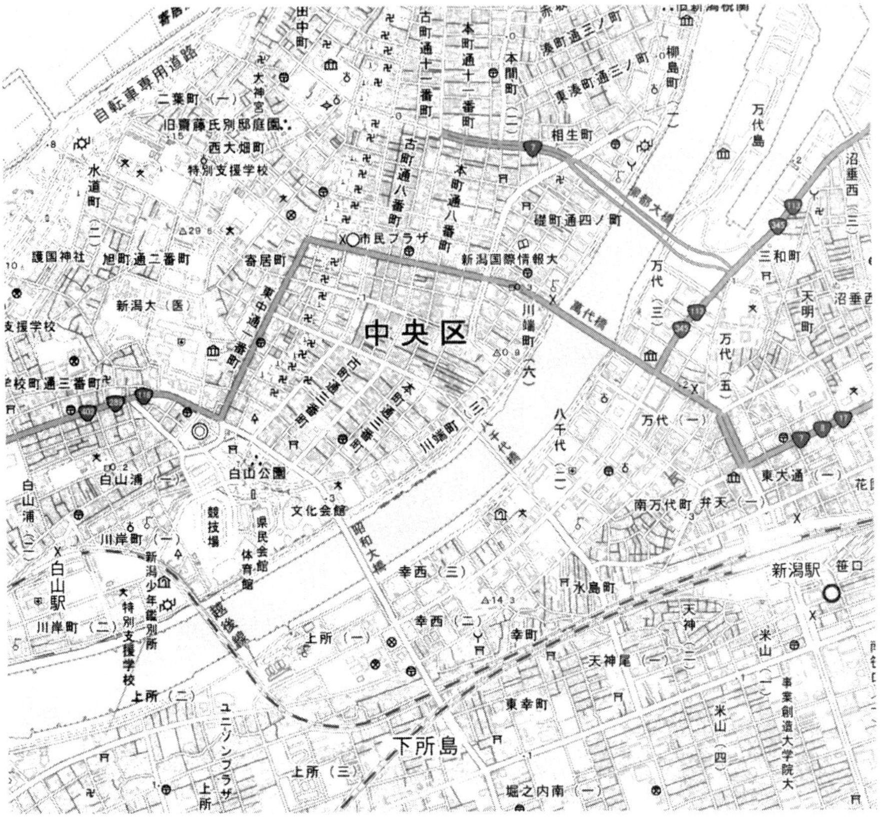

「今昔マップ」より作成

ア　1930年代以降に、越後線で新潟駅から白山駅までが結ばれた。

イ　下所島近辺は、1930年代にはなかった住宅が、2020年代には多く見られるようになった。

ウ　萬代橋がかかる中央の川は、北東の方向に向かって流れている。

エ　白山公園の北側の川岸が埋め立てられ、そこに県民会館が建てられた。

オ　1930年代以降に中央の川の南側にも鉄道や道路ができ、橋も増えたため、多くの人が住むようになったと考えられる。

問６　川崎汽船の原油タンカー「桜川」は、一度に35万kℓの原油を運ぶことができます。次のグラフは、主な地下資源と、その地下資源の日本の輸入相手国を示したものです。原油のグラフとして、正しいものを、次の中から１つ選び、記号で答えなさい。

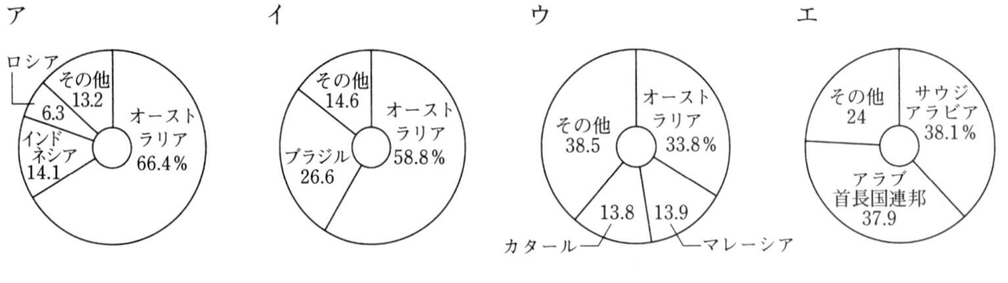

(2023/24日本国勢図会)

問7 透き通った桜色をした桜えびの水揚げは、駿河湾でおこなわれています。駿河湾にある焼津港について述べた文として、もっとも適切なものを、次の中から1つ選び、記号で答えなさい。

ア 1991年まで、水揚げ量が日本一であった。

イ 潮目が近く、いかが多く水揚げされる。

ウ 遠洋漁業の基地であり、かつお・まぐろの水揚げ量が多い。

エ 利根川の河口に位置した、沖合漁業の基地である。

問8 桜餅の葉にはオオシマサクラの葉が使われています。また、餅の原料のひとつである小麦、餡の原料である小豆の収穫量第1位はいずれも北海道です。

右の写真は、日本列島北部周辺とりわけ北海道の先住民族の衣装です。この衣装と関係の深い民族名を、カタカナ3字で答えなさい。

問9 桜の開花は「田植え桜」や「種まき桜」と呼ばれ、農作業開始の目安として大切にされてきました。米の都道府県別の収穫量の割合を示す表として、もっとも適切なものを、次の中から1つ選び、記号で答えなさい。

ア

順位	都道府県名	収穫量(%)
1	長野	32.3
2	茨城	16.3
3	群馬	9.7
4	長崎	6.4
	その他	35.3

イ

順位	都道府県名	収穫量(%)
1	静岡	36.1
2	鹿児島	34.2
3	三重	7.3
4	宮崎	4.4
	その他	18.0

ウ

順位	都道府県名	収穫量(%)
1	新潟	8.2
2	北海道	7.6
3	秋田	6.6
4	山形	5.2
	その他	72.4

エ

順位	都道府県名	収穫量(%)
1	北海道	42.8
2	宮城	9.0
3	秋田	5.6
4	滋賀	3.5
	その他	39.1

(2022/23日本国勢図会)

問10 樺細工は、桜の樹皮を用いて作られる、秋田県の角館町の伝統的工芸品です。このような伝統的工芸品に関する仕事や、工業や輸出入に関する仕事を担当している省を正式名称で答えなさい。

問11　香川県の高松市の栗林(りつりん)公園は、桜の名所として知られています。高松市の雨温図として、もっとも適切なものを、次の中から１つ選び、記号で答えなさい。

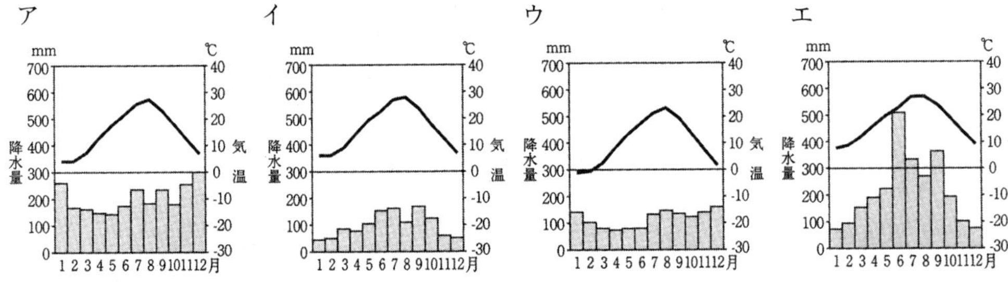

(2022/23日本国勢図会)

問12　新宿御苑(しんじゅくぎょえん)や上野恩賜(うえのおんし)公園は、東京都の桜の名所です。東京都に属(ぞく)する日本の最東端(さいとうたん)の島名を答えなさい。

問13　福岡市にある西公園は、福岡県の桜の名所です。福岡県と佐賀県にまたがる筑紫(つくし)平野を流れる河川名を答えなさい。

2　「日本100名城(めいじょう)」は、公益財団法人の日本城郭協会(にほんじょうかくきょうかい)の記念事業として、文部科学省(もんぶかがくしょう)・文化庁(ぶんかちょう)の後援(こうえん)を得て企画され、平成18年に発表されました。これについて、以下の問いに答えなさい。(参考：日本城郭(じょうかく)協会ＨＰ)

(1)　次の会話文を読み、以下の問いに答えなさい。

のぶなが君：	テレビでも「最強(さいきょう)のお城はどれか？」などの番組が放送されたりして、ちょっとした「城」ブームだよね。
ひでよし君：	「城」って、時代によって役割(やくわり)が様々(さまざま)だけど、何といってもまず①防衛施設(ぼうえい)ということだね。弥生時代ころから見られる、②まわりに堀(ほり)や柵(さく)などをめぐらせた集落は、村を防衛しているから「城」の原点(げんてん)と言ってもいいと思うな。
いえやす君：	防衛機能(きのう)を持つものということであれば、③鎌倉時代の後期から見られる惣村(そうそん)や堺(さかい)などの自治都市、④浄土真宗(じょうどしんしゅう)の寺を中心に信者が集まって住んでいた石山本願寺(いしやまほんがんじ)なども、ある意味「城」と言ってもいいね。
のぶなが君：	そのほか、「城」って権力者の居住(きょじゅう)空間、武器などの貯蔵(ちょぞう)、政治の中心の役割を持った施設なんだよね。また、「城」は、山地(さんち)に設けられることもあるけれど、平地の交通のかなめに建設されることも多いよね。
ひでよし君：	ヨーロッパや中国などでは、「城」とは⑤城壁(じょうへき)で囲まれた都市を意味することが多いようだね。

問１　下線部①について、右は７世紀につくられた水城(みずき)という防衛施設です。この水城の建設に関連の強い出来事や人物、遺跡等を、次の中から１つ選び、記号で答えなさい。

ア　白村江(はくそんこう)の戦い　　イ　持統天皇(じとう)
ウ　壬申(じんしん)の乱　　エ　好太王(こうたいおう)の碑(ひ)
オ　蘇我蝦夷(そがのえみし)

問２　下線部②について、このような集落を何といいますか。答えなさい。

問３　下線部③について、次の図は鎌倉時代に描(えが)かれた『一遍上人絵伝(いっぺんしょうにんえでん)』の一部です。この絵について述べた文の中で、正しいものの組み合わせを、あとの中から１つ選び、記号で答えなさい。

(あ)　これは、平安時代の終わりごろに天台宗を開いた一遍の生涯(しょうがい)を描いた絵巻物(えまきもの)で、彼がお寺を訪(たず)ねた時の場面である。
(い)　門の上には物見(ものみ)やぐらがあり、そこには敵の矢を防ぐ盾(たて)などの武器が備(そな)えられている。
(う)　右上(みぎうえ)を見ると馬が飼(か)われていることがわかるが、この時代の武士たちの武芸訓練(ぶげいくんれん)のひとつとして、馬を走らせながら馬上(ばじょう)から弓で的(まと)を射(い)る流鏑馬(やぶさめ)というものがあった。
(え)　これは、法華経(ほけきょう)が正しいと説(と)いて曹洞宗(そうとう)を開いた一遍が、武士の館(やかた)を訪ねた場面で、館のまわりには堀がつくられ、門のわきには門番(もんばん)がいて警戒(けいかい)している。

ア　(あ)(い)　　イ　(あ)(う)　　ウ　(い)(う)　　エ　(い)(え)　　オ　(う)(え)

問４　下線部④について、この信者が中心となっておこした一揆(いっき)を、その宗派(しゅうは)の別の呼(よ)び方(かた)にちなんで特に何といいますか。答えなさい。

問５　下線部⑤について、中国にならって日本でも道路が碁盤の目のように整った都がつくられました。次のＡ～Ｃの説明文にあてはまる都の組み合わせを、あとのア～オから１つ選び、記号で答えなさい。

Ａ　桓武天皇が律令政治の立て直しを目的に784年に移した都である。しかし、なかなか建設が進まず、10年後には別の場所に移した。
Ｂ　天武天皇の皇后で、のちに天皇になった人物が、奈良盆地の南部に築いた日本で最初の本格的な都である。
Ｃ　東西約６㎞、南北約５㎞の規模で、都の東側に外京という張り出した部分もあった。右京にはやがて唐招提寺がつくられた。

ア　Ａ　藤原京　　Ｂ　長岡京　　Ｃ　平安京
イ　Ａ　平安京　　Ｂ　福原京　　Ｃ　平城京
ウ　Ａ　長岡京　　Ｂ　藤原京　　Ｃ　平城京
エ　Ａ　平安京　　Ｂ　平城京　　Ｃ　藤原京
オ　Ａ　長岡京　　Ｂ　平城京　　Ｃ　福原京

(2)　以下の問いに答えなさい。

問６　広島城の城主であった福島正則は、江戸幕府が定めた大名家が守るべききまりを守らなかったために、領地を没収されてしまいました。このきまりとは何ですか。漢字で答えなさい。

問７　平戸城のある平戸島に1584年に来航し、1624年に日本への来航が禁止されたヨーロッパの国はどこですか。次の国名のうち、正しいものを、次の中から１つ選び、記号で答えなさい。

ア　イギリス　　イ　ポルトガル　　ウ　ドイツ　　エ　フランス　　オ　スペイン

問８　甲府城主出身で６代将軍となった徳川家宣を支え、正徳の治と呼ばれた政治を展開した儒学者は誰ですか。漢字で答えなさい。

問９　和歌山城主の出身で、８代将軍となった徳川吉宗が行った享保の改革について述べた文の中で、正しいものを、次の中から１つ選び、記号で答えなさい。

ア　株仲間を積極的に公認し、その代わりに営業税を新たに徴収した。
イ　公事方御定書という法律を定め、裁判の公正化を図った。
ウ　幕府の学校において、朱子学以外の講義などを禁止した。
エ　外国船が日本に近づいたら、直ちに撃退しろという異国船打払令を出した。
オ　江戸に出てきた百姓らを、年貢確保のために強制的に元々いた村に帰した。

問10　松坂城がある三重県では、1876年に大規模な百姓一揆(伊勢暴動)が発生したことが知られています。この暴動では、役所や銀行、郵便局などに加えて、学校が打ち壊されました。学校が打ち壊された理由を、以下の就学率の変化のグラフと資料①～③を参考にしながら、50字程度で説明しなさい。

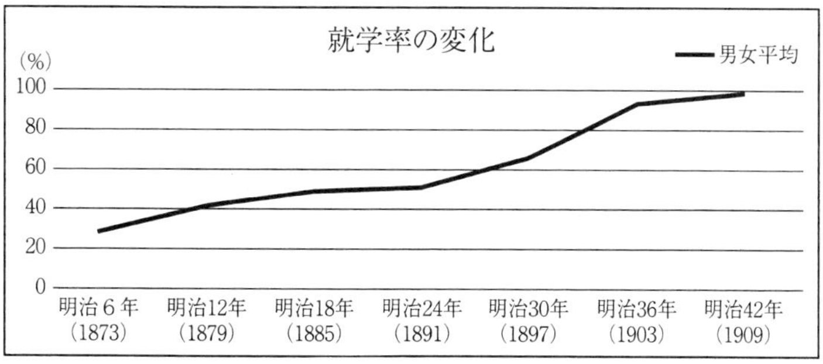

資料①	資料②	資料③
1872年に定められた学制では、身分にかかわらず、６歳以上の男女全員が小学校に通うことが決められた。	1900年、公立小学校の授業料が、無償とされた。	農家の子どもは大きくなると、弟や妹の子守りをさせたり、農業を手伝ったりした。

問11　飫肥城のある、宮崎県日南市出身の小村寿太郎は、1902年に外務大臣として日英同盟を結びました。日英同盟を風刺した絵として正しいものを、次の中から１つ選び、記号で答えなさい。

ア

イ

ウ

エ

問12　鹿児島城下の出身の牧野伸顕は、パリ講和会議に代表の一人として参加しました。これについて、第一次世界大戦後の1919年６月、パリ講和会議で結ばれたドイツと連合国との講和条約を何といいますか。答えなさい。

問13　春日山城のある新潟県出身の田中角栄が調印した、中華人民共和国との国交正常化に関する合意文書を何と言いますか。答えなさい。

3　次のＡ～Ｃの文章を読んで、以下の問いに答えなさい。

Ａ

日本国憲法の三大原則は、一般に以下の３つとされる。１つ目は、国民主権である。前文や第１条には、国の政治のあり方を最終的に決める力である主権が国民にあることが明記されている。２つ目は、①基本的人権の尊重である。基本的人権は、大日本帝国憲法では法律によって制限できたが、日本国憲法では最大限に尊重することが定められている。３つ目は、②平和主義である。第二次世界大戦のような悲惨な戦争をくり返さないために、憲法は徹底した平和主義を定めている。

問１　下線部①について、以下は憲法第11条の条文です。空欄[　　　　]にあてはまる語句を９字で答えなさい。

国民は、すべての基本的人権の享有を妨げられない。この憲法が国民に保障する基本的人権は、[　　　　]永久の権利として、現在及び将来の国民に与へられる。

問２　下線部②について、日本の平和主義や自衛隊に関する説明として正しいものを、次の中から１つ選び、記号で答えなさい。

ア　憲法に戦争放棄が定められているので、現在、日本の領域内に外国の軍隊は駐留していない。

イ　1991年の湾岸戦争をきっかけに、日本の国際貢献が問われるようになり、1992年に自衛隊が初めてＰＫＯに派遣された。

ウ　自衛隊の最高指揮監督権は、自衛隊を統括する防衛大臣にある。

エ　憲法の前文に、陸軍・海軍・空軍などの戦力を持たないことが明記されている。

Ｂ

生徒：ウクライナとのことで、ロシアが③核兵器の使用をほのめかしたといわれ、とっても不安です。核兵器は廃絶しないといけないと思います。

先生：そうだね、日本は唯一の被爆国として、核の恐ろしさを知る国として、核兵器の廃絶を世界に訴えていきたいね。

生徒：核兵器を持つ国は増えているという話をきいたことがあるのですが、本当ですか。

先生：徐々に増えているというのが現実だね。核兵器を持てば、仕返しをおそれて相手国は核兵器をつかった先制攻撃をしないと考えて、核兵器を持つ国は増えているのだと思う。

生徒：それって力には力で対抗ということですね。力ではなく正義で動く国際社会がいいですね。私は一生懸命勉強して、将来は国連など国際機関で、世界のために働きたいと思っているんです。

先生：④日本は世界といろいろな関係をもっている。日本と世界をつなぐ架け橋になってほしいな。応援するからね。

問３　下線部③について、核兵器に関連したことを述べた文の中で、正しいものを、次の中から１つ選び、記号で答えなさい。

ア　主な任務として、核拡散防止条約が守られているかどうか、各国の原子力施設を査察する機関としてＩＡＥＡ(国際原子力機関)がある。

イ　日本は、1971年以来、「核兵器を作らず、使わず、持ち込まず」という非核三原則を国の政策としてきた。

ウ　1954年に太平洋のビキニ島沖で行われたソ連の原爆実験によって、日本のまぐろ漁船第五福竜丸が、放射能を帯びた「死の灰」を浴び、乗組員が亡くなる事件が起こった。

エ　安全保障理事会の常任理事国５か国は、イギリスを除いてフランスもドイツもアメリカもロシアも核兵器を保有している。

問４　下線部④について、外務省のホームページより引用した、以下の４つの表(資料Ⅰ・資料Ⅱ・資料Ⅲ・資料Ⅳ)から読み取れる内容として正しいものを１つ選び、記号で答えなさい。

資料Ⅰ　SDGs達成度の高い国

順位	国名	スコア
1	フィンランド	86.5
2	デンマーク	85.6
3	スウェーデン	85.2
4	ノルウェー	82.3
5	オーストリア	82.3
6	ドイツ	82.2
7	フランス	81.2
8	スイス	80.8
9	アイルランド	80.7
10	エストニア	80.6
19	日本	79.6

出典：Sustainable Development Solutions Network (SDSN) and the Bertelsmann Stiftung-Sustainable Development Report 2022

資料Ⅱ　途上国援助(ＯＤＡ)総額の多い国

順位	国名	途上国援助総額(100万米ドル)(2021年)
1	アメリカ合衆国(米国)	47,805
2	ドイツ	33,272
3	日本	17,634
4	英国	15,712
5	フランス	15,506
6	カナダ	6,303
7	イタリア	6,085
8	スウェーデン	5,934
9	オランダ	5,288
10	ノルウェー	4,673

出典：OECD-Statistics on resource flows to developing countries (2023年7月ダウンロード)

資料Ⅲ　国連分担金の多い国

順位	国名	分担率（%）	分担金額（100万米ドル）（2022年）
1	アメリカ合衆国（米国）	22.000	693.4
2	中華人民共和国（中国）	15.254	438.2
3	日本	8.033	230.8
4	ドイツ	6.111	175.5
5	英国	4.375	125.7
6	フランス	4.318	124.0
7	イタリア	3.189	91.6
8	カナダ	2.628	75.5
9	大韓民国（韓国）	2.574	73.9
10	スペイン	2.134	61.3

出典：外務省「2020年～2022年　国連通常予算分担率・分担金」

資料Ⅳ　国民総所得（ＧＮＩ）の高い国

順位	国名	国民総所得（100万米ドル）（2020年）
1	アメリカ合衆国（米国）	21,286,637
2	中華人民共和国（中国）	14,623,751
3	日本	5,156,421
4	ドイツ	3,953,466
5	英国	2,723,175
6	フランス	2,671,814
7	インド	2,635,927
8	イタリア	1,911,917
9	大韓民国（韓国）	1,650,493
10	カナダ	1,626,425

出典：総務省統計局「世界の統計2023」

ア　４つの表から、日本の国民総所得（ＧＮＩ）は、中華人民共和国（中国）の国民総所得（ＧＮＩ）の約３分の１であり、フランスの国民総所得（ＧＮＩ）よりも低いことがわかる。

イ　４つの表から、ドイツは日本より国民総所得（ＧＮＩ）と途上国援助（ＯＤＡ）総額は低いが、国連分担金では日本を上回っていることがわかる。

ウ　４つの表から、中華人民共和国（中国）は国民総所得（ＧＮＩ）と途上国援助（ＯＤＡ）総額は世界２位だが、国連分担金では表に国名がでてこないことがわかる。

エ　４つの表から、日本はSDGsの達成度は世界19位で、ドイツと比べて達成度が低いことがわかる。

オ　イタリアは、４つの表すべてにおいて７位以内に入っていることがわかる。

C

> ⑤<u>いくらの価格で、どれくらいの量の商品が売り買いされるかは、自由な競争が行われている市場では原則として、市場における需要と供給の関係で決まる。</u>市場の種類として、このような商品が取り引きされる市場のほかに、銀行などが仲立ちをして資金の貸し借りや株式の取り引きがおこなわれる⑥<u>金融</u>市場などがある。

問５　下線部⑤について、以下は価格の決まり方を説明した文です。空欄［　A　］～［　C　］にあてはまる語句の組み合わせとして最も適切なものを、次の中から１つ選び、記号で答えなさい。

> ある商品がある価格のときに、［　A　］が［　B　］を上回った場合、商品不足が生じ、価格は［　C　］していく。

ア　A：需要　B：供給　C：上昇　　イ　A：需要　B：供給　C：下落

ウ　A：供給　B：需要　C：上昇　　エ　A：供給　B：需要　C：下落

問６　下線部⑥について、一国の金融の中心となる銀行を中央銀行といい、日本の中央銀行は日本銀行です。日本銀行は日本で紙幣(しへい)を発行できる唯一の銀行であることから、日本銀行には［　　　］銀行としてのはたらきがあります。空欄［　　　］にあてはまる語句を答えなさい。

三田国際学園中学校(第１回)

―理科と合わせて50分―

注意　特に指示のない場合、句読点等の記号は一字として数えるものとします。

(編集部注：実際の入試問題では、写真や図版の一部はカラー印刷で出題されました。)

1　以下の文章を読んで、各問いに答えなさい。

三田国際学園の東隣(どなり)には農園が広がっています。東京23区内の世田谷という住宅街ではなかなか想像できない方も多いのではないでしょうか。この農園では季節により様々な作物が栽培(さいばい)されています。なかでも特筆すべきはブドウです。８月末頃の収穫(しゅうかく)時期(2023年は８月26日)には、農園でブドウ狩りも楽しめ、毎年多くの方でにぎわっています。ご近所の方々はもとより、他県から来られる方もあるとのことです。この農園のホームページによると、ここでは「安芸(あき)クイーン」「高妻(こうづま)」という２つの品種が食用ブドウとして栽培されています。「安芸クイーン」は「身がぎゅっと締(し)まった糖度(とうど)の高い赤ブドウです。大粒で種無しです。」と、また「高妻」は「風味豊かで食べ応えのある黒ブドウです。大粒で種無しです。」と書かれています。

①ブドウとワインとの関係について調べてみると、一般(いっぱん)的には、食用ブドウと、ワイン用ブドウでは、品種に違いがあります。最もわかりやすい違いは、粒の大きさだそうです。食用ブドウの粒は一般的に大小様々ですが、ワイン用ブドウはおおむね小粒です。大粒の食用ブドウは水分量も多く食べると口いっぱいに甘さとみずみずしさが広がり美味(おい)しいのですが、ワイン作りには不向きです。食用のブドウは、皮は柔(やわ)らかく、種なしのものが市場では好まれています。一方で皮が厚く、種あり小粒のブドウは、味わいあるワインになるそうです。厚い皮も種もワインになる過程で様々に変化し、味わい深くなるのです。

先に書いた三田国際学園の隣にある農園で育てているワイン用のブドウは、「メルロー」という品種で、そのブドウを使った「世田谷メルローワイン」は大変美味しいと評価も高く、近隣のレストランでもふるまわれています。2022年物で作ったワインは、②2023年夏に販売が開始されました。

よりよいブドウが育つ条件とは、通常の農作物を育てる畑に求められる環境とは異なるようです。通常の農作物は、養分をしっかりと含んだ土地で育ってこそ、豊かな実りを与えてくれます。ブドウは水はけがよいやせた栄養分の少ない土地を好み、水と養分を求めて地中深く根をはり、様々な地層の栄養分を取り入れることで良質な果実となるのです。また、開花から収穫までの日照時間や、気温の一日の寒暖差、年間の降雨量も大事な要素となります。

これまで日本にはワインの品質を保証する法律がありませんでしたが、2018年にワイン法が制定され、日本国内に流通するワインは「日本ワイン、国産ワイン、輸入ワイン」という３つに分類されるようになりました。日本ワインとは、日本国産の原料だけを使ったものでその生産量(2020年)は、多い順に③山梨県、長野県、北海道となります。国産ワインとは、日本国内で生産されたワインで、原料は海外から輸入されたものも含みます。この国産ワイン生産量(2018年)では、多い順に、神奈川県、栃木県、山梨県となります。第一次世界大戦後にフランスで制定されたワイン法を皮切りに、世界各地で品質を保証するワイン法が誕生しています。日本ワインを世界に広める上で重要な法律といえます。

問１　下線部①に関連して、資料１・２を参考に、次の文中の（ １ ）・（ ２ ）にあてはまる数字の組み合わせとして正しいものを、選択肢の中から１つ選び、記号で答えなさい。(ただし、アメリカのアラスカ州は除く。)

文

資料１の５つの国は、ブドウ栽培に適した気候である北緯(　１　)度から(　２　)度の間に位置していることから、ワインベルトとも呼ばれている。

資料１

ブドウ生産量　2018年		
1	中国	1340万トン
2	イタリア	851万トン
3	アメリカ	689万トン
4	スペイン	667万トン
5	フランス	620万トン
	世界計	7913万トン
〔出典：統計要覧2021〕		

ワイン生産量　2014年		
1	イタリア	480万トン
2	スペイン	461万トン
3	フランス	429万トン
4	アメリカ	330万トン
5	中国	170万トン
	世界計	2911万トン
〔出典：統計要覧2021〕		

資料２

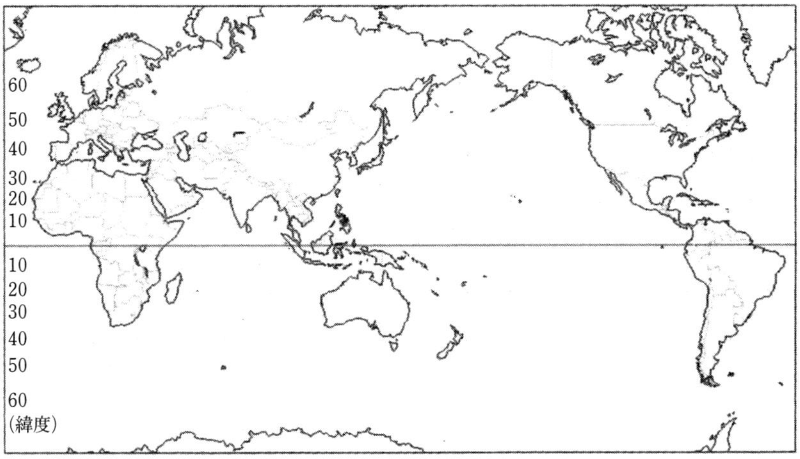

ア　(1)　10　　(2)　30　　イ　(1)　20　　(2)　40　　ウ　(1)　30　　(2)　50
エ　(1)　40　　(2)　60　　オ　(1)　50　　(2)　60

問２　下線部②に関連して、2023年４月、知事選挙と市区長村長(首長)選挙、市区町村議会選挙が一斉に行われた。このような形での選挙は1947年に初めて実施されてから、20回目となる。このような選挙は一般に何といわれているか。以下の空欄にあてはまる言葉としてふさわしいものを**漢字４字**で答えなさい。

全	国					選	挙

問３　下線部③に関連して、山梨県がブドウの生産量日本一であると考えられる理由を、地形の特徴を**２つ**あげて、40字程度の文章で答えなさい。

問４　次の資料のＡからＥは、本文に記されている道県名の品目の生産額・生産量の一覧である。
資料中のＢ・Ｃ・Ｄにふさわしい道県名の組み合わせとして正しいものを、選択肢の中から１つ選び、記号で答えなさい。

《資料》

	A	B	C	D	E	単位
米	1122	473	36	714	63	億円
野菜	2271	905	360	815	112	億円
果実	54	714	82	80	629	億円
乳用牛	5026	125	45	416	22	億円
業務用機械	66	4142	4628	3532	920	億円
そば	197	33.5	0.09	23.4	1.08	百ｔ
キャベツ	581	704	643	---	33	百ｔ
レタス	127	1978	---	51	---	百ｔ
きゅうり	159	137	110	118	48	百ｔ
トマト	610	162	121	347	59	百ｔ

（出典：データでみる県勢2021より、2018年または2019年のデータ）

ア　Ｂ－北海道　　Ｃ－栃木　　Ｄ－山梨
イ　Ｂ－神奈川　　Ｃ－長野　　Ｄ－北海道
ウ　Ｂ－長野　　Ｃ－山梨　　Ｄ－栃木
エ　Ｂ－神奈川　　Ｃ－栃木　　Ｄ－長野
オ　Ｂ－長野　　Ｃ－神奈川　　Ｄ－栃木
カ　Ｂ－北海道　　Ｃ－神奈川　　Ｄ－山梨

問５　以下の雨温図には、本文中に記載された道県以外のものが含まれている。その雨温図を選択肢の中から１つ選び、記号で答えなさい。

ア
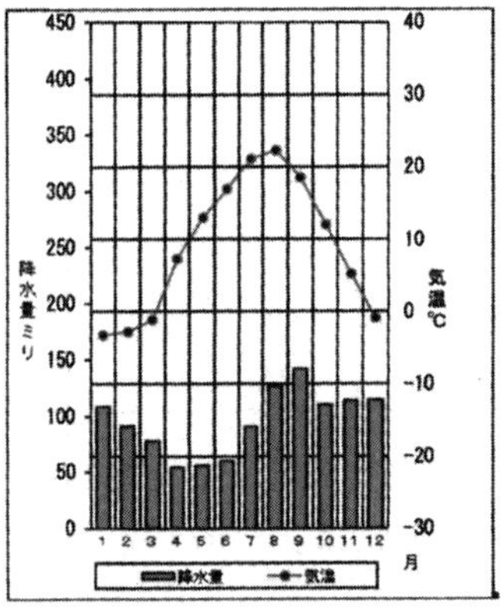

イ
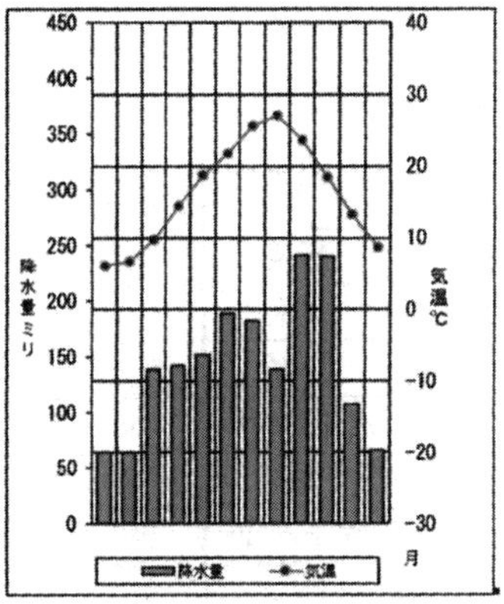

ウ
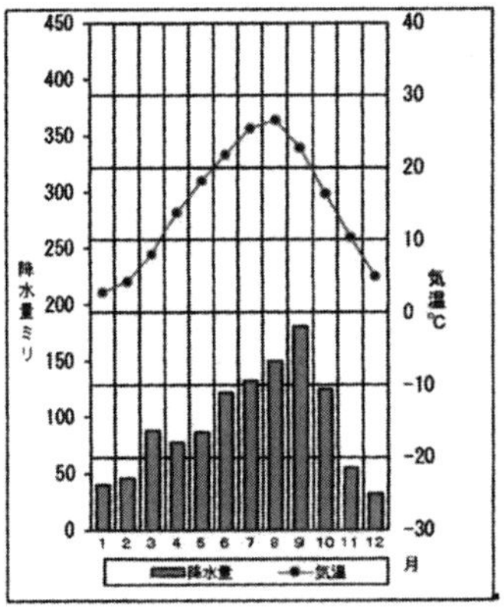

エ
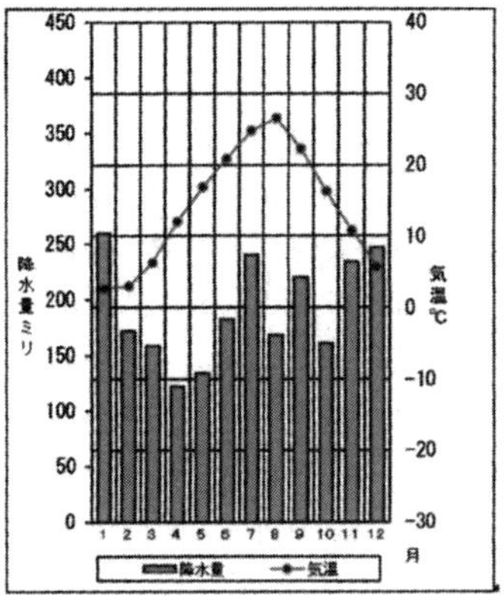

② 三田国際学園中学校で歴史のテーマ学習として、「日本の都市の歴史」について発表することになり、Ａさん・Ｂさん・Ｃさん・Ｄさんは、調べた内容をメモにしてまとめた。それぞれのメモを読んで、各問いに答えなさい。

Ａさんのメモ

◎古代の都が置かれた「大和(やまと)」(現在の奈良県)

【関連する年表】

年代	出来事
６世紀末～	飛鳥地方に大王の宮(みや)や中央の豪族(ごうぞく)などの邸宅(ていたく)がつくられた。
640年代	孝徳(こうとく)天皇が宮を［ Ⅰ ］に移す。
660年代	百済(くだら)が滅亡(めつぼう)する。 斉明(さいめい)天皇が宮を［ Ⅱ ］に移す。 中大兄皇子が宮を［ Ⅲ ］に移す→天智天皇として即位する。
670年代	大海人皇子が都を再び飛鳥に移す→天武天皇として即位する。
694年	持統天皇が藤原京に遷都(せんと)する。
702年	遣唐使を派遣する。 →大宝律令と藤原京を唐の皇帝に披露(ひろう)する。
710年	元明(げんめい)天皇が藤原京から平城京に遷都する。
784年	桓武天皇が平城京から長岡京に遷都する。

【調べて分かったこと】

●６世紀末～７世紀前半
- 「宮」は天皇の代替わりごとに移っていった。
- 国政の仕事は中央の有力豪族がそれぞれの邸宅で分散して行い、重要な内容は「宮」に集まり会議が開かれた。

●７世紀中頃
- 国政の仕事を行う役人が集って行えるように、宮の構造に変化が見られた。

●７世紀末以降
- それまでの天皇の代替わりごとに宮を移す形式から、代替わりに関係なく都がおかれた。
- 天皇の居住地域と役所が置かれた「宮」と、役人や民衆が居住する「京」で構成された。これを都城制という。
- 都城制は、中国の都を参考にしてつくられた。

問１　年表中の［　Ⅰ　］〜［　Ⅲ　］は、例外的に「大和」地方以外に置かれた宮の名称が入る。〔地図〕に示された宮が置かれた場所ａ〜ｃと、宮を移した〔理由〕ｄ〜ｆの組み合わせとして正しいものを選択肢の中から１つ遊び、記号で答えなさい。

〔地図〕

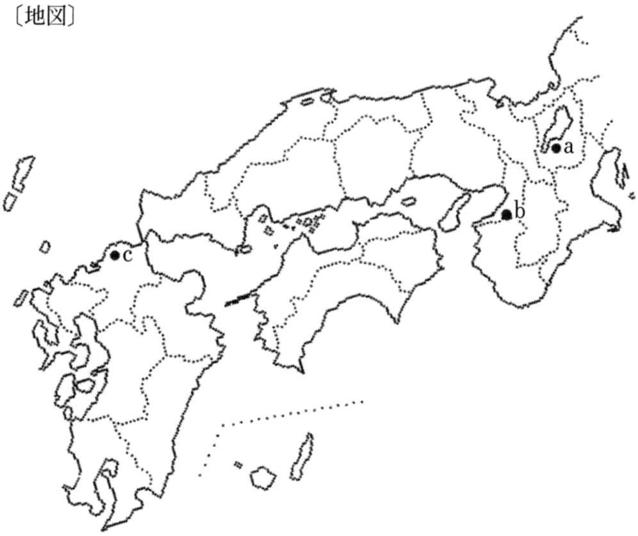

〔理由〕

ｄ　白村江の戦いに敗れたのち、敵国の襲来(しゅうらい)を恐れ、逃げ道を確保するために宮を移した。

ｅ　唐と高句麗の連合軍と戦うための前線基地として臨時的に宮を移した。

ｆ　蘇我氏が主導する政権を打倒し、政治を一新するために宮を移した。

ア　［　Ⅰ　］＝〔地図〕－ａ　〔理由〕－ｅ　　イ　［　Ⅰ　］＝〔地図〕－ｂ　〔理由〕－ｆ

ウ　［　Ⅱ　］＝〔地図〕－ｃ　〔理由〕－ｄ　　エ　［　Ⅱ　］＝〔地図〕－ａ　〔理由〕－ｆ

オ　［　Ⅲ　］＝〔地図〕－ｂ　〔理由〕－ｄ　　カ　［　Ⅲ　］＝〔地図〕－ｃ　〔理由〕－ｅ

問２　Ａさんは、藤原京に都が置かれた時期が、後の平城京と比べて短いことに疑問を持ち、「藤原京」と「平城京」、唐の都「長安」の図を比較し、その理由となる【仮説】をたてた。あとにある【仮説】の空欄に入る文章として最もふさわしいものを選択肢の中から１つ選び、記号で答えなさい。

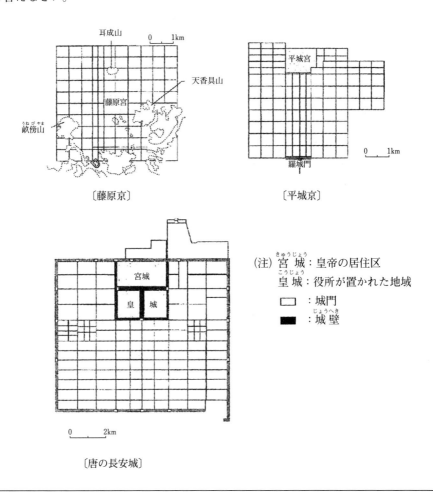

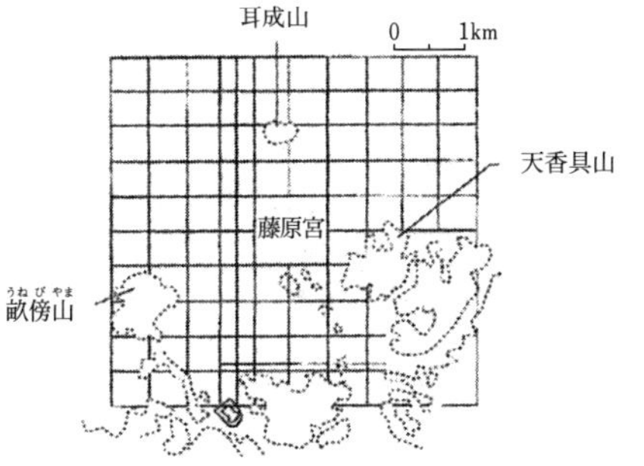

〔藤原京〕

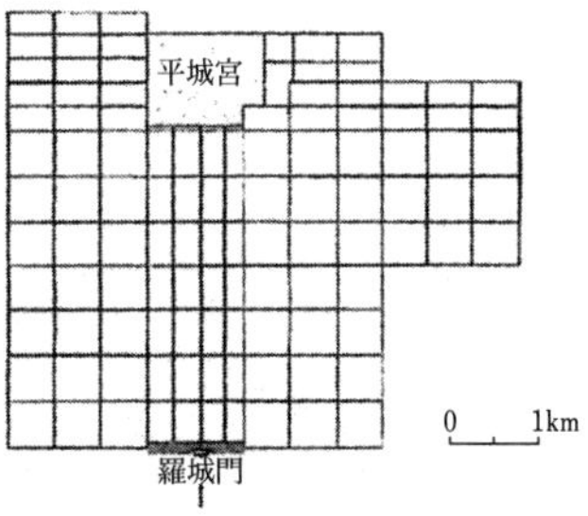

〔平城京〕

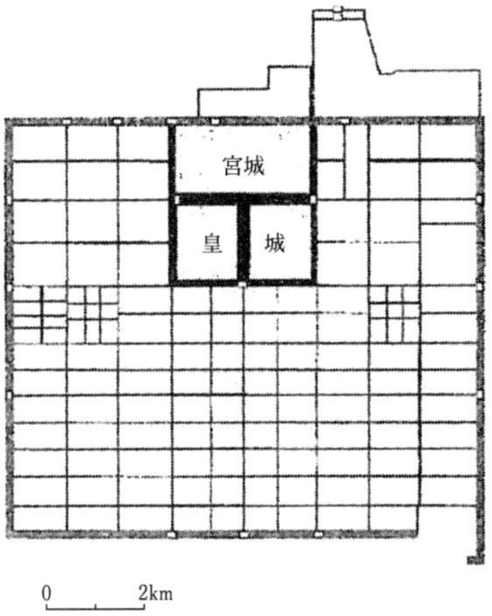

〔唐の長安城〕

(注) 宮城（きゅうじょう）：皇帝の居住区
皇城（こうじょう）：役所が置かれた地域
□：城門
■：城壁（じょうへき）

> 【仮説】
> 702年に遣唐使を派遣して唐の皇帝に藤原京の図を披露したとき、唐の皇帝から＿＿＿＿＿＿を指摘されたため、それらを修正した平城京を造営したのではないか。

ア　都城の領域が非常にせまいこと
イ　都城の周囲が城壁で囲まれていないこと
ウ　都城の城門が１ヵ所しかないこと
エ　宮の位置が北辺ではなく中央にあること

Ｂさんのメモ

◎源頼朝が幕府を設置した「鎌倉」

【鎌倉の地図】

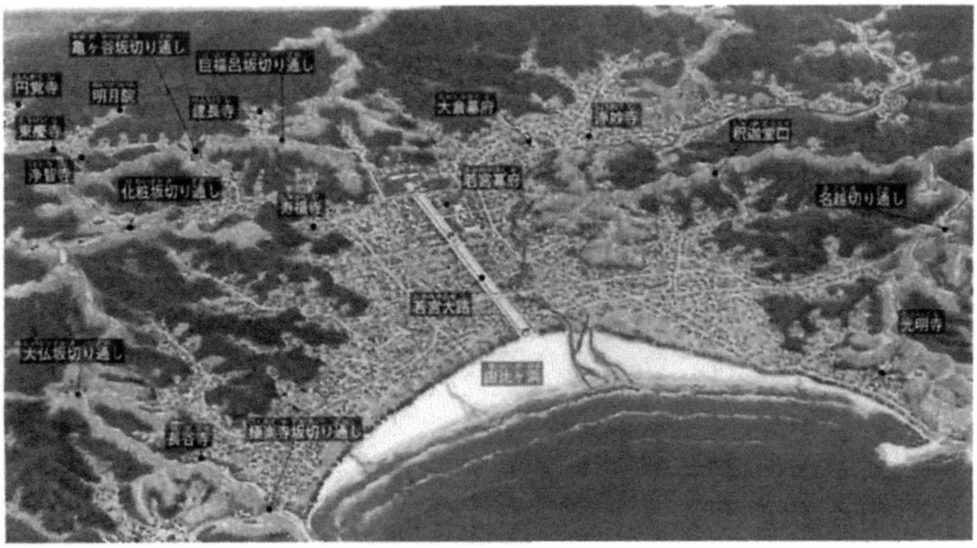

(出典：『アドバンス歴史』帝国書院)

【鎌倉大仏の写真】

(注)大仏の周囲には、柱を支えるための礎石(そせき)とよばれる台座のみが残っている。

【調べて分かったこと】

●源頼朝が入る前の鎌倉

・鎌倉幕府の歴史書『吾妻鏡(あずまかがみ)』には、「もともと鎌倉はへんぴなところで、漁民や農民のほかには住む者が少なかった」と記されている。実際は、平安時代は交通の要所として機能していて、鎌倉には郡の役所があったとされている。

・源頼朝の先祖にあたる源頼義(よりよし)が鶴岡八幡宮を造営した。

●源頼朝が入った後の鎌倉

・平氏打倒の兵を挙げた源頼朝が鎌倉を本拠地とし、都市の整備がすすめられた。

・武士政権の拠点として外敵に対する防御(ぼうぎょ)機能や、物資の搬入(はんにゅう)を容易にするための港の整備が行われた。

・頼朝は、鶴岡八幡宮を源氏・鎌倉の守護神をまつる神社として敬った。

・大地震による津波や、大雨を原因とする洪水などの水害がたびたび起こった。

問３　「Ｂさんのメモ」を読んだ、Ａさんの意見として**誤っているもの**を選択肢の中から１つ選び、記号で答えなさい。

ア　朝廷のある平安京から離れた関東に独自の武士政権の拠点を定める際、頼朝が鎌倉を選んだ理由の一つとして、鎌倉が源氏ゆかりの地であることがあげられる。

イ　幕府のある鎌倉に陸上から進入するには、「切通し（きりどお）」とよばれる狭い道を通るしかなく、敵が攻めてくる際に、鎌倉が防御するには適していたと考えられる。

ウ　幕府の南方にある由比ヶ浜（ゆいがはま）に港が整備されたため、鎌倉には多くの宋船がやってきて日宋貿易が盛んに行われた。

エ　鎌倉には建長寺（けんちょうじ）や円覚寺（えんがくじ）など多くの寺院が建立（こんりゅう）されたが、災害などで倒壊（とうかい）した寺院の建物のなかには現在まで再建されていないものがある。

Ｃさんのメモ

◎徳川家康が幕府を設置した「江戸」

【関連する年表】

年代	出来事
室町時代	太田道灌（どうかん）が江戸城を築き、城下町として発展した。 →太田道灌が主君である(ア)鎌倉府の次官に暗殺されて以降、江戸は衰退した。
1590年	(イ)豊臣秀吉が北条氏を滅ぼす。 →秀吉の命令で徳川家康の領地が関東に移され、江戸に入った。
1603年	徳川家康が征夷大将軍となり、幕府を開く。 →(ウ)諸大名に江戸の都市開発の工事を命じた。
17世紀中頃	江戸で大火事が起こる(明暦（めいれき）の大火) →幕府は、江戸市中に広小路や火除地（ひよけち）などを設けた都市整備を行なった。
18世紀前半	(エ)享保の改革の政策の一つとして、江戸に町火消が結成される。

【調べて分かったこと】

●徳川家康が江戸に幕府を開いて以降、諸大名に命令して都市の開発が進んだ。
・物資を運ぶための水路の開発を行なった。
・十分な平地がなかったため、神田山を切り崩して日比谷入江（いりえ）を埋め立てるなどの拡張（かくちょう）工事を行なった。

●人口100万人の巨大消費都市
・町人の人口50万人のほか、武士の人口も50万人が集住する(オ)大消費都市として発達した。
・地震や放火などによる大火事がたびたび起こり、そのたびに幕府により対策が取られた。

問４　メモ中の下線部(ア)～(オ)に関する説明のなかから**誤っているもの**を選択肢の中から**すべて**選び、記号で答えなさい。

ア　鎌倉府は、室町幕府の地方機関として関東地方の統治をにない、その長官である鎌倉公方は代々足利氏一門が就任した。

イ　豊臣秀吉は、太閤検地や刀狩を行なって兵農分離を進める一方、南蛮貿易を進めるために、積極的にキリスト教の布教を認めた。

ウ　将軍直属で領地１万石以上の家臣である大名のうち、関ヶ原の戦い以前から徳川氏に仕えた大名を譜代大名といい、老中や六波羅探題などの要職に就いた。

エ　享保の改革で、８代将軍徳川吉宗は、大名１万石ごとに100石を幕府に納めさせる代わりに、参勤交代の江戸滞在期間を半分にする上げ米の制を定めた。

オ　江戸に暮らす人々の生活を維持するために、大阪から多くの商品や原料が輸送されたことから、江戸は「天下の台所」とよばれた。

Ｄさんのメモ

◎明治時代以降の「東京」

【関連する年表】

時代	出来事
明治時代	明治天皇が江戸に移り、江戸を東京に改め首都とした。 銀座一帯の火事をきっかけに、煉瓦(れんが)街にする構想がもちあがった。
大正時代	関東大震災が起こり、京浜一帯で甚大(じんだい)な被害となった。 →震災をきっかけに、防災上の役割を考えた都市公園の整備などの復興事業が推進された。
昭和(戦中)	東京大空襲により、一晩で10万人以上が死亡した。
昭和(戦後)	１回目の東京オリンピックが開催される。
平成時代	東日本大震災が起こる。 →①<u>東京電力の福島第１原子力発電所</u>の稼働(かどう)停止により、都内の一部地域で計画停電が実施された。

【調べて分かったこと】

●東京を煉瓦街にする構想

・銀座は煉瓦街として建設され、ガス灯や鉄道馬車も開通した。

→しかし、煉瓦街は日本人にはなじまず、東京中に広げる計画は実現しなかった。

●関東大震災の被害

・地震による家屋の倒壊(とうかい)や火災などにより、10万人以上が死亡した。

・「朝鮮人や中国人が井戸に毒を投げ込んだ」というデマが広がり、多数の朝鮮人や中国人が殺害された。

●１回目の東京オリンピック開催

・開催に向けて、東海道新幹線や高速道路などの交通網が整備された。

・高度経済成長期の人口増加に対応するため、多摩ニュータウンなどが建設された。

問５　下線部①に関連して、2023年、福島第一原子力発電所にたまる処理水の海洋放出する計画が国際基準に合致しているとする報告書をある国際機関が公表した。この国際機関の名称をアルファベット４字で答えなさい。

問６　ＡさんからＤさんの発表を聞いたＥさんが、日本の歴史における、都(政治の中心・首都)を置いた場所の特徴について以下のように考察した。空欄［　Ｘ　］には15字程度で、［　Ｙ　］には25字程度の短文を入れて、文章を完成させなさい。

【Ｅさんの考察】

> 鎌倉時代以降に置かれた政治の中心地には、地形的な特徴を受け、［　Ｘ　］ということから、多くの人口をかかえていました。そのことで、常に［　Ｙ　］という歴史的な問題点を抱え続けています。

[3] 以下の文章は「首都移転」に関連した３人の生徒の<会話文>である。この<会話文>を読んで、問１、問２に答えなさい。

<会話文>

サラさん：「首都移転」という言葉を聞くけど、実際に東京に住んでいる私たちは、いまいちイメージができないよね。何か問題があるのかな。

カイさん：インドネシアが2024年に首都を移転するというニュースをやっていたよ。日本と同じ問題をかかえているのではないかな。

エマさん：これまでに首都を移転した国ってあるのかな。

サラさん：よし、みんなで調べてみようか。
例えばカザフスタンは2023年に首都の名前をアスタナに戻したみたいだね。

カイさん：1960年にブラジルがリオデジャネイロからブラジリアに首都を移しているね。

エマさん：マレーシアも1999年に首都機能の一部をクアラルンプールからプトラジャヤというところに移したみたいだよ。エジプトも今後、カイロから首都の移転を検討しているみたい。

サラさん：それらの国の首都はどんな問題をかかえていたのか、先生とChat GPTで調べてみよう。
【以下Chat GPTによる答え】

> 首都移転は歴史的な背景や政治的な要因、地理的な理由などに基づいて行われることがあります。以下は、首都移転の主な理由のいくつかです。
>
> 1　**地政学的な要因**：
> - **中央集権化**：国土の中央に首都を配置することで、国内の統治が均等に行われ、地方の発展を促(そく)進するため。
> - **安全性**：既(き)存の首都が国境に近いなどの理由から、安全性の向上を図るため。
>
> 2　**経済的な要因**：
> - **新都市の経済発展**：新しい首都を建設し、それに伴(ともな)って新しい都市が発展することで、経済を活性化するため。
>
> 3　**政治的な要因**：
> - **中立性の確保**：既存の首都がある地域に政治的な影響(えいきょう)が強い場合、中立な場所に首都を移転することで政治の中立性を保つため。
> - **歴史的・文化的な象徴**：新しい首都が国家の歴史や文化において重要な場所である場合、それが国家のアイデンティティを強化するため。
>
> 4　**人口の集中分散**：
> - **過密都市の緩和**：既存の首都が人口密度が高く、インフラが追いつかない場合、新しい首都建設によって人口を分散し、都市の過密を緩(かん)和するため。
>
> 5　**地理的な要因**：
> - **自然災害のリスク回避(ひ)**：既存の首都が地震や洪水などの自然災害のリスクが高い場所にある場合、それを回避するため。

カイさん：インドネシアの現首都ジャカルタは過密化が指摘されているから、「人口の集中分散」が第一の要因じゃないかな。ブラジルやエジプトも同じだと思う。

エマさん：それは日本にも当てはまる問題だよね。日本も東京から首都移転するならどこがいいのかな。これまでに検討された場所を調べてみよう。

サラさん：栃木・福島地域、岐阜・愛知地域、三重・畿央(きおう)地域がこれまでに検討されているみたいだね。①そもそも首都に求められる条件って何だろう。

カイさん：資料をもとに考えると、僕は［　X　］と［　Y　］が必要な条件だと思うよ。

エマさん：資料から、②首都移転するならどこが良いのか考えてみよう。

問１　下線部①に関連して、本文と資料１～６をもとに、文中の［　X　］と［　Y　］に当てはまるように、あなたが考える「首都に求められる条件」をそれぞれ述べなさい。

問２　下線部②に関連して、あなたが首都移転するのにふさわしいと思う地域を本文と資料１～６をもとに考え、以下の首都移転先候補地Ａ～Ｃから１つ選び、その理由を地域の特性をふまえながら、具体的な例を入れて２つ述べなさい。

首都移転先候補地：Ａ　栃木・福島地域　　Ｂ　岐阜・愛知地域　　Ｃ　三重・畿央地域

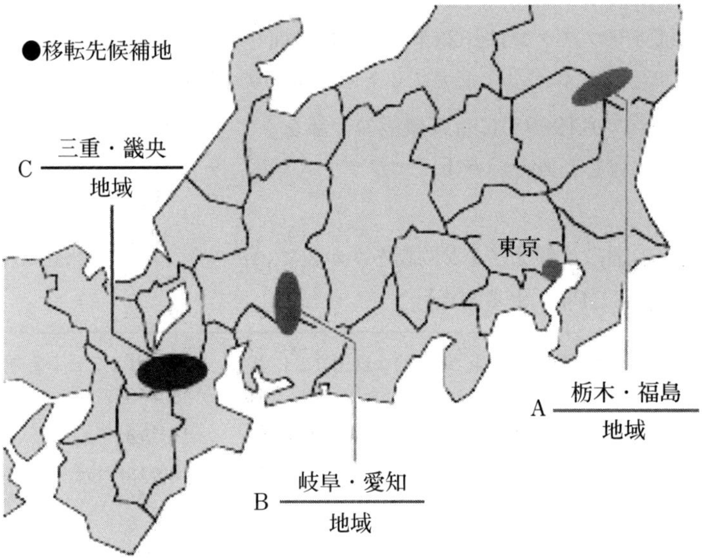

資料１

資料２　年間利用者数上位10位の日本の空港(2018年度)

順位	空港	旅客数(人)	
		年間	日平均
1	東京国際(羽田)	69,449,108	190,272
2	成田国際	33,125,275	90,755
3	福岡	19,292,027	52,855
4	新千歳	18,944,149	51,902
5	関西国際	17,973,549	49,243
6	那覇	16,205,191	44,398
7	大阪国際(伊丹)	14,101,239	38,634
8	中部国際(セントレア)	9,716,554	26,621
9	鹿児島	5,112,597	14,008
10	仙台(仙台国際)	3,164,615	8,671

資料３

今後30年間に大地震(震度6弱以上)が起きる確率

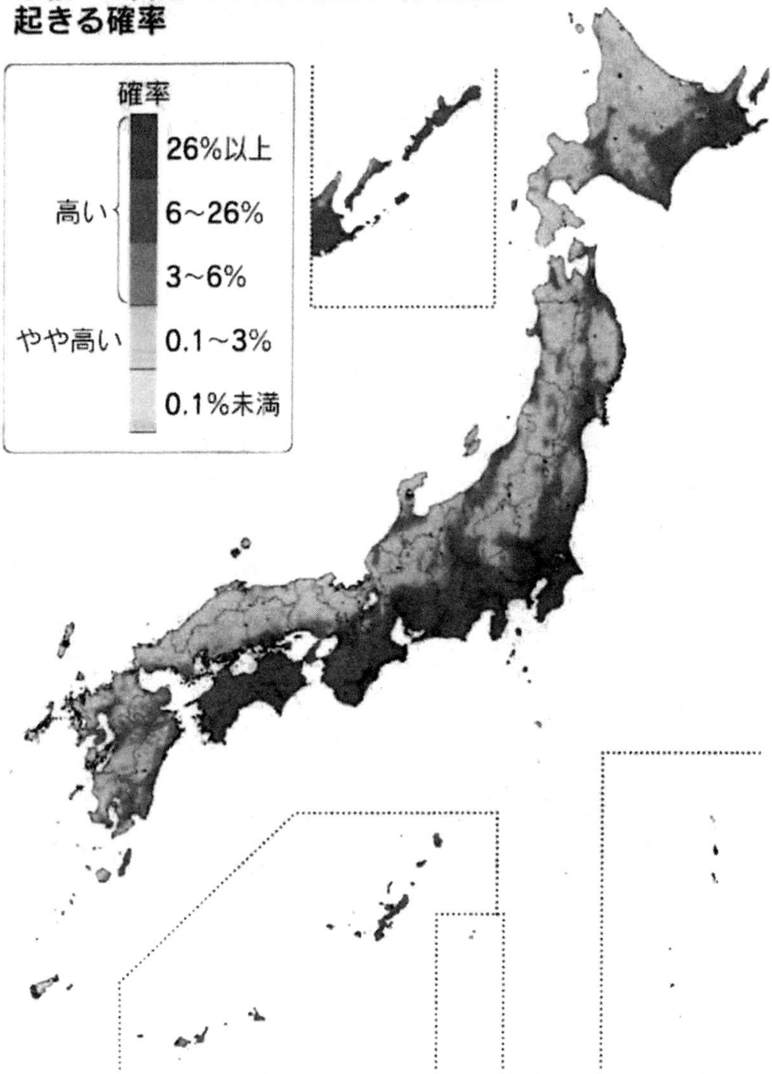

※「全国地震動予測地図2022年版」(地震調査研究推進本部)

資料４　北ヨーロッパの首都の先進的な取り組み

コペンハーゲン(デンマークの首都)では、幅の広い自転車通行帯が設けられ、市民の55%が自転車で通勤・通学している。

オスロ(ノルウェーの首都)では、2018年に市の中心部の駐車場を廃止し、車のない街づくりを目指している。

資料５　歴史的建造物を生かしたマレ地区(パリ　フランスの首都)

フランス革命前の建物や石畳を保全しながら利用することによって、マレ地区では古くからの景観を活かした再開発が行われた。

資料６　イギリスのザ・エコノミスト・インテリジェンス・ユニット(EIU)が発表する2021年の『Safe Cities Index』(世界安全都市・カテゴリー別ランキング)

サイバーセキュリティ

順位	都市名
1	シドニー
2	シンガポール
3	コペンハーゲン
4	ロサンゼルス
5	サンフランシスコ

医療・健康環境の安全性

順位	都市名
1	東京
2	シンガポール
3	香港
4	メルボルン
5	大阪

インフラの安全性

順位	都市名
1	香港
2	シンガポール
3	コペンハーゲン
4	トロント
5	東京

個人の安全性

順位	都市名
1	コペンハーゲン
2	アムステルダム
3	フランクフルト
4	ストックホルム
5	ブリュッセル

環境の安全性

順位	都市名
1	ウェリントン
2	トロント
3	ワシントンD.C.
4	ボゴタ
5	ミラノ

※

日本の都市
北ヨーロッパの都市

を示している。

Safe Cities Index 2021 より作成

茗溪学園中学校(第２回)

―30分―

【注意】 漢字で答えられるところはできるだけ漢字を使いなさい。

(編集部注：実際の入試問題では、写真や図版の一部はカラー印刷で出題されました。)

1　赤城(あかぎ)さんと榛名(はるな)さんと先生の会話文を読み、図表を見て、あとの問に答えなさい。

【会話文】

赤城：お正月用に大びんのビールを買うからついてきてと親に言われ、スーパーへ行ったよ。重くて大変だったわ。

榛名：大びん１本の内容量は633mL(約600ｇ)なのに、びんに詰めると総重量が1.25kgになると母が言っていたわ。それは大変だったね。

赤城：空びんをスーパーへ返す時、また運ぶかと思うとうんざりするわ。

榛名：びんは業者が回収して①リユースするのよね。ところで先生、先日学んだ工業について思い出しながら〈表１〉にまとめ、ビール工場がどこに位置するかを考えてみました。ビールは製品が重い割に値段が安いし、業者は製品を運んだり、びんを回収したりする費用をなるべくかけたくないだろうから、工場は(　１　)近くに多いと思いますが、どうでしょうか。

先生：榛名さんの言うとおり、大手ビールメーカーの工場は(　１　)近くに位置することが多いです。現在の世界では、原則的に原料よりも製品の方が重ければ(　１　)近くに、原料の方が製品よりも重ければ(　２　)近くに工場を置くのが合理的だからです。

赤城：それでは、ビールの原料と製品の重さがどんな関係になっているか調べてみよう〈表２〉。あれ、原料が製品より重いのに、工場は〈図１〉をみると(　１　)近くに位置しているわ。これはどういうことなのかしら。

先生：〈表２〉をよく見てごらん。原料に水がふくまれているでしょう。

赤城：あ、そうか(　Ａ　)から、水の重さは考えに入れなくてよい、ということなのね。なるほど、おもしろいわ。

榛名：先生、赤城さんといっしょに〈表３〉・〈表４〉もまとめました。また、主なセメント工場と鉄鋼工場の分布を②〈図２〉に示しました。〈表３〉をみると、原料よりも製品の方が軽いことはセメントも鉄鋼も共通しているのに、鉄鋼工場は(　２　)近くというよりは、(　３　)に位置しています。セメント工場と鉄鋼工場でこのようなちがいがあらわれるのは(　Ｂ　)からですね。

先生：そのとおりです。工業の学習を通じて、地形や気候や水をどう得るかなどの自然の条件と、生産や消費などの人の営みが関わり合ってどんなことが起きるのかを論理的に考えたり、法則性を見つけたりする地理の面白さを分かってもらえたでしょうか。中学でも地理を楽しんでくださいね。

〈表１〉工業のまとめ

工業の種類	工業の大まかな説明
ビール工業	大麦、ホップを主な原料として、アルコール飲料のビールをつくる。
セメント工業	石灰石やねん土などをかまで焼き、セメントをつくる。
鉄鋼業	鉄鉱石と石炭、石灰石をこうろに入れ、高温で熱し鉄を取り出したり(製鉄業)、取り出した鉄を加工して鉄鋼をつくったりする。

〈表２〉大びんのビールを生産するのに必要な主な原料

製品	主な原料
ビール 内容量は約600ｇ	大麦(約110～120ｇ)、ホップ乾燥(かんそう)花(約１ｇ) 水３～４Ｌ

(「サントリーのホームページ」より作成)

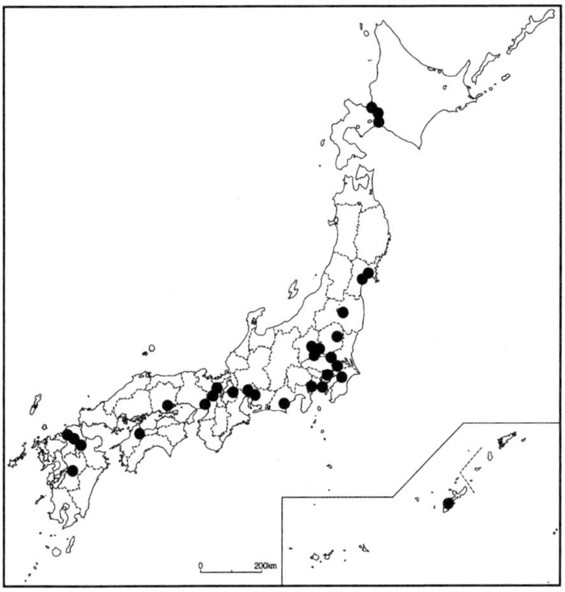

〈図１〉主なビール工場の分布

(ビールメーカー５社のホームページより作成)

〈表３〉セメントと鉄鋼を１トン生産するのに必要な主な原料

製品	主な原料
セメント(１トン)	石灰石(1.1トン)、ねん土(0.2トン)
鉄鋼(１トン)	鉄鉱石(1.5トン)、石炭(0.8トン)、石灰石(0.2トン)

(「セメント協会」および「日本鉄鋼連盟」のホームページより作成)

〈表４〉主な工業原料の自給率

原料	石炭	石灰石	鉄鉱石
自給率(統計年)	0.4％(2019)	100％(2020)	０％(2017)

(『日本国勢図会2022/23』および「セメント協会」のホームページより作成)

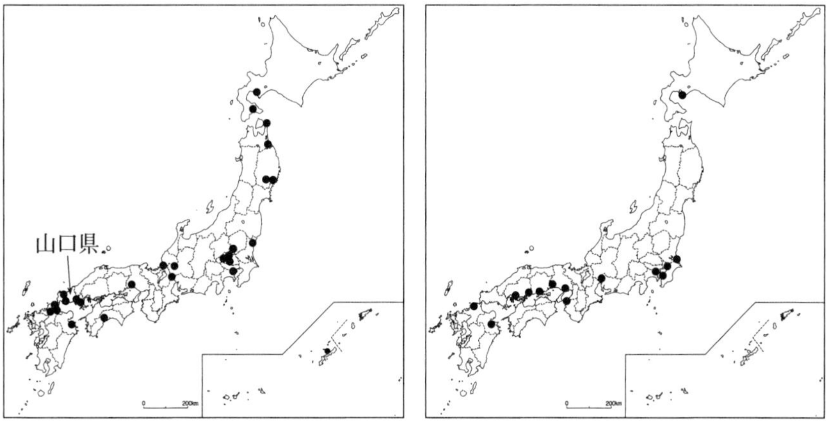

セメント工場　　　　　　　　　　　　鉄鋼工場

〈図２〉 主な工業の工場分布

(『日本国勢図会2022/23』より作成)

問１　下線①「リユース」とは再使用という意味の英語で、一度利用した製品をそのままの形で、または製品の部品をそのまま再使用することを指します。身近なリユースの例をびん以外で１つ挙げなさい。

問２　（ １ ）〜（ ３ ）にあてはまる語句を、次のア〜ウからそれぞれ選び、記号で答えなさい。

ア　沿岸　　イ　原料の産地　　ウ　消費地

問３　〈表２〉をみて、（ Ａ ）に当てはまる赤城さんの導き出した答えを文章で答えなさい。

問４　下線②「〈図２〉」中の山口県内のセメント工場付近の地形図を〈図３〉に示しました。また〈図４〉は、〈図３〉と同じ場所を地理院地図の航空写真で示したものです。〈図４〉を参考にして、〈図３〉中の①と②の高低差として最もふさわしいものを、次のア〜エの中から１つ選び、記号で答えなさい。

ア　30ｍ　　イ　80ｍ　　ウ　130ｍ　　エ　180ｍ

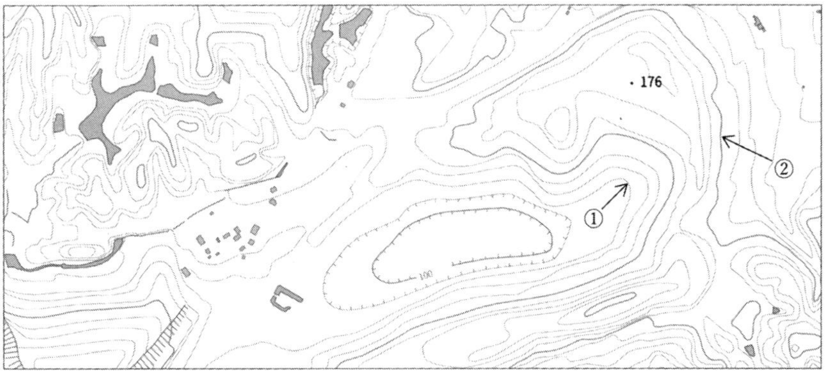

〈図３〉

(国土地理院「地理院地図 Vector」により作成)

〈図４〉
(国土地理院「地理院地図 航空写真」より作成)

問５　会話文中の空らん（ Ｂ ）には、〈図２〉のようにセメント工場と鉄鋼工場の位置にちがいが生じる理由が入ります。〈表３〉と〈表４〉をみて、（ Ｂ ）に当てはまる理由を、それぞれの製品の原料を対比させながら文章で答えなさい。

2　次の文章と資料を読んで、あとの問に答えなさい。

日本で２番目に大きな湖、霞ヶ浦(かすみがうら)。茗溪学園で利用する水の供給源であるこの湖は、昔は海とつながっており、茨城県南部に住む人々にさまざまな恩恵(おんけい)をもたらしました。

霞ヶ浦の名は、1939年に霞ヶ浦海軍航空隊飛行予科練習部(予科練)という戦闘機(せんとうき)のパイロット養成学校がつくられたことで全国に知られます。設立当時、日本は（ １ ）と戦争をしており、大勢のパイロットが必要になっていました。生徒たちは霞ヶ浦の湖上で厳しい訓練を積むとともに、①授業では茗溪学園の校技とされている運動を行っていたことが、1942年に作成された絵はがきに印刷された〈図１〉や〈図２〉の写真から分かります。なお、1941年に日本がアメリカやイギリスと太平洋戦争を始めると、卒業生の多くは南方の戦場に向かいました。

〈図１〉授業風景①

〈図２〉授業風景②

(土浦市立博物館所蔵、土浦市立博物館編『町の記憶』より引用)

さて、霞ヶ浦周辺で最も大きな町といえば、土浦です。江戸時代、霞ヶ浦の港町だった土浦は②しょうゆの生産がたいへん盛んでした。にぎわう土浦には多くの情報や知識が伝わり、国学者の色川三中(いろかわみなか)や地理学者の沼尻墨僊(ぬまじりぼくせん)などの有名な学者が登場します。

鎌倉時代から戦国時代にかけて霞ヶ浦の北部を支配したのは、③小田氏です。小田氏の先祖である八田知家(はったともいえ)は鎌倉幕府から筑波山の近くに領地を認められ、その子孫は筑波山のふもとに小田城をつくりました。小田氏は霞ヶ浦沿岸に住む船乗りや商人から税を取ることで豊かになり、商人に頼んで豪華(ごうか)で珍(めずら)しい品物を手に入れ、それを使って周囲の武士をもてなしていたと考えられています。しかし戦国時代の終わりごろ、上杉謙信や佐竹義重に攻められ、小田城を失います。

武士が登場する以前も、霞ヶ浦周辺はとても栄えていました。その証拠に、霞ヶ浦の周囲には、1500年ほど前につくられた（　２　）と呼ばれる王や豪族の墓があります。（　２　）のなかでも大きいものは全長100ｍをこえ、前方が四角、後方は丸い形をしています。また、縄文時代につくられた貝塚が数多く残っており、霞ヶ浦のほとりにある④広畑貝塚や、霞ヶ浦近くの台地上にある上高津貝塚は、国の史跡に指定されています。

問１　（　１　）に入る国名を答えなさい。

問２　下線①について、〈図１〉と〈図２〉から読み取れることとして**適当でないもの**を、次のア～エの中から１つ選び、記号で答えなさい。

ア　生徒たちは授業のなかで、日本の伝統文化や礼儀作法を教えられていた。

イ　戦闘機のパイロットになるには、飛行機の操縦技術を学ぶだけでは不十分だった。

ウ　学校には、生徒が身体をきたえるための設備や道具があった。

エ　戦争が始まると、生徒が敵国の文化や伝統にふれることは禁止された。

問３　下線②について、江戸時代に土浦でしょうゆの生産が盛んになった理由を、〈図３〉と**《江戸時代におけるしょうゆの情報》**を参考にしながら、自然の条件と人の営みに注目して、説明しなさい。

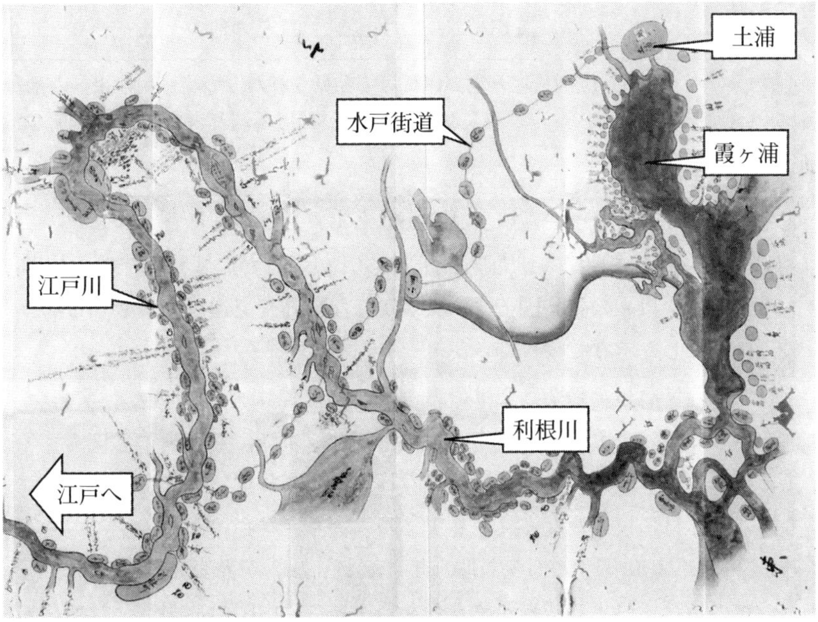

〈図３〉江戸時代の地図

(国文学研究資料館所蔵、土浦市立博物館編『土浦城』より引用)

《江戸時代におけるしょうゆの情報》

・土浦の近くの村では、小麦や大豆がたくさん生産されていた。
・しょうゆを入れた樽は、大きくて重かった。
・江戸の町では、人口が増加したために多くのしょうゆが必要になっていた。

問４　下線③「小田氏」について、霞ヶ浦の周辺で発掘されたもののうち、**小田氏と関係がないもの**を、次のア～エの中から１つ選び、記号で答えなさい。

ア　つぼに入っていて、約100枚ごとにひもでしばられた1,000枚以上の銅銭

イ　平城京跡で発見されたものと同じ形をした、帯につける銅製の金具

ウ　焼けこげた城のかべの土や、なまりや銅でつくられたとみられる鉄砲の玉

エ　中国大陸でつくられた、緑色や白色の高級な茶わんやつぼ

問５　(　２　)に入る語句を答えなさい。

問６　下線④「広畑貝塚」について、〈図４〉をみると、広畑貝塚と上高津貝塚で発見された塩づくり用の土器の割合には大きなちがいがあることがわかります。広畑貝塚をつくった縄文時代の人びとは、食生活などの暮らしをどのように成り立たせていたと考えられますか。〈図４〉をもとに、あなたの考えを書きなさい。

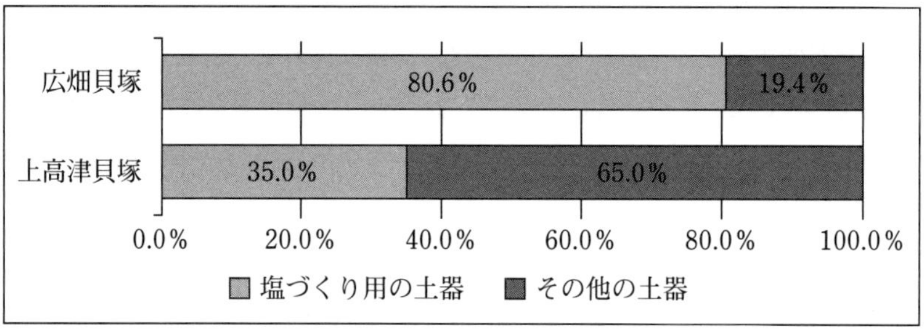

〈図４〉広畑貝塚と上高津貝塚で発見された塩づくり用の土器の割合

(茨城県立歴史館編『霞ヶ浦と太平洋のめぐみ』より作成)

③　次の先生と溪太さんと茗子さんの会話文を読んで、あとの問に答えなさい。

先生：①Ｇ７サミット(主要７カ国首脳会議)が(　１　)で行われていますね。日本は2016年の伊勢志摩サミット以来の議長国です。大がかりな警備や交通規制が必要となるため、周辺の学校は休校にしたそうです。

溪太：学校が休みになったの？(　１　)の人たち、いいなぁ。

茗子：何を言ってるの。その期間にするはずだった授業は、ゴールデンウィークのうちに済ませてあるから、ひと月のなかで登校する日数は変わらないのよ。

溪太：なんだ。休日に授業だなんて、(　１　)の人たち、かわいそう。

先生：昨日、「核軍縮に関するＧ７首脳(　１　)ビジョン」が発表されましたね。

溪太：ロシアの核兵器による威嚇が許されないことや、中国の透明性と対話を欠いたままの核戦力の増強が世界にとっての懸念であることが、確認されたよね。「核のない世界」という究極の目標も示したし、これは大きな成果だと思うよ。

茗子：でも、ＮＰＴ(核拡散防止条約)を基本とするとあったわ。これは(　２　)ってことだし、核を持つことで核をおさえ込むという考えを前提にしていて、核廃絶からはほど遠いものだわ。ＮＰＴよりも②核兵器禁止条約の方が大事だと思うわ。

溪太：でも、いきなり核兵器を全廃することなんて不可能なんだから、現時点では大きな方向性を打ち出せたことを、高く評価すべきだと思うよ。

茗子：そんな、あまいことを言っててどうするの。それに、ロシアや中国への懸念ばかり言うのはずるいと思うわ。本気で核廃絶を目指すなら、自分たちが保有する核兵器をどのように

なくしていくかの道筋を示すべきなんじゃないの。

先生：なかなか難しいところですね。ウクライナのゼレンスキー大統領が電撃的（でんげきてき）に対面参加したことは、どのようにとらえますか。

茗子：被爆（ひばく）の実相を知り、人類が核を二度と使わないことを誓（ちか）うべき、平和の祈（いの）りの地である（　１　）を、主要国に「武器を供与（きょうよ）してくれ」と軍事支援を要請（ようせい）する交渉（こうしょう）の場にしてしまったことは、とても残念だわ。

溪太：でも、実際に国が侵攻（しんこう）を受けている状況（じょうきょう）で、自国の安全のために軍事的な支援（しえん）を得ようとすることは、国のトップとして当然の姿勢だと思うな。

先生：ゼレンスキー大統領が来日したもうひとつの目的として、グローバル・サウスと呼ばれる国々から支持を取り付けることがありました。しかし、これらの国々は必ずしもＧ７と共通した価値観を持っているわけではありません。

茗子：共通した価値観というのは、③自由が守られて一人一人が大事にされるべきだということや、④独裁者が自分勝手に政治を行うのではなく、みんなで物事を決める国であるべきだということや、⑤軍事力を使ったり、軍事力でおどしたりして、他国をどうにかしようとしてはいけないということですよね。これらは日本も大切にしてきた価値観だわ。

溪太：そう。要するに「自由」や「民主主義」や「法の支配」が大事で、「力による現状変更（へんこう）」はダメだってことね。これらは人類の普遍的（ふへんてき）な価値観といわれてるよ。

茗子：普遍的って、「あらゆる場所・文化で共通してあてはまる」って意味なのに、この価値観を受け入れられない国が多すぎるわ。

先生：確かに。そういう国々はロシアのウクライナ侵攻に（　３　）ことが多いです。普遍的な価値観を示してＧ７が結束する、というのは、実はＧ７とそれ以外の国々との分断を際立たせることになるのかもしれません。

問１　この会話はいつのものだと考えられますか。年（西暦（せいれき））と月を答えなさい。

問２　（　１　）に入る地名を答えなさい。

問３　（　２　）・（　３　）に入る文章として最も適当なものを、次のア～カの中からそれぞれ１つずつ選び、記号で答えなさい。

ア　核兵器をすでに持っている国は持ち続ける

イ　原子力発電のためであっても核物質の保有を禁じる

ウ　核兵器の開発・実験・生産・移転・保有・使用などを全面的に禁じる

エ　賛成していて、強い国が弱い国を植民地にしていた時代をなつかしむ

オ　批判の声をあげず、ロシアへの経済制裁に参加しない

カ　反対していて、ウクライナを守るための軍事支援を積極的に行っている

問４　下線①「Ｇ７」の説明として最も適当なものを、次のア～エの中から１つ選び、記号で答えなさい。

ア　日本を除くすべての国が第二次世界大戦の戦勝国である。

イ　日本を除くすべての国が核兵器を保有している。

ウ　ロシアを含めてＧ８と呼ばれていた時期があるが、2014年にロシアがウクライナの一部を一方的に併合（へいごう）したことでロシアは参加資格を停止され、Ｇ７となった。

エ　中国を含めてＧ８と呼ばれていた時期があるが、2020年に中国が香港を一方的に併合したことで中国は参加資格を停止され、Ｇ７となった。

問５　下線②「核兵器禁止条約」についての説明として**適当でないもの**を、次のア～エの中から１つ選び、記号で答えなさい。

ア　アメリカなどの核保有国は署名していない。

イ　日本は核保有国ではないので署名している。

ウ　2017年に国連で採択され、多くの国が批准(ひじゅん)して2021年に発効した。

エ　採択(さいたく)に貢献(こうけん)したＮＧＯ(非政府組織)はノーベル平和賞を受賞した。

問６　下線③～⑤の内容は日本国憲法の三つの基本原理と全く同じではないものの、重なる部分があります。下線③～⑤に最も関係の深いものをそれぞれ答えなさい。

問７　溪太さんと茗子さんの核廃絶に向けた考え方のちがいを説明した、次の文章の空らんに入る適当な人名の組み合わせを、あとのア～エの中から１つ選び、記号で答えなさい。

> Ｇ７の行動について、【 １ 】は賛同しているのに対して、【 ２ 】は不十分だという厳しい意見を持っています。【 ３ 】は一歩ずつ着実に進めていくべきという現実的な考えで、Ｇ７と価値観を共有する国が当面の間、核兵器を持つことはやむを得ないととらえています。それに対して、【 ４ 】の理想は高く、一刻も早く完全な核廃絶を実現すべきだと考え、どんな国であっても核兵器を持つことは許されるべきではない、という思いを持っています。

ア　【 １ 】と【 ３ 】が「溪太さん」で、【 ２ 】と【 ４ 】が「茗子さん」

イ　【 １ 】と【 ４ 】が「溪太さん」で、【 ２ 】と【 ３ 】が「茗子さん」

ウ　【 ２ 】と【 ３ 】が「溪太さん」で、【 １ 】と【 ４ 】が「茗子さん」

エ　【 ２ 】と【 ４ 】が「溪太さん」で、【 １ 】と【 ３ 】が「茗子さん」

問８　あなたは核廃絶について溪太さんと茗子さんの考えのどちらに賛成しますか。まず、どちらの考えに賛成かを提示し、そのあとに理由を述べなさい。あなたが、２人とまったく異なる考えを持っている場合は、まず２人の考えを否定してから、そのあとになぜ否定するのか、理由を述べなさい。

明治大学付属八王子中学校(第１回)

―30分―

1　太郎君がお父さんと家族旅行の計画を立てています。次の会話文を読んで、各設問に答えなさい。

太郎：お父さん、この夏の旅行はどこに連れて行ってくれるの。

父：太郎も中学１年生になったのだから、自分の行きたい旅行先を選んで、そこに着くまでの道順や交通手段を考えてみてはどうかな。

太郎：新幹線を使うのもいいけど、自動車であちこちめぐりながら行くのもいいね。

父：例えば京都に行くのならどうやって行こうか。

太郎：歩くわけではないけど、①弥次さんと喜多さんみたいに東海道を通って行くのもいいし、深谷や軽井沢を通って「六十九次」といわれた(Ｘ)で行くのもいいね。

父：昔の東海道を行くと時間がかかるから、東名高速道路で行こう。世田谷区から始まるから、そこからどう進むか地図を使って調べてみよう。

太郎：東海道だと海沿いに進むイメージがあるけど、東名高速道路を使うと海沿いの茅ヶ崎や大磯あたりは通らないんだね。

父：大磯といえば②伊藤博文や吉田茂が住んでいたことがあったな。

太郎：地図を見ると、厚木から御殿場へと③小田原の北を進んで、そのあとは富士山の南側を通っていくことになるね。

父：そのまま海沿いを通って進み、三保の松原の近くを過ぎると④登呂遺跡のすぐ近くを通るね。

太郎：あとは焼津、掛川、浜松と進んで、それらを過ぎると愛知県だ。

父：東名高速道路は愛知県の小牧までで、その先は名神高速道路になるんだよ。

太郎：その先で⑤関ヶ原を通るね。合戦で有名だけど、実際にどんな所か行ってみたいな。

父：そこを過ぎると琵琶湖の東側を南に向かって進むことになるね。彦根城の近くや安土の南側も通るね。そのあとは大津を通って京都の三条大橋まで、東海道と(Ｘ)が同じ道になるんだよ。

太郎：東海道は海沿いだからそう呼ばれたのだけど、いつからそう呼ばれたのかな。

父：古い話になるけど、⑥ヤマト王権が支配を進めていくなかで、⑦奈良や京都のあたりを五畿として、それ以外の日本を大きく７つの地域に分けたんだ。それで今の近畿地方から関東地方の太平洋側が東海道と名付けられたんだよ。

太郎：ほかの地域の呼び名はどうなの。

父：(Ｘ)が通っている本州の中央部が東山道、日本海側が北陸道と呼ばれたんだ。五畿から西の日本海側が山陰道、瀬戸内海側が山陽道、紀伊半島から四国の地域が南海道、九州が西海道と呼ばれたんだよ。

太郎：そのころから山陰とか山陽という呼び名があったんだね。北海道はないのかな。

父：北海道は明治時代になってからそう呼ばれるようになったんだ。

太郎：そうだったね。それまでは蝦夷地だったね。⑧アイヌ民族が住んでいて、北海道の開発が進んだのは明治時代になってからだったよね。
父：逆に西海道と呼ばれた九州は、古くから歴史に登場しているね。⑨中国や朝鮮半島に近いこともあって、当時からその地域の国々との交流もあったし、戦いもあったよね。
太郎：京都までではなく、九州へも自動車で行ってみたいな。
父：だれが運転するのか、ガソリン代がいくらになるのか、よく考えてから言ってね。

問１　文中の（ Ｘ ）に当てはまる語句として適切なものを、**漢字**で答えなさい。

問２　下線部①について、この人物たちは江戸時代に書かれた『東海道中膝栗毛』の登場人物です。この話が書かれた時期に最も近い出来事を、次の中から１つ選んで記号で答えなさい。

ア　桜田門外の変　　イ　寛政異学の禁　　ウ　大坂の役　　エ　上げ米の制

問３　下線部②について、この２人の人物のおこなったことを述べた文として**誤っているもの**を、次の中から１つ選んで記号で答えなさい。

ア　サンフランシスコ平和条約に調印した。
イ　朝鮮総督府の初代総督を務め、朝鮮の植民地化を進めた。
ウ　ヨーロッパに渡(わた)って憲法の研究をおこない、プロイセンの憲法をモデルとして日本の憲法の作成にかかわった。
エ　日清戦争後に下関条約の調印にかかわった。

問４　下線部③について、この町の歴史的な特徴(とくちょう)について述べた文として正しいものを、次の中から１つ選んで記号で答えなさい。

ア　平安時代に駿河の国府と国分寺がおかれ、定期市が開かれたことから商業都市として発展した。
イ　鎌倉時代に宋との貿易をおこなうための港町として、まちづくりが進められた。
ウ　戦国時代に後北条氏の城下町として栄えた。
エ　江戸時代に臨済宗建長寺の門前町として栄えた。

問５　下線部④について述べた文として正しいものを、次の中から１つ選んで記号で答えなさい。

ア　縄文時代の遺跡で、大型の竪穴住居や６本の巨木を柱とする建物の跡(あと)が発見された。
イ　大規模な環濠集落があることで知られ、日本で初めて漢字が刻まれた銅鏡が発見された。
ウ　大量の銅剣が発見され、この地域を支配する有力な豪族がいたことが確認(かくにん)された。
エ　弥生時代後期の遺跡で、水田の跡が初めて発掘(はっくつ)されたことで、日本の稲作文化の存在が証明された。

問６　下線部⑤について、関ヶ原の戦い後にみられた次の出来事について、古いものから順番に正しく並べかえたものを、あとの中から１つ選んで記号で答えなさい。

Ａ：江戸幕府が全国に向けてキリスト教の禁教令を出した。

Ｂ：徳川家康が、将軍の位を子の秀忠にゆずった。

Ｃ：江戸幕府が最初の武家諸法度を出した。

ア	Ａ→Ｂ→Ｃ	イ	Ａ→Ｃ→Ｂ	ウ	Ｂ→Ａ→Ｃ
エ	Ｂ→Ｃ→Ａ	オ	Ｃ→Ａ→Ｂ	カ	Ｃ→Ｂ→Ａ

問７　下線部⑥について述べた文として正しいものを、次の中から１つ選んで記号で答えなさい。

ア　中大兄皇子は、白村江の戦いの後に都を近江の大津に移した。

イ　高句麗と手を結ぶことで、鉄資源や土器の生産技術などを手に入れた。

ウ　百済の王が厩戸王(聖徳太子)に仏像などを送り、日本に仏教が伝わった。

エ　ヤマト王権で大きな勢力をもつ蘇我氏と、中国地方の有力豪族である物部氏とが対立して武力衝突が発生した。

問８　下線部⑦について述べた文として正しいものを、次の中から１つ選んで記号で答えなさい。

ア　近年、４世紀の古墳とされる富雄丸山古墳から蛇行剣や盾形の鏡が発見された。

イ　この地域にある仁徳天皇陵古墳(大仙古墳)は、日本最大の古墳として知られている。

ウ　この地域にある東大寺は織田信長によって焼き討ちにあった。

エ　聖武天皇はこの地に平城京を建設した。

問９　下線部⑧について述べた文として**誤っているもの**を、次の中から１つ選んで記号で答えなさい。

ア　江戸時代にはアイヌ民族の族長であるシャクシャインが反乱を起こした。

イ　明治時代に制定された北海道旧土人保護法に代わって、20世紀末にアイヌ文化振興法が制定された。

ウ　江戸時代には蝦夷地の開発のため幕府により屯田兵が派遣された。

エ　明治時代には札幌農学校が設立され、初代教頭としてクラークが就任した。

問10　下線部⑨について述べた文として**誤っているもの**を、次の中から１つ選んで記号で答えなさい。

ア　九州北部から「漢委奴国王」と刻まれた金印が発見された。

イ　13世紀後半に元寇があったため、その後警備のために防人が設置された。

ウ　外交や軍事をおこなうための役所として大宰府が設置された。

エ　朝鮮出兵の際、豊臣秀吉は肥前に名護屋城を築いた。

２　日本の観光について、次の各設問に答えなさい。

問１　次のグラフのア・イは、訪日外国人旅行者数と日本人の海外旅行者数の推移を表しています。訪日外国人旅行者数を表しているものを選んで記号で答えなさい。

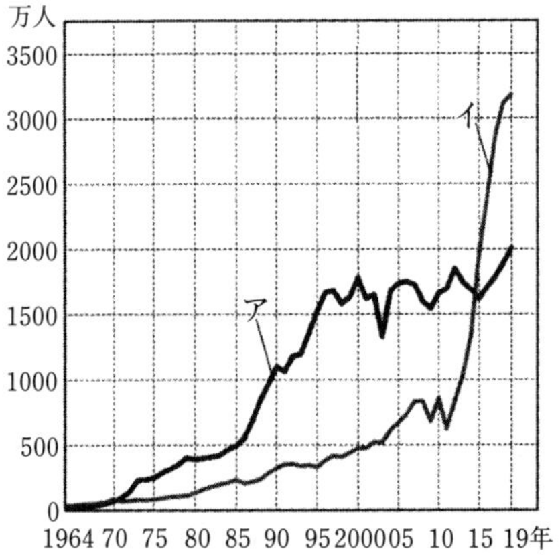

〔日本政府観光局(JNTO)資料〕

問２　現在、日本政府は「観光立国」の実現を目指しています。そのため、2008年に日本の魅力を海外へ発信し、国際的にも魅力ある観光地をつくるために観光庁が発足しました。この観光庁はどこの省に属しているか、**漢字**で答えなさい。

問３　観光立国になるための取り組みの１つとして、2016年から国土地理院が外国人向けの新しい地図記号を16種類制定し、増加する外国人観光客への対応を進めています。次の①〜④の外国人向けの地図記号について、①・②**は表しているものの名称**を③・④**は従来から国内で使われている地図記号**を、それぞれ答えなさい。

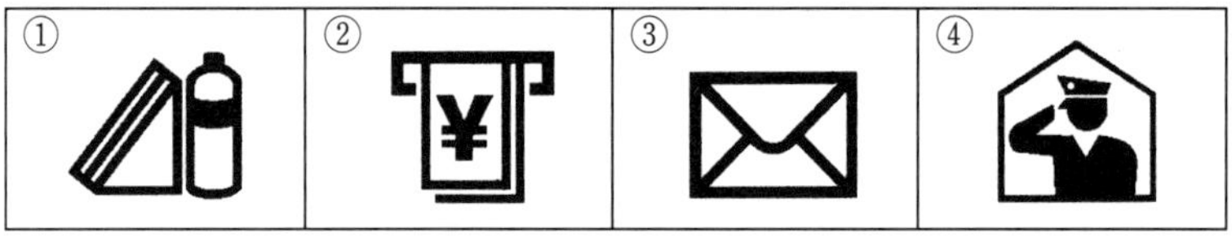

問４　メイハチ中学校の社会の授業で、外国人観光客を日本に呼びこむために「私のオススメする日本」をテーマに日本の特色について紹介する企画を考えることになりました。
　次の会話文を読んで、各設問に答えなさい。

Mさん：外国人観光客って日本のどんなところに魅力を感じているのかなぁ。日本に来る目的って何だろう。
Eさん：そうね、自然環境とかかなぁ。実際、①世界自然遺産などでは手つかずの大自然を満喫するタイプのエコツーリズムが実施されているって聞いたよ。
Iさん：私はやっぱり食べ物だと思う！　日本の食文化って、日本人の私でも魅力的だと思うもん。②ご当地グルメは旅の醍醐味でしょ！
Mさん：うんうん。そうだね。物産展が開かれているとついつい行っちゃうよね〜。
Jさん：③お祭りも魅力的な行事だと思う。日本独自の風習だし、より日本らしさを感じられるイベントだよね。私も去年の夏に阿波おどりに参加したんだけど、とっても楽しかったよ〜。
Iさん：いいね！　日本の歴史を感じられるスポットも人気だよね。日本は④世界文化遺産もたくさんあるから、その豊かな歴史は国内外問わず魅力的だよね。
Ｊさん：そうだね。そのほかにも伝統芸能や茶道・華道・書道などの道がつく伝統文化、アニメやマンガも人気だね！
Ｍさん：うんうん。⑤着物や⑥温泉も日本ならではの文化って感じがするし…どれもオススメな日本文化だから、何を紹介するか迷っちゃう〜。

(1)　下線部①について、次の文は日本のある世界自然遺産の説明です。この世界自然遺産の名称を答えなさい。また、この世界自然遺産がある都道府県名を、あとの中から１つ選んで記号で答えなさい。両方できて正解とします。

ここは、島ができてから一度も大陸と陸続きになったことがないため、独自の進化をした多くの希少な動植物をみることができる。東洋のガラパゴスとも呼ばれ、空港がなく、ほぼ週１便の定期船でしか行くことができない。

ア　鹿児島県　　イ　沖縄県　　ウ　北海道　　エ　東京都　　オ　静岡県

(2)　下線部②について、次のＡ～Ｃはご当地グルメの説明です。これらの料理はどこの都道府県のものか、あとのア～カの都道府県の地図からそれぞれ選んで記号で答えなさい。各地図の縮尺は異なります。また、離島(りとう)については省略しているものがあります。

Ａ：「じゃーんじゃん」「それ、どんどん」のかけ声とともに、給仕さんがお椀(わん)に一口分のそばを次々と投げ入れ、食べた椀数を競(きそ)う名物そば料理
Ｂ：生やフライ、土手なべなど、この地域が収穫(しゅうかく)量１位をほこる「海のミルク」と呼ばれる二枚貝でつくる料理
Ｃ：塩を使わないはばが広い平打ちうどんとかぼちゃなどの野菜を、みそ仕立てのだしで煮込んだめん料理

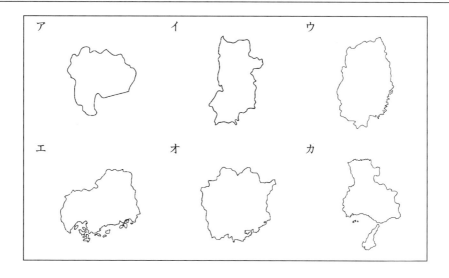

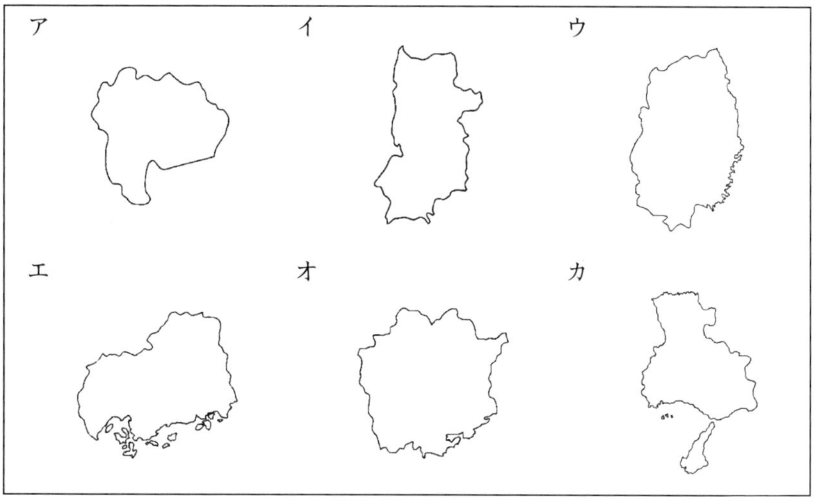

(3)　下線部③について、日本では古くから米作り中心の社会が長く続いてきました。そのため、春・夏は豊作や病気の退散を神に祈り、秋には豊作を神に感謝するために各地で祭りが発展しました。次に示した祭りのうち、東北地方で**おこなわれていないもの**を１つ選んで記号で答えなさい。

ア　七夕まつり	イ　ＹＯＳＡＫＯＩソーラン祭り
ウ　ねぶた祭り	エ　竿燈まつり

(4)　下線部④について、現在、日本からは20件の世界文化遺産が登録されており、次のア～オはその一部です。これらの世界文化遺産を北にあるものから順番に並べかえたとき、**３番目**にくるものを記号で答えなさい。

ア　厳島神社
イ　日光の社寺
ウ　白川郷・五箇山の合掌造り集落
エ　平泉－仏国土（浄土）を表す建築・庭園及び考古学的遺跡群－
オ　姫路城

(5)　下線部⑤について、次の〔１〕・〔２〕は着物の伝統的工芸品について説明しています。〔１〕・〔２〕が説明している伝統的工芸品名として最も適切なものを、あとの中からそれぞれ選んで記号で答えなさい。

〔１〕　石川県金沢市周辺でつくられている着物で、多くの色が使われ、草花や風景など自然の美しさを表した模様が特徴です。
〔２〕　京都府京都市や宇治市などでつくられている着物で、あらかじめ染めた色とりどりの絹糸で模様を織り出す先染め織物です。

ア　西陣織　　イ　桐生織　　ウ　大島紬　　エ　上布　　オ　加賀友禅

(6)　下線部⑥について、次の〔１〕・〔２〕は、温泉が有名な都道府県を紹介したものです。文中の空欄（ あ ）・（ い ）に当てはまる語句とこの文が説明している都道府県をあとのア～カの都道府県の地図からそれぞれ選んで記号で答えなさい。それぞれ両方できて正解とします。各地図の縮尺は異なります。また、離島については省略しているものがあります。

〔１〕　ここは山がちで、鶴見岳や由布岳などの活火山があり、周辺に別府や由布院などの温泉地が発達しています。火山のエネルギーを利用した（ あ ）発電もさかんで、発電出力が日本一の（ あ ）発電所である八丁原発電所があります。
〔２〕　ここは、戦国時代に多くの武将や兵士が傷をいやすために訪（おとず）れたといわれる草津温泉があります。また、火山灰が深く積もった水はけの良い土地のため、（ い ）の栽培（さいばい）に適しており、国内生産量の約９割を占（し）めています。

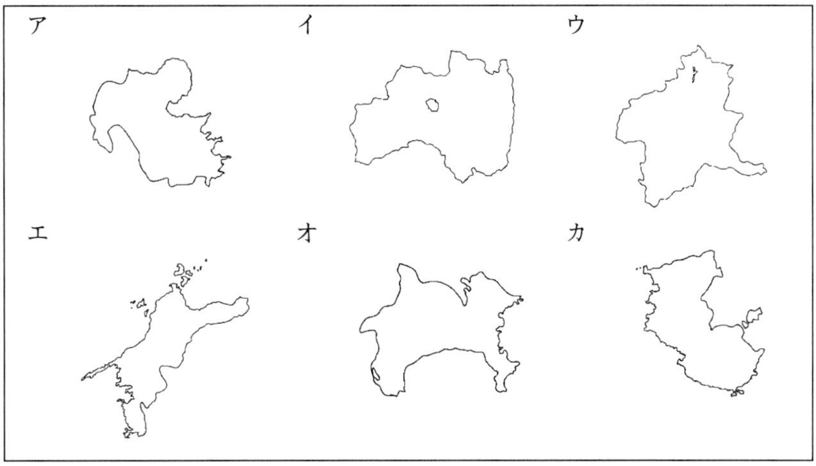

3　次の各設問に答えなさい。

問１　日本国憲法では国民のさまざまな権利を保障しています。憲法で保障されている権利の説明として正しいものを、次の中から１つ選んで記号で答えなさい。

ア　団結権・団体交渉権・団体行動権からなる労働三権は、経済活動の自由として保障されている。
イ　デモや集会を開いて自分たちの意見や立場を表明したり、出版物などを公開してメッセージを発信したりすることは表現の自由として保障されている。
ウ　国会議員を選挙で選ぶことや裁判を受けることは、参政権として保障されている。
エ　個人の私生活の情報を他人に公開されないプライバシーの権利は、請求権の１つとして保障されている。

問２　「働くこと」は大切な基本的人権の一部です。現代の日本では女性の社会進出をめぐってさまざまな議論が進められています。政府がおこなっている子育て支援策として**誤っているもの**を、次の中から１つ選んで記号で答えなさい。

ア　児童手当などを充実させて、経済的な支援をおこなう。
イ　保育所や保育士を増やして、保育制度を改善する。
ウ　女性も男性も育児休業を取得しやすい環境を整備する。
エ　未就学児をもつ社員の収入を増やし、また昇進を容易にするよう企業に働きかける。

問３　現在の選挙制度の中には、比例代表制という選出方法があります。比例代表制のうちドント方式とは、**各政党が獲得した票数**を÷１、÷２、÷３…と整数で割っていき、その商の大きい順に各政党に議席が配分される方法です。ある地域での比例代表制で選出される総議席数が８議席で、以下のような得票数であった場合、各政党が獲得した議席は何議席になるか、**算用数字**で答えなさい。すべてできて正解とします。

得票数	A党［3000票］	B党［1200票］	C党［900票］
÷１			
÷２			
÷３			
÷４			
÷５			

問４　日本の選挙の中で、比例代表制を用いた選挙について述べた文として正しいものを、次の中から１つ選んで記号で答えなさい。

ア　衆議院議員総選挙のみでおこなわれる。
イ　参議院議員選挙のみでおこなわれる。
ウ　衆議院議員総選挙と参議院議員選挙の両方でおこなわれる。
エ　都道府県議会議員選挙のみでおこなわれる。

問５　衆議院と参議院の議決が異なったときには衆議院の議決が優先される場合があります。その理由として正しいものを、次の中から１つ選んで記号で答えなさい。

ア　衆議院は「良識の府」といわれ、参議院よりも慎重（しんちょう）な審議（しんぎ）がなされているから。
イ　衆議院の方が参議院に比べて審議される法案の数が多いから。
ウ　衆議院には解散の制度があり、国民の意見をより強く政治に反映できるから。
エ　衆議院の方が参議院よりも長い歴史をもっているから。

問６　政治は国家だけでなく、より身近な都道府県や市区町村などの地方自治体でもおこなわれています。地方自治体がおこなう仕事として**誤っているもの**を、次の中から１つ選んで記号で答えなさい。

ア　警察や消防など、住民の安全を守る仕事をおこなう。
イ　学校や図書館などの教育・文化に関する仕事をおこなう。
ウ　神社や寺など、人々が集まる宗教的施設を建てる仕事をおこなう。
エ　生活保護や国会議員選挙についての事務など、国から頼まれた仕事をおこなう。

問７　2023年５月に先進７カ国首脳会議（Ｇ７サミット）が広島で開かれました。このＧ７サミットの成果をまとめた首脳宣言の内容として**誤っているもの**を、次の中から１つ選んで記号で答えなさい。

ア　2050年に温室効果ガスの排出量を実質ゼロにするため、各国が積極的に脱炭素化に取り組むこと。
イ　貿易の際に課されるあらゆる関税の障壁をなくし、世界全体で自由なモノ・サービスの取引を進めていくこと。
ウ　核兵器のない世界への取り組みを進めていくこと。
エ　経済のグローバル化に対応するため、新興国や発展途上国との関係を強化すること。

問８　国会議員の中から選ばれる内閣総理大臣には国会の議決を拒否する権限はありませんが、地方自治体の首長には議会の議決を拒否する権限が与えられています。その理由を、**「住民」という言葉を使って**簡単に説明しなさい。

明治大学付属明治中学校(第１回)

—40分—

1　日本の地理に関する、以下の問いに答えなさい。

1　あとの(1)～(6)について、A～Cの文を読み、正誤の組み合わせとして正しいものを、次の〈選択肢群〉ア～クの中からそれぞれ１つ選び、記号で答えなさい。なお、〈選択肢群〉中の記号は何度も使うことができます。

〈選択肢群〉

ア	A－正	B－正	C－正	イ	A－正	B－正	C－誤
ウ	A－正	B－誤	C－正	エ	A－正	B－誤	C－誤
オ	A－誤	B－正	C－正	カ	A－誤	B－正	C－誤
キ	A－誤	B－誤	C－正	ク	A－誤	B－誤	C－誤

(1)

A　四国山地は険しい山が多く、最高地点は活火山である石鎚山の標高3776ｍである

B　北海道を縦断する北見山地と日高山脈は、かつて氷河におおわれていたことから北アルプスと呼ばれる

C　紀伊半島には紀ノ川以南に紀伊山地があり、南端の潮岬は太平洋に面している

(2)

A　信濃川、利根川、淀川の流域には、いずれも２つ以上の都道府県庁所在地がある

B　阿武隈川、天竜川、熊野川は、いずれも太平洋に流れ込んでいる

C　最上川、九頭竜川、四万十川は、いずれも日本海に流れ込んでいる

(3)

A　奈良盆地と甲府盆地には都道府県庁所在地があるが、松本盆地と北上盆地には都道府県庁所在地がない

B　積丹半島、丹後半島は日本海に面しているが、男鹿半島、牡鹿半島は日本海に面していない

C　仙台平野、富山平野には新幹線の停車駅があるが、讃岐平野、宮崎平野には新幹線の停車駅がない

(4)

A　松江市は、高知市と高松市に比べて、12～２月の降水量が多く、12～２月の平均気温が低い気候となる

B　高知市は、松江市と高松市に比べて、年間降水量が多く、年平均気温が高い気候となる

C　高松市は、松江市と高知市に比べて、年間降水量が少ない気候となる

(5)

A　日本の最東端にある南鳥島は東経153度59分に位置し、春分の日における日の出の時刻は兵庫県明石市と比べて約１時間遅くなる

B　日本の最西端にある与那国島は、行政区分上、東京都小笠原村にある

C　日本の最南端にある沖ノ鳥島には気象観測所と飛行場が設置され、関係省庁の職員が常駐する

(6)

A　台風などが通過する際に海面が上昇することを高潮といい、満潮と高潮が重なると大きな災害が発生しやすい

B　津波は、沿岸の地形の影響などにより一部の波が高くなったり、沿岸付近で急激に高くなったりすることがある

C　1891年以降、日本で観測されたマグニチュード８以上の大規模地震の震源は、南海トラフに沿って集中する

2　次の表は、1909年、1955年、2008年における日本の工業生産額について、上位の産業別に都道府県順位を示しています。表中Ａ～Ｃにあてはまる都道府県の組み合わせとして正しいものを、あとのア～カの中から１つ選び、記号で答えなさい。

産業別の生産額の都道府県順位(1909年)

	染織	飲食物	化学	機械器具
1位	A	兵庫	A	C
2位	長野	A	C	A
3位	B	C	兵庫	兵庫
4位	C	福岡	B	長崎
5位	京都	神奈川	神奈川	栃木

産業別の生産額の都道府県順位(1955年)

	食料・飲料	繊維・衣服	化学	鉄鋼
1位	C	B	C	兵庫
2位	兵庫	A	A	福岡
3位	神奈川	C	神奈川	A
4位	A	三重	山口	神奈川
5位	北海道	京都	福岡	C

産業別の生産額の都道府県順位(2008年)

	輸送機械	電気機械	一般機械	食料・飲料
1位	B	B	B	静岡
2位	静岡	静岡	神奈川	北海道
3位	神奈川	三重	兵庫	B
4位	三重	兵庫	A	兵庫
5位	広島	長野	茨城	神奈川

[経済産業省2011「我が国の工業」より作成]

ア　A－東京　B－大阪　C－愛知　　イ　A－東京　B－愛知　C－大阪
ウ　A－大阪　B－東京　C－愛知　　エ　A－大阪　B－愛知　C－東京
オ　A－愛知　B－東京　C－大阪　　カ　A－愛知　B－大阪　C－東京

3　次の図は、主な農産物の農業総出荷額の推移を示しています。図中Ａ～Ｃにあてはまる農産物の組み合わせとして正しいものを、あとのア～カの中から１つ選び、記号で答えなさい。

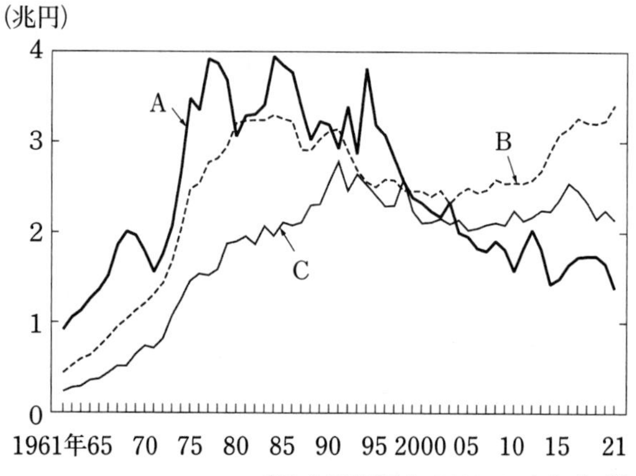

［日本国勢図会 2023/24より作成］

ア　Ａ－コメ　Ｂ－畜産　Ｃ－野菜　　イ　Ａ－コメ　Ｂ－野菜　Ｃ－畜産
ウ　Ａ－畜産　Ｂ－コメ　Ｃ－野菜　　エ　Ａ－畜産　Ｂ－野菜　Ｃ－コメ
オ　Ａ－野菜　Ｂ－コメ　Ｃ－畜産　　カ　Ａ－野菜　Ｂ－畜産　Ｃ－コメ

4　次の図は、日本の人口について、年齢区分別人口の割合の推移を示しています。図中Ａ～Ｄにあてはまる年齢区分の組み合わせとして正しいものを、あとのア～カの中から１つ選び、記号で答えなさい。ただし、各年度における年齢区分別人口の割合Ａ～Ｄの合計は100％になりません。

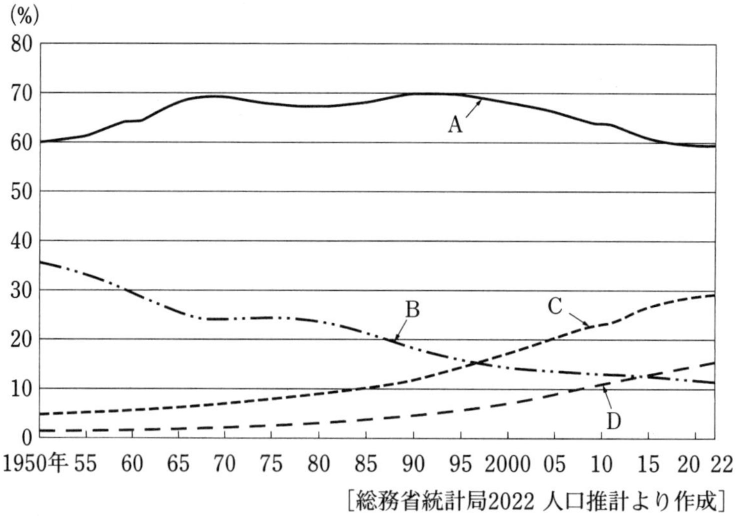

［総務省統計局2022 人口推計より作成］

ア　Ａ－15歳未満　Ｂ－75歳以上　Ｃ－15～64歳　Ｄ－65歳以上
イ　Ａ－15歳未満　Ｂ－15～64歳　Ｃ－65歳以上　Ｄ－75歳以上
ウ　Ａ－15～64歳　Ｂ－15歳未満　Ｃ－75歳以上　Ｄ－65歳以上
エ　Ａ－15～64歳　Ｂ－15歳未満　Ｃ－65歳以上　Ｄ－75歳以上
オ　Ａ－65歳以上　Ｂ－15～64歳　Ｃ－75歳以上　Ｄ－15歳未満
カ　Ａ－65歳以上　Ｂ－75歳以上　Ｃ－15～64歳　Ｄ－15歳未満

5　次の図は、店舗種類別の販売額推移を示しています。また、あとのア～エは、店舗種類別の販売額推移に関する状況について説明したものです。誤った説明をしているものを、ア～エの中から１つ選び、記号で答えなさい。

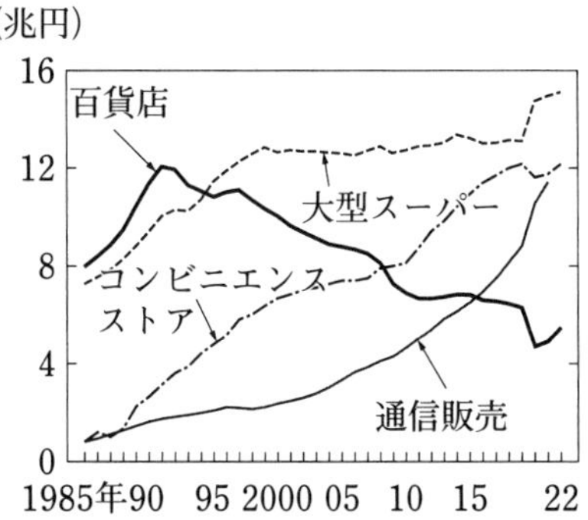

［日本国勢図会 2023/24より作成］

ア　消費動向の変化により大型スーパーが2000年頃まで、コンビニエンスストアが2010年代まで増加したのに対して、百貨店は1991年をピークに減少傾向にある

イ　2019年から2020年にかけて大型スーパーが一段と増加するのは、新型コロナウイルス感染症の拡大に伴う緊急事態宣言により、生活必需品を求めて人々が殺到したことと関係がある

ウ　1990年代以降、通信販売は増加するが、2019年から2020年にかけて販売額が一層増加するのは、新型コロナウイルス感染症の拡大に伴い積極的な外出行動が推奨されなかったことと関係がある

エ　コンビニエンスストアは、24時間営業やＡＴＭの設置など利便性を高めていたことで、新型コロナウイルス感染症の拡大に伴う状況によって2019年から2020年にかけての販売額は一層増加した

6　次の図は、日本付近をある縮尺で、東西と南北、さらに海抜高度のプラスとマイナスを現実とは逆のイメージで描(えが)いたものです。図中Ａの「島」に見える部分の現実の地名として適当なものを、漢字４字で答えなさい。

[おもしろ地図と測量より作成]

7　次の断面図は、地図中の地点Ａと地点Ａ′の断面を表したものです。断面図と地図について説明した内容として誤っているものを、あとのア～エの中から１つ選び、記号で答えなさい。

断面図

地図

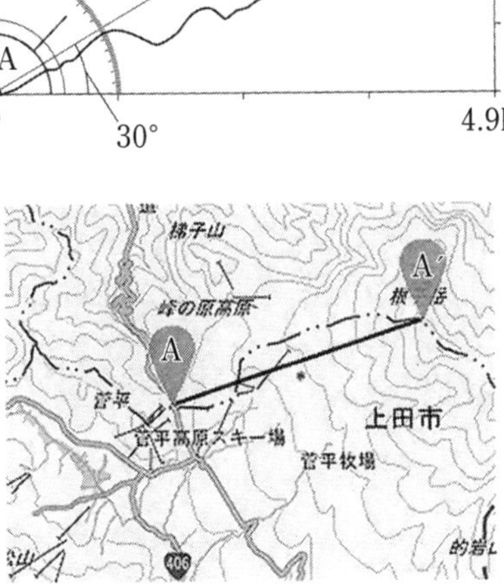

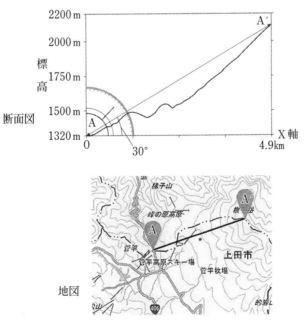

[地理院タイル（標高タイル）を「Web地形断面図メーカー」サイトで作成]

ア　地図上の地点Ａと地点Ａ′の標高差(垂直距離)は約800ｍである
イ　地図上の地点Ａと地点Ａ′の距離(水平距離)は約4900ｍである
ウ　断面図の線分Ａ－Ａ′で示される距離(斜距離)は、地図上の地点Ａと地点Ａ′の距離(水平距離)より長くなる
エ　断面図のなかで、線分Ａ－Ａ′とＸ軸がなす角度30度は、実際の地点Ａから地点Ａ′を見上げた角度と等しい

2　次の文章を読み、以下の問いに答えなさい。なお資料や図は、わかりやすく編集しています。

日本の医学・医療は、古代から他国の影響を受けながら、現代まで変化してきました。①古代の指導者は、まじないや儀式を通してクニを治めました。このまじないには、病気を治すものもあると考えられました。また、ヤマト政権にはまじないと医療を担当する専門の役人もいました。彼らは②渡来人により朝鮮からもたらされた知識を活用したと考えられます。『日本書紀』には、允恭(いんぎょう)天皇が朝鮮から医者を呼んだとあります。

遣隋使や遣唐使が派遣されるようになると、中国医学が日本にもたらされました。例えば、恵日(えにち)は遣隋使と遣唐使として、中国に渡って医学の知識を得た人物です。また、仏教が栄えると、治癒(ちゆ)のために僧侶の祈祷(きとう)が重視されるようになりました。奈良時代に③光明皇后が設置した施薬院(せやくいん)は、貧しい人びとに薬と仏の教えを与えるための施設で、医療と仏教の結びつきがよく表れています。

こうした結びつきは、④平安時代を経て鎌倉時代へと受け継がれていきます。例えば、臨済宗を日本に伝えた栄西は、⑤13世紀に中国医学と仏教思想を合わせて『喫茶養生記(きっさようじょうき)』を著しました。16世紀の曲直瀬道三(まなせどうさん)も臨済宗の僧侶であり、⑥足利学校で学び、その後中国医学を学んで医療に従事しました。

しかし、キリスト教とともにヨーロッパの医学がもたらされると、こうした状況が変化します。16世紀にはポルトガル人⑦宣教師アルメイダが、はじめてヨーロッパ式の病院を開きました。17世紀に出島に設置されたオランダ商館には、商館長と館員だけでなく、彼らを診察する医者もいました。例えば⑧シーボルトもその一人です。こうして日本では、ヨーロッパ医学が徐々に広まっていきました。

明治時代には当時、最先端とされたドイツ医学を導入しようという動きが生じ、ドイツへ留学生も派遣されました。また、医師免許の試験も整備されます。しかし、ヨーロッパ医学を中心とした試験に対して、中国医学を実践していた医者は反発しました。彼らは、帝国議会に医師免許の取得についての改正を求めましたが、⑨1895年にその主張は否決されました。これ以降、⑩日本ではヨーロッパ医学が中心となります。

第二次世界大戦に際しては多くの軍医が求められ、医学校・医学部が増やされました。また、⑪日本の統治下にあった地域にも医学校が設置されることになりました。さらに、医学的な知識は、毒ガスや細菌(さいきん)兵器などの開発にも利用されました。現在の明治大学生田キャンパスは、そうした兵器開発がなされた登戸研究所の跡地です。しかしながら、⑫登戸研究所で作成された資料の多くは、日本軍の命令で終戦前後に捨てられてしまいました。

終戦後に連合国軍総司令部(ＧＨＱ)の指導により、日本にはアメリカ式の医療・医学制度が導入されることになります。また、ＧＨＱは感染症など、日本の衛生・健康問題にも取り組みました。しかし、20世紀から21世紀にかけて、⑬人類は、新たな病・健康被害と向き合うことになります。

1　下線部①に関連して、こうした古代の政治や社会の様子は、出土品から考察されたものです。弥生時代の出土品として正しいものを、次のア～エの中から１つ選び、記号で答えなさい。

ア

イ

ウ

エ

2　下線部②について、渡来人が伝えたとされるものとして誤っているものを、次のア～エの中から１つ選び、記号で答えなさい。

ア　漢字　　イ　機織り　　ウ　儒教　　エ　土師器

3　下線部③について、次の資料は光明皇后が亡くなった聖武天皇のために作成した薬の一覧である「種々薬帳(しゅじゅやくちょう)」の一部です。資料を参考にして、この一覧が捧(ささ)げられた寺院として正しいものを、あとのア～エの中から１つ選び、記号で答えなさい。

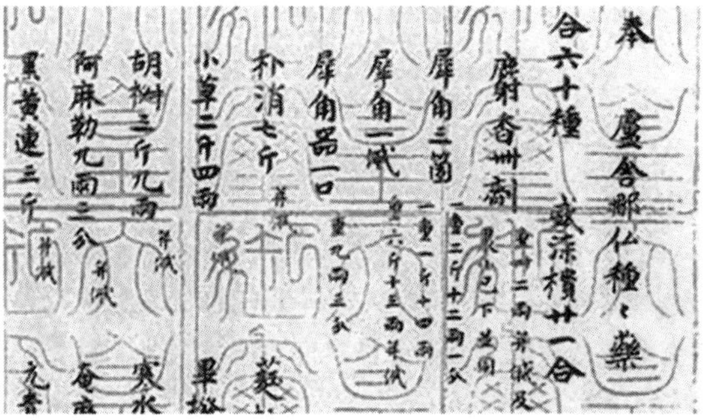
奉盧舎那仏種々薬
合六十種　盛漆櫃廿一合
麝香卅剤
犀角三箇
犀角一袋
犀角器一口
朴消七斤
小草二斤四両
胡椒三斤九両
阿麻勒九両三分
黒黄連三斤

ア　飛鳥寺　　イ　東大寺　　ウ　薬師寺　　エ　興福寺

4　下線部④に関連して、次のア～エは11～12世紀のできごとです。ア～エを時代が古い順に並べ、記号で答えなさい。

ア　平清盛が太政大臣となった

イ　白河上皇が院政を行う中、延暦寺の僧兵が強訴(ごうそ)を行った

ウ　奥州藤原氏が源氏によって滅ぼされた

エ　平治の乱の結果、源頼朝が伊豆に追放された

5　下線部⑤に関連して、13世紀の日本と中国の関係についての説明として誤っているものを、次のア～エの中から１つ選び、記号で答えなさい。

ア　琉球王国が、日本と中国の間で中継貿易を行った

イ　中国から従うよう求められたが、北条時宗が退けた

ウ　中国が、朝鮮(高麗)の人びとを伴って日本を攻めた

エ　道元が中国へと渡り、仏教について学んだ

6　下線部⑥について、足利学校の史跡では、その歴史に関係した体験プログラムが行われています。そのプログラムの説明文として正しいものを、次のア～エの中から１つ選び、記号で答えなさい。

ア「まが玉の解説を受けた後、オリジナルのまが玉を作っていただきます。」

イ「日本古来の山岳信仰に由来する滝行を一般信徒に開放しております。」

ウ「孔子の教えである論語を読む、音読体験を行っています。」

エ「神社の参拝作法や鳥居についての勉強や、みそぎ体験ができます。」

7　下線部⑦について、アルメイダは各地での布教の末、天草で死亡しました。天草の説明として正しいものを、次のア～エの中から１つ選び、記号で答えなさい。

ア　コレジオが設置され、キリスト教の教育が行われた土地である

イ　ポルトガル船の来航禁止などに反発した天草四郎が、キリスト教徒とともに幕府への反乱を起こした土地である

ウ　イエズス会士フランシスコ・ザビエルがはじめて訪れた日本の土地である

エ　教皇の使者である天正遣欧使節が、ローマから送られてきた土地である

8　下線部⑧について、シーボルトはあるものを国外に持ち出そうとしたことをきっかけとして、幕府により国外追放されることになります。そのものとして正しいものを、次のア～エの中から１つ選び、記号で答えなさい。

ア

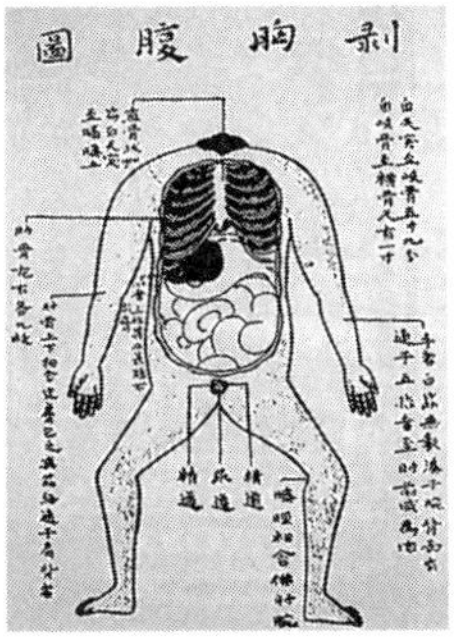

イ

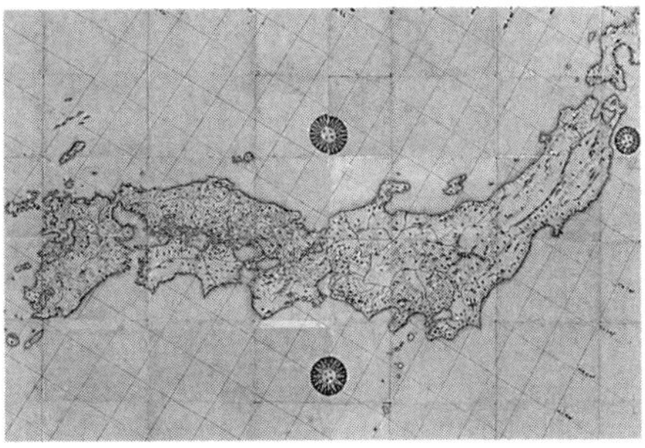

ウ

エ

9　下線部⑨について、1895年以前のできごととして正しいものを、次のア～エの中から１つ選び、記号で答えなさい。

ア　綿糸の輸出高が、はじめて輸入高を上回った

イ　与謝野晶子が、「君死にたまふことなかれ」という詩を発表した

ウ　北九州に官営の八幡製鉄所が作られた

エ　東京に鹿鳴館が開館された

10　下線部⑩に関連して、明治時代の医学的発見として正しいものを、次のア～エの中から１つ選び、記号で答えなさい。

ア　野口英世によるペスト菌の発見　　イ　鈴木梅太郎による黄熱ウイルスの発見

ウ　北里柴三郎によるビタミンＢ１の発見　　エ　志賀潔による赤痢菌の発見

11　下線部⑪について、このとき日本により医学校や医科大学が設置された地域として誤っているものを、次のア～エの中から１つ選び、記号で答えなさい。

ア　朝鮮　　イ　関東州　　ウ　台湾　　エ　北樺太

12　下線部⑫について、次の資料は第二次世界大戦中、国際法として機能したと考えられるジュネーヴ議定書(1925年)の一部です。この資料を参考に、登戸研究所で作成された資料が日本軍の命令で捨てられた理由を答えなさい。

> 窒息性ガスや毒性ガス、またはこれらに類するガスおよびこれらと類似のすべての液体、物質または考案を戦争に使用することが、文明世界の世論によって正当にも非難されている。そのため、こうした兵器の使用の禁止が、世界の大多数の国を当事者とする諸条約中に宣言されている。(中略)なおかつ、この禁止を細菌学的戦争手段の使用についても適用する。

13　下線部⑬について、次のア～エは20世紀から21世紀にかけての病や健康被害に関するできごとです。ア～エを時代が古い順に並べ、記号で答えなさい。

ア　湾岸戦争では、放射性物質を利用した劣化ウラン弾が使用された

イ　公害問題をふくめ、環境問題などを広範に扱う環境省が設置された

ウ　チョルノービリ(チェルノブイリ)原子力発電所で事故が起きた

エ　ビキニ環礁での水爆実験により、第五福竜丸の船員が被ばくした

3　次の文章を読み、以下の問いに答えなさい。

みなさんは「地方自治は民主主義の学校である」という言葉を聞いたことがあるでしょうか。①地域の問題はそこに住んでいる人が一番よくわかっているのだから、住民自身の手で解決するべきで、その色々な過程の中で民主主義を学ぶ場になっている、というような意味です。日本国憲法でも地方自治については章を設けて定めるなど、重要なものになっています。

2023年は、４月に４年に１度の「［　あ　］地方選挙」が行われ、それ以降も全国各地の［　い　］(知事や市区町村長のこと)や議会の議員が任期満了となり、②数多くの自治体で選挙が行われました。投票率が30％を割り込み過去最低となった群馬・埼玉の③県知事選挙、多くの政治家の推薦を受けた現職が敗れた市長選挙、④立候補の要件を満たしておらずに当選が無効となった地方議会選挙、⑤高校生たちが立候補者全員の情報やアンケート結果をまとめてインターネットで発信していた市議会選挙など、多様な選挙が見られました。埼玉県議会選挙では、日本各地の神社をまとめている神社本庁の関連団体が、選挙で応援する条件として、ＬＧＢＴ理解増進や選択的夫婦別姓制度の導入に反対することなどを求める公約書を候補者に送っていたことが報じられました。昨年の５月にＧ７［　う　］サミットが開かれ、性的少数者への差別を禁止する法律を持たないのは日本だけだと言われていたことも影響し、サミット前の法整備が急がれましたが与党の一部の根強い反対などで原案がまとまらず、⑥結局翌月の国会会期末にＬＧＢＴ理解増進法という形で成立しました。昨年の通常国会ではこのほか、いわゆる⑦入管法の改正案が、参議院では怒号の飛び交う中で採決されました。いずれも、みなさんと一緒に身近な地域に暮らしている人々に関する法律ですが、その人たちの暮らしをより良くしていく内容にはなっていないとの意見も少なくありません。地方自治体は法律に違反しない範囲で［　え　］を定めることができます。⑧人種や民族、性的指向(どの性別の人にひかれるか)などについてのあらゆる差別を禁止し、特にヘイトスピーチについては刑事罰を科すことのできる［　え　］を定めている自治体もあります。どの自治体も各々の特徴を出したいと考えているはずですが、自治体の業務は範囲が広く、⑨予算が足りないという問題も各地で起きています。

1　空らん［　あ　］～［　え　］に入る適切な語句や地名を漢字で答えなさい。

2　下線部②について、元号が平成になった頃3000以上あった市町村数は、現在1700余りに減少しました。その主な理由として正しいものを、次のア～エの中から１つ選び、記号で答えなさい。

ア　「平成の大合併」といわれるほど、全国各地で市町村合併が行われたため

イ　限界集落とよばれた地域の人口流出が止まらず、継続できない町が増えたため

ウ　財政破たんを起こす市町村が多く、隣の自治体に吸収される例が増えたため

エ　人口が減少した複数の「町」が集まり、各地で特別区として再編されたため

3　下線部③について、次の中から知事と地方議会や有権者の関係として正しくないものを、次のア～エの中から１つ選び、記号で答えなさい。

ア　一定数の有権者の署名が集まれば、知事の解職を問う住民投票が行われる

イ　解職を求める署名が有権者の過半数集まった場合、知事は直ちに解職となる

ウ　３分の２以上の議員の出席で、地方議会は知事への不信任決議案を話し合える

エ　地方議会で知事の不信任案が可決された場合、知事は地方議会を解散できる

4　下線部⑤について、未成年者は選挙運動ができません。次の中から有権者ではない未成年者が選挙期間中に行うと公職選挙法違反になる可能性が最も高いものを、次のア～エの中から１つ選び、記号で答えなさい。

ア　自分の関心のある問題について、全候補者にメールで質問して考えを聞いた

イ　自分が興味を持った候補者が駅前で演説していたので、その様子を撮影した

ウ　家族が立候補して公約をＳＮＳに投稿したので、自分のＳＮＳにも再投稿した

エ　好感の持てる公約を掲げる候補者がいるので、選挙事務所へ話を聞きに行った

5　下線部⑥について、国会の会期末に可決されたＬＧＢＴ理解増進法の内容として正しいものを、次のア～エの中から１つ選び、記号で答えなさい。

ア　家庭や地域住民らが反対した場合、学校での教育が妨（さまた）げられる可能性がある

イ　性的少数者の人権を保護し、差別の禁止を明確に定めた、日本初の法律である

ウ　政府・学校・企業等は理解増進のための環境を整備しないと、罰則が科される

エ　裁判所に申し立てなくても、戸籍上で割り当てられた性別を自由に変更できる

6　下線部⑦について、出入国の管理、外国人材の受け入れや難民の認定を行う行政機関は、何省に設置されていますか。正しいものを、次のア～エの中から１つ選び、記号で答えなさい。

ア　外務省　　イ　総務省　　ウ　防衛省　　エ　法務省

7　下線部⑧について、これは日本国憲法とも共通する理念がこめられていると考えられます。次の憲法の条文の空らんに入る適切な語句を答えなさい。

「第13条　すべて国民は、［　　　　］として尊重される」

8　下線部⑨について、以下の問いに答えなさい。

(1)　次の円グラフは令和３年度の都の財政に関するものです。東京都には他の道府県に書かれている項目がありません。自治体間で公的サービスに格差が生じないように国が支出しているお金を指す、その名称を答えなさい。

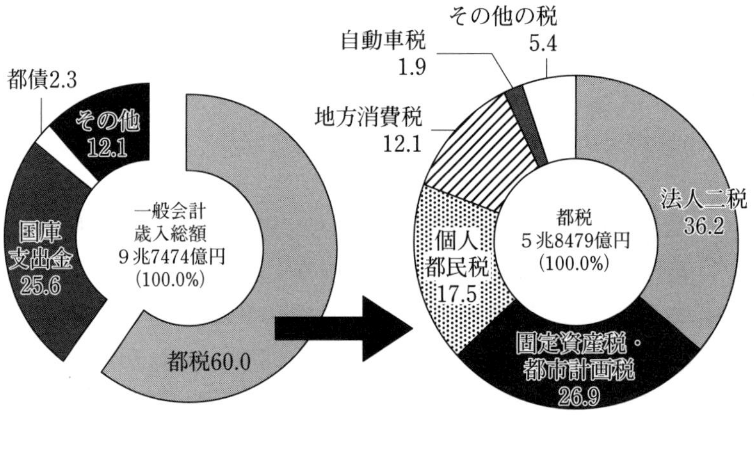

［東京都の統計より作成］

(2)　近年、返礼品の競争や都市部から地方への税金の流出が問題視されていますが、もともとは「自分の生まれ育った地方に貢献できる・自分の意思で応援したい自治体を選べる」制度として創られた寄附（きふ）のしくみを何というか答えなさい。

9　下線部①と④について、次の先生と生徒の会話を読み、あとの問いに答えなさい。

生徒：この場合、どうして当選が無効になってしまったのでしょうか。

先生：地方議会の議員に立候補するためには、その自治体に３ヶ月以上住んでいることが必要ですが、この要件を満たしていない候補がしばしばいるのです。

生徒：その地域の問題を考えるためには、一定期間そこに住んでいる必要があるということなのですね。

先生：そうですね。これは選挙権についても同様で、３ヶ月以上の居住の実態が必要なので、転居したばかりの人は投票ができないことになっています。

生徒：都道府県議会の場合は、引っ越しをしたとしても、その都道府県内に３ヶ月以上住んでいれば、要件を満たすことになるのでしょうか。

先生：都道府県議会議員や知事の選挙で投票する場合は同一の自治体であることも求められるので、都議会議員選挙であれば、「三鷹市に１ヶ月、調布市に２ヶ月居住」では要件を満たしていないことになります。一方で、都道府県知事や市区町村長に立候補する場合、この居住に関する要件はありません。

生徒：議員になるためには３ヶ月以上住み続ける必要があるのに、知事や市区町村長になるためには、その地域に住んでいなくてもよいのですか。

先生：法律ではそうなっています。これについてどのような考えを持ちますか。

生徒：［　　お　　］

先生：<u>またその地域に長年住み続け、住民税などの税金を納めていても、日本国籍を持たない人は選挙で立候補することも投票することもできません。</u>

生徒：<u>都内の議会で外国籍の人の住民投票参加案が否決された報道を思い出しました。</u>地域「住民」とは誰のことを指すのかわからなくなってしまいました。

(1)　空らん［　お　］に、あなたならどのように答えるか、自分の考えを書きなさい。

(2)　３ヶ月以上その自治体に住んでいて、住民税などを納めていても、日本国籍を持たない住民は地方選挙に参加することはできません。住民投票については参加を認めている自治体もあります。これらのことについて、あなたはどのような考えを持ちますか。本文と会話文の内容をふまえて、具体的に答えなさい。

森村学園中等部(第１回)

—40分—

※　解答は特に指定のないかぎり、漢字・ひらがなのどちらでもかまいません。

1　以下の①から⑤は、「双六(盤双六・絵双六)」の歴史に関する文です。

盤双六(図１)は木の盤と白黒の駒を使用して行う陣取りゲームで、絵双六(図２)は今日の私たちが「すごろく」と聞いて思い浮かべる、サイコロを振ってゴールを目指すゲームです。文を読み、問いに答えなさい。

図１

図２

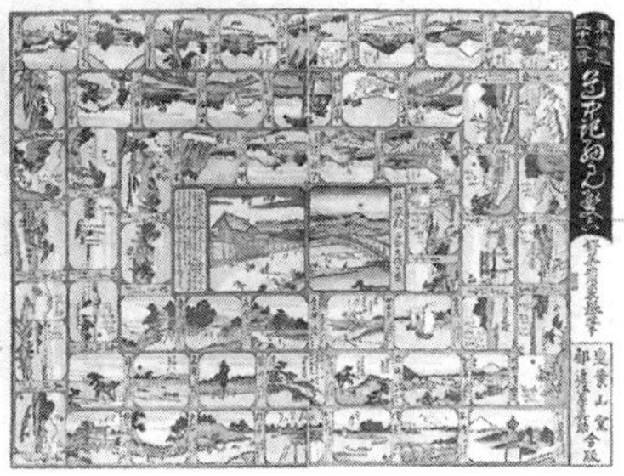

(山本正勝「双六遊美」より)

①　この時代、盤双六は賭け事の遊戯であり、風俗を乱すものとして厳しく取り締まられた。一方で、絵双六が庶民の娯楽として流行した。流行を後押ししたのは浮世絵ブームを支えた多色刷り技法の確立である。特に歌舞伎俳優が描かれた「野郎歌舞伎」や、旅の道順通りにコマを進めていく「道中双六」が庶民の旅行ブームのもとで広く普及した。

②　退位した天皇とその警備を担った武士が政治の実権を握り始めたこの時代、盤双六は幅広い身分層の娯楽であった。「吾妻鏡」には将軍主催の双六会での武士の席次をめぐる喧嘩の様子が記され、「平家物語」には白河天皇が自らの思い通りにならないものとして「賀茂川の水、双六のさいころ、山法師」の三つを挙げたと記されている。一方で、別の用途も史料に残されている。「公衡公記」や「餓鬼草子」には、出産時の儀式として双六が行われたとされる記述や描画がある。

③　初の本格的政党内閣が成立し、女性の地位向上運動が広まったこの時代、自由で華やかな絵双六が数多く発行された。雑誌「婦人世界」の付録「実用お料理献立漫画双六」は、サラリーマン家庭の生活を題材としており、夫婦揃って市場に買い物に行く描写や、ネクタイ姿の若い男が台所でお米をとぐ描写がある。「少年世界」の付録「競争双六」には西洋から入ってきたものも含めて多種多様なスポーツが描かれている。

④　文明国家を目指し、経済・軍事・政治において国家主導で急速に近代化が進められたこの時代、盤双六はもはや用途がわからず、家庭内で踏み台にされていたという。一方で絵双六は、民衆の教育教材として盛んに発行された。英語教育を題材にした「リードル英語双六」、良妻賢母を促す題材の「教育女子技藝双六」、下級武士から国会議員を目指す「男子教育出世双六」などがある。

⑤　仏教を国家宗教として国策の中心に据えることで、民衆に布教をする僧の権威が高まったこの時代、盤双六は賭け事として流行し、朝廷はその取り締まりに追われた。「続日本紀」はこの時代を以下のように記している。「最近、役人や百姓が律令をおそれず、かってに人を集め

て双六をおこない人々を惑わせている。子は父に従わず、ついには家業を滅ぼし、孝行の道をそこなう。京四畿内七道の諸国に命令して固く禁じる。」この時代に使用された天皇愛用の華麗な装飾の盤双六は、東大寺正倉院に納められている。

問１　①から⑤はそれぞれ何時代の出来事ですか。次の中から選び、記号で答えなさい。

ア　旧石器時代　　イ　縄文時代　　ウ　弥生時代　　エ　古墳・飛鳥時代
オ　奈良時代　　カ　平安時代(院政期を除く)　　キ　院政期・鎌倉時代
ク　室町時代(南北朝時代を含む)・戦国時代　　ケ　安土桃山時代
コ　江戸時代　　サ　明治時代　　シ　大正時代
ス　昭和前期(第二次世界大戦敗戦まで)　　セ　昭和後期(第二次世界大戦敗戦後)

問２　①の下線部について、庶民の旅行ブームの背景には、この時代の幕府によって行われたある制度によって、幕府が置かれた都市と全国各地の主要な都市を結ぶ街道が整備されたことが挙げられます。ある制度とは何ですか。制度の名前を答えなさい。

問３　②の下線部について、白河天皇の説明として正しいものはどれですか。次の中から１つ選び、記号で答えなさい。

ア　白河天皇は、自らの位を早々に息子に譲り、出家して政治とは無縁の生活を送った。
イ　東北地方の争いを平定した源義家に対して、白河天皇は恩賞を与えなかった。
ウ　白河天皇は、関東の武士と対立し、鎌倉を攻めたが、敗北した。
エ　白河天皇は、藤原氏・平氏・源氏らを巻き込んだ争いに敗れ、島流しにされた。

問４　③の下線部について、本格的政党内閣によって成立した選挙制度の説明として正しいものはどれですか。次の中から１つ選び、記号で答えなさい。

ア　25歳以上の男子すべてに選挙権が与えられていた。
イ　25歳以上の男女すべてに選挙権が与えられていた。
ウ　25歳以上の男子で一定の税金を納めた者に限って選挙権が与えられていた。
エ　25歳以上の男女で一定の税金を納めた者に限って選挙権が与えられていた。

問５　④の下線部について、新政府は文明国家を目指し、不平等条約改正の予備交渉および、政治や産業の視察の目的で欧米に使節団を派遣しました。この使節団のメンバーとして参加した人物として正しいものはどれですか。次の中から１つ選び、記号で答えなさい。

ア　津田梅子　　イ　与謝野晶子　　ウ　平塚らいちょう　　エ　市川房枝

問６　⑤の下線部について、この時代に許可なく、勝手に僧を名乗る人々が増加しました。僧の質の低下に悩んだ朝廷は、ある人物を唐から招き、この人物に正式な僧の認定を行ってもらうこととしました。この人物とはだれですか。名前を答えなさい。

問７　①・③・④の文にも示した絵双六がそうであったように、絵双六にはその時代の人々の考え方が強く表れています。図３は1939年に作成された「理想の女性」を題材とした絵双六です。「はねつき」からスタート(フリダシ)し、ピアノや裁縫、料理のお稽古、そしてお見合いを経て、「結婚式」でゴール(上り)となっています。現在はこのような絵双六は見られなくなりました。なぜこのような絵双六はつくられなくなったと思いますか。この絵双六が作成された当時と現在の価値観のちがいから説明しなさい。

図３

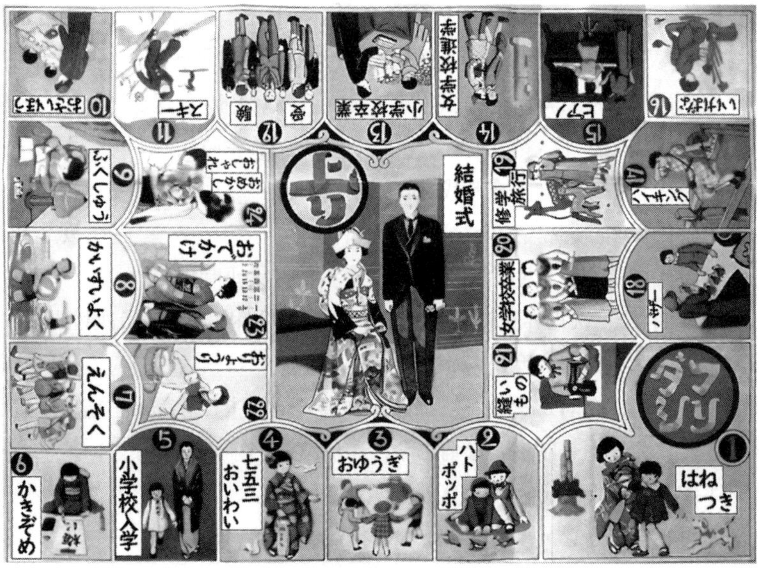

② 以下の文を読み、問いに答えなさい。

２月２日は「世界湿地(しっち)の日」である。1971年に湿地(しっち)の保存のために成立した（ Ａ ）条約を記念して設置された日である。湿地とは、常時あるいは季節的に水をたっぷりと含む土地や水で覆(おお)われる土地のことをいい、湖沼(こしょう)・湿原(しつげん)・泥炭地(でいたんち)・マングローブ林・干潟(ひがた)・サンゴ礁(しょう)などとともに人工的な水田なども含まれている。（ Ａ ）条約は世界のさまざまな湿地を守ることで、水鳥を食物連鎖(れんさ)の頂点とする生態系を守る目的でつくられた。湿地は10万種以上といわれる生物が生息しているといわれ、生物多様性にとって非常に貴重な場所である。しかし、（ Ａ ）条約が成立しても、保全は進んでいない。条約が成立してからの50年で、世界の湿地は約３分の１が失われたという。

（ Ａ ）条約に登録されている日本の湿地は現在53か所である。最初の登録地は北海道の①釧路湿原(しつげん)である。釧路湿原は現在、日本最大の湿原である。北海道には湿原が多く、100年ほど前までは、釧路湿原よりもはるかに大きな湿原が（ Ｂ ）川流域に存在した。しかし、この湿原は大規模な土壌(どじょう)改良によって、現在は巨大(きょだい)な水田地帯になっている。北海道の湿原の多くは泥炭と呼ばれる土壌(どじょう)である。泥炭は寒冷地のため植物が完全に分解されずにできた土である。このため泥炭地は農業に向かず、長い間、「やっかいもの」であった。（ Ｂ ）川は流域面積は日本で２位の大(だい)河川(かせん)だが、この川の下流域には泥炭が広がり、巨大(きょだい)な湿原となっていた。②（ Ｂ ）川の開発は泥炭との「長い戦いの歴史」であった。

しかし、「やっかいもの」のはずの泥炭が、現在、まったく別の観点から保護する必要があるとして注目されている。泥炭地には、膨大(ぼうだい)な量の炭素が含まれている。陸地にたくわえられている炭素の30％は泥炭地にあるといわれている。もしも、泥炭地が乾燥(かんそう)すると、土壌の分解が始まる。また、泥炭地が焼けてしまった場合は泥炭地の植物が燃えてしまう。いずれにしても湿原にたくわえられていた炭素によって、空気中に大量の二酸化炭素が放出されることになってしまう。③現在、早急(さっきゅう)に湿原を守る対策をとることが求められている。

問１　空らん（ Ａ ）（ Ｂ ）に当てはまる語句を書きなさい。

問２　下線部①について、釧路は夏の気温が低く、霧が多く発生します。なぜこのような気候になっているのですか。以下のグラフ・地図を参考にして、こうした状態になる原因を説明しなさい。

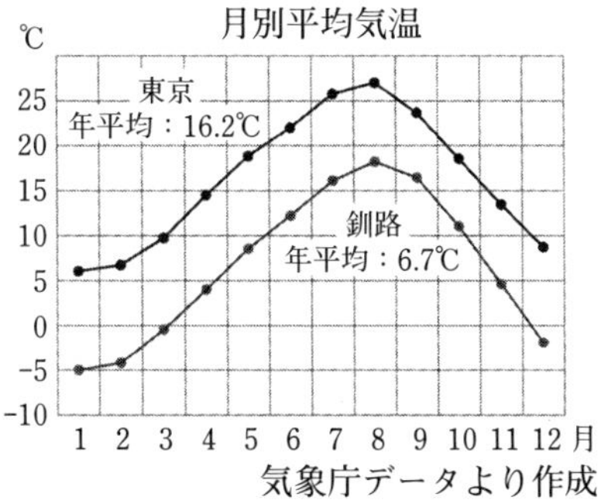

気象庁データより作成

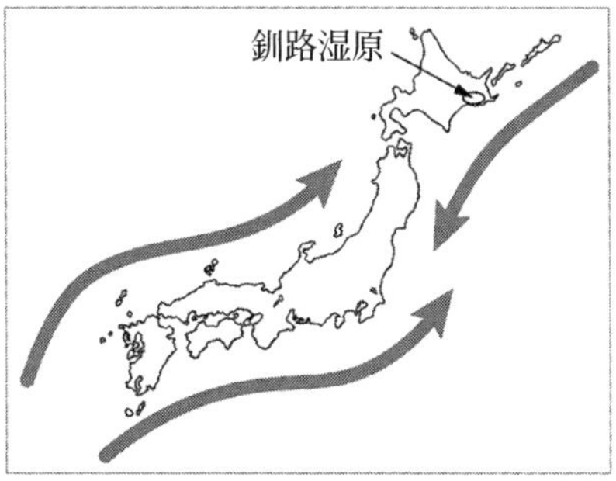

問３　下線部②「泥炭との長い戦い」とはどのような作業が行われたことですか。次の中から正しいものを１つ選び、記号で答えなさい。

ア　水中に堤防をつくり、その堤防内の水を抜いて、土地を干し上げる「干拓」

イ　山野をひらき、荒れ地を切り開いて、農地にする「開拓」

ウ　海岸や湖・河川などに、土砂を運んで陸地にする「埋立」

エ　他の場所から土を運び入れ、農業のできる土地にする「客土」

オ　アスファルトなどで路面を固める「舗装」

問４　下線部③について、なぜ早急に湿原を守る対策が必要なのですか。本文と次のグラフを参考にして、湿原を守ることが大切な理由を説明しなさい。

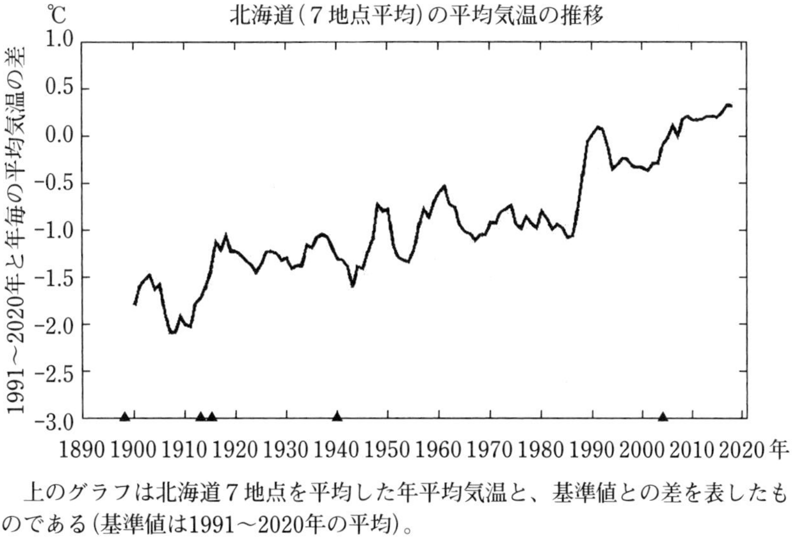

上のグラフは北海道７地点を平均した年平均気温と、基準値との差を表したものである(基準値は1991～2020年の平均)。

北海道の７地点は旭川、網走、札幌、帯広、根室、寿都、函館。

観測場所の移転があった年は横軸上に▲で示されている。移転の影響を除去するための補正を行った上で計算している。

グラフの線はそれぞれの年の前後５年間の平均値を表したもの。

札幌管区気象台「北海道の気温のこれまでの変化」を加工して作成

③　以下の文を読み、問いに答えなさい。

昨年春、参議院で懲罰(ふさわしくない行いをしたとされ、罰を与えること)がなされ、ある国会議員を除名しました。これに伴い、除名された議員の所属する政党からかわりの人が参議院議員となりました。国民の間に賛否色々な意見があるので、森村君が所属するクラスでも意見発表会を行いました。以下は発表会に向けてクラスメイトが用意したメモの一部です。

メモ①　日本国憲法第43条に「全国民を代表する選挙された議員」という記述がある。

メモ②　日本国憲法第50条に「議員は、法律の定める場合を除いては、国会の会期中逮捕されず」とある。

メモ③　日本国憲法第58条に「院内の秩序をみだした議員を懲罰することができる。但し、議員を除名するには、出席議員の３分の２以上の多数による議決を必要とする」とある。

メモ④　戦前、軍部を批判した発言で知られた議員が、帝国議会で懲罰を受けた。

問１　参議院の説明として**誤っている文**はどれですか。１つ選び、記号で答えなさい。

ア　任期は６年である。　　イ　議員定数は248人である。

ウ　予算の先議権がある。　エ　３年ごとに議員の半数を改選する。

問２　日本の国会議員に関する説明として正しい文はどれですか。１つ選び、記号で答えなさい。

ア　衆議院議員、参議院議員の選挙はともに20歳で選挙権を得られる。

イ　衆議院、参議院ともに20歳で被選挙権が認められる。

ウ　国会議員には歳費(給料など)が支給される。

エ　国務大臣は国会議員からは選べない。

問３　議員を辞めた後、選挙が行われず、所属政党から国会議員が選ばれたのは、この議員が選ばれた選挙のやり方が「政党への投票」であったからです。この選挙制度の名前は何ですか。「□□□□制」の形に合うように漢字４文字で答えなさい。

問４　懲罰を行う権限を内閣でなく両議院に与えている理由は何ですか。考えて書きなさい。

④　次の言葉の中に、ある見方でみると一つだけ性格の異なるものがあります。それはどれですか。記号で答えなさい。また、それ以外の言葉に見られる共通点は何ですか。説明しなさい。

例題〔ア　縄文　　イ　奈良　　ウ　鎌倉　　エ　横浜〕

ア	他はすべて都市の名前

問１　ア　江華島事件　イ　二・二六事件　ウ　柳条湖事件　エ　盧溝橋事件

問２　ア　清水　イ　西陣　ウ　信楽　エ　有田

⑤　以下の文を読み、問いに答えなさい。

問１　昨年10月、パレスティナの一部を実効支配しているハマスとイスラエルの間で起こった武力衝突後、イスラエルが侵攻した「地区」はどこですか。名称を答えなさい。

問２　昨年４月に、子どもの最善の利益を第一に考えた、「子ども真ん中社会」の実現に向けて、設置された省庁は何ですか。名称を答えなさい。

6　以下の会話を読み、問いに答えなさい。なお、文中の森村さんの発言を「森」、お母さんの発言を「母」、お父さんの発言を「父」と表記します。

森　先日、ニュースで見たけれど、明治神宮外苑が大規模な再開発を進めていて、以前、野球を見に行った神宮第二球場も解体工事中なんだって。周りの森の木も伐採されてしまうのかなぁ。なぜ東京都心なのにあの地域一帯は緑豊かなの？

父　現在の神宮外苑にあたる土地は、①明治時代、軍隊を訓練する練兵場で荒れ地だったんだ。そこに、明治天皇の死去後、記念公園として、中央に絵画館と大きな芝生広場、その周りに公園道路をめぐらせ、西洋の流行を取り入れた現代式庭園を造ったんだよ。その時に全国から献金や献木を受け、10万人以上の勤労奉仕で民衆が造園工事に従事するなかで、182種、約３万4500本の植樹をしたんだ。今や東京を代表するイチョウ並木もその一部だったんだよ。外苑は建設中の1923年に起きた（　②　）で避難所になったこともあった。完成した1926年に、景観を守るため周囲の開発を制限する国内初の「風致地区」に指定されたんだ。都心でありながら緑豊かな神宮外苑は、様々な人々が集う、憩いの森としての役割を自然と担うようになっていったんだな。そういえば、母さんとの最初のデートも神宮外苑だったな。

現在のイチョウ並木(2023年11月撮影)

母　あら、そうだったわ、懐かしいわね。ちなみに、外苑と同時に造られたのが内苑にあたる明治神宮なのよね。明治神宮も外苑も建設時に100年後を見据えて、自然豊かな森になるよう、色々な種類の木々をたくみに配置したらしいよ。

森　へぇ、100年後のことまで考えて植樹されたなんてすごいね。

母　現在のイチョウ並木の写真からも木々が年月をかけて成長してきたのがわかるね。でも、再開発の中で新野球場がこのイチョウ並木のそばにできることになって、工事で「根が切られる危険性がある」って指摘されているのよね。文化財保護にかかわる組織も、この再開発の（　③　）の評価書には誤りが多いと指摘しているんだって。環境保全のためには詳細な調査を行い、樹木などの現状を正確に把握する必要があるのだけれど、その調査方法に不備があり、現状を正確に把握できていないんだって。

森　ある有名な音楽家も都知事に対して「目の前の利益のために先人が守り育ててきた神宮の樹々を犠牲にすべきではありません」と記した手紙を送ったんだよね。

母　大規模な工事をするのに、計画の経緯や内容などが工事に着手する直前まであまり明らかにされてこなかった点や、住民参加の手続きがとられていない中で、都知事がこの事業を認可した点などが問題となった。工事開始の際には、反対の意思を示すために約260名の人々が手をつないで大きな輪になってその場所を取り囲むという抗議活動を実施した他にも、160名の住民がその認可の取消を求める裁判を起こしたんだって。

森　そもそもなぜ再開発することになったの？

父　この２種類の図をみてごらん。

　神宮外苑地区には、日本を代表する様々な競技場が集まる。これらの中には老朽化が進んでいる施設もあるんだ。再開発の指針を定める東京都は「世界大会を招致するにも、今の設備は国際基準からみて不十分」との見解を示している。計画案によると、新しい屋内ラグビー場やホテル併設の新野球場を造り、ほかにも、商業施設や会社の事務所が入る複合ビルを建設する。総額3500億円をかけ、完成は10年以上先という大規模な再開発事業だ。この再開発で、837本を植樹する一方、700本以上の高木を伐採する計画も明らかになっているんだよ。

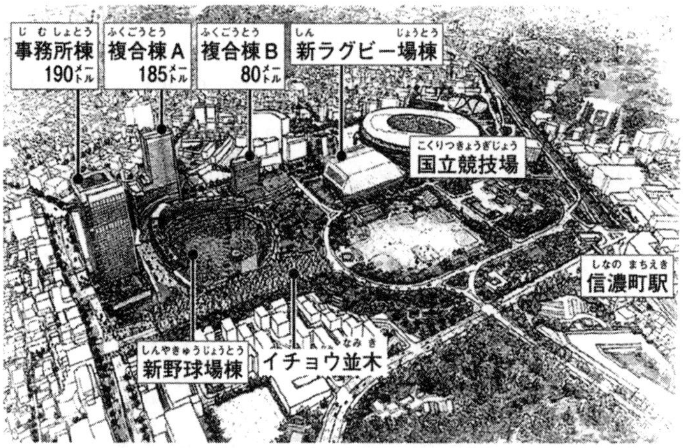

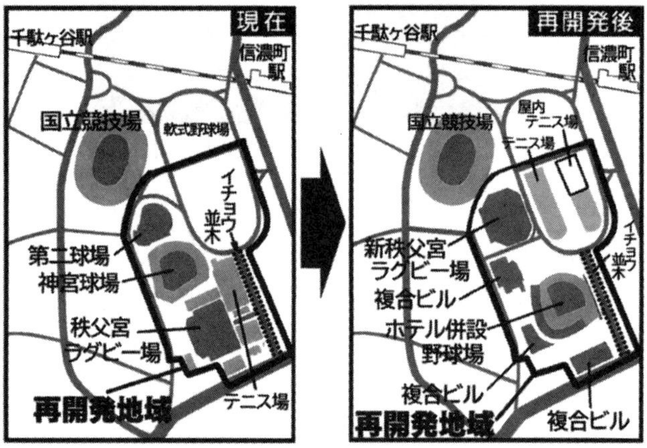

森　国際的な大きな試合が今よりもたくさん都心で開かれるようになって、しかも野球場の上がホテルになれば試合観戦後に宿泊してのんびり過ごせるんだね。それに、高層ビルの中に買い物を楽しめるお店もできたら便利になるね。こういった形で再開発が完成すれば、［　④　］という経済的な良い点も期待されるね！

母　そうね、そういった経済的な良い点も期待される一方で、周辺地域に与える悪い影響も少なくなさそうね。

父　その通り。周辺地域に与える悪い影響を心配したり、［　⑤　］ということに不満を抱いたりして、この計画に反対してきた地域の人々の気持ちはよくわかるな。それに、都心でありながら緑豊かな憩いの場所として、長い間、多くの人々が親しんできた神宮外苑に、現代に生きる私たちが高層ビルを建て、貴重な都心の自然環境を未来の人たちから奪ってしまうことの意味をよく考えてもらいたい！

森　でも超高層ビルが建って、スポーツ観戦もショッピングも同じ場所で済ませられたら便利じゃん。伐採の一方で植樹もされるんでしょ。自然への影響もそんなに深刻じゃないと思うけど。今の神宮外苑がそうだったように、100年後には立派な自然環境が整備されると思うよ。

父　世界の都市公園にはそれぞれの文化や歴史、社会が色濃く反映されているんだ。ニューヨークという都市の、世界で最も土地の価格が高い場所になぜ広大なセントラルパークが存在し続けているのか、人々が安らげる緑の空間は、日ごろの健康維持や災害時の対応に役立つだけでない、と父さんは思うんだ。⑥外苑に、再開発によって高層ビル群ができてしまえば、東京という都市の魅力が低下するのは間違いないだろう。

問１　下線部①について、この時代に成立した、20歳以上の男子に兵役の義務を課した法令を何といいますか。名前を答えなさい。

問２　空らん（ ② ）にあてはまる出来事はどれですか。次の中から１つ選び、記号で答えなさい。

ア　日比谷焼き討ち事件　　イ　東京大空襲　　ウ　戊辰戦争　　エ　関東大震災

問３　空らん（ ③ ）にあてはまる、1997年に制定された法律により義務付けられた、開発による環境への影響を事前に調査、予測、評価することにより、環境を保全し環境破壊を防止しようとする制度は何ですか。名前を答えなさい。

問４　空らん［　④　］には、国際的な都市として発展するうえで良い点があてはまります。その内容を答えなさい。

問５　空らん［　⑤　］には、環境保護の観点とは別に、計画段階から指摘された問題点があてはまります。その内容を答えなさい。

問６　下線部⑥について、以下の問いに答えなさい。

(1)　このようにお父さんが主張するのはなぜですか。地方都市の開発について書かれた以下の文の内容をふまえ、神宮外苑の再開発についてどのようなことをお父さんは心配しているのか、説明しなさい。

> 本来、日本の地方には城下町などの固有の歴史や、様々な地形に合わせた自然があり、それぞれの特徴を持った都市や町が存在していた。しかし、交通網が整備され、大型店の出店の規制が解除された2000年代以降、地方都市の開発が進み、日本中の地方の大きな道沿いに同じような大型ショッピングセンターが相次いで出店した。その結果、どこの地方に行っても広い国道沿いに同じようなファミリーレストランや大型ショッピングセンターが立ち並ぶようになってしまった。

(2)　本文にみられる様々な論点をふまえて、神宮外苑の再開発をあなたはどう評価しますか。賛成、反対のいずれかに丸をつけ、そのように考える根拠を２つ以上挙げて、あなたの意見を述べなさい。

山手学院中学校（A）

—40分—

1　ⅠからⅥは、６つの都道府県について書かれた文章です。これについてあとの問いに答えなさい。

Ⅰ

・武蔵国（　1　）で産出した銅が朝廷に献上(けんじょう)されたことで、708年に和同開珎が発行された。

・荒川や(a)利根川など、多くの川が流れている。

・県庁所在地は、(b)政令指定都市である。

Ⅱ

・「2005年(c)日本国際博覧会（万国博覧会）」が開催(かいさい)された。

・（　2　）市内の製造業で働く人の約85％が(d)自動車関連産業に従事している。

Ⅲ

・(e)「大館曲げわっぱ」という伝統的工芸品がつくられている。

・日本三大干拓(かんたく)地の一つ（　3　）がある。その近くにある男鹿半島では「ナマハゲ」という伝統行事が行われている。この行事は、2018年に「来訪神：仮面・仮装の神々」の一つとして無形文化遺産に登録された。

Ⅳ

・(f)野辺山原では抑制栽培(さいばい)が行われていて、その周辺に流れている千曲川は、日本で一番長い（　4　）川にそそいでいる。

・中部に位置する（　5　）湖周辺では、精密機械工業や電子産業などがさかんである。

Ⅴ

・16市町村で温泉が湧(わ)き出ており、2022年３月末現在の源泉総数は5093、湧出(ゆうしゅつ)量は298264リットル／分でともに全国第１位である。また、マグマのエネルギーを利用した再生可能エネルギーである（　6　）発電についても、全国の発電実績の約43％にあたる約76万MWhの発電が行われており、全国第１位となっている。

・豊後水道でとれるアジやサバは、関アジ・関サバとよばれている。

Ⅵ

・2023年５月19日から21日まで、(g)第49回主要国首脳会議（G７サミット(ジーセブン)）が開催された。

・尾道市と別の都道府県の市を結ぶ、通称(つうしょう)（　7　）とよばれる道路がある。

問１　文中の（　1　）に入る地名として、正しいものを次の中から１つ選び、記号で答えなさい。

ア　水戸　　イ　秩父　　ウ　宇都宮　　エ　小田原

問２　下線部(a)について、その流域にふくまれない県を次の中から１つ選び、記号で答えなさい。

ア　千葉県　　イ　埼玉県　　ウ　茨城県　　エ　神奈川県

問３　下線部(b)の説明として、まちがっているものを次の中から１つ選び、記号で答えなさい。

ア　人口100万以上の市の中から指定される。

イ　福祉、衛生など都道府県の役割の一部を市が主体となって実施できる。

ウ　いくつかの区に分けられ、区役所が設置される。

エ　2023年現在全国で20都市あり、20番目に指定されたのが熊本市である。

問4　下線部(c)について、2025年に日本国際博覧会が開催される予定の都道府県の特ちょうを説明した文として、まちがっているものが２つあります。その組み合わせとして正しいものを次の中から１つ選び、記号で答えなさい。

①　2022年現在、全国で人口が２番目に多い。

②　2020年の出荷額が全国で２位の工業地帯があり、中小工場が多い。

③　日本で一番大きい前方後円墳の大仙古墳がある。

④　2019年にふるさと納税制度の参加対象から除外されたが、2020年６月の最高裁判決を受けて再び参加対象とされた泉佐野市がある。

⑤　この都道府県と淡路島を結ぶ明石海峡(かいきょう)大橋がある。

ア　①と②　　イ　②と③　　ウ　③と④　　エ　④と⑤　　オ　①と⑤

カ　②と④　　キ　③と⑤　　ク　①と④　　ケ　①と③　　コ　②と⑤

問5　文中の（　２　）に入る市の名前を、漢字２字で答えなさい。

問6　下線部(d)について、日本の自動車産業は1960年代に国内需要(じゅよう)を中心に発展し、1970年代には輸出産業としても発展しました。しかしそれにともなって、アメリカと日本との間で貿易摩擦(まさつ)が起こりました。そこで、日本は1980年代に２つの対策を行いました。１つは、自主的に輸出を規制することでした。もう１つは、現地生産をすることでした。現地生産をする理由を説明しなさい。

問7　下線部(e)について、「大館曲げわっぱ」の材料には、日本三大天然美林の１つから取れた木材が使われています。この都道府県にある日本三大天然美林として正しいものを次の中から１つ選び、記号で答えなさい。

ア　ひば　　イ　すぎ　　ウ　ぶな　　エ　ひのき

問8　文中の（　３　）に入る地名を、漢字３字で答えなさい。

問9　下線部(f)について、あとの問いに答えなさい。

①　抑制栽培とはどのような目的でおこなわれているか、説明しなさい。

②　次の円グラフは、野辺山原でつくられている代表的な農作物の、2021年の収穫(しゅうかく)量の都道府県順位を示したものです。この農作物の名前をカタカナで答えなさい。

［収穫量546,800トン］

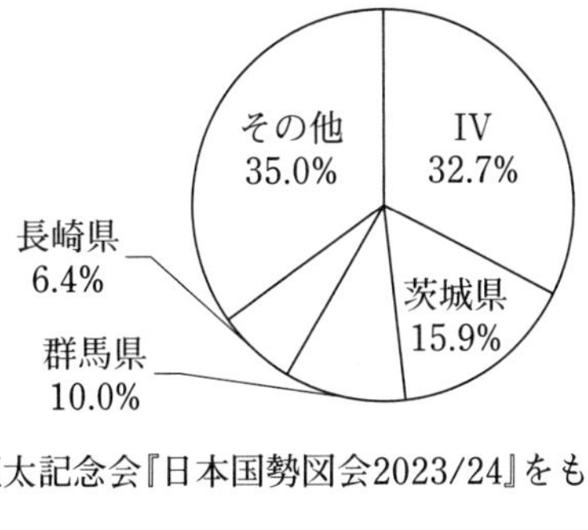

［矢野恒太記念会『日本国勢図会2023/24』をもとに出題者が作成］

問10　文中の（　４　）に入る川の名前を漢字で答えなさい。

問11　文中の（　５　）湖の特ちょうを説明した文として、正しいものを次の中から１つ選び記号で答えなさい。

ア　この湖は、糸魚川－静岡構造線上に形成する断層湖であり、中央構造線と交わっている。

イ　この湖は、カルデラ湖でウナギの養殖がさかんである。

ウ　この湖からは、マンモスの化石が発見されている。

エ　この湖は、潟湖でホタテの養殖がさかんである。

問12　文中の(　6　)に入る発電の名前を漢字で答えなさい。

問13　下線部(g)について、このサミットにゲストとして「ある国」の大統領(右の写真の人物)が参加しました。「ある国」に関する説明として正しいものを次の中から１つ選び、記号で答えなさい。

時事通信フォト

ア　2022年、日本はこの国から小麦を一番多く輸入していた。

イ　2023年現在、北大西洋条約機構(ＮＡＴＯ)に加盟しているが、国際連合には加盟していない。

ウ　この国と国境を接する国の大統領が、2022年２月に「特別軍事作戦」の開始を発表し、この国への侵略を開始した。

エ　大西洋に面しており、ヨーロッパの中で２番目に面積が大きい。

問14　文中の(　7　)に入る語句を答えなさい。

2　次の会話文を読んで、あとの問いに答えなさい。

先生　：前回の授業では(a)明治維新の説明をしましたね。みなさん、覚えていますか？

生徒Ａ：(　1　)がひらいた江戸幕府がついに倒れました。

生徒Ｂ：いろいろな改革が行われて、日本は(b)天皇を中心とする国家へと変化しました。

生徒Ｃ：それらの改革の中心は、(c)西国の有力な４つの藩出身の政治家たちだったよ。

生徒Ｄ：(d)税のしくみも大きく変わったんじゃなかったっけ？

先生　：みなさん、よく覚えていますね。(e)1600年におこった戦いで勝利した(　1　)が、1603年に江戸幕府をひらきました。その後、３代将軍の時代に、オランダ人の商館が長崎の(　2　)に移され鎖国が完成し、幕府のしくみは完成していきました。このようにして江戸時代は約260年間も続いたのでした。

　この約260年間というのは(f)鎌倉時代や(g)室町時代と比べても長いです。これだけの長い期間、幕府というしくみを維持するため、様々な政策や改革が行われました。今までのまとめとして、次回の授業までに各班で、江戸時代に行われた政策や改革について調べて、その内容を発表してみましょう。

～次の授業～

先生：それでは各班がまとめた政策・改革をさっそく見てみましょう。

＜１班の調べた政策・改革＞

・武芸や倹約を奨励した。

・人々の意見を聞くために(　3　)を設置した。

・公正な裁判を行うために「公事方御定書」を作成した。

・財政をたてなおすために新田を開発した。

・上米の制を定めた。

＜２班の調べた政策・改革＞
・金貨、銀貨の質を江戸時代初期の水準にもどした。
・金、銀の流出を抑(おさ)えるために長崎貿易に制限をかけた。
・(h)朝鮮通信使の待遇(たいぐう)を変更(へんこう)した。
・生類憐みの令を廃止(はいし)した。
・文治政治をすすめた。

＜３班の調べた政策・改革＞
・商人の経済力を利用して印旛沼や手賀沼の干拓を進め、蝦夷地の開拓を計画した。
・長崎貿易の制限をゆるめて、海産物などの輸出を奨励し、銅、鉄などを幕府の専売とした。
・（　４　）をつくることをすすめ、商人たちに特権をあたえる代わりに税をとった。

＜４班の調べた政策・改革＞
・儒学の中でも特に（　５　）学を学問の中心において、文治政治をすすめた。
・生類憐みの令を実施(じっし)した。
・(i)金貨、銀貨の質を下げて、代わりに貨幣を大量に発行した。

＜５班の調べた政策・改革＞
・倹約や武芸、学問を奨励した。
・ききん用の米を貯蔵させた。
・江戸の町費の節約を行わせ、農民の離村を制限した。
・(j)借金に苦しむ武士を救うため借金を帳消しにした。
・幕府の学問所で（　５　）学以外の学問を禁じた。

＜６班の調べた政策・改革＞
・倹約をすすめ、派手な服装やぜいたくを禁止した。
・都市に出た農民を村に返した。
・都市の商業を独占する（　４　）を解散した。
・(k)大きな都市の周辺の大名、旗本領を取り上げて、他に代わりの土地をあたえようとしたが失敗した。

先生　：各班ともしっかりとまとめてくれましたね。みなさん、気になることはありますか。
生徒A：複数の政策・改革で“倹約”という言葉が出てきてます。
生徒C：＜　あ　＞に力を入れていこうとしている政策・改革が多い感じがするな。
生徒B：逆に＜　い　＞に力を入れているものは少ない感じがします。
生徒D：そうだね、＜　い　＞を重視しているのは３班が調べた政策・改革くらいかな。
先生　：そうですね。多くの政策・改革では質素倹約をすすめて、支出を減らす。そのようにして江戸幕府の財政を建て直そうとしていますね。ただし、これらは多くの人々に我慢(まん)をさせるものであったため長続きせず上手くいきませんでした。時代にあった積極的な新しい事業で収入を増やそうという考えがもっと必要だったのかもしれませんね。(1)3班が調べた政策・改革をすすめた人物は長年わいろ政治を招いた原因とされ、評価されていなかったのですが、近年再評価されるようになってきました。時代と共に評価が変わるのも歴史の面白いところですね。

問1　会話文中の(1)から(5)にあてはまる最も ふさわしい語句を、漢字で答えなさい。

問2　下線部(a)について、関連する次の資料を見てあとの問いに答えなさい。

一. 政治はみんなの意見を聞いて決める
二. 身分の上下にこだわらず、心を合わせる
三. 国民のだれもが不平のない世の中にする
四. 今までのよくないしきたりを改める
五. 知識をひろく世界から取り入れ、りっぱな国にする

① この資料は明治政府の政治の方針を示したものです。この資料の名前として最もふさわしいものを次の中から1つ選び、記号で答えなさい。

ア　五箇条の御誓文　　イ　五榜の掲示　　ウ　十七条憲法　　エ　武家諸法度

② 明治政府は資料中の波線部のような世の中を目指しましたが、実際には改革に不満をもった士族たちを中心に各地で反乱がおこりました。これらの反乱のうち、1877年に鹿児島の不平士族がおこした反乱で、リーダーとなった人物を漢字4字で答えなさい。

問3　下線部(b)について、有力御家人の力を活用して鎌倉幕府を倒し、建武の新政をおこなった人物を漢字5字で答えなさい。

問4　下線部(c)について、この4つの藩にあてはまらないものを次の中から1つ選び、記号で答えなさい。

ア　会津藩　　イ　薩摩藩　　ウ　土佐藩　　エ　肥前藩

問5　下線部(d)について、それまでの税のしくみは、主に米でおさめ、その割合も年によって違うものでしたが、明治時代に新しいしくみに変わりました。このときに定められた内容について、①納税者、②税の割合、③納税の方法の3点が分かるように「～しくみになった。」の形に合うように説明しなさい。

問6　下線部(e)について、この戦いの名称(めいしょう)を答えなさい。またこの戦いが起こった場所として、最もふさわしいものを次の地図中から1つ選び、記号で答えなさい。

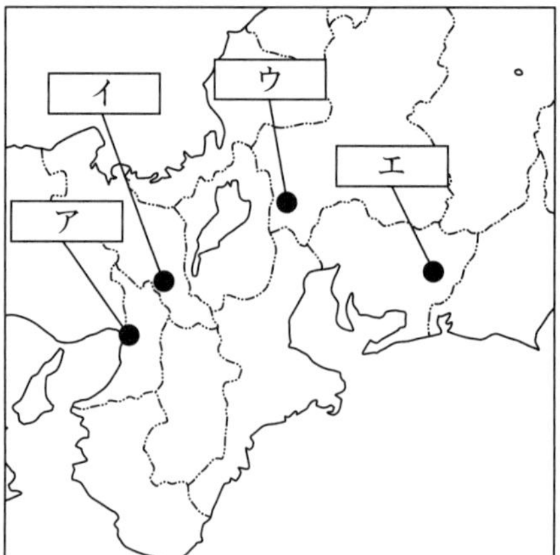

問7　下線部(f)について、この時代に起こった出来事①～④を時代順に並び変えたものとして、正しいものを次の中から１つ選び、記号で答えなさい。

①　初めての武士の法律として、御成敗式目が制定された。

②　生活が苦しくなった御家人を救うため、永仁の徳政令が出された。

③　執権北条時宗の時代に、２度にわたって元が博多湾に攻めてきた。

④　後鳥羽上皇が鎌倉幕府を倒そうとし、承久の乱がおこった。

ア　①→②→③→④　　イ　④→①→③→②

ウ　①→④→③→②　　エ　④→①→②→③

問8　下線部(g)について、室町時代の出来事についての説明として正しいものを１つ選び、記号で答えなさい。

ア　足利義満は南北朝の対立を終わらせ、勘合を使った日明貿易をおこなった。

イ　足利義昭は応仁の乱のさなか将軍の地位を子にゆずり、京都の東山に銀閣を建てた。

ウ　中国から禅宗が伝わり、道元がはじめた臨済宗は幕府の有力な武士の保護を受けた。

エ　山城国では一向宗を信じる武士や農民が一揆をおこし、守護大名を滅ぼし100年間この国の自治をおこなった。

問9　下線部(h)について、日本は朝鮮半島にあった国々と様々な形で関わってきました。その説明としてまちがっているものを１つ選び、記号で答えなさい。

ア　飛鳥時代には、高度な建築や彫刻の技術をもつ朝鮮からの渡来人やその子孫によって、寺院や仏像が作られた。

イ　中大兄皇子は唐と新羅によって滅ぼされた百済を助けるために、朝鮮半島に軍を送ったが白村江の戦いで敗北した。

ウ　室町時代のころには、倭寇が朝鮮半島沿岸や中国沿岸を荒(あ)らしまわった。

エ　豊臣秀吉は文永・弘安の役と呼ばれる２度にわたる朝鮮出兵をおこなったが、朝鮮の軍や民衆の激しい抵抗(ていこう)で失敗に終わった。

問10　下線部(i)について、この結果として好景気を招いた一方で、世の中にお金が多く出回りすぎて、物価があがってしまいました。このような現象を何というか。カタカナ８字で答えなさい。

問11　下線部(j)について、この政策は何という法令に基づいておこなわれたか。最もふさわしいものを次の中から１つ選び、記号で答えなさい。

ア　棄捐(きえん)令　　イ　禁中並公家諸法度　　ウ　宗門改め　　エ　上知令

問12　下線部(k)について、江戸時代に各地の大名によって蔵屋敷が多く建てられ、「天下の台所」とよばれた都市はどこですか。最もふさわしいものを次の中から１つ選び、記号で答えなさい。

ア　江戸　　イ　大阪　　ウ　京都　　エ　名古屋

問13　下線部(l)について、この人物名を漢字で答えなさい。

問14　生徒の会話文中の＜ あ ＞と＜ い ＞にあてはまる最もふさわしいものの組み合わせを次の中から１つ選び、記号で答えなさい。

ア　あ：農業　　い：商業　　　イ　あ：商業　　い：工業

ウ　あ：商業　　い：農業　　　エ　あ：工業　　い：農業

問15　１班から６班の政策・改革のうち、古い順に並び変えたときに３番目と５番目にくるものを「～班」の形にあてはまるように答えなさい。

3　次の文章を読んで、あとの問いに答えなさい。

国や地方公共団体は、家計や企業から(a)税を集めて、それを主な収入としています。そして、その収入を使ってさまざまな仕事を行っています。また、集められた税をもとに国の(b)予算をつくっています。日本では、税の使い道として、(c)少子高齢化の進展により、(d)社会保障関係費の割合が大きくなっています。

このような国や地方公共団体が行う経済活動を財政といい、国が行うものを国家財政、地方公共団体が行うものを地方財政といいます。

財政には三つの役割があります。(e)資源配分の調整、所得の再分配、経済の安定化です。その役割の中でも、近年注目されているのは経済の安定化です。市場経済では、好景気と不景気が繰り返されます。これを景気変動とよび国民生活に大きな影響を与えます。そこで、政府は景気の浮き沈み(うきしずみ)を調整するための政策を行います。

例えば、2019年には、「(1)・消費者還元(かんげん)事業」というものを行いました。消費者の負担を減らしながら消費をうながし、経済安定化を考えた事業です。この事業では、私たちが物を買う時に電子マネーなどの(f)現金を使わない(1)決済を利用するとポイントが還元されます。そのポイントは商品購入の時に使うことができます。

問１　文中の空らん(1)にあてはまる語句をカタカナ７字で答えなさい。

問２　下線部(a)について、あとの問いに答えなさい。

①　税は国に納める国税と地方公共団体に納める地方税に分類されます。また、徴収(ちょうしゅう)の仕方によって直接税と間接税に分けられます。次のうち地方税でありかつ、直接税であるものを１つ選び、記号で答えなさい。

ア　自動車税　　イ　法人税　　ウ　所得税　　エ　入湯税

②　税のうち、消費税は逆進性があるといわれています。逆進性とはどのような意味か説明しなさい。

③　次の棒グラフは世界の消費税率を表したもので、グラフのア〜エにはスウェーデン、カナダ、ノルウェー、日本のいずれかがあてはまります。日本にあてはまるものを１つ選び、記号で答えなさい。

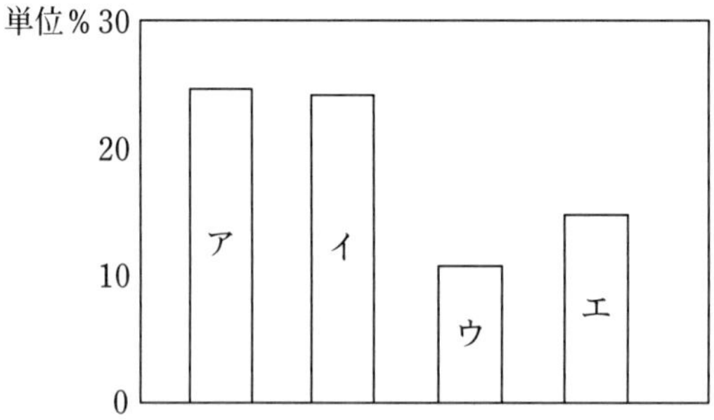

［国税庁HP　税の学習のページ掲載のグラフをもとに出題者が作成］

問３　下線部(b)について述べた文として、まちがっているものを次の中から１つ選び、記号で答えなさい。

ア　震災からの復興のためなど、一般会計の歳入・歳出と区別する必要のある会計を特別会計とよぶ。

イ　公共事業や社会保障、教育など国の政策に使われる予算を一般会計とよぶ。

ウ　予算は内閣が作成し国会に提出するもので、予算の発案権は内閣だけが持つ権利である。

エ　国民の出資によって設立された政府系金融(きんゆう)機関のお金の使い道を決めるには、国民審査と国会の議決が必要である。

問4　下線部(c)について日本の少子高齢化(こうれいか)対策のために行われていることとしてまちがっているものを次の中から１つ選び、記号で答えなさい。

ア　少子化対策の方向性を示した具体的目標として「子ども・子育て応援プラン」を掲(かか)げた。

イ　育児・介護休業法を制定し仕事と育児・介護が両立できる社会づくりを進めている。

ウ　全ての人が交通機関や施設をより安全・便利に利用できるように2006年にはバリアフリー新法が制定された。

エ　少子化をふまえて、2019年９月より公立小・中学校の義務教育の無償化(むしょうか)が始まった。

問5　下線部(d)について、あとの問いに答えなさい。

①　第二次世界大戦後のイギリスでは、生涯(しょうがい)にわたる社会保障を目ざすことを考えスローガンを立てました。このスローガンを「～から墓場まで」の形にあうようにひらがな４字で答えなさい。

②　社会保障の四本の柱である社会保険、公的扶助、社会福祉、公衆衛生について述べた文として、まちがっているものを次の中から１つ選び、記号で答えなさい。

ア　社会保険は、加入者が前もって保険料をはらっておくと、病気にかかった時に一定基準の現金給付やサービスを受けることができる制度である。

イ　公的扶助は、収入がなくなり自分たちだけでは生活ができなくなった人に、地方公共団体が最低限の生活を保障する制度で、対象(たいしょう)となった人は全ての国税が免除され、電気代などの生活費用の半額補助(ほじょ)を行う。

ウ　社会福祉は、障がい者や高齢者などに対し、福祉施設の設置やサービスを行い、それらの人々の自立を援助する制度である。

エ　公衆衛生とは、国民の健康的な生活を考え病気を予防するために、生活環境や医療などを整備することであり、保健所が中心的な役割を行う。

問6　下線部(e)について、国や地方公共団体は、利益を生み出しにくい、公園や道路、上下水道などの社会資本の整備などを行っています。他には公共サービスの提供も行っています。これを資源の再配分といいます。公共サービスの提供の例としてまちがっているものを選び記号で一つ答えなさい。

ア　地域の市民図書館や公民館やスポーツ施設等の設置。

イ　公立中学校や高等学校、大学の設置。

ウ　ハローワークでの職業紹介。

エ　鉄道の運行情報を伝えること。

問7　下線部(f)について、あとの問いに答えなさい。

①　2024年度日本では新しいお札が発行されます。新１万円札にえがかれている人物名を漢字で答えなさい。

②　2024年度より発行されるお札は、現在よりも数字が大きく書かれています。これは国籍や障がい、使用言語などに関係なく使いやすくすることを目指したためです。このように、全ての人にとって使いやすくなることを考えたデザインをなんとよびますか。「～デザイン」の形に合うようにカタカナ６字で答えなさい。

麗澤中学校(第１回ＡＥコース)

—30分—

1　次の表は、麗澤中学校の１年生が九州・中国・四国・近畿地方の４つの地方区分から都道府県を１つずつ選び、その都道府県の特色について調べ学習を行いまとめたものである。後の問いに答えなさい。

都道府県	地域区分	特色
A	九州地方	○マンゴーやブランド牛、地どりなどの食材が豊かである。 ○暖かい黒潮のおかげで温暖な気候である。 ○プロ野球やサッカー、ラグビーなどのキャンプが行われる。
B	中国地方	○お好み焼きが有名。 ○①おだやかな海で海産物の養殖がさかんである。 ○世界文化遺産である厳島神社や原爆ドームがある。
C	四国地方	○郷土料理の鯛めしが有名。 ○今治市では伝統的な(②)産業が有名である。 ○日本有数のかんきつ類の産地である。
D	近畿地方	○たこ焼きやお好み焼きが有名。 ○県庁所在地は、西日本の商工業や交通の中心都市である。 ○2025年に日本国際博覧会が開催される。

問１　表中のＡ～Ｄの都道府県名を答えなさい。

問２　次の資料１中のア～エは表中のＡ～Ｄの都道府県のいずれかにあたる。ア～エの都道府県にあたるものをＡ～Ｄよりそれぞれ１つ選びなさい。

資料１

項目／都道府県	農業産出額(億円)(2021年)	内訳(%)				製造品出荷額等(十億円)(2019年)			
		米	野菜	果実	畜産	総計	化学工業	鉄鋼業	輸送用機械器具
ア	1,190	19.8	20.8	14.1	40.9	9,742	434	1,187	3,257
イ	3,348	5.2	20.3	3.9	64.4	1,635	152	22	63
ウ	311	20.9	45.3	20.9	6.1	16,938	1,657	1,442	1,562
エ	1,226	12.2	16.1	43.4	21.0	4,309	344	118	431

(『2023 Vol. 35 データブックオブ・ザ・ワールド』より作成)

問３　下線部①について、この海産物とは何か、次の資料２を参考にして答えなさい。

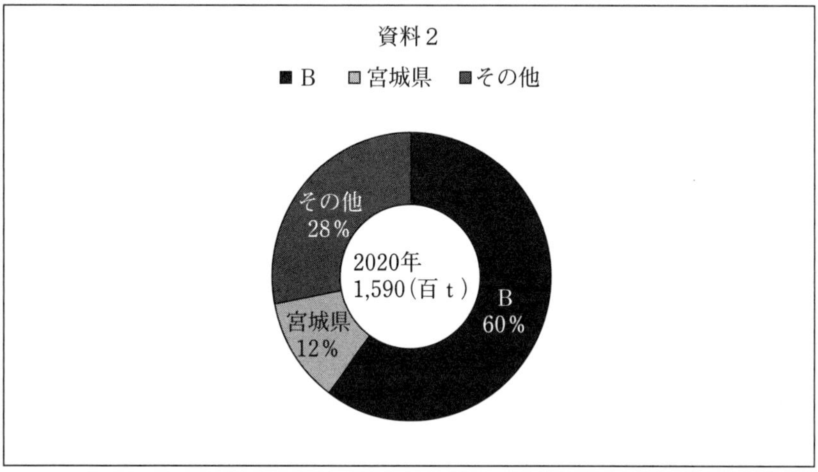

(『2023 Vol. 35 データブックオブ・ザ・ワールド』より作成)

問４　表中の(　②　)に適する語句を入れなさい。

問５　次の資料３は地図中の西都市、下関市、出雲市における30年間(1991～2020年)の日照時間の平年値(年・月ごとの値)である。各都市と資料３中ａ～ｃとの正しい組み合わせをア～カより１つ選びなさい。

資料３

	1月	2月	3月	4月	5月	6月	7月	8月	9月	10月	11月	12月	年
a	95.8	116.1	162.9	187.6	207.1	146.6	172.4	207.2	161.9	176.3	134.7	102.6	1875.9
b	53.9	80.3	140.4	186.1	208.8	164.2	178.5	207.9	152.5	155.3	107.3	65.4	1697.4
c	184.1	169.3	184	186.2	177.7	111.2	187.3	199.3	153	175	162.7	177.5	2067.3

(気象庁ＨＰより作成)

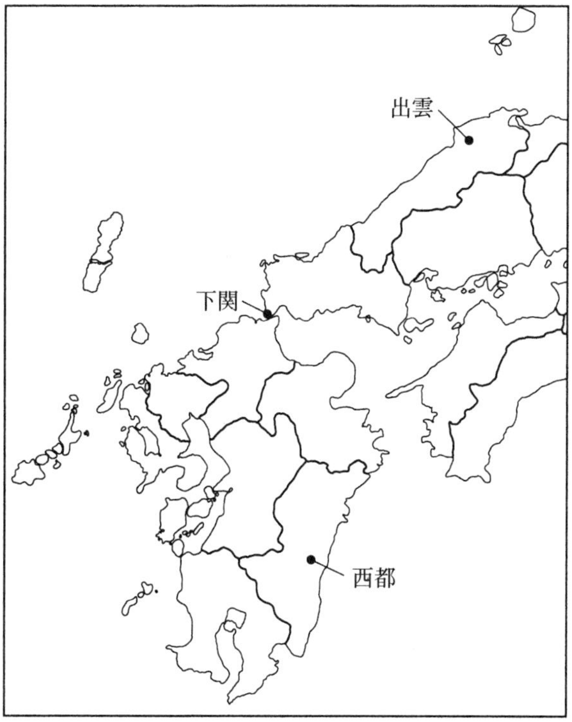

	ア	イ	ウ	エ	オ	カ
西都市	a	a	b	b	c	c
下関市	b	c	a	c	a	b
出雲市	c	b	c	a	b	a

2　わが国の貿易の特色に関する次の文を読んで、後の問いに答えなさい。

日本は、小麦や大豆などの食料に加えて、原油・天然ガス・①石炭といったエネルギー資源、鉄鉱石などの原材料を外国からの輸入に頼っている。原料を輸入して工業製品を生産し、外国に輸出する(　②　)貿易で発展してきた。1960～1980年にかけて輸出品の中心は、せんい品から機械類・自動車・鉄鋼などへ移っていった。

1980年代には、日本の貿易黒字が増え、アメリカなどと貿易摩擦に発展し、1980年代半ばからは日本の自動車産業は現地生産を増やした。また、③中国などアジアに工場を移して日本から部品や素材を輸出し、アジアで製造を開始した。

その後日本の貿易額は、1981年から2010年まで黒字が続いた。しかし、④その後は貿易赤字が続いている。

問１　日本は下線部①を主にどこの国から最も輸入しているか、地図中のア～エから１つ選び、記号で答えなさい。

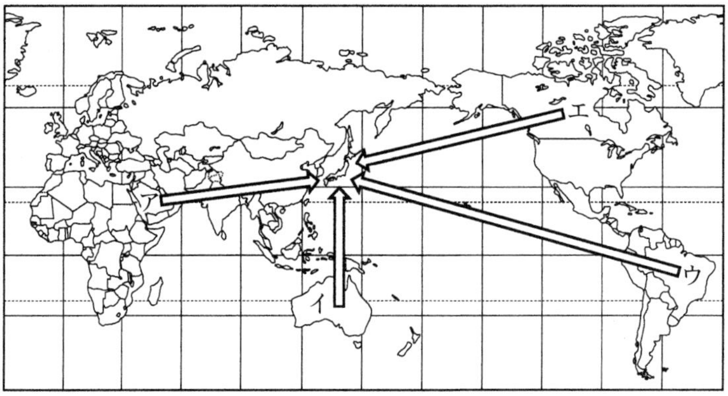

問２　文中の(　②　)に適する語句を答えなさい。**(漢字２字で)**

問３　下線部③の結果、日本国内の製造業が衰退する現象が起こったが、これを何というか答えなさい。

問４　下線部④について。資料１を見ると2022年は大幅な貿易赤字となっていることが分かり、この原因について経済面と国際情勢の観点から仮説を立ててみた。次の仮説の文中にある(　Ｘ　)と(　Ｙ　)に入る文の組み合わせとして正しいものを、後のア～エより１つ選びなさい。

資料１　日本の輸出入額の推移(単位　億円)

	輸出	輸入	輸出－輸入
1990年	414,569	338,552	76,017
2000年	516,542	409,384	107,158
2010年	673,996	607,650	66,347
2015年	756,139	784,055	－27,916
2022年	981,860	1,181,573	－199,713

(財務省「貿易統計」より作成)

仮説

2022年に日本の貿易赤字が大幅に増えた原因として、経済面では(Ｘ)があげられ、また国際情勢では(Ｙ)からではないかと考える。

ア　Ｘ　石油などの価格の値上がりに加え、円高が拍車をかけたこと
　　Ｙ　アメリカと中国との対立が深まった
イ　Ｘ　石油などの価格の値上がりに加え、円安が拍車をかけたこと
　　Ｙ　イギリスがＥＵを離脱した
ウ　Ｘ　石油などの価格の値上がりに加え、円高が拍車をかけたこと
　　Ｙ　ＷＨＯ(世界保健機関)が新型コロナウイルスのパンデミックを宣言した
エ　Ｘ　石油などの価格の値上がりに加え、円安が拍車をかけたこと
　　Ｙ　ロシアがウクライナへ軍事侵攻した

3

【1】 次の問いに答えなさい。

問１　右の写真のような青銅器を何というか答えなさい。

写真

問２　聖徳太子が第１回の遣隋使として、中国に派遣したのは誰か答えなさい。

問３　鎌倉時代の日本に遠征軍を派遣した元の皇帝は誰か答えなさい。

問４　江戸時代の初期に、海外渡航の許可証をもち、主に東南アジアで貿易を行った船を何というか答えなさい。

問５　江戸時代に箱根などにおかれ、「入り鉄砲に出女」などの取り締まりを行ったところは何か答えなさい。(**漢字２字で**)

【2】 次の文章をよく読んで後の問いに答えなさい。

2023年は、家庭用ゲーム機ファミリーコンピュータ(ファミコン)の発売から40周年であった。今日でもゲームは、いわゆるテレビゲームのほか、スマホやタブレット、パソコンなど様々な端末を通して、多くの人に楽しまれている。

では昔の人たちは、どのような遊びを楽しんでいたのだろうか。遊びに関する記録が登場するのは$_a$7世紀以降であり、宮中(きゅうちゅう)の人々を中心に、相撲(すもう)観戦、矢を用いた射的、蹴鞠(けまり)、囲碁(いご)のほか、盤(ばん)上で行う双六(すごろく)なども行われていたという。$_b$平城京の跡(あと)からも、サイコロ、竹とんぼ、コマなどが見つかっている。ただし、これらのなかには、$_c$天皇制が確立するなかで、純粋(じゅんすい)な遊びというだけでなく、宮中の儀式として行われるようになったものもあった。

また、遊びは多くの場合、賭(か)け事として行われた。鎌倉時代には$_d$武士も双六を愛好するよ

うになったというが、この双六から独立したサイコロ遊びなどでも賭け事が行われていたという。このような風潮に対して、e『徒然草』の著者は、「無益なこと」だと考えを述べていた。

私たちになじみのある将棋(しょうぎ)は、ほかの遊びよりも遅れて登場した。しかし、鎌倉・室町時代にはかなり普及していき、たとえば、f後鳥羽上皇が近臣と将棋の話をしたという記録もあり、室町時代の15世紀には熱心に囲碁や将棋にうちこむ貴族がいたという。こうして、現在の囲碁・将棋文化の基礎が築かれていった。

そして戦国時代へ向かっていく時代のなかで、新しい遊びが生まれた。「あみだくじ」の原点となった「阿弥陀(あみだ)の光」という遊びが行われたほか、gヨーロッパ船が来航するようになると、ポルトガルのカードゲームがカルタとして日本にもたらされた。豊臣秀吉によるh朝鮮出兵の際にも、基地となった九州の名護屋(なごや)で武士たちがカルタに熱中したため、戦国大名の長宗我部(ちょうそかべ)元親(もとちか)がカルタ禁止令を出したという。

これまでは、天皇や朝廷の貴族たちが遊び文化の中心であったが、i江戸時代になると武士や庶民といった幅広い人々が遊び手となっていった。双六も現在のものにより近くなり、各地の名所めぐりや人気の役者などを題材にしたものも作られた。とはいえ、遊びが取り締まりの対象となることもあり、j天保の改革では、色とりどりの華やかな双六が禁止されたという。しかし、こうした苦しいなかでも、人々は新しい遊びを作り出すことをやめず、現在にも様々な遊びが受け継がれているのである。

問６　下線部ａについて。７世紀とは西暦何年から何年までか、正しいものを次のア～エより１つ選びなさい。

ア　600年から700年　　イ　601年から700年

ウ　600年から701年　　エ　601年から701年

問７　下線部ｂについて。平城京に都がおかれたのは何年か、西暦で答えなさい。

問８　下線部ｃについて。天皇の政治に関する次のＡ～Ｄを時代順に並べ替えたものとして正しいものを、後のア～エより１つ選びなさい。

Ａ　日本初の都城である藤原京を都とした。
Ｂ　坂上田村麻呂を征夷大将軍に任命して東北へ派遣した。
Ｃ　全国に国分寺・国分尼寺を建てるように命じた。
Ｄ　皇位継承(けいしょう)をめぐって壬申の乱がおこった。

ア　Ｄ→Ａ→Ｃ→Ｂ　　イ　Ａ→Ｄ→Ｂ→Ｃ

ウ　Ａ→Ｂ→Ｄ→Ｃ　　エ　Ｄ→Ｂ→Ｃ→Ａ

問９　下線部ｄについて。武士が活躍した保元の乱と平治の乱に関して述べた次のＸ・Ｙの文の正・誤の組み合わせとして正しいものを、後のア～エより１つ選びなさい。

Ｘ　保元の乱の結果、源氏が東北の安倍氏をほろぼした。
Ｙ　平治の乱で平清盛が勝利し、平氏が政治の実権を握っていった。

ア　Ｘ－正　Ｙ－正　　イ　Ｘ－正　Ｙ－誤

ウ　Ｘ－誤　Ｙ－正　　エ　Ｘ－誤　Ｙ－誤

問10　下線部ｅについて。『徒然草』の著者は誰か答えなさい。

問11　下線部ｆに関連して。『新古今和歌集』は後鳥羽上皇の命によって作られた。『新古今和歌集』が成立したころよりも新しい時代の文化の説明として、正しいものを次のア～エより１つ選びなさい。

ア　かな文字による文学作品が作られるようになった。

イ　諸国の伝説や産物などが記された『風土記』が成立した。

ウ　須恵器という土器が使われるようになった。

エ　『浦島太郎』などのお伽草子が作られた。

問12　下線部ｇについて。日本とヨーロッパの関わりを説明した文として正しいものを次のア～エより１つ選びなさい。

ア　フランシスコ・ザビエルにより日本に初めて鉄砲がもたらされた。

イ　織田信長は、キリスト教宣教師の国外追放を命じた。

ウ　南蛮貿易といわれる、ヨーロッパとの貿易が行われた。

エ　江戸幕府は、ポルトガル船に続いて、スペイン船も来航禁止とした。

問13　下線部ｈについて。豊臣秀吉の朝鮮出兵を説明した文として**誤っているもの**を次のア～エより１つ選びなさい。

ア　清を従わせるため、朝鮮に協力を求めたことがきっかけとなった。

イ　李舜臣の率いていた朝鮮水軍に日本軍は苦戦した。

ウ　秀吉の病死がきっかけとなり、日本は兵を引き上げた。

エ　朝鮮から陶工が連れてこられたことで、有田焼などが日本でおこった。

問14　下線部ｉについて。江戸時代の社会を説明した文として正しいものを次のア～エより１つ選びなさい。

ア　人々を寺院に所属させ、仏教徒であることを寺院に証明させた。

イ　マニュファクチュアともいわれる問屋制家内工業が発達した。

ウ　東回り航路などの海上交通が、伊能忠敬によって整備された。

エ　公地公民制のもと、６歳以上の男女には口分田が与えられた。

問15　下線部ｊについて。なぜこの改革によって華やかな双六は禁止されてしまったのか、天保の改革の内容と結び付けて説明しなさい。

④　最近ガソリンの価格が上がっていることに気づいたあるクラスは、燃料について調べ、その内容をまとめました。まとめた文章をよく読んで、後の問いに答えなさい。

【石炭】

日本では、15世紀に石炭が発見されたと言われている。その後17世紀の後半には家庭用燃料として一部で用いられるようになり、18世紀に入ると産業用としても用いられるようになった。開国後は外国船の燃料として供給されるようになり、ａ1857年には釧路で炭鉱が開発された。また、佐賀藩が英国人のグラバーの指導の下で1868年に高島炭鉱を開発するなど、炭鉱の開発は北海道や九州で進んでいった。明治に入ると石炭は蒸気機関を動かす燃料として、船舶などの燃料として、また工場の機械を動かしたり、発電などにも用いられるようになった。福岡県北九州市に建設され、1901年に操業を開始した［　Ａ　］は日清戦争で得た賠償金を元に、筑豊炭田から鉄道や水運で石炭を大量・迅速に調達できる利点などもあり、この地に建設されたと言われている。石炭はこうして産業を動かしていく原動力となったが、戦後、採掘(さいくつ)時の事故や環境・人体への影響などのリスクなどもあり、石油製品の普及とともに各地の炭鉱は衰退、閉山を余儀なくされた。

【石油】

日本において石油開発産業が進んだのは明治時代になってからで、1871年に長野県で行われた採掘が最初と言われている。その後、エンジンなどの内燃機関の発達とともに、石油の需要は高まっていき、日本国内の石油採掘は盛んに行われ、b 1920年ごろには、石油需要の75％を国内生産で賄っていたとされる。こうした動きは世界各国でも同様で、石油をめぐって「石油の一滴は血の一滴」などと言われるほどであった。のちに日本はアメリカとの戦争に進んでいくが、その背景にはひっ迫した石油貯蓄(ちょちく)量の中、アメリカによる c「対日石油輸出の禁止」の政策によって開戦論が強くなったこともあったと言われ、石油は戦争の一因にもなるほど重要な資源となった。

戦後、石油の需要はさらに高まり、国内生産の割合は下がり、海外油田で生産された石油の割合が増えていった。1970年代に石油が手に入りにくくなり価格が高騰(こうとう)したが、これは［　　B　　］によるものである。これにより、世界経済は混乱したが、一方で国内では「省エネ」が叫ばれるようになり、技術革新にもつながった。現在、石油などを燃やすことにより発生する二酸化炭素の排出量を減らす取り組みが進んでいるが、様々な製品に加工することができる石油は未だ需要の多い資源と言える。

問１　下線部ａについて。ここで採掘された石炭は、幕末に開港した北海道の港に来航する船に供給されたが、その港とはどこか。次のア～エより１つ選びなさい。

ア　札幌　　イ　小樽　　ウ　根室　　エ　函館

問２　空欄Ａに適語を補いなさい。

問３　下線部ｂについて。このころの日本の様子を述べたものとして適当なものを次のア～エより１つ選びなさい。

ア　海軍軍縮条約の締結に不満を持った青年将校らによって当時首相だった犬養毅が暗殺された。

イ　盧溝橋(ろこうきょう)事件をきっかけに日中両軍が衝突(しょうとつ)し、政府は不拡大方針をとったが軍部の圧力に屈し、全面戦争へと進んでいった。

ウ　シベリア出兵を当て込んだ米の買い占めにより、米の価格が高くなり、富山県での騒動をきっかけに米の安売りを求める米騒動が起きた。

エ　イギリス船ノルマントン号が沈没し、日本人の乗客が見殺しになった事件をうけて、国内で条約改正を求める声が強まった。

問４　下線部ｃについて。アメリカがこの政策をとったのは、日本が東南アジアのある地域に進出したことによるが、それはどこか。次のア～エより１つ選びなさい。

ア　ベトナム　　イ　タイ　　ウ　イラン　　エ　ケニア

問５　空欄Ｂに入れる文章として適切なものを次のア～エより１つ選びなさい。

ア　アメリカがベトナム戦争で石油を大量に必要とし、供給量がおいつかなかったこと

イ　中東地域で戦争が起こり、石油が入ってこなくなることが予想されたこと

ウ　朝鮮戦争で石油を運んでくるルートが危険になり、入手が困難になったこと

エ　インドや中国などの新興国で自動車の販売台数が増え、需要が高まったこと

5　次の文章を読んで後の問いに答えなさい。

「選挙」とは、私たちの意見を政治に反映させるために、私たちの代表を選ぶ仕組みです。その代表を選ぶことができる権利、つまり選挙で投票できる権利を①「選挙権」といい、一定の年齢(選挙権年齢)に達した国民に与えられる権利です。この選挙権年齢が、平成27年の公職選挙法の改正により、これまでの20歳以上から［　あ　］。

これは、少子高齢化が進むなかで未来の日本に生きていく若い世代に、現在そして未来の日本のあり方を決める政治に関与してもらいたい、という意図があるからです。

我が国では、「有権者」になると、②衆議院と参議院の国会議員を選ぶ「国政選挙」や、都道府県の知事や市区町村長と、それらの議会の議員を選ぶ「地方選挙」で投票することができます。これらの議員や知事などの仕事は、私たち国民や住民の代表として、国や地方の政治を行うことです。

では、政治とは何かというと、その一番わかりやすい役割は、国民や地域の住民からどのように③税金を集め、その税金をどのように使うか決めることだといえるでしょう。税金の集め方や使い方について個人や団体によって考えが異なるため、異なる様々な意見を調整し、まとめていくことになります。

同様に、法律や制度など国や④社会のルールを作ること、社会の秩序を守り統合を図ることも政治の大きな役割です。こちらも個人や団体によって異なる考え方や意見の対立を調整し、解決を図ることが大切です。

(政府広報オンライン『若者の皆さん！あなたの意見を一票に！』)

問１　下線部①について。日本の選挙の原則のうち、財産や性別などに関係なく、すべての成人に選挙権を保障する原則として正しいものを次のア～エより１つ選びなさい。

ア　平等選挙　　イ　普通選挙　　ウ　直接選挙　　エ　秘密選挙

問２　［　あ　］にはどのような内容の文章が入るか、答えなさい。(20字以内で)

問３　下線部②について。次の表は、平成28年以降の国政選挙における年代別投票率である。

国政選挙における年代別投票率(総務省)　　(%)

	2016年	2017年	2019年	2021年	2022年
	A	B	C	衆議院	参議院
10歳代	46.78	40.49	32.28	43.21	35.42
20歳代	35.60	33.85	30.96	36.50	33.99
30歳代	44.24	44.75	38.78	47.12	44.80
40歳代	52.64	53.52	45.99	55.56	50.76
50歳代	63.25	63.32	55.43	62.96	57.33
60歳代	70.07	72.04	63.58	71.43	65.69
70歳代以上	60.98	60.94	56.31	61.96	55.72
全体	54.70	53.68	48.80	55.93	52.05

(1)　表中の空欄Ａ・Ｂ・Ｃにあてはまる語句の組み合せとして正しいものを次のア～カより１つ選びなさい。

ア　Ａ　衆議院　　Ｂ　衆議院　　Ｃ　参議院
イ　Ａ　参議院　　Ｂ　衆議院　　Ｃ　衆議院
ウ　Ａ　参議院　　Ｂ　衆議院　　Ｃ　参議院
エ　Ａ　衆議院　　Ｂ　参議院　　Ｃ　衆議院

オ　Ａ　衆議院　　Ｂ　参議院　　Ｃ　参議院

カ　Ａ　参議院　　Ｂ　参議院　　Ｃ　衆議院

(2)　前の表から読みとれることとして正しいものを次のア～エより１つ選びなさい。

ア　年代が上がるにつれ、投票率も高くなる。

イ　最も低い投票率でも、最も高い投票率の半分を下回ることはない。

ウ　いずれの選挙でも10歳代の投票率が最も低い。

エ　いずれの選挙でも全体の投票率を上回るのは、50歳代より上の年代である。

問４　次の図は、麗子さんの家族構成と現在の年齢を表したものである。後の文章の空欄Ｄ・Ｅにあてはまる数字を答えなさい。

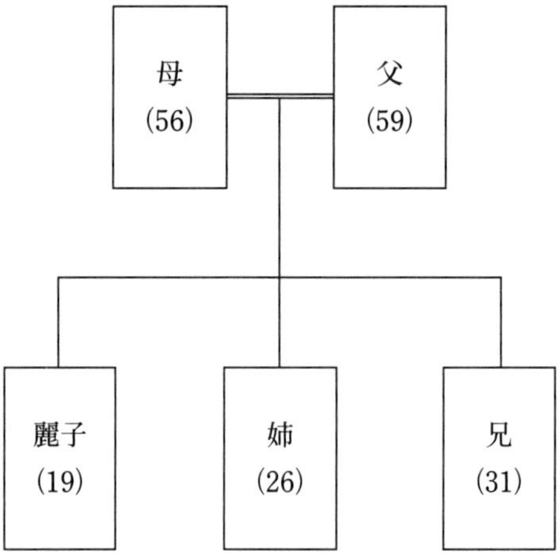

麗子さんの家族の中で、昨年８月の柏市議会議員選挙で被選挙権が認められたのは(　Ｄ　)人、来年７月の参議院議員選挙で被選挙権が認められるのは(　Ｅ　)人である。

問５　下線部③について。次の表は、所得額に対する税率をまとめたものである。このような所得への課税方法を何というか、正しいものを後のア～エより１つ選びなさい。

個人の所得税率一覧

課税所得	所得税率
195万円以下	5％
330万円以下	10％
695万円以下	20％
900万円以下	23％
1,800万円以下	33％
4,000万円以下	40％
4,000万円超	45％

ア　インボイス制度　　イ　累進課税　　ウ　確定拠出型　　エ　マイナ制度

問６　下線部④について。次の文章の空欄Ｆ・Ｇにあてはまる語句を答えなさい。

柏市の住民が(　Ｆ　)の制定や改廃を求める時には、有権者の(　Ｇ　)分の１以上の署名を集めて市長に提出する。

早稲田実業学校中等部

—30分—

【注意】 1　解答は、とくに指示がない限り、漢字で書くべきところは正しい漢字を使って答えなさい。

2　複数の解答がある場合には、とくに指示がない限り、答える順番は問いません。

1　次の文章を読んで、以下の問いに答えなさい。

米は、日本人にとって特別な食べものです。大昔に大陸から稲作が伝わって以来、長い間日本人に親しまれてきました。

1稲作は、縄文時代の終わりから弥生時代の初めにかけて日本に伝わると、またたく間に西日本一帯に広まり、弥生時代の中頃には東北地方北部にまで広がっていました。耕作には木製の農具が用いられ、籾(もみ)を直(じか)に播(ま)く方法と田植えの方法とがありました。収穫には2石包丁が用いられ、籾を摺(す)るのには木製の臼(うす)と竪杵(たてきね)などが使われました。のちには、農具として鉄鎌や鉄の刃先を付けた鍬(くわ)や鋤(すき)が使われるようになり、生産力が上がりました。このように稲作が普及すると、3人々の社会は大きく変化しました。

奈良時代には、人々は戸籍に登録され、4口分田(くぶんでん)が与えられました。しかし、人口増加などで口分田が不足していくと、朝廷は開墾(かいこん)することを奨励し、開墾した者にその土地の私有を認めました。これにより、5貴族や寺院などの有力者は農民などを雇って開墾させたり、土地を買い集めたりしていきました。

武家の時代に移り、鎌倉幕府・室町幕府が開かれました。その後、戦国時代を経て、天下を統一した6豊臣秀吉は、太閤検地と呼ばれる改革をおこないました。ものさしや枡(ます)を統一して、田畑の面積や質を調査し、予想される収穫量を石高で表しました。また、実際に耕作している者が検地帳に登録され、年貢を納めることが定められました。

江戸時代に入ると、百姓は田畑をもつ本百姓(ほんびゃくしょう)ともたない水呑百姓(みずのみびゃくしょう)に分かれ、有力な本百姓は村役人となって村をまとめました。年貢は主に米で納められ、五人組の制度をもうけて連帯責任を負わせました。農地の面積は大規模な新田開発によって大幅に増え、7農具も改良が加えられたり、新しい農具が開発されたりしました。また、肥料もこれまでの刈敷(かりしき)・草木灰(そうもくかい)と呼ばれる肥料に加えて、8質の良い肥料を購入して使うようになりました。こうして生産力が大きく向上していきましたが、それでも毎年決まった量の米が収穫されるわけではありませんでした。たびたび大凶作に見舞われ、百姓たちが一揆を起こすなど、9各地で騒動が起きました。

明治時代に入ると、資本主義の発達によって人々のくらしは豊かになっていきました。農村でも、田畑などの土地を持つ地主が、さらに土地を買い集めたり、会社をつくったりして、より裕福になっていきました。その一方で、田畑をわずかしか持たない農民や、田畑を手放して小作人になった人々の生活は苦しく、10子どもを工場に働きに出す人も多くいました。

時代は昭和に移り、日中戦争、さらに11太平洋戦争が長期化すると、食料をはじめとする生活必需品の生産が滞(とどこお)るようになりました。人々は米の配給を待ちましたが、次第に米の配給も滞り、いもなどの代用食が配給されました。12戦後まもなく、日本国内の人口が急増したこともあり、都市には失業者があふれました。そのため、食料の不足はいっそう深刻となり、都市の住民は農村に買出しに行くなどして飢えをしのぎました。

問1　下線部1について、現在では全都道府県で稲作がおこなわれるようになりました。過去

10年（2013年産～2022年産）にわたり、米の生産量がつねに上位３位以内に入っている都道府県を、次の中から３つ選び、記号で答えなさい。ただし、順位や答える順番は問いません。

ア　北海道　　イ　青森県　　ウ　岩手県　　エ　秋田県　　オ　山形県　　カ　新潟県

問２　下線部２について、次の問いに答えなさい。

①　石包丁の写真を次の中から１つ選び、記号で答えなさい。

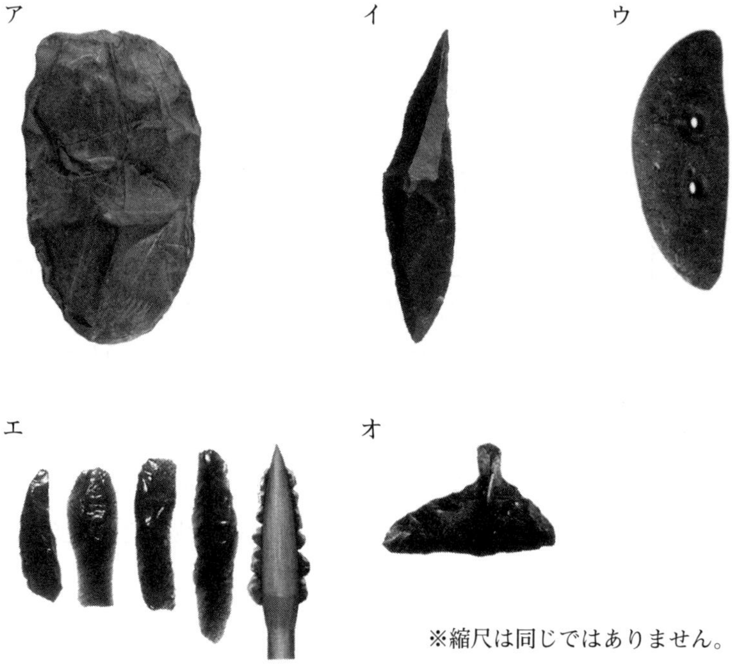

※縮尺は同じではありません。

②　収穫の時、石包丁を使って稲のどの部分を刈り取りましたか。刈り取った部分を右の絵に示されたア～ウの中から１つ選び、記号で答えなさい。

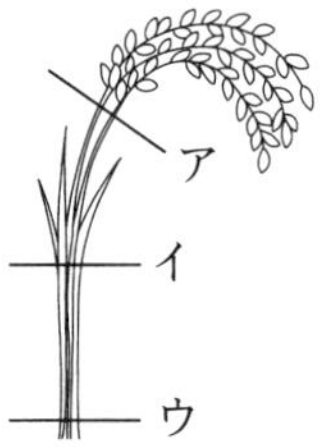

問３　下線部３について、人々の社会はどのように変化したか説明しなさい。

問４　下線部４について、次の問いに答えなさい。

①　口分田が与えられたのは、どのような人々ですか。正しいものを次の中から１つ選び、記号で答えなさい。

ア　６歳以上の男子　　イ　６歳以上の男女　　ウ　12歳以上の男子

エ　12歳以上の男女　　オ　18歳以上の男子　　カ　18歳以上の男女

②　口分田にかけられた税を何というか答えなさい。

問５　下線部５について、有力者が手にした土地を何というか答えなさい。

問６　下線部６がおこなったこととして、正しいものを次の中から３つ選び、記号で答えなさい。

ア　秀吉は足利義昭に仕（つか）え、織田信長とともに天下統一に向けて領土を広げていった。

イ　秀吉は、本能寺の変で亡くなった織田信長のあとを継ぎ、九州・関東・東北などを平定し、全国統一を果たした。

ウ　秀吉は、約400万石の領地を持ったり、江戸・大坂・京都などの重要な都市を直接支配したりしたほか、佐渡金山や石見銀山などの鉱山を直接支配して開発を進めた。

エ　秀吉は、長崎がイエズス会に寄進されていることを知り、宣教師の国外追放を命じた。

オ　秀吉は、武力による一揆を防ぐために刀狩を命じ、農民から武器を取り上げたことによって、武士と農民との身分上の区別が明確になった。

カ　明と朝鮮を征服するため、秀吉はみずから朝鮮に渡って指揮し、日本軍は朝鮮半島全域に進出したものの、明の援軍と朝鮮水軍の反撃により、朝鮮南部まで撤退することになった。

問７　下線部７について、次の写真は現在の農業機械です。この機械の役割を果たす江戸時代の農具を、あとのア～エの中からすべて選び、記号で答えなさい。

ア

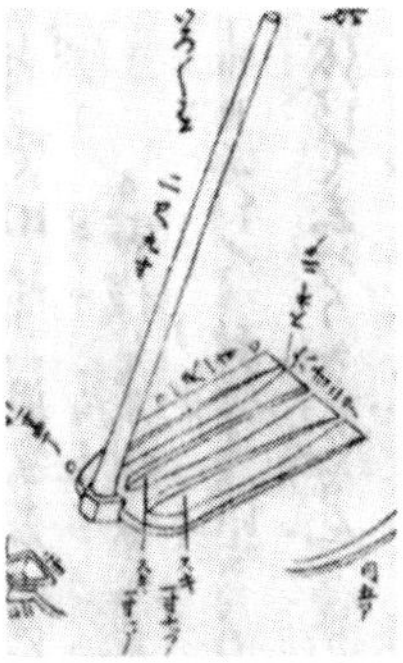

イ

ウ

エ

※資料は一部加工しています。

問８　下線部８について、いわしを干して作った肥料を何というか、ひらがなで答えなさい。

問9　下線部9について、以下はある人物が事件を起こすにあたって民衆に訴えた文章の要約です。この文章を読んで、次の問いに答えなさい。

…この頃、米の値段が高くなっているうえに、大坂町奉行所の者たちは思いやりを忘れ、好き勝手な政治をし、江戸には米を送るのに、京都へは米を送らない。…そのうえ自分勝手なお触れを出し、大坂の商人だけを大切に考えるのは、道義仁義を知らない愚(おろ)か者である。…大坂の金持ちは、大名に貸した金銀の利子などで、かつてなかったほどに裕福に暮らしている。…この困難な時に…普段通りに娯楽にふけるとは何ということか。…このたび有志の者と話し合い、民衆を苦しめている諸役人と大坂市中の金持ちの町人を責め殺すつもりである。この者たちが貯めておいた金銀銭や俵米をそれぞれ配るので、…生活に困窮している者は…早く大坂にかけつけなさい。それぞれに米や金を分け与えよう。…

①　この文章を書いた人物を答えなさい。

②　この事件に関連する絵を次の中から１つ選び、記号で答えなさい。

ア

イ

ウ

エ

問10　下線部10について、次の問いに答えなさい。

①　当時の労働環境がひどかったため、1911年に定められた法令を答えなさい。

②　①の法令は不十分な内容であったため、1947年に新たな法令が定められました。その法令を答えなさい。

問11　下線部11について、次の出来事を起きた順番に並べ替え、記号で答えなさい。

ア　アメリカ軍の沖縄本島上陸　　イ　日本に対するソ連の参戦

ウ　広島への原爆投下　　エ　長崎への原爆投下

問12　下線部12について、都市に失業者があふれる原因となった人口急増の理由を答えなさい。

2　次の文章を読んで、以下の問いに答えなさい。

図１は、1990年度から2004年度までの日本の米の国内生産量と輸入量を示したグラフです。この期間のある年に米の不作が起こり、「平成の米騒動」と呼ばれる出来事がありました。

この米の不作の原因は80年ぶりの大冷夏であり（図２参照）、1フィリピンの火山の大爆発や、偏西風の蛇行（だこう）と【 A 】現象がその要因にあげられています。【 A 】現象は日本に冷夏と暖冬をもたらし、反対に【 B 】現象は日本に夏の猛暑、冬の寒冷をもたらす傾向があります。それに加えてこの年は梅雨前線が長期間、日本列島付近に停滞しました。梅雨前線は北側のオホーツク海気団と南側の【 C 】気団との間に形成されます。通常、オホーツク海気団が弱まって【 C 】気団が張り出すことで梅雨明けとなりますが、この年は【 C 】気団が弱く、オホーツク海気団が長い間強い勢力を保っていて、そこから2冷たい風が吹きました。

日本政府は米不足に対応すべく、外国から米の緊急輸入を進めました。まずタイから米が輸入され、翌年には他国からも輸入されました。輸入によって量的不足は解消しましたが、輸入米の多くが3インディカ米であり、結局、輸入米のうちおよそ98万トンが売れ残ってしまいました。

この「平成の米騒動」は翌年には解消されます。６月に入り早場米が出回る頃から、米騒動は徐々に沈静化していきました。さらに全国的な豊作により、米騒動は完全に収束することになりました。しかしながら、この米騒動により、4冷害に弱い品種から強い品種への作付けの転換が進みました。

また、それまで外国産米の輸入を全面的に禁止してきた日本政府でしたが、この米騒動にともなって米を緊急輸入したことにより、これまでの方針を撤回して外国産米の輸入を解禁せざるを得ない状況になります。その結果、図１の通り「平成の米騒動」後には、限定的ながら米の輸入が開始されます。こうした米の輸入解禁にともない、日本国内の食糧制度を見直す必要が出てきました。こうして5新食糧法が制定されることになり、この「平成の米騒動」を契機に、戦後長らく続いてきた日本の食糧政策は大きく転換することになりました。

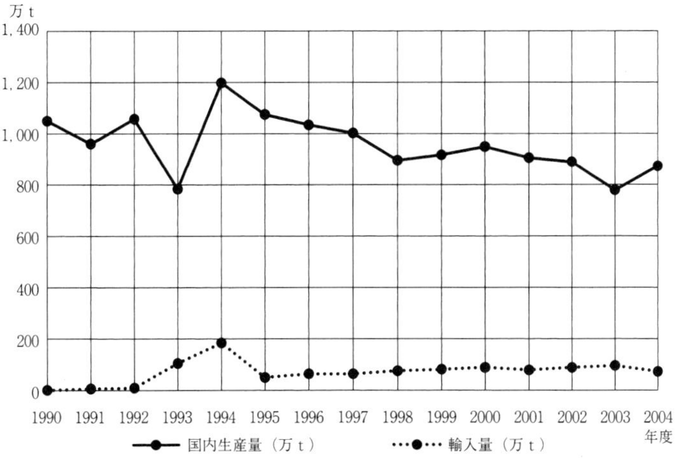

図１　日本の米の国内生産量と輸入量

農林水産省「食料需給表」より作成

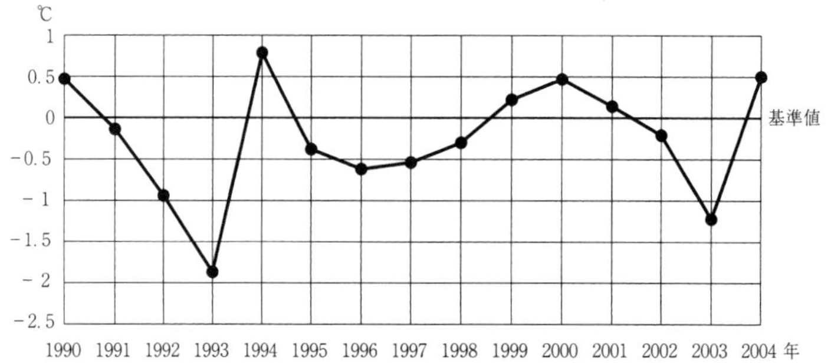

図２　夏の平均気温の基準値[注1]との差

気象庁「日本の季節平均気温」より作成

※縦軸の値は各年の６月から９月の平均気温の基準値からの差

注１）基準値は1991～2020年の30年間の６月から９月の平均気温の平均値

問１　下線部１がなぜ大冷夏の原因となったのでしょうか。その理由を説明しなさい。

問２　図１をみると、「平成の米騒動」以外に2003年度も米の国内生産量が少なくなっていますが、このときは米騒動は起きませんでした。その理由を説明しなさい。

問３　文章中の空欄【 Ａ 】･【 Ｂ 】にあてはまる言葉を次の中からそれぞれ１つ選び、記号で答えなさい。

ア　エルニーニョ　　イ　フェーン　　ウ　モンスーン　　エ　ラニーニャ

問４　文章中の空欄【 Ｃ 】にあてはまる言葉を答えなさい。

問５　下線部２を何と呼びますか。ひらがなで答えなさい。

問６　下線部３の説明として正しいものを次の中から１つ選び、記号で答えなさい。

ア　生産量が少なく比較的珍しい品種で、幅が広く大粒な形状と、あっさりして粘りのある味が特徴である。

イ　世界で最も多く生産されている品種で、細長い形状と、炊くとパサパサとするのが特徴である。

ウ　世界の米の生産量の約２割を占めており、短く円形に近い形状と、炊くと粘りとツヤが出るのが特徴である。

エ　もともと黄色味を帯びており、柔軟で弾力性の強いグルテンを豊富に含むため、加工するとコシの強い食感になるのが特徴である。

問７　下線部４について、次の表１・２から冷害に弱いと考えられる品種として、もっともふさわしいものを１つ選び、品種名を答えなさい。

表１　「平成の米騒動」の年の米の作付面積

品種名	作付面積(ha)	作付比率(%)	順位
コシヒカリ	536,343	28.6	1位
ササニシキ	145,202	7.7	2位
あきたこまち	102,608	5.5	3位
日本晴	87,920	4.7	4位
ヒノヒカリ	76,154	4.1	5位
きらら397	75,522	4.0	6位
ゆきひかり	63,963	3.4	7位
ひとめぼれ	57,493	3.1	8位

表２　表１の１年後の米の作付面積

品種名	作付面積(ha)	作付比率(%)	順位
コシヒカリ	538,250	28.0	1位
ひとめぼれ	115,384	6.0	2位
あきたこまち	114,122	5.9	3位
ササニシキ	97,790	5.1	4位
日本晴	94,351	4.9	5位
ヒノヒカリ	87,535	4.5	6位
ゆきひかり	74,060	3.8	7位
きらら397	72,830	3.8	8位

表１・２ともに国立研究開発法人　農業・食品産業技術総合研究機構の資料より作成

問８　下線部５によって、米の生産・流通はどのように変わりましたか。正しいものを次の中からすべて選び、記号で答えなさい。

ア　米は必ず農業協同組合を通して販売されることになった。

イ　日本政府は米の買い入れ価格を決めることができるようになった。

ウ　農家はブランド米の生産に力を入れるようになった。

エ　米の流通が自由化された。

オ　米の生産調整のため減反政策が始まった。

３　自然災害の多い日本に住む私たちは、災害と防災について常に考える必要があります。以下の問いに答えなさい。

問１　多くの受験生のみなさんが生まれた年には、国内観測史上最大規模の地震が発生しました。この地震について、次の問いに答えなさい。

①　この地震により、太平洋側の地域では甚大(じんだい)な津波の被害を受けました。岩手県宮古(みやこ)市は、そのうちの１つです。宮古市の位置を図１の中から１つ選び、記号で答えなさい。

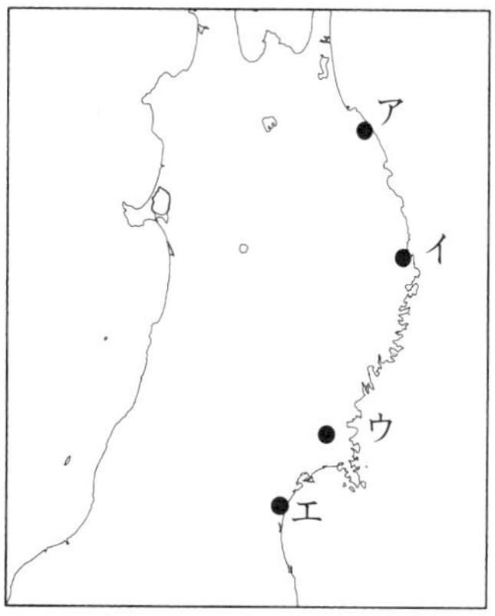

図１

②　この地震の後、宮古市のいくつかの地区では、新たに建設した防潮堤は以前より高いものとなりました。これに対し、住民の中には賛成意見も反対意見もありました。図２を参考にして、反対意見の中で防災上の理由によるものを１つ答えなさい。

図２　宮古港海岸の防潮堤

③　この地震の後、政府は被災者に対して、国税・地方税の減税や納付の延期などの特別措置をとりました。地方税にあたるものを次の中から１つ選び、記号で答えなさい。

ア　所得税　　イ　法人税　　ウ　相続税　　エ　住民税

④　この地震が発生した年の出来事として正しいものを次の中から１つ選び、記号で答えなさい。

ア　菅義偉(すがよしひで)が日本の第99代首相に就任した。

イ　「アラブの春」によりアラブ世界で民主化要求運動が活発になった。

ウ　日本の消費税が10％に引き上げられた。

エ　アメリカ同時多発テロ事件が起きた。

問2　昨秋、関東大震災から100年が経ちました。図３をみて、次の問いに答えなさい。

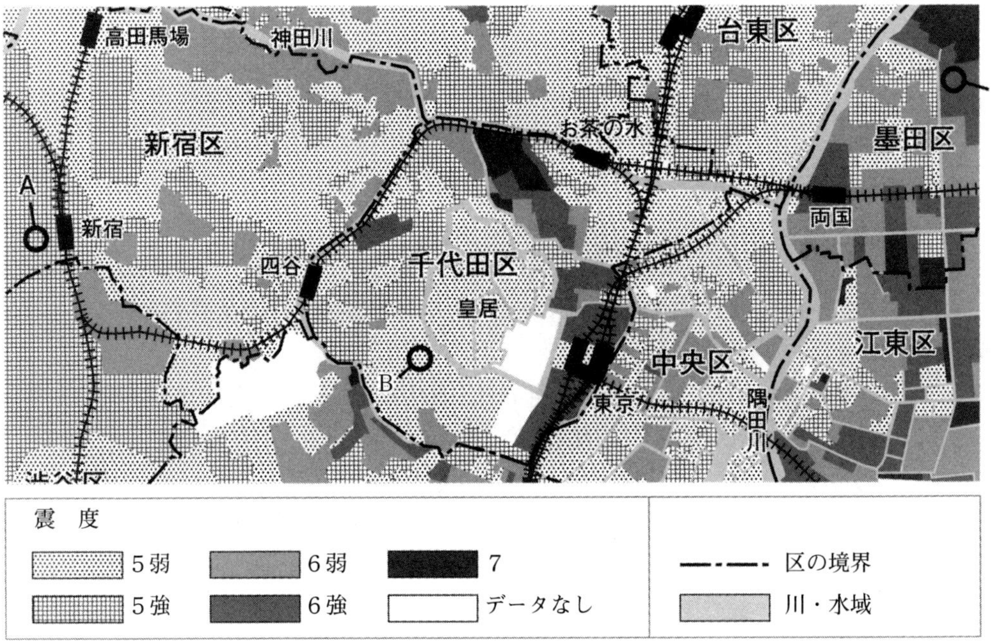

図３　関東大震災の地震の推定震度

内閣府資料より作成

①　図３のA～Cは、東京スカイツリー・国会議事堂・東京都庁のいずれかの現在の位置を示しています。この３地点について述べた次の文の中から正しいものを１つ選び、記号で答えなさい。

ア　東京スカイツリーが位置する場所は、３地点の中でもっとも揺れが小さかった。

イ　国会議事堂が位置する場所は、３地点の中でもっとも揺れが小さかった。

ウ　東京都庁が位置する場所は、３地点の中でもっとも揺れが小さかった。

エ　３地点の揺れは、ほぼ同じだった。

②　図４は、図３の範囲の地形の様子を表しています。東京スカイツリー・国会議事堂・東京都庁は、どのような地形に位置していますか。図３・図４をみて、正しい組み合わせを次の中から１つ選び、記号で答えなさい。

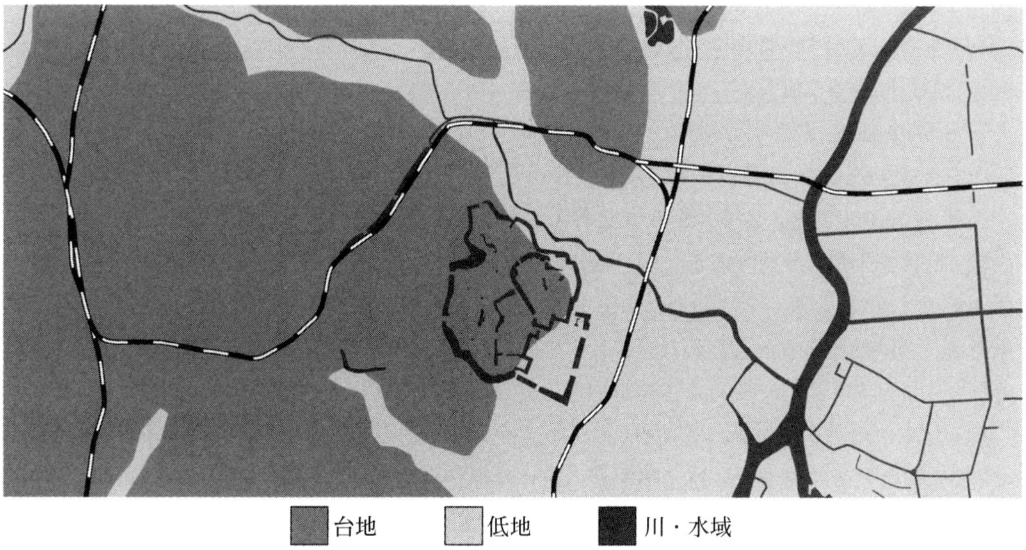

図４　地形分類図

地理院地図より作成

※資料作成の元データの違いにより、一部表示されていない線路や川・水域があります。

	東京スカイツリー	国会議事堂	東京都庁
ア	低地	低地	台地
イ	低地	台地	低地
ウ	低地	台地	台地
エ	台地	低地	低地
オ	台地	低地	台地
カ	台地	台地	低地

③　図３のＡ～Ｃの中から、日米修好通商条約を締結した大老が殺害された場所にもっとも近い地点を選び、記号で答えなさい。

④　関東大震災より前におこった出来事を次の中から１つ選び、記号で答えなさい。

ア　韓国併合　　イ　世界恐慌　　ウ　治安維持法制定　　エ　満州事変

⑤　関東大震災の復興事業として誤っているものを次の中から１つ選び、記号で答えなさい。

ア　幹線道路の建設　　イ　大きな公園の造営

ウ　小学校の校舎の鉄筋コンクリート化　　エ　ハザードマップの作成

浅　野　中　学　校

—40分—

【注意事項】 説明する問題については、句読点を1字に数えます。数字については、1マスに2ケタまで記入してもかまいません。

（編集部注：実際の入試問題では、写真や図版の一部はカラー印刷で出題されました。）

1　次の文章を読んで、後の問いに答えなさい。

近年、ChatGPTをはじめとする生成系ＡＩとよばれるサービスが普及し始め、高度な文章や画像・映像を簡単に作成することが可能になってきました。ＡＩだけでなく、仮想現実（ＶＲ）やナノテクノロジー、①バイオテクノロジーなど多くの技術が急速に発達する21世紀は「第４次産業革命」の時代であるとも言われ、これまで人が行っていた作業を機械が代替する場面が増えたり、今までは考えもしなかったことができるようになったりしています。

例えば車の自動運転技術は流通や②貿易の活性化をもたらすはずですし、ＶＲデバイスの普及で③観光業は名所の見学より特産物を食べたり現地特有の④文化を経験したりなどの体験が一層重要視されるようになるはずです。またインターネット通信技術の発達でテレワークが普及し、都市から離れた地域での⑤働き方が選べるようになり、⑥通勤ラッシュや交通渋滞の軽減につながるかもしれません。より高性能なロボットクリーナーや食器洗い乾燥機、自動調理鍋の普及で家事が楽になれば、もっと男性も⑦女性も働きやすい社会となるはずです。

この「第４次産業革命」に限らず、歴史的に見ても技術の変化は人々の暮らしに大きな影響を与えてきました。

紀元前6000年ごろから銅の利用が始まり、その後青銅・鉄などのより硬い⑧金属が使えるようになりました。これにより便利な農具や⑨馬具が開発され、⑩米や小麦の生産効率や輸送効率が劇的に上昇すると同時に、武器の性能が上がり⑪遠方の地まで侵略を行う民族が出現するなど戦争の方法も変化していきました。さらに食料生産効率の向上により人口が増え、⑫経済の発達を促しました。

ほかには⑬17世紀のフランスでは、世界で初めて機械式計算機が貨幣単位の計算のために発明されています。そこで考案された仕組みが現在の最新式コンピュータにも用いられており、言うまでもなく我々の生活を支えている技術といえます。18世紀半ば頃からは、石炭をエネルギー源とした蒸気機関が⑭繊維業で用いられるようになったことで⑮大量の製品を生産することが可能となりました。しかしながら技術が発展したことで、1950年代以降はさらに⑯化石燃料の使用が増え、地球温暖化や生物多様性の喪失が進んだほか、原子力の使用の増加など⑰地球環境に大きな影響を与えることになってしまいました。

現在の技術革新にも同じことが言えます。例えばＡＩ技術を活用することで、実際には存在しない映像が簡単に作成できるようになり悪用される事例が出てきました。このディープフェイクと呼ばれる技術は、アメリカ大統領⑱選挙の際にも使用されましたし、悪意をもって⑲災害情報のニュース動画を改変してＳＮＳで拡散するなどの被害も確認されています。これまで以上に⑳情報の真偽を見極める力がこれからの時代を生きる私たちには求められ、技術を「使う責任」が高まっています。

最近㉑金融や株式取引でＡＩが専門家よりも多くの利益を生み出す事例が報告され驚きをもっ

て受け止められました。機械が代替するのは単純な労働だけでなく頭脳労働の分野にも及(およ)んできています。労働力不足が問題となる現代においてＡＩをはじめとした最新技術の活躍(かつやく)は期待されるところですが、同時に機械に取って代わられることのない力を人間が身につけることも一層重要性が増しているといえるでしょう。

問１　下線部①について――。

バイオテクノロジーとその問題点についての文章として**適切でないもの**を、次のア～エの中から１つ選び、記号で答えなさい。

ア　バイオ燃料の登場は化石燃料の使用量を減少させる方策として注目されたが、飼料価格や穀物価格の高騰(こうとう)、森林伐採(ばっさい)などの新たな問題を生んでいる。

イ　遺伝子を操作する技術は農業への応用だけではなくがん治療(ちりょう)など医療(いりょう)への応用も期待されているが、高額な医療費が必要になるなどの課題もある。

ウ　クローン技術は農業や畜産(ちくさん)において高品質な製品を生み出すのに役立つと考えられる一方で、ヒトへの応用に対しては常に議論が引き起こされている。

エ　プラスティックに代わり植物から抽出(ちゅうしゅつ)した材質で製造されたバイオマスプラスティックが利用されるようになったが、地球上の二酸化炭素量増加の一因にもなっている。

問２　下線部②について――。

貿易に関係した文章として**適切でないもの**を、次のア～エの中から１つ選び、記号で答えなさい。

ア　室町時代、堺や博多といった貿易港を通して、当時の中国の王朝であった明と貿易が行われ、陶磁器(とうじき)などを輸入して銅銭などを輸出した。

イ　琉球王国は、江戸時代の初めに薩摩藩に支配されたが、中国に対して定期的に船を派遣(はけん)して貿易を行った。

ウ　江戸時代初め、朱印船貿易の発展で日本人が海外へ出かけ、現在のタイにあたるシャムなど各地に日本人町がつくられた。

エ　1970年代の石油危機の後も、日本経済は省エネルギー志向の合理化を行い成長したが、1980年代に自動車分野で日米間の貿易摩擦(まさつ)が深刻化した。

問３　下線部③について――。

日本には多くの国や地域から多くの外国人がやってきますが、その目的は必ずしも観光だけでなく、ビジネス目的の場合もあります。［図１］は国籍別に日本に訪れた人の推移を示したグラフで、［図１］内のＡとＢはアメリカ合衆国かインドのいずれかであり、ＣとＤは観光客かビジネス客かのいずれかを示したものです。インドからの観光客数を示したものを、後のア～エの中から１つ選び、記号で答えなさい。

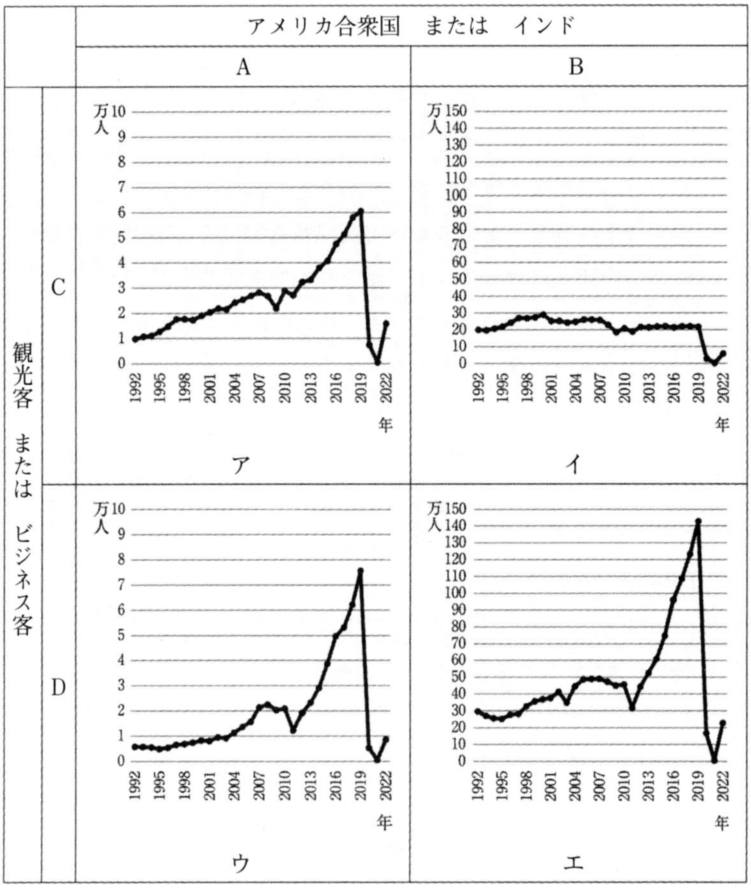

ＪＮＴＯ資料より作成

［図１］　国籍及び目的別訪日外国人数の推移

問４　下線部④について――。

文化に関係して、10～11世紀の日本で発展した「国風文化」をめぐる［資料１］～［資料３］を読み、それらの資料から読み取れる内容として**適切でないもの**を、後のア～エの中から１つ選び、記号で答えなさい。

［資料１］　1939年の中学校歴史教科書の記述と、それに関する現代の歴史学者の解説

「菅原道真の建議によって遣唐使は停止された。このため…（中略）…制度・宗教・文学、並びに美術・工芸に至るまで、いずれも日本独特の発達をとげた。それゆえ、平安時代の文化の大きな特色は…（中略）…国風文化の発達である。」

（渡辺世祐『新制中学国史　上級用　上巻』より。なお、わかりやすく書き改めたところがあります。）

【解説】「1937年まで、歴史教科書では国風文化という言葉は使用されてこなかった」

（吉村武彦・吉川真司・川尻秋生編『国風文化（シリーズ古代史をひらく）』をもとに作成）

［資料２］　日本と中国の書についての資料

［図２］

　［図２］のうち、上段が４世紀の中国の書家王羲之によるもので、彼の書法はその後、唐でも流行した。

　また、中段と下段の二つがそれぞれ、日本人の書家によるものである。彼らは10～11世紀に活躍した、代表的な日本の書家を指す「三蹟」に含まれる。なお、宋の時代の中国の書家は、三蹟をまねた日本人による書をみて、「この作品は、まるで唐の人の作品のようだ。王羲之の作品に学んでいる」と述べている。

（吉村武彦・吉川真司・川尻秋生編『国風文化（シリーズ古代史をひらく）』をもとに作成）

［資料３］「唐物」についての資料

「894年に遣唐使停止の建議がなされ、907年に唐が滅亡した後も、大宰府を窓口として、中国を拠点とする民間商人（海商）との間の交易が行われ、中国からの物品（唐物）は日本に流入していた。

　この時、中国から日本に流入した唐物の中には、お香、絹織物、絵画・文房具（紙・すずり・墨など）、書物が含まれており、藤原道長は天皇に珍しい唐物を贈ることで、自らの権力を強化したとされる。」

（山内晋次『ＮＨＫさかのぼり日本史　外交篇［９］平安・奈良』をもとに作成）

ア　遣唐使が派遣されなくなった後も、中国の物品は日本で珍重されていた。

イ　教科書の「国風文化」という言葉は、戦時体制になって初めて登場した。

ウ　遣唐使廃止の結果、中国の影響が排除され、日本独特の国風文化が出来た。

エ　907年に唐が滅亡した後も、日本では唐の時代の中国文化が理想とされた。

問５　下線部⑤について――。

　近年、日本では働き方が大きく変化しています。これについての文章として**適切でないもの**を、次のア～エの中から１つ選び、記号で答えなさい。

ア　少子高齢化の進行に伴い、育児休業や介護休業など育児や介護と両立できるような働き方を選択できるようになってきている。

イ　高齢者や障碍者を新たな労働力として積極的に雇用するべきであるという考え方に基づき、様々な取り組みがなされるようになっている。

ウ　30年ほど賃金水準がほぼ横ばいで、働き方改革の影響もあるため、他の先進各国と比べて労働時間が増加している。

エ　正社員と非正規雇用者の賃金格差を解消し働き方の多様性を確保するため、同一労働同一賃金の実現を目指すなどの取り組みがなされている。

問６　下線部⑥について――。

　通勤ラッシュや交通渋滞を緩和する方法として**適切でないもの**を、次のア～エの中から１つ選び、記号で答えなさい。

ア　時間帯によって高速道路の料金や電車の運賃を変えることで、他の路線やピーク時間帯以外の使用を促す。

イ　多くの人が働く都心部に多くの駐車場（ちゅうしゃじょう）を設置することで、都心への車通勤の利便性を高める。

ウ　道路や鉄道の立体交差を増やし信号や踏切（ふみきり）を減らすことで、通行が停滞（ていたい）する箇所（かしょ）を減らす。

エ　道路の車線数増加や鉄道の複線化・複々線化を進めることで、同時に通行可能な車両の量を増やす。

問7　下線部⑦について――。

女性に関係した文章として**適切でないもの**を、次のア～エの中から１つ選び、記号で答えなさい。

ア　鎌倉時代、承久の乱で後鳥羽上皇が倒幕（とうばく）を企（くわだ）てた際、源頼朝の妻である北条政子は、御家人を説得して幕府の勝利に貢献（こうけん）したとされる。

イ　青鞜社（せいとうしゃ）を結成した平塚らいてうは、大正時代、女性参政権を要求する運動を行ったが、衆議院の選挙権は得られなかった。

ウ　卑弥呼という女王が支配していたとされる邪馬台国についての情報は、「魏志」倭人伝に記述されている。

エ　古代の班田収授の法においては、６歳（さい）以上の男女に口分田が与えられたが、租調庸といった税負担は男性に対してのみ課された。

問8　下線部⑧について――。

金属に関係した文章として**適切でないもの**を、次のア～エの中から１つ選び、記号で答えなさい。

ア　奈良時代の都である平城京の市では、武蔵国から銅が献上（けんじょう）されたことをきっかけにつくられた富本銭とよばれる貨幣が使われた。

イ　1543年、ポルトガル人の乗る中国船が種子島に流れ着き、そのポルトガル人によって鉄砲が日本に伝わった。

ウ　第二次世界大戦中の日本では、物資の不足が深刻となった結果、金属資源として寺院の鐘（かね）が回収されることがあった。

エ　弥生時代の遺跡（いせき）からは、中国や朝鮮半島から伝わったと思われる鉄器などが出土している。

問9　下線部⑨について――。

馬に乗って戦う武士の出現と台頭に関係した次のア～エの歴史的な出来事を古い順に並び替（か）えたとき、３番目にくるものを記号で答えなさい。

ア　朝廷（ちょうてい）や貴族の争いに源氏や平氏が関わり、保元・平治の乱が起こった。

イ　白河上皇が院の警備のために北面の武士を設置した。

ウ　関東で平将門、瀬戸内海で藤原純友が反乱を起こした。

エ　平清盛が武士として初めて太政大臣となった。

問10　下線部⑩について――。

米は熱帯性の作物ですが、生産量の多い都道府県は北海道や新潟県となっており、この理由としては流通コストや地代（土地の賃料）の影響が大きいことが知られています。以下の［図３］と［表１］は生産場所と作物価格と流通コストや地代の関係性を単純化して示したものです。

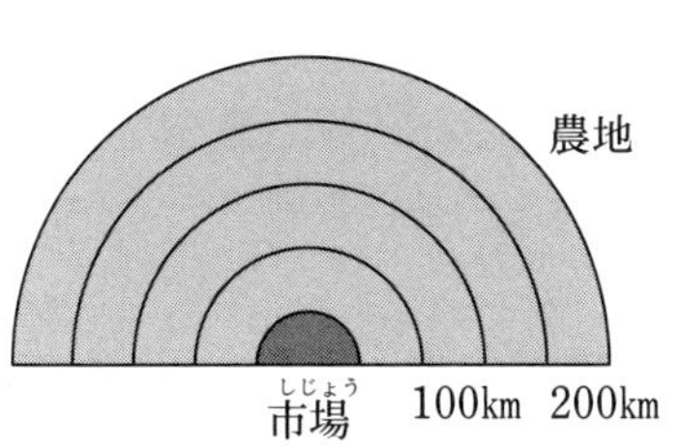

［図３］

［表１］

	市場での販売価格	1kgあたりの流通コスト
米	300円/kg	1円/km
白菜	600円/kg	3円/km
いちご	1500円/kg	10円/km

なお、これらの数値は架空の数値である。

(1)　必要経費として流通コストだけを考えた場合、100km地点で1kgあたりの利益が最も大きいのは［　A　］ですが、200km地点で利益が出るのは［　B　］だけとなります。

空欄［　A　］・［　B　］にあてはまる作物としてもっとも適切な組み合わせを、次のア～カの中から１つ選び、記号で答えなさい。

	ア	イ	ウ	エ	オ	カ
A B	米 白菜	米 いちご	白菜 米	白菜 いちご	いちご 米	いちご 白菜

(2)　1aあたりの地代が［図４］のような値であり、白菜の1aあたりの収穫量は500kgでした。販売価格が［表１］の通りであった場合、白菜は市場から［　C　］kmより遠い地域の生産でないと利益が出ません。

空欄［　C　］にあてはまる整数を**５の倍数**で答えなさい。なお、経費としては地代だけを考え、流通コストや人件費などを考える必要はありません。

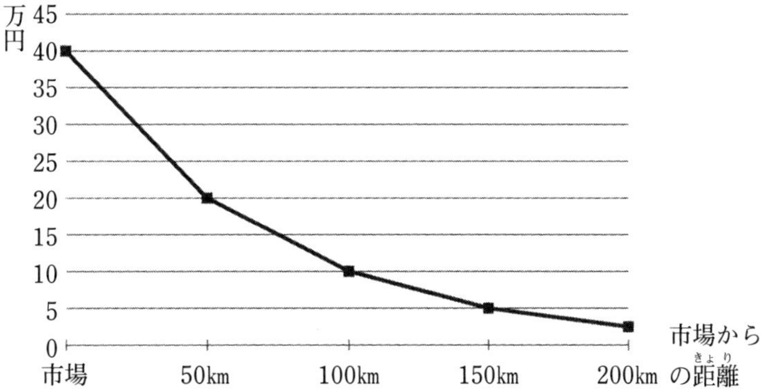

［図４］　1aあたりの地代

問11　下線部⑪について――。

歴史上、政治的中心地から遠方にあった地域についての文章として**適切でないもの**を、次のア～エの中から１つ選び、記号で答えなさい。

ア　東北での後三年の役において源義家が助けた清原清衡の家は奥州藤原氏と呼ばれ、岩手県の平泉に中尊寺金色堂を建立した。

イ　江戸幕府は、対馬藩を通じて朝鮮との貿易を行い、朝鮮からは将軍の代替わりの際に朝鮮通信使という使節が送られることがあった。

ウ　1972年、田中角栄が首相であった時に沖縄はアメリカから返還されたが、今も米軍基地が残されている。

エ　明治期の北海道では政府が開拓を進め、元々住んでいたアイヌの人々は生活の場を奪われた他、日本語の使用も強制させられた。

問12　下線部⑫について――。

経済とは製品を生み出し売買などを通してそれを交換(こうかん)する一連の動きを指します。経済をめぐる動きについての文章としてもっとも適切なものを、次のア～エの中から１つ選び、記号で答えなさい。

ア　企業(きぎょう)は生産を通して経済活動を生み出す原動力となることから、各国の政府は企業に対する課税を行わないのが普通(ふつう)である。

イ　オークションサイトでは、人気のある商品を買いたい人が多くなると、その商品の価格は一時的に高くなる。

ウ　高度経済成長期の日本は常に生産と売買が活発な状態が続いていたが、第１次石油危機後の10年間は逆に前年の生産、売買を下回る年が続いた。

エ　政府は製品を生み出す活動は一切行わず、民間企業の提供する製品も一切消費していない。

問13　下線部⑬について――。

17世紀に起きた出来事についての文章として**適切でないもの**を、次のア～エの中から１つ選び、記号で答えなさい。

ア　現在の長崎県や熊本県で、重い年貢(ねんぐ)の取り立てとキリスト教に対する厳しい取り締(し)まりに反対し、幕府に対する一揆が起きた。

イ　井原西鶴が、当時の町人の生活をありのままに描(えが)いた『世間胸算用』という浮世草子を書いた。

ウ　松前藩との間の不公平な取引に不満を持ったアイヌの人々が、シャクシャインを指導者として松前藩と戦ったが、武力により抑(おさ)えられた。

エ　東海道の宿駅の風景を題材とした浮世絵木版画として、歌川広重が描いた『東海道五十三次』が人気を博した。

問14　下線部⑭について――。

繊維業に関係した文章として**適切でないもの**を、次のア～エの中から１つ選び、記号で答えなさい。

ア　16世紀、スペイン人らを相手にした南蛮貿易で、日本は中国産の生糸を輸入した。

イ　江戸時代、麻(あさ)などの商品作物が栽培(さいばい)された他、京都で絹織物の西陣織が生産された。

ウ　世界恐慌の後、アメリカに対する綿花の輸出の不振(ふしん)が日本の農村に打撃(だげき)を与えた。

エ　1872年にフランスの技術を導入して建てられた富岡製糸場では主に女性が働いた。

問15　下線部⑮について――。

大量生産の結果引き起こされることとして適切なものを、次のア～エの中から**すべて**選び、記号で答えなさい。

ア　その製品の単価が下がる。　　イ　その製品の品質が揃(そろ)う。

ウ　その企業の利益が減る。　　エ　その企業で働く人の数が増える。

問16　下線部⑯について――。

［図５］は東京都区部におけるレギュラーガソリン１リットルの小売価格の推移を示したもので、価格は消費量と生産量の関係により変動します。［図５］中のＡ～Ｄの時期について説明した文章として正しいものを、後のア～エの中から１つ選び、記号で答えなさい。

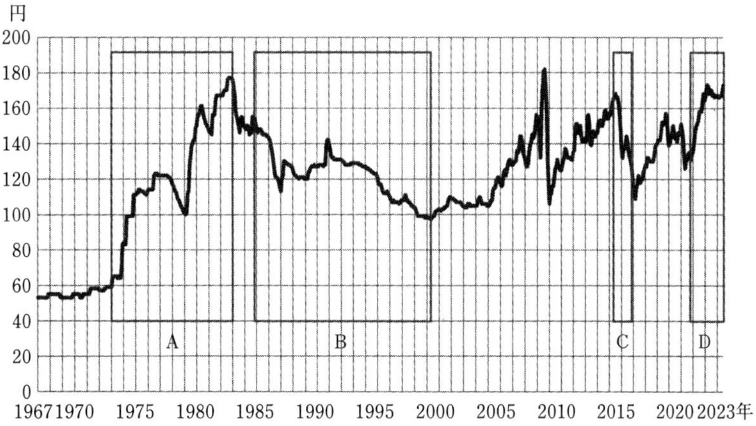

総務省統計局「小売物価統計調査」より作成

［図５］

ア　Ａの時期には、各国で石炭から石油へのエネルギー革命が進んだことに加え、中国やインドなどの新興国の著しい経済成長により石油消費量が増大したことで、価格が上昇した。

イ　Ｂの時期には、環境問題への意識の高まりにより省エネが推進され石油消費量を抑えたほか、中東以外の地域での石油開発を進め石油供給量が増えたために、価格が下落した。

ウ　Ｃの時期には、地球温暖化対策として原子力発電の使用が推進されたほか、アメリカで発生したリーマンショックにより不況（ふきょう）となり石油消費量が減少し、価格が下落した。

エ　Ｄの時期には、ウクライナ侵攻（しんこう）への経済制裁としてロシア産エネルギー資源輸入を制限し石油供給量が減少したことに加え、新型コロナによる外出制限で石油消費量も減ったことで、価格が上昇した。

問17　下線部⑰について――。

近年異常気象が増加し、これまでには見られなかったような猛暑（もうしょ）や集中豪雨（ごうう）・寒波などが観測されるようになってきています。［図６］は熱中症（ねっちゅうしょう）により救急搬送（はんそう）された人数を地方別に示しています。［図６］とその背景について説明した文章として**適切でないもの**を、後のア～エの中から１つ選び、記号で答えなさい。

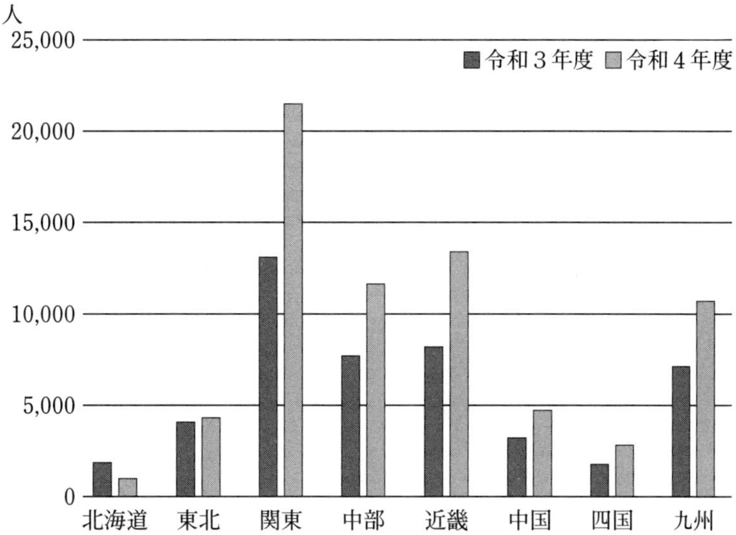

消防庁資料より作成

［図６］

ア　北海道や東北地方では高温になりにくいため熱中症発生件数が少ないが、冷房が設置されていない場所もあり熱中症となり搬送されることがある。

イ　関東地方の市街地はヒートアイランド現象により高温となりやすく、農村部もフェーン現象により極端な高温となる地域もあるため、熱中症による搬送が多い。

ウ　中国・四国地方は夏季に曇天の日が多い地域であるため熱中症になりにくいが、過疎地域が多いため病院までの搬送に時間がかかりやすい。

エ　全国的にみると令和３年度に比べ令和４年度の搬送人員数は増えたが、新型コロナによる外出制限が緩和され屋外の活動が増加したことが要因の一つである。

問18　下線部⑱について――。

日本の衆議院、参議院の選挙が同一の投票日で実施されたことを想定します。有権者が投票所で渡される用紙の枚数を**数字**で答えなさい。なお、投票所では種類ごとにすべて異なる用紙が渡されます。

問19　下線部⑲について――。

さまざまな災害が毎年のように発生していますが、どの種類の災害が発生しやすいかはその場所によって異なるため、その場所の特性に応じた減災設備を設置することが大切です。［図７］中の●印の箇所で発生しやすい災害の被害を軽減するための施設としてもっとも適切な防災施設の写真を、後のア～エの中から１つ選び、記号で答えなさい。

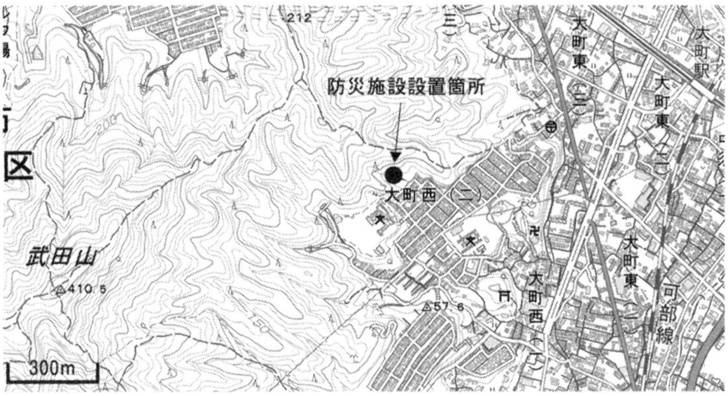

国土地理院「地理院地図」より作成

［図７］

ア

イ

ウ

エ

問20　下線部⑳について――。

「神奈川県の高齢化」について調べている際に、ある文章作成ＡＩに質問した時に得られた回答が以下の文章です。この回答に対する評価をした文章①～③について、正誤の組み合わせとしてもっとも適切なものを、後のア～クの中から１つ選び、記号で答えなさい。

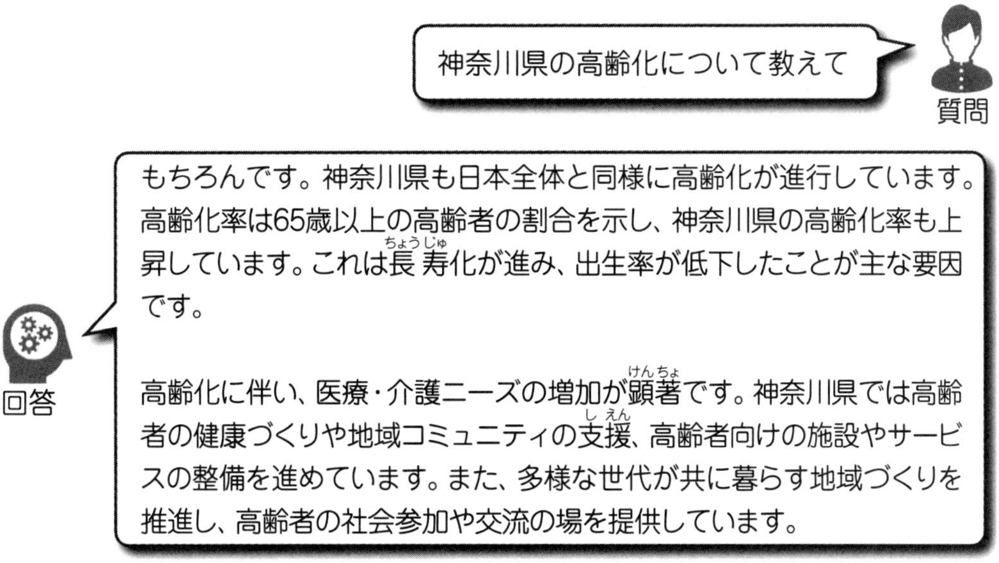

神奈川県の高齢化について教えて
質問
もちろんです。神奈川県も日本全体と同様に高齢化が進行しています。高齢化率は65歳以上の高齢者の割合を示し、神奈川県の高齢化率も上昇しています。これは長寿(ちょうじゅ)化が進み、出生率が低下したことが主な要因です。
高齢化に伴い、医療・介護ニーズの増加が顕著(けんちょ)です。神奈川県では高齢者の健康づくりや地域コミュニティの支援(しえん)、高齢者向けの施設やサービスの整備を進めています。また、多様な世代が共に暮らす地域づくりを推進し、高齢者の社会参加や交流の場を提供しています。
回答

［評価］

①　神奈川県特有の原因が記されているため、現在生じている問題点や取るべき対策が明瞭(めいりょう)にわかる。

②　短時間で大まかな内容がわかり想定外の視点からの回答が含まれることもあるため、次に何を調べるかのアイデアを得ることができる。

③　情報の出典が示されていないため、回答の内容が事実であるか自分で統計などを別途(べっと)確認する必要性がある。

	ア	イ	ウ	エ	オ	カ	キ	ク
評価①	正	正	正	正	誤	誤	誤	誤
評価②	正	正	誤	誤	正	正	誤	誤
評価③	正	誤	正	誤	正	誤	正	誤

問21　下線部㉑について――。

金融とは貸したい側と借りたい側が相互(そうご)にお金を融通しあうことを指します。日本銀行など各国の中央銀行が行う金融政策はこの動きに影響を与え、経済のバランスを保つために必要なもので、次のＡ～Ｄにあげたような方法がとられています。景気が悪い場合、Ａ～Ｄのどのような金融政策が考えられるでしょうか。もっとも適切な組み合わせを、後のア～エの中から１つ選び、記号で答えなさい。

Ａ　お金を貸す際の利子の割合が高くなるように調整する。

Ｂ　お金を貸す際の利子の割合が低くなるように調整する。

Ｃ　お金の発行量を増やす。

Ｄ　お金の発行量を減らす。

ア　ＡとＣ　　イ　ＡとＤ　　ウ　ＢとＣ　　エ　ＢとＤ

2　次の文章を読んで、後の問いに答えなさい。

近年SDGsに対する理解が広まっていますが、その目標に近づくために消費者である私たちの行動を考える必要性が出てきています。次にあげる資料を参考にして、日本の消費がかかえる課題と、私たちが消費者として意識すべきことについて**100字以内**で説明しなさい。

［資料１］

「環境保護を支持している企業から商品を購入する」ことに「同意する」とした回答の割合

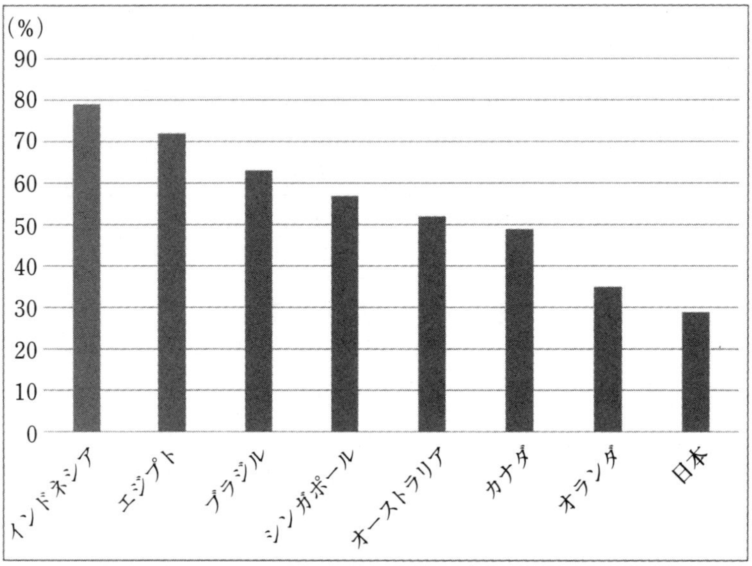

「世界の消費者意識2021（３月）」（「PwC Japan」ホームページ）をもとに作成

［資料２］

小学生のＡ君の家では夏休みに家族旅行に出かけます。Ａ君とお父さんは宿泊するホテルを選ぶことになり、候補を出し合うことになりました。Ａ君は食事や設備の豪華さや価格で候補となるホテルを決めましたが、お父さんの選んだホテルはＡ君の選んだホテルとは少しちがいました。Ａ君がお父さんに理由を尋ねると、お父さんは「このホテルは単に高級な素材をそろえるのではなく、放し飼いなどストレスなく育てられた豚や鶏を仕入れているとわざわざ書いてある。せっかくだからそういう素材を使った料理を食べてみたくない？」と言いました。

［資料３］あるハンバーガーチェーン店の商品パッケージ

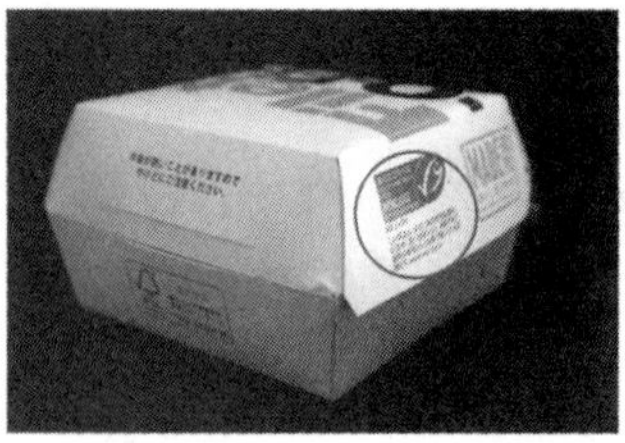

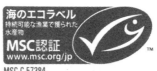

海のエコラベル
持続可能な漁業で獲られた水産物
MSC認証
www.msc.org/jp
MSC-C-57384

この製品は、MSC（海洋管理協議会）の基準に則り認証された、持続可能で適切に管理された漁業で獲られた水産物です。www.msc.org/jp

［資料４］国際フェアトレード認証ラベル

FAIRTRADE

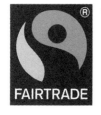

※国際フェアトレード基準について

フェアトレードとは、「公平・公正な貿易」をさし、環境基準（環境負荷や生物多様性への配慮）以外に、児童労働・強制労働の禁止などの社会的基準も重視されます。

麻　布　中　学　校

—50分—

◆　次の文章をよく読んで、あとの問いに答えなさい。

今日は麻布中学校の入学試験日です。ところで、なぜいま君は試験を受けているのでしょうか。その理由はさまざまだと思います。いろいろな学校を見たり調べたりして麻布中学校が自分に合うと思ったとか、親や先生にすすめられてここで学校生活を送りたいと考えたからかもしれません。しかし、なぜ子どもは学校に通うものとされているのでしょうか。おとなが子どものための学びの場を用意することは古くからありましたが、現在のようにだれもが当たり前に学校に通い、決まったクラスで時間割に従って授業を受けていたわけではありませんでした。

奈良(なら)時代から鎌倉(かまくら)時代までの教育

かつて子どもはどのように学んでいたのでしょうか。奈良時代には貴族の子どもを役人に育てるために儒学(じゅがく)などを教える場所がありました。ア鎌倉時代になり、政権をとった武士は教育のための特別な場所をつくらず、日常生活のなかで礼儀(れいぎ)作法や武芸を学ばせました。また、一部の武士は子どもを寺院に一定期間住まわせて、読み書きの基礎(きそ)などを身につけさせました。武士のなかには子どもに仏教を熱心に学ばせる者もおり、難しい仏典(仏教の書物)を読むことが教育の目標とされることもありました。この時代、教育を受けたのは貴族や武士など一部の人たちだけであり、身分に応じた内容を学んだのでした。

江戸(えど)時代の教育

江戸時代になると民衆のなかにも、子どもに教育を受けさせる人が増えましたが、あくまで生活の必要に応じて学ばせるものでした。当時、都市や農村で商品の売り買いが広まっていき、読み書きの能力を身につけることが民衆にも求められるようになりました。そのため、民衆の手で寺子屋がつくられました。

寺子屋では現在の学校のように共通の学習進度などは設定されていませんでした。子どもたちは自由に持ち運びできる机を使用して好きな場所に移動し、先生に字を直してもらったり読み方を教えてもらったりしながら、個別に学んでいました。基本的には通い始める時期も定まっておらず、上級の学校に進む機会もないため、学ぶ必要があることを学んだらすぐに寺子屋を離(はな)れることもできました。また子どもたちが文字の読み書きの手本とする書物は、イもともと手紙文例集であったものが教科書として発展した「往来物(おうらいもの)」とよばれるものでした。

読み書きを身につけた農民は、農業の技術についての書物を読んで、品種改良や肥料のくふう、新田開発などをおこなって穀物を増産したほか、ウ現金収入を増やすための作物もつくるようになりました。また契約書(けいやくしょ)や送り状などを書くために、商人にも読み書きの能力が求められるようになっていきました。

一方で、エ各藩(はん)は政治の担(にな)い手である武士の子どもたちのために藩校をつくりました。そこでは漢文(中国語で書かれた文章)の学習や武術を中心に教育がおこなわれました。

また江戸時代も後期になると、子どもだけでなく、オ若者を中心として学ぶ意欲を持つ人びとが集まる私塾(しじゅく)という民間の教育機関が各地で発展しました。そこでは西洋の学問がすすんで取り入れられることもありました。たとえば大坂にあった適塾では、ヨーロッパからもたらされる最新の知識、技術がおもに（ １ ）語で学ばれました。のちに慶應義塾を開いた九州出身の（ ２ ）も適塾に学びました。私塾で学んだ人びとが明治時代の近代化に大きな役割を果たしました。

明治時代以降の教育

明治時代になると、新政府は日本中のすべての子どもを学校に通わせることを目標としました。1871年に政府は文部省を新設し、ｶ翌年から全国で学校の設置を進め、学問が立身出世のための手段であることを強調しました。1879年には、小学校では読書・習字・算術・地理・歴史・修身を基本としながら、罫画（美術）・唱歌・体操や、物理・生理・博物（あわせて理科）などを教えることとしました。また女子には裁縫を教えることもありました。教室では多数の子どもに対して同じ内容の知識を教えこむ仕組みがつくられましたが、ｷこれらの教科の多くは生活上の必要とは離れたものであり、子どもたちにとっては学ぶ意味を見いだしにくいものでした。それでもしだいに教育制度がととのえられていき、1886年には小学校での教育が義務化されました。小学校を卒業するとほとんどの子どもは仕事に就きましたが、一部の子どもはｸ男子であれば中学校、女子であれば高等女学校に進学しました。さらに男子のなかには上級の学校である高等学校や軍の学校に進学する人もいました。

1890年には「（ ３ ）」が出され、天皇を中心とする国家への忠誠と、国民としての道徳を身につけることが教育の目標とされました。1891年には小学校で学級制が始まりました。それまでは知識の習得の度合いに応じて進級し、さまざまな年齢の子どもが同じ教室で学ぶ等級制がとられていましたが、ｹ学級制では同じ年齢の子どもたちが授業をいっせいに受ける形での教育がおこなわれました。

小学校就学率は、1873年には28.1％でしたが、その後授業料が無償になるなど制度がととのえられていくなかで就学率は上がっていき、1910年ころには小学校の就学率は90％を超えました。この時代になると一部の学校では、子ども自身の経験や体験を重視して、個性や自発性を伸ばそうとする教育がおこなわれました。

しかし、戦争が近づくと、こうした子どもの自発性を重視する教育が政府に利用されるようになりました。とくに1940年代に小学校が国民学校とよばれるようになったあとは、国家や天皇のために尽くした人たちの物語を読み聞かせるなどして、子どもの関心をひきつけながら、戦争に協力する国民を生み出そうとする教育がおこなわれました。

第２次世界大戦後の教育

第２次世界大戦後、ＧＨＱ（連合国軍総司令部）による教育の民主化の指令を受けて、軍国教育が一掃されました。そしてｺ1947年に教育基本法が成立し、教育の目的は人格の完成にあるとされ、すべての子どもが能力に応じて等しく学ぶ機会が保障されました。男女共学も進み、子どもにとって教育は義務ではなく、権利であると考えられるようになりました。教育内容についても子どもたちが生きる社会や身のまわりの生活の課題を解決する能力を育成することが重視されました。たとえば、クラスの問題をみんなで話し合って解決するための場として学級会がつくられたのもこのころです。

しかし一方で、敗戦から立ち直るために産業の復興が重視され、教育もそれに貢献するべきだと考えられるようになりました。1957年になると、社会主義国の（ ４ ）が人工衛星の打ち上げに成功し、アメリカや日本は科学技術で社会主義国におくれをとってはいけないと危機感を持ちました。そのため政府はとくに理科・数学の教育に力をいれました。さらに高度経済成長期には、教育内容や授業時間数も増やされました。

やがて高校や大学への進学率が上昇すると、「受験戦争」とよばれるほどに競争が過熱し、学校は受験勉強の場所となっていきました。このころになると学校がかかえる問題が社会のなかで注目されるようになりました。たとえば厳しすぎる校則による子どもたちの管理、校内暴力やいじめ、学校に適応できない子どもたちの不登校などです。

1980年代になると、授業時間数を減らし、子どもの自発性を重視した教育がめざされることになります。これが「ゆとり教育」とよばれる改革です。しかし、やがて「ゆとり教育」は学力低下の原因であるとされ、批判されるようになりました。そのため2010年代には授業時間数の増加など「脱ゆとり」といわれる改革がおこなわれていきました。

これからの教育

現代社会は急速な勢いでめまぐるしく変化しています。それにともない学校に求められる役割も変化しており、さまざまな提言にもとづいて多くの改革がおこなわれ、よりよい教育がめざされてきました。たとえばＩＴ化が進展するなかで、サ子どもたちがインターネットを使いこなせるようになるためとして、学校のインターネット環境が整備されてきました。またグローバル化に対応するためとして、小学校でも英語が教えられるようになり、さらに「アクティブ・ラーニング」といった参加型の授業が重視されるようになりました。しかし、そのような改革で今後すべてがよくなるとは思えません。改革に次ぐ改革の結果、学校は疲れ果てていくでしょう。

学校教育の目的は子どもを社会に適応させるだけではありません。むしろ子どもが自分とは違うさまざまな考え方を学ぶことで、よりよい社会をつくっていくことに役立つということもあるでしょう。シいまいちど教育とは何か、そして学校がどのような役割を果たすべきかについて考え直さなければならないときかもしれません。

問１　文中の空らん（ １ ）～（ ４ ）に当てはまる語句を入れなさい。

問２　下線部アについて。鎌倉時代について述べた次の**あ**～**え**の文のなかから**誤っているもの**を１つ選びなさい。

あ　源頼朝は、朝廷から征夷大将軍に任命され全国の武士を従えた。

い　守護は、村で年貢の取り立てや犯罪の取りしまりをおこなう役職であった。

う　武士たちは、博多に攻めてきたモンゴル軍を撃退した。

え　武士たちが、主君から新たな領地をもらうことを「御恩」とよんだ。

問３　下線部イについて。江戸時代の往来物のなかには、農民たちが幕府に生活の苦しさを訴えた書状や、村同士の争いにおけるやりとりをまとめた書状などがありました。このことから、この時代の前後で、民衆の問題解決の方法がどのように変化してきたといえるでしょうか。「～による解決から～による解決へと変化した」の形に合うように答えなさい。

問４　下線部ウについて。そのような作物として**適当でないもの**を次の**あ**～**お**のなかから１つ選びなさい。

あ　綿花　　**い**　なたね　　**う**　さといも　　**え**　茶　　**お**　たばこ

問5　下線部エについて。以下の表1に挙がっているのは、江戸時代の藩校の例です。表のなかの藩校①～③があった場所を、あとにある地図1の記号**あ**～**く**からそれぞれ選びなさい。

表1

藩校の名前	藩校の特徴(とくちょう)
①　日新館(にっしんかん)	上級武士の子どもへの教育に重点が置かれ、白虎隊(びゃっこたい)隊士を生み出した。
②　教授館(きょうじゅかん)	この地から漂流(ひょうりゅう)して外国を見聞した中浜万次郎(なかはままんじろう)が帰国後教授になった。
③　明倫堂(めいりんどう)	徳川御三家(とくがわごさんけ)の藩主が設立し、儒学中心の学問が教えられた。

問6　下線部オについて。幕府領だった九州の日田(ひた)という町(現在の大分県(おおいた)日田市)で、廣瀬淡窓(ひろせたんそう)という儒学者が1817年に咸宜園(かんぎえん)という私塾を開き、儒学や漢文を中心に教えました。この私塾は当時の日本で最大となり、閉塾した1897年までに約5000人が入門しました。藩校と比べて私塾に集まったのはどのような人びとだと考えられますか。説明しなさい。

問7　下線部カについて。明治時代の初めには、小学校の校舎が打ちこわされたり、新たに雇(やと)われた教員が追い返されるといったことが起きました。それはなぜですか。次の図1を参考にして説明しなさい。

図1　公立小学校の収入の内訳(1873年度)

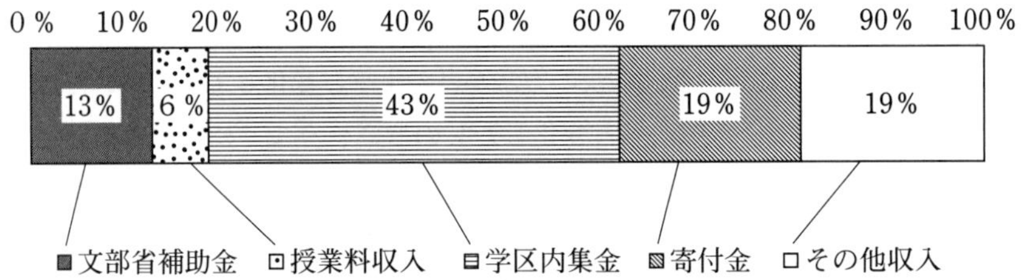

(文部科学省『学制百年史』より作成)

問8　下線部キについて。子どもたちにとって学ぶ意味を見いだしにくいにもかかわらず、これらの教科を政府が子どもたちに学ばせようとしたのはなぜですか。説明しなさい。

問9　下線部クについて。女子の場合、なぜ男子の「中学校」にあたる学校が「高等女学校」とされたのでしょうか。説明しなさい。

問10　下線部ケについて。同じ程度の学力を持つ子どもたちが年齢にかかわりなくともに学び、知識の習得をより効率よくおこなえる「等級制」ではなく、学力にかかわりなく同じ年齢の子どもたちがともに学ぶ「学級制」が採用されました。「等級制」と比べて「学級制」の方が実現しやすいことはどのようなことですか。そして、それは政府にとってなぜ都合がよかったのでしょうか。あわせて説明しなさい。

問11　下線部コについて。教育基本法ではすべての子どもへの教育が保障されているわけではないという意見があります。たとえば次の文は制定当時の教育基本法第10条の一部です。この条文にある「国民全体」という語は、ＧＨＱによる原案では「全人民(the whole people)」と書かれていました。これは「日本に住むすべての人びと」を意味します。それを日本政府があえて「国民全体」としたことで、どのような問題が生じたと考えられますか。説明しなさい。

第10条　教育は、不当な支配に服することなく、国民全体に対し直接に責任を負つて行われるべきものである。

問12　下線部サについて。何かを知りたいときに、自ら本で調べたりインターネットで検索(けんさく)したりすればたいていのことはわかります。それでも学校で学ぶことは大切だと考えられています。それは学校で知識が提供されるときに、どのような配慮(はいりょ)がなされているからでしょうか。説明しなさい。

問13　下線部シについて。本文にあるように、学校教育は社会の求めによって、大きな影響(えいきょう)を受けてきました。他方で、学校教育も人びとの価値観や考え方に大きな影響をあたえてきました。学校教育は人びとの価値観や考え方に影響をあたえることで、どのような社会をつくってきましたか。そして、そのような人びとによってつくられた社会にはどのような問題がありますか。あわせて100字以上120字以内で説明しなさい。ただし、句読点も１字分とします。

栄光学園中学校

―40分―

私たちは、ふだん財布の中にお金を入れて持ち歩き、さまざまなモノを買うときに紙幣や硬貨を出して支払います。現在では、交通系ＩＣカードや、スマートフォンを使って支払うことも増えました。また、特定の地域のみで使うことができる地域通貨や、インターネットの技術を利用したビットコインなどの仮想通貨も知られています。

ここでは、紙幣や硬貨などのお金を「貨幣」とよぶことにします。日本で貨幣がどのように使われてきたのかを考えてみましょう。

1　次の文章を読んで、問に答えなさい。

まだお金がなかった大昔から、人びとは生活に必要なモノを他の地域から手に入れていました。①縄文時代の遺跡の調査をすると、限られた場所でしかとれないモノが、別の地域で数多く発掘されることがあります。そのことから、この時代の人びとがモノとモノの交換を通じて、かなり遠くのむらとも交流を持っていたことがわかっています。

飛鳥時代になると、中国にならい日本でも、朝廷によって、独自の「銭」とよばれる金属製の貨幣が造られるようになりました。主な原料の銅が国内で採掘されたことをきっかけに、708年から造られはじめたのが図１の「和同開珎」という青銅で造られた銭です。この銭は②ねん土などで作った型に、とかした銅やスズなどを流しこむ鋳造という技術でできています。朝廷は、平城京を造るために働いた人びとの賃金や、役人の給料を支払うときに、銭を使うことがありました。奈良時代には、都に設けられた市での商売に銭が使われるようになりました。一方で、朝廷は、地方から都に税を納めるためにやってきた農民たちに、銭を持ち帰らせて、各地に銭を流通させようとしました。しかし、モノの取り引きがさかんな都とその周辺以外では、銭を使うことはあまり広がりませんでした。平安時代の後半には、原料不足などから、朝廷が銭を造ることはなくなりました。銭が使われないときのモノの取り引きには、主に米や（　A　）などの品物が用いられたと考えられています。

図１　和同開珎

日本銀行金融研究所貨幣博物館『貨幣博物館　常設展示目録』(2017年)より作成。
(大きさは実際のものとは異なります。)

問１　下線部①について、このようなモノを使ってできた道具を、次のア～エから１つ選びなさい。

ア　ニホンジカの骨でできたつり針　　イ　クリの木でできたくわ
ウ　鉄でできた剣　　エ　黒曜石でできた矢じり

問２　下線部②について、このような鋳造の技術は、弥生時代から用いられていました。弥生時代に鋳造技術を用いて造られ、祭りのときに鳴らして使われたと考えられている青銅でできた祭器を答えなさい。

問３　（Ａ）は、律令で定められた税である「庸」の支払いにも使われました。その品物を答えなさい。

2　次の文章を読んで、問に答えなさい。

平安時代の終わりごろになると、中国の（Ｂ）との貿易が、さかんに行われるようになりました。その輸入品のひとつとして、図２のような青銅で造られた中国銭が、大量にもたらされるようになりました。中国銭は、日本だけではなく、東南アジアなどにも広まっていたといわれています。中国銭は、まず貿易港のある博多の町を中心に広まり、やがて平安京などでもモノの取り引きに使われるようになりました。はじめ天皇や多くの貴族たちは、中国銭を受け入れることに消極的でした。一方、①中国との貿易によって利益を得る人びとは、中国銭の輸入を重視し、銭を国内で流通させることにも積極的でした。

その後、鎌倉時代になると、朝廷や幕府も中国銭の使用を認めるようになりました。このころから、それまで地方から米を運んで納められていた年貢が、米の代わりに銭でも納められるようになりました。また、つぼに入っている大量の銭が、土の中にうめられた形で見つかることがあります。さらに、中国銭はとかされて、②鎌倉に造られた大きな仏像の原料となったともいわれています。

室町時代のころには、各地の③農業生産力が高まるとともに、焼き物、紙すきなど、ものづくりの技術も発展しました。全国で特産品が作られて、港から各地へ運ばれて広がりました。東北地方から九州地方にいたるまで、人びとが多く集まる場所には、市が開かれるようになりました。港や市で行われた商売では、銭が広く使われるようになりました。室町幕府の３代将軍足利義満は、中国の（Ｃ）との国交を開きました。この貿易でもたくさんの中国銭がもたらされました。

図２　中国銭

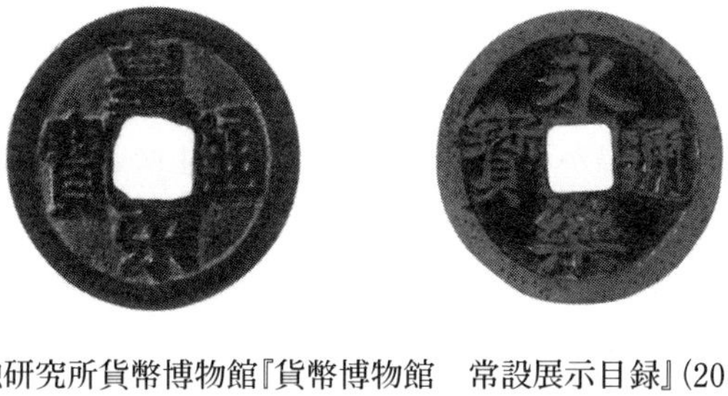

日本銀行金融研究所貨幣博物館『貨幣博物館　常設展示目録』(2017年)より作成。
(大きさは実際のものとは異なります。)

問１　（Ｂ）・（Ｃ）に入る中国の王朝をそれぞれ答えなさい。

問２　下線部①について、このような勢力の代表が平清盛でした。平清盛について述べた文としてまちがっているものを、次のア～エから１つ選びなさい。

ア　兵庫の港を整備した。　　イ　国ごとに守護、各地に地頭を置いた。
ウ　厳島神社を守り神とし保護した。　　エ　武士としてはじめて太政大臣となった。

問３　下線部②について、この仏像がある寺院を、次のア～エから１つ選びなさい。

ア　高徳院　　イ　中尊寺　　ウ　東大寺　　エ　平等院

問４　下線部③について、室町時代のころまでに開発された農法や農具について述べた文としてまちがっているものを、次のア～エから１つ選びなさい。

ア　同じ年にイネとムギを栽培(さいばい)する二毛作(にもうさく)が行われた。

イ　牛や馬にすきを引かせて、農地を耕した。

ウ　草木を焼いた灰やふん尿(にょう)を肥料として使った。

エ　備中(びっちゅう)ぐわを使って農地を深く耕した。

問５　米などの品物よりも、銭が貨幣として優(すぐ)れている理由を、②の文章から考え、２つあげて説明しなさい。

③　次の文章を読んで、問に答えなさい。

戦国(せんごく)時代になると、中国から日本に輸入される銭の量が減って、モノの取り引きに必要な銭が不足するようになりました。そこで中国銭をまねて国内でも銭が造られましたが、質の悪い銭もありました。①戦国大名のなかには、このような質の悪い銭でも、条件を設けて使用を認めることで、支配地域の商売がとどこおることを防ごうとする者もいました。一方、②金・銀の鉱山開発を進めて独自に貨幣を造る戦国大名もあらわれました。このころは、特に銀山の開発がめざましく、国内で銀を用いた取り引きが行われるとともに、輸出されるようになりました。戦国大名どうしが、鉱山の支配をめぐって、激しく争うこともありました。全国を統一して各地の鉱山を支配した豊臣秀吉(とよとみひでよし)は、③天正大判(てんしょうおおばん)とよばれる金貨を造りました。

問１　下線部①について、このような戦国大名のひとりに織田信長(おだのぶなが)がいます。織田信長について述べた文としてまちがっているものを、次のア～エから１つ選びなさい。

ア　安土城(あづちじょう)の城下町(じょうかまち)で人びとが自由に商売を行うことを認めた。

イ　商工業で栄えていた堺(さかい)を直接支配した。

ウ　ポルトガルやスペインとの貿易を行った。

エ　各地に関所(せきしょ)を設けて、通過する品物に税金を課した。

問２　下線部②について述べた次の文章を読んで、(1)・(2)に答えなさい。

> 戦国時代に開発された銀山のひとつに石見銀山(いわみぎんざん)があります。石見銀山では、灰吹法(はいふきほう)とよばれる技術が朝鮮(ちょうせん)半島から伝わり、大量の銀が生産されるようになりました。灰吹法は、採掘された鉱石から銀を取り出す方法です。
>
> この技術は、佐渡金山(さどきんざん)にも伝わり、鉱石から金を取り出すようになったといわれています。

(1)　石見銀山と佐渡金山の場所を、あとの地図のア～カからそれぞれ選びなさい。

(2)　下線部について、鉱石から金を取り出すようになる前は、金をどのように採取していたか説明しなさい。

問３　下線部③について、この金貨は、日常的なモノの取り引きに使われたものではありませんでした。どのような使われ方をしたと考えられるか、その例を１つあげなさい。

地図

④　次の文章を読んで、問に答えなさい。

　江戸（えど）時代になると、徳川（とくがわ）幕府は、各地の主な鉱山に奉行所（ぶぎょうしょ）などを置いて直接支配をしました。そして、そこから産出された金・銀・銅などを使って、幕府は全国共通の①金貨・銀貨・銭の三貨（さんか）を流通させました。金貨は主に②江戸を中心に東日本で使われたのに対して、銀貨は③大阪や京都など西日本で使われました。使われる地域にちがいがあったため、幕府は金貨と銀貨を交換する比率（ひりつ）を定めました。また、江戸時代には足尾（あしお）などの銅山開発が進み、産出された銅は、銭の原料として使われました。江戸時代に造られた代表的な銭が、図５の「寛永通宝（かんえいつうほう）」です。④寛永通宝は、全国の庶民（しょみん）が日常的に使う貨幣となりました。

　これらの三貨以外に、地方を支配していた⑤多くの大名が、「藩札（はんさつ）」とよばれる紙幣を発行しました。藩札はそれぞれの藩のなかで使われた紙幣です。この紙幣には⑥木版の技術が使われて、和紙に印刷されていました。藩札のなかには、すかしの技術や特殊（とくしゅ）な文字を使っているものもありました。図６は、大洲藩（おおずはん）（現在の愛媛県）で発行された藩札です。江戸時代には、このような藩札が地域ごとに流通していました。

図３　金貨

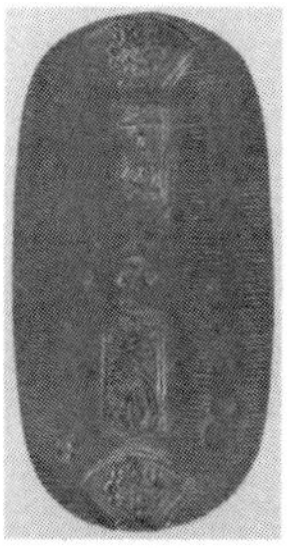

図４　銀貨

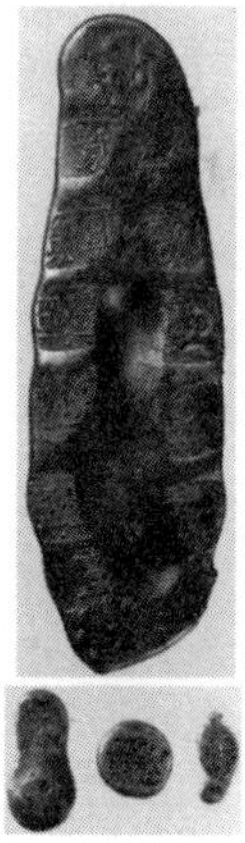

図５　寛永通宝

図６　藩札

図はすべて、日本銀行金融研究所貨幣博物館『貨幣博物館　常設展示目録』(2017年)より作成。(大きさは実際のものとは異なります。)

問１　下線部①について、図３と図４は、それぞれ江戸時代に使われた金貨と銀貨です。金貨は「壱両(いちりょう)」などと貨幣の価値が刻まれていました。それに対して多くの銀貨は、図４のように形や大きさがまちまちで、貨幣の価値は刻まれていませんでした。銀貨はどのようにして支払われていたのか説明しなさい。

問２　下線部②について、江戸では、参勤交代(さんきんこうたい)で集まった武士の生活を支えるモノの取り引きが活発になりました。一方で参勤交代によって、江戸以外に東海道(とうかいどう)沿いの品川(しながわ)や小田原(おだわら)、中山道(なかせんどう)沿いの板橋(いたばし)や奈良井(ならい)などの町でも、商売がさかんになりました。これらの町を何というか答えなさい。

問３　下線部③について、江戸時代の大阪について述べた文としてまちがっているものを、次のア～エから１つ選びなさい。

ア　全国の大名が蔵屋敷(くらやしき)を置いて、米などを売りさばいた。

イ　北海道や東北地方の特産物が、日本海まわりの船で運ばれた。

ウ　高度な織物や焼き物などの手工業が発展した。

エ　「天下の台所」とよばれ、商人の町として栄えた。

問４　下線部④について、寛永通宝は、城下町の町人や農村の百姓(ひゃくしょう)にも広く使われました。一方、金貨や銀貨は主に武士などの身分の高い人などが使うものでした。江戸時代の町人や百姓の生活について述べた文としてまちがっているものを、次のア～エから１つ選びなさい。

ア　町人や百姓は、旅行が禁止されたため、有名な寺や神社にお参りすることができなかった。

イ　町人や百姓は、武士と同じようなぜいたくな着物を着ることをたびたび禁止された。

ウ　百姓は、酒や茶などを買って飲むことを禁止されることがあった。

エ　町人は、住む場所を決められ、町を整備するための費用を負担させられた。

問５　下線部⑤について、次のア～エは藩札を発行した藩です。このなかで「親藩(しんぱん)」とされた藩を１つ選びなさい。

ア　加賀(かが)(金沢(かなざわ))藩　　イ　尾張(おわり)(名古屋(なごや))藩　　ウ　土佐(とさ)(高知(こうち))藩　　エ　肥前(ひぜん)(佐賀(さが))藩

問6　下線部⑥について、江戸時代には、木版の印刷技術を使って、多色刷りの同じ絵が大量に作られました。この絵を何というか答えなさい。

5　次の文章を読んで、問に答えなさい。

明治時代になると、政府は1871年に「円」を基本の通貨単位にしました。欧米から新しい技術を学び、紙幣や硬貨が造られるようになり、人びとの間で使われるようになりました。また、①政府は税のしくみも、それまでの米で納める年貢から、土地の価格に応じて貨幣で納めるように変えました。

1882年に政府によって日本銀行が設立され、「日本銀行券」とよばれる紙幣が発行されました。その後、日清戦争で得た賠償金をもとにして、日本銀行は金との交換を約束した日本銀行券を発行しました。そのころ欧米では、それぞれの国の通貨は金と交換する比率が定められていました。日本もこのとき、金0.75グラムを１円と定めました。金1.5グラムは、２円となり、アメリカの通貨では、およそ１ドルでした。このようにすることで、外国との貿易をスムーズに行うことができるようになりました。その後、1930年代からは、円と金との交換の約束はなくなり、現在は、円と②ドルなど外国の通貨を交換する比率は、毎日変化するようになっています。

現在、紙幣は、一万円券、五千円券、二千円券、千円券の４種類の日本銀行券が発行され、2023年の終わりでは、185.4億枚、124.6兆円が流通しています。③紙幣は現在まで、同じ額面のものでもデザインが変更されてきました。近年では1984年、2004年と20年ごとに変更され、2024年にも新たな紙幣の発行が予定されています。一方、硬貨は、６種類が政府によって発行されています。１円硬貨は、（ D ）でできています。それ以外の５種類の硬貨は、ニッケル、亜鉛、スズなどが含まれていますが、すべて銅が主な成分となっています。④銅は貨幣の主な原料として、日本では古くから使われてきました。なかでもスズを含む青銅は、現在も10円硬貨の材料となっています。

問1　下線部①について、このことを何というか答えなさい。

問2　下線部②について、現在、日本は、ドルを通貨単位とするアメリカとの貿易がさかんですが、日本との貿易額がアメリカよりも多い国を答えなさい。また、その国の通貨単位を答えなさい。

問3　下線部③について、紙幣のデザインの変更を行わないと、どのような問題がおこると考えられるか説明しなさい。

問4　（ D ）に入る金属を答えなさい。

問5　下線部④について、金属のなかで銅は、貨幣の原料として適していると考えられます。金や鉄と比べて、銅はどのような点で適しているのか、それぞれ「金と比べて～」、「鉄と比べて～」の形に合うように説明しなさい。

6　日本で貨幣が広く使われるようになったことについて、これまでの問題文や問をふまえて、次の問に答えなさい。

問1　貨幣が造られるようになってから江戸時代まで、貨幣が使われる場所や地域は、どのように広がっていったか説明しなさい。

問2　貨幣が広く使われるようになるには、朝廷や幕府、政府などが大きな役割を果たしてきました。それは、どのような役割か説明しなさい。

海城中学校(第1回)

—45分—

◆　次の文章をよく読んで、あとの問いに答えなさい。

みなさんは今日の試験のために、たくさん勉強をしてきましたよね。でも、勉強をしながら、なぜ入試で試されるのが国算理社の「学力」ばかりなのか、疑問に思ったことはありませんか。例えば、「足の速さ」や「気持ちのよいあいさつ」が中学入試で評価されれば…と思う人もいるのではないでしょうか。最近では学力以外の能力を評価する試験も増えていますが、今も多くの入試では学力が試されています。それはなぜでしょうか。一歩立ち止まって、少し考えてみることにしましょう。

①江戸時代までは、一般庶民が学力を試されることはあまりありませんでした。なぜなら、江戸時代まで日本には身分制度が残っていたからです。しかし、②明治維新以降、形式的には身分制度が廃止されたことで、多くの人々にとって努力することに意味が生まれてきました。というのは、努力次第で優れた学歴をつけることができ、生まれた家庭よりも高い収入を得て、経済的に豊かな生活を送ることができると考えられるようになったからです。特に高度経済成長期以降は、働く人々に学力や専門的な知識などがますます求められるようになっていきます。その中で、経済的余裕をもった一般家庭の多くは「努力の積み重ねこそが、豊かな生活につながる」と考え、子どもの学力を伸ばすために、塾や習い事に積極的に通わせるなど、教育にお金と労力をかけるようになっていきました。

勉強は自分の工夫で努力を重ねやすく、学力試験の点数はおおむね客観的であるため、努力の成果を学力で評価されることに対しては多くの人々が納得していました。また、学力には③多くの仕事にとって必要な能力が含まれるので、その水準が高いほど、大学や会社に評価されると考えるのは自然なことです。しかし、それを先ほどの「気持ちのよいあいさつ」で考えてみると、採点者の好みで点数が変わると思いませんか。例えばある人は「声の大きさ」が、別の人は「おじぎの角度」が一番大事だと考えるかもしれません。「『気持ちいい』と感じる声の大きさ」も採点者によって違います。そうなると、採点者の好みという「運」によって自分の評価が変わってくることになるので、答えが1つしかなく客観的に点数化しやすい学力こそが、能力を評価する基準として、④多くの人々が納得する公正なものだと考えられてきたのです。

《写真》マークシート

このような考え方は、現代の社会にも深く根付いています。2017年の「2021年度から実施される『⑤大学入学共通テスト』の国語・数学において記述式問題を導入する」という文部科学省の方針の発表を受けて起こった世間の混乱は、それを浮き彫りにした出来事でした。長らく続いた「大学入試センター試験」では「すべて選択式の問題で、解答を《写真》のようなマークシートに記入し、機械で読み込んで採点する」という方法であったため、この方針発表は入試システムの大転換を意味していました。しかし、発表を受けてすぐに⑥「共通テストに記述式問題を導入することで、試験の公平性が著しく損なわれる」として、導入への激しい反対が日本各地で起こったのです。その結果、文部科学省は2019年に記述式問題の導入の見送りを正式に決定しました。

一方で、多くの人々が、今までの学力重視の入試のあり方に疑問をもっているのも事実です。高度経済成長期以降の日本の教育における学力とは、多くの場合「知識の量」を意味し、勉強の努力を重ねるということは、多くの知識を覚えることでした。しかし、多くの知識を覚えたとしても、それは判断力や行動力、上手に人間関係を築く能力とは別です。そのため、1990年代以降、知識に偏（かたよ）った学力や試験は批判され、実際の社会の中でより役に立つ力を重視すべきであるという主張が多くなっていきました。こうした中、最近の大学入試は、積極的に知識以外の能力も評価するものに変化してきています。発想力や表現力、対話力などに加え、学級委員や部活動、さらには留学・ボランティアといった学校内外での経験などを評価する入試が増えてきているのです。⑦その試みは、学力というひとつの側面だけではなく、受験生の能力を総合的に評価しようとするものです。しかし、受験生にとっては選択肢（し）が増えることにつながる一方で、現在のところ多くの課題を抱（かか）えていて、時には批判を受けることもあります。

いったい、どのような入試が望ましいのか、今後も議論は続きそうです。とはいえ確かなことは、この議論とは別に、みなさんがこの数年間の努力で獲得（かくとく）してきた知識と経験は、かけがえのないものだということです。そして、そうした努力の積み重ねの中で「点数化できない素敵（すてき）な側面」をみなさんは多く培（つちか）ってきているはずです。この入試でどのような結果になったとしても、４月からは中学生として、それぞれの場所で、その素敵な側面を家族や友人、先生たちにたくさん見せてあげてください。それらは間違いなく、みなさんがこれから公平・公正な社会を形作る上で、「点数」や「偏差値（へんさち）」、「学歴」よりも、はるかに価値があるものなのですから。

問１　下線部①に関連して、江戸時代の教育について述べた文として**誤っているもの**を、次のア～エから１つ選び、記号で答えなさい。

ア　全国各地の藩（はん）では、藩校とよばれる学校をつくり、武士の子弟を教育した。

イ　最も有名な学校といわれた足利（あしかが）学校は、藩校のひとつである。

ウ　江戸幕府は、中国（ちゅうごく）で生まれた儒学（じゅがく）という学問を尊重していた。

エ　寺子屋という私塾では、武士や僧侶（そうりょ）などが先生をつとめた。

問２　下線部②に関連して、明治時代に政府に国会を開くよう求めた運動の名前と、その運動の中で、多摩（たま）地域の若者たちが学習会を重ねて作った憲法草案の名前を、それぞれ答えなさい。

問３　下線部③に関連して、古代の役人が仕事をする上で求められた能力などに関する記述として**ふさわしくないもの**を、次のア～エから１つ選び、記号で答えなさい。

ア　十七条の憲法に「地方の役人が勝手に税を取ることを禁止する」と書かれていることからわかるように、大和朝廷（やまとちょうてい）の指示に従うことが求められた。

イ　遣隋使（けんずいし）や遣唐使（けんとうし）として古代の役人が中国に送り出されていることからわかるように、中国の進んだ制度や学問を学んでいることが求められた。

ウ　税として納められた物産に付けられた木簡（もっかん）に物品名や地名などの文字が書かれていることからわかるように、文字を読み書きできることが求められた。

エ　藤原（ふじわら）氏が政治の中心となっていく過程において平安京で戦（いくさ）がさかんにおこなわれたことからわかるように、馬に乗りながら弓を引くなどの武芸に秀（ひい）でていることが求められた。

問４　下線部④に関連した以下の問いに答えなさい。

(1)　公正な社会を形作るためには、私たち一人ひとりに、社会の担（にな）い手（て）という意識をもちながら地域社会やその政治に積極的にかかわろうという姿勢が求められます。次の図は、地方自治（東京23区の場合）のしくみをまとめたものです。図中のＡ～Ｃにあてはまる語句の組み合わせとして正しいものを、あとのア～カから１つ選び、記号で答えなさい。

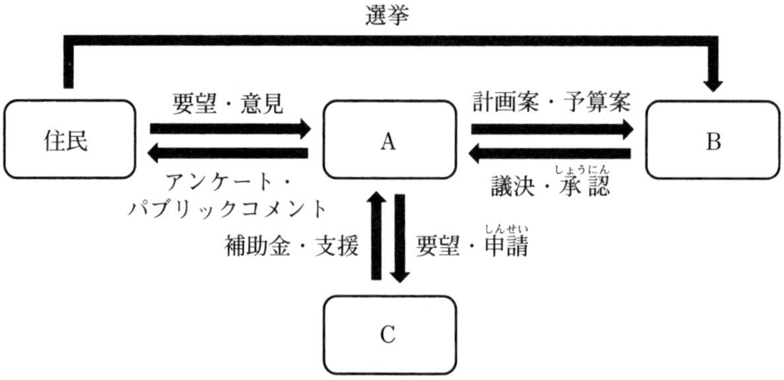

	ア	イ	ウ	エ	オ	カ
A	国・都	国・都	区議会	区議会	区役所	区役所
B	区議会	区役所	国・都	区役所	国・都	区議会
C	区役所	区議会	区役所	国・都	区議会	国・都

(2)　選挙の公正さに関して、議員１人あたりの有権者数に選挙区の間で大きな差が生じていることが問題であるとされています。以下の表に示すような選挙区Ｘおよび選挙区Ｙを例に考えたとき、どのような現象が生じやすくなるでしょうか。①～④の文のうち**正しいものの２つの組み合わせ**を、次のア～エから１つ選び、記号で答えなさい。

	有権者数	議員定数
選挙区Ｘ	4,000人	２人
選挙区Ｙ	12,000人	３人

①　選挙区Ｘの有権者は、選挙区Ｙの有権者に比べて自身の１票の価値が低くなっていると考え、選挙区Ｘに割り当てられる議員定数の拡大を主張するようになる。

②　選挙区Ｙの有権者は、選挙区Ｘの有権者に比べて自身の１票の価値が低くなっていると考え、選挙区Ｙに割り当てられる議員定数の拡大を主張するようになる。

③　選挙区Ｘで落選した候補者の得票数と、選挙区Ｙで当選した候補者の得票数を比べたとき、前者よりも後者の得票数の方が少ないという現象が起きやすくなる。

④　選挙区Ｘで当選した候補者の得票数と、選挙区Ｙで落選した候補者の得票数を比べたとき、前者よりも後者の得票数の方が多いという現象が起きやすくなる。

ア　①と③　　イ　①と④　　ウ　②と③　　エ　②と④

問５　下線部⑤に関連して、大学入学共通テスト(2020年度までは「大学入試センター試験」)は例年１月に実施されます。また、受験生は、志望する大学とは関係なく、大学入試センターによって試験会場を指定されます。これをふまえて、以下の問いに答えなさい。

(1)　次の地図は、2020年度の九州地方(沖縄県を除く)の試験会場の分布と、試験会場ごとに割り振られた人数を示したものです。この地図から読み取れることとして**誤っているもの**を、次のア～オから**２つ**選び、記号で答えなさい。

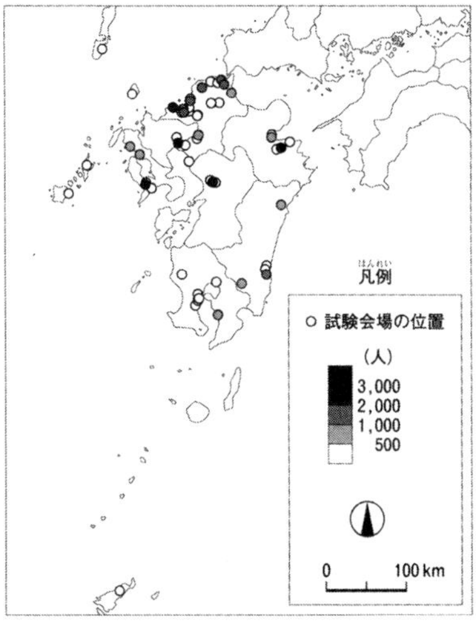

(大学入試センター「令和２年度大学入試センター試験試験場一覧」より作成)

ア　大分県では、となりの県の試験会場の方が自宅から近い受験生がいると考えられる。

イ　熊本県では、場所によっては共通テストを受けるために直線距離で50km以上移動しなくてはいけない受験生がいる。

ウ　福岡県、長崎県、鹿児島県では、一部の島にも試験会場が分布するが、それぞれの島の試験会場に割り振られた人数はいずれも500人を下回っている。

エ　佐賀県の試験会場は、すべて県庁所在地付近に集中している。

オ　宮崎県では福岡県よりも試験会場が少ないが、１か所あたりに割り振られた人数は多い。

(2)　次の地図は、2016～2023年度の、交通機関の遅延や運休により試験開始時刻の繰下げがおこなわれた試験会場*を示しており、地図中の記号■・▲・●は、大雪、強風、人身事故によるいずれかの遅延・運休理由を示しています(◇はその他です)。遅延・運休理由と記号との組み合わせとして正しいものを、あとのア～カから１つ選び、記号で答えなさい。

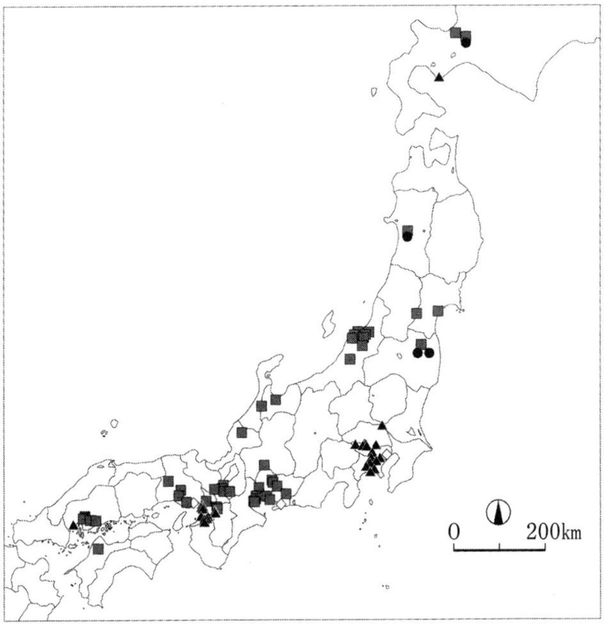

*同じ試験会場で同じ理由で２回以上繰下げがあった場合は、その回数分並べて記載している。
(大学入試センタープレス発表資料「繰下げ状況について」(各年度)より作成)

	ア	イ	ウ	エ	オ	カ
大雪	■	■	▲	▲	●	●
強風	▲	●	■	●	■	▲
人身事故	●	▲	●	■	▲	■

問６　下線部⑥について、共通テストにおいて、選択式の問題に加えて新たに記述式問題を導入することが検討(けんとう)された際に、多くの人々が「公平性が損なわれる」と考えたのはなぜでしょうか。本文や《資料１》～《資料３》からわかることをもとに、共通テストの特徴と、記述式問題の解答内容や採点方法の特色を明らかにしながら、190字以内で説明しなさい。

《資料１》共通テストの概要と、文部科学省による記述式問題の採点に関する想定

> 共通テストは毎年１月中旬に行われ、約50万人が受験します。共通テストの答案は大学入試センターに送られたあと採点されます。その点数は、受験生が出願した大学に２月上旬まで(試験日からおよそ20日以内)には提供されなければいけません。マークシートの場合、採点自体はすべて機械が行うので時間はあまりかかりませんが、マークシートは全国各地から集まってくるので、その集約やデータの整理をミスなく行うのに、20日間は決して余裕(よゆう)のある日数ではありません。文部科学省は、共通テストに記述式問題を導入した場合には、このようなスケジュールを変更(へんこう)しないことを前提とすると、１万人程度の採点者を動員する必要があると想定していました。

(文部科学省「大学入学共通テストにおける記述式問題の導入に係る検討経緯の整理」より作成)

《資料２》共通テスト(国語)で記述式問題が実施される場合に想定された採点基準

正答の条件

> ①80字以上、120字以内で書かれていること。
> ②二つの文に分けて書かれていて、二文目が、「それが理解できるのは」で書き始められ、「からである。」で結ばれていること。ただし、「理解ができるからである。」で結ばれているものは正答の条件②を満たしていないこととなる。
> ③一文目に、話し手が地図上の地点を示しているということが書かれていること。
> ④一文目に、話し手が指示しようとする対象が実際の場所だということが書かれていること。
> ⑤二文目に、次のいずれかが書かれていること。なお、両方書かれていてもよい。
> ・指さした人間の視点に立つということ。
> ・指さした人間と同一のイメージを共有できるということ。

正答の条件を満たしている解答の例

> ・話し手が地図上の地点を指さすことで、指示されているのは地図そのものではなく、地図が表している場所であることが聞き手には理解できる。それが理解できるのは、他者の視点に立つ能力があるからである。(95字)
> ・地図上の地点を指さして「ここに行きたい」と言った場合、「ここ」が示しているのは地図の実際の場所である。それが理解できるのは、指さした人間の位置に身を置くことで、指さされた人間が指さした人間と同一のイメージをもつことが可能になるからである。(119字)
> ・地図上の地点を指さして「ここに駅がある」と言った場合、「ここ」が示しているのは地図に対応している実際の駅である。それが理解できるのは、指さされた人間が指さした人間の視点に立つことで、実際に示したいものを想像するからである。(111字)

(大学入試センター「平成30年共通テスト試行調査　問題、正解等(国語)」より抜粋)

《資料３》共通テストで記述式問題が実施される場合に想定される採点のようすと、大学による個別の記述式試験の採点のようす

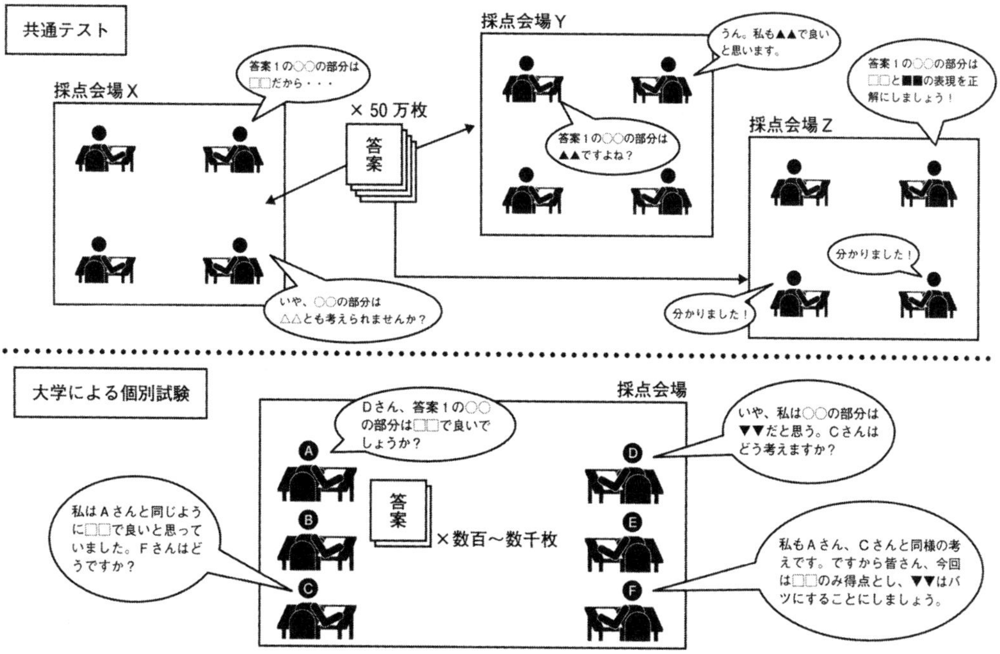

(文部科学省「大学入学共通テストにおける記述式問題の導入に係る検討経緯の整理」などをもとに想定し作成)

問７　下線部⑦について、経験が評価される入試に対しては、実際にどのような批判があると考えられますか。学力テスト型の入試に対する人々の一般的なとらえ方にふれながら、本文や以下の《資料４》～《資料７》からわかることをもとに、160字以内で述べなさい。なお、解答には経験が評価される入試を「新型入試」、学力テスト型の入試を「従来型入試」と表記すること。

《資料４》大学が新型入試で求めている高校在学中の活動歴や成績の例

・全国レベルまたは国際レベルのコンテストやコンクールでの入賞記録や論文の掲載(けいさい)記録
・留学を含むさまざまな国際的活動の経験
・語学力試験などの成績
・数学オリンピックや科学オリンピックなどにおける成績

(各大学の募集要項(令和５年度)より作成)

《資料５》高校生の留学にかかる費用の目安

(編集部注：著作権の都合により
削除しています。)

《資料７》世帯年収別の、１家庭における１年間の学校外活動費＊(子どもが公立小学校に通う家庭)

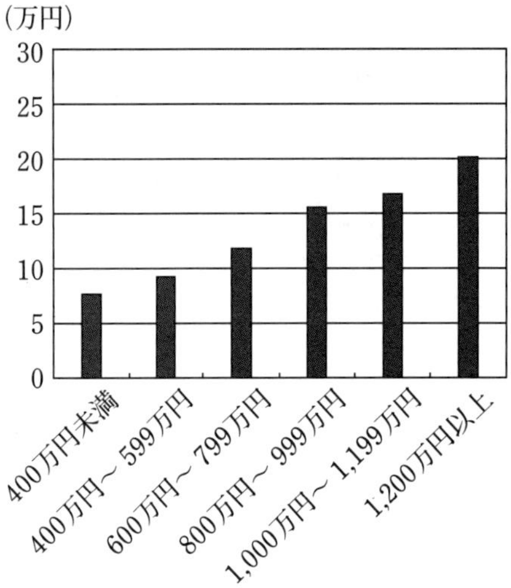

＊「学校外活動」には、体験活動、地域活動、ボランティア、芸術活動、スポーツ活動、国際交流体験活動などが含まれる(塾や家庭教師などの学習補助費は含まない)。

(文部科学省「令和３年度子供の学習費調査」より作成)

《資料６》短期留学をした小中学生やその保護者の声

・来年もまた行きたいです。来年はきっと、もっと楽しくなるんだろうなぁと今からワクワクしています。(小４本人)
・お母さんが「百聞は一見にしかず」って言っていました。できれば来年の夏もサマースクールに行ってみたいと思います。(小６本人)
・イギリスに行かせてくれたお母さん、みんなに感謝の気持ちでいっぱいです！(中３本人)
・今回２度目のホームステイでしたが、今後も年に１回くらい参加させたいと思っています。(小５保護者)
・とても貴重な経験ができて、このプログラムに参加させて良かったと思いました。(小６保護者)
・また行きたい！カナダに住みたい！というほど、夢が膨(ふく)らんだようです。(中１保護者)

(エディクム　ウェブサイト「小学生の留学」「中学生の留学」「保護者の声」を参考に作成)
(https://www.edicm.jp/)

開　成　中　学　校

—40分—

1　次の文章を読み、あとの問いに答えなさい。

ちょうど100年前の1924年は、前年に起こった(　　)を受けて、災害対策や土地利用の見直しなどを含(ふく)めた帝都(ていと)復興計画が進められていた時期にあたります。6月には第二次護憲運動の高まりを受けて加藤高明(かとうたかあき)内閣が発足し、加藤内閣は翌年、①普通(ふつう)選挙法や治安維持(いじ)法を成立させることになります。7月には改正度量衡(どりょうこう)法が施行(しこう)され、国際的に広く使用されている単位系である②メートル法へ移行しました。それまで日本で広く用いられていた尺貫(しゃっかん)法もしばらく使用されていましたが、1950年代には法的に使用が禁じられます。10月には東京都北区に設置された③岩淵(いわぶち)水門の完成によって、新たに開削(かいさく)された荒川(あらかわ)放水路(現在の荒川)への注水が開始されました。この放水路は、1910年に隅田川(すみだがわ)の決壊(けっかい)などで起こった大水害をきっかけに、首都の水害対策の必要性から建設が始まりました。なお1982年には、大洪水(こうずい)にも耐(た)えられる設計の新水門が完成し、旧水門は運用を終えています。

2024年は和暦(われき)(元号)では令和6年、干支(えと)は甲辰(きのえたつ)にあたります。同じ干支である1964年は、アジア初となるオリンピックが東京で開催された年で、日本はオリンピック景気などの好景気が続く高度経済成長の時代でした。自動車・鉄道・航空など④輸送・交通インフラの整備、オリンピック選手団や観光客受け入れのためのホテル建設、各種工業の発達を背景にして、国民の生活水準が高まった時代でした。オリンピック閉会式の翌日には池田勇人首相(いけだはやとしゅしょう)が退陣(たいじん)を表明し、その後1972年まで続くことになる⑤佐藤栄作内閣が発足しました。

産業構造や社会制度、国民の生活は変化し続けてきました。この先も⑥ＡＩ(人工知能)技術の発達などによって、私たちの働き方や社会の劇的な変化が予想されます。2024年には「物流2024年問題」が懸念(けねん)されていますが、ＡＩ活用やＤＸ(デジタルトランスフォーメーション)化が解決の糸口として期待されています。

問1　文章中の空らん(　　)にあてはまる語句を答えなさい。

問2　下線部①について、選挙に関する次の設問に答えなさい。

(1)　日本の選挙制度の変遷(へんせん)について述べた次のア～オの文のうち、下線部の内容が正しいものを**二つ**選び、記号で答えなさい。

ア　1890(明治23)年の衆議院議員選挙において、選挙権を有するのは直接国税を25円以上納める満30歳以上の男性のみであった。

イ　1925(大正14)年の普通選挙法成立によって、納税の有無(うむ)にかかわらず、満25歳以上の男性が選挙権を有することになった。

ウ　1945(昭和20)年の衆議院議員選挙法改正により、女性の参政権が認められ、満25歳以上の男女が選挙権を有することになった。

エ　2003(平成15)年の公職選挙法改正により、自筆が出来ない場合に、投票所において親族が代理記載(きさい)することが認められた。

オ　2013(平成25)年の公職選挙法改正により、候補者や政党がウェブサイト等や電子メールを利用して選挙運動を行うことが認められた。

(2)　現在の選挙制度下において選挙権または被(ひ)選挙権が**認められないケース**を、次のア～エから一つ選び、記号で答えなさい。なお、示されている事項以外は、選挙権・被選挙権を有する条件を満たしているものとします。

ア	参議院議員選挙	選挙権	選挙期日（投票日）に誕生日を迎え、満18歳となる。
イ	市長選挙	選挙権	満18歳、高等学校に在学中である。
ウ	衆議院議員選挙	被選挙権	満42歳、現在の居住地から遠く離れた、自身の出身地の小選挙区から立候補する。
エ	市議会議員選挙	被選挙権	満58歳、告示日の１か月前に、他県から市内へ転居し立候補する。

問３　下線部②について、次の設問に答えなさい。

(1)　現在の１メートルは、「１秒の299,792,458分の１の時間に光が真空中を伝わる長さ」と定義されていますが、18世紀末にフランスで制定された際には現在と異なる定義でした。その際、「地球の北極点から赤道までの子午線上の長さ」の何分の１と定義されたか、答えなさい。

(2)　メートル法に関連した単位として**誤っているもの**を、次のア～エから一つ選び、記号で答えなさい。

ア　キログラム　　イ　バレル　　ウ　ヘクタール　　エ　リットル

(3)　バビロニアで発達した天文学では60進法が用いられ、現在も時間や角度を表す単位には、60進法による時間（度）・分・秒が使用されています。地球上の緯度１分に相当する長さをもとに定義された、長さの単位を答えなさい。

問４　下線部③について、図１・図２を見て、あとの文章を読み、続く設問に答えなさい。

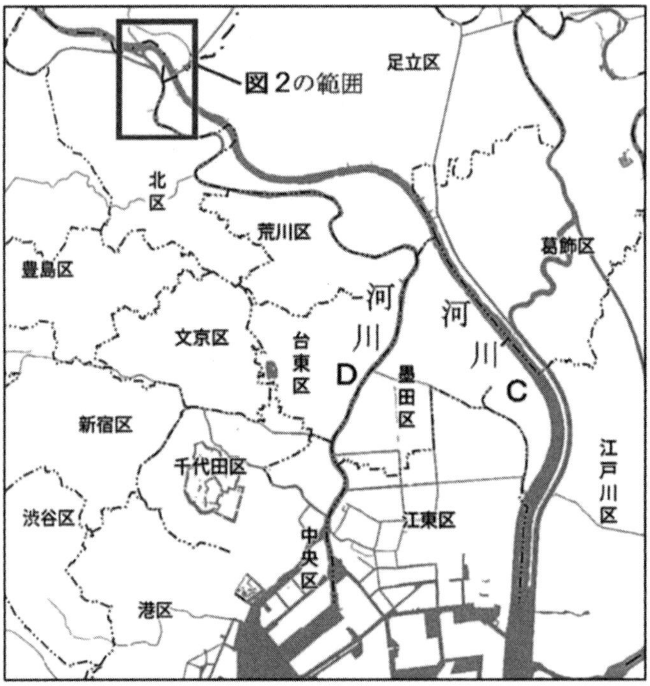

（国土地理院「地理院地図」より作成）

図１

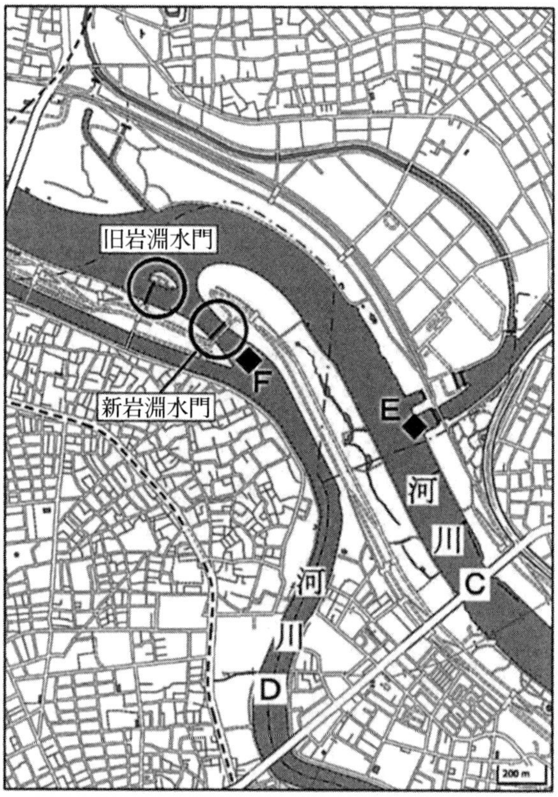

(国土地理院「地理院地図」より作成)

図２

令和元年東日本台風(台風19号)によって記録的な大雨が観測された、2019年10月12日～14日における図２中の◆E・F付近の河川水位の状況

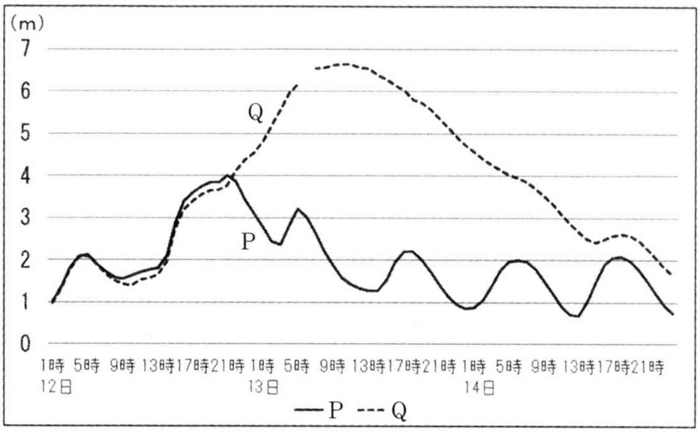

データには一部欠測がある。
(国土交通省「水文水質データベース」より作成)

図３

≪新岩淵水門の役割≫

大雨によって河川水位が上がった際に、岩淵水門を（ ⅰ ）ことによっておもに河川（ ⅱ ）の下流域における氾濫・洪水被害を防ぐことを目的としている。図３に示された水位変化のうち（ ⅲ ）は、図２中の地点◆Eにあたる。

⑴　河川Cと河川Dの名称を、それぞれ答えなさい。

⑵　文章中の（ i ）～（ iii ）にあてはまる語句の正しい組み合わせを、次のア～クから一つ選び、記号で答えなさい。

	ア	イ	ウ	エ	オ	カ	キ	ク
i	閉じる	閉じる	閉じる	閉じる	開く	開く	開く	開く
ii	C	C	D	D	C	C	D	D
iii	P	Q	P	Q	P	Q	P	Q

問5　下線部④について、次の図4は日本国内の輸送機関別輸送量割合の推移を示したもので、(A)・(B)は貨物・旅客のどちらか、X～Zは自動車・船舶・鉄道のいずれかです。貨物と船舶にあたるものの組み合わせとして正しいものを、あとのア～カから一つ選び、記号で答えなさい。

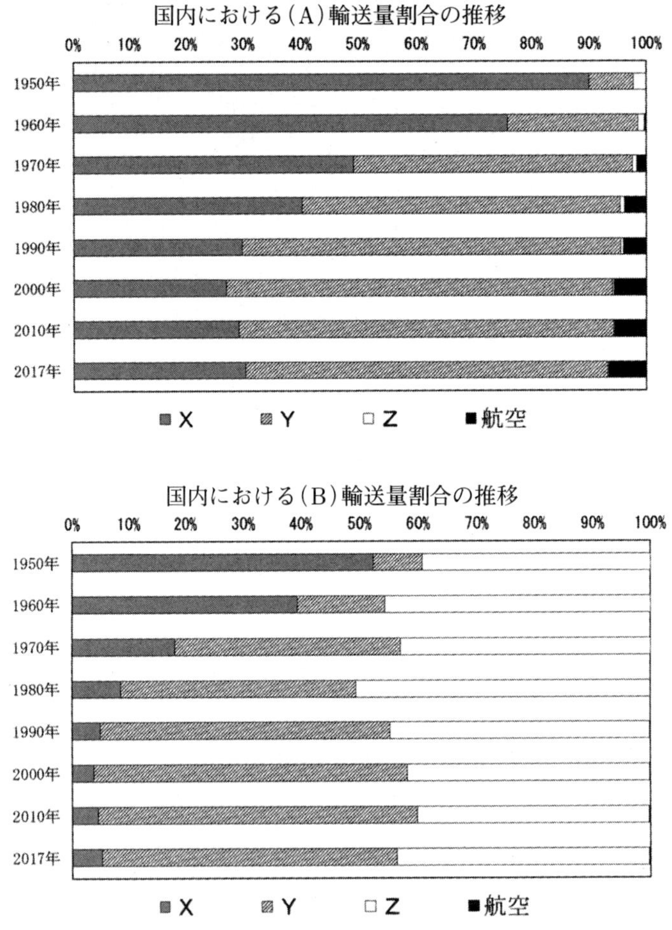

（『数字でみる日本の100年』などにより作成）

図4

	ア	イ	ウ	エ	オ	カ
貨物	A	A	A	B	B	B
船舶	X	Y	Z	X	Y	Z

問6　下線部⑤について、次の設問に答えなさい。

⑴　佐藤栄作の首相としての在職期間（1964年11月～1972年7月）に起こった出来事として

誤っているものを、次のア～エから一つ選び、記号で答えなさい。

ア　小笠原諸島の施政権が、アメリカ合衆国から日本に返還された。

イ　日本で初めての万国博覧会が、大阪で開催された。

ウ　アポロ11号によって、人類初の月面着陸が達成された。

エ　エジプトとシリアがイスラエルに攻撃を開始し、第四次中東戦争が起こった。

(2)　佐藤栄作は1974年にノーベル平和賞を受賞しました。ノーベル平和賞は人物のみならず団体も授与対象となっており、2020年にはＷＦＰが受賞しています。ＷＦＰの紋章を、次のア～エから一つ選び、記号で答えなさい。

ア　　イ　　ウ　　エ

問７　下線部⑥について、2023年にはChatGPTなどＡＩ言語モデルを活用したチャットサービスが話題となり、世界中で利用者が一気に増えました。しかし、内容や質問の形式によっては不正確な回答や、不自然な言葉づかいも見られます。

次のア～エの文は、文章中に示されたことがらについて、あるＡＩチャットサービスに事前知識をあたえず質問を直接提示し、そこから得られた回答の一部です。これらのうち**内容に明らかな誤りを含むもの**を一つ選び、記号で答えなさい。

ア　治安維持法は、社会主義運動や共産主義運動の抑制を目的として制定された。その濫用や政府の不当な圧力、特に言論・表現の自由に対する制約が懸念された。

イ　尺貫法は、古代中国と日本で用いられた長さと重さの単位制。単位には尺や貫などがあるが、国際的な統一には適さず、現代ではあまり使用されなくなった。

ウ　高度経済成長期は、1950年代～70年代初頭の時期。製造業における品質の安定や生産性の向上が実現し、アジアや世界市場への製品の輸出で外貨を獲得した。

エ　物流2024年問題は、コンピューターの時刻や日時の処理に起因する誤作動により、正確な運搬や配送が影響を受けるおそれがある課題。

2　M君は、旅行で訪れたことのある名所やその地域の名物について、印象に残っているものを県ごとにまとめました。これらの文章を読み、あとの問いに答えなさい。

> A県
>
> 庄内平野の南部に位置する鶴岡市の①羽黒山は、昔から修験道の信仰の場として知られています。石段が2,000段以上続く参道を１時間以上かけて歩き、山頂の出羽神社に向かいましたが、途中で法螺貝を持った山伏とすれ違いました。
>
> 南陽市では、山の斜面にブドウなどの果樹園が広がる景観が記憶に残っています。季節によってサクランボ、モモ、ナシ、リンゴなど様々な果物が収穫されるそうです。道の駅で購入したラ・フランスのゼリーと羊羹がとても美味しかったです。

B県

（ ⅰ ）半島に位置する指宿市では、砂蒸し風呂や温泉、黒豚のしゃぶしゃぶを堪能しました。（ⅰ）半島周辺には、黒牛や地鶏、山川漁港や枕崎漁港で水揚げされるカツオ、知覧で栽培される茶など、地場産品が豊富にあります。

練乳をかけてフルーツをふんだんに盛り付けた、「白熊」と呼ばれるかき氷が県内外で知られていますが、黒糖から作った黒蜜をかけたかき氷もありました。県内の奄美群島などでサトウキビの生産が多く、黒糖を使った郷土料理も豊富です。

C県

安曇野市は、県中部の（ ⅱ ）盆地に広がる安曇野地域に由来する地名で、古くは安曇平とも呼ばれていたそうです。北アルプスから流れる川の堆積物がつくった（ ⅲ ）という地形が広がり、地表の水が地下に浸透してしまうため、堰と呼ばれる用水路を利用したかんがい農業が行われてきました。見学したわさび農園では、豊富できれいな湧き水を利用して栽培が行われていました。またこの地域では、小豆や野菜など様々な材料の餡を、小麦粉やソバ粉を練った生地で包んで焼いた「おやき」も有名で、大変美味しく何種類も食べてしまいました。

D県

（ ⅳ ）市は、島しょ部で作られる柑橘類、近海で獲れる魚介類をはじめ食材が豊富で、特に生口島で食べたタコの天ぷらは絶品でした。本州四国連絡道路の一つによって愛媛県今治市と結ばれていますが、その途中にある因島には、村上水軍のうち因島村上氏の拠点がありました。島が多く密集し、狭い航路や複雑な潮流が多い海域において、水先案内や海上警護も行っていたそうです。夏に訪れた際に開催されていた因島水軍まつりでは、迫力ある水軍太鼓の演奏や小早舟レースを見ることができました。

E県

一関市の厳美渓では、渓谷の対岸のお店からロープを使って運ばれる「空飛ぶ団子」が観光客に人気です。この地域には団子や餅のお店が多いことに気付きました。冠婚葬祭や季節の行事の際には餅がふるまわれ、様々な味付けで食べる文化があるそうです。久慈市で食べた「まめぶ汁」にも、クルミの入った団子が使われていました。この団子は小麦粉を練ったものです。②コンブや煮干しの出汁で、様々な具材を煮込んでありました。

雫石市や滝沢市にまたがる広大な小岩井農場では、③酪農や畜産を中心に様々なものが生産されています。ここで飲んだ牛乳は濃厚なのに飲みやすく、あっという間に飲み干してしまいました。

問１　文章中の（ ⅰ ）～（ ⅳ ）にあてはまる地名・語句を、それぞれ答えなさい。

問2　下線部①について、羽黒山の位置に最も近い緯度・経度の組み合わせを、次のア～カから一つ選び、記号で答えなさい。

	ア	イ	ウ	エ	オ	カ
北緯 東経	39度 134度	39度 137度	39度 140度	41度 134度	41度 137度	41度 140度

問3　下線部②について、E県東部ではコンブやワカメ、カキなどの養殖(ようしょく)がさかんで、また様々な魚種が漁獲されます。これらの背景について述べた文として正しいものを、次のア～エから一つ選び、記号で答えなさい。

ア　遠く沖合まで緩(ゆる)やかな傾斜(けいしゃ)の海底が続き、広大な大陸棚(たいりくだな)がある。

イ　海岸近くまで山地が迫(せま)り、森からの豊かな栄養分が海に運ばれる。

ウ　潮目では暖水が冷水の下に潜(もぐ)り込み、湧昇流(ゆうしょうりゅう)をともなう対流が発生する。

エ　単調な砂浜(すなはま)の海岸線が続き、伝統的に地引き網(あみ)漁が発達している。

問4　下線部③について、M君は酪農に関するデータを調べ、次の表1・図1・図2にまとめました。これらの図表について、あとの設問に答えなさい。

表1
全国に占(し)める地域別生乳生産量割合と用途内訳

	全国に占める生乳生産量の割合(%)	生乳の用途内訳(%)		
		牛乳等向け	乳製品向け	その他
F	7.1	73.2	26.1	0.7
G	14.9	90.7	8.5	0.8
H	56.6	15.3	84.1	0.6

統計は2022年。F～Hは、関東・東山(とうさん)、東北、北海道のいずれかである。
関東・東山は、関東1都6県および山梨県・長野県を示す。
(農林水産省統計より作成)

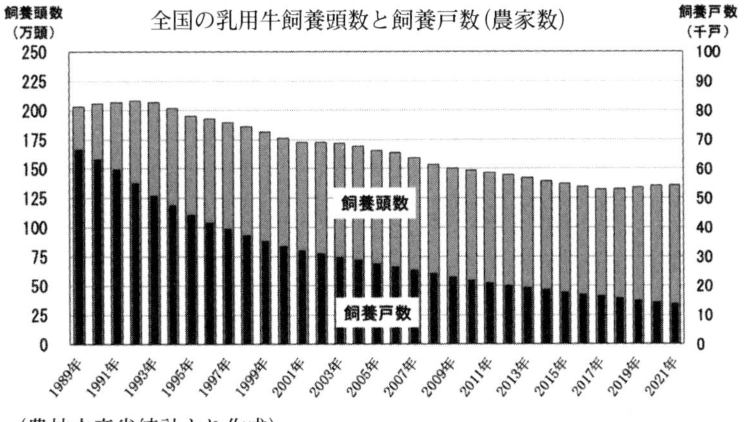

(農林水産省統計より作成)

図1

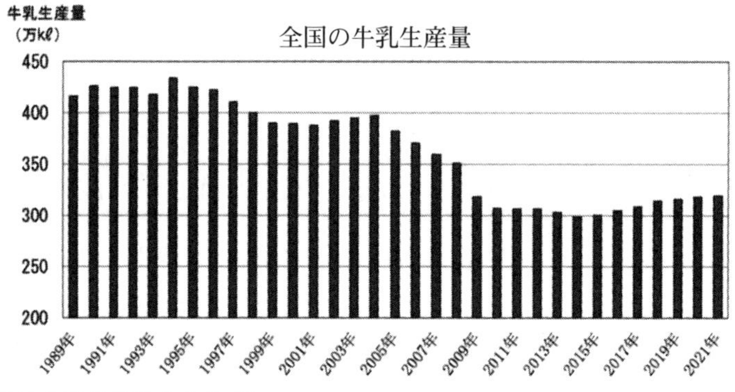

(農林水産省統計より作成)

図2

⑴　表1中のF～Hは、関東・東山、東北、北海道のいずれかにあたります。地域と記号の正しい組み合わせを、次のア～カから一つ選び、記号で答えなさい。

	ア	イ	ウ	エ	オ	カ
関東・東山	F	F	G	G	H	H
東北	G	H	F	H	F	G
北海道	H	G	H	F	G	F

⑵　次の文章は、これらの図表や酪農業に関連してO君が述べた意見です。文章中の下線部ア～オのうち、内容が**誤っているものをすべて**選び、記号で答えなさい。

≪O君の意見≫

肉用牛の飼育に比べて、ア乳用牛の飼育は涼(すず)しい地域が適していますが、表1を見ると関東地方でも酪農は行われていることが分かりました。生乳の用途の違いは、消費地との距離や輸送時間、消費期限やコストも関係していると思います。

図1を見ると、日本の酪農業の将来が心配になります。イ全国の飼養頭数はこの30年間でおよそ70万頭減っています。また、ウ農家一戸あたりの飼養頭数が減っていることから、大規模に経営している外国に比べて価格競争で負け、安い乳製品が多く輸入されるようになることも心配です。日本は飼料の多くを輸入に頼(たよ)っており、エトウモロコシなど飼料の価格が高騰(こうとう)していることも、酪農はじめ畜産業の経営を難しくしている原因だと考えられます。

飲用の牛乳はすべて国産であると聞いたことがあります。図2を見るとこの30年間で、オ牛乳生産量はおよそ半分にまで減っています。一方で、一人あたりの消費量が減少したため、生乳や牛乳が余り、廃棄(はいき)される量が増えたというニュースも目にしました。

私たちが牛乳や乳製品を多く消費することも大事ですが、おいしくて安全な日本の乳製品を外国に広くPRして、海外への輸出・販売(はんばい)をもっと増やすことが出来れば、日本の酪農業の発展につながると思います。

問5　次のア～オは、A県～E県のいずれかの伝統的工芸品です。A県とC県の伝統的工芸品をそれぞれ一つ選び、記号で答えなさい。

ア　飯山仏壇(いいやまぶつだん)　　イ　大島紬(つむぎ)　　ウ　熊野筆　　エ　天童将棋駒(しょうぎごま)　　オ　南部鉄器

問6　A県～E県の5県を比較(ひかく)した統計について、次の設問に答えなさい。

⑴　次の図3は、A県～E県のいずれかの製造品出荷(しゅっか)額等割合(2019年)を示したグラフで、

ア～エはＡ県～Ｄ県のいずれかです。Ｂ県とＤ県にあたるものを、それぞれ図中のア～エから一つ選び、記号で答えなさい。

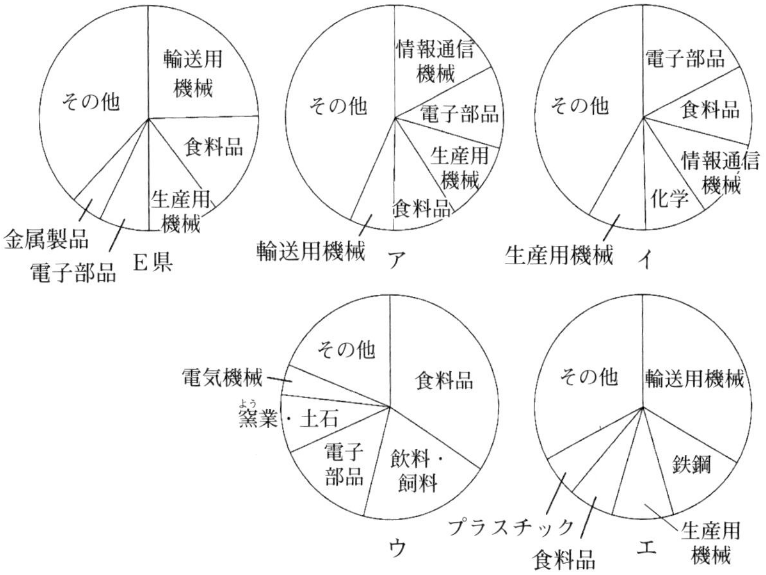

（『データでみる県勢 2023』より作成）

図３

(2)　次の表２は、Ａ県～Ｅ県のいずれかの自動車・船舶・鉄道に関する指標で、ア～エはＢ県～Ｅ県のいずれかです。Ｂ県とＣ県にあたるものを、それぞれ表中のア～エから一つ選び、記号で答えなさい。

表２

	100世帯あたり自動車保有台数(台)	国内航路乗込人員(千人)	鉄道旅客輸送人員(百万人)
Ａ県	165.2	12	14
ア	157.0	—	70
イ	140.0	71	26
ウ	119.3	6,112	34
エ	110.9	9,610	205
	2021年	2019年	2019年

（『データでみる県勢 2023』より作成）

(3)　次の表３は、Ａ県～Ｅ県のいずれかの県庁所在都市における、年較差(最暖月平均気温と最寒月平均気温の差)、年降水量、１月と７月の日照時間を示したものです。Ａ県にあたるものを、表中のア～オから一つ選び、記号で答えなさい。

表３

	年較差(℃)	年降水量(mm)	日照時間(時間)	
			１月	７月
ア	20.1	2434.7	132.6	185.5
イ	23.1	1572.2	138.6	173.4
ウ	25.1	1206.7	79.6	144.5
エ	25.1	1279.9	115.6	130.5
オ	25.8	965.1	128.4	168.8

（気象庁資料より作成）

3　社会科の授業で、生徒が「歴史カルタ」を作りました。絵札には、歴史上の人物や文学作品、絵画、建築物などの名称と絵が書かれており、読み札には、生徒が考えた「5・7・5」の音韻(おんいん)(文字)による、絵札の題材についての句が書かれています。以上をふまえたうえで、あとの問いに答えなさい。なお、生徒が考えた読み札の句は先生の監修(かんしゅう)を経ているため、内容についての誤りはないものとします。(絵札は、本問では省略します。)

[歴史カルタ・読み札の句A]

①「名執権　貞永(じょうえい)式目　武士の法」
②「草履(ぞうり)とり　のちに太閤(たいこう)　天下取り」
③「遣隋使(けんずいし)　"日出(い)づる国"の　手紙持ち」
④「米将軍　財政赤字を　建て直し」
⑤「唐(とう)の僧(そう)　失明くじけず　日本へ」
⑥「侘(わ)び求め　奥(おく)の細道　旅に出る」
⑦「"いざ鎌倉(かまくら)"の　時は今だと　尼(あま)将軍」
⑧「女王の　治める国は　邪馬台国(やまたいこく)」
⑨「大政奉還(たいせいほうかん)　最後の将軍の　花道か」
⑩「島原の乱　奇跡(きせき)の少年　リーダーに」

[歴史カルタ・読み札の句B]

⑪「長安の　文化を求めて　海を越(こ)え」
⑫「かな文字で　光源氏の　物語」
⑬「東山　書院造の　たたずまい」
⑭「広重(ひろしげ)や　東海道を　いざ進まん」

問1　**[歴史カルタ・読み札の句A]**①～⑩で読まれている歴史上の人物の名前を、それぞれ答えなさい。

問2　**[歴史カルタ・読み札の句B]**⑪～⑭について、次の設問に答えなさい。

(1)　⑪について、この句の内容に**あてはまらない人物**を、次のア～エから一つ選び、記号で答えなさい。

ア　阿倍仲麻呂(あべのなかまろ)　イ　犬上御田鍬(いぬかみのみたすき)　ウ　空海　エ　菅原道真(すがわらのみちざね)

(2)　⑫について、この句の物語と同様に、平安時代にかな文字で書かれた文学作品を、次のア～カから**二つ**選び、記号で答えなさい。

ア　御伽草子(おとぎぞうし)　イ　徒然草(つれづれぐさ)　ウ　土佐日記
エ　平家物語　オ　方丈記(ほうじょうき)　カ　枕草子(まくらのそうし)

(3)　⑬について、この句で読まれている建築物としてふさわしいものを、次のア～エから一つ選び、記号で答えなさい。

ア

イ

ウ

エ

(4)　⑭について、この句で読まれている作品としてふさわしいものを、次のア～エから一つ選び、記号で答えなさい。

ア

イ

ウ

エ

4　次の文章は、ある日の中学校における先生と生徒２人(春樹・夏男)の会話です。これを読み、あとの問いに答えなさい。

春樹：この学校の授業はどれも面白(おもしろ)いしためになるけれど、そのなかでも私が一番好きなのは、中３社会科の地域調査の授業です。毎週楽しみにしています。

夏男：僕(ぼく)も地域調査の授業は好きだな。先生の話を聞いてノートをとる授業もいいけれど地域調査の授業は自分たちでテーマを決めていろいろと調べたり、友達と話し合ったりするのがとても楽しいよ。

先生：この学校の地域調査の授業は、2002(平成14)年から全国の中学校で始まった「総合的な学習の時間」の取り組みとして始められたんだ。

夏男：さすが先生、昔のことをよく知っていますね。

先生：私は①1990年代のはじめに本校に着任して以来、現在まで30年以上この学校に勤めているからね。②明治時代から続くこの学校の長い歴史のなかで、教育内容も大きく変わってきたけれど、最近の地域調査の授業は面白い取り組みだと思うよ。

春樹：地域調査の「東京探検」で取り上げられる場所は、やはり23区が圧倒的に多いですね。

先生：そうだね。やはり23区には、歴史的な建造物や長い伝統のある場所がたくさんあるからね。最近の先輩たちが取り上げた事例では、③文京区から台東区にかけての「谷根千」や、古書店街が並ぶ神田神保町、「おじいちゃん・おばあちゃんの原宿」と呼ばれる巣鴨などが印象的だったね。

春樹：僕は東京都の市部である多摩地域に住んでいるので、地域調査の「東京探検」の授業で23区の場所ばかりが取り上げられるのは、何となく残念な気がします。

夏男：それは同感だな。僕も東京都の市部に住んでいるので、地域調査の授業では23区ではなく、多摩地域の場所を取り上げたいと思っています。僕は声を大にして言いたい、「23区だけが東京都じゃない！」って。

先生：それはまったくその通りだ。本校から近い23区内の場所を取り上げる生徒が多いのはたしかだけど、「東京探検」でどこを調べるかは君たちの自由だ。君たちが自分たちの住んでいる多摩地域に興味を持っているなら、その地域について調べたらいい。

春樹：私は西東京市という市に住んでいます。西東京市は、2001(平成13)年に④二つの市が合併してできた市です。西東京市は東京23区の一つである練馬区とも接していて、名前は西東京市だけど、東京都全体の地図で見ると東京都のほぼ中央に位置しています。あと、下野谷遺跡という⑤縄文時代の大規模な集落の跡が発掘され、現在ではその一部が公園として整備されています。

先生：春樹君は西東京市に住んでいるんだね。君たちはまだ生まれていなかったからあまり知らないと思うけれど、西東京市が誕生した頃は⑥平成の大合併といって、日本全国で市町村の合併を政府が主導して推進していた時期なんだ。現在私が住んでいる（ ⑦ ）市も浦和市と大宮市と与野市の３市が2001年に合併してできた市で、西東京市誕生と同じ年だね。

夏男：僕は国分寺市に住んでいます。国分寺市は、その名の通りかつて武蔵国の国分寺があったところで、とても住みやすい街です。武蔵国分寺跡は現在では公園として整備されていて、小学生の時に社会科見学でも行きました。あと、この辺りは落ち着いていて環境がいいので、隣接している国立市や小金井市などとあわせて、大学や高校がたくさんあります。

先生：国分寺はその名の通り、歴史を感じさせる街だね。多摩地域にはその他にも、歴史と関連の深い地名がたくさんある。国分寺と同じ⑧奈良時代に関連するものでは、たとえば調布という地名は、律令制度下の税制である租庸調に由来するものだし、府中という地名は、かつて武蔵国の国府が置かれていたことに由来する地名なんだ。

夏男：やっぱり、多摩地域も歴史の宝庫だな。

先生：君たちが言うとおり、23区だけが東京都じゃない。市部・多摩地域についても積極的に問いを見つけて、研究を深めてほしいな。

春樹・夏男：はい！！

問１　下線部①について、先生がこの学校に勤務している期間（1990年代～現在）に起こった、次の＜世界＞と＜日本＞の出来事を、それぞれ年代の古い順に並びかえ、記号で答えなさい。

＜世界＞

ア　アメリカ同時多発テロ事件の発生

イ　ソビエト連邦(れんぽう)の崩壊(ほうかい)

ウ　新型コロナウイルスの世界的流行の開始

エ　ロシアによるクリミア半島の併合宣言

＜日本＞

カ　東日本大震災(しんさい)と福島第一原子力発電所事故

キ　「平成」が終わり「令和」になる

ク　阪神・淡路(あわじ)大震災

ケ　東京オリンピック・パラリンピック開催

問２　下線部②について、明治時代から現在にいたるまで、この学校の長い歴史のあいだには、近代日本の歩みとともに、いくつもの大きな戦争がありました。このことについて、以下の＜Ａ＞～＜Ｄ＞に答えなさい。

＜Ａ＞　日清(にっしん)戦争に関連して、次の設問に答えなさい。

(1)　日清戦争の講和条約である下関条約により日本は遼東(りょうとう)半島を獲得しましたが、ロシアを中心とした三国干渉(かんしょう)によって、清に返還することになりました。干渉をおこなったロシア以外の二つの国の組み合わせとして正しいものを、次のア～カから一つ選び、記号で答えなさい。

ア　アメリカ・イギリス　　イ　アメリカ・ドイツ　　ウ　アメリカ・フランス

エ　イギリス・ドイツ　　オ　イギリス・フランス　　カ　ドイツ・フランス

(2)　三国干渉後、日本では中国のある故事成語をスローガンに掲(かか)げ、ロシアへの復讐(ふくしゅう)を誓(ちか)う社会的空気が民衆のあいだに広まりました。この故事成語を、次のア～エから一つ選び、記号で答えなさい。

ア　臥薪嘗胆(がしんしょうたん)　　イ　捲土重来(けんどちょうらい)　　ウ　呉越同舟(ごえつどうしゅう)　　エ　四面楚歌(しめんそか)

＜Ｂ＞　日露(にちろ)戦争に関連して述べた文として**誤っているもの**を、次のア～エから一つ選び、記号で答えなさい。

ア　日露戦争のさなか、ロシアで「血の日曜日事件」をきっかけに革命運動が起こった。

イ　日本海海戦では、東郷平八郎(とうごうへいはちろう)率いる日本艦隊(かんたい)がロシアのバルチック艦隊に勝利した。

ウ　アメリカの仲介(ちゅうかい)で、陸奥宗光外相(むつむねみつがいしょう)がポーツマスでロシアとの講和条約に調印した。

エ　賠償(ばいしょう)金が取れない講和条約に国民の不満が爆発(ばくはつ)し、日比谷(ひびや)焼打ち事件が起こった。

＜Ｃ＞　第一次世界大戦に関連して、次の設問に答えなさい。

(1)　第一次世界大戦終結時、敗戦国ドイツと連合国の間で結ばれた講和条約について、調印の舞台(ぶたい)となったフランスの宮殿(きゅうでん)の名称を、「～宮殿」の形に合うように**カタカナ**で答えなさい。

(2)　第一次世界大戦後、戦争の抑止と世界平和の維持を目的として設立された国際連盟において、事務次長をつとめた日本人の名前を答えなさい。

＜D＞　第二次世界大戦に関連して、次の設問に答えなさい。

(1)　ナチスによるユダヤ人迫害から救うために、いわゆる「命のビザ」を発行してユダヤ人の海外逃亡を助けた杉原千畝は、当時どこの領事館に赴任していたか、次のア～エから一つ選び、記号で答えなさい。

ア　エストニア　　イ　フィンランド　　ウ　ラトビア　　エ　リトアニア

(2)　日本が終戦を迎えた日（1945（昭和20）年８月15日）における日本の内閣総理大臣を、次のア～エから一つ選び、記号で答えなさい。

ア　近衛文麿　　イ　鈴木貫太郎　　ウ　東条英機　　エ　米内光政

問３　下線部③について、文京区と台東区に位置する施設や地名の組み合わせを、次のア～エからそれぞれ一つ選び、記号で答えなさい。

ア　上野恩賜公園、上野動物園、国立西洋美術館、東京国立博物館、浅草寺

イ　お台場海浜公園、迎賓館赤坂離宮、芝公園、増上寺、東京タワー

ウ　銀座、日本橋、築地場外市場、築地本願寺、浜離宮恩賜庭園

エ　小石川植物園、東京大学本郷キャンパス、東京ドーム、湯島聖堂、湯島天神

問４　下線部④について、二つの市の組み合わせとして正しいものを、次のア～エから一つ選び、記号で答えなさい。

ア　昭島市と日野市　　イ　稲城市と多摩市

ウ　田無市と保谷市　　エ　羽村市と福生市

問５　下線部⑤について、縄文時代の生活様式について述べた文として正しいものを、次のア～エから一つ選び、記号で答えなさい。

ア　文様が少なく、高温で焼くため赤褐色をした、かたくて薄手の土器がつくられた。

イ　人々が食べた貝の殻や魚・動物の骨などは一定の場所に捨てられ、貝塚ができた。

ウ　米はネズミや湿気を防ぐために高床倉庫におさめ、杵と臼で脱穀して食べた。

エ　外敵を防ぐために、周りに濠や柵をめぐらせた環濠集落がつくられた。

問６　下線部⑥について、20世紀末から21世紀初頭にかけておこなわれた、いわゆる「平成の大合併」によって、日本全国の市町村数は、現在の数に近くなりました。この「平成の大合併」によって、日本全国の市町村数はおよそいくつからいくつに減少したか、次のア～エから一つ選び、記号で答えなさい。

ア　(大合併前)約10,000　→　(大合併後)約5,500

イ　(大合併前)約5,500　→　(大合併後)約3,200

ウ　(大合併前)約3,200　→　(大合併後)約1,700

エ　(大合併前)約1,700　→　(大合併後)約900

問７　文章中の空らん（ ⑦ ）にあてはまる市の名前を答えなさい。

問８　下線部⑧について、奈良時代の日本について述べた文として**誤っているもの**を、次のア～エから一つ選び、記号で答えなさい。

ア　710年、唐の長安にならった平城京が、律令国家の新しい都となった。

イ　成人男性には租のほかに、布や特産物を都に納める調・庸の税が課された。

ウ　仏教の力で伝染病や災害から国家を守ろうと、国分寺と国分尼寺が建てられた。

エ　国ごとに国府と呼ばれる役所が置かれ、地方の豪族が国司に任命され政治を行った。

学習院中等科(第１回)

—40分—

〔注意〕 問題に漢字で書くことが指定されていれば正しい漢字で書きなさい。

1

問１　次の①～⑩にあてはまる都市を以下の(ア)～(ト)から一つずつ選び、記号で答えなさい。

① この都市は、日本の最北の都道府県の経済の中心地です。

② この都市には、世界遺産である鹿苑寺金閣(金閣寺)があります。

③ この都市は、東北地方の政令指定都市で多くの人が集まります。

④ この都市は、大阪府で人口が２番目に多いです。

⑤ この都市は、県庁所在地の都市より人口が多く、浜名湖の沿岸に位置しています。

⑥ この都市は、甲信越地方で唯一の政令指定都市です。

⑦ この都市には、世界遺産である原爆ドームがあります。

⑧ この都市は、旧県庁所在地である浦和市や大宮市、与野市が合併して誕生しました。

⑨ この都市には、弥生時代の水田集落の遺跡である登呂遺跡があります。

⑩ この都市には、金のしゃちほこで有名な城や熱田神宮があります。

(ア) 大阪市　(イ) 岡山市　(ウ) 川崎市　(エ) 北九州市
(オ) 京都市　(カ) 熊本市　(キ) 神戸市　(ク) さいたま市
(ケ) 堺市　(コ) 相模原市　(サ) 札幌市　(シ) 静岡市
(ス) 仙台市　(セ) 千葉市　(ソ) 名古屋市　(タ) 新潟市
(チ) 浜松市　(ツ) 広島市　(テ) 福岡市　(ト) 横浜市

問２　次の表は、「乗用車の100世帯あたり保有台数(2021年)」をまとめたものです。この表をもとに①～④の文章について、正しければ「○」を、正しくなければ「×」を答えなさい。

順位	都道府県	保有台数	順位	都道府県	保有台数
１位	福井県	171.6	43位	兵庫県	90.3
２位	富山県	166.2	44位	京都府	81.6
３位	山形県	165.2	45位	神奈川県	68.8
４位	群馬県	160.3	46位	大阪府	63.3
５位	栃木県	158.0	47位	東京都	42.8

(『データでみる県勢　2023』より作成)

① １～５位の都道府県には、すべて旅客輸送のある空港がある。

② １～５位の都道府県は、すべて日本海側に位置している。

③ 43～47位の都道府県には、すべて地下鉄が走っている。

④ 43～47位の都道府県は、すべての世帯が乗用車を１世帯あたり１台以上保有している。

問３　次の①～⑥の問いに答えなさい。ただし、①～⑤は漢字で答えなさい。

① 1901年に官営八幡製鉄所が操業を開始したところからはじまる、かつては鉄鋼生産の中心地だった工業地帯(地域)名を答えなさい。

② 2022年に貿易総額が最大であった日本の空港の名前を答えなさい。

③ 2022年９月に武雄温泉－長崎間で開業した新幹線の名前を答えなさい。

④　北海道－本州間にある海峡の名前を答えなさい。

⑤　大きな地震が起こる数秒～数十秒前にテレビなどを通じて伝達される緊急地震速報は、どこから発信されるか、省庁の名前を答えなさい。

⑥　以下の文章は養殖漁業と栽培漁業の違いについて説明したものです。説明を完成させるために、［　A　］の枠にあてはまることばを15字以内で答えなさい。ただし、句読点も１字に数えます。

> 養殖漁業はいけすなどの中で、出荷するまでたまごなどから育てる漁業で、栽培漁業は、いけすなどの中でたまごなどから育て、［　A　］することが特徴の漁業です。

2　以下の年表を読み、あとの問いに答えなさい。

西暦	できごと
618年	中国で①唐が建国される。
663年	②白村江の戦いが起こる。
668年	(1)が即位して、天智天皇となる。
724年	③多賀城が設置される。
939年	海賊を組織した(2)が瀬戸内海で反乱を起こす。
1192年	④源頼朝が征夷大将軍に就く。
1336年	⑤室町幕府が開かれる。
1582年	(3)が太閤検地をはじめる。
1613年	⑥慶長遣欧使節がヨーロッパに派遣される。
1841年	老中の(4)が天保の改革をおこなう。
1872年	⑦日本ではじめて鉄道が開通する。
1886年	⑧ノルマントン号事件が起こる。
1900年	(5)が女子英学塾を設立する。
1923年	⑨関東大震災が起こる。
1932年	⑩首相の犬養毅がおそわれ、命を落とす。
1972年	首相の(6)が中国を訪れ、日中共同声明を発表する。
1973年	⑪第１次石油危機が起こる。

問１　年表中の(1)～(6)に適する人物の名前を漢字で答えなさい。

問２　下線部①の「唐」の都を何というか、漢字で答えなさい。

問３　下線部②の「白村江の戦い」の後のできごとについて、【X】【Y】の文章の正誤の組み合わせとして正しいものを以下の(ア)～(エ)から一つ選び、記号で答えなさい。

【X】　大宰府の北に水城が築かれた。

【Y】　倭に亡命した百済の人びとの指導によって、朝鮮式山城が築かれた。

㋐　【X】正　　【Y】正　　　㋑　【X】正　　【Y】誤
㋒　【X】誤　　【Y】正　　　㋓　【X】誤　　【Y】誤

問４　下線部③の「多賀城」について、日本三大史跡(しせき)の一つである多賀城跡(あと)がある県の名前を漢字で答えなさい。

問５　下線部④の「源頼朝」が1180年に最初に兵をあげた場所を以下の㋐～㋓から一つ選び、記号で答えなさい。

㋐　伊豆(いず)　　㋑　鎌倉(かまくら)　　㋒　木曽(きそ)　　㋓　兵庫(ひょうご)

問６　下線部⑤の「室町幕府」で将軍を補佐し、政務を統轄(とうかつ)(まとめて支配すること)する職を何というか。漢字で答えなさい。

問７　下線部⑥の「慶長遣欧使節」としてスペインやイタリアなどに派遣された人物を以下の㋐～㋓から選び、記号で答えなさい。

㋐　伊東マンショ　　㋑　岩倉具視　　㋒　勝海舟(かつかいしゅう)　　㋓　支倉常長

問８　下線部⑦の「日本ではじめて鉄道が開通する」について、最初に開通したこの当時の鉄道は新橋とどこを結んだか、漢字で答えなさい。

問９　下線部⑧の「ノルマントン号事件」について、当時の日本国民がこの事件を批判的にとらえた理由を40字以内で説明しなさい。ただし、句読点も１字に数えます。

問10　下線部⑨の「関東大震災」が発生した日は、「防災の日」となっています。何月何日かを「～月～日」の形に合うように答えなさい。

問11　下線部⑩の「首相の犬養毅がおそわれ、命を落とす」について、このできごとを何というか、以下の㋐～㋓から一つ選び、記号で答えなさい。

㋐　五・一五事件　　㋑　五・四運動　　㋒　三・一独立運動　　㋓　二・二六事件

問12　下線部⑪の「第１次石油危機」は、アラブ産油国が石油の輸出制限や価格の引き上げをおこなったことで起こりました。アラブ産油国がこのような戦略をおこなうきっかけとなった戦争を何というか、漢字で答えなさい。

３　次の文章を読み、あとの問いに答えなさい。

2023年(　A　)月９日と(　A　)月23日に統一地方選挙が実施(じっし)され、多くの①地方公共団体で首長や議員が選ばれました。この統一地方選挙は(　B　)年に１回実施されます。この統一地方選挙における選挙権は、選挙がおこなわれる地域に一定期間住んでいる満(　C　)歳(さい)以上の日本国民にあたえられます。一方で、②統一地方選挙における被選挙権(ひせんきょけん)があたえられる年齢(ねんれい)は、立候補する対象によって異なります。

統一地方選挙に対して、国会議員を選ぶための選挙が国政選挙です。国政選挙には、衆議院議員選挙と③参議院議員選挙があります。

衆議院議員選挙は、衆議院議員の(　D　)年間の任期が終わるか、任期の途中(とちゅう)で(　E　)がおこなわれると実施されます。この選挙では、全部で465人いる衆議院議員を④小選挙区制と比例代表制の二つの方法で選びます。そのため、衆議院議員選挙の投票所では小選挙区制と比例代表制の２種類の投票用紙が渡(わた)され、投票します。ただし、実際にはこれに加えて最高裁判所裁判官の(　F　)もおこなわれるので、合計で３種類の用紙が渡されることになります。

一方で、参議院議員選挙は(　G　)年に１回実施されます。参議院議員の任期は(　H　)年間ですが、選挙は(　G　)年に１回実施され、定数の半分を選んでいます。この選挙では、全部で(　I　)

人いる参議院議員を選挙区制と比例代表制の二つの方法で選びます。

日本における選挙にはいくつかの大切な原則があります。たとえば、一定の年齢に達したすべての国民に選挙権・被選挙権があたえられる（　J　）選挙、だれがだれに投票したかわからない（　K　）選挙などがその原則です。

問１　文章中の（　A　）～（　K　）に適することば・数字を答えなさい。ただし、（　A　）～（　D　）、（　G　）～（　I　）は数字で、（　E　）、（　F　）、（　J　）、（　K　）は漢字で答えなさい。

問２　下線部①の「地方公共団体」について、以下の問いに答えなさい。

⑴　地方公共団体について述べた次の【X】【Y】の文章について、下線部のことばが正しければ「○」を、正しくなければ正しいことばを漢字で書きなさい。

【X】　その地方公共団体のなかだけで通用する決まりを政令という。

【Y】　地方公共団体の議会は、すべて一院制である。

⑵　住民は、一定の条件を整えることで、地方公共団体の首長・議員に対して、任期の途中でやめさせるよう解職請求をすることができます。では、この解職請求をカタカナ４字で何というか答えなさい。

問３　下線部②の「統一地方選挙における被選挙権があたえられる年齢は、立候補する対象によって異なります」について、立候補の対象とその被選挙権があたえられる年齢の組み合わせとして正しいものを以下の㋐～㋕から一つ選び、記号で答えなさい。

㋐　都道府県知事：満25歳以上　　市区町村議会議員：満25歳以上

㋑　都道府県知事：満30歳以上　　市区町村議会議員：満30歳以上

㋒　都道府県知事：満35歳以上　　市区町村議会議員：満35歳以上

㋓　都道府県知事：満25歳以上　　市区町村議会議員：満20歳以上

㋔　都道府県知事：満30歳以上　　市区町村議会議員：満25歳以上

㋕　都道府県知事：満35歳以上　　市区町村議会議員：満30歳以上

問４　下線部③の「参議院議員選挙」に関連する次の【X】【Y】の文章について、下線部のことばが正しければ「○」を、正しくなければ正しいことばを書きなさい。

【X】　参議院議員選挙の選挙区制選挙では、少数の例外もあるが原則として一つの市区町村が一つの選挙区となっている。

【Y】　参議院議員選挙の比例代表制の投票用紙には、政党名か候補者名のどちらかを記入する。

問５　下線部④の「小選挙区制」について、以下の問いに答えなさい。

⑴　小選挙区制とはどのような選挙のことか、25字以内で答えなさい。ただし、句読点も１字に数えます。

⑵　全部で465人いる衆議院議員のうち、小選挙区制で選ばれる議員は何人か、以下の㋐～㋓から一つ選び、記号で答えなさい。

㋐　89人　　㋑　189人　　㋒　289人　　㋓　389人

鎌倉学園中学校(第１回)

—30分—

1　中学生のソラさんは、日本の島に関する調査を行いました。この調査に関するあとの問いに答えなさい。

問１　ソラさんは日本にはどれくらいの数の島があるのかを調べました。測量技術の進歩にともない、国土地理院が2023年に日本の島(人工の島を除く自然の島で、外周が100メートル以上となることなど)の数を数えなおした結果、その数は全国で１万4125島にのぼると発表していたことがわかりました。これに基づき、都道府県ごとに島の数が多い県を表１にまとめました。

表１

	都道府県名	島の数
１位	長 崎 県	1479
２位	北 海 道	1473
３位	鹿児島県	1256
４位	岩 手 県	861
５位	沖 縄 県	691

国土地理院ホームページより作成

以下の(1)と(2)は上記の１～５位の都道府県に属する島に関する説明文です。それぞれの島の名前を**漢字**で答えなさい。

(1)　県の北部に位置する島で、上島と下島に分かれています。韓国とは約50㎞のきょりにあります。

(2)　県の南部に位置する円形の島です。島内には九州最高峰の山があり、樹れいが1000年をこえる木もみられます。

問２　ソラさんは日本の島について調べるうちに、遣唐使船が唐にたどり着くまでの間にいくつかの島を経由していることに気づき、遣唐使が使用したルートを図１にまとめてみました。これに関連してあとの問いに答えなさい。

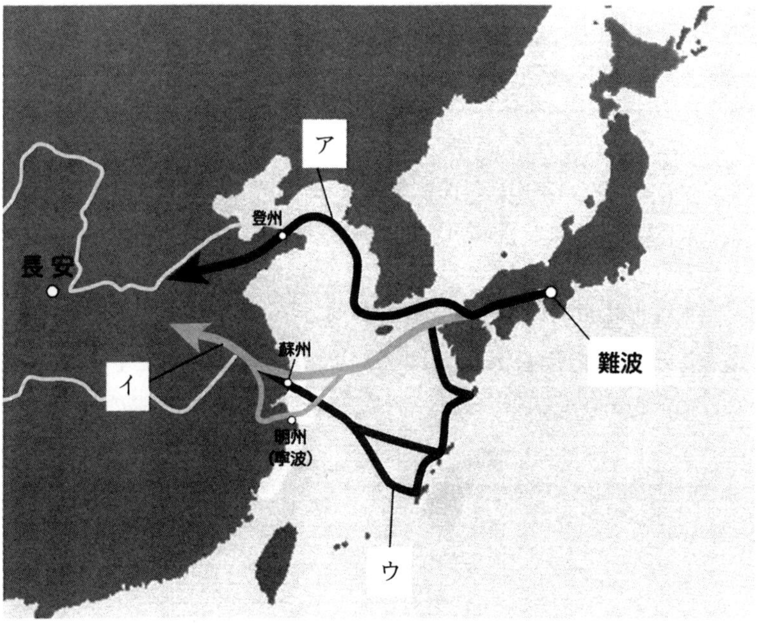

図１

(1)　朝鮮半島にあった百済は新羅との対立があったため、日本とも親交を結びました。しかし百済は660年に唐・新羅連合軍によって滅亡しました。また、日本は百済復興軍の要請をうけて663年に白村江の戦いで唐・新羅連合軍と戦いますが、敗北しました。その後朝鮮半島では新羅が唐を追い出し朝鮮半島を統一しました。こうした国際情勢のなか、あなたが遣唐使を派遣する立場なら、図１のうち避けるべきルートはどれですか。地図中の選択肢ア～ウのなかから一つ選び記号で答えなさい。

(2)　ソラさんは現在の日中関係を知るために、日本と中国の間の貿易品目について調べました。次のア～クの貿易品目のなかで、中国が2021年の輸入先の第１位となっているものを**三つ選び**記号で答えなさい。

ア　肉類　　イ　野菜　　ウ　鉄鉱石　　エ　石炭
オ　鉄鋼　　カ　コンピューター　　キ　自動車　　ク　衣類

問３　島国である日本は多くの食料品を輸入に頼っていますが、以下の文章はそれに関連する文章です。文章中の空らんＸ・Ｙには以下の表２のＳＤＧｓ(持続可能な開発目標)の内容が入ります。空らんＸ・Ｙに当てはまる番号の組み合わせとして最も適当なものを、以下の選択肢ア～クのなかから一つ選び記号で答えなさい。

フードマイレージとは、「食料の輸送量(ｔ)」と「輸送距離(㎞)」をかけあわせた指標のことです。この指標は食生活の環境への負荷の度合いを数値化したもので、食料がどのように供給されるかを物量とその輸送距離により把握(はあく)することができます。ＳＤＧｓの視点から考えると、フードマイレージの問題は(　Ｘ　)・(　Ｙ　)と関わりがあることが考えられます。我が国の数値は世界各国と比較しても高いため、地産地消などの取り組みが求められています。

表2

SDGsの番号	タイトル
1	貧困をなくそう
2	飢餓をゼロに
3	すべての人に健康と福祉を
6	安全な水とトイレを世界中に
10	人や国の不平等をなくそう
12	つくる責任　つかう責任
13	気候変動に具体的な対策を
16	平和と公正を全ての人に

	ア	イ	ウ	エ	オ	カ	キ	ク
X	1	1	2	2	3	3	6	6
Y	10	12	13	16	10	12	13	16

問4　ソラさんは竹島の領有権の問題について調べました。我が国は今まで3度、竹島の領有権に関する紛争を国際機関にまかせることを韓国に提案しましたが、韓国は我が国の提案を拒否しました。こういった国家間の紛争解決を図る国際機関として最も適当なものを、以下の選択肢ア～エのなかから一つ選び記号で答えなさい。

ア　国際司法裁判所　　イ　国際刑事裁判所

ウ　国際条約裁判所　　エ　国際仲裁裁判所

問5　領海や排他的経済水域の広さなどは、国連海洋法条約により定められています。これに関連して、我が国における条約の手続きに関する説明として**誤っているもの**を、以下の選択肢ア～エのなかから一つ選び記号で答えなさい。

ア　条約の締結は内閣が行い、事前または事後に国会の承認を必要とする。

イ　条約の承認は国会が行い、参議院で衆議院と異なった議決をした場合に、法律の定めるところにより、両院協議会を開くことができる。

ウ　条約の承認について、参議院が衆議院の可決した条約を30日以内に議決しないときは、衆議院の議決を国会の議決とする。

エ　両院協議会を開いても意見が一致しないときは、衆議院で出席議員の3分の2以上の多数で再び可決することで、条約の締結に必要な国会の承認を得たものとする。

問6　ソラさんは歴史の授業で流刑という言葉が登場したことを思い出し、日本の歴史上の人物のうち、「島流し」にあった人物を表3にまとめました。以下のア～エを古い順に並べ替えたとき、3番目の位置するものを記号で答えなさい。

表3

	人　物	流刑地	理　由
ア	後鳥羽上皇	隠岐	承久の乱
イ	後醍醐天皇	隠岐	鎌倉幕府に対する反乱
ウ	西郷隆盛	沖永良部島(おきのえらぶじま)	島津久光と対立したため
エ	世阿弥	佐渡島	原因不明

問7　ソラさんは人工島について調べ、文章にまとめることにしました。２つの人工島に関する文を読んで、あとの問いに答えなさい。

> ●八景島は太平洋戦争により荒廃した戦後の横浜市を再生するために計画された「横浜市六大事業」の１つである「金沢地先埋立事業(かなざわちさきうめたてじぎょう)」により1971年に工事が始まり、1993年に八景島シーパラダイスが開園しました。
> ●和賀江島(わかえじま)は鎌倉時代に建設された人工島です。幕府設置により相模湾の交通量が増加しましたが、由比ヶ浜海岸や材木座海岸は水深が（　X　）ため船舶の事故が多発しました。そこで往阿弥陀仏(おうあみだぶつ)という僧が、御成敗式目の制定でも知られる執権の（　Y　）に願い出て1232年に材木座海岸の沖合にこの人工島を完成させ、港湾施設が置かれました。

(1)　下線部に関連して、日本の戦後復興・民主化に関する以下の文のうち、**誤っているもの**を以下の選択肢ア～エのなかから一つ選び記号で答えなさい。

ア　マッカーサーを司令官とするＧＨＱが日本の民主化政策を指示した。

イ　日本の経済や産業を独占してきた財閥は解体された。

ウ　農地改革が実行されたことで、小作農の割合が大幅に増えた。

エ　教育基本法が定められ、教育勅語は失効した。

(2)　空らんXとYに当てはまる言葉の組み合わせとして正しいものを以下の選択肢ア～エのなかから一つ選び記号で答えなさい。

ア　X－深い　Y－北条泰時　　イ　X－深い　Y－北条時宗

ウ　X－浅い　Y－北条泰時　　エ　X－浅い　Y－北条時宗

問8　我が国では政令で定めるに乗船する船員のために、船舶からファックスによって投票する「洋上投票」を行うことができます。これに関連して、我が国の投票制度に関する説明として**誤っているもの**を、以下の選択肢ア～エのなかから一つ選び記号で答えなさい。

ア　期日前投票とは選挙期日(投票日)前であっても、選挙期日と同じ方法で投票を行うことができる仕組みのことをいう。

イ　選挙期間中に仕事や旅行などで名簿登録地以外の市区町村に滞在している場合でも、滞在先の市区町村の選挙管理委員会で不在者投票ができる。

ウ　南極地域で国の科学的調査の業務を行う組織に所属する人は、南極から投票する仕組みがないため、調査から帰国した後に選挙管理委員会の立ちあいのもとで国政選挙に投票できる。

エ　仕事や留学などで海外に住んでいる人は、外国にいながら総領事館などで国政選挙に投票することができる。

問9　ソラさんは日本の最東端、最西端、最南端、最北端にある島をそれぞれ調べました。つぎの写真は日本最南端の島で撮影されたものです。この島が所属する都道府県を以下のア～エのなかから一つ選び記号で答えなさい。

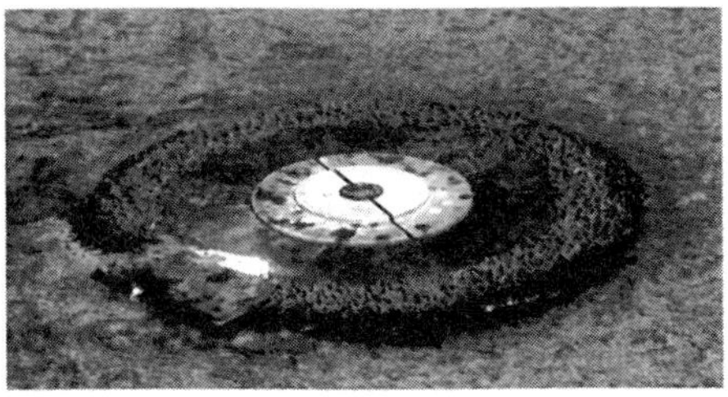

写真１

ア　沖縄県　　イ　鹿児島県　　ウ　長崎県　　エ　東京都

問10　ソラさんは佐渡島で撮影された写真２を手に入れました。佐渡島は図２中のＸ～Ｚのうちどれですか。また、佐渡島の地形図①～③(いずれも国土地理院の地形図より作成)が示されていますが、このうち写真２が撮影された場所が含まれる地形図はどれですか。次の文章を参考にして、最も適当な組み合わせを以下の選択肢ア～ケのなかから一つ選び記号で答えなさい。

私は写真２のいかだを岸から双眼鏡で見ました。それから調査のため、老人ホームを目指して歩きました。老人ホームは国道方面から見ると神社の裏手にあり、近くに病院もありました。

写真２

新潟県ホームページより

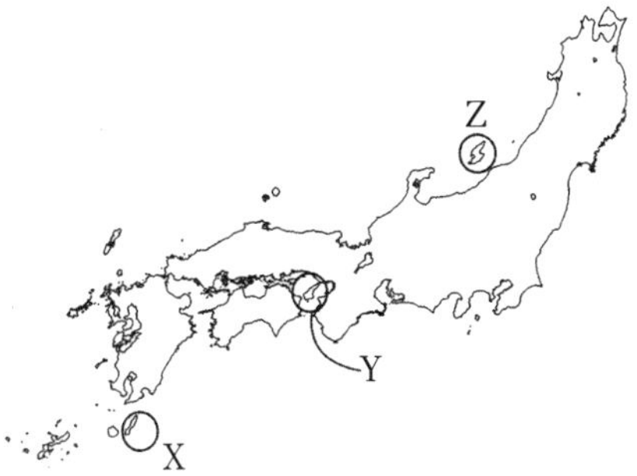

図２

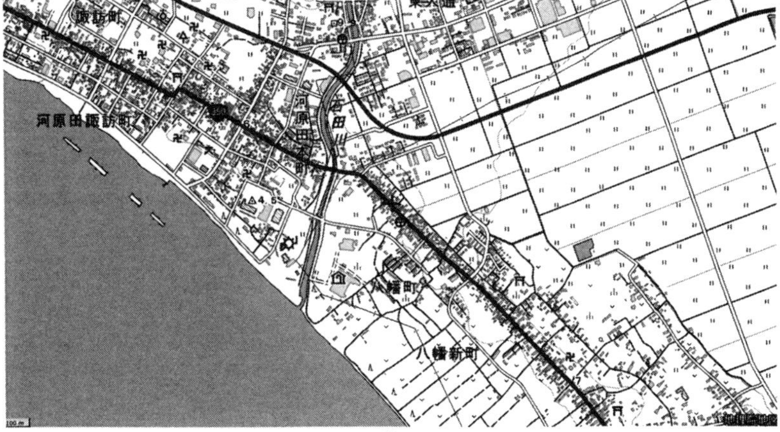

①

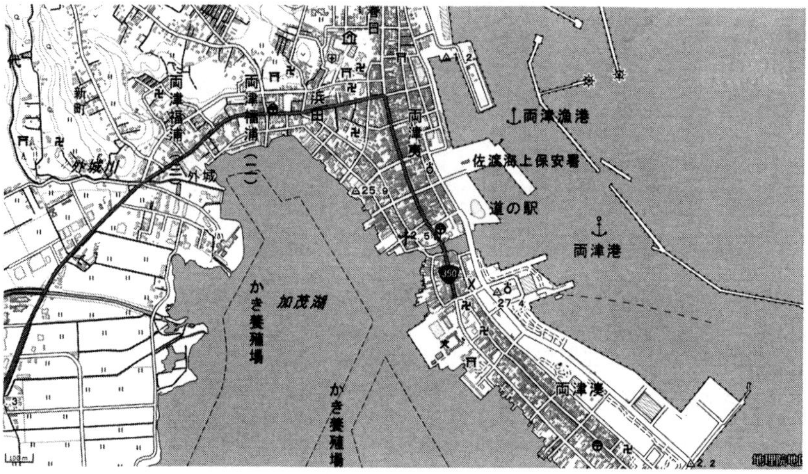

②

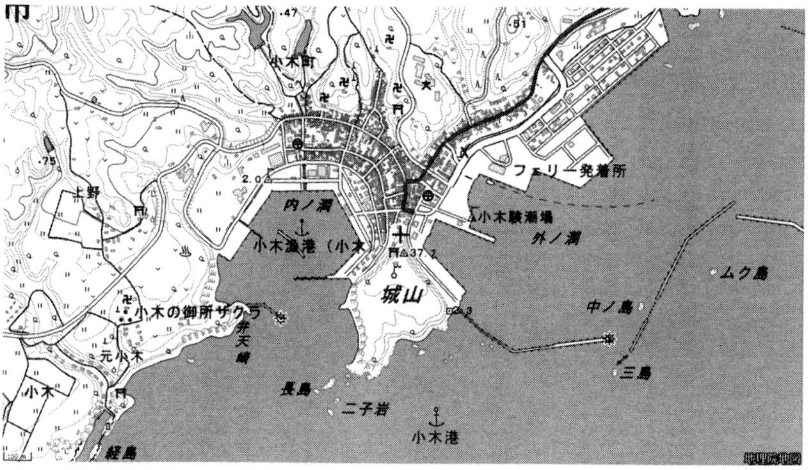

③

	ア	イ	ウ	エ	オ	カ	キ	ク	ケ
図２	X	X	X	Y	Y	Y	Z	Z	Z
地形図	①	②	③	①	②	③	①	②	③

2　2023年には広島でサミットが開催されました。これを受けてマリさんは日本で開催されたサミットを中心に年表形式でまとめました。

1975年　①第１回　ランブイエ(フランス)
1979年　②第５回　東京
1986年　第12回　東京
1993年　第19回　東京
2000年　③第26回　沖縄県名護市
2008年　第34回　北海道洞爺湖町
2016年　④第42回　三重県志摩市
2023年　⑤第49回　広島県広島市

問１　マリさんは下線部①のサミットは景気後退期において開催されたものであることを知りました。この時期は「スタグフレーション」と呼ばれ、不況にもかかわらず物価が上昇するという現象が起こりました。これに関連して、インフレーションやデフレーションについて述べた説明として、最も適当なものを以下の選択肢ア～エのなかから一つ選び記号で答えなさい。

ア　インフレーションはお金の価値が上がることを意味するので、借金の実質的な負担は減ることになる。

イ　インフレーションはお金の価値が下がることを意味するので、借金の実質的な負担は減ることになる。

ウ　デフレーションはお金の価値が下がることを意味するので、借金の実質的な負担は減ることになる。

エ　デフレーションはお金の価値が上がることを意味するので、借金の実質的な負担は減ることになる。

問２　マリさんは日本で最初に開催されたサミットは下線部②のサミットであることを知りました。このサミットでの主な議題として正しいものを以下の選択肢ア～エのなかから一つ選び記号で答えなさい。

ア　ベトナム戦争をきっかけとする東西冷戦への対応。

イ　朝鮮戦争勃発をきっかけとする東西冷戦への対応。

ウ　同時多発テロをきっかけとするアフガニスタン紛争への対応。

エ　イラン・イスラーム革命をきっかけとする第２次石油危機への対応。

問３　東京都は３回(1979年、1986年、1993年)サミットの会場となりました。次の表１は東京都、神奈川県、群馬県について昼夜間人口比率をしめしたものです。表１のＡ～Ｃに当てはまる都県名の正しい組み合わせを選択肢ア～カのなかから一つ選び記号で答えなさい。昼夜間人口比率とは、昼間人口÷夜間人口×100で算出したものです。

表１

	昼夜間人口比率	年齢別人口割合(%)		
		0～14歳	15～64歳	65歳以上
A	89.9	11.4	62.8	25.8
B	119.2	10.9	66.3	22.8
C	100	11.3	57.9	30.8

「日本国勢図会　2023/24」より作成

ア　A　東京都　B　神奈川県　C　群馬県

イ　A　東京都　B　群馬県　C　神奈川県

ウ　A　神奈川県　B　東京都　C　群馬県

エ　A　神奈川県　B　群馬県　C　東京都

オ　A　群馬県　B　東京都　C　神奈川県

カ　A　群馬県　B　神奈川県　C　東京都

問４　マリさんは下線部③のサミットについて調べました。これに関するあとの問いに答えなさい。

(1)　2000年のサミットの会場となった沖縄県には、2023年に陸上自衛隊の駐屯地が開設されました。ミサイル部隊を配備するこの駐屯地がある島は何という島ですか。最も適当なものをア～エのなかから一つ選びなさい。

ア　石垣島　　イ　久米島　　ウ　南大東島　　エ　宮古島

(2)　次の文章は下線部③における声明です。文章中の下線部と日本の関係を述べた以下の文ア～オについて、正しいものを選択肢のなかから**二つ選びなさい**。

> 朝鮮半島に関するＧ８声明(2000年７月21日、沖縄)
> 我々は、2000年６月13日から15日に平壌(ぴょんやん)にて開催された大韓民国と北朝鮮との間の首脳会談を暖かく歓迎し、この会談の歴史的重要性を強調する。我々は、この会談によりもたらされた肯定的な進展を全面的に支持し、南北対話が継続し更に進展するよう奨励する。

ア　日本に公(おおや)けに仏教を伝えたのは百済である。

イ　豊臣秀吉は明を征服する協力を断られたため、朝鮮出兵を行った。

ウ　室町幕府の将軍が代替わりするごとに、朝鮮通信使が日本を訪れた。

エ　日本が大韓帝国を併合すると、ロシアとの対立が深まり日露戦争が起こった。

オ　朝鮮では日本からの独立を唱える五・四運動が起こった。

問５　マリさんは、2014年にロシア連邦がサミットへの参加資格停止となったことを知り、その原因を調べました。その原因とは何ですか。１行以内で簡潔に答えなさい。

問６　マリさんは下線部④のサミットについて調べました。これに関するあとの問いに答えなさい。

(1)　下線部④のサミットでは、Ｇ７の首脳が伊勢神宮を訪問しました。伊勢神宮には定期的にすべての社殿を造りかえる「式年遷宮」が行われます。これは天武天皇が定め、次の代の持統天皇の時に初めて行われたとされています。「式年遷宮」が始まるまでの日本の天皇(もしくは大王)に関する以下の文Ⅰ～Ⅲを古いものから年代順に並べたものを、以下の選択肢ア～カのなかから一つ選び記号で答えなさい。

Ⅰ　中大兄皇子は中臣鎌足と共に蘇我氏を倒した。

Ⅱ　推古天皇の時代には冠位十二階の制度が設けられた。

Ⅲ　天智天皇の後継ぎをめぐる壬申の乱が起こった。

ア　Ⅰ－Ⅱ－Ⅲ　　イ　Ⅰ－Ⅲ－Ⅱ　　ウ　Ⅱ－Ⅰ－Ⅲ

エ　Ⅱ－Ⅲ－Ⅰ　　オ　Ⅲ－Ⅰ－Ⅱ　　カ　Ⅲ－Ⅱ－Ⅰ

(2)　マリさんはＧ７伊勢志摩首脳宣言の骨子にある「Ｇ７伊勢志摩経済イニシアティブ」に注目しました。ここでは、「世界経済、移民及び難民、貿易、インフラ、保健」だけでなく、女性に関する分野でのコミットメントを発展させることが述べられています。これに関連して、女性に関する日本史上の出来事に関する以下の史料１～３と**最も関連の深いもの**を以下の選択肢ア～コのなかから一つずつ選び、記号で答えなさい。

> 史料１
> 「春はあけぼの。やうやうしろくなりゆく山ぎは、すこしあかりて、紫だちたる雲のほそくたなびきたる。」

史料２
「この法律は、法の下の平等を保障する日本国憲法の理念にのつとり雇用の分野における男女の均等な機会及び待遇の確保を図るとともに、女性労働者の就業に関して妊娠中及び出産後の健康の確保を図る等の措置を推進することを目的とする。」

史料３
「元始(げんし)、女性は実に太陽であった。真正の人であった。今、女性は月である。他に寄って生き、他の光によって輝く病人のような蒼白(あおじろ)い顔の月である。さてここに「青踏(せいとう)」は初声(うぶごえ)をあげた。

【選択肢】
ア　男女共同参画社会基本法　　イ　男女雇用機会均等法　　ウ　旧民法
エ　紫式部　　オ　津田梅子　　カ　清少納言
キ　平塚らいてう　　ク　米騒動　　ケ　柳条湖事件
コ　旧刑法

(3)　マリさんは伊勢志摩サミットが開催された2016年には参議院選挙が行われ、当時の報道では改憲勢力が多数の議席を獲得したと報じられたことを知りました。これに関連して、国会が憲法改正を発議するにあたって参議院で可決するために必要な議員数は最低何人ですか。なお、参議院の議員数は2023年８月時点におけるものとします。

(4)　2016年のサミットの会場となった三重県の志摩半島はリアス海岸の代表例です。選択肢ア～エのなかには１つだけリアス海岸の見られない地域がはいっています。リアス海岸の**見られない地域**を選択肢ア～エのなかから一つ選び記号で答えなさい。
ア　大村湾　　イ　鹿島灘　　ウ　豊後水道　　エ　若狭湾

問７　次のマリさんとお父さんの会話文を読み、広島県、神奈川県、愛知県に共通する工業として正しいものを選択肢ア～エのなかから選び記号で答えなさい。

マリ　私はＪリーグの試合をみるのが好きだよ。特にサンフレッチェ広島が大好き！
父　Ｊリーグは「地域密着」の考え方で始まったんだよ。本拠地を「ホームタウン」と呼んで、地元の企業のサッカー部や市民クラブが元になったチームもあるんだよ。
マリ　そうなの？もっと聞かせてよ。
父　例えばガンバ大阪は大阪府に本社がある有名な家電メーカー、Ｍ社のサッカー部が元になったんだ。今の名前はＰ社だけどね。
マリ　私の使っているドライヤーもＰ社のだよ。
父　チームの歴史を調べると、本拠地のある都道府県の産業の特ちょうもわかるんだね。
マリ　サンフレッチェはどうなの？
父　サンフレッチェも始まりは広島県を代表する企業のサッカー部なんだ。では質問です。この企業はどんな種類の工業と関係が深いでしょうか？
マリ　ヒントをください。

父　横浜Ｆ・マリノスは以前は横浜マリノスって言ったんだけど、このマリノスと名古屋グランパスエイトはそれぞれ神奈川県と愛知県を代表する企業と関係が深いんだ。

マリ　わかった！サンフレッチェと同じ種類の会社なんだね。…ということは広島県と神奈川県と愛知県は同じ工業が盛んということになるね。

父　その通り！では答えは何工業になりますか？

ア　金属工業　　イ　自動車工業　　ウ　電気機械工業　　エ　食品工業

問８　2023年はＧ７のサミットが広島で開催されました。サミットは主要国首脳会議ともいい、経済的に発展している国々の集まりとなっています。これに関連して、マリさんはＧ７のメンバーである７か国の名目ＧＤＰ(国内総生産)の割合を調べてグラフにまとめました。世界の名目ＧＤＰに占める割合のなかで、Ｇ７の国々の割合に近い値を表しているグラフとして、最も適当なものをグラフ中の選択肢ア～エのなかから一つ選び記号で答えなさい。

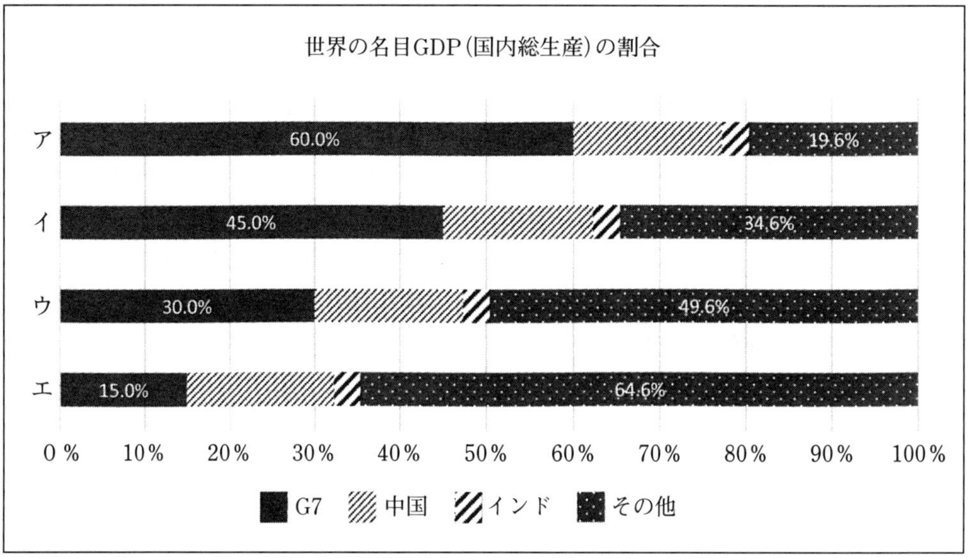

「世界国勢図会　2022/23」より作成

＊ここでいうG7とはアメリカ・日本・ドイツ・イギリス・フランス・カナダ・イタリアの７か国であり、EUは除く。

＊中国とインドの割合は、ア～エの選択肢ではすべて同じ値である。

問9　広島サミットはオーストラリア、ブラジル、インドネシア、ベトナムも招待されました。以下の表2は日本がこれらの国から輸入している石炭・鉄鉱石・えびの輸入額の割合を示したものです。表2の①～③にあてはまる品目の組み合わせとして正しいものを以下の選択肢ア～カのなかから一つ選び記号で答えなさい。

表2

①		
順位	国名	(%)
1位	オーストラリア	55.4
2位	ブラジル	28.2
3位	カナダ	7.0

②		
順位	国名	(%)
1位	インド	22.3
2位	ベトナム	19.4
3位	インドネシア	16.5

③		
順位	国名	(%)
1位	オーストラリア	67.1
2位	インドネシア	11.5
3位	ロシア	10.2

二宮書店「2023データブックオブ・ザ・ワールド」より作成

ア　①　石炭　②　鉄鉱石　③　えび
イ　①　石炭　②　えび　③　鉄鉱石
ウ　①　鉄鉱石　②　石炭　③　えび
エ　①　鉄鉱石　②　えび　③　石炭
オ　①　えび　②　石炭　③　鉄鉱石
カ　①　えび　②　鉄鉱石　③　石炭

問10　以下の雨温図A～Cは、サミットの開催地である都県の都市、東京、那覇、尾鷲の雨温図です。以下のグラフA～Cにはいずれかの都市が当てはまります。A～Cに当てはまる都市名の組み合わせとして正しいものを以下の選択肢ア～カのなかから一つ選び記号で答えなさい。

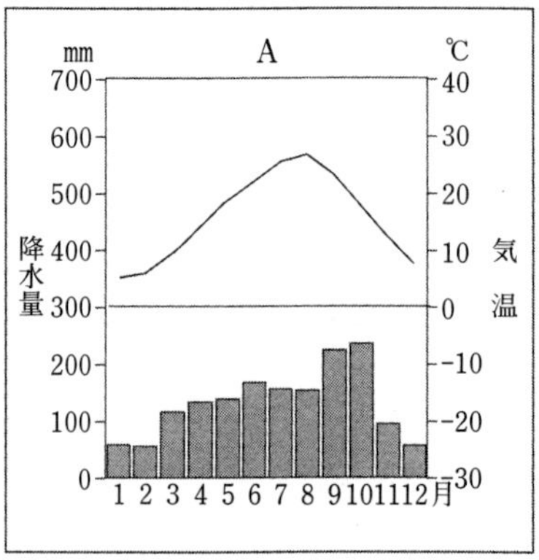

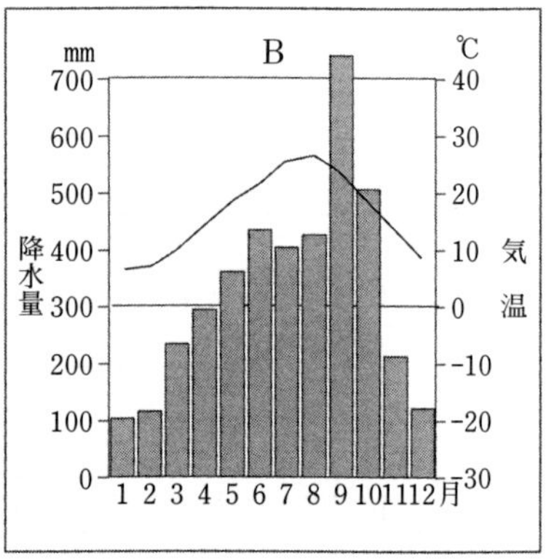

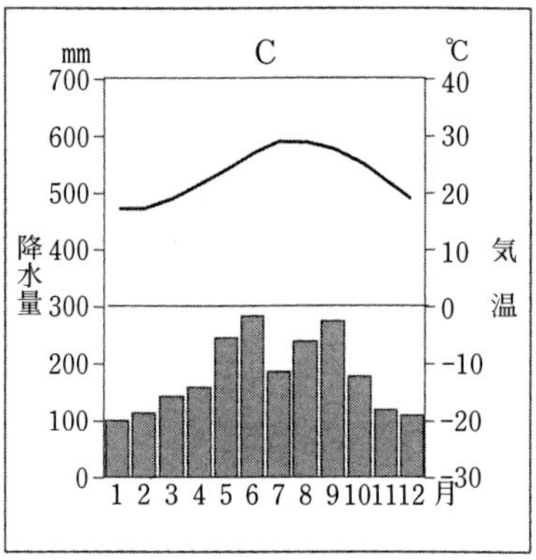

二宮書店「2023データブックオブ・ザ・ワールド」より作成

	ア	イ	ウ	エ	オ	カ
東　京	A	A	B	B	C	C
那　覇	B	C	A	C	A	B
尾　鷲	C	B	C	A	B	A

暁星中学校（第１回）

—40分—

【注意】 とくに指定がない場合、漢字で表記できる語句は漢字で解答すること

1　あとの【出来事】ア～シは、次の年表中のどの時期に当てはまりますか。１～17の数字で答えなさい。なお、同じ数字を何度使ってもかまいません。

1
1232年　武家社会のならわしをまとめた御成敗式目という法律がつくられた。
2
1297年　幕府は永仁の徳政令を出して御家人の領地の質入れや売却を禁止して、それまでに質入れや売却して失った領地を元の持ち主に返させようとした。
3
1338年　足利尊氏が征夷大将軍に任じられた。
4
1467年　有力守護大名の細川氏と山名氏の対立に将軍の跡つぎ問題がからみ、争乱が起こった。
5
1560年　桶狭間の戦いで今川義元がやぶれた。
6
1590年　小田原の北条氏がたおされ、東北の大名たちも従い全国が統一された。
7
1600年　関ヶ原の戦いで石田三成らがやぶれた。
8
1615年　大坂夏の陣により豊臣氏が滅びたのち、幕府は武家諸法度を制定して大名をきびしく統制した。
9
1639年　ポルトガル人の来航が禁止され、その２年後にはオランダ人が長崎の出島に移された。
10
1709年　新井白石が正徳の治とよばれる政治の立て直しを始めた。
11
1742年　幕府は裁判や刑の基準を定め、基本法となる公事方御定書をつくった。
12
1787年　老中松平定信による政治改革が始まった。
13
1841年　老中水野忠邦による政治改革が始まった。
14
1853年　幕府がペリーからアメリカ大統領の国書を受け取った。
15
1856年　アメリカ総領事ハリスが自由貿易を始めるための条約の調印を要求した。
16
1860年　桜田門外の変が起こった。
17

【出来事】

ア　足利義昭が京都から追い出され、幕府がほろびた。

イ　九州の島原や天草のキリスト教徒の百姓が一揆を起こした。

ウ　元が高麗の軍勢も合わせた約３万人の軍で対馬や壱岐を攻め、博多湾に上陸した。

エ　15万人の大軍を朝鮮に送る文禄の役が起こった。

オ　生類憐みの令が出された。

カ　田沼意次が老中に任じられ、政治の実権をにぎった。

キ　徳川吉宗が征夷大将軍に任じられた。

ク　南朝と北朝の合体が実現した。

ケ　日米修好通商条約が調印された。

コ　幕府が株仲間を解散させ、江戸や大坂(大阪)周辺の土地を幕府領にすることを命じた。

サ　北条高時がたおされ、幕府がほろびた。

シ　ポルトガル人を乗せた中国船が種子島に流れ着き、鉄砲が伝えられた。

2　次の文章を読み、あとの問いに答えなさい。

ヤマト政権のなかで、中央集権を進めようと考える人々が現れた。645年、中大兄皇子と中臣鎌足は蘇我氏をたおして政治の実権をにぎった。646年には改新の詔を出し、(1)土地と人民を国家のものとして天皇がそれを支配する方針が示された。(2)倭(日本)が唐と新羅の連合軍にやぶれると、(3)中大兄皇子は九州北部に防人とよばれる兵士をおき、城をきずいて守りを固めた。

(4)672年、天皇の地位をめぐる戦いに勝つと、天武天皇は飛鳥で即位して、中央集権国家の形成を始めた。天武天皇のあと、皇后の持統天皇は政策を引き継ぎ、飛鳥浄御原令を施行し、戸籍を作り人々の把握につとめた。そして694年には(　A　)に都を移した。701年、(　B　)律令が完成し、律令制度による政治のしくみがほぼ整った。

問１　下線部(1)に関して、この方針は何とよばれますか。その名前を答えなさい。

問２　下線部(2)に関して、倭はある国の復興を助けるために戦いました。その国として最も適切なものを次のア～オの中から１つ選び、記号で答えなさい。

ア　伽耶　　イ　高句麗　　ウ　百済　　エ　隋　　オ　渤海

問３　下線部(3)に関して、この人物は後に天皇となりますが、その名前を答えなさい。

問４　下線部(4)に関して、この戦いの名前を答えなさい。

問５　空欄(　A　)に当てはまる語句として最も適切なものを次のア～オの中から１つ選び、記号で答えなさい。

ア　飛鳥浄御原宮　　イ　大津宮　　ウ　難波宮　　エ　平城京　　オ　藤原京

問６　空欄(　B　)に当てはまる語句を答えなさい。

3　次のX・Yの文を読み、あとの問いに答えなさい。

X

1950年に朝鮮戦争が始まると、アメリカは占領を終わらせて日本を資本主義の国々からなる西側陣営に組み込むため、講和を急ぐようになった。(　①　)内閣は西側の国々のみと講和を結ぶことにして、1951年、48か国との間にサンフランシスコ平和条約を調印した。この条約の調印と同じ日に(　A　)が調印され、独立後も日本国内にアメリカ軍が残ることを認めた。

平和条約に調印しなかったソ連との国交は、1956年に(　B　)の調印をしたことにより回復した。その結果、ソ連が支持に回ったため、日本の(　C　)加盟が実現した。

Y

1955年には左右に分裂していた日本社会党が統一されると、これに対抗して保守政党が合同して自由民主党が結成され、初代の総裁には首相であった(②)が選ばれた。この結果、保守勢力である自由民主党が衆議院の議席の３分の２を占め政権をにぎり、同じく３分の１を占める社会党と国会で対立する55年体制が成立した。1993年になると、自民党政権に代わって８党派の連立内閣が、(③)を首相として成立し、55年体制はくずれた。

問１　空欄(①)～(③)に当てはまる人名として最も適切なものを次のア～クの中からそれぞれ１つずつ選び、記号で答えなさい。

ア　池田勇人　　イ　岸信介　　ウ　小泉純一郎　　エ　佐藤栄作

オ　鳩山一郎　　カ　細川護熙　　キ　村山富市　　ク　吉田茂

問２　空欄(Ａ)に当てはまる語句を**漢字８文字**で答えなさい。

問３　空欄(Ｂ)に当てはまる語句として最も適切なものを次のア～オの中から１つ選び、記号で答えなさい。

ア　日ソ基本条約　　イ　日ソ平和条約　　ウ　日ソ中立条約

エ　日ソ共同宣言　　オ　日ソ不可侵条約

問４　空欄(Ｃ)に当てはまる機関名を**漢字４文字**で答えなさい。

4　次の文章を読み、あとの問いに答えなさい。

今日様々な場所で耳にする「ジェンダー平等」という考えが世界に広がったのは、今から30年前の1994年に開催された「国際人口開発会議」がきっかけでした。日本はこの年から「家庭科」を男子も学ぶようになるなど、(1)学校でもジェンダーに関する様々な変化が見られるようになりました。また、「男性が外で仕事をし、女性が家事や育児をする」という考えから脱却し、男女が対等に活躍できる社会を目指すために、1999年には(Ａ)法が施行されました。一方で、このようなジェンダー平等の推進が引き起こしたのは、それに反対する(2)「ジェンダー・バックラッシュ」という現象です。男性は、無意識のうちに特権の中で生活しており、本来はそこに自覚的であるべきですが、長い歴史の中で作られた男性優位の構造は非常に強固で、改善は速やかには進んでいません。

世界的に女性よりも男性の方が平均寿命が短いなど、生物学的な男女差は存在します。しかしそれとは別に、時代によって女性の置かれる立場が変化してきたのも事実です。(3)戦後、身体を使う重労働は男性の仕事とみなされるようになりましたが、戦前は多くの女性が工場で働きました。また、(4)「女人禁制」といって、女性が立ち入れない場所が伝統的に存在しましたが、今ではそうした場所は少なくなっています。例えば、明治時代の正式な「大学」は「帝国大学」と呼ばれる４校だけでしたが、当初、女性に入学資格はなく、大学は実質女人禁制の場でした。今では２人に１人の女性が大学に進学するようになりましたが、(5)学ぶことに関する男女の差は依然として様々な場面で見られます。

(6)各国のジェンダー平等の実現状況を評価する「ジェンダー・ギャップ指数」において日本の順位は低く、昨年は146か国中125位でした。(7)とくに政治や経済分野での不平等が著しく、ジェンダー平等実現には131年必要だと指摘されています。一方で、14年続けて１位であるアイスランドも、かつては男女不平等が深刻でした。しかし1975年に国内の９割の女性が仕事や育児を一斉に放棄する抗議運動を起こしたことを機に社会は大きく変化し、５年後には初めて女性が大統領となりました。つまり、アイスランドのジェンダー平等は自然に達成したわけではありません。(8)フランスの哲学者ボーヴォワールによる「人は女に生まれるのではない。女になるのだ」という75年前の言葉がこのことを表していると言えるでしょう。

問１　空欄（　Ａ　）に当てはまる語句を答えなさい。

問２　下線部(1)に関して、家庭科がかつて女子のみを対象とした教科だったように、日本の学校教育は戦前から男子と女子を分けて考えてきました。戦後、ＧＨＱの指令により公立高校の男女共学化が進められましたが、東日本ではその後も多くの公立男子校・女子校が残るなど不完全に終わり、なおかつ私立高校はこの指令の対象外でした。次の図１は各都道府県における男子校・女子校(高校)の数を、図２は各都道府県の高校総数に占める男女別学の学校割合を示したものです。この図から読み取れることがらについて説明した次のア～エのうち、**誤りを含むもの**を１つ選びなさい。

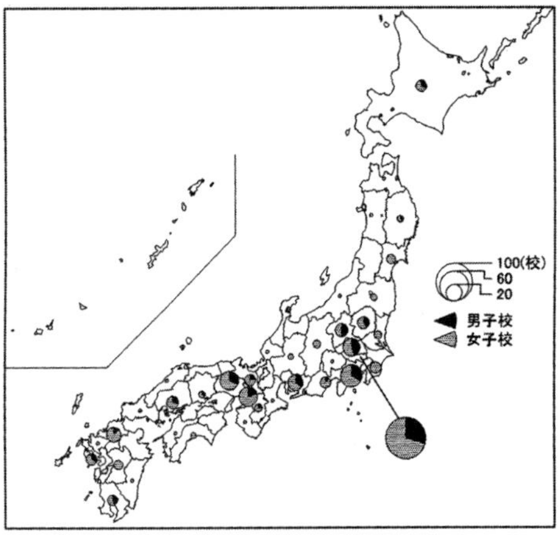

図１　男子校・女子校数

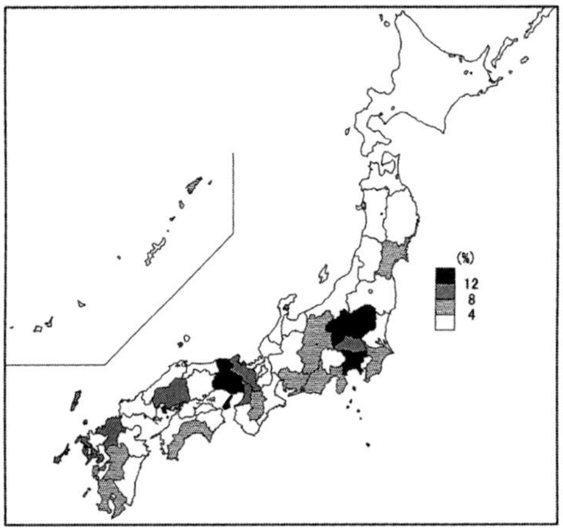

図２　高校総数に占める男女別学の学校割合

2023年度現在。文部科学省「令和５年度学校基本調査」などより作成

ア　地方部は別学の学校の割合が低いが、この一因として少子化により私立高校の共学化が進んだことが考えられる。

イ　女子校はあるものの男子校がない都道府県は、いずれも高校総数に占める男女別学の学校割合が４％未満である。

ウ　高校総数に占める男女別学の学校割合が12％以上の都道府県は、いずれも男子校・女子校ともに存在する。

エ　兵庫県は別学の学校の割合が高いが、この多くは私立高校であると考えられる。

問３　下線部(2)に関して、ジェンダー・バックラッシュの例について説明した次のア～エのうち、**誤りを含むもの**を１つ選びなさい。

ア　法律により助産師(出産の介助などを行う職業)の資格が女性しか取得できないことに対する抗議運動が起こった。

イ　一部の自治体で、ジェンダーに関連する本が公立図書館から撤去された。

ウ　夫婦であっても異なる苗字を使用可能にすべきという意見に対し大きな批判が寄せられた。

エ　学校において、「男子を先、女子を後」とするクラス名簿から男女混合の名簿に変更する動きに反対の声が上がった。

問４　下線部(3)に関して、その自治体の社会・経済的な特徴は、人口ピラミッドに表れます。あとのD～Fの図は、次の図３に示した京都市東山区、大阪市西成区、和歌山県北山村のいずれかの人口ピラミッドで、A～Cはこれらの自治体について説明したものです。A～CとD～Fとの組み合わせとして最も適切なものを次のア～カの中から１つ選びなさい。

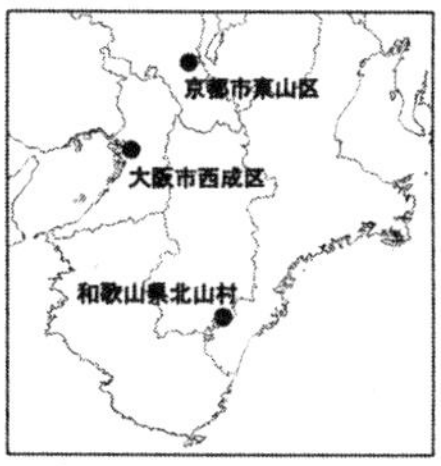

図３

A　伝統的景観を保全するために住宅開発が進まなかったため、政令指定都市の中では高齢化率が極めて高い一方で、複数の女子大学が立地している。

B　明治以降、臨海部に工業地帯が形成されたことに加え、大都市周辺に位置するため、高度経済成長期以降は多くの単身労働者が集まった。

C　面積の97％を山林が占める自治体であり、かつては付近で産出する木材を河川の下流に輸送することで栄えたが、現在は川下りを観光資源として活用している。

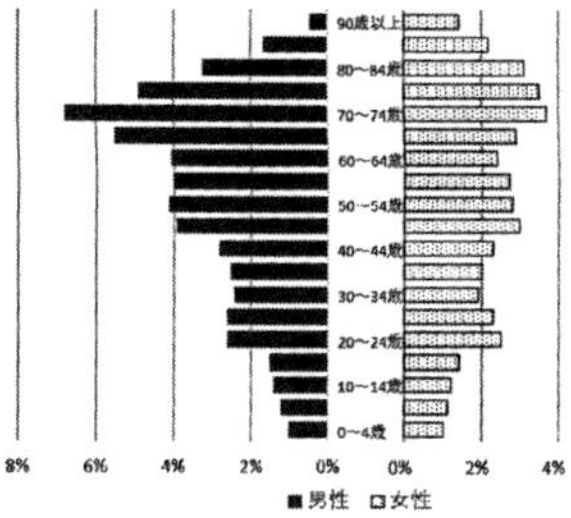

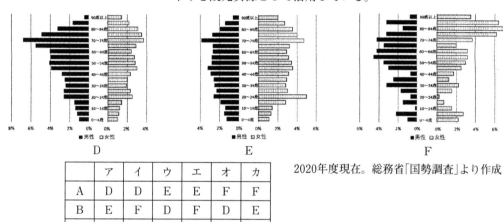

D

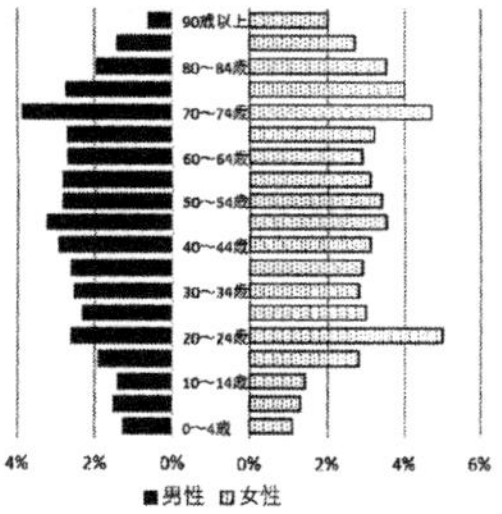

E

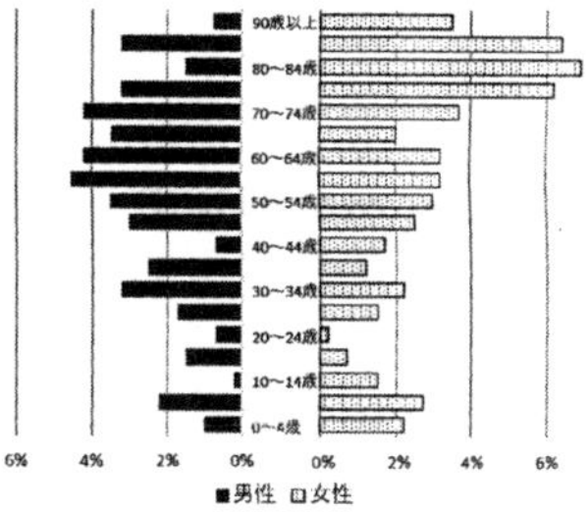

F

2020年度現在。総務省「国勢調査」より作成

	ア	イ	ウ	エ	オ	カ
A	D	D	E	E	F	F
B	E	F	D	F	D	E
C	F	E	F	D	E	D

問５　下線部⑷に関して、明治時代に西洋諸国を参考とした近代化を進めるにあたり女人禁制の多くが解除されるまで、女性の立ち入りが禁止される場所は珍しくありませんでした。次のア～オの文は、図４中に示したA～Eの世界遺産に関する説明であり、これらはいずれも、女人禁制だった(あるいは現在も女人禁制である)場所です。このうち、Dに当てはまるものを１つ選びなさい。

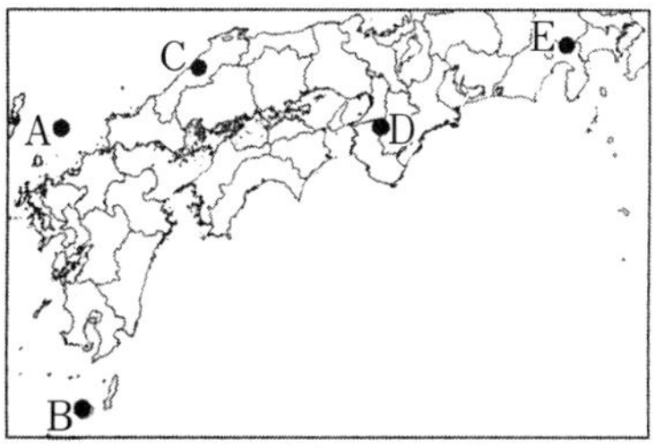

図４

ア　仏教と山岳信仰が共存する聖地であり、今も多くの修行者が集まるが、宗教上の理由などから女性の入山が禁止されている。

イ　女人禁制だった神域の杉が江戸時代以降大量に伐採されたものの、その後の住民による保護運動が日本初の世界遺産登録の一因となった。

ウ　今日、オーバーツーリズムが問題化している地域であり、江戸時代から庶民らが修行をかねて集団で訪問したが女性は入山できなかった。

エ　男性や女性・子どもらの分業で鉱業が栄えた地域の遺産群だが、間歩(まぶ)と呼ばれる銀鉱を掘るトンネル内は男性の仕事場であった。

オ　大陸との交易経路の中間に位置し、多くの貴重な出土品から「海の正倉院」と呼ばれる聖域であり、現在は一般男性の上陸も禁止された。

問６　下線部(5)に関して、2018年には、複数の大学において、医学部入試の際に女子の点数を不当に差別していたことが明らかになり大きな社会問題となりました。このように、職業選択においても性差は存在しているのが現状です。次の図５は、各都道府県で働く医師数に占める女性の割合を示したものであり、同じく図６は薬剤師について示したものです。なお、医師と薬剤師の全国の人数はほぼ同じです。この図から読み取れることがらについて説明した次のア～エのうち、**誤りを含むもの**を１つ選びなさい。

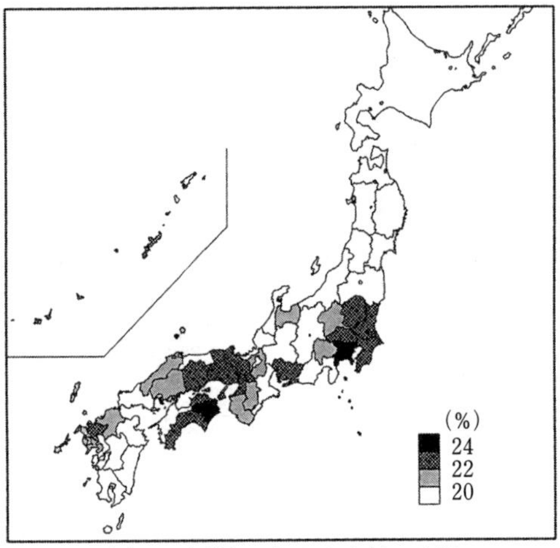

図５　医師に占める女性の割合

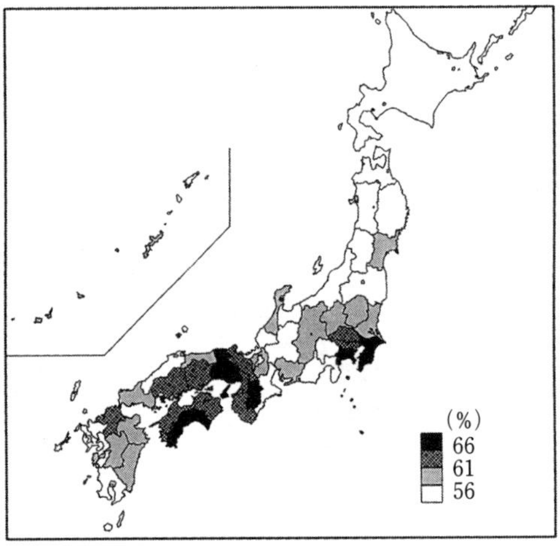

図６　薬剤師に占める女性の割合

統計年次は2020年。厚生労働省「令和２年医師・歯科医師・薬剤師統計」より作成

ア　医師・薬剤師ともに、中国・四国地方よりも北海道・東北地方の方が男性の割合が高い。
イ　全国的な傾向として、医師は男性が占める割合が高く、薬剤師は女性が占める割合が高い。
ウ　三大都市圏周辺では、それ以外の地域と比べて医師・薬剤師ともに男性の割合が著しく高い。
エ　薬剤師に占める女性の割合が66％以上の県は、いずれも医師に占める女性の割合が20％を上回っている。

問７　下線部(6)に関して、次の図７は、2023年に発表された「ジェンダー・ギャップ指数」の順位を示したものです。この図から読み取れることがらについて説明した次のア～エのうち、**誤りを含むもの**を１つ選びなさい。

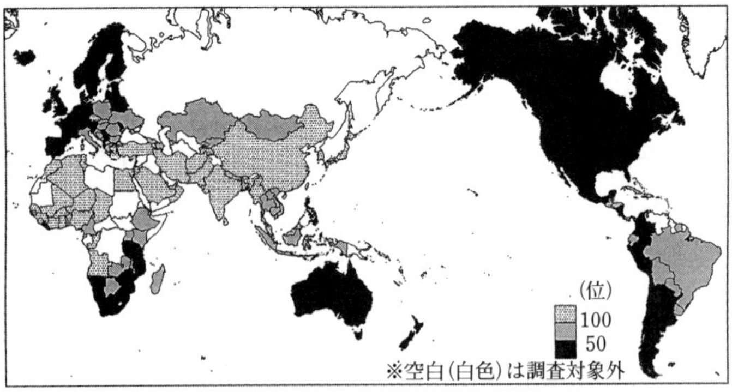

図７　World Economic Forum“Global Gender Gap Report 2023”より作成

ア　昨年広島で行われた首脳会議に参加した主要７か国(Ｇ７)のうち、順位が100位以下であるのは日本のみである。

イ　アジアの中でも、東南アジアと比べて、インド周辺の南アジアやそれより西の地域はジェンダー不平等の傾向が強い。

ウ　発展途上国と比べると、欧米の先進国はジェンダー平等が進んでいる傾向にある。

エ　ラテンアメリカの中では東部の国、アフリカの中では南部の国の方が、ジェンダー平等が進んでいる傾向にある。

問８　下線部(7)に関して、次の図８は、2022年12月現在の、各都道府県議会議員に占める女性の割合を示したものです。この図から読み取れることがらや関連することがらについて説明した次のア～エのうち、**誤りを含むもの**を１つ選びなさい。

図８　総務省「地方公共団体の議会の議員及び長の所属党派別人員調等」より作成

ア　隣接する都道府県であっても、女性議員の割合が２倍以上異なる地域も見られるなど、自治体ごとの割合の差が大きい。

イ　三大都市を有する自治体で比較すると、女性議員の割合が１割を上回るのは東京都だけである。

ウ　女性議員が少ないことで、育児・介護政策やセクシャルハラスメント対策などの議論が停滞してしまう危険性が考えられる。

エ　女性議員の少なさは、女性の政治的な関心の低さと関係しており、選挙の投票率も女性議員の割合と同程度の水準であると考えられる。

問９　下線部(8)に関して、「ジェンダー」とはどのような性差のことを意味するのか、文章やここまでの問題を参考にしながら、「社会」「生物学的」という言葉を全て用いて説明しなさい。

問10　大都市圏以外の道府県では、転入人口を転出人口が上回る傾向が鮮明であり、なおかつ若い女性の転出が多い状況です。持続可能な地域づくりのために各自治体や政府は対策を進めていますが、なぜとくに若い女性の転出増加が問題視されるのか、「過疎」「人口」という言葉を全て用いて説明しなさい。

5　次の会話文を読み、あとの問いに答えなさい。

先生　「それは鎌(かま)だね。稲刈りにでも行くのかな？」

生徒　「あ、先生。明日、トトロの森の手入れのために下草刈りに行くんです」

先生　「トトロの森？」

生徒　「あるアニメ映画のモデルといわれている森です。開発によってなくなりかけていたこの森が、ある運動によって守られたんです。ぼくは、(1)環境保護・保全に興味があって知りました」

先生　「なるほど。それは、(2)イギリスの環境保護団体が1895年に始めた、自然環境や史跡を守るため、住民が資金を出して購入・保全などを行い、次世代に優れた環境を残そうとする運動のことだね」

生徒　「はい。運動の名前それ自体が、そのイギリスの環境保護団体の名前なんです」

先生　「そうだね。1895年といえば、当時日本では(3)足尾銅山の開発による鉱毒事件が起こり、鉱毒による人々への被害と自然破壊が深刻になっていた時期です。そのころすでに、イギリスではこういう運動が始まっていたんだね」

生徒　「そうなんです」

先生　「最近では、南極で氷が溶けていったり、北極圏における氷の量が少なくなったり、(4)地球温暖化も深刻な問題となっているね」

生徒　「気温の急激な上昇は各地で干ばつや洪水を引き起こし、農地に被害を与え、農産物の生産に大きな影響を与えています。世界各地で(5)食料の奪い合いが起きないかと心配です」

先生　「この問題は本当に深刻だね」

生徒　「日本のフードロスの問題も心配です」

先生　「ひとりの人間だけで解決できる問題ではないが、だからといって何もしなくてもいいわけでもない」

生徒　「はい。まずは自分にできること、(6)リサイクルをはじめとする３Ｒを実践していこうと思います」

先生　「それがひいては地球の課題を解決していくことにつながるからね」

生徒　「はい。本当にささやかですが、これも(7)SDGsの第一歩になると思います」

問１　下線部(1)に関して、環境の保全に関する国際条約について、空欄（　Ａ　）～（　Ｃ　）に当てはまる語句として最も適切なものを次のア～オの中からそれぞれ１つずつ選び、記号で答えなさい。

・（　Ａ　）条約…絶滅の恐れのある野生動植物の国際取り引きの制限

・（　Ｂ　）条約…国際的に重要な湿地の保護

・（　Ｃ　）条約…水銀の採掘・貿易・利用・排出についての包括的な規制

ア　モントリオール　　イ　水俣　　ウ　バーゼル　　エ　ワシントン　　オ　ラムサール

問２　下線部(2)に関して、この運動は何とよばれますか。その名前を答えなさい。

問３　下線部(3)に関して、足尾銅山はどこにありますか。その都道府県として最も適切なものを次のア～オの中から１つ選び、記号で答えなさい。

ア　新潟県　　イ　福島県　　ウ　群馬県　　エ　栃木県　　オ　埼玉県

問４　下線部(4)に関して、次の問いに答えなさい。

(1)　ＣＯＰ21（気候変動枠組条約第21回締約国会議）で採択されたパリ協定では、次のような目標が掲げられました。文中の空欄（　Ａ　）に当てはまる語句を答えなさい。

「世界の平均気温の上昇を、（　Ａ　）が起こる前と比べて２℃より低く保ち、1.5℃におさえるための努力をすること」

(2)　2023年７月、世界の平均気温が観測史上最高となる見通しから、国連のグテレス事務総長は「地球温暖化の時代は終わり、地球（　Ｂ　）化の時代が到来した」と述べました。空欄（　Ｂ　）に当てはまる語句を**ひらがな**で答えなさい。

問５　下線部(5)に関して、日本の食料自給率が高いものから順に次のア～エを並べ替えなさい。

ア　牛乳・乳製品　　イ　米　　ウ　小麦　　エ　野菜

問６　下線部(6)に関して、３Ｒのうち、リサイクル（Recycle・再資源化する）、リデュース（Reduce・ゴミを減らす）以外の取り組みを**カタカナ**で答えなさい。

問７　下線部(7)に関して、次の問いに答えなさい。

(1)　SDGsについて説明したⅠ・Ⅱの正誤の組み合わせとして最も適切なものを、次のア～エの中から１つ選びなさい。

Ⅰ　SDGsとは、2015年に国連持続可能な開発サミットで示された「持続可能な開発目標」のことである。

Ⅱ　SDGsには、人類が地球で暮らし続けていくために2050年までに達成すべき目標が掲げられている。

	ア	イ	ウ	エ
Ⅰ	正	正	誤	誤
Ⅱ	正	誤	正	誤

(2)　SDGsには17の目標があります。それらのうち、１～６を次に示しました。空欄(　A　)(　B　)に当てはまる語句として最も適切なものをあとのア～カの中からそれぞれ１つずつ選び、記号で答えなさい。

１　(　A　)をなくそう

２　飢餓をゼロに

３　すべての人に健康と福祉を

４　質の高い教育をみんなに

５　ジェンダー平等を実現しよう

６　安全な(　B　)とトイレを世界中に

ア　食料　　イ　水　　ウ　薬　　エ　貧困　　オ　不正　　カ　環境破壊

慶應義塾普通部

—30分—

1　次の文を読んで、あとの問いに答えなさい。

昨年５月のＧ７サミットで岸田首相は、「国際社会で存在感を高めている（ **あ** ）との連携をめざす」と発言しました。（ **あ** ）には貧困問題をかかえる新興国や開発途上国が多く含まれていますが、必ずしも南半球にある国だけを指すことばではありません。

世界銀行によると、貧困とは、１人当たり１日2.15ドル未満の金額で生活せざるをえない状態とされています。とくに子ども（０～17歳）の貧困の問題は深刻です。世界中の子どもたちの命と健康を守るために活動している国際連合の専門機関である（ **い** ）の調査では、2022年現在、世界で約（ Ａ ）人の子どもが「極度の貧困」の状態にあります。子どもは世界人口の約（ Ｂ ）であり、６人に１人が「極度の貧困」ということになります。

貧困問題を解決するためには、食料などの援助だけではなく、人々の自立をうながしていくことも必要です。途上国でつくられた農産物や製品について、その労働に見合う適正・公正な価格で貿易を行い、継続的に購入することで、途上国の人々の生活を支える（ **う** ）という取り組みも、その一例です。代表的な商品としては、（ **え** ）やチョコレートなどがあり、その原料である（ **え** ）豆や（ **お** ）は、ほとんどが途上国で生産されています。これらの商品に認証をあたえ、特別なマークをつける取り組みも広がっています。

1　（ **あ** ）～（ **お** ）に当てはまることばを、それぞれカタカナで書きなさい。

2　（ Ａ ）に当てはまる最もふさわしい数字を、次のア～エから選んで記号で答えなさい。

　ア　3300万　　イ　１億3000万　　ウ　３億3000万　　エ　13億

3　（ Ｂ ）に当てはまる最もふさわしい数字を、次のア～エから選んで記号で答えなさい。

　ア　２分の１　　イ　４分の１　　ウ　７分の１　　エ　10分の１

2　次の文を読んで、あとの問いに答えなさい。

国土地理院が作成・発行している25000分の１地形図やインターネット上で見ることができる①地理院地図に、2019年から新たに②自然災害伝承碑が記載されるようになりました。自然災害伝承碑とは、過去に発生した自然災害を記録したもので、その災害を後世に教訓として伝えるため、各地に建てられています。「平成30年７月豪雨」の被災地のなかに、明治時代の災害を記録した石碑が残されていた場所がありました。それにもかかわらず、碑文の内容が教訓として生かされていなかったことが指摘され、③新たな地図記号として地形図に記載されることになりました。

自然災害が多発する日本では、大きな被害を出した過去の自然災害一つ一つを教訓として、防災対策も日々改良されています。例えば、［　Ａ　］に対する防災対策は、2011年に発生した「東日本大震災」を転機として、大きく変わりました。かつては巨大な堤防の建設など、災害から建物や集落自体を守ることを中心としてきましたが、震災以降は、避難誘導標識の設置や緊急時に避難できる建物の新設など、災害から［　Ｂ　］ことを優先する対策に変わってきています。

1　あとの地図は下線部①の一部です。地図から読み取れる内容として正しいものを、次のア～エから選んで記号で答えなさい。

ア　木曽川右岸に広がる水田のほとんどは、休耕田である。

イ　名鉄尾西線の奥町駅の北側には学校、郵便局、寺社、博物館がある。

ウ　２か所ある発電所のうち、羽島市側にあるのは水力発電所である。

エ　北から南に流れている木曽川のほぼ中央部には、県境が引かれている。

2　下線部②の地図記号は、次の地図中にも示されています（○で囲んだ所）。この場所で起こったどのような災害に対して建てられたものか、漢字２字で書きなさい。

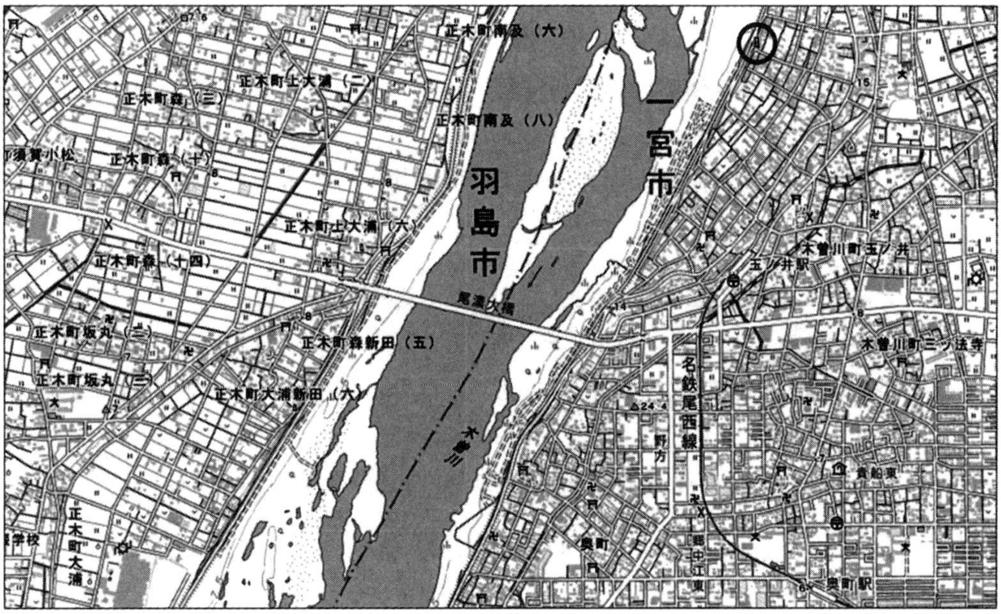

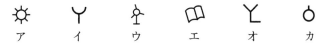

（国土地理院「地理院地図」より作成　一部編集）

3　下線部③のようなことが行われる一方で、記載されなくなる地図記号もあります。最新の25000分の１地形図には記載されていない地図記号を、次のア～カから２つ記号で選び、それぞれが何を表すか、名前を書きなさい。

ア　イ　ウ　エ　オ　カ

4　［　A　］に当てはまることばを漢字２字で、［　B　］に当てはまることばを５字以上10字以内で書きなさい。

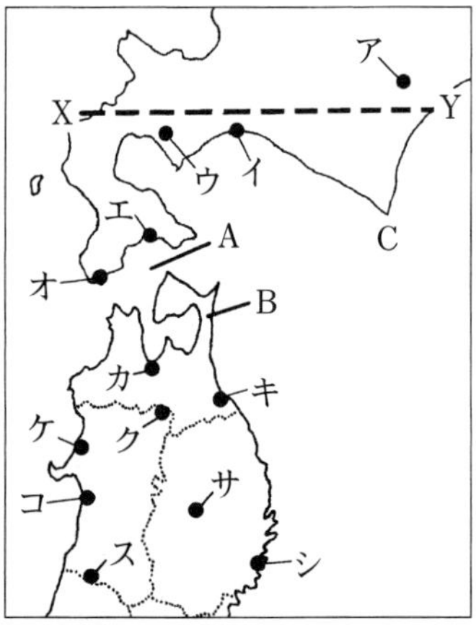

③　右の地図を見て、次の問いに答えなさい。

1　Aの海峡名、Bの半島名を漢字で書きなさい。

2　Aの海峡で行われている漁業の説明として最もふさわしいものを、次のア～エから選んで記号で答えなさい。

ア　日本海流が東から流れ込んでおり、カツオやマグロの漁場となっている。

イ　千島海流が東から流れ込んでおり、サンマやタラバガニの漁場となっている。

ウ　対馬海流が西から流れ込んでおり、マグロの漁場となっている。

エ　リマン海流と日本海流がぶつかり、潮目となっており、暖流と寒流の両方の魚がよく獲れる。

3　次の**あ**～**え**の文が説明している場所を、地図中のア～スからそれぞれ選んで記号で答えなさい。

あ　北前船の寄港地がある城下町として栄えた。新幹線の駅がある。

い　火山の大噴火の後にできたカルデラ湖があり、近くには有珠山や昭和新山がある。

う　茶釜や鉄瓶の生産で知られている。近年、食文化や城下町の面影を残す町並みが海外からも注目されている。

え　アイヌ語の地名から町の名前が付けられた。堀込港があり、周辺には多くの工場が立ち並ぶ。

4　Cの岬付近は昆布の産地です。明治時代以降、徐々に昆布が採れなくなってしまいましたが、約50年前からあることを行いはじめ、現在では昆布が育つ豊かな海が復活しています。豊かな海を復活させるために行ったことを説明しなさい。

5　右のグラフは地図に示されている4つの道県について、耕地の種類別の割合を表したものです。ア～エの道県名を漢字で書きなさい。

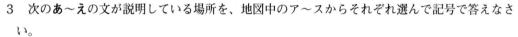

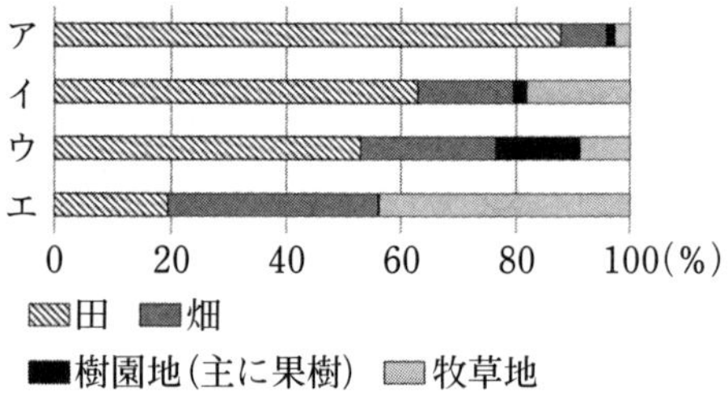

(「データでみる県勢2023」による)

6　X---Y間の断面として正しいものを、次のア～エから選んで記号で答えなさい。

ア

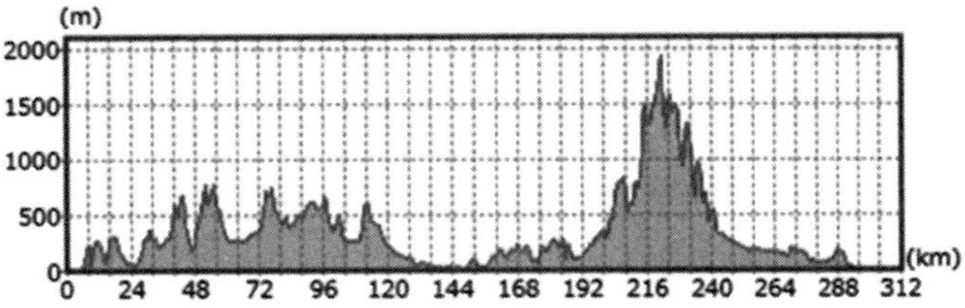

イ

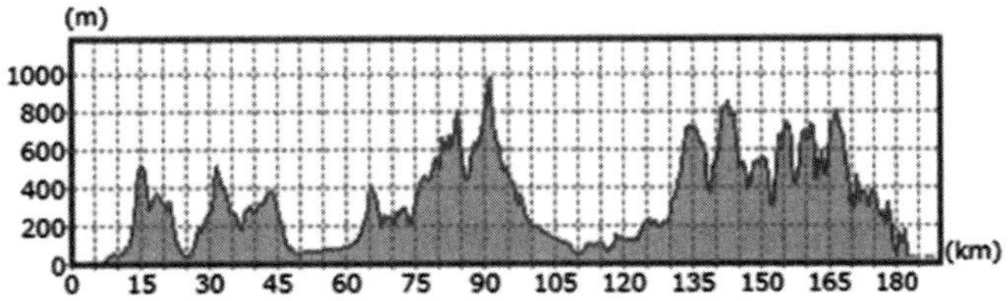

ウ

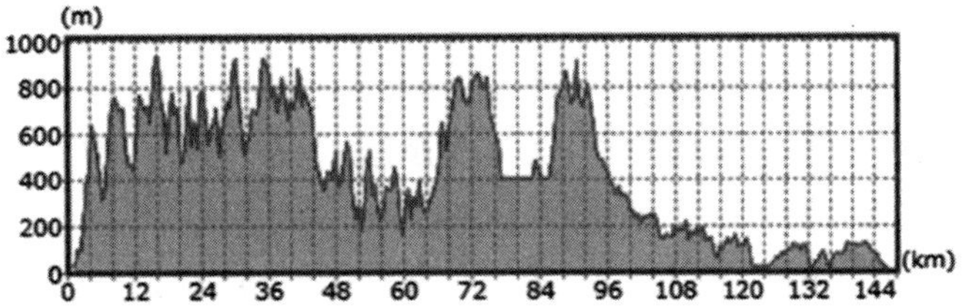

エ

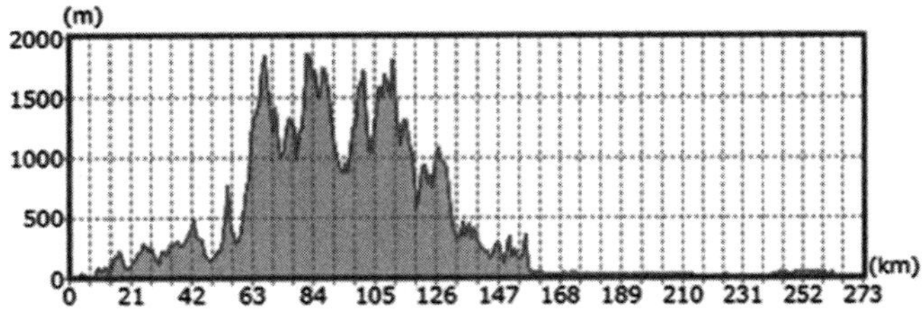

(国土地理院「地理院地図」より作成)

4　次の文を読んで、あとの問いに答えなさい。

あ　この作物は、今ではその実を粉にして水で練ったものを細く切り、味のついた汁(しる)といっしょに食べることが一般(ぱん)的です。江戸時代にはこれが手軽に町の屋台で食べられるので人気を得ました。聖武天皇の前の天皇が出した命令には、すでにこの作物の名が出てきます。

い　この作物は、日本ではファストフードやお菓(か)子の原料としてもおなじみです。東日本で最初の武家政権の時代に二毛作が始まると、裏作でこれを作ることが多くなり、さらに石臼(うす)が普及(きゅう)したことで、その粉が天ぷらやまんじゅうなどさまざまな食べ物の材料として広がりました。

う　この作物は、世界の国々の生産量で比べると、今の日本の順位は10位よりも下ですが、日本では長い間主食として食べられてきました。登呂遺跡(せき)の時代にはすでにその栽培(さいばい)が盛(さか)んで、遺跡からは関連するさまざまなものが見つかっています。

え　この作物は、おもに食用油の原料となりますが、日本ではしぼり汁を固めた食べ物や、発酵(こう)食品の原料として親しまれています。「畑の牛肉」とも呼ばれ、栄養が豊富です。三内丸山遺跡の時代にはもう日本で利用されていた可能性があります。

お　この作物は、今の日本では砂糖とともに煮(に)て餅(もち)を入れて食べたり、お祝いの時の食べ物に用いたりと親しまれています。和菓子の原料としても欠かせません。第一次世界大戦が始まると、日本からヨーロッパへ大量に輸出されました。

か　この作物は、今の日本では食用よりもそれ以外の用途の方が多くなっています。江戸時代の日本では「ナンバンキビ」などと呼ばれていました。廃藩置県後、北海道で政府による開拓が本格的に進むと、そこで盛んに栽培されるようになりました。

1　**あ・い・え・お**のこの作物は何か、それぞれひらがなで書きなさい。

2　**あ**～**か**の＿＿部を年代の古いものから順に並べ、２番目、５番目に当たるものをそれぞれ記号で答えなさい。

3　**あ**の＿＿部は何時代に政治を行ったか、時代名を漢字で書きなさい。

4　**い**の＿＿部に起きたことを次のア～オから選んで記号で答えなさい。

ア　厳島神社を保護した人々がそこに美しい経典をつくって納めた。

イ　行基が各地を回って仏教の教えを説き、橋を架けるなどの社会事業を行った。

ウ　苦労の末に来日した高僧により、日本でも僧や信者を正式に認めることが始まった。

エ　今では国宝として知られる金剛力士像が運慶・快慶らによってつくられた。

オ　明との貿易に力を入れた政治家が京都の北山に豪華な建築物をつくった。

5　**う**の文について、＿＿部以降この作物に関連して、それまでの時代に見られなかったものが現れるようになります。そのうち登呂遺跡で発見されたものを、道具以外で２つ書きなさい。

6　**え**の＿＿部の遺跡といくつかの遺跡は、まとめて一つの世界文化遺産として登録されています。この遺跡群が広がる範囲で、これとは別の世界文化遺産がある都道府県名を一つ書きなさい。

7　**お**と**か**の＿＿部と年代が最も近いものを、次のア～ケからそれぞれ選んで記号で答えなさい。

ア　日米修好通商条約が結ばれた。　　イ　板垣退助らによって自由民権運動が始まった。

ウ　西南戦争が起きた。　　エ　ロシアに対抗するため、日英同盟が結ばれた。

オ　関東大震災が起きた。　　カ　ノルマントン号事件が起きた。

キ　日本が国際連合に加盟した。　　ク　治安維持法が定められた。

ケ　米騒動が起きた。

5　次の文を読んで、あとの問いに答えなさい。

福澤諭吉は、外国に行った経験を多くの著書に書き残しています。文久二(1862)年、幕府の使節団の一員として［　A　］を視察し、(**あ**)の存在を知りました。『福翁自伝』には、「(**あ**)には“保守”と“自由”というものがあって、双方負けず劣らずしのぎを削って争うているという。太平無事の天下に政治上のけんかをしているという。サア分からない。」とか、「あの人とこの人とは敵だなんというて、同じテーブルで酒を飲んで飯を食っている。少しも分からない。」とあり、(**い**)もない幕末の世、分かるようになるには骨が折れ、五日も十日もかかってやっと胸に落ちたと福澤は書いています。

『条約十一国記』では、［　B　］の首都を「奇麗なること世界第一の都」と評しています。そこには、幅の広い道路が放射状に伸びて、家並みが整然とそろい、公園に緑がいっぱいある景観が広がっていました。『西航記』では、この国での新しい経験について触れています。例えば、昨日起きたことが今日掲載されるという(**う**)の報道の早さです。他にも、「今此鉄路の外、別に堀割を造りて紅海と(**え**)海とを相通ぜんことを企て」、完成にはなお五、六年かかるであろうと、「堀割」が建設中であることを書いています。さらに福澤は、行政や外交を担当する「(**お**)」とは別に、選ばれた代表者で構成されている(**い**)の存在も知りました。(**う**)も鉄道も堀割も、

「(　お　)」ではなく「民間」という別の仕組みによって運営されていることも書いています。

また、『条約十一国記』では、「　C　には国王なく、輪番持の政事なり。其頭取を大統領といふ。国中の人、入札にてこれを撰び、四年の間大統領の職を勤れば、また入札にて其交代の人を撰ぶ。」と書きました。福澤が最初にこの国に行った際に、ワシントンの子孫について尋ねた話はよく知られています。

1　　A　～　C　に当てはまる国名を書きなさい。

2　(　あ　)～(　お　)に当てはまることばを漢字で書きなさい。

3　～～部は、現在でいうと何のことか、漢字で書きなさい。

6　次の文を読んで、あとの問いに答えなさい。

「もう　いくつ寝ると……」で始まる『①お正月』は、『荒城の月』や『花』などが代表作である(　あ　)によって作曲された童謡です。この歌の歌詞には、「凧あげ」や「独楽回し」など、昔ながらの遊びが多く登場します。

凧あげは、②中国において戦の際の連絡手段として使用されていたものが日本に伝わり、江戸時代になると身分を問わず人気の遊びになったといわれます。凧あげがお正月の風物詩となったのは、一説には、凧が(　い　)の行列に誤って入ってしまうことがあったため、幕府は(　い　)が少ないお正月に限って凧あげを許可するようになったからだといわれています。

独楽は、儀式や貴族の遊びとして用いられていたものが、しだいに子どもの遊びへと変化していきました。朝廷が二つに分裂していた動乱の時代を描いた『③太平記』には、「コマ廻シテ遊ケル童」との記述があります。

『お正月』の歌に登場するもの以外でも、多くの昔ながらの遊びがあります。かるたは、1543年に(　う　)に漂着した④ポルトガル人が鉄砲を伝えたのち、日本に広まったと考えられています。これが日本古来の「合わせ遊び」と結びつき、今日の遊び方になったといわれています。

1　(　あ　)～(　う　)に当てはまることばをそれぞれ書きなさい。

2　下線部①の時期に関係のあることがらを、次のア～オからすべて選んで記号で答えなさい。

ア　お彼岸　　イ　鏡開き　　ウ　衣替え　　エ　針供養　　オ　松の内

3　次のア～オの史料のうち、この国が下線部②・④を指しているものを、それぞれ選んで記号で答えなさい。史料は一部語句を分かりやすく改め、内容を要約してあります。

ア　この国の船が先年長崎において乱暴をはたらき、近年は各地に乗り寄せて燃料の薪や水を求めるなど、勝手気ままな振る舞いが続いている。ためらわず打ち払え。

イ　この国の政府は、日本が韓国において政治・軍事・経済上の圧倒的な指導・監督権をもつことを認める。長春・旅順間の鉄道に関する一切の権利を日本にゆずりわたす。

ウ　キリシタンらが集団で島原・天草一揆のような良からぬことを企てるなら、直ちに処罰する。信者が隠れている所に物資を送っているなどの理由から、今後この国の船の来航は禁止する。

エ　日本とこの国とは、両国人民が永久に変わることのない和親を結ぶ。より有利な条件を他国に認める場合、この国にも自動的にそれが認められる。

オ　その一族は、「平家でなければ人ではない」とされるほど栄えていた。屋敷には華やかな服装の人々が大勢いて、この国から輸入した、めったに手に入らない宝物が集まっている。

4　下線部③には何世紀のできごとが描かれているか、算用数字で書きなさい。

攻玉社中学校(第１回)

—40分—

1　次の文章Ａ～Ｄを読み、あとの設問に答えなさい。

Ａ　人類は長い歴史の中で、戦争を繰り返してきました。2023年に新たな墓が発掘された弥生時代の(　ｉ　)遺跡(佐賀県)でも、首のない遺骨が発見されています。11世紀後半の後三年合戦では、(　あ　)の指示によって、敵方の女性や子どもまでも犠牲になりました。その後、奥州の支配者となった藤原清衡は、鎮魂のために①寺院を整備しました。

Ｂ　②南北朝の内乱は約60年間にわたって内戦が行われました。足利尊氏は北朝から征夷大将軍に任命されましたが、南朝は依然として存在していました。その後、(　い　)の時代にようやく、南北朝が合一しました。この時代に③明と正式な国交を結んで、朝貢貿易を行いました。

Ｃ　豊臣秀吉は織田信長を滅ぼした(　ii　)を倒した後、勢力を拡大し1590年には④後北条氏を屈服させて、天下を統一しました。その後、明を征服するため、(　iii　)を侵略しました。その後、大坂の陣や⑤島原・天草一揆を経て、徳川綱吉の時代にようやく社会全体が平和になっていきました。

Ｄ　近代の日本は欧米に対抗するため、富国強兵を実施し大陸へ侵略していきました。⑥いくつもの戦争を経験し、日本は欧米と肩を並べる列強となり、(　iii　)などを植民地支配していました。

⑦元号が昭和になると、経済不安や政党政治への失望から、軍部が政治に対する力をもち始め、1931年に⑧満州で関東軍が軍事行動を起こしました。そこから約15年間、⑨日本が1945年８月にポツダム宣言を受け入れて無条件降伏するまで、戦争が断続的に続きました。

日本の支配が終了した(　iii　)半島は、東アジアにおける冷戦対立の最前線となり、(　iii　)戦争が行われました。2023年は停戦70周年にあたりますが、未だ正式な戦争終結にいたっていません。

戦争は多くの犠牲を伴うものであり、決して賞賛されるものではありません。⑩ユネスコ憲章の前文にある「人の心の中に平和のとりでを築かなければならない」という言葉を、我々は今こそ思い返す必要があるでしょう。

問１　文中の空欄(　ｉ　)～(　iii　)に入る語句を(　ｉ　)は４字、(　ii　)は漢字４字、(　iii　)は漢字２字で答えなさい。

問２　空欄(　あ　)、(　い　)に入る語句の組み合わせとして正しいものを、次のア～エの中から１つ選び、記号で答えなさい。

ア　(あ)　源頼朝　(い)　足利義満　　イ　(あ)　源頼朝　(い)　足利義政

ウ　(あ)　源義家　(い)　足利義満　　エ　(あ)　源義家　(い)　足利義政

問３　下線部①を指す語句として最も適切なものを次のア～エの中から１つ選び、記号で答えなさい。

ア　平等院　　イ　延暦寺　　ウ　中尊寺　　エ　輪王寺

問４　下線部②の時代を著した書物として正しいものを、次のア～エの中から１つ選び、記号で答えなさい。

ア　『太平記』　　イ　『平家物語』　　ウ　『徒然草』　　エ　『古事記伝』

問５　下線部③について、中国と日本(倭国)との関係性について、間違っているものを次のア～エの中から１つ選び、記号で答えなさい。

ア　卑弥呼は魏に朝貢し、魏の皇帝から親魏倭王という称号を授けられた。

イ　隋の煬帝は倭国からの国書を無礼としたが、返礼の使者を遣わした。

ウ　菅原道真の進言などもあり、遣唐使は派遣されなくなった。

エ　日宋貿易で利益を得た源頼朝は、厳島神社の社殿を造営した。

問６　下線部④について後北条氏の本拠地として正しいものを、次のア～オの中から１つ選び、記号で答えなさい。

ア　春日山　　イ　駿府　　ウ　安土　　エ　山口　　オ　小田原

問７　下線部⑤に関連して、キリスト教に関する説明として正しいものを、次のア～エの中から１つ選び、記号で答えなさい。

ア　大友義鎮(宗麟)はキリスト教を保護し、天正遣欧使節を派遣した大名の一人である。

イ　徳川家康は1587年にバテレン追放令を出し、キリスト教を規制した。

ウ　ポルトガル船は島原・天草一揆より前に、幕府によって来航が禁止されていた。

エ　1868年に出された五榜の掲示によって、キリスト教の布教が公認された。

問８　下線部⑥について、1895年の三国干渉によって清に返還した地名を漢字４字で答えなさい。

問９　下線部⑦の説明として間違っているものを、次のア～エの中から１つ選び、記号で答えなさい。

ア　日本最初の元号は大化とされるが、元号の使用が定着したのは大宝以降とされている。

イ　南北朝時代など元号が同時期に複数存在していた時代もある。

ウ　明治時代に天皇一代につき、１つの元号と定められた。

エ　現在の「令和」という元号は、『日本書紀』が出典となっている。

問10　下線部⑧について、満州事変の直接の原因となった事件を次のア～エの中から１つ選び、記号で答えなさい。

ア　ノモンハン事件　　イ　柳条湖事件　　ウ　盧溝橋事件　　エ　二・二六事件

問11　下線部⑨に関連して、ポツダム宣言を受け入れることを決めたときの内閣総理大臣を、次のア～エの中から１つ選び、記号で答えなさい。

ア　近衛文麿　　イ　鈴木貫太郎　　ウ　尾崎行雄　　エ　大隈重信

問12　下線部⑩は世界遺産を登録する機関であるが、次のア～エの中で世界遺産に登録されたのが最も新しいものを１つ選び、記号で答えなさい。

ア　北海道・北東北の縄文遺跡　　イ　富士山―信仰の対象と芸術の源泉―

ウ　小笠原諸島　　エ　長崎と天草地方の潜伏キリシタン関連遺産

２　次の文章は、2021年３月16日の読売新聞オンラインの記事を抜粋し一部改変したものです。この文章を読み、設問に答えなさい。

日本には、国際機関が認定する「世界かんがい施設遺産」が47もあります。全遺産の４割弱を占め、各国で最多です。今年も新たな申請に向け、選定作業が進んでいます。雨が多く、水が豊富に見えるのに、どうしてだろう。

灌漑(かんがい)は、人工的に水を引き、農作物が育つ環境を整えることです。河川や湖沼(こしょう)からの取水堰(ぜき)や用水路、①ため池などが、そのための施設にあたります。農業用の井戸も該当します。福岡県朝倉市の「山田堰・堀川用水・水車群」は、一連の施設が遺産に登録されています。一帯は江戸時代の初め、干ばつに見舞われ、多くの農民が飢えに苦しみました。まず、②筑後川から水を引き込んだ約８キロの用水路が整備され、高台へと水を送り込む三連水車、用水路に水が流れ込みやすいよう川の流れを変える堰の順に作られました。三つがそろうまでに130年近い歳月(さいげつ)をかけた大事業でした。

日本でかんがい施設が広がったのは、大陸から渡来した③稲作と関係しています。

日本最古の稲作集落の一つとされる縄文晩期～弥生前期の「板付遺跡」(福岡県)からは、用水路の跡が見つかっています。飛鳥時代に作られた国内最古の人工ため池「狭山池」(大阪府　約36ヘクタール)は、奈良時代の僧侶・行基も改修に携(たずさ)わったとされています。

戦国時代に入り、城を頂く石垣を築く技術が発展しました。それまで木造も多かった堰や水路は、堅固(けんご)な石造りへと代わっていきました。

④「見沼代用水(みぬまだいようすい)」(埼玉県)は、財政立て直しのためコメの収量を増やすことを考え、新田開発を推し進めた江戸幕府の８代将軍・(　ⅰ　)の命で作られたものです。利根川からの水が延長約80キロの水路を巡り、埼玉県東部を潤します。

明治政府の初代内務卿・(　ⅱ　)が号令をかけたのが「安積疏水(あさかそすい)」(福島県)です。延長は約130キロ。(　あ　)の水を近辺の原野へと引き、農地を生み出すだけでなく、封建制度の廃止で職を失った士族に仕事を与える「公共事業」としての意味合いもありました。

かんがい施設の整備は「治世」とも結びついていたのです。

日本の地形的な特徴も、かんがい施設を必要としました。農林水産省の担当者は「日本の国土は山がちで、河川の流れも急だ。⑤雨は梅雨や台風シーズンに集中し、水を蓄える施設が必要だった」と説明しています。国土交通省が発表した2020年６月時点のデータでは、日本の年平均降水量は世界平均の約1.4倍ですが、⑥実際に利用できる１人当たりの水の量は半分以下となります。

出所：雨が多く水が豊富に見えるのに…かんがい大国ニッポン　読売新聞
2021－03－16　読売新聞オンライン

問１　文章中の空欄(　ⅰ　)・(　ⅱ　)にあてはまる人物の氏名を漢字で答えなさい。

問２　文章中の空欄(　あ　)にあてはまる湖としてもっとも適当なものを、次のア～エの中から１つ選び、記号で答えなさい。

ア　十和田湖　　イ　浜名湖　　ウ　諏訪湖　　エ　猪苗代湖

問３　文章中の下線部①に関する⑴・⑵・⑶の問いに答えなさい。

⑴　次の図は、都道府県別で、ため池の数を示したものです。図中のＸにあてはまる県名を答えなさい。

全国のため池数
※2021年12月時点、農林水産省調べ

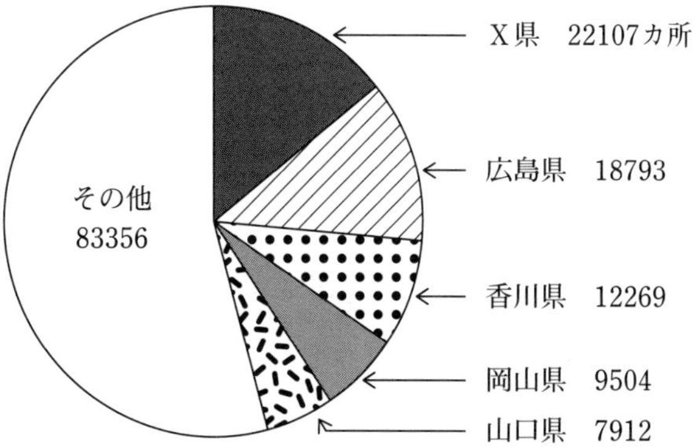

⑵　⑴の図を見ると、全国のため池は、瀬戸内海に面する県に集中していることがわかります。次のア～ウは、中国地方と四国地方の代表的な都市における月降水量と月平均気温を雨温図で示したものです。瀬戸内海に面した都市の雨温図としてもっとも適当なものを、次のア～ウの中から１つ選びなさい。

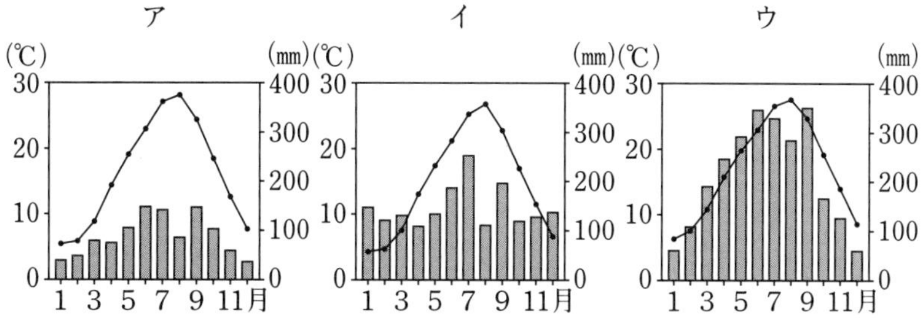

折線は月平均気温（目盛は左軸）、棒は月降水量（目盛は右軸）を示す。
気象庁の資料（1981 ～ 2010年の平均値）により作成。

⑶　瀬戸内海に面した都市の雨温図の特徴を簡潔に述べなさい。
また、なぜそのような特徴になるかその理由を書きなさい。

問4　文章中の下線部②に関して、筑後川の運搬・堆積作用によって筑紫平野が形成されました。筑紫平野のうち、筑後川の西側(佐賀県側)を佐賀平野と呼びます。佐賀平野は、水不足に悩まされながらも、全国屈指の稲作地帯となっています。その理由として、佐賀平野の稲作地帯には、次の写真1のような水路が縦横に走っており、少ない水を効率的に利用する工夫がみられます。

このような水路を何というか、カタカナで答えなさい。

写真1
出所：農林水産省ホームページ

問5　文章中の下線部③に関して、現在の日本の米の生産や消費に関する記述として適当ではないものを、次のア～エの中から1つ選び、記号で答えなさい。

ア　日本の米の自給率は、ほぼ100％だが、外国から米の輸入も行われている。

イ　日本の米の輸出量は、減少している。

ウ　日本の米の生産量を抑える減反政策は、廃止されている。

エ　日本の農作物の作付け延べ面積の最大は、稲(水稲)である。

問６　文章中の下線部④に関する地形図をみて、⑴・⑵に答えなさい。

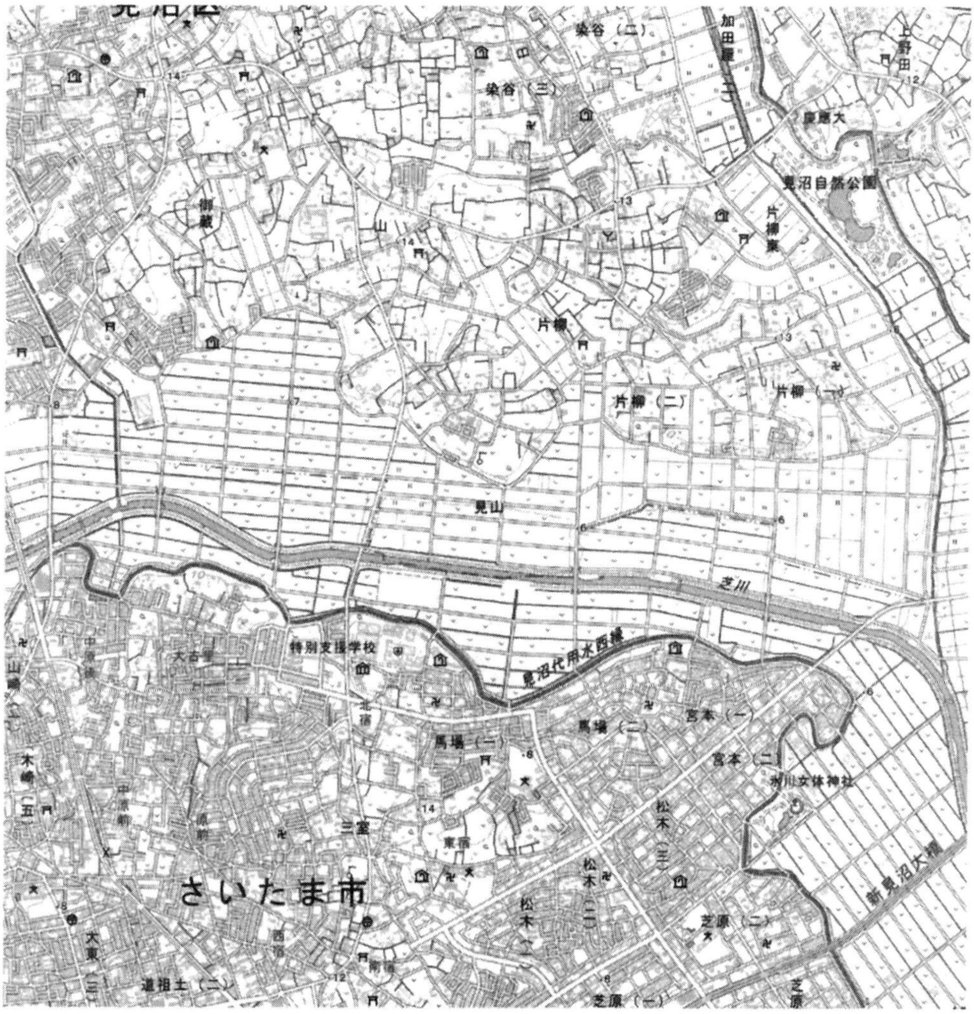

出所：国土地理院「地理院地図」より作成

⑴　埼玉県さいたま市には、「見沼田んぼ」という緑地空間が広がっており、地形図は見沼田んぼ周辺を示したものです。地形図を見ると、見沼田んぼの周辺では、農地が虫食い状態に宅地開発されている様子が読み取れます。このように、市街地が無秩序に郊外へ広がっていく現象を表す用語としてもっとも適当なものを、次のア～エの中から１つ選び、記号で答えなさい。

ア　ストロー現象　　　イ　ヒートアイランド現象

ウ　ドーナツ化現象　　エ　スプロール現象

⑵　見沼田んぼでは、本来その地域にすむさまざまな野生生物が生息することができる空間の整備がすすめられています。このような空間を何というか、カタカナで答えなさい。

問７　文章中の下線部⑤に関する以下の設問に答えなさい。

(1)　2023年７月の世界の平均気温は、観測史上で最高を記録し、日本でも災害級の暑さが続きました。それをうけて、国連のグテーレス事務総長は、「地球温暖化の時代は終わり、地球(　Ｙ　)の時代が来た」との言葉を発表し、最大限の注意を呼びかけました。空欄(　Ｙ　)にあてはまる言葉をひらがなで答えなさい。

(2)　2023年も各地で深刻な水害が発生しました。７月には、熊本県と九州地方の一部で次々と発生する発達した雨雲(積乱雲)が列をなし、数時間にわたってほぼ同じ場所を通過または停滞することにより、非常に激しい雨が降り続きました。このような雨域を何というか、漢字５字で答えなさい。

問８　文章中の下線部⑥に関して、水資源として理論上、人間が最大利用可能な量を水資源賦存(ふぞん)量といいます。日本の場合の水資源賦存量は、降水量から蒸発散によって失われる水量を引いたものに面積をかけた値となります。日本全体の平均的な年降水量は、東京の年降水量とほぼ同じであることがわかっているとします。日本全体の平均的な年蒸発散量を500㎜としたとき、その水資源賦存量(単位：億㎥／年)としてもっとも適当なものを、次のア～エの中から１つ選び、記号で答えなさい。

ア　500　　イ　1000　　ウ　2000　　エ　4000

3　次の設問に答えなさい。

問１　憲法が保障する人権について説明したア～エの文の中から、間違っているものを１つ選び、記号で答えなさい。

ア　憲法が保障している思想・良心の自由は、人間の心の中まで権力によって支配されることがないことを保障するものだとされています。

イ　表現の自由は、無制限に保障されるわけではありません。他の人の権利を侵害するような場合には、公共の福祉の考え方から制限されることがあります。

ウ　憲法は、人種や信条(考えていること)、性別、社会的な身分などの具体的な例をあげて差別を行ってはならないと規定しています。この規定は法の下の平等と呼ばれています。

エ　選挙権や被選挙権の平等について、男女平等の観点から国会議員の一定割合を女性とする仕組みの導入が提案されています。この制度はアダムズ方式と呼ばれるものです。

問２　国会について説明したア～エの文の中から、間違っているものを１つ選び、記号で答えなさい。

ア　国会は毎年１月に召集されますが、これは常会(通常国会)と呼ばれます。主な議案は予算で、会期は150日間と決まっていますが、必要に応じて延長することもできます。

イ　法律の制定にあたり、衆議院が可決した法律案について参議院が否決した時は、衆議院が出席議員の３分の２以上の賛成で再度可決すれば、法律が成立します。

ウ　衆議院と参議院はそれぞれ、国政に関して調査を行い、証人の出頭や書類の提出などを要求できます。これを国政調査権と呼び、この権限は、裁判所の判決などについても及びます。

エ　予算案は衆議院で先に審議することが憲法で定められていますが、他の議案についてはどちらの院で先に審議するかは、憲法には定められていません。

問３　内閣について説明したア～エの文の中から、間違っているものを１つ選び、記号で答えなさい。

ア　内閣は、行政権を持つことが憲法に定められています。内閣を構成するのは首長である内閣総理大臣とその他の国務大臣です。

イ　内閣総理大臣は、国会によって指名され天皇によって任命されます。内閣総理大臣は、国務大臣を任命することができます。

ウ　三権分立の一つの形として、内閣は最高裁判所の長たる裁判官を指名する権限を持ちます。なお、任命を行うのは天皇です。

エ　内閣は衆議院を解散する権限を持ちますが、その根拠となっているのは憲法の第７条の規定と第69条の規定の二種類です。2023年の末の時点で、第69条の規定による解散の方が第７条による解散よりも多くなっています。

問４　裁判所(司法)について説明したア～エの文の中から、間違っているものを１つ選び、記号で答えなさい。

ア　司法権は、最高裁判所と法律によって設置された下級裁判所に属していると憲法で規定しています。これは、司法権の独立を保障する規定とされています。

イ　慎重な裁判を行い国民の人権を守ることなどを目的として、最大３回まで裁判を受けることができます。この仕組みを三審制と呼びます。

ウ　裁判官は、公正な裁判を行うことができるよう、憲法で身分が保障されています。しかし、社会的に問題のある行為を行った場合には、弾劾裁判によって罷免されることもあります。

エ　刑法に基づき、有罪か無罪か、有罪ならばどれ位の刑罰が適切かを判断するのが刑事裁判です。刑事裁判では地方裁判所と高等裁判所で裁判員制度が導入されています。

問５　地方自治について説明したア～エの文の中から、間違っているものを１つ選び、記号で答えなさい。

ア　憲法が規定する「地方自治の本旨」とは、住民が自らの意志で自治を行う団体自治と地方公共団体が独立して活動する住民自治の２つの意味であるとされています。

イ　人々が自分の住む地域のことに関わることで、民主主義を身近な存在として感じ、学ぶことができることから、「地方自治は民主主義の学校」であると言われます。

ウ　地方公共団体では、住民が直接請求権を持ちます。そのうちの１つとして、都道府県知事や市町村長のリコールがあり、一定割合の有権者の署名を集めて選挙管理委員会に請求します。

エ　各地に見られるポイ捨て禁止条例などのように、地方公共団体は、法律の範囲内で独自に条例を定めることができます。

問６　次のア～エの文の中から、間違っているものを１つ選び、記号で答えなさい。

ア　株式会社とは、多くの出資者から資金を集めることができる会社(企業)の形態です。ここでの出資者のことを株主と呼びます。

イ　買い手(需要)と売り手(供給)が自由な意思を持ち行動することで、商品の価格と流通量が決まるとされています。しかし実際には、売り手(供給)が一方的に設定した価格で取引されていることが多く見られます。

ウ　現在、国の経済規模をあらわす指標としてＧＤＰが使われています。ＧＤＰは日本語では国内総生産で、国内で生み出された価値の合計をあらわすものです。そのため、日本企業の海外での生産額などは含みません。

エ　異なる業種の企業が株式の所有などによって１つのグループとなる形態をコンツェルンといい、戦前の財閥が典型的な例です。戦後になって制定された独占禁止法によって、現在は全面的に禁止されています。

問７　働き方改革関連法によって、「自動車運転の業務」に関して年間の時間外労働時間の上限が960時間に制限されることが決まっています。この結果、物流(商品の運送など)の面で大きな障害が発生してモノが運べなくなったり、モノが作れなくなったりする問題が起きると予想されています。この問題のことをなんといいますか、「～問題」の形にあてはまるように答えなさい。

佼成学園中学校(第１回)

―25分―

(編集部注：実際の入試問題では、写真や図版の一部はカラー印刷で出題されました。)

1　次の図を見て、あとの問いに答えなさい。

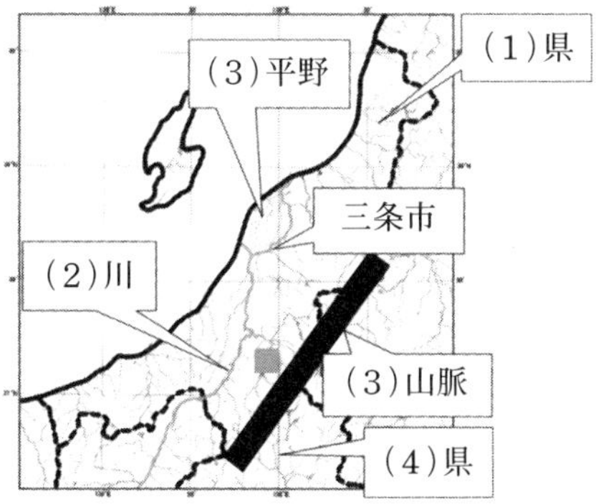

図１

問１　次の文中の(　1　)～(　3　)にあてはまる地名を**漢字**で答えなさい。

図１中の(　1　)県には、日本で最も長い(　2　)川が流れ、下流域には(　3　)平野が広がっています。また、隣県との境には(　3　)山脈が連なっています。

問２　あとの図２と図３(日本気象協会のホームページより作成)は、令和５年８月10日の気温と風向を示しています。この日、図１中の三条市では最高気温39.4℃を記録しました。図２の気温の分布を見ると、図１中の(　1　)県の方が、(　4　)県よりも高温になっていたことが分かります。なぜ北に位置している(　1　)県の方が南に位置している(　4　)県よりも高温になったと考えられるか、風の吹き方に着目して、図１～３を参考に考え、**「(　1　)県に向かって、～現象が起こったため、高温になったと考えられる。」の文に合わせて、次の文字を使って25字以内で**答えなさい。

風　　山脈　　フェーン

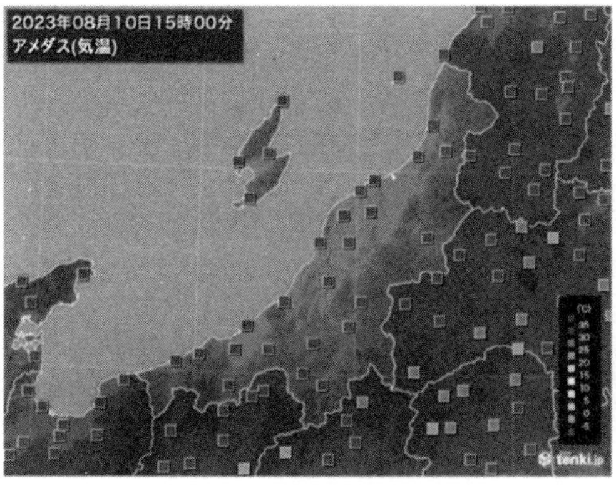

図２

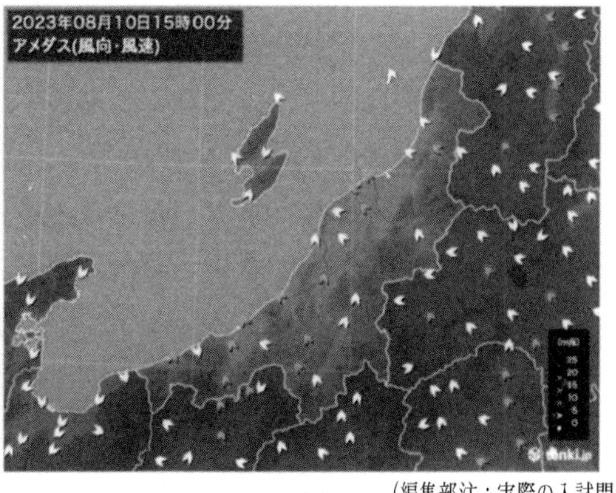

図３

(編集部注：実際の入試問題では、図版の一部はカラー印刷で出題されました。)

問３　次の表は、図１中の(　1　)県で生産が盛んなある農産物の都道府県別生産割合(2018年)を示しています。あてはまる農産物名を**漢字**で答えなさい。

順位	都道府県	生産量割合
1	（ １ ）	8.1%
2	北海道	6.6%
3	秋田	6.3%
4	山形	4.8%
5	宮城	4.8%
	合計	100%

(農林水産省資料より作成)

問４　次の図４は、図１中の■の地点にあたる国土地理院発行の地形図です。あとの写真Ａ・Ｂの撮影地点を図４中のア～オより選び、**記号**で答えなさい。なお、図中の矢印は撮影方向を示しています。

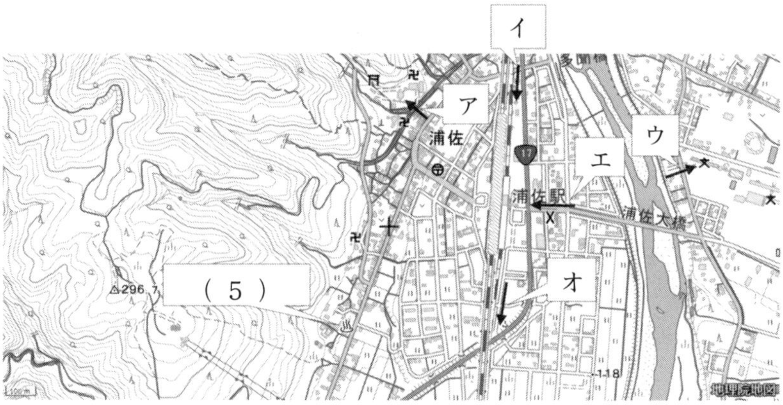

図４

Ａ

Ｂ

(編集部注：実際の入試問題では、写真や図版の一部はカラー印刷で出題されました。)

問５　図４の町で撮影された次のＣ～Ｆの写真は、この地域で冬に多い何に対する備(そな)えと考えられますか。写真の説明文を参考にして、**漢字１字**で答えなさい。

Ｃ

Ｄ

Ｅ

Ｆ

C：コンビニエンスストアの出入口が二重になっていた。

D：家の屋根に梯子がかけられていた。

E：消火栓が囲われていた。

F：橋の上の歩道と車道の間にパイプが通っていて、水が出る穴が開けられていた。

問６　図４中の（ ５ ）の旅館では、令和５年８月10日にあとの写真Gのような光景が見られました。この写真について述べた次の文中の（　　）にあてはまる語句を、**漢字１字で**答えなさい。

　旅館の入口で、例年冬に利用されているしくみを利用して、パイプから水が出されていました。旅館の人によると、普通冬に使うのだけど、暑いから水を出したそうです。冬に備えたしくみを夏に応用して、打ち水のしくみを利用して気化（　　）で気温を下げる工夫をしていることに感心しました。

問７　図４中の（ ５ ）の旅館には、あとの写真Hが展示されていました。この展示物には、「平成17年越後浦佐（　　）掘削ビット」と記されていました。（　　）にあてはまると考えられる語句を、図４も参考にして、**漢字２字で**答えなさい。

掘削＝地面を掘って穴を開けること。

ビット＝掘削する機械の先端に取り付ける刃。

G

H

2　次の①～⑩の文章について、あとの問いに答えなさい。

①　豊臣秀吉は、農民を農業に専念させ、一揆を防ぐため、方広寺の大仏をつくることを口実に農民に刀や鉄砲などの武器を差し出させる【 A 】を制定した。

②　江戸時代、相次ぐ外国船の来航に幕府は【 B 】を出し、アメリカ船モリソン号を打ち払い、幕府の鎖国政策を批判した学者たちを処罰した。

③　文武天皇の時代、刑部親王と藤原不比等によって【 C 】がつくられた。

④　鎌倉時代、御家人は元寇で多くの費用を使ったが、新たな領土の獲得はなかったので、御家人の多くは恩賞としての土地をもらえなかった。収入が減り、生活が苦しくなって土地を売る御家人も出てきたので、幕府は【 D 】を出して、御家人が売った土地を無償で取り戻せるようにした。

⑤　伊藤博文らによってつくられた草案は、枢密院の審議をへて、天皇が国民にあたえるという形で【 E 】が発布された。

⑥　X聖徳太子は役人の守るべき心得をまとめた【 F 】を制定した。争いをやめ、仏教を信じ、天皇の命令に従い、公正な政治を行うように説いている。

⑦　北条泰時は、51か条からなる【 G 】を定め、政治や裁判のよりどころを示した。これは武士がつくった最初の法律で、武士の慣習や道徳にもとづく現実的なものであったため、その後の武家政治における法律の手本となった。

⑧　Y江戸幕府は大名を取りしまるために【 H 】を定めた。これは将軍職を子の徳川秀忠にゆずっていた徳川家康が秀忠の名で発布したもので、以降将軍が代わるごとに修正されながら出された。

⑨　政府は普通選挙法と同時に【 I 】を成立させ、社会主義運動や労働運動を厳しく取りしまった。

⑩　Z聖武天皇の時代、にげ出す農民が増えて口分田があれ、人口の増加で口分田が不足した。その問題を解決しようと、開墾した土地を永久に私有することを認める【 J 】を出した。

問１　【 A 】～【 J 】にあてはまる語句を、次のア～ソよりそれぞれ１つ選び、**記号で**答えなさい。

ア　大宝律令	イ　墾田永年私財法	ウ　御成敗式目	エ　大日本帝国憲法
オ　分国法	カ　棄捐令	キ　武家諸法度	ク　公事方御定書
ケ　治安維持法	コ　刀狩令	サ　十七条の憲法	シ　日本国憲法
ス　徳政令	セ　異国船打払令	ソ　五箇条の誓文	

問２　下線部Xについて、聖徳太子が朝廷の役人の位を、冠の色で表すようにした制度を**漢字で**答えなさい。

問３　下線部Yについて、江戸幕府が天皇や公家の行動を取りしまるために定めたものを**漢字で**答えなさい。

問４　下線部Zについて、この時代に国々をめぐって仏教の教えをとき、取りしまりをうけながらも池や橋をつくり、大仏をつくるときも協力した僧の名前を**漢字で**答えなさい。

問５　①～⑩の文を古い順から並べた場合に、２番目と４番目にくる**番号を**それぞれ答えなさい。

3　次の資料を読み、あとの問いに答えなさい。

〔資料１〕

日本国憲法の改正手続きは、各議院の総議員の［（A）］の賛成で、国会が発議し、特別の国民投票において、有効投票の［（B）］が必要である。

〔資料２〕

日本国憲法の(C)基本的人権の保障について、憲法12条では、国民に対し、自由や権利の濫用を認めず、常にそれらを［（D）］のために利用する責任があると定めている。

〔資料３〕

日本では、産業の発達や情報化の進展などにともなって、［（E）］や知る権利、環境権などの新しい権利が主張されるようになった。

問１　［（A）］・［（B）］にあてはまる語句を、以下のア～エよりそれぞれ選び、**記号で**答えなさい。

ア　過半数　　イ　２分の１以上　　ウ　３分の１以上　　エ　３分の２以上

問２　下線部(C)のうち、社会権の具体例を以下のア～エより１つ選び、**記号で**答えなさい。

ア　集会を開いて演説する　　イ　研究成果を発表する

ウ　国の情報の開示を請求する　　エ　労働組合をつくる

問３　［（D）］にあてはまる語句を答えなさい。

問４　［（E）］にあてはまる、個人の私生活や個人情報を他人の干渉から守る権利を何というか、答えなさい。

駒場東邦中学校

—40分—

◆ 次の文章を読み、問いに答えなさい。

皆さんは「社会」という言葉で何を思い浮かべますか。

家族も学校も会社も、国も「社会」です。国際「社会」という言葉もありますね。「社会」の姿は、時代により地域により、さまざまな変化を見せてきました。では「社会科」とは何を学ぶ科目なのでしょう。

英語の“society(ソサイエティ)”を「社会」と訳したのは福沢諭吉だと言われています。ただ、福沢自身は「社会」のほかに、「人間交際」、「仲間連中」などの訳語もあててきました。なぜなら“society(ソサイエティ)”は、大小さまざまな人間の集団や人間の関わり合いをそもそもの意味として持つ言葉だからです。もととなったフランス語では、societyの形容詞である“social”(ソシアル)は、「相互扶助」の意味で、他者を仲間として接し、特に困った人々を援助する考え方を含んでいます。「社会」とは、皆さんがその一員として、そこで関わり、助け合うことが想定されている動的なものなのです。だとすれば、社会で起きる問題の原因や解決を、問題を抱えている個人の責任だと考え放置したり、あたかも「部外者」に対するように一時的に同情し、終わらせるやり方は正しいといえるでしょうか。「当事者」として、問題の背景を探り、解決への道筋を協同で考えることが、「社会科」の学びの意味なのではないでしょうか。

そんな「社会」で、「連帯」、「共生」という言葉が盛んに唱えられています。それは「分断」、「対立」が問題視されていることの裏返しなのかもしれません。「社会」がわたしたちの相互作用で変化することを忘れてしまうと、「社会」はいつのまにか巨大なかたまりとなって、「異質」な存在を排除したり、複数のかたまり同士がぶつかる「分断」の場となり、わたしたちにはなすすべもない気持ちになってしまうでしょう。でもその「社会」が、わたしたちの関わり合い・助け合いでできていることを考えれば、わたしたちにも何かできることが見つかる気がしませんか。

問1　福沢諭吉は、欧米の発展の原動力とみなされた思想や文化を日本に積極的に紹介した一人です。彼の思想をまとめた次の文の空欄(A)にあてはまるものとして適当なものを、ア～エから1つ選びなさい。

人間は生まれながらに平等であるが、現実の社会の中には、賢い人も愚かな人も、貧しい人も豊かな人もいる。このような差が生じる理由は(A)。

ア　両親の財産の多い少ないによる

イ　もってうまれた素質による

ウ　学問をしたかしないかによる

エ　物事を前向きにとらえるかとらえないかによる

問２　社会を構成する人々を結びつけるもののひとつに宗教があります。その宗教について述べた文として正しいものを、ア～エから１つ選びなさい。

ア　仏教が日本に伝わる前の日本列島では、豊かな収穫を約束する神が、唯一の神として君臨し、人々の信仰を集めていた。

イ　聖武天皇の時代に活躍した行基は、仏教を広めながら、橋や道、ため池や水路をつくる活動を推進し、人々の支持を得ていた。

ウ　藤原道長は、この世で苦しむ民衆一人一人が阿弥陀仏に救われることを願って、京都宇治の地に平等院鳳凰堂を建設した。

エ　島原・天草の地で、宣教師たちの主導により発生した島原の乱が鎮圧された後、幕府はキリスト教の取りしまりを全国規模で強化した。

問３　食事も社会において重要な意味を持ちます。皆さんも友人と一緒に食事を取りながら会話することで、より交友が深まった経験があると思います。このことは、歴史上、さまざまな時代でも見られました。

⑴　各時代の食事や食料事情の特徴について述べた文として**誤っているもの**を、ア～エから１つ選びなさい。

ア　縄文時代には、地域ごとの自然環境に応じながら、クリなど木の実の採集、魚や貝の漁、そして動物を狩ることで食料を確保したと考えられている。

イ　平城京跡などから出土した木簡から、全国各地の食料品や特産品などが租として納められたことが明らかになった。

ウ　明治時代になると、西洋の文化を取り入れたことで人々の食生活にも変化が起こり、東京などの都市部では牛鍋を食べる人も登場した。

エ　1960～1970年代に、家電の「三種の神器」のひとつである電気冷蔵庫が普及したことで、生鮮食品を貯蔵できるようになり、買い物の回数や買い方が変化した。

⑵　鎌倉幕府では、将軍と御家人が参加する年始の宴会が重要な行事とされ、一部の有力な御家人が準備を担当しました。以下の表１はその宴会の準備を担当した御家人を整理したものです。

表１　正月１日～５日の宴会を準備した鎌倉幕府の御家人

西暦(年)	正月１日	正月２日	正月３日	正月４日	正月５日
1191	千葉常胤	三浦義澄	小山朝政	宇都宮朝綱	―
1213	大江広元	北条義時	北条時房	和田義盛	―
1226	北条泰時	北条朝時	三浦義村	―	―
1244	北条経時	北条時定	北条朝時	―	―
1248	北条時頼	北条重時	―	―	―
1265	北条時宗	北条政村	北条時盛	―	―

※担当者が確認できない日付の欄には「―」を記している。

（『吾妻鏡』より作成）

①　表１のなかで、下線を引いた人物が就いた地位の名称を**漢字**で答えなさい。

②　1213年以降、表１の宴会準備の担当者はどのように移り変わったのでしょうか。その背景を以下の史料１から読み取った上で、説明しなさい。

史料１　鎌倉幕府内で起きた御家人どうしの争いに関する文

・(1213年５月２日) 和田義盛(初代将軍源頼朝に最初から従っていた有力な御家人)が挙兵して北条義時を討とうとし、将軍の御所(住まいのこと)などで合戦になったが、義時に協力する御家人が多く、義盛は敗れて和田一族は滅亡した。
(『北条九代記』)

・(1247年６月５日) 三浦泰村(三浦義澄の孫)が挙兵したので、北条時頼は軍を派遣して合戦となり、三浦一族を滅亡させた。(同月15日) 泰村に協力した千葉秀胤(千葉常胤のひ孫)を滅ぼした。(『葉黄記』)

※引用の際に、わかりやすく改めたところがある。

問４　室町時代に入って、特に現在の近畿地方とその周辺では、それまでとは異なり、力を付けた農民たちが自立して村の運営に関わるようになりました。そのあり方は、その後の日本の村の原型になり、現代の地域社会につながったとされています。

また、室町時代の村では、農民だけではなく武士や商人など、さまざまな人々が生活していました。そして、個人では解決できない問題やもめごとを解決するため、ルール(掟)を定めました。以下の史料２は、1489年に近江国今堀郷(現在の滋賀県東近江市)で定められた掟の一部です。

(1)　史料２から読み取れる内容を述べた文のうち、室町時代の村の特徴として**誤っているもの**を、ア～エから１つ選びなさい。

史料２　室町時代の村の運営について書かれた掟

①　村より屋敷を借り受けて、村人以外の者を住まわせてはならない。

②　村人のなかに保証人がいなければ、よそ者を住まわせてはならない。

③　村の人々が共同で利用できる森の樹木や木の葉を、燃料や肥料にするため勝手に取った者について、村人だった場合は村人としての身分をはく奪する。村人ではない者だった場合は村から追放する。

(『今堀日吉神社文書』)

※引用の際に、わかりやすく改めたところがある。

ア　村人としての身分を持つ者と、村人ではない者との間に格差はなかった。

イ　一定の条件を満たせば、村人以外の者でも、村のなかで暮らすことができた。

ウ　村の人々が共同で利用する資源は厳しく管理され、自由に利用できなかった。

エ　村で定められた掟に違反した場合、追放などの処分が下されることがあった。

⑵　室町時代には、神社を中心とした祭りも村人が自分たちで運営するようになりました。掟にも、村で行われる祭りに関する条文がしばしば書かれています。室町時代の村の特徴をまとめた以下の①～④の内容もふまえ、祭りが村人たちにとって重要だった理由を説明しなさい。

> ①　農作業に必要な水路や水車などの設備を、自分たちで維持(いじ)・管理した。
> ②　戦乱や他の村との争いでは、自分たちや村を守る必要があった。
> ③　不当な課税・要求をする幕府の守護や地域の有力者などに対し、まとまって抵抗(ていこう)した。
> ④　自然災害が起きた場合、年貢(ねんぐ)などの負担を減額・免除(めんじょ)することを幕府の守護や地域の有力者などに集団で訴(うった)えた。

問5　江戸時代は身分や地域ごとに人々はまとまって互(たが)いに助け合って暮らしていましたが、全国を結びつける商業の発達、識字率の上昇(じょうしょう)、印刷物の出版などにより、多様なものの考え方(思想)や学問が発達しました。そうした学問のひとつに国学があります。国学が成立した背景について説明した次記の文の空欄（　A　）と（　B　）にあてはまる語句を**漢字**で答えなさい。

> 国学は、奈良時代に成立した歌集である『（　A　）』や神話から奈良時代までの天皇の歴史などを記した『（　B　）』、『日本書紀』の本当の意味の理解を目指すところからはじまりました。そうすることで、儒教(じゅきょう)や仏教の影響(えいきょう)を受ける前の日本人のものの考え方や感じ方を知ることができると考えたのです。こうした発想には、日本は中国をはじめとする他の国々とは異なる独自性をもっているという認識が含まれており、時に、日本が他国より優れていることを信じて疑わない姿勢と結びつくことがありました。

問6　戦争が発生すると、社会はひとつの「かたまり」になることを求められます。特に太平洋戦争は総力戦でした。総力戦の特徴は、利用できるあらゆる資源や労働力、科学技術を、戦争に必要な武器や物資の生産に優先的にまわし、国民が自ら進んで戦争に協力するような雰囲気をつくり出そうとするところにあります。そのために、日中戦争がはじまった頃からたくさんのポスターや広告などが作成され、人々の目につくところに掲示されたり、新聞に掲載されたりしました。

次の図１、図２の２枚のポスター、そして史料３のハガキは、作成された年は異なりますが、いずれも国民に積極的な貯蓄をうながしています。国が、貯蓄を求めた理由は何でしょうか。目標額の変化をふまえた上で、あとの年表も参考にしながら説明しなさい。

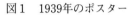

図１　1939年のポスター

図２　1942年のポスター

(田島奈都子編著『プロパガンダ・ポスターにみる日本の戦争』より)

史料３　ある銀行が国の方針に従い預金者に送ったハガキの文面と裏面のイラスト

> ただいま「270億貯蓄総攻撃」期間中であります。敵撃滅（げきめつ）の飛行機、軍艦（ぐんかん）を一機、一艦でも多く前線※へ送るため、是非（ぜひ）この総攻撃戦にご参加をお願いいたします。
> 昭和18(1943)年　12月　十五銀行

※戦争において敵と直接接している場所

総の旧字体

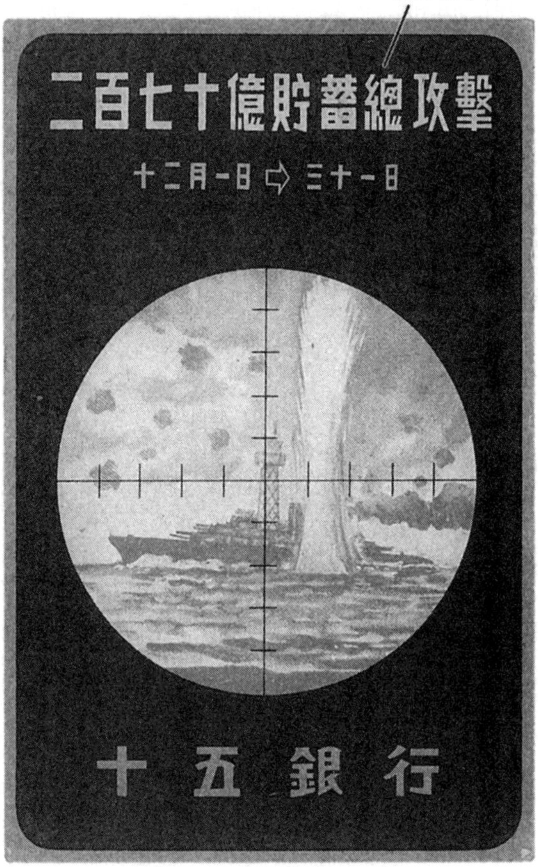

年表

1937年７月	日中戦争が始まる。
1940年６月	砂糖・マッチの配給制開始。以降、食料や生活必需品（ひつじゅひん）は次々と配給制に。
1941年12月	日本軍、マレー半島、真珠湾（しんじゅわん）を奇襲（きしゅう）攻撃し、太平洋戦争が始まる。
1942年６月	日本軍、ミッドウェー海戦で敗北。日本軍の劣勢（れっせい）は決定的。
1944年７月	サイパン島の陥落（かんらく）以降、アメリカ軍機による本土空襲が激化。

問７　「学校」も「社会」です。そこで起きるさまざまな問題を解決するためにルールがつくられます。Ｘ中学校では、昼休みの校庭、体育館と音楽室の使用者ルールをめぐり議論が起きています。次は、Ｘ中学校の基本情報と簡単な見取り図、生徒会長選挙に立候補した生徒がそれについて掲（かか）げた公約と学年別得票数をまとめたものです。これらに関する中１生徒の会話を読み、続く問いに答えなさい。

図３　X中学校の基本情報と見取り図

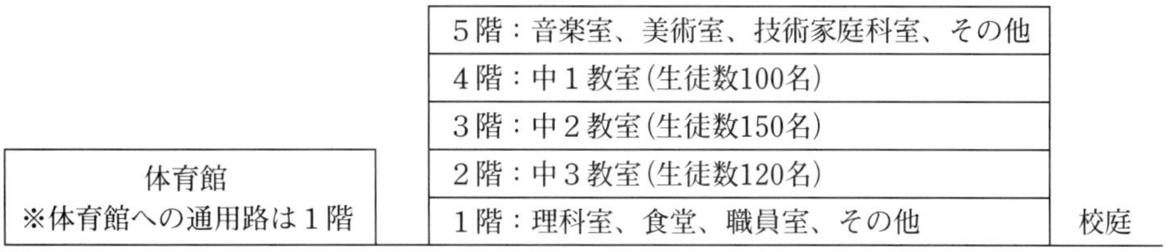

表２　生徒会長選挙の候補者・公約と学年別得票数まとめ

候補者の学年／部	公約	中１	中２	中３
候補者A -中３／サッカー部	校庭と体育館は、３学年それぞれが同じ日数になるように学年別使用日を設定する。音楽室は昼の使用はなしとする。	70	5	5
候補者B -中２／部所属なし	校庭、体育館、音楽室とも、生徒数に比例させた学年別使用日を設定する。	0	75	20
候補者C -中３／野球部	校庭と体育館は、運動部の生徒、音楽室は文化部の生徒に限定して使用できることとする。	20	20	10
候補者D -中２／合唱部	校庭はソフトボール部、体育館はダンス部、音楽室は合唱部と、全国大会に出場するなどの実績をあげている団体が優先的に使用できることとする。	5	5	5
候補者E -中３／科学部	特にルールは定めず、現状通り先着順とする。	1	5	65
候補者F -中２／卓球部	全校生徒による投票でルールを定める。	4	40	15

中１生徒の会話

生徒１：会長選挙、中１の支持がひとりも得られなかったB先輩が当選したのはおかしいと思うんだよね。学年ごとの使用日の数を同じにするのが平等でしょ。

生徒２：でも生徒数に比例して決めるのが平等だという考え方も、実績をあげている団体を優先するという考え方も、一理あるとは思うな。

生徒１：それを言うなら、下級生で立場も弱く、場所も条件の悪い僕たち中１に不利にならないようなルールを決めるのが①平等だよ。

生徒３：僕はサッカー部だからA先輩に入れたいし、学年ごとに同じ日数という公約にも賛成なんだけど、音楽室が使用できなくなるのは嫌で、投票先を迷ったんだよね。

生徒１：それって国会議員を選ぶ選挙の時にもありそうだよね。ある議員や政党の、この政策には賛成だけど、別の政策には反対という場合。

生徒２：それを考えると、特定の政策や法案に限っての賛否を直接問うような国民投票ができるといいよね。夏の自由研究でスイスの例について調べたけど、国民の政治に対する関心も高まるし、スイスだと議会の決定を国民投票でくつがえすこともできるから、議員も真剣に議論したり説明したりと、良いことづくしだと思ったな。

生徒１：でも②国民投票にも問題があるでしょ。だからF先輩は中１の得票数がのびなかったわけだし。

生徒３：F先輩の提案って、どういう選択肢で投票にかけるかもすごく重要だよね。もし「生徒数に比例させた学年別の使用日を設定する」に賛成か反対かを聞く２択だったら、結果はどうなっただろう。先輩たちの「賛成」キャンペーンを前に弱気になる中１も出てきたかな。

生徒２：Ｅ先輩の提案で思ったんだけど、現状のままで困らない人っているんだよね。僕たちが現状を変えたいのなら、中１も誰か立候補すべきだったね。

生徒３：選挙が終わったからといって遅くはないんじゃない。③生徒議会もあるんだし、僕たちの意見をどう反映させられるか考えようよ。

(1)　下線部①について、生徒１が述べた「平等」と同じ考え方をしているものを、ア～エから１つ選びなさい。

ア　性別を理由に仕事の募集(ぼしゅう)や採用、給料などの面で差別的な扱(あつか)いをしないこと。

イ　会社に勤める年数が同じ人には同じ額の給料を支払(しはら)うこと。

ウ　実績を多くあげた人にはより多くの給料を支払うこと。

エ　女性の議員や会社役員を増やすために、あらかじめ一定数を女性に割り当てること。

(2)　下線部②について、生徒１は何が国民投票の問題点だと考えているかを推測して答えなさい。

(3)　2016年に行われたＥＵ（ヨーロッパ連合）からの離脱(りだつ)の是非(ぜひ)を問う国民投票の結果を受けて、すでにＥＵから離脱した国の名前を答えなさい。

(4)　日本における国民投票に関連する説明として**誤っているもの**を、ア～エから１つ選びなさい。

ア　日本国憲法では、憲法改正には国民投票での過半数の賛成が最終的に必要だと定められている。

イ　日本国憲法が施行(しこう)されて以降、国民投票は一度も実施されたことがない。

ウ　成人年齢が18歳に引き下げられたのと同時に、国政選挙の選挙権と国民投票の投票権年齢も18歳以上に引き下げられた。

エ　都道府県や市区町村においては、住民が条例の制定や改廃(かいはい)を直接請求(せいきゅう)する仕組みがある。

(5)　下線部③に関連して、日本の国や地方での議会や行政に関する説明として正しいものを、ア～オから１つ選びなさい。

ア　都道府県知事は都道府県議会における指名で決定する。

イ　内閣総理大臣を指名できるのは衆議院のみである。

ウ　国の税金の集め方や使い方の案を考えるのは財務省だが、決定するのは内閣である。

エ　市の税金の集め方や使い方の案を考えるのは市役所だが、決定するのは市議会である。

オ　区が使うお金は区民から税金として集めており、都や国からまわってくるお金はない。

問８　地球環境問題やエネルギー問題では、国際社会は「連帯」の必要に迫(せま)られています。温室効果ガスの削減(さくげん)や再生可能エネルギーの導入もその課題のひとつです。

(1)　二酸化炭素をはじめとする温室効果ガスの排出(はいしゅつ)量から、植林や森林管理などによる吸収量を差し引いて、合計を実質的にゼロにする考えを、ア～エから１つ選びなさい。

ア　トレーサビリティ　　イ　カーボンニュートラル

ウ　モーダルシフト　　エ　エコツーリズム

(2)　再生可能エネルギーには、農作物を利用したバイオ燃料も含まれます。このバイオ燃料に用いられる農作物の日本国内における現状について述べた文として**誤っているもの**を、ア～エから１つ選びなさい。

ア　砂糖の原料で、台風や強風で倒(たお)れても立ちあがり、水不足でも育つ自然災害に強いテンサイは、沖縄で主に栽培(さいばい)される。

イ　水田は、日本の耕地面積の半分以上を占(し)めているが、米の消費量は減少傾向が続いている。

ウ　日本は、飼料として世界で最も多くトウモロコシを輸入しているため、世界のバイオ燃料需要(じゅよう)による価格変動の影響を大きく受ける。

エ　日本は、大豆の多くをアメリカからの輸入に頼っており、遺伝子組み換(か)え品種には表示が義務付けられている。

(3)　再生可能エネルギーによる発電は、季節により発電量が安定しにくいという弱点があります。次の資料１は、北陸電力管内における冬季と夏季の再生可能エネルギーの発電実績を示したものです。北陸電力管内で夏季に比べ、冬季に太陽光発電による発電量が少なくなり、風力発電による発電量が多くなる理由を説明しなさい。

資料１　北陸電力管内における再生可能エネルギーの発電量の推移

【冬季】

2023年１月１日～31日までのデータを破線で、各時刻の31日間における中央値を実線で示す。

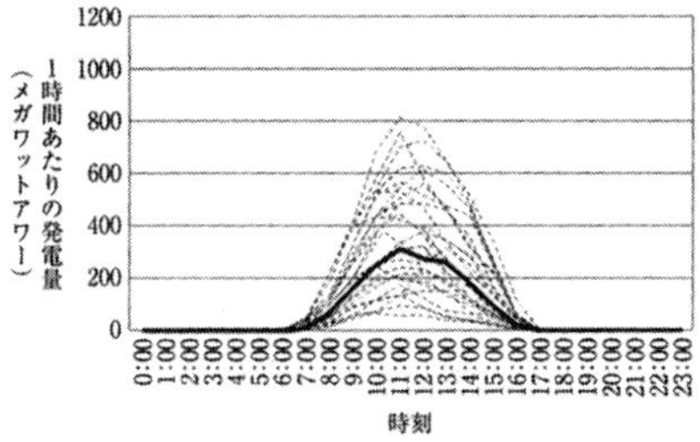

太陽光

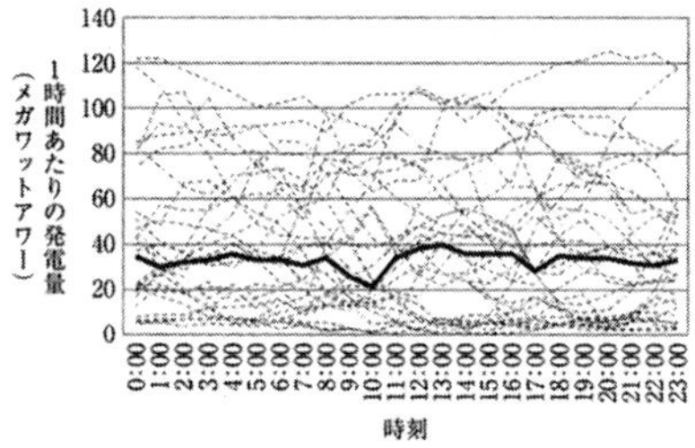

風力

【夏季】

2022年８月１日～31日までのデータを破線で、各時刻の31日間における中央値を実線で示す。

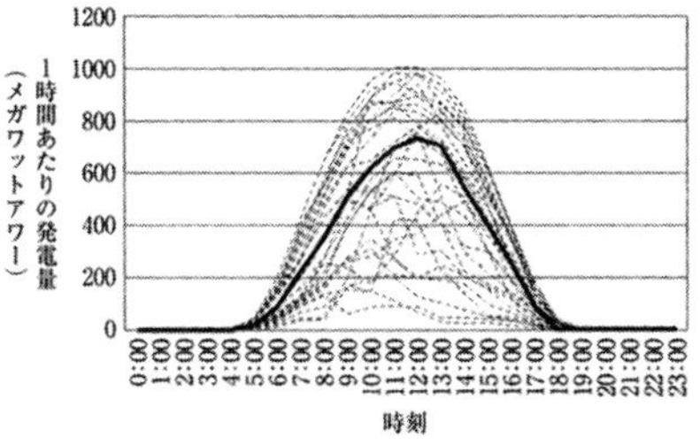

太陽光

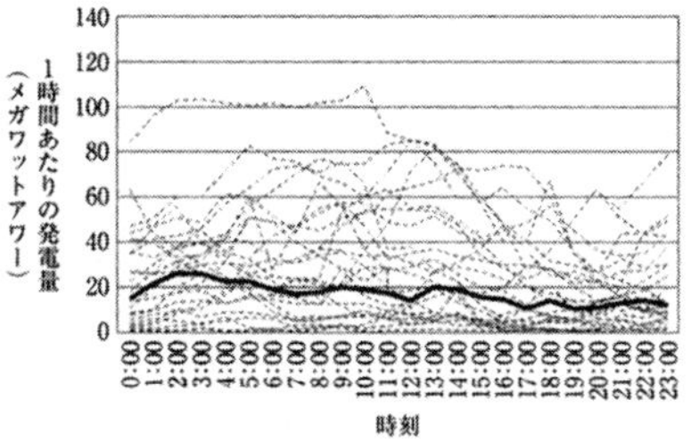

風力

※中央値＝数値を小さい順に並べた時にちょうど真ん中にくる値

（北陸電力送配電ホームページより作成）

問９　この社会のどこかで起きた出来事は、決して他人事ではなく、さまざまな変化となってその後のわたしたちの生活に関わってきます。資料２は、福島県のある地域の過去の地形図と現在の衛星写真を並べたものです。

資料２

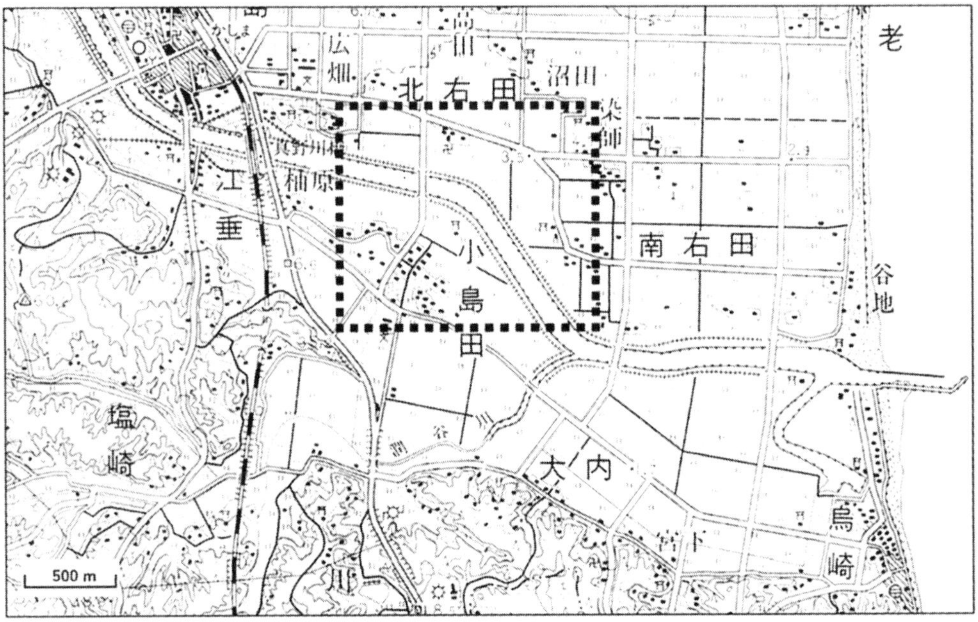

国土地理院発行５万分の１地形図(1993年)

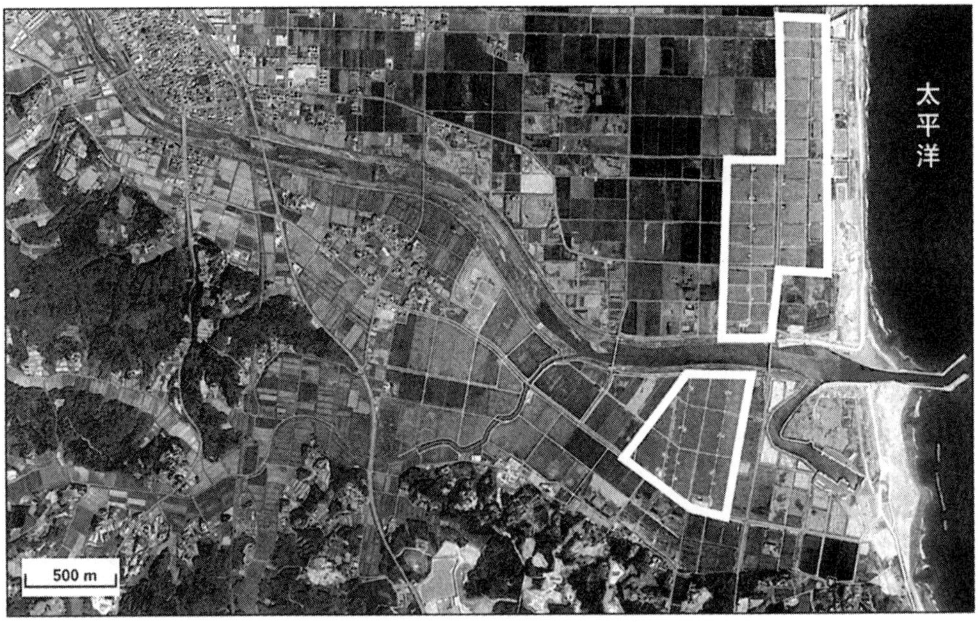

現在の衛星写真(地理院最新写真)

※白い太枠内が大規模太陽光発電所(今昔マップオンザウェブより作成)

(1)　資料２の四角で記した範囲を拡大し、最新の地理院地図で示したものが図４です。この地図には、図５の地図記号が2019年以降みられるようになりました。この地図記号が示すものとして正しいものを、ア～エから１つ選びなさい。

図４

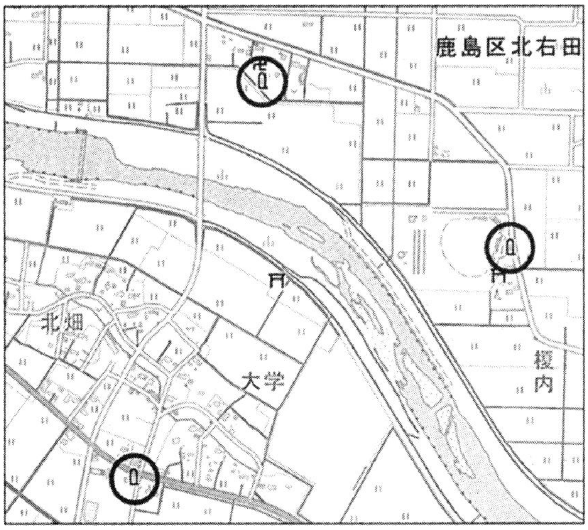

図５

ア　博物館　　イ　老人ホーム　　ウ　自然災害伝承碑（でんしょうひ）　　エ　図書館

⑵　表３は2021年度の都道府県別発電実績（太陽光）の上位５道県を示しています。ここから太陽光の発電実績において福島県や宮城県が上位にきていることがわかります。背景の一つには、2011年に発生した、ある出来事により海岸付近の平野に大規模太陽光発電所が多く設置されたことがあります。資料２はそうした地域の一つです。なぜ大規模太陽光発電所が設置されたのか、ある出来事が何かを示し、土地利用の変化にも注意しながら、説明しなさい。

表３　太陽光の都道府県別発電実績（2021年度）

順位	都道府県名	発電量
1	福島県	1,549,150
2	茨城県	1,372,329
3	岡山県	1,346,434
4	北海道	1,186,774
5	宮城県	1,126,874

単位：メガワットアワー

問10　最初の文章における「社会」に関する考え方に基づけば、次の説明のうち最も適当なものはどれか、ア～オから１つ選びなさい。

ア　「社会」とは、政治や経済の制度のことであるため、「社会」を変えるには選挙権や働く権利が不可欠である。

イ　国際「社会」とは、国家同士による話し合いの場のことであるため、個人やＮＧＯなどの市民団体、国を持たない民族がその場に参加することはできない。

ウ　「社会」とは、複数の集団により構成されるものであるため、個人の働きかけで社会の分断をなくすことはできない。

エ　社会保障とは、「社会」において「相互扶助」の考えに基づいて行われる助け合いのしくみであるため、その財源にあたる保険料を負担できない人は、社会保障のさまざまな給付を受けることができない。

オ　世界でも日本でも子どもの貧困が問題となっているが、それを個人の問題とはせず「社会」の問題として、貧困を生み出し固定化する構造を考え解決することが重要である。

サレジオ学院中学校(A)

—40分—

◆　次の文章を読んで、あとの問いに答えなさい。

「10年後には人間の仕事の半分はＡＩに奪(うば)われる。」そんな話を聞いたことはありますか？ＡＩつまり人工知能の発達によって、これまで①人間が行ってきた仕事の多くは、ＡＩがすることになり、人間の②仕事が失われていくかもしれない、という話です。確かにＡＩなど情報技術の発展は著しく、みなさんのお父さんやお母さんが小学生だったころには存在しなかったスマートフォンの活用が、今では当たり前になっています。そして、みなさんが大人になるころには、今とは全く違(ちが)った情報環境(かんきょう)になっていることも考えられます。

情報とは、人々の間で、何かを伝えあうために使われるものです。そう考えると、人類の歴史はまさに情報の歴史でした。古代の人たちが洞窟(どうくつ)に残した壁画(へきが)は、仲間同士で狩(か)りの情報を共有する手段だったのかもしれませんし、縄文代時代や弥生時代の③呪術(まじない)は、未来の情報を知ろうとしたり、自分たちの願いを天に伝えたりするための手段だったのかもしれません。そして、遺跡(いせき)などから発掘(はっくつ)される古代の品々は、昔の人たちがどのような生活をしていたのかを今に伝える、貴重な情報源になっています。

時代が進み、国が大きくなると、広い国土の中で的確に情報を伝え、国のまとまりを保つために、さまざまな方法が考えられるようになりました。例えば煙(けむり)をあげる④「のろし」は山々に囲まれた地域や遠距離でも、比較的早く情報を伝えることができ、戦いの際などに用いられることが多かったようです。⑤律令制度の時代は、馬を使った情報伝達の仕組みが取り入れられました。主要な場所に駅を作って、駅から駅へと馬を乗(の)り継(つ)いで、使者が情報を届けるのです。そのためには道路の整備が必要ですから、道路を作るということは情報伝達においても重要な役割を果たしていたことが分かります。鎌倉時代に「いざ、鎌倉」のために街道が整備されたり、「すべての道はローマに通ず」という言葉が残っていたりすることからも、こうした歴史がうかがえます。⑥室町時代には、禅宗寺院の寺格を整備して、全国に安国寺を建立することで、各国の情報を得たり、幕府の統治を円滑(えんかつ)にすすめたりしようとしました。

⑦江戸時代には本を通じて外国の情報を収集することが増えました。⑧15世紀後半に発明された印刷技術を使った書物は、⑨鎖国をしていた日本にとって、ヨーロッパで起こっていることや、最新の科学技術を知る貴重な手段でした。サレジオ学院とかかわりの深いキリスト教も、教えを聖書という本にしてまとめることで、その考え方を広く伝えることができるようになりました。

この時代の国内の情報伝達についても考えましょう。江戸幕府は⑩高札で、公的な情報を知らせることがありました。一方で、一般庶民(いっぱんしょみん)の間でも、自分たちで情報を得て、それをほかの人たちに知らせる動きがみられるようになりました。代表的なものが⑪かわら版です。しかし、かわら版は多くの人に読んでもらおうとするあまり、⑫表現を大げさにしていたり、時には事実でない内容も盛り込まれていたりしていたようです。

明治時代になると、新政府は高札を使って庶民に向けた五榜(ごぼう)の掲示(けいじ)を出しましたが、この近代とよばれる時代になると、今では一般的となっている情報伝達の手段も数多く登場します。例えば写真の技術が普及(ふきゅう)し始めました。記録をしたり、別の場所で起こっていることをリアルに伝えたりする貴重な手段となりました。また、本格的な新聞社が設立されました。かわら版ではなく、

⑬きちんとした情報を集めて、多くの人に知らせていくことを、仕事として行うことになったのです。そして、この時代に登場した情報をやり取りする上での重要な手段が電気です。距離(きょり)が遠く離(はな)れていても、電話を使ったり、信号を送ったりして情報をやり取りできるようになりました。⑭天気を予報したり、⑮標準時が設けられたりと、今の時代に欠かせない、情報の基礎(きそ)となるものが整備された時代でした。

20世紀の前半にラジオ放送が始まりました。同じ情報をみんなで同時に共有することが一般的になりました。広告や出版といった情報伝達の手段は⑯国民の間に広く普及し、かつて一部の人しか手に入れられなかった情報は、多くの市民があっという間に知ることができるようになりました。⑰戦争の時代には、戦果を伝えるラジオ放送に多くの人が聞き入り、戦争の終結が伝えられたのもラジオでした。そして、20世紀中ごろに⑱テレビ放送が始まると、こうした傾向(けいこう)はさらに強まり、テレビをつけていれば自宅にいながらにして⑲世界中で起こっているあらゆることが分かる時代になりました。ニュースや国会中継(ちゅうけい)、スポーツ、ドラマ、グルメや旅行に関する情報番組など、さまざまな分野の情報が世の中にもたらされるようになり、人々の情報との関わり方は、「与えられる多くの情報の中から、必要なものを選ぶ」ようになったといえます。

⑳20世紀の終わりに登場したインターネットは21世紀前半にかけて普及し、取り交わされる情報の量はさらに膨大(ぼうだい)なものになり、ラジオやテレビでは難しかった、「誰(だれ)でも情報を発信すること」ができるようになりました。㉑趣味(しゅみ)や生活に関することも、政治に関することも、好きなように情報を受信したり発信したりして、世界中の人と考え方をやりとりすることができます。

そんな今の時代に、私たちが気を付けなければならないことは何でしょうか。何より大事なことは情報の信頼(しんらい)性を考えることです。情報の取り扱(あつか)いが自由に認められる一方で、㉒時には他者への悪意に満ちた情報や、不確かな情報、そして意図的に世の中を混乱させようとして流されるような情報もあります。㉓確かではない情報に人々が踊(おど)らされることは昔からつきものですが、インターネットが普及し、多くの情報が飛び交う現代では、「フェイクニュース」に惑(まど)わされないよう、私たちはよく考える必要があります。

どれだけ情報の量が増えても、伝える技術が発達しても、それはあくまで㉔人間が使うための道具にすぎません。㉕必要な情報をもとにしながら、より良い判断をし、社会を良くしていくために、新たな技術と適切なかかわり方をしていきたいものです。みなさんが中学・高校の生活でさまざまな価値観にふれたり、経験することを通じて、ＡＩ時代の良き担い手となっていってくれることを期待しています。

問１　下線部①について、働くことは日本国憲法で国民の義務のひとつとして定められています。国民の権利と義務が書かれた次の憲法の条文について、空らん（Ａ）～（Ｄ）にあてはまるものを、次のア～エからそれぞれ一つずつ選んで、記号で答えなさい。

第26条　すべて国民は、法律の定めるところにより、その能力に応じて、ひとしく（Ａ）権利を有する。

⑵すべて国民は、法律の定めるところにより、（Ｂ）義務を負ふ。義務教育は、これを無償とする。

第27条　すべて国民は、（Ｃ）権利を有し、義務を負ふ。

第30条　国民は、法律の定めるところにより、（Ｄ）義務を負ふ。

ア　勤労の　　　　　イ　納税の

ウ　教育を受ける　　エ　その保護する子女に普通教育を受けさせる

問2　下線部②について、仕事が失われることは労働者にとって大変深刻な問題であるため、憲法や法律には労働者の権利を守るためのきまりが多く書かれています。こうした権利の考え方から、正当な行為（こうい）として**認められないもの**を、次のア～エから一つ選んで、記号で答えなさい。

ア　労働者が、労働組合を作って使用者(企業（きぎょう）)に対して賃金を上げるよう要望しました。

イ　使用者(企業)が労働条件の見直しに関する要望を聞き入れてくれないため、事前に予告したうえで労働組合がストライキを行いました。

ウ　使用者(企業)は、労働者が賃金を上げる要望をしてきたため、その場でその労働者を解雇（かいこ）しました。

エ　使用者(企業)は、同僚の労働者をからかう言動をした労働者に対して、今後そのようなことをしないよう、注意を与（あた）えました。

問3　下線部③について、私たちはいつの時代も人間を超（こ）える力にたよって物事を決定したり、進めたりします。次の文のうち、下線の目的に**あてはまらないもの**を、次のア～カから一つ選んで、記号で答えなさい。

ア　私は朝、家を出る前に、テレビの占（うらな）いで今日の運勢を確認してから出かけます。

イ　藤原道長は出かけたかったが、その日は不吉な日なので一日中家にいることにしました。

ウ　源頼朝は占いに従って、戦いのときに総攻撃（そうこうげき）の日時を決めました。

エ　邪馬台国では女王卑弥呼が占いをして、国の方針を決めました。

オ　室町幕府では将軍が亡くなったので、次の将軍をくじ引きで決めました。

カ　明治政府は廃仏毀釈（はいぶつきしゃく）をすすめ、寺院を壊（こわ）すことに決めました。

問4　下線部④について、次の問い(1)～(3)に答えなさい。

(1)　次の地図で示した珠洲（すず）市には、狼煙（のろし）町があります。この狼煙町について述べたあとの文の空らん(　A　)(　B　)にあてはまる語句を**漢字**で答えなさい。

狼煙町は、(　A　)半島の先端（せんたん）にある石川県の珠洲市にあります。地名の由来には諸説ありますが、江戸時代、この地から(　B　)船とよばれる当時の交易船航行のために「のろし」を上げていたことだといわれています。

(2)　前の文章の「のろし」の役割と同じ目的を持つ施設の地図記号を、次のア～エから一つ選んで、記号で答えなさい。

ア　　イ　　ウ　　エ

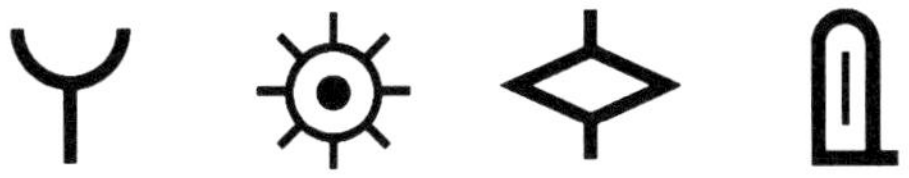

(3)　現在でも、研究調査などのために、「のろし」を再現する試みが行われています。次の地図は、奈良県内のある地点を表示した地形図(電子地図)で、続く文は、地図中の○で囲まれた神社からあげられた「のろし」を離れた場所から観察する、アスカさんとヤマトさんの会話です。アスカさんとヤマトさんは、地図中のA～Cのいずれかの学校に、二手に分かれて「のろし」を観察しています。地図と会話文をよく読み、アスカさんとヤマトさんがいる場所の正しい組合わせを、あとのア～カから一つ選んで、記号で答えなさい。

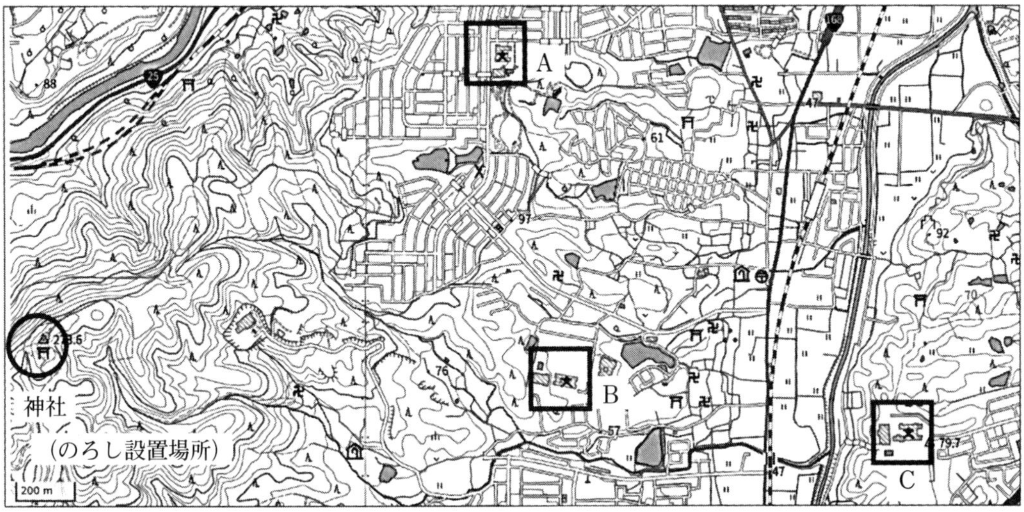

国土地理院「地理院地図」により作成。地図中の地名は省略している。

アスカ：わたしのいる学校の校庭から、「のろし」の煙があがるのが見えたよ。そちらはどう？
ヤマト：ぼくのいる学校の校庭からは、まだ見えないな。神社は同じ方向にあるはずなのに…
アスカ：わたしのいる学校は、北側に城跡がある高台だから見晴らしがいいのかもしれないね。
ヤマト：あっ、ようやく煙が見えたよ。針葉樹の森林が、煙を隠していたみたいだ。

ア　アスカ：A　ヤマト：B　　イ　アスカ：A　ヤマト：C
ウ　アスカ：B　ヤマト：A　　エ　アスカ：B　ヤマト：C
オ　アスカ：C　ヤマト：A　　カ　アスカ：C　ヤマト：B

問５　下線部⑤について、律令制の下で、古代の官道は重要度に応じて大路・中路・小路の３つに区別されていました。これについて、次の問い(1)(2)に答えなさい。

(1)　古代において、最も重要視されていた道はどれですか。最も適当なものを、次のア～エから一つ選んで、記号で答えなさい。

ア　東海道　　イ　東山道　　ウ　山陽道　　エ　南海道

(2)　(1)で答えた道が重要視されていた理由は、当時、大陸との交易の窓口となった地域を治める(　　)という役所と朝廷との連絡を保つためでした。(　　)にあてはまる語句を**漢字**

で答えなさい。

問6　下線部⑥について、室町時代に関して述べた文のうち**適当でないもの**を、次のア～エから一つ選んで、記号で答えなさい。

ア　自治的な村落がつくられていき、一揆（いっき）と呼ばれる集団が形成されました。

イ　近畿地方では民衆たちが、借金の帳消しを求める徳政一揆をおこしました。

ウ　国人と呼ばれる地方を支配する武士たちが、一揆を形成して守護と戦いました。

エ　浄土真宗やキリスト教徒などの宗教勢力が、一揆を形成して幕府と戦いました。

問7　下線部⑦について、江戸時代には、特色のある産業が藩（はん）によって保護を受けたり奨励（しょうれい）されたりして、その一部は現代も地場産業としてそれぞれの地域に根付いています。それらの地場産業についての説明として、**適当でないもの**を、次のア～エから一つ選んで、記号で答えなさい。

ア　現在の岩手県では、茶の湯文化が広まったこともきっかけで鉄器の生産が奨励されました。

イ　現在の石川県では、友禅とよばれる染物の技法が確立し、城下町を中心に発展しました。

ウ　現在の島根県では、乾燥した冬に蚕の飼育が行われていたため、麻（あさ）織物の大産地となりました。

エ　現在の佐賀県では、朝鮮半島の技術者によって始められた磁器の生産が保護されていました。

問8　下線部⑧について、15世紀後半から始まる戦国時代には、さまざまなニセ情報を使って敵の勢力を弱体化させることが常道でした。敵を分断させることで、石見銀山を奪（うば）うことに成功した大名は誰ですか。その人物を、次のア～オから一つ選んで、記号で答えなさい。

ア　大友宗麟　　イ　毛利元就　　ウ　長宗我部元親　　エ　織田信長　　オ　武田信玄

問9　下線部⑨について、当時は長崎がおもな貿易港となっていました。次のア～エは、当時の長崎での輸出品・輸入品、現在の長崎港での輸出品・輸入品のいずれかを示しています。このうち、A当時の輸入品と、B現在の輸出品を、次のア～エから一つずつ選んで、記号で答えなさい。

ア　船、魚介類、鉄　　　　　イ　織物、ガラス、生糸

ウ　金・銀・銅、魚介類、陶器　　エ　燃料、果実・野菜、金属製品

問10　下線部⑩について、高札が由来となっている地図記号があります。何を表す地図記号でしょうか。その名称を答えなさい。また、その地図記号を描（か）いて答えなさい。

問11　下線部⑪について、江戸時代の末期には安政の大地震(1850年代)が起こり、被災状況(ひさいじょうきょう)に関するかわら版が数多く出されました。次の図A～Dは大地震の直後から描かれた鯰絵(なまずえ)と呼ばれる浮世絵で、「地下深くには鹿島大明神の『要石(かなめいし)』の力で抑えられた地震鯰がいて、地震鯰が暴れると地震が起こる」という伝説をもとに描かれたものです。内容はさまざまですが、いずれも地震におびえる人々の恐怖を取り除く護符(ごふ)のようなものとして人気を博し、幕府が取り締まるまで約160点以上が描かれました。鯰絵について、あとの問い(1)(2)に答えなさい。

A

地震を起こす鯰を人々が退治しようとしている。

B

材木屋・大工・とび職が鯰に感謝している。

C

鯰をこらしめる鹿島大明神に、信州・小田原・京都など各地の鯰が謝っている。

D

鯰はお金持ちを助けず、貧しい人々を助ける「世直し」をしている。

(1)　B～Dの鯰絵と時代背景から読み取れること、考えられることで**適当でないもの**を、次のア～カから**三つ**選んで、記号で答えなさい。

ア　Bは、大地震後の復興景気によって、武士・農民・職人・商人のうちで職人にあたる人々に利益が回ってきたことをあらわしています。

イ　Bは、材木屋や大工が鯰にわいろを渡していることから、鯰は当時の老中・田沼意次であるとわかります。

ウ　Cは、鹿島大明神に当時の将軍徳川吉宗を重ね、大地震での町火消の活躍を賛美するために描いたものだと考えられます。

エ　Cは、鹿島大明神の力が日本全国に及ぶことを再確認し、鹿島神宮から離れた地に住む人々も安心させるために描いたものだと考えられます。

オ　Dは、大地震とほぼ同時期の黒船来航や尊王攘夷派の活発化に伴い、徳川幕府への批判と世直し意識が高まっていたことをあらわしています。

カ　Dは、大地震とほぼ同時期の島原の乱やキリスト教徒の弾圧にともない、親孝行や主への忠誠を強調する儒教的な表現がつかわれています。

⑵　鯰絵の描かれた経緯をふまえて、鯰絵と似た経緯・機能をもつと考えられる絵を次のア～エから一つ選んで、記号で答えなさい。

ア

イ

ウ

エ

問12　下線部⑫について、地図のなかには、伝えたい情報を分かりやすくすることを目的として、あえて地図の形を変形させて表現した「カルトグラム」という地図があります。次のA～Cは、都道府県ごとの農業産出額、製造品出荷額、小売業*年間販売額のいずれかをもとに作成したカルトグラムで、都道府県の形は、それぞれのデータの金額の値が大きい都道府県ほど大きい形に、小さい都道府県ほど小さい形に変形**されています。A～Cとデータとの正しい組合わせを、あとのア～カから一つ選んで、記号で答えなさい。

*商品を仕入れ、消費者に販売する仕事のこと。

**全国平均値に対するそれぞれの都道府県の値の比率をもとに作成している。

A
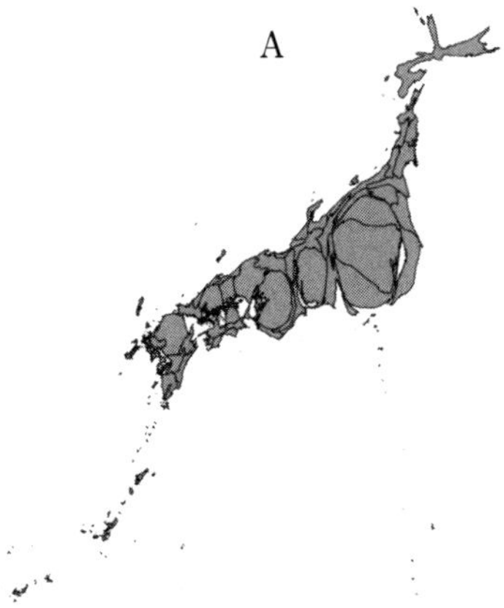

B

C
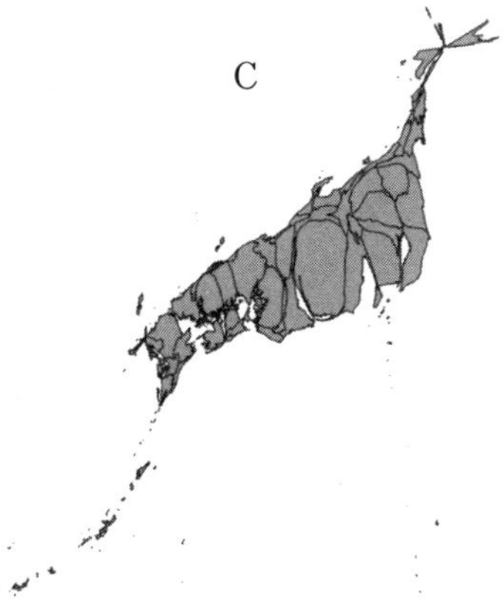

農林水産省、経済産業省、総務省　資料より作成。統計年次は2019年、2020年。

ア	A－農業産出額	B－製造品出荷額	C－小売業年間販売額
イ	A－農業産出額	B－小売業年間販売額	C－製造品出荷額
ウ	A－製造品出荷額	B－農業産出額	C－小売業年間販売額
エ	A－製造品出荷額	B－小売業年間販売額	C－農業産出額
オ	A－小売業年間販売額	B－農業産出額	C－製造品出荷額
カ	A－小売業年間販売額	B－製造品出荷額	C－農業産出額

問13　下線部⑬について、以下の記事のように、重要な情報が国などからマスメディアを通じて国民に知らされることがあります。記事を読んで、次の問い(1)(2)に答えなさい。

財務省と(A)は、(B)の肖像(しょうぞう)をモデルとした一万円札など、3種類の新しい紙幣を、来年7月をめどに発行すると発表しました。(中略)新たな紙幣(しへい)では、偽造(ぎぞう)防止の技術も強化していて、世界で初めてとなる最先端のホログラム技術が導入され、紙幣を斜め(なな)に傾け(かたむ)ると肖像が立体的に動いて見えるほか、「すかし」は、肖像を映し出すだけではなく、紙の厚みを微細(びさい)に変え高精細な模様を施(ほどこ)しています。

（NHK NEWS WEB掲載記事（2023年6月28日）をもとに作成）

⑴ 文章中の空らん（ A ）にあてはまる機関が行っている業務として最も適当なものを、次のア～エから一つ選んで、記号で答えなさい。

ア　世の中から広く預金を集め、そのお金を企業などに貸し出すことで利益を得ています。

イ　政府のお金の出納を行うとともに、世の中に出回るお金の量を調整して景気に影響(えいきょう)を与えます。

ウ　市民や企業などから税金を集め、必要な使い道を決めます。

エ　外国に対する資金援助(えんじょ)を行うため、国のお金の貸し出しを行います。

⑵ 以下は、文章中の空らん（ B ）にあてはまる人物が、行ったことを「私」として説明しています。この人物の説明として最も適当なものを、次のア～エから一つ選んで、記号で答えなさい。

ア

私は、欧米に3度派遣(はけん)された経験などをもとに、欧米文化を国内に向けて紹介(しょうかい)しながら、文明社会における日本のあり方について説きました。大学などの教育機関も作りました。

イ

私は、第一国立銀行の総監(そうかん)役となり、民間人として経済による近代的な国づくりを目指しました。銀行を拠点(きょてん)に企業の創設・育成に力を入れ、企業や社会公共事業・教育機関の設立・支援(しえん)や民間外交に尽力しました。

ウ

私は、医学者として細菌学の分野で多大な功績を上げ、国内外での伝染病予防と治療(ちりょう)に貢献(こうけん)しました。

エ

私は、家族の生活を支えるために小説家になることを志し、貧しい生活をしながら徐々(じょじょ)に雑誌や新聞に小説を発表しました。24歳で短い生涯(しょうがい)を閉じました。

問14　下線部⑭について、次の問い⑴⑵に答えなさい。

⑴ テレビなどの天気予報には、気象衛星からの画像が欠かせないものになりました。日本が打ち上げている気象衛星の名称を、次のア～エから一つ選んで、記号で答えなさい。

ア　はやぶさ　　イ　みちびき　　ウ　ひまわり　　エ　のぞみ

⑵ 東北地方では、1993年に起きた深刻な冷害をきっかけに、詳しい地域ごとの天気予報データが作成・共有されるようになりました。冷害とはどのようなものですか。この地域の冷害の原因となる風の名称を明らかにして、説明しなさい。

問15　下線部⑮について、日本の標準時子午線と、その周辺の地域を示した次の地図を見て、あとの問い(1)～(3)に答えなさい。

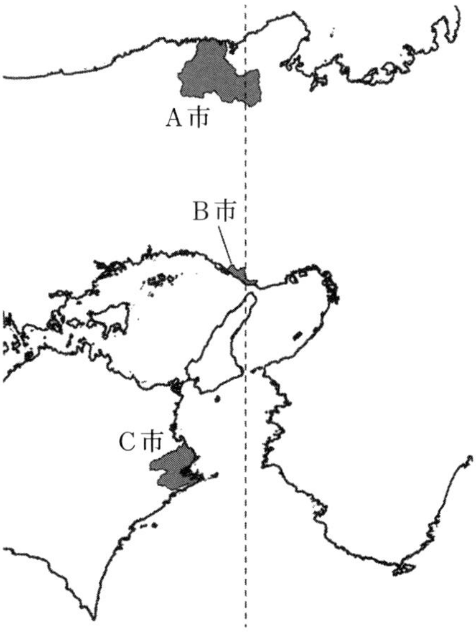

(1)　日本の標準時子午線の経度を、適切な形で答えなさい。

(2)　地図中のB市は、日本標準時子午線が通過し、大きな子午線標識が建てられている「時のまち」として知られています。B市の都市名を、**漢字**で答えなさい。

(3)　次の雨温図①～③は、地図中のA～Cのいずれかの市にある地点のものです。雨温図①～③とA～Cの正しい組合わせを、あとのア～カから一つ選んで、記号で答えなさい。

①

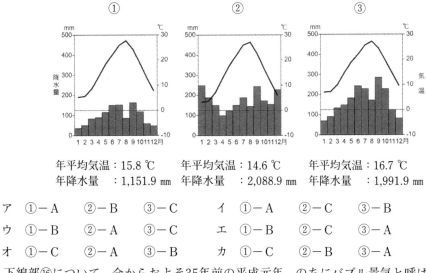

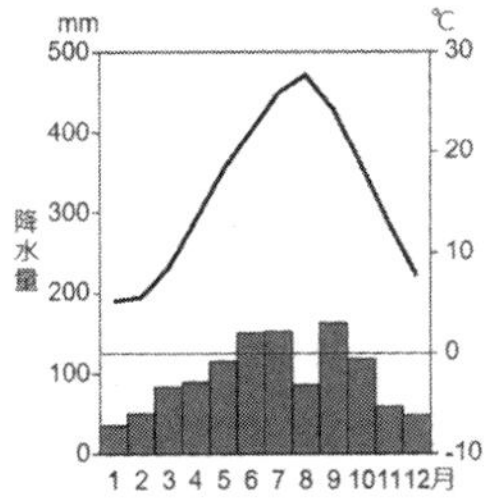

年平均気温：15.8 ℃
年降水量　：1,151.9 mm

②

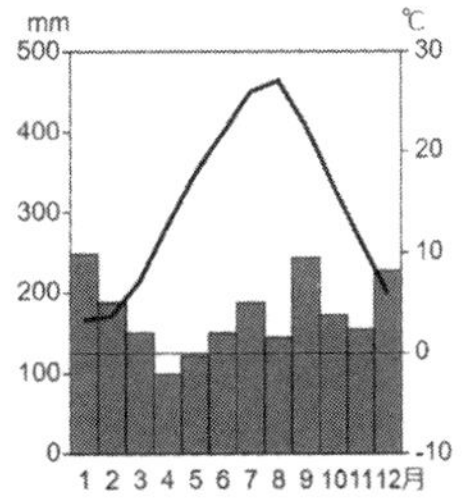

年平均気温：14.6 ℃
年降水量　：2,088.9 mm

③

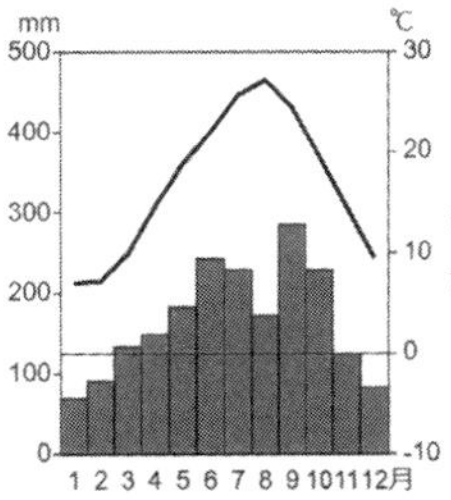

年平均気温：16.7 ℃
年降水量　：1,991.9 mm

ア　①－A　②－B　③－C　　イ　①－A　②－C　③－B
ウ　①－B　②－A　③－C　　エ　①－B　②－C　③－A
オ　①－C　②－A　③－B　　カ　①－C　②－B　③－A

問16　下線部⑯について、今からおよそ35年前の平成元年、のちにバブル景気と呼ばれた時代において、各家庭（２人以上の世帯）の身近な製品の普及率を比べたとき、**60％を超えていない製品**は何ですか。適当なものを、次のア～カから**二つ**選んで、記号で答えなさい。

ア　カラーテレビ　　イ　クーラー（エアコン）　　ウ　自動車
エ　パソコン　　オ　電気洗濯機　　カ　携帯電話

問17　下線部⑰について、近代の日本の戦争に関する説明①～③の正誤の組み合わせとして、最も適当なものを、次のア～クから一つ選んで、記号で答えなさい。

①　日露戦争中の外国からの借金や戦後も行われた増税により経済が停滞（ていたい）しました。

②　第一次世界大戦後、ヨーロッパ各国の輸出が再開されました。日本のアジアへの輸出も好調で、大戦後も好景気が続きました。

③　満州事変後の12月に、犬養毅内閣は金輸出再禁止を行いました。この影響で円相場が大幅（おおはば）に下落したため、諸産業は輸出を大幅に伸ばしていきました。

	①	②	③
ア	正	正	正
イ	正	正	誤
ウ	正	誤	正
エ	正	誤	誤
オ	誤	正	正
カ	誤	正	誤
キ	誤	誤	正
ク	誤	誤	誤

問18　下線部⑱について、かつては、商店街にあるテレビを地域のみんなで視聴（しちょう）することもありました。かつての商店街に多く存在していた①・②のお店と、その説明を組み合わせたものとして、最も適当なものを、次のア～クから一つ選んで、記号で答えなさい。

①　荒物屋（あらものや）　　②　八百屋

＜説明＞

A　カナヅチやハサミなどの工具を扱（あつか）い、家庭用としてはやかんや包丁などを主に扱っています。

B　野菜を主に扱うお店で、季節によって異なる野菜が店頭に並び、果物も扱うこともあります。

C　家庭用の日用雑貨を主に扱うお店で、ほうきやおけ、なわなどを扱っています。

D　コーヒーや紅茶などの飲み物やサンドウィッチなどの軽食を提供するお店です。

ア　①－A　②－B　　イ　①－A　②－D
ウ　①－B　②－A　　エ　①－B　②－C
オ　①－C　②－B　　カ　①－C　②－D
キ　①－D　②－A　　ク　①－D　②－B

問19　下線部⑲について、世界の国々にかかわる重要な会議の情報も、今では簡単に調べることができます。これについて、次の問い(1)(2)に答えなさい。

アスカさんは、国連の安全保障理事会で拒否権が行使された事例について調べてまとめ、その結果を友人のヤマトさんと話しています。

アスカ：国連のホームページのデータを数えてみたら、拒否（きょひ）権を行使している数は国によってずいぶん違うことが分かったよ。

＜拒否権を行使した回数＞

国名	ロシア（ソ連）	アメリカ	イギリス	フランス	中国
回数	123	82	29	17	16

※中国は台湾（中華民国）が行使した事例も含む
※ソビエト連邦とロシア連邦は同じ国として数えた

ヤマト：本当だね。これでも特徴が分かるけれど、（　　）が起こった年で区切ると、もっと特徴が分かりやすいんじゃないかな。

アスカ：確かにそうだね。やってみよう。

＜拒否権を行使した回数＞

	ロシア（ソ連）	アメリカ	イギリス	フランス	中国
（　　）が起こった年以前	90	65	29	16	0
（　　）が起こった年以降	33	17	0	1	16

アスカ：区切ったことで、拒否権の行使をしなくなった国や、逆に行使が増えた国など、時代による各国の立場の変化が分かりやすくなるね。

(1)　会話文および表中の空らん（　　）には、各国の立場が転換するきっかけの年に起こったできごとが入ります。最も適当なものを、次のア～エから一つ選んで、記号で答えなさい。

ア　ベルリンの壁の崩壊　　　イ　朝鮮戦争
ウ　キューバ危機　　　　　　エ　イギリスのＥＵ離脱

(2)　次の記事１～記事３は、いずれも国連安全保障理事会での決議において、拒否権が行使されたために決議が成立しなかった議題の例です。記事１～記事３の文章中にある「拒否権を行使した国」のうち、アメリカ合衆国を指しているものを、次のア～ウから一つ選んで、記号で答えなさい。

記事１

> 日付：1952年９月18日
> 議題：日本が国際連合に加盟することを認める。
> 拒否権を行使した国：（ ア ）国

記事２

> 日付：2017年12月18日
> 議題：（ イ ）国がイスラエルの首都をエルサレムとして、大使館を設置することに対し、エルサレムに外交使節団を置くことを慎むことを求める。
> 拒否権を行使した国：（ イ ）国

記事３

> 日付：2022年２月25日
> 議題：（ ウ ）国の隣国への侵攻は、国連憲章違反であり、最も強い言葉で遺憾の意を表する。
> 拒否権を行使した国：（ ウ ）国

問20　下線部⑳について、20世紀の後半以降に起こった、行政機関に関する次のア～エのできごとを、年代の古い順に並び変えなさい。

ア　復興庁が発足しました。　　　　イ　防衛庁が防衛省になりました。

ウ　環境庁が環境省になりました。　エ　デジタル庁が発足しました。

問21　下線部㉑について、こうした情報伝達のありかたは、民主主義や人権のありかたを変える可能性があると指摘（してき）されています。民主主義や人権に関する次のできごとA・Bが起こったのは、本文中に述べられているどの時代と最も近いでしょうか。適当なものを、次のア～エからそれぞれ一つずつ選んで、記号で答えなさい。

＜できごと＞

A　アメリカの大統領リンカーンは、「人民の人民による人民のための政治」という言葉で、民主主義の考え方を示しました。

B　日本では、日照権や静穏（せいおん）権、知る権利などの「新しい人権」が主張されるようになりました。

ア「馬を使った情報伝達の仕組みが取り入れられました。主要な場所に駅を作って、駅から駅へと馬を乗り継いで、使者が情報を届けるのです。」

イ「明治時代になると、新政府は高札を使って庶民に向けた五榜の掲示を出しました」

ウ「戦争の時代には、戦果を伝えるラジオ放送に多くの人が聞き入り、戦争の終結が伝えられたのもラジオでした。」

エ「テレビをつけていれば自宅にいながらにして世界中で起こっているあらゆることが分かる時代になりました。」

問22　下線部㉒について、現在、こうした情報を流した際には、法律によって刑罰が与えられることもあります。以下の刑罰に関する＜記事＞について、文章中の空らん（ A ）（ B ）にはどのような語が入るでしょうか。それぞれにあてはまる語を答えるとともに、空らん部に引いてある下線の権利に最もかかわりの深い憲法の条文を、次のア～ウからそれぞれ一つずつ選んで、記号で答えなさい。

＜記事＞

日本の刑罰が見直されることになりました。明治40(1907)年に現在の制度になって以来の変更です。日本の刑罰には、死刑、懲役（ちょうえき）、禁錮（きんこ）、罰金などがあります。憲法では、国民の自由権を保障していますが、「犯罪による処罰の場合を除いては」という但（ただ）し書きをしているほか、「何人も、法律の定める手続によらなければ、その生命若しくは自由を奪われ、又はその他の刑罰を科せられない。」と定め、犯罪をした人に対して法律にのっとって自由を奪うことを刑罰として採用しています。このうち、死刑については人の生命そのものを奪うという最も重い刑罰となっています。そして、懲役や禁錮は<u>（ A ）の自由</u>を奪うもの、罰金は<u>（ B ）の自由</u>を奪うものです。今回の改正は、このうちの懲役と禁錮の刑罰を「拘禁（こうきん）刑」として一本化するものです。

（2022年6月のニュースをもとに作成）

＜条文＞

ア　何人も、いかなる奴隷的拘束も受けない。（第18条）

イ　思想及び良心の自由は、これを侵してはならない。（第19条）

ウ　財産権は、これを侵してはならない。（第29条）

問23　下線部㉓について、この絵は今から100年ほど前に起きたあるできごとをあらわした絵巻物の一部です。この絵の左側では逃げる人々が、制服を着た人だけでなく、一般の人々によって殺害されているところが描かれています。一般の人々はどうしてこれらの人々を殺害したのでしょうか。その理由といきさつを説明しなさい。

問24　下線部㉔について、農水産物や畜産物(ちくさんぶつ)などの移動ルートが把握(はあく)できるように、生産・加工・流通などの情報を記録し、食品事故などの問題があったときに、原因究明や商品回収をスムーズに行えるようにしているしくみのことを何とよびますか。その名称を**カタカナ**で答えなさい。

問25　下線部㉕について、大地震や河川の氾濫(はんらん)など、大規模な災害が発生した際にはよりいっそう、こうした情報への判断や、かかわりかたが重要になるといえます。これについて、次の問い(1)(2)に答えなさい。

大規模な災害が発生した際には、自治体などが開設した避難(ひなん)所などに避難することが考えられます。このような場合に備えて、地方自治体の中には「避難所運営マニュアル」や「避難所設置マニュアル」を設定していることがあります。タケルさんは、このことを知って、さまざまな自治体のマニュアルを比較してみました。ある自治体のマニュアルでは、避難所に以下のような掲示(けいじ)板を設置して、避難者に情報を知らせる工夫を示していました。

北山田避難所　　　掲示板

A	＜お知らせ＞ ・１階トイレ故障中です ２階トイレを使ってください ※移動は必ず体育館横の階段を使ってください	避難所配置図
＜昼食配布予定＞ ・おにぎり ・カップめん ・ペットボトルのお茶 午後１時～　グラウンド	＜注意事項＞ ・エコノミークラス症候群に気を付けましょう ・盗難注意 ・食事の前には必ず手を洗おう	＜伝言板＞ ・Ｒさんへ、西山田小学校へ移動します(Ｓより) ・Ｔは無事です ・Ｕさん受付に連絡ください

一方で、ある自治体の「避難所設置マニュアル」には、以下のような説明がありました。

避難者全員に伝える必要がある情報は、できるかぎり簡潔にまとめ、難しい表現や用語をさけ、漢字にはふりがなをつけたり、絵や図を利用したりしてわかりやすい表現となるよう工夫する。さらに、必要に応じ複数の手段を組み合わせて伝える。

＜配慮の例＞

配慮が必要な人	方法
(出題の都合上、隠しています)	・音声による広報　・点字の活用 ・サインペンなどで大きくはっきり書く ・トイレまでの案内用のロープの設置 ・トイレの構造や使い方を音声で案内する　など
	・掲示板、個別配布による広報　・筆談 ・メールやFAXの活用 ・テレビ(文字放送・字幕放送が可能なもの) ・光による伝達(呼び出しの際にランプをつける)　など
	・通訳、翻訳　・絵や図、やさしい日本語の使用　など

(川崎市「避難所運営マニュアル」資料集より)

(1)「北山田避難所　掲示板」内の空らん［　A　］部分には、避難所を円滑に運営するための情報が書かれています。この情報は避難所だけではなく、人々の集団を形成する際には不可欠となるものです。情報の内容として最も適当なものを、次のア～エから一つ選んで、記号で答えなさい。

ア　＜気象情報＞
- ・今回の災害は、台風19号によるものです
- ・台風19号は、フィリピン沖で発生し、現在は温帯低気圧になって日本海沖を北上中
- ・大雨に関する特別警報が出ています

イ　＜避難しているみなさんへ＞
- ・人生には困難が必ず起こります。しかし、困難はいつまでも続くわけではありません
- ・日常生活にもどるまで、もうしばらくがんばりましょう

ウ　＜避難所利用のルール＞
- ・必ず下足と上履きの履き替えをしましょう
- ・ごみの分別を行ってください
- ・22時から６時までは消灯時間です

エ　＜救助品提供者＞
- ・お米10キロ　北山田町２丁目の田中様
- ・布団５組　北山田町１丁目の高橋様
- ・ペットボトルの水100本　森商店様

(2) タケルさんは、「避難所設置マニュアル」の内容をふまえると、「北山田避難所　掲示板」の表現の仕方には不十分なところがいくつかあると思いました。どの部分が、どのような人たちにとって不十分だといえるでしょうか。**二通り**答えなさい。

芝　中　学　校（第１回）

―40分―

1　次の地図、および日本に関する以下の各問いに答えなさい。

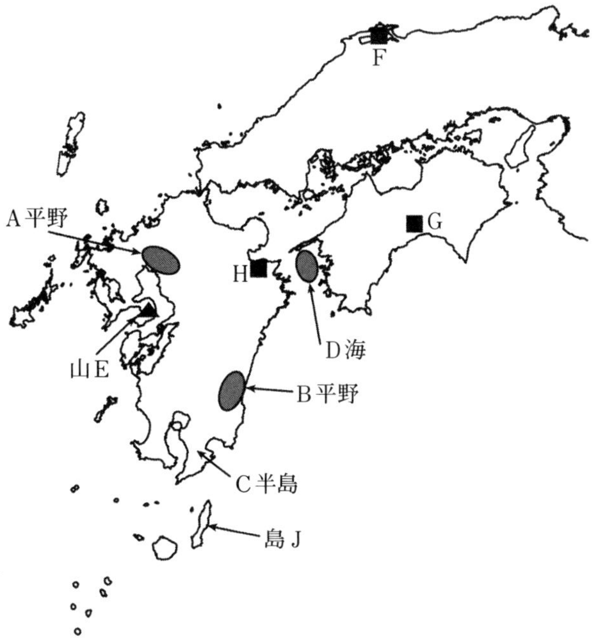

地図

〔問１〕 次のA～Dの文は、地図中のA～Dについてそれぞれ述べたものです。A～Dに当てはまる名称をそれぞれ答えなさい。

A　農業に使う水を引く水路が発達した、２つの県にまたがる稲作のさかんな平野。

B　温暖な気候により、ピーマンなどの野菜の促成栽培が行われている平野。

C　20世紀に、西に位置する島と火山噴火の影響によって陸続きとなった半島。

D　沿岸にはリアス海岸が発達しており、鯛(たい)や真珠(しんじゅ)などの養殖がさかんな海。

〔問２〕 地図中の山Eは、過去の火山噴火の際に高温の火山灰や岩石、火山ガス、空気、水蒸気が一体となり、時速数十キロメートルから数百キロメートルの高速で山を流れおりる現象が発生しました。この現象を何といいますか。

〔問３〕 地図中の県の中で、2015年の時点ですでに県内に新幹線の停車駅が設置されており、その後2024年１月までの間に新たに新幹線の停車駅が設置された県はどこですか。

〔問４〕 次の図１中の①～③は、地図中のF～Hのいずれかの地点の降水量の変化を示したものです。①～③とF～Hの組み合わせとして正しいものをあとのア～カのうちから一つ選び、記号で答えなさい。

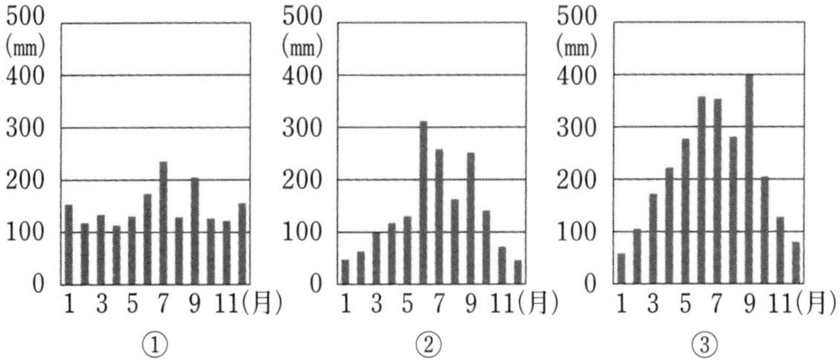

図１
気象庁webサイトより作成

	ア	イ	ウ	エ	オ	カ
①	F	F	G	G	H	H
②	G	H	F	H	F	G
③	H	G	H	F	G	F

〔問５〕 地図中の島Ｊについて述べた文として、内容が最も適当なものを次のア〜エのうちから一つ選び、記号で答えなさい。

ア　温暖な気候による農業や、付近を流れる黒潮の影響で漁業がさかんである。

イ　サンゴ礁(しょう)やマングローブ林が発達しており、沖縄県に属している。

ウ　島全体が世界自然遺産に指定されており、多くの観光客が訪れている。

エ　火山活動が非常に活発であり、九州地方で最も高い山が位置する。

〔問６〕 次の表１は、太陽光発電、地熱発電、風力発電の都道府県別発電電力量の上位５位までを表したものです。④〜⑥に当てはまる発電方法の組み合わせとして正しいものをあとのア〜カのうちから一つ選び、記号で答えなさい。

表１

④	
青森	1253
北海道	1130
秋田	926
三重	409
岩手	404

⑤	
大分	823
秋田	399
鹿児島	376
岩手	204
北海道	87

⑥	
福島	1547
茨城	1372
岡山	1346
北海道	1187
宮城	1129

単位は百万kWh（電気事業者のみ）、統計年次は2021年度
『データでみる県勢2023』より作成

	ア	イ	ウ	エ	オ	カ
④	太陽光発電	太陽光発電	地熱発電	地熱発電	風力発電	風力発電
⑤	地熱発電	風力発電	太陽光発電	風力発電	太陽光発電	地熱発電
⑥	風力発電	地熱発電	風力発電	太陽光発電	地熱発電	太陽光発電

〔問７〕 次のア〜エは、日本の国立公園について述べた文です。内容が<u>あやまっているもの</u>を一つ選び、記号で答えなさい。

ア　２つ以上の都道府県にまたがっている国立公園はない。

イ　すぐれた自然の風景地を保護・保全することが目的の一つである。

ウ　国立公園は広大であり、公園内に私有地が存在することもある。

エ　公園内で開発を行う場合には、各種法令に従う必要がある。

〔問８〕　次の図２は、日本の品目別の食料自給率の変化を示しており、図２中のア～オは果実、牛乳・乳製品、米、肉類、野菜のいずれかです。牛乳・乳製品に当てはまるものをア～オのうちから一つ選び、記号で答えなさい。

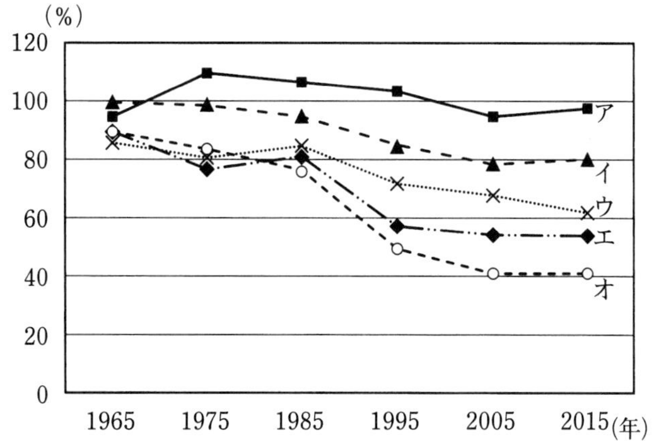

図２

「食料需給表(農林水産省)」より作成

〔問９〕　次の表２は、北海道、長野県、神奈川県、京都府、大阪府におけるキャンプ場、旅館・ホテル、林野率を比べたものです。京都府に当てはまるものを表２中のア～オのうちから一つ選び、記号で答えなさい。

表２

	キャンプ場	旅館・ホテル	林野率
ア	4	1520	30.0
イ	52	1349	38.7
ウ	40	1017	74.2
エ	149	2602	75.9
オ	222	2877	70.2

キャンプ場、旅館・ホテルは施設数、林野率(総面積に対する林野面積の割合)は％
統計年次は2020または2021年、『データでみる県勢2023』より作成

2　日本の歴史における争いと人々の生活について説明した次の文章を読んで、あとの設問に答えなさい。

A　1稲作が日本列島各地に広まり、暮らしが安定すると、人々は共同作業を行うため集落を拡大させました。集落のなかでは貧富の差や身分の差がみられるようになり、2集落どうしの争いもおこるようになりました。

〔問１〕　下線部１について、この時期について説明した次の文Ｘ・Ｙの正誤の組み合わせとして正しいものを、あとのア～エより選び、記号で答えなさい。

Ｘ　石の基礎の上に柱を立てた住居が個人の住まいとして数多くつくられました。

Ｙ　農業用水が豊富で稲作の行いやすい台地の上に多くの集落がつくられました。

ア　Ｘ－正　Ｙ－正　　イ　Ｘ－正　Ｙ－誤

ウ　X－誤　Y－正　　エ　X－誤　Y－誤

〔問２〕　下線部２について、福岡県の板付遺跡では、水田に必要となる用水路を一部にめぐらせることで防衛力を高めていたことが確認されています。このように、まわりに人為的な工夫をこらしたり、設備をもうけたりして防衛力を高めた集落を何といいますか。

B　７世紀にはいり、中国大陸で強大な統一王朝が出現すると、その影響は日本列島にもおよびました。当時強大な勢力をもっていたと考えられるヤマト政権は、3大陸の国々と関係を結ぶ一方で、ときには対立することもありました。4争いに参加したり、備えたりするために多くの人々が動員されました。

〔問３〕　下線部３について、次の図①は６世紀末の朝鮮半島の勢力をあらわしたものです。図中のX～Zにあてはまる語の組み合わせとして正しいものを、ア～カより選び、記号で答えなさい。

図①

	X	Y	Z
ア	新羅	高句麗	百済
イ	新羅	百済	高句麗
ウ	高句麗	新羅	百済
エ	高句麗	百済	新羅
オ	百済	新羅	高句麗
カ	百済	高句麗	新羅

〔問４〕　下線部４について、663年におこった他国との争いに敗北したことをきっかけに、北九州に集められるようになった兵を何といいますか。

C　朝廷の律令に基づいた支配がゆらぐと、5武士が台頭して各地で争いがおこるようになりました。自然災害も多く発生して人々の生活が不安定になったことを背景に、阿弥陀仏にすがれば死後に極楽［　6　］へ生まれ変わることができるという［　6　］教が流行しました。のちに法然上人が開いた［　6　］宗も、この流れをくむものです。

〔問５〕　下線部５について述べた次の文Ⅰ～Ⅲを、古いものから順に並びかえた場合、正しいものはどれですか。あとのア～カより選び、記号で答えなさい。

Ⅰ　源義家が清原氏を助けて東北地方の争乱を平定しました。

Ⅱ　源義朝が平清盛とともに戦い、崇徳上皇の勢力に勝利しました。

Ⅲ　元国司であった藤原純友が瀬戸内地方の海賊を率いて反乱をおこしました。

ア　Ⅰ－Ⅱ－Ⅲ　　イ　Ⅰ－Ⅲ－Ⅱ　　ウ　Ⅱ－Ⅰ－Ⅲ

エ　Ⅱ－Ⅲ－Ⅰ　　オ　Ⅲ－Ⅰ－Ⅱ　　カ　Ⅲ－Ⅱ－Ⅰ

〔問６〕　空らん［　6　］にあてはまる語を答えなさい。

D　鎌倉時代から室町時代にかけて、朝廷は全国を実際に支配する力を失い、7人々はみずからの財産や権利をみずからの力で守らなければいけなくなりました。8各地に出現した戦国大名たちは、みずからの方法で特定の領域を支配しましたが、一方で、戦国大名たちは領内の人々からそれぞれのもつ財産や権利を安定させることを期待されました。

〔問７〕　下線部７について、当時の世の中の様子を説明した文ａ～ｄについて、正しいものの組み合わせを、あとのア～エより選び、記号で答えなさい。

ａ　人々の間で土地をめぐる争いがおこった際には幕府が裁判を行いましたが、室町時代になると守護大名が幕府の意向を無視して裁判を行うようになりました。

ｂ　鎌倉時代初期の武士の家における相続をみると、土地の相続は当主の子どもに分割して行われ、女性にも相続の権利がありました。

ｃ　各地の都市では商人たちによる自治が行われ、商人の多くが寄合と呼ばれる同業者組合をつくるようになりました。

ｄ　農村部では惣村と呼ばれる自治組織がつくられ、領主への年貢納入などの負担を村単位でうけおうものも現れました。

ア　ａ・ｃ　　イ　ａ・ｄ　　ウ　ｂ・ｃ　　エ　ｂ・ｄ

〔問８〕　下線部８について、次のＸ・Ｙとそれぞれ最も関係の深い人物は①～④のどれですか。組み合わせとして正しいものを、あとのア～エより選び、記号で答えなさい。

Ｘ　キリスト教宣教師の国外追放を命じた。

Ｙ　分国法に喧嘩(けんか)両成敗を明記した。

①　豊臣秀吉　　②　織田信長　　③　上杉謙信　　④　武田信玄

ア　Ｘ－①　Ｙ－③　　イ　Ｘ－①　Ｙ－④

ウ　Ｘ－②　Ｙ－③　　エ　Ｘ－②　Ｙ－④

Ｅ　江戸幕府が成立すると、各地の争いは徳川将軍と諸大名によっておさえられるようになりました。大きな争いがなくなっていく中で、人々は、新たな生産技術を生み出して生活を豊かにしていく一方で、９身分に応じた制限をうけることもありました。

〔問９〕　下線部９について説明した次の文Ｘ・Ｙの正誤の組み合わせとして正しいものを、あとのア～エより選び、記号で答えなさい。

Ｘ　百姓は、稲作を行うことと、全員で村の運営に関わることを義務付けられました。

Ｙ　都市に集められた商人や武士は、それぞれ居住できる地区が指定されていました。

ア　Ｘ－正　Ｙ－正　　イ　Ｘ－正　Ｙ－誤

ウ　Ｘ－誤　Ｙ－正　　エ　Ｘ－誤　Ｙ－誤

Ｆ　明治新政府は、欧米列強に対抗するため、富国強兵をかかげて政治や社会の改革を進めていきました。10この大きな変化によって人々の生活も様変わりした一方で、人々はこれまでになかった負担を強いられることとなりました。明治時代後期には、国家の利益のためにある程度の負担を受け入れるという考えが、人々の中に少しずつ広まっていきました。しかし、日露戦争の結果、11日本が賠償金を手に入れられずに終わると、この考えに疑問をもつ人々も増えていきました。

〔問10〕　下線部10について述べた文として**あやまっている**ものを、次のア～ウより一つ選び、記号で答えなさい。なお、**すべて正しい場合はエと答えなさい**。

ア　農民や商人は平民とされ、兵役を義務づけられましたが、それによって働き手がとられたため政府への不満が高まりました。

イ　武士はすべて華族とされ、政府から住居や収入などを保障された一方で、銀行の設立にあたって資金を提供することもありました。

ウ　えた・ひにんと呼ばれた人々は平民と同じ立場であるとされましたが、職業選択などの場面で不平等に扱われることもありました。

〔問11〕　下線部11について、この結果をもたらした講和条約を何といいますか。

G　12大正から昭和初期にかけて、国民の考えを政治に生かそうとするデモクラシーの考えが人々に広まり、比較的好景気な状態も重なって都市部に住む人々の生活水準は向上しました。しかし、昭和の初めに不景気となると失業者が増え、また農村部は凶作が重なり生活に大打撃を受けました。人々の生活の不安定さや格差に対する不満は、少しずつ政治にも影響を与え、それらを背景に軍部が力を持つようになりました。そのような背景により、日中戦争やアジア・太平洋戦争がおこり、13長期化する戦争の中で、人々には平均化された最低限度の生活と、大きな負担が求められるようになっていきました。

〔問12〕　下線部12について述べた次の文ａ～ｄについて、正しいものの組み合わせを、あとのア～エより選び、記号で答えなさい。

ａ　第三次桂太郎内閣が退陣すると、次に成立した加藤高明内閣のもとで、普通選挙法が成立しました。

ｂ　デモクラシーの風潮をうけて、市川房江らは女性参政権獲得を目指しましたが、この時期には達成されませんでした。

ｃ　大戦景気によって物価が急激に下落したことで、高い給料をもらえるようになった都市の人々の購買意欲が増進されました。

ｄ　大学や師範学校などで高等教育をうけたサラリーマンが安定した収入を得られるようになると、子どもにも高水準の教育を受けさせようとする人々が増えました。

ア　ａ・ｃ　　イ　ａ・ｄ　　ウ　ｂ・ｃ　　エ　ｂ・ｄ

〔問13〕　下線部13について説明した次の文Ｘ・Ｙの正誤の組み合わせとして正しいものを、あとのア～エより選び、記号で答えなさい。

Ｘ　国家総動員法が成立して政府が議会の承認なく物資の供給に介入できるようになりました。

Ｙ　大政翼賛会のもとに隣組が結成され、近所の住民どうしの助け合いや監視の役割を果たしました。

ア　Ｘ－正　Ｙ－正　　イ　Ｘ－正　Ｙ－誤
ウ　Ｘ－誤　Ｙ－正　　エ　Ｘ－誤　Ｙ－誤

３　次の文章を読んで、以下の問いに答えなさい。

“老いた親につくせ”

人の子として生まれた以上、「親を養う道」を知らないというのは通用しない。親の心が楽しくなるようにし、親の気持ちを裏切らず、怒りを買う言動はひかえて、余計な心配をさせないようにする。居室や寝室は、暑さ寒さに応じて過ごしやすいようにし、食べものや飲みものは味を工夫するなど、真心をつくして養わなければならない。

城島明彦訳『養生訓（ようじょうくん）』より

これは、江戸時代、1貝原益軒（かいばらえきけん）という人物が著した書物の一節です。このなかで語られているように年老いた親を養うのは子供の義務と考えられていました。家族がいないお年寄りについては、近所の人たちが協力して面倒を見ていたそうです。

現在、日本が直面している介護の問題は、今に始まったことではなく、古くから日常生活の一部として存在していました。ただ、今と違って、明治の時代の2家制度のように、長子が親の老後の面倒を見なければならないという価値観がありました。ところが現代では、（　１　）家族化や非婚化など、家族のありかたが変わったことや、3少子化によってお年寄りを支える人たちが少なくなったことなどにより、老老介護や独居老人世帯が増えています。

近年、国は介護を取り巻く問題に対処しようと、様々な制度を整備しました。例えば、（　２　）歳以上のすべての人が加入する4介護保険制度があります。これは、〈　Ａ　〉が運営主体となって、将来自分が介護を必要としたときにサービスを受けることができる制度です。また、家族の介護のために仕事を休まなければならなくなった場合には介護休業という制度もあります。これは、休んでいる期間も雇用が継続され、さらに一定の給与が保障されるというものであり、安心して家族の介護をすることができます。

しかし、これら介護に関わる制度には問題点もあります。一つ目は、制度の維持にはお金がかかるということです。今の5国の財政は赤字続きで、介護だけに予算をあてることが難しいのが現状です。そのため、介護保険制度の保険料は年々上がり続けていて、保険料を払うことが困難な人々も出てきています。

二つ目に、介護に関わっている人たちに対する理解が広がっていないという問題があります。介護休業制度があっても、仕事を休みづらくて制度を利用できないというケースが少なくありません。厚生労働省の調査によると、介護休業を取得した人がいた事業所の割合は、令和元年度には2.2％でしたが、令和４年度には1.4％と減少してしまっています。

単純に制度を作ったからと言って、それが問題の解決にすべてつながるというわけではありません。制度の意味をしっかりと理解したうえで、利用しやすいように相互理解をする雰囲気を作ることが大切だと考えます。10年ほど前に、介護をする人が介護中であることを周囲の人に知らせるための6「介護マーク」が静岡県で作成されました。現在、このマークは政府の号令で全国に広がり、芝中学校がある東京都港区でも利用促進が呼びかけられています。このような標識マークには様々な種類がありますが、マークを見かけた人に、相手に対して思いやりを持って接しようという気持ちが生まれるのでとても良い取り組みであると感じます。

介護マーク

江戸時代もそうでしたが、助け合いの精神は、社会生活の根幹を成しています。現代においては、自分一人で解決できない問題を抱えている人を、政府や自治体のサポートとともに、周囲の人たちの理解や地域のボランティアなど、いろいろな方法で支えていくことが社会生活を送っていくうえで大切なことだと感じます。

〔問１〕　文中の空欄（　１　）と（　２　）に適する語を以下の指示に従って答えなさい。

※空欄（　１　）は漢字一字　　※空欄（　２　）は数字

〔問２〕　文中の空欄〈　Ａ　〉に最もふさわしいものを次から選び、記号で答えなさい。

ア　国　　イ　都道府県　　ウ　市区町村　　エ　企業

〔問３〕　下線部１に関連して、貝原益軒は江戸時代の儒学者として知られています。益軒が生きていた時代、５代将軍徳川綱吉は、「文武忠孝を励し、礼儀を正すべき事」と武士たちに求めています。これは、儒学に基づいた考え方ですが、後に幕府が公式の学問とした儒学の一派を何といいますか。次から選び、記号で答えなさい。

ア　朱子学　　イ　心学　　ウ　古学　　エ　陽明学

〔問４〕　下線部２に関連して、日本国憲法の成立によって、家制度は廃止されました。その根拠となる条文、第13条と、第14条の一部を以下に示してあります。空欄に適する語を補充して条文を完成させなさい。

> 日本国憲法
> 〈第13条〉
> すべて国民は、（　Ⅰ　）として尊重される。生命、自由及び幸福追求に対する国民の権利については、公共の福祉に反しない限り、立法その他の国政の上で、最大の尊重を必要とする。
> 〈第14条〉
> すべて国民は、法の下に（　Ⅱ　）であつて、人種、信条、性別、社会的身分又は門地により、政治的、経済的又は社会的関係において、差別されない。

〔問５〕　下線部３に関連して、以下の４つのグラフは、2010年～2020年までの完全失業率・合計特殊出生率・男性の育児休業取得率＊1・有効求人倍率の推移を表しています。この中で、合計特殊出生率と男性の育児休業取得率を表したものを選び、それぞれ記号で答えなさい。

＊１　2011年は岩手県、福島県及び宮城県を除く全国の結果

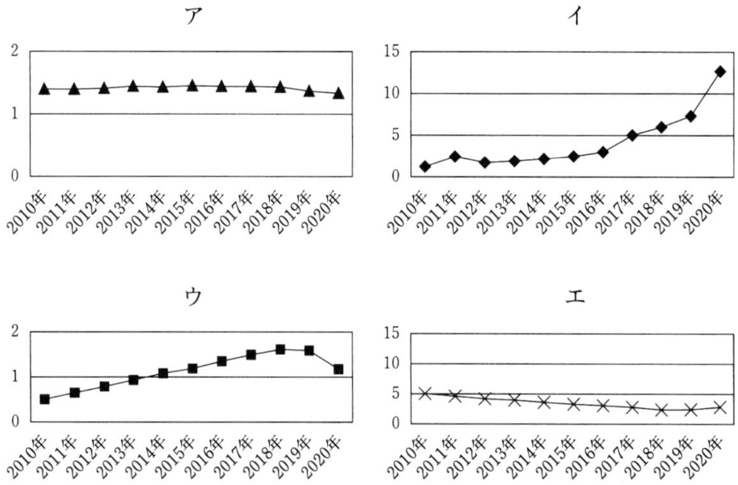

単位は完全失業率・男性の育児休業取得率が％、有効求人倍率が倍、合計特殊出生率が人
厚生労働省資料、労働政策研究・研修機構資料より作成

〔問６〕　下線部４について、介護保険制度は日本国憲法第25条の「健康で文化的な最低限度の生活を営む権利を有する」に由来します。憲法第25条に書かれている権利を何といいますか。次のア～エから選び、記号で答えなさい。

ア　生存権　　イ　財産権　　ウ　平等権　　エ　勤労権

〔問７〕　下線部５について、次の一般会計税収の推移に関する資料を参考に、以下の設問に答えなさい。

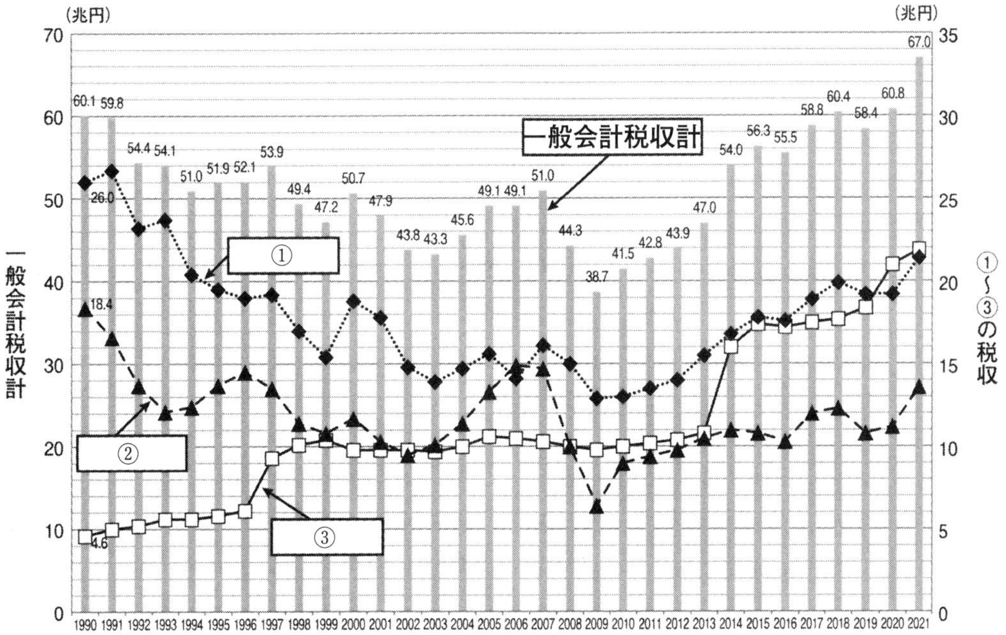

（ X ）崩壊以降の約30年間、一般会計の税収は横ばい、もしくは時期によっては減少傾向にありました。とくに、2008年に起きたリーマンショックによってもたらされた不景気によって、税収は大きく落ち込みました。しかし、その後は景気が回復傾向にある中で、二度の消費税率引き上げも影響し、税収は（ X ）期を越えてさらに増加傾向にあります。

(1) 文中の空欄Xに適する語をカタカナで答えなさい。

(2) 資料中のグラフ①～③は、消費税・所得税・法人税のいずれかを表しています。これらは、国の税収を支える基幹三税として重要な位置付けがされています。それぞれの組み合わせとして正しいものを右から選び、記号で答えなさい。

	消費税	所得税	法人税
ア	①	②	③
イ	①	③	②
ウ	②	①	③
エ	②	③	①
オ	③	①	②
カ	③	②	①

〔問８〕 下線部６について、このマークは、介護をする人が周囲に対して介護をしていることを知らせるために使いますが、具体的にはどのような場面で必要とされるでしょうか。次のア～エをよく読んで、当てはまらないものを一つ選び、記号で答えなさい。

ア　介護をする人が、認知症の方と外出したときに、周囲の人の協力を求めなければならない場面で、周囲の人からの誤解や偏見を生まないようにするために必要となる。

イ　駅やサービスエリアなどのトイレで要介護者を介助しているときに、周囲の人からの誤解や偏見を生まないようにするために必要となる。

ウ　バスや電車の中で、介護をする人が優先席を利用する要介護者を見守るために、優先席近くで立っていたりすることが誤解や偏見を生まないようにするために必要となる。

エ　介護をする人は体力を必要とするため、要介護者に付き添っていないときでも席を譲ってもらったり、列に並ばなかったりすることが誤解や偏見につながらないようにするために必要となる。

4　次の文章を読んで、あとの設問に答えなさい。

箱根駅伝の通称で親しまれる東京箱根間往復大学駅伝競走は、2024年１月２日・３日の開催で100回を迎えました。東京の大手町を出発し、川崎、戸塚、平塚、小田原という、1東海道の宿場を中継点として箱根の芦ノ湖を目指し、翌日に戻ってくる、全10区間の駅伝競走は、多くのランナーの憧れのイベントです。また、この競技会を主催する関東学生陸上競技連盟(関東学連)は、1919年の設立で陸上競技では日本で最も古い連盟組織であり、大学生が中心となって運営されています。お正月の風物詩ともなっているこのイベントは、多くの大学生の熱意によって動いています。

さて、箱根駅伝の第１回大会は1920年のことですから、毎年行われていれば2019年の開催で100回を迎えるはずでした。５回分の空白、すなわち開催されなかった年は、1941年、1942年、1944年、1945年、1946年です。原因は言わずもがなでしょう。箱根にあこがれ、箱根をめざして走ってきた多くの学生ランナーにとって、その夢が絶たれることへのショックは想像しきれないものだったと思われます。

ただし、この期間の中で1943年が「欠番」になっていないことに着目しなければなりません。この年、「東京箱根間往復大学駅伝競走」は「靖国神社・箱根神社間往復関東学徒鍛錬継走大会」という名称で実施されました。大会運営をになう関東学連は、なんとか競技の機会を得ようと努力し、軍部との交渉を重ね、「学徒鍛錬」すなわち、学生たちが戦争に備えて体をきたえることの一環と位置づけることで、開催にこぎつけたのです。

戦争が多くの人の平穏な生活を壊す事例は枚挙にいとまがありません。戦争を起こさないように、2参政権の行使を通じて慎重に代表者を選んだり、表現の自由にもとづいてさまざまな場面で意見を表明したりすることはできますが、領土や宗教をめぐる対立をもとに他国が攻めてくるような事態を、一般の市民がにわかに止めることはできません。ですから、わたしたちにとって戦争とは、いわば自然災害のように、自分ではどうすることもできない状況の一つであるとも言えます。

みなさんが生まれたころに起こった3東日本大震災では、津波によって多くの被害が出たばかりでなく、原子力発電所の事故とあいまって、現在でも多くの人が以前の生活を取り戻せないでいます。また、昨今の新型コロナウイルス感染症の広まりに際して、ことに2020年は年度のはじめには社会が大きく混乱しました。みなさんも、学校が休みになり、再開が見通せない不安のなかで日々を送ったのではないでしょうか。

しかし、過去を振り返ることで、そのような状況におちいっても、できることを探して、前向きに取り組む人がいたことに気づくはずです。箱根駅伝が再開されるときに備えて練習を積んでいた選手や、「競走」ではなく「鍛錬」ならば実施できるのではないかと考えて懸命に軍部とかけあった陸連の学生がそうでした。それが先日の第100回大会につながったことは、わたしたちにも大きな希望を与えてくれます。

これから先も、ある日突然、困難に直面することがあるでしょう。そんなときに、駅伝を走る選手がタスキを受け継いでいくように、箱根駅伝をなんとか開催しようと尽力した人びとのありようを、自分の未来をひらく原動力にしたいものですね。

〔問１〕 下線部１に関連して、江戸時代に整えられた「五街道」について、江戸から出発したときに中山道と甲州街道が合流する場所は、現在のどの県ですか。次のア～エから選びなさい。

ア　群馬県　　イ　静岡県　　ウ　長野県　　エ　山梨県

〔問２〕 下線部２について、この権利の一部と考えられている、署名運動などによって人々の意見を集約し、法律や制度の設置を議会に働きかける権利をなんと言いますか。

〔問３〕 下線部３について、この災害で大きな被害を受けた三陸鉄道は、地方公共団体と民間が資本を出し合って経営されています。このような経営の方法を何と言いますか。数字の一つ入ることばで答えなさい。ただし、解答には漢数字・算用数字のどちらを用いてもかまいません。

〔問４〕 二重線部について、この比喩をもちいて、筆者はどのようなことを伝えようとしていますか。次の条件に従って100字以内で答えなさい。

《条件》

次のことばを必ず使い、使ったことばには下線を引くこと。同じことばは何回使ってもかまわないが、そのたびに下線を引くこと。また、句読点や記号は１字と数えること。

［　過去　状況　原動力　］

城西川越中学校(第１回総合一貫)

—理科と合わせて50分—

1　次のＡ～Ｄを読んで、後の問いに答えなさい。

Ａ　九州地方の中心には、阿蘇(あそ)山の噴火で火山灰や溶岩がふき出したあとにできた、大きなくぼ地があります。こうした地形を(　１　)と呼びます。九州南部の①鹿児島湾(わん)は、連なった(　１　)に海水が入ってできた湾で、現在でも桜島は火山活動が活発です。そのためさまざまな②災害を引きおこすことがあります。

一方、九州の北部には③福岡県から佐賀県南部まで広がる筑紫(つくし)平野があり、南部と比べると地形はなだらかです。このため、九州北部には人口が多く分布しています。

また、大分県の八丁原(はっちょうばる)発電所をはじめ、多くの④地熱発電所が九州にはあり、地下にある高温の熱水や蒸気を利用して発電が行われています。

問１　(　１　)に当てはまる語句を答えなさい。

問２　下線部①に関して、鹿児島に関連する歴史上のできごととして、最も適当なものを１つ選び、記号で答えなさい。

ア　承久の乱後、朝廷を監視するために六波羅探題が設置された。

イ　戦国時代には、戦国大名である伊達氏が支配していた。

ウ　鹿児県出身の松平定信は、江戸時代に寛政の改革を行った。

エ　1877年に、西郷隆盛を中心とした鹿児島の士族が西南戦争をおこした。

問３　下線部②に関して述べた文の正誤の組み合わせとして、最も適当なものを１つ選び、記号で答えなさい。

Ⅰ　多くの都道府県や市区町村では、地震や川の氾濫(はんらん)などによる被害を予測したハザードマップが作られている。

Ⅱ　災害時に、国や都道府県が被災者の救助や支援を行うことを共助という。

ア　Ⅰ－正　Ⅱ－正　　イ　Ⅰ－正　Ⅱ－誤

ウ　Ⅰ－誤　Ⅱ－正　　エ　Ⅰ－誤　Ⅱ－誤

問４　下線部③に関して、福岡県には古代に大宰府と呼ばれる役所がありました。大宰府に関して述べた文の正誤の組み合わせとして、最も適当なものを１つ選び、記号で答えなさい。

Ⅰ　百済を救援(きゅうえん)するために戦った壬申の乱の後に設置された。

Ⅱ　遣唐使の停止を訴えたことでも知られる菅原道真が、追放された場所である。

ア　Ⅰ－正　Ⅱ－正　　イ　Ⅰ－正　Ⅱ－誤

ウ　Ⅰ－誤　Ⅱ－正　　エ　Ⅰ－誤　Ⅱ－誤

問５　下線部④に関して、地熱発電に限らず、再生可能エネルギーを利用した発電は世界各地で行われています。再生可能エネルギーとして、**適当でないもの**を１つ選び、記号で答えなさい。

ア　火力　　イ　バイオマス　　ウ　風力　　エ　太陽光

B　現在の⑤愛知県にあたる尾張(おわり)の小さな戦国大名だった織田信長は、駿河(するが)の大名である今川義元を破ったのち勢力を広げました。その後、⑥室町幕府の将軍足利義昭と対立し、京都から義昭を追放しました。

信長は、⑦仏教勢力や他の大名を武力で支配し全国統一を目前としていましたが、1582年におきた(　２　)で家臣の明智光秀に背(そむ)かれ、自害しました。

問６　(　２　)に当てはまる語句を答えなさい。

問７　下線部⑤に関して、以下のグラフは阪神工業地帯、京葉工業地域、中京工業地帯、瀬戸内工業地域の製造品出荷額等の構成(2020年)を表しています。愛知県が属する工業地帯・工業地域のグラフとして、最も適当なものを１つ選び、記号で答えなさい。

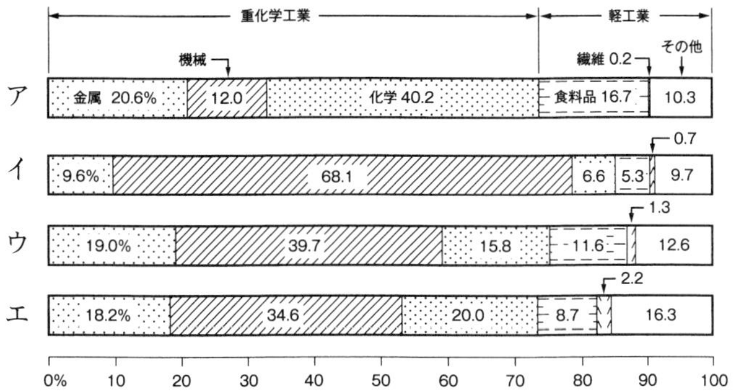

(『日本国勢図会　2023/24』)

問８　下線部⑥に関して、最も適当なものを１つ選び、記号で答えなさい。

ア　銀閣を建てた足利義政が将軍のとき、京都で応仁の乱がおきた。

イ　将軍が国を治めることの由来を説明するために、『日本書紀』がつくられた。

ウ　足利尊氏が始めた日明貿易で、日本は莫大(ばくだい)な利益を得た。

エ　執権が将軍を補佐(ほさ)する形で政治が行われた。

問９　下線部⑦に関して述べた文の正誤の組み合わせとして、最も適当なものを１つ選び、記号で答えなさい。

Ⅰ　織田信長は、仏教勢力を排除(はいじょ)するために、延暦寺を焼き打ちした。

Ⅱ　現在のインドでは、ほとんどの人が仏教を信仰している。

ア　Ⅰ－正　Ⅱ－正　　イ　Ⅰ－正　Ⅱ－誤

ウ　Ⅰ－誤　Ⅱ－正　　エ　Ⅰ－誤　Ⅱ－誤

C　⑧伊藤博文が生きた時代は、江戸時代の封建(ほうけん)的な国家から近代国家へと移る時期であり、特に⑨明治維新期にはさまざまな政策が行われました。また、日本は⑩日清戦争や日露戦争で勝利し、国民の間には大国意識が生まれ、アジア諸国に対する優越(ゆうえつ)感が強まりました。日露戦争後、伊藤博文は⑪韓国で役人をしていましたが、1909年に韓国の青年によって暗殺されました。

問10　下線部⑧に関して、以下の設問に答えなさい。

⑴　伊藤博文は現在の山口県が出身地です。山口県の位置として、適当なものを１つ選び、記号で答えなさい。

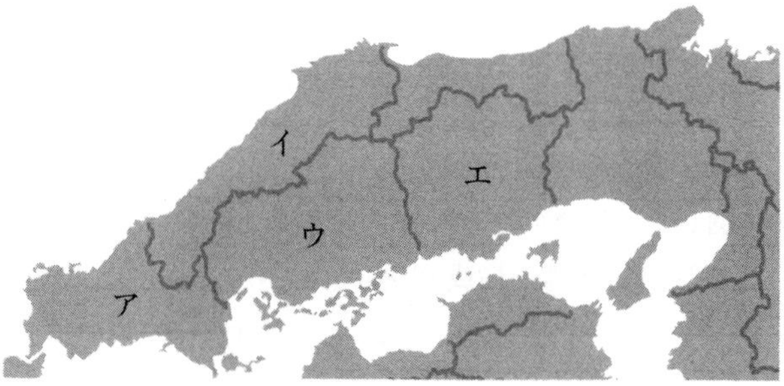

⑵　伊藤博文が生きた時代(1841～1909年)におきたできごとである、以下のＸ～Ｚを年代の古い順に並べたものとして、適当なものを１つ選び、記号で答えなさい。

Ｘ　天皇が国の元首(げんしゅ)として統治すると定められた、大日本帝国憲法が発布(はっぷ)された。

Ｙ　岩倉具視を全権大使とする岩倉使節団が欧米に派遣された。

Ｚ　大老の井伊直弼が朝廷の許可を得ないまま条約を結んだ。

ア　Ｘ→Ｙ→Ｚ　　イ　Ｘ→Ｚ→Ｙ　　ウ　Ｙ→Ｘ－Ｚ

エ　Ｙ→Ｚ→Ｘ　　オ　Ｚ→Ｘ→Ｙ　　カ　Ｚ→Ｙ→Ｘ

問11　下線部⑨に関して、政府は収入を安定させるために、土地所有者が地価の３％を現金で納める税制度の改革を行いました。このことを何というか答えなさい。

問12　下線部⑩に関して述べた文として、最も適当なものを１つ選び、記号で答えなさい。

ア　日清戦争の開戦前に、日本はイギリスと同盟を結んだ。

イ　日清戦争後の三国干渉によって、日本は台湾を返還した。

ウ　歌人の与謝野晶子は、日露戦争の開戦に賛成した。

エ　日露戦争の講和条約の内容に反対する人々によって、日比谷焼き打ち事件がおきた。

問13　下線部⑪に関して、現在日本と韓国が領有権を争っている地域として、適当なものを１つ選び、記号で答えなさい。

ア　尖閣諸島　　イ　北方領土　　ウ　竹島　　エ　南鳥島

Ｄ　⑫東北地方の中央には、⑬青森県から⑭栃木県までのびる奥羽(おうう)山脈が南北に連(つら)なり、その西に出羽(でわ)山地、東に北上(きたかみ)高地がのびています。北上高地の東の三陸海岸では、海岸まで山や谷がせまり、入り江が連なる(　３　)が形成されています。また、三陸海岸の沖には、寒流と暖流がぶつかる潮目があり、多くの魚が集まる漁場になっています。

問14　(　３　)に当てはまる地形の名称を答えなさい。

問15　下線部⑫に関して、以下の設問に答えなさい。

⑴　東北地方ではやませという風が吹きます。やませに関して述べた文とやませが吹く方向の組み合わせとして、最も適当なものを１つ選び、記号で答えなさい。

Ⅰ　やませの影響で、夏でも気温の低い日が続くことがある。

Ⅱ　あたたかく乾いた風であるため、からっとした日が続く傾向にある。

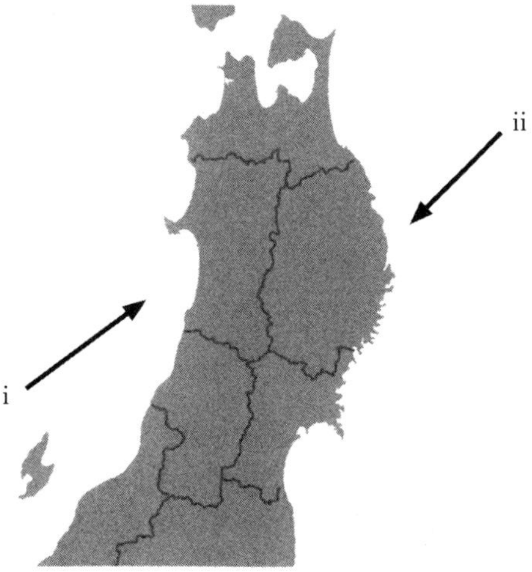

ア　Ⅰ・i　　イ　Ⅰ・ii　　ウ　Ⅱ・i　　エ　Ⅱ・ii

⑵　以下の図は、仙台(宮城県)、松本(長野県)、金沢(石川県)、那覇(沖縄県)の気温と降水量を示したものです。仙台に当たるものとして、最も適当なものを１つ選び、記号で答えなさい。

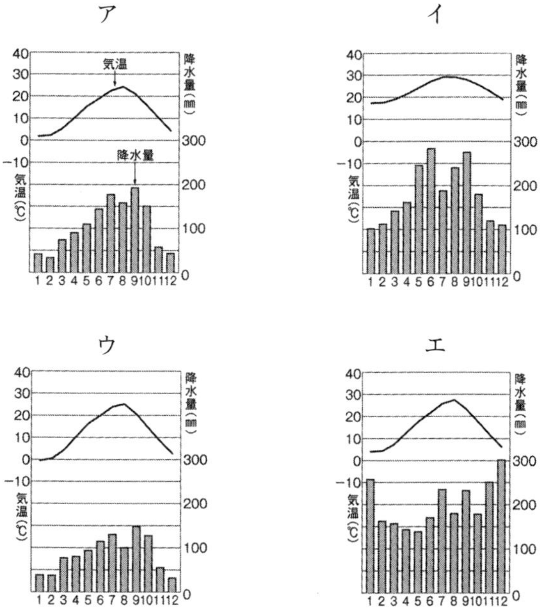

(『日本国勢図会　2023/24』)

⑶　古代の東北地方には、朝廷に従わない人々が多くいました。このような人々を従わせるために、桓武天皇は797年に坂上田村麻呂をある役職に任命し、東北地方に派遣しました。その役職として、適当なものを１つ選び、記号で答えなさい。

ア　摂政　　イ　守護　　ウ　征夷大将軍　　エ　太政大臣

問16　下線部⑬に関して、青森市で開催(かいさい)される伝統的な祭りとして、最も適当なものを１つ選び、記号で答えなさい。

ア　竿燈(かんとう)まつり　　イ　花笠(はながさ)まつり　　ウ　ねぶた祭　　エ　七夕まつり

問17　下線部⑭に関して、以下は栃木県宇都宮駅前の２万５千分の１地形図です。この地形図から読み取れる内容として、最も適当なものを１つ選び、記号で答えなさい。なお、作題の都合上、この地形図は拡大しています。

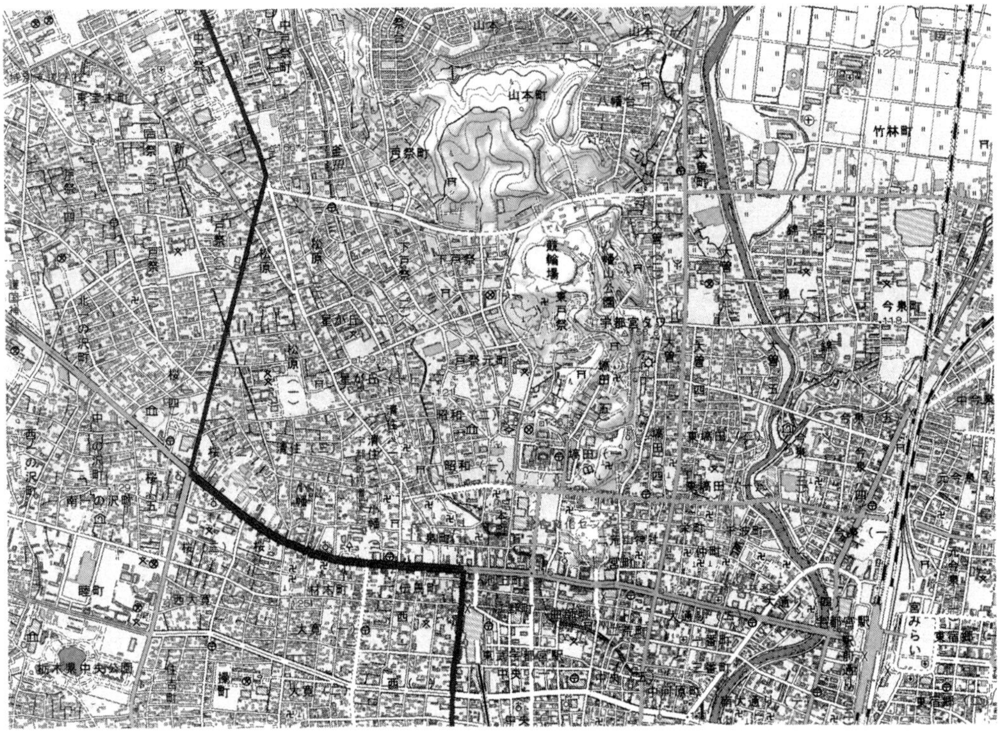

(編集部注：実際の入試問題で出題された地形図を縮小して掲載しています。)

ア　宇都宮タワーから見ると、栃木県中央公園は南東にある。

イ　宇都宮駅から東武宇都宮駅までの直線距離が６㎝であった場合、実際の距離はおよそ2.5㎞といえる。

ウ　宇都宮駅の北には竹林町があり、果樹園が広がっている。

エ　宇都宮駅から競輪場にかけて、土地の高さは高くなっている。

2　次の表を見て、後の問いに答えなさい。

2023年２月から2023年８月までの主なニュース

2023年	できごと
２月	ロシアによるウクライナへの軍事侵攻(しんこう)開始から１年
３月	東日本大震災から12年
	岸田首相が出生率の向上を目指し、育児休業制度を改革する考えを表明
	①令和５年度の国家予算が可決・成立
４月	「こども政策の司令塔」として【　A　】が発足
５月	②日本国憲法施行から76年
	Ｇ７サミットが【　B　】で開催
６月	改正マイナンバー法が可決・成立
	③防衛力財源確保特別措置(そち)法が可決・成立
７月	TPP の閣僚(かくりょう)会議を開催
８月	埼玉県【　C　】選挙を実施

問１　【 A 】に当てはまる機関、【 B 】に当てはまる都市、【 C 】に当てはまる役職をそれぞれ答えなさい。なお、【 C 】には、地方自治法により「普通地方公共団体の長」として都道府県に置くことが定められている職が当てはまります。

問２　下線部①に関して、消費税について述べた次の文章を読んで、以下の設問に答えなさい。

> 1989年、商品の販売やサービスの提供に対して税金を納める消費税の導入や所得税の減税などを含む大幅な税制の改革が行われました。その後、消費税率は数度に渡って引き上げられ、2019年から【 X 】%に変わりました。この税率引き上げと同時に消費税の軽減税率制度が導入され、対象品目の税率は【 Y 】%に設定されています。

(1)　【 X 】【 Y 】に当てはまる数値をそれぞれ答えなさい。

(2)　二重線部に関して、軽減税率が適用される場面として、最も適当なものを１つ選び、記号で答えなさい。

ア　ドラッグストアで医薬品を購入し、自宅で服用する。

イ　コンビニエンスストアで弁当を購入し、自宅で食べる。

ウ　書店で小説を購入し、電車内で読む。

エ　レストランでハンバーグを注文し、店内で食べる。

問３　下線部②に関して、日本国憲法について説明した以下のⅠ～Ⅲのうち、正しいものの組み合わせとして、最も適当なものを１つ選び、記号で答えなさい。

Ⅰ　第９条では、戦争の永久放棄(ほうき)や、自衛隊の保持を明記している。

Ⅱ　天皇の助言と承認に基づいて、内閣が国事行為を行うことを規定している。

Ⅲ　憲法改正には、国民投票を行う必要があることを定めている。

ア　Ⅰ　　イ　Ⅱ　　ウ　Ⅲ　　エ　ⅠとⅡ

オ　ⅠとⅢ　　カ　ⅡとⅢ　　キ　ⅠとⅡとⅢ

問4　下線部③に関して、この法案は与党の賛成多数により成立しました。2023年6月時点で与党に含まれる政党として、適当なものを**2つ**選び、記号で答えなさい。

ア　日本共産党　　イ　公明党　　ウ　自由民主党

エ　日本維新の会　　オ　立憲民主党

問5　以下は、2023年のできごとに関する4名の生徒の発言です。発言の内容が正しい生徒として、最も適当なものを1つ選び、記号で答えなさい。

佐藤くん：ロシアとウクライナをめぐる問題をニュースで目にすることが多かったね。ロシアは戦後設立された国際連盟の安全保障理事会において、常任理事国を務めているよ。

鈴木くん：6月には改正マイナンバー法が可決・成立したよね。この改正法では、運転免許証を廃止してマイナンバーカードと一体化することが規定されているよ。

高橋くん：7月にはＴＰＰにイギリスが加入することが決定したね。ＴＰＰには日本も参加しているから、日本にも影響がありそうだね。

田中くん：夏には各地で熱中症警戒アラートが発令されたね。最高気温が30度以上の日は夏日、35度以上の日は真夏日と呼ばれているよ。

ア　佐藤くん　　イ　鈴木くん　　ウ　高橋くん　　エ　田中くん

問6　波線部に関して、以下の設問に答えなさい。

(1)　以下の図1は育児休業取得率の推移、図2は第1子出生年別にみた第1子出産前後の妻の就業変化をあらわしています。図1および図2から読み取ることができる内容として、最も適当なものを1つ選び、記号で答えなさい。

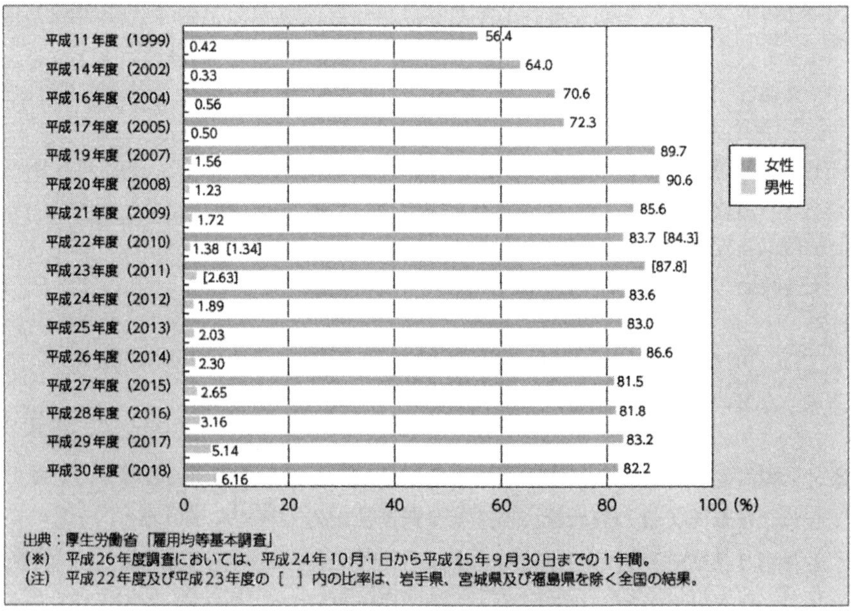

図1　育児休業取得率の推移

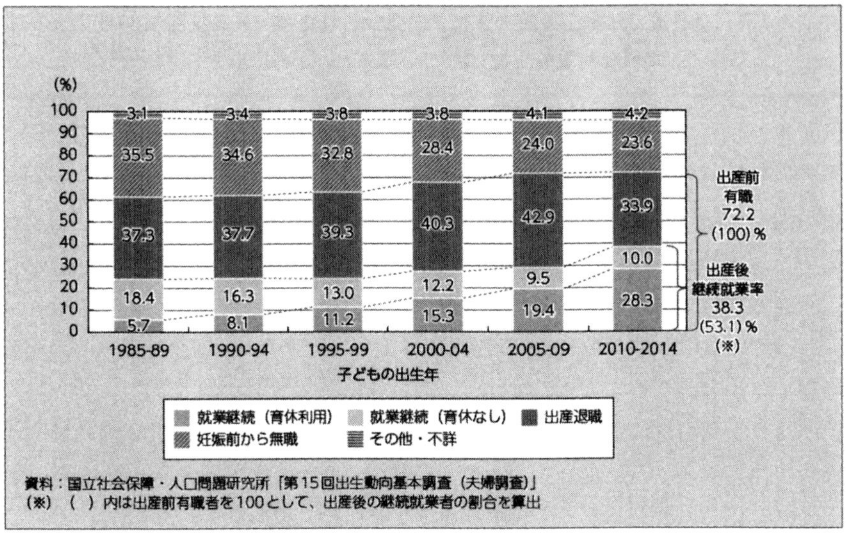

図２　第１子出生年別にみた第１子出産前後の妻の就業変化

(出典：厚生労働省)

ア　男性に育児休業の取得が認められるようになったのは、21世紀に入ってからである。

イ　2012年以降、男女ともに育児休業の取得率は、一貫して上昇している。

ウ　2005～09年に第１子を出産した女性に着目すると、出産時の年齢が高い女性ほど、育児休業を取得している割合が高くなっている。

エ　2010～14年に第１子を出産した女性に着目すると、出産前に働いていた女性のうち、出産により退職をした女性は、半数を超えていない。

(2)「男性の育児休業取得率が上昇すれば、出生率は上昇する」という主張を、あなたは支持しますか、それとも支持しませんか。「支持する」もしくは「支持しない」のどちらかを丸で囲った上で、その理由を述べなさい。

城北中学校(第１回)

―40分―

1　次の文章は、城北中学野球部の新中学１年生ユウ君が、中学２年生のシュン君とヒロ君にクラブ活動について質問している夏合宿前(７月頃)の会話です。この会話文をよく読み、後の地図を参考にして、設問に答えなさい。

ユ　ウ：「今週の公式戦は、どこで行うのですか？」

ヒ　ロ：「(あ)川の河川敷(かせんしき)だって。河川敷は暑いんだよな〜。日光をさえぎるものがないんだよ。ユウ君、心しておいてね。」

シュン：「(あ)川は埼玉県戸田市と東京都板橋区の境界線だと、数年前の城北中学の入試でも出題されていたね。それはさておき、来週の公式戦は(い)川の河川敷だよ。」

ユ　ウ：「(い)川ですか？！　城北からは、ずいぶん遠いですね。」

ヒ　ロ：「(い)川は、東京都から見ると対岸が千葉県だからね。(い)川沿いは、たくさん野球場があって、公式戦が行われることが多いんだよ。」

シュン：「そういえば、(い)川区の(1)水害ハザードマップのインパクトが強いと話題になっていたな。『ここ(区内)にいてはダメです』と表紙に書いてあるとか。」

ヒ　ロ：「へぇ〜。確かに(い)川区は(あ)川、(い)川、東京湾の三方に囲まれているし、標高も低いのかな？」

シュン：「(い)川区は、区内の７割が満潮時の水面より低い「海抜(う)地帯」らしいし、想定される最大規模の浸水がおこるとマンションの３〜４階くらいまで水がくるんだって。水深10ｍくらいになるのかな。」

ユ　ウ：「10ｍか〜。ところで、これまで行った試合会場で遠いところはどこですか？」

ヒ　ロ：「そうだな〜。練習試合だったら、千葉県の船橋市、埼玉県の川越市、横浜市や川崎市とともに神奈川県の政令指定都市である(え)市などにも出かけたと顧問の先生方が言っていたな。全国大会出場校、関東大会出場校、都大会常連校などに胸を借りてきたんだって。」

ユ　ウ：「(2)千葉県に、埼玉県に、神奈川県ですか…。強いチームと対戦するために遠くまで行くのですね。公式戦は(あ)川や(い)川の河川敷で毎回試合を行うのですか？　あと、合宿も遠くへ出かけるのですか？」

シュン：「板橋区の大会なら板橋区内で行うし、東京都の大会になると、そうだな、先日は、あきる野市まで行ったかな〜。(3)この20年間、合宿は学校で行ってきたから心配しないでね。」

ヒ　ロ：「あきる野市へはこれまでも何度も行ったらしいね。あきる野市の南に隣接する(4)八王子市で行うこともあれば、調布市の野球場へもよく出かけているよ。また、シュン君は合宿は学校だと言うけど、これまでには(お)県や長野県でも合宿を行ったことがあるんだよ。(お)県と言っても県庁所在地の宇都宮市じゃないし、長野県と言っても県庁所在地の長野市じゃないよ！　将来的には、もしかすると(5)新潟県で合宿をするかもしれないね。」

ユ　ウ：「あきる野！　八王子！！　これらの地域になると、(あ)川流域でもなく、(い)川流域でもなく、(か)川流域じゃないですか！！　合宿の件もありがとうございます。

ぼくは新潟に行ってみたいな～。」

シュン：「思い返してみると、東京都北端の（ あ ）川、東端の（ い ）川そして南～南西端の（ か ）川と、東京都の色々な所に出かけてきたんだね。」

ヒ　ロ：「20年前の城北中学野球部は、今よりも強くなくて、ここまで遠くには出かけてなかったらしいよ。遠くまで行くのは、強くなった証拠でもあるんだね！」

シュン：「よし、ユウ君も一緒に、(6)板橋区そして東京都優勝を目指していこう！！」

(国土地理院『地理院タイル』より作成)

【注】 上図は、「都道府県の境界」、「水部」および会話文で登場する地名のいくつかが記されている。「水部」とは、河川、湖や海など水がある場所のこと。上記会話文の（ あ ）川と（ か ）川は一部が記されているが、（ い ）川は記されていない。

問１　文中の空欄（ あ ）・（ い ）、（ え ）～（ か ）にあてはまる正しい語句を、**漢字**で答えなさい。

問２　文中の空欄（ う ）にあてはまる正しい語句を、**カタカナ**で答えなさい。

問３　下線部(1)について説明した文として**誤っているもの**を、次のア～エから一つ選び、記号で答えなさい。

ア　集中豪雨などによって、石や土砂が一気に押し流される現象を土石流といいます。

イ　一般的に、河川から水があふれ氾濫(はんらん)することを洪水といいます。

ウ　大雨などで排水能力を超え、住宅や農地に水が浸(つ)かることを浸水といいます。

エ　台風や発達した低気圧の影響で、海面が異常に高くなることを津波といいます。

問４　下線部(2)について、次の表は千葉県、埼玉県、神奈川県の人口第１位～第３位の各都市の人口を示したものになります。表中のＡ～Ｃの組み合わせとして正しいものを、後のア～カから一つ選び、記号で答えなさい。

(単位：人)

県名	第１位の都市の人口	第２位の都市の人口	第３位の都市の人口
A	1,339,333	604,715	353,183
B	977,016	647,037	497,120
C	3,753,645	1,524,026	719,118

(総務省『令和５年１月１日住民基本台帳人口・世帯数、令和４年人口動態(市区町村別)』より作成)

ア　A－千葉県　　B－埼玉県　　C－神奈川県
イ　A－千葉県　　B－神奈川県　C－埼玉県
ウ　A－埼玉県　　B－千葉県　　C－神奈川県
エ　A－埼玉県　　B－神奈川県　C－千葉県
オ　A－神奈川県　B－千葉県　　C－埼玉県
カ　A－神奈川県　B－埼玉県　　C－千葉県

問５　下線部⑵について、次の表は千葉県、埼玉県、神奈川県の収穫量上位の野菜類を示しています。表中のA～Cの組み合わせとして正しいものを、問４のア～カから一つ選び、記号で答えなさい。

(表中の丸数字は収穫量の全国順位)

県名	野菜の品目名
A	大根⑤
B	白菜④、ほうれん草①、ねぎ①、きゅうり④
C	大根①、にんじん②、ほうれん草③、ねぎ②、きゅうり⑤

(農林水産省『作物統計調査 作況調査(野菜)確報 令和３年産野菜生産出荷統計』より作成)

問６　下線部⑶に関連して、城北中学野球部では合宿中は、練習後に近隣の銭湯(せんとう)を使わせてもらっています。ところが、近年、城北周辺の銭湯の数が減少しています。全国的に銭湯の数が減少している理由として**誤っているもの**を、次のア～エから一つ選び、記号で答えなさい。

ア　銭湯設備の老朽化(ろうきゅうか)が進み、設備を新しくする費用がまかなえないため。
イ　少子化の影響で中心客層である若年層が減り、銭湯の廃業(はいぎょう)が進んだため。
ウ　立地の良さや敷地(しきち)の広さなどを生かして、他業種への転換(てんかん)が進んだため。
エ　経営者の高齢化と後継者不足などで、やむを得ず店を閉じることになったため。

問７　下線部⑷に関連して、八王子市に興味を持ったユウ君は、図書館で八王子市について調べてみました。すると、次のような記述を見つけました。

「八王子市は東京都心から西へ約40km、神奈川県との都県境、関東平野と関東山地との境界部に位置しています。」

(出典：八王子市教育委員会(2020)『八王子の歴史文化　百年の計～はちおうじ物語～』)

この記述内容と前の地図を参考に、八王子市に**存在しない**と考えられる地図記号を、次のア～エから一つ選び、記号で答えなさい。

ア　イ　ウ　エ

問８　下線部(5)に関連して、次の４つの雨温図は新潟市、札幌市、仙台市、東京の雨温図を示しています。新潟市の雨温図として正しいものを、次のア～エから一つ選び、記号で答えなさい。

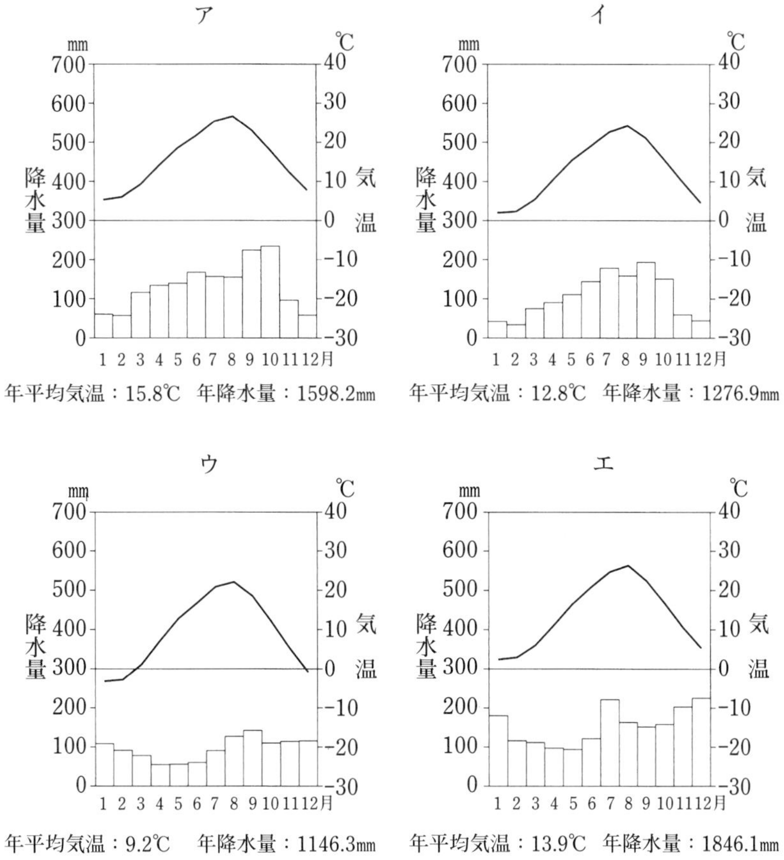

(国立天文台 編『理科年表2023』より作成)

問９　下線部(6)に関連して、八王子市に続いて板橋区にも興味をもったユウ君は、図書館で板橋区について調べてみました。すると、板橋区には多数の外国人の方々が居住していることがわかりました。次の表は、板橋区の国籍別外国人住民数を示しています。表中のＡにあてはまる国名を、後のア～エから一つ選び、記号で答えなさい。

(単位：人)

国籍	令和２年	令和３年	令和４年
A	15,367	14,436	13,188
韓国・朝鮮	3,724	3,448	3,289
ベトナム	1,754	1,731	1,658
フィリピン	1,618	1,563	1,502
ネパール	1,259	1,261	1,334
総数	28,782	27,254	25,663

(出典：板橋区(2023)『令和４年度版区政概要』)

ア　アメリカ合衆国　　イ　ブラジル　　ウ　中国　　エ　ミャンマー

問10　下線部(6)に関連して、板橋区の人口が今後減少していく予測があることに驚いたユウ君は、板橋区の合計特殊出生率を調べてみました。すると、0.99でした。合計特殊出生率について述べた文として**誤っているもの**を、次のア～エから一つ選び、記号で答えなさい。

ア　合計特殊出生率は、1人の女性が一生の間に生む子どもの数に相当します。

イ　板橋区の合計特殊出生率は、日本の合計特殊出生率よりも低くなっています。

ウ　合計特殊出生率が高い都道府県は、沖縄県など西日本に多く分布しています。

エ　平均初婚年齢の低下が、合計特殊出生率の低下を招いています。

問11　先の会話文をすべて読むと、登場していない関東地方の県が2つあります。この2つの県のうち、東に位置する県名を、**漢字**で答えなさい。

2　次の天皇家に関する文章を読んで、後の設問に答えなさい。

現在の天皇は、神武天皇から数えて126代目となります。神武天皇が即位をしたのは紀元前660年の(1)2月11日とされています。この頃の日本は、縄文文化が長く続いていましたが、やがて朝鮮半島から米づくりが伝わり、(2)水稲耕作を基礎とする農耕文化が広がりを見せていました。その後、畿内に(3)ヤマト政権が誕生し、勢力範囲を拡大していきました。このヤマト政権の大王が天皇家の祖先と考えられています。

6世紀末に即位した推古天皇は最初の女性天皇でした。推古天皇は蘇我馬子や、おいの厩戸皇子と協力して、(4)国内外の政治や外交を行いました。

7世紀末、(5)大きな内乱に勝利した天武天皇の時代に天皇の神格化が進み、天皇の権威が高まりました。そして、(6)奈良時代には天武天皇の子孫が皇位を継承しました。

平安時代になると、(7)桓武天皇や嵯峨天皇は天皇中心の政治を進めましたが、その後は幼少の天皇を藤原氏が補佐し、天皇が成人してからも後見するという(8)摂関政治の時代になりました。

10世紀以降、律令制がゆるみ、中央・地方の治安が悪化していくなかで、台頭したのが武士団でした。武士団は次第に勢力を拡大し、(9)朝廷に加えて、西国の平氏、東国の源氏、奥州の藤原氏といくつかの勢力が割拠(かっきょ)しました。

そして、源頼朝が(10)鎌倉幕府をつくると、朝廷と幕府が協力して支配する体制がとられました。しかし、(11)後鳥羽上皇が挙兵し敗れると、鎌倉幕府の支配領域が西国まで及び、鎌倉幕府は朝廷の監視や皇位の継承にも干渉するようになりました。

14世紀前半、後醍醐天皇は(　あ　)鎌倉幕府打倒のために挙兵しました。その後、足利尊氏によって京都に(12)室町幕府がつくられ、再び武家政権の時代となりました。

戦国時代に(13)織田信長や豊臣秀吉、徳川家康が登場しますが、彼らは共通して天皇の権威を利用します。特に徳川家康は、(14)江戸幕府を開く一方で、天皇が他の大名に政治利用されないように、(15)厳しく統制しました。

(16)明治天皇は1889年に(17)大日本帝国憲法を発布し、立憲君主となりました。明治時代には、富国強兵や(18)産業革命が進みました。

大正天皇の時代に、ヨーロッパでは(19)第一次世界大戦が勃発(ぼっぱつ)しました。これに参戦した日本は、戦勝国としてパリ講和会議に参加し、五大国の一員となりました。

昭和天皇は1926年に即位し、1989年に崩御(ほうぎょ)するまで、激動の人生を歩みました。

(20)長かった戦争に敗れた日本は、憲法を改正し、新憲法で天皇は象徴となり、主権者は国民となりました。そして2019年、現在の上皇は憲政史上はじめて生前退位しました。今まで見てきたように天皇は私たちの歴史において重要な役割を果たしてきたと言えるでしょう。

問1　下線部(1)は現在、国民の祝日となっています。この名称として正しいものを、次のア～エから一つ選び、記号で答えなさい。

ア　天皇誕生日　　イ　勤労感謝の日　　ウ　建国記念の日　　エ　春分の日

問２　下線部(2)について述べた文として**誤っているもの**を、次のア～エから一つ選び、記号で答えなさい。

ア　稲作が伝わると、竪穴式住居での定住生活が始まりました。

イ　稲を刈り取るのに、石包丁が使われました。

ウ　刈り取った稲は、高床倉庫に保管されました。

エ　稲作の様子を伝える遺跡に、静岡県の登呂遺跡があります。

問３　下線部(3)に朝鮮半島の国から養蚕・機織り（はたお）の技術や漢字や仏教が伝えられました。この国として正しいものを、次のア～エから一つ選び、記号で答えなさい。

ア　高句麗　　イ　高麗　　ウ　百済　　エ　新羅

問４　下線部(4)について、604年に十七条の憲法が制定されましたが、その内容として**誤っているもの**を、次のア～エから一つ選び、記号で答えなさい。

ア　和を尊び、争うことをやめなさい。

イ　仏教を信仰しなさい。

ウ　天皇の命令に必ず従いなさい。

エ　戸籍を作成し、戸籍に基づき人びとに土地を貸し与えなさい。

問５　下線部(5)について、壬申の乱の際、大海人皇子が戦勝祈願をした神社があります。これは天皇家の皇祖神を祀る（まつ）神社として、天武天皇によって整備されました。神社の名称として正しいものを、次のア～エから一つ選び、記号で答えなさい。

ア　伊勢神宮　　イ　住吉大社　　ウ　出雲大社　　エ　宇佐八幡宮

問６　下線部(6)について、この子孫に聖武天皇がいますが、聖武天皇の政策として正しいものを、次のア～エから一つ選び、記号で答えなさい。

ア　新しい都づくりを命じ、奈良盆地の北部に平城京をつくりました。

イ　凶作や疫病が流行する中、仏教の力で世の中を安定させようとしました。

ウ　武蔵国から銅が届き、和同開珎を発行して、貨幣の流通を促しました。

エ　僧の鑑真に命じて、奈良の東大寺に大仏を造立させました。

問７　下線部(7)の政策として**誤っているもの**を、次のア～エから一つ選び、記号で答えなさい。

ア　勘解由使（かげゆし）をおいて国司の不正を厳しく取り締まりました。

イ　遷都（せんと）にともない、平城京から寺院の多くを平安京に移転させました。

ウ　農民の負担を軽減するため、郡司の子弟などから兵士をとる制度をつくりました。

エ　坂上田村麻呂を征夷大将軍に任命し、蝦夷（えみし）平定を進めさせました。

問８　下線部(8)に関連して、次の歌とその説明を読んで、後の設問に答えなさい。

こちふかば　におひおこせよ　梅の花　あるじなしとて　春を忘るな

（東風が吹いたら、匂いを大宰府の私のもとまでよこしてくれ、梅の花よ。主人がいないからといって、春であることを忘れるなよ。）

この歌は、901年、ある人物が藤原氏の陰謀（いんぼう）で大宰府に流される際、京都の家を出発する時に歌ったものとして伝えられています。この人物として正しいものを、次のア～エから一つ選び、記号で答えなさい。

ア　菅原道真　　イ　山上憶良　　ウ　紀貫之　　エ　阿倍仲麻呂

問９　下線部(9)について、次の写真と関係する勢力として正しいものを、後のア～エから一つ選び、記号で答えなさい。

(中尊寺所蔵、山川出版社『詳説日本史図録』第10版)

ア　朝廷　　イ　西国の平氏　　ウ　東国の源氏　　エ　奥州の藤原氏

問10　下線部(10)に関連して、鎌倉時代におきた以下の出来事を年代順に古い方から並び替えると、どのような順番になりますか。正しいものを、次のア～カから一つ選び、記号で答えなさい。

1　北条泰時が御成敗式目を制定しました。

2　元のフビライ＝ハンが日本に使者を派遣しました。

3　京都に六波羅探題を設置しました。

ア　1→2→3　　イ　1→3→2　　ウ　2→1→3

エ　2→3→1　　オ　3→1→2　　カ　3→2→1

問11　下線部(11)の命令で藤原定家らが編纂(へんさん)した和歌集を何といいますか。**漢字**で答えなさい。

問12　文中の空欄(　あ　)にあてはまる正しい文を、次のア～エから一つ選び、記号で答えなさい。

ア　将軍家の直系が断絶し、後継者争いが激しくなったのに乗じて、

イ　幕府を支えてきた有力守護大名同士の権力争いが激しくなったのに乗じて、

ウ　元寇の恩賞が不十分であり、御家人の幕府に対する不満が高まったのに乗じて、

エ　尊王攘夷を主張し、天皇親政を目指す反幕府勢力が全国に拡大したのに乗じて、

問13　下線部(12)に関連して、室町時代について述べた文として**誤っているもの**を、次のア～エから一つ選び、記号で答えなさい。

ア　3代将軍足利義満は、明と正式に国交を結び、日明貿易を開始しました。この貿易は勘合という合札を用いたため、勘合貿易とも呼ばれています。

イ　畿内やその周辺では、有力な農民の指導のもとで、寄合が開かれ、自治が行われました。村人自らが掟を定め、掟の違反者に対しては罰則を設けました。

ウ　1428年に近江の馬借が蜂起したのを契機に、人々が徳政を要求して酒屋や土倉などを襲(おそ)いました。これは山城国から畿内に広がったので、山城の国一揆といいます。

エ　琉球王国が成立し、その地理的条件を生かして明との朝貢貿易以外に、日本・朝鮮・東南アジアの国々とも盛んに中継貿易を行いました。

問14　下線部(13)について述べた文として正しいものを、次のア～エから一つ選び、記号で答えなさい。

ア　織田信長は宗教勢力と対立し、比叡山延暦寺を焼き打ちし、一向一揆やキリスト教を弾圧しました。

イ　豊臣秀吉は、太閤検地を行い、農民を年貢負担者として検地帳に記入しました。また、刀狩令を出して、兵農分離を進めました。

ウ　織田信長と同盟関係にあった徳川家康は、関ヶ原の戦いで豊臣秀吉を破りました。そして1603年に征夷大将軍に任命されました。

エ　この３人の中で、関白と太政大臣に任官しているのは織田信長と豊臣秀吉です。

問15　下線部⒁について、次の図は江戸幕府のしくみです。これに関して後の設問に答えなさい。

【江戸幕府のしくみ】

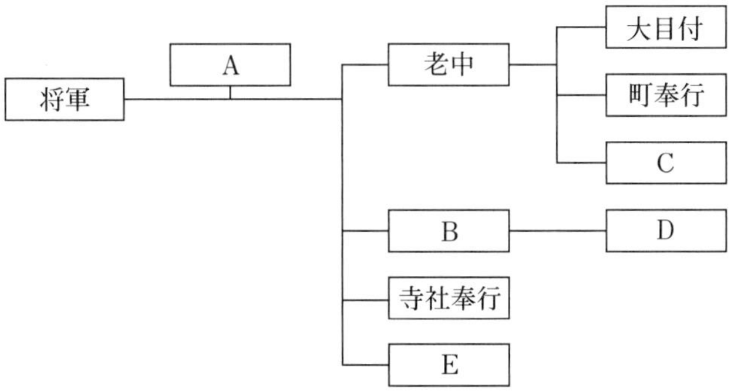

［１］　図中のA～Dについて述べた文として正しいものを、次のア～エから一つ選び、記号で答えなさい。

ア　Aには大老が入ります。常に１名が任命される最高職でした。

イ　Bには若年寄が入ります。老中の補佐をする役割でした。

ウ　Cには目付が入ります。旗本や御家人の監視をしました。

エ　Dには勘定奉行が入ります。幕府の財政を担っていました。

［２］　図中のEには京都の治安を維持し、朝廷や公家を監視するために設置された機関名が入ります。この機関を**漢字５文字**で答えなさい。

問16　下線部⒂に関連して、江戸幕府の対外政策を鎖国と呼ぶことがありますが、実際には対外関係をもっていました。このことについて述べた文として**誤っているもの**を、次のア～エから一つ選び、記号で答えなさい。

ア　宗氏の尽力で朝鮮との国交が回復し、宗氏は朝鮮との貿易独占権を獲得しました。

イ　琉球王国は島津氏によって征服されましたが、中国への朝貢貿易を続けました。

ウ　幕府は松前藩にアイヌとの交易独占権を認めました。和人とアイヌの交易がアイヌに不利になると、アイヌの族長シャクシャインらが戦いをおこしました。

エ　長崎ではオランダと中国と貿易を行っていましたが、明が滅亡すると中国商人との貿易は途絶えました。

問17　下線部⒃が即位をした1867年は激動の１年でした。次記の文章を読み、文中の空欄（ い ）・（ う ）にあてはまる語句の組み合わせとして正しいものを、後のア～カから一つ選び、記号で答えなさい。

討幕運動に直面した徳川幕府は、みずから朝廷に政権を返上して新政府での徳川家の地位を確保しようと、1867年10月（ い ）を朝廷に申し出ました。ところが薩摩・長州両藩は、12月に（ う ）を発して、幕府の廃止や新政府樹立を宣言し、その直後に徳川慶喜に官位や領地の返上を命じました。

ア　い－公武合体　　う－攘夷の決行

イ　い－大政奉還　　う－攘夷の決行

ウ　い－公武合体　　う－五か条の御誓文

エ　い－大政奉還　　う－五か条の御誓文

オ　い－公武合体　　う－王政復古の大号令

カ　い－大政奉還　　う－王政復古の大号令

問18　下線部⒄が発布された時の首相は誰ですか。氏名を**漢字**で答えなさい。

問19　下線部⒅に関連して、次の表は1885年と1899年における日本の輸出入品目の第1位から第3位を示しています。表中のFとGにあてはまる品目をそれぞれ**漢字**で答えなさい。

	輸出品(1885年)
第1位	F
第2位	緑茶
第3位	水産物

	輸入品(1885年)
第1位	G
第2位	砂糖
第3位	綿織物

	輸出品(1899年)
第1位	F
第2位	G
第3位	絹織物

	輸入品(1899年)
第1位	綿花
第2位	砂糖
第3位	機械類

(東洋経済新報『日本貿易精覧』より作成)

問20　下線部⒆について述べた文として**誤っているもの**を、次のア～エから一つ選び、記号で答えなさい。

ア　ドイツがポーランドに侵攻を開始したために、この大戦がはじまりました。

イ　戦車・飛行機・潜水艦・毒ガスなど新兵器が使用され、死傷者が増大しました。

ウ　大戦中に日本は、中国に対して二十一か条の要求を出しました。

エ　大戦中にロシア革命がおこり、レーニンが率いるソビエト政府が成立しました。

問21　下線部⒇に関連して、昭和時代におきた以下の出来事を年代順に古い方から並び替えると、どのような順番になりますか。正しいものを、次のア～カから一つ選び、記号で答えなさい。

1　太平洋戦争　　2　満洲(州)事変　　3　盧溝橋事件

ア　1→2→3　　イ　1→3→2　　ウ　2→1→3

エ　2→3→1　　オ　3→1→2　　カ　3→2→1

3　次の文章を読んで、後の設問に答えなさい。

私たちが人間らしい暮らしを日々営んでいくためには、⑴暴力の危険や⑵差別にさらされていたり、自由な言動が制限されていたりしてはいけません。こうした事態を避(さ)けるべく、⑶現代の国際社会で採用されている考え方が、(　あ　)の尊重です。(　あ　)とは、人間が生まれながらにして持っている権利のことです。⑷日本国憲法で(　あ　)は、自由権、平等権、⑸社会権などに分けられ、これらは国民の(　い　)の努力によって保持していかなければならないと記されています。これは、⑹国民自身が政治に参加する必要があるということであり、そのための仕組みが整えられています。

問1　文中の空欄(　あ　)・(　い　)にあてはまる正しい語句を、それぞれ答えなさい。なお、(　あ　)は**漢字5文字**で、(　い　)は**漢字2文字**で答えなさい。

問2　下線部⑴に関連して、現在、世界ではウクライナ戦争をはじめ、各地で戦争や紛争が起こっています。戦争や紛争などによって、国を追われた人々のことを難民と言います。難民に関連する、以下の設問に答えなさい。

［1］　難民の保護と救済(きゅうさい)を目的に設置された国際連合の機関の略称(りゃくしょう)として正しいものを、次のア～エから一つ選び、記号で答えなさい。

ア　UNHCR　　イ　ILO　　ウ　UNICEF　　エ　UNCTAD

［2］　次のグラフは、日本へ難民の認定を求めた人の数(難民申請者数)と実際に難民と認められた人の数(難民認定数)を表しています。このグラフから読みとれることについて述べた文として正しいものを、次のア～エから一つ選び、記号で答えなさい。

日本の難民申請者数と難民認定数

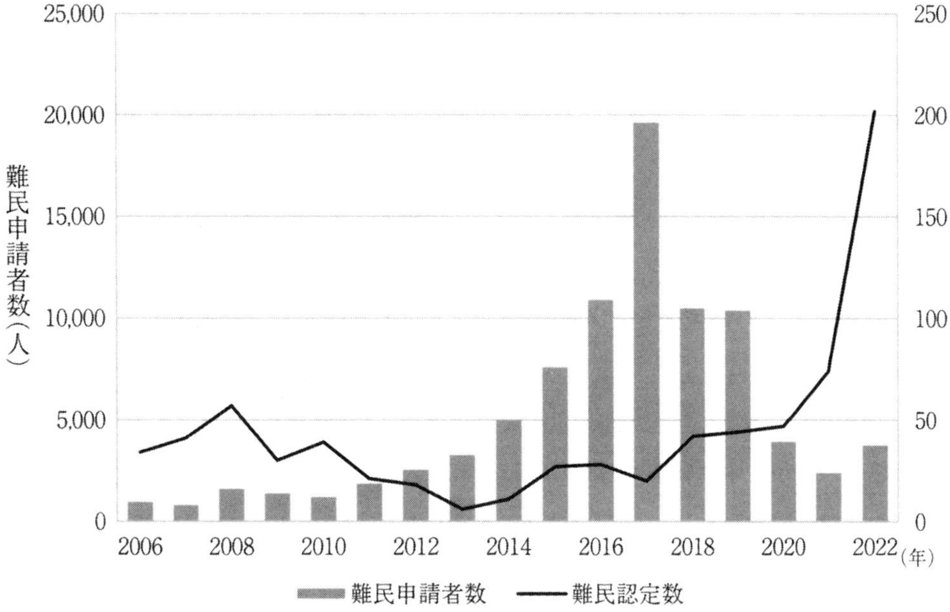

(第一学習社『最新政治・経済資料集』、法務省資料より作成)

(注)　難民認定数には、不服申立てにより認定されたものを含みます。

ア　難民申請者数は2006年から2017年まで、毎年増加しています。

イ　2022年の難民認定数は前年と比べて大きく増加し、この年の難民申請者数の半数以上が難民として認定されています。

ウ　難民申請者数がはじめて1万人を超えたのは、東日本大震災の翌年の2012年です。

エ　新型コロナウイルス感染症の流行が起こった2020年以降、難民申請者数は大きく減っています。

問3　下線部(2)について述べた文として**誤っているもの**を、次のア～エから一つ選び、記号で答えなさい。

ア　世界人権宣言は、第二次世界大戦への反省から、国際的な人権保障と人種、性別、宗教などによる差別のない世界を目指し、1948年の国連総会で採択されました。

イ　日本国憲法では、すべて国民は法の下に自由であり、政治的、経済的又は社会的関係において、差別されないとする自由権が保障されています。

ウ　日本では1985年に男女雇用機会均等法が制定されましたが、生涯年収や管理職の男女比率など様々な面において、男女間の格差はいまだに解消されていません。

エ　特定の民族や国籍など、少数派や弱い立場の人々を激しく差別する言動を行うヘイトスピーチが一部の団体によって行われており、社会問題になっています。

問４　下線部(3)に関連して、以下の設問に答えなさい。

［１］　第二次世界大戦後の国際社会について述べた次の文章を読み、空欄(　う　)～(　お　)にあてはまる正しい語句を、それぞれ答えなさい。なお、(　う　)・(　え　)は**漢字２文字**で、(　お　)は**漢字１文字**で答えなさい。

第二次世界大戦後の国際社会は、アメリカを中心とした資本主義諸国とソ連を中心とした社会主義諸国に二分されました。この対立は、直接米ソが戦争することはなかったため、(　う　)と呼ばれましたが、代理戦争という形で戦争になった地域がありました。1950年に始まった(　え　)戦争が代表的です。日本では、この戦争の勃発を機に、ＧＨＱによって再軍備を求められ、政府は警察予備隊を創設しました。

また、戦後、植民地支配されていた国々が多く独立しました。こうした国々はこれまでの資本主義諸国の勢力と社会主義諸国の勢力のどちらにも属さない意思を示したため、第(　お　)世界と呼ばれました。

［２］　国際連合について述べた文として正しいものを、次のア～エから一つ選び、記号で答えなさい。

ア　総会では、１国につき１票が与えられており、重要案件の議決に関しては全会一致を原則としています。

イ　発展途上国の支援を行うために、信託統治理事会の指導の下、先進国によって政府開発援助が行われています。

ウ　安全保障理事会の常任理事国はアメリカ・ロシア・イギリス・フランス・中国であり、これら５か国は核兵器を保有しています。

エ　国際連合の活動資金である分担金は、日本が最も多く負担しています。

［３］　現代の国際社会が抱えている問題とそれに対する取り組みについて述べた文として**誤っているもの**を、次のア～エから一つ選び、記号で答えなさい。

ア　環境問題に対処(たいしょ)していくために1992年にリオデジャネイロで開かれた地球サミットでは、「かけがえのない地球」というスローガンが掲(かか)げられました。

イ　発展途上国の多くは長年の植民地支配の影響で工業化が遅れたため貧しく、現在でも先進国との間に格差が残っています。

ウ　世界各地での紛争や戦争に対処するため、国連平和維持活動(ＰＫＯ)が活動しており、自衛隊もＰＫＯ協力法に基づいて参加しています。

エ　誰一人取り残さない持続可能な国際社会をすべての国が共に作っていくために、2015年９月の国連総会で、ＳＤＧｓ(持続可能な開発目標)が採択されました。

問5　下線部(4)の改正について述べた文として正しいものを、次のア～エから一つ選び、記号で答えなさい。

ア　憲法改正案は、公聴会で審議(しんぎ)してから、衆議院、参議院それぞれの本会議で話し合います。

イ　憲法改正案は、各議院で総議員の３分の２以上の賛成を得ると可決され、発議されます。

ウ　国会で発議された憲法改正案は、国民投票で３分の２以上の賛成を得る必要があります。

エ　改正された憲法は、国民の名で、内閣総理大臣によって公布されます。

問6　下線部(5)に関連して、次の文章は労働基準法の一部を抜き出したものです。この文章を読んで、労働基準法に違反した扱(あつか)いを受けているとわかる発言として正しいものを、あとのア～エから一つ選び、記号で答えなさい。

第32条
①使用者(雇(やと)い主(ぬし))は、労働者に、休憩(きゅうけい)時間を除き１週間に40時間を超えて、労働させてはならない。
②使用者は、労働者に、休憩時間を除き１日に８時間を超えて、労働させてはならない。

第37条
　使用者が、午後10時から午前５時までの間に労働させた場合、その時間の労働には、通常の労働時間の賃金に２割５分以上を上乗(うわの)せした金額を支払わなければならない。

第61条
　使用者は、18才未満の者を午後10時から午前５時までの間、使用してはならない。

第68条
　使用者は、生理日の体調不良により働くことが著(いちじる)しく難しい女性が休暇(きゅうか)を請求したときは、その者に生理休暇を与えなければならない。

(注)　一部、簡易な表現に改めています。

ア　私は、月曜日から金曜日の午前９時から午後６時まで働いています。休憩時間は１日に１時間です。

イ　私は、大学入学後、コンビニでアルバイトをしています。通常の時給は1200円ですが、午後10時から午前５時までの深夜の時給は1500円です。

ウ　私は芸能事務所で働いています。午後10時になったので、生放送の番組に出演中の13歳の子役は帰宅させました。

エ　今日は生理による腹痛と頭痛がひどく会社を休みましたが、病気ではないため生理休暇は認められませんでした。

問７　下線部(6)に関連して、以下の設問に答えなさい。

［１］　下線部(6)として、国民には政治に参加する権利が認められています。この権利のことを何といいますか。「～権」の形に合うように**漢字**で答えなさい。

［２］　国会について述べた文として正しいものを、次のア～エから一つ選び、記号で答えなさい。

ア　国会は国の唯一の行政機関です。

イ　予算は衆議院から審議することも、参議院から審議することも可能です。

ウ　内閣総理大臣を衆議院が指名してから10日以内に参議院が指名しない場合、衆議院の議決が国会の議決となります。

エ　衆議院解散中に緊急の必要がある場合、参議院で臨時国会が開かれます。

［３］　私たちの意見がより速やかに政治に反映されるのが、地方自治です。地方自治について述べた文として正しいものを、次のア～エから一つ選び、記号で答えなさい。

ア　地方公共団体の財源は、国に納められた税金が各自治体に配分される仕組みであり、各自治体が自主的に財源を確保することはできません。

イ　地方公共団体の首長や議員は、有権者が直接選挙で選びます。

ウ　条例の制定や改廃（かいはい）を有権者が請求することをリコールと言います。

エ　地方自治は、民主主義の根幹に立ち返ることができるという意味で、「民主主義の故郷」と言われます。

城北埼玉中学校(第１回)

―30分―

1　次の文章を読み、以下の問いに答えなさい。

城北埼玉中学校は埼玉県①川越市の南東にあり、中学校の社会科の授業では、地域の歴史を学ぶために川越市やその周辺の自治体の博物館や記念館を見学します。また、併設(へいせつ)されている城北埼玉高校フロンティアコースでは、「川越学」という名称で、より深く地域の歴史や行事を学び、地元の方々との交流を深めています。自分たちが通っている学校の地域が身近になることで、②その地域の魅力や抱える課題が明らかになり、自分たちができることを考えることは地方自治の在り方に通じるところもあるでしょう。昨年(2023年)の８月には、埼玉県③知事選挙が行われましたが、選挙権を有する年齢が満(　１　)以上に引き下げられたことで、中学・高校で政治に興味を持つような活動・授業はより重要性を増してきました。地元を知る、身近な地域を知ることは受験生のみなさんが大人になっていくうえでも重要です。今に至(いた)ることを知ることは未来につながっていることを意識しながら、城北埼玉中学校がある川越市に関して、詳しくみていきましょう。

川越市のウェブサイトのなかにある「川越市のプロフィール」の一部を引用しました。

「川越市は、埼玉県の中央部よりやや南部、(　２　)台地の東北端に位置し、109.13平方キロメートルの面積と［　A　］万人を超える人口を有する都市です。都心から30キロメートルの首都圏に位置する④ベッドタウンでありながら、商品作物などを生産する⑤近郊農業、交通の利便性を生かした流通業、伝統に培われた商工業、豊かな歴史と文化を資源とする観光など、充実した都市機能を有しています。～(中略)～大正11(1922)年には埼玉県内で初めて市制を施行し、昭和30(1955)年には隣接する９村を合併し現在の市域となりました。平成15(2003)年には埼玉県内で初めて中核市に移行、令和４(2022)年12月に市制施行(　３　)周年を迎えました。」

と書いてあるように、埼玉県のなかでも歴史があり、重要な都市であることがわかります。この説明は、川越市が誕生してからのものですが、それ以前の歴史もみていきましょう。現在の川越市内にあたる地域にも旧石器時代や縄文時代、弥生時代の遺跡が(　２　)台地上を中心に分布しています。例えば、縄文時代の人々のゴミ捨て場である(　４　)が小仙波(こせんば)や寺尾(てらお)で発見されており、内陸部の埼玉県で発見されることは⑥当時の海岸線を知る上でも重要な遺跡になっています。古墳時代になると、数基や数十基で構成される古墳群が形成され、日本最大の上円下方墳である⑦山王塚古墳(さんのうづかこふん)も南大塚(みなみおおつか)古墳群の中の一つとして数えられます。⑧７世紀後半の古墳時代終末期の古墳であり、地域的な要素と⑨畿内的な要素の両方を確認することができる重要な古墳です。奈良時代になると、律令体制の構築のなかで五畿七道が整備され、川越市の領域を含む(　５　)国は東山道に分類されましたが、771年に東山道から東海道へと移されました。平安時代には仙波(せんば)に無量寿寺(むりょうじゅじ)が建立され、次第に川越の中心部になる地域が開発されていきました。

平安時代末から鎌倉時代になると各地の荘園を武士が掌握(しょうあく)するようになり、川越は⑩桓武平氏の流れを汲(く)む河越氏(かわごえし)が勢力を固めていきました。河越氏は鎌倉幕府の御家人として重用され、河越重頼(かわごえしげより)の息女が源義経の正室として迎えられましたが、源義経とその兄である源頼朝の関係が悪化すると所領を没収された経緯があります。所領が回復されると、河越氏は鎌倉幕府によく仕え、有力御家人として川越の地で繁栄することになります。室町時代になると、関東地方は関東管領上杉氏と鎌倉公方との対立から戦乱が収まらず、いち早く戦国時代に突入しました。川越の地も関東平野の交通の要衝(ようしょう)として注目され、1457年に扇谷(おうぎがやつ)上杉持朝(うえすぎもちとも)の家臣である⑪太田道真(どうしん)・道灌(どうかん)親子が現在の初雁(はつかり)公園周辺に川越城を築城し、守りを固めました。太田氏の居城として発展した川越城でしたが、太田道灌が主君の扇谷上杉氏に誅殺(ちゅうさつ)されると、城は扇谷上杉氏のものとなり、北条氏の関東侵攻を待つことになってしまいます。16世紀に入り、全国へと下剋上の風潮が広がりを見せると、北条早雲が⑫小田原を拠点として相模国から勢力を広げ、２代目[　B　]が川越城を上杉氏から奪い取ります。その後、川越城は北条氏対上杉氏の最前線となり激しい戦が繰り広げられました。特に、1546年の川越城の夜戦は、その後の関東地方の盟主を決める戦いとなり、これに敗れた上杉氏は関東地方から勢力を徐々に失い、最終的には越後へと落ち延びていくことになりました。関東の盟主となった北条氏も1590年に(　６　)から小田原を攻められると、籠城(ろうじょう)して抵抗するものの、最終的には降伏し、(　６　)による全国統一が達成されました。敗れた北条氏のかわりに関東に入ったのは、東海地方から転封された徳川家康でした。

1603年に徳川家康が江戸に幕府を開くと、川越の地は有力な譜代大名や親藩に与えられ、(　５　)国のなかで最も石高が大きい藩として発展していきます。現在の川越城の城下町は、４代将軍徳川家綱の側近として有名な松平信綱(まつだいらのぶつな)が藩主のときに整備されました。1638年の火事の直後に川越を与えられた信綱は、消失した川越城と川越の城下町の再建に尽力(じんりょく)しながら、新しく町割をやり直して現在の城下町を形成し、幕末まで踏襲(とうしゅう)されることになります。また、このときの火事で⑬喜多院も被害を受け、江戸城の建物が移築され修復・再建されました。その後、江戸城と江戸の町が明暦の大火で大きな被害を受けたため、初期の江戸城の遺構としては現存する唯一の建物となっています。江戸の町が大きくなるにつれて、[　C　]を使って多くの物資を素早く江戸へ運ぶことができる川越は、物資の集散地として栄えるようになり、⑭多くの問屋が立ち並びました。開国後、諸外国との貿易が開始されると、北関東の⑮生糸が(　７　)へと直接運ばれるようになり、その中継点としても栄えました。江戸幕府は、江戸の町の物資が不足し、⑯物価高騰(こうとう)を招いたため、直接(　７　)へ物資を運ぶことを禁止する命令を出しましたが、あまり効果はありませんでした。

明治時代になると、1871年⑰廃藩置県により川越藩は川越県となりました。その後、入間県、熊谷県を経て1876年に埼玉県へ編入され、1889年に川越市の前身となる川越町が誕生しました。誕生したばかりの川越町に1893年に火事が襲い掛かります。町の中心部のほとんどを焼き尽くしたこの火災により、火事に強い町づくりを目指し現在の⑱蔵造りの商家が建てられました。蔵造りの商家は、一般的な家よりも高い建築費用がかかりましたが、江戸時代から続く流通経路としての川越の発展がその資金を支えました。その後、川越町は順調に規模を拡大し、大正11年に県内初の市制が施行され、川越市となりました。昭和時代になると近隣の村と⑲合併し現在の市域となりました。

現在は、蔵造りの商家が残る「(　８　)川越」として町をアピールしており、同じような特徴のある千葉県香取市・栃木県栃木市とともに1996年から2019年まで(　８　)サミットを開催し交流していました。また、2021年に開催された⑳東京オリンピック2020ではゴルフ競技の会場として川越市にある霞ヶ関カンツリークラブが使用されました。

川越市の地域の歴史はどうだったでしょうか。自分が住んでいる地域の歴史は小学校のときに学習したと思います。春から通う中学校の地域の歴史にも興味を持ってみたらどうでしょうか。きっと新しい発見や興味がわくような出来事があるはずです。世界の事を考えることも大事ですが、身近なことにも目をむけてみましょう。

(参考サイト　川越市ホームページ　https://www.city.kawagoe.saitama.jp/index.html)

問１　空欄（ １ ）～（ ８ ）にあてはまる適当な語句を答えなさい。ただし、空欄（ ３ ）は**算用数字**で答えなさい。

問２　空欄［ A ］～［ C ］について、次の問いに答えなさい。

(1)　空欄［ A ］にあてはまる数字として適当なものを次のア～オの中から一つ選び、その記号を答えなさい。

ア　15　　イ　25　　ウ　35　　エ　45　　オ　55

(2)　空欄［ B ］にあてはまる人物名として正しいものを次のア～エの中から一つ選び、その記号を答えなさい。

ア　北条義時　　イ　北条氏政　　ウ　北条時政　　エ　北条氏綱

(3)　空欄［ C ］にあてはまる輸送手段として適当なものを次のア～エの中から一つ選び、その記号を答えなさい。

ア　船　　イ　馬車　　ウ　自動車　　エ　飛行機

問３　下線部①について、川越市の位置として正しいものを、次の地図１のア～エの中から一つ選び、その記号を答えなさい。

〈地図１〉

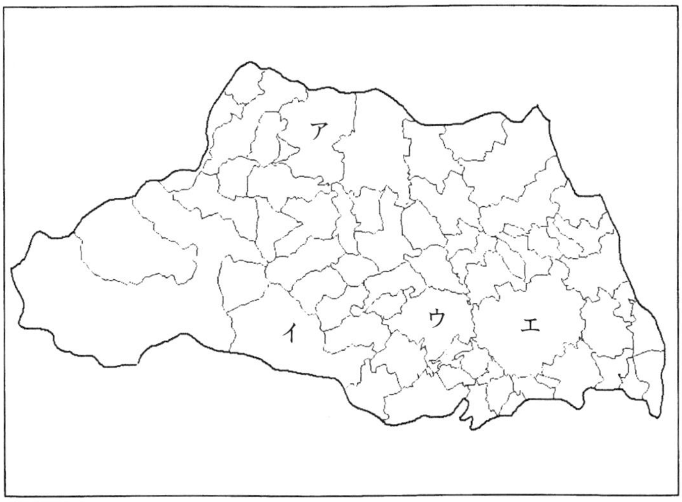

問４　下線部②について、このように身近な地域の問題から政治について考えることができる地方自治のことを、イギリスの学者であるジェームズ・ブライスがこのように表現しました。

「地方自治は［　　　］の学校である」

空欄にあてはまる言葉を**漢字**で答えなさい。

問５　下線部③について、知事に関しての説明として正しいものを次のア～エの中から一つ選び、その記号を答えなさい。

ア　知事の任期は参議院議員と同じ４年である。

イ　知事が議会を解散できるのは、不信任決議が可決された場合と、有権者からリコールされたときである。

ウ　知事の被選挙権は、日本国民である満30歳以上の男子のみに与えられる。

エ　議会を召集する時間がない場合、知事は専決処分を行うことができる。

問６　下線部④について、ベッドタウンの説明として適当なものを次のア～エの中から一つ選び、その記号を答えなさい。

ア　都心へ通勤する人が多い都市のことで、昼間人口よりも夜間人口のほうが多くなる。

イ　ベッドタウンが発達することによって、ドーナツ化現象が弱まった。

ウ　日本だけの特徴的な都市で、アメリカやヨーロッパにはない都市の特徴である。

エ　急激に人口が増えたことにより、ベッドの需要が高まったことで、この名称が付けられた。

問７　下線部⑤について、次の問いに答えなさい。

⑴　近郊農業の説明として適当なものを次のア～エの中から一つ選び、その記号を答えなさい。

ア　冬の暖かな気候を利用して、野菜を早く出荷する農業。

イ　夏の涼しい気候を利用して、野菜を遅く出荷する農業。

ウ　作物に適した土地を確保し、大規模で機械化された経営で大量に生産する農業。

エ　消費地への輸送費が安く、新鮮なうちに出荷することができる農業。

⑵　川越市だけでなく埼玉県でも近郊農業はさかんです。埼玉県の農作物のなかで都道府県別出荷額が**上位（３位以内）に入らない**農作物を次のア～エの中から一つ選び、その記号を答えなさい。

ア　こまつな　　イ　さつまいも　　ウ　ねぎ　　エ　ほうれんそう

問８　下線部⑥について、当時の海岸線の大体の位置として最も適当なものを次の地図２のア～エの中から一つ選び、その記号を答えなさい。

〈地図２〉

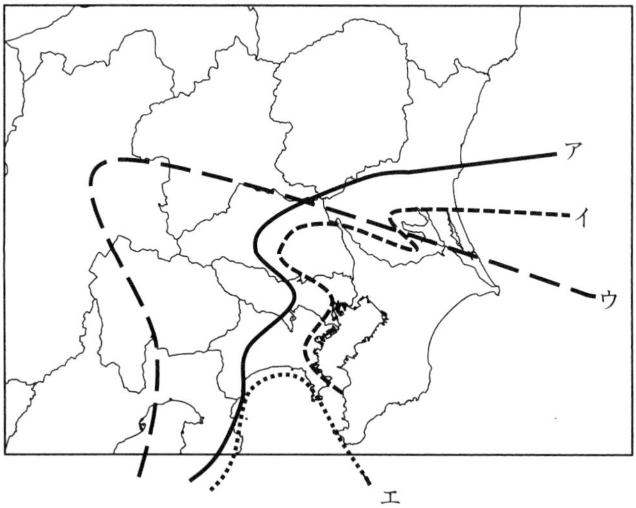

問９　下線部⑦について、山王塚古墳を上から見た形状として最も適当なものを次のア～エの中から一つ選び、その記号を答えなさい。

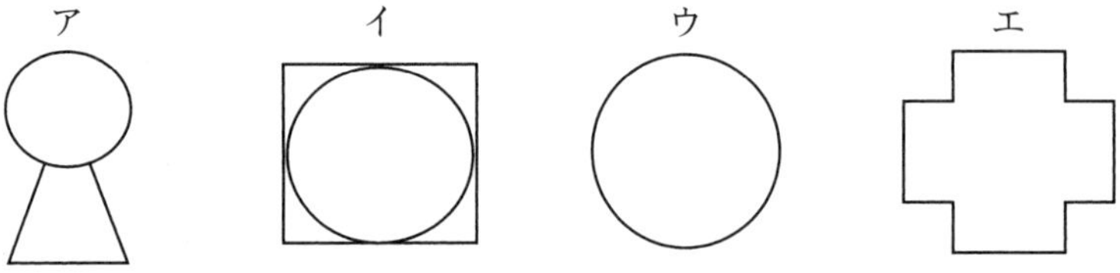

問10　下線部⑧について、７世紀後半に起こった以下の出来事ア～エを**左から古い順**になるようにならべかえ、記号で答えなさい。

ア　壬申の乱で勝利した大海人皇子が即位して天武天皇となった。

イ　白村江の戦いで、唐・新羅の連合軍に敗れた。

ウ　中大兄皇子が近江大津宮に都を遷(うつ)した。

エ　唐の都を参考にして藤原京が造営された。

問11　下線部⑨について、畿内に含まれる国名(旧国名)として正しいものを次のア～エの中から一つ選び、その記号を答えなさい。

ア　近江国　　イ　大和国　　ウ　尾張国　　エ　伊勢国

問12　下線部⑩について、次の説明文は桓武平氏に関係するある人物のものです。この説明文にあたる人物と**同時期の人物の組み合わせ**をあとのア～エの中から一つ選び、その記号を答えなさい。

(ある人物の説明文)
下総国猿島郡を本拠地とし、所領争いから一族内で争いを繰り返していた。常陸国府を襲撃したことにより国家的反乱にいたり、関東地方に勢力を拡大した。独立国家樹立を目指し、新皇と称したが討伐された。

ア　源頼義・源義家　　イ　安倍頼時・安倍貞任

ウ　平忠盛・平清盛　　エ　藤原純友・藤原秀郷

問13　下線部⑪について、川越城以外にもいくつかの城を築城しています。太田道灌が築城したとされる城の現在の姿として最も適当なものを次のア～エの中から一つ選び、その記号を答えなさい。

ア

イ

ウ

エ

問14　下線部⑫について、小田原の位置として最も適当な場所を次の地図３のア～エの中から一つ選び、その記号を答えなさい。

〈地図３〉

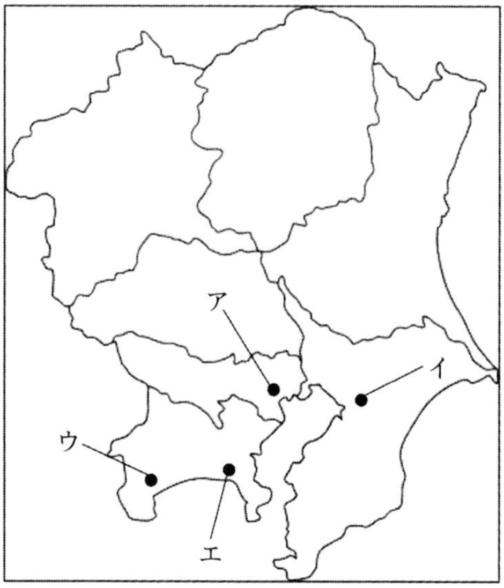

問15　下線部⑬について、徳川家康の腹心として仕え、寺の名称を喜多院と改めた人物として正しいものを次のア～エの中から一つ選び、その記号を答えなさい。

ア　南光坊天海　　イ　林羅山　　ウ　安国寺恵瓊　　エ　金地院崇伝

問16　下線部⑭について、江戸幕府が公認した商人や職人の独占的な組合の名称を**漢字**で答えなさい。

問17　下線部⑮について、次の問いに答えなさい。

(1)　生糸の原料は蚕(かいこ)のマユです。蚕の幼虫がエサとして食べる植物として正しいものを次のア～エの中から一つ選び、その記号を答えなさい。

ア　松　　イ　白樺　　ウ　桑　　エ　楓

(2)　日本の伝統的な織物には、生糸(絹)を原材料とするものが多くあります。生糸(絹)から作られる織物として正しいものを次のア～エの中から一つ選び、その記号を答えなさい。

ア　小千谷縮(ちぢみ)　　イ　結城紬(つむぎ)　　ウ　奈良晒(さらし)　　エ　久留米絣(かすり)

問18　下線部⑯について、次の問いに答えなさい。

(1)　貨幣の価値が下がり、物価が高騰する現象を**カタカナ８字**で答えなさい。

(2)　2022年～2023年にかけて、日本国内の物価が急激に上がりました。一度だけでなく、段階的に数度値上がりした商品もありました。物価が上がった理由は複数ありますが、**最も関係がないもの**を次のア～エの中から一つ選び、その記号を答えなさい。

ア　日本の老年人口が減り、物資の供給が減ったから。

イ　ロシアによるウクライナ侵攻によって、エネルギー価格の高騰が起こったから。

ウ　日本とアメリカで異なる金融政策が行われているから。

エ　世界的な天候不順やコロナ禍などが原因で、物資の流通が滞ったから。

問19　空欄⑰について、廃藩置県の前後の出来事Ａ～Ｄを左から古い順になるようにならべかえたとき、正しいものを次のア～カの中から一つ選び、その記号を答えなさい。

A　地租改正の実施　　B　民撰議院設立建白書の提出

C　版籍奉還の実施　　D　学制の発布

ア　C→A→B→D　　イ　C→A→D→B　　ウ　C→B→A→D

エ　C→B→D→A　　オ　C→D→A→B　　カ　C→D→B→A

問20　下線部⑱について、現在も蔵造りの商家が多数保存され川越の重要な観光資源となっています。川越の街の様子として最も適当なものを次のア～エの中から一つ選び、その記号を答えなさい。

ア

イ

ウ

エ

問21　下線部⑲について、平成の時代にも「平成の大合併」とよばれる市町村合併がおこなわれました。これにより市町村の数は大幅に減りました。現在の市町村の数として最も適当なものを次のア～エの中から一つ選び、その記号を答えなさい。

ア　約1000　　イ　約1700　　ウ　約2400　　エ　約3100

問22　下線部⑳について、東京オリンピック2020が開催された時の日本の内閣総理大臣として正しいものを次のア～エの中から一つ選び、その記号を答えなさい。

ア

イ

ウ

エ

巣鴨中学校(第Ⅰ期)

―30分―

注意事項　字数指定のある問題は、句読点やかぎかっこなどの記号も字数にふくめます。

1　わが日本列島は、美しい自然環境(かんきょう)にめぐまれています。その一方で、厳しい自然災害にみまわれることもあります。次にあげる天気図や地理院地図は、過去の自然災害が発生したときの図、また、今後災害を想定しなければならない図です。これらの図をみて、あとの問いに答えなさい。

問1　次の図1は、2016年12月22日の天気図です。この日、新潟気象台は、「日本海で急速に発達した低気圧にともなう強風と［　X　］現象により、糸魚川市で大規模な市街地火災が発生した」と発表しました。この時、北陸地方に吹(ふ)いた風の風向としてもっとも近いものを、次のア～エより1つ選び、記号で答えなさい。また、［　X　］にあてはまる語句を答えなさい。

ア 東　イ 西　ウ 南　エ 北

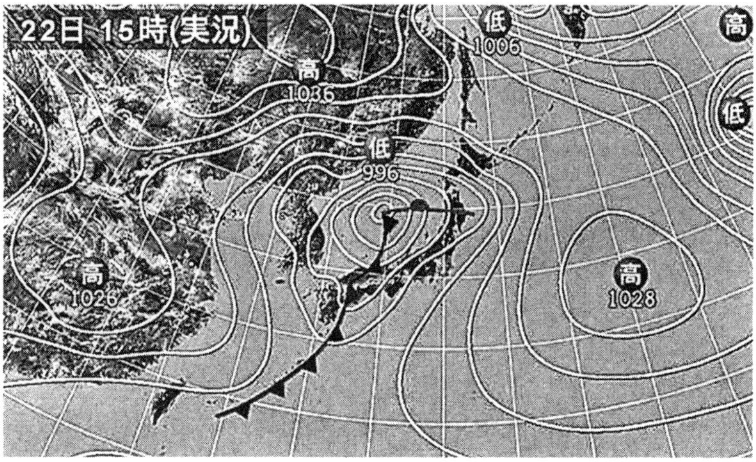

図1

問２　問１の X 現象は、2023年にも新潟県をふくむ日本海側で数回にわたって発生し、この地域では40℃近くの猛暑となりました。次のア～カの天気図の中から、日本海側で X 現象が発生した時の天気図を２つ選び、記号で答えなさい。

ア

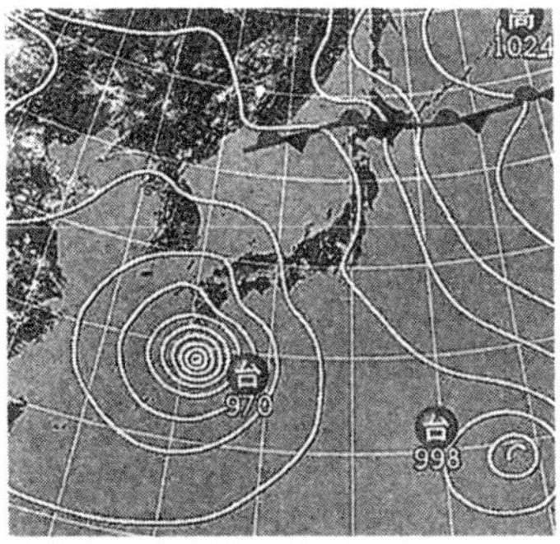

イ

ウ

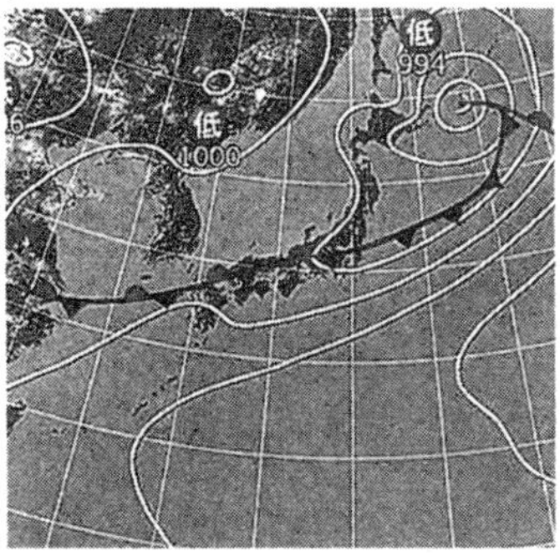

エ

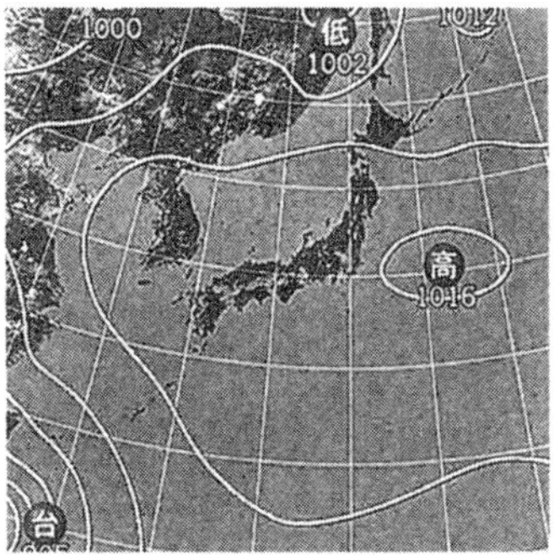

オ

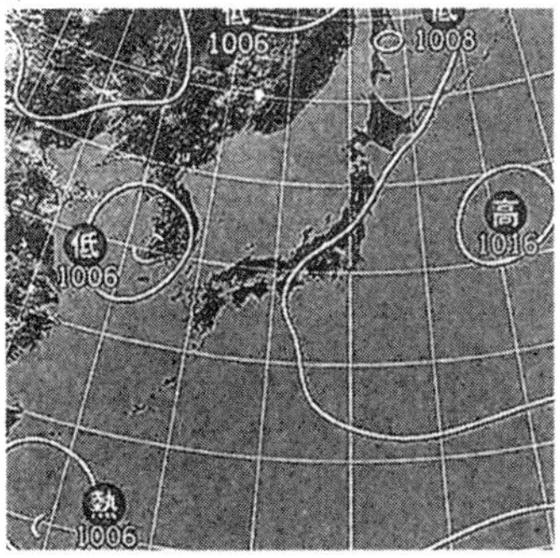

カ

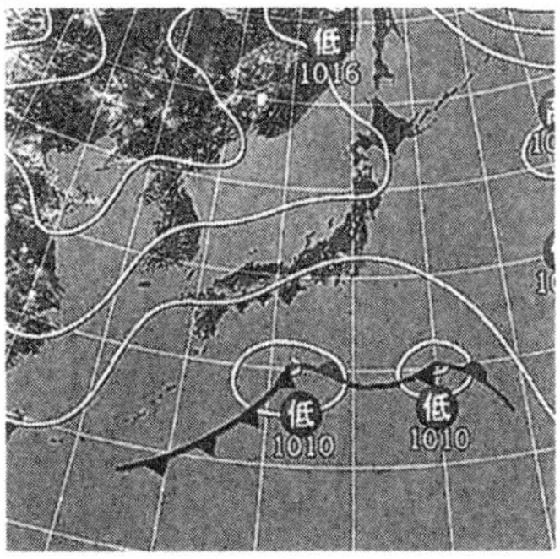

問3　次の図2と図3は広島市北部の同じ範囲の地理院地図で、図2は1999年の、図3は現在のものです。図2で○印をつけた複数の家屋は、2014年8月におきた自然災害によって消失しました。どのような自然災害がおきたと考えられますか、答えなさい。

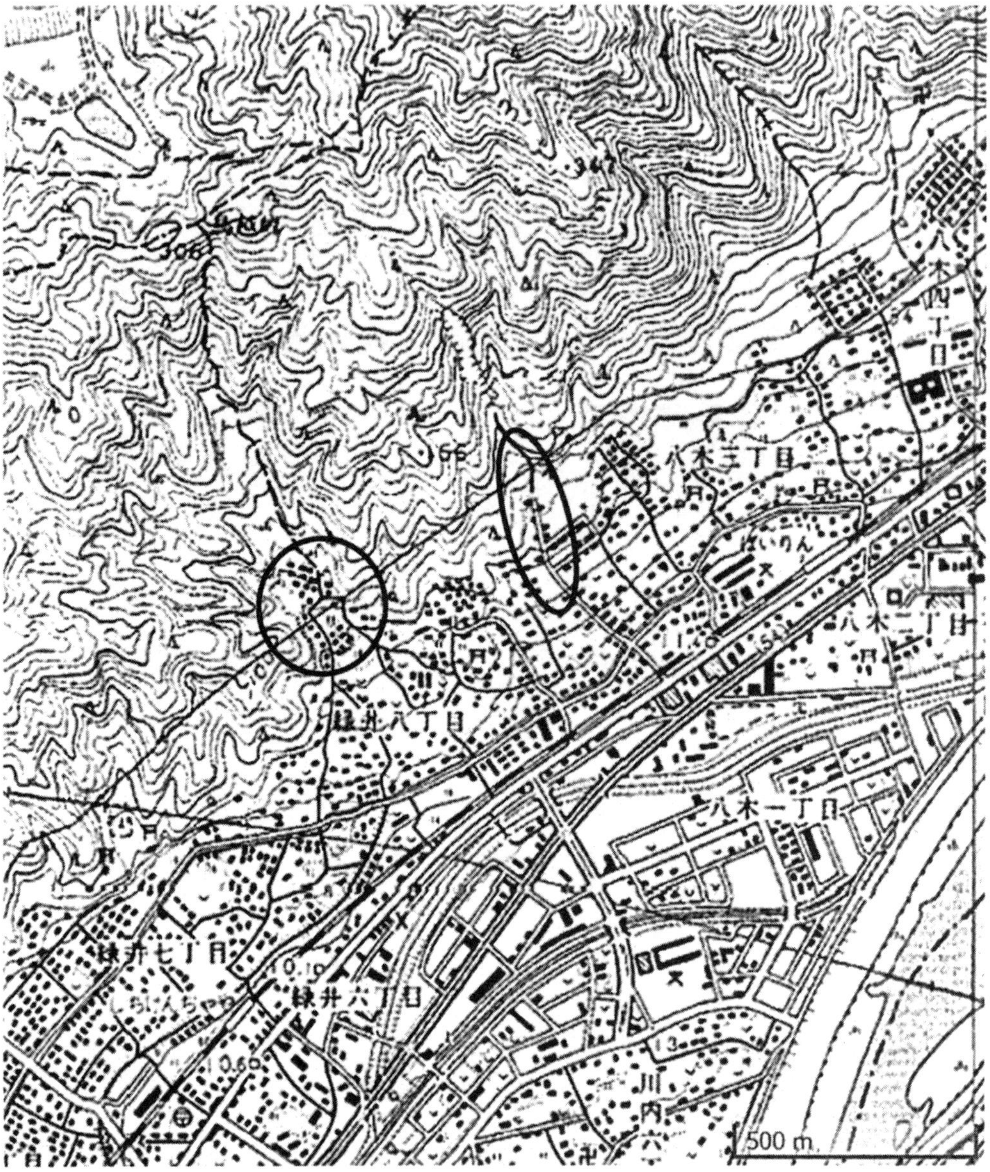

図2

問4　図3では、図2の◯印の北側にあらたな建造物の地図記号(□印で囲まれたもの)がみられます。この地図記号の説明として正しいものを、次のア～エより1つ選び、記号で答えなさい。

ア　農業用の水をためるためのダムが建設された。

イ　周囲の住宅地の生活用水を確保するためのダムが建設された。

ウ　周囲の住宅地に電力を供給するためのダムが建設された。

エ　上流から運ばれた土砂をせきとめるための砂防ダムが建設された。

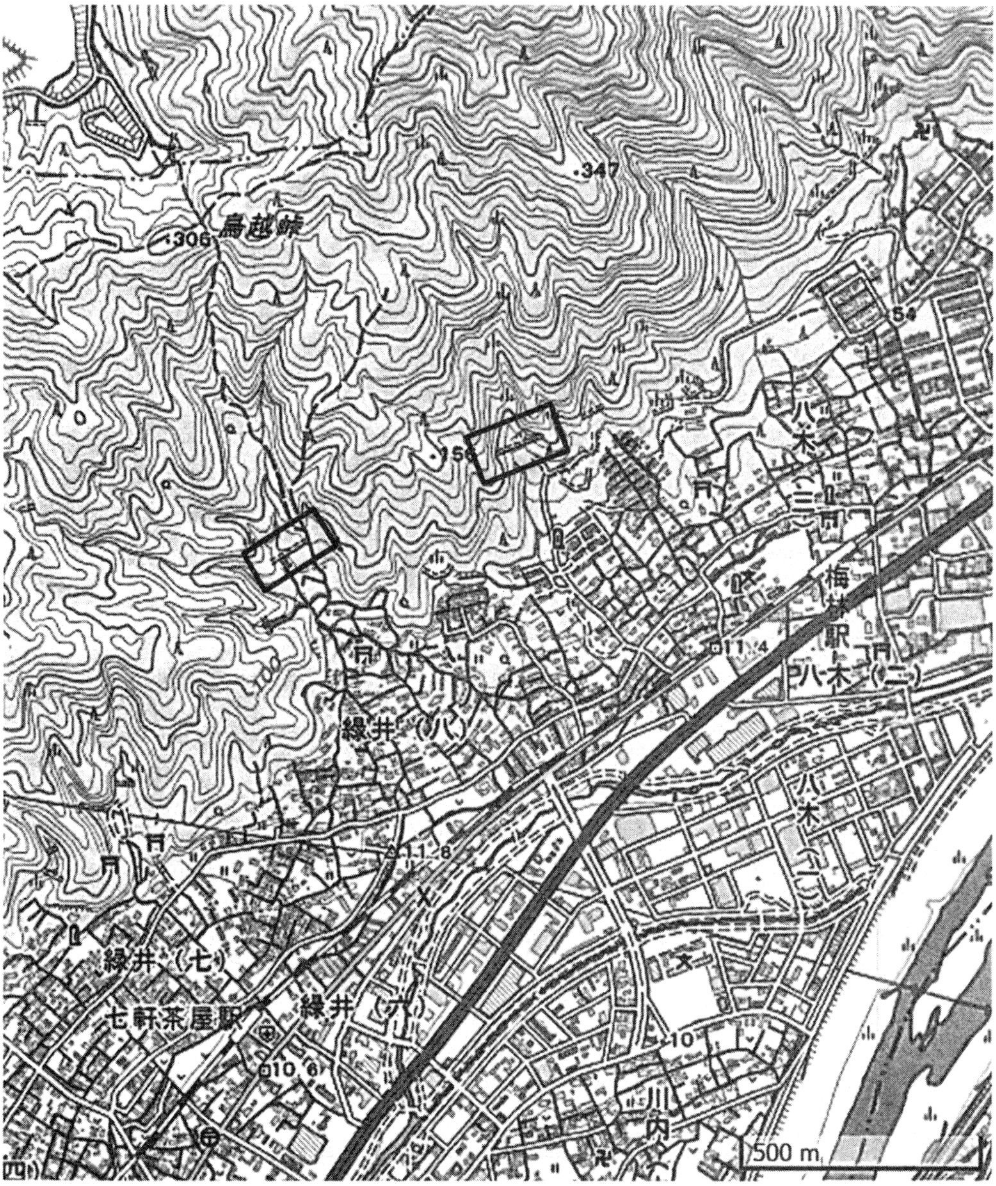

図3

問５　次の図４と図５は千葉県北部の同じ範囲の地理院地図で、図４は1967年の、図５は現在のものです。この範囲は下総台地の一部にあたります。1967年から現在までの間に建設されたと考えられる建物や施設（しせつ）を、あとのア～カよりすべて選び、記号で答えなさい。

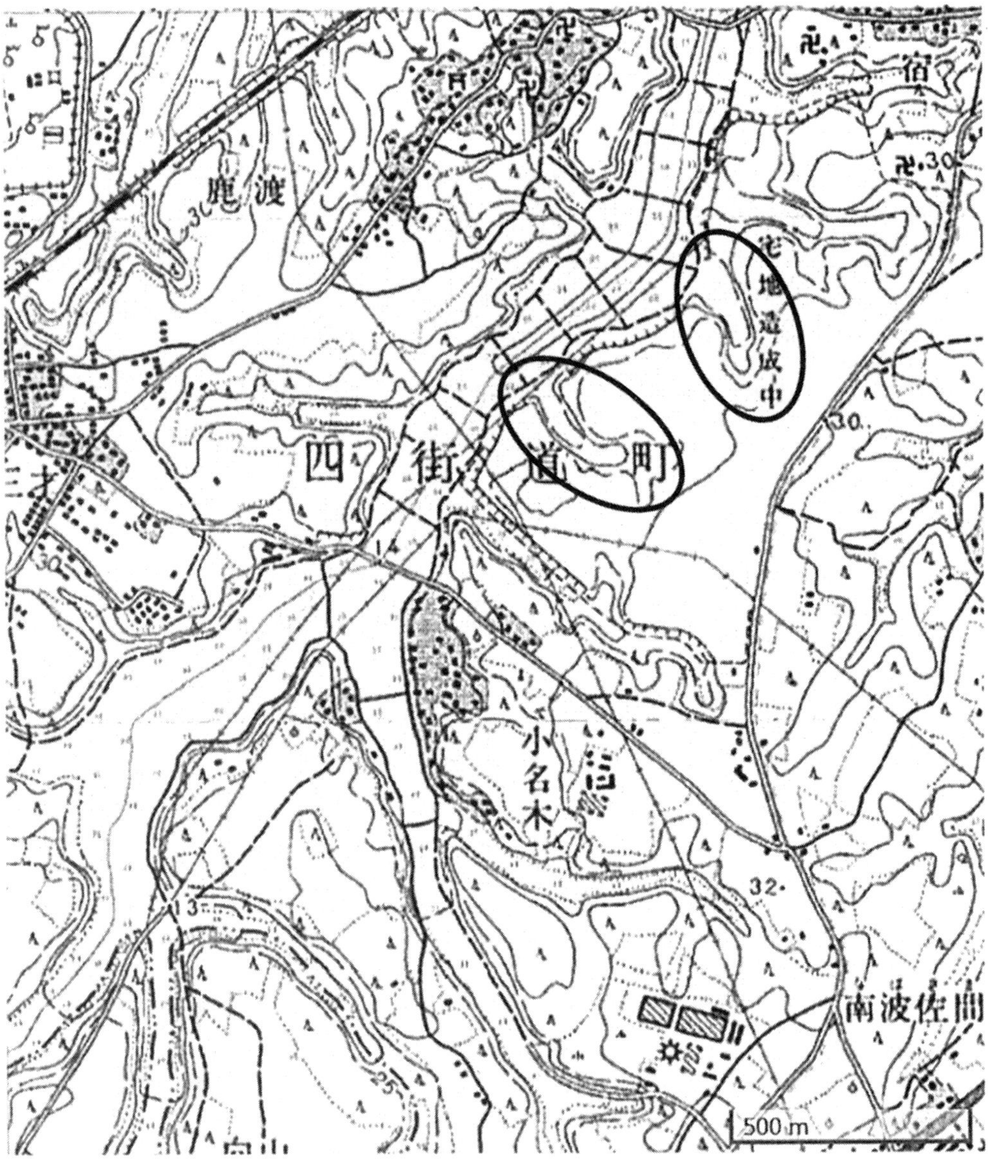

図４

ア　電波塔　　　イ　図書館　　　ウ　老人ホーム
エ　小・中学校　オ　工場　　　　カ　発電所・変電所

問6　図4中の○印をつけた地点はともに、等高線の一部の間隔がせまくなっていますが、図5の同じ地点では、等高線の間隔が広くなっています。宅地造成のさいに、どのようなことがおこなわれたと考えられますか。30字以内で述べなさい。

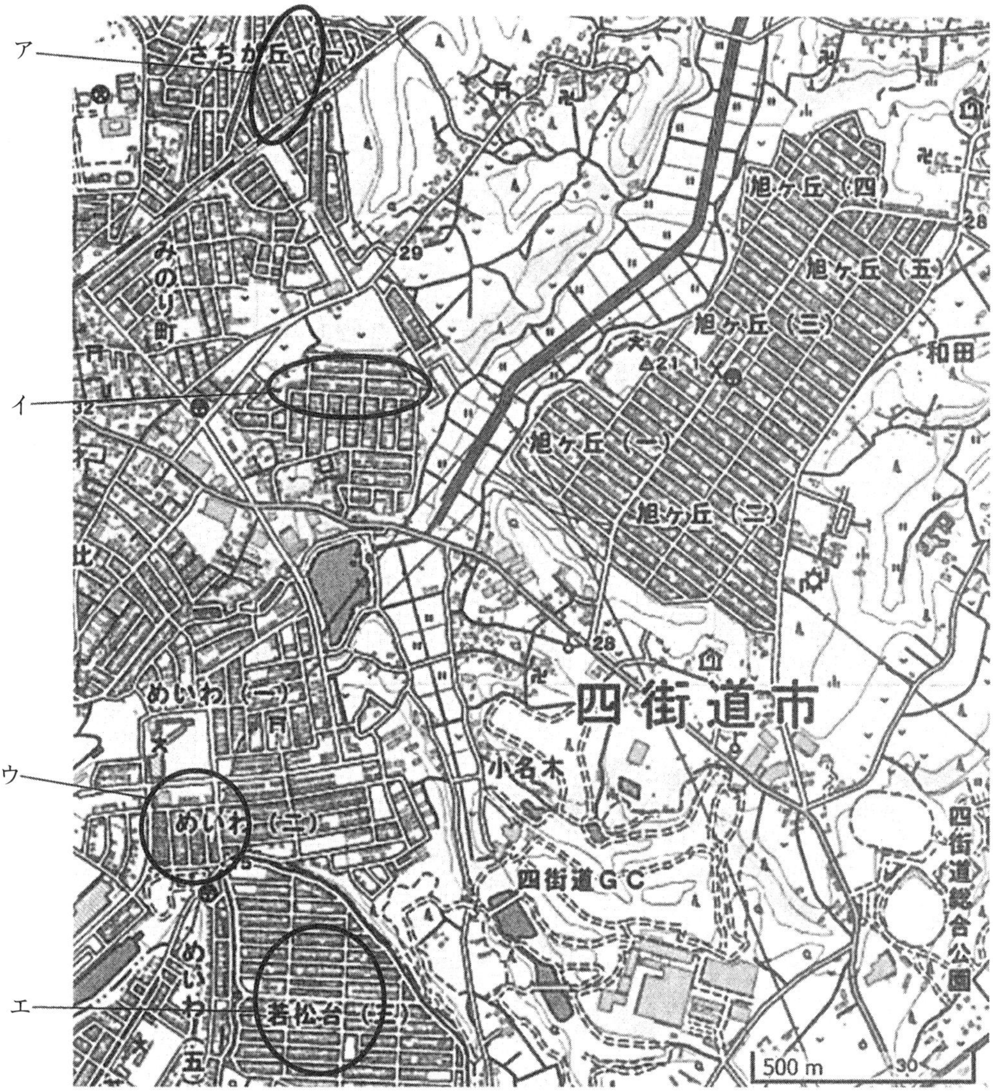

図5

問7　図5にしるしたア～エの範囲のうち、図4の○印をつけた地点と同じような地形に造成された住宅地が3か所、下総台地の台地面に造成された住宅地が1か所あります。台地面に造成された住宅地として正しいものを図中のア～エより1つ選び、記号で答えなさい。

問８　次の図６は、岐阜県安八町の地理院地図です。この地域は、1976年９月に東側の河川の堤防が決壊し、安八町一帯が浸水被害を受けましたが、北西部の「牧」と東部の「南條」の両集落の一部は浸水をまぬがれました。これらの集落が立地する地形として正しいものを、次のア～エより１つ選び、記号で答えなさい。

ア　扇状地　　イ　後背湿地　　ウ　自然堤防　　エ　河岸段丘

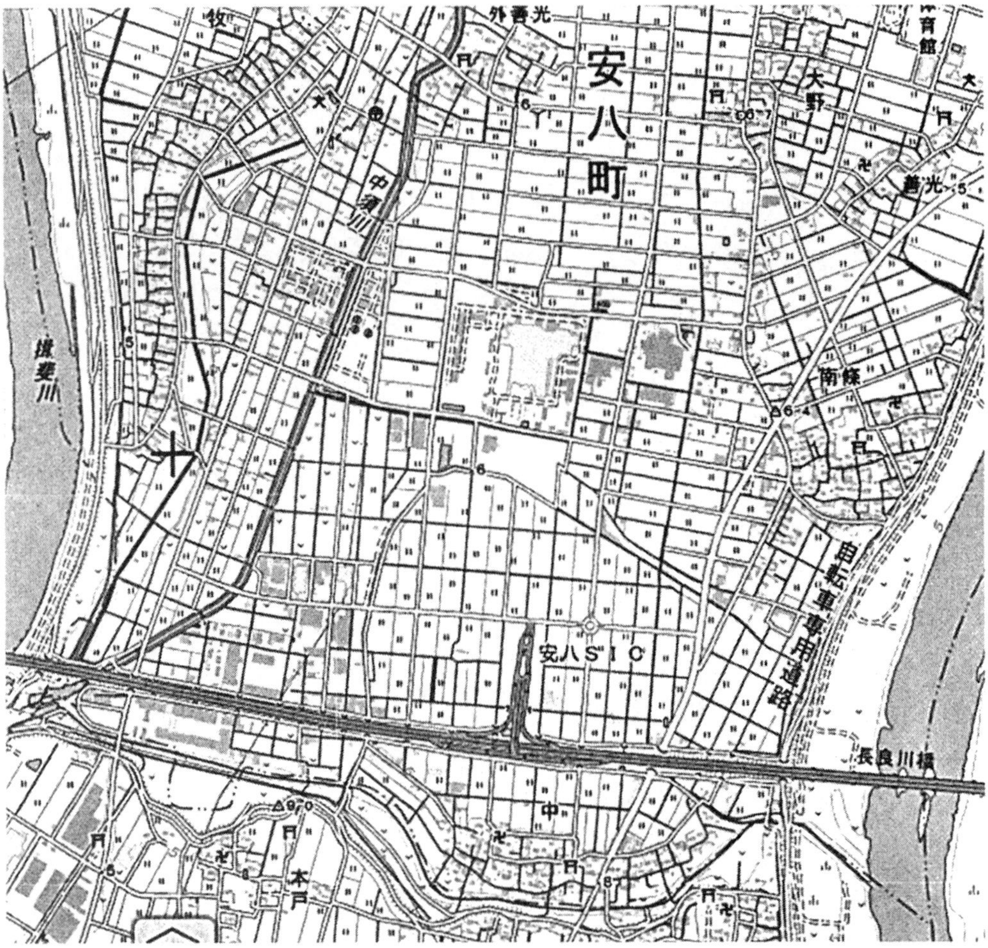

図６

問９　図６の南西部にある9.0メートルの三角点は、東西にのびた人工堤防上に設けられています。問８の災害の際に、この人工堤防から南側への浸水の拡大はくい止められました。このように周囲を人工堤防で囲まれた集落を何といいますか。漢字で答えなさい。

② 次の１～10の文章を読み、あとの問いに答えなさい。

１　新潟県の姫川流域で産出したヒスイは、約5000年前の縄文時代中期以降、①勾玉などの装飾品の原材料としてさかんに用いられた。

２　５世紀ごろの古墳などからは、②朝鮮半島南部でつくられたと考えられている鉄素材が数多く出土している。

３　708年に武蔵国秩父で産出した銅が朝廷に献上されると、③元明天皇はこれを用いて唐にならった国家による貨幣の鋳造をおこなった。

4　④奥州藤原氏は、陸奥国で産出した砂金（さきん）や馬、北方との交易で手に入れた動物の毛皮や羽などを朝廷や摂関家に貢物（みつぎもの）として納めた。

5　朝鮮から伝えられた灰吹法（はいふきほう）の技術が16世紀前半に⑤石見銀山にもたらされたことにより、銀の生産量が増大した。

6　江戸時代の⑥大阪は銅精錬業（せいれんぎょう）の中心地で、多くの銅山を所有していた住友家が開いた住友銅吹所は日本最大の銅精錬所となった。

7　17世紀末に天秤（てんびん）ふいごが発明されたことにより、出雲の⑦たたら製鉄における鉄の生産量が増大し、質も向上した。

8　釜石は良質で豊富な鉄鉱石の産地で、1857年に洋式高炉（こうろ）が建設されて鉄鉱石の精錬が可能となり、⑧近代製鉄業発祥（はっしょう）の地となった。

9　日露戦争後に工場の動力として電気の需要（じゅよう）が高まる中、猪苗代湖の湖水を利用した水力発電所が建設され、その後の⑨大戦景気を支えた。

10　日本と中華民国との戦争がはじまって以降、⑩国産の木炭をエネルギー源とする代用燃料車が急増した。

問１　下線部①について、勾玉は、正統な天皇の証とされている「三種の神器」のひとつに数えられていますが、1950年代半ば以降には、高度経済成長により人びとの生活が変わる中で電化製品の「三種の神器」が各家庭に普及（ふきゅう）していきました。電化製品の「三種の神器」として**あやまっているもの**を、次のア～エより１つ選び、記号で答えなさい。

ア　白黒テレビ　　イ　電気洗濯機　　ウ　電気冷蔵庫　　エ　ビデオカメラ

問２　下線部②について、日本と朝鮮半島の国々との関係について述べた文を古いものから年代順にならべたとき、２番目と４番目にくるものを、次のア～エよりそれぞれ選び、記号で答えなさい。

ア　白村江の戦いで唐・新羅連合軍と交戦し、敗れた。

イ　百済の聖明王により、仏教が正式にもたらされた。

ウ　新羅からもたらされたとされる天然痘（てんねんとう）により、藤原四兄弟が亡くなった。

エ　好太王碑によると、倭国が高句麗と交戦し、敗れた。

問３　下線部③について、この貨幣の名称（めいしょう）を漢字で答えなさい。

問４　下線部④について、奥州藤原氏について述べた文として**あやまっているもの**を、次のア～エより１つ選び、記号で答えなさい。

ア　奥州藤原氏は、清衡・基衡・秀衡の３代約100年間にわたり繁栄（はんえい）した。

イ　源義経をかくまったとして、源頼朝は奥州藤原氏を滅（ほろ）ぼした。

ウ　源頼家の助けを得た清原清衡は、後三年の役の勝利後に藤原に改姓（かいせい）した。

エ　平泉に建立された中尊寺金色堂は、禅宗の影響（えいきょう）を受けた仏堂である。

問５　下線部⑤について、戦国時代には金や銀の鉱山をめぐる争いがおこりました。石見銀山をめぐって争った戦国大名の組み合わせとして正しいものを、次のア～エより１つ選び、記号で答えなさい。

ア　伊達氏と南部氏　　イ　尼子氏と毛利氏

ウ　大友氏と島津氏　　エ　上杉氏と武田氏

問６　下線部⑥について、大阪について述べた文として**あやまっているもの**を、次のア～エより１つ選び、記号で答えなさい。

ア　6世紀末には、聖徳太子(厩戸皇子)により四天王寺が建立された。

イ　シーボルトが鳴滝塾を開き、高野長英らに蘭学の講義をおこなった。

ウ　天保の飢饉(ききん)への幕府の対応に不満を抱(いだ)いた大塩平八郎が反乱をおこした。

エ　アジア初、日本初の万国博覧会(国際博覧会)が、1970年に開かれた。

問7　下線部⑦について、たたら製鉄が最盛期をむかえた幕末から明治初期におきたできごとについて述べた文として正しいものを、次のア～エより1つ選び、記号で答えなさい。

ア　開国による物価上昇(じょうしょう)で苦しんだ人々は、世直しを求めて一揆をおこした。

イ　長州藩は、生麦事件の報復のためにやってきたイギリス軍艦(ぐんかん)と交戦した。

ウ　徳川慶喜は、天皇中心の新政府成立を目指して王政復古の大号令を出した。

エ　五か条の御誓文により、庶民(しょみん)に対して5つの守るべきことがしめされた。

問8　下線部⑧について、日清戦争後の1901年に現在の福岡県北九州市で操業を開始し、日本の重工業の発展を支えた製鉄所の名称を、漢字で答えなさい。

問9　下線部⑨について、大戦景気とその後の1920年代の日本経済について述べた文として**あやまっているもの**を、次のア～エより1つ選び、記号で答えなさい。

ア　日本と交戦したアメリカからの輸入が途絶(とだ)えたことで、化学工業がさかんになった。

イ　日本からヨーロッパには軍需品(ぐんじゅひん)の輸出が、アジア市場には綿織物の輸出が増加した。

ウ　鉄鋼業や海運業などの急成長により、多くの成金が誕生した。

エ　1920年代には不景気が続き、銀行や商店の倒産(とうさん)があいついだ。

問10　下線部⑩について、太平洋戦争開戦直前の1941年9月11日には、代用燃料車以外のバスやタクシーには営業許可が出されなくなりました。こうした規制強化をおこなうことになった理由を、40字以内で説明しなさい。

3　昨年4月におこなわれた統一地方選挙を題材にして授業がおこなわれています。次の先生と生徒の会話ⅠとⅡを読んで、あとの問いに答えなさい。

Ⅰ

先　生：直近の統一地方選挙では、結果をうけて2つの話題があがりました。1つは、東京都中野区と新宿区でおこなわれた区議会議員選挙で、最後の当選者とその次点で落選となった候補者の得票数の差が、それぞれ0.415票と0.299票となったことです。つまり当選と落選が、1票差ではなく1票に満たない小数点以下の差で決まったんです。

巣(そう)　太(た)：えっ、投票って1人1票ですよね。なぜ小数点以下の票数になるんですか。

先　生：たしかに不思議ですよね。これに関して次の新聞記事を読んでみましょう。ちょうど巣太くんの疑問に対して説明している部分に下線を引きました。

> 24日に開票された東京都中野区議選で、0.415票差で落選した候補がいた。1票に満たない差で初当選に届かなかったこの候補は、票の再点検を求め、公職選挙法に基づき、区選挙管理委員会への異議申し立てを検討している。
>
> 同区議選の定数は42で、60人が立候補した。X党のY氏の得票は1584.585票。42番目の当選者の得票は1585票だった。60人のなかには同じ姓(せい)や名の候補がいた。区の選挙管理委員会によると、公職選挙法では<u>同じ姓や名の候補者が複数いる場合、その姓や名が書かれた票はそれぞれの得票数の割合に応じて振(ふ)り分けることになっており、「案分票」と呼ばれる</u>

> 小数点以下の数字がつくことがある。今回の選挙では11の案分票があり、12人の候補に小数点以下の端数(はすう)がついた。
>
> Y氏は取材に、「結果は結果だが、案分票で当落がわかれたことにはがくぜんとしている」と話し、「疑問票や無効票をもう一度点検してもらいたいと考えている」と明かした。(①)票など有効な票と認められなかった無効票は2014票あった。
>
> 23日に開票された東京都新宿区議選でも0.299票差で次点候補が落選した。
>
> 朝日新聞社 2023年4月24日18時36分配信(一部改変)

鴨次郎(かもじろう)：そうか、たとえば姓だけとか名だけが書かれた票は、もし同じ姓や名の人が他に立候補していた場合、具体的にどの候補者に投票したものか、開票の担当者は分からないですもんね。だから、１票を小数点以下の票数に分けてそれぞれ加えているんですね。

先　生：その通りです。仮に「山田タロウ」という候補者がいる場合、他に「やまだ」さんや「たろう」さんという候補者がいないときには、投票者が姓だけの「やまだ」や名だけの「たろう」と記して投票しても、その候補者への１票として数えられます。しかし、他にいた場合は「案分票」の対象となります。これは公職選挙法にもとづいておこなわれていて、候補者の姓名のほか政党名も対象となります。

学(まなぶ)　：僕(ぼく)は自分が議員として活躍(かつやく)してもらいたいと思う候補者には、やはり自分が投票できる１票をそのまま届けたいな。

鴨次郎：そうだね。１票に満たない差で大きく結果が変わるわけだから、１票って改めて重いものだと思ったよ。

先　生：「案分票」を採用するかどうかは各国の選挙法によるそうです。では、日本で採用されている理由について考えてみましょう。たとえば、②基本的人権の保障という点からだと、この「案分票」という制度はどう考えられるでしょうか。

園子(そのこ)：わたしたちには、選挙を通じて議員や首長を選び、どの政策に取り組んでもらうかを決める権利があります。投票は、この権利にもとづいておこなわれるものだし、もしそこで特定できない票があれば、国民の権利を「案分票」という制度を通じてできる限り反映させることは、権利の保障につながります。

鴨次郎：あと、なぜ「案分票」になるような書き方をする人がいるのかを考えてみたんだけど、持病のために投票したい候補者の名前を書ききれず、姓や名はなんとか書けたとか、いろいろな事情のある人もいると思うんです。どのような事情のある人でもその意思をできる限り反映できるように、この制度が採られている面もあると思います。

先　生：よく考えられていますね。今度の選挙では、当選者のほか、ぜひ獲得(かくとく)した票数のところも確認してみてください。もし小数点になっていたら、ぜひ今日の授業を思い出してもらいたいと思います。

問１　本文の内容をふまえて、次の表の場合および衆参両議院の選挙の場合の「案分票」について述べたＡ～Ｄの文の正誤(正しい場合は○、あやまっている場合は×)を正しく組合せたものを、あとの表のア～サより１つ選び、記号で答えなさい。

候補者名　　　　（よ　み）	得票数
鈴　木　太　郎（すずき たろう）	5000票
さとう　　　宏（さとう ひろし）	3000票
鈴　木　　　浩（すずき ひろし）	2000票
佐　藤　たろう（さとう たろう）	1000票

A　「鈴木」とだけ書かれた票があった場合、「鈴木太郎」候補者と「鈴木浩」候補者のそれぞれに同じ票数が加えられる。

B　「ひろし」とだけ書かれた票があった場合、「さとう宏」候補者は「鈴木浩」候補者より多くの票数が加えられる。

C　衆議院議員総選挙では、選挙区選挙においては候補者名を記して投票するため「案分票」が生まれやすいが、比例代表選挙においては候補者名を記さないで投票するため、「案分票」が生まれることはない。

D　参議院議員選挙では、選挙区選挙と比例代表選挙に重複して立候補でき、それぞれの投票用紙に同じ候補者名を記入して投票できるため、両方の選挙で同様の「案分票」が生まれやすい。

	ア	イ	ウ	エ	オ	カ	キ	ク	ケ	コ	サ
A	○	×	×	×	○	○	×	×	×	○	×
B	×	○	×	×	×	×	○	○	×	×	○
C	×	×	○	×	○	×	○	×	○	○	○
D	×	×	×	○	×	○	×	○	○	○	○

問２　空らん（ ① ）には、「何も記入せず投票された無効票」をあらわす色の名前があてはまります。次のア～エより１つ選び、記号で答えなさい。

ア　赤　　イ　青　　ウ　黒　　エ　白

問３　下線部②について、ここで保障される基本的人権としてあてはまる権利の名前を、下線部②の直後の２人の生徒による発言から考えて、漢字で答えなさい。ただし、下線部②以降の発言のなかで使われている語句は使用しないこと。

Ⅱ

先　生：では、もう１つの話題を見てみましょう。まず、次の記事を読んでください。

> 女性市議、初めて２割超(ちょう)に、町村議も15.4％で最高－（ ③ ）調べ
>
> （ ③ ）は24日、第20回統一地方選の後半戦でおこなわれた市区町村の首長・議員選の結果をまとめた。政令市を除く市議選で1457人の女性が当選。当選者に占(し)める割合は過去最高の22.0％で、初めて２割を超(こ)えた。町村議選でも632人の女性が当選し、全体の15.4％を占めて過去最高を更新(こうしん)した。（中略）東京特別区議選では301人の女性が当選し、全体に占める割合は過去最高の36.8％となった。
>
> 時事通信社 2023年４月25日０時15分 配信(一部改変)

巣　太：今回の選挙で、女性議員の割合が過去最高になったんですね。

先　生：そうなんです。東京都の区長選挙でも女性が３人当選し、現在、女性区長は過去最多の６人になりました。これについて、次のグラフ１を見てください。1980年代後半から

女性議員の割合は徐々に上昇しており、今回の選挙結果もこれまでの傾向が続いていることをしめすものになりました。

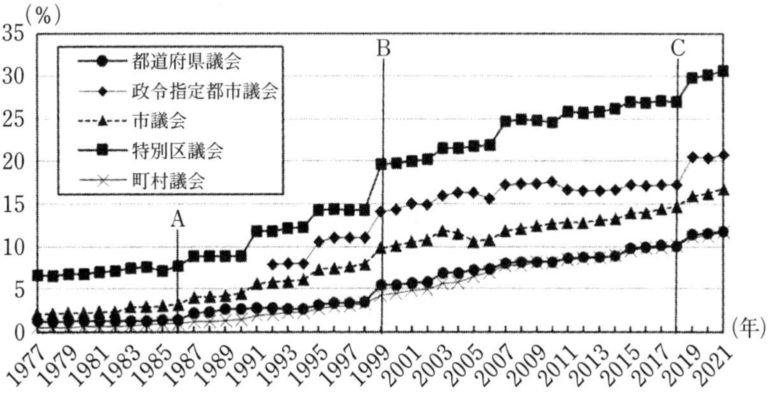

(内閣府男女共同参画局ホームページより作成)

グラフ１「地方議会における女性議員の割合の推移」

鴨次郎：ところどころ大きく伸びている年がありますね。

先　生：グラフでもとくに目をひきますね。これらの年に着目すると、その前後で、次のカードでしめすような、男女の格差を是正したり、女性の政治参加を促したりする法律がつくられ、施行されています。

男女共同参画社会基本法	男女雇用機会均等法	候補者男女均等法

先　生：この３つの法律のうち最初の法律ができたころは、例えば電車やバスなど乗り物の運転手はほぼ男性で、女性は非常に珍しかったのですが、いまや普通に見かけるようになりました。これらの法律の後押しもあってか、多くの職業が性別に縛られなくなってきており、社会全体の意識が変わってきたと感じます。

学　：このなかで議員という仕事も同じように女性の割合が伸びてきたんですね。

園　子：でも、伸びてきたとはいえ、女性議員の割合が一番高い特別区議会議員でも約３割で、都道府県議会や町村議会では約１割に留まっています。

先　生：ちょうど全国の女性地方議員の実際の声をあつめた内閣府によるアンケート調査結果があるので紹介します。これをもとに話し合ってみましょう。

政治分野における男女共同参画の推進に向けた地方議会議員に関する調査研究報告書
－全国の女性地方議員4170名(2016年末時点)対象回答のアンケート調査(回収率39.6％)

地方議会において女性議員の増加を阻む課題

1　政治は男性のものという意識が強い(約６割)＊

2　議員活動と家庭生活の両立が困難(40歳代以下で未就学児をもつ議員の約８割)
　－議会に産後や育児に関する休暇・休業の規定なし(約６割)
　－託児所や授乳室がない(約９割)

＊(　)は「そう思う」と答えた回答者の割合

(内閣府男女共同参画局・有限責任監査法人トーマツ、平成30年３月、一部改変)

学　：たしかにベテラン議員は圧倒的に男性が多いし、とくに町村議会だと長く務める議員も多いから、政治は男性がおこなうもの、という考えが広くもたれているかもしれないね。あと、企業(きぎょう)だと育児休暇や休業の制度の整備が進んできたけど、国会や地方議会にそのような規定がないというのは意外だな。

巣　太：でも、いまインターネットで調べてみたら、諸外国でも育児休暇の規定を設けているのは北欧(ほくおう)の国などに限られるみたい。自分たちの代表として議員を選挙で選ぶのだから、その議員が長期間にわたって休暇を取って仕事を休むというのはちょっとどうかな、と思ってしまうな。議員は代えがきかない仕事だと思うし。

園　子：でも外国だと、都合で議会に出席できないときに代わりの議員を立てて質問できる制度や、リモートで議会に出席して発言できる制度もあるそうよ。使える技術はぜひ活用しながら、時代や社会に合わせた制度を整えるべきだわ。

先　生：いま、みなさんが出してくれた意見を、これからの議会のあり方を考えるために、ぜひ一度まとめてみましょう。

問4　空らん(③)にあてはまる省庁の名前を、次のア～エより１つ選び、記号で答えなさい。

ア　経済産業省　　イ　厚生労働省　　ウ　総務省　　エ　法務省

問5　グラフ１中のＡ～Ｃでしめされた年に、文中にあげられた３つの法律が施行(しこう)されました。法律名とそれが施行された年Ａ～Ｃの組合せとして正しいものを、次のア～カより１つ選び、記号で答えなさい。

	ア	イ	ウ	エ	オ	カ
男女共同参画社会基本法	A	A	B	B	C	C
男女雇用機会均等法	B	C	A	C	A	B
候補者男女均等法	C	B	C	A	B	A

問6　文中の会話のあと、生徒たちは「クォータ制」とよばれる仕組みがあることを知り、これについて調べました。そしてこの仕組みが、女性に「候補者の一定比率」または「議席の一定数」を割り当てることで、女性議員の比率を上昇させる制度として諸外国で多く導入されていることがわかりました。その後、「日本でもこの仕組みを導入すべきか」について話し合い、「賛成」「反対」それぞれ意見が出ました。このとき、あなたならどのような意見を述べますか。前のグラフ１や次のグラフ２を参考にしつつ、導入について「賛成」「反対」をしめしたうえで、あなたの考えを30字以内で記しなさい。なお、「賛成」「反対」のどちらを選んでも、それ自体を採点の対象とはしません。

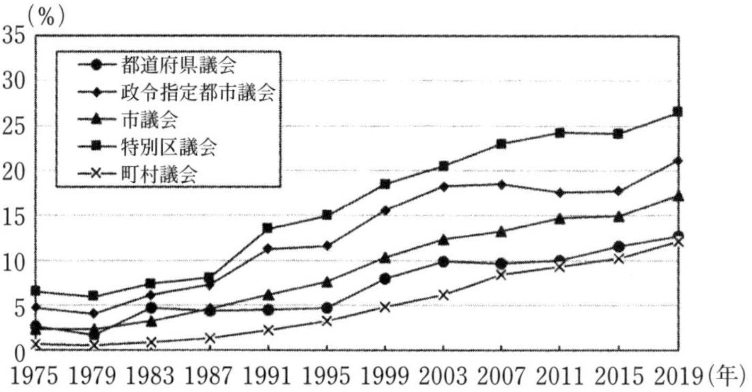

(内閣府男女共同参画局ホームページより作成)

グラフ２「統一地方選挙における候補者に占める女性の割合」

逗子開成中学校(第１回)

—40分—

1　次の文章を読み、あとの問いに答えなさい。

日本列島は太平洋を取り囲むように連なる①環太平洋造山帯に属しており、国土のおよそ＜ A ＞を山地と丘陵地が占めています。日本は地震大国として知られていますが、世界有数の火山国でもあり、活発な噴火活動で有名な②九州地方の【 X 】県にある桜島をはじめ、111もの活火山が分布しています。

地震や火山活動は時に大規模な災害をもたらします。③東日本大震災では地震とともに津波が発生し、沿岸部に大きな被害をもたらしたほか、この震災はわが国の④エネルギー政策の大きな転換点にもなりました。また、火山の周辺では、噴火が起きると、火山灰や溶岩片、高温のガスがまざりあって高速で流れる(1)などが発生し、人々の生命を危険にさらすこともあります。その一方で、⑤火山と深いつながりのある国立公園が多いことから、火山活動は美しい景観を生み出していることがわかります。

さて、日本は四季に恵まれた自然豊かな国ですが、毎年のように台風などによる大雨に見舞われることから、気象災害が多い国とも言えます。⑥川や海の周りの低地に多くの人口が集中していることも気象災害の一因となっています。台風の通り道になりやすい地域では、強風や高潮による被害や大雨による⑦洪水などが発生することも珍しくありません。また、気温も気象災害の要因の一つです。東北地方では初夏から夏にかけて吹く北東風の(2)の影響で夏の気温が上がらず、⑧稲などの農作物に被害が出て冷害になることもあります。一方、近年では熱中症による被害が深刻化するなど、暑さそのものが災害となっています。昨年、＜ B ＞と呼ばれる「1日の最高気温が35度以上の日」が東京都心で観測史上最多日数を記録したことは記憶に新しいでしょう。

ところで、2019年に国土地理院は⑨新たな地図記号として「自然災害伝承碑」を追加しました。これは、過去に発生した津波、洪水、火山災害、土砂災害などのようすや被害状況などが記載されている石碑などの位置を示しています。自然災害伝承碑は、当時の被災場所に建てられていることが多く、地域住民による防災意識の向上に役立つものと期待されます。数多くの災害を経験したわが国には、先人の知恵の蓄積があります。日本で暮らす私たちは過去の経験から学び、防災・減災につなげていくことが大切ではないでしょうか。

問１　文章中の空らん(1)・(2)に適する語句を答えなさい。(1)は漢字で答えること。

問２　文章中の空らん＜ A ＞・＜ B ＞について、以下の各問いに答えなさい。

Ⅰ　＜ A ＞に適する語句を次のア～エから一つ選び、記号で答えなさい。

ア　35％　　イ　45％　　ウ　65％　　エ　75％

Ⅱ　＜ B ＞に適する語句を次のア～エから一つ選び、記号で答えなさい。

ア　熱帯夜　　イ　夏日　　ウ　猛暑日　　エ　真夏日

問３　下線部①について、環太平洋造山帯に**含まれない国**を次のア～エから一つ選び、記号で答えなさい。

ア　フィリピン　　イ　南アフリカ共和国

ウ　アメリカ合衆国　　エ　ニュージーランド

問４　下線部②について、次の表は九州新幹線が通過する４県の人口、米の収穫量、トマトの収穫量、ぶた肉の生産量をまとめたものです。【 X 】県を示しているものを表中のア～エから一つ選び、記号で答えなさい。

県名	人口(千人)	米(千ｔ)	トマト(ｔ)	ぶた肉(ｔ)
ア	5,124	164	19,800	17,078
イ	806	119	3,470	8,125
ウ	1,576	89	5,270	215,729
エ	1,728	156	132,500	14,050

(『2023データでみる県勢』より作成　データはすべて2021年)

問５　下線部③について、三陸の沿岸で津波の高さがひときわ高くなったのは、海岸の特徴的な地形にも要因がありました。この地形の名称を答えなさい。

問６　下線部④に関連して、以下の各問いに答えなさい。

Ⅰ　次のグラフX、Yは2010年度と2022年度の日本の発電電力量の電源構成を示したものであり、以下はその解説文です。解説文中の(　a　)・(　b　)に適する語句の組み合わせとして正しいものを、あとのア～エから一つ選び、記号で答えなさい。

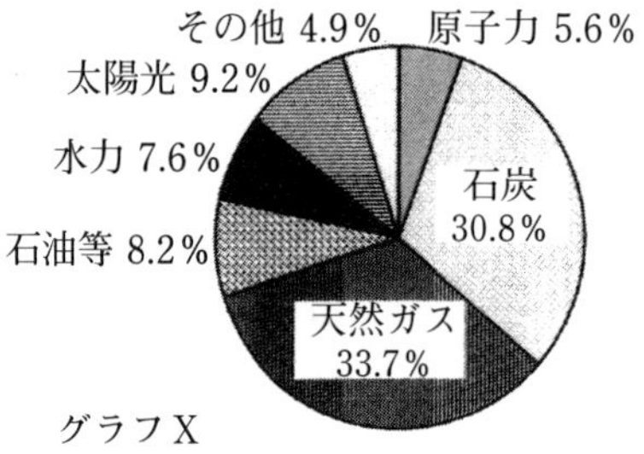

グラフX

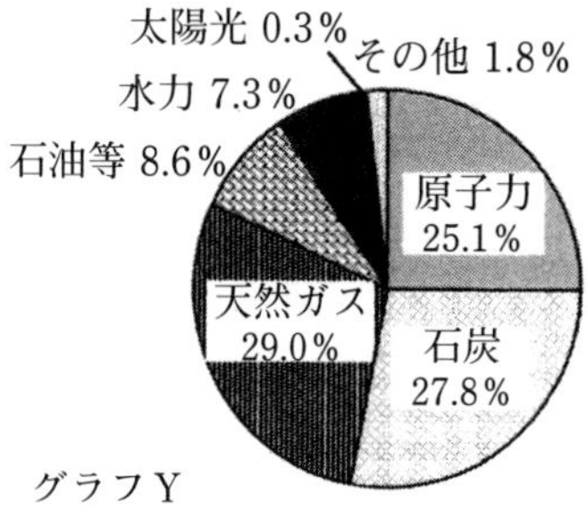

グラフY

(資源エネルギー庁資料より作成)

> 2022年度の状況を示しているのは、(　a　)である。日本は依然として火力発電に頼りがちであるが、政府が2050年までに温室効果ガスの排出を全体としてゼロとする(　b　)の実現を目標に掲げた以上、再生可能エネルギーの充実など、より一層の取り組みが必要である。

ア　(a)：グラフX　　(b)：カーボンニュートラル
イ　(a)：グラフX　　(b)：バイオエタノール
ウ　(a)：グラフY　　(b)：カーボンニュートラル
エ　(a)：グラフY　　(b)：バイオエタノール

Ⅱ　昨年、ガソリン価格の上昇が大きな話題となりました。その要因の一つに円とドルの交換比率(為替レート)の変化があります。「円高」・「円安」について述べた次の文X・Yの正誤の組み合わせとして正しいものを、あとのア～エから一つ選び、記号で答えなさい。

X：円安になると輸入製品の価格が下がるため、国内の物価下落につながる。

Y：為替レートが１ドル＝150円から１ドル＝100円に変化した場合、円高になったといえる。

ア　X：正しい　　Y：正しい　　イ　X：正しい　　Y：誤り
ウ　X：誤り　　Y：正しい　　エ　X：誤り　　Y：誤り

問７　下線部⑤について、次の【資料１】～【資料３】は火山と深いつながりがある日本の国立公園について説明したものです。【資料１】～【資料３】が示す国立公園のおおよその位置を右の地図中のア～オからそれぞれ一つずつ選び、記号で答えなさい。

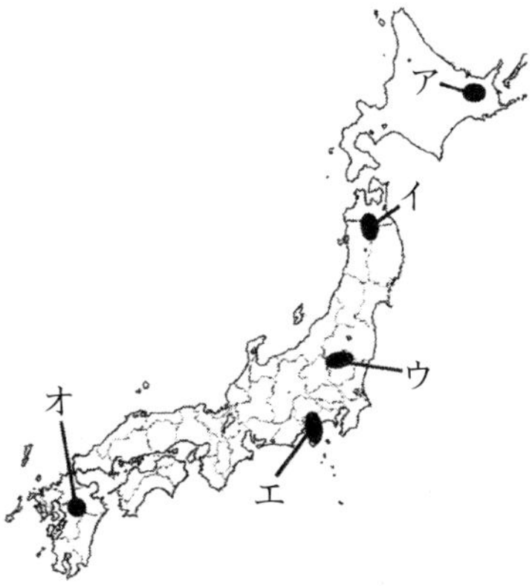

【資料１】

> この国立公園には、世界最大級のカルデラがあります。カルデラの周りは外輪山に囲まれており、その内部には町や村があり、農業も営まれています。

【資料２】

> この国立公園には、火山活動によって形成されたくぼ地に水がたまってできたカルデラ湖や噴火によってつくられたせきとめ湖があり、日本で最も透明(とうめい)度の高い湖や国の特別天然記念物に指定されたマリモが生息する湖も見られます。

【資料３】

> この国立公園には、世界遺産にも指定された火山があります。この火山のふもとには５つの湖が形成されており、日本の名勝にも指定されています。また、この火山の北西には広大な原生林である樹海が広がっています。

問８　下線部⑥に関連して、濃尾平野では水害の対策として輪中が見られます。この平野を流れる木曽三川とは、木曽川、揖斐(いび)川とあと一つは何ですか。漢字で答えなさい。

問９　下線部⑦に関連して、次の図は都市化する前と後それぞれにおいて、同じ量の雨が降った場合の「雨水が地中にしみ込まずに地表に流れ出た量」（＝流量）の変化を示したものです。また、あとのレポートはこの図から読み取れること、考えられることをまとめたものです。レポート中の（　a　）・（　b　）に適することば(説明文)をそれぞれ入れなさい。

図

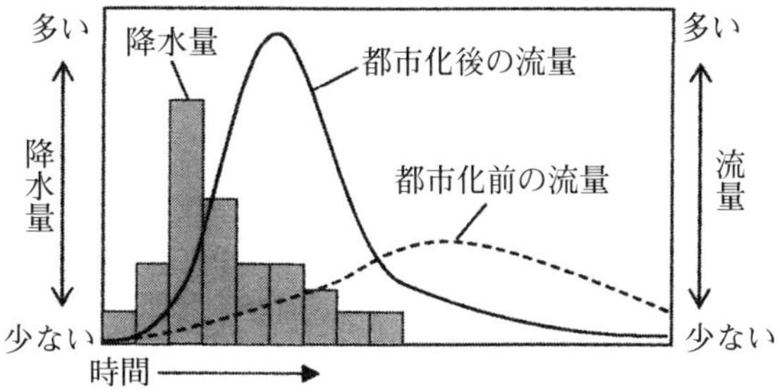

レポート

> 流量の変化に注目すると、雨の降り方が同じでも都市化後の流量は都市化前に比べて、（ a ）ことがわかる。その理由は、都市化によって（ b ）ため、雨水が地面に吸収されにくくなったからであると考えられる。

問10　下線部⑧について、日本の米や米づくりについて述べた文のうち正しいものを次のア～エから一つ選び、記号で答えなさい。

ア　日本は、食糧(しょくりょう)管理制度の下、現在も米の自由販売(はんばい)が認められていない。

イ　東北地方は日本の米の生産量のうち、約４分の１を占めている。

ウ　日本では米を１年間に２回作る二毛作がさかんにおこなわれている。

エ　日本は世界有数の米の生産国であり、有数の輸出国でもある。

問11　下線部⑨に関連して、以下の各問いに答えなさい。

Ⅰ　右の写真は逗子(ずし)市に隣接(りんせつ)する葉山町にある「自然災害伝承碑」です。次の資料はこの碑に刻まれた伝承の内容です。（ a ）に適する年(西暦(せいれき)年)・月・日を数字で答えなさい。

資料

> （ a ）の関東大震災により、海岸が隆起(りゅうき)し、葉山港の船溜(だ)まりが使えなくなった。その結果、砂浜(すなはま)に係留(けいりゅう)せざるを得なかった漁船は、悪天候時に大破するものが多く発生した。この碑は葉山港の船溜まり復興を記念し建立された。

Ⅱ　地図記号は産業や社会の変化を反映し、時代にあわせて廃止(はいし)・追加されています。次の表を参考にして、2013年以降に国土地理院が発行した２万５千分の１地図で使用されなくなった地図記号を次のア～エから一つ選び、記号で答えなさい。

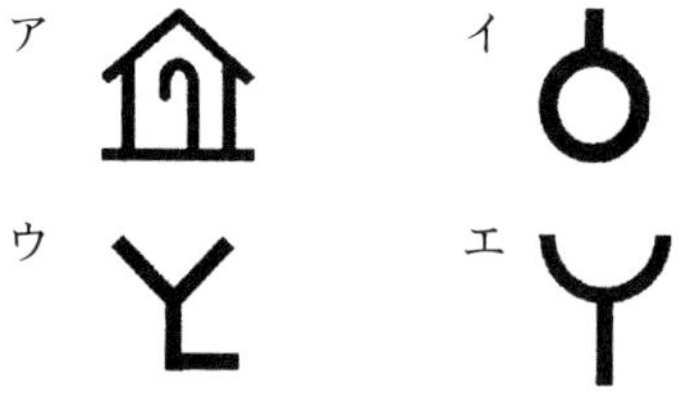

表

年	養蚕農家戸数
1985	99,710戸
1995	13,640戸
2005	1,591戸
2015	368戸
2022	163戸

(大日本蚕糸会『シルクレポート』より作成)

2　日本の主な災害についてまとめた年表を見て、あとの問いに答えなさい。

年	主な災害と関連するできごと
684	①白鳳地震が起こり、この地震の記録が②『日本書紀』に残っている
734	③天平６年に地震が起こり、大きな災害をもたらす
869	貞観地震によって津波が発生し、④多賀城まで押し寄せる
1181	畿内・西日本中心に飢饉が起こり、⑤平氏の政権が動揺する
(⑥)	壇ノ浦の戦いと同じ年に、京都で地震が起こる
	⑦
1585	⑧天正地震が起こり、近畿から東海、北陸にかけて被害をもたらす
1657	⑨明暦の大火によって江戸の町の約６割が消失する
1703	⑩元禄地震が起こり、江戸に大きな被害をもたらす
1732	享保の飢饉が起こる。このころ、８代将軍⑪吉宗が改革をおこなう
1782	天明の飢饉(～87)が起こり、百姓一揆やうちこわしが増加する
1833	洪水・冷害などによる全国的な飢饉が起こる(～39)
1854	⑫安政の東海地震・南海地震が起こる
1880	世界初の地震学を専門とする日本地震学会が創設される
	⑬
1914	桜島の大噴火が起こる
1944	⑭東南海地震が起こる
⑮1959	伊勢湾台風により、紀伊半島から東海地方を中心に大きな被害が生じる
1995	阪神・淡路大震災が起こる

問１　下線部①に関連して、この地震は天武天皇の時代に発生しました。天武天皇について述べた文のうち正しいものを次のア～エから一つ選び、記号で答えなさい。

ア　唐・新羅の連合軍と戦い、敗北した。

イ　藤原不比等に大宝律令の制定を命じた。

ウ　壬申の乱で大友皇子を倒して即位した。

エ　日本で最初の本格的な都である平城京を造営した。

問２　下線部②について、『日本書紀』の編さんをおこなった中心的な人物を次のア～エから一つ選び、記号で答えなさい。

ア　舎人親王　　イ　稗田阿礼　　ウ　太安万侶　　エ　山上憶良

問３　下線部③に関連して、次の資料はこの時代のある天皇が出した命令の一部です。この命令を出した天皇の名前を答えなさい。また、天皇がこの命令を出した目的を、資料の内容をふまえて簡潔に説明しなさい。

資料　　国分寺・国分尼寺の建立の命令

> 近頃は不作続きで、病も流行している。そこで、国ごとに七重の塔をつくり、経典を写せ。

問４　下線部④について、多賀城は現在の宮城県に置かれ、朝廷の支配に従わない東北地方の人々への対策の拠点となりました。この東北地方に住む人々を総称して何と呼びますか。漢字２字で答えなさい。

問５　下線部⑤について、平氏が熱心に信仰した、現在の広島県にある神社の名称を漢字で答えなさい。

問６　年表中の空らん(⑥)に適する数字(西暦年)を答えなさい。

問７　年表中の[⑦]の時期に起きたできごとや、この時期に出された法令・命令について説明した次の文章ア～エを、起きた時期・出された時期が古いものから順に並べかえ、記号で答えなさい。

ア

> 所領を質に入れて流したり、売買したりすることは、今後、一切禁止する。御家人でない者が御家人から買った土地は、何年前に買ったものであろうとも、御家人に返さなければならない。

イ

> 近頃の鎌倉の政治はたいへん乱れている。４代目の将軍はまだ幼い。北条義時は尼(あま)将軍の北条政子の命令であるということにして、政治や裁きを全国におよぼし、朝廷が決めたきまりを忘れてしまっている。義時を追討せよ。

ウ

> ９月、天下の土民たちがいっせいに蜂起(ほうき)した。「徳政」といって酒屋・土倉・寺院などの高利貸しを破壊(はかい)し、質に入っている品物を勝手に取り出し、借金の証文をすべて破って捨てた。日本が始まって以来、土民がいっせいに蜂起したのは、これが初めてだ。

エ

> モンゴル帝国(ていこく)の皇帝が、書を日本国王に差し上げる。日本は昔から中国と交流しているのに、私の時代になってからは一度も使いを送ってこない。これからは、お互(たが)いに訪問し合って友好を結ぼうではないか。武力を使うのは好まないので、王はよく考えなさい。

問８　下線部⑧に関連して、天正年間(1573～1592年)に起きたできごととして正しいものを次のア～エから一つ選び、記号で答えなさい。

ア　織田信長が、桶狭間の戦いで武田勝頼の騎馬(きば)隊を破った。

イ　九州のキリシタン大名が、４人の少年をローマ法王のもとに派遣(はけん)した。

ウ　豊臣秀吉が、バテレン追放令を出して南蛮貿易を禁止した。

エ　種子島に漂着(ひょうちゃく)したポルトガル人によって鉄砲が伝わった。

問９　下線部⑨に関連して、明暦の大火後の江戸の再建や寺院の建設に多大な出費をおこなった幕府は財政難におちいりました。この対策として幕府がとった政策についてまとめた以下の文の空らん(a)・(b)に適する語句の組み合わせとして正しいものをあとのア～エから一つ選び、記号で答えなさい。

> 江戸幕府の５代将軍は小判に含まれる金の量を(a)、小判を大量に発行することで財政難を乗りこえようとしたが、その結果、物価が(b)した。

ア　(a)：増やし　(b)：上昇(じょうしょう)　　イ　(a)：増やし　(b)：下落

ウ　(a)：減らし　(b)：上昇　　エ　(a)：減らし　(b)：下落

問10　下線部⑩に関連して、元禄文化を代表する菱川師宣の作品を次のア～エから一つ選び、記号で答えなさい。

ア

「見返り美人図」

イ

「富嶽三十六景」

ウ

「湖畔」

エ

「唐獅子図屏風」

問11　下線部⑪に関連して、享保の改革についての説明として正しいものを次のア～カから二つ選び、記号で答えなさい。完答で正解とします。

ア　目安箱を設けて民衆の意見を聞くようにした。

イ　江戸・大阪周辺を幕府の領地にしようとする上知令を出した。

ウ　農民の離村を禁止し、大名には飢饉に備えて米をたくわえさせた。

エ　公事方御定書を制定し、裁判の基準を定めた。

オ　湯島に学問所をつくり、朱子学以外の学問を教えることを禁じた。

カ　株仲間の結成をすすめ、商人に特権を与える代わりに、税を納めさせた。

問12　下線部⑫について、この地震による津波で、ある港に停泊していたロシア艦隊が大破したという記録が残っています。この港は、安政の東海・南海地震と同じ年に開港が決められました。この港の名称を漢字で答えなさい。また、その位置を右の地図中のア～エから一つ選び、記号で答えなさい。完答で正解とします。

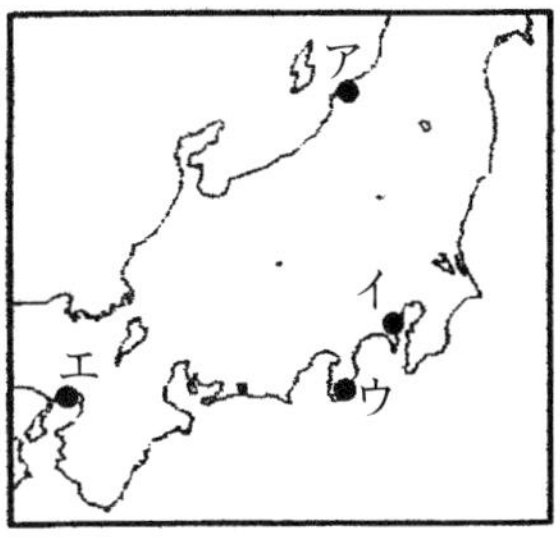

問13　年表中の［　⑬　］の時期の日本と外国との関わりについて述べた文として**誤っているもの**を次のア～エから一つ選び、記号で答えなさい。

ア　日英通商航海条約を結び、イギリスとの間で領事裁判権を撤廃した。

イ　日本海海戦でロシアのバルチック艦隊を破った。

ウ　植民地支配をおこなうため、韓国に朝鮮総督府を置いた。

エ　ロシア革命の広がりを防ぐため、シベリアへ出兵した。

問14　下線部⑭について、東南海地震に関する以下の各問いに答えなさい。

Ⅰ　東南海地震は1944年12月７日に発生しました。その翌日の３年前には日本が関係する大きなできごとがありました。このできごとを次のア～エから一つ選び、記号で答えなさい。

ア　柳条湖事件　　イ　国際連盟からの脱退　　ウ　盧溝橋事件　　エ　真珠湾攻撃

Ⅱ　右の地図からわかるように、マグニチュード7.9を記録した東南海地震は日本各地に被害をもたらしました。しかし、この地震の翌日には、目立たないところに「被害を生じた所もある」という小さな新聞記事が載(の)っただけで、日本国内での報道の取り扱(あつか)われ方が小さかったという記録が残っています。次の【資料１】、【資料２】をふまえ、なぜ、日本国内でこの地震に関する報道の扱いが小さかったのか(小さくしなければならなかったのか)について説明しなさい。

東南海地震の震度分布

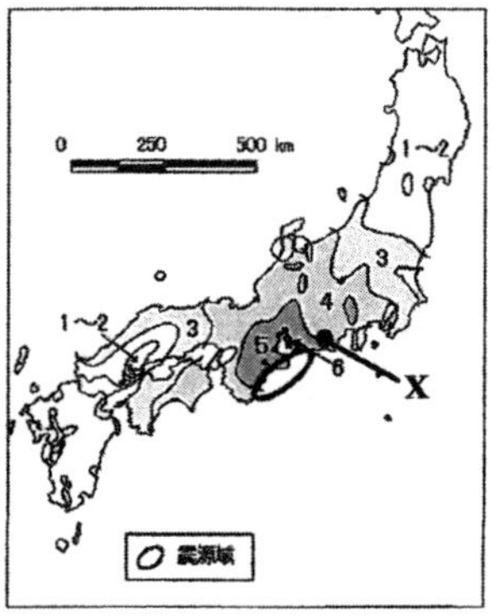

(内閣府「災害教訓の継承に関する専門調査会　第２期報告書」より)

【資料１】　上の地図中Ｘ地点(愛知県半田市)にある災害伝承碑の伝承内容

> 昭和19年(1944年)12月７日午後１時36分、昭和東南海地震が発生し、半田市では震度６以上で188名が亡くなった。…(略)…中島飛行機半田製作所山方工場などの軍需(ぐんじゅ)工場*が倒壊(とうかい)し、倒壊した工場の瓦礫(がれき)に押(お)しつぶされ、学徒動員で集められた男女97名の命が奪(うば)われた。
>
> *軍需工場…兵器、爆薬、航空機など軍事に必要な物資を生産・修理する工場

【資料２】　1941年１月に施行された新聞紙等掲載(けいさい)制限令の内容

> 国家総動員法に基づき、内閣総理大臣は外交や財政経済政策、戦争などの国策を計画通りに実行する際に重大な支障を生ずるおそれのある事項(じこう)や、外国にかくす必要がある事項について、新聞記事に載せることをあらかじめ制限または禁止できる。

問15　下線部⑮に関連して、この時期以降、いわゆる「三種の神器」と呼ばれる家電製品が各家庭に普及(ふきゅう)するようになり、新聞やラジオだけでなく、テレビでも災害・防災の情報を手に入れることができるようになりました。次のグラフは日本における主な家電の普及率の推移を示しています。「白黒テレビ」に当たるものをグラフ中のア～エから一つ選び、記号で答えなさい。

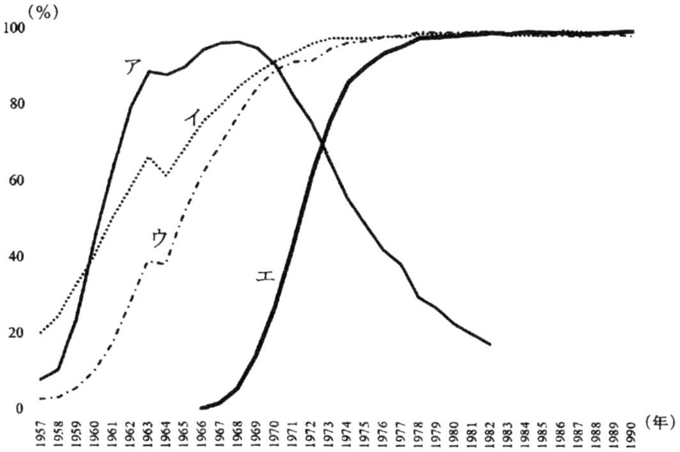

(内閣府「消費動向調査」をもとに作成)

③　次の文章を読み、あとの問いに答えなさい。

1959年の伊勢湾台風をきっかけに、戦後の災害対策は大きく前進しました。1961年には①国会の審議(しんぎ)を経て、わが国の災害対策の基本法制となる災害対策基本法が制定され、防災に関して政府や②地方公共団体が果たすべき役割が明確になりました。政府には中央防災会議が設置され、各地方公共団体には防災計画の作成が求められるようになるなど、少しずつ③国民の生命、身体および財産を災害から保護し、社会秩序(ちつじょ)を維持(いじ)するための体制づくりが進んでいったのです。

政府や地方公共団体は、災害に備えて必要な④予算を組んでいます。大規模な災害が発生した場合、地域の自治体を中心に避難(ひなん)所の設置や生活必需品(ひつじゅひん)の支給といった支援(しえん)がおこなわれるほか、地域を超(こ)えて消防や警察、⑤自衛隊が被災(ひさい)地に派遣(はけん)されます。災害時には自分自身や家族を守る「自助」が大切ですが、地域の住民同士で協力して助け合う「共助」、政府や地方公共団体による被災者への援助や支援である「公助」も極めて重要です。

多くの都道府県や市町村では、土砂災害や洪水などの災害の被害の範囲(はんい)や程度を予測したハザードマップを作成しています。われわれ一人ひとりがこうした情報を積極的に入手するなど防災意識を高め、「もしものとき」に備える心構えを持つことが、災害による被害を減らすことにつながるのではないでしょうか。

問１　下線部①について、日本の国会審議について述べた文のうち正しいものを次のア～エから一つ選び、記号で答えなさい。

ア　予算案は必ず衆議院から先に審議しなければならない。

イ　法律案を審議する際には、必ず公聴会を開かなければならない。

ウ　憲法改正の発議には、各議院の出席議員の過半数の賛成が必要である。

エ　参議院は、内閣総理大臣の不信任決議をおこなうことができる。

問２　下線部②に関連して、地方公共団体に関する以下の各問いに答えなさい。

Ⅰ　地方自治において、住民は直接請求権を持っています。そのうち、首長や議員の解職請求を何といいますか。カタカナで答えなさい。

Ⅱ　地方公共団体の歳入のうち、国が使い道を指定して地方公共団体に交付する補助金を何といいますか。漢字で答えなさい。

問３　下線部③に関連して、日本国憲法では生命や自由、財産権をはじめ、国民のさまざまな権利が保障されています。日本国憲法が規定する人権について述べた次の文Ｘ・Ｙの正誤の組み合わせとして正しいものをあとのア〜エから一つ選び、記号で答えなさい。

Ｘ：健康で文化的な最低限度の生活を営む権利は、憲法25条に規定されている。

Ｙ：公共の福祉の観点から、公務員にはストライキが認められている。

ア　Ｘ：正しい　Ｙ：正しい　　イ　Ｘ：正しい　Ｙ：誤り

ウ　Ｘ：誤り　Ｙ：正しい　　エ　Ｘ：誤り　Ｙ：誤り

問４　下線部④について、令和５年(2023年)度の国の一般会計予算の歳出において、最も大きい割合を占めている項目を次のア〜エから一つ選び、記号で答えなさい。

ア　公共事業関係費　　イ　国債費　　ウ　社会保障関係費　　エ　文教及び科学振興費

問５　下線部⑤について、自衛隊の管理や運営を担当する省庁を漢字で答えなさい。

問６　文中の二重下線部に関連して、大規模な災害が発生した場合には、自治体が体育館や公民館などに設置する避難所で長期間の生活を送ることがあります。避難所ではさまざまな人と生活を共にすることになるため、お互いが配慮をする必要があります。あとの【イラストＡ】・【イラストＢ】は避難所での生活のようすを描いています。このイラストをよく見て、以下の各問いに答えなさい。

Ⅰ　【イラストＡ】に描かれている避難所内の問題点を一つあげ、わかりやすく説明しなさい。さらに、あなたがこの避難所に避難した場合、この問題解決のためにどのような行動ができますか。「共助」の視点から述べなさい。

Ⅱ　【イラストＢ】に描かれている避難所内の問題点を一つあげ、わかりやすく説明しなさい。さらに、あなたがこの避難所を運営する立場であるならば、この問題解決のためにどのような行動ができますか。「公助」の視点から述べなさい。

【イラストＡ】

避難してきた外国人

アナウンスの内容が
わからない外国人のようす
(編集部注：著作権の都合により
イラストを削除してあります。)

【イラストＢ】

避難してきた赤ちゃん連れの親子

赤ちゃんの夜泣きやオムツ交換に
困っている親子のようす
(編集部注：著作権の都合により
イラストを削除してあります。)

聖光学院中学校(第１回)

—40分—

(編集部注：実際の入試問題では、写真や図版の一部はカラー印刷で出題されました。)

1　次の問いに答えなさい。

問１　近年、インドやインドネシア、トルコ、南アフリカといったアジアやアフリカなどの新興国・途上国(とじょうこく)を総称(そうしょう)する時に「グローバル(　　)」という言葉が使われています。

この(　　)にあてはまる語句を答えなさい。なお、この言葉は、冷戦後の「第三世界」を表現する時や、立場の弱い南の国々の政治的連帯を指す呼称(こしょう)としても使います。

問２　2023年10月に発表された「生活の豊かさを示す指標」の１つが、過去43年間で最も高い29％に達しました。この指標は家計の消費支出に占(し)める食料費の割合を示したもので、その割合が小さいと、生活が豊かになっていると解釈(かいしゃく)します。この指標のことを「○○○○係数」といいます。○○○○にあてはまる言葉を、カタカナ４字で答えなさい。

問３　日本国憲法第７条［抜粋(ばっすい)しています］の(１)～(３)にあてはまる語句の組み合わせとして正しいものを、あとのア～クの中から１つ選び、記号で答えなさい。

> 天皇は、(１)の助言と承認により、国民のために、左の国事に関する行為を行ふ。
> 　１　憲法改正、法律、政令及び条約を公布すること。
> 　２　国会を(２)すること。
> 　３　(３)を解散すること。
> 　４　国会議員の総選挙の施行を公示すること。

ア　(１)：国会　(２)：召集　(３)：衆議院
イ　(１)：国会　(２)：召集　(３)：参議院
ウ　(１)：国会　(２)：招集　(３)：衆議院
エ　(１)：国会　(２)：招集　(３)：参議院
オ　(１)：内閣　(２)：召集　(３)：衆議院
カ　(１)：内閣　(２)：召集　(３)：参議院
キ　(１)：内閣　(２)：招集　(３)：衆議院
ク　(１)：内閣　(２)：招集　(３)：参議院

問４　働き方改革関連法の施行(しこう)により本年４月１日以降、自動車運転業務の年間時間外労働時間の上限が960時間に制限されることになりました。このことによって起こる良い影響(えいきょう)として、トラックドライバーの労働環境(かんきょう)の改善が想定されます。一方で、このことによって起こる悪い影響として想定される具体的な事例を１つ、10字以上20字以内で答えなさい。

2　次の文章を読んで、あとの問いに答えなさい。なお、引用した史料の中には読みやすく変えているものもあります。

みなさんは、小学校の国語の授業で、短歌や俳句の勉強をしたことと思います。なかには、「小倉百人一首」でカルタ遊びをした人もいるでしょう。ここでは、短歌や俳句などの歴史についてみていきましょう。

短歌は、「５・７・５・７・７」の計31音で成り立っています。一般に「和歌」といえば「５・７・５・７・７」の短歌を指しますが、実は、「５・７・５・７・７」ではない和歌も存在します。

たとえば、①『万葉集』には、短歌のほかに、「５・７・７・５・７・７」の旋頭歌、「５・７」を３回以上くりかえして、最後に７音の一句を置く「長歌」、「５・７・５・７・７・７」の「仏足石歌」などの形式の和歌も収録されています。また、『万葉集』には、天皇や貴族だけではなく、東国の人が詠んだ東歌や、東国から九州北部へ防衛のために派遣された（　１　）が詠んだ和歌も収録されています。山上憶良が詠んだ「貧窮問答歌」も、『万葉集』にあります。しかし、しだいに短歌以外の和歌は詠まれなくなったため、「和歌」といえば短歌を指すようになりました。

平安時代になると、勅撰和歌集として、紀貫之らにより『古今和歌集』がつくられました。『古今和歌集』は、その後、和歌(短歌)の手本として、長い間、重要視されました。②鎌倉時代になると、藤原定家らによって『新古今和歌集』が、鎌倉では３代将軍の（　２　）によって『金槐和歌集』がつくられました。なお、藤原定家は、「小倉百人一首」ゆかりの人物でもあります。

また、鎌倉時代には、短歌を「５・７・５」(長句)と「７・７」(短句)に分け、何人かで集まって長句と短句をかわるがわるに詠んでいく連歌(長連歌)がひろまり、建武の新政の頃には大変流行していたことが、③「二条河原の落書」に記されています。連歌では、最初の句を「発句」、最後の句を「□□□」といいます。「最後の最後には」という意味の慣用句「□□□の果て」は、実は連歌に由来しているのです。

連歌から発句だけを独立させたものが俳句です。俳句を新しい芸術として確立したのが、『奥の細道』の作者として知られる松尾芭蕉です。俳句には、（　３　）が必要です。これに対して、同じ「５・７・５」の形式ながら、（　３　）がなく、社会や世相を批判したり、おもしろさを求めたりしたものが川柳で、老中（　４　）の政治を批判した「役人の　子はにぎにぎを　よく覚え」が有名です。また、短歌の形式でおもしろさを求めたものを狂歌といい、④寛政の改革を批判した「世の中に　蚊ほどうるさきものはなし　ぶんぶというて夜もねられず」などがあります。

俳句は、江戸時代後期になると、ありきたりな句を詠むことがよいとされましたが、明治時代になると正岡子規があらわれて、俳句・短歌に革新をもたらしました。「柿食へば　鐘が鳴るなり　⑤法隆寺」という俳句は、正岡子規の代表作です。明治時代後半には、⑥与謝野晶子が情熱的な短歌を詠み、石川啄木は自分の生活に基づいたすぐれた短歌を残しました。その後、⑦昭和の終わりには、歌人の俵万智が、日常会話を用いて短歌を詠み、短歌の世界に新たな風を吹き込みました。

現在でも、新聞には短歌や川柳の投稿欄がありますし、芸能人が俳句を詠んで、その出来ばえを競う⑧テレビ番組もあります。和歌・俳句・川柳は、今でも私たちの身近にある存在といえるでしょう。

問１　文中の（　１　）～（　４　）にあてはまる語句や人名を漢字で答えなさい。

問２　文中の□□□にあてはまる語句を、**ひらがな３字**で答えなさい。

問３　下線部①について述べた文ａ～ｄのうち、正しいものの組み合わせを、あとのア～エの中から１つ選び、記号で答えなさい。

ａ　『万葉集』は、現在伝わっている和歌集としては日本最古である。

ｂ　『万葉集』は、持統天皇の命令によって奈良時代につくられた。

ｃ　『万葉集』には、たくさんの和歌がひらがな表記で収録されている。

ｄ　『万葉集』には、「令和」の由来となった文章が収録されている。

ア　a・c　　イ　a・d　　ウ　b・c　　エ　b・d

問４　下線部②に起きた出来事として誤っているものを、次のア～エの中から１つ選び、記号で答えなさい。

ア　後白河上皇が承久の乱を起こしたが、幕府軍にやぶれて隠岐に流された。

イ　執権北条泰時が、源頼朝以来の先例や道理に基づいて御成敗式目を制定した。

ウ　元の大軍が２度にわたって日本に攻(せ)めてきたが、幕府は防衛に成功した。

エ　幕府は、困窮(こんきゅう)した御家人を救うために永仁の徳政令を出したが、混乱を招いた。

問５　下線部③の書き出しと、落書の内容について述べた文の組み合わせとして正しいものを、あとのア～エの中から１つ選び、記号で答えなさい。

【落書の書き出し】

X　祇園精舎(ぎおんしょうじゃ)の鐘の声　諸行無常(しょぎょうむじょう)の響(ひび)きあり

Y　この頃(ごろ)都にはやる物　夜討(ようち)・強盗(ごうとう)・謀綸旨(にせりんじ)

【落書の内容】

あ　後醍醐天皇の政治が京都にもたらした混乱について記されている。

い　天皇に忠義を尽(つ)くした楠木正成が戦死した悲しさについて記されている。

ア　X・あ　　イ　X・い　　ウ　Y・あ　　エ　Y・い

問６　下線部④について述べた文として正しいものを、次のア～エの中から１つ選び、記号で答えなさい。

ア　湯島聖堂の学問所で、朱子学以外の儒学を教えることを禁じた。

イ　足高の制を設けて、幕府による人材登用をおこないやすくした。

ウ　水田を増やそうとして、印旛沼や手賀沼の干拓(かんたく)工事を実施(じっし)した。

エ　上知令を出して、江戸・大坂周辺を幕府領にしようとした。

問７　下線部⑤について述べた文として正しいものを、次のア～エの中から１つ選び、記号で答えなさい。

ア　天武天皇が、妻の病気が良くなることを願って建立した。

イ　日本で最初の本格的な寺院として、飛鳥の地に建立された。

ウ　唐から招いた高僧(こうそう)のために、朝廷から提供された土地に建立された。

エ　金堂や五重塔、回廊(かいろう)の一部は、現存最古の木造建築と考えられている。

問８　下線部⑥の与謝野晶子と石川啄木について述べた次の文中の［　X　］・［　Y　］にあてはまる語句の組み合わせとして正しいものを、あとのア～エの中から１つ選び、記号で答えなさい。

> 与謝野晶子は、［　X　］に出征(しゅっせい)する弟の無事を願う「君死にたまふことなかれ」という詩を発表したことでも知られている。石川啄木は、［　Y　］に際して、「地図の上　朝鮮国に　くろぐろと　墨(すみ)を塗(ぬ)りつつ　秋風を聴(き)く」という短歌を詠んでいる。

ア　X：日清戦争　Y：韓国併合　　イ　X：日清戦争　Y：江華島事件

ウ　X：日露戦争　Y：韓国併合　　エ　X：日露戦争　Y：江華島事件

問９　下線部⑦に関連して、昭和時代末に国内外で起きた出来事として正しいものを、次のア～エの中から１つ選び、記号で答えなさい。

ア　ニューヨークのワールドトレードセンターに、ハイジャックされた飛行機が突っ込むテロ事件が起きた。

イ　阪神淡路大震災や地下鉄サリン事件が立て続けに起き、日本の安全神話が大きくゆらいだ。

ウ　ソ連のチェルノブイリ（チョルノービリ）原発で事故が起き、周辺の環境に大きな影響を与えた。

エ　第１次オイルショックが発生し、石油の価格だけではなく、さまざまな物の価格が高騰した。

問10　下線部⑧に関連して、日本のテレビ放送について述べた文として正しいものを、次のア～エの中から１つ選び、記号で答えなさい。

ア　日本のテレビ放送は、大正時代に東京で始まった。

イ　初期のテレビ番組としては、プロレスの生中継が人気であった。

ウ　カラーテレビの受信機は、家電の「三種の神器」の１つに数えられた。

エ　21世紀に映画館が普及すると、テレビ番組の視聴率はふるわなくなった。

問11　波線部について、次の史料は「貧窮問答歌」の終わりの部分です。この「貧窮問答歌」の形式として正しいものを、あとのア～エの中から１つ選び、記号で答えなさい。

竈には　火気ふき立てず　甑には　蜘蛛の巣懸きて　飯炊く　ことも忘れて　ぬえ鳥の　のどよひ居るに　いとのきて　短き物を　端截ると　云へるがごとく　しもと取る　里長が声は　寝屋戸まで　来立ちよばひぬ　かくばかり　すべなきものか　世の中の道

ア　短歌　　イ　長歌　　ウ　旋頭歌　　エ　仏足石歌

③　東京都の郊外(こうがい)に住むセイイチさん・トオルさん・トシコさん・ミキさんのグループは、小学校の授業で近くにある商店街とスーパーマーケットを調査し、説明を加えて次の地図(図１)をつくりました。これについて、あとの問いに答えなさい。

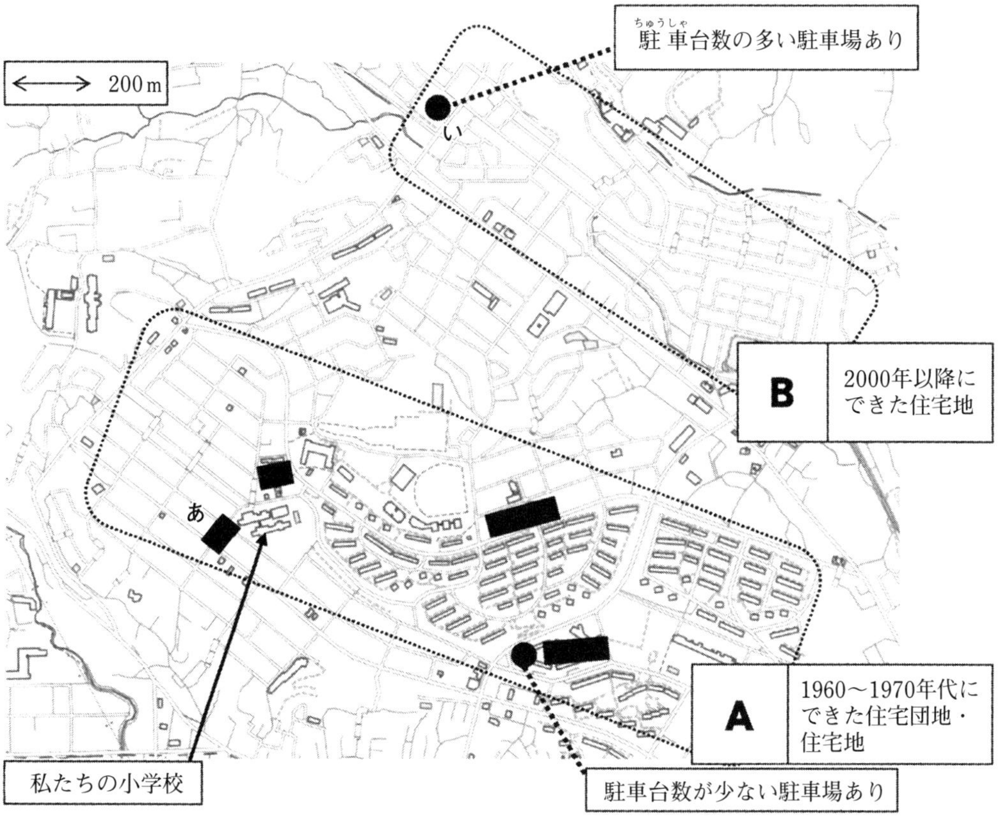

■：小規模の店が並ぶ商店街　　　●：大規模なスーパーマーケット

図１　私たちの小学校付近の地図

（白地図は国土地理院「地理院地図 vector 白地図」より作成）

問１　セイイチさんたちは、1960～1970年代にできた住宅団地・住宅地の範囲(はんい)Aと2000年以降にできた住宅地の範囲Bを、図１中に［　　　　］で示しました。さらに小規模の店が並ぶ商店街の位置を■、大規模なスーパーマーケットの位置を●で示しました。そしてこの２つの範囲に住む人々の買い物のようすを考察し、次の文にまとめました。文中の［　　　　　　］にあてはまる文を、２行以内で答えなさい。

なお、解答の内容は、［　　　　　　］の前後の文を参考にすること。また、解答の文中に■や●の記号を使ってもかまいません。

> Aの住民は、その範囲内に■が複数あり、毎日の生活に必要な食品や商品を買いに、近くの■や●へ徒歩や車などで行っていると考えられます。
> しかし、Bの住民は、その範囲内に［　　　　　　］。そのこともあって、Bにあるコンビニエンスストアでは、野菜や肉が売られていると考えられます。

問２　トオルさんは、学校のすぐ近くにある商店街**あ**の1980年頃(ごろ)のようすと2023年のようすを商店街の方に聞き取りをして、図にしました。次の図２中の(　１　)～(　４　)には、空き地・魚屋・整骨院・豆腐屋(とうふや)のいずれかがあてはまります。(　３　)・(　４　)にあてはまる語句の組み合わせとして最もふさわしいものを、あとのア～カの中から１つ選び、記号で答えなさい。

(１)	道路	米屋
肉屋		八百屋
パン屋		(２)
美容院		薬屋

1980年頃のようす

(３)	道路	米屋
肉屋		(４)
たこ焼き屋		居酒屋
花屋		一般(いっぱん)住宅

2023年のようす

図２

ア　(　３　)：豆腐屋　　(　４　)：整骨院　　イ　(　３　)：豆腐屋　　(　４　)：空き地
ウ　(　３　)：豆腐屋　　(　４　)：魚屋　　エ　(　３　)：整骨院　　(　４　)：空き地
オ　(　３　)：整骨院　　(　４　)：魚屋　　カ　(　３　)：魚屋　　(　４　)：空き地

問３　トシコさんは大規模なスーパーマーケット**い**の果実担当の方に、ドラゴンフルーツ・なし・ぶどう・みかんについて、次のⅠ～Ⅳの質問をしました。あとのＡ～Ｄの文は、その質問を受けて果実担当の方が話した内容です。Ⅰ～ⅣとＡ～Ｄの組み合わせとして正しいものを、あとのア～クの中から２つ選び、記号で答えなさい。

Ⅰ　この果実の生産地は日本列島の太平洋側の県を中心に数多くあるようですね。東京から遠い地域での生産や生産地の地形の特色などはありますか？

Ⅱ　この果実は岐阜県の飛騨地方でも栽培(さいばい)されているようですね。この果実は主に日本では沖縄県などで栽培されているものですが、どうして飛騨地方が産地なのですか？

Ⅲ　この果実は隣(となり)の県で生産量が多く、東京へ高速道路で輸送されているようですね。生産地との距離(きょり)の近さとともに、この果実の生産量が多くなる理由はありますか？

Ⅳ　この果実は私たちの小学校の近くの多摩川沿いにある農家でも生産されているようですね。この店の近くにある農家からも仕入れをする利点はありますか？

Ａ　一番早い早生(わせ)とよばれるものは、９月から収穫(しゅうかく)が始まります。南向きの急な斜面(しゃめん)で栽培されることも多く、なかでも海が望める斜面では、海からの太陽光の反射を受けてよく育つともいわれているようです。

Ｂ　遠い地域などからも同じ果実は入荷(にゅうか)するのですが、輸送に時間がかかるので甘(あま)くならないうちに実を収穫してしまいます。しかし、生産する農家がこの店の近くにある場合、長く木に実らせ熟して甘くなったものを、すぐに売ることができます。

Ｃ　生産地の周囲は山地であり降水量が少なく、かつ日照時間が長くなることが一因です。また、その県の中央部には盆地があり、その盆地の周囲では多くの扇状地があるので、この果実の栽培に適しているからです。

Ｄ　生産している農園の近くで湧(わ)き出す温泉を利用し、温泉の熱でビニールハウスを温めることができるので、その果実を栽培することができるからです。

ア　Ⅰ：Ｂ　　イ　Ⅰ：Ｃ　　ウ　Ⅱ：Ａ　　エ　Ⅱ：Ｄ
オ　Ⅲ：Ａ　　カ　Ⅲ：Ｄ　　キ　Ⅳ：Ｂ　　ク　Ⅳ：Ｃ

問4　ミキさんは野菜担当の方から、同じ野菜でも年間ではいろいろな産地から仕入れていることを聞きました。そこで東京都中央卸売市場で取り扱われる野菜の生産地を、月ごとに調べてみました。次の図は、きゅうり・だいこん・ほうれんそう・レタスの夏(2022年7月)と冬(2022年12月または2023年1月)の取り扱い量が多い5都道府県を示したものです。だいこんとほうれんそうを示しているものを、次のア～エの中からそれぞれ1つずつ選び、記号で答えなさい。

ア

イ

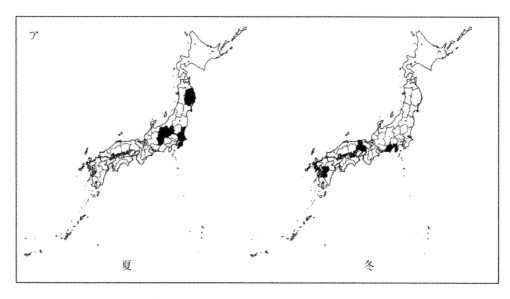

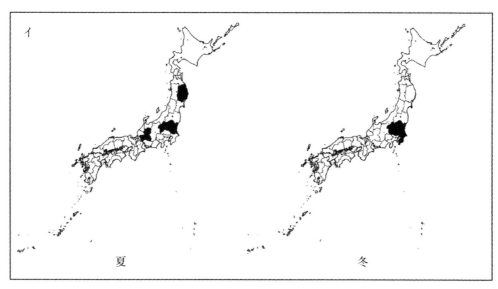

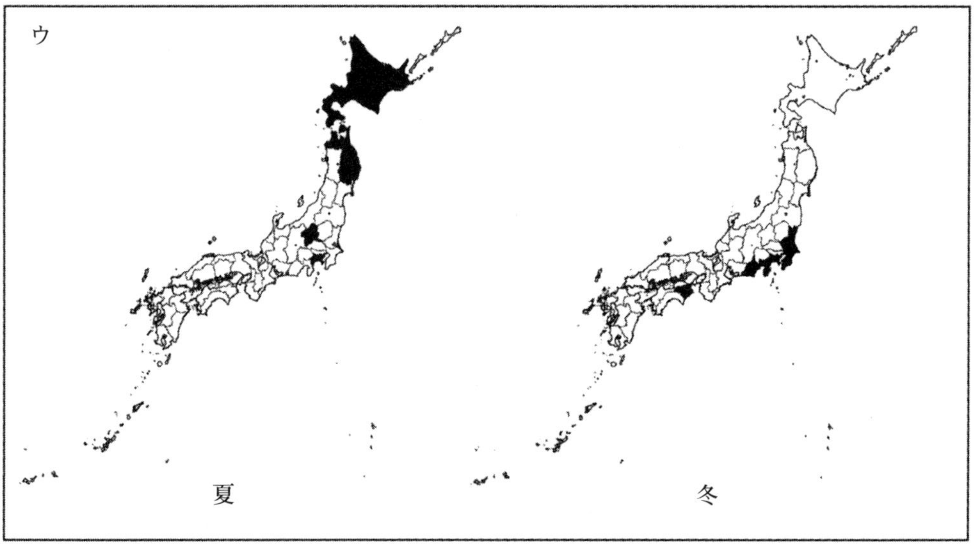

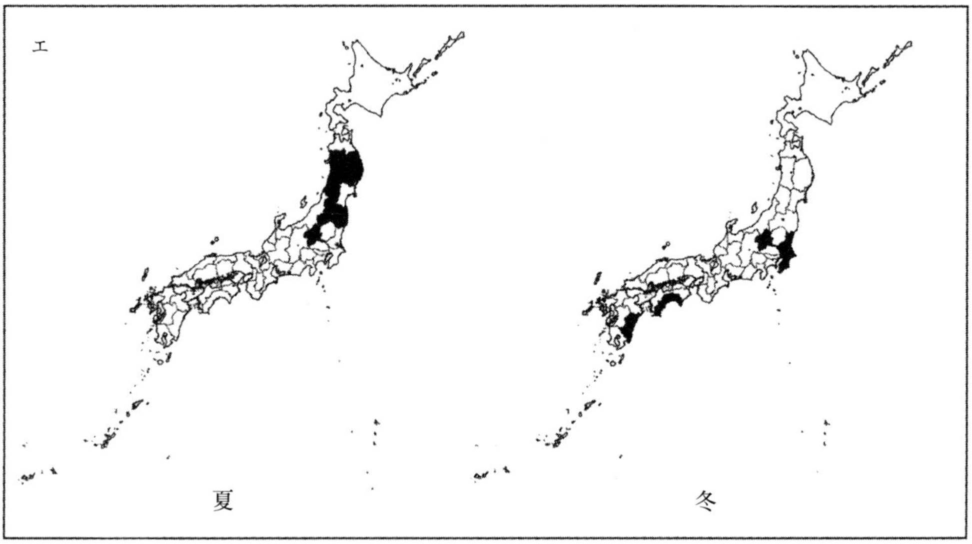

(東京都中央卸売市場資料より作成)

問５　セイイチさんは日用品担当の方から、日用品に多くみられるプラスチック製品について聞き取りをし、次の文にまとめました。文中の下線部ア～エの中から誤りのあるものを１つ選び、記号で答えなさい。

プラスチックの原料は原油であり、日本は多くの割合を輸入に頼(たよ)っています。また、プラスチック製品の完成品も、そのまま輸入されています。
原料の原油を輸入する際に使用される船は、主にタンカーです。タンカーは、原油を安全に運ぶために写真Ａのような形をしており、ア主に西アジアの国々の港で積(つ)み込(こ)んだ原油を、直接日本の港へ運びます。また、電力・動力などをつくるための石炭を輸入する際に使用される船は、主にばら積み船です。ばら積み船は、イ形の定まらない石炭を安全に運ぶために写真Ｂの船を利用し、その船倉は船の揺(ゆ)れに耐(た)え、積み荷がずれにくい構造をしています。石炭は主に南半球や赤道直下の国から直接日本の港へ運びます。

　工業製品を運ぶ船の１つとしては、コンテナ船があげられます。コンテナという世界で統一された基準の箱を利用し、さまざまな大きさの工業製品であってもそのコンテナに入っていれば運ぶことができます。また、港ではウコンテナを積み上げたり、移動させたりすることが港にある設備で容易にできることが写真Ｃでわかります。コンテナ船は、エコンテナを積み込んだ国の港を出港して日本に到着(とうちゃく)するまでに、いくつもの国や地域のさまざまな港を経由して運ぶことができます。

写真Ａ

写真Ｂ

写真Ｃ

問６　トオルさんは、日本国内でつくられる工業製品について興味をもち、各都道府県の製造品出荷額等の総額に占める割合のうち、１つの産業で30％以上を占める都道府県を取り上げて分類してみました。次の表中の（ ２ ）にあてはまる産業として正しいものを、あとのア～オの中から１つ選び、記号で答えなさい。

（ １ ）	群馬県・愛知県・広島県・福岡県
（ ２ ）	北海道・鹿児島県・沖縄県
（ ３ ）	山口県・徳島県
生産用機械	山梨県

(矢野恒太記念会編『データでみる県勢2023』より作成)

ア　化学　　イ　食料品　　ウ　石油・石炭製品　　エ　電子部品　　オ　輸送用機械

問７　トシコさんは、外国からの輸入農産物が多くなる中で、地域の農業の活性化をはかることも必要だと思い、このスーパーマーケットを通じて「地産地消」の取り組みを今後さらに進めて行く場合に、どのような方法をとればよいかを考えました。その取り組みとして**ふさわしくない**ものを、次のア～エの中から１つ選び、記号で答えなさい。

ア　このスーパーマーケットに、近くの農家の農産物を販売するコーナーをつくり、生産者のプロフィールを書いた掲示物を添えておく。

イ　このスーパーマーケットで、近くの農家で生産される農産物を利用したレシピを募集し、そのレシピでつくったおかずを販売する。

ウ　このスーパーマーケットがもつ全国の店舗に、地元の農産物を全国の農産物と一緒に混ぜて流通させて、近くの農家へ安定収入があるようにする。

エ　このスーパーマーケットが主催者となって、近くの農家と店舗利用者との交流会を企画し、農産物の試食会などをおこなう。

問８　セイイチさんたちは、聞き取りをしたスーパーマーケットが、図３中のＣ～Ｆ地点に新しい店舗を出店すると仮定して、各地点に店舗を出店する際の利点やその店舗の経営戦略を話し合って、それぞれの地点についてア～エのカードにまとめて発表しました。

Ｅ・Ｆ地点の発表として正しいものを、あとのア～エの中からそれぞれ１つずつ選び、記号で答えなさい。

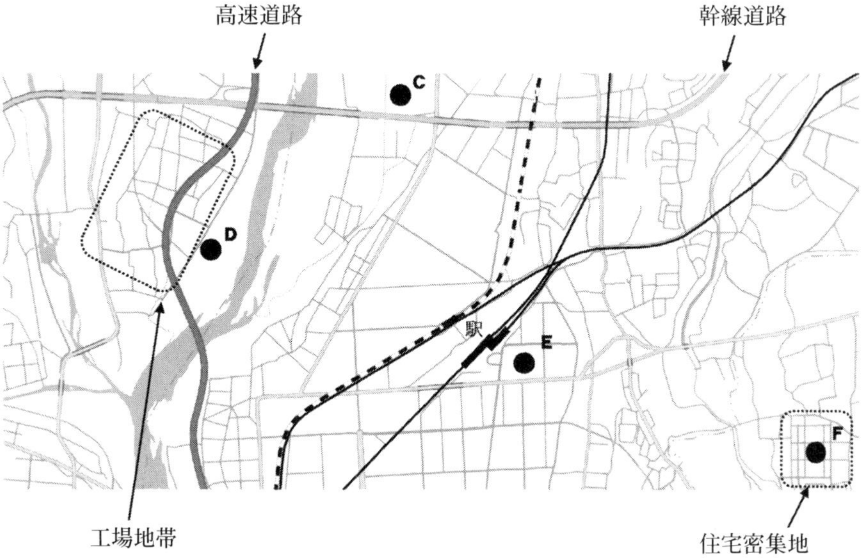

図３

(白地図は国土地理院「地理院地図 vector 白地図」より作成)

(編集部注：実際の入試問題では、図版の一部はカラー印刷で出題されました。)

ア　セイイチさん

ここは近隣(きんりん)から毎日徒歩で訪れる客を多く見込むことができます。日々の生活に必要とする量に対応できるように、小分けのパッケージングをするなどして、日常生活の利便性が高くなるような戦略をとります。

イ　トオルさん

ここは徒歩で訪れる客を多く見込むことができます。近隣のオフィスビルで働く人の昼食や夕食向けの持ち帰り弁当・おかずなどの販売をしたり、他店より高級食材を含(ふく)めた幅広い価格帯の商品を扱ったりする戦略をとります。

ウ　トシコさん

ここは乗用車による広範囲からの集客を見込むことができます。広い駐車場をつくり、売り場面積も広くとり、多品種の商品をそろえることで、さまざまな商品のまとめ買いの利便性が高くなるような戦略をとります。

エ　ミキさん

ここは近隣の会社に勤める従業員の集客を見込むことができます。日々の仕事に必要となる作業に対応できるような専門性の高い商品や、昼食向けの弁当の販売などで利便性が高くなるような戦略をとります。

4　次の文章を読んで、あとの問いに答えなさい。

「人は女に生まれるのではない　女になるのだ」

20世紀のフランスの哲学者シモーヌ・ド・ボーヴォワールがその著『第二の性』で記した有名な言葉です。彼女は「女は生まれてすぐに男よりも劣ったものと教え込まれ、そのようなものとして振る舞うことを強制されている」と言い、女性の解放を訴えました。

男女の社会的役割が強調されるようになったのは19世紀のことといわれています。西洋各国で工場の機械化が進むと、「男は外で働き、女は家庭を守る」という生活スタイルが理想と考えられるようになりました。その一方、現実には工場での長時間・低賃金労働に苦しむ女性も増えるようになっていきました。

①明治時代の日本にも、こうした考え方や生活様式が流入します。その頃の法律において、親権や財産権など非常に大きな権限を、家長とよばれる父親やその長男が行使し得たことは、②参政権問題とともに男女間の格差の法的側面を表すものでした。戦後、女性参政権は実現しましたが、現在でもその格差がなくなったとはいえません。

③国際的には両性の平等を促進する動きは活発で、1979年には女性差別撤廃条約が国際連合で採択され、1985年には日本でも男女雇用機会均等法が成立しました。現在では「男らしさ」・「女らしさ」の社会的通念も大きく変わり、これまで女性のものとされてきた職業を男性が担ったり、男性のものとされてきた職業を女性が担ったりすることも多くなりました。少しずつではありますが、④男女間の平等はさまざまな分野で進んできています。

また、2023年６月にはＬＧＢＴ理解増進法が制定されるなど、男女という性別をめぐる議論が多様化しています。

問１　下線部①に関連して、当時の日本にも社会的に活躍した女性を見ることはできます。次の紙幣に描かれた女性がアメリカ留学に出発した時期を、あとの〔史料〕を参考にしながら、〔年表〕中のア～オの中から１つ選び、記号で答えなさい。

（ＳＰＥＣＩＭＥＮは見本の意味）
（国立印刷局ウェブサイトより）

〔史料〕「開拓使長官黒田清隆の建議書」

> 人材育成には子どもたちを教育することが大切である。今や欧米諸国では、母親は学校を卒業し、子どもを熱心に教育している。…だから女子教育は、人材育成の根本であり、不可欠なものである。…そこで幼い女子を選び、欧米に留学させようと思う。
>
> (わかりやすく書き直してあります)

〔年表〕

1867年	大政奉還
	ア
1869年	版籍奉還
	イ
1873年	征韓論争勃発
	ウ
1881年	開拓使官有物払下げ事件
	エ
1894年	条約改正(治外法権撤廃)
	オ
1902年	日英同盟締結

問２　下線部②について、次の(a)・(b)の問いに答えなさい。

(a)　欧米諸国では19世紀中頃から女性参政権運動が盛り上がりを見せましたが、女性参政権に反対する声も強かったといわれます。なぜ女性参政権に反対する声が強かったのでしょうか。本文と次の絵を参考に25字以上35字以内で説明しなさい。

私の妻は、今夜、どこをほっつき歩いているんだ？

(ウィスコンシン大学マディソン校図書館ウェブサイトより)

(b)　次の〔年表〕は、主要国において女性参政権が実現した時期を表します。各国で女性参政権が実現した経緯(けいい)についての説明として正しいものを、あとのア～エの中から1つ選び、記号で答えなさい。

〔年表〕主要国において女性参政権が実現した年

1918年	イギリス
1919年	ドイツ
1920年	アメリカ
1944年	フランス
1945年	イタリア・日本

ア　日本では、第2次世界大戦後に施行(しこう)された日本国憲法の規定に従って、翌年に女性参政権が実現した。

イ　フランスでは、フランス革命期に特権階級の打倒に活躍した女性たちは、権利の拡大を主張し、女性参政権の獲得(かくとく)に成功した。

ウ　アメリカでは、第1次世界大戦中に、戦争への女性の協力を促(うなが)すため女性参政権問題が協議されたが、実現したのは第1次世界大戦後のことであった。

エ　ドイツではナチス政権崩壊(ほうかい)後の民主化の動きの中で、新たに民主的な憲法が制定され、女性参政権が実現した。

問３　下線部③について、世界経済フォーラムが2023年に発表した、男女の社会的格差に関する各国間比較で、日本は146カ国中125位に位置づけられました。これは政治・経済・教育・健康の４分野にわたる男女格差を比較するもので、あとのグラフはこれを数値化したものです。グラフのＡとＤにあてはまるものを、あとのア～エの中から１つずつ選び、記号で答えなさい。なお、政治・経済・教育・健康の各分野において評価対象となったのは次の項目です。

政治：国会議員の男女比、閣僚の男女比など
経済：同一労働における賃金の男女格差、管理職の男女比など
教育：識字率の男女比、初等・中等・高等教育就学率の男女比
健康：出生男女比、健康寿命の男女比

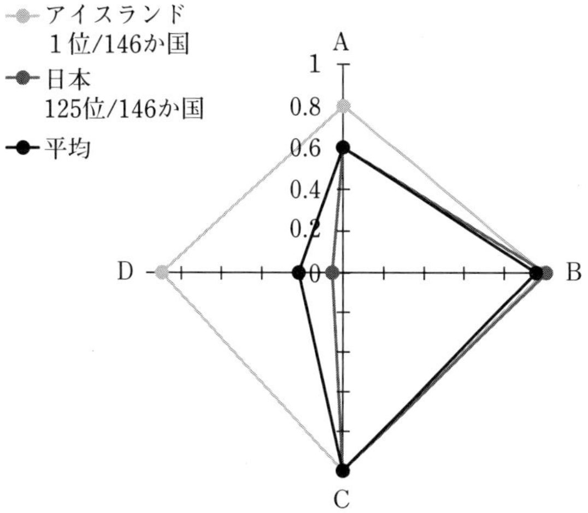

※　グラフ中の数字はジェンダーギャップ指数(０が完全不平等、１が完全平等を示し、数値が小さいほど男女間の格差が大きいことを表します)

(内閣府男女共同参画局ウェブサイトより作成)

ア　政治　　イ　経済　　ウ　教育　　エ　健康

問４　下線部④について、「イクメン」という表現が一般化してきていますが、これが「差別的表現」であるという意見もあります。「イクメン」の意味を説明した上で、その語が「差別的表現」と考えられる理由について、本文を参考に２行以内で説明しなさい。

成城中学校(第1回)

―30分―

1　次の、A～Eの文章を読んで、問いに答えなさい。

A)　大友皇子と大海人皇子との間の皇位をめぐる戦い。

B)　鹿児島の不平士族が中心となって起こした戦い。

C)　将軍の跡継(あとつ)ぎ問題をきっかけに、京都を戦場として11年続いた戦い。

D)　美濃国の関ケ原で行われた東軍と西軍の戦い。

E)　和人に不満を持つシャクシャインを指導者として起きた戦い。

問1　文章Aの戦いと同じ7世紀の出来事を、1～4から一つ選び、番号で答えなさい。

1　鑑真が唐招提寺を開いた。　2　坂上田村麻呂が征夷大将軍となった。

3　第一回遣唐使を送った。　4　都が平城京に移された。

問2　文章Bの戦いの指導者としてかつがれた人物に関する説明として正しいものを、1～4から一つ選び、番号で答えなさい。

1　岩倉使節団に参加し、欧米を視察した。

2　江戸城の開城について、勝海舟と話し合った。

3　慶應義塾の創設者で、『学問のすすめ』を書いた。

4　憲法案をまとめ、初代内閣総理大臣に任命された。

問3　文章Dに関するa、bの説明の正誤の組み合わせとして正しいものを、1～4から一つ選び、番号で答えなさい。

a　石田三成は東国の豊臣方の大名を集め、西軍と戦った。

b　現在の岐阜県で行われ、初めて鉄砲が用いられた。

1　a　正　b　正　2　a　正　b　誤

3　a　誤　b　正　4　a　誤　b　誤

問4　文章Eの戦いに勝利した藩を、1～4から一つ選び、番号で答えなさい。

1　越前藩　2　肥前藩　3　備前藩　4　松前藩

問5　文章A～Eのうち、三番目に古い時代について書かれたものを、1～5から一つ選び、番号で答えなさい。

1　A　2　B　3　C　4　D　5　E

記述1　文章Cに関して、この戦いの影響(えいきょう)で、公家や僧侶を担(にな)い手(て)とする京都の文化が、地方に広がっていった理由を、次の史料を参考に、「京都の公家や僧侶が、～」の書き出しに続けて、20字以内で説明しなさい。ただし、句読点は、他の文字と一緒(いっしょ)にせず、一ます使いなさい。なお、史料はわかりやすく書き直してある。

「いつまでも栄えると思われた都は、けものたちのすみかとなってしまい、焼け残った寺や神社も灰や土のかたまりのようになってしまった。この乱によって、仏の教えも国の法もなくなって、さまざまな宗派も全て絶え果ててしまった。」

(『応仁記』)

2　次の地形図を見て、問いに答えなさい。

(国土地理院「地理院地図」より作成)

問６　地形図中の小・中学校Ｂ～Ｄについて、小・中学校Ａより標高が高いものの組み合わせとして正しいものを、１～４から一つ選び、番号で答えなさい。

１　ＢとＣ　　２　ＢとＤ　　３　ＣとＤ　　４　ＢとＣとＤ

問７　地形図中から読み取れることとして正しいものを、１～４から一つ選び、番号で答えなさい。

１　採土場には水田が広がっている。

２　市役所は、国道155号線と国道363号線の間を流れる川の右岸にある。

３　税務署の西には消防署がある。

４　原山町には保健所や老人ホームがある。

問８　瀬戸市の説明として正しいものを、１～４から一つ選び、番号で答えなさい。

１　静岡県と接しており、東海道新幹線と東名高速道路が通っている。

２　瀬戸内の気候のため、降水量が少なく、貯水池が多くつくられている。

３　日本を代表する自動車会社の企業城下町であり、夜間人口より昼間人口が多い。

４　良質な粘土(ねんど)が豊富にとれるため、陶磁器が多くつくられている。

問９　愛知県の説明として正しいものを、１～４から一つ選び、番号で答えなさい。

１　渥美半島には輪中が点在している。　　２　県の東部には濃尾平野が広がる。

３　県の北部には中部国際空港がある。　　４　知多半島には愛知用水が流れる。

問10　次の表は、東京港、横浜港、名古屋港、神戸港の貿易額をあらわしたものである。名古屋港の貿易額を示すものを、１～４から一つ選び、番号で答えなさい。

	輸出額(億円)	輸入額(億円)
1	140124	73810
2	82415	67352
3	74694	154000
4	71880	48753

(e-Stat「2022年分税関別輸出入額表」より作成)

記述２　地形図中の原山台・萩山台・八幡台には、「菱野団地」と呼ばれる大型団地があり、次の表は、瀬戸市全体と「菱野団地」の世代別・年齢(ねんれい)別の人口とその割合の変化をあらわしたものである。瀬戸市全体と比較(ひかく)したときの、「菱野団地」の世代別・年齢別の人口とその割合の変化の特徴(とくちょう)を、「瀬戸市全体と比べて菱野団地は、～」の書き出しに続けて、15字以内で説明しなさい。ただし、句読点は、他の文字と一緒(いっしょ)にせず、一ます使いなさい。

瀬戸市と菱野団地の人口の推移

調査年	調査地域	15歳未満	15歳以上65歳未満	65歳以上
1985	瀬戸市	28470人 (22.8%)	85138人 (68.3%)	10983人 (8.8%)
	菱野団地	6708人 (31.1%)	14233人 (65.9%)	654人 (3.0%)
2015	瀬戸市	16575人 (12.8%)	75384人 (58.4%)	36066人 (28.0%)
	菱野団地	1514人 (11.5%)	6754人 (51.5%)	4845人 (36.9%)

(「瀬戸市統計資料」「ＲＥＳＡＳ」より作成)

③　次の文章を読んで、問いに答えなさい。

ア)財務省が20日発表した2022年度の貿易統計(速報)によると、輸出額から輸入額を差し引いた貿易収支は21兆7285億円の赤字だった。赤字は２年連続。赤字幅(はば)は前年度の４倍近くに拡大し、比較(ひかく)可能なイ)1979年度以降で最大となった。資源高と円安で輸入額が膨(ふく)らむ構図は変わっておらず、23年度も赤字基調は続きそうだ。

輸入額は前年度比32.2％増の120兆9550億円、輸出額は15.5％増の［　Ａ　］と、いずれも過去最大だった。

輸入額の３割を占(し)める鉱物性燃料が77.0％増加した。このうち原粗油は数量ベースでは6.8％増にとどまったが、金額では70.8％増の13兆6932億円に急増した。22年度の平均為替レートが前年度より約23円もウ)円安・ドル高だったことが響(ひび)いた。

輸出を国・地域別で見ると、自動車などが伸(の)びた米国が21.3％増の18兆7030億円で最大の輸出先となった。上海のロックダウン(都市封鎖)などの影響(えいきょう)で中国は1.3％増の18兆5139億円にとどまった。[　Ｂ　]を上回るのは３年ぶり。

(『読売新聞』令和５年４月21日朝刊より)

問11　下線部アの長に関する説明として正しいものを、１～４から一つ選び、番号で答えなさい。

1　国会議員でなければならない。

2　国家公務員試験に合格していなければならない。

3　司法試験に合格していなければならない。

4　文民でなければならない。

問12　下線部イのころの出来事として正しいものを、１～４から一つ選び、番号で答えなさい。

1　消費税増税　　2　第二次石油危機　　3　バブル経済崩壊　　4　リーマンショック

問13　下線部ウに関して、他の条件が変わらないとして、このように為替レートが変化する要因として正しいものを、１～４から一つ選び、番号で答えなさい。

1　アメリカ合衆国の金利が上がる。

2　アメリカ合衆国の銀行の倒産が続く。

3　日本銀行がドル売り円買いの市場介入を行う。

4　日本の金利が上がる。

問14　空欄Ａに当てはまる金額として正しいものを、１～４から一つ選び、番号で答えなさい。

1　99兆2265億円　　2　139兆7030億円　　3　142兆6835億円　　4　159兆9025億円

問15　空欄Ｂに当てはまる語句として正しいものを、１～４から一つ選び、番号で答えなさい。

1　中国からの輸入が米国　　2　中国への輸出が米国

3　米国からの輸入が中国　　4　米国への輸出が中国

記述３　貿易自由化は、ＧＡＴＴ(関税と貿易に関する一般協定)及(およ)びＷＴＯ(世界貿易機関)を中心とする多国間の交渉(こうしょう)により進められてきた。しかし、加盟国の増加などを理由として、ＷＴＯにおける交渉は停滞(ていたい)している。そこで近年では、特定の国・地域において貿易自由化を進める動きが活発になっている。次の資料を参考に、日本が初めて貿易自由化を進めることに合意した相手国が、2002年のシンガポールである理由を、「輸出入品に農産物がないため、～」の書き出しに続けて、20字以内で答えなさい。ただし、句読点は、他の文字と一緒(いっしょ)にせず、一ます使いなさい。

資料１　自由な貿易を妨(さまた)げる仕組みとして、輸入品に税金をかける関税がある。自由に貿易を行うには関税が低いことが望ましいが、日本は国内の農家を海外の安価な農産物から守るため農産物に次のような関税をかけている。

小豆	354円／kg
米	341円／kg
コンニャク芋(いも)	2796円／kg
落花生	617円／kg

資料２　自由貿易地域とは、関税…(中略)…がその構成地域の原産の産品の構成地域原産の産品の構成地域間における実質上のすべての貿易について廃止(はいし)されている二以上の関税地域の集団をいう。(ＧＡＴＴ24条８項ｂ)

資料３　日本とシンガポールの貿易(1999年)

シンガポールへの輸出	百万円	%	シンガポールからの輸入	百万円	%
機械類	1147371	61.9	機械類	382222	61.8
精密機械	70343	3.8	石油製品	33384	5.4
船舶類	60999	3.3	レコード・テープ類	24092	3.9
鉄鋼	60389	3.3	精密機械	23183	3.8
自動車	47570	2.6	有機化合物	17299	2.8
プラスチック	43665	2.4	プラスチック	8307	1.3
磁気テープ	31496	1.7	魚介類	8190	1.3
金属製品	24682	1.3	非鉄卑金属(ひきんぞく)くず	6419	1.0
			金(非貨幣用)	5157	0.8
合計	1854167	100.0		618188	100.0

(『日本国勢図会 2001/2002』より作成)

世田谷学園中学校（第１回）

―30分―

1　夏休みの宿題として配信された学習課題と生徒の返信を読んで、あとの問いに答えなさい。

・学習内容

［Ｉ］次の課題資料の表中(1)〜(6)の中から、主なできごとを一つ選択（せんたく）する。

［Ⅱ］選択したできごとについて調べる。

［Ⅲ］選択したできごとについて、自分の意見と感想を簡潔に書く。

・課題資料　2023年１月〜６月の主なできごと

選択番号	月	主なできごと
(1)	１月	日本が12回目の(A)国際連合の非常任理事国に就任した。
(2)	２月	国土地理院の調査で(B)日本国内の島の数は14,125と発表された。
(3)	３月	(C)愛知県知事が「ラーケーションの日」の導入を表明した。
(4)	４月	総務省は、(D)日本の総人口が12年連続減少していることを発表した。
(5)	５月	(E)Ｇ７広島サミットが開かれた。
(6)	６月	(F)長崎県で絶滅（ぜつめつ）したと考えられていた淡水魚（たんすいぎょ）「スナヤツメ」が、約100年ぶりに県内で見つかったと発表された。

［佐藤君の返信］

［Ｉ］選択番号　(1)国際連合について

［Ⅱ］調べた内容

①設立：1945年10月

②国連旗

世界地図のまわりに平和の象徴（しょうちょう）である(G)オリーブの枝がかざられたデザイン

③加盟国数：193カ国

④主要機関

総会、安全保障理事会、経済社会理事会、国際司法裁判所

信託（しんたく）統治理事会、事務局

⑤事務総長：アントニオ＝グテーレス

⑥安全保障理事会の構成

常任理事国５カ国と非常任理事国10カ国

［Ⅲ］自分の意見と感想

現在の安全保障理事会では、(H)ウクライナや北朝鮮（きたちょうせん）情勢をめぐり、常任理事国のアメリカ合衆国・イギリス・フランスと中国・ロシアが対立しています。私は日本が非常任理事国という立場から他国と協力して、世界平和のために安全保障理事会がしっかり機能す

るように努力してほしいと思います。

[田中君の返信]

［Ⅰ］選択番号　(3)ラーケーションについて

［Ⅱ］調べた内容

①言葉の意味

学習の「ラーニング」と休暇(きゅうか)の「バケーション」を組み合わせた造語で、「校外学習活動日」を意味する。

愛知県HPより

②内容

平日に保護者の休暇や(I)休日と合わせて、公立の小学校、中学校、高校などで年３回、自由に休みが取れるという取り組みである。

③目的

「休み方改革」の一環(いっかん)で、子供が平日に休めるようにすることで保護者と子供の過ごす時間を確保する。

④その他

校外での自主学習日なので、登校しなくても欠席にはならず、受けられなかった授業は、家庭での自習によって補う。

［Ⅲ］自分の意見と感想

私の父親は土曜日と日曜日も仕事で、平日の月曜日と火曜日が休日です。この制度が全国で採用されれば、(J)家族がみんなで外出できる時間ができます。そうなればこの時間を使って色々な計画を立て、様々な経験や学習ができると思います。

[鈴木君の返信]

［Ⅰ］選択番号　(6)スナヤツメについて

［Ⅱ］調べた内容

①スナヤツメ

近年の調査で「北方種」と「南方種」の２種類に大別される。

環境(かんきょう)省レッドリストでは、両種とも絶滅危惧(きぐ)Ⅱ類に選定されている。

②長崎県内でのスナヤツメ南方種採集記録：1914(大正３)年以来

③発見された場所：護岸工事などがされていない西海市の川で発見された。

④研究チームの見解

(K)大阪市立自然史博物館と福岡工業大学などは「(L)河川の環境が改変され、絶滅することがないように保全が必要」としている。

⑤今後の課題

研究チームの大学教授は「生息できる環境が残っていたことが重要な点。河川環境の保全と工事などの河川管理をどのように両立させるかがこれからの課題になる」と話した。

［Ⅲ］自分の意見と感想

私は釣り好きの父親の影響で小学生のころから魚に興味をもつようになりました。今回の「絶滅種」の採集は大変にうれしいことであり、今後、自然に生息する川魚が絶滅しないように、河川環境を守る努力が必要だと思います。

問１　下線部(A)の本部があるアメリカ合衆国の都市を、次の(ア)～(エ)の中から一つ選び、記号で答えなさい。

(ア)　フィラデルフィア　　(イ)　ボストン　　(ウ)　ワシントンＤ．Ｃ．　　(エ)　ニューヨーク

問２　下線部(B)に関して述べた文として誤っているものを、次の(ア)～(エ)の中から一つ選び、記号で答えなさい。

(ア)　島の定義については海洋法に関する国際連合条約に基づいている。

(イ)　電子化された最新の地図データを使い、国土地理院が計測し直した。

(ウ)　今回の計測結果により、島の数は以前より２倍以上に増えた。

(エ)　今回の計測結果では、島の数が一番多かったのは鹿児島県であった。

問３　下線部(C)について述べた文として誤っているものを、次の(ア)～(エ)の中から一つ選び、記号で答えなさい。

(ア)　焼き物の産地として有名な瀬戸市と多治見市が位置する。

(イ)　野菜などの栽培がさかんであり、菊やキャベツの生産量が多い。

(ウ)　人口は全国第４位で県内に政令指定都市が一つある。

(エ)　全国有数の工業県であり、製造品出荷額等は全国１位である。

問４　下線部(D)に関する次の［図１］・［図２］について述べた文として誤っているものを、あとの(ア)～(エ)の中から一つ選び、記号で答えなさい。

［図１］総人口の推移

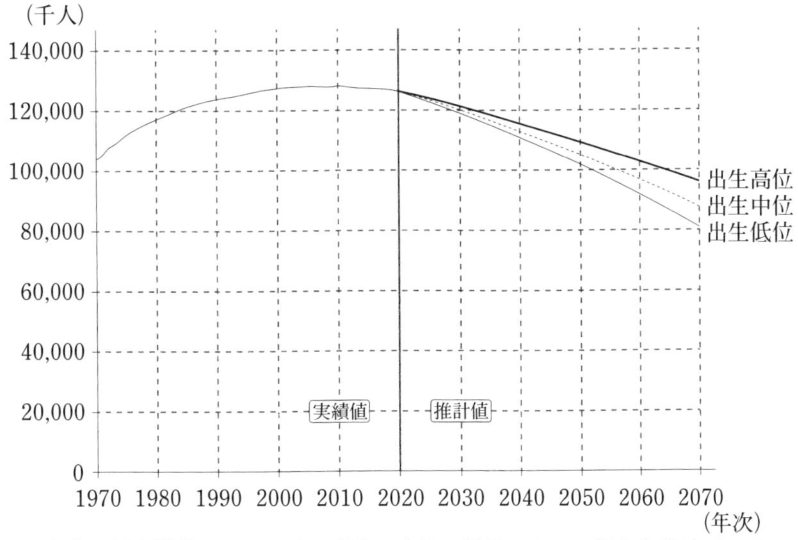

＊出生の将来推計については、高位・中位・低位の３つの仮定を設けている。

[図２]人口ピラミッドの変化

(1)　2020年

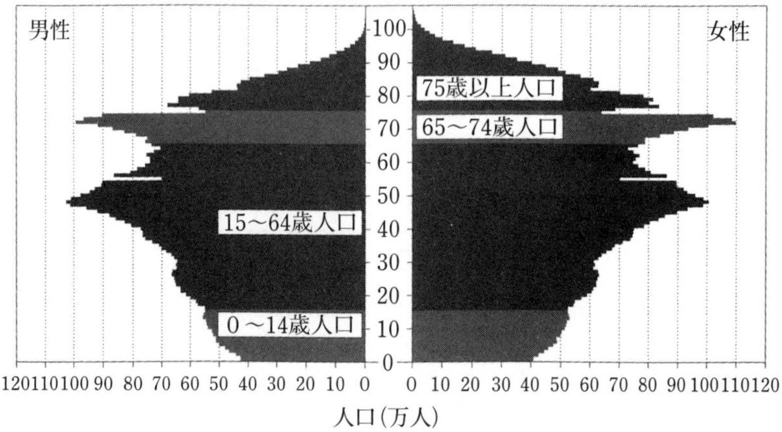

(2)　2045年(推計値)

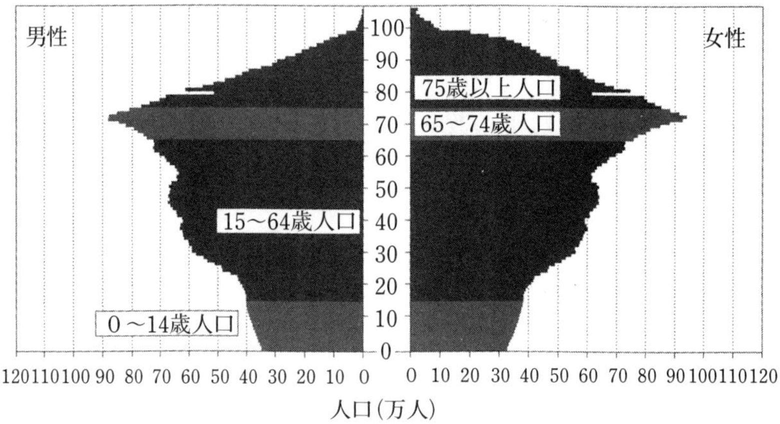

(ア)　出生中位の推計値をみると、総人口は2060年よりも前には１億人を下まわり、2070年には約9,000万人となる。

(イ)　出生低位の推計値をみると、総人口は2050年ごろには１億人を下まわり、2070年には約8,000万人となる。

(ウ)　2020年の人口ピラミッドでは、男女ともに第一次ベビーブーム世代の70歳(さい)代前半、第二次ベビーブーム世代の50歳代後半の人口が多い。

(エ)　2045年の人口ピラミッドでは、70歳代前半となっている第二次ベビーブーム世代の人口が一番多い。

問５　下線部(E)にふくまれる国の国旗として誤っているものを、次の(ア)～(エ)の中から一つ選び、記号で答えなさい。

(ア)

(イ)

(ウ)

(エ)

問６　下線部(F)の西方に位置し、世界遺産の一部を有する、右の地図中の◯で囲まれた島々の名称（めいしょう）を漢字４字で答えなさい。

問７　下線部(G)の収穫（しゅうかく）量上位３位の都道府県と、全国にしめる生産割合を示した統計を、次の(ア)～(エ)の中から一つ選び、記号で答えなさい。

(ア)

順位	都道府県	収穫量(ｔ)	割合(%)
１位	山形	13,000	75.6
２位	北海道	1,310	7.6
３位	山梨	974	5.7

(イ)

順位	都道府県	収穫量(ｔ)	割合(%)
１位	香川	490	89.8
２位	大分	14	2.6
３位	広島	12	2.2
	熊本	12	2.2

(ウ)

順位	都道府県	収穫量(ｔ)	割合(%)
１位	栃木	22,700	14.3
２位	福岡	16,400	10.3
３位	熊本	12,200	7.7

(エ)

順位	都道府県	収穫量(ｔ)	割合(%)
１位	山梨	30,400	30.7
２位	福島	22,800	23.1
３位	長野	12,200	10.4

問８　下線部(H)が加盟申請（しんせい）をしている、ブリュッセルに組織の本部を置く軍事同盟をアルファベットで答えなさい。

問９　下線部(I)に関して、国民の祝日は１年間に計16日あります。その中の文化の日とスポーツの日について、次の説明［X］・［Y］の正誤の組み合わせとして正しいものを、あとの(ア)～(エ)の中から一つ選び、記号で答えなさい。

［X］　文化の日は、日本国憲法が公布された日を記念して祝日としている。

［Y］　スポーツの日は、2021年に開催(かいさい)された東京オリンピックの開会式を記念して祝日としている。

	(ア)	(イ)	(ウ)	(エ)
［X］	正	正	誤	誤
［Y］	正	誤	正	誤

問10　下線部(J)に関して、次の資料は、2023年１月にアメリカ合衆国のニューヨーク・タイムズ紙が発表した「2023年に行くべき52カ所」に選ばれた日本国内にある都市の特徴(とくちょう)を示したものです。その都市が位置する場所を、あとの地図中①～⑥の中から一つ選び、番号で答えなさい。

1　市内には一級河川である中津川(なかつ)が流れている。
2　国の天然記念物に指定されている石割桜がある。
3　詩人の石川琢木(いしかわたくぼく)や宮沢賢治(みやざわけんじ)が学生時代を過ごした市である。
4　市の指定有形文化財である原敬(たかし)の生家がある。

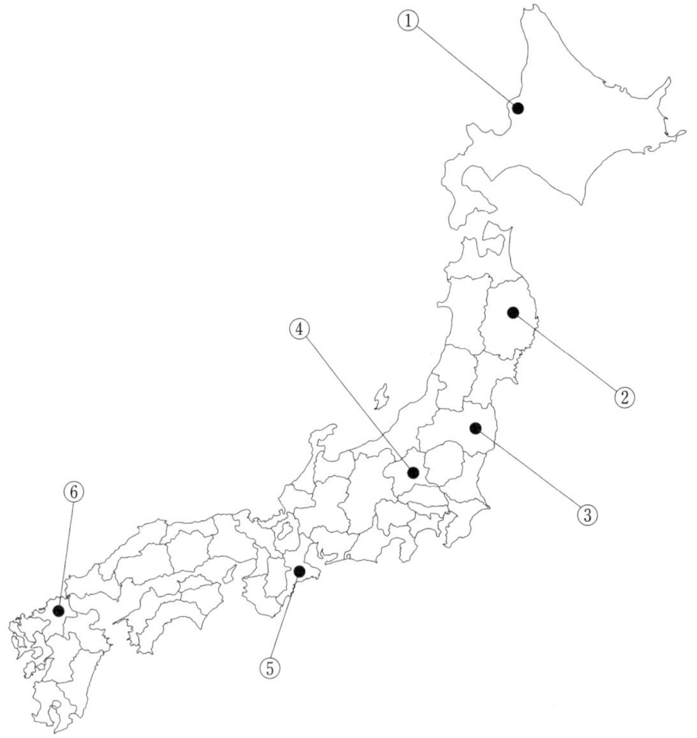

問11　下線部(K)について、2025年４月から開催される大阪・関西万博のテーマとして正しいものを、次の(ア)～(エ)の中から一つ選び、記号で答えなさい。

(ア)　いのち輝(かがや)く未来社会のデザイン　　(イ)　人類の進歩と調和

(ウ)　人間・居住・環境と科学技術　　　(エ)　海・その望ましい未来

問12　下線部(L)に関して、日本の河川の特徴について述べた文として正しいものを、次の(ア)～(エ)の中から一つ選び、記号で答えなさい。

(ア)　日本列島は年間を通じて湿潤（しつじゅん）なため、季節ごとの河川流量の地域差はほとんどない。

(イ)　川の流れが速いため、川沿いであっても昔から水害が発生しにくい地域が多くみられる。

(ウ)　河口部は水の流れが遅くなり、小さな砂や泥（どろ）からできている三角州が形成されることが多い。

(エ)　流れが速く川底が深いため、大型船を利用した貨物輸送がさかんである。

データは国立社会保障・人口問題研究所ＨＰ、農林水産省ＨＰ、「日本国勢図会2022/23」による

[2]　次の文章を読んで、あとの問いに答えなさい。

近年、世界中で新型コロナウィルス感染症（かんせんしょう）が広がりました。多くの人々が集まるスポーツイベントやコンサートの開催（かいさい）が延期されるなど、不要不急の外出を自粛（じしゅく）することが求められました。それでもなお、屋外キャンプや自宅での映画鑑賞（かんしょう）など個人でもできる娯楽（ごらく）に注目が集まりました。このように、私たちの生活には娯楽が必要であることがわかります。過去の時代の娯楽についてみてみましょう。

平安時代には、朝廷（ちょうてい）の政治は一部の有力な貴族によってとり行われていました。中臣鎌足（かまたり）の子孫である（　１　）は、世の中のすべての物事が自分の思い通りになっているという意味の「もち月の歌」を詠（よ）むほどで、貴族は非常にゆうがな日々を過ごしていました。琴（こと）や琵琶（びわ）の演奏や蹴鞠（けまり）、当時の流行歌であった今様（いまよう）などを楽しんでいました。

(A)鎌倉（かまくら）時代や室町時代には、茶を飲む習慣が広がり、茶会が楽しまれました。また、観阿弥（かんあみ）・世阿弥（ぜあみ）父子が(B)室町幕府第３代将軍の足利義満（あしかがよしみつ）から保護を受けたことで（　２　）が確立されました。一方、狂言（きょうげん）は民衆の日常の会話を用いて行われたことで人々の間に広がっていきました。これらは、村をあげて行う(C)田植えのときに豊作をいのっておどられた田楽や、祭りのときに演じられた猿楽（さるがく）がもとになっています。このように、多くの人々が一緒に参加し楽しむ文化も少しずつ生まれてきたことがわかります。

その後、260年以上も安定した世の中となった(D)江戸（えど）時代には、江戸や大阪などの(E)都市や町を中心に、芝居（しばい）見物、(F)大相撲（おおずもう）、旅行が流行しました。町人の活気あふれる姿は（　３　）の作品『世間胸算用』にえがかれました。大相撲では、現在と同じく番付表がつくられ力士の順位を競い合いました。町人や百姓（ひゃくしょう）たちは(G)観光をかねてお寺や神社へお参りの旅に行けるようになりました。

(H)明治時代以後、人々はラジオをきいたり、活動写真と当時呼ばれた映画を観たりするようになりました。1927年にラジオ放送で全国中等学校優勝野球大会の実況中継（じっきょうちゅうけい）が始まり、家で放送を楽しむことができるようになりました。活動写真は劇場や映画館で上映されました。活弁士と呼ばれる、スクリーンの横で映画の解説などを行う説明者がおり、人々は映像を見ながら弁士の話を聞いていました。人々は活動写真に熱中し、太平洋戦争で(I)暮らしのすべてが厳しく制限される中でも映画館を訪れ、アニメーション映画などを楽しみました。

人々の娯楽を知ることで、教科書では目立たない民衆の歴史を感じ取ることができるでしょう。

問１　（　１　）～（　３　）にあてはまる人名・語句をそれぞれ答えなさい。

ただし、（　２　）は漢字で答えなさい。

問２　下線部(A)に起きたできごととして正しいものを、次の(ア)～(エ)の中から一つ選び、記号で答えなさい。

(ア)　鎌倉幕府は、東北地方で起きた二つの合戦で亡くなった人をとむらうため、平泉に中尊寺を建立した。

(イ)　鎌倉幕府は、田畑の面積や収穫量(しゅうかくりょう)、耕作している人々の名前を記録する太閤(たいこう)検地を行った。

(ウ)　鎌倉幕府の政治は、源頼朝(よりとも)の死後に将軍を助ける執権(しっけん)の職についていた北条氏を中心として行われた。

(エ)　鎌倉幕府は、窮乏(きゅうぼう)した一般庶民(いっぱんしょみん)の生活を救うために借金の取り消しを命じる法令をだした。

問３　下線部(B)の将軍になった人物について述べた文として正しいものを、次の(ア)～(エ)の中から一つ選び、記号で答えなさい。

(ア)　足利尊氏(たかうじ)は、鎌倉幕府にそむいて六波羅探題(ろくはらたんだい)をせめ落とした。

(イ)　足利尊氏は、これまでの鎌倉幕府の政治の仕組みを全て無視した。

(ウ)　足利義昭(よしあき)は、勘合(かんごう)貿易とも呼ばれる明との貿易を終わらせた。

(エ)　足利義昭は、豊臣秀吉(とよとみひでよし)によって室町幕府の将軍の地位を追われた。

問４　下線部(C)に関して、鎌倉時代から室町時代の農業の様子について述べた、次の［X］・［Y］の正誤の組み合わせとして正しいものを、あとの(ア)～(エ)の中から一つ選び、記号で答えなさい。

［X］　農業生産力を高めるため、草木を焼いた灰やふん尿(にょう)の肥料が使われ始めた。

［Y］　多くの武士も普段は農業に従事していたが、農民とは異なり、都市にやかたを構えていた。

	(ア)	(イ)	(ウ)	(エ)
［X］	正	正	誤	誤
［Y］	正	誤	正	誤

問５　下線部(D)に起きたできごとについて述べた、次の(ア)～(エ)を古いものから順に並べたとき３番目にくるものを一つ選び、記号で答えなさい。

(ア)　平戸に置かれていたオランダ商館が出島に移された。

(イ)　イギリスなどの国々が下関の砲台(ほうだい)を攻撃(こうげき)して上陸した。

(ウ)　天保の大ききんが始まり、生活に苦しむ人が多くでた。

(エ)　元役人であった大塩平八郎(へいはちろう)が、大阪で反乱を起こした。

問６　下線部(E)に関して、江戸時代に栄えていた都市について述べた文として誤っているものを、次の(ア)～(エ)の中から一つ選び、記号で答えなさい。

(ア)　江戸は「将軍のおひざもと」と呼ばれ、全国から武士が集まった。

(イ)　大阪には蔵屋敷(くらやしき)が並んでおり、各地から年貢(ねんぐ)米や特産物が集まった。

(ウ)　京都では美術工芸が高度に発達しており、商業もさかんであった。

(エ)　横浜(よこはま)は日米和親条約を結んだ直後に、日本の主要な貿易港となった。

問7　下線部(F)に関して、次の図は当時の人々の間で流行していた絵画の一つです。このように、当時の世の中や人々の様子が木版の技術を用いて色あざやかにえがかれている、菱川師宣(ひしかわもろのぶ)が創始したとされる絵画の総称(そうしょう)を答えなさい。

問8　下線部(G)について、この時代の人々がよく訪れた場所として、伊勢(いせ)神宮、鶴岡八幡宮(つるがおかはちまんぐう)、讃岐金刀比羅宮(さぬきことひらぐう)があります。それぞれの場所の組み合わせとして正しいものを、次の(ア)～(カ)の中から一つ選び、記号で答えなさい。

	(ア)	(イ)	(ウ)	(エ)	(オ)	(カ)
伊勢神宮	①	①	②	②	③	③
鶴岡八幡宮	②	③	①	③	①	②
讃岐金刀比羅宮	③	②	③	①	②	①

問9　下線部(H)に始まったこととして誤っているものを、次の(ア)～(エ)の中から一つ選び、記号で答えなさい。

(ア)　全国に小学校がつくられて無料で授業を受けられる、学校制度が整えられた。

(イ)　日刊新聞が創刊され、日々のできごとがより多くの人々に知られるようになった。

(ウ)　郵便制度が整えられ、全国各地に同一料金で手紙を送ることができるようになった。

(エ)　新橋－横浜間に鉄道が開通し、その後日本各地で線路がしかれていくようになった。

問10　下線部(I)に関して、戦争中の生活について述べた文として誤っているものを、次の(ア)～(エ)の中から一つ選び、記号で答えなさい。

(ア)　物不足により、米などの食料品が充分(じゅうぶん)に配給されないこともあった。

(イ)　学校では、授業の代わりに軍事訓練が行われるようになった。

(ウ)　情報統制により、国民は戦局の正確な情報を知らなかった。

(エ)　女学生が兵器工場などで働くことで、労働力不足が完全に解消された。

③　近代以降の日本の経済について述べた次の文章を読んで、あとの問いに答えなさい。

1880年代後半、紡績(ぼうせき)業などの軽工業を中心に日本でも(A)産業革命が始まりました。江戸(えど)時代は、手作業によって綿糸がつくられていたため、衣服は貴重な物でした。しかし、紡績機械によって綿糸がつくられるようになると、安く高品質の綿糸が大量に生産されたことで、衣服を豊富に供給できるようになり、人々の生活や働き方が変わっていきました。

(B)幕末の貿易開始直後、生糸は最大の輸出品で、当初は主にヨーロッパ向けに輸出されましたが、1880年代後半以降はアメリカ向けの輸出が中心となり、さらに輸出がのびていきました。長野県や山梨県では製糸業が急速に発展し、日露(にちろ)戦争後に日本は世界最大の生糸輸出国となりました。

政府は、重工業の基礎(きそ)となる鉄鋼(てっこう)の国産化を目指して、福岡県に官営の八幡(やはた)製鉄所を設立しました。鉄道網(てつどうもう)の発達や海運業の発展もあり、日本の(C)貿易は急速に拡大していきました。

工業の急速な発展は、様々な社会問題をもたらすことにもなりました。紡績業や製糸業で働く労働者の大半は、農村から出かせぎにやってきた若い女性で、衛生状態が悪い中、低賃金で長時間の厳しい労働を強いられ、肺結核(はいけっかく)などの病気で命を落とす者も多くいました。鉱山業や運輸業の労働者は男性中心でしたが、特に炭鉱で働く労働者の悲惨(ひさん)な状況(じょうきょう)は大きな社会問題となりました。

この社会問題に対して、日清戦争後には労働組合が結成されるようになり、労働条件の改善を求める労働争議が増加しました。こうした動きに対して政府は、1900年に治安警察法を定め、集会や結社を制限して労働運動を取りしまりました。一方、1911年には(D)工場法を制定して、労働者の保護を図りましたが、実際には様々な例外規定があり、労働条件の改善は進みませんでした。社会主義への関心も高まり、社会主義政党も結成されましたが、政府はこれを厳しく弾圧(だんあつ)しました。

第一次世界大戦はヨーロッパが主戦場となりました。日本は、イギリス・フランス・ロシアなど、戦争中の連合国には軍需(ぐんじゅ)品を、ヨーロッパからの輸入が止まったアジアには綿糸や綿織物(おりもの)を、大戦による好況(こうきょう)にわくアメリカには生糸を輸出し、貿易は大幅(おおはば)な輸出超過(ちょうか)となりました。また、世界的な船舶(せんぱく)不足を背景として、造船や海運業も今までにない好況となり、日本は世界第３位の海運国となりました。

都心に鉄筋コンクリート造りのビルが出現するなど都市化が進展し、住宅地が不足しました。私鉄会社は郊外にのびる鉄道沿いに住宅開発を進め、(E)乗客を増やすための新たな取り組みも行いました。

第一次世界大戦後、ヨーロッパの復興が進むと日本の輸出は減少し、不況(ふきょう)となりました。さらに関東大震災(だいしんさい)もあって、1920年代は不況が続きました。1929年にアメリカで始まった世界恐慌(きょうこう)の影響(えいきょう)が日本にもおよぶと、輸出はますます減少し、企業(きぎょう)が倒産(とうさん)して失業者が増え、深刻な恐慌となりました。

諸外国が恐慌からの脱出を図る中、日本では大蔵大臣の高橋是清による財政政策で、輸出が大幅に増えました。特に綿織物の輸出拡大は目覚ましく、イギリスにかわって世界第１位の規模となりました。しかし、イギリスなどとの間で貿易摩擦が生じました。

軍事費を拡大させたことにより、軍需産業を中心に重化学工業が発展し、繊維産業などの軽工業の生産額を上回るようになりました。自動車工業や化学工業では、新しい企業が現れて、軍部と結び付いて満州や朝鮮へ進出していきました。しかし、重化学工業の資源はアメリカからの輸入に頼るようになりました。日中戦争が始まると、アメリカは日本への軍需資材の輸出を制限するようになりました。そのため、アメリカと日本との間での外交交渉が行われましたが決裂し、太平洋戦争が始まりました。

1945年８月、日本はポツダム宣言を受け入れて降伏しました。戦後の物不足などにより、極度のインフレーションが進み、労働運動が高まりました。1945年末から1947年にかけてＧＨＱと日本政府により、労働組合法・労働関係調整法・労働基準法のいわゆる労働三法が成立しました。また、ＧＨＱは財閥や地主制が日本を戦争へ進ませる原因になったと考えて、財閥解体と農地改革を進めました。

日本経済は、1950年代半ばまでに、ほぼ戦前の水準まで回復しました。特に、1955年から73年までの経済成長率は多くの年で８％をこえ、日本の(F)国民総生産(ＧＮＰ)はアメリカに次ぐ西側諸国第２位までに成長しました。これを支えたのは所得の増加と、それにともなう、三種の神器といわれた家電の購入などの積極的な(G)家計支出の増加などです。

1970年代に入ると、田中角栄内閣によってかかげられた「日本列島改造論」など、政府の方針や政策により物価が上昇しました。さらに、1973年に起こった第四次中東戦争によって原油の価格が急激に上がり、中東の石油に大きく頼っていた日本経済は打撃を受けました。これにより、物価は「狂乱物価」といわれるほど急激に上昇しました。その後、景気は急速に悪化し、日本経済の成長率は1974年に戦後初のマイナスを記録しました。

1970年代前半の物価上昇と経済成長の停滞は人々の消費や生活を変化させました。石油危機によって起きた物不足で人々は混乱し、生活用品の買いしめのため店頭に殺到しました。「狂乱物価」が落ち着いた後は、人々の間で節約意識が高まり、個人の生活や趣味に合った消費が重視されるようになっていきました。

1980年代に入るとその傾向はますます強くなり、生活に必要な耐久消費財を求める動きが一段落して、家庭用ビデオ、コンピュータゲームなど趣味や娯楽的要素の強い耐久消費財に注目が集まりました。また、レジャーなどの娯楽や教育への消費支出も増大しました。

近年のインターネットやスマートフォンなどの普及や交通手段の発達は、情報や人、物などの国際的な移動を活発化させ、グローバル化を進展させました。こうした中、少子高齢化などの国内の問題だけではなく、経済や政治、安全保障、環境など様々な面で、日本が世界でどのように役割を果たすべきかが議論されています。

問１　下線部(A)が最初に起こったイギリスでは、一時期、次の［図１］のような様子が見られました。［図１］にえがかれた職人は手に持ったハンマーで何をしようとしているのでしょうか、その理由もあわせて説明しなさい。

［図１］

問２　下線部(B)に関連した次の［図２］から読み取れる内容として正しいものを、あとの(ア)～(エ)の中から一つ選び、記号で答えなさい。

［図２］主要輸出品の割合の変化

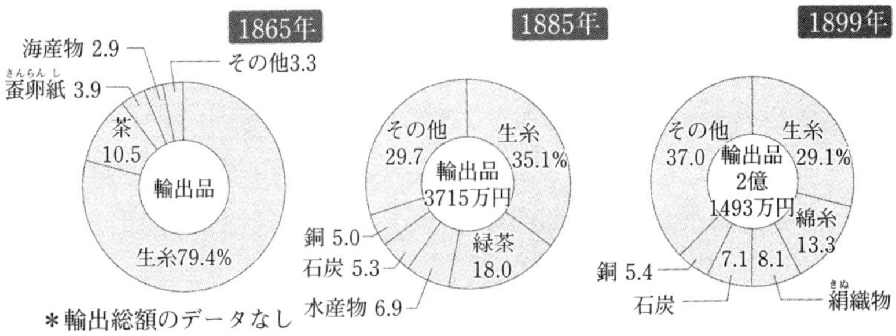

(ア)　1899年の生糸の輸出額は、1885年と比べると増加している。

(イ)　1899年の生糸の輸出額は、1865年の10倍ほどになっている。

(ウ)　1885年から1899年にかけては、不作によって緑茶の輸出額が減少した。

(エ)　1899年に、水産物は全く輸出されなかった。

問３　下線部(C)には、自由貿易※1と保護貿易※2があります。自由貿易がよいと考えられる理由の一つに、「比較生産費説」という考え方があります。これは、「各国が最も得意なものに生産を特化すると、世界全体での生産高が増加する。そして自国で生産しないものは、自由貿易によって交換するとよい。」という考え方です。

※１　自由貿易とは、関税などの国家の介入をなくして自由に輸出入すること。

※２　保護貿易とは、関税をかけるなど輸出入に国家が介入すること。

W国とX国では、それぞれ自動車と小麦のみを生産しているとします。次の［表１］は、それぞれ１単位を生産するのに必要な労働者数を比較したものです。

［表１］

	自動車	小麦	合計生産単位
W国	100人	50人	２単位
X国	75人	25人	２単位

自動車と小麦を比較すると、どちらもX国の方が労働生産性は高いですが、W国と比較して75％の労働者数で生産できる自動車より、50％の労働者数で生産できる小麦の方が、より得意な産業であるといえます。したがってX国は小麦の生産に特化し、W国はX国で生産しない自動車の生産に特化し、この考え方に従って労働者が移動すると、生産できる単位数

は次の［表2］のようになります。

［表2］

	自動車	小麦	合計生産単位
W国	150人	0人	1.5単位
X国	0人	100人	4単位

生産をより得意なものに特化した場合、合計生産単位は全体で4単位から5.5単位と、1.5単位増加することが分かります。

「比較生産費説」によると、次の［表3］の機械類と米のみを生産しているとするY国、Z国では、それぞれ何に特化して生産をするのが良いでしょうか。Z国が特化すべき品目名を答えなさい。また、その場合の生産単位の増加分は全体で何単位になるかも答えなさい。

［表3］

	機械類	米	合計生産単位
Y国	80人	80人	2単位
Z国	60人	30人	2単位

問4　下線部(D)について、次の［資料1］の条文をみて、労働条件についてこの条文では禁止されていないことを、次記の〈　　〉内の語句を必ず使って説明しなさい。なお、使用する語句の順番は自由ですが、**使用した語句には必ず下線を引きなさい**。

〈　男性　　時間　〉

［資料1］工場法(抜粋(ばっすい))

第二条　工場主は、十二歳(さい)未満の者を工場で働かせてはいけない

第三条　工場主は、十五歳未満の者や女子を一日十二時間を超過して働かせてはならない
ただし、管轄(かんかつ)する大臣は業務の種類によって、本法律施行(しこう)後十五年間を限度として前項(ぜんこう)に定めた就業時間を二時間まで延長することができる

問５　下線部(E)とはどのようなものですか、その取り組みの例を、次の［写真１］・［写真２］や本文を参考にして一つ答えなさい。また、それによって鉄道の利用客が増える理由を具体的に説明しなさい。

［写真１］

［写真２］

問６　下線部(F)によって経済成長率をはかる場合、名目上の金額ではなく、比較する年との物価上昇率分を考慮（こうりょ）した、実質の金額で比較をします。例えば、ＧＮＰが100兆円から翌年には120兆円になったとしても、物価が上昇し100円のものが翌年120円になっていた場合、名目上の金額は増えていますが、生産された物の量は変わらず、この年の成長率は０％ということになります。これは120兆円を前年の物価水準で換算（かんさん）し直すと120兆円÷（120円÷100円）＝100兆円となり、前年の100兆円と比較すると０％の増減であることから分かります。

以上の考え方を用いて、次の［表４］における、2021年の対前年の実質経済成長率を％で、小数第１位まで答えなさい。ただし、割り切れない場合は小数第２位を四捨五入しなさい。

［表４］

	GNP	物価水準
2020年	180兆円	100
2021年	228兆円	120

問７　下線部(G)の消費支出にしめる食費の割合を表した数字を、エンゲル係数といいます。家計の支出などには消費支出以外に、保険料や貯蓄(ちょちく)、税がありますが、これらはエンゲル係数の計算にはふくまれません。次の［表５］に示した［X］の家計の場合、エンゲル係数は24.5％となります。

家計［Y］のエンゲル係数を小数第１位まで答えなさい。ただし、割り切れない場合は小数第２位を四捨五入しなさい。

［表５］

(万円)

	［X］	［Y］
住居費	6.0	11.1
食費	5.2	8.8
水道光熱費	1.5	2.3
日用品費	0.8	1.2
衣服費	0.9	2.0
医療(いりょう)費	1.0	1.3
交通通信費	3.2	5.7
教育費	0.5	3.6
教養娯楽費	2.1	3.1
保険料	0.4	3.6
貯蓄	0.5	1.8
税	1.2	4.2

問８　本文から読み取れる内容として誤っているものを、次の(ア)～(エ)の中から一つ選び、記号で答えなさい。

(ア)　日清戦争後に増加した労働争議対策として、政府は治安警察法を定め、労働運動を取りしまった。

(イ)　アメリカで始まった世界恐慌の影響で、日本では輸出が減少し、失業者が増加した。

(ウ)　ポツダム宣言を受け入れて降伏した日本では、労働三法が成立し、財閥解体や農地改革が進められた。

(エ)　1970年代前半の狂乱物価が落ち着いた後は、人々の間で節約意識が高まり、趣味や娯楽への関心は低下し、消費支出も減少した。

データは「中学歴史　日本と世界」による

高輪中学校（A）

—30分—

1　次の文を読み、あとの各問いに答えなさい。

A　筑後川は、(1)九州の北部を流れる、九州でもっとも長い川です。下流部では(2)筑紫平野を通り、(3)有明海にそそいでいます。

B　(4)吉野川は、(5)四国で２番目に長い川で、「四国三郎」とも呼ばれます。

C　(6)天竜川は、おもに(7)長野県と静岡県を流れる川で、遠州灘にそそいでいます。

D　富士川は、(8)日本三大急流の一つに数えられる川で、上流部の釜無川・笛吹川などが(9)甲府盆地で合流したのちに南下し、駿河湾にそそいでいます。

E　利根川は、(10)首都圏の重要な水源の一つで、(11)長さは全国２位、(12)流域面積は全国１位となっています。

F　（ 13 ）は、福島県から越後平野を通り、日本海にそそいでいます。この川と信濃川の河口は直線距離で10㎞未満と、近くなっています。

問１　下線(1)に関連して、次のア～オのうち、九州を流れる川はどれですか。一つ選び、記号で答えなさい。

ア　大井川　　イ　太田川　　ウ　大淀川　　エ　仁淀川　　オ　淀川

問２　下線(2)に関連して、次のア～オのうち、筑紫平野に位置し、タイヤや伝統的工芸品の織物の生産で有名な、福岡県で３番目に人口の多い都市(2019年)はどれですか。記号で答えなさい。

ア　八代市　　イ　諫早市　　ウ　都城市　　エ　唐津市　　オ　久留米市

問３　下線(3)に関連して、有明海の一部で古くからおこなわれてきた、海岸付近で水深の浅い海域を堤防で仕切り、水を抜きとるなどして陸地にすることを何といいますか。漢字２字で答えなさい。

問４　下線(4)について、次の地図と白地図に★で示した場所は同一地点を示していて、吉野川の流路の途中です。白地図に、★から河口地点までの吉野川の流路を記入しなさい。支流は省略し、定規は使わずに一本の線でえがくこと。なお、次の地図は陰影起伏図と呼ばれるもので、斜め上から地面に光を当てたときの影で地形をあらわし、凹凸がわかるようにしたものです。

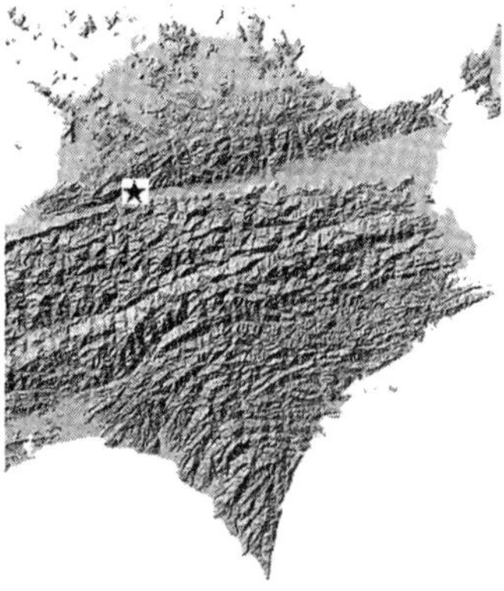

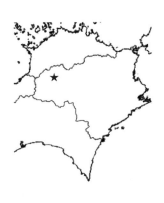

問5　下線(5)について、次の表は、四国４県について、米・野菜・果実の農業産出額(2020年)と耕地率(県土面積のうち、田畑計の耕地面積がしめる割合：2021年)を示したものです。これに関連して、①・②の各問いに答えなさい。

①　表中のア～エのうち、香川県にあたるものはどれですか。記号で答えなさい。

②　表中のア～エのうち、高知県にあたるものはどれですか。記号で答えなさい。

県	農業産出額(億円)			耕地率
	米	野菜	果実	
ア	123	352	95	6.8%
イ	121	242	69	15.6%
ウ	150	197	532	8.1%
エ	114	711	111	3.7%

※『データでみる県勢 2023年版』より作成

問6　下線(6)について、次の文は天竜川について説明したものです。文中の二重線部ア～エのうち、内容が**誤っている**ものはどれですか。一つ選び、記号で答えなさい。

天竜川は、ア諏訪湖をおもな水源とする川で、イ飛驒山脈とウ木曽山脈の間を南下し、遠州灘にそそいでいます。河口付近のおもな都市にはエ浜松市などがあります。

問7　下線(7)に関連して、次の図中のA～Cは、長野市・金沢市・宮崎市のうちいずれかにおける月降水量(1991年～2020年の平均値)を示したものです。A～Cと都市名との正しい組み合わせを、あとのア～カから選び、記号で答えなさい。

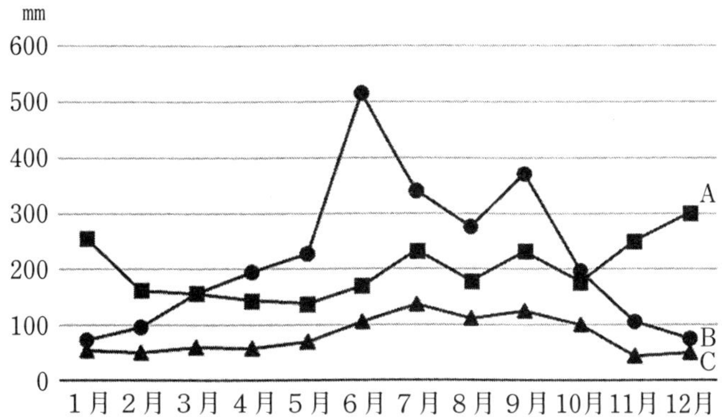

※気象庁資料より作成

	ア	イ	ウ	エ	オ	カ
長野市	A	A	B	B	C	C
金沢市	B	C	A	C	A	B
宮崎市	C	B	C	A	B	A

問8　下線(8)に関連して、日本三大急流に数えられる川に最上川があります。最上川の下流域に広がる、稲作のさかんな平野の名を漢字で答えなさい。

問9　下線(9)に関連して、甲府盆地の扇状地では、ぶどうなどの果樹栽培がさかんです。扇状地で果樹栽培が発達しやすいとされる理由としてもっともふさわしいものはどれですか。次のア～エから選び、記号で答えなさい。

ア　扇状地の表面には土砂やれきが多くつもり、水はけが良いから。

イ　扇状地の表面には土砂やれきが多くつもり、水はけが悪いから。

ウ　扇状地の表面には泥が多くつもり、水はけが良いから。

エ　扇状地の表面には泥が多くつもり、水はけが悪いから。

問10　下線⑽に関連して、次の表は４都県について、転入者数（１年間に他の都道府県から転入した人口）の増減を前年とくらべたものです。2020年に、４都県のすべてが前年比マイナスとなった理由を、「コロナ禍により」に続けて説明しなさい。

（単位：人）

	2019年	2020年	2021年
埼玉県	4,712	−7,192	3,394
千葉県	1,391	−5,508	496
東京都	6,221	−33,919	−12,763
神奈川県	5,113	−5,118	3,385

※総務省統計局『住民基本台帳人口移動報告』より作成

問11　下線⑾に関連して、あとの表は、日本の川を長さ順に上位４位まで並べ、合わせて流域面積を示したものです。表中の石狩川と天塩川は、全長に大きな差がないものの、流域面積は２倍以上の差があります。この理由としてもっともふさわしいものはどれですか。次のア～エから選び、記号で答えなさい。

ア　石狩川は天塩川とくらべて周辺地域の降水量が多いから。

イ　石狩川は天塩川とくらべて周辺地域の人口密度が高いから。

ウ　石狩川は天塩川とくらべて川幅の広い場所が多いから。

エ　石狩川は天塩川とくらべて周辺に広い平野が多いから。

	主流の長さ	流域面積
信濃川	367㎞	11,900㎢
利根川	322㎞	16,840㎢
石狩川	268㎞	14,330㎢
天塩川	256㎞	5,590㎢

＊2021年４月30日現在
※『日本国勢図会 2023/24年版』より作成

問12　下線⑿に関連して、世界でもっとも流域面積の広い川はアマゾン川です。次のア～オのうち、アマゾン川が流れる国としてふさわしいものはどれですか。一つ選び、記号で答えなさい。

ア　アメリカ合衆国　　イ　ロシア　　ウ　ブラジル

エ　エジプト　　オ　オーストラリア

問13　（ 13 ）に適する川の名を漢字で答えなさい。

2　次の文を読み、あとの各問いに答えなさい。

A　５世紀後半の大和政権の支配領域は、［　X　］県の稲荷山古墳と［　Y　］県の江田船山古墳から「(1)ワカタケル大王」と刻まれたとされる鉄剣や鉄刀が発見されたことから、関東地方から九州地方まで拡大していたことがわかります。

B　８世紀に入ると、東北地方に居住する蝦夷を支配下に組み込む動きが本格化しました。東北支配の拠点として(2)724年には（ ３ ）が築城され、陸奥国の国府や鎮守府が置かれました。のちに蝦夷の反乱で(３)が焼かれると、桓武天皇は新たに(4)征夷大将軍を設置して蝦夷征討をすすめ、現在の［ Z ］県に胆沢城を築き、その地に鎮守府を移しました。

C　(5)鎌倉時代から室町時代にかけて、本州の人々は蝦夷ヶ島に居住していたアイヌと交易をすすめました。蝦夷ヶ島に移住した人々によるアイヌへの圧迫が強まるなか、(6)1457年に首長（ ７ ）を中心にアイヌは蜂起しました。これを制圧した蠣崎氏は、のち豊臣秀吉に臣従して（ ８ ）氏と改姓し、徳川家康からは(８)藩による蝦夷地支配を認められました。

D　(9)戊辰戦争が終結すると、明治政府は蝦夷地を北海道と改称しました。クラークを招いて(10)札幌農学校を開校し、アメリカ式の農場制度や技術を導入する一方、政府は北海道経営に専念するため、1875年には(11)樺太と千島列島をロシアとの間で交換する条約を結び、樺太を放棄しました。また、(12)屯田兵制度を取り入れました。

問１　［ X ］～［ Z ］に適する県名の組み合わせとして正しいものを、次のア～クから選び、記号で答えなさい。

ア　X　群馬　Y　佐賀　Z　岩手　　イ　X　群馬　Y　佐賀　Z　宮城
ウ　X　群馬　Y　熊本　Z　岩手　　エ　X　群馬　Y　熊本　Z　宮城
オ　X　埼玉　Y　佐賀　Z　岩手　　カ　X　埼玉　Y　佐賀　Z　宮城
キ　X　埼玉　Y　熊本　Z　岩手　　ク　X　埼玉　Y　熊本　Z　宮城

問２　下線(1)に関連して、①・②の各問いに答えなさい。

①　「ワカタケル大王」は、中国の歴史書における倭王「武」にあたると考えられています。倭王「武」は『日本書紀』におけるどの天皇にあたると考えられていますか。次のア～オから選び、記号で答えなさい。

ア　仁徳天皇　　イ　欽明天皇　　ウ　神武天皇　　エ　雄略天皇　　オ　応神天皇

②　次の史料Ⅰ・Ⅱは、いずれも中国の歴史書に書かれた、当時の日本との外交に関する部分です。史料Ⅰは倭王「武」と想定される天皇の治世、史料Ⅱは推古天皇の治世のものです。あとのａ～ｄのうち、史料Ⅰ・史料Ⅱの時期の日本について正しくのべた文の組み合わせはどれですか。もっともふさわしいものをア～エから選び、記号で答えなさい。

史料Ⅰ

順帝の昇明二年、使を遣はして表を上りて曰く、「封国は偏遠にして、藩を外に作す。昔より祖禰躬ら甲冑を擐き、山川を跋渉し、寧処に遑あらず。東は毛人を征すること五十五国…」と。詔して武を使持節都督倭・新羅・任那・加羅・秦韓・慕韓六国諸軍事、安東大将軍、倭王に除す。

＊秦韓…小国連合の辰韓を示す。ここから新羅がおこった。

＊慕韓…小国連合の馬韓を示す。ここから百済がおこった。

史料Ⅱ

その国書に曰く、「日出ずる処の天子、書を日没する処の天子に致す、恙なきや、云々」と。帝、之を覧て悦ばず、鴻臚卿に謂ひて曰く、「蛮夷の書、無礼なる者有り。復た以て聞する勿れ」と。

a　史料Ⅰ・Ⅱから、中国に朝貢して地域支配を認めてもらう形式から、中国皇帝に臣属しない形式に変化したと考えられる。

b　史料Ⅰ・Ⅱから、中国皇帝に臣属しない形式から、中国に朝貢して地域支配を認めてもらう形式に変化したと考えられる。

c　史料Ⅰから、中国皇帝からの承認のもと、朝鮮半島全域を倭が植民地化していたと考えられる。

d　史料Ⅱから、中国皇帝の権威に頼ることなく、天皇が倭国内の支配を実現していたと考えられる。

ア　a・c　　イ　a・d　　ウ　b・c　　エ　b・d

問3　下線(2)に関連して、724年に聖武天皇は即位しました。次のア～エのうち、聖武天皇が天皇在位中のできごととして**ふさわしくない**ものはどれですか。一つ選び、記号で答えなさい。

ア　寄進された荘園に不輸の権を認めた。

イ　開墾した田地の永久私有を認めた。

ウ　国ごとに国分寺を建立するように命じた。

エ　金銅を用いた大仏を造立するように命じた。

問4　(　3　)に適する語を漢字3字で答えなさい。

問5　下線(4)に関連して、征夷大将軍と同様に律令の規定にない官職に関白があります。次のア～エのうち、関白に**就任したことがない**人物の組み合わせはどれですか。記号で答えなさい。

ア　藤原道長・平清盛　　イ　藤原道長・豊臣秀吉

ウ　藤原頼通・平清盛　　エ　藤原頼通・豊臣秀吉

問6　下線(5)に関連して、次のア～エは、鎌倉時代から室町時代のできごとです。これらを年代順(古い順)に並べ替え、記号で答えなさい。

ア　後醍醐天皇が吉野に移り、皇位の正統性を主張した。

イ　正長年間に、徳政を求めて土民が蜂起した。

ウ　後鳥羽上皇が、執権の北条義時の追討を命じた。

エ　日本と明のあいだで、勘合を用いた貿易が始まった。

問7　下線(6)に関連して、この10年後から約11年間、幕府の実権争いや、将軍家や管領家の後継争いをきっかけに大乱がおきました。この大乱がおきていた時期の年号の組み合わせとして正しいものを、次のア～カから選び、記号で答えなさい。

ア　応仁・文禄　　イ　応仁・文明　　ウ　応仁・文化

エ　永仁・文禄　　オ　永仁・文明　　カ　永仁・文化

問8　(　7　)に適する人名を、次のア～オから選び、記号で答えなさい。

ア　ラクスマン　　イ　ナウマン　　ウ　シャクシャイン

エ　コシャマイン　　オ　アテルイ

問9　(　8　)に適する語を漢字2字で答えなさい。

問10　下線(9)について、戊辰戦争で旧幕府軍の榎本武揚が拠点とした箱館の城を何といいますか。名称を漢字3字で答えなさい。

問11　下線(10)に関連して、札幌農学校出身で、1920年に国際連盟事務局次長に就任した人物はだれですか。次のア～オから選び、記号で答えなさい。

ア　渋沢栄一　　イ　杉原千畝　　ウ　内村鑑三　　エ　伊藤博文　　オ　新渡戸稲造

問12　下線⑾に関連して、次のア～エのうち、樺太と千島列島について正しく説明したものはどれですか。一つ選び、記号で答えなさい。

ア　1875年の樺太・千島交換条約では、択捉島は千島列島の一部であると明記された。

イ　1951年のサンフランシスコ平和条約では、択捉島は千島列島の一部であると明記された。

ウ　1905年のポーツマス条約により、北緯50度より南の樺太が日本領となった。

エ　1905年のポーツマス条約により、北緯40度より南の樺太が日本領となった。

問13　下線⑿について、当初、屯田兵には士族が奨励されました。屯田兵に士族が奨励された理由を、次の年表をふまえて説明しなさい。

1872	壬申戸籍…身分によらず居住地などで登録
1873	徴兵令…20歳以上の男子から徴兵し３年間の兵役
1876	金禄公債証書発行条例…華族・士族の給与支給を廃止して債権発行
	廃刀令…軍人や警察らの制服着用時を除き、帯刀を禁止

3　次の文を読み、あとの各問いに答えなさい。

いよいよ私立中学校入試が始まりましたね。2024年はみなさんにとって中学生になる節目の年です。みなさんや2024年に関連するできごとを確認していきましょう。

今年のお正月に開催された東京⑴箱根間往復大学駅伝競走は100回目の記念大会で、関東の大学以外にも門戸が開かれました。夏には、⑵新しい図柄の日本銀行券が発行開始予定になっています。また、⑶東京と姉妹都市であるパリで夏季オリンピック・パラリンピック競技大会が開催予定です。11月には、⑷アメリカ合衆国の大統領選挙も実施予定です。

振り返ってみると今から10年前の2014年には、⑸消費税が増税されました。この年は、⑹集団的自衛権の行使について解釈変更が⑺閣議でおこなわれるなど、日本の安全保障の大きな転換点をむかえました。また、20年前の2004年には、⑻京都議定書に⑼ロシアが批准し、本格的に地球温暖化対策の世界的な取り組みが動き出しました。50年前の1974年には、インドが⑽核実験を実施しました。国内では、佐藤栄作元首相に⑾ノーベル平和賞が授与されています。みなさんが生まれた2011年から2012年にかけては、⑿東日本大震災の発生や第２次安倍政権の発足、⒀為替相場の歴史的な円高などがありました。

以上、みなさんや2024年に関連するできごとを確認しました。中学校入学という節目の年をぜひ、充実させてください。

問1　下線(1)に関連して、かつて箱根関所があった場所はどこですか。次の地図中のア～オから選び、記号で答えなさい。

問2　下線(2)に関連して、新五千円札の図柄に採用予定の、岩倉使節団とともにアメリカにわたり、帰国後、日本の女子教育に貢献した人物はだれですか。漢字で答えなさい。

問3　下線(3)に関連して、最高裁判所は東京に設置されています。次のア～エのうち、日本の裁判制度に関する説明として**ふさわしくない**ものはどれですか。一つ選び、記号で答えなさい。

ア　2009年から、すべての刑事事件において、国民から選ばれた裁判員が審理に参加する裁判員制度が導入された。

イ　公正で慎重な裁判をおこなうことで裁判の誤りを防ぎ人権を守るために、三審制が導入されている。

ウ　民事裁判は、個人や団体同士の権利や義務についての争いを解決する手続きである。

エ　有罪判決が確定した後に、無罪を言いわたすべき明らかな証拠を新たに発見した場合などに再審がおこなわれる。

問4　下線(4)に関連して、次のア～オのうち、現在のアメリカ合衆国大統領が所属する政党名はどれですか。一つ選び、記号で答えなさい。

ア　自民党　　イ　民主党　　ウ　共和党　　エ　保守党　　オ　国民党

問5　下線(5)に関連して、消費税が所得税とくらべて、一般的に社会保障の安定財源とされる理由を、税を負担する世代に注目して説明しなさい。

問6　下線(6)に関連して、次の文は、日本の平和主義について定めた、日本国憲法第９条の条文です。文中の(　　)に適する語を漢字で答えなさい。

> 日本国民は、正義と秩序を基調とする国際平和を誠実に希求し、国権の発動たる戦争と、武力による威嚇又は武力の行使は、(　　)を解決する手段としては、永久にこれを放棄する。

問7 下線(7)に関連して、次のア～エのうち、内閣に関する説明として**ふさわしくない**ものはどれですか。一つ選び、記号で答えなさい。

ア 内閣総理大臣は、自衛隊の最高指揮監督権を有する。

イ 2023年に、行政機関の一つとして、こども家庭庁が加わった。

ウ 閣議では、閣僚の多数決による議決を原則とする。

エ 内閣の構成員は全員、文民でなければならない。

問8 下線(8)に関連して、2005年に発効された京都議定書に代わる、2020年以降の地球温暖化対策の国際的な枠組みを何といいますか。4字で答えなさい。

問9 下線(9)に関連して、次のア～エのうち、ロシアについてのべた文として**ふさわしくないもの**はどれですか。一つ選び、記号で答えなさい。

ア 1991年に解体したソヴィエト連邦を継承した国家である。

イ 2000年代に、日本との間に平和条約を締結し、領土問題を解決した。

ウ 2014年3月、プーチン大統領はクリミア「併合」を宣言した。

エ 2022年2月、ウクライナに本格的な軍事侵攻を開始した。

問10 下線(10)に関連して、①・②の各問いに答えなさい。

① 第一回原水爆禁止世界大会(1955年)は、アメリカが太平洋ビキニ環礁でおこなった水爆実験をきっかけに開催されました。次のア～オのうち、その開催都市はどこですか。一つ選び、記号で答えなさい。

ア 広島　イ 東京　ウ 札幌　エ 長崎　オ 大阪

② 1974年にインドが核実験をおこなったのは、カシミール問題とよばれる隣国との領土問題による緊張状態が理由の一つにあるといわれています。この隣国の名を答えなさい。

問11 下線(11)に関連して、次のア～オのうち、過去にノーベル平和賞を受賞した個人や団体として**ふさわしくないもの**はどれですか。一つ選び、記号で答えなさい。

ア バラク・オバマ　イ 国境なき医師団　ウ グラミン銀行

エ マララ・ユスフザイ　オ 北大西洋条約機構

問12 下線(12)に関連して、東日本大震災発生直後、発電所が停止し、電力需要が電力供給能力を上回ることによる大規模停電を避けるため、電力会社により一定地域ごとに電力供給を一時停止させる対応が実施されました。これを何といいますか。漢字4字で答えなさい。

問13 下線(13)に関連して、次のア～エのうち、為替相場が円安に進むとおこりやすい現象としてもっともふさわしいものはどれですか。記号で答えなさい。

ア 輸入品価格が上がるので、輸入産業の利益が増える。

イ 自動車会社など国内の輸出産業が大きな打撃を受ける。

ウ 輸入品などの還元セールがおこなわれやすくなる。

エ 日本を訪れる外国人観光客の消費が伸びる。

筑波大学附属駒場中学校

―40分―

[1] つぎの文を読んで、あとの1から6までの各問いに答えなさい。

2023年は、関東大震災が発生してからちょうど100年にあたります。1923年（ a ）月（ b ）日午前11時58分、相模湾の底で岩盤の崩壊が始まり、マグニチュード7.9と推定される大地震が発生しました。伊豆半島から神奈川県、山梨県、東京府(現在の東京都)、千葉県の一部では、当時の最大震度である「6」を記録し、多くの被害がもたらされました。この地震によって、約10万5千人の死者・行方不明者が出たとされています。このうち約9万2千人は火災による犠牲者であり、とくに各地で発生した火災旋風により、被害が拡大したことは知られています。

2023年、関東大震災に関わる書籍・記事・映画などがいくつか公開され、朝鮮人や中国人などの虐殺を題材にしたものが話題になりました。しかし、関東大震災の被害はこれだけではありません。例えば津波や土砂災害による被害は、無視できないものでした。中でも津波は関東南部の沿岸地域でも起こったことですから、あらためて注目する必要があるでしょう。

この時の津波の犠牲者の数は、少なく見積もっても200人以上とされています。地震発生から５分後には、熱海や鎌倉など、相模湾沿岸地域に津波の第一波が到達しました。最大の波高は熱海で12ｍ、伊東や伊豆大島の岡田、房総半島の相浜では10ｍ近く、鎌倉や逗子で５～６ｍに達しました。鎌倉だけで、犠牲者は100人をこえたとされています。現在の小田原市にある根府川集落では、海で泳いでいた子ども約20人が犠牲になりました。加えて、集落を山崩れがほぼ同時におそったため、根府川だけで合わせて400人以上が犠牲になったとされています。

日本の津波災害といえば、東日本大震災で大きな被害を出した三陸沿岸地域を思い浮かべる人が多いかもしれません。しかしこれまでにも太平洋側の他の地域や、日本海側の地域でも津波の被害がありました。マグニチュード８を超えるクラスの南海トラフを震源とする地震の発生が危険視されている現在、過去に発生した災害の歴史を知り、それぞれの地域において被害を小さくするための対策が必要と言えるでしょう。

1　本文中の空欄（ a ）・（ b ）にあてはまる数字を書き、さらに政府が定めたこの日の名称を「～の日」の形にあわせて書きなさい。

2　次の表は、関東６県に山梨県を加えた７県における、コメ生産量、工業生産額、１世帯あたりの乗用車保有台数、漁獲量を示したものです。神奈川県、山梨県、千葉県にあてはまるものをアからキまでの中から一つずつ選び、その記号を書きなさい。

	コメ生産量(千トン)	工業生産額(十億円)	１世帯あたりの乗用車保有台数	漁獲量(百トン)
ア	278	12518	0.98	992
イ	26	2482	1.56	0
ウ	73	8982	1.66	0
エ	301	8966	1.62	4
オ	152	13758	0.97	0
カ	345	12581	1.61	3046
キ	14	17746	0.70	309

『データブック2023』より

3 朝鮮や中国についてのべた文として正しいものを、つぎのアからオまでの中から二つ選び、その記号を書きなさい。

ア 朝鮮半島では漢字が用いられてきたが、現在は多くの場面でハングルが用いられている。

イ 朝鮮は第二次世界大戦後に韓国(かんこく)と北朝鮮に分断され、1950年には朝鮮戦争が始まった。

ウ 韓国は原油や鉄鉱石の資源にめぐまれ、これを用いた自動車工業や電気機械工業が盛(さか)んである。

エ 中国は世界一の人口大国であり、2100年ごろまでは人口が増えていくことが予想されている。

オ 中国は世界有数の工業大国であるが、自動車工業が発達しておらず、日本から多くの電気自動車を輸入している。

4 鎌倉についてのべた文として正しいものを、つぎのアからオまでの中から二つ選び、その記号を書きなさい。

ア まわりを海と山にかこまれており、山を切り開いた切通しと呼ばれる道でほかの地域と結ばれていた。

イ 市内の各地に神社や寺院が現存し、大仏などが多くの観光客を集めている。

ウ 東日本有数の温泉観光地として知られ、海岸沿いに多くのホテルや旅館が立ち並んでいる。

エ 有力な大名の城下町であり、東海道の宿場町として大いに賑(にぎ)わった。

オ 東京湾の入り口に位置し、江戸時代の末期にペリーが上陸した地としても知られている。

5 三陸沿岸地域についてのべた文として正しいものを、つぎのアからオまでの中からすべて選び、その記号を書きなさい。

ア 福島県・宮城(みやぎ)県・岩手県の太平洋側の地域をさしている。

イ 山地が海にまで迫(せま)った地形となっていて、海岸線が複雑に入り組んでいる。

ウ 海産物の養殖(ようしょく)が盛んで、カキやワカメなどが育てられている。

エ 国内の緯度(いど)が同じくらいの地域とくらべて、とくに降雪量が多い。

オ 海岸沿いの鉄道路線が東日本大震災で被災したが、全線で鉄道として復旧している。

6 想定されている南海トラフを震源とする地震についてのべた文として正しくないものを、つぎのアからオまでの中から二つ選び、その記号を書きなさい。

ア 太平洋側の海岸地域で、津波の被害が予想されている。

イ 山間部を中心に、液状化現象の発生が予想されている。

ウ 地震発生のメカニズムは、東日本大震災や関東大震災と同様になると予想されている。

エ 人口100万人以上の大都市では、ほとんど被害が出ないと予想されている。

オ 地震の規模が、関東大震災並みかそれ以上になると予想されている。

2 つぎの文を読んで、あとの1から7までの各問いに答えなさい。

あなたは、東京の港区、新宿区、渋谷区にまたがる明治神宮外苑(めいじじんぐうがいえん)地区の再開発計画について耳にしたことがあるでしょうか。老朽化(ろうきゅうか)したスポーツ施設(しせつ)を場所を移して建設するほか、高さ200メートル近くの高層ビルの建設が予定されています。これにあわせて、外苑一帯に広がる樹木の伐採(ばっさい)と移植も予定されています。有名ないちょう並木は伐採されないものの、隣接(りんせつ)する場所に新野球場が建設されることになります。この再開発をめぐっては、地域住民だけでなく、音楽家の坂本龍一(さかもとりゅういち)さんや作家の村上春樹(むらかみはるき)さんら多くの著名人も反対を表明し、話題となりました。さらに、文化遺産の保護などに関する国際的な活動を行っているイコモスも、再開発を認めた東京都や事業者に対して計画の撤回を求めました。イコモスは、神宮外苑を日本が国際社会にほこる「近代日本の公共空間を代表する文化的資産」と評価し、再開発によりいちょう並木が存続の危機に陥ると指摘しています。厳かな神社の境内として国費でつくられた明治神宮内苑に対して、外苑は人々に開かれた憩いの場として国民からの献金と献木でつくられました。外苑は、いちょう並木だけでなく、芝生広場や聖徳記念絵画館、その背後に広がる常緑広葉樹の森までを含めて一つの景観をつくりだしています。

イコモスの指摘の背景には、かつて文化庁がこのいちょう並木を文化財として保全すべき名勝の候補の一つに挙げたことがあります。文化財としての名勝に含まれる庭園や公園には様々な時代のものがありますが、明治時代以前につくられた庭園や公園に比べ、明治時代以降につくられたものは、都市化や再開発によって失われてしまう可能性が高くなっています。そこで文化庁が、近代の庭園や公園などのうち名勝候補の一覧を示し、保全をうながしました。明治神宮内苑も、近代的な林学や造園学などを用いてつくられた人工林であることが高く評価されて名勝候補となっており、文化庁は、長い時間をかけてつくられた内苑と外苑とを合わせて保全することの意義を指摘しています。

明治神宮は、明治天皇をまつる神社で、初詣のときだけでも毎年約300万人もの参拝者が訪れています。1912年に明治天皇が亡くなったのち、東京の政治家や実業家たちは、明治天皇を祭神とする神社を東京(代々木・青山)に建設するよう政府に求めました。すると、東京のような都市環境では、神社に欠かせない鎮守の森はつくれないと批判の声があがりました。当時、鎮守の森に必要なのは、木材としても広く使われるスギやヒノキといった針葉樹であると考えられていましたが、これらの樹木は煙害に対する抵抗力が弱いことも知られていました。東京や大阪などの都市部では、この時期の急速な都市化と工業化の中で、石炭の不完全燃焼で生じる煤煙により、針葉樹を中心とする森林が維持しにくくなっていたのです。それでも、明治天皇とのつながりなどを理由に、代々木に本殿など宗教施設をおく明治神宮内苑をつくり、青山には人々に開かれた空間としての明治神宮外苑をつくることが決まります。そこで、鎮守の森を一からつくるために様々な議論がなされ、時間の経過とともにスギやヒノキなどの針葉樹を中心とする森から、カシやシイ、クスなど常緑広葉樹を中心とする森に移り変わっていくという植栽計画が立てられました。つまり、長い時間をかけて都市環境に耐える緑豊かな永遠の森をつくり出そうとしたのです。こうした植栽計画とともに明治神宮の造営は進められ、1920年に創建の式典が行われました。その後、外苑の整備は一体的な景観を重視して計画的に進み、いちょう並木や絵画館がつくられ、野球場は景観をそこなわない場所に建てられました。このようにして1926年に外苑は完成しました。

明治神宮がつくられてからおよそ100年がたちました。近年行われた内苑の生物総合調査では、オオタカをはじめ3000種もの多様な動植物が発見されており、外苑の森とともに大都市の中で生物多様性を支えていることがわかっています。それだけでなく、明治神宮は都市防災の機能もはたしており、例えば東京が空襲に見舞われた際には、その被害を受けて社殿は焼失しましたが、森はほとんど焼けませんでした。現在でも東京都は明治神宮を避難場所に指定しており、大規模災害が発生した際には外苑だけでも８万人以上の避難者が想定されています。また、明治神宮内外苑は、ともに都市景観に美しさをもたらしてきました。いまの再開発計画に必要なのは、より長期的な視点から価値を見直すことなのではないでしょうか。そのうえで、つぎの100年に向けてこの価値ある場所をどのように受け継いでいくことができるでしょうか。

1　文化財としての名勝のうち、明治時代以前につくられた庭園に関連してのべた文として正しいものを、つぎのアからオまでの中から二つ選び、その記号を書きなさい。

ア　飛鳥宮跡からは、貴族たちが宴をひらいた寝殿造の庭園が発見された。

イ　平城京跡には、中大兄皇子と中臣鎌足らが蘇我入鹿を殺害した庭園がある。

ウ　奥州藤原氏の拠点であった平泉には、浄土をあらわす毛越寺庭園がある。

エ　龍安寺の庭園は、石と砂で山や水などを表す枯山水という様式で室町時代につくられた。

オ　大内氏の城下町であった一乗谷には、大和絵を完成させた雪舟がつくった庭園が残っている。

2　人工林に関連してのべた文として正しくないものを、つぎのアからオまでの中から二つ選び、その記号を書きなさい。

ア　人工林を含む森林が国土に占める割合を日本と中国で比較すると、日本のほうが高い。

イ　白神山地は、日本有数のブナの人工林が評価され、世界遺産に登録された。

ウ　製材工場で出た木のくずをチップに加工し、発電の燃料として活用することもある。

エ　大仙古墳が完成したとき、その地表面は豊かな森林に被われていた。

オ　人工林には、木材を育てるほか、風や雪、砂の害から人々の命や家、畑などを守るはたらきもある。

3　明治天皇が亡くなってから明治神宮創建の式典が行われるまでの間の出来事として正しいものを、つぎのアからオまでの中からすべて選び、その記号を書きなさい。

ア　ヨーロッパを主な戦場としていた第一次世界大戦が終結した。

イ　日本は外務大臣の小村寿太郎のもとで関税自主権を回復した。

ウ　25歳以上の男性すべてに選挙権が認められた一方で、政府は治安維持法を制定した。

エ　富山の漁村で起こった米の安売りを求める騒動が、民衆の運動として全国に広がった。

オ　ロシアはドイツとフランスをさそい、遼東半島を清に返すよう日本に要求した。

4　木材の利用や活用に関連してのべた文として正しくないものを、つぎのアからオまでの中から二つ選び、その記号を書きなさい。

ア　縄文時代の集落には、集落を守るために木製のさくや物見やぐらなどが設けられた。

イ　弥生時代の米づくりでは、田げたやくわなどの木製農具が新たに利用された。

ウ　聖徳太子が建立したとされる法隆寺は、現存する世界最古の木造建築である。

エ　奈良時代には、朝廷に税を納めるときに木簡を使い、産地と荷物の内容を記した。

オ　鎌倉時代、モンゴル軍との戦いで御家人たちは木製の容器に火薬と鉄片をつめた「てつはう」という武器を用いた。

5　つぎのアからキの文にある「ここ」は、現在の東京都と大阪府のどちらにあるか分類し、時代順にその記号を書きなさい。

ア　ここを起点に五街道が整備され、交通が発展して全国から多くのものや人が行き来した。

イ　ここは、商工業で栄えていたため、織田信長が直接支配した。

ウ　ここにある城の明け渡しについて、勝海舟と西郷隆盛が話し合った。

エ　ここで、アジアで初めてのオリンピックが開かれた。

オ　ここで、日本で初めての万国博覧会が開かれた。

カ　ここに、豊臣秀吉が政治の拠点となる城を築いた。

キ　ここに、日本が西洋化したことを外国人に積極的にアピールするための鹿鳴館（ろくめいかん）という洋館を建てた。

6　本文中のこの時期に日本で煤煙が生じる背景についてのべた文として正しいものを、つぎのアからオまでの中から二つ選び、その記号を書きなさい。

ア　重化学工業が発展し、太平洋ベルトを中心に石油化学コンビナートがつくられた。

イ　「三種の神器」と呼ばれたテレビ、電気洗濯機（せんたくき）、電気冷蔵庫などの電化製品が家庭に広まった。

ウ　東京と大阪の間に東海道新幹線が開通した。

エ　鉄道の整備が広がり、蒸気機関車が大都市や軍事拠点、鉱山などをつないだ。

オ　日清戦争で得た賠償金（ばいしょうきん）の一部を使って官営の製鉄所がつくられた。

7　明治神宮内外苑100年の歴史をふまえ、再開発計画に反対する立場からの主張の根拠を考えて30字程度で書きなさい。

3　つぎの文を読んで、あとの１から６までの各問いに答えなさい。

2023年４月の統一地方選挙のとき、10代後半から20代前半の若者が各地で立候補（りっこうほ）を届け出たことが注目されました。受理されないことをわかったうえで、立候補の年齢（ねんれい）制限に問題を投げかける裁判（さいばん）へつなげようとしてとった行動でした。選挙に年齢制限がある理由は、若者には政治に関する知識や経験が不足していることだと考えられます。しかし、もし科学技術の助けによって、知識や経験の差を乗り越（こ）えることができるならどうでしょうか。それが実現する未来を描（えが）いたＳＦ作品が、テレビドラマ「17歳の帝国（さい　ていこく）」（ＮＨＫ、2022年）です。本作では、17歳の少年が首長となり、衰退（すいたい）する地域を実験都市ウーアとして理想の社会へと生まれ変わらせようとします。少年をその地位に選んだのはＡＩ（人工知能）です。ＡＩはまた、人々の生活から膨大（ぼうだい）なデータを集めて分析（ぶんせき）し、住民の幸福度を効率的に高める政策を提案します。17歳の首長は、その提案を住民の意思とみなして、実行にうつす決断をしていくのです。そして、この都市では市議会が廃止（はい し）され、市の職員も減らされました。首長もまた、ＡＩがリアルタイムで集計する支持率が30％を切れば辞（や）めることになります。

このような未来はそう遠くないのかもしれません。いま各国で「ＡＩ政治家」の開発が進んでいます。「ＡＩ政治家」は、世界各国の法律や政策、歴史、地理、経済データなどを学習し、マスメディアの報道やＳＮＳ上の書きこみなどを世論として分析したうえで、人々が望む政策を判断するように設計されています。ＡＩが社会において大きな役割をはたすと予想されているのは、政治の世界だけではありません。2015年には、「10～20年後までに、日本で働く人の49％がＡＩやロボットに代替（だいたい）可能となる」とする研究が注目を集めました。この研究は、601種類の職業について、それぞれ30ほどの特徴（とくちょう）（必要な知識、技能など）を数値化し、各職業がＡＩやロボットにおき替（か）えられる可能性を計算したものです。これは「ＡＩの普及（ふきゅう）によって大量の雇用（こよう）が奪（うば）われ、働き口が大きく減ってしまう」という主張として受け取られ、多くの人々にショックをあたえました。

「17歳の帝国」が描いたように、人間がＡＩの助言や提案を社会生活にいかす場面が今後増えてくるでしょう。たとえば、学校では、一人ひとりの学力や苦手分野に合った練習問題を出してもらったり、英会話の相手になってもらったりする場面があるかもしれません。また別の分野では、インターネット上にある個人の情報をもとに、仕事に就（つ）きたい人をその個性に合う会社とひきあわせたり、結婚したい人同士を結び付けたりするサービスも実用化されてきています。その一方、ＡＩの助言や提案に従うことで、差別などの人権侵害が起こってしまう事例も多く報告されており、注意が必要です。

近年では、指示に従って文章や画像などを生み出すことができる生成ＡＩが話題となっています。すでに2016年には、17世紀の画家レンブラントの「新作」をＡＩが描いたことが注目されていました。ビジネスの現場では、生成ＡＩを対話の相手としながら仕事を進める人が増えています。ただし、主な生成ＡＩサービスの利用ルールには年齢制限があり、小学生のみなさんが好きなように使うことは望ましくないとされています。2023年には、国際連合の機関である（　Ａ　）が、教育分野における生成ＡＩの活用についてガイダンスを発表し、利用してよい年齢を「最低限、13歳以上とすべき」としました。その理由の一つは、ＡＩの回答は不適切なものもあり、使い方によっては悪影響がもたらされるからです。試しに、ある生成ＡＩに社会科に関する質問をしてみましょう。

> 質問１　日本国憲法についてわかりやすく教えて。
>
> 回答１　日本国憲法は、日本国民が自由で平和な社会を築くために定められた法律です。この憲法は、1947年に公布されました。この憲法の基本原理は、国民主権、基本的人権の尊重、平和主義です。この憲法は、天皇が象徴であることを定めています。また、戦争放棄を宣言し、平和的な外交政策を採用することを定めています。憲法には、国民の基本的人権が保障されています。具体的には、思想・良心の自由、信教の自由、表現の自由、集会・結社の自由などが挙げられます。また、この憲法によって国会や内閣などの政府組織が設置されており、国民が直接選挙で代表者を選ぶことができます。日本国憲法に示された項目は、日本国民が守らなければならないルールです。
>
> 質問２　日本は国際平和のためにどのような取り組みをしているか、小学校６年生向けに説明して。
>
> 回答２　日本は、国際平和のために多くの取り組みをしています。例えば、国際連合に加盟し、平和維持活動に参加しています。また、ＯＤＡ（政府開発援助）を通じて、世界中の国々に援助を提供しています。さらに、日本は核兵器を持たず、核兵器廃絶を訴える国際的な取り組みにも積極的に参加しています。
>
> （ChatGPT3.5により生成した文章をもとに作成）

少なくとも現時点では、ＡＩが作った回答は、文章として不自然なだけでなく、誤りを含んでいたり、論理的に矛盾していたりすることがあります。また、ＡＩは学習した言語情報をそれらしいことばの並びに整えているだけで、一般的にいえることを述べることしかできません。つまり、社会科の学習で特に大切な、現実の社会問題に対する切実な問題意識や価値判断の力をもっているわけではないのです。

ＡＩが生み出すことばを「正解」とみなしてそれに従うばかりになると、社会から思考と対話が消えてしまいます。「17歳の帝国」の主人公は、ＡＩの提案が正しいのかどうか、街で生活する人々の声を聞きながら深く思い悩んでいました。そのように、異なる立場や価値観に触れて悩み抜くことこそが、ＡＩ時代の人間に求められる活動なのかもしれません。

1　立候補の年齢制限に問題を投げかける裁判が行われる場合、そのしくみについてのべた文として正しいものを、つぎのアからオまでの中から二つ選び、その記号を書きなさい。

ア　この裁判は、一般市民が傍聴(ぼうちょう)することができる。

イ　この裁判は、裁判員裁判によって行われる。

ウ　この裁判は、政治に関わる問題であるため、国会に設置された裁判所で行われる。

エ　この裁判で有罪が確定した場合、その時点で立候補の年齢制限がなくなる。

オ　この裁判での判決に不服がある場合、上級の裁判所にうったえることができる。

2　実験都市ウーアの政治と異なる、現代日本の地方政治の特徴について説明した文として正しいものを、つぎのアからオまでの中からすべて選び、その記号を書きなさい。

ア　首長は議会の一員であり、議会の多数派によって選ばれる。

イ　選挙で選ばれた代表者が話しあって物事を決めるため、そのときの住民の意思に必ず従うわけではない。

ウ　政策を実現するための予算案に対して、議会が賛成の議決をすることが必要である。

エ　住民の意思を政治に反映させる制度は、選挙のみである。

オ　住民からの支持率が下がっても、首長を任期の途中で辞めさせる制度はない。

3　本文でのべた研究にもとづく「ＡＩの普及によって大量の雇用が奪われ、働き口が大きく減ってしまう」という主張に対する反論の根拠(こんきょ)として適切でないものを、つぎのアからオまでの中から二つ選び、その記号を書きなさい。

ア　創造性や共感など、人間ならではの能力を高めることが重要である。

イ　実際に職業に就いている人は、いくつもの多様な業務を同時にこなしていることが多い。

ウ　ＡＩやロボットの普及にともなって、新たなビジネスや職業が生まれる可能性がある。

エ　人間の仕事を代替できるようなＡＩやロボットを導入するには、人を雇(やと)うよりも費用がかかることが少なくない。

オ　誰もが「健康で文化的な最低限度の生活」をおくれるように、一定の所得を保障する必要がある。

4　個人の情報に関連してのべた文として正しくないものを、つぎのアからオまでの中から二つ選び、その記号を書きなさい。

ア　個人の情報を扱う会社は、それが外部にもれないように取り組むことが法律で定められている。

イ　マイナンバー制度は行政手続(てつづき)に関わる情報を管理するものであり、個人のナンバーを預金口座と紐(ひも)づけることは禁止されている。

ウ　病院や診療所(しんりょうじょ)では、患者(かんじゃ)の病歴など特に配慮(はいりょ)が必要な情報を電子化して保管することは禁止されている。

エ　位置情報など人の移動に関する情報を集め、個人が特定できないように処理したうえで他の会社などに提供することが認められている。

オ　インターネットショッピングの偽(にせ)サイトから、クレジットカードなどの重要な情報を盗(ぬす)む犯罪が起きている。

5　本文中の空欄(くうらん)（　Ａ　）に適する機関を答えなさい。略した名称(めいしょう)でもよい。

6　本文に示したＡＩが作った回答に対して指摘（してき）できる誤りや補足できることとして適切でないものを、つぎのアからオまでの中から二つ選び、その記号を書きなさい。

ア　日本国憲法が公布されたのは1946年であり、その公布日の５月３日は憲法記念日となった。

イ　すべての法律は憲法にもとづいていることをふまえると、日本国憲法は法律と同等ではない。

ウ　日本国憲法は国の政治の基本的なあり方を定めたもので、国民が守らなければならないルールとは異なる。

エ　日本は憲法で戦力の不保持を定めているため、国際連合の平和維持活動に参加することはできない。

オ　日本は国連で核兵器廃絶をうったえているが、核兵器の開発や保有を禁じる核兵器禁止条約には参加していない。

東京都市大学付属中学校(第１回)

—40分—

1　次の文章を読み、あとの問いに答えなさい。

次の略地図は、日本を北海道、東北、関東、中部、近畿、中国・四国、九州の７地方に区分したものです。この略地図を見て、あとの問いに答えなさい。

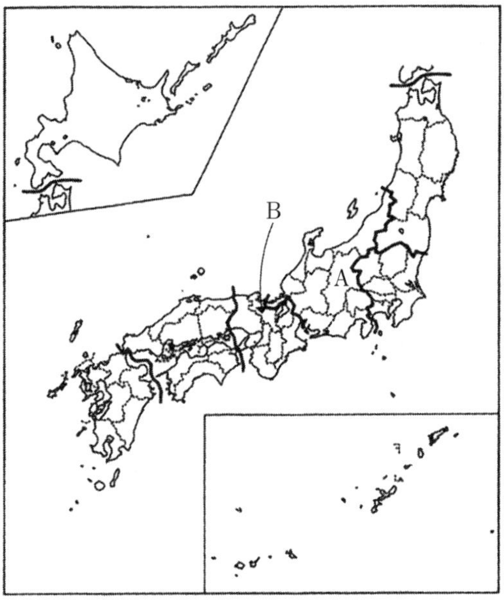

問１　略地図に関連して述べた文として正しいものを次の１～４から一つ選び、番号で答えなさい。すべて誤っていれば　５　と答えなさい。

１　都道府県名と異なる都道府県庁所在地が最も多いのは、関東地方である。

２　日本で最大の流域面積をもつ信濃川が流れているのは、中部地方である。

３　海に接しない、いわゆる「海なし県」が最も多いのは、近畿地方である。

４　北海道を除き、各都府県の合計面積が最も大きいのは、九州地方である。

問２　略地図中のＡは長野県です。この長野県と接する県のうち、中部地方以外に含まれる二つの県の県庁所在地名を緯度の高い順にそれぞれ答えなさい。

問３　略地図中のＢは京都府です。この京都府と接する府県のうち、府県名と異なる府県庁所在地名を人口の多い順にそれぞれ答えなさい。(解答の際に「市」はつけなくてもよい。)

問４　次の文章は、ある都市の気候について述べたものです。この文章が最もあてはまる地方と都市の組合せとして正しいものをあとの１～４から一つ選び、番号で答えなさい。

> 冬は北西の季節風が、夏は南東の季節風がいずれも山地によってさえぎられるため、一年を通して比較的降水量が少なく温暖な気候となる。こうした気候を利用して、ブドウや桃などの生産がさかんである。

１　東北地方の山形市　　　２　中部地方の金沢市

３　中国・四国地方の岡山市　　４　九州地方の福岡市

問５　次のア〜エは、略地図に示された北海道、関東、中部、中国・四国のいずれかの地方の面積・人口・人口密度を示しています。ア〜エが示す地方の組合せとして正しいものをあとの１〜４から一つ選び、番号で答えなさい。

ア	面積：66807㎢	人口：2089万人	人口密度：313人
イ	面積：32433㎢	人口：4354万人	人口密度：1343人
ウ	面積：83424㎢	人口：514万人	人口密度：62人
エ	面積：50725㎢	人口：1076万人	人口密度：212人

(『日本国勢図会2023/24』から作成)

１　アー中部　イー関東　ウー北海道　エー中国・四国
２　アー中部　イー関東　ウー中国・四国　エー北海道
３　アー関東　イー中部　ウー北海道　エー中国・四国
４　アー関東　イー中部　ウー中国・四国　エー北海道

問６　次のア〜ウの表は、北海道、東北、関東のいずれかの農業産出額(2020年)を表したものです。ア〜ウの組合せとして正しいものをあとの１〜６から一つ選び、番号で答えなさい。

ア　(単位：億円)

農業産出額	米	野菜	果実	肉用牛	乳用牛
16174	2570	6093	509	653	1310

イ

農業産出額	米	野菜	果実	肉用牛	乳用牛
12667	1198	2145	69	960	4983

ウ

農業産出額	米	野菜	果実	肉用牛	乳用牛
14427	4586	2634	2195	939	698

(『データでみる県勢2023』より作成)

１　アー北海道　イー東北　ウー関東
２　アー北海道　イー関東　ウー東北
３　アー東北　イー北海道　ウー関東
４　アー東北　イー関東　ウー北海道
５　アー関東　イー北海道　ウー東北
６　アー関東　イー東北　ウー北海道

問７　次の文章は、東北地方を流れる河川について述べたものです。この河川の名称を漢字で答えなさい。

岩手県の北部から南流し、仙台平野を流れ、太平洋にそそぐ東北地方最大の流域面積をもつ河川です。その流域の平地では、稲作がさかんに行われています。

問８　江戸時代、深川を出発した松尾芭蕉は千住で「行く春や鳥鳴き魚の目は涙」の句を発して『奥の細道』の旅に出ました。芭蕉が酒田で詠(よ)んだ次の句の空欄［　　　］には、日本三急流の一つである河川が入ります。その河川の名称を漢字で答えなさい。

「暑き日を　海に入れたり　［　　　］川」

問９　関東地方にある県のうち、東北地方の県と陸地で接する県が三つあります。そのうち、人口密度がもっとも高い県の県庁所在地名を漢字で答えなさい。

問10　中部地方に関して述べた文として正しいものを次の１～４から一つ選び、番号で答えなさい。すべて誤っていれば　５　と答えなさい。

１　火山の噴火による堆(たい)積物でできたシラス台地が広範囲に分布している。

２　世界遺産に登録されたブナの原生林が東アジア最大の規模で分布している。

３　日本列島を東北日本と西南日本に二分するフォッサマグナが分布している。

４　飛驒山脈・木曽山脈・日高山脈からなる日本アルプスが分布している。

問11　近畿地方で２番目に広い面積をもつ府県について述べた文として、あてはまるものを次の１～４から一つ選び、番号で答えなさい。

１　県の大部分を紀伊山地が占めている。紀ノ川流域では、稲作のほか梅や柿、みかんなどの果樹栽培や林業がさかんである。

２　近畿地方の南東部に位置し、沿岸部は温暖な気候で雨が多い。南部は日本有数の林業地帯である。北東部は中京工業地帯の一部を形成している。

３　県の中・南部は、夏は暑く冬は冷え込みがきびしい内陸性の気候である。南部は太平洋ベルトの一部で、工業化が進んでいる。

４　南部の播磨平野をのぞくと、山地と丘陵(りょう)地が大半を占(し)める。阪神地方へ向けた近郊農業がさかんである。南部は阪神工業地帯の主要部となっている。

問12　次の表は、中国・四国地方のおもな伝統的工芸品や特産品、名所旧跡などをまとめたものです。このうち、広島県にあてはまるものを表中の１～５から一つ選び、番号で答えなさい。

1	和紙、桂浜、にら、なす、ピーマン
2	雲州そろばん、石州和紙、しじみ
3	備前焼、後楽園、マスカット、もも
4	熊野筆、宮島、養殖かき、レモン
5	赤間すずり、秋吉台、松下村塾、ふぐ

問13　2024年に発行される予定の新紙幣に描(えが)かれる北里柴三郎は、九州地方の出身です。その県に関する次の説明文を読み、北里柴三郎の出身県として正しいものをあとの１～４から一つ選び、番号で答えなさい。すべて誤っていれば　５　と答えなさい。

> 県の東部には険しい九州山地が連なっている。火山活動で形成された世界最大級のカルデラの中では、約５万人の人々が暮らしている。その周辺には温泉が多く、毎年たくさんの観光客が訪れている。農業がさかんで、すいかやトマトの収穫量は日本一である。

１　福岡県　　２　佐賀県　　３　長崎県　　４　宮崎県

2　宙(そら)さんは、歴史の勉強をするためにいろいろな時代の出来事や人物をカードにまとめました。次の＜カードＡ＞～＜カードＦ＞について、あとの問いに答えなさい。

＜カードＡ＞

難升米(なしめ)は、［　Ａ　］に登場する人物で、３世紀前半に邪馬台国の女王である卑弥呼の命令で中国に派遣された。帯方郡を経由して、皇帝に謁見(えっけん)することができた。

謁見…目上の人に会うこと。

問１　空らん［　Ａ　］にあてはまる歴史書の名前として正しいものを次の１～４から一つ選び、番号で答えなさい。

１『後漢書』東夷伝　２『宋書』倭国伝　３『漢書』地理志　４『魏志』倭人伝

問２　＜カードＡ＞の時代について説明した文ａ～ｃの正誤の組合せとして正しいものをあとの１～８から一つ選び、番号で答えなさい。

ａ　収穫した稲は、寝殿造がみられる高床倉庫に保存し、食料を貯蓄することができるようになった。

ｂ　稲作が東日本まで広がったことによって、これまでの鉄器の農具から加工しやすい青銅器の農具が生産活動の中心となっていった。

ｃ　この時代の遺跡としては吉野ケ里遺跡が有名で、環濠(かんごう)集落を有していることから戦いがあったことが推測できる。

１	ａ－正	ｂ－正	ｃ－正	２	ａ－正	ｂ－正	ｃ－誤
３	ａ－正	ｂ－誤	ｃ－正	４	ａ－正	ｂ－誤	ｃ－誤
５	ａ－誤	ｂ－正	ｃ－正	６	ａ－誤	ｂ－誤	ｃ－正
７	ａ－誤	ｂ－正	ｃ－誤	８	ａ－誤	ｂ－誤	ｃ－誤

＜カードＢ＞

(ア)<u>672年</u>に［　Ｂ　］で甥(おい)に勝利し、(イ)<u>天皇に即位することができた</u>。天皇としては、皇族たちを政治の中心に起用する皇親政治を展開し、天皇の権威を示すために『日本書紀』や『古事記』の作成を命じた。また、自身の妻の病気の回復を願って薬師寺を建立した。

問３　下線部(ア)の年号は、何世紀ですか。<u>算用数字で答えなさい</u>。

問４　空らん［　Ｂ　］にあてはまる出来事の名前を答えなさい。

問５　下線部(イ)について、即位後の天皇名を「～天皇」の形にあうように、<u>漢字で答えなさい</u>。また、即位前の名前として正しいものを次の１～４から一つ選び、番号で答えなさい。<u>すべて誤っていれば　５　と答えなさい</u>。

１　山背大兄王　２　大友皇子　３　長屋王　４　大海人皇子

問６　＜カードＢ＞の時代について説明した文ａ～ｃの正誤の組合せとして正しいものをあとの１～８から一つ選び、番号で答えなさい。

a　６歳以上の男女に同じ広さの口分田が与えられ、稲を納める租という税が課せられた。

b　地方の特産物を都に納める税を調という。

c　班田収授を実施するために、庚午年籍と呼ばれる戸籍がつくられた。

1	a－正	b－正	c－正	2	a－正	b－正	c－誤
3	a－正	b－誤	c－正	4	a－正	b－誤	c－誤
5	a－誤	b－正	c－正	6	a－誤	b－誤	c－正
7	a－誤	b－正	c－誤	8	a－誤	b－誤	c－誤

＜カードＣ＞

鎌倉幕府の３代将軍・［　C　］が殺害された後に、［　D　］上皇が幕府を討伐する命令を出し、幕府と朝廷の軍勢が戦うことになった。朝廷の軍勢は敗北し、戦後に［　D　］上皇は、隠岐に流された。

問７　空らん［　C　］・［　D　］にあてはまる人物をそれぞれ漢字で答えなさい。

問８　＜カードＣ＞の時代について説明した文ａ～ｃの正誤の組合せとして正しいものをあとの１～８から一つ選び、番号で答えなさい。

a　３代執権・北条泰時によって、武士初の法律である御成敗式目(貞永式目)が制定された。

b　８代執権・北条時宗のときに、２度にわたる元の襲来である文永の役と弘安の役が発生した。

c　法然の浄土宗や、親鸞の臨済宗といった禅宗は幕府の保護を受けて発展した。

1	a－正	b－正	c－正	2	a－正	b－正	c－誤
3	a－正	b－誤	c－正	4	a－正	b－誤	c－誤
5	a－誤	b－正	c－正	6	a－誤	b－誤	c－正
7	a－誤	b－正	c－誤	8	a－誤	b－誤	c－誤

＜カードＤ＞

江戸幕府の８代将軍・［　E　］は、大名から１万石につき100石を献上させ、その代わりに大名が江戸にいる期間を短縮させる上米を出すなどの改革をおこなった。

問９　空らん［　E　］にあてはまる人物を漢字で答えなさい。

問10　次の１～８は江戸時代に起きた出来事です。＜カードＤ＞よりも後に起きた出来事を古い順番に並べ、３番目になるものを一つ選び、番号で答えなさい。

1　水野忠邦が株仲間の解散を命じた。

2　オランダ商館を出島へ移した。

3　天明の飢饉(ききん)が発生した。

4　ラクスマンが根室へ来航し、通商を要求した。

5　大坂夏の陣で豊臣氏が滅亡した。

6　異国船打払令が発令された。

7　大塩平八郎が大坂で反乱を起こした。

8　生類憐みの令が出された。

＜カードＥ＞

肥前藩(佐賀藩)の出身で(ウ)総理大臣に２回就任している。政治、外交の分野で活躍しただけでなく、教育者としてもその名を残しており、1882年に設立した東京専門学校は、早稲田大学と名称を変更し、現在に至っている。

問11　下線部(ウ)について、＜カードＥ＞の人物が総理大臣に就いていたときに起きた出来事として正しいものを次の１～４から一つ選び、番号で答えなさい。すべて誤っていれば ５ と答えなさい。

１　治安維持法を制定した。　　２　立憲改進党を結成した。
３　関税の自主権を回復した。　４　ベルサイユ条約を締結した。

＜カードＦ＞

第105回全国高等学校野球選手権記念大会において、(エ)慶應義塾高等学校が決勝戦で仙台育英学園高等学校に勝利し、(オ)107年ぶりに全国制覇を果たした。慶應義塾高等学校は、戦前の旧制中学時代の慶應義塾普通部として優勝しており、1949年に現在の名称に変更し、日吉に移った学校である。

問12　下線部(エ)について、慶應義塾を創設した人物を漢字で答えなさい。

問13　下線部(オ)について、2023年の107年前は1916年です。この間に起きた出来事について説明した文として、内容が誤っているものを次の１～４から一つ選び、番号で答えなさい。すべて正しければ ５ と答えなさい。

１　池田勇人首相によって所得倍増計画が発表された。
２　犬養毅首相が二・二六事件のときに殺害された。
３　東条英機首相のときに太平洋戦争が始まった。
４　安倍晋三首相のときに平成から令和へ改元された。

3　としおさんは社会科の夏休みの宿題で「新聞を読んで考える」という問題を作成しました。としおさんが作った【Ⅰ】～【Ⅳ】の新聞記事に関するそれぞれの問いに答えなさい。
※《　カッコ内　》は新聞の見出しになります。

【Ⅰ】

《　G［　A　］「核なき世界へ関与」　原爆資料館を訪問、慰霊碑(いれいひ)に献花(けん)　［　B　］サミット開幕　》

主要［　A　］カ国首脳会議(G［　A　］サミット)が19日、［　B　］市で開幕した。G［　A　］首脳は［　B　］平和記念資料館(原爆資料館)を初めてそろって訪問し、岸田文雄首相が「被爆の実相」を伝える展示について説明した。首脳らは被爆地で開くサミットで「(ア)核兵器のない世界」の実現に向けて取り組む姿勢をアピールした形だ。　(2023/５/20　朝日新聞より引用)

問１　空らん［　A　］・［　B　］にあてはまる語句の組合せとして正しいものを次の１～６から一つ選び、番号で答えなさい。

１　［　A　］－７　［　B　］－長崎　　２　［　A　］－８　［　B　］－長崎
３　［　A　］－20　［　B　］－長崎　　４　［　A　］－７　［　B　］－広島
５　［　A　］－８　［　B　］－広島　　６　［　A　］－20　［　B　］－広島

問２　下線部(ア)について、1968年に表明され1971年に国会で決議された「日本の核兵器政策」を漢字５字で答えなさい。

問３　日本の平和主義について、次の日本国憲法の条文の下線部(a)～(d)が正しい場合は○を、誤りの場合には正しい語句を答えなさい。(正しい語句は条文通りに記しなさい。)

> (第９条)
> １　日本国民は、(a)安全と秩序を基調とする国際平和を誠実に希求し、(b)国会の発動たる戦争と、武力による威嚇又は武力の行使は、(c)戦争を解決する手段としては、永久にこれを(d)放棄する。

【Ⅱ】

《　職場女性トイレ制限「違法」　(イ)トランスジェンダー訴え(ウ)最高裁認める　高裁判決破棄　》

トランスジェンダーの経済産業省の職員が、省内での女性トイレの使用を不当に制限されたのは違法だと国を訴えた訴訟で、最高裁第三(エ)小法廷は11日、この制限に問題ないとした人事院の判定を違法とする判決を言い渡した。　(2023/７/12　朝日新聞より引用)

問４　下線部(イ)について、トランスジェンダーの意味を説明した文として最も正しいものを次の１～４から一つ選び、番号で答えなさい。

１　こころの性と、からだの性が一致していない状態にある人の総称。

２　日本を中心に活躍しているアメリカ人女性の総称。

３　1980年から1995年の間に生まれたおよそ25歳から40歳ぐらいの世代の総称。

４　男女65歳以上で仕事を継続して年金を受給していない高齢者の総称。

問５　下線部(ウ)について、次の問いに答えなさい。

(1)　下線部(ウ)は裁判を慎重、公正に行うためにあるしくみに基づいて行われた結果です。その制度を漢字３字で答えなさい。

(2)　最高裁判所が「憲法の番人」ともいわれているのは、裁判所がもつ国会に対する権限のためです。その権限を漢字７字で答えなさい。

問６　下線部(エ)について、最高裁判所には大法廷と小法廷がありますが大法廷は最高裁判所長官を含めて何人の裁判官で構成されていますか。「～人」の形にあうように算用数字で答えなさい。

【Ⅲ】

《　[　C　]高　対策指示　首相が与党に　電気・ガスも念頭　》

岸田文雄首相は22日、９月末に期限を迎える(オ)価格高騰に対する激変緩和措置の延長を含め、燃料油価格対策を８月中に与党でとりまとめるよう指示した。

(2023/８/23　朝日新聞より引用)

問７　空らん[　C　]にあてはまる語句をカタカナ４字で答えなさい。

問８　価格高騰の要因について説明した次の文の下線(a)〜(d)には誤りが１ヶ所あります。誤りがある記号を一つ選び、さらに正しい語句を答えなさい。

> 一番の理由は、世界的に新型コロナウイルスの感染者が(a)減少し、経済活動が回復する中、原油の需要が高まっているためである。また主要産油国の(b)減産の動きや(c)円高の進行、ウクライナの戦争により天然ガスの価格が(d)上昇し代替として原油への需要が増えているためである。

問９　下線部(オ)について、一般に市場経済における価格の決定は、買いたい量（需要量）と売りたい量（供給量）により変化しますが、需要量と供給量が等しくなったときの価格を何といいますか。「〜価格」の形にあうように漢字２字で答えなさい。

【Ⅳ】

《　福島第一［　D　］水放出　国産全水産物［　E　］が禁輸　日本政府抗議、撤廃求める　》

(カ)東電は24日午前、海水で希釈（しゃく）した［　D　］水の［　F　］濃度の測定結果を発表した。計画で定める１リットルあたり1500ベクレル（国の放出基準の40分の１）を大きく下回った。ほかの放射性物質の濃度も希釈前に基準未満と確認しており、午後１時過ぎから放出を始めた。

（2023/８/25　朝日新聞より引用）

問10　空らん［　D　］にあてはまる語句を漢字２字で答えなさい。

問11　空らん［　E　］・［　F　］にあてはまる語句の組合せとして正しいものを、次の１〜６から一つ選び番号で答えなさい。

１　［　E　］ーアメリカ　　［　F　］ーナトリウム
２　［　E　］ーアメリカ　　［　F　］ートリチウム
３　［　E　］ー中国　　［　F　］ーナトリウム
４　［　E　］ー中国　　［　F　］ートリチウム
５　［　E　］ーインド　　［　F　］ーナトリウム
６　［　E　］ーインド　　［　F　］ートリチウム

問12　下線部(カ)について、東電は電力会社ですが、エネルギーについて説明した文として誤っているものを次の１〜５から二つ選び、番号で答えなさい。

１　1962年、石油が石炭を抜いてエネルギー供給首位となったことを「エネルギー革命」という。

２　1973年、オイルショックを機に未来のエネルギーとして注目されていた原子力発電の商業化が本格化した。

３　2011年、東日本大震災での福島第一原子力発電所の事故で政府は今後国内すべての原子力発電所の再稼（か）働を禁止した。

４　2011年、国会は再生可能エネルギー特別措置法を制定し、家庭で発電した再生エネルギーを電力会社が買い取ることを義務付けた。

５　2012年、アメリカが商業化に成功したメタンを主成分とする氷状の化石燃料であるシェールガスやバイオマスなどがエネルギーとして期待されている。

桐朋中学校(第１回)

—30分—

1　次のア～カの文を読み、あとの問いに答えなさい。

ア　このころ、鶴岡八幡宮で将軍が暗殺されました。暗殺した人物はイチョウの木に隠(かく)れていたといわれています。この数年後、承久の乱がおこりました。

イ　このころの人々は土器で煮(に)たきをしたり、弓矢を使って狩(か)りをおこなったりして暮らしていましたが、食材や木材として利用するために、クリの栽培(さいばい)をおこなっていた地域もありました。

ウ　このころ、正倉院がつくられました。正倉院は雨風に強いヒノキでつくられていて、聖武天皇ゆかりの宝物などがおさめられました。

エ　このころ、日米の友好のあかしとして、日本からアメリカにサクラが贈(おく)られました。また、アメリカとの交渉(こうしょう)がすすんで、日本が関税自主権を回復したころでもありました。

オ　このころ、太平洋戦争が長引いて燃料不足におちいると、政府は国民に松やにや松根油など、マツから油を採取するように国民に促(うなが)しました。

カ　このころ、豊臣秀吉は伏見(ふしみ)城をつくるにあたって、秋田氏に秋田のスギを献上(けんじょう)させました。

問１　ア～カの文があらわしている時代を古い方から順にならべかえて、記号で答えなさい。

問２　次の①～⑤の文が示す出来事はア～カの文のあらわす時代のどれと関係が深いか、記号で答えなさい。関係の深い文がないときは、記号キで答えなさい。

①　竹崎季長が元との戦いで活やくした。

②　中学生や女学生が兵器工場などに動員された。

③　漢字をくずしたひらがながつくられた。

④　豊かなめぐみをねがって土偶がつくられた。

⑤　ロシアの勢力拡大をおさえるために日英同盟が結ばれた。

問３　アの文について。

(1)　承久の乱の後、幕府が西国を監視(かんし)するため京都に設置した組織を漢字で答えなさい。

(2)　承久の乱の約10年後につくられた、武士の裁判の基準となるきまりを漢字で答えなさい。

問４　イの文について。このころに捨てられた貝がらがつもってできた遺跡(いせき)を何といいますか、漢字で答えなさい。

問５　ウの文について。正倉院は何という建築様式でつくられていますか。「～造」の形にあてはまるように漢字で答えなさい。

問６　エの文について。関税自主権を回復したときの外務大臣はだれですか、漢字で答えなさい。

問７　オの文について。太平洋戦争のはじめに日本が攻撃(こうげき)したイギリス領の半島名を、「～半島」の形にあてはまるように答えなさい。

問８　カの文について。豊臣秀吉が百姓に対しておこなった二つの政策の内容をあげ、それぞれのねらいについて具体的に説明しなさい。

2　次の図１のア～キは、北海道地方、東北地方、関東地方、中部地方、近畿地方、中国・四国地方、九州地方でそれぞれ最も人口の多い市を示したものです。これを見て、問いに答えなさい。

図１

(国土地理院「地理院地図」より作成)

問１　次の①～③の文は、ア～キの市のいずれかについて説明したものです。それぞれの文が示している市として最もふさわしいものを、ア～キから一つずつ選び、記号で答えなさい。

①　伊勢湾に面し、城下町として発展してきた。

②　市内の北部を淀川が流れている。

③　博多湾沿岸の地域は古くからの港町である。

問２　2024年２月の時点で、ア～キの市すべてに共通することがらを述べた文として最もふさわしいものを、次の**あ**～**え**から一つ選び、記号で答えなさい。

あ　空港がある。　　　　**い**　新幹線の駅がある。

う　政令指定都市である。　**え**　プロ野球球団の本拠(ほんきょ)地球場がある。

問３　アの市は石狩平野の南西部に位置しています。石狩平野は北海道の中でも米づくりが盛んな地域として知られていますが、次の**あ**～**え**から、北海道で開発された米の品種ではないものを一つ選び、記号で答えなさい。

あ　きらら397　**い**　ななつぼし　**う**　はえぬき　**え**　ゆめぴりか

問４　イの市では、例年８月に「七夕まつり」が開催(かいさい)されます。「七夕まつり」は「竿燈(かんとう)まつり」や「ねぶた祭」とともに「東北三大祭り」に数えられますが、「竿燈まつり」と「ねぶた祭」はそれぞれどの県で開催されるものですか。次の**あ**～**か**から一つずつ選び、記号で答えなさい。

あ　青森県　**い**　秋田県　**う**　岩手県　**え**　福島県　**お**　宮城県　**か**　山形県

問５　ウの市の東部には、みなとみらい21地区があります。次の図２・図３は、現在のみなとみらい21地区の周辺を示した、発行時期の異なる地形図の一部を拡大したものです。これらを見くらべて、現在みなとみらい21地区があるところには、かつてどのような施設(しせつ)が存在していたか、説明しなさい。

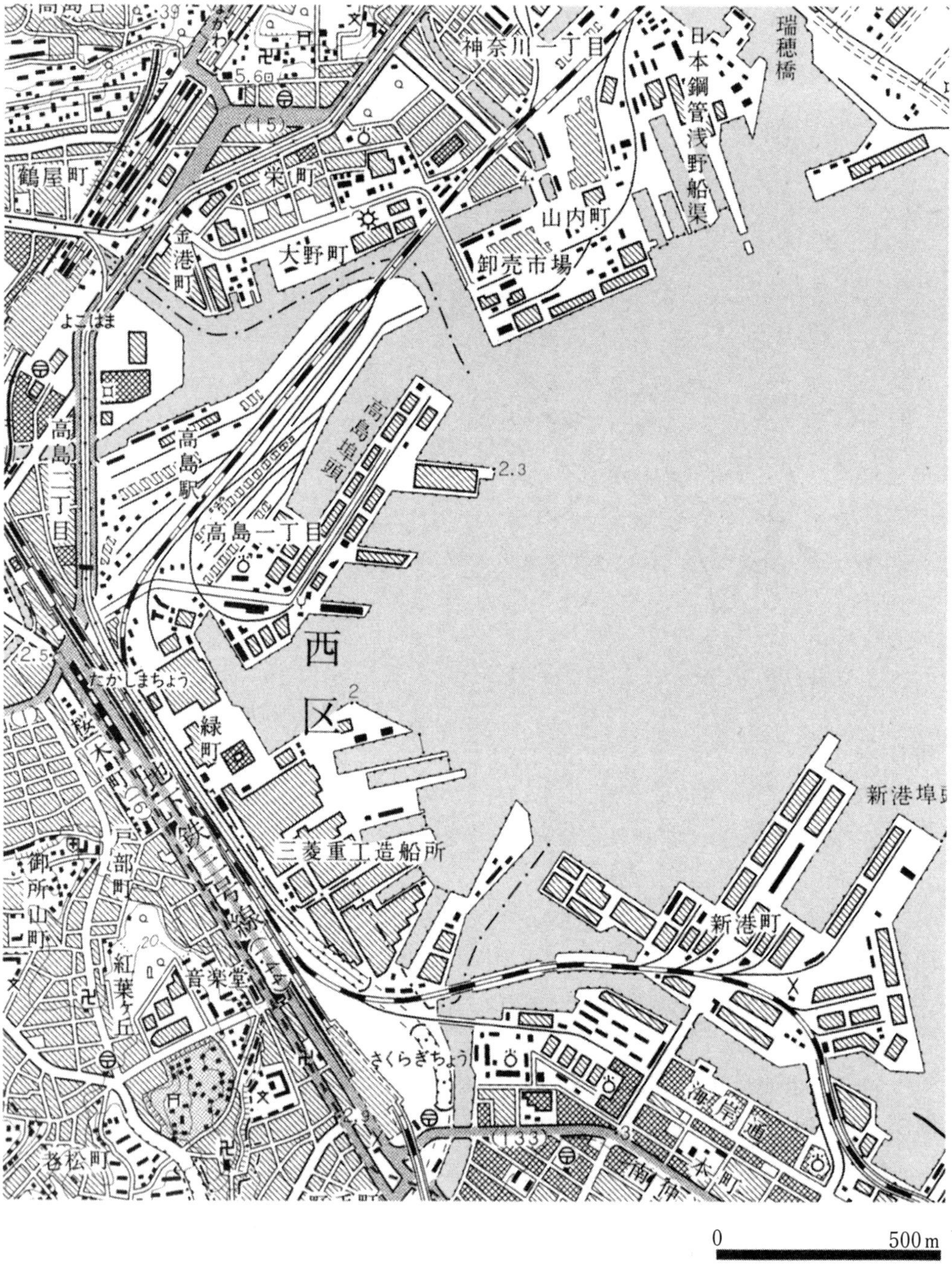

図２　昭和57(1982)年発行の地形図

図３　平成25(2013)年発行の地形図

問６　エの市がある県では、自動車などの輸送用機械の生産が盛んです。次の図４は輸送用機械器具の製造品出荷額等上位の県(2019年)を示したものですが、Aにあてはまる県として最もふさわしいものを、次の**あ**～**え**から一つ選び、記号で答えなさい。

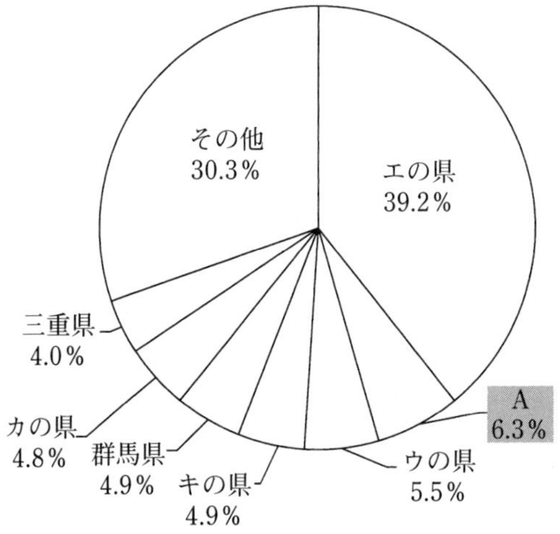

図４

(『日本国勢図会』より作成)

あ　愛媛県　　**い**　熊本県　　**う**　静岡県　　**え**　新潟県

問７　オの市では、2025年に万博の開催が予定されています。前回の万博はアラブ首長国連邦の都市で開催されましたが、その都市名を答えなさい。

問８　カの市の中心部は、市内を流れる太田川によって形成されたある地形の上に位置しています。この地形は、一般(いっぱん)的に河口付近に形成されるものですが、その名称(めいしょう)を答えなさい。

問９　キの市は、ワインの産地として有名なフランスのボルドー市と姉妹都市になっています。次の表１はワインおよびその原料となる果物の生産量上位の国を示したものです。AとBにあてはまる国の組み合わせとして、最もふさわしいものを、あとの**あ**～**え**から一つ選び、記号で答えなさい。また、ワインの原料となる果物の名称もあわせて答えなさい。

表１

ワインの生産量(2018年)		ワインの原料の生産量(2019年)	
A	541	B	1428
フランス	489	A	790
スペイン	444	アメリカ	623
アメリカ	238	スペイン	575
B	192	フランス	549

(単位　万トン)

(『データブック オブ・ザ・ワールド』より作成)

あ　A－イタリア　　B－中国　　**い**　A－イタリア　　B－ブラジル
う　A－中国　　B－イタリア　　**え**　A－中国　　B－ブラジル

問10　ア～キの分布を見ると、大都市は関東地方から九州地方にかけての沿岸地域に集中していることが読み取れます。人口だけでなく、工業も集積しているこの地域は何と呼ばれるか、名称を答えなさい。

③　図5についての生徒と先生の対話文を読み、問いに答えなさい。

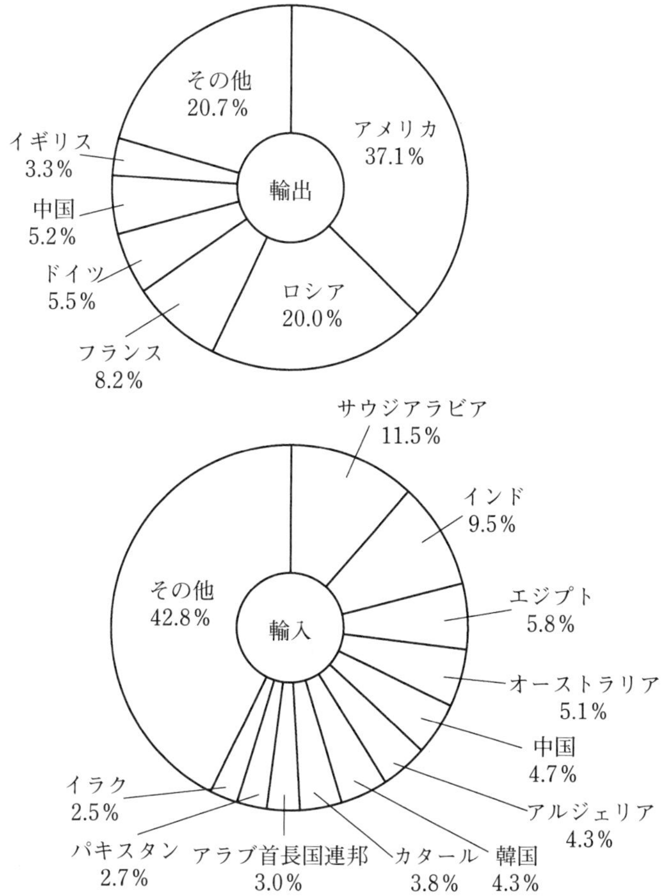

図5　通常兵器※の輸出入の割合　(『世界国勢図会 2021/22年版』より作成)
※大量破壊兵器(核兵器など)以外の武器のこと。

先生ー図5を見て、何が考察できるかな。

生徒ーアメリカとロシアの輸出割合が高いですね。

先生ー第二次世界大戦後、(1)世界の国ぐにはアメリカとロシア(当時のソ連)を中心に、それぞれ西側陣営と東側陣営に分かれて、激しく対立するようになったよね。

生徒ー東西[1]ですね。両陣営のにらみ合いが続いたんですよね。

先生ーそうだね。にらみ合いのなかで(2)核兵器を競い合うように作ったんだよ。1945年～2017年の核実験の回数もアメリカとロシアで80%をしめるんだ。ちなみに、武器輸出国のなかの、アメリカ・ロシア・フランス・中国・イギリスの共通点はわかるかな。

生徒ー国際連合の[2]の常任理事国ですね。国際平和を守り、国どうしの争いなどを解決することを目的としている機関の中心となる国ぐになのに不思議ですね。

先生ー武器輸入国にはさまざまな国があるけれど、よく調べてみると、[3]国が多く、紛争地帯を抱えている国もあるんだ。

生徒ー先進国で生産された兵器が、[3]国の紛争に使用されているのですね…。

先生ー[1]が終わったあと、核戦争や大規模な戦争の心配は低下したのだけれど、地域紛争やテロ、貧困や飢餓、感染症、環境破壊、難民などの問題が地球規模で表面化してきたんだ。

生徒－グローバル化によって、(3)北半球におもに位置する先進国と南半球におもに位置する［　3　］国の経済格差が拡大していることも地球規模の問題ですね。

先生－「国が自国の領土や国民を守る」だけでなく、地球規模で「一人ひとりの人間を守る」という考え方が登場したのも、［　1　］が終わった時期なんだよ。

生徒－国の枠(わく)にこだわらず、地球規模で活やくする(4)ＮＧＯも重要な役割を果たしているといえますね。

問１　［　1　］～［　3　］にあてはまる語句を漢字で答えなさい。ただし、［　1　］は２文字、［　2　］は７文字、［　3　］は４文字でそれぞれ答えなさい。同じ番号には同じ語句が入ります。

問２　下線部(1)に関連して。アメリカを中心とする西側の国ぐにで結成された軍事同盟にＮＡＴＯがあります。このＮＡＴＯを日本語で何というか、漢字で答えなさい。

問３　下線部(2)に関連して。次のア～ウの文について、内容が正しければ○を、正しくなければ×を、それぞれ記しなさい。

ア　2016年、アメリカのオバマ大統領が、被爆地(ひばくち)である広島をアメリカ大統領として初めて訪問し、「核なき世界」の実現に向けた意欲を示した。

イ　2017年、核兵器の使用や保有、核兵器による威嚇(いかく)を禁止する内容の核兵器禁止条約が国連で採択(さいたく)され、日本もこれに参加した。

ウ　2018年、大韓民国と北朝鮮(朝鮮民主主義人民共和国)とのあいだで開かれた南北首脳会談のなかで、朝鮮半島の非核化を目指すことが宣言され、1953年から休戦状態であった朝鮮戦争が正式に終結した。

問４　下線部(3)に関連して。企業(きぎょう)や消費者が、［　3　］国で生産された原材料や製品を適正な価格で買うことで、その国ぐにの生産者や労働者の生活改善と自立を目指す運動を何といいますか。カタカナで答えなさい。

問５　下線部(4)にあてはまる組織をすべて選び、記号で答えなさい。

あ　青年海外協力隊　　**い**　国連の平和維持(いじ)活動　　**う**　ユニセフ

え　国境なき医師団　　**お**　セーブ・ザ・チルドレン

藤嶺学園藤沢中学校(第１回)

—40分—

1　次の文章を読んで、下線部に関する問いに答えなさい。

みなさんは、『週刊少年ジャンプ』というマンガ雑誌を知っていますか？数々の人気作品が掲載(けいさい)されている有名な雑誌ですね。その雑誌に「逃(に)げ上手の若君」という作品が連載されています。①鎌倉時代〜②室町時代に実在した③北条時行という人物を主人公にした作品です。ただ、この人物を知っているという人は少ないのではないでしょうか。

歴史上の人物をモチーフにした漫画(まんが)は今までもたくさん書かれてきました。その主人公は、比較的誰(ひかくてきだれ)でも知っている人物である方が多いように思います。

代表的なところでは、④弥生時代の⑤卑弥呼や飛鳥時代の⑥聖徳太子、⑦平安時代末期の⑧源義経などが思いつきます。また⑨織田信長や⑩徳川家康などの武将たち、⑪江戸時代末期に活躍(かつやく)した⑫新選組などもよく取り上げられています。⑬明治以降の近代をテーマにした作品では、実在の人物を主人公にしたものより、一般(いっぱん)の人を主人公にして⑭戦争などの大きなテーマを扱(あつか)うものが多いように思えます。

なぜ⑮歴史上の人物を主人公にするのかというと、多くの人が知っていることで読む人が親しみやすく、作品に入りやすいという事があげられます。また、そういった人物の人生は波乱に富んでいることが多く、歴史上の大きな出来事と重なることも多いからでしょう。

そういう点で考えると、上記の作品はマイナーな人物が主人公なのに人気作となるのですから、漫画家ってすごいですね。

いずれにしろ歴史の勉強を始めるきっかけとして、まず漫画から入るというのはよい方法だと思います。みなさんも気になる作品があったら手に取ってみて下さい。

問１　下線部①を代表する人物の１人として、鎌倉幕府を開いた人物があげられます。その人物名を**漢字**で答えなさい。

問２　下線部②の初めは、朝廷が２つにわかれて争っていた時代です。この争いをおわらせて朝廷を統一した室町幕府の３代将軍は誰ですか。その人物名を**漢字**で答えなさい。

問３　下線部③に関連して

(1)　下線部③の一族は、代々鎌倉幕府で将軍の補佐(ほさ)をする役職につき幕府の実権をにぎっていました。その役職とは何ですか。次の中から１つ選び、記号で答えなさい。

ア　管領　　イ　執権　　ウ　関白　　エ　蔵人

(2)　下線部③は鎌倉幕府再興を目指し、幕府をたおした天皇に対して反乱をおこしました。この天皇はだれですか。

問４　下線部④についてのべた次の文章のうち、**間違(まちが)っている**ものを１つ選び、記号で答えなさい。

ア　古墳の副葬品(ふくそうひん)として、埴輪の生産が盛んになった。

イ　水稲(すいとう)耕作がさかんに行われるようになった。

ウ　集落のまわりに濠(ほり)をめぐらす環濠集落が出現した。

エ　青銅製の銅鐸が、祭りの道具として使用された。

問５　下線部⑤についてのべた次の文章のうち、**間違っている**ものを１つ選び、記号で答えなさい。

ア　大阪府にある大仙古墳に葬(ほうむ)られた。

イ　女王として邪馬台国を統治した。

ウ　中国の魏につかいをおくり、“親魏倭王”の称号(しょうごう)をうけた。

エ　結婚(けっこん)はせず、弟の助けを借りて国を治めた。

問６　下線部⑥の行ったこととして、**間違っている**ものを１つ選び、記号で答えなさい。

ア　おばである推古天皇を補佐して政治を行った。

イ　十七条の憲法を定め、天皇のもとで働く心構えをといた。

ウ　中国の隋に使節を送り、対等な立場で交渉(こうしょう)した。

エ　中臣鎌足と協力し、蘇我氏を滅(ほろ)ぼした。

問７　下線部⑦について

⑴　この時代を代表する人物の１人として、藤原道長があげられます。彼についてのべた文章として、**間違っている**ものを次の中から１つ選び、記号で答えなさい。

ア　京都の宇治に平等院鳳凰堂をつくった。

イ　３人の娘を天皇の妃(きさき)にして権力をにぎった。

ウ　息子の頼通はおよそ50年にわたって摂政・関白をつとめた。

エ　藤原氏の栄華(えいが)を満月（望月）にたとえた和歌をつくった。

⑵　この時代の文化についてのべた文章として、正しいものを次の中から１つ選び、記号で答えなさい。

ア　貴族の家は校倉造という日本風のつくりになった。

イ　光源氏を主人公にした「源氏物語」が清少納言によって書かれた。

ウ　遣隋使が廃止(はいし)された結果、日本風の文化が発展した。

エ　かな文字が発明され、日本語の表現がしやすくなった。

問８　下線部⑧は、東北地方の平泉で亡くなっています。その地にある、世界遺産の寺院名を答えなさい。

問９　下線部⑨の行った政策で、商工業者がだれでも自由に商売できるようにしたことを何といいますか。**漢字２字**で答えなさい。

問10　下線部⑩は1600年の戦いに勝利したことで、全国の大名をしたがえることになります。この戦いを何といいますか。「～の戦い」の形に合うように答えなさい。

問11　下線部⑪についてのべた文章として、正しいものを次の中から１つ選び、記号で答えなさい。

ア　鎖国中は長崎の出島にポルトガルの商館がおかれ、貿易を行った。

イ　参勤交代により、各大名は１年交代で江戸と領地を往復することになった。

ウ　安藤広重の「東海道中膝栗毛」などたくさんの小説がつくられた。

エ　街道には宿場が設けられ、また関所は全て廃止されたので多くの人が行きかった。

問12　下線部⑫が活躍していた江戸時代のおわりごろ、江戸幕府をたおすために薩摩藩と長州藩が同盟を結ぶなかだちをした、土佐藩出身の人物はだれですか。**漢字**で答えなさい。

問13　下線部⑬の時代についてのべた次の文章のうち、**間違っている**ものを１つ選び、記号で答えなさい。

ア　２度の外国との戦争に勝利し、国際的地位も高くなった。

イ　朝鮮や台湾などを植民地にし、大陸へも進出した。

ウ　国際連盟の常任理事国になり、国際平和のために尽力(じんりょく)した。

エ　憲法を制定して議会を開き、立憲政治の体制を整えた。

問14　下線部⑭に関連して、日本が最後に戦った戦争の終結を、天皇の放送で国民が知ったのは西暦(せいれき)何年の何月何日ですか。

問15　下線部⑮のような漫画作品を学習の参考にする場合、どのような事に気をつけるべきか、次の中から適切なものを１つ選び、記号で答えなさい。

ア　その作品を何度も読み直し、教科書など他の本には手を出さない。

イ　あくまでも漫画なので、事実ではないことも書いてあることに気を付ける。

ウ　必ず古い時代を扱った作品から読み始めなければならない。

エ　小さい会社の作品はミスがあるかもしれないので、有名な会社のものを選ぶ。

2　次の表は、観測史上における日本の最高気温を高い順に示したものです(一つの地点では１位の値のみを掲載)。これを見ながら、あとの問いに答えなさい。

順位	観測地点	所在地	観測値(℃)
1	浜松	(①)$_A$浜松市中区	41.1
〃	熊谷	(②)熊谷市	41.1
3	美濃	(③)美濃市	41.0
〃	金山	(③)下呂市	41.0
〃	江川崎	高知県$_B$四万十市	41.0
6	天竜	(①)浜松市$_C$天竜区	40.9
〃	多治見	(③)$_D$多治見市	40.9
8	中条	新潟県胎内市	40.8
〃	青梅	東京都青梅市	40.8
〃	山形	$_E$山形県山形市	40.8

(気象庁ホームページのデータより作成)

問１　表中の①～③にあてはまる都道府県名を、次の中からそれぞれ選び、記号で答えなさい。

ア　静岡県　　イ　岐阜県　　ウ　京都府　　エ　沖縄県　　オ　埼玉県　　カ　鹿児島県

問２　表のような高温の要因に関連して、以下の問いに答えなさい。

(1)　乾燥(かんそう)した高温の風が山から吹(ふ)き下ろす現象を何といいますか。

(2)　都市部の気温が周辺よりも高くなる現象を何といいますか。

(3)　南米ペルー沖(おき)から太平洋赤道付近の海面水温がいつもの年より高くなり、それが１年ほど続く現象を何といいますか。

(4)　日本付近の上空で、一年中変わらず西から東に吹いている風を何といいますか。

問３　地球温暖化の進行も、高気温の原因と考えられます。地球温暖化をとめる対策として**間違っている**ものを次の中から１つ選び、記号で答えなさい。

ア　夏にエアコンの設定温度を高めに設定する。

イ　再生可能エネルギーの利用を増やす。

ウ　公共交通機関よりも自家用車を利用する。

エ　植物を育て緑を増やす。

問４　下線部Aの主要産業として**間違っている**ものを次の中から**２つ**選び、記号で答えなさい。

ア　織物　　イ　楽器　　ウ　めがね　　エ　陶磁器　　オ　オートバイ

問５　下線部Bを流れる四万十川は日本三大清流の１つです。次の中から他の日本三大清流を１つ選び、記号で答えなさい。

ア　石狩川　　イ　長良川　　ウ　木曽川　　エ　信濃川

問６　下線部Cを流れる天竜川の水源である湖を次の中から１つ選び、記号で答えなさい。

ア　芦ノ湖　　イ　琵琶湖　　ウ　諏訪湖　　エ　浜名湖

問７　下線部Dの名産品を次の中から１つ選び、記号で答えなさい。

ア　鉄器　　イ　楽器　　ウ　陶磁器（とうじき）　　エ　漆器（しっき）

問８　下線部Eが生産量日本一のものを次の中から**２つ**選び、記号で答えなさい。

ア　西洋なし　　イ　さくらんぼ　　ウ　りんご　　エ　みかん　　オ　いちご

③　次の表は、藤沢市役所のホームページに記載されている主な窓口と内容です。表を見てあとの問いに答えなさい。

窓口	主な内容
防災・防犯	通報・緊急連絡（きんきゅうれんらく）　①防災　消防　防犯　交通安全
暮らし・手続き	戸籍（こせき）・住民の手続き　②税金　保険・年金 ③ゴミ・リサイクル　生活環境（かんきょう）　市民・地域活動　消費生活 ④人権・男女共同参画　⑤選挙　⑥平和事業　多文化共生（きょうせい）
健康・福祉（ふくし）・子育て	⑦健康・医療（いりょう）　福祉　妊娠（にんしん）・出産　子育て
教育・文化・スポーツ	教育　生涯（しょうがい）学習・社会教育　⑧文化　レジャー・⑨スポーツ
まちづくり・環境	住まい　土地　都市計画　⑩環境　下水道　建築・開発　交通
仕事・産業	就職・⑪労働　産業　⑫農業　水産業　入札・⑬契約（けいやく）　広告募集（ぼしゅう）
市政情報	⑭予算・⑮財政　情報公開・⑯個人情報保護　条例・規則

問１　下線部①について、昨年、関東大震災から100年が経過しました。震災当日の様子として正しいものを、次の中から１つ選び、記号で答えなさい。

ア　早朝の地震発生で多くの人が寝ていたため、建物の倒壊（とうかい）で被害（ひがい）が拡大した。

イ　昼食時間帯の地震発生と強風によって、火災による被害が拡大した。

ウ　夕方の地震発生により、交通機関が停止し帰宅困難者が続出した。

エ　深夜の地震発生と台風による影響（えいきょう）で、高潮など豪雨（ごうう）による被害が多かった。

問２　下線部②について、日本で累進（るいしん）課税のしくみ（制度）が適用されている税金の種類を、次の中から１つ選び、記号で答えなさい。

ア　消費税　　イ　ガソリン税　　ウ　酒税　　エ　所得税

問３　下線部③について、次のＡ～Ｃは以下のア～エのうちどれに当てはまりますか。それぞれ記号で答えなさい。

Ａ　着なくなった古着をフリーマーケットに出品する。

Ｂ　業者が牛乳パックを回収して、トイレットペーパーとして商品化する。

Ｃ　買い物に行く時にマイバッグを持参し、無駄(むだ)になるものは受け取らない。

ア　リデュース　　イ　リユース　　ウ　リフューズ　　エ　リサイクル

問４　下線部④について、「男性は外で働き家族を養い、女性は子どもを育て家事をする」というような男女の役割を区別する考え方を何といいますか。**カタカナ**で答えなさい。

問５　下線部⑤について、次の文章を読んで、(　　)に当てはまる数字の組み合わせとして正しいものを、次の中から１つ選び、記号で答えなさい。

「1890年に実施(じっし)された第１回衆議院総選挙の有権者は、直接国税(あ)円以上納める(い)歳(さい)以上の男子だけで、国民のわずか(う)%でした。」

ア　(あ)＝5　(い)＝18　(う)＝0.1

イ　(あ)＝10　(い)＝20　(う)＝0.5

ウ　(あ)＝15　(い)＝25　(う)＝1.1

エ　(あ)＝20　(い)＝30　(う)＝2.2

問６　下線部⑥に関連して、日本国憲法第９条の条文に定める内容として**当てはまらない**ものを、次の中から１つ選び、記号で答えなさい。

ア　非核三原則　　イ　戦争の放棄(ほうき)　　ウ　戦力の不保持　　エ　交戦権の否認

問７　日本の行政機関には、下線部⑦の内容について取り扱う省があります。省の名称を**漢字**で答えなさい。

問８　下線部⑧に関連して、世界文化遺産に登録されているものを次の中から**２つ**選び、記号で答えなさい。

ア　白神山地　　イ　屋久島　　ウ　厳島神社

エ　日光の社寺　　オ　知床　　カ　小笠原諸島

問９　下線部⑨に関連して、今年開催されるパリ・オリンピックに採用された新競技には、平和をめざす精神からうまれ、自由に身体表現ができ、どこでも競えるという特徴(とくちょう)を持つ競技があります。その新競技を次の中から１つ選び、記号で答えなさい。

ア　ドッジボール　　イ　ブレイキン　　ウ　スケートボード　　エ　トランポリン

問10　下線部⑩に関連して、環境破壊の説明として**間違っている**ものを、次の中から１つ選び、記号で答えなさい。

ア　砂漠化は、降水量の減少などの自然現象も原因の一つであるが、過放牧や過耕作、都市開発や森林伐採(ばっさい)など人為(じんい)的なことが大きな原因である。

イ　酸性雨は、化石燃料の燃焼などによって放出される窒素(ちっそ)酸化物や硫黄(いおう)酸化物が大気中の水分と結びつくことが原因である。

ウ　熱帯雨林の減少は、野生動物の保護の結果、増えすぎた動物による生態系の破壊が原因である。

エ　オゾン層の破壊は、冷蔵庫やエアコン、スプレーの噴射剤(ふんしゃざい)などに使用されていたフロンガスが原因である。

問11　下線部⑪について、日本で労働三権がすべて認められていない職業を、次の中から１つ選び、記号で答えなさい。

ア　警察職員　　イ　看護師　　ウ　公立学校職員　　エ　プロ野球選手

問12　下線部⑫に関連して、食料の国内消費に対して国内生産の割合を示した指標のことを何といいますか。**漢字５字**で答えなさい。

問13　下線部⑬について、消費者が商品の申し込(こ)みや契約(けいやく)をした場合でも、一定期間内であれば申し込みの撤回(てっかい)や解約をできる制度を何といいますか。「～制度」の形に合うように**カタカナ**で答えなさい。

問14　下線部⑭について、令和５年度の日本の一般会計予算歳出項目(こうもく)で、最も歳出額が大きい項目を、次の中から１つ選び、記号で答えなさい。

ア　公共事業関係費　　イ　防衛関係費　　ウ　教育関係費　　エ　社会保障関係費

問15　下線部⑮に関連して、今年から新紙幣(しへい)が発行されます。新１万円札の肖像(しょうぞう)として正しいものを、次の中から１つ選び、記号で答えなさい。

ア　津田梅子　　イ　北里柴三郎　　ウ　渋沢栄一　　エ　大隈重信

問16　下線部⑮について、国(政府)が公共事業やサービスの資金を補(おぎな)うなどの理由で、財源の一部をまかなうために発行するものを何というか答えなさい。

問17　下線部⑯について、日本では効率的な情報の連携(れんけい)を図るために、住民票を持つすべての人に12桁(けた)の番号が付けられています。この制度を「～制度」の形に合うように**カタカナ６字**で答えなさい。

獨協中学校(第１回)

—40分—

注意　字数指定のあるものは、句読点〔。 、〕も一字と数えること。

1　次の地図と①～④の雨温図について、あとの問いに答えなさい。

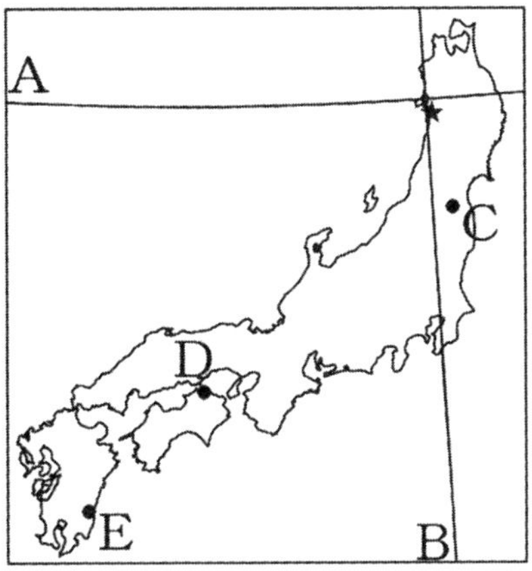

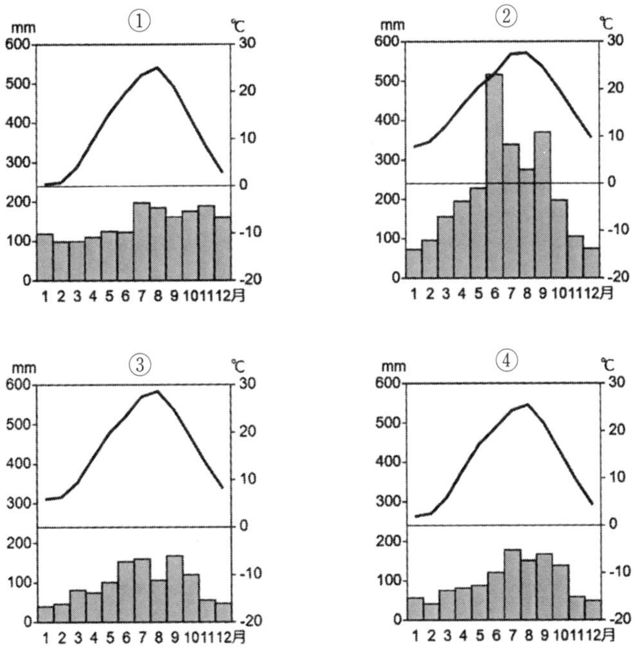

問１　図中のAの緯度とBの経度の組み合わせとして正しいものを次から１つ選び、記号で答えなさい。

ア　A－北緯30度　　B－東経130度　　イ　A－北緯30度　　B－東経140度

ウ　A－北緯40度　　B－東経130度　　エ　A－北緯40度　　B－東経140度

問２　図中の★は、ある県の県庁所在地の位置を示しています。この県庁所在地と最も近い緯度にある都市として適当なものを次から１つ選び、記号で答えなさい。

ア　マドリード　　イ　カイロ　　ウ　ベルリン　　エ　バンコク　　オ　シドニー

問３　図中の★のある県と接する都道府県を漢字で４つ答えなさい。

問４　①～④の雨温図は、図中の★とＣ・Ｄ・Ｅのいずれかの都市のものです。Ｃ・Ｅの都市の雨温図の組み合わせとして正しいものを次から１つ選び、記号で答えなさい。

ア　Ｃ－③　Ｅ－①　　イ　Ｃ－③　Ｅ－②

ウ　Ｃ－④　Ｅ－①　　エ　Ｃ－④　Ｅ－②

問５　緯度・経度に関する次の文のうち、内容が正しいものをア～カから２つ選び、記号で答えなさい。

ア　緯度は０～180度まであり、緯度180度は北極点と南極点となっている。

イ　経度は０～180度まであり、経度180度の一部は日付変更線となっている。

ウ　緯線は全部で13本あり、すべての緯線は北極点と南極点で交わる。

エ　経線は全部で24本あり、すべての経線は北極点と南極点で交わる。

オ　経度０度は本初子午線であり、イタリアのローマを通っている。

カ　緯度０度は赤道であり、緯線の中で最も長く約４万kmである。

[2]　次の社会の授業内での対話文を読み、あとの問いに答えなさい。

先　生：今日は、みなさんが訪れたことのある場所についての写真を発表しましょう。

Ａさん：僕(ぼく)は、夏に①大阪の親戚(しんせき)に会いに行きました。親戚が「大阪と言ったらここや！」と言って通天閣に連れて行ってくれました。現在の建物は２代目ですが、2007年に登録有形文化財になっています。

先　生：通天閣のような、その地域の目印となるような象徴(しょうちょう)的な建造物を「ランドマーク」と言います。通天閣は、まさに大阪のランドマークの１つです。

Ｂさん：先生、僕が撮(と)った写真は通天閣に似ています。②別府タワーが中心になるように撮りました。

先　生：本当ですね。実は、通天閣も別府タワーも同じ人物が設計しています。他にも③名古屋テレビ塔(とう)や博多ポートタワーも同じ人物が設計しています。

Ｂさん：そうだったんですね。別府には④温泉に入りに行きました。温泉の中は撮ることができないので、別府らしいものって何だろう？と考えて、１番目立つ建物を撮影(さつえい)してみました。多くの人がタワーの前で写真を撮っていました。

先　生：ランドマークは観光地の中心地にあることが多いので、通常は多くの人でにぎわっています。

Ｃさん：私は⑤出雲大社の大鳥居を写してきました。遠くからでも目立つこの鳥居のおかげで、そこが特別な場所なのだと感じることができました。同じく多くの人でにぎわっていました。

Ｄさん：先生、私が撮った写真も高い建造物ですが、観光地の真ん中というわけではありませんでした。これもランドマークですか？

先　生：⑥明石海峡大橋ですね。世界でも有数の規模のつり橋ですし、地域の重要な建造物ですので、これもランドマークの１つであると言えます。

Ｅさん：僕は２枚の写真を撮りました。どちらにも目立った建造物はありませんが、とてもいい景色だと思って撮影しました。写真ａは、山間部の⑦棚田を、写真ｂは、広島県の⑧鞆の浦という町を写しています。

写真ａ

写真ｂ

先　生：ありがとうございます。どちらもとてもいい写真です。広島県の鞆の浦は、アニメ映画の『崖の上のポニョ』のモデルとなった場所で、美しい港を持つ人口4000人弱の小さな町です。実は、この町の海を埋め立て、バイパス道路を作る計画があったのですが、(⑨)という立場の住民による反対によって、白紙に戻されました。住民からすれば、生活の便利さを取るか、なじみのある景観を守るか、難しい問題です。

Ｅさん：その計画の代わりに、山側にトンネルを作って交通の問題を解決するような計画が進んでいるというニュースを見ました。住民の人たちは、景観を守りながら、生活を豊かにする選択をしたんですね。

先　生：その通りです。ところで、Ｅさんが撮ってくれた写真ａのような棚田は、⑩維持していくのが難しいという理由から、最近では耕作放棄が進み、数が少なくなってきています。ランドマークの有無にかかわらず、魅力的な日本の景観を大切にしていけるようにしたいですね。

問１　下線部②・⑤・⑥のランドマークのある都道府県の組み合わせとして正しいものを次から１つ選び、記号で答えなさい。

ア	②－愛媛	⑤－鳥取	⑥－香川	イ	②－愛媛	⑤－島根	⑥－香川
ウ	②－香川	⑤－島根	⑥－愛媛	エ	②－香川	⑤－鳥取	⑥－愛媛
オ	②－兵庫	⑤－島根	⑥－大分	カ	②－兵庫	⑤－鳥取	⑥－大分
キ	②－大分	⑤－鳥取	⑥－兵庫	ク	②－大分	⑤－島根	⑥－兵庫

問２　下線部①について、次のグラフは、都道府県別の農業産出額に占める農作物の種類別の割合(2020年)を示しており、Ａ～Ｄは大阪・富山・山梨・沖縄のいずれかです。大阪と富山にあてはまるものの組み合わせとして正しいものをあとから１つ選び、記号で答えなさい。

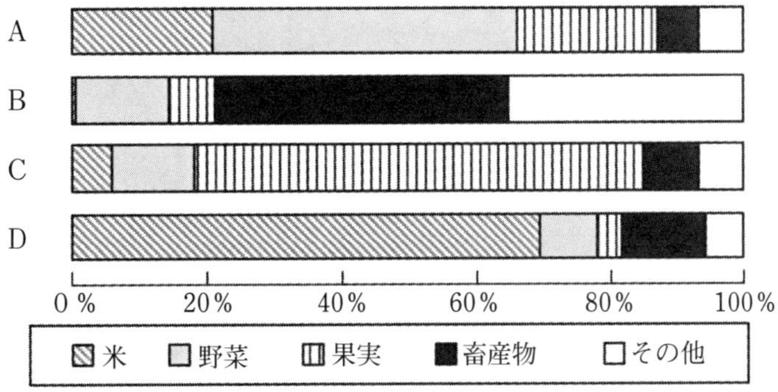

(『データでみる県勢 2023』より作成)

ア	大阪－Ａ	富山－Ｃ	イ	大阪－Ａ	富山－Ｄ
ウ	大阪－Ｂ	富山－Ｃ	エ	大阪－Ｂ	富山－Ｄ

問３　下線部③について、次の表のＥ～Ｇは、名古屋港、成田国際空港、千葉港の貿易額上位３品目を示しています。ＥとＦの貿易港の組み合わせとして正しいものをあとのア～カから１つ選び、記号で答えなさい。

Ｅ		Ｆ		Ｇ	
輸出	輸入	輸出	輸入	輸出	輸入
半導体製造装置	医薬品	石油製品	石油	自動車	液化ガス
科学光学機器	通信機	鉄鋼	液化ガス	自動車部品	石油・原油
金（非貨幣用）	集積回路	有機化合物	自動車	内燃機関	衣類

ア　Ｅ－名古屋港　　Ｆ－成田国際空港　　イ　Ｅ－名古屋港　　Ｆ－千葉港
ウ　Ｅ－成田国際空港　　Ｆ－名古屋港　　エ　Ｅ－成田国際空港　　Ｆ－千葉港
オ　Ｅ－千葉港　　Ｆ－名古屋港　　カ　Ｅ－千葉港　　Ｆ－成田国際空港

問４　下線部④に関連して、温泉は火山活動のもたらす恵（めぐ）みであるともいえます。次のうち、**活火山ではないもの**を次から１つ選び、記号で答えなさい。

ア　桜島　　イ　有珠山　　ウ　八ヶ岳　　エ　阿蘇山　　オ　筑波山

問５　下線部⑦について、写真ａの撮影された場所の地形図として適当なものを次から１つ選び、記号で答えなさい。

ア

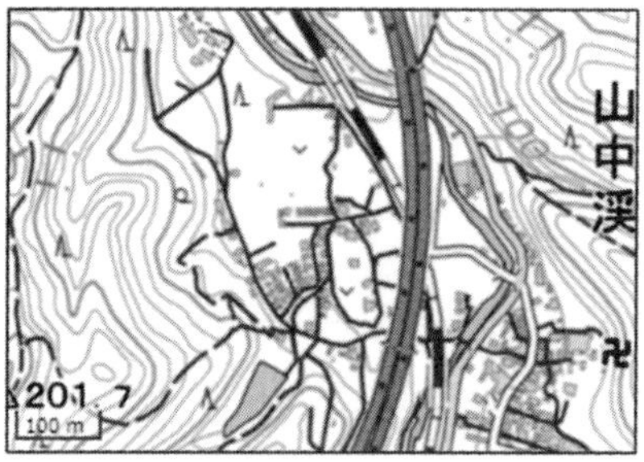

イ

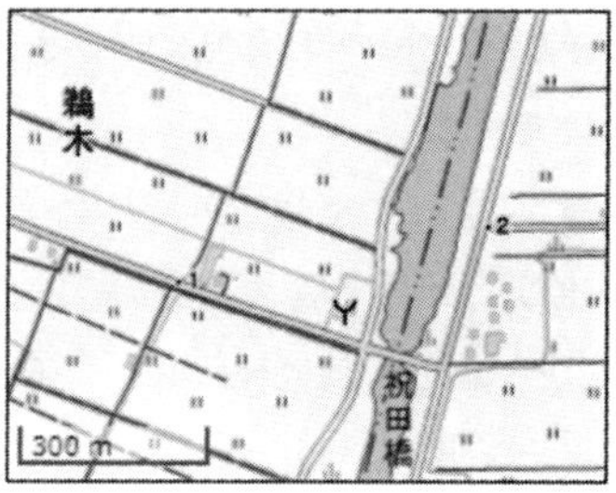

ウ

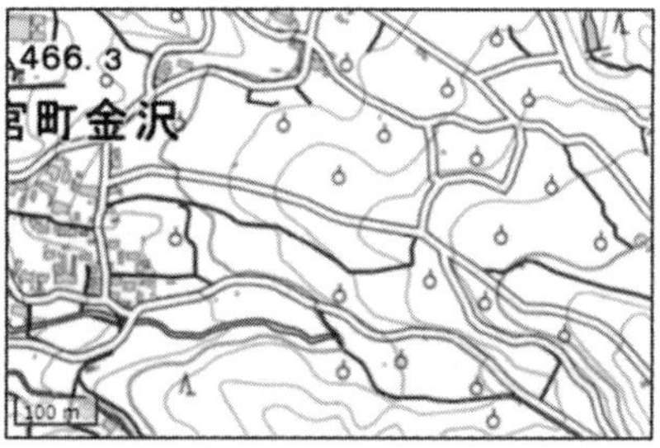

エ

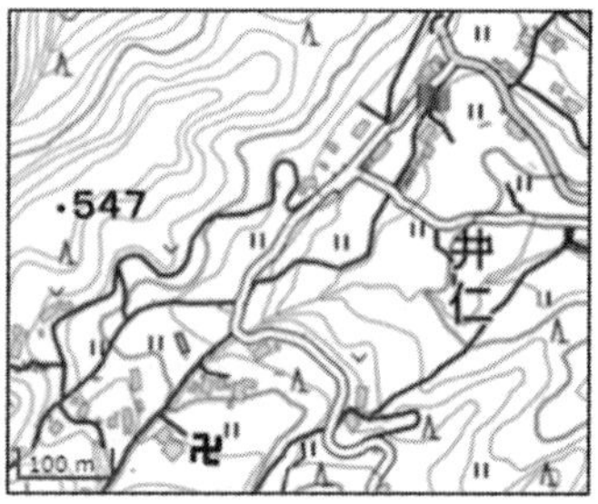

（国土地理院「地理院地図」より作成）

問６　下線部⑧について、鞆の浦という地名に見られる「浦」という字は、波がおだやかな入り江や内海に由来する地域に多く見られます。同じ地名の由来を持ち、日本第２位の面積を誇（ほこ）る湖の名称（めいしょう）を答えなさい。

問７　文章中の（ ⑨ ）に入る文として最もふさわしいものを、次から１つ選び、記号で答えなさい。

ア　多くの人が訪れるような場所にするために、歴史のある美しい景観を残していく必要がある

イ　多くの人が訪れるような場所にするために、大きなランドマークを新たに作る必要がある
ウ　住民の生活を豊かにするために、大型車両でも通ることのできる道路を整備する必要がある
エ　住民の生活を豊かにするために、たくさんの人が集まることができる広い公園を新たに作る必要がある

問８　下線部⑩に関連して、写真ａは、まさに維持が難しくなってきている景観の１つです。なぜ維持が難しいのか、その理由を簡単に説明しなさい。

問９　初代通天閣は、フランスのパリにあるエッフェル塔と凱旋門(がいせんもん)を組み合わせたようなデザインでした。次の写真は、パリの凱旋門と大阪の通天閣を写しています。２枚の写真を比べて、大阪の通天閣よりもパリの凱旋門の方がランドマークとしての機能を発揮していると考えられる理由を、本文から読み取れる内容も参考にして説明しなさい。

3　次の文章を読み、あとの問いに答えなさい。

2017年、野党議員が日本国憲法の規定に基づいて臨時国会の召集を内閣に求めたにもかかわらず、当時の安倍晋三内閣が約３か月にわたって召集しなかったことが憲法違反かどうかが争われた裁判について、2023年９月12日、最高裁判所は原告側の主張を退ける判決を言い渡しました。これにより、憲法違反かどうかの判断をせずに請求を退けた（ ① ）審の判決が確定しました。

2017年６月、②衆議院の120人、参議院の72人の野党議員が臨時国会の召集を求めましたが、安倍内閣はすぐには応じず98日後の９月に召集し、その冒頭で③衆議院を解散しました。憲法第53条は、④衆議院・参議院いずれかで総議員の４分の１以上の要求があれば内閣は臨時国会の召集を決定しなければならないと規定しています。そこで、野党議員が国に慰謝料などを求めて岡山、那覇、東京の３つの⑤地方裁判所で訴訟を起こしました。その結果、那覇、岡山地方裁判所が「内閣は臨時国会を召集する憲法上の義務を負う」と判断する一方で、３つの地方裁判所とも内閣の対応が違憲かどうかは判断せず、国会議員個人の権利侵害には当たらないなどとして請求を退けました。その後、高等裁判所での（ ① ）審においてもその立場が維持されたため、野党議員側がこれを不服として最高裁判所へ再度の審理を求めていました。

９月12日の判決で最高裁判所は、憲法第53条の規定について「臨時国会の遅れによって個々の国会議員の権利や利益が侵害されたということはできない。召集を要求した国会議員が、遅れを理由に国に賠償を求めることはできない」として、野党議員側の敗訴が確定しました。

問１　空らん（ ① ）に入る適当な語句を次から１つ選び、記号で答えなさい。

ア　控訴　　イ　起訴　　ウ　告訴　　エ　勧告　　オ　上告

問２　下線部②に関連して、衆議院議員選挙は小選挙区制と比例代表制を組み合わせて行われています。小選挙区制について述べた文として正しいものを次から１つ選び、記号で答えなさい。

ア　落選者に投じられた票が少なくなり、国民の様々な意見が反映されやすい。

イ　１つの選挙区から２名以上の代表が選ばれる。

ウ　二大政党になりやすく、政局が安定しやすい。

エ　多くの政党が分立し、一党だけでは議席の過半数を占めることが難しい。

問３　下線部③について、次のア～エのできごとを衆議院の解散後の順に正しく並びかえて、記号で答えなさい。

ア　内閣総理大臣の任命　　イ　特別国会の召集

ウ　内閣総理大臣の指名　　エ　総選挙の実施

問４　下線部④に関連して、衆議院の権限またはその優越について述べた文Ａ・Ｂの正誤の組み合わせとして正しいものを次から１つ選び、記号で答えなさい。

Ａ　衆議院には、条約の先議権が与えられている。

Ｂ　法律案の議決が衆議院・参議院で異なった場合、衆議院の議決をそのまま国会の議決とみなす。

ア　Ａ－正　Ｂ－正　　イ　Ａ－正　Ｂ－誤

ウ　Ａ－誤　Ｂ－正　　エ　Ａ－誤　Ｂ－誤

問５　下線部⑤について、国民の中から選ばれた人が地方裁判所で行われている重大な刑事裁判に参加し、被告人が有罪か無罪か、有罪の場合はどのような刑にするかを裁判官と一緒に決める制度を何といいますか、「～制度」の形に合わせて漢字で答えなさい。

④ 次の日本の世界遺産に関する文章〔１〕～〔６〕を読み、あとの問いに答えなさい。

〔１〕「北海道・北東北の縄文遺跡群」は、2021年に文化遺産に登録されました。１万年以上にわたり続いた縄文時代の生活は、生きるために移動をくりかえしていた旧石器時代とは違って、人々が採集・漁労・狩猟を行う①定住した生活に変化しました。このような人々の生活のあとが、現在も北海道と北東北に残っており、この世界遺産は、復元した竪穴住居や大型掘立柱建物が間近で見られる青森県の(②)遺跡や、お祭りや集団墓のあとと考えられる大湯環状列石など、17の遺跡で構成されています。発掘された考古遺跡のみで構成される国内初の世界遺産となります。

問１ 下線部①の定住した生活とは、縄文時代の人々の生活の特徴ですが、次の文Ａ・Ｂ・Ｃの中で定住生活の証拠であると考えられるものの組合せとして正しいものをあとから１つ選び、記号で答えなさい。

Ａ 食料を貯蔵しておく土器がつくられた。

Ｂ 狩りを行うための弓矢の矢じりとなる石器がつくられた。

Ｃ 木材を切倒(きりたお)すための石の斧(おの)がつくられた。

	ア	イ	ウ	エ	オ	カ	キ	ク
Ａ	正	正	正	正	誤	誤	誤	誤
Ｂ	正	正	誤	誤	誤	誤	正	正
Ｃ	正	誤	正	誤	誤	正	誤	正

問２ 空らん(②)に入る遺跡名を漢字で答えなさい。

問３ 縄文時代の遺跡のなかには貝塚があります。貝塚からはこわれた土器、貝殻(かいがら)、動物や魚の骨などが発見されますが、ある貝塚のシカの骨を調査したところ、そのほとんどがオスのシカの骨でした。縄文人の食料に対する考え方をふまえて、なぜこのようになったのか、説明しなさい。

〔２〕「法隆寺地域の仏教建造物」は、７世紀に斑鳩の里と呼ばれる地につくられた法隆寺の47棟(とう)の建物と法起寺の三重塔から構成され、1993年に姫路城とともに日本初の世界遺産として登録されました。両寺とも③聖徳太子との縁が深く、特に西院伽藍(がらん)と東院伽藍からなりたつ法隆寺のなかで西院伽藍は、建築年代にいくつかの説があるものの世界最古の木造建築として知られています。また、聖徳太子により仏教を広める役割を担っていた点、近現代では文化財保護の象徴的な存在としての役割を担っている点も評価されています。

問４　伽藍とは、中門・金堂・塔(三重塔・五重塔)・講堂・回廊などの寺院の建物のことを示していて、これらの建物の配置を伽藍配置と呼びます。様々な配置がありますが、法隆寺の西院伽藍では中門から入ると、金堂と五重塔が横に並びその周りを中門からの回廊が取り囲む伽藍配置となります。次の写真で法隆寺の伽藍を示すものを次から１つ選び、記号で答えなさい(写真の☆は中門の位置を示している)。

ア

イ

ウ

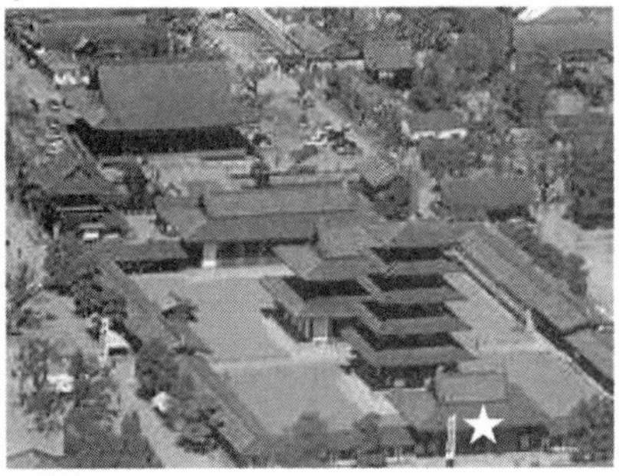

エ

問５　法隆寺を創建したとされる下線部③の人物に関する文として正しいものを次から１つ選び、記号で答えなさい。

ア　蘇我入鹿とともに天皇中心の新しい政治を進めようとした。

イ　10種類の色分けした冠を役人に与えて才能ある人物を役人に取り立てた。

ウ　仏教などに基づき役人の心がまえを示した十七か条の律令をつくった。

エ　隋に小野妹子を使者として派遣し、対等な外交を行おうとした。

〔３〕「古都京都の文化財(京都市、宇治市、大津市)」は、国宝の建造物、または、特別名勝に指定されている庭園のある17ヶ所の寺社と城で構成され、1994年に世界遺産に登録されました。京都は794年から1868年にかけて天皇が住まいをおいた場所であり、文化・経済・政治の中心として繁栄しました。これにより、日本の発展に大きな影響を与えたことや建造物が日本独自の文化や精神を表していることなどから登録されました。京都は、三方を山に囲まれた盆地につくられた都市で、周辺の山麓部には自然地形を利用して建てられた大寺院が多数残されています。また、碁盤の目状の道路がのこる平地部には、伝統的な住宅様式を示す町並みなども残されています。

問６　「古都京都の文化財」の１つである二条城は、徳川氏によって建設された城ですが、ここで1867年に最後の将軍が朝廷に政権を返しました。このことは何と呼ばれていますか、漢字４字で答えなさい。

問７　「古都京都の文化財」が存在する京都の説明として**誤っているもの**を次から１つ選び、記号で答えなさい。

ア　鎌倉幕府が、朝廷の監視のために京都所司代をもうけた。

イ　応仁の乱がおこり、戦火により焼け野原となった。

ウ　明智光秀が、本能寺の変を起こして織田信長を滅ぼした。

エ　職人が集まり、西陣織・清水焼・友禅染などの伝統工芸品が生まれた。

問８　「古都京都の文化財」に登録された寺院の写真として**誤っているもの**を次から１つ選び、記号で答えなさい。

ア

イ

ウ

エ

〔４〕「日光の社寺」は、日光山内の２社１寺の103棟の国宝・重要文化財の建造物群で構成され、1999年に文化遺産として登録されました。８世紀以来、日光の語源ともなった二荒山とも呼ばれる男体山を中心とする山岳信仰の聖地であり、山麓には、はやくから社寺が営まれてきました。また、④江戸幕府初代の将軍の霊廟(れいびょう)(亡くなった人の魂をまつる建物)である(　⑤　)が、1616年につくられると、幕府の聖地ともなりました。さらに、1653年には⑥３代将軍家光の霊廟もつくられました。幕府が総力をあげてつくった霊廟建築は、陽明門に代表されるように絢爛豪華(けんらんごうか)な建物であり、幕府の政治体制を支える歴史的な役割を担ったものとして評価されています。

問９　下線部④の人物に関する出来事Ⅰ～Ⅲを古い順に並べるとどのようになりますか、あとから１つ選び記号で答えなさい。

Ⅰ　大阪の陣で豊臣氏を滅ぼした。

Ⅱ　江戸に幕府を開いた。

Ⅲ　関ヶ原で石田三成の西軍を破った。

ア　Ⅰ→Ⅱ→Ⅲ　　イ　Ⅰ→Ⅲ→Ⅱ　　ウ　Ⅱ→Ⅰ→Ⅲ

エ　Ⅱ→Ⅲ→Ⅰ　　オ　Ⅲ→Ⅰ→Ⅱ　　カ　Ⅲ→Ⅱ→Ⅰ

問10　空らん(⑤)に入る、江戸幕府初代将軍がまつられ、陽明門で有名な神社名を漢字で答えなさい。

問11　下線部⑥の人物の時代の事柄として**誤っているもの**を次から1つ選び、記号で答えなさい。

ア　武家諸法度で参勤交代の制度を整えた。

イ　ポルトガル人の来航を禁止した。

ウ　法令をだして全国でキリスト教を禁止した。

エ　オランダ商館を長崎の出島に移した。

〔5〕「富岡製糸場と絹産業遺産群」は、群馬県富岡市の⑦富岡製糸場、その他の2市1町に点在する養蚕関連の史跡からなる文化遺産で、2014年に登録されました。19世紀後半から20世紀にかけて、品質のよい(⑧)の大量生産の実現に貢献(こうけん)した技術交流と技術革新を示しています。この技術革新は、製糸技術の革新と、原料となる良質な繭(まゆ)の増産を支えた養蚕技術の革新の両方によってなしとげられました。この遺産は、両方の内容をあわせもち、(⑧)を生産する過程全体を今日に伝える貴重な遺産として評価されています。

問12　下線部⑦は官営模範工場と呼ばれますが、明治時代に官営模範工場が建設された目的を説明しなさい。

問13　空らん(⑧)に入る、製糸場で生産される品物を漢字2字で答えなさい。

〔6〕「明治日本の産業革命遺産　製鉄・製鋼、造船、石炭産業」は、2015年に世界遺産に登録されました。今までとは違って、いくつもの県にまたがった文化遺産で、九州を中心とした8県に点在しています。幕末には幕府だけでなく⑨長州藩・薩摩藩などの各藩が、西洋技術の導入で反射炉(はんしゃろ)による鉄生産や造船、大砲製造などに力をつくしました。また、その後、石炭開発も進められ長崎沖合の高島炭坑では、はじめて蒸気機関による採掘が行われました。そして、⑩日本の産業革命は、官営八幡製鉄所の本格的な操業(そうぎょう)で完成したと言われています。

問14　下線部⑨の藩については、藩の特徴を示す遺産として萩城下町や日本近代の思想の原点となった松下村塾なども登録されました。この塾では高杉晋作・伊藤博文・山県有朋などが学びましたが、塾で指導にあたり、のちに安政の大獄で処罰された人物名を漢字で答えなさい。

問15　下線部⑩について正しいものを次から1つ選び、記号で答えなさい。

ア　日露戦争前後から綿工業などの繊維工業で産業革命が起こった。

イ　産業革命が起こると綿織物に代わって綿花の輸入が多くなった。

ウ　日清戦争前後から軍事産業を中心とする重工業で産業革命が起こった。

エ　群馬県の足尾銅山からの鉱毒により日本最初の公害問題が発生した。

日本大学豊山中学校(第１回)

―理科と合わせて60分―

1　次の文章を読んで、あとの各問いに答えなさい。

①気候変動による環境への大きな影響が止まりません。2023年８月、ハワイ・マウイ島で起きた大規模な山火事は、古くから本校高校生の修学旅行先として来訪していた地域だったため、本校関係者も悲しみで胸が張り裂けそうな気持ちになりました。山火事は世界的に増加しており、気候変動がそれをさらに悪化させているといわれています。森林火災は世界中で起こる深刻な問題です。特に現在は大規模化や長期化が世界各地で相次いでおり、火災が起こった国や地域の住民を中心に、世界中の人々を悩ませています。今年は新たに森林環境税が課税されることで、温室効果ガスの削減や災害の防止への対応が期待されています。

②環境負荷を減らす目的から、都市部でも環境に負担にならないような暮らしが求められています。その中でも、都市のスポンジ化に関する解決策の１つに「コンパクトシティ」が注目されています。近年、「コンパクトシティ」を実践した富山市では、渋滞緩和の観点から市内のあらゆる場所にアクセスできるよう、【 X 】という次世代型路面電車を走らせています。【 X 】は主に低床式車両の活用や、定時性などの優れた特徴を持つ路面電車を指します。近年、道路交通を補完するため、人と環境にやさしい公共交通として再評価されていました。その影響もあり、富山市は世界先進モデル都市に選出され話題となりました。

同調する動きは続いており、富山市を参考に2023年８月、宇都宮市でも宇都宮駅東口から芳賀・高根沢工業団地間で、宇都宮［　③　］が開業し、渋滞緩和や利便性の向上が期待されています。

栃木県は関東地方の北部に位置しており、新潟県や福島県との県境となっています。関東地方北部は群馬県と新潟県との県境に【 Y 】山脈、県南部に関東平野が広がる恵まれた環境から、群馬県下仁田町では［　④　］の栽培が行われるなど特色ある農産物が生産されています。栃木県で栽培される［　⑤　］は収穫量で全国１位です。また、酪農も盛んであり、乳用牛の飼育頭数は北海道に次いで全国２位となっています。

県内には江戸時代の五街道の一つであった［　⑥　］街道が日本橋から約140㎞伸びており、街道には幕府から許可を得た21の宿場が配置されました。宇都宮宿で奥州街道と合流することから、古くから人の往来が激しい地域でした。現在でも関東屈指の観光地として知られています。

問１　下線部①に関連して、台風などの影響で高潮などの被害を受けやすいにもかかわらず、国内では空港が海上に立地されています。その理由を**日本の地形条件を踏まえて**簡潔に説明しなさい。

問２　下線部②に関連して、環境負荷を軽くするために、トラックなどの負荷が大きい手段から、鉄道や船舶に積み替えて負荷が小さい手段に転換することを何といいますか。正しいものを次の中から一つ選び、記号で答えなさい。

(ア)　モーダルシフト　　(イ)　コールドチェーン

(ウ)　ポートアイランド　　(エ)　モータリゼーション

問３　空欄【 X 】・【 Y 】にあてはまる語句を答えなさい。【 X 】はアルファベット３文字で答えなさい。

問４　空欄［　③　］にあてはまる語句として正しいものを次の中から一つ選び、記号で答えなさい。

(ア)　ライトレール　　(イ)　トラム　　(ウ)　スイッチバック　　(エ)　ループ

問５　空欄［　④　］にあてはまる語句として正しいものを次の中から一つ選び、記号で答えなさい。

(ア)　りんご　　(イ)　ゆず　　(ウ)　ほうれんそう　　(エ)　こんにゃくいも

問６　空欄［　⑤　］にあてはまる語句として正しいものを次の中から一つ選び、記号で答えなさい。

(ア)　いちご　　(イ)　日本なし　　(ウ)　おうとう　　(エ)　みかん

問７　空欄［　⑥　］にあてはまる語句として正しいものを次の中から一つ選び、記号で答えなさい。

(ア)　川越　　(イ)　日光　　(ウ)　青梅　　(エ)　甲州

[2]　次の文章を読んで、あとの各問いに答えなさい。

昨年、被爆(ひばく)地・広島においてウクライナ情勢や核(かく)軍縮を大きなテーマとする主要国首脳会議が開催(かいさい)されました。今回のサミットの開催地であった広島は長い日本の歴史の中で度々登場しています。

律令制の時代、全国は畿内(きない)・七道に行政区分され、現在の広島県は山陽道に位置する安芸国・備後国と呼ばれていました。安芸・備後を含む山陽道には都と大宰府を結ぶ大路が整備され、この陸上交通路によって地方官である国司が往復し、①各地域からの税が都まで運ばれました。また、山陽道の南側に広がる瀬戸内海は、九州と近畿地方とをつなぐ人・もの・情報の大動脈として、古くから日本列島の文化の形成に重要な役割を果たしてきました。平安時代には、当時安芸の国司であった［　②　］が瀬戸内海航路の安全をはかるため、厳島神社をうやまい保護したことが知られています。

鎌倉時代には③全国に守護・地頭がおかれ、承久の乱後には安芸国内の地頭にも関東の御家人が任命されました。その後、室町時代には守護が力を伸ばし守護大名と呼ばれましたが、④応仁の乱によってその多くはおとろえ、戦国大名が次第に勢力をのばします。特に、安芸国・備後国を含む中国地方では［　⑤　］が急速に勢力を拡大しました。

江戸時代、広島県には広島藩と福山藩がおかれていました。関ケ原の戦いの後、⑥福島正則が広島藩主となりましたが、広島城を無断で修築した罪で改易されてしまいました。一方、福山藩出身の人物として知られている阿部正弘は、幕末のペリー来航時に老中をつとめ、⑦日米和親条約を結びました。

明治以降、広島は軍都として発展していきます。明治の兵制改革で広島に鎮台(ちんだい)がおかれ、広島は中国・四国地方の軍事拠点(きょてん)として位置づけられました。⑧日清戦争では朝鮮半島・中国大陸への派兵基地となり、広島の宇品港(うじなこう)から多くの兵士や兵器、食糧(しょくりょう)が大陸へ送り出されました。その後、大本営が広島に移され、臨時帝国(ていこく)議会も開かれるなど、広島は臨時首都のような状況を見せるのでした。以後、⑨相次ぐ戦争により軍関係の施設(しせつ)が次々とおかれ、広島は軍事拠点としての性格を強めていくのです。それまで、日本軍は相次ぐ戦争を優勢に進めていましたが、太平洋戦争におけるミッドウェー海戦をきっかけに戦局は変化し、サイパン島を占領されて以降は日本の各都市への空襲(くうしゅう)が激しくなりました。そして、1945年［　⑩　］、広島に原子爆弾(ばくだん)が投下され、広島は壊滅的な被害を受けたのです。

このように人類史上最初の原子爆弾による被爆を経験した広島は、その経験をもとに核兵器廃絶と世界平和の実現を訴え続けています。その広島でサミットが開催されたことは、世界の平和を構築していく上で、大いに意味のあることだったといえるでしょう。

問1　下線部①に関連して、『日本書紀』などの内容をみると、安芸国や備後国から白絹や塩などの特産物が都に運ばれていたことが分かっています。このような税を何といいますか。正しいものを次の中から一つ選び、記号で答えなさい。

㈠ 租　㈡ 調　㈢ 庸　㈣ 雑徭

問2　空欄［　②　］にあてはまる人物名を漢字で答えなさい。

問3　下線部③に関する記述として**間違っているもの**を次の中から一つ選び、記号で答えなさい。

(ア)　源頼朝は自らと対立するようになった弟・義経をとらえるという理由で、全国に守護と地頭をおくことを朝廷に認めさせた。

(イ)　源氏の将軍がとだえると、かねてから幕府を倒そうと考えていた後白河上皇は、北条義時を討つ命令を出して承久の乱をおこした。

(ウ)　承久の乱では、北条政子が武士たちに頼朝の恩を説いて団結を訴えたことで、幕府軍は結集して戦いにのぞみ上皇方をやぶった。

(エ)　承久の乱に勝利した幕府は、その後京都に六波羅探題をおいて朝廷の監視や西国の御家人の取りしまりにあたらせた。

問4　下線部④よりも後の時代の出来事として正しいものを次の中から一つ選び、記号で答えなさい。

(ア)　加賀国(石川県)で一向宗(浄土真宗)の信者が中心となって守護を滅ぼし、100年近くにわたって加賀国を支配した。

(イ)　御家人の生活を救うために、借金の取り消しを命じる徳政令を出したが、効果はあまりあがらず、幕府の信用を失った。

(ウ)　日本が明との国交を開き、貿易船と倭寇を区別するために合い札を用いた朝貢形式の勘合貿易を始めた。

(エ)　全国の武士をまきこみ、約60年間続いた吉野の南朝と京都の北朝との内乱が終わり、南北朝の合一が実現した。

問5　空欄［　⑤　］にあてはまる戦国大名として正しいものを次の中から一つ選び、記号で答えなさい。

(ア)　島津貴久　(イ)　大村純忠　(ウ)　毛利元就　(エ)　大友義鎮

問6　下線部⑥について、この処分は幕府が大名を統制するために定めた法令に違反したことを理由としています。その法令名を答えなさい。

問７　下線部⑦に関連して、この条約で開港された港のうちアメリカの領事館がおかれ、総領事ハリスも来日した場所として正しいものを次の地図の(ア)～(オ)の中から一つ選び、記号で答えなさい。

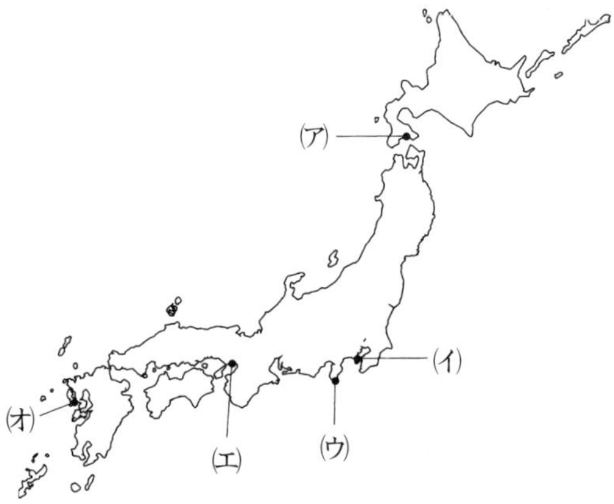

問８　下線部⑧に関する記述として**間違っているもの**を次の中から一つ選び、記号で答えなさい。

(ア)　日清戦争の直前には、外務大臣の陸奥宗光がロシアの東アジア進出を警戒(けいかい)するイギリスと交渉して、領事裁判権(治外法権)の廃止(はいし)を実現した。

(イ)　朝鮮でおこった甲午農民戦争をきっかけとして日清戦争が始まり、軍隊の近代化を進めていた日本が勝利し、下関条約が結ばれた。

(ウ)　日清戦争後、ロシアはフランスとドイツをさそい、日本に対して遼東半島と台湾を清に返すように求め、日本がこれを受け入れた。

(エ)　日清戦争後、官営の八幡製鉄所が設立され、中国から輸入した鉄鉱石と筑豊炭田などで産出した石炭を使って鉄鋼の生産が始まった。

問９　下線部⑨に関連して、次のＡ～Ｃの出来事を年代の古い順に並べたものとして正しいものをあとの選択肢(せんたくし)から一つ選び、記号で答えなさい。

Ａ　関東軍は、奉天郊外(こうがい)の柳条湖で南満州鉄道を爆破(ばくは)した。関東軍はこれを中国軍のしわざとして攻撃を開始し、満州を占領(せんりょう)した。

Ｂ　北京近くの盧溝橋で日中両軍が衝突(しょうとつ)したことをきっかけに、日中の全面的な戦争となった。日本は多くの兵を投入したが中国の抵抗(ていこう)が強く、戦争は長期化していった。

Ｃ　日本は連合国側についてドイツに宣戦し、ドイツ領南洋諸島についで中国の青島を占領した。また、中国に二十一か条の要求をつきつけ、要求の大部分を認めさせた。

(ア)　Ａ→Ｂ→Ｃ　　(イ)　Ａ→Ｃ→Ｂ　　(ウ)　Ｂ→Ａ→Ｃ
(エ)　Ｂ→Ｃ→Ａ　　(オ)　Ｃ→Ａ→Ｂ　　(カ)　Ｃ→Ｂ→Ａ

問10　空欄［　⑩　］にあてはまる月日を答えなさい。

③　次の文章を読んで、あとの各問いに答えなさい。

2023年８月31日、日本の百貨店である「そごう・西武」の労働組合がストライキを実施(じっし)しました。大手百貨店では、約60年ぶりです。日本でのストライキは、①高度経済成長期以降、一貫して減少し続けてきました。②厚生労働省によると、全体でのストライキの件数は、1974年の約5,000件をピークに減少傾向(けいこう)で、近年では二ケタの件数にとどまっています。そもそも、ストライキとは、どのようなものなのでしょうか。

ストライキとは、雇用(こよう)の維持(いじ)や③労働条件の改善などを会社側に認めさせることを目的に、労働者がまとまって労働を行わないで抗議(こうぎ)することです。④日本国憲法は、労働者に⑤労働三権を認めています。正当なストライキであれば、参加した労働者に不利益なあつかいをしてはならず、企業に損害があったとしても、労働組合に賠償請求(ばいしょうせいきゅう)できないことが⑥法律で定められています。

日本では大規模なストライキが減っている一方、欧米では現在も大規模なストライキが多く行われています。アメリカでは映画業界最大の労働組合によるストライキが実施され、ヨーロッパでも記録的な⑦物価高から賃金引き上げを求めるストライキが発生しています。欧米に比べ日本でストライキが少ない理由には、日本的な労使協調路線や、産業構造の変化など、様々なものが考えられます。現代の日本は、従来の日本型雇用慣行の変化や非正規労働者の増加など、⑧労働者を取り巻く環境も大きく変化してきています。そうした中で、労働者の権利についてもあらためて考えていく必要があるのではないでしょうか。

問１　下線部①に関連して、高度経済成長期におこった**出来事ではないもの**を次の中から一つ選び、記号で答えなさい。

㋐　国民所得倍増計画の発表　　㋑　東海道新幹線の開通

㋒　消費税３％の導入　　㋓　沖縄の日本復帰

問２　下線部②の役割に関する次のＡ・Ｂの記述について、その正誤の組み合わせとして正しいものをあとの選択肢から一つ選び、記号で答えなさい。

Ａ　国民の健康増進や病気の予防などに関する業務を行っており、新型コロナウイルス対策でも中心的な役割を果たした。

Ｂ　働く人の雇用安定や働く環境の整備に関する行政を担当しており、地方自治や地方公務員制度、選挙や消防など、国の基本的な諸制度を担っている。

㋐　Ａ－正　Ｂ－正　　㋑　Ａ－正　Ｂ－誤

㋒　Ａ－誤　Ｂ－正　　㋓　Ａ－誤　Ｂ－誤

問３　下線部③に関連して、労働三法の中で、賃金、労働時間、休日などについて使用者が守るべき最低限のことを定めた法律名を答えなさい。

問４　下線部④に関連して、次の条文の空欄［　　　］にあてはまる語句を漢字四文字で答えなさい。

第22条　何人も、公共の福祉(ふくし)に反しない限り、居住、移転、及び［　　　］の自由を有する。

問５　下線部⑤に関連して、ストライキは労働三権のうち何という権利に基づいて行われるものか、答えなさい。

問６　下線部⑥の成立過程に関する記述として、**間違っているもの**を次の中から一つ選び、記号で答えなさい。

㋐　衆議院と参議院で異なる議決をした場合、衆議院で出席議員の３分の２以上の賛成で再可決した場合、衆議院の議決が国会の議決となる。

㋑　国会議員だけでなく、内閣も法律案を国会に提出することができる。

㋒　法律案は、本会議で審議(しんぎ)する前に各委員会で細かい審議を行うが、必要に応じて専門家などの意見を聞く公聴会を開くことができる。

㋓　国会に提出された法律案は、必ず衆議院から先に審議しなければならない。

問７　下線部⑦に関連して、日本でも物価が上昇する原因の一つとして、「円安」の影響が考えられますが、「円安」が日本経済に与える一般的な影響についての記述として、**適切でないもの**を次の中から一つ選び、記号で答えなさい。

(ア)　日本からの輸出品の価格が下がるため、日本の輸出が増加する。

(イ)　海外旅行の費用が安くなるため、海外旅行に行く日本人が増える。

(ウ)　円の価値が下がることにより、海外から日本への投資が増える。

(エ)　外貨預金をしている人が円に換金(かんきん)すると為替差益(かわせさえき)(ドル預金では得)が発生する。

問８　下線部⑧に関連して、日本の労働者が、趣味(しゅみ)やレジャーなど自由に使う時間が少ないことを説明する資料の一つとして、最も適切なものを次の中から一つ選び、記号で答えなさい。

(ア)　女性の年齢別労働力率

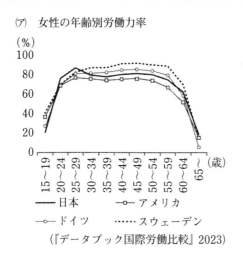

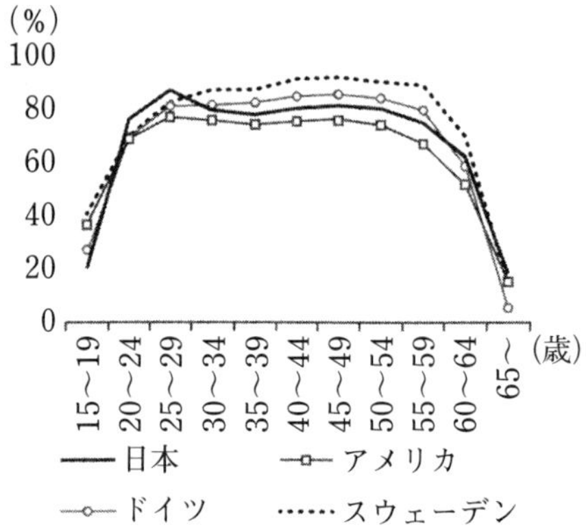

(『データブック国際労働比較』2023)

(イ)　年次有給休暇(きゅうか)の消化率

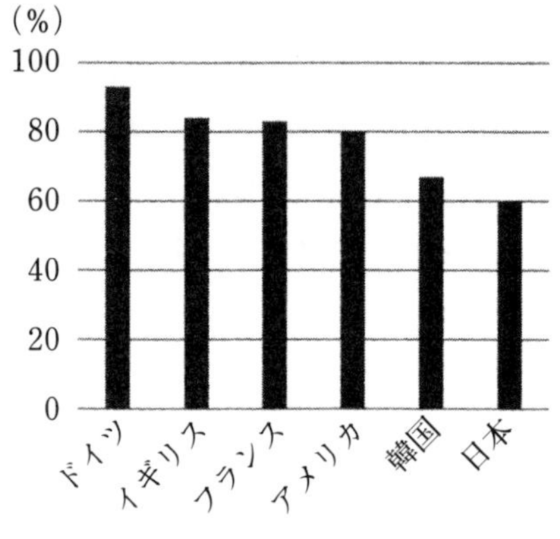

(「エクスペディア 世界16地域 有給休暇・国際比較調査 2021」を参考に作成)

(ウ)　労働組合の組織率の推移

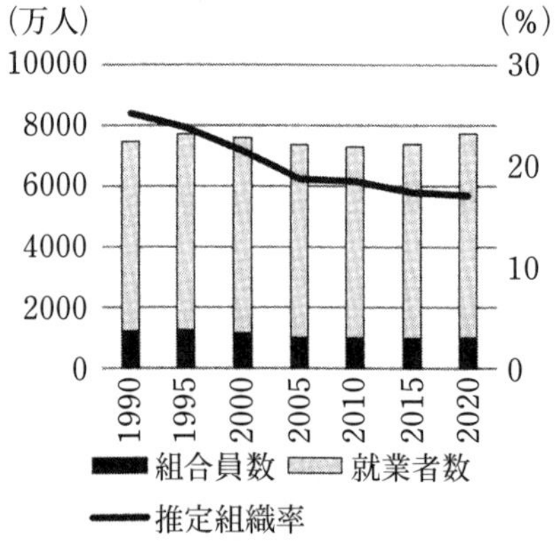

(厚生労働省資料より作成)

(エ)　有効求人倍率と完全失業率の推移

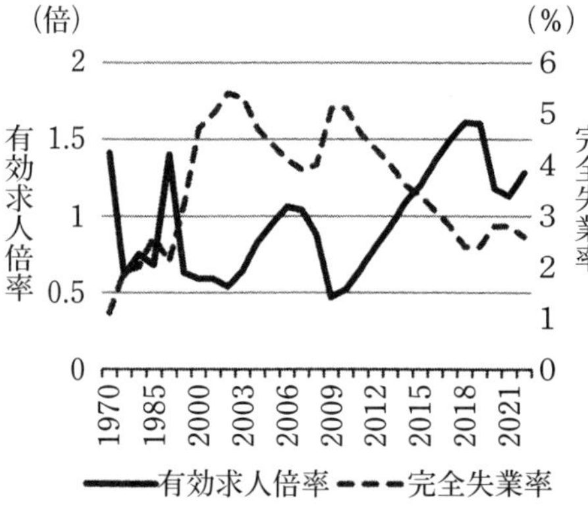

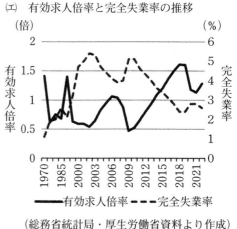

(総務省統計局・厚生労働省資料より作成)

本郷中学校（第１回）

—40分—

注意　解答に際して、用語・人物名・地名・国名などについて漢字で書くべき所は漢字で答えなさい。
　　　なお、国名の表記は通称でかまいません。
　　　（編集部注：実際の入試問題では、写真や図版の一部はカラー印刷で出題されました。）

1　次の地形図（縮尺は１：50000）をみて、あとの問いに答えなさい。

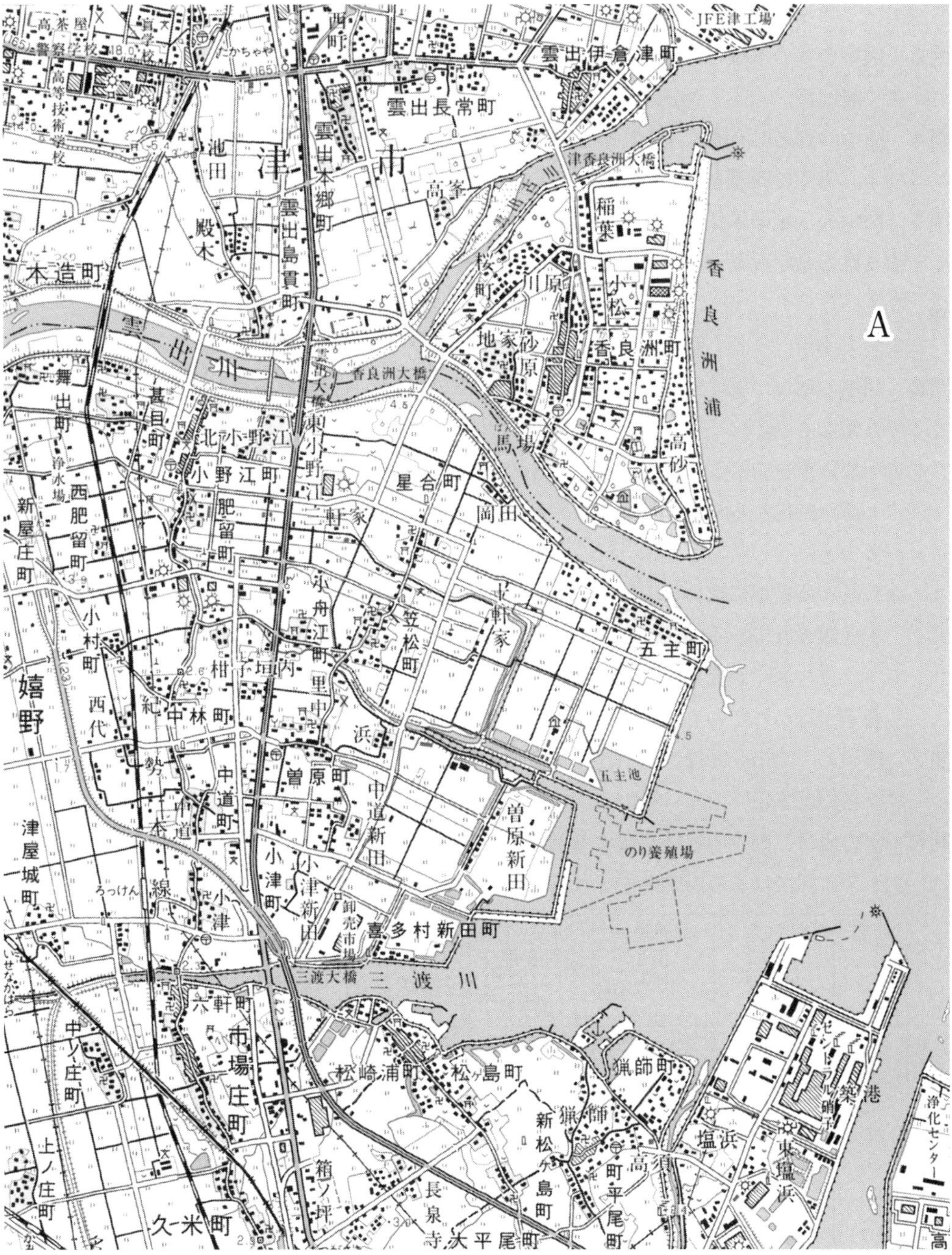

（原図を120％に拡大）
（編集部注：実際の入試問題の地形図を縮小して掲載しています。）

問１　この図から読み取れる内容を説明した次の各文について、内容が正しければ○を、誤っていれば×を答えなさい。

ア　海岸部には、広範囲にわたって針葉樹の防砂林がみられる。

イ　雲出川の本流は、東から西に向かって流れ、海に注いでいる。

ウ　雲出川の流域には、田の分布がみられる。

エ　図中の最高地点の標高は、およそ５ｍである。

オ　図中のＪＲ線は、単線の路線である。

問２　図中にみられる地形の名称を次の中から１つ選び、記号で答えなさい。

ア　三角州　　イ　海岸段丘　　ウ　河岸段丘　　エ　扇状地

問３　図中のＡの水域の名称を次の中から１つ選び、記号で答えなさい。

ア　駿河湾　　イ　若狭湾　　ウ　中海　　エ　伊勢湾

問４　図中の雲出川流域にみられる２か所の「老人ホーム」の直線距離は、図面上(原図)では３㎝です。実際の距離を「～㎞」の形に合うように答えなさい。

問５　図中の「紀勢本線」は、おもに沿岸部を通って、図中の地域が属する県の亀山市と、隣接する県の県庁所在地を結んでいます。その県庁所在地名を次の中から１つ選び、記号で答えなさい。

ア　大津市　　イ　和歌山市　　ウ　名古屋市　　エ　神戸市

問６　図中の地域が属する県について述べた次の文の中から、誤りを含むものを１つ選び、記号で答えなさい。

ア　松阪市を中心とした地域で銘柄牛の飼育が行われ、品質の高い牛肉が生産されている。

イ　江戸時代から林業の町として栄えてきた尾鷲市は、国内でも非常に降水量の多い地域である。

ウ　県庁所在地に次いで人口の多い四日市市では、古くから海運業が栄え、大規模な製油所も建設されている。

エ　リアス海岸が発達した志摩半島の沿岸部では水産業が盛んで、真珠・かき・のりなどの養殖が行われている。

問７　図中の「津市」とほぼ同緯度に位置する都市を次の中から１つ選び、記号で答えなさい。

ア　さいたま市　　イ　金沢市　　ウ　岡山市　　エ　大分市

問８　次の表は、図中の地域が属する県と、その県が隣接する６府県に関する統計です。表中の①～⑦にあてはまる府県名をそれぞれ答えなさい。

府県	人口(万人) 2019年	面積(㎢) 2019年	府県庁所在地人口(万人) 2019年	林野率(%) 2020年	農業産出額総額(億円) 2018年	工業生産(出荷額)総額(億円) 2017年	65歳以上人口割合(%) 2019年
①	204	10,621	40.9	79.2	1,104	57,062	29.2
②	756	5,173	229.4	42.1	3,115	472,303	24.5
③	182	5,774	27.9	64.3	1,113	105,552	28.8
④	142	4,017	34.2	50.9	641	78,229	25.4
⑤	255	4,612	141.2	74.2	704	58,219	28.7
⑥	136	3,691	35.7	76.9	407	21,181	30.3
⑦	96	4,725	36.8	76.2	1,158	26,913	31.9

出典：帝国書院『中学校社会科地図』(2023年)
矢野恒太記念会『データでみる県勢 2023』(2022年)

2　次の文章を読み、あとの問いに答えなさい。

国家が徴税や徴兵のために、個人を把握する制度を設けることがあります。現行の制度でいえば戸籍であり、また最近、多くの問題点が指摘されているマイナンバーカードもそうです。

最も古い「戸籍」に近いものとして『日本書紀』に記録されているのは、「名籍(なのふだ)」です。A6世紀中頃に渡来人らを対象に記録したものでした。

国家が個人を把握するために最初に作成した戸籍が、670年の庚午年籍(こうごねんじゃく)でした。従来の豪族による個別支配を廃止し、B大王(天皇)中心の中央集権体制を築くためにさまざまな改革を進めていく中で、作成されたものです。この戸籍は現存しないものの、律令の規定で「永久保存」とされました。この戸籍の威力を見せつけたのが、①「古代最大の内乱」ともいわれる事件でした。この内乱では双方が戸籍を活用して徴兵したために、それまでになかった規模の軍勢が戦場に集結することになりました。次いで、690年に持統天皇により作成されたのが庚寅(こういん)年籍です。これは前年に施行された令の規定に基づいて［　②　］を行うためのものであり、家族構成や身分などまで記載されていました。こうした律令の規定に基づく戸籍は奈良時代にも作成されており、その一部は［　③　］に現存しています。

しかし、④律令に基づく税が重すぎることが一因となり、次第に戸籍が偽造されるようになり、徴税は困難になっていきました。それでも徴税などは必要なので、C鎌倉時代から戦国時代にかけては、D土地調査の帳簿が国ごとに作成されていました。ただ、個人を把握する帳簿は作成されなくなりました。ようやくE豊臣秀吉が全国規模で土地や収穫量などの調査を行い、⑤その帳簿に多くの個人が登録されるようになりました。

江戸時代になると、特にF宗教統制の面から人々の宗派を調査し、⑥その帳簿を作成するようになりました。この帳簿が、江戸時代には現在の戸籍と同じような役割を果たしました。なお、将軍がG徳川吉宗であった時期の1726年からは、この信仰調査と同時に人口調査も行うようになりました。また、大名や家臣の名前や役職などを記した武士の名簿である「分限帳(ぶげんちょう)」も作成されています。

明治時代になると、Hさまざまな近代化政策が実施されました。そのなかで、中央集権化の大前提の一つとされたのが、戸籍の作成でした。1869年の［　⑦　］の際に3つの族籍が新たに設定され、職業別の封建的な身分制度はなくなりました。その上で1871年に戸籍法が制定され、翌年に最初の近代的戸籍が完成しました。この戸籍は儒教的順序で記載する、⑧族籍を明記するなどを特徴としていましたが、北海道のアイヌの人々、沖縄の人々、小笠原諸島に先住していた欧米系の人々に、日本人と同じような氏名を強制して登録するなど、問題点もありました。また、この戸籍制度によって個人は「家」を単位に把握されるようになり、その「家」のあり方は民法によって定められました。

一方、近代国家が個人の帰属を定める制度としては国籍制度があり、日本では1899年に国籍法が成立しました。ちょうどこの年に領事裁判権が撤廃されるとともに居留地が廃止され、外国人の内地雑居が実施されることになっていたからです。また、この頃から植民地として日本の領土に編入されていった台湾や南樺太、朝鮮でも戸籍は作成されました。しかし、国籍上は同じ「日本人」とされた植民地住民は、「外地」戸籍に登録され、本土など「内地」出身の日本人とは明確に区別されていました。

こうした状況は、日本の敗戦によって大きく変わることになります。1947年に民法が改正され、「家」制度が廃止されました。1952年にIサンフランシスコ平和条約が発効して植民地が日本から正式に切り離されると、「外地」戸籍に登録された住民には国籍選択の自由が与えられず、一方的に日本国籍を剥奪されることになりました。また、戸籍の所在地(本籍)と現住所が一致するとは限らないので、戸籍を補完するものとして、個人を単位として住民票が作成され、世帯ごとに編成して住民基本台帳が作成されるようになりました。1999年の住民基本台帳法改正により一人一人に住民票コードが割り振られ、住民票に記載された本人確認情報がコンピュータ・ネットワークにより一元的に管理されることになりました。このシステムは2003年から本格的に稼働し、それに対応して同年には個人情報保護法が制定されています。2012年からは外国籍の住民も住民基本台帳制度の対象となり、住民票が作成されています。さらに、2013年には「マイナンバー法」が成立し、所得や社会保障、納税などに関する個人情報を一元的に管理する共通番号(「マイナンバー」)制度が導入されたのです。こうして、国家が個人を把握する方法は、新たな段階に入ったといえるでしょう。

問１　下線部Aについて、この頃の状況の説明として誤っているものを次の中から１つ選び、記号で答えなさい。

ア　この頃までには、儒教や仏教などの思想が日本列島に伝わっていた。

イ　この頃に造成された古墳の多くは、巨大な前方後円墳であった。

ウ　この頃、「倭」国は中国の王朝と外交関係を結んでいなかった。

エ　この頃、蘇我氏は大王家と姻戚関係を結んでいった。

問２　下線部Bについて、こうした試みは長い時間を必要としました。その間に起こった次の４つの出来事を、古い順に並べたときに２番目となるものを選び、記号で答えなさい。

ア　第１回の遣唐使を派遣した。　　イ　白村江の戦いで「倭」国が敗れた。

ウ　藤原京に遷都した。　　エ　富本銭が造られた。

問３　下線部Cについて、この時期に関する次の４つの出来事を、古い順に並べたときに２番目となるものを選び、記号で答えなさい。

ア　応仁の乱が起こった。　　イ　承久の乱が起こった。

ウ　御成敗式目が制定された。　　エ　南北朝が合一された。

問４　下線部Dについて、こうした帳簿を主に作成していた役職名を、次の中から１つ選び、記号で答えなさい。

ア　郡司　　イ　国司　　ウ　守護　　エ　地頭

問５　下線部Eについて、この人物に関する記述として誤っているものを次の中から１つ選び、記号で答えなさい。

ア　朝廷の権威を利用するため、摂政や関白に就任した。

イ　百姓から刀や鉄砲などの武器を取り上げて一揆を防ごうとした。

ウ　座や関所を廃止し、道路を整備するなど商工業の発展を図った。

エ　中国征服のための協力を拒否した朝鮮に２度、出兵した。

問６　下線部Fについて、ここで禁止とされた主な宗教はキリスト教でした。この頃までに日本に伝わったキリスト教に関する記述として誤っているものを次の中から１つ選び、記号で答えなさい。

ア　ザビエルが鹿児島に来てキリスト教を日本に伝えた。

イ　九州のキリシタン大名が、４名の少年をローマ教皇のもとに派遣した。

ウ　京都や山口などに、キリスト教会にあたる南蛮寺が建立された。

エ　豊臣秀吉が一貫してキリスト教を保護し続けたので、日本国内の信者が激増した。

問７　下線部Ｇについて、この人物が行った幕政改革に関する記述として誤っているものを次の中から１つ選び、記号で答えなさい。

ア　米価が高すぎると打ちこわしが発生するので、米価を引き下げさせた。

イ　財政支出を削減するためにも倹約を守らせ、鷹狩や武芸を奨励した。

ウ　目安箱を設け、自ら投書を読んで政治の参考にした。

エ　裁判の公正を図るために公事方御定書をつくらせた。

問８　下線部Ｈについて、これに関する説明として誤っているものを次の中から１つ選び、記号で答えなさい。

ア　財政収入の安定を図るため、地価の３％を地租として現金で納めさせることにした。

イ　西洋の進んだ機械や技術を国費で摂り入れるため、官営工場などを設立した。

ウ　全国に小学校を設立し、６歳以上の男女に義務教育を行うようにした。

エ　ヨーロッパの制度にならって満18歳以上の男子を徴兵し、近代的な軍隊制度を整えた。

問９　下線部Ｉについて、この条約の内容に関する説明として誤っているものを次の中から１つ選び、記号で答えなさい。

ア　この条約の発効と同時に、日本は国際連合への加盟が認められた。

イ　日本は主権を回復したが、沖縄や小笠原などはアメリカの施政権下に置かれた。

ウ　占領軍は日本から撤退することになったが、別に協定を結べば外国軍隊が日本に駐留することはできた。

エ　日本は朝鮮の独立を承認し、台湾や千島列島・南樺太などを放棄した。

問10　下線部①について、この事件の名称を４字で答えなさい。

問11　文中の［　②　］には、６歳以上の男女に口分田を班給する制度の名称があてはまります。その語句を答えなさい。

問12　文中の［　③　］には、聖武天皇の遺品などを収めている建築物の名称があてはまります。その語句を答えなさい。

問13　下線部④について、このうち、地方の特産物を都に納めた税の名称を答えなさい。

問14　下線部⑤について、この帳簿の名称を３字で答えなさい。

問15　下線部⑥について、この帳簿の名称を答えなさい。

問16　文中の［　⑦　］には、薩摩・長州・土佐・肥前の４藩主が土地(領地)と戸籍(領民)を朝廷に返還・献上したことで始まった出来事の名称があてはまります。その語句を答えなさい。

問17　下線部⑧について、それまで牛馬の死体処理などの関係で「ケガレ」ているとして不当な差別を受けていた人々がいました。彼らは租税がほぼ免除で、皮革生産を独占できました。ところが、このときからは「職業選択の自由」が認められ、〔　　〕並みに徴税・徴兵されることになりました。この戸籍を見ると、族籍の欄には「新〔　　〕」と記載されており、後々まで差別が続いていくことにもなりました。この〔　　〕にあてはまる族籍の名称を答えなさい。

③　次の文章を読み、あとの問いに答えなさい。

今からちょうど①10年前、日本を代表する経済学者の宇沢弘文(うざわひろふみ)が亡くなりました。そこで、「闘う経済学者」とも言われた宇沢の生涯と業績を見てみましょう。

宇沢は1928年に②鳥取県米子市で生まれました。父は学校の先生をしていたようですが、宇沢が小さいころに退職し、一家は東京の田端に転居しました。空襲を受けるなど大変なこともたくさんあったものの、熱心に勉強に励み、東京大学理学部数学科に入学しました。卒業後は特別研究生になるほど数学ができる優秀な学生でしたが、③戦後の貧困に苦しむ日本を良くしたいという思いで経済学に転じました。数学科の恩師から止められた時、宇沢は「日本の社会がこれだけ混乱しているときに、ひとり数学を勉強しているのは苦痛です」と言い放ったというエピソードが残っています。

経済学に転じた後、④アメリカに送った論文が認められたことがきっかけで、留学のチャンスをつかみます。アメリカでの約12年の研究教育活動を通じて教授のポストを得るなど、宇沢は日本を代表する経済学者になっていきました。

そして1968年に日本に戻った時、[A]に直面する日本の現状に衝撃を覚え、それまでの経済学に批判的な立場をとるようになります。その批判は自らが研究してきた経済学を根本から否定する、非常に過激なものでした。

ただ宇沢がすぐれていたのは、批判するだけではなく、新たな形を提唱したことにあります。それは社会的共通資本と言われますが、重要な点は、費用を適切に計測しようとしたことにあります。

「費用を適切に計測する」と言われても、ピンとこないかもしれません。そこで宇沢の名前が一般的によく知られるようになった、⑤自動車の費用の計測について考えてみましょう。

自動車を見ない日はないほど、私たちの生活に自動車は定着しています。今日、本郷中学に来るときもバスやタクシーを利用した人もいるかもしれません。このように便利であることは間違いないですが、一方で、交通事故や⑥排気ガス、騒音など、自動車は社会に大きな負担を与えているのも確かです。

では自動車はどれだけ社会に負担をかけているのでしょうか。1970年代当時の⑦運輸省は、一般的な経済学の手法を使って、事故などによって失われた価値を費用として計測しようとしました。具体的には、例えば400万円の生産をしていた人が、事故によって生産が300万円に減ってしまった場合、100万円を費用として考えていました。死亡した場合であれば、費用は400万円となります。

この方法が持つ問題は、人の生命や健康を、お金に換算してしまうという点にあります。これを宇沢は非人道的であるとして、厳しく批判しました。そして別の方法を提唱します。それはまず、歩道と車道が分かれており、かつ歩行者が優先される、交通事故が起こらない理想的な道路を設計します。そして日本のすべての道路をそのように変えるための費用を算出し、それを全自動車数で割ると、自動車1台あたりの費用を出すことができます。このようにすれば、人命をお金に換算するという非人間的な問題を回避して、自動車の費用を計測することができます。

宇沢は計算や理論だけにこだわり人間性を見失ってしまうような学問にたいして、強い危機感を覚えていました。そして理論的な正しさだけではなく、正義や倫理を大切にしていました。宇沢の弟子であり自身も日本を代表するゲーム理論学者である松島斉(まつしまひとし)東京大学経済学部教授は、私は、宇沢先生が、「アメリカ政府の要請で、多くの経済学者が、［　B　］人を殺すのに必要な費用便益を計算していた」というお話を(留学している時を回想して)された時の「ものすごい形相」を、一生忘れません。

と宇沢の哲学がよくわかるエピソードを紹介しています。

宇沢の奮闘にもかかわらず、近年においても、ある評論家が⑧社会保障改革の一つとして高齢者の⑨集団自決を提案し、それが大きな話題となってしまうという現象がありました。ＳＮＳ時代では、アマチュアによる学問的な裏付けのない過激な意見や⑩根拠のない誤った情報が広まりやすいようです。

今こそ宇沢のような本物の学者の思想や業績を振り返り、人類が蓄えてきた確かな知見を意識して見つめ直す必要があるのかもしれません。

問１　下線部①について、この時の日本の内閣総理大臣として適切な人物を次の中から１つ選び、記号で答えなさい。なおこの年の４月には消費税が８％となり、７月には当時の内閣が憲法の解釈を変更し、集団的自衛権の行使を認める閣議決定を行いました。

ア　麻生太郎　　イ　野田佳彦　　ウ　安倍晋三　　エ　菅義偉

問２　下線部②について、現在の鳥取県は、参議院議員選挙においてある県と合区(合同選挙区)となっています。その県として適切なものを次の中から１つ選び、記号で答えなさい。

ア　岡山県　　イ　島根県　　ウ　広島県　　エ　香川県

問３　下線部③について、日本は高度経済成長を経て豊かな国になっていきますが、そのきっかけとして適切ではないものを次の中から１つ選び、記号で答えなさい。

ア　朝鮮戦争による特需　　イ　国民所得倍増計画の策定
ウ　東京オリンピックの開催　　エ　関西国際空港の開港

問４　下線部④の政治・経済・地理・文化についての文章として適切ではないものを次の中から１つ選び、記号で答えなさい。

ア　今年、行政の長としての大統領を選ぶ選挙が実施される。
イ　世界一の経済大国であり、ＩＴ産業や航空機・宇宙産業が盛んである。
ウ　世界的に有名な大都市をいくつも抱えており、例えば東海岸のロサンゼルス、西海岸のニューヨークなどがある。
エ　ハリウッドの映画や、ブロードウェイのミュージカルなど、様々な文化の本場となっている。

問５　［　A　］にあてはまる文章として適切なものを次の中から１つ選び、記号で答えなさい。

ア　水俣病などをはじめとした公害問題
イ　第五福竜丸事件による被ばく問題
ウ　ロッキード事件をきっかけとした政治問題
エ　消費税を導入したことによる経済問題

問６　下線部⑤について、日本では自動車を輸入するときに税金がかかりませんが、このような税金の名称として適切なものを次の中から１つ選び、記号で答えなさい。

ア　節税　　イ　関税　　ウ　印税　　エ　重量税

問７　下線部⑥について、いわゆる四大公害訴訟の１つで、工場から出る煙が原因となって生じた公害の名称を７字で答えなさい。

問８　下線部⑦について、これは中央省庁再編によって2001年から名称が変更されていますが、その変更後の名称として適切なものを次の中から１つ選び、記号で答えなさい。

ア　国土交通省　　イ　環境省　　ウ　内務省　　エ　経済産業省

問９　［　B　］に入る国名を、本文の内容をヒントにして答えなさい。

問10　下線部⑧について、日本国憲法は第25条で規定しています。以下の文章は第25条１項ですが、これが保障している人権を何と言いますか。３字で答えなさい。

すべて国民は、健康で文化的な最低限度の生活を営む権利を有する。

問11　下線部⑨について、次の文章は、太平洋戦争下において起こった集団自決に関する証言です。この証言が生まれたのはどこの県ですか。適切なものをあとの中から１つ選び、記号で答えなさい。

【国民学校５年生だった女性の証言】
「忠魂碑前に着くと、戦闘帽をかぶりゲートル※を巻いた兵隊一人を中心に、住民が円を描くように立っていた。兵隊は左手で手りゅう弾を抱え、右手で住民に差し出していた」
※すねを保護するもの。主に軍隊で普及していた。

ア　福島県　　イ　兵庫県　　ウ　福岡県　　エ　沖縄県

問12　下線部⑩について、これをあらわす語句として適切なものを次の中から１つ選び、記号で答えなさい。

ア　グローバルスタンダード　　イ　フェイクニュース
ウ　コーポレートガバナンス　　エ　マイクロファイナンス

武　蔵　中　学　校

—40分—

◇　学校で勉強する立場のためまだ社会に出ていない人たちにとって、働くということはあまり身近なことではないかも知れません。日本国憲法では、働くことについて(憲法では「勤労」と呼んでいます)「すべて国民は、勤労の権利を有し、義務を負う」と定めています。では、人はなぜ働くのでしょう。「生きがいを求めて」などの答えもあるでしょうが、たいていは「生活のために」という答えが返ってくるのではないでしょうか。じっさい、ごく限られた裕福な人をのぞいて、世の中の人びとにとっては自分や家族の生活を成り立たせるために、働くことが必要です。今日は、働くこと(ここからは、「労働」という表現も使います)にまつわるさまざまな問題について考えてみましょう。

〈近代以前の生業と労働〉

自然界から食料を獲得するために行われた動物の捕獲や植物の採取は、労働の最初のあり方でもありました。その後、農業が行われるようになると、より多くの人びとが協力しあって働くことが一般的になりました。経済の発達とともに、農業だけでなく、さまざまな製品を作る手工業や、作物・製品を取り引きする商業も発達し、それらをいとなむ職人たちや商人たちも現れました。このようにして人びとがさまざまな職業に分かれながら労働を行い、またお互いに関係しあうことで、社会が発達していきました。そしてその職業によって、社会における身分が決まることもありました。多くの職業に分かれた社会においても、農業の占める割合は非常に大きいままでした。

〈賃金労働の広がり〉

近代以前の農民や職人たちは、労働によって生産した作物や製品の一部を自分自身の物にすることができました。それが大きく変わったのが近代になってからで、工場で機械を使って製品を大量に生産するような工業が発達する中で、それまでの職人にかわって多くの労働者が工場で製品を作るようになりました。工場労働者は工場を経営する企業に雇われて労働に従事しましたが、みずからの労働により生産された製品を自分自身のものとすることはできず、そのかわりに企業から賃金を受け取る存在になったのです。工業がさらに発達していくにつれ、企業の数も多くなり大規模な企業も出てくるようになりました。こうした企業の発展の中で、企業活動に必要な事務の仕事に従事する労働者(いわゆるサラリーマン)も次第に多くなっていきました。また明治時代以降は中央・地方の行政制度が整備されたために、中央省庁や地方の役所で働く公務員も現れました。こうして工場労働者だけでなく、サラリーマンや公務員のような事務労働者も社会の中で重要になっていきました。工業が発達する中でも農業はまだまだ大きな割合を占め続けており、農業従事者も多数を占めていましたが、第２次世界大戦後、特に高度経済成長期になると農業従事者の割合は急速に低下していきました。その反対に、工業労働者や事務労働者の割合が大きくなり、さらには小売業などに従事する労働者も増加しました。こうして現代では、働いている人のほとんどが賃金労働者になっています。この間、賃金は順調に増加していましたが、近年はほとんど増えておらず、長期間の雇用が保障されない非正規雇用の増加や事務労働者の時間外労働も問題とされるようになりました。

〈労働における性別の問題〉

かつて経済の中心にあった農業では、一家総出で農作業を行っていたため、女性も男性と同じように働いていました。近代に入り工業が発達し始めた頃にも、工場労働者として多くの女性が雇われていました。企業にとっては、男性よりも低い賃金で雇い長時間働かせることのできる女性労働者は大変都合のよい存在だったのです。しかしその後、労働者の待遇を改善したり地位を向上させたりする動きが進んだことで女性の労働力は扱いづらいものになっていきました。同時に、「男性が外で働いて稼ぎ、女性が家を守る」という考え方が定着したため、賃金労働は基本的に男性が行うべきものと考えられるようになりました。学業を終えて社会人になる場合も、男性の多くは企業などに就職するのに対して、女性は就職する人が男性ほど多数ではなく、就職しても数年後には結婚を機に退職する場合が多かったのです。企業等の現場でも「女性のすべき仕事、女性向きの仕事」がいつの間にか決められている中で、女性には補助的な役割しか与えられず、男性と対等に働くことができませんでした。こうしたあり方が社会的に問題とされるようになり、1985年に男女雇用機会均等法が制定され、その後2回改正されて現在に至っています。こうして形式的には労働における性別による格差は是正されたはずですが、実際には賃金や行う仕事の種類、雇われ方(正規雇用か非正規雇用か)などの面で格差が解消されたとはとても言えない状態が続いています。

〈「支払われない労働」〉

ところで、経済が円滑に動き社会が安定するために欠かせないにもかかわらず、それを行った人が賃金を受け取ることのない労働も存在します。こうした労働はしばしば「支払われない労働」などと呼ばれますが、これに費やされる時間や労力は、賃金を受け取る労働と比べても決して小さくはありません。しかも、「支払われない労働」においても性別による偏りが存在しています。具体的には、こうした労働は女性によって担われていることが非常に多いのです。なぜそうなのかという理由はさまざまありますが、こうした状況を改善するためには男性の働き方についても考え直す必要があるでしょう。

〈労働のあり方を変える〉

近年では、「働き方改革」という言葉がよく言われており、実際に働き方を変えていこうという動きも見られます。これは、これまでの日本における労働のあり方が経済や社会に対してよくない影響を与えており、それを変えていくことがよりよい未来のために必要であるとの考えから出てきたものです。これから社会に出た後に充実した生き方をしていくためにも、今日学んだことを機に働くことについてもっと考えてみてはいかがでしょうか。

図1

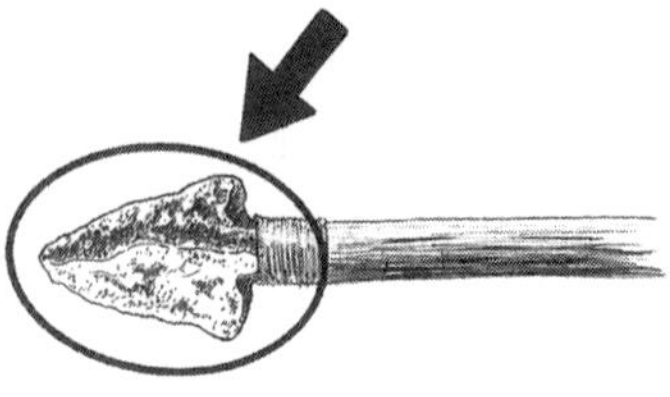

図2

(十字状のもので土器を固定しています。)

図３　年齢ごとの労働力人口比率と正規雇用比率（2021年、男女別）

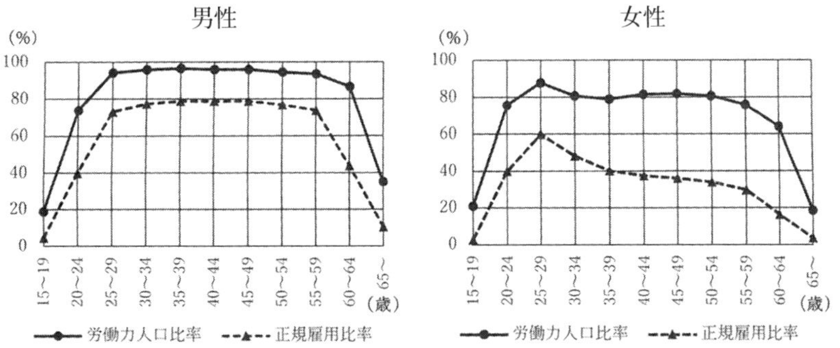

（労働力人口比率、正規雇用比率とも、分母はその年齢の全人口。労働力人口に専業主婦・専業主夫は含まれない。）
（総務省「労働力調査」より作成）

図４　仕事（賃金労働）等の時間と家事・育児・介護の時間の平均（１日あたり平均、男女別）

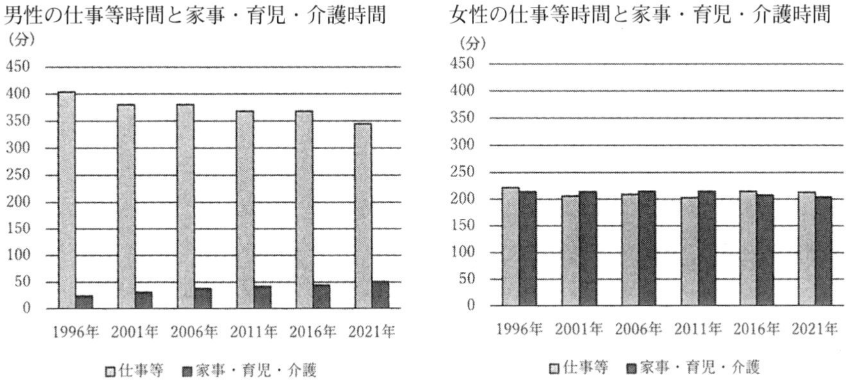

（総務省「社会生活基本調査」より作成）

問１　図１・２は、縄文時代から使われはじめた道具です。これらを見て、つぎの問い(あ)・(い)に答えなさい。

(あ)　図１は食料となる動物の捕獲で使用されていたものですが、これは何ですか。

(い)　図２は土器です。何のために使用されていましたか。

問２　一般的に、農業に従事する江戸時代の人々が属した身分は何ですか。

問３　高度経済成長期を中心に賃金が順調に増加したため、賃金労働者の世帯ではこれまであまり見られなかった物を購入・消費しながら豊かな生活をいとなむようになりました。購入・消費されるようになった物を１つあげて、どのように生活が豊かになったのかについて書きなさい。

問4

(あ)　工業が発達し始めた頃に多くの女性労働者が働いていた、代表的な産業は何ですか。

(い)　その産業と関係の深い場所を右の地図の中から１つ選び、地名を書きなさい。

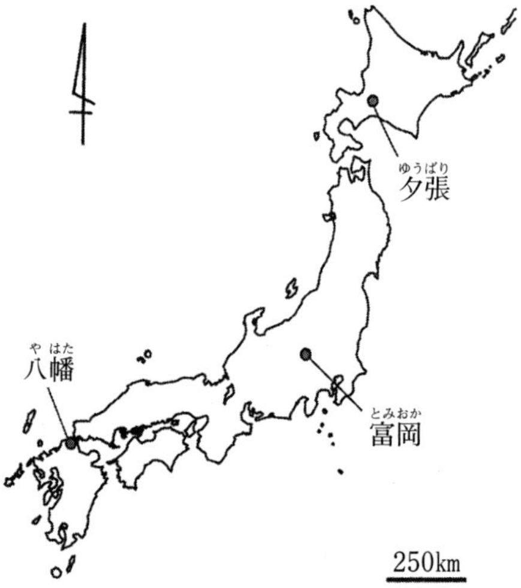

問5　「労働における性別による格差が是正されたはずなのに、実際には格差が解消されたとは言えない」とありますが、図３のグラフを参考に、まだ残っている「性別による格差」について説明しなさい。

問6　「支払われない労働」の代表的なものとしてあげられるのが、家事・育児・介護などです。

(あ)　図４のグラフを見て、仕事等と家事・育児・介護における性別の偏りについてここから分かることを書きなさい。

(い)　この偏りを是正するための男性側の取り組みをうながす仕組みとしてどのようなものがありますか。知っていることを１つあげて答えなさい。

問7　労働のあり方を変えていこうという動きの中で、しばしば「ワーク・ライフ・バランス」(労働と生活の適度なつり合い)という言葉が強調されています。この言葉には、これまでの労働のあり方が大きな問題を抱(かか)えていることと、個人の生活や家族との関わりを大事にすることがよりよい社会を築くために欠かせない、という考え方が反映されています。ワーク・ライフ・バランスを保つことが、現代社会が抱えるさまざまな課題の改善にどう結びつくのか、それらの課題のうちの１つをあげて説明しなさい。

明治大学付属中野中学校(第１回)

—30分—

1　次の地図を見て、問いに答えなさい。

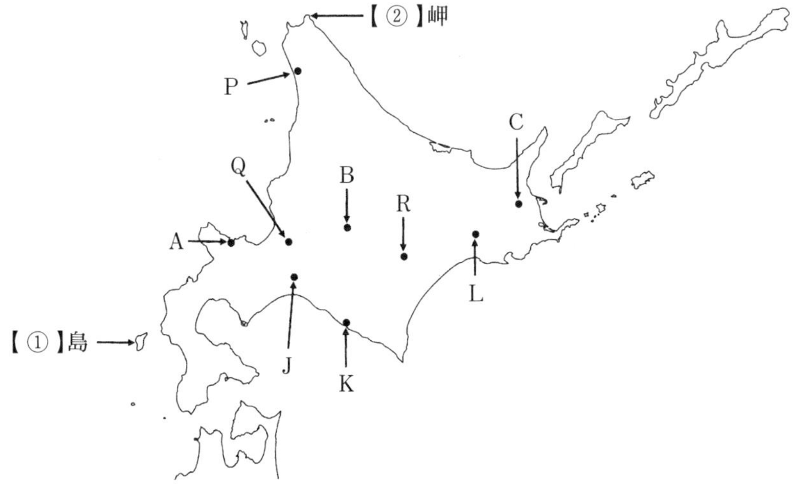

問１　地図中【 ① 】・【 ② 】にあてはまる地名を、それぞれ**漢字**で答えなさい。

問２　次のⅠ～Ⅲの雨温図は、地図中Ａ～Ｃのいずれかの地点のものです。Ⅰ～ⅢとＡ～Ｃの組み合わせとして正しいものを、あとのア～カの中から１つ選び、記号で答えなさい。

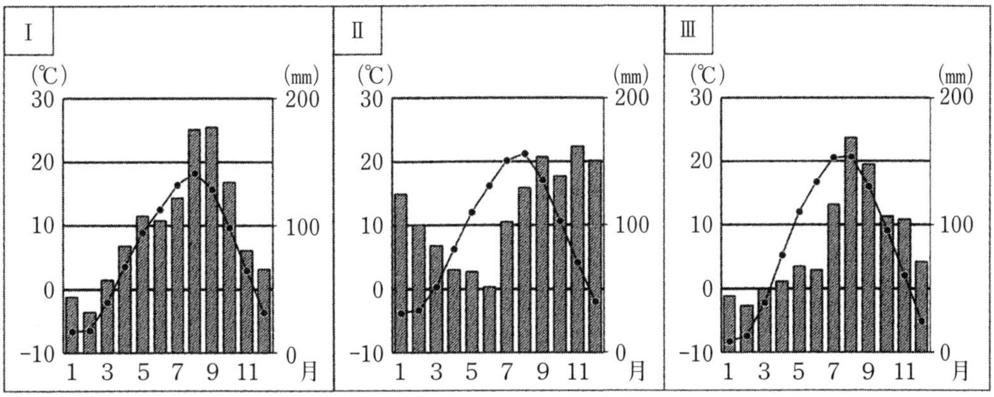

気象庁の統計により作成。

	ア	イ	ウ	エ	オ	カ
Ⅰ	A	A	B	B	C	C
Ⅱ	B	C	A	C	A	B
Ⅲ	C	B	C	A	B	A

問３　国土交通省北海道開発局では、1990年から、市町村の名所、特産品などのイラストを描(えが)いたカントリーサインを作成しています。次のⅠ～Ⅲのカントリーサインは、地図中Ｊ～Ｌのいずれかの市町村のものです。カントリーサインと市町村の組み合わせとして正しいものを、あとのア～カの中から１つ選び、記号で答えなさい。

Ⅰ

Ⅱ

Ⅲ

	ア	イ	ウ	エ	オ	カ
Ⅰ	J	J	K	K	L	L
Ⅱ	K	L	J	L	J	K
Ⅲ	L	K	L	J	K	J

問４　次のⅠ～Ⅲは、地図中Ｐ～Ｒのいずれかの地域の農業について説明したものです。Ⅰ～ⅢとＰ～Ｒの組み合わせとして正しいものを、あとのア～カの中から１つ選び、記号で答えなさい。

Ⅰ　第二次世界大戦後、牧草地の開発により、畜産業が盛んである。

Ⅱ　かつては泥炭地が広がっていたが、客土が行われ、現在では稲作が盛んである。

Ⅲ　明治時代以降の開拓(かいたく)により、酪農を主体に小麦、ばれいしょ(じゃがいも)、てんさい、豆類などの栽培(さいばい)が盛んである。

	ア	イ	ウ	エ	オ	カ
Ⅰ	P	P	Q	Q	R	R
Ⅱ	Q	R	P	R	P	Q
Ⅲ	R	Q	R	P	Q	P

問５　次のⅠ～Ⅲの地図は、北海道で盛んに生産されている農産物のうち、ばれいしょの収穫量、トマトの収穫量、生乳の生産量の2021年における上位５つの都道府県をぬりつぶして示したものです。それぞれの農産物と地図の組み合わせとして正しいものを、あとのア～カの中から１つ選び、記号で答えなさい。

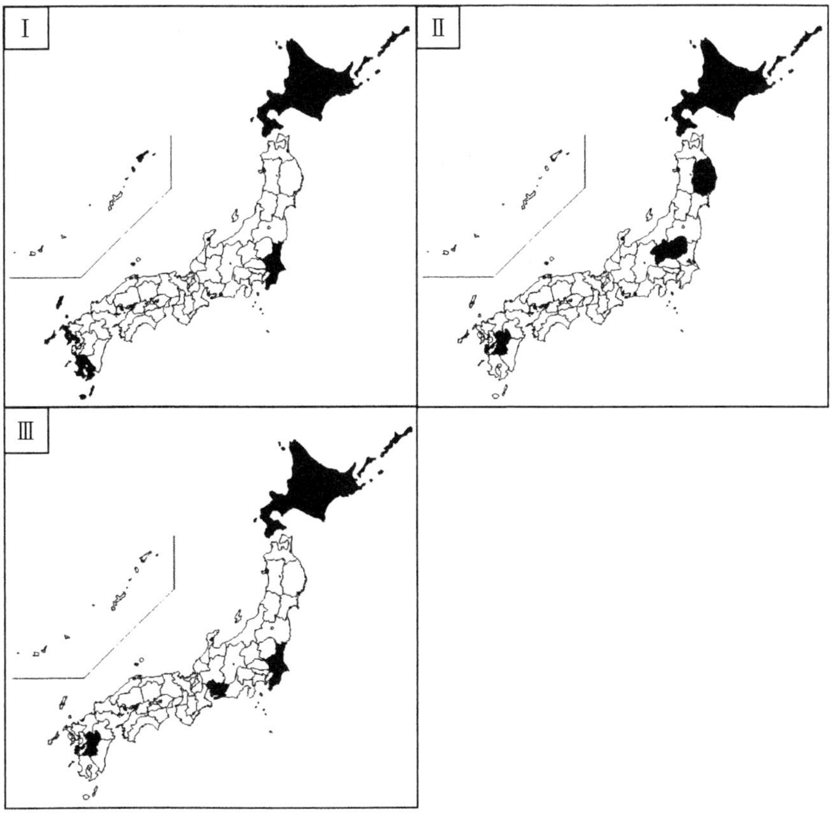

農林水産省の統計により作成。

	ア	イ	ウ	エ	オ	カ
Ⅰ	ばれいしょ	ばれいしょ	トマト	トマト	生　乳	生　乳
Ⅱ	トマト	生　乳	ばれいしょ	生　乳	ばれいしょ	トマト
Ⅲ	生　乳	トマト	生　乳	ばれいしょ	トマト	ばれいしょ

問6　北海道では水産業が盛んに行われています。2020年における漁獲量※上位7つの都道府県をぬりつぶした地図として正しいものを、次のア・イ・エの中から1つ選び、記号で答えなさい。

※養殖は含まない。

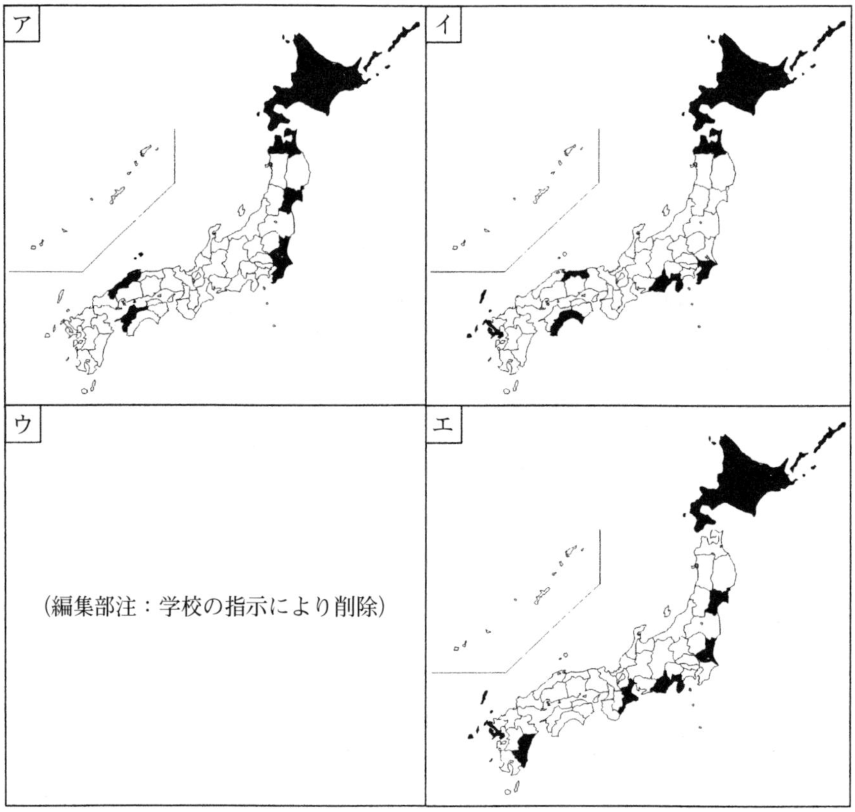

農林水産省の統計により作成。

問７　北海道ではかつて石炭の採掘が盛んに行われていました。1970年ごろの日本における主な炭鉱の分布図として正しいものを、次のア～エの中から１つ選び、記号で答えなさい。

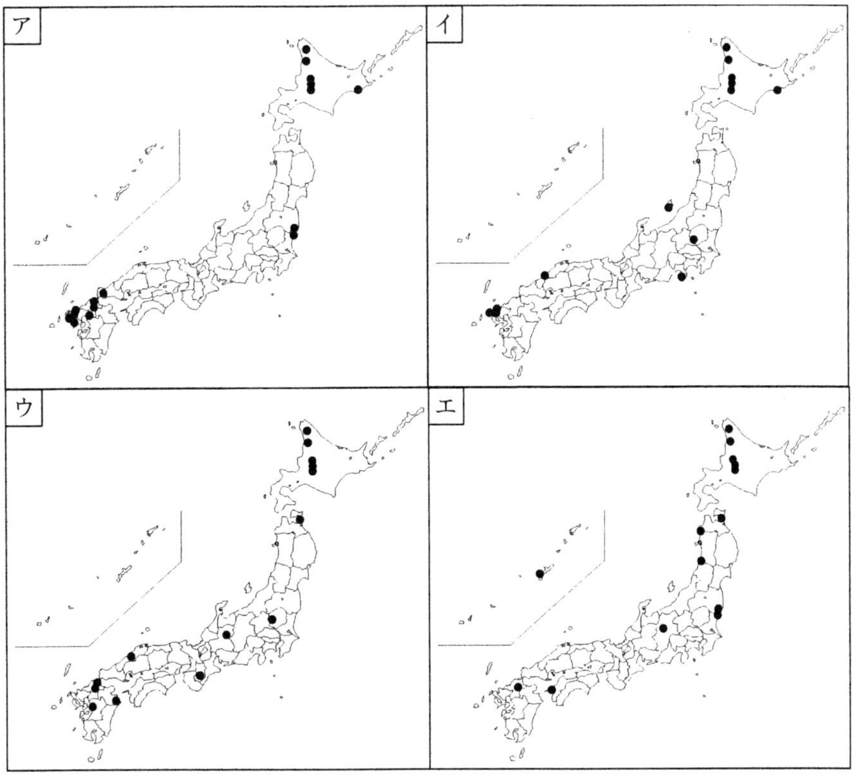

国土地理院の資料により作成。

問８　次の表中ア～エは、北海道と製造品出荷額が同程度の長野県、岐阜県、京都府、山口県の2019年における製造品出荷額といくつかの業種別工業製品出荷額を示しています。岐阜県を示しているものを、ア～エの中から１つ選び、記号で答えなさい。

(単位：億円)

	製造品出荷額	食料品・飲料・たばこ・飼料	化学	窯業・土石製品	電気機械
北海道	61,336	24,740	10,850	2,075	2,622
ア	65,735	2,758	32,382	2,356	1,006
イ	62,194	7,422	3,140	1,495	21,991
ウ	59,896	4,594	8,918	3,946	5,992
エ	57,419	14,185	4,055	2,112	8,561

経済産業省の統計により作成。

2　次の文を読んで、問いに答えなさい。

2022年５月、最高裁判所(最高裁)は、①最高裁裁判官の【　　】について、海外在住の日本人が投票できないのは②憲法違反であると判断しました。主権者である国民は、③立法・④行政・⑤司法の三権を担う各機関が⑥国民の権利と自由を保障するために機能しているかどうかを監視する立場にあります。したがって、【　　】を通して最高裁裁判官の適性を判断することは、三権分立の原則において重要な意味をもっています。

問１　【　　】にあてはまる語句を、**漢字で**答えなさい。

問２　下線部①について、裁判官の身分や役割に関する次のⅠ・Ⅱの文の正誤の組み合わせとして正しいものを、あとのア～エの中から１つ選び、記号で答えなさい。

Ⅰ　すべての裁判官は、憲法および法律にのみ拘束(こうそく)され、自らの良心に従い職務にあたらなければならない。

Ⅱ　裁判官は、法律に違反(いはん)する罪を犯した疑いのある者を被告(ひこく)人として起訴(きそ)する役割を担う。

ア　Ⅰ－正　Ⅱ－正　　イ　Ⅰ－正　Ⅱ－誤

ウ　Ⅰ－誤　Ⅱ－正　　エ　Ⅰ－誤　Ⅱ－誤

問３　下線部②について、日本国憲法の内容として**誤っているもの**を、次のア～エの中から１つ選び、記号で答えなさい。

ア　天皇は、日本国の元首であり、この地位は神聖にして侵(おか)してはならない。

イ　天皇は、内閣の指名に基づいて、最高裁判所の長たる裁判官を任命する。

ウ　国民は、すべての基本的人権の享有(きょうゆう)を妨(さまた)げられない。

エ　何人も、いかなる奴隷(どれい)的拘束も受けない。

問４　下線部③について、法律案の議決に際し、衆議院が可決した法律案を参議院が否決した場合、衆議院で再可決すれば法律として成立します。議員定数465人の衆議院で438人の議員が出席した場合、再可決のためには最低何人の賛成が必要であるか、**算用数字で**答えなさい。

問５　下線部④について、行政権を行使する内閣に関する次のⅠ・Ⅱの文の正誤の組み合わせとして正しいものを、あとのア～エの中から１つ選び、記号で答えなさい。

Ⅰ　内閣を構成する内閣総理大臣と国務大臣は、文民でなければならない。

Ⅱ　衆議院が解散された場合、衆議院議員総選挙後に召集(しょうしゅう)される特別国会では、内閣は総辞職しなければならない。

ア　Ⅰ－正　Ⅱ－正　　イ　Ⅰ－正　Ⅱ－誤

ウ　Ⅰ－誤　Ⅱ－正　　エ　Ⅰ－誤　Ⅱ－誤

問６　下線部⑤について、⑴・⑵の問いに答えなさい。

⑴　日本の司法制度を説明した文として正しいものを、次のア～オの中から**すべて**選び、記号で答えなさい。

ア　裁判の第一審は、事件の内容によって、地方裁判所または簡易裁判所のいずれかで行われる。

イ　裁判員制度とは、日本国民の中からくじで選ばれた裁判員が裁判官とともに民事裁判を行う制度である。

ウ　第一審の裁判所の判決に不服がある場合、第二審の裁判所に上告し、そこでの判決に不服があれば、さらに控訴することができる。

エ　被疑者や被告人が共犯者の犯罪について供述したり、証拠(しょうこ)を提出したりした場合、減刑などをされることがある。

オ　刑事裁判において、被告人が経済的な理由などによって弁護人を依頼(いらい)することができない場合、国が費用を負担して弁護人をつけることができる。

⑵　日本の司法制度では、判決が確定した後でも、新たな証拠によって判決に疑いが生じた場合などには、再審を請求(せいきゅう)することが認められています。1980年に死刑判決が確定したが、2023年３月に東京高等裁判所によって再審の開始が認められた事件を、次のア～エの中

から１つ選び、記号で答えなさい。

ア　島田事件　　イ　袴田事件　　ウ　松山事件　　エ　免田事件

問７　下線部⑥について、次の表は、公共の福祉によって国民の人権が制限される事例を示したものです。表中Ｘ・Ｙにあてはまる国民の人権として正しいものを、あとのア～オの中からそれぞれ１つずつ選び、記号で答えなさい。

制限される事例	制限される国民の人権
他人の名誉を傷つける行為の禁止	Ｘ
公務員の争議行為（ストライキ）の禁止	Ｙ

ア　財産権　　イ　労働基本権　　ウ　表現の自由

エ　職業選択の自由　　オ　思想・良心の自由

③　次の＜Ａ＞～＜Ｉ＞の文を読んで、問いに答えなさい。なお、＜Ａ＞～＜Ｉ＞は年代の古いものから順に並んでいます。

＜Ａ＞　私は、魏の皇帝に使者を送り、金印や多数の銅鏡を授かりました。

＜Ｂ＞　私が幕府の【　　】として政治の実権を握っていた時に、モンゴル軍（元軍）が２度九州に攻めてきました。

＜Ｃ＞　私は、関白として政治をしていた時に、宣教師の国外追放を命じました。

＜Ｄ＞　私は、将軍として政治をしていた時に、オランダ商館を長崎の出島に移しました。

＜Ｅ＞　私は、国学者として日本の古典を研究し、『古事記伝』を著し、日本古来の精神に立ち帰ることを主張しました。

＜Ｆ＞　私は、故郷の萩で塾を営み、尊王攘夷派の志士を多く育成しましたが、死罪を命じられ、29歳でその生涯を閉じました。

＜Ｇ＞　私は、初代統監として、韓国の外交を日本の管理下に置きました。

＜Ｈ＞　

＜Ｉ＞　私が内閣総理大臣として政治をしていた時に、日本軍がハワイの真珠湾を奇襲攻撃し、太平洋戦争が始まりました。

問１　＜Ａ＞について、次のⅠ～Ⅲは私を説明した文です。その内容として正しいものの組み合わせを、あとのア～キの中から１つ選び、記号で答えなさい。

Ⅰ　私の政治的支配は、本州全体までおよんでいた。

Ⅱ　私が魏の皇帝から授かった金印は、福岡県志賀島で発見された。

Ⅲ　私の死後、男の王が立ったが、国内が治まらず同族の女性が王となった。

ア　Ⅰ　　イ　Ⅱ　　ウ　Ⅲ　　エ　ⅠとⅡ

オ　ⅠとⅢ　　カ　ⅡとⅢ　　キ　ⅠとⅡとⅢ

問２　＜Ｂ＞について、【　　】に入る役職名を、**漢字**で答えなさい。

問３　＜Ｃ＞について、私が行ったこととして正しいものを、次のア～オの中から**すべて**選び、記号で答えなさい。

ア　琉球王国を征服(せいふく)し、支配下に置いた。

イ　刀狩を行い、農民たちから武器を没収した。

ウ　朝鮮出兵を行ったが、現地で激しい抵抗(ていこう)にあった。

エ　琵琶湖のほとりに安土城を創建し、この城で政務をとり行った。

オ　検地を行い、村ごとに田畑の面積・等級を調査し、石高を定めた。

問４　＜Ｄ＞について、日本とオランダの関係として正しいものを、次のア～エの中から１つ選び、記号で答えなさい。

ア　将軍の代替わりごとに、オランダから慶賀使が派遣された。

イ　オランダ人との交易は、江戸時代の鎖国下の中でも続けられた。

ウ　オランダ人は南蛮人と呼ばれ、オランダ本国には日本町がつくられた。

エ　大日本帝国憲法作成の際、オランダ人がお雇い外国人として助言を行った。

問５　＜Ｅ＞について、私とは誰(だれ)か、**漢字で**答えなさい。

問６　＜Ｆ＞について、私が営んでいた塾の名称(めいしょう)を、**漢字で**答えなさい。

問７　＜Ｇ＞について、私を説明した文として正しいものを、次のア～オの中から**すべて**選び、記号で答えなさい。

ア　長州藩出身の藩士として、倒幕運動に参加した。

イ　外務大臣として、関税自主権の回復に成功した。

ウ　内閣総理大臣の時、大日本帝国憲法が発布された。

エ　日本全権として、日清戦争の講和条約に調印した。

オ　立憲改進党を結成し、初代総理(党首)に就任した。

問８　＜Ｉ＞について、太平洋戦争前後に起きた次のア～エのできごとを、**年代の古いものから順に**並べかえなさい。

ア　日ソ中立条約を締結(ていけつ)した。　　イ　日独伊三国同盟を締結した。

ウ　沖縄戦で日本軍が敗北した。　　エ　ミッドウェー海戦で日本軍が敗北した。

問９　＜Ｈ＞に入れる文を、**次のルール①～④に従って**作成しなさい。

ルール①　「［　X　］は(が)［　Y　］として(の時)、［　Z　］」という形式で作成する。

ルール②　「［　X　］は(が)」には、日本の歴史上の人物を姓名で表記する。

ルール③　「［　Y　］として(の時)」には、［　X　］の役職(立場)を表記する。

ルール④　［　Z　］には、歴史事項(じこう)(法律や戦争、事件など)を具体的な名称で表記し、文末は「をしました」「が起きました」などとする。

ラ・サール中学校

—40分—

1　次の文章を読んで、以下の問に答えなさい。

2023年に鹿児島県でおきたできごとを振り返りましょう。スポーツでは、県内で国民体育大会と全国①障がい者スポーツ大会が開催されました。国民体育大会はスポーツの普及や振興が目的で、2024年からは国民スポーツ大会と改称されます。開催する②地方公共団体の負担が増えていることや、各競技団体主催の大会が増えていることから、大会のあり方について議論されています。

経済では、円安などの影響を受けて、③物価が持続的に上昇して、お金の価値が下がり続ける現象がみられました。そうしたなかで、9月には、県内のガソリン1リットルあたりの平均小売価格が最高値を更新しました。

政治でも動きがありました。1月には、（ 1 ）が馬毛島の米軍機訓練移転を伴う④自衛隊基地の本体工事に着手しました。4月の鹿児島県議会議員選挙では女性議員が11人当選し、これまでの倍以上に増えました。11月には、（ 2 ）規制委員会が九州電力川内（ 2 ）発電所の20年運転延長を認可しました。

また、⑤水俣病と認定されておらず、国などによる救済の対象にもならなかった、関西などに住む熊本県と鹿児島県出身の120人余りが、国などに賠償を求めた裁判の判決がありました。大阪地方裁判所が出した判決では、原告全員を水俣病と認定し、国などにあわせておよそ3億5000万円の賠償を命じました。この判決を不服として、国などは大阪高等裁判所に（ a ）しています。

2023年は鹿児島県にとって節目の1年でもありました。6月には（ b ）が⑥世界自然遺産に登録されて30年を迎えました。また、12月には（ c ）が日本に復帰して70年を迎えました。

問1　（ 1 ）に当てはまる行政機関の名前、（ 2 ）に当てはまる語をそれぞれ漢字で答えなさい。

問2　（ a ）に当てはまる語として正しいものを、次のア～エから1つ選び、記号で答えなさい。

ア　控訴　　イ　上告　　ウ　抗告　　エ　再審

問3　（ b ）・（ c ）に当てはまる地名の組み合わせとして正しいものを、次のア～カから1つ選び、記号で答えなさい。

	ア	イ	ウ	エ	オ	カ
b	奄美群島	奄美群島	種子島	種子島	屋久島	屋久島
c	種子島	屋久島	奄美群島	屋久島	奄美群島	種子島

問4　下線部①に関連して、「障がいのある人もない人も、高齢者も若者も、たがいに支え合い、生き生きと暮らしていける社会が普通の社会であるという考え方」をノーマライゼーションといい、その実現がめざされています。ノーマライゼーションの考え方に沿った事例として**誤っているもの**を、次のア～エから１つ選び、記号で答えなさい。

ア　障がいの有無にかかわらず、同じ学校や同じ学級で学ぶことができるように必要な支援や配慮を行う。

イ　障がいのある人を雇用した企業に補助金を出す。

ウ　介護や看護を必要とする高齢者を家族や社会から切り離し、高齢者施設へ入所させる。

エ　定年などで仕事を退職した人たちに、特技や経験を生かした仕事をお願いする。

問5　下線部②のうち、県に関する記述として正しいものを、次のア～エから１つ選び、記号で答えなさい。

ア　知事が予算の議決権をもつ。

イ　住民が県議会議員を選挙し、県議会議員の中から知事が選ばれる。

ウ　県が必要とするお金は、住民税や自動車税といった税金からすべてまかなっている。

エ　県議会が知事に対して不信任の議決をしたとき、知事は県議会を解散することができる。

問6　下線部③を何といいますか。カタカナで答えなさい。

問7　下線部④に関する次のＸ～Ｚの記述について、その正誤の組み合わせとして正しいものを、あとのア～カから１つ選び、記号で答えなさい。

Ｘ　日本国憲法第９条に、日本が自衛隊をもつことが明記されている。

Ｙ　自衛隊は、国内で大きな災害が起こったときに現地で救援や救助活動を行ってきた。

Ｚ　自衛隊は、国連平和維持活動（ＰＫＯ）に参加したことがある。

ア　Ｘ－正　Ｙ－誤　Ｚ－正　　イ　Ｘ－誤　Ｙ－正　Ｚ－正

ウ　Ｘ－誤　Ｙ－誤　Ｚ－正　　エ　Ｘ－正　Ｙ－正　Ｚ－誤

オ　Ｘ－正　Ｙ－誤　Ｚ－誤　　カ　Ｘ－誤　Ｙ－正　Ｚ－誤

問8　下線部⑤に関連して、2013年に水俣市と熊本市で開催された外交会議において、（　　）の採掘や使用等の包括的な規制を定める「（　　）に関する水俣条約」が採択され、2017年に発効しました。（　　）に共通して当てはまる語を漢字２字で答えなさい。

問9　下線部⑥の指定は、（ あ ）が行っています。また、日本の世界自然遺産として（ い ）などが挙げられます。（ あ ）・（ い ）に当てはまる語句の組み合わせとして正しいものを、次のア～カから１つ選び、記号で答えなさい。

	ア	イ	ウ	エ	オ	カ
あ	ユニセフ	ユニセフ	ユニセフ	ユネスコ	ユネスコ	ユネスコ
い	白神山地や知床	白神山地や富士山	知床や富士山	白神山地や知床	白神山地や富士山	知床や富士山

2　郵便切手を通して見た日本の社会に関する以下の問に答えなさい。

問1　右の切手は1947年に発行されたもので、額面は1円20(　　)です。(　　)に当てはまる単位を答えなさい。

問2　日本で昨年発行された切手のうち、最も発行の多かった額面は84円、次に多かったのは(　　)円です。(　　)円は、2024年1月現在の通常はがきの国内向け送料に相当します。右の表は、はがきの送料の変化について示したものです。

(1)　(　　)に当てはまる金額を答えなさい。

(2)　1989年には1円の値上げが行われました。このような少額の値上げが行われた理由を述べなさい。

1972年2月～	10円
1976年1月～	20円
1981年1月～	30円
1981年4月～	40円
1989年4月～	41円
1994年1月～	50円
2014年4月～	省略
2017年6月～	省略
2019年10月～	(　　)円

問3　日本ではこれまでにさまざまな記念切手が発行されました。次のア～エの切手を、発行された年の古い順に並べかえ、記号で答えなさい。

ア　婦人参政権行使50周年

イ　議会開設70年

ウ　明治100年

エ　平安建都1200年

問4　日本では、景勝地(風景のすばらしい場所)の切手が発行されたことがあります。次の(1)～(3)に示された場所について述べた文を、あとのア～オから1つずつ選び、記号で答えなさい。

(1)天橋立

(2)松島

(3)宮島

ア　太平洋側にあります。歌川広重の浮(うき)世絵「東海道五十三次」にもえがかれています。

イ　日本海側にあります。雪舟(せっしゅう)の水墨(ぼく)画にもえがかれています。

ウ　東北に位置しています。東日本大震(しん)災では津(つ)波の被(ひ)害を受けました。

エ　九州に位置しています。夕日が海にしずむ風景がとくに美しいといわれています。

オ　昨年は近くの大都市で主要国首脳会議が開かれ、各国の首脳が訪れました。

問５　日本では、産業に関する切手が発行されたことがあります。あとのグラフは、鯨(げい)肉(くじらの肉)、茶葉、石炭、綿糸、木材のうち２つを選んで、日本の国内生産量と輸入量の変化を示したものです。(1)と(2)のグラフと関係する産業がえがかれた切手を、次のア〜オから１つずつ選び、記号で答えなさい。

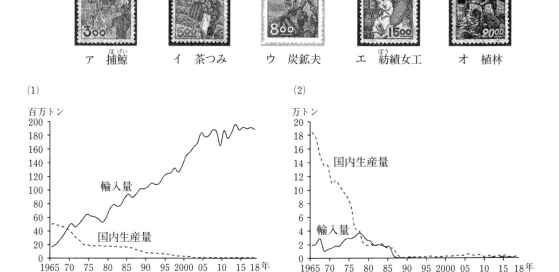

ア　捕鯨(ほげい)

イ　茶つみ

ウ　炭鉱夫

エ　紡(ぼう)績女工

オ　植林

(1)

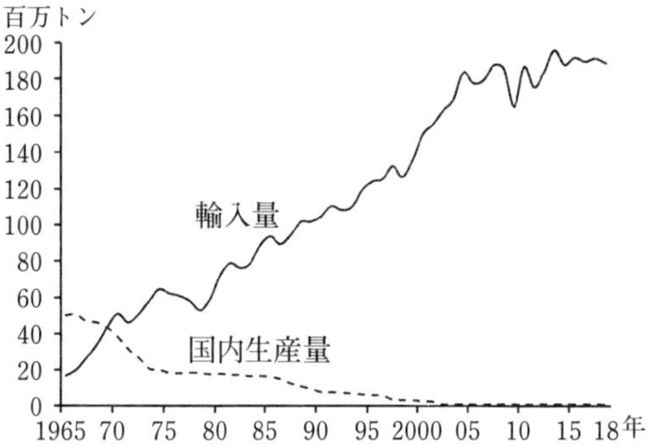

(2)

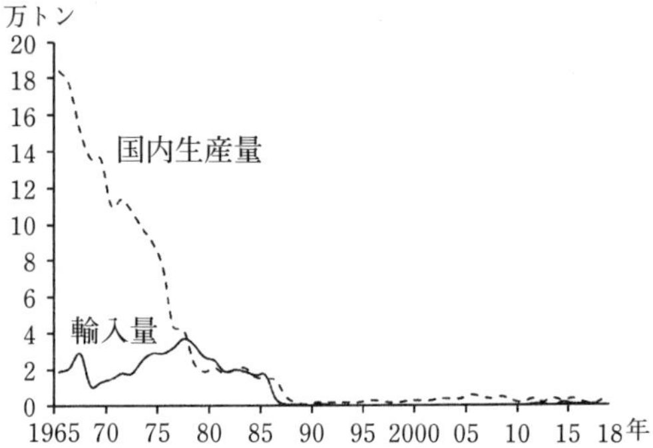

問６　右の切手は、日本で郵便番号が導入されたころに発行されたものです。

(1)　当時の郵便番号は３ケタまたは５ケタでしたが、現在の郵便番号のケタ数はいくつですか。

(2)　郵便番号が導入された理由を述べなさい。

③　日本の地理に関する以下の問に答えなさい。

問１　次の４つのグラフA〜Dは、政令指定都市を少なくとも１つかかえる都道府県のうちの４つについてのものです。各都道府県における人口の多い都市上位５つが並んでおり、グラフ中のア〜クはそれぞれの都道府県の政令指定都市を示しています。このグラフに関連してあとの問に答えなさい。

2022年１月１日時点のデータ、「日本国勢図会2023/24」より作成。単位は万人。

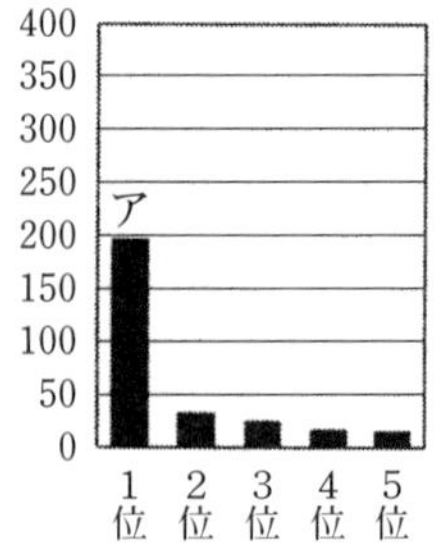

A

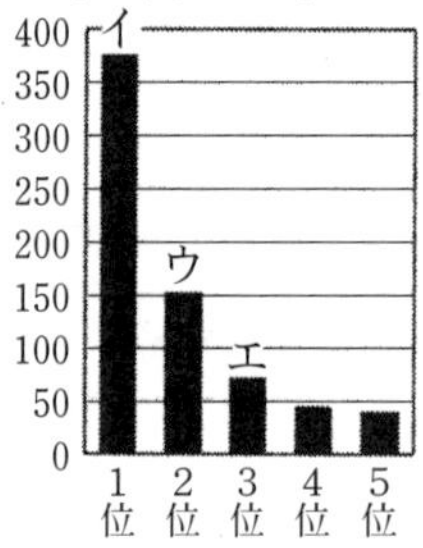

B

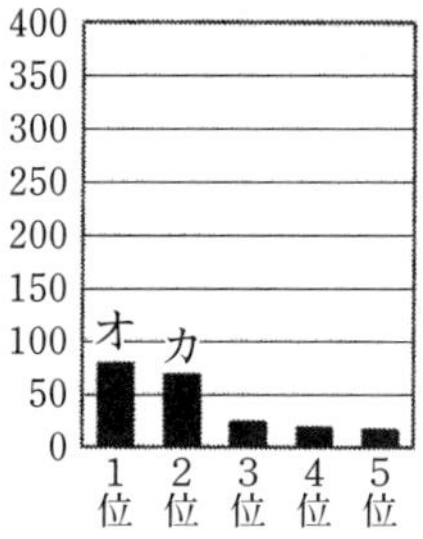

C

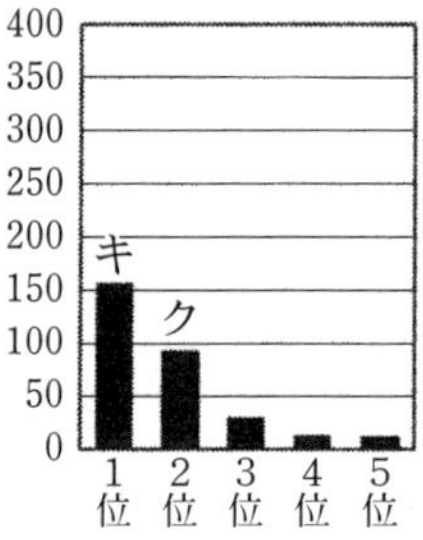

D

⑴　次の説明文①、②で述べられている都道府県について、当てはまるグラフをA～Dから１つずつ選び、記号で答えなさい。

①　冬の寒さがきびしい地域であるため、断熱性の高い二重窓や、雪の積もりづらい形状の屋根を持つ家屋が多く見られます。また、47都道府県の中で面積が最大です。

②　大陸に近い場所にあり、古くから大陸諸国との交易の窓口となってきた地域です。現在でも東アジア各国との結びつきが強く、この都道府県内の都市と中国や韓国の都市との間に定期航空路があり、フェリーも就航しています。

⑵　次の説明文③、④、⑤で述べられている政令指定都市について、当てはまるものをグラフ中のア～クから１つずつ選び、記号で答えなさい。また、その市町村名を答えなさい。

③　楽器や輸送機械などの製造業が盛んに行われている都市として知られています。市域が南北に細長く、少子高齢化などの社会の変化に対応するため、2024年１月１日に行政区の再編が行われ、７区から３区へと整理されました。

④　かつては鉄鋼供給量が日本最大であった都市です。鉄鋼業などの重工業を中心に発展してきましたが、こうした重工業の発展が水質汚濁や大気汚染といった公害を引き起こしました。現在では近海に国内最大規模の洋上風力発電所の建設が進みつつあるなど、再生可能エネルギーの普及が進んでいることでも知られています。

⑤　鉄道網の発達によってベッドタウン化が進み、20世紀後半に人口が急激に増加しました。三大都市圏に位置する都市のなかでもっとも近年(2010年４月)に政令指定都市となりました。

問２　食料自給率に関連して次の問に答えなさい。

⑴　日本の食料自給率(カロリーベース、2021年)に最も近い値を、次のア～オから１つ選び、記号で答えなさい。

ア　16%　　イ　38%　　ウ　54%　　エ　86%　　オ　122%

⑵　次のグラフは、都道府県ごとの食料自給率を横軸で、米の生産量を縦軸で示したものです。グラフ中にア～エで示した都道府県のうち、新潟県、鹿児島県を示しているものをそれぞれ１つ選び、記号で答えなさい。

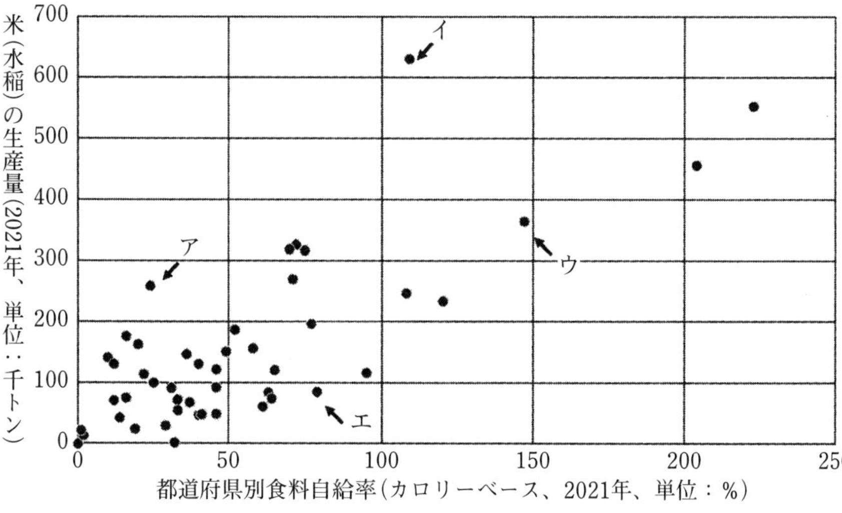

(農林水産省資料より作成)

問３　次の写真は、高知県のある場所で撮影されたものです。関連するあとの問に答えなさい。

(1)　高知県をふくむ太平洋岸の広い地域では、地震によっておこる津波の被害を受けると予想されており、写真のような建物が建てられています。この地域でおこると予想されている地震の名前を答えなさい。

(2)　写真の建物の特徴を説明した文章として、誤っているものを次のア～エから１つ選び、記号で答えなさい。

ア　コンクリート製の太くてがんじょうな柱を設けることで、津波で流されないようになっている。

イ　車で避難してきた人々ができるだけ多くの車を駐車できるように、いくつもの階層が設けられている。

ウ　身体の不自由な方やお年寄りでも自力で避難ができるよう、スロープが設けられている。

エ　太陽光パネルが設置されており、発電を行って短期間の避難生活ができるようになっている。

問４　次の地図ア～エは、都道府県ごとのうめ、みかん、もも、りんごのいずれかの生産量の、全国の生産量に占める割合を示したものです。

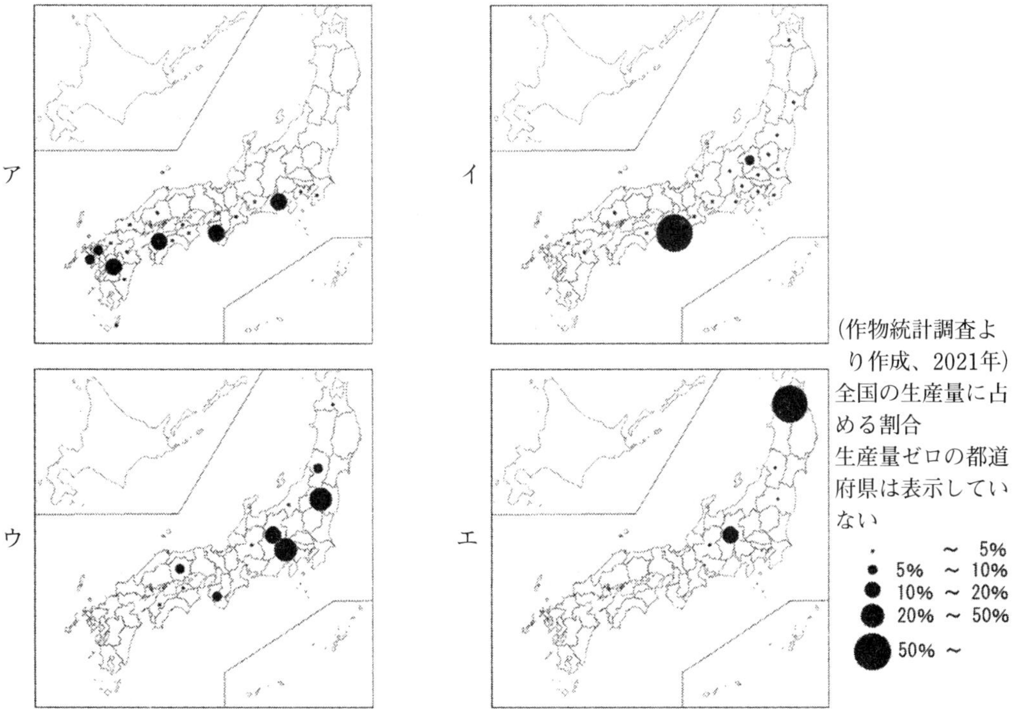

⑴　ももの生産量を示した地図をア～エから１つ選び、記号で答えなさい。

⑵　みかんの生産量を示した地図をア～エから１つ選び、記号で答えなさい。

4　鹿児島県内の史跡や地名に関して述べた次の文章Ａ～Ｅについて、以下の問に答えなさい。

Ａ　南さつま市金峰町に、①貝殻崎城跡という史跡がある。この城は、②源平合戦のほうびとしてこの地を与えられ、関東から移ってきた鮫島氏という御家人がつくったものである。鮫島氏は、室町時代の初めには島津氏と争ったが、15世紀になると島津氏の家臣となった。この城に立っている石碑の「貝殻崎城跡」という字は、鮫島氏の子孫にあたる小泉純一郎元首相(首相在任は③2001～2006年)が書いたものである。

Ｂ　鹿児島県国分市という名前は、2005年の合併によって消滅した。この市名は、741年④聖武天皇が全国に建立を命じた寺に由来する。ここには大隅国の国府(国の役所)も置かれていた。ここを流れる天降川の下流ではしばしば洪水の被害があったため、薩摩藩が、1662年から４年間かけて台地を切り通して川筋を付け替えた。またこの地方では、⑤たばこの栽培がひろがり、「国分たばこ」は全国的に有名になり、明治時代に入ると急速に生産が増えた。⑥1898年に原料のたばこを国が買い上げる制度ができたが、「国分たばこ」の買い上げ価格は全国で最も高かった。

Ｃ　鹿児島市に城山がある。⑦1600年の関ケ原の戦いで敗れた島津氏は、その翌年城山の上に上山城を、その麓に屋形(屋敷)を築いた。この両方を合わせて鹿児島(鶴丸)城とよぶ。⑧1863年のイギリスとの戦争では、イギリスの軍艦が放った砲弾が屋形の近くに着弾した。1877年９月、政府軍はこの城山に立てこもっていた西郷隆盛の軍に総攻撃をかけ、半年以上続いた西南戦争を終わらせた。

D　鹿児島市の谷山駅の近くに田辺と呼ばれる地区がある。ここは、⑨1943年にできた田辺航空工業株式会社で働く人びとの社宅があった場所である。この工場は、当時5000人近くが働く鹿児島県最大の工場であり、軍用の飛行機を組み立てていたが、1945年８月の空襲で工場は大きな被害を受けた。敗戦後、新生工業株式会社と名を変えて、約600人の従業員で弁当箱、自転車や農機具などをつくった。

E　志布志湾岸の鹿児島県東串良町には九州で３番目に大きい⑩前方後円墳の唐仁大塚古墳がある。⑪1968年、現在の鹿児島県志布志市から東串良町にかけての志布志湾沿岸を埋め立てて、石油化学コンビナートなどをつくる計画が発表されたが、⑫住民の反対運動などによって計画は縮小された。

問１　下線部①の城跡は、海岸線から４㎞ほど離れた場所に立地していますが、縄文時代にはすぐ近くまで海がせまっていました。この城は、縄文時代に営まれた遺跡の上に造られたもので、ここを掘るとたくさんの貝殻が出ることからこの名が付けられました。縄文時代に営まれていたこのような遺跡を何といいますか。

問２　下線部②の源平合戦に関連する次の文章には１か所誤りがあります。どのように改めれば正しくなりますか。訂正した後の語句を答えなさい。

源義朝は、保元の乱で平清盛と争い敗れた。義朝の子で伊豆国に流された頼朝は、1180年に伊豆の豪族北条氏や東国の武士たちとともに、平氏を倒すための兵をあげた。頼朝の弟義経の活躍などにより、1185年に平氏は壇ノ浦で滅亡した。

問３　下線部③の2001～2006年の間におこったできごととして、正しいものを次のア～エから１つ選び記号で答えなさい。

ア　日朝首脳会談が北朝鮮で行われた。　　イ　阪神・淡路大震災が起こった。

ウ　日本が子どもの権利条約を承認した。　エ　アイヌ文化振興法が成立した。

問４　下線部④の聖武天皇が政治を行っていた時期を説明する文章として**誤っているもの**を次のア～エから１つ選び記号で答えなさい。

ア　「菩薩」とよばれた行基が、大仏造りに協力した。

イ　病気が広がり、地方で貴族が反乱を起こした。

ウ　都が藤原京から平城京へ遷った。

エ　聖武天皇が、遣唐使のもたらした品々を愛用した。

問５　下線部⑤のたばこはある時代に日本に伝えられました。同じころに日本に入ってきたものとして正しいものを次のア～エから１つ選び記号で答えなさい。

ア　紙　　イ　鉄砲　　ウ　禅宗　　エ　ガス灯

問６　下線部⑥の1898年ころの日本国内外のようすを説明する文章として**誤っているもの**を次のア～エから１つ選び、記号で答えなさい。

ア　イギリスとの間で、治外法権をなくすことが合意されていた。

イ　日本は、大韓帝国をめぐってロシアと対立していた。

ウ　日常生活で差別に苦しんでいた人びとが、全国水平社をつくり差別をなくす運動を始めた。

エ　栃木県選出の代議士田中正造が、足尾銅山の鉱毒問題に取り組んでいた。

問７　下線部⑦の1600年から1700年の間のできごととして正しいものを次のア～カからすべて選び、年代の古い順に並べかえ記号で答えなさい。解答欄が余った場合、そこには×を付けること。

ア　国学者の本居宣長が、『古事記伝』をあらわした。

イ　島原・天草一揆(いっき)がおこった。

ウ　薩摩藩が、琉球(りゅうきゅう)に兵を送り、支配下に置いた。

エ　シャクシャインがアイヌの人びとを率いて戦いをおこした。

オ　検地と刀狩(かたながり)によって、武士と百姓(ひゃくしょう)・町人の身分が区別され、武士が世の中を支配するしくみが整った。

カ　幕府は、全国に一国一城令を出した。

(解答欄)　→　→　→　→　→

問８　下線部⑧の1863年の前後５年(1858～1868年)のできごととして正しいものを次のア～カからすべて選び、年代の古い順に並べかえ記号で答えなさい。解答欄が余った場合、そこには×を付けること。

ア　イギリスなど４カ国の軍隊が長州藩の砲台(ほうだい)を占領(せんりょう)した。

イ　徳川慶喜(よしのぶ)が、政権を天皇に返した。

ウ　横浜と長崎でアメリカなどとの貿易が始まった。

エ　薩摩藩と長州藩の連合が密(ひそ)かに結ばれた。

オ　政府は、大名が治めていた領地と領民を天皇に返すように命じた。

カ　択捉島(えとろふ)とウルップ島の間に日本とロシアの国境が定められた。

(解答欄)　→　→　→　→　→

問９　下線部⑨に関連して、1943年から1945年８月(敗戦)までの期間の人びとの生活や工場のようすを説明する文章として**誤っているもの**を、次のア～エから１つ選び記号で答えなさい。

ア　子どもたちは「青空教室」で勉強していた。

イ　さとうや米などの生活必需品(ひつじゅひん)は切符制(きっぷせい)・配給制となっていた。

ウ　女学生や中学生が働いている工場があった。

エ　朝鮮半島出身の労働者が働いている工場があった。

問10　下線部⑩の前方後円墳がつくられたころの様子を説明した文章として正しいものを、次のア～エから１つ選び記号で答えなさい。

ア　同じ時代の遺跡には、板付(いたづけ)遺跡や吉野ヶ里(よしのがり)遺跡があり、大陸から青銅器や鉄器が初めて伝えられた。

イ　巨大(きょだい)な前方後円墳は大和(やまと)(奈良県)や河内(かわち)(大阪府)に見られ、大和朝廷(ちょうてい)(大和政権)の中心に立っていた大王がこれらに葬(ほうむ)られた。

ウ　『古事記』『日本書紀』に見えるヤマトタケルノミコトは、熊本県・埼玉県で見つかった鉄刀・鉄剣(てっけん)に見えるワカタケル大王のことである。

エ　中国の隋(ずい)に使いが送られ、隋から伝えられた仏教をもとに中尊寺が建てられた。

問11　下線部⑪の計画が発表されたころの好景気が長期にわたって続く日本の経済状況(じょうきょう)を何とよびますか。漢字で答えなさい。

問12　下線部⑫に関して、計画が縮小された理由には、1970年代におこった経済的な変動によって景気が急激に悪化したこともあります。この経済的な変動を何とよびますか。

立教池袋中学校(第１回)

—30分—

1　文章を読んで、以下の問いに答えなさい。

2023年は関東大震災から100年の年でした。９月１日に発生したこの大地震により、10万人以上の方が亡くなり、30万棟以上の建物が全壊・全焼し、電気・水道・道路・鉄道などのライフラインにも大きな被害が発生しました。９月１日が「(１)の日」と定められているように、関東大震災は、近代日本における災害対策の出発点となりました。国土交通省には地方整備局がおかれ、河川・道路・空港といった国の基盤の整備や、地震・洪水などへの危機管理の仕事を行っています。その中の関東地方整備局は、関東地方の様子を以下のようにまとめています。

「関東地方を概観すると、北と西を山地に、東と南を太平洋に囲まれ、中央部に関東平野が広がる地形となっています。そこに、日本の最高峰である富士山をはじめとする山岳、日本一の流域面積である(２)川が流れ、その下流域には①豊かな景観を形成する霞ヶ浦などの湖沼があります。また、長い海岸線を有する(３)半島と相模湾に伸びた三浦半島、その２つの半島に抱かれた東京湾など、多様な地形がみられます。」

(関東地方整備局ホームページを一部改)

関東地方はこのように豊かな自然を持ちつつ、東京をはじめ日本の政治・経済・文化の中心となっています。東京都は2023年から「TOKYO 強靭化(きょうじんか)プロジェクト」を始動し、②東京に迫る５つの危機を「風水害」、「地震」、「火山噴火」、「電力・通信などの途絶」、「感染症」と定め、「100年先も安心」を目指して取り組みを進めています。

また、東京都は2022年５月、「首都直下型地震」の被害想定を2012年以来10年ぶりに見直しました。その結果、死者数は約3000人減、建物被害は約11万棟減、避難者は約40万人減などとなっています。見直しの理由としては、住宅の耐震化が進んだことや地震後に発生する火災で延焼が心配される「木造住宅密集地域」が減ったことなどがあげられています。しかし、③この見直しについて疑問を持つ人もいます。突如として起こりうる災害にどう備えるか、私たちが真剣に向き合わなければならない課題のひとつです。

(地図)

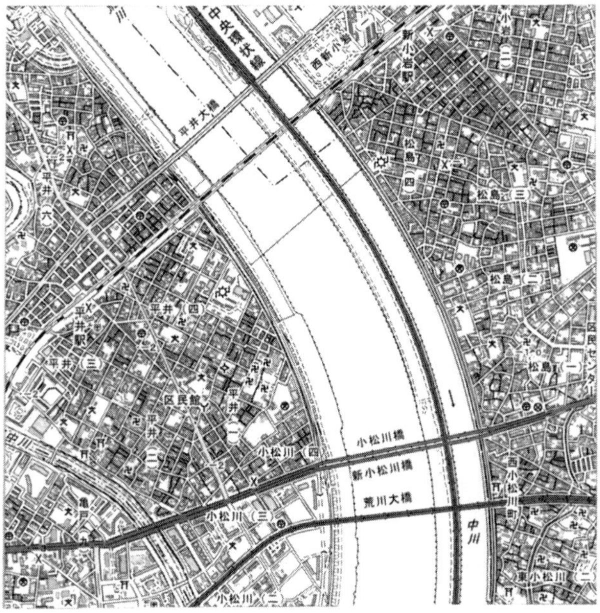

(国土地理院「２万５千分の１地形図『東京首部』」)

問１　文章中の(　１　)～(　３　)にあてはまることばを漢字で答えなさい。

問２　下線①について。(　２　)川の下流域から霞ヶ浦にかけての低湿地帯がひとつの例としてあげられ、主に大きな川の下流や湖の水辺で、水路がはりめぐらされ、一般的に移動手段として舟運(しゅううん)が発達していた地域を何といいますか。漢字で答えなさい。

問３　下線②について。５つの危機のうち、地震については「首都直下型地震」への備えが欠かせません。

⑴　近年は、１つの災害への備えだけでなく、そこから生じる複合災害(二次災害)も想定した準備が必要とされています。地図の地域で、大規模な地震が発生した時、どのような複合災害が考えられますか。地形の特徴をふまえて、説明しなさい。

⑵　「首都直下型地震」が発生した場合に、自分がどのような状況になるのかを想像しておく必要性も指摘されています。以下の㋐～㋓は、東京都が「首都直下型地震」の際に身のまわりでおこることを想定したシナリオです。これらをⒶ発生直後～１日後、Ⓑ３日後～、Ⓒ１週間後～、Ⓓ１ヶ月後～と区切った時、Ⓒの段階に想定されることはどれですか。１つ選んで、記号で答えなさい。

㋐　ライフラインや交通機関復旧によって、避難者数が減少する。物資不足が長期化した場合には、窃盗などの治安悪化を招く可能性もある。

㋑　在宅避難していた人の家庭内備蓄が枯渇(こかつ)し、避難所へ移動してくる。生活ごみなどが回収されず、避難所の衛生状況が悪化する。

㋒　避難者に加え、帰宅困難者も避難所に殺到して、収容力を越える。停電や通信の途絶で安否確認などが困難になる。

㋓　高齢者や持病を持つ人が慣れない生活環境で病状が悪化する可能性が高まる。プライバシー保護や生活ルールなどに関するトラブルが増加する。

問４　下線③について。資料１～４を参考にして、東京都による「首都直下型地震」の被害想定の見直しに対して、疑問を持つ人たちの主張を考えて答えなさい。

（資料１）東京都の人口推移

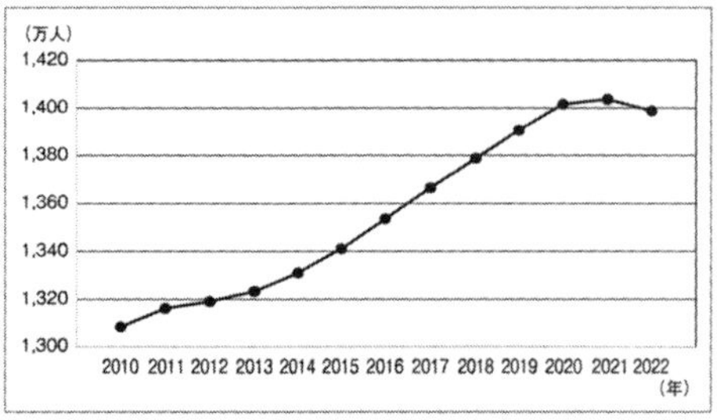

（東京都ホームページより作成）

（資料２）築40年以上のマンション戸数の見込み（東京都）

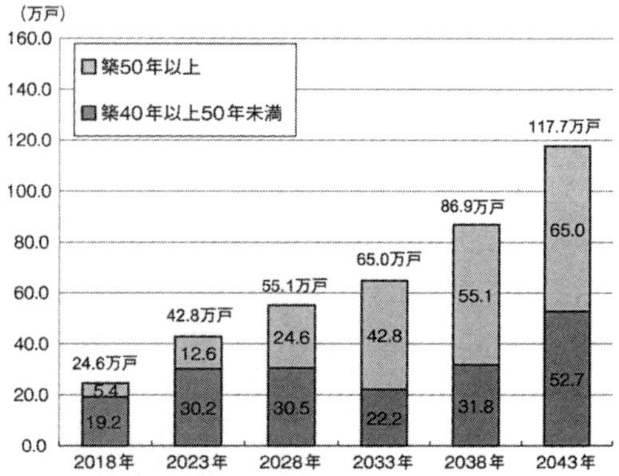

（東京都住宅政策本部ホームページより）

（資料３）首都高速道路の開通からの経過年数

（首都高速道路株式会社ＨＰより引用）

（資料４）東京23区の建物の建築時期（2013年）

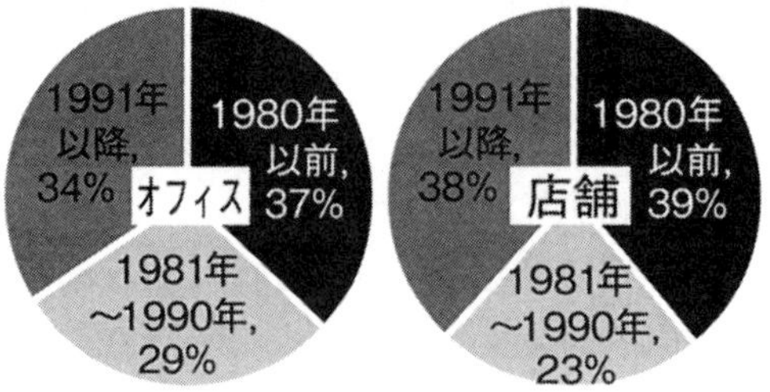

（東京商工会議所ホームページより）

2　文章を読んで、以下の問いに答えなさい。

明治時代になると、社会にいわゆる①「文明開化」といわれる風潮が生まれました。これにより②人々の生活や習慣が大きく変化したと言われています。さらに、この③背景には、当時の日本がおかれていた状況が関係しています。この風潮のなか、明治政府により暦が太陽暦に変更されるとともに、④祝祭日が設けられました。「文明開化」は次第に広まっていきましたが、その⑤反応や浸透の仕方は、さまざまであったようです。

問１　下線①について。

(1)「文明開化」の象徴となった、コンドルによって設計された建築物を漢字で答えなさい。

(2)「文明開化」に大きな役割を果たした内務省の初代長官で、薩摩藩出身の人物を漢字で答えなさい。

問２　下線②について。

(資料１)違式詿違(いしきかいい)条例／違式詿違(いしきかいい)条例図解　1872年

「条例の施行をするのは、いやしい習わしを取り去り、また人々の産業活動やなりわいを守り、他人の妨害を受けないようにするためである。」(岐阜)

「条例を定めるのは文明的な政治体制をつくるための一端である。国の法をよく守って他人の自由を妨害せず、自由を保護するということは立派なことである。…今や文明は日に日に進んでおり、すべての人々が条例を受けいれるようになることは、大変よろこばしいことである。」(京都)

❶
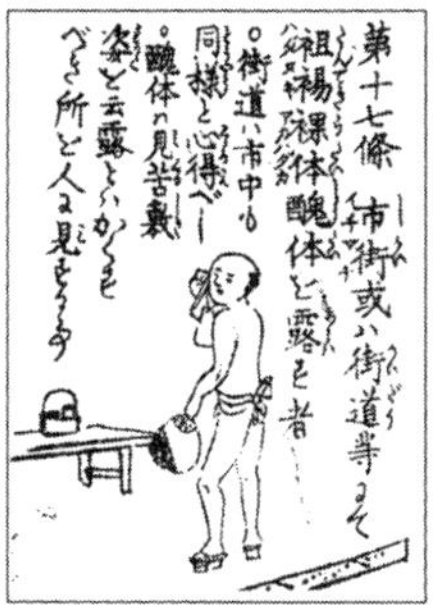
＊市街や街道において裸でいる者

❷

＊外国人をひそかに住まわせる者

❸

＊官有の山林に勝手に入っていく者

❹

＊ガス灯にいたずらをして破壊する者

【国立国会図書館ウェブサイト(https://dl.ndl.go.jp/pid/794271)をトリミングして作成】

(国立国会図書館デジタルコレクションより引用および現代語訳)

(1)　資料１の違式詿違条例とは、違式(わざと行うこと)および詿違(あやまって行うこと)の犯罪を取り締まるために出された規定で、❶～❹の図はその取り締まりの対象を描いたものです。資料１の内容について、ふさわしくないものを(ア)～(オ)から２つ選んで、記号で答えなさい。

(ア)　いたずらは取り締まりの対象ではなかった。

(イ)　文明化を進めるために定められた。

(ウ)　凶悪で重い犯罪を取り締まった。

(エ)　人々が行きかう場所で、服を身につけないことを禁止した。

(オ)　それまでの人々の生活習慣を改めさせようとした。

⑵　資料１の条例制定にあたっては、あるものからの視線や批判が意識されています。何からのものと考えられますか。時代背景なども考慮して、簡潔に答えなさい。

問３　下線③について。

⑴　日本が開国を決定した条約を漢字で答えなさい。

⑵　「文明開化」を推進した背景として、最も関係のあるできごとを次の年表の㋐～㋔から１つ選んで、記号で答えなさい。

（年表）

1868年	㋐ 五榜の掲示
1871年７月	㋑ 廃藩置県の実施
11月	㋒ 岩倉使節団の派遣
1873年	㋓ 徴兵令の発布
1877年	㋔ 西南戦争の開始

問４　下線④⑤について。関連した資料２～４の内容の説明としてふさわしいものを㋐～㋔から２つ選んで、記号で答えなさい。

（資料２）明治の祝祭日

祝祭日	由来・内容など	月日
元始祭（げんしさい）	皇位の元始を祝う	１月３日
新年宴会	新年を祝う宮中行事（休日）	１月５日
孝明天皇祭	孝明天皇崩御（ほうぎょ）の日	１月30日
紀元節	神武天皇即位の日	２月11日
春季皇霊祭	神武天皇を始めとする皇霊を祭る	３月21日ごろ
神武天皇祭	神武天皇崩御の日	４月３日
秋季皇霊祭	神武天皇を始めとする皇霊を祭る	９月23日ごろ
神嘗祭（かんなめさい）	天皇が伊勢神宮に新穀（しんこく）を奉る	10月17日
天長節	天皇誕生日	11月３日
新嘗祭（にいなめさい）	天皇が新穀を神と共食（きょうしょく）する	11月23日

（資料３）太政官からの布告　1873年１月４日

> このたび改暦につき、人日（じんじつ）・上巳（じょうみ）・端午（たんご）・七夕（たなばた）・重陽（ちょうよう）の五節句を廃止して、神武天皇の即位日と天長節の両日を今後は祝日と定める。

（資料４）東京市長から各区長への通達　1904年３月９日

> 市内の小学校で、一月、七月（いわゆる藪入り（やぶいり）※と称する日）そのほか三月三日、五月五日（いわゆる節句と称する日）等において欠席者が多いことを理由として臨時休業とする様子があると聞く。事実だとしたら非常にふさわしくない。
>
> ※…正月やお盆の休みのこと

（東京公文書館所蔵史料より現代語訳）

㋐　神武天皇の即位日を天長節といった。

㋑　五節句とはいわゆる桃の節句や端午の節句などをさす。

㋒　江戸時代からの祝祭日は、明治時代にそのまま引き継がれた。

㋓　天皇の権威を根付かせることが祝祭日の決定に影響した。

(オ)　資料３の内容は明治の中ごろになって人々に浸透した。

問５　「文明開化」という考えは戦争でどのように利用されましたか。資料５の内容をふまえて、説明しなさい。

(資料５)福沢諭吉「日清の戦争は文野の戦争である」『時事新報』1894年７月29日

> 日清間の戦争は世界にひらかれている。文明世界の人々は、この戦争をどのように見るのだろうか。戦争の事実は日清両国の間に起きたことだが、その根源を考えてみると、文明開化の進歩をはかるものとその進歩を妨げようとするものの戦いであって、決して両国間の争いではない。本来日本国人は中国人に対して怨(うら)みはない。敵意もない。…しかし、彼らはかたくなで無知であり道理を理解せず、文明開化をみてこれを喜ばないばかりか、反抗の意思を表したために、やむを得ず戦争になった。

3　文章を読んで、以下の問いに答えなさい。

MaaS(マース)とは、「Mobility as a Service(モビリティ・アズ・ア・サービス)」を略した言葉で、直訳すると「サービスとしての移動」となります。現在の日本では、複数の交通手段を利用する際に、①ＰＣやスマートフォンなどの情報端末で最適化された移動経路を示すサービスが一般的に見られますが、MaaSが実現されると、これに加えて複数の交通手段の予約や料金の支払いも一度に行えるようになります。

さらに従来の交通手段・サービスに、②自動運転やＡＩなどのさまざまな革新的技術をかけ合わせ、次世代の交通サービスが提供されることも考えられています。例えば、徒歩20分の距離の駅まで自宅の前から自動運転車に乗って向かい、鉄道を使って主要街道沿いの駅まで向かって降りた後、ウェブ上のアプリに登録した③一般人の運転する乗り合い自動車に乗り高速道路で目的地に向かい、そこでは無人店舗(てんぽ)の電動キックボードに乗り換えて観光地を巡り、最後は宿泊施設で乗り捨てる、そのようなルートが情報端末に示され、即座に予約ができ、支払いも同時に済ませられる…このような「ドアtoドア(出発地のドアから目的地のドアまで)」で途切れなく目的地に移動できるような将来が実現されると予想されています。

MaaSが普及することにより、移動の利便性が高まるだけでなく、世界規模の問題や地域のさまざまな「困りごと」の解決にも効果があると期待され、政府がMaaSを推進しようとする企業に予算を投ずるなどの動きも見られます。

一方で、日本の現状を念頭に置くと、④MaaSの普及にともなう変化への対応をせまられる人々も存在するかもしれません。しかし、高度な情報産業の発達や技術革新による社会構造の変化は、今後MaaSのような移動・輸送以外の分野でも避けられないといわれており、こうした変化に対応しつつ、誰も思いつかなかった新たなサービスや⑤社会問題の解決を提供する「ＤＸ」という取り組みに力を注ぐことが日本でも急務とされ、その実現には若い世代の人々の柔軟な発想がカギとなるといわれています。

問１　下線①について。日本にとって最大の輸入相手である国や地域を、(ア)～(オ)から１つ選んで、記号で答えなさい。

(ア)　中国　　(イ)　台湾　　(ウ)　ドイツ　　(エ)　インド　　(オ)　アメリカ

問２　下線②について。これらに欠かせない半導体を生産する国や地域として次の資料の(あ)、(い)にあてはまるものを、(ア)〜(オ)からそれぞれ１つ選んで、記号で答えなさい。

(ア)　中国　　(イ)　台湾　　(ウ)　ドイツ　　(エ)　インド　　(オ)　日本

(資料) 2020年半導体生産国・地域別売上比率(単位：%)

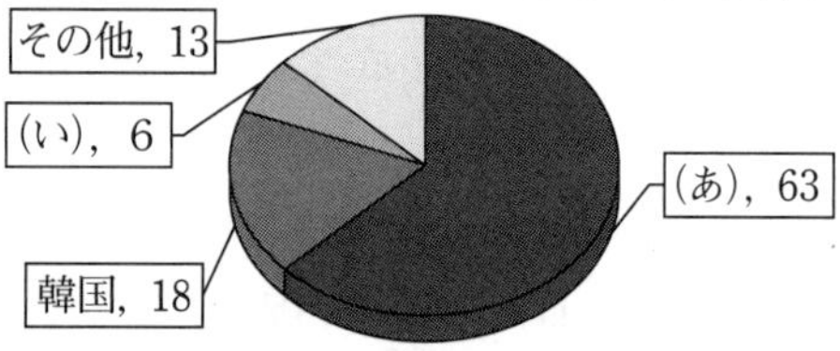

(トレンドフォース※ホームページより作成)
※…テクノロジー業界における調査レポート等を行う企業

問３　規制をゆるめて、タクシーやバスに代わり下線③のような移動を可能にすることが国政で議論されていますが、このような移動方法を何といいますか。

問４　MaaSが普及すると、次の文章のような変化が社会にみられるようになるといわれています。文章中の(　１　)、(　２　)にあてはまることばを、それぞれ答えなさい。

「人々は移動手段をモノとして(　１　)しなくなり、(　２　)として利用するようになる。」

問５　日本はMaaSへの対応が特に難しいとされています。その理由の根拠となる資料を、問４をふまえて(ア)〜(エ)から２つ選んで、記号で答えなさい。

(ア)　日本のＥＶ(電気自動車)販売台数・比率の推移

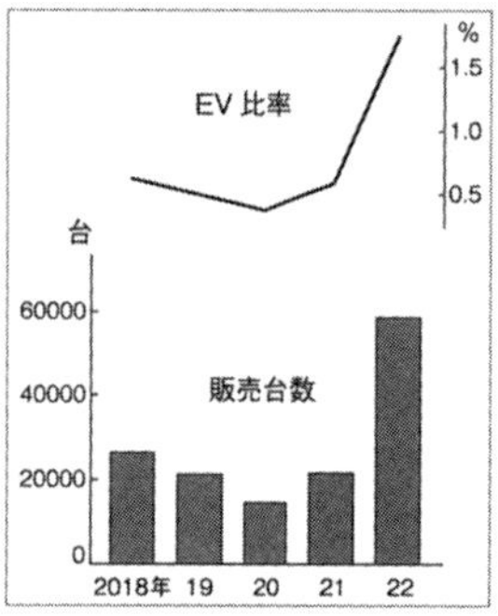

(日本経済新聞より)

(イ)　日本の自動車産業の構造

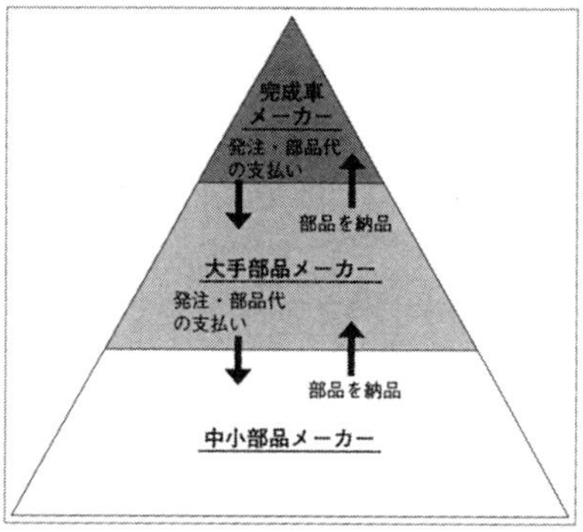

(ウ)　2021年の日本の主要製品別輸出額(単位：百億円)

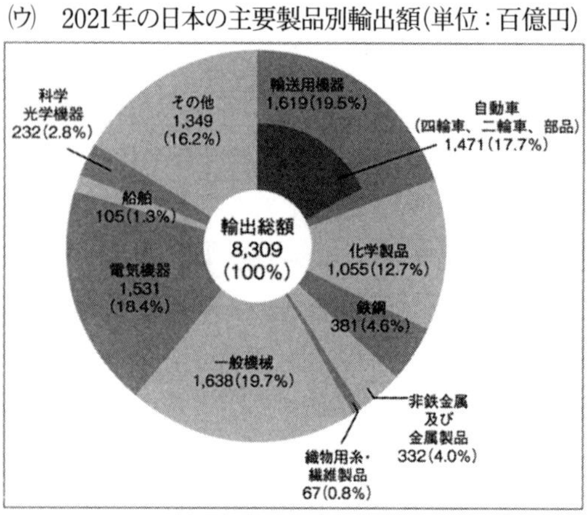

(日本自動車工業会「日本の自動車工業2022年版」より)

(エ)　国別自動車生産台数の推移

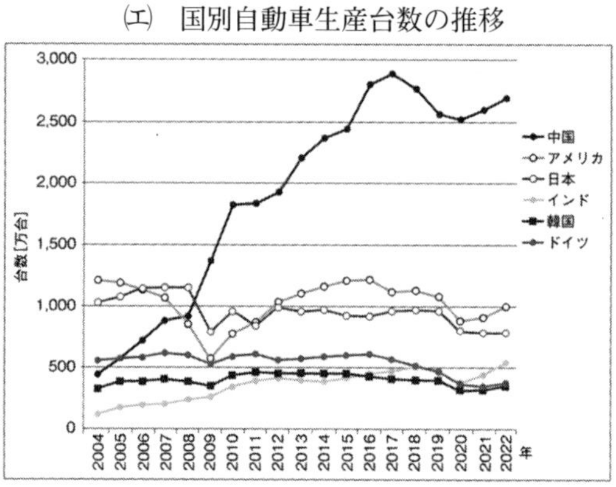

(国際自動車工業連合会データより作成)

問６　下線④について。この人々と最も関わりの深い地域を地図の㋐～㋔から１つ選んで、記号で答えなさい。

(地図)　日本の主な工業地域

問７　下線⑤について。

⑴「ＤＸ」とは何を指すことばですか。カタカナで答えなさい。

⑵「ＤＸ」を用いることで、どのような社会問題を、どのようなアイデアで解決できるか説明しなさい。ただし、例示したMaaSに関連する移動・輸送の分野は除いて説明しなさい。

立教新座中学校(第1回)

―30分―

1　以下の文は、夏休みの自由研究で県境について調べようとしている和洋(かずひろ)君(立教新座中学校1年生)とお兄さん(立教新座高校2年生)の会話です。この文を読み、以下の問に答えなさい。なお、ここでの県境は隣(とな)り合う県同士、県と都、府と県、府同士、道と県の境のことです。

和洋　日本地図を見ていると、いろいろな県境があっておもしろいよ。例えば、他の都道府県と陸地でつながらず、海でへだてられ、1つの県としか県境を持たないところもあるんだよ。

兄　それは、沖縄県と鹿児島県の県境と北海道と青森県の県境(1)だよね。

和洋　それから、いろいろなものが県境になっているんだ。海峡、河川(2)、山脈(3)、湖(4)、道路などいろいろな県境があるんだ。

兄　同じ境ということでは、国同士の境界である国境にもいろいろあるよね。河川、山脈、湖など自然の地形などを利用した国境(5)もあると地理の時間に習ったよ。それ以外にも緯度や経度を利用した国境もあるよね。

地理の授業で、河川を国境にすると、領土問題の原因となる場合がある(6)と習ったよ。

和洋　そうなんだ。あと、地図を見て気づいたけれど、海に面していない内陸にある県の方が、周りを他の都道府県に囲まれているから、多くの県と接しているよね。

兄　一番多くの都道府県と接している県は、どこかわかるかい。

和洋　わからないや。海に面していない内陸の県と、隣り合う都道府県(7)を、地図を見て調べてみるよ。

兄　がんばれ！どこも海に面していない内陸国(8)もあるよね。

問1　下線部(1)についてですが、県境となる海峡名を答えなさい。

問2　下線部(2)についてですが、県境となる河川として適切ではないものを、以下より選び、記号で答えなさい。

①　木曽川　②　熊野川(新宮川)　③　利根川　④　信濃川

問3　下線部(3)についてですが、県境が引かれている高地・山地・山脈として適切ではないものを、以下より選び、記号で答えなさい。

①　北上高地　②　関東山地　③　鈴鹿山脈　④　越後山脈

問4　下線部(4)についてですが、県境が引かれている湖として適切なものを、以下より選び、記号で答えなさい。なお、この県境は2008年に確定しました。

①　猪苗代湖　②　十和田湖　③　田沢湖　④　琵琶湖

問5　下線部(5)についてですが、自然の地形などを国境としている例として適切ではないものを、以下より選び、記号で答えなさい。

①　フランス－(ライン川)－ドイツ　②　スイス－(アルプス山脈)－イタリア
③　カナダ－(五大湖)－アメリカ合衆国　④　チリ－(ロッキー山脈)－アルゼンチン

問6　下線部(6)についてですが、なぜ河川を国境にすると領土問題の原因になるのですか。その理由を簡潔に説明しなさい。

問7　下線部(7)についてですが、以下の表は、和洋君が海に面していない内陸県と、隣り合う都道府県の数を調べたメモをもとに作ったものです。この表を見てあとの問に答えなさい。

地方名	都道府県名	隣り合う都道府県数	隣り合う都道府県
関東地方	(ア)県	4	(イ)県、埼玉県、他２県
	(イ)県	5	(ア)県、埼玉県、他３県
	埼玉県	7	(ア)県、(イ)県、(ウ)県、(エ)県、他３都県
中部地方	(ウ)県	5	埼玉県、(エ)県、他３都県
	(エ)県	8	(イ)県、埼玉県、(ウ)県、岐阜県、他４県
	岐阜県	7	(エ)県、(オ)県、他５府県
近畿地方	(オ)県	4	岐阜県、他３府県
	奈良県	4	４府県

1）　内陸県である表中の(イ)県、(エ)県の２県両方に県境を接する県は、埼玉県ともう１県あります。この県名を答えなさい。

2）　上記１)で答えた県の農業の特色として最も適切なものを、以下より選び、記号で答えなさい。

①　扇状地を利用して、ぶどうやももなどの果樹栽培がさかんである。

②　農地の約９割が水田で、日本一の米の生産量をほこっている。

③　稲作が中心だが、チューリップの日本有数の産地でもある。

④　都市向けの野菜・果実などを生産し、特にイチゴの生産では有名である。

3）　内陸県である表中の岐阜県、(オ)県、奈良県の３県と県境を接する県名を答えなさい。

4）　上記３)で答えた県の特色として最も適切なものを、以下より選び、記号で答えなさい。

①　この県の北部にある鉱山(こうざん)の廃水(はいすい)にふくまれたカドミウムが、河川を通じて隣の県に達し、イタイイタイ病を引き起こした。

②　明治時代の中ごろ、この県の北西部にある銅山(どうざん)の開発により、銅山からの廃水中の鉱毒(こうどく)によって、川の魚が死んだり、川沿いの農作物がかれたりした。

③　1960年代の石油化学コンビナートの操業(そうぎょう)とともに、コンビナートから排出された亜硫酸(ありゅうさん)ガスによって多くのぜんそく患者(かんじゃ)が発生した。

④　工場から排出(はいしゅつ)された有機水銀が、川魚などを通じて人の身体に入り、脳や神経に障害を引き起こした。

5）　表中の(ア)県と(ウ)県の県名を答えなさい。

問８　下線部(8)についてですが、この内陸国の例として適切ではないものを、以下より選び、記号で答えなさい。

①　スイス　　②　エクアドル　　③　モンゴル　　④　ネパール

2　和洋君は、日本列島の歴史を東日本と西日本に分けた場合、どのような違いがあるのかを考えてみました。そして、東日本の歴史に関するキーワードとして次の９個を選びました。これらのキーワードに関して、以下の問に答えなさい。

縄文文化　壬申の乱　蝦夷　平将門の乱　鎌倉幕府　江戸幕府　金　東京遷都　北海道

問１　縄文文化は、西日本よりも東日本で特に栄えたとされています。東日本で縄文文化が栄えた理由として、ブナの木が多かったことが挙げられています。他の木にくらべて、ブナの木が多いとなぜ人口を維持するのに有効なのでしょうか。最も適切なものを以下より選び、記号で答えなさい。

①　ドングリやトチの実がとれるので、食料を確保しやすいため。

②　木材が豊富に使えて、住居が造りやすいため。

③　自然のダムの役割を果たすことで、洪水が起きにくいため。

④　すぐに成長することで、木材として確保しやすいため。

問２　壬申の乱では、東日本の豪族が大きな役割を果たしました。

1）　大海人皇子は東日本から味方を集めるため、吉野から東に向かい、現在の愛知県を経由して大津を攻めたとされます。この時に夫である大海人皇子に同行して、のちに天皇に即位した人物は誰ですか、答えなさい。

2）　壬申の乱が起きた頃、九州北部の守りを固めるために東日本から兵士が派遣されていました。この兵士を何といいますか、答えなさい。

問３　蝦夷は東北地方に住んでいた部族で、古代から朝廷の侵攻を受けることになりました。

1）　蝦夷を率いて、坂上田村麻呂と戦い、802年に処刑された人物は誰ですか。以下より選び、記号で答えなさい。

①　シャクシャイン　　②　コシャマイン　　③　オニビシ　　④　アテルイ

2）　９世紀以降、朝廷に降伏した蝦夷は厳しい扱いを受け、東北地方の境界地域に配置されました。この人たちが、安倍氏をリーダーとして1051年に蜂起（ほうき）しますが、源頼義・義家親子らによって鎮圧されました。この戦いを何といいますか、答えなさい。

問４　平将門の乱は、平安時代の東日本で起きた大規模な反乱です。将門は京都の天皇に対して、自らを何と名乗りましたか、答えなさい。

問５　鎌倉幕府の成立によって、初めて政治の中心が東日本に置かれました。

1）　鎌倉幕府が成立する過程を順番に並び替えた時に、２番目に来るものはどれですか。以下より選び、記号で答えなさい。

①　源義経をとらえる名目で守護・地頭が設置される。

②　後白河法皇の死後、源頼朝が征夷大将軍となる。

③　西国へ逃げた平氏が、壇ノ浦の戦いで滅びる。

④　北陸道から攻め上った源義仲が京都へ入る。

2）　1221年、京都の後鳥羽上皇が鎌倉幕府打倒の兵をあげます。この戦いは幕府軍の勝利に終わりますが、このときに大将として京都に攻め上り、のちに御成敗式目を制定した人物は誰ですか、答えなさい。

問６　江戸幕府は、政治的にも経済的にも東日本の発展に大きな役割を果たしました。

1）　江戸幕府の所在地である江戸は、日本最大の都市として発展することになります。そのため、江戸と各地を結ぶ五街道が整備されますが、その起点となったのはどこですか、答えなさい。

2）　江戸は学問の中心としても栄えましたが、1797年に朱子学を学ぶ幕府公営の学問所として成立した教育機関は何ですか、答えなさい。

問７　金は東日本で特に多く産出されたため、江戸時代の東日本では金貨が多く使われました。東日本にあった金山として適切なものはどれですか。以下より選び、記号で答えなさい。

①　足尾　　②　佐渡　　③　生野　　④　別子　　⑤　石見

問８　東京遷都によって、江戸は東京と改称され、明治天皇が京都からやってきました。

1）　明治天皇の住まいとなった宮殿一帯は、江戸時代には別の施設として使われていました。宮殿一帯にかつてあった施設は何ですか、答えなさい。

2）　東京にはいち早く鉄道が敷(し)かれましたが、1872年に開通した日本初の鉄道は、東京の新橋とどこを結んでいましたか、答えなさい。

問９　北海道の近代は、ロシアと日本との間で揺れ動いた歴史でした。

1）　江戸時代後期になると、北海道周辺にロシア人が多く現れるようになります。漂流民の大黒屋光太夫を連れて、1792年に根室にやってきた人物は誰ですか、答えなさい。

2）　日露戦争の結果、北海道のさらに北にある島の南半分が日本領となりました。この島を何といいますか、答えなさい。

③　和さんと洋さんは「時代による学び方・働き方のちがい調査」という企画に参加し、近所に住む卒業生に昔の話を聞きました。この文を読み、以下の問に答えなさい。

洋さん　中学校に通っていたのは、いつごろでしたか。

卒業生　中学校に入学したのは1973年でした(1)。

和さん　教室はどんな様子でしたか。

卒業生　今のような冷房設備はなく、冬にストーブが入りました。男子も女子も、それぞれの出席番号順に並んで座っていましたね。

洋さん　男の子と女の子に別々の出席番号が、割りふられたのですか？

卒業生　男子を先頭にした通し番号だった学校もあるようです。私たちの学校の名簿(ぼ)は男子と女子で別々の出席番号が割りふられ、男子が先、女子が後に書いてありました。

和さん　今の私たちは、男女関係ない名簿なので、不思議な感じがします。

卒業生　私たちには、男女別名簿が当たり前だったのです。授業も男子と女子では違い、男子は技術を、女子は家庭科を習っていました。

洋さん　学校で学ぶ内容にも、男女差があったのですね。

卒業生　学習内容が同じになったのは、日本が1985年に女子差別撤廃条約(2)を批准(ひじゅん)*したことが、きっかけの一つです。この年には男女雇用機会均等法(3)も制定されています。皆さんが探求するヒントがあるかもしれませんね。

註　＊批准…国際条約を、国会が承認すること。

問１　和さんと洋さんは、インタビューをまとめることになりました。インタビューとそのまとめの方法について適切な対応はどれですか、以下より選び、記号で答えなさい。

①　インタビューの目的や利用方法を、相手に説明しなかった。

②　あとから自分で調べた情報も付け加えて、インタビューとしてまとめた。

③　記事にしない約束の話も、大事なことなので書き加えた。

④　インタビューの結果をまとめて、インタビューの相手に見せた。

問２　下線部(1)についてですが、1973年に第四次中東戦争をきっかけとした石油危機が起こり、翌年は戦後初のマイナス成長を記録しました。次のグラフは、1973年度、1993年度、2003年度、2023年度の日本の国家予算のうち、歳入を示したものです。1973年度のものを、以下より選び、記号で答えなさい。

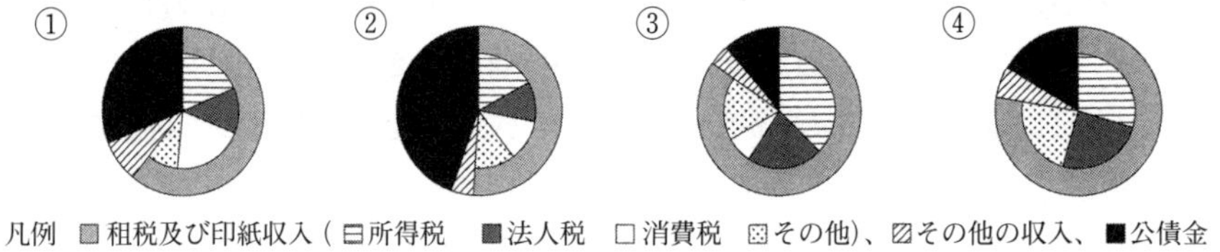

問３　下線部(2)についてですが、以下の問に答えなさい。

1）　女子差別撤廃条約が採択された国際連合の機関として、適切なものを以下より選び、記号で答えなさい。

①　安全保障理事会　　②　経済社会理事会　　③　事務局

④　総会　　⑤　人権理事会

2）　女子差別撤廃条約を批准する以前から、日本国憲法24条でも、男性と女性の本質的平等が記されていました。それは何についてですか、適切なものを以下より選び、記号で答えなさい。

①　国籍を変えること　　②　仕事を選ぶこと　　③　結婚相手を選ぶこと

④　学校を選ぶこと

問４　下線部(3)についてですが、以下の問に答えなさい。

1）　以下の図は、男女雇用機会均等法などの法律を、国会で制定する過程について示したものです。法律案の審議が、図のような状況になった場合に開催されることがある【　　】について、【　　】ではどのようなことが行われますか。【　　】に入る語を明記した上で、具体的に説明しなさい。

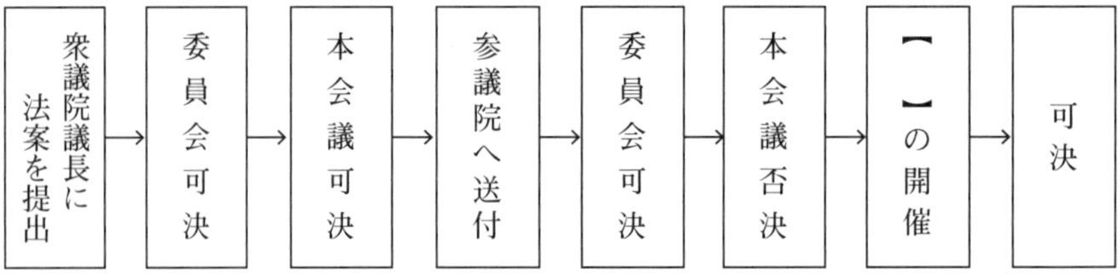

2）　男女雇用機会均等法が施行されてから、性別を理由にした格差（かく）は少なくなりつつあり、いまある格差については裁判を通してその適正さが問われています。日本の裁判制度について説明した以下の文の空欄にあてはまる語を答えなさい。

> 仕事中の事故で顔に重いけがを負った男性が、顔へのけがに対する労災保険*の給付について、国を相手に裁判を起こしました。この男性は、けがの程度が同じであるにも関わらず、保険金の給付額に男女差がもうけられ、男性が女性よりも低い給付額しか認められないことは、法の下の平等を定めた憲法に違反すると主張したのです。請求金額が原則として140万円以下の場合を除いて、日本の裁判制度で最初に裁判を行うのは【 X 】や家庭裁判所です。この件では京都【 X 】で裁判が行われ、男性の主張が認められました。日本の裁判制度は【 Y 】を採用していますので、裁判所の判決に不服がある場合は上級裁判所に再度判断をあおぐことができます。【 X 】から高等裁判所に訴（うった）えることを【 Z 】といいます。この事件で国は【 Z 】を断念し、敗訴が確定しました。現在、この規定は修正されています。

註　＊労災保険…仕事によるけがやその後遺症（こういしょう）について、けがの程度によって、定められた等級に従って国から給付金が支払われる仕組み。

問５　和さんと洋さんは、インタビューからヒントをもらって、男女雇用機会均等法が制定されてから、私たちがどのように男女の差別を解消しようとしてきたのか、あとの資料を利用して、子育てというテーマでまとめてみることにしました。まとめの下線部を補足するような図１を付け加えるとすれば、最も適切なものはどれですか。以下より選び、記号で答えなさい。

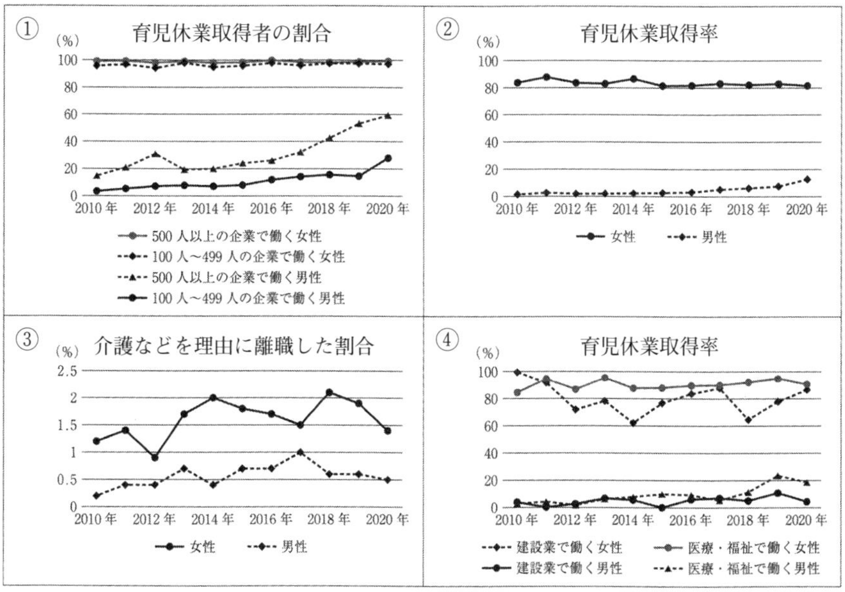

題名　働く権利と子どもを育てる役割を男女平等にすること

年表１　男女雇用機会均等法のおもな改正内容

年	おもな内容
1985	・男女雇用機会均等法が制定され、仕事の募集・採用、配置・昇進について、女性を男性と同じように扱うように努力することが求められた。
1999	・仕事の募集・採用、配置・昇進について、女性を男性と同じように扱うことが求められた。 ・女性に対するセクシュアルハラスメントを防ぐようにすることが、義務化された。
2007	・男性に対しても女性に対しても、セクシュアルハラスメントが禁止された。 ・女性の妊娠、出産等を理由に、仕事の上で不利益な取扱いをすることが禁止された。
2017	・女性の妊娠、出産等を理由に、仕事の上で不利益な取扱いをすることが禁止されるとともに、未然に防ぐための防止措置が義務化された。

年表２　育児・介護休業法のおもな改正内容

年	おもな内容
1992	・育児休業法が施行された。
1995	・育児・介護休業法として改正された。
2005	・必要に応じて、子が１歳６か月に達するまで育児休業を延長できるようになった。 ・子の看護休暇制度の設定が義務化された。
2010	・配偶者が専業主婦(夫)であっても育児休業がとれるようになった。
2017	・男女雇用機会均等法の改正と合わせ、育児休業等に関する上司・同僚による就業環境を害する行為に対する防止措置を義務付ける規定がもうけられた。
2022	・育児休業を分けて取得することができるようになった。 ・産後パパ育休制度が作られた。

図１

まとめ

・男女雇用機会均等法だけでなく、関係する法律も改正しながら、働く権利を平等にする取り組みが行われてきたことがわかった。

・育児休業制度は充実してきたが、実際に取得するためには、まだ問題がある。特に規模の小さな会社では、今でも男性が育児休業を取得することは難しいようだ。

・今後は、様々な職場で必要なだけ取得できるようにすべきである。

早稲田中学校(第１回)

—30分—

1　万博について次の文章を読み、各問に答えなさい。

万博とは、国際博覧会条約に基づき、フランスのパリに本部を置く博覧会国際事務局(ＢＩＥ)に登録された国際博覧会のことです。世界で最初の万博は、ロンドン万国博覧会(1851年)でした。当時のイギリスでは産業革命が進み、会場ではイギリスの機械や薬品、陶磁器などが展示されました。イギリスはこの万博によって、自国の工業力を世界にアピールしました。

日本が初めて万博に参加したのは、パリ万国博覧会(1867年)で、「幕府」および、①「肥前藩」、「薩摩藩」が参加しました。日本政府として公式に参加したのは、ウィーン万博(1873年)でした。②日本では過去に５回の万博が開催(かいさい)されましたが、実は幻(まぼろし)となった万博があります。1940年に東京・横浜を会場として予定され、入場券を印刷・販売(はんばい)するまで準備が進んでいたものの、(あ)のため中止となりました。そのため、最初の万博は1970年でした。この時、世界ではじめて人工衛星の打ち上げに成功した(い)のパビリオンには実物の人工衛星、(う)のパビリオンにはアポロ宇宙船の宇宙飛行士が月から持ち帰った「月の石」などが展示され、長蛇(ちょうだ)の列ができました。

次回、2025年に日本で開催されますが、会場は人工島です。世界とつながる海と空に囲まれた万博として、ロケーションを生かした企画(きかく)や発信が行われる予定です。また、この年は「持続可能な開発目標(SDGs)」の目標年2030年まで残り５年となる年であり、その実現に向けての方策や貢献(こうけん)が求められることになります。

問１　文中の下線部①に関して、各問に答えなさい。

(1)　この藩の出身で、内閣総理大臣を２回務めた人物を**漢字**で答えなさい。

(2)　この藩の地域では古来、焼き物(陶磁器)の生産が盛んでした。次のＡ～Ｄは、この地域のものを含(ふく)む日本で代表的な焼き物です。表１のア～エは、この４カ所の産地がある県の県庁所在地の気温と降水量を示したものです。このうち、Ａの産地が位置する県の県庁所在地のものをア～エから１つ選び記号で答え、その都市名を**漢字**で答えなさい。

Ａ　瀬戸焼　　Ｂ　有田焼　　Ｃ　九谷焼　　Ｄ　益子焼

表１　　※　上段が月平均気温(℃)、下段が月降水量(mm)、1991年～2010年の平均値。

	１月	２月	３月	４月	５月	６月	７月	８月	９月	10月	11月	12月	全 年
ア	4.8	5.5	9.2	14.6	19.4	23.0	26.9	28.2	24.5	18.6	12.6	7.2	16.2
	50.8	64.7	116.2	127.5	150.3	186.5	211.4	139.5	231.6	164.7	79.1	56.6	1578.9
イ	4.0	4.2	7.3	12.6	17.7	21.6	25.8	27.3	23.2	17.6	11.9	6.8	15.0
	256.0	162.6	157.2	143.9	138.0	170.3	233.4	179.3	231.9	177.1	250.8	301.1	2401.5
ウ	2.8	3.8	7.4	12.8	17.8	21.2	24.8	26.0	22.4	16.7	10.6	5.1	14.3
	37.5	38.5	87.7	121.5	149.2	175.2	215.4	198.5	217.2	174.4	71.1	38.5	1524.7
エ	5.8	7.0	10.4	15.3	20.0	23.5	27.2	28.2	24.5	19.1	13.3	7.8	16.9
	54.1	77.5	120.6	161.7	182.9	327.0	366.8	252.4	169.3	90.1	89.4	59.5	1951.3

(『データブック オブ・ザ・ワールド2023』)

⑶　この藩の南に位置する海において、現在最も多く養殖されているものを次の中から１つ選び、記号で答えなさい。

ア　のり　　イ　わかめ　　ウ　かき　　エ　ほたて　　オ　真珠

⑷　この藩の南に位置する海では、長年〔 X 〕が行われてきました。現在、同じ海に面している長崎県諫早湾では、この〔 X 〕事業によって生態系が崩れ、地域住民による抗議運動が起こり、裁判となりました。この〔 X 〕にあてはまる言葉を**漢字**で答えなさい。

⑸　⑷の〔 X 〕について、表２はこの〔 X 〕が行われた時代とその面積(単位：ha)を示したものです。この表から、①平安期～戦国末期(約800年間)と、②江戸時代を比較すると、１年あたりの〔 X 〕面積が増加したことが分かります。１年あたり、おおよそ何倍に増加したのか、**整数**で答えなさい。また、その理由を説明した次の文の空欄にあてはまる言葉を語群から１つずつ選び、記号で答えなさい。

表２

時　代	〔 X 〕面積
沖積世～奈良時代	30,600
①平安期～戦国末期	6,000
②江戸時代	5,928
明治時代	924
大正時代	272

(九州農政局のHPより作成)

（ a ）が増加し、（ b ）のために（ c ）する必要があったため。

（ a ）　ア　人口　　イ　貿易　　ウ　疫病　　エ　戦乱

（ b ）　ア　商業拡大　　イ　食糧増産　　ウ　防衛　　エ　安全衛生

（ c ）　ア　城郭を整備　　イ　隔離病棟を建設　　ウ　耕地を拡大　　エ　街道を整備

問２　文中の下線部②に関して、表３は日本で過去に開催された５回の万博および、これから開催予定の万博についてまとめたものです。これを参考に、各問に答えなさい。

表３

番号	万博名	テーマ	開催年
1	日本万国博覧会	（ A ）	1970
2	沖縄国際海洋博覧会	「海 - その望ましい未来」	1975
3	国際科学技術博覧会	「人間・居住・環境と科学技術」	1985
4	国際花と緑の博覧会	「花と緑と生活の係わりを捉え　21世紀へ向けて潤いのある社会の創造を目指す」	1990
5	日本国際博覧会	（ B ）	2005
6	国際博覧会	（ C ）	2025

⑴　表３の空欄（ A ）～（ C ）にあてはまるテーマの組み合わせとして正しいものを、ア～カから１つ選び、記号で答えなさい。

テーマ	ア	イ	ウ	エ	オ	カ
「いのち輝く未来社会のデザイン」	A	A	B	B	C	C
「自然の叡智」	B	C	A	C	A	B
「人類の進歩と調和」	C	B	C	A	B	A

(2)　2025年の万博開催地を図１のア～エから１つ選び、その島名を次のカ～ケから１つ選び、それぞれ記号で答えなさい。

カ　舞浜　　キ　夢洲

ク　舞洲　　ケ　ポートアイランド

図１(国土地理院「地理院地図」より作成)

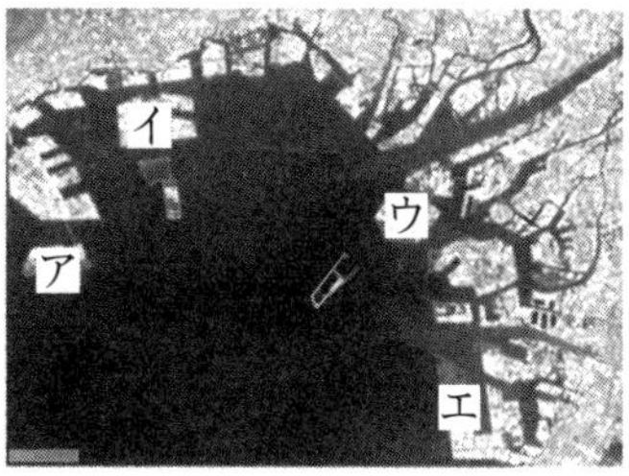

(3)　表３で開催地が同じ都道府県のものが３つあります。その**３つ**の番号を選び、**番号順**に答えなさい。

問３　文中の空欄(　あ　)にあてはまる出来事を次の中から１つ選び、記号で答えなさい。

ア　世界恐慌　　イ　第一次世界大戦　　ウ　日中戦争　　エ　関東大震災

問４　文中の空欄(　い　)と(　う　)にあてはまる国名を次の中から１つずつ選び、記号で答えなさい。

ア　アメリカ合衆国　　イ　イギリス　　ウ　ソ連　　エ　フランス　　オ　中国

2　次の文章を読み、各問に答えなさい。

ある中学校の歴史研究部の部室で３年生の沢田くん、２年生の石川くん、１年生の李くんが話しています。

沢田：ぼくの出身地は京都なんだ。794年に〈　A　〉天皇が平安京に都を移して平安時代が始まり、続く鎌倉時代や室町時代も京都は繁栄していたよ。応仁の乱で京都は荒廃(こうはい)したが、フランシスコ＝ザビエルは、天皇・将軍から①キリスト教を広める許可を得るために京都を訪れているんだ。

石川：織田信長は「(　②　)」という言葉を含む印章を用いましたが、信長の時代の「(　②　)」は、全国ではなく、京都を中心とする畿内を意味することが多いようですね。

沢田：③京都や大阪は江戸時代も経済や文化の中心だった。そして近代の京都や大阪にも、④大阪紡績会社のように産業の発展に大きな役割をはたした会社や工場が多くあったよね。また、⑤現在の天皇や上皇は東京で即位(そくい)の礼をしているが、昭和天皇や大正天皇は京都御所でおこなったんだ。

李　：私は東京生まれですが、両親は中国出身です。中国との関係も日本の歴史では重要だと思います。飛鳥時代や奈良時代の朝廷は遣隋使や遣唐使を派遣し、中国の進んだ制度や文化を取り入れました。遣隋使としては607年に派遣された〈　B　〉が有名です。平安時代には平清盛が(　⑥　)の商人との貿易を進めました。明治時代になると、日本は朝鮮半島への勢力拡大をめぐって清やロシアと対立し、⑦日清戦争や日露戦争では中国大陸が戦場になりました。

石川：私は北海道で生まれました。日本の歴史を考えるうえで、北海道や沖縄のことも忘れてはいけません。1669年にアイヌの人びとは〈　C　〉を中心に松前藩と戦いました。この戦いに敗れるまで北海道のアイヌの人びとの多くは、松前藩に支配されていたのではなく、商売の相手でした。2008年には国会で「アイヌ民族を(　⑧　)民族とすることを求める決議」が可決されています。15世紀初めに沖縄に成立した(　⑨　)王国は、日本・中国・東南アジアをつなぐ貿易の中継地として繁栄していました。

問１　〈　A　〉～〈　C　〉にあてはまる人名を答えなさい。ただし〈　A　〉と〈　B　〉は**漢字**で、〈　C　〉は**カタカナ**で答えなさい。

問２　下線部①に関して述べた文として正しいものを次の中から１つ選び、記号で答えなさい。

ア　種子島に来たフランシスコ＝ザビエルは、鉄砲とキリスト教を同時に日本に伝えた。

イ　江戸時代の初め、貿易船に乗ってきた宣教師たちによって、急速にキリスト教が広められた。

ウ　徳川綱吉が将軍のとき、キリスト教の信者を中心とする人びとが島原・天草一揆を起こした。

エ　明治政府は五箇条の御誓文のなかで、人びとがキリスト教を信じることを公認した。

問３　(　②　)にあてはまる言葉を**漢字**で答えなさい。

問４　下線部③に関して、京都に住んだ近松門左衛門の作品として正しいものを次の中から１つ選び、記号で答えなさい。

ア　『曽根崎心中』　　イ　『東海道五十三次』　　ウ　『南総里見八犬伝』　　エ　『奥の細道』

問５　下線部④に関して、大阪紡績会社が生産しているものとして正しいものをア～エから１つ選び、大阪紡績会社の写真として正しいものをカ～ケから１つ選び、それぞれ記号で答えなさい。

ア　生糸　　イ　綿糸　　ウ　自動車　　エ　航空機

カ

キ

ク

ケ

問６　下線部⑤に関して、大正、昭和、平成の時代に起こった出来事として正しいものを次の中から１つずつ選び、記号で答えなさい。

ア　竹島が島根県に編入された。　　　イ　菅義偉内閣が成立した。

ウ　冬季オリンピック札幌大会が開かれた。　　エ　韓国併合が行われた。

オ　国際連盟が発足した。　　　カ　阪神・淡路大震災が起こった。

問７　(　⑥　)にあてはまる中国の王朝の名前を**漢字**で答えなさい。

問８　下線部⑦に関して、日清・日露戦争について述べた文として**誤っているもの**を次の中から**すべて**選び、記号で答えなさい。

ア　日清戦争の講和条約で、清は朝鮮が独立国であることを認めた。

イ　日清戦争に日本が勝利したため、イギリスは治外法権の撤廃(てっぱい)に同意した。

ウ　日露戦争の日本海海戦で、日本の連合艦隊が勝利した。

エ　日露戦争の講和会議はアメリカ合衆国で行われた。

オ　日清戦争と日露戦争に勝利した日本は、清やロシアから多額の賠償金(ばいしょうきん)を得た。

問９　(　⑧　)にあてはまる言葉を**漢字２字**で答えなさい。

問10　(　⑨　)にあてはまる言葉を**漢字２字**で答えなさい。

３　次の文章を読み、各問に答えなさい。

日本では少子高齢化が進み、生産活動を支える生産年齢人口(15歳以上65歳未満の人口)は1995年をピークに減少傾向が続いています。①今後もさらに減り続けると予測されていて、労働力の不足、経済規模の縮小など、さまざまな課題が深刻化することが心配されています。そのため、②女性や高齢者など、より多くの人が働きやすい労働環境を整えることが重要になっています。

安倍元首相は、それぞれの事情に応じた(　Ａ　)を選べる社会を実現するために「(　Ａ　)改革」を進めてきました。現在の③岸田首相は、働く人の賃金を引き上げるための政策を打ち出し、企業に賃上げを呼びかけています。日本は長い間賃金の上昇が少なく、賃金が上がる諸外国と比べて日本人は少しずつ貧しくなってきました。それが日本経済の成長が少ない要因になっています。

2022年は、(　Ｂ　)や(　Ｃ　)によって(　Ｄ　)しました。〔中略〕2023年度の春闘(労働条件の改善をめざす交渉)では、企業に対し、④労働組合が賃金の引き上げを要求するとみられています。しかし、原材料の価格が上昇するなか、企業が積極的に賃金引き上げを行うことは難しい状況です。

近年、コロナ禍の新しい働き方として、テレワーク(リモートワークとも言います)が広がりました。今後も働き方の一つとして定着するとみられています。　(『日本のすがた2023』より)

問１　(　Ａ　)にあてはまる言葉を文中から抜き出し、**３字**で答えなさい。

問２　(　Ｂ　)、(　Ｃ　)、(　Ｄ　)にあてはまる言葉の組み合わせとして正しいものを次の中から１つ選び、記号で答えなさい。

ア　Ｂ　ミャンマーのクーデター　Ｃ　急速な円安　Ｄ　物価が下降
イ　Ｂ　ミャンマーのクーデター　Ｃ　急速な円高　Ｄ　物価が下降
ウ　Ｂ　ロシアのウクライナ侵攻　Ｃ　急速な円安　Ｄ　物価が上昇
エ　Ｂ　ロシアのウクライナ侵攻　Ｃ　急速な円高　Ｄ　物価が上昇

問３　下線部①に関して、この大きな要因の１つである「2025年問題」について述べた次の文中の(　Ｅ　)と(　Ｆ　)にあてはまる言葉をそれぞれ**漢字４字**で答えなさい。

「団塊の世代」と呼ばれる人々が(　Ｅ　)者になることで、医療・介護などの(　Ｆ　)費が急増することが懸念されている。

問４　下線部②に関して、各問に答えなさい。

(1)　現在の日本では男女間の社会的格差が大きな問題であり、労働環境が悪化する一因となっています。男女間の生物学的な性差ではなく、「男らしさ」や「女らしさ」といった社会的・文化的性差に基づく格差のことを〈　　〉・ギャップと言います。空欄にあてはまる言葉を**カタカナ**で答えなさい。

(2)　現在の日本における男女間の格差の例について述べた文として正しいものを次の中から１つ選び、記号で答えなさい。

ア　衆議院と参議院の全議員のうち、女性の占める割合は全体の約３割程度である。

イ　男性雇用(こよう)者の平均給与は、女性雇用者の約３倍となっている。

ウ　これまでに三権の長(首相、衆参両院の議長、最高裁長官)を務めたのは、全て男性である。

エ　男性雇用者の８割近くが正規雇用者であるのに対し、女性雇用者は半数以上が非正規雇用者である。

問５　下線部③に関して、この人物は2023年５月に開催された広島サミットに議長として参加しました。この出来事について、各問に答えなさい。

(1)　岸田首相は今回のサミットを通して、各国に多くの大事なことを呼びかけました。それらについて説明している次の２つの文の正誤を示すものを１つ選び、記号で答えなさい。

G　気候変動やパンデミックで「グローバル・サウス」と呼ばれる新興国・途上国が深刻な影響を受けていることを指摘(してき)し、各国が協力して支援(しえん)していくことを呼びかけた。

H　世界で唯一(ゆいいつ)の戦争被爆国の首相として「核兵器のない世界」をつくることを訴え、各国に核兵器禁止条約への調印を呼びかけた。

ア　G・Hともに正しい　　イ　Gのみ正しい

ウ　Hのみ正しい　　エ　G・Hともに誤りである

(2)　広島サミットに**参加していない人物**を次の中から**２人**選び、記号で答えなさい。

ア

イ

ウ

エ

問６　下線部④に関して、このようなことは日本国憲法によって保障されています。憲法について各問に答えなさい。

(1)　憲法第28条に示されている労働三権の内容として**誤っているもの**を次の中から１つ選び、記号で答えなさい。

ア　労働条件を改善するために使用者と話し合う権利

イ　労働者のみの組織を作って団体活動を行う権利

ウ　労働者側が要求を実現するためにストライキを行う権利

エ　労働の機会を誰(だれ)もが自由に求めることができる権利

(2)　日本国憲法では国民の様々な権利とともに、果たさなければならない義務についても定めています。仕事に就いて働く義務、税金を納める義務とともに、日本国憲法の三大義務とされているのは何ですか。「～義務」の形に合うように**11～13字**で答えなさい。

跡見学園中学校(第１回)

—理科と合わせて50分—

〔注意事項〕 特に指定がない場合、ひらがなで書いてもかまいません。

1　2021年現在、世界には人口１億人以上の国が14あります。次の世界地図はその分布を示しています。地図中の●は各国の首都の位置を示します。

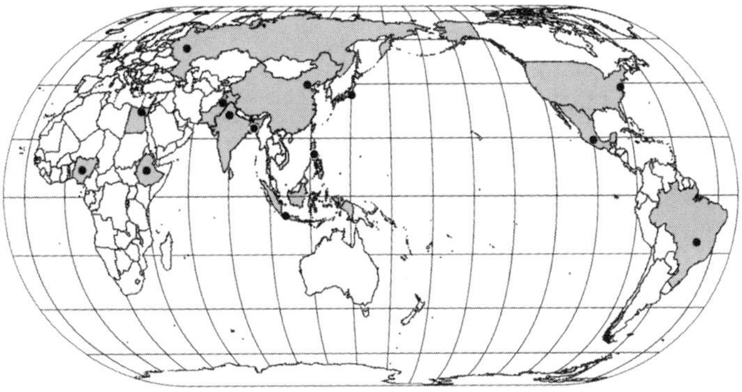

問１　人口が１億人以上の国について述べた次の(ア)～(エ)の文のうち正しいものを２つ選び、記号で答えなさい。

(ア)　人口１億人以上の国は、農作物の自給率が高い国である。

(イ)　世界を先進国と発展途上国とに分けた場合、人口１億人以上の国は発展途上国の方が多い。

(ウ)　日本は人口が１億人以上の先進国の中で１番目に人口が多い。

(エ)　国連の安全保障理事会の５常任理事国のうち、人口１億人以上の国は３か国である。

問２　次の雨温図は、人口が１億人以上の国のうち、インドネシア、中国、ブラジル、ロシアの首都のものです。ブラジルの首都にあてはまるものを次の(ア)～(エ)から１つ選び、記号で答えなさい。

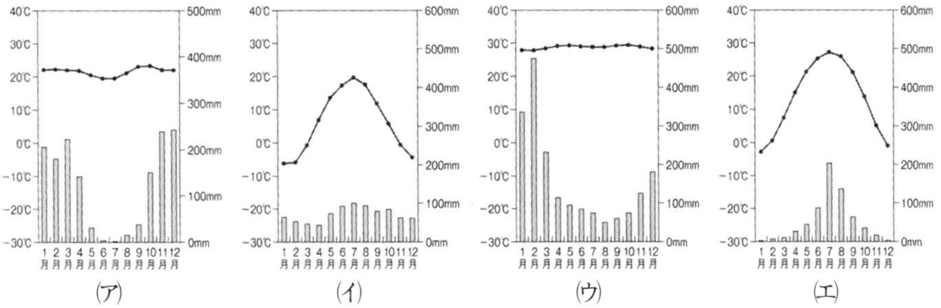

気象庁ウェブサイトより作成

問３　ＵＮＦＰＡ(国連人口基金)は2022年11月、世界の総人口は何億人に到達したと発表しましたか、答えなさい。

問４　右の表は、1900年から2000年までの世界の地域別の人口の推移(実際の数字)と2050年と2100年の推計値を示したものです。地域別とはアジア・アフリカ・ヨーロッパ・北アメリカ・南アメリカ・オセアニアです。このうちアフリカに当たるものはどれですか、ＡまたはＢから１つ選び、記号で答えなさい。

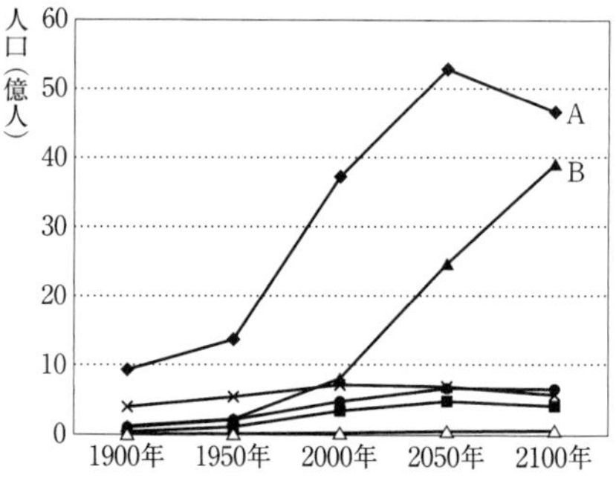

データブック・オブ・ザ・ワールド2023より作成

問５　右の表は、人口が１億人以上の国の人口、１人あたりの国民総所得、識字率を表したものです。識字率とは文字を読み書きできる人の割合をいいます。なおアメリカと日本はデータがありません。この表を見て次の設問に答えなさい。

	人口(1000人)	１人あたりの国民総所得(ドル)		識字率(2018年)	
	2021年	2000年	2021年	男性	女性
中国	1,425,893	947	12,324	98.5%	95.2%
インド	1,407,564	445	2,239	82.4%	65.8%
アメリカ合衆国	336,998	36,770	70,081	—	—
インドネシア	273,753	754	4,217	97.3%	94.0%
パキスタン	231,402	491	1,584	71.1%	46.5%
ブラジル	214,326	3,619	7,305	93.0%	93.4%
ナイジェリア	213,401	522	1,868	71.3%	52.7%
バングラデシュ	169,356	365	2,579	76.7%	71.2%
ロシア連邦	145,103	1,733	11,960	99.7%	99.7%
メキシコ	126,705	6,615	9,956	96.2%	94.6%
日本	125,502	39,748	41,162	—	—
エチオピア	120,283	119	821	59.2%	44.4%
フィリピン	113,880	1,218	3,584	98.1%	98.2%
エジプト	109,262	1,339	3,778	76.5%	65.5%

世界国勢図会 2023/24、データブック・オブ・ザ・ワールド2023より作成

設問１　識字率が低い国に対する支援としては、学校を建設することが大切です。しかしそれだけでは十分ではありません。とくに女性の識字率を向上させるために、どのようなことが必要ですか、説明しなさい。

設問２　インドの１人あたりの国民総所得は2000年に445ドルであったのに対して2021年には2,239ドルに増えています。経済成長が著しいインドに対して、世界の多くの企業がビジネスチャンスであるととらえています。ビジネスチャンスとはどのようなことですか、説明しなさい。

設問３　バングラデシュの2021年の１人あたりの国民総所得は、2000年に比べて大幅に増加していますが、日本と比較すると16倍程度の差があります。私たちが着ている衣類にはバングラデシュで製造されたものがあり、比較的安い値段で買えることが魅力です。しかし私たちが安さだけを追求してしまうと、さまざまな問題が発生します。どのような問題ですか、説明しなさい。

２　次の文章を読み、後の問に答えなさい。

2023年１月、(1)国連教育科学文化機関の世界遺産委員会は臨時会合を開き、（　２　）の「オデーサの歴史地区」を世界遺産に登録することを決定し、また同時にこれを危機遺産に指定しました。多様な文化や民族が交わる海上貿易の要地として栄えたオデーサは「黒海の真珠」とたたえられますが、2022年２月に始まった戦争により隣国ロシアからの攻撃にさらされているためです。

なお、2023年９月に開催された定例の世界遺産委員会において、日本からの新規登録はありませんでした。現在のところ(3)2021年に登録された２件が最後となっていますが、世界遺産への登録をめざして(4)暫定(ざんてい)リストに掲載(けいさい)されている物件もあるため、今後も日本に世界遺産が増えていく可能性があります。また、委員会の期間中には(5)「ル・コルビュジエの建築作品―近代建築運動への顕著な貢献―」や(6)「明治日本の産業革命遺産　製鉄・製鋼、造船、石炭産業」などの４件の(7)日本の世界遺産の保全状況審査が実施されました。登録済みの世界遺産の状況を確認する活動も定期

的におこなわれています。

一方、2023年５月には日本が申請した(8)「智証大師円珍関係文書典籍―日本・中国の文化交流史―」が世界の記憶(世界記憶遺産)に登録されました。

問１　下線部(1)の略称を次の(ア)～(エ)から１つ選び、記号で答えなさい。

(ア)　ＵＮＨＣＲ　　(イ)　ＵＮＥＳＣＯ　　(ウ)　ＵＮＥＰ　　(エ)　ＵＮＩＣＥＦ

問２　(　２　)に当てはまる国を答えなさい。

(ア)　フィンランド　　(イ)　エストニア　　(ウ)　ベラルーシ　　(エ)　ウクライナ

問３　下線部(3)のうち１件は自然遺産で、鹿児島県と沖縄県にまたがる島々が登録されました。次のうち、最も南に位置するものを次の(ア)～(エ)から１つ選び、記号で答えなさい。

(ア)　奄美大島　　(イ)　沖ノ島　　(ウ)　西表島　　(エ)　屋久島

問４　下線部(3)のうち１件は「北海道・北東北の縄文遺跡群」です。縄文時代の様子について正しく説明しているものを次の(ア)～(エ)から１つ選び、記号で答えなさい。

(ア)　磨製石器や土器をつくるようになり、たて穴住居に暮らした。

(イ)　現在よりも寒冷な気候の中で、ナウマンゾウなどの大型動物の狩りをした。

(ウ)　大きな前方後円墳をつくり、そのまわりに埴輪をならべた。

(エ)　邪馬台国の卑弥呼が魏に使いを送り、称号や銅鏡などをさずけられた。

問５　下線部(4)には「古都鎌倉の寺院・神社ほか」がふくまれます。鎌倉時代の後半、御家人たちは借金に苦しむようになりますが、それはなぜですか。原因を説明しなさい。

問６　下線部(4)には「彦根城」がふくまれます。彦根藩主で幕末に大老をつとめ、日米修好通商条約を結んだ人物を答えなさい。

問７　下線部(5)として登録されている国立西洋美術館は、松方コレクションを展示するために建設されました。このコレクションは第二次世界大戦中に敵国人財産としてフランス政府が管理した後、サンフランシスコ平和条約によってフランスの国有財産となりましたが、のちにフランスから寄贈(きぞう)返還されたものです。フランスと同じく、第二次世界大戦で連合国として日本と敵対した国として誤っているものはどれですか。次の(ア)～(エ)から１つ選び、記号で答えなさい。

(ア)　イギリス　　(イ)　中国　　(ウ)　ドイツ　　(エ)　アメリカ

問８　下線部(6)には「松下村塾」がふくまれます。ここで学んだ塾生の中には、明治時代以降も活躍(かつやく)した人物がいました。そのうち、次の説明にあてはまるのはだれですか、漢字で答えなさい。

ヨーロッパにわたって憲法を調査し、大日本帝国憲法をつくるうえで中心となって活躍しました。1885年には初代の内閣総理大臣となりました。日清戦争の時にも内閣総理大臣をつとめており、下関条約を結びました。その後は大韓帝国に置かれた統監府で初代長官をつとめましたが、活動家の安重根によって暗殺されました。

問９　下線部(7)のひとつに「古都京都の文化財」があり、天龍寺がふくまれます。これを建てたのは室町幕府を開いた人物とその弟です。室町幕府の初代将軍はだれですか。

問10　下線部(7)のひとつに「古都奈良の文化財」があり、東大寺がふくまれます。奈良時代、大仏をつくるように命じたのはだれですか、漢字で答えなさい。

問11　下線部(7)のひとつに「日光の社寺」があります。江戸時代にととのえられた日光街道(道中)

は五街道のひとつですが、五街道のうちで最も通行量が多かったものを漢字で答えなさい。なお、歌川広重はその街道ぞいの名所の風景を浮世絵にえがきました。

問12　2023年5月の広島サミットの際に、岸田文雄首相をはじめとする各国首脳が広島平和記念資料館を訪れたことが話題となりました。下線部(7)のひとつで、同じく広島平和記念公園内にある負の世界遺産を答えなさい。

問13　下線部(8)に関して、円珍は比叡山延暦寺に学んだあと唐に留学し、帰国後はある宗派を密教化することに力を注ぎました。最澄が開いたこの宗派を漢字で答えなさい。

3　次の会話文を読み、後の問に答えなさい。

のりおくん　ここ数年、地球温暖化による(a)気候変動が深刻を極(きわ)めているけれど、2023年夏は特に記録的な熱波に見舞われたよね。ハワイでの山火事はもちろん、日本でも(b)沖縄付近に台風が長く停滞していて甚大(じんだい)な被害となった。人間がもたらした気候変動のせいで多くの命が2023年も奪(うば)われてしまったんだ。2030年までに達成すべき目標である「(1)」な開発目標や「パリ協定」を見ると、人類は21世紀に入ってからこの問題に真剣に取り組もうとしてきたことは確かだ。でも、気候変動による災害が毎年深刻(しんこく)になっているような気がして悩んでしまう。

ともこさん　世界が一体化して、労働力や資源、商品、情報などが地球規模で行き交う(2)化が進んでいるからこそ、気候変動もまた(2)な課題として私たちに突きつけられているのよね。気候変動の主な原因は(3)の排出による地球温暖化だから、まずは(3)を出さないように取り組む必要がある。そのためにはエネルギーのあり方について考える必要があるけれど、まず私たちができるのはゴミを減らすことだと思うの。「3R」って言葉を知っているかしら。

のりおくん　知っているよ。(4)型社会を目指して、資源の消費を減らし、環境への影響を最小限にするための取り組みでしょ。「R」で始まる取り組みで、「リデュース」、「(c)リユース」、「(5)」の三つだよね。リデュースは英語で「減らす」って意味だから、ごみを減らしていく取り組みだ。リユースは英語で「再び使う」って意味だから、すぐに廃棄するのではなく、壊れても修理して使うってことだよね。「(5)」はペットボトルや古新聞を資源ごみとして出すなどの再利用をする取り組みのことだ。

ともこさん　「(5)」はゴミの分別に深く関わる取り組みよね。金属などの「不燃ごみ」と(5)できる「資源ごみ」の分別が難しいと思っていたけれど、(d)識別マークを確認することで「不燃ごみ」ではなくて「資源ごみ」に出せるごみが増えたわ。これってごみを減らす「リデュース」の取り組みでもあるわよね。考えてみれば、「リユース」する目的もごみを減らすことにあるから、「リデュース」を目指して「リユース」と「(5)」が機能しているのね。

のりおくん　ぼくにはお兄ちゃんがいて、いつもお兄ちゃんのおさがりの服を着てきたから、嫌だなって思っていたんだ。でも考えてみれば、これって「リユース」の取り組みで、ごみを「リデュース」しているんだよね。そう気づいたら、(2)化が進んだ社会のなかで地球市民として(3)の排出を抑(おさ)える取り組みに、ぼくも参加していたって誇(ほこ)りに思えたんだ。だから、この前、所属している野球チームでユニフォームを新しくしようって話が出てきたんだけど、ぼくは反対した。だって、今使っているユニフォームは穴も空いていないし、まだまだ使えるもの。ごみを減らすためには、ぼくたちの消費行動を変えていかなければいけないと思う。

ともこさん　お笑い芸人でごみ収集にも携わって活動されている方が、「３R」よりも大事な「R」があるって話をしていたの。それは「リスペクト」だって。「リスペクトがあれば、命無くなるまで物を使う。こんな出し方をしたら清掃員が大変かなと想像するのもリスペクト。食べ物を作った人や加工した人、料理をした人を想像するだけで敬意を払うことになると思う。リスペクトの気持ちがあれば、劇的にゴミは減る」[注1]ってお話、その通りだと思った。

のりおくん　そうだね。「リスペクト(敬意)」の気持ちがあれば、目の前にある一つひとつのものをもっと大切にできるはずだ。目の前にある食事は、植物や動物からいただいた命だ。考えてみれば、すべての商品が誰かの手によって大切に生産され、加工されたものだからね。衣服の原材料である綿花だって植物の命をいただいているものだよ。ぼくたちは目の前にあるものにもっと敏感であるべきだね。

注1　滝沢秀一『やっぱり、このゴミは収集できません――ゴミ清掃員がやばい現場で考えたこと』、白夜書房、2020年、p.187.

問１　空らん（ １ ）～（ ５ ）にあてはまる語句を答えなさい。カタカナ以外の語句は漢字で答えること。

問２　下線部(a)の影響で、積乱雲が同じ場所を通過したり停滞したりすることで作り出される強い降水をともなう被害が、各地で報告されている。この降水域の名称を答えなさい。

問３　下線部(b)に関して、次の設問１と設問２に答えなさい。

設問１　下線部(b)でかつて栄えた王国を答えなさい。

設問２　下線部(b)はサンゴ礁が見られる地域であるが、近年の気候変動の影響を受けてある問題が引き起こされている。この問題とは何かを答えなさい。

問４　下線部(c)に関して、あなた自身が実際に行っている「リユース」の取り組みについて答えなさい。なお、本文で出されている例は用いないこと。

問５　下線部(d)に関して、ごみを分別するための識別表示として正しいものを、次の(ア)～(エ)から１つ選び、記号で答えなさい。

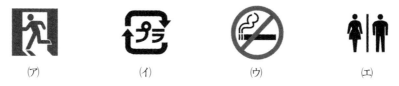

(ア)

(イ)

(ウ)

(エ)

問６　会話文の結論として最も正しいものを、次の(ア)～(エ)から１つ選び、記号で答えなさい。

(ア)　2023年夏は記録的な熱波に見舞われ、特にハワイでの山火事は深刻なものとなった。地球温暖化による気候変動の問題は解決すべき世界規模の課題であり、日本国民一人ひとりの力によっては解決できないところまで来てしまっている。

(イ)　2023年夏は記録的な熱波に見舞われ、各地に甚大な被害をもたらした。気候変動をもたらす原因を削減するためには「３Ｒ」によるゴミの削減も大切だが、脱炭素の取り組みとしてクリーンエネルギーに移行することが急務である。

(ウ)　2023年夏は記録的な熱波に見舞われ、気候変動はますます過酷（かこく）になっている。しかし、2030年までに立てた目標も着実に達成しつつあり、「３Ｒ」に代表されるごみの削減に向けた取り組みもなされ、人びとの意識は変わりつつある。

(エ)　2023年夏は記録的な熱波に見舞われ、各地に甚大な被害をもたらした。気候変動に関して考えるべきことはたくさんあるが、まず自分にできることはごみを削減することであり、そのためにも消費行動を変えていかなければならない。

浦和明の星女子中学校(第１回)

―理科と合わせて50分―

1　次の先生と星子さんの会話について、あとの問いに答えなさい。

先生：今日は、森と私たちの暮らしのかかわりについて考えてみましょう。森というと、どのような風景を思い浮(う)かべますか。

星子：新緑の季節に、いろいろな木の新芽の緑の印象が強いです。緑の色も、それぞれの木の種類によって微妙(びみょう)な色の違いがあり、とても美しかったです。

先生：そうですね。それだけ多様な樹木があるということですね。①『日本書紀』には、②スサノオノミコトが自分の髭(ひげ)をぬいて放(はな)つとスギになり、眉毛はクスになったという話があります。スサノオノミコトはスギとクスは船に使うように諭(さと)したという内容です。日本人は、古代から木をそれぞれの特性に応じて使い分けていたのでしょう。

星子：このあいだ、③東北地方の④青森県にある縄文時代の遺跡を写真でみました。大木(たいぼく)を使った大きい建物がありました。

先生：その大木はクリの木でしょう。クリの木は水や湿気(しっけ)に強いので、家や大きな建物の土台に使われることが多かったと考えられています。

星子：木の性質を上手に使ったのですね。

先生：そうですね。「適材適所」という言葉がありますが、これは⑤大工仕事における材料の使い方から生まれた言葉なのですよ。クリの木は土台に使うとか、木目の美しいケヤキは大黒柱に使うとか。日本の伝統的な⑥木造建築は、釘(くぎ)などの金属類は使わないで、⑦木材に凹凸(おうとつ)をつくって木材同士を組み込んで固定していました。傷(いた)んだ部材を交換して修繕(しゅうぜん)できる良い点があります。

星子：夏休みに、富山県にある⑧世界遺産の五箇山(ごかやま)に家族旅行にいったのですが、茅葺(かやぶき)屋根の伝統的な家屋がいくつもあって、とても立派でした。

先生：屋根の材料も、茅(かや)のほかにもヒノキを使った檜皮葺(ひわだ)、スギの皮や板を使ったものなど、豊富にあり、気候風土にあったものが地方ごとに使われてきました。

星子：人びとが暮らす家だけでなく、⑨平城京や平安京など都の建設などにも、大量の木材が使われますよね。

先生：そうですね。平城京や平安京の建設には、切り出した本で筏(いかだ)を組んで河川を使って都まで運んだそうです。戦国時代になると、戦国大名たちは支配地にある木材の確保をとても重要視していました。とくに⑩織田信長や豊臣秀吉は、良質な木材を大量に集めるように指示しました。なぜだかわかりますか？

星子：もしかしたら、城の建設ですか。安土城や⑪大坂城とか。

先生：よくわかりましたね。安土城や大坂城はとても大きな城であったのと、他の戦国大名に自分の力を誇示(こじ)するため、とても贅沢(ぜいたく)につくられたと考えられています。また、江戸幕府を開いた徳川家康は、江戸城だけでなく、莫大(ばくだい)な費用をかけて⑫江戸のまちづくりに取り組みました。まちづくりには大量の木材が必要となり、また、例えば⑬天竜川のような、木材を運ぶ流通経路の開発も必要になりました。木材の取引で大きな利益を上げた⑭商人の話が、よく伝えられていますよね。

星子：そんなに木材を使ったら、森林はなくなってしまうのではないですか。

先生：いい質問ですね。江戸時代、幕府や各藩の藩主たちは、森林資源を守るために、伐採(ばっさい)に制限をかけたり、植林をさせたりしているのですよ。

星子：なるほど。そういえば、2021年に開かれた⑮東京オリンピックの会場となった⑯国立競技場は、木材を多く使ったことが話題になりましたね。

先生：よく知っていますね。国立競技場の外観のひさしにあたる部分には、47都道府県から集められたスギやカラマツなどが使用されているのですよ。⑰千葉県や東京都など関東地方の木材はスタジアムの北東側、高知県など⑱四国地方は南東側、中部地方(北信越地方)は北西側と、各地方をそれぞれスタジアムの東西南北に分けて木材が使われました。

星子：知らなかったです。今度家族と⑲サッカー観戦したとき、よくみてみたいです。

先生：森の木は、建築資材として利用しただけではないですよ。⑳紙などの生活道具の素材になるものの多くも、すべて森の中から得ていたのです。桶(おけ)や樽(たる)、お椀やわっぱなど、今でも使われているものもありますよ。中には、漆(うるし)をぬった高級品が郷土の㉑工芸品として有名なものもあります。

星子：「わっぱ」って何ですか。

先生：わっぱとは、輪の形をしたもの、という意味です。うすい板をお湯でゆでたり、高温の蒸気にあてたりして木をやわらかくして曲げてつくった容器のことです。㉒弥生時代の遺跡からも出土しているので、木を曲げる技術はかなり古くからあったと考えられています。室町時代に桶が普及(ふきゅう)するまで、液体を入れる容器といえば、まげものでした。今でもお弁当箱とかで使われていますね。

星子：私たちの生活は、古代から数え切れないほど多くのものを森林に頼(たよ)って暮らしてきたのですね。私たちは森を大切にしなければいけませんね。

先生：そうですね。近年では㉓輸入木材に頼ることが多く、林業に携(たずさ)わる人が少なくなりました。日本の歴史を振り返って、森や木と私たちの暮らしの関係を深く考えることが大切ですね。

問１　下線部①について。『日本書紀』がつくられたころの社会のようすについて述べた説明文として正しいものを、次の(ア)～(エ)から一つ選び、記号で答えなさい。

(ア)　浅間山の噴(ふん)火や冷害などで全国的な大飢饉(ききん)が発生し、各地で百姓一揆や打ちこわしがおきた。

(イ)　全国の田畑を測量し、耕作者の名前を検地帳に記録したことから、武士と農民の分離が進んだ。

(ウ)　田畑の面積に応じて課(か)せられた調や庸の税や兵役など、農民たちの負担は重いものであった。

(エ)　荘園の持ち主は、税をまぬがれる不輸(ふゆ)の権や役人の立ち入りを拒否する不入(ふにゅう)の権を認めさせた。

(※学校注：問１の選択肢(ア)～(エ)に正しいものがありませんでした。)

問２　下線部②について。スサノオノミコトとは、日本の神話の中に出てきます。宗教や思想について述べた説明文として誤っているものを、次の(ア)～(エ)から一つ選び、記号で答えなさい。

(ア)　釈迦(しゃか)によってひらかれた仏教は、６世紀のなかばまでに日本に伝わったと考えられている。

(イ)　イエスの教えは、キリスト教とよばれ、イエスの弟子たちによって世界に広まっていった。

(ウ)　日本の神話は、５世紀はじめにつくられた『古事記』にまとめられている。

(エ)　『論語(ろんご)』は、孔子(こうし)の言葉や行動を弟子たちがまとめたものである。

問３　下線部③について。次の文は、東北地方のある県でおこなわれている伝統行事について述べたものです。この行事がおこなわれている県について述べた説明文として正しいものを、次の(ア)～(エ)から一つ選び、記号で答えなさい。

> この行事は、東北地方で最も米の生産量が多い県でおこなわれ、長い竹に米俵(こめだわら)に見立てた提灯(ちょうちん)をぶら下げて練(ね)り歩くものである。

(ア)　県内には東北地方で唯一の政令指定都市があり、東北地方の行政の中心的役割を担(にな)っている。
(イ)　白神山地から発する岩木川が流れ、中流域ではリンゴの栽培が盛んである。
(ウ)　県の中央を出羽山地が南北に縦断(じゅうだん)し、県の南東部に横手盆地が広がる。
(エ)　県西部を流れる阿賀川(阿賀野川)周辺には、多くの水力発電所が集中している。

問４　下線部④について。青森県の縄文時代の遺跡について述べた説明文として正しいものを、次の(ア)～(エ)から一つ選び、記号で答えなさい。

(ア)　三内丸山遺跡は、1500年以上続いたとされる、大規模(だいきぼ)な集落の遺跡である。
(イ)　宗教的な権威(けんい)をもった女王が人びとを支配していたことが、纒向(まきむく)遺跡からわかった。
(ウ)　吉野ヶ里遺跡から発見された二重の堀(ほり)は、外敵の攻撃から集落を守る役割を果たしていた。
(エ)　大森貝塚の中心地には、土を丘のように盛り上げて築(きず)いた、大きな埋葬(まいそう)施設があった。

問５　下線部⑤について。大工などの職人について述べた説明文として誤っているものを、次の(ア)～(エ)から一つ選び、記号で答えなさい。

(ア)　古墳時代では、養蚕(ようさん)・機織(はたお)りなどの知識や技術をもった渡来人が、大和政権につかえていた。
(イ)　室町時代には、大工だけでなく、紙すきや酒づくりなど多くの職人たちが活動していた。
(ウ)　豊臣秀吉の時代に、朝鮮半島の職人の高度な技術でつくられた陶器(とうき)が日本に伝わった。
(エ)　江戸時代の職人は、職種(しょくしゅ)ごとに住む場所が指定され、農民より重い税が課(か)せられた。

問６　下線部⑥について。木造建築について述べた説明文として誤っているものを、次の(ア)～(エ)から一つ選び、記号で答えなさい。

(ア)　法隆寺の五重塔は、現存する最古の木造の塔であると考えられている。
(イ)　平氏に焼かれた東大寺は、豪放(ごうほう)な力強さを特色とする、中国の宋の新しい様式を用いて再建された。
(ウ)　正倉院は、木材を隙間(すきま)なく組み上げた、校倉(あぜくら)造とよばれる建築方法で建てられている。
(エ)　平安時代の貴族の屋敷(やしき)には、書院造りとよばれる畳(たたみ)や障子(しょうじ)が用いられる建築様式が多くみられた。

問７　下線部⑦について。木材を組み込んでつくる方法は、建物だけでなく、大きな仏像彫刻などにもみられる手法で、寄木(よせぎ)造といいます。この手法でつくられた像として正しいものを、次の(ア)～(エ)から一つ選び、記号で答えなさい。

(ア)　法隆寺金堂釈迦三尊像　　(イ)　東大寺南大門金剛力士像
(ウ)　長崎平和祈念(きねん)像　　(エ)　興福寺仏頭

問８　下線部⑧について。次の文章は、日本国内の世界遺産の歴史について述べたものです。この世界遺産は何ですか。正しいものを、次の(ア)～(エ)から一つ選び、記号で答えなさい。

19世紀ごろ、欧米から鯨漁の船が多く来ており、船に水や食料を供給するために住みついた欧米人たちが最初の定住者となった。太平洋戦争中は防衛施設がつくられて激戦地となり、戦後はアメリカ軍の統治下におかれたが、1968年に日本に返還された。

(ア)　知床　　　(イ)　小笠原諸島
(ウ)　屋久島　　(エ)　「神宿る島」宗像・沖ノ島と関連遺産群

問９　下線部⑨について。平城京は現在の奈良県にあります。奈良県には東経136度の経線が通っています。次の府県の並びは、東経136度が通る府県を北から順に並べたものです。（ A ）と（ B ）に入る県の組合せとして正しいものを、次の(ア)～(エ)から一つ選び、記号で答えなさい。

（ A ）県　→　（ B ）県　→　京都府　→　奈良県

(ア)　A　兵庫　　B　三重　　　(イ)　A　滋賀　　B　三重
(ウ)　A　福井　　B　滋賀　　　(エ)　A　福井　　B　兵庫

問10　下線部⑩について。織田信長について述べた説明文として誤っているものを、次の(ア)～(エ)から一つ選び、記号で答えなさい。

(ア)　長篠の合戦では、武田氏の軍勢に対して足軽鉄砲隊を使った集団戦術を用いた。
(イ)　海外貿易で栄えていた堺を支配下に置き、堺の住民の自治を制限した。
(ウ)　北陸地方の一向一揆を弾圧し、仏教勢力を抑えるため、キリスト教を保護した。
(エ)　茶道を通じて礼儀作法を整え、天下統一を実現しようと考えて、わび茶を考案した。

問11　下線部⑪について。大坂城について述べた説明文として正しいものを、次の(ア)～(エ)から一つ選び、記号で答えなさい。

(ア)　豊臣秀吉が全国統一の根拠地として、石山本願寺の跡地に築いた城である。
(イ)　豊臣秀吉が全国の食材を集めたことから、「天下の台所」とよばれた。
(ウ)　白漆喰が外壁に多く使われた城の姿から、白鷺城ともよばれた。
(エ)　アジア太平洋戦争の終戦後、日本を占領したＧＨＱによって再建された。

問12　下線部⑫について。江戸のまちづくりについて述べた説明文として正しいものを、次の(ア)～(エ)から一つ選び、記号で答えなさい。

(ア)　江戸のまちづくりに要した費用は、幕府が独占した朱印船貿易の利益でまかなわれた。
(イ)　江戸で暮らす人びとは、井戸だけでなく、芦ノ湖から木製の樋によってひかれた水も利用した。
(ウ)　木造家屋が密集していた江戸の町は、火事が多かったので、幕府は夜間の火の使用を禁止した。
(エ)　藩主や藩士が江戸で滞在するための藩の屋敷は、監視のため江戸城の敷地の中に全て建てられた。

問13　下線部⑬について。天竜川流域にある市町村について述べた説明文として正しいものを、次の(ア)～(エ)から一つ選び、記号で答えなさい。

(ア)　市内からは東側に飛騨山脈がみえ、日本でもっとも面積が広い市として知られている。
(イ)　市街地は旧北陸街道を中心に形成され、眼鏡や繊維産業が盛んである。
(ウ)　村の南側には浅間山がそびえ、高冷地の気候を利用したキャベツ栽培が盛んである。
(エ)　東に南アルプス、西に中央アルプスという二つのアルプスに囲まれ、高遠城址公園などの観光資源がある。

問14　下線部⑭について。江戸時代の商人について述べた説明文として正しいものを、次の(ア)～(エ)から一つ選び、記号で答えなさい。

(ア)　紀伊国屋文左衛門(きのくにやぶんざえもん)は、「現金掛(か)け値なし」の新しい商法で木材を取引し、莫大(ばくだい)な資産を築いた。

(イ)　下総(しもうさ)の商人であった間宮林蔵は、全国の沿岸を測量し、正確な日本地図を作製した。

(ウ)　京都の商人であったと考えられている俵屋宗達は、「風神雷神図屏風」を描(えが)いた。

(エ)　河村瑞賢(かわむらずいけん)は、幕府の命令で江戸日本橋を拠点とする五街道の整備に取り組んだ。

問15　下線部⑮について。日本で最初のオリンピックは1940年に予定されていましたが、当時の国際情勢や日本の国内情勢によって中止されました。日本でオリンピックがはじめて開かれたのは1964年です。1940年と1964年の国際情勢と日本の国内情勢の組合せとして正しいものを、次の(ア)～(カ)から一つ選び、記号で答えなさい。

Ａ：1940年　　Ｂ：1964年

＜国際情勢＞

あ：アメリカで株式の大暴落がおこり、世界恐慌がはじまった。

い：ヒトラーが政権をにぎっていたドイツは、イタリアと日本の間に三国同盟を結んだ。

う：イスラエルとアラブ諸国の間で第四次中東戦争がおこった。

＜日本の国内情勢＞

ａ：国家総動員法が制定された。

ｂ：日韓基本条約が締結された。

ｃ：近衛文麿(このえふみまろ)がふたたび首相になった。

(ア)　Ａ－あ－ａ　　(イ)　Ａ－い－ｃ　　(ウ)　Ａ－う－ｂ

(エ)　Ｂ－あ－ｂ　　(オ)　Ｂ－い－ａ　　(カ)　Ｂ－う－ｃ

問16　下線部⑯について。国立競技場は、アジア太平洋戦争以前は明治神宮外苑(めいじじんぐうがいえん)競技場とよばれていました。国立競技場および明治神宮外苑競技場について述べた説明文として正しいものを、次の(ア)～(エ)から一つ選び、記号で答えなさい。

(ア)　戦争の激化で大学生が徴兵(ちょうへい)されるようになると、明治神宮外苑競技場は出陣する大学生の壮行会(そうこうかい)の会場となった。

(イ)　1970年の大阪万博では、国立競技場に太陽の塔がつくられて万博を盛り上げた。

(ウ)　国立競技場と東海道新幹線は、ともに1958年に完成した。

(エ)　明治政府は、近代化政策の一つとして、皇居の敷地(しきち)の一部を利用して明治神宮外苑競技場を建設した。

問17　下線部⑰について。次の表は千葉県、東京都、大阪府、北海道の航空輸送量を、国内線と国際線別にあらわしたものです。千葉県にあてはまるものとして正しいものを、次の(ア)～(エ)から一つ選び、記号で答えなさい。

	国内線(2021年)		国際線(2021年)	
	旅客(千人)	貨物(トン)	旅客(千人)	貨物(トン)
(ア)	12,102	113,373	0	13,074
(イ)	4,127	1,466	1,745	2,609,321
(ウ)	10,861	86,790	269	822,302
(エ)	29,152	401,576	831	419,178

(『データでみる県勢　2023』より作成)

問18　下線部⑱について。

⑴　次の表は、生産上位に四国地方の県がみられる農作物生産上位県をあらわしたものです。表中の空欄Ａ～Ｄにあてはまる農作物の組合せとして正しいものを、次の㋐～㋕から一つ選び、記号で答えなさい。

A		B		C		D	
高　知	39,300	徳　島	4,156	茨　城	25,500	長　崎	876
熊　本	33,300	高　知	32	佐　賀	6,450	千　葉	444
群　馬	27,400	愛　媛	9	徳　島	4,850	香　川	229

(単位はトン。『データでみる県勢　2023』より作成)

㋐　Ａ　なす　　Ｂ　れんこん　　Ｃ　スダチ　　Ｄ　びわ
㋑　Ａ　なす　　Ｂ　スダチ　　Ｃ　れんこん　　Ｄ　びわ
㋒　Ａ　れんこん　　Ｂ　びわ　　Ｃ　スダチ　　Ｄ　なす
㋓　Ａ　れんこん　　Ｂ　スダチ　　Ｃ　びわ　　Ｄ　なす
㋔　Ａ　びわ　　Ｂ　なす　　Ｃ　れんこん　　Ｄ　スダチ
㋕　Ａ　びわ　　Ｂ　れんこん　　Ｃ　なす　　Ｄ　スダチ

⑵　四国地方の県と、その県にあるものの組合せとして誤っているものを、次の㋐～㋓から一つ選び、記号で答えなさい。

㋐　香川県・満濃池(まんのういけ)　　㋑　愛媛県・道後温泉
㋒　徳島県・石見銀山　　㋓　高知県・四万十川

問19　下線部⑲について。2022年にカタールでサッカーのワールドカップが開催(かいさい)されました。カタールと接している国として正しいものを、次の㋐～㋓から一つ選び、記号で答えなさい。

㋐　サウジアラビア　　㋑　エジプト　　㋒　インド　　㋓　フィリピン

問20　下線部⑳について。次の文章は、パルプや紙、紙加工品の出荷額が国内１位の県について述べたものです。この県として正しいものを、次の㋐～㋓から一つ選び、記号で答えなさい。

> この県では、豊かな水や広い土地を利用した製紙(せいし)・パルプ工業が発達した。また、県外から運ばれる木材を加工する技術を生かした楽器の生産も盛んであり、ピアノは国内の出荷額100％を占(し)める。こうした、紙製品や楽器が生産される工場が集まる地域は、東海工業地域とよばれている。

㋐　三重県　　㋑　岐阜県　　㋒　愛知県　　㋓　静岡県

問21　下線部㉑について。日本各地の伝統的工芸品について述べた説明文として正しいものを、次の㋐～㋓から一つ選び、記号で答えなさい。

㋐　有田焼は佐賀県の九谷(くたに)港から輸出されたことから、九谷焼ともよばれる。
㋑　かつて南海とよばれた紀伊半島でつくられる鉄器を、南部鉄器という。
㋒　江戸時代に大坂(大阪)や博多でつくられた切子(きりこ)は、現在では江戸切子とよばれる。
㋓　徳島県では、楮(こうぞ)などを原料とする阿波和紙がつくられている。

問22　下線部㉒について。弥生時代の遺跡からわかることについて述べた説明文として誤っているものを、次の㋐～㋓から一つ選び、記号で答えなさい。

(ア)　静岡県の登呂遺跡から発見された田下駄(たげた)は、水田で足が土にもぐるのを防ぐために使われたと考えられている。

(イ)　埼玉県の稲荷山古墳から大量に発見された木簡(もっかん)によって、弥生時代の人びとが納(おさ)めていた税の内容が解明された。

(ウ)　東京の弥生町から発見された土器の特徴が、それまでの縄文土器と違うことから、発見された地名からとって弥生土器と名付けられた。

(エ)　奈良県の遺跡から発見された土器のかけらに、建物の絵が描(えが)かれていたことから、この地域には大きな力を持った勢力があったと考えられている。

問23　下線部㉓について。次の表は、木材をはじめとする日本の輸入品の、輸入相手国と金額による割合をまとめたものです。(A)と(B)にあてはまる国の組合せとして正しいものを、次の(ア)～(カ)から一つ選び、記号で答えなさい。

木材		牛肉		小麦		綿花	
(A)	29.8	(B)	42.2	(B)	45.1	(B)	37.7
(B)	17.0	オーストラリア	40.5	(A)	35.5	オーストラリア	11.9
ロシア	13.1	(A)	6.9	オーストラリア	19.2	ギリシャ	10.1

(単位はパーセント。『2023データブック　オブ・ザ・ワールド』より作成)

(ア)　A　中国　　B　アメリカ　　(イ)　A　中国　　B　カナダ
(ウ)　A　アメリカ　　B　中国　　(エ)　A　アメリカ　　B　カナダ
(オ)　A　カナダ　　B　中国　　(カ)　A　カナダ　　B　アメリカ

2　2023年をふりかえった以下の文章を読み、あとの問いにそれぞれ答えなさい。

1月

日本が6年ぶり、12度目の国際連合の安全保障理事会の非常任理事国となった。

問1　国際連合の常任理事国として誤っているものを、次の(ア)～(エ)から一つ選び、記号で答えなさい。

(ア)　アメリカ合衆国　　(イ)　中華人民共和国　　(ウ)　ドイツ　　(エ)　ロシア

2月

円・ドル変動相場制に移行してから50年となった。

問2　日本の経済について述べた説明文として正しいものを、次の(ア)～(エ)から一つ選び、記号で答えなさい。

(ア)　東日本大震災の結果、バブル経済が崩壊(ほうかい)し、金融機関が不良債権(さいけん)をかかえることになった。

(イ)　日本銀行は、景気をよくするために、国債の発行を決定することができる。

(ウ)　現在の国の税収のうち、7割以上の割合を占めるのは、法人税である。

(エ)　2024年に発行される新札では、一万円に渋沢栄一、五千円に津田梅子、千円に北里柴三郎の肖像(しょうぞう)が使われる。

3月

文部科学省の外局にあたる[　①　]庁が、東京から京都に移転した。

問3　空欄[　①　]にあてはまる語句として正しいものを、次の(ア)～(エ)から一つ選び、記号で答えなさい。

(ア)　観光　　(イ)　こども家庭　　(ウ)　デジタル　　(エ)　文化

４月

第20回統一地方選挙や国会議員の補欠選挙がおこなわれた。

問４　地方選挙や地方自治について述べた説明文として正しいものを、次の(ア)～(エ)から一つ選び、記号で答えなさい。

(ア)　北海道・大阪府・東京都では、新しい知事が今回の統一地方選挙で選ばれた。

(イ)　「民主主義の学校」とよばれる地方自治の考え方から、市長選や市議選の無投票当選は認められていない。

(ウ)　地方公共団体の首長は、地方議会が地方議員の中から指名する。

(エ)　地方自治では、首長や地方議会議員の解職を求める直接請求権が、住民に認められている。

５月

主要７カ国首脳会議（Ｇ７サミット）が、広島で開催された。

問５　Ｇ７サミットの参加国の説明文として誤っているものを、次の(ア)～(エ)から一つ選び、記号で答えなさい。

(ア)　アメリカ合衆国には、50の州が存在している。

(イ)　カナダはロシアに次（つ）ぐ、世界第二位の面積をもつ国である。

(ウ)　第二次世界大戦後、ドイツは東西に分裂していた時期があった。

(エ)　フランス出身の有名な画家として、ゴッホ、ミケランジェロ、ルノワールがいる。

６月

経済財政運営と改革の基本方針2023（骨太（ほねぶと）方針2023）が、閣議決定された。

問６　「骨太方針2023」の内容として誤っているものを、次の(ア)～(エ)から一つ選び、記号で答えなさい。

(ア)　こども子育て対策の抜本強化

(イ)　投資の拡大と経済社会改革の実行

(ウ)　構造的賃上げの実施

(エ)　マイナンバーカードの2023年度内の廃止

７月

ＴＰＰ（環太平洋パートナーシップ協定）参加国の閣僚級会議が開かれ、イギリスの加入が正式決定された。

問７　ＴＰＰ加盟国として誤っているものを、次の(ア)～(エ)から一つ選び、記号で答えなさい。

(ア)　インド　　(イ)　オーストラリア　　(ウ)　カナダ　　(エ)　シンガポール

８月

宮沢喜一内閣が総辞職し、［　②　］を首相とする８党派の連立内閣が成立して、30年がたった。

問８　空欄［　②　］にあてはまる語句として正しいものを、次の(ア)～(エ)から一つ選び、記号で答えなさい。

(ア)　佐藤栄作　　(イ)　鳩山一郎　　(ウ)　細川護熙（もりひろ）　　(エ)　吉田茂

10月

消費税の税率や税額を、正確に把握（はあく）するための新しい経理方式［　③　］（適格請求書（てきかくせいきゅうしょ））制度がはじまった。

問９　空欄［　③　］にあてはまる語句として正しいものを、次の(ア)～(エ)から一つ選び、記号で答えなさい。

(ア)　インサイダー　　(イ)　インバウンド　　(ウ)　インフラ　　(エ)　インボイス

12月

ＵＡＥ（アラブ首長国連邦）の［　④　］でおこなわれていた、国連気候変動枠組み条約第28回締約国会議（ＣＯＰ28）が、閉幕した。

問10　空欄［　④　］にあてはまる語句として正しいものを、次の(ア)～(エ)から一つ選び、記号で答えなさい。

(ア)　カイロ　　(イ)　テヘラン　　(ウ)　ドバイ　　(エ)　ハノイ

江戸川女子中学校(第１回)

—35分—

1　次のＡ～Ｈの文は、日本の各時代について説明したものである。これらを参照して各問に答えよ。

Ａ）①阿氏河荘(あてがわのしょう)の農民たちが、荘園領主に地頭の横暴を訴えた。

Ｂ）東北地方で②前九年合戦(前九年の役(えき))がおこった。

Ｃ）③日独伊三国同盟が結ばれた。

Ｄ）④埴輪がたくさんつくられた。

Ｅ）備中鍬(ぐわ)や千歯扱(こき)が考案されるなど農具の改良がすすみ、⑤農業が発展した。

Ｆ）九州にあった奴国(なこく)の王が、後漢(ごかん)の光武帝(こうぶてい)に使者を派遣し、⑥金印を授けられた。

Ｇ）（ ⑦ ）が、「諸国の農民が、刀、弓、やり、鉄砲、そのほかの武器を持つことを、固く禁止する」という内容の法令を出した。

Ｈ）⑧日比谷焼打ち事件がおこった。

(問１)　下線①について、誤っている文を次のア～エから１つ選べ。ただし、すべて正しい場合はオで答えよ。

ア）阿氏河荘は、現在の和歌山県にあった荘園である。

イ）阿氏河荘の農民たちは、地頭のせいで荘園領主に年貢を納めることができない、と訴えた。

ウ）阿氏河荘の農民たちは、地頭から女や子どもたちの耳を切り、鼻をそぎ、髪を切って尼にするとおどされている、と訴えた。

エ）阿氏河荘の農民たちは、地頭の藤原元命(もとなが)を辞めさせてほしいと訴えた。

(問２)　下線②について、正しい文を次のア～エから１つ選べ。ただし、すべて誤っている場合はオで答えよ。

ア）源頼朝が奥州(おうしゅう)藤原氏を滅ぼした。

イ）坂上田村麻呂が蝦夷を降伏させた。

ウ）源頼義・源義家の父子が安倍氏を滅ぼした。

エ）平清盛が源義朝に勝利した。

(問３)　下線③について、正しい文を次のア～エから１つ選べ。ただし、すべて誤っている場合はオで答えよ。

ア）太平洋戦争が長期化するなかで結ばれた。

イ）同じころ、ソ連との間で日ソ共同宣言が発表された。

ウ）日独伊三国同盟が結ばれた結果、イギリスとの対立が深まり、日英同盟が廃止された。

エ）日独伊三国同盟が結ばれた結果、アメリカとの対立が深まり、アメリカは日本への鉄鋼などの輸出を禁止した。

(問４)　下線④について、正しい文を次のア～エから１つ選べ。ただし、すべて誤っている場合はオで答えよ。

ア）稲作とともに大陸から伝来した。

イ）青銅製の埴輪が発見されることが多い。

ウ)　安産や豊かな収穫を祈るためにつくられることが多い。

エ)　寺院の周りに置かれることが多い。

(問５)　下線⑤について、誤っている文を次のア～エから１つ選べ。ただし、すべて正しい場合はオで答えよ。

ア)　干鰯(ほしか)や油粕(あぶらかす)などの肥料が用いられるようになった。

イ)　新田開発がさかんになり、田の面積が100年ほどの間に約２倍になった。

ウ)　西日本で、麦を裏作とする二毛作が始まった。

エ)　宮崎安貞(やすさだ)の『農業全書』など農業に関する本が出版された。

(問６)　下線⑥について、このとき授けられたとされる金印が、江戸時代に現在の福岡県にある志賀島(しかのしま)で発見された。右の図は、この金印のものであるが、何と刻まれているか、漢字で答えよ。

(問７)　空欄⑦に入る人物を漢字で答えよ。

(問８)　下線⑧について、日比谷焼き打ち事件がおこった理由を、40字以上60字以内で説明せよ。その際、次の語句を用いること。

戦争　　条約

(問９)　Ａ～Ｈの文を時代順に正しく並べた場合、その３番目と６番目にくる文を、それぞれＡ～Ｈで答えよ。

2　次の文を参照して各問に答えよ。

江戸川女子中学校では、１年生の５月に、二泊三日の日程で①軽井沢校外学習を実施している。一日目は、東京をバスで出発して、関越自動車道を利用して、浅間山の近くにある②鬼押出し園(おにおしだし)と③鎌原(かんばら)観音堂という場所を見学する。見学後、軽井沢の宿舎に入って一日目を終える。二日目は、④軽井沢で一日を過ごす。午前中は、軽井沢の自然林でネイチャーウォッチングを楽しみ、午後は、旧軽井沢地区の散策をおこなっている。最終日には軽井沢を出発して、世界遺産にも登録されている(　⑤　)を見学した後、再び関越自動車道を利用して東京に戻ってくる。この校外学習は、入学間もない生徒たちにとって、クラスの和を深めるとともに、江戸川女子の生徒としての自覚を深めるための行事にもなっている。

(問１)　下線①について、この校外学習において、出発してから戻ってくるまでに、通ったり訪れたりする都道府県の組み合わせとして正しいものを次のア～エから１つ選べ。

ア)　東京都・神奈川県・山梨県・栃木県　　イ)　東京都・神奈川県・山梨県・長野県

ウ)　東京都・埼玉県・群馬県・長野県　　エ)　東京都・埼玉県・栃木県・群馬県

(問２)　下線②について、鬼押出し園は、1783年の浅間山の噴火の際に、流れ出た溶岩によってつくられた風景が広がる公園である。東京の上野にある寛永寺(かんえいじ)が噴火後の地域の復興に関わったことから、園内には、1958年に寛永寺によって浅間山観音堂が創建された。寛永寺は、「東叡山(とうえいざん)寛永寺」とも呼ばれ、「東叡山」とは「東の比叡山」を意味している。また、寛永寺が浅間山観音堂を創建したことから、寛永寺と浅間山観音堂は、同じ仏教の宗派の寺院ということになる。これらをふまえて、浅間山観音堂の仏教の宗派は何宗だと考えられるか、漢字で答えよ。

(問３)　下線③について、鎌原観音堂は、浅間山のふもとの鎌原村にある観音堂で、石段を上った先に位置している。1783年の浅間山の噴火の際に、鎌原村も溶岩におそわれ、村の住民570人のうち、観音堂に避難した93人だけが助かったと伝えられている。噴火の被害から村人の命を救った観音堂では、現在も当時の村人の子孫たちによって、先祖の供養がおこなわれている。これについて、次のｉ〕・ⅱ〕の問いに答えよ。

ｉ〕　1783年の浅間山の噴火では、鎌原村だけでなく、全国的に大きな被害が出て、当時の政治にも大きな影響を与えた。これについて、正しい文を次のア～エから１つ選べ。

ア)　天保の飢饉がおこり、各地で百姓一揆や打ちこわしがおこった後、水野忠邦が老中に就任した。

イ)　天保の飢饉がおこり、各地で百姓一揆や打ちこわしがおこった結果、水野忠邦が老中を辞職した。

ウ)　天明の飢饉がおこり、各地で百姓一揆や打ちこわしがおこった後、田沼意次が老中に就任した。

エ)　天明の飢饉がおこり、各地で百姓一揆や打ちこわしがおこった結果、田沼意次が老中を辞職した。

ⅱ〕　1783年の浅間山の噴火がおこった当時、鎌原村は江戸幕府の直轄領であった。当時、鎌原村の支配や村人からの年貢の徴収などに最も深く関わっていた役職を、次のア～エから１つ選べ。

ア)　大目付(おおめつけ)　イ)　勘定奉行(かんじょうぶぎょう)　ウ)　町奉行(まちぶぎょう)　エ)　若年寄(わかどしより)

(問４)　下線④について、軽井沢が避暑地・別荘地として発展するきっかけは、明治時代に来日した外国人がこの地を訪れ、滞在するようになったことにあった。これについて、次のｉ〕・ⅱ〕の問いに答えよ。

ｉ〕　政府は、たくさんの外国人を日本に招き、彼らは「お雇い外国人」と呼ばれた。なぜ、政府はたくさんの外国人を日本に招いたのか、説明せよ。

ⅱ〕　明治時代に来日した外国人のうち、岡倉天心(おかくらてんしん)とともに日本の伝統美術を保護し、東京美術学校の設立に大きな役割を果たしたアメリカ人を答えよ。

(問５)　空欄⑤には、次の図に描かれた、明治時代初期に開業した生糸を生産する工場が入る。空欄⑤に入る語句を漢字で答えよ。

3　次のⅠ～Ⅲの広島県に関する文を参照して各問に答えよ。

Ⅰ　広島県では2023年５月に①先進国首脳会議が開催された。被爆地である広島で開催されたこの会議では、世界平和や核兵器廃絶についての議論がなされた。

Ⅱ　広島市は②太田川の下流に広がる広島平野に位置する都市である。太田川の上流では、2014年、2018年の集中豪雨で【 ★ 】の被害が深刻であった。

Ⅲ　広島県の面している瀬戸内海は古くから海上③交通の重要なルートとなっており、また戦後は塩田の跡地や埋め立て地を生かした④工業地域が発展している。

(問１)　下線①について、

⑴　この会議は通称何と呼ばれるか、カタカナで答えよ。

⑵　2023年のこの会議に首脳が出席**していない**国を次のア～エから１つ選べ。

ア)　イギリス　　イ)　フランス　　ウ)　ドイツ　　エ)　ロシア

(問２)　Ⅱの文中の空欄【 ★ 】に入る語句を次のア～エから１つ選べ。

ア)　火砕流　　イ)　地盤沈下　　ウ)　高潮　　エ)　土石流

(問３)　下線②について、

⑴　右の表１は日本の河川とその下流に広がる平野の組み合わせを表している。空欄(a)～(d)に入る語句を語群から１つずつ選べ。

表１

河川	下流の平野
(a)川	庄内平野
(b)川	越後平野
(c)川	徳島平野
(d)川	筑紫平野

語　群

ア)　北上	イ)　球磨	ウ)　信濃	エ)　四万十
オ)　神通	カ)　筑後	キ)　天竜	ク)　富士
ケ)　最上	コ)　吉野		

⑵　表１のａ～ｄの河川の河口の位置を地図中のあ～こから選びなさい。

(問４)　下線③について、広島県の尾道市は、近年サイクリングに訪れる観光客が増加している。その要因となっている交通網の整備について、具体的な地名を挙げて説明せよ。

(問５)　下線④について、以下のグラフ中のＡ～Ｄは瀬戸内海周辺の倉敷市、四国中央市、広島市、福山市の工業製造品出荷額の割合を表している。Ａ～Ｄから広島市に当てはまるものを１つ選べ。

工業製造品出荷額割合(2019年)

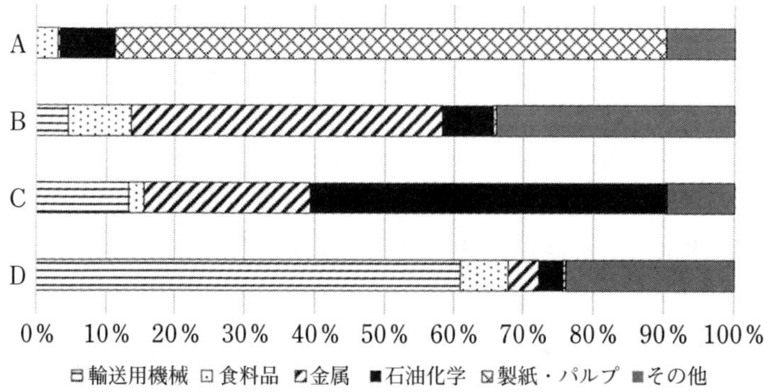

(問６)　広島県には1996年に世界文化遺産に登録された施設が２つある。以下のⓐ・ⓑが説明している施設をそれぞれ答えよ。

ⓐ　1945年８月６日に投下された原子爆弾によって被爆した建物

ⓑ　海中に位置する鳥居が有名な、古くから海上の守護神として崇敬(すうけい)された神社

(問７)　以下の表２中Ｅ～Ｈは北海道、宮城県、広島県、福岡県のいずれかを表している。広島県に当てはまるものを１つ選べ。

表２

	小麦の収穫量(百ｔ/2021年)	みかんの収穫量(千ｔ/2021年)	鶏卵の生産量(千ｔ/2021年)	かきの養殖収穫量(百ｔ/2020年)
E	7284	---	103	41
F	3	21	135	960
G	44	---	73	184
H	781	20	46	17

「---」は統計データなし

4　次のⅠ～Ⅲの各問に答えよ。

Ⅰ　以下の文中の空欄に入る語句を答えよ。

日本の「食」の安全が叫ばれるようになってから、様々な取り組みがなされてきた。例えば、食品安全に関する国民の理解を促し、必要で分かりやすい食品表示制度の運用に努め、まだ食べることができる食品が無駄に廃棄されないよう食品ロスの削減に取り組んでいくことなどを目的として、2009年には国の行政機関である(　①　)が発足した。

特に主食である米や米加工品については、食用に適さないものが流通するなどの事故が発生した場合に、食用に適さない米や米加工品を流通ルートから取り除いたり、これらの米や米加工品の流通ルートを特定したりすることで、すみやかに原因を解明することが必要である。各事業者が取引等の記録を作成し保存しておけば、米や米加工品の流通ルートを特定し原因の特定や回収が可能となる。こういった背景から2010年に「米(　②　)法」が施行された。

一方、国内のある地域で生産された農林水産物を、その生産された地域内において消費す

る（ ③ ）と呼ばれる取り組みが農林水産省からも推進されている。また、生産地から食卓までの距離が短い食料を食べた方が輸送に伴う環境負荷が少ないであろうとの仮説を前提として考えられた、食料の輸送量に輸送距離をかけ合わせた指標である（ ④ ）が近年では話題となっている。

Ⅱ　以下の文を参照して各問に答えよ。

①国会は、（ １ ）で作成した予算を審議・議決する。まず（ ２ ）で審議して採択された議案を、（ ３ ）でさらに審議する。②参議院と衆議院で異なる議決となった場合には、（ ４ ）が開かれる。それでも意見が一致しない時や、参議院が衆議院の議決した予算を受け取ってから（ ５ ）日以内に議決しなかった時には、衆議院の議決が優先される。

(問１)　文中の空欄１～４に入る語句を次のア～カから１つずつ選べ。

ア)　最高裁判所　　イ)　内閣　　ウ)　本会議

エ)　緊急集会　　オ)　委員会　　カ)　両院協議会

(問２)　空欄５に入る数字を答えよ。

(問３)　下線①について、国会の仕事として誤っているものを次のア～エから１つ選べ。

ア)　国政調査の実施　　イ)　憲法改正の発議

ウ)　条約の承認　　エ)　国務大臣の任命

(問４)　下線②について、これを二院制というが、日本がこれを採用している理由を答えよ。

Ⅲ　以下の図は国際連合の機関を説明した図である。これを参照して各問に答えよ。

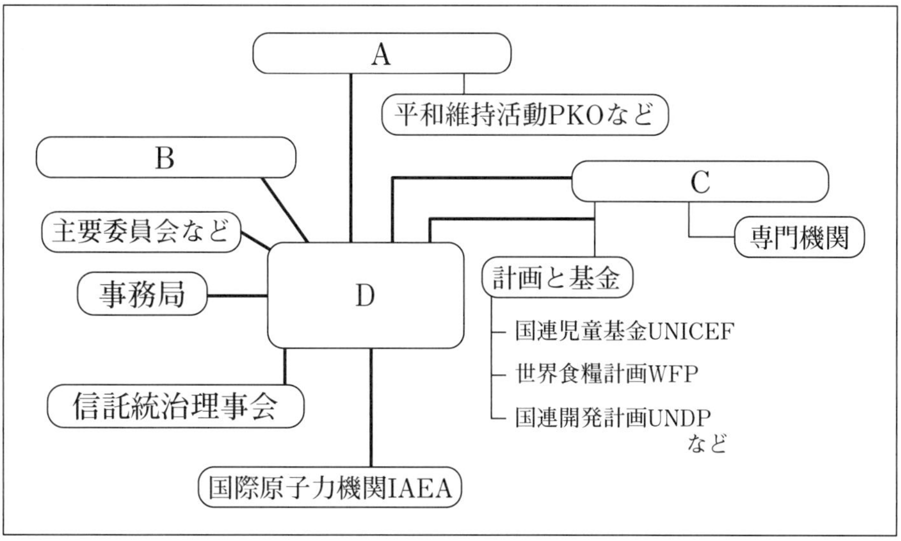

(問１)　以下の文(1)～(4)が、図中の空欄Ａ～Ｄのいずれの説明に該当するか答えよ。

(1)　国際法に従い、国家間の紛争解決のために裁判を行う。

(2)　この理事会にはＵＮＥＳＣＯ、ＩＬＯ、ＷＨＯなどがある。

(3)　この理事会の常任理事国の５か国は議決の際に拒否権を持つ。

(4)　毎年１回開催され、すべての加盟国が平等に１票を持つ。

(問２)　国際連合には、国際連合分担金とよばれる国際連合運営のための資金を加盟国がそれぞれ負担する仕組みがあるが、その負担率を示した以下の表中の空欄１・２に入る国名を答えよ。ちなみに、その国の経済力を基礎として負担率を決めているといわれる。

国際連合分担金の割合(数字は%)			
2016〜18年		2019〜21年	
アメリカ	22.0	アメリカ	22.0
（１）	9.7	（２）	12.0
（２）	7.9	（１）	8.6

(問３)　国際連合は1945年の発足当時は51か国だったが、その後、加盟国数が増加した。このように加盟国数が増加した理由を以下のグラフを参考にしながら説明せよ。

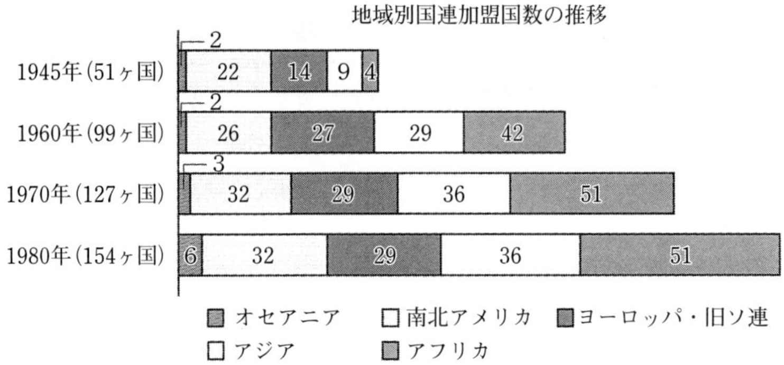

桜　蔭　中　学　校

—30分—

1　次の文を読み、文中の空欄[1]～[7]に適する語句をすべて漢字2文字で答えなさい。下線部については後の設問(①～⑤)に答えなさい。

桜蔭中学校から歩いて5分ほどの場所に、東京都水道歴史館があります。ここでは江戸時代から現在に至るまでの水道の歴史を知ることができます。

徳川家康は1590年に江戸に入ると、さっそく上水の整備にとりかかりました。海に近い江戸では[1]を掘っても水に塩分が混じり、飲み水には不向きでした。そこで川や池から水路をひき、石製や木製の水道管で市中に水を送るしくみが整えられました。江戸の庶民は地下の水道管とつながった[1]から水をくんで生活に使いました。江戸の人口が増え、水の需要が増えると、幕府は多摩川の水を江戸に引き入れるため[2]上水を開削し、江戸城や江戸南西部に水を送りました。武蔵野台地を流れる[2]上水は台地のあちこちに分水され、農家の生活用水や農業用水にも利用されました。こうして①<u>水に恵まれない武蔵野台地の開発</u>が進められました。

江戸時代につくられた上水のしくみは、明治時代には近代化されましたが、[2]上水は導水路として引き続き使われました。第二次世界大戦後の高度経済成長期に東京の水の需要は大きく増えます。東京では新潟県と群馬県の県境の山から流れ出す[3]川水系の水を利用するようになり、[2]上水は上流部を除いて使われなくなりました。現在、文京区本郷には、[3]川から荒川に引きこまれた水が朝霞[4]場を経て給水されています。

水源としての重要性が高まった[3]川上流には、水を安定的に利用するために八ッ場ダムなどがつくられています。ダムには主に4つの役割があります。生活に必要な水や農地や工場で使う水を確保すること、渇水時も流水を補給して川の機能を維持すること、水量を調節して[5]の被害を防いだり軽減したりすること、そして水量と落差を利用して[6]を生産することです。

生活や産業活動などには②<u>川の水</u>だけでなく地下水も利用されます。日本では、農業・工業・③<u>生活用水</u>の約1割を地下水がになっています。地下水は冬でも温度があまり低くならないので、北陸地方では[7]用にも利用されています。

現代の世界はさまざまな水問題に直面しています。海洋、河川、地下水の汚染の問題もあります。巨大なダムの建設が水をめぐる対立を生んでいる地域もあります。④<u>世界の災害</u>の多くは水に関係しているそうです。世界では水不足の影響が深刻化する一方で、[5]の被害も拡大しています。2023年、世界気象機関が、この年の7月の世界平均気温が観測史上最高の月平均気温となるだろうと発表すると、国連のグテーレス事務総長は「地球温暖化の時代は終わり、⑤<u>地球<　P　>の時代</u>が到来した」と述べました。気候変動は水に関わる災害を増大させている一因と考えられています。

設問

①　下線部①について、17世紀末ごろ乾いた赤土におおわれた武蔵野台地北東部の開発が進められました。次の図１は、開発された武蔵野台地の一部の現在の様子を、地図記号を使って示した模式図です。道路に面して家がたち、その背後に細長い畑が広がっています。細長い畑はいくつにも区切られており、その境界には樹木作物が植えられていることが、地図記号からわかります。後の表１は、この樹木の栽培面積が広い上位８府県を示しています。

ⅰ　畑を区切るように植えられているこの樹木作物の名称を答えなさい。

ⅱ　この樹木の作物としての価値以外の役割を20字以内で答えなさい。

図１

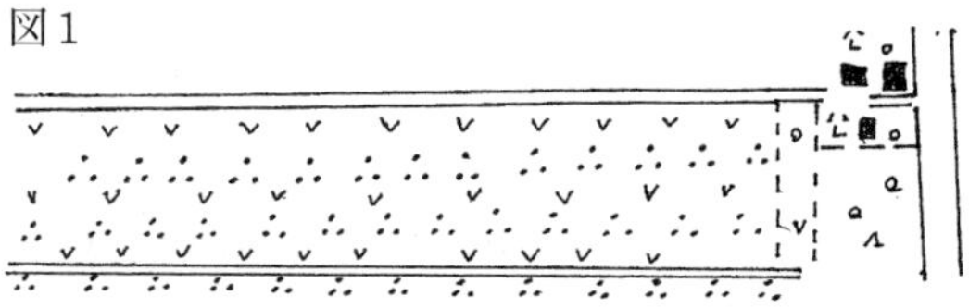

表１　栽培面積の広い府県（2023年）

順位	府県	順位	府県
1	静岡	5	福岡
2	鹿児島	6	宮崎
3	三重	7	熊本
4	京都	8	埼玉

出典「政府統計の総合窓口（e-Stat）」

②　下線部②について、次の説明文は日本の川について述べています。説明文Ａ～Ｄにあてはまる河川を後の地図中のア～コから１つずつ選び、記号で答えなさい。

Ａ　上流にある鉱業所からの排水中のカドミウムにより川の水や水田が汚染され、主に下流の住民に発生した深刻な健康被害は、1968年に国内最初の公害病に認定された。下流には新幹線停車駅をもつ県庁所在都市がある。

Ｂ　日本の中でもきわめて降水量の多い山岳部から流れ出す川である。上流域はスギの産地として知られ、下流の河岸段丘では果樹栽培がさかんである。河口にある都市は、江戸時代には御三家のひとつが整備した城下町として栄えた。

Ｃ　曲がりくねって流れることで有名な川で、川に沿って明治時代にはいくつもの屯田兵村が開かれた。かつては泥炭地が広がっていた下流の平野は、土地改良により今では日本を代表する水田地帯になっている。

Ｄ　四県を流れる川で、かつては下流の低地の人々は集落や農地を堤防で囲み、母屋がある土地よりも一段高い所に水屋をつくったり、協同で土もりをして避難場所をつくったりしたが、現在は水屋は少なくなった。

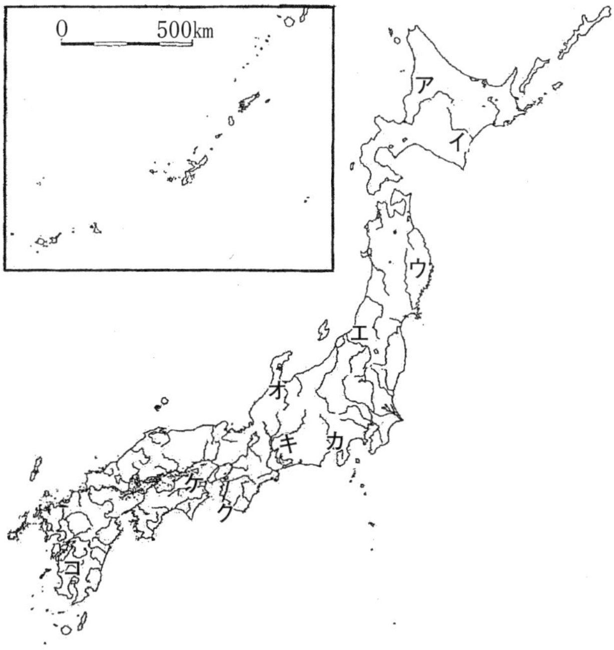

③　下線部③について、次の表２は東京都水道局が発表している家庭での水の使われ方を示しています。表２中のＹは近年、比率が高まっています。表２中のＹにあてはまるものを次のア～ウから１つ選んで、記号で答えなさい。

表２　家庭での水の使われ方

	X	Y	Z	洗濯(せんたく)	その他
2022年度	20%	43%	15%	16%	6％

出典　東京都水道局一般家庭水使用目的別実態調査

ア　風呂(ふろ)　　イ　炊事(すいじ)　　ウ　トイレ

④　下線部④について、次の文中の空欄に適する国名を答えなさい。

2023年２月６日、トルコ南部でマグニチュード7.8の地震(じしん)が発生し、トルコとその南隣(みなみどなり)の国（ １ ）で多数の犠牲者(ぎせいしゃ)が出た。2011年から内戦が続く（ １ ）では、壊れた建物の修復が十分に進んでいない中で多くの被害が出た。４月にはアジアを史上最悪の熱波がおそった。とくに現在世界第１位の人口大国である（ ２ ）では記録的な猛暑(もうしょ)となった。７月には（ ３ ）で大規模な森林火災が発生し、煙(けむり)は（ ３ ）だけでなくアメリカ合衆国にも影響をおよぼした。

⑤　下線部⑤について、＜ Ｐ ＞に適する語句を答えなさい。

2　次の文を読み、文中の空欄［ 1 ］～［ 3 ］に適する語句を答えなさい。［ 1 ］は漢字で答えなさい。空欄【 Ａ 】・【 Ｂ 】にあてはまるものを後の選択肢(せんたくし)ア～クから１つずつ選び、記号で答えなさい。また下線部については後の設問(①～③)に答えなさい。

2023年６月、①コロンビアで行方(ゆくえ)不明になっていた１歳(さい)から13歳の４人の子どもが熱帯林で発見されたというニュースは、世界をおどろかせました。小型飛行機の墜落(ついらく)で子どもたちの母親をふくめた大人３人は亡(な)くなりましたが、乳児をふくむ４人の子どもは助かり、子どもたちだけで、熱帯林の中で40日もの間生き延びました。この子どもたちが生き延びられたのは彼(かれ)らが熱帯林での暮らしに通じた［ 1 ］であり、熱帯林で食べ物を探したり、危険な動物などから身を守ったりする力を持っていたことが大きかったと考えられます。

　コロンビアという国は大陸の北側に位置し、太平洋と【 A 】の二つの大海に面した国家です。この大陸には16世紀頃に【 A 】を渡ってヨーロッパ系の人々がやってきて、［ 1 ］の国家を滅ぼし、植民地を形成しました。奴隷として【 B 】から多くの人々がつれてこられており、今日、この大陸には多様なルーツをもつ人々が見られます。コロンビアの隣にある②ブラジルという国も似たような特徴がみられる国です。ブラジルの北部は世界最大の流域をもつ［ 2 ］川が流れ、熱帯林におおわれています。隣国コロンビアにもその熱帯林は広がっており、小型飛行機が墜落したのもその一部です。今日では熱帯林の破壊が急速に進んでおり、③二酸化炭素などの温室効果ガスの増加が心配されています。

　この事件は技術の発達とともに私たちが失ったものを、［ 1 ］が今なお保っていることを教えてくれました。今日、世界では多様性を尊重することが求められています。［ 1 ］は経済成長が優先される中で、その生活様式や文化が脅かされることが多くあります。このため、2007年に国連で［ 1 ］の権利に関する宣言が採択され、2008年日本でも「［ 3 ］民族を［ 1 ］とすることを求める決議」が採択され、2019年には「［ 3 ］の人々の誇りが尊重される社会を実現するための施策の推進に関する法律」が制定されました。

【選択肢】

ア　紅海　　イ　地中海　　ウ　インド洋　　エ　大西洋

オ　アフリカ　　カ　アジア　　キ　アメリカ　　ク　オーストラリア

設問

①　下線部①のコロンビアの場所を次の地図中のア～クから１つ選び、記号で答えなさい。

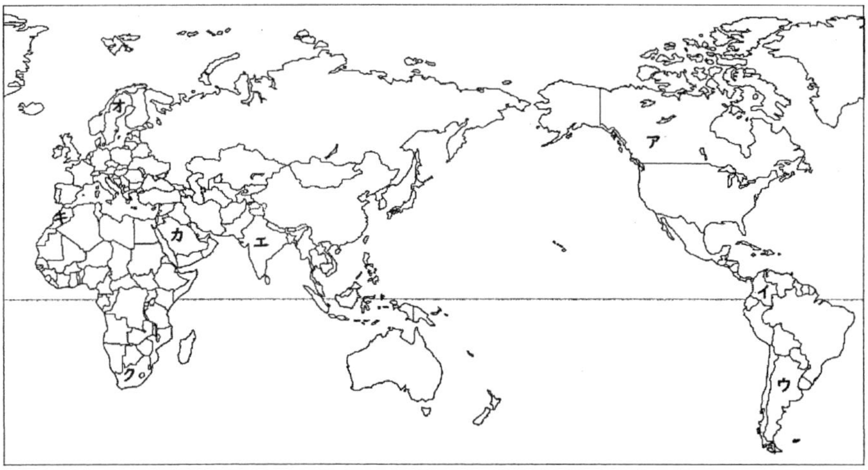

②　下線部②のブラジルについて述べた次の文ａ～ｃの正誤の組み合わせが正しいものを後のア～クから１つ選び、記号で答えなさい。

ａ　ブラジルには多くの日本人が20世紀に移り住み、現在も多くの日系人が暮らしている。

ｂ　スペインがかつてブラジルを植民地として支配していたため、スペイン語が主な言語となっている。

ｃ　2022年現在、日本で暮らす外国人は、ブラジル人が中国人に次いで２番目に多い。

ア　ａ正　ｂ正　ｃ正　　イ　ａ正　ｂ正　ｃ誤　　ウ　ａ正　ｂ誤　ｃ正

エ　ａ正　ｂ誤　ｃ誤　　オ　ａ誤　ｂ正　ｃ正　　カ　ａ誤　ｂ正　ｃ誤

キ　a誤　b誤　c正　　ク　a誤　b誤　c誤

③　下線部③について述べた次の文a～cの正誤の組み合わせが正しいものを後のア～クから1つ選び、記号で答えなさい。

a　国連安全保障理事会において、2015年「持続可能な開発目標」が採択された。

b　「持続可能な開発目標」では貧困(ひんこん)をなくし、気候変動への対策をとるなどの行動が求められている。

c　国連環境(かんきょう)計画などのＮＧＯを中心に、地球環境問題への積極的な取り組みが進められている。

ア　a正　b正　c正　　イ　a正　b正　c誤　　ウ　a正　b誤　c正
エ　a正　b誤　c誤　　オ　a誤　b正　c正　　カ　a誤　b正　c誤
キ　a誤　b誤　c正　　ク　a誤　b誤　c誤

[3]　次の文を読み、文中の空欄［　1　］～［　10　］に適する語句をすべて漢字で答えなさい。［　1　］は1つの用語で答えなさい。空欄【 A 】～【 D 】にあてはまるものを後の選択肢ア～ソから1つずつ選び、記号で答えなさい。また下線部については後の設問(①～⑪)に答えなさい。

私たちはなぜ税を納めるのでしょうか。今日日本では、税とは国または［　1　］が、その経費として人々から強制的に徴収するお金のことを指します。税を納める①義務があることが、日本国憲法においても示されています。これは国家が税を主な収入として動いているからです。税がなければ国家は機能しません。

今日の国家の原型はヨーロッパで生まれました。国王が強大な権力をにぎって戦争をくりかえし国民に重い税を課したため、これを不満に思った人々が国王と争い王政を廃止(はいし)したり、国王の権力を制限したりするようになりました。こうして生命や財産を国家から不当にうばわれることなく人間らしく生きる権利が生まれました。

このため多くの国では政治の最終的な決定権である［　2　］は、国民にあると考えられるようになりました。それにともなって税は支配者にとられるものから、国家の構成員である国民が自分たちのために必要な費用を分担するものとなりました。それでも税は強制的に個人の財産をうばうことになるわけですから、［　2　］をもつ国民の代表からなる【 A 】でその使い道が決められることが必要です。

日本で、こうした近代的な税制のはじめと考えられているのが、1873年にできた［　3　］という税です。しかしこの時にはまだ日本には【 A 】がなかったため、政府が一方的に定めた税は本当の意味での近代的な税といえるのか疑問がのこります。1874年に土佐藩出身の［　4　］らが政府に【 A 】の開設を求める意見書を提出しましたが、そこでも税を負担するものはその使いみちについて意思を表明する権利があると述べています。

［　3　］は当初は政府の収入の9割以上を占(し)めていました。その後1887年には個人の収入に対して課税される［　5　］が導入されました。［　5　］による収入ははじめはごくわずかでしたが、徐々(じょじょ)に増加していきました。②1904年から政府の［　3　］や［　5　］などの税収入は急激に増加し、その後もその状態が続きました。

税にはいろいろなものがあります。いくつかをみていきましょう。関税は国家の収入となりますが、幕末に日本がアメリカなどの国と結んだ条約により、日本は関税を自分たちだけで決めることができなくなってしまいました。関税は国家の収入となるだけでなく、【 B 】をおさえて国内の産業を守るなどの役割も果たすものであり、日本の産業発展にはとても重要な意味をもちました。そこで条約の改正に取り組み、[6]が外相(がいしょう)だった時に、日本は新しい条約を結び、完全に自由に関税を決めることができるようになりました。戦後にはアメリカの占領(せんりょう)下で、[5]のような直接税を中心とした税制度がとられましたが、1989年に③消費税が導入され、間接税の割合が増えていきました。令和５年度の予算では[5]を上回り、消費税が最大の税収入となる見込(こ)みです。こうした国の税を集める仕事をしている国税庁は、国の予算に関する仕事をしている【 C 】の外局です。

次に近代以前の税制をふりかえってみましょう。そもそも④国家が存在しなかった時代には税は存在しません。日本列島で国家の形成が始まると、中国との交流が始まり中国の歴史書に日本列島のことが記されるようになります。３世紀頃に⑤邪馬台国について記した中国の歴史書【 D 】には、すでに税が存在したことが記されています。その後豪族(ごうぞく)が連合して[7]と呼ばれる政府を作り、大王が強大な力を持つようになりました。５世紀の九州に大王の力がおよんでいたことが、熊本県の[8]古墳(こふん)出土の鉄刀からわかります。

東アジアの国々の争いが激しくなると[7]もその影響を受けるようになります。⑥聖徳太子らが改革を試み、新しい国家体制をめざしましたが、新しい国家体制が実現したのは⑦８世紀に入る頃でした。新しい国家体制の下では、従来の有力豪族は国家の役人となり、高い位をあたえられた[9]として、高い収入などの特権をえました。新しい税制が定められ、米や布などを納めるほかに、成人男性には地方で年に60日以内、土木工事などを行う[10]といった負担も課せられました。これらの税負担は非常に重く、やがて逃(に)げ出す農民が多くなり、耕作が放棄(ほうき)される土地が増えると、政府は土地制度の一部を変更(へんこう)するようになりました。最終的に11世紀頃には大土地私有が認められるようになり、税制もそれに応じたかたちに変化しました。

[9]が所有した私有地は荘園(しょうえん)と呼ばれ、それを現地で管理するものが地方武士となっていきました。やがて武士が政治において大きな力を持つようになり、⑧源頼朝が幕府を開きました。将軍は御家人に領地の支配を保障して、主従関係を結びました。将軍も武士もそれぞれが領地をもち、そこから入ってくる年貢(ねんぐ)を財源としていました。その後⑨農業生産力が高まると、農民たちは経済力をつけて、税を納めることに抵抗(ていこう)するようになりました。

戦国時代には大名たちは戦いのために税の徴収を強化しようとしますが、農民の抵抗も激しくなりました。こうした状況(じょうきょう)が大きく変わったのは⑩織田信長から豊臣秀吉の時代です。豊臣秀吉は全国の大名を従わせ、検地を行って耕地の面積や収穫高(しゅうかくだか)を把握(はあく)し、刀狩で農民たちの武器を没収(ぼっしゅう)し支配者に抵抗できないようにしました。⑪江戸時代にもその仕組みが引きつがれていきました。

江戸時代の年貢を近代的税に置きかえたものが、はじめに出てきた[3]です。この頃の政府は税を国民のために使うという意識はうすく、むしろ富国強兵のための財源と考えていたと言っていいでしょう。しかし今日の税は私たちのために使われるものであり、私たちはその使いみちを知り、選挙などを通じて自分たちの意思を表明していくことが大切です。

【選択肢】

ア　内閣	イ　『後漢書』東夷伝	ウ　輸入	エ　経済産業省	オ　裁判所
カ　総務省	キ　『魏志』倭人伝	ク　生産	ケ　国民投票	コ　内閣府
サ　議会	シ　『漢書』地理志	ス　財務省	セ　『宋書』倭国伝	ソ　輸出

設問

① 下線部①について述べた次の文ａ～ｃの正誤の組み合わせが正しいものを後のア～クから１つ選び、記号で答えなさい。

ａ 日本国憲法では、子どもに教育を受けさせることは義務であると定められている。

ｂ 日本国憲法では、選挙で投票することは義務であると定められている。

ｃ 日本国憲法では、働くことは義務であるとともに権利であると定められている。

ア ａ正 ｂ正 ｃ正　イ ａ正 ｂ正 ｃ誤　ウ ａ正 ｂ誤 ｃ正
エ ａ正 ｂ誤 ｃ誤　オ ａ誤 ｂ正 ｃ正　カ ａ誤 ｂ正 ｃ誤
キ ａ誤 ｂ誤 ｃ正　ク ａ誤 ｂ誤 ｃ誤

② 下線部②について、1904年に急激に政府の税収が増加したのは増税が行われたためです。なぜ増税が行われたのか、その原因とその後もその状態が続いた理由を、60字以内で説明しなさい。

③ 下線部③について述べた次の文ａ～ｃの正誤の組み合わせが正しいものを後のア～クから１つ選び、記号で答えなさい。

ａ 消費税は少子高齢化（こうれいか）が進み、増え続ける社会保障費をまかなうために導入された。

ｂ 消費税は年齢や働いているかどうかに関わりなく、多くの人々が負担する税となっている。

ｃ 消費税は収入が高い人ほど負担感が強い税となっており、消費を減らす危険がある。

ア ａ正 ｂ正 ｃ正　イ ａ正 ｂ正 ｃ誤　ウ ａ正 ｂ誤 ｃ正
エ ａ正 ｂ誤 ｃ誤　オ ａ誤 ｂ正 ｃ正　カ ａ誤 ｂ正 ｃ誤
キ ａ誤 ｂ誤 ｃ正　ク ａ誤 ｂ誤 ｃ誤

④ 下線部④について述べた次の文ａ～ｃの正誤の組み合わせが正しいものを後のア～クから１つ選び、記号で答えなさい。

ａ 5000年前の日本列島では、狩りや漁や植物採集が行われていた。

ｂ 5000年前の日本列島では、土偶（どぐう）などが作られまじないが行われていた。

ｃ 5000年前の日本列島では、全域で稲作（いなさく）が行われていた。

ア ａ正 ｂ正 ｃ正　イ ａ正 ｂ正 ｃ誤　ウ ａ正 ｂ誤 ｃ正
エ ａ正 ｂ誤 ｃ誤　オ ａ誤 ｂ正 ｃ正　カ ａ誤 ｂ正 ｃ誤
キ ａ誤 ｂ誤 ｃ正　ク ａ誤 ｂ誤 ｃ誤

⑤ 下線部⑤が近畿地方にあったという説を裏付けると考えられている遺跡（いせき）を次のア～エから１つ選び、記号で答えなさい。

ア 吉野ヶ里遺跡　イ 唐古・鍵遺跡　ウ 登呂遺跡　エ 纏向遺跡

⑥ 下線部⑥について述べた次の文ａ～ｃの正誤の組み合わせが正しいものを後のア～クから１つ選び、記号で答えなさい。

ａ 豪族に私有地と私有民をあたえて、彼らの力を強化しようとした。

ｂ 豪族に天皇の命令には絶対に従うようにうながした。

ｃ 豪族に位を与えて、役人として国家のために働かせようとした。

ア ａ正 ｂ正 ｃ正　イ ａ正 ｂ正 ｃ誤　ウ ａ正 ｂ誤 ｃ正
エ ａ正 ｂ誤 ｃ誤　オ ａ誤 ｂ正 ｃ正　カ ａ誤 ｂ正 ｃ誤
キ ａ誤 ｂ誤 ｃ正　ク ａ誤 ｂ誤 ｃ誤

⑦ 下線部⑦の出来事について述べた次の文ａ～ｃの正誤の組み合わせが正しいものを後のア～クから１つ選び、記号で答えなさい。

a　中国の法律をモデルとして作られた律令により、新しい税制が定められた。

b　中臣鎌足が中国から帰国した留学生とともに政治改革に取り組んだ。

c　ききんや反乱が起こると聖武天皇は大仏を作るため、鑑真に高い位を与えて協力させた。

ア　a正　b正　c正　　イ　a正　b正　c誤　　ウ　a正　b誤　c正
エ　a正　b誤　c誤　　オ　a誤　b正　c正　　カ　a誤　b正　c誤
キ　a誤　b誤　c正　　ク　a誤　b誤　c誤

⑧　下線部⑧の源頼朝が幕府を開くまでの出来事について述べた次の文a～cの正誤の組み合わせが正しいものを後のア～クから１つ選び、記号で答えなさい。

a　保元の乱に敗れて、源頼朝は伊豆へ流された。

b　石橋山の戦いで、源頼朝が平氏に敗れた。

c　壇ノ浦の戦いで、源義仲が平氏を滅ぼした。

ア　a正　b正　c正　　イ　a正　b正　c誤　　ウ　a正　b誤　c正
エ　a正　b誤　c誤　　オ　a誤　b正　c正　　カ　a誤　b正　c誤
キ　a誤　b誤　c正　　ク　a誤　b誤　c誤

⑨　下線部⑨について述べた次の文a～cの正誤の組み合わせが正しいものを後のア～クから１つ選び、記号で答えなさい。

a　稲(いね)の二期作が各地で行われるようになり、農業生産力が高まった。

b　農業生産力が高まると、農民たちが自分たちの村を守るために団結を強めた。

c　各地で特産物の栽培や手工業が発達して、交通や輸送もさかんになった。

ア　a正　b正　c正　　イ　a正　b正　c誤　　ウ　a正　b誤　c正
エ　a正　b誤　c誤　　オ　a誤　b正　c正　　カ　a誤　b正　c誤
キ　a誤　b誤　c正　　ク　a誤　b誤　c誤

⑩　下線部⑩について述べた次の文a～cの正誤の組み合わせが正しいものを後のア～クから１つ選び、記号で答えなさい。

a　織田信長は駿河の北条氏を桶狭間の戦いで破って、勢力を強めた。

b　織田信長と徳川家康は騎馬隊(きばたい)を効果的に使って、長篠の戦いで武田氏を破った。

c　豊臣秀吉は全国を統一すると２度にわたって清と戦った。

ア　a正　b正　c正　　イ　a正　b正　c誤　　ウ　a正　b誤　c正
エ　a正　b誤　c誤　　オ　a誤　b正　c正　　カ　a誤　b正　c誤
キ　a誤　b誤　c正　　ク　a誤　b誤　c誤

⑪　下線部⑪について述べた次の文a～cの正誤の組み合わせが正しいものを後のア～クから１つ選び、記号で答えなさい。

a　武士、百姓(ひゃくしょう)、町人といった身分は固定されており、職業や住む場所を自由に変えることができなかった。

b　人口の８割をこえる百姓は名主を中心に自分たちで村を運営し、年貢などを負担した。

c　町人も百姓と同じように重い税をかけられたが、中には大名にお金を貸すような大商人も登場した。

ア　a正　b正　c正　　イ　a正　b正　c誤　　ウ　a正　b誤　c正
エ　a正　b誤　c誤　　オ　a誤　b正　c正　　カ　a誤　b正　c誤
キ　a誤　b誤　c正　　ク　a誤　b誤　c誤

鷗友学園女子中学校(第１回)

—45分—

(編集部注：実際の入試問題では、写真や図版の一部はカラー印刷で出題されました。)

1　次の文章を読み、問いに答えなさい。

近年、第一次産業と最先端技術を結び付けた新しい取り組みが進められています。

(a)農業の分野に企業(きぎょう)が参入して、新しいビジネスとしている例があります。

例えば、ある企業は、(b)自動車生産で用いられているしくみを農業へ導入することを支援(しえん)しています。

また、(c)大豆ミートなどの代用肉を生産する企業は、大豆の栽培(さいばい)農家と契約(けいやく)して原料を手に入れやすくしています。

このような取り組みは、多くの農家を支えています。

問１　下線部(a)について。日本の稲作(いなさく)に関する以下の問いに答えなさい。

(1)　稲作がさかんな地域の一つに最上川流域が挙(あ)げられます。最上川下流に位置する平野の名前を答えなさい。

(2)　日本の稲作について説明した文として**誤っているもの**を次のア～エから１つ選び、記号で答えなさい。

ア　米は高温多雨の気候に適している作物のため、単作地帯では４月から６月頃(ごろ)に田植えが行われる。

イ　日本では、古くから寒さや病気に強い品種を開発していたが、現在はよりおいしさを追求し、その地域特産の米の開発も進んでいる。

ウ　生育段階にあわせた水の管理が必要なので、用水路やパイプラインで排水(はいすい)を管理している。

エ　地域別の農業産出額の割合では、北海道、東北地方、北陸地方のいずれにおいても米の割合が最も高い。

(3)　近年、農家は、収入が安定するように農業の多角化を進めています。稲作農家が農業の多角化を行う場合、どのようなことができるでしょうか。その例を１つ挙げなさい。

問２　下線部(b)について、以下の問いに答えなさい。

(1)　自動車工業がさかんな地域には、小規模な工場から大規模な工場まで多くの工場が集まっています。なぜこのようになっているのか、自動車工業における製造過程に触(ふ)れて説明しなさい。

(2)　日本の自動車会社は、海外、特に東南アジアに進出し、多くの工場を建設してきました。日本の自動車会社にとっての利点は何か、現地の東南アジアの人々にとっての利点は何か、それぞれ１つずつ挙げなさい。

(3)　現在、電気自動車が注目されている一方、課題もあります。次の文章中の［　　　］にあてはまることばを答えなさい。

> 日本では電気自動車の普及(ふきゅう)があまり進んでいないといわれています。さまざまな原因が考えられますが、その一つには、家庭での［　　　］が難しいことが挙げられます。

問3　下線部(c)について。

(1)　日本における大豆の自給率は低く、多くを輸入に頼(たよ)っています。次のグラフA・Bは、大豆、小麦のいずれかの輸入先と輸入量の割合(2022年)を示しています。

大豆のグラフと、グラフ中のXの国名の組み合わせとして正しいものを次のア～カから1つ選び、記号で答えなさい。

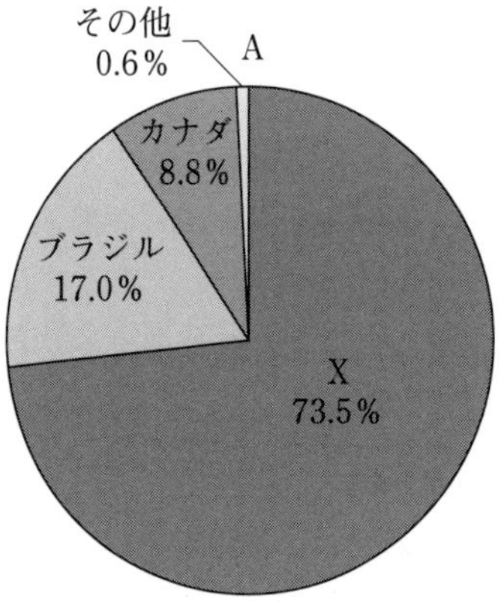

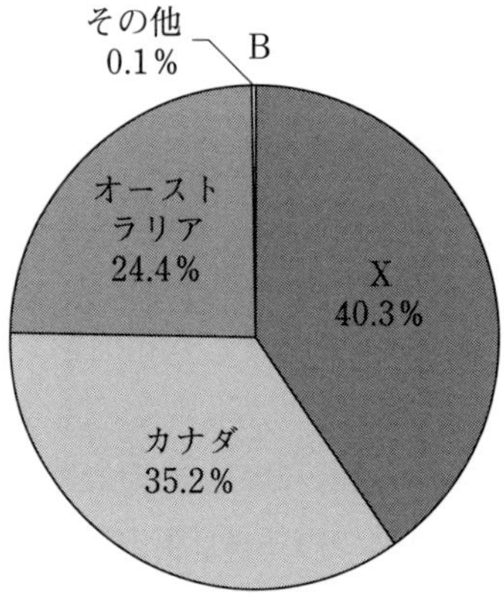

四捨五入(ししゃごにゅう)の都合上、合計が100%にならない場合があります。

(矢野恒太記念会『日本国勢図会2023/24』をもとに作成)

ア　大豆のグラフ＝A　　X＝アメリカ合衆国
イ　大豆のグラフ＝A　　X＝中国
ウ　大豆のグラフ＝A　　X＝インド
エ　大豆のグラフ＝B　　X＝アメリカ合衆国
オ　大豆のグラフ＝B　　X＝中国
カ　大豆のグラフ＝B　　X＝インド

(2)　大豆は豆腐(とうふ)やみそ、醤油(しょうゆ)などの原料となりますが、世界的には、大豆は主に植物油の原料となっています。大豆の他に、油の原料として栽培されているものとして**適切でないもの**を次のア～エから1つ選び、記号で答えなさい。

ア　菜種　　イ　じゃがいも　　ウ　ひまわり　　エ　やし

問４　【資料１】は、日本国内で49歳以下で新しく農業を始めた人の数の推移(2019年～2022年)を表しています。【資料１】を読み取った文として正しいものを次のア～エから１つ選び、記号で答えなさい。

【資料１】

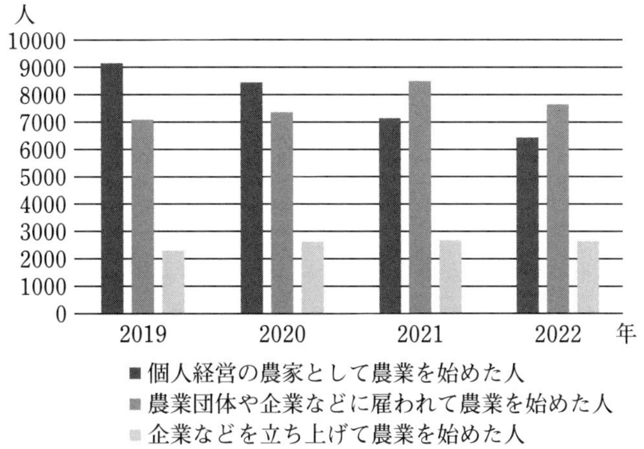

(農林水産省「令和４年新規就農者調査」をもとに作成)

ア　49歳以下で新しく農業を始めた人は50歳以上の年齢層より少ないので、農業に従事する人の高齢化が進んでいることがわかる。

イ　「企業などを立ち上げて農業を始めた人」は、農業人口に対して毎年同じ割合で増加している。

ウ　2019年以降、地方への移住が進んだことから、「個人経営の農家として農業を始めた人」の人数は年々増加している。

エ　「農業団体や企業などに雇われて農業を始めた人」は、2019年以降増加していたが、2022年は前年に比べ減少している。

[2]　次の文章を読み、問いに答えなさい。

税は歴史の中で、かたちを何度も変えてきました。それは社会の変化によって、求められる税のあり方も変わったからです。歴史をさかのぼってみてみましょう。

(a)弥生時代、中国の歴史書『魏志倭人伝』には、邪馬台国の時代にも人々が税を納めていたことが記されています。

飛鳥時代に行われた大化の改新では、公地公民制や税の制度など、新しい政治の方針が示されました。(b)701年に完成した大宝律令では、作成した戸籍や計帳にもとづき、租・庸・調という税や労役、兵役を課す税のしくみが作られました。

奈良時代、朝廷は租の収入を増やすため、743年に[　①　]を制定しました。その結果、土地の私有化が広がりました。

平安時代には大きな寺社や貴族の荘園が各地にでき、荘園内の農民は荘園領主にさまざまな税を納めていました。その後、(c)朝廷は地方に派遣した国司に農民と税の管理を一任しました。このことは、奈良時代以来、全ての土地と人を管理しようとしてきた朝廷が、地方の管理を放棄した、大きな方針転換でした。

鎌倉時代は(d)守護、地頭や荘園領主のもとで経済が発達しますが、農民には平安時代と同様の税が課せられていました。

(e)室町時代には、税の中心は引き続き米でしたが、商業活動の発達により商工業者に対しても税が課せられるようになりました。

安土桃山時代に全国統一をなしとげた豊臣秀吉は、土地を調査して太閤（たいこう）［　②　］を行い、農地の面積だけでなく収穫高（しゅうかくだか）などを調べて年貢（ねんぐ）を納めさせるようにしました。当時の税率は、収穫の３分の２を年貢として納めるという厳しいものでした。

江戸時代には、田畑に課税される年貢が中心で、農民は米などを納めました。また、商工業者からは株仲間を認める代わりに税を取りました。

８代将軍徳川吉宗（よしむね）の時には、さまざまな改革が実施（じっし）され、(f)年貢のかけ方についてもそれまでの方法が改められました。

明治時代、新政府は歳入（さいにゅう）の安定を図（はか）るため、(g)1873年に地租（ちそ）改正を実施しました。地租改正では地価の３％を地租として貨幣（かへい）で納めさせました。また所得税や法人税が導入されたのも明治時代です。

(h)大正時代から昭和初期にかけては、戦費調達のため増税が続きました。一方で、現在ある税のしくみができ始めたのもこの頃（ころ）です。

1946年には日本国憲法が公布され、教育、勤労にならぶ国民の三大義務の一つとして「納税の義務」が定められました。

平成に入った1989年に、消費税の導入や所得税の減税などを含（ふく）む大幅（おおはば）な税制の改革が行われました。消費税は段階的に税率が上がり、2019年から10％になりました。

このように、社会の変化にともない税のしくみは変わってきました。豊かな社会を築くため、そして、安定した国民生活のために、私たちは税のしくみや変更に対し当事者意識を持って、関心を持っていかなければならないでしょう。

問１　文中の［　①　］［　②　］にあてはまることばを答えなさい。

問２　下線部(a)について。弥生時代に使用され始めたものとして正しいものを次のア～エから１つ選び、記号で答えなさい。

ア

イ
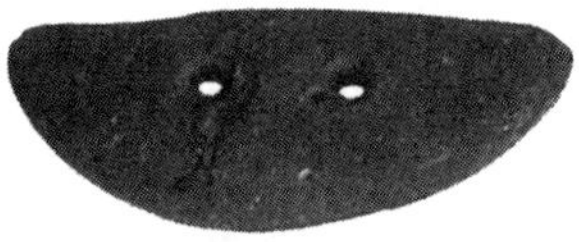

ウ

エ

ア：三菱ＵＦＪ銀行　貨幣・浮世絵ミュージアム所蔵、
イ：福岡市埋蔵文化財センター所蔵、
ウ：奈良文化財研究所所蔵、エ：新宿歴史博物館所蔵

問3 下線部(b)について。当時の税や兵役の説明として誤っているものを次のア～エから1つ選び、記号で答えなさい。

ア 租は口分田に対して課税され、税率は収穫の約3％だった。

イ 庸は都での年10日間の労働の代わりに布を納める税だった。

ウ 調は布や絹などの諸国の特産物を納める税だった。

エ 兵役の1つである衛士は1年間東北を警備するものだった。

問4 下線部(c)について。この方針転換によって生まれた変化について述べた文として正しいものを次のア～エから1つ選び、記号で答えなさい。

ア 国司の中には、勝手に税率を上げて財産を貯め込む者が多くあらわれ、農民は税の取り立てに苦しんだ。

イ 国司が銭を多く流通させたことにより、今まで米で納めていた税を銭で納めるようになり、農民の暮らしは安定した。

ウ 税の取り立てに苦しむ農民は、日蓮宗や禅宗など新しい仏教の教えを信仰し、極楽浄土にあこがれるようになった。

エ 都で生まれた仮名文字が地方にも広まり、税の徴収時の文書も平仮名で書かれるようになった。

問5 下線部(d)について。鎌倉時代の守護の役割を2つ挙げなさい。

問6 下線部(e)について。室町時代に生まれた文化として正しいものを次のア～エから1つ選び、記号で答えなさい。

ア 雪舟によって描かれた唐獅子図屏風　　イ 現在の和風建築の元になった寝殿造

ウ 観阿弥・世阿弥が大成した能　　エ 足利義満が建立した東大寺南大門

問7 下線部(f)について。【資料1】は当時の年貢のかけ方の変更をあらわした表です。表の内容をよく読み、以下の問いに答えなさい。

【資料1】 年貢のかけ方の変更の一例

変更前

内容	①		
	豊作	通常	凶作
収穫量	120石	100石	80石
年貢量	60石	40石	30石

変更後

内容	②		
	豊作	通常	凶作
収穫量	120石	100石	80石
年貢量	50石	50石	50石

(1) 【資料1】の①にあてはまる内容を次のア～エから1つ選び、記号で答えなさい。

ア 収穫量が通常より多い年は年貢量を増やし、少ない年は年貢量を減らした。

イ 収穫量が通常より多い年は年貢量を減らし、少ない年は年貢量を増やした。

ウ 収穫量が通常より多い、少ないに関わらず、一定量の年貢を徴収した。

エ 収穫量が通常より多い、少ないに関わらず、一定割合の年貢を徴収した。

(2) 【資料1】の①から②へ年貢のかけ方を変更したことにより、幕府にとってはどのような利点があったでしょうか。また、農民の生活にどのような問題が起きたと考えられるでしょうか。それぞれ説明しなさい。

問８　下線部(g)について。地租改正が行われた1873年は次の年表のどこにあてはまるか、次のア～エから１つ選び、記号で答えなさい。

ア
五箇条(かじょう)の御誓文(ごせいもん)が発表される
イ
内閣制度が始まる
ウ
第一回帝国(ていこく)議会が開かれる
エ
日清戦争が起きる

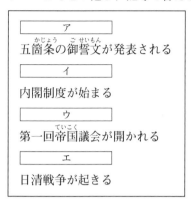

問９　下線部(h)について。大正時代のできごとを示したものとして**あてはまらないもの**を次のア～エから１つ選び、記号で答えなさい。

ア

日本初のメーデーのようす

イ

富山県から全国に広がった運動

ウ
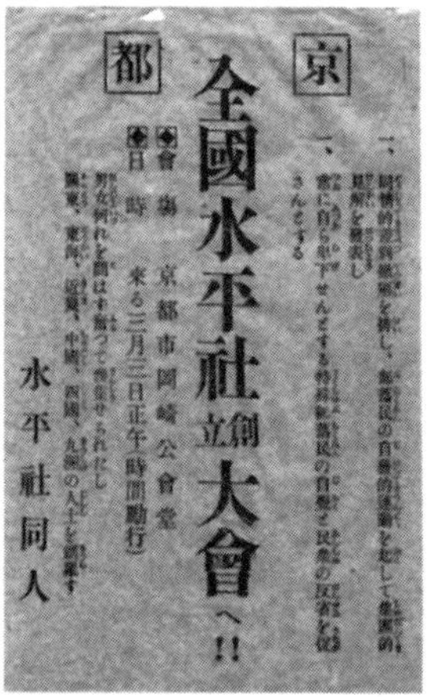

中央の文字「全国水平社創立大会へ!!」

エ

たれ幕の文字「祝　日独伊三国条約成立」

(『最新日本史図表四訂版』一部改変、『中学生の歴史』、『つながる歴史』一部改変)
イ：徳川美術館所蔵　©徳川美術館イメージアーカイブ/DNPartcom　ウ：水平社博物館蔵

問10　2023年７月、財務省が発表した2022年度の税収は71兆1374億円となりました。前年度よりも４兆円以上増えて、３年連続で過去最高を更新(こうしん)し、初めて70兆円を超(こ)えました。

【資料２】は過去３年間の税収の総額と消費税収の額の推移です。2022年度の消費税収は前年度から約1.2兆円増加しました。これは消費税率が引き上げられた2014年、2019年の年とその翌年の時期を除けば、導入以来最も大幅な増加になっています。なぜ、2022年度の消費税収は税率が上がっていないのに増えたのでしょうか。近年の日本の経済状況や国民生活に触れて答えなさい。ただし、新型コロナウイルスの影響以外の点で考えること。

【資料２】

	2020年度	2021年度	2022年度
税収の総額	60.8兆円	67.0兆円	71.1兆円
消費税収の額	21.0兆円	21.9兆円	23.1兆円

(財務省「一般会計決算概要」をもとに作成)

3　次の文章を読み、問いに答えなさい。

日本国憲法の前文には「国政は、国民の厳粛(げんしゅく)な信託(しんたく)によるもの」とあります。その上で、国民主権に基(もと)づき、国会を政治の中心としています。

日本は議院内閣制を採用しているため、(a)内閣は、行政権の行使について国会に対して連帯して責任を負います。国会には政府や官庁が正しく行政を行っているかを調査する□権が認められています。

日本国憲法では、国会議員が議院でおこなった演説、討論や表決については、院外で責任を問われないことを保障しています。これ以外にも(b)国会議員に特別な権利を認めています。

国会や政府は、国民主権や民主主義を守ると共に、社会の変化に対応しながら政治を行っていくことが必要です。例えば、1970年代に入ると、それまでの経済優先の考え方から環境や福祉(ふくし)などへの配慮(はいりょ)が求められるなど(c)社会の考え方が変化していきました。これにより、(d)環境権(かんきょうけん)や知る権利などの権利が主張されるようになり、関連する法律や政策がとられるようになりました。現在でも、遺伝子組(く)み換(か)え食品に関する表示ルールの変更や、(e)労働基準法が改正され、電子マネーでの給与(きゅうよ)の支払(しはら)いが解禁されるなど、社会の変化に伴(ともな)い法律が改正されたり、新しく法律が制定されたりしています。

世界に目を向けてもさまざまな変化が起こっています。1989年の冷戦の終結や2001年のアメリカ同時多発テロは、その後の(f)国際情勢に大きな変化を与(あた)えました。最近では、新型コロナウイルスや地球規模の気候変動、(g)生成ＡＩの影響(えいきょう)といったさまざまな問題があります。2023年５月に開催(かいさい)されたＧ７広島サミットでも、このようなテーマについての話し合いが行われました。

こうした問題は、これまでの考え方だけでは解決できない複雑な問題です。私たち一人ひとりも主体的に諸問題に取り組み、現在だけを見るのではなく、未来をつくるための展望も必要となってくるでしょう。

問１　文中の□にあてはまることばを答えなさい。

問２　下線部(a)について。内閣の長である内閣総理大臣について述べた文として正しいものを次のア～エから１つ選び、記号で答えなさい。

ア　国会議員による指名選挙により、必ず衆議院の第一党の党首が内閣総理大臣に選出される。

イ　内閣総理大臣は国務大臣を任命するだけでなく、罷免(ひめん)することもできる権限を有している。

ウ　40歳以上の衆議院議員であることが、内閣総理大臣となるための条件として日本国憲法に規定されている。

エ　内閣総理大臣は良心に従い独立して職権を行い、憲法と法律にのみ拘束(こうそく)されることが日本国憲法に規定されている。

問３　下線部(b)について。日本国憲法では、国会議員に特別な権利を認めています。以下は、国会議員の不逮捕特権について規定した条文です。

> 第50条　両議院の議員は、法律の定める場合を除いては、国会の会期中逮捕されず、会期前に逮捕された議員は、その議院の要求があれば、会期中これを釈放しなければならない。

この不逮捕特権を国会議員に保障することは、民主的な政治が行われる上でとても重要です。それはなぜか、次の〔条件〕に従って説明しなさい。

> 〔条件１〕　日本国憲法第50条の規定がないと、どのようなことが危ぶまれるかに触れること。
> 〔条件２〕　国会とはどのような機関かについて触れること。

問４　下線部(c)について。1973年の「敬老の日」に日本の鉄道で初めて、一般の座席と区別され「シルバーシート」という名称で、専用シートが導入されました。その後、社会の考え方が変わり、【資料１】のように優先席の考え方や表示も変化していきました。優先席の考え方が変わったのはなぜか、具体例を挙げて、説明しなさい。

【資料１】

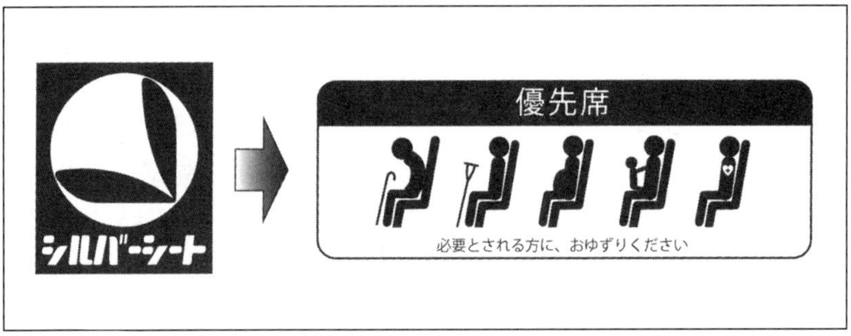

問５　下線部(d)について。環境権や知る権利のように、日本国憲法には規定がなく社会の変化に応じて主張されるようになってきた権利を総じて何というか、答えなさい。

問６　下線部(e)について。次のＸとＹの文は、労働に関する内容について述べたものです。それぞれの文が正しいか、誤っているかを判断し、その組み合わせとして適切なものを次のア～エから１つ選び、記号で答えなさい。

> Ｘ　バスや電車といった交通機関の会社が、団体行動権としてストライキを行うことは、公共の福祉に反するため認められなくなった。
> Ｙ　労働基準法では、１日について８時間を超えて、労働させてはならないと規定している。

ア　Ｘ＝正しい　　Ｙ＝正しい　　イ　Ｘ＝正しい　　Ｙ＝誤っている
ウ　Ｘ＝誤っている　　Ｙ＝正しい　　エ　Ｘ＝誤っている　　Ｙ＝誤っている

問７　下線部(f)について。【資料２】は、ソ連崩壊から20年目にあたる年の新聞記事です。プーチン大統領は、冷戦の終結やソ連崩壊を「20世紀最大の悲劇」と述べています。このことを踏まえると、2022年２月のロシアによるウクライナ侵攻は突然のことではないと考えることもできます。【資料３】は、その時の新聞記事です。

【資料２】

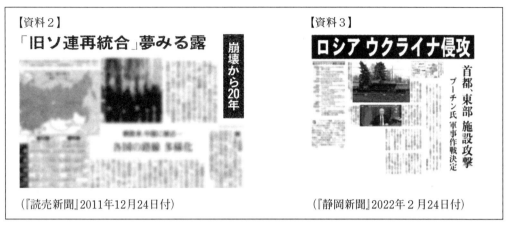

「旧ソ連再統合」夢みる露
崩壊から20年

（『読売新聞』2011年12月24日付）

【資料３】

ロシア ウクライナ侵攻
首都、東部 施設攻撃
プーチン氏 軍事作戦決定

（『静岡新聞』2022年２月24日付）

以下のＡ～Ｃは、ロシアをめぐる国際情勢に関連する新聞記事です。

【資料２】・【資料３】とＡ～Ｃのできごとが起きた順に並び替えた組み合わせとして正しいものを次のア～カから１つ選び、記号で答えなさい。

Ａ

フィンランド正式加盟
NATO早期実現で結束誇示
対ロシア 国境２倍に
スウェーデンの承認焦点

Ｂ

動き出す独立国家共同体
民族問題
「反スラブ」刺激も
残る共和国の動き焦点

Ｃ

クリミアが独立決議
ロシア編入 正式要請

ア　A→【資料２】→B→【資料３】→C　　イ　A→【資料２】→C→【資料３】→B
ウ　B→【資料２】→A→【資料３】→C　　エ　B→【資料２】→C→【資料３】→A
オ　C→【資料２】→A→【資料３】→B　　カ　C→【資料２】→B→【資料３】→A

問８　下線部(g)について。ＣｈａｔＧＰＴなどに代表される生成ＡＩについて述べた文章を読んで、以下の問いに答えなさい。

> ＣｈａｔＧＰＴは、知りたい内容を指示文として入力すれば、瞬時(しゅんじ)に会話形式で回答してくれるものです。膨大(ぼうだい)な情報を学習させることで回答が作成されていくため、生成ＡＩといわれています。
>
> 生成ＡＩは、人間による調整や判断なしに、インターネット上にアップロードされているあらゆる文章データを学習していきます。知りたい内容が指示文として入力されると、膨大な情報から言葉を選び、その言葉の後にはどんな言葉が続く確率が高いかを判断して、自然な文を作って出力する仕組みになっています。例えば、「犬も歩けば」に続く単語には「旅に出る」よりも「棒にあたる」の方が確率が高いと判断して、回答文をつくっていきます。つまり、生成ＡＩ自体は、文章の意味を理解して回答文を作成しているわけではありません。
>
> ＡＩが作成する回答は、ＡＩが学習するデータの情報量や情報の質に影響されるため、生成ＡＩの回答には問題があるとも考えられています。
>
> 生成ＡＩは便利なツールですが、問題点などを理解しておくことが大切です。

生成ＡＩには、どのような問題があると考えられているか、下線部の内容に着目して説明しなさい。その上で、指摘した問題に対して、生成ＡＩを利用する人はどのようなことに気を付けていく必要があるか答えなさい。

大妻中学校 (第1回)

—30分—

※　地名・用語は、特別の指示がないかぎり、漢字で答えなさい。

1　三重県に関するあとの問いに答えなさい。

問1　「○○神宮」や「○○湾」の「○○」にあてはまる、三重県の広い範囲を占めた旧国名を答えなさい。

問2　右の地図中矢印(→)の場所について、あらわしたものがあとの図1です。この図について述べた文中(　あ　)～(　お　)にあてはまる語句を答えなさい。ただし、(　う　)には「浅」または「深」が入ります。

図1は、国土(　あ　)が提供するweb上で各地域の土地の高低や利用状況などがみられる(　あ　)地図より引用したものである。(　あ　)地図は、年代別の空中写真や過去の災害情報などを重ね合わせられることも特徴である。図1にみられる地形は、湾が複雑に入り組んだ(　い　)海岸で、湾の水深は砂浜海岸と比べて(　う　)くなっている。図1中のAは、(　え　)場を示しており、同じ表記が湾上にたくさん分布していることがわかる。この地域では、宝飾品として用いられ、長崎県や愛媛県でも生産のさかんな(　お　)が(　え　)されており、特産品となっている。

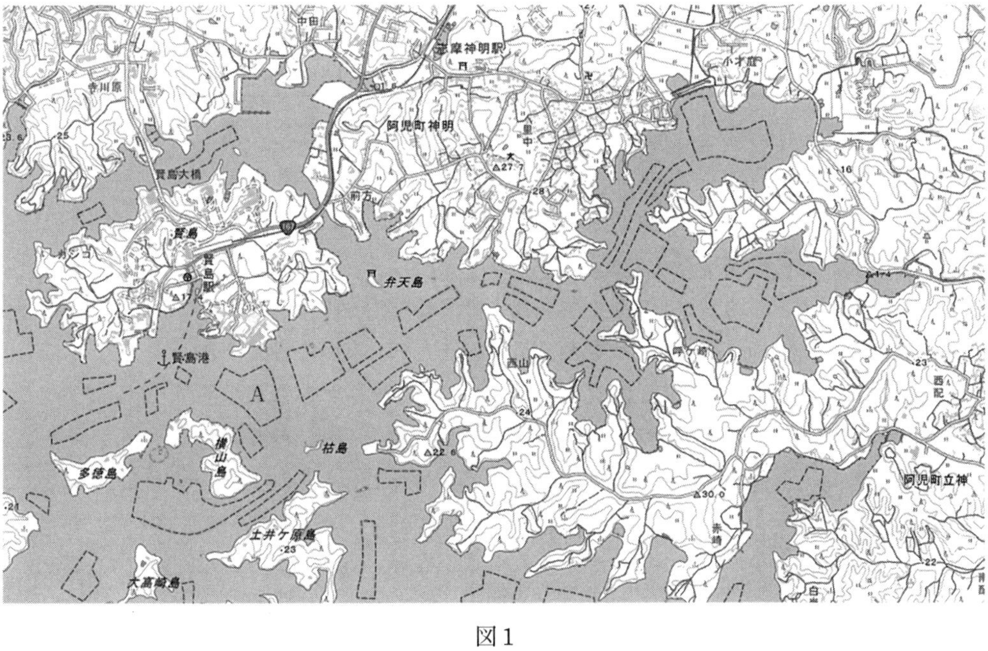

図1

問３　次の図２は、各市町における第一次産業、第二次産業、第三次産業の生産額の規模を示したものです。ア・イは第一次産業または第二次産業のいずれかですが、第一次産業にあてはまるものを答えなさい。また、三重県の県庁所在地としてあてはまるものを、第三次産業の生産額の図中カ～クから１つ選びなさい。

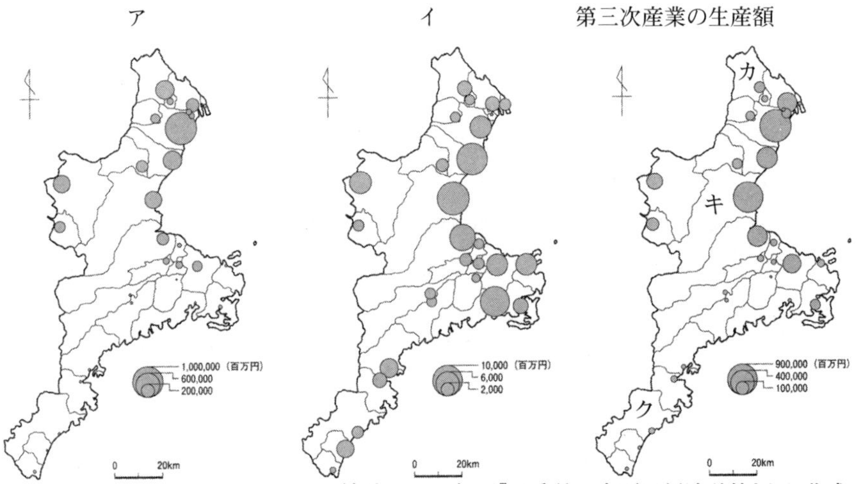

統計は2018年／『三重県の市町民経済計算』より作成

図２

問４　次の表は、三重県に隣り合う府県のさまざまな数値をまとめたものです。

三重県に隣り合う府県	面積(㎢)	人口(千人)	2015から2020年の人口増減率(%)	新幹線の駅の数
①	10621	1979	-2.62	1
②	5173	7542	0.79	3
③	4725	923	-4.25	0
④	4612	2578	-1.24	1
滋賀県	4017	1414	0.05	1
⑤	3691	1324	-2.92	0

統計は2020年／『日本国勢図会2022／2023』より作成

(1)　表中①～⑤のうち、人口密度が２番目に大きい府県を記号で答え、その府県も答えなさい。

(2)　表中①～⑤のうち、三重県と接する県境(または府境)の距離が最も長くなる府県を記号で答え、その府県も答えなさい。

(3)　表中の滋賀県の県庁所在地を答えなさい。また、表中①～⑤のうち、同じように府県名と府県庁所在地名が異なる府県を記号で答え、その府県も答えなさい。

(4)　表中①の府県と滋賀県の境にある地名を、次のア～エから１つ選び、記号で答えなさい。

ア　六甲山地　　イ　伊吹山地　　ウ　鈴鹿山脈　　エ　丹波高地

問５　三重県では、江戸時代から林業がさかんに行われてきました。次の図３は、三重県における人工林であるヒノキとスギの林齢(木が植えられてからの年数)別面積を示したものです。ヒノキやスギは植えられてからおよそ40～50年後が伐採に適した時期といわれています。図３から読み取れる三重県の林業の課題を、理由や背景を明らかにして説明しなさい。

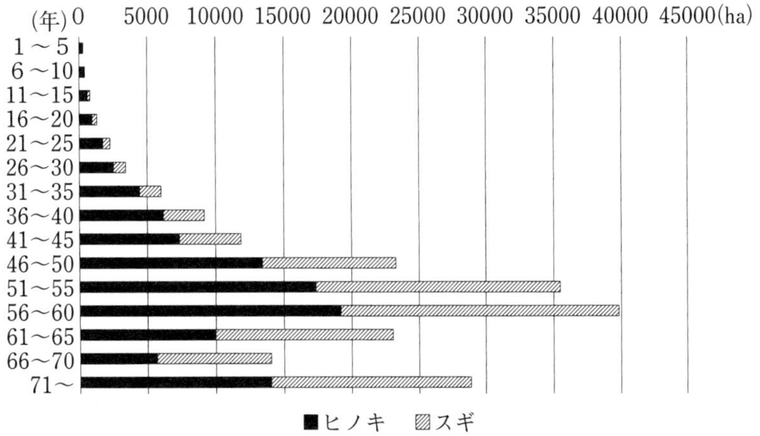

『三重県の森林・林業(令和３年)』より作成

図３

2　問題文中の空らん(あ)～(う)にあてはまる語句を答え、あとの問いに答えなさい。

2024年度に①新札(新紙幣)が発行される予定です。今回は一万円札、五千円札、千円札の３種類の紙幣のデザイン変更が行われます。ここで、これまでの日本のお金(貨幣(かへい))の歴史について、ふり返ってみましょう。

日本における最初の貨幣は、②天武天皇の時代につくられた(あ)といわれています。その後、701年に(い)が制定され、天皇を頂点とする中央集権体制が整い、③958年までの間に政府によって12種類の貨幣が鋳造(ちゅうぞう)されました。

それからしばらくの間、日本の政府は貨幣を鋳造しませんでした。その代わりに中国の貨幣が日本の通貨として使用されるようになりました。平安時代末期に④平清盛が、摂津(兵庫県)の港である(う)を修築し中国との貿易を拡大させ、このとき、中国から大量の［ i ］銭を輸入しました。そして、この［ i ］銭が日本で流通するようになりました。

⑤鎌倉時代には［ i ］銭と元銭が、⑥室町時代になると［ i ］銭に加えて［ ii ］銭も日本で流通しました。その後、⑦豊臣秀吉の時代に金貨が鋳造され、958年以来、久しぶりに日本独自の貨幣がつくられました。

⑧江戸時代には貨幣の発行を独占した幕府が、全国共通の貨幣として⑨金貨・銀貨・銭(せん)貨の三貨を発行しました。

近代に入ると今も使われている「円」という単位が生まれ、現在につながる貨幣制度が確立されました。

問１　下線部①に関連する人物の説明を記(しる)したカードを見て、あとの問いに答えなさい。

新千円札のデザインとなる人物は、北里柴三郎です。彼は、主にⓐ明治時代からⓘ大正時代にかけて活躍した研究者です。1892年に伝染病研究所を設立し、1894年にはペスト菌を発見したことで知られています。のちに北里研究所を設立し、日本の医療環境の大きな発展に貢献しました。

新五千円札のデザインとなる人物は、(か)です。この人物は、明治時代のはじめにⓤ岩倉使節団と一緒に海外に行った女性で、当時最年少でアメリカに留学したことでも有名です。帰国後、日本の女子教育に尽力(じんりょく)し、1900年に女子英学塾を設立しました。

新一万円札のデザインとなる人物は、渋沢栄一です。彼は㋓1840年に、今の埼玉県深谷市付近の地域で生まれました。実家は養蚕業を営む農家でした。彼自身は明治時代以降、実業家として多くの会社や工場の設立に貢献し、日本資本主義の父とも呼ばれました。

(1) 二重線部㋐について、この時代のできごとを記した次のア～エの文を、古い方から順に並べかえ、記号で答えなさい。

ア 板垣退助が自由党を、大隈重信が立憲改進党を結成し、国会開設に備えた。

イ 伊藤博文らが中心となって起草した、大日本帝国憲法が発布された。

ウ 陸奥宗光が日英通商航海条約を結び、日本の領事裁判権の撤廃に成功した。

エ 西郷隆盛を中心として、新政府に不満をもつ士族らが西南戦争を起こした。

(2) 二重線部㋑について、この時代に民本主義を唱えた人物を答えなさい。

(3) 空らん(か)に入る人物を答えなさい。

(4) 二重線部㋒について、この使節団の一員で、帰国後、内務卿(きょう)として殖産興業を推進したり、徴兵制度を整えたりした、薩摩藩出身の人物を答えなさい。

(5) 二重線部㋓について、この翌年から天保の改革が始まりました。天保の改革の内容として正しいものを、ア～エから1つ選び、記号で答えなさい。

ア ききんに備えて米などを蓄えさせる囲い米を、大名に対して命じた。

イ 株仲間に物価高騰の原因があると判断した幕府は、株仲間を解散させた。

ウ 裁判を公正に行うため、裁判の基準を示した公事方御定書を定めた。

エ 長崎貿易で俵物の輸出を積極的に行い、金銀の流入を図った。

問2 下線部②について、これ以前の日本の様子について説明した文として正しいものを、ア～エから1つ選び、記号で答えなさい。

ア 旧石器時代の日本では、弓矢を使ってウサギやイノシシなどの中・小型動物を捕らえていた。

イ 縄文時代の日本では、稲作が日本全国に伝わり貧富の差や身分の差が生じた。

ウ 弥生時代の日本では、大陸から伝来した青銅器が祭りの道具として使われていた。

エ 古墳時代の日本では、冠位十二階や憲法十七条が定められ、天皇中心の国づくりが進められた。

問3 下線部③について、次のア～エは、701年から958年までの間に起きたできごとです。その説明として**まちがっているもの**を、ア～エから1つ選び、記号で答えなさい。

ア 藤原京から奈良盆地北部の平城京に都が移された。

イ 各国内の産物や地名の由来などをまとめた『風土記』が作成された。

ウ 最澄は唐から帰国したあと真言宗を開き、比叡山に延暦寺を建てた。

エ 菅原道真の提案によって、遣唐使の派遣が中止された。

問4 下線部④について、この人物と関係の深いものをア～エから**2つ**選び、記号で答えなさい。

ア 日光東照宮　　イ 永仁の徳政令　　ウ 保元の乱　　エ 太政大臣

問５　文中の空らん［　ⅰ　］と［　ⅱ　］には、当時の中国を支配していた王朝名が入ります。それぞれ**漢字１字**で答えなさい。

問６　下線部⑤について、鎌倉時代の仏教の宗派名と開祖の組み合わせとして正しいものを、ア～エから１つ選び、記号で答えなさい。

ア　浄土宗－栄西　　イ　時宗－親鸞

ウ　法華宗－一遍　　エ　曹洞宗－道元

問７　下線部⑥について、右の作品はこの時代に描かれた水墨画です。作者を答えなさい。

問８　下線部⑦について、この人物が行った政策をあらわす資料として正しいものを、ア～エから１つ選び、記号で答えなさい。

ア

イ

ウ

エ

問９　下線部⑧について、次の史料は1635年に幕府が出した法令の一部です。

［史料］　※史料はわかりやすくするために、現代の言葉に直してあります

大名が国元（くにもと）と江戸とを（　Ａ　）交代するよう定めるものである。毎年夏の四月中に江戸へ（　Ａ　）せよ。従者の人数が最近大変多いようである。これは一つには、領国の支配のうえでの無駄であり、また一方で、領民の負担となる。以後は、身分に応じて人数を減少せよ。

（『御触書寛保集成（おふれがきかんぽうしゅうせい）』）

⑴　史料中の空らん（　Ａ　）にあてはまる語句を答えなさい。

⑵　この法令を**漢字５字**で答えなさい。

問10　下線部⑨について、金貨と銀貨の交換を仕事とする商人を何といいますか。

3　次の資料は、ある生徒が日本の食品ロスについてまとめたものです。これを読んで、あとの問いに答えなさい。

食品ロスとは？　供給された食料のうち、①本来食べられるにもかかわらず廃棄されている食品

食品ロスに関連する問題　　環境問題…運搬・②焼却などの費用がかかり、③二酸化炭素も排出する

食料問題…世界の約10人に１人(約7.7億人)が④栄養不足になっている

取り組みの例　⑤関係する国の機関が協力し、食品ロス減少を進める

食品リサイクル法などの⑥法律を制定する

⑦福祉施設や団体に食品を提供する(フードバンク活動)

⑧地方公共団体の補助を受けられることもある

問１　下線部①について、

(1)　次の表は、日本の食品廃棄が生じた場所と、その量(単位：万ｔ)を年度ごとにまとめたものです。この表についての説明として正しいものを、あとのア～エから１つ選び、記号で答えなさい。

		2017年度	2018年度	2019年度	2020年度	2021年度
家庭		284	276	261	247	244
食品事業	食品製造業	121	126	128	121	125
	食品卸売業	16	16	14	13	13
	食品小売業	64	66	64	60	62
	外食産業	127	116	103	81	80
合計		612	600	570	522	523

(省庁資料をもとに作成)

ア　外食産業は食品廃棄量を減らし続け、食品卸売業と食品小売業の合計を下回った。

イ　2020年度から2021年度にかけて、食品事業はすべての分野で食品廃棄量が増加した。

ウ　家庭での食品廃棄量は他の分野より多いが、食品事業の合計を上回った年度はない。

エ　2017年度から2021年度にかけて、食品製造業だけは食品廃棄量を増やし続けている。

(2)　食品の廃棄量を減らすために、スーパーマーケットやコンビニエンスストアでは、右の図のような表示が見られます。図中の空らん(　あ　)にあてはまる語句を、2～3字で答えなさい。

問２　下線部②について、廃棄された食品や、食品から生じたガスを燃やすことで発電を行うことがあります。このような発電方法を何といいますか。

問３　下線部③について、次の表は国ごとの二酸化炭素排出量が世界全体に占める割合と、国民一人あたりの二酸化炭素排出量を示しています。表中のＸにあてはまる国を答えなさい。

国名	世界全体に占める割合	国民一人あたりの排出量
中国	32.1％	7.2 t
アメリカ	13.6％	12.8 t
Ｘ	6.6％	1.5 t
ロシア	4.9％	10.8 t
日本	3.2％	7.9 t

(統計は2020年／全国地球温暖化防止活動推進センターの資料をもとに作成)

問４　下線部④のような問題は、先進国にはあまり見られませんが、発展途上国では多く見られます。先進国と発展途上国の経済的な格差やそこから発生するさまざまな問題のことを何といいますか。

問５　下線部⑤に関連して、

(1)　国会と内閣について説明した文として正しいものを、次のア～エから１つ選び、記号で答えなさい。

ア　世論をより反映させるために、衆議院議員と参議院議員を選出する選挙は同時に行うことが決められている。

イ　予算案は国会が毎年４月に始まる常会において作成してから内閣に提出され、閣議でその審議を行っている。

ウ　内閣は憲法改正の発議をすることができるが、それには内閣全員が一致して憲法改正に賛成する必要がある。

エ　内閣総理大臣は国会議員の中から国会の議決で指名され、内閣を構成する国務大臣を任命することができる。

(2)　ある生徒は、この取り組みを行っている国の機関について調べてみました。すると、廃棄物やリサイクルへの対策を行う環境省、食の安全確保と安定供給や農村の振興を行う(　い　)省、物の売買(契約)のルールをつくりトラブルの発生を防ぐ(　う　)庁が関わっていることが分かりました。文中の空らん(　い　)・(　う　)にあてはまる語句をそれぞれ答えなさい。ただし略称を用いないこと。

問６　下線部⑥について、日本で法律が制定される過程についての記述として正しいものを、次のア～ウから<u>すべて</u>選び、記号で答えなさい。

ア　日本国憲法では、国会は唯一の立法機関であると規定されているため、法律案を提出できるのは国会議員のみに限られている。

イ　衆議院で可決された法律案が参議院で否決された場合、衆議院が出席議員の３分の２以上で再可決すれば、法律案は成立する。

ウ　法律案が委員会で審議される際には、必要に応じて公聴会が開かれ、専門的な知識を持つ人などから意見を聞くことができる。

問７　下線部⑦に関連して、日本の社会保障制度は、社会保険、社会福祉、公的扶助、公衆衛生から成るとされています。社会福祉の例を示した記述として正しいものを、次のア～エから１つ選び、記号で答えなさい。

ア　障がいのある人々に対して、仕事に就くための訓練を行って、知識や能力を向上させる。

イ　感染症の流行に際し、人々にワクチン接種をすすめたり、正しい情報を提供したりする。

ウ　仕事中に負ったけがを治療する人々が、医療サービスを安く受けられる仕組みをつくる。

エ　仕事がなくなって生活に困っている人々に、国から生活費などを支給し自立をうながす。

問８　下線部⑧に関連して、

(1)　地方公共団体が制定する条例についての記述として正しいものを、次のア～エから１つ選び、記号で答えなさい。

ア　条例では地方公共団体独自のルールを制定できるが、条例に反した者への罰則をもうけることはできない。

イ　地方議会は条例の議決について強い権限を持っており、首長は地方議会が可決した条例案を拒否できない。

ウ　地方公共団体の住民が条例の制定を請求するには、有権者の３分の１以上の署名を集めなければならない。

エ　条例は国会の議決を必要とせず、地方公共団体だけで制定できるが、その内容は法律に反してはならない。

(2)　地方公共団体が独自の取り組みを行うには、地方税を用いることが考えられます。地方税にあてはまるものを、次のア～エから１つ選び、記号で答えなさい。

ア　関税　　イ　固定資産税　　ウ　酒税　　エ　相続税

大妻多摩中学校(総合進学第１回)

—40分—

(編集部注：実際の入試問題では、写真や図版の一部はカラー印刷で出題されました。)

1　多摩子さんは、日本の少子高齢化が進んでいる、というニュースを見て、「東京に住む私には、あまり実感がないけど、調べてみよう」と思い調べてみたことを話しています。よく読んで問いに答えなさい。

私はまず日本の人口について調べてみました。現在は１億人以上が日本で生活しています。日本の人口はずっと増加を続けていましたが、2008年ごろをピークに横ばいになり、少しずつ減りはじめました。将来の予想だと、2050年頃には、人口は今より４分の１程度減ってしまうことが予想されていて、X外国から移民を受け入れるかどうかの議論がされています。少子高齢化の影響もあり、今後は地方でより人手不足が深刻な問題になっていくといわれています。

そこで地方では、昔からおこなっている①祭りを宣伝して観光客や移住(いじゅう)する若い人を増やそうとしたり、②キャラクターなどを活用しながら、自分の住む地域の活性化(かっせいか)をはかっています。そうした努力の成果もあり、少しずつ移住する人も増えていますが、まだまだ課題が多いのが現状です。

問１　下線部①について、気になった多摩子さんは、日本の有名な祭りを調べてみました。次のＡ～Ｃの文章にあてはまる祭りが行われる地域を、あとの地図中のア～オからそれぞれ選びなさい。

Ａ　毎年２月ごろに開かれています。その年に流行したマスコットや人物などの像が作られ、数多くの外国人観光客も訪れます。一般市民だけでなく、市の職員や自衛隊などもアート作成に参加して、祭りを盛り上げています。

Ｂ　日本三大祭りのひとつといわれており、毎年７月中旬に開かれています。碁盤(ごばん)の目状に整理された街並みを「山鉾(やまぼこ)」とよばれる大きな乗り物が通るのが有名です。もともとは病気を鎮(しず)めるための儀式(ぎしき)から始まったといわれており、1000年以上の歴史があります。

Ｃ　東北四大祭りのひとつであり、毎年８月上旬に開かれています。人物などが描かれ、ライトアップされた巨大な台車が町を歩き、絵を楽しむことができます。県庁所在地で開かれるものが最も有名ですが、近隣の弘前(ひろさき)市などでも開かれています。

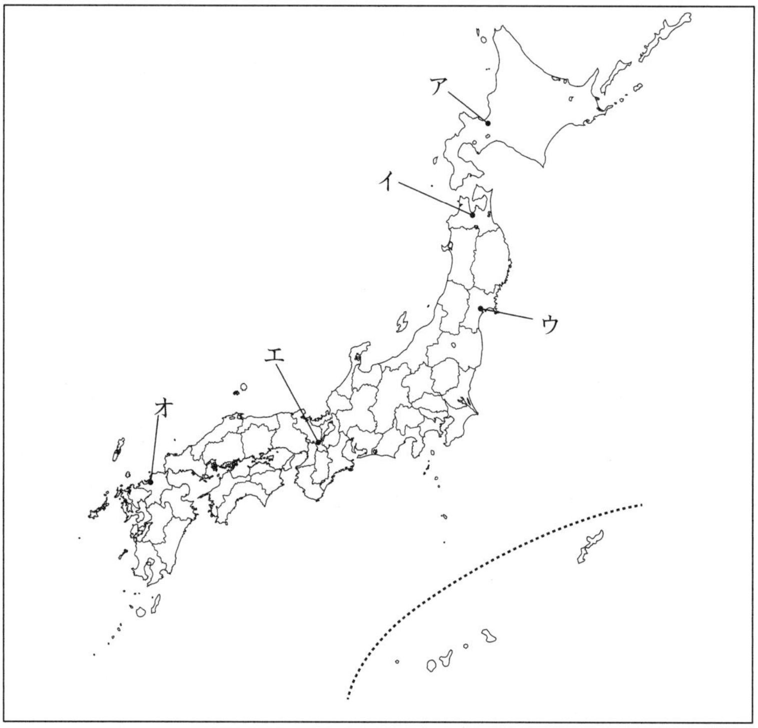

問２　下線部②について、多摩子さんは地域をもりあげるために各地域に「ゆるキャラ」とよばれるキャラクターがたくさんいることを知りました。以下の[あ]～[う]はその一部です。これを読んで、問いに答えなさい。

[あ]

©岐阜市136

岐阜県岐阜市のキャラクター「うーたん」
市内を流れる(あ)<u>長良川</u>の名物、鵜飼(うか)いをイメージして誕生した。
好きな食べ物は鮎(あゆ)。ひなたぼっこが趣味。

[い]

愛媛県イメージアップキャラクター
みきゃん
許諾番号：604026

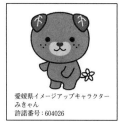

愛媛県のキャラクター「みきゃん」
愛媛の名産(い)<u>みかん</u>をイメージして誕生した。モチーフが犬なのは、方言の「～やけん」から。明るく好奇心が豊かな性格。

[う]

©深谷市

埼玉県深谷市のキャラクター「ふっかちゃん」
深谷市は(う)<u>ねぎの生産</u>がさかんであり、ねぎをイメージして誕生した。
好きな言葉は「一生懸命」。

(1)　下線部(あ)について、長良川は木曽川・揖斐川(いびがわ)とともに、この地域に数多くの洪水や水害をもたらしてきました。その対策として、特に標高が低い地域では、高く作った堤防で集落を囲んで生活してきました。この堤防で囲まれた地域のことを何というか、漢字で答えなさい。

(2)　下線部(い)について、みかん栽培においては日当たりの良い斜面(しゃめん)が好まれます。四国地方においてもよく見られる、みかんを栽培する際に使われる急な斜面に広がる畑を何というか、答えなさい。

(3)　下線部(う)について、埼玉県は近郊農業がさかんです。同じように、近郊農業の特徴を活かした都道府県とその農産物について述べた文として正しくないものを、次のア～エから１つ選びなさい。

ア　愛知県は、キャベツの生産量が全国有数である。

イ　兵庫県は、たまねぎの生産量が全国有数である。

ウ　千葉県は、牛乳の生産量が全国有数である。

エ　宮崎県は、ピーマンの生産量が全国有数である。

問３　下線部Xについて、

(1)　静岡県のある都市は、現在日本に住む外国人が多いことで有名です。ブラジルからの移民が多く住み、楽器やオートバイの製造がさかんで、周囲の工業地域の中心です。この都市をふくむ工業地域の名前を漢字で答えなさい。

(2)　(1)の工業地域の中に静岡県富士市があります。静岡県が日本一の出荷額である、富士市でさかんな産業について述べた文として正しいものを、次のア～エから１つ選びなさい。

ア　日本の主な輸出品であり、約３万におよぶ部品を組み立てて作っている。

イ　鉄鉱石などを溶かして加工され、重化学工業の中心となるものを作っている。

ウ　原油から作られたものを加工して、プラスチックなどを生成する。

エ　植物や輸入された木材を原料とし、生活に欠かせないものを作っている。

(3)　日本に住む外国人の数は増加傾向にあり、外国からの移民を積極的に受け入れるべきだ、という意見があります。あなたが賛成の立場だった場合、どのようにして反対の立場の人を説得しますか。次の 資料ア ～ 資料エ の中から２つ使って、「資料〔　　〕から、～資料〔　　〕から、～以上のことから、私は外国からの移民を受け入れるべきだとおもう。」の形にあうように答えなさい。

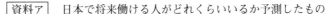

資料ア　日本で将来働ける人がどれくらいいるか予測したもの

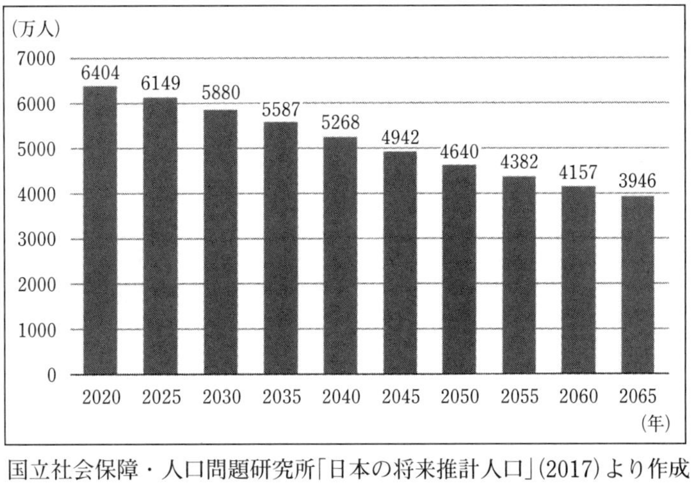

国立社会保障・人口問題研究所「日本の将来推計人口」(2017)より作成

資料イ　日本に住む外国人を国ごとにまとめたもの(2022年)

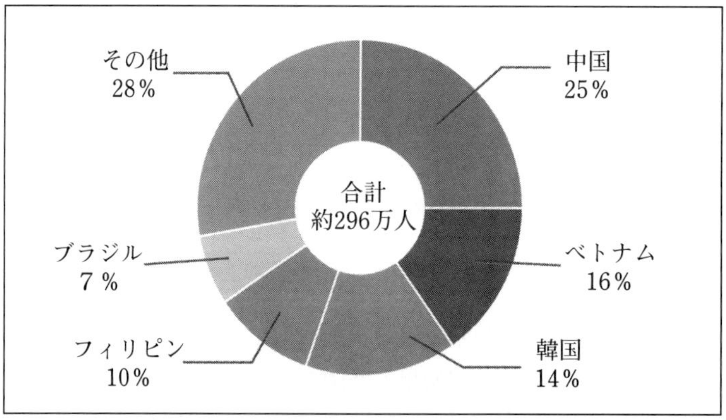

法務省出入国在留管理庁HPより作成

資料ウ　外国人労働者を産業ごとにまとめたもの(2020年)

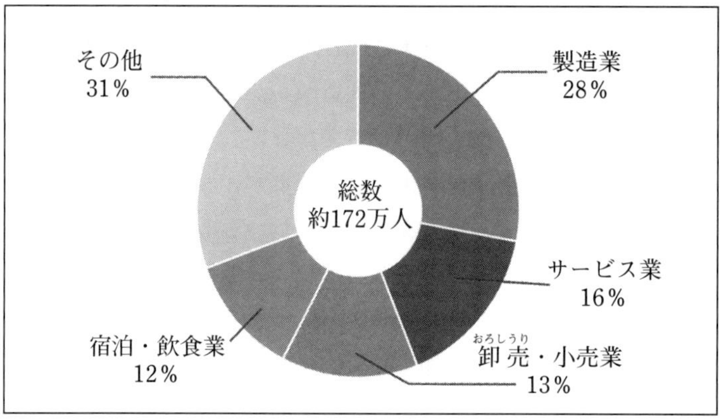

厚生労働省HPより作成

資料エ　日本における外国人労働者と労働者全体との平均賃金の比較(2021年)

労働者全体	30.7万円(１か月あたり)
外国人労働者	22.8万円(１か月あたり)

厚生労働省　令和３年賃金構造基本統計調査より

2　次のごみやリサイクルに関する表中の文章をよく読んで、問いに答えなさい。

縄文時代	人びとは、竪穴(たてあな)住居と呼ばれる家に住んでいた。海の近くの集落では、ごみ捨て場は住居から離れた場所にあり、これを［　X　］とよんでいる。「縄文時代」という名称は、大森［　X　］から発見された土器から考えられた。
奈良時代	中国にできた①隋・唐という強大な統一王朝を手本とした国づくりがすすめられた。②そのひとつが都の造営であった。都がつくられると、都に人が集まり、人が集まるとごみが増えた。都を一代ごとに転々と移動していた理由の一つにごみの問題があったともいわれている。
平安時代	市街地にはごみや汚水が道にあふれていた。天皇や貴族たちの住むところでは、掃除などを担当する部署(ぶしょ)もつくられた。貴族の社会では、儀式(ぎしき)や年中行事がくり返し行われ、細かいしきたりを守ることが大切にされた。

③鎌倉時代	禅宗が中国から伝わり、禅寺での日常生活の三要素は、「一に掃除、二に看経(お経を読む)、三に坐禅」といわれており、各地の寺で、修行の一環として掃除がすすめられるようになった。
江戸時代	江戸や大阪(大坂)で都市が発展したことで、ごみ処理が大きな問題となったが、古着屋、紙屑買いなど④修理・再生・回収の専門業が多く発達したこともあり、⑤リサイクル型社会が形成されていた。一方で、海外では蒸気や石炭を用いた産業が発展していった。
明治時代	⑥外国との交易がさかんになり、⑦まちや人々の様子は大きく変わった。1900年には、各市町村にごみ処理事業を義務づける法律が制定されるなど、政府により整備が進んだ近代法はごみ処理の分野にまで及んだ。

問１　空らん［　X　］にあてはまる語句を漢字で答えなさい。

問２　下線部①が栄えていた時代、日本で厩戸王(聖徳太子)が中心となって国づくりをすすめていました。これについて述べた文章として正しいものを、次のア～エから１つ選びなさい。

ア　東大寺を建てて、仏教の教えを人々の間に広めようとした。

イ　大宝律令を定めて、政治を行う役人の心構えを示した。

ウ　家柄に関係なく能力で役人を取り立てる冠位十二階がつくられた。

エ　十七条の憲法がつくられ、豪族を中心とした新しい政治の仕組みが定まった。

問３　下線部②について、奈良時代を代表する都に平城京があります。次の〔写真〕は平城京跡の各所から出土したもので、平城京を造営する際に古墳とともに破壊されたようです。これらは本来、〔イラスト〕のような見た目をしており、古墳の周りに並べられていました。この〔イラスト〕のように、当時の人や建物を知る手がかりになるものを何といいますか、答えなさい。

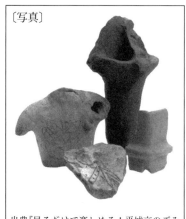

〔写真〕

出典『見るだけで楽しめる！平城京のごみ図鑑 最新研究でみえてくる奈良時代の暮らし』、奈良文化財研究所所蔵

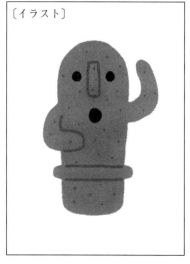

〔イラスト〕

問４　下線部③について、この時代の出来事として正しいものを、次のア～エから１つ選びなさい。

ア　源頼朝が太政大臣となって、積極的に政治を行った。

イ　元の大軍が二度にわたって日本の九州地方にせめてきた。

ウ　現在の和室のもととなった書院造を取り入れた銀閣が建てられた。

エ　ヨーロッパから鉄砲やキリスト教が伝えられた。

問５　下線部④の理由のひとつは、当時、江戸幕府が外国との貿易を制限しており、生活品を大切に使う必要があったからです。この貿易を制限する政策は鎖国とよばれています。鎖国について述べた文章として誤っているものを、次のア～エから１つ選びなさい。

ア　朝鮮通信使とよばれる使節が、将軍が変わるごとに来日していた。

イ　オランダや中国との貿易は長崎の出島や唐人屋敷で行われた。

ウ　対馬藩は琉球王国に将軍や琉球国王が変わるごとに江戸へ使節を送らせた。

エ　蝦夷地では松前藩がアイヌの人々と交易を行っていた。

問６　下線部⑤について、江戸時代では着物や傘(かさ)など、多くの物がくり返し利用されました。それは、ごみやはいせつ物も例外ではありませんでした。次の図も参考に、ごみやはいせつ物はどのようにして利用されたのか、説明しなさい。

問７　下線部⑥について、交易がさかんになるきっかけとなった日本とアメリカとの間で1858年に結ばれた条約を漢字で答えなさい。

問８　下線部⑦について、暮らしのなかに欧米の制度や生活様式が取り入れられ、そうした世の中の動きは文明開化とよばれました。しかし、こうした動きの中には、環境汚染につながるものもありました。次の２つの図と、前の表中の文章も参考にして、環境汚染につながる変化はどのようなものであったか説明しなさい。

3　次の文章を読み、問いに答えなさい。

新型コロナウイルスの感染拡大から２年ほどが経過した2022年は、コロナ禍が経済活動に与える影響が徐々に減少しました。２人以上働いている家庭の月平均消費支出がコロナ禍以前の2019年の約32万円に近づいてきていることから、個人の消費は回復しているといえます。

しかし支出の項目を見ると、洋服や靴の消費支出や交際費はコロナ禍以前の2019年とくらべて15％以上減少したままです。この先も回復しないことが予想され、①これは生活スタイルの変化によるものといえます。

2022年はロシアがウクライナに侵攻したため、世界的に資源価格が上昇しました。そして2023年にかけて②円安が進行し、穀物や光熱費等の物価が高騰しました。

そのような中、総務省が発表した2022年の調査によると、25～39歳の女性のうち働く人の割合が81.5％と初めて８割を超えました。このことから20代後半から30代にかけて落ち込む③「M字カーブ」は改善しているといえます。

問１　下線部①について、

(1)　コロナ禍以前とくらべてどのようなことにお金を使わなくなったかという点を文章から読み取った上で、生活スタイルの具体的な変化を説明しなさい。

(2)　あとに示したグラフは、「家族と過ごす時間の変化」について新型コロナウイルス感染拡大前(2019年)と比較して内閣府が18歳未満の子を持つ親へ調査した結果をもとに作成したものです。このグラフから読み取れる文として誤っているものを、次のア～エから１つ選びなさい。なお調査した人数は、年によってほとんど変わりません。

ア　2020年は2019年より家族と過ごす時間が増えたと答えた人は、70％を超えている。

イ　2023年は2019年より家族と過ごす時間が増えたと答えた人の中で、90％以上の人が現在の家族と過ごす時間を保ちたいと答えている。

ウ　2019年とくらべて家族と過ごす時間が増えたと答えた人の中で、現在の家族と過ごす時間を保ちたいと思うと答えた人は、2020年より2023年の方が多い。

エ　2019年とくらべて家族と過ごす時間に概ね変化がないと答えた人は、2020年よりも2023年の方が多い。

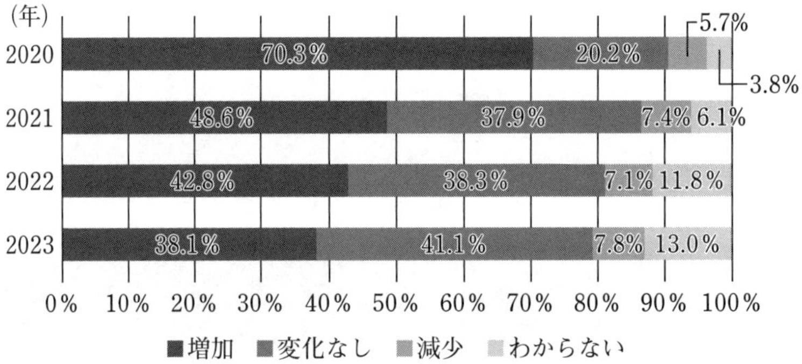

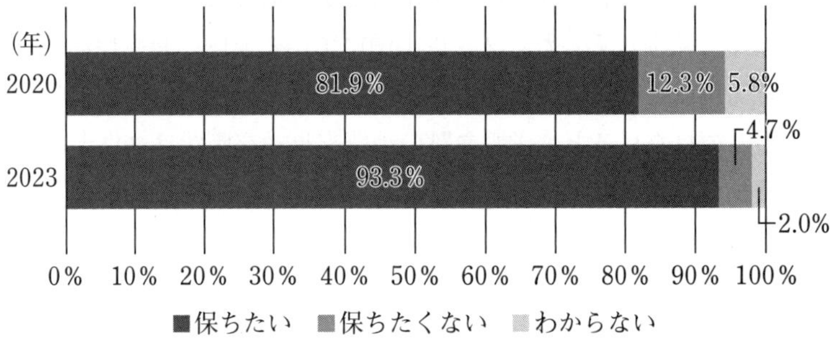

内閣府ホームページより作成

問２　下線部②について、次の文章を読み、以下の問いに答えなさい。

> 円安とは、円の価値が下がることをいいます。例えば、旅行に行くために手元にある（ あ ）円をドルに両替するとします。為替相場（かわせそうば）が１ドル＝100円であれば、1500ドルになります。しかし、為替相場が１ドル＝150円であれば、1000ドルしか手に入りません。

⑴　空らん（ あ ）にあてはまる数字を答えなさい。

⑵　次の文章の中で正しいものを、ア～オから２つ選びなさい。

ア　円安になると、日本に来た外国人観光客が京都で宿泊するのが不利になる。

イ　円安になると、日本人が旅行先のアメリカ合衆国で買い物をするのが不利になる。

ウ　円安になると、日本がイタリアからパスタを輸入したときに安く買える。

エ　円安になると、日本の自動車をオーストラリアに輸出したときに現地で売れやすくなる。

オ　円安になると、原油価格が下がるのでガソリンスタンドでも価格が下がる。

問３　下線部③については次のように説明できます。文章中の空らん（ …Ｘ… ）・（ …Ｙ… ）にあてはまる文をそれぞれ答えなさい。

日本の女性の働く割合を年齢層別にみると、20代後半から30代にかけて（ …Ｘ… ）などの理由で低下し、40代に再び増加します。これをグラフにした場合、次図のように「Ｍ」に似た形になります。
2022年のグラフは「台形」に近づいていますが、より「台形」にしていくためには、女性が働く環境を整えていかなければなりません。そのために必要なことの一つは（ …Ｙ… ）です。

【グラフ】

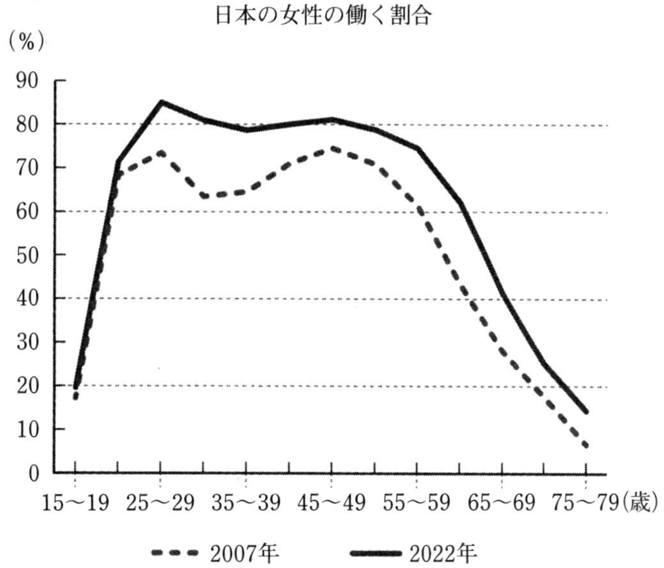

『就業構造基本調査結果』(総務省統計局)より作成

大妻中野中学校（第１回）

―30分―

1　次の文章をよく読んで、後の問いに答えなさい。

①地球の環境が急速に変化しています。2023年の夏は記録的な猛暑でした。2023年７月は史上最も暑い夏になるという世界気象機関のコメントを受け、国連のグテーレス事務総長は、2023年の夏を「②地球温暖化の時代は終わり、地球沸騰(ふっとう)の時代が来た」と表現しました。③地球上の気温はどのくらい変化しているのでしょうか。気象庁の資料を見ると、地球の年平均気温は100年前と比べて0.74℃上昇しています。日本においては１度上昇しています。今の東京の平均気温は、100年前の九州地方と同じくらいだそうです。この温度変化はわたしたちの生活にどのような変化をもたらしているのでしょうか。たった１℃くらいの上昇なので大きな影響はないと考えてよいのでしょうか。

④四季がはっきりしている日本は、昔から⑤自然環境とうまく付き合い、生活を営んできました。その結果、日本各地で異なった特色ある文化が生まれました。2023年は北海道の札幌で８月23日に史上最も遅い⑥猛暑日を記録するなど、北に位置する地域でも猛烈な暑さを記録しています。急な天候の変化による豪雨なども頻繁(ひんぱん)に起こるようになってきました。100年間でたった１℃の温度変化といっても、私たちが「何かおかしいな」と体感できるくらいの変化が現実に起こっています。地球規模の温度上昇は、長期的に見ると生活や文化にも大きな影響を与えることが想像できます。すべての人の今ある生活や文化をこの先も持続させ、地球温暖化を少しでも遅らせるため、⑦一人一人ができることに取り組んでいくことが求められています。

問１　下線部①について、次の地球は日本が中心に描かれています。この地球の裏側を表現しているのはどれですか。最も適しているものをあとから１つ選んで、記号で答えなさい。

＜日本が中心に描かれた地球＞

(ア)

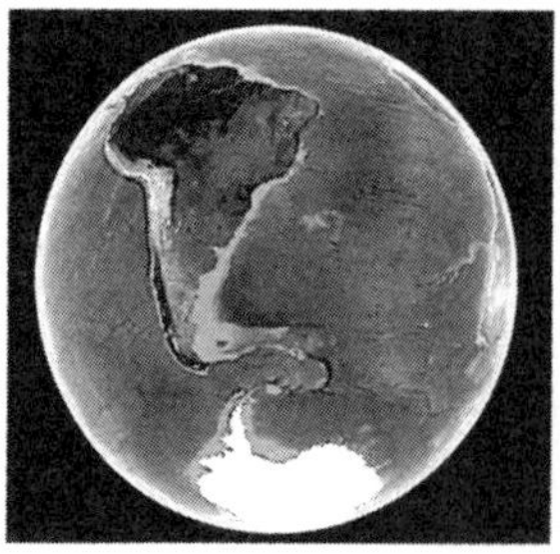

(イ)

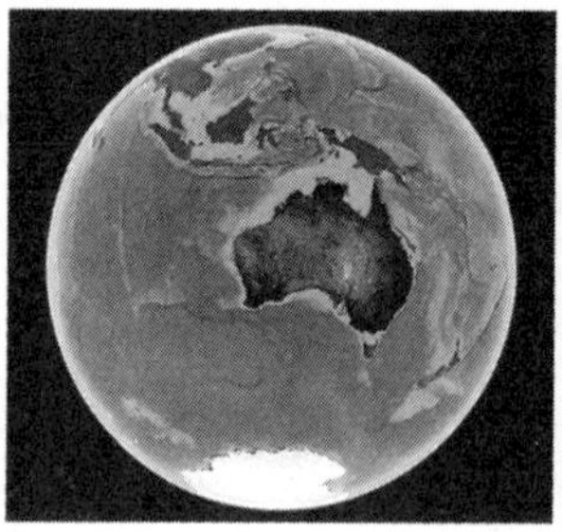

(ウ)

問２　下線部②について、地球温暖化は大気中の温室効果ガスの増加によって引き起こされます。クラスで地球温暖化について話し合ったツキノさん、マミさん、ナナコさん、カオリさんはいくつか身近な原因を思いつき、次のようにまとめました。あなたがツキノさんだとしたら、どのような原因を考えますか。簡潔に答えなさい。

> ツキノさんの考え：［　　　　　　　　　　　　］
> マミさんの考え：電子機器の充電回数の増加
> ナナコさんの考え：プロスポーツの試合時間の増加
> カオリさんの考え：航空機移動の増加

問３　下線部③について、アメリカ航空宇宙局(ＮＡＳＡ)の分析によると、気温の上昇により北極や南極の氷や氷河が溶けたことで、1993年から2022年までの間に海面が約9.1センチメートル上昇しています。10センチメートル弱の上昇で日本列島が海に沈むことはありません。しかし、この海面上昇によって日本が自然災害の被害を受ける可能性は高まります。どのような自然災害の被害を受ける可能性が高まりますか。最も適切なものを次から１つ選んで、記号で答えなさい。

㈠ 高潮　　㈡ 干ばつ　　㈢ 地盤沈下　　㈣ 豪雨

問４　下線部④について、日本列島は気候の変化に富んでおり、地域によって平均気温や降水量が異なります。次のグラフは、札幌、那覇、東京、松本のそれぞれの最暖月の平均気温から最寒月の平均気温を引いた値を棒グラフで示しています。那覇、東京、松本の組み合わせとして正しいものはどれですか。あとから１つ選んで、記号で答えなさい。

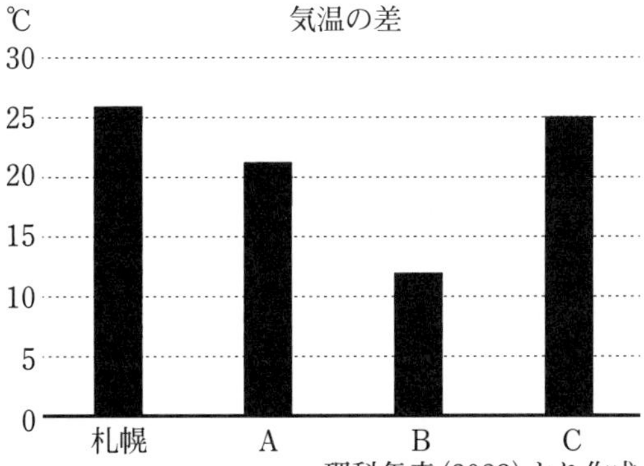

理科年表(2023)より作成

㈠　Ａ：東京　Ｂ：松本　Ｃ：那覇　　㈡　Ａ：松本　Ｂ：那覇　Ｃ：東京
㈢　Ａ：那覇　Ｂ：東京　Ｃ：松本　　㈣　Ａ：東京　Ｂ：那覇　Ｃ：松本
㈤　Ａ：松本　Ｂ：東京　Ｃ：那覇　　㈥　Ａ：那覇　Ｂ：松本　Ｃ：東京

問５　下線部⑤について、次の図を参考に各問いに答えなさい。

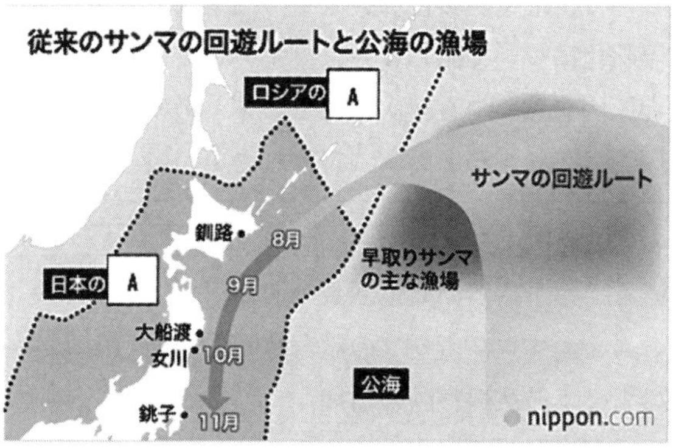

公益財団法人ニッポンドットコムHPより引用

⑴　魚の消費量が多い日本は、海洋資源にも多く依存しています。2023年の夏、サンマ漁の不漁により価格が急騰(とう)しました。その原因の一つは地球温暖化による海水温の変化にあるといわれています。前の図に示したサンマの回遊ルートに流れている海流の名称は何ですか。漢字で答えなさい。

⑵　サンマ漁の不漁の原因は地球温暖化だけでなく、日本以外の国によるサンマの早取りも原因といわれています。早取りの結果、日本のＡ内に入ってくるサンマの数が少なくなってしまっています。前の図中のＡの範囲を何といいますか。漢字で答えなさい。

⑶　日本では変化に富む自然環境に対応するために家屋の形などが工夫されています。次に示した写真の家屋について書かれた文のうち、誤っているものはどれですか。あとから１つ選んで、記号で答えなさい。

①

②

(ア)　①の家屋の周囲に石垣があるのは、台風による強風を軽減するための工夫でもある。

(イ)　②の家屋の玄関の扉が２重になっているのは、冬の寒い外気が家の中に入り込むのを防ぐ工夫である。

(ウ)　①の家屋の屋根が瓦屋根なのは、冬の雪が重さで落ちてこないようにする工夫である。

(エ)　②の家屋の玄関がやや高いところにあるのは、雪が積もっても玄関に入りやすくする工夫である。

⑷　関東地方のある地域に暮らすカオリさんは、自分の暮らす町の地図を眺めて、何か自然環境に合わせて営まれている生活風景がないか調べました。その結果、次の地図のように整然と区画が整えられた特徴ある場所があることに気づきました。カオリさんは実際に町

を歩き、調べてみることにしました。実際に歩いてみた結果、地形図通り、この細長い地割はあとの模式図のような土地利用が多いことに気づきました。この土地の持ち主にお話を聞くと、この場所で農業をしていく上で、地図上の丸印の部分の役割が非常に大きいことを教えてくれました。この丸印の場所は、この場所の農業にどのように役に立っていると考えられますか。最も適した文を以下から１つ選んで、記号で答えなさい。

国土地理院「地理院地図」より抜粋

模式図

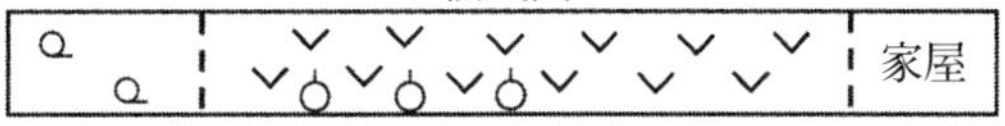

(ア)　地図記号は水田で、稲刈り後の藁(わら)を肥料として畑地の部分に供給している。

(イ)　地図記号は広葉樹林で、落ち葉を集めて保存しておき、畑地の部分に肥料として供給している。

(ウ)　地図記号は針葉樹林で、伐採した木材を自宅の建築資材にしている。

(エ)　地図記号は茶畑で、冬の北風によって畑地の上が吹き飛ばされないように防風の役割を果たしている。

問６　下線部⑥について、「猛暑日」とは一日の最高気温が何度以上になった日を指しますか。数字で答えなさい。

２　さまざまな河川に関する次の文章をよく読んで、後の問いに答えなさい。

(Ⅰ)　源頼朝は、①源平合戦(治承・寿永の乱)の中の富士川の戦いで勝利し、東国支配の基盤を固めました。この戦いの際に源頼朝は、奥州平泉から駆けつけた弟、［　(あ)　］との再会を果たしました。

(Ⅱ)　蝦夷討伐とその後の支配のために北上川流域に多賀城などがつくられました。征夷大将軍に任じられた［　(い)　］が蝦夷の首領アテルイを降伏させました。京都にアテルイを連れ帰りましたが、助命の願い出は聞き入れられませんでした。

(Ⅲ)　院政を始めた［　(う)　］上皇は大きな権力を握りました。その権力の大きさは、「思い通りにならないものは、鴨川(加茂川)の水とすごろくのさい(さいころのこと)と②山法師の３つである」と表現されるほどでした。

(IV) 吉野川は、下流では紀の川と呼ばれています。吉野川周辺には、神武天皇が紀伊半島に遠征をした際の神話にまつわる史跡が多く、神の使いが道案内をすることで神武天皇が熊野の森から出られたという話は③『古事記』や『日本書紀』に登場します。

(V) 千曲川(他県に入ると信濃川と呼ばれる)にある三角地帯で上杉軍と武田軍が川中島の戦いをくりひろげました。上杉軍と武田軍の間での④「敵に塩を送る」という故事は、慣用句になるほど有名です。

(VI) 日清戦争で得た賠償金を利用して1901年に⑤官営の工場が操業しました。この工場では筑後川の北部に広がる筑豊炭田から採れる石炭と中国から輸入した鉄鉱石で鉄がつくられ、その生産量は第二次世界大戦前には日本の鉄鋼生産の半分以上を占めるようになりました。

問１　下線部①について、源平合戦の最後の合戦となった戦いは次のうちどの戦いですか。次から１つ選んで、記号で答えなさい。

(ア)　関ケ原の戦い　　(イ)　白村江の戦い　　(ウ)　壇ノ浦の戦い　　(エ)　桶狭間の戦い

問２　文中の空欄(あ)～(う)にあてはまる語句は何ですか。それぞれ漢字で答えなさい。

問３　下線部②について、山法師とは京都の北東からやってくる延暦寺の僧兵のことです。このお寺のある山と、その開祖の組み合わせとして正しいものはどれですか。次から１つ選んで、記号で答えなさい。

(ア)　比叡山－空海　　(イ)　高野山－空海　　(ウ)　比叡山－最澄　　(エ)　高野山－最澄

問４　下線部③について、『古事記』や『日本書紀』の説明として誤っているものはどれですか。次から１つ選んで、記号で答えなさい。

(ア)　どちらも天皇家にまつわる話が書かれたものである。

(イ)　どちらも平安時代に書かれたものである。

(ウ)　『古事記』には日本古来の神々とその神々にまつわる話が書かれている。

(エ)　『日本書紀』は中国の歴史書にならって漢文で書かれている。

問５　下線部④について、この故事のもととなった内容として正しいものはどれですか。次から１つ選んで、記号で答えなさい。甲斐国というのは現在の山梨県を中心とした地域、越後国というのは現在の新潟県を中心とした地域です。

(ア)　越後国で豊富にとれる塩を、戦っている相手に自慢して相手をいらだたせるために上杉氏が武田氏に塩を送った。

(イ)　越後国で豊富にとれる塩を、戦っている相手に自慢して相手をいらだたせるために武田氏が上杉氏に塩を送った。

(ウ)　甲斐国ではなかなか塩がとれず、お互いに戦ってはいるが困っているのを見過ごせなかったため上杉氏が武田氏に塩を送った。

(エ)　甲斐国ではなかなか塩がとれず、お互いに戦ってはいるが困っているのを見過ごせなかったため武田氏が上杉氏に塩を送った。

問６　下線部⑤について、この官営の工場の名前は何ですか。漢字で答えなさい。

問７　(I)～(VI)の文章中の二重下線部の６本の川の中で最も西を流れる川はどれですか。(I)～(VI)の中から１つ選んで、記号で答えなさい。

3　次の文章をよく読んで、後の問いに答えなさい。

被爆50周年(平成7年)の①平和記念式典では、②広島市長の平和宣言に続いて、初めてこども代表が「平和への誓い」を述べました。これは、「こども平和のつどい」で世界のこどもたちが話し合った結果を平和への決意として述べたもので、翌年以降もこの成果を引き継(つ)ぐ「こどもピースサミット」が開催され、「平和への誓(ちか)い」を発信しています。2023年度に発信された誓いの言葉を見てみましょう。

みなさんにとって「平和」とは何ですか。争いや戦争がないこと。
③差別をせず、違いを認め合うこと。悪口を言ったり、けんかをしたりせず、みんなが笑顔になれること。
身近なところにも、たくさんの平和があります。
(A)年8月6日　午前8時15分。
耳をさくような爆音、肌が焼けるほどの熱。
皮膚が垂れ下がり、血だらけとなって川面に浮かぶ死体。
こどもの名前を呼び、「目を開けて。目を開けて。」と、叫び続ける母親。
たった一発の爆弾により、一瞬にして広島のまちは破壊され、悲しみで埋め尽くされました。
「なぜ、自分は生き残ったのか。」仲間を失った私の曽祖父は、そう言って自分を責めました。
原子爆弾は、生き延びた人々にも心に深い傷を負わせ、生きていくことへの苦しみを与え続けたのです。あれから78年が経ちました。
今の広島は緑豊かで笑顔あふれるまちとなりました。
「生き残ってくれてありがとう。」命をつないでくれたからこそ、今、私たちは生きています。
私たちにもできることがあります。自分の思いを伝える前に、相手の気持ちを考えること。
友だちのよいところを見つけること。
みんなの笑顔のために自分の力を使うこと。
今、平和への思いを一つにするときです。
被爆者の思いを自分事として受け止め、自分の言葉で伝えていきます。
身近にある平和をつないでいくために、一人一人が行動していきます。
誰もが平和だと思える未来を、広島に生きる私たちがつくっていきます。

令和5年(2023年)8月6日
こども代表
(広島市教育委員会ホームページ参照)

この誓いの言葉からみなさんは何を感じますか。そして④政治家は何を感じ、どう行動するのでしょう。⑤日本国憲法の三大原理の一つに平和主義があります。憲法の第9条で戦争の放棄(ほうき)・戦力の不保持・交戦権の否認をうたっています。

一方、⑥財政を見てみると歳出の項目に防衛費があります。これは主に自衛隊などの組織に使うお金です。自衛隊は戦力に当たらないのかという議論は自衛隊ができた当初からされていて、政府の解釈が時期によって違っています。

開戦後１年以上が過ぎた⑦ロシアとウクライナの戦争や様々な国で起こっている内戦などは、多くの国民が傷つくことになります。しかし戦争をしないで問題を解決する他の方法も選択できます。外交問題の解決手段として戦争という手段を用いることは悲惨(ひさん)な結果を生むだけです。戦争の悲惨さを後世に伝え、二度と戦争を繰(く)り返さないようにすることが大切です。戦争のない真に平和な世界になるように、私たちができることを始めていきましょう。

問１　下線部①について、平和を維持するために日本政府は非核三原則を打ち出しています。その内容は何ですか。「核兵器を～ない、～ない、～ない」に合う形で答えなさい。

問２　下線部②について、広島県はどこですか。広島県の場所を示す記号を次の地図から１つ選んで、記号で答えなさい。

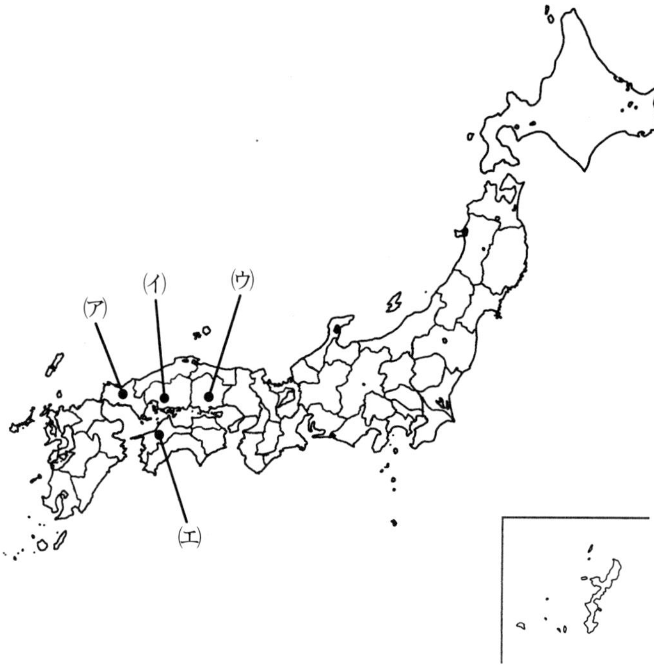

問３　下線部③について、差別に関する記述で誤っているものはどれですか。次から１つ選んで、記号で答えなさい。

(ア)　男女で昇給に差があるのは男女差別にあたる。

(イ)　少数民族の存在を否定するのは、民族差別にあたる。

(ウ)　入学試験で別室受験などの使用を許可するのは、障がい者差別にあたる。

(エ)　特定の民族や国籍の人に対するヘイトスピーチは外国人差別にあたる。

問４　文章中の空欄(Ａ)には、太平洋戦争の終戦年が入ります。西暦何年ですか。答えなさい。

問５　下線部④について、

(1)　政治を行う場として、国会があります。国会は国権の最高機関です。国会には裁判官が職務上の義務に違反した場合、罷免させることができる組織があります。国会に設置されたこの組織の名称は何ですか。漢字で答えなさい。

⑵　国会は衆議院と参議院からなります。次のうち衆議院の優越が認められないものはどれですか。次から１つ選んで、記号で答えなさい。

㋐　憲法改正の発議　　㋑　予算の議決　　㋒　条約の承認　　㋓　内閣総理大臣の指名

⑶　天皇は政治に関する権限を持たず、内閣の助言と承認のもと国事行為のみを行うと規定されています。次のうち、天皇の国事行為ではないものはどれですか。次から１つ選んで、記号で答えなさい。

㋐　政令の制定　　㋑　衆議院の解散　　㋒　法律の公布　　㋓　国会の召集

問６　下線部⑤について、日本国憲法の第15条で、公務員を選定・罷免することは国民固有の権利であると規定されています。現在では満18歳以上になり、国民であればだれでも選挙権を持ちます。このことを何選挙といいますか。漢字で答えなさい。

問７　下線部⑥について、財政の歳入には税金などがあります。次のグラフのうち、Bに当てはまる間接税の種類は何ですか。漢字で答えなさい。

【2022年度予算】

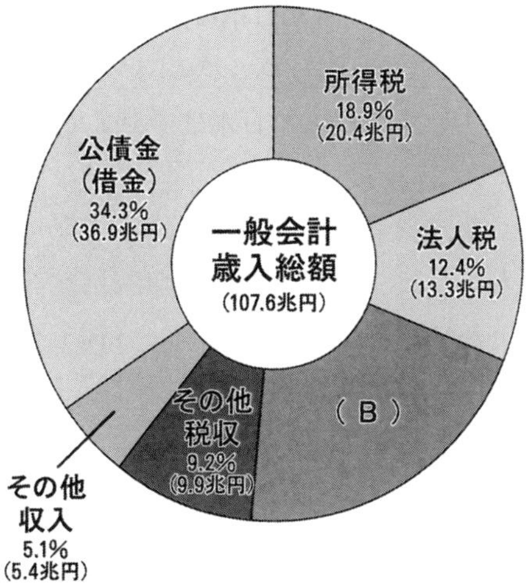

問８　下線部⑦について、ロシアがウクライナとの戦争を始めた時のロシアとウクライナの大統領は誰ですか。それぞれ答えなさい。

学習院女子中等科(A)

—30分—

1　次の文章を読み、以下の問いに答えなさい。

日本は古くから多くの国や地域と結びつきを持ってきました。米作りや金属器・土器は、中国や朝鮮半島から移り住んだ人々によって、日本に伝わりました。弥生時代には①支配者がたびたび中国に使いを送り、外交関係を結びました。7世紀から9世紀にかけては、中国の政治のしくみや大陸の文化を学ぶために日本から②遣唐使船を送りましたが、唐の衰(おとろ)えを理由として、894年、(　1　)の意見により遣唐使は停止(ていし)されました。室町時代には、幕府の3代将軍であった(　2　)が中国(明)との貿易を行って多くの富をたくわえました。

その後の日本はスペイン、ポルトガルなどヨーロッパの国々とも貿易を行い、結びつきをもつようになりました。しかし、江戸幕府はスペイン船とポルトガル船の日本への来航を禁止し、ヨーロッパの国々の中では(　3　)の船だけが日本に来航するようになりました。

明治時代になると、③日本の政府はヨーロッパの国々やアメリカを手本として近代的な国家づくりをめざしました。しかし、その一方で日本はアジアでの勢力拡大を目的とした戦争を行い、④朝鮮半島も戦場になりました。

昭和時代の日中戦争、太平洋戦争を経て、戦後はアメリカを中心とする連合国軍により⑤民主化のための政策が進められました。その後、日本は国際社会へ復帰し、歴史上結びつきの強い国々との友好関係や信頼(しんらい)関係を築いてきました。しかし、⑥領土をめぐる周辺の国々との対立や沖縄の基地問題など、現在も国際的な課題が数多く残されています。

問1　空らん(　1　)～(　3　)にあてはまる語句を答えなさい。

問2　下線部①について、卑弥呼が使いを送った中国の国の名を、次のア～エより1つ選び、記号で答えなさい。

ア　前漢　　イ　魏　　ウ　後漢　　エ　秦

問3　下線部②について、遣唐使船の航路は、ある時期から朝鮮半島に沿った安全な航路から直接中国に向かう危険な航路へと変わった。この理由を説明しなさい。

問4　下線部③について、(1)次の文章A～Cの空らん(　a　)～(　c　)にあてはまる語句を答え、(2)文章A～Cの下線部で示している「この国」の国名を、あとのあ～おより1つ選び、記号で答えなさい。

A　日本は1867年にこの国で行われた万国博覧会に初めて参加した。1872年に群馬県につくった官営の(　a　)製糸場にはこの国から技術者をまねいた。

B　大隈重信は、この国を手本にした憲法と議会の設立を主張し、1882年に(　b　)党をつくった。

C　日本政府は、皇帝(こうてい)の権限が強いこの国の憲法などを参考にして(　c　)を中心に憲法づくりを進めた。(　c　)は後に初代内閣総理大臣に任命された。

あ　イギリス　　い　ドイツ　　う　イタリア　　え　フランス　　お　アメリカ

問5 下線部④について、次のア～エは朝鮮半島の国に関わるできごとである。古いものから年代順になるように記号を並べかえなさい。

ア 日本は朝鮮を併合(へいごう)して植民地にした

イ 豊臣秀吉は中国を征服(せいふく)するために朝鮮へ大軍を送った

ウ 朝鮮通信使は12回にわたって江戸幕府へ送られた

エ 高麗は元によって軍に加えられ、九州北部を攻(せ)めた

問6 下線部⑤について、(1)農村に対して行われた政策の名前を答えなさい。(2)(1)によって農村に起きた変化を説明しなさい。

問7 下線部⑥について、日本との間に領土をめぐる対立が起きている、(1)国名 と(2)その場所(地名) の組み合わせを1つ答えなさい。

2 以下の問いに答えなさい。

問1 あとの表のA～Hは日本国内で生産される農産物を、1位～3位はその農産物の収穫(しゅうかく)量都道府県別順位(A・Bは2022年産、その他は2021年産)を示している。A～Hにあてはまる農産物を次の【農産物群】より1つずつ選び、記号で答えなさい。

【農産物群】

ア いちご　イ かき　ウ 小麦　エ 米

オ すいか　カ ぶどう　キ りんご　ク レタス

北海道	A 2位	B 1位
青森県	C 1位	－
岩手県	C 3位	－
秋田県	A 3位	－
山形県	D 3位	－
茨城県	E 2位	－
栃木県	F 1位	－
群馬県	E 3位	－
千葉県	D 2位	－

新潟県	A 1位	－	－
山梨県	G 1位	－	－
長野県	C 2位	E 1位	G 2位
奈良県	H 2位	－	－
和歌山県	H 1位	－	－
岡山県	G 3位	－	－
福岡県	B 2位	F 2位	H 3位
佐賀県	B 3位	－	－
熊本県	D 1位	F 3位	－

『日本国勢図会 2023/24』による

問2 次の①～④の文が示す順になるように、ア～エの地域などを並べかえなさい。

① 人口が多い順　ア 大阪市　イ 札幌市　ウ 仙台市　エ 横浜市

② 東京都庁に近い順　ア 大阪市　イ 札幌市　ウ 新潟市　エ 那覇市

③ 緯度(いど)が低い順　ア シンガポール　イ ペキン　ウ 東京　エ ロンドン

④ 東京駅に近い順　ア こおりやま駅　イ しろいしざおう駅　ウ なすしおばら駅　エ はちのへ駅

①は『日本国勢図会 2023/24』による

問3 長野県内で人口が多い都市(例：長野市・松本市・上田市・佐久市・飯田市や諏訪(すわ)市など)には、ある特徴(とくちょう)的な地形が共通してみられる。

(1) これらの都市に共通する特徴的な地形を、ひらがな4文字以内で答えなさい。ただし「へいや」は除く。

(2) なぜその地形の場所に古くから人が集まり、発展してきたのか説明しなさい。

3　次の文章を読み、以下の問いに答えなさい。

ここ数年で急速に普及(ふきゅう)したマイナンバーカードは、ひとりの国民にわりあてられている複数の公的な番号を１つのカードにまとめ、効率的な行政を実現するねらいがあります。政府は今年の秋にマイナンバーカードと①健康保険証の一体化を目指していますが、この方針に対して国民の反対意見なども出ています。

マイナンバーカードの構想は、1960年代後半に（ 1 ）内閣が「各省庁統一個人コード」の導入を検討したことに始まります。また、1980年代にも「納税者番号制度」の導入が試みられました。しかし、どちらも国民からの反対が強く実現しませんでした。2002年に「（ 2 ）」が始まってからは、②地方公共団体から国民へ番号が提供されましたが、「（ 2 ）」に反対して接続しなかった地方公共団体もありました。

2000年代に社会保険庁の（ 3 ）記録の不備が見つかったことや（ 4 ）の進展から、2013年の（ 5 ）内閣でマイナンバー法案が成立しました。政府は、マイナンバーの利用範囲(はんい)を主に③社会保障制度・税制・（ 6 ）対策であると法律で定めているため、国民の個人情報は保護されると説明しています。しかし、近年では、一部の企業(きぎょう)や団体、政府の機関などが（ 7 ）攻撃(こうげき)を受け、個人情報流出の危険にさらされたこともあります。

マイナンバーカードが必要になる理由の１つは、日本が（ 8 ）国家であるからだといえます。（ 8 ）国家は国民生活をさまざまな形で支えることになるため、どうしても政府の仕事は多くなります。政府の仕事が多くなると多くの税金を集めなければならず、国民の（ 9 ）を正確に知る必要が出てきます。また、政府がだれにどのような（ 8 ）サービスを提供したのか、記録して管理する必要もあります。マイナンバーカードによって、ある国民の（ 9 ）・納税額・医療費(いりょうひ)・（ 3 ）額・銀行口座・住所などを関連づけて手続きできるシステムは、国にとってはよいものです。しかし、これによって④国家による監視(かんし)社会になっているという指摘(してき)も古くからあります。

問1　空らん（ 1 ）～（ 9 ）にあてはまるものを次のア～ツより１つずつ選び、記号で答えなさい。

ア　安倍晋三　　イ　菅義偉　　ウ　田中角栄　　エ　佐藤栄作　　オ　ＩＣＴ
カ　武力　　キ　サイバー　　ク　消費　　ケ　セキュリティコード
コ　住民基本台帳ネットワークシステム
サ　生活保護　　シ　環境(かんきょう)　　ス　夜警　　セ　福祉(ふくし)
ソ　年金　　タ　所得　　チ　災害　　ツ　不況(ふきょう)

問2　下線部①について、国民は健康保険証を病院で提示することで、本来の医療費の１～３割程度の負担で医療を受けられる。この理由を健康保険のしくみから説明しなさい。

問3　下線部②について、日本のどの地域も２種類の地方公共団体に属している。学習院女子中等科が属している地方公共団体を２種類とも答えなさい。

問4　下線部③について、以下の問いに答えなさい。

(1)　社会保障の仕事を担当している省を答えなさい。

(2)　社会保障費の国家財政(2023年度当初予算)にしめる割合に最も近いものを次のア～エより１つ選び、記号で答えなさい。

ア　15％　　イ　30％　　ウ　45％　　エ　60％

問5　下線部④の国家による監視社会では、基本的人権が侵害(しんがい)されるおそれがある。侵害されると考えられる基本的人権を２つ答えなさい。

問6　国民にとって、マイナンバーカードを持つことのメリットを1つあげて説明しなさい。ただし、「マイナポイントを得ること」および「複数のカードや証書を持たなくてよくなること」を除く。

神奈川学園中学校（A午前）

—30分—

※　地名、人物名、用語などは正しい漢字で答えなさい。

（編集部注：実際の入試問題では、写真や図版の一部はカラー印刷で出題されました。）

1　次の北陸地方と東北地方の地図を見て、設問に答えなさい。

北陸地方

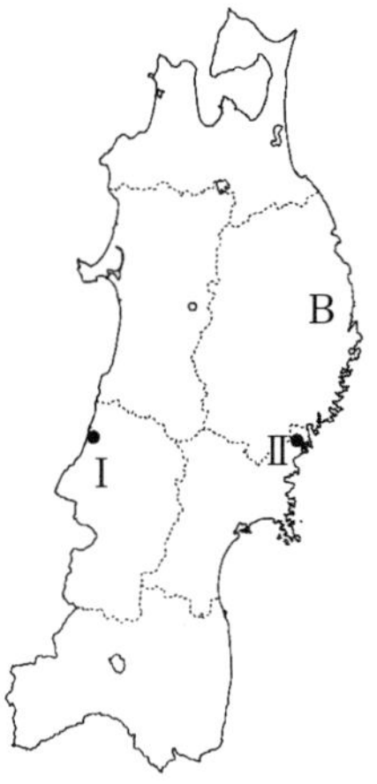

東北地方

(1)　2023年５月と2024年１月に大きな地震が起こったAの半島を、次のア～エより１つ選び、記号で答えなさい。

ア　能登(のと)半島　　イ　伊豆半島　　ウ　知床(しれとこ)半島　　エ　知多(ちた)半島

(2)　Bの地点で夏の時期に吹き、冷害の原因にもなる風があります。この風の名前と風が吹く方向の正しい組み合わせを、次のア～エより１つ選び、記号で答えなさい。

ア　やませ　　南西から北東へ　　　イ　からっ風　　南西から北東へ

ウ　やませ　　北東から南西へ　　　エ　からっ風　　北東から南西へ

(3)　東北地方の二つの都市についての文章を読み、雨温図の組み合わせとして正しいものを、あとのア～カより１つ選び、記号で答えなさい。なお、雨温図に含まれているI・II以外の都市は、鹿児島市です。

> 地図中の都市Iは、日本海に面した港湾都市で、コメどころとして知られる庄内(しょうない)平野に位置する。ほぼ同緯度の太平洋に面する都市IIは、遠洋漁業やリアス式海岸の漁場を生かした海産物で有名な町である。

ⓐ

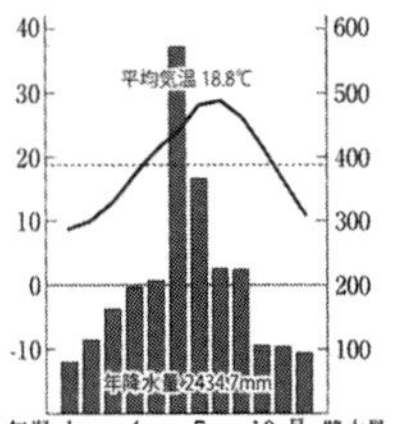

ⓑ

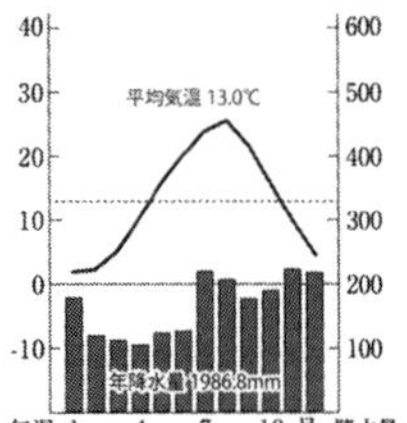

ⓒ

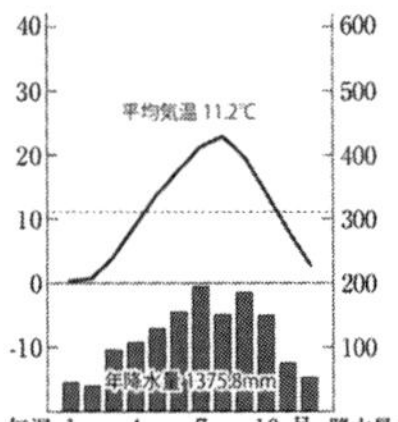

ア　Ⅰ：ⓐ　Ⅱ：ⓑ　　イ　Ⅰ：ⓐ　Ⅱ：ⓒ　　ウ　Ⅰ：ⓑ　Ⅱ：ⓐ

エ　Ⅰ：ⓑ　Ⅱ：ⓒ　　オ　Ⅰ：ⓒ　Ⅱ：ⓐ　　カ　Ⅰ：ⓒ　Ⅱ：ⓑ

⑷　コメとサクランボの都道府県別生産量のグラフを見て、Xに入る県を答えなさい。

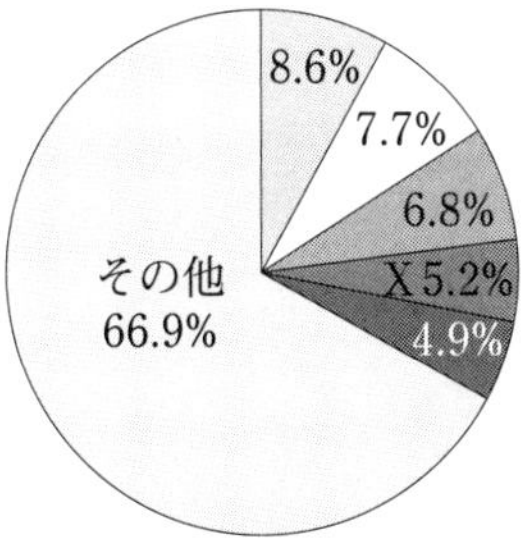

コメ（2022年）

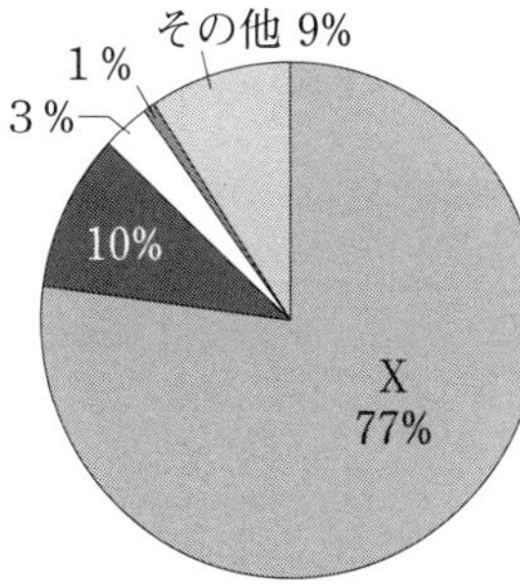

サクランボ（2022年）

⑸　次のグラフ「C港の国別輸出額構成比」は地点Cにある港の貿易状況を示したものです。この港では日本海側にある立地を生かした貿易を行っています。資料Ⅰを見ると2021年後半以降に貿易量が増えていることがわかります。資料Ⅱの輸出品目に着目すると、輸出量を押し上げているのは30%を占める自動車です。これは、この時期に輸出相手国の一つが貿易の制限を受けるようになったことが影響していると思われます。輸出相手国の上位3位に入る国の組み合わせを、次のア～エより1つ選び、記号で答えなさい。

ア　アメリカ・ドイツ・フランス

イ　中国・ドイツ・インドネシア

ウ　ロシア・中国・韓国

エ　フィリピン・インドネシア・ブラジル

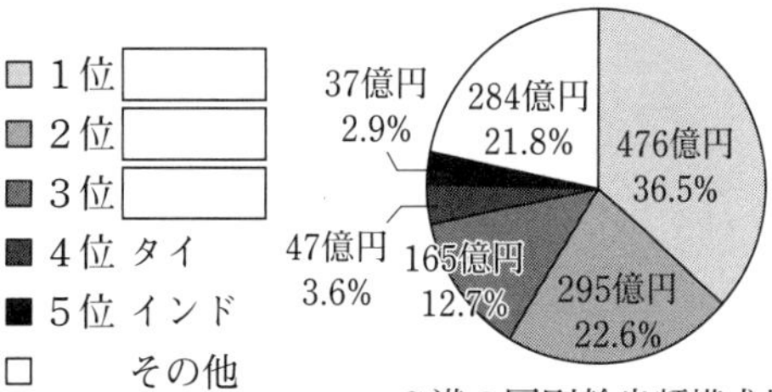

C港の国別輸出額構成比

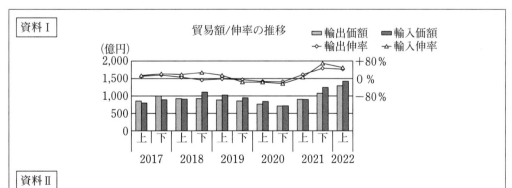

資料Ⅰ

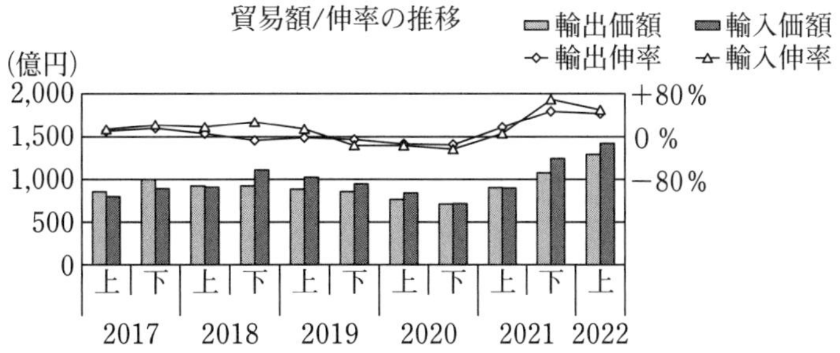

資料Ⅱ

品　目	価　額	伸　率	構成比	寄与度
1. 自動車	398億円	＋125.1%	30.5%	＋24.1
2. 銅及び同合金	154億円	＋58.2%	11.8%	＋6.2
3. ボタン及びスライドファスナー類	83億円	＋8.6%	6.4%	＋0.7
4. 半導体等電子部品	75億円	＋30.4%	5.7%	＋1.9
5. 金属鉱及びくず	57億円	−2.0%	4.4%	−0.1

出典：大阪税関伏木税関支署『富山県（伏木税関支署管内）貿易概況』（2022年）

(6)　富山市では、地方都市がかかえる問題の解決のために「富山ライトレール」(ＬＲＴ)と呼ばれる路面電車の活用が進められています。富山ライトレールは、それまで30～60分間隔の運行本数だった鉄道に比べて、10～15分間隔の運行本数で走っています。次の「年代別利用者数の変化」の表にふれながら、**利用者全体が増えている以外に**、富山ライトレール導入により、どのような効果が表れているといえるか説明しなさい。

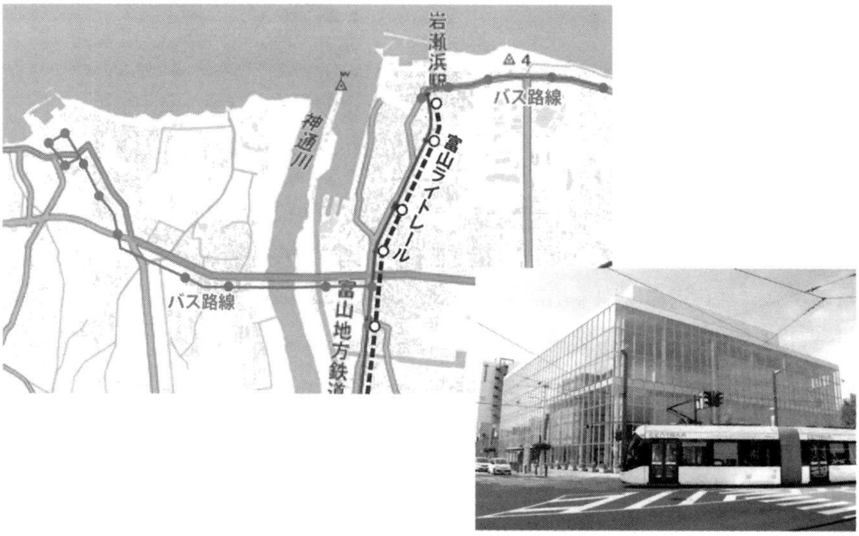

富山ライトレール(ＬＲＴ)

年代別利用者数の変化(平日)

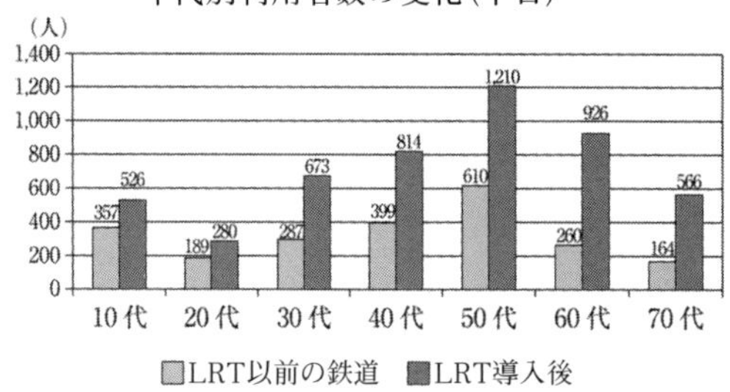

出典：富山市HP

[2]　みどりさんとゆきこさんは、バレンタインデーのチョコレートを作りながら、おしゃべりをしています。二人の会話文を読み、以下の各問いに答えなさい。

みどりさん：バレンタインデーって、もともとは①今から1800年ほど前(３世紀頃)のヨーロッパで始まったキリスト教の行事だったんだって。それがだんだん「恋人の日」「恋愛の記念日」として定着していったの。

ゆきこさん：でも、好きな人にチョコレートを贈るという習慣は、日本のお菓子会社が始めたらしいよ。

みどりさん：そうなの?!

ゆきこさん：うん。さっきインターネットで調べたら、こんな年表があったわ。

江戸時代	②長崎で【 あ 】人がチョコレートを日本に紹介する
1873年	③明治政府が派遣した使節団がパリのチョコレート工場を見学

1935年ころ	④日本の洋菓子会社が「バレンタインデーにチョコレートを贈ろう」という新聞広告を出す
1960年代以降	日本の学生を中心に、バレンタインデーにチョコレートを贈る習慣が定着する

みどりさん：なるほど。そもそも「恋愛」という言葉自体も、明治時代にヨーロッパから取り入れた考え方をもとにした言葉だって聞いたことがあるわ。

ゆきこさん：あれ？　でも、日本でも昔から「恋愛」をテーマにした作品がたくさん書かれているよね。

みどりさん：確かに！　チョコレートが固まるまで、ちょっと調べてみよう！

<みどりさんが教科書・インターネットを使って探した資料>

	資料	みどりさんのメモ
A		伊豆の国市のホームページより。 A【 い 】が北条政子と出会った土地に、二人を記念する像が立っている。
B	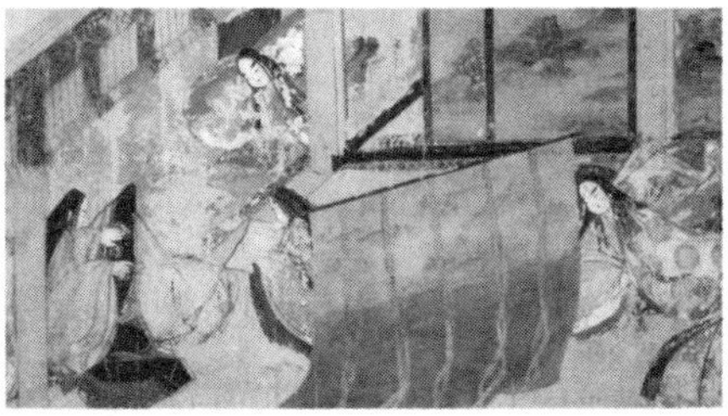	教科書より。 『源氏物語絵巻』の一部。 B平安時代に書かれた『源氏物語』の場面が描かれた絵巻。
C		文部科学省ホームページより。 C人形浄瑠璃は日本を代表する伝統芸能の一つで、太夫・三味線・人形が一体となって成立した。 【 う 】は、『曽根崎心中』など町人の恋愛や人間関係を題材とした脚本を数多く書いて人気を得た。

(1)　文中の下線部①について、今から1800年ほど前の日本は「弥生時代」と呼ばれる時代にあたります。弥生時代の日本の様子に関する説明文として正しいものを、次のア～エから１つ選び、記号で答えなさい。

ア　疫病（えきびょう）や戦乱による社会不安を鎮（しず）めるため、大仏が建立された。

イ　安産を祈願するために土偶が多数作られはじめた。

ウ　大陸から伝えられた仏教を信仰する人が増えた。

エ　周囲に柵や堀をめぐらせた集落が形成されるようになった。

(2)　文中の下線部②について、【 あ 】にはあるヨーロッパの国名が入ります。江戸時代には海外との交易が制限されていましたが、【 あ 】人は、鎖国中にも長崎の出島での交易を認められていました。【 あ 】にあてはまる国名を答えなさい。

(3)　文中の下線部③について、このときの使節団についての説明文として正しいものを、次のア～エより１つ選び、記号で答えなさい。

ア　日米和親条約を結んで、外国との貿易を始めることが目的であった。

イ　ヨーロッパの国々に追いつくため、近代的な政治制度や工業について調べることが目的であった。

ウ　この使節団の交渉の結果、日米修好通商条約が結ばれ、欧米との通商が始まった。

エ　この使節団の交渉の結果、日本による韓国併合が実現した。

(4)　文中の下線部④について、次の図版は1935年２月13日の英字新聞に掲載された洋菓子会社の広告です。

モロゾフ公式HPより

問１　この広告より前に新聞に載（の）った可能性のある出来事A～Cを、年代順に正しく並べかえなさい。

A　満州事変が起こった　　B　日露戦争が起こった　　C　関東大震災が起こった

問２　このような広告は、その後も毎年新聞に掲載（けいさい）されましたが、1940年を最後に掲載されなくなります。なぜ1941年からは掲載されなくなったのか、日本社会の状況を考えて説明しなさい。

(5)　資料Aについて

問１　【 い 】には、武士として初めて、幕府を開いた人物の名が入ります。この人物名を答えなさい。

問２　【 い 】の人物に関する説明文として正しいものを、次のア～エより１つ選び、記号で答えなさい。

ア　この人物は、平氏を倒すために兵をあげ、主に近畿地方～九州地方の武士たちに支持されて勢力を拡大した。

イ　この人物は、家来の武士たちを地方の守護や地頭として任命し、勢力を拡大した。

ウ　この人物は、承久の乱で朝廷の軍を打ち破った。

エ　この人物は、壇ノ浦の戦いで平氏に敗れ、滅ぼされた。

(6)　資料Bに関する次の各問いに答えなさい。

問１　『源氏物語』の作者を答えなさい。

問２　『源氏物語』に関する説明文として正しいものを、次のア～エより１つ選び、記号で答えなさい。

ア　この作品が書かれた時代は、藤原氏が権力を握っていた。

イ　この作品に代表される「国風文化」とは、中国の文化の影響を強く受けた文化のことを言う。

ウ　この作品は朝廷の公的な文書であったため、漢字で書かれている。

エ　この作品は、栄華を極めた平家が源氏との対立に敗れ滅亡するまでを描いた作品である。

(7)　資料Cについて、【 う 】にあてはまる人物を、次のア～エより１つ選び、記号で答えなさい。

ア　歌川広重　　イ　近松門左衛門　　ウ　伊能忠敬　　エ　杉田玄白

(8)　資料A～Cのメモの下線部分を時代順に並べ替えなさい。

③　次の文章を読み、各問いに答えなさい。

2023年５月19日から21日の期間に、広島で行われた$_{a}$G７首脳(しゅのう)会議において、各国の首脳が広島市の$_{b}$原爆資料館（広島平和記念資料館）を訪問し、展示を見学した。今回のように、来日した各国首脳がそろって訪問をするのは初めてのことである。これについては、各国首脳がそろって訪問した点が評価されている一方で、$_{c}$最初は首脳が見学をすることに消極的な国もあったといわれている。

広島の原爆資料館は、実際に被爆した遺品、被爆者の証言や記録、また、模型やコンピュータグラフィックなどを用いて、$_{d}$原爆によって起きた被害を伝えるための資料館である。同時に、$_{e}$世界でまだ保有や開発が進められている核兵器の危険性について伝える展示もある。

戦後、$_{f}$日本国憲法で平和主義が定められたが、「平和のための博物館国際ネットワーク」（ＩＮＭＰ）という機関によると、日本には平和のための博物館が84館あり、国別でみると世界最多ということである。

そのいくつかを紹介すると、京都府の立命館大学が1992年に開設した$_{g}$国際平和ミュージアムは展示内容を一新して2023年に再オープンした。神奈川県の川崎市平和館は、戦争や平和についての展示に加えて、子どもや学生が平和に関する作品を発表したり、学習会を行って意見を出し合うイベントを積極的に行っている。戦争や平和をテーマにした美術館もある。沖縄県の佐喜眞(さきま)美術館や長野県の無言館などである。

戦後80年近くが経過する中で、戦争や平和に関する博物館・資料館・美術館の役割が注目されているといえる。

(1)　下線部ａ、このＧ７首脳会議は通称(つうしょう)、何といわれていますか。**カタカナ**で答えなさい。

(2)　下線部ｂについて、以下の問いに答えなさい。

問１　アメリカが原爆を投下した日本の都市は２つあります。広島ともう一つを答えなさい。

問２　原爆を投下する前に、アメリカやイギリスなどの連合国が日本に対して降伏を求めて発した文書は何ですか。

(3)　文中下線部 c、首脳による原爆資料館見学に消極的な国がどこだったかについては公表されていません。今回 G７首脳会議に参加した国々を核保有国と非核保有国に分けた以下の資料を見ながら、次の説明文 A、B の正誤（せいご）の組み合わせとして正しいものを、あとのア〜エより１つ選び、記号で答えなさい。

<G７諸国の核兵器保有の状況>

核保有国	非核保有国（日本を除く）
アメリカ、イギリス、フランス	ドイツ、イタリア、カナダ

> A　核保有国のアメリカ、イギリス、フランスが消極的であったと考えられる。なぜならこの３か国は過去に実戦で核兵器を使用したことがあるため、首脳の訪問で原爆の悲惨さに注目が集まると、過去に使用したことが間違っていたことだと自国の国民に感じられてしまうからである。
>
> B　非核保有国のドイツ、イタリア、カナダが消極的だったと考えられる。理由は、この中には、2023年時点で戦争の当事者となっている国があり、そのためこれから核兵器を開発する可能性があるからである。

ア　A＝正　B＝正　　イ　A＝正　B＝誤　　ウ　A＝誤　B＝正　　エ　A＝誤　B＝誤

(4)　下線部 d、原爆による被害について、次の資料は広島市が発行している「ひろしま平和ノート」という小学生向けの教材から引用した文章です。この説明文の（　あ　）と（　い　）にあてはまるものの組み合わせをあとのア〜エより１つ選び、記号で答えなさい。（文章は出題の都合により一部改変しています。）

> ○（　あ　）によるひがい
> 　ばく心地周辺の地表面の温度は、3000〜4000度もありました。（鉄がとける温度は約1500度）ばく心地から約1.2km以内で（　あ　）の直しゃを受けた人は、体の内部組しきにまで大きなしょうがいを受け、ほとんどの人がその場でなくなったり、数日のうちになくなったりしました。
>
> ○（　い　）によるひがい
> 　原子ばくだんがばく発したときに発生した（　い　）は、ばく心地から半径２kmまでのほとんどの木造の建物をこわしました。鉄きんコンクリートの建物の中にはつぶれたものもありました。（　い　）により、人々はふき飛ばされ、その場でなくなった人、けがをした人、たおれた建物の下じきになってなくなった人、下じきになったまま焼け死んだ人がたくさんいました。
>
> ○■■によるひがい
> 　原子ばくだんが落ちたときには、けがをしていなかったのに、その後、身体のいろいろな器官や部分の働きが悪くなって病気になったり、ずい分後になってなくなったりする人々もいました。げんざいも苦しんでいる人がたくさんいます。

ア　あ　ばく風　　い　放しゃ線　　イ　あ　放しゃ線　　い　熱線
ウ　あ　熱線　　い　放しゃ線　　エ　あ　熱線　　い　ばく風

(5)　下線部 e 、世界の核兵器の現状について、以下の問いに答えなさい。

問1　右の資料は2020年時点での世界の核兵器保有状況です。
　(う)の国を答えなさい。

世界の国別核兵器保有数
(2020年1月時点)

(う)	6375発
アメリカ	5800発
中国	320発
フランス	290発
イギリス	215発
パキスタン	160発
インド	150発
イスラエル	90発
合計	13400発

ストックホルム
国際平和研究所の推計より

問2　右の写真は、東京都にある第五福竜丸展示館です。第五福竜丸は1954年3月に核の被害を受け、乗組員が亡くなったり後遺症を負ってしまったりしました。この原因について、次のア～エより1つ選び、記号で答えなさい。

提供　都立第五福竜丸展示館

ア　日本の原子力発電所事故により被爆した。
イ　北朝鮮のミサイル実験によって起きた核爆発による被爆であった。
ウ　アメリカの核実験による放射能汚染を受け、被爆した。
エ　発電用の核燃料を積んだ別の船が第五福竜丸に接近したことで被爆した。

(6)　文中下線部 f 、日本国憲法では平和主義が定められていますが、そのことに関する以下の問いに答えなさい。

問1　以下の条文の(　　)に適語を入れなさい。

> 2項：前項の目的を達するため、陸海空軍その他の戦力は、これを保持しない。国の(　　)は、これを認めない。

問2　平和主義の他、日本国憲法には3つの柱(原則)があります。その一つを示す次の条文の空欄(X)と(Y)にあてはまる適切な語を、あとのア～オより1つずつ選び、記号で答えなさい。

> 第1条　天皇は、日本国の(X)であり日本国民統合の(X)であって、この地位は、(Y)の存する日本国民の総意に基づく。

ア　統治者　　イ　主権　　ウ　良心　　エ　象徴　　オ　権利

(7)　文中下線部gについて、右の図とその説明文は新しくなった立命館大学国際平和ミュージアムについての資料です。これらの資料から、この博物館の特徴を説明した説明文A、Bの正誤（せいご）の組み合わせとして正しいものを、あとのア～エより1つ選び、記号で答えなさい。

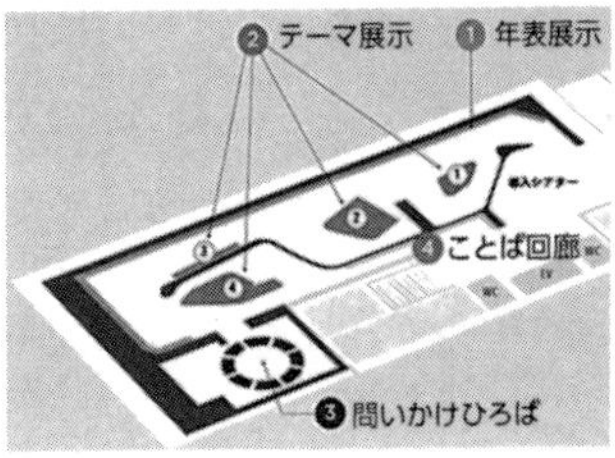

＜❶～❹のエリアの説明＞

❶　年表展示 戦争の記憶と平和を求めた歴史から未来の平和のあり方を考える大きなストーリーライン（年表）をダイナミックに展示しています。
❷　テーマ展示 戦争は人びとの人生、立場、関係を大きく変化させます。また、戦争は人びとのからだだけでなく、こころも傷つけます。つらい戦争の記憶と向き合いながら、平和を求めた人びとの活動について、4つのテーマを展示しています。
❸　問いかけひろば 戦争がなければ平和でしょうか？　世界の平和に向けて、私たちには何ができるのでしょうか？　まずは身の回りの課題に向き合い、考えることもその一つです。様々な問いを持ち、考え、みんなで意見を出し合いましょう！　ここは、これまで見てきた展示を振り返りながら、「わたし」にできることを考えて、発信する空間です。
❹　ことば回廊 平和創造のヒントとなる世界中の人びとのことばを紹介しています。

図・説明文　立命館大学国際平和ミュージアム公式HPより

A　❶や❷から、過去の戦争を学ぶことで、戦争の唯一の問題点は人間の命を奪ったり体を傷つけることだと学ぶことができる。
B　❸や❹より、訪れた人々が戦争のない平和を生み出すにはどうすればいいか考えたり、意見を出したりすることができる。

ア　A＝正　B＝正　　イ　A＝正　B＝誤　　ウ　A＝誤　B＝正　　エ　A＝誤　B＝誤

(8)　冒頭の問題文の最後に「戦後80年近くが経過する中で、戦争や平和に関する博物館・資料館・美術館の役割が注目されている」とあるが、なぜそういえるのですか。「戦後80年近くが経過」という点に注目し、この問題全体を参考に述べなさい。

鎌倉女学院中学校(第１回)

—45分—

〔注意事項〕 漢字を使用すべきところは指定されていないところも含めて、漢字で書きなさい。

1　次の各問に答えなさい。

問１　日本標準時子午線について述べた文のうち、誤っているものをア～エから１つ選びなさい。

ア　兵庫県明石市を通過する。　　イ　京都府西部を通過する。

ウ　淡路島の北部を通過する。　　エ　高知県東部を通過する。

問２　次の文を読み、各問に答えなさい。

　2023年に国土地理院は日本の島の数が増えたことを発表しました。35年ぶりに数え直したところ前回の記録の6852から１万4125に増えたそうです。大幅に島が増えた理由は、(Ｘ)が大きく関係しています。

①　下線部はどの省庁に属しますか、ア～エから１つ選びなさい。

ア　環境省　　イ　国土交通省　　ウ　防衛省　　エ　文部科学省

②　空欄(Ｘ)にあてはまる文をア～エから１つ選びなさい。

ア　測量技術の進歩　　イ　沿岸部の火山活動

ウ　日本の法律の変化　　エ　埋め立て地の増加

問３　日本の人工林について説明した文を読み、各問に答えなさい。

　人工林に(Ｘ)が多く植えられるのは、(Ｙ)ため建築材に適しているからです。特にひのきは高級な建築材として知られます。

①　空欄(Ｘ)・(Ｙ)にあてはまる組み合わせをア～エから１つ選びなさい。

ア　Ｘ－広葉樹　　Ｙ－成長がはやく、まっすぐに伸びる

イ　Ｘ－広葉樹　　Ｙ－成長が遅く、幹が太く丈夫になる

ウ　Ｘ－針葉樹　　Ｙ－成長がはやく、まっすぐに伸びる

エ　Ｘ－針葉樹　　Ｙ－成長が遅く、幹が太く丈夫になる

②　下線部に関連して、日本三大美林に数えられるひのきの天然林はどこにあるか、ア～エから１つ選びなさい。

ア　青森　　イ　木曽　　ウ　吉野　　エ　秋田

問４　林業では、森や林を守り育てるために一部の木を切り倒す作業を行います。この作業を何といいますか、ひらがな４字で答えなさい。

問５　次の文を読み、(問)に答えなさい。

　航空機を活用して、生産地と首都圏(けん)などの大消費地を結ぶ取り組みが始まっています。航空機の貨物スペースの活用や地上配送・小売店との連携(れんけい)によって、今まで以上に鮮度の良い商品を店頭に並べることが可能になりました。生産者や販売店はこれまで扱うことが難しかった商品を販売できるようになったといいます。このことは消費者にとっても魅(み)力的です。

(問)　下線部の具体例を説明した文Ｘ・Ｙの正誤の組み合わせとしてふさわしいものを、ア～エから１つ選びなさい。

Ｘ　朝に収穫したとうもろこしをその日のうちに店頭に並べる。

Ｙ　完熟状態で出荷していたいちごを６割程度の熟し具合で出荷する。

ア　Ｘ－正　Ｙ－正　　イ　Ｘ－正　Ｙ－誤

ウ　Ｘ－誤　Ｙ－正　　エ　Ｘ－誤　Ｙ－誤

問６　次のグラフは、日本のエネルギー消費の割合(国内供給ベース)を示しています。Ａ～Ｄの組み合わせとして正しいものをア～エから１つ選びなさい。

【グラフ】　日本のエネルギー消費の割合(国内供給ベース)

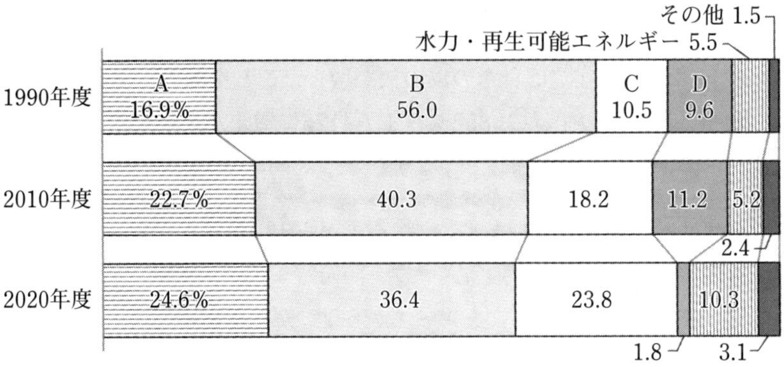

(『日本のすがた2023』より作成)

ア　Ａ－石油　Ｂ－石炭　Ｃ－天然ガス・都市ガス　Ｄ－原子力

イ　Ａ－石炭　Ｂ－石油　Ｃ－天然ガス・都市ガス　Ｄ－原子力

ウ　Ａ－石炭　Ｂ－石油　Ｃ－原子力　Ｄ－天然ガス・都市ガス

エ　Ａ－石油　Ｂ－石炭　Ｃ－原子力　Ｄ－天然ガス・都市ガス

2　日本のお金の歴史について述べた以下の文を読んで、各問に答えなさい。

人類は初め、(a)狩りや漁をして生活をしながら、「物々交換」をしていました。しだいに、米や布などがお金のような役割を果たすようになり、欲しい物とそれらとを交換するようになりました。

日本で初めてつくられたお金は、７世紀後半につくられた(　ｂ　)だと言われており、奈良県明日香村などで見つかっています。

問１　下線部(a)に関連して、狩りや漁をして暮らしていた、今から１万2000年ほど前から１万年近く続いた時代について、各問に答えなさい。

①　この時代について説明した文として最もふさわしいものをア～エから１つ選びなさい。

ア　青銅器や鉄器が日本に伝わってきた。

イ　集落の周りにほりをめぐらした集落をつくるようになった。

ウ　地面を地下にほりこんだ半地下式の住居で暮らしていた。

エ　狩りが得意な者の中から首長が現れて王と呼ばれるようになった。

②　この時代の最大級の遺跡として知られる青森県の遺跡を何といいますか、「～遺跡」の形に合うように漢字で答えなさい。

問２　空欄(ｂ)にあてはまる語を答えなさい。

(c)８世紀には、武蔵国秩父郡(現・(d)埼玉県秩父市)から日本で初めて天然の銅が発見され、お金がつくられました。これ以降、(e)平安時代まで「皇朝十二銭(こうちょうじゅうにせん)」と呼ばれる12種類のお金がつくられました。12番目の「乾元大宝(けんげんたいほう)」がつくられたのを最後に、約600年間、日本でお金がつくられることはなく、(f)中国から輸入したお金が使われていました。

問３　下線部(c)に関連して、８世紀のできごとをア～エから１つ選びなさい。

ア　大陸から仏教が伝わる。　　イ　聖徳太子が政治の改革を行う。

ウ　上皇による院政が始まる。　　エ　東大寺の大仏が完成する。

問４　下線部(d)について、埼玉県に関する文を読み、各問に答えなさい。

埼玉県は、北側に流域面積が日本一の利根川、県内には荒川が流れています。荒川上流付近の秩父市は周辺で(Ａ)がとれることもあり、セメント工業がさかんです。

①　下線部の説明としてふさわしいものをア～エから１つ選びなさい。

ア　河川の水面の面積　　イ　降った雨水がその河川に流入する範囲の面積

ウ　河川の川底の面積　　エ　その河川の水を利用している地域の面積

②　空欄(Ａ)にあてはまる、国内で100％自給でき、セメントの原料となる資源は何か、ア～エから１つ選びなさい。

ア　石灰石　　イ　鉄鉱石　　ウ　ボーキサイト　　エ　アルミニウム

問５　下線部(e)に関連して、各問に答えなさい。

①　平安京を平城京と比べると、都の中に寺が少ないという特徴があります。その理由として最もふさわしいものをア～エから１つ選びなさい。

ア　貴族の家が増えたことで土地がせまかったため。

イ　僧が政治に口出しできないようにしたため。

ウ　武士との結びつきを強めたかったため。

エ　都の中の交通の便をよくするため。

②　平安時代の説明としてあてはまらないものをア～エから１つ選びなさい。

ア　平氏が平治の乱に勝利して政治の実権をにぎるようになった。

イ　桓武天皇が坂上田村麻呂を征夷大将軍に任命した。

ウ　清少納言が『枕草子』で日常のできごとを独自の視点でえがいた。

エ　後鳥羽上皇が政治の実権を取り戻そうとして挙兵した。

問６　下線部(f)に関連して、各問に答えなさい。

①　中国と日本の関係について述べたア～エを古い順に並べかえ、「　→　→　→　」の形に合うように記号で答えなさい。

ア　元が２度九州北部に攻めてきた。　　イ　遣隋使が派遣された。

ウ　明との貿易で勘合が使用された。　　エ　日宋貿易が行われた。

②　中国南部は降水量も多く稲作がさかんです。温暖な気候を利用して、１年に２回米をつくる地域もあります。このように１年に２回同じ種類の作物を栽培し、収穫することを何というか、答えなさい。

16世紀の中頃になると金山や銀山といった(g)鉱山を手に入れた(h)戦国大名は金貨や銀貨をつくりました。なかでも武田信玄がつくった（　i　）が有名です。天正16年(1588年)に（　j　）がつくったとされる「天正長大判（てんしょうながおおばん）」は縦17㎝以上あり、日本最大の金貨として知られています。

日本で最初のお札は、1600年ごろ、(k)伊勢(現在の三重県)の商人が発行した「山田羽書（やまだはがき）」と呼ばれるものでした。

問７　下線部(g)に関連して、近年、「都市鉱山」が注目されています。「都市鉱山」の意味として最もあてはまるものをア～エから１つ選びなさい。

ア　鉱山で働く人たちが鉱山付近につくりあげた都市

イ　都市を開発する途中でその地下に発見された鉱物

ウ　都市部で廃棄される家電製品などにふくまれている希少な金属

エ　都市部に残っているまだ開発されていない地域

問８　下線部(h)に関連して、山内一豊は高知城の初代城主でした。現在の高知城周辺の地図を見て、地図中に確認できるものをア～オからすべて選び、記号を○で囲みなさい。

ア　交番　　イ　裁判所　　ウ　病院　　エ　市役所　　オ　図書館

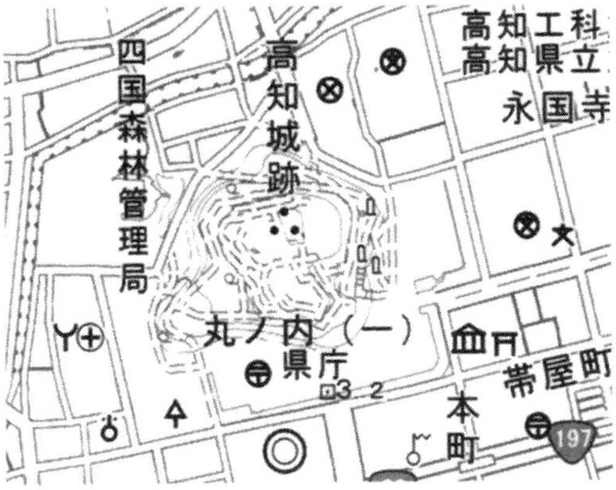

(国土地理院の電子地形図を加工して作成)

問９　空欄（　i　）にあてはまる語をア～エから１つ選びなさい。

ア　甲州金　　イ　信州金　　ウ　遠州金　　エ　紀州金

問10　空欄（　j　）の人物は全国統一を果たしました。この人物に関する各問に答えなさい。

①　この人物の名前を答えなさい。

②　この人物が全国統一したよりも後のできごととしてふさわしいものをア～エから１つ選びなさい。

ア　千歯こきなどの新しい農具が広まった。

イ　観阿弥・世阿弥の父子が能を完成させた。

ウ　水墨画の技法が中国から伝わった。

エ　スペインから日本にキリスト教が伝わった。

問11　下線部(k)について、三重県に関する文を読み、各問に答えなさい。

(A)伊勢神宮のある三重県は(B)日本有数の工業地帯に含まれます。四日市市では(C)石油化学工業がさかんですが、過去には（　D　）が主な原因となって公害がおこったこともありました。志摩半島南部にある英虞（あご）湾は海産物の宝庫で（　E　）の養殖がさかんなことで有名です。

① 下線部(A)について、江戸時代には伊勢神宮へのお参りがさかんでした。移動の際、江戸から箱根を通って伊勢の方面に向かう時に利用されたと考えられる街道はどれか、ア～エから１つ選びなさい。

ア　東海道　　イ　奥州街道　　ウ　中山道　　エ　日光街道

② 下線部(B)について、三重県が含まれる工業地帯の説明としてふさわしいものをア～エから１つ選びなさい。

ア　古くから栄える工業地帯で、中小工場が多いことが特徴である。

イ　明治時代に製鉄業を中心に発展したが、戦後に地位が低下した。

ウ　工業製品出荷額が全国一で、特に自動車産業がさかんである。

エ　機械工業を中心に重化学工業が発達し、出版業もさかんである。

③ 下線部(C)がさかんな都市としてふさわしくないものをア～エから１つ選びなさい。

ア　鹿嶋市　　イ　倉敷市　　ウ　市原市　　エ　大津市

④ 空欄（　D　）・（　E　）にあてはまる語の組み合わせをア～エから１つ選びなさい。

ア　D－水質汚濁　　E－真珠　　イ　D－水質汚濁　　E－ホタテ

ウ　D－大気汚染　　E－真珠　　エ　D－大気汚染　　E－ホタテ

(l)江戸幕府は日本で初めてお金の制度を統一しました。また、大名の領地である（　m　）では「（　m　）札」と呼ばれる、その領地でのみ使えるお札が発行されることもありました。

日本全国で使えるお札が登場したのは、資金不足になやむ(n)明治政府が発行した「（　o　）札」からです。しかし品質が悪かったため、にせ札がたくさん出回ってしまいました。そこで政府が新たに発行した紙幣（しへい）から「円」という新しい通貨単位が登場します。1881年には初めての肖像（しょうぞう）入りの紙幣である(p)「神功皇后札（じんぐうこうごうさつ）」が発行されました。

問12　下線部(l)に関連して、各問に答えなさい。

① 徳川家康は２年で将軍職を息子の秀忠にゆずりました。その理由として最もふさわしいものをア～エから１つ選びなさい。

ア　天皇から息子にゆずるよう命じられたため。

イ　将軍職の代わりに老中に任命されたため。

ウ　徳川家が代々将軍になることを大名たちに示すため。

エ　江戸から離れて京都で新たな城をつくるため。

②　江戸幕府の外交を説明した文としてふさわしいものをア～エから１つ選びなさい。

ア　琉球王国が他国と貿易することを禁止した。

イ　朝鮮との貿易はプサン(釜山)で行った。

ウ　アイヌの人々との貿易を禁止した。

エ　長崎で中国とポルトガルとの貿易を行った。

③　次の文を読み、空欄(　X　)・(　Y　)にあてはまる語句の組み合わせをア～エから１つ選びなさい。

江戸時代の終わりに、大量の金貨が日本から海外へ流出しました。その理由は日本の金と銀の交換比率が１：５であったのに対して、外国では１：15であったため、その違いを利用して利益を得た外国商人が現れたためです。それを防ぐために含まれる金の量を(　X　)金貨を大量につくりますが、そのことで物価が(　Y　)社会不安が広がりました。

ア　X－減らした　Y－上がって　　イ　X－減らした　Y－下がって

ウ　X－増やした　Y－上がって　　エ　X－増やした　Y－下がって

問13　空欄(　m　)にあてはまる語を漢字１字で答えなさい。

問14　下線部(n)に関連して、明治政府が実施した政策としてふさわしいものをア～エから１つ選びなさい。

ア　すべての国民に兵役の義務を課した。

イ　府県を設置して府知事や県令を派遣した。

ウ　収穫高に応じて米で税を納めさせるようにした。

エ　学制を発布して寺子屋での教育を義務化した。

問15　空欄(　o　)には、明治政府の最高官庁の名前が入ります。あてはまるものをア～エから１つ選びなさい。

ア　問注所　　イ　帝国議会　　ウ　太政官　　エ　勘定奉行

問16　下線部(p)に関連して、日本のお札に描かれている女性の説明としてふさわしくないものをア～エから１つ選びなさい。ただし、2024年に発行される新しいお札も含めます。

ア　岩倉使節団に女子留学生として参加した。

イ　『たけくらべ』や『にごりえ』などの小説を書いた。

ウ　日露戦争の戦地にいる弟を想った歌をよんだ。

エ　『源氏物語』で貴族の暮らしを表現した。

(q)第一次世界大戦時に日本も外国にならって金(きん)をお金の価値の基準とする制度を停止しました。代わって登場したのが、国の(　r　)によってお金の価値が決まる管理通貨制度です。この頃、日本の軍部は行きづまった日本経済を立て直すため、豊富な資源を持つ(s)中国東北部への進出を始め、この動きは(t)日中戦争開始からおよそ15年にわたる戦争のきっかけとなりました。

現在使われているお札を見てみると、どの紙幣にも共通して「(　u　)券」と印刷されています。これはお札を発行しているのが(　u　)だからです。

問17　下線部(q)に関連して、次の文は第一次世界大戦後の女性解放運動が広がるきっかけとなった、平塚らいてうが呼びかけた言葉です。空欄（ ① ）・（ ② ）にあてはまる語をそれぞれ答えなさい。

> はじめ、女性は実に（ ① ）であった。本物の人であった。しかし今は、女性は（ ② ）である。他の光によってかがやく、病人のような青白い顔色の（ ② ）である。……私たちはかくされてしまった私たちの（ ① ）を今取り戻さなければならない。

問18　空欄（ r ）にあてはまる語をア～エから１つ選びなさい。

ア　人口　　イ　信用　　ウ　治安　　エ　需要

問19　下線部(s)に関連して、1932年に日本の軍部がこの地域に建てた国は何と呼ばれていましたか、「～国」の形に合うように答えなさい。

問20　下線部(t)に関連して、この時期のできごとについて述べたア～エを古い順に並べかえ、「　→　→　→　」の形に合うように記号で答えなさい。

ア　第二次世界大戦が始まった。

イ　日本政府がポツダム宣言を受け入れた。

ウ　盧溝橋（ろこうきょう）事件がおこった。

エ　広島と長崎に原子爆弾が落とされた。

問21　空欄（ u ）にあてはまる語を答えなさい。

③　太平洋側にある地点Aと日本海側にある地点Fを直線で結び、その断面図をつくりました。断面図を見て、各問に答えなさい。横軸の数字は地点Aからの距離を示しています。

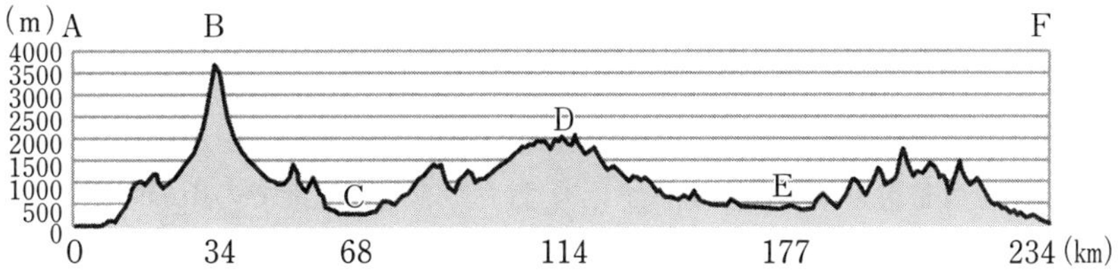

問１　地点Aが面している太平洋に関する文を読み、各問に答えなさい。

> 近年、太平洋を流れる黒潮のルートが例年とは大幅に異なる黒潮大蛇行（だこう）という現象が発生しており、日本近海でさまざまな影響が出ています。黒潮が離れてしまう紀伊半島南沖では水温が（ a ）なり、（ b ）などの漁獲量が減少しています。また、東海地方沿岸に黒潮がぶつかると潮位を30cm押し上げることもあります。そのため、台風の際には（ c ）や高波による被害が心配されます。

①　空欄（ a ）・（ b ）にあてはまる語の組み合わせをア～エから１つ選びなさい。

ア　a－低く　b－カツオ　　イ　a－低く　b－マグロ

ウ　a－高く　b－カツオ　　エ　a－高く　b－マグロ

②　空欄（ c ）にあてはまる語を答えなさい。

問２　地点Bに立った時、南に見える湾をア～エから１つ選びなさい。

ア　伊勢湾　　イ　東京湾　　ウ　駿河湾　　エ　若狭湾

問３　地点Ｃ付近の土地利用の説明としてふさわしいものをア～エから１つ選びなさい。

ア　斜面を利用して棚田をつくり、稲作をおこなっている。

イ　湖を堤防(ていぼう)でしめきり、堤防内を干拓して耕地をつくった。

ウ　火山灰が積もった台地で、畜産業がさかんである。

エ　扇状地が発達しており、果樹栽培がさかんである。

問４　地点Ｄは八ヶ岳周辺です。この地域について説明した文を読み、各問に答えなさい。

> 八ヶ岳周辺では、この地域の（ あ ）気候を活かして（ い ）などの栽培がさかんです。また、八ヶ岳西方には「東洋のスイス」とも呼ばれる諏訪市があります。スイスと同じように（ う ）の生産を得意とし、カメラやオルゴールも多く生産されました。現在では、「産業の（ え ）」ともよばれる（ お ）の生産なども行われています。

①　空欄（ あ ）・（ い ）にあてはまる組み合わせとして正しいものをア～エから１つ選びなさい。

ア　あ－夏でも涼しい　　い－なすやキュウリ

イ　あ－夏でも涼しい　　い－はくさいやレタス

ウ　あ－冬でも暖かい　　い－なすやキュウリ

エ　あ－冬でも暖かい　　い－はくさいやレタス

②　空欄（ う ）にあてはまる語をア～エから１つ選びなさい。

ア　時計　　イ　衣類　　ウ　チーズ　　エ　ガラス

③　空欄（ え ）・（ お ）にあてはまる語の組み合わせとして正しいものをア～エから１つ選びなさい。

ア　え－ビタミン　　お－半導体　　イ　え－ビタミン　　お－プラスチック

ウ　え－コメ　　お－半導体　　エ　え－コメ　　お－プラスチック

問５　地点Ｅ付近には、ある川が流れています。日本最長であるこの川は、上流と下流で呼び名が異なり、地点Ｅ付近は川の上流にあたります。地点Ｅ付近での川の呼び名をア～エから１つ選びなさい。

ア　鬼怒川　　イ　多摩川　　ウ　千曲川　　エ　長良川

問６　日本国内にある施設ア～エのうち、地点Ｆから最も近くにあるものを１つ選びなさい。

ア　フォッサマグナミュージアム　　イ　気仙沼シャークミュージアム

ウ　なまはげ館　　エ　琵琶湖博物館

4　次の各問に答えなさい。

問１　ちひろさんとゆいさんが次の図を見ながら政治のあり方について話しています。これに関する各問に答えなさい。

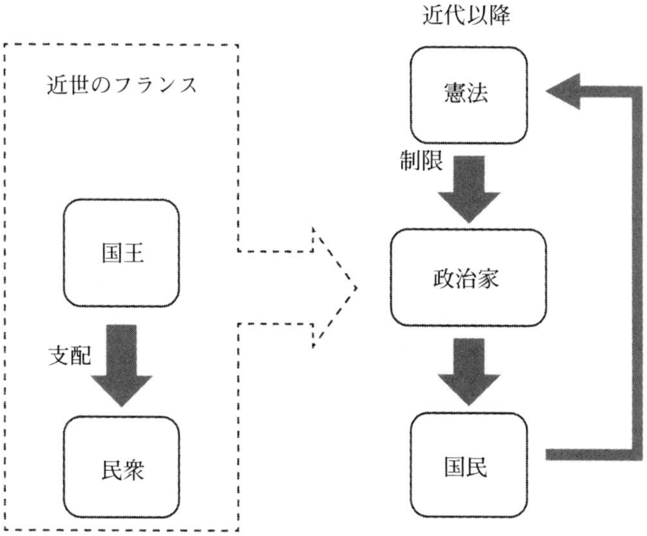

ちひろ：図のように、近世のフランスでは、王様が大きな力をもって政治を行っており、民衆は(a)とても重い税金を課せられるなど、苦しい生活を送りました。しかし、近世の終わりに市民革命が起こって王政は倒され、政治家が、国民の制定した(b)憲法にもとづいて政治を行うしくみがつくられました。

ゆ　い：ということは、憲法には［　X　］が記されているということですね。

①　下線部(a)に関して、税金を課すことは国民のある権利の侵害ということができます。日本では憲法第29条でこの権利が定められています。この権利を「［　｜　］権」の形に合わせて漢字２字で答えなさい。

②　下線部(b)に関して、このような考え方で行う政治を、近世の「人の支配」(王による支配)に対して何といいますか。「～の支配」の形に合わせて漢字１字で答えなさい。

③　文中の空欄［　X　］に入る文として最もふさわしくないものをア～エから１つ選びなさい。

ア　国民がもつ権利

イ　政治家がすべきことやしてはいけないこと

ウ　独裁者を生み出さないための政治のしくみ

エ　その国の伝統的な政治のやり方や考え方

問２　日本国憲法における基本的人権と義務に関する記述として正しいものをア～エから１つ選びなさい。

ア　基本的人権は三大義務を果たした者にだけ与えられる。

イ　子どもは学校に通う義務がある。

ウ　働くことは国民の権利であり、義務でもある。

エ　日本国民は異性と婚姻をして子どもを産む義務がある。

問３　次の文は日本国憲法第13条の条文です。空欄(Ａ)・(Ｂ)にふさわしい語句を、(Ａ)は漢字２字、(Ｂ)は漢字４字で答えなさい。

> すべて国民は、(Ａ)として尊重される。生命、自由及び(Ｂ)に対する権利については、公共の福祉に反しない限り、立法その他の国政の上で、最大の尊重を必要とする。

問４　世界で初めて社会権を保障したワイマール憲法はどこの国の憲法ですか。正しいものをア～エから１つ選びなさい。

ア　オーストラリア　　イ　フランス　　ウ　アメリカ　　エ　ドイツ

問５　内閣の仕事に関する文として正しいものをア～エから１つ選びなさい。

ア　国会の召集や解散を決める。

イ　裁判所で決められた予算にもとづいて政治を行う。

ウ　天皇の助言と承認にもとづいて国務大臣を選ぶ。

エ　外国と結んだ条約を承認する。

問６　地方自治のしくみに関する説明として正しいものをア～エから１つ選びなさい。

ア　地方議会は市町村長や都道府県知事を地方議会議員の中から選出する。

イ　住民は誰でも地方議会に条例案を提出できる。

ウ　日本国憲法に地方自治に関する記述はない。

エ　市町村議会議員と都道府県議会議員の任期はどちらも４年である。

問７　日本の人権状況に関する文Ａ・Ｂを読み、各問に答えなさい。

> Ａ　世界経済フォーラムは、2023年６月に男女の格差を示す指数を発表し、日本は146か国中125位で、前年より９ランクダウンした。分野別にみると政治分野が138位で世界最低クラスだった。衆議院の女性議員比率は１割程度で、過去に(a)<u>女性の首相</u>が１人もいないことが影響している。
>
> Ｂ　国際人権NGOのアムネスティインターナショナルは、2022年７月に日本政府が(Ｘ)を行ったことに抗議した。日本は(Ｘ)廃止条約を批准(ひじゅん)していない。

①　下線部(a)に関連して、次の文はどこの国について説明したものですか。正しいものをア～エから１つ選びなさい。

> 伝統的に君主制の国で先代の王は女性だった。政治制度は、日本と同じ議院内閣制を採用しており、保守党と労働党という二つの政党が大きな勢力をもっている。1979年にサッチャーが首相になって以来、現在までに合わせて３人の女性が首相になっている。

ア　イタリア　　イ　インド　　ウ　カナダ　　エ　イギリス

②　Ｂの文中の空欄(Ｘ)にあてはまる語を答えなさい。

問８　次のような状況で活用される法律やしくみとして最もあてはまるものをア～エから１つ選びなさい。

> 　お店で新しく購入したばかりのテレビを見ていたら火が出て、近くにあった家具が燃えた。

ア　消費者契約法　　イ　製造物責任法(PL法)
ウ　独占禁止法　　エ　クーリングオフ制度

問９　次の支払い方法のうち、「借金」にあたるものをア～エから１つ選びなさい。

ア　携帯電話の使用料を、指定した銀行口座からの引き落としで支払った。
イ　電車に乗るために現金でチャージした交通系ICカードを使って改札を通過した。
ウ　パソコンの購入代金をクレジットカードで支払った。
エ　お菓子を買うとき、店のポイントカードを提示し、貯まったポイントを使って支払った。

カリタス女子中学校(第１回)

―30分―

(編集部注：実際の入試問題では、写真や図版の一部はカラー印刷で出題されました。)

1　刈田寿愛さんは夏休みに車で旅行しているとき、いろいろな地域のナンバープレートを見かけました。ナンバープレートとは車を識別するための標識板のことで、各都道府県には地域の特色を示したナンバープレートがあります。愛さんはいくつかの県のナンバープレートについて調べ、友達の神野恵さんに説明しました。このことについて、以下の各問いに答えなさい。なお、設問の都合上、ナンバープレートに記されている地名をふせているところがあります。

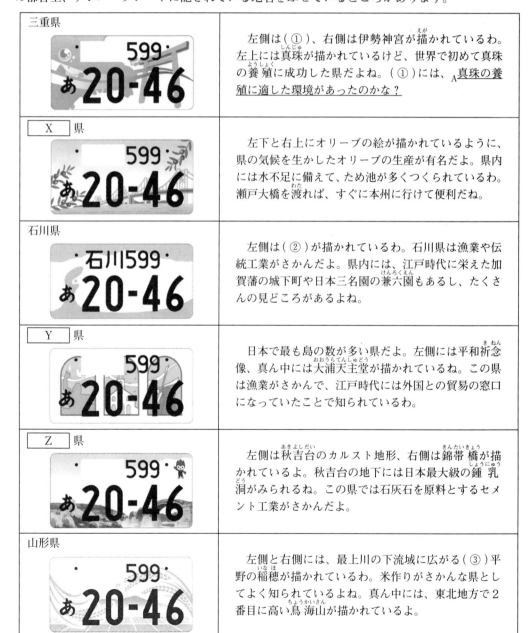

三重県  	左側は(①)、右側は伊勢神宮が描かれているわ。左上には真珠が描かれているけど、世界で初めて真珠の養殖に成功した県だよね。(①)には、A真珠の養殖に適した環境があったのかな？
[X]県  	左下と右上にオリーブの絵が描かれているように、県の気候を生かしたオリーブの生産が有名だよ。県内には水不足に備えて、ため池が多くつくられているわ。瀬戸大橋を渡れば、すぐに本州に行けて便利だね。
石川県  	左側は(②)が描かれているわ。石川県は漁業や伝統工業がさかんだよ。県内には、江戸時代に栄えた加賀藩の城下町や日本三名園の兼六園もあるし、たくさんの見どころがあるよね。
[Y]県  	日本で最も島の数が多い県だよ。左側には平和祈念像、真ん中には大浦天主堂が描かれているね。この県は漁業がさかんで、江戸時代には外国との貿易の窓口になっていたことで知られているわ。
[Z]県  	左側は秋吉台のカルスト地形、右側は錦帯橋が描かれているよ。秋吉台の地下には日本最大級の鍾乳洞がみられるね。この県では石灰石を原料とするセメント工業がさかんだよ。
山形県  	左側と右側には、最上川の下流域に広がる(③)平野の稲穂が描かれているわ。米作りがさかんな県としてよく知られているよね。真ん中には、東北地方で２番目に高い鳥海山が描かれているよ。

高知県 	右側は「はりまや橋」が描かれているよ。$_{B}$高知県は漁業がさかんだから、左側には魚が描かれているわ。農業もさかんで、県の気候を生かしていろいろな野菜を育てているよ。

問１　[　X　]～[　Z　]にあてはまる県名を漢字で答えなさい。

問２　三重県と石川県の県庁所在地を漢字で答えなさい。

問３　（ ① ）・（ ② ）にあてはまる語句を、次のア～クから１つずつ選び、その記号を答えなさい。

ア　知多半島　　イ　志摩半島　　ウ　知床半島　　エ　渥美半島
オ　紀伊半島　　カ　下北半島　　キ　房総半島　　ク　能登半島

問４　下線部Ａについて、三重県が真珠の養殖に適した環境である理由を、次のア～エから１つ選び、その記号を答えなさい。

ア　リアス海岸の影響により、波が穏(おだ)やかでプランクトンが多く発生するから。
イ　リアス海岸の影響により、波が激しくプランクトンがあまり発生しないから。
ウ　三角州の影響により、波が穏やかでプランクトンが多く発生するから。
エ　三角州の影響により、波が激しくプランクトンがあまり発生しないから。

問５　（ ③ ）にあてはまる平野の名を答えなさい。

問６　下線部Ｂについて、高知県の農業や漁業について正しく述べているものを、次のア～エから１つ選び、その記号を答えなさい。

ア　農業では促成栽培でピーマンなどの野菜を育てており、漁業ではカツオやイワシなどの漁獲量が多い。
イ　農業では抑制栽培でレタスなどの野菜を育てており、漁業ではカツオやイワシなどの漁獲量が多い。
ウ　農業では促成栽培でピーマンなどの野菜を育てており、漁業ではサケやヒラメなどの漁獲量が多い。
エ　農業では抑制栽培でレタスなどの野菜を育てており、漁業ではサケやヒラメなどの漁獲量が多い。

問７　次の表は日本で栽培されている野菜の収穫量が上位の４都道府県をまとめたものです。表中のⅠ～Ⅲにあてはまる県を正しく組み合わせているものを、次のア～カから１つ選び、その記号を答えなさい。

順位	レタス	なす	らっきょう
１位	Ⅰ	Ⅱ	Ⅲ
２位	茨城	熊本	鹿児島
３位	群馬	群馬	宮崎
４位	長崎	茨城	徳島

〔農林水産省「農林水産統計2022」より作成〕

ア　Ⅰ－埼玉　Ⅱ－高知　Ⅲ－鳥取　　イ　Ⅰ－埼玉　Ⅱ－高知　Ⅲ－千葉
ウ　Ⅰ－埼玉　Ⅱ－愛知　Ⅲ－千葉　　エ　Ⅰ－長野　Ⅱ－高知　Ⅲ－鳥取
オ　Ⅰ－長野　Ⅱ－愛知　Ⅲ－鳥取　　カ　Ⅰ－長野　Ⅱ－愛知　Ⅲ－千葉

問８　石川県と高知県の県庁所在地の雨温図を、次のア～エから１つずつ選び、その記号を答えなさい。

ア
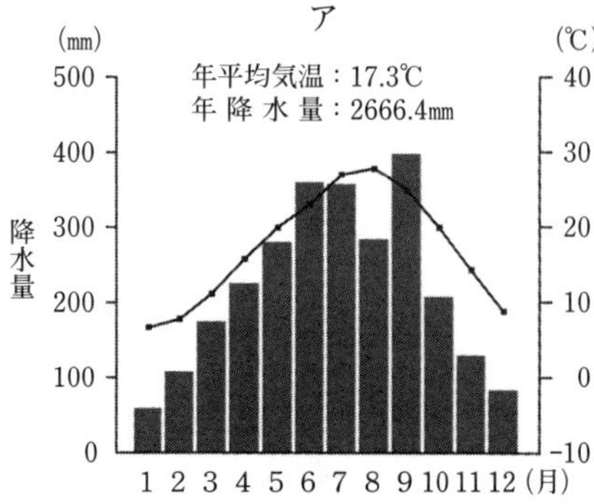

イ
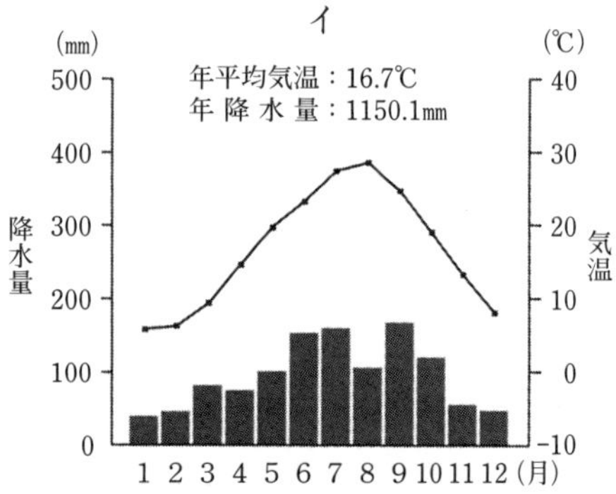

ウ
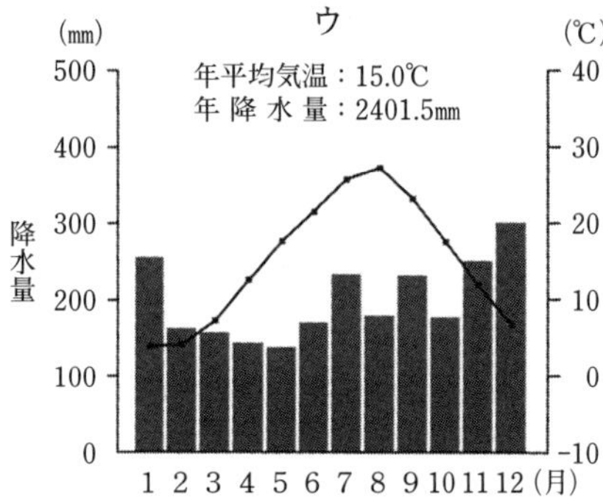

エ
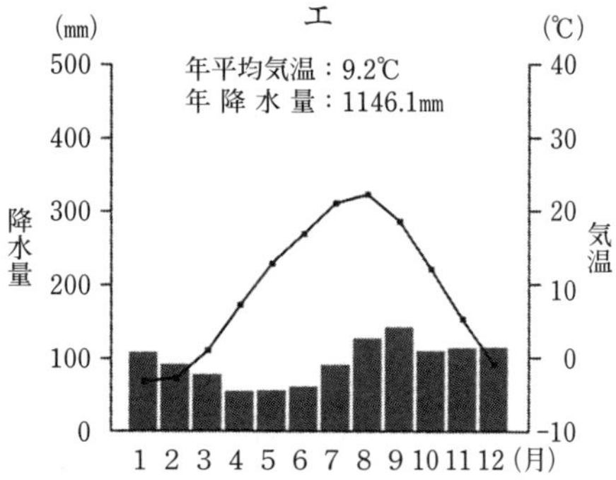

〔『理科年表 2023』より作成〕

問９　愛さんは調べていくうちに、同じ県内でも複数のナンバープレートがあることを知り、自分が調べた三重県と山形県にも、他のナンバープレートがないかどうかを探してみました。三重県と山形県のナンバープレートを、次のア～オから１つずつ選び、その記号を答えなさい。

ア

イ

ウ

エ

オ

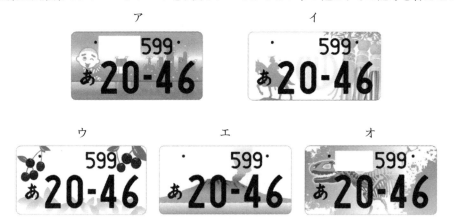

問10　次のナンバープレートは、奈良県などでみられます。もし、あなたが山梨県のナンバープレートのデザインを新しくつくることになったとすると、どのようなデザインにしますか。解答欄(らん)に合うようにデザインを描き、次の例のように、何を描いたのかを言葉でも説明しなさい。ただし、「奈良599」、「あ20-46」のような文字や番号は書かなくてもかまいません。

(例)

(解答欄)

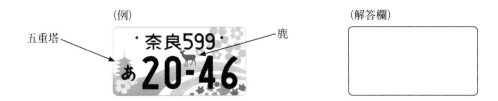

2　次の地図を見て、以下の各問いに答えなさい。

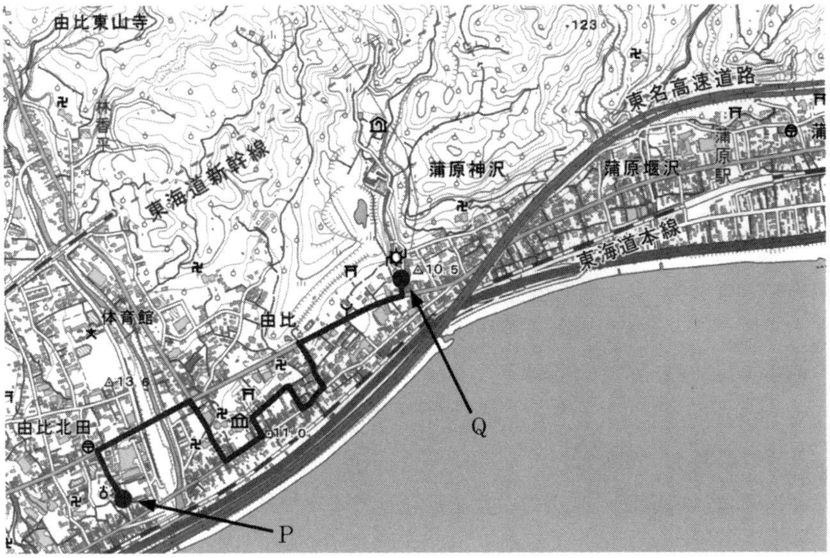

〔国土地理院「地理院地図」より作成〕

問１　刈田寿愛さんは、地図中の地点Ｐから地点Ｑまで歩きました。地図中の赤い線は、愛さんが歩いた道のりを示しています。そのときに見えたものとして正しいものを、次のア～クからすべて選び、その記号を答えなさい。

ア　郵便局　　イ　高等学校　　ウ　税務署　　エ　博物館

オ　裁判所　　カ　消防署　　キ　発電所　　ク　市役所

問２　地図について述べた文ア～エのうち、正しいものを１つ選び、その記号を答えなさい。

ア　蒲原駅は、東海道新幹線が停まる駅である。

イ　地図中の山には、たな田が多く見られる。

ウ　この地域は、季節風と台風の影響を受けて夏に降水量が多い。

エ　地図中の南側には、瀬戸内海が広がっている。

3　次の刈田寿愛さんと神野恵さんの会話文を読んで、以下の各問いに答えなさい。

恵さん：この前、京都の北野天満宮に行ってきたわ。なんでも学業成就のご利益があるんだって！　愛さん、知ってた？

愛さん：もちろんよ。北野天満宮は、若くして学問をおさめた(　①　)を神様としてまつっているから、毎年多くの受験生が合格祈願に訪れるのよ。

恵さん：ええ！？(　①　)は神様になっちゃったの？　神社って、山とか島とか、自然のものを拝む対象にしていたり、『(　②　)』や『日本書紀』に出てくる神様をまつっていたりするものだと思っていたけれど、人間がまつられることもあるのね。

愛さん：日本には、ある人が亡くなった後に、その人を神としてまつる信仰(しんこう)のかたちがあるわ。まつる理由は様々なのだけれど、A生きているあいだにこの世にうらみを残した人がたたりを起こさないようにその人をまつることもあれば、優れた功績を残した人を尊敬し、親しみとともにその功績をのちの時代に伝えるためにまつることもあるわ。

恵さん：そうだったんだ。ほかに神様としてまつられている人はいるの？

愛さん：例えば、奈良県の談山(たんざん)神社には(　③　)がまつられているわ。

恵さん：そうなのね！　やっぱり偉人(いじん)をまつる神社はB京都と奈良に多いのかしら。

愛さん：そんなことはないわ。全国には白旗(しらはた)神社がいくつかあるけれど、これはC源頼朝や源氏ゆかりの武将などをまつった神社よ。

恵さん：そうだったのね！　白旗神社は私の近所にもあるわ。

愛さん：あとは、武将でいうと、戦国三英傑(さんえいけつ)もそれぞれまつられているわ。D織田信長は建勲(たけいさお)神社に、E豊臣秀吉は豊国(とよくに)神社にまつられているのよ。では、徳川家康はどこにまつられているか知っている？

恵さん：あ、分かったわ。F栃木県にある神社ね。修学旅行で行ったことがあるわ。

愛さん：大正解。偉人がまつられる神社はほかにもたくさんあるから、時間があるときに行ってみると良いわ。すぐに行けそうな神社だと、G吉田松陰をまつった松陰神社、乃木希典(のぎまれすけ)をまつった乃木神社などがH東京都にあるわ。

恵さん：そうなのね！　ぜひ行ってみるね。

問１　(　①　)には、遣唐使の派遣の中止を意見したことで知られ、「学問の神様」として人びとから尊敬されている人物が入ります。その人物の姓名を漢字で答えなさい。

問２　(　②　)には、稗田阿礼(ひえだのあれ)が暗記していた神話や歴史を太安万侶(おおのやすまろ)がまとめた、現存する日本最古の歴史書が入ります。その名を答えなさい。

問３　下線部Aに関連して、このようにしてまつられている人物には、935年に下総国(しもうさのくに)を拠点(きょてん)に反乱を起こし、関東地方を占領(せんりょう)したものの しずめられて失敗した平将門がいます。730年に創建され、のちに平将門をまつるようになった神社を、次のア～エから１つ選び、その記号を答えなさい。

ア　神田神社　　イ　靖国神社　　ウ　明治神宮　　エ　鶴岡八幡宮

問４　(　③　)にあてはまる人物を、次の談山神社の説明を参考にしながら、ア～エから１つ選び、その記号を答えなさい。

> 談山神社の説明
>
> 「談山(たんざん)」という名前は、のちに(　③　)と呼ばれるようになる人物が、のちに天智天皇となる中大兄皇子と、この神社の裏の山で秘密の相談をしたことから、その山を「談い(かたらい)山」と呼ぶようになったことに由来します。この密談の結果、当時力を握(にぎ)っていた氏族を倒(たお)して、新たな政治がつくりあげられていくことになりました。

ア　聖徳太子　　イ　蘇我馬子　　ウ　藤原鎌足　　エ　推古天皇

問５　下線部Bについて、京都と奈良に同時に天皇が存在したのはいつですか。次のア～エから１つ選び、その記号を答えなさい。

ア　13世紀　　イ　14世紀　　ウ　15世紀　　エ　16世紀

問６　下線部Ｃについて、源頼朝がおこなったことについて正しく述べているものを、次のア～エから１つ選び、その記号を答えなさい。

ア　奥州藤原氏と手を結び、朝廷に対抗した。

イ　源義経をとらえることを理由に、朝廷から守護と地頭を置く権利を得た。

ウ　北条政子を妻とし、政子とのあいだの子の北条義時を執権とした。

エ　御家人を統率するために、侍所を設置し、御成敗式目を定めた。

問７　下線部Ｄについて、右の画像は、織田信長が使用していた印判（いんばん）です。印判に刻まれている文字を、ア～エから１つ選び、その記号を答えなさい。

ア　風林火山　　イ　天下布武　　ウ　楽市楽座　　エ　士農工商

問８　下線部Ｅについて、豊臣秀吉がおこなったことについて明らかに誤って述べているものを、次のア～エから１つ選び、その記号を答えなさい。

ア　本能寺の変の知らせを受けると、交戦していた中国地方の毛利氏と停戦し、すぐに引き返して明智光秀を倒した。

イ　一揆を防ぐため、大仏をつくることを理由に、全国のすべての人から刀や鉄砲を取り上げた。

ウ　田畑を測るものさしの長さや、年貢米を量るますの大きさを統一した。

エ　国内を統一したあと、さらに中国を征服（せいふく）することを考え、２度にわたって朝鮮に大軍を送った。

問９　下線部Ｆの神社を、次のア～エから１つ選び、その記号を答えなさい。

ア

イ

ウ

エ

問10　下線部Ｇについて、吉田松陰が指導していた私塾を、次のア～エから１つ選び、その記号を答えなさい。

ア　鳴滝塾　　イ　松下村塾　　ウ　慶応義塾　　エ　適塾

問11　下線部Ｈについて、東京都にある遺跡を、次のア～エから１つ選び、その記号を答えなさい。

ア　登呂遺跡　　イ　大山古墳　　ウ　三内丸山遺跡　　エ　向ヶ丘貝塚

4　鹿児島からは、幕末(江戸時代末期)から明治時代にかけて活躍(かつやく)する人物が多く生まれました。次の地図と年表を見て、以下の各問いに答えなさい。

【地図】鹿児島市内の歴史に関する場所

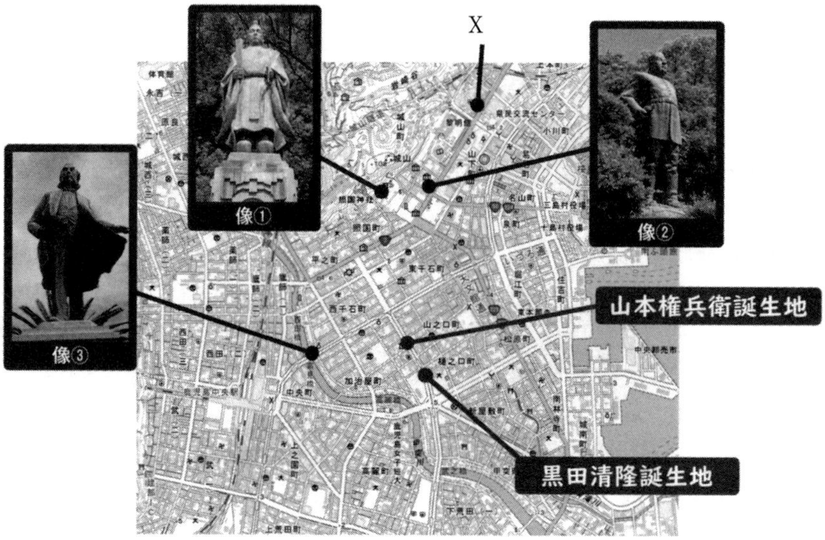

〔国土地理院「地理院地図」より作成〕

【年表】大久保利通と幕末・明治時代初期の日本

西　暦	出　来　事
1830年	鹿児島城下で生まれる
1854年	日本が開国する
1863年	薩摩藩がイギリスに攻撃される(薩英戦争)
1866年	長州藩の木戸孝允らと同盟を結ぶ(薩長連合)
1867年	公家の岩倉具視らと結び、王政復古のクーデタを起こす
1868年	戊辰戦争がおきる／元号が明治になる(明治元年)
1869年	新政府で改革を進める
1871年	岩倉使節団の一員としてアメリカやヨーロッパへ渡る
1873年	帰国したのち、内務卿(ないむきょう)に就任して新政府の実権を握る
1877年	新政府が最大の不平士族の反乱を鎮圧(ちんあつ)する
1878年	紀尾井坂(きおいざか)の変で亡くなる

問１　地図中の像①は、幕末の鹿児島で藩主をしていた人物の像です。その人物を、次のア～エから１つ選び、その記号を答えなさい。

ア　島津斉彬(しまづなりあきら)　　イ　松平容保(まつだいらかたもり)　　ウ　毛利敬親(もうりたかちか)　　エ　井伊直弼(いいなおすけ)

問２　地図中の像②は、幕末の鹿児島を指導し、勝海舟(かつかいしゅう)との話し合いで江戸城の無血開城を実現したことでも知られる人物の像です。その人物の氏名を漢字で答えなさい。

問３　地図中の像③は、幕末から明治時代初期にかけて活躍した大久保利通の像です。年表も参考にしながら、大久保利通について正しく述べているものを、次のア～エから１つ選び、その記号を答えなさい。

ア　幕末の鹿児島城下で生まれ、ちょうど20歳(さい)をむかえた年に日米和親条約が結ばれた。

イ　公家の岩倉具視と協力して天皇中心の政治を目指し、征夷大将軍の徳川家茂に政権を返上させた。

ウ　岩倉具視を大使とする使節団の一員として、アメリカやヨーロッパを訪れ、政治のしくみや産業のようすを学んだ。

エ　内務卿に就任し、新政府の実権を握っていたものの、病気の悪化により亡くなった。

問４　鹿児島からは、黒田清隆(くろだきよたか)や山本権兵衛(やまもとごんべえ)といった、のちに内閣総理大臣となる人物も多く生まれました。このことについて、各問いに答えなさい。

1）　黒田清隆が総理大臣をしていたときに、大日本帝国憲法が発布されました。この憲法について正しく述べているものを、次のア～エから１つ選び、その記号を答えなさい。

ア　大統領の権限が強いアメリカ合衆国憲法にならってつくられた。

イ　総理大臣は衆議院の多数決によって選ばれると定められた。

ウ　天皇が軍隊を統率すると定められた。

エ　国家権力は三権に分割され、互いに抑制する制度が保障された。

2）　山本権兵衛は、昨年(2023年)のちょうど100年前の、1923年９月２日から総理大臣になり1924年１月７日までつとめていました。そのころの日本のようすについて正しく述べているものを、次のア～エから１つ選び、その記号を答えなさい。

ア　関東大震災が起きた直後で、震災からの復興が目指されていた。

イ　日清戦争に勝利した直後で、朝鮮への勢力拡大が目指されていた。

ウ　ノルマントン号事件が起きた直後で、領事裁判権の撤廃(てっぱい)が目指されていた。

エ　太平洋戦争が終わった直後で、平和的な国家が目指されていた。

問５　地図中のXの場所の石垣(いしがき)には、ある戦争による銃弾(じゅうだん)のあと(弾痕(だんこん))が残っており、次の写真のような碑(ひ)がたてられています。では、その戦争とは何ですか。年表も参考にしながら、漢字で答えなさい。

問6　地図中の像①・②・③がつくられた年は以下の図のとおりです。この図を見て、各問いに答えなさい。

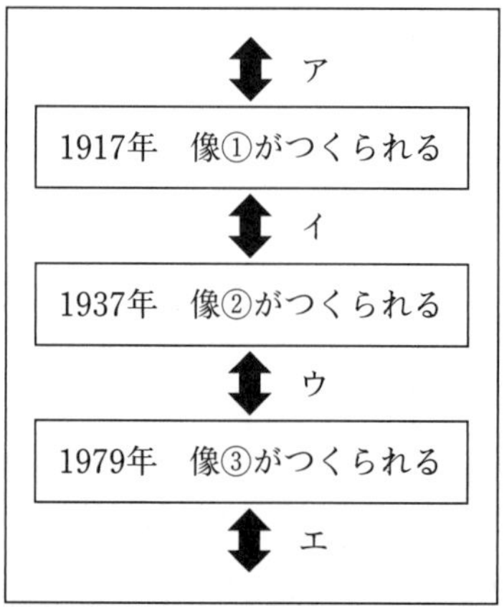

1）　次の出来事A・Bは、図中のア～エのどの期間に起きたものですか。図中のア～エからそれぞれ選び、その記号を答えなさい。

A　南満州鉄道の線路の爆破を中国軍のしわざとして、日本軍が満州事変をはじめた。

B　東京オリンピックの開催にあわせて、東海道新幹線が開通した。

2）　以下の写真は、図中のウの期間につくられた壁が、エの期間に崩壊したときのようすを撮影したものです。この壁がつくられていたドイツの都市名を答えなさい。

5　小学6年生の刈田寿愛さんは、日本の政治や経済について興味のあることをまとめています。

問1　愛さんは日本国憲法の前文を一部書き出してみました。[　　　　]にあてはまる語句を漢字で答えなさい。

> 日本国民は、正当に選挙された国会における代表者を通じて行動し、われらとわれらの子孫のために、諸国民との協和による成果と、わが国全土にわたつて自由のもたらす恵沢を確保し、政府の行為によつて再び戦争の惨禍が起ることのないやうにすることを決意し、ここに[　　　　]が国民に存することを宣言し、この憲法を確定する。

問2　愛さんは、憲法の改正に必要な手続きをまとめました。手続きの順番として正しくなるように、次のア～エを並べかえなさい。

ア　衆議院と参議院で総議員の3分の2以上の賛成を得る。

イ　国民投票によって過半数の賛成を得る。

ウ　天皇が公布する。

エ　国会が国民に発議する。

問３　愛さんは、国会議員について知っていることをまとめました。このうち、衆議院議員について正しく述べているものを、次のア～エから１つ選び、その記号を答えなさい。

ア　任期は６年で、３年ごとに半数を改選する。

イ　小選挙区比例代表並立制によって選ばれる。

ウ　満30歳になると総選挙に立候補することができる。

エ　天皇の指名にもとづき、内閣総理大臣を任命する。

問４　愛さんは、国会における法律の成立について、次のようにまとめました。

> 同じ法律案をめぐって衆議院と参議院で議決が一致しないときは、まず、(①)を開いて対立の調整をはかります。それでもなお、衆議院と参議院の意見が一致しない場合は、もう一度衆議院で採決することになります。そこで出席議員の(②)以上の賛成でふたたび可決すると、その法律は成立することになります。

1）(①)に最もよくあてはまる語句を、次のア～エから１つ選び、その記号を答えなさい。

ア　公聴会　　イ　予算委員会　　ウ　本会議　　エ　両院協議会

2）(②)にあてはまる数を答えなさい。

問５　愛さんは、内閣のはたらきについて考えています。内閣について正しく述べているものを、次のア～エから１つ選び、その記号を答えなさい。

ア　内閣の下に置かれている府・省・庁のうち、労働者の生活や安全に関する仕事をおこなうのは環境省である。

イ　内閣の最高責任者である内閣総理大臣は、自身が任命した国務大臣とともに閣議を開いて、政治の進め方を話し合う。

ウ　内閣は、国会が決めた政令や条例にもとづいて、国民の暮らしを支えるための仕事をおこなう。

エ　内閣総理大臣は衆議院議員を総辞職させることができるが、衆議院によって内閣が解散させられることもある。

問６　愛さんが裁判所についてまとめた次のア～エのうち、残念ながら明らかに誤って述べているものが１つあります。その記号を答えなさい。

ア　国民には「裁判を受ける権利」があり、この権利は日本国憲法によって保障されている。

イ　もし地方裁判所の判決に不服(ふふく)ならば、上級の裁判所である高等裁判所に、裁判のやり直しをしてもらうことができる。

ウ　簡易(かんい)裁判所では、国民の中から選ばれた６人の裁判員が、裁判官に代わって判決を出す。

エ　家庭裁判所は、未成年者や家庭の問題をあつかう裁判所であり、すべての都道府県に置かれている。

問７　愛さんは、三権分立についてまとめました。このうち、裁判所が国会に対して持っている権力について正しく述べているものを、次のア～エから１つ選び、その記号を答えなさい。

ア　弾劾(だんがい)裁判をおこなう。

イ　特別国会を召集する。

ウ　法律が憲法に違反(いはん)していないかを審査する。

エ　行政処分が憲法に違反していないかを審査する。

問８　愛さんの日ごろの生活と税金との関わりについて正しく述べているものを、次のア～エから１つ選び、その記号を答えなさい。

ア　愛さんは勉強用に文房具を買ったときに、代金と消費税を合わせて支払った。

イ　愛さんは登下校に道路を使っているので、都市計画税を納めている。

ウ　愛さんはベッドを買ったときに、代金と固定資産税を合わせて支払った。

エ　愛さんは未成年で所得はないが、川崎市民なので市に住民税を納めている。

問９　愛さんが多摩川沿いを散歩していると、次の写真のような標識を見かけました。この標識をよく見ると、「建設省」と書いてあったところが塗りつぶされています。ところが、現在、そのような名前の省はありません。これは2001年に、「建設省」を含むいくつかの省庁がひとつになって、新しい省に生まれ変わったためです。このようにして誕生した、現在河川の管理を担当している省の名前を漢字で答えなさい。

吉祥女子中学校(第１回)

―35分―

1　次の文章を読んで、後の問いに答えなさい。

周囲を海に囲まれた日本の人々は、①日常的に多くの魚介類を得て生活してきました。日本の漁業について、その歴史をたどってみましょう。

約１万年前、日本列島では狩猟・採集に加えて漁労が発達しました。例えば、②東京湾一帯で見つかった縄文時代の貝塚では、あじ・くろだい・はまぐり・しじみなどが出土し、青森県の遺跡でも約50種類の魚の痕跡が残っています。これらのことから、当時の人々が魚介類をよく食べていたことがわかります。また、各地の遺跡から発見されている丸木舟は、魚をとる際に利用されていたと考えられています。

稲作が普及し米などの穀物が主食になると、魚介類はおかずとして食べられるようになっていきます。川の中にしずめて魚を捕る筌と呼ばれる仕掛や、たこ壺を用いるなど、漁法にも工夫が見られるようになりました。『魏志』倭人伝には、倭人が魚やあわびをもぐってとっている様子が記され、潜水漁法があったことが指摘されています。③ヤマト王権が支配を確立して以降、さらに人口も増えて魚介類の需要が高まりました。『古事記』や『万葉集』からは、筌だけでなく、鵜という鳥を用いた漁の存在が読み取れます。藤原京や④平城京・平安京などから出土した、中央へ納める税の項目を記した木簡にも、かつおや牡蠣をはじめとする記述があり、魚介類の種類が豊富であったことがわかっています。

さて、鎌倉幕府の成立により政治の中心が移ったことから、関東地方でも漁業が発展したと言われています。⑤伊豆や安房の半島を中心に日釣・夜釣などが行われ、駿河・相模・上総・武蔵などの地域では、農業をするかたわら漁をして暮らしをたてる生活がさかんになったようです。

⑥室町時代に大量に輸入されていた綿花が、次第に日本各地で栽培されるようになると、江戸時代には丈夫な綿糸を用いて網がつくられ、すくい網・かぶせ網・⑦引き網などの漁法が発達しました。製塩業がさかんになると魚の保存処理もすすみ、大阪・江戸などには魚問屋が集まる魚市場が形成され、流通する範囲も広がります。俵物といわれる、いりこ・干しあわび・ふかひれは、⑧長崎での貿易で重要な輸出品とされました。

幕末から明治初期にかけては、水産資源の枯渇や⑨政治的な混乱で、漁業生産は停滞・減少の時期に入ったと言われます。しかし1890年代末ごろからは、綿糸工業の成長で漁業用の網が多く生産できるようになったことや、⑩朝鮮周辺の海への進出、漁業組合の結成もあって、漁業生産が増加していきます。明治後期から昭和初期にはトロール漁業の導入、漁船の動力化・大型化、冷凍保存技術の使用などで、沖合・遠洋漁業がより発展しました。

1935年ごろ、日本は漁業種目と漁獲量で世界一位の水産国でした。しかし沿岸漁業は、水産資源の減少や、⑪大正末期から続く恐慌の影響で衰退していきました。⑫満州事変から太平洋戦争中には、漁船のほとんどが戦争に用いられ、操業する海域も危険であることから、漁業に出づらくなりました。老人や女性、子どもを中心に古い網をつくろって魚をどうにかとる状態で、日本の漁業は壊滅的になりました。

戦後、多くの漁船がつくられ、遠洋漁業を中心に生産を拡大させたことで、1950年代はじめには漁獲量が戦前の水準にもどります。日本の独立回復を取り決めた［　⑬　］が発効すると、漁船は太平洋北部・インド洋・大西洋などへ進出し、南極海での捕鯨も最盛期をむかえました。魚群探知機やレーダーなどが進歩して1965年の漁獲量が1935年の約２倍の量に増加しただけでなく、のりや貝類の養殖など「つくる漁業」も増加しました。しかし1970年代になると、高度経済成長を背景として次第に漁業就業者が減ったり、海洋が汚染されたりしたほか、［⑭X］の影響で燃料価格が高騰しました。また、欧米などが［⑭Y］海里以内の水域で外国漁船の漁獲を制限する政策を行ったことで日本の漁業可能な海域が狭まります。これらのことから、日本の漁獲量は1984年をピークに減少していきました。一方で、こうした状況に対応して、時代とともに漁船の省エネ化や養殖業の効率を高める技術開発が進められてきたのも事実です。

現在、世界全体で漁業における需要量・供給量が増加する一方、日本の漁獲量・消費量は減る傾向にあります。また人手不足、海洋環境の変化、水産資源や環境の管理、領土問題に関連する漁業水域の問題など解決すべきことが山積みであり、地域の特徴を考えた早急な対応が求められています。

問１　下線部①に関連して、日本の漁業とその漁業に関する土地の歴史について述べた次のＡ・Ｂの文が正しいか誤っているかを判断し、その正誤の組み合わせとして正しいものを後のア～エから一つ選び、記号で答えなさい。

Ａ　現在たい類や真珠などの養殖がさかんな英虞湾一帯は、かつて藤原純友がこの地の海賊を率いて反乱を起こした地域である。

Ｂ　北洋漁業の基地として栄え、かつて十数年にわたって水あげ量が日本一をほこった港は、18世紀にラクスマンが来航し通商を求めた場所である。

ア　Ａ－正　Ｂ－正　　イ　Ａ－正　Ｂ－誤

ウ　Ａ－誤　Ｂ－正　　エ　Ａ－誤　Ｂ－誤

問２　下線部②に関連して、次の地図は関東地方一帯で発見された、紀元前4000年ころのいくつかの貝塚の位置を示したものです。この地域の貝塚が内陸地に多く見られる理由を、グラフを参照し当時の気温の状況を関連させて**２行以内**で説明しなさい。

地図

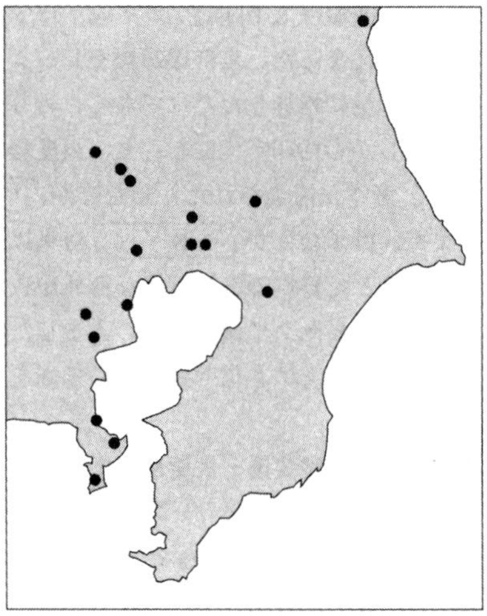

（『新詳日本史』浜島書店より作成）

グラフ

現在と比較した平均気温の差

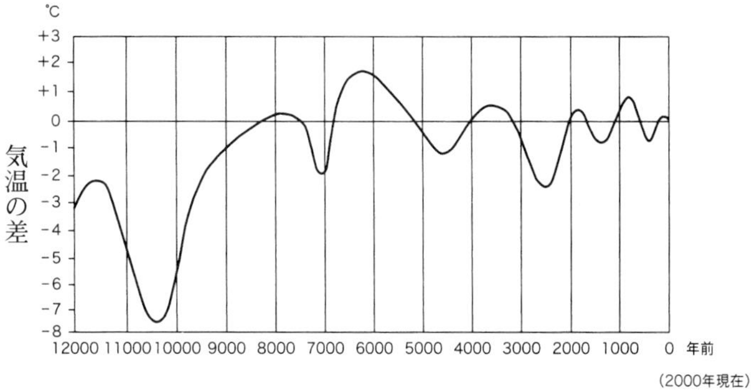

(安田喜憲著『縄文文明の環境』吉川弘文館より作成)

問３　下線部③について述べた文として正しいものを次のア～エから一つ選び、記号で答えなさい。

ア　朝鮮半島の鉄や技術を求めて加羅と手を結び、百済の好太王と戦った。

イ　仏教の導入を進めた蘇我氏が物部氏をやぶり、大きな力を持つようになった。

ウ　大王は姓という豪族(ごうぞく)集団に臣や連といった氏を与(あた)え、政治に参加させた。

エ　倭の五王の一人である武が、中国皇帝から「親魏倭王」という称号(しょうごう)を受けた。

問４　下線部④に関連して、奈良時代から平安時代までのできごとについて述べた次のＡ～Ｃの文を時期の古いものから順に並べかえるとどうなりますか。正しいものを後のア～カから一つ選び、記号で答えなさい。

Ａ　日本で一番古い随筆集(ずいひつしゅう)とされる『枕草子』が書かれた。

Ｂ　行基が民衆に仏教を広め、橋の建造などの社会事業にも従事した。

Ｃ　蝦夷の首長であったアテルイが降伏(こうふく)した。

ア　Ａ→Ｂ→Ｃ　　イ　Ａ→Ｃ→Ｂ　　ウ　Ｂ→Ａ→Ｃ

エ　Ｂ→Ｃ→Ａ　　オ　Ｃ→Ａ→Ｂ　　カ　Ｃ→Ｂ→Ａ

問５　下線部⑤に関連して、伊豆・駿河・相模・武蔵の地に関するできごとについて述べた文として正しいものを次のア～エから一つ選び、記号で答えなさい。

ア　伊豆国へ流された源頼朝は、その地の豪族である北条氏と婚姻(こんいん)関係を結び、後に兵を挙げた。

イ　駿河国では、今川仮名目録という分国法が制定されたが、その地域を治めていた大名は、長篠の戦いで織田信長に敗北した。

ウ　相模国の小田原を本拠地(ほんきょち)として勢力を広げた武田信玄は、釜無川(かまなしがわ)沿いに堤防を築いて、支配地を水害から守った。

エ　武蔵国の秩父で発見された銅などを利用してつくられた和同開珎は、一時関東地方とその周辺のみに流通していた。

問６　下線部⑥の社会や文化について述べた文として正しいものを次のア～エから一つ選び、記号で答えなさい。

ア　「竹取物語」や「浦島太郎」、「一寸法師」といった御伽草子が新たにつくられ、庶民(しょみん)の間で親しまれた。

イ　土一揆の高まりを背景に永仁の徳政令が出され、借金の帳消しが命じられたが、効果はあまりなく、人々の幕府への信頼(しんらい)が低下した。

ウ　米と麦の二毛作が西日本だけでなく東日本へも拡大し、水車によるかんがいの技術も発達した。

エ　三代将軍の保護のもとで出雲の阿国が歌舞伎のもととなる歌舞伎踊(おど)りを始めたほか、観阿弥・世阿弥父子が能を完成させた。

問７　下線部⑦について、江戸時代に九十九里浜では引き網を利用した漁がさかんでした。この漁でとれる魚を加工してつくられ、主に綿花栽培に利用された肥料を答えなさい。

問８　下線部⑧について述べた文として正しいものを次のア～エから一つ選び、記号で答えなさい。

ア　鎖国が行われる前、長崎からは朱印状を持った船がタイやカンボジアなどの東南アジア諸国へ向かい、貿易を行った。

イ　鎖国中、長崎がオランダ・琉球・中国・朝鮮の四つの国と貿易を行う唯一(ゆいいつ)の窓口であったことから、この地は「四つの窓口」と呼ばれた。

ウ　鎖国中、長崎の唐人屋敷で中国人との貿易が行われ、主に中国産の絹織物や陶磁器・金銀が輸入され、日本からは生糸や海産物が輸出された。

エ　鎖国が終結したのは、日米和親条約によって長崎を含(ふく)めた五つの港が開かれ、アメリカとの貿易が開始されたことによる。

問９　下線部⑨に関連して、幕末から明治初期にかけての政治的混乱について述べた文として**正しくないもの**を次のア～エから一つ選び、記号で答えなさい。

ア　大老の井伊直弼は、幕府を批判する吉田松陰らを処罰(しょばつ)した。

イ　米価の高騰に対し富山県の漁村の主婦らが起こした騒ぎが、全国に広がった。

ウ　西南戦争が、徴兵制で集められた政府軍に鎮圧(ちんあつ)された。

エ　イギリス・アメリカ・オランダ・フランスの艦隊(かんたい)が下関の砲台(ほうだい)を占領(せんりょう)した。

問10　下線部⑩に関連して、日本は朝鮮半島への侵略を進め、日露戦争後には韓国統監府を置いてこの地の政治の実権を握(にぎ)りました。この初代統監に就任した人物を**漢字**で答えなさい。

問11　下線部⑪について述べた文として**正しくないもの**を次のア～エから一つ選び、記号で答えなさい。

ア　第一次世界大戦後にヨーロッパの経済が回復し、日本は輸出が減少した。

イ　関東大震災が起こり、被害(ひがい)総額がその年の国の予算を上回った。

ウ　銀行の取り付け騒ぎが起こって大銀行が倒産(とうさん)し、代わりに中小銀行が台頭した。

エ　アメリカで始まった不況(ふきょう)を背景に、アメリカ向けの生糸の輸出が激減した。

問12　下線部⑫の時期に起こったできごとについて述べた次のＡ～Ｃの文を時期の古いものから順に並べかえるとどうなりますか。正しいものを後のア～カから一つ選び、記号で答えなさい。

Ａ　日本が国際連盟から脱退(だったい)した。

Ｂ　日本で国家総動員法が制定された。

Ｃ　奉天郊外(こうがい)で柳条湖事件が起こった。

ア　A→B→C　　イ　A→C→B　　ウ　B→A→C

エ　B→C→A　　オ　C→A→B　　カ　C→B→A

問13　空らん[　⑬　]にあてはまる語句を「～条約」の形に合うように答えなさい。

問14　空らん[　⑭X　]と[　⑭Y　]にあてはまる語句の組み合わせとして正しいものを次のア～カから一つ選び、記号で答えなさい。

	⑭X	⑭Y
ア	朝鮮戦争	200
イ	湾岸戦争	200
ウ	第四次中東戦争	200
エ	朝鮮戦争	20
オ	湾岸戦争	20
カ	第四次中東戦争	20

[2]　次の文章を読んで、後の問いに答えなさい。

今年の７月ごろから、①紙幣のデザインが新しくなる予定です。これまでにも紙幣のデザインは改められてきました。その主な目的は偽造防止にあり、紙幣を傾けると文字が浮かび上がったり、色が変化して見えたりするといったさまざまな工夫がなされてきました。新紙幣では、見る角度を変えることによって肖像画が動いているように見える技術も用いられています。さらに、目の不自由な人が紙幣の金額を区別するために付けられたざらつきのあるマークの位置を変えたり、漢字を使わない外国人も金額を区別しやすくするために金額の数字を大きくしたりするなど、[　②　]に基づいてつくられています。

次の表１は、2024年から発行予定の紙幣、2004年から発行されている紙幣、1984年から発行された紙幣の一万円札、五千円札、千円札に描かれている肖像の人物をまとめたものです。

表１　紙幣に描かれている肖像の人物

	2024年から発行予定の紙幣	2004年から発行されている紙幣	1984年から発行された紙幣
一万円札	渋沢栄一	福沢諭吉	福沢諭吉
五千円札	津田梅子	樋口一葉	新渡戸稲造
千円札	[　③　]	野口英世	夏目漱石

では、④紙幣の肖像となった人物を何人か紹介します。

「日本資本主義の父」と呼ばれる渋沢栄一は、1840年に現在の埼玉県で生まれました。家業の⑤畑作のほか、養蚕や⑥染料となる藍玉の製造・販売を手伝う一方、読書に勤しみ、『論語』なども学びました。そして、徳川慶喜の家臣として活躍し、1867年のパリ万博に、庶務・会計係として参加しました。その時、先進的な⑦鉄道、電信、上下水道、⑧工場、銀行、造幣局などについて、たくさんのことを見たり、聞いたりしました。この経験を活かし、帰国後、新政府の役人として、郵便制度の整備や鉄道を敷くなど、日本の近代化に尽くしました。しかし渋沢栄一は、欧米が発展をとげたのは商工業のおかげだと考え、役人を退いて商人となり、率先して日本の実業界を牽引していこうと決意します。その後、たくさんの民間企業の設立・運営や公共事業の推進に関わったため、⑨日本の各地方に渋沢栄一のゆかりの地があります。

津田梅子は、1864年に現在の東京で生まれました。1871年、岩倉使節団とともに、最初の女子留学生の一人として、わずか６歳で⑩アメリカ合衆国に渡ります。彼女は、17歳で帰国するまで、ワシントン市近郊に住む夫妻の元に約11年間滞在し英語などの勉強に熱心に取り組みました。そして、女性の地位を高めるために学校をつくりたいと願い、教員生活や再度の留学を経て、1900年に女子英学塾を創立します。生徒は家事から解放されて勉強に専念することができるように、原則学校の寄宿舎に入りました。そのため、教員が密に生徒に接することができ、津田梅子もまた生徒達と食事をともにし、ダンスをしたり、語り合ったりしたそうです。

［　③　］は、⑪熊本県出身で、感染症の予防に生涯を捧げ「近代日本医学の父」と呼ばれる微生物学者・教育者です。1886年、32歳のときに国費でドイツに留学し、結核菌を発見したコッホの下で研究しました。そして、破傷風菌の純粋培養に成功し、世界を驚かせます。帰国後、伝染病研究所の設置を政府に求めましたが、政府の動きはにぶく、私財を投じて研究所の設立を支援したのは、福沢諭吉であったという逸話もあります。また、1894年には、ペストの原因調査のため香港に渡りペスト菌を発見します。さらに、私設の研究所を立ち上げたり、医学団体や病院を設立したりと、社会活動も積極的に行いました。

野口英世は、1876年、⑫福島県に生まれました。彼の生家は、東北地方で最大の面積を誇る［　⑬　］の湖畔に保存されています。彼は、幼少期に左手に大やけどを負いましたが、家族・友人・恩師の励ましと援助を受け、その苦難を克服しました。左手の手術により医学のすばらしさを実感し、自らも医学の道を志しました。［　③　］が所長を務めていた伝染病研究所で助手をしていたこともあります。最先端の研究が行われていたアメリカのロックフェラー医学研究所を拠点に世界で活躍し、ノーベル医学賞の候補にも挙がりました。しかし、1928年に現在のガーナで黄熱病の研究中、彼自身が黄熱病に感染し51歳で亡くなりました。

紙幣には、人物の肖像以外にも、さまざまな⑭建物や風景、植物が描かれています。ぜひ調べてみましょう。

問１　下線部①に関連して、通貨について述べた次のＡ・Ｂの文が正しいか誤っているかを判断し、その正誤の組み合わせとして正しいものを後のア～エから一つ選び、記号で答えなさい。

Ａ　日本に出回っている通貨のうち、紙幣は日本銀行が発行するが、硬貨は日本政府が発行する。

Ｂ　物価が上がり続け、通貨の価値が下がることをインフレーションという。

ア　Ａ－正　Ｂ－正　　イ　Ａ－正　Ｂ－誤

ウ　Ａ－誤　Ｂ－正　　エ　Ａ－誤　Ｂ－誤

問２　空らん［　②　］にあてはまる語句を「～デザイン」の形に合うように**カタカナ**で答えなさい。

問３　空らん［　③　］にあてはまる人物を**漢字**で答えなさい。

問４　下線部④について述べた文として**正しくないもの**を次のア～エから一つ選び、記号で答えなさい。

ア　福沢諭吉は、『学問のすゝめ』を著し、東京専門学校を創立した。

イ　新渡戸稲造は、『武士道』を著し、国際連盟の事務局次長を務めた。

ウ　樋口一葉は、『たけくらべ』や『にごりえ』を著した。

エ　夏目漱石は、『坊っちゃん』や『吾輩は猫である』を著した。

問５　下線部⑤に関連して、次の地図ア～エは、たまねぎ、トマト、なす、ほうれんそうのいずれかの生産量の上位５位(2021年)の都道府県を示したものです。トマトの生産量上位５位を示したものとして正しいものを次のア～エから一つ選び、記号で答えなさい。

ア

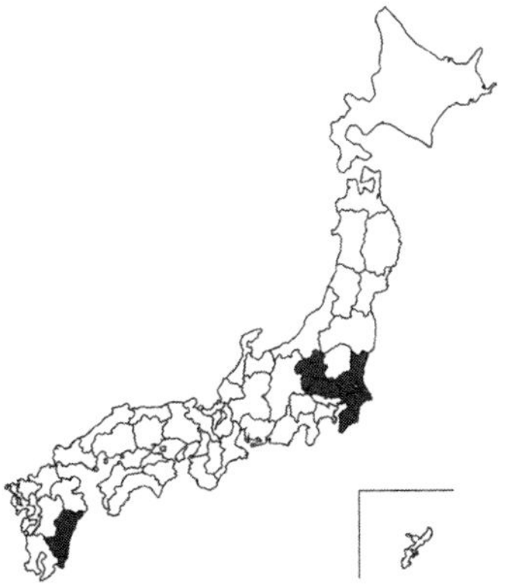

イ

ウ

エ

(『データでみる県勢2023』より作成)

問６　下線部⑥などに使われる紅花の生産がさかんな地域は、何という川の流域ですか。正しいものを次のア～エから一つ選び、記号で答えなさい。

ア　北上川　　イ　紀の川　　ウ　長良川　　エ　最上川

問７　下線部⑦について述べた次のＡ・Ｂの文が正しいか誤っているかを判断し、その正誤の組み合わせとして正しいものを後のア～エから一つ選び、記号で答えなさい。

Ａ　日本国内の貨物輸送量(2021年)は、航空機、自動車、鉄道、船の中で、鉄道が最も多い。

Ｂ　日本国内の携帯電話と固定電話の契約数(2022年)を比較すると、固定電話の契約数の方が多い。

ア　Ａ－正　Ｂ－正　　イ　Ａ－正　Ｂ－誤

ウ　Ａ－誤　Ｂ－正　　エ　Ａ－誤　Ｂ－誤

問８　下線部⑧に関連して、次の地図Ａ～Ｃは、製紙工場、セメント工場、半導体工場のいずれかの所在地を示したものである。Ａ～Ｃと工場の組み合わせとして正しいものを後のア～カから一つ選び、記号で答えなさい。

Ａ

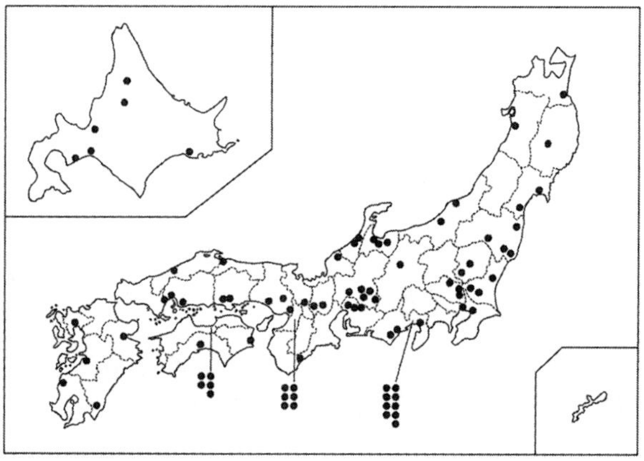

Ｂ

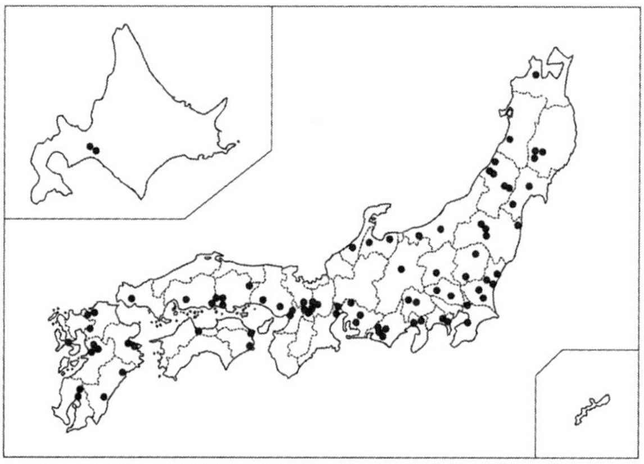

Ｃ

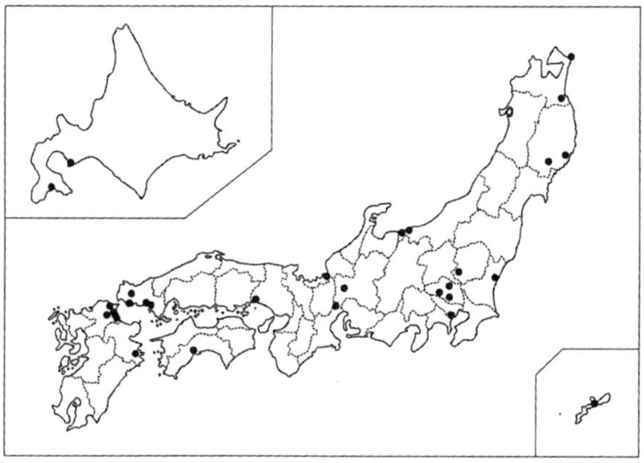

(『データでみる県勢2023』より作成)

	A	B	C
ア	製紙工場	セメント工場	半導体工場
イ	製紙工場	半導体工場	セメント工場
ウ	セメント工場	製紙工場	半導体工場
エ	セメント工場	半導体工場	製紙工場
オ	半導体工場	製紙工場	セメント工場
カ	半導体工場	セメント工場	製紙工場

問9　下線部⑨に関連して、次の表は、日本全国を８つの地方に分けたとき、面積と人口(2022年)の上位10位までの都道府県の数を地方ごとにまとめたものであり、ア～オは、東北地方、関東地方、中部地方、近畿地方、九州地方のいずれかです。中部地方と近畿地方にあてはまるものをア～オから一つずつ選び、記号で答えなさい。

	ア	イ	ウ	エ	オ
面積の上位10位の都道府県の数	5	3	1	0	0
人口の上位10位の都道府県の数	0	2	1	2	4

(『日本国勢図会2023/2024』より作成)

問10　下線部⑩に関連して、次のグラフは、日本とアメリカ合衆国および日本と中国の貿易について、1980年から2020年の貿易額の推移を10年ごとに示したものです。このグラフから読み取れることやその背景について述べた後の会話文の中で、**正しくないこと**を言っているのは誰(だれ)ですか。後のア～エから一つ選び、記号で答えなさい。

日本とアメリカ合衆国との貿易額

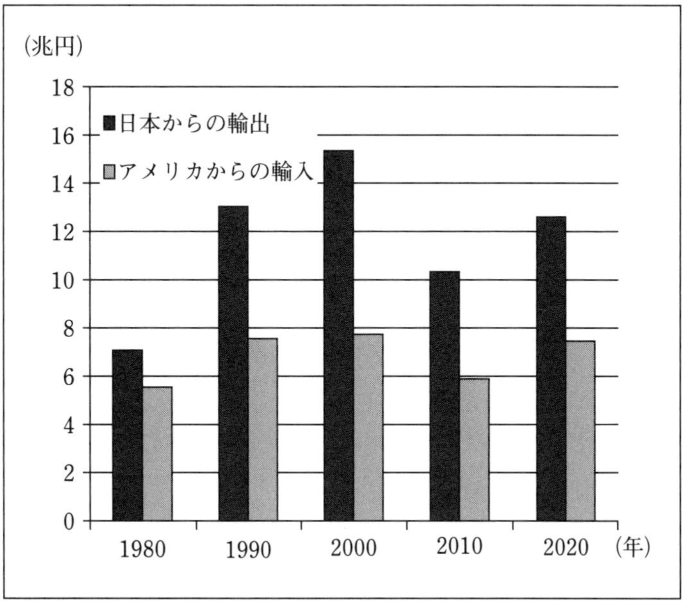

日本と中国との貿易額

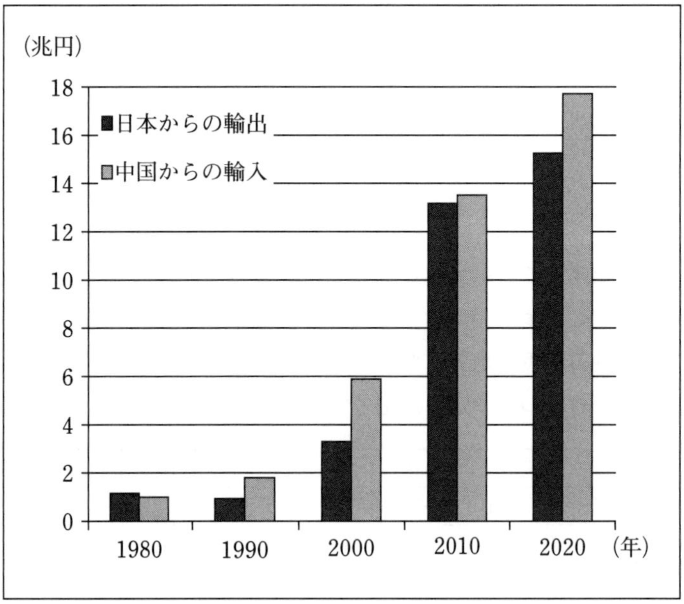

(『数字でみる日本の100年(改訂第７版)』、『日本国勢図会2022/23』より作成)

Ａさん：アメリカ合衆国との貿易では、日本からの輸出が、アメリカ合衆国からの輸入を上回っていて、貿易摩擦が生じる可能性があるね。

Ｂさん：日本にとって最大の貿易相手国はずっとアメリカ合衆国だと思っていたけど、2020年の輸出入額の合計は、アメリカ合衆国よりも中国の方が大きいことが読み取れるね。

Ｃさん：アメリカ合衆国や中国からの輸入額の約50％は、日本の自動車会社が現地で生産した自動車なんだけど、日本の自動車会社の進出先がアメリカ合衆国から中国に変化したことがグラフに表れているね。

Ｄさん：1985年以降、日本の企業は人件費の安い中国などに工場を進出し、工業製品の輸入が年々増えているんだよ。

ア　Ａさん　　イ　Ｂさん　　ウ　Ｃさん　　エ　Ｄさん

問11　下線部⑪について述べた文として正しいものを次のア～エから一つ選び、記号で答えなさい。

ア　阿蘇山には広大なカルスト地形が広がっており、羊の群れのような白い岩が点在する様子が見られ、地下には鍾乳洞が長く続いている。

イ　有明海の干拓地では、客土をすることにより耕地を拡大し、たたみの原料となるい草をさかんに栽培している。

ウ　熊本市は、熊本城を中心に発達した城下町起源の都市であり、もっとも新しい政令指定都市である。

エ　水俣市は、かつてカドミウムによる公害病の発生地であったが、現在は環境(かんきょう)問題に先進的に取り組んでおりSDGs未来都市に指定されている。

問12　下線部⑫に関連して、福島県の他に名前に「島」がつく県は４県あります。この４県のいずれかについて述べた文のうち、４県の中で人口密度がもっとも高い県について述べたものを次のア～エから一つ選び、記号で答えなさい。

ア　この県では、養殖うなぎの生産量が日本一である。畜産もさかんであり、豚や肉用牛の飼育頭数も多い。県内には、宇宙ロケットの発射基地がある。

イ　この県では、養殖かきの生産量が日本一である。レモンの生産量とソース類の出荷額も日本一である。県庁所在地は、三角州上に発達している。

ウ　この県では、しじみの漁獲量が日本一である。あじ類やぶり類の漁獲量も全国有数である。県内には、神話にかかわる観光地があり、多くの観光客が訪れる。

エ　この県では、すだちの生産量が日本一である。ブランド化された地鶏やさつまいもも生産されている。うず潮や夏祭りを目的に、多くの観光客が訪れる。

問13　空らん［　⑬　］にあてはまる湖を「～湖」の形に合うように**漢字**で答えなさい。

問14　下線部⑭に関連して、近年、建物の耐久性が強化された結果、北海道では、図１のような住宅が減り、図２のような住宅が増えています。図１のような住宅にはどのような危険がありますか。また、図２のような住宅では、その危険をなくすためにどのような工夫をしていますか。**３行以内**で説明しなさい。

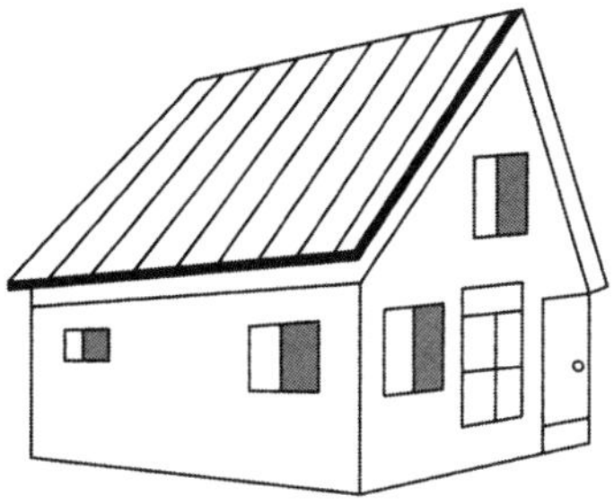

図１

→

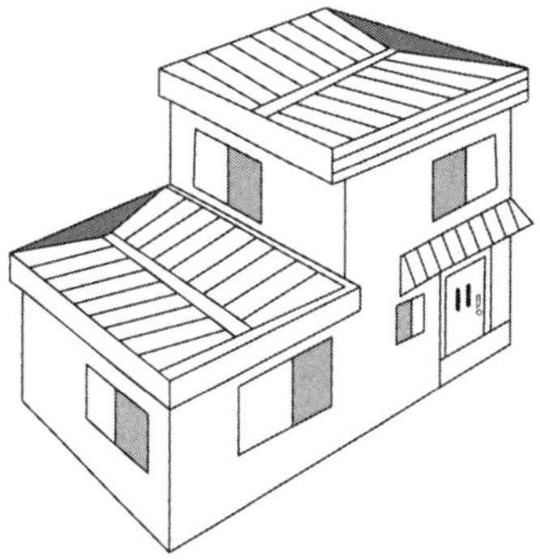

図２

③　次の文章を読んで、後の問いに答えなさい。

2023年の株主総会で、取締役(企業の経営責任者)に女性を増やした企業や、新たに選任した企業が増えた事が話題になりました。その背景の一つに、①政府が企業に対して女性の役員(取締役などの重役)を増やすよう、数値目標や行動計画を求めたことが挙げられます。それは、日本が世界の中でも男女の格差が大きい国だからです。例えば、2023年５月末の時点で女性の役員比率は11.4％で、約２割の企業では女性役員がいません(※)。世界経済フォーラム(世界の政治や②経済などのリーダーが連携して世界情勢の改善に取り組む国際機関)が2023年６月に発表した日本のジェンダーギャップ指数(政治や経済活動への参画度などから算出される男女格差を示す指標)は146ヵ国中125位です。政府はこの③格差を正し、男女平等を目指そうとしているのです。

もう一つの背景が、企業のトップには多様な人材がいた方が良いという考え方が広がったことです。多様な経験や考え方を持つ人がいた方が、より良いアイデアが生まれやすく、誤った判断を避けやすいと考えられるようになってきたのです。同様の理由で、東京工業大学は2024年度入試から女子枠を設定することを決定しました。多様な能力や価値観、経験を持つ人々が集まることで、新しいものを生み出すことができ、それが社会貢献にもつながると考えているのです。他にも多くの大学が、留学生との交流を促進したり、障害者の学びをサポートするなど、多様性が尊重される環境づくりを打ち出しています。

このように、今ある格差を正すために、不利な立場にある人々に特別な機会を与えることを、ポジティブ・アクション(アファーマティブ・アクション)と呼びます。例えば④外国では、企業の役員、大学の入学者、⑤議員や候補者などの一定割合を、女性や少数派の人種や民族に割り当てる措置をとっている場合があります。このようなポジティブ・アクションを日本にも導入するべきだという声があり、これを推進する立場の人たちは、その理由として、格差はそれ自体正すべきであるということや、多様性が社会に与える恩恵を主張します。

一方で、ポジティブ・アクションに対する批判もあります。ポジティブ・アクションによって、男性や多数派であるという理由で活躍する機会が減る人々が生じることになり、逆差別にあたるという主張です。過去に九州大学が入学試験に女子枠を設定しようとした際に、この理由から強い反発がおき、撤回したことがあります。また2023年６月にはアメリカ合衆国の連邦最高裁判所が、ハーバード大学とノースカロライナ大学の入学選考での黒人などへの優遇措置が⑥憲法に違反するという判決を下しました。企業が同様の取り組みをすることについても、憲法違反だと訴える⑦裁判が起こされています。その背景には、人は能力によって評価されるべきであり、誰もが自分の能力に対して責任を持ち、そのための努力をするべきだという考え方があります。この考え方に従うと、人種を理由とする優遇措置は不公正となるのです。

しかし、能力は本当に自己責任だと言えるでしょうか。アメリカでは人種によって貧困率や犯罪率に大きな差があります。所得と密接に関係する⑧大学進学率も、人種によって大きく違います。また、所得によって受けられる医療にも差があるため、人種間で⑨健康にも格差が存在します。その格差は人種や性別に由来する資質ではなく、社会構造によって生じたものです。そんな中で、不利な立場にある人が、その不利をはねのけるには大きな困難が伴います。日本では、家事や育児にかける時間が男女で大きく違います。また、女性は数学や物理に向かないという偏見が今もあります。自分で努力を重ね、能力や経験に責任を持つ以前に、置かれた環境に差があるのです。

いずれにしても、ポジティブ・アクションは、大学入学者や、企業経営者、政治家などに自然と多様性が生じるようになれば必要なくなる、一時的な措置であると考えられています。これまで不利な立場にいた人たちだけでなく、有利な立場にいた人たちにとっても公正だと思えなければ、政策はうまくいきません。多様性を尊重し合う社会づくりには、他者に対する想像力と立場を超えた対話が、今まで以上に必要となるのです。

※東京証券取引所のプライム市場上場企業(大企業の中でも優良企業)に関する数値です。

問１　下線部①について述べた文として正しいものを次のア～エから一つ選び、記号で答えなさい。

ア　内閣を構成しているのは内閣総理大臣と国務大臣であり、全員が文民でなければならないと憲法に定められている。

イ　内閣総理大臣と国務大臣は、全員が国会議員でなければならないと憲法に定められている。

ウ　国務大臣の人数は法律で定められており、全員がいずれかの省庁の長として行政事務を管理している。

エ　内閣が総辞職しなければならないのは、内閣不信任決議の可決後に内閣が衆議院を解散しなかった時と、特別国会が召集された時だけである。

問２　下線部②について、近年の日本経済をめぐる状況(じょうきょう)について述べた文として**正しくないもの**を次のア～エから一つ選び、記号で答えなさい。

ア　2020年度と比べて2022年度は経済成長率が低い。

イ　2021年末と比べて2023年末は円安ドル高である。

ウ　2022年に日本を訪(おとず)れた外国人は2021年より多い。

エ　2023年に全ての都道府県で最低賃金が引き上げられた。

問３　下線部③に関連して、社会が目指すべき平等には、すべての人を等しく扱(あつか)う平等と、状況に応じて異なる扱いをすることで、格差を正すことを目指す平等があります。このうち、後者について述べた文として正しいものを次のア～エから一つ選び、記号で答えなさい。

ア　法律を制定し、企業が従業員を募集(ぼしゅう)、採用する際に特定の性別を優先することを禁止すること。

イ　それまで女性のみに設けられていた、時間外労働時間や深夜労働、休日労働などの制限を撤廃(てっぱい)すること。

ウ　職場におけるセクシュアル・ハラスメント(性的嫌(いや)がらせ)の防止を事業者に義務付けること。

エ　両親ともに育児休業を取得する場合は、片方しか取得しない場合よりも長く育児休業を取得できる制度を作ること。

問４　下線部④について、ＮＡＴＯ(北大西洋条約機構)に加盟していない国を次のア～エから一つ選び、記号で答えなさい。

ア　トルコ　　イ　ベラルーシ　　ウ　イギリス　　エ　ドイツ

問５　下線部⑤に関連して、日本の国会議員や地方議会の議員について述べた文として正しいものを次のア～エから一つ選び、記号で答えなさい。

ア　衆議院議員選挙の比例代表制は全国１区だが、参議院議員選挙の比例代表制は全国が11のブロックに分けられている。

イ　衆議院議員選挙では小選挙区制と比例代表制の重複立候補が認められているが、参議院議員選挙では認められていない。

ウ　地方議会の議員は、国会が行う弾劾裁判における過半数の賛成によって解職されることがある。

エ　地方議会の議員は、法律とは別に環境に関する規制を条例で定めることができ、法律より条例の方が基準が緩(ゆる)い場合は条例が優先される。

問６　下線部⑥について、日本国憲法前文には「その権力は国民の代表者がこれを行使」すると明記されていますが、代表者を介(かい)さない直接民主制的な制度もあります。そのような制度について述べた文として正しいものを次のア～エから一つ選び、記号で答えなさい。

ア　地方公共団体の長や議員、法律で定めるその他の吏員(りいん)(公務員)はその地方公共団体の住民が、直接選挙で選出する。

イ　国会議員を罷免したい場合に、その議員を選出した選挙区の有権者の３分の１以上の署名を集めて国会に要求する。

ウ　最高裁判所の裁判官を罷免したい場合に、衆議院議員選挙の際に行われる国民審査により罷免する。

エ　参議院議員選挙の比例代表制において、政党が示した候補者の中から、有権者が候補者を選んで投票する。

問７　下線部⑦について、日本の刑事裁判において、犯罪を捜査し、起訴する公務員を何と呼びますか。**漢字３字**で答えなさい。

問８　下線部⑧に関連して、教育を受ける権利は、憲法に明記された５種類の基本的人権のうちの何に含まれますか。「～権」の形に合うように**漢字**で答えなさい。

問９　下線部⑨に関連して、国民の健康で文化的な生活を保障するための社会保障制度について述べた文として正しいものを次のア～エから一つ選び、記号で答えなさい。

ア　全ての国民がいずれかの年金保険に入っており、高齢になった時や入院した時などに年金を受け取ることができる。

イ　40歳以上の全ての国民が介護保険に入っており、介護が必要となったときには無料で介護サービスを受けることができる。

ウ　働くことができず資産も収入もないなど、最低限度の生活を営むことができない国民に対して費用を支給する制度がある。

エ　国や地方公共団体は、感染症予防のための予防接種などの医療や、文化的な生活を営むための図書館などの環境整備を提供する。

問10　ポジティブ・アクションに対する賛成・反対の根拠として本文中に述べられているものと合致する文として正しいものを次のア～エから一つ選び、記号で答えなさい。

ア　大学入学者に女子枠を設けることにより、一般枠よりも女子枠の入学者の方が合格最低点が低くなり、「女性は能力が低い」というレッテルが貼られることになるため、ポジティブ・アクションは導入するべきでない。

イ　大学入学者に女子枠を設けることにより、より低い学力で入学する学生が増えて研究や教育の質が低下する可能性が生じるため、ポジティブ・アクションは導入するべきでない。

ウ　現在の日本の国会議員に女性が少ないのは、これまで女性が差別されてきた結果であるため、差別への補償という必要からポジティブ・アクションを導入するべきである。

エ　人が自らの努力によって能力を身につける環境は、社会構造によって性別や人種間に差が生じているため、この差を解消させるためにポジティブ・アクションを導入するべきである。

共立女子中学校（２/１入試）

―30分―

注意　特に指定がないかぎり、国名については正式名称でなくてもかまいません。

（編集部注：実際の入試問題では、写真や図版の一部はカラー印刷で出題されました。）

1　共子さんたちは、自分の家族が育った時代について話しています。以下の説明と会話文を読んで、後の各問いに答えなさい。

曾祖母：1925（大正14）年生まれ。共立女子職業学校卒業。
祖母　：1959（昭和34）年生まれ。共立女子中学校・高等学校卒業。
母　　：1985（昭和60）年生まれ。共立女子中学校・高等学校卒業。
共子　：2011（平成23）年生まれ。小学６年生。

母　　：共子にいとこができたよ。昨日無事に生まれたって。
共子　：わあ！　うれしい。①2024年生まれか。ひいおばあちゃんとは大体100歳違いになるね！　ひいおばあちゃんが生まれた年って何があったんだろう。……なになに、②普通選挙法成立？　それから［　③　］成立って書いてある。
曾祖母：［　③　］は普通選挙法成立直前にできたそうだよ。普通選挙を実施して社会主義が拡大しないように出されたんだ。後には社会主義者であるという疑いだけで死刑にされた人もいたんだよ。
共子　：へえ、④大正時代って怖いんだね。モダンガールとか、もっとかわいいイメージがあったよ。ところでひいおばあちゃん、この綺麗なご本は何？
曾祖母：⑤百人一首を清書して、製本したものだよ。私が作ったの。
共子　：すごいね！　とてもきれいな字！　ねえねえ、ところでおばあちゃんが子供の頃ってどんな時代だったの？　⑥昭和だから戦争の時代？
祖母　：私が生まれたのは戦争が終わってかなり経ってからだから、実際に戦争は経験していないよ。いわゆる⑦高度経済成長の時代だった。
共子　：新橋・横浜間に初めて鉄道が走ったって、先生が授業で話していた頃のことかな。
祖母　：それは高度経済成長期ではなくて、［　⑧　］時代の話でしょう。共子、もう少ししっかり歴史の勉強をしたほうがよさそうね。
共子　：でも私、修学旅行では⑨奈良の大仏を見てきたし、大河ドラマも欠かさず見ているよ。去年も［　⑩　］が関ヶ原の戦いや大坂の陣で勝利した以外のことを知ることができて、とても面白かった。私、⑪戦国時代が特に好きなんだ。
母　　：最近は、「平成レトロ」なんて言葉があるくらいだから、共子にとっては全部教科書の中の話だよね。そうそう、共子が生まれた⑫平成も色々あったんだよ。調べてごらん。

問１　下線部①に関して、2024年に夏季オリンピックが開催される都市を答えなさい。

問２　下線部②に関して、普通選挙とは一般的にどのような制度ですか。以下の語句を用いて簡潔に説明しなさい。

【納税額・選挙権・年齢（ねんれい）】

問３　空らん［　③　］にあてはまる語句を**漢字**で答えなさい。

問４　下線部④に関して、大正時代のできごととして、正しいものを次から**２つ**選び、記号で答えなさい。

ア　ロシアの皇太子が警察官によって負傷させられた。

イ　シベリア出兵を見越（みこ）した米の買い占（し）めによって、米騒動が起きた。

ウ　株価の大暴落により、世界恐慌が起こった。

エ　関東大震災が起こり、東京や横浜に大きな被害をもたらした。

問５　下線部⑤に関して、百人一首の撰者（せんじゃ）ともいわれている藤原定家が編纂（へんさん）した、鎌倉時代の勅撰和歌集（ちょくせんわかしゅう）を何というか、**漢字**で答えなさい。

問６　下線部⑥に関して、ア～エの昭和期に起こったできごとを古い順に並べかえなさい。

ア　米軍が沖縄に上陸し、沖縄戦が始まった。　　イ　五・一五事件で犬養毅が暗殺された。

ウ　サンフランシスコ平和条約が締結（ていけつ）された。　　エ　日韓基本条約が調印された。

問７　下線部⑦に関して、高度経済成長期の社会の様子として、正しいものを次から**２つ**選び、記号で答えなさい。

ア　バブル経済と呼ばれる好景気が続いたのち、不景気が続いた。

イ　東京オリンピックにともなって、東海道新幹線が営業を開始した。

ウ　アイスクリームやカレーなどの洋食が日本に入ってきた。

エ　三種の神器と呼ばれる家電が急速に普及（ふきゅう）した。

問８　空らん［　⑧　］にあてはまる語句を**漢字**で答えなさい。

問９　下線部⑨に関して、東大寺の大仏を造らせたのは何天皇か、**漢字**で答えなさい。

問10　空らん［　⑩　］には江戸幕府をひらいた人物が入ります。この人物を**漢字**で答えなさい。

問11　下線部⑪に関して、武田信玄が治めていた甲斐国は、現在の何県か、**漢字**で答えなさい。

問12　下線部⑫に関して、平成時代のできごととして**誤っているもの**を次から１つ選び、記号で答えなさい。

ア　宮沢内閣のもとで、ＰＫＯ協力法が公布された。

イ　村山内閣の時に、阪神・淡路大震災が起こった。

ウ　55年体制が崩壊（ほうかい）し、細川内閣から不安定な連立政権が続いた。

エ　第４次中東戦争を機に第１次石油危機（オイルショック）が起きた。

オ　東西ドイツが統一された。

2　次の文章を読んで、後の各問いに答えなさい。

> 2023年５月、①広島市で主要国首脳会議、通称（つうしょう）「サミット」が開催（かいさい）されました。主要国首脳会議は、主要７か国（Ｇ７）と②１つの国家連合から構成される国際会議で、毎年１回定期的に開催されています。そこでは、経済・エネルギー・発展途上国への援助（えんじょ）・テロリズム・地球環境問題など、国際的な問題について話し合ってきました。1997年からは［　③　］が正式参加し８か国（Ｇ８）となりましたが、2014年のクリミア併合（へいごう）をきっかけに［　③　］は参加停止となりました。日本での開催年と開催地は、次の表１のとおりで、2000年の名護市での開催が東京以外での初めての開催となりました。

表１

年	開催地	備考
1979	東　　京	
1986	東　　京	
1993	東　　京	
2000	名　護　市	通称「九州・沖縄サミット」
2008	④洞爺湖町	通称「北海道・洞爺湖サミット」、Ｇ８サミット
2016	⑤志　摩　市	通称「伊勢志摩サミット」
2023	広　島　市	通称「広島サミット」

問１　下線部①に関して、この会議に出席した主要７か国の首脳として、**誤っているもの**を次から１つ選び、記号で答えなさい。

ア　マクロン大統領　　　イ　スナク首相

ウ　ゼレンスキー大統領　　エ　バイデン大統領

問２　下線部②に関して、サミットに参加しているのは、ヨーロッパの国々の国家連合です。その略称として、正しいものを次から１つ選び、記号で答えなさい。

ア　ＡＳＥＡＮ　　イ　ＴＰＰ　　ウ　ＡＰＥＣ　　エ　ＥＵ

問３　空らん［　③　］にあてはまる語句を答えなさい。

問４　下線部④に関して、洞爺湖町にある洞爺湖はカルデラ湖です。同じカルデラ湖として、**あてはまらないもの**を次から１つ選び、記号で答えなさい。

ア　田沢湖　　イ　十和田湖　　ウ　浜名湖

問5　下線部⑤に関して、後の図1は志摩市付近の地形図です。これを見て、以下の各問いに答えなさい。

⑴　図1の海岸の地形とは異なる成り立ちの地形がみられる地域として、正しいものを次から1つ選び、記号で答えなさい。

ア　若狭湾　　イ　室戸岬　　ウ　三陸海岸

⑵　図1には「真珠養殖場（しんじゅようしょくじょう）」が複数みられます。この地域で真珠の養殖が盛（さか）んな理由を簡潔に説明しなさい。

⑶　図1の丸印の地図記号の名前を答えなさい。

（国土地理院「地理院地図」より作成・一部編集）

図1

問６　次の図２のＡ～Ｃは、表１の名護市、志摩市（数値は隣接（りんせつ）する鳥羽市のもの）、広島市のいずれかの気温と降水量を示したものです。Ａ～Ｃと都市名の組み合わせとして、正しいものを後のア～カから１つ選び、記号で答えなさい。

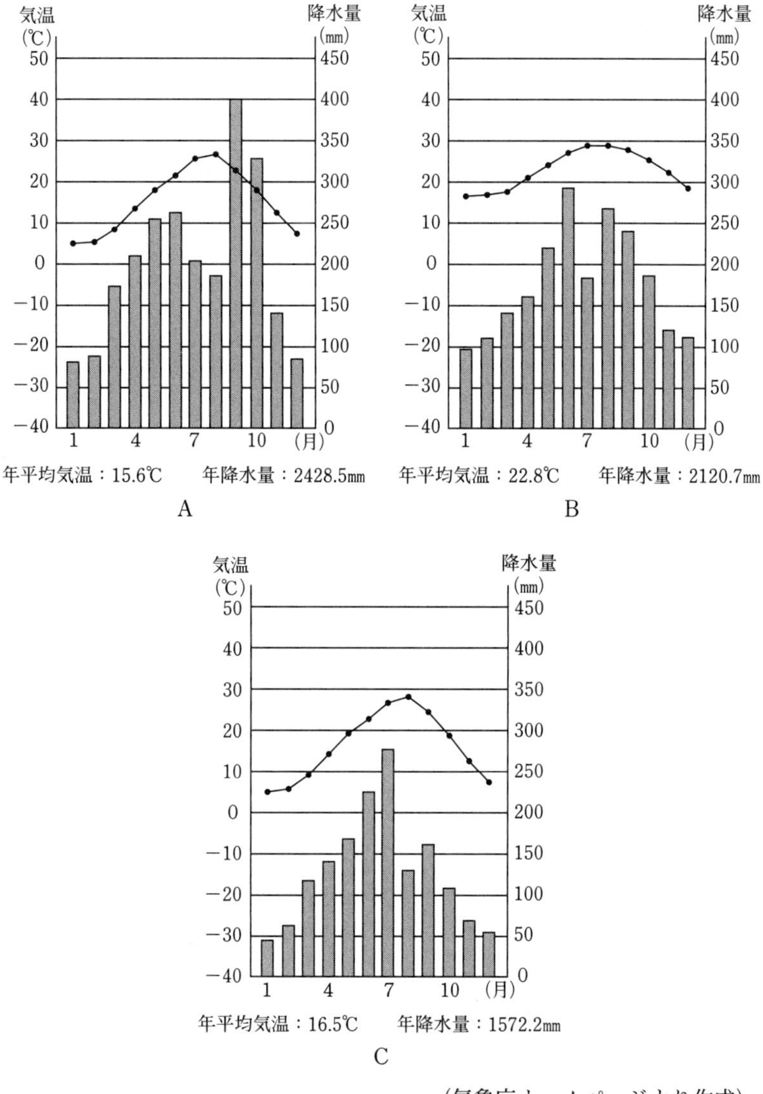

（気象庁ホームページより作成）

図２

ア　［Ａ：名護市　　Ｂ：志摩市　　Ｃ：広島市］
イ　［Ａ：名護市　　Ｂ：広島市　　Ｃ：志摩市］
ウ　［Ａ：志摩市　　Ｂ：名護市　　Ｃ：広島市］
エ　［Ａ：志摩市　　Ｂ：広島市　　Ｃ：名護市］
オ　［Ａ：広島市　　Ｂ：名護市　　Ｃ：志摩市］
カ　［Ａ：広島市　　Ｂ：志摩市　　Ｃ：名護市］

3　次の会話文を読んで、後の各問いに答えなさい。

共子：ねえ、世界三大料理って知っている？
立子：知ってるよ。フランス料理、中華料理、日本料理でしょ？
共子：残念！　日本料理ではなくてトルコ料理でした。
立子：①トルコ？　へー意外。
共子：私もちょっと意外に思ったんだけど、インターネットで調べると出てきたの！　オリーブオイルを使って、トマトやなす、羊の肉、そしてヨーグルトとかんきつ類で味付けをするらしいの。ケバブっていうのが有名なんだって。
立子：羊の肉？　珍(めずら)しいね。私は食べたことないな。それにヨーグルトを料理に使うというのは意外だなあ。
共子：②豚肉にしないのは、宗教上の理由かららしいよ。ところで、中華料理は豚肉が中心だけど、最近は［　③　］肉も使われるようになってきたみたいね。
中華料理発祥(はっしょう)の地である中国では、④大豆の輸入量も多くなってきているの。大豆は油をしぼって、残りは豚や［　③　］の飼料になるから。
立子：文化的背景が違(ちが)えば、食べる肉の種類も違うってことかあ。
共子：そう、だからフランス料理はバターを使うことが多いわけ。フランスの国民一人当たりのバターの消費量は１年で日本の10倍以上というデータがあるよ。だいたい８～９kg。
立子：えっ、そういえばクロワッサンにもたっぷりとバターが入っているね。
共子：フランスでは［　③　］の飼育が中心でお肉もおいしいし、パンもおいしいよね。
立子：ところで日本はどうなの？
共子：日本の和食が2013年にユネスコの［　⑤　］に登録されてからは、世界でも人気が出てきているみたい。
立子：一昨年の２月からロシアがウクライナに軍事侵攻(しんこう)をしていることで、世界の食料の輸送と価格が不安定になっているじゃない。世界のどこにいても満足においしく食事ができるような平和な世界になってほしいものね。

問1　下線部①に関して、トルコの位置として正しいものを次の図1のア～ウから1つ選び、記号で答えなさい。

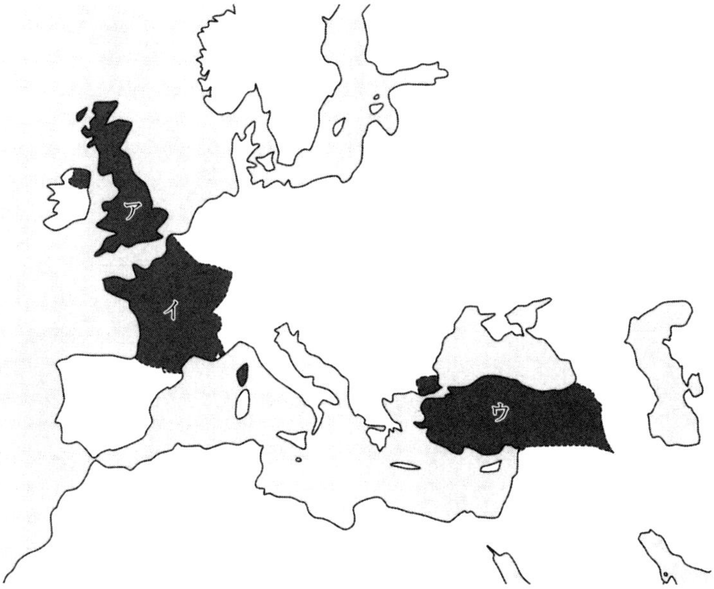

(周辺の島の一部は省略しています)

図1

問2　下線部②に関して、宗教上の理由から豚肉を食べないのは、どの宗教を信仰する人々か、正しいものを次から1つ選び記号で答えなさい。

ア　イスラム教　　イ　キリスト教　　ウ　儒教

問3　空らん[　③　]にあてはまる動物を、**漢字1字**で答えなさい。

問4　下線部④に関して、大豆の世界的な生産国として**誤っている国**を1つ選び、記号で答えなさい。

ア　アメリカ合衆国　　イ　ブラジル　　ウ　日本　　エ　アルゼンチン

問5　空らん[　⑤　]にあてはまる語句として、正しいものを次から1つ選び、記号で答えなさい。

ア　産業遺産　　イ　自然遺産　　ウ　文化遺産　　エ　無形文化遺産

4　次の文章を読んで、後の各問いに答えなさい。

全ての権力を特定の人や機関が独占(どくせん)すると、権力が濫用(らんよう)されて、国民の基本的人権が侵害(しんがい)される可能性があるため、①政治権力を立法、行政、司法の3つに分散し、それぞれを別の機関が受け持つことで、②お互(たが)いの抑制(よくせい)と均衡(きんこう)を図(はか)るしくみが考え出された。

法律を制定するのは③国会の仕事であるが、法律案は国会議員または④内閣が提出できる。日本国憲法第41条には、「国会は、⑤国権の最高機関であって、国の[　⑥　]の立法機関である。」と規定されている。しかし、実際に制定される法律は、国会議員が立案して提出する法案よりも、内閣が立案して提出する法案の方が数が多く、重要な場合が多い。

問1　下線部①に関して、この考え方を著書『法の精神』で主張したフランスの思想家を答えなさい。

問２　下線部②に関して、図１の矢印は、それぞれの機関が他の機関に対して抑制と均衡を図る権限を示したものです。図１のＡ・Ｂにあてはまるものとして、正しいものを後から１つずつ選び、記号で答えなさい。

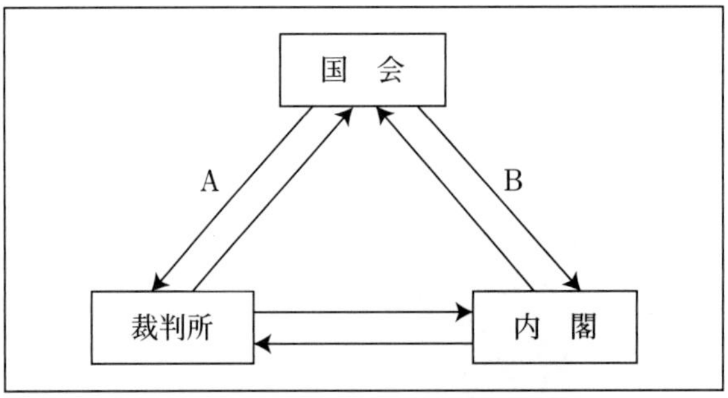

図１

ア　弾劾裁判所の設置　　イ　法律の違憲審査

ウ　内閣不信任の決議　　エ　最高裁判所の長官の指名

問３　下線部③に関して、国会の種類の１つである臨時国会（臨時会）について述べた文として、正しいものを次から１つ選び、記号で答えなさい。

ア　内閣が必要と認めた時、または、いずれかの議院の総議員の４分の１以上の要求があった時に開かれる。

イ　衆議院の解散による総選挙後、30日以内に開かれる。

ウ　次年度の予算の議決を主な目的として、150日間を会期として開かれる。

エ　法律案の内容に関して、専門家やその法律に影響（えいきょう）を受ける可能性のある人から意見を聞くために開かれる。

問４　下線部④に関して、内閣の仕事として**誤っているもの**を次から１つ選び、記号で答えなさい。

ア　政令を制定する。　　イ　天皇の国事行為に助言と承認（しょうにん）を与（あた）える。

ウ　条約を結び外交関係を処理する。　　エ　憲法改正を発議する。

問５　下線部⑤に関して、国会が国権の最高機関であると位置づけられている理由を、日本国憲法の三大原則の１つと関連させながら、簡潔に説明しなさい。

問６　空らん［　⑥　］にあてはまる語句を**漢字２字**で答えなさい。

恵泉女学園中学校(第２回)

—30分—

1　次の恵泉女学園高等学校の卒業生２人の会話文を読んで、問いに答えなさい。

恵　子：いずみは恵泉の行事の中で何が一番印象に残ってる？

いずみ：なんといってもA「ヒロシマ平和の旅」ね。わたし途中でみんなとはぐれちゃったりしたから…。そういえば広島ではサミットが開かれていたわね。

恵　子：そうそう、アメリカ・カナダ・(　①　)・ドイツ・フランス・イタリアの代表者などがやってきて、B広島で話し合いをしたのよね。今までだと東京、九州・沖縄、北海道、伊勢・志摩で開催されてきたけど、今回はなぜ広島が選ばれたの？

いずみ：ロシアがウクライナへ侵攻して核兵器の使用をほのめかす中で、被爆地である広島で会議を開いて平和のメッセージを発信することが大事なんじゃないかと考えられたの。

恵　子：そうだったんだ。広島というと最初に原爆ドームのことが思い浮かぶけど、他にどんな有名なものがあるのかな？

いずみ：観光でいえば厳島神社や広島城があるし、わたしはお好み焼きともみじ饅頭が大好き！それから工業では、広島を含むC瀬戸内工業地域は、関東南部から九州北部に帯のように広がっている(　②　)の一角になっているね。魚介類でいったらなんといっても(　③　)で、D漁獲量が日本一なの。豊かなE森林の栄養が溶け込んだ太田川が流れ込んだ広島湾には(　③　)を育てるための筏がたくさん浮いているのよ。果物ではF気候の特徴を生かした(　④　)の栽培をしていて、これも収穫量が日本一。また、悲しい出来事としては、2018年７月には豪雨によって多くの人が亡くなったことがニュースになっていたなあ。G災害の記憶を風化させず、次世代へ伝えていくため、広島市ではこの災害の記録をホームページ上に載せているんだよ。

恵　子：広島にはいろいろなものがあるんだね。行ってみたくなってきた！今度一緒に行かない？

いずみ：今の時期は名産のお茶の収穫を手伝わなければいけないから、忙しくて行けないけど、いつかぜひ行きたいな。新幹線を使えば乗り換え無しでも行けるしね。

恵　子：そうそう、それに広島に行くなら、うちにも遊びに来てよ。世界遺産もあるし、かつてギネスにも認定された世界最大級の吊り橋を渡って県内最大の島をめぐるのもいいね。その島ではたまねぎの生産が盛んだから、きっとおいしいたまねぎ料理も食べられるよ。

いずみ：そうね。恵子もぜひうちに来てね。畜産がとても盛んなところだから、飼育頭数が日本一の豚をはじめ、牛や鶏のお肉が食べられるよ。ピーマンも有名だし、秋に来てくれれば焼き芋やスイートポテトもふるまっちゃうわ。

(1)　(　①　)に当てはまる国名を答えなさい。また、(　①　)に関する説明として正しいものを一つ選び、記号で答えなさい。

ア　ヨーロッパ連合に加盟している。　　イ　大統領が国の代表者として政治をまとめている。

ウ　０度の経線が通っている。　　エ　通貨はユーロを使用している。

(2)　(　②　)・(　③　)に当てはまる語句を答えなさい。

(3)　(　④　)に当てはまる果物として正しいものを一つ選び、記号で答えなさい。

ア　みかん　　イ　レモン　　ウ　マンゴー　　エ　さくらんぼ

⑷　広島市の中心部は太田川が運んできた土砂が河口付近に堆積（たいせき）することによってできた地形が広がっています。このような地形を何といいますか、漢字で答えなさい。

⑸　恵子さんが現在住んでいる都道府県に隣接（りんせつ）している都道府県に関して述べた文として誤っているものを一つ選び、記号で答えなさい。

ア　日本三景の一つがある。

イ　国際空港がある。

ウ　シジミの漁獲量が日本一の都道府県がある。

エ　砂丘を利用したらっきょう栽培が盛んな都道府県がある。

⑹　いずみさんが現在住んでいる都道府県として正しいものを一つ選び、記号で答えなさい。なお、各都道府県の縮尺は異なります。また、方位も正しいとは限りません。

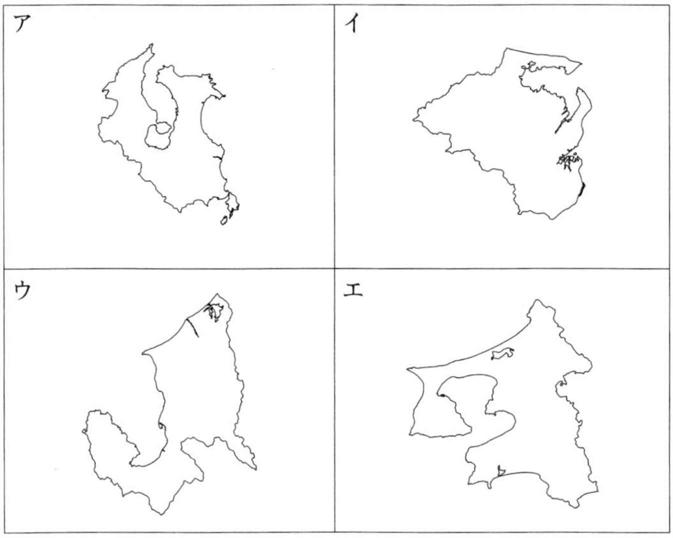

⑺　下線部Aについて、問いに答えなさい。

いずみさんは「ヒロシマ平和の旅」の途中（とちゅう）、駅でみんなとはぐれてしまい、道をたずねながらみんなが待ってくれていた原爆ドームに向かいました。

いずみさんがみんなとはぐれた駅はどこですか、次のいずみさんの回想をもとに、ア～エから正しいものを一つ選び、記号で答えなさい。なお、あとの地図は一部加工しています。

> 「ヒロシマ平和の旅」では途中でみんなとはぐれちゃって大変だったのよね…。駅の近くに交番があって助かったー。お巡（まわ）りさんに「あの郵便局を左手に見てまっすぐ行き、橋を渡（わた）りなさい。」って教えてもらったんだっけ。途中お寺や神社があって、学校も見えたわ。近づいてきたところでまたわからなくなっちゃって、再度交番で道を聞いたのよね。そうしたらお巡りさんが「ああ、今来た道を背にして、あそこの交差点を左に曲がってまっすぐ行ったら着くよ。」って教えてくれたんだったわ。みんなと無事合流できた時には嬉（うれ）しくって涙（なみだ）が出ちゃった！

ア　高須駅　　イ　西広島駅　　ウ　横川駅　　エ　広島駅

広島駅
横川駅
西広島駅
高須駅
原爆ドーム
西区
中央公園

(8)　下線部Ｂについて、次の表中Ⅰ～Ⅳは、サミットが開催(かいさい)された県のうち、広島・宮崎・三重・福岡のいずれかを示しています。Ⅰ～Ⅳの県について述べた文として正しいものをア～エから一つ選び、記号で答えなさい。

	人口（万人）2021年	県民１人あたりの所得（万円）2019年	県内総生産（億円）2018年	農業産出額（億円）2020年	乗用車の保有台数（十万台）2021年
Ⅰ	512	283.8	198,080	1,977	26.46
Ⅱ	281	315.3	117,137	1,190	14.74
Ⅲ	180	298.9	84,114	1,043	11.68
Ⅳ	109	242.6	37,402	3,348	6.85

（地理統計要覧2023年版などより作成）

ア　人口の多い県ほど県民１人あたりの所得が多い。

イ　県内総生産に占める農業産出額が最も少ない県が、県民１人あたりの所得が四県の中で最も高い。

ウ　１人あたりの県内総生産が四県の中で最も多い県はⅡである。

エ　四県とも１人あたりの乗用車の保有台数は0.5台を上回っている。

(9)　下線部Ｃについて、次のア～エは京葉・瀬戸内・京浜・中京のいずれかの工業地域・工業地帯の製造品出荷額とその構成を示しています。瀬戸内工業地域に当てはまるものを選び、記号で答えなさい。

製造品出荷額の構成（2019年）

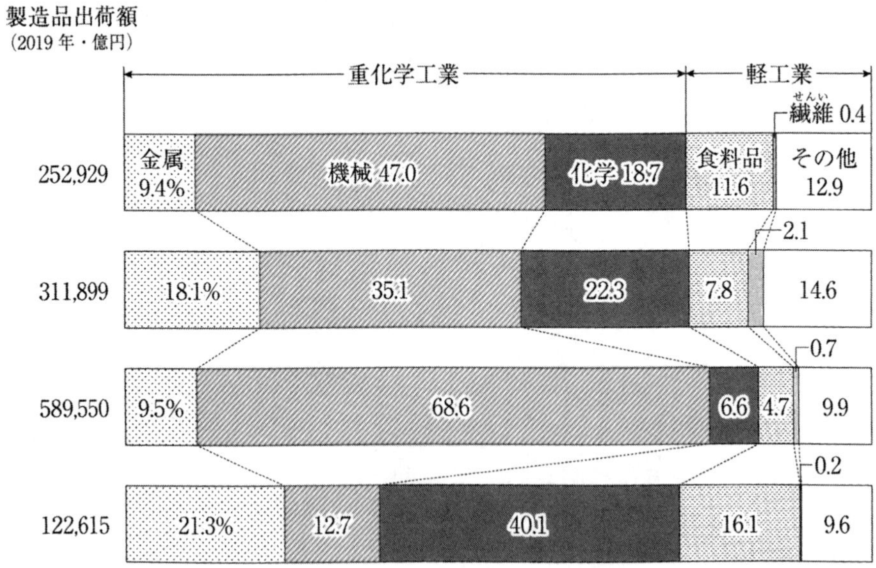

（日本国勢図会 2022/2023より作成）

⑽　下線部Ｄについて、次のグラフ中のⅠ～Ⅳについて述べた文として正しいものをア～エから一つ選び、記号で答えなさい。

日本の漁業種類別生産量の推移

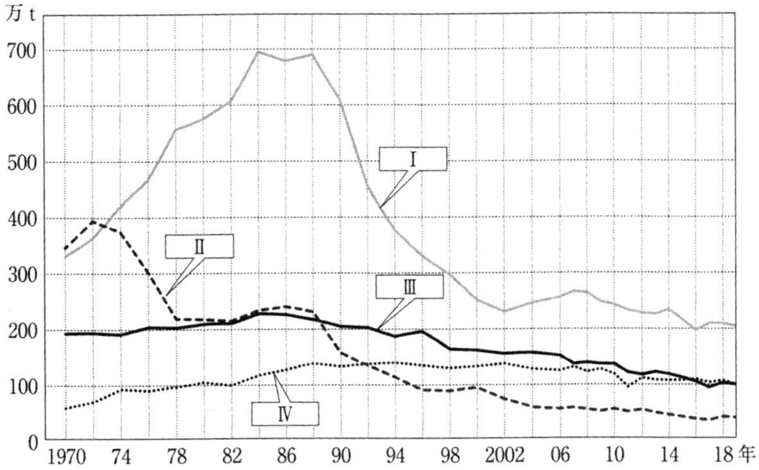

（農林水産省資料などより作成）

ア　Ⅰでは日本近海や排他的経済水域内で、主にイワシやサンマなどを獲っている。

イ　Ⅱではホタテや海苔などを大きく成長するまで生簀などで育て、獲っている。

ウ　Ⅲは日本から遠く離れた海で行われ、主にマグロやカツオなどを獲っている。

エ　Ⅳは主に海岸から見える範囲で操業し、底びき網などを使って魚介類を獲っている。

⑾　下線部Ｅについて、日本の森林・林業に関して述べた文として正しいものを一つ選び、記号で答えなさい。

ア　輸入木材よりも国産木材の使用量の方が多い。

イ　国土に占める森林の割合は、全体の３分の２ほどである。

ウ　林業に就業する人の数は年々増加している。

エ　ウッドショックにより、近年木材価格が大幅に下落している。

⑿　下線部Ｆについて、次の雨温図のうち広島を示したものを選び、記号で答えなさい。

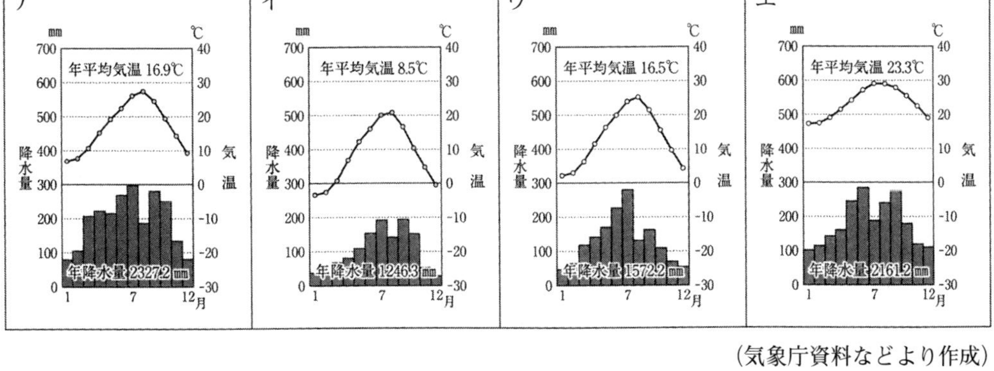

（気象庁資料などより作成）

⒀　下線部Ｇについて、いずみさんはインターネット上で自然災害伝承碑(ひ)の分布を確認していたところ、操作を誤って日本列島の地図を消してしまいました。次の図は、津波(つなみ)・高潮・土砂災害・火山災害のいずれかについて記載(きさい)された自然災害伝承碑の分布を示したものです。土砂災害について記載された自然災害伝承碑の分布を示した図をア～エから選び、記号で答えなさい。

なお、図は九州（南西諸島を除く）を南限、東北地方南部を北限としています。

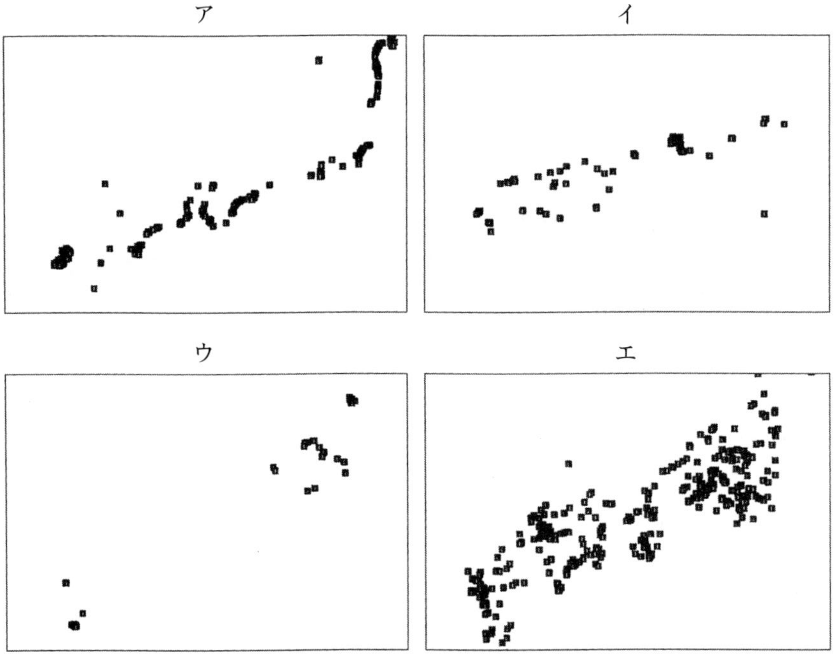

（地理院地図（電子国土 Web）より作成）

2　日本のお金の歴史をまとめた次の年表について、問いに答えなさい。

時代	年号		主な出来事
縄文			貨幣(かへい)はまだなく、人々は物々交換(こうかん)を行う
弥生			
古墳			
飛鳥			米・布・塩などが貨幣のような役割を果たす
			A天武天皇によって「富本銭」が鋳造(ちゅうぞう)される
	B708年	↑	元明天皇によって「和同開珎」が鋳造される
奈良			
		C	
平安			
	958年	↓↑	村上天皇によって「乾元大宝」が鋳造される
鎌倉			
		D	
室町			
安土・桃山			
		↓	E豊臣秀吉によって「天正大判」などが鋳造される
江戸			(①)によって統一貨幣の鋳造が始まる
			(②)によって「寛永通宝」が鋳造される
			(③)が「寛永通宝」以外の銭を使用禁止にする
明治			F貨幣の基本単位を「円」とする
	1882年		日本の中央銀行※として「日本銀行」が設立される
大正			
昭和	1930年	↑	「百円紙幣」にG聖徳太子(厩戸王)が描(えが)かれる
		H	
	I1946年		経済混乱に対応するために新紙幣への切り替(か)えなどを行う
	1950年	↓	新紙幣切り替え後、初の千円札が発行される
平成	2001年		交通系電子マネー「Suica」が登場する
令和	2019年		J政府は2024年度の上半期をめどに紙幣のデザイン変更(へんこう)を発表する
	2024年		７月頃、20年ぶりにK新紙幣が発行される

※中央銀行…紙幣発行権などの機能を持つ、政府の銀行のこと。

(1)　下線部Aについて、この人物の説明として正しいものを一つ選び、記号で答えなさい。

ア　壬申の乱に勝利して天皇となり、律令国家の土台をつくった。

イ　中臣鎌足と協力して蘇我氏をたおし、天皇中心の国づくりをめざして改革を行った。

ウ　天皇になる前は中大兄皇子といわれ、仏教を広めるため国ごとに国分寺を建てた。

エ　家柄(いえがら)に関係なく、能力や功績によって政治を行う役人を取り立てた。

(2)　下線部Ｂについて、この時の都の名称を漢字で答えなさい。また、その都があった場所を右の地図中から一つ選び、記号で答えなさい。

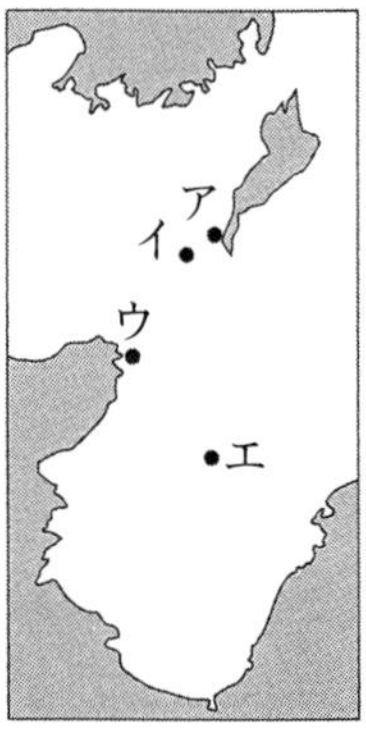

(3)　Ｃの間に起こった出来事として正しいものの組み合わせを一つ選び、記号で答えなさい。

1	小野妹子が遣隋使として派遣された。
2	『古事記』、『日本書紀』が成立した。
3	仏教や漢字が大陸から日本に伝わった。
4	行基の協力によって東大寺の大仏がつくられた。

ア　1と2　　イ　1と3　　ウ　1と4　　エ　2と3　　オ　2と4　　カ　3と4

(4)　Ｄについて、問いに答えなさい。

(i)　次の資料はこの間に起こったある戦いを描いています。この戦いの相手国はどこですか、漢字一字で答えなさい。

(ii)　(i)との戦いでは、恩賞(ほうび)をもらえなかった武士が多くいたとされています。幕府が武士たちへ恩賞を与えられなかった理由を説明しなさい。

(iii)　Ｄの時期に行われたこととして誤っているものを一つ選び、記号で答えなさい。

ア　中国から輸入された貨幣が、日本の通貨として使用されていた。

イ　堺や長崎などを拠点に南蛮貿易が行われ、主に生糸などを輸入していた。

ウ　安土城の城下町では、市場の税がかからず誰でも自由な商売が認められていた。

エ　大阪は「天下の台所」と呼ばれ、全国から年貢米が集められていた。

(5)　下線部Ｅの人物に関する文として当てはまらないものを一つ選び、記号で答えなさい。

ア　朝鮮に大軍を送るための拠点として、佐賀県に名護屋城を築いた。

イ　田畑のよしあし、広さ、収穫できる米の量、耕作人を記載した検地帳をつくらせた。

ウ　百姓たちから刀や鉄砲などの武器を取り上げて、反抗できないようにした。

エ　キリスト教を保護し、京都に教会堂である南蛮寺の建築を許可した。

(6)　（ ① ）～（ ③ ）には、江戸幕府の将軍名が入ります。それぞれの将軍の説明として正しい組み合わせを一つ選び、記号で答えなさい。

a…生き物を保護し、殺傷してはならないという内容の法令を発布した。 b…約12万人の幕府軍を送り、九州で起こった島原・天草一揆をしずめた。 c…大阪夏の陣の翌年に亡くなり、日光東照宮にまつられた。

ア　①－a　②－b　③－c　　イ　①－b　②－c　③－a
ウ　①－a　②－c　③－b　　エ　①－b　②－a　③－c
オ　①－c　②－a　③－b　　カ　①－c　②－b　③－a

(7)　下線部Fに関連して、日本初の銀行の設立や500以上の会社設立に関わり、近代日本の経済の基礎を築いたのは誰ですか、漢字で答えなさい。

(8)　下線部Gが建てた、現存する世界最古の木造建築を上空から見たとき、その配置として正しいものを凡例を参考に一つ選び、記号で答えなさい。

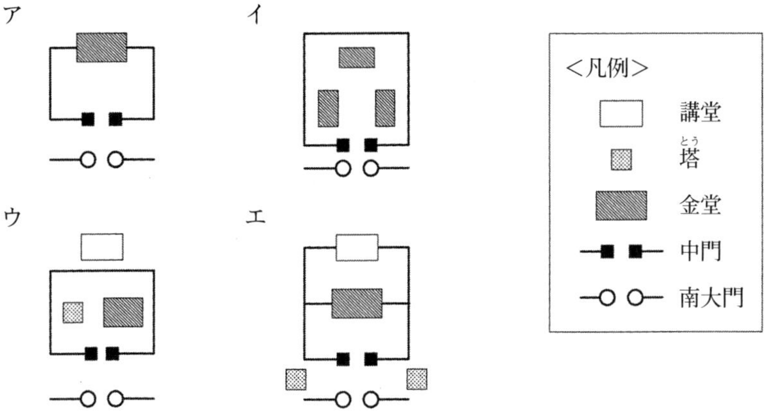

(9)　次のア～オはHの間に日本や世界で起こった出来事です。この出来事を古い順に並べ替え、記号で答えなさい。

ア　日本各地で空襲が始まる。　　イ　日本国憲法が公布される。
ウ　満州事変が起こる。　　エ　日本が国際連盟を脱退する。
オ　日中戦争が起こる。

(10)　下線部Ｉから10年後の日本や世界のようすに当てはまるものを一つ選び、記号で答えなさい。

ア　日本はサンフランシスコ平和条約に調印した。その一方で、招待されない国やこの条約に調印しない国もあった。

イ　日本の国民総生産額がアメリカについで世界第二位となった。国民の生活も豊かになり、自動車、クーラー、カラーテレビが普及した。

ウ　日本では、土地などの価格が本来よりも急激に高くなるバブル経済となった。その後バブルが崩壊し、不景気が長く続いた。

エ　日本はソ連と国交を回復した。また、戦後発足していた国際連合への加盟が認められ、国際社会に復帰した。

(11)　下線部Ｊについて、次の写真は現在政府が発行している10円硬貨です。このデザインに使われている建築物がつくられた時代に起こった出来事として正しいものを一つ選び、記号で答えなさい。ただし、正しいものがない場合は、「オ」と解答すること。

(造幣局ホームページより)

ア　賀茂祭や曲水の宴、端午の節句などの年中行事が整備され、盛んに行われた。

イ　朱印船貿易が盛んに行われ、東南アジア各地に日本町がつくられた。

ウ　将軍のあとつぎ問題などから応仁の乱が起こり、京都が焼け野原となった。

エ　違い棚や付書院などがあり、障子やふすまで仕切った書院造の部屋がつくられた。

⑿　下線部Kについて、資料Ⅰ～Ⅲに関する問いに答えなさい。

[資料Ⅰ：現在の紙幣]

[資料Ⅱ：新紙幣]

[資料Ⅲ：新紙幣]

(資料Ⅰ：国立印刷局ホームページより)
(資料Ⅱ・Ⅲ：財務省ホームページより)

(ⅰ)　資料Ⅰ・Ⅱについて、Ⅱでは金額が算用数字で中央に大きく印字されています。なぜこのように変更されたのか、そのねらいを説明しなさい。

(ⅱ)　資料Ⅲに描かれた絵の作者名と、その時代のようすの組み合わせとして正しいものを一つ選び、記号で答えなさい。

1	葛飾北斎
2	歌川広重
3	近松門左衛門が歌舞伎や人形浄瑠璃の脚本を書き、人々に親しまれた。
4	雪舟が中国から伝えられた水墨画を大成し、絵師たちに影響を与えた。

ア　1と3　　イ　1と4　　ウ　2と3　　エ　2と4

(ⅲ)　資料Ⅲに描かれた絵が、当時流行した理由として当てはまらないものを一つ選び、記号で答えなさい。

ア　多色刷りの版画だったので、大量に刷ることができたから。

イ　商人らが資金を出し合い、寺子屋で絵師を育成していたから。

ウ　一枚の値段が安かったため、人々が手軽に買うことができたから。

エ　江戸からふるさとへのみやげとして買い求められたから。

3　次の文章は、日本の内閣総理大臣の日記である。これを読んで問いに答えなさい。ただし、この日記は試験問題用に創作したものである。

10月10日（火）
世界で恐ろしい感染症が流行している。このワクチンを早く入手せねばならない。このワクチンを持っているのはＸ国である。Ｘ国から買うしかないが…。うまくいくかな。

10月17日（火）
現在のＸ国の通貨「ドル」と、わが国の通貨「円」の交換比率は「１ドル＝200円」。このワクチンは１人分が10ドル。国民5000人分を確保するとなると、［　Ⅰ　］円必要だ。資金はあるのか、財務大臣に聞いてみよう。

10月21日（土）
財務大臣はまゆをひそめていたな…。すぐには準備できないらしい。内閣で話し合ってよいアイディアが出ればよいのだが。

10月25日（水）
財務大臣は、今すぐ用意できるお金は750万円しかないという。するとかなり不足する。
うーん…。

11月１日（水）
中央銀行のトップがこんなことを言ってきた。「円とドルの交換比率を操作しましょう」と。つまり、今の交換比率が「１ドル＝200円」だが、それを「１ドル＝［　Ⅱ　］円」に変えてしまえば、国民5000人分のワクチンが用意できるというのだ。それは確かによい案だが、いったいどうすれば。

11月２日（木）
秘密のうちに進めてきたはずが、野党議員に漏れてしまった。次の政権を狙っている者たちだ。
「交換比率を操作するとはとんでもない。国民の生活がめちゃくちゃになる」と言うのだ。
「めちゃくちゃ」ってずいぶんだ。そんな言い方しなくてもいいのに…。

11月８日（水）
「めちゃくちゃ」という言葉が心に刺さった。家族はどう思うかメールで聞いてみた。するとこんな返信があった。「１ドル＝［　Ⅱ　］円になったら、確かにいますぐにワクチンは買えるけど、［　　　Ⅲ　　　］」

11月14日（火）
$_{\mathrm{A}}$国会で、私を辞めさせようとする動きがあるようだ。さらに、街では$_{\mathrm{B}}$政府を批判する集会までも開かれたようだ。まあ、憲法で認められている権利だからな…。

(1)　［　Ⅰ　］・［　Ⅱ　］に当てはまる数字の組み合わせとして正しいものを一つ選び、記号で答えなさい。

ア	Ⅰ：1,000,000	Ⅱ：250	イ	Ⅰ：1,000,000	Ⅱ：150
ウ	Ⅰ：1,250,000	Ⅱ：250	エ	Ⅰ：1,250,000	Ⅱ：150
オ	Ⅰ：10,000,000	Ⅱ：250	カ	Ⅰ：10,000,000	Ⅱ：150
キ	Ⅰ：12,500,000	Ⅱ：250	ク	Ⅰ：12,500,000	Ⅱ：150

(2)　［　Ⅲ　］には、家族からの返信が入ります。その内容として正しいものを一つ選び、記号で答えなさい。

ア　Ｘ国に旅行に行きたい人にとっては不利よね。だって旅行代が高くなるんじゃない？　別に感染症が流行っていたって行きたい人は行きたいもの。

イ　友達なくすよ。だって友達は、X国に車や機械を輸出している方ばかりでしょう？　今までと同じだけ輸出していたら不利になるよね。

ウ　友達のみっちゃんは怒るだろうなあ…。彼女、X国からアクセサリーを買いつけて売っているのよ。今までと同じだけ買いつけていたら不利になるんじゃない？

エ　バイト仲間の彼、X国にいる家族に仕送りしているの。彼は不利になるわ。だって働く時間は同じなのに、家族が受け取るお金が減ってしまうもの。

(3) 下線部Aについて、誤っているものを一つ選び、記号で答えなさい。

ア　衆議院は参議院とは異なり、任期の途中で選挙を行うことができる。

イ　国民に憲法改正を提案することができるのは、衆議院のみである。

ウ　内閣総理大臣は、国会議員によって国会議員の中から選ばれる。

エ　国会には、裁判官を辞めさせるかどうか判断する裁判所がある。

(4) 下線部Bについて、この自由と同じ種類の自由として正しいものを一つ選び、記号で答えなさい。

ア　自分がつきたい職業を選ぶこと

イ　自分が住みたいところに住むこと

ウ　自分で書きたい小説を書いて出版すること

エ　自分で働いて税金を納めること

(5) この日記は11月14日(火)で終わっています。このあと、内閣総理大臣のもとにたくさんのメールが送られてきました。その中の一通が次の花子さんからのメールです。あなたが花子さんなら　①　・　②　にどのような文を入れますか、考えて答えなさい。

花子さんからのメール

宛先　　　内閣総理大臣様
差出人　　田中花子
件名　　　ワクチン接種について
・・・・・・・・・・・・・・・・・・・・・・・・・・・・・・・・
お願いがあります。
ワクチンはあくまでも、打ちたいと思う人が打つようにしてください。

なぜならば

①

つまり

②

よろしくおねがいします。

返信

光塩女子学院中等科(第２回)

—30分—

◆　次の文章を読んで、以下の問いに答えなさい。

日本の人口減少に歯止めがかかりません。世界全体では人口は増え続けており、2022年に1世界人口は(　　)人をこえたと推計されました。その一方で、2人口増加率は下がってきています。ちなみに3国連は、人口が長い間世界最大だった4中国をぬいて2023年に(　5　)が首位になるとの見通しを発表しました。

日本の歴史では、大きな人口変動が何度かくり返されています。すべての時代を正確にとらえるのは困難ですが、6紀元前2400年ころまでに人口が約26万人に増え、その後しだいに約７万５千人まで減ったと考えられています。これが１回目の変動です。奈良時代に約600万人まで人口が増加しますが、7次の(　　)時代には約500万人まで減少しました。これが２回目の変動です。そして8室町時代から江戸時代末期までの期間、なかでも江戸時代には人口が約3200万人まで拡大したようですが、順調に増え続けたわけではなく、9停滞した時期もありました。これが３回目の変動です。

現在は、10江戸時代末期から明治維新にかけて始まった４回目の変動期にあります。11総務省は、2008年に１億2808万人に達した日本の人口が122070年にはその当時よりも(　　)8700万人になると予測しています。

このような人口の変動はなぜ起こるのでしょうか。一般に、人口が増える時期には13食べ物やエネルギー資源を手に入れようとする人間の活動に変化が見られる傾向があります。反対に、人口が減る要因としては14自然災害や15感染症等の流行などが挙げられます。さらに現在の日本の急速な人口減少は、16価値観の多様化に対策が追いついていない点にも原因がある、と指摘されています。国連人口基金の事務局長は、「問題は、人口が多すぎる、少なすぎるではなく、希望する人数の子どもを、希望する間かくで産むという17基本的人権をすべての人が行使できているかどうかだ。」と述べています。人口政策は、人権を見すえて取り組むべき18世界的課題なのです。

問１　下線部１について、⑴と⑵に答えなさい。

⑴　空らんに最もあてはまると考えられる数字を一つ選び、記号で答えなさい。

あ　60000000　　い　700000000　　う　8000000000　　え　9000000000

⑵　2022年の世界の地域別人口では、東アジアと東南アジアの人口が合わせて約23億人で、世界人口の約30％をしめています。この波線部の内容を、次の帯グラフに表しなさい。

2022年の世界の地域別人口の割合

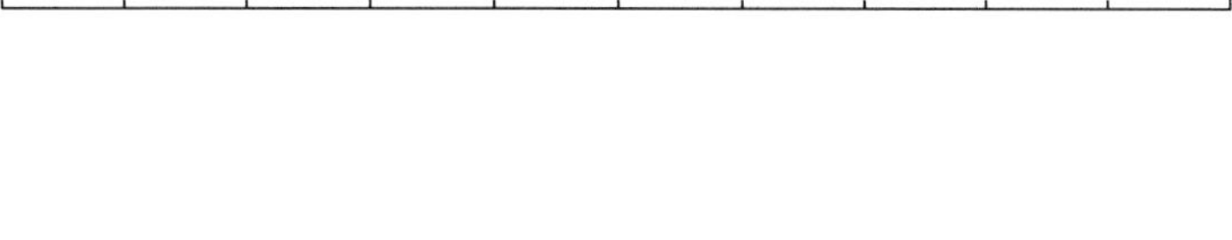

問２　下線部２を最もよく表すものを一つ選び、記号で答えなさい。

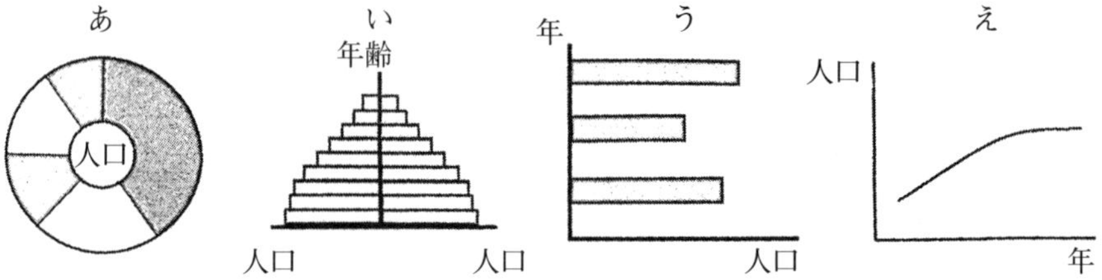

問３　下線部３について、⑴と⑵に答えなさい。

⑴　「国連」の正式名称（めいしょう）を漢字で書きなさい。

⑵　「国連」に関する説明として、最も適するものを一つ選び、記号で答えなさい。

あ　日本は、安全保障理事会の常任理事国である。

い　本部はアメリカのニューヨークにある。

う　日本が加盟したのは、21世紀に入ってからである。

え　国連総会は、全会一致（いっち）でウクライナ侵攻（しんこう）を支持している。

問４　下線部４について、正しく述べたものを一つ選び、記号で答えなさい。

あ　2023年から「一人っ子政策」を始めた。

い　国土の西海岸に大都市が集中している。

う　一党支配の国で、現在のトップは習近平である。

え　日本との北方領土問題が未解決のままである。

問５　空らん５に最も適する国名を答え、その国の場所を以下の地図の中から一つ選び、記号で答えなさい。

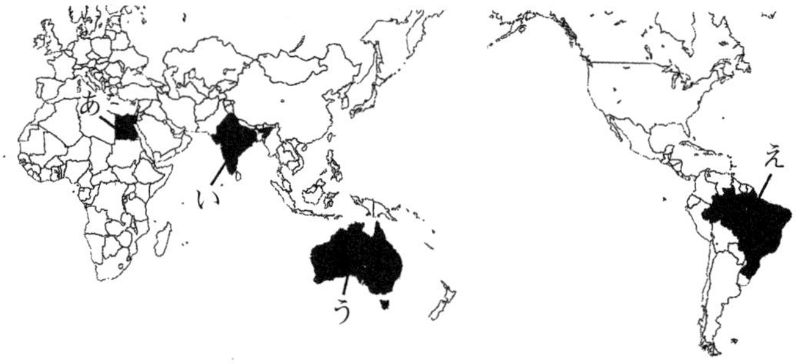

問６　下線部６の時代に最もあてはまるものを一つ選び、記号で答えなさい。

あ　鎌倉時代　　い　縄文時代　　う　古墳時代　　え　令和時代

問７　下線部７について、⑴と⑵に答えなさい。

⑴　空らんに最も適する時代の名称を答えなさい。

⑵　⑴で答えた時代に最もあてはまるできごとを一つ選び、記号で答えなさい。

あ　中国の都にならって平城京がつくられた。

い　壬申（じんしん）の乱の結果、天武天皇が即位（そくい）した。

う　平将門（たいらのまさかど）が関東地方で反乱を起こした。

え　徳川家康が征夷大将軍に任命された。

問８　以下に挙げる下線部８の期間のことがらを年代の早い順に並べかえなさい。

あ　豊臣秀吉は、職業別の人数を全国的に調査して朝鮮出兵の兵力を調達した。

い　徳川吉宗のころの調査では、旗本が約5200人、御家人が約17000人だった。

う　島原・天草一揆(いっき)の後、禁教目的の調査が始まり、人々の信仰(しんこう)が記録された。

え　応仁の乱が終わった年の京都の人口は、およそ４万人だった。

問９　下線部９は、だいたい江戸時代の半ばを指しています。この期間を示す場合に、最も適切なものを一つ選び、記号で答えなさい。

あ　14～15世紀　　い　15～16世紀　　う　18～19世紀　　え　20～21世紀

問10　下線部10の時期に最も関係する外国人の名を一つ選び、記号で答えなさい。

あ　ゼレンスキー　　い　ペリー　　う　ザビエル　　え　マッカーサー

問11　下線部11は、国の「三権」のうちどれに所属しますか。以下の中から一つ選び、記号で答えなさい。

あ　司法権　　い　社会権　　う　立法権　　え　行政権

問12　下線部12の空らんに入る語句として最もふさわしいものを一つ選び、記号で答えなさい。

あ　３割増加した　　い　３割減少した　　う　３％増加した　　え　３％減少した

問13　下線部13を表す以下のできごとを、年代が早い順に並べかえなさい。

あ　当時の政府は、「おやとい外国人」を多くやとって工業化に力を入れた。

い　ナウマン象の狩(か)りをしたり、木の実や貝などを採って食料にしていた。

う　新田開発や鉱山経営、河川の治水工事などを行う大名が各地に現われた。

え　律令制の下でつくられた戸籍(こせき)に基づいて、口分田が割り当てられた。

お　海底の土や、魚の胃の中からビニールやマイクロプラスチックが見つかった。

問14　下線部14について、⑴と⑵に答えなさい。

⑴　３月11日と９月１日に共通する「日本で起きた自然災害」を簡潔に述べなさい。

⑵　下線部14とは別に、「人災」という表現が使われる場合があります。この表現は、「人間の組織的な不注意や、すべきことをせずになまけていたせいで災害による被害がさらに拡大する状態」を意味しています。この状態に最もあてはまると考えられるものを一つ選び、記号で答えなさい。

あ　海が荒(あ)れていたが、遠泳大会を強行したために多数のゆくえ不明者が出た。

い　大雨警報を無視して車で出かけたところ、道路が混んでいて遅刻(ちこく)した。

う　台風が近づいてきたため、楽しみにしていた運動会や遠足が延期になった。

え　ごみを捨てる曜日をまちがえたので、収集してもらえなかった。

問15　下線部15について、約100年前の日本では、結核菌(けっかくきん)に感染する人が増加し、死者が年間10万人をこえるときもありました。この感染症が流行した背景には、急速な都市化がもたらした環境(かんきょう)変化があると考えられていますが、現在は結核菌の広がりはおさえられています。その主な理由として、最もふさわしくないものを一つ選び、記号で答えなさい。

あ　多くの国民が、結核菌に対する予防接種を受けるようになった。

い　100年前よりも国民の食生活が改善され、栄養状態がよくなった。

う　治療(ちりょう)用の薬が開発され、医療機関で広く処方されるようになった。

え　過密状態が解消され、都市に人々が密集して生活しなくなった。

問16　下線部16の背景として、最もあてはまるものを一つ選び、記号で答えなさい。

あ　政治分野で活やくする女性や障がいのある人々などの割合が少ない。

い　結婚や出産を理由に、すべての女性が仕事をやめている。

う　物価の急な上昇により、人々の日常生活が厳しくなっている。

え　男性は育児、女性は家事を中心に担当する考え方が定着している。

問17　下線部17として、現在の日本国憲法に定められているものを一つ選び、記号で答えなさい。

あ　選挙で投票しない人は、自分の権利を他人に売りわたすことができる。

い　重大な罪をおかした疑いがある者でも、裁判を受けることができる。

う　性のあり方について個性を尊重し、同性どうしの結婚を認めている。

え　個人の著作物は、公共の利益のために無断で複写し、広めることができる。

問18　下線部18に関連して、次の資料Ⅰ・Ⅱを見て、ヨーロッパと日本に共通する課題について述べなさい。

［資料Ⅰ・Ⅱとも、国連　World Population Prospects 2022　より作成。
資料Ⅱの生産年齢人口割合の値は、国連による推計(2030年以降は予測値)。］

資料Ⅰ
主な国の2021年の合計特殊出生率(女性が一生の間に産む子どもの数の平均)

地域	国名	合計特殊出生率	地域	国名	合計特殊出生率
アジア	日本	1.3	北アメリカ	アメリカ合衆国	1.7
	マレーシア	1.8		カナダ	1.4
	サウジアラビア	2.4	中南アメリカ	ブラジル	1.6
アフリカ	ガーナ	3.6		ペルー	2.2
	ケニア	3.3		アルゼンチン	1.9
	モロッコ	2.3	オセアニア	オーストラリア	1.7
ヨーロッパ	イタリア	1.3		ニュージーランド	1.6
	スペイン	1.2		ツバル	3.2
	フィンランド	1.5			

資料Ⅱ

地域別生産年齢(15～64歳)人口割合の推移

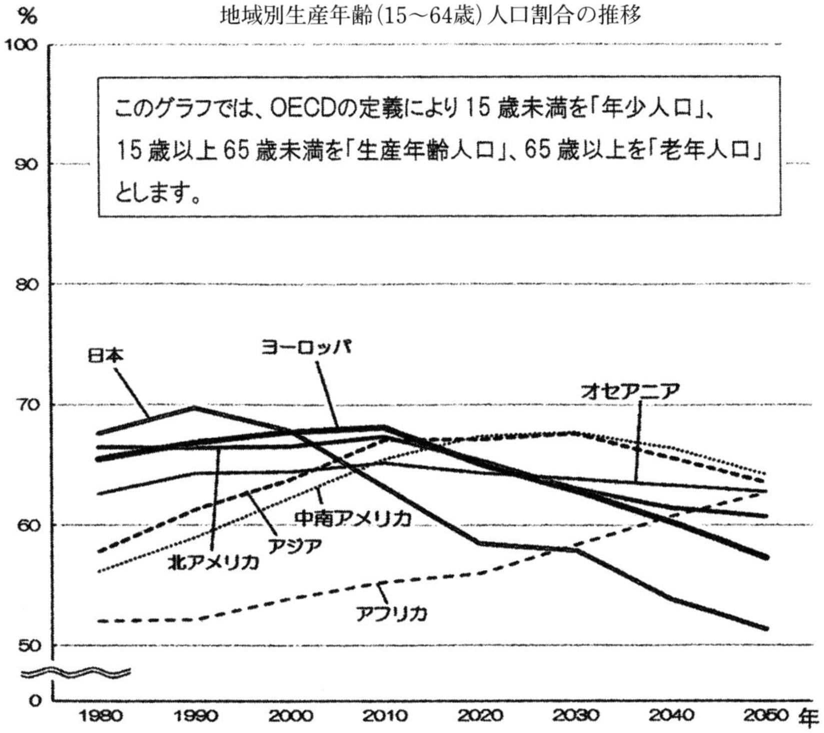

晃華学園中学校(第１回)

―25分―

※　特に指定のない限り、人名・地名は漢字で答えなさい。

(編集部注：実際の入試問題では、写真や図版の一部はカラー印刷で出題されました。)

1　次の会話は、晃華学園中学校に入学した華子(はなこ)さんが、Ｓ先生の社会科の授業を受けている時の様子です。この会話を読んで、後の各問いに答えなさい。

Ｓ 先 生：皆(みな)さんは小学校の社会科で、歴史・地理・公民の３つの分野を学んできましたね。それでは、なぜこの３つをあわせて社会科という１つの教科になっているのでしょうか。

華子さん：社会って、私たちが暮らしている世の中のことですよね。私は、地理も歴史も公民も、別々(べつべつ)のことを教わっているように感じています。

Ｓ 先 生：名前が違(ちが)うので、別々のことのように感じますよね。でも、１つの教科になっているからには、そこに意味があるわけです。今回はそれを、日本の主食である①お米を出発点に考えていきましょう。華子さんは稲作がいつから始まったか知っていますか。

華子さん：私は、弥生時代からだ、と習いました。

Ｓ 先 生：それではなぜ他の作物ではなく、お米が日本の主食になったのだと思いますか。

華子さん：育てやすいから、ではないのですか。

Ｓ 先 生：いいえ。例えば②イモ類は、お米よりも育てやすいです。また、お米の収穫(しゅうかく)をする秋は、日本にとっては③台風がやってくる時期でもあります。せっかく育てたお米が台無しになってしまう可能性もありますよね。もちろん色々(いろいろ)な説がありますが、お米は、「税」という点から見ると、非常に都合が良いのです。

華子さん：あっ、昔は税をお米で納めていたと聞いたことがあります。

Ｓ 先 生：そうですね。お米などの穀物は、地上に実ができ、また収穫時期も一定ですから、土地を支配する人たちにとっては、収穫量を確認(かくにん)しやすいのです。これがイモ類であれば、実ができるのは地中ですし、収穫時期も一定ではないので、収穫量の確認が難しいのです。

華子さん：つまり、日本を支配する人たちがお米を作らせた、ということですか。

Ｓ 先 生：そこまでは分かりませんが、税を取る上で、お米が都合の良い作物であったことは間違いありません。その後、④平安時代には土地を基準として、お米で税を取るようになりました。また、⑤鎌倉時代になると「御恩」として武士に土地の支配権を与えるなど、農民や武士は土地と深く結びつきました。

華子さん：時代が変わっても、お米を作らせる、ということは変わらないんですね。

Ｓ 先 生：また、⑥輸送の面からも都合が良いのです。イモ類と違って水分を多く含(ふく)んでいないために、輸送のための費用が安くすみます。⑦江戸時代から大きな都市として発展した東京(江戸)・大阪・名古屋には、ある共通点があります。それは、「［　X　］であること」と「大きな⑧川があること」です。［　X　］に都市ができた理由は、農地にしやすいからと、見晴らしがよく収穫量が一目で確認できるからです。また、大きな川があると発展しやすい理由は、水上輸送を行いやすく、税を効率的に集めやすいからです。

華子さん：都市の発展には、輸送が重要なんですね。

Ｓ 先 生：はい。他にも滋賀県の大津は、⑨室町時代から江戸時代の初期まで、⑩日本海側の年貢米が集まる重要な場所でした。日本海側の年貢米は海上輸送で⑪福井県の敦賀(つるが)に、その後は琵琶湖を通って大津に運ばれ、そこから消費地である大阪や京都まで陸上輸送で運ばれていました。ところが、17世紀後半になると、［　Y　］が整備され、年貢米は大津ではなく、大阪に直接集まるようになりました。ただし、明治時代になると、お米ではなく、お金で税を集めるようになりました。

華子さん：なるほど。税を集めるというのは、本当に大事だったんですね。それは今もそうなんですか。

Ｓ 先 生：⑫教育など、国家の運営にはたくさんのお金が必要なので、⑬税金を集めるということは、今も昔も重要なことです。現代では、⑭少子高齢化もあって、日本政府の借金は１千兆円を超(こ)えました。この借金を返すために、どうしたら効率よく税金を集められるのか、今も政府は検討しており、［　Z　］が新たに導入されたのはその１つと言えますね。さて華子さん、どうして社会科という教科の中に、歴史・地理・公民があるのか、わかりましたか。

華子さん：はい。たくさんの歴史や地理の知識を使うことで、公民の授業で習うような、今の日本社会の成り立ちを理解できるんですね。つまり、私たちが生きている今の社会を理解し、今後の社会を考えるためには、この３つの分野はどれも欠かせない、ということですね。

Ｓ 先 生：その通りです。だから晃華学園で、地理・歴史・公民をバランスよく学んでいきましょう。

問１　下線①について、次の各設問に答えなさい。

(1)　次の４つの県のなかで、米の生産量が最も多い県を選び、記号で答えなさい。

(ア)　山梨県　　(イ)　群馬県　　(ウ)　青森県　　(エ)　秋田県

(2)　大正時代、米の値段が急に上がり米騒動が起きました。この時、米の値段が急に上がった理由を説明しなさい。

問２　下線②のうち、さつまいもは、自然条件が厳しい土地でも栽培することができます。さつまいもの生産がさかんなことで知られる、九州南部の火山灰台地を何といいますか、答えなさい。

問３　下線③などによって起こる被害(ひがい)の予測を示した地図を何といいますか、答えなさい。

問４　下線④に朝廷の支配に抵抗(ていこう)し、関東地方で新皇を名乗ったのは誰(だれ)ですか、答えなさい。

問５　下線⑤について、鎌倉幕府の成立時期には、複数の説があります。次の会話は鎌倉幕府の成立をめぐる話し合いです。［　あ　］～［　え　］に当てはまる西暦を、年表中からそれぞれ答えなさい。

Ａさん：私は、鎌倉幕府の成立時期は［　あ　］年だと思います。幕府とは将軍を中心とする武士の政権ですから、将軍に任命された年が基準になるのは当然です。

Ｂさん：Ａさんには反対です。将軍という役職がそんなに大事でしょうか。それよりも、源頼朝が朝廷から何らかの権限を認められた最初の年の方が大切なのではないですか。［　い　］年こそ、鎌倉幕府の始まりです。

Ｃさん：私もＢさんと同じく、将軍という役職にこだわる必要はないと思います。しかし、

[い]年はあくまで東国で力を認められただけです。犯罪を取り締まる役職を、全国で設置することを朝廷から認められた[う]年こそ、鎌倉幕府の始まりです。

Ｄさん：Ａさん、Ｂさん、Ｃさんは間違っています。鎌倉幕府の成立時期は[え]年です。確かにこの時点で、源頼朝は朝廷から何の権限も与えられていませんが、事実上、東国の武士を支配し始めています。[え]年こそ、鎌倉幕府の始まりです。

年表

- 1180年　源頼朝、挙兵。鎌倉を本拠地とし、侍所を設置した。
- 1183年　後白河法皇が、源頼朝の東国支配権を承認。
- 1185年　後白河法皇が、源頼朝に守護・地頭の設置を認める。
- 1189年　奥州藤原氏が滅亡。
- 1192年　朝廷が源頼朝を征夷大将軍に任命。
- 1221年　承久の乱。その後、西国に地頭を設置。

問６　下線⑥について、日本の貨物輸送量の大半を担っているのは自動車輸送です。自動車輸送を鉄道輸送や船舶輸送に転換すること(モーダルシフト)が進められています。これについて、次の各設問に答えなさい。

(1)　モーダルシフトは、CO_2排出量の削減につながり、SDGs(持続可能な開発目標)の目標13「気候変動に具体的な対策を」(右図)の達成に結び付くと期待されています。なぜCO_2排出量の削減につながると考えられるのか、その理由を説明しなさい。

(「国連広報センター」HPより)

(2)　モーダルシフトを進めることには長所がある一方、短所もあります。どのような短所があるのか、説明しなさい。

問７　下線⑦について、徳川吉宗は財政の立て直しのために、米の出来・不出来に関係なく、一定の期間、毎年同じ割合で年貢を取るようにしました。この年貢の取り方を何といいますか、答えなさい。

問８　下線⑧について、川の名前と流れている県の組み合わせとして誤っているものを次から１つ選び、記号で答えなさい。

(ア)　四万十川－徳島県　　(イ)　神通川－富山県

(ウ)　信濃川－新潟県　　(エ)　木曽川－愛知県

問９　下線⑨の惣村に関する説明として正しいものを次から１つ選び、記号で答えなさい。

(ア)　惣村は、将軍の作ったおきてに従って村を運営した。

(イ)　自分たちの要求が聞き入れてもらえないとき、村民が山などに逃げ込むことがあった。

(ウ)　藤原元命の税の取り立てが厳しかったため、惣村は朝廷に訴え出た。

(エ)　惣村は、名主・組頭・百姓代という村役人により運営された。

問10　下線⑩の気候を表した雨温図を次の中から１つ選び、記号で答えなさい。

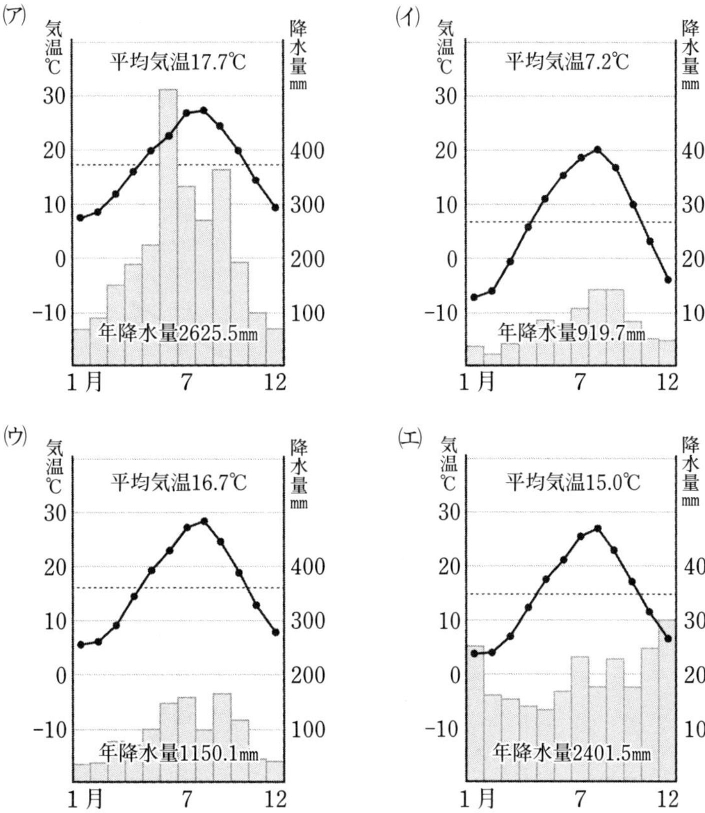

問11　下線⑪から京都府にかけて、原子力発電所が多く建てられている湾を何といいますか、答えなさい。

問12　下線⑫について、戦後、新たに行われた教育政策についての説明として正しいものを次から１つ選び、記号で答えなさい。

(ア)　６歳以上の男女に義務教育を受けさせる。

(イ)　教育勅語に基づいて、天皇や国家のために忠誠を誓(ちか)わせる。

(ウ)　都市の子どもたちを、地方の旅館や寺に疎開させる。

(エ)　男女に９年間の義務教育を受けさせる。

問13　下線⑬について、日本の税金に関する次の各設問に答えなさい。

(1)　2024年２月１日現在、日本における消費税の標準税率は何％ですか、答えなさい。

(2)　日本の税率を決定する機関として正しいものを次から１つ選び、記号で答えなさい。

(ア)　内閣　　(イ)　国会　　(ウ)　日本銀行　　(エ)　最高裁判所

問14　下線⑭について、次の各設問に答えなさい。

(1)　少子高齢化について、資料１と２から読み取れることとして正しいものをあとの(ア)～(エ)の中から１つ選び、記号で答えなさい。

資料１　高齢化率の推移

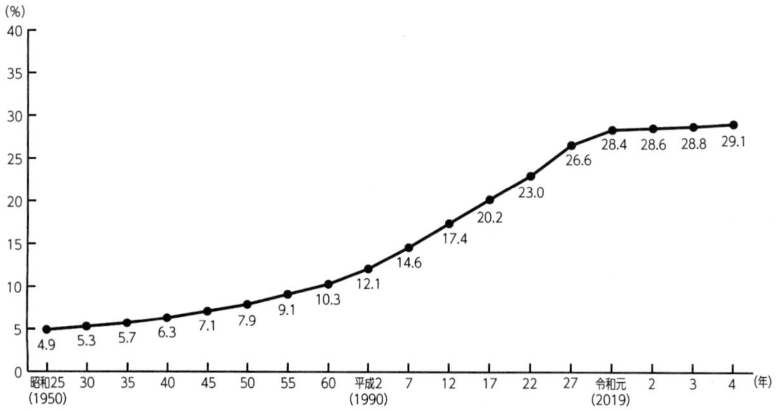

※高齢化率とは、65歳以上の高齢者人口が総人口に占(し)める割合のことである。
(総務省「国勢調査」および「人口推計」より作成)

資料２　高齢化の進行具合を示す言葉

・高齢化率７％以上の社会…「高齢化社会」
・高齢化率14％以上の社会…「高齢社会」
・高齢化率21％以上の社会…「超高齢社会」

(ア)　日本は平成に入って、高齢化社会になった。
(イ)　日本は昭和の頃(ころ)から、高齢社会であった。
(ウ)　日本は令和に入るまでは、超高齢社会ではなかった。
(エ)　日本は令和に入って、高齢化率が28％を超えている。

(2)　少子高齢化にともなって、日本政府の借金が増えているのはなぜですか。歳入(政府の収入)と歳出(政府の支出)の２つの点から説明しなさい。

問15　文章中の［ X ］・［ Y ］・［ Z ］に入る語句の組み合わせとして正しいものを次から１つ選び、記号で答えなさい。

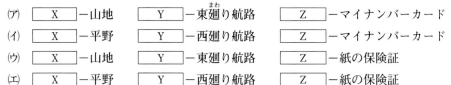

(ア)　［ X ］－山地　［ Y ］－東廻(まわ)り航路　［ Z ］－マイナンバーカード
(イ)　［ X ］－平野　［ Y ］－西廻り航路　［ Z ］－マイナンバーカード
(ウ)　［ X ］－山地　［ Y ］－東廻り航路　［ Z ］－紙の保険証
(エ)　［ X ］－平野　［ Y ］－西廻り航路　［ Z ］－紙の保険証

国府台女子学院中学部(第1回)

—30分—

［注意］　解答は、**適切な漢字**をもちいて記入してください。

1　次の文を読んで、あとの問いに答えなさい。

昨年の8月よりはじまった、福島第一原子力発電所の事故の処理水の海洋放出は、科学的、客観的な評価よりも、むしろ政治的な対立や主張とからんで、大きな国際問題となりました。

日本は、(A)1万4千以上もの島からなる(B)海に囲まれた(C)島国です。日本は、(D)海を通じて世界とつながり、また(E)日本国内の交通を見ても、(F)海上を多くの人やものが行き来しています。

日本に暮らす人々は、(G)海から豊かな幸(さち)を得てきました。日本各地の地図を見ると、様々な土地に、(H)地形に合わせた漁港が築かれていることが分かります。実際に、日本人の1人あたりの魚介類(ぎょかいるい)の消費量は、世界平均の2倍を上回っているのです。

海の自然環境(かんきょう)は、ときには(I)農業生産にも大きな影響(えいきょう)を与(あた)えます。例えば、東北地方に冷害をもたらす「やませ」は、夏に、(J)北方から日本列島近海に流(なが)れ込(こ)む寒流が強くなったときに、その上空の空気が冷やされることで起こります。また、遠く(K)太平洋の南アメリカ沿岸の海水温の変化が、日本の気候を大きく左右することも分かっています。

このように、日本列島に暮らす私たちの生活は、海と密接な関係にあります。海について、科学的に正しい知識を身につけ、その環境を守り、ときに管理していくことは、これからの日本や世界の人々の暮らしのためにもとても大切なことなのです。

(1)　下線部(A)について、世界遺産に登録されている地域ではないものを、次のア～エより1つ選び記号で答えなさい。

ア　屋久島　　イ　小笠原諸島　　ウ　佐渡島　　エ　沖ノ島

(2)　下線部(B)について、近畿地方の府県の中で、海に面していないものを2つ答えなさい。

(3)　下線部(C)に関連して、領土、領海、領空について説明した文として正しいものを、次のア～エより1つ選び記号で答えなさい。

ア　領土、領空は、その国の許可なく他国が侵入(しんにゅう)することはできないが、領海は、ただ通行するだけであればその国の許可は必要ない。

イ　宇宙空間も、領空に含(ふく)まれる。

ウ　領海は、海岸線から200海里以内の海域を指す。

エ　地球上では、係争地(複数の国が互(たが)いに自分の領土であると主張している地域)をのぞき、すべての土地が必ずどこかの国の領土となっている。

(4)　下線部(D)について、次の表は、2021年度の、日本の資源輸入先の国別ランキングと、全体に占める輸入量の割合です。空らんａ、ｂにあてはまる国の組み合わせとして正しいものを、ア～カより１つ選び記号で答えなさい。

順位	原油	割合	天然ガス	割合	石炭	割合	鉄鉱石	割合
１位	サウジアラビア	39.7％	a	35.8％	a	66.0％	a	58.8％
２位	アラブ首長国連邦	34.7％	マレーシア	13.6％	インドネシア	12.0％	ブラジル	26.6％
３位	クウェート	8.4％	カタール	12.1％	b	11.0％	カナダ	6.3％
４位	カタール	7.6％	アメリカ合衆国	9.5％	アメリカ合衆国	5.0％	南アフリカ	3.3％
５位	b	3.6％	b	8.8％	カナダ	4.0％	アメリカ合衆国	1.2％

〔資源エネルギー庁、及び財務省統計より作成〕

ア　a　オーストラリア　b　中国　　イ　a　オーストラリア　b　インド
ウ　a　オーストラリア　b　ロシア　　エ　a　中国　b　オーストラリア
オ　a　中国　b　ロシア　　カ　a　中国　b　インド

(5)　下線部(E)に関連して、次のア～エのうち新幹線が通っていない県はどこか、１つ選び記号で答えなさい。

ア　秋田県　　イ　山梨県　　ウ　岐阜県　　エ　佐賀県

(6)　下線部(F)について、次の表は、旅客(りょかく)と貨物の国内輸送量の割合を示したものです。なお、「人キロ」とは、輸送人数に移動距離(きょり)をかけたもので、旅客輸送量の目安となる数値です。また、「トンキロ」とは、輸送重量に輸送距離をかけたもので、貨物輸送量の目安となる数値です。ａ・ｂ・ｃ・ｄと、ｅ・ｆ・ｇ・ｈには、それぞれ「自動車」「鉄道」「船」「航空」のいずれかが入ります。「船」が入る空らんの組み合わせとして正しいものを、ア～カより１つ選んで記号で答えなさい。

国内旅客輸送量の割合(人キロ)

a	82.9％
b	9.9％
c	6.7％
d	0.5％

国内貨物輸送量の割合(トンキロ)

e	55.3％
f	39.8％
g	4.7％
h	0.1％

〔国土交通省統計より作成〕

ア　a－e　　イ　a－h　　ウ　b－f　　エ　b－h　　オ　d－f　　カ　d－h

(7)　下線部(G)について、次のグラフは、日本の漁業の漁獲量の推移を示したものです。これを見て、あとの問いに答えなさい。

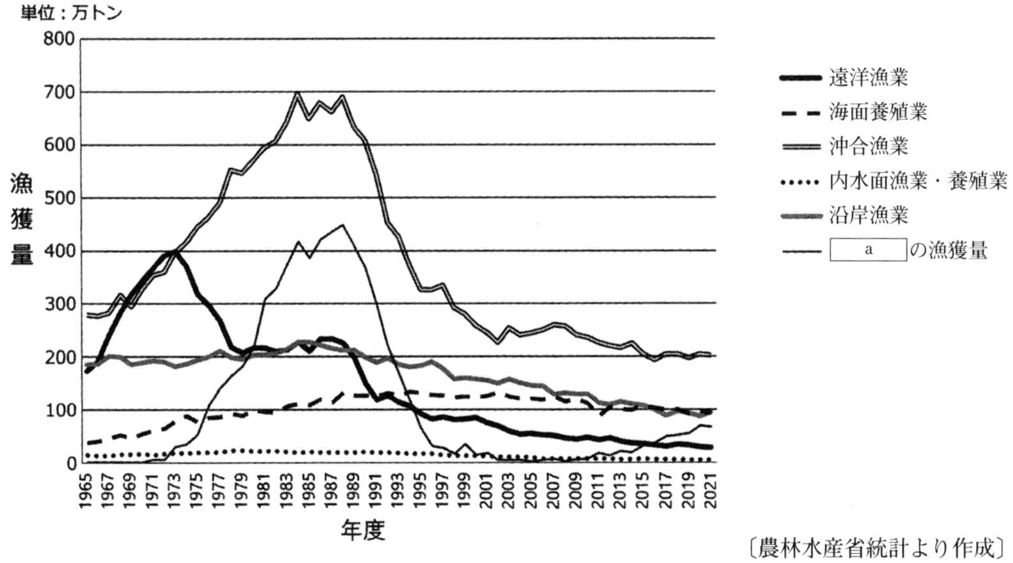

〔農林水産省統計より作成〕

①　グラフ中で遠洋漁業の漁獲量が1973年以降に急減している理由は、国際的に(　　)の設定についての議論が高まったためです。空らんにあてはまる適切な語句を答えなさい。

②　グラフ中の「a」は、ある魚の種類です。沖合漁業の漁獲量減少は、地球環境の変化や乱獲によって、この魚の漁獲量が減少してしまったためであることが分かります。この魚を、次のア～エより１つ選び記号で答えなさい。

ア　マイワシ　　イ　カツオ　　ウ　サバ　　エ　マグロ

(8)　下線部(H)について、地図ⅠとⅡは、それぞれまったく異なる地形に築かれた、漁港周辺の地図です。地図からは、Ⅰの綾里（りょうり）漁港もⅡの片貝漁港も、堤防が築かれているのが分かります。しかし、綾里漁港と片貝漁港とでは、堤防を設置した主な目的が違っています。

①　綾里漁港の堤防は、主に波を防ぐ目的で設置されています。波による被害を警戒する必要のある、綾里漁港周辺のような地形を何と呼ぶか、答えなさい。

②　片貝漁港の堤防は、波を防ぐ以外のことを主な目的として設置されています。それは何か、説明しなさい。

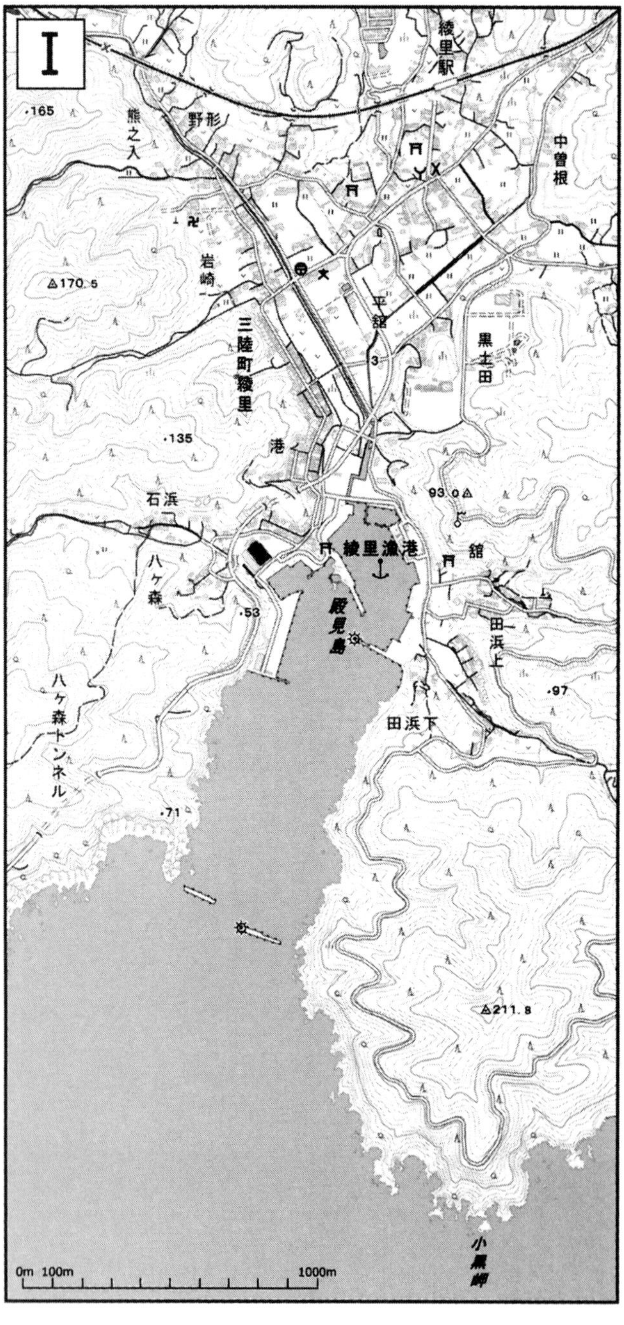

〔国土地理院「地理院地図」より作製〕

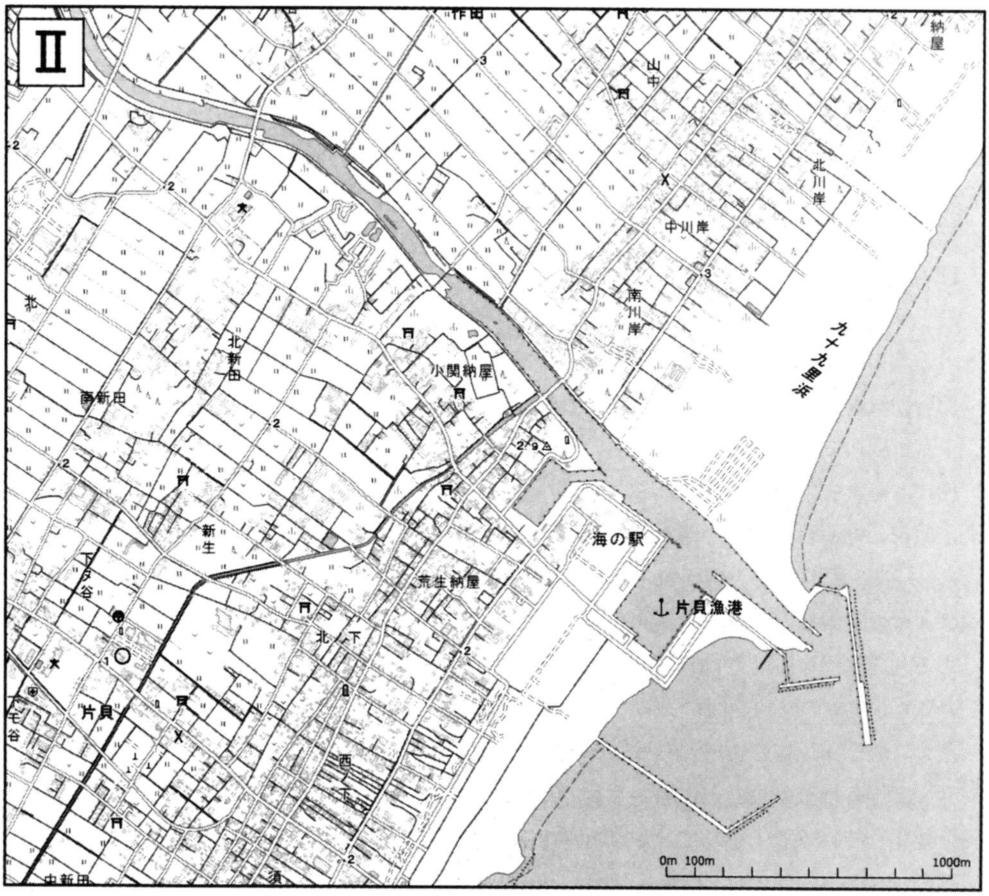

〔国土地理院「地理院地図」より作製〕

⑼　⑻のⅠ・Ⅱの地図について説明した文として誤っているものを、次のア～エより１つ選び記号で答えなさい。

ア　綾里駅から綾里漁港へ向かうと、途中に道路をはさんで、消防署と交番が建っている。

イ　綾里漁港の南方の、小黒岬(みさき)周辺の海岸沿いには、果樹園が広がっている。

ウ　片貝漁港の北側の砂浜と市街地の間には、防砂林として針葉樹が植えられている。

エ　地図「Ⅱ」の西側に広がる農地は、江戸時代に開発されたと考えられる。

⑽　下線部(I)に関連して、次の表は、2022年度の根菜の収穫量の都道府県ランキングと、全国に占める割合です。空らんａ、ｂにあてはまる都道府県を、それぞれ答えなさい。

順位	だいこん	割合	にんじん	割合	じゃがいも	割合	さつまいも	割合
１位	a	12.3%	北海道	28.9%	北海道	79.7%	b	29.5%
２位	北海道	11.0%	a	19.0%	b	4.3%	茨城県	27.3%
３位	青森県	9.1%	徳島県	8.3%	長崎県	3.7%	a	12.5%
４位	b	7.6%	青森県	5.9%	茨城県	2.1%	宮崎県	11.0%
５位	神奈川県	6.4%	長崎県	5.6%	a	1.2%	徳島県	3.8%

〔農林水産省統計より作成〕

⑾　下線部(J)の海流を答えなさい。

⑿　下線部(K)について、この地域の海水温が高くなる現象を何と呼ぶか、答えなさい。

2　次の文を読んで、あとの問いに答えなさい。

関連年表	
年代	できごと
旧石器	ナウマン象の生息 黒曜石の多量出土
縄文	加曽利貝塚の繁栄
弥生	ムラの発生 稲作の普及
５世紀頃	稲荷台古墳築造
701	大宝律令の完成
741	国分寺建立の詔
935	平将門の乱
1159	平治の乱
1180	石橋山の戦い
1185	壇ノ浦の戦い
	↕ (あ)
1590	豊臣秀吉、天下統一
1867	王政復古の大号令
1868	五箇条の御誓文
1904	日露戦争
	↕ (い)
1941	太平洋戦争
1945	日本の降伏
1951	サンフランシスコ平和条約
	↕ (う)
2023	千葉県誕生150周年

千葉県は、昨年県誕生150周年を迎(むか)えました。現在の千葉県にあたる地域には、1871年７月の［　(A)　］によって江戸時代の各藩から26県が成立しました。これが、印旛(いんば)県・木更津(きさらづ)県・新治(にいはり)県の３県に統廃合(とうはいごう)されました。その後、1875年に利根川と江戸川を県境とする、現在の千葉県の形にほぼ確定しました。

千葉市では、(B)縄文時代最大級の遺跡である加曽利貝塚(かそりかいづか)が発見されています。この遺跡(いせき)から、千葉市周辺では縄文人による生活の営みが何世代にもわたって行われていたことがわかります。市原市の稲荷台古墳(いなりだいこふん)１号墓から出土した鉄剣(てつけん)には「王賜□□敬安」と書かれており、この鉄剣は、ヤマト政権から地方の豪族へ与えたものである可能性が高く、古墳時代には、千葉県も(C)ヤマト政権の勢力範囲(はんい)にあったことがわかります。成田市周辺の遺跡からは、７世紀頃(ごろ)に地元の豪族の権威の象徴が古墳から氏寺(うじでら)の建築へと変化していく様子をみてとることができます。これは、(D)中央から地方に寺院建築が普及(ふきゅう)したことを物語っています。

律令制度がはじまると、現在の千葉県に上総(かずさ)・下総(しもうさ)・安房(あわ)の３国がつくられ(E)土地制度や税制度が整備されました。741年に、(F)聖武天皇は全国に国分寺・国分尼寺の建立を命じ、この３国にもそれぞれ建てられました。

平安時代の中頃(なかごろ)には武士団が形成され、935年に、千葉県を含(ふく)んだ(G)関東地方で平将門が反乱を起こし、その後、関東地方では源氏が勢力を拡大していきました。

保元・平治の乱を背景に朝廷への勢力を拡大した平清盛は、1167年、武士として初の［　(H)　］に就任し、平氏政権をおこしましたが、この政権は長くは続きませんでした。伊豆(いず)で挙兵した源頼朝は、房総(ぼうそう)半島や東国の武士たちの支持を受け、1185年、平氏を滅(ほろ)ぼして(I)鎌倉幕府を開きました。それ以降、千葉県の武士たちは、幕府を支える御家人の一員として活躍(かつやく)します。この時代に、安房から日蓮がでて(J)鎌倉新仏教の一派をおこしました。戦国時代になると、千葉県の武士たちの多くは、小田原の北条氏や安房の里見氏といった戦国大名の勢力に属して自分の領地を守るために戦いました。1590年、(K)豊臣秀吉が、北条氏らを滅ぼし、天下を統一しました。

江戸時代には、千葉県の地は(L)江戸の食料供給地になるとともに、幕府の防衛上重要な土地となりました。さらに明治時代になると、首都東京を防衛する目的で陸軍諸施設が県内多くの地域につくられました。そのような中、日清戦争・(M)日露戦争では、佐倉連隊の活躍が国内から注目されました。太平洋戦争の末期には、千葉県は首都防衛の最前線に位置づけられて飛行場や軍隊の駐屯地(ちゅうとんち)が急速に拡大し、九十九里浜を本土決戦の最終防衛ラインとする方針もありました。

しかし結局、時の鈴木貫太郎首相は、連合国から日本に行われた降伏勧告である［　(N)　］を受け入れました。そこで、(O)天皇が1945年８月15日に、ラジオ放送にて、国民に日本の降伏を発表しました。その後、日本は連合国軍による占領政策を受け入れ、民主化を進めていきました。1951年には、連合国48カ国と(P)サンフランシスコ平和条約を結ぶことで日本はようやく独立を果たしました。

その後、(Q)1960年代以降の高度経済成長期をつうじて、千葉県の東京臨海埋(う)め立(た)て地(ち)には京葉工業地域が形成されました。また、1978年には成田空港が開港し、世界と日本を結ぶ日本の空の表玄関(おもてげんかん)となりました。さらに湾岸の埋め立てや各地域開発などが活発化し、千葉県は大きな発展をとげ今日に至っています。

(1)　空らん(A)にあてはまる適切な語句を答えなさい。

(2)　下線部(B)の説明として誤っているものを、次のア～エより１つ選び記号で答えなさい。

ア　表面に縄目模様のついている、低い温度で焼かれた黒かっ色の強度のもろい厚手の土器を使用していた。

イ　鹿や猪(いのしし)などの中小動物を狩猟するために弓矢が使用され、さらに獲物から骨角器も製作されていた。

ウ　埴輪とよばれる土人形を製作していた。これは、呪術や祭祀(さいし)に使用されたものと考えられており、女性をかたどったものが多い。

エ　死者の埋葬は、死者が生者に災いをもたらさないようにと、死体の手足を折り曲げる屈葬という方法がとられていた。

(3)　下線部(C)について、埼玉県の稲荷山古墳と熊本県の江田船山古墳から出土した鉄剣と鉄刀には、ヤマト政権の大王の名が書かれています。中国の歴史書に記された、この大王と同一人物であると考えられている人物を、次のア～エより１人選び記号で答えなさい。

ア　興　　イ　讃　　ウ　済　　エ　武

(4)　下線部(D)の時期に最初の仏教文化がおこりました。その中で蘇我馬子が建立した寺院を、次のア～エより１つ選び記号で答えなさい。

ア　飛鳥寺　　イ　四天王寺　　ウ　法隆寺　　エ　薬師寺

(5)　下線部(E)について説明した文として正しいものを、次のア～エより１つ選び記号で答えなさい。

ア　班田収授法によって、６歳(さい)以上の男女に平等に口分田を与(あた)え、死んだら朝廷に返却(へんきゃく)させた。

イ　雑徭とは、絹・糸・海産物など地方の特産品を都に運ぶ労役(ろうえき)のことをいう。

ウ　庸とは、朝廷に布を納めるか、都で年間10日の労役につかなければならないことをいう。

エ　政府は、戸籍によって兵役(へいえき)に就(つ)かせた。これを防人と衛士といい、合計して６年間九州北部の防衛と都の警備にあたらなければならなかった。

(6)　下線部(F)が行ったこととして正しいものを、次のア～エより１つ選び記号で答えなさい。

ア　東北地方の蝦夷を討伐(とうばつ)するために、坂上田村麻呂を征夷大将軍に任命し大軍を派遣(はけん)した。

イ　墾田永年私財法を出し、開墾(かいこん)した土地の私有を永久に認めた。このため貴族や大寺社は荘園とよばれる私有地を広げていった。

ウ　友好国であった百済を再興するため、唐・新羅連合軍と白村江の戦いを繰(く)り広げた。

エ　武蔵国から銅が献上(けんじょう)されたため、和同開珎を鋳造(ちゅうぞう)した。

(7)　下線部(G)とほぼ同時期に瀬戸内海で朝廷に反乱を起こした人物は誰か、答えなさい。

(8)　空らん(H)にあてはまる適切な語句を答えなさい。

(9)　下線部(I)以降について、関連年表の(あ)の期間に起こった次のア～オの出来事を、時代順に並べ替えなさい。

ア　文永・弘安の役　　イ　桶狭間の戦い　　ウ　承久の乱

エ　勘合貿易の開始　　オ　応仁の乱

(10)　下線部(J)のうち栄西によって開かれた宗派を、次のア～エより１つ選び記号で答えなさい。

ア　時宗　　イ　浄土真宗　　ウ　曹洞宗　　エ　臨済宗

(11)　下線部(K)について説明した文として正しいものを、次のア～エより１つ選び記号で答えなさい。

ア　朝廷の権威(けんい)を利用して関白や太政大臣、征夷大将軍に就任して、天下統一事業を進めた。

イ　全国にわたって村ごとに田畑の面積や収穫高、その土地を耕作する農民を検地帳に記入し、荘園制を完成させた。

ウ　大仏を造立(ぞうりゅう)することを口実に、農民から刀や鉄砲など武器を差し出させる刀狩りを行った。

エ　文禄・慶長の役では、名古屋城を拠点(きょてん)に亀甲船を建造して朝鮮半島への侵略(しんりゃく)を行い、多くの都市を占領(せんりょう)した。

(12)　下線部(L)に関連して、18世紀後半に老中として印旛沼・手賀沼の開発を進めた人物を、次のア～エより１人選び記号で答えなさい。

ア　堀田正睦　　イ　田沼意次　　ウ　松平定信　　エ　水野忠邦

(13)　下線部(M)について、関連年表(い)の期間に起こった出来事を時代順に並べたものとして正しいものを、次のア～エより１つ選び記号で答えなさい。

ア　韓国併合 ➡ 関東大震災 ➡ 第一次世界大戦 ➡ 二・二六事件 ➡ 五・一五事件

イ　韓国併合 ➡ 第一次世界大戦 ➡ 関東大震災 ➡ 五・一五事件 ➡ 二・二六事件

ウ　第一次世界大戦 ➡ 関東大震災 ➡ 韓国併合 ➡ 二・二六事件 ➡ 五・一五事件

エ　関東大震災 ➡ 韓国併合 ➡ 二・二六事件 ➡ 五・一五事件 ➡ 第一次世界大戦

(14)　空らん(N)にあてはまる適切な語句を答えなさい。

(15)　下線部(O)のラジオ放送のことを、一般的に何というか漢字４字で答えなさい。

(16)　下線部(P)を締結したときの日本の代表を、次のア～エより１人選び記号で答えなさい。

ア　犬養毅　　イ　東条英機　　ウ　鳩山一郎　　エ　吉田茂

(17)　下線部(Q)について、関連年表の(う)の期間に起こった次のア～エの出来事を、時代順に並べ替えなさい。

ア　公害対策基本法　　イ　第一次石油危機　　ウ　所得倍増計画　　エ　バブル崩壊

3　次の文を読んで、あとの問いに答えなさい。

1947年５月、日本国憲法が施行されました。この憲法は、(A)国民主権、基本的人権の尊重、(B)平和主義の３つを原則としており、男女平等の規定も盛(も)り込(こ)まれました。例えば、「すべて国民は、法の下に平等」であり、「　(C)　、信条、性別、社会的身分又(また)は門地」によって差別されません(第14条)。また、婚姻(こんいん)(結婚)は「両性の合意のみに基(もと)づいて成立し、夫婦(ふうふ)が同等の権利を有することを基本」としています(第24条第１項(こう))。

とはいえ、結婚(けっこん)した夫婦の９割以上が夫の姓(せい)を名乗っており、男女平等とは言えない現状に対して導入が提起されているものが(D)選択的夫婦別姓制度です。しかし、現在の民法では別姓制度が認められておらず、(E)最高裁判所も民法の規定は合憲との判断を下しています。

1948年には、(F)国連において世界人権宣言が採択(さいたく)されました。ここでは、「性」を含(ふく)むいかなる差別も受けることがないとされました。しかし、実際の女性の地位は男性より低く、1960年代には男女平等を求める女性解放運動が世界的におこりました。日本でも(G)男女平等を求める動きが続いていますが、その道のりは平坦(へいたん)ではありません。

例えば、世界経済フォーラムが毎年発表している［　(H)　］ギャップ指数※の2023年の順位は、146か国中125位でした。これは、前年の116位から後退して過去最低であり、「先進国」の中では最下位です。特に、(I)政治分野、(J)経済分野での停滞(ていたい)が目に付き、早急(さっきゅう)に改善されることが望まれます。

［　(H)　］ギャップ指数　日本の分野別順位(146か国)

	経済	政治	教育	健康	総合
2022年	121位	139位	1位	63位	116位
2023年	123位	138位	47位	59位	125位

〔内閣府男女共同参画局ホームページより作成〕

※…各国における男女の格差を数値化したもの。女性の地位が高いほど、順位が上がる。なお、［　(H)　］とは、「男らしさ」「女らしさ」など、社会的・文化的につくられた性のことを言う。

(1) 下線部(A)に関連して、国民の代表者で構成される国会について説明した文として正しいものを、次のア～エより１つ選び記号で答えなさい。

ア　国会は最高裁判所長官を指名し、その他の裁判官を任命する。

イ　国会は内閣総理大臣を選び、任命する。

ウ　内閣が外国と結んだ条約を、国会が承認する。

エ　日本国憲法において、国会は唯一の行政機関と定められている。

(2) 下線部(B)に関連して説明した文として正しいものを、次のア～エより１つ選び記号で答えなさい。

ア　憲法上の制約により、自衛隊はこれまで海外に派遣されたことがない。

イ　憲法第９条には、自衛隊を持つことが明記されている。

ウ　憲法第９条の一部が安倍政権下の2014年に改正され、集団的自衛権の行使が認められるようになった。

エ　日本は被爆国であるが、核兵器禁止条約を批准(ひじゅん)していない。

(3) 憲法の条文において、空らん(C)にあてはまる適切な語句を、次のア～エより１つ選び記号で答えなさい。

ア　人種　　イ　血統　　ウ　年齢　　エ　財産

(4) 下線部(D)の制度を説明した文として正しいものを、次のア～エより１つ選び記号で答えなさい。

ア　夫婦のそれぞれが、新たに選択した姓を名乗ることができる制度

イ　夫婦のそれぞれが、勤務先で結婚前の姓を名乗ることができる制度

ウ　夫婦のそれぞれが、結婚前の姓を名乗ることができる制度

エ　夫婦のどちらも、結婚後は、お互いの結婚前の姓を両方とも使用することができる制度

(5)　下線部(E)に関連して、裁判に関する次の文の空らん①～③に当てはまる語句や数字を答えなさい。

> 日本の裁判制度は、［　①　］制がとられている。原則として３回、裁判を受ける権利が認められていて、簡易裁判所から始めた刑事裁判で控訴されると、次は［　②　］裁判所で審議される。
>
> 2009年に始まった裁判員制度は、裁判官に加えて原則［　③　］人の裁判員が審議に加わるものである。

(6)　下線部(F)の各機関について述べた文のうち、誤っているものを、次のア～エより１つ選び記号で答えなさい。

ア　安全保障理事会は、アメリカ・イギリス・ロシア・中国・日本の常任理事国と、10か国の非常任理事国で構成されている。

イ　国際司法裁判所はオランダのハーグに設置されており、国と国の争いを両国が訴えた場合に裁判を行う。

ウ　総会の意思決定においては、全加盟国が１国１票の投票権を持っている。

エ　ＷＨＯは感染症撲滅や医療の普及など、全世界の人々が健康な生活を送れるような施策を行っている。

(7)　下線部(G)に関連して、次の文で説明している人物は誰か、次のア～エより１つ選び記号で答えなさい。

> 1919年に新婦人協会を結成、女性の選挙権獲得運動を行った。戦後は参議院議員を25年間務めつつ、女性の地位向上に尽力した。

ア　市川房枝　　イ　津田梅子　　ウ　樋口一葉　　エ　与謝野晶子

(8)　空らん(H)にあてはまる適切な語句を、答えなさい。

(9)　下線部(I)の政治分野における男女平等に関して述べた文の空らんに当てはまる語句を次のア～エから１つ選び、記号で答えなさい。

> 女性の国会議員が少ないことが、政治分野での順位が低い大きな原因である。そこで、女性議員を増やすために、議席や候補者の一定数を女性に割り当てる［　　　］制を導入するべきとの議論も高まっている。

ア　オンブズマン　　イ　クオータ　　ウ　バリアフリー　　エ　マイノリティ

(10)　下線部(J)の経済分野では、労働者の募集(ぼしゅう)や採用において男女差別をなくすことを目的とした法律が1985年に制定されている。この法律の名称を答えなさい。

香蘭女学校中等科(第１回)

—30分—

1　紙に関する次のＡ～Ｄを読み、問いに答えなさい。

Ａ　人々は記録を残すために、①粘土板(ねんどばん)やパピルス(※)、木簡(もっかん)などさまざまなものを使ってきました。やがて中国(ちゅうごく)で軽くて書きやすい紙が作られると、世界中に広まりました。紙を使う人々が増えると大量の紙を作る方法が発明されました。２世紀初め頃に中国の蔡倫(さいりん)が、本格的に紙を作る方法を考え出したといわれています。

紙を作る技術は日本には②610年に伝わったといわれます。東大寺(とうだいじ)の倉庫である（　１　）には、現在に残る最も古い紙である702年の戸籍(こせき)が収められています。

日本では、原料や作り方などを工夫(くふう)して丈夫(じょうぶ)できれいな和紙が生み出され、平安(へいあん)時代には色のつけ方に趣向(しゅこう)を凝(こ)らすようになり、美しい歌集や③絵巻物に使われました。

江戸(えど)時代になると、紙は日本各地でたくさん作られるようになり、紙の使用は庶民(しょみん)にまで広まりました。これには、長崎(ながさき)の（　２　）にあったオランダ商館で医師として働いていた④シーボルトも驚(おどろ)き、『江戸参府紀行(えどさんぷきこう)』にそのことを書き記しています。

和紙は⑤明治(めいじ)時代に洋紙が普及(ふきゅう)するまで、日本各地でたくさん作られていました。印刷用紙として使用できない和紙は衰退(すいたい)し、20世紀に入ると洋紙の生産量が和紙を超(こ)えていきました。

※パピルス　約4000～5000年前にエジプトで発明された、植物のくきをうすく切って作ったもの。

問１　文中の（　１　）、（　２　）に当てはまる言葉を答えなさい。

問２　下線部①は現在の中東(ちゅうとう)地域で使われていました。中東地域の国のひとつ、サウジアラビアについて述べた次の文章のうち、誤っているものを１つ選び、記号で答えなさい。

ア　イスラーム教を国の宗教としており、イスラーム教の教えにもとづいた暮らしが営まれています。

イ　日本は原油の多くを中東諸国から輸入していますが、現在はサウジアラビアから最も多く輸入しています。

ウ　国土の大部分が砂漠(さばく)で、昼夜間の気温の差が大きくなります。

エ　日本の約２倍の面積をもつ国で、アジアとヨーロッパにまたがっています。

問３　下線部②頃の出来事を説明した文章として、正しいものを次の中から１つ選び、記号で答えなさい。

ア　小野妹子(おののいもこ)が遣隋使(けんずいし)として中国に派遣(はけん)されました。

イ　聖武(しょうむ)天皇が大仏造立(ぞうりゅう)の詔(みことのり)を出しました。

ウ　天智(てんじ)天皇の後つぎをめぐって壬申(じんしん)の乱がおこりました。

エ　下総国(しもうさのくに)の豪族(ごうぞく)であった平将門(たいらのまさかど)が反乱をおこしました。

問４　下線部③について、平安時代につくられた絵巻物として、正しいものを次の中から１つ選び、記号で答えなさい。

ア

イ

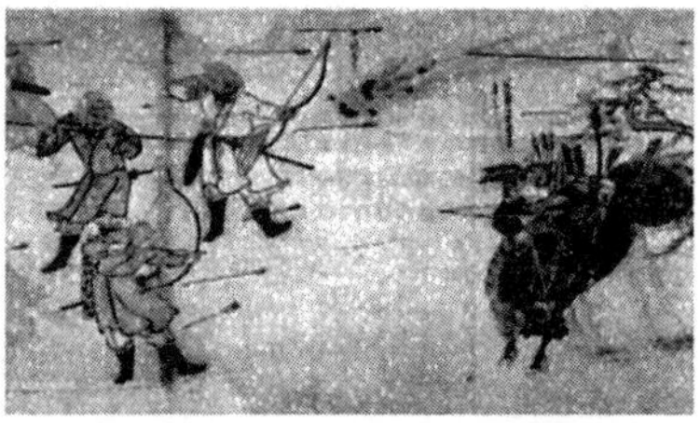

ウ

エ

問５　下線部④が開いた塾として、正しいものを次の中から１つ選び、記号で答えなさい。

ア　慶應義塾　　イ　松下村塾　　ウ　鳴滝塾　　エ　適塾

問６　次の表は、下線部⑤の出来事を古い順に並べたものです。陸奥宗光が領事裁判権の廃止に成功したのは、表中のア～エのどの時期ですか、正しいものを１つ選び、記号で答えなさい。

西南戦争が始まる
ア
ノルマントン号事件がおこる
イ
第１回帝国議会が開かれる
ウ
日露戦争が始まる
エ
韓国併合が行われる

B　次の文章は、2021年開催の東京五輪・パラリンピックの表彰状に使われた美濃和紙についてとりあげた新聞記事です。

⑥東京五輪・パラリンピックの表彰状に使われた「美濃手すき和紙」。選手の名前や記録が刻まれた実物の表彰状が美濃和紙の里会館(美濃市蕨生)で展示されている。(中略)

各部門１～８位の入賞者に贈られた表彰状はＡ３判の透かし入り。美濃手すき和紙協同組合の17工房の職人約40人が総出で作業を進め、予備を含めて２万枚以上を納めた。組合の鈴木竹久理事長は「(中略)技術が世界のアスリートに届けられたことは職人の自信にもなり、関係者に感謝したい」と話す。

(朝日新聞　2022年１月11日朝刊　岐阜版より抜粋)

問７　下線部⑥に関連して、国際連合は、東京五輪・パラリンピックの開催に際し、期間中紛争の休戦を求める決議を採択して、ビデオメッセージを発表しました。国際連合について、以下の問いに答えなさい。

⑴　国際連合のもとで行われている活動の略称として、正しいものを次の中から１つ選び、記号で答えなさい。

ア　ＰＫＯ　　イ　ＮＧＯ　　ウ　ＯＤＡ　　エ　ＮＰＯ

⑵　国際連合では「先住民族の権利に関する国際連合宣言」が採択され、日本でも2008年に「アイヌ民族を先住民族とすることを求める決議案」が国会で可決されました。2020年７月にアイヌ文化の復興などのために北海道白老町につくられた、「民族共生象徴空間」を何といいますか。

問８　和紙作りは日本各地で行われてきた歴史があり、現在も伝統産業として受けつがれています。これに関連して、日本の伝統工芸品とその産地の組み合わせとして、誤っているものを次の中から１つ選び、記号で答えなさい。

ア　津軽塗－青森県　　イ　熊野筆－広島県

ウ　置賜紬－山形県　　エ　九谷焼－佐賀県

Ｃ　日本の紙幣（日本銀行券）は、みつまた、アバカ（マニラ麻）などを原料としています。みつまたの大半は、⑦輸入に頼っており、ネパール産がその多くを占めています。

現在の紙幣の肖像には野口英世、⑧樋口一葉、福沢諭吉が採用されていますが、2024年度には新紙幣となり、その肖像も⑨北里柴三郎、⑩津田梅子、渋沢栄一に変わります。

問９　下線部⑦に関連して、輸出入について、以下の問いに答えなさい。

⑴　自由貿易によって経済をさかんにすることを目的として、環太平洋を中心とする国々で2018年に発足した協定を何といいますか。アルファベットで答えなさい。

⑵　洋紙の原料は主にパルプと古紙です。日本における、パルプのもととなる針葉樹チップの輸入先と、石炭の輸入先を表したグラフにあるＡとＢに入る国の組み合わせとして、正しいものを次の中から１つ選び、記号で答えなさい。

ア　Ａ－アメリカ　　Ｂ－ブラジル　　イ　Ａ－アメリカ　Ｂ－オーストラリア

ウ　Ａ－オーストラリア　Ｂ－ブラジル　　エ　Ａ－ブラジル　Ｂ－オーストラリア

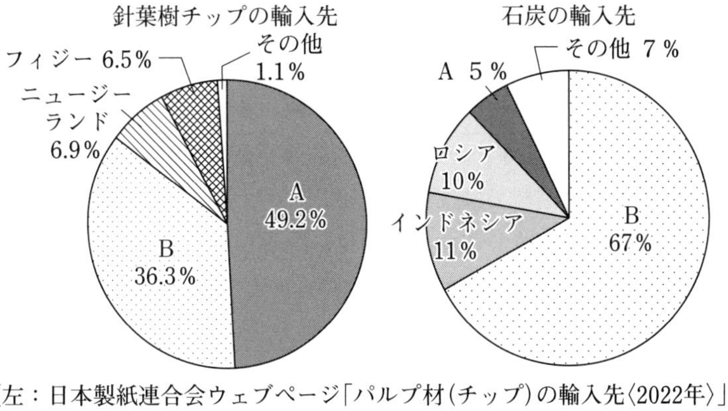

（左：日本製紙連合会ウェブページ「パルプ材（チップ）の輸入先〈2022年〉」、
右：『日本のすがた　2023』より作成）

⑶　近年、日本の木材の輸出額が伸びています。日本の森林について説明した次の文章のうち、誤っているものを１つ選び、記号で答えなさい。

ア　日本の国土面積の約３分の２は、森林におおわれています。

イ　青森県と岩手県にまたがる白神山地は、ブナの原生林で知られています。

ウ　森林には、山崩れや風雪などの災害を防ぐ働きがあります。

エ　森林は雨水を蓄積し、ゆっくりと川に流していく機能があることから緑のダムと呼ばれます。

問10　下線部⑧と下線部⑩の出身地である東京都では2020年に都知事選挙が行われました。これについて、以下の問いに答えなさい。

(1)　あとのグラフは、都知事選挙の年代別推定投票率を表したものです。グラフから読み取れることとして、誤っているものを次の中から１つ選び、記号で答えなさい。

ア　2020年の選挙において、64歳以下の年代別の投票率の比較では、21歳～24歳が最も低く、そこから年齢層が上がるとともに、高くなっています。

イ　2014年の投票率の18歳と19歳がないのは、当時は選挙権年齢が満20歳以上だったからです。

ウ　2016年と2020年の選挙を比較すると、29歳以下の各年代は2016年が、30歳以上の各年代は2020年の方が、それぞれ投票率が低くなっています。

エ　2016年の選挙時に18歳だった人達を含む年代は、2020年の選挙でも50.0％以上の投票率を保っています。

年代別推定投票率（%）

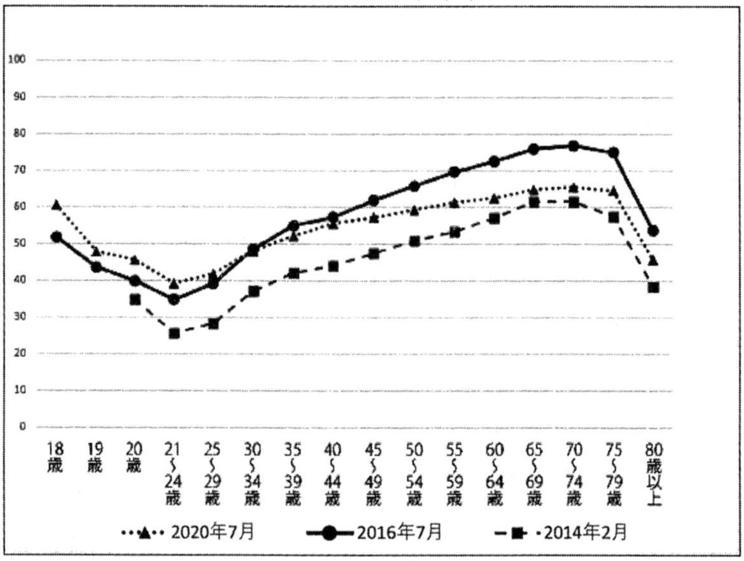

（東京都選挙管理委員会事務局ウェブページ「東京都知事選挙年代別推定投票率グラフ」より作成）

(2)　2020年の都知事選挙では投票率が55.0％でした。このように投票率が低い場合、政治にはどのような影響がありますか。簡単に説明しなさい。

(3)　衆議院議員選挙制度に関する次の文章を読んで、誤っているものを１つ選び、記号で答えなさい。

ア　1890年に行われた第１回総選挙は、納税額を基準とした制限選挙でした。

イ　大正デモクラシーの中、1925年に満25歳以上のすべての男子に選挙権が認められました。

ウ　第二次世界大戦後、1945年に女性にも参政権が認められ、満20歳以上の男女による普通選挙が実現しました。

エ　現在は、投票率をあげる工夫の１つとして、インターネットを利用した投票も認められるようになりました。

問11　下線部⑨に関する以下の問いに答えなさい。

(1)　北里柴三郎の業績として、正しいものを次の中から１つ選び、記号で答えなさい。

ア　黄熱病(おうねつびょう)の研究　　イ　赤痢菌(せきりきん)の発見

ウ　ペスト菌の発見　　エ　『解体新書(かいたいしんしょ)』の出版

(2)　北里柴三郎の出身地である熊本(くまもと)県について説明した次の文章のうち、正しいものを１つ選び、記号で答えなさい。

ア　果物の栽培(さいばい)がさかんで、ももやなし、りんごなどの収穫量(しゅうかくりょう)が全国上位です。この地方で最も広い湖があります。

イ　全国有数の農業県で、トマト、すいか、いちご、いぐさの収穫量が特に多いです。世界最大級のカルデラを持つ活火山があります。

ウ　省庁などの政府機関や大企業の本社が集中しています。人や情報が多く集まるため、出版・印刷業がさかんです。夜間人口よりも昼間人口の方が多くなります。

エ　リアス海岸の地形を活(い)かし、豊後(ぶんご)水道でぶりなどの養殖(ようしょく)がさかんに行われています。県内の各地で温泉が湧(わ)き、源泉の数、湯量ともに全国１位です。

オ　近郊(きんこう)農業がさかんでねぎやさといも、ほうれんそうなどの収穫量は全国有数です。県の西部ではセメント工業がさかんです。

D　次の地図は石州半紙(せきしゅうばんし)の産地である島根(しまね)県浜田(はまだ)市のものです。

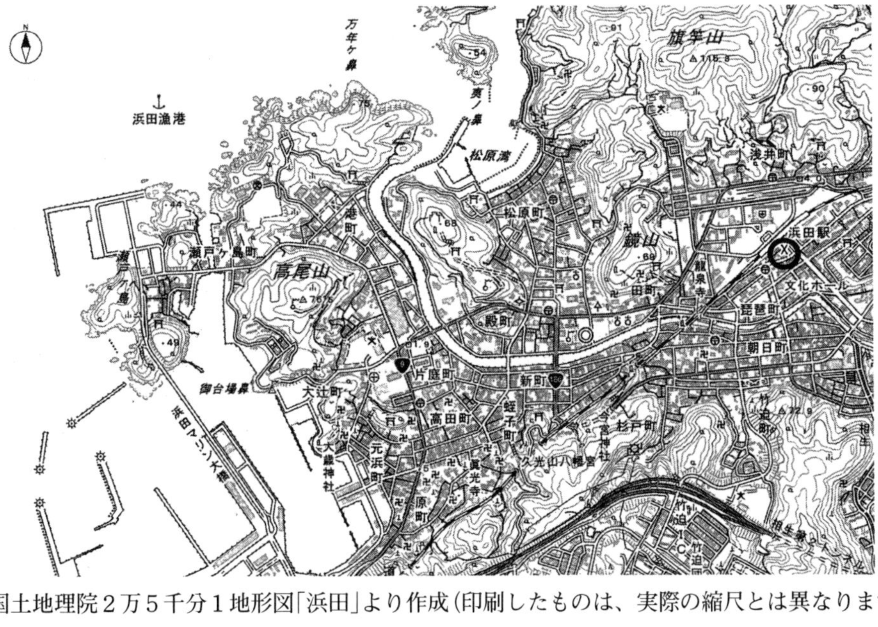

国土地理院２万５千分１地形図「浜田」より作成(印刷したものは、実際の縮尺とは異なります)

問12　地図中の〇で囲まれた地図記号は何を表すものですか。正しいものを次の中から１つ選び、記号で答えなさい。

ア　保健所　　イ　消防署　　ウ　交番　　エ　警察署

問13　浜田駅から市役所までは、２万５千分の１の縮尺の地図では、直線で3.5㎝あります。実際の距離(きょり)は何ｍですか。

問14　この地形図から読み取れることとして、誤っているものを次の中から１つ選び、記号で答えなさい。

ア　旗竿山、鏡山、高尾山の中で最も高いのは旗竿山です。

イ　新町方面から国道を北に向かうと、郵便局のある交差点に出ます。そこを東へ進むと税務署があります。

ウ　浜田マリン大橋の西には、埋め立てによってつくられた防波堤があり、灯台がいくつか見えます。

エ　高田町や原町の周辺には多くの寺院があり、２つの町は国道で結ばれています。

2　次の文章を読み、問いに答えなさい。

地名を見て、なぜこの名前がついたのだろうと、考えたことはありますか。地名の由来には、おもしろいものがたくさんあります。

皆さんが小さな子どもだったころ、「ダイダラボッチ」というお話を聞いたり読んだりしたことがあるでしょうか。東京都世田谷区では次のように伝わっています。

村人が　①名主さんの家に集まって話し合っています。

「②橋をつくるのだが　金左衛門さんは大工さんを　それから　甚兵衛さんは③材木を集めてくださいな」

次の日の朝　金左衛門さんが　名主さんの　家に　走ってきました。

「た、た、た、た……」

「おや　ずいぶん　あわてて　どうしたの」

「た、た、④玉川上水に　新しい橋が　かかっています」

「あんたは　夢でも　みているんでは　ないですか」

「と、と、とんでもない。あるんです　橋が。私は　この目で　たった　今　みてきたんです」

(中略)

「い、い、い、池が一晩で　できたんです」

「池が　一晩で　できるはずが　ないでしょう」

「ほ、ほ、ほ、ほんとうです。私は　この目で　たった今　みてきたんです」

(中略)

「そうか　ダイダラボッチが　橋をかけてくれたのだ。⑤池は足あとだ」

ダイダラボッチを　みた人は　いません。人間と同じ形の大男で　代田橋はダイダラボッチがつくってくれた　という　伝説が　残っています。「代田」という　土地の名も　ダイダラボッチから　きている　と　いわれています。

『世田谷のおはなし３　ダイダラボッチ』より

このお話では現在の世田谷区代田が舞台となっていますが、全国各地に、似たお話が伝えられています。このダイダラボッチのような大男が地形を形成し、地名の由来となるお話は、日本の民俗学の基礎を築いた⑥柳田國男が、「ダイダラボウシの足跡」の中でも紹介しています。ダイダラボッチは、古くは『⑦常陸国風土記』にも登場します。ダイダラボッチが食べた貝を捨てたところが大串⑧貝塚だというのです。

さて、世田谷区の代田橋ですが、この橋は、玉川上水の上にかけられた甲州街道の橋です。近くにはダイダラボッチの足跡とされる窪地があり、⑨江戸時代には底から泉が湧き出ていたそうです。

世田谷区⑩駒沢(こまざわ)にもダイダクボと呼ばれる窪地がかつてあり、これもダイダラボッチの足跡と伝えられていますし、ダイダラボッチが足を浸(ひた)したと伝えられる場所として、⑪相模湾(さがみわん)が出てくるお話もあります。香蘭女学校(こうらんじょがっこう)から近い大田区(おおたく)の⑫洗足池(せんぞくいけ)にも、ダイダラボッチが杖(つえ)をついた跡に水が溜(た)まったところというお話や、足を洗った池というお話も伝わっています。

洗足池の名前の由来としては、（　１　）が現在の⑬山梨県(やまなし)身延山(みのぶさん)から大田区池上(いけがみ)へ移動する途中(とちゅう)に足を洗ったからという説もあります。（　１　）は⑭鎌倉時代(かまくら)に、題目「南無妙法蓮華経(なむみょうほうれんげきょう)」を唱えれば救われると説いた人物です。現在では、洗足池の付近の町名は、⑮北千束(きたせんぞく)や南千束という表記になっています。

地名が変化している地域は各地に見られます。香蘭女学校のある旗の台(はたのだい)は、香蘭女学校が移転してきた時期には荏原区(えばら)平塚(ひらつか)という地名でした。それ以前は、大田区・品川区(しながわ)・目黒区(めぐろ)から世田谷区の一部にかけての一帯は、荏原郡と呼ばれていました。現在も旗の台近辺には荏原町、荏原中延(なかのぶ)など荏原のつく地名がたくさんあります。⑯荏胡麻(えごま)が採れる原が広がっていた地域であったため、そのように呼ばれていたようです。

問１　下線部①に関連して、江戸(えど)時代は「名主」と呼ばれる村役人が中心となって年貢(ねんぐ)を集め、領主に納めていました。年貢の納入や犯罪について、互(たが)いに監視(かんし)しあったり協力しあったりした組織を何といいますか。

問２　下線部②について、日本列島は、多くの橋で結ばれています。次の中から、橋が架(か)かっていない場所を１つ選び、記号で答えなさい。

ア　本州(ほんしゅう)～北海道(ほっかいどう)　　イ　本州～四国(しこく)　　ウ　本州～淡路島(あわじしま)　　エ　本州～九州(きゅうしゅう)

問３　下線部③に関連して、江戸時代、火事の多かった江戸の町では、材木の需要(じゅよう)が高かったといわれています。1657年に江戸城の天守閣(てんしゅかく)を焼失(しょうしつ)させた火事は何と呼ばれていますか。

問４　下線部④は、江戸時代に多摩(たま)から四谷(よつや)までひかれた上水道です。現在、東京の水道は東京都水道局が管理しており、地方自治体が経営する事業の１つとなっています。地方自治について説明した次の文章のうち、誤っているものを１つ選び、記号で答えなさい。

ア　国勢調査(こくせいちょうさ)によって首長の不信任案が可決されます。

イ　議員や首長を直接選挙で選ぶことができます。

ウ　議員や首長のリコールを求めることができます。

エ　都道府県知事の被選挙権年齢(ひせんきょけんねんれい)は満30歳以上です。

問５　下線部⑤に関連して、雨水をためておくために、讃岐平野では古くからため池がつくられていました。次の気温と降水量の表の中から、この平野にある都市として正しいものを１つ選び、ア～エの記号で答えなさい。

	1月	2月	3月	4月	5月	6月	7月	8月	9月	10月	11月	12月	全年
ア	6.7	7.8	11.2	15.8	20.0	23.1	27.0	27.9	25.0	19.9	14.2	8.8	17.3
	59.1	107.8	174.8	225.3	280.4	359.5	357.3	284.1	398.1	207.5	129.6	83.1	2666.4
イ	-0.4	0.4	4.3	10.6	16.4	20.4	24.3	25.4	21.0	14.4	7.9	2.3	12.3
	54.6	49.1	60.1	56.9	69.3	106.1	137.7	111.8	125.5	100.3	44.4	49.4	965.1
ウ	5.9	6.3	9.4	14.7	19.8	23.3	27.5	28.6	24.7	19.0	13.2	8.1	16.7
	39.4	45.8	81.4	74.6	100.9	153.1	159.8	106.0	167.4	120.1	55.0	46.7	1150.1
エ	7.8	8.9	12.1	16.4	20.3	23.2	27.3	27.6	24.7	20.0	14.7	9.7	17.7
	72.7	95.8	155.7	194.5	227.6	516.3	339.3	275.5	370.9	196.7	105.7	74.9	2625.5

上段は平均気温(℃)、下段は降水量(㎜)。全年は年平均気温、年降水量を表す。
(『日本国勢図会 2022/23』より作成)

問６　下線部⑥は、明治８(1875)年に生まれ、昭和37(1962)年に亡くなった民俗学者です。彼の生きた時代に起こった出来事を年代の古い順に並べたものとして、正しいものをア～エから１つ選び、記号で答えなさい。

A　関東大震災が起こりました。
B　第一次世界大戦が始まりました。
C　昭和天皇が即位しました。
D　世界恐慌が始まりました。
E　日比谷焼き打ち事件が起こりました。

ア　E→B→A→C→D　　イ　B→E→C→D→A
ウ　D→B→E→C→A　　エ　C→A→D→E－B

問７　下線部⑦とは、現在の茨城県ほぼ全域をさす旧国名です。茨城県に関する以下の問いに答えなさい。

(1)　茨城県には火力発電所や原子力発電所があります。発電所に関する説明文として、誤っているものを次の中から１つ選び、記号で答えなさい。
ア　原子力発電所は、冷却水として海水を利用するため沿岸部に多く分布しています。
イ　火力発電所は、燃料がタンカーで運ばれてくるため沿岸部に多く分布しています。
ウ　水力発電所は、海の波の力を利用するため沿岸部に多く分布しています。
エ　地熱発電所は、地中の熱エネルギーを利用するため火山の近くに多く分布しています。

(2)　茨城県が年間生産量第１位の作物を次の中から１つ選び、記号で答えなさい。
ア　ピーマン　　イ　だいこん　　ウ　てんさい　　エ　さつまいも

(3)　茨城県霞ヶ浦付近では、古くから水とかかわりの深い生活が営まれています。このような利根川下流域にある低湿地帯を何と呼びますか。

問８　下線部⑧について、大森貝塚を発見した人物の名前を答えなさい。

問９　下線部⑨に関連して、江戸時代はリサイクルが一般的な社会でした。現在でもリサイクル(再利用)を含む３Ｒの生活スタイルがすすめられています。３Ｒのうち、再使用を意味する言葉をカタカナで答えなさい。

問10　下線部⑩は、1964年のオリンピックの際、会場となりました。この時期のことについて以下の問いに答えなさい。

(1)　このオリンピックが開催されたのは日本の経済成長が著しい時期です。この成長が終了したきっかけは何ですか、漢字４文字で答えなさい。

(2)　経済成長の裏では公害の問題も起こっていました。四大公害病のうち、工場から流れ出たカドミウムが原因で起こった公害病は何ですか。

問11　下線部⑪について述べたものとして、正しいものを次の中から１つ選び、記号で答えなさい。

ア　沿岸には製鉄所と石油化学コンビナートがあります。

イ　利根川から養分が流れ込み、豊かな漁場です。

ウ　鎌倉彫や箱根寄木細工などの伝統工芸品の産地が近くにあります。

エ　今治タオルに代表される繊維産業がさかんな都市があります。

問12　下線部⑫には、江戸時代末期に活躍した勝海舟の墓所があります。勝海舟は、新政府のある人物と交渉し、江戸城を明けわたしました。このある人物とは誰ですか。

問13　下線部⑬にある甲府盆地について、以下の問いに答えなさい。

(1)　甲府盆地は、果物の栽培がさかんです。日本の果物に関する説明として、誤っているものを次の中から１つ選び、記号で答えなさい。

ア　果物全体の国内消費量は増加しており、それに伴い輸入量も増加しています。

イ　レモンは輸入の多い果物ですが、広島県や愛媛県で生産が増えています。

ウ　オレンジの輸入量が増え、国内のみかんの生産に影響を及ぼしています。

エ　甲府盆地は、ぶどうやももの生産量が極めて多いです。

(2)　甲府盆地でいくつかの川が合流し、静岡県へ流れていきます。三大急流の１つに数えられているその川は何ですか、次の中から１つ選び、記号で答えなさい。

ア　信濃川　　イ　天竜川　　ウ　富士川　　エ　最上川

問14　下線部⑭について、以下の問いに答えなさい。

(1)　鎌倉時代についての記述として、正しいものを次の中から１つ選び、記号で答えなさい。

ア　幕府の政治は、将軍のもとで老中が中心となって行いました。

イ　紫式部や清少納言らが、天皇の后に仕え、優れた文学作品を書きました。

ウ　当時の中国と勘合貿易がさかんに行われ、中国からは銅銭などが輸入されました。

エ　後鳥羽上皇が承久の乱を起こして敗れ、上皇は隠岐に流されました。

⑵　鎌倉時代に建てられた建築物として、正しいものを次の中から１つ選び、記号で答えなさい。

ア

イ

ウ

エ

問15　下線部⑮の「千束」は古代の税制に関係のある言葉です。2023年10月１日から導入された、消費税の納税額を正確に把握(はあく)するための、新しい制度を答えなさい。

問16　下線部⑯を加工してできる製品を、次の中から１つ選び、記号で答えなさい。

ア　織物　　イ　漆器(しっき)　　ウ　染料(せんりょう)　　エ　油

問17　文中の(　１　)に当てはまる人物を答えなさい。

問18　2020年以降、世田谷区や大田区をはじめ、デジタル地域通貨を採用(さいよう)する地方自治体が増えました。デジタル地域通貨とは、特定の地域の買い物を電子決済(けっさい)できるサービスです。この採用の目的を２つ考え、説明しなさい。

実践女子学園中学校（第１回）

—理科と合わせて50分—

注意　特別な指示のない限り、漢字で書くべきところは漢字で答えなさい。

[1]　水はさまざまな地形や産業と関わりを持っています。水と産業との関わりについて、あとの問いに答えなさい。

(1)　雨として降った水は、河川をつくり山地をけずって、さまざまな地形をつくり出します。図１の点線で囲まれた部分では、どのような土地の利用が見られますか説明しなさい。

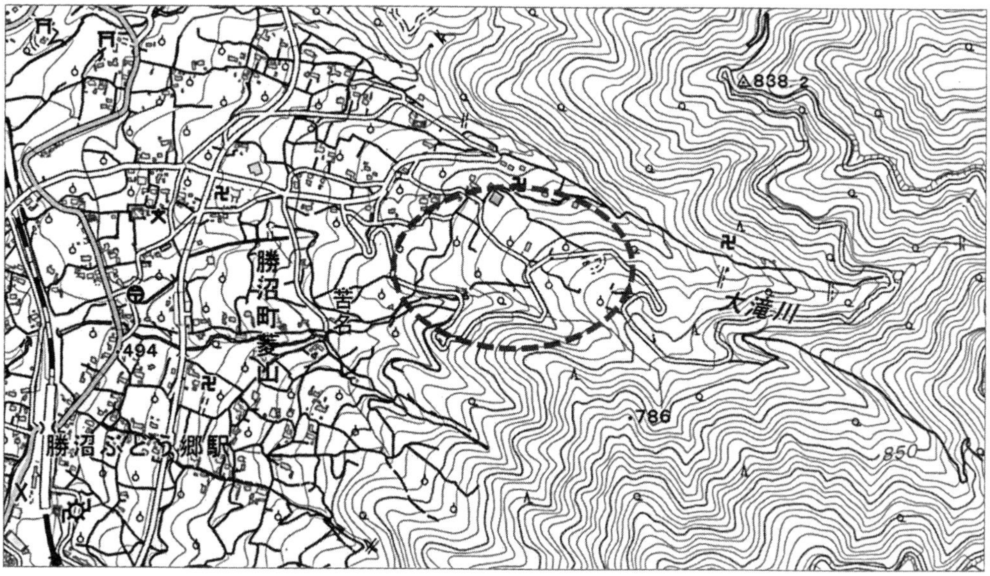

図１

(2)　図２は、森林の役わりについて説明したものです。これについて次の説明文を読み、あとの問いに答えなさい。

〔説明文〕

森林があると、木の根が張るので雨水をためるダムのようなはたらきをし、雨水を少しずつ下流へ流してくれます。森林がないと①<u>大雨のときに災害が起こることもあります</u>。また、森林が作るきれいな水は、川を通って豊かな海を作り、水辺の生き物たちを育ててくれます。②<u>森林を守ること</u>は、豊かな川や海を守ることにもつながるのです。

問１　下線部①について、どのような災害が起こると考えられますか。あとの図２を参考に次のア～エから１つ選び、記号で答えなさい。

ア　土砂くずれ　　イ　洪水　　ウ　雪崩（なだれ）　　エ　火砕流（かさいりゅう）

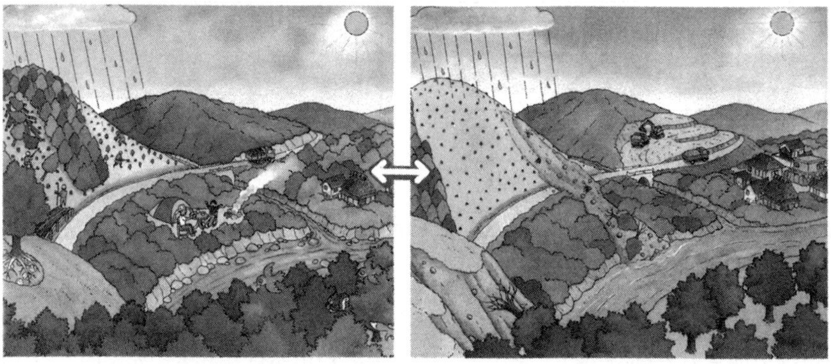

森林がある場合　　森林がない場合

図２

問２　下線部②について、森林保護の運動の１つでもある、募金などで土地を買い取り、森林などの自然を保護する活動を何といいますか、「～運動」の形にあわせて答えなさい。

(3)　日本の農業について、あとの問いに答えなさい。

問１　次のア～エの写真は、稲作のようすを表したものです。これらを米づくりの順番になるよう並びかえ、記号で答えなさい。

ア

イ

ウ

エ

問２　岩手県出身の作家宮沢賢治の代表作『雨ニモマケズ』には、「寒さの夏は　オロオロ歩き」という部分があります。「寒さの夏」になることがあるのは、太平洋側には、冷たくしめった北東からの風が吹くからです。この風を何といいますか、答えなさい。

問３　稲作が盛んな平野と河川の組み合わせとして正しいものを、次のア～エから１つ選び、記号で答えなさい。

ア　高知平野－球磨川　　イ　庄内平野－最上川

ウ　濃尾平野－信濃川　　エ　秋田平野－石狩川

⑷　淡水湖ではないものを、図４の地図の中のア～エから１つ選び、記号で答えなさい。

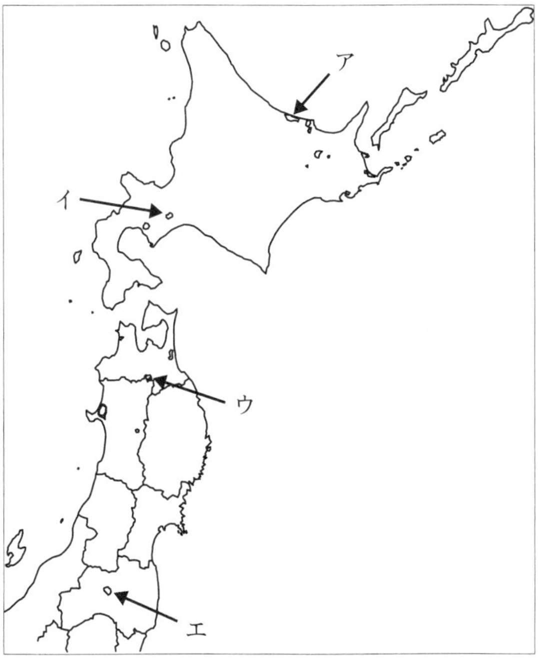

図４

⑸　河口・海岸にみられる地形について、あとの問いに答えなさい。

問１　河川が海へと流れる河口では、三角州という川にはさまれた平らな土地が広がります。この地形の説明として正しいものを、次のア～エから１つ選び、記号で答えなさい。

ア　川が運んだ栄養分の豊かな土を利用して、水田が広がっている。

イ　川が近く、防災上危険であるので、集落(住宅地)は見られない。

ウ　水をはい水して、ピーマンやキュウリなどの畑作を行っている。

エ　土地の標高が低いので、水はけもよく、レンコンの栽培に適している。

問２　山地が海にしずむと、図５のような複雑に入り組んだ海岸線がみられます。このような海岸の地形を何といいますか、答えなさい。

図５

(6)　海と水産業について、あとの問いに答えなさい。

問１　1970年代以降、次の表１に見られるように、当時日本の漁業の中心であった遠洋漁業はすい退していきました。理由には、魚などの水産資源や天然ガス・石油などの鉱産資源を利用できる海の範囲が定められたことがあります。この海の範囲を何といいますか、答えなさい。

表１

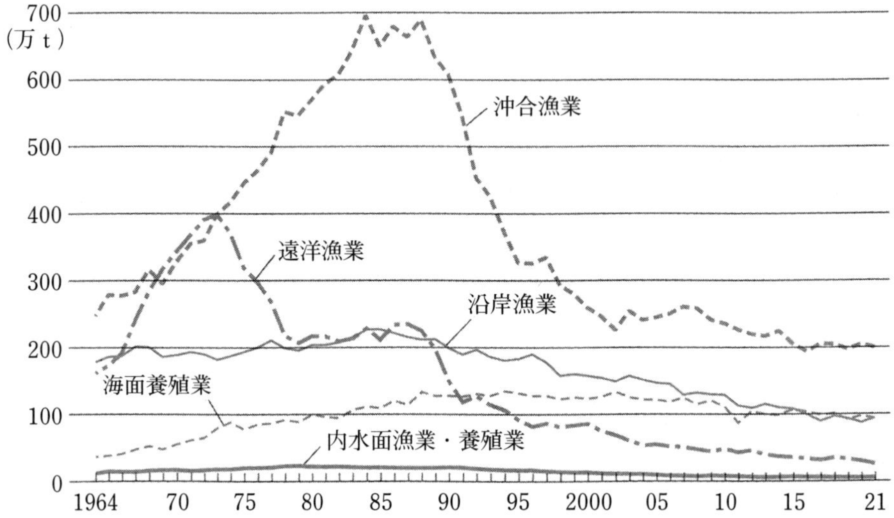

問２　近年の漁業をとりまく環境の変化や、漁かく量の減少を受けて、とる漁業から、人の手をかける漁業へと変わってきています。こうした最近の漁業を何といいますか、「□□□漁業」の形にあわせて答えなさい。

(7)　次の雨温図は、地図中Ａ・Ｂの地点のものです。雨温図の点線部分に注目して、Ａ・Ｂそれぞれの気候の特徴を「Ａの地点では、～。」、「Ｂの地点では、～。」の形に合うように説明しなさい。

A

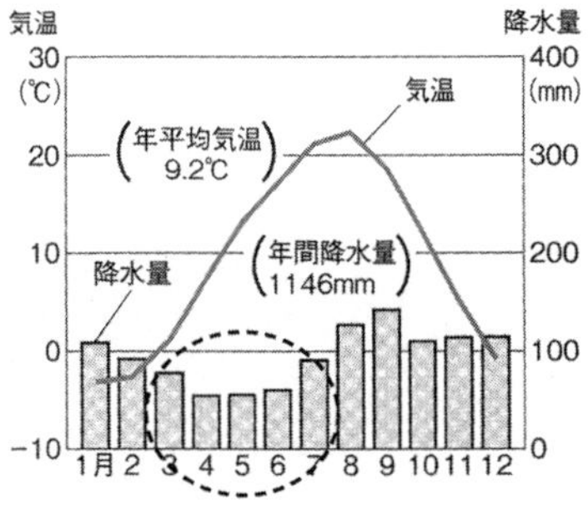

B

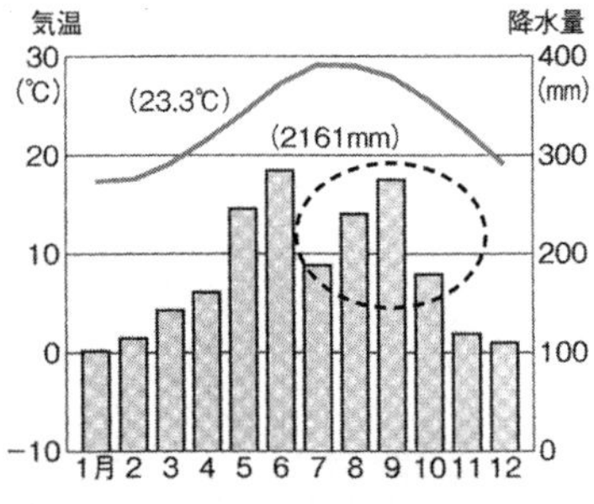

A
B

2　中学生のアキさんの家では、春休みに大阪に家族旅行を計画しています。アキさんは、行く場所やルートについて、大学で歴史を学んでいる従姉(いとこ)のサクラさんに相談することにしました。以下の会話文と資料を見て、あとの問いに答えなさい。

アキ：サクラちゃん、こんにちは。今日は相談に乗ってもらいたいことがあるの。
サクラ：こんにちは、アキちゃん。あら、そのリュックについている①埴輪(はにわ)のマスコットは、去年一緒(いっしょ)に奈良に旅行したときに買ったものかしら。
アキ：そうよ。とても気に入っているの。サクラちゃんのペンケースも、②奈良で買ったものでしょう。
サクラ：よく覚えていたわね。ところで、相談って何かしら。
アキ：今年の家族旅行は大阪に行くことになったのだけれど、サクラちゃん、おすすめの場所を教えて。

(1)　下線部①について、埴輪がさかんにつくられた時代に関係が深いものを、次のア～カから２つ選び、記号で答えなさい。

ア

イ

ウ

エ
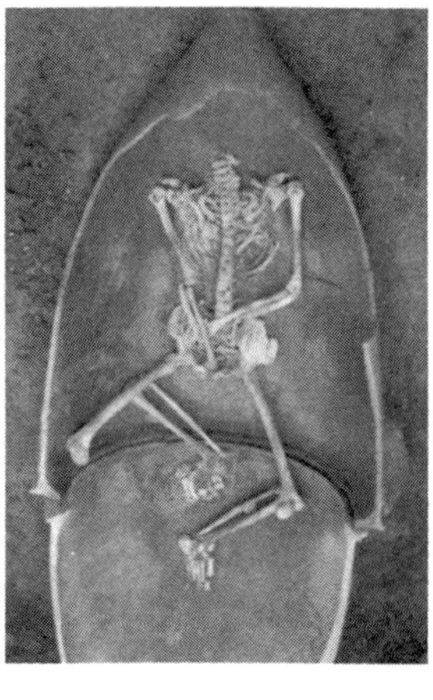

オ

カ
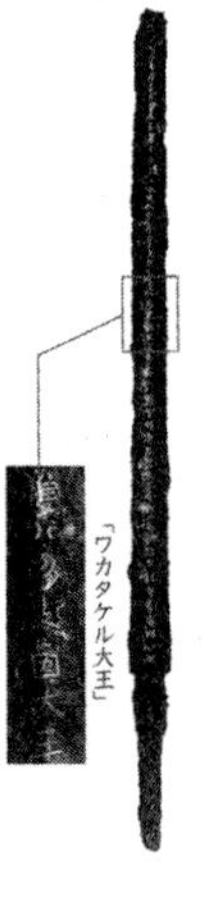

⑵　下線部②について、アキさんは奈良時代についてまとめた中学校の授業のノートを見直してみました。このノートの空らん［　1　］〜［　3　］にあてはまる言葉を答えなさい。

【アキさんのノート】

＜奈良時代の文化　天平文化＞

←東大寺の正倉院倉庫

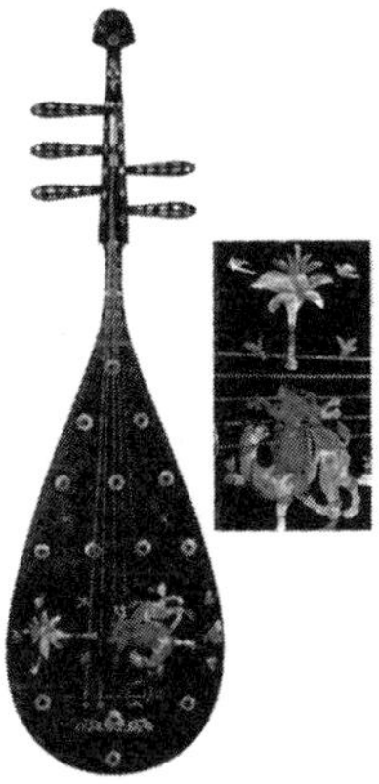

［ フタコブラクダ（中国〜モンゴル）
［ ナツメヤシ（イラン・イラクなど　西アジア）

⇩

西アジアやインドから［　1　］という交易路を通って中国にもたらされた。

⇩

遣唐使が日本に持ち帰る。

●国家のしくみが整ってくると歴史を記録するようになり、『［　2　］』や『日本書紀』がつくられる。

●和歌集の『［　3　］』には、天皇や貴族から農民の和歌まで4500首がおさめられる。（防人の歌も）

アキ：大阪から③京都にも足を伸ばそうという話も出ているから、とっても楽しみ。私は、宇治の④平等院に行ってみたいの。

サクラ：あら、すてきね。ところで大阪へは新幹線で行くのかしら、それとも飛行機かしら。

アキ：新幹線の予定よ。

サクラ：それなら、学校で使っている地図帳を持って行くと楽しいと思うわ。自分がいるところを地図上で追いながら進んでいくと、気づくことがたくさんあるのよ。例えば新横浜を出発して、小田原にさしかかると、⑤石橋山の戦いの跡が近くにあるわ。小田原から熱海のあたりでは⑥相模湾(さがみわん)が見えるのよ。

(3)　下線部③について、京都が都であった期間として正しいものを、次のア～カから１つ選び、記号で答えなさい。

ア　710年～1192年　　イ　710年～1333年　　ウ　710年～1869年

エ　794年～1192年　　オ　794年～1603年　　カ　794年～1869年

(4)　下線部④について、平等院の鳳凰堂(ほうおうどう)が建てられたころのこととして正しいものを、次のア～エから１つ選び、記号で答えなさい。

ア　人々は、この世が終わってしまうのではないかという不安から、念仏をとなえて阿弥陀仏(あみだぶつ)にすがった。

イ　かな文字を使って女性が文学作品をつくるようになり、藤原道長の娘に仕えた清少納言は『枕草子(まくらのそうし)』を書いた。

ウ　貴族は、広い庭や池のある書院造の大きな屋敷(やしき)でくらし、和歌をよんだり蹴鞠(けまり)や乗馬をしたりしていた。

エ　千歯こきなどの新しい農具が発明され、都市を中心にさまざまな商業や手工業がさかんになった。

(5)　下線部⑤は、源氏と平氏の戦いの１つです。このころに関する次の文章の空らん（ ４ ）～（ ６ ）にあてはまる言葉を、あとのア～キからそれぞれ選び、記号で答えなさい。

> 武士は、一族のかしらを中心に（ ４ ）をつくりました。特に力を持つようになった源氏と平氏は、朝廷や貴族の政治の実権をめぐる争いに巻きこまれて戦いました。保元の乱・平治の乱に勝利した（ ５ ）は、太政大臣になって朝廷の中で力を持つようになり、政治を思うままに動かすようになったため、貴族や他の武士たちの間で不満が高まっていきました。伊豆に流されていた源頼朝は、伊豆の武士の（ ６ ）氏や東国の武士たちと協力して平氏と戦い、壇ノ浦で滅ぼしました。
>
> 源頼朝は鎌倉を本拠地として政治を行いましたが、源氏の将軍は３代で絶え、その後幕府の政治は、執権の職についた（ ６ ）氏の一族に引きつがれました。

ア　軍団　　イ　平将門　　ウ　武士団　　エ　足利

オ　和田　　カ　北条　　キ　平清盛

(6)　下線部⑥について、あとの問いに答えなさい。

問１　今から101年前に相模湾の北西部を震源(しんげん)とする大地震がおこって大きな被害が出ましたが、この地震を何とよびますか。

問２　地震のほか、火山や台風などの防災情報の提供を担当している官公庁はどこですか、「～庁」の形にあわせて答えなさい。

サクラ：大阪に行くなら、大阪城がおすすめよ。大阪城は、誰が建てたか覚えているかしら。

アキ：豊臣秀吉(ひでよし)だったわ。⑦徳川家康が大阪城をせめて、豊臣氏を滅ぼしたのよね。

サクラ：新幹線で名古屋を出発したあと、⑧関ヶ原を通過するのよ。これも地図帳で確認して、見のがさないようにしてね。新幹線は、乗っていてとても楽しいのよ。

アキ：沿線には、社会科の授業で学んだものがたくさんあるのね。

(7)　下線部⑦について、徳川家康に始まる江戸時代のこととしてまちがっているものを、次のア～エから１つ選び、記号で答えなさい。

ア　徳川家康は、全国の大名を親藩・譜代・外様に分け、その配置を工夫した。

イ　大名は、領地と江戸とを行き来する参勤交代で多くの出費をしたほか、江戸城の改修や河川の工事の費用も負担させられた。

ウ　人々は歌舞伎などの芝居や人形浄瑠璃(じょうるり)を楽しんだが、それは多くの人が文字を読めなかったためである。

エ　徳川家康は、初めは外国との貿易を盛んにしようとして、大名や商人に貿易を行うための許可状を与えていた。

(8)　下線部⑧について、関ケ原の戦いがあったのはどこですか、次のア～オから１つ選び、記号で答えなさい。

ア　静岡県　　イ　愛知県　　ウ　岐阜県　　エ　滋賀県　　オ　京都府

ア　キ：あとは大仙古墳に行ってみたいわ。⑨ユネスコの世界遺産にもなっているし、絶対に見たいの。

サクラ：うふふ。近くまでは行けるけれど、残念ながら大きすぎて形はわからないのよ。⑩ユネスコと言えば、実践女子学園中学校はユネスコスクールに認定されているのでしょう。

ア　キ：10月の国際ガールズデーでは、お金がないとか女の子は勉強する必要はないという考えで学校に通えていない女の子が世界にはたくさんいるという話を聞いたの。すべての女性や女の子に対するかたよった見方や差別をなくすことは、国際社会が目指していくべき⑪SDGsにも掲げられているって、未来デザインの授業でも聞いたわ。

サクラ：いろいろな取り組みをしているのね。すてきな学校ね。

(9)　下線部⑨について、右の写真はユネスコの世界遺産の１つです。これに関する次の文章の空らん(　７　)・(　８　)にあてはまる言葉を答えなさい。(　９　)は、日付を「西暦～年～月～日」の形にあわせて答えなさい。

アメリカ軍による(　７　)では、軍事施設や工場だけでなく住宅地にも焼夷弾(しょういだん)が落とされ、東京や大阪をはじめ多くの都市が焼け野原になりました。また、アメリカ軍が(　８　)島に上陸すると、今の中学生や高校生くらいの生徒も動員されて、悲惨(ひさん)な地上戦が行われました。

多くの犠牲(ぎせい)が出ても戦争をやめない日本に、世界で初めて原子爆弾が落とされたのは、(　９　)のことでした。原子爆弾によって、一瞬(しゅん)にして何万人もの命がうばわれ、まちは吹き飛んでしまいましたが、写真の建物は奇跡的に残りました。そして今なお、私たちに多くのことを語ってくれています。

⑽　下線部⑩について、ユネスコが所属する、世界の平和と安全を守るための国際機関の名称を答えなさい。

⑾　下線部⑪について、次のロゴは、「男女平等を実現し、すべての女性や女の子に対する差別をなくしてその能力を伸ばすことを目指して作られた目標」を表しています。ロゴの中の空欄［　　　］に入る言葉は何ですか、答えなさい。

品川女子学院中等部(第１回)

―理科と合わせて60分―

1　次の文章を読み、あとの問いに答えなさい。

人々は古くから、集まって暮らし、集落を形成してきました。集落には、村落と都市があります。村落では、おもに①農業・漁業などが行われるため、立地条件は自然環境(かんきょう)に大きく左右されます。例えば、農業には多くの水が欠かせないため、②川のほとりに村落が形成されました。

都市には③工業や、商業といった産業が発達し、多くの人が集まっています。中には人口100万人を超(こ)す、④百万都市といわれるような大都市があります。

都市が発展し、都市間の⑤交通網(もう)が発達し続ける一方で、⑥都市と村落との経済面や交通面での格差の拡大が問題となっています。そのような中で急速に進む⑦通信網の発達が、格差解消のきっかけになると期待されています。

問１　下線部①に関連して、各問いに答えなさい。

(1)　日本各地で地域の特性に合わせた農業が行われています。大都市周辺で行われている農業を何といいますか。漢字で答えなさい。

(2)　次の表中ア～エは、東京都、愛知県、宮崎県、沖縄県のいずれかの産業別人口割合(2020年)を示しています。宮崎県にあてはまるものを、ア～エより一つ選び、記号で答えなさい。

	ア	イ	ウ	エ
第一次産業	3.9%	0.4%	1.9%	9.8%
第二次産業	14.4%	15.0%	32.4%	20.7%
第三次産業	81.7%	84.6%	65.7%	69.5%

(総務省統計局webページより作成)

問２　下線部②に関連して、次の地形図を見て、各問いに答えなさい。

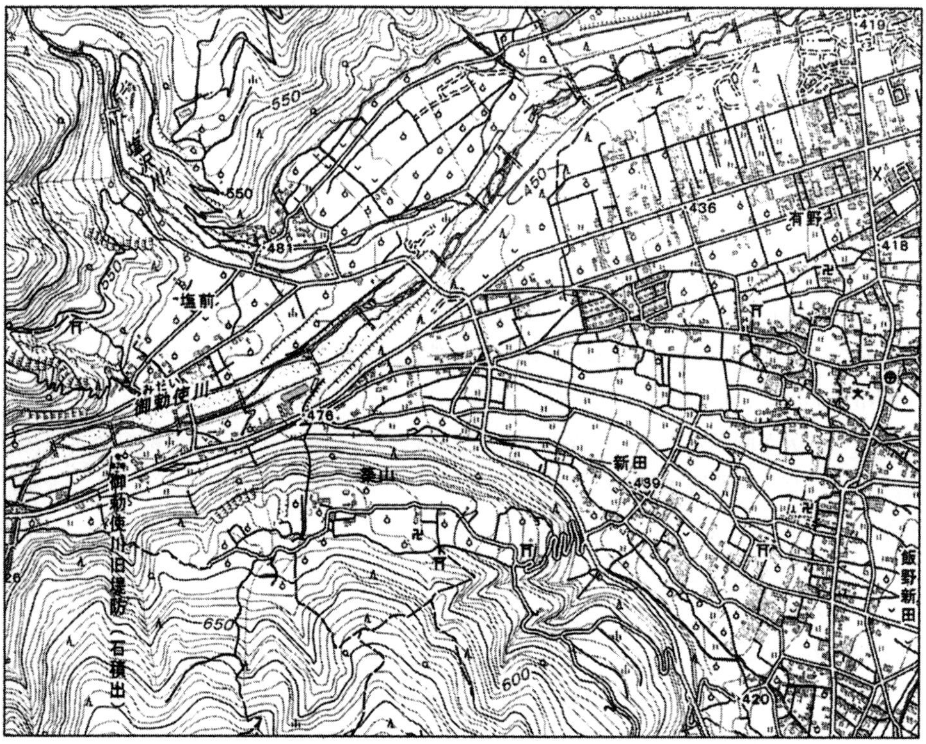

(国土地理院発行　25000分の１地形図『小笠原』一部修正)

⑴　この地形図は山梨県の一部を示したものです。この地形図中には、川が山間部から平地に流れ出た所に、水の流れによってつくられた傾斜(けいしゃ)のゆるやかな地形が広がっています。このような地形の名前を何といいますか。漢字で答えなさい。

⑵　この地形図に見られるように、山梨県には多くの果樹園があります。山梨県が日本一の生産量をほこるものを、次のア〜エより一つ選び、記号で答えなさい。

ア　もも　　イ　さくらんぼ　　ウ　メロン　　エ　かき

問３　下線部③について、各問いに答えなさい。

⑴　次の地図中Ａ〜Ｄの４つの都市では、共通の工業が発達しています。その工業を、あとのア〜エより一つ選び、記号で答えなさい。

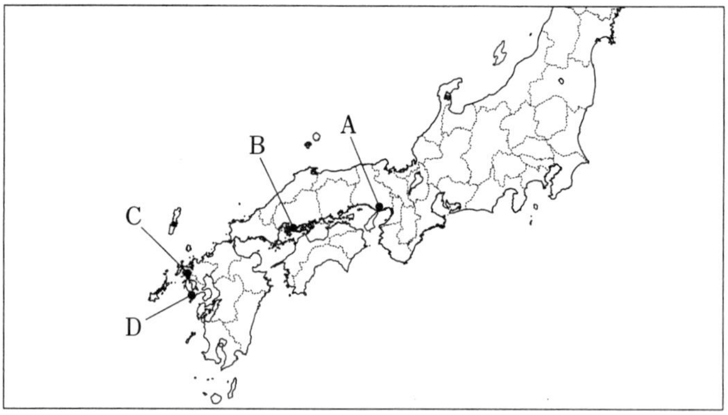

ア　自動車産業　　イ　造船業　　ウ　石油化学工業　　エ　製紙・パルプ工業

(2)　生産過程で、部品を作る工場と部品を組み立てる工場が分かれていることがあります。この２つの工場が遠く離れている場合と比べ、近くにある場合に考えられる長所を一つ答えなさい。

問４　下線部④に関連して、各問いに答えなさい。

(1)　次のA～Cは、それぞれ異なる百万都市について述べた文章です。あとの地図中ア～コより、あてはまるものを一つずつ選び、記号で答えなさい。

A　明治時代に開拓使が置かれてから発展した計画都市である。中心部の道路は碁盤の目のように区画されている。

B　「杜の都」とよばれ、夏に行われる七夕祭りが知られている。

C　東京23区の次に人口が多い都市である。臨海部には再開発が進められている地区がある。

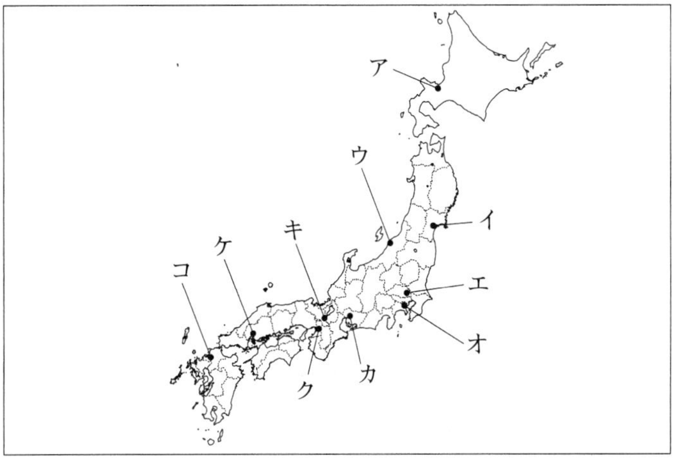

(2)　人口50万人以上で、都道府県なみの特別な権限を持ち、区が設置されている都市を政令指定都市といいます。これに**あてはまらないもの**を、次のア～エより一つ選び、記号で答えなさい。

ア　堺市　　イ　静岡市　　ウ　松山市　　エ　熊本市

問５　下線部⑤について、2030年頃リニア中央新幹線の一部が開通する予定です。通過する都道府県として**間違っているもの**を、次のア～エより一つ選び、記号で答えなさい。

ア　山梨県　　イ　静岡県　　ウ　長野県　　エ　埼玉県

問６　下線部⑥に関連して、現在日本の国土面積の約６割が過疎地域となっています。過疎地域の地方公共団体が、人口を増やすために行っている政策を一つあげなさい。

問７　下線部⑦について、次の文X・Yの正誤の組み合わせとして正しいものを、あとのア～エより一つ選び、記号で答えなさい。

X　現在、国内全ての飲食店で電子マネーを利用した決済をすることができる。

Y　現在、固定電話よりも携帯電話の契約者数が多い。

ア　X：正　Y：正　　イ　X：正　Y：誤

ウ　X：誤　Y：正　　エ　X：誤　Y：誤

問８　都市によってさまざまな気候の違いが見られます。次のア～エは、盛岡市、新潟市、岡山市、高知市のいずれかの気温と降水量を示した図(雨温図)です。高知市のものを選び、記号で答えなさい。

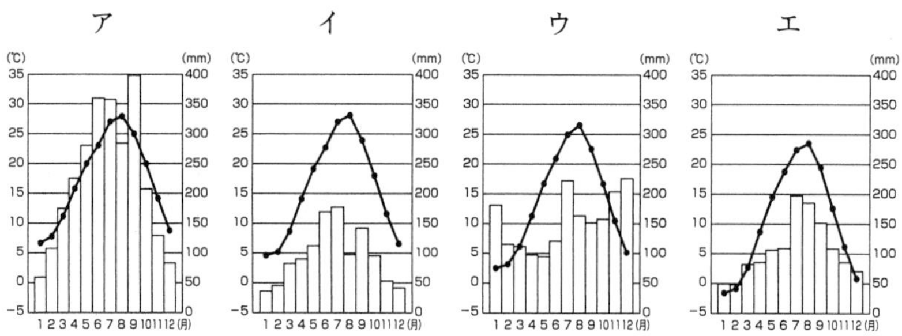

（気象庁webページ統計資料より作成）

問９　次の地形図は宮崎市の一部を示したものです。この地形図を見て、各問いに答えなさい。

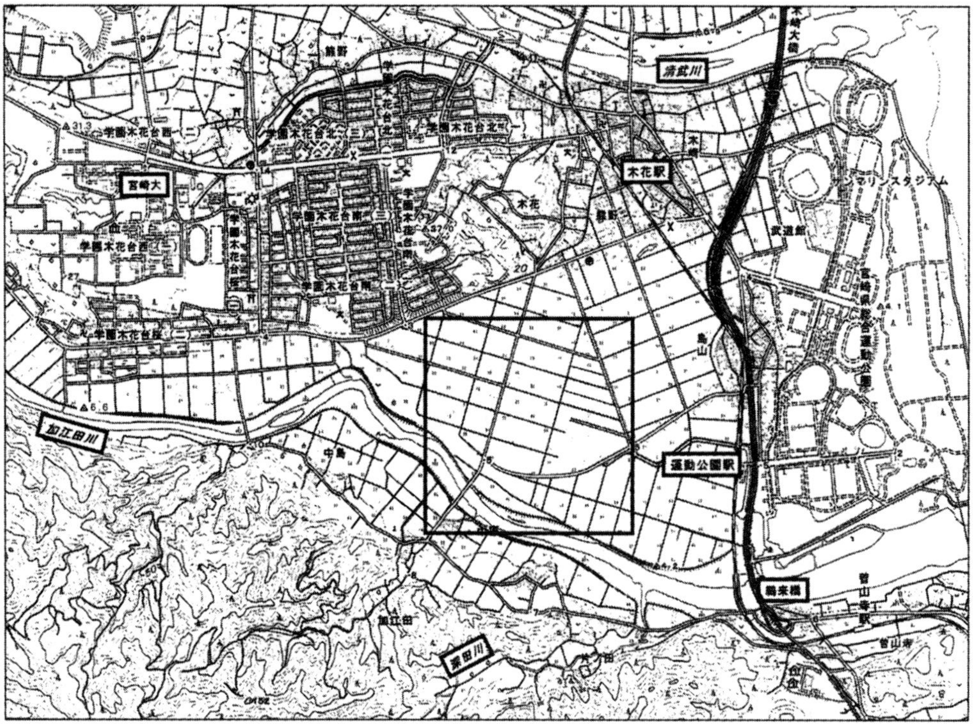

（国土地理院発行　25000分の１地形図「日向青島」一部修正）
（編集部注：実際の入試問題の地形図を縮小して掲載しています。）

(1)　地形図から読み取れることとして正しいものを、次のア～エより一つ選び、記号で答えなさい。

ア　「清武川（きよたけ）」の左岸には、荒（あ）れ地は見られない。

イ　南北に通っているＪＲ線は３本の川を渡（わた）っている。

ウ　「宮崎大」と「加江田川（かえだ）」には、10ｍ以上の標高差がある。

エ　「運動公園駅」の真東には税務署がある。

(2)　地形図中に太枠（わく）で描（か）いた正方形は、一辺が３㎝ずつあります。実際の面積は何㎢ですか。次のア～エより一つ選び、記号で答えなさい。

ア　0.5625㎢　　イ　5.625㎢　　ウ　0.225㎢　　エ　2.25㎢

(3)　Ａ子さんは宮崎市を訪れ、この地形図をもとに地域を調査しました。この地形図に関する次の文章の（　Ａ　）、（　Ｂ　）にあてはまる語句の組み合わせとして正しいものを、あとのア～エより一つ選び、記号で答えなさい。

「木花駅」周辺は、学校などのさまざまな建造物が見られるが、南部の「運動公園駅」周辺には(Ａ)が多く見られる。「鵜来橋」を南へ渡ると(Ｂ)がある。

ア　Ａ：水田　Ｂ：図書館　イ　Ａ：水田　Ｂ：老人ホーム
ウ　Ａ：畑　Ｂ：図書館　エ　Ａ：畑　Ｂ：老人ホーム

② 歴史上のできごとで子どもに関連したものを取り上げたＡ～Ｈの文章を読み、問いに答えなさい。

Ａ　右の写真は、縄文時代の地層から出土したものです。うすくのばした粘土に２～３歳くらいの子どもの足を押し当てて型をとったものです。他に手形を取ったものもあります。成長記録のようなものかもしれません。

(ColBase(https://colbase.nich.go.jp/collection_items/tnm/J-38391?locale=ja)より

問１　Ａに関連して、縄文時代に安産などの願いをこめてつくられた、土製の人形を何といいますか。漢字で答えなさい。

Ｂ　672年、天智天皇のあとつぎを巡って天皇の子と弟が争い、その結果弟が勝利しました。

問２　Ｂについて、この争いを何といいますか。

問３　Ｂに関連して、右の地図中ア～エは７世紀から８世紀にかけてつくられた都の位置を示したものです。それぞれの都の位置、名前、そこに都を移した天皇の組み合わせとして正しいものを、次の表中ア～エより一つ選び、記号で答えなさい。

都の位置	都の名前	天皇
ア	平安京	桓武天皇
イ	大津宮	元明天皇
ウ	藤原京	持統天皇
エ	平城京	天武天皇

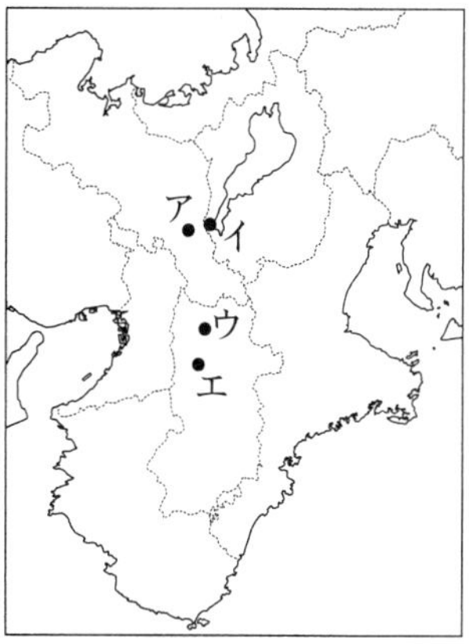

(地図中の点線は、現在の県境を示しています。)

Ｃ　９世紀から11世紀前半を中心に藤原氏の力が拡大しました。特に藤原道長は政治の実権をにぎるために、４人の娘を相次いで天皇に嫁がせました。

問４　Ｃに関連して、各問いに答えなさい。

⑴　９世紀に起きたできごととして正しいものを、次のア～エより一つ選び、記号で答えなさい。

ア　平将門が反乱を起こした。　イ　菅原道真が遣唐使の停止を提言した。
ウ　白河上皇が院政を始めた。　エ　法然が浄土宗をひらいた。

⑵　娘を天皇に嫁がせることが政治の実権をにぎることにつながるのはなぜですか。その理由を説明しなさい。

D　1185年、壇ノ浦の戦いで平氏は源氏に敗れ、幼い安徳天皇も祖母に抱かれ海へ身を投げました。

問５　Dのできごとの後に源頼朝は、各地を治めるために守護や地頭を置きました。守護と地頭の役割を述べた次の文X・Yについて、正誤の組み合わせとして正しいものを、あとのア～エより一つ選び、記号で答えなさい。

X　国ごとに置かれた守護の仕事の一つに、年貢の取り立てがあった。

Y　承久の乱の後、地頭は上皇側についた貴族や武士の土地にも置かれた。

ア　X：正　Y：正　　イ　X：正　Y：誤

ウ　X：誤　Y：正　　エ　X：誤　Y：誤

E　室町時代に活やくした雪舟には、幼い頃から絵の才能があったことを表す話が残っています。

雪舟は幼い頃より僧になる修行をするため寺に預けられていましたが、あまり修行に熱心ではなく、あるとき怒った住職によって寺の柱にくくりつけられてしまいました。夕方になって住職が本堂をのぞいてみると、雪舟の足もとに一匹の大きなねずみがいたので、住職はそれを追い払おうとしましたが、不思議なことにねずみはいっこうに動く気配がありません。それもそのはず、そのねずみは雪舟がこぼした涙を足の指につけ、床に描いたものだったのです。

問６　Eについて、各問いに答えなさい。

(1)　雪舟が描いた作品を、次のア～エより一つ選び、記号で答えなさい。

ア

ColBase (https://colbase.nich.go.jp/collection_items/kyohaku/A%E7%94%B2228?locale=ja) より一部改変

イ

ColBase (https://colbase.nich.go.jp/collection_items/tnm/A-10569-3574?locale=ja) より

ウ

ColBase (https://colbase.nich.go.jp/collection_items/shozokan/SZK002944?locale=ja) より

エ

ColBase (https://colbase.nich.go.jp/collection_items/tnm/A-12358?locale=ja) をトリミングして作成

(2)　雪舟が活やくした室町時代に起きたできごととして正しいものを、次のア～エより一つ選び、記号で答えなさい。

ア　天草四郎を指導者として島原・天草一揆が起きた。

イ　南北朝が合一された。

ウ　運慶・快慶らによって金剛力士像がつくられた。

エ　日宋貿易が行われた。

F　織田信長の妹が生んだ３人の娘のうち、長女は豊臣秀吉に、三女は徳川秀忠にそれぞれ嫁ぎました。

問７　Ｆに関連して、各問いに答えなさい。

(1)　豊臣秀吉が農民を統制するために行ったこととして正しいものを、次のア～エより一つ選び、記号で答えなさい。

ア　口分田を配り、税を徴収(ちょうしゅう)した。

イ　都市に出ていた農民を強制的に村へ帰らせた。

ウ　大仏をつくる名目で刀狩を行った。

エ　大名の妻子を江戸に住まわせた。

(2)　徳川秀忠は江戸幕府の第２代将軍です。この人物が将軍だった時代に次のような決まりが出されました。この決まりを何といいますか。漢字で答えなさい。

一　(大名は)学問と武芸にはげむこと。 一　許可なく城を修理したり、新しい城をつくったりしてはいけない。 一　勝手に結婚(けっこん)してはいけない。

G　江戸時代の俳人である小林一茶は、子どもの姿を俳句の中にたくさん描きました。

「雀(すずめ)の子　そこのけそこのけ　お馬が通る」

「雪とけて　村いっぱいの　子どもかな」

問８　Ｇについて、小林一茶が活やくした頃は化政文化とよばれる文化が栄え、人々は世の中を風刺(ふうし)したり、こっけいや皮肉を楽しみました。江戸時代の文化について、各問いに答えなさい。

(1)　次の歌は、ある改革を批判したものとされています。改革の内容として正しいものを、あとのア～エより一つ選び、記号で答えなさい。

「白河の　清きに魚の　住みかねて　もとのにごりの　田沼恋(こい)しき」

ア　長崎での貿易を拡大して、幕府の財政を安定させようとした。

イ　大名に対し、米を納めさせる代わりに参勤交代をゆるめた。

ウ　物価を引き下げるため、株仲間を解散させた。

エ　幕府の学問所において、朱子学以外の学問を禁止した。

(2)　化政文化の頃にはやった「判じ絵」には、現在のなぞなぞのような要素も含まれています。次の４つの絵は江戸時代に整えられた五街道のうち、ある街道沿いの地名のいくつかを起点から順に並べたものです。例を参考にして、これらの地を通る街道の名前を、漢字で答えなさい。

例)

城(しろ)から金(かね)
→しろかね(白金)

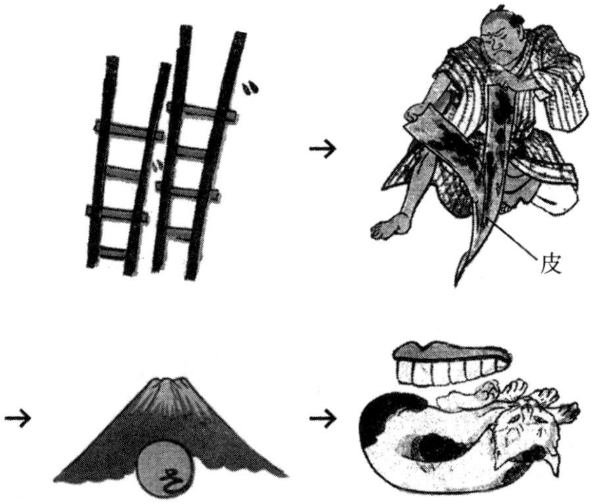

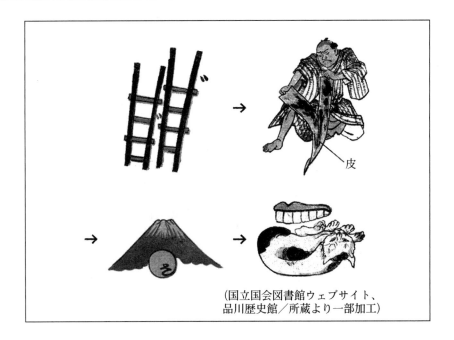

(国立国会図書館ウェブサイト、
品川歴史館／所蔵より一部加工)

H　1871年、明治政府は、条約改正交渉(こうしょう)のために岩倉具視らを欧米(おうべい)に派遣(はけん)しました(岩倉使節団)。このとき５名の女子が、日本初の女子留学生としてアメリカに派遣されました。

問９　Hに関連して、各問いに答えなさい。

(1)　このとき最年少でアメリカに渡(わた)った女性は、帰国後女子教育に尽力(じんりょく)しました。2024年から発行される5000円札のデザインに採用された、この人物の名前を漢字で答えなさい。

(2)　岩倉使節団の参加者は、帰国後欧米の政治や社会の仕組みをもとに、日本の近代化を進めました。明治時代に行われた近代化の例として**間違っているもの**を、次のア～エより一つ選び、記号で答えなさい。

ア　太陽暦が採用された。　　　　　イ　郵便制度が始まった。

ウ　鹿鳴館などの洋館が建てられた。　エ　地下鉄が開通した。

(3)　次のグラフは明治時代以降の中学校、高等女学校、実業学校の生徒数の推移を表したものです。このグラフからわかることとして正しいものを、あとのア～エより一つ選び、記号で答えなさい。

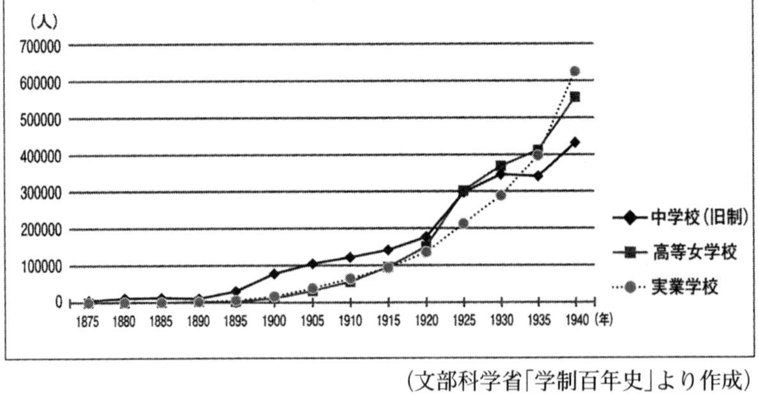

(文部科学省「学制百年史」より作成)

ア　護憲運動で桂内閣が三度目の総辞職をした頃、中学校の生徒数は高等女学校の生徒数の約半分であった。

イ　第一次世界大戦が終わる頃には、実業学校へ進む生徒数は日露戦争が終わった頃に比べて少なくなった。

ウ　普通選挙法が成立した頃、高等女学校の生徒数が中学校の生徒数にほぼ並んだ。

エ　満州事変が起こった頃、高等女学校の生徒数は中学校の生徒数よりも少なかった。

3　次の日本国憲法の条文を読み、あとの問いに答えなさい。

第３条　①天皇の国事に関するすべての行為(こうい)には、内閣の助言と承認を必要とし、内閣が、その責任を負う。

第25条　すべて国民は、（ A ）の生活を営む権利を有する。

第32条　②何人(なんぴと)も、裁判所において裁判を受ける権利を奪(うば)われない。

第41条　③国会は、国権の最高機関であって、国の唯一(ゆいいつ)の立法機関である。

第65条　④行政権は、⑤内閣に属する。

第92条　地方公共団体の組織及(およ)び運営に関する事項(じこう)は、⑥地方自治の本旨(ほんし)に基(もと)づいて、法律でこれを定める。

問１　条文中（ A ）にあてはまる言葉を、憲法の条文の表記通りに答えなさい。

問２　下線部①に**あてはまらないもの**を、次のア～エより一つ選び、記号で答えなさい。

ア　法律を公布する。　イ　国会を召集(しょうしゅう)する。　ウ　衆議院を解散する。

エ　最高裁判所の長官と裁判官を指名する。

問３　下線部②について、第32条で保障されている権利は、次のア～エのうちどの権利に含まれますか、記号で答えなさい。

ア　自由権　イ　社会権　ウ　請求権　エ　請願権

問４　下線部③に関連して、各問いに答えなさい。

(1)　日本の立法に関する説明として正しいものを、次のア～エより一つ選び、記号で答えなさい。

ア　法律案は、必ず衆議院で先に審議(しんぎ)・議決が行われる。

イ　法律案の議決が衆議院と参議院で異なる場合は、衆議院の議決がそのまま国会の議決とされる。

ウ　国会に法律案を提出できるのは、国会議員と裁判官のみである。

エ　委員会での法律案の審議期間中、公聴会を開催(かいさい)することができる。

(2)　参議院の選挙区選挙は、一つの都道府県を一つの選挙区としてきましたが、2016年の選挙から、島根県と鳥取県は合わせて一つの選挙区になりました。次の表は、2013年の参議院議員選挙の島根県と鳥取県と、当選人数が同じ熊本県における選挙区の有権者数を示したものです。この表を参考に、島根県と鳥取県が一つの選挙区となった理由を説明しなさい。

選挙区	有権者数	当選人数
島根県	587809人	１人
鳥取県	482192人	１人
熊本県	1484583人	１人

(総務省ホームページより作成)

問５　下線部④に関連して、こどもをとりまく社会問題を解決するために2023年４月に設置された行政機関を何といいますか。

問６　下線部⑤に関連して、次の表は、架空(かくう)の内閣不信任案可決から新内閣成立までの過程をまとめたものです。表中(X)にあてはまる日にちと(Y)にあてはまる語句の組み合わせとして正しいものを、あとのア～エより一つ選び、記号で答えなさい。

日にち	ことがら
６月１日	内閣不信任案可決
６月10日	衆議院の解散
(X)	衆議院議員総選挙投票日
８月10日	(Y)召集

ア　X：７月15日　Y：臨時国会　　イ　X：７月15日　Y：特別国会
ウ　X：７月22日　Y：臨時国会　　エ　X：７月22日　Y：特別国会

問７　下線部⑥について、地方自治のしくみに関する記述として**間違っているもの**を、次のア～エより一つ選び、記号で答えなさい。

ア　地方議会は、首長に対する不信任決議権をもたない。
イ　地方公共団体の首長は、議会が議決した条例の拒否権をもつ。
ウ　市町村議会議員の被選挙権をもつのは、満25歳以上の男女である。
エ　都道府県知事を選出する選挙の選挙権をもつのは、満18歳以上の男女である。

十文字中学校(第１回)

—25分—

〔注意事項(じこう)〕 都道府県の地図の縮尺はそれぞれ異なります。また島などの一部は省かれていることがあります。

1～5の答えは、特に指示(しじ)がないときは、各問の(あ)～(え)の中から正しいものを一つ選び、記号で答えなさい。

1　けいこさんは自分の住む地域についてまとめました。これを読み、あとの問いに答えなさい。

私は兵庫(ひょうご)県に住んでいます。兵庫県は北部が（ １ ）、南部は（ ２ ）に面しています。

？

［問１］

兵庫県の地図

［問１］　兵庫県の形として正しいものはどれですか。

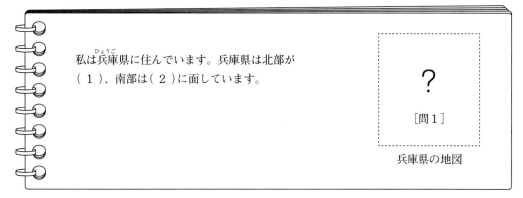

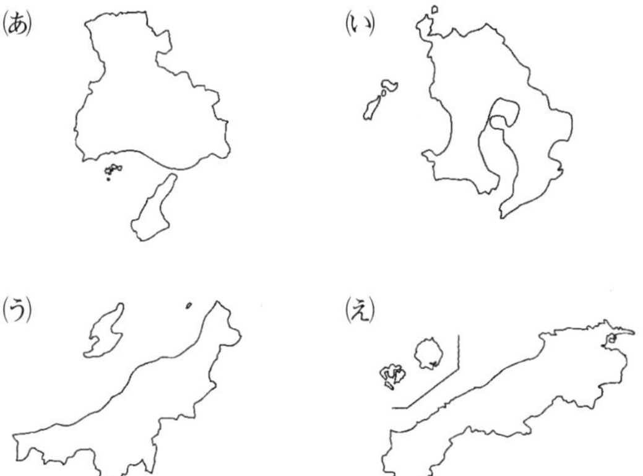

［問２］　（ １ ）（ ２ ）にあてはまる海の名前の組み合わせとして正しいものはどれですか。

(あ)　（１）　瀬(せ)戸内海　　（２）　太平洋　　(い)　（１）　太平洋　　（２）　日本海

(う)　（１）　日本海　　（２）　瀬戸内海　　(え)　（１）　東シナ海　　（２）　太平洋

兵庫県には淡路島という大きな島があります。

写真は、本州と淡路島をつなぐ(３)を建設していた時のものです。

(兵庫県HP「ヒョーゴアーカイブス」より引用)

［問３］　(３)にあてはまる橋の名前はどれですか。

(あ)　レインボーブリッジ　　(い)　しまなみ海道　　(う)　瀬戸大橋　　(え)　明石海峡大橋

淡路島では(４)の栽培がさかんです。淡路島でつくられる(４)はやわらかくて辛い成分が少ないのが特徴です。収穫したあと、干して乾燥させてから出荷されます。兵庫県は(４)の収穫量は全国で３位でした。

順位	都道府県	収穫量(トン)	作付面積(ヘクタール)
1	北海道	665 800	14 600
2	佐　賀	100 800	2 100
3	兵　庫	100 200	1 650
4	長　崎	32 600	803
5	愛　知	26 900	500

(農林水産省令和３年産統計データより作成)

［問４］　(４)にあてはまる農作物はどれですか。

(あ)　ブロッコリー　　(い)　にんじん　　(う)　たまねぎ　　(え)　ピーマン

［問５］　(４)の作付面積と収穫量の表から読み取れることとして、正しいものはどれですか。

(あ)　北海道の収穫量は兵庫県の収穫量の６倍以上ある。

(い)　兵庫県の作付面積は長崎県の作付面積の約２倍であり、収穫量も兵庫県は長崎県の約２倍である。

(う)　北海道と佐賀県の作付面積と収穫量はともに10倍以上の差がある。

(え)　上位５位に、東北地方の県が入っている。

兵庫県南部の海岸線沿いには工場がたくさんあります。兵庫県南部から大阪府に広がる工業地帯を(５)と呼んでいます。①他の地域と比べると、金属工業と化学工業の割合が大きくなっています。

［問６］　(５)にあてはまる工業地帯はどれですか。

(あ)　阪神工業地帯　　(い)　京浜工業地帯　　(う)　中京工業地帯　　(え)　北九州工業地帯

［問７］　下線部①について、（　５　）の工業出荷額の割合として正しい円グラフはどれですか。

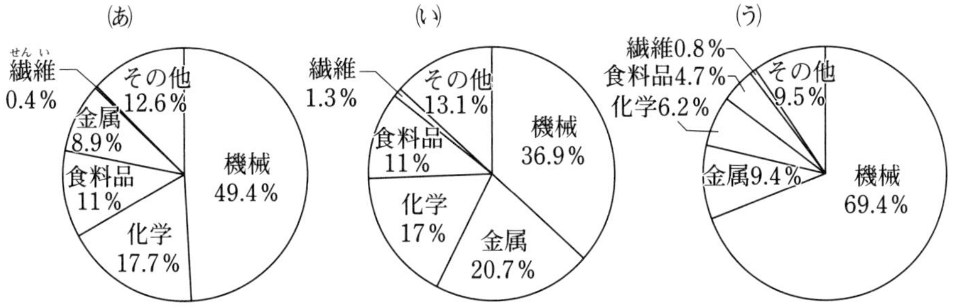

(『日本国勢図会』2020/21年版より作成)

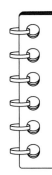

兵庫県では、②1995年１月17日に最大震度７の地震が発生しました。大きな被害をもたらしたこの地震をきっかけに、消防庁は（ ６ ）をつくりました。

現在、兵庫県だけでなく、全国の地方公共団体では③ハザードマップをつくって、災害に備えています。

［問８］　下線部②について、この地震の名前はどれですか。

(あ)　東日本大震災　　(い)　十勝沖地震　　(う)　南海地震　　(え)　阪神・淡路大震災

［問９］　（　６　）にあてはまる組織はどれですか。

(あ)　自衛隊　　(い)　緊急消防援助隊　　(う)　こども園　　(え)　サイバー警察局

［問10］　下線部③について、**正しくない文章**はどれですか。

(あ)　ハザードマップをみれば、犯罪の発生率が高いところがわかる。

(い)　ハザードマップをみれば、災害が起きた時の避難場所がわかる。

(う)　ハザードマップをみれば、自然災害で予測される被害がわかる。

(え)　ハザードマップをみれば、災害が起きた時の避難経路がわかる。

地理院地図(電子国土Ｗｅｂ)を使って、さらに身近な地域について調べてみました。

地形図を読んでみると、山の高さや、ケーブルカーや道路が通っている場所、主な施設がある場所などがわかりました。

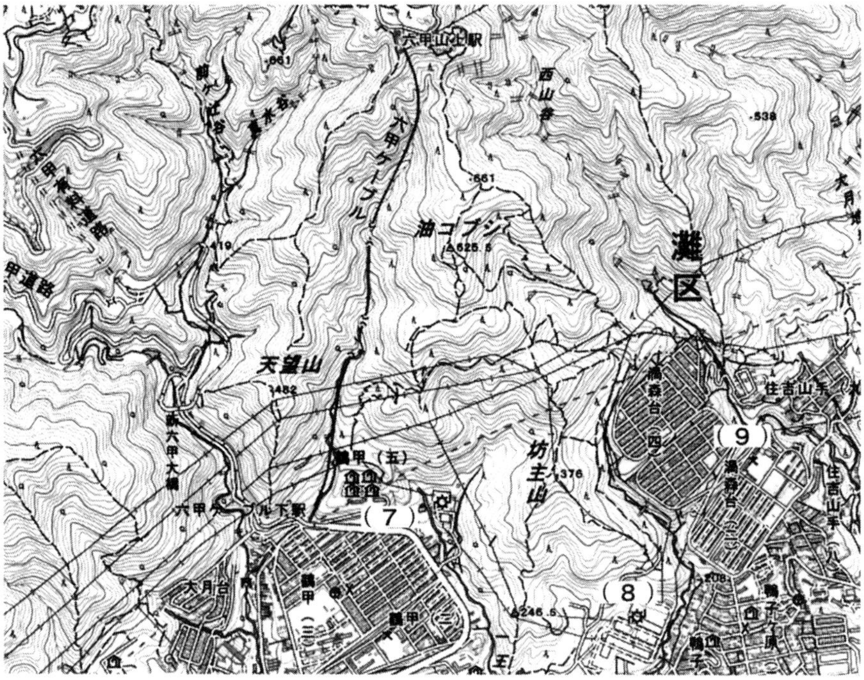

(電子地形図25000(国土地理院)を加工して作成)

［問11］　油コブシ、坊主山、天望山のなかで、一番標高が高い山はどれですか。

(あ)　油コブシ　　(い)　坊主山　　(う)　天望山

［問12］　六甲ケーブル下駅から見て、六甲山上駅はどの方角にありますか。

(あ)　東　　(い)　西　　(う)　南　　(え)　北

［問13］　地図中の(7)(8)(9)が示している施設はそれぞれ何ですか。

(7)　(8)　(9)

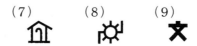

(あ)　老人ホーム　　(い)　発電所・変電所　　(う)　小・中学校　　(え)　図書館

2　はるかさんは、歴史上で活躍した人物のカードを作りました。それをクラスで発表することになり、テーマを「それぞれの時代を率いた人たち」としました。

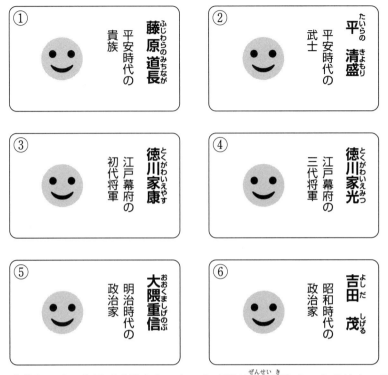

①
藤原道長（ふじわらのみちなが）
平安時代の
貴族

②
平　清盛（たいらの　きよもり）
平安時代の
武士

③
徳川家康（とくがわいえやす）
江戸幕府の
初代将軍

④
徳川家光（とくがわいえみつ）
江戸幕府の
三代将軍

⑤
大隈重信（おおくましげのぶ）
明治時代の
政治家

⑥
吉田　茂（よしだ　しげる）
昭和時代の
政治家

［問１］　①の人物と、その息子が政治をおこなった時期が全盛期（ぜんせいき）となった政治を、その職名から何と呼びますか。「～政治」の形に当てはまるように答えなさい。

［問２］　②の人物について、この人物が権力をふるった時の役職(立場)はどれですか。

(あ)　征夷大将軍（せいいたいしょうぐん）　(い)　天皇（てんのう）　(う)　関白（かんぱく）　(え)　太政大臣（だじょうだいじん）

［問３］　③の人物が江戸幕府を開くきっかけとなった、1600年に起こった戦いは何ですか。「～の戦い」の形に当てはまるように答えなさい。

［問４］　③の人物と、その子である将軍は、大名に向けたきまりをつくらせました。それは何ですか。

(あ)　御成敗式目（ごせいばいしきもく）　(い)　武家諸法度（ぶけしょはっと）　(う)　大宝律令（たいほうりつりょう）　(え)　憲法十七条

［問５］　④の人物は、鎖国（さこく）政策をおこなったことで知られています。その目的はどのようなことでしたか。15字程度で答えなさい。

［問６］　④の人物は、［問４］のきまりに、ある制度を加えました。それは何ですか。

(あ)　生類憐れみの令（しょうるいあわれみのれい）　(い)　徳政令　(う)　目安箱　(え)　参勤交代

［問７］　⑤の人物は、明治政府の財政を担当し、のちに内閣総理大臣となりました。この人物がつくった大学はどれですか。

(あ)　早稲田（わせだ）大学　(い)　慶応義塾（けいおうぎじゅく）大学　(う)　津田塾（つだじゅく）大学　(え)　同志社（どうししゃ）大学

［問８］　⑥の人物は、日本が独立を回復した、サンフランシスコ平和条約を結んだ時の内閣総理大臣です。サンフランシスコは、次のうちどの国にありますか。

(あ)　スペイン　(い)　イギリス　(う)　アメリカ　(え)　ポルトガル

［問９］　⑥の人物が、［問８］の他に結んだ条約は何ですか。

(あ)　日米修好通商（しゅうこうつうしょう）条約　(い)　日米安全保障（あんぜんほしょう）条約
(う)　日米和親（わしん）条約　(え)　日米同盟（どうめい）

3　次の①～④の人物について、もっともふさわしい文章を、あとの(あ)～(か)の中からそれぞれ1つずつ選び、記号で答えなさい。

①　**大塩平八郎**　②　**高野長英**　③　**井伊直弼**　④　**本居宣長**

(あ)　「夢物語」を書いて、幕府を批判し開国を説いたために弾圧された。

(い)　日本全国を旅して測量し、正確な日本地図を完成させた。

(う)　天保のききんをきっかけに、大阪で打ちこわしを起こした。

(え)　松下村塾の塾長として、多くの明治維新で活躍する人物を育てた。

(お)　幕末期の大老で、桜田門外の変で水戸浪士らに暗殺された。

(か)　「古事記」などを分析し、国学を発展させた。

4　つむぎさんは、2023年の夏、マイナンバーカードを作りました。次の絵を見て、あとの問いに答えなさい。

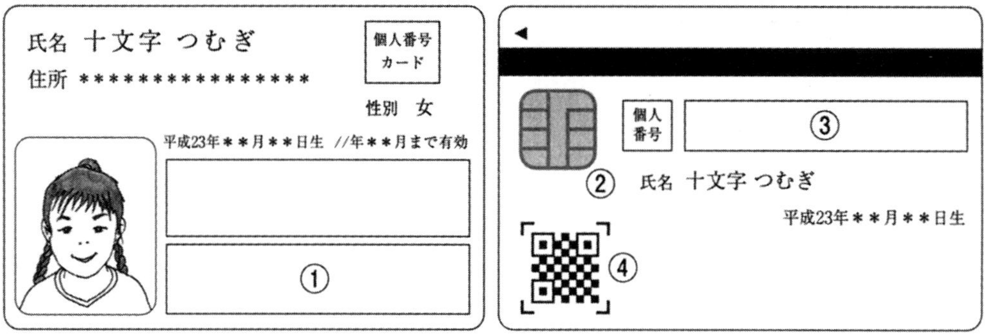

おもて面　　　　うら面

［問1］　マイナンバーカードを発行できる機関として、ふさわしいものはどれですか。

(あ)　警察署(交番)　　(い)　駅　　(う)　区役所(市役所)　　(え)　水道局

［問2］　おもて面の①に、以下のような文が書かれていました。

● 臓器提供意思【1 脳死後及び心停止した死後 ／2 心停止した死後のみ ／3 提供せず】
《1・2で提供したくない臓器があれば×》【心臓・肺・肝臓・腎臓・膵臓・小腸・眼球】
署名年月日　　年　　月　　日
〔特記欄：　　　　　　　〕 署名＿＿＿＿＿＿＿＿

マイナンバーカードは、前の文のような役割も持っています。つまり、ひとつのカードに、ふたつの役割があるということです。もう1つのカードの名前は何ですか。

(あ)　プリペイドカード　　(い)　クレジットカード

(う)　レッドカード　　(え)　ドナーカード

［問３］　ある日、病院へ行ったつむぎさんは、受付で、右の絵のような機械を見つけました。この機械に、うら面の②と、患者さんの顔を読み取らせることで、病院で必要な「あるもの」の提出をしています。「あるもの」とはどれですか。

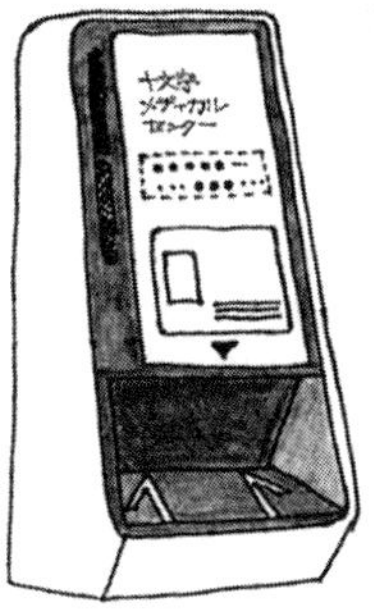

(あ)　運転免許証
(い)　健康保険証
(う)　住民票
(え)　公共料金払込票

［問４］　うら面の③について、個人番号は、同じ数ずつ、３つの部分に分けて記されています。全部で何けたですか。

(あ)　３けた　　(い)　７けた　　(う)　12けた　　(え)　20けた

［問５］　うら面の④は、個人番号情報を含んだコードです。このコードは、マイナンバーカード以外にも、さまざまな場面で利用されています。何といいますか。

(あ)　ＣＤコード　　(い)　ＪＫコード　　(う)　ＮＯコード　　(え)　ＱＲコード

［問６］　つむぎさんの家族は、カードが発行されたあと、スマートフォンで右のような画面を見ていました。⑤に共通して当てはまる言葉を、**カタカナで**書きなさい。

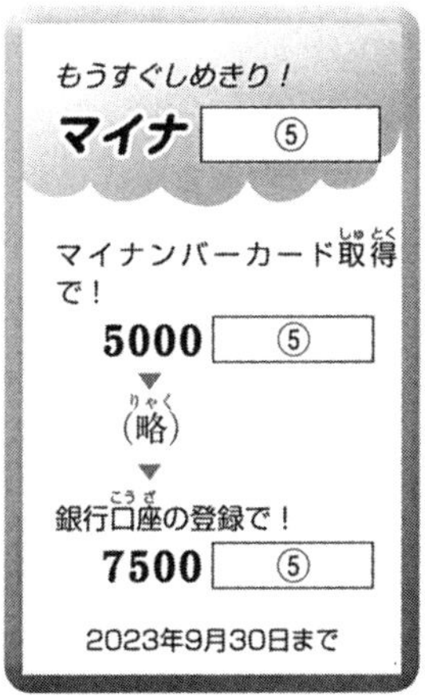
もうすぐしめきり！
マイナ ⑤
マイナンバーカード取得で！
5000 ⑤
（略）
銀行口座の登録で！
7500 ⑤
2023年9月30日まで

5　2023年のできごとについて、次の絵と情報を見て、あとの問いに答えなさい。

2023年 ニュース「おとなも、こどもも、家族いっしょに」総復習

新しい【 ① 】飛行士候補(こうほ)が決定　日本人初・月に着陸の可能性（2月28日）

②WBC(ダブリュービーシー)で日本が世界一に　最優秀選手は大谷翔平(おおたにしょうへい)（3月22日）

農林水産省で③ChatGPT(チャットジーピーティー)を導入の動き（4月17日）

山口県　【 ④ 】状降水帯の影響で「緊急(きんきゅう)安全確保」が発令（7月1日）

世界陸上　⑤北口榛花(きたぐちはるか)選手に金メダル（8月26日）

関東大震災(しんさい)から2023年で【 ⑥ 】年　防災(ぼうさい)意識高まるか（9月1日）

［問１］　【 ① 】にあてはまる言葉は何ですか。

［問２］　下線部②は、何のスポーツの世界大会ですか。

㋐ サッカー　㋑ 柔道(じゅうどう)　㋒ 野球　㋓ ラグビー

［問３］　下線部③は「生成(せいせい)ＡＩ(エーアイ)」と呼ばれるものの１つです。「ＡＩ」を日本語に訳すと、「何知(ち)能(のう)」といいますか。

㋐ 芸術(げいじゅつ)　㋑ 人工(じんこう)　㋒ 全体(ぜんたい)　㋓ 天然(てんねん)

［問４］　【 ④ 】にあてはまる漢字１字はどれですか。

㋐ 点　㋑ 線　㋒ 面　㋓ 球

［問５］　下線部⑤（右の写真）は、何の種目の選手ですか。

㋐ マラソン

㋑ ハードル

㋒ やり投げ

㋓ 走り高跳(たかと)び

（時事通信フォト）

［問６］　【 ⑥ 】にあてはまる数を、**算用数字**で書きなさい。

淑徳与野中学校(第１回)

—理科と合わせて60分—

1　次の文章を読み、以下の問に答えなさい。

みなさんは、学校教育について深く考えたことはありますか。この中学受験に臨(のぞ)むにあたっても、みなさんはさまざまな教育を受けてきましたね。

日本の学校教育の歴史を振り返ると、飛鳥時代までさかのぼることができます。

(1)701年に□□□□が制定されると、国家の体制が整備されました。それにともなって、公的な教育制度が確立し、官吏(かんり)養成機関として「大学」が設置されました。(2)「大学」については、有名な『源氏物語』にもその様子が描かれています。

やがて、武士の時代が到来すると、武士にも教育が広がりました。鎌倉時代には現在の神奈川県に金沢(かなざわ)文庫が設置され、さらに室町時代には上杉憲実(のりざね)が現在の栃木県に足利学校を再興しています。特に(3)足利学校に関しては、戦国時代に来日した外国人が「坂東の大学」と評しており、非常に活気があったことが伝わっています。

江戸時代に入ると、細かい身分制度が定着していくなかで、寺子屋や藩校、郷学、私塾など(4)さまざまな教育機関が登場するようになりました。それぞれの立場で必要とされる能力を伸ばすことがおもな目的であり、授業の内容に差こそありますが、庶民にも教育が浸透していきました。また、幕府の公式の教育機関として昌平坂学問所が開校され、近代の大学につながっていきます。

明治時代に入ると1872年の学制によって「国民皆学」が目指され、就学率は少しずつ上昇していきました。モースなどお雇い外国人を大学に招き、西洋学問の導入をはかるなど、国家の近代化を教育が担いました。また、女子教育の広がりも見られ、女学校が設立されました。その結果、(5)多くの女性が社会で活躍するようになりました。明治時代末期から大正時代初期にかけ、青鞜(せいとう)社で女性の解放を目指した平塚らいてうはその代表です。一方で、次第に国家の統制が強まりました。教育勅語や国定教科書制度などはその一例であるといえるでしょう。第二次世界大戦中には、小学校が国民学校と改称され、教育内容も戦争の士気を上げるための思想教育や、軍事や技術の訓練が増え、(6)学校教育は戦争の影響を強く受けることとなりました。

終戦を迎えた日本では教育改革が行われ、教育の民主化が進められました。日本国憲法には「教育を受ける権利」が記され、日本だけではなく、国際的にも(7)子どもの権利条約のなかに教育を受ける権利が記されています。このようにして、今日を生きるみなさんには教育の機会が等しく保障されています。この教育を受ける権利を、どのように使いますか。

足利学校(提供　足利市)

問１　波線部(1)について、文中の□□□□にあてはまる語句は何ですか。答えなさい。

問２　波線部(2)について、『源氏物語』の「少女(おとめ)」の巻を読むと、光源氏が息子の夕霧を大学へ入学させるという節が登場します。次の文章は、その背景を簡単に説明したものです。［　X　］と［　Y　］にあてはまる文章としてそれぞれ適当なものを資料１と資料２をもとに１つずつ選び、正しい組み合わせをア～エの記号で答えなさい。

> 光源氏は太政大臣であったので、その嫡子※である夕霧も大学に行かせなくても、必然的に［　X　］以上の高い地位や役職に就(つ)けると周りから思われていました。しかし、光源氏は夕霧を大学に行かせることに決めました。その理由は、光源氏自身が［　Y　］という気持ちがあったからだと言われています。

※嫡子…正妻の長男

資料１　地位により就くことのできる役職

地　位		役　職
正・従一位		太政大臣
正・従二位		左大臣 右大臣
正三位		大納言
従三位		中納言　など
正四位	上	中務卿
	下	参議　　など
従四位	上	左大弁・右大弁
	下	神祇伯

資料２　父・祖父の地位にもとづき
息子・孫が自動的に就くことのできる地位

父・祖父の地位	嫡　子	嫡子以外
正・従一位	従五位下	正六位上
正・従二位	正六位下	従六位上
正・従三位	従六位上	従六位下
正四位	正七位下	従七位上
従四位	従七位上	従七位下

［　X　］

A　従五位下　　B　正六位上

［　Y　］

C　亡くなったあとに時代が移り変わったとしても、息子には学問を身に付けてほしい

D　中国へ留学せず高い地位に就くことができなかったので、息子には大学に行って留学をしてほしい

ア　X－A　　Y－C　　　イ　X－B　　Y－C

ウ　X－A　　Y－D　　　エ　X－B　　Y－D

問３　波線部(3)について、

①　次の図は、この外国人を示した絵です。彼の所属するキリスト教の会派の名称を答えなさい。

② 「坂東太郎」とよばれる利根川では、下流域の野田や銚子で、江戸時代からある生産品が盛んに作られています。次の図は、江戸時代の製造の様子をあらわしており、表は生産量の多い都道府県のランキングです。ある生産品とは何ですか。答えなさい。

順位	都道府県	出荷数量(kℓ)	国内シェア率(%)
1	千葉県	266,030	37.80
2	兵庫県	109,898	15.62
3	群馬県	46,113	6.55
4	愛知県	39,827	5.66
5	香川県	36,735	5.22

(令和２年における農林水産省大臣官房資料より作成)

問４　波線部(4)について、

① 次の図は江戸時代の寺子屋の様子を描いたものです。この図から読み取れる内容として適当なものを１つ選び、ア～エの記号で答えなさい。

ア　寺子屋ではそろばんを使った教育が重視されていました。

イ　寺子屋では一人ひとり学習進度が異なっていました。

ウ　寺子屋では女子が教育を受けることは許されていませんでした。

エ　寺子屋ではスペイン風邪の流行により、黙食が義務付けられていました。

② 江戸時代に鳴滝塾という私塾を開いた人物はだれですか。適当なものを1つ選び、ア～エの記号で答えなさい。

ア　ペリー　　イ　ハリス　　ウ　モリソン　　エ　シーボルト

問5　波線部(5)について、資料1は大正時代における女子学生が就職したい職業ランキング(人数)、資料2は大正・昭和時代に『婦人公論』という女性雑誌の記事に取り上げられた職業ランキング(回数)です。「タイピスト」についての文章として適当なものを1つ選び、ア～エの記号で答えなさい。

資料1　女子学生が就職したい職業ランキング

	自分が選択した就職したい職業		社会的な点において就職したい職業
1	音楽家	1	助産師
2	保育士	2	保育士
3	タイピスト	3	看護師
4	書　師	4	教　員
5	教　員	5	電話交換手

(『大正日本労働年鑑　大正9年度版』より作成)

資料2　『婦人公論』に取り上げられた職業のランキング

第1期(1916～1927年)			第2期(1928～1937年)			合　計		
順位	職　業	回数	順位	職　業	回数	順位	職　業	回数
1	作　家	72	1	教　員	84	1	俳　優	149
2	俳　優	66	2	俳　優	83	2	教　員	121
3	画　家	49	3	記　者	48	3	作　家	112
4	教　員	37	4	店　員	45	4	画　家	54
5	看護師	9	5	作　家	40	4	記　者	54
6	医　師	7	6	美容師	32	5	店　員	51
6	事務員	7	7	詩　人	27	6	美容師	36
7	記　者	6	7	事務員	27	7	事務員	34
7	店　員	6	8	タイピスト	17	8	詩　人	27
8	モデル	5	9	看護師	16	9	看護師	25
8	車　掌	5	10	医　師	12	10	タイピスト	22
8	電話交換手	5	10	洋裁・和裁・手芸裁縫師	12			
8	タイピスト	5						
9	美容師	4						
10	声楽家	3						
10	案内人(ガイド)	3						

(濱貴子「戦前期日本における職業婦人イメージの形成と変容に関する歴史社会学的研究」より作成)

ア　わたしの職業は、女性自身においても社会的にもあこがれのある職業でした。雑誌によく取り扱われる職業であり、また身近な職業として、イメージしやすいことが理由だと考えられます。

イ　わたしの職業は、女性に希望者が多い職業であったため、雑誌に継続的に取り上げられました。しかし、目新しい職業という一面もあり、社会的評価は当初低くなっていました。

ウ　わたしの職業は、明治時代からあります。大正時代に書かれた作品では低賃金・長時間労働と紹介されるなど課題も多く、就職したい職業には選ばれませんでした。

エ　わたしの職業は、女性の社会進出のシンボルとして注目を集めました。しかし、社会の見る目は厳しく、女性が就職したい職業にも選ばれませんでした。それが理由なのか、雑誌に取り上げられなくなってしまいました。

問６　波線部(6)について、写真Ａは終戦前の各学校に設置された奉安殿とよばれる施設で、写真Ｂは奉安殿に向かって整列している様子です。記録にはこの後、校長や教員、児童全員が奉安殿に拝礼をしたと残っています。この奉安殿におさめられているものは教育勅語と何ですか。適当なものを１つ選び、ア～エの記号で答えなさい。

ア　その年に収穫された野菜や果物　　イ　学校を運営するお金や学校に関する文書

ウ　天皇・皇后の写真　　エ　仏像や経典

写真Ａ

写真Ｂ

問７　波線部(7)について、子どもの権利条約が国連総会で採択された1989年に起こった出来事として、適当なものを１つ選び、ア～エの記号で答えなさい。

ア　第四次中東戦争をきっかけに第一次オイルショックが起こりました。

イ　東日本大震災が起こり、防災対策が見直されました。

ウ　アジア初のサッカーワールドカップが日本と韓国で行われました。

エ　元号が「昭和」から「平成」へと変わりました。

2　次の文章を読み、以下の問に答えなさい。

みなさんは高知県に行ったことがありますか。明治維新の立役者の一人、坂本龍馬の出身地であるだけでなく、輝く太陽、南国のような暖かさ、美しく広がる雄大な太平洋など、豊かな自然の魅力にあふれるところです。今日は、そのような高知県の魅力を見ていきましょう。

高知県は東西に広がる県で、太平洋に突き出している岬が２つあります。１つは県の東に位置する(1)□□岬、もう１つは西に位置する足摺(あしずり)岬です。□□岬は台風の上陸が多いことから、台風銀座とよばれることもあります。また、日本の中では南に位置することもあいまって、(2)温暖な気候と豊富な降水量ゆえに亜熱帯の植物が多く自生しており、まるで南国にいるような気分を味わうことができます。温暖な気候をいかした(3)農業もさかんに行われており、年間を通してスイカやメロンを食べることのできる施設もあります。

このような美しい自然は、県内のいたるところで目にすることができ、中でも四万十(しまんと)川はその美しさで有名です。(4)高知県の西部を流れ、「日本最後の清流」ともいわれる四万十川の下流域は、応仁の乱を避けてこの地に下り、戦国大名となった土佐一条氏によって整備されました。現在の四万十市にあたるこの地域は、四万十川を桂川に、支流の後川(うしろがわ)を賀茂川に見立て、碁盤(ごばん)の目状に町を区画するなど、その地形は京都を思い起こさせるつくりとなっています。以後、この地域では公家文化が長く栄え、「土佐の小京都」ともよばれました。

また、江戸時代初期から発達し、高知県の地形を生かした特産品として最も有名なものの１つがカツオ漁です。東西に長い高知県は、700kmを超える海岸線を有しており、その海岸線の全ての領域でカツオ漁が行われています。また、(5)高知県のカツオ漁は一本釣りの形態をとっており、そうした他県との違いも、高知のカツオを有名にしている要因となっています。

一方で、新たな観光資源を模索している地域もあります。高知県東部の北川村では、工業団地を誘致(ゆうち)する構想をくつがえし、2000年に(6)芸術と自然に触れることのできる「モネの庭」を開園しました。高知県は植物学の第一人者である牧野富太郎の出生地ということもあり、豊かな自然と共生することを目指しています。自然環境を重視した高知県の取り組みは、近年世界の注目が集まっているSDGsの観点からも、そして(7)高知県をより魅力ある県にするためにも、必要なことです。そのような高知の今を体感しに、ぜひ一度足を運んでみませんか。

足摺岬と灯台
（土佐清水市観光協会ＨＰより）

問１　波線部(1)について、文中の□□にあてはまる語句を、「～岬」の形に合わせて答えなさい。

問２　波線部⑵について、高知市の雨温図はどれですか。適当なものを１つ選び、ア～エの記号で答えなさい。

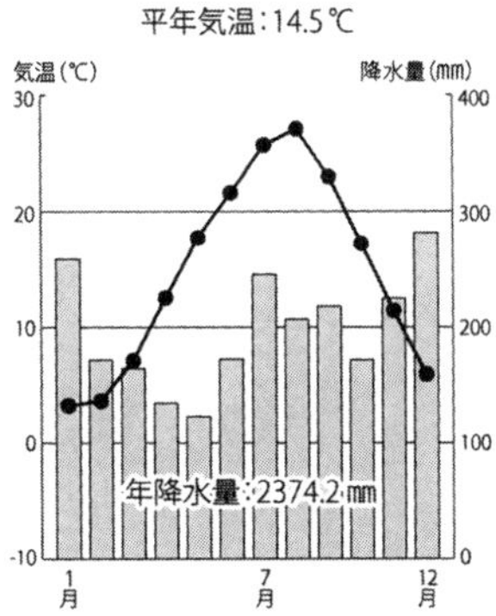

ア

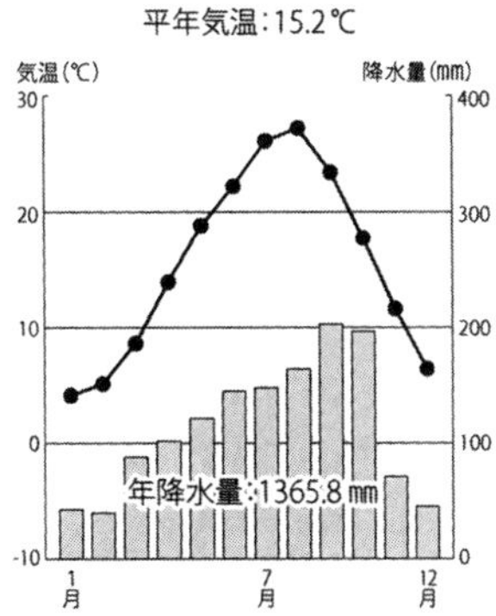

イ

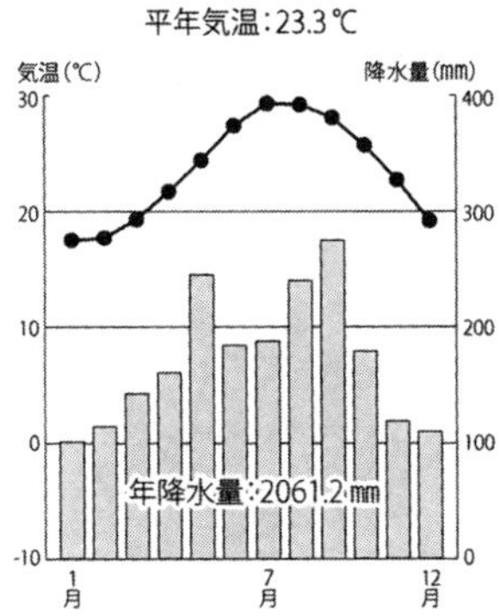

ウ

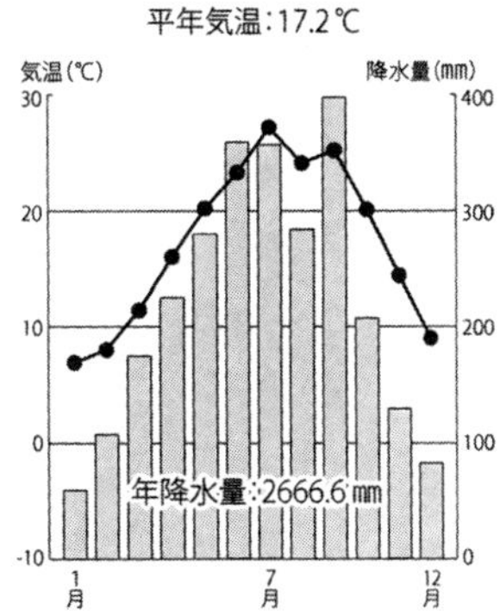

エ

問３　波線部⑶について、次の表はある野菜の収穫量トップ４の都道府県を表したものです。Ｘ・Ｙにあてはまる野菜の名称の組み合わせとして適当なものを１つ選び、ア～エの記号で答えなさい。

X	
都道府県名	収穫量（ｔ）
茨　　城	33,400
宮　　崎	26,800
鹿　児　島	13,300
高　　知	13,000

Y	
都道府県名	収穫量（ｔ）
高　　知	39,300
熊　　本	33,300
群　　馬	27,400
茨　　城	18,100

(農林水産省　作物統計調査《2021年》より作成)

ア　Ｘ－なす　　Ｙ－ピーマン　　イ　Ｘ－なす　　Ｙ－しょうが
ウ　Ｘ－ピーマン　　Ｙ－なす　　エ　Ｘ－ピーマン　　Ｙ－しょうが

問４　波線部(4)について、

①　次の地形図から読み取れることとして**適当でないもの**を１つ選び、ア〜エの記号で答えなさい。なお、下線部の情報は誤りではありません。

地形図

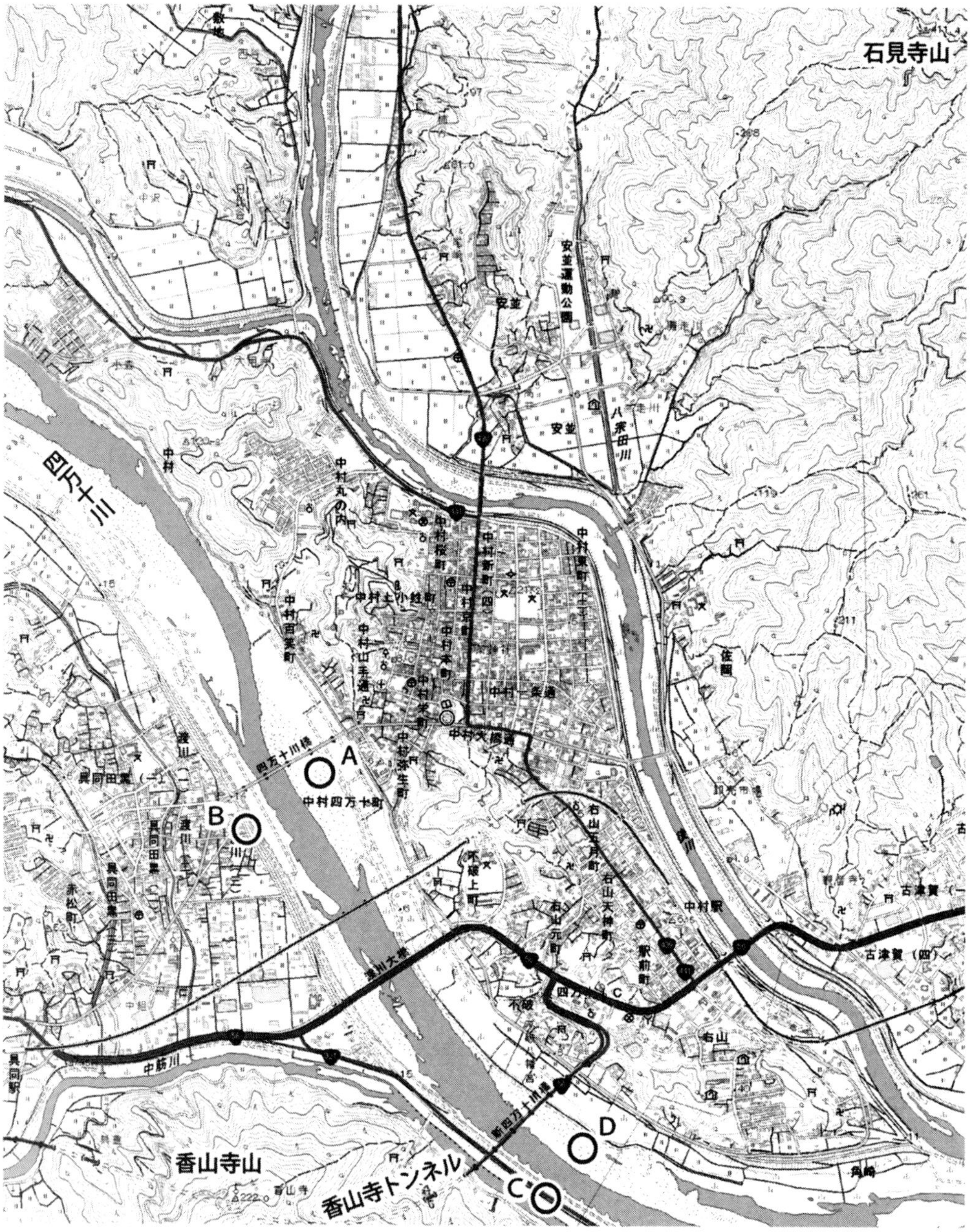

(国土地理院発行　２万５千分の１地形図「四万十」原寸より作成)

(編集部注：実際の入試問題の地形図を縮小して掲載しています。)

ア　具同駅から中村駅まで鉄道で移動しようとすると、トンネルを抜けたあとに大きく右にカーブします。

イ　香山寺トンネルの入り口から出口までの直線距離は地図上で6㎝ですので、実際の距離は約1500ｍです。

ウ　石見寺山と香山寺山の山頂の標高差は200ｍを越え、こう配は香山寺山の方が急になっています。

エ　四万十川と後川にはさまれた地域には市街地が広がっており、市役所や税務署、裁判所などの主要な建物が集まっています。

②　次の文章は、ある地点から四万十川を見た様子を表したものです。ある地点とは、前の地形図のうち、どの場所にあたりますか。適当なものを１つ選び、Ａ～Ｄの記号で答えなさい。

この地点から四万十川を見ると、川は左から右へと流れています。下流に目を向けると、鉄道橋の向こうに、国道が通っていることが分かります。

問５　波線部(5)について、淑徳花子さんは、高知県の伝統的な漁法であるカツオの一本釣りについて調べるうちに、カツオ漁業がかかえる問題について興味を持ちました。そこで、資料１・２を用いて「高知県のカツオ漁業の現状と対策」というレポートを作成しました。これについて、以下の問に答えなさい。

資料１　太平洋中西部※におけるカツオ漁獲量の推移（漁法別）

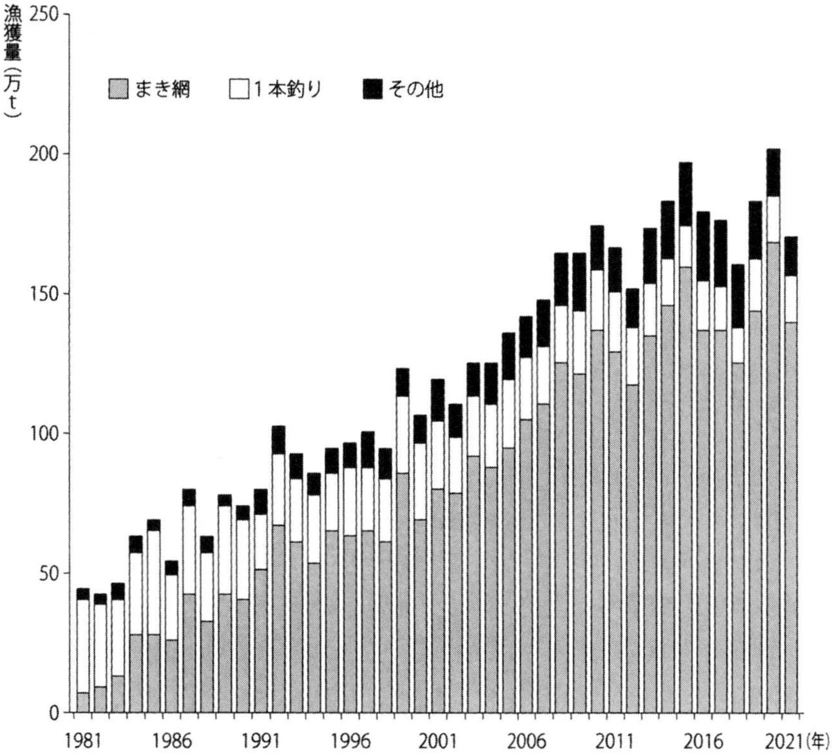

（高知県水産振興部水産業振興課「かつお資源の持続的利用に向けた資源管理の強化」より作成）

※日本、韓国、台湾、アメリカ、フィリピン、パプアニューギニアなどが太平洋中西部でカツオ漁を行っています。

資料２　太平洋におけるカツオの分布、産卵場、推定北上経路

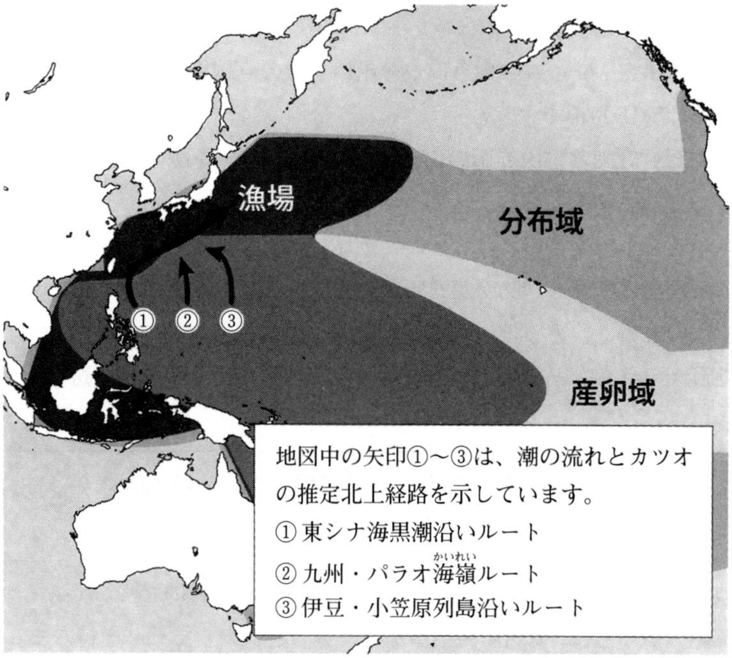

(高知県水産振興部水産業振興課「高知県におけるかつお漁業の現状」より作成)

①　レポートの空欄[A]にあてはまる文章として適当なものを１つ選び、ア～ウの記号で答えなさい。

②　レポートの空欄[B]・[C]にあてはまる文章として適当なものを１つずつ選び、エ～クの記号でそれぞれ答えなさい。

> 「高知県のカツオ漁業の現状と対策」
>
> 6年１組　淑徳花子
>
> 　中西部太平洋でのカツオ漁獲量が年々増加する一方、高知県におけるカツオの一本釣の水揚げ量は減少しています。原因はさまざま考えられますが、そのうちの１つとして、[A]と考えられます。
>
> 　高知県のカツオの漁獲量を増やすためには、[B]だと思います。一方で、SDGsの観点から、[C]だと思います。

[A]

ア　地球温暖化と海水温上昇により、寒流に乗って日本近海にやってくるカツオの量が減ったため

イ　カツオが産卵し育つ海域で、さまざまな国々がカツオを取ることにより、潮流にのって日本近海までやってくるカツオの量が減ったため

ウ　海面上昇によりそれまで養殖場として使用していたマングローブが水没し、生産量が減ったため

[B]、[C]

エ　潮流の流れを速くすることで、カツオが日本近海にたどり着きやすい環境をつくるべき

オ　漁船から出される排気ガスの量を減らして地球温暖化を食い止めるため、操業する漁船の数を減らすべき

カ　取るカツオのサイズを一定以上の大きさに限定することで、産卵する前のカツオを取らないようにするべき

キ　淡水で育てた稚魚を太平洋へと放流することで、カツオの数を増やすべき

ク　まき網を使って取るのではなく、竿を使用した一本釣りで取るようにすることで、漁獲量を制限するべき

問６　波線部(6)について、次の会話文を読み、空欄［　X　］、［　Y　］にあてはまる語句として適当なものを、それぞれ答えなさい。

担　任　：高知県北川村には、「モネの庭」という観光地があります。モネは知っていますか？

花子さん：「睡蓮（すいれん）」で有名なフランスの画家ですよね。

担　任　：そうです。モネは日本文化を好み、浮世絵もコレクションしていたのですよ。

花子さん：浮世絵は、海外でも人気ですよね。なぜ、海外で広まったのでしょうか。

担　任　：一説には、日本から輸出されていた割れ物である［　X　］の梱包（こんぽう）に、浮世絵が使われていたともいわれています。

花子さん：表を見てみると、1882年以降、［　X　］が徐々に輸出品としての順位を上げ続けていることが分かりますね。梱包材として使われていた説があるということは、明治時代の浮世絵は、［　Y　］価格で扱われていたものだったのですね。

表　神戸港における輸出品目別順位表

	1882年	1883年	1884年	1885年	1886年
1	茶	茶	茶	緑茶	緑茶
2	米	樟脳	米	銅	米
3	樟脳※	米	銅	米	銅
4	銅	銅	樟脳	樟脳	樟脳
5	ろう	ろう	寒天	ろう	磁器・陶器
6	寒天	小麦	磁器・陶器	磁器・陶器	マッチ
7	磁器・陶器	磁器・陶器	くず布	くず布	ろう

※樟脳（しょうのう）：防虫剤のこと　　（神戸税関ＨＰより作成）

問７　波線部(7)について、さまざまな要因により、高知県などの地方から都市部へと人口が流出し問題となっています。このような、都市部への人口流出などによって人口が著しく減少することを何といいますか。**漢字２文字で**答えなさい。

3　以下の問に答えなさい。

問１　2023年５月、日本でＧ７［　　　］サミットが行われ、世界の平和をはじめ、環境や経済、人権など様々なことが話し合われました。［　　　］にあてはまる地名を答えなさい。

問２　日本国憲法には、「日本国民は、正当に選挙された国会における代表者を通じて行動」することが定められています。選挙について述べた文章として、適当なものを１つ選び、ア〜エの記号で答えなさい。

ア　18歳になれば日本に住んでいる人は誰でも選挙権を行使できます。

イ　インターネットを使って投票することができます。

ウ　選挙運動として応援演説を行った人にはお礼にお金を渡すことができます。

エ　25歳以上の日本国民は衆議院議員総選挙の候補者になることができます。

問３　次の表は、衆議院議員総選挙における全候補者・当選者の女性の割合を示したものです。この表を年代が古い順に並べたものとして適当なものを１つ選び、ア〜エの記号で答えなさい。なお、Ａ〜Ｃにはそれぞれ「1946年(昭和21年)」「1990年(平成２年)」「2021年(令和３年)」のいずれかがあてはまります。

年　代	A	B	C
候補者	6.9%	2.9%	17.7%
当選者	2.3%	8.4%	9.7%

(内閣府　男女共同参画局ＨＰより作成)

ア　A→B→C　　イ　A→C→B　　ウ　B→A→C　　エ　B→C→A

問４　日本銀行は日本の中央銀行としていくつかの役割を持っています。以下の説明の正誤の組み合わせとして適当なものを１つ選び、ア〜エの記号で答えなさい。

a　「発券銀行」としての役割を持っており、日本銀行券と硬貨を発行することができます。

b　「銀行の銀行」としての役割を持っており、普通銀行以外の企業と取引を行うことができます。

	a	b
ア	正	正
イ	正	誤
ウ	誤	正
エ	誤	誤

問５　誰にも知られたくないことを秘密にしておくことは基本的人権の１つですが、国民が知りたいと思うことを広く伝える権利も日本国憲法で認められています。この権利として適当なものを１つ選び、ア〜エの記号で答えなさい。

ア　報道の自由　　イ　思想・良心の自由

ウ　教育を受ける権利　　エ　プライバシーの権利

問６　あなたの身の回りの様々なことに税金が使われています。次の選択肢のうち、税金で運営されているものとして**適当でないもの**を１つ選び、ア〜エの記号で答えなさい。

ア　ごみの回収　　イ　公園　　ウ　警察・消防　　エ　電気・水道

頌栄女子学院中学校(第１回)

—40分—

《注意》 漢字で書くべきものは漢字で答えなさい。

(編集部注：実際の入試問題では、写真や図版の一部はカラー印刷で出題されました。)

1　以下の文章を読み、あとの問いに答えなさい。

我が国の隣国であり、近代以前の日本に最も大きな影響をおよぼした国は中国といえます。歴史を振り返ると、古代以来、日本と中国は衝突と和解を繰り返してきました。そこで、この問題では３つの出来事を取り上げて、考えていきたいと思います。

日中間の最初の戦争といえるのが、663年に起きた①白村江の戦いです。この戦いに日本は敗北しましたが、②古代日本史上最も権力があった女帝といわれる（ １ ）天皇は次第に中国の唐との和解を望むようになりました。（ １ ）天皇は、古代日本史上最大の内乱である壬申の乱に勝利した天皇の后です。彼女が唐との和解を望んだ理由は、この時代に日本最古の暦といわれる具注暦（ぐちゅうれき）や日本最古の貨幣である（ ２ ）が出土していることからうかがわれるように、暦であれ貨幣であれ、中国の仕組みを日本に導入するならば、唐に学ぶことが必要とされたためでしょう。実際に遣唐使は（ １ ）が太上天皇であった702年に再開されました。

この時に唐の皇帝であったのは、中国史上唯一の女帝である則天武后（そくてんぶこう）であり、日中間で女帝同士が和解を交渉したことになります。則天武后は白村江の戦いで捕虜となっていた者を解放して国交回復に応じ、その後も遣唐使は遣唐大使を務めるはずであった（ ３ ）が廃止を提案するまで続きました。

遣唐使の廃止後、日本では唐の文化の影響と離れる国風文化が栄えました。平安時代の中期に（ ４ ）によって書かれた『源氏物語』は国風文化を代表する文学としても知られています。とはいえ、中国文化の影響は依然として根強く、例えば（ ３ ）が生きていた時代に日本でも施行された唐の宣明暦（せんみょうれき）は、日本独自の暦である貞享暦（じょうきょうれき）が施行される貞享２年(1685年)まで、およそ（ ５ 数字）百年間用いられたのでした。

白村江の戦いの次に、日中間で大きな戦争となったのが、③モンゴル襲来(元寇)です。これは朝鮮半島から（ ６ ）や壱岐を経由して1274年に九州の（ ７ ）湾から上陸し、中国側が日本に対して攻撃を加えた出来事です。この文永の役のあと、鎌倉幕府は（ ７ ）湾の海岸沿いに20キロメートルにわたって石垣を築き、二度目の襲来に備えました。

モンゴル襲来から百年後、中国との関係修復を働きかけたのが、室町幕府の将軍・足利義満です。なぜ義満は元から明に代わった中国との和解を求めたのでしょうか。それは明との貿易がもたらす富を手に入れ、日本国内の支配を安定させるためだと説明できるでしょう。太政大臣であった（ ８ ）が日宋貿易に励んでいた④12世紀以来、中国からの最大の輸入品は銅銭でした。義満は明との密貿易を行っていた（ ７ ）の商人から明の内乱の情報を入手し、新たに即位した明の永楽帝（えいらくてい）と関係を築くことを求めました。1402年６月に即位した永楽帝はさっそく10月に使節を送ってきた義満に対して（ ９ ）を授け、（ ９ ）を用いた貿易が日明間で展開されました。およそ500年ぶりの正式な国交樹立です。

近代以前の日中間で三度目の武力衝突となったのが、豊臣秀吉による朝鮮出兵の時です。秀吉は明の征服を目指していたともいわれています。江戸幕府を開いた徳川家康は（ ６ ）の大名を通して通信使を受け入れて、朝鮮との関係を修復しました。なお、朝鮮通信使の多くは(6)を経て瀬戸内に入り、広島県の鞆(とも)の浦に上陸しました。鞆の浦は絶景の地であるのみならず、国内外の情報が集まる瀬戸内の要衝(ようしょう)であり、かつて X戦国大名(10)によって、京都を追われた将軍・足利義昭もこの地に臨時の幕府を構えたことがあります。

徳川家康は日本に漂着したイギリス人航海士(11 カタカナ・フルネーム)を外交顧問とし、明との関係については、(9)貿易の復活を求めましたが、果たせませんでした。家康の死後、中国が清に代わっても日中間の正式な国交は、日本が明治政府になるまで結ばれないままでした。

しかし、清の皇帝は日本にある銅や銀といった鉱物資源に着目し、日中間の貿易を黙認しました。「鎖国」中の江戸時代に日本が中国から最も輸入したのは、織物の原料として欠かせない(12 2字)です。このように、文書や使節を交換しないで安定していた「鎖国」中の日清間の関係を専門家は「沈黙の外交」と呼んでいます。例えば、中国史上屈指の名君とされる清の康熙帝(こうきてい)の頃、日本の将軍は⑤享保の改革を行った(13)でした。二人は北京と江戸で2000キロメートルを隔ててお互いに交流することはなく、39年間同時代を生きたのでした。

これまで見てきたように、近代以前の日本にとって、度重なる衝突はあったものの、中国との関係が他国とのそれよりも圧倒的に重要でした。しかし、1853年にペリー率いるアメリカ艦隊が来航する頃になると、状況は一変します。ペリーが来航した理由の一つは、ハワイを拠点に(14)という獲物を追っていた船団のために、水や食糧を補給する基地を日本に求めたからです。(14)から採れるものは当時、照明用の燃料としてアメリカ人に欠かせないものでしたが、1859年に米国のペンシルベニアで(15)が採掘されると、それに取って代わられました。ペリーが来航して「開国」へ転換したあと、1861年にはロシアが(6)の植民地化を図る出来事(ポサドニック号事件)も起きるようになると、Y幕末の日本は欧米列強と向き合わなくてはならなくなりました。明治時代以降、とりわけ20世紀以降の激動の歴史については、Z映像を通して確認することもできるでしょう。

問１　文中の空らん(1)～(15)に入る適切な語句を答えなさい。

問２　下線部①について、白村江の戦いに関する説明として正しい組み合わせをア～エから１つ選び記号で答えなさい。

A：日本はのちの天智天皇が指揮したが、唐と高句麗の連合軍に敗北した。

B：この戦いの直前に滅亡した朝鮮半島の国から、日本に６世紀に仏教が公伝した。

ア　A・Bともに正しい　　イ　Aのみ正しい

ウ　Bのみ正しい　　エ　A・Bともに誤り

問３　下線部②について、女帝・(1)天皇に関する説明として正しい組み合わせをア～エから１つ選び記号で答えなさい。

A：(1)天皇は現在の奈良県に藤原京を作って遷都した。

B：(1)天皇のときに、三世一身法が発令された。

ア　A・Bともに正しい　　イ　Aのみ正しい

ウ　Bのみ正しい　　エ　A・Bともに誤り

問４　下線部③について、モンゴル襲来に関する説明として正しい組み合わせをア～エから１つ選び記号で答えなさい。

A：上陸したモンゴル軍は、火薬を使った「てつはう」という武器で日本を苦しめた。

B：この二度の襲来のあと、日本でも槍などを用いる集団戦法が行われるようになった。

ア　A・Bともに正しい　　イ　Aのみ正しい
ウ　Bのみ正しい　　　　エ　A・Bともに誤り

問５　下線部④について、12世紀以降に即位した以下の人物を順番に並べ、その組み合わせとして正しいものをア～カから１つ選び記号で答えなさい。

A：後鳥羽天皇　　B：後醍醐天皇　　C：後白河天皇

ア　A→B→C　　イ　A→C→B　　ウ　B→A→C
エ　B→C→A　　オ　C→A→B　　カ　C→B→A

問６　下線部⑤について、享保の改革以降、江戸幕府の政治を担当した人物を順番に並べ、その組み合わせとして正しいものをア～カから１つ選び記号で答えなさい。

A：松平定信　　B：田沼意次　　C：水野忠邦

ア　A→B→C　　イ　A→C→B　　ウ　B→A→C
エ　B→C→A　　オ　C→A→B　　カ　C→B→A

問７　二重下線部(X)および(Y)について、この２つの事柄に関心を持った頌子さんは歴史の授業で以下のカードXとYを作成しました。

その結果、この２つのカードに書かれている内容は、ある共通した要因が関係していることに気が付きました。それはどのようなことでしょうか、地理に注目しながら、以下のカードを参考にして具体的に説明しなさい。

カードX：戦国大名(10)は長篠の合戦で鉄砲(火縄銃)を活用し、現在の山梨県を中心に戦国時代に最強と呼ばれた騎馬軍団を率いた武田氏を破った。近年、長篠の合戦の跡地からは(10)の兵士が使用した東南アジアで生産された鉛の弾薬が発見されている。

カードY：江戸時代の終わりに力を付けていたのが、現在の鹿児島県に位置する薩摩藩や、山口県の長州藩であり、これも２つの藩が中心となり江戸幕府を倒した。とくに薩摩藩は17世紀の初め以来、琉球王国を支配下に置いて、財政的に潤っていた。

問８　波線部(Z)について、

(1)　現在、動画配信サービス(例：ユーチューブ、ネットフリックス)では、倍速機能を使う10代や20代の若者が多いと指摘されています。倍速機能を使うことに積極的な人が増えている理由はなぜでしょうか。以下の【用語】を使って説明しなさい。

【用語】パフォーマンス

ただしこの場合は、演技や表現の意味では用いないこと。

(2)　2020年から行われているある調査*によれば、「小学生がなりたい職業」の第１位は４年連続で、ユーチューブでの動画提供者(ユーチューバー)でした。自分で好きな動画を作成して視聴者を獲得することができれば、多額の広告費を得られるためでしょう。

しかし、ユーチューバー(YouTuber)の仕事は、今後は高収入を見込めないだろうという意見もあります。それはなぜでしょうか。

ユーチューブ(YouTube)の動画再生が直面している問題を、人間の生活上の制約や近年のインターネットをめぐる状況を踏まえながら、説明しなさい。

＊進研ゼミ小学講座による「小学生18000人に聞きました！2023年総決算ランキング」

② 以下の文章を読み、あとの問いに答えなさい。

今年の１月２日・３日に行われた東京箱根間往復大学駅伝競走(以下、箱根駅伝という)は、100回目の開催ということで、例年以上に大きな注目を浴びました。箱根駅伝は、東京都の大手町から神奈川県の①箱根・芦ノ湖を２日間かけて往復する大学駅伝の１つで、お正月の風物詩として親しまれています。大学駅伝には箱根駅伝以外にも島根県の［　A　］大社をスタート地点とする［　A　］駅伝や、愛知県の熱田(あつた)神宮から三重県の［　B　］神宮を結ぶ全日本大学駅伝があり、箱根駅伝とあわせて②大学三大駅伝として知られています。

ところで、なぜ長距離を数名の選手がリレー形式で走り、その時間を競う陸上競技が駅伝と呼ばれるようになったのでしょうか。その由来は、1917年に日本で最初に行われた東京奠都(てんと)五十年奉祝・東海道駅伝徒歩競走にあるといわれています。東京奠都五十年奉祝・東海道駅伝徒歩競走は、東京が日本の都に定められてから50周年を記念して開催された、京都の三条大橋と東京・上野の不忍池間を駆け抜ける大会です。この大会の開催にあたり神宮皇學館(こうがくかん)(現在の皇學館大学)の武田千代三郎館長が、645年に中大兄皇子が中臣鎌足と共に推し進めた政治改革である(　１　)をきっかけに整備が進んだ駅制・伝馬(てんま)制＊1と呼ばれる交通制度から名前をとり、駅伝と命名したことが誕生のきっかけとなりました。

では、なぜ駅制や伝馬制のような交通制度が整備されたのでしょうか。その背景には、当時道路というものが人や物の輸送に加えて、情報の伝達という役割を担っていたことが影響しています。(　１　)をきっかけに中央集権的な国家がつくられると、地方と政府間の情報伝達が素早く行われることが求められたため、道路の全国的な整備が必要となりました。

その後、古代の駅伝・伝馬制は衰退することとなりましたが、(　２　)が鎌倉に幕府を開いたことで、京都と鎌倉を結ぶ東海道の重要性が高まり、再び駅制が敷かれることとなりました。しかし、鎌倉幕府の北条高時が(　３　)率いる軍勢によって滅ぼされると、江戸時代まで全国を結ぶ統一的な道路システムは構成されなかったといわれています。その後江戸時代に入ると、五街道に宿駅制度＊2がしかれ、幕府の役人や荷物の輸送はもちろん、参勤交代のために行き来する大名や通信手段としての(　４　)など、人の往来が増加していきました。さらに、庶民による旅行目的の往来も増加していきましたが、(　５　)の言葉でも知られるように武器や女性の江戸への出入りは関所で厳重に監視されていました。

江戸時代までは徒歩や馬による往来が中心だったため、主に砂利や石畳の道路舗装(ほそう)でしたが、大正時代に入り徐々に自動車の台数が増え始めたために、自動車交通に耐えられる、より頑丈な道路舗装が必要となり、③アスファルトによる舗装が首都東京を中心に進められました。その後、(　６　)年に発生した関東大震災からの復興の際に、当時の東京市を中心に路面舗装が急速に進み、1931年には東京市の舗装率が55％を超えたことを記念して、道路祭が開催されました。しかし、第二次世界大戦の混乱の中で道路は荒廃し、再び舗装がなされるようになるのは、大衆にも自動車が普及し交通の中心が自動車に転換する(　７　カタカナ)が進展した高度経済成長期以降のことでした。高度経済成長期頃からは、道路の舗装と平行するような形で、全国を結ぶ道路網が形成されていきました。その過程で戦前までは技術的、軍事的な観点から実現がかなわなかった④島への架橋(かきょう)や、それに伴う道路の新設が行われ、日本全国を道路で結ぶ交通網の整備が進められました。

道路網の発達に伴い配送時間が短縮したことで、旅客輸送、貨物輸送ともに自動車による輸送が中心となっている一方、国土交通省によると2022年度の宅配便取扱数は50億588万個と過去最高となり、運送業者への負担の増加が社会問題となっています。加えて、(8)改革関連法の制定に伴い、時間外労働の上限規制の適用などにより、物流が滞(とどこお)るなど様々な問題が起こることが懸念(けねん)されており、これを物流の⑤2024年問題と呼び、社会に様々な影響が出ることが懸念されています。

※注釈

＊1　駅路や伝路と呼ばれる道路に、一定間隔で駅家や郡家を設置し、そこに駅馬や伝馬と呼ばれる馬や食糧などを配置し、馬を使用して駅家や郡家間を行き来する制度のこと。

＊2　古代律令国家で整備された駅制・伝馬制に類似した近世に整備された制度のことを総称して宿駅制度と呼んでいる。

問1　文中の空らん(1)～(8)に当てはまるもっとも適切な言葉を答えなさい。

問2　文中の空らん[　A　]・[　B　]に当てはまる最も適切な旧国名を答えなさい。

問3　下線部①について、次の図1は国土地理院が2014年に発行した2万5千分の1地形図「箱根」の一部です。図1に関する以下の問いに答えなさい。

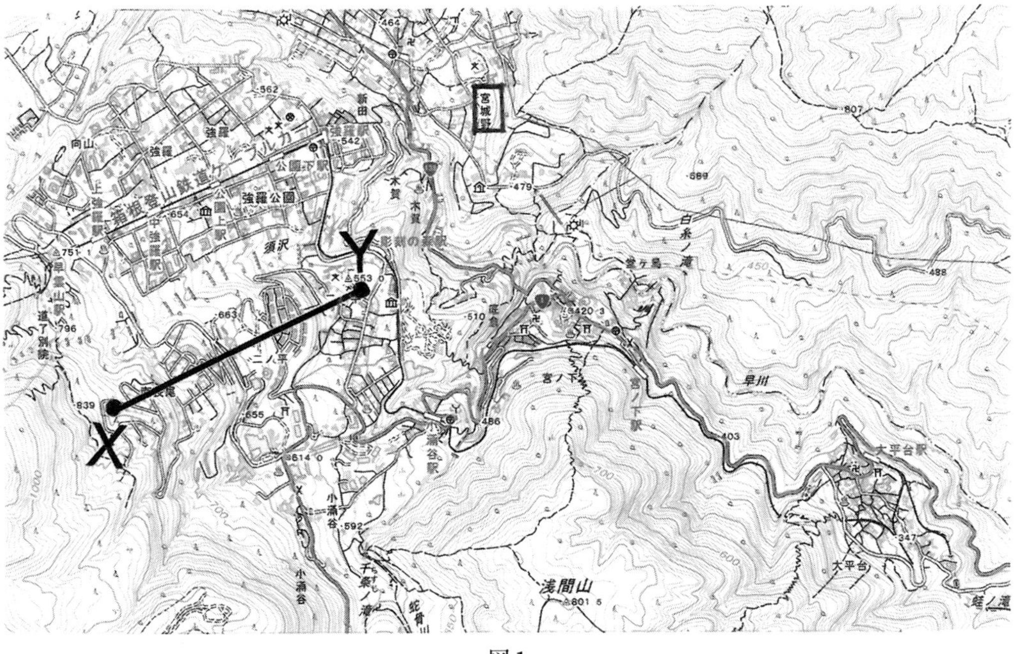

図1

(1)　図1中のX－Y間の断面図を示したものとして正しいものをア～エから1つ選び記号で答えなさい。

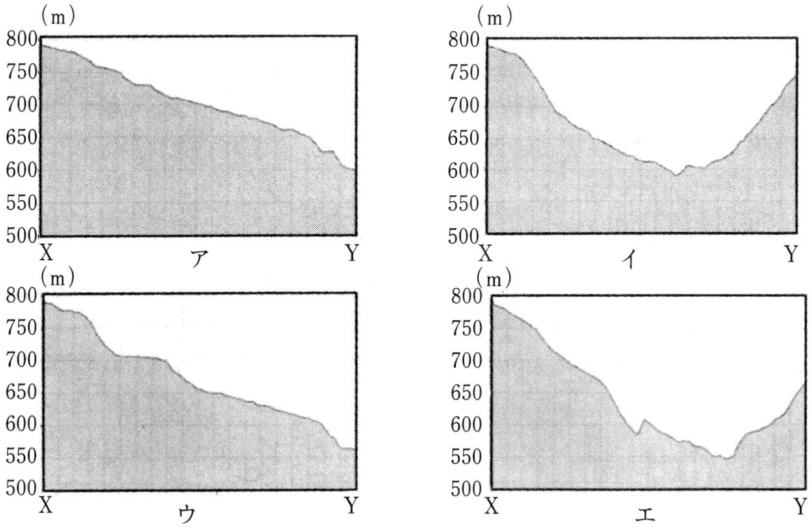

(2)　図1から読み取れることとして**誤っているもの**をア～エから1つ選び記号で答えなさい。

ア　宮城野という地区には老人ホームと高等学校が立地している。

イ　箱根登山鉄道ケーブルカーの上強羅駅のすぐ南側には温泉がある。

ウ　この地図の範囲内に博物館や美術館を示す地図記号は2つある。

エ　箱根登山鉄道の大平台駅と強羅駅の標高差は約200mである。

(3)　図1中の大平台から宮ノ下を結ぶ国道は実際の箱根駅伝のルートとして知られていますが、この2地点間の地図上の距離が8㎝の時、時速20㎞で走る選手が通過にかかる時間として最も近いものをア～エから1つ選び記号で答えなさい。

ア　3分　　イ　4分　　ウ　5分　　エ　6分

問4　下線部②について、大学三大駅伝のルートとなっている都道府県に関する以下の問いに答えなさい。

(1)　Ⅰ～Ⅲの雨温図は、神奈川県横浜市、三重県尾鷲市、島根県松江市のいずれかのものです。雨温図と都市名の組み合わせとして正しいものを①～⑥から1つ選び記号で答えなさい。

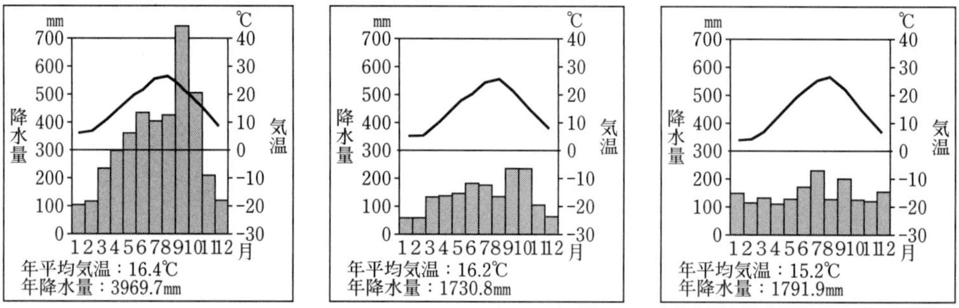

Ⅰ　　Ⅱ　　Ⅲ

雨温図作成サイト(https://ktgis.net/service/uonzu/)で作成、設問の都合上一部加工

	①	②	③	④	⑤	⑥
横浜市	Ⅰ	Ⅰ	Ⅱ	Ⅱ	Ⅲ	Ⅲ
尾鷲市	Ⅱ	Ⅲ	Ⅰ	Ⅲ	Ⅰ	Ⅱ
松江市	Ⅲ	Ⅱ	Ⅲ	Ⅰ	Ⅱ	Ⅰ

⑵　表１は神奈川県、愛知県、三重県、島根県のサービス産業の産業別売上高(2019年)を示したものです。三重県に当てはまるものをア～エから１つ選び記号で答えなさい。

表１

単位：億円

	情報通信業	卸売業、小売業	不動産業・物品賃貸業	学術研究、専門・技術サービス業	宿泊業、飲食サービス業	生活関連サービス業、娯楽業	医療、福祉
ア	13,488	340,198	26,764	14,603	11,944	21,766	51,372
イ	20,676	195,566	28,159	21,956	13,375	21,784	65,559
ウ	288	15,316	809	586	851	979	7,565
エ	434	36,357	3,017	1,658	2,685	4,303	14,539

『データでみる県勢2023』より作成

問５　下線部③について、アスファルトの舗装が進んだことで、自動車の通行にも耐えうる強い道路がつくられましたが、舗装率の高い地域において新たな問題が発生しました。アスファルトの特徴を示した以下のカードと資料を参考に、どのような地域でどのような問題が発生していますか、説明しなさい。

旧約聖書の創世記(そうせいき)で描かれる「ノアの箱舟」の物語のなかで、神は洪水から身を守る箱舟の内側と外側をアスファルトで塗るように言われたことからもわかるように、アスファルトは防水性が高いという性質がある。また、熱を蓄えやすい性質があることでも知られている。

都道府県別舗装率*1（単位：%）		
1位	大阪府	76.8
2位	東京都	65.4
3位	神奈川県	56.1
45位	群馬県	17.6
46位	茨城県	14.3
47位	長野県	13.9

国土交通省　道路統計年報2022より作成

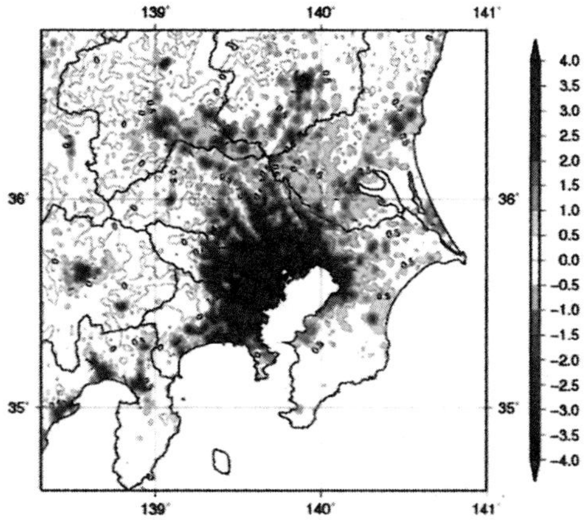

図２　都市化の影響による平均気温の変化*2（単位：℃）の分布

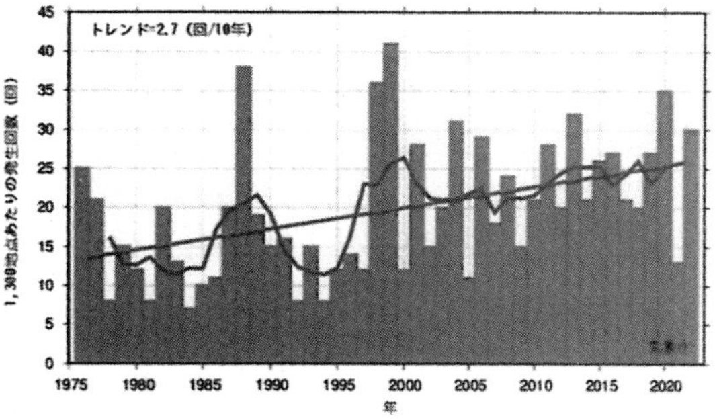

図３　全国の１時間降水量80㎜以上の年間発生件数

(編集部注：実際の入試問題では、この図版はカラー印刷で出題されました。)

＊１：舗装率は数層からなるアスファルトとコンクリートで舗装された割合を示したものである。

＊２：2010年から2018年までの１月の平均気温をもとに算出している。

図２：気象庁ホームページ(https://www.data.jma.go.jp/cpdinfo/himr/himr_5-1-1.html)より引用

図３：気象庁ホームページ(https://www.data.jma.go.jp/cpdinfo/extreme/extreme_p.html)より引用

問６　下線部④に関して、頌子さんと栄子さんは架橋とそれに伴う道路の新設による影響についてポスターにまとめています。２人の会話を参考に以下の問いに答えなさい。

頌子さん「兵庫県神戸市と徳島県鳴門市を、淡路島を経由しながら結ぶ神戸淡路鳴門自動車道の開通による地域への影響を調べてみましょう。」

栄子さん「神戸市から淡路島に渡る際に通過するのは、1998年に開通した明石海峡大橋ですね。」

頌子さん「そうですね。明石海峡大橋は建設中の1995年に［ i ］による地盤のずれの影響を受けて、予定よりも１ｍ橋の長さが伸びた珍しい橋としても知られています。」

栄子さん「淡路島と徳島県鳴門市を結ぶのは、1985年に完成した大鳴門橋ですから、明石海峡大橋の完成とともに、兵庫県と徳島県が神戸淡路鳴門自動車道でつながったということですね。」

頌子さん「そういうことになります。兵庫県と徳島県が１本の道でつながったことによる徳島県への影響を図４にまとめてみました。」

栄子さん「これをみると、明石海峡大橋が開通した1998年以降、徳島県のブランド地鶏である阿波尾鶏（あわおどり）の生産が急増しているのがわかりますね。」

頌子さん「阿波尾鶏は明石海峡大橋の開通以前はあまり売り上げがよくなかったそうです。明石海峡大橋の開通により、［ ii ］ために生産量が急増したといえますね。」

栄子さん「一方、徳島県の小売業の事業者数は1998年以降、減り方が大きくなっていることが読み取れますね。」

頌子さん「そうですね。［ iii ］ため、消費者に商品を販売する小売業が衰退してしまっていますね。本州とつながったことによるデメリットとしても知られています。」

神戸淡路鳴門自動車道の開通が与えた影響

①所要時間

	大阪から洲本(淡路島)	大阪から徳島	神戸から洲本(淡路島)	神戸から徳島
開通前	170分	210分	130分	180分
開通後	90分	130分	60分	100分

『架橋組曲　明石海峡大橋』より作成

②産業への影響

徳島県養鶏協会ホームページ
(https://www.tokutori.org/tori/situation)より作成

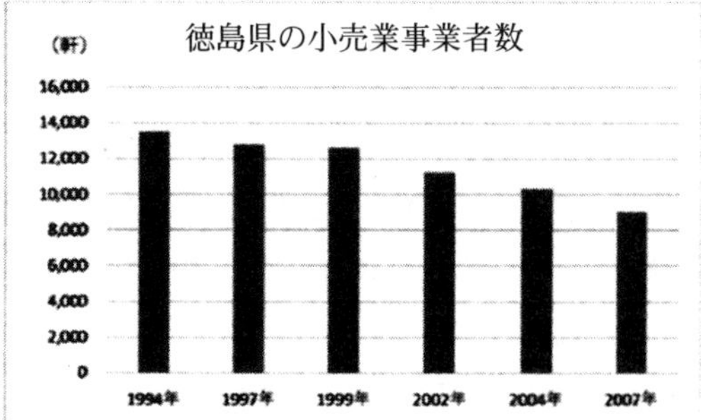

商業統計(経済産業省)より作成

図４

(1)　会話文中の空らん［ i ］に当てはまる最も適切な言葉を答えなさい。

⑵　文中の空らん［ ii ］・［ iii ］に当てはまる理由を、本州までの所要時間に触れながら説明しなさい。

問７　下線部⑤に関する以下の問いに答えなさい。

⑴　労働者の労働時間や労働条件の基本原則などを定めた、1947年に制定された法律を何というか答えなさい。

⑵　⑴の法律において、１日の労働時間は何時間以内と決められているか答えなさい。

湘南白百合学園中学校（４教科）

—40分—

（編集部注：実際の入試問題では、写真や図版の一部はカラー印刷で出題されました。）

1　次の地図を見て、あとの問に答えなさい。

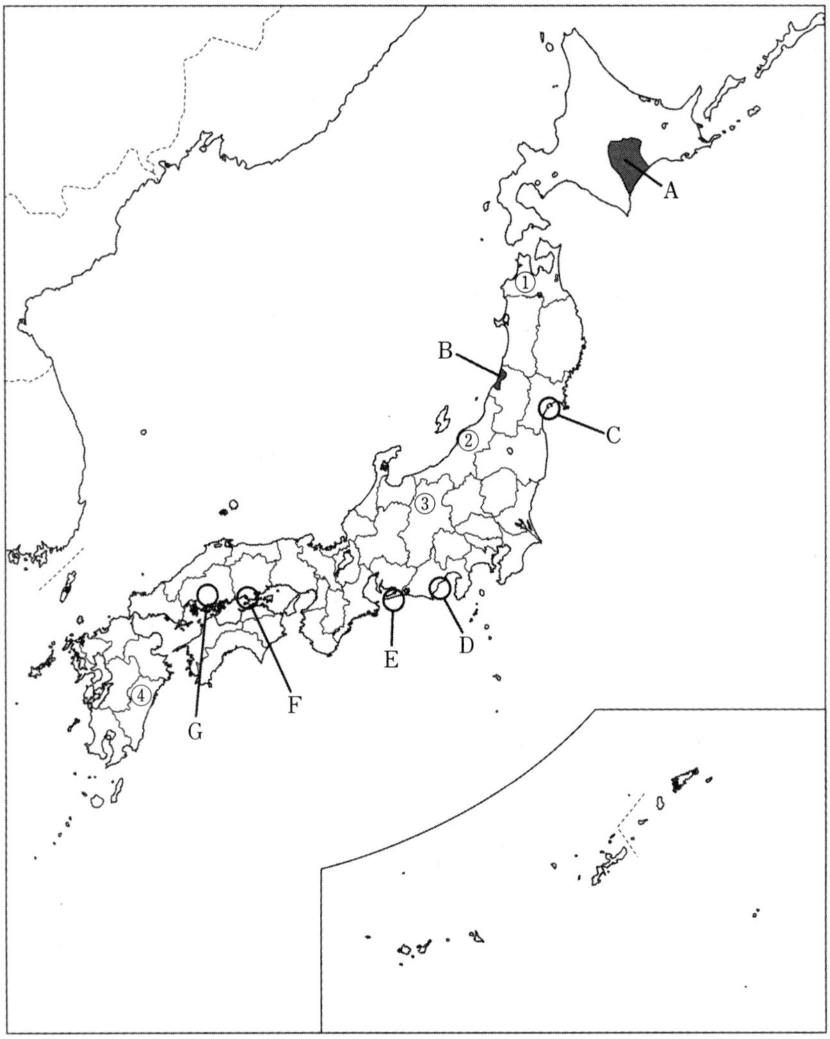

1　畑作がさかんであることで知られる地図中のA平野では、次の図のように、数種類の作物を同じ耕地に一定の順序で計画的に作付けしています。

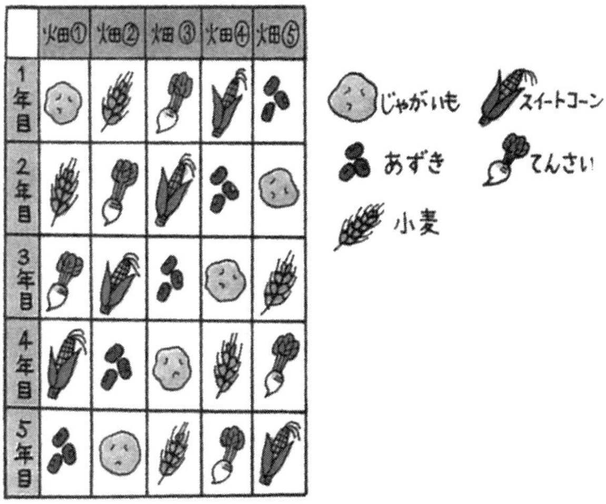

⑴　このような栽培方法を何といいますか。

⑵　⑴の方法を行うことで、どのような効果がありますか、２点あげなさい。

2　稲作がさかんであることで知られる地図中のB平野は、米どころとしての条件がそろっている地域です。B平野で見られる、良質な米ができる条件について述べた次のア～エから、誤っているものを１つ選び、記号で答えなさい。

ア　最上川などの大きな川がある

イ　出羽山地から栄養分をふくんだ水が流れてくる

ウ　日照時間の長い夏に昼と夜の気温の差が大きい

エ　夏は日本海側から北西季節風がふき稲をかわかす

3　AとBの平野名を答えなさい。

4　地図中のCには日本三景の一つがあります。Cの地名を答え、適する写真を次のア～ウから選び、記号で答えなさい。

ア

イ

ウ

5　地図中Dにある焼津は、遠洋漁業の基地として知られています。次のグラフ「国内の漁業別生産量の変化」中のア～エのうち遠洋漁業を示すものを選び、そのように判断した理由を簡潔

に述べなさい。

「国内の漁業別生産量の変化」

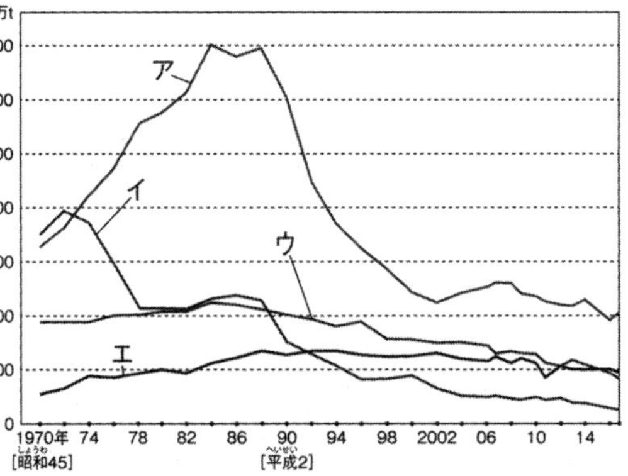

農林水産省「漁業・養殖業生産統計年報」より

6　地図中Ｅの地域に関し、次のグラフは、東京の市場に出荷される、国内産の菊の県別割合を示したものです。

「東京都の市場に出荷される国内産菊の県別割合」

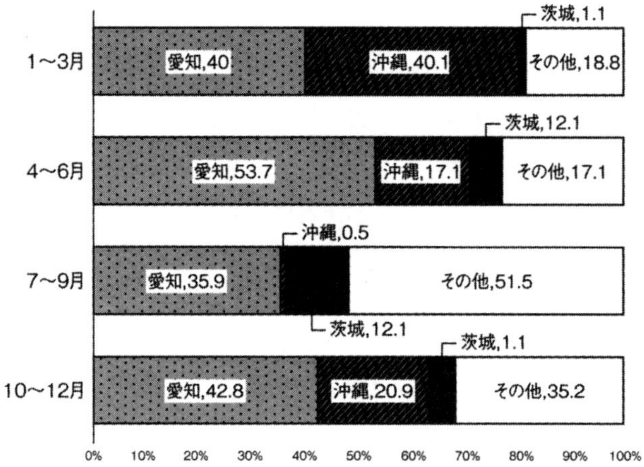

東京都中央卸売市場統計(2022)より作成

(1)　グラフにあるように、愛知県では一年を通して菊が出荷されています。それは、地図中Ｅの地域で菊の特性を生かした栽培方法がさかんに行われているためです。その方法と菊の特性について、次のア～オから正しいものをすべて選び、五十音順で答えなさい。あてはまるものがないときは、「カ」と記しなさい。

ア　日照時間が短くなると花が咲く性質を生かしている。

イ　日照時間が長くなると花が咲く性質を生かしている。

ウ　気温が下がると花が咲く性質を生かしている。

エ　扇風機を使って、花が咲く温度を調整している。

オ　電灯を使って、花が咲く時期を調整している。

(2)　「１～３月」を見ると、沖縄県から出荷される割合が増します。この時期に、沖縄県から東京都へ飛行機を使って菊が出荷されている理由を述べた次の文章の空欄（　a　）に適することばを考えて答えなさい。

> 菊の需要が増す春のお彼岸用に、気候が温暖な沖縄県では（　a　）を使わずに栽培することができるため、輸送費の高い飛行機を使ってもじゅうぶんに利益が出るから。

7　地図中Fには、日本を代表する石油化学コンビナートがあります。

⑴　次のグラフは日本の原油の輸入先の割合を示しています。グラフ中の（　b　）にあてはまる国名を答えなさい。

「原油の輸入先(2022)」

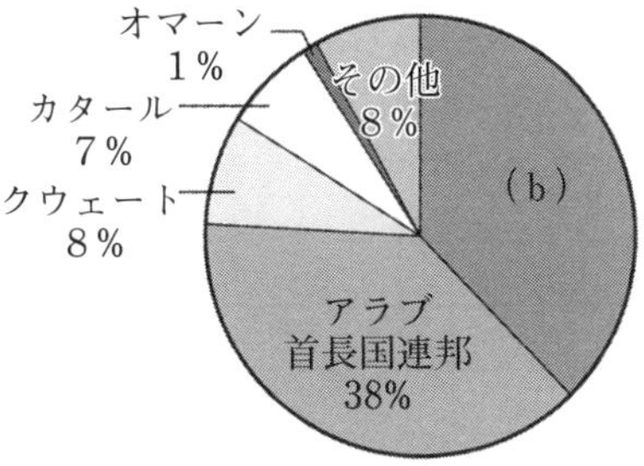

日本国勢図会(2023)より作成

⑵　前のグラフを見ると、原油の輸入は、その多くが西アジアの国々にかたよっていることがわかります。このように輸入先が特定の地域にかたよっていると、どのような問題が起きるおそれがあるでしょうか。次のア～ウのうち誤っているものを1つ選び、記号で答えなさい。

ア　輸入先の国で紛争が起こると原油が輸入できなくなるおそれがあること。

イ　輸入先の国で赤潮が発生すると、原油が取れる量が大幅に減るおそれがあること。

ウ　輸入先の国と日本の関係が悪くなると、原油の価格がつり上げられるおそれがあること。

⑶　日本に原油を運ぶタンカーは次のア～エのうちどれですか、正しいものを選び、記号で答えなさい。

ア

イ

ウ

エ

8　地図中Gの地域では、今から10年前の2014年8月に、豪雨が引き起こした大規模な土砂災害が発生しました。

⑴　この地域には過去の災害を伝える石碑がありましたが、住民に十分な防災意識が伝わっていませんでした。こうした反省をふまえて国土地理院がつくった「自然災害伝承碑」の地図記号を記しなさい。

⑵　防災に関する次の文章を読み、文中の空欄（　c　）～（　e　）に最も適する**漢字１文字**をそれぞれ記しなさい。

災害が起こった際には、国や都道府県・市町村が災害への対応として「（　c　）助」を行うだけでなく、一人ひとりが自分や家族の命を守る「（　d　）助」を行いつつ、近所や地域の住民どうしが互いに助け合う「（　e　）助」を行って、災害と向き合っていかなければいけません。くわえて、自発的に支え合う「互助」という観点も重要です。

9　次の表中のあ～えは、地図中の①～④県のいずれかです。①の県にあてはまるものを、あ～え から１つ選び、記号で答えなさい。また、表中の（　f　）にあてはまる作物を、あとのア～エから１つ選び、記号で答えなさい。

	耕地面積(ha)		作物の収穫量(t)		
県	田	畑	米	（ f ）	りんご
あ	34,300	30,000	75,200	28,100	－
い	78,900	70,400	235,200	3,670	415,700
う	149,000	18,800	631,000	649	－
え	51,500	53,300	187,300	2,380	110,300

農林水産統計（2022年10月28日公表）／日本国勢図会（2023）より作成

ア　ぶどう　　イ　みかん　　ウ　大根　　エ　ピーマン

2　歴史を学び終えた湘南白百合学園の皆さんは、登場した人物や人々に対して持った疑問を「お手紙」の形で書くことにしました。以下はその「お手紙」の一部を抜き出したものです。これらに関し、以下の問いに答えなさい。

【1】　①あなたのかいた絵に衝撃をうけました。ほとんど墨だけでかきながらなんと立体的、しかも正確に細かくかかれているのでしょうか。あなたが残した作品の中で一番の自信作はなんですか？

【2】　不思議なかたちをしたお墓だなぁ、と最初は思いました。でも、円墳や方墳もあるのですね。このお墓のまわりにたくさん並べられた②人型の人形はどのように作ったのですか？

【3】　中国の王朝を見本に天皇中心の政治体制を築こうとして有力な一族をほろぼしたんですよね。いっしょに改革を進めた中臣鎌足とはどうやって仲良くなったんですか？

【4】　日本列島の北方から伝わってきた米作りのおかげで豊かな生活になってきたみたいですけど、ねずみなどのひ害があったようですね。③米を保存した建物に工夫がありましたが、どれくらい効果がありましたか？

【5】　武士の棟梁として平氏をほろぼして鎌倉幕府を開いたと聞きました。どうして鎌倉に幕府を開いたのですか、地理的な側面から教えてください。

【6】 私が一番共感できたのは「おたがいに信じ合いなさい」でした。でも、（ A ）を敬いなさいは理解できませんでした。ちなみに、どうして十七という数にしたのですか？

【7】 街道や日本海を通る西まわり航路が発達し、町人文化も栄えて、色々なものが流通し、人々も多く移動していたと聞きました。どんな町人文化が人気でしたか？

【8】 不景気、④戦争の開始と敗北、新しい憲法の成立、⑤高度経済成長と授業で学び、激動の時代だなと思いました。この時代を生きた人々に質問です。どの出来事が一番思い出に残っていますか？

【9】 ⑥仕えていた人物が急に暗殺され、大変あわてたのではないでしょうか？その後、わずか８年で天下を統一したとはおどろきです。なぜそのような短期間で天下を統一できたのですか？

【10】「ざんぎり頭、たたいてみれば文明開化の音がする」という言葉を聞きました。新政府が成立して⑦新しい政策が次々と出てきましたが、みなさんの生活に最もえいきょうをあたえたのは何でしたか？

【11】「もし一本の草、ひとすくいの土を持って、大仏づくりを助けたいと願うものがいたら、願いの通り許可する」なんて素敵だと思いました。（ A ）によってなんとか国を平和にしたいという気持ちが伝わります。何人ぐらいが大仏づくりに参加したんですか？

【12】 ９月１日は私たちの学校生活にも大きなえいきょうを与(あた)えています。その日前後に防災訓練が行われるからです。震源地(しんげんち)に近い場所の被害は聞いたことがあるのですが、それ以外の地域ではどのようなえいきょうがあったのか、教えてください。

【13】 冬が寒い青森県なのに、竪穴(たてあな)住居でどうやって寒さをしのいでいたのかが気になります。石で作られた道具や動物の骨や角で作られた道具は出土していますが、服のようなものが出土しないので分かりません。

1　空欄(くうらん)（ A ）に適する語句を**漢字２字**で答えなさい。

2　下線部①に関して、この【人物名】と、この人物がかいた【絵画の名称】、およびこの絵画が【かかれた場所】の組合せとして正しいものを、あとの《選択肢(せんたくし)》より選び、その記号を答えなさい。

【人物名】

あ　歌川広重　　い　雪舟

【絵画の名称】

う　「天橋立図」

え　「東海道五十三次」鳴海 名物有松絞

【かかれた場所】

《選択肢》

ア　人物名－あ　　絵画の名称－う　　かかれた場所－お

イ　人物名－あ　　絵画の名称－え　　かかれた場所－お

ウ　人物名－あ　　絵画の名称－う　　かかれた場所－か

エ　人物名－あ　　絵画の名称－え　　かかれた場所－か

オ　人物名－い　　絵画の名称－う　　かかれた場所－お

カ　人物名－い　　絵画の名称－え　　かかれた場所－お

キ　人物名－い　　絵画の名称－う　　かかれた場所－か

ク　人物名－い　　絵画の名称－え　　かかれた場所－か

3　下線部②に関して、このお墓の周りに並べられたものを何といいますか、**ひらがな３文字**で答えなさい。

4　下線部③に関して、この建物の名前を答えなさい。

5　下線部④に関して、この戦争について正しいものを、次のア～エから選び、記号で答えなさい。

ア　日本はイギリスやアメリカと同盟を結び、アジア・太平洋戦争を戦った。

イ　沖縄島での戦いは兵士のみならず住民も巻きこまれ、集団自決を行った住民もいた。

ウ　ソ連が支援する北朝鮮とアメリカが支援する韓国が対立する朝鮮戦争が始まった。

エ　朝鮮をめぐって日本と中国（清）が争い、日本は下関条約でリアオトン（遼東）半島を獲得した。

6　下線部⑤に関して、この時期の「三種の神器」として誤っているものを、次のア～エから選び、記号で答えなさい。

ア　自動車　　イ　携帯電話　　ウ　クーラー　　エ　カラーテレビ

7　下線部⑥に関して、この事件のことを何といいますか。

8　下線部⑦に関して、正しいものを次のア～エから選び、記号で答えなさい。

ア　富国強兵を目指し徴兵令を発布すると共に、殖産興業を推進した。

イ　坂本龍馬を中心とした欧米への視察団を派遣し、近代的な政治の仕組みを学んだ。

ウ　皇族や士族もふくめて全て平民とするとともに、男女平等も法で定められた。

エ　鹿児島の士族を率いた板垣退助に対して西南戦争を起こした。

9　【3】と【11】はどちらも当時の天皇に向けた疑問である。それぞれの天皇の名を答えなさい。

10　【4】の文書の中には誤りがある。誤りの語句を記すとともに、正しい語句を答えなさい。

11　【5】の疑問に対する回答として正しいものを次のア～エから選び、記号で答えなさい。

ア　朝廷に近く、また中国大陸や朝鮮からの使節が海から訪問しやすい地形であった。

イ　中国(宋)との貿易を活発にするための新しい港の建設がしやすい地形であった。

ウ　入り江や湿地をうめ立て、商業地や農地の拡大がしやすい地形であった。

エ　三方が山に囲まれ、一方が海に面しており、敵からせめこまれにくい地形であった。

12　【7】が示した時代について、以下の問いに答えなさい。

(1)　佐原(千葉県)の商人であった人物は天文学や測量術を学び、日本の地図を作成するために諸国を測量しました。この人物の名を答えなさい。

(2)　この時代の人々の生活について、正しいものを次のア～エから選び、記号で答えなさい。

ア　千歯こきなどの農具を改良し、また備中ぐわを使って農産物の生産を高めた。

イ　国から割り当てられた土地を耕し、租・調・庸と呼ばれる税を納めていた。

ウ　征夷大将軍に任命された守護や地頭によって、農民たちが支配されていた。

エ　日本の植民地であった朝鮮半島や満州(満洲)に移住し、仕事をする人たちがいた。

13　【12】の文章が示す事柄は以下の【年表】中のア～オのどの部分に当てはまるか、記号で答えなさい。

【年表】

・〔 ア 〕

・第一次世界大戦が勃発し、日本もこの戦争に参加し中国に進出した。

・〔 イ 〕

・25歳以上の全ての男子が選挙権を持つ普通選挙が成立した。

・〔 ウ 〕

・政治や社会の仕組みを変えようとする運動や思想までも取りしまる治安維持法が制定された。

・〔 エ 〕

・満洲国(満州国)をめぐる問題に関連して、日本は国際連盟を脱退した。

・〔 オ 〕

14　以下の質問と同時代の疑問はどれか、【１】～【13】より選び、数字を答えなさい。ただし、該当(がいとう)するものがない場合は「14」と記しなさい。

「遣唐使を廃止(はいし)したのはあなただと授業で学びました。また、朝廷(ちょうてい)での権力争いに敗れ、九州の大宰府に流されたことも知りました。現在では学問の神様として知られていますが、多くの受験生があなたをまつる神社のお守りを持っていることをどう思いますか？」

15　【１】～【13】を時代順に並べたものとして正しいものを次のア～エから選び、記号で答えなさい。

ア　【13】⇒【９】⇒【３】⇒【11】　　イ　【６】⇒【８】⇒【７】⇒【２】

ウ　【２】⇒【１】⇒【９】⇒【６】　　エ　【４】⇒【５】⇒【10】⇒【12】

16　【１】～【13】の疑問について、以下の生徒たちがコメントをしています。それぞれの【コメント】についての正誤が正しいものを《選択肢(せんたくし)》より選び、記号で答えなさい。

【コメント】

桜子さん：【９】と【10】は同じ時代の人物や人々に対しての質問をしていますね。

菊(きく)子さん：【６】は源頼朝の政策についての疑問を記したものですね。

梅子さん：【13】は三内丸山遺跡(いせき)の出土物から疑問を持ったんですね。

《選択肢(せんたくし)》

ア　桜子さんだけが正しい。

イ　菊(きく)子さんと梅子さんはともに正しい。

ウ　梅子さんだけが正しい。

エ　ア・イ・ウの選択肢(せんたくし)に正しいものはない。

17　あなたが、これまで学んできた歴史の内容から人物を１名選び、その人物の功績(こうせき)、言動をふまえた上でその人物への疑問を【１】～【13】の「お手紙」を参考にしつつ記しなさい。解答に際しては、以下の条件を守るようにしてください。字数は20字以上30字以内とします。句読点や数字を書くときは、１マスに１文字を記入すること。

条件１　選んだ人物の名を①に記しなさい。 条件２　選んだ人物への疑問を記したお手紙を②に記しなさい。

３　以下の文章を読み、次の問いに答えなさい。

ある大学の学園祭で、画期的な取り組みが行われました。ＡＩ裁判官による模擬(もぎ)裁判の実演です。架空(かくう)の事件をもとに裁判の一通りの流れを実演する中、①事件を裁く裁判官役を生成ＡＩであるChatGPTが担いました。判決は無罪でした。

人間の代わりに仕事をするＡＩは模擬(もぎ)的な実演に限らず、実際の仕事にも姿を現しつつあります。昨年は初めて生成ＡＩによって作られた質問が国会の場で首相に行われました。感染症対策にかかわる②法律についての質問をChatGPTで作成し、岸田首相に投げかけられました。また、より私たちに身近な③地方行政の場でも生成ＡＩを導入する市町村が続々と現れ、会議記録の要約や市民からの質問回答に活かされています。

海外ではさらに革新的な動きがあります。デンマークではＡＩを党首とする政党が誕生しました。市民との「対話」の中で生み出された政策の目玉として、現在の平均月収のおよそ２倍の金額を毎月④国民に支給するという政策に注目が集まりました。また⑤SDGsの17の目標に「人間とＡＩのさらなる共存」を加えて18にすることもかかげています。

ＡＩの進出は社会を動かす仕事のみに関わる話ではありません。昨年７月、⑥文部科学省は教育現場での生成ＡＩの利用に関するガイドラインを発表しました。考える訓練をする段階である児童生徒が、自動で文章を生み出すＡＩにふれられる時代が訪れたのです。そもそも生成ＡＩとは、ＡＩに命令をして自動で文章や画像などを生み出すシステムです。学校の授業においても、〔 ⑦ 〕ことができるようになってしまいました。

1　下線部①について、裁判官は最高裁判所の長官を除き、すべてある機関によって任命されます。この機関の名前を答えなさい。

2　下線部②について、以下の問に答えなさい。

⑴　国会議員は最終的には本会議での多数決で法律を制定したり、改正したりしますが、本会議の前段階で法律案について質問をしたり議論したりする場を何といいますか、**漢字３字**で答えなさい。

⑵　国会の制度上、国民が質問をする場は設けられていませんが、意見や希望を伝えることはできます。このことを何といいますか、**漢字２字**で答えなさい。

3　下線部③について、昨年は関東大震災からちょうど100年の年であり、現代も災害があとを絶たない中、地方行政の動きに注目が集まっています。以下の緊急時の地方行政の動きとして最も適切なものを選び、記号で答えなさい。

ア　被災した市町村は、ほかの市町村に応援要請をすることはできない。

イ　被害状況の報告は、はじめに都道府県から市町村に行われる。

ウ　救助に当たる消防などの機関は、都道府県、市町村の間で調整を要する。

エ　大規模な災害時、都道府県は自衛隊に出動の命令ができる。

4　下線部④について、国民に対してお金を支給するのは、国の会計にかかわっています。次の円グラフＸ・Ｙは、2022年度の国の収入支出を示しています。Ｘ・Ｙのうち、収入を示す円グラフはどちらですか、またそれぞれのグラフが示す総額の金額として最も適切なものを以下のア～エから一つ選び、それぞれ記号で答えなさい。

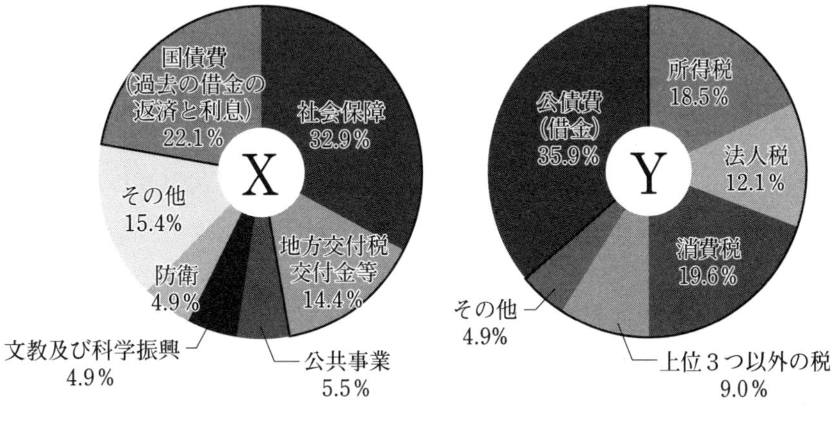

ア　1100億円　　イ　1.1兆円　　ウ　11兆円　　エ　110兆円

5　下線部⑤について、2015年、国際連合において「持続可能な開発目標」が設定され、各国、各企業が実現に向けて取り組んでいます。

以下の図の空欄 あ・い にあてはまる適切な語句を答えなさい。

6　下線部⑥について、文部科学省を取り仕切るのは国務大臣の一人である文部科学大臣です。この役職について説明する以下のア～エのうち、適切なものをすべて選び記号で答えなさい。

ア　文部科学大臣は、首相によって任命される。

イ　文部科学大臣は、衆議院を解散させることができる。

ウ　文部科学大臣は、衆議院総選挙の度に国民審査を受けなければならない。

エ　文部科学大臣は、他の国務大臣と会議で、政治の進め方を話し合う。

7　文中〔 ⑦ 〕について、生成ＡＩの普及は、私たちの学校での活動にも大きく影響をあたえることが考えられます。例えば、読書感想文への活用も、部分的であれば内容を深めることに活かせますが、活用が全体におよぶと、かえって心配される点もあります。読書感想文へ活用する場合、心配される点を答えなさい。

昭和女子大学附属昭和中学校（A）

—理科と合わせて50分—

〔注意〕 漢字で書けるところは漢字で書いてください。

1　次の会話文を読んで、あとの問いに答えなさい。

昭子さん：「2022年に生まれた日本人の子どもの数が80万人を割ったというニュースを聞いたわ。」

お姉さん：「そうね。①日本の人口も全体として減っていて、2021年の人口は１年前と比べると、80万人減ったそうね。」

昭子さん：「そうなんだ。80万人ってどれくらいの数なのかな。」

お姉さん：「都道府県で言えば、（ ② ）全体の人口と同じくらいね。東京都でいえば昭和中学校のある世田谷区の人口を少し下回るくらいね。」

昭子さん：「そんなに多いのね。このままだと③日本の人口が１億人を割ってしまう日がくるかもしれないわね。」

お姉さん：「日本の人口は④これまではずっと増加してきたけれど、十数年前から減少が始まっているのよ。」

昭子さん：「そもそもなんで人口は減っているのかな。」

お姉さん：「それは（ ⑤ ）などの理由があると言われているわ。」

昭子さん：「人が減ると住みやすくなるとも思うけど、人口が減ると何か困ることがあるのかな。」

お姉さん：「人口が減ると、（ ⑥ ）が心配ね。だけど一番の問題は働き手の人口が減ってしまうことだと思うわ。」

昭子さん：「どういうことなのかな。」

お姉さん：「たとえば運送業などで人手不足が問題になっているわ。長距離（ちょうきょり）トラックの運転手は労働時間が長すぎるという問題も抱（かか）えているの。最近よく聞くようになった『（ ⑦ ）方改革』のひとつとして労働時間を短くしようとすると、その分、人を雇（やと）わなければならないのだけど、肝心（かんじん）の働き手が減少していて確保できないの。」

昭子さん：「人が必要なら⑧外国から人を呼んでくるのはどうかしら。日本にやってくる外国人が増えているって、ニュースで言っていたわ。」

お姉さん：「そういう方法もあるわね。働き手不足の解消法としては、いろいろなものが自動化されていることもあげられるわね。スーパーやコンビニでも無人のレジが増えているし、⑨自動車業界で開発が進んでいる自動運転の技術が実用化されると、それがトラック運転手の代わりになるかもしれないわね。」

昭子さん：「本当に⑩技術の進歩はめざましいわね。このような技術開発がもっと進んでいけば人口減少による労働力不足も改善されそうね。」

問１　文中の下線部①に関連して、次の(1)・(2)に答えなさい。

(1)　人口の一番多い都道府県は東京都ですが、二番目に多い都道府県を、次のア～エの中から１つ選び、記号で答えなさい。

ア　神奈川県　　イ　愛知県　　ウ　北海道　　エ　大阪府

⑵　人口密度が一番高い都道府県は東京都ですが、二番目に高い都道府県を、次のア～エの中から１つ選び、記号で答えなさい。

ア　沖縄県　　イ　千葉県　　ウ　埼玉県　　エ　大阪府

問２　文中の空らん（ ② ）には、南北が海に面している県が入ります。その県を、次のア～エの中から１つ選び、記号で答えなさい。

ア　青森県　　イ　兵庫県　　ウ　佐賀県　　エ　千葉県

問３　文中の下線部③に関連して、1990年、2000年、2010年、2023年の人口１億人以上の国を示した次の表を見て、あとの⑴～⑶に答えなさい。

表　（人口の単位は百万人）

	1990年		2000年		2010年		2023年	
1	中国	1,153.7	中国	1,264.1	中国	1,348.2	インド	1,428.6
2	インド	870.5	インド	1,059.6	インド	1,240.6	中国	1,425.7
3	A	248.1	A	282.4	A	311.2	A	340.0
4	インドネシア	182.2	インドネシア	214.1	インドネシア	244.0	インドネシア	277.5
5	ブラジル	150.7	ブラジル	175.9	ブラジル	196.4	パキスタン	240.5
6	ロシア	148.0	パキスタン	154.4	パキスタン	194.5	ナイジェリア	223.8
7	日本	123.7	ロシア	146.8	ナイジェリア	161.0	ブラジル	216.4
8	パキスタン	115.4	バングラデシュ	129.2	バングラデシュ	148.4	バングラデシュ	173.0
9	バングラデシュ	107.1	日本	126.8	ロシア	143.2	ロシア	144.4
10			ナイジェリア	122.9	日本	128.1	メキシコ	128.5
11					メキシコ	112.5	エチオピア	126.5
12							日本	123.3
13							フィリピン	117.3
14							エジプト	112.7
15							コンゴ民主共和国	102.3

出典：1990年～2010年は「グローバルノート」（出典：ＩＭＦ）、2023年は『世界人口白書2023』の推計値

⑴　表の読み取りとして正しくないものを、次のア～エの中から１つ選び、記号で答えなさい。

ア　１億人以上の国の数が調査年ごとに増えている。

イ　1990年に示された国のうち、2023年に人口が1990年の２倍以上になっている国は、パキスタンのみである。

ウ　2023年に初めて登場した国のうち、一番多いのはアフリカの国々である。

エ　2010年から2023年に人口が減少している国は３か国である。

⑵　表中のAにあてはまる国名を答えなさい。

⑶　表中のAをのぞいた2023年の国の中で、アジア・ヨーロッパ以外の国は何か国ありますか。

問４　文中の下線部④に関連して、日本の人口の推移を示した次のグラフ１を見て、あとの⑴～⑸に答えなさい。

グラフ１

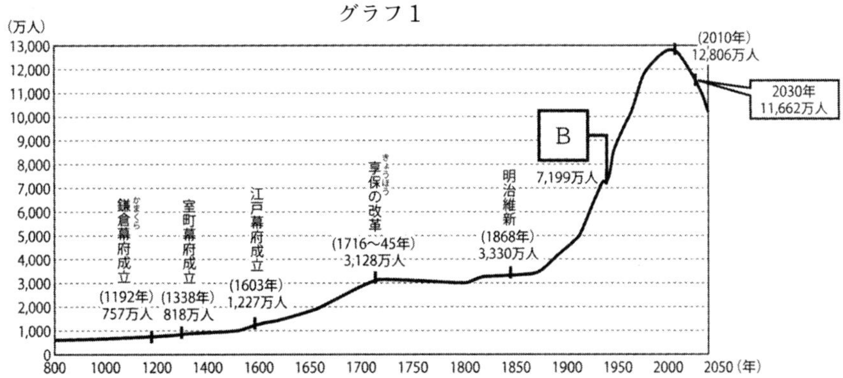

資料）2010年以前は総務省「国勢調査」、同「平成22年国勢調査人口等基本集計」、国土庁「日本列島における人口分布の長期時系列分析」（1974年）、2015年以降は国立社会保障・人口問題研究所「日本の将来推計人口（2012年1月推計）」より国土交通省作成

出典：総務省「我が国における人口の長期的推移」

⑴　日本の人口が800万人を超えてから3000万人に達するまでの日本の状況として正しくないものを、次のア～エの中から１つ選び、記号で答えなさい。

ア　関ケ原の合戦後に徳川家康が将軍になった。

イ　足利義政が東山に銀閣を建立した。

ウ　武家諸法度で参勤交代の制度が定められた。

エ　藤原道長が摂政となり、政治の実権をにぎった。

⑵　江戸時代の後半には人口が停滞し、若干の減少がみられる時期もあります。この背景を考える際の方法としてふさわしくないものを、次のア～エの中から１つ選び、記号で答えなさい。

ア　自然災害も影響していると思い、発生した自然災害と死者数を調べる。

イ　地域によっても差があると思い、外国人が来航した場所を調べる。

ウ　病気が広がったことが関係していると考え、いくつかの藩の人口の変化を調べる。

エ　農業生産と関係があると思い、米やサツマイモなどの生産量の変化を調べる。

⑶　人口は明治維新以降に急上昇していますが、この理由としてふさわしくないものを、次のア～エの中から１つ選び、記号で答えなさい。

ア　工業化が進展し、経済が発展したから。

イ　肉食など食生活が変わったことで栄養面が改善したから。

ウ　満州やハワイ、ブラジルからの移民が増加したから。

エ　医療が発達し、乳児死亡率が減少したから。

⑷　グラフ１の記号Ｂのところで一時的に人口が減少している理由を答えなさい。

(5)　日本の人口について調べていた昭子さんは、日本の年齢区分別人口の割合の推移を示した次のグラフ2を見つけました。これを見て、日本の年齢区分別人口の割合の変化にはどのような特徴があるか答えなさい。

グラフ2　年齢区分別人口の割合の推移（1950～2021年）

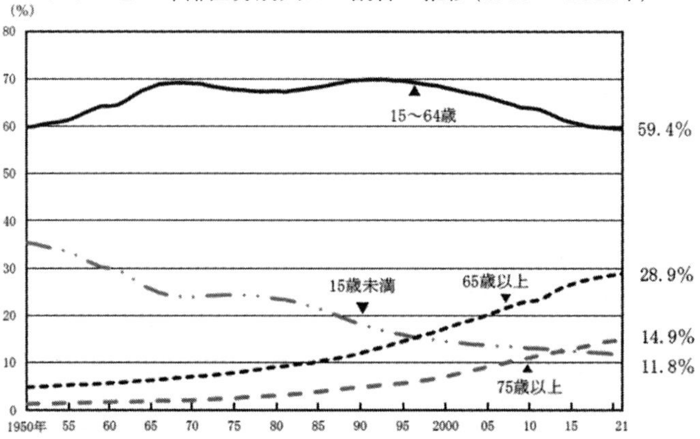

出典：総務省統計局ホームページから（人口推計　2021年10月1日現在）

問5　文中の空らん（⑤）・（⑥）に入る文の組み合わせとして正しくないものを、次のア～エの中から1つ選び、記号で答えなさい。

ア　⑤子どもを育てるだけの経済的な余裕がない　　⑥伝統が継承されにくくなること
イ　⑤海外に出ていく日本人が多くなっている　　⑥給与が下がってしまうこと
ウ　⑤育児が大変で子どもを産まなくなっている　　⑥社会の活力が失われること
エ　⑤女性の社会進出で結婚年齢が遅くなっている　　⑥国内で物を買う人が減ること

問6　文中の空らん（⑦）に入る言葉を、本文中から抜き出して答えなさい。

問7　文中の下線部⑧に関連して、これまでの日本の歴史における外国人について、次の(1)・(2)に答えなさい。

(1)　4～7世紀ごろ朝鮮半島や中国からやってきた人々のことを何と呼ぶか答えなさい。

(2)　奈良時代に仏教のきまりを伝えるために中国からやってきた僧を、次のア～エの中から1人選び、記号で答えなさい。

ア　行基　　イ　雪舟　　ウ　鑑真　　エ　空海

問8　文中の下線部⑨に関連して、次のア～ウは、2020年度の食料品、化学工業、輸送用機械（自動車など）の生産上位5位までの都道府県を示したものです。このうち輸送用機械（自動車など）を示すものを1つ選び、記号で答えなさい。

ア

イ

ウ

問9　文中の下線部⑩に関連して、高度経済成長期に技術革新が進む一方で、エネルギー源についても大きな変化が見られました。どのような変化か具体的に説明しなさい。

問10　人口の減少をおさえるために、出産や子育てのしやすい環境をつくることが求められています。その具体的な方法としてどのようなものがあるか、考えられるものを１つあげなさい。

2　次の各問いに答えなさい。

問1　次の⑴～⑷の内容にあてはまる語句を答えなさい。あてはまる答えが２つある場合には、どちらか１つを答えなさい。

⑴　日本で一番流域面積が広い河川の河口にある都道府県

⑵　下流が淀川に通じる河川が流れ出る大きな湖がある都道府県

⑶　九州で一番広い平野を流れ、下流には水田地帯が広がる川

⑷　主に高知県を流れ、「日本最後の清流」と呼ばれる川

問2　東北地方の歴史に関連して、次の⑴～⑹に答えなさい。

⑴　縄文時代のイメージを変えるような大規模な建物の跡や、人々が長期間にわたって定住していたことがわかる跡が見つかった青森県の遺跡を何というか答えなさい。

⑵　平安時代の後期、奥州の平泉に建てられた、金色堂をもつ寺院名を、次のア～エの中から１つ選び、記号で答えなさい。

ア　延暦寺　　イ　東大寺　　ウ　毛越寺　　エ　中尊寺

⑶　中央政府に従わなかった「蝦夷」がいた東北地方の陸奥国であっても、日本の他の国と同じように聖武天皇の命で安定を願って寺院が築かれました。このような寺院を何と呼びますか。漢字３字で答えなさい。

⑷　戦国大名として東北地方を支配したが、豊臣秀吉に降伏した大名を、次のア～エの中から１つ選び、記号で答えなさい。

ア　島津氏　　イ　伊達氏　　ウ　北条氏　　エ　上杉氏

⑸　青森県にある八甲田山で、陸軍が寒さの厳しい満州でのロシア軍との戦争に備えて、雪中を行軍する訓練を行い、多くの犠牲者を出しました。この訓練が行われた年を、次のア～エの中から１つ選び、記号で答えなさい。

ア　1603年　　イ　1853年　　ウ　1902年　　エ　1947年

⑹　太平洋戦争中、東北地方の寺院などに小学生が避難したことを何というか、次のア～エの中から１つ選び、記号で答えなさい。

ア　疎開　　イ　学徒出陣　　ウ　配給制　　エ　勤労動員

問3　次の文の空らん（ ① ）～（ ③ ）にあてはまる語句を答えなさい。なお、同じ番号には同じ語句が入ります。

・内閣は国会で多数を占めた政党によって組織されます。内閣に参加する政党を（ ① ）といい、内閣総理大臣は、（ ① ）のなかでも１番多数を占めている政党の党首がなることが多く、国会によって（ ② ）されることが日本国憲法で定められています。

・本来、大人の役割である家事や家族の世話などを日常的に行っている子どものことを、ヤング（ ③ ）といいます。

女 子 学 院 中 学 校

—40分—

（語句はできるだけ漢字で書きなさい。）

水について問いに答えなさい。

1

問1　縄文時代の遺跡からは井戸は見つかっておらず、縄文時代には井戸がつくられていなかったと考えられています。

(1)　縄文時代の人が井戸をつくらなかった理由を考えるためには何を調べればよいですか。最もふさわしいものを１つ選び、記号で答えなさい。

ア　縄文時代の遺跡周辺の地形がわかる地図　　イ　縄文時代に使用されていた大工道具

ウ　縄文時代の遺跡の海抜（海面からの高さ）　　エ　縄文時代の平均気温と降水量の変化

(2)　(1)で選んだものからわかる、井戸をつくらなかった理由として、最もふさわしいものを１つ選び、記号で答えなさい。

ア　水は重く、くみ上げるのが大変だったから。

イ　井戸をつくる技術が不足していたから。

ウ　気候が安定していたから。

エ　井戸をつくらなくても水が得られる場所に住んでいたから。

問2　次の事がらを古い順に記号で並べかえなさい。

ア　博多では宋の影響を受けたと考えられる、底部に結桶（木を曲げてつくった桶）を使用した井戸が現れた。

イ　茶の湯が流行し始め、茶人の中には名水が出る所に屋敷を建てる者が現れた。

ウ　大路には側溝（排水路）がつくられ、城下町の大路沿いにある武家屋敷に井戸が設置された。

エ　増え始めた環濠集落では、直径２～３メートルの井戸が見られるようになった。

問3　飛鳥時代の政治の中心地である飛鳥京の遺跡から、斉明天皇（天智天皇の母）がつくったと言われる運河が見つかっています。斉明天皇や天智天皇の頃のできごとを２つ選び、記号で答えなさい。

ア　金貨が発行され流通した。　　イ　中臣（藤原）鎌足が大臣の位についた。

ウ　日本書紀がつくられた。　　エ　東北の蝦夷に兵を派遣した。

オ　律令が整備され、国ごとに役所が置かれた。

問4　飲料水の入手について

(1)　政治の中心地となった次の３つの都市のうち、最も飲料水が得にくかったのはどこだと考えられますか。１つ選び記号で答えなさい。

ア　奈良時代の平城京　　イ　平安時代の平安京　　ウ　鎌倉時代の鎌倉

(2)　(1)の都市を選んだ理由を述べなさい。

問5　室町時代について

(1)　村のようすとしてあてはまるものを２つ選び、記号で答えなさい。

ア　備中ぐわや千歯こきなどの農具の使用が広まり、新田開発も進んだ。

イ　戦乱が続く中で田畑の荒廃に直面した農民たちは、生活のきまりを作り、自分たちの手で村を治めた。

ウ　戸籍に登録された農民は割り当てられた土地を耕していたが、豪族や大寺院のもとへ逃げ出す人もいた。

エ　大きなききんが何度もあり、幕府に年貢引き下げを求める百姓一揆が各地で起こった。

オ　大名同士の争いが続いた京都の南部では、村に住む武士と農民が大名の軍を引きあげさせた。

(2)　室町時代の事がらを２つ選び、記号で答えなさい。

ア　雪舟は明から帰国後、各地を旅して、風景の水墨画を数多くえがいた。

イ　西まわり航路や東まわり航路がひらかれ、特産品の売買が広がった。

ウ　有田焼や薩摩焼などの陶器が作りだされ、各地で用いられるようになった。

エ　石や砂を用いて水の流れを表現する石庭がつくられるようになった。

オ　各地に阿弥陀堂がつくられるようになり、貴族や皇族が武士を従えて熊野もうでをおこなった。

問６　都市ではある時期から、し尿を垂れ流さず、くみ取り式に変わっていきました。いつ頃、どのような背景で変化したかについて述べた文として、最もふさわしいものを１つ選び、記号で答えなさい。

ア　平安時代に街の見た目をきれいに保ち、悪臭を防ぐ観点から、し尿の処理に規則をもうけるようになった。

イ　鎌倉時代に各地に陶器が広く流通するようになり、し尿を大きな壺に溜めておくようになった。

ウ　室町時代に、し尿が農業の肥料として使われ、捨てずに活用されるようになった。

エ　江戸時代に城下町に人口が集中するようになり、幕府や藩が住宅密集地に公衆便所を設置するようになった。

問７　次の資料１と２は室町時代、資料３は江戸時代の農業用水に関するものです。（いずれも資料の内容を一部改変してあります。）

(1)　資料１の下線部は、灰にして何に使われましたか。

(2)　資料２について

①　川が流れる方向はア、イのどちらですか。記号で答えなさい。

②　Ａの集落とＢの集落のどちらが水を得るのに有利だったと考えられますか。記号で答えなさい。

問８　用水の管理権を持っていたのはどのような立場の人だったと考えられますか。

①資料１の時代　②資料３の時代　それぞれについて１つずつ選び、記号で答えなさい。

ア　幕府の役人　　イ　領地を持つ貴族　　ウ　村人たち　　エ　天皇

資料１　1348年に現在の兵庫県にあった荘園（貴族の領地）の代官（管理人）が、隣の土地の代官と結んだ契約書

「用水を分けてもらう見返りとして<u>草木</u>を提供してきましたが、提供できなくなったので、荘園の土地の一部（約1.5ヘクタール）をそちらの荘園に譲ります。ただし用水が止められてしまった場合には、その土地は返してもらいます。代官　僧頼尊」

資料２　桂川の両岸にあった集落の水争いに際して室町幕府に提出された、川と用水路を示す絵図
（○と●は集落をさします）

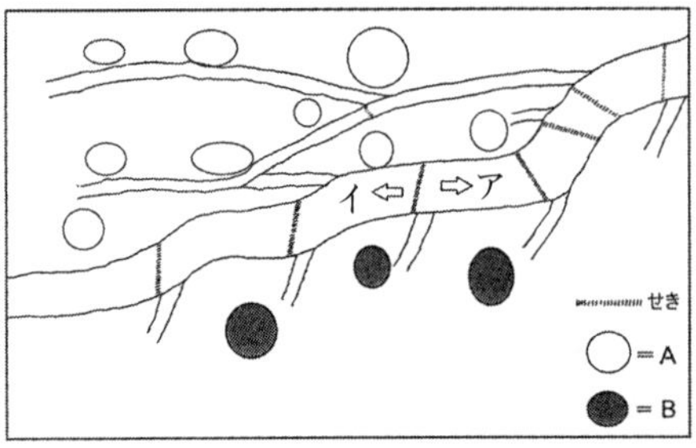

（資料１と２は「東寺百合文書」による）

資料３　江戸時代に、伊予（愛媛県）の庄屋（村役人）が心構えを記した書物（『庄屋手鏡』）の一部

「他村と共同で利用している用水や土地に関しては、前々からのしきたりを守り、しきたりを記録しておくこと。…水争いが起こったときは、訴訟の経過を初めから詳しく記録しておくこと。」（小野武夫編『近世地方経済史料』第七巻　吉川弘文館　1969年より）

2

問１　日本における近代水道は、1887年の横浜を第１号として、その後1898年までに、函館、長崎、大阪、広島でもつくられました。

⑴　これら５つの都市で起こった次の事がらを、古い順に記号で並べかえなさい。

ア　函館の五稜郭に立てこもって戦っていた旧幕府軍が降伏した。

イ　広島藩が廃止され、新たに広島県が置かれた。

ウ　横浜に上陸したアメリカの使節との間で、日米和親条約が結ばれた。

エ　長崎港で新たにアメリカとの貿易が許可された。

オ　大阪放送局がラジオ放送を開始した。

⑵　日本とアメリカに関わる次の事がらを、古い順に記号で並べかえなさい。

ア　アメリカの仲介により、日本とロシアが講和条約を結んだ。

イ　サンフランシスコ平和条約の締結と同時に、日本はアメリカと安全保障条約を結んだ。

ウ　アメリカで始まった世界恐慌は、日本にも深刻な影響をもたらし、軍の方針に変化を与えた。

エ　日本のフランス領インドシナへの進出に対し、アメリカは対日石油輸出禁止に踏み切った。

オ　石油危機後、アメリカとの貿易摩擦が深刻化した。

問２　近代水道創設のきっかけの一つは、汚染された水を介して広がる伝染病が流行したことにあります。

世界的に認められる研究をおこなった日本の学者について述べた文として、正しいものを１つ選び、記号で答えなさい。

ア　志賀潔はインフルエンザの治療法を発見した。

イ　野口英世は結核菌の研究で世界的に認められた。

ウ　北里柴三郎は破傷風の治療方法を発見した。

エ　森鷗外は狂犬病の研究所を創設し、教育活動にも貢献した。

問3　東京における近代水道の構想は、明治政府に雇われたオランダ人技術者が意見書を提出したことに始まります。

(1)　明治政府が近代化のために行った政策について述べた文として、まちがっているものを１つ選び、記号で答えなさい。

ア　明治天皇を始めとする政府の中心人物が欧米へ視察に行った。

イ　西洋の学問を学ばせるために、留学生を海外に派遣した。

ウ　西洋の制度を取り入れて、近代的な軍隊をつくった。

エ　欧米の機械を導入した工場を設立した。

(2)　オランダと日本との関わりについて述べた文として、正しいものを１つ選び、記号で答えなさい。

ア　戦国時代、オランダはポルトガルやスペインよりも早い時期から日本での貿易を始めた。

イ　オランダはキリスト教を伝えるため、イエズス会の宣教師を日本に派遣した。

ウ　東アジアでのロシアの勢力拡大を恐れたオランダは、20世紀の初めに日本と軍事同盟を結んだ。

エ　アジア太平洋戦争中、日本は東南アジアにあったオランダの植民地を占領した。

問4　東京では、上水道と下水道の両方を同時に整備することが難しく、上水道整備が優先されました。上水道整備が優先された理由として、ふさわしくないと考えられるものを１つ選び、記号で答えなさい。

ア　上水はすぐ人の口に入るものなので、下水より影響が大きいから。

イ　上水は一度整備すれば、維持費用がかからないから。

ウ　上水は火事が起こった際の、水道消火栓としても利用できるから。

エ　上水は利用料金をとることに理解が得やすいから。

問5　現在の水道について述べた文として、まちがっているものを２つ選び、記号で答えなさい。

ア　家庭の蛇口から出てくる上水は、川や湖からとった水を浄化してつくられている。

イ　上水の水質は、安全基準が法律で定められている。

ウ　上下水道とも、その整備・運営・管理は一括して環境省が担っている。

エ　生活排水は、下水処理場(水再生センター)で浄化された後、河川に流されている。

オ　上水の水質は、浄水場で検査されるが、下水については検査されることはない。

カ　震災が起きた際、下水道管につながるマンホールは、トイレの代わりとして使われる。

問6　高度経済成長期以降、都市部で地下水の減少が進みました。その一方で、大雨の後、処理しきれない雨水によって土地や建物が浸水する現象が起きやすくなっています。この２つの現象の共通の原因を考えた上で、改善策を１つ答えなさい。

問7　現在の東京都の一般家庭のくらしについて述べた文として、正しいものを２つ選び、記号で答えなさい。

ア　使用される水道水のほとんどは、都内を水源としている。

イ　家庭から出る下水のほとんどは、都内で処理されている。

ウ　使用される電力のほとんどは、都内で発電されている。

エ　家庭から出る可燃ごみのほとんどは、都内で焼却されている。

3

問１

⑴　阿蘇山付近を水源とする、九州最大の河川の名前を「～川」の形に合うようにひらがなで答えなさい。

⑵　⑴の流域の４県を次から選び、水源から河口に向けて順に記号で並べかえなさい。

ア　福岡　　イ　長崎　　ウ　佐賀　　エ　熊本　　オ　宮崎　　カ　大分

問２　九州に関わる次の事がらを、古い順に記号で並べかえなさい。

ア　外国軍勢の再度の来襲に備え、幕府は博多湾の海岸線に石を積み上げて防壁を築いた。

イ　九州に巨大な城を築き、そこを拠点として二度にわたって朝鮮に向けて兵を出した。

ウ　九州一帯の政治のほか、外交に当たる地方官庁が、瓦をふいた大陸風の建物として整備された。

エ　鹿児島の町の一部が焼失する被害も出た外国との戦争をきっかけに、外国の科学技術導入の動きが起こった。

問３　沖縄県は、水不足に悩まされることが多いため、水を確保するさまざまな工夫をしてきました。沖縄県の水について述べた文として、まちがっているものを１つ選び、記号で答えなさい。

ア　屋根の上に給水タンクを設置し、利用してきた。

イ　海水を飲み水にする施設がつくられた。

ウ　地下水をせき止めて、水をためる地下ダムがつくられた。

エ　農業用水は、ため池に依存してきた。

オ　山間部にダムをつくって水を確保している。

問４　沖縄には、海洋深層水の研究が行われている施設があります。海洋深層水の利用法や加工品として、ふさわしくないものをすべて選び、記号で答えなさい。

ア　食用の塩　　イ　製鉄所の冷却水　　ウ　飲料水

エ　化粧水　　オ　水洗トイレの水

問５　次の表は、全国の用途別の水使用量（淡水のみ）を表しています。Ａ・Ｂにふさわしいものをそれぞれ選び、記号で答えなさい。

ア　工業用水　　イ　生活用水　　ウ　農業用水

用途	1980年	1990年	2000年	2010年	2019年
A	580	586	572	544	533
B	152	145	134	117	103
C	128	158	164	154	148
計	860	889	870	815	785

（単位　億㎥／年　　日本国勢図会2023/24より作成）

問6　次の表は、ため池の数が多い上位５県のため池の数を表しています。上位５県にあてはまる県の組み合わせを、ア～オから１つ選び、記号で答えなさい。

順位	県名	ため池の箇所数
１位	A県	22,047
２位	B県	18,155
３位	C県	12,269
４位	D県	9,373
５位	E県	7,702
全国計		152,151

（令和４年12月
農林水産省HP資料より作成）

ア　A　広島　　B　長野　　C　山梨
　　D　香川　　E　奈良
イ　A　香川　　B　徳島　　C　岡山
　　D　愛知　　E　和歌山
ウ　A　岡山　　B　香川　　C　新潟
　　D　岩手　　E　福島
エ　A　兵庫　　B　広島　　C　香川
　　D　岡山　　E　山口
オ　A　山口　　B　香川　　C　鳥取
　　D　愛媛　　E　福井

問7　ため池についての文として、まちがっているものを１つ選び、記号で答えなさい。
ア　東京都のため池の数は、全国の中でも少ない方に入る。
イ　ため池は、戦後、日照り対策として急速に数が増えた。
ウ　ため池の水は、主に農業用に使用されている。
エ　ため池は、野生生物が生息する場ともなっている。

問8　ため池は、大雨や地震などによって決壊し、浸水被害が出ることがあります。右の地形図で、いずれのため池が決壊しても被害を受けないと考えられる場所をア～オからすべて選び、記号で答えなさい。

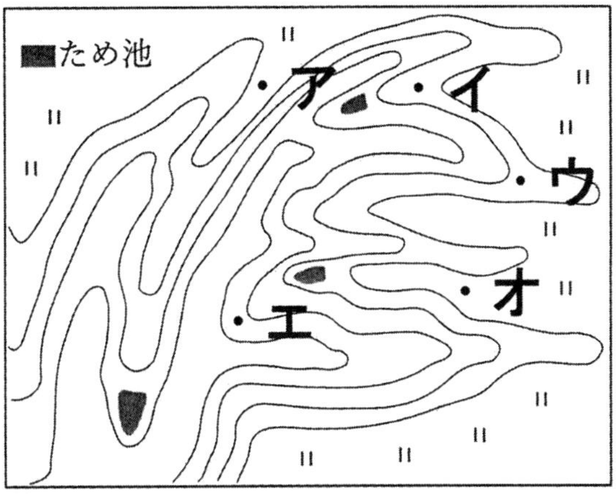

問9　日本では飲み水として、水道水以外にもミネラルウォーターが広く生産・販売されています。

(1)　右の表は、ミネラルウォーターの生産が多い都道府県と生産の割合を表しています。（　　）にあてはまるものを１つ選び、記号で答えなさい。
ア　滋賀　　イ　奈良　　ウ　山梨
エ　三重　　オ　北海道

順位	都道府県名	生産の割合（%）
１位	（　　）	35.4
２位	静岡	12.1
３位	鳥取	9.4
４位	長野	7.3
５位	岐阜	6.3

（2022年　日本ミネラルウォーター協会資料より作成）

(2)　なぜ(1)で選んだ場所で生産が多いと考えましたか。「自然環境面」と「費用面」の理由をそれぞれ１つずつ答えなさい。

問10　水力発電について述べた文として、正しいものを２つ選び、記号で答えなさい。

ア　夜間は発電できないので、安定性に課題が大きい。

イ　発電所を建てられる場所が限られる。

ウ　将来なくなるおそれのある化石燃料を使用しており、持続可能性が低い。

エ　事故が起きた場合、大規模な環境汚染を引き起こすことがある。

オ　日本では、水力発電によってまかなわれているエネルギーは、全体の10％以下である。

カ　川の水を汚すことから、再生可能エネルギーにはふくまれない。

4　2015年、(　　)の国連本部で「国連持続可能な開発サミット」が開催され、「持続可能な開発のための2030アジェンダ(計画)」が採択(たく)されました。そのなかに盛り込まれたSDGsには17の目標があり、目標6は、「安全な水とトイレを世界中に」です。人々が安心して水を利用できる未来をつくることが各国の目標となっています。

問１　(　　)に都市名を書きなさい。

問２　下線部を実現するために、ふさわしくないものを２つ選び、記号で答えなさい。

ア　すべての人々が安全な飲料水を利用でき、適切な下水施設を使えるようにする。

イ　水道料金の値上がりを防ぐために、民間の大企業が国全体の水道施設を効率的に管理する。

ウ　現地に合った技術を用いて、給水設備やトイレを設置するＯＤＡを実施する。

エ　山地、森林、湿(しっ)地、河川、湖を含む水に関連する生態(たい)系の保護を行う。

オ　学校教育や保健所を通して、衛生習慣を普(ふ)及する。

カ　それぞれの国ごとに水を国内で確保し、使用を国内に限る。

キ　川への有害物の投棄(き)を禁止し、有害な化学物質が流れ出る量を最小限に抑(おさ)える。

問３　下線部は、「水は人権」と国際的に認識されるようになったことを意味します。人権は、どのような権利としてとらえるべきですか。あてはまらないものを２つ選び、記号で答えなさい。

ア　生まれながらに持っている権利

イ　国家によって侵害されない権利

ウ　人間が人間らしく生きていくための権利

エ　その国の国籍を持たない人には保障されない権利

オ　憲法に明記されることで保障される権利

カ　現在だけでなく、将来にわたって保障されるべき権利

問４　次の文のうち、正しいものを２つ選び、記号で答えなさい。

ア　途(と)上国では、水汲(く)みは子どもや女性の仕事とされているため、子どもの教育と女性の社会進出の機会が奪(うば)われている。

イ　河川の上流地域は、量に関係なく水をくみ上げる権利を持っていると国際的に決められている。

ウ　国連は将来に向かって世界人口が減少すると予測しており、水の消費量は世界的に安定していく。

エ　日本では、人口密度の低い地域においては、水道料金は下がりやすい。

オ　気候(こう)変動が進むと、干ばつにより水不足が進行し、死亡率を引き上げる危険性がある。

問５　水は、国民の共有資源として管理するという考え方があります。その考え方に合うものを２つ選び、記号で答えなさい。

ア　石油と同様に、水はもうけるための投資の対象である。

イ　先進国の企業が、途上国の水源地を買収する。

ウ　行政だけに任せるのではなく、住民も参加して、水道事業の内容を決める。

エ　人口減少の自治体は、近隣の自治体と共同で水道事業を維持する。

オ　水が不足した時には水道料金が上がり、使用できる家庭が限られるため、断水することはない。

問６　次のうち、水資源を一番必要とするのはどれですか。１つ選び、記号で答えなさい。また、それが水資源を必要とする最大の理由を具体的に説明しなさい。

ア　浴槽に湯をはり、15分間のシャワー使用　　イ　小麦200グラムの生産

ウ　ホースによる庭への１時間の水まき　　エ　ステーキ用の牛肉200グラムの生産

問７　京都では2007年、鴨川の環境を守るために京都府鴨川条例が制定されました。これに関して述べた文として、まちがっているものを２つ選び、記号で答えなさい。

ア　条例は、市民からの意見公募（パブリックコメント）を経て制定された。

イ　条例は、府議会で話し合われ、決定された。

ウ　条例の制定は、国会の承認を経て認められた。

エ　条例は、京都府により執行（実施）された。

オ　条例が制定され、川辺の環境保護に取り組んできた市民の会に知事が解散を命じた。

問８　経済規模がさまざまな国を挙げ、一人あたりのＧＤＰと水の使用量の関係を図に表すとしたら、どのような分布になると考えられますか。横軸は一人あたりのＧＤＰ、縦軸は一人あたりの年間の工業用水と生活用水の使用量とします。各国のデータを点で表した図として、最も適当なものを１つ選び、記号で答えなさい。ＧＤＰ（国内総生産）は、ＧＮＰのように各国の経済規模を表すものです。

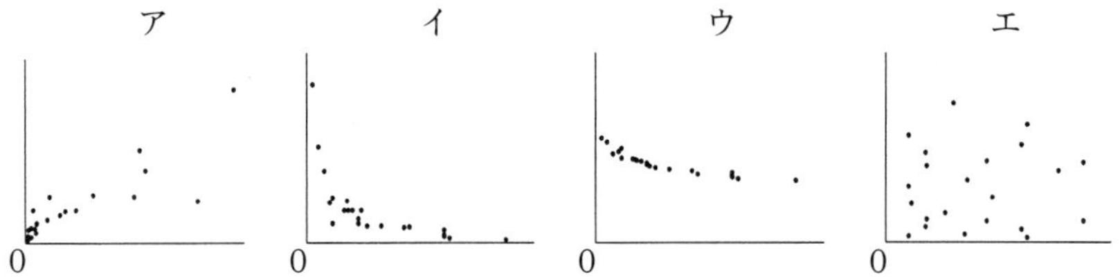

女子聖学院中学校(第１回)

—30分—

1　次の(1)～(5)の各文章は、ある都道府県のことを説明したものです。

説明されている都道府県名を漢字で答えなさい。ただし、「都」「道」「府」「県」のどれかを正しくつけて書きなさい。また、あとの地図から、その都道府県の位置をそれぞれ選んで番号で答えなさい。

(1)　根釧(こんせん)台地周辺などで酪農(らくのう)がさかんです。ここでは全国の乳牛(にゅうぎゅう)の半分以上が飼育されています。畑作もさかんで、じゃがいもは全国１位(2019年)の生産をあげています。

(2)　東北地方でもっとも人口の多い県で、県庁所在地は地方中枢(ちゅうすう)都市となっています。気仙沼(けせんぬま)港、石巻(いしのまき)港では漁業がさかんですが、東日本大震災(だいしんさい)では、津波(つなみ)の被害(ひがい)を受けました。

(3)　利根川の下流域には、全国で２番目に面積の大きい湖の霞ヶ浦があります。つくば市は、「研究学園都市」として知られています。

(4)　淡路島から明石海峡(かいきょう)大橋をわたり、東に行くと神戸市、西に行くと明石市に着きます。明石市は、日本の標準時子午線(ひょうじゅんじしごせん)が通っていることで知られています。

(5)　県庁所在地はこの地方最大の都市です。博多湾(はかたわん)の出口に位置する志賀島(しかのしま)は、「漢委奴国王(かんのわのなのこくおう)」と刻(きざ)まれた金印(きんいん)が発見されたところとして知られています。

2　日本の河川(かせん)について、問いに答えなさい。

問１　以下の地図は、日本のおもな河川を示したものです。次の(1)(2)に答えなさい。

(1)　地図中のＡ～Ｄの河川を、次のア～エからそれぞれ選んで記号で答えなさい。

ア　木曽川　　イ　信濃川　　ウ　吉野川　　エ　石狩川

(2)　地図中のＡ～Ｄの河川の説明としてふさわしいものを、次のア～エからそれぞれ選んで記号で答えなさい。

ア　日本で３番目に長い河川で、下流は大規模な稲作地帯である。

イ　「四国三郎」とよばれる暴れ川として有名で、下流には徳島平野が広がっている。

ウ　下流では他の２つの河川とともに洪水(こうずい)をおこしやすく、かつて輪中が形成された。

エ　日本でもっとも長い河川である。

問２　以下の図は、河川が山から海まで流れるようすを表した図です。これを見て、次の(1)(2)に答えなさい。

(1)　Ａ～Ｃの地形の特徴(とくちょう)を、次のア～ウからそれぞれ選んで記号で答えなさい。

ア　この地域は比較的粒(ひかくてきつぶ)の細かい土砂や泥(どろ)が積もるため、水がしみこみづらくなっている。

イ　河川の流れが速く、土地を削(けず)る力が強いため、多くの土砂を運んでいる。

ウ　この地域は比較的大きい土砂が積もりやすく、すき間ができるため、水がしみこみやすくなっている。

(2)　Ｂの地形が多くみられる場所として甲府盆地と山形盆地があります。それぞれの盆地でさかんに栽培(さいばい)されている作物を、次のア～エからそれぞれ選んで記号で答えなさい。

ア　バナナ　　イ　さくらんぼ(桜桃)　　ウ　ぶどう　　エ　みかん

問３　以下のグラフは日本の河川と世界の河川の流れのようすを示したものです。グラフの左側６つの河川は日本の河川、右側５つの河川は世界の河川です。ここから読み取れる日本の河川の特徴を説明しなさい。

問１の地図

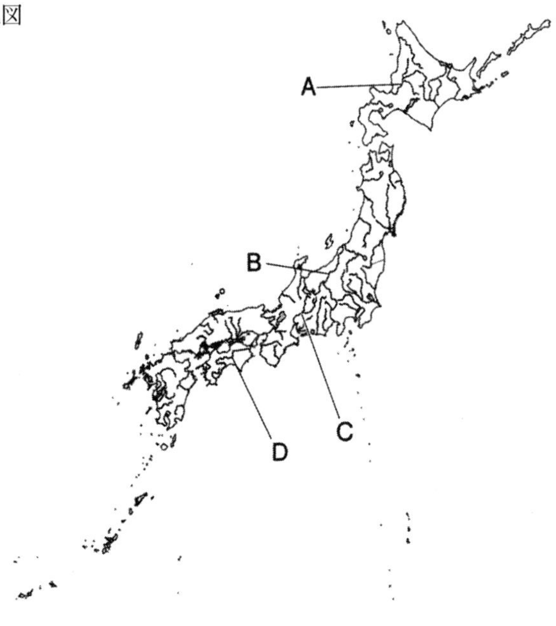

問２の図

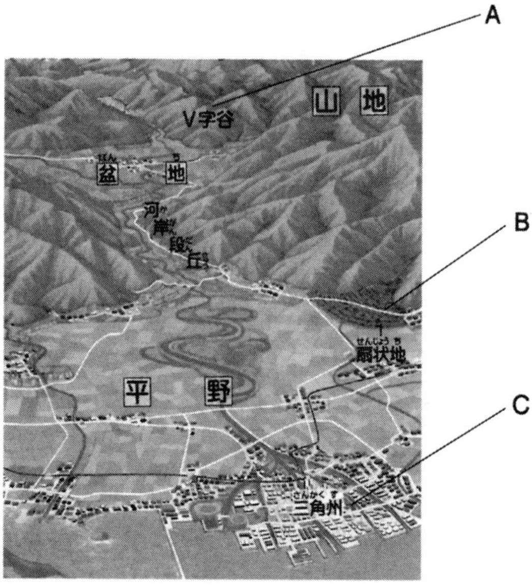

問３のグラフ

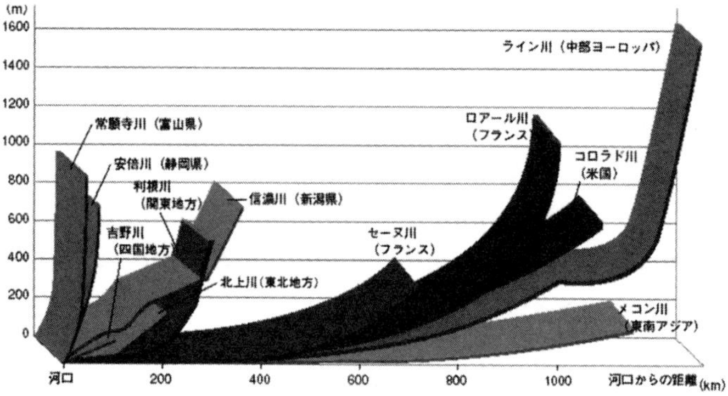

③　日本の歴史を時代順に述べた次の文章を読んで、問いに答えなさい。

みなさんは、教科書やさまざまな資料から歴史を学びますが、小学校の教科書にある年表は、「縄文(じょうもん)時代」から始まっています。縄文土器が使われていた時代です。

次は「(　A　)時代」です。大陸から稲作(いなさく)が伝わり、土器は薄(うす)くてかたい(　A　)土器が使われました。米(こめ)作りを中心とした集落が生まれました。収穫(しゅうかく)した米を外部の人間に奪(うば)われないように、(1)まわりに堀(ほり)を造(つく)る集落もありました。

やがて、そのような集落の指導者の中からいくつかの集落を合わせもつ有力者、小さなクニを支配する王が現れます。この人たちを豪族(ごうぞく)とよびます。

３世紀後半ごろから日本各地で(2)古墳(こふん)が造られるようになったので、この時代を「古墳時代」とよびます。大和(やまと)(奈良県)や河内(かわち)(大阪府)に大きな古墳が多いことから、有力者たちが連合してつくった大和政権(せいけん)(大和朝廷(ちょうてい))が、５世紀になると九州から関東までの豪族を従えるようになったと考えられています。

大和政権の指導者は、「大王(おおきみ)」(または天皇(てんのう))とよばれました。同じころ、土木工事などの技術や漢字・仏教・儒教などの文化が朝鮮半島から(　１　)によって伝えられました。

「(　Ｂ　)時代」初期に、推古天皇の摂政となった聖徳太子(厩戸王)が活躍します。太子は仏教・儒教の教えを尊重した憲法を制定し、国の役職にその能力に応じた人を任じる制度も定めました。そして法隆寺などの寺院を建立し、中国の文化や制度を知るために「遣(ａ)使」を派遣しました。

太子の死後の645年に豪族・蘇我氏を滅ぼした中大兄皇子たちは「大化の改新」とよばれる政治改革を行ない、それまで豪族たちが所有していた土地(私有地)や人民をすべて国のものとする公地公民制を定めました。

また、中大兄皇子は天智天皇となり、新しい国づくりに努力します。死後その志を天武天皇や持統天皇が引き継ぎ、中国の(ｂ)の制度にならって「律令」とよばれる法制度をつくりました。持統天皇は(ｂ)の都をまねて藤原京を造りました。その後、元明天皇は710年に奈良盆地北部の平城京に都を移しました。

都が平城京にあった時代を「奈良時代」と呼びます。

「奈良時代」の中ごろ、(　２　)天皇により東大寺が造営されました。国際色豊かな天平文化が花開き、西アジアやヨーロッパの影響を受けた宝物が(　２　)天皇に贈られました。全国各地に国分寺がつくられたのもこの時代の特徴です。

次の「平安時代」の初めには、坂上田村麻呂が(　３　)大将軍として東北地方の蝦夷を平定し、朝廷の支配は本州北部まで及ぶようになりました。また、中国に留学した最澄と空海は、帰国後それぞれが天台宗と真言宗という新しい仏教を開きました。

９世紀になると(ｂ)の国力がおとろえたので、９世紀末に遣(ｂ)使が停止されました。

遣(ｂ)使停止後の日本では、(3)日本風の文化(国風文化)が育ちました。「寝殿造」とよばれる貴族の邸宅様式が生まれ、漢字をもとにつくられた「かな文字」が宮中で使われるようになり、すぐれた文学作品が生みだされました。また有力貴族の藤原氏は、10～11世紀に天皇を補佐する「摂政」「関白」という地位を利用して政治を動かしました。

この時代には地方で「荘園」とよばれる貴族や有力者たちの私有地が増え、10世紀になると、有力者の土地争いに関わったり、朝廷への反乱を鎮めたりする「武士団」が形成されてきました。東国では源氏が、西国では平氏が有力な「武士団」となっていきました。

12世紀後半、平氏の棟梁(統率者)・平清盛は太政大臣となり、権力と富が平氏に集中しました。これに対して東国の武士たちが平氏打倒のために挙兵し、1185年に平氏を滅ぼしました。源氏の棟梁・源頼朝が(　３　)大将軍に任じられて、鎌倉に幕府が置かれました。これが「鎌倉時代」の始まりですが、武士の支配の始まりでもありました。

鎌倉幕府では３代将軍が暗殺された後、将軍を補佐する執権を代々務めた北条氏が政治を動かしました。反発する朝廷をおさえ、武士たちの裁判の基準を定めて支配を強固にしました。

13世紀後半に、大陸で強大化したモンゴル帝国が中国の宋を滅ぼし(ｃ)を建て、２度にわたって日本に攻めてきました。これを「(ｃ)寇」といいます。執権・北条時宗の指揮下で武士たちはよく戦い、(ｃ)軍は引きあげましたが、ほうびが充分ではないという幕府への不満が高まりました。そして幕府に対する不満がその後も大きくなり、1333年に鎌倉幕府は滅亡します。

次の時代は、京都に足利尊氏が幕府を開いた「(　Ｃ　)時代」です。３代将軍・(4)足利義満は、中国で(ｃ)をたおした明と交流をもち、日明貿易をさかんにしました。

この時代には、鎌倉時代に全国各地に設置された「守護」たちが、任された土地を自分の国(領国)として支配する「守護大名」となっていました。1467年に将軍の後継ぎ問題などから応仁の乱が起こりましたが、京都は焼け野原になり、幕府をささえていた守護大名たちは自分の領国の富国強兵や周辺の大名たちとの争いに明け暮れるようになりました。また、大名たちは幕府から独立して領国支配をするようになりました。「（ C ）時代」の中の一時代ですが、この応仁の乱からの約100年間を「戦国時代」とよびます。

「戦国時代」に桶狭間の戦いで勝利し、勢力をのばした織田信長は、1573年に足利氏の最後の将軍を追放し、京都をおさえました。「（ C ）時代」は終わり、次の信長と豊臣秀吉が活躍した時代は、「安土桃山時代」です。

織田信長が本能寺の変で暗殺されると、後継者となった秀吉は1590年に天下を統一します。秀吉は、農民から確実に年貢をとるための「太閤（ 4 ）」と、農民から武器を取り上げる「刀狩」によって、その後の身分制社会の基礎を築きました。

秀吉の死後、徳川家康は多くの大名を味方につけて、対立する豊臣方の軍勢を（ ※ ）の戦いで破りました。そして、1603年に（ 3 ）大将軍に任命されて江戸幕府を開きました。

「江戸時代」には全国が幕府と大名によって支配される（ ☆ ）体制がしかれる一方で、大名を統制する「武家諸法度」が幕府から出されました。新田開発が進み、五街道・東廻り航路・西廻り航路などによる人や物の流れがさかんになり、経済が発展しました。また、町人文化が広まり、今に続く伝統芸能や文学・芸術を生み出しました。

キリスト教が禁止され、ヨーロッパの貿易相手国もオランダだけに限られていた「江戸時代」でしたが、1853年の黒船来航によって開国を迫られます。幕府は開国にふみきりますが、欧米諸国の軍事力を知った反幕府勢力の(5)薩摩藩・長州藩などは倒幕運動を進めます。

そのような中、1867年に15代将軍・徳川慶喜は、朝廷に政治の実権を返すという意味の「大政奉還」を決め、「江戸時代」は終わりました。「五か条の御誓文」が発表され、元号が「明治」になりました。これが「明治時代」の始まりです。

「明治時代」から現在までは、時代の名称が天皇の名となっています。

「明治時代」の日本では欧米諸国に肩を並べるために多くの近代化政策が行われました。日本は「富国強兵」のスローガンのもと、軍事国家となっていきました。（ 5 ）戦争・日露戦争の後には、朝鮮半島を実質的に植民地とし、半島の人々を苦しめることになりました。

「大正時代」には民主主義の風潮が高まり、労働運動などがさかんになりました。しかし、1925年に普通選挙法と同時に制定された（ 6 ）維持法は、自由な言論を封じるものとなりました。

「昭和時代」の最初の20年間（1926～1945年）は戦争に関わる時代でしたが、第二次世界大戦後の「昭和」（1945～1989年）の時代は、復興・成長・安定の時代でした。高度経済成長期の1964年には東京オリンピックが開催され、東海道新幹線が開通しました。1970年には（ 7 ）で万国博覧会（万博）が開かれました。一方で、戦火の絶えない世界にあって、アメリカ軍基地や自衛隊派遣などの問題をかかえながらも、日本では平和が保たれています。「昭和22年（1947年）５月３日」に憲法が施行されてからの私たちが暮らす「昭和」「平成」「令和」は、「平和憲法の時代」といえるかもしれません。

問１　空らん（A）～（C）に入る時代の名を、それぞれ漢字で答えなさい。

問２　空らん（1）～（7）に入る、もっともふさわしい語句をそれぞれ漢字で答えなさい。

問３　空らん（a）～（c）に入る漢字１字を、それぞれ答えなさい。

問４　空らん（※）に入る、もっともふさわしい語句を３字で答えなさい。

問５　空らん（☆）に入る語句を、次のア～エから選んで記号で答えなさい。

ア　律令　　イ　安保　　ウ　執権　　エ　幕藩

問６　下線部(1)を「○○集落」といいます。○○に入る語句を、次のア～エから選んで記号で答えなさい。

ア　環濠　　イ　環境　　ウ　環礁　　エ　環水

問７　下線部(2)の中で大阪府堺市にあるものを、次のア～エから一つ選んで記号で答えなさい。

ア　江田船山古墳　　イ　大仙古墳　　ウ　稲荷山古墳　　エ　将軍山古墳

問８　下線部(3)の代表的な文学作品を一つ答えなさい。

問９　下線部(4)が京都・北山に建てた豪華な建物を何といいますか。

問10　下線部(5)の藩士で倒幕運動を指導した人物を一人答えなさい。

4　次の文章を読んで、問いに答えなさい。

「安らかに眠って下さい※過ちは繰り返しませぬから」という言葉が、右の写真の中央にある石の箱に刻まれています。この箱には、広島の原子爆弾(原爆)で亡くなった方々の名簿がおさめられています。

ここに眠る方々(名簿に名前のある方々)の霊を雨露から守りたいという思いから、埴輪の家の屋根の形をした石のおおいがつくられました。合わせて「原爆死没者慰霊碑」とよばれます。

広島平和記念公園にあるこの慰霊碑に花をささげると、真正面には(1)原爆ドームが見える設計になっています。原爆犠牲者の方々に祈りをささげて目をあげると、私たち人間がしてしまった「※過ち」を思わせる原爆ドームが見える設計になっているのです。

およそ80年前の世界では第二次世界大戦(1939～1945年)が行われていました。このうちアジアでの戦争は「(①)戦争」とよばれ、多くの犠牲者を出しました。

第二次世界大戦の原因は、(a)によるヨーロッパでの侵略、(2)日本によるアジアでの侵略だといわれますが、21世紀になった2022年２月に(b)がウクライナを侵略したことは世界を驚かせました。

第二次世界大戦は、イタリアと(a)が降伏した後、1945年８月に広島と(②)に(c)軍によって原爆が落とされ、日本が降伏して終わりました。

原子爆弾(原爆)や水素爆弾(水爆)を(★)爆弾といいます。その爆弾を使った武器を(★)兵器といいます。(★)爆弾をつけたミサイルを(★)ミサイルといいます。

(State Emergency Service Of Ukraine in Odesa Oblast/ロイター/アフロ)

通常の爆弾は、建物や人間などの標的に直接あたって、それを破壊します。右の写真は2022年４月、通常爆弾をつけたミサイルがウクライナの町を攻撃し、建物を破壊したようすです。

しかし、原子爆弾は違いました。広島・(②)に落とされた原爆は、地面まで落ちる前に空中で爆発し、猛烈な熱線と爆風と放射線を都市全体に一瞬のうちに浴びせ、人も建物も破壊しました。広島では、その年の内に原爆で亡くなった方が14万人であった、といわれます。

水素爆弾は原爆の数百倍もの力を持ち、同じように一瞬にして都市を破壊し、大量殺人を行なうことができる爆弾です。1950年代に(c)やソ連などによって開発されました。

(3)敗戦後の日本では、日本国憲法が制定され、平和憲法のもと、国会で「非(★)三原則」が決議されました。しかし戦後の世界では、1949年に原爆実験に成功したソ連と（　c　）が対立する中、自国の軍事力強化のために（★）兵器を持つ国（保有国）が増えてしまいました。

一方、1960年代に国際連合では、（★）兵器を保有する国をこれ以上増やさないために（★）不拡散条約が結ばれました。しかし、（★）保有国の数はその後も増えてしまいました。

1980年代後半になって（　c　）とソ連の対立がなくなると、世界全体の（★）兵器の数は減少しましたが、人類を滅亡させてしまう（★）兵器による戦争を絶対に起こさないために、2021年１月には、（★）兵器（　③　）条約が成立しました。しかし、この条約に世界の（★）保有国と日本は参加していません。

問１　空らん（ａ）～（ｃ）に入る国の名を、それぞれカタカナで答えなさい。

問２　空らん（★）に入る漢字１字を答えなさい。

問３　空らん（①）に入るもっともふさわしい語句を漢字３字で、空らん（②）に入るもっともふさわしい語句を漢字２字で答えなさい。

問４　空らん（③）に入る、もっともふさわしい語句を漢字２字で答えなさい。

問５　下線部⑴は、原爆の悲惨さを後世に伝えるものとして国連によって「世界○○」に登録されています。○○に入る語句を、次のア～エから選んで記号で答えなさい。

ア　基準　　イ　伝承　　ウ　遺産　　エ　資源

問６　下線部⑵にあてはまらないものを、次のア～エから一つ選んで記号で答えなさい。

ア　上海事変　　イ　満州事変　　ウ　香港返還　　エ　南京事件

問７　下線部⑶に関して、次の(A)～(D)に答えなさい。

(A)　憲法が制定されたこの時期に、日本を占領していた連合国軍総司令部（ＧＨＱ）の最高司令官の名を答えなさい。

(B)　日本国憲法の三大原則は、「平和主義」と「基本的人権の尊重」ともう一つは何ですか。漢字４字で答えなさい。

(C)　右の図は、この時期に中学校で使われた『あたらしい憲法のはなし』という、憲法を学ぶための教科書にある絵です。この絵が示している国の制度を漢字４字で答えなさい。

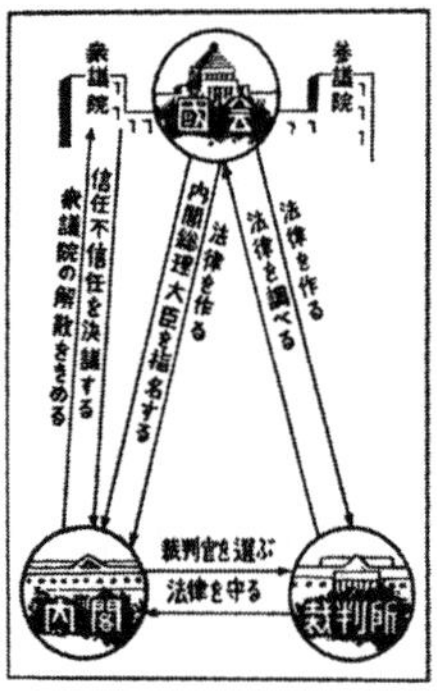

(D)　憲法によって国民に保障されている「基本的人権」のうち、25条の「健康で文化的な最低限度の生活を営む権利」のことを漢字３字で何といいますか。

問８　「原爆死没者慰霊碑」に刻まれた「※過ち」とは、いくつも考えられますが、原爆の悲劇を生んでしまった、私たち人間の「※過ち」とはどのようなことだったのでしょうか。あなたの考えることを、文章で答えなさい。

女子美術大学付属中学校（第１回）

―理科と合わせて50分―

漢字のあるものは、特に指定がない限り、全て正しい漢字で書きなさい。

1　次の地形図を見て、あとの問題に答えなさい。

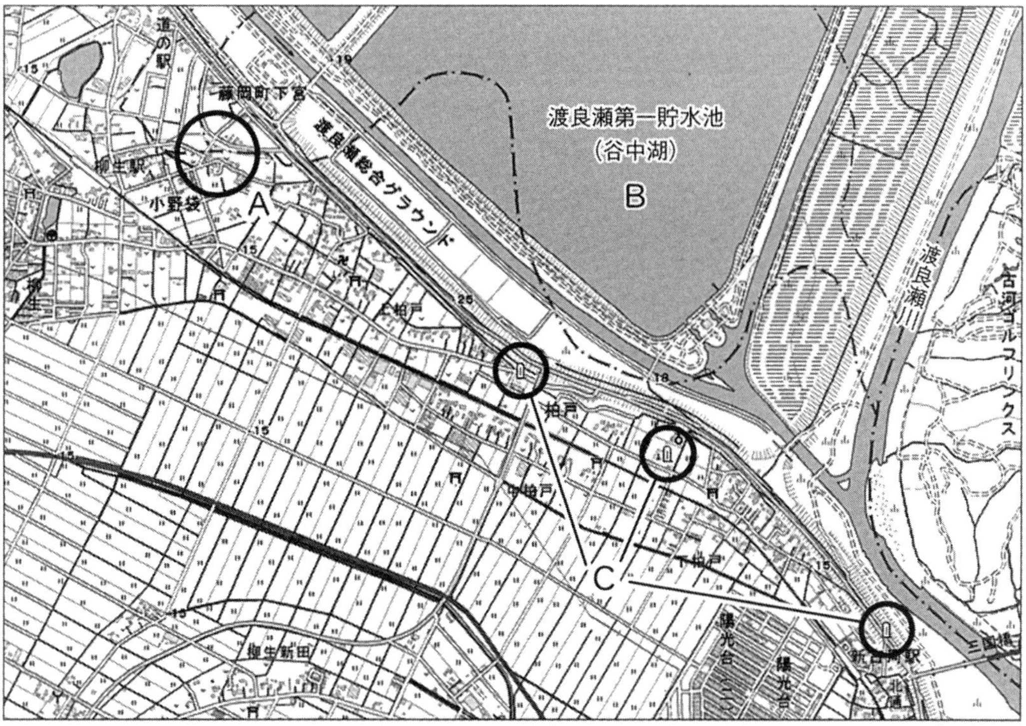

国土地理院「電子地形図25000」から作成　一部加工　108％に拡大

⑴　地図内Aの地点は、３つの県の境界線になっています。図１のアに当てはまる都道府県名を答えなさい。

図１

⑵　地図内Bは日本最大の遊水地であり、水鳥の生息地として国際的に重要な湿地としてある条約に登録されています。この条約の名称を答えなさい。

⑶　地図内に点在するC　は2019年に新しく作られた地図記号です。この地域にこの地図記号が多い理由を答えなさい。

⑷　新しく作られた地図記号もあれば、現在では無くなった地図記号もあります。明治43年ごろ、この地域周辺に広がっていた地図記号　は養蚕業の衰退とともに、数が減少し地図記号も無くなりました。この地図記号の名称を答えなさい。

⑸　地形図について述べた文章として誤っているものを一つ選んで、記号で答えなさい。

ア　地形図は国土地理院が発行している

イ　地形図の上の方位は北になる

ウ　２万5000分の１地形図は５万分の１地形図よりも縮尺が小さい

エ　等高線の間隔が狭いと傾斜は急になる

2　好美さんは、夏休みに訪れた中国地方から近畿地方への家族旅行について旅行記にまとめました。好美さんがまとめた資料を見て、あとの問題に答えなさい。

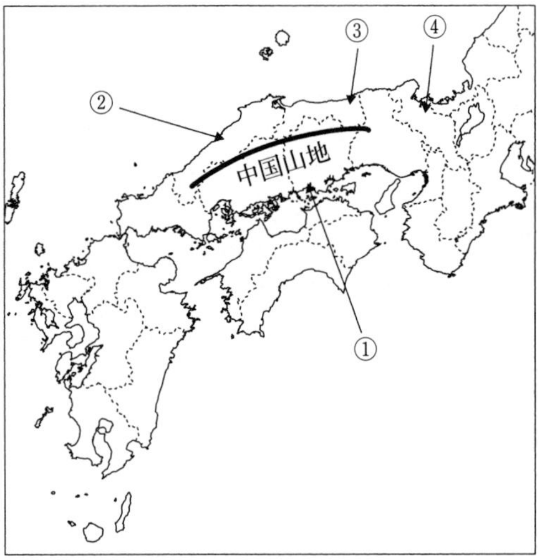

①８月19日	岡山県を移動中、海ぞいに大きなコンビナートを発見！ 港にはたくさんのタンカーが停泊していて、迫力がすごかった！
②８月23日	島根県に到着！　豊臣秀吉や徳川家康が開発した、世界遺産登録されている鉱山を訪れた。
③８月25日	鳥取県に到着！　鳥取砂丘を訪れた後、特産品の果物を食べた。 とてもおいしかった！
④８月27日	舞鶴市に到着！　市内にある、「舞鶴引きあげ記念館」を見学した。

(1)　中国地方のうち、中国山地より北側の地域を何と呼ぶか答えなさい。

(2)　①の内容について、この地域の工業生産品の出荷額を示すグラフとしてふさわしいものを一つ選んで、記号で答えなさい。

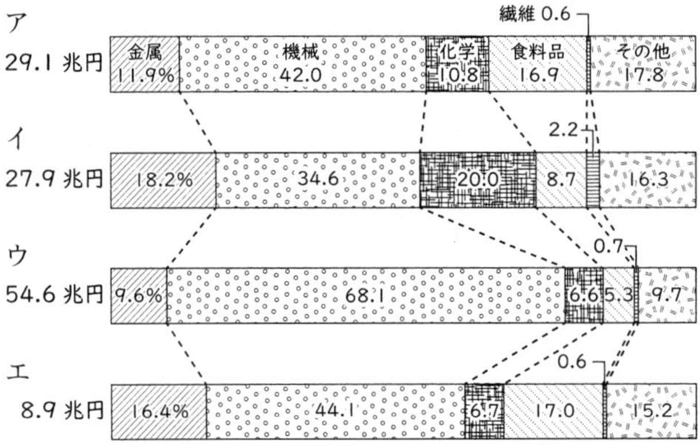

（2020　経済産業省「工業統計調査」）

(3)　②の内容について、この鉱山の名前を漢字４文字で答えなさい。

⑷　③の内容について、この果物を一つ選んで、記号で答えなさい。

ア　なし　　イ　もも　　ウ　みかん　　エ　りんご

⑸　④の内容について、舞鶴市がある都道府県名を答えなさい。

⑹　④の内容について、「引きあげ」についての正しい説明を一つ選んで、記号で答えなさい。

ア　キリスト教布教のため来日した宣教師が、強制的に帰国させられたこと。

イ　日本人が外国に行くことが禁じられ(鎖国)、海外にいた日本人が帰国したこと。

ウ　政府の近代化政策に協力した外国人が、任期を終えて帰国したこと。

エ　第二次世界大戦後、海外にいた日本人が帰国したこと。

3　好美さんは、阿倍仲麻呂について調べて発表しました。次の発表を読んで、あとの問題に答えなさい。

A　717年、阿倍仲麻呂は、留学生として遣唐使の船で唐の長安に行きました。その後、唐の役人になって実力を発揮(はっき)しました。そのため、日本に帰りたいと思っても、唐の朝廷は、なかなか許可してくれませんでした。

B　752年に、日本から遣唐使が来ました。このときの遣唐使は、唐の宮廷で座る順番が新羅より下だったので、文句を言って場所を交代させたりしました。

C　仲麻呂は、Bの遣唐使と共に日本に帰ることにしました。遣唐使は、四せきの船で航海するものでした。仲麻呂が乗った船は、奄美(あまみ)大島付近で、嵐にあって流され、ベトナムにたどり着きました。別の船には、唐の僧〔　　　〕が乗っていて、こちらは鹿児島に到着しました。この僧も、それまでに何度も航海に失敗し、目が不自由になっていました。

D　仲麻呂は長安に帰り、役人の仕事を続けました。その後、唐がベトナムに置いた役所に行って、70歳をこえて亡(な)くなるまで仕事をしました。

⑴　８世紀の国際関係について、次の中から誤っているものを一つ選んで、記号で答えなさい。

ア　唐には、周りの国々が使者を送ってきた。

イ　唐では、仏教が信仰されていた。

ウ　唐では、唐で生まれた人しか役人になれなかった。

エ　唐は、東南アジアの一部にも勢力をのばしていた。

⑵　奈良時代の遣唐使の航海はとても危険でした。右の地図上のア、イは、遣唐使の航路です。７世紀までは安全なアを通っていましたが、８世紀になると危険なイを通るようになり、多くの事故が起こるようになりました。なぜ、わざわざ危険なイに変えたのでしょうか。A～Dの文章の中から、ヒントになる文を一つ選んで、記号で答えなさい。

⑶　Cの空らんにあてはまる人物の名を書きなさい。

⑷　阿倍仲麻呂が生きていた時代について述べたものを、次の中から一つ選んで、記号で答えなさい。

ア　かな文字を用いて、歌や物語が書かれた。

イ　祇園祭(ぎおんまつり)が始まった。

ウ　ふすまや障子(しょうじ)で仕切り、畳(たたみ)を全体にしきつめた部屋が造られた。

エ　貴重な紙のほかに、木簡が多く使われた。

(5)　阿倍仲麻呂のように、海外で学んだり仕事をしたりしたことがない人物を、次の中から一人選んで、記号で答えなさい。

ア　杉田玄白　　イ　津田梅子　　ウ　雪舟　　エ　緒方貞子

4　年表を見て、あとの問題に答えなさい。

年号	出来事
1858年	日米修好通商条約
	①
1868年	五か条の御誓文を発表
1889年	大日本帝国憲法を発布
1894年	日清戦争が始まる
	②
1904年	日露戦争が始まる………………… a
	③
1914年	第一次世界大戦が始まる……… b
1937年	日中戦争が始まる………………… c
1941年	太平洋戦争が始まる……………… d

(1)　①の時期に新しい政治のしくみをつくる運動の中心になった人物と藩について（ A ）～（ D ）にあてはまるものをそれぞれ選んで、記号で答えなさい。

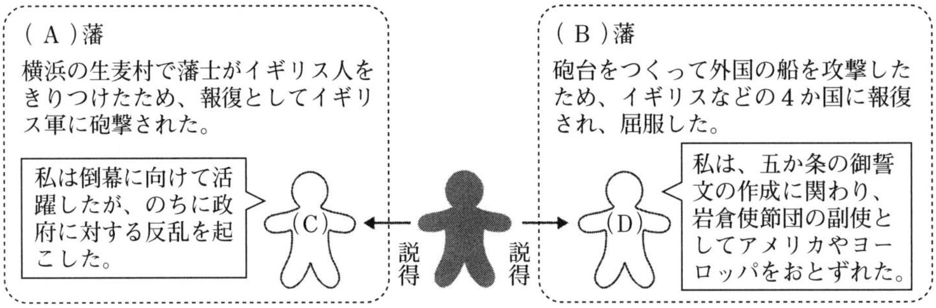

(A)藩
横浜の生麦村で藩士がイギリス人をきりつけたため、報復としてイギリス軍に砲撃された。
私は倒幕に向けて活躍したが、のちに政府に対する反乱を起こした。
(C)
説得
説得
(D)
(B)藩
砲台をつくって外国の船を攻撃したため、イギリスなどの４か国に報復され、屈服した。
私は、五か条の御誓文の作成に関わり、岩倉使節団の副使としてアメリカやヨーロッパをおとずれた。

ア　土佐　　イ　薩摩　　ウ　水戸　　エ　長州
オ　坂本龍馬　　カ　大久保利通　　キ　木戸孝允　　ク　西郷隆盛

(2)　②の時期に、日本は清に勝ったことで得た領土を返還することになりました。日本が返還したのは右の地図のア～エから一つ選んで、記号で答えなさい。

(3)　③の間に起きた出来事の説明としてふさわしいものを一つ選んで、記号で答えなさい。

ア　賠償金が得られなかったため、国民は重税に苦しんだ。

イ　戦争を終わらせるために下関で講和条約を結んだ。

ウ　領事裁判権が撤廃(てっぱい)され、不平等条約の改正が達成された。

エ　日本はイギリスと同盟を結んだ。

(4)　次の文章を読み、あとの問題に答えなさい。

ドイツ人のユーハイムは、中国におけるドイツの拠点であった山東省の青島で喫茶店を営んでいたところ、戦争が起きて日本軍によって捕らえられ、日本に連行された。戦後、日本でバウムクーヘンの製造と販売を始めると、人気を集めた。

ユーハイムが捕らえられた戦争は、年表中ａ～ｄのどれか記号で答えなさい。

5　次の写真は昨年５月に開かれたサミットのときに撮影されたものです。

(1)　この写真が撮影された都市名を答えなさい。

(2)　次のうち、このメンバーにいない国を一つ選んで、記号で答えなさい。

ア　アメリカ　　イ　フランス　　ウ　カナダ　　エ　ロシア

(3)　次の憲法第９条の条文の中の(　　)にあてはまる語句を答えなさい。

「日本国民は、正義と秩序(ちつじょ)を基調(きちょう)とする国際平和を誠実に希求(ききゅう)し、国権の発動たる(　　)と武力による威嚇(いかく)又は武力の行使は、国際紛争(ふんそう)を解決する手段としては、永久にこれを放棄する」

(4)　現在の日本で首相はどのように選ばれるか、次の中から一つ選んで、記号で答えなさい。

ア　国民からの直接選挙によって、首相に立候補した中から首相が選ばれている。

イ　国民が国会議員を選んだあと、天皇が国会議員の中から首相を選んでいる。

ウ　国民が国会議員を選んだあと、国会議員の投票で国会議員の中から首相が選ばれる。

エ　国民が国会議員を選んだあと、国会議員の投票で、国務大臣の中から首相が選ばれる。

(5)　国会で決められた予算や法律にもとづいて、政治を行う機関はどこですか。

白百合学園中学校

—30分—

1　次の地形図についての会話文を読み、あとの問いに答えなさい。

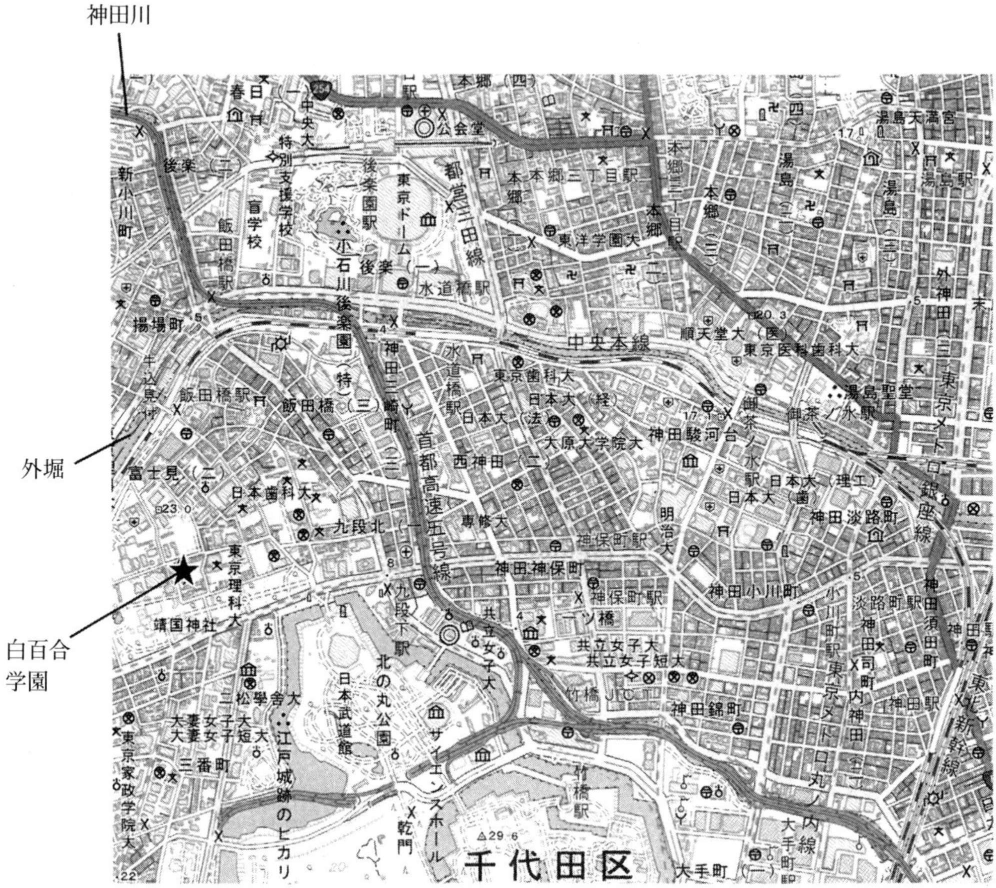

(国土地理院「2万5千分の1地形図『東京首部』」より一部加工)

九段さん　：①千代田区にある白百合学園の周辺はどのような特徴がある地域なのだろう。

百合子さん：きっと自然的な特徴も、社会的な特徴もたくさんあるはずよ。調べてみましょう。

九段さん　：まずは地形図をみてみよう。白百合学園があるのは、靖国神社の近くの★がついているところね。千代田区にはたくさんの学校があることがわかるね。

百合子さん：★から東に350mくらい進むと丁字路(ていじろ)があって、そこを道なりに北の方向へ歩いていくと(　あ　)駅の西口に着くわ。駅近くの交差点には(　い　)があるから、落とし物をした時はここでたずねることもできて安心だね。

九段さん　：そうだね。＜A写真＞をみると、(　い　)の向かい側には牛込御門跡(うしごめごもんあと)があるよ。これは江戸城を守るためにつくられた見付(みつけ)だから、昔から重要な場所だったことがうかがえるね。

百合子さん：では、駅から外堀に沿って東側にいきましょう。少し進むと「揚場町(あげばちょう)」のところで、外堀と北側から流れて来る川が合流しているね。

九段さん　：この川は神田川よ。合流地域周辺の地形図と＜B写真＞から、［　X　］ことがわかるね。

百合子さん：これは慢性化した交通渋滞を解消するために、1960年代から開通していったの。1964年に開催された（　う　）にむけて、一部の建設が急ピッチでおこなわれたのは有名な話よね。

九段さん　：さて、もう１度地形図をみてみよう。「揚場町」から東に進むと、国指定特別史跡の（　え　）があるね。ここは1629年に、②水戸徳川家が中屋敷を造営（ぞうえい）するときにつくった庭園なんですって。

百合子さん：私たちが普段何気なくみているものには、色々な歴史がつまっているのね。ところで、この地域は自然的な特徴はあるのかしら。

九段さん　：地形図と＜Ｃ写真＞を照らし合わせてみよう。水道橋駅から御茶ノ水駅に向かう途中に坂があるね。

百合子さん：ということは、水道橋駅は低地で、御茶ノ水駅は台地上にあると考えられるわね。でも、そのような地形の特徴があるならば、御茶ノ水駅周辺を流れている川が台地を分断するように流れているのは不自然よね。

九段さん　：これは江戸時代の初期に③仙台藩伊達家によって開削（かいさく）されたといわれているよ。

百合子さん：九段さんは歴史にくわしいのね。御茶ノ水駅から南西方向に進んでいくと、神保町駅があるよ。神保町といえば古本の街として知られているね。

九段さん　：あれ？＜Ｄ写真＞をみると、古本屋は左側に集中していることがわかるね。

百合子さん：町の地図をみてみると、お店の入り口の多くは北側にあるよ。その理由は［　Ｙ　］。

問１　文中の（　あ　）～（　え　）にあてはまる語を答えなさい。

問２　＜Ａ＞～＜Ｄ＞の写真として適当なものを次のア～エから１つずつ選び、記号で答えなさい。

ア

イ

ウ

エ

問３　下線部①に関連して、千代田区と接している区の組み合わせとして正しいものを、次のア

～エから１つ選び、記号で答えなさい。

ア　文京区・台東区・中央区・港区・新宿区

イ　文京区・台東区・江東区・渋谷区・新宿区

ウ　豊島区・墨田区・中央区・港区・新宿区

エ　豊島区・墨田区・江東区・渋谷区・新宿区

問４　文中の［　X　］にあてはまる文を考えて答えなさい。

問５　下線部②について、

⑴　この藩は現在の何県にあたるか答えなさい。

⑵　⑴で答えた県について説明しているものを、次のア～オから２つ選び、記号で答えなさい。

ア　この県にある磐梯(ばんだい)山は、湖沼などの自然豊かな風景がみられる。

イ　この県にある銅山は江戸時代から開発が始まったが、明治時代に公害が発生した。

ウ　この県では、水はけのよさを利用したメロンの栽培がさかんである。

エ　この県の伝統的工芸品としてだるまが生産されている。

オ　この県には、国立の研究機関や大学などの研究学園都市がある。

⑶　⑴で答えた県には人工的につくった鹿島港があります。この港について述べた次の文中の（ お ）～（ こ ）にあてはまる語を答えなさい。

> この地域は東京に近いこと、広大な（ お ）を確保しやすいこと、豊富な（ か ）力を得やすいこと、さらに流域面積が日本一の（ き ）川や、日本で２番目の大きさの湖である（ く ）などの水資源があるという点において、工業立地の条件としては非常に恵まれていた。そこで大型船舶にも対応できる、掘込式港湾(ほりこみしきこうわん)の建設が始まった。
>
> 現在は臨海工業地帯として発達しており、（ け ）化学コンビナートでは化学薬品や（ け ）化学関連製品を生産し、鉄鋼コンビナートでは自動車車体に使用される薄板などを生産している。そのため、鹿島港で取り扱う輸入品として最も貨物量が多いのは、鉄のおもな原料である（ こ ）である。

問６　下線部③について、

⑴　この藩は現在の何県にあたるか答えなさい。

⑵　⑴で答えた県について説明しているものを、次のア～オから２つ選び、記号で答えなさい。

ア　この県では、東北の三大祭りのひとつである竿燈(かんとう)まつりがおこなわれている。

イ　この県の伝統的工芸品として、こけしが生産されている。

ウ　この県には日本三景のひとつである宮島がある。

エ　この県の北部には北上川、南部には阿武隈川が流れている。

オ　この県の干拓地は米の単作地帯であったが、近年では畑作への転作が進んでいる。

問７　文中の［　Y　］にあてはまる文を考えて答えなさい。

2　2024年に、新紙幣(しへい)の発行が予定されています。

日本における貨幣(かへい)の歴史に関する次の文を読み、あとの問いに答えなさい。

①<u>貨幣がない時代</u>、人々は欲しいものがあるときには、物々交換をして暮らしていました。し

かし、物々交換には不便な点があるため、誰もが欲しがり保存が効く②米や布などが貨幣のように使用されるようになっていきました。

日本において最古の金属の貨幣と考えられているのが、③天武天皇の在位中につくられたとみられる（ あ ）です。④708年になると、有名な（ い ）がつくられました。(い)は貴族や役人の給料の一部のほか、平城京遷都(せんと)の際に、動員された人々に賃金として支払われたとみられています。以後、⑤平安時代にかけて、(い)も含む皇朝十二銭(こうちょうじゅうにせん)と呼ばれる12種の貨幣がつくられました。

⑥12世紀中頃になると、宋銭が日本に多く流入するようになりました。⑦室町時代も同様に明銭が貨幣として流通する状態が続き、長い間、全国で統一的に使われる日本独自の貨幣がつくられることはありませんでした。

16世紀中頃になると、金銀の採掘(さいくつ)がさかんになり、金山や銀山を手に入れた⑧戦国大名によって、金貨や銀貨がつくられるようになりました。⑨豊臣秀吉の時代には、⑩（ う ）金山や（ え ）銀山が直接支配され、大判・小判などの統一的な貨幣が発行されました。なかでも「天正長大判」は日本で最大の貨幣として知られています。この大判は、恩賞用などの目的に用いられることが多かったようです。

⑪関ヶ原の戦いに勝利した徳川家康は、貨幣制度の統一に着手し、全国で使うことのできる金・銀貨を発行しました。また、⑫３代将軍の時代には、宿場での少額貨幣の必要性が増したため、銅銭「寛永通宝」がつくられました。

日本が開国し、諸外国と貿易を開始するようになると、⑬大量の金貨が海外へ流出する事態が発生し、日本経済の混乱を招きました。時代が⑭明治へ移り、1871年の新貨条例の制定によって「円」が誕生しました。⑮西南戦争の際には、戦費を調達するために紙幣が大量に刷(す)られ、激しいインフレがおこりました。その後、通貨の価値を安定させるため、日本銀行が設立されることになります。⑯日清戦争の際には、日本で初めて「軍票(ぐんぴょう)」が発行されました。これは、戦地での物資調達などをまかなうために政府によって発行されたお札の一種です。軍票は、日露戦争、⑰日中戦争、太平洋戦争など、対外戦争の度に発行されました。

⑱第二次世界大戦後、戦前の肖像の人物は、ＧＨＱの指示によって、聖徳太子を除いて全て使えなくなり、かわって⑲明治期の政治家の肖像が使用されました。⑳1980年代におこなわれた改刷以降は、㉑文化人も肖像に登場するようになり、現在にいたっています。

問１　下線部①について、ある遺跡が発見されて、日本に旧石器時代が存在することが証明されました。その遺跡とは何ですか。

問２　下線部②について、右の写真は、米作りが開始されたころ、稲作に使用された石器です。これを何といいますか。

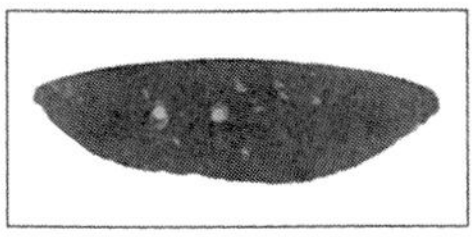

問３　下線部③について、

(1)　文中の（ あ ）にあてはまる語を答えなさい。

(2)　天武天皇に関するできごととして最も適切なものを、次のア～エから１つ選び、記号で答えなさい。

ア　天智天皇が亡くなったあと、天智天皇の子である大友皇子と戦い、勝利した。

イ　天武天皇の在位中、唐と新羅の連合軍と戦い、敗れた。

ウ　天武天皇の在位中、日本最初の法典や戸籍の作成をおこなった。

エ　仏教の力で国を治めるため、金銅の大仏と東大寺をつくらせた。

問４　下線部④について、

⑴　文中の（ い ）にあてはまる語を答えなさい。

⑵　(い)と同じく８世紀初めにつくられた大宝律令についての文として誤っているものを、次のア～エから１つ選び、記号で答えなさい。

ア　中臣鎌足の子である藤原不比等らが編さんしたと考えられている。

イ　全国が国・郡・里に分けられ、国司・郡司・里長がおかれた。

ウ　戸籍と税の台帳がつくられ、６歳以上の男子のみに土地が割りあてられた。

エ　成年男子には、税として地方の特産物のほか、都での労役または代わりの布を課せられた。

問５　下線部⑤について、

⑴　平安時代には、仮名文字の女流文学の発展や寝殿造のやしきなど、日本風の文化が栄えました。中国文化の影響が少なくなった背景を、関連人物の名前をあげて説明しなさい。

⑵　紀貫之らが編さんした和歌集を何といいますか。

問６　下線部⑥について、宋との貿易を拡大するため大輪田泊を整備した人物は誰ですか。

問７　下線部⑦について、次のア～エのできごとを時代の古い順に並びかえなさい。

ア　正長の土一揆が発生した。

イ　明との間に国交が開かれた。

ウ　２つの朝廷が対立し、約60年間争いが続いた。

エ　京都の東山に銀閣がつくられた。

問８　下線部⑧について、戦国大名がつくった貨幣として「甲州金」がよく知られています。この貨幣をつくらせた戦国大名を、次のア～オから１つ選び、記号で答えなさい。

ア　上杉氏　　イ　朝倉氏　　ウ　島津氏　　エ　武田氏　　オ　北条氏

問９　下線部⑨について、豊臣秀吉に関するできごととして、適切でないものを次のア～エから１つ選び、記号で答えなさい。

ア　安土城を拠点として全国統一を進めた。

イ　「ものさし」や「ます」を統一し、全国の田畑の面積を調べた。

ウ　百姓や寺社から武器を取り上げ、兵農分離を進めた。

エ　明の征服をめざし、諸大名に命じて朝鮮に大軍を派遣した。

問10　下線部⑩について、右の地図を見て、文中の（ う ）と（ え ）にあてはまる地名を答えなさい。

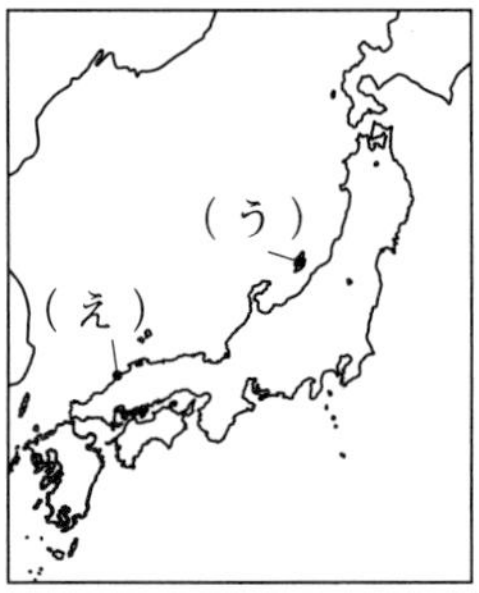

問11　下線部⑪について、関ヶ原の戦いのあと徳川氏にしたがった大名はどのように呼ばれるようになりましたか。

問12　下線部⑫について、この時代に宿場での少額貨幣の必要性が増したのはなぜですか。その背景の一つと考えられる、３代将軍が実施した「ある政策」の名をあげて説明しなさい。

問13　下線部⑬について、金貨流出の背景について説明した次の文を読み、文中の空らんにあてはまる語句の組み合わせとして適切なものを、あとのア～エから１つ選び、記号で答えなさい。

> 貿易開始当初、日本と欧米の間に次の図のような金銀の交換比率の違いがありました。これを知った欧米人は（ X ）を日本で（ Y ）と交換しました。その（ Y ）を欧米で（ X ）に交換すると、最初の（ Z ）倍の（ X ）を得ることができます。

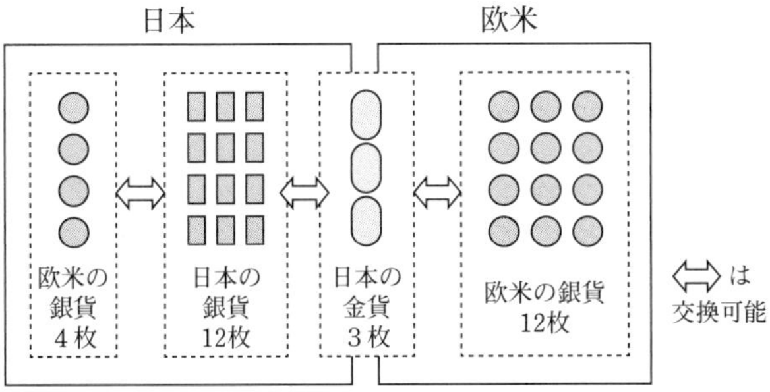

ア　X－金貨　Y－銀貨　Z－3
イ　X－銀貨　Y－金貨　Z－3
ウ　X－金貨　Y－銀貨　Z－4
エ　X－銀貨　Y－金貨　Z－4

問14　下線部⑭について、明治政府に関する文として適切なものを、次のア～エから１つ選び、記号で答えなさい。

ア　藩主にかわって県令を中央から派遣する版籍奉還がおこなわれた。
イ　地租改正に反対する一揆がおこったため、政府は地租を引き下げた。
ウ　大日本帝国憲法が制定されると、伊藤博文が初の内閣を組織した。
エ　自由民権運動に対し、政府は治安維持法を定めて取り締まった。

問15　下線部⑮について、不平士族たちにおされて西南戦争の中心となった人物は誰ですか。

問16　下線部⑯について、日清戦争の講和条約により日本がゆずり受けた後、三国干渉により返還することになった地域を、右の地図中のア～カから１つ選び、記号で答えなさい。

問17　下線部⑰について、次のア～エのできごとを時代の古い順に並びかえなさい。

ア　柳条湖事件が発生した。
イ　日本軍がハワイの真珠湾を奇襲攻撃し、マレー半島に上陸した。
ウ　日本が国際連盟を脱退した。
エ　アメリカ軍が広島と長崎に原子爆弾を投下した。

問18　下線部⑱について、1951年に日本が48カ国との間で調印し、独立を取り戻した条約を何といいますか。

問19　下線部⑲について、右の写真は、戦後に発行された５百円札です。欧米への使節団の全権大使をつとめたことで知られるこの人物は誰ですか。

問20　下線部⑳について、1980年代におこったできごととして正しいものを、次のア～エから１つ選び、記号で答えなさい。

ア　ベルリンの壁が崩壊した。　　イ　大阪万博が開催された。

ウ　阪神淡路大震災が発生した。　エ　京都議定書が採択された。

問21　下線部㉑について、「天は人の上に人を造らず人の下に人を造らずといへり」という有名な一節から始まる著書で知られる人物は誰ですか。

3　次の文を読み、あとの問いに答えなさい。

国の予算案をまとめるのは、内閣のしごとです。a各府省庁の必要な費用をまとめて予算案ができあがると、閣議で決定され、国会に提出されます。国会では、まず（ 1 ）で審議された後、（ 2 ）の審議にまわされます。（ 1 ）と（ 2 ）の意見が異なった場合には（ 1 ）の意見が優先されます。

国の予算は、４月１日から始まるので、それに間に合うようにb毎年１月に召集される国会で審議されます。令和５年度の予算の特徴は、（ 3 ）関係費が大幅に伸びたこと、c少子化対策のための子育て支援や、d脱炭素社会を実現するための費用が盛り込まれたことです。「e地方公共団体間の格差を小さくするために、国から支給するお金」も増やされています。

この結果、令和５年度の予算は、過去最大となり、はじめて114兆円を超えました。このため、消費税の増税の必要も唱えられています。消費税は、税を負担する人と税を納める人が異なる（ 4 ）の一種です。f現在の税率は10％ですが、外食やお酒をのぞく食料品については８％になっています。

問１　文中の（ 1 ）～（ 4 ）にあてはまる語を答えなさい。

問２　文中の下線部ａのしごとを主におこなうのは、何省ですか。

問３　文中の下線部ｂの国会を何といいますか、漢字４字で答えなさい。

問４　文中の下線部ｃなどのしごとを総合的におこなうために、2023年４月に発足した国の行政機関は何ですか。

問5　文中の下線部ｄについて、次の問いに答えなさい。

①　CO_2をはじめとする温室効果ガスの「排出量」と、森林などによる「吸収量」とをつり合わせて、全体としてゼロにすることが目指されていますが、これをカタカナで何と呼びますか。

②　次のグラフは、各国のCO_2排出量の変化をあらわしたものです。A・Bの国名を書きなさい。

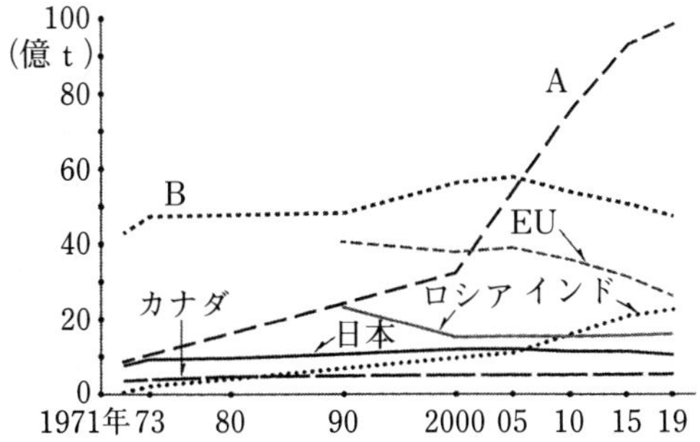

問6　文中の下線部ｅを何と呼びますか。

問7　文中の下線部ｆの理由を説明した文として最もふさわしいものを、次のア～エから１つ選び、記号で答えなさい。

ア　所得の高い人に多くの税を負担してもらうため。

イ　所得の低い人の税負担が重くなるのを防ぐため。

ウ　大企業に多くの税を負担してもらうため。

エ　生活に欠かせない食料品店を守るため。

清泉女学院中学校（第１期）

—45分—

1　歴史分野について、あとの問いに答えなさい。

Ⅰ

日本の焼き物の歴史は、縄文土器に始まります。①弥生時代になると、縄文土器よりも薄くてかたい弥生土器がつくられ、様々な用途に使われました。３～４世紀の遺跡として知られる奈良県の纒向遺跡には、各地で作られた土器が発掘されています。纒向遺跡は、（　A　）を女王とする邪馬台国があった場所の候補として挙げられています。②７世紀後半になると、中国にならって釉薬（注１）をつかった焼き物がつくられるようになりました。奈良時代には、奈良三彩と呼ばれる焼き物がつくられ、③東大寺の正倉院にも納められています。

日本では、中国から運ばれた品々は唐物と呼ばれ、大切にされてきました。平安時代に（　B　）が著した『源氏物語』には、中国の焼き物をはじめとする唐物が登場人物の優雅な生活を彩るように登場します。平安時代の末に④平清盛がさかんにした中国との貿易では、大量の銅銭や、焼き物が日本に輸入されました。中国との貿易は、⑤鎌倉幕府にも引き継がれました。そのため、今でも鎌倉の材木座海岸を歩くと、中国の焼き物のかけらが見つかることがあります。

室町時代になり、茶の湯が流行すると、中国から輸入された焼き物が茶器として、もてはやされました。戦国大名の⑥織田信長は、茶の湯を愛好したことでも知られています。日本の焼き物の発展には、16世紀末に（　C　）が２度にわたって朝鮮への出兵を命じたことも関係があります。朝鮮へ渡った大名の中には、朝鮮の焼き物職人を日本に連れてきたものもいました。朝鮮の焼き物の高い技術が日本に伝わったことで、⑦江戸時代には焼き物を特産品にする藩もありました。⑧次の写真の焼き物は、鎖国下において、外国からの注文を受けて作られたものです。日本の焼き物は、ヨーロッパでの評判が高く、明治時代になっても輸出されました。

ＶＯＣの文字が見える。
連合東インド会社のマーク

『明解　歴史総合図説シンフォニア改訂版』（帝国書院）より作成
写真提供　ユニフォトプレス

（注１）　釉薬：うわぐすり。素焼きの陶磁器の表面にかけるガラス質の溶液。

問１　（　A　）～（　C　）にあてはまる人名を答えなさい。

問２　下線部①について、弥生時代の人びとの生活に関して書かれた次の文ａ・ｂの正誤の組合せとして正しいものを、あとのア～エの中から選び、記号で答えなさい。

ａ　堀やさくで囲まれた環濠集落で生活していた。

ｂ　祭りの道具として、銅鐸が使われた。

ア　ａ－正　ｂ－正　　イ　ａ－正　ｂ－誤

ウ　ａ－誤　ｂ－正　　エ　ａ－誤　ｂ－誤

問３　下線部②について、７世紀後半のできごととして正しいものを、次のア～エの中から１つ選び、記号で答えなさい。

ア　聖徳太子は遣唐使を派遣し、進んだ中国の文化や制度を取り入れようとした。

イ　中大兄皇子と中臣鎌足らは、十七条の憲法を制定し新しい国づくりを始めた。

ウ　日本で最初の本格的な都である藤原京が、現在の奈良県につくられた。

エ　鑑真が来日し、正式な仏教を伝えた。

問４　下線部③について、東大寺の正倉院について知っていることを説明しなさい。

問５　下線部④について、平氏一門があつく敬い援助したことで発展し、現在世界遺産に登録されている寺社はどれですか。次のア～エの中から１つ選び、記号で答えなさい。

ア　中尊寺　　イ　厳島神社　　ウ　法隆寺　　エ　宗像(むなかた)大社

問６　下線部⑤について、鎌倉時代に関して書かれた文として正しいものを、次のア～エの中から１つ選び、記号で答えなさい。

ア　侍所が京都に設置され、京都の警備や朝廷の監視(かんし)を行った。

イ　北条時宗は、武士の裁判の基準となる御成敗式目を制定した。

ウ　御家人は、将軍からの奉公に対して、幕府のために戦った。

エ　幕府は、元軍の襲来(しゅうらい)に備えて、博多湾に防塁(ぼうるい)を築くことを命じた。

問７　下線部⑥について、織田信長に関して書かれた文として正しいものを、次のア～エの中から１つ選び、記号で答えなさい。

ア　博多を直接支配して、豊富な軍資金を手に入れた。

イ　長篠の戦いで効果的に鉄砲を使って、今川氏を破った。

ウ　将軍の足利氏を京都から追放して、室町幕府をほろぼした。

エ　関所の設置や市場の税を徴収(ちょうしゅう)することで収入を増やそうとした。

問８　下線部⑦について、江戸時代に関する次の問いに答えなさい。

(1)　この時代に起きた次のＸ～Ｚを古いものから順に並べたとき、並び方として正しいものを、あとのア～カの中から選び、記号で答えなさい。

Ｘ　天草四郎を中心にして、島原・天草一揆がおこった。

Ｙ　平戸の外国商館を長崎の出島に移した。

Ｚ　幕府がキリスト教を禁止した。

ア　Ｘ→Ｙ→Ｚ　　イ　Ｘ→Ｚ→Ｙ　　ウ　Ｙ→Ｘ→Ｚ

エ　Ｙ→Ｚ→Ｘ　　オ　Ｚ→Ｘ→Ｙ　　カ　Ｚ→Ｙ→Ｘ

(2)　『古事記伝』を著し、国学を大成した人物の名前を答えなさい。

問９　下線部⑧について、この焼き物は、鎖国下の日本において、貿易関係のあった国の会社から注文を受けてつくられたものです。その国として正しいものを、次のア～エの中から１つ選び、記号で答えなさい。

ア　イギリス　　イ　オランダ　　ウ　フランス　　エ　インド

Ⅱ

問10　次の年表と資料を見て、あとの問いに答えなさい。

年	できごと
1853	ペリーが現在の神奈川県の(あ)に来航する
1858	アメリカと(い)条約を締結する
1868	五箇条の御誓文が発表される
1871	岩倉使節団が外国をおとずれる
1889	大日本帝国憲法が発布される

資料A

第３条　下田・函館以外に次の場所を開く。
　神奈川(横浜)・(う)・新潟・兵庫(神戸)
第４条　日本に輸出入されるすべての品物は、別冊の通り、日本の役所に①税を納めること。(別冊)この税は日米が協定して決めること。
第６条　日本人に対して罪を犯したアメリカ人は、アメリカ領事裁判所で取り調べの上、アメリカの法律によって罰すること。

『つながる歴史』(浜島書店)より作成

⑴　(あ)・(い)にあてはまる言葉を答えなさい。

⑵　資料Aは(い)の内容を示しています。(う)にあてはまる地名を答えなさい。

⑶　資料Aの下線部①について、この税を何というか答えなさい。

⑷　1868年から1889年の間に起こったできごととして正しくないものを、次のア～エの中から１つ選び、記号で答えなさい。

ア　藩を廃して県を置いた。
イ　群馬県の富岡に官営の製糸場がつくられた。
ウ　徴兵令が定められた。
エ　第１回帝国議会が開かれた。

問11　次のグラフは各国において普通選挙が定められた年を示したものです。グラフについて説明したあとの文a・bの正誤の組合せとして正しいものを、以下のア～エの中から選び、記号で答えなさい。

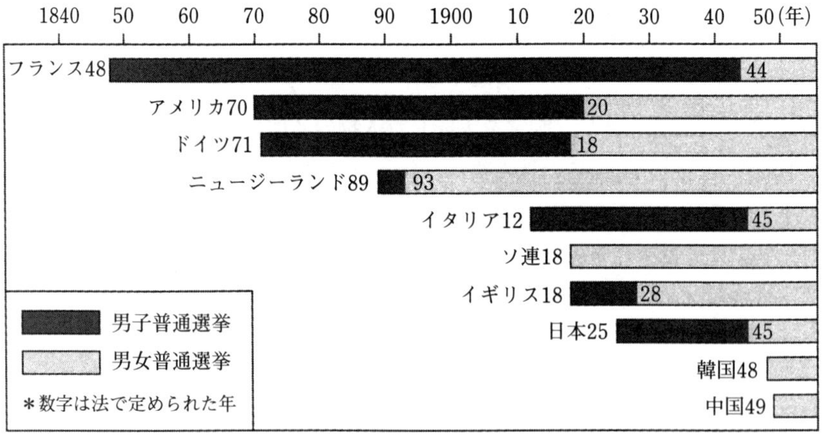

『明解　歴史総合図説シンフォニア改訂版』(帝国書院)より作成

a　最も早く女性の普通選挙が定められた国は、ヨーロッパの国である。

b　1950年までにはグラフの全ての国で男女普通選挙が定められている。

ア　a－正　b－正　　イ　a－正　b－誤

ウ　a－誤　b－正　　エ　a－誤　b－誤

問12　次の文章は、雑誌『青踏(せいとう)』の発刊(1911年)に際して平塚らいてうにより書かれたものです。文中の(　え　)・(　お　)にあてはまる言葉の組合せとして正しいものを、あとのア～カの中から選び、記号で答えなさい。

元始(げんし)、女性は実に(　え　)であった。真正の人であった。今、女性は(　お　)である。他に依(よ)って生き、他の光によって輝(かがや)く、病人のような蒼白(あおじろ)い顔の(　お　)である。

ア　え－月　お－星　　イ　え－月　お－太陽

ウ　え－星　お－太陽　　エ　え－星　お－月

オ　え－太陽　お－星　　カ　え－太陽　お－月

問13　現在、９月１日は「防災の日」と定められています。その由来となった1923年に起きた災害は何とよばれていますか、答えなさい。

問14　第二次世界大戦中に起きた次のＸ～Ｚを古いものから順に並べたとき、並び方として正しいものを、あとのア～カの中から選び、記号で答えなさい。

Ｘ　アメリカ軍の沖縄本島上陸

Ｙ　ソ連の対日参戦

Ｚ　ミッドウェー海戦の敗北

ア　X→Y→Z　　イ　X→Z→Y　　ウ　Y→X→Z

エ　Y→Z→X　　オ　Z→X→Y　　カ　Z→Y→X

問15　第二次世界大戦後の日本のできごととして正しくないものを、次のア～エの中から１つ選び、記号で答えなさい。

ア　三井、三菱(みつびし)などの財閥(ざいばつ)が解体された。

イ　20歳以上の男女に選挙権が平等に与えられた。

ウ　６・３制の義務教育が始まった。

エ　国際連合への加盟が認められ、安全保障理事会の常任理事国となった。

問16　右の写真は、1954年11月に封切られた映画のポスターです。この映画は、1954年３月に起きたできごとをヒントとして企画(きかく)されました。そのできごとは何ですか、次のア～エの中から１つ選び、記号で答えなさい。

ア　米軍が沖縄の基地を拠点(きょてん)にして、ベトナムへの空爆(くうばく)を始めた。

イ　北朝鮮が南進して、朝鮮戦争が始まった。

ウ　ビキニ環礁(かんしょう)における水爆実験で、第五福竜丸が被(ひ)ばくした。

エ　キューバにおいてミサイル基地の建設が進み、核戦争の危機がおこった。

『昭和　二万日の全記録　第10巻』(講談社)
「ゴジラ」©TOHO CO., LTD.

[2]　地理分野について、あとの問いに答えなさい。

神奈川県の人口は、（ Ａ ）万人に達しています。これは高知県の人口が（ Ｂ ）万人なので、およそ13倍です(2022年)。神奈川県は、関東平野に位置しているため広い平野部が見られ、台地や低地につくられた住宅地に人々がくらしています。高知県は、山がちな地形が続くため、沿岸部の低地や谷の中のせまい平地に人口が集中しています。

高知県の主な産業は、農業や水産業です。ビニルハウスを利用した野菜の生産が知られており、（ Ｃ ）や（ Ｄ ）の生産量が多いです。（ Ｃ ）は、全国１位の生産量(2021年産)で、熊本県や群馬県が続きます。（ Ｄ ）は、全国４位の生産量(2021年産)で、高知県よりも茨城県や宮崎県の生産量が多いです。水産業は、（ Ｅ ）の水揚(みずあげ)量が多いことで知られており、ワラを燃やした強い炎で身をあぶった「（ Ｅ ）のたたき」は、観光客に人気の料理です。

高知市の姉妹都市は、北海道北見市やアメリカ合衆国カリフォルニア州フレスノ市です。また、横浜市の姉妹都市のひとつは、同じアメリカ合衆国カリフォルニア州サンディエゴ市です。①日本はアメリカ合衆国とほかの分野でも強く結びついています。

問１　（ Ａ ）と（ Ｂ ）には、神奈川県と高知県の人口(2022年・万人)が入ります。数字の組合せとして正しいものを、次のア～エの中から選び、記号で答えなさい。

	ア	イ	ウ	エ
神奈川県	921	1,404	921	1,404
高知県	69	69	55	55

『日本国勢図会　2022／23』より作成

問２　（ Ｃ ）～（ Ｅ ）にあてはまる言葉を答えなさい。

問３　次の雨温図Ａ～Ｃは、神奈川県、高知県、北海道にある代表的な観測点の月別の降水量(棒グラフ)と平均気温(折れ線グラフ)を表しています。あとの問いに答えなさい。

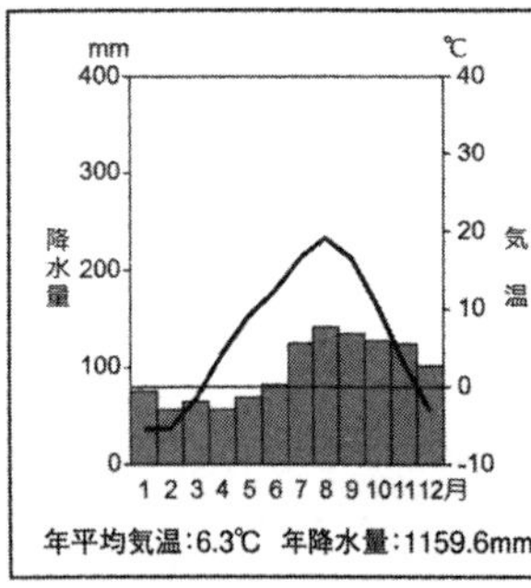

Ａ

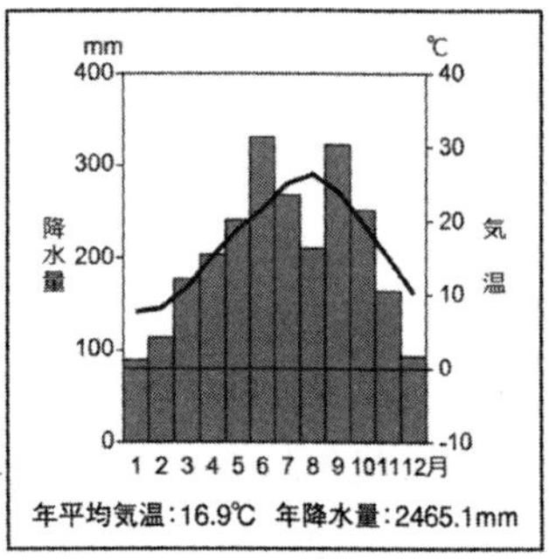

Ｂ

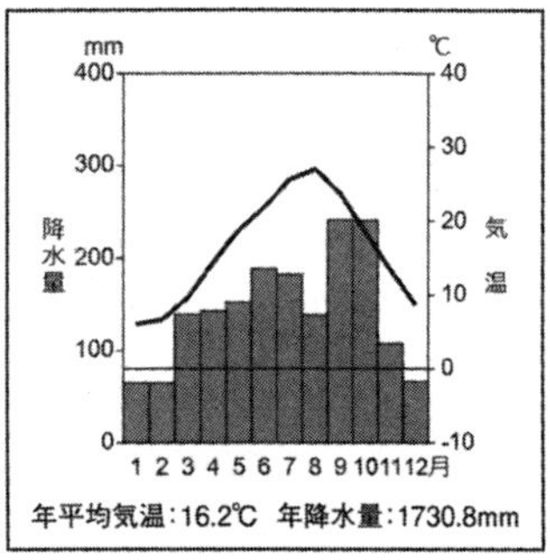

Ｃ

⑴　雨温図Ａ～Ｃと、観測点がある道県名との組合せとして正しいものを、次のア～カの中から選び、記号で答えなさい。

	ア	イ	ウ	エ	オ	カ
神奈川県	Ａ	Ａ	Ｂ	Ｂ	Ｃ	Ｃ
高知県	Ｂ	Ｃ	Ａ	Ｃ	Ａ	Ｂ
北海道	Ｃ	Ｂ	Ｃ	Ａ	Ｂ	Ａ

⑵　⑴の答えを選んだ理由を、高知県の雨温図と、ほかの道県の雨温図とのちがいが明らかになるように説明しなさい。

問４　次の地図Ａ～Ｄは、徳島県、福井県、福岡県、山形県のいずれかを表しています。Ａ～Ｄの各県の説明として正しいものを、あとのア～エの中からそれぞれ選び、記号で答えなさい。

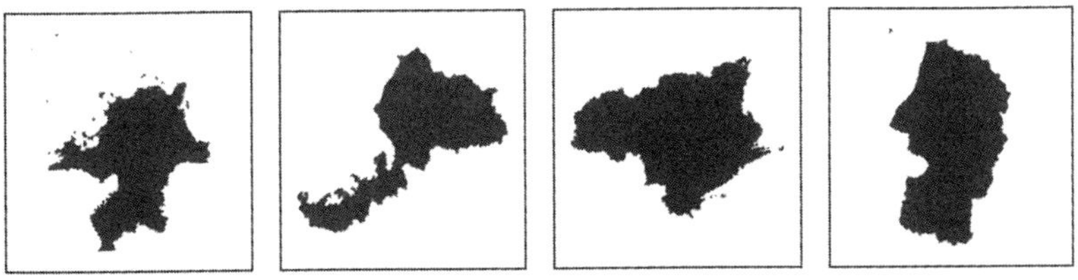

Ａ　　Ｂ　　Ｃ　　Ｄ

ア　高知県に源流をもつ吉野川の下流に位置する県。

イ　政令指定都市がある県。

ウ　日本海側にあり、米やさくらんぼ、西洋なしの生産がさかんな県。

エ　若狭湾に面しており、関西地方へ多くの電力を供給している県。

問５　高知県と日本標準時子午線の位置関係について書かれた文として正しいものを、次のア～エの中から１つ選び、記号で答えなさい。

ア　高知県の東沖から、和歌山県までの海上を通る。

イ　高知県内の東部にある安芸（あき）市付近を通る。

ウ　高知県内の西部にある四万十（しまんと）市付近を通る。

エ　高知県の西沖から、宮崎県までの海上を通る。

問６　次の２つの写真の施設（しせつ）は、共通の目的で高知県と神奈川県の海岸につくられました。共通の目的とは何ですか、説明しなさい。

写真左　画像提供：PIXTA
写真右　神奈川県立湘南海岸公園　園内マップ

問７　次の地形図Ａ～Ｄは、高知県内の一部の地域の地形図です。あとの問いに答えなさい。

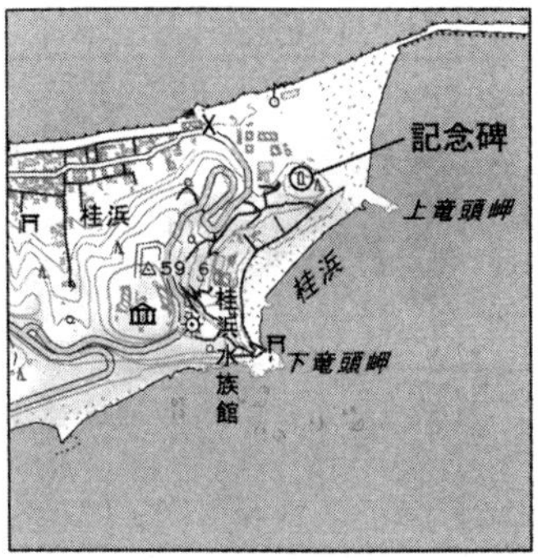

地形図Ａ

地形図Ｂ

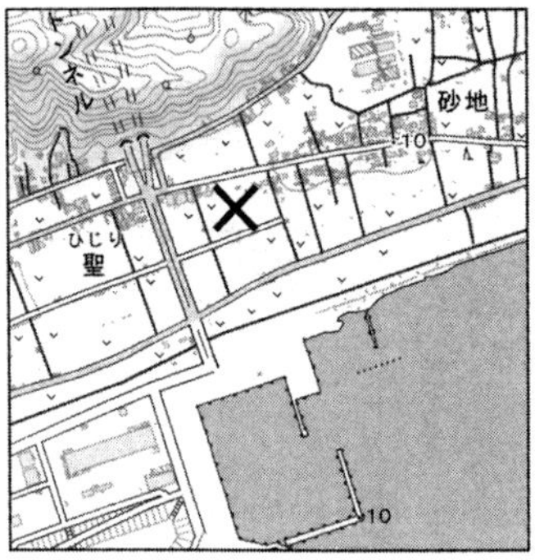

地形図Ｃ

地形図Ｄ

国土地理院「電子地形図25000『高知』、『土佐長浜』」より作成

⑴　地形図Ａの記念碑（きねんひ）の記号があるところには、幕末に活躍した人物の像が建てられています。この人物は誰か、次のア～エの中から選び、記号で答えなさい。

ア　西郷隆盛　　イ　坂本龍馬　　ウ　福沢諭吉　　エ　伊能忠敬

⑵　地形図Ｂ、Ｃ、Ｄについて、図中の×印がついているところの標高を、高い順に並べたとき、並び方として正しいものを、次のア～エの中から選び、記号で答えなさい。なお等高線は、標高10ｍごとに引かれています。

ア　Ｂ→Ｃ→Ｄ　　イ　Ｂ→Ｄ→Ｃ　　ウ　Ｄ→Ｂ→Ｃ　　エ　Ｄ→Ｃ→Ｂ

⑶　地形図Ａ～Ｄから読み取ることができる内容として正しくないものを、次のア～エの中から１つ選び、記号で答えなさい。

ア　地形図Ａには、神社の記号が２つある。

イ　地形図Ｂには、住宅地が広がっている。

ウ　地形図Ｃには、海岸線に沿って水田が広がっている。

エ　地形図Ｄには、山の斜面（しゃめん）に果樹園の記号がみられる。

問８　下線部①について、あとの問いに答えなさい。

⑴　次の２つの円グラフは、海外から日本へ入国する人びとの総数と割合をくらべたものです。Ａ～Ｃには、アメリカ合衆国、韓国、中国のいずれかがあてはまります。Ａ～Ｃと、国名との組合せとして正しいものを、あとのア～カの中から選び、記号で答えなさい。

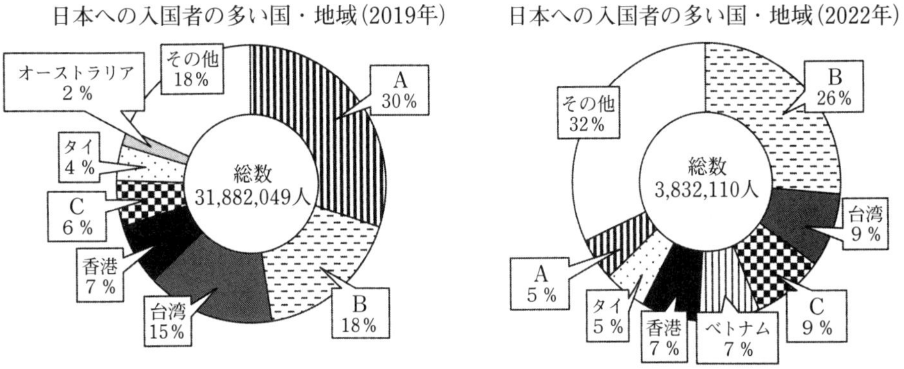

日本政府観光局ホームページより作成

	ア	イ	ウ	エ	オ	カ
アメリカ	A	A	B	B	C	C
韓　国	B	C	A	C	A	B
中　国	C	B	C	A	B	A

⑵　次の表は、日本とアメリカ合衆国との貿易についてまとめたものです。この表について書かれたあとの文ａ～ｄのうち、正しい文の組合せを、以下のア～エの中から選び、記号で答えなさい。

表　日本とアメリカ合衆国の貿易(2020年)

アメリカ合衆国への輸出			アメリカ合衆国からの輸入		
	百万円	%		百万円	%
機械類	4,644,473	36.8	機械類	1,923,701	25.8
自動車	3,466,572	27.5	医薬品	564,645	7.6
自動車部品	699,260	5.5	肉類	409,594	5.5
科学光学機器	301,656	2.4	科学光学機器	396,975	5.3
航空機部品	280,153	2.2	液化石油ガス	288,686	3.9
医薬品	268,697	2.1	航空機類	266,258	3.6
金属製品	205,833	1.6	有機化合物	263,537	3.5
プラスチック	165,077	1.3	とうもろこし	224,556	3.0
その他	2,579,103	20.6	その他	3,115,605	41.8
合計	12,610,824	100	合計	7,453,557	100

『日本国勢図会　2022／23』より作成

ａ　日本がアメリカから輸入する医薬品の金額は、日本がアメリカへ輸出する医薬品の金額の３分の１を下回る。

ｂ　日本は、アメリカから工業製品だけでなく、食料や飼料となる農畜産物を輸入している。

ｃ　日本は、アメリカへ自動車部品を輸出していて、アメリカ国内の自動車工場で組み立てられて完成品となり、そのほとんどを日本が輸入している。

ｄ　日本は、アメリカへ航空機部品を輸出していて、アメリカ国内の航空機工場で組み立てられて完成品となり、その一部を日本が輸入している。

ア　ａとｃ　　イ　ｂとｃ　　ウ　ａとｄ　　エ　ｂとｄ

3　公民分野について、あとの問いに答えなさい。

2022年２月、ロシアが①ウクライナに攻撃をはじめました。②ロシアの（ A ）大統領は、核兵器による威かくも行っています。

核兵器は、日本に投下され、③広島と長崎で多くの人びとが犠牲となりました。被爆地の１つである④広島には、2016年にアメリカ合衆国の現職の大統領が初めて訪れ、平和記念資料館などを見学しました。

核兵器は、第二次世界大戦後も世界の国々でつくられてきました。日本の身近な国である⑤中国をはじめ、⑥核保有国はいくつもあり、いまだに世界には多くの核兵器が存在しています。2021年１月には、核兵器をなくしていくために（ B ）条約が発効されましたが、核保有国や日本をふくめ、この条約を結んでいない国も多くあります。⑦日本は、核兵器による⑧世界でただ一つの被爆国として、どのような行動をとるべきかを考えていく必要があります。

問１　（ A ）・（ B ）にあてはまる言葉を答えなさい。

問２　下線部①について、ウクライナは右の地図中のどこですか。ア～エの中から選び、記号で答えなさい。

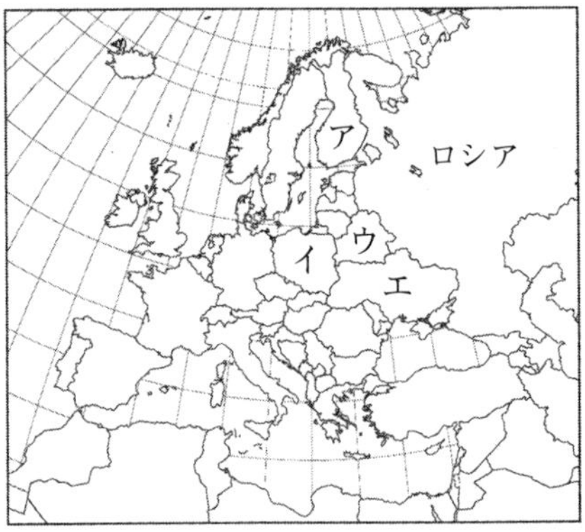

問３　下線部②について、現在、日本とロシアとの間で解決していない領土問題に関係する島を、次のア～エの中から１つ選び、記号で答えなさい。

ア　尖閣諸島　　イ　色丹島　　ウ　竹島　　エ　対馬

問４　下線部③について、次の問いに答えなさい。

(1)　核兵器の恐怖を伝える世界遺産を、次のア～エの中から１つ選び、記号で答えなさい。

ア

イ

ウ

エ

アとウは『きほんを学ぶ　世界遺産100』(マイナビ出版)、イとエは提供　朝日新聞社

⑵　2023年５月、広島に主要国の代表が集まり、開かれた会議の名前を答えなさい。

問５　下線部④について、この大統領の名前を次のア～エの中から選び、記号で答えなさい。

ア　ジョー・バイデン　　イ　ドナルド・トランプ

ウ　バラク・オバマ　　エ　ジョージ・ブッシュ

問６　下線部⑤について、中国に関する文として正しくないものを、次のア～エの中から１つ選び、記号で答えなさい。

ア　国内に50以上もの民族がおり、人口は10億人をこえる。

イ　サンフランシスコ平和条約が結ばれ、日本との国交が正常化した。

ウ　税金や貿易などで優遇(ゆうぐう)される経済特区には、外国の企業(きぎょう)が多くある。

エ　「一人っ子政策」を行っていたことで、少子高齢化が進んだ。

問７　下線部⑥について、核保有国を次のア～エの中から１つ選び、記号で答えなさい。

ア　オーストラリア　　イ　ブラジル　　ウ　韓国　　エ　インド

問８　下線部⑦について、日本に関する次の問いに答えなさい。

⑴　日本国憲法について書かれた次の文ａ・ｂの正誤の組合せとして正しいものを、あとのア～エの中から選び、記号で答えなさい。

ａ　基本的人権の尊重をはじめとする、３つの原則が定められている。

ｂ　勤労の義務、納税の義務、普通教育を受けさせる義務が定められている。

ア　ａ－正　ｂ－正　　イ　ａ－正　ｂ－誤

ウ　ａ－誤　ｂ－正　　エ　ａ－誤　ｂ－誤

⑵　国会の役割について説明した文として正しくないものを、次のア～エの中から１つ選び、記号で答えなさい。

ア　内閣で作成された予算案を議決する。　　イ　唯一(ゆいいつ)の立法機関として法律を制定する。

ウ　外国との約束である条約を承認する。　　エ　最高裁判所の長官を指名する。

問９　下線部⑧について、日本が打ち出している非核三原則を、「核兵器を『持たず、つくらず、～』」の形に合うように答えなさい。

問10　核兵器は一瞬(いっしゅん)にして多くの命をうばう恐(おそ)ろしい兵器です。それだけでなく、核兵器の使用はどのような脅威(きょうい)をもたらしますか。その脅威について、２つ説明しなさい。

洗足学園中学校(第１回)

—理科と合わせて60分—

1　次の［地図１］中のX～Zは、日本における主要な地溝帯・断層線を示したものです。また［地図２］は、［地図１］中のYとその周辺を示したものです。これらを見て、あとの問いに答えなさい。

［地図１］

［地図２］

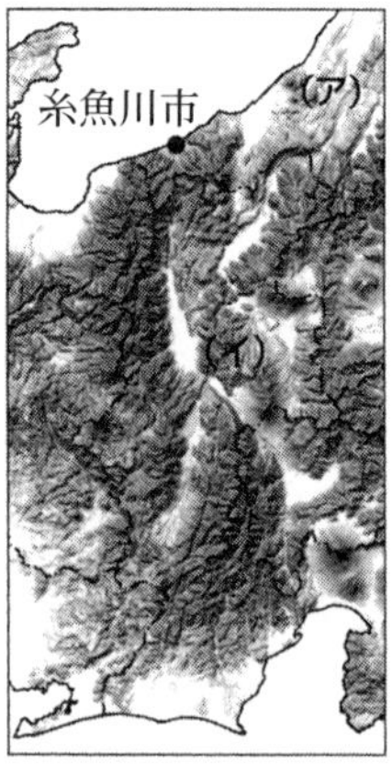

(国土地理院「地理院地図」より作成)

問１　［地図１］中のX～Zについて、次の⑴・⑵にそれぞれ答えなさい。

⑴　［地図１］中に示したXは、日本列島を東北日本と西南日本に地質学的な観点から二分する境目とされる地溝帯です。この地溝帯の名称を、カタカナで答えなさい。

⑵　［地図１］中に示したYは、Xの西辺となる断層線です。また、Zは西南日本を北側と南側に分ける断層線です。YとZについて述べた文として誤っているものを、次のA～Dの中からひとつ選んでアルファベットで答えなさい。

A　Ｙは糸魚川市と静岡市を結ぶ断層線であり、この西側には標高3000ｍ級の飛驒山脈・木曽山脈・赤石山脈が連なっている。

B　Ｙの東側には日高山脈や奥羽山脈などが南北方向に、Ｙの西側には中国山地や四国山地などが東西方向に並んでいる。

C　Ｚの北側には中国山地や筑紫山地などの比較(ひかく)的低くてなだらかな山地が多いのに対し、南側には紀伊山地や九州山地などの比較(ひかく)的高くて険しい山地が多い。

D　ＹとＺは諏訪湖付近で交わっており、諏訪湖からは大井川が流れ出ている。

問２　[地図２] 中の(ア)で示された県について、次の⑴・⑵にそれぞれ答えなさい。

⑴　次の [資料] Ａ～Ｄは、(ア)・茨城県・島根県・鹿児島県のいずれかにおける人口(2020年)・耕地面積(2021年)・製造品出荷(しゅっか)額等(2019年)を示したものです。(ア)を示したものを、次の [資料] Ａ～Ｄの中からひとつ選んでアルファベットで答えなさい。

[資料]

	人口(千人)	耕地面積(ha)	製造品出荷(しゅっか)額等(億円)
A	671	36,200	12,488
B	2,201	168,200	50,113
C	1,588	112,900	20,247
D	2,867	162,300	126,383

(矢野恒太記念会『日本国勢図会』より作成)

⑵　次の [資料] は、(ア)・岐阜県・青森県について、米の生産額(2019年)と生産農業所得(2019年)を示したものです。[資料] 中の①～③と都道府県の組み合わせとして正しいものを、次のＡ～Ｆの中からひとつ選んでアルファベットで答えなさい。

(注)生産農業所得とは、農業産出額から経費などを差し引き、補助金などを加えた数値である。

[資料]

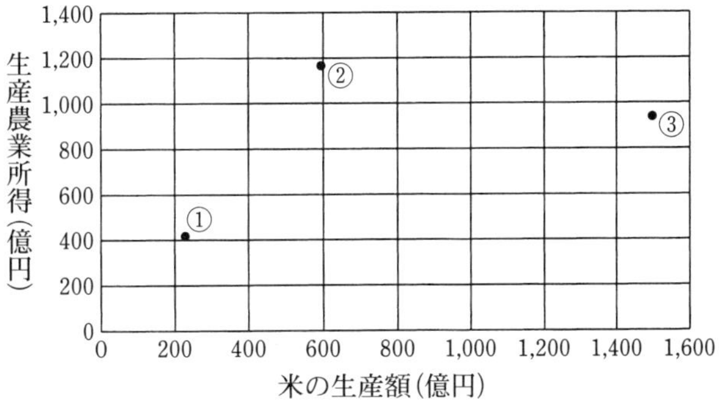

(矢野恒太記念会『データでみる県勢』より作成)

A　①－(ア)　②－岐阜県　③－青森県

B　①－(ア)　②－青森県　③－岐阜県

C　①－岐阜県　②－(ア)　③－青森県

D　①－岐阜県　②－青森県　③－(ア)

E　①－青森県　②－(ア)　③－岐阜県

F　①－青森県　②－岐阜県　③－(ア)

問３　[地図２] 中の(イ)で示された県について、次の⑴～⑶にそれぞれ答えなさい。

⑴　(イ)に位置する諏訪湖について、次の［資料］A～Dは、諏訪湖・琵琶湖・田沢湖・浜名湖のいずれかにおける湖の種類・淡水もしくは汽水・湖面標高を示したものです。諏訪湖を示したものを、次の［資料］A～Dの中からひとつ選んでアルファベットで答えなさい。

［資料］

	種類	淡水/汽水	湖面標高(m)
A	カルデラ湖	淡水	249
B	海跡湖(かいせき)	汽水	0
C	断層湖	淡水	759
D	断層湖	淡水	85

(国立天文台『理科年表』より作成)

⑵　次の［資料］は、(イ)・群馬県・広島県について、工業製品出荷(しゅっか)額の内訳(2019年)を示したものです。［資料］①～③と都道府県の組み合わせとして正しいものを、あとのA～Fの中からひとつ選んでアルファベットで答えなさい。

［資料］

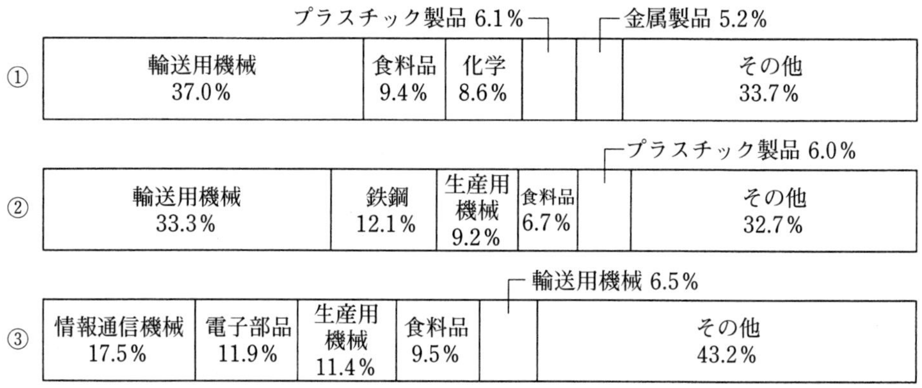

(矢野恒太記念会『データでみる県勢』より作成)

A　①－(イ)　②－群馬県　③－広島県

B　①－(イ)　②－広島県　③－群馬県

C　①－群馬県　②－(イ)　③－広島県

D　①－群馬県　③－広島県　③－(イ)

E　①－広島県　②－(イ)　③－群馬県

F　①－広島県　②－群馬県　③－(イ)

⑶　次の［資料］は、(イ)・兵庫県・千葉県について、スキー場・ゴルフ場・温泉施設(しせつ)の施設(しせつ)数(2019年)を示したものです。［資料］①～③と都道府県の組み合わせとして正しいものを、あとのA～Fの中からひとつ選んでアルファベットで答えなさい。

［資料］

	スキー場	ゴルフ場	温泉施設(しせつ)
①	—	161	91
②	67	70	205
③	12	152	81

(矢野恒太記念会『データでみる県勢』より作成)

A　①－(イ)　②－兵庫県　③－千葉県

B　①－(イ)　②－千葉県　③－兵庫県

C　①－兵庫県　②－(イ)　③－千葉県

D　①－兵庫県　②－千葉県　③－(イ)

E　①－千葉県　②－(イ)　③－兵庫県

F　①－千葉県　②－兵庫県　③－(イ)

問４　［地図２］中で示された糸魚川市では、2016年12月22日に大規模な火災が発生しました。これについて、次の(1)・(2)にそれぞれ答えなさい。

(1)　次の［資料１］は、この火災によって焼損した範囲を示したものです。また［資料２］は、この日の気象データを示したものです。［資料２］中の空欄 (あ) にあてはまる方角を、あとのA～Dの中からひとつ選んでアルファベットで答えなさい。

［資料１］

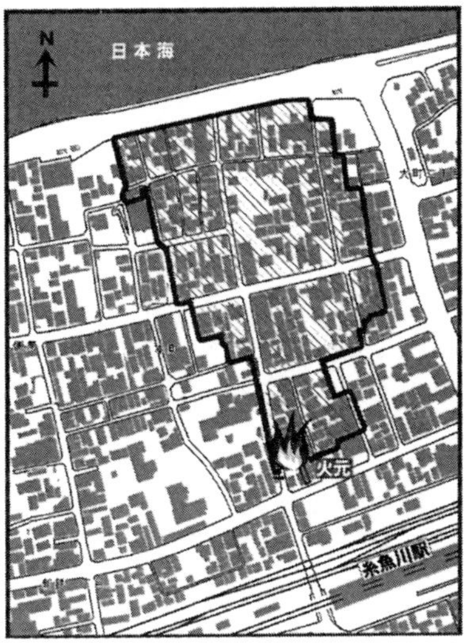

【(日経ビジネス電子版2017年1月10日掲載より作成)
https://business.nikkei.com/atcl/opinion/15/219211/010600004/】

(注)［資料１］の太線で囲んだ部分が、2016年12月22日に糸魚川市で発生した火災で焼損したエリアである。

［資料２］

時	降水量 (mm)	気温 (℃)	風速・風向	
			平均風速 (m/s)	風向
1	0.0	8.2	1.2	西北西
2	0.0	10.7	0.9	西南西
3	0.0	15.2	6.8	(あ)
4	0.0	15.1	8.7	(あ)
5	0.0	15.0	5.7	(あ)
6	0.0	15.6	9.9	(あ)
7	0.0	15.7	12.0	(あ)
8	0.0	15.7	11.2	(あ)
9	0.0	16.8	13.4	(あ)
10	0.0	17.6	13.8	(あ)
11	0.0	18.9	12.6	(あ)
12	0.0	19.4	13.3	(あ)
13	0.0	20.0	12.0	(あ)
14	0.0	19.7	10.7	(あ)
15	0.0	18.8	8.8	(あ)
16	0.0	19.9	9.7	(あ)
17	0.0	19.7	11.1	(あ)
18	0.0	19.4	12.2	(あ)
19	0.0	20.5	12.7	(あ)
20	0.0	18.0	8.2	(あ)
21	2.5	15.3	2.2	南南西
22	3.0	15.2	1.2	(あ)
23	0.0	14.3	0.7	東北東
24	0.5	13.5	6.3	西

(気象庁データより作成)

A　北　　B　東　　C　南　　D　西

(2)　次の［資料３］は、糸魚川市のホームページに掲載された、火災が大規模になった要因をまとめたものです。また［資料４］は、糸魚川市における2016年12月19日から25日にかけての気象データを示したものです。糸魚川市において火災が発生した際に、日本海上に低気圧が存在する場合、同市においては火災が大規模になりやすいと言われています。火災が大規模になりやすい、自然環境的な要因について、文章で説明しなさい。

［資料３］ジオ(地質学)的要因と大火の関係

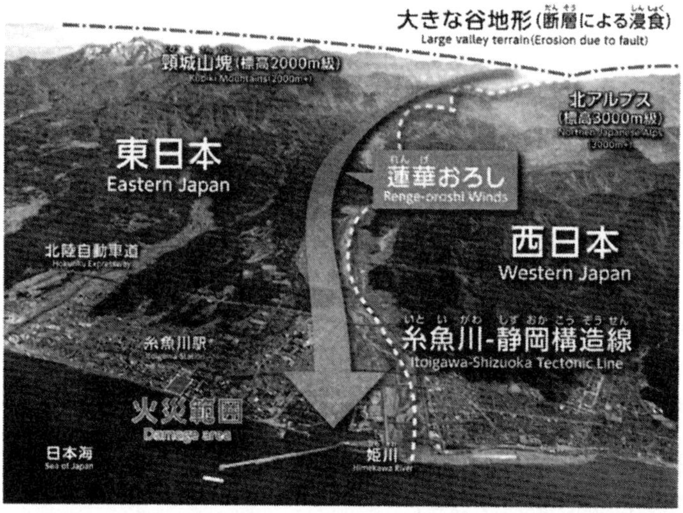

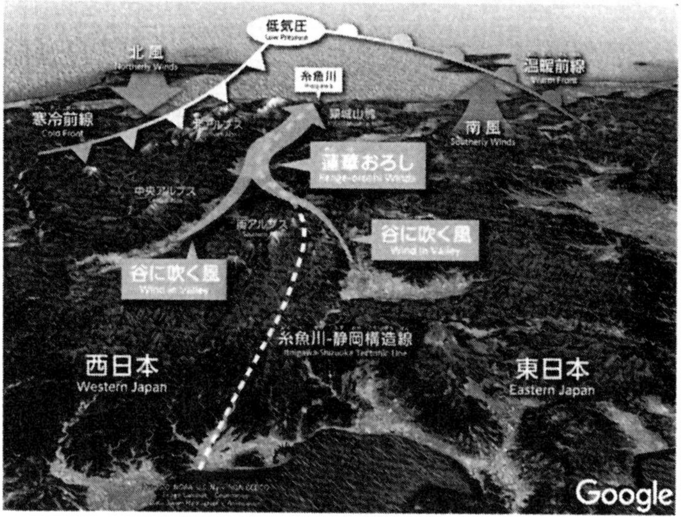

(注) 姫川沿いを通って糸魚川市に吹く風は、当地では「蓮華おろし」とよばれている。

(糸魚川市ホームページより)

［資料４］

日	降水量			気温				風速・風向			
								最大		最大瞬間	
	合計(mm)	最大1時間(mm)	最大10分間(mm)	平均(℃)	最高(℃)	最低(℃)	平均風速(m/s)	風速(m/s)	風向	風速(m/s)	風向
19	0.0	0.0	0.0	9.7	15.3	4.4	1.5	5.2	(あ)	8.2	(あ)
20	0.5	0.5	0.5	9.2	11.6	6.6	1.5	4.8	(あ)	8.8	(あ)
21	0.0	0.0	0.0	10.5	15.3	5.6	1.8	5.6	(あ)	8.4	(あ)
22	6.0	4.5	1.0	16.6	20.5	5.6	8.5	14.2	(あ)	24.2	(あ)
23	14.5	5.0	1.5	9.4	13.6	5.8	5.5	8.2	西南西	16.0	西
24	3.0	1.5	1.0	4.6	7.3	2.3	3.7	7.6	北西	13.5	西北西
25	0.0	0.0	0.0	5.3	8.9	1.8	2.7	5.6	北西	9.1	西北西

(気象庁データより作成)

(注) ［資料４］中の(あ)と、［資料２］中の(あ)は、同じ方角をしめしている。

2　次の文章を読んで、あとの問いに答えなさい。

日本一の高さで知られる富士山は、2013年に「富士山－信仰の対象と芸術の源泉」として世界文化遺産に登録され、2023年には世界遺産登録10周年を迎えました。

現在の富士山の姿がほぼできあがったのは、(ア)縄文時代から弥生時代にかけてのころと考えられています。溶岩などの火山噴出物が何重にも重なって、現在の姿になりました。記録に残っている、噴火と考えられる火山活動は十数回にのぼり、特に８世紀末から９世紀初めに起きた噴火と、９世紀半ばころの噴火は、それぞれ(イ)延暦の噴火、貞観の噴火とよばれ、大きな被害を出したそうです。その後も複数の噴火があったとされますが、特に1707年の噴火は(ウ)宝永の噴火とよばれ、甚大な被害が生じたとされます。

「信仰の対象」としての富士山について、遠くから拝む「遙拝」と、山に登る「登拝」という、ふたつの信仰の形があります。

諸説ありますが、富士山の噴火を鎮めるため、山麓に浅間大神を祀ったのが富士山本宮浅間大社の始まりと言われています。平安時代末期のころからは、修行を目的として山に登る「登拝」の記録が残っており、登山者の増加とともに登山道が形成されていったようです。(エ)室町時代後半になると庶民も富士山に「登拝」するようになり、富士登山が次第に大衆化されていきました。また、庶民だけでなく、(オ)武田信玄・徳川家康・豊臣秀吉らも信仰の対象としたようです。

「芸術の源泉」としての富士山は、さまざまな創作活動の題材とされてきました。古くは、編纂者のひとりとして大伴家持が有力視されている『　(カ)　』に、富士山を詠んだ作品がみられます。また、『常陸国風土記』にも筑波山と富士山についての逸話が収録されています。諸説ありますが、絵画において、富士山を描いた現存最古の作品と考えられているのが、1069年に成立した「聖徳太子絵伝」です。いわゆる聖徳太子が、霊峰である富士山を飛び越えたという伝説を題材に描かれたと考えられています。太子信仰の広まりにともない、その後、「聖徳太子絵伝」がいくつか制作されますが、それらの作品のなかで描かれている富士山には、私たちの想い描く富士山の形ではないものが散見されます。おそらく実際に富士山を見た経験のない人物が想像にて描いたものと考えられます。その後の(キ)鎌倉幕府の成立にともない、京都・鎌倉間の往来が以前より活発になったことにより富士山を実際に目にする人が増えたと推測され、現代人の想い描く「富士山」の形にて描かれることが定着していったと思われます。江戸時代における「富士山」を描いた代表作として、葛飾北斎による(ク)「富嶽三十六景」が挙げられます。これらの浮世絵版画が海外の画家に影響を与えるとともに、「富士山」は日本の象徴として広く知られるようになりました。

また、(ケ)戦後から現代にいたるまで、いくつかの紙幣には富士山が描かれてきました。2024年に発行予定の千円の新紙幣にも、「富嶽三十六景」の「神奈川沖浪裏」が使用されます。新たに発行される千円札から、富士山の歴史に思いを馳せる、良い機会になるかもしれません。

問１　下線部(ア)における人々の生活について述べた文として正しいものを、次のＡ～Ｄの中からひとつ選んでアルファベットで答えなさい。

Ａ　ナウマンゾウなどの大型動物を、打製石器を用いて捕えていた。

Ｂ　動物の骨や角を加工してつくった骨角器を用いて、漁がおこなわれた。

Ｃ　女性をかたどった埴輪を用いて、祈りを捧げていた。

Ｄ　主に青銅器製の農具を用いて、稲作がおこなわれた。

問２　下線部(イ)に関連して、このころの信仰について述べた文として正しいものを、次のＡ～Ｄ

の中からひとつ選んでアルファベットで答えなさい。

A　最澄によって、天台宗が開かれた。

B　鎮護国家の思想にもとづいて、湯島聖堂が建立された。

C　平清盛は、石山本願寺を崇敬した。

D　藤原道長によって、平等院が創建された。

問３　下線部(ウ)に関連して、次の［資料１］は、この噴火が起こった時の将軍による政策をまとめたものです。この将軍の「次代の将軍を補佐した人物」は、［資料１］の政策を一部改め、さらに［資料２］でまとめられた政策を進めた人物でもあります。前述の「次代の将軍を補佐した人物」を、漢字４字で答えなさい。

［資料１］

・宝永の噴火の復興のために、大名に対して復興金を納めるように命じた。
・財政難に対応するために、金の含有率を減らした貨幣を発行した。
・いわゆる「生類憐みの令」を出した。

［資料２］

・貨幣の質を元に戻した。
・「生類憐みの令」を廃止した。
・長崎での貿易を制限した。

問４　下線部(エ)に関連して、庶民たちが富士山に「登拝」するためには、各地に設置された関所を通る必要がありました。次の［資料］は、中世における「関所」や、織田信長による「関所」に関する政策についてまとめたものです。これを参考にして、織田信長が「関所」に関する政策を実施した主な理由を、［資料］中の「関銭」が何を示しているかを明らかにして、文章で説明しなさい。

［資料］

・ある史料によると、淀川河口から京都までの川筋には300か所以上の「関所」があった、と記録されている。
・その他の史料にも、各地に設置された「関所」についての記録が残っている。
・「関所」を通過する際、庶民や商人は「関銭」を支払った。
・商人たちは、自身が売る商品の価格に、「関銭」の支払い分を上乗せして販売することがあった。
・織田信長は、自身の領国における「関所」を撤廃し、「関銭」の徴収を禁止した。

問５　下線部(オ)について述べた文として誤っているものを、次のＡ～Ｄの中からひとつ選んでアルファベットで答えなさい。

A　「信玄」は、出家後の法名である。

B　徳川家康は、織田信長と同盟を結ぶとともに、徳川領に侵攻してきた武田信玄と戦った。

C　織田・徳川の連合軍により、武田信玄は長篠の戦いにおいて敗れた。

D　豊臣秀吉の命令により、徳川家康は、東海地方の領地から、北条氏滅亡後の関東地方へ領地を移された。

問６　空欄［　(カ)　］にあてはまる歌集を、次のＡ～Ｄの中からひとつ選んでアルファベットで答えなさい。

Ａ　万葉集　　Ｂ　古今和歌集　　Ｃ　新古今和歌集　　Ｄ　古事記伝

問７　下線部(キ)に関連して述べた文として誤っているものを、次のＡ～Ｄの中からひとつ選んでアルファベットで答えなさい。

Ａ　源頼朝は、守護・地頭を任命する権利を獲得した。

Ｂ　源頼朝は、奥州藤原氏を滅ぼした。

Ｃ　源氏の将軍が三代で途絶えたのち、幕府滅亡まで将軍不在のまま幕府が運営された。

Ｄ　鎌倉幕府滅亡後に新たに幕府を開いた足利氏は、清和源氏の一族である。

問８　下線部(ク)に関連して、次の［資料１］は、「富嶽三十六景」の一部であり、［資料２］中のＡ～Ｄで示された五街道のいずれかとその周辺の風景を題材にして描かれたものです。［資料１］の題材となった街道として最も ふさわしいものを、［資料２］中のＡ～Ｄの中からひとつ選んでアルファベットで答えなさい。

［資料１］

［資料２］

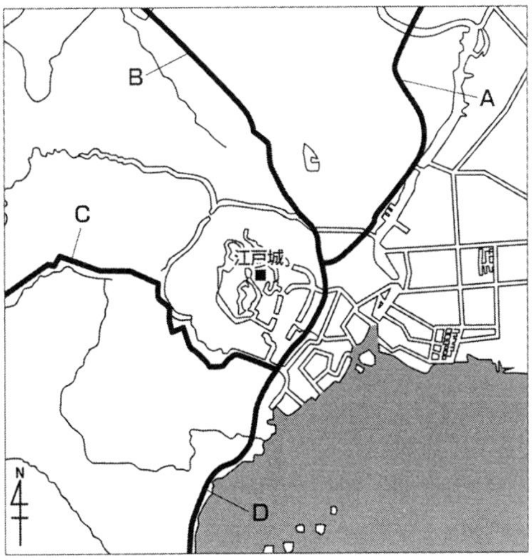

問9　下線部(ケ)に関連して、次の［資料］は、富士山が描(えが)かれた、戦後に発行された紙幣(しへい)X～Zについてまとめたものです。この［資料］について述べた文①～③の内容の正誤の組み合わせとして正しいものを、あとのA～Hの中からひとつ選んでアルファベットで答えなさい。

［資料］

	発行年	発行停止年	種類	表(おもて)の肖像画
X	1951年	1971年	五百円札	岩倉具視
Y	1984年	2007年	五千円札	新渡戸稲造
Z	2004年	—	千円札	野口英世

①　Xが発行されている期間に、自由民主党が結成された。

②　Yが発行されている期間に、第一次石油危機が起こった。

③　Zが発行されている期間に、阪神・淡路大震災が起こった。

A　①－正　②－正　③－正　　B　①－正　②－正　③－誤
C　①－正　②－誤　③－正　　D　①－正　②－誤　③－誤
E　①－誤　②－正　③－正　　F　①－誤　②－正　③－誤
G　①－誤　②－誤　③－正　　H　①－誤　②－誤　③－誤

3　次の文章は、2023年1月25日の毎日小学生新聞に掲載(けいさい)された、「世界の人口80億人　地球はどうなる？」という記事です。これを読んで、あとの問いに答えなさい。なお、小見出しは省略し、一部ふりがなを省略した部分があります。

世界各地で日々、たくさんの人が生まれ、亡くなっています。正確な人口を知るのは簡単でなく、(ア)国連の専門部署が各国のデータをもとに推計しています。最新の推計によると、世界の人口は2022年11月15日に80億人に達したとみられます。1950年の25億人から87年に2倍の50億人となり、98年には60億人に。その後も12年ごとに10億人ずつ増えました。

人口が最も多いのは(イ)中国です。中国政府は17日、2022年末の人口は14億1175万人だったと発表しました。国連の推計より人口減少が進み、2位の［　(ウ)　］が中国を抜(ぬ)いた可能性があります。(エ)日本政府も22年12月に1億2484万人と発表しました。人口が急増するエチオピアに抜(ぬ)かれて12位になっている可能性があります。(中略)

近年増加が著しいのは(オ)開発途上国です。所得が低い国々では、乳幼児の死亡率が高い一方、子どもが労働力を担(にな)う大事な存在です。このため、子どもをたくさん産む人が多く、衛生状態や食糧(しょくりょう)事情が改善すると、人口が急激に増える「人口爆発(ばくはつ)」につながります。

人口が増えると、食料や水、交通機関や機械を動かす(カ)エネルギー、家や仕事がより多く必要になります。若い世代が多く、経済成長をもたらす力になる可能性があります。しかし、人口増加に見合う食料や水、家や仕事のない国が多く、貧困や格差が広がると社会が不安定になります。

また、エネルギーを安い石炭や石油などの化石燃料に頼(たよ)ると温室効果ガスが増えるほか、資源や土地の開発による環境破壊(はかい)も心配です。国連は、(キ)保健医療(いりょう)や教育の普及(ふきゅう)、仕事の確保などの支援(しえん)が必要だとし、貧しい国々ほど温暖化の影響(えいきょう)が大きいと訴(うった)えます。

日本の人口は、2008年から減少に転じています。国の役所・総務省のデータによると、特に働き手として社会を担(にな)う中心の「生産年齢(ねんれい)人口」(15～64歳(さい))は1995年をピークに減っています。(ク)高齢者の割合が増え、「少子高齢化」や「出生率の低下」が大問題になっています。次の世代を担う子どもが減り、生産年齢人口が減り続ければ、労働力不足や消費者の減少で日本経済が縮小することも心配です。

明治維新後、近代化とともに日本の人口は爆発的に増えました。1872年の3480万人から、1923年に5812万人、2008年は１億2808万人と、今の発展途上国に似た増え方です。しかし出生数（１年間に生まれた子どもの数）は、第２次ベビーブーム（1971～74年）の200万人超から、2021年には81万人に減り、22年には77万人前後になる見通しです。(ケ)1980年代以降、女性の社会進出が進んで「早く結婚すべきだ」といった以前の考え方が変わったことは、ライフスタイルが多様化し、男女ともに結婚や妊娠を望まない人が増えたことが背景にあります。

国立社会保障・人口問題研究所は、2115年の日本の人口を約5055万人と推計しています。約200年間に人口が２倍以上に増えてから元に戻る増減ぶりで、社会は大きな影響を受けます。

特に(コ)地方は都市部より影響が大きく、過疎化が進んで町が維持できなくなるところも増えるでしょう。病院や福祉施設を使う高齢者が増えると自治体の出費が増え、一方で働く世代が減れば税収が落ちます。医師や看護師、介護士などの人材不足も心配です。

産業への影響も大きく、単純な仕事はロボットや(サ)ＡＩ（人工知能）に任せるなど「業務の効率化」が進んでいます。さらに外国人労働者を増やし、高齢者にもっと働いてもらう対策も検討されていますが、人口減少を食い止める方法はまだありません。韓国や中国でも同じ問題に直面し、特に中国は1979年から2016年まで続いた、１夫婦で子どもは１人に限る「一人っ子政策」の影響で急激に少子高齢化が進んでいます。

（中略）

人口問題の原因や影響は、国によってさまざまです。日本のような少子高齢化が進む国々では、社会保障や年金などの公的サービス制度を見直し、高齢者も若い世代も安心して暮らせる対策をする必要があります。逆に、急激に人口が増える国々では、貧困や飢餓、仕事の確保や環境破壊への対策を急ぐ必要があります。

人口問題は、地球を守るため人類が達成すべき17の「持続可能な開発目標（SDGs）」のほとんどと深い関係があります。世界が深くつながっている今、人口問題を真剣に考えて行動することは、未来へのチャンスにつながります。

問１　下線部(ア)に関連して、国際連合憲章は、1945年に50か国の代表が出席した会議において採択されました。この会議が開かれた都市を、次のＡ～Ｄの中からひとつ選んでアルファベットで答えなさい。

Ａ　ニューヨーク　　Ｂ　ロンドン　　Ｃ　サンフランシスコ　　Ｄ　ジュネーブ

問２　下線部(イ)について、2013年に中華人民共和国の国家主席に就任した人物を、姓名ともに漢字３字で答えなさい。

問３　空欄［　(ウ)　］にあてはまる国を答えなさい。

問４　下線部(エ)に関連して述べた文として正しいものを、次のＡ～Ｄの中からひとつ選んでアルファベットで答えなさい。

Ａ　内閣総理大臣は、国務大臣を任命して内閣を組織する。

Ｂ　内閣総理大臣が主催する閣議は、原則公開で開かれる。

Ｃ　内閣は、最高裁判所長官を任命し、その他の裁判官を指名する。

Ｄ　内閣は、憲法改正の発議をすることができる。

問5　下線部(オ)の中には、工業化が進んだ国や産油国など豊かになった国がある一方で、経済発展が進まず貧困から抜け出せない国があります。このような発展途上国間の経済格差とそこから生じる問題を、「～問題」の形にあわせて漢字2字で答えなさい。

問6　下線部(カ)に関連して、次の［資料］①～④は、中華人民共和国・日本・フランス・ロシアの一次エネルギー供給構成(2017年)を示したものです。中華人民共和国とフランスを示した組み合わせとして正しいものを、あとのA～Lの中からひとつ選んでアルファベットで答えなさい。

［資料］

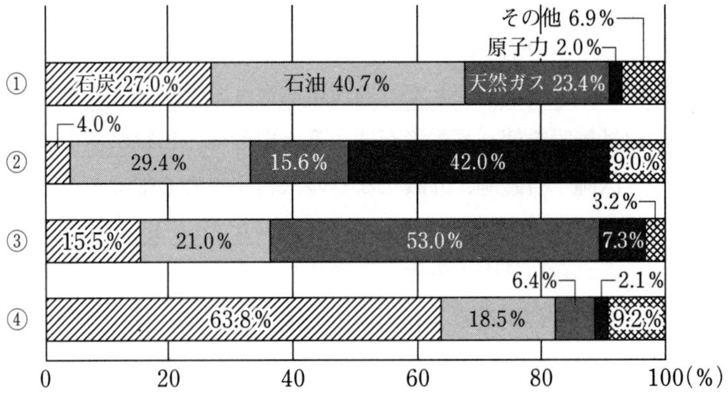

(矢野恒太記念会『世界国勢図会』より作成)

A	中華人民共和国－①	フランス－②	B	中華人民共和国－①	フランス－③
C	中華人民共和国－①	フランス－④	D	中華人民共和国－②	フランス－①
E	中華人民共和国－②	フランス－③	F	中華人民共和国－②	フランス－④
G	中華人民共和国－③	フランス－①	H	中華人民共和国－③	フランス－②
I	中華人民共和国－③	フランス－④	J	中華人民共和国－④	フランス－①
K	中華人民共和国－④	フランス－②	L	中華人民共和国－④	フランス－③

問7　下線部(キ)に関連して、すべての人々の健康を増進し保護するために他の国々と協力することを目的として設立された、国際連合の専門機関の略称を、アルファベットで答えなさい。

問8　下線部(ク)に関連して、老齢年金の給付は日本でおこなわれている社会保障制度のひとつです。日本の社会保障制度を分類した場合、老齢年金の給付をおこなうことは、どの分類にあたりますか。最も ふさわしいものを、次のA～Dの中からひとつ選んでアルファベットで答えなさい。

A　公衆衛生　　B　公的扶助　　C　社会福祉　　D　社会保険

問9　下線部(ケ)に関連して、仕事以外の生活も充実させ、誰もが仕事、家庭生活、地域生活など、自分の希望通りに生きることができる多様な社会を目指す上で重要と考えられている「仕事と生活の調和」は、「［ X ］・［ Y ］・［ Z ］」と一般的に言われています。空欄［ X ］～［ Z ］にあてはまる語句を、それぞれカタカナで答えなさい。

問10　下線部(コ)に関連して、過疎化が進んでいる「ある地方都市」があるとします。この「ある地方都市」において町おこしの動きが高まりました。次の［資料］中の空欄（くうらん）［　X　］～［　Z　］にあてはまる語句・数字の組み合わせとして正しいものを、あとのＡ～Ｈの中からひとつ選んでアルファベットで答えなさい。

［資料］

> 「ある地方都市」は有権者数が150,000人の地方都市である。市の人口を増やすため、「ある地方都市」独自の決まりとして、魅力（みりょく）的な町づくりに関する［　X　］を制定して欲しいと求める人々が直接請求をおこなうことになった。［　X　］の制定を求める直接請求の場合、「ある地方都市」で必要となる有権者［　Y　］人以上の署名を集めて、［　Z　］に請求することが必要となる。

Ａ　Ｘ－法律　Ｙ－3,000　Ｚ－選挙管理委員会
Ｂ　Ｘ－法律　Ｙ－3,000　Ｚ－首長
Ｃ　Ｘ－法律　Ｙ－5,000　Ｚ－選挙管理委員会
Ｄ　Ｘ－法律　Ｙ－5,000　Ｚ－首長
Ｅ　Ｘ－条例　Ｙ－3,000　Ｚ－選挙管理委員会
Ｆ　Ｘ－条例　Ｙ－3,000　Ｚ－首長
Ｇ　Ｘ－条例　Ｙ－5,000　Ｚ－選挙管理委員会
Ｈ　Ｘ－条例　Ｙ－5,000　Ｚ－首長

問11　下線部(サ)に関連して述べた次の［資料］中の空欄（くうらん）［　X　］にあてはまる内容としてふさわしい文章を答えなさい。

［資料］

> ＡＩの高度な発展は、私たち人間の生活を便利にする一方で、様々な危険性も指摘（してき）されています。そのひとつに“フィルターバブル”問題があります。これはＡＩがネット利用者個人の検索履歴（りれき）やクリック履歴（りれき）を分析（ぶんせき）し学習することで、個々の利用者にとって望むと望まざるとにかかわらず、見たい情報が優先的に表示され、利用者の観点に合わない情報からは遠ざけられることで、自身の考え方や価値観の「バブル(泡)」の中に孤立（こりつ）するという情報環境を指します。インターネットなどを利用する利用者にとって、少ないエネルギーで自分の好みの情報が手に入るという利点がある一方で、［　X　］可能性があるという危険性もあります。

捜真女学校中学部(A)

—30分—

1　次の文は6年生の桃子さんと家族の会話です。文を読み、問いに答えなさい。

桃子さん　昨年の大河ドラマはすごくおもしろかったな。徳川家康のことは江戸幕府を開いた人としては知っていたけれど、子どものころは駿河(静岡県)の今川義元のもとで、人質として生活していたんだね。

お父さん　織田信長が今川義元を破ってようやく三河(①愛知県)に帰れたけれど、その後も苦労は続いたね。とくに甲斐(②山梨県)の武田氏は強かったから、[X]の戦いでようやく勝てた時は喜びも大きかったと思うよ。

お母さん　[X]の戦いは織田信長と徳川家康がたくさんの鉄砲を使って、武田軍の騎馬隊に勝ったのよね。

桃子さん　織田信長はその後、近江(滋賀県)に③安土城を築いて全国統一を進めていったけれど、家臣の(1)にそむかれて④京都の本能寺で命を落とすでしょ。

お父さん　この時、徳川家康は本能寺からもほど近い⑤堺にいたから、命からがら三河に逃げ帰ったんだよ。

お母さん　結局、織田信長の死後、全国を統一したのは豊臣秀吉だったわね。徳川家康はくやしい気持ちもあったのではないかしら。

桃子さん　がまん強い家康だから、じっと耐(た)えてチャンスを待ったのね。実際、豊臣秀吉は、国内を統一した後、二度にわたって朝鮮に大軍を送って勝てないまま亡くなった。そして、いよいよ美濃(⑥岐阜県)の[Y]の戦いで家康が勝利し、江戸幕府を開くのね。

お父さん　幕府を開いた家康は、朝鮮との交流を再開させたね。日本の商人が⑦東南アジア各地へ出かけて貿易をすることも積極的に認めたよ。田中勝介という商人は、家康の命令で(2)洋を東へと横断して今のメキシコに行ったのだけれど、彼は最初にアメリカ大陸に渡った日本人とされているね。

お母さん　でも、3代将軍の時代になると貿易は長崎の港で、(3)と⑧中国のみと行うことになったわね。

桃子さん　鎖国とよばれる状態になったのね。でも、⑨どうして江戸幕府は鎖国をすることにしたのかしら。みんなが多くの国と自由に交流ができた方が、いろいろな物や情報を取り入れられて便利だと思うわ。

お母さん　もともとは江戸幕府だけでなく、さまざまな人が貿易に参加していたのよね。とくに西日本には貿易で利益を得ていた大名もたくさんいたのよ。

お父さん　島原・天草一揆が起こったことも鎖国を決断させた大きな原因ではないかな。3万人以上の人々が立ち上がって、幕府もしずめるのにずいぶん苦労したようだよ。同じ宗教を信じている人々の強い団結力を感じて恐れたのだろうね。

桃子さん　なるほどね。でも鎖国のもとでも、他の国や地域との交流が続けられた例もあるのよね。例えば⑩北海道では、松前藩とアイヌの人々の交易が行われていたし、朝鮮とは対馬藩を通じて貿易をしていたと授業で聞いたわ。

お母さん　朝鮮から派遣された朝鮮通信使の一行は、江戸へ向かう道中で日本人と交流したそうよ。江戸時代は朝鮮と友好的な関係を築いていたのに、⑪明治時代になると変わってしまったのね。

桃子さん　日本は⑫1910年に韓国を併合したと授業で教わったわ。

お父さん　日本が戦争に負けるまでの約［　Z　］年間、朝鮮は植民地として支配されることになったんだね。

桃子さん　私はK－POPが大好きだけれど、韓国と日本の歴史もきちんと知っておくことが大切ね。

問1　（ 1 ）～（ 3 ）にあてはまる語句を答えなさい。

問2　［　X　］・［　Y　］にあてはまる地名の組み合わせとして正しいものをア～エから1つ選び、記号で答えなさい。

ア　［　X　］長篠　　［　Y　］桶狭間

イ　［　X　］長篠　　［　Y　］関ケ原

ウ　［　X　］関ケ原　［　Y　］長篠

エ　［　X　］関ケ原　［　Y　］桶狭間

問3　下線①について。

⑴　愛知県の県庁所在地を答えなさい。

⑵　愛知県から三重県にかけて広がる、日本で最も生産額の多い工業地帯を答えなさい。

問4　下線②について、山梨県で生産がさかんな果実の組み合わせとして正しいものをア～エから1つ選び、記号で答えなさい。

ア　ぶどう・もも　　イ　みかん・もも　　ウ　みかん・ぶどう　　エ　もも・りんご

問5　下線③について、次の地図は安土城があった場所とその周辺の現在の地図です。地図から読み取れることとしてまちがっているものをア～エから1つ選び、記号で答えなさい。

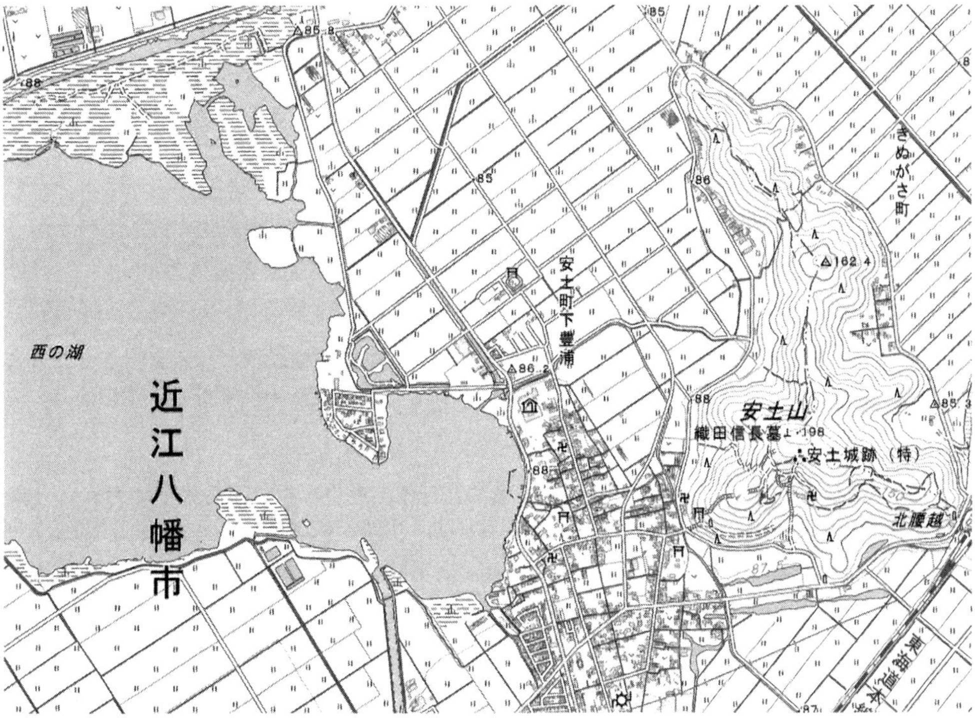

（国土地理院「地理院タイル（標高タイル）」を加工して作成）

ア　安土城は小高い山の上に造られた。

イ　織田信長は安土城の西の方角に湖を見ることができたと考えられる。

ウ　安土城跡のすぐ近くには寺院がある。

エ　安土城跡の周囲には果樹園が広がっている。

問6　下線④について、この地に794年につくられた都を答えなさい。

問7　下線⑤について、ここにある日本最大の前方後円墳を答えなさい。

問8　下線⑥について、岐阜県・愛知県・三重県にまたがる大きな平野を答えなさい。

問9　下線⑦について、東南アジアの国でないものをア～エから１つ選び、記号で答えなさい。

ア　フィリピン　　イ　マレーシア　　ウ　ベトナム　　エ　サウジアラビア

問10　下線⑧について、日本は中国と古くから交流し、中国に使いを送ってすぐれた文化をとり入れたり、時期によっては戦いをしたこともありました。

(1)　７世紀に遣隋使として送られた人物を答えなさい。

(2)　鎌倉時代の日本と元の間で起きた戦いについて説明しなさい。

問11　下線⑨について、この桃子さんの問いにあなたはどう答えますか。本文を参考に説明しなさい。

問12　下線⑩について。

(1)　北海道の東側を流れる栄養分の豊かな冷たい海流を答えなさい。

(2)　北海道が日本一の生産量をほこるものとしてまちがっているものをア～エから１つ選び、記号で答えなさい。

ア　じゃがいも　　イ　レタス　　ウ　牛乳　　エ　たまねぎ

問13　下線⑪について、この時代のできごとア～エを古い順にならべかえ、記号で答えなさい。

ア　新橋と横浜の間に日本最初の鉄道が開通した。

イ　西洋の国々と結んだ不平等な条約を完全に改めた。

ウ　ロシアとの戦争が始まった。

エ　大日本帝国憲法が発布された。

問14　下線⑫よりも前のできごとをア～エから１つ選び、記号で答えなさい。

ア　米騒動が全国に広がった。　　イ　関東大震災が起こった。

ウ　自由民権運動がさかんになった。　　エ　日本が国際連盟に加盟した。

問15　［　Z　］にあてはまる数字をア～エから１つ選び、記号で答えなさい。

ア　20　　イ　25　　ウ　30　　エ　35

［2］　次の文は、登校・出勤前に朝のニュースを聞いて交わされた、小学校６年生のまことさんとお父さんとの会話です。これを読み、問いに答えなさい。

６月22日、本日の朝のニュースです。

2023年１月23日に召集された第211通常国会は、昨日、６月21日に［　1　］日間の会期を終えて閉会しました。この国会では、予算の決定とともに、多くの重要な法案が成立しました。

予算では、世界情勢の大きな変化に合わせて防衛費を増額する予算案が政府から提出され、反対する野党をおさえて賛成多数で可決されました。また、①政府が提出した60の法案のうち、58の法案が可決・成立しました。今回の国会の会期の終盤（しゅうばん）には、政府の提出した法案に反対する野党から内閣不信任案が提出されましたが、否決されました。

また、今国会の会期中、５月19日から３日間にわたって［　2　］で②Ｇ７サミットが開かれたことも大きなできごとでした。この国際会議には、現在ロシアと戦争中の［　X　］のゼレンスキー大統領が支援を求めて来日したことも話題になりました。

また、今回の通常国会では、③憲法改正についての議論も憲法審査会を中心に進められましたが、憲法改正の発議には至りませんでした。

通常国会は閉会しましたが、国内外ともに様々な難しい問題が山積みになっています。場合によっては、［　3　］の解散総選挙などもあるかも知れません。国民一人一人が、主権者としてしっかりと政治の動きを見て、関心をもって考えていくことが必要になるでしょう。

まことさん　色々となんか難しいことを言ってたね。今年の国会が終わりました、ってニュースだよね。お父さんの仕事にも関係あるんでしょ。お父さんって国家公務員なんだよね。

お父さん　今年の通常国会が昨日終わったから、そのまとめみたいな内容のニュースだったね。お父さんの仕事にもすごく関係があるよ。お父さんが務めている役所は［　4　］省ってところだけど、国会で決まった予算や法律にしたがって、みんなの健康や、働く人や障がいを持っている人たちの支援など大事な仕事をしているわけだからね。まことは、最近学校でも政治のこととかを勉強し始めたんでしょ。何か今のニュースで気になったことはあった？

まことさん　国会って一年中やっているのかと思ってたら、ちがってた。

お父さん　毎年必ず開かれる通常国会は１月に始まって、６月に終わるんだけど、それ以外の時期にも臨時で国会が開かれることもあるよ。さっき、［　3　］の解散があるかも、ってニュースで言ってたけど、もしも今年［　3　］議員選挙が行われたら、新しい［　Y　］を選ぶための国会が開かれることになるよ。

まことさん　へー、そうなんだ。学校での政治の勉強は始まったばかりだから、いろいろと知らないことがあるなあ。お父さんにもいろいろ教えてもらいたいな。

お父さん　まことがそうやってお父さんの仕事にも関心を持ってくれるのはうれしいな。政治って、実はみんなにとって身近な問題だってことにも気づいてほしいしね。④お父さんの仕事の内容も、国会でどんな予算が組まれるかによって大きく変わっていくんだ。今年の予算も正式に決まったからこれからまたいそがしくなるなあ。さて、もう家を出ないと遅刻(ちこく)しちゃうよ。お父さんもそろそろ出かけないと。

まことさん　それじゃまた、夜ご飯のあとにでも国会のことやお父さんの仕事のこと教えてね。お仕事がんばって。わたしも勉強がんばる。じゃ、行ってきまーす。

問１　［　1　］～［　4　］にあてはまる語句・数字を、ア～スから選び、記号で答えなさい。

ア　100　　イ　150　　ウ　200　　エ　250　　オ　参議院
カ　衆議院　　キ　東京　　ク　伊勢・志摩　　ケ　広島　　コ　文部科学
サ　厚生労働　　シ　防衛　　ス　財務

問２　［　X　］にあてはまる国名を答えなさい。

問３　［　Y　］にあてはまる語句を漢字で答えなさい。

問４　下線①について、2023年の国会で新しく制定された法律をア～エから１つ選び、記号で答えなさい。

ア　障害者差別解消法　　イ　道路交通法　　ウ　公職選挙法　　エ　ＬＧＢＴ理解増進法

問5　下線②について、G７とは、経済力の大きな世界の７つの国のことをさしています。その７カ国の首脳によって行われる会議がサミットです。この７カ国にふくまれていない国をア～オから１つ選び、記号で答えなさい。

ア　アメリカ　　イ　フランス　　ウ　インド　　エ　ドイツ　　オ　カナダ

問6　下線③について、憲法改正の手続きは一般の法律の制定とは大きくちがい、最終的に改正の賛否を問う［　　　　］が行われることになっています。［　　　　］にあてはまる語句を漢字４字で答えなさい。

問7　下線④について。

⑴　お父さんがたずさわっている仕事は、国の「三権」のうちおもにどの権限の仕事を行っていると考えられますか。「～権」の形に合うように漢字２字で答えなさい。

⑵　国会で決められる予算は、社会や政治のあり方に大きな影響をあたえます。次のグラフは、2023年度の予算とお父さんが小学６年生だった年（1988年度）の予算を比較したものです。これを見ると、お父さんが小学生だった時と今とでは、日本の予算総額が大きく異なるだけでなく、歳入（１年間の政府の収入）や歳出（１年間の政府の支出）のあり方にも大きな変化があったことがわかります。その変化についてグラフからわかることを説明しなさい。

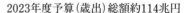

1988年度予算（歳入）総額約57兆円

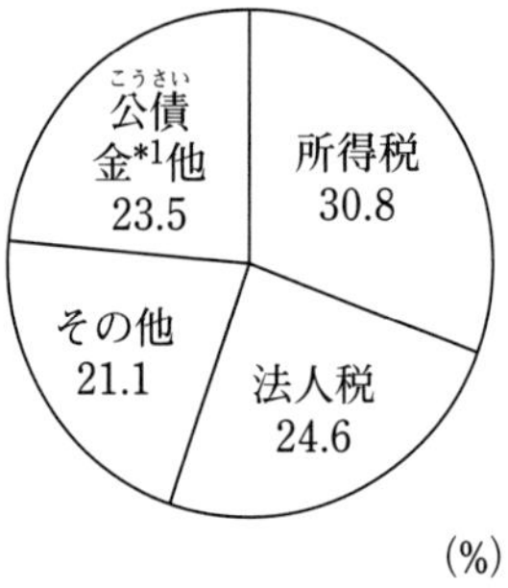

1988年度予算（歳出）総額約57兆円

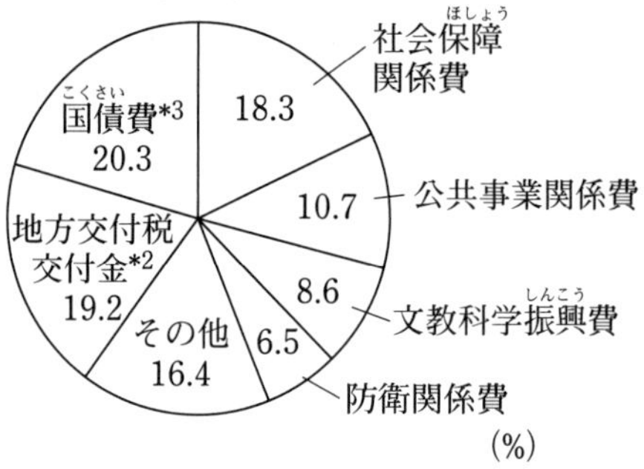

2023年度予算（歳入）総額約114兆円

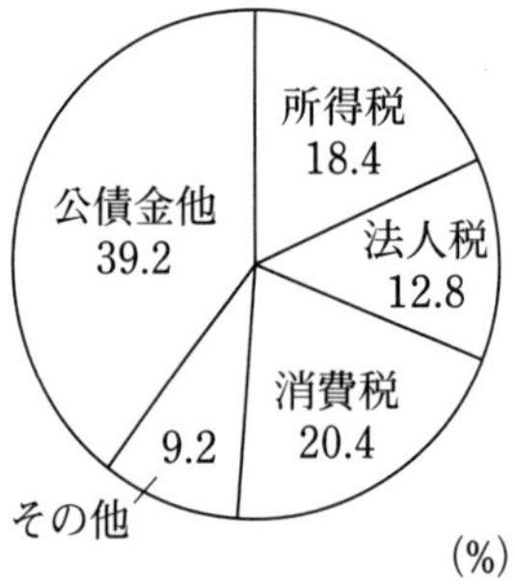

2023年度予算（歳出）総額約114兆円

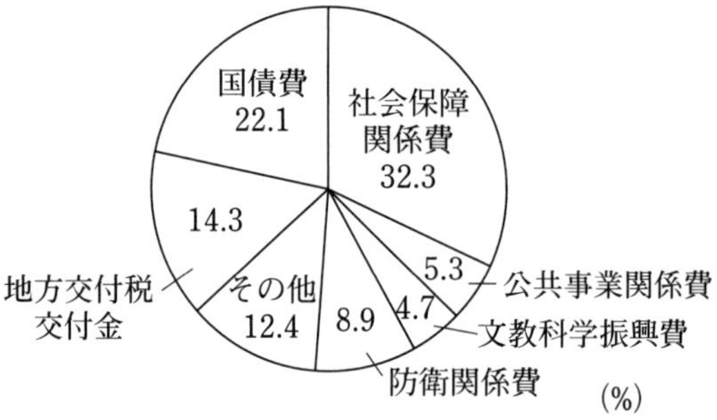

注）
＊１公債金：国債の発行によって国民から借りるお金
＊２地方交付税交付金：収入が少ない地方公共団体に国が支給するお金
＊３国債費：国が国民に借りているお金（公債金）の返済金・利子の支払金など

（大蔵省・財務省資料から作成）

田園調布学園中等部（第１回）

—40分—

〔注意〕　漢字で書くべきところは漢字で書いてください。

◆　＜はじめに＞

2023年４月24日から26日にかけて、田園調布学園の中等部１年生は、体験学習で長野県の八ヶ岳（やつがたけ）高原を訪ねました。八ヶ岳のある長野県はどのようなところか、見ていきましょう。

長野県の環境

長野県は日本列島のほぼ中央にあります。総面積１万3562平方キロメートルのうち、山地が約８割を占めているため、県内の多くの人が盆地に暮らしています。次の地図を見ると、長野県は(あ)８つの県に囲まれており、海からは離れていることが分かります。南北に長く、(い)全国で４番目に広い長野県は、地域によって(う)気候が大きく異なります。長野県北部は冬に吹いてくる(1)□□□の影響で雪がとても多く積もりますが、中部や南部の平地は(1)□□□が山脈を越えて吹くため、空気が乾燥し、晴れの日が続きやすくなっています。

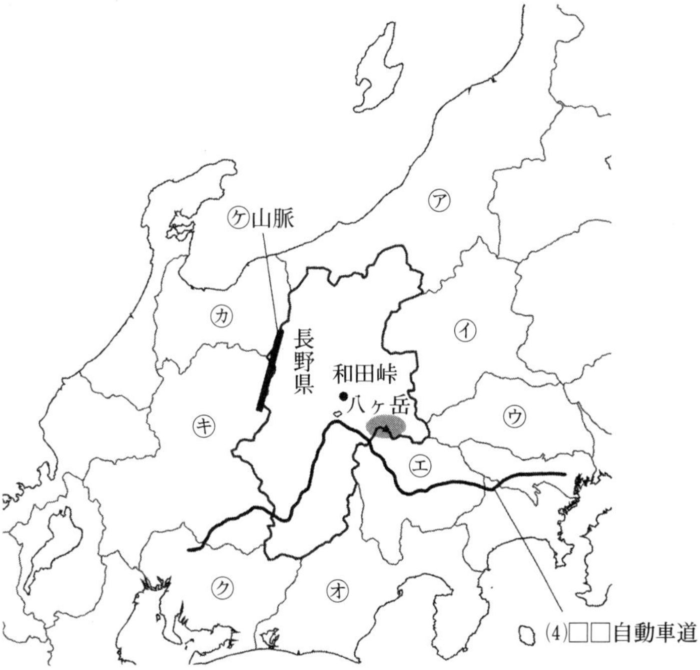

長野県とその周辺の地図

諏訪（すわ）地方と八ヶ岳

八ヶ岳は、2200メートルから2900メートルの標高の火山が、長野県東部と前の地図中の㋓の県にまたがって、南北20キロメートル以上にわたり連なっています。八ヶ岳の周囲にはたくさんの縄文時代の遺跡（いせき）が見られます。当時の人たちが暮らした(2)□□□□の跡（あと）や、縄文人たちが使っていた多くの(え)道具などが発見されました。茅野（ちの）市にある棚畑（たなばたけ）遺跡からは、妊娠（にんしん）した女性をかたどった土偶が出土しました。ほぼ完全な美しい状態で見つかったこの土偶は、「縄文のビーナス」と呼ばれています。当時のことが分かる貴重な資料だったことから、(お)国宝に指定されました。

なぜ、縄文人たちはこの地域に長く暮らしたのでしょうか。その理由として、八ヶ岳は天然の湧水が多く、また、食料となる植物がたくさんあったこと、そして、質のよい(3)□□□が手に入りやすかったことが挙げられます。中等部１年生が宿泊した場所から(4)□□自動車道を40分ほど走ったところにある和田峠は、(3)□□□の産地です。(3)□□□のかたまりは、鋭く割れる性質があるため、ナイフや矢じりに加工しやすく、狩りで重要な役割を果たしました。

長野県諏訪地方の地図

縄文のビーナス
(茅野市所蔵)

「シナノ」の国

長野県の旧国名は信濃国といいます。長野県を流れる信濃川にも用いられているこの「シナ」という語の由来については、はっきりとは分かっていませんが、長野県には「級坂(「級」は階段の意味)が多いため」とする説や、「科の木がたくさん生えているため」であるという説があります。

694年から(5)□□□年まで都であった藤原京から、「科野国」と書かれた木簡が出土していることから、少なくとも７世紀には「科野国」と呼ばれていたと考えられています。701年に(6)□□律令が出され、すべての国の印がいっせいに作られるようになると、「科野」は「信濃」と表記が改められました。

古代の信濃国

律令制度が成立したころ、信濃国には約10の郡がありました。朝廷から全国に(7)□□という役人が送られ、彼らは農民たちからさまざまな税をとりたてました。それぞれの税や、風習について見ていきましょう。

「租」は、口分田からの収穫の約３パーセントを地方に納める税です。21歳から60歳の成年男子を中心に、その他の税も課されました。そのうち「調」は、絹や麻布などの織物を中心とした品や特産物を納める税で、「庸」は都で働くか、その代わりに布などを納める税でした。信濃国から納められた布のうち、高級なものは「㋕信濃布」と呼ばれました。㋖平安時代になると、「信濃布」は宮廷社会での贈り物として用いられるようになりました。

その他にも、成年男子は(8)□□として３年交代で㋗九州北部へ送られ、兵役につきました。九州へ出発する集合場所であった難波津(現在の大阪府にあった港のこと)までの食べものと武器は、自分で準備しなければなりませんでした。これは農民たちにとって大きな負担でした。次の歌は、信濃国から送られた(8)□□がその苦しみを詠んだものです。

㋘可良己呂武　須宗尓等里都伎　奈苦古良乎　意伎弖曾伎怒也意母奈之尓志弖
(唐衣　裾にとりつき　泣く子らを　おきてぞ来ぬや　母なしにして)
現代語訳
衣服の裾にすがりついて泣く子どもたちを残してきてしまったよ。あの子たちにはすでに母がいないというのに。

朝廷から各国を任された⑺□□たちは、その土地固有の神々を祀る「社」を管理することも仕事のひとつでした。古代からある神社のなかには、神の代わりとなる「御神体」を納める「本殿」がないものもあります。信濃国で最も古い諏訪大社もそのひとつです。４つある建物(宮)はそれぞれ、イチイの木・スギの木を御神木とし、社のある守屋山を御神体として祀っています。神社の周りにある森を「杜」と書きますが、杜は神の住まいと考えられていました。

諏訪大社には他の地方には見られない珍しい神事(神を祀る行事)が多くあります。そのうち最大のものが、「御柱祭」です。７年に一度、４つの建物の四方の角に、樹齢200年ほどの巨大なモミの木を合計16本曳き建てる儀式です。

この行事の由来について、詳しいことは分かっていませんが、少なくとも平安時代初期からおこなわれていると考えられています。同じ頃、征夷大将軍の⑼□□□□□□が、蝦夷を討つために東北地方へ向かう途中、諏訪大社に祈りを捧げたといわれます。㋙鎌倉時代になると、諏訪大社の神は戦いに勝利をもたらす「軍神」であるという信仰が広まり、信濃国の人々から篤く支持されました。戦国時代には、諏訪地域を支配した戦国大名の⑽□□□□が、戦乱でしばらくおこなわれていなかった神事を復活させることで、信濃国の人々の信頼を得ようとしました。

信濃国と養蚕業

平野が少なく山の多い信濃国では、すでに奈良時代には養蚕がおこなわれていたと天皇家の言い伝えを記した『⑾□□□』などに記されています。養蚕で用いる桑は、川の周りや山の斜面などで栽培されました。

長野県の養蚕業は、㋚明治時代に大きく発展しました。養蚕業がどれほど重要であったのかについては、長野県の歌「信濃の国」の歌詞からも読み取ることができます。

桑採りて　蚕飼いの業の打ちひらけ　細きよすがも軽からぬ　国の命を繫ぐなり
現代語訳
桑の葉を摘み取って育てる養蚕の技術が広がった。一軒一軒の桑農家は小さいながらも重要な仕事をしており、国の命運を支えている。

長野県は、明治初期から1940年まで、生糸の生産が全国第１位でした。1872年、当時の諏訪郡大深山製糸場が、長野県で最初に、器械(注１)による糸の生産を始めました。19世紀後半、器械㋛製糸場は全国に650以上ありましたが、その半数以上が長野県に集中していました。工場のほとんどは100人以下の小さなもので、生産された生糸の多くは、海外へ輸出されました。しかし、度重なる不況のため、1903年までにその４分の３近くが工場をたたみました。不景気に立ち向かうため、小規模な製糸業者は力を合わせて大きな会社を作り、繭の価格が大きく上がらないように働きかけました。また、長野県でも鉄道交通が整えられると、原料となる繭や製品としての生糸、工場を動かすための石炭、製糸工場で働く人々の輸送・移動が便利になりました。1919年には、700以上の工場で約10万人の従業員が働いていました。

ところが、1930年からたいへんな不景気が日本を襲い、繭と生糸の価格が大暴落しました。生活が立ち行かなくなった人のなかには、養蚕業をやめて㋜果樹栽培を始めたり、中国東北部の⑿□□国へ渡ったりした人もいました。

長野県と戦争

日本軍は、1932年に中国東北部を占領し、⑿□□国を建国させました。これ以降、1945年に㋝アジア太平洋戦争で敗戦するまで、日本全国から農家など約27万人が⑿□□国へ移り住みました。養蚕業が大きな損害を受けた長野県からは、1938年に南佐久郡大日向村(現在の佐久穂町)の村民約760人が全国最初の集団農業移民として⑿□□国へ渡りました。大日向村は開拓のモデルとして小説や映画となり、全国に宣伝されました。長野県は国からの要請を受けて、敗戦までの間に全国で最も多い約３万８千人を送り出す県となりました。

1945年８月８日にソ連が⒀□□□□条約を破って日本に宣戦布告し、⑿□□にも攻め込むと、現地では多数の死者が出ました。また、日本に引き揚げる途中で仕方なく親が子どもを手放したり、親を失った子どもたちが中国人に助けられたりしました。このような子どもたちを「中国残留日本人孤児」と呼びます。

＜おわりに＞

養蚕業・製糸業で長い間培われてきた技術は、現在の電気・精密機器などの産業にも生かされています。また、長野県は有名な観光地が多く、㋞自治体もたくさんの人が訪ねられるよう、観光に力を注いでいます。

自分たちの訪れる場所について知ることで、長野県での体験学習がより楽しみになったのではないでしょうか。

注１：人間の力で動かせる、簡素で小さめな装置や道具。

おもな参考文献

『長野県の歴史』　古川貞雄　井原今朝男　青木歳幸　小平千文　福島正樹　山川出版社

『令和版やさしい長野県の教科書　地理』　市川正夫編　しなのき書房

長野県ホームページ

https://www.pref.nagano.lg.jp

諏訪市ホームページ

https://www.city.suwa.lg.jp

問１　文章中の空欄⑴～⒀に入る語句・数字を答えなさい。□内に１字とする。漢字で書くべき語句は、漢字で書くこと。

問２　下線部㋐について、冒頭の地図を見ながら、次の⑴～⑷の問いに答えなさい。

⑴　㋐～㋗の県に当てはまらないものを、次のなかから１つ選び、記号で答えなさい。

ア　群馬県　　イ　静岡県　　ウ　石川県　　エ　埼玉県

⑵　八ヶ岳がまたがっている㋓の県を、漢字で答えなさい。

⑶　長野県と冒頭の地図中の㋕・㋖の県にまたがって連なる㋘山脈を、答えなさい。

⑷　2023年度、冒頭の地図中の㋗の県は、国からの□□□□□交付金をもらっていない市町村の数が全国１位でした。空欄に当てはまる語句を、漢字で答えなさい。□内に１字とする。

問３　下線部㋑について、全国で２番目に広い都道府県を、次のなかから１つ選び、記号で答えなさい。

ア　秋田県　　イ　岩手県　　ウ　大阪府　　エ　北海道

問４　下線部㋒について、次のグラフは諏訪(長野県)・金沢(石川県)・呉(広島県)・那覇(沖縄県)の雨温図です。諏訪(長野県)の雨温図を、次のなかから選び、記号で答えなさい。

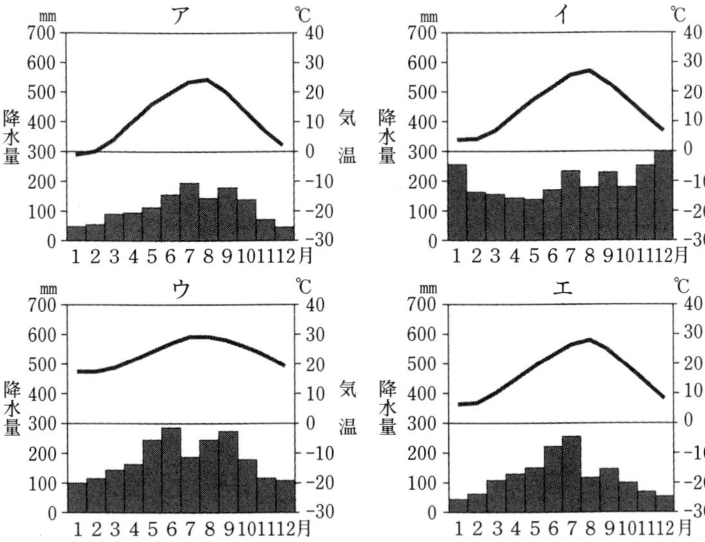

(埼玉大学　教育学部　谷謙治研究室　雨温図作成サイトにて作成)

問５　下線部㋓について、次の⑴⑵の問いに答えなさい。

⑴　縄文時代には、土器はどのように用いられましたか。２つ挙げて、説明しなさい。

⑵　弥生時代には、大陸から鉄器と青銅器がほぼ同時に伝わり、その特徴から使い分けられました。それぞれの使われ方を述べなさい。

問６　下線部㋔について、次の⑴～⑶の問いに答えなさい。

⑴　文化財保護法では、ある省の大臣が下線部㋔を指定すると定められています。

①　この省を、漢字で答えなさい。

②　2023年、①の省に置かれている文化庁が、東京から□□に移りました。空欄に当てはまる地名を、漢字で答えなさい。□内に１字とする。

⑵　文化庁は、世界遺産の候補を、国際連合の専門機関に推薦しています。この専門機関を、カタカナで答えなさい。

⑶　下線部㋔や、世界遺産に登録されている文化財について、次の文章の空欄に当てはまる語句や数字を答えなさい。□内に１字とする。

> １　大浦天主堂は、長崎県にあるキリスト教の教会です。キリスト教は、㋐□□□□会の宣教師によって日本に伝えられました。1587年に㋑□□□□はキリスト教の宣教師の追放を命じると、その後、信者を処刑しました。この時に亡くなったキリスト教徒たちを弔うために、1864年にこの教会が建てられました。
>
> ２　栃木県の㋒□□東照宮は、江戸幕府の初代将軍を祀っています。３代将軍㋓□□□□によって建てられました。
>
> ３　広島県にある原爆ドームは、㋔□□□□年□月□日に広島に落とされた原子爆弾が爆発した近くに、当時のままの状態で残っている建物です。

問７　下線部㋕は奈良時代に建てられた、日本やアジア各地の品々が納められている宝物庫にあります。この宝物庫を漢字で答えなさい。

問８　下線部㋖の時代の出来事として正しいものを、次のなかから１つ選び、記号で答えなさい。

ア　奥州藤原氏が、平泉を中心に東北地方を治めた。

イ　朝鮮半島で、初めての統一王朝である新羅が成立した。

ウ　後鳥羽上皇が兵を挙げたが敗れ、隠岐（おき）に流された。

エ　薬師寺・唐招提寺などの寺院が次々と建てられた。

問９　下線部㋗には、ある戦争の賠償金をもとに、1897年に官営八幡製鉄所が設立されました。この戦争を漢字で答えなさい。

問10　下線部㋘の文字で書かれた歌が収められている歌集を、漢字で答えなさい。

問11　下線部㋙について、次の(1)〜(3)の問いに答えなさい。

(1)　鎌倉幕府では執権の□□氏を中心に政治がおこなわれました。空欄に当てはまる語句を、漢字で答えなさい。□内に１字とする。

(2)　下線部㋙について書かれた文章として間違っているものを、次のなかから１つ選び、記号で答えなさい。

ア　武士の力が朝廷の力を次第に上回っていった。

イ　武士は、自分の領地に住み、普段は農業をおこなった。

ウ　政所（まんどころ）が政治をおこない、問注所（もんちゅうじょ）が裁判をおこなった。

エ　守護が荘園の管理をまかされ、勢力を伸ばした。

(3)　下線部㋙の将軍と御家人の関係について、「御恩」と「奉公」の内容を明らかにして説明しなさい。

問12　下線部㋚について、次の(1)(2)の問いに答えなさい。

(1)　下線部㋚の出来事として正しいものを、次のなかから１つ選び、記号で答えなさい。

ア　板垣退助は、藩閥政治を批判し、立憲改進党を組織した。

イ　伊藤博文は、日本の近代化を進めるため、ヨーロッパを視察した。

ウ　大隈重信は、自由党をつくり、立憲君主制の国家をめざした。

エ　西郷隆盛は、征韓論を主張し、戊辰戦争を起こした。

(2)　1889年には、大日本帝国憲法が発布されました。

①　大日本帝国憲法が手本とした国として正しいものを、次のなかから１つ選び、記号で答えなさい。

ア　ドイツ　　イ　イタリア　　ウ　イギリス　　エ　アメリカ

②　大日本帝国憲法と日本国憲法は、それぞれ天皇の地位についてどのように定めているか、説明しなさい。

③　大日本帝国憲法では、国民は「臣民」とされ、納税と□□の義務が定められていました。空欄に当てはまる語句を答えなさい。□内に１字とする。

問13　下線部㋛について、次の(1)(2)の問いに答えなさい。

(1)　次の３つの資料は、明治時代の製糸工場の労働者に関するものです。これらの資料から読み取れる、労働の状況や特徴を２つ挙げて説明しなさい。

資料1

> 此(こ)ノ地方(諏訪)ニ於(お)ケル生糸工場ノ労働時間ノ長キコトハ全国ニ冠(かん)タル毎日平均十五時間ヲ下(くだ)ラサルヘシ……(中略)労働時間ヲ延長シテ生産額ヲ増加センコトヲノミ之(こ)レ務(つと)メ一日ノ労働ハ十八時間ニ達スル……
>
> (農商務省『職工事情』第1巻より)

資料2

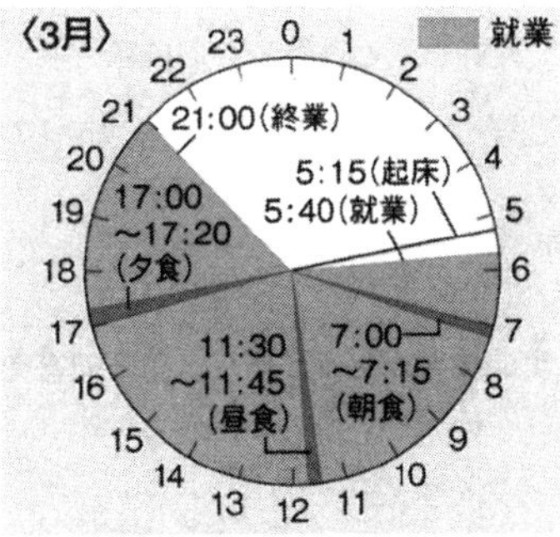

(『長野県立歴史館展示案内』による)

資料3

	工場労働者の総数	女性労働者の数
製糸業	約12万7000人	約11万9000人
紡績業	約8万人	約6万2000人
織物業	約5万4000人	約4万7000人

(石井寛治『日本の産業革命』による)

(2)　第2次世界大戦後の1947年に、労働者の働き方について定めた法律が制定されました。この法律を、漢字で答えなさい。

問14　下線部㋜について、次のグラフは2022年度のある果物の都道府県別生産量の割合を示したものです。この果物は何か、次のなかから1つ選び、記号で答えなさい。

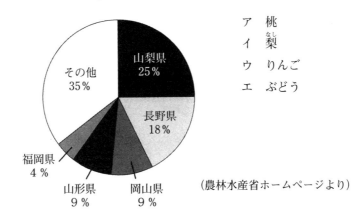

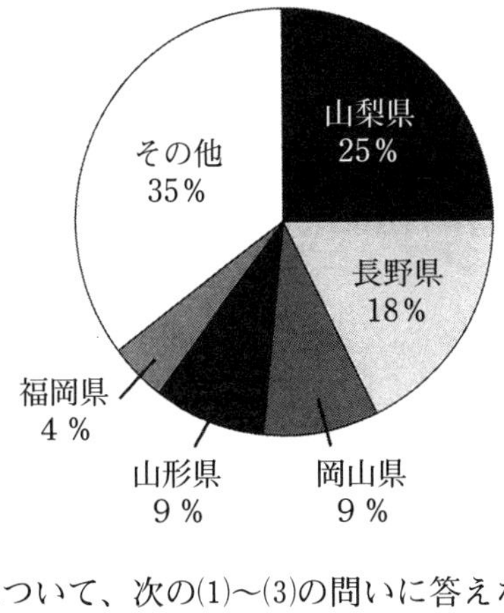

(農林水産省ホームページより)

ア　桃
イ　梨(なし)
ウ　りんご
エ　ぶどう

問15　下線部㋝について、次の(1)~(3)の問いに答えなさい。

(1)　日本軍は、開戦したころは戦いを優勢にすすめていましたが、ある海戦に負けてから苦しくなっていきました。この海戦がおこなわれた場所を、答えなさい。

(2)　下線部㋝の末期に、ある島をうばわれてから、日本本土への空襲が本格的に始まりました。この島を、答えなさい。

(3)　下線部㋝が終わった後、世界は冷戦の時代に入りました。冷戦の影響で2つに分かれた国を、朝鮮半島の国以外で1つ答えなさい。

問16　下線部㋜について、次の⑴⑵の問いに答えなさい。

⑴　次の日本国憲法の条文の空欄に当てはまる語句を答えなさい。□内に１字とする。

> 第93条
> ①地方公共団体には、法律の定めるところにより、その議事機関として議会を設置する。
> ②地方公共団体の長、その議会の議員及び法律の定めるその他の吏員(りいん)(公務員)は、その地方公共団体の㋐□□が、直接これを選挙する。
> 第94条
> 地方公共団体は、その財産を管理し、事務を処理し、及び行政を執行する権能を有し、法律の範囲内で㋑□□を制定することができる。
> 第95条
> 一の地方公共団体のみに適用される㋒□□□は、法律の定めるところにより、その地方公共団体の㋐□□の投票においてその過半数の同意を得なければ、㋓□□は、これを制定することができない。

⑵　議会が首長に対して□□□決議案を可決したとき、首長は議会を解散することができます。空欄に当てはまる語句を漢字で答えなさい。□内に１字とする。

東京女学館中学校(第１回)

―30分―

〔注意〕「漢字で答えなさい」という設問については、解答を漢字で書いてください。

(編集部注：実際の入試問題では、写真や図版の一部はカラー印刷で出題されました。)

1　北海道についての生徒Ａさん・Ｂさんと先生の会話文を読んで、問いに答えなさい。

Ａさん：私はマンガやアニメが大好きで、最近ではアイヌの少女が主人公の『ゴールデンカムイ』がとても面白かったです。『ゴールデンカムイ』は日露戦争が終わった後という時代設定ですが、今から100年くらい前まではまだ伝統的な暮らしをしているアイヌがいたのですね。

先　生：アイヌの人たちは長い間、縄文時代のような狩りや漁、採集を中心とする生活を営んできました。①北海道には縄文時代の遺跡(いせき)がたくさんありますが、弥生時代や古墳時代の遺跡はありません。710年に奈良時代が始まるころまでに日本列島の大部分は統一されて、中国にならった［　あ　］とよばれる法律にもとづく政治が行われましたが、北海道にはそうした政治もおよびませんでした。

Ｂさん：そのころの北海道は、まだ日本ではなかったということですか？

先　生：そうですね。その後、本州の人たちや、北海道よりさらに北の地域から渡ってきた人たちの文化も吸収して、鎌倉時代のころにアイヌ文化の基礎ができあがったと考えられています。

Ａさん：鎌倉時代といえば、モンゴル人が中国を支配してつくった［　い　］という国が、九州の北部にせめてきたと歴史の授業で習いました。

先　生：実はそれと同じころ、［　い　］の軍は北海道の北の［　う　］にもせめてきてアイヌと戦っていたことが、中国の歴史書に記されています。その後、東北地方の武士たちが北海道の南部に進出して次々と拠点(きょてん)をつくり、松前氏が支配を確立していきました。松前氏は、江戸幕府をひらいた［　え　］からアイヌと独占的に交易する権利を認められて、「蝦夷地(えぞち)」とよばれた北海道の南部に松前藩ができました。

Ａさん：②江戸時代の蝦夷地は日本にふくまれていたのですか？

先　生：いいえ、鎖国をしていた江戸幕府にとって、蝦夷地は日本の外、アイヌは日本人と異なる民族でした。松前藩は、アイヌとの交易をとおして、蝦夷地の海産物、中国の絹織物、ロシアの毛皮などを手に入れており、③日本の外とつながる窓口の一つとなっていました。

Ａさん：鎖国といっても、完全に国外から閉ざされていたわけではないのですね。

先　生：1854年、④日米和親条約が結ばれると、函館などが外国に開かれて、鎖国は終わりました。江戸幕府は蝦夷地の一部しか支配できていませんでしたが、⑤明治の新政府はロシアに対抗(たいこう)するために、蝦夷地を「北海道」と改め、日本の領土として開拓(かいたく)を進めました。

Ｂさん：これで北海道はようやく日本になったのですね。

先　生：でも、古くからそこで暮らしていたアイヌの人たちからすれば、とつぜん日本の国民とされて、日本風の名前をつけられ、日本語の教育を受けさせられるなど、日本の文化を強制されることになったのです。

Ｂさん：のちに日本が台湾や朝鮮を［　お　］として支配したときと同じですね。

先　生：そのとおりです。アイヌの人たちは、土地や漁場をうばわれて生活が苦しくなり、アイヌの人たちへの差別も強まりました。

Ａさん：『ゴールデンカムイ』には⑥日露戦争に参加したアイヌの人たちが登場しますが、実際にはどうだったのですか？

先　生：北海道が徴兵令の対象となるとアイヌの人たちも徴兵されて、日露戦争ではリュイシュン(旅順)の戦いなどにアイヌ出身の兵士が参戦しました。日本がロシアに勝利して［う］の南半分を手に入れると、［う］から北海道に移住していたアイヌの人たちの中には故郷にもどる人もいたそうです。また、太平洋戦争のときには、⑦アメリカ軍とはげしい地上戦がおこなわれた沖縄に、北海道からたくさんの兵士が送りこまれて１万人以上がなくなっており、その中には43人のアイヌの人たちがふくまれています。

Ｂさん：日本国民としての義務を果たしていたのなら、アイヌに対する差別は解消されたのかしら。

先　生：戦後に制定された日本国憲法では、三つの原則の一つとして⑧基本的人権の尊重が定められました。ですが、アイヌに対しては明治時代につくられた法律がそのまま残されて、不当な差別が続きました。1997年にようやくアイヌの文化を守る法律が制定され、2007年に国際連合で世界中の［か］民族の権利を守ることを目ざす宣言が採択されたことを受けて、翌2008年、国会で「アイヌ民族を［か］民族とすることを求める決議」が可決されました。2020年にアイヌ文化を学び伝える国の施設としてウポポイがオープンしたので、たくさんの人に訪れてほしいですね。

Ａさん：『ゴールデンカムイ』には「食べる」シーンがたくさん出てきます。北海道の食材やアイヌの料理がとてもおいしそうで、ぜひ食べてみたくなります。

先　生：北海道は自然が豊かで、おいしい食べ物がたくさんあることも、観光客をひきつける魅力(みりょく)ですね。⑨食料自給率が低い日本にとって、北海道は「日本の食料基地」とよばれるほど重要な食料の生産地です。

Ｂさん：⑩私は北海道でスキーをしたことがありますが、外国人が多くておどろきました。⑪地球温暖化の影響で世界中のスキー場で雪が少なくなっていると聞くけれど、北海道は大丈夫でしょうか。

先　生：自然と共生してきたアイヌの人たちの生き方に、私たちは学ぶ必要があるのかもしれませんね。

問１　空らん［あ］～［か］に当てはまる語句を答えなさい。［う］以外はそれぞれ**漢字**で答えなさい。

問２　下線部①について、北海道の遺跡で見つかったものを、次の(ア)～(エ)から１つ選び、記号で答えなさい。

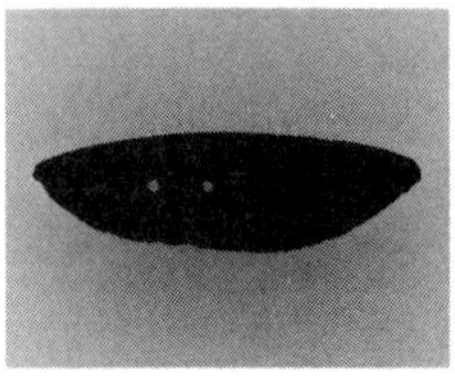

(ア)

(イ)

(ウ)

(エ)

問３　下線部②について、次のＡ～Ｄの出来事を古いほうから順番に正しく並べかえたものを、あとの(ア)～(カ)から選び、記号で答えなさい。

Ａ　近松門左衛門が人形浄瑠璃(じょうるり)や歌舞伎(かぶき)の脚本(きゃくほん)を書いて人気を呼んだ。

Ｂ　九州の島原・天草で天草四郎(益田時貞)を中心とする一揆が起こった。

Ｃ　幕府がキリスト教を禁止した。

Ｄ　本居宣長が『古事記』などの古典を研究して国学を発展させた。

(ア)　Ｂ→Ａ→Ｃ→Ｄ　　(イ)　Ｂ→Ｃ→Ａ→Ｄ　　(ウ)　Ｂ→Ｃ→Ｄ→Ａ

(エ)　Ｃ→Ａ→Ｂ→Ｄ　　(オ)　Ｃ→Ｂ→Ａ→Ｄ　　(カ)　Ｃ→Ｂ→Ｄ→Ａ

問４　下線部③について、江戸時代の中ごろから後半にかけて、長崎を窓口として入ってくるヨーロッパの科学的な知識や技術を学ぶことが盛んになりましたが、そうした学問を何とよびますか。**漢字２字**で答えなさい。

問５　下線部④について、この条約によって日本が開港した場所は、函館ともう一つはどこでしたか。図表１－１の地図のア～オから１つ選び、記号で答えなさい。

図表１－１

問６　下線部⑤について、北海道の開拓と北方の警備にあたらせるために、政府が北海道に移住させた武士や農民を何とよびますか。**漢字**または**ひらがな**で答えなさい。

問７　下線部⑥について、次の(ア)～(オ)から正しい文章を**すべて**選び、記号で答えなさい。

(ア)　戦争が始まる前に、日本はイギリスと同盟を結んだ。

(イ)　戦争中、与謝野晶子は戦地の弟を思って「君死にたまふことなかれ」という詩をよんだ。

(ウ)　戦争中、米の値段が上がって米騒動(こめそうどう)が起こった。

(エ)　戦争を終わらせるにあたって、ロシアのポーツマスで講和条約が結ばれた。

(オ)　ロシアから受け取った賠償金(ばいしょうきん)を使って八幡(やはた)製鉄所がつくられた。

問８　下線部⑦について、図表１－２の写真に写っているのは、沖縄戦でなくなったすべての人の名前を記した「〇〇の礎(いしじ)」という記念碑で、北海道出身者１万人以上の名前も記されています。「〇〇の礎(いしじ)」の〇〇に当てはまる語を**漢字２字**で答えなさい。

図表１－２
(沖縄県公式ウェブサイトより)

問９　下線部⑧について、憲法の三大原則のうち、「基本的人権の尊重」に当てはまることとして最もふさわしいものを、次の(ア)〜(エ)から１つ選び、記号で答えなさい。

(ア)　戦争でたくさんの国民がぎせいとなった反省に立って、戦争をしないと定めた。

(イ)　ハンセン病にかかった人を強制的に療養所(りょうようじょ)に入れることを定めた法律が、国会で廃止(はいし)された。

(ウ)　最高裁判所の裁判官としてふさわしくない人は、国民の投票によってやめさせることができる。

(エ)　選挙のときに病気で入院中の人は、病院で投票することが認められている。

問10　下線部⑨について、

(1)　北海道は「畑の肉」「畑のたんぱく質」とよばれる農産物の生産がさかんで、日本国内では最大の生産量をほこります。その農産物の加工品として正しいものを、次の(ア)〜(エ)から１つ選び、記号で答えなさい。

(ア)　コロッケ　　(イ)　とうふ　　(ウ)　パン　　(エ)　チーズ

(2)　北海道におけるホタテ貝の生産量は全国の約80％をしめており、北海道の水産業のなかでもホタテ貝の生産額は最大の割合をしめています。ですが、2023年８月ころからホタテ貝の価格が大きく下落して、北海道の水産業は大きな痛手を受けました。なぜホタテ貝の価格が下落したのか、図表１－３を参考にして説明しなさい。

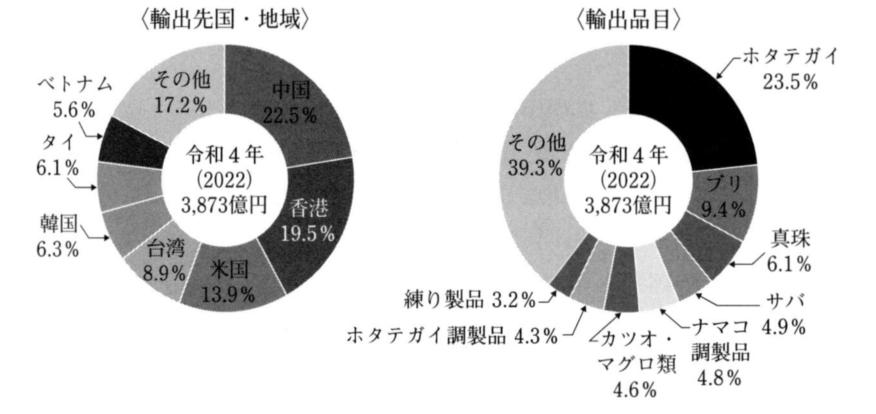

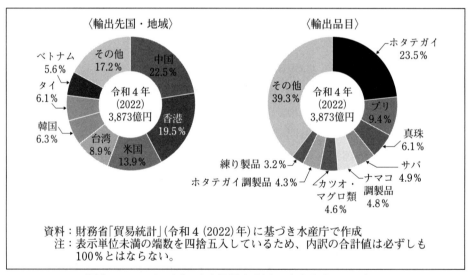

資料：財務省「貿易統計」(令和４(2022)年)に基づき水産庁で作成
注：表示単位未満の端数を四捨五入しているため、内訳の合計値は必ずしも100％とはならない。

図表１－３　わが国の水産物輸出先国・地域及び品目の内訳
(水産庁『令和４年度 水産白書』)

(3)　近年、食料自給率が低いことは、「フードマイレージ」という考えによって、地球環境に悪い影響を与えていると言われています。なぜ環境に悪いのか、説明しなさい。

問11　下線部⑩について、冬の北海道を訪れる外国人観光客の中には、雪がめずらしいアジア諸国の人たちのほかに、スキーやスノーボードが盛んな国の人たちも多くいます。彼らが北海道にやってくるのは、自分の国で雪が降らない時期であることが理由です。そのような国として正しいものを、次の(ア)〜(エ)から１つ選び、記号で答えなさい。

(ア)　オーストラリア　　(イ)　ロシア　　(ウ)　カナダ　　(エ)　スイス

問12　下線部⑪について、次の(ア)～(エ)にあげた近年の出来事のうち、地球温暖化の影響とは**言えないもの**を１つ選び、記号で答えなさい。

(ア)　2023年はハワイ・カナダ・ギリシャなど世界各地で大きな山火事が発生した。

(イ)　サンマの水あげ量が全国の港で第１位の根室港で、サンマの水あげ量が減少している。

(ウ)　2022年の秋から2023年にかけて北海道でも卵の価格が大きく値上がりした。

(エ)　オホーツク海に面した北海道の北東部に流れてくる流氷が減少している。

問13　会話文の全体を通して言えることとしてふさわしいものを、次の(ア)～(カ)から**２つ**選び、記号で答えなさい。

(ア)　日本の領域は、時代によって広がったりせまくなったりしてきた。

(イ)　アイヌ文化は縄文時代に成立してから明治時代までほとんど変わらなかった。

(ウ)　日本国憲法ができたことによって、アイヌの人たちに対する差別はなくなった。

(エ)　差別や対立の原因になるので、１つの国に複数の異なる民族が存在することは望ましくない。

(オ)　その国の国民となるかどうかは、本人の意思や希望と関係なく決まることがある。

(カ)　現在、アイヌ文化はすでに失われてしまっており、私たちが学ぶべきことは何もない。

２　地図Ａ、Ｂは、東京都港区周辺の同じ位置の、明治時代と現在の地図です。この地図を見て、問いに答えなさい。　※縮尺はほぼ同じになるよう改めています。

地図Ａ　明治時代（明治43年発行、日本帝国陸地測量部）

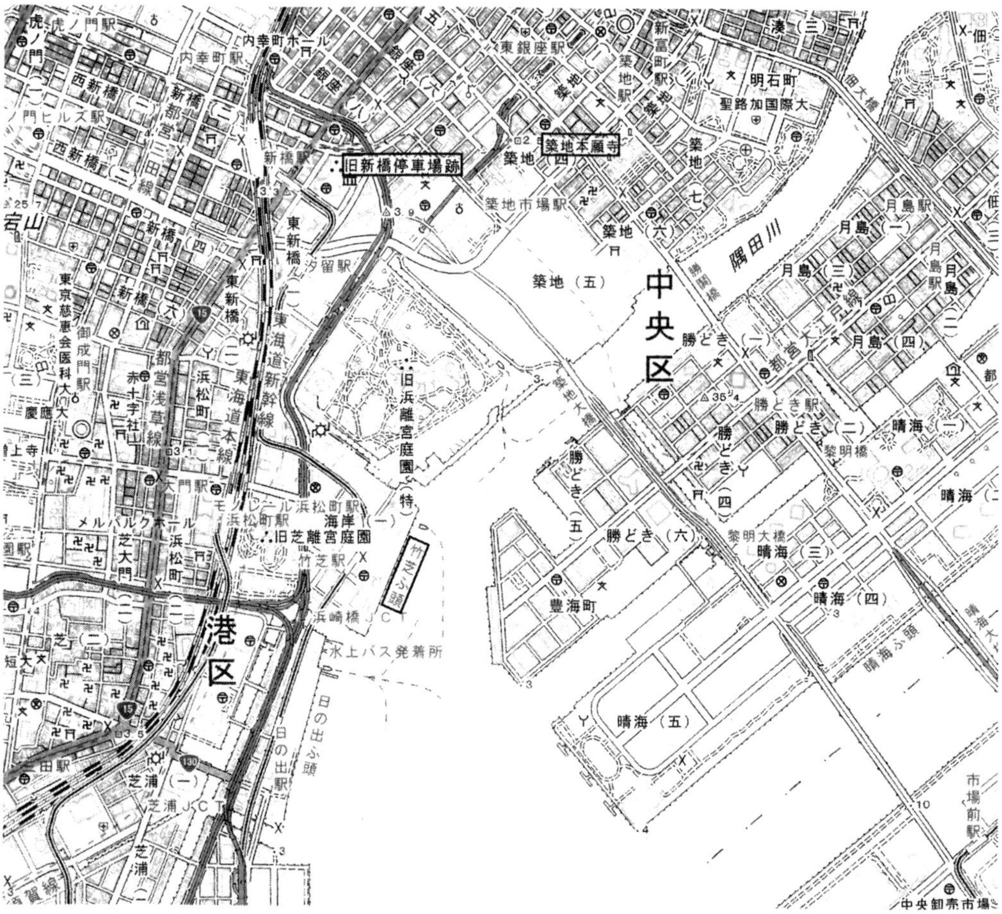

地図Ｂ　現在(令和３年発行、国土地理院)

(編集部注：実際の入試問題では、図版の一部はカラー印刷で出題されました。)

問１　地図Ａ・ＢのＪＲ新橋駅には東海道線が通っています。江戸時代、東海道の各地の景観や人びとのくらしの様子を描いた浮世絵「東海道五十三次」が描かれました。この浮世絵を描いた絵師は誰ですか。次の(ア)〜(エ)から選び、記号で答えなさい。

(ア)　松尾芭蕉　　(イ)　歌川広重　　(ウ)　葛飾北斎　　(エ)　東洲斎写楽

問２　江戸時代の終わりのころ、地図Ａ・Ｂにある海をさらに南に進んだところに、大砲をおく島がつくられました。これがつくられたきっかけは、どのようなできごとでしょうか。

問３　地図Ｂを見ると、現在のＪＲ新橋駅の東には「旧新橋停車場跡」があります。ここには、日本で初めて鉄道の駅舎が建てられました。この鉄道は新橋からどこまで走りましたか。**漢字**で答えなさい。

問４　地図Ａ・Ｂを見て、次の文章(ア)〜(オ)から、下線部が**誤っているものを２つ**選び、記号で答えなさい。

(ア)　現在の新橋駅は、明治時代には「からすもり」駅と呼ばれていた。

(イ)　現在、新橋駅に面した西側には郵便局、神社、消防署がある。

(ウ)　現在の築地本願寺は、明治時代には「西本願寺」と呼ばれていた。

(エ)　現在、竹芝ふ頭があるところは、明治時代は海だった。

(オ)　明治時代には、隅田川にはすでに橋があった。

問5　隅田川の河口には「築地」という地名があります。江戸時代に、江戸の町の大半を焼失した大火事のあとに、がれきを集めて埋め立てたために、この名前になりました。大正時代に、関東大震災によって日本橋にあった魚市場が被害にあうと、築地に魚市場が設けられました。この魚市場は現在、関東大震災のがれきで埋め立てられた地に移されています。それはどこでしょうか。

問6　第二次世界大戦後、全国各地の都市では、「やみ市」といわれる市場ができました。現在の新橋駅前にも大規模なものがありました。右のグラフは、政府が定めた価格(公定価格)とやみ市での価格を比較したものです。やみ市での価格が高いのはなぜですか、説明しなさい。

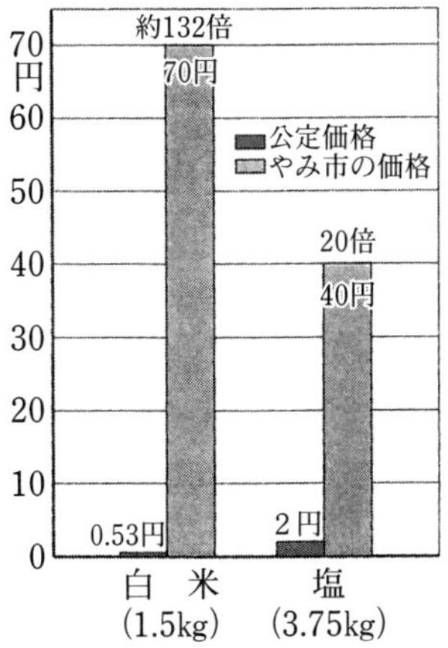

公定価格とやみ市の価格
(日本文教出版『小学社会6年(令和2年版)』)

問7　地図Bをみて、次の問いに答えなさい。

(1)　旧浜離宮庭園の西側を通過する緑色の道路は、高速道路(首都高速)です。この高速道路は、1964年におこなわれたイベントのために、短期間で建設がすすめられました。そのイベントは何か答えなさい。

(編集部注：　　　色の道路が、地図上の緑色の道路を表しています。)

(2)　この高速道路が、まっすぐにつくられなかったのは、どうしてでしょうか。地図Aと見比べて答えなさい。

問8　東京湾に関する説明で、正しいものを次の(ア)〜(エ)から1つ選び、記号で答えなさい。

(ア)　沿岸は、埋め立てる前はリアス海岸であった。

(イ)　自動車輸出出荷額が日本で一番多い港がある。

(ウ)　沿岸にある発電所の中で最も発電量が多いのは、火力発電所である。

(エ)　現在は、漁業はまったくおこなわれていない。

問9　第二次世界大戦が終わるまでは、日本では陸軍が地図を作り、管理していました。現在は誰でも正確な日本の地図を手に入れることができます。しかし、世界では、正確な地図を公開していない国もありますが、それはなぜでしょうか。

東洋英和女学院中学部（A）

—30分—

（編集部注：実際の入試問題では、写真や図版の一部はカラー印刷で出題されました。）

1　次は、ある日の中学１年生の地理の授業の様子です。よく読んで、あとの問いに答えなさい。

東　先生：今日は身の回りにあるいろいろな「もの」が、どこでどのように作られて私たちのところへ届けられているか、考えてみましょう。ではまず、食べ物から考えてみましょうか。みなさん、朝ご飯は何を食べましたか？

英子さん：うちは毎朝、ご飯とお味噌汁（みそしる）が基本で、おかずが何品か出ます。

東　先生：では最初はご飯、つまりお米がどこでどのように作られているか考えてみましょう。

洋子さん：お米の生産量が一番多いのは新潟県だと勉強しました。

和子さん：うちは今年、山形県の親戚（せき）から「つや姫」っていう名前のお米を送ってもらったわ。

英子さん：北海道の「ゆめぴりか」もおいしいわよ。

東　先生：みなさんが言ってくれたように、①お米の主な生産地は北陸や東北地方、北海道などですね。「つや姫」や「ゆめぴりか」などの（　１　）は、農家が品質を重視して栽培（さいばい）したお米です。近年、特徴（ちょう）あるおいしい（　１　）が次々に作られて人気になっていますね。さらに和食ブームに乗って、海外への輸出も増えてきています。

英子さん：海外では今、お寿司（すし）がブームになっていると聞きました。

和子さん：私は②サーモンが好きだな。海外ではどんなお寿司が人気なのかな。

洋子さん：父のカナダの友人がお寿司好きで、「日本のわさびを使ったお寿司は格別だね」と言っていました。わさびは外国ではあまり作られていないから、手に入れにくいそうです。

東　先生：日本でも栽培できる場所は限られています。③長野県の安曇野（あずみの）では、冷涼（りょう）な気候と一年を通して13度前後の清らかな水に恵（めぐ）まれていることをいかして、わさびを栽培しています。

和子さん：おじいちゃんはいつも手でお寿司を食べているのよ。お寿司屋さんには割り箸（ばし）も用意してあるのに、それがいいんだって。

東　先生：お寿司の楽しみ方は人それぞれですね。ところで、その割り箸の原料は国産、輸入、どちらが多いと思いますか？

英子さん：使い捨てでたくさん必要だし、国産が多いと思います。

東　先生：そう思いますよね。しかし実際には、ほとんど輸入に頼（たよ）っています。そこで現在、日本では④混み合ってきた森林の木々の一部を切りだし、割り箸の原料にする動きもあるのですよ。さて、お寿司から話が広がりすぎましたね。ほかに好きな食べ物は何かありますか。

和子さん：私は⑤いちごが大好きです。そのまま食べるのも、ケーキに乗っているのも好きだな。

洋子さん：私はぶどうも好きです。でも最近、日本で作られたおいしい果物の種や苗（なえ）が許可なく海外に持ち出されて栽培され、販（はん）売されていると聞きました。なんだか悔（くや）しいです。

東　先生：そうした海外の動きから日本の農作物を守る必要がありますね。一方で国内に目を向けると、味噌や醤（しょう）油などの原料である大豆は輸入が多いです。また⑥肉類やたまごも、実際の自給率はとても低いといわれています。

英子さん：毎日食べるものくらいは自給できなくて大丈夫なのかな。

東　先生：確かに心配になりますよね。しかし別の見方をすれば、今の日本で「純国産」を求めすぎると、食べられるものも作れるものも、かなり限られてしまいます。たとえば、みなさんが今着ている制服が何からできているか、知っていますか。

洋子さん：タグを見たら、私の制服には「毛100％」と書いてあります。

東　先生：そうですね。英和の制服は、オーストラリアから羊毛を輸入して、⑦愛知県の一宮の工場で生地にし、その後制服に仕立てられているのですよ。

和子さん：私の制服は「ポリエステル65％、綿35％」と書いてあります。合服は素材が違うのね。

洋子さん：先生、ポリエステルって化学繊維ですよね。何から作られるのですか。

東　先生：ポリエステルは（ 2 ）を主な原料として作られた化学繊維で、軽くて丈夫なことが特徴です。合服に使われている生地は福井県の工場で生産されています。余談ですが、ポリエステルと同じ原料から作られているものの一つにペットボトルがありますね。

和子さん：私の制服が、ペットボトルと同じ（ 2 ）から作られているって、不思議な感じです。

東　先生：他にも⑧制服のネクタイは、中国から輸入した生糸を山形県の鶴岡の工場で生地にして、さらに東洋英和のスクールカラーであるガーネット色に染める加工をしています。

英子さん：毎日着ている制服が、そんな風に作られているとは思いもしませんでした。

和子さん：うーん、そう言われると「純国産」のものを見つけたいな。そうだ、このミネラルウォーターはどうですか。日本の天然水って書いてあります。

東　先生：いいところに目を付けましたね。日本は雨が多いので、飲料水に限らず水資源の自給率は高いですね。とはいえ、地球温暖化や気候変動によって、将来的には水資源の量や質が変化するかもしれません。しっかりと日本の水を守っていきたいですね。

問1　文章中の（ 1 ）にあてはまる語句を答えなさい。

問2　下線部①について。東北地方で米の収穫量の多い地域は、日本海側に位置しています。その理由の一つに、沖合を流れる暖流の影響で、稲の生育時期に気温が下がりにくいことがあげられます。この暖流を何といいますか。

問3　下線部②について。

⑴　「サーモン」と呼ばれるサケ・マスは、かつては地図中Aの海域で多くとられていました。このような海域まで船を出して行われる漁業を何といいますか。

⑵　現在では、サーモンの養殖漁業もさかんです。青森県深浦町は、地図中Bの山地から流れ出すミネラル豊富な水を利用した、サーモンの養殖が行われています。世界遺産にも登録されているBの山地名を答えなさい。

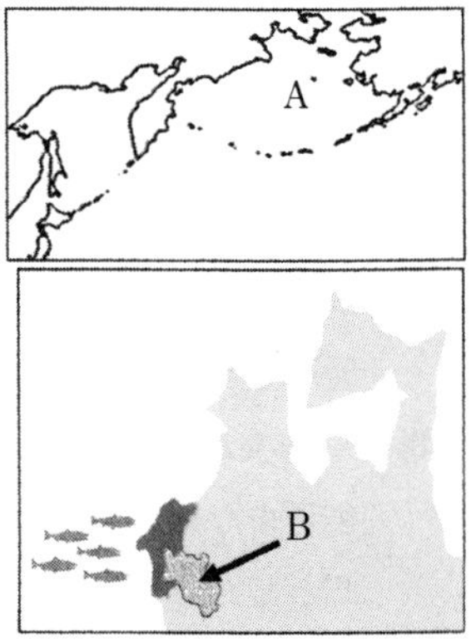

日本海深浦サーモン HP より

問４　下線部③について。安曇野には、全国でも珍しく、複数の扇状地が重なってできた地形が広がっています。そのため、多くの場所で豊富な湧き水が得られることを利用して、わさびが栽培されています。右は扇状地の模式図です。湧き水が得やすいのはどこですか。記号で答えなさい。

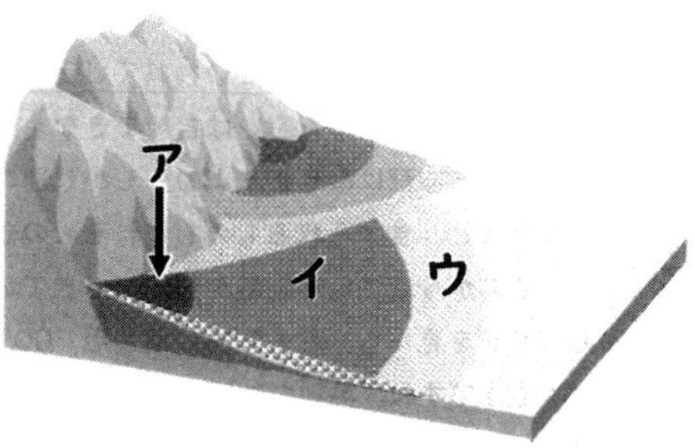

問５　下線部④について。この作業により、残った樹木は健全に成長することができます。この作業を何といいますか。

問６　下線部⑤について。右のグラフは、いちごの県別生産割合を示したものです。グラフ中Cの都道府県名を答えなさい。

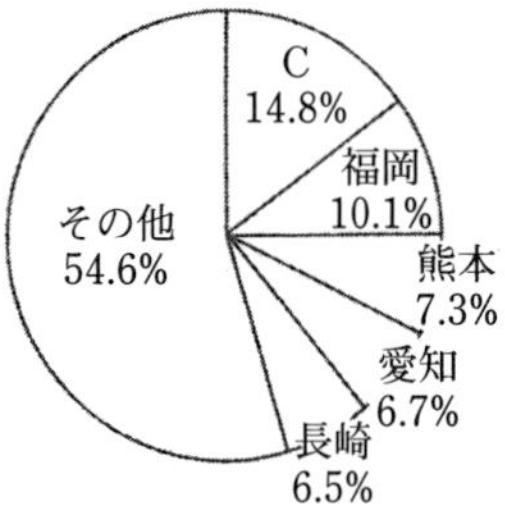

日本国勢図会 2023/24 より

問７　下線部⑥について。農林水産省の統計では、鶏卵は約96％が国内で生産されているにもかかわらず、実際の自給率は約10％まで下がるとされています。それはなぜですか。「卵を産む鶏の～」の形にしたがって答えなさい。

問８　下線部⑦について。一宮は世界三大毛織物産地といわれています。それは、柔らかい毛織物の生産に適した水を、地図中Dの河川から得ているからです。Dの河川名を答えなさい。

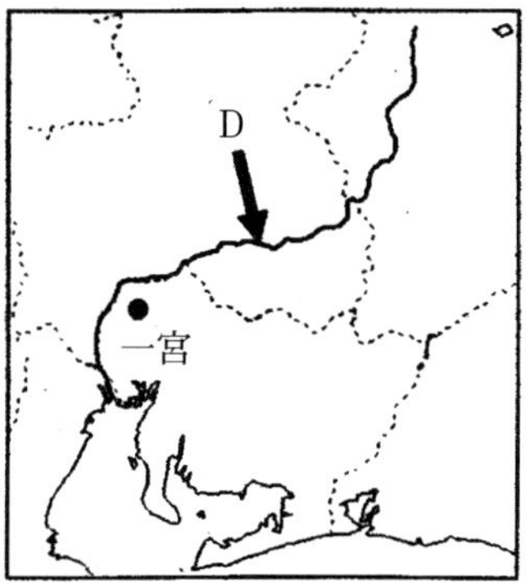

問９　文章中の（　２　）にあてはまる語句を答えなさい。

問10　下線部⑧について。鶴岡は、生糸の生産から絹織物の最終加工までを一貫して行うことができる、日本で唯一の地域です。しかし、東洋英和の制服のネクタイは、そうした地域で製造されているにもかかわらず、原料の生糸を中国から輸入しています。それはなぜですか。

問11　本文にあるように、身の回りにあるいろいろな「もの」のほとんどは、日本や世界のさまざまな地域で作られ、私たちのところに届けられています。もしそれが届かない状況になるとしたら、どのような状況ですか。一つ答えなさい。

2　次は、中学１年生がつくった歴史に関する資料のカードを、３つに分類したものです。カードをよく読んで、あとの問いに答えなさい。

文字資料

日本書紀

●『日本書紀』は、８世紀前半に完成した歴史書である。
●中国の歴史書にならい、『日本書紀』は『(１)』とともに編さんされた。
●これらの歴史書づくりは、①<u>天武天皇の中央集権的な国づくりの一つとして始められた</u>。

武家諸法度

●武家諸法度は、②<u>江戸幕府が制定した基本的なきまりである。将軍の代がわりごとに改めて発布された</u>。
●違(い)反した大名は、石高を減らされたり、藩を取りつぶされたりした。
●③<u>幕末の動乱の時期には、長く禁止されてきた大船の建造が許された</u>。このことから、武家諸法度が最後まで形だけのものにならず、重要なきまりとしてみられていたことがわかる。

問１　カード中の(１)にあてはまる歴史書を答えなさい。

問２　下線部①について。中央集権的な国づくりの一環(かん)として「天皇」や「日本」といった呼び方がつくられました。「天皇」は、以前は何と呼ばれていましたか。

問３　下線部②について。次の武家諸法度を定めた将軍は誰(だれ)ですか。

> 一、大名らの国もとと江戸を交替(たい)して居住することを定める。毎年四月の間には江戸へ来ること。その際の従者の人数が、最近はとても多いが、これは領国の無駄(だ)な出費になり、領民の労苦のもとである。今後は身分相応にして、人数を減らすこと。

問４　下線部③について。それはなぜですか。

遺跡資料

(２)遺跡

●(２)遺跡は、青森県にある縄文時代最大級の遺跡である。
●④<u>この遺跡では、大量の土器や石器、魚や動物の骨、クリやクルミ、ヒスイや黒曜石などが出土している</u>。
●大型の六本柱の掘立柱(ほったてばしら)建物跡(あと)や大型の竪(たて)穴住居跡、整えられた道路跡などが見つかっている。これらのことから有力な指導者がいたと考えられる。

首里城

●首里城は、(３)を建国した尚氏の居城である。
●⑤<u>近くの那覇港には多くの国から船が集まり、(３)は貿易で繁(はん)栄した</u>。
●1609年に島津氏は約3000名の軍勢をもって(３)に侵攻(しんこう)し、首里城を占拠(せんきょ)した。

問５　カード中の(２)にあてはまる遺跡を答えなさい。

問６　下線部④について。この遺跡では、右の写真のような人形が2000点以上出土しています。このような人形を何といいますか。

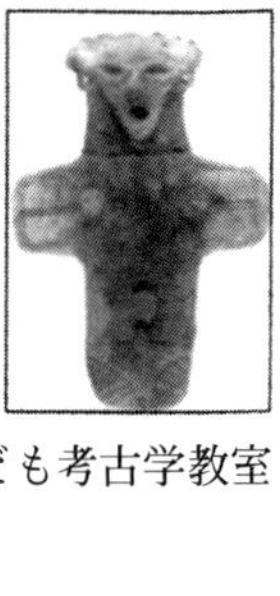

全国子ども考古学教室 HP より

問７　カード中の(３)にあてはまる語句を答えなさい。

問8　下線部⑤について。たとえば、（ 3 ）は中国から輸入した品物を東南アジアにそのまま輸出して利益をあげていました。このような貿易を何といいますか。

絵画資料

蒙古襲来絵巻（絵詞）

●『蒙古襲来絵巻』は、御家人の竹崎季長が元寇の際に活躍した様子を描かせたものである。

●⑥右の絵は、博多湾沿岸で元軍が再び攻めてくるのを警戒している様子が描かれている。

●⑦この絵巻物は、竹崎季長が自分の戦いぶりを幕府にうったえかけて、恩賞を得るために作らせたという説がある。

文化庁　国指定文化財機構検索システム　より

フランス人画家・ビゴーの風刺画

●ビゴーは明治時代の日本の様子を数多く描いた風刺画家である。

●ビゴーは21歳のときに、⑧浮世絵に興味をもち日本にやってきた。

●⑨右の絵は、日清戦争で“眠れる獅子”と呼ばれた清に、日本が勝利したあとに描かれたものである。

清水勲『ビゴーが見た日本人』　より

問9　下線部⑥について。絵画中の［　　］は、1回目の元寇で敵に上陸を許したことによって苦戦した経験から、博多湾沿岸に造られたものです。これを何といいますか。

問10　下線部⑦について。これ以外にも、鎌倉時代には多くの絵巻物が作られました。それはなぜだと考えられますか。「武士の中には～」の形にしたがって答えなさい。

問11　下線部⑧について。次から浮世絵を選び、記号で答えなさい。

ア

徳川美術館所蔵
©徳川美術館イメージアーカイブ/DNPartcom

イ

ウ

ColBase(https://colbase.nich.go.jp/collection_items/tnm/A-10569-685?locale=ja)より

エ

ColBase(https://colbase.nich.go.jp/collection_items/tnm/A-2350?locale=ja)をトリミングして作成

問12　下線部⑨について。ビゴーは、国際社会における日本を、どのような国としてとらえていると考えられますか。

3　次の文章をよく読んで、あとの問いに答えなさい。

人間は生まれながらに「平等」であるという権利は、自由権とともに重要な基本的人権の一つです。明治時代以降、日本でも近代国家のしくみが整えられていきましたが、大日本帝国憲法のもとでの平等権は非常に限定的なものでした。

太平洋戦争後に制定された日本国憲法では、第14条に「すべて国民は、(1)に平等であって、人種、信条、性別、社会的身分又(また)は門地により、政治的、経済的又は社会的関係において、差別されない。」と明記されるようになりました。そして、①この条文をはじめとする憲法の平等原則にもとづいて、法律や制度が整備されてきました。

一方で、長年の慣習や、人々の意識が変わらずに、差別や偏(へん)見、社会格差などが続いたものもあります。そのうちの一つに、男女の格差問題があります。高度経済成長期以降に女性の社会進出が進むと、②職場で不当な差別を受けた女性が、裁判に訴(うった)える事例が相次ぎました。国際社会で女性の権利向上をリードしてきた国際連合では、全加盟国が参加する最高機関である(2)において、1979年に女性差別撤廃条約が採択(たく)されました。これを批准(じゅん)するにあたり、日本でも1985年に(3)が制定され、労働者の募(ぼ)集や採用、配置や昇(しょう)進など、職場で性別を理由に差別することが禁止され、人々の意識も大きく変わりました。それまで③どちらかの性別に大きく偏(かたよ)っていた職種でも、性別にとらわれない採用が行われる動きが広がりました。

世界各国における男女格差を、４つの分野にわけて数値化したものに「ジェンダーギャップ指数」があります。2023年６月に発表された日本の総合順位は、146カ国中125位と過去最低となりました。その内容をみると、④４分野のうち、特に２分野で大きな格差が見られました。男女格差が急速に縮まりつつある世界の流れのなかで、日本の停滞(たい)ぶりが浮(う)き彫(ぼ)りとなったかたちです。グローバル化や少子高齢(れい)化などが進む社会で、女性のアイディアや視点、働きが活(い)かされるためには、さまざまなかたちで男女格差を解消していく努力が必要です。

男女格差以外にも、まだ平等が実現されていないものがあります。一人一人が尊重され、平等に生きられる社会をつくっていくことが大切です。

問１　文章中の（ １ ）～（ ３ ）にあてはまる語句をそれぞれ答えなさい。

問２　下線部①について。憲法に規定された平等権を保障するにあたり、あえて法律によって制限を設けているものがあります。そのうち、年齢による制限が設けられている例を一つあげなさい。

問３　下線部②について。このような場合、女性が「原告」となり、訴えられた会社は「被告」となります。そのようなかたちで争われる裁判を何といいますか。

問４　下線部③について。そのような職種には、特定の性別を連想させるような名称(しょう)が使われていました。その名称を一つ答えなさい。

問５　下線部④について。その２つの分野とは何ですか。次から選び、記号で答えなさい。

ア　政治分野　　イ　経済分野　　ウ　教育分野　　エ　健康分野

豊島岡女子学園中学校(第１回)

—理科と合わせて50分—

(編集部注：実際の入試問題では、写真や図版の一部はカラー印刷で出題されました。)

1　次の文章を読んで問いに答えなさい。

日本の歴史を振(ふ)り返ると、その時々の支配者たちが、様々な命令を出したり政治方針を表明したりしました。次に掲(かか)げた〔あ〕～〔き〕の史料は、そのいくつかを部分的に抜(ぬ)き出し、現代語に改めたものです。

〔あ〕　第一条　人の和を大切にし、争わないようにしなさい。

第二条　(ア)仏教の教えをあつく敬いなさい。

第三条　天皇の命令を受けたら、必ず従いなさい。

〔い〕　—　(イ)これまで天皇や豪族が所有していた土地や民は、すべて国家のものとする。

—　都や地方の区画を定め、(ウ)都から地方に役人を派遣(はけん)して治めさせる。

—　戸籍(こせき)をつくり、人々に田を割り当てて耕作させる。

—　布などを納める税の制度を統一する。

〔う〕　—　百姓が刀、弓、やり、鉄砲などの武器を持つことを禁止する。武器をたくわえ、年貢を納めず、(エ)一揆をくわだてる者は厳しく処罰(しょばつ)する。

—　取り上げた刀は、新しくつくる大仏のくぎなどに役立てるから、百姓は仏のめぐみで、この世だけではなく、あの世でも救われるであろう。

〔え〕　—　文武弓馬の道にはげむこと。

—　新しい(　オ　)を築いてはいけない。修理するときは届け出ること。

—　幕府の許可を得ずに勝手に結婚(けっこん)してはいけない。

〔お〕　—　朝は早起きして草をかり、昼は田畑を耕し、夜は縄(なわ)や俵を作り、気を抜かずに仕事にはげむこと。

—　酒や茶を買って飲まないこと。

—　食べ物を大事にして、雑穀を食べ、米を多く食べないこと。

—　(カ)麻(あさ)・もめん以外のものは着てはいけない。

〔か〕　—　政治は広く会議を開き、みんなの意見を聞いて決めよう。

—　国民が心を合わせ、国の政策を行おう。

—　国民一人一人の志がかなえられるようにしよう。

—　これまでのよくない古いしきたりを改めよう。

—　新しい知識を世界に学び、国を栄えさせよう。

〔き〕　第１条　日本は、永久に続く同じ家系の天皇が治める。

第３条　天皇は神のように尊いものである。

第５条　天皇は議会の協力で法律を作る。

第11条　天皇は(キ)陸海軍を統率する。

第29条　国民は、法律に定められた範囲(はんい)の中で、言論、集会、結社の自由をもつ。

問１　史料〔え〕と〔お〕は、いずれも江戸時代に出されたとされるものですが、出された対象に違(ちが)いがみられます。それぞれの史料の出された対象を、あわせて20字以内で説明しなさい。

問２　史料〔か〕が出されてから、史料〔き〕が発布されるまでの出来事を説明した次の文のうち、正しいものを**すべて**選び番号で答えなさい。

1　アメリカ合衆国との間に領事裁判権を認めた。

2　ロシアとの交渉（こうしょう）の結果、千島列島が日本の領土になった。

3　第１回衆議院議員総選挙が行われ、民権派の人たちが多数派を占（し）めた。

4　地租の税率が３％から2.5％に引き下げられた。

5　内閣制度が作られ、伊藤博文が初代の内閣総理大臣になった。

問３　下線部(ア)に関連する出来事として説明した次の文のうち、正しいものを一つ選び番号で答えなさい。

1　聖武天皇は、疫病（えきびょう）の流行や九州で起きた反乱による社会の動揺（どうよう）を鎮（しず）めるため、大仏を造立した。

2　桓武天皇は、平城京の寺院が平安京に移ることを禁じたが、次第に延暦寺などが平安京内部に作られるようになった。

3　室町幕府は一向宗を保護し信者が増えたため、加賀国では一向宗の信者を中心とした支配体制が作られた。

4　織田信長はキリスト教の信者の急増に危機感を抱（いだ）き、キリシタン大名を海外に追放し、仏教を保護する政策に転換（てんかん）した。

問４　下線部(イ)のことを、漢字４字で言い換（か）えなさい。

問５　下線部(ウ)に関連して、日本の地方支配を説明した次の文を古い順に並べ替（か）え、番号で答えなさい。

1　国ごとに守護が、荘園などに地頭がおかれた。

2　各地の支配者が分国法を制定し、独自の統治を図った。

3　国・郡・里に分けられ、それぞれ国司・郡司・里長がおかれた。

4　中央政府が任命した知事・県令により、中央集権的な統治が行われた。

問６　下線部(エ)に関連して、一揆とは武力を持って立ち上がることに限らず、広く一致（いっち）団結することを意味します。室町時代前後には多くの村落で一揆が結ばれました。村民たちが自ら村の資源を共同利用する方法などについて定めたものを一般に何といいますか。

問７　空らん（ オ ）にあてはまる語句を漢字１字で答えなさい。

問８　下線部(カ)に関連して、江戸時代の服飾（ふくしょく）や娯楽（ごらく）について説明した次の文のうち、**あやまっているもの**を一つ選び番号で答えなさい。

1　阿波の藍（あい）や最上地方の紅花など染料となる商品作物の生産量が増え、京友禅（ゆうぜん）などの今につながる織物業が誕生・発展した。

2　元禄期ごろから歌舞伎が人気となり、菱川師宣の「見返り美人図」などの役者絵が一大ブームとなった。

3　元禄期には井原西鶴の浮世（うきよ）草子「好色一代男」や近松門左衛門の「曾根崎（そねざき）心中」などが上方で人気となった。

4　化政文化の時期になると、お伊勢参りや善光寺参りなど、神社仏閣への旅行が盛んにおこなわれた。

問９　下線部(キ)に関連して、昭和初期の軍部の行動を説明した次の文のうち、**あやまっているもの**を一つ選び番号で答えなさい。

1　関東軍は柳条湖事件を起こし、満州の重要地域を占領(せんりょう)した。

2　陸軍の青年将校の一部は犬養毅首相などを殺害する二・二六事件を起こした。

3　シンガポールやオランダ領東インドを占領し、現地の人に日本語教育などを行った。

4　海軍のハワイ真珠湾への奇襲攻撃(きしゅうこうげき)などにより、太平洋戦争が開戦した。

2　次の問いに答えなさい。

問１　次の国土地理院発行の地形図(２万5000分の１「於福(おふく)」)の中の**あ**－**い**間の断面図として、適当なものをあとの１～４から一つ選び番号で答えなさい。

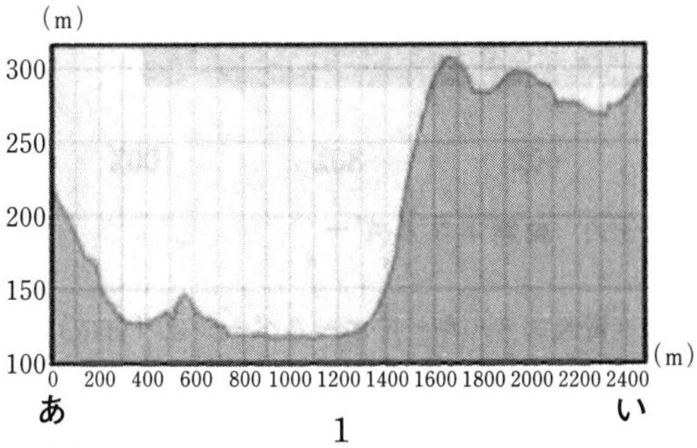

1

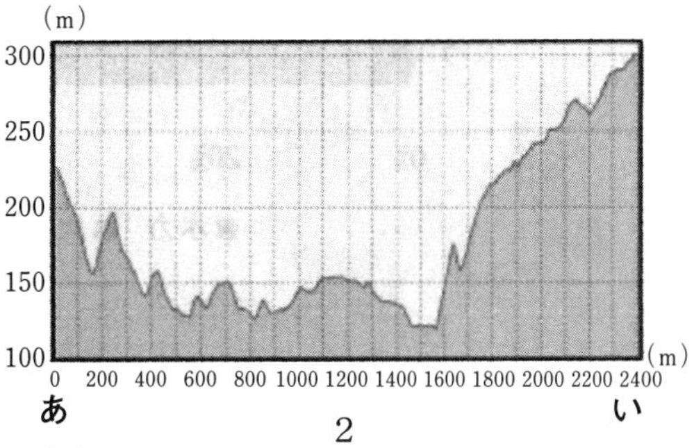

2

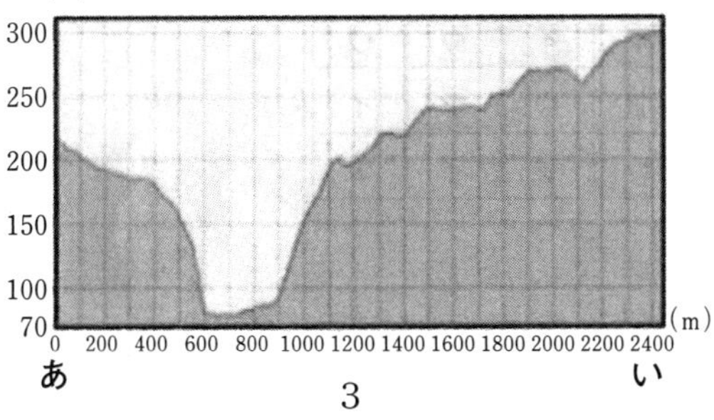

3

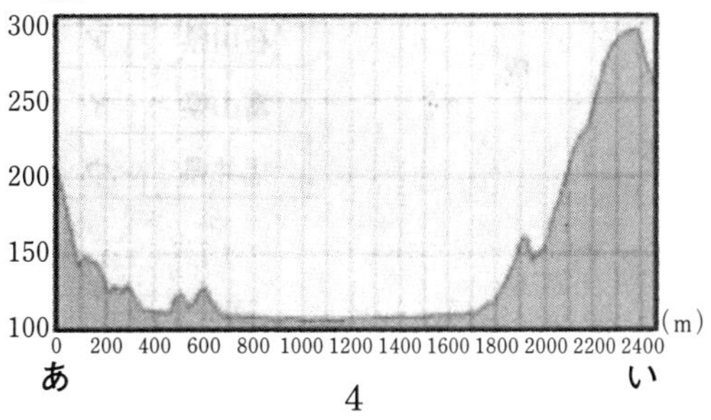

4

問２　右の画像は、群馬県南部を撮影した空中写真の一部です。写真の住宅の特徴から、矢印の指す方角を次から一つ選び番号で答えなさい。

１　北　　２　南　　３　東　　４　西

（国土地理院「地理院地図」より作成）

問３　次の図は2023年３月時点での都道府県ごとの発電別割合（％）で、ア～ウは石川県、富山県、福井県のいずれかです。この組み合わせとして適当なものを、あとの表から一つ選び番号で答えなさい。

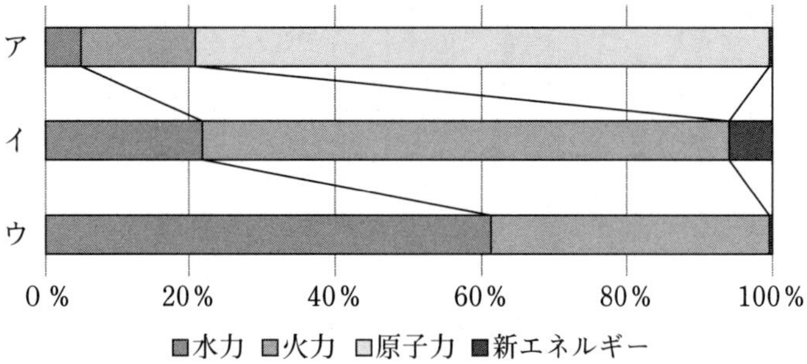

（資源エネルギー庁ホームページより作成）

	1	2	3	4	5	6
石川県	ア	ア	イ	イ	ウ	ウ
富山県	イ	ウ	ア	ウ	ア	イ
福井県	ウ	イ	ウ	ア	イ	ア

問４　次の表は2019年における各空港の国内線の着陸回数を示したものです。ほとんどが三大都市圏もしくは100万人都市近郊の空港ですが、４位の那覇と６位の〔 **あ** 〕のみはそれに該当しません。それは４位の那覇や６位の〔 **あ** 〕は県内各地に行くにあたって航空機を利用することが多いからです。このことから推定される、〔 **あ** 〕の所在地として適当なものを、あとから一つ選び番号で答えなさい。

	空港名	着陸回数
1位	東京国際	184,755
2位	福岡	71,086
3位	大阪国際	69,212
4位	那覇	68,427
5位	新千歳	67,920
6位	〔 **あ** 〕	32,957
7位	中部国際	32,864
8位	成田国際	28,015
9位	仙台	27,621
10位	関西国際	24,463

（国土交通省ホームページより作成）

１　青森　　２　鹿児島　　３　高知　　４　高松　　５　富山

問５　日本の伝統的工芸品について説明した次の文のうち、あやまっているものを一つ選び番号で答えなさい。

１　山形県天童市では豊富な森林資源を生かした曲げわっぱの生産が盛んである。

２　新潟県村上市では、村上木彫堆朱という漆器が作られている。

３　広島県熊野町は筆の生産が日本一で、化粧筆も品質が高いと評判である。

４　佐賀県有田町では安土桃山時代に朝鮮半島から連れてこられた職人により始まった磁器の生産が盛んである。

問６　次の図は、東京都中央区のウォーターフロント地域の、二つの年における土地利用を表したものです。なおいのほうがあより新しい年のデータを使用しています。この図を見て以下の問いに答えなさい。

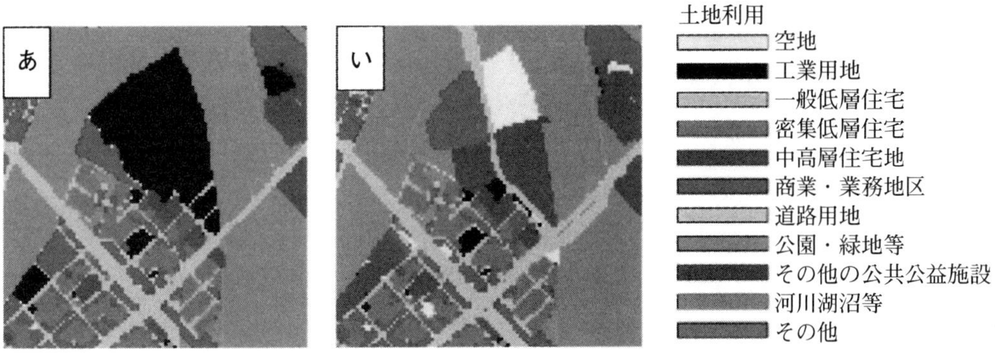

（国土地理院 宅地利用動向調査より作成）
（編集部注：実際の入試問題では、この図版はカラー印刷で出題されました。）

⑴　あからいまでの間に最も面積が減った土地利用をあとから一つ選び番号で答えなさい。

１　空地　　　　　２　工業用地　　３　一般低層住宅

４　中高層住宅地　　５　公園・緑地等

⑵　⑴のように、もともとあった市街地を新しく整備し直すことを何といいますか、漢字３字で答えなさい。

問７　次の表は2021年におけるすいか、バナナ、ぶどう、りんごの、都道府県庁所在地別の１世帯当たりの購入金額が上位３位までの都市名とその金額（円）を示したものです。この中でバナナにあたるものを、表中の１～４から一つ選び番号で答えなさい。

1		2		3		4	
青森	8,331	岡山	6,213	京都	6,376	新潟	2,359
盛岡	8,131	甲府	5,385	長崎	6,276	札幌	2,187
秋田	7,656	長野	4,611	神戸	6,037	鳥取	1,984

（総務省統計局「家計調査」より作成）

３　次の文章を読んで問いに答えなさい。

本校では５月30日の「ごみゼロデー」にちなんで毎年５月30日前後に生徒会主催で池袋校舎周辺のごみ拾い活動を行っています。毎年多くの生徒が参加してごみを拾いますが、実に様々な種類のごみが収集されてきます。中でも、プラスチックごみはとても多いです。プラスチックは主に石油などから作られ、軽くて丈夫で値段が安い素材として、あらゆる日用品に使用されています。しかし、自然には分解されにくいため、処理されないままに川や海に流れ込み、クジラやウミガメ、魚などの生命を脅かします。さらに、(ア)プラスチックごみが紫外線や波の作用で細かく砕かれて有害物質を吸着し、それを魚が食べ、その魚を人間が食べることによる健康被害なども心配されているのです。

このようなプラスチックごみを減らすために、2020年からレジ袋が有料化されました。レジ袋有料化は、いわゆる「(イ)容器包装リサイクル法」の規定に基づき制定されている省令の改正によるものです。省令とは、(ウ)各省庁が法律の実施のため、または(エ)法律の委任によって制定する命令のことです。日本のプラスチックごみ対策はリサイクルが中心でしたが、国際的な流れであるリデュース(ごみの減量)に目を向け、(オ)政府は2030年までに使い捨てプラスチックごみを25％減らすという目標を掲げています。

ごみ問題をはじめ、(カ)人間の活動が自然環境に重大な悪影響を及ぼすことが問題となっています。しかし自然界は人間の横暴に対抗するすべを持たず、破壊されていくしかありません。そこで、声なき自然に代わって「自然の権利」を主張しようという考え方があります。日本では1995年から「アマミノクロウサギ訴訟」と呼ばれる(キ)裁判が鹿児島地裁で行われました。当時の奄美大島ではゴルフ場開発計画があり、野生動物の生息地への悪影響が心配されていました。特別天然記念物のアマミノクロウサギなど奄美大島の希少動物たちと住民が原告となり、鹿児島県を相手取って、ゴルフ場計画の開発許可取り消しを求めて提訴したのです。数年間にわたった裁判では結果的に原告の主張は却下されましたが、裁判所は「自然が人間のために存在するという考え方を推し進めていってよいのかどうかについては、改めて検討すべき重要な課題」と、異例の言及をしました。この裁判が自然と人間の関係を見直すきっかけを与えたのは間違いないでしょう。

人間は自然の一部であると同時に、自然を破壊することで(ク)人々の経済生活が成り立つ場合もあることは否めません。ごみ問題に関して言えば、私たちが生活するうえで必ずやごみが発生し、何らかの形でそれを処理しなくてはならないのは確かです。人々が日ごろからごみへの関心を高めていけば、おのずと「ごみゼロデー」の活動も変化してくるのではないでしょうか。

問１　下線部(ア)について、このような作用により大きさが５ミリ以下となったものを［ ※ ］プラスチックと呼びます。［ ※ ］にあてはまる用語をカタカナで答えなさい。

問２　下線部(イ)に関連して、容器包装リサイクル法で回収とリサイクルが義務づけられた**対象品目ではないもの**を次から一つ選び番号で答えなさい。

1　アルミ缶　　2　ガラスびん　　3　ダンボール
4　ペットボトル　　5　割りばし

問３　下線部(ウ)に関して、2023年４月に「こども基本法」に基づいて新たに設置された省庁の名称を答えなさい。

問４　下線部(エ)について、法律が成立するまでの手続きについて説明した次の文のうち、正しいものを**すべて**選び番号で答えなさい。

1　法律案は内閣のみが作成できる。
2　必ず衆議院から審議を始める。
3　各議院の法律案の審議は必ず本会議より委員会が先に行う。
4　両院の議決が異なったときは必ず両院協議会を開く。
5　両院の議決が異なったときの再議決は衆議院のみが行う。

問５　下線部(オ)の経済活動である財政について、右の表は2023年度の基本的な予算(一般会計予算)のうち、１年間に支出する予定の金額(歳出額)です。単位は兆円で、計算の都合上、データの一部を簡略化しています。表中の項目**い**にあてはまるものを次から一つ選び番号で答えなさい。

歳出項目	金額(兆円)
あ	36.9
い	25.3
う	16.4
え	10.1
文教及び科学振興費	5.4
お	6.1
その他	14.2
合計	114.4

1　公共事業費　　2　国債費　　3　社会保障関係費
4　地方財政費　　5　防衛費

問６　下線部(カ)に関連して、地球環境問題について説明した次の文のうち、正しいものを一つ選び番号で答えなさい。

1　オゾン層の破壊は主に空気中のメタンによって引き起こされ、紫外線の増加による健康被害も心配されている。

2　プランクトンの異常発生である赤潮は、海水に栄養分が乏しくなることで発生し、養殖の魚の死滅など漁業に悪影響を与える。

3　酸性雨は工場からのばい煙や自動車の排気ガスから排出される硫黄酸化物や窒素酸化物が雨に溶けると発生し、湖の生態系へ影響を与える。

4　製紙パルプの原料としての需要が年々伸びているため、森林破壊は、先進国で主に起きている。

問７　下線部(キ)について説明した次の文のうち、あやまっているものを一つ選び番号で答えなさい。

1　すべての人は公正な裁判を受ける権利があるため、真実を包み隠さずに証言しなければならない。

2　逮捕される場合は、現行犯の場合をのぞいて、裁判官が発行する逮捕令状が必要である。

3　裁判において、被告人にとって不利益な証拠が本人の自白だけの場合は、無罪となる。

4　無罪の裁判を受けたときは、抑留や拘禁された日数などに応じて国から補償金を受け取ることができる。

問８　下線部(ク)に関連して、次の表は2022年における関東地方と東北地方に住む二人以上の勤労世帯のひと月の支出の内訳(円)です。この表の１～４は教育費、交通・通信費、光熱・水道費、食費のいずれかの項目です。教育費にあてはまるものを、一つ選び番号で答えなさい。

	関東地方	東北地方
1	84,582	77,338
2	49,788	53,488
教養娯楽費	32,634	24,656
3	24,061	29,159
4	23,373	9,647

(総務省統計局「家計調査」より作成)

日本女子大学附属中学校（第１回）

—30分—

1　資料1～4について、あとの問いに答えなさい。

資料1　前方後円墳の県ごとの分布数

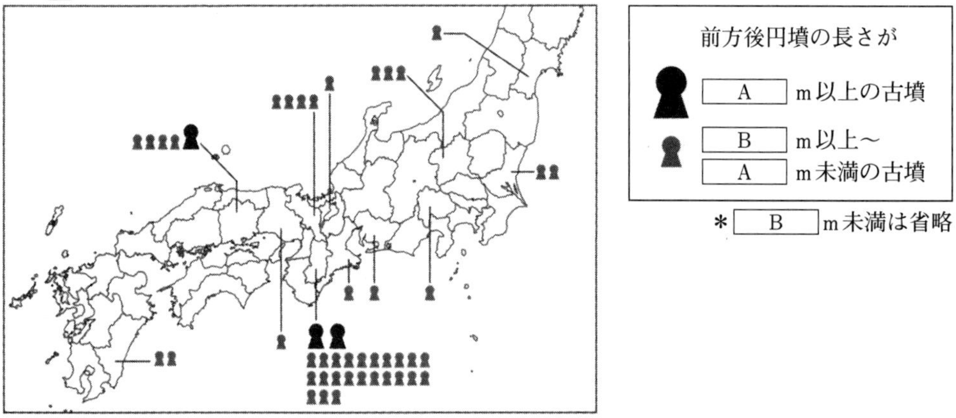

＊ B m未満は省略

問１　A と B にあてはまる数字の組み合わせを、次のア～エから１つ選び、記号で答えなさい。

	ア	イ	ウ	エ
A	3	30	300	3000
B	1	3	150	1000

問２　大阪府にある古墳の数の組み合わせとして正しいものを、次のア～エから１つ選び記号で答えなさい。

	ア	イ	ウ	エ
	0	4	12	20
	8	16	3	35

問３　次の文が正しくなるように、①と②にあてはまる語句を、それぞれ記号で答えなさい。

古墳の ①{ア　地中　　イ　まわり} には、たくさんの ②{ウ　土偶　　エ　はにわ} が並べられていた。

資料2　鎌倉時代の武士の館

問４　この絵からわかる戦いに備えた「武士の館」の特徴を１つ挙げなさい。

問５　この館に関する説明として正しいものを、次のア～ウから１つ選び、記号で答えなさい。

ア　館を鎌倉に建て、主人は基本的にそこで生活していた。

イ　館を鎌倉と自分の領地に建て、主人は１年ごとに行き来していた。

ウ　館を自分の領地に建て、主人は基本的にそこで生活していた。

問６　この館の周辺で行っていた主人の行動①と②が、正しければ「○」を、間違(ちが)っていれば「×」を書きなさい。

①　家来や農民に指図して農業をしていた。　②　日頃から武芸に励(はげ)んでいた。

資料3　16世紀後半の検地

問７　「16世紀後半の検地」を行った人物について、次の(1)と(2)に答えなさい。

(1)　この人物が行ったことを、次のア～カから２つ選び、記号で答えなさい。

ア　朝鮮に大軍を送り込(こ)んだ。　イ　室町幕府を滅(ほろ)ぼした。

ウ　武家諸法度を制定した。　エ　関ケ原の戦いに勝利した。

オ　安土城を築いた。　カ　大阪城を築いた。

(2)　この人物は、検地とともに刀狩も行いました。これらの政策によって世の中はどのように変化したか、説明しなさい。

問８　「16世紀後半の検地」によって検地帳が作られました。この検地帳に書いていないことを、次のア～エから１つ選び、記号で答えなさい。

ア　田畑の広さ　イ　とれる米の量　ウ　耕作している人　エ　年貢(ぐ)の量

資料4
江戸時代の
都市で起きた暴動

問９　「都市で起きた暴動」を何というか答えなさい。また、この暴動の数を表しているのは、グラフのア・イのどちらか、答えなさい。

都市や農村で起きた暴動の数

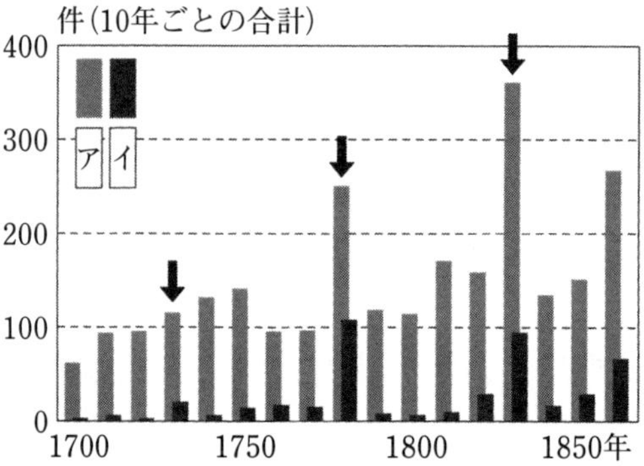

問10　次の文は⬇の時期に起きた共通の事柄(がら)について述べたものです。[　　　]にあてはまる語句をひらがなで答えなさい。また、｛　　｝にあてはまることばを選び、記号で答えなさい。

> [　　　]が起きたことにより物価が大きく｛ア　上　　イ　下｝がった。

問11　1837年、幕府の元役人が人々を救うために反乱を起こしました。この人物を次のア～エから１つ選び、記号で答えなさい。

2　日本女子大学附属中学校の２年生は、校外学習で、図１の東北地方３県を訪(おとず)れます。●**あ**～**う**はそれぞれの県庁所在地で、そこを通る点線の断面図が、図２と図３です。あとの問いに答えなさい。

図１

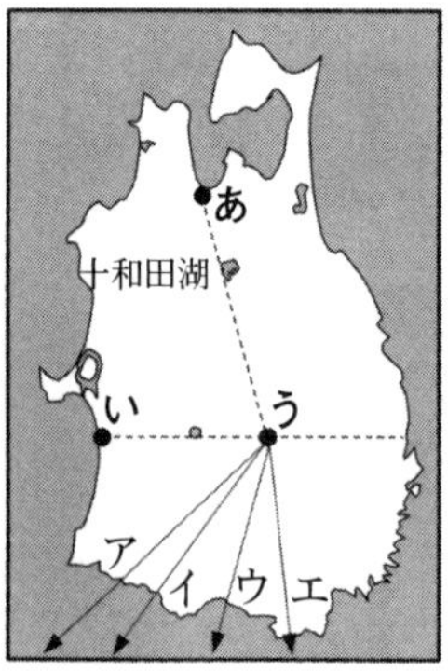

図２

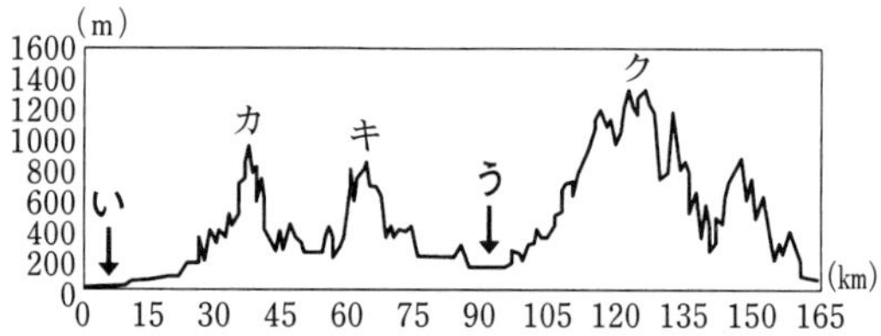

図３

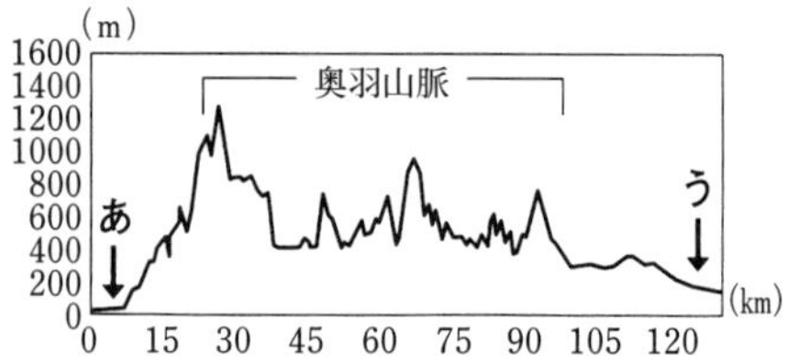

問１　東京駅を午前７時56分に出発する新幹線に乗って、東北地方に向かいます。次の(1)～(3)に答えなさい。

(1)　図１のア～エの矢印のうち、東京駅の方角を正しく指しているものを１つ選び、記号で答えなさい。

(2)　太陽がまぶしいと感じることが多かった生徒の座席について、次の①と②にあてはまる語句を、それぞれ語群から選んで答えなさい。

窓から、①(東　／　西　／　南　／　北)側の景色がよく見える、
進行方向に向かって、②(左　／　右)の窓際の座席

(3)　新幹線は、午前９時30分に仙台駅に到着しました。この新幹線が利根川を渡るおよその時刻を、次のア～エから１つ選び、記号で答えなさい。

ア　午前８時　　イ　午前８時30分　　ウ　午前９時　　エ　午前９時20分

問２　１日目には、奥州藤原氏が治めていた平泉の中尊寺と毛越寺を訪れます。次の(1)と(2)に答えなさい。

(1)　中尊寺や毛越寺と同じような考えに基づいて建てられたものを、次のア～エから１つ選び、記号で答えなさい。

ア　平等院鳳凰堂　　イ　法隆寺　　ウ　正倉院　　エ　日光東照宮

(2)　毛越寺には、新渡戸稲造が英訳した「夏草や　兵どもが　夢の跡」の句碑があります。次の①と②に答えなさい。

①　この句の作者と、作者が平泉を訪れた時代の組み合わせとして正しいものを、次のア～エから１つ選び、記号で答えなさい。

ア　松尾芭蕉・室町時代　　イ　松尾芭蕉・江戸時代
ウ　雪舟・室町時代　　　　エ　雪舟・江戸時代

②　新渡戸稲造は、国連の重職を務めた人物です。次のア～エの出来事を起きた順に並べかえ、記号で答えなさい。ただし、「国連」のうち、３つは「国際連盟」を、１つは「国際連合」を指しています。

ア　新渡戸稲造が、国連の事務局次長を務めた。
イ　日本が、国連から脱退した。
ウ　第一次世界大戦の反省をもとに、国連が発足した。
エ　アメリカと平和条約を結んだ後、日本は国連に加盟した。

問３　２日目には、奥羽山脈を越えて、２つ目の県に入ります。次の(1)～(3)に答えなさい。

(1)　奥羽山脈を、図２のカ～クから１つ選び、記号で答えなさい。

(2)　奥羽山脈には地熱発電所が多くあります。蒸気で発電タービンを回すしくみは火力発電と同じですが、水を熱する方法が異なります。火力発電と比べて地熱発電が優れた点を説明した文として正しくないものを、次のア～エから１つ選び、記号で答えなさい。

ア　化石燃料を用いないので、二酸化炭素の排出量が少なくてすむ。
イ　日本は火山や温泉が多い国なので、場所を選ばずに発電所が建設できる。
ウ　燃料を海外から輸入しなくてよいので、日本で自給できる電力が得られる。
エ　地熱は、太陽光や風力と同じく再生可能エネルギーであり、なくならない。

(3)　２つ目の県では、銅の鉱山跡を見学します。次の①と②に答えなさい。

①　現在の日本は、右図に示した５か国から多くの銅鉱石を輸入しています。この５か国について正しく説明した文を次のア～エから１つ選び、記号で答えなさい。

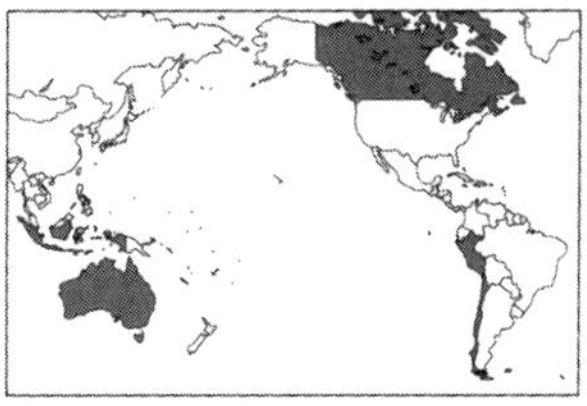

ア　オーストラリアからは鉄鉱石と石炭も多く輸入している。

イ　南アメリカの2か国は、銅を飛行機で輸出している。

ウ　アメリカ合衆国は、日本の最大の貿易相手国である。

エ　インドネシアは、日本と同じ北半球の国である。

②　銅は機械製品に欠かせない金属です。自動車産業では、新しい自動車への変化にともなって、これまで以上に多くの銅が必要になると言われています。その理由を説明しなさい。(ヒント：理科の実験で使う「銅線」の素材が銅であるのは、銅にはある長所があるからです。)

問4　3日目には、十和田湖を見学しながら、3つ目の県に入ります。次の(1)と(2)に答えなさい。

(1)　図1と図3をみて、十和田湖が県庁所在地**あ**から約何kmの位置にあるか、次のア～エから1つ選び、記号で答えなさい。

ア　15km　　イ　40km　　ウ　60km　　エ　100km

(2)　小学校で使う『地図帳』にはその地域の特産物がイラストで描(えが)かれています。

次のア～エのうち、「りんご」とともに、3つ目の県に描かれている特産物を1つ選び、記号で答えなさい。

ア　のり　　イ　茶　　ウ　ぶどう　　エ　ながいも

問5　4日目には、2021年に世界遺産に登録された三内丸山遺跡を見学します。次の(1)～(5)に答えなさい。

(1)　縄文時代は、平均気温が現在より高かったと考えられています。それについて説明した①と②が、正しければ「○」を、間違っていれば「×」を書きなさい。

①　三内丸山遺跡から海岸線までの距離(きょり)は、現在よりも縄文時代の方が近かった。

②　気温の上昇(しょう)をもたらす二酸化炭素の排出量は、現在よりも縄文時代の方が多かった。

(2)　縄文時代の人々が、シカやイノシシなどの狩(か)りをしていたのはおもにどの季節か、次のア～エから1つ選び、記号で答えなさい。

ア　春　　イ　夏　　ウ　秋　　エ　冬

(3)　縄文時代の人々が作った土器にはおもな使い方が2つありました。その使い方を答えなさい。

(4)　次の文章の空らん①と②にあてはまる語句を、あとの語群ア～オからそれぞれ1つずつ選び、記号で答えなさい。また、空らん③にあてはまる語句を、漢字二字で答えなさい。

> UNESCO［＝国連(①)科学文化機関］は、世界遺産を“人類共通の遺産”として守っていくための国際的な協力体制を築くために、1972年の総会で「世界の文化遺産及(およ)び(②)遺産の保護に関する(③)」［通称(しょう)：世界遺産(③)］を採択(たく)しました。

①・②の語群 ｛ア　環境　　イ　自然　　ウ　教育　　エ　平和　　オ　児童｝

(5)　世界遺産となった各地で起きている「オーバーツーリズム」という現象を正しく説明した文を、次のア～エから1つ選び、記号で答えなさい。

ア　観光客がたくさん買い物をして、企(き)業や住民の収入が大幅(はば)に増えること。

イ　さまざまな国から観光客が来ることで、文化をこえた交流ができること。

ウ　観光客の増加によって、地元住民の生活や自然環境に悪影響(えいきょう)がおよぶこと。

エ　観光客を増やすために、正しくない行き過ぎた宣伝活動を行うこと。

問６　この校外学習で見学する３県を、４日間の行程にあてはめました。①～③の県名を漢字で答えなさい。

1日目		2日目	3日目	4日目
新幹線	(①)県	(②)県	(③)県	新幹線

3　2023年の新聞記事の見出しを読んで、あとの問いに答えなさい。

80歳以上(あ)人に１人　<u>65歳以上人口 初めて減少</u>

問１　(あ)にあてはまる数字を次のア～エから１つ選び、記号で答えなさい。

ア　5　　イ　10　　ウ　20　　エ　40

問２　下線部について、前年に比べて65歳以上の人口が減ったが、総人口に占める割合は増えています。その理由を説明しなさい。

問３　この見出しについて述べた次の文の(い)にあてはまる数字を答えなさい。また、(う)にあてはまる語句を次のア～エから１つ選び、記号で答えなさい。

> これは、(い)月18日の「敬老の日」にあわせて、
> (う)省が65歳以上の高齢者の人口推計を公表した時のものです。

ア　法務　　イ　総務　　ウ　経済産業　　エ　文部科学

問４　全就業者数に占める高齢者の割合が半数を超えている業種を、次のア～エから１つ選び、記号で答えなさい。

ア　農業・林業　　イ　教育・学習支援　　ウ　建設業　　エ　医療・福祉

<u>水俣病</u>原告　全128人認定　国などに賠償命令　大阪地裁判決

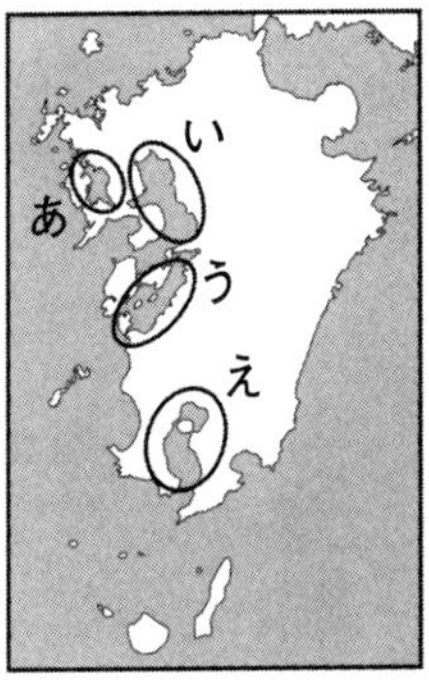

問５　「水俣病」のおもな原因として正しいものを、次のア～エから１つ選び、記号で答えなさい。また、発生した地域を地図の**あ**～**え**から１つ選び、記号で答えなさい。

ア　大気汚染　　イ　水質汚濁　　ウ　騒音　　エ　悪臭

問６　このような判決が出たが、まだ賠償金を支払うかどうか決まっていません。この理由を説明しなさい。

日本大学豊山女子中学校（４科・２科）

—30分—

1　次の表はある学校の校外学習や宿泊行事についてまとめたものです。あとの問いに答えなさい。

校外学習	①東京の上野動物園やお台場に行き、事前学習・事後レポートの作成・発表を行っています。浅草周辺、鎌倉は班別自主研修で、見学場所や②食事場所を事前に調べます。
中学１年生 林間学校	昨年は箱根に行きました。③群馬県、④長野県を訪れたこともあり、初めての宿泊行事でクラスメイトとの親ぼくを深めます。
中学２年生 ブリティッシュヒルズ研修	⑤福島県にある「パスポートのいらないイギリス」をうたう施設で英語宿泊研修を実施し、語学力向上に努めます。マナーハウスを中心に、イギリスの文化や歴史についても学びます。
中学３年生 修学旅行	⑥沖縄県を訪れ、平和学習・自然・伝統文化を体験します。以前には奈良・⑦京都を訪れ、奈良では専門のガイドさんの話を聞き、京都は生徒たちで１日班別研修を計画して、多くの歴史の舞台を実際に見て思いをはせることのできる、大変有意義な修学旅行でした。
スキー教室 (希望者)	⑧北海道のスキー場で実施します。 かつては長野県でも実施し⑨新幹線で訪れていました。

問１　下線部①に関連して、次の写真は東京都江東区にある地下鉄の駅の写真です。出入口を高くしている防災上の理由を、地図を参考にして簡潔に述べなさい。

(Google Earthより)

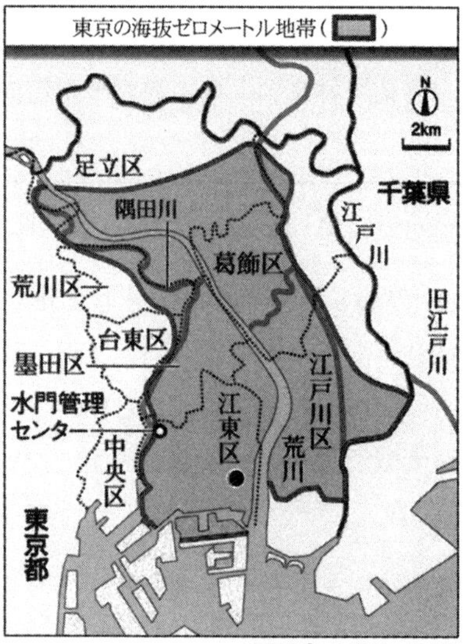

●写真の駅の位置

問２　下線部②に関連して、次の表中のア～エは2021年の小麦、野菜、魚介類、肉類の輸入相手先上位３か国を示したものです。肉類にあたるものをア～エのうちから一つ選び、記号で答えなさい。

	ア	イ	ウ	エ
1位	中国	アメリカ合衆国	中国	アメリカ合衆国
2位	アメリカ合衆国	カナダ	チリ	タイ
3位	韓国	オーストラリア	ロシア	オーストラリア

（『日本国勢図会 2023/24年版』より作成）

問３　下線部③について述べた文として正しいものを次のア〜エのうちから一つ選び、記号で答えなさい。

ア　嬬恋村では、夏の涼しい気候を生かした高冷地農業が行われています。

イ　らっかせいやねぎの生産が日本一で、近郊農業がさかんです。

ウ　地場産業が発達し、燕市では洋食器など多くの金属製品が作られています。

エ　浜松市では、楽器・オートバイの製造業が発達しています。

問４　下線部④の特産であるりんご、ぶどう、ももの2021年の主産地の割合を示した円グラフの組合せとして正しいものをあとの表のア〜カのうちから一つ選び、記号で答えなさい。

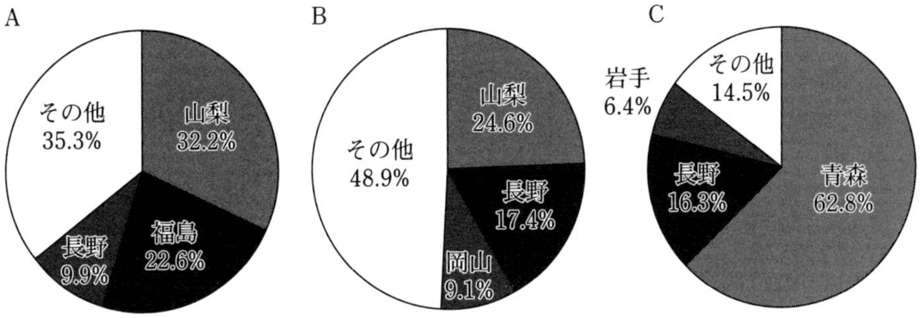

（『日本国勢図会 2023/24年版』より作成）

	りんご	ぶどう	もも
ア	A	B	C
イ	A	C	B
ウ	B	A	C
エ	B	C	A
オ	C	A	B
カ	C	B	A

問５　下線部⑤に関連して、あとの問いに答えなさい。

(1)　次の文章中の空欄にあてはまる国名をあとのア〜エのうちから一つ選び、記号で答えなさい。

　2023年４月15日、（　　）で最後の原子炉３基が発電のための運転を停止し、2011年の福島第一原子力発電所事故を受けて決めた脱原発が完了しました。2035年までに再生可能エネルギーのみによる電力供給を目指しています。

ア　スペイン　　イ　イギリス　　ウ　フランス　　エ　ドイツ

(2)　(1)の文章中の下線部「再生可能エネルギー」に関連して、出力が1000kW以上ある、大規模な太陽光発電を行う施設をカタカナ６字で何といいますか。

問６　下線部⑥に関連して、次の表は2020年の青森県、東京都、愛知県、沖縄県の産業別人口の割合を示したものです。沖縄県にあたるものを次の表のア〜エのうちから一つ選び、記号で答えなさい。

	第１次産業(%)	第２次産業(%)	第３次産業(%)
ア	11.3	20.0	68.7
イ	0.4	15.0	84.6
ウ	1.9	32.4	65.7
エ	3.9	14.4	81.7

（総務省統計局資料より作成）

問７　下線部⑦に関連して、賀茂なす、聖護院だいこん、金時にんじん、伏見とうがらしといった京都府内産の「京野菜」を使った献立を給食に取り入れています。このような地域で作られた食物を地域で消費する取り組みを漢字４字で何といいますか。

問８　下線部⑧について、右の地図中ア～エのうち流氷が最もみられる場所を一つ選び、記号で答えなさい。

問９　下線部⑨に関連して、今年３月に開通する新幹線の区間として正しいものを次の地図中ア～エのうちから一つ選び、記号で答えなさい。

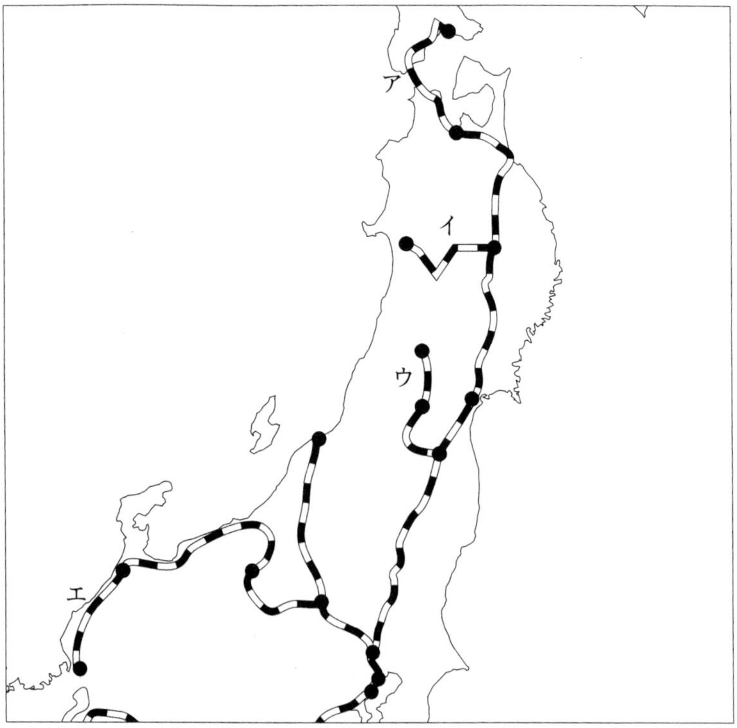

２　次の各問いに答えなさい。

問１　５世紀後半には大和地方の豪族たちは、（　Ａ　）＝のちの天皇を中心にヤマト政権をつくりました。その支配は九州中部から関東地方にまでおよぶようになりました。埼玉県の（　Ｂ　）

古墳から出土した鉄剣に、この地方の豪族が（ A ）に仕えたことが記されています。（ A ）（ B ）に入る語句の組合せとして正しいものを次のア～エのうちから一つ選び、記号で答えなさい。

ア　A－大王　B－大仙　　イ　A－大王　B－稲荷山

ウ　A－貴族　B－大仙　　エ　A－貴族　B－稲荷山

問２　743年、墾田永年私財法が出されると、貴族や大きな寺社は荒れ地や原野を切り開いて私有地としていきました。配下の農民や逃げ込んできた農民を使って開墾した、このような私有地は何とよばれるようになりましたか。

問３　次のX・Y各文の正誤の組合せとして正しいものをあとのア～エのうちから一つ選び、記号で答えなさい。

X　平清盛は平治の乱に勝利し、1167年に武士として最初の太政大臣となった。

Y　平清盛は大輪田泊を改修して日明貿易を盛んにし、硫黄や刀剣などを輸入した。

ア　X－正　Y－正　　イ　X－正　Y－誤

ウ　X－誤　Y－正　　エ　X－誤　Y－誤

問４　鎌倉時代、北条氏が将軍をたすける執権となり、幕府を動かすようになりました。この執権政治のころと関係のないものを次のア～エのうちから一つ選び、記号で答えなさい。

ア　後鳥羽上皇は北条義時を討てと命じ、承久の乱がおこった。

イ　北条泰時は御成敗式目を制定して、裁判の基準とした。

ウ　評定所前に目安箱を設置して、庶民の意見を政治に反映した。

エ　蒙古襲来を防いだ幕府は、西国にも支配力を強めた。

問５　江戸時代、将軍から１万石以上の領地をあたえられた武士を大名といいます。大名には徳川氏一族の親藩、関ヶ原の戦い以前から徳川氏に従っていた［　　　］大名、関ヶ原の戦いのころから徳川氏に従った外様大名と三つの種類があります。空欄に入る語句を答えなさい。

３　次の文章を読み、あとの問いに答えなさい。

①第一次世界大戦後、日本は②不景気にみまわれ大きな打撃を受けました。この状況から「満州を日本の植民地にして、日本経済を立て直そう」という声が高まると、③1931年、関東軍が南満州鉄道を爆破して、それを中国のしわざとして満州を占領し、翌年には、④満州国として独立させました。中国はこれを日本の侵略行為であると⑤国際連盟に訴えました。しかし、日本が満州だけでなく中国全土を支配しようとしたので、1937年に中国軍と衝突し、⑥日中戦争が起こりました。

問１　下線部①の際の、日本に関する説明の正誤の組合せとして正しいものを次のア～エのうちから一つ選び、記号で答えなさい。

X　日本は日英同盟を理由に、第一次世界大戦に参戦した。

Y　日本は中華民国に二十一か条の要求をつきつけた。

ア　X－正　Y－正　　イ　X－正　Y－誤

ウ　X－誤　Y－正　　エ　X－誤　Y－誤

問２　下線部②に関する説明として正しいものを次のア～エのうちから一つ選び、記号で答えなさい。

ア　第一次世界大戦後、財閥は不景気で倒産しそうな銀行や会社を吸収し、ますます成長した。

イ　第一次世界大戦後、日本では不景気だけでなく、阪神・淡路大震災によるダメージも大きかった。

ウ　第一次世界大戦後、イギリスで始まった株価暴落の影響で、世界恐慌が発生していた。

エ　第一次世界大戦後、バブル景気の崩壊によって銀行や企業が相次いで倒産した。

問３　下線部③の出来事として正しいものを次のア～エのうちから一つ選び、記号で答えなさい。

ア　甲午農民戦争　　イ　盧溝橋事件　　ウ　義和団事件　　エ　満州事変

問４　下線部④の承認に反対していた首相の犬養毅が暗殺された事件を何といいますか。

問５　下線部⑤に関する次の文章中の下線部ア～ウのうちあやまっているものを選び、記号で答えなさい。ただし、すべて正しい場合はエと答えなさい。

> 国際連盟は1920年にアベルサイユ条約に基づいて設立され、本部はイスイスのジュネーブにあった。設立から解散までウアメリカ合衆国は参加できなかった。

問６　下線部⑥に関する説明としてあやまっているものを次のア～エのうちから一つ選び、記号で答えなさい。

ア　この戦争に反対した国民は暴動を起こし、日比谷焼打ち事件がおきた。

イ　戦時中の日本では、政府を批判する思想や学問は治安維持法によって厳しく取り締まられた。

ウ　この戦争が長期化したため、国家総動員法を定めて国民を戦争に動員できるようにした。

エ　朝鮮や台湾は日本の植民地であったため、日本軍として中国と戦った。

４　次の文章を読み、あとの問いに答えなさい。

日本の裁判には、民事裁判と①刑事裁判があります。民事裁判は個人や企業間の争いを裁き、刑事裁判は犯罪行為を裁く裁判です。特に刑事裁判は②被告人の人権を制限するおそれが高いので、様々な手続きが定められています。また、裁判の誤りを防ぐために、③同じ事件につき３回まで裁判を受けることができます。確定した判決は変えることはできませんが、その後に重大な事実の誤りなどが明らかになった場合には、④裁判のやり直しがおこなわれる場合もあります。

問１　下線部①について、次の図は刑事裁判の法廷を模したものです。図中のXにあてはまる人物の説明として正しいものをあとのア～エのうちから一つ選び、記号で答えなさい。

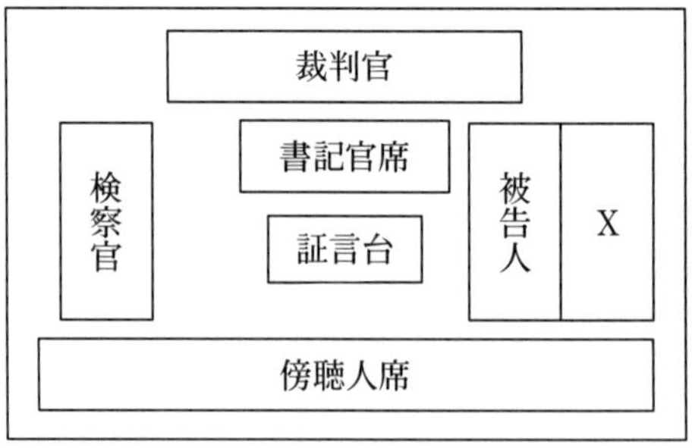

ア　被告人の利益を守り弁護する。

イ　被害者に代わって裁判所に訴える。

ウ　罪を犯したと疑われ起訴された者。

エ　裁判を担当しあらゆる権力から独立して仕事を行う。

問２　下線部②について、被告人には自分に不利益になる質問には答えなくてもよい権利が認められています。この権利を何といいますか。

問３　下線部③について、次の図中の空欄（１）・（２）にあてはまる語句を答えなさい。

地方裁判所　⇨（控訴）⇨　（１）裁判所　⇨（（２））⇨　最高裁判所

問４　下線部④のことを何といいますか。

5　すみれさんは、社会科の授業を振り返りながら、学んだことを次のようにノートにまとめました。

あとの問いに答えなさい。

ノート

○国会のしくみ
・①日本の国会は衆議院と参議院からなる二院制をとっている。
・特別会（特別国会）は（　②　）を指名するために召集される。
○内閣のしくみ
・③内閣は法律案を国会に提出したり、政令を定めたりする。
・④内閣は国会に対して責任を負う議院内閣制をとっている。

問１　下線部①について、すみれさんは、一院制と二院制の長所と短所について、次のような表にまとめました。表中の空欄ＸとＹにあてはまるものはどれですか。正しいものをあとのア～エのうちからそれぞれ選び、記号で答えなさい。

	長　所	短　所
一院制	X	立法権が１つの機関に集中してしまう
二院制	充実した審議をすることができる	Y

ア　国民の様々な意見や利益をきめ細やかに政治に反映することができる。
イ　慎重に審議を行うことができるが、合意の形成や政策の実現までに時間がかかる。
ウ　１つの議院の行きすぎを抑えることができる。
エ　効率的に審議を行うことができ、政策の決定も素早く行うことができる。

問２　空欄②にあてはまる語句を答えなさい。

問３　下線部③について、すみれさんは、これまでに成立した法律案の数を調べ、次の表を作りました。この表から、どのようなことが言えますか。

区分／国会会期	内閣が提出した法律案（内閣提出法案）		議員が提出した法律案（議員立法）	
	提出件数	成立件数	提出件数	成立件数
第208回（常会） 令和４年１月17日～６月15日	61件	61件	96件	17件

問４　下線部④について、衆議院で［　　　　］案が可決された場合、内閣は総辞職するか、10日以内に衆議院を解散しなければなりません。空欄にあてはまる語句を答えなさい。

フェリス女学院中学校

―30分―

1　日本地図を広げると、たくさんの地名が目に飛び込んできます。なぜその名前になったのだろうかと調べていくと、今まで知らなかった歴史や地理に触れることができます。以下は地名の由来について述べている文章です。下線部についての問いに答えなさい。

A

佐賀県の「唐津」という地名は、その地域が昔から朝鮮半島や中国、すなわち「唐」との往来が盛んであったことから、唐への港という意味で唐津になったという説があります。唐津駅近くの菜畑遺跡からは、日本最古の$_{a}$水田あとが見つかっており、古くから大陸から技術や文化が伝わってきたことがうかがえます。

やがて周辺地域とともに$_{b}$肥前国としてまとまり、16世紀末には$_{c}$豊臣秀吉による朝鮮出兵の拠点が置かれました。

近代になると、唐津では石炭採掘がさかんになり、運ぱんするための鉄道も建設され、唐津港の重要性は高まりましたが、やがて$_{d}$需要がおとろえ、1972年には全ての炭鉱が閉山しました。近年は、中国や韓国に近いという有利な地理的条件を活かして、美容・健康産業の一大拠点をつくる$_{e}$「唐津コスメティック構想」が進められています。

a　米作りがはじまった地域は、図のaの河川流域であると考えられています。このaの川の名前を答えなさい。

b　次の史料は奈良時代にこの国について書かれたものです。当時、こうした書物が日本各地でつくられました。この書物の名前は何ですか。

> 松浦の郡。郡の東方にひれふりの峰がある。昔、宣化天皇の時代に、大伴の狭手彦を派遣して、任那の国をお鎮めになられた。その時、狭手彦が通った村に、弟日姫子という名の乙女がおり、狭手彦は彼女と恋に落ちた。彼女の容貌はうるわしく絶世の美女だった。(中略)
> 別れの日に、弟日姫子はこの山の峰に登って狭手彦を見送り、ひれ(注：スカーフのようなもの)を振り続けた。それで山の名をひれふりの峰としている。
>
> (中略)
>
> 郡の西南の海に値嘉の島がある。この島には、ビンロウ・モクレン・クチナシなどがあり、海では鮑・サザエ・鯛や鯖などの様々な魚・海藻などがとれる。ここに住む漁民は、牛や馬

> をたくさん飼っている。西に船を停泊できる港が二か所あり、遣唐使はこの港から出発して、海を渡る。この島の漁民は、顔立ちは隼人(注：九州南部に住んでいた人々)に似ているが、つねに馬上で弓を射ることを好み、言葉は世間の者と違っている。
>
> (注：書物の一部を抜粋し、わかりやすく書き直してあります。)

c　この時に朝鮮半島から連れてこられた職人により技術が伝わり、佐賀県の有田を中心に作られるようになった工芸品は、17世紀のヨーロッパで大人気となり大量に輸出されました。ヨーロッパの人々がこの工芸品を求めた理由としてふさわしいものを、ア～エから一つ選びなさい。

ア　表面にざらっとした土の風合いがよく出る器は、ヨーロッパにはないものだったから。

イ　美しい女性をモデルとした色鮮やかな素焼きの人形がめずらしかったから。

ウ　夜光貝などの貝がらがはめこまれ、宝石のように輝く器を所有することがお金持ちの象徴とされたから。

エ　つやつやした白い器に赤や緑の華やかな絵付がなされ、大変美しかったから。

d　日本では1960年代に石炭の需要が急減しました。その理由として正しいものを、ア～ウから一つ選びなさい。

ア　日本の石炭はほぼ掘りつくされてしまい、安定して生産できなくなったから。

イ　石油のほうが輸送に便利で、発熱の効率も良かったから。

ウ　化石燃料を使わない水力発電の割合を高める方針になったから。

e　これは佐賀県・唐津市・民間企業・大学等が連携し、化粧品の開発、化粧品関連企業の誘致などを目指すものです。この構想を実現することで、唐津市に住む人々にはどのような利点があるか、次の表からわかることをふまえて説明しなさい。

唐津市の企業が開発した商品	唐津産素材
石けん、化粧水、リップクリーム、入浴剤	椿油
オールインワンクリーム※	酒粕、トマト
石けん	白いきくらげ

※化粧水や乳液、美容液など様々な機能が一つになったクリームのこと。

唐津市ホームページより作成。

B

愛知県の「愛知」は、万葉集の和歌で詠まれる「年魚市潟」の「あゆち」に由来するそうです。現在の$_{a}$名古屋港の一帯はかつて、「年魚市潟」と呼ばれる広大な干潟と海でした。愛知県などの東海地方が主産地の味噌は「赤味噌」と呼ばれています。「八丁味噌」で有名な岡崎市のある$_{b}$岡崎平野は河川の少ない地域で、近くの川から用水が引かれています。また渥美半島周辺の地域では$_{c}$(　　)用水が作られ、$_{d}$農業がさかんです。さらに知多半島の南端まで流れる別の用水は、岐阜県の$_{e}$木曽川から取水されています。

a　名古屋港では液化天然ガス(ＬＮＧ)が多く輸入されています。次の１つ目の図は、2021年のＬＮＧの輸入先上位２カ国と、かつて日本がＬＮＧを最も輸入していたＡ国からの輸入量の推移を示しています。２つ目の図は、2021年の原油の輸入先上位２カ国と、Ａ国からの輸入量の推移を示しています。Ａ国の国名を、あとのア～ウから選びなさい。

日本の液化天然ガス(LNG)の輸入先(単位：千トン)

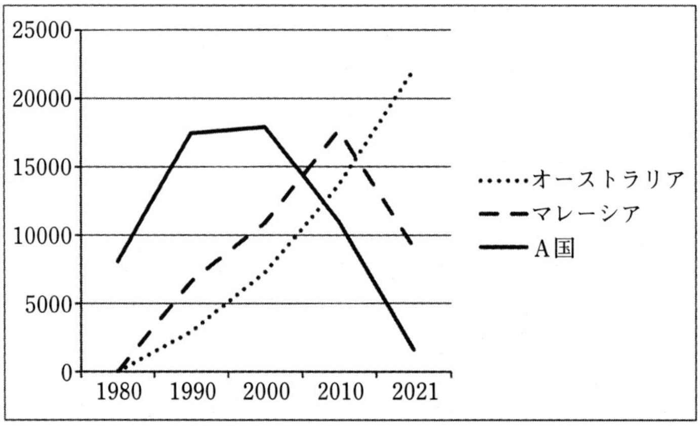

日本の原油の輸入先(単位：千キロリットル)

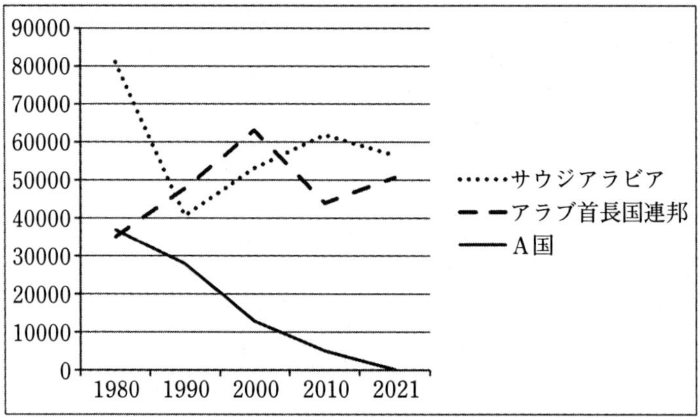

矢野恒太記念会『数字でみる日本の100年 改訂第7版』(2020年)、
同『日本国勢図会2023/24』より作成。

ア　インドネシア　　イ　ロシア(ソ連)　　ウ　アメリカ

b　次の表は、岡崎平野でさかんに養殖(ようしょく)されているある魚介(ぎょかい)類の、生産量の多い上位５県(2022年)を示しています。この魚介類を、ア～エから選びなさい。

	生産量(単位 トン)	割合(%)
鹿児島	7858	41.0
愛知	4205	22.0
宮崎	3574	18.7
静岡	2365	12.3
三重	272	1.4
全国	19155	100.0

農林水産省「令和４年漁業・養殖業生産統計」より作成。

ア　こい　　イ　あゆ　　ウ　うなぎ　　エ　ほたて

c　(　　)に入る言葉を答えなさい。

d　次の表は、渥美半島周辺が一大産地となっている野菜の、収穫(しゅうかく)量の多い上位５県(2021年)を示しています。この野菜を、ア～エから選びなさい。

	収穫量(単位 トン)	割合(%)
群馬	292000	19.7
愛知	267200	18.0
千葉	119900	8.1
茨城	109400	7.4
長野	72500	4.9
全国	1485000	100.0

矢野恒太記念会『日本国勢図会2023/24』より作成。

ア　キャベツ　　イ　ねぎ　　ウ　レタス　　エ　にんじん

e　木曽川上流にある長野県の木曽谷などで伐採(ばっさい)された樹木が、明治時代まで木曽川を利用して名古屋まで運ばれていました。現在この樹木が生い茂(しげ)る木曽谷などの林は、日本三大美林の一つに数えられています。この樹木の名前を答えなさい。

C

新潟県の糸魚川市には、a親不知(おやしらず)という場所があります。地名の由来は、親子が一緒(いっしょ)に通っても、親は子を、子は親のことを気にかけることができないほど危険な場所であったからといわれています。しかし、明治時代に道が整備されると、人々の往来が容易になりました。さらに、b高速道路や鉄道が開通し、2015年にはc北陸新幹線が開業しました。

糸魚川市にあるフォッサマグナミュージアムでは、日本列島の形成過程などが紹介(しょうかい)されています。この地は2009年にd洞爺湖(とうやこ)有珠山(うすざん)、島原半島とともに、世界ジオパーク※に登録されました。フォッサマグナの西の端(はし)であるe糸魚川(　　)構造線の断層沿いを通る糸魚川から松本までの道は「塩の道」として知られています。ここはf武田信玄と争っていた上杉謙信が、戦いの最中にも関わらず、塩不足に悩(なや)む武田氏へ自国の塩を送ったという、「塩伝説」の舞台(ぶたい)といわれています。

※特徴(とくちょう)的な地形を用いて、その土地に暮(く)らす人々の生活や文化を考えることが出来る場所

a　この地域でみられる地形的な特徴を、ア～エから一つ選びなさい。

ア　火口　　イ　湿地(しっち)　　ウ　断崖(だんがい)　　エ　滝(たき)

b　次の表は、国内の輸送機関別輸送量(2019年度)を示しており、A～Dは、鉄道・自動車・旅客船・航空のいずれかです。鉄道－航空の正しい組み合わせを、ア～カから選びなさい。

	輸送人員(百万人)	輸送人キロ※(百万人キロ)
A	25190	435063
B	5800	61301
C	102	94490
D	80	3076

※輸送人キロ：輸送した旅客の人員数に、それぞれの旅客の輸送距離(きょり)をかけたもの。

矢野恒太記念会『日本国勢図会2023／24年版』より作成。

ア　A－B　　イ　A－C　　ウ　A－D　　エ　B－A　　オ　B－C　　カ　B－D

c　北陸新幹線は、2024年３月に新たな区間が開業予定ですが、その区間として正しいものを、ア～エから選びなさい。

ア　新潟駅～敦賀(つるが)駅　　イ　金沢駅～京都駅　　ウ　福井駅～京都駅　　エ　金沢駅～敦賀駅

d　洞爺湖と同じようにつくられた湖を、ア～エから一つ選びなさい。

ア　十和田湖　　イ　浜名湖　　ウ　琵琶湖（びわ）　　エ　霞ヶ浦（かすみがうら）

e　（　　）に入る言葉を答えなさい。

f　武田信玄について述べた文章を、ア～エから一つ選びなさい。

ア　小田原を城下町として整備し、自由な商取引の場として、商工業者を多数招いた。

イ　米沢（よねざわ）を拠点に、東北地方に勢力を拡大したが、のちに豊臣秀吉に従属した。

ウ　甲府盆地（ぼんち）を流れる河川の氾濫（はんらん）による水害を防ぐために、土木工事を行った。

エ　関ヶ原の戦いでは西軍を率いて、対立する徳川家康と戦ったが、敗れて処刑（しょけい）された。

2　次の文は、日本のなかで人々の住まいがどのように変わってきたのかを述べたものです。読んであとの問いに答えなさい。

A

$_a$<u>縄文時代</u>になると$_b$<u>食生活がそれまでよりも豊かになったことなどから</u>、人々はしだいに定住して暮（く）らすようになりました。そして、たて穴住居とよばれる、地面を掘（ほ）りさげて柱を建て、屋根をふいた家がつくられるようになりました。

弥生時代になると米づくりが始まり、収穫した米をたくわえる$_c$<u>高床倉庫</u>もつくられるようになりました。

a　この時代について述べたア～エのうち、正しいものを二つ選びなさい。

ア　この時代はおよそ１万年続いた。

イ　この時代の貝塚からオオツノジカの骨もみつかった。

ウ　この時代の中頃（ごろ）に、日本は大陸から離れ、列島になった。

エ　この時代から弓矢が使われるようになった。

b　この時代の遺跡（いせき）から見つかるもので、食物が豊富にとれるよう、自然のめぐみを祈（いの）ってつくられたとみられているものは何ですか。

c　この倉庫や水田のあとが見つかったことで有名な、静岡県の遺跡（いせき）の名前を答えなさい。

B

$_a$<u>７世紀末から８世紀初めにかけて、律令（りつりょう）による政治体制が成立し、大きな都がつくられるようになりました</u>。これらの都は道路によって区画され、平城京では宮殿（きゅうでん）や役所、寺院、貴族や庶民（しょみん）の家などがつくられ、市も開かれました。しかし$_b$<u>地方に住む農民たちは、たて穴住居での生活が続いていました</u>。

８世紀末になると都が新たな場所に移され、平安時代となりました。この時代の貴族たちは$_c$<u>寝殿（しんでん）造りとよばれる屋敷（やしき）に住むようになり</u>、儀式や行事などが重視され、宮中でさかんに行われるようになりました。

a　律令による政治体制が整うと、国の仕事が細分化され、多くの役所がつくられていきました。このことをふまえて、なぜこの時代に大きな都が必要になっていったのか説明しなさい。

b　地方の農民たちは、税を納めるために都に来ることがありましたが、そのほかにも都でのつとめにあたることがありました。どのようなつとめにあたったのですか。一つ答えなさい。

c　寝殿造りの説明として、正しいものをア～ウから一つ選びなさい。

ア　屋敷の中心部に広い寝室があり、室内は畳（たたみ）が敷（し）きつめられ、大和絵の屏風（びょうぶ）で飾（かざ）られていた。

イ　屋敷の中心部に神仏をまつった部屋があり、中庭には大きな池がつくられていた。

ウ　屋敷の中心部に主人の居間があり、まわりの建物とそれぞれ渡り廊下でつながっていた。

C

a鎌倉時代の武士たちの住まいを知る手だてとして、絵巻物があります。b一遍は、時宗を開き、各地で踊り念仏を広めました。全国を布教してまわった一遍のことを描いた絵巻物には、各地のようすが描かれています。次の絵は、筑前の武士の館を訪れているところで、一遍が中庭で主人に教えを説いている場面や、その後、門から外に出て行く場面が描かれています。c館の周りには堀や塀がめぐらされていることがわかります。

（編集部注：著作権の都合により削除しています。）

a　鎌倉幕府の成立した年は、これまで源頼朝が征夷大将軍に任命された1192年とされてきました。しかし近年、いくつかの年が幕府の成立年と考えられるようになってきました。1185年を成立年と考える場合、その理由の説明として最もふさわしいものを、ア～エから一つ選びなさい。

ア　東北で繁栄をほこった奥州藤原氏を滅ぼし、源氏の支配が東北までおよんだから。

イ　御家人を守護や地頭に任命することを朝廷に認めさせ、頼朝による支配が、地方にまで力をおよぼしたから。

ウ　壇ノ浦の戦いで、それまで勢力を誇っていた平家一族が滅んだから。

エ　御家人をまとめる機関として侍所を設置し、武家政権としての体制が整ったから。

b　一遍が時宗を開いた1274年は、元が日本に攻めてきた年でもあります。元の軍が博多湾に上陸するのに先立って襲撃した島を、ア～エから一つ選びなさい。

ア　種子島　　イ　隠岐島　　ウ　佐渡島　　エ　対馬

c　この堀には、敵の侵入を防ぐ役割のほかに、別の重要な役割もありました。鎌倉時代の武士たちが暮らしていた場所を考えて、もう一つの役割を答えなさい。

D

「将軍のおひざもと」であったa江戸は、武士が暮らす武家地、寺などがある寺社地、町人が暮らす町人地など、身分によって住む場所が決められていました。町人の中には自分の家を持ち、町の運営に参加する人もいましたが、大半の人は、b長屋とよばれる借家に暮らしていました。長屋は、一棟を壁で仕切って数世帯が住む共同住宅で、トイレや井戸は共同で使用することもありました。

a　江戸について正しく述べているものを、ア～ウから一つ選びなさい。

ア　幕府の役人である町奉行が、江戸の行政や裁判の仕事を行った。

イ　全国から年貢米や特産物が集まり、諸大名の蔵屋敷が建てられた。

ウ　江戸の人口は、同じ時代のロンドンやパリに比べると、半分ほどであった。

b①　以下の２つのグラフは、19世紀頃の江戸の住区ごとの面積と人口を示しています。グラフを見て、長屋のくらしについてわかることを答えなさい。

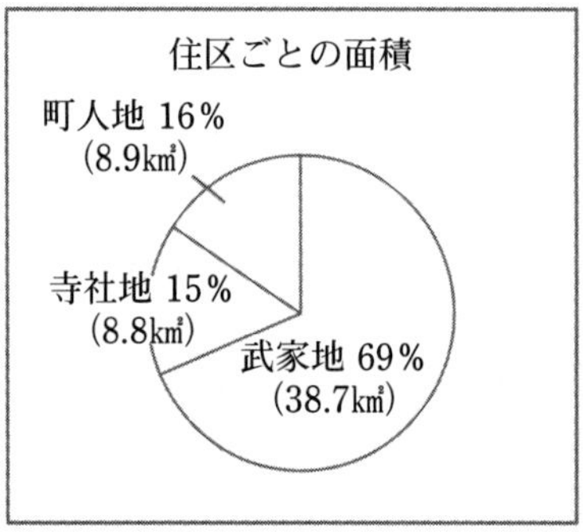

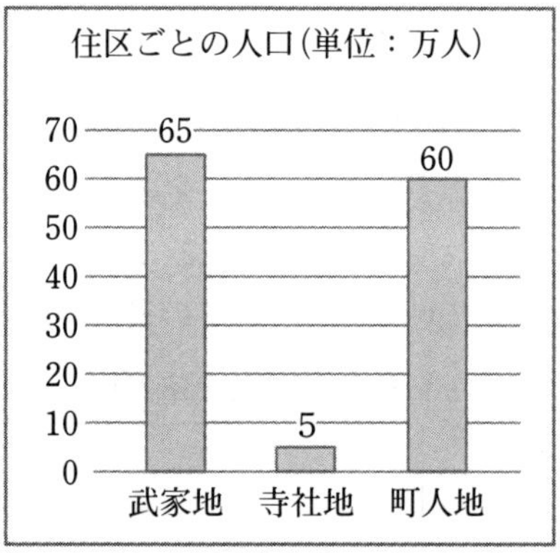

内藤昌『江戸と江戸城』(講談社)に基づき作成。

②　『東海道中膝栗毛(ひざくりげ)』は、江戸の長屋の住人である弥次郎兵衛(やじろべえ)と喜多八(きたはち)が東海道を旅する話ですが、その作者を次のア～エから選びなさい。

ア　井原西鶴(いはらさいかく)　　イ　近松門左衛門(ちかまつもんざえもん)　　ウ　松尾芭蕉(ばしょう)　　エ　十返舎一九(じっぺんしゃいっく)

E

日米修好通商条約が結ばれた後、開港地では外国人が住む洋館がみられるようになりました。明治時代後半には、華族などが洋風建築の屋敷に住むようになり、ａ皇居も旧江戸城の建物から、洋風を取り入れた宮殿に新築されました。大正時代には庶民の住宅も洋風化し、関東大震災後には鉄筋コンクリートのアパートも出現しました。

太平洋戦争の時期、ｂ都市の多くの住宅は空襲(くうしゅう)で焼けてしまい、戦後は焼け野原に廃材でつくられたバラック小屋が建ち並びました。やがてｃ朝鮮戦争をきっかけに日本の景気が良くなってくると、住まいもバラック小屋から新しいものに変わっていきました。

a　新築された宮殿で、大日本帝国憲法発布の式典が行われました。この憲法について述べた次のア～エのうち、正しいものを二つ選びなさい。

ア　憲法は天皇から総理大臣に授けられ、帝国議会で承認後、施行された。

イ　憲法では天皇は神のように尊い存在であり、けがしてはならないとされた。

ウ　自由民権派が作成した憲法の内容の一部が、この憲法に取り入れられた。

エ　言論・集会などの国民の権利は、法律で許された範囲内において認められた。

b　空襲に関する記述としてまちがっているものを、ア～エから一つ選びなさい。

ア　空襲から避難するために、住宅の周辺に防空壕(ごう)がつくられた。

イ　小学生は学校ごとに集団疎開(そかい)をし、地方の工場で勤労奉仕(きんろうほうし)を行った。

ウ　空襲では、火災が広がるようにつくられた焼夷弾(しょういだん)が、大量に使われた。

エ　空襲をさけるため、各家で電灯に被(おお)いをかけて暗くしなければならなかった。

c　この戦争が始まると在日米軍が出動したため、ＧＨＱ(連合国軍最高司令官総司令部)は日本に指示し、ある組織をつくらせました。この組織の名前を答えなさい。

3　次の文章を読んで、――a～cについての問いに答えなさい。

憲法が定める基本的人権の一つに居住・移転の自由があります。近年は、a海外に移住する日本人も増えていますが、人の主な移動先は日本国内です。戦後、b日本の人口は、地方から主に東京圏(けん)(東京都、埼玉県、千葉県、神奈川県)に移動してきました。現在では東京圏には、約3,700万人、つまり日本の総人口の約c(　　)%の人が住むという一極集中が起きています。この傾向(けいこう)は、新型コロナウイルスの感染拡大によって少し変化しましたが、全体的には変わらず、引き続き地方は人口減少という問題を抱(かか)えています。

a　次の表は、日本人が多く住む上位5カ国を示しており、あとのア～エの文章は、表中のいくつかの国について説明しています。A国にあてはまる説明をア～エから一つ選びなさい。

順位	国名	人数(単位：人)
1	アメリカ	418842
2	中国	102066
3	オーストラリア	94942
4	A	78431
5	カナダ	74362

外務省「海外在留邦人(ほうじん)数調査統計」(2022年10月1日)より作成。
(在留邦人とは3か月以上海外にいる日本国籍(こくせき)を持つ人のことを指します)

ア　世界3位の人口を有する国で、世界各地からの移民が多く、近年はスペイン語を話す移民が増えてきている。

イ　世界で最も人口の多い国として知られていたが、人口増加を抑(おさ)える政策を実施(じっし)し、2023年には人口は世界第2位となった。

ウ　G7にも参加している主要国であり、林業が盛んで、首都は木材の集積地として発展し、国旗には樹木に関係する図柄(ずがら)が描かれている。

エ　国民の大多数が仏教徒で、首都バンコクを中心に日本の自動車部品などの工場が多数進出している。

b　次のグラフは、日本国内の人口移動をまとめたものです。

三大都市圏と地方圏における人口移動（転入超過数※）の推移

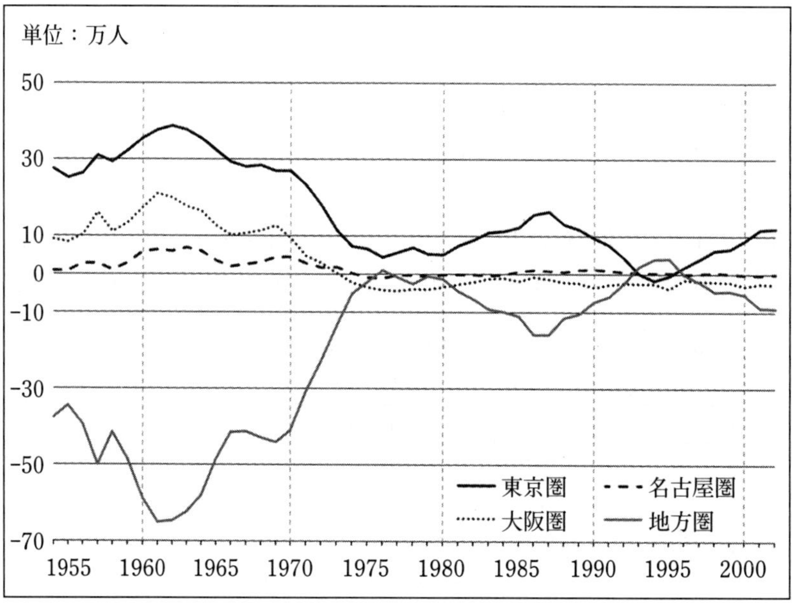

東京圏：埼玉県、千葉県、東京都、神奈川県　名古屋圏：岐阜県、愛知県、三重県
大阪圏：京都府、大阪府、兵庫県、奈良県　地方圏：上記の三大都市圏以外の地域

※転入超過数とは、転入者から転出者を引いた数です。

地方創生サイト（https://www.chisou.go.jp/sousei/info/pdf/r1-12-20-vision.pdf）を元に作成。

①　グラフの数値は、通信や地方自治を担当する省庁が、各地方自治体の情報をまとめたものが元になっています。この省庁の名前を答えなさい。

②　グラフから読み取れる内容としてまちがっているものをア～ウから一つ選びなさい。

ア　所得倍増計画が出された後の数年間は、地方圏から三大都市圏へ毎年50万人以上移動していた。

イ　東京圏では、バブル経済崩壊後に初めて、転入する人よりも転出する人が多くなった。

ウ　大阪で万国博覧会が開催（かいさい）された頃から、大阪圏の人口は減少し、その５年後には、地方圏の人口より下回った。

c　（　　）にあてはまる数字をア～エから選びなさい。

ア　19　　イ　22　　ウ　29　　エ　36

富士見中学校(第１回)

—40分—

1　次の文章を読んで、あとの問いに答えなさい。

(1)日本の住居はどのような歴史を歩んできたのでしょうか。代表的な住居をみながらふり返ってみましょう。

日本の歴史のなかで、最も古い住居は竪穴住居です。日本全国の(2)縄文時代・弥生時代・古墳時代の遺跡から発見された住居のほとんどがこれにあたります。地面を掘って半地下式の床にすることで外気と接する面積が少なくなり、夏はすずしく、冬は暖かいつくりになっていました。柱で支えた屋根の上には茅やアシなどの草をかけました。

弥生時代、西日本を中心に本格的な(3)稲作がはじまると、生産量のちがいから貧富の差や階級の差がうまれ、社会のしくみも急速に変わりました。集落をまとめる首長があらわれ、彼らのなかには(4)農作物などを湿気から守るために高床住居を利用する者もいました。

平安時代、平安京で生活する貴族は「寝殿造り」という形式の邸宅に暮らしました。また、この時代、平安京周辺で暮らす庶民の生活の場は竪穴住居から平地住居にかわりました。平地住居は、地面をそのまま床にして、壁を厚い板や草で覆います。竪穴住居がひとつの部屋しかなかったのに対し、平地住居は炊事や作業をおこなう場と食事や団らんの場が分かれていることが特徴です。

(5)鎌倉時代、武士を中心とした社会になると、「武家屋敷」がうまれました。敵を監視できるよう小高い丘の上に建て、侵入を防ぐため周囲に堀をつくるなど実用面を重視しました。

(6)室町時代、武士と貴族の暮らしの両方を取り入れた「書院造り」がうまれました。書物を読む小部屋を「書院」といい、武士の住居では客人をもてなす場としても取り入れられました。畳をしきつめて、襖で仕切る「書院造り」は現代の和室の原型にもなっています。

(7)江戸時代、人口が増加した商人や職人が暮らす江戸の町人地では棟割長屋とよばれる建物が増えました。江戸は武士が政治をおこなうことを目的につくった都市のため、町人や商人は武家地以外の狭い敷地で暮らすことになりました。そこで考えられたのが、ひとつの屋根の下を数軒の住居に仕切った家屋をつくれる棟割長屋でした。

(8)明治時代、ヨーロッパの科学技術を積極的に導入した結果、一部の人々の暮らしにも西洋風の住居が取り入れられました。洋式の部屋は和風住宅の別棟として建築され、(9)貿易や外交でやってくる外国人を招待し、もてなすときに利用されました。貿易港の居留地には多くの洋館が建築されました。

(10)昭和時代、都市部では中流家庭を中心に木造住居を建築するようになりました。縁側(部屋の外側に設けられた板張りの通路)のある和室と瓦の屋根を基本とし、部屋と部屋の間を襖で仕切りました。ひとつひとつの部屋は普段個室としても利用でき、大人数で食事をするときは襖をあけて大部屋として利用しました。戦後の高度経済成長期に復興が進み、住居は急速に近代化しました。都市部で人口が増加したため、郊外で団地などの集合住宅の建設が進められました。

住居の歴史をひもとくと、先人たちが(11)気候や社会状況に合わせてさまざまな工夫をしてきたことがわかります。

問1　下線部⑴について、日本の制度や工業に関するあとの問いに答えなさい。

⑴　次の文は、日本の選挙制度について説明したものです。空らんにあてはまる語句は何ですか。それぞれ漢字で答えなさい。

現在、衆議院議員の選挙は、国民が候補者に投票して、各選挙区から1人が選出される（ A ）制と、国民が政党に投票して、得票に応じて各政党へ議席が配分される（ B ）制の2つの選挙制度を組み合わせた制度でおこなわれている。

⑵　次の3枚のカードは、ある生徒が基本的人権を学習する際に作成したものです。3つのカードでのべている権利や考え方に<u>ふくまれないもの</u>はどれですか。あとから1つ選び、記号で答えなさい。

カード1	カード2	カード3
人種、信条、性別、社会的身分または門地による差別をしない	慎重かつ適切な判断が必要な社会全体の利益	だれからも制限されない思想と身体と財産

ア　自由権　　イ　社会権　　ウ　平等権　　エ　公共の福祉

⑶　次のグラフは、中京工業地帯、京葉工業地域、瀬戸内工業地域のいずれかの出荷額の割合(2019年)をしめしたものです。グラフと工業地帯、地域の組み合わせとして正しいものはどれですか。あとから1つ選び、記号で答えなさい。

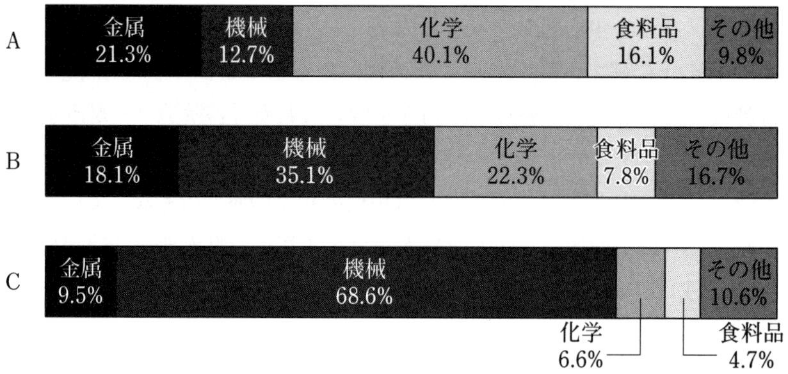

『日本国勢図会 2023/24』より作成

	A	B	C
ア	瀬戸内工業地域	中京工業地帯	京葉工業地域
イ	瀬戸内工業地域	京葉工業地域	中京工業地帯
ウ	中京工業地帯	瀬戸内工業地域	京葉工業地域
エ	中京工業地帯	京葉工業地域	瀬戸内工業地域
オ	京葉工業地域	瀬戸内工業地域	中京工業地帯
カ	京葉工業地域	中京工業地帯	瀬戸内工業地域

問２　下線部(2)について、次の会話文は縄文時代をテーマにした授業における先生と生徒のものです。これを読んで、あとの問いに答えなさい。

生徒：縄文時代は今から１万年以上も前の社会なのに、どうして生活のようすがわかるのですか。

先生：この時代を記録した書物はないですが、(A)縄文時代の人たちが使っていたモノから手がかりをつかめるからです。

生徒：たとえば、どういうモノがありますか。

先生：獲物(えもの)を射とめるための弓矢の先や、毛皮をはぎとるための黒曜石などです。これらのモノから縄文時代の人たちが黒曜石を加工して利用したことがわかっています。

生徒：道具を手がかりにして縄文時代の生活を推測できるのですね。

先生：また、黒曜石やひすい※という石を手がかりにすると、(B)縄文時代の人びとが交易をおこなっていたと考えられます。

※ひすい…縄文時代の人たちが腕輪(うでわ)や耳輪、首飾(くびかざ)りとして利用した宝石のこと

(1)　下線部(A)について、右の写真は、東京大学総合研究博物館で撮影(さつえい)した縄文時代の遺跡から出土した遺物です。これについてのべた文として正しいものはどれですか。次から１つ選び、記号で答えなさい。

ア　漁労がおこなわれたことをしめす道具である。
イ　農耕が本格化したことをしめす鉄器である。
ウ　争いが本格化したことをしめす武器である。
エ　朝鮮半島とつながりがあったことをしめす土器である。

(2)　下線部(B)について、縄文時代の人たちが交易をおこなっていたと考えられる理由は何ですか。次の図を参考にして説明しなさい。

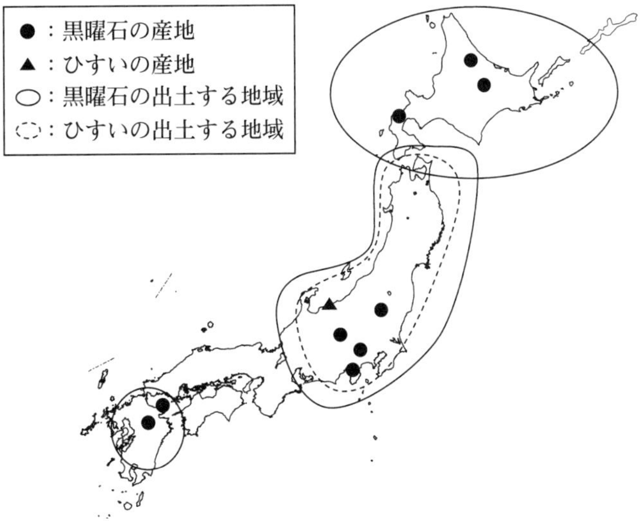

問3　下線部(3)について、山形県の庄内平野で稲作をいとなむ人たちは、夏に吹(ふ)くあたたかく乾(かわ)いた風を「宝の風」とよんでいます。この風が吹くと、ぬれた稲の葉が乾いて病気にかからず、丈夫(じょうぶ)な稲が育つことからこの名前がつきました。「宝の風」が吹く方向と風の名称(めいしょう)の組み合わせとして正しいものはどれですか。あとから1つ選び、記号で答えなさい。

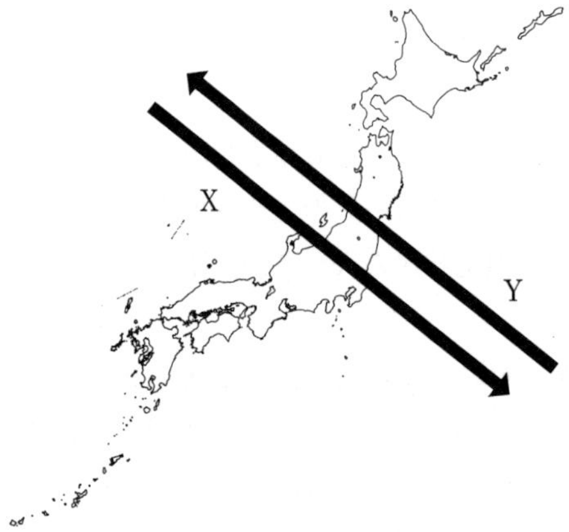

	風の方向	風の名称
ア	X	やませ
イ	X	季節風
ウ	Y	やませ
エ	Y	季節風

問４　下線部(4)について、あとの問いに答えなさい。

(1)　次のグラフは、にんじん、キャベツ、ねぎ、レタスの生産量の都道府県別割合と生産量(2018年)をあらわしています。グラフから読み取ることができる内容として正しいものはどれですか。あとから１つ選び、記号で答えなさい。

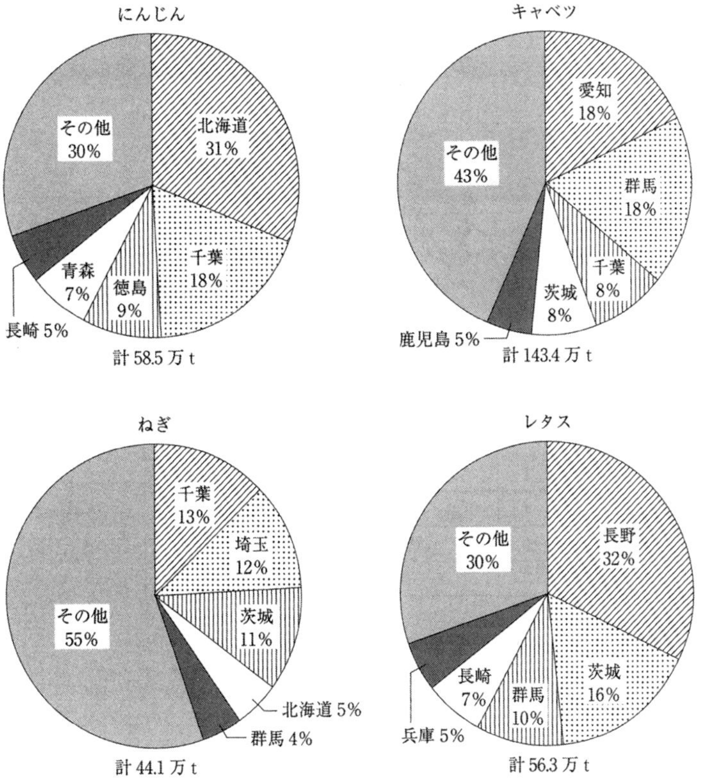

農林水産省「野菜生産出荷統計」(2020年)より作成

ア　北海道のにんじんの生産量は約６万tである。

イ　キャベツの生産量上位５県のうち、関東地方の県の生産量をあわせた割合は、全体の生産量の50％をこえる。

ウ　茨城県は、キャベツの生産量よりねぎの生産量の方が少ない。

エ　群馬県のねぎとレタスそれぞれの全体の生産量にしめる割合を比べると、ねぎの割合が高い。

⑵　次のグラフは、富山県、長野県、鹿児島県の農業産出額に占める畜産、野菜、米などの産出額の割合（2020年）をあらわしています。Ⅰ～Ⅲの組み合わせとして正しいものはどれですか。あとから１つ選び、記号で答えなさい。

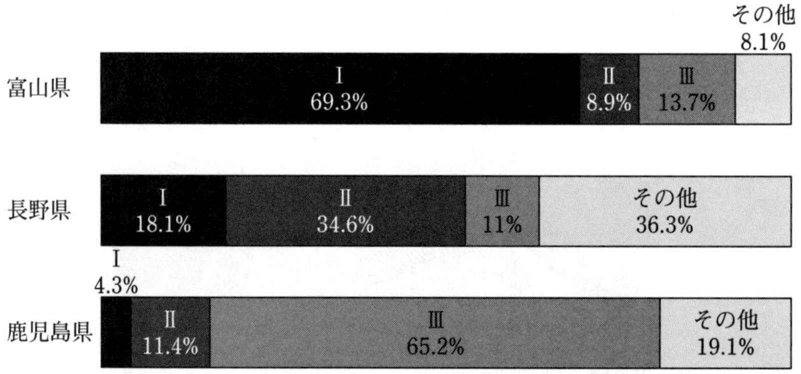

『日本国勢図会 2023/24』より作成

ア　Ⅰ－野菜　Ⅱ－米　Ⅲ－畜産
イ　Ⅰ－野菜　Ⅱ－畜産　Ⅲ－米
ウ　Ⅰ－畜産　Ⅱ－米　Ⅲ－野菜
エ　Ⅰ－畜産　Ⅱ－野菜　Ⅲ－米
オ　Ⅰ－米　Ⅱ－野菜　Ⅲ－畜産
カ　Ⅰ－米　Ⅱ－畜産　Ⅲ－野菜

⑶　宮崎県や高知県のピーマンやなすの農家がさかんに取りいれている栽培方法と、その栽培方法により出荷されている農作物の出荷時期の組み合わせとして正しいものはどれですか。次から１つ選び、記号で答えなさい。

	栽培方法	出荷時期
ア	促成栽培	冬～春
イ	促成栽培	夏～秋
ウ	抑制栽培	冬～春
エ	抑制栽培	夏～秋

問５　下線部⑸について、次の文章は、鎌倉幕府の政治に関して説明したものです。空らんにあてはまる語句の組み合わせとして正しいものはどれですか。あとから１つ選び、記号で答えなさい。

> 鎌倉幕府の初代将軍であった源頼朝が亡くなった後、幕府の実権は北条氏がにぎった。北条氏は初代時政を筆頭に、将軍を補佐する（　Ａ　）という立場から幕府の政治を導いた。1232年、３代（　Ａ　）の北条泰時は武家社会での慣習や道徳をもとに（　Ｂ　）という御家人のきまりを制定した。

ア　Ａ－管領　Ｂ－御成敗式目　　イ　Ａ－管領　Ｂ－武家諸法度
ウ　Ａ－執権　Ｂ－御成敗式目　　エ　Ａ－執権　Ｂ－武家諸法度

問６　下線部⑹について、室町時代には室町幕府将軍のあとつぎ問題や守護大名の対立などをめぐって、応仁の乱がおこりました。あとつぎ問題のきっかけとなった８代将軍はだれですか。漢字で答えなさい。

問７　下線部(7)について、1866年、薩摩藩と長州藩は密約を結んで、幕府に対抗する態度を固めました。これに対して将軍徳川慶喜は、1867年に政権を朝廷に返す方針を表明しました。この方針を何といいますか。漢字で答えなさい。

問８　下線部(8)について、次の文は、明治時代に建設された八幡製鉄所に関して説明したものです。空らんにあてはまる語句の組み合わせとして正しいものはどれですか。あとから１つ選び、記号で答えなさい。

> 福岡県に八幡製鉄所が建設された理由は、当時日本有数の（ Ａ ）の産地が県内にあり、日本で産出量が少ない（ Ｂ ）の輸入先であった中国が近かったからである。

ア　Ａ－石油　　Ｂ－石炭　　イ　Ａ－石油　　Ｂ－鉄鉱石
ウ　Ａ－石炭　　Ｂ－石油　　エ　Ａ－石炭　　Ｂ－鉄鉱石
オ　Ａ－鉄鉱石　Ｂ－石炭　　カ　Ａ－鉄鉱石　Ｂ－石油

問９　下線部(9)について、次の表は、日米修好通商条約締結後、貿易が本格化した1860年以降の貿易額のうつりかわりを貿易港ごとにまとめたものです。この表に関してのべたあとの文の正しい・まちがいの組み合わせとして正しいものはどれですか。あとから１つ選び、記号で答えなさい。

	輸出高(単位：万ドル)				輸入高(単位：万ドル)			
年	全国	長崎	箱館	横浜	全国	長崎	箱館	横浜
1860	471.4	60.0	15.9	395.4	165.9	70.0	1.3	94.6
1862	791.8	144.0	17.3	630.5	421.5	112.9	1.2	307.4
1864	1057.2	116.0	41.5	899.7	810.2	241.0	13.8	565.4
1866	1661.7	199.5	52.1	1410.0	1577.1	400.5	3.1	1173.5

『図説日本の歴史13　世界情勢と明治維新』より作成

> Ａ　貿易額が高いのは横浜で、すべての年で輸出高・輸入高ともに全国の半分以上である。
> Ｂ　長崎は箱館より輸出入とも取引高が高く、どの年も輸出高が輸入高を上回っている。

ア　Ａ－正しい　　Ｂ－正しい　　イ　Ａ－正しい　　Ｂ－まちがい
ウ　Ａ－まちがい　Ｂ－正しい　　エ　Ａ－まちがい　Ｂ－まちがい

問10　下線部(10)について、次のメモは、ある生徒が歴史の授業の宿題で、おばあさんに昭和時代のできごとをインタビューしてまとめたものです。年代の古いものからならべて記号で答えなさい。

ア
> 日中平和友好条約が結ばれる時に中国の副総理が日本に来たのをニュースで見た。

イ
> 朝鮮戦争がおこり、父の勤めていた車の整備工場に戦車の修理が殺到した。

ウ
> 沖縄が日本に返還され、沖縄へ旅行するのにパスポートが不要になった。

エ
> 東京オリンピック開会直前に東海道新幹線が開通して、大きな話題になった。

問11　下線部⑾について、次の雨温図は、金沢市、長野市、静岡市、神戸市のものです。このうち、神戸市にあたるものはどれですか。次から１つ選び、記号で答えなさい。

ア

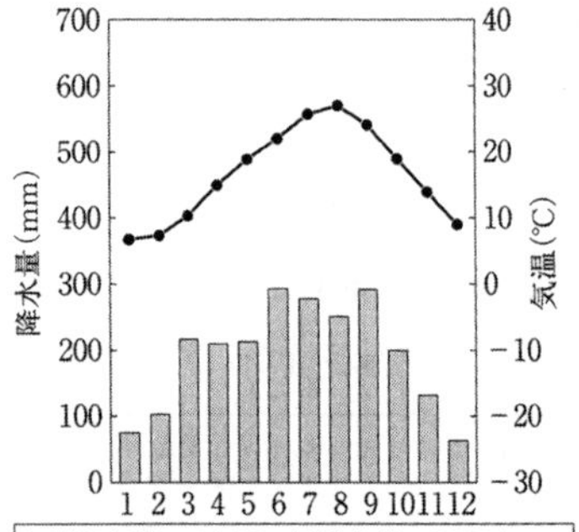

年平均気温：16.6℃　年降水量：2325.0 mm

イ

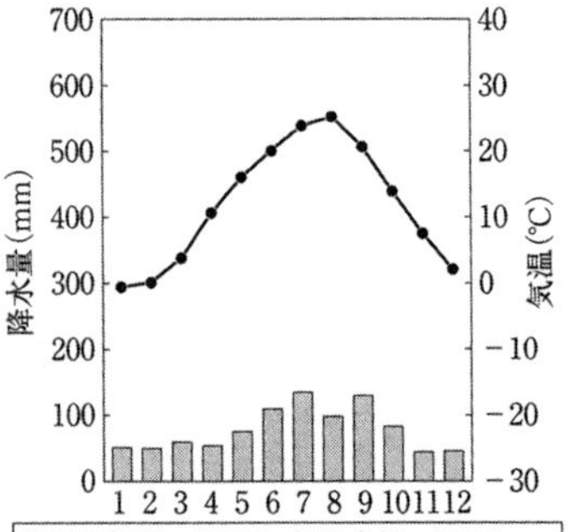

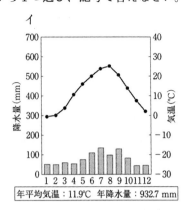

年平均気温：11.9℃　年降水量：932.7 mm

ウ

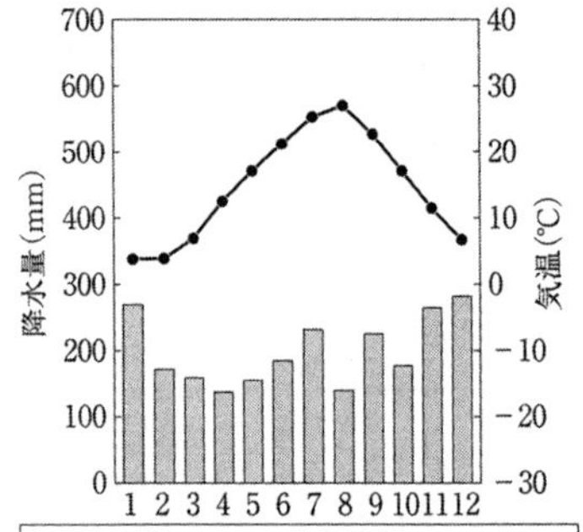

年平均気温：14.6℃　年降水量：2398.9 mm

エ

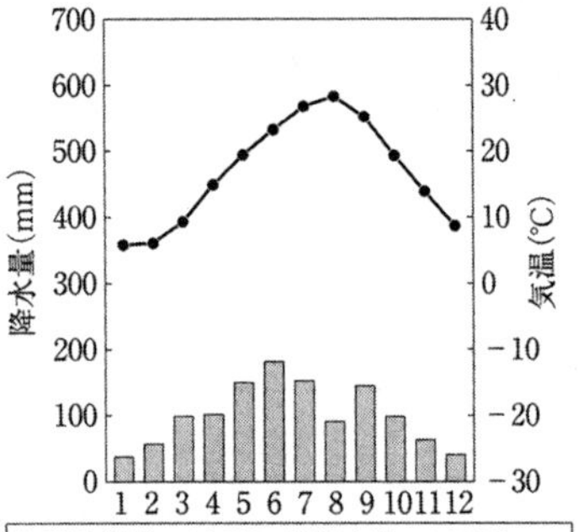

年平均気温：16.7℃　年降水量：1216.3 mm

2　次の会話文は、社会の課題図書『巨大おけを絶やすな！日本の食文化を未来へつなぐ』(竹内早希子著、岩波書店、2023年)を読んだ生徒Ｘと生徒Ｙのものです。これを読んで、あとの問いに答えなさい。

生徒Ｘ：社会の授業でこの本が紹介(しょうかい)されたとき、「なんで巨大おけ？」と思ったけど、読んでみたらとても面白かった。

生徒Ｙ：この本を読んで、木おけをつくる技術にびっくりしたよ。⑴板と板を、竹くぎでとめて、たが(竹でつくった輪)で締(し)めているだけなのに、なかの液体をもらさないってすごい。しかも、⑵100年以上も使えるなんて。

生徒Ｘ：でも、⑶木おけでつくられていた酒やしょうゆが、ステンレス製やプラスチック製のタンクでつくられるようになって、木おけ職人の数が激減してしまったんだよね。

生徒Ｙ：うん。そして⑷日本最後のおけ屋さんも廃業(はいぎょう)することになり、本当に木おけをつくれる人がいなくなってしまう…というなかで立ち上がったのが、⑸香川県の小豆島(しょうどしま)でしょうゆをつくっている山本康夫さん。

生徒Ｘ：山本さんは、自分たちで木おけをつくろうと仲間とともにおけ屋さんに修行に行ったんだよね。

生徒Ｙ：技術を身につけるのも、材料となる巨大な⑹杉(すぎ)や竹の調達も大変そうだったけど、諦(あきら)めないところがすごいと思ったよ。

生徒Ｘ：私がすごいと思ったのは、自分たちの力で木おけをくみ上げてそれで終わりにしなかったことだな。

生徒Ｙ：全国のしょうゆ屋さんにみんなで木おけをつくろうとよびかけて、木おけづくりの技術や木おけ仕込み（じこ）の価値を広めているんだよね。

生徒Ｘ：2020年には、福島県郡山市の人たちとの交流からチーム福島が誕生して、木おけづくりは(7)東北や(8)北海道にも広がっているね。

生徒Ｙ：山本さんたちは、2021年に木おけ仕込みのしょうゆを海外に(9)輸出するための団体をスタートさせてもいるよ。

生徒Ｘ：日本でも海外でも木おけ仕込みのしょうゆを買う人が増えれば、木おけを使ってしょうゆをつくるしょうゆ屋さんがきっと増えるね。

生徒Ｙ：本には、新たに木おけ仕込みに挑戦（ちょうせん）するしょうゆ屋さんがでてきたね。このしょうゆ屋さんの(10)木おけはSDGsにもつながるという話、たしかにと思ったよ。

生徒Ｘ：木おけからいろいろなことにつながっていくね。私たちでもっと調べてみよう。

問１　木おけは奈良時代からありましたが、木の幹をくりぬいたり、薄（うす）い板を筒（つつ）状にまげたりしてつくられました。下線部(1)のようなおけづくりの技術が各地に広まったのは室町時代以降です。この技術は、日本の食文化や流通のしくみを変え、経済を発展させたといわれています。あとの問いに答えなさい。

(1)　次の文章は、下線部(1)のような技術によって経済が発展した理由をまとめたものです。空らんにあてはまる語句を〈資料１〉を参考にして答えなさい。

> この技術により、［　　　　］ことができるようになって、酒やしょうゆ、みそ、酢（す）などの発酵（はっこう）調味料を大量生産できるようになった。生産が増えたことで輸送も活発になり、経済が発展した。

〈資料１〉

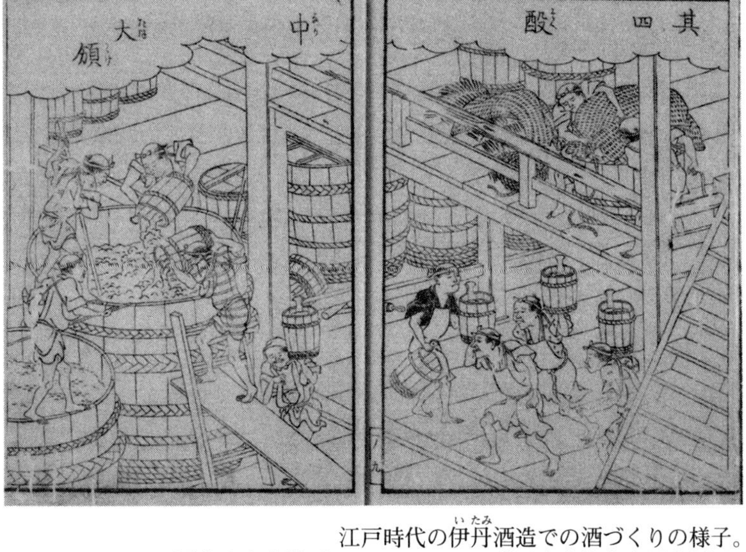

江戸時代の伊丹（いたみ）酒造での酒づくりの様子。
国立公文書館デジタルアーカイブ『日本山海名産図会』より

⑵　次の文章は、〈資料２〉についてのべたものです。空らんにあてはまる語句の組合せとして正しいものはどれですか。あとから１つ選び、記号で答えなさい。

> 〈資料２〉は、化政文化のころに（ A ）がおけ職人の仕事の様子をえがいた浮世絵である。このような浮世絵は、（ B ）。

〈資料２〉

葛飾北斎《富嶽三十六景　尾州不二見原》東京富士美術館蔵
「東京富士美術館収蔵品データベース」収録
(https://www.fujibi.or.jp/collection/artwork/06152/)

ア　A－葛飾北斎　　B－城のふすまや屏風の装飾に使われた
イ　A－葛飾北斎　　B－版画として大量につくられた
ウ　A－狩野永徳　　B－城のふすまや屏風の装飾に使われた
エ　A－狩野永徳　　B－版画として大量につくられた

問２　下線部⑵について、今から約100年前の1923年９月１日に、相模湾を震源とするマグニチュード7.9の大地震が発生しました。あとの問いに答えなさい。

⑴　この大地震により、関東一円に被害をおよぼした災害を何といいますか。漢字で答えなさい。

⑵　⑴の混乱のなかで、多くの朝鮮人や中国人、社会主義者が殺されました。この原因のひとつにデマがあります。現在、だれもがＳＮＳなどで情報を発信できるようになり、災害時には被害状況の把握などで役立つ一方、デマが流れる危険性は高まっているといわれています。災害時のＳＮＳの情報で気をつけるべきこととして**適切ではないもの**はどれですか。次から１つ選び、記号で答えなさい。

ア　災害の状況はどんどん変化するので、情報の発信日時を確認し、最新のものをえるようにする。
イ　情報の発信者が信頼できるかどうか確認するため、プロフィールが実名か、過去にあやしい投稿をしていないか見るようにする。
ウ　自分が重要だと思った情報はすぐに拡散し、多くの人に知らせるようにする。
エ　ＳＮＳだけではなく、国や地方公共団体などの公的機関やテレビ、新聞などの情報も確認するようにする。

問３　下線部(3)について、この変化の背景を説明した次の文章を読んで、あとの問いに答えなさい。

> アジア・太平洋戦争中、そして戦後と、酒蔵はきびしい状況に置かれた。食べるものがなくて飢え死にする人がたくさんいるなかで、米を発酵させてアルコールにする酒はとてもぜいたくなものだった。そのため、酒をつくる量を極端に制限しなければならなかった。新しいおけもつくられなくなった。
>
> 戦争が終わり、［　　　］の統治がはじまったが、彼らには日本の酒やしょうゆづくりがおかしなものにうつった。「木おけは木の肌で酒を吸うので酒蔵が損をする」「木おけは不潔で時代遅れなもの」と考え、木おけを使わないように指導したりした。こうして木おけ仕込みの酒やしょうゆの生産量が激減し、現在はほとんどがステンレス製やプラスチック製のタンクでつくられるようになった。

(1)　下線部について、この時代の酒の生産量の制限に直接的にかかわるできごととして正しいものはどれですか。次から１つ選び、記号で答えなさい。

ア　教育勅語が制定された。　　イ　治安維持法が制定された。

ウ　世界恐慌がおこった。　　　エ　国家総動員法が制定された。

(2)　空らんにあてはまる語句は何ですか。答えなさい。

問４　下線部(4)について、この製桶所は大阪府堺市にありました。あとの問いに答えなさい。

(1)　堺市は、大阪府にかわって福祉や行政などの多くの事務をおこなうことができると指定された都市です。このような都市を何といいますか。漢字で答えなさい。

(2)　堺市は、古くから商業、工業のまちとして発展しました。堺市についてのべた文としてまちがっているものはどれですか。次から１つ選び、記号で答えなさい。

ア　戦国時代は、大名の支配を受けず有力な商人がおさめる自由都市として知られた。堺を訪れた宣教師ザビエルが「日本第一の市場」とたたえたといわれる。

イ　江戸時代になると、それまで堺でさかんに生産された火縄銃の需要が減り、鉄砲鍛冶職人から包丁をつくる者が増えた。現在も堺の地場産業として包丁は有名である。

ウ　高度経済成長期には、内陸部に位置する堺市に大規模な製鉄所や石油化学コンビナートができて重化学工業が発達した。一方で、地盤沈下などの公害が発生した。

エ　1980年代以降、工場の空き地が目立つようになった。しかし、2000年代に入ると、堺市の働きかけなどにより、液晶パネルなどの大工場が次々とつくられた。

問５　下線部(5)について、小豆島はしょうゆだけでなく、オリーブの産地としても有名です。小豆島の気候の特色から、オリーブの栽培にはどのような条件が適していると考えられますか。答えなさい。

問６　下線部⑹について、おけづくりに使われる杉として吉野杉が有名です。あとの問いに答えなさい。

⑴　吉野杉の生産地がふくまれる山地として正しいものはどれですか。次の地図から１つ選び、記号で答えなさい。

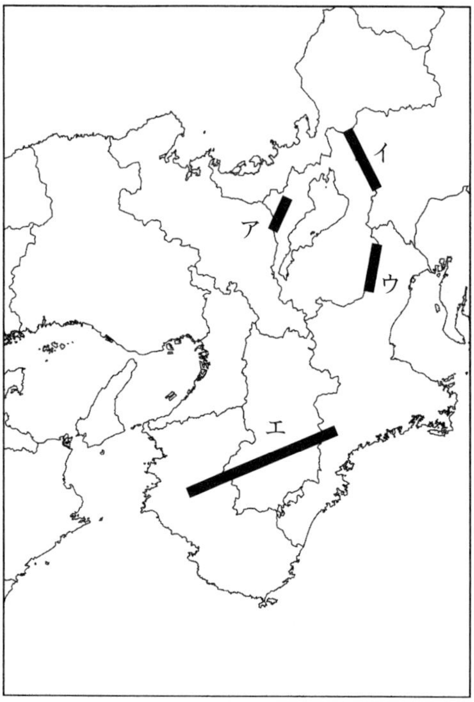

⑵　吉野杉は、年輪がつまっていて強く、まっすぐで色が美しいことで知られています。こうした吉野杉の特徴（とくちょう）は、ほかの林業地域よりも苗木（なえぎ）を密に植えることで生み出されています。木と木の間がせまいため、木が若い時には太くなりすぎることがありません。木が育つと、だんだん山林が暗くなるので、木を切り倒（たお）して風通しや日当たりをよくします。この作業を何度もおこなって残った木は年輪が細かく均一になります。この作業を何といいますか。答えなさい。

⑶　日本の林業についてのべた文として**まちがっているもの**はどれですか。次から１つ選び、記号で答えなさい。

ア　日本は国土のおよそ３分の２が森林で、かつては豊かな森林資源を利用した林業がさかんにおこなわれた。

イ　国産の木材の価格が外国産と比べて高くなったため、現在は外国産の安い木材を輸入することが多い。

ウ　林業につく人口は急速に減少しているが、農業や水産業よりは従事する人が多い。

エ　近年は災害や気候変動を防ぐなど環境（かんきょう）面から林業が注目され、企業（きぎょう）が森づくりに協力するなどの取り組みがみられる。

問７　下線部(7)について、あとの問いに答えなさい。

(1)　次の表は、東北地方６県の産業についてまとめたものです。空らんには宮城県、山形県、福島県のいずれかがあてはまります。空らん（ A ）・（ B ）にあてはまる県名の組み合わせとして正しいものはどれですか。あとから１つ選び、記号で答えなさい。

県名	果実産出額(2020年)(億円)	漁業産出額(2020年)(億円)	製造品出荷額(2019年)(億円)	年間商品販売額(はんばい)(2015年)(十億円)
青森県	906	454	17504	3380
（ A ）	299	99	51232	4901
岩手県	142	306	26435	3501
秋田県	89	27	12998	2396
（ B ）	30	718	45590	12151
（ C ）	729	22	28679	2588

『データでみる県勢2023』より作成

ア　A－宮城県　　B－山形県　　　イ　A－宮城県　　B－福島県
ウ　A－山形県　　B－宮城県　　　エ　A－山形県　　B－福島県
オ　A－福島県　　B－宮城県　　　カ　A－福島県　　B－山形県

(2)　東北地方では、再生可能エネルギーの活用が各地で進められています。次の地図は、ある再生可能エネルギーの発電所をしめしたものです。この再生可能エネルギーとして正しいものはどれですか。あとから１つ選び、記号で答えなさい。

ア　風力　　イ　太陽光　　ウ　地熱　　エ　水力

問８　下線部(8)について、次の文章は2022年９月27日の日本経済新聞の記事です（出題の関係上、一部変更(へんこう)してあります）。これを読んで、あとの問いに答えなさい。

北海道網走(あばしり)市の水谷洋一(A)市長は（ B ）省で葉梨康弘(はなしやすひろ)（ B ）大臣に会い、網走刑務所(けいむしょ)（網走市）の(C)受刑者が作った木桶で仕込んだ日本酒「網走　木桶仕込み」を渡した。葉梨大臣は「皆さんの創意工夫で素晴らしい取り組みになっている。再犯防止と地域創生に協力してもらい感謝している」と述べた。

日本酒は上川大雪酒造(北海道上川町)が帯広畜産大学構内に持つ「碧雲蔵」(北海道帯広市)で醸造した。６月末から仕込みを始め、720ミリリットル入りのビン約1000本分ができた。木桶製作には香川県小豆島で製作技術を受け継ぐ活動をしている職人が携わった。

⑴　下線部Ⓐについて、市長についてのべた文として**まちがっているもの**はどれですか。次から１つ選び、記号で答えなさい。

ア　市議会は市長に不信任の議決をおこなうことができる。

イ　市長は市議会を解散させることができない。

ウ　市長の被選挙権は満25歳以上の日本国民に認められている。

エ　市長の任期は４年である。

⑵　空らん(　B　)にあてはまる、刑務所を管轄している省庁はどれですか。次から１つ選び、記号で答えなさい。

ア　国土交通　　イ　厚生労働　　ウ　法務　　エ　文部科学

⑶　下線部Ⓒについて、犯罪をおこなった疑いのある人を調べ、有罪か無罪か、有罪ならばどのような刑を科すかを決める裁判を何といいますか。「～裁判」に合う形で答えなさい。

問９　下線部⑼について、あとの問いに答えなさい。

⑴　次のグラフは、日本のおもな港の貿易額(2020年)をしめしたものです。図中の空らんには東京国際空港、東京港、成田国際空港のいずれかが、A・Bには輸入額と輸出額のいずれかがあてはまります。空らん(　あ　)と(　う　)とAにあてはまるものの組み合わせとして正しいものはどれですか。あとから１つ選び、記号で答えなさい。

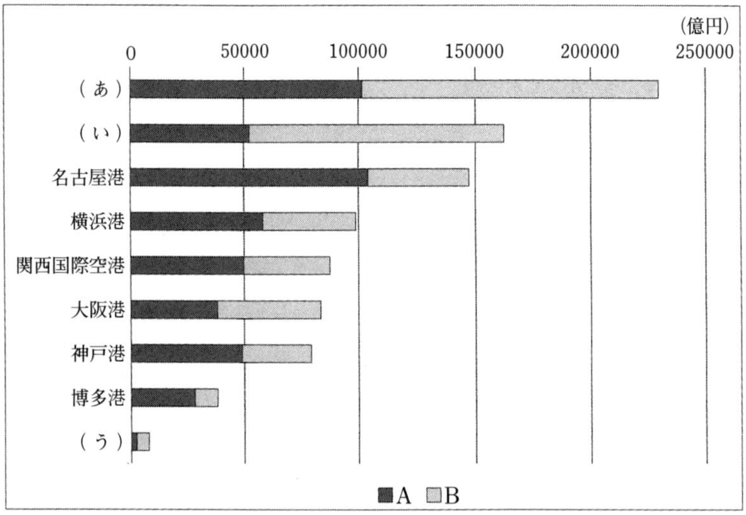

『日本国勢図会 2022/23』より作成

ア　あ－成田国際空港　　う－東京国際空港　　A－輸入額

イ　あ－成田国際空港　　う－東京国際空港　　A－輸出額

ウ　あ－東京港　　　　　う－東京国際空港　　A－輸入額

エ　あ－東京港　　　　　う－東京国際空港　　A－輸出額
オ　あ－東京国際空港　　う－成田国際空港　　A－輸入額
カ　あ－東京国際空港　　う－成田国際空港　　A－輸出額

(2)　自由な貿易を拡大することを目的に、貿易のルールづくりなどをおこなう、1995年に設立された国際機関を何といいますか。答えなさい。

問10　下線部(10)について、次のメモは、生徒Yが課題図書『巨大おけを絶やすな！日本の食文化を未来へつなぐ』を読んで、SDGsに関係しそうだと思った文章を書き出したものです。

〈メモ1〉

p 40－41
「江戸時代、数ある職業の中で、かせぎが良かったのは酒蔵でした。大桶づくりにはお金がかかりますが、まず、お金を持っている酒蔵が新桶を注文します。ここが木桶のサイクルのスタートです。
　酒蔵が新しい桶でお酒を醸(かも)しているうちに、二〇年から三〇年たつと木桶からお酒がしみ出すようになってきます。
　そうなったら、大桶を一度解体し、ばらした板を削(けず)って組み直し、次は醤油(しょうゆ)屋に引き取られます。醤油には塩分があるので、塩の効果で木桶は腐(くさ)りにくく、塩分が固まって隙間(すきま)をうめるためにもれづらくなり、技術の高い桶職人がつくった桶であれば、さらに一〇〇年近く使うことができます。」

〈メモ2〉

p 196
(2022年に新たに木おけを買ったしょうゆ屋さんの話)
「うちの蔵で主に使っているのはコンクリート槽(そう)です。コンクリートは、年月が経って劣化すると処分が大変です。産業廃棄物になってしまう。
　息子たちが跡(あと)をついでくれるという話が出たとき、長い目で考えると木桶が良いね、という話になりました。SDGs(持続可能な開発目標)じゃないですが、長く使えて自然に還(かえ)せるという。」

〈メモ3〉

p 203－204
(吉野で林業をしている人の話)
「杉が育つまでに一〇〇年かかります。桶づくりの技術が残っても、一〇〇年後に桶材が出せないかもしれません。そんな状況は良くないって思ってます。桶文化が続いていくしかけをしないと。(中略)
　今、吉野の仲間のなかで、小さな山でもいいので、一〇〇年後につなぐ吉野杉の山をつくって苗木を植えよう、という話が出てます。これは、必ずやらないかんと思ってます」

これらのメモから、木おけの技術を守ることと関係が深いと考えられるSDGsの目標はどれですか。次から２つを選び、記号で答えなさい。

ア

イ

ウ

エ

オ

カ

雙　葉　中　学　校

—30分—

1　次の文を読んで、後の問に答えなさい。

近年、国内外で、気温が上昇したり、記録的な豪雨や台風がたびたび起こったりするなど、気候変動の影響による異常気象が発生しています。現在の気候変動を引き起こす原因の一つとなっているのが、人間の経済の営みです。経済成長により私たちの生活が便利になる一方で、公害による健康被害や、自然環境の破壊が起こっています。

日本では、高度経済成長期に重化学工業が大きく発展する中、水や大気の汚染が広がり、①四大公害病に代表される、深刻な公害問題が起こりました。公害を引き起こした企業を訴える②裁判が開かれ、しだいに③公害対策を求める国民世論も高まっていきました。公害に対する社会的関心が大きくなる中で、④国会では新しく法律が制定されました。

世界全体で見ると、地球温暖化が進んでいます。経済が成長し、さらにその規模が大きくなると、その分だけ多くの資源が消費されるようになって、⑤大気中に出される二酸化炭素などの温室効果ガスが増加することにつながります。この他にも、熱帯雨林の減少や砂漠化、水や大気の汚染、酸性雨など、さまざまな環境問題が引き起こされています。このような自然環境の変化や破壊によって、居住地を失ってしまった「環境難民」も発生しています。環境の悪化が、⑥紛争の原因になることもあります。例えば、異常気象によって干ばつが発生し、深刻な被害をもたらすようになると、水資源をめぐる争いなどが起こります。

これまでは、大量生産と大量消費によって実現する、経済成長が求められてきました。しかし現在起こっている問題を考えたとき、地球環境と未来の世代を守るためには、私たちの生活のしくみそのものを見直す必要があるのかもしれません。

問1　下線部①について。四大公害病が発生した市の一つでは、地球規模での水銀汚染を防止するための条約について外交会議が開かれ、条約が採択されました。2017年に発効したこの条約の名前にもなっている市はどこですか。県名とともに答えなさい。

問2　下線部②について。日本の裁判や裁判所に関する説明として、正しいものを次のイ～ニから一つ選び、記号で答えなさい。

イ　裁判で有罪が確定し、その後無実の罪であると明らかになったことは、これまでに一度もない。

ロ　最高裁判所だけでなく、高等裁判所や地方裁判所も、法律が憲法に違反していないかを審査することができる。

ハ　裁判員裁判では、国民の感覚を裁判に反映させるために、裁判員だけで有罪か無罪かを決める。

ニ　裁判所だけでなく内閣や国会も、必要な場合には犯罪行為についての裁判を開き、刑罰を決めることができる。

問3　下線部③について。公害が大きな社会問題となる中で、環境権が人権として主張されるようになりました。環境権は、「良好な環境で生活するための権利」ですが、「人間らしい生活を送ることができるように、国家による国民生活への積極的な関わりを、国民が求める権利」という性質を持っています。これと同じ性質の権利を、次のイ～へから二つ選び、記号で答えなさい。

イ　教育を受ける権利　　　　　ロ　法のもとの平等

ハ　居住や移転、職業を選ぶ自由　ニ　仕事に就いて働く権利

ホ　政治に参加する権利　　　　ヘ　思想や学問の自由

問４　下線部④について。法律の制定に関する説明として、正しくないものを次のイ～ニから一つ選び、記号で答えなさい。

イ　日本国憲法では、国会を「唯一の立法機関」としており、国会だけが法律をつくることができる。

ロ　法律案は、必ず参議院よりも先に衆議院に提出することが、日本国憲法で定められている。

ハ　法律案は、まず委員会で話し合い、採決された後に本会議へ送られることになっている。

ニ　法律案は、本会議で行う多数決で、出席した国会議員の過半数の賛成により可決される。

問５　下線部⑤について。

(1)　国際連合は、気候変動枠組条約を採択し、温室効果ガスの削減目標を定めるなど、取り組みをしてきました。日本もこの条約を結んでいます。条約を結ぶ手続きについて説明した、次の文中の（ イ ）（ ロ ）にそれぞれふさわしい語句を入れなさい。

　日本国憲法では（ イ ）を、条約を結ぶ国の機関として定めています。ただし、事前に、あるいは事後に国会の（ ロ ）を経ることを必要とする、としています。

(2)　右の図は、2019年の世界の温室効果ガス排出量の割合です。図中の（ Ａ ）と（ Ｂ ）にあてにはまる国名を、それぞれ答えなさい。

図　世界の温室効果ガス排出量の割合（2019）

※二酸化炭素換算

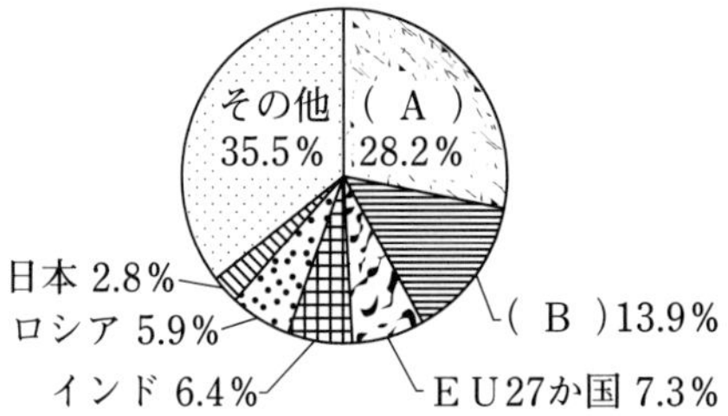

（『日本国勢図会　2022/23』により作成）

(3)　現在は先進国グループよりも、発展途上国（急速な経済成長が進む国をふくむ）グループの方が、温室効果ガスの排出量が多くなっています。温室効果ガスの削減に向けた国際社会の取り組みの中で、「各国は、現在のそれぞれの排出量に合わせた削減目標を設定するべきだ」、という先進国側の意見がありました。発展途上国の立場に立って、この先進国側の意見に対する反対意見を考え、「先進国は、～」の言葉に続けて書きなさい。

問６　下線部⑥について。世界各地で起こる紛争の原因として、環境の悪化の他に、政治上の理由や、民族、宗教上の対立などがあります。

(1)　第二次世界大戦後、ユダヤ教、キリスト教、イスラム教の聖地エルサレムがある地域にイスラエルが建国されると、これをきっかけとしてイスラエルとアラブの国ぐにとの間で戦争が起こりました。その後もこの地域をめぐって、数回にわたり戦争が繰り返され、多くの難民が発生しました。現在もイスラエルとこの地域に住む人びととの間で対立が続いています。この問題を何といいますか。

(2)　国際連合は、紛争や戦争の拡大を防止したり、民主的な選挙が行われるように監視したり、復興のための道路整備などを行っています。この国際連合の活動を何といいますか。

2　日本は古い時代から、朝鮮半島や中国と密接な関係をもってきました。次の年表を見て、問に答えなさい。

西暦	出来事
	A　約1万年前、気候の温暖化により大陸から切り離(はな)され、日本列島が形成される
	B　朝鮮半島などから移り住んだ人びとが技術を伝え、日本で米づくりがはじまる
400年	
	C　朝鮮半島や大陸から日本に移り住む渡来人が多くなる
600年	
	D　小野妹子が使節として（ あ ）の皇帝に手紙を渡す
	E　日本が（ い ）と新羅の連合軍と白村江で戦う
700年	
	F　鑑真が（ い ）から来日する
800年	
	G　（ い ）に使節を派遣(はけん)することを中止する
1200年	
	H　（ う ）が二度にわたって日本を攻撃(こうげき)する
1400年	
	I　足利義満が（ え ）との貿易をはじめる
1600年	
	J　将軍の代がわりの時などに、朝鮮から使節が来日するようになる
	K　朝鮮半島をめぐる対立からおこった（ お ）との戦争に、日本が勝利する
1900年	
	L　日本が大韓帝国を併合し、朝鮮半島を植民地とする
	M　日本と大韓民国が国交を開く
	N　日本と（ か ）との国交が正常化する

問1　年表中の（ あ ）～（ か ）について。

(1)　（ あ ）～（ お ）には、中国の王朝名がそれぞれ入ります。組み合わせとして、正しいものを次のイ～へから選び、記号で答えなさい。なお、同じ記号の（　　）には同じ王朝名が入ります。

イ	あ－漢	い－隋	う－元	え－明	お－清
ロ	あ－隋	い－唐	う－元	え－宋	お－明
ハ	あ－唐	い－隋	う－明	え－元	お－清
ニ	あ－隋	い－唐	う－元	え－明	お－宋
ホ	あ－漢	い－隋	う－唐	え－宋	お－明
ヘ	あ－隋	い－唐	う－元	え－明	お－清

(2)　（ か ）に入る中国の正式国名を答えなさい。

問2　次にあげたイ～チの中で、AとBの間の時期における日本の様子について述べた文として、正しいものはいくつありますか。0～8の数字で答えなさい。

イ　初めて日本に人が住むようになった。

ロ　人や動物などの形をした埴輪がつくられた。

ハ　煮たきをするために土器が使われた。

ニ　人びとの衣料として木綿が広まった。

ホ　邪馬台国の女王卑弥呼が魏に使節を派遣した。

ヘ　狩猟の道具として弓矢が使われた。

ト　寒冷な東北地方には人が住めなかった。

チ　人びとはたて穴住居にくらしていた。

問3　Cについて。

(1)　渡来人が伝えた技術の中に、大陸の進んだ鍛冶の技術がありました。鍛冶の原料と製品の組み合わせとして、ふさわしいものを次のイ～チから一つ選び、記号で答えなさい。

イ　銅・錫－銅鐸　　ロ　鉄－剣・刀　　ハ　木－丸木舟　　ニ　貝－腕輪

ホ　骨・角－釣り針　　ヘ　黒曜石－矢じり　　ト　ひすい－勾玉　　チ　粘土－瓦

(2)　５～６世紀の日本における出来事に関する説明として、正しいものを次のイ～ヘから二つ選び、記号で答えなさい。

イ　ワカタケル大王が埼玉県の稲荷山古墳に葬られた。

ロ　渡来人が伝えた大陸の技術で東大寺が建てられた。

ハ　大和政権は渡来人の力を借りて中国への手紙を作成した。

ニ　中大兄皇子らが大化の改新とよばれる政治改革をはじめた。

ホ　律令とよばれる法律にもとづいた政治がはじまった。

ヘ　蘇我氏などの豪族が大王を中心として連合政権を形成した。

(3)　この頃までに、大陸から日本にある動物が持ちこまれたと考えられています。その動物は、戦いや陸上における移動・運搬手段、田畑の耕作などで使われるようになりました。他の移動・運搬手段が現れた後も、戦場に多数送られたり、生活の場において重要な役割を果たしたりしてきました。その動物とは何ですか。

問4　Dについて。この手紙を見た皇帝は怒ったと記録されています。なぜ怒ったと考えられますか。その説明として、ふさわしいものを次のイ～ニから一つ選び、記号で答えなさい。

イ　日本から使節を毎年派遣することをやめ、10年ごとにすることを告げる内容だったため。

ロ　日本が贈った品物が粗末だったにもかかわらず、大量の高級品を要求する内容だったため。

ハ　中国が日本に使節を派遣しなければ、軍隊を送って攻撃すると書かれていたため。

ニ　中国が主君の立場であるはずなのに、日本が対等の立場で書いた手紙だったため。

問5　Eの戦いは、朝鮮半島のある国を救うためのものでした。その国名を答えなさい。

問6　Fは奈良時代の出来事です。この時代の民衆に関する説明として、正しいものを次のイ～ホから二つ選び、記号で答えなさい。

イ　『万葉集』の中には、農民の生活の苦しさをよんだ和歌も残されている。

ロ　専門的な技術をもつ人が現れ、西陣織や陶磁器などの特産物が税として納められた。

ハ　農民は耕作に専念することが求められ、農業以外の仕事をすることは禁止されていた。

ニ　人びとは団結するために五人組を結成し、一揆や打ちこわしをおこして朝廷に抵抗した。

ホ　農民は一定の年齢になると田を分け与えられ、稲を税として納める義務を負った。

問7　Gの背景の説明として、正しいものを次のイ～ニから一つ選び、記号で答えなさい。

イ　源氏と平氏による内乱が広がり、使節を派遣することができなくなった。

ロ　使節の大使となった菅原道真が、藤原氏と対立して大宰府に送られた。

ハ　かな文字が使われるようになり、使節が漢文を使った外交を行うことができなくなった。

ニ　直接中国に向かう危険な航路が使われたため、使節の船がたびたび遭難（そうなん）した。

問８　Ｈについて。日本を攻撃した（ **う** ）を建国した民族を答えなさい。

問９　Ｉについて。足利義満に関する説明として、正しいものを次のイ～ヘから一つ選び、記号で答えなさい。

イ　足利義満が京都の室町に「花の御所」を建てた。

ロ　足利義満が大名の力をおさえるために参勤交代の制度を整えた。

ハ　足利義満が保護した観阿弥と世阿弥が歌舞伎を大成した。

ニ　足利義満のあとつぎをめぐる対立から応仁の乱がおきた。

ホ　足利義満は金閣の近くに書院造の部屋がある東求堂（とうぐ）を建てた。

ヘ　足利義満が朝廷にせまって執権を置く権利を獲得（かくとく）した。

問10　Ｊについて。

(1)　この時代にはこのような関係がありましたが、これ以前の16世紀末におきたある出来事をきっかけにして、日本と朝鮮との関係は悪化していました。関係が悪化したきっかけの説明として、正しいものを次のイ～ニから一つ選び、記号で答えなさい。

イ　織田信長が、日本への使節派遣を拒（こば）んだ朝鮮を攻撃した。

ロ　対馬の大名が、朝鮮からの攻撃に対する報復をした。

ハ　豊臣秀吉が、大陸の支配をくわだてて朝鮮を攻撃した。

ニ　徳川家康が、日本との貿易を拒否（きょひ）した朝鮮に大軍を送った。

(2)　その後明治時代になると、改めて条約を結んで日本と朝鮮との国交が開かれました。その条約に関する説明として、正しいものを次のイ～ヘから二つ選び、記号で答えなさい。

イ　この条約を結ぶため、山口県の下関に両国の代表が集まった。

ロ　この条約の中に、朝鮮にとって不平等な内容がふくまれていた。

ハ　この条約で、朝鮮の学校で日本語の授業を行うことが決められた。

ニ　この条約によって、日本は台湾と樺太南部をゆずられた。

ホ　この条約で朝鮮を独立国と定めたため、日中の対立が深まった。

ヘ　この条約で、朝鮮との貿易を浦賀で行うことが決まった。

問11　Ｋの後、日本はロシアとも朝鮮半島をめぐる対立から戦争をしました。日本とロシアが講和条約を結んで戦争は終わりましたが、条約の内容に国民の不満は高まりました。それはなぜか、説明しなさい。

問12　ＬとＭの間の時期について。

(1)　この時期におきた出来事を次のイ～リから６つ選び、時期の早い順番に並べた時に、３番目と５番目になるものを記号で答えなさい。

イ　日本の国際連盟脱退（だったい）　　ロ　日本の国際連合加盟

ハ　第一回帝国議会の開催（かいさい）　　ニ　日米安全保障条約の調印

ホ　第一次石油危機　　ヘ　日本国憲法の公布

ト　日中戦争の開始　　チ　小笠原諸島の日本復帰　　リ　米騒動

(2)　この時期におこった朝鮮戦争の背景には、冷戦とよばれる二つの国を中心とした対立がありました。この対立に関する説明として、正しくないものを次のイ～ニから一つ選び、記号で答えなさい。

イ　この対立の影響をうけ、朝鮮半島やドイツは二つの国に分裂することとなった。

ロ　この対立で核兵器の開発が競われ、太平洋で行われた水爆実験で日本の漁船が被ばくした。

ハ　この対立の終結宣言は、日本で高度経済成長が続いていた時期に出された。

ニ　この対立の一方の中心だったソ連は、サンフランシスコ平和条約に調印しなかった。

問13　Nについて。国交を回復した日本と(**か**)についての説明として、正しいものを次のイ～ホから一つ選び、記号で答えなさい。

イ　国交回復と同時に平和友好条約も結ばれ、両国の交流はいっそうさかんになっていった。

ロ　国交を回復して以来、毎年必ず首脳どうしが会談を行うために両国の間を往来している。

ハ　国交回復の背景には、ベルリンの壁の崩壊に象徴される国際情勢の変化があった。

ニ　この国は日本の重要な貿易相手国であるが、21世紀以降は輸出入額で大韓民国に及ばない。

ホ　国交回復の記念として、この国から東京の上野動物園にパンダが贈られてきた。

3　次の表と図を見て、後の問に答えなさい。

表　2022年度の各発電における発電量の多い都道府県(上位5位まで)

	①	②	原子力	③	④	⑤
1位	富山県	**あ**	福井県	**う**	福島県	大分県
2位	岐阜県	神奈川県	鹿児島県	北海道	茨城県	秋田県
3位	新潟県	愛知県	**い**	秋田県	岡山県	鹿児島県
4位	長野県	兵庫県	佐賀県	岩手県	北海道	岩手県
5位	福島県	福島県	―	三重県	宮城県	北海道

(資源エネルギー庁「電力調査統計」2022年度都道府県別発電実績により作成)

図　1960年と2020年の日本の発電量とその内訳

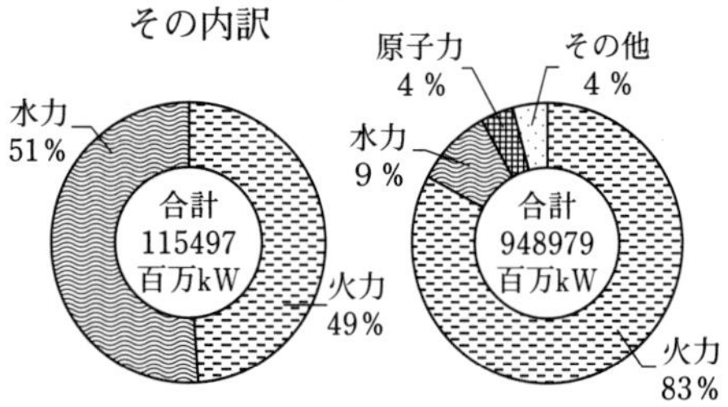

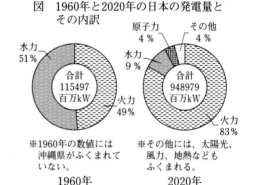

※1960年の数値には沖縄県がふくまれていない。

※その他には、太陽光、風力、地熱などもふくまれる。

1960年　2020年

(『数字でみる日本の100年』および『電気事業便覧』により作成)

問1　表中の①～⑤には、火力、水力、太陽光、風力、地熱のいずれかがあてはまります。番号と発電のエネルギーの組み合わせとして、正しいものを次のイ～ヘから一つ選び、記号で答えなさい。

イ　①―火力　②―水力　③―風力　④―太陽光　⑤―地熱

ロ　①―地熱　②―風力　③―水力　④―太陽光　⑤―火力

ハ　①―風力　②―太陽光　③―水力　④―地熱　⑤―火力

ニ　①―水力　②―火力　③―風力　④―太陽光　⑤―地熱

ホ　①―水力　②―火力　③―太陽光　④―地熱　⑤―風力

ヘ　①―火力　②―太陽光　③―地熱　④―水力　⑤―風力

問2　次にあげるイ～ハの文は、表中の**あ**～**う**のいずれかの県について述べたものです。**あ**～**う**の県にあてはまる文をイ～ハからそれぞれ選び、記号で答えなさい。

イ　この県には、瀬戸内工業地域にふくまれる、造船やタオルなどの製造業が発達した地域がある。農業もさかんで、みかんなどの柑橘類の生産量は日本有数である。漁業では、マダイの養殖も有名で、鯛めしや鯛そうめんなどの郷土料理がある。

ロ　この県は、イカやサバの漁獲量が多く、マグロの一本釣りも有名である。農産物では、りんご、ながいも、にんにくの生産量が多い。隣接(りんせつ)する県にまたがる世界自然遺産に登録されている山地や夏季に開催されるねぶた祭りが有名で、全国から多くの観光客が訪れる。

ハ　この県には、貿易額日本一の空港があり、沿岸部には鉄鋼業や石油化学工業などが集まる工業地域が発達している。農産物では、だいこんやねぎ、なし、落花生などの生産量が多く、近郊(きんこう)農業がさかんである。また、この県には江戸時代から続くしょうゆの産地がある。

問３　火力発電ではエネルギー源として、主に石炭、石油、天然ガスが用いられています。燃やした時に出る二酸化炭素が石炭や石油に比べると少ないことから、天然ガスの消費量が増えてきています。現在、日本が天然ガスを最も多く輸入している国はどこか、国名を答えなさい。

問４　水力発電について。

⑴　水力発電所にはダムがありますが、ダムは発電に利用される以外に、水を貯(たくわ)え河川の氾濫(はんらん)などの水害を防ぐ役割も果たしています。水を貯え河川の氾濫などを防ぐ役割を果たしているものを、次のイ～ホから一つ選び、記号で答えなさい。

イ　干潟　　ロ　扇状地(せんじょうち)　　ハ　森林　　ニ　リアス海岸　　ホ　砂丘

⑵　首都圏(けん)は特に電力の消費量が多い地域です。首都圏に電力を供給する水力発電所がある河川のうち、日本で一番長い河川の水源がある県と河口に位置する県を、表中にある県から選び、それぞれ答えなさい。

問５　次に４つの県の形をあげました。その後にある人口密度は、それぞれ４つの県のいずれかのものです。表中の原子力発電の発電量が第１位の県の形と人口密度の組み合わせとして、正しいものを選択肢(せんたくし)イ～ヲから一つ選び、記号で答えなさい。なお、人口密度は2022年度の統計によるもので、それぞれの県の形の縮尺は同じではありません。

形

A　　B　　C　　D

人口密度

180人/㎢　　240人/㎢　　300人/㎢　　323人/㎢

選択肢

イ	A－180人/㎢	ロ	B－240人/㎢	ハ	C－300人/㎢
ニ	D－323人/㎢	ホ	A－240人/㎢	ヘ	B－300人/㎢
ト	C－323人/㎢	チ	D－180人/㎢	リ	A－300人/㎢
ヌ	B－323人/㎢	ル	C－180人/㎢	ヲ	D－240人/㎢

問６　発電の際に二酸化炭素を出さず、エネルギー源を輸入する必要もない、太陽光、風力、地熱は、繰り返し発電することが可能なエネルギーです。このようなエネルギーを何というか、答えなさい。

問７　冒頭の図中の1960年と2020年のグラフを比較(ひかく)して、日本の発電量とその内訳がどのように変わったかを説明しなさい。なお、図からわかることを４つ以上入れること。

普連土学園中学校(第１回)

―30分―

(編集部注：実際の入試問題では，写真や図版の一部はカラー印刷で出題されました。)

1　次の文を読んで、あとの問いに答えなさい。

普連土学園の近くにある芝公園は、2023年で開園150年を迎えました。①1873年に日本で都市公園制度がはじまり、東京では芝公園など５つの公園が開園しました。この頃の公園は、主に寺院や神社の敷地に作られました。その後、東京を近代都市につくりかえていくために、日本で初めての西洋式庭園である日比谷公園などが整備されました。②1923年に関東大震災が発生すると、震災からの復興計画の中で公園の整備が重視され、隅田公園などの３か所の大きな公園と52か所の小学校に隣接した小さな公園が整備されました。

関東大震災後も東京の人口は増え続け、都市が拡大していきました。そこで、1939年に東京の外側に緑地帯を整備する計画がつくられました。大規模な緑地は、都市の住民にとって必要なものだと考えられていたのです。さらに、戦争が激しくなると、空襲の際の避難場所などとしての役割も持たせられるようになりました。これらの緑地帯の一部は、現在砧(きぬた)公園や水元公園などの都立公園になっています。

戦後、まずは焼け野原からの復興が優先され、③高度経済成長期には東京の人口が急激に増えたため、住宅を作ることが優先されました。その結果、公園の整備はなかなか進まず、空き地や緑地は減っていきました。この時期、1956年に定められた都市公園法という④法律に基づいて、住宅地には小さいながらもブランコ、すべり台、砂場がある子どもの遊び場である児童公園が作られました。⑤1993年に、住宅地の中にある公園は、児童公園から街区公園という名前に変わりました。最近では⑥公園のあり方も大きく変化しています。公園の中には、小学生のアイディアを取り入れてリニューアルを進めたものもあります。⑦子どもにも社会に参加する権利があることは条約や法律にも書いてあります。

このように⑧議会や行政がすべてを決めるのではなく、当事者の意見を直接聞いて政策に反映させていくことは、民主主義の社会では大切です。近年、公園のあり方を巡って⑨さまざまなトラブルが発生していますが、日頃から利用者や住民が意見を出し合える環境を整えることが重要と言えるでしょう。

問１　下線部①に関連して、次の地形図は芝公園と同じく1873年に都市公園となった三重県の上野公園周辺の地形図です。この地形図から読み取れることとして**誤っているもの**を以下のア～エから１つ選び、記号で答えなさい。

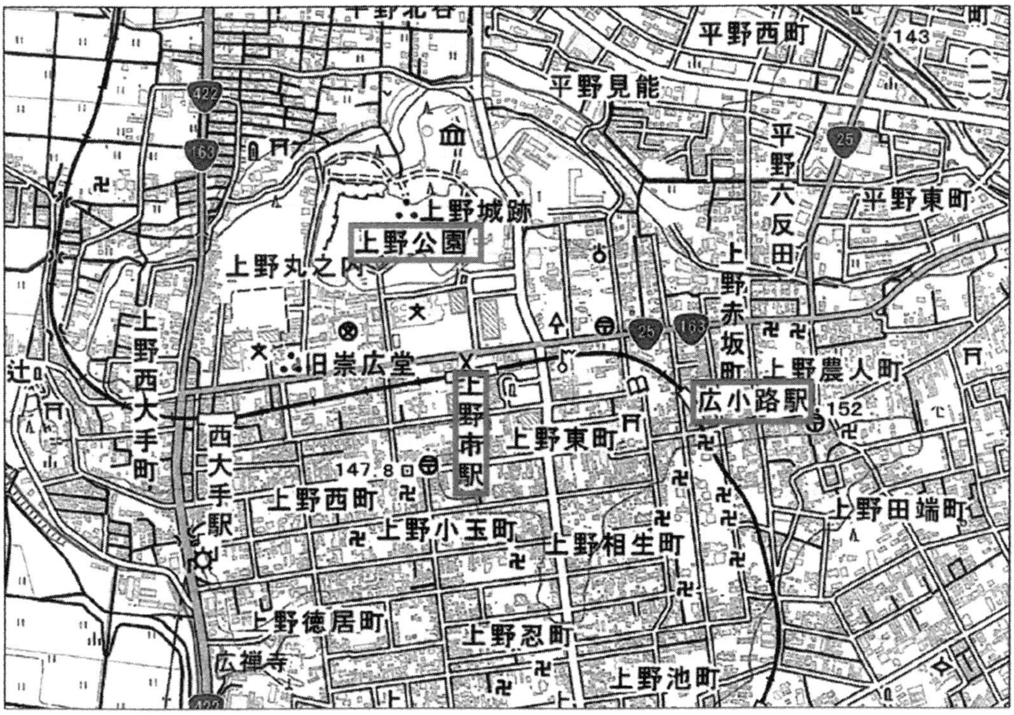

(国土地理院1:25000「上野」2022年発行を作問の都合上縮小、一部加工。)

ア　上野公園の北には博物館がある。

イ　広小路駅の南には神社が多く集まっている地域がある。

ウ　上野公園の南東には裁判所がある。

エ　上野市駅の北側には交番がある。

問２　下線部②に関連する次の各問いに答えなさい。

(1)　かつて東京市長をつとめ、復興計画を担った人物を次のア～エから１つ選び、記号で答えなさい。

ア　田中正造　　イ　江藤新平　　ウ　田中角栄　　エ　後藤新平

(2)　この復興計画では、公園を整備することの他に、道路の幅を広げて町並みを整理する区画整理が大規模に行われました。これらの事業を行った理由を、関東大震災で多くの人が犠牲となった原因をふまえて答えなさい。

問３　下線部③に関連する次の各問いに答えなさい。

(1)　人口が急増した東京で起こったできごととして誤っているものを次のア～エから１つ選び、記号で答えなさい。

ア　子どもが急激に増えた結果、学校では教室が足りなくなり、校庭に作られたプレハブ教室で授業が行われた。

イ　急激に増える通勤通学客に比べて、鉄道の整備が追いつかず、通勤通学時間帯には激しい混雑が発生した。

ウ　人口と共に自動車も急激に増えた結果、交通事故も増加し、交通戦争と呼ばれた。

エ　大量に発生したゴミは山間部に埋め立てられており、悪臭や害虫などが発生しゴミ戦争と呼ばれた。

⑵　環境問題が深刻になる中で、良好な環境の中で生活を営む「環境権」が新しい権利として主張されるようになりました。環境権と同じように、新しい権利とされるものを次のア～エから1つ選び、記号で答えなさい。

ア　教育を受ける権利　　イ　団体交渉権

ウ　プライバシーの権利　　エ　裁判を受ける権利

問4　下線部④について、法律ができるまでの過程についての説明として**誤っているもの**を次のア～エから1つ選び、記号で答えなさい。

ア　法律の案は、先に衆議院で話し合わなければならない。

イ　法律の案は、内閣だけでなく国会議員も出すことができる。

ウ　法律の案は、出席議員の過半数が賛成すると可決される。

エ　成立した法律は、天皇によって公布される。

問5　下線部⑤について、「児童公園」が「街区公園」という名前に変わったのはなぜですか。次のグラフから読み取れることをふまえて説明しなさい。

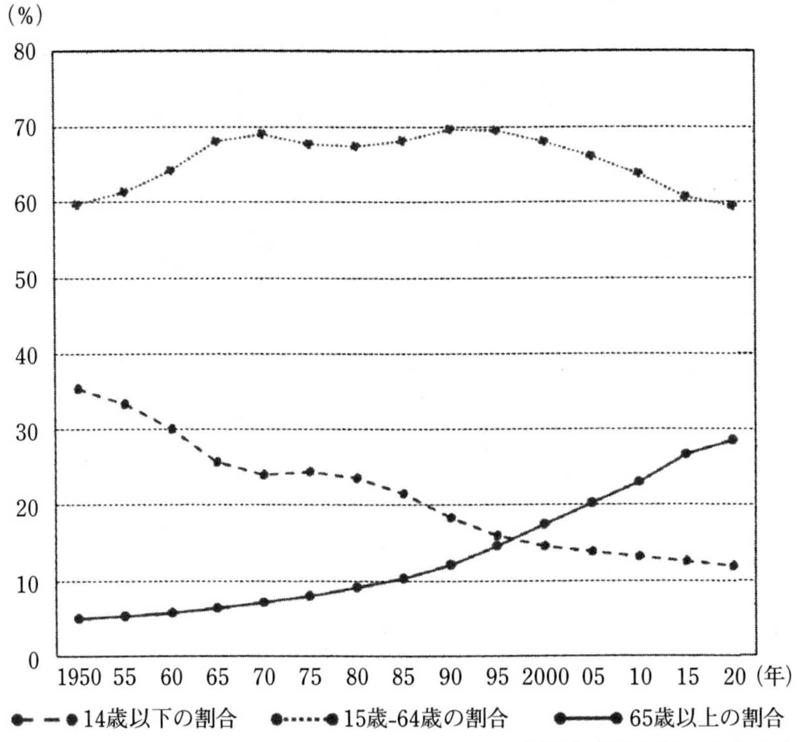

(『厚生労働白書』より作成。)

問６　下線部⑥に関連して、近年はインクルーシブ公園と呼ばれている公園が増えています。インクルーシブ公園では遊具にも工夫がされています。次の写真は、従来の公園とインクルーシブ公園のすべり台です。インクルーシブ公園とはどのような公園か、写真を参考に説明しなさい。

↑インクルーシブ公園のすべり台

↑従来の公園のすべり台

問７　下線部⑦について、次の各問いに答えなさい。

(1)　このような内容を定めた条約に子どもの権利条約があります。子どもの権利条約の説明として、**誤っているもの**を次のア～エから１つ選び、記号で答えなさい。

ア　この条約は、先進国、途上国を問わず、子どもたちを守るための条約で、現在、世界で最も広く受け入れられている人権条約である。

イ　この条約は、第二次世界大戦で多くの子どもが犠牲になったことへの反省から、戦後間もない1950年代前半に採択された。

ウ　この条約では、子どもに関することを決めたり、行ったりするとき、その子どもにとって何が最もよいことかを考えなければならないとされている。

エ　この条約では、子どもには自分に関係のあることについて自由に意見を表す権利があり、大人はそれを発達に応じて十分に考慮しなければならないとされている。

(2)　このような内容を定めた、2022年に制定され2023年４月に施行された法律は何か答えなさい。

問８　下線部⑧に関連する次の各問いに答えなさい。

(1)　次のア～エは東京都、神奈川県、埼玉県、千葉県の2023年度の歳入(収入)の割合を表したグラフです。このうち東京都にあてはまるものを１つ選び、記号で答えなさい。

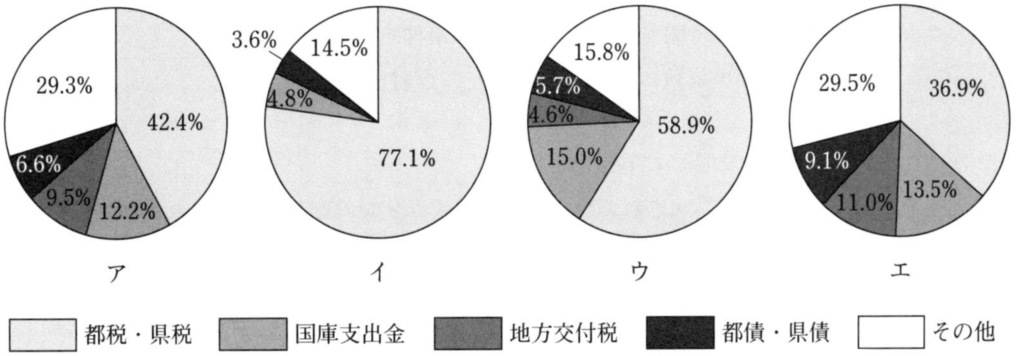

(2)　2023年４月、全国で統一地方選挙が実施されました。次の表はそれぞれの地方議会における女性議員の割合をあらわしたものです。

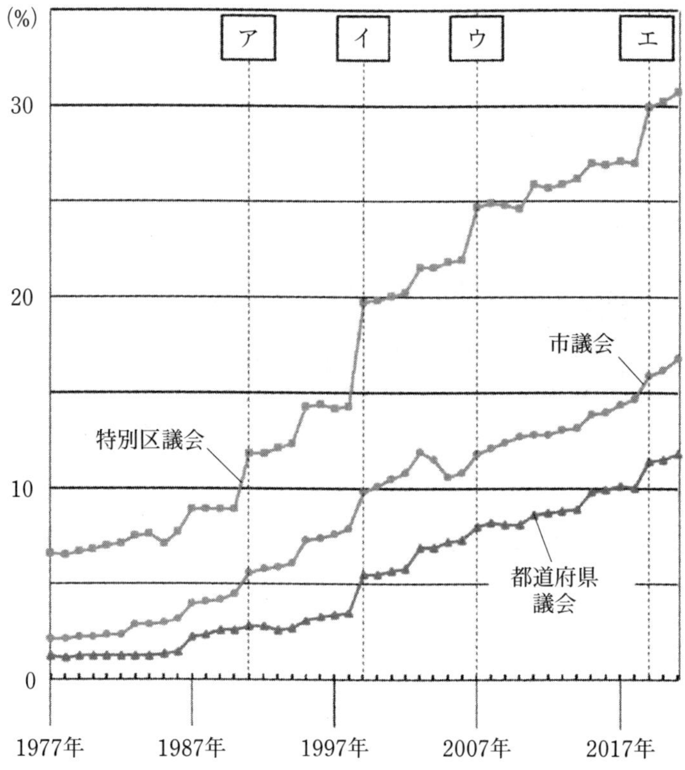

(『男女共同参画白書』2022年版より作成。)

表中ア～エは、それぞれ統一地方選挙が行われた年の中で女性議員が大きく増えた年です。このうち次の説明文にあてはまるものを１つ選び、記号で答えなさい。

この年、男女平等への意識が高まる中で、職場に限らず、社会のさまざまな場面において男女が平等に暮らせる社会を実現するために、男女共同参画社会基本法が制定、施行された。

問９　下線部⑨に関連して、トラブルを解決する手段の１つに裁判があります。裁判についての説明として正しいものを次のア～エから１つ選び、記号で答えなさい。

ア　個人と個人のトラブルを解決するための裁判を民事裁判という。

イ　裁判は個人情報を守るために、原則として非公開で行われる。

ウ　簡易裁判所は家庭に関するトラブルや少年事件を扱う裁判所である。

エ　裁判員裁判は刑事裁判と民事裁判の両方で行われる。

②　次の文を読んで、あとの問いに答えなさい。

九州地方は①８つの県で構成されていますが、古代は９つの国(州)があり九州と名づけられました。この地方は②火山が多く平野が少ないものの、暖流が流れ温暖な気候のため農林水産業が盛んです。また、2023年に【 X 】が日本の島の数を発表しました。九州には全国で最も多くの島があり、③特色ある島が多いのも特徴です。古代から朝鮮半島や大陸の影響を受け、④弥生時代以降稲作の伝来のほか、渡来人が文化や知識をもたらしました。日本からも⑤使者を派遣し、文化を吸収したことで日本の変化にもつながりました。外国と⑥交戦することもしばしばあり、古墳時代の戦争の記録も残っています。

明治時代に入り、重工業の発展の必要性から国によって工場が建設されると、北九州工業地帯を中心に鉄鋼業が発展しましたが、高度経済成長期には⑦公害問題に悩まされました。近年は機械工業や自動車工業の割合が高く、電子産業も盛んになっています。

問１　文中【 X 】にあてはまる機関のなまえを漢字で正しく答えなさい。

問２　下線部①について、九州には政令指定都市がいくつありますか。算用数字で答えなさい。

問３　下線部②について、次の各問いに答えなさい。

(1)　下線部を説明したものとして**誤っているもの**を次のア～エから１つ選び、記号で答えなさい。

ア　九州の北部には低くなだらかな九州山地が、中央部には高く険しい筑紫山地がある。また、カルデラで有名な阿蘇山は活火山である。

イ　あたたかい気候を利用した促成栽培が宮崎平野で行われており、ビニールハウスを用いてピーマンやきゅうりが栽培されている。

ウ　有明海では古くから干拓が行われ、のりの養殖で知られている。また鹿児島県はうなぎの養殖で全国有数の都道府県である。

エ　全国有数の畜産生産額をほこり、宮崎県の地鶏や鹿児島県の黒豚などブランド化したものもある。

(2)　九州南部の火山灰などが堆積(たいせき)した地域では、水もちが悪いため畑作や畜産業が盛んです。この地形を何といいますか。

問４　下線部③について、次のＡ～Ｃは以下の地図中の島の説明です。それぞれの島のなまえを答え、その場所を地図中ア～オから１つ選び、記号で答えなさい。

Ａ　日本で初めて鉄砲が伝わり、現在は宇宙ロケットの発射基地がある。

Ｂ　世界自然遺産に登録され、樹齢2000年を超える杉や数千種の植物がみられる。

Ｃ　古代から朝鮮半島との橋渡しをつとめ、江戸時代には藩として窓口の役割を担った。

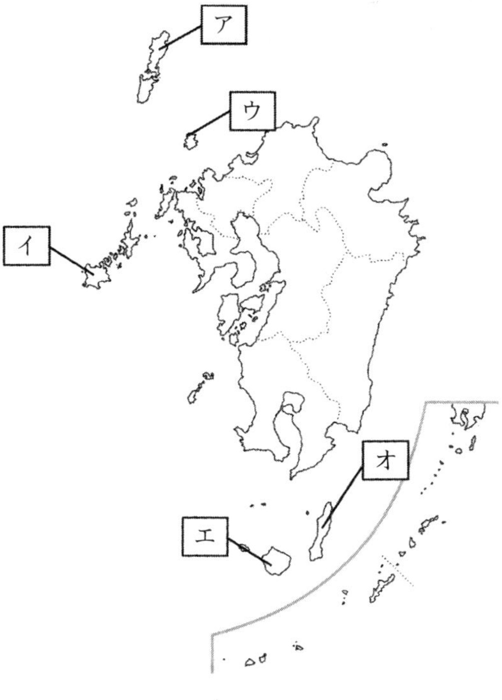

問５　下線部④について、次の各問いに答えなさい。

⑴　57年に奴国王が中国の王に授けられた金印は福岡県のどこで発見されましたか。地名を答えなさい。

⑵　製陶（せいとう）の技術では、これまで以上に高温で焼くことができる設備が伝わり、薄く丈夫な土器が作られるようになりました。この施設を何といいますか。

問６　下線部⑤について、次の図版は日本の文化に関係のあるものの写真です。年代が古い順番に並びかえて記号で答えなさい。

ア

イ

ウ

エ

問７　下線部⑥について、次の戦いを年代が古い順番に並びかえて記号で答えなさい。

ア　文永の役　　イ　慶長の役　　ウ　白村江の戦い　　エ　日露戦争

問８　下線部⑦について、次の各問いに答えなさい。

⑴　熊本県で発生した水銀による水質汚染が原因となった公害は何ですか。

⑵　熊本県にはSDGs未来都市に指定された都市が４つあります。SDGs未来都市とは、国が選定した地方自治体でSDGsの目標と地方創生の取り組みが結びついている地方行政が選ばれます。SDGsの目標のうち、次のＡ～Ｃの文にあてはまるロゴをそれぞれ選び、記号で答えなさい。

Ａ　「すべての人に健康と福祉を」　Ｂ　「つくる責任つかう責任」

Ｃ　「住み続けられるまちづくりを」

ア　　イ　　ウ　　エ

3　次のＡ～Ｈは、日本の相手国別貿易額の上位に占めるいずれかの国を表しています。これについてあとの問いに答えなさい。

【日本のおもな相手国別貿易額・主要輸出入品】

A

輸出額(億円)	179844	輸入額(億円)	203775
主要輸出品の輸出・輸入に占める割合(%)			
一般機械	23.0	電気機器	30.5
電気機器	21.6	一般機械	18.4
プラスチック	6.1	衣類	7.8
乗用車	5.2	金属製品	3.6
科学光学機器	3.9	繊維製品等	2.9

B

輸出額(億円)	148314	輸入額(億円)	89031
主要輸出品の輸出・輸入に占める割合(%)			
一般機械	24.6	一般機械	12.1
乗用車	23.6	電気機器	10.6
電気機器	15.1	医薬品	9.6
自動車部品	6.1	液化石油ガス	5.6
科学光学機器	2.6	液化天然ガス	5.3

C

輸出額	57696	輸入額	35212
主要輸出品の輸出・輸入に占める割合(%)			
一般機械	20.2	石油製品	14.9
電気機器	16.8	電気機器	14.8
鉄鋼	8.7	一般機械	10.6
プラスチック	5.9	鉄鋼	10.0
有機化合物	5.4	銀と白金族	5.2

D

輸出額	16745	輸入額	57337
主要輸出品の輸出・輸入に占める割合(%)			
乗用車	46.5	石炭	32.3
バスとトラック	12.3	液化天然ガス	26.9
一般機械	12.2	鉄鉱石	19.1
軽油	5.7	銅鉱	4.5
タイヤ類	3.6	牛肉	2.9

E

輸出額	36246	輸入額	28922
主要輸出品の輸出・輸入に占める割合(%)			
電気機器	19.2	電気機器	23.7
一般機械	19.1	一般機械	12.4
鉄鋼	15.7	肉類	7.2
自動車部品	7.4	プラスチック	3.6
銅と同合金	4.1	科学光学機器	3.6

F

輸出額	22790	輸入額	25955
主要輸出品の輸出・輸入に占める割合(%)			
電気機器	27.4	医薬品	20.5
一般機械	19.3	乗用車	17.1
乗用車	6.9	電気機器	13.2
有機化合物	5.4	一般機械	12.7
科学光学機器	5.2	有機化合物	5.3

G

輸出額	20968	輸入額	25245
主要輸出品の輸出・輸入に占める割合(%)			
電気機器	26.1	電気機器	27.9
一般機械	13.5	衣類	15.8
鉄鋼	9.2	一般機械	6.6
プラスチック	5.4	履物	4.5
鉄鋼くず	5.1	魚介類	4.2

H

輸出額	4889	輸入額	30193
主要輸出品の輸出・輸入に占める割合(%)			
乗用車	50.6	原油	91.7
バス・トラック	11.2	揮発油	3.7
一般機械	9.9	有機化合物	1.5
鉄鋼	4.9	アルミニウム等	1.2
自動車部品	4.1	銅くず	0.5

(『データブックオブ・ザ・ワールド2023』をもとに作成。2021年の統計。)

【Ａ～Ｈの各国と日本の結びつき】Ａ～Ｈは、アメリカ合衆国・オーストラリア・韓国・サウジアラビア・タイ・中国・ドイツ・ベトナムのうちのいずれかである。

①　この国は国土面積が日本の20倍あり、鉱産資源に恵まれています。高度経済成長期には日本はこの国から原料を輸入し、鉄鋼業が飛躍的に発展しました。原料・燃料の輸入先として重要であり、輸入額が輸出額を上回っています。

②　東南アジアに位置するこの国とは、17世紀初頭には交易が行われていました。1973年に外

交関係が樹立して以来、日本はa建設・人材開発、電力・交通施設や医療、教育などの分野で政府開発援助を通じて支援しています。

③　明治時代から第一次世界大戦までは、政治や法律、工業や医学などの分野で日本はこの国を手本としました。現在この国と日本はＧ７のメンバー国同士であり、日本にとってＥＵ内最大の貿易相手国となっています。

④　砂漠に覆(おお)われるこの国と日本は、1955年から国交を結んでいます。日本はこの国のペルシア湾付近で採掘される原料を大量に輸入しており、輸入額が輸出額を大幅に上回っています。

⑤　この国とはかつて朱印船によって交易があり、当時の都アユタヤには日本町が形成されました。1980年代以降、この国に日系企業が製造工場を設置するようになり、現在東南アジアでは最大の貿易相手国となっています。

⑥　この国と日本は古代から結びつきをもっていました。４～７世紀には大和政権が朝鮮半島に進出し、b16世紀末には豊臣秀吉が朝鮮半島に出兵し、江戸時代には【 Ｘ 】という使節が来日しました。1965年には正式な国交が結ばれ、現在の貿易は輸出入品目に共通するものが多く産業構造が似ています。

⑦　この国は紀元前から文化が栄えており、漢字や仏教、儒学、貨幣などが伝わりました。一方、c日清戦争や日中戦争などで両国が戦ったこともあります。1972年に国交を回復し、その後この国は「世界の工場」としてめざましい発展を遂げました。現在は、日本の最大の貿易相手国です。

⑧　日本とこの国の正式な国交は、d1854年に【 Ｙ 】が結ばれ1858年には日米修好通商条約が結ばれて始まりました。第二次世界大戦後は活発に貿易が行われましたが、1980年代～1990年代には貿易摩擦が問題となりました。

問１　Ａ～Ｈの各国にあてはまる説明を①～⑧からそれぞれ選び、記号で答えなさい。

問２　下線部ａについて、次の各問いに答えなさい。

(1)　政府開発援助のことをアルファベットで何というか答えなさい。

(2)　日本の政府開発援助の特徴について述べた文として**誤っているもの**を次のア～エから１つ選び、記号で答えなさい。

ア　二国間援助のうち、国に対しての額はバングラデシュが最も多い。

イ　地域に対してはアジアの国々への支援がもっとも多い。

ウ　国民一人当たりの負担額でみると先進国中１位である。

エ　政府開発援助の総額は世界の中で５位である。

問３　下線部ｂについて、次の各問いに答えなさい。

(1)　文中【 Ｘ 】にあてはまる語句を答えなさい。

(2)　朝鮮出兵の際に、多くの陶工が日本に連れてこられました。李参平によって始められた焼き物を次のア～エから１つ選び、記号で答えなさい。

ア　備前焼　　イ　有田焼　　ウ　信楽焼　　エ　清水焼

問４　下線部ｃについて、この戦争の講和条約をア～エから１つ選び、記号で答えなさい。

ア　下関条約　　イ　ワシントン条約　　ウ　北京条約　　エ　ポーツマス条約

問５　下線部ｄについて、次の各問いに答えなさい。

(1)　文中【 Ｙ 】にあてはまる条約名を答えなさい。

(2)　日米修好通商条約を結んだ際の①アメリカ合衆国側の代表と、②日本側の代表のなまえをそれぞれ答えなさい。

(3) 開国後、1860年代の日本の最大の貿易相手国はどこですか。次のア～エから1つ選び、記号で答えなさい。

ア ドイツ　イ イギリス　ウ アメリカ合衆国　エ オランダ

4 次の会話文を読んで、あとの問いに答えなさい。

友子： 最近、外国人観光客の姿を、駅や町中で見る機会が増えました。新型コロナウィルスの流行前に戻ってきたように感じます。

先生： そうですね。訪日観光客による需要、いわゆる【 あ 】需要が増えるきざしが見え始めましたね。

友子： ところで、外国人の方はどのような観光地を訪れているのでしょうか。

先生： 東京や大阪のような①都市圏、日本らしさを感じることができる京都や奈良などが多いようですね。また、沖縄や②北海道のような、自然豊かな地域も好まれているようです。

友子： 具体的な場所だと、どこでしょうか。

先生： やはり国連機関のユネスコが世界遺産に登録した場所が多いのではないでしょうか。寺院や神社であれば、奈良の大仏で有名な【 い 】寺や、海に浮かぶ朱塗りの大鳥居が美しい【 う 】県の厳島神社などですね。

友子： 「富士山－信仰の対象と芸術の源泉」という名称で世界【 え 】遺産に登録された富士山にも、日本人外国人問わず、大勢の観光客が押しよせていると聞きました。

先生： その結果、富士山では③オーバーツーリズムも起きていますね。他の観光地にも言えますが、観光客を誘致(ゆうち)することも大切ですが、地域社会との共存も忘れてはなりませんね。

友子： 最近ではインターネット上の個人のＳＮＳからの発信で、人気に火が付くことも多くなりました。いわゆる「映(ば)えスポット」というものです。

先生： 私もよく聞くようになりました。そのような事例として、【 お 】県犬山市があげられます。国宝の④天守閣をもつ犬山城があり、戦国時代には、尾張国と呼ばれたこの地域を治めた⑤織田氏の支配下に置かれました。近年、城下町が整備され、古い街並みを生かした観光地として人気が高まっています。犬山城の麓(ふもと)にある神社のハート型絵馬が女性に大人気となり、着物を着て城下町を散策するという若者が増えているそうですよ。

友子： そうなのですね。行ってみたくなりました。

先生： 私も数回訪れたことがあります。散策だけでなく、犬山城も是非行ってみてくださいね。

問1 文中【 あ 】にあてはまる語句をカタカナで答えなさい。

問2 文中【 い 】【 う 】【 え 】【 お 】にあてはまる語句をそれぞれ漢字２字で答えなさい。

問3 下線部①について、都心の居住人口が減少して郊外の居住人口が増加する現象を何といいますか。

問4 下線部②に関連して、北海道の東部に位置する北方領土のうち、面積が最も広い島はどこですか。

問5 下線部③はどのようなことを意味するか。35字以内で説明しなさい。

問6 下線部④について、東日本に所在する現存天守を持つ城として正しいものを次のア～エから１つ選び、記号で答えなさい。

ア 彦根城　イ 松江城　ウ 弘前城　エ 姫路城

問７　下線部⑤に関連して、織田信長について述べた文として正しいものを次のア～エから１つ選び、記号で答えなさい。

ア　征夷大将軍に任命され、京都の室町に幕府を開いた。

イ　京都で明智光秀に襲われ亡くなった。

ウ　京都の北山に金閣を建てた。

エ　京都に六波羅探題を設置して、朝廷を監視した。

聖園女学院中学校(第１回)

—理科と合わせて50分—

(編集部注：実際の入試問題では、写真や図版の一部はカラー印刷で出題されました。)

1　地理に関する次の問に答えなさい。

問１　緯線と経線が直角に交わっている地図(メルカトル図法)があります。実際の面積よりも最も大きく地図上で表されているのはどの地域ですか。以下の１～３の中から１つ選び数字で答えなさい。

１　赤道に近い低緯度地域　　２　中緯度地域　　３　南極や北極に近い高緯度地域

問２　世界地図が図のデザインとして使用されているものを、以下の１～３の中から１つ選び数字で答えなさい。

１　国際連合の旗　　２　中国の旗　　３　国際赤十字社の旗

問３　最も緯度が高い位置に国土がある国を、以下の１～３の中から１つ選び数字で答えなさい。

１　メキシコ　　２　フィンランド　　３　日本

問４　日本について、現時点で人口が１千万人を超えている都道府県はいくつありますか。「～つ」の形に合うように数字で答えなさい。

問５　淀川が流れ込んでいる湾の名称を、「～湾」の形に合うように漢字で答えなさい。

2　日本の歴史について、次の問に答えなさい。

問１　聖徳太子が行ったこととして適切ではないものを、以下の１～３の中から１つ選び数字で答えなさい。

１　十七条の憲法を定めて、政治を行う役人の心構えを示した。

２　家がらにとらわれずに、能力のある者を役人に取り立てるしくみとして、冠位十二階をつくった。

３　中国から帰国した留学生らとともに、大化の改新とよばれる政治の改革をすすめた。

問２　紫式部の作品として適切なものを、以下の１～３の中から１つ選び数字で答えなさい。

１　『枕草子』　　２　『源氏物語』　　３　『万葉集』

問３　鎌倉時代に起きたできごととして適切ではないものを、以下の１～３の中から１つ選び数字で答えなさい。

１　源頼朝は朝廷から武士を従える最高の地位である征夷大将軍に任命された。

２　足利義政のころに応仁の乱がおこり、京都のまちは焼け野原になった。

３　北条時宗は主に九州の武士を集めて、元軍と戦った。

問４　徳川家康は1600年、「天下分け目の戦い」と呼ばれる〔　A　〕の戦いに勝利して、1603年に征夷大将軍となり、江戸幕府をひらきました。〔　A　〕にあてはまる語句を３字で答えなさい。

問５　明治時代に内閣制度をつくり、初代の内閣総理大臣に任命されたのは誰ですか。氏名を漢字で答えなさい。

3　次の問に答えなさい。

問１　日本の国会は二院制です。二院のうち、国会議員の定数が多い方の院を、「～院」の形に合うように漢字で答えなさい。

問２　５月３日は国民の祝日です。この祝日の名称を、「～記念日」の形に合うように漢字で答えなさい。

問３　2022年７月に、参議院議員通常選挙が実施されました。次に参議院議員通常選挙が実施されるのはいつですか。適切なものを、以下の１～３の中から１つ選び数字で答えなさい。

１　2025年　　２　2026年　　３　2027年

問４　国際連合の英語の略称として適切なものを、以下の１～３の中から１つ選び数字で答えなさい。

１　ＥＵ　　２　ＵＮ　　３　ＯＤＡ

問５　2023年４月に新たに発足した庁を、以下の１～３の中から１つ選び数字で答えなさい。

１　防衛庁　　２　こども家庭庁　　３　金融庁

4　明治時代に来日したオランダ人技師のデ・レーテは、日本の河川をみて、「日本の河川は、滝のようだ」と述べました。そこで、日本と世界の主要な河川を比較してみたところ、次のようなグラフが完成しました。これを参考にして、次の問に答えなさい。

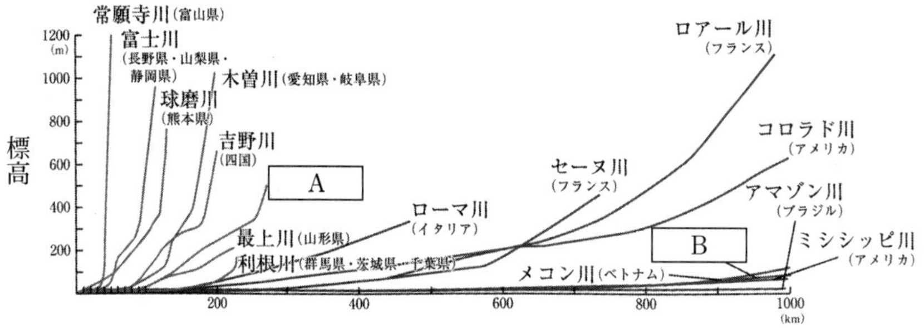

（編集部注：実際の入試問題では、この図版はカラー印刷で出題されました。）

問１　グラフ中のＡは日本で一番長い河川、Ｂは世界で一番長い河川です。それぞれの河川の名称をＡは漢字で、Ｂはカタカナで、「～川」の形に合うように答えなさい。

問２　グラフで示した河川を比較し、日本の河川が「滝のようだ」と表現される理由を説明しなさい。

5　Ａさん～Ｄさんがそれぞれ縄文時代、弥生時代のどちらの社会にくらしたいかというテーマで発表を行いました。それぞれの発表と資料を見て、以下の問に答えなさい。

（発表者Ａさん）

縄文時代の遺跡として有名なのが三内丸山遺跡です。資料１で示しているのは、三内丸山遺跡の資料を元に作成した当時の人々が何を食べていたかについてです。これを見て、縄文時代の人々の食生活は非常に豊かであると思いました。木の実や草、魚やお肉などを中心に食べられており、いろいろなモノが食べられていていいなと思いました。こうした理由からいろいろな食料がありそうな縄文時代に住みたいと私は考えました。

(発表者Ｂさん)
資料２は、ある教科書に書かれていた三内丸山遺跡についての文章です。この文章を読むと、採集だけではなく、実際に栽培していた跡もあることがわかりました。また、この遺跡からは武器が見つかっていないことや遠方との交流があったこともわかっています。これらのことから、縄文時代の人たちは、争いごとなどもなかっただけでなく、遠くの人たちともモノを交換するくらい仲が良かったと考えられるので、私は縄文時代に住みたいなと思いました。

(発表者Ｃさん)
資料３は、佐賀県にある吉野ケ里遺跡から出土したモノです。2023年には、新たなお墓が出てきて、新発見があるかということが話題に上がりました。ここで出土したモノには、大陸から伝わったモノも多くあり、当時の新しい技術や文化が積極的に採り入れられていました。特に、米づくりが伝わると、食料不足で困ることが減りました。また、教科書にも「縄文時代は、何日も食べ物が手に入らないことが多かった」と書かれてあるので、弥生時代は豊かな生活を送っていたとも考えられます。これらより、私は弥生時代に住んでみたいなと思いました。

(発表者Ｄさん)
資料４は、邪馬台国の女王である卑弥呼が統治していた時代について書かれた中国の歴史書です。これを見ると、当時日本にあったとされる邪馬台国はとても大きく、縄文時代と比べると食料供給が安定したために人口も増えており、その女王は、〔ア〕中国と親しい日本の王という称号も手に入れていました。私は歴史が好きで、自分で少し予習をする中でこれから先の日本では、天皇や将軍を中心とする政治が行われるようになるということを知っているので、このような偉い王様が現れてくる時代というのは、日本にとって一つの大きな分岐点になると思います。そのような時代に住んでみたいと思ったので、私は弥生時代にくらしてみたいと思いました。

問１　資料１より、縄文時代の人々の生活は狩猟と採集で成り立っていたと考えることができます。資料１を参考にして、ここから読み取れることとして適切なものを、以下の１～３の中から１つ選び数字で答えなさい。

１　冬は、夏に比べて、魚がよく採れたので、魚を多く食べていた。

２　夏は、冬に比べると、かもや、のうさぎなどの狩りを中心に行っていた。

３　秋は、他の季節に比べて、くりなどの木の実を採集して食べることが多かった。

資料１

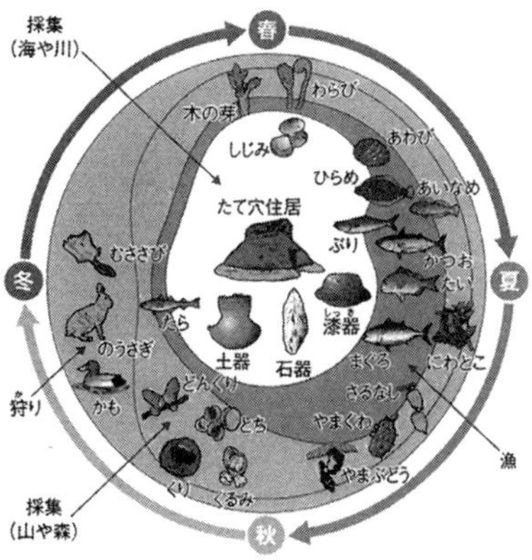

三内丸山遺跡の食料図

問2　Bさんの発表や資料2の内容と合致するものを、以下の1～3の中から1つ選び数字で答えなさい。

資料2

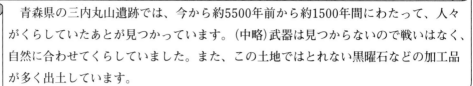

> 青森県の三内丸山遺跡では、今から約5500年前から約1500年間にわたって、人々がくらしていたあとが見つかっています。(中略)武器は見つからないので戦いはなく、自然に合わせてくらしていました。また、この土地ではとれない黒曜石などの加工品が多く出土しています。

1　三内丸山遺跡では、争った跡が見つかっており、小規模な戦いがあった。
2　三内丸山遺跡に住んでいた人々は、遠方との交流がなかったため、黒曜石などの加工品を手に入れることができなかった。
3　三内丸山遺跡では、食物などを栽培した跡も見つかっている。

問3　Cさんの発表や資料3を参考にして、Cさんは、どこからどのようなモノが伝わったために、弥生時代は豊かな生活を送っていると判断したのですか。答えなさい。

資料3

米づくりの様子

銅たく

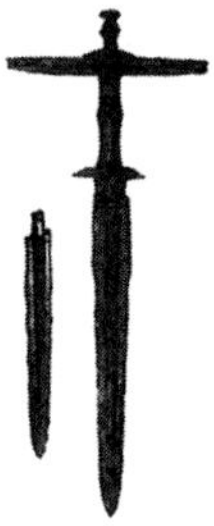
銅剣

問4　Dさんの発表内の下線部〔ア〕に関して、この称号のことを具体的に何といいますか。資料4中から、漢字4字で抜(ぬ)き出して答えなさい。

資料4

> 邪馬台国は、もと男子を王として、それが七、八〇年続いた。しかし、倭国に争乱が起こり、互いに攻め合う状態が何年間も続いたので、国々は一人の女子を共立して王とした。名を卑弥呼という。呪術によって人々の心をとらえている。かなりの年齢だが、夫はなく、弟が補佐して国を治めている。
> (中略)二三九年の一二月、明帝が詔書(しょうしょ)※1を下して倭の女王に報じていうのに、「……今、あなたを親魏倭王とし、金印紫綬(きんいんしじゅ)※2を授(さず)ける。」

『魏志』倭人伝

※1　詔書(しょうしょ)…皇帝(ここでは明帝)の命令を伝える文書のこと
※2　金印紫綬(きんいんしじゅ)…紫色のひもがついた金でできたはんこのこと

問5　Aさん～Dさんの発表と、資料1～資料4を参考にして、あなたは縄文時代と弥生時代のどちらにくらしたいと考えますか。あてはまる方に○をつけた上で、理由を合わせて答えなさい。

三輪田学園中学校（第１回午前）

—25分—

1　フィンランドへの留学から帰ってきた秋菜さんが、春菜さんに写真を見せてくれています。これを読み、問に答えなさい。

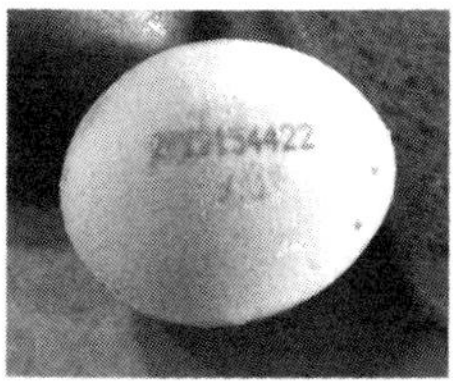

春菜：　この卵には数字が書いてあるね。これは何？

秋菜：　①フィンランドを含めたＥＵの国では卵にこのようなスタンプが押されていて、飼育方法などがわかるようになっているの。ＥＵではアニマルウェルフェア（動物福祉）への意識が日本より高くて、消費者はこの数字を見て卵を選ぶのよ。

春菜：　採卵用のニワトリや②食肉用のニワトリ、牛やブタがどのように育っているかを知ろうとしたことはないなあ。採卵用のニワトリは、鳥かごの中に入っているイメージがあるな。

秋菜：　それは日本で主流のバタリーケージというもので、９割以上の採卵用のニワトリが、１羽当たりＢ５サイズの面積のゲージの中にずっと入れられている。ＥＵではバタリーケージは使用が禁止になっているのよ。

春菜：　屋内や屋外で放し飼いにした方がニワトリの健康にはよいけれど、この飼い方だと（　　あ　　）という理由で日本では広まらないのね。

秋菜：　乳牛も牛舎の中で育てるのがふつうになっているね。日本の消費者の中では乳脂肪分の濃い牛乳がおいしい牛乳だと考えられているけれど、そのために酪農家は草に加えてトウモロコシや大豆を主とした「濃厚飼料」を大量に与える必要がある。この「濃厚飼料」を与えるという事情もあって、1970年代前半までは放牧が主流だった北海道でも、牛舎の中で育てるのが一般的になったのよ。③この「濃い牛乳」を飲むことが世界の飢餓につながっているという見方もあるわ。

春菜：　日本の食料自給率はカロリーベースで約（ い ）割だけれど、飼料は輸入が多いから、飼料自給率まで計算に入れると、（ い ）割よりさらに低くなるね。

秋菜：　今のような、消費者が食べたいもの、欲しいものを求める生活は続けられるものなのかな？

春菜：　生産面だけでなく、流通の面でも心配がある。④2024年４月からトラック運転手さんたちの労働時間の関係で、荷物が届きにくくなるかもしれない、と報道されているよね。

問１　空らん（　　あ　　）にあてはまる語句を考えて答えなさい。また、（ い ）にあてはまる数字を答えなさい。

問２　下線部①について、フィンランドは2023年４月に北大西洋条約機構に加盟しました。北大西洋条約機構の略称をアルファベットで答えなさい。

問３　下線部②について、銘柄地鶏の名前の中には、地名や特産物などの産地をイメージしやすいことばが使われることがあります。次のａ～ｃを生産する都道府県名をそれぞれ答えなさい。

ａ　阿波尾鶏　　ｂ　雲仙しまばら鶏　　ｃ　紀州うめどり

問４　下線部②について、銘柄地鶏の中には地元の特産物を飼料に混ぜ与えることがあります。「知床どり」と「青森シャモロック」の飼料には、その都道府県の生産が全国１位のものを使用しています。あてはまるものをそれぞれ次から選び、記号で答えなさい。

ア　キャベツ　　イ　にんにく　　ウ　菊(きく)　　エ　小麦

問５　下線部③について、なぜこのようなことが言えるのか、説明しなさい。

問６　下線部④について、トラック運転手の労働時間は全業種の平均より２割長いことが問題とされてきました。2024年４月から、運転手の働ける時間が年間3516時間から、3300時間に減ることが決まり、「荷物が届かなくなるのではないか」と心配されています。この解決策としてふさわしくないものを次から１つ選び、記号で答えなさい。

ア　荷物を届けてもどる際に、その周辺の取引先で別の荷物を預かり、荷台が空の状態で走る時間を減らす。

イ　運転手が荷物を引き受ける時に長時間待たせない仕組みを作る。

ウ　運転手がつかれないように、１台のトラックに２人の運転手が乗るようにする。

エ　消費者は急ぎでない商品を注文する際、その日のうちに配達することを求めない。

２　次の文章は、授業で作成した発表メモです。これを読み、問に答えなさい。

【春菜さんの発表】

三輪田学園の周辺には、江戸時代の遺跡などがたくさんあります。私たちの班は、飯田橋駅の駅前にある牛込見附跡(うしごめみつけあと)について調べました。まずは「牛込」という地名の由来から説明します。①大宝律令にもとづいて全国に牛馬を育てる牧場がつくられ、このあたりには牛の放牧場が置かれました。そのため、牛が込む(多く集まる)場所というところから、牛込という地名が生まれたようです。

②戦国時代半ばには、③小田原の北条氏に仕えた一族が牛込氏を名乗り、牛込城を築いたといわれていますが、現在はもう残っていません。

【千夏さんの発表】

牛込見附は④江戸時代初期につくられました。見附とは、見張りの番兵をおいた城門のことです。江戸城には多くの見附が置かれ、現在も赤坂見附などが地名として残っています。牛込見附は江戸城から板橋方面に向かう街道上の、外濠(そとぼり)に面した場所に置かれていました。見附の周辺には、内外ともに武家屋敷(やしき)が広がっていたようです。

⑤江戸幕府がたおれ、⑥新政府ができあがると見附に番兵が置かれることはなくなり、⑦明治時代の後半には牛込見附も城門の大部分が取りはらわれましたが、今でも城門跡の石垣が残されています。

【秋江さんの発表】

牛込見附跡から歩いて外濠にかかる橋をわたるとすぐに神楽坂(かぐらざか)があります。江戸時代、神楽坂の周辺は武家屋敷が立ち並ぶ地域でしたが、江戸時代半ばに⑧善国寺が移転してきたことをきっかけに、店や民家も増えていったそうです。明治時代以降は武家屋敷跡に料亭(りょうてい)などが入りこみ、はなやかな町並みがつくられました。神楽坂は関東大震災でも大きな被害(ひがい)を受けることはありませんでしたが、第二次世界大戦中の（ ⑨ ）で大部分が焼失しました。しかし、戦後は復興し、活気を取りもどしていきました。時代の流れで、近年では店の入れかわりはありますが、昔ながらの風情ある⑩町並みを守る取り組みも進められています。

☆牛込見附跡

☆牛込見附の近くの石。刻まれている文字は「阿波守（あわのかみ）」と読める。牛込見附の工事を担当した大名である蜂須賀忠英（はちすかただてる）を指す。

問１　下線部①について、大宝律令の制定よりも後のできごとを次から１つ選び、記号で答えなさい。

ア　渡来人により、大陸の進んだ文化が日本列島にもたらされた。

イ　冠位十二階や憲法十七条が定められ、大王中心の国づくりが進められた。

ウ　大化の改新とよばれる政治改革がおこなわれた。

エ　仏教の力で国家を安定させるため、国ごとに国分寺がつくられた。

問２　下線部②について、戦国時代の説明として正しいものを次から１つ選び、記号で答えなさい。

ア　戦国大名は戦いに明け暮れたため、農業も商工業も以前に比べておとろえた。

イ　各地での戦いをやめさせるため、室町幕府は御成敗式目を制定した。

ウ　この時代に鉄砲が伝来したことで、戦術や城のつくり方に変化がおこった。

エ　キリシタン大名は宣教師に布教活動を認めたが、貿易は許可しなかった。

問３　下線部③について、小田原の北条氏をほろぼして全国統一をなしとげた人物は農民から武器を取り上げる政策をおこないました。この政策を何といいますか。

問４　下線部④について、牛込見附は1636年に築かれました。牛込見附が築かれた年代にもっとも近いできごとを次から１つ選び、記号で答えなさい。

ア　関ヶ原の戦いに勝利した徳川家康が征夷大将軍となった。

イ　徳川家光が武家諸法度の中で参勤交代を制度として定めた。

ウ　徳川綱吉が儒学の考え方を重視した政治をおこなった。

エ　徳川吉宗が享保の改革をおこない、幕府の財政再建に取り組んだ。

問５　下線部⑤について、江戸幕府の最後の将軍は、政治をおこなう権限を朝廷に返すことを宣言しました。このことを何といいますか。

問６　下線部⑥について、新政府がおこなったさまざまな政策のうち、中央集権化を進めるため、全国に府県を置いたことを何といいますか。

問７　下線部⑦について、この時代の説明として正しいものを次から１つ選び、記号で答えなさい。

ア　日清戦争は朝鮮半島をめぐる日本と中国の対立からおこった。

イ　日清戦争の結果、日本は下関条約で満州国の建国を認められた。

ウ　日本はアメリカに対抗(たいこう)するために日英同盟を結んだ。

エ　日露戦争の結果、日本はベルサイユ条約で韓国への優越権を認められた。

問８　下線部⑧について、このように寺社の周りに発達した町を何といいますか。

問９　空らん（ ⑨ ）には、第二次世界大戦中におこなわれた、アメリカ軍の飛行機による攻撃(こうげき)を指す語が入ります。あてはまる語を答えなさい。

問10　下線部⑩について、町並みや景観を守る取り組みとしてあてはまらないものを次から１つ選び、記号で答えなさい。

ア　店の外観や屋外広告についてのルールを決める。

イ　そう音やごみの問題を防ぐために、観光客にも理解を求める。

ウ　地域住民の声よりも専門家の意見を優先して町並み保存のルールを決める。

エ　住民による建物の建てかえには補助金を出す。

問11　問題文に述べられていることや写真を参考に、牛込見附や神楽坂についての説明として正しいものを次から１つ選び、記号で答えなさい。

ア　牛込という地名の由来は、動物の牛とは関係がないものである。

イ　牛込見附は、江戸城への入り口に置かれ、軍事上重要な施設(しせつ)であった。

ウ　牛込見附は幕府の命令を受けた町人によって建設された。

エ　神楽坂は、江戸時代初期から商人の町として発展していた。

③　次の文章を読み、問に答えなさい。

学校には、委員会や係といったさまざまな役割があります。この役割は、学校の運営が生徒の意見によっておこなわれるために存在しています。なかでも生徒会は、生徒会長を中心に学校行事や学校生活の向上を目指し、活動をおこないます。生徒会長やクラスの委員は選挙によって選ばれます。このように、人びとの意見を政治に反映させるしくみを①民主主義といいます。

現代の日本の政治も、学校の生徒会に似た動きをしています。現在の政治は、選挙によって選ばれた代表者が②国会に集まり、法律や予算などの国家の方針となることを議論します。このようにして国民の意見を政治に反映しています。だからこそ国民ひとりひとりが③自分の意見を持つことが大切です。

問１　下線部①について、次の文のうち民主主義の考え方にあわないものを、次から１つ選び、記号で答えなさい。

ア　クラスで、お楽しみ会の出し物を決定するときに、クラス全員による多数決で決める。

イ　クラスで話し合いをおこなうときに、生徒会や学級委員などのクラスの代表者の意見を優先して議論を進める。

ウ　クラスの担任の先生が提案した議題をもとに、クラス内でその内容について話し合う。

エ　クラスから選挙で選ばれた二人の代表者が、代表者会議に出席してものごとを決定する。

問２　下線部②について、次の表は二院の選挙がおこなわれた日を示しています。次の会話文を読み、会話文中の空らん（ あ ）～（ え ）に入る適切な数字や語をそれぞれ答えなさい。また、（ お ）には表中のＸ・Ｙのうちのどちらかを選びなさい。

X	Y
2012年12月16日	2013年７月21日
2014年12月14日	2016年７月10日
2017年10月22日	2019年７月21日
2021年10月31日	2022年７月10日

さくら：　この表は衆議院と参議院の選挙がおこなわれた日を表しているよ。

あおい：　確か衆議院の任期は（ あ ）年間、参議院の任期は（ い ）年間だったと思うよ。あれ？　でもこの表ではどちらもこの通りではないみたいだけど…

さくら：　参議院は（ う ）年に１回、半数の人数を選挙するんだよね。衆議院はどうなっているのかな？

あおい：　衆議院は（ え ）があるから、必ずしも（ あ ）年に１回というわけではないのね。だからこの表では（ お ）が衆議院ということだね。

問３　下線部③について、日本国憲法では自分の意見を自由に発言したり、出版したりすることができます。このような権利を何といいますか。「～の自由」の形に合うように答えなさい。

問４　私たちが選挙で投票をするためには、積極的に政治などの情報を集めることが大切です。情報の収集について説明している次の文のうち、正しくないものを次から１つ選び、記号で答えなさい。

ア　新聞や雑誌などはさまざまな意見を知るために、いくつか読み比べると良い。

イ　インターネットには、最新の情報がのっているので時事問題を考える上で参考になる。

ウ　ＳＮＳには有名人などのさまざまな人びとが意見をあげているが、意見のかたよりや不正確なものもあるので注意しなければならない。

エ　人間の声や動きなどは独特なものであり、加工することが難しいため、映像には誤った情報が含(ふく)まれることはない。

山脇学園中学校(A)

―30分―

1　地理院地図をもとに作成した次の地図を見て、各問いに答えなさい。

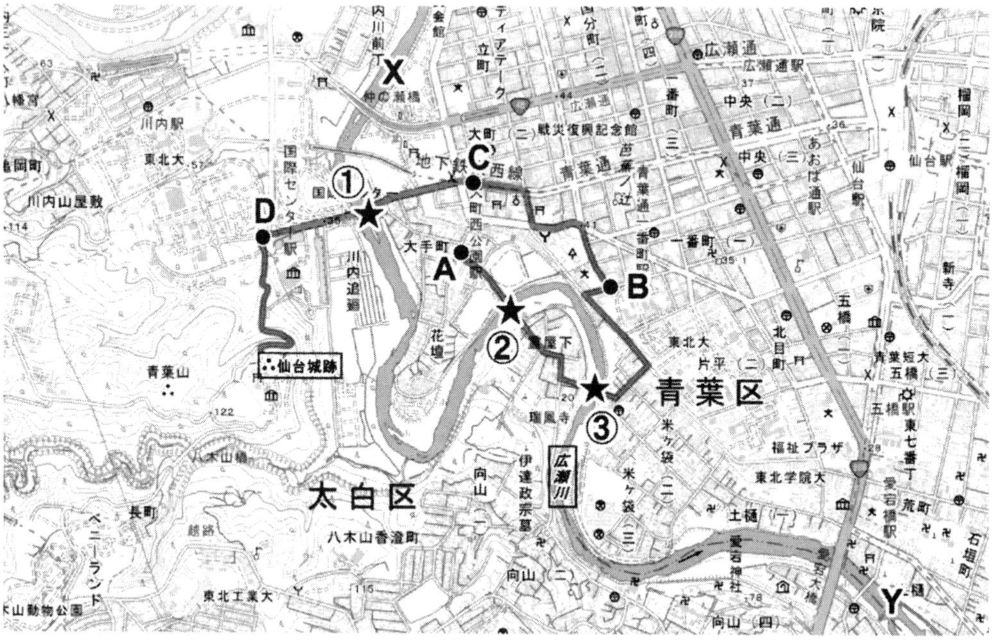

問1　地図中には、地点Aをスタートとして**仙台城跡**まで歩いたルートが書きこまれています。(1)〜(5)の問いに答えなさい。

(1)　地点Aから**仙台城跡**までのルートは地図上での長さが15㎝あります。実際の距離は、何㎞になるかを求めなさい。なお、地図の縮尺は25000分の1とします。

図1

(2)　図1は、地図中の★①〜③のいずれかの橋から、**広瀬川**の下流側を撮影(さつえい)したものです。地図中のXとYはいずれかが**広瀬川**の下流です。撮影した橋と**広瀬川**の下流の組み合わせとして正しいものをア〜カの中から1つ選び、記号で答えなさい。

ア　橋は①、下流はX　　イ　橋は①、下流はY

ウ　橋は②、下流はX　　エ　橋は②、下流はY

オ　橋は③、下流はX　　カ　橋は③、下流はY

(3)　**仙台城跡**と地点Bの標高の差はどれくらいですか。最も近いものをア〜エの中から1つ選び、記号で答えなさい。

ア　40m　　イ　80m　　ウ　120m　　エ　160m

(4)　地点Bから見た地点**C**の方角をア〜エの中から1つ選び、記号で答えなさい。

ア　北西　　イ　北東　　ウ　南西　　エ　南東

⑸　次のア～ウは、地点Bから地点Cまで歩いている間にまちなみを撮影したものです。撮影した順番に並べかえなさい。

ア（裁判所）

イ（小学校）

ウ（消防署）

問２　次の図２について、⑴～⑸の問いに答えなさい。

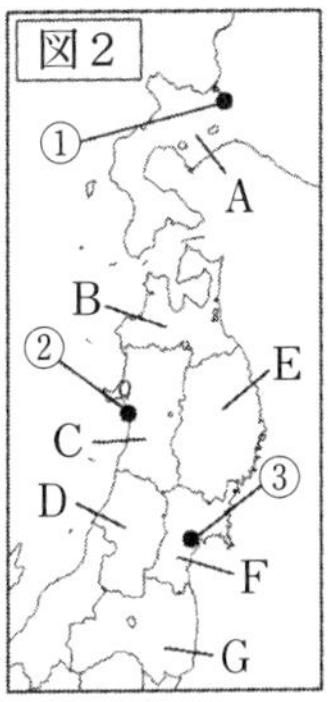

⑴　冒頭の地図はどこの県の県庁所在地を示したものですか。あてはまる県の位置を図２中のB～Gの中から１つ選び、記号で答えなさい。

⑵　次の雨温図X～Zは、図２中の①～③のいずれかの都市の気温と降水量を表しています。雨温図と都市の組み合わせとして正しいものをア～カの中から１つ選び、記号で答えなさい。

ア　①－X　②－Y　③－Z　　イ　①－X　②－Z　③－Y
ウ　①－Y　②－X　③－Z　　エ　①－Y　②－Z　③－X
オ　①－Z　②－X　③－Y　　カ　①－Z　②－Y　③－X

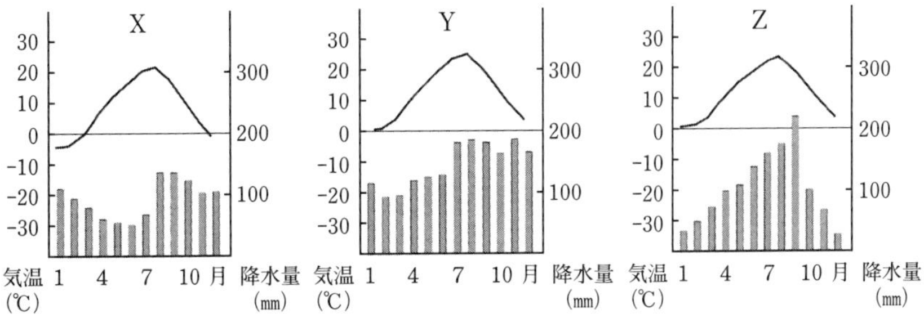

⑶　右の表はある農作物・畜(ちく)産物の生産量（2021年）が５位以内に入る都道府県を示しています。表中のⅠとⅡにあてはまる農作物・畜産物の組み合わせとして正しいものをア～エの中から１つ選び、記号で答えなさい。なお、表中のA～Gは図２中の記号と一致(いっち)しています。

	Ⅰ	Ⅱ
1位	A	B
2位	栃木	長野
3位	熊本	E
4位	E	D
5位	群馬	G

「日本国勢図会 2023/24」より作成

ア　Ⅰ－ぶた　Ⅱ－西洋なし
イ　Ⅰ－ぶた　Ⅱ－りんご
ウ　Ⅰ－乳用牛　Ⅱ－西洋なし
エ　Ⅰ－乳用牛　Ⅱ－りんご

⑷　図２中のＣ県を生産地とする伝統工芸品をア～オの中から１つ選び、記号で答えなさい。

ア　南部鉄器　　イ　津軽ぬり　　ウ　曲げわっぱ　　エ　伝統こけし　　オ　将棋こま

⑸　図２中のＢ県・Ｅ県・Ｆ県にかけて太平洋側に広がる三陸海岸について述べた文として、内容が誤っているものをア～エの中から１つ選び、記号で答えなさい。

ア　海岸線はのこぎりの歯のように出入りがはげしくなっている。

イ　松島湾や仙台湾では、かきの養殖がさかんとなっている。

ウ　沖合には、親潮と黒潮がぶつかる潮目ができ、よい漁場になっている。

エ　北上川が運んできた土や砂が、河口付近に積もってできた平地が広がっている。

問３　あなたは、社会科の授業で仙台市のまちづくりについて調べることになり、発表用の【原稿】と【資料】をつくっています。本文中の図５はどのような題名のグラフにしたらよいでしょうか。「仙台市内の移動における」に続けて書きなさい。なお、設問の関係上、図５は示していません。

【原稿】

まずは図３を見てください。仙台市では、65歳以上の人口の割合が年々高くなってきています。つぎに図４を見ると、仙台市における人口集中地区の面積は拡大傾向にあることが読み取れます。しかし、それに反比例して人口密度は低くなってきています。図５の内訳を見ると、多くの年代で、市内を移動する手段として徒歩や自転車よりも、自家用車への依存（いぞん）の割合が高いことが読み取れます。図４から分かるように、市街地が広いため移動距離が長く、自家用車が生活に欠かせないことを意味しています。そして、図５からは、交通弱者が高齢者に多いという、仙台市のかかえる課題が見えてきます。

以上の図３・図４・図５から読み取ったことを総合的に考えると、次のように言えます。これからの仙台市のまちづくりは、増加する高齢者のためにも、自家用車に依存した拡大型の市街地形成から、鉄道を中心とする集約型の市街地形成への転換を図ることが重要なのではないかと思います。

【資料】

図３　仙台市における65歳以上の人口の割合

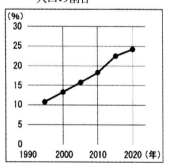

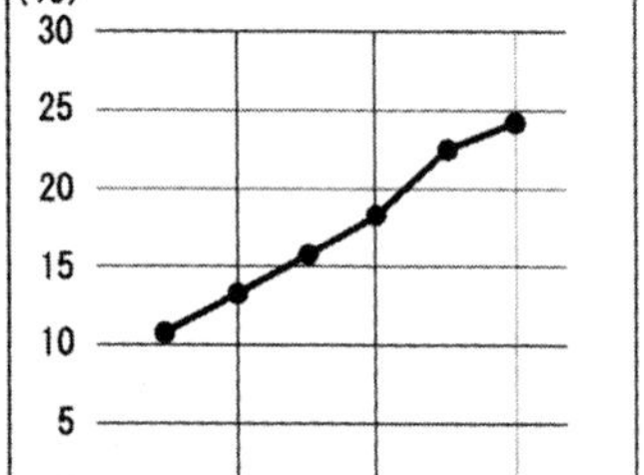

図４　仙台市における人口集中地区の面積と人口密度の推移

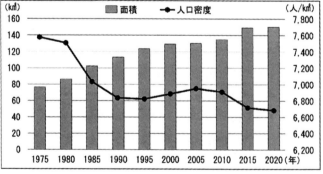

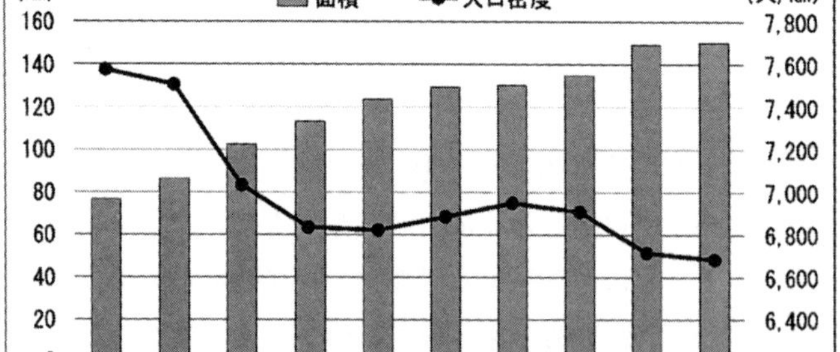

図３・図４ともに『仙台市統計書』より作成

2　次の文を読んで、各問いに答えなさい。

大小無数の島から形成されている日本では、古くから海上交通がさかんだったと考えられています。日本の船の起源は①縄文時代の丸木舟とされています。これは一本の木をくり抜いた船で、人びとは沿岸や河川などでの交通や漁に用いましたが、時には海を渡ることもありました。さらに、弥生時代にはより大型の船が利用され、②中国に使者を送っていることから、このころには中国に達する航路が開けていたと考えられます。

607年には、聖徳太子(厩戸皇子)が〔 A 〕を遣隋使として派遣し、隋との間に正式な国交が開かれました。その後、唐の政治のしくみや文化を取り入れるため、遣唐使が十数回派遣されました。894年、大使に任命された〔 B 〕の進言によって遣唐使が廃止されると、いったん大陸との行き来は途絶えました。平安時代末期になると、③平清盛は日宋貿易による富に着目して瀬戸内航路の整備につとめ、海上交通を守る〔 C 〕を修造しました。〔C〕は現在の広島県にあり、1996年にユネスコの世界文化遺産に登録されました。

室町時代には、〔 D 〕が明との間で勘合貿易を開始しました。外国との貿易が再びさかんになるとともに、造船技術も進みました。④織田信長、⑤豊臣秀吉、⑥徳川家康はともに海外貿易に熱心でしたが、江戸幕府第３代将軍〔 E 〕の時代には鎖国政策をとりました。⑦外国との交易は限られましたが、国内では海上交通が発展し、⑧江戸時代の経済や文化を支える大きな役割を果たしました。

1853年、ペリーが浦賀を訪れたことがきっかけとなって⑨日本は開国し、その後明治維新を迎えました。⑩明治政府は海運を拡大するために、民間海運会社を支援する政策を採用しました。そして、1885年には日本郵船会社が誕生しました。その後、日本の海運会社は積極的に外国航路を開き、⑪日清戦争・日露戦争による特需も日本の海運の発展につながりました。造船業も次第にその基盤を固めて、外国航路に就航する大型汽船の多くが国内で建造されるようになりました。

問１　空らん〔 A 〕～〔 E 〕に入る語句を、それぞれ漢字で答えなさい。

問２　下線部①の遺跡と考えられているものをア～エの中から１つ選び、記号で答えなさい。

ア　三内丸山遺跡　　イ　岩宿遺跡　　ウ　吉野ヶ里遺跡　　エ　登呂遺跡

問３　下線部②について、奴国の王が中国(後漢)の光武帝から送られた金印が出土した場所をア～エの中から１つ選び、記号で答えなさい。

ア　志賀島　　イ　琉球　　ウ　対馬　　エ　佐渡島

問４　下線部③について述べた文として正しいものをア～エの中から１つ選び、記号で答えなさい。

ア　名目上の執権を立てて、政治の実権を握った。

イ　浄土信仰(浄土教)の影響を受けて、平等院鳳凰堂を建てた。

ウ　坂上田村麻呂を征夷大将軍に任命し、東北地方の蝦夷を平定させた。

エ　太政大臣になり、藤原氏のように娘を天皇のきさきにし、朝廷の要職を一族で独占した。

問5　下線部④について、1575年の戦いに関する短文を読み、空らんに入る語句の組み合わせとして正しいものをア〜カの中から１つ選び、記号で答えなさい。

> このできごとは［　X　］の戦いと呼ばれます。織田信長は、［　Y　］を使用して戦いを有利にすすめ、［　Z　］の騎馬隊を破りました。

ア　X－桶狭間　Y－鉄砲　Z－武田氏
イ　X－桶狭間　Y－てつはう　Z－武田氏
ウ　X－桶狭間　Y－てつはう　Z－今川氏
エ　X－長篠　Y－てつはう　Z－今川氏
オ　X－長篠　Y－鉄砲　Z－武田氏
カ　X－長篠　Y－鉄砲　Z－今川氏

問6　下線部⑤は全国の田畑の面積や等級、耕作者を調べさせました。この政策を何といいますか。漢字で答えなさい。

問7　下線部⑥が奨励した貿易についての短文を読み、空らんに入る語句の組み合わせとして正しいものをア〜エの中から１つ選び、記号で答えなさい。

> 朱印船が東南アジアに渡航して行った貿易で、日本は主に［　X　］を輸出し、［　Y　］を輸入しました。

ア　X－金　Y－木綿　　イ　X－金　Y－生糸
ウ　X－銀　Y－木綿　　エ　X－銀　Y－生糸

問8　下線部⑦について、長崎で交易を行うことを許されていたのは、中国とどこの国ですか。

問9　下線部⑧について述べた文として誤っているものをア〜エの中から１つ選び、記号で答えなさい。

ア　千歯こきや備中ぐわなどの新しい農具が生まれ、農業生産が増大した。
イ　商工業者は同業者組合である株仲間をつくり、幕府に税を納めて営業を独占した。
ウ　大名や大商人の間で流行していた茶の湯を、千利休が茶道として大成した。
エ　井原西鶴は『日本永代蔵』などの浮世草子で、町人の生活をいきいきとえがいた。

問10　下線部⑨について、開国後のできごとＡ〜Ｄを年代順に並べかえ、記号で答えなさい。

Ａ　大政奉還が行われた。　　Ｂ　薩長同盟が成立した。
Ｃ　戊辰戦争が始まった。　　Ｄ　桜田門外の変が起きた。

問11　下線部⑩が行ったこととして誤っているものをア〜エの中から１つ選び、記号で答えなさい。

ア　地租改正を行った。　　イ　普通選挙制を実現した。
ウ　徴兵令を出した。　　エ　義務教育制度を定めた。

問12　下線部⑪について、(1)〜(2)の問いに答えなさい。

(1)　日清戦争で、日本が朝鮮に出兵することになった直接的なきっかけとして正しいものをア〜エの中から１つ選び、記号で答えなさい。

ア　甲午農民戦争が起きた。　　イ　日英同盟が成立した。
ウ　三国干渉を受けた。　　エ　関税自主権を回復した。

(2)　日露戦争前後、日本国内の産業ではどのような分野が発展しましたか。「賠償金」「官営」の２語を使って具体的に説明しなさい。

3　次の、中学生の一子さんと友美さんの会話文を読み、各問いに答えなさい。

一子「ねぇねぇ、知ってる？2022年度に高齢者がもらえる①年金の額が引き下げられたんだって。このまま少しずつもらえる額が少なくなっていったら……私たちが高齢者になるころには、年金がもらえなくなっているかもしれないね。」

友美「そうなの!?さすがにそうはならないと思うけどなぁ。現に、2023年度にもらえる年金の額は、2022年度に比べて増えているよ。」

一子「そうなんだ。たしかに、②憲法第25条１項には、『すべて国民は〔 A 〕で〔 B 〕な〔 C 〕の生活を営む権利を有する』と定められているし。国は、私たちの生活を向上させるために、いろいろなことをしないといけないしね。」

友美「そうなんだけどね。『年金制度をなくします！』って③選挙に出て、当選する議員はいないだろうし。でも、私たちが将来もらえる年金の額が、ものすごく少なくなってしまうことは、あり得る話だよね……」

一子「いやだなぁ。生まれてくる子どもの数も減っているし、この先大丈夫かなぁ……いっそのこと、④日本国憲法に『年金の額は減らしません』って書いてしまうのはどうかな。」

友美「さすがにそれは無理があると思うけど……⑤私たちも、年金がずっともらえる社会にするためにはどんな制度が望ましいのか、そもそも年金制度が本当に必要なのかもふくめて、考えて話し合わないといけないのかもしれないね。」

問１　空らん〔 A 〕～〔 C 〕に入る語句を、それぞれ漢字で答えなさい。

問２　下線部①について、年金保険制度は、社会保障制度の「四つの柱」の一つに数えられます。「四つの柱」とは、具体的には、社会保険・社会福祉・〔 D 〕・公衆衛生を指します。空らん〔D〕に入る語句を、ア～エの中から１つ選び、記号で答えなさい。

ア　治安維持　　イ　公共事業　　ウ　経世済民　　エ　公的扶助

問３　下線部②について、この日本国憲法の条文は国民の何の権利を表していますか。漢字３文字で答えなさい。

問４　下線部③について、日本では、選挙で投票することのできる年齢は満何歳からですか。

問５　下線部④のように憲法に新たな文章を書き加えるためにも、憲法改正の手続きが必要とされます。憲法改正の手続きは、日本国憲法第96条１項に明記されています。以下の文章の空らん〔 E 〕～〔 H 〕に入る語句を、それぞれ答えなさい。なお、空らん〔E〕と〔H〕については、ア～オから選び、記号で答えなさい。

日本国憲法96条１項
「この憲法の改正は、各議院の総議員の〔 E 〕以上の賛成で、国会が、これを〔 F 〕し、〔 G 〕に提案してその承認を経なければならない。この承認には、特別の〔G〕投票又は国会の定める選挙の際行はれる投票において、その〔 H 〕の賛成を必要とする。」

ア　３分の１　　イ　半数　　ウ　過半数　　エ　３分の２　　オ　４分の３

問６　下線部⑤について、この国をより良い国にしていくためには、私たち自身が日々議論をし、それを選挙での投票を通じて政策に反映させていくことが必要です。以下の選挙ポスターを見て、あなたが投票するとしたら、どちらに投票しますか。どちらに投票するかを明らかにし、**「安定」**の語句を必ず使い、その理由を１文で簡潔に答えなさい。

山脇　愛美

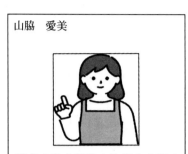

現在の社会保障の仕組みを廃止し、全ての国民に、毎月８万円を配布します！

山脇　小百合

年金を払う人がもらう賃金や物の価格が変化する割合に応じて、年金額を調節します！

横浜共立学園中学校（A）

—40分—

1　次の文章を読んで、あとの問いに答えなさい。

2023年３月、文化庁が①東京都から京都府に移転し、新しい庁舎で業務を開始しました。②国の省庁の「全面的な移転」が行なわれるのは初めてのことですが、③京都府内には文化財を保管する寺院などが多くあることから、文化財保護を考えるうえで文化庁の移転に期待する声があがっています。

日本における文化財保護の考えの原点であり、象徴（ちょう）でもあるといえるのは、④奈良県斑鳩（いかるが）町の法隆寺金堂壁（へき）画でしょう。⑤７世紀末ごろに制作されたと考えられる法隆寺金堂壁画は、古代インドの影響（えいきょう）を受けた中国の唐（とう）の時代の表現技法が用いられており、東洋の⑥仏教絵画の傑（けっ）作と讃（たた）えられてきました。しかし、大規模修理事業の最中にあった1949年１月26日早朝、火災が発生し、これにより壁画の多くが損傷してしまいました。

このできごとは人々に大きな衝撃（しょうげき）を与え、翌⑦1950年に文化財保護法が制定されるきっかけとなりました。文化財保護法では、文化財を「有形文化財」、「無形文化財」、「民俗（ぞく）文化財」、「記念物」、「文化的景観」及（およ）び「伝統的建造物群」と定義しており、これらのうち重要なものを国が指定・選定・登録し、重点的に保護しています。この⑧法律に掲（かか）げられる目的は、「文化財を保存し、且（か）つ、その活用を図り、もって国民の文化的向上に資するとともに、世界文化の進歩に貢献（こうけん）すること」です。また、同年に設置された文化財保護委員会は、現在の文化庁の前身にあたります。

横浜市指定有形文化財に選ばれた本校舎を有する横浜共立学園にとっても、文化財保護は身近な話題です。学園は生徒・教職員・卒業生にとっての心の⑨ふるさとである本校舎を、保全改修工事を行ないながら後世へ残そうとしています。しかし、世界では2019年４月に⑩フランスのノートルダム大聖堂でおきた火災をはじめ、事故により損傷してしまった文化財だけでなく、⑪戦争や紛（ふん）争により被（ひ）害を受け、失われてしまった文化財も多くあります。例えばウクライナでは、ロシアによる⑫軍事侵攻（しんこう）後、文化財が破壊（かい）されたという報告があとを絶ちません。

文化財を守るということは、先人の営んできた文化・歴史を尊重することであり、未来の人々が過去から学ぶ機会を守ることといえるでしょう。そのために私たちに何ができるのか、一緒（いっしょ）に考えていきませんか。

問１　下線部①などで見られるドーナツ化現象とは、どのような現象のことをいいますか。この現象がおこる原因を入れながら説明しなさい。

問２　下線部②の一つである消費者庁も、一部ですが徳島県に移転しました。徳島県は淡路（あわじ）島を経由して本州とつながっていますが、徳島県と淡路島を結ぶ橋の名称（しょう）を答えなさい。

問3　下線部③について、次の写真は京都市左京区の寺院に現存する、15世紀末ごろの建物です。これを建てた将軍はだれですか。漢字で答えなさい。

問4　下線部④について、次の表は、奈良県奈良市と緯度や経度が近い地点の気温と降水量を示したものです。表中のア～エは、奈良市、福井県敦賀(つるが)市、和歌山県の潮岬(しおのみさき)、静岡県静岡市のどれかが当てはまります。このうち、奈良市のものはどれですか。

	1月			7月		
	日最低気温(℃)	日最高気温(℃)	降水量(mm)	日最低気温(℃)	日最高気温(℃)	降水量(mm)
ア	5.2	11.4	97.7	23.8	28.2	298.4
イ	1.9	7.8	269.5	23.2	30.0	204.0
ウ	0.8	8.7	52.4	23.0	31.7	173.5
エ	2.1	11.7	79.6	23.1	29.9	296.6

(『理科年表2024』より作成。いずれの値も1991年から2020年までの平均値)

問5　下線部⑤に造営された藤原(ふじ)京は、日本で初めての本格的な都です。藤原京の特徴を、次の模式図と表から読み取って説明しなさい。

模式図

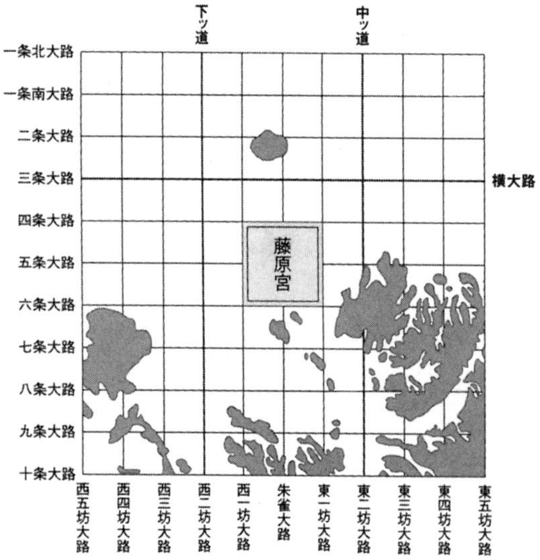

表

天皇	おかれた都(宮都)
孝徳(こうとく)天皇	645～655年：難波長柄豊碕宮(なにわのながらのとよさきのみや)
斉明(さいめい)天皇	655年：飛鳥板蓋宮(あすかいたぶきのみや)
	655年：飛鳥川原宮(あすかかわはらのみや)
	656～667年：後飛鳥岡本宮(のちのあすかおかもとのみや)
天智天皇	667～672年：近江大津宮(おうみおおつのみや)
天武天皇	672～694年：飛鳥浄御原宮(あすかきよみはらのみや)
持統天皇 文武天皇 元明天皇	694～710年：藤原京

注)模式図は藤原京復元図を参照し作成。
宮は天皇の住まいなどがあるところを指す。
灰色にぬられた部分は丘陵(きゅうりょう)地を示す。

問6　下線部⑥に関連して、日本国憲法は、国が特定の宗教教育をしたり、宗教的活動をしたりすることを禁止しています。この原則を何といいますか。「～の原則」の形に合うように答えなさい。

問7　下線部⑦に朝鮮(せん)戦争が始まると、ＧＨＱの指示により日本国内の治安を守るための部隊が創設されました。この部隊を何といいますか。

問8　下線部⑧をつくることができるのは国会です。

(1)　法律案を国会で審(しん)議する際に、衆議院と参議院で議決が異なった場合、とられる処置として、正しいものはどれですか。

ア　衆議院が可決したのち、参議院が否決した場合、必ず廃(はい)案となる。

イ　衆議院が可決したのち、参議院が否決あるいは10日以内に議決しない場合、衆議院の議決が自動的に国会の議決となる。

ウ　衆議院が可決したのち、参議院が否決あるいは30日以内に議決しない場合、衆議院の議決が自動的に国会の議決となる。

エ　衆議院が可決したのち、参議院が否決あるいは60日以内に議決しない場合、衆議院が出席議員の３分の２以上で再可決すると法律案が成立する。

(2)　国会は、不適格な裁判官を裁判し、やめさせることができます。この裁判を何といいますか。「～裁判」の形に合うように答えなさい。

問9　下線部⑨に関連して、民謡(よう)「ふるさと」は、1910年代に発表された楽曲です。このころ広がった大正デモクラシーを支えた思想、民本主義をとなえたのはだれですか。漢字で答えなさい。

問10　下線部⑩は小麦の栽培(さいばい)が多い国です。日本で小麦の収穫(かく)量が最も多いのは北海道ですが、２番目と３番目に多い（2022年）のは隣(とな)り合う２つの県です。この２つの県を組み合わせたものとして、正しいものはどれですか。（資料：『日本国勢図会2023/24』）

ア　福岡県と佐賀県　　イ　香川県と愛媛県

ウ　埼玉県と山梨県　　エ　岩手県と宮城県

問11　下線部⑪について、琉球(りゅうきゅう)王国の都に築かれ、太平洋戦争末期の沖縄戦で焼失した城を何といいますか。

問12　下線部⑫について、同盟を結ぶなど密接な関係にある国が他国に攻撃されたとき、自国が攻撃されていなくてもその国を助け、反撃する権利を何といいますか。

[2]「持続可能な開発目標（Sustainable(サステイナブル) Development(ディベロップメント) Goals(ゴールズ)：SDGs(エスディージーズ)）」は、2030年までに達成を目指す17の目標です。SDGsに関連するあとの問いに答えなさい。（統計データは『日本国勢図会2023/24』、『データでみる県勢2024』の最新のものを使用しています。）

> 2　飢餓(きが)を終わらせ、全ての人が一年を通して栄養のある十分な食料を確保できるようにし、持続可能な農業を促(そく)進しよう

問1　栄養のある十分な食料の確保は、日本でも難しくなっています。

(1)　日本の食料自給率が低いものから順に、次の農産物を並べなさい。

ア　小麦　　イ　大豆(だいず)　　ウ　果実

(2)　野菜の日本の食料自給率は約80％と高めです。右の表は、ある野菜の主産地を収穫量の多い順に示したものです。その野菜はどれですか。

ア　レタス　　　イ　たまねぎ

ウ　ピーマン　　エ　にんじん

	都道府県名
1位	茨城県
2位	宮崎県
3位	鹿児島県
4位	高知県

（『日本国勢図会2023/24』より作成）

3　あらゆる年齢の全ての人々の健康的な生活を確保し、福祉を促進しよう
4　全ての人が受けられる公正で質の高い教育の完全普及を達成し、生涯にわたって学習できる機会を増やそう

問2　病院と学校は、健康的な生活の確保のため、質の高い教育の普及のために必要です。「病院」と「高等学校」を表す地図記号の組み合わせとして、正しいものはどれですか。

ア  と 　イ  と 　ウ  と 　エ  と 

6　全ての人が安全な水とトイレを利用できるよう衛生環境を改善し、ずっと管理していけるようにしよう

問3　水は河川から得ることが多いです。

(1)　流域面積が、日本で最も大きい川の名称を答えなさい。

(2)　大きな河川がないため、豊川用水によって水が送られている愛知県の半島の名称を答えなさい。

7　全ての人が、安くて安定した持続可能な近代的エネルギーを利用できるようにしよう

問4　地熱発電による電力量が最も多い都道府県は、八丁原発電所があることで知られます。この都道府県名を答えなさい。

13　気候変動及びその影響を軽減するための緊急対策を講じよう
14　持続可能な開発のために海洋資源を保全し、持続可能な形で利用しよう

問5　地球の温暖化は大きな環境問題です。日本の観測史上の最低気温は、1902年に「北海道旭川」で観測されたマイナス41.0℃で、それから更新されていません。しかし、最高気温は、2018年に「埼玉県熊谷」、2020年に「静岡県浜松」で観測された41.1℃で、近年更新されています。

(1)　北海道旭川市は、何盆地にありますか。

(2)　海洋資源である魚類で、静岡県の漁獲量が最も多いものはどれですか。

ア　かつお類　　イ　さけ類　　ウ　ぶり類　　エ　たら類

15　陸上の生態系や森林の保護・回復と持続可能な利用を推進し、砂漠化と土地の劣化に対処し、生物多様性の損失を阻止しよう

問6　日本は、国土の約何％が森林におおわれていますか。

ア　22％　　イ　44％　　ウ　66％　　エ　88％

問7　兵庫県小野市は、木材を使っている伝統的工芸品で知られます。その伝統的工芸品はどれですか。

ア　美濃和紙　　イ　播州そろばん　　ウ　熊野筆　　エ　会津塗

3　2023年、インドの人口は中国を抜いて世界一となりました。文化や経済などの面で、古くから日本や世界に大きな影響を与えてきたインドに関する文を読んであとの問いに答えなさい。

現在のインドがある南アジアでは、かつてインダス文明が栄えていました。その遺跡からはレンガ造りの①家屋や穀物倉、②青銅器や土器などが発見されていますが、王宮や③王墓は見つかっておらず、政治の様子はよく分かっていません。

問1　下線部①について、高床倉庫や住居跡などが発見された登呂遺跡の場所は、次の地図中のどこですか。

問2　下線部②について、日本における青銅器や土器について述べた**あ**・**い**の文の正誤の組み合わせとして、正しいものはどれですか。

あ	弥生時代の青銅器である銅鐸は、おもに祭りや儀式の道具として用いられた。
い	弥生土器は縄文土器より薄くて固く、低温で焼かれたため赤褐色をしている。

ア　**あ**－正　**い**－正　　イ　**あ**－正　**い**－誤

ウ　**あ**－誤　**い**－正　　エ　**あ**－誤　**い**－誤

問3　下線部③の例として日本の古墳があります。右の写真は、埼玉県の稲荷山古墳から出土した鉄剣の一部です。□で囲まれた部分には、ある大王の名が刻まれています。この大王の名を「～大王」の形に合うようにカタカナで答えなさい。

インドは仏教の発祥の地です。シャカ族の王子ガウタマ＝シッダールタ（ブッダ）が開いた仏教は、④東南アジアをはじめ、「絹の道（シルクロード）」を通じて中国に伝わり、その後、朝鮮半島や⑤日本へ広まりました。

問４　下線部④のタイは仏教が盛んな国として有名です。江戸時代の初期、タイのアユタヤ日本町の長となり、国王に仕えて活躍(やく)した人物はだれですか。

問５　下線部⑤における仏教の広まりに関する問いに答えなさい。

(1)　東大寺の大仏開眼(かいげん)の儀式にはインドの僧も参加しました。右の写真は東大寺の正倉院の一部ですが、この写真にみられる建築様式を何といいますか。「～造」の形に合うように答えなさい。

(2)　遣唐使として唐へ渡ったある僧は、帰国後、高野山に金剛峰寺を開き、真言宗を広めました。この僧はだれですか。

(3)　日本における仏教について述べた文として、正しいものはどれですか。

ア　法然は浄土宗を開き、各地で踊(おどり)念仏を通して布教した。

イ　物部守屋は、仏教の受け入れに反対する蘇我馬子を滅ぼした。

ウ　聖徳太子は十七条の憲法の中で、「仏・法・僧」を三宝(さんぽう)と定めた。

エ　室町幕府は、三奉(ぶ)行の一つである寺社奉行に、全国の寺社を統制させた。

インドが面するインド洋は、地中海から中国南部までを結ぶ「海の道」と呼ばれる交易路の一部として、古くから利用されてきました。「海の道」で運ばれたインドや東南アジア産の香辛(しん)料、⑥中国産の陶磁(とうじ)器は、⑦ヨーロッパで人気商品となりました。

問６　下線部⑥や銅銭は、日宋貿易を通して日本にも盛んに輸入されました。

(1)　次の写真は、日宋貿易を奨励(しょうれい)した平清盛が一族の繁(はん)栄を願ってお経を納めた神社です。この神社の名称を答えなさい。

(2)　「鎌倉大仏」の名で知られる高徳院阿弥陀如来坐像(こうとくいんあみだにょらいざぞう)は、鎌倉時代に銅銭をとかして造られたといわれています。鎌倉時代、幕府が国ごとにおいた軍事や警察を担う役職はどれですか。

ア　侍所　　イ　地頭　　ウ　守護　　エ　問注所

問7　下線部⑦の学問は、江戸時代中期、中国語に訳された西洋の書物の輸入制限が緩和されたことにより、蘭学として発達しました。この緩和が行なわれた江戸の三大改革を何といいますか。「～の改革」の形に合うように答えなさい。

インド産の綿織物の人気の高まりは、18世紀後半に⑧イギリスで産業革命が始まるきっかけとなりました。インドは、工業製品の原料や販売先を求めて⑨植民地を拡大するイギリスの支配下に置かれ、⑩第一次世界大戦後には独立運動が活発となりました。

問8　下線部⑧と日本に関するできごとを、古いものから順に並べなさい。

ア　イギリスは生麦事件の報復として、薩摩藩を攻撃した。

イ　イギリス人技師の指導により、新橋・横浜間で鉄道が開通した。

ウ　ロシアの勢力を警戒するイギリスと日本の間で、日英同盟が成立した。

エ　ロシア革命がおこると、イギリスは日本などとシベリア出兵を行なった。

問9　下線部⑨について、1919年、日本による植民地支配からの独立を求めて朝鮮でおこった運動を何といいますか。

問10　下線部⑩の1920年、世界初の国際平和機構として国際連盟が設立されました。札幌農学校在学中にキリスト教に入信し、国際連盟の事務局次長を務めたのはだれですか。

ア　内村鑑三　　イ　杉原千畝　　ウ　新島襄　　エ　新渡戸稲造

1947年にイギリスから独立したインドは、1990年代以降ＩＴ（情報技術）産業が急速に発展し、現在では⑪「グローバルサウス」と呼ばれる新興国や途上国の代表として注目を集めています。一方、国内では貧困や⑫民族対立などの課題も残っています。

問11　下線部⑪という言葉は、2023年に被爆地の広島市で開催されたＧ７サミットでも注目されました。広島への原子爆弾投下からポツダム宣言の受諾までの間におこったできごとについて述べた文として、正しいものはどれですか。

ア　ドイツが連合国に降伏した。

イ　ミッドウェー海戦で日本軍が敗北した。

ウ　東京大空襲で多くの民間人が犠牲となった。

エ　ソ連が日ソ中立条約を破って満州に侵攻した。

問12　下線部⑫の例として、パレスチナにおけるユダヤ人とアラブ人の対立があります。1973年に両者が衝突し、石油危機をまねいた戦争を何といいますか。

④　１年の中でも４月と10月は、新しく始まることや変更が行なわれることが多い月です。2023年の４月と10月に開始・変更したことについて、あとの問いに答えなさい。

問1　４月に、厚生労働省と内閣府の関連部署を統合した組織がベースとなり、少子化や保育政策、児童虐待といった幅広い課題に取り組む機関が設置されました。

⑴　この機関名を答えなさい。

⑵　この機関を設立した背景には、少子化による人口減少があります。次のグラフは、1947年から2022年までの日本の出生数と合計特殊出生率の推移を表したものです。①～④の時期について述べた文として、誤りのあるものはどれですか。

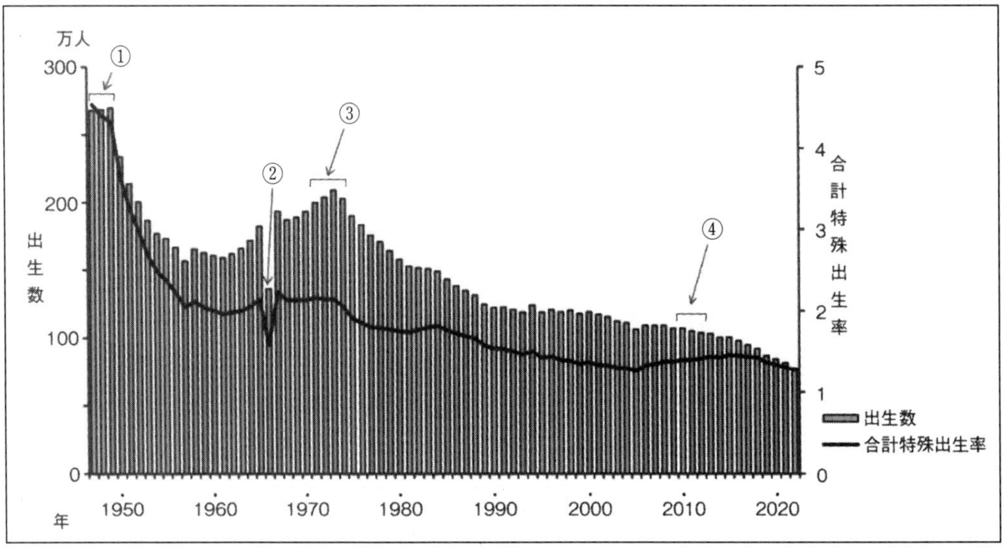

(令和４年(2022)人口動態統計月報年計(概数)の概況(厚生労働省)より作成)

ア　①の時期は、出生数が多く、この時期に生まれた世代を「団塊の世代」という。

イ　②の年は、ひのえうまの年で、気性が激しい子が生まれるという迷信のために出生数が減少し、太平洋戦争後最も少ない出生数である。

ウ　③の時期は、①の時期に生まれた世代が出産適齢期となったことで、1960年代に比べて出生数が増え、「第二次ベビーブーム」といわれた。

エ　④の時期は、出生数は減っているが、合計特殊出生率が上昇している。

問２　４月から日本銀行の新体制が始動し、新しく植田和男総裁が就任しました。日本銀行の総裁は、国会の同意を得たうえで内閣が任命することになっています。

⑴　国会について述べた文として、正しいものはどれですか。

ア　衆議院は、４年ごとに解散がある。

イ　参議院は、３年ごとに半数の解散がある。

ウ　衆議院は、議員の任期はないが、解散はある。

エ　参議院は、議員の任期はあるが、解散はない。

⑵　内閣に設置されていながら、内閣からの独立性が保障されている機関はどれですか。

ア　公正取引委員会　　イ　宮内庁　　ウ　人事院　　エ　内閣官房

問３　10月１日から中旬にかけて改定される最低賃金が、初めて全国平均で1,000円を超えました。最低賃金とは、雇い主が労働者に支払わなければいけない最低限の賃金額として国が定めるもので、日本国憲法が規定する生存権の主旨に基づくものです。

⑴　生存権について、日本国憲法第25条第１項では、「すべて国民は、[　　　　]な最低限度の生活を営む権利を有する。」と規定されています。[　　　　]にあてはまる語句を、６字で答えなさい。

⑵　日本国憲法第25条第２項では、社会保障について規定されています。社会保障制度の一つである社会保険の内容として、誤りのあるものはどれですか。

ア　病院での治療費が軽減される。

イ　介護サービスの利用料金が軽減される。

ウ　さまざまな事情で生活が困難な人を救済するために、生活費が支給される。

エ　仕事を辞めた人に、新しい仕事を見つけるまでの生活費が支給される。

問４　10月からインボイス制度が始まりました。「インボイス」とは、事業者間でやり取りされる消費税額等が記載された請求書などのことで、事業者が消費税の納税額を計算する際に必要となるものです。

⑴　次のグラフは2023年度一般会計予算の歳入の内訳を表しています。ア～エには、「国債による収入」、「所得税収」、「法人税収」、「消費税収」のどれかが当てはまります。「消費税収」のものはどれですか。

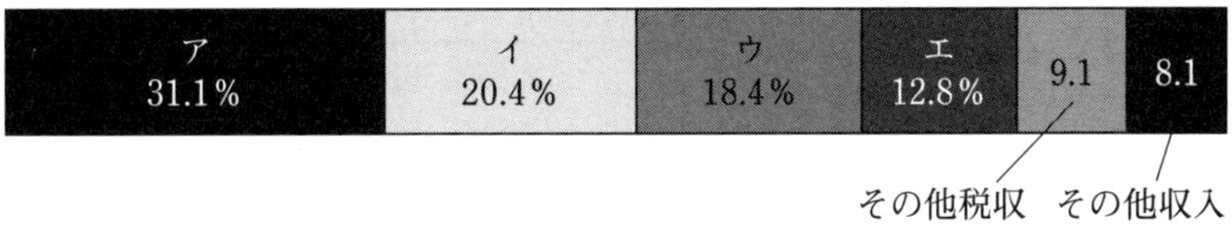

（財務省の資料より作成）

⑵　消費税と所得税の税率について述べた文として、正しいものはどれですか。

ア　消費税と所得税の税率は、どちらも所得が多くなると高くなる。

イ　消費税と所得税の税率は、どちらも所得にかかわりなく一定である。

ウ　所得税の税率は、所得が多くなるほど高くなるが、消費税の税率は所得にかかわりなく一定である。

エ　所得税の税率は、所得にかかわりなく一定であるが、消費税の税率は所得が多くなるほど高くなる。

問５　10月からある制度が見直されました。その制度は次のような特徴を持ちます。

> 特徴
> ・自分が選んだ自治体に寄付を行なうことができる。
> ・寄付を行なうと、その自治体の特産品などの返礼品を受け取ることができる。
> ・寄付を行なうと、自分の住む自治体に納める税金の一定額が差し引かれる反面、その自治体の税収が減少する。
> ・大都市圏の住民がこの制度を利用し、寄付を行なう傾向にある。

⑴　この制度を何といいますか。

⑵　次の表は、受けた寄付金額上位10位の自治体と、税収減が多いと予想される上位10位の自治体をまとめたものです。表中のA～Cに当てはまる自治体名の組み合わせとして、正しいものはどれですか。

	寄付金額上位	予想される税収減額上位
1位	A	神奈川県横浜市
2位	北海道紋（もん）別市	愛知県名古屋市
3位	北海道根室市	大阪府大阪市
4位	北海道白糠（しらぬか）町	C
5位	大阪府泉佐野市	東京都世田谷区
6位	佐賀県上峰（かみみね）町	埼玉県さいたま市
7位	B	福岡県福岡市
8位	福岡県飯塚（いいづか）市	兵庫県神戸市
9位	山梨県富士吉田市	北海道札幌市
10位	福井県敦賀市	B

（総務省2023年発表の資料より作成）

ア　A　神奈川県川崎市　　B　京都府京都市　　C　宮崎県都城（みやこのじょう）市
イ　A　神奈川県川崎市　　B　宮崎県都城市　　C　京都府京都市
ウ　A　京都府京都市　　B　神奈川県川崎市　　C　宮崎県都城市
エ　A　京都府京都市　　B　宮崎県都城市　　C　神奈川県川崎市
オ　A　宮崎県都城市　　B　神奈川県川崎市　　C　京都府京都市
カ　A　宮崎県都城市　　B　京都府京都市　　C　神奈川県川崎市

横浜女学院中学校(A)

―30分―

1　次の文章は、毎日小学生新聞2023年５月４日の記事です。この記事を読んでそれぞれの問いに答えなさい。

〔タイトル〕　**ここにしかない、自然　日本初の世界自然遺産登録から30年**

屋久島と白神山地が日本初の(A)世界自然遺産として登録されたのは1993年でした。それから30年になる今、国内で自然遺産に登録された地域は計５か所に上ります。(B)美しい自然や貴重な生態系など、世界でここにしかない価値が評価されました。５月４日は「みどりの日」。自然に親しみ、その恩恵に感謝しながら、改めてその魅力に触れてみましょう。

問１　下線部(A)に関して、世界各地の貴重な文化財や自然環境を、人類全体の財産として守っていこうという世界遺産条約が採択されました。採択した機関として正しいものを、次の(ア)～(エ)からひとつ選んで記号で答えなさい。

(ア)　WTO　　(イ)　UNCTAD　　(ウ)　UNESCO　　(エ)　WHO

問２　下線部(A)に関して、世界自然遺産である知床を説明した文章として正しいものを、次の(ア)～(エ)からひとつ選んで記号で答えなさい。

(ア)　日本列島の南に位置する島でありながら、標高1,000ｍ以上の山々が連なっているため気温の幅が広く、日本全体の自然植物の集まりが標高ごとに分布されています。また、樹齢1000年以上の巨大な杉が多く生育しており、その天然林と植物の集まりの分布によって、世界自然遺産として登録されました。

(イ)　約5000万年前の北極周辺の植生に近いブナ原生林が見られ、世界自然遺産に登録されました。この地には、絶滅危惧種に指定されているイヌワシやクマゲラも生息しています。

(ウ)　東京から南に約1000㎞離れた島、さらに南に50㎞離れた島を中心として大小30余りの島々からなります。また独自の生態系を形成しています。そんな珍しい生態系が評価され、世界自然遺産に登録されました。

(エ)　北海道東部に位置する半島で、流氷、プランクトン、魚、鳥、哺乳類から、森や土にまでつながるダイナミックな食物連鎖が評価され、世界自然遺産に登録されました。

問３　下線部(B)に関して、資料Ⅰは日本の山地面積に占める都道府県別の山地割合を表しています。都道府県Xに当てはまる県を、次の(ア)～(エ)からひとつ選んで記号で答えなさい。

資料Ⅰ

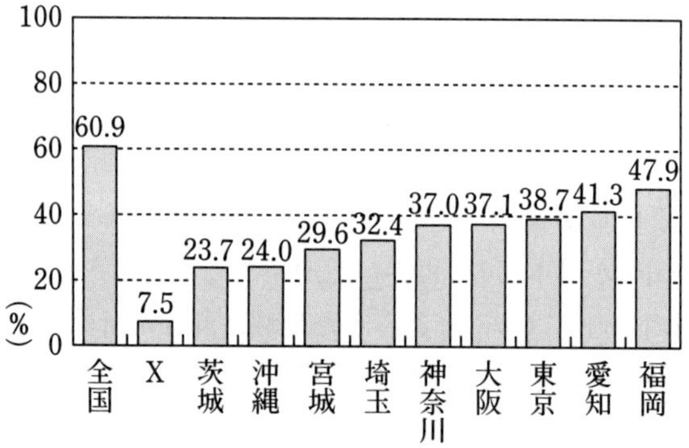

統計でみる日本2022より

(ア)　千葉県　　(イ)　長野県　　(ウ)　和歌山県　　(エ)　広島県

問４　次の資料Ⅱは北海道の地図です。北海道の地形について、①～③それぞれの問いに答えなさい。

資料Ⅱ

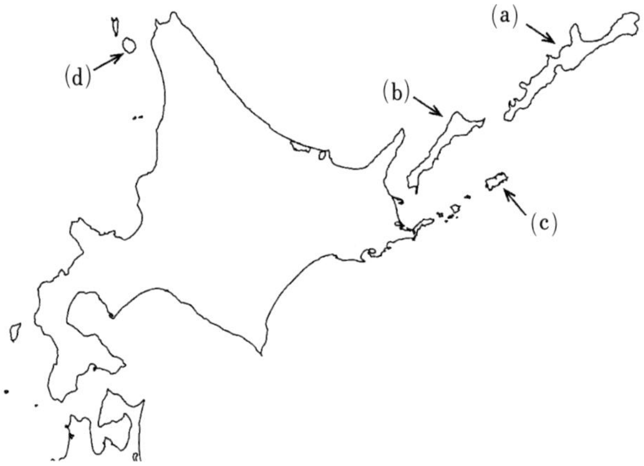

①　資料Ⅱの(a)～(d)のうち、択捉島(えとろふとう)を指すものをひとつ選んで記号で答えなさい。

②　北海道の県庁所在地名とそこで行われる工業の組み合わせとして正しいものを、次の(ア)～(エ)からひとつ選んで記号で答えなさい。

(ア)　札幌－ビール　　(イ)　札幌－石油　　(ウ)　函館－水産加工　　(エ)　函館－製鉄

③　北海道の農林水産業について述べた次の文章のうち誤っているものを、次の(ア)～(エ)からひとつ選んで記号で答えなさい。

(ア)　北海道の根釧台地では、機械を導入し近代経営の形態をとる先端的(せんたんてき)な実験農場が展開されている。

(イ)　北海道の石狩平野では、稲作よりも畑作の方が盛んである。

(ウ)　北海道は、乳牛の飼育頭数が全国１位であるため、酪農(らくのう)が盛んである。

(エ)　北海道は、気温が低く涼しい気候のため、小麦の生産量が2021年時点で全国１位である。

問５　下線部(B)に関して、日本は世界第６位の排他的(はいたてき)経済水域をもち、水産業も盛んです。資料Ⅲは2020年の日本における主な漁港の水揚量(みずあげりょう)を示したものです。選択肢(ア)～(エ)は稚内、石巻、銚子、長崎の各港における水揚量を示しています。銚子港における水揚量として最も最適なものを、次の(ア)～(エ)からひとつ選んで記号で答えなさい。

資料Ⅲ

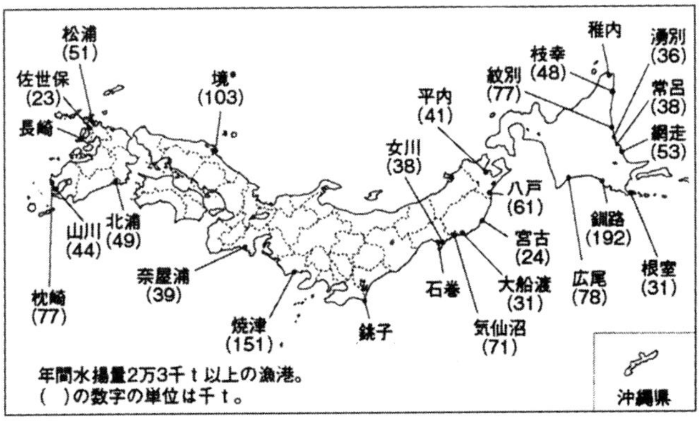

出典：日本国勢図会2022/2023

(ア)　29　　(イ)　48　　(ウ)　100　　(エ)　272

問６　下線部(B)に関して、人工林は、「おもに木材の生産目的のために、人の手で種を播(ま)いたり、苗木(なえぎ)を植栽(しょくさい)して育てている森林」（森林・林業学習館より）のことをいいます。日本の人工の三大美林は、吉野すぎ、天竜すぎ、尾鷲(おわせ)ひのきの３つがあげられます。人工の三大美林の属する都道府県として誤っているものを、次の(ア)～(エ)からひとつ選んで記号で答えなさい。

(ア)　静岡県　　(イ)　三重県　　(ウ)　奈良県　　(エ)　香川県

問７　下線部(B)に関して、自然環境の保全と開発を両立することは簡単なことではないため、「公害」と呼ばれる空気や水のよごれ、環境破壊と向き合わなければいけません。特に1950年代には「公害の原点」ともいわれる水俣病が発生しました。資料Ⅳは九州地方の地図です。水俣病が発生した県として正しいものを、次の(ア)～(エ)からひとつ選んで記号で答えなさい。

資料Ⅳ

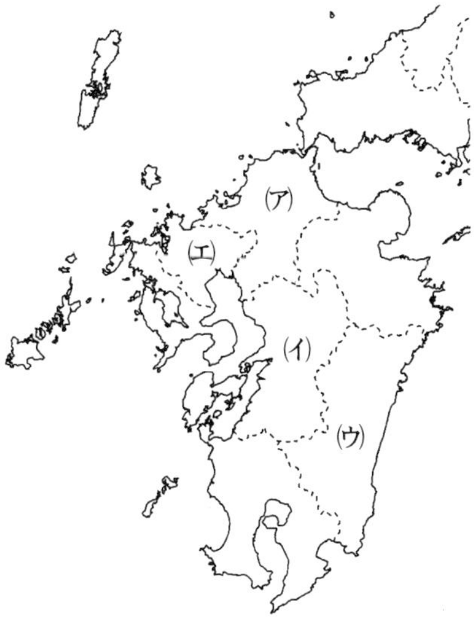

2　文明はたびたび「水」の近くで形成・発展してきました。人類は時に洪水や干ばつ、津波といった水による被害にあいながらも、それぞれの環境に適応し歴史を紡いできました。人々の生活と水の関わりについて以下の問いに答えなさい。

問1　日本は周りを海に囲まれる島国であり、古くから「船」を利用して他国と交流してきました。航海は常に危険が伴い、船が難破することも起きていました。このような背景や、当時の中国である唐が衰えたことを理由に、894年に遣唐使の廃止を決めた人物を、次の(ア)〜(エ)からひとつ選んで記号で答えなさい。

(ア)　在原業平　　(イ)　平将門　　(ウ)　鑑真　　(エ)　菅原道真

問2　平清盛は12世紀に活躍し、武士として初めて太政大臣となった人物です。彼は大輪田泊を修築し、中国との貿易を行ったことでも知られています。当時の中国との貿易を何というか、次の(ア)〜(エ)からひとつ選んで記号で答えなさい。

(ア)　日明貿易　　(イ)　日宋貿易　　(ウ)　日朝貿易　　(エ)　日韓貿易

問3　右記の写真は平氏と関わりの深い神社です。この神社は1996年世界文化遺産に登録されています。この建物の名称を、次の(ア)〜(エ)からひとつ選んで記号で答えなさい。

(ア)　豊国神社　　(イ)　出雲大社

(ウ)　厳島神社　　(エ)　箱根神社

問4　室町幕府の将軍である足利義満は当時の中国と属国になる形で国交を結びました。この貿易では、当時問題となっていた海賊と正規の貿易船を区別するために下記の資料Ⅰが用いられました。下記の資料Ⅰを使って行われた貿易を何というか、資料Ⅰの名称を明らかにして答えなさい。

［資料Ⅰ］

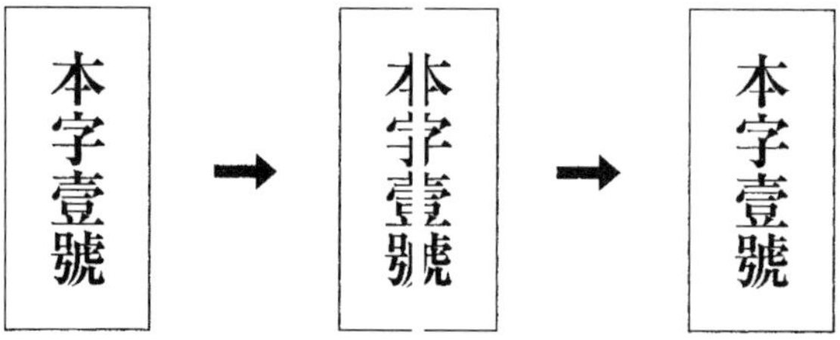

問5　上記問4にある当時の中国と問題となっていた海賊を何というか、次の(ア)〜(エ)からひとつ選んで記号で答えなさい。

(ア)　倭寇　　(イ)　防人　　(ウ)　蝦夷　　(エ)　南蛮人

問6　右記の資料Ⅱは江戸幕府が貿易統制のために長崎港内につくらせた埋め立て地を描いた屏風です。ここではキリスト教の布教をしないことを条件にヨーロッパのひとつの国のみ貿易を許可されました。貿易が許可されたヨーロッパの国はどこか、答えなさい。

［資料Ⅱ］（寛文長崎図屏風、長崎歴史文化博物館収蔵）

神奈川県版中学歴史資料集　学び考える歴史

問7　江戸時代には蝦夷地と大坂間を結ぶ航路が発達し、東北地方の海産物が西日本にも流通するようになりました。蝦夷地と大坂間を結ぶ航路で活躍した船を何というか、次の(ア)～(エ)からひとつ選んで記号で答えなさい。

(ア)　樽廻船（たるかいせん）　(イ)　朱印船（しゅいんせん）　(ウ)　菱垣廻船（ひがきかいせん）　(エ)　北前船（きたまえぶね）

問8　江戸時代末の1853年に日本に来航したアメリカ船は、船全体が黒かったことから「黒船」と呼ばれました。黒船来航という出来事は日本に大きな衝撃（しょうげき）を与えました。日本の浦賀に来航して、開国を求めた人物名を答えなさい。

問9　1858年に大老井伊直弼は５港を開いて貿易を行うことをアメリカに認めました。この後、イギリス・ロシア・オランダ・フランスと同様の条約を結ぶこととなりました。井伊直弼がアメリカと結んだ条約名を答えなさい。

3　以下の文章は中満泉（なかみついずみ）の著書『未来をつくるあなたへ』（岩波書店、2021）からの抜粋（ばっすい）です。以下の問いに答えなさい。

私は日本で生まれてごく普通の家庭に育ち、21歳までパスポートも持っていませんでした。でも大学でアメリカに留学したことをきっかけに(A)国連（国際連合）で働くことを目指し、気づくと人生の半分以上を外国で暮らすようになりました。

最初は国連難民高等弁務官事務所（こくれんなんみんこうとうべんむかんじむしょ）というところで、難民の人達を保護する仕事をしました。その後、戦場で和平交渉をしたり、市民を守ったりする国連平和維持活動（こくれんへいわいじかつどう）や開発途上国を豊かにするための国連開発計画という機関で働きました。仕事の内容はさまざまですが、(B)イラクやシリアなどの中東地域や内戦中のボスニアなど、戦争や紛争に関わる仕事がほとんどでした。

このような争いを早く終わらせるように努力し、人々が平和に安全に暮らせるように支援するのが私たち国連の仕事なのです。今は国連本部のあるニューヨークで軍縮（ぐんしゅく）の仕事を担当しています。軍縮とは各国が持つ危険な兵器を交渉で減らしていくことです。困っている難民の人たちを助ける仕事とは違って、軍縮の仕事はすぐに目に見える成果が出せるものではありません。でも実は、国連が設立された理由そのものに大きく関わっています。世界中で少なくとも5000万人以上が犠牲（ぎせい）になった(C)歴史上最大の戦争・第二次世界大戦後に二度とこのような戦争を起こさせないために世界の国々が集まって国連は作られました。そして広島と長崎に原子爆弾が落とされてからわずか５ヶ月後、1946年１月に行われた初めての国連総会の記念すべき第一号を核兵器の廃絶（はいぜつ）を目指す決議とし、国際社会としてこの課題に最優先で取り組んでいく決意を示しました。

…（中略）…

21世紀の世界は、地球規模で様々なことが起こる「地球時代」に入ったと私は思います。そもそも(D)気候変動のような課題は全世界で考えて行動しなくてはなりません。紛争やテロの問題も同じです。地球の裏側で起こった事件が(E)インターネットを通して全世界に伝わり、あっという間に飛び火するかもしれません。だからこそ、国際社会はＳＤＧｓ（持続可能な開発目標）を作り、貧困や環境、そして平和な社会を作ることに取り組んでいます。

みなさんの生活とは関係ない遠い話だと思うでしょうか？　地球の未来を変えるあなたと一緒にこれから考えていけたらと思います。

問１　下線部(A)について、①・②のそれぞれの問いに答えなさい。

①　国際連合は1945年に成立した機関です。以下の文章の中から国際連合の説明として正しいものを、次の(ア)～(エ)からひとつ選んで記号で答えなさい。

(ア)　議決は加盟国の全会一致制で行われている。

(イ)　制裁手段として認められていたのは、経済制裁のみである。

(ウ)　日本は国際連合に2023年の現時点で加盟していない。

(エ)　アメリカ・イギリス・フランス・ロシア・中国の５カ国が常任理事国を務めている。

②　国際連合には国際児童基金（ＵＮＩＣＥＦ）という機関が存在します。この機関の説明として正しいものを、次の(ア)～(エ)からひとつ選んで記号で答えなさい。

(ア)　紛争や自然災害、貧困などにより危機に直面する人びとに、独立・中立・公平な立場で緊急医療援助（きんきゅういりょうえんじょ）を届けている民間の非営利団体。

(イ)　祖国を逃れた難民を保護し、難民問題の解決に努めている。1991年から2000年まで10年間日本人で初めて国連難民高等弁務官を緒方貞子（おがたさだこ）さんが務めた。

(ウ)　すべての子どもの権利と命を守るために最も支援の行き届きにくい子ども達を優先に、約190カ国で活動をしている。

(エ)　国際紛争を裁判で平和的に解決するための機関。本部はオランダのハーグに設置されている。

問２　下線部(B)のような場所に日本は、ＰＫＯ協力法に基づき自衛隊を派遣することができます。日本の平和主義に関して説明した文章として誤っているものを、次の(ア)～(エ)からひとつ選んで記号で答えなさい。

(ア)　憲法９条では戦争の放棄、戦力の不保持、交戦権の否認を掲（かか）げている。自衛隊は日本の平和と独立を守り、国の安全を保つために設置された部隊である。

(イ)　国際法上、日本と密接な関係にある外国に対する武力攻撃を、日本が直接攻撃されていないにもかかわらず、実力をもって阻止（そし）することが正当化される権利である集団的自衛権は認められないと2014年に閣議決定した。

(ウ)　日本は核兵器について持たず・作らず・持ちこませずの「非核三原則」の立場を取っており、これは佐藤栄作が唱えたものである。

(エ)　日本とアメリカの間には日本の安全を保障するため、米軍の日本駐留（ちゅうりゅう）などを定めた日米安全保障条約が締結（ていけつ）されている。

問３　下線部(C)に関して、①・②それぞれの問いに答えなさい。

①　以下の文は、第二次世界大戦以前の大日本帝国憲法と大戦後に制定された日本国憲法のどちらかについて説明した文章です。日本国憲法の説明として正しいものを全て選び、その組み合わせとして正しいものを、次の(ア)～(キ)からひとつ選んで記号で答えなさい。

x　1946年11月３日に公布（こうふ）された。主権は国民にあり、天皇は日本国民統合の象徴とされた。

y　私たち人間が生まれながらにして持っている基本的人権は法律の範囲内でのみ保障された。

z　国会は唯一の立法機関・最高機関として法律の制定や予算の議決などを行う。

(ア)　x　　(イ)　y　　(ウ)　z　　(エ)　x、y

(オ)　x、z　　(カ)　y、z　　(キ)　x、y、z

② 以下の文は、日本国憲法においての憲法改正手続きについての説明です。文章を読み改正の手続きとして誤っているものを、次の(ア)～(エ)からひとつ選んで記号で答えなさい。

(ア) 衆議院と参議院の総議員の３分の２以上の賛成により国会で発議（はつぎ）される。

(イ) 発議後には国民投票を行い、過半数の国民の賛成によって改正が決定する。

(ウ) 国民投票の投票年齢は満18歳以上である。

(エ) 天皇の議決により改正が決定する。

問４ 下線部(D)に関して、①・②それぞれの問いに答えなさい。

① 気候変動などの環境問題について述べた文章として正しいものを、次の(ア)～(エ)からひとつ選んで記号で答えなさい。

(ア) 2015年に、先進国・途上国関係なく全ての国が今よりもＰＭ2.5などの温室効果ガスをできるだけ早く、できるだけたくさん減らすことを決定した「京都議定書」が締結（ていけつ）された。

(イ) 1992年、ブラジルのリオデジャネイロで「持続可能な開発」をテーマとした「地球サミット」が開かれ、世界各国の首脳（しゅのう）が出席した。

(ウ) 現在、日本は地方から再生可能エネルギーを買うことで、火力発電所で燃やす石油や石炭などの化石燃料を減らし、酸素を減らす「脱炭素社会」を目指している。

(エ) 環境省では、エコなプラスチック製品をつくることを企業の義務とし、プラスチックの再利用・リサイクルへの取り組みに力を入れている。

② 日本では環境省が主体となって環境の維持・発展に取り組んでいます。環境省のような行政機関は内閣の下に設置されています。内閣について述べた文章として、誤っているものを、次の(ア)～(エ)からひとつ選んで記号で答えなさい。

(ア) 天皇の国事行為に対して助言と承認は内閣から任命された委員会が行う。

(イ) 内閣総理大臣が各国務大臣を任命と罷免（ひめん）することができる。

(ウ) 内閣総理大臣は国会が国会議員の中から指名し、天皇が任命する。

(エ) 内閣が最高裁判所長官の指名とそのほかの裁判官の任命を行う。

問５ 下線部(E)に関して、近年技術が進歩しています。①・②それぞれの問いに答えなさい。

① インターネットが普及したことにより、新しい人権としてプライバシーの保護が主張されるようになりました。プライバシーの保護と時として対立する、地方公共団体に情報公開条例を制定させる力になった新しい権利を、次の(ア)～(エ)からひとつ選んで記号で答えなさい。

(ア) 環境権　(イ) 知的財産権　(ウ) 信教の自由　(エ) 知る権利

② ソーシャルメディア（ＳＮＳ）を使用し情報を獲得（かくとく）することの注意点を説明しなさい。

4　次の資料は鎌倉幕府と室町幕府の仕組みを図にしたものです。幕府指導のもと中央と地方に分けられ、話し合いや時に武力行使によって政策が決定されました。以下の問いに答えなさい。

［鎌倉幕府の仕組み］

- 将軍 ── 執権
  - 中央
    - 【 X 】……御家人のとりしまり、軍事
    - 政所（まんどころ）……政治一般
    - 問注所…裁判
  - 地方
    - 六波羅探題…朝廷の監視、京都の警備
    - 【 Y 】…国内御家人の統率、軍事・警察・国ごとに設置
    - 地頭（じとう）…年貢のとりたて、治安維持、荘園ごとに設置

［室町幕府の仕組み］

- 将軍
  - 中央：管領（かんれい）
    - 【 X 】……京都市中の警備・軍事・警察
    - 政所……幕府の財政
    - 問注所…文書・記録の管理
  - 地方
    - 鎌倉府…関東などの10カ国（のちに 12カ国）の統治
    - 【 Y 】・地頭（じとう）

問1　２つの資料中の空らん【 X 】と【 Y 】に当てはまる役職について、組み合わせとして正しいものを、次の(ア)～(エ)からひとつ選んで記号で答えなさい。

(ア)　【 X 】侍所（さむらいどころ）・【 Y 】鎌倉番役（ばんやく）　(イ)　【 X 】侍所　・【 Y 】守護

(ウ)　【 X 】鎌倉府・【 Y 】鎮西奉行（ちんぜいぶぎょう）　(エ)　【 X 】鎌倉府・【 Y 】守護

問2　鎌倉幕府の「執権」と室町幕府の「管領」について、共通点とどちらがより権力を持っていたのかについて説明しなさい。

横浜雙葉中学校(第１期)

—40分—

1　過去から現在までの歴史をみていくと、歴史のさまざまな場面で、女性たちが登場することに気付きます。次のＡ～Ｏの文章は、そのような例について述べたものです。後の問いに答えなさい。

Ａ　㋐卑弥呼は、神のおつげを伝えて人びとの心をとらえ、弟が卑弥呼の考えにもとづいて政治をおこなっていました。また、卑弥呼は人びとの前には姿を見せず、女性のめしつかいが、身のまわりの世話をしていたという記録も残されています。

問１　下線部㋐について、卑弥呼が女王として支配していた国の名前は何ですか。この国の名前を漢字で答えなさい。

Ｂ　最初の女性の天皇である推古天皇が即位(そくい)すると、聖徳太子(厩戸王)は、推古天皇を助けて国づくりを進めました。そして、603年には冠位十二階、604年には㋑憲法十七条が定められました。

問２　下線部㋑について、次のア～オの文章の中で、憲法十七条の内容として正しくないものを一つ選び、記号で答えなさい。

ア　争いをやめて仲良くしなさい。
イ　天皇の命令を守りなさい。
ウ　天皇は能力によって役人をとりたてなさい。
エ　仏教を大切にしなさい。
オ　役人たちは礼儀正しくしなさい。

Ｃ　聖武天皇は、仏教を大切にした光明皇后(こうみょうこうごう)とともに、全国に国分寺と(㋒)を建てるように命令しました。また、光明皇后は仏教の教えをもとに、孤児(こじ)や病人を収容する悲田院(ひでんいん)や、病人に医療(いりょう)をおこなう施薬院(せやくいん)をつくったことでも知られています。

問３　空欄(くうらん)(㋒)にあてはまる寺院の名前を、漢字で答えなさい。

Ｄ　平安時代の後半に、㋓藤原氏はむすめを天皇の后(きさき)とし、生まれた子が天皇になることで大きな力を持ち、天皇にかわって政治を行いました。

問４　下線部㋓について、藤原氏の祖(初代のこと)で、大化の改新の中心人物の名前を漢字で答えなさい。

Ｅ　清少納言は、㋔かな文字を使って、宮廷の生活や自然の変化をいきいきと表現した『枕草子』を書きました。

問５　下線部㋔について、かな文字を使って、光源氏を主人公とし、貴族のくらしや登場人物の心の動きをこまやかにえがいた小説を書いた人物は誰ですか。その人物の名前を漢字で答えなさい。

F　朝廷は、源氏の将軍が絶えたあとの1221年に、北条氏を倒す兵を集めました。源頼朝の妻の北条政子は、この時、主な御家人たちを集めて、次のような話をしたことで知られています。

みな心を一つにして聞きなさい。これが最後の言葉です。頼朝様が平氏をほろぼして、鎌倉に幕府を開いて以来の（皆さんが）受けた恩は、山より高く海より深いものです。皆さんの御恩にむくいる気持ちが少ないはずはありません。それなのに今、朝廷は、悪い家臣の意見によって、正しくない命令を出しました。名誉を大切にする者は、朝廷の軍勢を打ち破り、源氏３代の将軍がきずきあげたものを守りなさい。ただし、朝廷に味方しようと考える者は、ここで申し出なさい。

（注）もとの資料である『吾妻鏡』を、意味を変えずに現代文にしてあります。

問６　この話を聞いて御家人たちはどのように感じましたか。そして、その後どのような行動をとりましたか。まとめて書きなさい。

G　安土・桃山時代には、出雲の阿国という女性がかぶき踊りを始め、人気を呼びました。この芸能は、後に男性がにない手となり、現在の㋕歌舞伎につながりました。

問７　下線部㋕について、『曽根崎心中』や『国姓爺合戦』などの作品を書き、江戸時代に歌舞伎や人形浄瑠璃を大きく発展させた人物の名前を漢字で答えなさい。

H　織田信長は尾張国（現在の愛知県）の大名でしたが、㋖駿河国（現在の静岡県）の今川義元の大軍を破り、その名が広まりました。織田信長の妹は、市といい、浅井長政や柴田勝家といった武将にとついだことで知られています。

問８　下線部㋖について、この戦いの名前を、「～の戦い」の形にあうように漢字で答えなさい。

I　江戸時代、ヨーロッパから日本に来ていた医者の一人に、㋗シーボルトがいます。シーボルトにはイネという娘がいました。イネは西洋医学を学び、産科医になりました。

問９　下線部㋗について、シーボルトが開いた医学の塾の名前を漢字で答えなさい。

J　1871年、岩倉具視らを中心とする使節団は、アメリカやヨーロッパにむかい、欧米の政治・経済のしくみや産業、文化を学びました。その一行には、㋘日本で最初の女子留学生も参加していました。

問10　下線部㋘について、この女子留学生の中には、出発当時満６歳の少女もいました。この人物の名前を漢字で答えなさい。

K　世界遺産にも登録されている㋙群馬県の富岡製糸場では、明治時代には全国から集められた「工女」と呼ばれる女性たちが働いていました。

問11　下線部㋙について、明治政府は産業を盛んにするために、欧米から技術者を招き、優れた機械を買い入れ、工場をつくりました。富国強兵を目指して政府が行ったこのような政策は何と呼ばれますか。漢字４文字で答えなさい。

L　明治時代には、人びとのありのままの姿を表現する小説家も現れました。その中には、『たけくらべ』を書いた（ ㋚ ）のように、女性の小説家もいました。

問12　空欄（ ㋚ ）にあてはまる小説家の名前を、漢字で答えなさい。

M　現在の大阪府堺市出身の与謝野晶子は、㋛日露戦争で兵士として戦場にいる弟を心配し、「君死にたまふことなかれ」という一節で知られる歌をよみました。

問13　下線部㋛について、日露戦争の講和会議に代表として参加し、1911年に不平等条約の改正をなしとげた外交官は誰ですか。次のア～エから一人選び、記号で答えなさい。

ア　東郷平八郎　　イ　陸奥宗光　　ウ　小村寿太郎　　エ　井上馨

N　太平洋戦争のおわりごろに、アメリカ軍は沖縄への攻撃（こうげき）を本格化させました。アメリカ軍は大軍で沖縄へ上陸し、激しい地上戦が行われました。その中で（ ㋜ ）学徒隊のように戦場に動員され、命を落とした女子生徒もいました。

問14　空欄（ ㋜ ）にあてはまる言葉をひらがな４文字で答えなさい。

O　日本で女性に参政権が認められたのは、1945年です。第二次世界大戦が終わった後、㋝アメリカ軍による占領が行われ、日本の民主化や戦後改革が進んでいく中でのことでした。

問15　下線部㋝について、アメリカ軍による占領中の出来事としてふさわしくないものを次のア～エから一つ選び、記号で答えなさい。

ア　解散していた政党が復活する。

イ　軍隊が解散させられる。

ウ　オリンピック・パラリンピック東京大会がひらかれる。

エ　農地改革が行われる。

２　次の文章は、横浜から青森に引っ越したみつばさんが、友人のふたばさんにあてて送った手紙です。この手紙を読んで、後の問いに答えなさい。

ふたばさんへ

ふたばさん、元気にしていますか。

父の転勤で青森に引っ越しましたが、なにもかもが新鮮（しんせん）な毎日で、楽しく過ごしています。

この間は、下北半島の先端（せんたん）にある大間崎（おおまざき）という場所に行ってきました。大間崎には、「ここ本州(あ)最北端の地」という碑（ひ）が立っていて、お天気がいいと函館まで見えます。青森県が(い)東北地方の中で最も北にあることはもちろん知っていたのですが、「本州の最北端」というと、すごいところに来たような感じがしてしまいます。近くのおみやげ屋さんで「本州最北端到着（とうちゃく）証明書」が売っていたので、記念に買ってみました。

青森に住んで特によかったのは、なんといっても食べ物がおいしいことです！スーパーに行くと、「青天の霹靂（へきれき）」「津軽ロマン」「まっしぐら」などの(う)お米が売っていて、お米の種類に詳（くわ）しくなってしまいました。私のお気に入りは、「青天の霹靂」です。市内にもたくさんの田んぼがあり、横浜にいる時よりも田んぼを目にする機会がたくさんあります。青森県の田舎館（いなかだて）村という場所では、「田んぼアート」が毎年行われていて、実際に見に行ってみたらその大きさに驚（おどろ）きました。稲の色のちがいが絵になるらしいです。今年は、ふたばさんの好きなアニメのキャラが「田んぼアート」になっていたので、写真を後で送りますね。

お米以外にも、野菜、果物、(え)お魚など何でもおいしく感じます。海も山も近くにあるからかなあ。山といえば、弘前（ひろさき）という町から岩木山という山がとてもきれいに見えます。「津軽富士」とも呼ばれているとても美しい山で、私も見て感動しました。岩木山にも一度登ってみたいし、世界遺産の(お)白神山地にも今度の夏は遊びに行こうと家族で計画しています。

ぜひ青森はいいところなので、一度遊びに来てくださいね。(か)東北新幹線に乗ると、東京から新青森駅まで３時間ほどで着きます。ふたばさんに、ぜひおいしい(き)りんごスイーツのお店を紹介（しょうかい）したいです。

それでは、またお手紙を書きますね。ふたばさんの様子もよかったら知らせてくださいね。

みつば

問１　下線部(あ)について、外務省のホームページにある「日本の領土データ」には、日本の領土の最東端は東経153度59分12秒の島で、最北端は北緯45度33分26秒の島と書かれています。最東端の島と最北端の島の名前をそれぞれ漢字で答えなさい。

問２　下線部㋑について、後の問いに答えなさい。

(1)　次の地図は、青森県を含む東北地方の地図です。地図中のＡ―Ｂの断面を表した図として、最もふさわしいものを次のア～エから一つ選び、記号で答えなさい。

(地図)

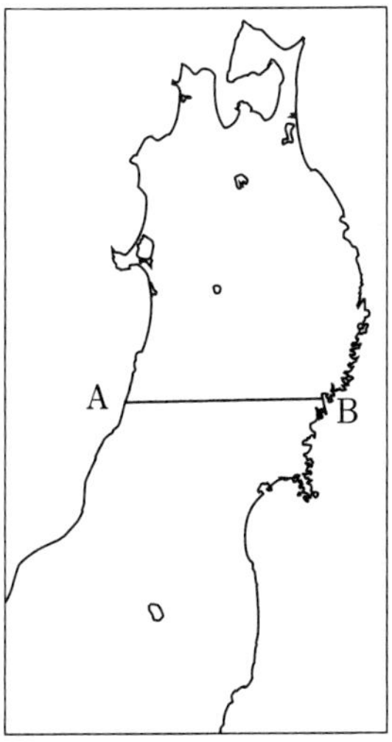

ア

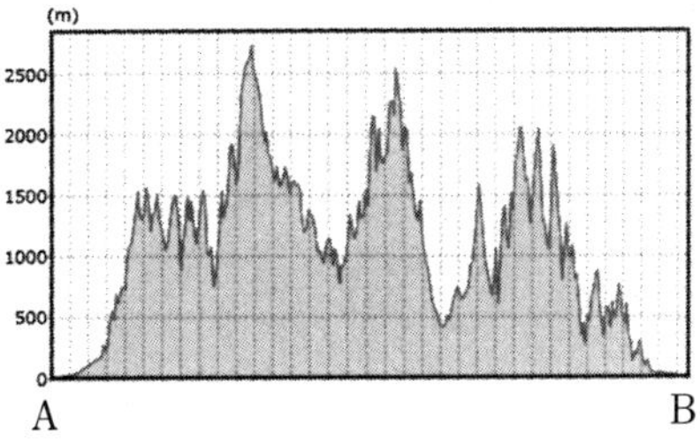

イ

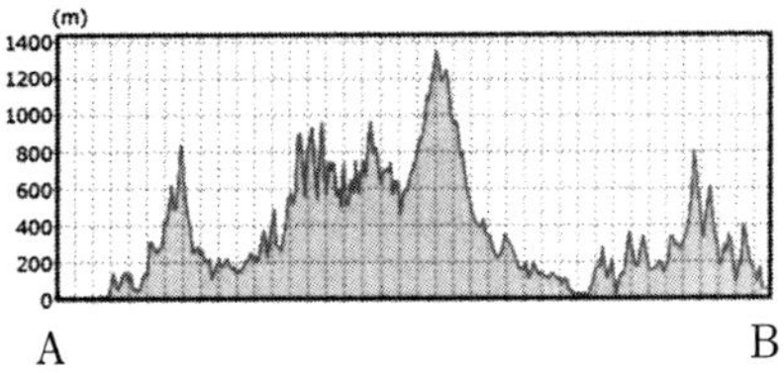

ウ

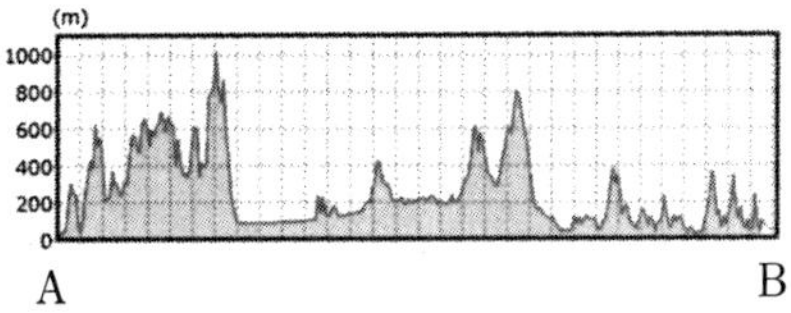

エ

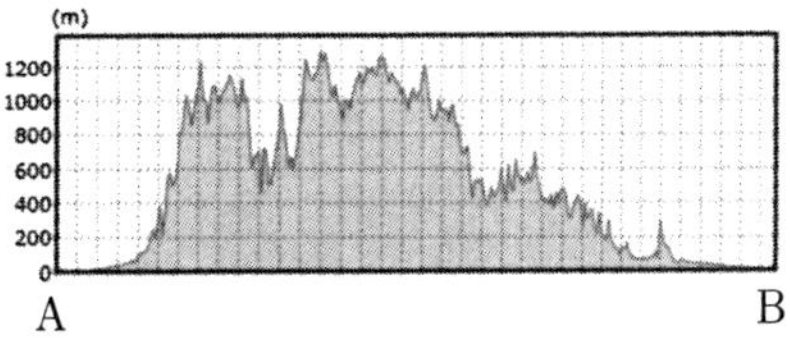

国土地理院ホームページより作成

(2)　次の表は、東北地方に位置する６県について、面積(2021年)、人口(2021年)、農業産出額(2020年)を比較したものです。表中のＡ～Ｅは、青森県以外の東北地方の５県のいずれかが入ります。福島県と山形県をＡ～Ｅからそれぞれ選び、記号で答えなさい。

	面積(㎢)	人口(千人)	農業産出額(億円)				
				米	野菜	果実	畜産
青森県	9646	1221	3262	548	821	906	883
A	11638	945	1898	1078	301	89	365
B	13784	1812	2116	762	480	299	434
C	7282	2290	1902	795	275	30	724
D	15275	1196	2741	566	292	142	1628
E	9323	1055	2508	837	465	729	376

『2023 データでみる県勢』より作成

問３　下線部㋒について、後の問いに答えなさい。

(1)　米の消費量の減少にともない、1970年ごろから2018年まで米の生産を調整する減反政策がとられました。この政策の一つで、生産する作物を米から別のものに変えることを何といいますか。漢字で答えなさい。

(2)　米作りに使う機械の一つで、稲刈(いねか)りと脱穀を同時に行う機械を何といいますか。カタカナで答えなさい。

問4　下線部㋓について、次の表は2022年における、都道府県ごとの魚種別漁獲量を示したものです。表中のＡ～Ｅは、青森県、千葉県、静岡県、鳥取県、鹿児島県のいずれかを表しています。青森県をＡ～Ｅから選び、記号で答えなさい。

	合計	まぐろ類	かつお類	いわし類	さば類	ぶり類	たら類	かに類	いか類
A	1524	170	553	491	240	6	—	0	2
B	1026	2	2	666	111	94	—	0	4
C	819	26	85	465	58	44	3	26	12
D	620	37	15	153	53	11	94	4	112
E	381	56	37	70	65	19	—	0	4

(単位：100トン)
農林水産省ホームページより作成

問5　下線部㋔について、白神山地は(　　)の天然林で知られ、それが評価されたことによって、1993年に世界自然遺産に登録されました。(　　)に入る木の種類を答えなさい。

問6　下線部㋕について、青森県では、東北新幹線の開通や高速道路が整備されたことを利用して、県内へ企業や工場に来てもらうことに力を入れています。その結果、電子部品などの製造がさかんとなり、日本の輸出をささえています。次のグラフは、1970年と2021年の日本全体の輸出品の金額の内訳を示したものです。グラフ中のＡ～Ｄに入る語句の正しい組み合わせを後のア～カから一つ選び、記号で答えなさい。ただし、グラフ中の同じアルファベットには同じ語句が入ります。

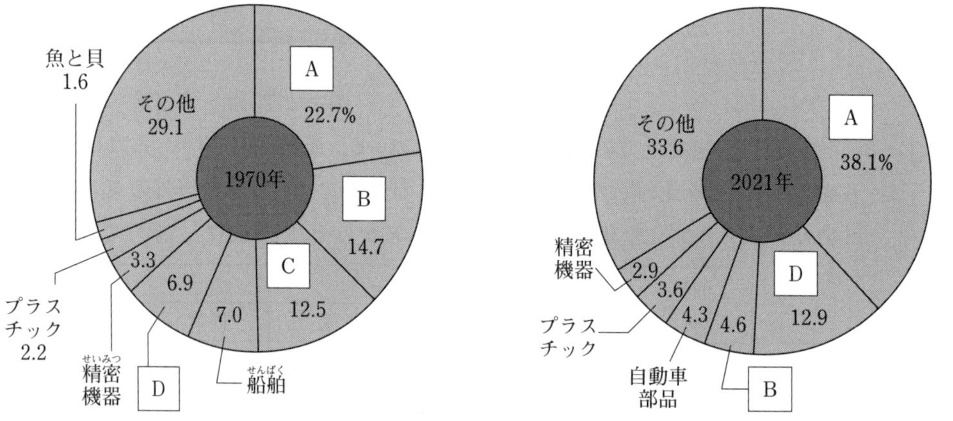

『日本のすがた 2023』より作成

ア　Ａ　自動車　Ｂ　機械類　Ｃ　繊維(せんい)品　Ｄ　鉄鋼
イ　Ａ　自動車　Ｂ　繊維品　Ｃ　鉄鋼　Ｄ　機械類
ウ　Ａ　自動車　Ｂ　鉄鋼　Ｃ　繊維品　Ｄ　機械類
エ　Ａ　機械類　Ｂ　鉄鋼　Ｃ　繊維品　Ｄ　自動車
オ　Ａ　機械類　Ｂ　繊維品　Ｃ　自動車　Ｄ　鉄鋼
カ　Ａ　機械類　Ｂ　自動車　Ｃ　鉄鋼　Ｄ　繊維品

問７　下線部㋖について、次のグラフは、2022年における、東京市場向けのりんご出荷量を産地別(青森県、長野県、その他)に表したものです。このグラフで表されている、青森県のりんごの出荷の一年を通しての特徴を書きなさい。

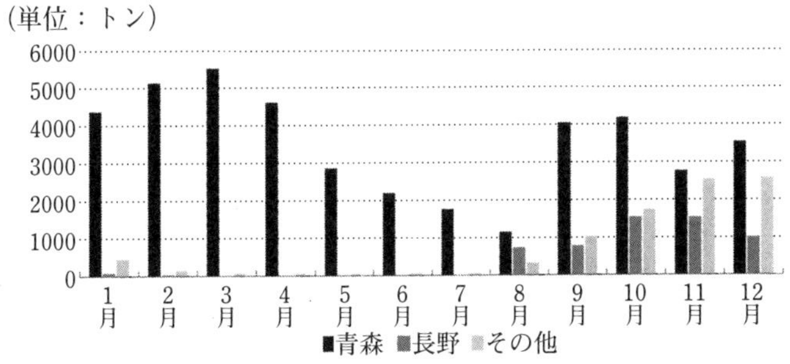

東京都中央卸売市場ホームページより作成

③　日本の政治では、選挙によって選ばれた代表者によって構成される議会で物事を話し合って決める、議会制民主主義が採用されています。後の問いに答えなさい。

問１　国会はさまざまなことを話し合い、政治の方針を決める国の議会です。そして国会議員は、国民による選挙で選ばれます。このやり方によって日本国憲法の三つの原則の一つを実現しようとしています。その原則とは何ですか。漢字で答えなさい。

問２　国会は、衆議院と参議院に分かれています。参議院に関する説明として正しいものを、次のア～オからすべて選び、記号で答えなさい。

ア　2022年７月に、選挙が行われた。

イ　2023年12月時点での定数は、465人である。

ウ　議員の任期は４年である。

エ　任期途中での解散はなく、３年ごとに議員の半数が改選される。

オ　本会議場が国会の開会式に使用され、天皇が出席する。

問３　日本国憲法第41条において、国会は「国の唯一の(　　)である」と定められています。空欄にあてはまる言葉を漢字で答えなさい。

問４　国会には、常会、臨時会、特別会などの区別があります。また、法律案は内閣と国会議員がそれぞれ作成し、国会へ提出できます。次の表は、第204回から第211回までの国会に提出された法律案の提出件数と成立件数を、内閣が提出したものと国会議員が提出したものに分けて、まとめたものです。後の問いに答えなさい。

区分 国会会期	内閣提出法律案 提出件数	内閣提出法律案 成立件数	議員提出法律案 提出件数	議員提出法律案 成立件数
第204回(常会) 2021年１月18日～６月16日	63件	61件	82件	21件
第205回(臨時会) 2021年10月４日～10月14日	０件	０件	３件	０件
第206回(特別会) 2021年11月10日～11月12日	０件	０件	１件	０件
第207回(臨時会) 2021年12月６日～12月21日	２件	２件	14件	２件
第208回(常会) 2022年１月17日～６月15日	61件	61件	96件	17件
第209回(臨時会) 2022年８月３日～８月５日	０件	０件	０件	０件
第210回(臨時会) 2022年10月３日～12月10日	22件	21件	25件	６件
第211回(常会) 2023年１月23日～６月21日	60件	58件	67件	13件

(注)継続審議(けいぞくしんぎ)は含みません。
内閣法制局ホームページより作成

⑴　表から読み取ることのできることとして正しいものを、次のア～エからすべて選び、記号で答えなさい。

ア　内閣の提出する法律案の方が、議員の提出する法律案よりも成立しやすい。

イ　常会は、毎年１月～６月にかけて開かれている。

ウ　特別会では、内閣も、国会議員も、法律案を提出することはできない。

エ　臨時会では、さまざまな法律案が審議されるが、成立することはない。

⑵　第206回国会では、衆議院と参議院の本会議でそれぞれ投票が行われ、内閣総理大臣が指名されました。このとき指名された内閣総理大臣はだれですか。人名を漢字で答えなさい。

問５　国会で決められた法律や予算にもとづいて、内閣が実際の行政を担います。内閣について、後の問いに答えなさい。

⑴　内閣のはたらきとして正しいものを、次のア～エから一つ選び、記号で答えなさい。

ア　国会が承認した条約を公布する。

イ　国会の召集を決める。

ウ　最高裁判所の裁判官に対して、ふさわしいかを審査する。

エ　法律が憲法に違反していないかを審査する。

⑵　内閣のもとには、府・省・庁などの組織が置かれ、仕事を分担して進めます。2023年４月に新たに発足し、内閣府に置かれた省庁を何といいますか。

問６　国会には、裁判官をやめさせるかどうかを決める裁判所が設置されています。この裁判所を何といいますか。漢字で答えなさい。

問７　地方公共団体には地方議会が置かれており、都道府県議会や市区町村議会があります。地方議会や地方公共団体について、後の問いに答えなさい。

(1)　地方議会の議員は、住民による選挙で選ばれます。地方議会の議員に立候補できる年齢は満何歳以上と規定されていますか。次のア～エから一つ選び、記号で答えなさい。

ア　満18歳以上　　イ　満20歳以上　　ウ　満25歳以上　　エ　満30歳以上

(2)　地方公共団体の長(首長)は、地方議会の議員とは別に、住民による選挙で選ばれます。都道府県の長(首長)を何といいますか。漢字で答えなさい。

(3)　2023年４月には、多くの地方議会の議員や首長を決める選挙が同日に行われる統一地方選挙がありました。このとき、特に地方議会の議員の選挙で、無投票で当選する場合が増え、問題であると指摘されました。地方議会の議員の選挙が無投票になることが問題であるという立場に立つと、あなたはどのような点が問題であると考えますか。文章で説明しなさい。

問８　世界では、各国の代表者が話し合う会議が多く開かれています。次の２つの文章を読み、後の問いに答えなさい。

国際連合は、1945年に創設されました。国際連合には総会、（　Ａ　）、国際司法裁判所などの機関が置かれています。（　Ａ　）は、世界の平和と安全を維持するため、強い権限を与えられており、常任理事国５か国と、総会で選ばれる非常任理事国10か国とで構成されます。常任理事国は拒否(きょひ)権を持ち、会議で一か国でも反対すると決議ができません。2022年には、（　Ａ　）は、ロシアのウクライナ侵攻(しんこう)に関連する会議を約50回開きましたが、問題の解決につながるような決議は一度もできませんでした。

Ｇ７サミット(主要国首脳会議)とは、フランス、アメリカ、イギリス、（　Ｂ　）、日本、イタリア、カナダの７か国と、欧州連合(ＥＵ)の首脳が参加して毎年開催(かいさい)される国際会議です。Ｇ７のメンバーだけでなく、招待された国や国際機関などが参加することもあります。2023年５月19日から21日にかけて、日本が議長国となり、Ｇ７サミットが（　Ｃ　）で開催されました。

(1)　文章中の空欄（　Ａ　）にあてはまる言葉を漢字で答えなさい。

(2)　文章中の空欄（　Ｂ　）・（　Ｃ　）にあてはまる国名と地名の組み合わせとして正しいものを、次のア～エから一つ選び、記号で答えなさい。

ア　Ｂ　スペイン　　Ｃ　長崎　　イ　Ｂ　スペイン　　Ｃ　広島
ウ　Ｂ　ドイツ　　Ｃ　長崎　　エ　Ｂ　ドイツ　　Ｃ　広島

立教女学院中学校

—30分—

1　以下の文章を読んで、問いに答えなさい。

近年、地球温暖化の問題が叫ばれています。では、地球の温暖化という現象は現在の私たちだけが直面しているものなのでしょうか。地球は長い年月の中で、温暖化と寒冷化を繰り返しており、それによって環境も大きく変化してきました。例えば約１万年前に起こった温暖化によって、氷河時代が終わりました。氷河時代の日本列島は現在に比べ、平均気温が約７℃低く、①東京は現在の札幌のような気候だったようです。このときの②温暖化による海面の上昇を、時代の名前からとって「縄文海進」といいます。この時代は狩猟と採集が中心の生活でしたが、青森県の（ ③ ）遺跡ではクリの栽培がおこなわれていたのではないかと話題になっています。弥生時代に入ると東北地方でも稲作をしていた遺跡が発掘されていますが、寒冷化が起きると、寒さに弱い稲作は東北地方では見られなくなっていきます。このように④気候に合わせて、人々は生活や農業の内容を変化させています。

縄文海進ほどの大きな気候変動でなくとも、環境の変化は歴史に影響を及ぼしています。⑤鎌倉幕府を開いた源頼朝が平氏打倒の兵を挙げたのは1180年ですが、降水量の減少によって翌年から発生した飢饉のため、一時停戦状態に入りました。江戸時代も地球全体が寒冷化した時期で、⑥飢饉が多く起きています。もちろん、すべての歴史上の出来事が気候変動によって起きているわけではありませんが、人間の社会は自然の影響を受けていることを忘れてはいけません。

現在の地球温暖化は人間の活動が原因で起きており、しかも急速に気温が上昇しています。その影響は大きく、国内では⑦2018年の西日本豪雨や2019年の台風19号による被害は深刻なもので、地球温暖化の影響から大きな災害になったといわれています。世界に目を向ければ、海面上昇によって国土が消滅する危機に瀕している国や、砂漠化の進行、氷河が溶けることで新たな病気が流行する心配も挙げられています。このため、⑧国際連合では問題の解決のための話し合いが行われ、1997年に先進国全体で温室効果ガスの排出量を約５％減らすことが決められ、（ ⑨ ）として採択されました。2015年には、⑩「持続可能な開発目標」の目標の一つに「気候変動に具体的な対応を」が定められたほかに、パリ協定が結ばれました。この協定は、⑪先進国だけでなく発展途上国と呼ばれる国も含めたすべての国々の参加を目指していて、21世紀末までの気温上昇をイギリスの産業革命以前から２℃以内に抑える目標が掲げられました。目標の実現には各国の事情や莫大な資金がかかることなど、達成を難しくしている問題もあります。そうであっても、私たちは過去に学びながら、未来のために行動していかねばなりません。

問１　下線部①について、氷河時代の東京の気候を表すと想定される雨温図に近いものを、次のア～ウから１つ選び、記号で答えなさい。

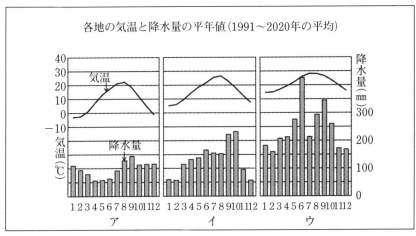

各地の気温と降水量の平年値(1991～2020年の平均)

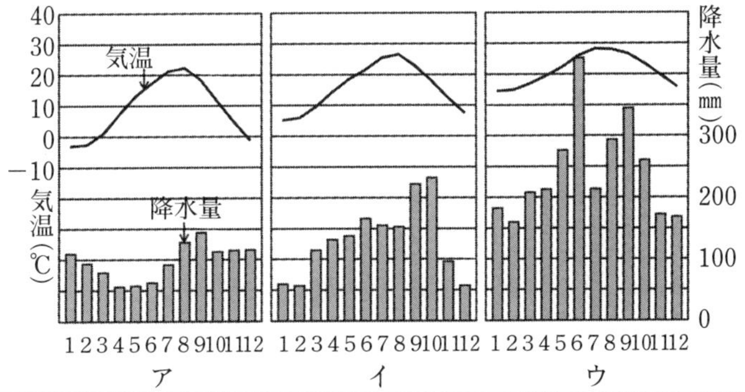

矢野恒太記念会『日本国勢図会2023／24』より

問2　下線部②について、海面上昇の影響を受けた出来事として正しくない文を、次のア～エから1つ選び、記号で答えなさい。

ア　大陸と陸続きではなくなった。

イ　マンモスやナウマン象の数が増加した。

ウ　漁が盛んになり、動物の骨などで釣(つ)りの道具が作られた。

エ　貝塚がつくられるようになった。

問3　(③)にあてはまる言葉を漢字で答えなさい。

問4　下線部④について、気候が農業(稲作)に適さないので、ため池が多くつくられた地域があります。その地域を次のア～エの中から1つ選び、記号で答えなさい。

ア　仙台平野　　イ　讃岐平野　　ウ　高知平野　　エ　筑紫平野

問5　下線部⑤の説明をした文として正しいものを、次のア～オから2つ選び、記号で答えなさい。

ア　将軍とその補佐をする管領を中心に御家人たちが話し合いで政治を動かした。

イ　将軍と御家人の主従関係は土地の保障や新たな土地を与えることで成立した。

ウ　政治や財政の仕事をおこなう役所を侍所という。

エ　御成敗式目が制定されると、御家人に関する裁判の基本的な法とされた。

オ　幕府は一国ごとに地頭を任命し、その国の警察業務を任せた。

問6　下線部⑥について、以下の問いに答えなさい。

(1)　次の文は江戸時代に起きた飢饉に関する出来事を述べたものです。年代順に並べかえ、記号で答えなさい。

ア　飢饉のあと、将軍が青木昆陽に命じて飢饉に強い作物の研究を命じた。

イ　浅間山の噴火(ふんか)による飢饉などで、それまでの老中が失脚(しっきゃく)した。新たに老中に選ばれたのは飢饉の際に餓死者(がししゃ)を出さなかった藩の藩主で、老中就任後に飢饉対策として囲い米を実施した。

ウ　島原の乱の数年後に起きた飢饉に対応するためタバコなど米以外の作物の植え付けを禁止し、百姓が田畑を売ることを禁止した。

エ　飢饉で困っている人を救おうと、大阪で元は幕府の役人だった人物が反乱を起こしたが、1日で鎮圧(ちんあつ)された。

⑵　飢饉によって生活が苦しくなった都市の人々が、米を買い占めている商人の家を襲ったことを何というか、答えなさい。

問7　下線部⑦のような豪雨災害や津波などによる被害状況を予測し、避難所などを地方公共団体が住民に示した地図を何というか、答えなさい。

問8　下線部⑧は、環境の問題だけでなく、貧困や人権侵害にも取り組んでいます。国際連合の人権に関わる取り組みについて、次のア～エから正しい記述を１つ選び、記号で答えなさい。

ア　第二次世界大戦でのさまざまな人権侵害の反省から、1948年に国際人権規約が採択された。

イ　安全保障理事会では、近年では環境の変化に伴う領土の問題について、すべての国連加盟国の参加のもとに話し合われるようになった。

ウ　経済社会理事会は、ユネスコなどの専門機関と連携して、国際協力活動を行っているが、理事国の数は国連加盟国全体の３分の１以下である。

エ　総会で女性差別撤廃条約や子どもの権利条約、死刑廃止条約などが採択されており、すべての加盟国は採択された条約に参加しなくてはならない。

問9　（ ⑨ ）にあてはまる言葉を漢字で答えなさい。

問10　下線部⑩について、地球温暖化の解決へとつながる目標は他に、「つくる責任、つかう責任」(目標12)があります。この目標への取り組みは温暖化の問題の解決とどうつながるのでしょうか。つながりについて述べた文として正しくないものを次のア～エから１つ選び、記号で答えなさい。

ア　植物由来の素材を用いて生産することで、化石燃料の使用を減らすことができるから。

イ　安い賃金で作られた商品が大量に売れることで、発展途上国が得た資金を温暖化対策に用いるようになるから。

ウ　買ったものを長く使用することで、ゴミ処理にかかるエネルギー削減につながるから。

エ　近隣で生産される素材を用いることで、輸送の際に生まれる二酸化炭素の削減につながるから。

問11　下線部⑪の理由を述べた文として、正しくないものを、次のア～エから１つ選び、記号で答えなさい。

ア　急激に工業化を進め、経済成長を成し遂げる発展途上国が現れたから。

イ　発展途上国の中には、環境に悪い生産方法を用いているところがあるから。

ウ　発展途上国の中には、温暖化の影響を受けて生活環境が悪化しているところがあるから。

エ　先進国の排出量削減の取り組みが十分に達成されたとして、発展途上国が参加を求めたから。

② 以下の　あ　から　こ　は花子さんが日本人と川の関係について考えた文をノートに記した内容です。これらについて以下の問いに答えなさい。

あ　日本の川の特徴は、流れが急なことです。その理由は（ ① ）からです。春になると水量が増えることが多いです。

い　川には飲み水を供給する役割があります。江戸時代には江戸の人口が増えたことで飲み水が必要になりました。神田川も江戸に飲み水をもたらした川の一つです。

う　川には②農業用水としての役割があります。江戸時代には多くの川から用水路を引くことで新田開発がすすめられました。

え　川では舟(ふね)による輸送が行われました。安土桃山時代以後、③琵琶湖から大阪湾にそそぐ（ ④ ）は京都の伏見と大阪を結ぶ大動脈でした。一方で、川は交通の障害となります。江戸時代以前は、敵から攻め込まれた時の足止めのために、橋をあまりかけませんでした。また、川の近くでは戦いが多く行われました。たとえば、戦国時代には九州で⑤大友氏と薩摩国（今の鹿児島県）の（ ⑥ ）氏が耳川(みみかわ)の戦いで衝突(しょうとつ)しました。

お　工業用水としての役割もあります。三大工業地帯はいずれも大きな川の近くで水が豊富です。また、川はエネルギーを生み出します。川の上・中流域では⑦発電がおこなわれています。一方で廃水(はいすい)などにより水質汚濁(すいしつおだく)が引き起こされることもあります。

か　川は洪水(こうずい)を引き起こします。古代においては、洪水に対し人間はなすすべがありませんでした。しかし、時代が下ると治水が行われるようになります。利根川は江戸時代以前に東京湾に注いでいました。⑧江戸時代にはじまった改修工事により、利根川は現在の江戸川と利根川に分流するようになり、現在では⑨銚子が河口となっています。

き　川は信仰(しんこう)の場、対象となりました。川の近くには⑩竜神(りゅうじん)、雨の神、水神(すいじん)などをまつった神社が多くあります。さらに川は和歌、⑪俳句などによまれることもあります。

く　川は観光の場でもあります。高知県を流れる（ ⑫ ）は「日本最後の清流」として人を呼び集めています。

け　川は水辺の散歩、親水の場でもあります。今朝もジョギングしている人を見かけました。また、私自身も小さいころ河原で遊んだ思い出があります。

こ　川と人間の関係を考えたとき、この後はどうなっていくでしょうか。川との関係は人類が続く限り、続いていきます。とはいえ、その時代に合った、現在とはまた違った関係をつくっていくことになるのではないでしょうか。

問１　（ ① ）には２つの文が入ります。入る文として、正しいものを次のア～エの中から２つ選び、記号で答えなさい。

ア　日本の年間降水量の平均は外国に比べて少ない

イ　日本の川の流域面積は世界の大河に比べて広い

ウ　日本の川の多くは、水源が高い所にある

エ　日本の川は河口から水源地の距離(きょり)が短い

問２　下線部②について、次のグラフは、農業用水・生活用水・工業用水の年間使用量についてのグラフです。農業用水を示すものはどれか。以下のａ～ｃの情報を参考にして、ア～ウの記号で答えなさい。

ａ　生活用水は工業用水と比べると多い。

ｂ　農業用水の中で、二番目に多いのが畑地かんがい用水で、30億㎥である。

ｃ　工業用水の中で最も多く使われるのが淡水である。

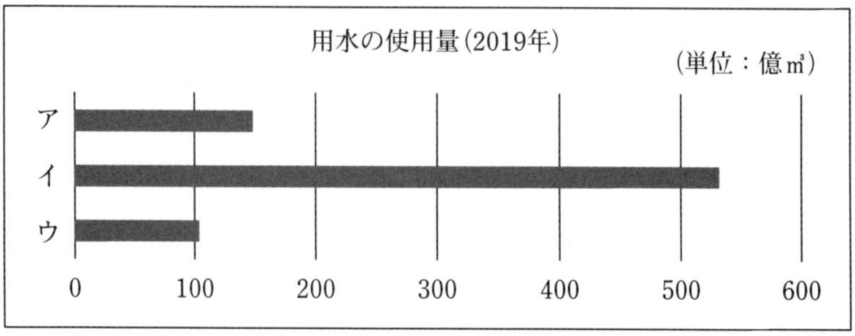

矢野恒太記念会『日本国勢図会2023/24』より作成

問３　下線部③について琵琶湖とその周辺に関する文を年代順に並べかえ、記号で答えなさい。

ア　織田信長が安土城を築いた。

イ　天智天皇により大津宮が置かれた。

ウ　近江国の馬借たちが徳政を求めて一揆をおこした。

エ　井伊直弼が彦根(ひこね)藩の藩主になった。

問４　（ ④ ）に入る川の名を漢字で答えなさい。

問５　下線部⑤について、大友氏をはじめとするキリシタン大名は４人の少年をローマ法王に派遣しました。彼らを何と呼ぶか漢字で答えなさい。

問６　（ ⑥ ）に入る言葉を漢字で答えなさい。

問７　下線部⑦について、次のグラフは、年間発電割合の移り変わりを示すものです。以下のア～エには原子力発電、水力発電、火力発電、新エネルギーのいずれかが当てはまります。ア～エの中から水力発電に当たるものを選び、記号で答えなさい。

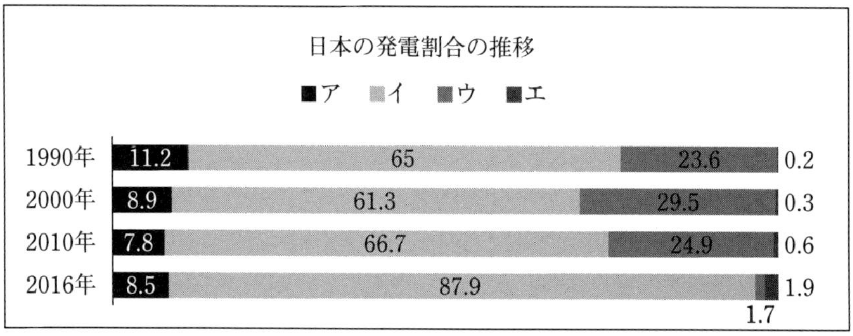

2019年版『日本のすがた』より作成

問８　下線部⑧の事業の結果どういうことが起こったか。正しくないものを、次のア～エから１つ選び、記号で答えなさい。

ア　関東平野の新田開発を促進した。

イ　江戸から人口が流出し、近郊(きんこう)には人口が100万を超える町が生まれた。

ウ　江戸では川の氾濫(はんらん)による水害が減少した。

エ　舟によって関東の人の移動やものの輸送をスムーズにした。

問９　下線部⑨について説明した文の中で正しいものを、次のア～エから１つ選び、記号で答えなさい。

ア　日本一の漁獲量(ぎょかくりょう)を誇(ほこ)る漁港で、サバなどで有名である。

イ　イワシが多くとれ、室町時代には肥料として加工された。

ウ　茨城県の野田と並んで、しょうゆの生産で有名である。

エ　市内にある室戸岬は、関東最東端の岬として知られる。

問10　下線部⑩は、日本人の自然災害に対する信仰のかたちを表しています。同じような例は日本の歴史の中に見出すことができます。以下の説明文の中で正しくないものを、次のア～エから１つ選び、記号で答えなさい。

ア　疫病・地震などの災いを鎮めるために聖武天皇が大仏を造立した。

イ　雷による火災が起きたことをきっかけに菅原道真の霊を神としてまつった。

ウ　元寇の際、元軍が撤退したのは神風によるものだとみなした。

エ　関東大震災の犠牲者をまつるために明治天皇の命令で明治神宮が建立された。

問11　下線部⑪の例としては「五月雨をあつめて早し最上川」などがあります。最上川が流れる平野と、この俳句をよんだ人物の正しい組み合わせを、次のア～カから１つ選び、記号で答えなさい。

＜最上川が流れている平野＞	＜俳句をよんだ人物＞
1　石狩平野	a　小林一茶
2　庄内平野	b　葛飾北斎
3　濃尾平野	c　松尾芭蕉

ア　1－a　　イ　1－c　　ウ　2－b　　エ　2－c　　オ　3－a　　カ　3－b

問12　（ ⑫ ）に入る川の名を漢字で答えなさい。

3　サキさんが地元の高校を卒業し、東京の大学に通うようになって４か月が過ぎました。サキさんが実家の両親に書いた手紙を読み、以下の問いに答えなさい。

拝啓

東京では猛暑の日々が続いています。こちらではあまり災害の心配はないのですが、今年も７月にそちらで大雨が降ったと聞き、小さいころに起きた市内の水害を思い出しました。今回はそこまで大きな被害がなかったようでほっとしています。

４人のシェアハウスの生活にもずいぶん慣れてきました。右隣の部屋のユナは料理が上手で、実家でよく食べると言ってチャプチェやビビンバを作ってくれます。向かいの部屋のメイは、米を多く生産する県の出身だけあって、米をよく食べます。

最近心配なのが斜め向かいの部屋に住むリコです。６月の下旬には「慰霊の日」に合わせて帰省して、戦没者追悼式に参加したのですが、こちらに戻ってきてから元気がありません。友人に①「今はかつてないほどに日本の安全が脅かされているのだから、軍事費を増やして自衛力を強めるべきだ」と熱弁されたことが原因みたいです。私はその時、私たちの市であった空襲の話をリコにしました。市内のお城に軍の設備が置かれていたことや、市では軍の産業が中心だったこと、そしてそのことが攻撃の理由にもなったことなどです。おばあちゃんに空襲のことを聞いた時には被害のことで心が痛かったのですが、調べてみていろいろなことを知らないといけないと気づきました。そのことを思い出して、リコに「②武器や弾薬をたくさん用意しておくことが本当に日本を守ることになるって言えるのか疑問だな。」と私は言いました。

８月から４人とも本格的な夏休みに入りました。実は私たち、新聞で見つけた埼玉県にある美術館に行こうと計画しています。そこには広島の原爆投下によって傷ついた人々を描いた作品があり、ユナの国の人の被爆をテーマにした作品もあります。またその作品を描いたご夫婦は、リコの県で起きた悲惨な地上戦についても多くの作品を残しています。あと、私たちの県とメイの県で起きた③あの公害についても描かれた絵があるので、４人でしっかり見て来ようと思います。

２人とも私の将来のことを心配していましたね。私たちは、将来についてよく話をします。先月まで学校にスウェーデンからアリスという留学生が来ていて、話を聞くと国の違(ちが)いにびっくりして、④結婚や子どもの問題について話したりしています。

帰省した時に話したいことがたくさんあります。お盆(ぼん)の時期にはちゃんと帰りますので、からし蓮根(れんこん)を用意しておいてくれると、うれしいです。

敬具

問１　下線部①②に関連して答えなさい。国を侵略(しんりゃく)から守り、安全を保つのは大切なことですが、その方法や考え方については①と②のように分かれます。以下のア～エの考え方は①②のどちらに基づいているものですか。①か②で答えなさい。

ア　戦力を持たない、と憲法で宣言することで、他国からの信頼が得られる。

イ　アメリカとの安全保障条約があることで、日本は他国から侵略されにくい。

ウ　核兵器を持つ国から攻撃されないようにするには、自分たちが核兵器を持つ必要がある。

エ　「人間の安全保障」という考え方を広げ、貧困や自然災害など、紛争(ふんそう)の原因となりうる脅威(きょうい)を除く必要がある。

問２　下線部③についての説明を以下にあげました。この中で正しくないものを次のア～エの中から１つ選び、記号で答えなさい。

ア　この病気は、化学工場から流れ出た有機水銀が原因であった。

イ　この病気の症状が出てからすぐに原因が特定されて、裁判に持ち込まれることになった。

ウ　この病気を発症(はっしょう)した人やその家族は、同じ地域の中でひどい差別にあった経験をもつ。

エ　この病気の原因物質は、食べ物を通して人間の身体に入り、神経に悪影響を及ぼした。

問３　この手紙を書いたサキさんの出身の県について、答えなさい。

(1)　この県について、以下の説明のうち３つは正しく、１つは正しくありません。正しくないものを次のア～エの中から１つ選び、記号で答えなさい。

ア　この県では海沿いに平野が広がっているが、山地の割合の方が高い。

イ　この県には広大なカルデラで知られている大型の火山がある。

ウ　この県はトマトの収穫量(しゅうかくりょう)が県別でみたときに日本一多い。

エ　この県には空港はあるものの、新幹線は通っていない。

(2)　この県では最近、台湾の有名な企業の工場が建設されました。その工場で生産されるものは、集積回路に用いられて身近な製品の機能を向上させます。生産されているものを漢字で答えなさい。

問4　ユナさんの国に関する問いに答えなさい。なお、問いによっては国の名前や領域が現在と異なる場合があります。

(1)　16世紀の終わりに、当時の権力者がこの国に２度にわたって大軍を送り、侵略をしたことがありました。侵略をした権力者の名前を漢字で答えなさい。

(2)　日本はこの国を併合して植民地にしました。それは何年のことですか。

(3)　この国は、1950年から隣国(りんごく)と戦争状態にあります。

a　1950年から始まった戦争を何と呼ぶか、答えなさい。

b　aの戦争によって日本で起きた出来事として、正しいものを次のア～エから１つ選び、記号で答えなさい。

ア　この国を支援するアメリカ軍への物資供給(きょうきゅう)から、好景気を迎えた。

イ　国際連合への加盟が認められた。

ウ　アメリカ軍に占領されていた沖縄が返還された。

エ　陸・海・空の部隊からなる自衛隊が成立した。

問5　メイさんの県では、住民が反対運動を起こし、原子力発電所の建設計画を撤回(てっかい)させたという出来事がありました(2003年)。この出来事に関する以下の問いに答えなさい。

(1)　住民は、1996年に、原発賛成か反対かについて自分たちの意思を示しました。どのような手段を用いて意思を示したのか、次の説明の空欄(くうらん)に当てはまる言葉を漢字で答えなさい。

町の議会で(　　)をつくり、それに基づいて住民投票を行った。

(2)　「住民投票」という言葉は日本国憲法95条にも記されています。この条文の住民投票について、正しい説明を次のア～エから１つ選び、記号で答えなさい。

ア　何について住民投票を行うかについて、住民の側から提案できる。

イ　住民投票の結果、反対が過半数の場合には、その法律は制定できなくなる。

ウ　住民投票の権利は、国民投票と同じく満20歳以上の日本国民が持つ。

エ　この住民投票の例はこれまで多くなかったが、近年増加傾向にある。

問6　メイさんの出身の県は、稲作が盛んなことで知られています。稲作に関連する以下の問いに答えなさい。

(1)　次の２つのグラフの中で「米」はどれか、以下のア～ウの中から１つ選び、記号で答えなさい。なお、「米」以外は「畜産」「野菜」である。

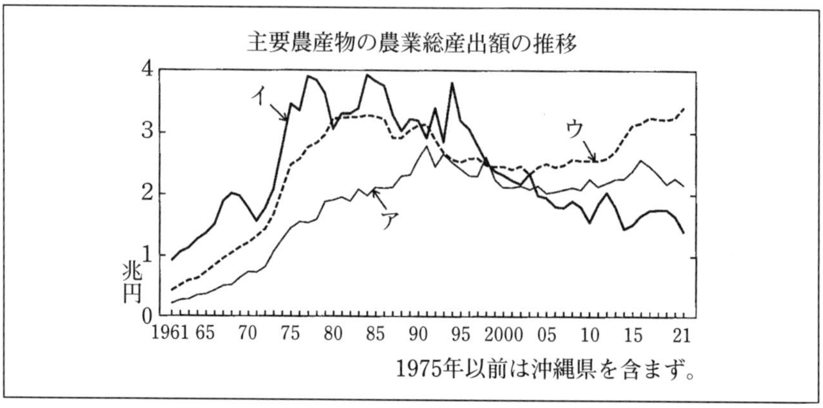

矢野恒太記念会『日本国勢図会2023/24』より

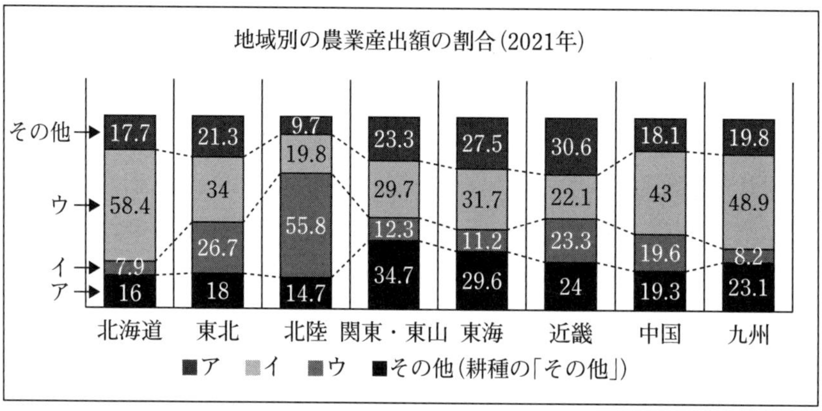

矢野恒太記念会『日本国勢図会2023/24』より作成

(2)　リコさんの出身の県では稲作は盛んではありません。それは、稲作に必要なある条件がそろっていないからです。リコさんの県に欠けている、稲作に必要な条件を１つ説明しなさい。

問7　アリスの国とユナの国、日本の３か国についての問いに答えなさい。

(1)　調べると次のようなことがわかりました。以下の問いに答えなさい。

国会における女性議員の割合が、アリスの国は46％、ユナの国が19％だった。日本の女性議員の割合を計算すると（　　　　　　　　　　）。衆議院の方が、参議院よりも男性議員の割合が高かった。

a　日本の国会議員の中で女性議員の数は衆議院・参議院合わせて110人です（2023年３月現在）。上の（　　）の中に入れる文として正しいものを次のア～ウの中から１つ選び、記号で答えなさい。

ア　アリスの国より低いが、ユナの国より高い。

イ　ユナの国より低い。

ウ　アリスの国より高い。

b　衆議院と参議院ではどのような権限の違いがありますか。以下の説明で正しいものを次のア～エの中から１つ選び、記号で答えなさい。

ア　内閣総理大臣の指名ができるのは、衆議院のみである。

イ　会期が終わり国会が閉じている時でも、委員会などを開くことができるのは衆議院のみである。

ウ　衆議院は、予算について、参議院よりも先に審議（しんぎ）することになっている。

エ　衆議院で可決された法律は、参議院で否決されたとしても、一定の期間がたてば成立する。

(2)　下線部④について、合計特殊出生率（とくしゅしゅっしょうりつ）（2020年）が最も高いのはどの国ですか。次のア～ウの中から１つ選び、記号で答えなさい。

ア　アリスの国　　イ　ユナの国　　ウ　日本

MEMO

MEMO

2025年度受験用
中学入学試験問題集　社会編
2024年7月10日　初版第1刷発行

ISBN978-4-8403-0860-1

企画編集・みくに出版編集部
発行・株式会社　**みくに出版**
〒150-0021　東京都渋谷区恵比寿西2－3－14
TEL 03 (3770) 6930
FAX 03 (3770) 6931
http://www.mikuni-webshop.com

この印刷物(本体)は地産地消・
輸送マイレージに配慮した
「ライスインキ」を使用しています。

ずは

7日間

1日5分でも1年間で1825分！

毎日ご自宅に届きます！
時事問題に親しむ環境づくりが大事です。

時事ワードが日常会話に
ニュースをわかりやすく解説

難しい話題でも、図や絵で親しみやすく。さまざまな分野の記事を掲載しています。

多様な意見に触れ思考力を育む

てつがくカフェ

「世界はどうやってつくられたのか？」「親はなぜ怒るの？」「私は誰のもの？」などなど、子どもからの「答えのない問い」に哲学者３人が格闘。思考力を育みます。

毎週木曜（一部地域金曜）

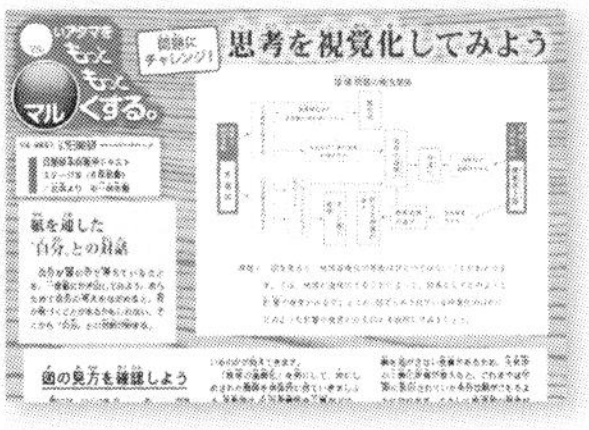

最先端の中学入試問題

マルいアタマをもっともっとマルくする。

まだ見ぬ未来をも視野に出題される、最先端の入試問題をピックアップし、思考の道筋を詳しく解説します。日能研協力。

毎週金曜（同土曜）

有名中学高校の先生が紙上授業

学びや

私学４校の中学・高校の先生が週替わりで、小学生に向けてコラムを執筆。2024年度のラインアップは、渋谷教育学園幕張、東洋英和女学院、カリタス女子、開成です。

毎週金曜（同土曜）

連載

１面コラム「みんなの目」
第１週は 辻村深月さん

「かがみの孤城」など、若い人にも大人気の作家、辻村深月さん。中学受験では多くの学校が辻村さんの作品を入試問題に採用しています。

謎解きブームの仕掛け人
松丸亮吾さんが出題

東大の謎解き制作集団の元代表で、謎解きブームの仕掛け人、松丸亮吾さんが、毎週楽しい問題を出題します。

超中学受験 目指せ!! 地理マスター
都道府県への道

全国47都道府県から各回一つを取り上げ深堀り解説。中学受験をした読者からも「役立った」と好評です。

毎日小学生新聞 月額 1,750円 税込み

毎日配達　サイズ：タブロイド判　ページ数：８ページ

※休刊日除く

CHECK! くわしい内容はwebサイトで！

毎日小学生新聞

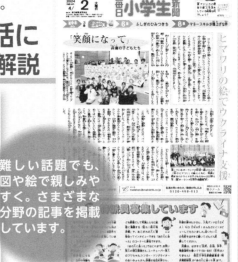

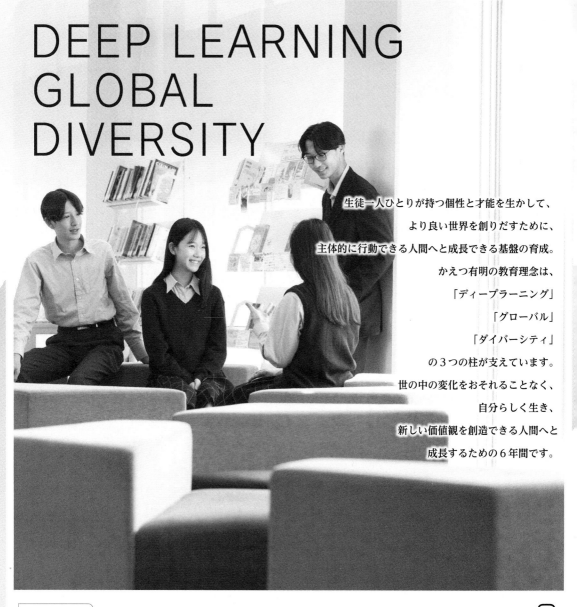

栄冠 2025 年度受験用

中学入学試験問題集

社会解答

※この冊子は取りはずして使うことができます。

みくに出版

もくじ

共学校

男子校

女子校

青山学院中等部
〈問題は６ページ〉

1 問１(地形名)オ　(作用)カ　問２ア　問３ア・イ　問４イ　問５〈Ⅰ〉ウ　〈Ⅱ〉エ

2 問１オ　問２〈Ⅰ〉淡路島　〈Ⅱ〉ウ　〈Ⅲ〉ア　問３(樹種)エ　(府県)㋕　問４(空港)ア　(理由)キ

3 問１イ・ウ・オ　問２イ　問３〈Ⅰ〉ア　〈Ⅱ〉オーバーツーリズム

4 問１〈Ⅰ〉イ　〈Ⅱ〉(１番目)エ　(４番目)イ　問２ウ　問３ア

5 問１①エ　②ア　問２〈Ⅰ〉イ・ウ　〈Ⅱ〉自由民権

6 問１〈Ⅰ〉イ　〈Ⅱ〉エ　問２ア

7 問１ウ　問２イ　問３ア　問４〈Ⅰ〉モディ(ナレンドラ・モディ)　〈Ⅱ〉エ

青山学院横浜英和中学校(A)
〈問題は16ページ〉

1 問１コールドチェーン　問２⑴イ　⑵フェーン現象　問３オ　問４耕地をつくるために大量の森林伐採が行われるので水を保つことが難しく、大規模な洪水や土砂崩れを引きおこす。　問５イ　問６エ　問７⑴イ　⑵ウ　問８イ

2 問１(名前)出雲大社　(読み方)いづもおおやしろ　問２ウ　問３ア　問４銭湯　問５姫路城　問６化政文化　問７北里柴三郎　問８ウ　問９エ　問10ウ　問11イ

3 問１ア　問２イ　問３エ　問４ウ　問５イ　問６ウ　問７ア　問８イ　問９⑴イ・オ・カ　⑵理解増進　問10発展途上国で製造されたサッカーボールを先進諸国が適正な価格で購入し、労働者の生活を安定させる目的でつけられたという特徴

市川中学校(第１回)
〈問題は28ページ〉

1 問１　１富本銭　２和同開珎　問２ウ　問３カ　問４仏教の力で国内の不安をしずめる　問５ウ→ア→エ→イ　問６ウ　問７イ　問８新井白石

2 問１　１富岡製糸場　２朝鮮総督府　問２英語を話せる中国人の羅森には、中国語が理解できる日本人と英語を話すアメリカ人との間で通訳となってもらう必要があったから。　問３富国強兵　問４い二十一か条の要求　うベルサイユ　問５ア　問６イ

3 問１エ　問２カ　問３⑴イ　⑵輪中　問４ケ　問５オ　問６谷のそばにせきをつくることで、土砂崩れなどが起きた時に、その勢いを弱めることができ、住宅地への被害を防ぐことができるから。

4 問１男性に比べて女性のほうが非正規雇用の割合が高く、賃金も安いので、女性の国会議員の割合が低いと、この問題を取り上げる優先順位が下がるから。　問２イ　問３ウ　問４⑴カ　⑵議院内閣制　問５⑴エ　⑵エ　問６不断の努力

浦和実業学園中学校(第１回午前)
〈問題は40ページ〉

1 問１…７　問２前橋市　問３ウ　問４⑴ア　⑵イ　問５⑴ウ　⑵1350ｍ　問６⑴イ　⑵ウ　⑶エ

2 問１エ　問２エ　問３富本銭　問４日米和親条約　問５イ　問６火山灰によって日光がさえぎられ、気温も上がらないため、農作物が育たなかったから。　問７イ　問８ア　問９ポーツマス条約

3 問１ウ　問２国事行為　問３民主主義　問４住民投票　問５イ

穎明館中学校(第１回)
〈問題は47ページ〉

1 問１ウ　問２シラス　問３ウ　問４ア　問５ア　問６手紙や貨物を運ぶ人　問７カ　問８ハザードマップ　問９イタリア　問10エ　問11イ　問12ウ　問13サミット　問14ウ　問15夏目漱石

2 問１最低限度　問２⑴ウ　⑵石油[原油]　問３栽培漁業　問４エ　問５⑴奥羽山脈　⑵エ　⑶長野県　問６礼拝などの精神活動を行う場所　問７エ　問８ウ　問９島の数が多いから。　問10ア　問11⑴ア　⑵(イ)

江戸川学園取手中学校(第１回)
〈問題は55ページ〉

1 問１ウ　問２⑴エ　⑵ア　問３エ　問４⑴イ　⑵抑制栽培は本来の旬より遅らせて栽培することであり、標高が高く夏でもすずしい嬬恋村はその農法に適しているため。　問５温泉、地熱発電

2 問１⑴和　⑵天皇の命令　問２エ　問３イ　問４エ　問５ドイツの憲法は君主の権力が強かったため。　問６ウ　問７ア　問８イ

3 問１イ　問２財務(省)　問３イ　問４エ　問５エ　問６ウ　問７(事例)安心して診察が受けられる環境をつくること。　(説明)効率性だけを追求すると、採算がとれない過疎地の病院は閉鎖したほうがよい。公平性だけを追求すると、遠隔診療の導入や整備を進めるのがよいが、財源の確保が課題とな

る。望ましいと思う結論は、コミュニティバスの路線を拡張して病院までの地域の足を確保しつつ、そこからもれる人には転居を検討してもらい、コンパクトシティの実現を目指していくことだ。

桜美林中学校（２月１日午前）
〈問題は64ページ〉

1　問１ア　問２⑴隠れてキリスト教を信仰する必要があるため、山や海に囲まれていて、外部の人の目につきにくい場所に集落が形成されたから。⑵五島列島　問３…1945年８月９日　問４ウ　問５基地に発着する航空機の騒音に悩まされること。　問６エ　問７のり　問８イ　問９⑴カルデラ　⑵水俣病　問10⑴ア　⑵八幡製鉄所

2　問１ウ　問２土偶　問３穴にひもを通して身につけることで、子どもの健やかな成長を願うため。問４高床倉庫　問５…８反　問６万葉集　問７イ　問８エ　問９バテレン追放　問10キリスト教禁止を徹底し、幕府の支配を強めるとともに、幕府が貿易を独占するため。　問11Ⅰでは子どもによって学習内容がそれぞれちがっているのに対して、Ⅱでは子どもたち全員が同じことを学んでいる。問12(学童)疎開

3　問１⑴岸田文雄　⑵イ　⑶エ　問２イ　問３ア［ウ］　問４イ　問５イ　問６インドネシア　問７ウ　問８パリ　問９(あなたが解決したい紛争)パレスチナでの紛争　(やりたいこと)第三国としての中立の立場と日本の治安の良さをいかして、対立している国どうしを日本に招き、それぞれの国の文化を体験できるような場を設けながら話し合いの手助けをしていき、それぞれの国が相手への理解を深めながら対話できるように働きかけていきたい。

大宮開成中学校（第１回）
〈問題は75ページ〉

1　問１飛驒(山脈)　木曽(山脈)　赤石(山脈)　問２砺波(平野)　問３イ　問４⑴地場(産業)　⑵ウ　問５イ　問６ア　問７洪水から守るため、周囲を河川の堤防で囲まれた集落。　問８Ｂ、Ｇ　問９アＥ　イＤ　ウＦ

2　問１エ　問２三内丸山(遺跡)　問３ウ　問４白河天皇(上皇)　問５ア　問６ア、エ　問７葛飾北斎　問８ウ　問９版籍奉還　問10朝鮮戦争がおきたことで、戦力の不保持から、独自の防衛力を持たせることとした。　問11エ　問12ＰＫＯ(協力法)

3　Ａ問１ア　問２⑴ジェンダー　⑵ウ　問３イ　Ｂ問１ウ　問２ウ　問３ア　問４ロシア連邦

4　少子化している現在では日本人で補うことは難しいので外国人労働者の受け入れを積極的にすべきである。

開智中学校（第１回）
〈問題は85ページ〉

◆　問１ア　問２群馬　問３広島県　問４白村江(の戦い)　問５大宰府　問６⑴ウ　⑵蒙古襲来(絵詞)　問７イ　問８ウ　問９イ　問10ラムサール(条約)　問11イ　問12エ　問13メガソーラーを設置するために、二酸化炭素を吸収する働きのある森林を伐採することがあるから。　問14エ　問15西南戦争　問16ウ　問17⑴エ　⑵(核兵器を)持たない、つくらない、持ちこませない　問18歌川広重　問19市が宗教的な施設に土地を提供すると、憲法が定める信教の自由を侵害することになるから。問20ア　問21天草　問22和紙　問23エ　問24浪人となった武士が幕府に対して不満を抱き、反乱を起こすことを防ごうとしたから。　問25ア→ウ→イ→エ　問26永久の権利　問27ウ　問28岩槻

開智日本橋学園中学校（第１回）
〈問題は101ページ〉

1　問１エ　問２呪術的な指導者から戦いの指導者になった。　問３エ　問４イ　問５ア　問６ウ　問７千利休　問８高野長英　問９大隈重信　問10天皇機関説

2　問１⑴ア　⑵イ　問２⑴南部鉄器　⑵ア　問３⑴美濃　⑵イ　問４⑴道後(温泉)　⑵エ　問５⑴ウ　⑵ウ

3　問１イ　問２総務(省)　問３フェイク(ニュース)　問４デジタル端末の需要がコロナ禍で増加し、供給不足になったから。　問５イ　問６ア　問７ウ　問８リーマンショック　問９ア　問10エ

かえつ有明中学校（２月１日午後 特待入試）
〈問題は111ページ〉

1　問１キ　問２Ａ環太平洋(造山帯)　Ｂフィリピン(海プレート)　問３ウ　問４皇居のほりの水、上野公園の池の水により、延焼が食い止められたから。　問５ア　問６ドーナツ化現象　問７ア　問８福島県　問９ウ　問10イ　問11イ　問12(東経)135(度)

2　問１イ　問２エ　問３ア、エ　問４⑴ア　⑵(職

業）大工　（懲らしめない理由）地震の復興作業により、大工などの職人の仕事が増え、大きな利益を得たから。 問５ア　問６大阪城　問７イ　問８ウ　問９ウ　問10⑴エ　⑵イ

春日部共栄中学校（第１回午前）

〈問題は120ページ〉

1 問１琵琶湖　問２⑴エ　⑵３㎞　⑶ア　問３岐阜県　問４エ　問５奈良県　問６エ　問７ア
2 問１ウ　問２三内丸山　問３エ　問４前方後円墳　問５大和朝廷の支配が、東西の広い範囲に及んでいたこと。 問６ア　問７イ　問８廃藩置県　問９ウ　問10オ
3 問１アパルトヘイト　問２ウ　問３ユネスコ　問４⑴ＰＫＯ　⑵ウ

【配点】
50点満点
1問６・問７…各３点　他各２点　2各２点　3各２点

神奈川大学附属中学校（第２回）

〈問題は128ページ〉

1 問１⑴１　⑵６　⑶２　問２⑴群馬県　⑵６　⑶イ２　エ１　⑷１　問３ア間接　イ飼料は外国から輸入している　問４…３　問５（中国）４　（日本）１　問６…４　問７…４
2 問１⑴４　⑵２　問２⑴３　⑵坂上田村麻呂　問３⑴源頼朝　⑵１　⑶４　⑷１　問４⑴３　⑵（史料２では）幕府は参勤交代にかかる費用を減らすように命令している（が、ほとんどの受験生は参勤交代の目的はお金を使わせることだと解答している。） ⑶３　⑷ラクスマン　問５⑴１　⑵法律の範囲内とはいえ、言論などの権利が認められたから　⑶吉野作造　⑷５　問６⑴総動員　⑵２　⑶農地改革　⑷４
3 問１（番号）３　（略称）ＯＤＡ　問２文化庁　問３…６　問４…２　問５…44年　問６…５　問７…４　問８…１　問９…５　問10…３

関東学院中学校（一期Ａ）

〈問題は141ページ〉

1 問１イ　問２イ　問３ウ　問４島根県　問５オ　問６吉野　問７ウ　問８ア　問９（事件名）大阪夏の陣　（法令の目的）西国の大名の勢力を弱め、徳川家による全国統一をさらに進める目的。 問10参勤交代　問11万葉集　問12ウ　問13イ　問14イ　問15富山
2 問１イ　問２⑴エ　⑵イ　問３⑴Ⓐ（●●●）降水量　（▲▲）気温　Ⓑあ　⑵Ⓐう　Ⓑア　問４牛乳　問５⑴バニラエッセンス　⑵ウ
3 問１カナダ　問２核兵器　問３ア　問４ウ　問５ウ

公文国際学園中等部（Ｂ）

〈問題は148ページ〉

1 １問１Ａ山口県　Ｂ秋田県　問２Ｃ利根川　問３⑴茶　⑵輸送機械
２問１田　問２秋　問３Ｘ台風　Ｙ低地　問４Ｃ　問５輸入エネルギーである化石燃料を使っていない上に、身近な森林の樹木を多く伐採しないで、落葉を集めている点。 問６水源林がなくなることで、川の平均水量が減り、水不足になる。
問７ウ　問８ア
2 問１⑴ポツダム　⑵マッカーサー　⑶推古　⑷冠位十二階　⑸板垣退助　⑹伊藤博文　問２イ　問３エ　問４ウ　問５イ、ウ　問６自由民権運動　問７エ　問８ウ　問９イ　問10国民に主権と平等を認めている点［国民の自由は、生まれながらにある点／国がうばえない点 など］　問11抑制
3 問１衆議院議員・参議院議員　問２法律　問３ウ　問４エ　問５…25　問６…20　問７普通選挙　問８知事　問９エ　問10国会　問11ア○　イ×　ウ×　エ○　オ○　カ×　キ×　問12…１議席　問13秘密　問14投票率の高い世代の人達の意見が主流として通ってしまい、低い投票率の人達の意見が通りにくくなる。［有権者の過半数の支持が得られなくても、政権を獲得することが可能となる／投票率の高い層が望む政策を話し合うことが増える など］

慶應義塾湘南藤沢中等部

〈問題は157ページ〉

1 問1Ａ１　Ｂ３　Ｃ２　Ｄ４　問2Ｅ２　Ｈ３　問3Ｉ２　Ｊ１　Ｋ４　Ｌ３　問4Ｍ３　Ｎ１　Ｏ４　Ｐ２
2 問1Ａ３　Ｃ４　問2…４　問3…３　問4…２　問5…４
3 問1あ６　い４　う３　問2Ａ４　Ｂ６　Ｃ２
4 問1…２　問2…３　問3…１　問4…４　問5…１　問6…４　問7…３
5 問1あ11　い４　う１　え８　お９　問2Ｄ→Ｅ→Ｃ→Ａ→Ｂ
6 問1…３　問2累進課（税）　問3…１　問4…４

問５未来戦略
7　問１…２　問２…４　問３　１○　２×　３○　４×　問４Ａ１　Ｂ５　Ｃ２　Ｄ３　問５Ｅ３　Ｆ４　Ｇ２　Ｈ１

慶應義塾中等部
〈問題は164ページ〉

1　問１Ａ明　Ｂスペイン　Ｃオランダ　Ｄ清　Ｅロシア　Ｆ満州　問２ア７　イ２　ウ１　エ８　オ９　カ５　キ６　ク４　ケ３　問３…３　問４（２番目）４　（４番目）５
2　問１…４　問２チリ　問３火災の延焼を防止し、一時的に避難する場所として公園をつくった。　問４（省庁）４　（移転先）５
3　問１…２　問２…３　問３Ａ・Ｄ
4　問１…３　問２Ｂ・Ｃ・Ｄ　問３次図　問４…２　問５（青森県）１　（福島県）６　問６…３　問７…４　問８…３　問９…２　問10…２　問11やませ　問12…２　問13…１

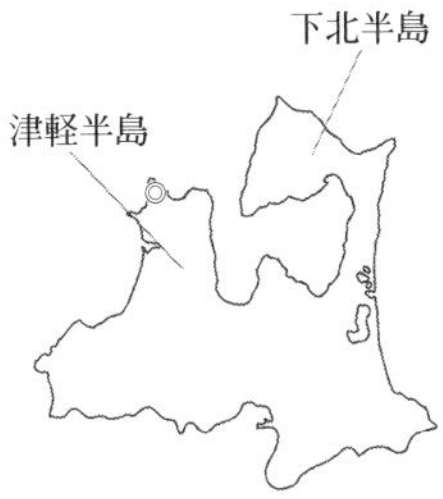

5　問１…１　問２…１　問３⑴２　⑵[例１]生産には農薬や化学肥料を使っていない安全安心な商品であることを消費者にアピールする意味。[例２]社会問題に取り組んでいる企業と認知されるため、知名度や好感度をあげることができる。

国学院大学久我山中学校（第１回）
〈問題は171ページ〉

1　問１日本銀行　問２エ　問３イギリス　問４[例]宅配便の配達の遅れが起こる。など　問５エ　問６ユニセフ　問７[例]医療用の注射器 など
2　問１ウ　問２ウ　問３ウ　問４満州　問５エ　問６⑴石炭　⑵[例]石炭の産出量、人口ともに減少し、鉄道の利用も減ったから。など　問７ア　問８イ　問９吉野川　問10…12（世紀）　問11ア　問12イ　問13[例]旅客輸送よりも戦争に必要な物資などを優先していた。など　問14[例]各路線の掲載ページを調べることが目的の地図だから。など
3　問１[例]若年で歯が抜けていたことから、狩猟のために飼育されていたと考えられる。[骨折が治療された痕や埋葬されたことから、ペットとして飼育されていたと考えられる。など]　問２イ　問３清少納言　問４ウ　問５ウ　問６イ　問７…1995（年）

【配点】
50点満点
1 15点　2 20点　3 15点

栄東中学校（Ａ）
〈問題は185ページ〉

1　問１あ岐阜　い濃尾　う揖斐　え輪中　問２⑴イ　⑵ウ　問３エ　問４カ　問５ウ　問６イ　問７カ　問８⑴ウ　⑵カ　問９（高度経済成長期に）住宅建築などの木材需要が高まったため、成長が早く加工しやすいスギやヒノキの植林が推進されたから。
2　問１ウ　問２（２番目）ウ　（４番目）エ　問３ウ　問４宋　問５（２番目）ア　（４番目）ウ　問６ウ　問７ア　問８（２番目）イ　（４番目）ウ　問９直接国税15円以上納める満25歳以上の男子　問10エ　問11⑴エ　⑵イ　⑶信条

自修館中等教育学校（Ａ１）
〈問題は192ページ〉

1　問１ウ　問２ウ　問３ア　問４電照菊　問５強風に対して家のまわりを石垣や木で囲み家を平屋建てにしている。　問６イ　問７日本はニュージーランドにくらべて地熱資源量は多いが、設備容量は約半分で有効利用できていない。
2　問１イ　問２ア　問３ウ　問４渋沢栄一　問５ロシア　問６ウ　問７アメリカへの生糸の輸出額の割合が減少したことで、原料のまゆを生産する養蚕農家に打撃をあたえたから。　問８ウ　問９イ
3　問１エ　問２ア　問３あなたはそば派？　うどん派？　問４ウ　問５エ　問６イ　問７エ　問８ウ

芝浦工業大学柏中学校（第１回）
〈問題は201ページ〉

1　問１ア）　問２近松門左衛門　問３⑴Ｂ　⑵資料Ｂは、えた身分・ひにん身分が幕府によって意図的に作られたと書いているから。　問４オ）　問５エ）、オ）　問６イ）　問７ウ）　問８ア）、エ）　問９イ）　問10エ
2　問１エ）　問２ウ）　問３ウ　問４ア）　問５キ　問６ア　問７オ　問８⑴フードマイレージ　⑵イ　問９イ　問10ア　問11イ）　問12エ）

③　問1①知事　③4　⑥投票率　問2イ）　問3エ）　問4住民の多様な意見を政治に反映させるとともに、首長によって行なわれる政治を監視するため。　問5ウ）　問6ア）　問7エ）

【配点】

75点満点

①問3⑵～問6・問8～問10…各3点　他各2点　②問6・問10…各3点　他各2点　③問4・問5…各3点　他各2点

渋谷教育学園渋谷中学校（第1回）

〈問題は215ページ〉

①　問1イ　問2①エ　②イ　③ア　問3オ　問4ア　問5⑴エ　⑵阿蘇山に降った雨水が火砕流堆積物でできた台地にしみこみ、質の良い地下水になるから。(41字)　⑶(a)ウ　(b)ウ　問6ウ・不平等

②　問1⑴イ　⑵漢委奴国王　⑶ア　問2⑴梅　⑵兵役で防人として九州で国防の任に就くため。(21字)　⑶ウ　⑷イ・ウ　問3⑴Xオ　Yエ　Zカ　⑵イ　問4⑴シベリア出兵のため米価が上昇する中、石炭の価格は上昇しても坑夫の賃金は据え置かれたため米騒動に発展した。(52字)　⑵①日中　②金属

③　問1【ⅰ】イ　【ⅱ】ア　【ⅲ】エ　問2【ⅰ】徴兵制度［兵役］　【ⅱ】ウ　問3ウ　問4①冷戦　②核

渋谷教育学園幕張中学校（第1回）

〈問題は229ページ〉

①　問1…1　問2財務省　問3…3　問4…4　問5警察が逮捕するために令状を申請する場合があるため。　問6…1・2・3　問7…1　問8［例］タクシー営業の許可に関する規制を緩和すること　問9裁判官を辞めさせるかどうかを決める弾劾裁判所があるから。　問10…4　問11…3　問12…4

②　問1ア古今和歌集　イ万葉集　問2…3　問3…2　問4…1　問5…1　問6…4　問7…6　問8…3　問9…6　問10天皇から任命された官職が大臣以上であれば、官職や位階で表現されるから。　問11［例］明の政策によって、朝貢貿易のみが認められていたために、大内氏の滅亡などで貿易ができなくなった。その後、ポルトガルによって中国産の生糸や絹織物が輸入されたから。

③　問1［例］地球全体の平均気温が高くなっていくのが地球温暖化なので、ほかの場所も同じ状況でないと進行していると言い切れないため。　問2…2　問3…4　問4…3　問5増水時に流れてきた土砂や木によって、橋がこわれたり流れが悪くなったりすることを防ぐため。　問6次図　問7…4　問8観測機器がないところで最高気温を超えているかもしれないから。　問9…2　問10…4　問11フェーン(現象)

湘南学園中学校（B）

〈問題は241ページ〉

①　問1　1）E　2）C　3）D　4）B　5）A　1瀬戸内　2房総　3日本海流［黒潮］　4赤石　5伊豆　6日本　7信濃　8奥羽　問2　1）E　2）D　3）B　4）C　5）A　問3エ　問4イ　問5松山市　問6近郊農業　問7イ　問8⑴オ　⑵ウ　問9⑴E　⑵C　⑶D　⑷B　⑸A

②　問1　1縄文　2鎌倉　3米　問2ア　問3ウ　問4イ　問5エ　問6イ　問7関白　問8エ　問9北条氏　問10ア　問11ウ　問12イ　問13エ　問14イ　問15(1923年)ウ　(1945年)エ　問16ウ⇒イ⇒ア

③　問1イ　問2イ　問3a長野県　b長崎県　問4ウ　問5ウ　問6ア　問7ウ　問8ウ　問9イ　問10ウ　問11エ　問12キリスト教の布教をしないことを約束したから。　問13イ　問14ウ　問15イ　問16ウ　問17…8月9日　問18イ　問19イ　問20SNSなどを使って世界の人々に平和の大切さを訴え、平和の輪を広げる。

【配点】

100点満点

①各1点　②問1・問3・問4・問7・問9・問11・問12・問14・問16…各2点　他各1点　③問4・問5・問8…各1点　他各2点

昭和学院秀英中学校（第１回）

〈問題は255ページ〉

1 問１ア 問２カ 問３⑴サ ⑵晴天の日が多く、日当たりが良い内陸の山地斜面。 問４ナ 問５ヘ 問６⑴北上川 ⑵ム

2 問１ウ 問２イ 問３ア 問４ウ 問５ア 問６武士にも朱子学を学ぶことを求め、軍事的な役割だけでなく、学問を重じて政治に関わる役割を担う形に変化した。 問７エ 問８イ 問９イ 問10イ 問11イ 問12ウ 問13イ 問14エ 問15 １高句麗 ２倭寇 ３種子島 ４ジュネーヴ［ジュネーブ］

3 問１弾劾 問２法の精神 問３消費税導入と、３度の税率引き上げがあったため。

4 問１ア 問２ウ 問３カ

【配点】

50点満点

1 15点 2 25点 3 ４点 4 ６点

成蹊中学校（第１回）

〈問題は267ページ〉

1 問１経済制裁によって、ロシアからの天然資源や農作物の輸出が停止され、世界的なモノ不足におちいったから。 問２②ウ ④エ ⑨イ 問３燃料費の上昇に伴い、苦しくなる国民の生活を、公共交通機関の運賃を割安にすることで、助けようとしたから。 ドイツ政府のかかげる気候中立の目標を達成するためには、公共交通機関の充実をはかり、自家用車からのシフトを促す必要があるから。 問４ウ 問５⑴（理由）日本で福島第一原発の事故がおき、安全性に不安が生じたから。（内容）2023年４月までに原子力発電所を全て停止する。 ⑵１イ ２エ 問６ c

2 問１（条約の名称）日米和親条約 （開港した港）ア、カ 問２エ 問３ １朝鮮 ２台湾 問４沖縄県の人々は、皇国皇民として忠誠心をもつように教育を受け、日本人として奉公してきたのに、地上戦によって日本兵よりも多い沖縄県民が命を落としたから。

成城学園中学校（第１回）

〈問題は271ページ〉

1 ［問１］イ ［問２］⑴イ ⑵ウ ［問３］⑴ウ ⑵エ ［問４］イ ［問５］御家人は奉公として、幕府のために自分の財産を投じて戦ったのに、幕府からは御恩にあたる土地などのほうびが得られなかったから。 ［問６］イ ［問７］喜 ［問８］ウ ［問９］イ ［問10］エ ［問11］⑴イ ⑵ア

2 ［問１］ウ ［問２］⑴ゼレンスキー ⑵行政 ［問３］ア ［問４］カ ［問５］イ ［問６］イ ［問７］オ ［問８］イ ［問９］イ ［問10］ウ ［問11］６ ［問12］人口の半数を占める女性の視点や意見が政治に反映されにくい点。

西武学園文理中学校（第１回）

〈問題は279ページ〉

1 問１青森県 問２イ 問３イ 問４イ 問５（果物）りんご （県名）長野県

2 問１Ｂ 問２ウ 問３ア

3 問１エ 問２ア 問３ウ 問４関所 問５イ 問６ア 問７三方を山に囲まれ、一方が海のため、防衛しやすいため。 問８エ 問９イ 問10ア

4 問１ア 問２エ 問３エ 問４ア 問５ア

5 問１イ 問２ア 問３ウ 問４ア 問５上下水道が十分に整備されていないため、衛生的なトイレが利用できない。

青稜中学校（第１回Ｂ）

〈問題は288ページ〉

1 ⑴問１（番号－正しい名称）①－霧島山 ④－大淀川 ⑨－佐世保市 問２ウ 問３エ ⑵問１イ 問２ウ 問３エ 問４ア 問５（国内の）産業（の）空洞化

2 問１エ→イ→ア→ウ 問２ア 問３イ 問４イ 問５エ

3 問１聖武天皇 問２イ→ウ→ア→エ 問３ウ 問４イ 問５エ→ア→イ→ウ

4 問１エ 問２ １ウ ２⑴シリア ⑵インド 問３ １パリ協定 ２イ 問４ １人口爆発 ２再生可能（エネルギー） ３ウ 問５（人物）い （活動場所）Ｃ

専修大学松戸中学校（第１回）

〈問題は296ページ〉

1 ⑴エ ⑵1250ｍ ⑶イ ⑷エ ⑸ア ⑹イ ⑺平城京 ⑻ウ ⑼エ

2 ⑴ウ ⑵阿賀野（川） ⑶ア ⑷イ ⑸紀伊山地 ⑹季節風が中国山地にぶつかり雪雲を発生させることで ⑺エ ⑻屋久島

3 ⑴ア ⑵ウ ⑶エ ⑷岐阜県 ⑸イ ⑹ウ→エ→イ→ア ⑺二・二六事件 ⑻ウ

4 ⑴エ ⑵ウ ⑶平清盛 ⑷エ→ア→ウ→イ ⑸ア

⑹ウ　⑺鹿鳴館　⑻イ

5　⑴広島(市)　⑵サミット　⑶ウ　⑷エ　⑸イ　⑹ア　⑺エ　⑻国会の議決で指名され、天皇に任命される

千葉日本大学第一中学校(第１期)

〈問題は304ページ〉

1　問1Aカ　Bセ　Cオ　Dス　Eケ　Fエ　Gサ　Hト　Iア　Jシ　Kソ　Lツ　Mタ　Nク　Oウ　問2ア　問3イ　問4ウ　問5仏　問6エ　問7遣唐使の派遣を停止したため、それまで取り入れていた中国の文化をもとに、日本の生活や風土に合わせた日本独自の文化が発達したから。　問8⑴イ　⑵侵攻に備えるための防塁があるから。　問9エ　問10X太閤検地　Y刀狩　問11エ　問12ウ　問13福沢諭吉　問14日本と清が狙っている朝鮮を、ロシアが横取りしようとしている。　問15ウ　問16ア　問17あ聖武天皇　い藤原頼通　う平清盛　え足利義政　お徳川家康　か伊藤博文

2　問1　1りんご　2ねぶた　問2青函トンネル　問3やませ　問4出島　問5ア　問6西九州新幹線　問7　5信濃川　6佐渡　問8第二水俣病[新潟水俣病]　問9エ　問10　7中部[中部国際]　8濃尾　問11ア　問12東名高速道路　問13　9琵琶　10大津　問14イ　問15ラムサール条約　問16(だいすけ)②　(あすか)㊷　(あきひろ)⑮　(あやの)㉓　(たかひろ)㉔

3　問1…18　問2若者　問3ウ　問4エ　問5イ　問6④岸田　⑤与　⑥野　⑦25　⑧30　⑨衆　⑩4　⑪6　問7ア

中央大学附属中学校(第１回)

〈問題は314ページ〉

1　問1②　問2③　問3鈴鹿山脈　問4①　問5③　問6キリスト教の信仰を取りしまるため。　問7③　問8イ)法務省　ロ)①　ハ)④　問9②　問10②　問11①　問12③　問13③

2　問1②　問2御朱印　問3②　問4④　問5③　問6イ)①　ロ)①　問7イ)②　ロ)①　問8④　問9③　問10安倍川餅　問11④　問12②　問13③

中央大学附属横浜中学校(第１回)

〈問題は326ページ〉

1　問1…2　問2…1　問3…4→1→3→2　問4…4　問5…2、3　問6…4　問7⑴利根川　⑵飲み水(生活用水)とされている。　問8せり　問9牛などの家畜を飼育するため、えさとなる牧草の栽培や放牧地として利用されている。　問10流水　問11A愛知県　B千葉県　C北海道

2　問1　1三内丸山　2征夷大将軍　3足利義満　4アイヌ　5首里　6オランダ　7吉田茂　問2…3　問3…1　問4唐の長安を参考に、街路を碁盤目状に整備した都であったから。　問5…2　問6…4　問7大名本人は1年ごとに江戸と領地とを往復することとなり、大名の妻子は江戸への居住を義務づけられることとなった。　問8⑴3　⑵過去の内乱を乗り越えて皆同じ日本国民であるという意識を共有させるとともに、日本の領土の範囲を明確に意識させようとした。そして日本の領土を守るための兵役に進んで就くなど、日本国民として国家に尽くすことが重要であるという意識を持たせようとした。　問9…1

3　問1…4　問2…3　問3…4　問4…4　問5…3　問6…1　問7リコール　問8…1、2　問9…4　問10…1　問11…3

筑波大学附属中学校

〈問題は338ページ〉

1　⑴はぼまいぐんとう　⑵外国が不法占拠をしている。

2　⑴ア　⑵カ・利根　⑶エ　⑷イ

3　⑴貨物輸送に必要なトラックやドライバーの数が多い　⑵ア

4　⑴C→B→A　⑵平清盛　⑶①ウ・キ　②(内容)貿易相手国をオランダ・清に限定した。(名前)家光

5　⑴(２番目)エ　(３番目)イ　⑵日本橋の上にある首都高速道路を地下に整備する工事

6　⑴厚生労働(省)　⑵義務　⑶国会　⑷国民の選挙にもとづいた議会を開設するべきだ

帝京大学中学校(第１回)

〈問題は347ページ〉

1　問1エ　問2ウ　問3イ→ア→ウ→エ　問4サラエボ　問5エ　問6エ　問7ウ　問8サンフランシスコ　問9日米安全保障　問10エ→ウ→ア→イ　問11ベルリン　問12公共の福祉に反するとき。

2　問1(東経)135(度)　問2エ　問3イ　問4イ　問5ウ　問6天橋立　問7ア　問8オ　問9オ

3　問1　1鴨長明　2陸奥宗光　問2イ　問3治安維持法　問4イ　問5ア　問6エ　問7足利義満　問8ウ→イ→ア→エ

[4] 問1ア　問2ウ　問3ウ　問4エ　問5イ　問6ウ　問7ア　問8デジタル・ディバイド(デバイド)

【配点】

50点満点

[1]問3・問10・問12…各2点　他各1点　[2]問1・問5・問6…各2点　他各1点　[3]問1・問3・問7…各2点　他各1点　[4]問1・問8…各2点　他各1点

桐蔭学園中等教育学校(第1回午前)

〈問題は355ページ〉

[1] 問1エ　問2日米安全保障条約　問3イ　問4律令　問5イ　問6ア　問7ウ　問8エ　問9イ　問10日米和親　問11ア、エ　問12エ　問13イ　問14日本が1910年に韓国を併合し、韓国を植民地とし多くの朝鮮の人が移り住んで居たから

[2] 問1エ　問2①東日本　②津波　問3(太陽光)カ　(地熱)キ　問4地熱発電所は火山の近くに多くあるため　問5①岩手　②三陸　③千島　④養殖業　問6コ　問7北海道　問8Aセ　Bシ　問9冬の北西の季節風が奥羽山脈にぶつかりたくさんの雪を降らすから

[3] 問1ア　問2(1)ウ　(2)カ　(3)ア　問3イタリア　問4ア　問5イ　問6エ　問7クオータ制を導入し、女性の立候補者数を増やす様に促す。

東京学芸大学附属世田谷中学校

〈問題は364ページ〉

[1] (1)①ア　②ウ　③ア・ウ　(2)4　(3)①　②アC　イB　ウ800　(4)①排他的経済水域　②AI

[2] (1)ア　(2)ア　(3)①濃尾　②木曽　③輪中　(4)①F　②ア　(5)①ウ　②ア　(6)ウ

[3] (1)エ　(2)ウ　(3)ア中国　イ…タイ　(4)イ　(5)(名称)成田国際空港　(記号)ア

[4] (1)イ　(2)江戸時代　(3)富岡製糸場　(4)ア

[5] (1)老中　(2)オランダ　(3)A　(4)六波羅探題　(5)(A幕府)徳川家康　(B幕府)源頼朝　(6)(身分)町人　(記号)ウ　(7)ウ　(8)(A幕府)ウ　(B幕府)エ　(9)(記号)A　(資料名)武家諸法度

[6] (1)カ・キ・コ　(2)ウ　(3)(名前)吉田茂　(条約名)日米安全保障条約　(4)ア　×中国→○ソビエト連邦　ウ　×フランス→○ドイツ　(5)ウ　(6)(古)写真4→写真2→写真1→写真3(新)

[7] (1)イ・ウ　(2)ユニセフ　(3)ウ　(4)交戦権　(5)イ　(6)①解散　②イ　③指名　④議院内閣制　(7)第14条

東京都市大学等々力中学校(第1回S特)

〈問題は376ページ〉

[1] 問1③　問2群馬(県と)長野(県の間)　問3③　問4阪神淡路大震災　問5①　問6…9月1日5時　問7(牛肉)④　(豚肉)②

[2] 問1①　問2③　問3②　問4ノーベル平和賞　問5(1)高度経済成長期　(2)④　(3)②　問6(1)邪馬台国　(2)②

[3] 問1(1)石油危機　(2)②　問2②　問3(1)包括的(核実験禁止条約)　(2)①　問4(1)②　(2)③

[4] 問1(ヨーロッパの登録が多い理由は、)建造当初の材料のままなのに対し、アジアは定期的に木材が交換され、建造当初の材料でないため。 問2見学者数が増え、地域経済の活性化が期待できるが、現在、入場料収入は減少傾向にあり建造物保存のため、財源確保が課題である。

東京農業大学第一高等学校中等部(第3回)

〈問題は388ページ〉

[1] 問1(1)イ　(2)アイヌ　問2ア　問3エ　問4ア　問5イ　問6イ　問7①樺太[サハリン]　②台湾　③東シナ海　問8ウ　問9イ　問10イスラム教　問11イギリス

[2] 問1ア　問2卑弥呼　問3ア　問4ア　問5エ　問6後鳥羽上皇　問7エ　問8ウ　問9ウ　問10イ　問11エ　問12ウ　問13エ　問14イ、ウ、エ

[3] 問1(1)4　(2)日本　問2(1)民主党　(2)イ　問3慎重な審議を行いながらも、政治の停滞を防ぐため。 問4ア2　イ3　問5女性にも選挙権が与えられ、対象年齢の引き下げが行われた。 問6イ　問7あ20　い30　問8高齢者の意見が反映されやすい政治のあり方。 問9イ、エ　問10[例]私は「5　市民の政治への関わり」が特に重要だと考える。民主主義の実現においては、市民の声ができる限り反映されることが望ましい。したがって、市民が政治に興味を持ち、積極的に関わろうとする姿勢が不可欠であると考えるからである。 問11A個人　B幸福　C公共の福祉

桐光学園中学校(第1回)

〈問題は404ページ〉

[1] 問1①フランス・A　②ウクライナ・D　問2…3　問3(1)3　(2)2　(3)2　(4)中国　問4(1)3　(2)3　問5(1)2　(2)4　問6…4　問7広島ビジョンは核兵器なき世界をという理想実現のために核兵器禁止条約を推し進めるのではなく(核兵器

を完全になくす努力をせず)、防衛目的のための核兵器を容認する「現実」を追認する内容であったから。

2 問1ア3　イ3　ウ2　エ奈良　問2…4　問3(1)Xリマン海流　Y対馬海流　(2)X3　Y1　(3)寒流の親潮(千島海流)と暖流の黒潮(日本海流)がぶつかる潮目(潮境)があるから。　問4山梨県、甲府市　滋賀県、大津市

3 問1①縄文(時代)　②藤原道長　③豊臣秀吉　④徳川慶喜　問2氷河時代が終わって気温が上昇し、海水面が上がったから。　問3…2　問4…1　問5…6　問6…5　問7幕府はキリスト教を禁止し、貿易の利益を独占するため、大型船を使った外国との行き来を禁止したかったから。　問8…4　問9前年に鉄道国有法が出されたので、1907年には営業キロ数で国営鉄道が民営鉄道を逆転している。

【配点】

100点満点

1問1～問6…各3点　問7…4点　2問1～問3(2)…各2点　問3(3)…6点　問4…各3点　3問1・問3～問6・問8…各2点　問2・問7・問9…各4点

東邦大学付属東邦中学校(前期)

〈問題は413ページ〉

1 問1C　問2カ　問3カ　問4松山市　問5(1)イ　(2)イ　(3)オ　問6ア

2 問1エ　問2オ　問3エ　問4ア　問5エ　問6キ　問7(3番目)オ　(5番目)ア　問8キ

3 問1あエ　いイ　うキ　問2(1)イ　(2)ウ　問3(1)エ　(2)こども家庭庁　問4 aカ　bイ　cキ　dエ　問5ア　問6エ　問7イ

東洋大学京北中学校(第1回)

〈問題は427ページ〉

1 (1)(記号)エ　(都市名)明石市　(2)45　(3)イ　(4)エ　(5)ア、イ　(6)(記号)カ　(島名)小豆島　(7)B　(8)降水量が少なく、農業用水を貯める池が多くあるため。　(9)筑豊炭田が近くにあり、石炭を容易に運ぶことができるため。

2 (1)A源頼朝　(2)B太平洋　(3)イ　(4)エ　(5)ア　(6)ウ　(7)C15　D25　(8)ア　(9)平安時代の男性は上手に笛を奏で、歌を詠むことができるべきと考えられており、父親は若君に漢詩や歌などを学ぶことを期待した。

3 (1)価格が下がりづらくなる　(2)110　(3)ウ　(4)B(記号)ア　(理由)優勝争いに加わったチームを見たいと思う人が増え、価格が高くてもチケットを買うと考えられるため。　C(記号)ウ　(理由)大雨になると来場者が減り、主催者側は価格を下げてもチケットを売りたいと考えられるため。

【配点】

50点満点

1(1)記号・(6)記号…各1点　他各2点　2(9)…4点　他各2点　3各2点((4)BCは完答で各2点)

獨協埼玉中学校(第1回)

〈問題は434ページ〉

1 (1)①ア　②宮城(県)　③太平洋ベルト　(2)①ア　②エ　③あオ　いウ　④野生動物が畑に入って作物をあらすため、野生動物が入ることができないようにしている。　(3)三角州　(4)1北海道　2三重(県)

2 (1)とさ　(2)イ　(3)エ　(4)紀貫之　(5)ア　(6)ウ　(7)ウ　(8)当時、日本と外国とでは、金・銀の交換比率が異なっていた。幕府は、金貨が大量に国外に持ち出されることを防ぐため、貨幣をつくり改めた。　(9)エ　(10)①エ　②ア

3 (1)ウ　(2)開発(発展)途上　(3)エ　(4)総務省　(5)エ　(6)NGO　(7)少子化や人口減少で、税負担者が減ることにより、医療や介護や子育てを社会全体で支える社会保障制度の維持が難しくなるため。　(8)ウ　(9)1945年　(10)ア

【配点】

70点満点

1(2)④…4点　他各2点　2(8)…4点　他各2点　3(7)…4点　他各2点

日本大学中学校(A－1日程)

〈問題は442ページ〉

1 問1…154万人　問2いちご　問3ウ　問4ウ　問5エ　問6菅原道真　問7イ　問8ウ　問9金印　問10ウ　問11武家諸法度　問12命をかけて戦ったのに、恩賞としての領地が不十分だったから。　問13勘合　問14堺

2 問15法の下　問16ウ　問17イ　問18立法　問19ウ　問20エ　問21ウ　問22ア

3 問23ア　問24カ　問25アイヌ　問26ア　問27ウ　問28イ　問29熱帯である東南アジアでは北海道の雪がめずらしく、ウィンタースポーツなどを目的とした観光が人気だから。　問30(1)2000m　(2)エ　(3)木材

日本大学藤沢中学校（第１回）

〈問題は448ページ〉

1 問１イ 問２ア 問３⑴新潟県 ⑵イ 問４相模原市 問５ウ 問６エ 問７⑴中国山地と四国山地に挟まれ、夏と冬のモンスーン（季節風）の風下側になり、湿気が届きにくいため ⑵干（害） ⑶ため池

2 問１ウ 問２奈良県 問３冠位十二階（の制） 問４藤原氏が、天皇の幼い時は摂政、成人後には関白として朝廷の政治を補佐した。 問５イ 問６アイヌ 問７ア 問８鹿鳴館 問９エ 問10ウ

3 問１広島市 問２イ 問３SDGs 問４ア 問５バリアフリー 問６自衛隊 問７ア 問８ウ 問９輸送距離を短くすることで、二酸化炭素の排出量を減らすことができる 問10ウ

4 問１宮島 問２ウ 問３カルデラ（湖） 問４（マイカーを規制することで、）排気ガスによる大気汚染で植物など生態系に与える悪影響をできる限り少なくする事が期待できる。 問５イ 問６国分寺［国分尼寺］ 問７ア 問８イ 問９⑴日米和親条約 ⑵エ

【配点】

60点満点

記号…１点 その他…各２点

広尾学園中学校（第１回）

〈問題は457ページ〉

1 問１ク 問２イ 問３ⅰ）かき ⅱ）エ ⅲ）ア ⅳ）エ 問４ⅰ）イ ⅱ）オ

2 問１Ａ足利義満 Ｂ対馬 Ｃ日露 Ｄ佐藤栄作 問２ア→ウ→エ→イ 問３ウ 問４（新羅が）対等（な関係を主張したため。） 問５エ 問６エ 問７イ 問８オ

3 問１持続可能 問２ア・エ 問３イ 問４エ 問５ウ 問６ア 問７イ 問８ア

4 Ⅰ第一次世界大戦への参加を契機に女性が男性の仕事を代替したため大戦後女性の「地位」が向上し、女性の参政権を求める動きが強まったため。 Ⅱ価格を下げることで、集客が難しい閑散期にも集客増が見込め、安定的な収益を得られる。価格を上げることで、繁忙期の混雑対策として、より多くの従業員を雇うことができる。

【配点】

50点満点

1 14点 2 14点 3 14点 4 8点

法政大学中学校（第１回）

〈問題は473ページ〉

1 ⑴①ク ②カ ③オ ④エ ⑤イ ⑵①Ａ佐賀（県） Ｂ長崎（県） Ｃ大分（県） Ｄ宮崎（県） ②１ウ ２イ ３エ ４ア ③え、き ⑶①新型コロナウイルスの感染拡大とゼロコロナ政策 ②Ｘ韓国［大韓民国］ Ｙ中国［中華人民共和国］ ③地理的に近いこと／温泉や世界遺産などの観光地が多いこと／移動手段が発達している

2 ⑴Ａ関白 Ｂ石高 Ｃ刀狩 ⑵ａ島根県 ｂ大阪府 ⑶①ウ ②スペイン、ポルトガル ⑷武士や荘園領主などが所有していた土地を取り上げ、すべての土地の管理者が豊臣秀吉となり、荘園制度は崩壊した。 ⑸それぞれの土地の耕作者を確定し、確実に年貢を納めさせるため ⑹兵農分離を徹底することで、農民には年貢を納めさせて軍の食料とし、また武士には軍役を課して兵力を確保しようとした。

3 ⑴Ａ岸田文雄 Ｂゼレンスキー Ｃ核兵器禁止 ⑵エ ⑶①エ ②イ ⑷サミットでは「核兵器のない世界の実現」に向けてＧ７が関わっていくことを確認しながら、現実には核兵器の保有を前提とした「核抑止」の考え方をＧ７の国々は持っているから。

【配点】

100点満点

1⑴…各２点 ⑵①…各２点 ⑵②③…各１点 ⑶①②…各２点 ⑶③…６点 2⑶…各２点 ⑹…６点 他各４点 3⑴…各４点 ⑵・⑶…各２点 ⑷…６点

法政大学第二中学校（第１回）

〈問題は477ページ〉

1 問１【１】お 【２】い 【３】あ 【４】き 【５】う 【６】か 【７】え 問２㈠ 問３【５】・【７】 問４あＤ えＢ おＡ 問５Ａ北海道 Ｂ鹿児島 問６…８月３日16時

2 問１ い・う・お 問２Ａ 問３…25000分の１ 問４㈹・㈠

3 問１ １枕草子 ２執権 ３徳川綱吉 問２㈠ 問３狩り 問４卑弥呼 問５平城京 問６鎌倉幕府から恩賞をもらうため。 問７建武の新政 問８㈠ 問９㈹→㈶→㈷→㈠ 問10⑨あ ⑩い 問11国家総動員法などの国民生活を統制できる法律にもとづいて、戦争に必要な物資確保のため回収された。 問12㈶

4 問１ １抑止 ２ガンジー ３第五福竜丸 ４核

兵器禁止　問2(う)　問3マグロ　問4(あ)　問5上告

5　問1あ国権　い最高機関　問2オーバー　問3インフレーション(インフレ)　問4社会保障　問5(う)　問6団体交渉権

星野学園中学校(理数選抜入試第2回)

〈問題は486ページ〉

1　問1ク　問2イ、ウ　問3静岡(県)　問4エ　問5エ　問6エ　問7ウ　問8アイヌ　問9ウ　問10経済産業省　問11イ　問12南鳥島　問13筑後川

2　問1ア　問2環濠集落　問3ウ　問4一向一揆　問5ウ　問6武家諸法度　問7オ　問8新井白石　問9イ　問10子どもを学校に通わせることで、労働力がうばわれ、授業料も支払う必要があったから。　問11ウ　問12ベルサイユ条約　問13日中共同声明

3　問1侵すことのできない　問2イ　問3ア　問4エ　問5ア　問6発券

三田国際学園中学校(第1回)

〈問題は498ページ〉

1　問1ウ　問2統一地方　問3盆地のため降水量は少なく寒暖差が大きい。また扇状地が広がるため水はけの良い土地だから。　問4オ　問5エ

2　問1イ　問2エ　問3ウ　問4イ、ウ、オ　問5IAEA　問6X都市開発を行う平地　Y人口が密集し、自然災害の際には大きな被害がでる

3　問1X交通の便がよいこと。　Y内陸で地方の活性化が図れるところ。　問2[例]B　リニア中央新幹線や東海道新幹線が近くを通り、交通の便がよい。　瀬戸、多治見の窯業をもとに新たな産業をうみだせる背景がある。

茗溪学園中学校(第2回)

〈問題は513ページ〉

1　問1兄弟の服をもらって着ること。　問2　1ウ　2イ　3ア　問3水はどこでも手に入りやすく、運ぶ必要がない　問4ア　問5セメントの原料は国内で手に入るが、鉄鋼の原料は輸入に頼っている

2　問1中国　問2エ　問3土浦の近くはしょうゆの原料になる小麦や大豆が生産され、大消費地である江戸まで大きく重い樽を船で運びやすかったから。　問4イ　問5古墳　問6広畑貝塚では塩を大量につくり、他のムラと交易をして、食料を手に入れ、食生活を成り立たせていた。

3　問1…2023年5月　問2広島　問3　2ア　3オ　問4ウ　問5イ　問6(下線③)基本的人権の尊重　(下線④)国民主権　(下線⑤)平和主義　問7ア　問8茗子さんの考えに賛成する。その理由は、核をなくす、という難題に対して、高い目標が必要だと考えたから。

明治大学付属八王子中学校(第1回)

〈問題は521ページ〉

1　問1中山道　問2イ　問3イ　問4ウ　問5エ　問6ウ　問7ア　問8ア　問9ウ　問10イ

2　問1イ　問2国土交通省　問3①コンビニエンスストア[スーパーマーケット]　②銀行[ATM]　③〶　④×　問4(1)(自然遺産名)小笠原諸島　(記号)エ　(2)Aウ　Bエ　Cア　(3)イ　(4)ウ　(5)〔1〕オ　〔2〕ア　(6)あ…地熱・ア　い…こんにゃくいも・ウ

3　問1イ　問2エ　問3A5　B2　C1　問4ウ　問5ウ　問6ウ　問7イ　問8首長は住民から直接選挙で選ばれているから

明治大学付属明治中学校(第1回)

〈問題は530ページ〉

1　1(1)キ　(2)イ　(3)キ　(4)ア　(5)ク　(6)イ　2エ　3ア　4エ　5エ　6猪苗代湖　7エ

2　1ウ　2エ　3イ　4イ→エ→ア→ウ　5ア　6ウ　7ア　8イ　9エ　10エ　11エ　12[例]当時の国際法であったジュネーブ議定書で、毒ガスや細菌兵器の開発が禁止されていたから。　13エ→ウ→ア→イ

3　1あ統一　い首長　う広島　え条例　2ア　3イ　4ウ　5ア　6エ　7個人　8(1)地方交付税交付金　(2)ふるさと納税　9(1)[例]住民自治の原則どおり、首長もその地域に住んでいるべきである。　(2)[例]3ケ月以上、その自治体に住んでいて、税も納めているのなら、その地域の政治に利害関係があるので、住民投票権だけでなく選挙権や被選挙権も認めるべきである。

【配点】

75点満点

1 6…3点　他各2点　2 8…1点　他各2点　3 1・8…各1点　9(1)…3点　(2)…4点　他各2点

森村学園中等部(第１回)

〈問題は542ページ〉

1 問１①コ ②キ ③シ ④サ ⑤オ 問２参勤交代 問３イ 問４ウ 問５ア 問６鑑真 問７女性の生き方の理想が「結婚」だけではないように、価値観が多様化してきているから。

2 問１Aラムサール(条約) B石狩(川) 問２夏には南東から湿った暖かい季節風が吹くが、北からの寒流である親潮によって冷やされるため。問３エ 問４泥炭地は、温暖化によって乾燥すると分解が始まる。すると、泥炭から大量の二酸化炭素が放出されることになり、温暖化が加速してしまうため。

3 問１ウ 問２ウ 問３比例代表(制) 問４政府が、反対する意見を持つ議員を排除することのないようにするため。

4 問１[例]ア (他はすべて)昭和時代にあったこと 問２[例]イ (他はすべて)陶磁器の産地である。

5 問１ガザ地区 問２子ども家庭庁

6 問１徴兵令 問２エ 問３環境アセスメント 問４海外から観光客が多くやって来る 問５計画の内容が工事直前まで明らかにされてこなかった[住民参加の手続きが無かった] 問６⑴その土地でしか見られないものが失われ、どこも画一化されてしまうから。 ⑵(賛成)国際的な試合が開催できるようになると海外からの観光客も増えて日本の魅力が世界に伝わる。また、１か所で買い物も宿泊もできれば多くの人が便利だと感じ、人々の生活がより快適になるから。 (反対)都心の古くからある貴重な自然環境をうばい、利便性を優先しどこにでもあるようなショッピングセンターなどが増えるので、東京の魅力が少しずつ失われてしまうから。

【配点】

75点満点

1問１…各１点 問７…４点 他各２点 2問２…３点 問４…４点 他各２点 3問４…４点 他各２点 4各３点 5各２点 6問１～問３…各２点 問４・問５・問６⑴…各４点 問６⑵…各５点

山手学院中学校(A)

〈問題は550ページ〉

1 問１イ 問２エ 問３ア 問４オ 問５豊田市 問６海外に工場を建設し、現地の人を雇うことで、アメリカの雇用問題を解決するため。 問７イ 問８八郎潟 問９①出荷量の少ない時期に出荷することで高い値段で取り引きするため。 ②レタス 問10信濃川 問11ア 問12地熱 問13ウ 問14しまなみ海道

2 問１ １徳川家康 ２出島 ３目安箱 ４株仲間 ５朱子 問２①ア ②西郷隆盛 問３後醍醐天皇 問４ア 問５土地の所有者が土地の値段(地価)の３％を現金で納める(しくみになった。) 問６(名称)関ヶ原の戦い (場所)ウ 問７イ 問８ア 問９エ 問10インフレーション 問11ア 問12イ 問13田沼意次 問14ア 問15(３番目)１班 (５番目)５班

3 問１キャッシュレス 問２①ア ②所得の少ない人ほど負担が多く、所得の多い人ほど負担が少ないという意味。 ③ウ 問３エ 問４エ 問５①ゆりかご(から墓場まで) ②イ 問６エ 問７①渋沢栄一 ②ユニバーサル(デザイン)

麗澤中学校(第１回ＡＥコース)

〈問題は558ページ〉

1 問１A宮崎県 B広島県 C愛媛県 D大阪府 問２アB イA ウD エC 問３かき 問４せんい 問５オ

2 問１イ 問２加工 問３産業の空洞化 問４エ

3 【１】問１銅鐸 問２小野妹子 問３フビライ 問４朱印船 問５関所 【２】問６イ 問７…710年 問８ア 問９ウ 問10吉田兼好 問11エ 問12ウ 問13ア 問14ア 問15天保の改革では倹約令が出されており、華やかな双六は倹約の精神に反していたから。

4 問１エ 問２八幡製鉄所 問３ウ 問４ア 問５イ

5 問１イ 問２…18歳以上に引き下げられました 問３⑴ウ ⑵エ 問４D４ E３ 問５イ 問６F条例 G50

早稲田実業学校中等部

〈問題は567ページ〉

1 問１ア・エ・カ 問２①ウ ②ア 問３貧富の差や身分のちがいが生まれた。 問４①イ ②租 問５荘園 問６イ・エ・オ 問７イ・エ 問８ほしか 問９①大塩平八郎 ②ウ 問10①工場法 ②労働基準法 問11ア(→)ウ(→)イ(→)エ 問12植民地にいた多くの日本人が、敗戦後、日本に引きあげてきたから。

2 問１上空を漂う火山灰などが太陽光をさえぎり、日照不足と低温をもたらしてしまうため。 問２食生活の変化によって米以外の食品を食べる機会が増え、米の消費量が減ってきたから。 問３A

ア　Bエ　問4小笠原(気団)　問5やませ　問6イ　問7ササニシキ　問8ウ・エ

3　問1①イ　②次に津波が防潮堤を乗り越えてきたときは、以前より被害が広がるおそれがあるから。③エ　④イ　問2①イ　②ウ　③B　④ア　⑤エ

浅野中学校

〈問題は576ページ〉

1　問1エ　問2ア　問3ウ　問4ウ　問5ウ　問6イ　問7エ　問8ア　問9ア　問10⑴オ　⑵25(㎞)　問11ウ　問12イ　問13エ　問14ウ　問15ア・イ　問16イ　問17ウ　問18…5(枚)　問19ア　問20オ　問21ウ

2　日本は他国と比べて、環境保護を支持する企業の商品を購入する意識が低くなっている。消費者は商品の価格や利便性だけでなく、社会問題に配慮してつくられた商品であるかどうかを考慮して商品を選ぶべきである。

麻布中学校

〈問題は587ページ〉

◆　問1　1オランダ　2福沢諭吉　3教育勅語　4ソビエト連邦　問2い　問3実力行使(による解決から)裁判[幕府の裁き](による解決へと変化した)　問4う　問5①い　②き　③え　問6[例]身分や年齢に関わらず、学ぶ意欲がある人材。問7[例]「学区内集金」により、地域住民に学校運営費を負担させたから。　問8[例]国家の近代化や、富国強兵・殖産興業に貢献する人材を育てるため。問9[例1]当時の社会的な風潮もあり、(男子とちがい)高等学校より上級の学校を目指す女子はほとんどいなかったから。[例2]女子には軍の学校という選択がなかったので、中学校は設けず高等女学校とした。　問10[例1]多人数で学ぶ学級制の方が子どもたちに団体行動を習慣づけやすい。このことは、学校を通して、政府の方針を子どもたちに浸透させるのに都合がよい。[例2]同じ年齢の人々を毎年同時に一定数卒業させることが実現しやすくなり、政府が役人の採用や徴兵の計画を立てやすくなるから。　問11[例]日本に住む外国人の子どもに教育が保障されないおそれがあるという問題。　問12[例1]国で定めたカリキュラムや教科書を通して、子どもの年齢や発達状況に応じた、正しく適切な学習内容として提供されるという配慮。[例2]単に知識や結論を与えるだけでなく、問題解決のための考える筋道や多様な考え方を提供するという配慮。　問13[例1]これまで学校教育は、政府の考える「よりよい社会」をつくってきた。そして、こうした社会に子どもを適応させることを目的としていた。このことは子どもがさまざまな考え方を学び、自分にとっての「よりよい社会」をつくることを妨げている、という問題。[例2]集団で一斉におこなう学校教育で、画一的な知識やルールを守ることを教えられ、同じ価値観を持ち規律を守る社会をつくってきた。しかし、現代の大きな変化の中で、常識にとらわれない革新的な考え方ができる人材がうまれにくくなったという問題がある。

栄光学園中学校

〈問題は592ページ〉

1　問1エ　問2銅鐸　問3布

2　問1B宋　C明　問2イ　問3ア　問4エ　問5長期間保管することができるから。軽くてかさばらず、持ち運びやすいから。

3　問1エ　問2⑴(石見銀山)ウ　(佐渡金山)ア　⑵川底の土砂を集めて砂金を取り出していた。問3手柄をたてた家臣へのほうびとして使用された。

4　問1銀貨の重さを量り、必要な重量分を切り取って支払われた。　問2宿場町　問3ウ　問4ア　問5イ　問6浮世絵

5　問1地租改正　問2(国名)中国　(通貨単位)元　問3偽造技術の進化により、偽札が作成される可能性が高くなる。　問4アルミニウム　問5(金と比べて)価格が安く、入手しやすい点。(鉄と比べて)やわらかく、加工しやすい点。

6　問1奈良時代は、都とその周辺で銭が使われている程度だった。平安時代になると中国銭が大量に輸入されるようになり、貿易港のある都市から商人を通じて次第に国内に広まっていき、室町時代には国内の市や港で広く銭が使用されるようになった。戦国時代には戦国大名が領国で独自の貨幣を流通させるようになり、江戸時代には全国共通の国産の貨幣が登場して広く使われるようになった。　問2飛鳥時代以降、朝廷は役人の給料を銭で支払ったり、地方から来た農民たちに銭を持ち帰らせたりすることで、各地に銭を流通させようとした。鎌倉・室町時代になると、とくに室町幕府が中国銭を大量に輸入して流通させた。また、江戸幕府は金貨・銀貨・銭を全国共通のものとして造り、金貨と銀貨の交換比率を定めて貨幣を用いた商品取引を活性化させた。明治時代以降、政府は商品取引だけでなく、税も貨幣で納めるという制度をつくった。

海城中学校(第１回)
〈問題は598ページ〉

◆ 問１イ 問２(運動名)自由民権運動 (草案名)五日市憲法草案 問３エ 問４(1)カ (2)エ 問５(1)ウ・オ (2)イ 問６共通テストでは、大量の答案を短期間で採点する必要があるため、記述式問題を採点するためには多くの人手と複数の会場が必要になる。また、記述式問題では一つの問題に対して様々な書き方の正答例が出てくると考えられる。そのため、採点が複数の離れた会場で行われると、公平性を保つための採点者全員での話し合いが難しくなり、正答の基準を統一することが事実上不可能になると考えられたから。(184字) 問７本人の努力が結果に表れやすいと考えられている従来型入試に比べ、新型入試で評価される留学等の活動には多額の費用が必要である上に、親から受ける助言が、それらの活動へ参加するきっかけとなる場合もある。そのため、家庭の経済格差や教育意識の差による結果への影響が、従来よりも拡大するのではないかという批判が出ると考えられる。(157字)

開成中学校
〈問題は605ページ〉

1 問１関東大震災 問２(1)イ・オ (2)エ 問３(1)10000000分の１[1000万分の１] (2)イ (3)海里 問４(1)C荒川 D隅田川 (2)エ 問５カ 問６(1)エ (2)ウ 問７エ

2 問１ i 薩摩(半島) ii 松本(盆地) iii 扇状地 iv 尾道(市) 問２ウ 問３イ 問４(1)ウ (2)ウ・オ 問５(A県)エ (C県)ア 問６(1)(B県)ウ (D県)エ (2)(B県)ウ (C県)ア (3)ウ

3 問１①北条泰時 ②豊臣秀吉 ③小野妹子 ④徳川吉宗 ⑤鑑真 ⑥松尾芭蕉 ⑦北条政子 ⑧卑弥呼 ⑨徳川慶喜 ⑩天草四郎(時貞) 問２(1)エ (2)ウ・カ (3)ウ (4)ア

4 問１(世界)イ(→)ア(→)エ(→)ウ (日本)ク(→)カ(→)キ(→)ケ 問２A(1)カ (2)ア Bウ C(1)ベルサイユ(宮殿) (2)新渡戸稲造 D(1)エ (2)イ 問３(文京区)エ (台東区)ア 問４ウ 問５イ 問６ウ 問７さいたま(市) 問８エ

学習院中等科(第１回)
〈問題は619ページ〉

1 問１①(サ) ②(オ) ③(ス) ④(ケ) ⑤(チ) ⑥(タ) ⑦(ツ) ⑧(ク) ⑨(シ) ⑩(ソ) 問２①× ②× ③○ ④× 問３①北九州工業地帯 ②成田国際空港 ③西九州新幹線 ④津軽海峡 ⑤気象庁 ⑥[例]稚魚になったら川や海に放流(13字)

2 問１ １中大兄皇子 ２藤原純友 ３豊臣秀吉 ４水野忠邦 ５津田梅子 ６田中角栄 問２長安 問３(ア) 問４宮城県 問５(ア) 問６管領 問７(エ) 問８横浜 問９[例]イギリスに領事裁判権を認めているため、イギリス人船長が重罪にならなかったから。(39字) 問10…９(月)１(日) 問11(ア) 問12(第四次)中東戦争

3 問１Ａ４ Ｂ４ Ｃ18 Ｄ４ Ｅ解散 Ｆ国民審査 Ｇ３ Ｈ６ Ｉ248 Ｊ普通 Ｋ秘密 問２(1)【Ｘ】条例 【Ｙ】○ (2)リコール 問３(オ) 問４【Ｘ】都道府県 【Ｙ】○ 問５(1)１つの選挙区での当選者が１人である選挙のこと。(23字) (2)(ウ)

鎌倉学園中学校(第１回)
〈問題は623ページ〉

1 問１(1)対馬 (2)屋久島 問２(1)ア (2)イ、カ、ク 問３ウ 問４ア 問５エ 問６エ 問７(1)ウ (2)ウ 問８ウ 問９エ 問10ク

2 問１イ 問２エ 問３ウ 問４(1)ア (2)ア、イ 問５ロシアがウクライナのクリミア半島を併合したから。 問６(1)ウ (2)(史料１)カ (史料２)イ (史料３)キ (3)166人 (4)イ 問７イ 問８イ 問９エ 問10イ

暁星中学校(第１回)
〈問題は635ページ〉

1 ア６ イ９ ウ２ エ７ オ10 カ12 キ11 ク４ ケ16 コ14 サ３ シ５

2 問１公地公民 問２ウ 問３天智天皇 問４壬申の乱 問５オ 問６大宝

3 問１①ク ②オ ③カ 問２日米安全保障条約 問３エ 問４国際連合

4 問１男女共同参画社会基本 問２イ 問３ア 問４ウ 問５ア 問６ウ 問７エ 問８エ 問９生物学的な性差ではなく、長い歴史や社会的役割によって作り出された男女の性差のこと。 問10結婚・出産をする若い女性が転出していくと少子化が進み、人口減少による過疎が起きる。そのため、若い女性の転出が問題視されている。

5 問1Aエ Bオ Cイ 問2ナショナルトラスト運動 問3エ 問4(1)産業革命 (2)ふっとう 問5イ→エ→ア→ウ 問6リユース 問7(1)イ (2)Aエ Bイ

慶應義塾普通部

〈問題は644ページ〉

1 1あグローバルサウス いユニセフ うフェアトレード えコーヒー おカカオ 2ウ 3イ
2 1エ 2洪水 3(記号)ア (名前)工場 (記号)オ (名前)桑畑 4A津波 B人々の命を守る
3 1A津軽海峡 B下北半島 2ウ 3あコ いウ うサ えイ 4栄養分のある水が流れ込むように植林をおこなった 5ア秋田県 イ岩手県 ウ青森県 エ北海道 6ア
4 1あ…そば い…むぎ え…だいず お…あずき 2(2番目)う (5番目)か 3奈良時代 4エ 5高床倉庫・水田の跡 6岩手県 7おケかイ
5 1Aイギリス Bフランス Cアメリカ 2あ党派(政党) い議会 う新聞 え地中 お政府 3選挙
6 1あ滝廉太郎 い参勤交代 う種子島 2イ・オ 3②中国オ ④ポルトガル…ウ 4…14世紀

攻玉社中学校(第1回)

〈問題は650ページ〉

1 問1ⅰ吉野ヶ里 ⅱ明智光秀 ⅲ朝鮮 問2ウ 問3ウ 問4ア 問5エ 問6オ 問7ア 問8遼東半島 問9エ 問10イ 問11イ 問12ア
2 問1ⅰ徳川吉宗 ⅱ大久保利通 問2エ 問3(1)兵庫(県) (2)ア (3)(特徴)年間を通して温暖な気候で、降水量が少ない。(理由)中国山地と四国山地にはさまれ、しめった季節風がさえぎられるから。 問4クリーク 問5イ 問6(1)エ (2)ビオトープ 問7(1)ふっとうか (2)線状降水帯 問8エ
3 問1エ 問2ウ 問3エ 問4エ 問5ア 問6エ 問7(物流の)2024年(問題)

佼成学園中学校(第1回)

〈問題は659ページ〉

1 問1(1)新潟(県) (2)信濃(川) (3)越後(平野・山脈) 問2((1)県に向かって、)南東の季節風が越後山脈から吹き下りるとき、フェーン(現象が起こったため、高温になったと考えられる。) 問3米 問4Aオ Bア 問5雪 問6熱 問7温泉
2 問1Aコ Bセ Cア Dス Eエ Fサ Gウ Hキ Iケ Jイ 問2冠位十二階 問3禁中並公家諸法度 問4行基 問5(2番目)③ (4番目)⑦
3 問1Aエ Bア 問2エ 問3公共の福祉 問4プライバシーの権利

【配点】
50点満点
1問2…10点 問7…2点 他各1点 2問1…各1点 他各2点 3各2点

駒場東邦中学校

〈問題は663ページ〉

◆ 問1ウ 問2イ 問3(1)イ (2)①執権 ②1213年以前は有力御家人を中心に担当していたが、北条氏が他の御家人を滅ぼしたことで、1226年以降は北条氏が中心となり宴会の準備を担当した。 問4(1)ア (2)農作業を行ったり、村を守るため抵抗したり、訴えたりするなど、村人たちは団結する必要があった。そのため、祭りを自分たちで運営することで、団結力を強めることができるから。 問5A万葉集 B古事記 問6戦争に必要な資金を、国のために銀行が調達するため、国民に貯蓄を求めた。さらに戦況の悪化にしたがい、より多くの貯蓄をうながすことが必要となった。 問7(1)エ (2)多数派の意見が優先されて、少数派の意見が反映されにくくなること。 (3)イギリス (4)ウ (5)エ 問8(1)イ (2)ア (3)北陸は冬季の降水量が多いため、晴れの日が少なく太陽光発電による発電量が少なくなる。また、冬季は北西の季節風が吹くため、風力発電による発電量が多くなるから。 問9(1)ウ (2)東日本大震災の津波により、田に被害が出て使えなくなったため。 問10オ

サレジオ学院中学校(A)

〈問題は674ページ〉

◆ 問1Aウ Bエ Cア Dイ 問2ウ 問3カ 問4(1)A能登 B北前 (2)イ (3)カ 問5(1)ウ (2)大宰府 問6エ 問7ウ 問8イ 問9AイBア 問10(名称)裁判所 (記号)⼃ 問11(1)イ・ウ・カ (2)イ 問12オ 問13(1)イ (2)イ 問14(1)ウ (2)夏に北東から吹く冷たくしめったやませが原因で、気温が上がらず、農作物の生育がさまたげられてしまうこと。 問15(1)東経135度

(2)明石(市)　(3)ウ　問16エ・カ　問17ウ　問18オ　問19(1)ア　(2)イ　問20ウ→イ→ア→エ　問21Aイ　Bエ　問22A(語句)身体　(記号)ア　B(語句)経済活動　(記号)ウ　問23日本の植民地だった朝鮮の人々が、震災に乗じて井戸に毒を入れたなどというデマが流れたから。　問24トレーサビリティ　問25(1)ウ　(2)・ふりがながなく、小さい子どもや外国人にわかりにくいこと。　・図のかわりがなく、目の見えない人への案内が不十分なこと。

芝中学校(第1回)

〈問題は689ページ〉

1　〔問1〕A筑紫(平野)　B宮崎(平野)　C大隅(半島)　D宇和(海)　〔問2〕火砕流　〔問3〕佐賀県　〔問4〕イ　〔問5〕ア　〔問6〕カ　〔問7〕ア　〔問8〕ウ　〔問9〕ウ

2　〔問1〕エ　〔問2〕環濠集落　〔問3〕カ　〔問4〕防人　〔問5〕オ　〔問6〕浄土　〔問7〕エ　〔問8〕イ　〔問9〕ウ　〔問10〕イ　〔問11〕ポーツマス条約　〔問12〕エ　〔問13〕ア

3　〔問1〕1核　2…40　〔問2〕ウ　〔問3〕ア　〔問4〕Ⅰ個人　Ⅱ平等　〔問5〕(合計特殊出生率)ア　(男性の育児休業取得率)イ　〔問6〕ア　〔問7〕(1)バブル　(2)オ　〔問8〕エ

4　〔問1〕ウ　〔問2〕請願権　〔問3〕第三セクター　〔問4〕困難に直面したとしても過去を振り返ると、そのような状況でも前向きに取り組む人々がいた。タスキのように想いを受け継ぎながら尽力した人々のありようを自分の未来をひらく原動力にしたいということ。

城西川越中学校(第1回総合一貫)

〈問題は700ページ〉

1　問1カルデラ　問2エ　問3イ　問4ウ　問5ア　問6本能寺の変　問7イ　問8ア　問9イ　問10(1)ア　(2)カ　問11地租改正　問12エ　問13ウ　問14リアス海岸　問15(1)イ　(2)ア　(3)ウ　問16ウ　問17エ

2　問1Aこども家庭庁　B広島　C知事　問2(1)X10%　Y8%　(2)イ　問3ウ　問4イ・ウ　問5ウ　問6(1)エ　(2)支持する　(理由)[例]男性が育児により参加するようになれば、出産・育児に対して前向きになる夫婦が増えると思うから。

【配点】

50点満点

1 35点　2 15点

城北中学校(第1回)

〈問題は708ページ〉

1　問1あ荒(川)　い江戸(川)　え相模原(市)　お栃木(県)　か多摩(川)　問2(海抜)ゼロメートル(地帯)　問3エ　問4ウ　問5カ　問6イ　問7ア　問8エ　問9ウ　問10エ　問11茨城県

2　問1ウ　問2ア　問3ウ　問4エ　問5ア　問6イ　問7イ　問8ア　問9エ　問10オ　問11新古今和歌集　問12ウ　問13ウ　問14イ　問15[1]イ　[2]京都所司代　問16エ　問17カ　問18黒田清隆　問19F生糸　G綿糸　問20ア　問21エ

3　問1あ基本的人権　い不断　問2[1]ア　[2]エ　問3イ　問4[1]う冷戦　え朝鮮(戦争)　お(第)三(世界)　[2]ウ　[3]ア　問5イ　問6エ　問7[1]参政(権)　[2]ウ　[3]イ

城北埼玉中学校(第1回)

〈問題は721ページ〉

1　問1　1…18歳　2武蔵野　3…100　4貝塚　5武蔵　6豊臣秀吉　7横浜[神奈川]　8小江戸　問2(1)ウ　(2)エ　(3)ア　問3ウ　問4民主主義　問5エ　問6ア　問7(1)エ　(2)イ　問8イ　問9イ　問10イ→ウ→ア→エ　問11イ　問12エ　問13ウ　問14ウ　問15ア　問16株仲間　問17(1)ウ　(2)イ　問18(1)インフレーション　(2)ア　問19オ　問20エ　問21イ　問22エ

巣鴨中学校(第Ⅰ期)

〈問題は728ページ〉

1　問1ウ　Xフェーン(現象)　問2エ・オ　問3土石流　問4エ　問5ア・ウ・エ・カ　問6[例]急斜面をなだらかにして宅地用の平らな土地を造成した。(26字)　問7エ　問8ウ　問9輪中

2　問1エ　問2(2番目)イ　(4番目)ウ　問3和同開珎　問4ウまたはエ　問5イ　問6イ　問7ア　問8八幡製鉄所　問9ア　問10[例]アメリカが日本に対して石油を輸出禁止にしていたため、燃料が不足していたから。(38字)

3　問1イ　問2エ　問3参政権　問4ウ　問5ウ　問6(賛成)[例]女性の政治参加を促すことができるのではないかと考えるから。(29字)　(反対)[例]性別で割り当てると、男女平等ではなくなってしまっているから。(30字)

逗子開成中学校(第１回)
〈問題は741ページ〉

1 問１ １火砕流 ２やませ 問２Ⅰエ Ⅱウ 問３イ 問４ウ 問５リアス海岸 問６Ⅰア Ⅱウ 問７(資料１)オ (資料２)ア (資料３)エ 問８長良川 問９ａ雨水が短時間で流出してしまう ｂ地面がアスファルトで固められた 問10イ 問11Ⅰ1923年９月１日 Ⅱウ

2 問１ウ 問２ア 問３(天皇名)聖武天皇 (目的)ききんが続き、伝染病が流行していたので、仏教の力で国を治めるため。 問４蝦夷 問５厳島神社 問６…1185(年) 問７イ→エ→ア→ウ 問８イ 問９ウ 問10ア 問11ア、エ 問12(名称)下田港 (位置)ウ 問13エ 問14Ⅰエ Ⅱ地震の被害を正確に報道することで、戦争を遂行するにあたり、不安を増長させることをおそれたり、真実が敵国に知られることを回避したかったから。 問15ア

3 問１ア 問２Ⅰリコール Ⅱ国庫支出金 問３イ 問４ウ 問５防衛省 問６Ⅰ(問題点)日本語が理解できない外国人には、大切な情報が伝わらなくなる。 (解決策)外国語が理解できる同じ避難者に協力してもらったり、身ぶり手ぶりで伝える。 Ⅱ(問題点)赤ちゃん連れの親の心理的不安や、泣き声による他人の空間が守られない。 (解決策)保育士の資格を持つボランティアに助けてもらう。

聖光学院中学校(第１回)
〈問題は751ページ〉

1 問１サウス 問２エンゲル 問３オ 問４ドライバー不足で荷物輸送が遅れること。(19字)

2 問１ １防人 ２源実朝 ３季語 ４田沼意次 問２あげく 問３イ 問４ア 問５ウ 問６ア 問７エ 問８ウ 問９ウ 問10イ 問11イ

3 問１(その範囲内に)商店街がないので、毎日の生活に必要な食品や商品を買いに、遠くのスーパーマーケットへ車で行ける人はいいが、車がない人は買い物が不便だと考えられます[●が１つしかなく、■は１つもないので、車で●へ行って買い物ができない人は、徒歩で遠くの●まで行かないと、毎日の生活に必要な食品や商品が買えないと考えられます](。) 問２エ 問３エ・キ 問４(だいこん)ウ (ほうれんそう)イ 問５イ 問６イ 問７ウ 問８Ｅイ Ｆア

4 問１イ 問２(a)女性が、家庭を守り育児や家事をこなすという役割をはたせなくなるから。(34字) (b)ウ 問３Ａイ Ｄア 問４イクメンとは育児に積極的な男性のことで、本来育児は両性が平等で行うべきなのに、男性の育児参加を特別視する表現だから。

成城中学校(第１回)
〈問題は766ページ〉

1 問１…３ 問２…２ 問３…４ 問４…４ 問５…４ (記述１)(京都の公家や僧侶が、)戦いを避けて、地方に行ったから。

2 問６…４ 問７…２ 問８…４ 問９…４ 問10…１ (記述２)(瀬戸市全体と比べて菱野団地は、)少子高齢化が進んでいる。

3 問11…４ 問12…２ 問13…１ 問14…１ 問15…４ (記述３)(輸出入品に農産物がないため、)農産物の関税を廃止する必要がないから。

【配点】
60点満点
記述各５点 他各３点

世田谷学園中学校(第１回)
〈問題は771ページ〉

1 問１(エ) 問２(エ) 問３(ア) 問４(ウ) 問５(エ) 問６五島列島 問７(イ) 問８ＮＡＴＯ 問９(イ) 問10② 問11(ア) 問12(ウ)

2 問１(1)藤原道長 (2)能 (3)井原西鶴 問２(ウ) 問３(ア) 問４(イ) 問５(エ) 問６(エ) 問７浮世絵 問８(ウ) 問９(ア) 問10(エ)

3 問１[例]産業革命による機械化によって、自分たちの仕事が奪われてしまう恐れから、機械を壊そうとしている。 問２(ア) 問３(品目名)米 (増加単位数)１ 問４[例]15歳以上の男性の長時間労働が禁止されていない。 問５[例](取り組み)遊園地をつくる (理由)遊園地にいくために、仕事が休みの日でも、鉄道を利用する。 問６…5.6% 問７…22.5% 問８(エ)

高輪中学校(Ａ)
〈問題は786ページ〉

1 問１ウ 問２オ 問３干拓 問４右図 問５①イ ②エ 問６イ 問７オ 問８庄内平野 問９ア 問10(コロナ禍により)リモートワークが普及したため。 問11エ 問12ウ 問13阿賀野川

2 問1キ　問2①エ　②イ　問3ア　問4多賀城　問5ア　問6ウ→ア→エ→イ　問7イ　問8エ　問9松前　問10五稜郭　問11オ　問12ウ　問13士族の特権がなくなり、苦しい生活をする人が多かったため。

3 問1ウ　問2津田梅子　問3ア　問4イ　問5すべての世代に負担をしてもらう消費税は、景気による税収の変動も少ないため。　問6国際紛争　問7ウ　問8パリ協定　問9イ　問10①ア　②パキスタン　問11オ　問12計画停電　問13エ

【配点】

60点満点

1問1・問2・問4…各1点　問3・問7・問8…各2点　問5①②…各1点　問6・問9・問12…各1点　問10・問11・問13…各2点　2問1・問2①・問3・問5・問7・問8・問11・問12…各1点　他各2点　3問1・問3・問4・問7・問9・問10①・問11・問13…各1点　他各2点

筑波大学附属駒場中学校

〈問題は794ページ〉

1 1a9　b1　防災(の日)　2(神奈川県)キ　(山梨県)イ　(千葉県)ア　3ア・イ　4ア・イ　5イ・ウ・オ　6イ・エ

2 1ウ・エ　2イ・エ　3ア・エ　4ア・オ　5(東京都)ア・ウ・キ・エ　(大阪府)イ・カ・オ　6エ・オ　7[例1]大都市の中で生物多様性を支えていて、都市防災の機能もはたしている。[例2]都市環境に耐える森として長い時間をかけてつくられてきた文化財だから。

3 1ア・オ　2イ・ウ　3エ・オ　4イ・ウ　5ユネスコ[国連教育科学文化機関]　6ア・エ

東京都市大学付属中学校(第1回)

〈問題は802ページ〉

1 問1…1　問2前橋市　さいたま市　問3神戸(市)・大津(市)・津(市)　問4…3　問5…1　問6…5　問7北上川　問8最上(川)　問9水戸市　問10…3　問11…2　問12…4　問13…5

2 問1…4　問2…6　問3…7(世紀)　問4壬申の乱　問5(人物名)天武(天皇)　(番号)4　問6…5[7]　問7C源実朝　D後鳥羽　問8…2　問9徳川吉宗　問10…6　問11…5　問12福沢諭吉　問13…2

3 問1…4　問2非核三原則　問3(a)正義　(b)国権　(c)国際紛争　(d)○　問4…1　問5(1)三審制　(2)違憲立法審査権　問6…15(人)　問7ガソリン　問8(記号)(c)　(語句)円安　問9均衡(価格)　問10処理　問11…4　問12…3・5

【配点】

75点満点

1問8…1点　他各2点　2問3・問6・問7…各1点　問10…3点　他各2点　3問3・問6・問9・問10…各1点　他…各2点

桐朋中学校(第1回)

〈問題は810ページ〉

1 問1イ→ウ→ア→カ→エ→オ　問2①ア　②オ　③キ　④イ　⑤エ　問3(1)六波羅探題　(2)御成敗式目[貞永式目]　問4貝塚　問5校倉(造)　問6小村寿太郎　問7マレー(半島)　問8[例]年貢を確実にとるねらいで太閤検地を実施し、土地の面積、石高、耕作人などを検地帳に記録した。・一揆を防ぐねらいで刀狩を実施し、農民から武器をとりあげた。

2 問1①エ　②オ　③キ　問2う　問3う　問4(竿燈まつり)い　(ねぶた祭)あ　問5[例]造船所や船の発着場所があった。　問6う　問7ドバイ　問8三角州　問9(国の組み合わせ)あ　(果物の名称)ぶどう　問10太平洋ベルト

3 問1　1冷戦　2安全保障理事会　3開発途上[発展途上]　問2北大西洋条約機構　問3ア○　イ×　ウ×　問4フェアトレード　問5え・お

藤嶺学園藤沢中学校(第1回)

〈問題は817ページ〉

1 問1源頼朝　問2足利義満　問3(1)イ　(2)後醍醐天皇　問4ア　問5ア　問6エ　問7(1)ア　(2)エ　問8中尊寺　問9楽市　問10関ヶ原(の戦い)　問11イ　問12坂本龍馬　問13ウ　問14…1945年8月15日　問15イ

2 問1①ア　②オ　③イ　問2(1)フェーン現象　(2)ヒートアイランド現象　(3)エルニーニョ現象　(4)偏西風　問3ウ　問4ウ、エ　問5イ　問6ウ　問7ウ　問8ア、イ

3 問1イ　問2エ　問3Aイ　Bエ　Cウ　問4ジェンダー　問5ウ　問6ア　問7厚生労働省　問8ウ、エ　問9イ　問10ウ　問11ア　問12食料自給率　問13クーリングオフ(制度)　問14エ　問15ウ　問16国債　問17マイナンバー(制度)

獨協中学校(第１回)

〈問題は823ページ〉

1 問１エ 問２ア 問３青森(県)、岩手(県)、宮城(県)、山形(県) 問４エ 問５イ、カ

2 問１ク 問２イ 問３エ 問４オ 問５エ 問６霞ヶ浦 問７ア 問８棚田は機械の導入が難しいから。[農業従事者が高齢化・減少しているから。] 問９凱旋門は広場の中心にあり、付近の建造物の高さも低いことから遠くからでも目立ち、街の象徴としてわかりやすいから。

3 問１ア 問２ウ 問３エ→イ→ウ→ア 問４エ 問５裁判員(制度)

4 問１ウ 問２三内丸山遺跡 問３食料であるシカの数が減らないように、子供を産むメスをとらなかった。 問４ア 問５エ 問６大政奉還 問７ア 問８イ 問９カ 問10日光東照宮 問11ウ 問12政府主導で新しい産業を育成しようとした。 問13生糸 問14吉田松陰 問15イ

日本大学豊山中学校(第１回)

〈問題は833ページ〉

1 問１平地が少なく、山がちな地形が多いため、国内の空港は沿岸部に立地している。 問２(ア) 問３X…ＬＲＴ Y越後 問４(ア) 問５(エ) 問６(ア) 問７(イ)

2 問１(イ) 問２平清盛 問３(イ) 問４(ア) 問５(ウ) 問６武家諸法度 問７(ウ) 問８(ウ) 問９(オ) 問10…８月６日

3 問１(ウ) 問２(イ) 問３労働基準法 問４職業選択 問５団体行動権[争議権] 問６(エ) 問７(イ) 問８(イ)

【配点】

50点満点

1問３ＸＹ…各１点 他各２点 2各２点 3各２点

本郷中学校(第１回)

〈問題は839ページ〉

1 問１ア× イ× ウ○ エ× オ○ 問２ア 問３エ 問４…1.5(km) 問５イ 問６ウ 問７ウ 問８①岐阜県 ②愛知県 ③三重県 ④滋賀県 ⑤京都府 ⑥奈良県 ⑦和歌山県

2 問１イ 問２イ 問３ウ 問４ウ 問５ア 問６エ 問７ア 問８エ 問９ア 問10壬申の乱 問11班田収授法 問12正倉院 問13調 問14検地帳 問15宗門改帳 問16版籍奉還 問17平民

3 問１ウ 問２イ 問３エ 問４ウ 問５ア 問６イ 問７四日市ぜんそく 問８ア 問９ベトナム[ヴェトナム] 問10社会権[生存権] 問11エ 問12イ

【配点】

75点満点

1問８…各２点 他各１点 2問１～問９…各１点 他各２点 3問９…３点 他各２点

武蔵中学校

〈問題は847ページ〉

◆ 問１(あ)矢じり (い)[例]食べ物を加熱・保存するために用いた。 問２百姓 問３[例]電気洗濯機が普及したことで、これまで長い時間がかかっていた洗濯の時間が短くなり、その分の時間を仕事や自分自身の趣味や習い事などの文化的活動に使えるようになった。 問４(あ)製糸業 (い)富岡 問５[例]30代以降、女性の労働力人口比率や正規雇用比率が低下していることから、女性は結婚・出産にともなって退職する人が多いと考えられる。ここから、女性の役割が社会の中で働くことよりも家庭の中で働くことが定着しており、男性との格差が明確になっていると考えられる。 問６(あ)[例]男性は育児・介護をふくめた家事にかける時間が仕事にかける時間に比べ短いが、女性は家事にかける時間が仕事にかける時間とほぼ同じである。このことから、家事は女性の労働と考えられている。 (い)[例]男性も育児休暇がとれるような法律の整備が進められている。 問７男性が仕事だけではなく支払われない労働もおこなえるような働き方ができるようになると、女性の社会進出に伴う少子化問題も家事の分担による女性の負担を減らすことで改善につながるため。

明治大学付属中野中学校(第１回)

〈問題は851ページ〉

1 問１①奥尻(島) ②宗谷(岬) 問２オ 問３エ 問４ア 問５イ 問６エ 問７ア 問８ウ

2 問１国民審査 問２イ 問３ア 問４…292人 問５ア 問６(1)エ、オ (2)イ 問７Xウ Yイ

3 問１ウ 問２執権 問３イ、ウ、オ 問４イ 問５本居宣長 問６松下村塾 問７ア、エ 問８イ→ア→エ→ウ 問９[例]犬養毅が内閣総理大臣の時、五・一五事件が起きました。

ラ・サール中学校

〈問題は859ページ〉

1 問1 1防衛省 2原子力 問2ア 問3オ 問4ウ 問5エ 問6インフレーション[インフレ] 問7イ 問8水銀 問9エ

2 問1銭 問2(1)63(円) (2)消費税が導入されたから。 問3イ→ウ→エ→ア 問4(1)イ (2)ウ (3)オ 問5(1)ウ (2)ア 問6(1)7(ケタ) (2)郵便物を機械で仕分けるため。[郵便物の仕分けを効率化するため。]

3 問1(1)①A ②D (2)③(記号)オ (市町村名)浜松市 ④(記号)ク (市町村名)北九州市 ⑤(記号)エ (市町村名)相模原市 問2(1)イ (2)(新潟県)イ (鹿児島県)エ 問3(1)南海トラフ地震 (2)イ 問4(1)ウ (2)ア

4 問1貝塚 問2平治(の乱) 問3ア 問4ウ 問5イ 問6ウ 問7ウ→カ→イ→エ→×→× 問8ウ→ア→エ→イ→×→× 問9ア 問10イ 問11高度経済成長 問12石油危機[石油ショック]

【配点】

50点満点

1各1点 2問1・問4…各1点 他各2点 3各1点 4問2・問7・問8…各2点 他各1点

立教池袋中学校(第1回)

〈問題は868ページ〉

1 問1 1防災(の日) 2利根(川) 3房総(半島) 問2水郷 問3(1)[例]この地域は海抜0メートル地帯であり、地震によって堤防が決壊し、大規模な水害の起こることが考えられる。 (2)(エ) 問4[例]2012年に比べて東京都の人口は増加していることに加え、多くの建築物の老朽化が進んでおり、地震による倒壊や死傷者数の増加も考えられる。

2 問1(1)鹿鳴館 (2)大久保利通 問2(1)(ア)・(ウ) (2)西洋人[外国人] 問3(1)日米和親条約 (2)(ウ) 問4(イ)・(エ) 問5[例]日本は自らを文明国・清を野蛮な国とみなし、その清をただすことを口実として、戦争を正当化した。

3 問1(ア) 問2(あ)(イ) (い)(ア) 問3ライドシェア(リング)[白タクシー] 問4 1保有[所有・購入等] 2サービス 問5(イ)・(ウ) 問6(ウ) 問7(1)デジタルトランスフォーメーション (2)(社会問題)[例]高いＩＴスキルを持つ人材の育成が困難である問題。 (アイデア)[例]少子高齢社会が進む中でＩＴスキルの育成よりも、ＡＩの活用を推進して効率よく運用できる方向性を高める。

立教新座中学校(第1回)

〈問題は876ページ〉

1 問1津軽海峡 問2④ 問3① 問4② 問5④ 問6河川の流れが変わった時に国境線をどうするのか争いとなりうるから。 問7 1)新潟県 2)② 3)三重県 4)③ 5)ア栃木県 ウ山梨県 問8②

2 問1① 問2 1)持統天皇 2)防人 問3 1)④ 2)前九年合戦[前九年の役] 問4新皇 問5 1)③ 2)北条泰時 問6 1)日本橋 2)昌平坂学問所 問7② 問8 1)江戸城 2)横浜 問9 1)ラクスマン 2)樺太

3 問1④ 問2④ 問3 1)④ 2)③ 問4 1)衆議院本会議を開催し、出席議員の3分の2以上の賛成で再可決をする。 2)X地方裁判所 Y三審制 Z控訴 問5①

早稲田中学校(第1回)

〈問題は883ページ〉

1 問1(1)大隈重信 (2)(記号)ア (都市)名古屋市 (3)ア (4)干拓 (5)3 aア bイ cウ 問2(1)カ (2)(場所)ウ (島名)キ (3)1・4・6 問3ウ 問4いウ うア

2 問1A桓武 B小野妹子 Cシャクシャイン 問2イ 問3天下 問4ア 問5(生産物)イ (写真)キ 問6(大正)オ (昭和)ウ (平成)カ 問7宋 問8イ・オ 問9先住 問10琉球

3 問1働き方 問2ウ 問3E後期高齢 F社会保障 問4(1)ジェンダー (2)エ 問5(1)イ (2)イ・エ 問6(1)エ (2)子どもに教育を受けさせる(義務)

跡見学園中学校(第1回)

〈問題は889ページ〉

1 問1(イ)、(エ) 問2(ア) 問3…80億人 問4B 問5(設問1)女子が学校に行くことを妨げる差別を取り除くこと。 (設問2)インドで多くの商品を販売し利益を得ること。 (設問3)安い値段ではバングラデシュの人々の賃金は安いままで、生活が良くならない。

2 問1(イ) 問2(エ) 問3(ウ) 問4(ア) 問5元寇の時に出費したにもかかわらず、幕府から恩賞をもらえなかったため。[分割相続のくり返しで所領がせまくなり、収入が少なくなったため。等] 問6井伊直弼 問7(ウ) 問8伊藤博文 問9足利尊氏 問10聖武天皇 問11東海道 問12原爆ド

ーム　問13天台宗

3　問1　1持続可能　2グローバル　3二酸化炭素　4循環　5リサイクル　問2線状降水帯　問3(設問1)琉球王国　(設問2)海水の温度が上昇することにより、サンゴが白化し、いずれは壊滅してしまうという問題。問4古くなったバスタオルやタオルをぞう巾として再利用する。問5(イ)　問6(エ)

浦和明の星女子中学校(第1回)
〈問題は895ページ〉

1　問1(正答なし)　問2(ウ)　問3(ウ)　問4(ア)　問5(エ)　問6(エ)　問7(イ)　問8(イ)　問9(ウ)　問10(エ)　問11(ア)　問12(ウ)　問13(エ)　問14(ウ)　問15(イ)　問16(ア)　問17(イ)　問18(1)(イ)　(2)(ウ)　問19(ア)　問20(エ)　問21(エ)　問22(イ)　問23(カ)

2　問1(ウ)　問2(エ)　問3(エ)　問4(エ)　問5(エ)　問6(エ)　問7(ア)　問8(ウ)　問9(エ)　問10(ウ)

江戸川女子中学校(第1回)
〈問題は904ページ〉

1　(問1)エ)　(問2)ウ)　(問3)エ)　(問4)オ)　(問5)ウ)　(問6)漢委奴国王　(問7)豊臣秀吉　(問8)日露戦争の後、結ばれたポーツマス条約で賠償金を得られなかったため、苦しい生活に耐えてきた国民の不満が爆発したから。(問9)(3番目)B　(6番目)E

2　(問1)ウ)　(問2)天台宗　(問3)ⅰ〕エ)　ⅱ〕イ)　(問4)ⅰ〕欧米の進んだ技術や文化を取り入れて、近代化を進めるため。ⅱ〕フェノロサ　(問5)富岡製糸場

3　(問1)(1)サミット　(2)エ)　(問2)エ)　(問3)(1)aケ)　bウ)　cコ)　dカ)　(2)aけ　bく　cえ　dあ　(問4)尾道から今治まで瀬戸内しまなみ海道が開通したから。(問5)D　(問6)ⓐ原爆ドーム　ⓑ厳島神社　(問7)F

4　Ⅰ①消費者庁　②トレーサビリティ　③地産地消　④フードマイレージ　Ⅱ(問1)1イ)　2オ)　3ウ)　4カ)　(問2)30　(問3)エ)　(問4)より慎重に審議を行うため。Ⅲ(問1)(1)B　(2)C　(3)A　(4)D　(問2)1日本　2中国　(問3)1960年代にそれまで植民地だったアジア・アフリカで多くの国が独立したから。

【配点】
75点満点
1(問8)…4点　他各2点((問9)は完答で2点)
2(問4)ⅰ…3点　他各2点　3(問1)(1)・(問2)〜(問3)・(問6)…各1点　他各2点　4Ⅱ(問4)・Ⅲ(問3)…各2点　他各1点

桜蔭中学校
〈問題は911ページ〉

1　1井戸　2玉川　3利根　4浄水　5洪水　6電力　7融雪　①ⅰ茶　ⅱ風で畑の表土がとばされるのを防ぐこと。②Aオ　Bク　Cア　Dキ　③ア　④1シリア　2インド　3カナダ　⑤沸騰化

2　1先住民族　2アマゾン　3アイヌ　Aエ　Bオ　①イ　②エ　③カ

3　1地方公共団体　2主権　3地租　4板垣退助　5所得税　6小村寿太郎　7大和政権[大和朝廷]　8江田船山　9貴族　10雑徭　Aサ　Bウ　Cス　Dキ　①ウ　②日露戦争が起こり、戦費のため増税が行われた。戦後も賠償金を得られなかったので、戦費を払うために高い税金を取り続けたから。③イ　④イ　⑤エ　⑥オ　⑦エ　⑧カ　⑨オ　⑩ク　⑪イ

鷗友学園女子中学校(第1回)
〈問題は919ページ〉

1　問1(1)庄内平野　(2)エ　(3)おにぎりなどに加工して、道の駅で販売すること。問2(1)自動車は、関連工場で製造された部品が組み立て工場に集められて製造される。関連工場と組み立て工場が近くにあった方が運搬しやすいため。(2)日本の自動車会社にとっては、日本国内で生産するよりも安く生産できるため。現地の東南アジアの人々にとっては、働く場所が増え、技術を学ぶこともできるため。(3)充電　問3(1)ア　(2)イ　問4エ

2　問1①墾田永年私財法　②検地　問2イ　問3エ　問4ア　問5国内の御家人をまとめる。・治安を維持する。問6ウ　問7(1)ア　(2)幕府にとっては年貢量が一定となり、財政が安定する。農民にとっては、凶作の時に変更前より年貢量が増え、生活が苦しくなったと考えられる。問8イ　問9エ　問10近年、生活必需品を含め、物価が上がっている。しかし、国民は値段が上がっても生活のために購入しなければならないから。

3　問1国政調査　問2イ　問3国会は国権の最高機関であり、国会議員は国民の代表である。そのため、政府の権力やその他の圧力により国会議員が不当に逮捕されると、民主的な政治が妨げられるため。問4優先されるべき人の範囲を、高齢者だけでなく、妊婦や障がいのある人などまで広げるようになったから。問5新しい人権　問6

ウ　問７エ　問８差別や偏見を含む内容が大量に入力された場合、それを反映した回答が生成されてしまうという問題がある。生成ＡＩを利用する人は、自分でも調べたり確認したりして、生成ＡＩの回答だけが正しいと思いこまないように気を付ける必要がある。

【配点】

100点満点

1問１…各３点　問２(1)(2)…各４点　問２(3)…３点　問３(1)…４点　問３(2)…３点　問４…３点

2問４・問５・問７(2)・問10…各４点　他各３点

3問３・問８…各５点　問４・問７…各４点　他各３点

大妻中学校（第１回）

〈問題は929ページ〉

1　問１伊勢　問２あ地理院　いリアス　う深　え養殖　お真珠　問３（第一次産業）イ　（県庁所在地）キ　問４(1)（記号）④　（府県）京都府　(2)（記号）⑤　（府県）奈良県　(3)（滋賀県）大津市　（記号）②　（府県）愛知県　(4)イ　問５林業従事者の高齢化や減少が進んだことで伐採に適した時期を過ぎた人工林が放置されている。

2　あ富本銭　い大宝律令　う大輪田泊　問１(1)エ→ア→イ→ウ　(2)吉野作造　(3)津田梅子　(4)大久保利通　(5)イ　問２ウ　問３ウ　問４ウ・エ　問５ｉ宋　ⅱ明　問６エ　問７雪舟　問８ア　問９(1)参勤　(2)武家諸法度　問10両替商

3　問１(1)ウ　(2)てまえ［手前］　問２バイオマス発電　問３インド　問４南北問題　問５(1)エ　(2)い農林水産　う消費者　問６イ・ウ　問７ア　問８(1)エ　(2)イ

大妻多摩中学校（総合進学第１回）

〈問題は937ページ〉

1　問１Ａア　Ｂエ　Ｃイ　問２(1)輪中　(2)だんだん畑　(3)エ　問３(1)東海工業地域　(2)エ　(3)資料アから、日本では将来、働く人が減ってしまうことが、予想される。資料エから、外国人は日本人よりも安い給料で働くので、日本の会社も外国人を雇いやすい。(以上のことから、私は外国からの移民を受け入れるべきだとおもう。)

2　問１貝塚　問２ウ　問３はにわ　問４イ　問５ウ　問６都市で大量に出されたごみやはいせつ物は農村に運ばれ、作物を栽培するための肥料として利用された。問７日米修好通商条約　問８移動の際に馬などを使っていたのが鉄道を使うなど、蒸気や石炭を用いた産業が導入された。

3　問１(1)衣服の消費や交際費が減少したままであることから、リモートワークを行う人が増え、外出の機会が減った。(2)ウ　問２(1)150,000　(2)イ、エ　問３Ｘ結婚や出産を機に退職する(など)　Ｙ保育園の数を増やす　［男性が育児や家事を分担する］(です)

【配点】

60点満点

1問２(1)(2)・問３(1)…各３点　問３(3)…４点　他各２点　2問１・問３・問７…各３点　問６・問８…各４点　他各２点　3問１(1)・問２(2)…各３点　問１(2)・問２(1)…各２点　問３…４点

大妻中野中学校（第１回）

〈問題は946ページ〉

1　問１(ア)　問２エアコン使用の増加など　問３(ア)　問４(エ)　問５(1)千島海流［親潮］　(2)（排他的）経済水域　(3)(ウ)　(4)(イ)　問６…35度以上

2　問１(ウ)　問２(あ)源義経　(い)坂上田村麻呂　(う)白河　問３(ウ)　問４(イ)　問５(ウ)　問６八幡製鉄所　問７(Ⅵ)

3　問１核兵器を持たない、つくらない、持ち込ませない　問２(イ)　問３(ウ)　問４…1945年　問５(1)弾劾裁判所　(2)(ア)　(3)(ア)　問６普通選挙　問７消費税　問８（ロシア）プーチン　（ウクライナ）ゼレンスキー

【配点】

50点満点

1問３…１点　問２…３点　他各２点　2問１…１点　他各２点　3問２～問４・問５(2)(3)・問８…各１点　他各２点

学習院女子中等科（Ａ）

〈問題は954ページ〉

1　問１　１菅原道真　２足利義満　３オランダ　問２イ　問３白村江の戦いの後、新羅との関係が悪化したから。問４(1)ａ富岡　ｂ立憲改進　ｃ伊藤博文　(2)Ａえ　Ｂあ　Ｃい　問５エ→イ→ウ→ア　問６(1)農地改革　(2)それまで小作農だった農民の多くが自作農になった。問７(1)ロシア　(2)北方領土［(1)中国　(2)尖閣諸島／(1)韓国　(2)竹島］

2　問１Ａエ　Ｂウ　Ｃキ　Ｄオ　Ｅク　Ｆア　Ｇカ　Ｈイ　問２①エ→ア→イ→ウ　②ウ→ア→イ→エ　③ア→ウ→イ→エ　④ウ→ア→イ→エ　問３(1)ぼんち　(2)平地が広がり、水が得やすいので、農業などが発達し生活しやすかったから。

[3] 問1　1エ　2コ　3ソ　4オ　5ア　6チ　7キ　8セ　9タ　問2健康保険に加入した人は、あらかじめ保険料を支払い、保険料を預かる保険者が病院に7～9割の医療費を支払うから。問3東京都・新宿区　問4(1)厚生労働省　(2)イ　問5プライバシーの権利・表現の自由　問6行政のサービスを受けるなどの様々な手続きの時に必要な公的な身分証明書としても利用できる。

神奈川学園中学校(A午前)

〈問題は958ページ〉

[1] (1)ア　(2)ウ　(3)エ　(4)山形県　(5)ウ　(6)高齢者が公共交通機関を利用しやすくなった。

[2] (1)エ　(2)オランダ　(3)イ　(4)問1 B→C→A　問2アメリカやイギリスを相手に太平洋戦争が始まり、英語で書かれた広告が掲載できなくなったから。(5)問1源頼朝　問2イ　(6)問1紫式部　問2ア　(7)イ　(8)B→A→C

[3] (1)サミット　(2)問1長崎市　問2ポツダム宣言　(3)エ　(4)エ　(5)問1ロシア　問2ウ　(6)問1交戦権　問2Xエ　Yイ　(7)ウ　(8)戦争の体験者が高齢となったり、亡くなったりして、直接伝えることができなくなりつつあるので、記録として残ったものを後世に伝える役割があるから。

【配点】

60点満点

[1]各2点　[2](1)～(3)・(4)問2・(5)・(6)・(7)…各2点　他各3点　[3](8)…3点　他各2点

鎌倉女学院中学校(第1回)

〈問題は967ページ〉

[1] 問1エ　問2①イ　②ア　問3①ウ　②イ　問4かんばつ　問5イ　問6イ

[2] 問1①ウ　②三内丸山遺跡　問2富本銭　問3エ　問4①イ　②ア　問5①イ　②エ　問6①イ→エ→ア→ウ　②二期作　問7ウ　問8イ、エ　問9ア　問10①豊臣秀吉　②ア　問11①ア　②ウ　③エ　④ウ　問12①ウ　②イ　③ア　問13藩　問14イ　問15ウ　問16ウ　問17①太陽　②月　問18イ　問19満州国　問20ウ→ア→エ→イ　問21日本銀行

[3] 問1①ア　②高潮　問2ウ　問3エ　問4①イ　②ア　③ウ　問5ウ　問6ア

[4] 問1①財産(権)　②法(の支配)　③エ　問2ウ　問3A個人　B幸福追求　問4エ　問5ア　問6エ　問7①エ　②死刑　問8イ　問9ウ

カリタス女子中学校(第1回)

〈問題は978ページ〉

[1] 問1X香川(県)　Y長崎(県)　Z山口(県)　問2(三重県)津市　(石川県)金沢市　問3①イ　②ク　問4ア　問5庄内平野　問6ア　問7エ　問8(石川県)ウ　(高知県)ア　問9(三重県)ア　(山形県)ウ　問10次図

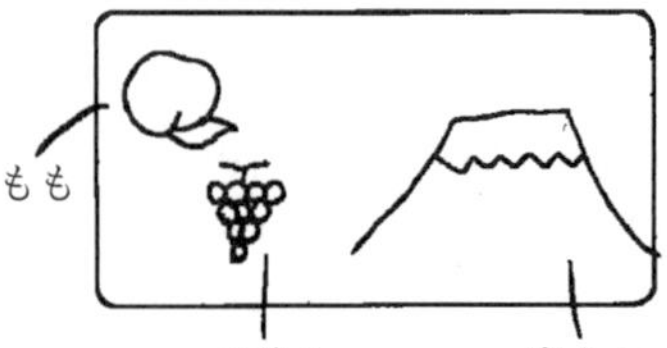

[2] 問1ア、エ、カ、キ　問2ウ

[3] 問1菅原道真　問2古事記　問3ア　問4ウ　問5イ　問6イ　問7イ　問8イ　問9エ　問10イ　問11エ

[4] 問1ア　問2西郷隆盛　問3ウ　問4　1)ウ　2)ア　問5西南戦争　問6　1)Aイ　Bウ　2)ベルリン

[5] 問1主権　問2ア→エ→イ→ウ　問3イ　問4　1)エ　2)3分の2　問5イ　問6ウ　問7ウ　問8ア　問9国土交通省

吉祥女子中学校(第1回)

〈問題は989ページ〉

[1] 問1エ　問2現在よりも気温が温暖で、海水面が今よりも高く、海岸線が内陸まで入り込んでいたから。問3イ　問4エ　問5ア　問6ウ　問7ほしか　問8ア　問9イ　問10伊藤博文　問11ウ　問12オ　問13サンフランシスコ平和(条約)[サンフランシスコ講和(条約)]　問14ウ

[2] 問1ア　問2ユニバーサル(デザイン)　問3北里柴三郎　問4ア　問5エ　問6エ　問7エ　問8イ　問9(中部地方)イ　(近畿地方)エ　問10ウ　問11ウ　問12イ　問13猪苗代(湖)　問14図1では、落雪による事故の可能性があるが、図2では、屋根の傾斜を内側に向けて、雪解け水を溝から排出することができる。

[3] 問1ア　問2ア　問3エ　問4イ　問5イ　問6ウ　問7検察官　問8社会(権)　問9ウ　問10エ

【配点】

70点満点

[1]問3・問9・問11…各1点　問2…3点　他各2点　[2]問4・問6…各1点　問9…各1点　他各2点　[3]問2・問4…各1点　他各2点

共立女子中学校（2/1入試）

〈問題は1003ページ〉

[1] 問1パリ　問2納税額に関係なく、一定の年齢に達すれば選挙権が与えられる制度　問3治安維持法　問4イ・エ　問5新古今和歌集　問6イ→ア→ウ→エ　問7イ・エ　問8明治　問9聖武天皇　問10徳川家康　問11山梨県　問12エ

[2] 問1ウ　問2エ　問3ロシア［ロシア連邦］　問4ウ　問5(1)イ　(2)リアス海岸で波がおだやかだから　(3)灯台　問6ウ

[3] 問1ウ　問2ア　問3牛　問4ウ　問5エ

[4] 問1モンテスキュー　問2Aア　Bウ　問3ア　問4エ　問5主権を持つ国民の直接選挙によって選ばれた国会議員で構成されているから　問6唯一

恵泉女学園中学校（第2回）

〈問題は1011ページ〉

[1] (1)(国名)イギリス　(記号)ウ　(2)②太平洋ベルト　③かき　(3)イ　(4)三角州　(5)ウ　(6)ア　(7)ウ　(8)エ　(9)イ　(10)ア　(11)イ　(12)ウ　(13)エ

[2] (1)ア　(2)(名称)藤原京　(記号)エ　(3)オ　(4)(i)元　(ii)敵の攻撃を防いだだけで、恩賞となる外国の領土を奪ったわけではなかったから。(iii)エ　(5)エ　(6)カ　(7)渋沢栄一　(8)ウ　(9)ウ→エ→オ→ア→イ　(10)エ　(11)ア　(12)(i)視力の弱い人や日本語がわからない外国人にもはっきりと金額がわかるようにするため。(ii)ア　(iii)イ

[3] (1)カ　(2)イ　(3)イ　(4)ウ　(5)①国は多くの借金をしていて、国の予算で国民全員のワクチンを買うとさらに借金が増えてしまうからです。②ワクチンを買う費用を最小限におさえ、その分のお金を国債の返済や新型コロナウイルス感染症の影響を受けた人を救ってあげる費用に充てたほうがよいからです。

【配点】

70点満点

[1](11)…1点　他各2点　[2](1)・(4)(i)・(4)(iii)・(8)・(12)(iii)…各1点　4(ii)・(9)…3点　他2点　[3](2)・(5)②…各3点　他各2点

光塩女子学院中等科（第2回）

〈問題は1023ページ〉

◆ 問1(1)う

(2)　2022年の世界の地域別人口の割合

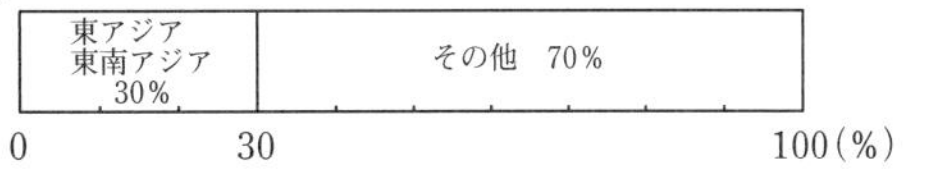

問2え　問3(1)国際連合　(2)い　問4う　問5(国名)インド　(記号)い　問6い　問7(1)平安時代　(2)う　問8え、あ、う、い　問9う　問10い　問11え　問12い　問13い、え、う、あ、お　問14(1)［例］大地震が起きた。(2)あ　問15え　問16あ　問17い　問18日本・ヨーロッパ共に合計特殊出生率が低く、生産年齢人口の割合が年々低下しているため、今後労働力の不足が課題となる。

晃華学園中学校（第1回）

〈問題は1028ページ〉

◆ 問1(1)(エ)　(2)シベリア出兵を見越して、米屋が米を買い占めたから。問2シラス台地　問3ハザードマップ　問4平将門　問5あ1192年　い1183年　う1185年　え1180年　問6(1)鉄道輸送や船舶輸送の方が自動車輸送に比べ、一度に大量に輸送することができるため。(2)戸口から戸口への直接の輸送ができなくなり、不便になってしまう。問7定免法　問8(ア)　問9(イ)　問10(エ)　問11若狭湾　問12(エ)　問13(1)10%　(2)(イ)　問14(1)(エ)　(2)少子化によって生産年齢人口が減ったため歳入が減少した。さらに、高齢化によって社会保障費が増えて歳出が増加し、結果として政府の借金が増えた。問15(イ)

【配点】

50点満点

◆問1・問14…各4点　問6…各3点　他各2点

国府台女子学院中学部（第1回）

〈問題は1033ページ〉

[1] (1)ウ　(2)滋賀県、奈良県　(3)ア　(4)ウ　(5)イ　(6)オ　(7)①漁業専管水域　②ア　(8)①リアス(式)海岸　②砂が港内に入り込まないようにするため。(9)イ　(10)a千葉県　b鹿児島県　(11)千島海流　(12)エルニーニョ(現象)

[2] (1)廃藩置県　(2)ウ　(3)エ　(4)ア　(5)ウ　(6)イ　(7)藤原純友　(8)太政大臣　(9)ウ→ア→エ→オ→イ　(10)エ　(11)ウ　(12)イ　(13)イ　(14)ポツダム宣言　(15)玉音放送　(16)エ　(17)ウ→ア→イ→エ

3 ⑴ウ ⑵エ ⑶ア ⑷ウ ⑸①三審 ②高等 ③6 ⑹ア ⑺ア ⑻ジェンダー ⑼イ ⑽男女雇用機会均等法

【配点】

60点満点

1⑵（完答）・⑷・⑹・⑻②・⑽ａ・⑽ｂ…各２点 他各１点 2⑸・⑹・⑼・⑾・⑿・⒀・⒄…各２点 他各１点 3⑷・⑻・⑽…各２点 他各１点

香蘭女学校中等科（第１回）

〈問題は1043ページ〉

1 問1 1正倉院 2出島 問2エ 問3ア 問4エ 問5ウ 問6ウ 問7⑴ア ⑵ウポポイ 問8エ 問9⑴ＴＰＰ ⑵イ ⑶イ 問10⑴エ ⑵国民の意見が政治に反映されない可能性がある。⑶エ 問11⑴ウ ⑵イ 問12ウ 問13…875ｍ 問14イ

2 問１五人組 問２ア 問３明暦の大火 問４ア 問５ウ 問６ア 問７⑴ウ ⑵ア ⑶水郷 問８モース 問９リユース 問10⑴石油危機 ⑵イタイイタイ病 問11ウ 問12西郷隆盛 問13⑴ウ ⑵ウ 問14⑴エ ⑵イ 問15インボイス制度 問16エ 問17日蓮 問18（１つ目）特定の地域の経済を活性化させるため。（２つ目）特定の地域の商店などの消費を促し、税収の増加につなげるため。

実践女子学園中学校（第１回）

〈問題は1053ページ〉

1 ⑴山の斜面を利用した果樹栽培が行われている。⑵問１ア 問２ナショナルトラスト（運動） ⑶問１ア→ウ→イ→エ 問２やませ 問３イ ⑷ア ⑸問１ア 問２リアス海岸 ⑹問１排他的経済水域 問２育てる（漁業） ⑺（Ａの地点では、）緯度が高く梅雨前線の影響が少ないので初夏にかけて降水量が少ない。（Ｂの地点では、）台風の影響を強くうけるため８・９月の降水量が多い。

2 ⑴オ、カ ⑵1シルクロード 2古事記 3万葉集 ⑶カ ⑷ア ⑸4ウ 5キ 6カ ⑹問1関東大震災 問２気象庁 ⑺ウ ⑻ウ ⑼7空襲 8沖縄 9西暦1945年８月６日 ⑽国際連合 ⑾ジェンダー

品川女子学院中等部（第１回）

〈問題は1063ページ〉

1 問１⑴近郊農業 ⑵エ 問２⑴扇状地 ⑵ア 問３⑴イ ⑵輸送費をおさえることができる。問４⑴Ａア Ｂイ Ｃオ ⑵ウ 問５エ 問６移住者を増やすため、補助金制度を設けている。問７ウ 問８ア 問９⑴ウ ⑵ア ⑶イ

2 問１土偶 問２壬申の乱 問３ア 問４⑴イ ⑵娘と天皇との間に生まれた子が天皇となった時に、摂政・関白として政治を行うことができるから。 問５ウ 問６⑴ア ⑵イ 問７⑴ウ ⑵武家諸法度 問８⑴エ ⑵東海道 問９⑴津田梅子 ⑵エ ⑶ウ

3 問１健康で文化的な最低限度 問２エ 問３ウ 問４⑴エ ⑵議員一人あたりの有権者数に差があり、一票の価値が同じくらいになるようにしたから。 問５こども家庭庁 問６イ 問７ア

十文字中学校（第１回）

〈問題は1073ページ〉

1 問１(あ) 問２(う) 問３(え) 問４(う) 問５(あ) 問６(あ) 問７(い) 問８(え) 問９(い) 問10(あ) 問11(あ) 問12(え) 問13（７）(あ) （８）(い) （９）(う)

2 問１摂関［せっかん］（政治） 問２(え) 問３関ケ原［せきがはら］（の戦い） 問４(い) 問５［解答例①］キリスト教を禁止し、幕府の力を示すこと。（20字） ［解答例②］貿易の利益を独占して、幕府の力を示すこと。（21字） 問６(え) 問７(あ) 問８(う) 問９(い)

3 ①(う) ②(あ) ③(お) ④(か)

4 問１(う) 問２(え) 問３(い) 問４(う) 問５(え) 問６ポイント

5 問１宇宙［うちゅう］ 問２(う) 問３(い) 問４(い) 問５(う) 問６…100

【配点】

50点満点

1問10…２点 他各１点 2問１・問３・問４・問５・問８…各２点 他各１点 3各１点 4問３・問６…各２点 他各１点 5問１・問６…各２点 他各１点

淑徳与野中学校（第１回）

〈問題は1081ページ〉

1 問１大宝律令 問２ア 問３①イエズス会 ②醤油［しょう油］ 問４①イ ②エ 問５イ 問６ウ 問７エ

[2] 問1室戸岬　問2エ　問3ウ　問4①ウ　②B　問5①イ　②Bカ　Cク　問6X磁器[陶器]　Y安い　問7過疎

[3] 問1広島　問2エ　問3ウ　問4エ　問5ア　問6エ

頌栄女子学院中学校(第1回)

〈問題は1093ページ〉

[1] 問1　1持統　2富本銭　3菅原道真　4紫式部　5…8(百年)　6対馬　7博多　8平清盛　9勘合　10織田信長　11ウィリアム＝アダムズ　12生糸　13徳川吉宗　14鯨(クジラ)　15石油　問2ウ　問3イ　問4ア　問5オ　問6ウ　問7海外からの物資の調達に積極的であった勢力が実力を蓄えていったのが共通点である。堺のような港を持つ織田信長は弾薬や硝石を調達でき、琉球王国が中国との間で行う貿易の利権を得た薩摩藩は経済的に成長した。 問8(1)提供されているコンテンツがとても多く、友人らとの話題を合わせるために、コストパフォーマンスやタイムパフォーマンスを重視しているから。 (2)従来通り人間の1日は24時間しかなく、またインターネットでは絶えず新しい技術が生まれており、ユーチューブの動画視聴に割ける時間は自ずと限界があるから(動画の再生回数をこれまでより増やすことは難しいから)。

[2] 問1　1大化の改新　2源頼朝　3新田義貞　4飛脚　5入鉄砲に出女　6…1923(年)　7モータリゼーション　8働き方　問2A出雲　B伊勢　問3(1)ウ　(2)ア　(3)エ　問4(1)③　(2)エ　問5舗装率の高い都市部において、アスファルトが熱をため込むことによってヒートアイランド現象が生じることに加え、水を通さないために短時間に大量の降水があった場合に洪水が発生しやすくなっている。 問6(1)阪神淡路大震災　(2)ⅱ本州までの所要時間が短縮したことにより、鮮度を保ったまま遠くの地域まで運ぶことができるようになった　ⅲ本州までの所要時間が短縮したことにより、兵庫県や大阪府で買い物をする人が増えた　問7(1)労働基準法　(2)8時間

湘南白百合学園中学校(4教科)

〈問題は1102ページ〉

[1] 1(1)輪作　(2)(1点目)同じ作物を栽培することでおこる連作障害を防げる。(2点目)病害虫の発生を防ぎ安定した収穫が期待できる。 2エ　3A十勝平野　B庄内平野　4(地名)松島　(写真)ウ　5(遠洋漁業)イ　(理由)1970年代に入ると石油危機などの影響で生産量が減少しているから。 6(1)ア、オ　(2)ビニールハウス　7(1)サウジアラビア　(2)イ　(3)ウ　8(1)(自然災害伝承碑) 　(2)c公　d自　e共　9(①の県)い　(f)エ

[2] 1仏教　2オ　3はにわ　4高床倉庫　5イ　6イ　7本能寺の変　8ア　9【3】天智天皇　【11】聖武天皇　10(誤りの語句)北方　(正しい語句)南方　11エ　12(1)伊能忠敬　(2)ア　13イ　14…14　15エ　16ウ　17①池田勇人　②国民所得倍増計画はなぜあの時期に発表したのですか。

[3] 1内閣　2(1)委員会　(2)請願　3エ　4(収入)Y　(金額)エ　5あ教育　いジェンダー　6ア、エ　7同じような感想文が世の中に出回り、自分で考えなくなる。

昭和女子大学附属昭和中学校(A)

〈問題は1113ページ〉

[1] 問1(1)ア　(2)エ　問2ウ　問3(1)エ　(2)アメリカ　(3)6か国　問4(1)エ　(2)イ　(3)ウ　(4)太平洋戦争の影響を受けたため。 (5)少子高齢化が進んでいる。 問5イ　問6働き　問7(1)渡来人　(2)ウ　問8イ　問9エネルギー源の中心が石炭から石油に変わった。 問10保育園に入園できない待機児童をなくす。

[2] 問1(1)千葉県　(2)滋賀県　(3)筑後川　(4)四万十川　問2(1)三内丸山遺跡　(2)エ　(3)国分寺　(4)イ　(5)ウ　(6)ア　問3①与党　②指名　③ケアラー

女子学院中学校

〈問題は1118ページ〉

[1] 問1(1)ア　(2)エ　問2エ→ア→イ→ウ　問3イ・エ　問4(1)ア　(2)内陸部の盆地で降水量が少ない上に大きな川がないから。 問5(1)イ・オ　(2)ア・エ　問6ウ　問7(1)田畑にまく肥料　(2)①イ　②A　問8①イ　②ウ

[2] 問1(1)ウ→エ→ア→イ→オ　(2)ア→ウ→エ→イ→オ　問2ウ　問3(1)ア　(2)エ　問4イ　問5ウ・オ　問6吸水性の高いアスファルトを道路などの舗装に使用する。 問7イ・エ

[3] 問1(1)ちくご(川)　(2)エ→カ→ア→ウ　問2ウ→ア→イ→エ　問3エ　問4イ・オ　問5Aウ　Bア　問6エ　問7イ　問8ウ・エ　問9(1)ウ　(2)(自然環境面)南アルプスに降った雪どけ水や周辺の山間部の森林から流れ出す水を利用できる。(費用面)大都市の消費地に比較的近く、輸送する

ための費用が少なくてすむ。 問10イ・オ

4 問1ニューヨーク 問2イ・カ 問3エ・オ 問4ア・オ 問5ウ・エ 問6(記号)エ (理由)牛の飼料となる穀物を育てるために大量の水が必要だから。 問7ウ・オ 問8ア

女子聖学院中学校(第1回)

〈問題は1126ページ〉

1 (都道府県名―番号)(1)北海道―1 (2)宮城県―6 (3) 茨城県―11 (4)兵庫県―30 (5)福岡県―40

2 問1(1)Aエ Bイ Cア Dウ (2)Aア Bエ Cウ Dイ 問2(1)Aイ Bウ Cア (2)(甲府盆地)ウ (山形盆地)イ 問3長さが短く、流れが急である。

3 問1A弥生 B飛鳥 C室町 問2…1渡来人 2聖武 3征夷 4検地 5日清 6治安 7大阪 問3a隋 b唐 c元 問4関ヶ原 問5エ 問6ア 問7イ 問8源氏物語[枕草子] 問9金閣 問10西郷隆盛[大久保利通]

4 問1aドイツ bロシア cアメリカ 問2核 問3①太平洋[大東亜] ②長崎 問4③禁止 問5ウ 問6ウ 問7(A)マッカーサー (B)国民主権 (C)三権分立 (D)生存権 問8核を兵器として使用して多くの犠牲者を出したこと。

【配点】

100点満点

1各2点 2問1(1)(2)…各1点 他各2点 3各2点 4問4・問7(B)〜(D)…各2点 問8…3点 他各1点

女子美術大学付属中学校(第1回)

〈問題は1133ページ〉

1 (1)栃木(県) (2)ラムサール条約 (3)この場所で幾度も災害や水害が起こったから。[自然災害が起こったことを伝えるため。] (4)くわ畑[桑] (5)ウ

2 (1)山陰(地方) (2)イ (3)石見銀山 (4)ア (5)京都(府) (6)エ

3 (1)ウ (2)B (3)鑑真 (4)エ (5)ア

4 (1)Aイ Bエ Cク Dキ (2)イ (3)ア (4)b

5 (1)広島(市) (2)エ (3)戦争 (4)ウ (5)内閣

【配点】

50点満点

1各2点 2(1)・(4)…各1点 他各2点 3各2点 4(1)…各1点 他各2点 5各2点

白百合学園中学校

〈問題は1138ページ〉

1 問1あ飯田橋 い交番 う東京オリンピック え小石川後楽園 問2Aア Bウ Cエ Dイ 問3ア 問4川の上を高速道路が通っている 問5(1)茨城県 (2)ウ・オ (3)お土地 か労働 き利根 く霞ヶ浦 け石油 こ鉄鉱石 問6(1)宮城県 (2)イ・エ 問7店頭に置かれた本が日焼けするのを防ぐためだよ

2 問1岩宿遺跡 問2石包丁 問3(1)富本銭 (2)ア 問4(1)和同開珎 (2)ウ 問5(1)菅原道真の進言により遣唐使が停止されたから。 (2)古今和歌集 問6平清盛 問7ウ→イ→ア→エ 問8エ 問9ア 問10う佐渡(金山) え石見(銀山) 問11外様大名 問12参勤交代が制度化されたことで人の移動が活発になり、宿場で支払いが増えたから。 問13イ 問14イ 問15西郷隆盛 問16エ 問17ア→ウ→イ→エ 問18サンフランシスコ平和条約 問19岩倉具視 問20ア 問21福沢諭吉

3 問1 1衆議院 2参議院 3防衛 4間接税 問2財務省 問3通常国会 問4こども家庭庁 問5①カーボンニュートラル ②A中国 Bアメリカ 問6地方交付税交付金 問7イ

清泉女学院中学校(第1期)

〈問題は1146ページ〉

1 問1A卑弥呼 B紫式部 C豊臣秀吉 問2ア 問3ウ 問4東大寺の正倉院は校倉造でつくられており、聖武天皇の遺品が納められている。その中には、中国や西アジア、南アジアとの交流を示す品物がみられる。 問5イ 問6エ 問7ウ 問8(1)オ (2)本居宣長 問9イ 問10(1)あ浦賀 い日米修好通商 (2)長崎 (3)関税 (4)エ 問11ウ 問12カ 問13関東大震災 問14オ 問15エ 問16ウ

2 問1ア 問2Cなす Dピーマン Eかつお 問3(1)カ (2)北海道とくらべて気温が高く、神奈川県とくらべて年間と6月の降水量が多いから。 問4Aイ Bエ Cア Dウ 問5ア 問6津波がすぐそこまで来ているとき、近くの高台まで避難する時間がない場合に逃げ込む場所にする。 問7(1)イ (2)ウ (3)ウ 問8(1)カ (2)エ

3 問1Aプーチン B核兵器禁止 問2エ 問3イ 問4(1)ア (2)サミット[広島サミット/先進国首脳会議] 問5ウ 問6イ 問7エ 問8(1)ア (2)エ 問9(核兵器を「持たず、つくらず、)持ちこませず(」) 問10放射能をあびた人々が後遺症に

苦しむことになる。土地が放射能によって汚染され、人々が住めなくなる。

【配点】

100点満点

1問1…各1点　問4・問8⑴・問14…各3点　問5・問8⑵・問9・問10⑴⑵…各1点　他各2点
2問3⑵・問6…各4点　問8…各3点　他各2点
3問4⑵・問6・問8⑴⑵・問10…各2点　他各1点

洗足学園中学校（第1回）

〈問題は1156ページ〉

1　問1⑴フォッサマグナ　⑵D　問2⑴B　⑵D　問3⑴C　⑵D　⑶E　問4⑴C　⑵糸魚川—静岡構造線に沿って谷地形が形成されており、その谷に向かって高温乾燥の南風が吹き降りてくる。

2　問1B　問2A　問3新井白石　問4通行料である関銭の徴収を禁止することにより、流通や交通を活性化させるため。　問5C　問6A　問7C　問8D　問9D

3　問1C　問2習近平　問3インド　問4A　問5南南(問題)　問6K　問7WHO　問8D　問9Xワーク　Yライフ　Zバランス　問10F　問11自分にとって関心のない情報を見る機会が失われることにより、他の意見の存在に気が付かない

【配点】

75点満点

1問1…各2点　問4⑴…各2点　問4⑵…4点　他各3点　2問1・問2・問6…各2点　問4…4点　他各3点　3問5・問7・問11…各3点　他各2点(問9は完答)

捜真女学校中学部（A）

〈問題は1168ページ〉

1　問1　1明智光秀　2太平(洋)　3オランダ　問2イ　問3⑴名古屋(市)　⑵中京(工業地帯)　問4ア　問5エ　問6平安京　問7大仙(古墳)　問8濃尾(平野)　問9エ　問10⑴小野妹子　⑵鎌倉幕府の執権北条時宗が、元の属国になることを拒むと、1274年と1281年の二度にわたり、元が高麗をしたがえ、博多湾を攻撃した。いずれの戦いも、暴風雨の影響が助けとなり、幕府軍は元軍を退却させた。　問11キリスト教が広まり、キリスト教徒となった人々が団結し、幕府に反抗するのを防ごうとしたから。また、貿易による利益を幕府が独占し、大名が貿易により利益を得られないようにしたから。　問12⑴千島海流　⑵イ　問13ア→エ→ウ→イ　問14ウ　問15エ

2　問1　1イ　2ケ　3カ　4サ　問2ウクライナ　問3内閣総理大臣　問4エ　問5ウ　問6国民投票　問7⑴行政(権)　⑵歳入では公債金が、歳出では社会保障関係費がそれぞれ10％以上増え、最も高い割合を占めるようになった。また、歳入のうちわけに消費税が加わり、歳入全体の約5分の1を占めている。

田園調布学園中等部（第1回）

〈問題は1173ページ〉

◆　問1　1季節風　2竪穴住居　3黒曜石　4中央　5…710　6大宝　7国司　8防人　9坂上田村麻呂　10武田信玄　11古事記　12満州　13日ソ中立　問2⑴ウ　⑵山梨　⑶飛驒［飛騨／ひだ］　⑷地方交付税　問3イ　問4ア　問5⑴(1つ目)［例］食べ物を煮たり焼いたりすることに用いられた。(2つ目)［例］食べ物などをたくわえることに用いられた。⑵(鉄器)［例］武器や農具、工具として用いられた。(青銅器)［例］儀式の道具(祭器)として用いられた。　問6⑴①文部科学省　②京都　⑵ユネスコ　⑶㋐…イエズス　㋑豊臣秀吉　㋒日光　㋓徳川家光　㋔1945(年)8(月)6(日)　問7正倉院　問8ア　問9日清戦争　問10万葉集　問11⑴北条　⑵エ　⑶将軍は御家人に「御恩」として土地をあたえ、御家人は将軍のために戦い「奉公」するという主従関係。　問12⑴イ　⑵①ア　②大日本帝国憲法は天皇を主権者(元首／神聖な存在)としたが、日本国憲法では天皇を日本国民統合の象徴とした。　③兵役　問13⑴［例］資料1・2からは、1日あたりの労働時間が長く、休けい時間も少ないことが読み取れる。資料3からは女性の労働者が全体の半分以上を占めていることが分かる。⑵労働基準法　問14エ　問15⑴ミッドウェー　⑵サイパン　⑶［例］ドイツ、ベトナム(など)　問16⑴㋐住民　㋑条例　㋒特別法　㋓国会　⑵不信任

東京女学館中学校（第1回）

〈問題は1181ページ〉

1　問1あ律令　い元　う…からふと　え徳川家康　お植民地　か先住　問2㋓　問3㋔　問4蘭学　問5㋒　問6屯田兵　問7㋐、㋑　問8平和　問9㋑　問10⑴㋑　⑵日本が行った原発処理水の放出を理由に最大の輸出相手国である中国が輸入を停止し、ホタテ貝が大量に余る状況になったか

ら。 (3)外国から長い距離をかけて輸入することで、フードマイレージが大きくなり、輸送に使う交通機関が排出する二酸化炭素によって温暖化がひきおこされるから。 問11(ア) 問12(ウ) 問13(ア)、(オ)

2 問1(イ) 問2ペリーが来航したこと 問3横浜 問4(イ)、(オ) 問5豊洲 問6深刻な食料不足がつづいていたので、高い値段をつけても十分に物が売れたから。 問7(1)オリンピック東京大会 (2)川などの水路の上につくられたから 問8(ウ) 問9地図を外国に知られてしまうと国の地形がわかって、戦争がおこった際に、不利になると考える国があるから。

東洋英和女学院中学部(A)

〈問題は1188ページ〉

1 問1ブランド米 問2対馬海流 問3(1)遠洋漁業 (2)白神山地 問4ウ 問5間伐 問6栃木県 問7(卵を産む鶏(にわとり)の)飼料を輸入に頼っているから。 問8木曽川 問9原油[石油] 問10中国産の生糸のほうが安いから。 問11戦争で貿易ができない状況 など

2 問1古事記 問2大王 問3徳川家光 問4来航するようになった外国船に対抗するため。 問5三内丸山遺跡 問6土偶 問7琉球王国 問8中継貿易 問9石塁[防塁] 問10(武士の中には)文字が読めない者が多かったため。 問11ウ 問12日本は列強の仲間入りをしたと考えているが、列強はそう思っていない。

3 問1(1)法の下 (2)総会 (3)男女雇用機会均等法 問2選挙権[結婚／飲酒・喫煙 など] 問3民事裁判[民事訴訟] 問4看護婦[サラリーマン] 問5ア、イ

豊島岡女子学園中学校(第1回)

〈問題は1195ページ〉

1 問1えは大名に、おは農民に出された。 問2…2・4・5 問3…1 問4公地公民 問5…3→1→2→4 問6おきて 問7城 問8…2 問9…2

2 問1…1 問2…4 問3…4 問4…2 問5…1 問6(1)2 (2)再開発 問7…3

3 問1マイクロ(プラスチック) 問2…5 問3こども家庭庁 問4…3・5 問5…2 問6…3 問7…1 問8…4

【配点】

50点満点

各2点

日本女子大学附属中学校(第1回)

〈問題は1202ページ〉

1 問1ウ 問2イ 問3①イ ②エ 問4館のまわりにほりがある 問5ウ 問6①○ ②○ 問7(1)ア・カ (2)武士と農民の身分がはっきり区別されるようになった。 問8エ 問9(暴動名)打ちこわし (記号)イ 問10(語句)ききん (記号)ア 問11イ

2 問1(1)ウ (2)①東 ②右 (3)イ 問2(1)ア (2)①イ ②ウ→ア→イ→エ 問3(1)キ (2)イ (3)①ア ②今後、電気自動車が普及するから。 問4(1)イ (2)エ 問5(1)①○ ②× (2)エ (3)食べものを煮てやわらかくする・食べものを貯蔵しておく (4)①ウ ②イ ③条約 (5)ウ 問6①岩手(県) ②秋田(県) ③青森(県)

3 問1イ 問2…65歳以上の人口よりも、新しく生まれる子どもの数が減っているから。 問3い9 うイ 問4ア 問5(原因)イ (地域)う 問6国が控訴したため、判決が確定していないから。

日本大学豊山女子中学校(4科・2科)

〈問題は1208ページ〉

1 問1[例]海抜が低いので、浸水を防ぐため。 問2エ 問3ア 問4カ 問5(1)エ (2)メガソーラー 問6エ 問7地産地消 問8イ 問9エ

2 問1イ 問2荘園 問3イ 問4ウ 問5譜代

3 問1ア 問2ア 問3エ 問4五・一五事件 問5エ 問6ア

4 問1ア 問2黙秘権 問3(1)高等 (2)上告 問4再審

5 問1Xエ Yイ 問2内閣総理大臣 問3[例]内閣が提出した法律案の成立件数が多い。 問4内閣不信任

フェリス女学院中学校

〈問題は1214ページ〉

1 Aa長江 b風土記 cエ dイ e地元の素材を使用することでその生産者の利益を増やすだけでなく、地元企業が開発することによって地元経済の活性化を生むことができる。 Baア bウ c豊川 dア eひのき Caウ bイ cエ dア e静岡 fウ

2 Aaア・エ b土偶 c登呂遺跡 Ba多くの役所が必要となった結果、そこで働く役人などの住居も必要となるから。 b兵士として都の警護

にあたった。[労働者として役所の雑務をおこなった。] cウ Caイ bエ c農村に住んでいたため、堀の水は農業用水としての役割をはたした。 Daア b①町人地の面積は武家地に比べて4分の1もないが人口はほとんど変わらないため、長屋での生活は狭い空間に多くの人が住むきゅうくつなものだったことがわかる。 ②エ E aイ・エ bイ c警察予備隊

3 aエ b①総務省 ②ウ cウ

富士見中学校(第1回)

〈問題は1223ページ〉

1 問1(1)A小選挙区 B比例代表 (2)イ (3)オ 問2(1)ア (2)産地の限られている黒曜石やひすいが広い範囲から出土しているから。 問3エ 問4(1)ウ (2)オ (3)ア 問5ウ 問6足利義政 問7大政奉還 問8エ 問9イ 問10イ→エ→ウ→ア 問11エ

2 問1(1)巨大な木おけをつくる[さまざまな大きさの木おけをつくる] (2)イ 問2(1)関東大震災 (2)ウ 問3(1)エ (2)GHQ[アメリカ] 問4(1)政令指定都市 (2)ウ 問5温暖であることに加えて雨が少なく晴天日数や日射量が多い(こと)。 問6(1)エ (2)間ばつ (3)ウ 問7(1)オ (2)ウ 問8(1)イ (2)ウ (3)刑事(裁判) 問9(1)イ (2)世界貿易機関[WTO] 問10エ、カ

雙葉中学校

〈問題は1239ページ〉

1 問1熊本県水俣市 問2ロ 問3イ・ニ 問4ロ 問5(1)イ内閣 ロ承認 (2)A中国 Bアメリカ (3)(先進国は、)自国の発展のためにこれまで大量の温室効果ガスを排出してきたのだから、これから経済発展しようとする発展途上国に削減目標を設定するべきではない。 問6(1)パレスチナ問題 (2)国連平和維持活動[PKO]

2 問1(1)ヘ (2)中華人民共和国 問2…3 問3(1)ロ (2)ハ・ヘ (3)馬 問4ニ 問5百済 問6イ・ホ 問7ニ 問8モンゴル民族 問9イ 問10(1)ハ (2)ロ・ホ 問11戦費のための増税があり、国民の生活が苦しくなったのに、ロシアから賠償金を得られなかったから。 問12(1)(3番目)ト (5番目)ニ (2)ハ 問13ホ

3 問1ニ 問2あハ いイ うロ 問3オーストラリア 問4(1)ハ (2)(水源)長野県 (河口)新潟県 問5チ 問6再生可能エネルギー 問7[例] 2020年は1960年に比べ発電量が約8倍に増えた。水力発電の割合が大きく減ったのに対し、火力発電の割合が増えた。また原子力発電や太陽光、風力、地熱など新しい発電ができるようになった。

普連土学園中学校(第1回)

〈問題は1246ページ〉

1 問1イ 問2(1)エ (2)火災が起きたときに延焼しにくくするため。 問3(1)エ (2)ウ 問4ア 問5少子化が進み、子どもの遊び場以外の役割もかねた公園が増えたから。 問6障害を持つ子どもたちにとっても利用しやすい公園。 問7(1)イ (2)こども基本法 問8(1)イ (2)イ 問9ア

2 問1国土地理院 問2…3 問3(1)ア (2)シラス台地 問4A(なまえ)種子島 (記号)オ B(なまえ)屋久島 (記号)エ C(なまえ)対馬 (記号)ア 問5(1)志賀島 (2)のぼりがま 問6イ→ア→ウ→エ 問7ウ→ア→イ→エ 問8(1)水俣病 (2)Aイ Bウ Cア

3 問1A⑦ B⑧ C⑥ D① E⑤ F③ G② H④ 問2(1)ODA (2)ウ 問3(1)朝鮮通信使 (2)イ 問4ア 問5(1)日米和親条約 (2)①ハリス ②井伊直弼 (3)イ

4 問1インバウンド 問2い東大(寺) う広島 え文化 お愛知 問3ドーナツ化現象 問4択捉島 問5観光客の増えすぎにより、観光地の自然や生活環境に悪影響が生じること。 問6ウ 問7イ

聖園女学院中学校(第1回)

〈問題は1257ページ〉

1 問1…3 問2…1 問3…2 問4…1(つ) 問5大阪(湾)

2 問1…3 問2…2 問3…2 問4関ヶ原 問5伊藤博文

3 問1衆議(院) 問2憲法(記念日) 問3…1 問4…2 問5…2

4 問1A信濃(川) Bナイル(川) 問2日本の河川は、長さが短いうえに、標高の高いところから、流れ出しているため、流れが急であるから。

5 問1…3 問2…3 問3大陸から米づくりが伝わり、また豊作を祈る祭りに用いられる道具として銅たくや銅剣が伝わったため。 問4親魏倭王 問5[例]縄文時代 縄文時代には争いがなく平和で、また季節ごとに食べ物の種類が豊富であり、そして遠方の地域との交流によってさまざまなモノも手に入れることができたから。[弥生時代 弥生時代には米づくりが始まったことにより、

食料不足で困ることも減り、また、さまざまな技術や文化も伝わったことで、人々の生活も向上し、国としてもまとまりつつあったから。]

三輪田学園中学校(第1回午前)

〈問題は1261ページ〉

1 問1あ放し飼いができる広い土地がない い4 問2NATO 問3a徳島(県) b長崎(県) c和歌山(県) 問4(知床どり)エ (青森シャモロック)イ 問5乳牛にとうもろこし等を与えることによって、その分人が食べられる食糧が減るため。 問6ウ

2 問1エ 問2ウ 問3刀狩 問4イ 問5大政奉還 問6廃藩置県 問7ア 問8門前町 問9空襲(しゅう) 問10ウ 問11イ

3 問1イ 問2あ4 い6 う3 え解散 おX 問3表現(の自由) 問4エ

山脇学園中学校(A)

〈問題は1266ページ〉

1 問1(1)3.75km (2)イ (3)イ (4)ア (5)イ→ア→ウ 問2(1)F (2)ア (3)エ (4)ウ (5)エ 問3(仙台市内の移動における)年齢別の移動手段の割合

2 問1A小野妹子 B菅原道真 C厳島神社 D足利義満 E徳川家光 問2ア 問3ア 問4エ 問5オ 問6太閤検地 問7エ 問8オランダ 問9ウ 問10D→B→A→C 問11イ 問12(1)ア (2)日清戦争後に結ばれた下関条約によって得た賠償金の一部を使って官営の八幡製鉄所を建設し、国内の石炭や石灰石と中国からの鉄鉱石を原料に鉄を増産した。

3 問1A健康 B文化的 C最低限度 問2エ 問3生存権 問4満18歳 問5Eエ F発議 G国民 Hウ 問6山脇愛美…どんな人でも最低限の収入を確保することができ、人々の生活が安定するから。 山脇小百合…賃金や物の価格によって年金額が変わることで、年金を払う側の負担者の生活が安定するから。

横浜共立学園中学校(A)

〈問題は1273ページ〉

1 問1都市中心部の地価の高騰が原因で、都市部から周辺部に居住者が増加したこと。 問2大鳴門橋 問3足利義政 問4ウ 問5碁盤の目状に道路が整備された中央に、天皇の住まいが配置され、また複数の天皇が都とした。 問6政教分離(の原則) 問7警察予備隊 問8(1)エ (2)弾劾裁判 問9吉野作造 問10ア 問11首里城 問12集団的自衛権

2 問1(1)イ→ア→ウ (2)ウ 問2エ 問3(1)利根川 (2)渥美半島 問4大分県 問5(1)上川盆地 (2)ア 問6ウ 問7イ

3 問1ウ 問2イ 問3ワカタケル(大王) 問4山田長政 問5(1)校倉(造) (2)空海 (3)ウ 問6(1)厳島神社 (2)ウ 問7享保(の改革) 問8ア→イ→ウ→エ 問9三・一独立運動 問10エ 問11エ 問12第四次中東戦争

4 問1(1)こども家庭庁 (2)イ 問2(1)エ (2)ウ 問3(1)健康で文化的 (2)ウ 問4(1)イ (2)ウ 問5(1)ふるさと納税 (2)カ

横浜女学院中学校(A)

〈問題は1283ページ〉

1 問1(ウ) 問2(エ) 問3(ア) 問4①(a) ②(ア) ③(イ) 問5(エ) 問6(エ) 問7(イ)

2 問1(エ) 問2(イ) 問3(ウ) 問4勘合貿易 問5(ア) 問6オランダ 問7(エ) 問8ペリー 問9日米修好通商条約

3 問1①(エ) ②(ウ) 問2(イ) 問3①(オ) ②(エ) 問4①(イ) ②(ア) 問5①(エ) ②情報が正しいものかどうかを自分で確認すること。

4 問1(イ) 問2執権も管領も将軍を補佐する立場にある点で共通する。管領は中央の機関のみ直接したがえているのに対し、執権は地方の機関も直接したがえている。そのため、執権の方がより権力を持っていたといえる。

横浜雙葉中学校(第1期)

〈問題は1291ページ〉

1 問1邪馬台国 問2ウ 問3国分尼寺 問4中臣鎌足 問5紫式部 問6源頼朝の御恩に報いる必要があると感じ、朝廷の軍勢を打ち破ろうと出兵した。 問7近松門左衛門 問8桶狭間(の戦い) 問9鳴滝塾 問10津田梅子 問11殖産興業 問12樋口一葉 問13ウ 問14ひめゆり 問15ウ

2 問1(最東端)南鳥島 (最北端)択捉島 問2(1)イ (2)(福島県)B (山形県)E 問3(1)転作 (2)コンバイン 問4D 問5ブナ 問6エ 問7ほかの産地で出荷が少ない時期にも青森県では年間を通してりんごを出荷している。

3 問1国民主権 問2ア・エ・オ 問3立法機関 問4(1)ア・イ (2)岸田文雄 問5(1)イ (2)こども家庭庁 問6弾劾裁判所 問7(1)ウ (2)知事 (3)

住民の意見が選挙に反映されにくい状況になり、政治と民意がかけはなれるおそれがある。 問８⑴安全保障理事会 ⑵エ

立教女学院中学校

〈問題は1300ページ〉

1 問１ア 問２イ 問３三内丸山(遺跡) 問４イ 問5イ、エ 問6⑴ウ→ア→イ→エ ⑵打ちこわし 問７ハザードマップ 問８ウ 問９京都議定書 問10イ 問11エ

2 問１ウ、エ 問２イ 問３イ→ウ→ア→エ 問４淀川 問５天正遣欧使節 問６島津(氏) 問７ア 問８イ 問９ア 問10エ 問11エ 問12四万十川

3 問１ア② イ① ウ① エ② 問２イ 問3⑴エ ⑵半導体 問４⑴豊臣秀吉 ⑵1910年 ⑶ａ朝鮮戦争 ｂア 問5⑴条例 ⑵イ 問６⑴イ ⑵大きな川があること。[大きな平野があること。] 問7⑴ａイ ｂウ ⑵ア

2024. 7.10